LEGISLAÇÃO COMERCIAL

Todos os direitos reservados

25.ª edição

ISBN: 978-989-8438-00-3
Depósito Legal n.º 314668/10

Setembro de 2010

Fotocomposição, impressão e acabamento:
Editorial Minerva
Rua da Alegria, 30 – 1250-007 Lisboa

Colectâneas de Legislação

LEGISLAÇÃO COMERCIAL

25.ª EDIÇÃO
SETEMBRO / 2010

AURORA SILVA NETO
ADVOGADA

Edição:
E D I F O R U M
Edições Jurídicas, Lda.
R. Marquês de Subserra, 9-r/c Esq.
1070-170 LISBOA

Distribuição:
Edições Almedina, SA
Rua Fernandes Tomás, 76-80
3000-167 Coimbra,
PORTUGAL

Colectâneas de Legislação

   I – Legislação Comercial, 23.ª ed., 2008
  II – Código Civil e Legislação Conexa, 2.ª ed., 1992 (esgotado)
 III – Legislação de Direito Civil, 1982 (esgotado)
 IV – Legislação Penal, 1983 (esgotado)
  V – Código dos Registos e do Notariado, 5.ª ed., 2004
 VI – Organização Política Administrativa e Financeira do Estado, 1999 (esgotada)

PREFÁCIO

Cumprindo o que quase designaríamos por um uso, tal a regularidade com que o fazemos na aproximação de cada ano escolar, apresentamos uma nova edição da Legislação Comercial, *sem alterações de ordem organizacional, mas — segundo cremos — com a actualização cuidadosa da pertinente legislação, ideal cada vez mais difícil de atingir.*

A estabilidade legislativa deixou de constituir um valor respeitável e respeitado, e foi substituído por uma metodologia assente em sucessivas aproximações, que mais não são do que correcções de erros acumulados, tanto de previsão como de regulação, o que se conjuga para imprimir a uma obra deste tipo um carácter marcadamente efémero.

Lisboa, Agosto de 2010

Abreviaturas

BMJ – Boletim do Ministério da Justiça
CA – Código Administrativo
CC – Código Civil
CCom – Código Comercial
CMVM – Comissão do Mercado de Valores Mobiliários
CN – Código do Notariado
CPC – Código de Processo Civil
CPI – Código da Propriedade Industrial
CRP – Código do Registo Predial
D – Decreto
DG – Diário do Governo
DL – Decreto-Lei
DN – Despacho Normativo
DR – Diário da República
EJ – Estatuto Judiciário
L – Lei
LULL – Lei Uniforme sobre Letras e Livranças
P – Portaria
RC – Registo Comercial
RIM – Regulamento de Inscrição Marítima
RIS – Regulamento do Imposto de Selo
RLJ – Revista de Legislação e de Jurisprudência
RRC – Regulamento do Registo Comercial
RT – Revista do Tribunais
STJ – Supremo Tribunal de Justiça
TGIS – Tabela Geral do Imposto do Selo

ÍNDICE GERAL

Prefácio	V
Índice Geral	IX
Índice Cronológico	XXVII

CAP. I
CÓDIGO COMERCIAL

1.1. Carta de Lei de 28 de Junho de 1888 1

1.2. Código Comercial Português 2

Livro I	— Do comércio em geral	2
Título I	— Disposições gerais	2
Título II	— Da capacidade comercial e dos comerciantes	2
Título III	— Da firma	3
Título IV	— Da escrituração	3
Título V	— Do registo	5
Título VI	— Do balanço	5
Título VII	— Dos corretores	5
Título VIII	— Dos lugares destinados ao comércio	5
Livro II	— Dos contratos especiais do comércio	5
Título I	— Disposições gerais	5
Título II	— Das sociedades	7
Título III	— Da conta em participação	7
Título IV	— Das empresas	7
Título V	— Do mandato	7
Título VI	— Das letras, livranças e cheques	11
Título VII	— Da conta corrente	12
Título VIII	— Das operações de bolsa	12
Título IX	— Das operações de banco	12
Título X	— Do transporte	12
Título XI	— Do empréstimo	15
Título XII	— Do penhor	15
Título XIII	— Do depósito	16
Título XIV	— Do depósito de géneros e mercadorias nos armazéns gerais	16
Título XV	— Dos seguros	17
Título XVI	— Da compra e venda	17
Título XVII	— Do reporte	19
Título XVIII	— Do escambo ou troca	19
Título XIX	— Do aluguer	19
Título XX	— Da transmissão e reforma de títulos de crédito mercantil	19
Livro III	— Do comércio marítimo	20
Título I	— Dos navios	20

X | ÍNDICE GERAL

Título II	— Do seguro contra riscos de mar	22
Título III	— Do abandono	24
Título IV	— Do contrato de risco	25
Título V	— Das avarias	26
Título VI	— Das arribadas forçadas	28
Título VII	— Da abalroação	29
Título VIII	— Da salvação e assistência	30
Livro IV	— Das falências	30

CAP. II
SOCIEDADES CIVIS E EMPRESÁRIOS INDIVIDUAIS

2.1. Sociedades civis
— Código Civil ... 31

2.2. Estabelecimento individual de responsabilidade limitada
— Decreto-Lei n.º 248/86, de 25 de Agosto ... 36

CAP. III
SOCIEDADES COMERCIAIS E FORMAS DE COOPERAÇÃO EMPRESARIAL

3.1. SOCIEDADES COMERCIAIS

3.1.1. Lei de aprovação do Código das Sociedades Comerciais
— Decreto-Lei n.º 262/86, de 2 de Setembro ... 42

3.1.2. Simplificação de actos e procedimentos registrais e notariais e reforma da legislação societária
— Decreto-Lei n.º 76-A/2006, de 29 de Março ... 43

3.1.3. Código das Sociedades Comerciais

TÍTULO I	— Parte geral	48
Capítulo I	— Âmbito de aplicação	48
Capítulo II	— Personalidade e capacidade	49
Capítulo III	— Contrato de sociedade	49
Secção I	— Celebração e registo	49
Secção II	— Obrigações e direitos dos sócios	51
Subsecção I	— Obrigações e direitos dos sócios em geral	51
Subsecção II	— Obrigação de entrada	52
Subsecção III	— Conservação do capital	53
Secção III	— Regime da sociedade antes do registo. Invalidade do contrato	55
Capítulo IV	— Deliberações dos sócios	57
Capítulo V	— Administração e fiscalização	59
Capítulo VI	— Apreciação anual da situação da sociedade	59
Capítulo VII	— Responsabilidade civil pela constituição, administração e fiscalização da sociedade	61
Capítulo VIII	— Alterações do contrato	64
Secção I	— Alterações em geral	64
Secção II	— Aumento do capital	64
Secção III	— Redução do capital	65
Capítulo IX	— Fusão de sociedades	66
Secção II	— Fusões transfronteiriças	70
Capítulo X	— Cisão de sociedades	71
Capítulo XI	— Transformação de sociedades	73
Capítulo XII	— Dissolução da sociedade	74
Capítulo XIII	— Liquidação da sociedade	75
Capítulo XIV	— Publicidade de actos sociais	78

ÍNDICE GERAL

Capítulo XV	— Fiscalização pelo Ministério Público	79
Capítulo XVI	— Prescrição	79
TÍTULO II — Sociedades em nome colectivo		80
Capítulo I	— Características e contrato	80
Capítulo II	— Deliberações dos sócios e gerência	82
Capítulo III	— Alterações do contrato	83
Capítulo IV	— Dissolução e liquidação da sociedade	83
TÍTULO III — Sociedades por quotas		83
Capítulo I	— Características e contrato	83
Capítulo II	— Obrigações e direitos dos sócios	84
Secção I	— Obrigação de entrada	84
Secção II	— Obrigações de prestações acessórias	85
Secção III	— Prestações suplementares	86
Secção IV	— Direito à informação	86
Secção V	— Direito aos lucros	87
Capítulo III	— Quotas	87
Secção I	— Unidade, montante e divisão da quota	87
Secção II	— Contitularidade da quota	88
Secção III	— Transmissão da quota	88
Secção IV	— Amortização da quota	90
Secção V	— Execução da quota	91
Secção VI	— Exoneração e exclusão de sócios	91
Secção VII	— Registo das quotas	92
Capítulo IV	— Contrato de suprimento	92
Capítulo V	— Deliberações dos sócios	93
Capítulo VI	— Gerência e fiscalização	95
Capítulo VII	— Apreciação anual da situação da sociedade	97
Capítulo VIII	— Alterações do contrato	97
Capítulo IX	— Dissolução da sociedade	98
Capítulo X	— Sociedades unipessoais por quotas	98
TÍTULO IV — Sociedades anónimas		99
Capítulo I	— Características e contrato	99
Capítulo II	— Obrigações e direitos dos accionistas	101
Secção I	— Obrigação de entrada	101
Secção II	— Obrigação de prestações acessórias	102
Secção III	— Direito à informação	102
Secção IV	— Direito aos lucros	104
Capítulo III	— Acções	105
Secção I	— Generalidades	105
Secção II	— Oferta pública de aquisição de acções	106
Secção III	— Acções próprias	106
Secção IV	— Transmissão de acções	108
Subsecção I	— Formas de transmissão	108
Subsecção II	— Limitações à transmissão	108
Subsecção III	— Regime de registo e regime de depósito	109
Secção V	— Acções preferenciais sem voto	109
Secção VI	— Acções preferenciais remíveis	109
Secção VII	— Amortização de acções	110
Capítulo IV	— Obrigações	110
Secção I	— Obrigações em geral	110
Secção II	— Modalidades de obrigações	113
Capítulo V	— Deliberações dos accionistas	115
Capítulo VI	— Administração, fiscalização e secretário da sociedade	119
Secção I	— Conselho de administração	119
Secção II	— Fiscalização	124
Secção III	— Comissão de auditoria	128
Secção IV	— Conselho de administração executivo	129
Secção V	— Conselho geral e de supervisão	131

Secção VI	— Revisor oficial de contas	133
Secção VII	— Secretário da sociedade	133
Capítulo VII	— Publicidade de participações e abuso de informações	134
Capítulo VIII	— Apreciação anual da situação da sociedade	135
Capítulo IX	— Aumento e redução do capital	136
Capítulo X	— Dissolução da sociedade	138
TÍTULO V	— Sociedades em comandita	138
Capítulo I	— Disposições comuns	138
Capítulo II	— Sociedades em comandita simples	139
Capítulo III	— Sociedades em comandita por acções	139
TÍTULO VI	— Sociedades coligadas	139
Capítulo I	— Disposições gerais	139
Capítulo II	— Sociedades em relação de simples participação, de participações recíprocas e de domínio	140
Capítulo III	— Sociedades em relação de grupo	141
Secção I	— Grupos constituídos por domínio total	141
Secção II	— Contrato de grupo paritário	142
Secção III	— Contrato de subordinação	142
Capítulo IV	— Apreciação anual da situação de sociedades obrigadas à consolidação de contas	144
TÍTULO VII	— Disposições penais	146
TÍTULO VIII	— Disposições finais e transitórias	149

3.1.4. Fusões transfronteiriças das sociedades de responsabilidade limitada
— Lei n.º 19/2009, de 12 de Maio 150

3.1.5. Regime jurídico dos procedimentos administrativos de dissolução e liquidação de entidades comerciais
— Decreto-Lei n.º 76-A/2006, de 29 de Março (Anexo III) 156

3.1.6. Publicação dos actos societários na Internet
— Portaria n.º 590-A/2005, de 14 de Julho 162

3.1.7. Constituição imediata de sociedades (empresas "na hora")
— Decreto-Lei n.º 111/2005, de 8 de Julho 163

3.1.8. Marcação prévia de "empresa na hora" com capital em bens diferentes de dinheiro
— Portaria n.º 3/2009, de 2 de Janeiro 169

3.1.9. Constituição *on-line* de sociedades
— Decreto-Lei n.º 125/2006, de 29 de Junho 170

3.1.10. Regulamento da constituição *on-line* de sociedades
— Portaria n.º 657-C/2006, de 29 de Junho 173

3.1.11. Centros de formalidades das empresas
— Decreto-Lei n.º 78-A/98, de 31 de Março 175

3.1.12. Lojas do cidadão
— Decreto-Lei n.º 314/98, de 17 de Outubro 177

3.1.13. Diminuição do valor nominal das acções
— Decreto-Lei n.º 64/2009, de 20 de Março 178

3.1.14. Sociedades anónimas europeias
— Decreto-Lei n.º 2/2005, de 4 de Janeiro 179

ÍNDICE GERAL   XIII

3.1.15. Sociedades gestoras de participações sociais
— Decreto-Lei n.º 495/88, de 30 de Dezembro 183

3.1.16. Negócios sobre as empresas (locação de estabelecimento e trespasse)
— Código Civil (arts. 1109.º e 1112.º).. 186

3.1.17. Sociedades civis e comerciais sujeitas a legislação especial (não incluída na presente
Colectânea) 186

3.2. FORMAS DE COOPERAÇÃO EMPRESARIAL

3.2.1. Contratos de consórcio e de associação em participação
— Decreto-Lei n.º 231/81, de 28 de Julho 187

3.2.2. Agrupamentos Complementares de Empresas (ACE)
— Lei n.º 4/73, de 4 de Junho 191

3.2.3. Regulamentação dos ACE
— Decreto-Lei n.º 430/73, de 25 de Agosto 192

3.2.4. Agrupamento Europeu de Interesse Económico (AEIE) 194

3.2.5. Normas sancionatórias aplicáveis ao AEIE
— Decreto-Lei n.º 1/91, de 5 de Janeiro 200

3.2.6. Regulamento do Agrupamento Europeu de Interesse Económico
— Decreto-Lei n.º 148/90, de 9 de Maio 201

CAP. IV
REGISTO DE PESSOAS COLECTIVAS, DE FIRMAS
E DENOMINAÇÕES, E COMERCIAL

4.1. Regime do Registo Nacional de Pessoas Colectivas
— Decreto-Lei n.º 129/98, de 13 de Maio 203

4.2. Cartão da empresa e cartão de pessoa colectiva
— Decreto-Lei n.º 247-B/2008, de 30 de Dezembro 216

4.3. Pedido de emissão electrónica do cartão de empresa e do cartão de pessoa colectiva
— Portaria n.º 4/2009, de 2 de Janeiro 220

4.4. Código do Registo Comercial
— Decreto-Lei n.º 403/86, de 3 de Dezembro 221

4.5. Regulamento do Registo Comercial
— Portaria n.º 657-A/2006, de 29 de Junho 243

4.6. Balcões "SIR — Soluções Integradas de Registo"
— Portaria n.º 547/2009, de 25 de Maio 248

4.7. "Sucursal na hora"
— Decreto-Lei n.º 73/2008, de 16 de Abril... 251

4.8. Registos *on line*, depósito da prestação de contas e certidão permanente
— Portaria n.º 1416-A/2006, de 19 de Dezembro 253

4.9. Informação empresarial simplificada (IES)
— Decreto-Lei n.º 8/2007, de 17 de Janeiro 257

XIV — ÍNDICE GERAL

4.10. **Procedimentos para o envio electrónico da IES**
— Portaria n.º 499/2007, de 30 de Abril 261

4.11. **Registo Informático dos actos praticados pelas Câmaras de Comércio e Indústria, Advogados e Solicitadores**
— Portaria n.º 657-B/2006, de 29 de Junho 262

CAP. V
REVISÃO LEGAL E PUBLICIDADE DAS CONTAS

5.1. **Estatuto da Ordem dos Revisores Oficiais de Contas**
— Decreto-Lei n.º 487/99, de 16 de Novembro 263

5.2. **Conselho nacional de supervisão de auditoria**
— Decreto-Lei n.º 225/2008, de 20 de Novembro 294

5.3. **Remessa obrigatória de documentos ao INE**
— Decreto-Lei n.º 402/80, de 25 de Setembro 301

5.4. **Consolidação de contas**
— Decreto-Lei n.º 238/91, de 2 de Julho 302

CAP. VI
INSTITUIÇÕES DE CRÉDITO E SOCIEDADES FINANCEIRAS

6.1. **REGIME GERAL**

6.1.1. **Regime geral das instituições de crédito e sociedades financeiras**
— Decreto-Lei n.º 298/92, de 31 de Dezembro 305

6.1.2. **Arquivo de documentos pelas instituições de crédito**
— Decreto-Lei n.º 279/2000, de 10 de Novembro 359

6.1.3. **Reforço da solidez financeira das instituições de crédito**
— Lei n.º 63-A/2008, de 24 de Novembro 359

6.1.4. **Regulamento da capitalização de instituições de crédito com recurso a investimento público**
— Portaria n.º 493-A/2009, de 8 de Maio 364

6.1.5. **Saneamento e liquidação de instituições de crédito**
— Decreto-Lei n.º 199/2006, de 25 de Outubro 369

6.2. **INSTITUIÇÕES DE CRÉDITO**

6.2.1. **Caixas Económicas**
— Decreto-Lei n.º 136/79, de 18 de Maio 374

6.2.2. **Caixas de crédito agrícola mútuo**
— Decreto-Lei n.º 24/91, de 11 de Janeiro 378

6.2.3. **Instituições financeiras de crédito**
— Decreto-Lei n.º 186/2002, de 21 de Agosto 391

6.2.4. **Sociedades de investimento**
— Decreto-Lei n.º 260/94, de 22 de Outubro 392

6.2.5. **Sociedades de locação financeira (leasing)**
— Decreto-Lei n.º 72/95, de 15 de Abril 393

ÍNDICE GERAL

6.2.6. Sociedades de «factoring»
— Decreto-Lei n.º 171/95, de 18 de Julho 393

6.2.7. Sociedades financeiras para aquisições a crédito (SFAC)
— Decreto-Lei n.º 206/95, de 14 de Agosto 394

6.2.8. Sociedades de garantia mútua
— Decreto-Lei n.º 211/98, de 16 de Julho 395

6.2.9. Instituições de moeda electrónica
— Decreto-Lei n.º 42/2002, de 2 de Março 399

6.3. SOCIEDADES FINANCEIRAS

6.3.1. Sociedades corretoras e financeiras de corretagem
— Decreto-Lei n.º 262/2001, de 28 de Setembro 401

6.3.2. Sociedades financeiras de microcrédito
— Decreto-Lei n.º 12/2010, de 19 de Fevereiro 402

6.3.3. Sociedades mediadoras do mercado monetário e do mercado de câmbios
— Decreto-Lei n.º 110/94, de 28 de Abril 402

6.3.4. Organismos de investimento colectivo em valores mobiliários
— Decreto-Lei n.º 252/2003, de 17 de Outubro 403

6.3.5. Fundos de investimento imobiliário
— Decreto-Lei n.º 60/2002, de 20 de Março 428

6.3.6. Fundos e sociedades de investimento imobiliário para arrendamento habitacional
— Lei n.º 64-A/2008, de 31 de Dezembro 445

6.3.7. Regime jurídico dos imóveis adquiridos por um fundo de investimento imobiliário para arrendamento habitacional
— Portaria n.º 1553-A/2008, de 31 de Dezembro 447

6.3.8. Sociedades emitentes ou gestoras de cartões de crédito
— Decreto-Lei n.º 166/95, de 15 de Julho 448

6.3.9. Sociedades gestoras de patrimónios
— Decreto-Lei n.º 163/94, de 4 de Junho 449

6.3.10. Sociedades de desenvolvimento regional
— Decreto-Lei n.º 25/91, de 11 de Janeiro 450

6.3.11. Agências de câmbios
— Decreto-Lei n.º 3/94, de 11 de Janeiro 453

6.3.12. Titularização de créditos
— Decreto-Lei n.º 453/99, de 5 de Novembro 454

6.4. EMPRESAS DE INVESTIMENTO

6.4.1. Sociedades administradoras de compras em grupo (SACEG)
— Decreto-Lei n.º 237/91, de 2 de Julho 468

6.4.2. Capital de risco
— Decreto-Lei n.º 375/2007, de 8 de Novembro 472

XVI   ÍNDICE GERAL

6.4.3. Fundos de sindicação de capital de risco
— Decreto-Lei n.º 187/2002, de 21 de Agosto 480

6.4.4. Sociedades de gestão e investimento imobiliário
— Decreto-Lei n.º 135/91, de 4 de Abril 482

6.4.5. Fundos de gestão de património imobiliário
— Decreto-Lei n.º 316/93, de 21 de Setembro 485

CAP. VII
OPERAÇÕES BANCÁRIAS E FINANCEIRAS

7.1. REGIME GERAL

7.1.1. Acesso à actividade das instituições de pagamento e à prestação de serviços de pagamento
— Decreto-Lei n.º 317/2009, de 30 de Outubro 487

7.1.2. Acesso a serviços mínimos bancários
— Decreto-Lei n.º 27-C/2000, de 10 de Março 515

7.1.3. Encargos pela prestação de serviços de pagamento e pela realização de operações em caixas multibanco
— Decreto-Lei n.º 3/2010, de 5 de Janeiro 518

7.1.4. Cartões de pagamento
— Aviso do Banco de Portugal n.º 11/2001, de 20 de Novembro 519

7.1.5. Comércio de câmbios e operações com o exterior
— Decreto-Lei n.º 295/2003, de 21 de Novembro 520

7.1.6. Controlo do transporte de dinheiro líquido por pessoas singulares
— Decreto-Lei n.º 61/2007, de 14 de Março 527

7.2. DEPÓSITOS

7.2.1. Condições gerais de abertura de contas de depósito bancário
— Aviso do Banco de Portugal n.º 11/2005, de 21 de Julho 528

7.2.2. Regime geral do depósito bancário
— Decreto-Lei n.º 430/91, de 2 de Novembro 532

7.2.3. Data-valor de movimentos de depósitos à ordem e de transferências
— Decreto-Lei n.º 18/2007, de 22 de Janeiro 533

7.2.4. Procedimentos a adoptar pela Banca no cumprimento do DL n.º 18/2007
— Aviso do Banco de Portugal n.º 3/2007, de 12 de Fevereiro 534

7.2.5. Remuneração de depósitos
— Aviso do Banco de Portugal n.º 5/2000, de 16 de Setembro 535

7.2.6. Sistema de débitos directos
— Aviso do Banco de Portugal n.º 1/2002, de 13 de Março 535

7.2.7. Cobranças por débito em conta
— Aviso do Banco de Portugal n.º 10/2003, de 17 de Setembro 537

7.2.8. Regulamento das cobranças por débito em conta
— Aviso do Banco de Portugal n.º 10/2005, de 24 de Junho 538

ÍNDICE GERAL   XVII

7.2.9.   Conta "poupança-habitação"
— Decreto-Lei n.º 27/2001, de 3 de Fevereiro 540

7.2.10.   Certificados de depósitos
— Decreto-Lei n.º 372/91, de 8 de Outubro 542

7.3.   CONCESSÃO DE CRÉDITO/FINANCIAMENTOS

7.3.1.   Mútuos bancários
— Decreto-Lei n.º 32 765, de 29 de Abril de 1943 543

7.3.2.   Prazos de vencimento do crédito bancário
— Dereto-Lei n.º 344/78, de 17 de Novembro 543

7.3.3   Informação obrigatória relativa a custos de operações de crédito
— Decreto-Lei n.º 220/94, de 23 de Agosto 544

7.3.4.   Contratos de crédito aos consumidores
— Decreto-Lei n.º 133/2009, de 2 de Junho 548

7.3.5.   Contratos à distância relativos a serviços financeiros
— Decreto-Lei n.º 95/2006, de 29 de Maio 565

7.3.6.   Crédito à habitação
— Decreto-Lei n.º 349/98, de 11 de Novembro 571

7.3.7.   Seguro de vida associado ao crédito à habitação
— Decreto-Lei n.º 222/2009, de 11 de Setembro 575

7.3.8.   Transferência e reembolso do crédito à habitação
— Decreto-Lei n.º 51/2007, de 7 de Março 578

7.3.9.   Arredondamento das taxas de juro no crédito à habitação
— Decreto-Lei n.º 240/2006, de 22 de Dezembro 580

7.3.10.   Mobilidade no crédito hipotecário à habitação
— Decreto-Lei n.º 171/2008, de 26 de Agosto 581

7.3.11.   Protecção da habitação própria permanente de mutuários desempregados
— Decreto-Lei n.º 103/2009, de 12 de Maio 582

7.3.12.   Arredondamento das taxas de juro nos contratos de crédito e de financiamento
— Decreto-Lei n.º 171/2007, de 8 de Maio 583

7.3.13.   Contrato de locação financeira (*leasing*)
— Decreto-Lei n.º 149/95, de 24 de Junho 584

7.3.14.   Compras em grupo
— Portaria n.º 126/95, de 4 de Fevereiro 587

7.3.15.   Regulamento geral do funcionamento dos grupos
— Portaria n.º 942/92, de 28 de Setembro 587

7.3.16.   Valor global dos contratos de compra em grupo
— Portaria n.º 357/92, de 22 de Abril 591

7.4.   GARANTIAS DE OPERAÇÕES BANCÁRIAS

7.4.1.   Penhor bancário
— Decreto-Lei n.º 29 833, de 17 de Agosto de 1939 591

CAP. VIII
TÍTULOS DE CRÉDITO

7.4.2. Formalidades do penhor bancário
— Decreto-Lei n.º 32 032, de 22 de Maio de 1942 592

7.4.3. Contratos de garantia financeira
— Decreto-Lei n.º 105/2004, de 8 de Maio 592

CAP. VIII
TÍTULOS DE CRÉDITO

8.1. Lei Uniforme Relativa às Letras e Livranças
— Convenção de Genebra de 7 de Junho de 1930 596

8.2. Modelo e características das letras e livranças
— Portaria n.º 28/2000, de 27 de Janeiro 605

8.3. Protesto de letras e livranças
— Código do Notariado 611

8.4. Protestos de efeitos
— Instrução n.º 12/2005 do BdP, de 16 de Maio 613

8.5. Lei Uniforme Relativa ao Cheque
— Convenção de Genebra de 19 de Março de 1931 614

8.6. Regime jurídico do cheque sem provisão
— Decreto-Lei n.º 454/91, de 28 de Dezembro 620

8.7. Regulamento da circulação do cheque
— Aviso do BdP n.º 1741-C/98 (2.ª Série), de 4 de Fevereiro 624

8.8. Restrição ao uso de cheque
— Instrução n.º 1/98 do BdP, de 4 de Fevereiro de 1998 626

8.9. Extracto de factura
— Decreto n.º 19 490, de 21 de Março de 1931 629

CAP. IX
MERCADO DE VALORES MOBILIÁRIOS

9.1. Código dos Valores Mobiliários
— Decreto-Lei n.º 486/99, de 13 de Novembro 632

9.2. Obrigações de caixa
— Decreto-Lei n.º 408/91, de 17 de Outubro 744

9.3. Obrigações com taxas de juro indexadas
— Decreto-Lei n.º 311-A/85, de 30 de Julho 745

9.4. Emissão de obrigações por sociedades por quotas
— Decreto-Lei n.º 160/87, de 3 de Abril 745

9.5. Emissão de obrigações por entidades autorizadas
— Decreto-Lei n.º 320/89, de 25 de Setembro 746

9.6. Obrigações hipotecárias
— Decreto-Lei n.º 59/2006, de 20 de Março 746

ÍNDICE GERAL

9.7. **«Papel comercial»**
— Decreto-Lei n.º 69/2004, de 25 de Março 752

9.8. **Títulos de participação**
— Decreto-Lei n.º 321/85, de 5 de Agosto 755

9.9. ***Warrants* autónomos**
— Decreto-Lei n.º 172/99, de 20 de Maio 761

9.10. **Registo de valores mobiliários escriturais junto do emitente**
— Portaria n.º 289/2000, de 25 de Maio 763

9.11. **Modelo do registo da emissão de valores mobiliários junto do emitente**
— Portaria n.º 290/2000, de 25 de Maio 766

9.12. **Investimento em bens corpóreos**
— Decreto-Lei n.º 357-D/2007, de 31 de Outubro 768

CAP. X
SEGUROS E FUNDOS DE PENSÕES

10.1. **Acesso e exercício da actividade seguradora**
— Decreto-Lei n.º 94-B/98, de 17 de Abril 771

10.2. **Liquidação de empresas de seguros**
— Decreto-Lei n.º 90/2003, de 30 de Abril 835

10.3. **Regime jurídico do contrato de seguro**
— Decreto-Lei n.º 72/2008, de 16 de Abril 840

10.4. **Informação nos seguros de vida e de acidentes pessoais**
— Decreto-Lei n.º 384/2007, de 19 de Novembro 870

10.5. **Deveres de informação e regime do contrato de seguro**
— Decreto-Lei n.º 176/95, de 26 de Julho 872

10.6. **Seguro obrigatório de responsabilidade civil automóvel**
— Decreto-Lei n.º 291/2007, de 21 de Agosto 874

10.7. **Critérios e valores atendíveis numa proposta razoável para indemnização do dano corporal**
Portaria n.º 377/2008, de 26 de Maio 895

10.8. **Redução do valor seguro no seguro automóvel facultativo**
— Decreto-Lei n.º 214/97, de 16 de Agosto 899

10.9. **Seguro de investimento directo no estrangeiro**
— Decreto-Lei n.º 295/2001, de 21 de Novembro 900

10.10. **Seguro de crédito e de caução**
— Decreto-Lei n.º 183/88, de 24 de Maio 902

10.11. **Fundos de pensões**
— Decreto-Lei n.º 12/2006, de 20 de Janeiro 906

CAP. XI
CLASSIFICAÇÃO DAS ACTIVIDADES ECONÓMICAS E DAS EMPRESAS

11.1. Classificação de actividades económicas — Rev. 3
— Decreto-Lei n.º 381/2007, de 14 de Novembro 930

11.2. Certificação de PMEs
— Decreto-Lei n.º 372/2007, de 6 de Novembro 931

CAP. XII
ACTIVIDADES COMERCIAIS

12.1. Acesso à actividade comercial
— Decreto-Lei n.º 339/85, de 21 de Agosto 936

12.2. Cadastro dos estabelecimentos comerciais
— Decreto-Lei n.º 462/99, de 5 de Novembro 937

12.3. Instalação de estabelecimentos comerciais de produtos alimentares, não alimentares e de prestação de serviços
— Decreto-Lei n.º 259/2007, de 17 de Julho 939

12.4. Horário de funcionamento dos estabelecimentos comerciais
— Decreto-Lei n.º 48/96, de 15 de Maio 941

12.5. Horário de funcionamento das grandes superfícies comerciais contínuas
— Portaria n.º 153/96, de 15 de Maio 942

12.6. Lojas de conveniência
— Portaria n.º 154/96, de 15 de Maio 943

12.7. Estabelecimentos de comércio a retalho e conjuntos comerciais
— Decreto-Lei n.º 21/2009, de 19 de Janeiro 943

12.8. Mercados municipais
— Decreto-Lei n.º 340/82, de 25 de Agosto 953

12.9. Estatuto do vendedor ambulante
— Decreto-Lei n.º 122/79, de 8 de Maio 953

12.10. Actividade de feirante
— Decreto-Lei n.º 42/2008, de 10 de Março 957

12.11. Comércio por grosso não sedentário
— Decreto-Lei n.º 259/95, de 30 de Setembro 962

CAP. XIII
CONTRATOS MERCANTIS

13.1. Cláusulas contratuais gerais
— Decreto-Lei n.º 446/85, de 25 de Outubro 965

13.2. Práticas comerciais desleais das empresas
— Decreto-Lei n.º 57/2008, de 26 de Março 970

ÍNDICE GERAL   XXI

13.3. Discriminação em função do sexo no acesso a bens e serviços e seu fornecimento
— Lei n.º 14/2008, de 12 de Março 976

13.4. Atrasos de pagamento nas transacções comerciais
— Decreto-Lei n.º 32/2003, de 17 de Fevereiro 979

13.5. Contrato de agência
— Decreto-Lei n.º 178/86, de 3 de Julho 981

CAP. XIV
COMÉRCIO ELECTRÓNICO

14.1. Regime jurídico dos documentos electrónicos e da assinatura electrónica
— Decreto-Lei n.º 290-D/99, de 2 de Agosto 985

14.2. Regulamento dos documentos electrónicos e da assinatura digital
— Decreto Regulamentar n.º 25/2004, de 15 de Julho 995

14.3. Comércio electrónico
— Decreto-Lei n.º 7/2004, de 7 de Janeiro 1004

14.4. Factura electrónica
— Decreto-Lei n.º 196/2007, de 15 de Maio 1011

CAP. XV
EMPRESAS PRESTADORAS DE SERVIÇOS

15.1. Mediação e angariação imobiliária
— Decreto-Lei n.º 211/2004, de 20 de Agosto 1013

15.2. Actividade transitária
— Decreto-Lei n.º 255/99, de 7 de Julho 1026

15.3. Condições gerais de prestação de serviços pelas empresas transitárias
— Aprovadas pela APAT em 22 de Outubro de 2000 1030

15.4. Agências de viagens e turismo
— Decreto-Lei n.º 209/97, de 13 de Agosto 1032

15.5. Segurança privada
— Decreto-Lei n.º 35/2004, de 21 de Fevereiro 1045

15.6. Actividades secundárias sujeitas a licenciamento
— Decreto-Lei n.º 316/95, de 28 de Novembro 1054

15.7. Actividade prestamista
— Decreto-Lei n.º 365/99, de 17 de Setembro 1062

15.8. Agências funerárias
— Decreto-Lei n.º 206/2001, de 27 de Julho 1067

CAP. XVI
TRANSPORTES TERRESTRES

16.1. Lei de bases do sistema de transportes terrestres
— Lei n.º 10/90, de 17 de Março 1071

16.2.	**Transporte rodoviário interno de mercadorias**
	— Decreto-Lei n.º 239/2003, de 4 de Outubro 1079

16.3. **Convenção Relativa ao Contrato de Transporte Internacional de Mercadorias por Estrada (CMR)** 1083

CAP. XVII
TRANSPORTES MARÍTIMOS

17.1. **Convenção Internacional para a Unificação de Certas Regras em Matéria de Conhecimento de Carga (Transporte Marítimo)** 1092

17.2. **Contrato de transporte de passageiros por mar**
— Decreto-Lei n.º 349/86, de 17 de Outubro 1096

17.3. **Contrato de transporte de mercadorias por mar**
— Decreto-Lei n.º 352/86, de 21 de Outubro 1098

17.4. **Contrato de reboque marítimo**
— Decreto-Lei n.º 431/86, de 30 de Dezembro 1101

17.5. **Contrato de fretamento**
— Decreto-Lei n.º 191/87, de 29 de Abril 1103

17.6. **Agentes de navegação**
— Decreto-Lei n.º 76/89, de 3 de Março 1107

17.7. **Transporte marítimo de passageiros e mercadorias na cabotagem nacional**
— Decreto-Lei n.º 7/2006, de 4 de Janeiro 1110

17.8. **Actividade dos transportes marítimos**
— Decreto-Lei n.º 196/98, de 10 de Julho 1113

17.9. **Transportes com embarcações de tráfego local**
— Decreto-Lei n.º 197/98, de 10 de Julho 1114

17.10. **Estatuto legal do navio**
— Decreto-Lei n.º 201/98, de 10 de Julho 1116

17.11. **Responsabilidade do proprietário do navio e seus representantes**
— Decreto-Lei n.º 202/98, de 10 de Julho 1119

17.12. **Salvação marítima**
— Decreto-Lei n.º 203/98, de 10 de Julho 1121

17.13. **Regime da tripulação do navio**
— Decreto-Lei n.º 384/99, de 23 de Setembro 1124

17.14. **Remoção de destroços de navios encalhados e afundados**
— Decreto-Lei n.º 64/2005, de 15 de Março 1126

CAP. XVIII
DIREITO PENAL E CONTRA-ORDENACIONAL ECONÓMICO

18.1. **Infracções antieconómicas**
— Decreto-Lei n.º 28/84, de 20 de Janeiro 1129

ÍNDICE GERAL   XXIII

18.2. Regime geral das contra-ordenações
— Decreto-Lei n.º 433/82, de 27 de Outubro 1143

18.3. Comissão de aplicação de coimas em matéria económica e publicidade
— Decreto-Lei n.º 81/2002, de 4 de Abril 1154

18.4. Autoridade de Segurança Alimentar e Económica
— Decreto-Lei n.º 274/2007, de 30 de Julho 1155

CAP. XIX
DIREITO DA CONCORRÊNCIA

19.1. Regime jurídico da concorrência
— Lei n.º 18/2003, de 11 de Junho 1160

19.2. Atenuação especial da coima em processos de contra-ordenação por infracção às normas nacionais de concorrência
— Lei n.º 39/2006, de 25 de Agosto 1172

19.3. Procedimento de avaliação prévia das práticas referidas no n.º 1 do artigo 4.º da Lei n.º 18/2003, de 11 de Junho
— Regulamento da Autoridade de Concorrência n.º 9/2005, de 3 de Fevereiro 1174

19.4. Práticas individuais restritivas do comércio
— Decreto-Lei n.º 370/93, de 29 de Outubro 1178

19.5. Práticas comerciais com redução de preço
— Decreto-Lei n.º 70/2007, de 26 de Março 1179

CAP. XX
DIREITO DO CONSUMIDOR

20.1. Lei de defesa do consumidor
— Lei n.º 24/96, de 31 de Julho 1182

20.2. Prestação de serviços através de *call centers*
— Decreto-Lei n.º 134/2009, de 2 de Junho 1187

20.3. Responsabilidade por produtos defeituosos
— Decreto-Lei n.º 383/89, de 6 de Novembro 1190

20.4. Garantias na venda de bens de consumo
Decreto-Lei n.º 67/2003, de 8 de Abril 1191

20.5. Segurança geral dos produtos e serviços
— Decreto-Lei n.º 69/2005, de 17 de Março 1195

20.6. Informação relativa a serviços da sociedade da informação
— Decreto-Lei n.º 58/2000, de 18 de Abril 1202

20.7. Remessa de bens não encomendados
— Decreto-Lei n.º 161/77, de 21 de Abril 1206

20.8 Contratos celebrados à distância, ao domicílio e equiparados
— Decreto-Lei n.º 143/2001, de 26 de Abril 1206

20.9. Imitações perigosas
— Decreto-Lei n.º 150/90, de 10 de Maio 1213

ÍNDICE GERAL

20.10. Protecção dos utentes de serviços públicos essenciais
— Lei n.º 23/96, de 26 de Julho 1214

20.11. Caução por fornecimento de serviços públicos essenciais
— Decreto-Lei n.º 195/99, de 8 de Junho 1216

20.12. Direito a facturação telefónica detalhada
— Decreto-Lei n.º 230/96, de 29 de Novembro 1217

20.13. Língua a utilizar na informação sobre produtos ou serviços de origem estrangeira
— Decreto-Lei n.º 238/86, de 19 de Agosto 1218

20.14. Livro de reclamações
— Decreto-Lei n.º 156/2005, de 15 de Setembro 1218

20.15. Regulamento do livro de reclamações
— Portaria n.º 1288/2005, de 15 de Dezembro 1224

20.16. Promoção e comercialização de colecções em unidades ou fascículos
— Decreto-Lei n.º 331/2007, de 9 de Outubro 1225

20.17. Acções inibitórias de protecção dos consumidores
— Lei n.º 25/2004, de 8 de Julho 1226

CAP. XXI
DIREITO DA PUBLICIDADE

21.1. Código da Publicidade
— Decreto-Lei n.º 330/90, de 23 de Outubro 1228

21.2. Licenciamento da publicidade exterior
— Lei n.º 97/88, de 17 de Agosto 1235

21.3. Publicidade na proximidade das estradas nacionais fora dos aglomerados urbanos
— Decreto-Lei n.º 105/98, de 24 de Abril 1236

21.4. Publicidade domiciliária por telefone e por telecópia
— Lei n.º 6/99, de 27 de Janeiro 1238

21.5. Serviços de audiotexto
— Decreto-Lei n.º 177/99, de 21 de Maio 1240

21.6. Publicidade aos serviços de audiotexto
— Decreto-Lei n.º 175/99, de 21 de Maio 1243

CAP. XXII
PREÇOS DE BENS E SERVIÇOS

22.1. Regime-base sobre preços
— Decreto-Lei n.º 329-A/74, de 10 de Julho 1245

22.2. Regime de preços declarados
— Decreto-Lei n.º 75-Q/77, de 28 de Fevereiro 1247

22.3. Regime de preços vigiados
— Portaria n.º 650/81, de 29 de Julho 1249

22.4. Regime de preços convencionados
— Portaria n.º 450/83, de 19 de Abril 1250

ÍNDICE GERAL   XXV

22.5. **Exclusão temporária de imposição de preços mínimos**
— Portaria n.º 585/84, de 9 de Agosto 1251

22.6. **Obrigatoriedade de afixação do preço de bens e serviços**
— Decreto-Lei n.º 138/90, de 26 de Abril 1252

CAP. XXIII
SECTOR COOPERATIVO

23.1. **Código Cooperativo**
— Lei n.º 51/96, de 7 de Setembro 1257

23.2. **Cooperativas de habitação e construção**
— Decreto-Lei n.º 502/99, de 19 de Novembro 1272

23.3. **Cooperativas de comercialização**
— Decreto-Lei n.º 523/99, de 10 de Dezembro 1276

CAP. XXIV
SECTOR EMPRESARIAL ESTATAL E MUNICIPAL

24.1. **Restrições à iniciativa económica privada**
— Lei n.º 88-A/97, de 25 de Julho 1278

24.2. **Regime geral do sector empresarial do Estado e bases gerais do estatuto das empresas públicas do Estado**
— Decreto-Lei n.º 558/99, de 17 de Dezembro 1279

24.3. **Estatuto do gestor público**
— Decreto-Lei n.º 71/2007, de 27 de Março 1286

24.4. **Princípios de bom governo das empresas do sector empresarial do Estado**
— Resolução do Conselho de Ministros n.º 49/2007, de 28 de Março 1292

24.5. **Transparência financeira das empresas públicas**
— Decreto-Lei n.º 148/2003, de 11 de Julho 1295

24.6. **Sociedades anónimas participadas pelo Estado**
— Decreto-Lei n.º 65/76, de 24 de Janeiro 1297

24.7. **Regime de alienação das participações do sector público**
— Lei n.º 71/88, de 24 de Maio 1297

24.8. **Regulamento da alienação das participações do sector público**
— Decreto-Lei n.º 328/88, de 27 de Setembro 1299

24.9. **Lei-Quadro das privatizações**
— Lei n.º 11/90, de 5 de Abril 1303

24.10. **Fiscalização financeira sucessiva das empresas públicas e outras pelo Tribunal de Contas**
— Lei n.º 14/96, de 20 de Abril 1306

24.11. **Regime jurídico do sector empresarial local**
— Lei n.º 53-F/2006, de 29 de Dezembro 1307

24.12. **Parcerias público-privadas**
— Decreto-Lei n.º 86/2003, de 26 de Abril 1315

XXVI   ÍNDICE GERAL

CAP. XXV
INSOLVÊNCIA E RECUPERAÇÃO DE EMPRESAS

25.1. **Código da insolvência e da recuperação de empresas**
— Decreto-Lei n.º 53/2004, de 18 de Março 1322

25.2 **Administrador da insolvência**
— Decreto-Lei n.º 54/2004, de 18 de Março 1373

25.3. **Estatuto do administrador da insolvência**
— Lei n.º 32/2004, de 22 de Julho 1374

25.4. **Procedimento extrajudicial de conciliação relativo a empresas em dificuldades económicas**
— Decreto-Lei n.º 316/98, de 20 de Outubro 1381

25.5. **Regime de oponibilidade de acordos bilaterais de compensação**
— Decreto-Lei n.º 70/97, de 3 de Abril 1383

25.6. **Aquisição de capital por quadros técnicos e trabalhadores**
— Decreto-Lei n.º 81/98, de 2 de Abril 1383

25.7. **Benefícios aplicáveis ao procedimento extrajudicial de conciliação**
— Decreto-Lei n.º 1/99, de 4 de Janeiro 1384

25.8. **Sociedades gestoras de empresas**
— Decreto-Lei n.º 82/98, de 2 de Abril 1385

CAP. XXVI
PROPRIEDADE INDUSTRIAL

26.1. **Código da Propriedade Industrial**
— Decreto-Lei n.º 36/2003, de 5 de Março 1386

26.2. **"Marca na Hora"**
— Decreto-Lei n.º 318/2007, de 26 de Setembro 1443

26.3. **Agentes da propriedade industrial e procuradores autorizados**
— Decreto-Lei n.º 15/95, de 24 de Janeiro 1444

ÍNDICE CRONOLÓGICO

De 1888 a 1975

Carta de Lei, de 28.6.1888 (Código Comercial), de 28.6.1888	**1**
Decreto, de 26.7.1899	30
Decreto, de 14.12.1905	30
LULL (Convenção de Genebra), de 7.6.1930	**596**
LUC (Convenção de Genebra), de 19.3.1931	**614**
Decreto nº 19490, de 21.3.1931	**629**
DL nº 23721, de 29.3.1934	**596, 614**
Carta, de 10.5.1934	596, 614
Decreto nº 29637, de 28.5.1939	30
DL nº 29833, de 17.8.1939	**591**
DL nº 32032, de 22.5.1942	**592**
DL nº 32765, de 29.4.1943	**543**
DL nº 37748, de 1.2.1950	**1092**
Convenção de Genebra (CMR), de 19.5.1956	**1083**
DL nº 47344 (Código Civil), de 25.11.1966	**31**
Lei nº 4/73, de 4.6	**191**
DL nº 430/73, de 25.8	**192**
DL nº 329-A/74, de 10.7	**1245**

1976

DL nº 65/76, de 24.1	**1297**

1977

DL nº 75-Q/77, de 28.2 1245,	**1247**
DL nº 161/77, de 21.4	**1206**
DL nº 363/77, de 2.9	2, 3

1978

DL nº 344/78, de 17.11	**543**
DL nº 429/78, de 25.10	543

1979

DL nº 122/79, de 8.5	**953**
DL nº 136/79, de 18.5	**374**
DL nº 231/79, de 24.7	374

1980

DL nº 29/80, de 29.2	1247
DL nº 281/80. de 14.8	374
DL nº 402/80, de 25.9	**301**
DL nº 454/80, de 9.10	7

1981

DL nº 157/81, de 11.6	191
DL nº 231/81, de 28.7	7, **187**
Portaria nº 650/81, de 29.7	**1249**
DL nº 303/81, de 12.11	1258
DL nº 312/81, de 18.11	1258
DL nº 313/81, de 18.11	1258
DL nº 323/81, de 4.12	1258
Portaria n.º 1059/81, de 15.12	957

1982

DL nº 340/82, de 25.8	**953**
DL nº 433/82, de 27.10	**1143**
DL nº 441-A/82, de 6.11	1258

1983

Portaria nº 450/83, de 19.4	**1250**

1984

DL nº 28/84, de 20.1	**1129**
Portaria nº 585/84, de 9.8	**1251**

1985

DL nº 282/85, de 22.7	953
Regulamento (CEE) nº 2137/85, de 25.7	**194**
DL nº 311-A/85, de 30.7	**745**
DL nº 321/85, de 5.8	**755**
DL nº 339/85, de 21.8	**936**
DL nº 446/85, de 25.10	**965**

1986

DL nº 49/86, de 14.3	374
DL nº 83/86, de 6.5	543
DL nº 178/86, de 3.7	**981**

XXVIII   ÍNDICE CRONOLÓGICO

DL nº 212/86, de 1.8 374
DL nº 238/86, de 19.8 .... **1218**
DL nº 248/86, de 25.8 36
DL nº 262/86, de 2.9 .... 3, 7, **42, 147**
DL nº 281/86, de 5.9 186
DL nº 283/86, de 5.9 953
Despacho Normativo nº 93/86, de 13.10   186
DL nº 349/86, de 17.10 .... 20, **1096**
DL nº 352/86, de 21.10 .... 20, **1098**
DL nº 354/86, de 23.10 186
DL nº 368/86, de 3.11 1247
DL nº 403/86, de 3.12 .... 5, 167, **221**
DL nº 407/86, de 6.12 755
DL nº 431/86, de 30.12 .... **1101**

1987

DL nº 160/87, de 3.4 .... **745**
DL nº 184/87, de 21.4 42
DL nº 191/87, de 29.4 .... 20, **1103**
DL nº 204/87, de 16.5 543
DL nº 280/87, de 8.7 42

1988

DL nº 7/88, de 15.1 221
DL nº 15/88, de 16.1 186
DL nº 42/88, de 6.2 1218
Lei nº 71/88, de 24.5 .... **1297**
DL nº 183/88, de 24.5 .... **902**
DL nº 229-A/88, de 4.7 755
DL nº 229-B/88, de 4.7 42
Lei nº 97/88, de 17.8 .... **1235**
Decreto nº 28/88, de 6.9 1083
DL nº 328/88, de 27.9 .... **1299**
DL nº 442-B/88, de 30.11 192
DL nº 495/88, de 30.12 .... **183**

1989

DL nº 42/89, de 3.2 3
DL nº 76/89, de 3.3 .... **1107**
DL nº 290/89, de 2.9 1299
DL nº 311/89, de 21.9 755
DL nº 320/89, de 25.9 .... **746**
DL nº 336/89, de 4.10 186
DL nº 347/89, de 12.10 1129
DL nº 349/89, de 13.10 221
DL nº 356/89, de 17.10 1143
DL nº 383/89, de 6.11 .... **1190**
DL nº 418/89, de 30.11 42

1990

Lei nº 1/90, de 13.1 196
Lei nº 10/90, de 17.3 .... **1071**
Lei nº 11/90, de 5.4 .... **1303**
DL nº 138/90, de 26.4 .... **1252**
DL nº 148/90, de 9.5 .... **201**
DL nº 150/90, de 10.5 .... **1213**
DL nº 182/90, de 6.6 374
DL nº 330/90, de 23.10 .... **1228**
DL nº 373/90, de 27.11 186
DL nº 339/90, de 30.11 186

1991

DL nº 1/91, de 5.1 .... **200**
DL nº 24/91, de 11.1 .... 47, **378**
DL nº 25/91, de 11.1 .... **450**
DL nº 127/91, de 22.3 902
DL nº 135/91, de 4.4 .... **482**
DL nº 142-A/91, de 10.4 .... 5, 12, 42, 106, 148
DL nº 148/91, de 12.4 1107
DL nº 213/91, de 17.6 755
DL nº 237/91, de 2.7 .... **468**
DL nº 238/91, de 2.7 .... 42, 221, **302**
Lei nº 51/91, de 3.8 482
DL nº 372/91, de 8.10 .... **542**
DL nº 399/91, de 16.10 953
DL nº 408/91, de 17.10 .... **744**
DL nº 430/91, de 2.11 .... **532**
DL nº 454/91, de 28.12 .... **620**

1992

Lei nº 2/92, de 9.3 482
DL nº 44/92, de 31.3 186
Portaria nº 357/92, de 22.4 .... **591**
Portaria nº 942/92, de 28.9 .... **587**
DL nº 225/92, de 21.10 42
DL nº 298/92, de 31.12 .... **305**

1993

DL nº 20/93, de 26.1 42
DL nº 31/93, de 12.2 221
DL nº 74/93, de 10.3 1228
DL nº 118/93, de 13.4 981
DL nº 252/93, de 14.7 953
DL nº 255/93, de 15.7 .... **574**
DL nº 267/93, de 31.7 .... 48, **182**, 221
DL nº 316/93, de 21.9 .... **485**
DL nº 370/93, de 29.10 .... **1178**
DL nº 382/93, de 18.11 186
DL nº 387/93, de 20.11 542

1994

DL nº 3/94, de 11.1 .... **453**
DL nº 22/94, de 27.1 468
DL nº 110/94, de 28.4 .... **402**
DL nº 163/94, de 4.6 .... **449**
DL nº 216/94, de 20.8 221
DL nº 220/94, de 23.8 .... **544**
DL nº 247/94, de 7.10 450
DL nº 260/94, de 22.10 .... **392**
DL nº 262/94, de 22.10 1245
DL nº 306/94, de 19.12 186
DL nº 318/94, de 24.12 183

1995

DL nº 6/95, de 17.1 .... 1129, 1228
DL nº 15/95, de 24.1 .... **1444**

ÍNDICE CRONOLÓGICO

Portaria nº 126/95, de 4.2	**587**
DL nº 48/95, de 15.3	1129
DL nº 72/95, de 15.4	**393**
DL nº 127/95, de 1.6	302
DL nº 149/95, de 24.6	**584**
DL nº 166/95, de 15.7	**448**
DL nº 171/95, de 18.7	**393**
DL nº 176/95, de 26.7	**872**
DL nº 206/95, de 14.8	**394**
DL nº 207/95, de 14.8	**611**
DL nº 220/95, de 31.8	965
DL nº 230/95, de 12.9	378
DL nº 240/95, de 13.9	196
DL nº 244/95, de 14.9	1143
DL nº 246/95, de 14.9	305
DL nº 259/95, de 30.9	**962**
DL nº 261/95, de 3.10	42, 106
DL nº 298/95, de 18.11	453
DL nº 316/95, de 28.11	**1054**
DL nº 328/95, de 9.12	42, 221

1996

Lei nº 14/96, de 20.4	**1306**
DL nº 48/96, de 15.5	**941**
Portaria nº 153/96, de 15.5	**942**
Portaria nº 154/96, de 15.5	**943**
Lei nº 19/96, de 25.6	186
Lei nº 23/96, de 26.7	**1214**
Lei n.º 24/96, de 31.7	**1182**
DL nº 126/96, de 10.8	941
Lei nº 51/96, de 7.9	**1257**
DL nº 216/96, de 20.11	941
Resol. do Cons. de Ministros nº 189/96, de 28.11	1182
DL nº 230/96, de 29.11	**1217**
DL nº 232/96, de 5.12	305
DL nº 257/96, de 31.12	4, 42, 221

1997

DL nº 17/97, de 21.1	449
DL nº 61/97, de 25.3	1228
DL n.º 67/97, de 3.4	186
DL nº 70/97, de 3.4	**1383**
Lei nº 88-A/97, de 25.7	**1278**
DL nº 209/97, de 13.8	**1032**
DL nº 214/97, de 16.8	**899**
Lei nº 107/97, de 16.9	186
DL nº 265/97, de 2.10	584
DL nº 316/97, de 19.11	620
DL nº 319/97, de 25.11	374
DL nº 320/97, de 25.11	378

1998

Instrução nº 1/98 do B. de Portugal, de 4.2	**626**
Aviso nº 1741-C/98 (2ª Série), de 4.2	**624**
DL nº 78-A/98, de 31.3	**175**
DL nº 81/98, de 2.4	**1383**
DL nº 82/98, de 2.4	**1385**

DL nº 94-B/98, de 17.4	**771**
DL nº 99/98, de 21.4	449
DL nº 101/98, de 21.4	962
DL nº 105/98, de 24.4	**1236**
DL nº 129/98, de 13.5	167, **203**
DL nº 140/98, de 16.5	1178
DL nº 196/98, de 10.7	**1113**
DL nº 197/98, de 10.7	**1114**
DL nº 201/98, de 10.7	20, **1116**
DL nº 202/98, de 10.7	20, **1119**
DL nº 203/98, de 10.7	30, **1121**
Lei nº 31-A/98, de 14.7	1228
DL nº 211/98, de 16.7	**395**
DL nº 314/98, de 17.10	**177**
DL nº 316/98, de 20.10	**1381**
DL nº 343/98, de 6.11	36, 42, 744, 1257
DL nº 349/98, de 11.11	**571**
DL nº 368/98, de 23.11	221
DL nº 378/98, de 27.11	183
DL nº 380/98, de 27.11	611
DL nº 396/98, de 17.12	186
DL nº 397/98, de 17.12	186

1999

DL nº 1/99, de 4.1	**1384**
DL nº 12/99, de 11.1	1032
Lei nº 6/99, de 27.1	**1238**
DL nº 20/99, de 28.1	1129
DL nº 38/99, de 6.2	186
DL nº 102/99, de 31.3	378
DL nº 131/99, de 21.4	1257
DL nº 137-B/99, de 22.4	571
DL nº 162/99, de 13.5	1129, 1252
DL nº 166/99, de 13.5	1236
DL nº 172/99, de 20.5	221, **761**
DL nº 175/99, de 21.5	**1243**
DL nº 177/99, de 21.5	**1240**
DL nº 195/99, de 8.6	**1216**
DL nº 198/99, de 8.6	221
DL nº 203/99, de 9.6	186
DL nº 214/99, de 15.6	902
DL nº 222/99, de 22.6	305
DL nº 249/99, de 7.7	965
DL nº 255/99, de 7.7	**1026**
DL nº 290-D/99, de 2.8	**985**
DL nº 303/99, de 3.8	186
DL nº 365/99, de 17.9	**1062**
DL nº 375-A/99, de 20.9	221
DL nº 384/99, de 23.9	20, **1124**
DL nº 410/99, de 15.10	221
DL nº 453/99, de 5.11	**454**
DL nº 462/99, de 5.11	**937**
DL nº 486/99, de 13.11	42, 105, **632**
DL nº 487/99, de 16.11	**263**
DL nº 502/99, de 19.11	**1272**
DL nº 522/99, de 10.12	1258
DL nº 523/99, de 10.12	**1276**
DL nº 533/99, de 11.12	221
DL nº 558/99, de 17.12	**1279**

2000

DL nº 1-A/2000, de 22.1	571
Portaria nº 28/2000, de 27.1	**605**
DL nº 27-C/2000, de 10.3	**515**
DL nº 36/2000, de 14.3 ...... 36, 42, 191, 192	
Lei nº 3-B/2000, de 4.4	1071
DL nº 58/2000, de 18.4	**1202**
DL nº 87/2000, de 12.5	175
Portaria nº 289/2000, de 25.5	**763**
Portaria nº 290/2000, de 25.5	**766**
DL nº 181/2000, de 10.8	744
Aviso do Banco de Portugal nº 5/2000, de 16.9	**535**
DL nº 250/2000, de 13.10	305
DL nº 279/2000, de 10.11	**359**
DL nº 320/2000, de 15.12	571

2001

DL nº 3/2001, de 10.1	186
DL nº 12/2001, de 25.1	203
DL nº 19/2001, de 30.1	395
Condições Gerais de Prestação de Serviços pelas Empresas Transitárias, de 1.3.2001	**1030**
DL nº 27/2001, de 3.2	**540**
DL nº 51/2001, de 15.2	1228
DL nº 53/2001, de 15.2	453
DL nº 54/2001, de 15.2	1444
DL nº 108/2001, de 6.4	1257
DL nº 131/2001, de 24.4	1190
DL nº 143/2001, de 26.4 ...... 1129, **1206**	
DL nº 148/2001, de 7.5	1243
Lei nº 13/2001, de 4.6	1129
DL nº 206/2001, de 27.7	**1067**
Lei nº 95/2001, de 20.8 ...... 1240, 1243	
DL nº 235/2001, de 30.8	46
DL nº 237/2001, de 30.8	42
DL nº 262/2001, de 28.9	**401**
DL nº 273/2001, de 13.10	221
DL nº 285/2001, de 3.11 ...... 305, 393, 584	
Aviso do Banco de Portugal nº 11/2001, de 20.11	**519**
DL nº 295/2001, de 21.11	**900**
Lei nº 108/2001, de 28.11	1129
DL nº 323/2001, de 17.12 ...... 50, 192, 203, 221, 620, 965, 1098, 1143	
Lei nº 109/2001, de 24.12	1143
DL nº 332/2001, de 24.12	1228
Lei nº 109-B/2001, de 27.12	183

2002

DL n.º 8-C/2002, de 11.1	771
DL nº 9/2002, de 24.1	953
DL nº 42/2002, de 2.3	**399**
Aviso do Banco de Portugal nº 1/2002, de de 13.3	**535**
DL nº 60/2002, de 20.3	**428**
DL nº 61/2002, de 20.3	632
DL nº 81/2002, de 4.4	**1154**
DL nº 82/2002, de 5.4	454
DL nº 162/2002, de 11.7	42
DL nº 169/2002, de 25.7	771

DL nº 185/2002, de 20.8	1315
DL nº 186/2002, de 21.8	**391**, 393
DL nº 187/2002, de 21.8	**480**
DL nº 201/2002, de 26.9	305, 378
DL nº 206/2002, de 16.10	1444
DL nº 231/2002, de 2.11	571
DL nº 319/2002, de 28.12	305

2003

DL nº 10/2003, de 18.1	1178
DL nº 32/2003, de 17.2	6, **979**
DL nº 36/2003, de 5.3	**1386**
DL nº 38/2003, de 8.3	632
DL nº 62/2003, de 3.4	985
DL nº 67/2003, de 8.4 ...... 1182, **1191**	
DL nº 72-A/2003, de 14.4	771
DL nº 83/2003, de 24.4	620
DL nº 86/2003, de 26.4	**1315**
DL nº 90/2003, de 30.4 ...... 771, **835**	
DL nº 107/2003, de 4.6 ...... 42, 221, 632	
Lei nº 18/2003, de 11.6	**1160**
DL nº 148/2003, de 11.7	**1295**
DL nº 183/2003, de 19.8	632
Lei nº 32/2003, de 22.8	1228
Aviso do Banco de Portugal nº 10/2003, de 17.9	**537**
DL nº 239/2003, de 4.10 ...... 12, **1079**	
DL nº 251/2003, de 14.10	771
DL nº 252/2003, de 17.10 ...... 305, **403**, 428	
DL nº 295/2003, de 21.11	**520**
DL nº 303/2003, de 5.12	454
DL nº 305/2003, de 9.12	571
Lei nº 107-B/2003, de 31.12	540

2004

DL nº 7/2004, de 7.1	**1004**
DL nº 35/2004, de 21.2	**1045**
DL nº 53/2004, de 18.3 ...... 31, 221, **1322**	
DL nº 60/2004, de 22.3	872
DL nº 66/2004, de 24.3	632
DL nº 69/2004, de 25.3	**752**
DL nº 70/2004, de 25.3 ...... 221, 761	
DL nº 88/2004, de 20.4	42
DL nº 105/2004, de 8.5	**592**
Portaria nº 734/2004, de 28.6	1040
DL nº 165/2004, de 6.7	985
Lei nº 25/2004, de 8.7	**1226**
Decreto Regulamentar nº 25/2004, de 15.7	**995**
Lei nº 32/2004, de 22.7	**1374**
DL nº 200/2004, de 18.8	1322
DL nº 201/2004, de 18.8	1381
DL nº 204/2004, de 19.8	1257
DL nº 211/2004, de 20.8	**1013**
Portaria nº 1326/2004, de 19.10	1021
DL nº 224/2004, de 4.12	1228
DL nº 229/2004, de 10.12	186
Lei nº 55-B/2004, de 30.12	540

ÍNDICE CRONOLÓGICO

2005

DL nº 2/2005, de 4.1 .... **179**, 203, 221
DL nº 13/2005, de 7.1 428
DL nº 19/2005, de 18.1 42
Portaria nº 66/2005, de 25.1 1019
Reg. Aut. da Concorrência nº 9/2005, de 3.2 **1174**
DL nº 35/2005, de 17.2 .... 42, 221, 302
DL nº 41/2005, de 18.2 1067
DL nº 64/2005, de 15.3 .... 1119, **1126**
DL nº 69/2005, de 17.3 .... **1195**
Instrução nº 12/2005 do B. de Portugal,
    de 16.5 .... **613**
Resolução do CM nº 95/2005, de 24.5 ..... **1225**
Aviso do Banco de Portugal nº 10/2005,
    de 24.6 .... 535, **538**
DL nº 107/2005, de 1.7 979
DL nº 111/2005, de 8.7 .... 42, **163**, 221
Portaria nº 590-A/2005, de 14.7 .... **162**
Aviso do Banco de Portugal nº 11/2005,
    de 21.7 .... **528**
DL nº 120/2005, de 26.7 1295
Lei nº 48/2005, de 29.8 620
DL nº 156/2005, de 15.9 .... **1218**
DL nº 198/2005, de 10.11 1045
Portaria nº 1288/2005, de 15.12 .... **1224**
Lei nº 60-A/2005, de 30.12 571

2006

DL nº 7/2006, de 4.1 .... **1110**
DL nº 12/2006, de 20.1 .... **906**
Lei nº 5/2006, de 23.2 186
Lei nº 6/2006, de 27.2 186
DL nº 52/2006, de 15.3 .... 42, 221, 403, 454,
                  632, 744, 752
DL nº 59/2006, de 20.3 .... **746**
DL nº 76-A/2006, de 29.3 ... 3, 4, 5, 36, 42, **43**, 48,
    163, 177, 179, 186,191, 203, 221, 378, 771,
        1032, 1257, 1258, 1272, 1276, 1322
DL nº 76-A/2006 (Anexo III), de 29.3..... **156**
DL nº 95/2006, de 29.5 .... **565**
DL nº 116-A/2006, de 16.6 985
DL nº 125/2006, de 29.6 .... 163, **170**, 203
Portaria nº 657-A/2006, de 29.6 .... **243**
Portaria nº 657-B/2006, de 29.6 .... **262**
Portaria nº 657-C/2006, de 29.6 .... **173**
DL nº 141/2006, de 27.7 1315
DL nº 145/2006, de 31.7 .... 305, 771
Lei nº 39/2006, de 25.8 .... **1172**
DL nº 199/2006, de 25.10 369
DL nº 219/2006, de 2.11 .... 632, 1160
Portaria nº 1416-A/2006, de 19.12 .... 243, **253**
DL nº 240/2006, de 22.12 .... **580**
Lei nº 53-F/2006, de 29.12 .... **1307**

2007

DL nº 8/2007, de 17.1 .... 36, 42, 44, 48,
                   203, 221, **257**
DL nº 13/2007, de 19.1 480

DL nº 18/2007, de 22.1 .... **533**
Aviso do Banco de Portugal nº 2/2007,
    de 8.2 528
Aviso do Banco de Portugal nº 3/2007,
    de 12.2 .... **534**
DL nº 31/2007, de 14.2 .... 900, 902
DL nº 51/2007, de 7.3 .... **578**
DL nº 61/2007, de 14.3 .... 520, **527**
DL nº 69/2007, de 26.3 1295
DL nº 70/2007, de 26.3 .... 1129, **1179**
DL nº 71/2007, de 27.3 .... **1286**
Resolução do CdM nº 49/2007,
    de 28.3 .... **1292**
DL nº 100/2007, de 2.4 1216
DL nº 104/2007, de 3.4 305
DL nº 107/2007, de 10.4 571
Decreto Regulamentar nº 57/2007,
    de 27.4 1195
Portaria nº 562/2007, de 30.4 .... 243, 253
Portaria nº 499/2007, de 30.4 .... **261**
DL nº 171/2007, de 8.5 .... **583**
DL nº 180/2007, de 9.5 906
DL nº 188/2007, de 11.5 374
DL nº 196/2007, de 15.5 .... **1011**
DL nº 259/2007, de 17.7 .... **939**
DL nº 263/2007, de 20.7 1032
DL nº 263-A/2007, de 23.7 540
DL nº 274/2007, de 27.7 .... **1155**
DL nº 282/2007, de 7.8 .... 1322, 1374
Lei nº 37/2007, de 14.8 1228
DL nº 291/2007, de 21.8 .... 771, **874**
DL nº 300/2007, de 23.8 1279
DL nº 309-A/2007, de 7.9 395
DL nº 318/2007, de 26.9 .... 156, 163, 170, 221,
                   1386, **1443**
DL nº 331/2007, de 9.10 .... **1225**
DL nº 357-A/2007, de 31.10 .... 42, 48, 114, 115,
    120, 305, 401, 403, 428, 632, 771, 872, 906
DL nº 357-D/2007, de 31.10 .... **768**
DL nº 360/2007, de 2.11 1386
DL nº 371/2007, de 6.11 1218
DL nº 375/2007, de 8.11 .... **472**
DL nº 381/2007, de 14.11 .... **930**
DL nº 384/2007, de 19.11 .... **870**

2008

DL nº 1/2008, de 3.1 305
Portaria nº 70/2008, de 23.1 1224
DL nº 18/2008, de 29.1 1160
DL nº 30/2008, de 25.2 584
Lei n.º 12/2008, de 26.2 1214
DL nº 34/2008, de 26.2 221
DL nº 42/2008, de 10.3 .... **957**
DL nº 43/2008, de 10.3 1071
Lei nº 14/2008, de 12.3 .... **976**
Portaria nº 234/2008, de 12.3 243
DL nº 57/2008, de 26.3 .... **970**, 1206, 1228
Portaria nº 245/2008, de 27.3 261

XXXII ÍNDICE CRONOLÓGICO

Lei nº 16/2008, de 1.4 1386
DL nº 72/2008, de 16.4 .... 17, 771, **840**, 872
DL nº 73/2008, de 16.4 .... 221, **251**
Lei nº 20/2008, de 21.4 1129
DL n.º 82/2008, de 20.5 1206
DL nº 84/2008, de 21.5. 1191
Portaria nº 377/2008, de 26.5 .... **885**
Portaria nº 378/2008, de 26.5 958
DL nº 88/2008, de 29.5 .... 532, 578, 583
Lei nº 24/2008, de 2.6 1214
DL nº 116/2008, de 4.7 .... 221, 257, 1322
Portaria nº 621/2008, de 18.7 162
DL nº 126/2008, de 21.7 305
DL nº 143/2008, de 25.7 1386
DL nº 145/2008, de 28.7 1079
DL nº 153/2008, de 6.8 874
Lei nº 38/2008, de 8.8 1045
Portaria nº 896/2008, de 18.8 1224
DL nº 171/2008, de 26.8 .... **581**
Lei nº 52/2008, de 28.8 .... 1160, 1386
DL nº 209/2008, de 29.10 939
DL nº 211-A/2008, de 3.11 .... 305, 403, 428,
454, 632, 771
DL nº 224/2008, de 20.11 263
DL nº 225/2008, de 20.11 .... **294**
Lei nº 63-A/2008, de 24.11 .... **359**
DL nº 247-B/2008, de 30.12 .... 42, 48, 163, 170,
203, **216**, 221, 251, 1279
Lei nº 64-A/2008, de 31.12 .... **445**
Portaria nº 1553-A/2008, de 31.12 .... **447**

2009

Portaria nº 3/2009, de 2.1 .... **169**
Portaria nº 4/2009, de 2.1 .... **220**, 243
DL nº 8/2009, de 7.1 21
DL nº 21/2009, de 19.1 .... **943**
DL nº 62/2009, de 10.3 1004

DL nº 63/2009, de 10.3 .... 1240, 1243
DL nº 64/2009, de 20.3 .... **178**
DL nº 88/2009, de 9.4 985
Portaria nº 493-A/2009, de 8.5 .... **364**
Lei nº 19/2009, de 12.5 .... 42, 48, **150**, 221
DL nº 103/2009, de 12.5 .... **582**
DL nº 118/2009, de 19.5 1218
DL nº 122/2009, de 21.5 .... 203, 221
Portaria nº 547/2009, de 25.5 .... **248**
DL nº 133/2009, de 2.6 .... **548**
DL nº 134/2009, de 2.6 .... **1187**
Portaria nº 597/2009, de 4.6 987
DL nº 142/2009, de 16.6 378
Lei nº 28/2009, de 19.6 .... 305, 632, 771
DL nº 148/2009, de 25.6 403
Portaria nº 679/2009, de 25.6 895
Lei nº 29/2009, de 29.6 203
Lei nº 34/2009, de 14.7 1374
DL nº 162/2009, de 20.7 305
DL nº 185/2009, de 12.8 .... 42, 48, 221, 263,
632, 1322
DL nº 192/2009, de 17.8 578
Lei nº 94/2009, de 1.9 305
DL nº 222/2009, de 11.9 .... 571, **575**
DL nº 292/2009, de 13.10 .... 221, 257
Portaria nº 1256/2009, de 14.10 .... 243, 253
DL nº 317/2009, de 30.10 .... 305, 453, **487**, 533,
565, 1206, 1218

2010

DL nº 3/2010, de 5.1 .... **518**
DL nº 12/2010, de 19.2 .... **402**
Lei nº 3/2010, de 27.4 979
DL nº 49/2010, de 19.5 .... 42, 48, 632
DL nº 52/2010, de 26.5 .... 305, 632, 771
DL nº 71/2010, de 18.6 ..... 294, 305, 403, 428, 632
DL nº 72-A/2010, de 18.6 .... 548, 1187
Lei n.º 17/2010, de 4-8 1444

CAP. I
CÓDIGO COMERCIAL

1.1. CARTA DE LEI
28 de Junho de 1888

DOM LUÍS, por graça de Deus Rei de Portugal e dos Algarves, etc. Fazemos saber a todos os nossos súbditos, que as cortes gerais decretaram e nós queremos a lei seguinte:

ARTIGO 1.º – É aprovado o Código Comercial que faz parte da presente lei.

ART. 2.º – As disposições do dito Código consideram-se promulgadas e começarão a ter vigor em todo o continente do reino e ilhas adjacentes no dia 1.º de Janeiro de 1889.

ART. 3.º – Desde que principiar a ter vigor o Código, ficará revogada toda a legislação anterior que recair nas matérias que o mesmo Código abrange, e em geral toda a legislação comercial anterior.

§ 1.º Fica salva a legislação do processo não contrária às disposições do novo Código, bem como a que regula o comércio entre os portos de Portugal, ilhas e domínios portugueses em qualquer parte do mundo, quer por exportação, quer por importação e reciprocamente.

§ 2.º O Governo poderá suspender temporariamente a execução da legislação ressalvada na parte final do parágrafo anterior, com respeito à Ilha da Madeira, dando conta do uso que fizer desta autorização.

ART. 4.º – Toda a modificação que de futuro se fizer sobre matéria contida no Código Comercial será considerada como fazendo parte dele e inserida no lugar próprio, quer seja por meio de substituição de artigos alterados, quer pela supressão de artigos inúteis, ou pelo adicionamento dos que forem necessários.

ART. 5.º – Uma comissão de jurisconsultos e comerciantes será encarregada pelo Governo, durante os primeiros cinco anos da execução do Código Comercial, de receber todas as representações, relatórios dos tribunais, e quaisquer observações relativamente ao melhoramento do mesmo Código, e à solução das dificuldades que possam dar-se na execução dele.

§ único. Esta comissão fará anualmente um relatório ao Governo e proporá quaisquer providências que para o indicado fim lhe pareçam necessárias ou convenientes.

ART. 6.º – O Governo fará os regulamentos necessários para a execução da presente lei.

ART. 7.º – É o Governo autorizado a tornar extensivo o Código Comercial às províncias ultramarinas, ouvidas as estações competentes, e fazendo-lhes as modificações que as circunstâncias especiais das mesmas províncias exigirem.

ART. 8.º – Fica o Governo autorizado a, ouvidos os relatores das comissões parlamentares especiais que deram parecer sobre o Código do Comércio, rever o mesmo Código no intuito de, quando se mostre necessário, corrigir quaisquer erros de redacção, coordenar a numeração dos respectivos artigos, e eliminar as referências a disposições suprimidas a fim de poder proceder à publicação oficial do mesmo Código.

ART. 9.º – Fica revogada a legislação contrária a esta.

1.2. CÓDIGO COMERCIAL PORTUGUÊS

LIVRO PRIMEIRO
DO COMÉRCIO EM GERAL

TÍTULO I — DISPOSIÇÕES GERAIS

ART. 1.º (Âmbito da lei comercial) – A lei comercial rege os actos de comércio, sejam ou não comerciantes as pessoas que neles intervêm.

ART. 2.º (Noção de actos de comércio) – Serão considerados actos de comércio todos aqueles que se acharem especialmente regulados neste Código e, além deles, todos os contratos e obrigações dos comerciantes, que não forem de natureza exclusivamente civil, se o contrário do próprio acto não resultar.

ART. 3.º (Interpretação e integração) – Se as questões sobre direitos e obrigações comerciais não puderem ser resolvidas, nem pelo texto da lei comercial, nem pelo seu espírito, nem pelos casos análogos nela prevenidos, serão decididas pelo direito civil.

ART. 4.º (Norma de conflitos) – Os actos de comércio serão regulados:

1.º Quanto à substância e efeitos das obrigações, pela lei do lugar onde forem celebrados, salva convenção em contrário;

2.º Quanto ao modo do seu cumprimento, pela do lugar onde este se realizar;

3.º Quanto à forma externa, pela lei do lugar onde forem celebrados, salvo nos casos em que a lei expressamente ordenar o contrário.

§ único. O disposto no n.º 1 deste artigo não será aplicável quando da sua execução resultar ofensa ao direito público português ou aos princípios de ordem pública.

ART. 5.º (*Revogado* e substituído pelos arts. 65.º e 82.º-2 do CPC).

ART. 6.º (Lei reguladora das relações comerciais com estrangeiros) – Todas as disposições deste Código serão aplicáveis às relações comerciais com estrangeiros, excepto nos casos em que a lei expressamente determine o contrário, ou se existir tratado ou convenção especial que de outra forma as determine e regule.

TÍTULO II — DA CAPACIDADE COMERCIAL E DOS COMERCIANTES

CAPÍTULO I — Da capacidade comercial

ART. 7.º (Capacidade de exercício de actos de comércio) – Toda a pessoa, nacional ou estrangeira, que for civilmente capaz de se obrigar, poderá praticar actos de comércio, em qualquer parte destes reinos e seus domínios, nos termos e salvas as excepções do presente Código.

ART. 8.º (*Revogado* pelo art. 1.º do DL n.º 363/77, de 2-9).

ART. 9.º (*Revogado* pelo art. 1.º do DL n.º 363/77, de 2-9).

ART. 10.º (Moratória) – Não há lugar à moratória estabelecida no n.º 1 do artigo 1696.º do Código Civil quando for exigido de qualquer dos cônjuges o cumprimento de uma obrigação emergente de acto de comércio, ainda que este o seja apenas em relação a uma das partes.

1. Redacção do art. 2.º do DL n.º 363/77, de 2-9, cuja razão de ser o respectivo relatório assim justifica:

«No artigo 2.º modifica-se a redacção do artigo 10.º do Código Comercial, bem como a interpretação que lhe foi dada pelo Assento do Supremo Tribunal de Justiça de 17 de Novembro de 1964.

O texto actual do artigo 10.º contempla apenas as dívidas comerciais do marido, ou melhor, as dívidas comerciais da exclusiva responsabilidade do marido. Todavia, já se vinha entendendo que a sua doutrina se aplica também às dívidas comerciais validamente contraídas pela mulher casada e da sua exclusiva responsabilidade.

Entendeu-se que se devia consagrar expressamente essa doutrina no corpo do artigo, em consonância com o princípio da igualdade dos cônjuges.

Por outro lado, aproveitou-se a oportunidade para consagrar na lei a doutrina que interpreta a expressão dívidas comerciais, constante do artigo 10.º, no sentido de que devem considerar-se como tais tanto as que resultem de actos de comércio bilaterais como unilaterais e quer estes o sejam pelo lado do devedor, quer pelo credor. Deste modo se revoga a segunda parte do citado assento de 17 de Novembro de 1964, que decidiu não ser aplicável o artigo 10.º ao outorgante em relação ao qual o acto não é mercantil.

O § 1.º do actual artigo 10.º é dispensável, dado o disposto no artigo 825.º, n.ᵒˢ 2 e 3, do Código de Processo Civil. O-mesmo se diga do 2.º, em face da norma do artigo 1697.º, n.º 2, do Código Civil.»

No domínio das relações imediatas, pode discutir-se se as obrigações cambiárias, como a resultante do aval, têm ou não natureza cambiária (ASSENTO do STJ, de 27-11-1964: *BMJ*, 141.º-171).

FIRMA   [ART. 11.º]   3

Nas execuções fundadas em títulos de crédito, o pagamento das dívidas comerciais, de qualquer dos cônjuges, que houver de ser feito pela meação do devedor nos bens comuns do casal, só está livre da moratória estabelecida no n.º 1 do artigo 1696.º do Código Civil, ao abrigo do disposto no artigo 10.º do Código Comercial, mesmo no domínio das relações mediatas, se estiver provada a comercialidade substancial da dívida exequenda. (ASSENTO do STJ, de 13-4-1978: *BMJ*, 276.º-99).

ART. 11.º (*Revogado* pelo art. 1.º do DL n.º 363/77, de 2-9).

ART. 12.º (Lei reguladora da capacidade) – A capacidade comercial dos portugueses que contraem obrigações mercantis em país estrangeiro, e a dos estrangeiros que as contraem em território português, será regulada pela lei do país de cada um, salvo quanto aos últimos naquilo em que for oposta ao direito público português.

CAPÍTULO II — Dos comerciantes

ART. 13.º (Quem é comerciante) – São comerciantes:
1.º As pessoas que, tendo capacidade para praticar actos de comércio, fazem deste profissão;
2.º As sociedades comerciais.

ART. 14.º (Quem não pode exercer o comércio) – É proibida a profissão do comércio:
1.º Às associações ou corporações que não tenham por objecto interesses materiais;
2.º Aos que por lei ou disposições especiais não possam comerciar.

ART. 15.º (Dívidas comerciais do cônjuge comerciante) – As dívidas comerciais do cônjuge comerciante presumem-se contraídas no exercício do seu comércio.

Redacção do art. 3.º do DL n.º 363/77, de 2-9, que o respectivo relatório assim justifica: «A nova redacção dada pelo artigo 3.º ao artigo 15.º do Código Comercial coloca os dois cônjuges em pé de igualdade no tocante às dívidas comerciais dos comerciantes; aproveita-se o ensejo para pôr de acordo o artigo 15.º do Código Comercial com a alínea *d*) do n.º 1 do artigo 1691.º do Código Civil. Este preceito veio lançar confusão na doutrina e na jurisprudência, dando azo a que se entendesse, contra a opinião dominante, ter ele revogado o artigo 15.º».
Na sua anterior formulação prescrevia este artigo que as dívidas provenientes de actos comerciais contraídas só pelo marido comerciante, sem outorga da mulher, presumir-se-ão aplicadas em proveito comum dos cônjuges.

ART. 16.º (*Revogado* pelo art. 1.º do DL n.º 363/77, de 2-9).

ART. 17.º (Condição do Estado e dos corpos e corporações administrativas) – O Estado, o distrito, o município e a paróquia não podem ser comerciantes, mas podem, nos limites das suas atribuições, praticar actos de comércio, e quanto a estes ficam sujeitos às disposições deste Código.
§ único. A mesma disposição é aplicada às misericórdias, asilos e mais institutos de beneficência e caridade.

ART. 18.º (Obrigações especiais dos comerciantes) – Os comerciantes são especialmente obrigados:
1.º A adoptar uma firma;
2.º A ter escrituração mercantil;
3.º A fazer inscrever no registo comercial os actos a ele sujeitos;
4.º A dar balanço, e a prestar contas.

TÍTULO III — DA FIRMA

ARTS. 19.º a 28.º (Os arts. 21.º a 23.º foram *revogados* pelo art. 3.º do DL n.º 262/86, de 2-9, que aprovou o novo CSC; os arts. 19.º, 20.º e-24.º a 28.º foram *revogados* pelo art. 88.º do DL n.º 42/89, de 3-2).

TÍTULO IV — DA ESCRITURAÇÃO

ART. 29.º (Obrigatoriedade da escrituração mercantil) – Todo o comerciante é obrigado a ter escrituração mercantil efectuada de acordo com a lei.

Redacção do art. 8.º do DL n.º 76-A/2006, de 29-3, com início de vigência em 30.6.2006.

ART. 30.º (Liberdade de organização da escrituração mercantil) – O comerciante pode escolher o modo de organização da escrituração mercantil, bem como o seu suporte físico, sem prejuízo do disposto no artigo seguinte.

Redacção do art. 8.º do DL n.º 76-A/2006, de 29-3, com início de vigência em 30.6.2006.

ART. 31.º (Livros obrigatórios) – 1 – As sociedades comerciais são obrigadas a possuir livros para actas.
2 – Os livros de actas podem ser constituídos por folhas soltas numeradas sequencialmente e rubricadas pela administração ou pelos membros do órgão social a que respeitam ou, quando existam, pelo secretário da sociedade ou pelo presidente da mesa da assembleia geral da sociedade, que lavram, igualmente, os termos de abertura e de encerramento, devendo as folhas soltas ser encadernadas depois de utilizadas.

Redacção do art. 8.º do DL n.º 76-A/2006, de 29-3, com início de vigência em 30.6.2006.

4   [ART. 37.º]   CÓDIGO COMERCIAL

ART. 32.º (*Revogado* pelo art. 61.º-*d*), do DL n.º 76-A/2006, de 29-3, com início de vigência em 30.6.2006).

ART. 33.º (*Revogado* pelo art. 61.º-*d*), do DL n.º 76-A/2006, de 29-3, com início de vigência em 30.6.2006).

ART. 34.º (*Revogado* pelo art. 61.º-*d*), do DL n.º 76-A/2006, de 29-3, com início de vigência em 30.6.2006).

ART. 35.º (*Revogado* pelo art. 61.º-*d*), do DL n.º 76-A/2006, de 29-3, com início de vigência em 30.6.2006).

ART. 36.º (*Revogado* pelo art. 61.º-*d*), do DL n.º 76-A/2006, de 29-3, com início de vigência em 30.6.2006).

ART. 37.º (**Função e redacção das actas das sociedades**) – Os livros ou as folhas das actas das sociedades servirão para neles se lançarem as actas das reuniões de sócios, de administradores e dos órgãos sociais, devendo cada uma delas expressar a data em que foi celebrada, os nomes dos participantes ou referência à lista de presenças autenticada pela mesa, os votos emitidos, as deliberações tomadas e tudo o mais que possa servir para fazer conhecer e fundamentar estas, e ser assinada pela mesa, quando a houver, e, não a havendo, pelos participantes.

Redacção introduzida pelo art. 7.º do DL n.º 257/96, de 31-12.

ART. 38.º (**Quem pode fazer a escrita**) – Todo o comerciante pode fazer a sua escrituração mercantil por si ou por outra pessoa a quem para tal fim autorizar.

§ único. Se o comerciante por si próprio não fizer a escrituração, presumir-se-á que autorizou a pessoa que a fizer.

ART. 39.º (**Requisitos externos dos livros de actas**) – 1 – Sem prejuízo da utilização de livros de actas em suporte electrónico, as actas devem ser lavradas sem intervalos em branco, entrelinhas ou rasuras.

2 – No caso de erro, omissão ou rasura deve tal facto ser ressalvado antes da assinatura.

Redacção do art. 8.º do DL n.º 76-A/2006, de 29-3, com início de vigência em 30.6.2006.

ART. 40.º (**Obrigação de arquivar a correspondência, a escrituração mercantil e os documentos**) – 1 – Todo o comerciante é obrigado a arquivar a correspondência emitida e recebida, a sua escrituração mercantil e os documentos a ela relativos, devendo conservar tudo pelo período de 10 anos.

2 – Os documentos referidos no número anterior podem ser arquivados com recurso a meios electrónicos.

Redacção do art. 8.º do DL n.º 76-A/2006, de 29-3, com início de vigência em 30.6.2006.

ART. 41.º (**Inspecções à escrita**) – As autoridades administrativas ou judiciárias, ao analisarem se o comerciante organiza ou não devidamente a sua escrituração mercantil, devem respeitar as suas opções, realizadas nos termos do artigo 30.º.

Redacção do art. 8.º do DL n.º 76-A/2006, de 29-3, com início de vigência em 30.6.2006.

ART. 42.º (**Exibição judicial da escrituração mercantil**) – A exibição judicial da escrituração mercantil e dos documentos a ela relativos, só pode ser ordenada a favor dos interessados, em questões de sucessão universal, comunhão ou sociedade e no caso de insolvência.

Redacção do art. 8.º do DL n.º 76-A/2006, de 29-3, com início de vigência em 30.6.2006.

ART. 43.º (**Exame da escrita e documentos**) – 1 – Fora dos casos previstos no artigo anterior, só pode proceder-se a exame da escrituração e dos documentos dos comerciantes, a instâncias da parte ou oficiosamente, quando a pessoa a quem pertençam tenha interesse ou responsabilidade na questão em que tal apresentação for exigida.

2 – O exame da escrituração e dos documentos do comerciante ocorre no domicílio profissional ou sede deste, em sua presença, e é limitado à averiguação e extracção dos elementos que tenham relação com a questão.

Redacção do art. 8.º do DL n.º 76-A/2006, de 29-3, com início de vigência em 30.6.2006.

ART. 44.º (**Força probatória da escrita comercial**) – Os livros de escrituração comercial podem ser admitidos em juízo a fazer prova entre comerciantes, em factos do seu comércio, nos termos seguintes:

1.º Os assentos lançados nos livros de comércio, ainda quando não regularmente arrumados, provam contra os comerciantes, cujos são; mas os litigantes, que tais assentos quiserem ajudar-se, devem aceitar igualmente os que lhes forem prejudiciais;

2.º Os assentos lançados em livros de comércio, regularmente arrumados, fazem prova em favor dos seus respectivos proprietários, não apresentando o outro litigante assentos opostos em livros arrumados nos mesmos termos ou prova em contrário;

3.º Quando da combinação dos livros mercantis de um e de outro litigante, regularmente arrumados, resultar prova contraditória, o tribunal decidirá a questão pelo merecimento de quaisquer provas do processo;

4.º Se entre os assentos dos livros de um e de outro comerciante houver discrepância, achando-se os de um regularmente arrumados e os do outro não, aqueles farão fé contra estes, salva a demonstração do contrário por meio de outras provas em direito admissíveis.

DO REGISTO   [ART. 62.º]   5

§ único. Se um comerciante não tiver livros de escrituração, ou recusar apresentá-los, farão fé contra ele os do outro litigante, devidamente arrumados, excepto sendo a falta dos livros devida a caso de força maior, e ficando sempre salva a prova contra os assentos exibidos pelos meios admissíveis em juízo.

TÍTULO V — DO REGISTO

ARTS. 45.º a 61.º (*Revogados* pelo DL n.º 403/86, de 3-12).

TÍTULO VI — DO BALANÇO

ART. 62.º (Obrigatoriedade do balanço) – Todo o comerciante é obrigado a dar balanço anual ao seu activo e passivo nos três primeiros meses do ano imediato.

Redacção do art. 8.º do DL n.º 76-A/2006, de 29-3, com início de vigência em 30.6.2006.

ART. 63.º (*Revogado* pelo art. 61.º-*d*), do DL n.º 76-A/2006, de 29-3, com início de vigência em 30.6.2006).

TÍTULO VII — DOS CORRETORES

ARTS. 64.º a 81.º (*Revogados* pelo art. 24.º do DL n.º 142-A/91, de 10-4).

TÍTULO VIII — DOS LUGARES DESTINADOS AO COMÉRCIO

CAPÍTULO I — Das bolsas

ARTS. 82.º a 92.º (*Revogados* pelo art. 24.º do DL n.º 142-A/91, de 10-4).

CAPÍTULO II — Dos mercados, feiras, armazéns e lojas

ART. 93.º (Mercado e feiras) – Os mercados e as feiras serão estabelecidos no lugar, pelo tempo, e no modo prescritos na legislação e regulamentos administrativos.

ART. 94.º (Armazéns gerais de comércio) – Serão considerados, para os efeitos deste Código, e especialmente para as operações mencionadas no título XIV do livro II, como armazéns gerais de comércio todos aqueles que forem autorizados pelo Governo a receber em depósito géneros e mercadorias, mediante caução, pelo preço fixado nas respectivas tarifas.

ART. 95.º (Armazéns ou lojas de venda) – Considerar-se-ão, para os efeitos deste Código, como armazéns ou lojas de venda abertos ao público:
1.º Os que estabelecerem os comerciantes matriculados;
2.º Os que estabelecerem os comerciantes não matriculados, toda a vez que tais estabelecimentos se conservem abertos ao público por oito dias consecutivos, ou hajam sido anunciados por meio de avisos avulsos ou nos jornais, ou tenham os respectivos letreiros usuais.

LIVRO SEGUNDO

DOS CONTRATOS ESPECIAIS DO COMÉRCIO

TÍTULO I — DISPOSIÇÕES GERAIS

ART. 96.º (Liberdade de língua nos títulos comerciais) – Os títulos comerciais serão válidos, qualquer que seja a língua em que forem exarados.

ART. 97.º (Valor da correspondência telegráfica) – A correspondência telegráfica será admissível em comércio nos termos e para os efeitos seguintes:
§ 1.º Os telegramas, cujos originais hajam sido escritos e assinados, ou somente assinados ou firmados pela pessoa em cujo nome são feitos, e aqueles que se provar haverem sido expedidos ou mandados expedir pela pessoa designada como expedidor, terão a força probatória que a lei atribui aos documentos particulares.
§ 2.º O mandato e toda a prestação de consentimento, ainda judicial, transmitidos telegraficamente com a assinatura reconhecida autenticamente por tabelião são válidos e fazem prova em juízo.
§ 3.º Qualquer erro, alteração ou demora na transmissão dos telegramas, será, havendo culpa, imputável, nos termos gerais de direito, à pessoa que lhe deu causa.

6 [ART. 98.º]   CÓDIGO COMERCIAL

§ 4.º Presumir-se-á isento de toda a culpa o expedidor de um telegrama que o haja feito conferir nos termos dos respectivos regulamentos.

§ 5.º A data do telegrama fixa, até prova em contrário, o dia e a hora em que foi efectivamente transmitido ou recebido nas respectivas estações.

ART. 98.º (Prevalência probatória dos livros dos corretores) – Havendo divergências entre os exemplares dos contratos, apresentados pelos contraentes, e tendo na sua estipulação intervindo corretor, prevalecerá o que dos livros deste constar, sempre que se achem devidamente arrumados.

ART. 99.º (Regime dos actos de comércio unilaterais) – Embora o acto seja mercantil só com relação a uma das partes será regulado pelas disposições da lei comercial quanto a todos os contratantes, salvas as que só forem aplicáveis àquele ou àqueles por cujo respeito o acto é mercantil, ficando, porém, todos sujeitos à jurisdição comercial.

ART. 100.º (Solidariedade nas obrigações comerciais) – Nas obrigações comerciais os co-obrigados são solidários, salva estipulação contrária.

§ único. Esta disposição não é extensiva aos não comerciantes quanto aos contratos que, em relação a estes, não constituem actos comerciais.

ART. 101.º (Solidariedade do fiador) – Todo o fiador de obrigação mercantil, ainda que não seja comerciante, será solidário com o respectivo afiançado.

ART. 102.º (Obrigação de juros) – Há lugar ao decurso e contagem de juros em todos os actos comerciais em que for de convenção ou direito vencerem-se e nos mais casos especiais fixados no presente Código.

§ 1.º A taxa de juros comerciais só pode ser fixada por escrito.

§ 2.º Aplica-se aos juros comerciais o disposto nos artigos 559.º-A e 1146.º do Código Civil.

§ 3.º Os juros moratórios legais e os estabelecidos sem determinação de taxa ou quantitativo, relativamente aos créditos de que sejam titulares empresas comerciais, singulares ou colectivas, são os fixados em portaria conjunta dos Ministros das finanças e da Justiça.

§ 4.º A taxa de juro referida no parágrafo anterior não poderá ser inferior ao valor da taxa de juro aplicada pelo Banco Central Europeu à sua mais recente operação principal de refinanciamento efectuada antes do 1.º dia de Janeiro ou Julho, consoante se esteja, respectivamente, no 1.º ou no 2.º semestre do ano civil, acrescida de 7 pontos percentuais.

1. Redacção introduzida pelo art. 6.º do DL n.º 32/2003, de 17-2.

2. À taxa de juros moratórios relativamente a créditos de que sejam titulares empresas comerciais é aplicável o disposto na Portaria n.º 597/2005, de 19-7, cujo teor é o seguinte:

1.º A taxa supletiva de juros moratórios relativamente a créditos de que sejam titulares empresas comerciais, singulares ou colectivas, nos termos do n.º 3 do artigo 102.º do Código Comercial, é a taxa de juro aplicada pelo Banco Central Europeu à sua mais recente operação principal de refinanciamento efectuada antes do 1.º dia de Janeiro ou de Julho, consoante se esteja, respectivamente, no 1.º ou no 2.º semestre do ano civil, acrescida de 7%.

2.º O valor da taxa a que se refere o número anterior é divulgado no *Diário da República*, 2.ª série, por aviso da Direcção-Geral do Tesouro, até 15 de Janeiro e 15 de Julho de cada ano.

3.º É revogada a Portaria n.º 262/99, de 12 de Abril.

4.º O disposto na presente portaria reporta os seus efeitos a 1 de Outubro de 2004, entendendo-se as referências à Portaria n.º 1105/2004 (2.ª série), de 16 de Outubro, constantes dos avisos n.os 10 097/2004 (2.ª série), de 16 de Outubro, publicado no *Diário da República*, 2.ª série, n.º 256, de 30 de Outubro de 2004, e 310/2005 (2.ª série), de 6 de Janeiro, publicado no *Diário da República*, 2.ª série, n.º 10, de 14 de Janeiro de 2005, como efectuadas à presente portaria.

3. Os textos do CC, referidos no § 2.º, são os seguintes:

Art. 559.º-A (Juros usurários) – É aplicável o disposto no artigo 1146.º a toda a estipulação de juros ou quaisquer outras vantagens em negócios ou actos de concessão, outorga, renovação, desconto ou prorrogação do prazo de pagamento de um crédito e em outros análogos.

Art. 1146.º (Usura) – 1. É havido como usurário o contrato de mútuo em que sejam estipulados juros anuais que excedam os juros legais, acrescidos de 3% ou 5%, conforme exista ou não garantia real.

2. É havida também como usurária a cláusula penal que fixar como indemnização devida pela falta de restituição do empréstimo relativamente ao tempo de mora, mais do que o correspondente a 7% ou 9% acima dos juros legais, conforme exista ou não garantia real.

3. Se a taxa de juros estipulada ou o montante da indemnização exceder o máximo fixado nos números precedentes, considera-se reduzido a esses máximos, ainda que seja outra a vontade dos contraentes.

4. O respeito dos limites máximos referidos neste artigo não obsta à aplicabilidade dos artigos 282.º a 284.º.

4. Sobre as medidas contra os atrasos de pagamento nas transacções comerciais, vid. o DL n.º 32/2003, de 17-2, que se insere no capítulo relativo aos "contratos mercantis", *infra*.

ART. 103.º (Regime dos contratos de comércio marítimo) – Os contratos especiais do comércio marítimo serão em especial regulados nos termos prescritos no livro III deste Código.

SOCIEDADES [ART. 230.º] 7

TÍTULO II — **DAS SOCIEDADES**

ARTS. 104.º a 206.º (*Revogados* pelo art. 3.º-1-*a*) do DL n.º 262/86, de 2-9).

CAPÍTULO V — **Disposições especiais às sociedades cooperativas**

ARTS. 207.º a 223.º (*Revogados* pelo art. 100.º do DL n.º 454/80, de 9-10).

TÍTULO III — **DA CONTA EM PARTICIPAÇÃO**

ARTS. 224.º a 229.º (*Revogados* pelo DL n.º 231/81, de 28-7).

TÍTULO IV — **DAS EMPRESAS**

ART. 230.º (Empresas comerciais) – Haver-se-ão por comerciais as empresas, singulares ou colectivas, que se propuserem:

1.º Transformar, por meio de fábricas ou manufacturas, matérias-primas, empregando para isso, ou só operários, ou operários e máquinas;

2.º Fornecer, em épocas diferentes, géneros, quer a particulares, quer ao Estado, mediante preço convencionado;

3.º Agenciar negócios ou leilões por conta de outrem em escritório aberto ao público, e mediante salário estipulado;

4.º Explorar quaisquer espectáculos públicos;

5.º Editar, publicar ou vender obras científicas, literárias ou artísticas;

6.º Edificar ou construir casas para outrem com materiais subministrados pelo empresário;

7.º Transportar, regular e permanentemente, por água ou por terra, quaisquer pessoas, animais, alfaias ou mercadorias de outrem.

§ 1.º Não se haverá como compreendido no n.º 1.º o proprietário ou o explorador rural que apenas fabrica ou manufactura os produtos do terreno que agricula acessoriamente à sua exploração agrícola, nem o artista, industrial, mestre ou oficial de ofício mecânico que exerce directamente a sua arte, indústria ou ofício, embora empregue para isso, ou só operários, ou operários e máquinas.

§ 2.º Não se haverá como compreendido no n.º 2.º o proprietário ou explorador rural que fizer fornecimentos de produtos da respectiva propriedade.

§ 3.º Não se haverá como compreendido no n.º 5.º o próprio autor que editar, publicar ou vender as suas obras.

TÍTULO V — **DO MANDATO**

CAPÍTULO I — **Disposições gerais**

ART. 231.º (Conceito de mandato comercial) – Dá-se mandato comercial quando alguma pessoa se encarrega de praticar um ou mais actos de comércio por mandato de outrem.

§ único O mandato comercial, embora contenha poderes gerais, só pode autorizar actos não mercantis por declaração expressa.

ART. 232.º (Remuneração do mandatário) – O mandato comercial não se presume gratuito, tendo todo o mandatário direito a uma remuneração pelo seu trabalho.

§ 1.º A remuneração será regulada por acordo das partes, e não o havendo, pelos usos da praça onde for executado o mandato.

§ 2.º Se o comerciante não quiser aceitar o mandato, mas tiver apesar disso de praticar as diligências mencionadas no artigo 234.º, terá ainda assim direito a uma remuneração proporcional ao trabalho que tiver tido.

ART. 233.º (Extensão do mandato) – O mandato comercial, que contiver instruções especiais para certas particularidades do negócio, presume-se amplo para as outras; e aquele, que só tiver poderes para um negócio determinado, compreende todos os actos necessários à sua execução, posto que não expressamente indicados.

ART. 234.º (Recusa do mandato) – O comerciante que quiser recusar o mandato comercial que lhe é conferido, deve assim comunicá-lo ao mandante pelo modo mais rápido que lhe for possível, sendo, todavia, obrigado a praticar todas as diligências de indispensável necessidade para a conservação de quaisquer mercadorias que lhe hajam sido remetidas, até que o mandante proveja.

8 [ART. 235.º]   CÓDIGO COMERCIAL

§ 1.º Se o mandante nada fizer depois de recebido o aviso, o comerciante a quem hajam sido remetidas as mercadorias recorrerá ao juízo respectivo para que se ordene o depósito e segurança delas por conta de quem pertencer e a venda das que não for possível conservar, ou das necessárias para satisfação das despesas incursas.

§ 2.º A falta de cumprimento de qualquer das obrigações constantes deste artigo e seu parágrafo sujeita o comerciante à indemnização de perdas e danos.

ART. 235.º (Recepção de mercadorias danificadas) – Se as mercadorias que o mandatário receber por conta do mandante apresentarem sinais visíveis de danificações, sofridas durante o transporte, deve aquele praticar os actos necessários à salvaguarda dos direitos deste, sob pena de ficar responsável pelas mercadorias recebidas, tais quais constarem dos respectivos documentos.

§ único. Se as deteriorações forem tais que exijam providências urgentes, o mandatário poderá fazer vender as mercadorias por corretor ou judicialmente.

ART. 236.º (Responsabilidade pela guarda e conservação das mercadorias) – O mandatário é responsável, durante a guarda e conservação das mercadorias do mandante, pelos prejuízos não resultantes de decurso de tempo, caso fortuito, força maior ou vício inerente à natureza da cousa.

§ único. O mandatário deverá segurar contra risco de fogo as mercadorias do mandante, ficando este obrigado a satisfazer o respectivo prémio, com as mais despesas, deixando somente de ser responsável pela falta e continuação do seguro, tendo recebido ordem formal do mandante para não o efectuar, ou tendo ele recusado a remessa de fundos para pagamento do prémio.

ART. 237.º (Prejuízos em mercadorias) – O mandatário, seja qual for a causa dos prejuízos em mercadorias que tenha em si de conta do mandante, é obrigado a fazer verificar em forma legal a alteração prejudicial ocorrente e avisar o mandante.

ART. 238.º (Responsabilidade pela inexecução do mandato) – O mandatário que não cumprir o mandato em conformidade com as instruções recebidas e, na falta ou insuficiência delas, com os usos do comércio, responde por perdas e danos.

ART. 239.º (Dever de informação do mandatário) – O mandatário é obrigado a participar ao mandante todos os factos que possam levá-lo a modificar ou a revogar o mandato.

ART. 240.º (Comunicação a fazer ao mandante) – O mandatário deve sem demora avisar o mandante da execução do mandato, e, quando este não responder imediatamente, presume-se ratificar o negócio, ainda que o mandatário tenha excedido os poderes do mandato.

ART. 241.º (Juros devidos pelo mandatário) – O mandatário é obrigado a pagar juros das quantias pertencentes ao mandante a contar do dia em que, conforme a ordem, as devia ter entregue ou expedido.

§ único. Se o mandatário distrair do destino ordenado as quantias remetidas, empregando-as em negócio próprio, responde, a datar do dia em que as receber, pelos respectivos juros e pelos prejuízos resultantes do não cumprimento da ordem, salva a competente acção criminal, se a ela houver lugar.

ART. 242.º (Obrigação de exibir o mandato) – O mandatário deve, sendo-lhe exigido, exibir o mandato escrito aos terceiros com quem contratar, e não poderá opor-lhes quaisquer instruções que houvesse recebido em separado do mandante, salvo provando que tinham conhecimento delas ao tempo do contrato.

ART. 243.º (Provisão de fundos) – O mandante é obrigado a fornecer ao mandatário os meios necessários à execução do mandato, salvo convenção em contrário.

§ 1.º Não será obrigatório o desempenho de mandato que exija provisão de fundos, embora haja sido aceito, enquanto o mandante não puser à disposição do mandatário as importâncias que lhe forem necessárias.

§ 2.º Ainda depois de recebidos os fundos para a execução do mandato, se for necessária nova remessa e o mandante a recusar, pode o mandatário suspender as suas diligências.

§ 3.º Estipulada a antecipação de fundos por parte do mandatário, fica este obrigado a supri-los, excepto no caso de cessação de pagamentos ou falência do mandante.

ART. 244.º (Pluralidade de mandatários) – Sendo várias pessoas encarregadas do mesmo mandato sem declaração de deverem obrar conjuntamente, presumir-se-á deverem obrar uma na falta da outra, pela ordem de nomeação.

§ único. Se houver declaração de deverem obrar conjuntamente, e se o mandato não for aceite por todas, as que o aceitarem, se constituirem maioria, ficam obrigadas a cumpri-lo.

ART. 245.º (Revogação e renúncia sem justa causa) – A revogação e a renúncia do mandato, não justificadas, dão causa, na falta de pena convencional, à indemnização de perdas e danos.

ART. 246.º (Compensação por cessação do mandato) – Terminado o mandato por morte ou interdição de um dos contraentes, o mandatário, seus herdeiros ou representantes terão direito a uma compensação proporcional ao que teriam de receber no caso de execução completa.

MANDATO [ART. 247.º] 9

ART. 247.º (Privilégios mobiliários a favor do mandatário) – O mandatário comercial goza dos seguintes privilégios mobiliários especiais:

1.º Pelos adiantamentos e despesas que houver feito, pelos juros das quantias desembolsadas, e pela sua remuneração, nas mercadorias a ele remetidas de praças diversas para serem vendidas por conta do mandante, e que estiverem à sua disposição em seus armazéns ou em depósito público, e naquelas que provar com a guia de transporte haverem-lhe sido expedidas, e a que tais créditos respeitarem;

2.º Pelo preço das mercadorias compradas por conta do mandante, nas mesmas mercadorias, enquanto se acharem à sua disposição nos seus armazéns ou em depósito público;

3.º Pelos créditos constantes dos números antecedentes no preço das mercadorias pertencentes ao mandante, quando estas hajam sido vendidas.

§ único. Os créditos referidos no n.º 1 preferem a todos os créditos sobre o mandante, salvo sendo provenientes de despesas de transporte ou seguro, quer hajam sido constituídos antes quer depois de as mercadorias haverem chegado à posse do mandatário.

CAPÍTULO II — Dos gerentes, auxiliares e caixeiros

ART. 248.º (Conceito de gerente) – É gerente de comércio todo aquele que, sob qualquer denominação, consoante os usos comerciais, se acha proposto para tratar do comércio de outrem no lugar onde este o exerce ou noutro qualquer.

ART. 249.º (Extensão do mandato não registado) – O mandato conferido ao gerente, verbalmente ou por escrito, enquanto não registado, presume-se geral e compreensivo de todos os actos pertencentes e necessários ao exercício do comércio para que houvesse sido dado, sem que o proponente possa opor a terceiros limitação alguma dos respectivos poderes, salvo provando que tinham conhecimento dela ao tempo em que contrataram.

ART. 250.º (Em nome de quem trata o gerente) – Os gerentes tratam e negoceiam em nome de seus proponentes: nos documentos que nos negócios deles assinarem devem declarar que firmam com poder da pessoa ou sociedade que representam.

ART. 251.º (Responsabilidade dos proponentes) – Procedendo os gerentes nos termos do artigo anterior, todas as obrigações por eles contraídas recaem sobre os proponentes.

§ 1.º Se os proponentes forem muitos, cada um deles será solidariamente responsável.

§ 2.º Se o proponente for uma sociedade comercial, a responsabilidade dos associados será regulada conforme à natureza dela.

ART. 252.º (Responsabilidade do gerente por contrato em nome próprio) – Fora do caso prevenido no artigo precedente, todo o contrato celebrado por um gerente em seu nome obriga-o directamente para com a pessoa com quem contratar.

§ único. Se porém a negociação fosse feita por conta do proponente, e o contratante o provar, terá opção de accionar o gerente ou o proponente, mas não poderá demandar ambos.

ART. 253.º (Actividades proibidas aos gerentes) – Nenhum gerente poderá negociar por conta própria, nem tomar interesse debaixo do seu nome ou alheio em negociação do mesmo género ou espécie da de que se acha incumbido, salvo com expressa autorização do proponente.

§ único. Se o gerente contrariar a disposição deste artigo, ficará obrigado a indemnizar de perdas e danos o proponente, podendo este reclamar para si, como feita em seu nome, a respectiva operação.

ART. 254.º (Legitimidade processual do gerente) – O gerente pode accionar em nome do proponente, e ser accionado como representante deste pelas obrigações resultantes do comércio que lhe foi confiado, desde que se ache registado o respectivo mandato.

ART. 255.º (Representantes de casas ou sociedades estrangeiras) – As disposições precedentes são aplicáveis aos representantes de casas comerciais ou sociedades constituídas em país estrangeiro que tratarem habitualmente no reino, em nome delas, de negócios do seu comércio.

ART. 256.º (Auxiliares dos comerciantes) – Os comerciantes podem encarregar outras pessoas, além dos seus gerentes, do desempenho constante, em seu nome e por sua conta, de algum ou alguns dos ramos do tráfico a que se dedicam, devendo os comerciantes em nome individual participá-lo aos seus correspondentes.

§ único. As sociedades que quiserem usar da faculdade concedida neste artigo, devem consigná-la nos seus estatutos.

ART. 257.º (Caixeiros-viajantes) – O comerciante pode igualmente enviar a localidade diversa daquela em que tiver o seu domicílio um dos seus empregados, autorizando-o por meio de cartas, avisos, circulares ou quaisquer documentos análogos, a fazer operações do seu comércio.

10 [ART. 258.º]   CÓDIGO COMERCIAL

ART. 258.º (Responsabilidade do mandante) – Os actos dos mandatários mencionados nos dois artigos antecedentes não obrigam o mandante senão com respeito à obrigação do negócio de que este os houver encarregado.

ART. 259.º (Cobrança do preço das vendas) – Os caixeiros encarregados de vender por miúdos em lojas reputam-se autorizados para cobrar o produto das vendas que fazem: os seus recibos são válidos, sendo passados em nome do proponente.

§ único. A mesma faculdade têm os caixeiros que vendem em armazém por grosso, sendo as vendas a dinheiro de contado e verificando-se o pagamento no mesmo armazém; quando, porém, as cobranças se fazem fora ou procedem de vendas feitas a prazo, os recibos serão necessariamente assinados pelo proponente, seu gerente ou procurador legitimamente constituído para cobrar.

ART. 260.º (Regime do recebimento de fazendas pelo caixeiro) – Quando um comerciante encarregar um caixeiro do recebimento de fazendas compradas, ou que por qualquer outro título devam entrar em seu poder, e o caixeiro as receber sem objecção ou protesto, a entrega será tida por boa em prejuízo do proponente; e não serão admitidas reclamações algumas que não pudessem haver lugar, se o proponente pessoalmente as tivesse recebido.

ART. 261.º (Consequências da morte do proponente) – A morte do proponente não põe termo ao mandato conferido ao gerente.

ART. 262.º (Consequências da revogação do mandato) – A revogação do mandato conferido ao gerente entender-se-á sempre sem prejuízo de quaisquer direitos, que possam resultar-lhe do contrato de prestação de serviços.

ART. 263.º (Registo do contrato sem prazo) – Não se achando acordado o prazo do ajuste celebrado entre o patrão e o caixeiro, qualquer dos contraentes pode dá-lo por acabado, avisando o outro contraente da sua resolução com um mês de antecedência.

§ único. O caixeiro despedido terá direito ao salário correspondente a esse mês, e o patrão não será obrigado a conservá-lo no estabelecimento nem no exercício das suas funções.

ART. 264.º (Rescisão do contrato a prazo) – Tendo o ajuste entre o patrão e o caixeiro termo estipulado, nenhuma das partes poderá arbitrariamente desligar-se da convenção, sob pena de indemnizar a outra de perdas e danos.

§ 1.º Julga-se arbitrária a inobservância do contrato, uma vez que se não funde em ofensa feita por um à honra, dignidade ou interesse do outro, cabendo ao juiz qualificar prudentemente o facto, tendo em consideração o carácter das relações de inferior para superior.

§ 2.º Para os efeitos do parágrafo antecedente são consideradas como ofensivas:

1.º Com respeito aos patrões – qualquer fraude ou abuso de confiança na gestão encarregada ao caixeiro, bem como qualquer acto de negociação feito por este, por conta própria ou alheia que não do patrão, sem conhecimento ou permissão deste;

2.º Com respeito aos caixeiros – a falta de pagamento pontual do respectivo salário ou estipêndio, o não cumprimento de qualquer cláusula do contrato estipulado em favor deles, e os maus tratamentos.

ART. 265.º (Acidentes de trabalho sofridos pelo caixeiro) – Os acidentes imprevistos ou inculpados, que impedirem as funções dos caixeiros, não interrompem a aquisição do salário competente, salva convenção em contrário, e uma vez que a inabilidade não exceda a três meses contínuos.

§ único. Se por efeito imediato e directo do serviço acontecer ao caixeiro algum dano extraordinário ou perda, não havendo pacto expresso a esse respeito, o patrão será obrigado a indemnizá-lo no que justo for.

CAPÍTULO III — Da comissão

ART. 266.º (Conceito de comissão) – Dá-se contrato de comissão quando o mandatário executa o mandato mercantil sem menção ou alusão alguma ao mandante, contratando por si e em seu nome, como principal e único contraente.

ART. 267.º (Direitos e obrigações entre o comitente e o comissário) – Entre o comitente e o comissário dão-se os mesmos direitos e obrigações que entre mandante e mandatário, com as modificações constantes deste capítulo.

ART. 268.º (Vinculação pessoal do comissário) – O comissário fica directamente obrigado com as pessoas com quem contrata, como se o negócio fosse seu, não tendo esta acção contra o comitente, nem este contra elas, ficando, porém, sempre salvas as que possam competir, entre si, ao comitente e ao comissário.

ART. 269.º (Responsabilidade do comissário) – O comissário não responde pelo cumprimento das obrigações contraídas pela pessoa com quem contratou, salvo pacto ou uso contrários.

§ 1.º O comissário sujeito a tal responsabilidade fica pessoalmente obrigado para com o comitente pelo cumprimento das obrigações provenientes do contrato.

LETRAS, LIVRANÇAS E CHEQUES

[ART. 270.º] 11

§ 2.º No caso especial previsto no parágrafo antecedente, o comissário tem direito a carregar, além da remuneração ordinária, a comissão *del credere*, que será determinada pela convenção, e, na falta desta, pelos usos da praça onde a comissão for executada.

ART. 270.º (Violação ou excesso de poderes) – Todas as consequências prejudiciais derivadas de um contrato feito com violação ou excesso de poderes da comissão serão, embora o contrato surta os seus efeitos, por conta do comissário, nos termos seguintes:

1.º O comissário que fizer alheação por conta de outrém a preço menor do que lhe fora marcado, ou, na falta de fixação de preço, menor do que o corrente, abonará ao comitente a diferença de preço, salva a prova da impossibilidade da venda por outro preço e que assim evitou prejuízo ao comitente;

2.º Se o comissário encarregado de fazer uma compra exceder o preço que lhe fora fixado, será do arbítrio do comitente aceitar o contrato, ou deixá-lo de conta do comissário, salvo se este concordar em receber somente o preço marcado;

3.º Consistindo o excesso do comissário em não ser a coisa comprada da qualidade recomendada, o comitente não é obrigado a recebê-la.

ART. 271.º (Empréstimos, adiantamentos e vendas a prazo sem autorização) – O comissário que sem autorização do comitente fizer empréstimos, adiantamentos ou vendas a prazo corre o risco da cobrança e pagamento das quantias emprestadas, adiantadas ou fiadas, podendo o comitente exigi-las à vista, cedendo no comissário todo o interesse, vantagem ou benefício que resultar do crédito por este concedido e pelo comitente desaprovado.

§ único. Exceptua-se o uso das praças em contrário, no caso de não haver ordem expressa para não fazer adiantamentos nem conceder prazos.

ART. 272.º (Deveres especiais do comissário na venda a prazo) – Ainda que o comissário tenha autorização para vender a prazo, não o poderá fazer a pessoas conhecidamente insolventes, nem expor os interesses do comitente a risco manifesto e notório, sob pena de responsabilidade pessoal.

ART. 273.º (Menção do nome dos compradores) – O comissário que vender a prazo deve, salvo o caso de haver *del credere*, expressar nas contas e avisos os nomes dos compradores; de contrário é entendido que a venda se fizera a dinheiro de contado.

§ único. O mesmo praticará o comissário em toda a espécie de contratos que fizer de conta alheia, uma vez que os interessados assim o exijam.

ART. 274.º (Compra e venda ao comitente) – Nas comissões de compra e venda de letras, fundos públicos e títulos de crédito que tenham curso em comércio, ou de quaisquer mercadorias e géneros que tenham preço de bolsa ou de mercado, pode o comissário, salva estipulação contrária, fornecer como vendedor as coisas que tinha de comprar, ou adquirir para si como comprador as coisas que tinha de vender, salvo sempre o seu direito à remuneração.

§ único. Se o comissário quando participar ao comitente a execução da comissão em algum dos casos referidos neste artigo, não indicar o nome da pessoa com quem contratou, o comitente terá direito de julgar que ele fez a venda ou compra por conta própria e de lhe exigir o cumprimento do contrato.

ART. 275.º (Obrigatoriedade da contra-marca) – Os comissários não podem ter mercadorias de uma mesma espécie, pertencentes a diversos donos, debaixo de uma mesma marca, sem distingui-las por uma contra-marca que designe a propriedade respectiva.

ART. 276.º (Distinções a fazer nas facturas e livros) – Quando debaixo de uma mesma negociação se compreendem mercadorias de comitentes diversos, ou do mesmo comissário com as de algum comitente, deverá fazer-se nas facturas a devida distinção, com a indicação das marcas e contra-marcas que designem a procedência de cada volume, e notar-se, nos livros, em artigos separados, o que a cada proprietário respeita.

ART. 277.º (Notação da origem nas entregas por conta) – O comissário que tiver créditos contra uma mesma pessoa, procedentes de operações feitas por conta de comitentes distintos, ou por conta própria e alheia notará em todas as entregas que o devedor fizer o nome do interessado por cuja conta receber, e o mesmo fará na quitação que passar.

§ único. Quando nos recibos e livros se omitir e expressar a aplicação da entrega feita pelo devedor e de proprietários distintos, far-se-á a aplicação *pro rata* do que importar cada crédito.

TÍTULO VI — DAS LETRAS, LIVRANÇAS E CHEQUES

ARTS. 278.º a 343.º – ....

A regulamentação das letras, livranças e cheques consta hoje das respectivas Leis Uniformes, pelo que esta parte do Código Comercial se encontra revogada.

TÍTULO VII — **DA CONTA CORRENTE**

ART. 344.º (Conceito) – Dá-se contrato de conta corrente todas as vezes que duas pessoas, tendo de entregar valores uma à outra, se obrigam a transformar os seus créditos em artigos de «deve» e «há-de haver», de sorte que só o saldo final resultante da sua liquidação seja exigível.

ART. 345.º (Objecto) – Todas as negociações entre pessoas domiciliadas ou não na mesma praça, e quaisquer valores transmissíveis em propriedade, podem ser objecto de conta corrente.

ART. 346.º (Efeitos do contrato) – São efeitos do contrato de conta corrente:
1.º A transferência da propriedade do crédito indicado em conta corrente para a pessoa que por ele se debita;
2.º A novação entre o creditado e o debitado da obrigação anterior, de que resultou o crédito em conta corrente;
3.º A compensação recíproca entre os contraentes até à concorrência dos respectivos crédito e débito ao termo do encerramento da conta corrente;
4.º A exigibilidade só do saldo resultante da conta corrente;
5.º O vencimento de juros das quantias creditadas em conta corrente a cargo do debitado desde o dia do efectivo recebimento.
§ único. O lançamento em conta corrente de mercadorias ou títulos de crédito presume-se sempre feito com a cláusula «salva cobrança».

ART. 347.º (Remuneração e reembolso das despesas) – A existência de contrato de conta corrente não exclui o direito a qualquer remuneração e ao reembolso das despesas das negociações que lhe dizem respeito.

ART. 348.º (Encerramento e liquidação da conta) – O encerramento da conta corrente e a consequente liquidação do saldo haverão lugar no fim do prazo fixado pelo contrato, e na sua falta, no fim do ano civil.
§ único. Os juros do saldo correm a contar da data da liquidação.

ART. 349.º (Termo do contrato) – O contrato de conta corrente termina no prazo da convenção, e, na falta de prazo estipulado, por vontade de qualquer das partes e pelo decesso ou interdição de uma delas.

ART. 350.º (Relações entre os sujeitos do contrato) – Antes do encerramento da conta corrente nenhum dos interessados será considerado como credor ou devedor do outro, e só o encerramento fixa invariavelmente o estado das relações jurídicas das partes, produz de pleno direito a compensação do débito com o crédito corrente e determina a pessoa do credor e do devedor.

TÍTULO VIII — **DAS OPERAÇÕES DE BOLSA**

ARTS. 351.º a 361.º (*Revogados* pelo art. 24.º do DL n.º 142-A/91, de 10-4).

TÍTULO IX — **DAS OPERAÇÕES DE BANCO**

ART. 362.º (Natureza das operações de banco) – São comerciais todas as operações de bancos tendentes a realizar lucros sobre numerário, fundos públicos ou títulos negociáveis, e em especial as de câmbio, os arbítrios, empréstimos, descontos, cobranças, aberturas de créditos, emissão e circulação de notas ou títulos fiduciários pagáveis à vista e ao portador.

ART. 363.º (Regime das operações bancárias) – As operações de banco regular-se-ão pelas disposições especiais respectivas aos contratos que representarem, ou em que afinal se resolverem.

ART. 364.º (Regime especial dos bancos emissores) – A criação, organização e funcionamento de estabelecimentos bancários com a faculdade de emitir títulos fiduciários, pagáveis à vista e ao portador, são regulados pela legislação especial.

ART. 365.º (Presunção de falência culposa) – O banqueiro que cessa pagamentos presume-se em quebra culposa, salva defesa legítima.

TÍTULO X — **DO TRANSPORTE** (*)

ART. 366.º (Natureza comercial do transporte) – O contrato de transporte por terra, canais ou rios considerar-se-á mercantil quando os condutores tiverem constituído empresa ou companhia regular e permanente.

(*) O art. 26.º do DL n.º 239/2003, de 4-10, revogou os arts. 366.º a 393.º, mas apenas na parte em que se aplicam ao contrato de transporte rodoviário de mercadorias, e, daí, que mantenhamos estes preceitos.

TRANSPORTE [ART. 367.º] 13

§ 1.º Haver-se-á por constituída empresa, para os efeitos deste artigo, logo que qualquer ou quaisquer pessoas se proponham exercer a indústria de fazer transportar por terra, canais ou rios, pessoas ou animais, alfaias ou mercadorias de outrem.

§ 2.º As companhias de transportes constituir-se-ão pela forma prescrita neste Código para as sociedades comerciais, ou pela que lhes for estabelecida na lei da sua criação.

§ 3.º As empresas e companhias mencionadas neste artigo serão designadas no presente Código pela denominação de transportador.

§ 4.º Os transportes marítimos serão regulados pelas disposições aplicáveis do livro III deste Código.

ART. 367.º (Direitos do transportador) – O transportador pode fazer efectuar o transporte directamente por si, seus empregados e instrumentos, ou por empresa, companhia ou pessoas diversas.

§ único. No caso previsto na parte final deste artigo, o transportador que primitivamente contratou com o expedidor conserva para com este a sua originária qualidade, e assume para com a empresa, companhia ou pessoa com quem depois ajustou o transporte, a de expedidor.

ART. 368.º (Escrituração do transportador) – O transportador é obrigado a ter e a arrumar livros em que lançará, por ordem progressiva de números e datas, a resenha de todos os transportes de que se encarregar, com expressão da sua qualidade, da pessoa que os expedir, do destino que levam, do nome e domicílio do destinatário, do modo de transporte e finalmente da importância do frete.

ART. 369.º (Guia de transporte) – O transportador deve entregar ao expedidor, que assim o exigir, uma guia de transporte, datada e por ele assinada.

§ 1.º O expedidor deve entregar ao transportador, que assim o exigir, um duplicado da guia de transporte assinada por ele.

§ 2.º A guia de transporte poderá ser à ordem ou ao portador.

ART. 370.º (Conteúdo da guia de transporte) – A guia de transporte deverá conter o que nos regulamentos especiais do transportador for prescrito e, na falta deles, o seguinte:

1.º Nomes e domicílios do expedidor, do transportador e do destinatário;

2.º Designação da natureza, peso, medida ou número dos objectos a transportar, ou, achando-se estes enfardados ou emalados, da qualidade dos fardos ou malas e do número, sinais ou marcas dos invólucros;

3.º Indicação do lugar em que deve fazer-se a entrega;

4.º Enunciação da importância do frete, com a declaração de se achar ou não satisfeito, bem como de quaisquer verbas de adiantamentos a que o transportador se houver obrigado;

5.º Determinação do prazo dentro do qual deve efectuar-se a entrega e também, havendo o transporte de fazer-se por caminho de ferro, declaração de o dever ser pela grande ou pequena velocidade;

6.º Fixação da indemnização por que responde o transportador, se a tal respeito tiver havido convenção;

7.º Tudo o mais que se houver ajustado entre o expedidor e o transportador.

ART. 371.º (Expedidor-destinatário) – O expedidor pode designar-se a si próprio como destinatário.

ART. 372.º (Despacho alfandegário e pagamento de direitos) – O expedidor entregará ao transportador as facturas e mais documentos necessários ao despacho das alfândegas e ao pagamento de quaisquer direitos fiscais pela exactidão dos quais ficará em todo o caso responsável.

ART. 373.º (Valor jurídico da guia) – Todas as questões acerca do transporte se decidirão pela guia de transporte, não sendo contra a mesma admissíveis excepções algumas, salvo a falsidade ou erro involuntário de redacção.

§ único. Na falta de guia ou na de algumas das condições exigidas no artigo 370.º, as questões, acerca do transporte, serão resolvidas pelos usos do comércio e, na falta destes, nos termos gerais de direito.

ART. 374.º (Endosso ou tradição da guia) – Se a guia for à ordem ou ao portador, o endosso ou tradição dela transferirá a propriedade dos objectos transportados.

ART. 375.º (Princípio da literalidade da guia) – Quaisquer estipulações particulares, não constantes da guia de transporte, serão de nenhum efeito para com o destinatário e para com aqueles a quem a mesma houver sido transferida nos termos do artigo antecedente.

ART. 376.º (Aceitação dos objectos sem reserva) – Se o transportador aceitar sem reserva os objectos a transportar, presumir-se-á não terem vícios aparentes.

ART. 377.º (Responsabilidade do transportador) – O transportador responderá pelos seus empregados, pelas mais pessoas que ocupar no transporte dos objectos e pelos transportadores subsequentes a quem for encarregado do transporte.

§ 1.º Os transportadores subsequentes terão direito de fazer declarar no duplicado da guia de transporte o estado em que se acharem os objectos a transportar, ao tempo em que lhes forem entregues, presumindose, na

14 [ART. 378.º]   CÓDIGO COMERCIAL

falta de qualquer declaração, que os receberam em bom estado e na conformidade das indicações do duplicado.

§ 2.º Os transportadores subsequentes ficam sub-rogados nos direitos e obrigações do transportador primitivo.

ART. 378.º (Ordem a observar na expedição) – O transportador expedirá os objectos a transportar pela ordem que os receber, a qual só poderá alterar, se a convenção, natureza ou destino dos objectos a isso o obrigarem, ou quando caso fortuito ou de força maior o impeçam de a observar.

ART. 379.º (Resolução do contrato por impossibilidade ou demora no transporte) – Se o transporte se não puder efectuar ou se achar extraordinariamente demorado por caso fortuito ou de força maior, deve o transportador avisar imediatamente o expedidor, ao qual competirá o direito de rescindir o contrato, reembolsando aquele das despesas incursas e restituindo a guia de transporte.

§ único. Sobrevindo o acidente durante o transporte, o transportador terá direito a mais uma parte da importância do frete, proporcional ao caminho percorrido.

ART. 380.º (Mudança de consignação dos objectos em trânsito) – O expedidor pode, salvo convenção em contrário, variar a consignação dos objectos em caminho, e o transportador deve cumprir a nova ordem; mas se a execução desta exigir mudança de caminho, ou que se passe além do lugar designado na guia, fixar-se-á a alteração do frete e, não se acordando as partes, o transportador só é obrigado a fazer a entrega no lugar convencionado no primeiro contrato.

§ 1.º Esta obrigação do transportador cessa desde o momento em que, tendo chegado os objectos ao seu destino e sendo o destinatário o portador da guia de transporte, exige a entrega dos objectos.

§ 2.º Se a guia for à ordem ou ao portador, o direito indicado neste artigo compete ao portador dela, que a deve entregar ao transportador, ao qual será permitido, no caso de mudança de destino dos objectos, exigir nova guia.

ART. 381.º (Itinerário a observar no transporte) – Havendo pacto expresso acerca do caminho a seguir no transporte, não poderá o transportador variá-lo, sob pena de responder por qualquer dano que aconteça às fazendas, e de pagar além disso qualquer indemnização convencionada.

§ único. Na falta de convenção pode o transportador seguir o caminho que mais lhe convenha.

ART. 382.º (Prazo de entrega da mercadoria) – O transportador é obrigado a fazer a entrega dos objectos no prazo fixado por convenção ou pelos regulamentos especiais do transportador e, na sua falta, pelos usos comerciais, sob pena de pagar a competente indemnização.

§ 1.º Excedendo a demora o dobro do tempo marcado neste artigo, pagará o transportador, além da indemnização, as perdas e danos resultantes da demora.

§ 2.º O transportador não responderá pela demora no transporte, resultante de caso fortuito, força maior, culpa do expedidor ou destinatário.

§ 3.º A falta de suficientes meios de transporte não releva o transportador da responsabilidade pela demora.

ART. 383.º (Responsabilidade pela perda ou deterioração das mercadorias) – O transportador, desde que receber até que entregar os objectos, responderá pela perda ou deterioração que venham a sofrer, salvo quando proveniente de caso fortuito, força maior, vício do objecto, culpa do expedidor ou do destinatário.

§ 1.º O transportador pode, com respeito a objectos sujeitos por natureza a diminuição do peso ou medida durante o transporte, limitar a sua responsabilidade a uns tanto por cento ou a uma quota parte do volume.

§ 2.º A limitação ficará sem efeito provando o expedidor ou destinatário não ter a diminuição sido causada pela natureza dos objectos, ou não poder esta, nas circunstâncias ocorrentes, ter atingido o limite estabelecido.

ART. 384.º (Cálculo do dano e da indemnização) – As deteriorações acontecidas desde a entrega dos objectos ao transportador serão comprovadas e avaliadas pela convenção e, na sua falta ou insuficiência nos termos gerais do direito, tomando-se como base o preço corrente no lugar e tempo da entrega, podendo, porém, durante o processo da sua averiguação e avaliação, fazer-se entrega dos objectos a quem pertencerem, com prévia ordem judicial, e com ou sem caução.

§ 1.º Igual base se tomará para o cálculo de indemnização no caso de perda de objectos.

§ 2.º A indemnização no caso de perda de bagagens de passageiros, entregues sem declaração do conteúdo, será fixada segundo as circunstâncias especiais do caso.

§ 3.º Ao expedidor não é admissível prova de que entre os géneros designados se continham outros de maior valor.

ART. 385.º (Verificação do estado da mercadoria) – O destinatário tem o direito de fazer verificar a expensas suas o estado dos objectos transportados, ainda quando não apresentem sinais exteriores de deterioração.

§ 1.º Não se acordando os interessados sobre o estado dos objectos, proceder-se-á a depósitos deles em armazém seguro, e as partes seguirão seu direito conforme a justiça.

§ 2.º A reclamação contra o transportador por deterioração das fazendas durante o transporte não pode ser deduzida depois do recebimento, tendo havido verificação ou sendo o vício aparente, e, fora destes casos, só pode ser deduzida nos oito dias seguintes à mesma entrega.

EMPRÉSTIMO   [ART. 386.º]   15

§ 3.º Ao transportador não pode ser feito abandono das fazendas, ainda que deterioradas, mas responde por perdas e danos para com o expedidor ou destinatário, conforme o caso, pela deterioração ou perda dos objectos transportados.

ART. 386.º (Responsabilidade fiscal do transportador) – O transportador é responsável para com o expedidor por tudo quanto resultar de omissão sua no cumprimento das leis fiscais em todo o curso da viagem e na entrada do lugar do destino.

ART. 387.º (Obrigação de entrega imediata da mercadoria) – O transportador não tem direito a investigar o título por que o destinatário recebe os objectos transportados, devendo entregá-lo imediatamente e sem estorvo, sob pena de responder pelos prejuízos resultantes da demora, logo que lhe apresentem a guia de transporte em termos regulares.

ART. 388.º (Depósito judicial da mercadoria) – Não se achando o destinatário no domicílio indicado no duplicado da guia, ou recusando receber os objectos, o transportador poderá requerer o depósito judicial deles, à disposição do expedidor ou de quem o representar, sem prejuízo de terceiro.

ART. 389.º (Direitos do destinatário) – Expirado o termo em que os objectos transportados deviam ser entregues ao destinatário, fica este com todos os direitos resultantes do contrato de transporte, podendo exigir a entrega dos objectos e da guia de transporte.

ART. 390.º (Direito de retenção) – O transportador não é obrigado a fazer a entrega dos objectos transportados ao destinatário enquanto este não cumprir aquilo a que for obrigado.
§ 1.º No caso de contestação, se o destinatário satisfizer ao exportador o que julgar dever-lhe e depositar o resto da quantia exigida, não poderá este recusar a entrega.
§ 2.º Sendo a guia à ordem ou ao portador, o transportador pode recusar a entrega.
§ 3.º Não convindo ao transportador reter os objectos transportados até que o destinatário cumpra aquilo a que for obrigado, poderá requerer o depósito e a venda de tantos quantos forem necessários para o seu pagamento.
§ 4.º A venda será feita por intermédio de corretor ou judicialmente.

ART. 391.º (Privilégio creditório do transportador) – O transportador tem privilégio pelos créditos resultantes do contrato de transporte sobre os objectos transportados.
§ 1.º Este privilégio cessa pela entrega dos objectos ao destinatário.
§ 2.º Sendo muitos os transportadores, o último exercerá o direito de privilégio por todos os outros.

ART. 392.º (Privilégio creditório do expedidor) – O expedidor tem privilégio pela importância dos objectos transportados sobre os instrumentos principais e acessórios que o condutor empregar no transporte.

ART. 393.º (Regime do transporte ferroviário) – Os transportes por caminho de ferro serão regulados pelas regras gerais deste Código e pelas disposições especiais das respectivas concessões ou contratos, sendo porém nulos e sem efeito quaisquer regulamentos das administrações competentes, em que estas excluam ou limitem as obrigações e responsabilidades impostas neste título.

TÍTULO XI — DO EMPRÉSTIMO

ART. 394.º (Empréstimo mercantil) – Para que o contrato de empréstimo seja havido por comercial é mister que a cousa cedida seja destinada a qualquer acto mercantil.

ART. 395.º (Retribuição) – O empréstimo mercantil é sempre retribuído.
§ único. A retribuição será, na falta de convenção, a taxa legal do juro calculado sobre o valor da cousa cedida.

ART. 396.º (Prova) – O empréstimo mercantil entre comerciantes admite, seja qual for o seu valor, todo o género de prova.

TÍTULO XII — DO PENHOR

ART. 397.º (Comercialidade do penhor) – Para que o penhor seja considerado mercantil é mister que a dívida que se cauciona proceda de acto comercial.

ART. 398.º (Entrega do penhor) – Pode convencionar-se a entrega do penhor mercantil a terceira pessoa.
§ único. A entrega do penhor mercantil pode ser simbólica, a qual se efectuará:
1.º Por declarações ou verbas nos livros de quaisquer estações públicas onde se acharem as cousas empenhadas;
2.º Pela tradição da guia de transporte ou do conhecimento da carga dos objectos transportados;
3.º Pelo endosso da cautela de penhor dos géneros e mercadorias depositadas nos armazéns gerais.

16 [ART. 399.º]

ART. 399.º (Penhor em títulos de crédito) – O penhor em letras ou títulos à ordem pode ser constituído por endosso com a correspondente declaração segundo os usos da praça; e o penhor em acções, obrigações ou outros títulos nominativos pela respectiva declaração no competente registo.

ART. 400.º (Prova do penhor) – Para que o penhor mercantil entre comerciantes por quantia excedente a duzentos mil réis produza efeitos com relação a terceiros basta que se prove por escrito.

ART. 401.º (Venda do penhor) – Devendo proceder-se à venda do penhor mercantil por falta de pagamento, poderá esta efectuar-se por meio de corretor, notificado o devedor.

ART. 402.º (Empréstimos bancários sobre penhores) – ficam salvas as disposições especiais que regulam os adiantamentos e empréstimos sobre penhores feitos por bancos ou outros institutos para isso autorizados.

TÍTULO XIII — DO DEPÓSITO

ART. 403.º (Comercialidade do depósito) – Para que o depósito seja considerado mercantil é necessário que seja de géneros ou de mercadorias destinados a qualquer acto de comércio.

ART. 404.º (Remuneração do depositário) – O depositário terá direito a uma gratificação pelo depósito, salva convenção expressa em contrário.
§ único. Se a quota da gratificação não houver sido previamente acordada, regular-se-á pelos usos da praça em que o depósito houver sido constituído, e, na falta destes, por arbitramento.

ART. 405.º (Depósito de papéis de crédito que vençam juros) – Consistindo o depósito em papéis de crédito com vencimento de juros, o depositário é obrigado à cobrança e a todas as demais diligências necessárias para a conservação do seu valor e efeitos legais, sob pena de responsabilidade pessoal.

ART. 406.º (Uso da cousa depositada) – Havendo permissão expressa do depositante para o depositário se servir da cousa, já para si ou seus negócios, já para operações recomendadas por aquele, cessarão os direitos e obrigações próprias de depositante e depositário e observar-se-ão as regras aplicáveis do empréstimo mercantil da comissão, ou do contrato que, em subsituição do depósito, se houver celebrado, qual no caso couber.

ART. 407.º (Depósitos em bancos e sociedades) – Os depósitos feitos em bancos ou sociedades reger-se-ão pelos respectivos estatutos em tudo quanto não se achar prevenido neste capítulo e mais disposições aplicáveis.

TÍTULO XIV — DO DEPÓSITO DE GÉNEROS E MERCADORIAS NOS ARMAZÉNS GERAIS

ART. 408.º (Menções obrigatórias do conhecimento de depósito e cautela de penhor) – O conhecimento de depósito de géneros e mercadorias feitos em armazéns gerais enunciará:
1.º O nome, estado e domicílio do depositante;
2.º O lugar do depósito;
3.º A natureza e quantidade da cousa depositada, com todas as circunstâncias necessárias à sua identificação e avaliação;
4.º A declaração de haverem ou não sido satisfeitos quaisquer impostos devidos e de se ter ou não feito o seguro dos objectos depositados.
§ 1.º Ao conhecimento de depósito será anexa uma cautela de penhor, em que se repetirão as mesmas indicações.
§ 2.º O título referido será extraído de um livro de talão arquivado no competente estabelecimento.

ART. 409.º (Em nome de quem podem ser passados o conhecimento e a cautela) – O conhecimento de depósito e a cautela de penhor podem ser passados em nome do depositante ou de um terceiro por este indicado.

ART. 410.º (Títulos parciais) – O portador do conhecimento de depósito e da cautela de penhor tem o direito de pedir, à sua custa, a divisão da cousa depositada, e que por cada uma das respectivas fracções se lhe dêem títulos parciais em substituição do título único e total, que será anulado.

ART. 411.º (Transmissibilidade por endosso e seus efeitos) – O conhecimento de depósito e a cautela de penhor são transmissíveis, juntos ou separados, por endosso com a data do dia em que houver sido feito.
§ único. O endosso produzirá os seguintes efeitos:
1.º Sendo dois títulos, transferirá a propriedade dos géneros ou mercadorias depositados;
2.º Sendo só da cautela de penhor, conferirá ao endossado o direito de penhor sobre os géneros ou mercadorias depositados;
3.º Sendo só do conhecimento de depósito, transmitirá a propriedade dos géneros ou mercadorias depositados, com ressalva dos direitos do portador da cautela de penhor.

ART. 412.º (Primeiro endosso da cautela) – O primeiro endosso da cautela de penhor enunciará a importância do crédito a cuja segurança foi feito, a taxa do juro e a época do vencimento.

SEGUROS   **[ART. 413.º]**   17

§ único. Este endosso deve ser transcrito no conhecimento do depósito, e a transcrição assinada pelo endossado.

ART. 413.º (Endosso em branco) – O conhecimento de depósito e a cautela de penhor podem ser conjuntamente endossados em branco, conferindo tal endosso ao portador os mesmos direitos do endossante.
§ único. Os endossos dos títulos referidos não ficam sujeitos a nulidade alguma com fundamento na insolvência do endossante, salvo provando-se que o endossado tinha conhecimento desse estado, ou presumindo-se que o tinha nos termos das disposições especiais à falência.

ART. 414.º (Casos em que podem ser obrigados os géneros e mercadorias depositados) – Os géneros e mercadorias depositados nos armazéns gerais não podem ser penhorados, arrestados, dados em penhor ou por outra forma obrigados, a não ser nos casos de perda do conhecimento de depósito e da cautela de penhor, de contestação sobre direitos de sucessão e de quebra.

ART. 415.º (Levantamento antecipado) – O portador de um conhecimento de depósito separado da cautela de penhor pode retirar os géneros ou mercadorias depositadas, ainda antes do vencimento do crédito assegurado pela cautela, depositando no respectivo estabelecimento o principal e os juros do crédito calculados até ao dia do vencimento.
§ único. A importância depositada será satisfeita ao portador da cautela de penhor, mediante a restituição desta.

ART. 416.º (Levantamento parcial) – Tratando-se de géneros ou mercadorias homogéneos, o portador do respectivo conhecimento de depósito separado da cautela de penhor pode, sob responsabilidade do competente estabelecimento, retirar uma parte só dos géneros ou mercadorias, mediante depósito de quantia proporcional ao crédito total, assegurado pela cautela de penhor, e à quantidade dos géneros ou mercadorias a retirar.

ART. 417.º (Protesto da cautela e venda do penhor) – O portador de uma cautela de penhor não paga na época do seu vencimento pode fazê-la protestar, como as letras, e dez dias depois proceder à venda do penhor, nos termos gerais de direito.
§ único. O endossante que pagar ao portador fica sub-rogado nos direitos deste, e poderá fazer proceder à venda do penhor nos termos referidos.

ART. 418.º (Não suspensão da venda nos casos do artigo 414.º) – A venda por falta de pagamento não se suspende nos casos do artigo 414.º, sendo porém depositado o respectivo preço até decisão final.

ART. 419.º (Direito do portador no caso de sinistro) – O portador da cautela de penhor tem direito a pagar-se, no caso de sinistro, pela importância do seguro.

ART. 420.º (Direitos e despesas que preferem ao crédito pelo penhor) – Os direitos de alfândega, impostos e quaisquer contribuições sobre a venda e as despesas de depósito, salvação, conservação, seguro e guarda preferem ao crédito pelo penhor.

ART. 421.º (Direito do portador ao remanescente) – Satisfeitas as despesas indicadas no artigo antecedente e pago o crédito pignoratício, o resto ficará à disposição do portador do conhecimento de depósito.

ART. 422.º (Execução prévia do penhor) – O portador da cautela de penhor não pode executar os bens do devedor ou dos endossantes sem se achar exausta a importância do penhor.

ART. 423.º (Prescrição do direito de acção contra os endossantes) – A prescrição de acções contra os endossantes começará a correr do dia da venda dos géneros ou mercadorias depositados.

ART. 424.º (Consequência da falta de protesto e de venda no prazo legal) – O portador da cautela de penhor perde todo o direito contra os endossantes, não tendo feito o devido protesto, ou não tendo feito proceder à venda dos géneros ou mercadorias no prazo legal, mas conserva acção contra o devedor.

TÍTULO XV — **DOS SEGUROS**

ARTS. 425.º a 462.º – ....

Revogados pela *a)* do n.º 2 do art. 6.º do DL n.º 72/2008, de 16-4, com início de vigência em 1.1.2009.

TÍTULO XVI — **DA COMPRA E VENDA**

ART. 463.º (Comercialidade da compra e venda) – São consideradas comerciais:
1.º As compras de coisas móveis para revender, em bruto ou trabalhadas, ou simplesmente para lhes alugar o uso;

18   [ART. 464.º]   CÓDIGO COMERCIAL

2.º As compras, para revenda, de fundos públicos ou de quaisquer títulos de crédito negociáveis;
3.º A venda de cousas móveis, em bruto ou trabalhadas, e as de fundos públicos e de quaisquer títulos de crédito negociáveis, quando a aquisição houvesse sido feita no intuito de as revender;
4.º As compras e revendas de bens imóveis ou de direitos a eles inerentes, quando aquelas, para estas, houverem sido feitas;
5.º As compras e vendas de partes ou de acções de sociedades comerciais.

ART. 464.º (Compras e vendas não comerciais) – Não são consideradas comerciais:
1.º As compras de quaisquer cousas móveis destinadas ao uso ou consumo do comprador ou da sua família, e as revendas que porventura desses objectos se venham a fazer;
2.º As vendas que o proprietário ou explorador rural faça dos produtos de propriedade sua ou por ele explorada, e dos géneros em que lhes houverem sido pagas quaisquer rendas;
3.º As compras que os artistas, industriais, mestres e oficiais de ofícios mecânicos que exercerem directamente a sua arte, indústria ou ofício fizeram de objectos para transformarem ou aperfeiçoarem nos seus estabelecimentos, e as vendas de tais objectos que fizerem depois de assim transformados ou aperfeiçoados;
4.º As compras e vendas de animais feitas pelos criadores ou engordadores.

ART. 465.º (Contrato para pessoa a nomear) – O contrato de compra e venda mercantil de cousa móvel pode ser feito, ainda que directamente, para pessoas que depois hajam de nomear-se.

ART. 466.º (Determinação do preço) – Pode convencionar-se que o preço da cousa venha a tornar-se certo por qualquer meio, que desde logo ficará estabelecido, ou que fique dependente do arbítrio de terceiro, indicado no contrato.
§ único. Quando o preço houver de ser fixado por terceiro e este não quiser ou não puder fazê-lo, ficará o contrato sem efeito, se outra coisa não for acordada.

ART. 467.º (Compra e venda de cousas incertas e alheias) – Em comércio são permitidas:
1.º A compra e venda de cousas incertas ou de esperanças, salvo sempre o disposto nos artigos 876.º, 881.º, 2008.º e 2028.º do Código Civil;
2.º A venda de cousa que for propriedade de outrem.
§ único. No caso do n.º 2.º deste artigo o vendedor ficará obrigado a adquirir por título legítimo a propriedade da cousa vendida e a fazer a entrega ao comprador, sob pena de responder por perdas e danos.

ART. 468.º (Falência do comprador) – O vendedor que se obrigar a entregar a cousa vendida antes de lhe ser pago o preço considerar-se-á exonerado de tal obrigação, se o comprador falir antes da entrega, salvo prestando-se caução ao respectivo pagamento.

ART. 469.º (Venda sobre amostra) – As vendas feitas sobre amostra de fazenda, ou determinando-se só uma qualidade conhecida no comércio, consideram-se sempre como feitas debaixo da condição de a cousa ser conforme à amostra ou à qualidade convencionada.

ART. 470.º (Compras de cousas não à vista nem designáveis por padrão) – As compras de cousas que não se tenham à vista, nem possam determinar-se por uma qualidade conhecida em comércio, consideram-se sempre como feitas debaixo da condição de o comprador poder distratar o contrato, caso, examinando-as, não lhes convenham.

ART. 471.º (Momento da perfeição do contrato) – As condições referidas nos dois artigos antecedentes haver-se-ão por verificadas e os contratos como perfeitos, se o comprador examinar as cousas compradas no acto da entrega e não reclamar contra a sua qualidade, ou, não as examinando, não reclamar dentro de oito dias.
§ único. O vendedor pode exigir que o comprador proceda ao exame das fazendas no acto da entrega, salvo caso de impossibilidade, sob pena de se haver para todos os efeitos como verificado.

ART. 472.º (Vendas de cousas sujeitas a contagem, pesagem ou medição) – As cousas não vendidas a esmo ou por partida inteira, mas por conta, peso ou medida, são a risco do vendedor até que sejam contadas, pesadas ou medidas, salvo se a contagem, pesagem ou medição se não fez por culpa do comprador.
§ 1.º Haver-se-á por feita a venda a esmo ou por partida inteira, quando as cousas forem vendidas por um só preço determinado, sem atenção à conta, peso ou medida dos objectos, ou quando se atender a qualquer destes elementos unicamente para determinar a quantia do preço.
§ 2.º Quando a venda é feita por conta, peso ou medida, e a fazenda se entrega, sem se contar, pesar ou medir, a tradição para o comprador supre a conta, o peso ou a medida.

ART. 473.º (Prazo de entrega da cousa) – Se o prazo para a entrega das cousas vendidas não se achar convencionado, deve o vendedor pô-las à disposição do comprador dentro das vinte e quatro horas seguintes ao contrato, se elas houverem sido compradas à vista.
§ único. Se a venda das cousas se não fez à vista, e o prazo para a entrega não foi convencionado, poderá o comprador fazê-lo fixar judicialmente.

REPORTE   [ART. 474.º] 19

ART. 474.º (Depósito ou revenda da cousa) – Se o comprador de cousa móvel não cumprir com aquilo a que for obrigado, poderá o vendedor depositar a cousa nos termos de direito por conta do comprador, ou fazê-la revender.

§ 1.º A revenda efectuar-se-á em hasta pública, ou, se a coisa tiver preço cotado na bolsa ou mercado, por intermédio de corretor, ao preço corrente, ficando salvo ao vendedor o direito ao pagamento da diferença entre o preço obtido e o estipulado e às perdas e danos.

§ 2.º O vendedor que usar da faculdade concedida neste parágrafo fica em todo o caso obrigado a participar ao comprador o evento.

ART. 475.º (Compra e venda a pronto em feira ou mercado) – Os contratos de compra e venda celebrados a contado em feira ou mercado cumprir-se-ão no mesmo dia da sua celebração, ou, o mais tarde, no dia seguinte.

§ único. Expirados os termos fixados neste artigo sem que qualquer dos contratantes haja exigido o cumprimento do contrato, haver-se-á este por sem efeito, e qualquer sinal passado ficará pertencendo a quem o tiver recebido.

ART. 476.º (Factura e recibo) – O vendedor não pode recusar ao comprador a factura das cousas vendidas e entregues, com o recibo do preço ou da parte de preço que houver embolsado.

TÍTULO XVII — DO REPORTE

ART. 477.º (Conceito de reporte) – O reporte é constituído pela compra, a dinheiro de contado, de títulos de crédito negociáveis e pela revenda simultânea de títulos da mesma espécie, a termo, mas por preço determinado, sendo a compra e a revenda feitas à mesma pessoa.

§ único. É condição essencial à validade do reporte a entrega real dos títulos.

ART. 478.º (Transmissão da propriedade de títulos) – A propriedade dos títulos que fizerem objecto do reporte transmite-se para o comprador revendedor, sendo, porém, lícito às partes estipular que os prémios, amortizações e juros que couberem aos títulos durante o prazo da convenção corram a favor do primitivo vendedor.

ART. 479.º (Prorrogação do prazo e renovação do reporte) – As partes poderão prorrogar o prazo do reporte por um ou mais termos sucessivos.

§ único. Se, expirado o prazo do reporte, as partes liquidarem as diferenças, para delas efectuarem pagamentos separados, e renovarem o reporte com respeito a títulos de quantidade ou espécies diferentes ou por diverso preço, haver-se-á a renovação como um novo contrato.

TÍTULO XVIII — DO ESCAMBO OU TROCA

ART. 480.º (Comercialidade da troca) – O escambo ou troca será mercantil nos mesmos casos em que o é a compra e venda, e regular-se-á pelas mesmas regras estabelecidas para esta, em tudo quanto forem aplicáveis às circunstâncias ou condições daquele contrato.

TÍTULO XIX — DO ALUGUER

ART. 481.º (Comercialidade do aluguer) – O aluguer será mercantil quando a coisa tiver sido comprada para se lhe alugar o uso.

ART. 482.º (Regime aplicável ao aluguer) – O contrato de aluguer comercial será regulado pelas disposições do Código Civil que regem o contrato de aluguer e quaisquer outras aplicáveis deste Código, salvas as prescrições relativas aos fretamentos de navios.

TÍTULO XX — DA TRANSMISSÃO E REFORMA DE TÍTULOS DE CRÉDITO MERCANTIL

ART. 483.º (Transmissão dos títulos de crédito) – A transmissão dos títulos à ordem far-se-á por meio de endosso, a dos títulos ao portador pela entrega real, a dos títulos públicos negociáveis na forma determinada pela lei de sua criação ou pelo decreto que autorizar a respectiva emissão, e a dos não endossáveis nem ao portador nos termos prescritos no Código Civil para a cessão de créditos.

ART. 484.º (Reforma judicial dos títulos de crédito) – As letras, acções, obrigações e mais títulos comerciais transmissíveis por endosso, que tiverem sido destruídos ou perdidos, podem ser reformados judicialmente a requerimento do respectivo proprietário, justificando o seu direito e o facto que motiva a reforma.

§ 1.º A reforma será requerida no tribunal de comércio do lugar do pagamento do título, ou no da sede da sociedade que tiver emitido a acção ou obrigação, e não poderá ser decretada sem prévio chamamento edital de incertos e citação de todos os co-obrigados no título ou dos representantes da sociedade a que ele respeitar.

20 [ART. 488.º]   CÓDIGO COMERCIAL

§ 2.º Sendo a acção ou obrigação nominativa, serão igualmente citados aquele em nome de quem se achar averbada, e quaisquer outros interessados, que forem certos.

§ 3.º Distribuída a acção, pode o autor exercer todos os meios para conservação dos seus direitos.

§ 4.º Transitada em julgado a sentença que autorizar a reforma, deverão os co-obrigados no título, ou a sociedade a que ele respeitar, entregar ao autor novo título sob pena de lhe ficar servindo de título a carta de sentença.

§ 5.º O aceitante e mais co-obrigados ao pagamento da letra e as sociedades emissoras das acções, obrigações e mais títulos somente são obrigados ao pagamento das respectivas quantias e seus juros ou dividendos depois de vencidos, e prestando o proprietário do novo título suficiente caução à restituição do que receber.

§ 6.º Esta caução caduca de direito passados cinco anos depois de prestada, se neste período não tiver sido proposta judicialmente contra quem a prestou acção pedindo a restituição, ou se a acção tiver sido julgada improcedente.

LIVRO TERCEIRO
DO COMÉRCIO MARÍTIMO

TÍTULO I — DOS NAVIOS

CAPÍTULO I — Disposições gerais

ARTS. 485.º a 487.º (*Revogados* pelo art. 33.º do DL n.º 201/98, de 10-7).

ART. 488.º (Normas de conflitos) – As questões sobre propriedade do navio, privilégios e hipotecas que o onerem são reguladas pela lei da nacionalidade que o navio tiver ao tempo em que o direito, objecto da contestação, houver sido adquirido.

§ 1.º O mesmo se observará nas contestações relativas a privilégios sobre o frete ou carga do navio.

§ 2.º A mudança de nacionalidade não prejudicará, salvo os tratados internacionais, os direitos anteriores sobre o navio.

ARTS. 489.º a 573.º – ....

Os arts. 489.º a 491.º foram revogados pelo art. 33.º do DL n.º 201/98, de 10-7.
Os arts. 492.º a 495.º e 509.º foram revogados pelo art. 20.º do DL n.º 202/98, de 10-7.
Os arts. 496.º, 498.º a 508.º e 510.º a 537.º foram revogados pelo art. 16.º do DL n.º 384/99, de 23-9.
Os arts. 497.º e 538.º a 540.º foram revogados pelo art. 32.º do DL n.º 352/86, de 21-10.
Os arts. 541.º a 562.º foram revogados pelo art. 49.º do DL n.º 191/87, de 29-4.
Os arts. 563.º a 573.º foram revogados pelo art. 22.º do DL n.º 349/86, de 17-10.

CAPÍTULO VIII — Dos privilégios creditórios e das hipotecas

Secção I — DOS PRIVILÉGIOS CREDITÓRIOS

ART. 574.º (Grau de preferência dos créditos) – Os créditos designados nesta secção preferem a qualquer privilégio geral ou especial sobre móveis estabelecido no Código Civil.

ART. 575.º (Subsistência do privilégio) – Dado o caso de se deteriorar ou de diminuir de valor o navio ou quaisquer dos objectos em que recai o privilégio, este subsiste quanto ao que sobejar ou que puder ser salvo e posto em segurança.

ART. 576.º (Rateio entre os credores privilegiados) – Se o produto do navio ou dos objectos sujeitos ao privilégio não for suficiente para embolsar os credores privilegiados de uma ordem, entre eles se fará rateio.

ART. 577.º (Endosso de título com privilégio) – O endosso de um título de crédito que tem privilégio transmite igualmente esse privilégio.

ART. 578.º (Graduação das dívidas com privilégio sobre o navio) – As dívidas que têm privilégio sobre o navio são graduadas pela ordem seguinte:

1.º As custas e despesas judiciais feitas no interesse comum dos credores;
2.º Os salários devidos por assistência e salvação;
3.º Os créditos garantidos por hipotecas e penhores sobre o navio;
4.º As despesas de pilotagem e reboque da entrada no porto;
5.º Os direitos de tonelagem, faróis, ancoradouro, saúde pública e quaisquer outros de porto;
6.º As despesas com a guarda do navio e com armazenagem dos seus pertences;
7.º As soldadas do capitão e tripulantes;

NAVIOS   [ART. 579.º]   21

8.º As despesas de custeio e conserto do navio e dos seus aprestos e aparelhos;
9.º O embolso do preço de fazendas do carregamento, que o capitão precisou vender;
10.º Os prémios do seguro;
11.º O preço em dívida da última aquisição do navio;
12.º As despesas com o conserto do navio e seus aprestos e aparelhos nos últimos três anos anteriores à viagem e a contar do dia em que o conserto terminou;
13.º As dívidas provenientes de contratos para a construção do navio;
14.º Os prémios dos seguros feitos sobre o navio, se todo foi segurado, ou sobre a parte e acessórios que o foram, não compreendidos no n.º 10.º;
15.º A indemnização devida aos carregadores por falta de entrega das fazendas ou por avarias que estas sofressem.
§ único. As dívidas mencionadas nos n.ᵒˢ 1.º a 10.º, com excepção das mencionadas no n.º 3, são contraídas durante a última viagem e por motivo dela.

A actual redacção deste artigo foi introduzida pelo art. 1.º do DL n.º 8/2009, de 7-1, com entrada em vigor no dia seguinte ao da sua publicação.

ART. 579.º (Extinção dos privilégios) – Os privilégios dos credores sobre o navio extinguem-se:
1.º Pelo modo por que geralmente se extinguem as obrigações;
2.º Pela venda judicial do navio, depois que o seu preço é posto em depósito, transferindo-se para esse preço o privilégio e a acção dos credores;
3.º Pela venda voluntária feita com citação dos credores privilegiados, se houverem passado três meses sem que estes tenham feito valer os seus privilégios ou impugnado o preço na venda.

ART. 580.º (Graduação dos créditos com privilégio sobre a carga) – As dívidas que têm privilégio sobre a carga do navio são graduadas pela ordem seguinte:
1.º As despesas judiciais feitas no interesse comum dos credores;
2.º Os salários devidos por salvação;
3.º Os direitos fiscais que forem devidos no porto da descarga;
4.º As despesas de transporte e de descarga;
5.º As despesas de armazenagem;
6.º As quotas de contribuição para as avarias comuns;
7.º As quantias dadas a risco sob essa caução;
8.º Os prémios do seguro.
§ único. Os privilégios de que trata este artigo podem ser gerais, abrangendo toda a carga, ou especiais abrangendo só parte dela, conforme os créditos respeitarem a toda ou parte da mesma.

ART. 581.º (Cessação dos privilégios sobre a carga) – Cessam os privilégios sobre a carga, se os credores os não fizerem valer antes de efectuada a descarga, ou nos dez dias imediatos e enquanto, durante este prazo, os objectos carregados não passarem a poder de terceiro.

ART. 502.º (Graduação das dívidas com privilégios sobre o frete) – As dívidas que têm privilégio sobre o frete são graduadas pela ordem seguinte:
1.º As despesas judiciais feitas no interesse comum dos credores;
2.º As soldadas do capitão e tripulação;
3.º As quotas de contribuição para as avarias comuns;
4.º As quantias dadas a risco sob essa caução;
5.º Os prémios do seguro;
6.º A importancia da indemnização que for devida por falta de entrega das fazendas carregadas.

ART. 583.º (Cessação dos privilégios sobre o frete) – Cessam os privilégios sobre o frete, logo que o frete for pago, salvo o caso do artigo 523.º em que o privilégio pelas soldadas da tripulação só se extingue passados seis meses depois do rompimento da viagem.

SECÇÃO II — **DAS HIPOTECAS**

ART. 584.º (Espécies de hipotecas sobre navios) – Podem constituir-se hipotecas sobre navios por disposição da lei ou por convenção das partes.

ART. 585.º (Regime aplicável) – As hipotecas sobre navios, sejam legais ou voluntárias, produzirão os mesmos efeitos, e reger-se-ão pelas mesmas disposições que as hipotecas sobre prédios, em tudo quanto for compatível com a sua especial natureza, e salvas as modificações da presente secção.

ART. 586.º (Quem pode constituir a hipoteca) – A hipoteca sobre navios só pode ser constituída pelo respectivo proprietário ou por seu procurador especial.

22 [ART. 587.º]   CÓDIGO COMERCIAL

§ 1.º Quando o navio pertencer a mais de um proprietário, poderá ser hipotecado na totalidade para despesas de armamento e navegação, por consentimento expresso da maioria, representando mais de metade do valor do navio.

§ 2.º O co-proprietário de um navio não pode hipotecar separadamente a sua parte do navio, sem assentimento da maioria designada no parágrafo antecedente.

ART. 587.º (Hipoteca sobre navios em construção ou a construir) – É também permitida a hipoteca sobre navios em construção ou a construir para pagamento das respectivas despesas de construção, contanto que pelo menos no respectivo instrumento se especifique o comprimento da quilha do navio e aproximadamente as suas principais dimensões, assim como a sua tonelagem provável, e o estaleiro que se acha a construir ou tem de ser construído.

ART. 588.º (Forma de constituição) – A hipoteca sobre navios será constituída por instrumento público, salvo a hipótese do § 2.º do artigo 591.º.

ART. 589.º (Extensão da hipoteca) – A hipoteca sobre navios relativa a créditos que vençam juros abrange, além do capital, os juros de cinco anos.

ART. 590.º (Registo das hipotecas) – As hipotecas sobre navios serão inscritas na secretaria do tribunal do comércio do porto da matrícula do navio.

§ 1.º No caso de a hipoteca ser constituída sobre o navio em construção ou a construir, a secretaria competente será a do lugar onde se achar o estaleiro.

§ 2.º Na matrícula dos navios que se houver de fazer em secretaria diferente daquela a que pertencia o lugar onde o navio foi construído, apresentar-se-á certidão, passada nesta, de haver ou não hipoteca sobre o navio e, no caso afirmativo, serão as respectivas hipotecas transcritas também com respeito à matrícula do navio.

ART. 591.º (Registo provisório) – O proprietário do navio poderá fazer abrir registo provisório de hipoteca em que se especifique a quantia ou quantias que sobre o navio possam levantar-se durante a viagem.

§ 1.º A escritura da hipoteca será feita, quando fora do reino, pelo respectivo agente consular português.

§ 2.º Não havendo agente consular no local em que se queira constituir a hipoteca, poderá esta ser constituída por escrito, feito a bordo, entre os respectivos outorgantes, com duas testemunhas, e lançado no livro de contas.

ART. 592.º (Concurso de créditos) – Os credores hipotecários serão pagos dos seus créditos, depois de satisfeitos os privilégios creditórios sobre o navio, pela ordem da prioridade do registo comercial.

§ único. Concorrendo diversas inscrições hipotecárias da mesma data, o pagamento será *pro-rata*.

ART. 593.º (Expurgação das hipotecas) – As hipotecas sobre navios serão sujeitas a expurgação nos termos de direito.

ART. 594.º (Exercício dos créditos no caso de perda ou inavegabilidade) – No caso de perda ou inavegabilidade do navio os direitos dos credores hipotecários exercem-se no que dele restar e sobre a respectiva indemnização devida pelos seguradores.

TÍTULO II — DO SEGURO CONTRA RISCOS DE MAR

ART. 595.º (Regime geral aplicável) – Ao contrato de seguro contra riscos de mar são aplicáveis as regras estabelecidas no capítulo I e na secção I do capítulo II do título XV do livro II, que não forem incompatíveis com a natureza especial dos seguros marítimos ou alteradas pelas disposições deste título.

ART. 596.º (Menções especiais da apólice) – A apólice de seguro marítimo, além do que se acha prescrito no artigo 426.º, deve enunciar:

1.º O nome, espécie, classificação, nacionalidade e tonelagem do navio;

2.º O nome do capitão;

3.º O lugar em que as fazendas foram ou devem ser carregadas;

4.º O porto donde o navio partiu, deve partir ou ter partido;

5.º Os portos em que o navio deve carregar, descarregar ou entrar.

§ único. Se não puderem fazer-se as enunciações prescritas neste artigo, ou porque a pessoa que fez o seguro as ignore, ou pela qualidade especial do seguro, devem substituir-se por outras que bem determinem o objecto deste.

ART. 597.º (Objecto do seguro) – O seguro contra riscos de mar pode ter por objecto todas as coisas e valores estimáveis a dinheiro expostos àquele risco.

ART. 598.º (Duração do seguro) – O seguro contra riscos de mar pode fazer-se, em tempo de paz ou de guerra, antes ou durante a viagem do navio, por viagem inteira, ou por tempo determinado, por ida e volta, ou somente por uma destas.

SEGURO CONTRA RISCOS DE MAR

[ART. 599.º] 23

ART. 599.º (Valor por que pode segurar-se a carga) – Da carga que segurar o capitão ou o dono do navio só poderão segurar-se nove décimos do seu justo valor.

ART. 600.º (Valores e coisas inseguráveis) – É nulo o seguro, tendo por objecto:
1.º As soldadas e vencimentos da tripulação;
2.º As fazendas obrigadas ao contrato de risco por seu inteiro valor e sem excepção de riscos;
3.º As cousas cujo tráfico é proibido pelas leis do reino, e os navios nacionais ou estrangeiros empregados no seu transporte.

ART. 601.º (Valor por que podem segurar-se as fazendas carregadas) – As fazendas carregadas podem segurar-se pelo seu inteiro valor, segundo o preço do custo, com as despesas de carga e frete, ou segundo o preço corrente, no lugar do destino, à sua chegada, sem avaria.
§ único. A avaliação feita na apólice sem declarações poderá ser referida a qualquer dos casos prescritos neste artigo, e não haverá lugar a aplicar o artigo 453.º, se não exceder o preço mais elevado.

ART. 602.º (Início e termo dos riscos) – Não se expressando na apólice o tempo durante o qual hajam de correr os riscos por conta do segurador, começarão e acabarão nos termos seguintes: .
1.º Quanto ao navio e seus pertences, no momento em que o navio levanta ferro para sair do porto até ao momento em que está ancorado e amarrado no porto do seu destino;
2.º Quanto à carga, desde o momento em que as cousas são carregadas no navio ou nas embarcações destinadas a transportá-las para este até ao momento de chegarem a terra no lugar do seu destino.
§ 1.º Se o seguro se faz depois do começo da viagem, os riscos correm da data da apólice.
§ 2.º Se a descarga for demorada por culpa do destinatário, os riscos acabam para o segurador trinta dias depois da chegada do navio ao seu destino.

ART. 603.º (Limites da obrigação do segurador) – A obrigação do segurador limita-se à quantia segurada.
§ único. Se os objectos seguros sofrem muitos sinistros sucessivos durante o tempo dos riscos, o segurado levará sempre em conta, ainda no caso de abandono, as quantias que lhe houverem sido pagas ou forem devidas pelos sinistros anteriores.

ART. 604.º (Riscos por que responde o segurador) – São a cargo do segurador, salvo estipulação contrária, todas as perdas e danos que aconteceram durante o tempo dos riscos aos objectos segurados por borrasca, naufrágio, varação, abalroação, mudança forçada de rota, de viagem ou de navio, por alijamento, incêndio, violência injusta, explosão, inundação, pilhagem, quarentena superveniente, e, em geral, por todas as demais fortunas de mar, salvos os casos em que pela natureza da cousa, pela lei ou por cláusula expressa na apólice o segurador deixa de ser responsável.
§ 1.º O segurador não responde pela barataria do capitão, salvo convenção em contrário, a qual, contudo, será sem efeito, se, sendo o capitão nominalmente designado foi depois mudado sem audiência e consentimento do segurador.
§ 2.º O segurador que convencionou expressamente segurar os riscos de guerra sem determinação precisa responde pelas perdas e danos, causados aos objectos segurados, por hostilidade, represália, embargo por ordem de potência, presa e violência de qualquer espécie, feita por Governo amigo ou inimigo, de direito ou de facto, reconhecido ou não reconhecido, e, em geral, por todos os factos e acidentes de guerra.
§ 3.º O aumento do prémio estipulado em tempo de paz para o caso de uma guerra casual, ou de outro evento, cuja quota não for determinada no contrato, regula-se, tendo em consideração os riscos, circunstâncias e estipulações da apólice.

ART. 605.º (Presunção sobre a causa da perda) – No caso de dúvida sobre a causa de perda dos objectos segurados, presume-se haverem perecido por fortuna de mar, e o segurador é responsável.

ART. 606.º (Valor do julgamento de boa presa) – O julgamento de boa presa proferido em tribunal estrangeiro importa a mera presunção da validade dela em questões relativas a seguros.

ART. 607.º (Despesas por que não responde o segurador) – Não são a cargo do segurador as despesas de navegação, pilotagem, reboque, quarentena e outras feitas por entrada e saída do navio, nem os direitos de tonelagem, faróis, ancoradouro, saúde pública e outras despesas semelhantes impostas sobre o navio e carga, salvo quando entrarem na classe de avarias grossas.

ART. 608.º (Mudança de rota, de viagem ou de navio) – Toda a mudança voluntária de rota, de viagem ou de navio por parte do segurado, em caso de seguro sobre navio ou sobre frete, faz cessar a obrigação do segurador.
§ 1.º Observar-se-á a disposição deste artigo com respeito ao seguro da carga, havendo consentimento do segurado.
§ 2.º O segurador nos casos previstos neste artigo e seu § 1.º tem o direito ao prémio por inteiro, se começou a correr os riscos.

ART. 609.º (Redução do prémio por carregamento inferior ao previsto) – Se o seguro é feito sobre fazendas, por ida e volta, e se o navio, tendo chegado ao primeiro destino, não carregou fazendas na volta ou não completou o carregamento, o segurador só receberá dois terços do prémio, salvo convenção em contrário.

24 [ART. 610.º] CÓDIGO COMERCIAL

ART. 610.º (Seguro dividido por fazendas a carregar em diversos navios) – Tendo-se efectuado devidamente o seguro por fazendas que devem ser carregadas em diversos navios designados com menção da quantia segurada em cada um, se as fazendas são carregadas em menor número de navios do que o designado no contrato, o segurador só responde pela quantia que segurou no navio ou navios que receberam a carga.

§ único. O segurador, porém, no caso previsto neste artigo receberá metade do prémio convencionado com respeito às fazendas cujos seguros ficarem sem efeito, não podendo estas indemnizações exceder meio por cento do valor delas.

ART. 611.º (Risco do segurador tendo o capitão liberdade de fazer escala) – Se o capitão tem a liberdade de fazer escala para completar ou tomar a carga, o segurador não corre o risco dos objectos segurados, senão enquanto estiverem a bordo, salva convenção em contrário.

ART. 612.º (Risco quando a viagem se prolonga ou encurta) – Se o segurado manda o navio a um lugar mais distante do que o designado no contrato, o segurador não responde pelos riscos ulteriores.

§ único. Se porém, a viagem se encurtar, aportando a um porto onde podia fazer escala, o seguro surte pleno efeito.

ART. 613.º (Efeito da cláusula livre de avaria) – A cláusula «livre de avaria» liberta os seguradores de toda e qualquer avaria, excepto nos casos que dão lugar ao abandono.

ART. 614.º (Seguro sobre liquídos ou géneros sujeitos a derramamento e liquefacção) – Recaindo o seguro sobre líquidos ou sobre géneros sujeitos a derramamento e liquefacção, o segurador não responde pelas perdas, salvo sendo causadas por embates, naufrágio ou varação do navio, e bem assim por descarga ou recarga em porto de arribada forçada.

§ único. No caso de ser o segurador obrigado a pagar os danos referidos neste artigo, deve fazer-se a redução do desfalque ordinário.

ART. 615.º (Prazo para a participação do sinistro) – O segurado deve dar conhecimento ao segurador, no prazo de cinco dias imediatos à recepção, dos documentos justificativos de que as fazendas seguradas correram o risco e se perderam.

Cf. art. 440.º do CCom.

TÍTULO III — **DO ABANDONO**

ART. 616.º (Quando pode ter lugar o abandono) – Pode fazer-se abandono dos objectos segurados nos casos:

1.º De presa;
2.º De embargo por ordem de potência estrangeira;
3.º De embargo por ordem do Governo depois de começada a viagem;
4.º No caso de perda total dos objectos segurados;
5.º Nos mais casos em que as partes o convencionarem.

§ único. O navio não susceptível de ser reparado é equiparado ao navio totalmente perdido.

ART. 617.º (Abandono por falta de notícia) – O segurado pode fazer abandono ao segurador sem ser obrigado a provar a perda do navio, se a contar do dia da partida do navio ou do dia a que se referem os últimos avisos dele não há notícia, a saber: depois de seis meses da sua saída para viagens na Europa, e depois de um ano para viagens mais dilatadas.

§ 1.º Fazendo-se o seguro por tempo limitado, depois de terminarem os prazos estabelecidos neste artigo, a perda do navio presume-se acontecida dentro do tempo do seguro.

§ 2.º Havendo muitos seguros sucessivos, a perda presume-se acontecida no dia seguinte àquele em que se deram as últimas notícias.

§ 3.º Se, porém, depois de se provar que a perda acontecera fora do tempo do seguro, a indemnização paga deve ser restituída com os juros legais.

ART. 618.º (Abandono da carga no caso de perda total do navio) – Verificada a perda total do navio, pode fazer-se o abandono dos objectos seguros nele carregados, se, no prazo de três meses a contar do evento, não se encontrou outro navio para os carregar e conduzir ao seu destino.

§ único. No caso previsto no presente artigo, se os objectos segurados se carregam em outro navio, o segurador responde pelos danos sofridos, despesas de carga e recarga, depósito e guarda nos armazéns, aumento de frete e mais depesas de salvação, até à concorrência da quantia segurada, e enquanto esta se não achar esgotada continuará a correr os riscos pelo resto.

ART. 619.º (Prazo para abandono de objectos apresados ou embargados) – O abandono dos objectos segurados, apresados ou embargados só pode fazer-se passados três meses depois da notificação da presa ou do embargo, se o foram nos mares da Europa, e passados seis meses se o foram em outro lugar.

CONTRATO DE RISCO   [ART. 620.º]   25

§ único. Para as fazendas sujeitas a deterioração rápida os prazos mencionados neste artigo serão reduzidos a metade.

ART. 620.º (Prazo para a intimação de abandono) – O abandono será intimado aos seguradores no prazo de três meses a contar do dia em que houve conhecimento do sinistro, se este aconteceu nos mares da Europa; de seis meses, se sucedeu no mares de áfrica, nos mares ocidentais e meridionais da ásia e nos orientais da América; e de um ano, se o sinistro ocorreu em outros mares.

§ 1.º Nos casos de presa ou de embargo por ordem de potência estes prazos só correm do dia em que terminarem os estabelecidos no artigo antecedente.

§ 2.º O segurado não será admitido a fazer o abandono, expirados os prazos fixados neste artigo, ficando-lhe salvo o direito para a acção de avaria.

ART. 621.º (Pagamento da quantia segurada) – O segurado, participando ao segurador os avisos recebidos, pode fazer o abandono, intimando o segurador para pagar a quantia segurada no prazo estabelecido pelo contrato ou pela lei e pode reservar-se para o fazer depois dentro dos prazos legais.

§ 1.º Fazendo o abandono, é obrigado a declarar todos os seguros feitos ou ordenados e as quantias tomadas a risco com conhecimento seu sobre as fazendas carregadas: de contrário a dilação do pagamento será suspensa até ao dia em que apresentar a dita dilação estabelecida pela lei para fazer o abandono.

§ 2.º Em caso de declaração fraudulenta o segurado ficará privado de todos os efeitos do seguro.

ART. 622.º (Extensão do abandono) – O abandono compreende somente as cousas que são objecto do seguro e do risco e não pode ser parcial nem condicional.

ART. 623.º (Efeitos do abandono) – Os objectos segurados ficam pertencendo ao segurador desde o dia em que o abandono é intimado e aceito pelo segurador ou julgado válido.

§ único. O segurado deverá entregar ao segurador todos os documentos concernentes aos objectos segurados.

ART. 624.º (Ineficácia da intimação de abandono) – A intimação de abandono não produz efeitos jurídicos se os factos sobre os quais ela se fundou se não confirmarem ou não existiam ao tempo em que ela se fez ao segurador.

§ único. A intimação do abandono produzirá contudo todos os seus efeitos embora sobrevenham posteriormente a ela circunstâncias que, a terem-se produzido anteriormente, excluiriam o direito ao abandono.

ART. 625.º (Regime do abandono no caso de presa) – No caso de presa, se o segurado não pôde avisar o segurador, terá a faculdade de resgatar os objectos apresados sem esperar ordem do segurador ficando, porém, nesse caso obrigado a dar conhecimento ao segurador da composição que tiver feito, logo que se lhe proporcionar ocasião.

§ 1.º O segurador tem a escolha de tomar à sua conta a composição ou rejeitá-la, e da escolha que fizer dará conhecimento ao segurado no prazo de vinte e quatro horas depois de ter recebido a comunicação.

§ 2.º Se aceitar a composição, contribuirá sem demora para ser pago o resgate nos termos da convenção e em proporção do seu interesse e continuará a correr os riscos da viagem, conforme o contrato de seguro.

§ 3.º Se rejeitar a composição, ficará obrigado ao pagamento da quantia segurada e sem direito de reclamar cousa alguma dos objectos resgatados.

§ 4.º Quando o segurador deixa de dar conhecimento da sua escolha no prazo mencionado entende-se que rejeita a composição.

§ 5.º Resgatado o navio, se o segurado entra na posse dos seus objectos, reputar-se-ão avarias as deteriorações sofridas, ficando a indemnização de conta do segurador, mas, se por virtude de represa os objectos passarem a terceiro possuidor, poderá o segurado fazer deles abandono.

TÍTULO IV — DO CONTRATO DE RISCO

ART. 626.º (Formalidades do contrato de risco) – O contrato de risco deve ser feito por escrito e enunciar:

1.º A quantia emprestada;

2.º O prémio ajustado;

3.º Os objectos sobre que recai o empréstimo;

4.º O nome, a qualidade, a tonelagem e a nacionalidade do navio;

5.º O nome do capitão;

6.º Os nomes e os domicílios do dador e tomador;

7.º A enumeração particular e específica dos riscos tomados;

8.º Se o empréstimo é por uma ou mais viagens e por que tempo;

9.º A época e o lugar do pagamento.

§ 1.º O escrito será datado do dia e lugar em que o empréstimo se fizer e será assinado pelos contratantes, declarando a qualidade em que o fazem.

§ 2.º O contrato de risco que não for reduzido a escrito nos termos deste artigo converter-se-á em simples empréstimo e obrigará pessoalmente o tomador ao pagamento de capital e juros.

26 [ART. 627.º]   CÓDIGO COMERCIAL

ART. 627.º (Negociabilidade do título) – O título do contrato de risco exarado à ordem é negociável por endosso nos termos e com os mesmos direitos e acções em garantia que a letra.

§ único. O endossado toma o lugar do endossante tanto a respeito do prémio como das perdas, mas a garantia da solvabilidade do devedor é restrita ao capital sem compreender o prémio, salva a convenção em contrário.

ART. 628.º (Objecto do contrato) – O contrato de risco só pode recair sobre toda a carga, parte dela ou sobre o frete vencido, conjunta ou separadamente, e só pode ser celebrado pelo capitão no decurso da viagem, quando não haja outro meio para a continuar.

ART. 629.º (Limite da validade do empréstimo a risco) – O empréstimo a risco feito por quantia excedente ao valor real dos objectos sobre que recai é válido até à concorrência desse valor; pelo excedente da quantia emprestada responde pessoalmente o tomador sem prémio e só com juros legais.

§ 1.º Se da parte do tomador tiver havido fraude pode o dador requerer que se anule o contrato e lhe seja paga a quantia emprestada com os juros legais.

§ 2.º O lucro esperado sobre fazendas carregadas não se considera como excesso de valor, se for avaliado separadamente no título.

ART. 630.º (Exoneração do tomador) – Perdendo-se por caso fortuito ou força maior no tempo, lugar e pelos riscos tomados pelo dador os objectos sobre que recai o empréstimo a risco, o tomador liberta-se.

§ 1.º Se a perda for parcial, o pagamento da quantia emprestada reduz-se ao valor dos objectos obrigados ao empréstimo que se salvarem, sem prejuízo dos créditos que lhe preferirem.

§ 2.º Se o empréstimo recaiu sobre o frete, o pagamento da quantia emprestada, em caso de sinistro, reduz--se à quantia devida pelos afretadores, sem prejuízo dos créditos que lhe preferirem.

§ 3.º Estando seguro o objecto obrigado ao empréstimo a risco, o valor salvo será propocionalmente repartido entre o capital dado a risco e a quantia segurada.

§ 4.º Se ao tempo do sinistro parte dos objectos obrigados já estiverem em terra, a perda do dador será limitada aos que ficarem no navio, continuando a correr os riscos sobre os objectos salvos que forem transportados em outro navio.

§ 5.º Se a totalidade dos objectos obrigados estiver descarregada antes do sinistro, o tomador pagará a quantia total do empréstimo e seu prémio.

ART. 631.º (Contribuição do dador para as avarias) – O dador contribui para as avarias comuns em benefício do tomador, sendo nula qualquer convenção em contrário.

§ único. As avarias particulares não são a cargo do dador, salva convenção em contrário; mas, se por efeito de uma avaria particular os objectos obrigados não chegarem para o completo pagamento da quantia emprestada e seu prémio, o dador suportará o prejuízo resultante dessas avarias.

ART. 632.º (Graduação e concurso entre vários empréstimos) – Havendo muitos empréstimos contraídos no curso da mesma viagem, o último prefere sempre ao precedente.

§ único. Os empréstimos a risco contraídos na mesma viagem e no mesmo porto de arribada forçada durante a mesma estada, entrarão em concurso.

ART. 633.º (Aplicação subsidiária das disposições sobre seguros e avarias) – As disposições deste Código acerca de seguros marítimos e avarias serão aplicáveis ao contrato de risco, quando não opostas à sua essência e não alteradas neste título.

TÍTULO V — DAS AVARIAS

ART. 634.º (Conceito de avarias) – São reputadas avarias todas as despesas extraordinárias feitas com o navio ou com a sua carga, conjunta ou separadamente, e todos os danos que acontecem ao navio e carga desde que começam os riscos do mar até que acabam.

§ 1.º Não são reputadas avarias, mas simples despesas a cargo do navio as que ordinariamente se fazem com a sua saída e entrada assim como o pagamento de direitos e outras taxas de navegação, e com as tendentes a aligeirá-lo para passar os baixos ou bancos de areia conhecidos à saída do lugar de partida.

§ 2.º As avarias regulam-se por convenção das partes e, na sua falta ou insuficiência, pelas disposições deste Código.

ART. 635.º (Espécies de avarias) – As avarias são de duas espécies: avarias grossas ou comuns e avarias simples ou particulares.

§ 1.º São avarias grossas ou comuns todas as despesas extraordinárias e os sacrifícios feitos voluntariamente com o fim de evitar um perigo pelo capitão ou por sua ordem, para a segurança comum do navio e da carga desde o seu carregamento e partida até ao seu retorno e descarga.

§ 2.º São avarias simples ou particulares as despesas causadas e o dano sofrido só pelo navio ou só pelas fazendas.

AVARIAS [ART. 636.º] 27

ART. 636.º (Repartição das avarias comuns) – As avarias comuns são repartidas proporcionalmente entre a carga e a metade do valor do navio e do frete.

ART. 637.º (Responsabilidade por avarias simples) – As avarias simples são suportadas e pagas ou só pelo navio ou só pela cousa que sofreu o dano ou ocasionou a despesa.

ART. 638.º (Exame e estimação de avarias na carga) – O exame e a estimação de avaria de carga, sendo o dano visível por fora, serão feitas antes da entrega: em caso contrário, o exame poderá fazer-se depois, contanto que se verifique no prazo de quarenta e oito horas da entrega, isto sem prejuízo de outra prova.

§ único. Na estimação a que se refere este artigo determinar-se-á qual teria sido o valor da carga se tivesse chegado sem avaria, e qual é o seu valor actual, tudo isto independentemente da estimação do lucro esperado, sem que em caso algum possa ser ordenada a venda de carga para se lhe fixar o valor, salvo a requerimento do respectivo dono.

ART. 639.º (Repartição de avaria grossa) – Haverá repartição de avaria grossa por contribuição sempre que o navio e a carga forem salvos no todo ou em parte.

§ 1.º O capital contribuinte compõe-se:

1.º Do valor líquido integral que as cousas sacrificadas teriam ao tempo no lugar da descarga;

2.º Do valor líquido integral que tiverem no mesmo lugar e tempo as cousas salvas e também da importância do prejuízo que sofreram para a salvação comum;

3.º Do frete a vencer, deduzidas as despesas que teriam deixado de se fazer se o navio e a carga se perdessem na ocasião em que se deu a avaria.

§ 2.º Os objectos do uso e o fato, as soldadas dos marinheiros, as bagagens dos passageiros e as munições de guerra e de boca na quantidade necessária para a viagem, posto que pagas por contribuição, não fazem parte do capital contribuinte.

ART. 640.º (Relevância da carga de que não haja conhecimento ou declaração) – A carga, de que não houver conhecimento ou declaração do capitão ou que se não achar na lista ou no manifesto não se paga, se for alijada, mas contribui na avaria grossa salvando-se.

ART. 641.º (Objectos carregados sobre o convés) – Os objectos carregados sobre o convés contribuem na avaria grossa salvando-se.

§ único. Sendo alijados ou danificados pelo alijamento, não são contemplados na contribuição e só dão lugar à acção de indemnização contra o capitão, navio e frete, se foram carregados na coberta sem consentimento do dono; mas, tendo-o havido, haverá lugar a uma contribuição especial entre o navio, o frete e outros objectos carregados nas mesmas circunstâncias, sem prejuízo da contribuição geral para as avarias comuns de todo o carregamento.

ART. 642.º (Regime no caso de perda do navio) – Se, não obstante o alijamento ou o corte de aparelhos, o navio se não salva, não há lugar a contribuição alguma e os objectos salvos não respondem por pagamento algum em contribuição de avaria dos objectos alijados, avariados ou cortados.

§ 1.º Se pelo alijamento ou corte de aparelhos o navio se salva e, continuando a viagem, perece, os objectos salvos contribuem só por si no alijamento no pé do seu valor no estado em que se acham, deduzidas as despesas de salvação.

§ 2.º Os objectos alijados não contribuem em caso algum para o pagamento dos danos sofridos depois do alijamento pelos objectos salvos. § 3.º A carga não contribui para o pagamento do navio perdido ou declarado inavegável.

ART. 643.º (Regime aplicável às barcas e sua carga) – As disposições acerca de avarias grossas e de avarias simples são igualmente aplicáveis às barcas e aos objectos carregados nelas que forem empregadas em aliviar o navio.

§ 1.º Perdendo-se a bordo das barcas fazendas descarregadas para aliviar o navio, a repartição da sua perda será feita entre o navio e o seu inteiro carregamento.

§ 2.º Se o navio se perde com o resto do carregamento, as fazendas descarregadas nas barcas, ainda que cheguem ao seu destino, não contribuem.

ART. 644.º (Fazendas em terra) – Não contribuem nas perdas acontecidas a navio, para cuja carga eram destinadas, as fazendas que estiverem em terra.

ART. 645.º (Repartição da avaria grossa nas barcas ou fazendas nelas carregadas) – Se acontecer, durante o trajecto, quer às barcas, quer às fazendas nelas carregadas, dano reputado avaria grossa, este dano será suportado um terço pelas barcas e dois terços pelas fazendas carregadas a seu bordo.

ART. 646.º (Recuperação dos objectos alijados) – Se depois de feita a repartição os objectos alijados forem recobrados pelos donos, estes reporão ao capitão e aos interessados a contribuição recebida, deduzido o dano causado pelo alijamento e as despesas da recuperação, repartindo-se proporcionalmente entre os interessados que contribuíram a reposição recebida.

28 [ART. 647.º]   CÓDIGO COMERCIAL

§ único. Se o dono dos objectos alijados os recuperar sem reclamar indemnização alguma, estes objectos não contribuirão nas avarias sobrevindas ao restante da carga depois do alijamento.

ART. 647.º (Contribuição do navio) – O navio contribui pelo seu valor no lugar da descarga, ou pelo preço da sua venda, deduzida a importância das avarias particulares, ainda que sejam posteriores à avaria comum.

ART. 648.º (Valor das fazendas e outros objectos) – As fazendas e os mais objectos que devem contribuir, assim como os objectos alijados ou sacrificados, serão estimados segundo o seu valor, deduzidos o frete, direitos de entrada e outros de descarga, tendo-se em consideração os conhecimentos, as facturas e, na sua falta, outros quaisquer meios de prova.

§ 1.º Estando designados nos conhecimentos a qualidade e valor das fazendas, se valerem mais, contribuirão pelo seu valor real, sendo salvas, e serão pagas por esse valor, mas em caso de alijamento ou avaria regulará o valor dado no conhecimento.

§ 2.º Valendo as fazendas menos, contribuirão segundo o valor indicado, se forem salvas, mas atender-se-á ao valor real, se forem alijadas ou estiverem avariadas.

ART. 649.º (Valor das fazendas carregadas) – As fazendas carregadas serão estimadas, segundo o seu valor, no lugar da descarga, deduzidos o frete, os direitos de entrada e outros de descarga.

§ 1.º Se a repartição houver de fazer-se em lugar do reino donde o navio partiu ou tivesse de partir, o valor dos objectos carregados será determinado segundo o preço de compra, acrescidas as despesas até bordo, não compreendido o prémio do seguro.

§ 2.º Se os objectos estiverem avariados, serão estimados pelo seu valor real.

§ 3.º Se a viagem se rompeu ou as fazendas se venderem fora do reino e a avaria não pôde lá regular-se, tomar-se-á por capital contribuinte o valor das fazendas no lugar do rompimento, ou o produto líquido que se tiver obtido no lugar da venda.

ART. 650.º (Lei reguladora da repartição das avarias) – As avarias grossas ou comuns serão reguladas e repartidas segundo a lei do lugar onde a carga for entregue.

ART. 651.º (Repartição das avarias grossas sucessivas) – Todas as avarias grossas sucessivas repartem-se simultaneamente no fim da viagem, como se formassem uma só e mesma avaria.

§ único. Não se aplica a regra deste artigo às fazendas embarcadas ou desembarcadas em um porto de escala, mas tão-somente a respeito destas fazendas.

ART. 652.º (Quem deve ou pode promover a regulação e repartição das avarias grossas) – A regulação e repartição das avarias grossas fazem-se a diligência do capitão e, deixando ele de a promover, a diligência dos proprietários do navio ou da carga, sem prejuízo da responsabilidade daquele.

§ único. O capitão apresentará junto com o seu relatório e devido protesto todos os livros de bordo e mais documentos concernentes ao sinistro, ao navio e à carga.

ART. 653.º (Perda do direito de acção por avarias) – Não haverá lugar a acção por avarias contra o afretador e o recebedor da carga, se o capitão recebeu o frete e entregou as fazendas sem protesto, ainda que o pagamento do frete fosse antecipado.

TÍTULO VI — DAS ARRIBADAS FORÇADAS

ART. 654.º (Causas de arribada forçada) – São justas causas de arribada forçada:
1.º A falta de víveres, aguada ou combustível;
2.º O temor fundado de inimigos;
3.º Qualquer acidente que inabilite o navio de continuar a navegação.

ART. 655.º (Formalidades da arribada) – Em qualquer dos casos previstos no artigo precedente, ouvidos os principais da tripulação e lançada e assinada a resolução no diário de navegação, o capitão poderá proceder à arribada.

§ 1.º Os interessados na carga que estiverem a bordo podem protestar contra a deliberação tomada de proceder à arribada.

§ 2.º Dentro de quarenta e oito horas depois da entrada no porto da arribada deve o capitão fazer o seu relatório perante a autoridade competente.

ART. 656.º (Responsabilidade pelas despesas) – São por conta do armador ou fretador as despesas ocasionadas pela arribada forçada.

ART. 657.º (Arribada legítima) – Considera-se legítima a arribada que não proceder de dolo, negligência ou culpa do dono, do capitão ou da tripulação.

ABALROAÇÃO [ART. 658.º] 29

ART. 658.º (Arribada ilegítima) – Considera-se ilegítima a arribada:
1.º Se a falta de víveres, aguada ou combustível proceder de se não ter feito o necessário fornecimento, ou de se haver perdido por má arrumação ou descuido;
2.º Se o temor de inimigos não for justificado por factos positivos;
3.º Provindo o acidente que inabilitou o navio de continuar a navegação da falta de bom conserto, apercebimento, esquipação e má arrumação ou resultando de disposição desacertada ou de falta de cautela do capitão.

ART. 659.º (Responsabilidade pelos prejuízos) – Sendo a arribada legítima, nem o dono nem o capitão respondem pelos prejuízos que da mesma possam resultar aos carregadores ou proprietários da carga.
§ único. Sendo ilegítima, o capitão e o dono serão conjuntamente responsáveis até à concorrência do valor do navio e frete.

ART. 660.º (Descarga no porto da arribada) – Só pode autorizar-se descarga no porto da arribada, sendo indispensável para o conserto do navio ou reparo de avaria na carga, devendo nestes casos preceder no reino e seus domínios autorização do juiz competente, e no estrangeiro autorização do agente consular, havendo-o, e, na sua falta, da autoridade local.

ART. 661.º (Responsabilidade do capitão) – O capitão responde pela guarda e conservação da carga descarregada, salvos os acidentes de força maior.

ART. 662.º (Reparação e venda da carga) – A carga avariada será reparada ou vendida segundo as circunstâncias, precedendo a autorização mencionada no artigo 660.º, sendo o capitão obrigado a comprovar ao carregador ou consignatário a legitimidade do seu procedimento, sob pena de responder pelo preço que teria como boa no lugar do destino.

ART. 663.º (Prejuízos resultantes da demora injustificada) – O capitão responderá pelos prejuízos resultantes de toda a demora injustificada no porto da arribada; mas, tendo esta procedido de temor de inimigos, a saída será deliberada em conselho dos principais da equipagem e interessados na carga que estiverem a bordo, nos mesmos termos legislados para determinar a arribada.

TÍTULO VII — DA ABALROAÇÃO

ART. 664.º (Abalroação sem culpa) – Ocorrendo abalroação de navios por acidente puramente fortuito ou devido a força maior, não haverá direito a indemnização.

ART. 665.º (Abalroação culposa devida a um dos navios) – Sendo a abalroação causada por culpa de um dos navios, os prejuízos sofridos serão suportados pelo navio abalroador.

ART. 666.º (Abalroação por culpa de ambos os navios) – Dando-se culpa da parte de ambos os navios, forma-se um capital dos prejuízos sofridos, que será indemnizado pelos respectivos navios em proporção à gravidade da culpa de cada um.

ART. 667.º (Abalroação por culpa de terceiro) – Quando a abalroação é motivada por falta de um terceiro navio e não pôde prevenir-se, é este que responde.

ART. 668.º (Regime aplicável no caso de dúvidas sobre a causa) – Havendo dúvida sobre qual dos navios deu causa à abalroação, suporta cada um deles os prejuízos que sofreu, mas todos respondem pelos prejuízos causados às cargas e pelas indemnizações devidas às pessoas.

ART. 669.º (Presunção de caso fortuito) – A abalroação presume-se fortuita, salvo quando não tiverem sido observados os regulamentos gerais de navegação e os especiais do porto.

ART. 670.º (Presunção de perda por abalroação) – Se um navio avariado por abalroação se perde quando busca porto de arribada para se consertar, presume-se ter sido a perda resultante de abalroação.

ART. 671.º (Direitos de regresso contra os autores da culpa) – A responsabilidade dos navios estabelecida nos artigos antecedentes não isenta os autores da culpa para com os prejudicados e proprietários dos navios.

ART. 672.º (Direitos de regresso contra o piloto do porto ou prático da costa) – Em qualquer caso em que a responsabilidade recai sobre o capitão, se o navio, ao tempo da abalroação e em observância dos regulamentos, estivesse sob a direcção do piloto do porto ou prático da costa, o capitão tem direito a ser indemnizado pelo piloto ou corporação respectiva, havendo-a.

ART. 673.º (Reclamação por perdas e danos) – A reclamação por perdas e danos resultantes da abalroação de navios será apresentada no prazo de três dias à autoridade do lugar em que sucedeu ou do primeiro a que aportar o navio abalroado, sob pena de não ser admitida.

30 [ART. 674.º]

CÓDIGO COMERCIAL

§ único. A falta de reclamação, quanto aos danos causados às pessoas e mercadorias, não prejudica os interessados que não estavam a bordo e que se achavam impedidos de manifestar a sua vontade.

ART. 674.º (Lei reguladora das questões sobre abalroação) – As questões sobre abalroação regulam-se:
1.º Nos portos e águas territoriais, pela respectiva lei local;
2.º No mar alto, entre navios da mesma nacionalidade, pela lei da sua nação;
3.º No mar alto, entre navios de nacionalidade diferente, cada um é obrigado nos termos da lei do seu pavilhão, não podendo receber mais do que esta lhe conceder.

ART. 675.º (Tribunal competente para a acção) – A acção por perdas e danos resultantes da abalroação pode instaurar-se, tanto no tribunal do lugar onde se deu a abalroação como no domicílio do dono do navio abalroador, ou no do lugar a que pertencer ou em que for encontrado esse navio.

TÍTULO VIII — DA SALVAÇÃO E ASSISTÊNCIA

ARTS. 676.º a 691.º (*Revogados* pelo art. 17.º do DL n.º 203/98, de 10-7).

LIVRO QUARTO
DAS FALÊNCIAS

ARTS. 692.º a 749.º – ....

Os arts. 692.º a 749.º do CCom. foram expressamente revogados pelo CF, aprovado por D. de 26-7-1899, o qual, por seu turno, veio a ser incorporado no CPC, promulgado por D. de 14-12-1905, revogado mais tarde pelo art. 3.º do D. n.º 29 637, de 28-5-1939, que aprovou o CPC.

Os arts. 1135.º a 1352.º do CPC, reguladores da falência, foram revogados e substituídos pelo DL n.º 132/93, de 23-4, e suas posteriores alterações, que aprovou o Código dos Processos Especiais de Recuperação da Empresa e de Falência.

No presente, a matéria está regulada no CIRE, aprovado pelo DL n.º 53/2004, de 18-3.

CAP. II

SOCIEDADES CIVIS E EMPRESÁRIOS INDIVIDUAIS

2.1. SOCIEDADES CIVIS

CÓDIGO CIVIL (*)

CAPÍTULO III — Sociedades

Secção I — DISPOSIÇÕES GERAIS

ART. 980.º (Noção) – Contrato de sociedade é aquele em que duas ou mais pessoas se obrigam a contribuir com bens ou serviços para o exercício em comum de certa actividade económica, que não seja de mera fruição, a fim de repartirem os lucros resultantes dessa actividade.

ART. 981.º (Forma) – 1 – O contrato de sociedade não está sujeito a forma especial, à excepção da que for exigida pela natureza dos bens com que os sócios entram para a sociedade.

2 – A inobservância da forma, quando esta for exigida, só anula todo o negócio se este não puder converter-se segundo o disposto no artigo 293.º, de modo que à sociedade fique o simples uso e fruição dos bens cuja transferência determina a forma especial, ou se o negócio não puder reduzir-se, nos termos do artigo 292.º, às demais participações.

ART. 982.º (Alterações do contrato) – 1 – As alterações do contrato requerem o acordo de todos os sócios, excepto se o próprio contrato o dispensar.

2 – Se o contrato conceder direitos especiais a algum dos sócios, não podem os direitos concedidos ser suprimidos ou coarctados sem o assentimento do respectivo titular, salvo estipulação expressa em contrário.

Secção II — RELAÇÕES ENTRE OS SÓCIOS

ART. 983.º (Entradas) – 1 – Os sócios estão somente obrigados às entradas estabelecidas no contrato.

2 – As entradas dos sócios presumem-se iguais em valor, se este não for determinado no contrato.

ART. 984.º (Execução da prestação, garantia e risco da cousa) – A execução da prestação, a garantia e o risco da cousa são regulados nos termos seguintes:

a) Se a entrada consistir na transferência ou constituição de um direito real, pelas normas do contrato de compra e venda;

b) Se o sócio apenas se obrigar a facultar à sociedade o uso e fruição de uma cousa, pelas normas do contrato de locação;

c) Se a entrada consistir na transferência de um crédito ou de uma posição contratual, pelas normas, respectivamente, da cessão de créditos ou da cessão da posição contratual, presumindo-se, todavia, que o sócio garante a solvência do devedor.

(*) O Código Civil, aprovado pelo DL n.º 47 344, de 25 de Novembro de 1966, entrou em vigor em 1 de Junho de 1967, não tendo a matéria das sociedades aí regulada sofrido qualquer alteração posterior.

32 [CÓD. CIVIL]   SOCIEDADES CIVIS

ART. 985.º (Administração) – 1 – Na falta de convenção em contrário, todos os sócios têm igual poder para administrar.

2 – Pertencendo a administração a todos os sócios ou apenas a alguns deles, qualquer dos administradores tem o direito de se opor ao acto que outro pretenda realizar, cabendo à maioria decidir sobre o mérito da oposição.

3 – Se o contrato confiar a administração a todos ou a vários sócios em conjunto, entende-se, em caso de dúvida, que as deliberações podem ser tomadas por maioria.

4 – Salvo estipulação noutro sentido, considera-se tomada por maioria a deliberação que reúna os sufrágios de mais de metade dos administradores.

5 – Ainda que para a administração em geral, ou para determinada categoria de actos, seja exigido o assentimento de todos os administradores, ou da maioria deles, a qualquer dos administradores é lícito praticar os actos urgentes de administração destinados a evitar à sociedade um dano iminente.

ART. 986.º (Alteração da administração) – 1 – A cláusula do contrato que atribuir a administração ao sócio pode ser judicialmente revogada, a requerimento de qualquer outro, ocorrendo justa causa.

2 – É permitido incluir no contrato casos especiais de revogação, mas não é lícito aos interessados afastar a regra do número anterior.

3 – A designação dos administradores feita em acto posterior pode ser revogada por deliberação da maioria dos sócios, sendo em tudo o mais aplicáveis à revogação as regras do mandato.

ART. 987.º (Direitos e obrigações dos administradores) – 1 – Aos direitos e obrigações dos administradores são aplicáveis as normas do mandato.

2 – Qualquer sócio pode tornar efectiva a responsabilidade a que está sujeito o administrador.

ART. 988.º (Fiscalização dos sócios) – 1 – Nenhum sócio pode ser privado, nem sequer por cláusula do contrato, do direito de obter dos administradores as informações de que necessite sobre os negócios da sociedade, de consultar os documentos a eles pertinentes e de exigir a prestação de contas.

2 – As contas são prestadas no fim de cada ano civil, salvo se outra coisa for estipulada no contrato, ou se for inferior a um ano a duração prevista para a sociedade.

ART. 989.º (Uso das cousas sociais) – O sócio não pode, sem consentimento unânime dos consócios, servir--se das cousas sociais para fins estranhos à sociedade.

ART. 990.º (Proibição de concorrência) – O sócio que, sem expressa autorização de todos os outros, exercer, por conta própria ou alheia, actividade igual à da sociedade fica responsável pelos danos que lhe causar, podendo ainda ser excluído, nos termos da alínea *a*) do artigo 1003.º.

ART. 991.º (Distribuição periódica dos lucros) – Se os contraentes nada tiverem declarado sobre o destino dos lucros de cada exercício, os sócios têm direito a que estes lhes sejam atribuídos nos termos fixados no artigo imediato, depois de deduzidas as quantias afectadas, por deliberação da maioria, à prossecução dos fins sociais.

ART. 992.º (Distribuição dos lucros e das perdas) – 1 – Na falta de convenção em contrário, os sócios participam nos lucros e perdas da sociedade segundo a proporção das respectivas entradas.

2 – No silêncio do contrato, os sócios de indústria não respondem, nas relações internas, pelas perdas sociais.

3 – Se o contrato não fixar o quinhão do sócio de indústria nos lucros nem o valor da sua contribuição, será o quinhão deste estimado pelo tribunal segundo juízos de equidade; do mesmo modo se avaliará a parte nos lucros e perdas do sócio que apenas se obrigou a facultar à sociedade o uso e fruição de uma cousa.

4 – Se o contrato determinar somente a parte de cada sócio nos lucros, presumir-se-á ser a mesma a sua parte nas perdas.

ART. 993.º (Divisão deferida a terceiro) – 1 – Convencionando-se que a divisão dos ganhos e perdas seja feita por terceiro, deve este fazê-la segundo juízos de equidade, sempre que não haja estipulação em contrário; se a divisão não puder ser feita ou não tiver sido feita no tempo devido, sê-lo-á pelo tribunal, segundo os mesmos juízos.

2 – Qualquer sócio tem o direito de impugnar a divisão feita por terceiro, no prazo de seis meses a contar do dia em que ela chegou ao seu conhecimento.

3 – Porém, a recepção dos respectivos lucros extingue o direito à impugnação, salvo se anteriormente se protestou contra a divisão, ou se, ao tempo do recebimento, eram desconhecidas as causas de impugnabilidade.

ART. 994.º (Pacto leonino) – É nula a cláusula que exclui um sócio da comunhão nos lucros ou que o isenta de participar nas perdas da sociedade, salvo o disposto no n.º 2 do artigo 992.º.

SOCIEDADES CIVIS [CÓD. CIVIL] 33

ART. 995.º (Cessão de quotas) – 1 – Nenhum sócio pode ceder a terceiro a sua quota sem consentimento de todos os outros.

2 – A cessão de quotas está sujeita à forma exigida para a transmissão dos bens da sociedade.

Secção III — RELAÇÕES COM TERCEIROS

ART. 996.º (Representação das sociedades) – 1 – A sociedade é representada em juízo e fora dele pelos seus administradores, nos termos do contrato ou de harmonia com as regras fixadas no artigo 985.º.

2 – Quando não estiverem sujeitas a registo, as deliberações sobre a extinção ou modificação dos poderes dos administradores não são oponíveis a terceiros que sem culpa, as ignoravam ao tempo em que contrataram com a sociedade; considera-se sempre culposa a ignorância, se à deliberação foi dada a publicidade conveniente.

ART. 997.º (Responsabilidade pelas obrigações sociais) – 1 – Pelas dívidas sociais respondem a sociedade e, pessoal e solidariamente, os sócios.

2 – Porém o sócio demandado para pagamento dos débitos da sociedade pode exigir a prévia excussão do património social.

3 – A responsabilidade dos sócios que não sejam administradores pode ser modificada, limitada ou excluída por cláusula expressa do contrato, excepto no caso de a administração competir unicamente a terceiras pessoas; se a cláusula não estiver sujeita a registo, é aplicável, quanto à sua oponibilidade a terceiros, o disposto no n.º 2 do artigo anterior.

4 – O sócio não pode eximir-se à responsabilidade por determinada dívida a pretexto de esta ser anterior à sua entrada para a sociedade.

ART. 998.º (Responsabilidade por factos ilícitos) – 1 – A sociedade responde civilmente pelos actos ou omissões dos seus representantes, agentes ou mandatários, nos mesmos termos em que os comitentes respondem pelos actos ou omissões dos seus comissários.

2 – Não podendo o lesado ressarcir-se completamente, nem pelos bens da sociedade, nem pelo património do representante, agente ou mandatário, ser-lhe-á lícito exigir dos sócios o que faltar, nos mesmos termos em que o poderia fazer qualquer credor social.

ART. 999.º (Credor particular do sócio) – 1 – Enquanto se não dissolver a sociedade, e sendo suficientes outros bens do devedor, o credor particular do sócio apenas pode executar o direito deste aos lucros e à quota de liquidação.

2 – Se os outros bens do devedor forem insuficientes, o credor pode exigir a liquidação da quota do devedor nos termos do artigo 1021.º.

ART. 1000.º (Compensação) – Não é admitida compensação entre aquilo que um terceiro deve à sociedade e o crédito dele sobre algum dos sócios, nem entre o que a sociedade deve a terceiro e o crédito que sobre este tenha algum dos sócios.

Secção IV — MORTE, EXONERAÇÃO OU EXCLUSÃO DE SÓCIOS

ART. 1001.º (Morte de um sócio) – 1 – Falecendo um sócio, se o contrato nada estipular em contrário, deve a sociedade liquidar a sua quota em benefício dos herdeiros; mas os sócios supérstites têm a faculdade de optar pela dissolução da sociedade, ou pela sua continuação com os herdeiros se vierem a acordo com eles.

2 – A opção pela dissolução da sociedade só é oponível aos herdeiros do sócio falecido se lhes for comunicada dentro de sessenta dias, a contar do conhecimento da morte pelos sócios supérstites.

3 – Sendo dissolvida a sociedade, os herdeiros assumem todos os direitos inerentes, na sociedade em liquidação, à quota do sócio falecido.

4 – Sendo os herdeiros chamados à sociedade, podem livremente dividir entre si o quinhão do seu antecessor ou encabeçá-lo em algum ou alguns deles.

ART. 1002.º (Exoneração) – 1 – Todo o sócio tem o direito de se exonerar da sociedade, se a duração desta não tiver sido fixada no contrato; não se considera, para este efeito, fixada no contrato a duração da sociedade, se esta tiver sido constituída por toda a vida de um sócio ou por período superior a trinta anos.

2 – Havendo fixação de prazo, o direito de exoneração só pode ser exercido nas condições previstas no contrato ou quando ocorra justa causa.

3 – A exoneração só se torna efectiva no fim do ano social em que é feita a comunicação respectiva, mas nunca antes de decorridos três meses sobre esta comunicação.

4 – As causas legais de exoneração não podem ser suprimidas ou modificadas; a supressão ou modificação das causas contratuais depende do acordo de todos os sócios.

34 [CÓD. CIVIL]   SOCIEDADES CIVIS

ART. 1003.º (Exclusão) – A exclusão de um sócio pode dar-se nos casos previstos no contrato, e ainda nos seguintes:

a) Quando lhe seja imputável violação grave das obrigações para com a sociedade;

b) Em caso de interdição ou inabilitação;

c) Quando, sendo sócio de indústria, se impossibilite de prestar à sociedade os serviços a que ficou obrigado;

d) Quando, por causa não imputável aos administradores, se verifique o perecimento da cousa ou direito que constituía a entrada do sócio, nos termos do artigo seguinte.

ART. 1004.º (Perecimento superveniente da cousa) – O perecimento superveniente da cousa é fundamento de exclusão do sócio:

a) Se a entrada consistir na transferência ou constituição de um direito real sobre a cousa e esta perecer antes da entrega;

b) Se o sócio entrou para a sociedade apenas com o uso e fruição da cousa perdida.

ART. 1005.º (Deliberação sobre a exclusão) – 1 – A exclusão depende do voto da maioria dos sócios, não incluindo no número destes o sócio em causa, e produz efeitos decorridos trinta dias sobre a data da respectiva comunicação ao excluído.

2 – O direito de oposição do sócio excluído caduca decorrido o prazo referido no número anterior.

3 – Se a sociedade tiver apenas dois sócios, a exclusão de qualquer deles só pode ser pronunciada pelo tribunal.

ART. 1006.º (Eficácia da exoneração ou exclusão) – 1 – A exoneração ou exclusão não isenta o sócio da responsabilidade em face de terceiros pelas obrigações sociais contraídas até ao momento em que a exoneração ou exclusão produzir os seus efeitos.

2 – A exoneração e a exclusão que não estejam sujeitas a registo não são oponíveis a terceiros que, sem culpa, as ignoravam ao tempo em que contrataram com a sociedade; considera-se sempre culposa a ignorância, se ao acto foi dada a publicidade conveniente.

Secção V — **DISSOLUÇÃO DA SOCIEDADE**

ART. 1007.º (Causas de dissolução) – A sociedade dissolve-se:

a) Por acordo dos sócios;

b) Pelo decurso do prazo fixado no contrato, não havendo prorrogação;

c) Pela realização do objecto social, ou por este se tornar impossível;

d) Por se extinguir a pluralidade dos sócios, se no prazo de seis meses não for reconstituída;

e) Por decisão judicial que declare a sua insolvência;

f) Por qualquer outra causa prevista no contrato.

Vid. art. 1325.º do CPC.

ART. 1008.º (Dissolução por acordo. Prorrogação do prazo) – 1 – A dissolução por acordo depende do voto unânime dos sócios, a não ser que o contrato permita a modificação das suas cláusulas ou a dissolução da sociedade por simples voto maioritário.

2 – A prorrogação do prazo fixado no contrato pode ser validamente convencionada até à partilha; considera-se tacitamente prorrogada a sociedade, por tempo indeterminado, se os sócios continuaram a exercer actividade social, salvo se das circunstâncias resultar que não houve essa intenção.

ART. 1009.º (Poderes dos administradores depois da dissolução) – 1 – Dissolvida a sociedade, os poderes dos administradores ficam limitados à prática dos actos meramente conservatórios e, no caso de não terem sido nomeados liquidatários, dos actos necessários à liquidação do património social.

2 – Pelas obrigações que os administradores assumam contra o disposto no número anterior, a sociedade e os outros sócios só respondem perante terceiros se estes estavam de boa fé ou, no caso de ser obrigatório o registo da dissolução, se este não tiver sido efectuado; nos restantes casos, respondem solidariamente os administradores que tenham assumido aquelas obrigações.

Secção VI — **LIQUIDAÇÃO DA SOCIEDADE E DE QUOTAS**

ART. 1010.º (Liquidação da sociedade) – Dissolvida a sociedade, procede-se à liquidação do seu património.

ART. 1011.º (Forma da liquidação) – 1 – Se não estiver fixada no contrato, a forma da liquidação é regulada pelos sócios; na falta de acordo de todos, observar-se-ão as disposições dos artigos subsequentes e as das leis de processo.

SOCIEDADES CIVIS

[CÓD. CIVIL] 35

2 – Se o prazo para a liquidação não estiver determinado, qualquer sócio ou credor pode requerer a sua determinação pelo tribunal.

ART. 1012.º (Liquidatários) – 1 – A liquidação compete aos administradores.

2 – Se o contrato confiar aos sócios a nomeação dos liquidatários e o acordo se revelar impossível, será a falta deste suprida pelo tribunal, por iniciativa de qualquer sócio ou credor.

ART. 1013.º (Posição dos liquidatários) – 1 – A posição dos liquidatários é idêntica à dos administradores, com as modificações constantes dos artigos seguintes.

2 – Salvo acordo dos sócios em contrário, as decisões dos liquidatários são tomadas por maioria.

ART. 1014.º (Termos iniciais da liquidação) – 1 – Se os liquidatários não forem os administradores, devem exigir destes a entrega dos bens e dos livros e documentos da sociedade, bem como as contas relativas ao último período de gestão; na falta de entrega, esta deve ser requerida ao tribunal.

2 – É obrigatória a organização de um inventário que dê a conhecer a situação do património social; o inventário é elaborado conjuntamente por administradores e liquidatários.

ART. 1015.º (Poderes dos liquidatários) – Cabe aos liquidatários praticar todos os actos necessários à liquidação do património social, ultimando os negócios pendentes, cobrando os créditos, alienando os bens e pagando aos credores.

ART. 1016.º (Pagamentos do passivo) – 1 – É defeso aos liquidatários proceder à partilha dos bens sociais enquanto não tiverem sido pagos os credores da sociedade ou consignadas as quantias necessárias.

2 – Quando os bens da sociedade não forem suficientes para liquidação do passivo, os liquidatários podem exigir dos sócios, além das entradas em dívida, as quantias necessárias, em proporção da parte de cada um nas perdas e dentro dos limites da respectiva responsabilidade; se, porém, algum sócio se encontrar insolvente, será a sua parte dividida pelos demais, nos termos referidos.

ART. 1017.º (Restituição dos bens atribuídos em uso e fruição) – 1 – O sócio que tiver entrado para a sociedade com o uso e fruição de certos bens tem o direito de os levantar no estado em que se encontrarem.

2 – Se os bens se houverem perdido ou deteriorado por causa imputável aos administradores, são estes e a sociedade solidariamente responsáveis pelos danos.

ART. 1018.º (Partilha) – 1 – Extintas as dívidas sociais, o activo restante é destinado em primeiro lugar ao reembolso das entradas efectivamente realizadas exceptuadas as contribuições de serviços e as de uso e fruição de certos bens.

2 – Se não puder ser feito o reembolso integral, o activo existente é distribuído pelos sócios por forma que a diferença para menos recaia em cada um deles na proporção da parte que lhe competir nas perdas da sociedade; se houver saldo depois de feito o reembolso, será repartido por eles na proporção da parte que lhes caiba nos lucros.

3 – As entradas que não sejam de dinheiro são estimadas no valor que tinham à data da constituição da sociedade, se não lhes tiver sido atribuído outro no contrato.

4 – Ainda que o contrato o não preveja, podem os sócios acordar em que a partilha dos bens se faça em espécie.

ART. 1019.º (Regresso à actividade social) – 1 – Enquanto não se ultimarem as partilhas, podem os sócios retomar o exercício da actividade social, desde que o resolvam por unanimidade.

2 – Se, porém, a dissolução tiver resultado de causa imperativa, é necessário que tenham cessado as circunstâncias que a determinaram.

ART. 1020.º (Responsabilidade dos sócios após a liquidação) – Encerrada a liquidação e extinta a sociedade, os antigos sócios continuam responsáveis perante terceiros pelo pagamento dos débitos que não tenham sido saldados, como se não tivesse havido liquidação.

ART. 1021.º (Liquidação de quotas) – 1 – Nos casos de morte, exoneração ou exclusão de um sócio, o valor da sua quota é fixado com base no estado da sociedade à data em que ocorreu ou produziu efeitos o facto determinante da liquidação; se houver negócios em curso, o sócio ou os herdeiros participarão nos lucros e perdas deles resultantes.

2 – Na avaliação da quota observar-se-ão, com as adaptações necessárias, as regras dos n.ºs 1 a 3 do artigo 1018.º, na parte em que forem aplicáveis.

3 – O pagamento do valor da liquidação deve ser feito, salvo acordo em contrário, dentro do prazo de seis meses, a contar do dia em que tiver ocorrido ou produzido efeitos o facto determinante da liquidação.

2.2. ESTABELECIMENTO INDIVIDUAL DE RESPONSABILIDADE LIMITADA

Decreto-Lei n.º 248/86

de 25 de Agosto (*)

CAPÍTULO I — Constituição

ART. 1.º (Disposições preliminares) – 1 – Qualquer pessoa singular que exerça ou pretenda exercer uma actividade comercial pode constituir para o efeito um estabelecimento individual de responsabilidade limitada.

2 – O interessado afectará ao estabelecimento individual de responsabilidade limitada uma parte do seu património, cujo valor representará o capital inicial do estabelecimento.

3 – Uma pessoa só pode ser titular de um único estabelecimento individual de responsabilidade limitada.

ART. 2.º (Forma do acto constitutivo) – 1 – A constituição do estabelecimento individual de responsabilidade limitada deve ser reduzida a escrito, salvo se forma mais solene for exigida para a transmissão dos bens que representam o capital inicial do estabelecimento.

2 – O documento de constituição deve conter:

a) A firma, sede, objectos e capital do estabelecimento;

b) A declaração de que se procedeu ao depósito das quantias liberadas, nos termos do artigo 3.º, e de que foram feitas as entradas em espécie, se as houver;

c) O nome, a nacionalidade, o domicílio do titular do estabelecimento e ainda a firma, se a tiver;

d) A data em que o estabelecimento inicia a sua actividade e o respectivo prazo de duração, se não for constituído por tempo indeterminado;

e) O montante aproximado dos impostos ou taxas a cujo pagamento o titular fique sujeito em virtude da constituição do estabelecimento individual de responsabilidade limitada.

3 – A firma do estabelecimento será constituída pelo nome do titular, acrescido ou não de uma referência ao objecto do comércio nele exercido, e incluirá sempre o aditamento «estabelecimento individual de responsabilidade limitada», ou a sigla «E.I.R.L.».

ART. 3.º (Capital – Sua formação) – 1 – O montante do capital é sempre expresso em moeda com curso legal em Portugal.

2 – O capital mínimo do estabelecimento não pode ser inferior a 5000 euros.

3 – O capital será realizado em numerário, coisas ou direitos susceptíveis de penhora, não podendo a parte em numerário ser inferior a dois terços do capital mínimo.

4 – O capital deve estar integralmente liberado no momento em que for requerido o registo do estabelecimento e a parte em numerário, deduzidas as quantias referidas na alínea *e)* do n.º 2 do artigo 2.º, encontrar-se depositada numa instituição de crédito à ordem do titular do estabelecimento há menos de três meses.

5 – O depósito referido no número anterior deve ser realizado em conta especial, que só pode ser movimentada após o registo definitivo do acto constitutivo.

6 – O depositante pode dispor livremente das quantias depositadas se o registo da constituição do estabelecimento não for pedido no prazo de três meses a contar do depósito.

7 – Se houver entradas em espécie, o pedido do registo da constituição do estabelecimento deve ser instruído com um relatório elaborado por revisor oficial de contas em que se descreva o seu objecto e se indiquem os critérios da respectiva avaliação e o valor atribuído a cada uma delas.

8 – Se os bens referidos no número anterior determinarem, pela sua natureza, forma mais solene para a constituição do estabelecimento, o referido relatório deve ser apresentado no momento do acto constitutivo.

ART. 4.º (*Revogado*).

ART. 5.º (Registo e publicação do acto constitutivo) – 1 – O pedido de registo de constituição do estabelecimento individual de responsabilidade limitada no registo comercial deve ser instruído com:

a) O documento comprovativo do acto constitutivo;

b) O relatório a que se refere o n.º 7 do artigo 3.º, se for caso disso;

c) Documento comprovativo do cumprimento do disposto no n.º 4 do artigo 3.º.

(*) Com as alterações introduzidas pelo **DL n.º 343/98**, de 6-11 (art. 3.º-2), pelo **DL n.º 36/2000**, de 14-3 (arts. 2.º, 3.º, 4.º, 5.º, 16.º, 18.º, 19.º, 24.º, 26.º e 34.º), pelo **DL n.º 76-A/2006**, de 29-3 (arts. 2.º, 3.º, 5.º, 6.º, 9.º, 10.º, 16.º, 17.º, 18.º, 19.º, 23.º, 24.º, 25.º, 26.º, 28.º e 33.º, aditamento do art. 35.º-A, e revogação do art. 4.º), com início de vigência em 30.6.2006, e pelo **DL n.º 8/2007**, de 17-1 (arts. 12.º e 19.º, e revogação do art. 20.º).

EIRL [DL n.º 248/86] 37

2 – Compete à conservatória do registo competente, nos termos da legislação que lhe é aplicável, promover a publicação do acto constitutivo.

ART. 6.º (Eficácia do acto constitutivo em relação a terceiros) – O acto constitutivo do estabelecimento individual de responsabilidade limitada é eficaz em relação a terceiros a partir da sua publicação, nos termos do n.º 2 do artigo anterior, não impedindo a falta de publicação que o referido acto constitutivo seja invocado por e contra terceiros que dele tivessem conhecimento ao tempo da criação dos seus direitos.

ART. 7.º (Responsabilidade pela constituição) – O titular do estabelecimento individual de responsabilidade limitada responde nos termos gerais, perante qualquer interessado, pela inexactidão e deficiências das indicações e declarações prestadas com vista à constituição do estabelecimento, designadamente pelo que respeita à realização das entradas e ao cumprimento do disposto no n.º 4 do artigo 3.º.

CAPÍTULO II — Administração e funcionamento

ART. 8.º (Administração) – A administração do estabelecimento individual de responsabilidade limitada compete ao seu titular, ainda que seja casado e, por força do regime matrimonial de bens, o estabelecimento pertença ao património comum do casal.

ART. 9.º (Actos externos) – Sem prejuízo de outras menções exigidas por leis especiais, em todos os contratos, correspondência, publicações, anúncios, sítios na Internet e de um modo geral em toda a actividade externa, os estabelecimentos devem indicar claramente, além da firma, a sede, a conservatória do registo comercial onde se encontrem matriculados, o número de matrícula nessa conservatória, o número de identificação de pessoa colectiva e, sendo caso disso, a menção de que o estabelecimento se encontra em liquidação.

ART. 10.º (Dívidas pelas quais responde o património do estabelecimento individual de responsabilidade limitada) – 1 – Sem prejuízo do disposto no artigo 22.º, o património do estabelecimento individual de responsabilidade limitada responde unicamente pelas dívidas contraídas no desenvolvimento das actividades compreendidas no âmbito da respectiva empresa.

2 – Se os restantes bens do titular forem insuficientes e sem prejuízo da parte final do artigo 6.º, aquele património responde unicamente pelas dívidas que este tenha contraído antes de efectuada a publicação a que se refere o n.º 2 do artigo 5.º.

ART. 11.º (Responsabilidade pelas dívidas do estabelecimento individual de responsabilidade limitada) – 1 – Pelas dívidas resultantes de actividades compreendidas no objecto do estabelecimento individual de responsabilidade limitada respondem apenas os bens a este afectados.

2 – No entanto, em caso de falência do titular por causa relacionada com a actividade exercida naquele estabelecimento, o falido responde com todo o seu património pelas dívidas contraídas nesse exercício, contanto que se prove que o princípio da separação patrimonial não foi devidamente observado na gestão do estabelecimento.

3 – No caso previsto no número anterior, a responsabilidade aí cominada recai sobre todo aquele que, tendo exercido anteriormente a administração do estabelecimento individual de responsabilidade limitada, haja transgredido nessa administração o princípio da separação de patrimónios. Se forem vários os obrigados, respondem solidariamente.

CAPÍTULO III — Elaboração das contas anuais

ART. 12.º (Elaboração das contas anuais) – 1 – Em cada ano civil, o titular elabora as contas do estabelecimento individual de responsabilidade limitada.

2 – As contas referidas no número anterior são constituídas pelo balanço e demonstração dos resultados líquidos e são elaboradas nos termos da lei.

3 – No documento que contém as contas anuais ou em anexo a este, deve mencionar-se o destino dos lucros.

4 – O titular do estabelecimento individual de responsabilidade limitada deve submeter as contas a parecer do revisor oficial de contas por ele escolhido.

5 – A informação respeitante aos documentos previstos nos n.ºs 2 a 4 está sujeita a registo comercial, nos termos da lei respectiva.

6 – O titular do estabelecimento deve disponibilizar aos interessados, no respectivo sítio da Internet, quando exista, e na sede do estabelecimento cópia integral do parecer do revisor oficial de contas.

ART. 13.º (Remuneração) – A remuneração que o titular do estabelecimento de responsabilidade limitada pode atribuir-se, como administrador, não excederá em caso algum o correspondente ao triplo do salário mínimo nacional.

38 [DL n.º 248/86]   EMPRESA INDIVIDUAL

ART. 14.º (Intangibilidade do capital) – 1 – O titular do estabelecimento individual de responsabilidade limitada não pode desafectar do património do estabelecimento, para fins não relacionados com a actividade deste, quantias que não correspondam aos lucros líquidos acusados pelo balanço anual.

2 – Pode, contudo, levantar quantias por conta dos lucros líquidos do exercício em curso.

Se, no fim do exercício, tais quantias excederem o montante dos lucros referidos no número anterior, será o excedente restituído ao património do estabelecimento no prazo de seis meses a seguir ao fecho das contas. Pelo cumprimento desta obrigação o titular responde com todo o seu património.

ART. 15.º (Reserva legal) – 1 – Será obrigatoriamente criado um fundo de reserva, ao qual o titular destinará uma fracção dos lucros anuais não inferior a 20%, até que esse fundo represente metade do capital do estabelecimento. Este fundo deve ser reintegrado sempre que se encontre reduzido.

2 – O fundo de reserva previsto no número anterior só pode ser utilizado:

a) Para cobrir a parte do prejuízo acusado no balanço anual que não possa ser coberta pela utilização de outras reservas;

b) Para cobrir a parte dos prejuízos transitados do exercício anterior que não possa ser coberta pelo lucro do exercício nem pela utilização de outras reservas;

c) Para incorporação no capital.

CAPÍTULO IV — Alteração do acto constitutivo

ART. 16.º (Requisitos de forma e publicidade) – 1 – As alterações do acto constitutivo do estabelecimento individual de responsabilidade limitada devem ser reduzidas a escrito, porém, se a alteração envolver aumento de capital com entradas em bens diferentes de dinheiro pára cuja transmissão a lei exija forma mais solene, deve revestir essa forma.

2 – É aplicável à alteração do acto constitutivo o disposto no artigo 6.º.

Secção I — AUMENTO DE CAPITAL

ART. 17.º (Aumento do capital mediante novas entradas) – 1 – As entradas correspondentes ao aumento do capital do estabelecimento individual de responsabilidade limitada podem ser em numerário, coisas ou direitos susceptíveis de penhora.

2 – Ao aumento do capital são aplicáveis, com as necessárias adaptações, o disposto nos n.ᵒˢ 4 a 6 do artigo 3.º e no artigo 7.º.

ART. 18.º (Aumento do capital mediante incorporação de reservas) – 1 – O aumento do capital do estabelecimento individual de responsabilidade limitada pode ser também efectuado mediante incorporação de reservas disponíveis.

2 – Este aumento só pode ser efectuado depois de elaboradas as contas do último exercício; se, porém, já tiverem decorrido mais de seis meses sobre a elaboração dessas contas, a existência das reservas a incorporar só pode ser provada por um balanço especial, organizado nos termos previstos para o balanço anual.

3 – O balanço anual, ou o balanço especial a que se refere o número anterior, acompanhado de um parecer elaborado por um revisor oficial de contas devem ser depositados na conservatória do registo competente.

Secção II — REDUÇÃO DE CAPITAL

ART. 19.º (Redução do capital) – 1 – Após a redução do capital, a situação líquida do estabelecimento tem de exceder o novo capital em, pelo menos, 20%.

2 – O capital pode ser reduzido para um montante inferior ao mínimo fixado no artigo 3.º, não produzindo a redução efeitos enquanto não for efectuado um aumento do capital que o eleve ao mínimo exigido.

3 – Sem prejuízo do disposto no número seguinte, qualquer credor do estabelecimento individual de responsabilidade limitada pode, no prazo de um mês após a publicação do registo da redução do capital, requerer ao tribunal que seja vedado ao titular retirar do estabelecimento quaisquer verbas provenientes da redução, ou a título de reservas disponíveis ou de lucros, durante um período a fixar, a não ser que o crédito do requerente seja satisfeito, ou já for exigível, ou adequadamente garantido, nos restantes casos.

4 – A faculdade conferida aos credores no número anterior apenas pode ser exercida se estes tiverem solicitado ao titular do estabelecimento a satisfação do seu crédito ou a prestação de garantia adequada, há pelo menos 15 dias, sem que o seu pedido tenha sido atendido.

5 – Antes de decorrido o prazo concedido aos credores sociais nos números anteriores, o titular do estabelecimento fica sujeito à proibição referida no n.º 3, valendo a mesma proibição a partir do conhecimento de que algum credor requereu a providência ali indicada.

ART. 20.º (Redução do capital para compensar perdas) – *(Revogado pelo art. 23.º-c do DL n.º 8/2007, de 17-1).*

EIRL   [DL n.º 248/86]   39

CAPÍTULO V — Negociação, oneração e penhora do estabelecimento individual de responsabilidade limitada

ART. 21.º (Negócios jurídicos e direitos sobre o estabelecimento) – 1 – O estabelecimento individual de responsabilidade limitada pode ser transmitido por acto gratuito ou oneroso, ou dado em locação. Pode ainda sobre ele constituir-se um usufruto ou um penhor, produzindo este os seus efeitos independentemente da entrega do estabelecimento ao credor.

2 – Os actos referidos no número anterior, enquanto actos entre vivos, estão sujeitos às condições de forma e de publicidade previstas no artigo 16.º.

3 – Ao locatário e ao usufrutuário do estabelecimento individual de responsabilidade limitada, durante o período de duração da locação e do usufruto, é aplicável o disposto neste diploma sobre os poderes e deveres do titular do estabelecimento.

4 – Se o adquirente do estabelecimento individual de responsabilidade limitada for já titular de um estabelecimento da mesma natureza, será nula a aquisição, sem prejuízo, porém, dos direitos de terceiros de boa fé.

ART. 22.º (Penhora do estabelecimento individual de responsabilidade limitada) – Na execução movida contra o titular do estabelecimento individual de responsabilidade limitada por dívidas alheias à respectiva exploração, os credores só poderão penhorar o estabelecimento provando a insuficiência dos restantes bens do devedor.

CAPÍTULO VI — Liquidação do estabelecimento individual de responsabilidade limitada

ART. 23.º (Morte do titular ou separação patrimonial dos cônjuges) – 1 – A morte do titular do estabelecimento individual de responsabilidade limitada ou, nos casos em que ele for casado, qualquer outra causa que ponha fim à comunhão de bens existentes entre os cônjuges não implica a entrada em liquidação do estabelecimento, mantendo-se a afectação do respectivo património nos termos do acto constitutivo.

2 – Se os herdeiros do titular do estabelecimento individual de responsabilidade limitada ou os cônjuges não chegarem a acordo sobre o valor a atribuir ao estabelecimento ou sobre a quota-parte que deve ingressar no património de cada um, qualquer deles pode pedir ao tribunal que fixe esse valor ou essa quota-parte.

3 – Decorridos 90 dias sobre a morte do titular do estabelecimento ou do acto constitutivo da separação patrimonial dos cônjuges, se os herdeiros ou os cônjuges não vierem a acordo sobre o destino do estabelecimento, qualquer interessado pode pedir a sua liquidação judicial.

4 – Se o titular de um estabelecimento individual de responsabilidade limitada adquirir por sucessão *mortis causa* a propriedade de um outro estabelecimento da mesma espécie, deverá alienar ou liquidar um deles, ou transmitir a respectiva exploração.

5 – O herdeiro ou o cônjuge não titular do estabelecimento individual de responsabilidade limitada que, em virtude dos factos referidos no n.º 1, venha a assumir a titularidade do estabelecimento, deve dar publicidade à ocorrência nos termos previstos no n.º 1 do artigo 167.º do Código das Sociedades Comerciais, bem como requerer a inscrição da alteração verificada no registo comercial, apresentando, com o requerimento de inscrição, os documentos que atestem a mudança de titularidade do estabelecimento individual de responsabilidade limitada.

ART. 24.º (Casos de liquidação imediata) – O estabelecimento individual de responsabilidade limitada entra imediatamente em liquidação:

a) Por declaração do seu titular, expressa em documento particular;

b) Pelo decurso do prazo fixado no acto constitutivo;

c) Pela sentença que declare a insolvência do titular;

d) Pela impossibilidade de venda judicial na execução movida por um dos credores do titular, ao abrigo do artigo 22.º.

ART. 25.º (Liquidação por via administrativa) – 1 – A liquidação por via administrativa do estabelecimento individual de responsabilidade limitada pode ter lugar se algum interessado a requerer com um dos seguintes fundamentos:

a) Ter sido completamente realizado o objecto do estabelecimento individual de responsàbilidade limitada ou verificada a impossibilidade de o realizar;

b) Encontrar-se o valor do património líquido reduzido a menos de dois terços do montante do capital.

2 – Na hipótese prevista na alínea b) do número anterior, o conservador pode fixar ao titular um prazo razoável, a fim de que a situação seja regularizada, suspendendo-se o procedimento.

3 – A liquidação por via administrativa do estabelecimento individual de responsabilidade limitada é iniciada oficiosamente pelo serviço do registo competente nos seguintes casos:

a) Quando, durante dois anos consecutivos, o seu titular não tenha procedido ao depósito dos documentos de prestação de contas e a administração tributária tenha comunicado ao serviço de registo competente a omissão de entrega da declaração fiscal de rendimentos pelo mesmo período;

40 [DL n.º 248/86]

EMPRESA INDIVIDUAL

b) Quando a administração tributária tenha comunicado ao serviço de registo competente a ausência de actividade efectiva do estabelecimento, verificada nos termos previstos na legislação tributária;

c) Quando a administração tributária tenha comunicado ao serviço de registo competente a declaração oficiosa da cessação de actividade do estabelecimento, nos termos previstos na legislação tributária.

ART. 26.º (Publicação da liquidação) – 1 – O titular deverá requerer a inscrição no registo comercial da entrada em liquidação do estabelecimento individual de responsabilidade limitada.

2 – No caso previsto na alínea *a)* do artigo 24.º, a inscrição faz-se com base no documento ali mencionado.

3 – Nos casos previstos no n.º 3 do artigo 23.º e na alínea *c)* do artigo 24.º deve o tribunal notificar o serviço de registo competente do início do processo de liquidação judicial ou da sentença que declare a insolvência, respectivamente, para efeitos de promoção pela conservatória, a expensas do titular, do registo de entrada em liquidação do estabelecimento.

4 – Nos casos previstos no artigo 25.º, a inscrição é lavrada oficiosamente, com base no requerimento ou no auto que dá início ao procedimento administrativo de liquidação.

5 – O serviço de registo competente deve promover a publicação da entrada em liquidação do estabeleci-mento individual de responsabilidade limitada, nos termos da legislação do registo comercial.

6 – A entrada em liquidação do estabelecimento individual de responsabilidade limitada produz efeitos em relação a terceiros a partir do momento em que seja publicada, nos termos do número anterior.

ART. 27.º (Processo de liquidação) – 1 – A liquidação do estabelecimento individual de responsabilidade limitada será feita nos termos dos artigos seguintes. Na hipótese de falência, os termos da liquidação são os da lei de processo, devendo respeitar-se sempre a preferência dos credores do estabelecimento em relação aos credores comuns do falido.

2 – A firma do estabelecimento individual de responsabilidade limitada em liquidação deverá ser seguida das palavras «em liquidação». Esta menção e o nome do liquidatário devem figurar em todos os actos e docu-mentos destinados a terceiros.

ART. 28.º (Liquidatário) – 1 – O liquidatário é o titular do estabelecimento individual de responsabilidade limitada, determinando o modo da liquidação.

2 – Nas hipóteses de liquidação por via administrativa ou de liquidação judicial, o serviço de registo compe-tente ou o tribunal podem designar outra pessoa como liquidatário, bem como regular o modo da liquidação.

ART. 29.º (Responsabilidade do liquidatário) – O liquidatário responde em face de terceiros, nos termos gerais de direito, pelos prejuízos resultantes de irregularidades cometidas no desempenho das suas funções. Se o liquidatário não for o titular do estabelecimento individual de responsabilidade limitada, responderá nos termos perante este.

ART. 30.º (Deveres e poderes do liquidatário) – 1 – O liquidatário deve ultimar os negócios pendentes, cumprir as obrigações e cobrar os créditos do estabelecimento individual de responsabilidade individual.

2 – O liquidatário pode ainda:

a) Continuar temporariamente a actividade anterior do estabelecimento;

b) Contrair empréstimos ou empreender outros negócios necessários à efectivação da liquidação;

c) Proceder à alienação em globo do estabelecimento individual de responsabilidade limitada.

3 – Se o liquidatário for pessoa diferente do titular do estabelecimento, só com autorização judicial pode praticar os actos referidos no número anterior.

ART. 31.º (Liquidação do passivo do estabelecimento individual de responsabilidade limitada) – 1 – O liqui-datário pagará todas as dívidas do estabelecimento, exigíveis, ainda mesmo que os prazos tenham sido estabele-cidos em benefício dos credores.

2 – Os credores serão avisados pelo liquidatário, através de um dos jornais mais lidos na localidade da sede do estabelecimento, de que este se encontra em liquidação e de que deverão apresentar-se a reclamar os seus créditos.

3 – No caso de se verificarem as circunstâncias previstas no artigo 841.º do Código Civil, deve o liquidatário proceder à consignação em depósito do objecto da prestação.

4 – Relativamente às dívidas litigiosas os liquidatários acautelarão os eventuais direitos do credor por meio de caução, prestada nos termos do Código de Processo Civil.

ART. 32.º (Contas anuais da liquidação) – O liquidatário depositará na conservatória do registo comercial competente, nos três primeiros meses de cada ano civil, as contas anuais da liquidação, acompanhadas de um relatório pormenorizado do estado em que esta se encontra.

ART. 33.º (Relatório e contas finais – Inscrição no registo comercial) – 1 – Terminada a liquidação, o liqui-datário elabora um relatório final completo e apresenta as contas e documentos àquela relativos. Requer de-pois a inscrição do encerramento da liquidação no registo comercial, com base no relatório referido.

EIRL [DL n.º 248/86] 41

2 – Ao serviço de registo competente compete promover a publicação do encerramento da liquidação, nos termos da legislação do registo comercial.

3 – Da publicação referida no número anterior devem constar as seguintes menções:
a) firma do estabelecimento individual de responsabilidade limitada;
b) Identidade do liquidatário;
c) Data do encerramento da liquidação;
d) Indicação do lugar onde os livros e documentos estão depositados e conservados pelo prazo mínimo de cinco anos;
e) Indicação da consignação das quantias previstas no n.º 3 do artigo 31.º.

4 – O estabelecimento individual de responsabilidade limitada considera-se extinto pela inscrição no registo comercial do encerramento da liquidação.

CAPÍTULO VII — Disposições finais

ART. 34.º (Declarações feitas para a constituição, alteração ou registo do acto constitutivo do estabelecimento individual de responsabilidade limitada) – O titular que, com vista à constituição do estabelecimento individual de responsabilidade limitada, à sua alteração ou dos respectivos registos, prestar ao conservador do registo comercial ou ao notário falsas declarações ou ocultar factos importantes sobre o montante e realização do capital, natureza das entradas e despesas de constituição, ou atribuir fraudulentamente às entradas em espécie valor superior ao real, será punido nos termos de legislação especial a publicar.

ART. 35.º (Infracções relativas aos documentos que sirvam de base às contas anuais) – O titular do estabelecimento individual de responsabilidade limitada ou o seu liquidatário, que conscientemente elaborar quaisquer documentos que sirvam de base às contas de exercício em que se omita, aumente ou diminua, sem fundamento legalmente admissível, qualquer elemento do activo ou do passivo, ou que se adopte qualquer outro procedimento susceptível de induzir em erro acerca da composição, valor e liquidez do património, será punido nos termos de legislação especial a publicar.

ART. 35.º-A (Capital mínimo) – Os estabelecimentos individuais de responsabilidade limitada cujos titulares não tenham procedido ao aumento do capital do estabelecimento até ao montante mínimo previsto no n.º 2 do artigo 3.º entram em liquidação, através de procedimento administrativo iniciado oficiosamente no serviço de registo competente.

ART. 36.º (Vigência) – Este diploma entra em vigor 60 dias após a sua publicação e aplica-se aos estabelecimentos individuais de responsabilidade limitada que se constituam e tenham a sede principal e efectiva em Portugal.

CAP. III
SOCIEDADES COMERCIAIS E FORMAS DE COOPERAÇÃO EMPRESARIAL

3.1. SOCIEDADES COMERCIAIS

3.1.1. LEI DE APROVAÇÃO DO CÓDIGO DAS SOCIEDADES COMERCIAIS

Decreto-Lei n.º 262/86
de 2 de Setembro (*)

ART. 1.º (Aprovação do Código das Sociedades Comerciais) – É aprovado o Código das Sociedades Comerciais, que faz parte do presente decreto-lei.

ART. 2.º (Começo de vigência) – 1 – O Código das Sociedades Comerciais entra em vigor em 1 de Novembro de 1986, sem prejuízo do disposto no número seguinte.

2 – A data da entrada em vigor do artigo 35.º será fixada em diploma legal.

(*) Com as alterações e rectificações seguintes:
– rectificações constantes do *DR*, I, de 29-11-1986 (Supl.);
– DL n.º 184/87, de 21-4;
– DL n.º 280/87, de 8-7, com rectificações de diversas inexactidões;
– rectificação publicada no *DR*, I, de 31-7-1987 (Supl.);
– rectificação publicada no *DR*, I, de 31-8-1987 (Supl.);
– DL n.º 229-B/88, de 4-7;
– DL n.º 418/89, de 30-11;
– DL n.º 142-A/91, de 10-4;
– DL n.º 238/91, de 2-7;
– DL n.º 225/92, de 21-10;
– DL n.º 20/93, de 26-1;
– DL n.º 261/95, de 3-10;
– DL n.º 328/95, de 9-12;
– DL n.º 257/96, de 31-12, rectificado em 28-2-1997;
– DL n.º 343/98, de 6-11, rectificado em 30-1-1999;
– DL n.º 486/99, de 13-11;
– DL n.º 36/2000, de 14-3;
– DL n.º 237/2001, de 30-8;
– DL n.º 162/2002, de 11-7;
– DL n.º 107/2003, de 4-6;
– DL n.º 88/2004, de 20-4;
– DL n.º 19/2005, de 18-1, rectificado em 18.2.2005;
– DL n.º 35/2005, de 17-2;
– DL n.º 111/2005, de 8-7;
– DL n.º 52/2006, de 15-3;
– DL n.º 76-A/2006, de 29-3, rectificado em 26.5.2006, que republicou em anexo o texto integral consolidado, sendo esta a versão aqui adoptada;
– DL n.º 8/2007, de 17-1;
– DL n.º 357-A/2007, de 31-10;
– DL n.º 247-B/2008, de 30-12;
– Lei n.º 19/2009, de 12-5;
– DL n.º 185/2009, de 12-8;
– DL n.º 49/2010, de 19-5.

REFORMA DA LEGISLAÇÃO SOCIETÁRIA   [DL n.º 76-A/2006]   43

ART. 3.º (Revogação do direito anterior) – 1 – É revogada toda a legislação relativa às matérias reguladas no Código das Sociedades Comerciais, designadamente:
  a) Os artigos 21.º a 23.º e 104.º a 206.º do Código Comercial;
  b) A Lei de 11 de Abril de 1901;
  c) O Decreto n.º 1645, de 15 de Junho de 1915;
  d) O Decreto-Lei n.º 49 381, de 15 de Novembro de 1969;
  e) O Decreto-Lei n.º 1/71, de 6 de Janeiro;
  f) O Decreto-Lei n.º 397/71, de 22 de Setembro;
  g) O Decreto-Lei n.º 154/72, de 10 de Maio;
  h) O Decreto-Lei n.º 598/73, de 8 de Novembro;
  i) O Decreto-Lei n.º 389/77, de 15 de Setembro.
  2 – As disposições do Código das Sociedades Comerciais não revogam os preceitos de lei que consagram regimes especiais para certas sociedades.

ART. 4.º (Remissões para disposições revogadas) – Quando disposições legais ou contratuais remeterem para preceitos legais revogados por esta lei, entende-se que a remissão valerá para as correspondentes disposições do Código das Sociedades Comerciais, salvo se a interpretação daquelas impuser solução diferente.

ART. 5.º (Diploma especial) – ....

3.1.2. SIMPLIFICAÇÃO DE ACTOS E PROCEDIMENTOS REGISTRAIS E NOTARIAIS E REFORMA DA LEGISLAÇÃO SOCIETÁRIA

Decreto-Lei n.º 76-A/2006

de 29 de Março

CAPÍTULO I — Disposição geral

ART. 1.º (Objecto) – 1 – O presente decreto-lei adopta medidas de simplificação e eliminação de actos e procedimentos registrais e notariais, tais como:
  a) A eliminação da obrigatoriedade das escrituras públicas relativas aos actos da vida das empresas, ressalvando situações como aquelas em que seja exigida forma mais solene para a transmissão dos bens com que os sócios entram para a sociedade;
  b) A reformulação do regime e dos procedimentos do registo comercial, designadamente através da redução do número de actos sujeitos a registo, da prática de actos através do registo por depósito, da criação de um novo regime de registo de transmissão de quotas, da simplificação do regime da fusão e cisão de sociedades, da criação de condições para a plena utilização e aplicação dos sistemas informáticos e da reformulação de actos e procedimentos internos, sempre com garantia da segurança jurídica e da legalidade;
  c) A eliminação da obrigatoriedade de existência dos livros da escrituração mercantil de inventário, balanço, diário, razão e copiador e a eliminação da legalização dos livros de actas nas conservatórias do registo comercial;
  d) A criação de um procedimento especial de extinção imediata de entidades comerciais;
  e) A criação de procedimentos administrativos de dissolução e de liquidação de entidades comerciais da competência das conservatórias que consagra, designadamente, causas oficiosas de dissolução e liquidação por iniciativa do Estado, quando existam indicadores objectivos de que a entidade em causa não tem actividade efectiva embora permaneça juridicamente existente;
  f) O alargamento das entidades que podem reconhecer assinaturas em documentos e autenticar e traduzir documentos, permitindo que tanto os notários como os advogados, os solicitadores, as câmaras de comércio e indústria e as conservatórias possam fazê-lo;
  g) A alteração do regime dos custos da prática de actos da vida das empresas, criando condições para a sua redução e permitindo, designadamente, que as taxas e emolumentos cobrados nas conservatórias do registo comercial se tornem mais claros e apreensíveis para o utente, passando a incluir, num valor único e fixo de registo, os montantes antes cobrados avulsamente como os emolumentos pessoais, as certidões, as publicações e as inscrições subsequentes no ficheiro central de pessoas colectivas;
  h) A eliminação da competência territorial das conservatórias do registo comercial a partir de 1 de Janeiro de 2007.
  2 – O presente decreto-lei visa ainda actualizar a legislação societária nacional, adoptando designadamente medidas para actualizar e flexibilizar os modelos de governo das sociedades anónimas.
  3 – Aprova-se ainda o regime jurídico dos procedimentos administrativos de dissolução e de liquidação de entidades comerciais, que se publica em anexo ao presente decreto-lei, do qual faz parte integrante.

44 [DL n.º 76-A/2006] SOCIEDADES COMERCIAIS E COOPERAÇÃO EMPRESARIAL

CAPÍTULO II — Alterações legislativas

(...)

CAPÍTULO III — Reconhecimentos de assinaturas e autenticação e tradução de documentos

ART. 38.º (Competência para os reconhecimentos de assinaturas, autenticação e tradução de documentos e conferência de cópias) – 1 – Sem prejuízo da competência atribuída a outras entidades, as câmaras de comércio e indústria, reconhecidas nos termos do Decreto-Lei n.º 244/92, de 29 de Outubro, os conservadores, os oficiais de registo, os advogados e os solicitadores podem fazer reconhecimentos simples e com menções especiais, presenciais e por semelhança, autenticar documentos particulares, certificar, ou fazer e certificar, traduções de documentos, nos termos previstos na lei notarial, bem como certificar a conformidade das fotocópias com os documentos originais e tirar fotocópias dos originais que lhes sejam presentes para certificação, nos termos do Decreto-Lei n.º 28/2000, de 13 de Março.

2 – Os reconhecimentos, as autenticações e as certificações efectuados pelas entidades previstas nos números anteriores conferem ao documento a mesma força probatória que teria se tais actos tivessem sido realizados com intervenção notarial.

3 – Os actos referidos no n.º 1 apenas podem ser validamente praticados pelas câmaras de comércio e indústria, advogados e solicitadores mediante registo em sistema informático, cujo funcionamento, respectivos termos e custos associados são definidos por portaria do Ministro da Justiça.

4 – Enquanto o sistema informático não estiver disponível, a obrigação de registo referida no número anterior não se aplica à prática dos actos previstos nos Decretos-Leis n.ºs 237/2001, de 30 de Agosto, e 28/2000, de 13 de Março.

5 – O montante a cobrar, pelas entidades mencionadas no n.º 3, pela prestação dos serviços referidos no n.º 1, não pode exceder o valor resultante da tabela de honorários e encargos aplicável à actividade notarial exercida ao abrigo do Estatuto do Notariado, aprovado pelo Decreto-Lei n.º 26/2004, de 4 de Fevereiro.

6 – As entidades referidas no n.º 1, bem como os notários, podem certificar a conformidade de documentos electrónicos com os documentos originais, em suporte de papel, em termos a regulamentar por portaria do membro do Governo responsável pela área da justiça.

7 – As entidades mencionadas no número anterior podem proceder à digitalização dos originais que lhes sejam apresentados para certificação.

Redacção do art. 19.º do DL n.º 8/2007, de 17-1.

CAPÍTULO IV — Disposições finais e transitórias

Secção I — DISPOSIÇÕES FINAIS

ART. 39.º (Referências a escritura pública) – 1 – Todas as disposições legais, regulamentares ou outras que exijam, para a prova de determinado facto, certidão de qualquer escritura pública que tenha sido tornada facultativa por este decreto-lei, devem ser entendidas como referindo-se a certidão do registo comercial que inclua os elementos necessários à prova dos factos.

2 – Todas as disposições legais, regulamentares ou outras que pressuponham ou exijam a celebração de escritura pública para a prática de actos societários equivalentes àqueles em relação aos quais se torna esta forma facultativa devem ser entendidas como pressupondo ou exigindo a forma estabelecida pelo presente decreto-lei.

ART. 40.º (Novas designações dos órgãos sociais) – As expressões «conselho geral» e «direcção», utilizadas em qualquer acto normativo, estatuto, negócio unilateral ou contrato, consideram-se substituídas, respectivamente, pelas expressões «conselho geral e de supervisão» e «conselho de administração executivo».

ART. 41.º (Informação sobre número de identificação fiscal) – A publicitação do número de identificação fiscal dos sujeitos do registo pode ser efectuada oficiosamente, com base na informação obtida mediante acesso das conservatórias do registo comercial às bases de dados da Direcção-Geral dos Impostos, nos termos de protocolo celebrado entre esta e a Direcção-Geral dos Registos e do Notariado.

ART. 42.º (Acção executiva por dívidas de emolumentos e outros encargos) – 1 – Não é instaurada nem pode prosseguir qualquer execução por dívidas de emolumentos e outros encargos que sejam devidos pelos actos e processos registrais, se a dívida for de montante tão reduzido que não justifique a actividade ou as despesas a que o processo daria lugar.

2 – Por despacho do director-geral dos Registos e do Notariado pode ser determinado o montante abaixo do qual não são promovidas acções executivas para cobrança das dívidas referidas no número anterior.

3 – O disposto na primeira parte do n.º 1 é ainda aplicável se os serviços de registo, por qualquer meio idóneo, designadamente no decurso de processo de dissolução ou liquidação, apurarem que a situação patrimonial da entidade devedora não permite assegurar o pagamento da quantia em dívida e das custas do processo executivo.

REFORMA DA LEGISLAÇÃO SOCIETÁRIA

[DL n.º 76-A/2006] 45

SECÇÃO II — **DISPOSIÇÕES TRANSITÓRIAS**

SUBSECÇÃO I — **Competência territorial**

ART. 43.º (Transitoriedade da competência territorial das conservatórias de registo comercial) – O disposto na presente subsecção apenas vigora até 31 de Dezembro de 2006, enquanto não entrar em vigor o n.º 2 do artigo 28.º do Decreto-Lei n.º 87/2001, de 17 de Março, modificado pelo artigo 33.º deste diploma, que elimina a competência territorial das conservatórias de registo comercial, permitindo a prática dos actos para os quais essas conservatórias sejam competentes, bem como a obtenção dos respectivos meios de prova, em qualquer conservatória do registo comercial, independentemente da sua localização geográfica.

ART. 44.º (Inexistência do registo) – 1 – O registo é juridicamente inexistente quando tiver sido feito em conservatória territorialmente incompetente.

2 – A inexistência pode ser invocada por qualquer pessoa, a todo o tempo, independentemente de declaração judicial.

3 – No caso previsto no n.º 1, o conservador deve transferir o processo para a conservatória competente, que efectua oficiosamente o registo, com comunicação ao interessado.

ART. 45.º (Competência relativa aos comerciantes individuais e aos estabelecimentos individuais de responsabilidade limitada) – Para o registo dos comerciantes individuais é territorialmente competente a conservatória em cuja área estiver situado o estabelecimento principal ou, na falta deste, onde exercerem a actividade principal e para o registo dos estabelecimentos individuais de responsabilidade limitada a conservatória em cuja área estiver situada a respectiva sede.

ART. 46.º (Competência relativa a pessoas colectivas) – 1 – Para o registo das sociedades, cooperativas, empresas públicas, agrupamentos complementares de empresas e agrupamentos europeus de interesse económico é territorialmente competente a conservatória em cuja área estiver situada a sua sede estatutária.

2 – Para o registo das sociedades ou outras pessoas colectivas ou estabelecimentos de tipo correspondente a qualquer dos abrangidos pelo Código do Registo Comercial com sede estatutária no estrangeiro, mas que tenham em Portugal a sede principal e efectiva da sua administração, é territorialmente competente a conservatória em cuja área estiver situada esta sede.

ART. 47.º (Competência para o registo de fusão) – Para o registo da fusão de sociedades ou cooperativas sediadas na área de diferentes conservatórias, ao abrigo das regras definidas no artigo anterior, ou para o registo de constituição de sociedade anónima europeia por fusão em cujo processo intervenham sociedades nas mesmas condições, é competente a conservatória da sede da sociedade incorporante ou da nova sociedade resultante da fusão.

ART. 48.º (Competência relativa às representações) – 1 – Para o registo da representação permanente em Portugal de sociedades ou de outras pessoas colectivas de tipo correspondente a qualquer das abrangidas pelo Código do Registo Comercial que tenham sede principal e efectiva da sua administração no estrangeiro, bem como do acto constitutivo da própria sociedade ou de outra pessoa colectiva, é competente a conservatória da área da situação dessa representação.

2 – Para o registo das representações de pessoas colectivas sujeitas a registo com sede em Portugal são competentes as conservatórias da área da sede daquelas pessoas colectivas.

3 – As conservatórias detentoras dos registos referidos no número anterior e dos registos de mandato comercial enviam oficiosamente as respectivas pastas às conservatórias competentes para o registo das entidades representadas ou mandantes, as quais transcrevem os registos em vigor nas fichas daquelas entidades e arquivam os documentos respectivos nas pastas destas últimas.

4 – Para o registo do contrato de agência é competente a conservatória da área de situação da sede ou do estabelecimento do agente.

ART. 49.º (Mudança voluntária da sede ou do estabelecimento) – 1 – Quando a sociedade ou outra entidade sujeita a registo mudar a sede para localidade pertencente à área de conservatória diversa daquela em que está registada, deve pedir na conservatória de origem o registo da alteração do contrato.

2 – O disposto no número anterior é aplicável à mudança do estabelecimento do comerciante individual.

ART. 50.º (Recusa do registo por transcrição) – 1 – O registo por transcrição deve ser recusado quando a conservatória for territorialmente incompetente.

2 – Quando o primeiro registo for recusado com fundamento em incompetência territorial da conservatória, não há lugar à abertura de matrícula.

ART. 51.º (Factos a averbar às inscrições) – São registados por averbamento às inscrições a que respeitam os seguintes factos:

a) A mudança de estabelecimento principal do comerciante individual, dentro da área de competência territorial da conservatória;

b) A deslocação da sede da pessoa colectiva ou do estabelecimento individual de responsabilidade limitada dentro da área de competência territorial da conservatória.

46 [DL n.º 76-A/2006] SOCIEDADES COMERCIAIS E COOPERAÇÃO EMPRESARIAL

ART. 52.º (Certidões negativas e de documentos ou despachos) – 1 – Os pedidos de certidão negativa devem conter, além da identificação do requerente, o nome ou firma da entidade, o seu número de matrícula e o concelho de localização da sede ou estabelecimento principal.

2 – A emissão de certidões negativas e de documentos ou despachos deve ser recusada se a conservatória não for territorialmente competente para esse efeito.

SUBSECÇÃO II — **Suportes de registo**

ART. 53.º (Livros, fichas e verbetes) – Enquanto não se verificar a informatização do serviço de registo, são aplicáveis a este as disposições do Código do Registo Comercial revogadas ou alteradas pelo presente decreto-lei que respeitem a livros, fichas e verbetes ou que pressuponham a sua existência.

ART. 54.º (Actos de registo por depósito) – Os actos de registo referidos no n.º 2 do artigo 55.º do Código do Registo Comercial são efectuados em suporte informático no momento em que as condições técnicas o permitirem, em termos a definir por portaria do Ministro da Justiça.

ART. 55.º (Publicações) – Quando estiverem reunidas as condições técnicas para esse efeito, as publicações a que se refere o n.º 2 do artigo 70.º do Código do Registo Comercial devem incluir o texto integral dos documentos que servem de base ao registo, em termos a definir por portaria do Ministro da Justiça.

SUBSECÇÃO III — **Prazos no Código do Registo Comercial**

ART. 56.º (Prazos) – 1 – Sem prejuízo do disposto nos números seguintes, as normas aprovadas pelo presente decreto-lei que alterem prazos previstos no Código do Registo Comercial são apenas aplicáveis aos registos ou procedimentos requeridos a partir da data da sua entrada em vigor.

2 – A alteração dos prazos prevista na nova redacção do artigo 15.º do Código do Registo Comercial é apenas aplicável aos factos jurídicos ocorridos após a sua entrada em vigor.

3 – O n.º 4 do artigo 65.º do Código do Registo Comercial, na redacção dada pelo presente decreto-lei, é aplicável aos registos vigentes à data da sua entrada em vigor.

SUBSECÇÃO IV — **Procedimentos administrativos de dissolução e de liquidação de entidades comerciais**

ART. 57.º (Aplicação aos procedimentos tramitados ao abrigo do Decreto-Lei n.º 235/2001, de 30 de Agosto) – 1 – Os procedimentos administrativos de dissolução e de liquidação de entidades comerciais criados pelo presente decreto-lei são aplicáveis aos procedimentos que, à data da sua entrada em vigor, tenham sido tramitados ao abrigo do Decreto-Lei n.º 235/2001, de 30 de Agosto, e ainda não tenham originado um processo judicial.

2 – Nos casos em que já tenha sido efectuada pelo conservador a participação a que se refere os n.ºs 1 a 3 do artigo único do decreto-lei referido no número anterior e não tenha ainda sido requerido ou promovido pelo Ministério Público o processo de dissolução ou de liquidação judicial, este fica impossibilitado de o requerer ou promover e deve comunicar ao conservador esse facto.

3 – Após a comunicação do Ministério Público referida no número anterior, o conservador profere imediatamente decisão, declarando a dissolução da sociedade ou da cooperativa, ou a entrada em liquidação do estabelecimento individual de responsabilidade limitada, seguindo-se os termos ulteriores previstos no regime jurídico dos procedimentos administrativos de dissolução e de liquidação de entidades comerciais.

4 – Tendo ocorrido a notificação a que alude o n.º 5 do artigo único do Decreto-Lei n.º 235/2001, de 30 de Agosto, o conservador só profere a decisão depois de decorrido o prazo de regularização previsto nesse preceito.

5 – Decorrido o prazo referido no número anterior sem que se tenha verificado a regularização da situação, o conservador profere decisão, nos termos do n.º 3.

O DL n.º 235/2001, de 30-8, dispunha o seguinte:

ART. ÚNICO (Capital mínimo) – 1 – As sociedades que não tenham procedido ao aumento do capital social até aos montantes mínimos previstos nos artigos 201.º e 276.º, n.º 3, do Código das Sociedades Comerciais, devem ser dissolvidas a requerimento do Ministério Público, mediante participação do conservador do registo comercial.

2 – As cooperativas que não tenham procedido à actualização do capital social para o montante mínimo previsto no artigo 18.º, n.º 2, do Código Cooperativo devem ser dissolvidas por iniciativa do Ministério Público, oficiosamente, mediante participação do conservador do registo comercial, ou a requerimento do Instituto António Sérgio do Sector Cooperativo ou de qualquer interessado.

3 – Os estabelecimentos individuais de responsabilidade limitada cujos titulares não tenham procedido ao aumento do capital do estabelecimento até ao montante mínimo previsto no artigo 3.º, n.º 2, do Decreto-Lei n.º 248/86, de 25 de Agosto, devem entrar em processo de liquidação, promovido pelo Ministério Público, mediante participação do conservador do registo comercial.

4 – Para efeito do disposto nos números anteriores, o Registo Nacional de Pessoas Colectivas remete a cada conservatória do registo comercial uma relação das entidades relativamente às quais, em 1 de Julho de 2002, se não mostre inscrito o respectivo aumento de capital.

REFORMA DA LEGISLAÇÃO SOCIETÁRIA [DL n.º 76-A/2006] 47

5 – A participação do conservador do registo comercial só terá, porém, lugar caso se não mostre regularizada a situação no prazo de três meses após a notificação das entidades referidas nos n.ᵒˢ 1, 2 e 3.

6 – A notificação referida no número anterior é efectuada pela conservatória do registo comercial, por carta registada, para a sede constante do registo.

ART. 58.º (Aplicação do novo regime aos processos judiciais pendentes ao abrigo do disposto no Decreto--Lei n.º 235/2001, de 30 de Agosto) – 1 – Os procedimentos administrativos de dissolução e de liquidação de entidades comerciais criados pelo presente decreto-lei são aplicáveis aos processos judiciais de dissolução e de liquidação que, à data da sua entrada em vigor, se encontrem instaurados ao abrigo do disposto no Decreto-Lei n.º 235/2001, de 30 de Agosto, e relativamente aos quais não tenha ainda sido proferida decisão.

2 – Para efeitos do número anterior, o juiz determina o envio do processo ao serviço de registo competente, apenas ficando registada a identificação do processo remetido.

3 – Caso existam vários processos nas condições previstas no n.º 1, o juiz deve elaborar um despacho genérico que determine o envio conjunto dos processos para os diversos serviços de registo competentes.

4 – Recebido o processo judicial, o conservador, tendo em conta os actos já praticados no âmbito do processo judicial de dissolução ou de liquidação, declara quais os actos do procedimento administrativo que se devem considerar já cumpridos e determina a passagem do procedimento à fase imediatamente posterior à do último acto praticado.

ART. 59.º (Aplicação do regime jurídico dos procedimentos administrativos de dissolução e de liquidação de entidades comerciais) – O regime jurídico dos procedimentos administrativos de dissolução e de liquidação de entidades comerciais é aplicável imediatamente a todas as situações em que os requisitos previstos para a sua aplicação estejam cumpridos no momento da sua entrada em vigor.

Subsecção V — **Sociedades em processo de privatização**

ART. 60.º (Sociedades em processo de privatização) – As acções a privatizar, nos termos da lei, constituem sempre uma categoria especial de acções, à qual, salvo disposição legal em contrário, não é aplicável a limitação da contagem de votos permitida na alínea *b)* do n.º 2 do artigo 384.º do Código das Sociedades Comerciais.

Secção III — **REVOGAÇÕES, APLICAÇÃO NO TEMPO E ENTRADA EM VIGOR**

ART. 61.º (Norma revogatória) – São revogados:

a) O artigo 1497.º do Código de Processo Civil, aprovado pelo Decreto-Lei n.º 44 129, de 28 de Dezembro de 1961;

b) Os artigos 90.º, 107.º, 108.º, 109.º, 110.º e 135.º, os n.ᵒˢ 3 e 4 do artigo 137.º, o n.º 3 do artigo 145.º, o n.º 2 do artigo 167.º, o n.º 4 do artigo 178.º, os n.ᵒˢ 4 a 6 do artigo 304.º, os n.ᵒˢ 1 e 2 do artigo 352.º, o n.º 3 do artigo 381.º, o n.º 3 do artigo 427.º, o n.º 2 do artigo 434.º, o n.º 4 do artigo 446.º, o n.º 4 do artigo 451.º, o artigo 454.º e o n.º 4 do artigo 464.º do Código das Sociedades Comerciais, aprovado pelo Decreto-Lei n.º 262/86, de 2 de Setembro;

c) As alíneas *h)* e *x)* do n.º 1 do artigo 3.º, a alínea *c)* do artigo 4.º, os artigos 19.º, 21.º, 24.º, 25.º, 25.º-A e 26.º, os n.ᵒˢ 3 a 5 do artigo 27.º, o artigo 31.º, o n.º 5 do artigo 35.º, o n.º 5 do artigo 42.º, as alíneas *a)* e *f)* do n.º 1 do artigo 48.º, os artigos 56.º e 60.º, as alíneas *d)*, *f)*, *g)*, *h)*, *l)* e *m)* do n.º 1 e a alínea *a)* do n.º 2 do artigo 64.º, o n.º 1 do artigo 67.º, as alíneas *a)* a *j)* e *m)* a *p)* do n.º 1 e a alínea *a)* do n.º 2 do artigo 69.º, a alínea *c)* do n.º 1 e o n.º 5 do artigo 70.º, o n.º 5 do artigo 72.º, os artigos 79.º e 80.º, o n.º 4 do artigo 82.º, os artigos 98.º, 99.º, 100.º, 103.º, 109.º e 112.º-A e o n.º 6 do artigo 112.º-B do Código do Registo Comercial, aprovado pelo Decreto-Lei n.º 403/86, de 3 de Dezembro;

d) Os artigos 32.º, 33.º, 34.º, 35.º, 36.º e 63.º do Código Comercial, aprovado pela Carta de Lei, de 28 de Junho de 1888;

e) O artigo 4.º do Regime do Estabelecimento Individual de Responsabilidade Limitada, aprovado pelo Decreto-Lei n.º 248/86, de 25 de Agosto;

f) O Regulamento do Registo Comercial, aprovado pela Portaria n.º 883/89, de 13 de Outubro;

g) As alíneas *f)* e *i)* do n.º 2 do artigo 80.º do Código do Notariado, aprovado pelo Decreto-Lei n.º 207/95, de 14 de Agosto;

h) O n.º 4 do artigo 12.º do Código Cooperativo, aprovado pela Lei n.º 51/96, de 7 de Setembro;

i) O n.º 4 do artigo 5.º do Decreto-Lei n.º 267/93, de 31 de Julho.

ART. 62.º (Republicação) – São republicados, em anexo, que faz parte integrante ao presente decreto-lei, o Código das Sociedades Comerciais, aprovado pelo Decreto-Lei n.º 262/86, de 2 de Setembro, e o Código do Registo Comercial, aprovado pelo Decreto-Lei n.º 403/86, de 3 de Dezembro, com a redacção actual.

ART. 63.º (Aplicação no tempo) – 1 – Às sociedades constituídas antes da data de entrada em vigor do presente decreto-lei e que não procedam, no prazo de um ano a contar daquela data, à alteração dos respectivos estatutos em matéria de administração e fiscalização, aplicam-se as seguintes regras:

a) Nas sociedades estruturadas segundo a modalidade de conselho de administração e conselho fiscal, é adoptada a modalidade prevista na alínea *a)* do n.º 1 do artigo 278.º do Código das Sociedades Comerciais, na redacção introduzida pelo presente decreto-lei;

48 [DL n.º 76-A/2006]   SOCIEDADES COMERCIAIS E COOPERAÇÃO EMPRESARIAL

b) Nas sociedades estruturadas segundo a modalidade de direcção, conselho geral e revisor oficial de contas, é adoptada a modalidade prevista na alínea *c)* do n.º 1 do artigo 278.º do Código das Sociedades Comerciais, na redacção introduzida pelo presente decreto-lei.

2 – As disposições sobre convocatória e funcionamento da assembleia geral, acesso à informação por parte dos sócios e exercício de direito de voto, cuja aplicação possa ser afastada pelos estatutos, são aplicáveis às sociedades referidas no número anterior, imediatamente, por sua opção, ou a partir de 30 de Junho de 2007, obrigatoriamente.

3 – O artigo 5.º, na parte em que altera os n.ᵒˢ 1 e 3 do artigo 46.º, os artigos 53.º, 58.º, 62.º e 62.º-A, a alínea *v)* do n.º 1 do artigo 69.º e o n.º 5 do artigo 71.º do Código do Registo Comercial, o artigo 6.º, na parte em que adita o artigo 45.º-A ao Código do Registo Comercial, o artigo 34.º, na parte em que altera as alíneas *d)* e *e)* do n.º 1 do artigo 15.º do Regulamento Emolumentar dos Registos e do Notariado, aprovado pelo Decreto-Lei n.º 322-A/ /2001, de 14 de Dezembro, o artigo 47.º e a alínea *c)* do artigo 61.º, na parte em que revoga o artigo 56.º do Código do Registo Comercial, produzem efeitos desde 31 de Outubro de 2005.

4 – O artigo 4.º, na parte em que altera o n.º 2 do artigo 72.º do Código do Registo Comercial, produz efeitos em relação aos registos requeridos a partir de 1 de Janeiro de 2006.

5 – As disposições transitórias a que se referem os artigos 43.º a 52.º cessam a produção de efeitos na data de entrada em vigor das normas referidas no n.º 2 do artigo 64.º, que permitem que os actos relativos a entidades comerciais sejam praticados em qualquer conservatória do registo comercial, independentemente da sua localização geográfica.

ART. 64.º (Entrada em vigor) – 1 – Sem prejuízo do disposto no número seguinte, o presente decreto-lei entra em vigor no dia 30 de Junho de 2006.

2 – Os artigos 11.º e 33.º, na parte em que altera o n.º 2 do artigo 28.º, e o artigo 37.º do Decreto-Lei n.º 87/ /2001, de 17 de Março, entram em vigor no dia 1 de Janeiro de 2007.

3.1.3. CÓDIGO DAS SOCIEDADES COMERCIAIS (*) (**)

TÍTULO I — PARTE GERAL

CAPÍTULO I — Âmbito de aplicação

ART. 1.º (Âmbito geral de aplicação) – 1 – A presente lei aplica-se às sociedades comerciais.

2 – São sociedades comerciais aquelas que tenham por objecto a prática de actos de comércio e adoptem o tipo de sociedade em nome colectivo, de sociedade por quotas, de sociedade anónima, de sociedade em comandita simples ou de sociedade em comandita por acções.

3 – As sociedades que tenham por objecto a prática de actos de comércio devem adoptar um dos tipos referidos no número anterior.

4 – As sociedades que tenham exclusivamente por objecto a prática de actos não comerciais podem adoptar um dos tipos referidos no n.º 2, sendo-lhes, nesse caso, aplicável a presente lei.

ART. 2.º (Direito subsidiário) – Os casos que a presente lei não preveja são regulados segundo a norma desta lei aplicável aos casos análogos e, na sua falta, segundo as normas do Código Civil sobre o contrato de sociedade no que não seja contrário nem aos princípios gerais da presente lei nem aos princípios informadores do tipo adoptado.

ART. 3.º (Lei pessoal) – 1 – As sociedades comerciais têm como lei pessoal a lei do Estado onde se encontre situada a sede principal e efectiva da sua administração. A sociedade que tenha em Portugal a sede estatutária não pode, contudo, opor a terceiros a sua sujeição a lei diferente da lei portuguesa.

2 – A sociedade que transfira a sua sede efectiva para Portugal mantém a personalidade jurídica, se a lei pela qual se regia nisso convier, mas deve conformar com a lei portuguesa o respectivo contrato social.

3 – Para efeitos do disposto no número anterior, deve um representante da sociedade promover o registo do contrato pelo qual a sociedade passa a reger-se. (*)

4 – A sociedade que tenha sede efectiva em Portugal pode transferi-la para outro país, mantendo a sua personalidade jurídica, se a lei desse país nisso convier.

5 – A deliberação de transferência da sede prevista no número anterior deve obedecer aos requisitos para as alterações do contrato de sociedade, não podendo em caso algum ser tomada por menos de 75% dos votos correspondentes ao capital social. Os sócios que não tenham votado a favor da deliberação podem exonerar-se da sociedade, devendo notificá-la da sua decisão no prazo de 60 dias após a publicação da referida deliberação.

(*) Na versão consolidada do **DL n.º 76-A/2006**, de 29-3, com as rectificações da DR n.º 28-A/06, de 26-5, e com as alterações introduzidas pelo art. 11.º do **DL n.º 8/2007**, de 17-1, nos arts. 70.º, 95.º, 96.º, 100.º, 101.º, 101.º-A, 106.º, 116.º, 117.º, 132.º, 242.º- -B, 242.º-F, 508.º-E, e 528.º, pelo art. 19.º – *c)* do **DL n.º 357-A/2007**, de 31-10, que revogou o n.º 2 do art. 265.º e o n.º 2 do art. 372.º- -A, pelo art. 29.º do **DL n.º 247-B/2008**, de 30-12, que deu nova redacção ao n.º 1 do art. 7.º, pela **L n.º 19/2009**, de 12-5, que alterou a redacção dos arts. 98.º, 99.º e 101.º, e aditou os arts. 117.º-A a 117.º-L, pelo **DL n.º 185/2009**, de 12-8, que deu nova redacção aos arts. 32.º, 70.º, 98.º, 100.º, 101.º, 101.º-A, 116.º, 420.º, 423.º-F, 441.º, 451.º e 508.º-C, aditou os arts. 66.º-A e 508.º-F, e revogou a al. *b)* do n.º 3 do art. 116.º, e pelo **DL n.º 49/2010**, de 19-5, que alterou a redacção dos arts. 4.º, 22.º, 25.º, 28.º, 92.º, 272.º, 276.º, 277.º, 279.º, 295.º, 298.º, 316.º, 325.º-A, 341.º, 342.º, 345.º, 349.º, 357.º, 380.º, 384.º, 397.º e 423.º.

(**) Os artigos, números ou alíneas cuja redacção foi introduzida pelo DL n.º 76-A/2006 vão assinalados com (*).

CÓDIGO DAS SOCIEDADES COMERCIAIS   [DL n.º 76-A/2006]   49

ART. 4.º (Sociedades com actividade em Portugal) – 1 – A sociedade que não tenha a sede efectiva em Portugal, mas deseje exercer aqui a sua actividade por mais de um ano, deve instituir uma representação permanente e cumprir o disposto na lei portuguesa sobre registo comercial.

2 – A sociedade que não cumpra o disposto no número anterior fica, apesar disso, obrigada pelos actos praticados em seu nome em Portugal e com ela respondem solidariamente as pessoas que os tenham praticado, bem como os gerentes ou administradores da sociedade.

3 – Não obstante o disposto no número anterior, o tribunal pode, a requerimento de qualquer interessado ou do Ministério Público, ordenar que a sociedade que não dê cumprimento ao disposto no n.º 1 cesse a sua actividade no País e decretar a liquidação do património situado em Portugal.

4 – O disposto nos números anteriores não se aplica às sociedades que exerçam actividade em Portugal ao abrigo da liberdade de prestação de serviços conforme previsto na Directiva n.º 2006/123/CE, do Parlamento Europeu e do Conselho, de 12 de Dezembro.

ART. 4.º-A (*) **(Forma escrita)** – A exigência ou a previsão de forma escrita, de documento escrito ou de documento assinado, feita no presente Código em relação a qualquer acto jurídico, considera-se cumprida ou verificada ainda que o suporte em papel ou a assinatura sejam substituídos por outro suporte ou por outro meio de identificação que assegurem níveis pelo menos equivalentes de inteligibilidade, de durabilidade e de autenticidade.

CAPÍTULO II — Personalidade e capacidade

ART. 5.º (Personalidade) – As sociedades gozam de personalidade jurídica e existem como tais a partir da data do registo definitivo do contrato pelo qual se constituem, sem prejuízo do disposto quanto à constituição de sociedades por fusão, cisão ou transformação de outras.

ART. 6.º (Capacidade) – 1 – A capacidade da sociedade compreende os direitos e as obrigações necessários ou convenientes à prossecução do seu fim, exceptuados aqueles que lhe sejam vedados por lei ou sejam inseparáveis da personalidade singular.

2 – As liberalidades que possam ser consideradas usuais, segundo as circunstâncias da época e as condições da própria sociedade, não são havidas como contrárias ao fim desta.

3 – Considera-se contrária ao fim da sociedade a prestação de garantias reais ou pessoais a dívidas de outras entidades, salvo se existir justificado interesse próprio da sociedade garante ou se se tratar de sociedade em relação de domínio ou de grupo.

4 – As cláusulas contratuais e as deliberações sociais que fixem à sociedade determinado objecto ou proíbam a prática de certos actos não limitam a capacidade da sociedade, mas constituem os órgãos da sociedade no dever de não excederem esse objecto ou de não praticarem esses actos.

5 – A sociedade responde civilmente pelos actos ou omissões de quem legalmente a represente, nos termos em que os comitentes respondem pelos actos ou omissões dos comissários.

CAPÍTULO III — Contrato de sociedade

Secção I — CELEBRAÇÃO E REGISTO

ART. 7.º (Forma e partes do contrato) – 1 – O contrato de sociedade deve ser reduzido a escrito e as assinaturas dos seus subscritores devem ser reconhecidas presencialmente, salvo se forma mais solene for exigida para a transmissão dos bens com que os sócios entram para a sociedade, devendo, neste caso, o contrato revestir essa forma, sem prejuízo do disposto em lei especial.

2 – O número mínimo de partes de um contrato de sociedade é de dois, excepto quando a lei exija número superior ou permita que a sociedade seja constituída por uma só pessoa.

3 – Para os efeitos do número anterior, contam como uma só parte as pessoas cuja participação social for adquirida em regime de contitularidade.

4 – A constituição de sociedade por fusão, cisão ou transformação de outras sociedades rege-se pelas respectivas disposições desta lei.

ART. 8.º (Participação dos cônjuges em sociedades) – 1 – É permitida a constituição de sociedades entre cônjuges, bem como a participação destes em sociedades, desde que só um deles assuma responsabilidade ilimitada.

2 – Quando uma participação social for, por força do regime matrimonial de bens, comum aos dois cônjuges, será considerado como sócio, nas relações com a sociedade, aquele que tenha celebrado o contrato de sociedade ou, no caso de aquisição posterior ao contrato, aquele por quem a participação tenha vindo ao casal.

3 – O disposto no número anterior não impede o exercício dos poderes de administração atribuídos pela lei civil ao cônjuge do sócio que se encontrar impossibilitado, por qualquer causa, de a exercer nem prejudica os direitos que, no caso de morte daquele que figurar como sócio, o cônjuge tenha à participação.

ART. 9.º (Elementos do contrato) – 1 – Do contrato de qualquer tipo de sociedade devem constar:

a) Os nomes ou firmas de todos os sócios fundadores e os outros dados de identificação destes;

b) O tipo de sociedade;

50 [DL n.º 76-A/2006]   SOCIEDADES COMERCIAIS E COOPERAÇÃO EMPRESARIAL

c) A firma da sociedade;
d) O objecto da sociedade;
e) A sede da sociedade;
f) O capital social, salvo nas sociedades em nome colectivo em que todos os sócios contribuam apenas com a sua indústria;
g) A quota de capital e a natureza da entrada de cada sócio, bem como os pagamentos efectuados por conta de cada quota;
h) Consistindo a entrada em bens diferentes de dinheiro, a descrição destes e a especificação dos respectivos valores;
i) Quando o exercício anual for diferente do ano civil, a data do respectivo encerramento, a qual deve coincidir com o último dia do mês de calendário, sem prejuízo do previsto no artigo 7.º do Código do Imposto sobre o Rendimento das Pessoas Colectivas.

2 – São ineficazes as estipulações do contrato de sociedade relativas a entradas em espécie que não satisfaçam os requisitos exigidos nas alíneas *g)* e *h)* do n.º 1.

3 – Os preceitos dispositivos desta lei só podem ser derrogados pelo contrato de sociedade, a não ser que este expressamente admita a derrogação por deliberação dos sócios.

ART. 10.º (Requisitos da firma) – 1 – Os elementos característicos das firmas das sociedades não podem sugerir actividade diferente da que constitui o objecto social.

2 – Quando a firma da sociedade for constituída exclusivamente por nomes ou firmas de todos, algum ou alguns sócios, deve ser completamente distinta das que já se acharem registadas.

3 – A firma da sociedade constituída por denominação particular ou por denominação e nome ou firma de sócio não pode ser idêntica à firma registada de outra sociedade, ou por tal forma semelhante que possa induzir em erro.

4 – Não são admitidas denominações constituídas exclusivamente por vocábulos de uso corrente, que permitam identificar ou se relacionem com actividade, técnica ou produto, bem como topónimos e qualquer indicação de proveniência geográfica.

5 – Da denominação das sociedades não podem fazer parte:
a) Expressões que possam induzir em erro quanto à caracterização jurídica da sociedade, designadamente expressões correntemente usadas na designação de organismos públicos ou de pessoas colectivas sem finalidade lucrativa;
b) Expressões proibidas por lei ou ofensivas da moral ou dos bons costumes.

ART. 11.º (Objecto) – 1 – A indicação do objecto da sociedade deve ser correctamente redigida em língua portuguesa.

2 – Como objecto da sociedade devem ser indicadas no contrato as actividades que os sócios propõem que a sociedade venha a exercer.

3 – Compete aos sócios deliberar sobre as actividades compreendidas no objecto contratual que a sociedade efectivamente exercerá, bem como sobre a suspensão ou cessação de uma actividade que venha sendo exercida.

4 – A aquisição pela sociedade de participações em sociedades de responsabilidade limitada abrangidas por esta lei cujo objecto seja igual àquele que a sociedade está exercendo, nos termos do número anterior, não depende de autorização no contrato de sociedade nem de deliberação dos sócios, salvo disposição diversa do contrato.

5 – O contrato pode ainda autorizar, livre ou condicionalmente, a aquisição pela sociedade de participações como sócio de responsabilidade ilimitada ou de participações em sociedades com objecto diferente do acima referido, em sociedades reguladas por leis especiais e em agrupamentos complementares de empresas.

6 – A gestão de carteira de títulos pertencentes à sociedade pode constituir objecto desta.

ART. 12.º (Sede) – 1 – A sede da sociedade deve ser estabelecida em local concretamente definido.

2 – Salvo disposição em contrário no contrato da sociedade, a administração pode deslocar a sede da sociedade dentro do território nacional. (*)

3 – A sede da sociedade constitui o seu domicílio, sem prejuízo de no contrato se estipular domicílio particular para determinados negócios.

ART. 13.º (Formas locais de representação) – 1 – Sem dependência de autorização contratual, mas também sem prejuízo de diferentes disposições do contrato, a sociedade pode criar sucursais, agências, delegações ou outras formas locais de representação, no território nacional ou no estrangeiro.

2 – A criação de sucursais, agências, delegações ou outras formas locais de representação depende de deliberação dos sócios, quando o contrato a não dispense.

ART. 14.º (Expressão do capital) – O montante do capital social deve ser sempre e apenas expresso em moeda com curso legal em Portugal.

ART. 15.º (Duração) – 1 – A sociedade dura por tempo indeterminado se a sua duração não for estabelecida no contrato.

2 – A duração da sociedade fixada no contrato só pode ser aumentada por deliberação tomada antes de esse prazo ter terminado; depois deste facto, a prorrogação da sociedade dissolvida só pode ser deliberada nos termos do artigo 161.º.

CÓDIGO DAS SOCIEDADES COMERCIAIS   [DL n.º 76-A/2006]   51

ART. 16.º (Vantagens, indemnizações e retribuições) – 1 – Devem exarar-se no contrato de sociedade, com indicação dos respectivos beneficiários, as vantagens concedidas a sócios em conexão com a constituição da sociedade, bem como o montante global por esta devido a sócios ou terceiros, a título de indemnização ou de retribuição de serviços prestados durante essa fase, exceptuados os emolumentos e as taxas de serviços oficiais e os honorários de profissionais em regime de actividade liberal.

2 – A falta de cumprimento do disposto no número anterior torna esses direitos e acordos ineficazes para com a sociedade, sem prejuízo de eventuais direitos contra os fundadores.

ART. 17.º (Acordos parassociais) – 1 – Os acordos parassociais celebrados entre todos ou entre alguns sócios pelos quais estes, nessa qualidade, se obriguem a uma conduta não proibida por lei têm efeitos entre os intervenientes, mas com base neles não podem ser impugnados actos da sociedade ou dos sócios para com a sociedade.

2 – Os acordos referidos no número anterior podem respeitar ao exercício do direito de voto, mas não à conduta de intervenientes ou de outras pessoas no exercício de funções de administração ou de fiscalização.

3 – São nulos os acordos pelos quais um sócio se obriga a votar:

a) Seguindo sempre as instruções da sociedade ou de um dos seus órgãos;

b) Aprovando sempre as propostas feitas por estes;

c) Exercendo o direito de voto ou abstendo-se de o exercer em contrapartida de vantagens especiais.

ART. 18.º (Registo do contrato) – 1 – Quando não tenham convencionado entradas em espécie ou aquisições de bens pela sociedade, os interessados na constituição da sociedade podem apresentar na competente conservatória do registo comercial requerimento para registo prévio do contrato juntamente com um projecto completo do contrato de sociedade.

2 – O contrato de sociedade deve ser redigido nos precisos termos do projecto previamente registado. (*)

3 – No prazo de 15 dias após a celebração do contrato, deve ser apresentada ao conservador, por um dos sócios subscritores ou, no caso de o contrato ter sido celebrado por escritura pública, pelo notário, cópia certificada do contrato para conversão do registo em definitivo. (*)

4 – O disposto nos números anteriores não é aplicável à constituição das sociedades anónimas, quando efectuada com apelo à subscrição pública.

5 – No caso de os interessados não terem adoptado o processo permitido pelos n.ºˢ 1 a 3, o contrato da sociedade, depois de celebrado na forma legal, deve ser inscrito no registo comercial, nos termos da lei respectiva.

ART. 19.º (Assunção pela sociedade de negócios anteriores ao registo) – 1 – Com o registo definitivo do contrato, a sociedade assume de pleno direito:

a) Os direitos e obrigações decorrentes dos negócios jurídicos referidos no artigo 16.º, n.º 1;

b) Os direitos e obrigações resultantes da exploração normal de um estabelecimento que constitua objecto de uma entrada em espécie ou que tenha sido adquirido por conta da sociedade, no cumprimento de estipulação do contrato social;

c) Os direitos e obrigações emergentes de negócios jurídicos concluídos antes do acto de constituição e que neste sejam especificados e expressamente ratificados; (*)

d) Os direitos e obrigações decorrentes de negócios jurídicos celebrados pelos gerentes ou administradores ao abrigo de autorização dada por todos os sócios no acto de constituição. (*)

2 – Os direitos e obrigações decorrentes de outros negócios jurídicos realizados em nome da sociedade, antes de registado o contrato, podem ser por ela assumidos mediante decisão da administração, que deve ser comunicada à contraparte nos 90 dias posteriores ao registo.

3 – A assunção pela sociedade dos negócios indicados nos n.ºˢ 1 e 2 retrotrai os seus efeitos à data da respectiva celebração e libera as pessoas indicadas no artigo 40.º da responsabilidade aí prevista, a não ser que por lei estas continuem responsáveis.

4 – A sociedade não pode assumir obrigações derivadas de negócios jurídicos não mencionados no contrato social que versem sobre vantagens especiais, despesas de constituição, entradas em espécie ou aquisições de bens.

Secção II — OBRIGAÇÕES E DIREITOS DOS SÓCIOS

Subsecção I — **Obrigações e direitos dos sócios em geral**

ART. 20.º (Obrigações dos sócios) – Todo o sócio é obrigado:

a) A entrar para a sociedade com bens susceptíveis de penhora ou, nos tipos de sociedade em que tal seja permitido, com indústria;

b) A quinhoar nas perdas, salvo o disposto quanto a sócios de indústria.

ART. 21.º (Direitos dos sócios) – 1 – Todo o sócio tem direito:

a) A quinhoar nos lucros;

b) A participar nas deliberações de sócios, sem prejuízo das restrições previstas na lei;

c) A obter informações sobre a vida da sociedade, nos termos da lei e do contrato;

52   [DL n.º 76-A/2006]   SOCIEDADES COMERCIAIS E COOPERAÇÃO EMPRESARIAL

d) A ser designado para os órgãos de administração e de fiscalização da sociedade, nos termos da lei e do contrato.

2 – É proibida toda a estipulação pela qual deva algum sócio receber juros ou outra importância certa em retribuição do seu capital ou indústria.

ART. 22.º (Participação nos lucros e perdas) – 1 – Na falta de preceito especial ou convenção em contrário, os sócios participam nos lucros e nas perdas da sociedade segundo a proporção dos valores das respectivas participações no capital.

2 – Se o contrato determinar somente a parte de cada sócio nos lucros, presumir-se-á ser a mesma a sua parte nas perdas.

3 – É nula a cláusula que exclui um sócio da comunhão nos lucros ou que o isente de participar nas perdas da sociedade, salvo o disposto quanto a sócios de indústria.

4 – É nula a cláusula pela qual a divisão de lucros ou perdas seja deixada ao critério de terceiro.

ART. 23.º (Usufruto e penhor de participações) – 1 – A constituição de usufruto sobre participações sociais, após o contrato de sociedade, está sujeita à forma exigida e às limitações estabelecidos para a transmissão destas.

2 – Os direitos do usufrutuário são os indicados nos artigos 1466.º e 1467.º do Código Civil, com as modificações previstas na presente lei, e os mais direitos que nesta lhe são atribuídos.

3 – O penhor de participações sociais só pode ser constituído na forma exigida e dentro das limitações estabelecidas para a transmissão entre vivos de tais participações. (*)

4 – Os direitos inerentes à participação, em especial o direito aos lucros, só podem ser exercidos pelo credor pignoratício quando assim for convencionado pelas partes.

ART. 24.º (Direitos especiais) – 1 – Só por estipulação no contrato de sociedade podem ser criados direitos especiais de algum sócio.

2 – Nas sociedades em nome colectivo, os direitos especiais atribuídos a sócios são intransmissíveis, salvo estipulação em contrário.

3 – Nas sociedades por quotas, e salvo estipulação em contrário, os direitos especiais de natureza patrimonial são transmissíveis com a quota respectiva, sendo intransmissíveis os restantes direitos.

4 – Nas sociedades anónimas, os direitos especiais só podem ser atribuídos a categorias de acções e transmitem-se com estas.

5 – Os direitos especiais não podem ser suprimidos ou coarctados sem o consentimento do respectivo titular, salvo regra legal ou estipulação contratual expressa em contrário.

6 – Nas sociedades anónimas, o consentimento referido no número anterior é dado por deliberação tomada em assembleia especial dos accionistas titulares de acções da respectiva categoria.

SUBSECÇÃO II — **Obrigação de entrada**

ART. 25.º (Valor da entrada e valor da participação) – 1 – O valor nominal da parte, da quota ou das acções atribuídas a um sócio no contrato de sociedade não pode exceder o valor da sua entrada, como tal se considerando ou a respectiva importância em dinheiro ou o valor atribuído aos bens no relatório do revisor oficial de contas, exigido pelo artigo 28.º.

2 – No caso de acções sem valor nominal, o valor da entrada do sócio deve ser pelo menos igual ao montante do capital social correspondentemente emitido.

3 – Verificada a existência de erro na avaliação feita pelo revisor, o sócio é responsável pela diferença que porventura exista, até ao valor nominal da sua participação ou, no caso de acções sem valor nominal, até ao valor de emissão destas.

4 – Se a sociedade for privada, por acto legítimo de terceiro, do bem prestado pelo sócio ou se tornar impossível a prestação, bem como se for ineficaz a estipulação relativa a uma entrada em espécie, nos termos previstos no artigo 9.º, n.º 2, deve o sócio realizar em dinheiro a sua participação, sem prejuízo da eventual dissolução da sociedade, por deliberação dos sócios ou por se verificar a hipótese prevista no artigo 142.º, n.º 1, alínea *b)*.

ART. 26.º (Tempo das entradas) – As entradas dos sócios devem ser realizadas até ao momento da celebração do contrato de sociedade, sem prejuízo de estipulação contratual que preveja o diferimento da realização das entradas em dinheiro, nos casos e termos em que a lei o permita. (*)

ART. 27.º (Cumprimento da obrigação de entrada) – 1 – São nulos os actos da administração e as deliberações dos sócios que liberem total ou parcialmente os sócios da obrigação de efectuar entradas estipuladas, salvo no caso de redução do capital.

2 – A dação em cumprimento da obrigação de liberar a entrada em dinheiro pode ser deliberada como alteração do contrato de sociedade, com observância do preceituado relativamente a entradas em espécie.

3 – O contrato de sociedade pode estabelecer penalidades para a falta de cumprimento da obrigação de entrada.

CÓDIGO DAS SOCIEDADES COMERCIAIS [DL n.º 76-A/2006] 53

4 – Os lucros correspondentes a partes, quotas ou acções não liberadas não podem ser pagos aos sócios que se encontrem em mora, mas devem ser-lhes creditados para compensação da dívida de entrada, sem prejuízo da execução, nos termos gerais ou especiais, do crédito da sociedade.

5 – Fora do caso previsto no número anterior, a obrigação de entrada não pode extinguir-se por compensação. 6 – A falta de realização pontual de uma prestação relativa a uma entrada importa o vencimento de todas as demais prestações em dívida pelo mesmo sócio, ainda que respeitem a outras partes, quotas ou acções.

ART. 28.º (Verificação das entradas em espécie) – 1 – As entradas em bens diferentes de dinheiro devem ser objecto de um relatório elaborado por um revisor oficial de contas sem interesses na sociedade, designado por deliberação dos sócios na qual estão impedidos de votar os sócios que efectuam as entradas.

2 – O revisor que tenha elaborado o relatório exigido pelo número anterior não pode, durante dois anos contados da data do registo do contrato de sociedade, exercer quaisquer cargos ou funções profissionais nessa sociedade ou em sociedades que com ela se encontrem em relação de domínio ou de grupo. (*)

3 – O relatório do revisor deve, pelo menos:
a) Descrever os bens;
b) Identificar os seus titulares;
c) Avaliar os bens, indicando os critérios utilizados para a avaliação;
d) Declarar se os valores encontrados atingem ou não o valor nominal da parte, quota ou acções atribuídas aos sócios que efectuaram tais entradas, acrescido dos prémios de emissão, se for caso disso, ou a contrapartida a pagar pela sociedade;
e) No caso de acções sem valor nominal, declarar se os valores encontrados atingem ou não o montante do capital social correspondentemente emitido.

4 – O relatório deve reportar-se a uma data não anterior em 90 dias à do contrato de sociedade, mas o seu autor deve informar os fundadores da sociedade de alterações relevantes de valores, ocorridas durante aquele período, de que tenha conhecimento.

5 – O relatório do revisor deve ser posto à disposição dos fundadores da sociedade pelo menos 15 dias antes da celebração do contrato; o mesmo se fará quanto à informação referida no n.º 4 até essa celebração.

6 – O relatório do revisor, incluindo a informação referida no n.º 4, faz parte integrante da documentação sujeita às formalidades de publicidade prescritas nesta lei, podendo publicar-se apenas menção do depósito do relatório no registo comercial. (*)

ART. 29.º (Aquisição de bens a accionistas) – 1 – A aquisição de bens por uma sociedade anónima ou em comandita por acções deve ser previamente aprovada por deliberação da assembleia geral, desde que se verifiquem cumulativamente os seguintes requisitos:
a) Seja efectuada, directamente ou por interposta pessoa, a um fundador da sociedade ou a pessoa que desta se torne sócio no período referido na alínea *c)*;
b) O contravalor dos bens adquiridos à mesma pessoa durante o período referido na alínea *c)* exceda 2% ou 10% do capital social, consoante este for igual ou superior a € 50 000, ou inferior a esta importância, no momento do contrato donde a aquisição resulte;
c) O contrato de que provém a aquisição seja concluído antes da celebração do contrato de sociedade, simultaneamente com este ou nos dois anos seguintes ao registo do contrato de sociedade ou do aumento do capital. (*)

2 – O disposto no número anterior não se aplica a aquisições feitas em bolsa ou em processo judicial executivo ou compreendidas no objecto da sociedade.

3 – A deliberação da assembleia geral referida no n.º 1 deve ser precedida de verificação do valor dos bens, nos termos do artigo 28.º, e será registada e publicada; nela não votará o fundador a quem os bens sejam adquiridos.

4 – Os contratos donde procedam as aquisições previstas no n.º 1 devem ser reduzidos a escrito, sob pena de nulidade.

5 São ineficazes as aquisições de bens previstas no n.º 1 quando os respectivos contratos não forem aprovados pela assembleia geral.

ART. 30.º (Direitos dos credores quanto às entradas) – 1 – Os credores de qualquer sociedade podem:
a) Exercer os direitos da sociedade relativos às entradas não realizadas, a partir do momento em que elas se tornem exigíveis;
b) Promover judicialmente as entradas antes de estas se terem tornado exigíveis, nos termos do contrato, desde que isso seja necessário para a conservação ou satisfação dos seus direitos.

2 – A sociedade pode ilidir o pedido desses credores, satisfazendo-lhes os seus créditos com juros de mora, quando vencidos, ou mediante o desconto correspondente à antecipação, quando por vencer, e com as despesas acrescidas.

SUBSECÇÃO III — **Conservação do capital**

ART. 31.º (Deliberação de distribuição de bens e seu cumprimento) – 1 – Salvo os casos de distribuição antecipada de lucros e outros expressamente previstos na lei, nenhuma distribuição de bens sociais, ainda que a título de distribuição de lucros de exercício ou de reservas, pode ser feita aos sócios sem ter sido objecto de deliberação destes.

54 [DL n.º 76-A/2006]   SOCIEDADES COMERCIAIS E COOPERAÇÃO EMPRESARIAL

2 – As deliberações dos sócios referidas no número anterior não devem ser cumpridas pelos membros da administração se estes tiverem fundadas razões para crer que:

a) Alterações entretanto ocorridas no património social tornariam a deliberação ilícita, nos termos do artigo 32.º;

b) A deliberação dos sócios viola o preceituado nos artigos 32.º e 33.º;

c) A deliberação de distribuição de lucros de exercício ou de reservas se baseou em contas da sociedade aprovadas pelos sócios, mas enfermando de vícios cuja correcção implicaria a alteração das contas de modo que não seria lícito deliberar a distribuição, nos termos dos artigos 32.º e 33.º.

3 – Os membros da administração que, por força do disposto no número anterior, tenham deliberado não efectuar distribuições deliberadas pela assembleia geral devem, nos oito dias seguintes à deliberação tomada, requerer, em nome da sociedade, inquérito judicial para verificação dos factos previstos nalguma das alíneas do número anterior, salvo se entretanto a sociedade tiver sido citada para a acção de invalidade de deliberação por motivos coincidentes com os da dita resolução.

4 – Sem prejuízo do disposto no Código de Processo Civil sobre o procedimento cautelar de suspensão de deliberações sociais, a partir da citação da sociedade para a acção de invalidade de deliberação de aprovação do balanço ou de distribuição de reservas ou lucros de exercício não podem os membros da administração efectuar aquela distribuição com fundamento nessa deliberação.

5 – Os autores da acção prevista no número anterior, em caso de improcedência desta e provando-se que litigaram temerariamente ou de má fé, serão solidariamente responsáveis pelos prejuízos que a demora daquela distribuição tenha causado aos outros sócios.

ART. 32.º (Limite da distribuição de bens aos sócios) – 1 – Sem prejuízo do preceituado quanto à redução do capital social, não podem ser distribuídos aos sócios bens da sociedade quando o capital próprio desta, incluindo o resultado líquido do exercício, tal como resulta das contas elaboradas e aprovadas nos termos legais, seja inferior à soma do capital social e das reservas que a lei ou o contrato não permitem distribuir aos sócios ou se tornasse inferior a esta soma em consequência da distribuição.

2 – Os incrementos decorrentes da aplicação do justo valor através de componentes do capital próprio, incluindo os da sua aplicação através do resultado líquido do exercício, apenas relevam para poderem ser distribuídos aos sócios bens da sociedade, a que se refere o número anterior, quando os elementos ou direitos que lhes deram origem sejam alienados, exercidos, extintos, liquidados ou, também quando se verifique o seu uso, no caso de activos fixos tangíveis e intangíveis.

ART. 33.º (Lucros e reservas não distribuíveis) – 1 – Não podem ser distribuídos aos sócios os lucros do exercício que sejam necessários para cobrir prejuízos transitados ou para formar ou reconstituir reservas impostas pela lei ou pelo contrato de sociedade.

2 – Não podem ser distribuídos aos sócios lucros do exercício enquanto as despesas de constituição, de investigação e de desenvolvimento não estiverem completamente amortizadas, excepto se o montante das reservas livres e dos resultados transitados for, pelo menos, igual ao dessas despesas não amortizadas.

3 – As reservas cuja existência e cujo montante não figuram expressamente no balanço não podem ser utilizadas para distribuição aos sócios.

4 – Devem ser expressamente mencionadas na deliberação quais as reservas distribuídas, no todo ou em parte, quer isoladamente quer juntamente com lucros de exercício.

ART. 34.º (Restituição de bens indevidamente recebidos) – 1 – Os sócios devem restituir à sociedade os bens que dela tenham recebido com violação do disposto na lei, mas aqueles que tenham recebido a título de lucros ou reservas importâncias cuja distribuição não era permitida pela lei, designadamente pelos artigos 32.º e 33.º, só são obrigados à restituição se conheciam a irregularidade da distribuição ou, tendo em conta as circunstâncias, deviam não a ignorar.

2 – O disposto no número anterior é aplicável ao transmissário do direito do sócio, quando for ele a receber as referidas importâncias.

3 – Os credores sociais podem propor acção para restituição à sociedade das importâncias referidas nos números anteriores nos mesmos termos em que lhes é conferida acção contra membros da administração.

4 – Cabe à sociedade ou aos credores sociais o ónus de provar o conhecimento ou o dever de não ignorar a irregularidade.

5 – Ao recebimento previsto nos números anteriores é equiparado qualquer facto que faça beneficiar o património das referidas pessoas dos valores indevidamente atribuídos.

ART. 35.º (Perda de metade do capital) – 1 – Resultando das contas de exercício ou de contas intercalares, tal como elaboradas pelo órgão de administração, que metade do capital social se encontra perdido, ou havendo em qualquer momento fundadas razões para admitir que essa perda se verifica, devem os gerentes ou administradores requerer prontamente a convocação da mesma, a fim de nela se informar os sócios da situação e de estes tomarem as medidas julgadas convenientes. (*)

2 – Considera-se estar perdida metade do capital social quando o capital próprio da sociedade for igual ou inferior a metade do capital social.

3 – Do aviso convocatório da assembleia geral constarão, pelo menos, os seguintes assuntos para deliberação pelos sócios:

a) A dissolução da sociedade;

CÓDIGO DAS SOCIEDADES COMERCIAIS   [DL n.º 76-A/2006] 55

b) A redução do capital social para montante não inferior ao capital próprio da sociedade, com respeito, se for o caso, do disposto no n.º 1 do artigo 96.º;

c) A realização pelos sócios de entradas para reforço da cobertura do capital.

SECÇÃO III — **REGIME DA SOCIEDADE ANTES DO REGISTO. INVALIDADE DO CONTRATO**

ART. 36.º (Relações anteriores à celebração do contrato de sociedade) – 1 – Se dois ou mais indivíduos, quer pelo uso de uma firma comum quer por qualquer outro meio, criarem a falsa aparência de que existe entre eles um contrato de sociedade responderão solidária e ilimitadamente pelas obrigações contraídas nesses termos por qualquer deles.

2 – Se for acordada a constituição de uma sociedade comercial, mas, antes da celebração do contrato de sociedade, os sócios iniciarem a sua actividade, são aplicáveis às relações estabelecidas entre eles e com terceiros as disposições sobre sociedades civis. (*)

ART. 37.º (Relações entre os sócios antes do registo) – 1 – No período compreendido entre a celebração do contrato de sociedade e o seu registo definitivo são aplicáveis às relações entre os sócios, com as necessárias adaptações, as regras estabelecidas no contrato e na presente lei, salvo aquelas que pressuponham o contrato definitivamente registado. (*)

2 – Seja qual for o tipo de sociedade visado pelos contraentes, a transmissão por acto entre vivos das participações sociais e as modificações do contrato social requerem sempre o consentimento unânime dos sócios.

ART. 38.º (Relações das sociedades em nome colectivo não registadas com terceiros) – 1 – Pelos negócios realizados em nome de uma sociedade em nome colectivo, com o acordo, expresso ou tácito, de todos os sócios, no período compreendido entre a celebração do contrato de sociedade e o seu registo definitivo, respondem solidária e ilimitadamente todos os sócios, presumindo-se o consentimento. (*)

2 – Se os negócios realizados não tiverem sido autorizados por todos os sócios, nos termos do n.º 1, respondem pessoal e solidariamente pelas obrigações resultantes dessas operações aqueles que as realizarem ou autorizarem.

3 – As cláusulas do contrato que atribuam a representação apenas a alguns dos sócios ou que limitem os respectivos poderes de representação não são oponíveis a terceiros, salvo provando-se que estes as conheciam ao tempo da celebração dos seus contratos.

ART. 39.º (Relações das sociedades em comandita simples não registadas com terceiros) – 1 – Pelos negócios realizados em nome de uma sociedade em comandita simples, com o acordo, expresso ou tácito, de todos os sócios comanditados, no período compreendido entre a celebração do contrato de sociedade e o seu registo definitivo, respondem todos eles, pessoal e solidariamente, presumindo-se o consentimento dos sócios comanditados. (*)

2 – À mesma responsabilidade fica sujeito o sócio comanditário que consentir no começo das actividades sociais, salvo provando ele que o credor conhecia a sua qualidade.

3 – Se os negócios realizados não tiverem sido autorizados pelos sócios comanditados, nos termos do n.º 1, respondem pessoal e solidariamente pelas obrigações resultantes dessas operações aqueles que as realizarem ou autorizarem.

4 – As cláusulas do contrato que atribuam a representação apenas a alguns dos sócios comanditados ou que limitem os respectivos poderes de representação não são oponíveis a terceiros, salvo provando-se que estes as conheciam ao tempo da celebração dos seus contratos.

ART. 40.º (Relações das sociedades por quotas, anónimas e em comandita por acções não registadas com terceiros) – 1 – Pelos negócios realizados em nome de uma sociedade por quotas, anónima ou em comandita por acções, no período compreendido entre a celebração do contrato de sociedade e o seu registo definitivo, respondem ilimitada e solidariamente todos os que no negócio agirem em representação dela, bem como os sócios que tais negócios autorizarem, sendo que os restantes sócios respondem até às importâncias das entradas a que se obrigaram, acrescidas das importâncias que tenham recebido a título de lucros ou de distribuição de reservas. (*)

2 – Cessa o disposto no número precedente se os negócios forem expressamente condicionados ao registo da sociedade e à assunção por esta dos respectivos efeitos.

ART. 41.º (Invalidade do contrato antes do registo) – 1 – Enquanto o contrato de sociedade não estiver definitivamente registado, a invalidade do contrato ou de uma das declarações negociais rege-se pelas disposições aplicáveis aos negócios jurídicos nulos ou anuláveis, sem prejuízo do disposto no artigo 52.º.

2 – A invalidade decorrente de incapacidade é oponível pelo contraente incapaz ou pelo seu representante legal, tanto aos outros contraentes como a terceiros; a invalidade resultante de vício da vontade ou de usura só é oponível aos demais sócios.

ART. 42.º (Nulidade do contrato de sociedade por quotas, anónima ou em comandita por acções registado) – 1 – Depois de efectuado o registo definitivo do contrato de sociedade por quotas, anónima ou em comandita por acções, o contrato só pode ser declarado nulo por algum dos seguintes vícios:

56   [DL n.º 76-A/2006]   SOCIEDADES COMERCIAIS E COOPERAÇÃO EMPRESARIAL

a) Falta do mínimo de dois sócios fundadores, salvo quando a lei permita a constituição da sociedade por uma só pessoa;

b) Falta de menção da firma, da sede, do objecto ou do capital da sociedade, bem como do valor da entrada de algum sócio ou de prestações realizadas por conta desta;

c) Menção de um objecto ilícito ou contrário à ordem pública;

d) Falta de cumprimento dos preceitos legais que exigem a liberação mínima do capital social;

e) Não ter sido observada a forma legalmente exigida para o contrato de sociedade. (*)

2 – São sanáveis por deliberação dos sócios, tomada nos termos estabelecidos para as deliberações sobre alteração do contrato, os vícios decorrentes de falta ou nulidade da firma e da sede da sociedade, bem como do valor da entrada de algum sócio e das prestações realizadas por conta desta.

ART. 43.º (Invalidade do contrato de sociedade em nome colectivo e em comandita simples) – 1 – Nas sociedades em nome colectivo e em comandita simples são fundamentos de invalidade do contrato, além dos vícios do título constitutivo, as causas gerais de invalidade dos negócios jurídicos segundo a lei civil.

2 – Para os efeitos do número anterior, são vícios do título constitutivo os mencionados no n.º 1 do artigo anterior e ainda a falta de menção do nome ou firma de algum dos sócios de responsabilidade ilimitada.

3 – São sanáveis por deliberação dos sócios, tomada nos termos estabelecidos para as deliberações sobre alteração do contrato, os vícios resultantes de falta ou nulidade da indicação da firma, da sede, do objecto e do capital da sociedade, bem como do valor da entrada de algum sócio e das prestações realizadas por conta desta.

ART. 44.º (Acção de declaração de nulidade e notificação para regularização) – 1 – A acção de declaração de nulidade pode ser intentada, dentro do prazo de três anos a contar do registo, por qualquer membro da administração, do conselho fiscal ou do conselho geral e de supervisão da sociedade ou por sócio, bem como por qualquer terceiro que tenha um interesse relevante e sério na procedência da acção, sendo que, no caso de vício sanável, a acção não pode ser proposta antes de decorridos 90 dias sobre a interpelação à sociedade para sanar o vício. (*)

2 – A mesma acção pode ser intentada a todo o tempo pelo Ministério Público.

3 – Os membros da administração devem comunicar, no mais breve prazo, aos sócios de responsabilidade ilimitada, bem como aos sócios das sociedades por quotas, a propositura da acção de declaração de nulidade, devendo, nas sociedades anónimas, essa comunicação ser dirigida ao conselho fiscal ou ao conselho geral e de supervisão, conforme os casos. (*)

ART. 45.º (Vícios da vontade e incapacidade nas sociedades por quotas, anónimas e em comandita por acções) – 1 – Nas sociedades por quotas, anónimas e em comandita por acções o erro, o dolo, a coacção e a usura podem ser invocados como justa causa de exoneração pelo sócio atingido ou prejudicado, desde que se verifiquem as circunstâncias, incluindo o tempo, de que, segundo a lei civil, resultaria a sua relevância para efeitos de anulação do negócio jurídico.

2 – Nas mesmas sociedades, a incapacidade de um dos contraentes torna o negócio jurídico anulável relativamente ao incapaz.

ART. 46.º (Vícios da vontade e incapacidade nas sociedades em nome colectivo e em comandita simples) – Nas sociedades em nome colectivo e em comandita simples o erro, o dolo, a coacção, a usura e a incapacidade determinam a anulabilidade do contrato em relação ao contraente incapaz ou ao que sofreu o vício da vontade ou a usura; no entanto, o negócio poderá ser anulado quanto a todos os sócios, se, tendo em conta o critério formulado no artigo 292.º do Código Civil, não for possível a sua redução às participações dos outros.

ART. 47.º (Efeitos da anulação do contrato) – O sócio que obtiver a anulação do contrato, nos casos do n.º 2 do artigo 45.º e do artigo 46.º, tem o direito de reaver o que prestou e não pode ser obrigado a completar a sua entrada, mas, se a anulação se fundar em vício da vontade ou usura, não ficará liberto, em face de terceiros, da responsabilidade que por lei lhe competir quanto às obrigações da sociedade anteriores ao registo da acção ou da sentença.

ART. 48.º (Sócios admitidos na sociedade posteriormente à constituição) – O disposto nos artigos 45.º a 47.º vale também, na parte aplicável e com as necessárias adaptações, se o sócio incapaz ou aquele cujo consentimento foi viciado ingressou na sociedade através de um negócio jurídico celebrado com esta em momento posterior ao da constituição.

ART. 49.º (Notificação do sócio para anular ou confirmar o negócio) – 1 – Se a um dos sócios assistir o direito de anulação ou exoneração previsto nos artigos 45.º, 46.º e 48.º, qualquer interessado poderá notificá-lo para que exerça o seu direito, sob pena de o vício ficar sanado. Esta notificação será levada ao conhecimento da sociedade.

2 – O vício considera-se sanado se o notificado não intentar a acção no prazo de 180 dias a contar do dia em que tenha recebido a notificação.

ART. 50.º (Satisfação por outra via do interesse do demandante) – 1 – Proposta acção para fazer valer o direito conferido pelos artigos 45.º, 46.º e 48.º, pode a sociedade ou um dos sócios requerer ao tribunal a homologação de medidas que se mostrem adequadas para satisfazer o interesse do autor, em ordem a evitar a consequência jurídica a que a acção se dirige.

CÓDIGO DAS SOCIEDADES COMERCIAIS [DL n.º 76-A/2006] 57

2 – Sem prejuízo do disposto no artigo seguinte, as medidas propostas devem ser previamente aprovadas pelos sócios; a respectiva deliberação, na qual não intervirá o autor, deve obedecer aos requisitos exigidos, na sociedade em causa, pela natureza das medidas propostas.

3 – O tribunal homologa a solução que se oferecer em alternativa, se se convencer de que ela constitui, dadas as circunstâncias, uma justa composição dos interesses em conflito.

ART. 51.º (Aquisição da quota do autor) – 1 – Se a medida proposta consistir na aquisição da participação social do autor por um dos sócios ou por terceiro indicado por algum dos sócios, este deve justificar unicamente que a sociedade não pretende apresentar ela própria outras soluções e que, além disso, estão satisfeitos os requisitos de que a lei ou o contrato de sociedade fazem depender as transmissões de participações sociais entre associados ou para terceiros, respectivamente.

2 – Não havendo em tal caso acordo das partes quanto ao preço da aquisição, proceder-se-á à avaliação da participação nos termos previstos no artigo 1021.º do Código Civil.

3 – Nos casos previstos nos artigos 45.º, n.º 2, e 46.º, o preço indicado pelos peritos não será homologado se for inferior ao valor nominal da quota do autor.

4 – Determinado pelo tribunal o preço a pagar, a aquisição da quota deve ser homologada logo que o pagamento seja efectuado ou a respectiva quantia depositada à ordem do tribunal ou tão depressa o adquirente preste garantias bastantes de que efectuará o dito pagamento no prazo que, em seu prudente arbítrio, o juiz lhe assinar; a sentença homologatória vale como título de aquisição da participação.

ART. 52.º (Efeitos de invalidade) – 1 – A declaração de nulidade e a anulação do contrato de sociedade determinam a entrada da sociedade em liquidação, nos termos do artigo 165.º, devendo este efeito ser mencionado na sentença.

2 – A eficácia dos negócios jurídicos concluídos anteriormente em nome da sociedade não é afectada pela declaração de nulidade ou anulação do contrato social.

3 – No entanto, se a nulidade proceder de simulação, de ilicitude do objecto ou de violação da ordem pública ou ofensa dos bons costumes, o disposto no número anterior só aproveita a terceiros de boa fé.

4 – A invalidade do contrato não exime os sócios do dever de realizar ou completar as suas entradas nem tão-pouco os exonera da responsabilidade pessoal e solidária perante terceiros que, segundo a lei, eventualmente lhes incumba.

5 – O disposto no número antecedente não é aplicável ao sócio cuja incapacidade foi a causa da anulação do contrato ou que a venha opor por via de excepção à sociedade aos outros sócios ou a terceiros.

CAPÍTULO IV — Deliberações dos sócios

ART. 53.º (Formas de deliberação) – 1 – As deliberações dos sócios só podem ser tomadas por alguma das formas admitidas por lei para cada tipo de sociedade.

2 – As disposições da lei ou do contrato de sociedade relativas a deliberações tomadas em assembleia geral compreendem qualquer forma de deliberação dos sócios prevista na lei para esse tipo de sociedade, salvo quando a sua interpretação impuser solução diversa.

ART. 54.º (Deliberações unânimes e assembleias universais) – 1 – Podem os sócios, em qualquer tipo de sociedade, tomar deliberações unânimes por escrito e bem assim reunir-se em assembleia geral, sem observância de formalidades prévias, desde que todos estejam presentes e todos manifestem a vontade de que a assembleia se constitua e delibere sobre determinado assunto.

2 – Na hipótese prevista na parte final do número anterior, uma vez manifestada por todos os sócios a vontade de deliberar, aplicam-se todos os preceitos legais e contratuais relativos ao funcionamento da assembleia, a qual, porém, só pode deliberar sobre os assuntos consentidos por todos os sócios.

3 – O representante de um sócio só pode votar em deliberações tomadas nos termos do n.º 1 se para o efeito estiver expressamente autorizado.

ART. 55.º (Falta de consentimento dos sócios) – Salvo disposição legal em contrário, as deliberações tomadas sobre assunto para o qual a lei exija o consentimento de determinado sócio são ineficazes para todos enquanto o interessado não der o seu acordo, expressa ou tacitamente.

ART. 56.º (Deliberações nulas) – 1 – São nulas as deliberações dos sócios:

a) Tomadas em assembleia geral não convocada, salvo se todos os sócios tiverem estado presentes ou representados;

b) Tomadas mediante voto escrito sem que todos os sócios com direito de voto tenham sido convidados a exercer esse direito, a não ser que todos eles tenham dado por escrito o seu voto;

c) Cujo conteúdo não esteja, por natureza, sujeito a deliberação dos sócios;

d) Cujo conteúdo, directamente ou por actos de outros órgãos que determine ou permita, seja ofensivo dos bons costumes ou de preceitos legais que não possam ser derrogados, nem sequer por vontade unânime dos sócios.

2 – Não se consideram convocadas as assembleias cujo aviso convocatório seja assinado por quem não tenha essa competência, aquelas de cujo aviso convocatório não constem o dia, hora e local da reunião e as que reúnam em dia, hora ou local diversos dos constantes do aviso.

58 [DL n.º 76-A/2006]   SOCIEDADES COMERCIAIS E COOPERAÇÃO EMPRESARIAL

3 – A nulidade de uma deliberação nos casos previstos nas alíneas *a*) e *b*) do n.º 1 não pode ser invocada quando os sócios ausentes e não representados ou não participantes na deliberação por escrito tiverem posteriormente dado por escrito o seu assentimento à deliberação.

ART. 57.º (Iniciativa do órgão de fiscalização quanto a deliberações nulas) – 1 – O órgão de fiscalização da sociedade deve dar a conhecer aos sócios, em assembleia geral, a nulidade de qualquer deliberação anterior, a fim de eles a renovarem, sendo possível, ou de promoverem, querendo, a respectiva declaração judicial.

2 – Se os sócios não renovarem a deliberação ou a sociedade não for citada para a referida acção dentro do prazo de dois meses, deve o órgão de fiscalização promover sem demora a declaração judicial de nulidade da mesma deliberação.

3 – O órgão de fiscalização que instaurar a referida acção judicial deve propor logo ao tribunal a nomeação de um sócio para representar a sociedade.

4 – Nas sociedades que não tenham órgão de fiscalização, o disposto nos números anteriores aplica-se a qualquer gerente.

ART. 58.º (Deliberações anuláveis) – 1 – São anuláveis as deliberações que:

a) Violem disposições quer da lei, quando ao caso não caiba a nulidade, nos termos do artigo 56.º, quer do contrato de sociedade;

b) Sejam apropriadas para satisfazer o propósito de um dos sócios de conseguir, através do exercício do direito de voto, vantagens especiais para si ou para terceiros, em prejuízo da sociedade ou de outros sócios ou simplesmente de prejudicar aquela ou estes, a menos que se prove que as deliberações teriam sido tomadas mesmo sem os votos abusivos;

c) Não tenham sido precedidas do fornecimento ao sócio de elementos mínimos de informação.

2 – Quando as estipulações contratuais se limitarem a reproduzir preceitos legais, são estes considerados directamente violados, para os efeitos deste artigo e do artigo 56.º.

3 – Os sócios que tenham formado maioria em deliberação abrangida pela alínea *b*) do n.º 1 respondem solidariamente para com a sociedade ou para com os outros sócios pelos prejuízos causados.

4 – Consideram-se, para efeitos deste artigo, elementos mínimos de informação:

a) As menções exigidas pelo artigo 377.º, n.º 8;

b) A colocação de documentos para exame dos sócios no local e durante o tempo prescritos pela lei ou pelo contrato.

ART. 59.º (Acção de anulação) – 1 – A anulabilidade pode ser arguida pelo órgão de fiscalização ou por qualquer sócio que não tenha votado no sentido que fez vencimento nem posteriormente tenha aprovado a deliberação, expressa ou tacitamente.

2 – O prazo para a proposição da acção de anulação é de 30 dias contados a partir:

a) Da data em que foi encerrada a assembleia geral;

b) Do 3.º dia subsequente à data do envio da acta da deliberação por voto escrito;

c) Da data em que o sócio teve conhecimento da deliberação, se esta incidir sobre o assunto que não constava da convocatória.

3 – Sendo uma assembleia geral interrompida por mais de 15 dias, a acção de anulação de deliberação anterior à interrupção pode ser proposta nos 30 dias seguintes àquele em que a deliberação foi tomada.

4 – A proposição da acção de anulação não depende de apresentação da respectiva acta, mas se o sócio invocar impossibilidade de a obter, o juiz mandará notificar as pessoas que, nos termos desta lei, devem assinar a acta, para a apresentarem no tribunal, no prazo que fixar, até 60 dias, suspendendo a instância até essa apresentação.

5 – Embora a lei exija a assinatura da acta por todos os sócios, bastará, para o efeito do número anterior, que ela seja assinada por todos os sócios votantes no sentido que fez vencimento.

6 – Tendo o voto sido secreto, considera-se que não votaram no sentido que fez vencimento apenas aqueles sócios que, na própria assembleia ou perante notário, nos cinco dias seguintes à assembleia tenham feito consignar que votaram contra a deliberação tomada.

ART. 60.º (Disposições comuns às acções de nulidade e de anulação) – 1 – Tanto a acção de declaração de nulidade como a de anulação são propostas contra a sociedade.

2 – Havendo várias acções de invalidade da mesma deliberação, devem elas ser apensadas, observando-se a regra do n.º 2 do artigo 275.º do Código de Processo Civil.

3 – A sociedade suportará todos os encargos das acções propostas pelo órgão de fiscalização ou, na sua falta, por qualquer gerente, ainda que sejam julgadas improcedentes.

ART. 61.º (Eficácia do caso julgado) – 1 – A sentença que declarar nula ou anular uma deliberação é eficaz contra e a favor de todos os sócios e órgãos da sociedade, mesmo que não tenham sido parte ou não tenham intervindo na acção.

2 – A declaração de nulidade ou a anulação não prejudica os direitos adquiridos de boa fé por terceiros, com fundamento em actos praticados em execução da deliberação; o conhecimento da nulidade ou da anulabilidade exclui a boa fé.

CÓDIGO DAS SOCIEDADES COMERCIAIS   [DL n.º 76-A/2006]   59

ART. 62.º (Renovação da deliberação) – 1 – Uma deliberação nula por força das alíneas *a*) e *b*) do n.º 1 do artigo 56.º pode ser renovada por outra deliberação e a esta pode ser atribuída eficácia retroactiva, ressalvados os direitos de terceiros.

2 – A anulabilidade cessa quando os sócios renovem a deliberação anulável mediante outra deliberação, desde que esta não enferme do vício da precedente. O sócio, porém, que nisso tiver um interesse atendível pode obter anulação da primeira deliberação, relativamente ao período anterior à deliberação renovatória.

3 – O tribunal em que tenha sido impugnada uma deliberação pode conceder prazo à sociedade, a requerimento desta, para renovar a deliberação.

ART. 63.º (Actas) – 1 – As deliberações dos sócios só podem ser provadas pelas actas das assembleias ou, quando sejam admitidas deliberações por escrito, pelos documentos donde elas constem.

2 – A acta deve conter, pelo menos:
a) A identificação da sociedade, o lugar, o dia e a hora da reunião;
b) O nome do presidente e, se os houver, dos secretários;
c) Os nomes dos sócios presentes ou representados e o valor nominal das partes sociais, quotas ou acções de cada um, salvo nos casos em que a lei mande organizar lista de presenças, que deve ser anexada à acta;
d) A ordem do dia constante da convocatória, salvo quando esta seja anexada à acta;
e) Referência aos documentos e relatórios submetidos à assembleia;
f) O teor das deliberações tomadas;
g) Os resultados das votações;
h) O sentido das declarações dos sócios, se estes o requererem.

3 – Quando a acta deva ser assinada por todos os sócios que tomaram parte na assembleia e algum deles não o faça, podendo fazê-lo, deve a sociedade notificá-lo judicialmente para que, em prazo não inferior a oito dias, a assine; decorrido esse prazo, a acta tem a força probatória referida no n.º 1, desde que esteja assinada pela maioria dos sócios que tomaram parte na assembleia, sem prejuízo do direito dos que a não assinaram de invocarem em juízo a falsidade da acta.

4 – Quando as deliberações dos sócios constem de escritura pública, de instrumento fora das notas ou de documento particular avulso, deve a gerência, o conselho de administração ou o conselho de administração executivo inscrever no respectivo livro a menção da sua existência. (*)

5 – Sempre que as actas sejam registadas em folhas soltas, deve a gerência ou a administração, o presidente da mesa da assembleia geral e o secretário, quando os houver, tomar as precauções e as medidas necessárias para impedir a sua falsificação.

6 – As actas são lavradas por notário, em instrumento avulso, quando, no início da reunião, a assembleia assim o delibere ou ainda quando algum sócio o requeira em escrito dirigido à gerência, ao conselho de administração ou ao conselho de administração executivo da sociedade e entregue na sede social com cinco dias úteis de antecedência em relação à data da assembleia geral, suportando o sócio requerente as despesas notariais. (*)

7 – As actas apenas constantes de documentos particulares avulsos constituem princípio de prova embora estejam assinadas por todos os sócios que participaram na assembleia.

8 – Nenhum sócio tem o dever de assinar as actas que não estejam consignadas no respectivo livro ou nas folhas soltas, devidamente numeradas e rubricadas.

CAPÍTULO V — Administração e fiscalização

ART. 64.º (*) (Deveres fundamentais) – 1 – Os gerentes ou administradores da sociedade devem observar:
a) Deveres de cuidado, revelando a disponibilidade, a competência técnica e o conhecimento da actividade da sociedade adequados às suas funções e empregando nesse âmbito a diligência de um gestor criterioso e ordenado; e
b) Deveres de lealdade, no interesse da sociedade, atendendo aos interesses de longo prazo dos sócios e ponderando os interesses dos outros sujeitos relevantes para a sustentabilidade da sociedade, tais como os seus trabalhadores, clientes e credores.

2 – Os titulares de órgãos sociais com funções de fiscalização devem observar deveres de cuidado, empregando para o efeito elevados padrões de diligência profissional e deveres de lealdade, no interesse da sociedade.

CAPÍTULO VI — Apreciação anual da situação da sociedade

ART. 65.º (Dever de relatar a gestão e apresentar contas) – 1 – Os membros da administração devem elaborar e submeter aos órgãos competentes da sociedade o relatório de gestão, as contas do exercício e demais documentos de prestação de contas previstos na lei, relativos a cada exercício anual.

2 – A elaboração do relatório de gestão, das contas do exercício e dos demais documentos de prestação de contas deve obedecer ao disposto na lei; o contrato de sociedade pode complementar, mas não derrogar, essas disposições legais.

3 – O relatório de gestão e as contas do exercício devem ser assinados por todos os membros da administração; a recusa de assinatura por qualquer deles deve ser justificada no documento a que respeita e explicada pelo próprio perante o órgão competente para a aprovação, ainda que já tenha cessado as suas funções.

60　[DL n.º 76-A/2006]　SOCIEDADES COMERCIAIS E COOPERAÇÃO EMPRESARIAL

4 – O relatório de gestão e as contas do exercício são elaborados e assinados pelos gerentes ou administradores que estiverem em funções ao tempo da apresentação, mas os antigos membros da administração devem prestar todas as informações que para esse efeito lhes forem solicitadas, relativamente ao período em que exer-ceram aquelas funções. (*)

5 – O relatório de gestão, as contas do exercício e demais documentos de prestação de contas devem ser apresentados ao órgão competente e por este apreciados, salvo casos particulares previstos na lei, no prazo de três meses a contar da data do encerramento de cada exercício anual, ou no prazo de cinco meses a contar da mesma data quando se trate de sociedades que devam apresentar contas consolidadas ou que apliquem o método da equivalência patrimonial.

ART. 65.º-A (Adopção do período de exercício) – O primeiro exercício económico das sociedades que adoptem um exercício anual diferente do correspondente ao ano civil não poderá ter uma duração inferior a 6 meses, nem superior a 18, sem prejuízo do previsto no artigo 7.º do Código do Imposto sobre o Rendimento das Pessoas Colectivas.

ART. 66.º (Relatório da gestão) – 1 – O relatório da gestão deve conter, pelo menos, uma exposição fiel e clara sobre a evolução dos negócios, do desempenho e da posição da sociedade, bem como uma descrição dos principais riscos e incertezas com que a mesma se defronta.

2 – A exposição prevista no número anterior deve consistir numa análise equilibrada e global da evolução dos negócios, dos resultados e da posição da sociedade, em conformidade com a dimensão e complexidade da sua actividade.

3 – Na medida do necessário à compreensão da evolução dos negócios, do desempenho ou da posição da sociedade, a análise prevista no número anterior deve abranger tanto os aspectos financeiros como, quando adequado, referências de desempenho não financeiras relevantes para as actividades específicas da sociedade, incluindo informações sobre questões ambientais e questões relativas aos trabalhadores.

4 – Na apresentação da análise prevista no n.º 2, o relatório da gestão deve, quando adequado, incluir uma referência aos montantes inscritos nas contas do exercício e explicações adicionais relativas a esses montantes.

5 – O relatório deve indicar, em especial:

a) A evolução da gestão nos diferentes sectores em que a sociedade exerceu actividade, designadamente no que respeita a condições do mercado, investimentos, custos, proveitos e actividades de investigação e desenvolvimento;

b) Os factos relevantes ocorridos após o termo do exercício;

c) A evolução previsível da sociedade;

d) O número e o valor nominal de quotas ou acções próprias adquiridas ou alienadas durante o exercício, os motivos desses actos e o respectivo preço, bem como o número e valor nominal de todas as quotas e acções próprias detidas no fim do exercício;

e) As autorizações concedidas a negócios entre a sociedade e os seus administradores, nos termos do artigo 397.º;

f) Uma proposta de aplicação de resultados devidamente fundamentada;

g) A existência de sucursais da sociedade;

h) Os objectivos e as políticas da sociedade em matéria de gestão dos riscos financeiros, incluindo as políticas de cobertura de cada uma das principais categorias de transacções previstas para as quais seja utilizada a contabilização de cobertura, e a exposição por parte da sociedade aos riscos de preço, de crédito, de liquidez e de fluxos de caixa, quando materialmente relevantes para a avaliação dos elementos do activo e do passivo, da posição financeira e dos resultados, em relação com a utilização dos instrumentos financeiros.

ART. 66.º-A (Anexo às contas) – 1 – As sociedades devem prestar informação, no anexo às contas:

a) Sobre a natureza e o objectivo comercial das operações não incluídas no balanço e o respectivo impacte financeiro, quando os riscos ou os benefícios resultantes de tais operações sejam relevantes e na medida em que a divulgação de tais riscos ou benefícios seja necessária para efeitos de avaliação da situação financeira da sociedade;

b) Separadamente, sobre os honorários totais facturados durante o exercício financeiro pelo revisor oficial de contas ou pela sociedade de revisores oficiais de contas relativamente à revisão legal das contas anuais, e os honorários totais facturados relativamente a outros serviços de garantia de fiabilidade, os honorários totais facturados a título de consultoria fiscal e os honorários totais facturados a título de outros serviços que não sejam de revisão ou auditoria.

2 – As sociedades que não elaboram as suas contas de acordo com as normas internacionais de contabilidade adoptadas nos termos de regulamento comunitário devem ainda proceder à divulgação, no anexo às contas, de informações sobre as operações realizadas com partes relacionadas, incluindo, nomeadamente, os montantes dessas operações, a natureza da relação com a parte relacionada e outras informações necessárias à avaliação da situação financeira da sociedade, se tais operações forem relevantes e não tiverem sido realizadas em condições normais de mercado.

3 – Para efeitos do disposto no número anterior:

a) A expressão 'partes relacionadas' tem o significado definido nas normas internacionais de contabilidade adoptadas nos termos de regulamento comunitário;

b) As informações sobre as diferentes operações podem ser agregadas em função da sua natureza, excepto quando sejam necessárias informações separadas para compreender os efeitos das operações com partes relacionadas sobre a situação financeira da sociedade.

CÓDIGO DAS SOCIEDADES COMERCIAIS   [DL n.º 76-A/2006]   61

ART. 67.º (Falta de apresentação das contas e de deliberação sobre elas) – 1 – Se o relatório de gestão, as contas do exercício e os demais documentos de prestação de contas não forem apresentados nos dois meses seguintes ao termo do prazo fixado no artigo 65.º, n.º 5, pode qualquer sócio requerer ao tribunal que se proceda a inquérito.

2 – O juiz, ouvidos os gerentes ou administradores e considerando procedentes as razões invocadas por estes para a falta de apresentação das contas, fixa um prazo adequado, segundo as circunstâncias, para que eles as apresentem, nomeando, no caso contrário, um gerente ou administrador exclusivamente encarregado de, no prazo que lhe for fixado, elaborar o relatório de gestão, as contas do exercício e os demais documentos de prestação de contas previstos na lei e de os submeter ao órgão competente da sociedade, podendo a pessoa judicialmente nomeada convocar a assembleia geral, se este for o órgão em causa. (*)

3 – Se as contas do exercício e os demais documentos elaborados pelo gerente ou administrador nomeado pelo tribunal não forem aprovados pelo órgão competente da sociedade, pode aquele, ainda nos autos de inquérito, submeter a divergência ao juiz, para decisão final. (*)

4 – Quando, sem culpa dos gerentes ou administradores, nada tenha sido deliberado, no prazo referido no n.º 1, sobre as contas e os demais documentos por eles apresentados, pode um deles ou qualquer sócio requerer ao tribunal a convocação da assembleia geral para aquele efeito. (*)

5 – Se na assembleia convocada judicialmente as contas não forem aprovadas ou rejeitadas pelos sócios, pode qualquer interessado requerer que sejam examinadas por um revisor oficial de contas independente; o juiz, não havendo motivos para indeferir o requerimento, nomeará esse revisor e, em face do relatório deste, do mais que dos autos constar e das diligências que ordenar, aprovará as contas ou recusará a sua aprovação.

ART. 68.º (Recusa de aprovação das contas) – 1 – Não sendo aprovada a proposta dos membros da administração relativa à aprovação das contas, deve a assembleia geral deliberar motivadamente que se proceda à elaboração total de novas contas ou à reforma, em pontos concretos, das apresentadas. (*)

2 – Os membros da administração, nos oito dias seguintes à deliberação que mande elaborar novas contas ou reformar as apresentadas, podem requerer inquérito judicial, em que se decida sobre a reforma das contas apresentadas, a não ser que a reforma deliberada incida sobre juízos para os quais a lei não imponha critérios.

ART. 69.º (Regime especial de invalidade das deliberações) – 1 – A violação dos preceitos legais relativos à elaboração do relatório de gestão, das contas do exercício e de demais documentos de prestação de contas torna anuláveis as deliberações tomadas pelos sócios.

2 – É igualmente anulável a deliberação que aprove contas em si mesmas irregulares, mas o juiz, em casos de pouca gravidade ou fácil correcção, só decretará a anulação se as contas não forem reformadas no prazo que fixar.

3 – Produz, contudo, nulidade a violação dos preceitos legais relativos à constituição, reforço ou utilização da reserva legal, bem como de preceitos cuja finalidade, exclusiva ou principal, seja a protecção dos credores ou do interesse público.

ART. 70.º (Prestação de contas) – 1 – A informação respeitante às contas do exercício e aos demais documentos de prestação de contas, devidamente aprovados, está sujeita a registo comercial, nos termos da lei respectiva.

2 – A sociedade deve disponibilizar aos interessados, sem encargos, no respectivo sítio da Internet, quando exista, e na sua sede cópia integral dos seguintes documentos:

a) Relatório de gestão;

b) Relatório sobre a estrutura e as práticas de governo societário, quando não faça parte integrante do documento referido na alínea anterior;

c) Certificação legal das contas;

d) Parecer do órgão de fiscalização, quando exista.

ART. 70.º-A (Depósitos para as sociedades em nome colectivo e em comandita simples) – 1 – As sociedades em nome colectivo e as sociedades em comandita simples só estão sujeitas à obrigação prevista no artigo anterior quando:

a) Todos os sócios de responsabilidade ilimitada sejam sociedades de responsabilidade limitada ou sociedades não sujeitas à legislação de um Estado membro da União Europeia, mas cuja forma jurídica seja igual ou equiparável à das sociedades de responsabilidade limitada;

b) Todos os sócios de responsabilidade ilimitada se encontrem eles próprios organizados sob a forma de sociedade de responsabilidade limitada ou segundo uma das formas previstas na alínea anterior.

2 – A obrigação referida no número anterior é dispensada quando as sociedades nela mencionadas não ultrapassem dois dos limites fixados pelo n.º 2 do artigo 262.º. (*)

CAPÍTULO VII — Responsabilidade civil pela constituição, administração e fiscalização da sociedade

ART. 71.º (Responsabilidade quanto à constituição da sociedade) – 1 – Os fundadores, gerentes ou administradores respondem solidariamente para com a sociedade pela inexactidão e deficiência das indicações e declarações prestadas com vista à constituição daquela, designadamente pelo que respeita à realização das

62 [DL n.º 76-A/2006]   SOCIEDADES COMERCIAIS E COOPERAÇÃO EMPRESARIAL

entradas, aquisição de bens pela sociedade, vantagens especiais e indemnizações ou retribuições devidas pela constituição da sociedade. (*)

2 – ficam exonerados da responsabilidade prevista no número anterior os fundadores, gerentes ou administradores que ignorem, sem culpa, os factos que lhe deram origem. (*)

3 – Os fundadores respondem também solidariamente por todos os danos causados à sociedade com a realização das entradas, as aquisições de bens efectuadas antes do registo do contrato de sociedade ou nos termos do artigo 29.º e as despesas de constituição, contanto que tenham procedido com dolo ou culpa grave.

ART. 72.º (Responsabilidade de membros da administração para com a sociedade) – 1 – Os gerentes ou administradores respondem para com a sociedade pelos danos a esta causados por actos ou omissões praticados com preterição dos deveres legais ou contratuais, salvo se provarem que procederam sem culpa. (*)

2 – A responsabilidade é excluída se alguma das pessoas referidas no número anterior provar que actuou em termos informados, livre de qualquer interesse pessoal e segundo critérios de racionalidade empresarial. (*)

3 – Não são igualmente responsáveis pelos danos resultantes de uma deliberação colegial os gerentes ou administradores que nela não tenham participado ou hajam votado vencidos, podendo neste caso fazer lavrar no prazo de cinco dias a sua declaração de voto, quer no respectivo livro de actas, quer em escrito dirigido ao órgão de fiscalização, se o houver, quer perante notário ou conservador. (*)

4 – O gerente ou administrador que não tenha exercido o direito de oposição conferido por lei, quando estava em condições de o exercer, responde solidariamente pelos actos a que poderia ter-se oposto.

5 – A responsabilidade dos gerentes ou administradores para com a sociedade não tem lugar quando o acto ou omissão assente em deliberação dos sócios, ainda que anulável. (*)

6 – Nas sociedades que tenham órgão de fiscalização, o parecer favorável ou o consentimento deste não exoneram de responsabilidade os membros da administração.

ART. 73.º (Solidariedade na responsabilidade) – 1 – A responsabilidade dos fundadores, gerentes ou administradores é solidária. (*)

2 – O direito de regresso existe na medida das respectivas culpas e das consequências que delas advierem, presumindo-se iguais as culpas das pessoas responsáveis.

ART. 74.º (Cláusulas nulas. Renúncia e transacção) – 1 – É nula a cláusula, inserta ou não em contrato de sociedade, que exclua ou limite a responsabilidade dos fundadores, gerentes ou administradores, ou que subordine o exercício da acção social de responsabilidade, quando intentada nos termos do artigo 77.º, a prévio parecer ou deliberação dos sócios, ou que torne o exercício da acção social dependente de prévia decisão judicial sobre a existência de causa da responsabilidade ou de destituição do responsável. (*)

2 – A sociedade só pode renunciar ao seu direito de indemnização ou transigir sobre ele mediante deliberação expressa dos sócios, sem voto contrário de uma minoria que represente pelo menos 10% do capital social; os possíveis responsáveis não podem votar nessa deliberação.

3 – A deliberação pela qual a assembleia g eral aprove as contas ou a gestão dos gerentes ou administradores não implica renúncia aos direitos de indemnização da sociedade contra estes, salvo se os factos constitutivos de responsabilidade houverem sido expressamente levados ao conhecimento dos sócios antes da aprovação e esta tiver obedecido aos requisitos de voto exigidos pelo número anterior. (*)

ART. 75.º (Acção da sociedade) – 1 – A acção de responsabilidade proposta pela sociedade depende de deliberação dos sócios, tomada por simples maioria, e deve ser proposta no prazo de seis meses a contar da referida deliberação; para o exercício do direito de indemnização podem os sócios designar representantes especiais.

2 – Na assembleia que aprecie as contas de exercício e embora tais assuntos não constem da convocatória, podem ser tomadas deliberações sobre a acção de responsabilidade e sobre a destituição dos gerentes ou administradores que a assembleia considere responsáveis, os quais não podem voltar a ser designados durante a pendência daquela acção.

3 – Aqueles cuja responsabilidade estiver em causa não podem votar nas deliberações previstas nos números anteriores.

ART. 76.º (Representantes especiais) – 1 – Se a sociedade deliberar o exercício do direito de indemnização, o tribunal, a requerimento de um ou mais sócios que possuam, pelo menos, 5% do capital social, nomeará, no respectivo processo, como representante da sociedade pessoa ou pessoas diferentes daquelas a quem cabe normalmente a sua representação, quando os sócios não tenham procedido a tal nomeação ou se justifique a substituição do representante nomeado pelos sócios.

2 – Os representantes judiciais nomeados nos termos do número anterior podem exigir da sociedade no mesmo processo, se necessário, o reembolso das despesas que hajam feito e uma remuneração, fixada pelo tribunal.

3 – Tendo a sociedade decaído totalmente na acção, a minoria que requerer a nomeação de representantes judiciais é obrigada a reembolsar a sociedade das custas judiciais e das outras despesas provocadas pela referida nomeação.

ART. 77.º (Acção de responsabilidade proposta por sócios) – 1 – Independentemente do pedido de indemnização dos danos individuais que lhes tenham causado, podem um ou vários sócios que possuam, pelo menos, 5% do capital social, ou 2% no caso de sociedade emitente de acções admitidas à negociação em mercado

CÓDIGO DAS SOCIEDADES COMERCIAIS   [DL n.º 76-A/2006]   63

regulamentado, propor acção social de responsabilidade contra gerentes ou administradores, com vista à reparação, a favor da sociedade, do prejuízo que esta tenha sofrido, quando a mesma a não haja solicitado. (*)

2 – Os sócios podem, no interesse comum, encarregar, à sua custa, um ou alguns deles de os representar para o efeito do exercício do direito social previsto no número anterior.

3 – O facto de um ou vários sócios referidos nos números anteriores perderem tal qualidade ou desistirem, no decurso da instância, não obsta ao prosseguimento desta.

4 – Quando a acção social de responsabilidade for proposta por um ou vários sócios nos termos dos números anteriores, deve a sociedade ser chamada à causa por intermédio dos seus representantes.

5 – Se o réu alegar que o autor propôs a acção prevista neste artigo para prosseguir fundamentalmente interesses diversos dos protegidos por lei, pode requerer que sobre a questão assim suscitada recaia decisão prévia ou que o autor preste caução.

ART. 78.º (Responsabilidade para com os credores sociais) – 1 – Os gerentes ou administradores respondem para com os credores da sociedade quando, pela inobservância culposa das disposições legais ou contratuais destinadas à protecção destes, o património social se torne insuficiente para a satisfação dos respectivos créditos. (*)

2 – Sempre que a sociedade ou os sócios o não façam, os credores sociais podem exercer, nos termos dos artigos 606.º a 609.º do Código Civil, o direito de indemnização de que a sociedade seja titular.

3 – A obrigação de indemnização referida no n.º 1 não é, relativamente aos credores, excluída pela renúncia ou pela transacção da sociedade nem pelo facto de o acto ou omissão assentar em deliberação da assembleia geral. (*)

4 – No caso de falência da sociedade, os direitos dos credores podem ser exercidos, durante o processo de falência, pela administração da massa falida.

5 – Ao direito de indemnização previsto neste artigo é aplicável o disposto nos n.os 2 a 6 do artigo 72.º, no artigo 73.º e no n.º 1 do artigo 74.º. (*)

ART. 79.º (Responsabilidade para com os sócios e terceiros) – 1 – Os gerentes ou administradores respondem também, nos termos gerais, para com os sócios e terceiros pelos danos que directamente lhes causarem no exercício das suas funções. (*)

2 – Aos direitos de indemnização previstos neste artigo é aplicável o disposto nos n.os 2 a 6 do artigo 72.º, no artigo 73.º e no n.º 1 do artigo 74.º. (*)

ART. 80.º (Responsabilidade de outras pessoas com funções de administração) – As disposições respeitantes à responsabilidade dos gerentes ou administradores aplicam-se a outras pessoas a quem sejam confiadas funções de administração. (*)

ART. 81.º (Responsabilidade dos membros de órgãos de fiscalização) – 1 – Os membros de órgãos de fiscalização respondem nos termos aplicáveis das disposições anteriores.

2 – Os membros de órgãos de fiscalização respondem solidariamente com os gerentes ou administradores da sociedade por actos ou omissões destes no desempenho dos respectivos cargos quando o dano se não teria produzido se houvessem cumprido as suas obrigações de fiscalização. (*)

ART. 82.º (Responsabilidade dos revisores oficiais de contas) – 1 – Os revisores oficiais de contas respondem para com a sociedade e os sócios pelos danos que lhes causarem com a sua conduta culposa, sendo-lhes aplicável o artigo 73.º.

2 – Os revisores oficiais de contas respondem para com os credores da sociedade nos termos previstos no artigo 78.º.

ART. 83.º (Responsabilidade solidária do sócio) – 1 – O sócio que, só por si ou juntamente com outros a quem esteja ligado por acordos parassociais, tenha, por força de disposições do contrato de sociedade, o direito de designar gerente sem que todos os sócios deliberem sobre essa designação responde solidariamente com a pessoa por ele designada, sempre que esta for responsável, nos termos desta lei, para com a sociedade ou os sócios e se verifique culpa na escolha da pessoa designada.

2 – O disposto no número anterior é aplicável também às pessoas colectivas eleitas para cargos sociais, relativamente às pessoas por elas designadas ou que as representem.

3 – O sócio que, pelo número de votos de que dispõe, só por si ou por outros a quem esteja ligado por acordos parassociais, tenha a possibilidade de fazer eleger gerente, administrador ou membro do órgão de fiscalização responde solidariamente com a pessoa eleita, havendo culpa na escolha desta, sempre que ela for responsável, nos termos desta lei, para com a sociedade ou os sócios, contanto que a deliberação tenha sido tomada pelos votos desse sócio e dos acima referidos e de menos de metade dos votos dos outros sócios presentes ou representados na assembleia.

4 – O sócio que tenha possibilidade, ou por força de disposições contratuais ou pelo número de votos de que dispõe, só por si ou juntamente com pessoas a quem esteja ligado por acordos parassociais de destituir ou fazer destituir gerente, administrador ou membro do órgão de fiscalização e pelo uso da sua influência determine essa pessoa a praticar ou omitir um acto responde solidariamente com ela, caso esta, por tal acto ou omissão, incorra em responsabilidade para com a sociedade ou sócios, nos termos desta lei. (*)

64 [DL n.º 76-A/2006]   SOCIEDADES COMERCIAIS E COOPERAÇÃO EMPRESARIAL

ART. 84.º (Responsabilidade do sócio único) – 1 – Sem prejuízo da aplicação do disposto no artigo anterior e também do disposto quanto a sociedades coligadas, se for declarada falida uma sociedade reduzida a um único sócio, este responde ilimitadamente pelas obrigações sociais contraídas no período posterior à concentração das quotas ou das acções, contanto que se prove que nesse período não foram observados os preceitos da lei que estabelecem a afectação do património da sociedade ao cumprimento das respectivas obrigações.

2 – O disposto no número anterior é aplicável ao período de duração da referida concentração, caso a falência ocorra depois de ter sido reconstituída a pluralidade de sócios.

CAPÍTULO VIII — Alterações do contrato

Secção I — ALTERAÇÕES EM GERAL

ART. 85.º (Deliberação de alteração) – 1 – A alteração do contrato de sociedade, quer por modificação ou supressão de alguma das suas cláusulas quer por introdução de nova cláusula, só pode ser deliberada pelos sócios, salvo quando a lei permita atribuir cumulativamente essa competência a algum outro órgão.

2 – A deliberação de alteração do contrato de sociedade será tomada em conformidade com o disposto para cada tipo de sociedade.

3 – A alteração do contrato de sociedade deve ser reduzida a escrito. (*)

4 – Para efeitos do disposto no número anterior, é suficiente a acta da respectiva deliberação, salvo se esta, a lei ou o contrato de sociedade exigirem outro documento. (*)

5 – No caso previsto na parte final do número anterior, qualquer membro da administração tem o dever de, com a maior brevidade e sem dependência de especial designação pelos sócios, praticar os actos necessários à alteração do contrato. (*)

ART. 86.º (Protecção de sócios) – 1 – Só por unanimidade pode ser atribuído efeito retroactivo à alteração do contrato de sociedade e apenas nas relações entre sócios.

2 – Se a alteração envolver o aumento das prestações impostas pelo contrato aos sócios, esse aumento é ineficaz para os sócios que nele não tenham consentido.

Secção II — AUMENTO DO CAPITAL

ART. 87.º (Requisitos da deliberação) – 1 – A deliberação de aumento do capital deve mencionar expressamente:

a) A modalidade do aumento do capital;
b) O montante do aumento do capital;
c) O montante nominal das novas participações;
d) A natureza das novas entradas;
e) O ágio, se o houver;
f) Os prazos dentro dos quais as entradas devem ser efectuadas, sem prejuízo do disposto no artigo 89.º;
g) As pessoas que participarão nesse aumento.

2 – Para cumprimento do disposto na alínea *g)* do número anterior, bastará, conforme os casos, mencionar que participarão os sócios que exerçam o seu direito de preferência, ou que participarão só os sócios, embora sem aquele direito, ou que será efectuada subscrição pública.

3 – Não pode ser deliberado aumento de capital na modalidade de novas entradas enquanto não estiver definitivamente registado um aumento anterior nem estiverem vencidas todas as prestações de capital, inicial ou proveniente de anterior aumento.

ART. 88.º (Eficácia interna do aumento de capital) – 1 – Para todos os efeitos internos, o capital considera-se aumentado e as participações consideram-se constituídas na data da deliberação, se da respectiva acta constar quais as entradas já realizadas e que não é exigida por aquela, pela lei ou pelo contrato a realização de outras entradas. (*)

2 – Caso a deliberação não faça referência aos factos mencionados na parte final do número anterior, o capital considera-se aumentado e as participações consideram-se constituídas na data em que qualquer membro da administração declarar, por escrito e sob sua responsabilidade, quais as entradas já realizadas e que não é exigida pela lei, pelo contrato ou pela deliberação a realização de outras entradas. (*)

ART. 89.º (Entradas e aquisição de bens) – 1 – Aplica-se às entradas nos aumentos de capital o preceituado quanto a entradas da mesma natureza na constituição da sociedade, salvo o disposto nos números seguintes.

2 – Se a deliberação for omissa quanto à exigibilidade das entradas em dinheiro que a lei permite diferir, são elas exigíveis a partir do registo definitivo do aumento de capital.

3 – A deliberação de aumento de capital caduca no prazo de um ano, caso a declaração referida no n.º 2 do artigo 88.º não possa ser emitida nesse prazo por falta de realização das entradas, sem prejuízo da indemnização que for devida pelos subscritores faltosos. (*)

ART. 90.º (Fiscalização) – (*Revogado.*)

CÓDIGO DAS SOCIEDADES COMERCIAIS   [DL n.º 76-A/2006]   65

ART. 91.º (Aumento por incorporação de reservas) – 1 – A sociedade pode aumentar o seu capital por incorporação de reservas disponíveis para o efeito.

2 – Este aumento de capital só pode ser realizado depois de aprovadas as contas do exercício anterior à deliberação, mas, se já tiverem decorrido mais de seis meses sobre essa aprovação, a existência de reservas a incorporar só pode ser aprovada por um balanço especial, organizado e aprovado nos termos prescritos para o balanço anual.

3 – O capital da sociedade não pode ser aumentado por incorporação de reservas enquanto não estiverem vencidas todas as prestações do capital, inicial ou aumentado.

4 – A deliberação deve mencionar expressamente:

a) A modalidade do aumento do capital;

b) O montante do aumento do capital;

c) As reservas que serão incorporadas no capital.

ART. 92.º (Aumento das participações dos sócios) – 1 – Ao aumento do capital social por incorporação de reservas corresponde o aumento da participação de cada sócio, proporcionalmente ao seu valor nominal ou ao respectivo valor contabilístico, salvo se, estando convencionado um critério diverso de atribuição de lucros, o contrato o mandar aplicar à incorporação de reservas ou para esta estipular algum critério especial.

2 – Se estiverem em causa acções sem valor nominal, o aumento de capital pode realizar-se sem alteração do número de acções.

3 – As quotas ou acções próprias da sociedade participam nesta modalidade de aumento de capital, salvo deliberação dos sócios em contrário.

4 – A deliberação de aumento de capital deve indicar se são criadas novas quotas ou acções ou se é aumentado o valor nominal das existentes, caso exista, sendo que na falta de indicação, se mantém inalterado o número de acções.

5 – Havendo participações sociais sujeitas a usufruto, este deve incidir nos mesmos termos sobre as novas participações ou sobre as existentes.

ART. 93.º (fiscalização) – 1 – O pedido de registo de aumento do capital por incorporação de reservas deve ser acompanhado do balanço que serviu de base à deliberação, caso este não se encontre já depositado na conservatória. (*)

2 – O órgão de administração e, quando deva existir, o órgão de fiscalização devem declarar por escrito não ter conhecimento de que, no período compreendido entre o dia a que se reporta o balanço que serviu de base à deliberação e a data em que esta foi tomada, haja ocorrido diminuição patrimonial que obste ao aumento de capital. (*)

Secção III — **REDUÇÃO DO CAPITAL**

ART. 94.º (Convocatória da assembleia) – 1 – A convocatória da assembleia geral para redução do capital deve mencionar:

a) A finalidade da redução, indicando, pelo menos, se esta se destina à cobertura de prejuízos, à libertação de excesso de capital ou a finalidade especial;

b) A forma da redução, mencionando se será reduzido o valor nominal das participações ou se haverá reagrupamento ou extinção de participações.

2 – Devem também ser especificados as participações sobre as quais a operação incidirá, no caso de ela não incidir igualmente sobre todas.

ART. 95.º (Deliberação de redução do capital) – 1 – A redução do capital não pode ser deliberada se a situação líquida da sociedade não ficar a exceder o novo capital em, pelo menos, 20%.

2 – É permitido deliberar a redução do capital a um montante inferior ao mínimo estabelecido nesta lei para o respectivo tipo de sociedade se tal redução ficar expressamente condicionada à efectivação de aumento do capital para montante igual ou superior àquele mínimo, a realizar nos 60 dias seguintes àquela deliberação.

3 – O disposto nesta lei sobre capital mínimo não obsta a que a deliberação de redução seja válida se, simultaneamente, for deliberada a transformação da sociedade para um tipo que possa legalmente ter um capital do montante reduzido.

4 – A redução do capital não exonera os sócios das suas obrigações de liberação do capital.

ART. 96.º (Tutela dos credores) – 1 – Sem prejuízo do disposto no número seguinte, qualquer credor social pode, no prazo de um mês após a publicação do registo da redução do capital, requerer ao tribunal que a distribuição de reservas disponíveis ou dos lucros de exercício seja proibida ou limitada, durante um período a fixar, a não ser que o crédito do requerente seja satisfeito, se já for exigível, ou adequadamente garantido, nos restantes casos.

2 – A faculdade conferida aos credores no número anterior apenas pode ser exercida se estes tiverem solicitado à sociedade a satisfação do seu crédito ou a prestação de garantia adequada, há pelo menos 15 dias, sem que o seu pedido tenha sido atendido.

3 – Antes de decorrido o prazo concedido aos credores sociais nos números anteriores, não pode a sociedade efectuar as distribuições nele mencionadas, valendo a mesma proibição a partir do conhecimento pela sociedade do requerimento de algum credor.

66 [DL n.º 76-A/2006]   SOCIEDADES COMERCIAIS E COOPERAÇÃO EMPRESARIAL

CAPÍTULO IX — Fusão de sociedades

ART. 97.º (Noção – Modalidades) – 1 – Duas ou mais sociedades, ainda que de tipo diverso, podem fundir--se mediante a sua reunião numa só.

2 – As sociedades dissolvidas podem fundir-se com outras sociedades, dissolvidas ou não, ainda que a liquidação seja feita judicialmente, se preencherem os requisitos de que depende o regresso ao exercício da actividade social.

3 – Não é permitido a uma sociedade fundir-se a partir da data da petição de apresentação à insolvência ou do pedido de declaração desta. (*)

4 – A fusão pode realizar-se:

a) Mediante a transferência global do património de uma ou mais sociedades para outra e a atribuição aos sócios daquelas de partes, acções ou quotas desta;

b) Mediante a constituição de uma nova sociedade, para a qual se transferem globalmente os patrimónios das sociedades fundidas, sendo aos sócios destas atribuídas partes, acções ou quotas da nova sociedade.

5 – Além das partes, acções ou quotas da sociedade incorporante ou da nova sociedade referidas no número anterior, podem ser atribuídas aos sócios da sociedade incorporada ou das sociedades fundidas quantias em dinheiro que não excedam 10% do valor nominal das participações que lhes forem atribuídas.

ART. 98.º (Projecto de fusão) – 1 – As administrações das sociedades que pretendam fundir-se elaboram, em conjunto, um projecto de fusão donde constem, além de outros elementos necessários ou convenientes para o perfeito conhecimento da operação visada, tanto no aspecto jurídico, como no aspecto económico, os seguintes elementos: (*)

a) A modalidade, os motivos, as condições e os objectivos da fusão, relativamente a todas as sociedades participantes;

b) O tipo, a firma, a sede, o montante do capital e o número de matrícula no registo comercial de cada uma das sociedades, bem como a sede e a firma da sociedade resultante da fusão;

c) A participação que alguma das sociedades tenha no capital de outra;

d) O balanço de cada uma das sociedades intervenientes, donde conste designadamente o valor dos elementos do activo e do passivo a transferir para a sociedade incorporante ou para a nova sociedade; (*)

e) As partes, acções ou quotas a atribuir aos sócios da sociedade a incorporar nos termos da alínea *a)* do n.º 4 do artigo anterior ou das sociedades a fundir nos termos da alínea *b)* desse número e, se as houver, as quantias em dinheiro a atribuir aos mesmos sócios, especificando-se a relação de troca das participações sociais;

f) O projecto de alteração a introduzir no contrato da sociedade incorporante ou o projecto de contrato da nova sociedade;

g) As medidas de protecção dos direitos de terceiros não sócios a participar nos lucros da sociedade;

h) As modalidades de protecção dos direitos dos credores;

i) A data a partir da qual as operações da sociedade incorporada ou das sociedades a fundir são consideradas, do ponto de vista contabilístico, como efectuadas por conta da sociedade incorporante ou da nova sociedade;

j) Os direitos assegurados pela sociedade incorporante ou pela nova sociedade a sócios da sociedade incorporada ou das sociedades a fundir que possuem direitos especiais;

l) Quaisquer vantagens especiais atribuídas aos peritos que intervenham na fusão e aos membros dos órgãos de administração ou de fiscalização das sociedades participantes na fusão;

m) Nas fusões em que seja anónima a sociedade incorporante ou a nova sociedade, as modalidades de entrega das acções dessas sociedades e a data a partir da qual estas acções dão direito a lucros, bem como as modalidades desse direito.

2 – O balanço referido na alínea *d)* do número anterior é: (*)

a) O balanço do último exercício, desde que tenha sido encerrado nos seis meses anteriores à data do projecto de fusão; ou (*)

b) Um balanço reportado a uma data que não anteceda o primeiro dia do terceiro mês anterior à data do projecto de fusão. (*)

3 – O projecto ou um anexo a este indicará os critérios de avaliação adoptados, bem como as bases de relação de troca referida na alínea *e)* do número 1.

4 – O projecto de fusão pode ser elaborado através de modelo electrónico disponível em página na Internet que permita a entrega de todos os documentos necessários e a promoção imediata do registo do projecto, nos termos a definir por portaria do membro do Governo responsável pela área da justiça.

ART. 99.º (Fiscalização do projecto) – 1 – A administração de cada sociedade participante na fusão que tenha um órgão de fiscalização deve comunicar-lhe o projecto de fusão e seus anexos, para que sobre eles seja emitido parecer.

2 – Além da comunicação referida no número anterior, ou em substituição dela, se se tratar de sociedade que não tenha órgão de fiscalização, a administração de cada sociedade participante na fusão deve promover o exame do projecto de fusão por um revisor oficial de contas ou por uma sociedade de revisores independente de todas as sociedades intervenientes.

CÓDIGO DAS SOCIEDADES COMERCIAIS [DL n.º 76-A/2006] 67

3 – Se todas ou algumas das sociedades participantes na fusão assim o desejarem, os exames referidos no número anterior poderão ser feitos, quanto a todas elas ou quanto às que nisso tiverem acordado, pelo mesmo revisor ou sociedade de revisores; neste caso, o revisor ou a sociedade deve ser designado, a solicitação conjunta das sociedades interessadas, pela Câmara dos Revisores Oficiais de Contas.

4 – Os revisores elaborarão relatórios donde constará o seu parecer fundamentado sobre a adequação e razoabilidade da relação de troca das participações sociais, indicando, pelo menos:

a) Os métodos seguidos na definição da relação de troca proposta;

b) A justificação da aplicação ao caso concreto dos métodos utilizados pelo órgão de administração das sociedades ou pelos próprios revisores, os valores encontrados através de cada um desses métodos, a importância relativa que lhes foi conferida na determinação dos valores propostos e as dificuldades especiais com que tenham deparado nas avaliações a que procederam.

5 – Cada um dos revisores pode exigir das sociedades participantes as informações e documentos que julgue necessários, bem como proceder aos exames indispensáveis ao cumprimento das suas funções.

6 – Não são exigidos o exame do projecto de fusão referido no n.º 2 e os relatórios previstos no n.º 4 se todos os sócios e portadores de outros títulos que confiram direito de voto de todas as sociedades que participam na fusão os dispensarem.

ART. 100.º (Registo do projecto e convocação da assembleia) – 1 – O projecto de fusão deve ser registado.

2 – O projecto de fusão deve ser submetido a deliberação dos sócios de cada uma das sociedades participantes, em assembleia geral, seja qual for o tipo de sociedade, sendo as assembleias convocadas, depois de efectuado o registo, para se reunirem decorrido, pelo menos, um mês sobre a data da publicação da convocatória. (*)

3 – A convocatória deve mencionar que o projecto e a documentação anexa podem ser consultados, na sede de cada sociedade, pelos respectivos sócios e credores sociais e qual a data designada para a assembleia.

4 – A convocatória é automática e gratuitamente publicada em simultâneo com a publicação do registo do projecto, se os elementos referidos no número anterior forem indicados no pedido de registo do projecto.

5 – A publicação do registo do projecto é promovida de forma oficiosa e automática pelo serviço de registo e contém a indicação de que os credores se podem opor à fusão nos termos do artigo 101.º-A.

6 – O disposto nos n.ºs 2 e 3 não obsta à utilização de outras formas de comunicação aos sócios, nos termos previstos para cada tipo de sociedade, bem como à tomada da deliberação nos termos previstos no artigo 54.º.

ART. 101.º (Consulta de documentos) – 1 – A partir da publicação do registo do projecto, os sócios, credores e representantes dos trabalhadores, ou, quando estes não existirem, os trabalhadores de qualquer das sociedades participantes na fusão têm o direito de consultar, na sede de cada uma delas, os seguintes documentos e de obter, sem encargos, cópia integral destes:

a) Projecto de fusão;

b) Relatório e pareceres elaborados por órgãos da sociedade e por peritos;

c) Contas, relatórios dos órgãos de administração, relatórios e pareceres dos órgãos de fiscalização e deliberações de assembleias gerais sobre essas contas, relativamente aos três últimos exercícios.

2 – Se até à data fixada para a reunião da assembleia geral, nos termos do artigo anterior, a administração da sociedade receber um parecer dos representantes dos trabalhadores relativamente ao processo de fusão, este parecer deve ser anexado ao relatório elaborado pelos órgãos da sociedade e pelos peritos.

ART. 101.º-A (Oposição dos credores) – No prazo de um mês após a publicação do registo do projecto, os credores das sociedades participantes cujos créditos sejam anteriores a essa publicação podem deduzir oposição judicial à fusão, com fundamento no prejuízo que dela derive para a realização dos seus direitos, desde que tenham solicitado à sociedade a satisfação do seu crédito ou a prestação de garantia adequada, há pelo menos 15 dias, sem que o seu pedido tenha sido atendido.

ART. 101.º-B (*) **(Efeitos da oposição)** – 1 – A oposição judicial deduzida por qualquer credor impede a inscrição definitiva da fusão no registo comercial até que se verifique algum dos seguintes factos:

a) Haver sido julgada improcedente, por decisão com trânsito em julgado, ou, no caso de absolvição da instância, não ter o oponente intentado nova acção no prazo de 30 dias;

b) Ter havido desistência do oponente;

c) Ter a sociedade satisfeito o oponente ou prestado a caução fixada por acordo ou por decisão judicial;

d) Haver o oponente consentido na inscrição;

e) Ter sido consignada em depósito a importância devida ao oponente.

2 – Se julgar procedente a oposição, o tribunal determina o reembolso do crédito do oponente ou, não podendo este exigi-lo, a prestação de caução.

3 – O disposto no artigo anterior e nos n.ºs 1 e 2 do presente artigo não obsta à aplicação das cláusulas contratuais que atribuam ao credor o direito à imediata satisfação do seu crédito, se a sociedade devedora se fundir.

ART. 101.º-C (*) **(Credores obrigacionistas)** – 1 – O disposto nos artigos 101.º-A e 101.º-B é aplicável aos credores obrigacionistas, com as alterações estabelecidas nos números seguintes.

68 [DL n.º 76-A/2006] SOCIEDADES COMERCIAIS E COOPERAÇÃO EMPRESARIAL

2 – Devem efectuar-se assembleias dos credores obrigacionistas de cada sociedade para se pronunciarem sobre a fusão, relativamente aos possíveis prejuízos para esses credores, sendo as deliberações tomadas por maioria absoluta dos obrigacionistas presentes e representados.

3 – Se a assembleia não aprovar a fusão, o direito de oposição deve ser exercido colectivamente através de um representante por ela eleito.

4 – Os portadores de obrigações ou outros títulos convertíveis em acções ou obrigações com direito de subscrição de acções gozam, relativamente à fusão, dos direitos que lhes tiverem sido atribuídos para essa hipótese, gozando do direito de oposição, nos termos deste artigo, se nenhum direito específico lhes tiver sido atribuído.

ART. 101.º-D (*) **(Portadores de outros títulos)** – Os portadores de títulos que não sejam acções, mas aos quais sejam inerentes direitos especiais, devem continuar a gozar de direitos pelo menos equivalentes na sociedade incorporante ou na nova sociedade, salvo se:

a) For deliberado em assembleia especial dos portadores de títulos e por maioria absoluta do número de cada espécie de títulos que os referidos direitos podem ser alterados;

b) Todos os portadores de cada espécie de títulos consentirem individualmente na modificação dos seus direitos, caso não esteja prevista, na lei ou no contrato social, a existência de assembleia especial;

c) O projecto de fusão previr a aquisição desses títulos pela sociedade incorporante ou pela nova sociedade e as condições dessa aquisição forem aprovadas, em assembleia especial, pela maioria dos portadores presentes e representados.

ART. 102.º (Reunião da assembleia) – 1 – Reunida a assembleia, a administração começará por declarar expressamente se desde a elaboração do projecto de fusão houve mudança relevante nos elementos de facto em que ele se baseou e, no caso afirmativo, quais as modificações do projecto que se tornam necessárias.

2 – Tendo havido mudança relevante, nos termos do número anterior, a assembleia delibera se o processo de fusão deve ser renovado ou se prossegue na apreciação da proposta.

3 – A proposta apresentada às várias assembleias deve ser rigorosamente idêntica; qualquer modificação introduzida pela assembleia considera-se rejeição da proposta, sem prejuízo da renovação desta.

4 – Qualquer sócio pode, na assembleia, exigir as informações sobre as sociedades participantes que forem indispensáveis para se esclarecer acerca da proposta de fusão.

ART. 103.º (Deliberação) – 1 – A deliberação é tomada, na falta de disposição especial, nos termos prescritos para a alteração do contrato de sociedade.

2 – A fusão apenas pode ser registada depois de obtido o consentimento dos sócios prejudicados quando: (*)

a) Aumentar as obrigações de todos ou alguns dos sócios;

b) Afectar direitos especiais de que sejam titulares alguns sócios;

c) Alterar a proporção das suas participações sociais em face dos restantes sócios da mesma sociedade, salvo na medida em que tal alteração resulte de pagamentos que lhes sejam exigidos para respeitar disposições legais que imponham valor mínimo ou certo de cada unidade de participação.

3 – Se alguma das sociedades participantes tiver várias categorias de acções, a deliberação de fusão da respectiva assembleia geral só é eficaz depois de aprovada pela assembleia especial de cada categoria.

ART. 104.º (Participação de uma sociedade no capital de outra) – 1 – No caso de alguma das sociedades possuir participação no capital de outra, não pode dispor de número de votos superior à soma dos que competem a todos os outros sócios.

2 – Para os efeitos do número anterior, aos votos da sociedade somam-se os votos de outras sociedades que com aquela se encontrem em relação de domínio ou de grupo, bem como os votos de pessoas que actuem em nome próprio, mas por conta de alguma dessas sociedades.

3 – Por efeito de fusão por incorporação, a sociedade incorporante não recebe partes, acções ou quotas de si própria em troca de partes, acções ou quotas na sociedade incorporada de que sejam titulares aquela ou esta sociedade ou ainda pessoas que actuem em nome próprio, mas por conta de uma ou de outra dessas sociedades.

ART. 105.º (Direito de exoneração dos sócios) – 1 – Se a lei ou o contrato de sociedade atribuir ao sócio que tenha votado contra o projecto de fusão o direito de se exonerar, pode o sócio exigir, no prazo de um mês a contar da data da deliberação, que a sociedade adquira ou faça adquirir a sua participação social. (*)

2 – Salvo estipulação diversa do contrato de sociedade ou acordo das partes, a contrapartida da aquisição deve ser calculada nos termos do artigo 1021.º do Código Civil, com referência ao momento da deliberação de fusão, por um revisor oficial de contas designado por mútuo acordo ou, na falta deste, pelo tribunal. É lícito a qualquer das partes requerer segunda avaliação, nos termos do Código de Processo Civil.

3 – O disposto na parte final do número anterior é também aplicável quando a sociedade não tiver oferecido uma contrapartida ou a não tiver oferecido regularmente; o prazo começará a contar-se, nestas hipóteses, depois de decorridos 20 dias sobre a data em que o sócio exigir à sociedade a aquisição da sua participação social.

4 – O direito de o sócio alienar por outro modo a sua participação social não é afectado pelo estatuído nos números anteriores nem a essa alienação, quando efectuada no prazo aí fixado, obstam as limitações prescritas pelo contrato de sociedade.

CÓDIGO DAS SOCIEDADES COMERCIAIS [DL n.º 76-A/2006] 69

ART. 106.º (Forma e disposições aplicáveis) – 1 – O acto de fusão deve revestir a forma exigida para a transmissão dos bens das sociedades incorporadas ou, no caso de constituição de nova sociedade, das sociedades participantes nessa fusão.

2 – Sem prejuízo do disposto no número anterior, se a fusão se realizar mediante a constituição de nova sociedade, devem observar-se as disposições que regem essa constituição, salvo se outra coisa resultar da sua própria razão de ser.

ART. 107.º (Publicidade da fusão e oposição dos credores) – *(Revogado.)*

ART. 108.º (Efeitos da oposição) – *(Revogado.)*

ART. 109.º (Credores obrigacionistas) – *(Revogado.)*

ART. 110.º (Portadores de outros títulos) – *(Revogado.)*

ART. 111.º (*) **(Registo de fusão)** – Deliberada a fusão por todas as sociedades participantes sem que tenha sido deduzida oposição no prazo previsto no artigo 101.º-A ou, tendo esta sido deduzida, se tenha verificado algum dos factos referidos no n.º 1 do artigo 101.º-B, deve ser requerida a inscrição da fusão no registo comercial por qualquer dos administradores das sociedades participantes na fusão ou da nova sociedade.

ART. 112.º (Efeitos do registo) – Com a inscrição da fusão no registo comercial:

a) Extinguem-se as sociedades incorporadas ou, no caso de constituição de nova sociedade, todas as sociedades fundidas, transmitindo-se os seus direitos e obrigações para a sociedade incorporante ou para a nova sociedade;

b) Os sócios das sociedades extintas tornam-se sócios da sociedade incorporante ou da nova sociedade.

ART. 113.º (Condição ou termo) – Se a eficácia da fusão estiver sujeita a condição ou termo suspensivos e ocorreram, antes da verificação destes, mudanças relevantes nos elementos de facto em que as deliberações se basearam, pode a assembleia de qualquer das sociedades deliberar que seja requerida a resolução ou a modificação do contrato, ficando a eficácia deste diferida até ao trânsito em julgado da decisão a proferir no processo.

ART. 114.º (Responsabilidade emergente da fusão) – 1 – Os membros do órgão de administração e os membros do órgão de fiscalização de cada uma das sociedades participantes são solidariamente responsáveis pelos danos causados pela fusão à sociedade e aos seus sócios e credores, desde que, na verificação da situação patrimonial das sociedades e na conclusão da fusão, não tenham observado a diligência de um gestor criterioso e ordenado.

2 – A extinção de sociedades ocasionada pela fusão não impede o exercício dos direitos de indemnização previstos no número anterior e, bem assim, dos direitos que resultem da fusão a favor delas ou contra elas, considerando-se essas sociedades existentes para esse efeito.

ART. 115.º (Efectivação de responsabilidade no caso de extinção da sociedade) – 1 – Os direitos previstos no artigo anterior, quando relativos às sociedades referidas no seu n.º 2, serão exercidos por um representante especial, cuja nomeação pode ser requerida judicialmente por qualquer sócio ou credor da sociedade em causa.

2 – O representante especial deve convidar os sócios e credores da sociedade, mediante a publicação de aviso, a reclamar os seus direitos de indemnização, no prazo por ele fixado, que não pode ser inferior a 30 dias. (*)

3 – A indemnização atribuída à sociedade será utilizada para satisfazer os respectivos credores, na medida em que não tenham sido pagos ou caucionados pela sociedade incorporante ou pela nova sociedade, repartindo-se o excedente entre os sócios, de acordo com as regras aplicáveis à partilha do activo de liquidação.

4 – Os sócios e os credores que não tenham reclamado tempestivamente os seus direitos não são abrangidos na repartição ordenada no número precedente.

5 – O representante especial tem direito ao reembolso das despesas que razoavelmente tenha feito e a uma remuneração da sua actividade; o tribunal, em seu prudente arbítrio, fixará o montante das despesas e da remuneração, bem como a medida em que elas devem ser suportadas pelos sócios e credores interessados.

ART. 116.º (Incorporação de sociedade detida pelo menos a 90% por outra) – 1 – O disposto nos artigos anteriores aplica-se, com as excepções estabelecidas nos números seguintes, à incorporação por uma sociedade de outra de cujas partes, quotas ou acções aquela seja a titular de pelo menos 90%, directamente ou por pessoas que detenham essas participações por conta dela mas em nome próprio.

2 – Não são neste caso aplicáveis as disposições relativas à troca de participações sociais, aos relatórios dos órgãos sociais e de peritos e à responsabilidade desses órgãos e peritos. (*)

3 – A fusão pode ser registada sem prévia deliberação das assembleias gerais, desde que se verifiquem cumulativamente os seguintes requisitos: (*)

a) No projecto de fusão seja indicado que não há prévia deliberação de assembleias gerais, caso a respectiva convocação não seja requerida nos termos previstos na alínea d) deste número; (*)

b) (Revogada.)

c) Os sócios tenham podido tomar conhecimento, na sede social, da documentação referida no artigo 101.º, a partir, pelo menos, do 8.º dia seguinte à publicação do registo do projecto de fusão e disso tenham sido avisados no mesmo projecto ou simultaneamente com a comunicação deste;

70 [DL n.º 76-A/2006]   SOCIEDADES COMERCIAIS E COOPERAÇÃO EMPRESARIAL

d) Nos 15 dias seguintes à publicação do registo do projecto de fusão não tenha sido requerida, por sócios detentores de 5% do capital social, a convocação da assembleia geral para se pronunciar sobre a fusão.

4 – Os sócios detentores de 10% ou menos do capital social da sociedade incorporada, que tenham votado contra o projecto de fusão em assembleia convocada nos termos da alínea *d*) do número anterior, podem exonerar-se da sociedade.

5 – À exoneração pedida nos termos do número anterior aplica-se o disposto no artigo 105.º.

ART. 117.º (Nulidade da fusão) – 1 – A nulidade da fusão só pode ser declarada por decisão judicial, com fundamento na inobservância da forma legalmente exigida ou na prévia declaração de nulidade ou anulação de alguma das deliberações das assembleias gerais das sociedades participantes.

2 – A acção declarativa da nulidade da fusão só pode ser proposta enquanto não tiverem sido sanados os vícios existentes, mas nunca depois de decorridos seis meses a contar da publicação da fusão definitivamente registada ou da publicação da sentença transitada em julgado que declare nula ou anule alguma das deliberações das referidas assembleias gerais.

3 – O tribunal não declarará a nulidade da fusão se o vício que a produz for sanado no prazo que fixar.

4 – A declaração judicial da nulidade está sujeita à mesma publicidade exigida para a fusão.

5 – Os efeitos dos actos praticados pela sociedade incorporante depois da inscrição da fusão no registo comercial e antes da decisão declarativa da nulidade não são afectados por esta, mas a sociedade incorporada é solidariamente responsável pelas obrigações contraídas pela sociedade incorporante durante esse período; do mesmo modo respondem as sociedades fundidas pelas obrigações contraídas pela nova sociedade, se a fusão for declarada nula.

SECÇÃO II — **FUSÕES TRANSFRONTEIRIÇAS**

ART. 117.º-A (Noção e âmbito) – 1 – A fusão transfronteiriça realiza-se mediante a reunião numa só de duas ou mais sociedades desde que uma das sociedades participantes na fusão tenha sede em Portugal e outra das sociedades participantes na fusão tenha sido constituída de acordo com a legislação de um Estado membro, nos termos da Directiva n.º 2005/56/CE, do Parlamento Europeu e do Conselho, de 26 de Outubro, e tenha a sede estatutária, a administração central ou o estabelecimento principal no território da Comunidade.

2 – As sociedades em nome colectivo e as sociedades em comandita simples não podem participar numa fusão transfronteiriça.

ART. 117.º-B (Direito aplicável) – São aplicáveis às sociedades com sede em Portugal participantes num processo de fusão transfronteiriça as disposições da presente secção e, subsidiariamente, as disposições relativas às fusões internas, em especial no que respeita ao processo de tomada de decisão relativo à fusão, à protecção dos credores das sociedades objecto de fusão, dos obrigacionistas e dos direitos dos trabalhadores que não sejam regulados por lei especial.

ART. 117.º-C (Projectos comuns de fusões transfronteiriças) – O projecto comum de fusão transfronteiriça deve conter os elementos referidos no artigo 98.º e ainda:

a) As regras para a transferência de acções ou outros títulos representativos do capital social da sociedade resultante da fusão transfronteiriça;

b) A data do encerramento das contas das sociedades que participam na fusão utilizadas para definir as condições da fusão transfronteiriça;

c) Se for caso disso, as informações sobre os procedimentos de acordo com os quais são fixadas as disposições relativas à intervenção dos trabalhadores na definição dos respectivos direitos de participação na sociedade resultante da fusão transfronteiriça;

d) As prováveis repercussões da fusão no emprego.

ART. 117.º-D (Designação de peritos) – 1 – Aplica-se à fiscalização do projecto comum nas sociedades com sede em Portugal participantes numa fusão transfronteiriça o disposto nos n.ºs 1, 2 e 4 a 6 do artigo 99.º.

2 – Se todas as sociedades participantes na fusão o desejarem, o exame pericial do projecto comum de fusão poderá ser feito quanto a todas elas pelo mesmo revisor ou sociedade de revisores, que elabora um relatório único destinado a todos os sócios das sociedades participantes.

3 – Nos casos previstos no número anterior, recaindo a escolha das sociedades participantes num revisor português ou numa sociedade de revisores portuguesa, a sua designação fica a cargo da Ordem dos Revisores Oficiais de Contas, que procede à nomeação a solicitação conjunta das sociedades interessadas.

ART. 117.º-E (Forma e publicidade) – A participação de sociedades com sede em Portugal numa fusão transfronteiriça está sujeita às exigências de forma, assim como ao registo e à publicação previstos para as fusões internas, sem prejuízo do disposto no artigo 117.º-H.

ART. 117.º-F (Aprovação do projecto de fusão) – 1 – O projecto comum de fusão transfronteiriça deve ser aprovado pela assembleia geral de cada uma das sociedades participantes.

2 – Aplicam-se à aprovação do projecto comum de fusão pelas assembleias gerais das sociedades participantes com sede em Portugal as disposições dos artigos 102.º e 103.º.

CÓDIGO DAS SOCIEDADES COMERCIAIS   [DL n.º 76-A/2006]   71

3 – A assembleia geral de qualquer das sociedades participantes pode subordinar a realização da fusão transfronteiriça à condição de serem aprovadas nessa assembleia as disposições relativas à participação dos trabalhadores na sociedade resultante da fusão transfronteiriça.

ART. 117.º-G (Certificado prévio e registo da fusão) – 1 – As autoridades competentes para o controlo da legalidade das fusões transfronteiriças são os serviços do registo comercial.

2 – O controlo da legalidade previsto no número anterior abrange a prática dos seguintes actos:

a) A emissão de um certificado prévio, em relação a cada uma das sociedades participantes que tenham sede em Portugal e a seu pedido, que comprove o cumprimento dos actos e formalidades anteriores à fusão;

b) A fiscalização da legalidade da fusão transfronteiriça no âmbito do seu registo, desde que a sociedade resultante da fusão tenha sede em Portugal.

3 – A emissão de certificado referido na alínea *a)* do número anterior pressupõe a verificação do cumprimento das formalidades prévias à fusão, em face das disposições legais aplicáveis, do projecto comum registado e publicado e dos relatórios dos órgãos da sociedade e dos peritos que, no caso, devam existir.

4 – O controlo referido na alínea *b)* do n.º 2 é feito, em especial, mediante a verificação dos seguintes elementos:

a) Aprovação do projecto comum de fusão transfronteiriça, nos mesmos termos, pelas sociedades nela participantes;

b) Fixação das disposições relativas à participação dos trabalhadores, em conformidade com as regras legais aplicáveis, nos casos em que a mesma seja necessária.

5 – Para efeitos do controlo referido na alínea *b)* do n.º 2, o pedido de registo da fusão transfronteiriça deve ser apresentado ao serviço do registo comercial pelas sociedades participantes, acompanhado do certificado referido na alínea *a)* do mesmo número e do projecto comum de fusão transfronteiriça aprovado pela assembleia geral, no prazo de seis meses após a emissão do certificado.

ART. 117.º-H (Efeitos do registo da fusão transfronteiriça) – Com a inscrição da fusão transfronteiriça no registo comercial, produzem-se os efeitos previstos no artigo 112.º.

ART. 117.º-I (Incorporação de sociedade totalmente pertencente a outra) – 1 – O disposto na presente secção aplica-se, com as excepções estabelecidas nos números seguintes, à incorporação por uma sociedade de outra de cujas quotas ou acções aquela seja a única titular, directamente ou por pessoas que detenham essas participações por conta dela mas em nome próprio.

2 – Não são aplicáveis neste caso as disposições relativas à troca de participações sociais nem aos relatórios de peritos da sociedade incorporada e os sócios da sociedade incorporada não se tornam sócios da sociedade incorporante.

3 – Não é obrigatória nestes casos a aprovação do projecto comum de fusão pelas assembleias gerais das sociedades incorporadas, podendo também ser dispensada essa aprovação pela assembleia geral da sociedade incorporante desde que se verifiquem cumulativamente os requisitos estabelecidos no n.º 3 do artigo 116.º.

ART. 117.º-J (Fusão por aquisição tendente ao domínio total) – Nos casos em que a sociedade incorporante que disponha de quotas ou acções correspondentes a, pelo menos, 90% do capital das sociedades incorporadas realizam uma fusão transfronteiriça por aquisição, os relatórios de peritos bem como os documentos necessários para a fiscalização são sempre exigidos mesmo nos casos em que a legislação que regula a sociedade incorporante ou as sociedades incorporantes com sede noutro Estado dispensem esses requisitos nas aquisições tendentes ao domínio total.

ART. 117.º-L (Validade da fusão) – A fusão que já tenha começado a produzir efeitos nos termos do artigo 117.º-H não pode ser declarada nula.

CAPÍTULO X — **Cisão de sociedades**

ART. 118.º (Noção – Modalidades) – 1 – É permitido a uma sociedade:

a) Destacar parte do seu património para com ela constituir outra sociedade;

b) Dissolver-se e dividir o seu património, sendo cada uma das partes resultantes destinada a constituir uma nova sociedade;

c) Destacar partes do seu património ou dissolver-se, dividindo o seu património em duas ou mais partes, para as fundir com sociedades já existentes ou com partes do património de outras sociedades, separadas por idênticos processos e com igual finalidade.

2 – As sociedades resultantes da cisão podem ser de tipo diferente do da sociedade cindida.

ART. 119.º (Projecto de cisão) – Compete à administração da sociedade a cindir ou, tratando-se de cisão-fusão, às administrações das sociedades participantes, em conjunto, elaborar o projecto de cisão, donde constem, além dos demais elementos necessários ou convenientes para o perfeito conhecimento da operação visada, tanto no aspecto jurídico como no aspecto económico, os seguintes elementos: (*)

a) A modalidade, os motivos, as condições e os objectivos da cisão relativamente a todas as sociedades participantes;

72   [DL n.º 76-A/2006]   SOCIEDADES COMERCIAIS E COOPERAÇÃO EMPRESARIAL

b) A firma, a sede, o montante do capital e o número de matrícula no registo comercial de cada uma das sociedades; (*)

c) A participação que alguma das sociedades tenha no capital de outra;

d) A enumeração completa dos bens a transmitir para a sociedade incorporante ou para a nova sociedade e os valores que lhes são atribuídos;

e) Tratando-se de cisão-fusão, o balanço de cada uma das sociedades participantes, elaborado nos termos da alínea *d)* do n.º 1 e do n.º 2 do artigo 98.º; (*)

f) As partes, quotas ou acções da sociedade incorporante ou da nova sociedade e, se for caso disso, as quantias em dinheiro que serão atribuídas aos sócios da sociedade a cindir, especificando-se a relação de troca das participações sociais, bem como as bases desta relação;

g) As modalidades de entrega das acções representativas do capital das sociedades resultantes da cisão;

h) A data a partir da qual as novas participações concedem o direito de participar nos lucros, bem como quaisquer particularidades relativas a este direito;

i) A data a partir da qual as operações da sociedade cindida são consideradas, do ponto de vista contabilístico, como efectuadas por conta da ou das sociedades resultantes da cisão;

j) Os direitos assegurados pelas sociedades resultantes da cisão aos sócios da sociedade cindida titulares de direitos especiais;

l) Quaisquer vantagens especiais atribuídas aos peritos que intervenham na cisão e aos membros dos órgãos de administração ou de fiscalização das sociedades participantes na cisão;

m) O projecto de alterações a introduzir no contrato da sociedade incorporante ou o projecto de contrato da nova sociedade;

n) As medidas de protecção dos direitos dos credores;

o) As medidas de protecção do direito de terceiros não sócios a participar nos lucros da sociedade;

p) A atribuição da posição contratual da sociedade ou sociedades intervenientes, decorrente dos contratos de trabalho celebrados com os seus trabalhadores, os quais não se extinguem por força da cisão.

ART. 120.º (Disposições aplicáveis) – É aplicável à cisão de sociedades, com as necessárias adaptações, o disposto relativamente à fusão.

ART. 121.º (Exclusão de novação) – A atribuição de dívidas da sociedade cindida à sociedade incorporante ou à nova sociedade não importa novação.

ART. 122.º (Responsabilidade por dívidas) – 1 – A sociedade cindida responde solidariamente pelas dívidas que, por força da cisão, tenham sido atribuídas à sociedade incorporante ou à nova sociedade.

2 – As sociedades beneficiárias das entradas resultantes da cisão respondem solidariamente, até ao valor dessas entradas, pelas dívidas da sociedade cindida anteriores à inscrição da cisão no registo comercial; pode, todavia, convencionar-se que a responsabilidade é meramente conjunta.

3 – A sociedade que, por motivo de solidariedade prescrita nos números anteriores, pague dívidas que não lhe hajam sido atribuídas tem direito de regresso contra a devedora principal.

ART. 123.º (Requisitos da cisão simples) – 1 – A cisão prevista no artigo 118.º, n.º 1, alínea *a)*, não é possível:

a) Se o valor do património da sociedade cindida se tornar inferior à soma das importâncias do capital social e da reserva legal e não se proceder, antes da cisão ou juntamente com ela, à correspondente redução do capital social;

b) Se o capital da sociedade a cindir não estiver inteiramente liberado.

2 – Nas sociedades por quotas adicionar-se-á, para os efeitos da alínea *a)* do número anterior, a importância das prestações suplementares efectuadas pelos sócios e ainda não reembolsadas.

3 – A verificação das condições exigidas nos números precedentes constará expressamente dos pareceres e relatórios dos órgãos de administração e de fiscalização das sociedades, bem como do revisor oficial de contas ou sociedade de revisores.

ART. 124.º (Activo e passivo destacáveis) – 1 – Na cisão simples só podem ser destacados para a constituição da nova sociedade os elementos seguintes:

a) Participações noutras sociedades, quer constituam a totalidade quer parte das possuídas pela sociedade a cindir, para a formação de nova sociedade cujo exclusivo objecto consista na gestão de participações sociais;

b) Bens que no património da sociedade a cindir estejam agrupados, de modo a formarem uma unidade económica.

2 – No caso da alínea *b)* do número anterior, podem ser atribuídas à nova sociedade dívidas que economicamente se relacionem com a constituição ou o funcionamento da unidade aí referida.

ART. 125.º (Redução do capital da sociedade a cindir) – A redução do capital da sociedade a cindir só fica sujeita ao regime geral na medida em que não se contenha no montante global do capital das novas sociedades.

ART. 126.º (Cisão-dissolução. Extensão) – 1 – A cisão-dissolução prevista no artigo 118.º, n.º 1, alínea *b)*, deve abranger todo o património da sociedade a cindir.

2 – Não tendo a deliberação de cisão estabelecido o critério de atribuição de bens ou de dívidas que não constem do projecto definitivo de cisão, os bens serão repartidos entre as novas sociedades na proporção que resultar do projecto de cisão; pelas dívidas responderão solidariamente as novas sociedades.

CÓDIGO DAS SOCIEDADES COMERCIAIS [DL n.º 76-A/2006] 73

ART. 127.º (Participação na nova sociedade) – Salvo acordo diverso entre os interessados, os sócios da sociedade dissolvida por cisão-dissolução participarão em cada uma das novas sociedades na proporção que lhes caiba na primeira.

ART. 128.º (Requisitos especiais da cisão-fusão) – Os requisitos a que, por lei ou contrato, esteja submetida a transmissão de certos bens ou direitos não são dispensados no caso de cisão-fusão.

ART. 129.º (Constituição de novas sociedades) – 1 – Na constituição de novas sociedades, por cisões-fusões simultâneas de duas ou mais sociedades, podem intervir apenas estas.

2 – A participação dos sócios da sociedade cindida na formação do capital da nova sociedade não pode ser superior ao valor dos bens destacados, líquido das dívidas que convencionalmente os acompanhem.

CAPÍTULO XI — Transformação de sociedades

ART. 130.º (Noção e modalidades) – 1 – As sociedades constituídas segundo um dos tipos enumerados no artigo 1.º, n.º 2, podem adoptar posteriormente um outro desses tipos, salvo proibição da lei ou do contrato.

2 – As sociedades constituídas nos termos dos artigos 980.º e seguintes do Código Civil podem posteriormente adoptar algum dos tipos enumerados no artigo 1.º, n.º 2, desta lei.

3 – A transformação de uma sociedade, nos termos dos números anteriores, não importa a dissolução dela, salvo se assim for deliberado pelos sócios.

4 – As disposições deste capítulo são aplicáveis às duas espécies de transformação admitidas pelo número anterior.

5 – No caso de ter sido deliberada a dissolução, aplicam-se os preceitos legais ou contratuais que a regulam, se forem mais exigentes do que os preceitos relativos à transformação. A nova sociedade sucede automática e globalmente à sociedade anterior.

6 – A sociedade formada por transformação, nos termos do n.º 2, sucede automática e globalmente à sociedade anterior.

ART. 131.º (Impedimentos à transformação) – 1 – Uma sociedade não pode transformar-se:

a) Se o capital não estiver integralmente liberado ou se não estiverem totalmente realizadas as entradas convencionadas no contrato;

b) Se o balanço da sociedade a transformar mostrar que o valor do seu património é inferior à soma do capital e reserva legal;

c) Se a ela se opuserem sócios titulares de direitos especiais que não possam ser mantidos depois da transformação;

d) Se, tratando-se de uma sociedade anónima, esta tiver emitido obrigações convertíveis em acções ainda não totalmente reembolsadas ou convertidas.

2 – A oposição prevista na alínea *c)* do número anterior deve ser deduzida por escrito, no prazo fixado no artigo 137.º, n.º 1, pelos sócios titulares de direitos especiais.

3 – Correspondendo direitos especiais a certas categorias de acções, a oposição poderá ser deduzida no dobro do prazo referido no número anterior.

ART. 132.º (Relatório e convocação) – 1 – A administração da sociedade organiza um relatório justificativo da transformação, o qual é acompanhado: (*)

a) Do balanço do último exercício, desde que tenha sido encerrado nos seis meses anteriores à data da deliberação de transformação ou de um balanço reportado a uma data que não anteceda o 1.º dia do 3.º mês anterior à data da deliberação de transformação; (*)

b) Do projecto do contrato pelo qual a sociedade passará a reger-se.

2 – No relatório referido no número anterior, a administração deve assegurar que a situação patrimonial da sociedade não sofreu modificações significativas desde a data a que se reporta o balanço considerado ou, no caso contrário, indicar as que tiverem ocorrido. (*)

3 – Aplica-se, com as necessárias adaptações, o disposto nos artigos 99.º e 101.º, devendo os documentos estar à disposição dos sócios a partir da data de convocação da assembleia geral.

4 – O disposto nos números anteriores não obsta à provação da transformação nos termos previstos no artigo 54.º, devendo neste caso os documentos estar à disposição dos sócios com a antecedência prevista para a convocação da assembleia.

ART. 133.º (Quórum deliberativo) – 1 – A transformação da sociedade deve ser deliberada pelos sócios, nos termos prescritos para o respectivo tipo de sociedade, neste Código ou no artigo 982.º do Código Civil.

2 – Além dos requisitos exigidos pelo número anterior, as deliberações de transformação que importem para todos ou alguns sócios a assunção de responsabilidade ilimitada só são válidas se forem aprovadas pelos sócios que devam assumir essa responsabilidade.

ART. 134.º (Conteúdo das deliberações) – Devem ser deliberadas separadamente:

a) A aprovação do balanço ou da situação patrimonial, nos termos dos n.os 1 e 2 do artigo 132.º;

b) A aprovação da transformação;

c) A aprovação do contrato pelo qual a sociedade passará a reger-se.

74 [DL n.º 76-A/2006]   SOCIEDADES COMERCIAIS E COOPERAÇÃO EMPRESARIAL

ART. 135.º (Escritura pública de transformação) – *(Revogado.)*

ART. 136.º (Participações dos sócios) – 1 – Salvo acordo de todos os sócios interessados, o montante nominal da participação de cada sócio no capital social e a proporção de cada participação relativamente ao capital não podem ser alterados na transformação.

2 – Aos sócios de indústria, sendo caso disso, será atribuída a participação do capital que for convencionada, reduzindo-se proporcionalmente a participação dos restantes.

3 – O disposto nos números anteriores não prejudica os preceitos legais que imponham um montante mínimo para as participações dos sócios.

ART. 137.º (*) (Direito de exoneração dos sócios) – 1 – Se a lei ou o contrato de sociedade atribuir ao sócio que tenha votado contra a deliberação de transformação o direito de se exonerar, pode o sócio exigir, no prazo de um mês a contar da aprovação da deliberação, que a sociedade adquira ou faça adquirir a sua participação social. (*)

2 – Os sócios que se exonerarem da sociedade, nos termos do n.º 1, receberão o valor da sua participação calculado nos termos do artigo 105.º.

ART. 138.º (Credores obrigacionistas) – Seja qual for o tipo que a sociedade transformada adopte, os direitos dos obrigacionistas anteriormente existentes mantêm-se e continuam a ser regulados pelas normas aplicáveis a essa espécie de credores.

ART. 139.º (Responsabilidade ilimitada de sócios) – 1 – A transformação não afecta a responsabilidade pessoal e ilimitada dos sócios pelas dívidas sociais anteriormente contraídas.

2 – A responsabilidade pessoal e ilimitada dos sócios, criada pela transformação da sociedade, não abrange as dívidas sociais anteriormente contraídas.

ART. 140.º (Direitos incidentes sobre as participações) – Os direitos reais de gozo ou de garantia que, à data da transformação, incidam sobre participações sociais são mantidos nas novas espécies de participações. (*)

ART. 140.º-A (*) (Registo da transformação) – 1 – Para efeitos do registo da transformação, qualquer membro da administração deve declarar por escrito, sob sua responsabilidade e sem dependência de especial designação pelos sócios, que não houve oposição à transformação, nos termos dos n.ºs 2 e 3 do artigo 131.º, bem como, em caso de necessidade reproduzir o novo contrato.

2 – Sem prejuízo do disposto no número anterior, se algum sócio exercer o direito de se exonerar, nos termos do artigo 137.º, o membro da administração deve:

a) Declarar quais os sócios que se exoneraram e o montante da liquidação das respectivas partes sociais ou quotas, bem como o valor atribuído a cada acção e o montante global pago aos accionistas exonerados;

b) Declarar que os direitos dos sócios exonerados podem ser satisfeitos sem afectação do capital, nos termos do artigo 32.º;

c) Identificar os sócios que se mantêm na sociedade e a participação de cada um deles no capital, consoante o que for determinado pelas regras aplicáveis ao tipo de sociedade adoptado.

CAPÍTULO XII — Dissolução da sociedade

ART. 141.º (Casos de dissolução imediata) – 1 – A sociedade dissolve-se nos casos previstos no contrato e ainda:

a) Pelo decurso do prazo fixado no contrato;

b) Por deliberação dos sócios;

c) Pela realização completa do objecto contratual;

d) Pela ilicitude superveniente do objecto contratual;

e) Pela declaração de insolvência da sociedade. (*)

2 – Nos casos de dissolução imediata previstos nas alíneas *a)*, *c)* e *d)* do número anterior, os sócios podem deliberar, por maioria simples dos votos produzidos na assembleia, o reconhecimento da dissolução e, bem assim, pode qualquer sócio, sucessor de sócio, credor da sociedade ou credor de sócio de responsabilidade ilimitada promover a justificação notarial ou o procedimento simplificado de justificação. (*)

ART. 142.º (*) (Causas de dissolução administrativa ou por deliberação dos sócios) – 1 – Pode ser requerida a dissolução administrativa da sociedade com fundamento em facto previsto na lei ou no contrato e quando: (*)

a) Por período superior a um ano, o número de sócios for inferior ao mínimo exigido por lei, excepto se um dos sócios for uma pessoa colectiva pública ou entidade a ela equiparada por lei para esse efeito; (*)

b) A actividade que constitui o objecto contratual se torne de facto impossível; (*)

c) A sociedade não tenha exercido qualquer actividade durante dois anos consecutivos; (*)

d) A sociedade exerça de facto uma actividade não compreendida no objecto contratual. (*)

2 – Se a lei nada disser sobre o efeito de um caso previsto como fundamento de dissolução ou for duvidoso o sentido do contrato, entende-se que a dissolução não é imediata.

3 – Nos casos previstos no n.º 1 podem os sócios, por maioria absoluta dos votos expressos na assembleia, dissolver a sociedade, com fundamento no facto ocorrido.

4 – A sociedade considera-se dissolvida a partir da data da deliberação prevista no número anterior, mas, se a deliberação for judicialmente impugnada, a dissolução ocorre na data do trânsito em julgado da sentença. (*)

CÓDIGO DAS SOCIEDADES COMERCIAIS   [DL n.º 76-A/2006]   75

ART. 143.º (*) **(Causas de dissolução oficiosa)** – O serviço de registo competente deve instaurar oficiosamente o procedimento administrativo de dissolução, caso não tenha sido ainda iniciado pelos interessados, quando:

a) Durante dois anos consecutivos, a sociedade não tenha procedido ao depósito dos documentos de prestação de contas e a administração tributária tenha comunicado ao serviço de registo competente a omissão de entrega da declaração fiscal de rendimentos pelo mesmo período;

b) A administração tributária tenha comunicado ao serviço de registo competente a ausência de actividade efectiva da sociedade, verificada nos termos previstos na legislação tributária;

c) A administração tributária tenha comunicado ao serviço de registo competente a declaração oficiosa da cessação de actividade da sociedade, nos termos previstos na legislação tributária.

ART. 144.º (*) **(Regime do procedimento administrativo de dissolução)** – O regime do procedimento administrativo de dissolução é regulado em diploma próprio.

ART. 145.º (*) **(Forma e registo da dissolução)** – 1 – A dissolução da sociedade não depende de forma especial nos casos em que tenha sido deliberada pela assembleia geral.

2 – Nos casos a que se refere o número anterior, a administração da sociedade ou os liquidatários devem requerer a inscrição da dissolução no serviço de registo competente e qualquer sócio tem esse direito, a expensas da sociedade.

CAPÍTULO XIII — Liquidação da sociedade

ART. 146.º (Regras gerais) – 1 – Salvo quando a lei disponha de forma diversa, a sociedade dissolvida entra imediatamente em liquidação, nos termos dos artigos seguintes do presente capítulo, aplicando-se ainda, nos casos de insolvência e nos casos expressamente previstos na lei de liquidação judicial, o disposto nas respectivas leis de processo. (*)

2 – A sociedade em liquidação mantém a personalidade jurídica e, salvo quando outra coisa resulte das disposições subsequentes ou da modalidade da liquidação, continuam a ser-lhe aplicáveis, com as necessárias adaptações, as disposições que regem as sociedades não dissolvidas.

3 – A partir da dissolução, à firma da sociedade deve ser aditada a menção «sociedade em liquidação» ou «em liquidação».

4 – O contrato de sociedade pode estipular que a liquidação seja feita por via administrativa, podendo igualmente os sócios deliberar nesse sentido com a maioria que seja exigida para a alteração do contrato.

5 – O contrato de sociedade e as deliberações dos sócios podem regulamentar a liquidação em tudo quanto não estiver disposto nos artigos seguintes.

6 – Nos casos em que tenha ocorrido dissolução administrativa promovida por via oficiosa, a liquidação é igualmente promovida oficiosamente pelo serviço de registo competente. (*)

ART. 147.º (Partilha imediata) – 1 – Sem prejuízo do disposto no artigo 148.º, se, à data da dissolução, a sociedade não tiver dívidas, podem os sócios proceder imediatamente à partilha dos haveres sociais, pela forma prescrita no artigo 156.º.

2 – As dívidas de natureza fiscal ainda não exigíveis à data da dissolução não obstam à partilha nos termos do número anterior, mas por essas dívidas ficam ilimitada e solidariamente responsáveis todos os sócios, embora reservem, por qualquer forma, as importâncias que estimarem para o seu pagamento.

ART. 148.º (Liquidação por transmissão global) – 1 – O contrato de sociedade ou uma deliberação dos sócios pode determinar que todo o património, activo e passivo, da sociedade dissolvida seja transmitido para algum ou alguns sócios, inteirando-se os outros a dinheiro, contanto que a transmissão seja procedida de acordo escrito de todos os credores da sociedade.

2 – É aplicável o disposto no artigo 147.º, n.º 2.

ART. 149.º (Operações preliminares da liquidação) – 1 – Antes de ser iniciada a liquidação devem ser organizados e aprovados, nos termos desta lei, os documentos de prestação de contas da sociedade, reportados à data da dissolução.

2 – A administração deve dar cumprimento ao disposto no número anterior dentro dos 60 dias seguintes à dissolução da sociedade; caso o não faça, esse dever cabe aos liquidatários.

3 – A recusa de entregar aos liquidatários todos os livros, documentos e haveres da sociedade constitui impedimento ao exercício do cargo, para os efeitos dos artigos 1500.º e 1501.º do Código de Processo Civil.

ART. 150.º (Duração da liquidação) – 1 – A liquidação deve estar encerrada e a partilha aprovada no prazo de dois anos a contar da data em que a sociedade se considere dissolvida, sem prejuízo de prazo inferior convencionado no contrato ou fixado por deliberação dos sócios. (*)

2 – O prazo estabelecido no número anterior só pode ser prorrogado por deliberação dos sócios e por período não superior a um ano. (*)

3 – Decorridos os prazos previstos nos números anteriores sem que tenha sido requerido o registo do encerramento da liquidação, o serviço de registo competente promove oficiosamente a liquidação por via administrativa. (*)

76   [DL n.º 76-A/2006]   SOCIEDADES COMERCIAIS E COOPERAÇÃO EMPRESARIAL

ART. 151.º (Liquidatários) – 1 – Salvo cláusula do contrato de sociedade ou deliberação em contrário, os membros da administração da sociedade passam a ser liquidatários desta a partir do momento em que ela se considere dissolvida.

2 – Em qualquer momento e sem dependência de justa causa, podem os sócios deliberar a destituição de liquidatários, bem como nomear novos liquidatários, em acréscimo ou em substituição dos existentes.

3 – O conselho fiscal, qualquer sócio ou credor da sociedade pode requerer a destituição do liquidatário por via administrativa, com fundamento em justa causa. (*)

4 – Não havendo nenhum liquidatário, pode o conselho fiscal, qualquer sócio ou credor da sociedade requerer a respectiva designação por via administrativa ao serviço de registo competente, prosseguindo a liquidação os termos previstos no presente Código. (*)

5 – Uma pessoa colectiva não pode ser nomeada liquidatário, exceptuadas as sociedades de advogados ou de revisores oficiais de contas.

6 – Sem prejuízo de cláusula do contrato de sociedade ou de deliberação em contrário, havendo mais de um liquidatário, cada um tem poderes iguais e independentes para os actos de liquidação, salvo quanto aos de alienação de bens da sociedade, para os quais é necessária a intervenção de, pelo menos, dois liquidatários.

7 – As deliberações de nomeação ou destituição de liquidatários e bem assim a concessão de algum dos poderes referidos no n.º 2 do artigo 152.º devem ser inscritas no serviço de registo competente. (*)

8 – As funções dos liquidatários terminam com a extinção da sociedade, sem prejuízo, contudo, do disposto nos artigos 162.º a 164.º.

9 – A remuneração dos liquidatários é fixada por deliberação dos sócios e constitui encargo da liquidação.

ART. 152.º (Deveres, poderes e responsabilidade dos liquidatários) – 1 – Com ressalva das disposições legais que lhes sejam especialmente aplicáveis e das limitações resultantes da natureza das suas funções, os liquidatários têm, em geral, os deveres, os poderes e a responsabilidade dos membros do órgão de administração da sociedade.

2 – Por deliberação dos sócios pode o liquidatário ser autorizado a:

a) Continuar temporariamente a actividade anterior da sociedade;
b) Contrair empréstimos necessários à efectivação da liquidação;
c) Proceder à alienação em globo do património da sociedade;
d) Proceder ao trespasse do estabelecimento da sociedade.

3 – O liquidatário deve:

a) Ultimar os negócios pendentes;
b) Cumprir as obrigações da sociedade;
c) Cobrar os créditos da sociedade;
d) Reduzir a dinheiro o património residual, salvo o disposto no artigo 156.º, n.º 1;
e) Propor a partilha dos haveres sociais.

ART. 153.º (Exigibilidade de débitos e créditos da sociedade) – 1 – Salvo nos casos de falência ou de acordo diverso entre a sociedade e um seu credor, a dissolução da sociedade não torna exigíveis as dívidas desta, mas os liquidatários podem antecipar o pagamento delas, embora os prazos tenham sido estabelecidos em benefício dos credores.

2 – Os créditos sobre terceiros e sobre sócios por dívidas não incluídas no número seguinte devem ser reclamados pelos liquidatários, embora os prazos tenham sido estabelecidos em benefício da sociedade.

3 – As cláusulas de diferimento da prestação de entradas caducam na data da dissolução da sociedade, mas os liquidatários só poderão exigir dessas dívidas dos sócios as importâncias que forem necessárias para satisfação do passivo da sociedade e das despesas de liquidação, depois de esgotado o activo social, mas sem incluir neste os créditos litigiosos ou considerados incobráveis.

ART. 154.º (Liquidação do passivo social) – 1 – Os liquidatários devem pagar todas as dívidas da sociedade para as quais seja suficiente o activo social.

2 – No caso de se verificarem as circunstâncias previstas no artigo 841.º do Código Civil, devem os liquidatários proceder à consignação em depósito do objecto da prestação; esta consignação não pode ser revogada pela sociedade, salvo provando que a dívida se extinguiu por outro facto.

3 – Relativamente às dívidas litigiosas, os liquidatários devem acautelar os eventuais direitos do credor por meio de caução, prestada nos termos do Código de Processo Civil.

ART. 155.º (Contas anuais dos liquidatários) – 1 – Os liquidatários devem prestar, nos três primeiros meses de cada ano civil, contas da liquidação, as quais devem ser acompanhadas por um relatório pormenorizado do estado da mesma.

2 – O relatório e as contas anuais dos liquidatários devem ser organizados, apreciados e aprovados nos termos prescritos para os documentos de prestação de contas da administração, com as necessárias adaptações.

ART. 156.º (Partilha do activo restante) – 1 – O activo restante, depois de satisfeitos ou acautelados, nos termos do artigo 154.º, os direitos dos credores da sociedade, pode ser partilhado em espécie, se assim estiver previsto no contrato ou se os sócios unanimemente o deliberarem.

2 – O activo restante é destinado em primeiro lugar ao reembolso do montante das entradas efectivamente realizadas; esse montante é a fracção de capital correspondente a cada sócio, sem prejuízo do que dispuser o

CÓDIGO DAS SOCIEDADES COMERCIAIS [DL n.º 76-A/2006] 77

contrato para o caso de os bens com que o sócio realizou a entrada terem valor superior àquela fracção nominal.

3 – Se não puder ser feito o reembolso integral, o activo existente é distribuído pelos sócios, por forma que a diferença para menos recaia em cada um deles na proporção da parte que lhe competir nas perdas da sociedade; para esse efeito, haverá que ter em conta a parte das entradas devida pelos sócios.

4 – Se depois de feito o reembolso integral se registar saldo, este deve ser repartido na proporção aplicável à distribuição de lucros.

5 – Os liquidatários podem excluir da partilha as importâncias estimadas para encargos da liquidação até à extinção da sociedade.

ART. 157.º (Relatório, contas finais e deliberação dos sócios) – 1 – As contas finais dos liquidatários devem ser acompanhadas por um relatório completo da liquidação e por um projecto de partilha do activo restante.

2 – Os liquidatários devem declarar expressamente no relatório que estão satisfeitos ou acautelados todos os direitos dos credores e que os respectivos recibos e documentos probatórios podem ser examinados pelos sócios.

3 – As contas finais devem ser organizadas de modo a discriminar os resultados das operações de liquidação efectuadas pelos liquidatários e o mapa da partilha, segundo o projecto apresentado.

4 – O relatório e as contas finais dos liquidatários devem ser submetidos a deliberação dos sócios, os quais designam o depositário dos livros, documentos e demais elementos da escrituração da sociedade, que devem ser conservados pelo prazo de cinco anos.

ART. 158.º (Responsabilidade dos liquidatários para com os credores sociais) – 1 – Os liquidatários que, com culpa, nos documentos apresentados à assembleia para os efeitos do artigo anterior indicarem falsamente que os direitos de todos os credores da sociedade estão satisfeitos ou acautelados, nos termos desta lei, são pessoalmente responsáveis, se a partilha se efectivar, para com os credores cujos direitos não tenham sido satisfeitos ou acautelados.

2 – Os liquidatários cuja responsabilidade tenha sido efectivada, nos termos do número anterior, gozam de direito de regresso contra os antigos sócios, salvo se tiverem agido com dolo.

ART. 159.º (Entrega dos bens partilhados) – 1 – Depois da deliberação dos sócios e em conformidade com esta, os liquidatários procedem à entrega dos bens que pela partilha ficam cabendo a cada um, devendo esses liquidatários executar as formalidades necessárias à transmissão dos bens atribuídos aos sócios, quando tais formalidades sejam exigíveis. (*)

2 – É admitida a consignação em depósito, nos termos gerais.

ART. 160.º (Registo comercial) – 1 – Os liquidatários devem requerer o registo do encerramento da liquidação.

2 – A sociedade considera-se extinta, mesmo entre os sócios e sem prejuízo do disposto nos artigos 162.º a 164.º, pelo registo do encerramento da liquidação.

ART. 161.º (Regresso à actividade) – 1 – Os sócios podem deliberar, observado o disposto neste artigo, que termine a liquidação da sociedade e esta retome a sua actividade.

2 – A deliberação deve ser tomada pelo número de votos que a lei ou o contrato de sociedade exija para a deliberação de dissolução, a não ser que se tenha estipulado para este efeito maioria superior ou outros requisitos.

3 – A deliberação não pode ser tomada:

a) Antes de o passivo ter sido liquidado, nos termos do artigo 154.º, exceptuados os créditos cujo reembolso na liquidação for dispensado expressamente pelos respectivos titulares;

b) Enquanto se mantiver alguma causa de dissolução;

c) Se o saldo de liquidação não cobrir o capital social, salvo redução deste.

4 – Para os efeitos da alínea *b)* do número anterior, a mesma deliberação pode tomar as providências necessárias para fazer cessar alguma causa de dissolução; nos casos previstos nos artigos 142.º, n.º 1, alínea *a)*, e 464.º, n.º 3, a deliberação só se torna eficaz quando efectivamente tiver sido reconstituído o número legal de sócios; no caso de dissolução por morte do sócio, não é bastante, mas necessário, o voto concordante dos sucessores na deliberação referida no n.º 1.

5 – Se a deliberação for tomada depois de iniciada a partilha, pode exonerar-se da sociedade o sócio cuja participação fique relevantemente reduzida em relação à que, no conjunto, anteriormente detinha, recebendo a parte que pela partilha lhe caberia.

ART. 162.º (Acções pendentes) – 1 – As acções em que a sociedade seja parte continuam após a extinção desta, que se considera substituída pela generalidade dos sócios, representados pelos liquidatários, nos termos dos artigos 163.º, n.ºs 2, 4 e 5, e 164.º, n.ºs 2 e 5.

2 – A instância não se suspende nem é necessária habilitação.

ART. 163.º (Passivo superveniente) – 1 – Encerrada a liquidação e extinta a sociedade, os antigos sócios respondem pelo passivo social não satisfeito ou acautelado, até ao montante que receberam na partilha, sem prejuízo do disposto quanto a sócios de responsabilidade ilimitada.

2 – As acções necessárias para os fins referidos no número anterior podem ser propostas contra a generalidade dos sócios, na pessoa dos liquidatários, que são considerados representantes legais daqueles para este efeito, incluindo a citação; qualquer dos sócios pode intervir como assistente; sem prejuízo das excepções pre-

78 [DL n.º 76-A/2006] SOCIEDADES COMERCIAIS E COOPERAÇÃO EMPRESARIAL

vistas no artigo 341.º do Código de Processo Civil, a sentença proferida relativamente à generalidade dos sócios constitui caso julgado em relação a cada um deles.

3 – O antigo sócio que satisfizer alguma dívida, por força do disposto no n.º 1, tem direito de regresso contra os outros, de maneira a ser respeitada a proporção de cada um nos lucros e nas perdas.

4 – Os liquidatários darão conhecimento da acção a todos os antigos sócios, pela forma mais rápida que lhes for possível, e podem exigir destes adequada provisão para encargos judiciais.

5 – Os liquidatários não podem escusar-se a funções atribuídas neste artigo, sendo essas funções exercidas, quando tenham falecido, pelos últimos gerentes ou administradores ou, no caso de falecimento destes, pelos sócios, por ordem decrescente da sua participação no capital da sociedade. (*)

ART. 164.º (Activo superveniente) – 1 – Verificando-se, depois de encerrada a liquidação e extinta a sociedade, a existência de bens não partilhados, compete aos liquidatários propor a partilha adicional pelos antigos sócios, reduzindo os bens a dinheiro, se não for acordada unanimemente a partilha em espécie.

2 – As acções para cobrança de créditos da sociedade abrangidos pelo disposto no número anterior podem ser propostas pelos liquidatários, que, para o efeito, são considerados representantes legais da generalidade dos sócios; qualquer destes pode, contudo, propor acção limitada ao seu interesse.

3 – A sentença proferida relativamente à generalidade dos sócios constitui caso julgado para cada um deles e pode ser individualmente executada, na medida dos respectivos interesses.

4 – É aplicável o disposto no artigo 163.º, n.º 4.

5 – No caso de falecimento dos liquidatários, aplica-se o disposto no artigo 163.º, n.º 5.

ART. 165.º (Liquidação no caso de invalidade do contrato) – 1 – Declarado nulo ou anulado o contrato de sociedade, devem os sócios proceder à liquidação, nos termos dos artigos anteriores, com as seguintes especialidades:

a) Devem ser nomeados liquidatários, excepto se a sociedade não tiver iniciado a sua actividade;

b) O prazo de liquidação extrajudicial é de dois anos, a contar da declaração de nulidade ou anulação do contrato, e só pode ser prorrogado pelo tribunal;

c) As deliberações dos sócios serão tomadas pela forma prescrita para as sociedades em nome colectivo;

d) A partilha será feita de acordo com as regras estipuladas no contrato, salvo se tais regras forem, em si mesmas, inválidas;

e) Só haverá lugar a registo de qualquer acto se estiver registada a constituição da sociedade.

2 – Nos casos previstos no número anterior, qualquer sócio, credor da sociedade ou credor de sócio de responsabilidade ilimitada pode requerer a liquidação judicial, antes de ter sido iniciada a liquidação pelos sócios, ou a continuação judicial da liquidação iniciada, se esta não tiver terminado no prazo legal.

CAPÍTULO XIV — Publicidade de actos sociais

ART. 166.º (Actos sujeitos a registo) – Os actos relativos à sociedade estão sujeitos a registo e publicação nos termos da lei respectiva.

ART. 167.º (Publicações obrigatórias) – 1 – As publicações obrigatórias devem ser feitas, a expensas da sociedade, em sítio na Internet de acesso público, regulado por portaria do Ministro da Justiça, no qual a informação objecto de publicidade possa ser acedida, designadamente por ordem cronológica.

2 – *(Revogado.)*

ART. 168.º (Falta de registo ou publicação) – 1 – Os terceiros podem prevalecer-se de actos cujo registo e publicação não tenham sido efectuados, salvo se a lei privar esses actos de todos os efeitos ou especificar para que efeitos podem os terceiros prevalecer-se deles.

2 – A sociedade não pode opor a terceiros actos cuja publicação seja obrigatória sem que esta esteja efectuada, salvo se a sociedade provar que o acto está registado e que o terceiro tem conhecimento dele.

3 – Relativamente a operações efectuadas antes de terem decorrido 16 dias sobre a publicação, os actos não são oponíveis pela sociedade a terceiros que provem ter estado, durante esse período, impossibilitados de tomar conhecimento da publicação.

4 – Os actos sujeitos a registo, mas que não devam ser obrigatoriamente publicados, não podem ser opostos pela sociedade a terceiros enquanto o registo não for efectuado.

5 – As acções de declaração de nulidade ou de anulação de deliberações sociais não podem prosseguir, enquanto não for feita prova de ter sido requerido o registo; nas acções de suspensão das referidas deliberações, a decisão não será proferida enquanto aquela prova não for feita.

ART. 169.º (Responsabilidade por discordâncias de publicidade) – 1 – A sociedade responde pelos prejuízos causados a terceiros pelas discordâncias entre o teor dos actos praticados, o teor do registo e o teor das publicações, quando delas sejam culpados gerentes, administradores, liquidatários ou representantes.(*)

CÓDIGO DAS SOCIEDADES COMERCIAIS [DL n.º 76-A/2006] 79

2 – As pessoas que têm o dever de requerer o registo e de proceder às publicações devem igualmente tomar as providências necessárias para que sejam sanadas, no mais breve prazo, as discordâncias entre o acto praticado, o registo e as publicações.

3 – No caso de discordância entre o teor do acto constante das publicações e o constante do registo, a sociedade não pode opor a terceiros o texto publicado, mas estes podem prevalecer-se dele, salvo se a sociedade provar que o terceiro tinha conhecimento do texto constante do registo.

ART. 170.º (Eficácia de actos para com a sociedade) – A eficácia para com a sociedade de actos que, nos termos da lei, devam ser-lhe notificados ou comunicados não depende de registo ou de publicação.

ART. 171.º (Menções em actos externos) – 1 – Sem prejuízo de outras menções exigidas por leis especiais, em todos os contratos, correspondência, publicações, anúncios, sítios na Internet e de um modo geral em toda a actividade externa, as sociedades devem indicar claramente, além da firma, o tipo, a sede, a conservatória do registo onde se encontrem matriculadas, o seu número de matrícula e de identificação de pessoa colectiva e, sendo caso disso, a menção de que a sociedade se encontra em liquidação. (*)

2 – As sociedades por quotas, anónimas e em comandita por acções devem ainda indicar o capital social, o montante do capital realizado, se for diverso, e o montante do capital próprio segundo o último balanço aprovado, sempre que este for igual ou inferior a metade do capital social.

3 – O disposto no n.º 1 é aplicável às sucursais de sociedades com sede no estrangeiro, devendo estas, para além dos elementos aí referidos, indicar ainda a conservatória do registo onde se encontram matriculadas e o respectivo número de matrícula nessa conservatória. (*)

CAPÍTULO XV — **Fiscalização pelo Ministério Público**

ART. 172.º (Requerimento de liquidação judicial) – Se o contrato de sociedade não tiver sido celebrado na forma legal ou o seu objecto for ou se tornar ilícito ou contrário à ordem pública, deve o Ministério Público requerer, sem dependência de acção declarativa, a liquidação judicial da sociedade, se a liquidação não tiver sido iniciada pelos sócios ou não estiver terminada no prazo legal.

ART. 173.º (Regularização da sociedade) – 1 – Antes de tomar as providências determinadas no artigo anterior, deve o Ministério Público notificar por ofício a sociedade ou os sócios para, em prazo razoável, regularizarem a situação.

2 – A situação das sociedades pode ainda ser regularizada até ao trânsito em julgado da sentença proferida na acção proposta pelo Ministério Público.

3 – O disposto nos números anteriores não se aplica quanto a sociedades nulas por o seu objecto ser ilícito ou contrário à ordem pública.

CAPÍTULO XVI — **Prescrição**

ART. 174.º (Prescrição) – 1 – Os direitos da sociedade contra os fundadores, os sócios, os gerentes, os administradores, os membros do conselho fiscal e do conselho geral e de supervisão, os revisores oficiais de contas e os liquidatários, bem como os direitos destes contra a sociedade, prescrevem no prazo de cinco anos, contados a partir da verificação dos seguintes factos: (*)

a) O início da mora, quanto à obrigação de entrada de capital ou de prestações suplementares;

b) O termo da conduta dolosa ou culposa do fundador, do gerente, administrador, membro do conselho fiscal ou do conselho geral e de supervisão, revisor ou liquidatário ou a sua revelação, se aquela houver sido ocultada, e a produção do dano, sem necessidade de que este se tenha integralmente verificado, relativamente à obrigação de indemnizar a sociedade; (*)

c) A data em que a transmissão de quotas ou acções se torne eficaz para com a sociedade quanto à responsabilidade dos transmitentes;

d) O vencimento de qualquer outra obrigação;

e) A prática do acto em relação aos actos praticados em nome de sociedade irregular por falta de forma ou de registo.

2 – Prescrevem no prazo de cinco anos, a partir do momento referido na alínea *b)* do número anterior, os direitos dos sócios e de terceiros, por responsabilidade para com eles de fundadores, gerentes, administradores, membros do conselho fiscal ou do conselho geral e de supervisão, liquidatários, revisores oficiais de contas, bem como de sócios, nos casos previstos nos artigos 82.º e 83.º. (*)

3 – Prescrevem no prazo de cinco anos, a contar do registo da extinção da sociedade, os direitos de crédito de terceiros contra a sociedade, exercíveis contra os antigos sócios e os exigíveis por estes contra terceiros, nos termos dos artigos 163.º e 164.º, se, por força de outros preceitos, não prescreverem antes do fim daquele prazo.

4 – Prescrevem no prazo de cinco anos, a contar da data do registo definitivo da fusão, os direitos de indemnização referidos no artigo 114.º.

5 – Se o facto ilícito de que resulta a obrigação constituir crime para o qual a lei estabeleça prescrição sujeita a prazo mais longo, será este o prazo aplicável.

TÍTULO II — SOCIEDADES EM NOME COLECTIVO

CAPÍTULO I — Características e contrato

ART. 175.º (Características) – 1 – Na sociedade em nome colectivo o sócio, além de responder individualmente pela sua entrada, responde pelas obrigações sociais subsidiariamente em relação à sociedade e solidariamente com os outros sócios.

2 – O sócio não responde pelas obrigações da sociedade contraídas posteriormente à data em que dela sair, mas responde pelas obrigações contraídas anteriormente à data do seu ingresso.

3 – O sócio que, por força do disposto nos números anteriores, satisfizer obrigações da sociedade tem direito de regresso contra os outros sócios, na medida em que o pagamento efectuado exceda a importância que lhe caberia suportar segundo as regras aplicáveis à sua participação nas perdas sociais.

4 – O disposto no número anterior aplica-se também no caso de um sócio ter satisfeito obrigações da sociedade, a fim de evitar que contra ele seja intentada execução.

ART. 176.º (Conteúdo do contrato) – 1 – No contrato de sociedade em nome colectivo devem especialmente figurar:

a) A espécie e a caracterização da entrada de cada sócio, em indústria ou bens, assim como o valor atribuído aos bens;

b) O valor atribuído à indústria com que os sócios contribuam, para o efeito da repartição de lucros e perdas;

c) A parte de capital correspondente à entrada com bens de cada sócio.

2 – Não podem ser emitidos títulos representativos de partes sociais.

ART. 177.º (Firma) – 1 – A firma da sociedade em nome colectivo deve, quando não individualizar todos os sócios, conter, pelo menos, o nome ou firma de um deles, com o aditamento, abreviado ou por extenso, «e companhia» ou qualquer outro que indique a existência de outros sócios.

2 – Se alguém que não for sócio da sociedade incluir o seu nome ou firma na firma social, ficará sujeito à responsabilidade imposta aos sócios no artigo 175.º.

ART. 178.º (Sócios de indústria) – 1 – O valor da contribuição em indústria do sócio não é computado no capital social.

2 – Os sócios de indústria não respondem, nas relações internas, pelas perdas sociais, salvo cláusula em contrário do contrato de sociedade.

3 – Quando, nos termos da parte final do número anterior, o sócio de indústria responder pelas perdas sociais e por esse motivo contribuir com capital, ser-lhe-á composta, por redução proporcional das outras partes sociais, uma parte de capital correspondente àquela contribuição.

4 – *(Revogado.)*

ART. 179.º (Responsabilidade pelo valor das entradas) – A verificação das entradas em espécie, determinada no artigo 28.º, pode ser substituída por expressa assunção pelos sócios, no contrato de sociedade, de responsabilidade solidária, mas não subsidiária, pelo valor atribuído aos bens.

ART. 180.º (Proibição de concorrência e de participação noutras sociedades) – 1 – Nenhum sócio pode exercer, por conta própria ou alheia, actividade concorrente com a da sociedade nem ser sócio de responsabilidade ilimitada noutra sociedade, salvo expresso consentimento de todos os outros sócios.

2 – O sócio que violar o disposto no número antecedente fica responsável pelos danos que causar à sociedade; em vez de indemnização por aquela responsabilidade, a sociedade pode exigir que os negócios efectuados pelo sócio, de conta própria, sejam considerados como efectuados por conta da sociedade e que o sócio lhe entregue os proventos próprios resultantes dos negócios efectuados por ele, de conta alheia, ou lhe ceda os seus direitos a tais proventos.

3 – Entende-se como concorrente qualquer actividade abrangida no objecto da sociedade, embora de facto não esteja a ser exercida por ela.

4 – No exercício por conta própria inclui-se a participação de, pelo menos, 20% no capital ou nos lucros de sociedade em que o sócio assuma responsabilidade limitada.

5 – O consentimento presume-se no caso de o exercício da actividade ou a participação noutra sociedade serem anteriores à entrada do sócio e todos os outros sócios terem conhecimento desses factos.

ART. 181.º (Direito dos sócios à informação) – 1 – Os gerentes devem prestar a qualquer sócio que o requeira informação verdadeira, completa e elucidativa sobre a gestão da sociedade, e bem assim facultar-lhe na sede social a consulta da respectiva escrituração, livros e documentos. A informação será dada por escrito, se assim for solicitado.

2 – Podem ser pedidas informações sobre actos já praticados ou sobre actos cuja prática seja esperada, quando estes sejam susceptíveis de fazerem incorrer o seu autor em responsabilidade, nos termos da lei.

3 – A consulta da escrituração, livros ou documentos deve ser feita pessoalmente pelo sócio, que pode fazer-se assistir de um revisor oficial de contas ou de outro perito, bem como usar da faculdade reconhecida pelo artigo 576.º do Código Civil.

CÓDIGO DAS SOCIEDADES COMERCIAIS   [DL n.º 76-A/2006]   81

4 – O sócio pode inspeccionar os bens sociais nas condições referidas nos números anteriores.

5 – O sócio que utilize as informações obtidas de modo a prejudicar injustamente a sociedade ou outros sócios é responsável, nos termos gerais, pelos prejuízos que lhes causar e fica sujeito a exclusão.

6 – No caso de ao sócio ser recusado o exercício dos direitos atribuídos nos números anteriores, pode requerer inquérito judicial nos termos previstos no artigo 450.º.

ART. 182.º (Transmissão entre vivos de parte social) – 1 – A parte de um sócio só pode ser transmitida, por acto entre vivos, com o expresso consentimento dos restantes sócios.

2 – A transmissão da parte de um sócio deve ser reduzida a escrito. (*)

3 – O disposto nos números anteriores aplica-se à constituição dos direitos reais de gozo sobre a parte do sócio.

4 – A transmissão da parte do sócio torna-se eficaz para com a sociedade logo que lhe for comunicada por escrito ou por ela reconhecida expressa ou tacitamente.

ART. 183.º (Execução sobre a parte do sócio) – 1 – O credor do sócio não pode executar a parte deste na sociedade, mas apenas o direito aos lucros e à quota de liquidação.

2 – Efectuada a penhora dos direitos referidos no número anterior, o credor, nos 15 dias seguintes à notificação desse facto, pode requerer que a sociedade seja notificada para, em prazo razoável, não excedente a 180 dias, proceder à liquidação da parte.

3 – Se a sociedade demonstrar que o sócio devedor possui outros bens suficientes para satisfação da dívida exequenda, a execução continuará sobre esses bens.

4 – Se a sociedade provar que a parte do sócio não pode ser liquidada, por força do disposto no artigo 188.º, prosseguirá a execução sobre o direito aos lucros e à quota de liquidação, mas o credor pode requerer que a sociedade seja dissolvida.

5 – Na venda ou adjudicação dos direitos referidos no número anterior gozam do direito de preferência os outros sócios e, quando mais de um o desejar exercer, ser-lhe-ão atribuídos na proporção do valor das respectivas partes sociais.

ART. 184.º (Falecimento de um sócio) – 1 – Ocorrendo o falecimento de um sócio, se o contrato de sociedade nada estipular em contrário, os restantes sócios ou a sociedade devem satisfazer ao sucessor a quem couberem os direitos do falecido o respectivo valor, a não ser que optem pela dissolução da sociedade e o comuniquem ao sucessor, dentro de 90 dias a contar da data em que tomaram conhecimento daquele facto.

2 – Os sócios sobrevivos podem também continuar a sociedade com o sucessor do falecido, se ele prestar para tanto o seu expresso consentimento, o qual não pode ser dispensado no contrato de sociedade.

3 – Sendo vários os sucessores da parte do falecido, podem livremente dividi-la entre si ou encabeçá-la nalgum ou nalguns deles.

4 – Se algum dos sucessores da parte do falecido for incapaz para assumir a qualidade de sócio, podem os restantes sócios deliberar nos 90 dias seguintes ao conhecimento do facto a transformação da sociedade, de modo que o incapaz se torne sócio de responsabilidade limitada.

5 – Na falta da deliberação prevista no número anterior, os restantes sócios devem tomar nova deliberação nos 90 dias seguintes, optando entre a dissolução da sociedade e a liquidação da parte do sócio falecido.

6 – Se os sócios não tomarem nenhuma das deliberações previstas no número anterior, deve o representante do incapaz requerer a exoneração judicial do seu representado ou, se esta não for legalmente possível, a dissolução da sociedade por via administrativa. (*)

7 – Dissolvida a sociedade ou devendo a parte do sócio falecido ser liquidada, entende-se que a partir da data da morte do sócio se extinguem todos os direitos e obrigações inerentes à parte social, operando-se a sucessão apenas quanto ao direito ao produto de liquidação da referida parte, reportado àquela data e determinado nos termos previstos no artigo 1021.º do Código Civil.

8 – O disposto neste artigo é aplicável ao caso de a parte do sócio falecido compor a meação do seu cônjuge.

ART. 185.º (Exoneração do sócio) – 1 – Todo o sócio tem o direito de se exonerar da sociedade nos casos previstos na lei ou no contrato e ainda:

a) Se não estiver fixada no contrato a duração da sociedade ou se esta tiver sido constituída por toda a vida de um sócio ou por período superior a 30 anos, desde que aquele que se exonerar seja sócio há, pelo menos, 10 anos;

b) Quando ocorra justa causa.

2 – Entende-se que há justa causa de exoneração de um sócio quando, contra o seu voto expresso:

a) A sociedade não delibere destituir um gerente, havendo justa causa para tanto;

b) A sociedade não delibere excluir um sócio, ocorrendo justa causa de exclusão;

c) O referido sócio for destituído da gerência da sociedade.

3 – Quando o sócio pretenda exonerar-se com fundamento na ocorrência de justa causa, deve exercer o seu direito no prazo de 90 dias a contar daquele em que tomou conhecimento do facto que permite a exoneração.

4 – A exoneração só se torna efectiva no fim do ano social em que é feita a comunicação respectiva, mas nunca antes de decorridos três meses sobre esta comunicação.

5 – O sócio exonerado tem direito ao valor da sua parte social, calculado nos termos previstos no artigo 105.º, n.º 2, com referência ao momento em que a exoneração se torna efectiva.

82 [DL n.º 76-A/2006] SOCIEDADES COMERCIAIS E COOPERAÇÃO EMPRESARIAL

ART. 186.º (Exclusão do sócio) – 1 – A sociedade pode excluir um sócio nos casos previstos na lei e no contrato e ainda:

a) Quando lhe seja imputável violação grave das suas obrigações para com a sociedade, designadamente da proibição de concorrência prescrita pelo artigo 180.º, ou quando for destituído da gerência com fundamento em justa causa que consista em facto culposo susceptível de causar prejuízo à sociedade.

b) Em caso de interdição, inabilitação, declaração de falência ou de insolvência;

c) Quando, sendo o sócio de indústria, se impossibilite de prestar à sociedade os serviços a que ficou obrigado.

2 – A exclusão deve ser deliberada por três quartos dos votos dos restantes sócios, se o contrato não exigir maioria mais elevada, nos 90 dias seguintes àquele em que algum dos gerentes tomou conhecimento do facto que permite a exclusão.

3 – Se a sociedade tiver apenas dois sócios, a exclusão de qualquer deles, com fundamento nalgum dos factos previstos nas alíneas *a)* e *c)* do n.º 1, só pode ser decretada pelo tribunal.

4 – O sócio excluído tem direito ao valor da sua parte social, calculado nos termos previstos no artigo 105.º, n.º 2, com referência ao momento da deliberação de exclusão.

5 – Se por força do disposto no artigo 188.º não puder a parte social ser liquidada, o sócio retoma o direito aos lucros e à quota de liquidação até lhe ser efectuado o pagamento.

ART. 187.º (Destino da parte social extinta) – 1 – Se a extinção da parte social não for acompanhada da correspondente redução do capital, o respectivo valor nominal acresce às restantes partes, segundo a proporção entre elas existente, devendo ser alterado, em conformidade, o contrato de sociedade.

2 – Pode, porém, estipular-se no contrato de sociedade ou podem os sócios deliberar por unanimidade que seja criada uma ou mais partes sociais, cujo valor nominal total seja igual ao da que foi extinta, mas sempre para imediata transmissão a sócios ou a terceiros.

ART. 188.º (Liquidação da parte) – 1 – Em caso algum é lícita a liquidação da parte em sociedade ainda não dissolvida se a situação líquida da sociedade se tornasse por esse facto inferior ao montante do capital social.

2 – A liquidação da parte efectua-se nos termos previstos no artigo 1021.º do Código Civil, sendo a parte avaliada nos termos do artigo 105.º, n.º 2, com referência ao momento da ocorrência ou eficácia do facto determinante da liquidação.

ART. 188.º-A (*) (Registo de partes sociais) – Ao registo de partes sociais aplica-se, com as necessárias adaptações, o disposto quanto ao registo de quotas.

CAPÍTULO II — Deliberações dos sócios e gerência

ART. 189.º (Deliberações dos sócios) – 1 – Às deliberações dos sócios e à convocação e funcionamento das assembleias gerais aplica-se o disposto para as sociedades por quotas em tudo quanto a lei ou o contrato de sociedade não dispuserem diferentemente.

2 – As deliberações são tomadas por maioria simples dos votos expressos, quando a lei ou o contrato não dispuserem diversamente.

3 – Além de outros assuntos mencionados na lei ou no contrato, são necessariamente objecto de deliberação dos sócios a apreciação do relatório de gestão e dos documentos de prestação de contas, a aplicação dos resultados, a resolução sobre a proposição, transacção ou desistência de acções da sociedade contra sócios ou gerentes, a nomeação de gerentes de comércio e o consentimento referido no artigo 180.º, n.º 1.

4 – Nas assembleias gerais, o sócio só pode fazer-se representar pelo seu cônjuge, por ascendente ou descendente ou por outro sócio, bastando para o efeito uma carta dirigida à sociedade.

5 – As actas das reuniões das assembleias gerais devem ser assinadas por todos os sócios, ou seus representantes, que nelas participaram.

ART. 190.º (Direito de voto) – 1 – A cada sócio pertence um voto, salvo se outro critério for determinado no contrato de sociedade, sem, contudo, o direito de voto poder ser suprimido.

2 – O sócio de indústria disporá sempre, pelo menos, de votos em número igual ao menor número de votos atribuídos a sócios de capital.

ART. 191.º (Composição da gerência) – 1 – Não havendo estipulação em contrário e salvo o disposto no n.º 3, são gerentes todos os sócios, quer tenham constituído a sociedade, quer tenham adquirido essa qualidade posteriormente.

2 – Por deliberação unânime dos sócios podem ser designadas gerentes pessoas estranhas à sociedade.

3 – Uma pessoa colectiva sócia não pode ser gerente, mas, salvo proibição contratual, pode nomear uma pessoa singular para, em nome próprio, exercer esse cargo.

4 – O sócio que tiver sido designado gerente por cláusula especial do contrato de sociedade só pode ser destituído da gerência em acção intentada pela sociedade ou por outro sócio, contra ele e contra a sociedade, com fundamento em justa causa.

5 – O sócio que exercer a gerência por força do disposto no n.º 1 ou que tiver sido designado gerente por deliberação dos sócios só pode ser destituído da gerência por deliberação dos sócios, com fundamento em justa causa, salvo quando o contrato de sociedade dispuser diferentemente.

CÓDIGO DAS SOCIEDADES COMERCIAIS   [DL n.º 76-A/2006]   83

6 – Os gerentes não sócios podem ser destituídos da gerência por deliberação dos sócios, independentemente de justa causa.

7 – Se a sociedade tiver apenas dois sócios, a destituição de qualquer deles da gerência, com fundamento em justa causa, só pelo tribunal pode ser decidida, em acção intentada pelo outro contra a sociedade.

ART. 192.º (Competência dos gerentes) – 1 – A administração e a representação da sociedade competem aos gerentes.

2 – A competência dos gerentes, tanto para administrar como para representar a sociedade, deve ser sempre exercida dentro dos limites do objecto social e, pelo contrato, pode ficar sujeita a outras limitações ou condicionamentos.

3 – A sociedade não pode impugnar negócios celebrados em seu nome, mas com falta de poderes, pelos gerentes, no caso de tais negócios terem sido confirmados, expressa ou tacitamente, por deliberação unânime dos sócios.

4 – Os negócios referidos no número anterior, quando não confirmados, são insusceptíveis de impugnação pelos terceiros neles intervenientes que tinham conhecimento da infracção cometida pelo gerente; o registo ou a publicação do contrato não fazem presumir este conhecimento.

5 – A gerência presume-se remunerada; o montante da remuneração de cada gerente, quando não excluída pelo contrato, é fixado por deliberação dos sócios.

ART. 193.º (Funcionamento da gerência) – 1 – Salvo convenção em contrário, havendo mais de um gerente, todos têm poderes iguais e independentes para administrar e representar a sociedade, mas qualquer deles pode opor-se aos actos que outro pretenda realizar, cabendo à maioria dos gerentes decidir sobre o mérito da oposição.

2 – A oposição referida no número anterior é ineficaz para com terceiros, a não ser que estes tenham tido conhecimento dela.

CAPÍTULO III — Alterações do contrato

ART. 194.º (Alterações do contrato) – 1 – Só por unanimidade podem ser introduzidas quaisquer alterações no contrato de sociedade ou pode ser deliberada a fusão, a cisão, a transformação e a dissolução da sociedade, a não ser que o contrato autorize a deliberação por maioria, que não pode ser inferior a três quartos dos votos de todos os sócios.

2 – Também só por unanimidade pode ser deliberada a admissão de novo sócio.

CAPÍTULO IV — Dissolução e liquidação da sociedade

ART. 195.º (Dissolução e liquidação) – 1 – Além dos casos previstos na lei, a sociedade pode ser dissolvida: (*)

a) A requerimento do sucessor do sócio falecido, se a liquidação da parte social não puder efectuar-se por força do disposto no artigo 188.º, n.º 1;

b) A requerimento do sócio que pretenda exonerar-se com fundamento no artigo 185.º, n.º 2, alíneas *a)* e *b)*, se a parte social não puder ser liquidada por força do disposto no artigo 188.º, n.º 1.

2 – Nos termos e para os fins do artigo 153.º, n.º 3, os liquidatários devem reclamar dos sócios, além das dívidas de entradas, as quantias necessárias para satisfação das dívidas sociais, em proporção da parte de cada um nas perdas; se, porém, algum sócio se encontrar insolvente, será a sua parte dividida pelos demais, na mesma proporção.

ART. 196.º (Regresso à actividade. Oposição de credores) – 1 – O credor de sócio pode opor-se ao regresso à actividade de sociedade em liquidação, contanto que o faça nos 30 dias seguintes à publicação da respectiva deliberação.

2 – A oposição efectua-se por notificação judicial avulsa, requerida no prazo fixado no número anterior; recebida a notificação, pode a sociedade, nos 60 dias seguintes, excluir o sócio ou deliberar a continuação da liquidação.

3 – Se a sociedade não tomar nenhuma das deliberações previstas na parte final do número anterior, pode o credor exigir judicialmente a liquidação da parte do seu devedor.

TÍTULO III — SOCIEDADES POR QUOTAS

CAPÍTULO I — Características e contrato

ART. 197.º (Características da sociedade) – 1 – Na sociedade por quotas o capital está dividido em quotas e os sócios são solidariamente responsáveis por todas as entradas convencionadas no contrato social, conforme o disposto no artigo 207.º.

2 – Os sócios apenas são obrigados a outras prestações quando a lei ou o contrato, autorizado por lei, assim o estabeleçam.

3 – Só o património social responde para com os credores pelas dívidas da sociedade, salvo o disposto no artigo seguinte.

84 [DL n.º 76-A/2006] SOCIEDADES COMERCIAIS E COOPERAÇÃO EMPRESARIAL

ART. 198.º (Responsabilidade directa dos sócios para com os credores sociais) – 1 – É lícito estipular no contrato que um ou mais sócios, além de responderem para com a sociedade nos termos definidos no n.º 1 do artigo anterior, respondem também perante os credores sociais até determinado montante; essa responsabilidade tanto pode ser solidária com a da sociedade, como subsidiária em relação a esta e a efectivar apenas na fase da liquidação.

2 – A responsabilidade regulada no número precedente abrange apenas as obrigações assumidas pela sociedade enquanto o sócio a ela pertencer e não se transmite por morte deste, sem prejuízo da transmissão das obrigações a que o sócio estava anteriormente vinculado.

3 – Salvo disposição contratual em contrário, o sócio que pagar dívidas sociais, nos termos deste artigo, tem direito de regresso contra a sociedade pela totalidade do que houver pago, mas não contra os outros sócios.

ART. 199.º (Conteúdo do contrato) – O contrato de sociedade deve especialmente mencionar:
a) O montante de cada quota de capital e a identificação do respectivo titular;
b) O montante das entradas efectuadas por cada sócio no contrato e o montante das entradas diferidas.

ART. 200.º (Firma) – 1 – A firma destas sociedades deve ser formada, com ou sem sigla, pelo nome ou firma de todos, algum ou alguns dos sócios, ou por uma denominação particular, ou pela reunião de ambos esses elementos, mas em qualquer caso concluirá pela palavra «limitada» ou pela abreviatura «Lda.».

2 – Na firma não podem ser incluídas ou mantidas expressões indicativas de um objecto social que não esteja especificamente previsto na respectiva cláusula do contrato de sociedade.

3 – No caso de o objecto contratual da sociedade ser alterado, deixando de incluir actividade especificada na firma, a alteração do objecto deve ser simultaneamente acompanhada da modificação da firma. (*)

ART. 201.º (Montante do capital) – A sociedade por quotas não pode ser constituída com um capital inferior a € 5000 nem posteriormente o seu capital pode ser reduzido a importância inferior a essa.

CAPÍTULO II — **Obrigações e direitos dos sócios**

Secção I — **OBRIGAÇÃO DE ENTRADA**

ART. 202.º (Entradas) – 1 – Não são admitidas contribuições de indústria.

2 – Só pode ser diferida a efectivação de metade das entradas em dinheiro, mas o quantitativo global dos pagamentos feitos por conta destas, juntamente com a soma dos valores nominais das quotas correspondentes às entradas em espécie, deve perfazer o capital mínimo fixado na lei.

3 – A soma das entradas em dinheiro já realizadas deve ser depositada em instituição de crédito, numa conta aberta em nome da futura sociedade, até ao momento da celebração do contrato. (*)

4 – Os sócios devem declarar no acto constitutivo, sob sua responsabilidade, que procederam ao depósito referido no número anterior. (*)

5 – Da conta referida no n.º 3 só podem ser efectuados levantamentos: (*)
a) Depois de o contrato estar definitivamente registado;
b) Depois de celebrado o contrato, caso os sócios autorizem os gerentes a efectuá-los para fins determinados; (*)
c) Para liquidação provocada pela inexistência ou nulidade do contrato ou pela falta de registo.

ART. 203.º (Tempo das entradas) – 1 – O pagamento das entradas que a lei não mande efectuar no contrato de sociedade ou no acto de aumento de capital só pode ser diferido para datas certas ou ficar dependente de factos certos e determinados; em qualquer caso, a prestação pode ser exigida a partir do momento em que se cumpra o período de cinco anos sobre a celebração do contrato ou a deliberação de aumento de capital ou se encerre prazo equivalente a metade da duração da sociedade, se este limite for inferior.

2 – Salvo acordo em contrário, as prestações por conta das quotas dos diferentes sócios devem ser simultâneas e representar fracções iguais do respectivo montante.

3 – Não obstante a fixação de prazos no contrato de sociedade, o sócio só entra em mora depois de interpelado pela sociedade para efectuar o pagamento, em prazo que pode variar entre 30 e 60 dias.

ART. 204.º (Aviso ao sócio remisso e exclusão deste) – 1 – Se o sócio não efectuar, no prazo fixado na interpelação, a prestação a que está obrigado, deve a sociedade avisá-lo por carta registada de que, a partir do 30.º dia seguinte à recepção da carta, fica sujeito a exclusão e a perda total ou parcial da quota.

2 – Não sendo o pagamento efectuado no prazo referido no número anterior e deliberando a sociedade excluir o sócio, deve comunicar-lhe, por carta registada, a sua exclusão, com a consequente perda a favor da sociedade da respectiva quota e pagamentos já realizados, salvo se os sócios, por sua iniciativa ou a pedido do sócio remisso, deliberarem limitar a perda à parte da quota correspondente à prestação não efectuada; neste caso, deverão ser indicados na declaração dirigida ao sócio os valores nominais da parte perdida por este e da parte por ele conservada.

3 – A estas partes não é aplicável o disposto no artigo 219.º, n.º 3, não podendo, contudo, cada uma delas ser inferior a € 50.

4 – Se, nos termos do n.º 2 deste artigo, tiver sido declarada perdida pelo sócio remisso apenas uma parte da quota, é aplicável à venda dessa parte, à responsabilidade do sócio e à dos anteriores titulares da mesma quota, bem como ao destino das quantias obtidas, o disposto nos artigos seguintes.

CÓDIGO DAS SOCIEDADES COMERCIAIS

[DL n.º 76-A/2006] 85

ART. 205.º (Venda da quota do sócio excluído) – 1 – A sociedade pode fazer vender em hasta pública a quota perdida a seu favor, se os sócios não deliberarem que ela seja vendida a terceiros por modo diverso, mas, neste caso, se o preço ajustado for inferior à soma do montante em dívida com a prestação já efectuada por conta da quota, a venda só pode realizar-se com o consentimento do sócio excluído.

2 – Os sócios podem ainda deliberar:

a) Que a quota perdida a favor da sociedade seja dividida proporcionalmente às dos restantes sócios, vendendo-se a cada um deles a parte que assim lhe competir; é aplicável neste caso o n.º 3 do artigo 204.º;

b) Que a mesma quota seja vendida indivisa, ou após divisão não proporcional às restantes quotas, a todos, a alguns ou a um dos sócios; esta deliberação deverá obedecer ao disposto no artigo 265.º, n.º 1, e aos demais requisitos que o contrato de sociedade porventura fixar. Qualquer sócio pode, todavia, exigir que lhe seja atribuída uma parte proporcional à sua quota.

3 – Nos casos previstos no número anterior, a sociedade deve comunicar por carta registada ao sócio excluído o preço por que os outros sócios pretendem adquirir a quota. Se o preço total oferecido for inferior à soma do montante em dívida com o já prestado, pode o sócio excluído declarar à sociedade no prazo de 30 dias que se opõe à execução da deliberação, desde que aquele preço não alcance o valor real da quota, calculado nos termos do artigo 1021.º do Código Civil, com referência ao momento em que a deliberação foi tomada.

4 – Na hipótese prevista na segunda parte do número anterior, a deliberação não pode ser executada antes de decorrido o prazo fixado para a oposição do sócio excluído e, se esta for deduzida, antes de transitada em julgado a decisão que, a requerimento de qualquer sócio, declare tal oposição ineficaz.

ART. 206.º (Responsabilidade do sócio e dos anteriores titulares da quota) – 1 – O sócio excluído e os anteriores titulares da quota são solidariamente responsáveis, perante a sociedade, pela diferença entre o produto da venda e a parte da entrada em dívida. Contra o crédito da sociedade não é permitida compensação.

2 – O titular anterior que pagar à sociedade ou a um sócio sub-rogado nos termos do artigo seguinte tem o direito de haver do sócio excluído e de qualquer dos antecessores deste o reembolso da importância paga, depois de deduzida a parte que lhe competir. A obrigação de que trata este número é conjunta.

ART. 207.º (Responsabilidade dos outros sócios) – 1 – Excluído um sócio, ou declarada perdida a favor da sociedade parte da sua quota, são os outros sócios obrigados solidariamente a pagar a parte da entrada que estiver em dívida, quer a quota tenha sido ou não já vendida nos termos dos artigos anteriores; nas relações internas esses sócios respondem proporcionalmente às suas quotas.

2 – No caso de aumento do capital, os antigos sócios são obrigados, nos termos do número anterior, a pagar as prestações em dívida respeitantes às novas quotas e os novos sócios a pagar as prestações em dívida relativas às quotas antigas, mas o antigo sócio que tiver liberado a sua quota pode desobrigar-se, pondo-a à disposição da sociedade, nos 30 dias seguintes à interpelação para o pagamento. Este direito não pode ser excluído nem limitado no contrato de sociedade.

3 – O sócio que tiver efectuado algum pagamento nos termos deste artigo pode sub-rogar-se no direito que assiste à sociedade contra o excluído e seus antecessores, segundo o disposto no artigo 206.º, a fim de obter o reembolso da quantia paga.

4 – Se a sociedade não fizer qualquer das declarações a que alude o n.º 2 do artigo 204.º e, por via de execução contra o sócio remisso, não for possível obter o montante em dívida, vale, quanto aos sócios, o disposto na parte aplicável do n.º 1 do presente artigo.

5 – Para determinar os outros sócios responsáveis atender-se-á ao tempo da deliberação prevista no n.º 1 e à data da proposição da acção executiva prevista no n.º 4.

ART. 208.º (Aplicação das quantias obtidas na venda da quota) – 1 – As quantias provenientes da venda da quota do sócio excluído, deduzidas as despesas correspondentes, pertencem à sociedade até ao limite da importância da entrada em dívida.

2 – Pelas forças do excedente, se o houver, deve a sociedade restituir aos outros sócios as quantias por eles desembolsadas, na proporção dos pagamentos feitos; o restante será entregue ao sócio excluído até ao limite da parte da entrada por ele prestada. O remanescente pertence à sociedade.

Secção II — OBRIGAÇÕES DE PRESTAÇÕES ACESSÓRIAS

ART. 209.º (Obrigações de prestações acessórias) – 1 – O contrato de sociedade pode impor a todos ou a alguns sócios a obrigação de efectuarem prestações além das entradas, desde que fixe os elementos essenciais desta obrigação e especifique se as prestações devem ser efectuadas onerosa ou gratuitamente. Quando o conteúdo da obrigação corresponder ao de um contrato típico, aplica-se a regulamentação legal própria desse tipo de contrato.

2 – Se as prestações estipuladas forem não pecuniárias, o direito da sociedade é intransmissível.

3 – No caso de se convencionar a onerosidade, a contraprestação pode ser paga independentemente da existência de lucros de exercício.

4 – Salvo disposição contratual em contrário, a falta de cumprimento das obrigações acessórias não afecta a situação do sócio como tal.

5 – As obrigações acessórias extinguem-se com a dissolução da sociedade.

86 [DL n.º 76-A/2006] SOCIEDADES COMERCIAIS E COOPERAÇÃO EMPRESARIAL

Secção III — **PRESTAÇÕES SUPLEMENTARES**

ART. 210.º (Obrigações de prestações suplementares) – 1 – Se o contrato de sociedade assim o permitir, podem os sócios deliberar que lhes sejam exigidas prestações suplementares.

2 – As prestações suplementares têm sempre dinheiro por objecto.

3 – O contrato de sociedade que permita prestações suplementares fixará:

a) O montante global das prestações suplementares;

b) Os sócios que ficam obrigados a efectuar tais prestações;

c) O critério de repartição das prestações suplementares entre os sócios a elas obrigados.

4 – A menção referida na alínea *a)* do número anterior é sempre essencial; faltando a menção referida na alínea *b)*, todos os sócios são obrigados a efectuar prestações suplementares; faltando a menção referida na alínea *c)*, a obrigação de cada sócio é proporcional à sua quota de capital.

5 – As prestações suplementares não vencem juros.

ART. 211.º (Exigibilidade da obrigação) – 1 – A exigibilidade das prestações suplementares depende sempre de deliberação dos sócios que fixe o montante tornado exigível e o prazo de prestação, o qual não pode ser inferior a 30 dias a contar da comunicação aos sócios.

2 – A deliberação referida no número anterior não pode ser tomada antes de interpelados todos os sócios para integral liberação das suas quotas de capital.

3 – Não podem ser exigidas prestações suplementares depois de a sociedade ter sido dissolvida por qualquer causa.

ART. 212.º (Regime da obrigação de efectuar prestações suplementares) – 1 – É aplicável à obrigação de efectuar prestações suplementares o disposto nos artigos 204.º e 205.º.

2 – Ao crédito da sociedade por prestações suplementares não pode opor-se compensação.

3 – A sociedade não pode exonerar os sócios da obrigação de efectuar prestações suplementares, estejam ou não estas já exigidas.

4 – O direito a exigir prestações suplementares é intransmissível e nele não podem sub-rogar-se os credores da sociedade.

ART. 213.º (Restituição das prestações suplementares) – 1 – As prestações suplementares só podem ser restituídas aos sócios desde que a situação líquida não fique inferior à soma do capital e da reserva legal e o respectivo sócio já tenha liberado a sua quota.

2 – A restituição das prestações suplementares depende de deliberação dos sócios.

3 – As prestações suplementares não podem ser restituídas depois de declarada a falência da sociedade.

4 – A restituição das prestações suplementares deve respeitar a igualdade entre os sócios que as tenham efectuado, sem prejuízo do disposto no n.º 1 deste artigo.

5 – Para o cálculo do montante da obrigação vigente de efectuar prestações suplementares não serão computadas as prestações restituídas.

Secção IV — **DIREITO À INFORMAÇÃO**

ART. 214.º (Direito dos sócios à informação) – 1 – Os gerentes devem prestar a qualquer sócio que o requeira informação verdadeira, completa e elucidativa sobre a gestão da sociedade e bem assim facultar-lhe na sede social a consulta da respectiva escrituração, livros e documentos. A informação será dada por escrito, se assim for solicitado.

2 – O direito à informação pode ser regulamentado no contrato de sociedade, contanto que não seja impedido o seu exercício efectivo ou injustificadamente limitado o seu âmbito; designadamente, não pode ser excluído esse direito quando, para o seu exercício, for invocada suspeita de práticas susceptíveis de fazerem incorrer o seu autor em responsabilidade, nos termos da lei, ou quando a consulta tiver por fim julgar da exactidão dos documentos de prestação de contas ou habilitar o sócio a votar em assembleia geral já convocada.

3 – Podem ser pedidas informações sobre actos já praticados ou sobre actos cuja prática seja esperada, quando estes sejam susceptíveis de fazerem incorrer o seu autor em responsabilidade, nos termos da lei.

4 – A consulta da escrituração, livros ou documentos deve ser feita pessoalmente pelo sócio, que pode fazer-se assistir de um revisor oficial de contas ou de outro perito, bem como usar da faculdade reconhecida pelo artigo 576.º do Código Civil.

5 – O sócio pode inspeccionar os bens sociais nas condições referidas nos números anteriores.

6 – O sócio que utilize as informações obtidas de modo a prejudicar injustamente a sociedade ou outros sócios é responsável, nos termos gerais, pelos prejuízos que lhes causar e fica sujeito a exclusão.

7 – À prestação de informações em assembleia geral é aplicável o disposto no artigo 290.º.

8 – O direito à informação conferido nesta secção compete também ao usufrutuário quando, por lei ou convenção, lhe caiba exercer o direito de voto.

ART. 215.º (Impedimento ao exercício do direito do sócio) – 1 – Salvo disposição diversa do contrato de sociedade, lícita nos termos do artigo 214.º, n.º 2, a informação, a consulta ou a inspecção só podem ser recusadas pelos gerentes quando for de recear que o sócio as utilize para fins estranhos à sociedade e com prejuízo desta e, bem assim, quando a prestação ocasionar violação de segredo imposto por lei no interesse de terceiros.

CÓDIGO DAS SOCIEDADES COMERCIAIS   [DL n.º 76-A/2006]   87

2 – Em caso de recusa de informação ou de prestação de informação presumivelmente falsa, incompleta ou não elucidativa, pode o sócio interessado provocar deliberação dos sócios para que a informação lhe seja prestada ou seja corrigida.

ART. 216.º (Inquérito judicial) – 1 – O sócio a quem tenha sido recusada a informação ou que tenha recebido informação presumivelmente falsa, incompleta ou não elucidativa pode requerer ao tribunal inquérito à sociedade.

2 – O inquérito é regulado pelo disposto nos n.ᵒˢ 2 e seguintes do artigo 292.º.

SECÇÃO V — **DIREITO AOS LUCROS**

ART. 217.º (Direito aos lucros do exercício) – 1 – Salvo diferente cláusula contratual ou deliberação tomada por maioria de três quartos dos votos correspondentes ao capital social em assembleia geral para o efeito convocada, não pode deixar de ser distribuído aos sócios metade do lucro do exercício que, nos termos desta lei, seja distribuível.

2 – O crédito do sócio à sua parte dos lucros vence-se decorridos 30 dias sobre a deliberação de atribuição de lucros, salvo diferimento consentido pelo sócio; os sócios podem, contudo, deliberar, com fundamento em situação excepcional da sociedade, a extensão daquele prazo até mais 60 dias.

3 – Se, pelo contrato de sociedade, os gerentes ou fiscais tiverem direito a uma participação nos lucros, esta só pode ser paga depois de postos a pagamento os lucros dos sócios.

ART. 218.º (Reserva legal) – 1 – É obrigatória a constituição de uma reserva legal.

2 – É aplicável o disposto nos artigos 295.º e 296.º, salvo quanto ao limite mínimo de reserva legal, que nunca será inferior a € 2500.

CAPÍTULO III — **Quotas**

SECÇÃO I — **UNIDADE, MONTANTE E DIVISÃO DA QUOTA**

ART. 219.º (Unidade e montante da quota) – 1 – Na constituição da sociedade a cada sócio apenas fica a pertencer uma quota, que corresponde à sua entrada.

2 – Em caso de divisão de quotas ou de aumento de capital, a cada sócio só pode caber uma nova quota. Na última hipótese, todavia, podem ser atribuídas ao sócio tantas quotas quantas as que já possuía.

3 – Os valores nominais das quotas podem ser diversos, mas nenhum pode ser inferior a € 100, salvo quando a lei o permitir.

4 – A quota primitiva de um sócio e as que posteriormente adquirir são independentes. O titular pode, porém, unificá-las, desde que estejam integralmente liberadas e lhes não correspondam, segundo o contrato de sociedade, direitos e obrigações diversos.

5 – A unificação deve ser reduzida a escrito, comunicada à sociedade e registada. (*)

6 – A medida dos direitos e obrigações inerentes a cada quota determina-se segundo a proporção entre o valor nominal desta e o do capital, salvo se por força da lei ou do contrato houver de ser diversa.

7 – Não podem ser emitidos títulos representativos de quotas.

ART. 220.º (Aquisição de quotas próprias) – 1 – A sociedade não pode adquirir quotas próprias não integral-mente liberadas, salvo o caso de perda a favor da sociedade, previsto no artigo 204.º.

2 – As quotas próprias só podem ser adquiridas pela sociedade a título gratuito, ou em acção executiva movida contra o sócio, ou se, para esse efeito, ela dispuser de reservas livres em montante não inferior ao dobro do contravalor a prestar.

3 – São nulas as aquisições de quotas próprias com infracção do disposto neste artigo.

4 – É aplicável às quotas próprias o disposto no artigo 324.º.

ART. 221.º (Divisão de quotas) – 1 – Uma quota só pode ser dividida mediante amortização parcial, transmissão parcelada ou parcial, partilha ou divisão entre contitulares, devendo cada uma das quotas resultantes da divisão ter um valor nominal de harmonia com o disposto no artigo 219.º, n.º 3.

2 – Os actos que importem divisão de quota devem ser reduzidos a escrito. (*)

3 – O contrato pode proibir a divisão de quotas, contanto que da proibição não resulte impedimento à partilha ou divisão entre contitulares por período superior a cinco anos.

4 – No caso de divisão mediante transmissão parcelada ou parcial e salvo disposição diversa do contrato de sociedade, a divisão de quotas não produz efeitos para com a sociedade enquanto esta não prestar o seu consentimento; no caso de cessão de parte de quota, o consentimento reporta-se simultaneamente à cessão e à divisão.

5 – É aplicável à divisão o disposto na parte final do n.º 2 do artigo 228.º.

6 – O consentimento para a divisão deve ser dado por deliberação dos sócios.

7 – Se o contrato de sociedade for alterado no sentido de a divisão ser excluída ou dificultada, a alteração só é eficaz com o consentimento de todos os sócios por ela afectados.

8 – A quota pode também ser dividida mediante deliberação da sociedade, tomada nos termos do artigo 204.º, n.º 2.

88 [DL n.º 76-A/2006]   SOCIEDADES COMERCIAIS E COOPERAÇÃO EMPRESARIAL

Secção II — **CONTITULARIDADE DA QUOTA**

ART. 222.º (Direitos e obrigações inerentes a quota indivisa) – 1 – Os contitulares de quota devem exercer os direitos a ela inerentes através de representante comum.

2 – As comunicações e declarações da sociedade que interessem aos contitulares devem ser dirigidas ao representante comum e, na falta deste, a um dos contitulares.

3 – Os contitulares respondem solidariamente pelas obrigações legais ou contratuais inerentes à quota.

4 – Nos impedimentos do representante comum ou se este puder ser nomeado pelo tribunal, nos termos do artigo 223.º, n.º 3, mas ainda o não tiver sido, quando se apresenta mais de um titular para exercer o direito de voto e não haja acordo entre eles sobre o sentido de voto, prevalecerá a opinião da maioria dos contitulares presentes, desde que representem, pelo menos, metade do valor total da quota e para o caso não seja necessário o consentimento de todos os contitulares, nos termos do n.º 1 do artigo 224.º.

ART. 223.º (Representante comum) – 1 – O representante comum, quando não for designado por lei ou disposição testamentária, é nomeado e pode ser destituído pelos contitulares. A respectiva deliberação é tomada por maioria, nos termos do artigo 1407.º, n.º 1, do Código Civil, salvo se outra regra se convencionar e for comunicada à sociedade.

2 – Os contitulares podem designar um de entre eles ou o cônjuge de um deles como representante comum; a designação só pode recair sobre um estranho se o contrato de sociedade o autorizar expressamente ou permitir que os sócios se façam representar por estranho nas deliberações sociais.

3 – Não podendo obter-se, em conformidade com o disposto nos números anteriores, a nomeação do representante comum, é lícito a qualquer dos contitulares pedi-la ao tribunal da comarca da sede da sociedade; ao mesmo tribunal pode qualquer contitular pedir a destituição, com fundamento em justa causa, do representante comum que não seja directamente designado pela lei.

4 – A nomeação e a destituição devem ser comunicados por escrito à sociedade, a qual pode, mesmo tacitamente, dispensar a comunicação.

5 – O representante comum pode exercer perante a sociedade todos os poderes inerentes à quota indivisa, salvo o disposto no número seguinte; qualquer redução desses poderes só é oponível à sociedade se lhe for comunicada por escrito.

6 – Excepto quando a lei, o testamento, todos os contitulares ou o tribunal atribuírem ao representante comum poderes de disposição, não lhe é lícito praticar actos que importem extinção, alienação ou oneração da quota, aumento de obrigações e renúncia ou redução dos direitos dos sócios. A atribuição de tais poderes pelos contitulares deve ser comunicada por escrito à sociedade.

ART. 224.º (Deliberação dos contitulares) – 1 – A deliberação dos contitulares sobre o exercício dos seus direitos pode ser tomada por maioria, nos termos do artigo 1407.º, n.º 1, do Código Civil, salvo se tiver por objecto a extinção, alienação ou oneração da quota, aumento de obrigações, renúncia ou redução dos direitos dos sócios; nestes casos, é exigido o consentimento de todos os contitulares.

2 – A deliberação prevista na primeira parte do número anterior não produz efeitos em relação à sociedade, apenas vinculando os contitulares entre si e, para com estes, o representante comum.

Secção III — **TRANSMISSÃO DA QUOTA**

ART. 225.º (Transmissão por morte) – 1 – O contrato de sociedade pode estabelecer que, falecendo um sócio, a respectiva quota não se transmitirá aos sucessores do falecido, bem como pode condicionar a transmissão a certos requisitos, mas sempre com observância do disposto nos números seguintes.

2 – Quando, por força de disposições contratuais, a quota não for transmitida para os sucessores do sócio falecido, deve a sociedade amortizá-la, adquiri-la ou fazê-la adquirir por sócio ou terceiro; se nenhuma destas medidas for efectivada nos 90 dias subsequentes ao conhecimento da morte do sócio por algum dos gerentes, a quota considera-se transmitida.

3 – No caso de se optar por fazer adquirir a quota por sócio ou terceiro, o respectivo contrato é outorgado pelo representante da sociedade e pelo adquirente. (*)

4 – Salvo estipulação do contrato de sociedade em sentido diferente, à determinação e ao pagamento da contrapartida devida pelo adquirente aplicam-se as correspondentes disposições legais ou contratuais relativas à amortização, mas os efeitos da alienação da quota ficam suspensos enquanto aquela contrapartida não for paga.

5 – Na falta de pagamento tempestivo da contrapartida os interessados poderão escolher entre a efectivação do seu crédito e a ineficácia da alienação, considerando-se neste último caso transmitida a quota para os sucessores do sócio falecido a quem tenha cabido o direito àquela contrapartida.

ART. 226.º (Transmissão dependente da vontade dos sucessores) – 1 – Quando o contrato atribuir aos sucessores do sócio falecido o direito de exigir a amortização da quota ou por algum modo condicionar a transmissão da quota à vontade dos sucessores e estes não aceitem a transmissão, devem declará-lo por escrito à sociedade, nos 90 dias seguintes ao conhecimento do óbito.

CÓDIGO DAS SOCIEDADES COMERCIAIS [DL n.º 76-A/2006] 89

2 – Recebida a declaração prevista no número anterior, a sociedade deve, no prazo de 30 dias, amortizar a quota, adquiri-la ou fazê-la adquirir por sócio ou terceiro, sob pena de o sucessor do sócio falecido poder requerer a dissolução da sociedade por via administrativa. (*)

3 – É aplicável o disposto no n.º 4 do artigo anterior e nos n.ᵒˢ 6 e 7 do artigo 240.º. (*)

ART. 227.º (Pendência da amortização ou aquisição) – 1 – A amortização ou a aquisição da quota do sócio falecido efectuada de acordo com o prescrito nos artigos anteriores retrotrai os seus efeitos à data do óbito.

2 – Os direitos e obrigações inerentes à quota ficam suspensos enquanto não se efectivar a amortização ou aquisição dela nos termos previstos nos artigos anteriores ou enquanto não decorrerem os prazos ali estabelecidos.

3 – Durante a suspensão, os sucessores poderão, contudo, exercer todos os direitos necessários à tutela da sua posição jurídica, nomeadamente votar em deliberações sobre alteração do contrato ou dissolução da sociedade.

ART. 228.º (*) **(Transmissão entre vivos e cessão de quotas)** – 1 – A transmissão de quotas entre vivos deve ser reduzida a escrito. (*)

2 – A cessão de quotas não produz efeitos para com a sociedade enquanto não for consentida por esta, a não ser que se trate de cessão entre cônjuges, entre ascendentes e descendentes ou entre sócios.

3 – A transmissão de quota entre vivos torna-se eficaz para com a sociedade logo que lhe for comunicada por escrito ou por ela reconhecida, expressa ou tacitamente.

ART. 229.º (Cláusulas contratuais) – 1 – São válidas as cláusulas que proíbam a cessão de quotas, mas os sócios terão, nesse caso, direito à exoneração, uma vez decorridos 10 anos sobre o seu ingresso na sociedade.

2 – O contrato de sociedade pode dispensar o consentimento desta, quer em geral, quer para determinadas situações.

3 – O contrato de sociedade pode exigir o consentimento desta para todas ou algumas das cessões referidas no artigo 228.º, n.º 2, parte final.

4 – A eficácia da deliberação de alteração do contrato de sociedade que proíba ou dificulte a cessão de quotas depende do consentimento de todos os sócios por ela afectados.

5 – O contrato de sociedade não pode subordinar os efeitos da cessão a requisito diferente do consentimento da sociedade, mas pode condicionar esse consentimento a requisitos específicos, contanto que a cessão não fique dependente:

a) Da vontade individual de um ou mais sócios ou de pessoa estranha, salvo tratando-se de credor e para cumprimento de cláusula de contrato onde lhe seja assegurada a permanência de certos sócios;

b) De quaisquer prestações a efectuar pelo cedente ou pelo cessionário em proveito da sociedade ou de sócios;

c) Da assunção pelo cessionário de obrigações não previstas para a generalidade dos sócios.

6 – O contrato de sociedade pode cominar penalidades para o caso de a cessão ser efectuada sem prévio consentimento da sociedade.

ART. 230.º (Pedido e prestação do consentimento) – 1 – O consentimento da sociedade é pedido por escrito, com indicação do cessionário e de todas as condições da cessão.

2 – O consentimento expresso é dado por deliberação dos sócios.

3 – O consentimento não pode ser subordinado a condições, sendo irrelevantes as que se estipularem.

4 – Se a sociedade não tomar a deliberação sobre o pedido de consentimento nos 60 dias seguintes à sua recepção, a eficácia de cessão deixa de depender dele.

5 – O consentimento dado a uma cessão posterior a outra não consentida torna esta eficaz, na medida necessária para assegurar a legitimidade do cedente.

6 – Considera-se prestado o consentimento da sociedade quando o cessionário tenha participado em deliberação dos sócios e nenhum deles a impugnar com esse fundamento, provando-se o consentimento tácito, para efeitos de registo da cessão, pela acta da deliberação. (*)

ART. 231.º (Recusa do consentimento) – 1 – Se a sociedade recusar o consentimento, a respectiva comunicação dirigida ao sócio incluirá uma proposta de amortização ou de aquisição da quota; se o cedente não aceitar a proposta no prazo de 15 dias, fica esta sem efeito, mantendo-se a recusa do consentimento.

2 – A cessão para a qual o consentimento foi pedido torna-se livre: (*)

a) Se for omitida a proposta referida no número anterior;

b) Se a proposta e a aceitação não respeitarem a forma escrita e o negócio não for celebrado por escrito nos 60 dias seguintes à aceitação, por causa imputável à sociedade; (*)

c) Se a proposta não abranger todas as quotas para cuja cessão o sócio tenha simultaneamente pedido o consentimento da sociedade;

d) Se a proposta não oferecer uma contrapartida em dinheiro igual ao valor resultante do negócio encarado pelo cedente, salvo se a cessão for gratuita ou a sociedade provar ter havido simulação de valor, caso em que deverá propor o valor real da quota, calculado nos termos previstos no artigo 1021.º do Código Civil, com referência ao momento da deliberação;

e) Se a proposta comportar diferimento do pagamento e não for no mesmo acto oferecida garantia adequada.

90 [DL n.º 76-A/2006] SOCIEDADES COMERCIAIS E COOPERAÇÃO EMPRESARIAL

3 – O disposto nos números anteriores só é aplicável se a quota estiver há mais de três anos na titularidade do cedente, do seu cônjuge ou de pessoa a quem tenham, um ou outro, sucedido por morte.

4 – Se a sociedade deliberar a aquisição da quota, o direito a adquiri-la é atribuído aos sócios que declarem pretendê-la no momento da respectiva deliberação, proporcionalmente às quotas que então possuírem; se os sócios não exercerem esse direito, pertencerá ele à sociedade.

Secção IV — AMORTIZAÇÃO DA QUOTA

ART. 232.º (Amortização da quota) – 1 – A amortização de quotas, quando permitida pela lei ou pelo contrato de sociedade, pode ser efectuada nos termos previstos nesta secção.

2 – A amortização tem por efeito a extinção da quota, sem prejuízo, porém, dos direitos já adquiridos e das obrigações já vencidas.

3 – Salvo no caso de redução do capital, a sociedade não pode amortizar quotas que não estejam totalmente liberadas.

4 – Se o contrato de sociedade atribuir ao sócio o direito à amortização da quota, aplica-se o disposto sobre exoneração de sócios.

5 – Se a sociedade tiver o direito de amortizar a quota pode, em vez disso, adquiri-la ou fazê-la adquirir por sócio ou terceiro.

6 – No caso de se optar pela aquisição, aplica-se o disposto nos n.ᵒˢ 3 e 4 e na primeira parte do n.º 5 do artigo 225.º.

ART. 233.º (Pressupostos da amortização) – 1 – Sem prejuízo de disposição legal em contrário, a sociedade só pode amortizar uma quota sem o consentimento do respectivo titular quanto tenha ocorrido um facto que o contrato social considere fundamento de amortização compulsiva.

2 – A amortização de uma quota só é permitida se o facto permissivo já figurava no contrato de sociedade ao tempo da aquisição dessa quota pelo seu actual titular ou pela pessoa a quem este sucedeu por morte ou se a introdução desse facto no contrato foi unanimemente deliberada pelos sócios.

3 – A amortização pode ser consentida pelo sócio ou na própria deliberação ou por documento anterior ou posterior a esta.

4 – Se sobre a quota amortizada incidir direito de usufruto ou de penhor, o consentimento deve também ser dado pelo titular desse direito.

5 – Só com consentimento do sócio pode uma quota ser parcialmente amortizada, salvo nos casos previstos na lei.

ART. 234.º (Forma e prazo de amortização) – 1 – A amortização efectua-se por deliberação dos sócios, baseada na verificação dos respectivos pressupostos legais e contratuais, e torna-se eficaz mediante comunicação dirigida ao sócio por ela afectado.

2 – A deliberação deve ser tomada no prazo de 90 dias contados do conhecimento por algum gerente da sociedade do facto que permite a amortização.

ART. 235.º (Contrapartida da amortização) – 1 – Salvo estipulação contrária do contrato de sociedade ou acordo das partes, valem as disposições seguintes:

a) A contrapartida da amortização é o valor de liquidação da quota, determinado nos termos do artigo 105.º, n.º 2, com referência ao momento da deliberação;

b) O pagamento da contrapartida é fraccionado em duas prestações, a efectuar dentro de seis meses e um ano, respectivamente, após a fixação definitiva da contrapartida.

2 – Se a amortização recair sobre quotas arroladas, arrestadas, penhoradas ou incluídas em massa falida ou insolvente, a determinação e o pagamento da contrapartida obedecerão aos termos previstos nas alíneas *a)* e *b)* do número anterior, salvo se os estipulados no contrato forem menos favoráveis para a sociedade.

3 – Na falta de pagamento tempestivo da contrapartida e fora da hipótese prevista no n.º 1 do artigo 236.º, pode o interessado escolher entre a efectivação do seu crédito e a aplicação da regra estabelecida na primeira parte do n.º 4 do mesmo artigo.

ART. 236.º (Ressalva do capital) – 1 – A sociedade só pode amortizar quotas quando, à data da deliberação, a sua situação líquida, depois de satisfeita a contrapartida da amortização, não ficar inferior à soma do capital e da reserva legal, a não ser que simultaneamente delibere a redução do seu capital.

2 – A deliberação de amortização deve mencionar expressamente a verificação do requisito exigido pelo número anterior.

3 – Se ao tempo do vencimento da obrigação de pagar a contrapartida da amortização se verificar que, depois de feito este pagamento, a situação líquida da sociedade passaria a ser inferior à soma do capital e da reserva legal, a amortização fica sem efeito e o interessado deve restituir à sociedade as quantias porventura já recebidas.

4 – No caso previsto no número anterior, o interessado pode, todavia, optar pela amortização parcial da quota, em proporção do que já recebeu, e sem prejuízo do montante legal mínimo da quota. Pode também optar pela espera do pagamento até que se verifiquem as condições requeridas pelo número anterior, mantendose nesta hipótese a amortização.

5 – A opção a que se refere o número precedente tem de ser declarada por escrito à sociedade nos 30 dias seguintes àquele em que ao sócio seja comunicada a impossibilidade do pagamento pelo referido motivo.

CÓDIGO DAS SOCIEDADES COMERCIAIS   [DL n.º 76-A/2006]   91

ART. 237.º (Efeitos internos e externos quanto ao capital) – 1 – Se a amortização de uma quota não for acompanhada da correspondente redução de capital, as quotas dos outros sócios serão proporcionalmente aumentadas.

2 – Os sócios devem fixar por deliberação o novo valor nominal das quotas. (*)

3 – O contrato de sociedade pode, porém, estipular que a quota figure no balanço como quota amortizada e bem assim permitir que, posteriormente e por deliberação dos sócios, em vez da quota amortizada, sejam criadas uma ou várias quotas, destinadas a serem alienadas a um ou a alguns sócios ou a terceiros.

ART. 238.º (Contitularidade e amortização) – 1 – Verificando-se, relativamente a um dos contitulares da quota, facto que constitua fundamento de amortização pela sociedade, podem os sócios deliberar que a quota seja dividida, em conformidade com o título donde tenha resultado a contitularidade, desde que o valor nominal das quotas, depois da divisão, não seja inferior a € 50.

2 – Dividida a quota, a amortização recairá sobre a quota do contitular relativamente ao qual o fundamento da amortização tenha ocorrido; na falta de divisão, não pode ser amortizada toda a quota.

Secção V — **EXECUÇÃO DA QUOTA**

ART. 239.º (Execução da quota) – 1 – A penhora de uma quota abrange os direitos patrimoniais a ela inerentes, com ressalva do direito a lucros já atribuídos por deliberação dos sócios à data da penhora e sem prejuízo da penhora deste crédito; o direito de voto continua a ser exercido pelo titular da quota penhorada.

2 – A transmissão de quotas em processo executivo ou de liquidação de patrimónios não pode ser proibida ou limitada pelo contrato de sociedade nem está dependente do consentimento desta. Todavia, o contrato pode atribuir à sociedade o direito de amortizar quotas em caso de penhora.

3 – A sociedade ou o sócio que satisfaça o exequente fica sub-rogado no crédito, nos termos do artigo 593.º do Código Civil.

4 – A decisão judicial que determine a venda da quota em processo de execução, falência ou insolvência do sócio deve ser oficiosamente notificada à sociedade.

5 – Na venda ou na adjudicação judicial terão preferência em primeiro lugar os sócios e, depois, a sociedade ou uma pessoa por esta designada.

Secção VI — **EXONERAÇÃO E EXCLUSÃO DE SÓCIOS**

ART. 240.º (Exoneração de sócio) – 1 – Um sócio pode exonerar-se da sociedade nos casos previstos na lei e no contrato e ainda quando, contra o voto expresso daquele:

a) A sociedade deliberar um aumento de capital a subscrever total ou parcialmente por terceiros, a mudança do objecto social, a prorrogação da sociedade, a transferência da sede para o estrangeiro, o regresso à actividade da sociedade dissolvida;

b) Havendo justa causa de exclusão de um sócio, a sociedade não deliberar excluí-lo ou não promover a sua exclusão judicial.

2 – A exoneração só pode ter lugar se estiverem inteiramente liberadas todas as quotas do sócio.

3 – O sócio que queira usar da faculdade atribuída pelo n.º 1 deve, nos 90 dias seguintes ao conhecimento do facto que lhe atribua tal faculdade, declarar por escrito à sociedade a intenção de se exonerar. (*)

4 – Recebida a declaração do sócio referida no número anterior, a sociedade deve, no prazo de 30 dias, amortizar a quota, adquiri-la ou fazê-la adquirir por sócio ou terceiro, sob pena de o sócio poder requerer a dissolução da sociedade por via administrativa. (*)

5 – A contrapartida a pagar ao sócio é calculada nos termos do artigo 105.º, n.º 2, com referência a data em que o sócio declare à sociedade a intenção de se exonerar; ao pagamento da contrapartida é aplicável o disposto no artigo 235.º, n.º 1, alínea *b*).

6 – Se a contrapartida não puder ser paga em virtude do disposto no n.º 1 do artigo 236.º e o sócio não optar pela espera do pagamento, tem direito a requerer a dissolução da sociedade por via administrativa. (*)

7 – O sócio pode ainda requerer a dissolução da sociedade por via administrativa no caso de o adquirente da quota não pagar tempestivamente a contrapartida, sem prejuízo de a sociedade se substituir, nos termos do n.º 1 do artigo 236.º. (*)

8 – O contrato de sociedade não pode, directamente ou pelo estabelecimento de algum critério, fixar valor inferior ao resultante do n.º 5 para os casos de exoneração previstos na lei nem admitir a exoneração pela vontade arbitrária do sócio. (*)

ART. 241.º (Exclusão de sócio) – 1 – Um sócio pode ser excluído da sociedade nos casos e termos previstos na presente lei, bem como nos casos respeitantes à sua pessoa ou ao seu comportamento fixados no contrato.

2 – Quando houver lugar à exclusão por força do contrato, são aplicáveis os preceitos relativos à amortização de quotas.

3 – O contrato de sociedade pode fixar, para o caso de exclusão, um valor ou um critério para a determinação do valor da quota diferente do preceituado para os casos de amortização de quotas.

92 [DL n.º 76-A/2006]   SOCIEDADES COMERCIAIS E COOPERAÇÃO EMPRESARIAL

ART. 242.º (Exclusão judicial de sócio) – 1 – Pode ser excluído por decisão judicial o sócio que, com o seu comportamento desleal ou gravemente perturbador do funcionamento da sociedade, lhe tenha causado ou possa vir a causar-lhe prejuízos relevantes.

2 – A proposição da acção de exclusão deve ser deliberada pelos sócios, que poderão nomear representantes especiais para esse efeito.

3 – Dentro dos 30 dias posteriores ao trânsito em julgado da sentença de exclusão deve a sociedade amortizar a quota do sócio, adquiri-la ou fazê-la adquirir, sob pena de a exclusão ficar sem efeito.

4 – Na falta de cláusula do contrato de sociedade em sentido diverso, o sócio excluído por sentença tem direito ao valor da sua quota, calculado com referência à data da proposição da acção e pago nos termos prescritos para a amortização de quotas.

5 – No caso de se optar pela aquisição da quota, aplica-se o disposto nos n.ºˢ 3 e 4 e na primeira parte do n.º 5 do artigo 225.º.

Secção VII — **REGISTO DAS QUOTAS**

ART. 242.º-A (*) **(Eficácia dos factos relativos a quotas)** – Os factos relativos a quotas são ineficazes perante a sociedade enquanto não for solicitada, quando necessária, a promoção do respectivo registo.

ART. 242.º-B (*) **(Promoção do registo)** – 1 – A sociedade promove os registos relativos a factos em que, de alguma forma, tenha tido intervenção ou mediante solicitação de quem tenha legitimidade, nos termos do número seguinte.

2 – Têm legitimidade para solicitar à sociedade a promoção do registo:
a) O transmissário, o transmitente e o sócio exonerado;
b) O usufrutuário e o credor pignoratício.

3 – A solicitação à sociedade da promoção do registo deve ser acompanhada dos documentos que titulem o facto a registar e dos emolumentos, taxas e outras quantias devidas.

ART. 242.º-C (*) **(Prioridade da promoção do registo)** – 1 – A promoção dos registos deve respeitar a ordem dos respectivos pedidos.

2 – Se for pedido na mesma data o registo de diversos factos relativos à mesma quota, os registos devem ser requeridos pela ordem de antiguidade dos factos.

3 – No caso de os factos referidos no número anterior terem sido titulados na mesma data, o registo deve ser promovido pela ordem da respectiva dependência.

ART. 242.º-D (*) **(Sucessão de registos)** – Para que a sociedade possa promover o registo de actos modificativos da titularidade de quotas e de direitos sobre elas é necessário que neles tenha intervindo o titular registado.

ART. 242.º-E (Deveres da sociedade) – 1 – A sociedade não deve promover o registo se o pedido não for viável, em face das disposições legais aplicáveis, dos documentos apresentados e dos registos anteriores, devendo verificar especialmente a legitimidade dos interessados, a regularidade formal dos títulos e a validade dos actos neles contidos.

2 – A sociedade não deve promover o registo de um acto sujeito a encargos de natureza fiscal sem que estes se mostrem pagos, não estando, todavia, sujeita a sua apreciação a correcção da liquidação de encargos fiscais efectuada pelos serviços da administração tributária.

3 – Os documentos que titulam os factos relativos a quotas ou aos seus titulares devem ser arquivados na sede da sociedade até ao encerramento da liquidação, após o qual se deve observar o disposto quanto aos documentos de escrituração da sociedade.

4 – A sociedade deve facultar o acesso aos documentos referidos no número anterior a qualquer pessoa que demonstre ter um interesse atendível na sua consulta, no prazo de cinco dias a contar da solicitação, bem como emitir cópia daqueles documentos, a solicitação dos interessados, podendo ser cobrado o pagamento de uma quantia que não pode ser desproporcionada face aos custos de emissão da cópia.

ART. 242.º-F (*) **(Responsabilidade civil)** – 1 – As sociedades respondem pelos danos causados aos titulares de direitos sobre as quotas ou a terceiros, em consequência de omissão, irregularidade, erro, insuficiência ou demora na promoção dos registos, salvo se provarem que houve culpa dos lesados.

2 – As sociedades são solidariamente responsáveis pelo cumprimento das obrigações fiscais se promoverem um registo em violação do disposto na parte final do n.º 2 do artigo anterior.

CAPÍTULO IV — **Contrato de suprimento**

ART. 243.º (Contrato de suprimento) – 1 – Considera-se contrato de suprimento o contrato pelo qual o sócio empresta à sociedade dinheiro ou outra coisa fungível, ficando aquela obrigada a restituir outro tanto do mesmo género e qualidade, ou pelo qual o sócio convenciona com a sociedade o diferimento do vencimento de créditos seus sobre ela, desde que, em qualquer dos casos, o crédito fique tendo carácter de permanência.

2 – Constitui índice do carácter de permanência a estipulação de um prazo de reembolso superior a um ano, quer tal estipulação seja contemporânea da constituição do crédito quer seja posterior a esta. No caso de

CÓDIGO DAS SOCIEDADES COMERCIAIS   [DL n.º 76-A/2006]   93

diferimento do vencimento de um crédito, computa-se nesse prazo o tempo decorrido desde a constituição do crédito até ao negócio de diferimento.

3 – É igualmente índice do carácter de permanência a não utilização da faculdade de exigir o reembolso devido pela sociedade durante um ano contado da constituição do crédito, quer não tenha sido estipulado prazo, quer tenha sido convencionado prazo inferior; tratando-se de lucros distribuídos e não levantados, o prazo de um ano conta-se da data da deliberação que aprovou a distribuição.

4 – Os credores sociais podem provar o carácter de permanência, embora o reembolso tenha sido efectuado antes de decorrido o prazo de um ano referido nos números anteriores. Os sócios interessados podem ilidir a presunção de permanência estabelecida nos números anteriores, demonstrando que o diferimento de créditos corresponde a circunstâncias relativas a negócios celebrados com a sociedade, independentemente da qualidade de sócio.

5 – fica sujeito ao regime de crédito de suprimento o crédito de terceiro contra a sociedade que o sócio adquira por negócio entre vivos, desde que no momento da aquisição se verifique alguma das circunstâncias previstas nos n.ºˢ 2 e 3.

6 – Não depende de forma especial a validade do contrato de suprimento ou de negócio sobre adiantamento de fundos pelo sócio à sociedade ou de convenção de diferimento de créditos de sócios.

ART. 244.º (Obrigação e permissão de suprimentos) – 1 – À obrigação de efectuar suprimentos estipulada no contrato de sociedade aplica-se o disposto no artigo 209.º quanto a obrigações acessórias.

2 – A referida obrigação pode também ser constituída por deliberação dos sócios votada por aqueles que a assumam.

3 – A celebração de contratos de suprimentos não depende de prévia deliberação dos sócios, salvo disposição contratual em contrário.

ART. 245.º (Regime do contrato de suprimento) – 1 – Não tendo sido estipulado prazo para o reembolso dos suprimentos, é aplicável o disposto no n.º 2 do artigo 777.º do Código Civil; na fixação do prazo, o tribunal terá, porém, em conta as consequências que o reembolso acarretará para a sociedade, podendo, designadamente, determinar que o pagamento seja fraccionado em certo número de prestações.

2 – Os credores por suprimentos não podem requerer, por esses créditos, a falência da sociedade. Todavia, a concordata concluída no processo de falência produz efeitos a favor dos credores de suprimentos e contra eles.

3 – Decretada a falência ou dissolvida por qualquer causa a sociedade:

a) Os suprimentos só podem ser reembolsados aos seus credores depois de inteiramente satisfeitas as dívidas daquela para com terceiros;

b) Não é admissível compensação de créditos da sociedade com créditos de suprimentos.

4 – A prioridade de reembolso de créditos de terceiros estabelecido na alínea *a)* do número anterior pode ser estipulada em concordata concluída no processo de falência da sociedade.

5 – O reembolso de suprimentos efectuado no ano anterior à sentença declaratória da falência é resolúvel nos termos dos artigos 1200.º, 1203.º e 1204.º do Código de Processo Civil.

6 – São nulas as garantias reais prestadas pela sociedade relativas a obrigações de reembolso de suprimentos e extinguem-se as de outras obrigações, quando estas ficarem sujeitas ao regime de suprimentos.

CAPÍTULO V — Deliberações dos sócios

ART. 246.º (Competência dos sócios) – 1 – Dependem de deliberação dos sócios os seguintes actos, além de outros que a lei ou o contrato indicarem:

a) A chamada e a restituição de prestações suplementares;

b) A amortização de quotas, a aquisição, a alienação e a oneração de quotas próprias e o consentimento para a divisão ou cessão de quotas;

c) A exclusão de sócios;

d) A destituição de gerentes e de membros do órgão de fiscalização;

e) A aprovação do relatório de gestão e das contas do exercício, a atribuição de lucros e o tratamento dos prejuízos;

f) A exoneração de responsabilidade dos gerentes ou membros do órgão de fiscalização;

g) A proposição de acções pela sociedade contra gerentes, sócios ou membros do órgão de fiscalização e bem assim a desistência e transacção nessas acções;

h) A alteração do contrato de sociedade;

i) A fusão, cisão, transformação e dissolução da sociedade e o regresso de sociedade dissolvida à actividade.

2 – Se o contrato social não dispuser diversamente, compete também aos sócios deliberar sobre:

a) A designação de gerentes;

b) A designação de membros do órgão de fiscalização;

c) A alienação ou oneração de bens imóveis, a alienação, a oneração e a locação de estabelecimento;

d) A subscrição ou aquisição de participações noutras sociedades e a sua alienação ou oneração.

ART. 247.º (Formas de deliberação) – 1 – Além de deliberações tomadas nos termos do artigo 54.º, os sócios podem tomar deliberações por voto escrito e deliberações em assembleia geral.

94 [DL n.º 76-A/2006] SOCIEDADES COMERCIAIS E COOPERAÇÃO EMPRESARIAL

2 – Não havendo disposição de lei ou cláusula contratual que o proíba, é lícito aos sócios acordar, nos termos dos números seguintes, que a deliberação seja tomada por voto escrito.

3 – A consulta dirigida aos sócios pelos gerentes para os efeitos previstos na parte final do número anterior deve ser feita por carta registada, em que se indicará o objecto da deliberação a tomar e se avisará o destinatário de que a falta de resposta dentro dos 15 dias seguintes à expedição da carta será tida como assentimento à dispensa da assembleia.

4 – Quando, em conformidade com o número anterior, se possa proceder a votação por escrito, o gerente enviará a todos os sócios a proposta concreta de deliberação, acompanhada pelos elementos necessários para a esclarecer, e fixará para o voto prazo não inferior a 10 dias.

5 – O voto escrito deve identificar a proposta e conter a aprovação ou rejeição desta; qualquer modificação da proposta ou condicionamento do voto implica rejeição da proposta.

6 – O gerente lavrará acta, em que mencionará a verificação das circunstâncias que permitem a deliberação por voto escrito, transcreverá a proposta e o voto de cada sócio, declarará a deliberação tomada e enviará cópia desta acta a todos os sócios.

7 – A deliberação considera-se tomada no dia em que for recebida a última resposta ou no fim do prazo marcado, caso algum sócio não responda.

8 – Não pode ser tomada deliberação por voto escrito quando algum sócio esteja impedido de votar, em geral ou no caso de espécie.

ART. 248.º (Assembleias gerais) – 1 – Às assembleias gerais das sociedades por quotas aplica-se o disposto sobre assembleias gerais das sociedades anónimas, em tudo o que não estiver especificamente regulado para aquelas.

2 – Os direitos atribuídos nas sociedades anónimas a uma minoria de accionistas quanto à convocação e à inclusão de assuntos na ordem do dia podem ser sempre exercidos por qualquer sócio de sociedades por quotas.

3 – A convocação das assembleias gerais compete a qualquer dos gerentes e deve ser feita por meio de carta registada, expedida com a antecedência mínima de 15 dias, a não ser que a lei ou o contrato de sociedade exijam outras formalidades ou estabeleçam prazo mais longo.

4 – Salvo disposição diversa do contrato de sociedade, a presidência de cada assembleia geral pertence ao sócio nela presente que possuir ou representar maior fracção de capital, preferindo-se, em igualdade de circunstâncias, o mais velho.

5 – Nenhum sócio pode ser privado, nem sequer por disposição do contrato, de participar na assembleia, ainda que esteja impedido de exercer o direito de voto.

6 – As actas das assembleias gerais devem ser assinadas por todos os sócios que nelas tenham participado.

ART. 249.º (Representação em deliberação de sócios) – 1 – Não é permitida a representação voluntária em deliberações por voto escrito.

2 – Os instrumentos de representação voluntária que não mencionem as formas de deliberação abrangidas são válidos apenas para deliberações a tomar em assembleias gerais regularmente convocadas.

3 – Os instrumentos de representação voluntária que não mencionem a duração dos poderes conferidos são válidos apenas para o ano civil respectivo.

4 – Para a representação em determinada assembleia geral, quer esta reúna em primeira ou segunda data, é bastante uma carta dirigida ao respectivo presidente.

5 – A representação voluntária do sócio só pode ser conferida ao seu cônjuge, a um seu ascendente ou descendente ou a outro sócio, a não ser que o contrato de sociedade permita expressamente outros representantes.

ART. 250.º (Votos) – 1 – Conta-se um voto por cada cêntimo do valor nominal da quota.

2 – É, no entanto, permitido que o contrato de sociedade atribua, como direito especial, dois votos por cada cêntimo de valor nominal da quota ou quotas de sócios que, no total, não correspondam a mais de 20% do capital.

3 – Salvo disposição diversa da lei ou do contrato, as deliberações consideram-se tomadas se obtiverem a maioria dos votos emitidos, não se considerando como tal as abstenções.

ART. 251.º (Impedimento de voto) – 1 – O sócio não pode votar nem por si, nem por representante, nem em representação de outrem, quando, relativamente à matéria da deliberação, se encontre em situação de conflito de interesses com a sociedade. Entende-se que a referida situação de conflito de interesses se verifica designadamente quando se tratar de deliberação que recaia sobre:

a) Liberação de uma obrigação ou responsabilidade própria do sócio, quer nessa qualidade quer como gerente ou membro do órgão de fiscalização;

b) Litígio sobre pretensão da sociedade contra o sócio ou deste contra aquela, em qualquer das qualidades referidas na alínea anterior, tanto antes como depois do recurso a tribunal;

c) Perda pelo sócio de parte da sua quota, na hipótese prevista no artigo 204.º, n.º 2;

d) Exclusão do sócio;

e) Consentimento previsto no artigo 254.º, n.º 1;

f) Destituição, por justa causa, da gerência que estiver exercendo ou de membro do órgão de fiscalização;

g) Qualquer relação, estabelecida ou a estabelecer, entre a sociedade e o sócio estranha ao contrato de sociedade.

2 – O disposto nas alíneas do número anterior não pode ser preterido no contrato de sociedade.

CÓDIGO DAS SOCIEDADES COMERCIAIS

[DL n.º 76-A/2006] 95

CAPÍTULO VI — Gerência e fiscalização

ART. 252.º (Composição da gerência) – 1 – A sociedade é administrada e representada por um ou mais gerentes, que podem ser escolhidos de entre estranhos à sociedade e devem ser pessoas singulares com capacidade jurídica plena.

2 – Os gerentes são designados no contrato de sociedade ou eleitos posteriormente por deliberação dos sócios, se não estiver prevista no contrato outra forma de designação.

3 – A gerência atribuída no contrato a todos os sócios não se entende conferida aos que só posteriormente adquiram esta qualidade.

4 – A gerência não é transmissível por acto entre vivos ou por morte, nem isolada, nem juntamente com a quota.

5 – Os gerentes não podem fazer-se representar no exercício do seu cargo, sem prejuízo do disposto no n.º 2 do artigo 261.º.

6 – O disposto nos números anteriores não exclui a faculdade de a gerência nomear mandatários ou procuradores da sociedade para a prática de determinados actos ou categorias de actos, sem necessidade de cláusula contratual expressa.

ART. 253.º (Substituição de gerentes) – 1 – Se faltarem definitivamente todos os gerentes, todos os sócios assumem por força da lei os poderes de gerência, até que sejam designados os gerentes.

2 – O disposto no número anterior é também aplicável no caso de falta temporária de todos os gerentes, tratando-se de acto que não possa esperar pela cessação da falta.

3 – Faltando definitivamente um gerente cuja intervenção seja necessária por força do contrato para a representação da sociedade, considera-se caduca a cláusula do contrato, caso a exigência tenha sido nominal; no caso contrário, não tendo a vaga sido preenchida no prazo de 30 dias, pode qualquer sócio ou gerente requerer ao tribunal a nomeação de um gerente até a situação ser regularizada, nos termos do contrato ou da lei.

4 – Os gerentes judicialmente nomeados têm direito à indemnização das despesas razoáveis que fizerem e à remuneração da sua actividade; na falta de acordo com a sociedade, a indemnização e a remuneração são fixadas pelo tribunal.

ART. 254.º (Proibição de concorrência) – 1 – Os gerentes não podem, sem consentimento dos sócios, exercer, por conta própria ou alheia, actividade concorrente com a da sociedade.

2 – Entende-se como concorrente com a da sociedade qualquer actividade abrangida no objecto desta, desde que esteja a ser exercida por ela ou o seu exercício tenha sido deliberado pelos sócios.

3 – No exercício por conta própria inclui-se a participação, por si ou por interposta pessoa, em sociedade que implique assunção de responsabilidade ilimitada pelo gerente, bem como a participação de, pelo menos, 20% no capital ou nos lucros de sociedade em que ele assuma responsabilidade limitada.

4 – O consentimento presume-se no caso de o exercício da actividade ser anterior à nomeação do gerente e conhecido de sócios que disponham da maioria do capital, e bem assim quando, existindo tal conhecimento da actividade do gerente, este continuar a exercer as suas funções decorridos mais de 90 dias depois de ter sido deliberada nova actividade da sociedade com a qual concorre a que vinha sendo exercida por ele.

5 – A infracção do disposto no n.º 1, além de constituir justa causa de destituição, obriga o gerente a indemnizar a sociedade pelos prejuízos que sofra.

6 – Os direitos da sociedade mencionados no número anterior prescrevem no prazo de 90 dias a contar do momento em que todos os sócios tenham conhecimento da actividade exercida pelo gerente ou, em qualquer caso, no prazo de cinco anos contados do início dessa actividade.

ART. 255.º (Remuneração) – 1 – Salvo disposição do contrato de sociedade em contrário, o gerente tem direito a uma remuneração, a fixar pelos sócios.

2 – As remunerações dos sócios gerentes podem ser reduzidas pelo tribunal, a requerimento de qualquer sócio, em processo de inquérito judicial, quando forem gravemente desproporcionadas quer ao trabalho prestado quer à situação da sociedade.

3 – Salvo cláusula expressa do contrato de sociedade, a remuneração dos gerentes não pode consistir, total ou parcialmente, em participação nos lucros da sociedade.

ART. 256.º (Duração da gerência) – As funções dos gerentes subsistem enquanto não terminarem por destituição ou renúncia, sem prejuízo de o contrato de sociedade ou o acto de designação poder fixar a duração delas.

ART. 257.º (Destituição de gerentes) – 1 – Os sócios podem deliberar a todo o tempo a destituição de gerentes.

2 – O contrato de sociedade pode exigir para a deliberação de destituição uma maioria qualificada ou outros requisitos; se, porém, a destituição se fundar em justa causa, pode ser sempre deliberada por maioria simples.

3 – A cláusula do contrato de sociedade que atribui a um sócio um direito especial à gerência não pode ser alterada sem consentimento do mesmo sócio. Podem, todavia, os sócios deliberar que a sociedade requeira a suspensão e destituição judicial do gerente por justa causa e designar para tanto um representante especial.

4 – Existindo justa causa, pode qualquer sócio requerer a suspensão e a destituição do gerente, em acção intentada contra a sociedade.

96 [DL n.º 76-A/2006] SOCIEDADES COMERCIAIS E COOPERAÇÃO EMPRESARIAL

5 – Se a sociedade tiver apenas dois sócios, a destituição da gerência com fundamento em justa causa só pelo tribunal pode ser decidida em acção intentada pelo outro.

6 – Constituem justa causa de destituição, designadamente, a violação grave dos deveres do gerente e a sua incapacidade para o exercício normal das respectivas funções.

7 – Não havendo indemnização contratual estipulada, o gerente destituído sem justa causa tem direito a ser indemnizado dos prejuízos sofridos, entendendo-se, porém, que ele não se manteria no cargo ainda por mais de quatro anos ou do tempo que faltar para perfazer o prazo por que fora designado.

ART. 258.º (Renúncia de gerentes) – 1 – A renúncia de gerentes deve ser comunicada por escrito à sociedade e torna-se efectiva oito dias depois de recebida a comunicação.

2 – A renúncia sem justa causa obriga o renunciante a indemnizar a sociedade pelos prejuízos causados, salvo se esta for avisada com a antecedência conveniente.

ART. 259.º (Competência da gerência) – Os gerentes devem praticar os actos que forem necessários ou convenientes para a realização do objecto social, com respeito pelas deliberações dos sócios.

ART. 260.º (Vinculação da sociedade) – 1 – Os actos praticados pelos gerentes, em nome da sociedade e dentro dos poderes que a lei lhes confere, vinculam-na para com terceiros, não obstante as limitações constantes do contrato social ou resultantes de deliberações dos sócios.

2 – A sociedade pode, no entanto, opor a terceiros as limitações de poderes resultantes do seu objecto social, se provar que o terceiro sabia ou não podia ignorar, tendo em conta as circunstâncias que o acto praticado não respeitava essa cláusula e se, entretanto, a sociedade o não assumiu, por deliberação expressa ou tácita dos sócios.

3 – O conhecimento referido no número anterior não pode ser provado apenas pela publicidade dada ao contrato de sociedade.

4 – Os gerentes vinculam a sociedade, em actos escritos, apondo a sua assinatura com indicação dessa qualidade.

5 – As notificações ou declarações de um gerente cujo destinatário seja a sociedade devem ser dirigidas a outro gerente, ou, se não houver outro gerente, ao órgão de fiscalização, ou, não o havendo, a qualquer sócio.

ART. 261.º (Funcionamento da gerência plural) – 1 – Quando haja vários gerentes e salvo cláusula do contrato de sociedade que disponha de modo diverso, os respectivos poderes são exercidos conjuntamente, considerando-se válidas as deliberações que reúnam os votos da maioria e a sociedade vinculada pelos negócios jurídicos concluídos pela maioria dos gerentes ou por ela ratificados.

2 – O disposto no número anterior não impede que os gerentes deleguem nalgum ou nalguns deles competência para determinados negócios ou espécie de negócio, mas, mesmo nesses negócios, os gerentes-delegados só vinculam a sociedade se a delegação lhes atribuir expressamente tal poder.

3 – As notificações ou declarações de terceiros à sociedade podem ser dirigidas a qualquer dos gerentes, sendo nula toda a disposição em contrário do contrato de sociedade.

ART. 262.º (Fiscalização) – 1 – O contrato de sociedade pode determinar que a sociedade tenha um conselho fiscal, que se rege pelo disposto a esse respeito para as sociedades anónimas.

2 – As sociedades que não tiverem conselho fiscal devem designar um revisor oficial de contas para proceder à revisão legal desde que, durante dois anos consecutivos, sejam ultrapassados dois dos três seguintes limites:

a) Total do balanço – € 1 500 000;

b) Total das vendas líquidas e outros proveitos – € 3 000 000;

c) Número de trabalhadores empregados em média durante o exercício – 50.

3 – A designação do revisor oficial de contas só deixa de ser necessária se a sociedade passar a ter conselho fiscal ou se dois dos três requisitos fixados no número anterior não se verificarem durante dois anos consecutivos.

4 – Compete aos sócios deliberar a designação do revisor oficial de contas, sendo aplicável, na falta de designação, o disposto nos artigos 416.º a 418.º.

5 – São aplicáveis ao revisor oficial de contas as incompatibilidades estabelecidas para os membros do conselho fiscal.

6 – Ao exame pelo revisor e ao relatório deste aplica-se o disposto a esse respeito quanto a sociedades anónimas, conforme tenham ou não conselho fiscal.

7 – Os montantes e o número referidos nas três alíneas do n.º 2 podem ser modificados por portaria dos Ministros das finanças e da Justiça.

ART. 262.º-A (Dever de prevenção) – 1 – Nas sociedades por quotas em que haja revisor oficial de contas ou conselho fiscal compete ao revisor oficial de contas ou a qualquer membro do conselho fiscal comunicar imediatamente, por carta registada, os factos que considere reveladores de graves dificuldades na prossecução do objecto da sociedade.

2 – A gerência deve, nos 30 dias seguintes à recepção da carta, responder pela mesma via.

3 – Na falta de resposta ou se esta não for satisfatória, o revisor oficial de contas deve requerer a convocação de uma assembleia geral.

4 – Ao dever de prevenção nas sociedades por quotas aplica-se o disposto sobre o dever de vigilância nas sociedades anónimas em tudo o que não estiver especificamente regulado para aquelas.

CÓDIGO DAS SOCIEDADES COMERCIAIS

[DL n.º 76-A/2006] 97

CAPÍTULO VII — Apreciação anual da situação da sociedade

ART. 263.º (Relatório de gestão e contas do exercício) – 1 – O relatório de gestão e os documentos de prestação de contas devem estar patentes aos sócios, nas condições previstas no artigo 214.º, n.º 4, na sede da sociedade e durante as horas de expediente, a partir do dia em que seja expedida a convocação para a assembleia destinada a apreciá-los; os sócios serão avisados deste facto na própria convocação.

2 – É desnecessária outra forma de apreciação ou deliberação quando todos os sócios sejam gerentes e todos eles assinem, sem reservas, o relatório de gestão, as contas e a proposta sobre aplicação de lucros e tratamento de perdas, salvo quanto a sociedades abrangidas pelos n.ᵒˢ 5 e 6 deste artigo.

3 – Verificando-se empate na votação sobre aprovação de contas ou sobre atribuição de lucros, pode qualquer sócio requerer a convocação judicial da assembleia para nova apreciação daqueles. O juiz designará para presidir a essa assembleia uma pessoa idónea, estranha à sociedade, de preferência um revisor oficial de contas, a quem atribuirá o poder de desempatar, se voltar a verificar-se o empate, e fixará os encargos ocasionados pela designação, os quais são de conta da sociedade.

4 – A pessoa designada pode exigir da gerência ou do órgão de fiscalização que lhe sejam facultados os documentos sociais cuja consulta considere necessária, e bem assim que lhe sejam prestadas as informações de que careça.

5 – Nas sociedades sujeitas a revisão legal nos termos do artigo 262.º, n.º 2, os documentos de prestação de contas e o relatório de gestão devem ser submetidos a deliberação dos sócios, acompanhados de certificação legal das contas e do relatório do revisor oficial de contas.

6 – Ao exame das contas pelo conselho fiscal e respectivo relatório aplica-se o disposto para as sociedades anónimas.

ART. 264.º (Publicidade das contas) – *(Revogado pelo Decreto-Lei n.º 257/96, de 31 de Dezembro.)*

CAPÍTULO VIII — Alterações do contrato

ART. 265.º (Maioria necessária) – 1 – As deliberações de alteração do contrato só podem ser tomadas por maioria de três quartos dos votos correspondentes ao capital social ou por número ainda mais elevado de votos exigido pelo contrato de sociedade.

2 – É permitido estipular no contrato de sociedade que este só pode ser alterado, no todo ou em parte, com o voto favorável de um determinado sócio, enquanto este se mantiver na sociedade.

3 – O disposto no n.º 1 deste artigo aplica-se à deliberação de fusão, de cisão e de transformação da sociedade.

ART. 266.º (Direito de preferência) – 1 – Os sócios gozam de preferência nos aumentos de capital a realizar em dinheiro.

2 – Entre sócios, o cálculo da repartição do aumento de capital será feito:

a) Atribuindo a cada sócio a importância proporcional à quota de que for titular na referida data ou da importância inferior a essa que o sócio tenha pedido;

b) Satisfazendo os pedidos superiores à importância referida na primeira parte da alínea *a)*, na medida que resultar de um ou mais rateios das importâncias sobrantes, em proporção do excesso das importâncias pedidas.

3 – A parte do aumento que, relativamente a cada sócio, não for bastante para formar uma nova quota, acrescerá ao valor nominal da quota antiga.

4 – O direito de preferência conferido por este artigo só pode ser limitado ou suprimido em conformidade com o disposto no artigo 460.º.

5 – Os sócios devem exercer o direito referido no n.º 1 até à assembleia que aprove o aumento do capital, devendo para este efeito ser informados das condições desse aumento na convocatória da assembleia ou em comunicação efectuada pelos gerentes com, pelo menos, 10 dias de antecedência relativamente à data de realização da assembleia. (*)

ART. 267.º (Alienação do direito de participar no aumento de capital) – 1 – O direito de participar preferencialmente num aumento de capital pode ser alienado, com o consentimento da sociedade.

2 – O consentimento exigido no número anterior é dispensado, concedido ou recusado nos termos prescritos para o consentimento de cessão de quotas, mas a deliberação de aumento de capital pode conceder o referido consentimento para todo esse aumento.

3 – No caso previsto na parte final do número anterior, os adquirentes devem exercer a preferência na assembleia que aprove o aumento de capital. (*)

4 – No caso de o consentimento ser expressamente recusado, a sociedade deve apresentar proposta de aquisição do direito por sócio ou estranho, aplicando-se, com as necessárias adaptações, o disposto no artigo 231.º.

ART. 268.º (Obrigações e direitos de antigos e novos sócios em aumento de capital) – 1 – Os sócios que aprovarem a deliberação de aumento de capital a realizar por eles próprios ficam, sem mais, obrigados a efectuar as respectivas entradas na proporção do seu inicial direito de preferência, se nesse caso o tiverem.

2 – Sendo o aumento de capital destinado à admissão de novos sócios, estes devem declarar que aceitam associar-se nas condições do contrato vigente e da deliberação de aumento do capital. (*)

98   [DL n.º 76-A/2006]   SOCIEDADES COMERCIAIS E COOPERAÇÃO EMPRESARIAL

3 – A declaração prevista no n.º 2 do artigo 88.º apenas pode ser prestada depois de todos os novos sócios terem dado cumprimento ao disposto no número anterior. (*)

4 – Efectuada a entrada em espécie ou em dinheiro, pode o interessado notificar, por carta registada, a sociedade para proceder à declaração prevista no número anterior em prazo não inferior a 30 dias, decorrido o qual pode exigir a restituição da entrada efectuada e a indemnização que no caso couber. (*)

5 – A deliberação de aumento do capital caduca se a sociedade não tiver emitido a declaração, na hipótese prevista no número anterior, ou se o interessado não cumprir o disposto no n.º 2 deste artigo, na data que a sociedade lhe tenha marcado, por carta registada, com a antecedência mínima de 20 dias. (*)

ART. 269.º (Aumento de capital e direito de usufruto) – 1 – Se a quota estiver sujeita a usufruto, o direito de participar no aumento do capital será exercido pelo titular da raiz ou pelo usufrutuário ou por ambos, nos termos que entre si acordarem.

2 – Na falta de acordo, o direito de participar no aumento de capital pertence ao titular da raiz, mas, se este não declarar que pretende subscrever a nova quota em prazo igual a metade do fixado no n.º 5 do artigo 266.º, o referido direito devolve-se ao usufrutuário.

3 – A comunicação prescrita pelo n.º 5 do artigo 266.º deve ser enviada ao titular da raiz e ao usufrutuário.

4 – A nova quota fica a pertencer em propriedade plena àquele que tiver exercido o direito de participar no aumento do capital, salvo se os interessados tiverem acordado em que ela fique também sujeita a usufruto.

5 – Se o titular da raiz e o usufrutuário acordarem na alienação do direito de preferência e a sociedade nela consentir, a quantia obtida será repartida entre eles, na proporção dos valores que nesse momento tiverem os respectivos direitos.

CAPÍTULO IX — Dissolução da sociedade

ART. 270.º (Dissolução da sociedade) – 1 – A deliberação de dissolução da sociedade deve ser tomada por maioria de três quartos dos votos correspondentes ao capital social, a não ser que o contrato exija maioria mais elevada ou outros requisitos.

2 – A simples vontade de sócio ou sócios, quando não manifestada na deliberação prevista no número anterior, não pode constituir causa contratual de dissolução.

CAPÍTULO X — Sociedades unipessoais por quotas

ART. 270.º-A (Constituição) – 1 – A sociedade unipessoal por quotas é constituída por um sócio único, pessoa singular ou colectiva, que é o titular da totalidade do capital social.

2 – A sociedade unipessoal por quotas pode resultar da concentração na titularidade de um único sócio das quotas de uma sociedade por quotas, independentemente da causa da concentração.

3 – A transformação prevista no número anterior efectua-se mediante declaração do sócio único na qual manifeste a sua vontade de transformar a sociedade em sociedade unipessoal por quotas, podendo essa declaração constar do próprio documento que title a cessão de quotas. (*)

4 – Por força da transformação prevista no n.º 3 deixam de ser aplicáveis todas as disposições do contrato de sociedade que pressuponham a pluralidade de sócios.

5 – O estabelecimento individual de responsabilidade limitada pode, a todo o tempo, transformar-se em sociedade unipessoal por quotas, mediante declaração escrita do interessado. (*)

ART. 270.º-B (Firma) – A firma destas sociedades deve ser formada pela expressão «sociedade unipessoal» ou pela palavra «unipessoal» antes da palavra «limitada» ou da abreviatura «Lda.».

ART. 270.º-C (Efeitos da unipessoalidade) – 1 – Uma pessoa singular só pode ser sócia de uma única sociedade unipessoal por quotas.

2 – Uma sociedade por quotas não pode ter como sócio único uma sociedade unipessoal por quotas.

3 – No caso de violação das disposições dos números anteriores, qualquer interessado pode requerer a dissolução das sociedades por via administrativa. (*)

4 – O serviço de registo competente concede um prazo de 30 dias para a regularização da situação, o qual pode ser prorrogado até 90 dias a pedido dos interessados. (*)

ART. 270.º-D (Pluralidade de sócios) – 1 – O sócio único de uma sociedade unipessoal por quotas pode modificar esta sociedade em sociedade por quotas plural através de divisão e cessão da quota ou de aumento de capital social por entrada de um novo sócio, devendo, nesse caso, ser eliminada da firma a expressão «sociedade unipessoal», ou a palavra «unipessoal», que nela se contenha.

2 – O documento que consigne a divisão e cessão de quota ou o aumento do capital é título bastante para o registo da modificação. (*)

3 – Se a sociedade tiver adoptado antes o tipo de sociedade por quotas, passará a reger-se pelas disposições do contrato de sociedade que, nos termos do n.º 4 do artigo 270.º-A, lhe eram inaplicáveis em consequência da unipessoalidade.

4 – No caso de concentração previsto no n.º 2 do artigo 270.º-A, o sócio único pode evitar a unipessoalidade se, no prazo legal, restabelecer a pluralidade de sócios.

CÓDIGO DAS SOCIEDADES COMERCIAIS   [DL n.º 76-A/2006]   99

ART. 270.º-E (Decisões do sócio) – 1 – Nas sociedades unipessoais por quotas, o sócio único exerce as competências das assembleias gerais, podendo, designadamente, nomear gerentes.

2 – As decisões do sócio de natureza igual às deliberações da assembleia geral devem ser registadas em acta por ele assinada.

ART. 270.º-F (Contrato do sócio com a sociedade unipessoal) – 1 – Os negócios jurídicos celebrados entre o sócio único e a sociedade devem servir a prossecução do objecto da sociedade. (*)

2 – Os negócios jurídicos entre o sócio único e a sociedade obedecem à forma legalmente prescrita e, em todos os casos, devem observar a forma escrita.

3 – Os documentos de que constam os negócios jurídicos celebrados pelo sócio único e a sociedade devem ser patenteados conjuntamente com o relatório de gestão e os documentos de prestação de contas; qualquer interessado pode, a todo o tempo, consultá-los na sede da sociedade.

4 – A violação do disposto nos números anteriores implica a nulidade dos negócios jurídicos celebrados e responsabiliza ilimitadamente o sócio.

ART. 270.º-G (Disposições subsidiárias) – Às sociedades unipessoais por quotas aplicam-se as normas que regulam as sociedades por quotas, salvo as que pressupõem a pluralidade de sócios.

TÍTULO IV — SOCIEDADES ANÓNIMAS

CAPÍTULO I — Características e contrato

ART. 271.º (Características) – Na sociedade anónima, o capital é dividido em acções e cada sócio limita a sua responsabilidade ao valor das acções que subscreveu.

ART. 272.º (Conteúdo obrigatório do contrato) – Do contrato de sociedade devem especialmente constar:
a) O número das acções e, se existir, o respectivo valor nominal;
b) As condições particulares, se as houver, a que fica sujeita a transmissão de acções;
c) As categorias de acções que porventura sejam criadas, com indicação expressa do número de acções e dos direitos atribuídos a cada categoria;
d) Se as acções são nominativas ou ao portador e as regras para as suas eventuais conversões;
e) O montante do capital realizado e os prazos de realização do capital apenas subscrito;
f) A autorização, se for dada, para a emissão de obrigações;
g) A estrutura adoptada para a administração e fiscalização da sociedade.

ART. 273.º (Número de accionistas) – 1 – A sociedade anónima não pode ser constituída por um número de sócios inferior a cinco, salvo quando a lei o dispense.

2 – Do disposto no n.º 1 exceptuam-se as sociedades em que o Estado, directamente ou por intermédio de empresas públicas ou outras entidades equiparadas por lei para este efeito, fique a deter a maioria do capital, as quais podem constituir-se apenas com dois sócios.

ART. 274.º (Aquisição da qualidade de sócio) – A qualidade de sócio surge com a celebração do contrato de sociedade ou com o aumento do capital, não dependendo da emissão e entrega do título de acção ou, tratando-se de acções escriturais, da inscrição na conta de registo individualizado. (*)

ART. 275.º (Firma) – 1 – A firma destas sociedades será formada, com ou sem sigla, pelo nome ou firma de um ou alguns dos sócios ou por uma denominação particular, ou pela reunião de ambos esses elementos, mas em qualquer caso concluirá pela expressão «sociedade anónima» ou pela abreviatura «S. A.».

2 – Na firma não podem ser incluídas ou mantidas expressões indicativas de um objecto social que não esteja especificamente previsto na respectiva cláusula do contrato de sociedade.

3 – No caso de o objecto contratual da sociedade ser alterado, deixando de incluir actividade especificada na firma, a alteração do objecto deve ser simultaneamente acompanhada da modificação da firma. (*)

ART. 276.º (Valor nominal do capital e das acções) – 1 – As acções das sociedades anónimas podem ser acções com valor nominal ou acções sem valor nominal.

2 – Na mesma sociedade não podem coexistir acções com valor nominal e acções sem valor nominal.

3 – O valor nominal mínimo das acções ou, na sua falta, o valor de emissão, não deve ser inferior a 1 cêntimo.

4 – Todas as acções devem representar a mesma fracção no capital social e, no caso de terem valor nominal, devem ter o mesmo valor nominal.

5 – O montante mínimo do capital social é de 50 000 euros.

6 – A acção é indivisível.

O DL n.º 64/2009, de 20-3, com um período de vigência até 31.12.2009, estabeleceu mecanismos extraordinários de diminuição do valor nominal das acções das sociedades anónimas, com ou sem redução do capital (vid., *infra*, sob o n.º **3.1.15.**).

100   [DL n.º 76-A/2006]   SOCIEDADES COMERCIAIS E COOPERAÇÃO EMPRESARIAL

ART. 277.º (Entradas) – 1 – Não são admitidas contribuições de indústria.

2 – Nas entradas em dinheiro só pode ser diferida a realização de 70% do valor nominal ou do valor de emissão das acções, não podendo ser diferido o prémio de emissão, quando previsto.

3 – A soma das entradas em dinheiro já realizadas deve ser depositada em instituição de crédito, numa conta aberta em nome da futura sociedade, até ao momento da celebração do contrato. (*)

4 – Os sócios devem declarar no acto constitutivo, sob sua responsabilidade, que procederam ao depósito referido no número anterior. (*)

5 – Da conta referida no n.º 3 só podem ser efectuados levantamentos: (*)

a) Depois de o contrato estar definitivamente registado;

b) Depois de celebrado o contrato, caso os accionistas autorizem os administradores a efectuá-los para fins determinados; (*)

c) Para liquidação provocada pela inexistência ou nulidade do contrato ou pela falta do registo;

d) Para a restituição prevista nos artigos 279.º, n.º 6, alínea *h*), e 280.º.

ART. 278.º (Estrutura da administração e da fiscalização) – 1 – A administração e a fiscalização da sociedade podem ser estruturadas segundo uma de três modalidades: (*)

a) Conselho de administração e conselho fiscal; (*)

b) Conselho de administração, compreendendo uma comissão de auditoria, e revisor oficial de contas; (*)

c) Conselho de administração executivo, conselho geral e de supervisão e revisor oficial de contas. (*)

2 – Nos casos previstos na lei, em vez de conselho de administração ou de conselho de administração executivo pode haver um só administrador e em vez de conselho fiscal pode haver um fiscal único. (*)

3 – Nas sociedades que se estruturem segundo a modalidade prevista na alínea *a*) do n.º 1, é obrigatória, nos casos previstos na lei, a existência de um revisor oficial de contas que não seja membro do conselho fiscal. (*)

4 – Nas sociedades que se estruturem segundo a modalidade prevista na alínea *c*) do n.º 1, é obrigatória, nos casos previstos na lei, a existência no conselho geral e de supervisão de uma comissão para as matérias financeiras. (*)

5 – As sociedades com administrador único não podem seguir a modalidade prevista na alínea *b*) do n.º 1. (*)

6 – Em qualquer momento pode o contrato ser alterado para a adopção de outra estrutura admitida pelos números anteriores.

ART. 279.º (Constituição com apelo a subscrição pública) – 1 – A constituição de sociedade anónima com apelo a subscrição pública de acções deve ser promovida por uma ou mais pessoas que assumem a responsabilidade estabelecida nesta lei.

2 – Os promotores devem subscrever e realizar integralmente acções cuja soma dos valores nominais ou cuja soma dos valores de emissão de cada acção perfaçam, pelo menos, o capital mínimo prescrito no n.º 3 do artigo 276.º, sendo essas acções inalienáveis durante dois anos a contar do registo definitivo da sociedade e os negócios obrigacionais celebrados durante esse tempo sobre oneração ou alienação de acções nulos.

3 – Os promotores devem elaborar o projecto completo de contrato de sociedade e requerer o seu registo provisório.

4 – O projecto especificará o número de acções ainda não subscritas destinadas, respectivamente, a subscrição particular e a subscrição pública.

5 – O objecto da sociedade deve consistir numa ou mais actividades perfeitamente especificadas.

6 – Depois de efectuado o registo provisório, os promotores colocarão as acções destinadas à subscrição particular e elaborarão oferta de acções destinadas à subscrição pública, assinada por todos eles, donde constarão obrigatoriamente:

a) O projecto do contrato provisoriamente registado;

b) Qualquer vantagem que, nos limites da lei, seja atribuída aos promotores;

c) O prazo, lugar e formalidades de subscrição;

d) O prazo dentro do qual se reunirá a assembleia constitutiva;

e) Um relatório técnico, económico e financeiro sobre as perspectivas da sociedade, organizado com base em dados verdadeiros e completos e em previsões justificadas pelas circunstâncias conhecidas nessa data, contendo as informações necessárias para cabal esclarecimento dos eventuais interessados na subscrição;

f) As regras a que obedecerá o rateio da subscrição, se este for necessário;

g) A indicação de que a constituição definitiva da sociedade ficará dependente da subscrição total das acções ou das condições em que é admitida aquela constituição, se a subscrição não for completa;

h) O montante da entrada a efectuar na altura da subscrição, o prazo e o modo da restituição dessa importância, no caso de não chegar a constituir-se a sociedade.

7 – As entradas em dinheiro efectuadas por todos os subscritores serão directamente depositadas por estes na conta aberta pelos promotores e referida no n.º 3 do artigo 277.º.

8 – Aos promotores não pode ser atribuída outra vantagem além da reserva de uma percentagem não superior a um décimo dos lucros líquidos da sociedade, por tempo não excedente a um terço da duração desta e nunca superior a cinco anos, a qual não poderá ser paga sem se acharem aprovadas as contas anuais.

ART. 280.º (Subscrição incompleta) – 1 – Não sendo subscritas pelo público todas as acções a ele destinadas e não sendo aplicável o disposto no n.º 3 deste artigo, devem os promotores requerer o cancelamento do registo provisório e publicar um anúncio em que informem os subscritores de que devem levantar as suas entradas.

CÓDIGO DAS SOCIEDADES COMERCIAIS [DL n.º 76-A/2006] 101

Segundo anúncio deve ser publicado, decorrido um mês, se, entretanto, não tiverem sido levantadas todas as entradas.

2 – A instituição de crédito onde for aberta a conta referida no artigo 277.º, n.º 3, só restitui importâncias depositadas mediante a apresentação do documento de subscrição e depósito e depois de o registo provisório ter sido cancelado ou ter caducado.

3 – O programa da oferta de acções à subscrição pública pode especificar que, no caso de subscrição incompleta, é facultado à assembleia constitutiva deliberar a constituição da sociedade, contanto que tenham sido subscritos pelo menos três quartos das acções destinadas ao público.

4 – Não chegando a sociedade a constituir-se, todas as despesas efectuadas são suportadas pelos promotores.

ART. 281.º (Assembleia constitutiva) – 1 – Terminada a subscrição e podendo ser constituída a sociedade, os promotores devem convocar uma assembleia de todos os subscritores.

2 – A convocação é efectuada nos termos prescritos para as assembleias gerais de sociedades anónimas e a assembleia é presidida por um dos promotores.

3 – Todos os documentos relativos às subscrições e, de um modo geral, à constituição da sociedade devem estar patentes a todos os subscritores a partir da publicação da convocatória, a qual deve mencionar esse facto, indicando o local onde podem ser consultados.

4 – Na assembleia, cada promotor e cada subscritor tem um voto, seja qual for .o número das acções subscritas.

5 – Na primeira data fixada a assembleia só pode reunir-se estando presente ou representada metade dos subscritores, não incluindo os promotores; neste caso, as deliberações são tomadas por maioria dos votos, incluindo os dos promotores.

6 – Se na segunda data fixada não estiver presente ou representada metade dos subscritores, não incluindo os promotores, as deliberações são tomadas por dois terços dos votos, incluindo os dos promotores.

7 – A assembleia delibera:

a) Sobre a constituição da sociedade, nos precisos termos do projecto registado;

b) Sobre as designações para os órgãos sociais.

8 – Com o voto unânime de todos os promotores e subscritores podem ser introduzidas alterações no projecto de contrato de sociedade.

9 – Havendo subscrição particular, com entradas que não consistam em dinheiro, a eficácia da deliberação de constituição da sociedade fica dependente da efectivação daquelas entradas. (*)

10 – No caso previsto no artigo 280.º, n.º 3, a deliberação ali referida deve fixar o montante do capital e o número das acções, em conformidade com as subscrições efectuadas.

11 – A acta deve ser assinada pelos promotores e por todos os subscritores que tenham aprovado a constituição da sociedade.

ART. 282.º (Regime especial de invalidade da deliberação) – 1 – A deliberação de constituir a sociedade e as deliberações complementares desta podem ser declaradas nulas, nos termos gerais, ou podem ser anuladas a requerimento de subscritor que não as tenha aprovado, no caso de elas próprias, o contrato aprovado ou o processo desde o registo provisório violarem preceitos legais.

2 – A anulação pode também ser requerida com fundamento em falsidade relevante dos dados ou erro grave de previsões referidos no artigo 279.º, n.º 6, alínea *e*).

3 – Aplicam-se as disposições legais sobre suspensão e anulação de deliberações sociais.

ART. 283.º (*) **(Contrato de sociedade)** – 1 – O contrato de sociedade deve ser celebrado por dois promotores e pelos subscritores que entrem com bens diferentes de dinheiro.

2 – Toda a documentação, incluindo a acta da assembleia constitutiva, fica arquivada na conservatória do registo competente, onde deve ser entregue juntamente com o pedido de conversão do registo em definitivo.

ART. 284.º (Sociedades com subscrição pública) *(Revogado pelo Decreto-Lei n.º 486/99, de 13 de Novembro.)*

CAPÍTULO II — Obrigações e direitos dos accionistas

Secção I — OBRIGAÇÃO DE ENTRADA

ART. 285.º (Realização das entradas) – 1 – O contrato de sociedade não pode diferir a realização das entradas em dinheiro por mais de cinco anos.

2 – Não obstante a fixação de prazos no contrato de sociedade, o accionista só entra em mora depois de interpelado pela sociedade para efectuar o pagamento.

3 – A interpelação pode ser feita por meio de anúncio e fixará um prazo entre 30 e 60 dias para o pagamento, a partir do qual se inicia a mora.

4 – Os administradores podem avisar, por carta registada, os accionistas que se encontrem em mora de que lhes é concedido um novo prazo não inferior a 90 dias, para efectuarem o pagamento da importância em dívida, acrescida de juros, sob pena de perderem a favor da sociedade as acções em relação às quais a mora se verifique e os pagamentos efectuados quanto a essas acções, sendo o aviso repetido durante o segundo dos referidos meses. (*)

102   **[DL n.º 76-A/2006]**   SOCIEDADES COMERCIAIS E COOPERAÇÃO EMPRESARIAL

5 – As perdas referidas no número anterior devem ser comunicadas, por carta registada, aos interessados; além disso, deve ser publicado anúncio donde constem, sem referência aos titulares, os números das acções perdidas a favor da sociedade e a data da perda.

ART. 286.º (Responsabilidade dos antecessores) – 1 – Todos aqueles que antecederem na titularidade de uma acção o accionista em mora são responsáveis, solidariamente entre si e com aquele accionista, pelas importâncias em dívida e respectivos juros, à data da perda da acção a favor da sociedade.

2 – Depois de anunciada a perda da acção a favor da sociedade, os referidos antecessores cuja responsabilidade não esteja prescrita serão notificados, por carta registada, de que podem adquirir a acção mediante o pagamento da importância em dívida e dos juros, em prazo não inferior a três meses. A notificação será repetida durante o segundo desses meses.

3 – Apresentando-se mais de um antecessor para adquirir a acção, atender-se-á à ordem da sua proximidade relativamente ao último titular.

4 – Não sendo a importância em dívida e os juros satisfeitos por nenhum dos antecessores, a sociedade deve proceder com a maior urgência à venda da acção, por intermédio de corretor, em bolsa ou em hasta pública.

5 – Não bastando o preço da venda para cobrir a importância da dívida, juros e despesas efectuadas, a sociedade deve exigir a diferença ao último titular e a cada um dos seus antecessores; se o preço obtido exceder aquela importância, o excesso pertencerá ao último titular.

6 – A sociedade tomará cada uma das providências permitidas por lei ou pelo contrato simultaneamente para todas as acções do mesmo accionista em relação às quais a mora se verifique.

Secção II — **OBRIGAÇÃO DE PRESTAÇÕES ACESSÓRIAS**

ART. 287.º (Obrigação de prestações acessórias) – 1 – O contrato de sociedade pode impor a todos ou a alguns accionistas a obrigação de efectuarem prestações além das entradas, desde que fixe os elementos essenciais desta obrigação e especifique se as prestações devem ser efectuadas onerosa ou gratuitamente. Quando o conteúdo da obrigação corresponder ao de um contrato típico, aplicar-se-á a regulamentação legal própria desse contrato.

2 – Se as prestações estipuladas não forem pecuniárias, o direito da sociedade é intransmissível.

3 – No caso de se convencionar a onerosidade, a contraprestação pode ser paga independentemente da existência de lucros do exercício, mas não pode exceder o valor da prestação respectiva.

4 – Salvo disposição contratual em contrário, a falta de cumprimento das obrigações acessórias não afecta a situação do sócio como tal.

5 – As obrigações acessórias extinguem-se com a dissolução da sociedade.

Secção III — **DIREITO À INFORMAÇÃO**

ART. 288.º (Direito mínimo à informação) – 1 – Qualquer accionista que possua acções correspondentes a, pelo menos, 1% do capital social pode consultar, desde que alegue motivo justificado, na sede da sociedade:

a) Os relatórios de gestão e os documentos de prestação de contas previstos na lei, relativos aos três últimos exercícios, incluindo os pareceres do conselho fiscal, da comissão de auditoria, do conselho geral e de supervisão ou da comissão para as matérias financeiras, bem como os relatórios do revisor oficial de contas sujeitos a publicidade, nos termos da lei; (*)

b) As convocatórias, as actas e as listas de presença das reuniões das assembleias gerais e especiais de accionistas e das assembleias de obrigacionistas realizadas nos últimos três anos;

c) Os montantes globais das remunerações pagas, relativamente a cada um dos últimos três anos, aos membros dos órgãos sociais; (*)

d) Os montantes globais das quantias pagas, relativamente a cada um dos últimos três anos, aos 10 ou aos 5 empregados da sociedade que recebam as remunerações mais elevadas, consoante os efectivos do pessoal excedam ou não o número de 200;

e) O documento de registo de acções. (*)

2 – A exactidão dos elementos referidos nas alíneas *c)* e *d)* do número anterior deve ser certificada pelo revisor oficial de contas, se o accionista o requerer.

3 – A consulta pode ser feita pessoalmente pelo accionista ou por pessoa que possa representá-lo na assembleia geral, sendo-lhe permitido fazer-se assistir de um revisor oficial de contas ou de outro perito, bem como usar da faculdade reconhecida pelo artigo 576.º do Código Civil.

4 – Se não for proibido pelos estatutos, os elementos referidos nas alíneas *a)* e *d)* do n.º 1 são enviados, por correio electrónico, aos accionistas nas condições ali previstas que o requeiram ou, se a sociedade tiver sítio na Internet, divulgados no respectivo sítio na Internet. (*)

ART. 289.º (Informações preparatórias da assembleia geral) – 1 – Durante os 15 dias anteriores à data da assembleia geral, devem ser facultados à consulta dos accionistas, na sede da sociedade:

a) Os nomes completos dos membros dos órgãos de administração e de fiscalização, bem como da mesa da assembleia geral;

b) A indicação de outras sociedades em que os membros dos órgãos sociais exerçam cargos sociais, com excepção das sociedades de profissionais;

CÓDIGO DAS SOCIEDADES COMERCIAIS   [DL n.º 76-A/2006]   103

c) As propostas de deliberação a apresentar à assembleia pelo órgão de administração, bem como os relatórios ou justificação que as devam acompanhar;

d) Quando estiver incluída na ordem do dia a eleição de membros dos órgãos sociais, os nomes das pessoas a propor, as suas qualificações profissionais, a indicação das actividades profissionais exercidas nos últimos cinco anos, designadamente no que respeita a funções exercidas noutras empresas ou na própria sociedade, e do número de acções da sociedade de que são titulares; (*)

e) Quando se trate da assembleia geral anual prevista no n.º 1 do artigo 376.º, o relatório de gestão, as contas do exercício, demais documentos de prestação de contas, incluindo a certificação legal das contas e o parecer do conselho fiscal, da comissão de auditoria, do conselho geral e de supervisão ou da comissão para as matérias financeiras, conforme o caso, e ainda o relatório anual do conselho fiscal, da comissão de auditoria, do conselho geral e de supervisão e da comissão para as matérias financeiras. (*)

2 – Devem igualmente ser facultados à consulta dos accionistas, na sede da sociedade, os requerimentos de inclusão de assuntos na ordem do dia, previstos no artigo 378.º.

3 – Os documentos previstos nos números anteriores devem ser enviados, no prazo de oito dias: (*)

a) Através de carta, aos titulares de acções correspondentes a, pelo menos, 1% do capital social, que o requeiram; (*)

b) Através de correio electrónico, aos titulares de acções que o requeiram, se a sociedade não os divulgar no respectivo sítio na Internet. (*)

4 – Se a sociedade tiver sítio na Internet, os documentos previstos nos n.ᵒˢ 1 e 2 devem também aí estar disponíveis, a partir da mesma data e durante um ano, no caso do previsto nas alíneas *c*), *d*) e *e*) do n.º 1 e no n.º 2, e permanentemente, nos demais casos, salvo se tal for proibido pelos estatutos. (*)

ART. 290.º (Informações em assembleia geral) – 1 – Na assembleia geral, o accionista pode requerer que lhe sejam prestadas informações verdadeiras, completas e elucidativas que lhe permitam formar opinião fundamentada sobre os assuntos sujeitos a deliberação. O dever de informação abrange as relações entre a sociedade e outras sociedades com ela coligadas.

2 – As informações abrangidas pelo número anterior devem ser prestadas pelo órgão da sociedade que para tal esteja habilitado e só podem ser recusadas se a sua prestação puder ocasionar grave prejuízo à sociedade ou a outra sociedade com ela coligada ou violação de segredo imposto por lei.

3 – A recusa injustificada das informações é causa de anulabilidade da deliberação.

ART. 291.º (Direito colectivo à informação) – 1 – Os accionistas cujas acções atinjam 10% do capital social podem solicitar, por escrito, ao conselho de administração ou ao conselho de administração executivo que lhes sejam prestadas, também por escrito, informações sobre assuntos sociais. (*)

2 – O conselho de administração ou o conselho de administração executivo não pode recusar as informações se no pedido for mencionado que se destinam a apurar responsabilidade de membros daquele órgão, do conselho fiscal ou do conselho geral e de supervisão, a não ser que, pelo seu conteúdo ou outras circunstâncias, seja patente não ser esse o fim visado pelo pedido de informação. (*)

3 – Podem ser pedidas informações sobre factos já praticados ou, quando deles possa resultar a responsabilidade referida no n.º 2 deste artigo, de actos cuja prática seja esperada.

4 – Fora do caso mencionado no n.º 2, a informação pedida nos termos gerais só pode ser recusada:

a) Quando for de recear que o accionista a utilize para fins estranhos à sociedade e com prejuízo desta ou de algum accionista;

b) Quando a divulgação, embora sem os fins referidos na alínea anterior, seja susceptível de prejudicar relevantemente a sociedade ou os accionistas;

c) Quando ocasione violação de segredo imposto por lei.

5 – As informações consideram-se recusadas se não forem prestadas nos 15 dias seguintes à recepção do pedido.

6 – O accionista que utilize as informações obtidas de modo a causar à sociedade ou a outros accionistas um dano injusto é responsável, nos termos gerais.

7 – As informações prestadas, voluntariamente ou por decisão judicial, ficarão à disposição de todos os outros accionistas, na sede da sociedade.

ART. 292.º (Inquérito judicial) – 1 – O accionista a quem tenha sido recusada informação pedida ao abrigo dos artigos 288.º e 291.º ou que tenha recebido informação presumivelmente falsa, incompleta ou não elucidativa pode requerer ao tribunal inquérito à sociedade.

2 – O juiz pode determinar que a informação pedida seja prestada ou pode, conforme o disposto no Código de Processo Civil, ordenar:

a) A destituição de pessoas cuja responsabilidade por actos praticados no exercício de cargos sociais tenha sido apurada;

b) A nomeação de um administrador; (*)

c) A dissolução da sociedade, se forem apurados factos que constituam causa de dissolução, nos termos da lei ou do contrato, e ela tenha sido requerida.

3 – Ao administrador nomeado nos termos previstos na alínea *b*) do número anterior compete, conforme determinado pelo tribunal: (*)

104   [DL n.º 76-A/2006]   SOCIEDADES COMERCIAIS E COOPERAÇÃO EMPRESARIAL

a) Propor e seguir, em nome da sociedade, acções de responsabilidade, baseadas em factos apurados no processo;

b) Assegurar a gestão da sociedade, se, por causa de destituições fundadas na alínea *a)* do número anterior, for caso disso;

c) Praticar os actos indispensáveis para reposição da legalidade.

4 – No caso previsto na alínea *c)* do número anterior, o juiz pode suspender os restantes administradores que se mantenham em funções ou proibi-los de interferir nas tarefas confiadas à pessoa nomeada. (*)

5 – As funções do administrador nomeado ao abrigo do disposto na alínea *b)* do n.º 2 terminam: (*)

a) Nos casos previstos nas alíneas *a)* e *c)* do n.º 3, quando, ouvidos os interessados, o juiz considere desnecessária a sua continuação;

b) No caso previsto na alínea *b)* do n.º 3, quando forem eleitos os novos administradores. (*)

6 – O inquérito pode ser requerido sem precedência de pedido de informações à sociedade se as circunstâncias do caso fizerem presumir que a informação não será prestada ao accionista, nos termos da lei.

ART. 293.º (Outros titulares do direito à informação) – O direito à informação conferido nesta secção compete também ao representante comum de obrigacionistas e ainda ao usufrutuário e ao credor pignoratício de acções quando, por lei ou convenção, lhes caiba exercer o direito de voto.

SECÇÃO IV — **DIREITO AOS LUCROS**

ART. 294.º (Direito aos lucros do exercício) – 1 – Salvo diferente cláusula contratual ou deliberação tomada por maioria de três quartos dos votos correspondentes ao capital social em assembleia geral para o efeito convocada, não pode deixar de ser distribuída aos accionistas metade do lucro do exercício que, nos termos desta lei, seja distribuível.

2 – O crédito do accionista à sua parte nos lucros vence-se decorridos que sejam 30 dias sobre a deliberação de atribuição de lucros, salvo diferimento consentido pelo sócio e sem prejuízo de disposições legais que proíbam o pagamento antes de observadas certas formalidades, podendo ser deliberada, com fundamento em situação excepcional da sociedade, a extensão daquele prazo até mais 60 dias, se as acções não estiverem admitidas à negociação em mercado regulamentado. (*)

3 – Se, pelo contrato de sociedade, membros dos respectivos órgãos tiverem direito a participação nos lucros, esta só pode ser paga depois de postos a pagamento os lucros dos accionistas.

ART. 295.º (Reserva legal) – 1 – Uma percentagem não inferior à 20.ª parte dos lucros da sociedade é destinada à constituição da reserva legal e, sendo caso disso, à sua reintegração, até que aquela represente a 5.ª parte do capital social. No contrato de sociedade podem fixar-se percentagem e montante mínimo mais elevados para a reserva legal.

2 – ficam sujeitas ao regime da reserva legal as reservas constituídas pelos seguintes valores:

a) Ágios obtidos na emissão de acções, obrigações com direito a subscrição de acções, ou obrigações convertíveis em acções, em troca destas por acções e em entradas em espécie;

b) Saldos positivos de reavaliações monetárias que forem consentidos por lei, na medida em que não forem necessários para cobrir prejuízos já acusados no balanço;

c) Importâncias correspondentes a bens obtidos a título gratuito, quando não lhes tenha sido imposto destino diferente, bem como acessões e prémios que venham a ser atribuídos a títulos pertencentes à sociedade.

3 – Os ágios a que se refere a alínea *a)* do número anterior consistem:

a) Quanto à emissão de acções, na diferença para mais entre o valor nominal e a quantia que os accionistas tiverem desembolsado para as adquirir ou, no caso de acções sem valor nominal, o montante do capital correspondentemente emitido;

b) Quanto à emissão de obrigações com direito de subscrição de acções ou de obrigações convertíveis, na diferença para mais entre o valor de emissão e o valor por que tiverem sido reembolsadas;

c) Quanto à troca de obrigações com direito de subscrição de acções ou de obrigações convertíveis em acções, na diferença para mais entre o valor da emissão daquelas e o valor nominal destas ou, no caso de acções sem valor nominal, o montante do capital correspondentemente emitido;

d) Quanto às entradas em espécie, na diferença para mais entre o valor atribuído aos bens em que a entrada consiste e o valor nominal das acções correspondentes ou, no caso de acções sem valor nominal, o montante do capital correspondentemente emitido.

4 – Por portaria dos Ministros das finanças e da Justiça podem ser dispensadas, no todo ou em parte, do regime estabelecido no n.º 2 as reservas constituídas pelos valores referidos na alínea *a)* daquele número.

ART. 296.º (Utilização da reserva legal) – A reserva legal só pode ser utilizada:

a) Para cobrir a parte do prejuízo acusado no balanço do exercício que não possa ser coberto pela utilização de outras reservas;

b) Para cobrir a parte dos prejuízos transitados do exercício anterior que não possa ser coberto pelo lucro do exercício nem pela utilização de outras reservas;

c) Para incorporação no capital.

CÓDIGO DAS SOCIEDADES COMERCIAIS   [DL n.º 76-A/2006]   105

ART. 297.º (Adiantamentos sobre lucros no decurso do exercício) – 1 – O contrato de sociedade pode autorizar que, no decurso de um exercício, sejam feitos aos accionistas adiantamentos sobre lucros, desde que observadas as seguintes regras:

a) O conselho de administração ou o conselho de administração executivo, com o consentimento do conselho fiscal, da comissão de auditoria ou do conselho geral e de supervisão, resolva o adiantamento; (*)

b) A resolução do conselho de administração ou do conselho de administração executivo seja precedida de um balanço intercalar, elaborado com a antecedência máxima de 30 dias e certificado pelo revisor oficial de contas, que demonstre a existência nessa ocasião de importâncias disponíveis para os aludidos adiantamentos, que devem observar, no que seja aplicável, as regras dos artigos 32.º e 33.º, tendo em conta os resultados verificados durante a parte já decorrida do exercício em que o adiantamento é efectuado; (*)

c) Seja efectuado um só adiantamento no decurso de cada exercício e sempre na segunda metade deste;

d) As importâncias a atribuir como adiantamento não excedam metade das que seriam distribuíveis, referidas na alínea *b)*.

2 – Se o contrato de sociedade for alterado para nele ser concedida a autorização prevista no número anterior, o primeiro adiantamento apenas pode ser efectuado no exercício seguinte àquele em que ocorrer a alteração contratual.

CAPÍTULO III — Acções

Secção I — GENERALIDADES

ART. 298.º (Valor de emissão das acções) – 1 – É proibida a emissão de acções abaixo do par ou, no caso de acções sem valor nominal, abaixo do seu valor de emissão.

2 – O disposto no número anterior não impede que no valor de uma emissão de acções sejam descontadas as despesas de colocação firme por uma instituição de crédito ou outra equiparada por lei para esse efeito.

3 – Se a emissão de acções sem valor nominal for realizada a um valor de emissão inferior ao valor de emissão de acções anteriormente emitidas, deve o conselho de administração elaborar um relatório sobre o valor fixado e sobre as consequências financeiras da emissão para os accionistas.

ART. 299.º (Acções nominativas e ao portador) – 1 – Salvo disposição diferente da lei ou dos estatutos, as acções podem ser nominativas ou ao portador.

2 – As acções devem ser nominativas:

a) Enquanto não estiverem integralmente liberadas;

b) Quando, segundo o contrato de sociedade, não puderem ser transmitidas sem o consentimento da sociedade ou houver alguma outra restrição à sua transmissibilidade;

c) Quando se tratar de acções cujo titular esteja obrigado, segundo o contrato de sociedade, a efectuar prestações acessórias à sociedade.

ART. 300.º (Conversão) *(Revogado pelo Decreto-Lei n.º 486/99, de 13 de Novembro.)*

ART. 301.º (Cupões) – As acções, ao portador ou nominativas, podem ser munidas de cupões destinados à cobrança dos dividendos.

ART. 302.º (Categorias de acções) – 1 – Podem ser diversos, nomeadamente quanto à atribuição de dividendos e quanto à partilha do activo resultante da liquidação, os direitos inerentes às acções emitidas pela mesma sociedade.

2 – As acções que compreendem direitos iguais formam uma categoria.

ART. 303.º (Contitularidade da acção) – 1 – Os contitulares de uma acção devem exercer os direitos a ela inerentes por meio de um representante comum.

2 – As comunicações e declarações da sociedade devem ser dirigidos ao representante comum e, na falta deste, a um dos contitulares.

3 – Os contitulares respondem solidariamente para com a sociedade pelas obrigações legais ou contratuais inerentes à acção.

4 – A esta contitularidade aplicam-se os artigos 223.º e 224.º.

ART. 304.º (Títulos provisórios e emissão de títulos definitivos) – 1 – Antes da emissão dos títulos definitivos, pode a sociedade entregar ao accionista um título provisório nominativo.

2 – Os títulos provisórios substituem, para todos os efeitos, os títulos definitivos, enquanto estes não forem emitidos, e devem conter as indicações exigidas para os segundos.

3 – Os títulos definitivos devem ser entregues aos accionistas nos seis meses seguintes ao registo definitivo do contrato de sociedade ou do aumento de capital.

4 – *(Revogado.)*

5 – *(Revogado.)*

6 – *(Revogado.)*

7 – As acções continuam negociáveis depois da dissolução da sociedade, até ao encerramento da liquidação.

8 – Os documentos comprovativos da subscrição de acções não constituem, por si só, títulos provisórios, não lhes sendo aplicáveis os preceitos para estes previstos.

ART. 305.º (Livro de registo de acções) *(Revogado pelo Decreto-Lei n.º 486/99, de 13 de Novembro.)*

106   [DL n.º 76-A/2006]   SOCIEDADES COMERCIAIS E COOPERAÇÃO EMPRESARIAL

Secção II — **OFERTA PÚBLICA DE AQUISIÇÃO DE ACÇÕES**

ART. 306.º (Destinatários e condicionamentos da oferta) *(Revogado pelo Decreto-Lei n.º 261/95, de 3 de Outubro.)*

ART. 307.º (Autoridade fiscalizadora) *(Revogado pelo Decreto-Lei n.º 142-A/91, de 10 de Abril.)*

ART. 308.º (Lançamento da oferta pública) *(Revogado pelo Decreto-Lei n.º 261/95, de 3 de Outubro.)*

ART. 309.º (Conteúdo da oferta pública) *(Revogado pelo Decreto-Lei n.º 261/95, de 3 de Outubro.)*

ART. 310.º (Contrapartida da oferta pública) *(Revogado pelo Decreto-Lei n.º 261/95, de 3 de Outubro.)*

ART. 311.º (Aquisição durante o período da oferta) *(Revogado pelo Decreto-Lei n.º 261/95, de 3 de Outubro.)*

ART. 312.º (Dever de confidencialidade) *(Revogado pelo Decreto-Lei n.º 261/95, de 3 de Outubro.)*

ART. 313.º (Oferta pública como forma obrigatória de aquisição) *(Revogado pelo Decreto-Lei n.º 261/95, de 3 de Outubro.)*

ART. 314.º (Acções contadas como de um oferente) *(Revogado pelo Decreto-Lei n.º 261/95, de 3 de Outubro.)*

ART. 315.º (Ofertas públicas de aquisição de obrigações convertíveis ou obrigações com direito de subscrição de acções) *(Revogado pelo Decreto-Lei n.º 261/95, de 3 de Outubro.)*

Secção III — **ACÇÕES PRÓPRIAS**

ART. 316.º (Subscrição. Intervenção de terceiros) – 1 – Uma sociedade não pode subscrever acções próprias, e, por outra causa, só pode adquirir e deter acções próprias nos casos e nas condições previstos na lei.

2 – Uma sociedade não pode encarregar outrem de, em nome deste mas por conta da sociedade, subscrever ou adquirir acções dela própria.

3 – As acções subscritas ou adquiridas com violação do disposto no número anterior pertencem para todos os efeitos, incluindo a obrigação de as liberar, à pessoa que as subscreveu ou adquiriu.

4 – A sociedade não pode renunciar ao reembolso das importâncias que tenha adiantado a alguém para o fim mencionado no n.º 2 nem deixar de proceder com toda a diligência para que tal reembolso se efective.

5 – Sem prejuízo da sua responsabilidade, nos termos gerais, os administradores intervenientes nas operações proibidas pelo n.º 2 são pessoal e solidariamente responsáveis pela liberação das acções. (*)

6 – São nulos os actos pelos quais uma sociedade adquira acções referidas no n.º 2 às pessoas ali mencionadas, excepto em execução de crédito e se o devedor não tiver outros bens suficientes.

7 – Consideram-se suspensos os direitos inerentes às acções subscritas por terceiro por conta da sociedade em violação deste preceito, enquanto não forem por ele cumpridas as obrigações de reembolso da sociedade e de restituição das quantias pagas pelos administradores para a sua liberação.

ART. 317.º (Casos de aquisição lícita de acções próprias) – 1 – O contrato de sociedade pode proibir totalmente a aquisição de acções próprias ou reduzir os casos em que ela é permitida por esta lei.

2 – Salvo o disposto no número seguinte e noutros preceitos legais, uma sociedade não pode adquirir e deter acções próprias representativas de mais de 10% do seu capital.

3 – Uma sociedade pode adquirir acções próprias que ultrapassem o montante estabelecido no número anterior quando:

a) A aquisição resulte do cumprimento pela sociedade de disposições da lei;

b) A aquisição vise executar uma deliberação de redução de capital;

c) Seja adquirido um património, a título universal;

d) A aquisição seja feita a título gratuito;

e) A aquisição seja feita em processo executivo para cobrança de dívidas de terceiros ou por transacção em acção declarativa proposta para o mesmo fim;

f) A aquisição decorra de processo estabelecido na lei ou no contrato de sociedade para a falta de liberação de acções pelos seus subscritores.

4 – Como contrapartida da aquisição de acções próprias, uma sociedade só pode entregar bens que, nos termos dos artigos 32.º e 33.º, possam ser distribuídos aos sócios, devendo o valor dos bens distribuíveis ser, pelo menos, igual ao dobro do valor a pagar por elas.

ART. 318.º (Acções próprias não liberadas) – 1 – A sociedade só pode adquirir acções próprias inteiramente liberadas, excepto nos casos das alíneas *b)*, *c)*, *e)* e *f)* do n.º 3 do artigo anterior.

2 – As aquisições que violem o disposto no número anterior são nulas.

ART. 319.º (Deliberação de aquisição) – 1 – A aquisição de acções próprias depende, salvo o disposto no n.º 3 deste artigo, de deliberação da assembleia geral, da qual obrigatoriamente devem constar:

CÓDIGO DAS SOCIEDADES COMERCIAIS [DL n.º 76-A/2006] 107

a) O número máximo e, se o houver, o número mínimo de acções a adquirir;
b) O prazo, não excedente a 18 meses a contar da data da deliberação, durante o qual a aquisição pode ser efectuada;
c) As pessoas a quem as acções devem ser adquiridas, quando a deliberação não ordenar que elas sejam adquiridas em mercado regulamentado e seja lícita a aquisição a accionistas determinados; (*)
d) As contrapartidas mínima e máxima, nas aquisições a título oneroso.
2 – Os administradores não podem executar ou continuar a executar as deliberações da assembleia geral se, no momento da aquisição das acções, não se verificarem os requisitos exigidos pelos n.ºs 2, 3 e 4 do artigo 317.º e 1 do artigo 318.º. (*)
3 – A aquisição das acções próprias pode ser decidida pelo conselho de administração ou pelo conselho de administração executivo apenas se, por meio delas, for evitado um prejuízo grave e iminente para a sociedade, o qual se presume existir nos casos previstos nas alíneas *a*) e *e*) do n.º 3 do artigo 317.º. (*)
4 – Efectuadas aquisições nos termos do número anterior, devem os administradores, na primeira assembleia geral seguinte, expor os motivos e as condições das operações efectuadas. (*)

ART. 320.º (Deliberação de alienação) – 1 – A alienação de acções próprias depende, salvo o disposto no n.º 2 deste artigo, de deliberação da assembleia geral, da qual obrigatoriamente deve constar:
a) O número mínimo e, se o houver, o número máximo de acções a alienar;
b) O prazo, não excedente a 18 meses a contar da data da deliberação, durante o qual a alienação pode ser efectuada;
c) A modalidade da alienação;
d) O preço mínimo ou outra contrapartida das alienações a título oneroso.
2 – A alienação de acções próprias pode ser decidida pelo conselho de administração ou pelo conselho de administração executivo, se for imposta por lei. (*)
3 – No caso do número anterior, devem os administradores, na primeira assembleia geral seguinte, expor os motivos e todas as condições da operação efectuada. (*)

ART. 321.º (Igualdade de tratamento dos accionistas) – As aquisições e as alienações de acções próprias devem respeitar o princípio do igual tratamento dos accionistas, salvo se a tanto obstar a própria natureza do caso.

ART. 322.º (Empréstimos e garantias para aquisição de acções próprias) – 1 – Uma sociedade não pode conceder empréstimos ou por qualquer forma fornecer fundos ou prestar garantias para que um terceiro subscreva ou por outro meio adquira acções representativas do seu capital.
2 – O disposto no n.º 1 não se aplica às transacções que se enquadrem nas operações correntes dos bancos ou de outras instituições financeiras, nem às operações efectuadas com vista à aquisição de acções pelo ou para o pessoal da sociedade ou de uma sociedade com ela coligada; todavia, de tais transacções e operações não pode resultar que o activo líquido da sociedade se torne inferior ao montante do capital subscrito acrescido das reservas que a lei ou o contrato de sociedade não permitam distribuir.
3 – Os contratos ou actos unilaterais da sociedade que violem o disposto no n.º 1 ou na parte final do n.º 2 são nulos.

ART. 323.º (Tempo de detenção das acções) – 1 – Sem prejuízo de outros prazos ou providências estabelecidos na lei, a sociedade não pode deter por mais de três anos um número de acções superior ao montante estabelecido no artigo 317.º, n.º 2, ainda que tenham sido licitamente adquiridas.
2 – As acções ilicitamente adquiridas pela sociedade devem ser alienadas dentro do ano seguinte à aquisição, quando a lei não decretar a nulidade desta.
3 – Não tendo sido oportunamente efectuadas as alienações previstas nos números anteriores, deve proceder-se à anulação das acções que houvessem de ser alienadas; relativamente a acções cuja aquisição tenha sido lícita, a anulação deve recair sobre as mais recentemente adquiridas.
4 – Os administradores são responsáveis, nos termos gerais, pelos prejuízos sofridos pela sociedade, seus credores ou terceiros por causa da aquisição ilícita de acções, da anulação de acções prescrita neste artigo ou da falta de anulação de acções. (*)

ART. 324.º (Regime das acções próprias) – 1 – Enquanto as acções pertencerem à sociedade, devem:
a) Considerar-se suspensos todos os direitos inerentes às acções, excepto o de o seu titular receber novas acções no caso de aumento de capital por incorporação de reservas;
b) Tornar-se indisponível uma reserva de montante igual àquele por que elas estejam contabilizadas.
2 – No relatório anual do conselho de administração ou do conselho de administração executivo devem ser claramente indicados: (*)
a) O número de acções próprias adquiridas durante o exercício, os motivos das aquisições efectuadas e os desembolsos da sociedade;
b) O número de acções próprias alienadas durante o exercício, os motivos das alienações efectuadas e os embolsos da sociedade;
c) O número de acções próprias da sociedade por ela detidas no fim do exercício.

ART. 325.º (Penhor e caução de acções próprias) – 1 – As acções próprias que uma sociedade receba em penhor ou caução são contadas para o limite estabelecido no artigo 317.º, n.º 2, exceptuadas aquelas que se destinarem a caucionar responsabilidades pelo exercício de cargos sociais.

108 [DL n.º 76-A/2006]   SOCIEDADES COMERCIAIS E COOPERAÇÃO EMPRESARIAL

2 – Os administradores que aceitarem para a sociedade acções próprias desta em penhor ou caução, quer esteja quer não esteja excedido o limite estabelecido no n.º 2 do artigo 317.º, são responsáveis, conforme o disposto no n.º 4 do artigo 323.º, se as acções vierem a ser adquiridas pela sociedade. (*)

ART. 325.º-A (Subscrição, aquisição e detenção de acções) – 1 – As acções de uma sociedade anónima subscritas, adquiridas ou detidas por uma sociedade daquela dependente, directa ou indirectamente nos termos do artigo 486.º ou que com aquela esteja em relação de grupo nos termos do artigo 488.º e seguintes, consideram-se, para todos os efeitos, acções próprias da sociedade dominante.

2 – Não estão compreendidas no número anterior a subscrição, a aquisição e a detenção de acções da sociedade anónima pela sociedade dela dependente, directa ou indirectamente, mas por conta de um terceiro que não seja a sociedade anónima referida no número anterior, nem outra em que a sociedade anónima exerça influência dominante.

3 – A equiparação prevista no n.º 1 aplica-se ainda que a sociedade dependente tenha a sede efectiva ou a sede estatutária no estrangeiro, desde que a sociedade dominante esteja sujeita à lei portuguesa.

ART. 325.º-B (Regime de subscrição, aquisição e detenção de acções) – 1 – À subscrição, aquisição e detenção de acções nos termos do n.º 1 do artigo anterior aplica-se o regime estabelecido nos artigos 316.º a 319.º e 321.º a 325.º, com as devidas adaptações.

2 – A aquisição de acções da sociedade anónima pela sociedade dependente está sujeita apenas a deliberação da assembleia geral daquela sociedade, mas não a deliberação da assembleia geral desta última.

3 – Enquanto as acções pertencerem à sociedade dependente, consideram-se suspensos os direitos de voto e os direitos de conteúdo patrimonial incompatíveis com o n.º 1 do artigo 316.º.

Secção IV — **TRANSMISSÃO DE ACÇÕES**

Subsecção I — **Formas de transmissão**

ART. 326.º (Transmissão de acções nominativas) *(Revogado pelo Decreto-Lei n.º 486/99, de 13 de Novembro.)*

ART. 327.º (Transmissão de acções ao portador) *(Revogado pelo Decreto-Lei n.º 486/99, de 13 de Novembro.)*

Subsecção II — **Limitações à transmissão**

ART. 328.º (Limitações à transmissão de acções) – 1 – O contrato de sociedade não pode excluir a transmissibilidade das acções nem limitá-la além do que a lei permitir.

2 – O contrato de sociedade pode:

a) Subordinar a transmissão das acções nominativas ao consentimento da sociedade;

b) Estabelecer um direito de preferência dos outros accionistas e as condições do respectivo exercício, no caso de alienação de acções nominativas;

c) Subordinar a transmissão de acções nominativas e a constituição de penhor ou usufruto sobre elas à existência de determinados requisitos, subjectivos ou objectivos, que estejam de acordo com o interesse social.

3 – As limitações previstas no número anterior só podem ser introduzidas por alteração do contrato de sociedade com o consentimento de todos os accionistas cujas acções sejam por elas afectadas, mas podem ser atenuadas ou extintas mediante alteração do contrato, nos termos gerais; as limitações podem respeitar apenas a acções correspondentes a certo aumento de capital, contanto que sejam deliberadas simultaneamente com este.

4 – As cláusulas previstas neste artigo devem ser transcritas nos títulos ou nas contas de registo das acções, sob pena de serem inoponíveis a adquirentes de boa fé.

5 – As cláusulas previstas nas alíneas *a)* e *c)* do n.º 2 não podem ser invocadas em processo executivo ou de liquidação de patrimónios.

ART. 329.º (Concessão e recusa do consentimento) – 1 – A concessão ou recusa do consentimento para a transmissão de acções nominativas compete à assembleia geral, se o contrato de sociedade não atribuir essa competência a outro órgão.

2 – Quando o contrato não especificar os motivos de recusa do consentimento, é lícito recusá-lo com fundamento em qualquer interesse relevante da sociedade, devendo indicar-se sempre na deliberação o motivo da recusa.

3 – O contrato de sociedade, sob pena de nulidade da cláusula que exija o consentimento, deve conter:

a) A fixação de prazo, não superior a 60 dias, para a sociedade se pronunciar sobre o pedido de consentimento;

b) A estipulação de que é livre a transmissão das acções, se a sociedade não se pronunciar dentro do prazo referido no número anterior;

c) A obrigação de a sociedade, no caso de recusar licitamente o consentimento, fazer adquirir as acções por outra pessoa nas condições de preço e pagamento do negócio para que foi solicitado o consentimento; tratando-se de transmissão a título gratuito, ou provando a sociedade que naquele negócio houve simulação de preço, a aquisição far-se-á pelo valor real, determinado nos termos previstos no artigo 105.º, n.º 2.

CÓDIGO DAS SOCIEDADES COMERCIAIS   [DL n.º 76-A/2006]   109

SUBSECÇÃO III — **Regime de registo e regime de depósito**

ARTS. 330.º a 340.º *(Revogados pelo Decreto-Lei n.º 486/99, de 13 de Novembro.)*

SECÇÃO V — **ACÇÕES PREFERENCIAIS SEM VOTO**

ART. 341.º (Emissão e direitos dos accionistas) – 1 – O contrato de sociedade pode autorizar a emissão de acções preferenciais sem voto até ao montante representativo de metade do capital.

2 – As acções referidas no n.º 1 conferem direito a um dividendo prioritário, não inferior a 5% do respectivo valor nominal, ou, na falta de valor nominal, do seu valor de emissão deduzido de eventual prémio de emissão, retirado dos lucros que, nos termos dos artigos 32.º e 33.º, possam ser distribuídos aos accionistas e ao reembolso prioritário do seu valor nominal ou do seu valor de emissão na liquidação da sociedade.

3 – As acções preferenciais sem voto conferem, além dos direitos previstos no número anterior, todos os direitos inerentes às acções ordinárias, excepto o direito de voto.

4 – As acções referidas no n.º 1 não contam para a determinação da representação do capital, exigida na lei ou no contrato de sociedade para as deliberações dos accionistas.

ART. 342.º (Falta de pagamento do dividendo prioritário) – 1 – Se os lucros distribuíveis ou o activo de liquidação não forem suficientes para satisfazer o pagamento do dividendo, do valor nominal ou do valor de emissão das acções, nos termos previstos no n.º 2 do artigo 341.º, são repartidos proporcionalmente pelas acções preferenciais sem voto.

2 – O dividendo prioritário que não for pago num exercício social deve ser pago nos três exercícios seguintes, antes do dividendo relativo a estes, desde que haja lucros distribuíveis.

3 – Se o dividendo prioritário não for integralmente pago durante dois exercícios sociais, as acções preferenciais passam a conferir o direito de voto, nos mesmos termos que as acções ordinárias, e só o perdem no exercício seguinte àquele em que tiverem sido pagos os dividendos prioritários em atraso. Enquanto as acções preferenciais gozarem do direito de voto, não se aplica o disposto no artigo 341.º, n.º 4.

ART. 343.º (Participação na assembleia geral) – 1 – Se o contrato de sociedade não permitir que os accionistas sem direito de voto participem na assembleia geral, os titulares de acções preferenciais sem voto de uma mesma emissão são representados na assembleia por um deles.

2 – À designação e destituição do representante comum aplica-se, com as necessárias adaptações, o disposto no artigo 358.º.

ART. 344.º (Conversão de acções) – 1 – As acções ordinárias podem ser convertidas em acções preferenciais sem voto, mediante deliberação da assembleia geral, observando-se o disposto nos artigos 24.º, 341.º, n.º 1, e 389.º A deliberação deve ser publicada.

2 – A conversão prevista no n.º 1 faz-se a requerimento dos accionistas interessados, no período fixado pela deliberação, não inferior a 90 dias a contar da publicação desta, respeitando-se na sua execução o princípio da igualdade de tratamento.

SECÇÃO VI — **ACÇÕES PREFERENCIAIS REMÍVEIS**

ART. 345.º (Acções preferenciais remíveis) – 1 – Se o contrato de sociedade o autorizar, as acções que beneficiem de algum privilégio patrimonial podem, na sua emissão, ficar sujeitas a remição em data fixa ou quando a assembleia geral o deliberar.

2 – As referidas acções deverão ser remidas em conformidade com as disposições do contrato, sem prejuízo das regras impostas nos números seguintes.

3 – As acções devem estar inteiramente liberadas antes de serem remidas.

4 – A remição é feita pelo valor nominal das acções ou, na falta de valor nominal, pelo seu valor de emissão, salvo se o contrato de sociedade prever a concessão de um prémio.

5 – A contrapartida da remição de acções, incluindo o prémio, só pode ser retirada de fundos que, nos termos dos artigos 32.º e 33.º, possam ser distribuídos aos accionistas.

6 – A partir da remição, uma importância igual ao valor nominal das acções remidas deve ser levada a uma reserva especial, que só pode ser utilizada para incorporação no capital social, sem prejuízo da sua eliminação no caso de o capital ser reduzido.

7 – A remição de acções não importa redução do capital e, salvo disposição contrária do contrato de sociedade, podem ser emitidas por deliberação da assembleia geral novas acções da mesma espécie em substituição das acções remidas.

8 – A deliberação de remição de acções está sujeita a registo e publicação.

9 – O contrato de sociedade pode prever sanções para o incumprimento pela sociedade da obrigação de remir na data nele fixada. (*)

10 – Na falta de disposição contratual, qualquer titular dessas acções pode requerer a dissolução da sociedade por via administrativa, depois de passado um ano sobre aquela data sem a remição ter sido efectuada. (*)

110 [DL n.º 76-A/2006]   SOCIEDADES COMERCIAIS E COOPERAÇÃO EMPRESARIAL

SECÇÃO VII — **AMORTIZAÇÃO DE ACÇÕES**

ART. 346.º (Amortização de acções sem redução de capital) – 1 – A assembleia geral pode deliberar, pela maioria exigida para alteração do contrato de sociedade, que o capital seja reembolsado, no todo ou em parte, recebendo os accionistas o valor nominal de cada acção, ou parte dele, desde que para o efeito sejam utilizados apenas fundos que, nos termos dos artigos 32.º e 33.º, possam ser distribuídos aos accionistas.

2 – O reembolso nos termos deste artigo não acarreta redução do capital.

3 – O reembolso parcial do valor nominal deve ser feito por igual, relativamente a todas as acções existentes à data; sem prejuízo do disposto quanto a acções remíveis, o reembolso do valor nominal de certas acções só pode ser efectuado por sorteio, se o contrato de sociedade o permitir.

4 – Depois do reembolso, os direitos patrimoniais inerentes às acções são modificados nos termos seguintes:

a) Essas acções só compartilham dos lucros de exercício, juntamente com as outras, depois de a estas ter sido atribuído um dividendo, cujo máximo é fixado no contrato de sociedade ou, na falta dessa estipulação, é igual à taxa de juro legal; as acções só parcialmente reembolsadas têm direito proporcional àquele dividendo;

b) Tais acções só compartilham do produto da liquidação da sociedade, juntamente com as outras, depois de a estas ter sido reembolsado o valor nominal; as acções só parcialmente reembolsadas têm direito proporcional a essa primeira partilha.

5 – As acções totalmente reembolsadas passam a denominar-se acções de fruição, constituem uma categoria e esse facto deve constar do título ou do registo das acções.

6 – O reembolso é definitivo, mas as acções de fruição podem ser convertidas em acções de capital, mediante deliberações da assembleia geral e da assembleia especial dos respectivos titulares, tomadas pela maioria exigida para alteração do contrato de sociedade.

7 – A conversão prevista no número anterior é efectuada por meio de retenção dos lucros que, num ou mais exercícios, caberiam às acções de fruição, salvo se as referidas assembleias autorizarem que ela se efectue por meio de entradas oferecidas pelos accionistas interessados.

8 – O disposto nos dois números anteriores é aplicável à reconstituição de acções parcialmente reembolsadas.

9 – A conversão considera-se efectuada no momento em que os dividendos retidos atinjam o montante dos reembolsos efectuados ou, no caso de entradas pelos accionistas, no fim do exercício em que estas tenham sido realizadas.

10 – As deliberações de amortização e de conversão estão sujeitas a registo e publicação.

ART. 347.º (Amortização de acções com redução do capital) – 1 – O contrato de sociedade pode impor ou permitir que, em certos casos e sem consentimento dos seus titulares, sejam amortizadas acções.

2 – A amortização de acções nos termos deste artigo implica sempre a redução do capital da sociedade, extinguindo-se as acções amortizadas na data da redução do capital. (*)

3 – Os factos que imponham ou permitam a amortização devem ser concretamente definidos no contrato de sociedade.

4 – No caso de a amortização ser imposta pelo contrato de sociedade, deve este fixar todas as condições essenciais para que a operação possa ser efectuada, competindo ao conselho de administração ou ao conselho de administração executivo apenas declarar, nos 90 dias posteriores ao conhecimento que tenha do facto, que as acções são amortizadas nos termos do contrato e dar execução ao que para o caso estiver disposto. (*)

5 – No caso de a amortização ser permitida pelo contrato de sociedade, compete à assembleia geral deliberar a amortização e fixar as condições necessárias para que a operação seja efectuada na parte que não constar do contrato.

6 – Sendo a amortização permitida pelo contrato de sociedade, pode este fixar um prazo, não superior a um ano, para a deliberação ser tomada; na falta de disposição contratual, esse prazo será de seis meses a contar da ocorrência do facto que fundamenta a amortização.

7 – À redução de capital por amortização de acções nos termos deste artigo aplica-se o disposto no artigo 95.º, excepto:

a) Se forem amortizadas acções inteiramente liberadas, postas à disposição da sociedade, a título gratuito;

b) Se para a amortização de acções inteiramente liberadas forem unicamente utilizados fundos que, nos termos dos artigos 32.º e 33.º, possam ser distribuídos aos accionistas; neste caso, deve ser criada uma reserva sujeita ao regime de reserva legal, de montante equivalente à soma do valor nominal das acções amortizadas.

CAPÍTULO IV — **Obrigações**

SECÇÃO I — **OBRIGAÇÕES EM GERAL**

ART. 348.º (Emissão de obrigações) – 1 – As sociedades anónimas podem emitir valores mobiliários que, numa mesma emissão, conferem direitos de crédito iguais e que se denominam obrigações.

2 – Só podem emitir obrigações as sociedades cujo contrato esteja definitivamente registado há mais de um ano, salvo se:

a) Tenham resultado de fusão ou de cisão de sociedades das quais uma, pelo menos, se encontre registada há mais de um ano; ou

CÓDIGO DAS SOCIEDADES COMERCIAIS [DL n.º 76-A/2006] 111

b) O Estado ou entidade pública equiparada detenha a maioria do capital social da sociedade;
c) As obrigações forem objecto de garantia prestada por instituição de crédito, pelo Estado ou entidade pública equiparada.
3 – Por portaria dos Ministros das finanças e da Justiça podem ser dispensados, no todo ou em parte, os requisitos previstos no número anterior.
4 – As obrigações não podem ser emitidas antes de o capital estar inteiramente liberado ou de, pelo menos, estarem colocados em mora todos os accionistas que não hajam liberado oportunamente as suas acções.

ART. 349.º (Limite de emissão de obrigações) – 1 – As sociedades anónimas não podem emitir obrigações em montante que exceda o dobro dos seus capitais próprios, considerando a soma do preço de subscrição de todas as obrigações emitidas e não amortizadas.
2 – Para efeitos do número anterior, entende-se por capitais próprios o somatório do capital realizado, deduzidas as acções próprias, com as reservas, os resultados transitados e os ajustamentos de partes de capital em sociedades coligadas.
3 – O cumprimento do limite de emissão deve ser verificado através de parecer do conselho fiscal, do fiscal único, da comissão de auditoria ou do conselho geral e de supervisão.
4 – O limite fixado nos números anteriores não se aplica:
a) A sociedades emitentes de acções admitidas à negociação em mercado regulamentado;
b) A sociedades que apresentem notação de risco da emissão atribuída por sociedade de notação de risco registada na Comissão do Mercado de Valores Mobiliários;
c) Às emissões cujo reembolso seja assegurado por garantias especiais constituídas a favor dos obrigacionistas.
5 – Salvo por motivo de perdas, a sociedade devedora de obrigações não pode reduzir o seu capital a montante inferior ao da sua dívida para com os obrigacionistas, embora a emissão tenha beneficiado da ampliação, nos termos do n.º 4 deste artigo ou de lei especial.
6 – Reduzido o capital por motivo de perdas a montante inferior ao da dívida da sociedade para com os obrigacionistas, todos os lucros distribuíveis serão aplicados a reforço da reserva legal até que a soma desta com o novo capital iguale o montante da referida dívida ou, tendo havido a ampliação prevista no n.º 3 deste artigo ou em lei especial, seja atingida a proporção de início estabelecido entre o capital e o montante das obrigações emitidas.

ART. 350.º (Deliberação) – 1 – A emissão de obrigações deve ser deliberada pelos accionistas, salvo se o contrato de sociedade autorizar que ela seja deliberada pelo conselho de administração.
2 – Não pode ser tomada deliberação de emissão de obrigações enquanto não estiver subscrita e realizada uma emissão anterior.
3 – Os accionistas podem autorizar que uma emissão de obrigações por eles deliberada seja efectuada parcelarmente em séries, fixadas por eles ou pelo conselho de administração, mas tal autorização caduca ao fim de cinco anos, no que toca às séries ainda não emitidas.
4 – Não pode ser lançada uma nova série enquanto não estiverem subscritas e realizadas as obrigações da série anterior.

ART. 351.º (Registo) – 1 – Estão sujeitas a registo comercial a emissão de obrigações e a emissão de cada uma das suas séries, quando realizadas através de oferta particular, excepto se tiver ocorrido, dentro do prazo para requerer o registo, a admissão das mesmas à negociação em mercado regulamentado de valores mobiliários.
2 – Quando sujeita a registo obrigatório, enquanto a emissão ou a série não estiver definitivamente registada, não podem ser emitidos os respectivos títulos; a falta de registo não torna os títulos inválidos, mas sujeita os administradores a responsabilidade.

ART. 352.º (*) (Denominação do valor nominal das obrigações) – 1 – *(Revogado.)*
2 – *(Revogado.)*
3 – O valor nominal da obrigação deve ser expresso em moeda com curso legal em Portugal, salvo se, nos termos da legislação em vigor, for autorizado o pagamento em moeda diversa.

ART. 353.º (Subscrição pública incompleta) – Í – Efectuada subscrição pública para uma emissão de obrigações e sendo apenas subscrita parte dela durante o prazo previsto na deliberação, a essas obrigações se limitará a emissão.
2 – Os administradores devem promover o averbamento no registo comercial do montante efectivo da emissão.

ART. 354.º (Obrigações próprias) – 1 – A sociedade só pode adquirir obrigações próprias nas mesmas circunstâncias em que poderia adquirir acções próprias ou para conversão ou amortização.
2 – Enquanto as obrigações pertencerem à sociedade emitente são suspensos os respectivos direitos, mas podem elas ser convertidas ou amortizadas nos termos gerais.

ART. 355.º (Assembleia de obrigacionistas) – 1 – Os credores de uma mesma emissão de obrigações podem reunir-se em assembleia de obrigacionistas.
2 – A assembleia de obrigacionistas é convocada e presidida pelo representante comum dos obrigacionistas ou, enquanto este não for eleito ou quando se recusar a convocá-la, pelo presidente da mesa da assembleia

112 [DL n.º 76-A/2006] SOCIEDADES COMERCIAIS E COOPERAÇÃO EMPRESARIAL

geral dos accionistas, sendo de conta da sociedade as despesas de convocação. A convocação é feita nos termos prescritos na lei para a assembleia geral dos accionistas.

3 – Se o representante comum dos obrigacionistas e o presidente da assembleia geral dos accionistas se recusarem a convocar a assembleia dos obrigacionistas, podem os titulares de 5% das obrigações da emissão requerer a convocação judicial da assembleia, que elegerá o seu presidente.

4 – A assembleia dos obrigacionistas delibera sobre todos os assuntos que por lei lhe são atribuídos ou que sejam de interesse comum dos obrigacionistas e nomeadamente sobre:

a) Nomeação, remuneração e destituição do representante comum dos obrigacionistas;

b) Modificação das condições dos créditos dos obrigacionistas;

c) Propostas de concordata e de acordo de credores;

d) Reclamação de créditos dos obrigacionistas em acções executivas, salvo o caso de urgência;

e) Constituição de um fundo para as despesas necessárias à tutela dos interesses comuns e sobre a prestação das respectivas contas;

f) Autorização do representante comum para a proposição de acções judiciais.

5 – A cada obrigação corresponde um voto.

6 – Podem estar presentes na assembleia os membros dos órgãos de administração e de fiscalização da sociedade e os representantes comuns dos titulares de obrigações de outras emissões.

7 – As deliberações são tomadas por maioria dos votos emitidos; as modificações das condições dos créditos dos obrigacionistas devem, porém, ser aprovadas, na primeira data fixada, por metade dos votos correspondentes a todos os obrigacionistas e, na segunda data fixada, por dois terços dos votos emitidos.

8 – As deliberações tomadas pela assembleia vinculam os obrigacionistas ausentes ou discordantes.

9 – É vedado à assembleia deliberar o aumento de encargos dos obrigacionistas ou quaisquer medidas que impliquem o tratamento desigual destes.

10 – O obrigacionista pode fazer-se representar na assembleia por mandatário constituído por simples carta dirigida ao presidente da assembleia. (*)

ART. 356.º (Invalidade das deliberações) – 1 – Às deliberações da assembleia de obrigacionistas aplicam-se os preceitos relativos à invalidade das deliberações de accionistas, com as necessárias adaptações, reportando--se a anulabilidade à violação das condições do empréstimo.

2 – A acção declarativa de nulidade e a acção de anulação devem ser propostas contra o conjunto de obrigacionistas que tenham aprovado a deliberação, na pessoa do representante comum; na falta de representante comum ou não tendo este aprovado a deliberação, o autor requererá, na petição, que de entre os obrigacionistas cujos votos fizeram vencimento seja nomeado um representante especial.

ART. 357.º (Representante comum dos obrigacionistas) – 1 – Para cada emissão de obrigações haverá um representante comum dos respectivos titulares.

2 – O representante comum deve ser uma sociedade de advogados, uma sociedade de revisores de contas ou uma pessoa singular dotada de capacidade jurídica plena, embora não seja obrigacionista.

3 – Podem ser nomeados um ou mais representantes comuns substitutos.

4 – Aplicam-se ao representante comum dos obrigacionistas as incompatibilidades estabelecidas nas alíneas *a)* a *g)* e *j)* do n.º 1 do artigo 414.º-A.

5 – A remuneração do representante comum constitui encargo da sociedade; discordando esta da remuneração fixada por deliberação dos obrigacionistas, cabe ao tribunal decidir, a requerimento da sociedade ou do representante comum.

ART. 358.º (Designação e destituição do representante comum) – 1 – O representante comum é designado e destituído por deliberação dos obrigacionistas, que especificará a duração, definida ou indefinida, das suas funções.

2 – Na falta de representante comum, designado nos termos do número anterior, pode qualquer obrigacionista ou a sociedade requerer que o tribunal o nomeie, até que os obrigacionistas façam a designação.

3 – Pode também qualquer obrigacionista requerer que o tribunal destitua, com fundamento em justa causa, o representante comum.

4 – A designação e a destituição do representante comum devem ser comunicadas por escrito à sociedade e registadas por depósito na conservatória do registo competente por iniciativa da sociedade ou do próprio representante. (*)

ART. 359.º (Atribuições e responsabilidade do representante comum) – 1 – O representante comum deve praticar, em nome de todos os obrigacionistas, os actos de gestão destinados à defesa dos interesses comuns destes, competindo-lhe nomeadamente:

a) Representar o conjunto dos obrigacionistas nas suas relações com a sociedade;

b) Representar em juízo o conjunto dos obrigacionistas, nomeadamente em acções movidas contra a sociedade e em processos de execução ou de liquidação do património desta;

c) Assistir às assembleias gerais dos accionistas;

d) Receber e examinar toda a documentação da sociedade, enviada ou tornada patente aos accionistas, nas mesmas condições estabelecidos para estes;

CÓDIGO DAS SOCIEDADES COMERCIAIS   [DL n.º 76-A/2006]   113

e) Assistir aos sorteios para reembolso de obrigações;

f) Convocar a assembleia de obrigacionistas e assumir a respectiva presidência, nos termos desta lei.

2 – O representante comum deve prestar aos obrigacionistas as informações que lhe forem solicitadas sobre factos relevantes para os interesses comuns.

3 – O representante comum responde, nos termos gerais, pelos actos ou omissões violadores da lei e das deliberações da assembleia de obrigacionistas.

4 – A assembleia de obrigacionistas pode aprovar um regulamento das funções de representante comum.

5 – Não é permitido ao representante comum receber juros ou quaisquer importâncias devidas pela sociedade aos obrigacionistas, individualmente considerados.

SECÇÃO II — **MODALIDADES DE OBRIGAÇÕES**

ART. 360.º (Modalidades de obrigações) – Podem, nomeadamente, ser emitidas obrigações que:

a) Além de conferirem aos seus titulares o direito a um juro fixo, os habilitem a um juro suplementar ou a um prémio de reembolso, quer fixo quer dependente dos lucros realizados pela sociedade;

b) Apresentem juro e plano de reembolso, dependentes e variáveis em função dos lucros;

c) Sejam convertíveis em acções;

d) Confiram o direito a subscrever uma ou várias acções;

e) Apresentem prémios de emissão.

ART. 361.º (Juro suplementar ou prémio de reembolso) – 1 – Nas obrigações com juro suplementar ou prémio de reembolso, estes poderão:

a) Ser estabelecidos como percentagem fixa do lucro de cada exercício, independentemente do montante deste e das oscilações que registe durante o período de vida do empréstimo;

b) Ser fixados nos termos da alínea anterior, mas apenas para a hipótese de o lucro exceder um limite mínimo que se estipulará na emissão, aplicando-se a percentagem estabelecida a todo o lucro apurado ou somente à parte que exceder o limite referido;

c) Ser determinados por qualquer das formas previstas nas alíneas precedentes, mas com base numa percentagem variável em função do volume dos lucros produzidos em cada exercício ou dos lucros a considerar para além do limite estipulado nos termos da alínea *b)*;

d) Ser apurados nos termos das alíneas anteriores, mas com imputação dos lucros a accionistas e obrigacionistas na proporção do valor nominal dos títulos existentes, corrigindo-se ou não essa proporção com base em coeficiente estipulado na emissão;

e) Ser calculados por qualquer outra forma similar, aprovada pelo Ministro das finanças, a requerimento da sociedade interessada.

2 – Registando a sociedade prejuízos ou lucros inferiores ao limite de que dependa a participação estabelecida, os obrigacionistas terão direito apenas ao juro fixo.

ART. 362.º (Lucros a considerar) – 1 – O lucro a considerar para os efeitos previstos nas alíneas *a)* e *b)* do n.º 1 do artigo anterior é o que corresponder aos resultados líquidos do exercício, deduzidos das importâncias a levar à reserva legal ou reservas obrigatórias e não se considerando como custo as amortizações, ajustamentos e provisões efectuados para além dos máximos legalmente admitidos para efeitos do imposto sobre o rendimento de pessoas colectivas. (*)

2 – O apuramento feito pela sociedade do lucro que deve servir de base à determinação das importâncias destinadas aos obrigacionistas e bem assim o cálculo dessas importâncias serão obrigatoriamente submetidos, conjuntamente com o relatório e contas de cada exercício, ao parecer de revisor oficial de contas.

3 – O revisor oficial de contas referido no número anterior será designado pela assembleia de obrigacionistas no prazo de 60 dias a contar do termo da primeira subscrição das obrigações ou da vacatura do cargo.

4 – Aplicam-se a este revisor oficial de contas as incompatibilidades estabelecidas no n.º 1 do artigo 414.º -A, com excepção do disposto na alínea *h)* do referido número. (*)

5 – O lucro a considerar em cada um dos anos de vida do empréstimo com vista ao apuramento das importâncias destinadas a juro suplementar ou a prémio de reembolso será o referente ao exercício anterior.

6 – Se no próprio ano da emissão e de acordo com as condições desta houver lugar à distribuição de juro suplementar ou à afectação de qualquer importância a prémio de reembolso, o montante respectivo calcular-se-á com base nos critérios para o efeito estabelecidos na emissão.

ART. 363.º (Deliberação de emissão) – 1 – Para as obrigações referidas no artigo 361.º, n.º 1, alíneas *a)* e *b)*, a proposta de deliberação da assembleia geral dos accionistas definirá as seguintes condições:

a) O quantitativo global da emissão e os motivos que a justificam, o valor nominal das obrigações, o preço por que são emitidas e reembolsadas ou o modo de o determinar;

b) A taxa de juro e, conforme os casos, a forma de cálculo da dotação para pagamento de juro e reembolso ou a taxa de juro fixo, o critério de apuramento de juro suplementar ou do prémio de reembolso;

c) O plano de amortização do empréstimo;

d) A identificação dos subscritores e o número de obrigações a subscrever por cada um, quando a sociedade não recorra a subscrição pública.

114 [DL n.º 76-A/2006] SOCIEDADES COMERCIAIS E COOPERAÇÃO EMPRESARIAL

2 – A deliberação poderá reservar aos accionistas ou obrigacionistas, total ou parcialmente, as obrigações a emitir.

ART. 364.º (Pagamento do juro suplementar e do prémio de reembolso) – 1 – O juro suplementar respeitante a cada ano será pago por uma ou mais vezes, separadamente ou em conjunto com o juro fixo, conforme se estabelecer na emissão.

2 – No caso de a amortização de uma obrigação ocorrer antes da data do vencimento do juro suplementar, deve a sociedade emitente fornecer ao respectivo titular documento que lhe permita exercer o seu direito a eventual juro suplementar.

3 – O prémio de reembolso será integralmente pago na data da amortização das obrigações, a qual não poderá ser fixada para momento anterior à data limite para a aprovação das contas anuais.

4 – Pode estipular-se a capitalização dos montantes anualmente apuráveis a título de prémios de reembolso, nos termos e para o efeito estabelecidos nas condições de emissão.

ART. 365.º (Obrigações convertíveis em acções) – 1 – As sociedades anónimas podem emitir obrigações convertíveis em acções representativas do seu capital ou por si detidas. (*)

2 – (*Revogado pela al. c do art. 19.º do DL n.º 357-A/2007, de 31-10, rectificado*).

ART. 366.º (Deliberação de emissão) – 1 – A deliberação de emissão de obrigações convertíveis em acções deve ser tomada pela maioria que o contrato de sociedade especifique, mas não poderá ser inferior à exigida para a deliberação de aumento de capital por novas entradas.

2 – A proposta de deliberação deve indicar especificadamente:

a) O quantitativo global da emissão e os motivos que a justificam, o valor nominal das obrigações e o preço por que serão emitidas e reembolsadas ou o modo de o determinar, a taxa de juro e o plano de amortização do empréstimo;

b) As bases e os termos da conversão;

c) Se aos accionistas deve ser retirado o direito previsto no n.º 1 do artigo seguinte e as razões de tal medida;

d) A identificação dos subscritores e o número de obrigações a subscrever por cada um, quando a sociedade não recorra a subscrição pública.

3 – A deliberação de emissão de obrigações convertíveis em acções implica a aprovação do aumento do capital da sociedade no montante e nas condições que vierem a ser necessários para satisfazer os pedidos de conversão.

4 – As condições fixadas pela deliberação da assembleia geral dos accionistas para a emissão de obrigações convertíveis só podem ser alteradas, sem o consentimento dos obrigacionistas, desde que da alteração não resulte para estes qualquer redução das respectivas vantagens ou direitos ou aumento dos seus encargos.

ART. 367.º (Direito de preferência dos accionistas) – 1 – Os accionistas têm direito de preferência na subscrição das obrigações convertíveis, aplicando-se o disposto no artigo 458.º.

2 – Não pode tomar parte na votação que suprima ou limite o direito de preferência dos accionistas na subscrição de obrigações convertíveis todo aquele que puder beneficiar especificamente com tal supressão ou limitação, nem as suas acções serão tidas em consideração no cálculo do número de presenças necessárias para a reunião da assembleia geral e da maioria exigida para a deliberação.

ART. 368.º (Proibição de alterações na sociedade) – 1 – A partir da data da deliberação da emissão de obrigações convertíveis em acções, e enquanto for possível a qualquer obrigacionista exercer o direito de conversão, é vedado à sociedade emitente alterar as condições de repartição de lucros fixadas no contrato de sociedade, distribuir aos accionistas acções próprias, a qualquer título, amortizar acções ou reduzir o capital mediante reembolso e atribuir privilégios às acções existentes.

2 – Se o capital for reduzido em consequência de perdas, os direitos dos obrigacionistas que optem pela conversão reduzir-se-ão correlativamente, como se esses obrigacionistas tivessem sido accionistas a partir da emissão das obrigações.

3 – Durante o período de tempo referido no n.º 1 deste artigo, a sociedade só poderá emitir novas obrigações convertíveis em acções, alterar o valor nominal das suas acções, distribuir reservas aos accionistas, aumentar o capital social mediante novas entradas ou por incorporação de reservas e praticar qualquer outro acto que possa afectar os direitos dos obrigacionistas que venham a optar pela conversão desde que sejam assegurados direitos iguais aos dos accionistas.

4 – Os direitos referidos na parte final do número anterior não abrangem o de receber quaisquer rendimentos dos títulos ou de participar em distribuição das reservas em causa relativamente a período anterior à data em que a conversão vier a produzir os seus efeitos.

5 – Em sociedades emitentes de valores mobiliários emitidos à negociação em mercado regulamentado, a protecção dos titulares de obrigações convertíveis pode, em alternativa, ser efectuada através de cláusulas de reajustamento automático da relação de conversão que salvaguarde a integridade do interesse económico dos titulares em condições equitativas. (*)

ART. 369.º (Atribuição de juros e de dividendos) – 1 – Os obrigacionistas têm direito aos juros das respectivas obrigações até ao momento da conversão, o qual, para este efeito, se reporta sempre ao termo do trimestre em que o pedido de conversão é apresentado.

CÓDIGO DAS SOCIEDADES COMERCIAIS   [DL n.º 76-A/2006]   115

2 – Das condições de emissão constará sempre o regime de atribuição de dividendos que será aplicado às acções em que as obrigações se converterem no exercício durante o qual a conversão tiver lugar.

ART. 370.º (*) **(Formalização e registo do aumento do capital)** – 1 – O aumento do capital social resultante da conversão de obrigações em acções é objecto de declaração escrita de qualquer administrador da sociedade, sob sua responsabilidade, a emitir: (*)
a) Dentro dos 30 dias posteriores ao termo do prazo para a apresentação do pedido de conversão, quando, nos termos da emissão, a conversão houver de ser feita de uma só vez e em determinado momento;
b) Dentro dos 30 dias posteriores ao termo de cada prazo para a apresentação do pedido de conversão, quando, nos termos da emissão, a conversão puder ser feita em mais de um momento.
2 – fixando a deliberação da emissão apenas um momento a partir do qual o direito de conversão pode ser exercido, deve o administrador declarar por escrito, durante os meses de Julho e Janeiro de cada ano, o aumento resultante das conversões pedidas no decurso do semestre imediatamente anterior. (*)
3 – A conversão considera-se, para todos os efeitos, como efectuada: (*)
a) Nos casos previstos no n.º 1, no último dia do prazo para apresentação do respectivo pedido;
b) No caso previsto no número anterior, em 30 de Junho ou 31 de Dezembro, consoante os casos. (*)
4 – A inscrição deste aumento de capital no registo comercial deve ser feita no prazo de dois meses a contar da data das declarações referidas nos n.ºs 1 e 2. (*)

ART. 371.º (Emissão de acções para conversão de obrigações) – 1 – A administração da sociedade deve:
a) Em relação a acções tituladas, emitir os títulos das novas acções e entregá-los aos seus titulares no prazo de 180 dias a contar do aumento de capital resultante da emissão; (*)
b) Em relação a acções escriturais, proceder ao registo em conta das novas acções imediatamente após o registo comercial do aumento de capital resultante da emissão.
2 – Não será necessário proceder à emissão a que se refere o número anterior quando os pedidos de conversão possam ser satisfeitos com acções já emitidas e que se encontrem disponíveis para o efeito.

ART. 372.º (Concordata com credores e dissolução da sociedade) – 1 – Se a sociedade emitente de obrigações convertíveis em acções fizer concordata com os seus credores, o direito de conversão pode ser exercido logo que a concordata for homologada e nas condições por ela estabelecidas.
2 – Se a sociedade que tiver emitido obrigações convertíveis em acções se dissolver, sem que isso resulte de fusão, podem os obrigacionistas, na falta de caução idónea, exigir o reembolso antecipado, o qual, todavia, lhes não pode ser imposto pela sociedade.

ART. 372.º-A (Obrigações com direito de subscrição de acções) – 1 – As sociedades anónimas podem emitir obrigações com *warrant.* (*)
2 – (*Revogado pelo DL n.º 357-A/2007, de 31-10*).

ART. 372.º-B (Regime) – 1 – Sem prejuízo do disposto no número seguinte, as obrigações mencionadas no artigo anterior conferem o direito à subscrição de uma ou várias acções a emitir pela sociedade em prazo determinado e pelo preço e demais condições previstos no momento da emissão.
2 – Uma sociedade pode emitir obrigações que confiram o direito de subscrição de acções a emitir pela sociedade que, directa ou indirectamente, detenha uma participação maioritária no capital social da sociedade emitente das obrigações, devendo, neste caso, a emissão das obrigações ser também aprovada pela assembleia geral daquela sociedade, aplicando-se o disposto no artigo 366.º.
3 – O período de exercício do direito de subscrição não pode ultrapassar em mais de três meses a data em que deveria encontrar-se amortizado todo o empréstimo.
4 – Salvo se o contrário tiver sido estabelecido nas condições da emissão, os direitos de subscrição podem ser alienados ou negociados independentemente das obrigações.
5 – Sem prejuízo do disposto nos números anteriores, às obrigações de que trata o presente artigo são aplicáveis, com as necessárias adaptações, os artigos 366.º, 367.º, 368.º, 369.º, n.º 2, 370.º, 371.º e 372.º.

CAPÍTULO V — **Deliberações dos accionistas**

ART. 373.º (Forma e âmbito das deliberações) – 1 – Os accionistas deliberam ou nos termos do artigo 54.º ou em assembleias gerais regularmente convocados e reunidas.
2 – Os accionistas deliberam sobre as matérias que lhes são especialmente atribuídas pela lei ou pelo contrato e sobre as que não estejam compreendidas nas atribuições de outros órgãos da sociedade.
3 – Sobre matérias de gestão da sociedade, os accionistas só podem deliberar a pedido do órgão de administração.

ART. 374.º (Mesa da assembleia geral) – 1 – A mesa da assembleia geral é constituída, pelo menos, por um presidente e um secretário.
2 – O contrato de sociedade pode determinar que o presidente, o vice-presidente e os secretários da mesa da assembleia geral sejam eleitos por esta, por período não superior a quatro anos, de entre accionistas ou outras pessoas.
3 – No silêncio do contrato, na falta de pessoas eleitas nos termos do número anterior ou no caso de não comparência destas, serve de presidente da mesa da assembleia geral o presidente do conselho fiscal, da comissão de auditoria ou do conselho geral e de supervisão e de secretário um accionista presente, escolhido por aquele. (*)

116 [DL n.º 76-A/2006]   SOCIEDADES COMERCIAIS E COOPERAÇÃO EMPRESARIAL

4 – Na falta ou não comparência do presidente do conselho fiscal, da comissão de auditoria ou do conselho geral e de supervisão, preside à assembleia geral um accionista, por ordem do número de acções de que sejam titulares caso se verifique igualdade de número de acções, deve atender-se, sucessivamente, à maior antiguidade como accionista e à idade. (*)

ART. 374.º-A (*) **(Independência dos membros da mesa da assembleia geral)** – 1 – Aos membros da mesa da assembleia geral das sociedades emitentes de valores mobiliários admitidos à negociação em mercado regulamentado e das sociedades que cumpram os critérios referidos na alínea *a*) do n.º 2 do artigo 413.º aplicam-se, com as necessárias adaptações, os requisitos de independência do n.º 5 do artigo 414.º e o regime de incompatibilidades previsto no n.º 1 do artigo 414.º-A.

2 – A assembleia geral pode destituir, desde que ocorra justa causa, os membros da mesa da assembleia geral das sociedades referidas no n.º 1.

3 – É aplicável o disposto no artigo 422.º-A, com as necessárias adaptações.

ART. 375.º (Assembleias gerais de accionistas) – 1 – As assembleias gerais de accionistas devem ser convocadas sempre que a lei o determine ou o conselho de administração, a comissão de auditoria, o conselho de administração executivo, o conselho fiscal ou o conselho geral e de supervisão entenda conveniente. (*)

2 – A assembleia geral deve ser convocada quando o requererem um ou mais accionistas que possuam acções correspondentes a, pelo menos, 5% do capital social.

3 – O requerimento referido no número anterior deve ser feito por escrito e dirigido ao presidente da mesa da assembleia geral, indicando com precisão os assuntos a incluir na ordem do dia e justificando a necessidade da reunião da assembleia.

4 – O presidente da mesa da assembleia geral deve promover a publicação da convocatória nos 15 dias seguintes à recepção do requerimento; a assembleia deve reunir antes de decorridos 45 dias a contar da publicação da convocatória.

5 – O presidente da mesa da assembleia geral, quando não defira o requerimento dos accionistas ou não convoque a assembleia nos termos do n.º 4, deve justificar por escrito a sua decisão, dentro do referido prazo de 15 dias.

6 – Os accionistas cujos requerimentos não forem deferidos podem requerer a convocação judicial da assembleia.

7 – Constituem encargo da sociedade as despesas ocasionadas pela convocação e reunião da assembleia, bem como as custas judiciais, nos casos previstos no número anterior, se o tribunal julgar procedente o requerimento.

ART. 376.º (Assembleia geral anual) – 1 – A assembleia geral dos accionistas deve reunir no prazo de três meses a contar da data do encerramento do exercício ou no prazo de cinco meses a contar da mesma data quando se tratar de sociedades que devam apresentar contas consolidadas ou apliquem o método da equivalência patrimonial para:

a) Deliberar sobre o relatório de gestão e as contas do exercício; (*)

b) Deliberar sobre a proposta de aplicação de resultados;

c) Proceder à apreciação geral da administração e fiscalização da sociedade e, se disso for caso e embora esses assuntos não constem da ordem do dia, proceder à destituição, dentro da sua competência, ou manifestar a sua desconfiança quanto a administradores; (*)

d) Proceder às eleições que sejam da sua competência.

2 – O conselho de administração ou o conselho de administração executivo deve pedir a convocação da assembleia geral referida no número anterior e apresentar as propostas e documentação necessárias para que as deliberações sejam tomadas. (*)

3 – A violação do dever estabelecido pelo número anterior não impede a convocação posterior da assembleia, mas sujeita os infractores às sanções cominadas na lei.

ART. 377.º (*) **(Convocação e forma de realização da assembleia)** – 1 – As assembleias gerais são convocadas pelo presidente da mesa ou, nos casos especiais previstos na lei, pela comissão de auditoria, pelo conselho geral e de supervisão, pelo conselho fiscal ou pelo tribunal. (*)

2 – A convocatória deve ser publicada.

3 – O contrato de sociedade pode exigir outras formas de comunicação aos accionistas e, quando sejam nominativas todas as acções da sociedade, pode substituir as publicações por cartas registadas ou, em relação aos accionistas que comuniquem previamente o seu consentimento, por correio electrónico com recibo de leitura. (*)

4 – Entre a última divulgação e a data da reunião da assembleia deve mediar, pelo menos, um mês, devendo mediar, entre a expedição das cartas registadas ou mensagens de correio electrónico referidas no n.º 3 e a data da reunião, pelo menos, 21 dias. (*)

5 – A convocatória, quer publicada, quer enviada por carta ou por correio electrónico, deve conter, pelo menos: (*)

a) As menções exigidas pelo artigo 171.º;

b) O lugar, o dia e a hora da reunião;

c) A indicação da espécie, geral ou especial, da assembleia;

d) Os requisitos a que porventura estejam subordinados a participação e o exercício do direito de voto;

e) A ordem do dia;

CÓDIGO DAS SOCIEDADES COMERCIAIS [DL n.º 76-A/2006] 117

f) Se o voto por correspondência não for proibido pelos estatutos, descrição do modo como o mesmo se processa, incluindo o endereço, físico ou electrónico, as condições de segurança, o prazo para a recepção das declarações de voto e a data do cômputo das mesmas. (*)

6 – As assembleias são efectuadas: (*)

a) Na sede da sociedade ou noutro local, escolhido pelo presidente da mesa dentro do território nacional, desde que as instalações desta não permitam a reunião em condições satisfatórias; ou (*)

b) Salvo disposição em contrário no contrato de sociedade, através de meios telemáticos, devendo a sociedade assegurar a autenticidade das declarações e a segurança das comunicações, procedendo ao registo do seu conteúdo e dos respectivos intervenientes. (*)

7 – O conselho fiscal, a comissão de auditoria ou o conselho geral e de supervisão só podem convocar a assembleia geral dos accionistas depois de ter, sem resultado, requerido a convocação ao presidente da mesa da assembleia geral, cabendo a esses órgãos, nesse caso, fixar a ordem do dia, bem como, se ocorrerem motivos que o justifiquem, escolher um local ou meio de reunião diverso da reunião física na sede, nos termos do número anterior. (*)

8 – O aviso convocatório deve mencionar claramente o assunto sobre o qual a deliberação será tomada. Quando este assunto for a alteração do contrato, deve mencionar as cláusulas a modificar, suprimir ou aditar e o texto integral das cláusulas propostas ou a indicação de que tal texto fica à disposição dos accionistas na sede social, a partir da data da publicação, sem prejuízo de na assembleia serem propostas pelos sócios redacções diferentes para as mesmas cláusulas ou serem deliberadas alterações de outras cláusulas que forem necessárias em consequência de alterações relativas a cláusulas mencionadas no aviso.

ART. 378.º (Inclusão de assuntos na ordem do dia) – 1 – O accionista ou accionistas que satisfaçam as condições exigidas pelo artigo 375.º, n.º 2, podem requerer que na ordem do dia de uma assembleia geral já convocada ou a convocar sejam incluídos determinados assuntos.

2 – O requerimento referido no número anterior deve ser dirigido, por escrito, ao presidente da mesa da assembleia geral nos cinco dias seguintes à última publicação da convocatória respectiva.

3 – Os assuntos incluídos na ordem do dia por força do disposto nos números anteriores devem ser comunicados aos accionistas pela mesma forma usada para a convocação até 5 dias ou 10 dias antes da data da assembleia, conforme se trate de carta registada ou de publicação.

4 – Não sendo satisfeito o requerimento, podem os interessados requerer judicialmente a convocação de nova assembleia para deliberar sobre os assuntos mencionados, aplicando-se o disposto no artigo 375.º, n.º 7.

ART. 379.º (Participação na assembleia) – 1 – Têm o direito de estar presentes na assembleia geral e aí discutir e votar os accionistas que, segundo a lei e o contrato, tiverem direito a, pelo menos, um voto.

2 – Os accionistas sem direito de voto e os obrigacionistas podem assistir às assembleias gerais e participar na discussão dos assuntos indicados na ordem do dia, se o contrato de sociedade não determinar o contrário.

3 – Podem ainda estar presentes nas assembleias gerais de accionistas os representantes comuns de titulares de acções preferenciais sem voto e de obrigacionistas.

4 – Devem estar presentes nas assembleias gerais de accionistas os administradores, os membros do conselho fiscal ou do conselho geral e de supervisão e, na assembleia anual, os revisores oficiais de contas que tenham examinado as contas. (*)

5 – Sempre que o contrato de sociedade exija a posse de um certo número de acções para conferir voto, poderão os accionistas possuidores de menor número de acções agrupar-se de forma a completarem o número exigido ou um número superior e fazer-se representar por um dos agrupados.

6 – A presença na assembleia geral de qualquer pessoa não indicada nos números anteriores depende de autorização do presidente da mesa, mas a assembleia pode revogar essa autorização.

ART. 380.º (Representação de accionistas) – 1 – O contrato de sociedade não pode proibir ou limitar a participação de accionista em assembleia geral através de representante.

2 – Como instrumento de representação voluntária basta um documento escrito, com assinatura, dirigido ao presidente da mesa; tais documentos ficam arquivados na sociedade pelo período obrigatório de conservação de documentos. (*)

ART. 381.º (Pedido de representação) – 1 – Se alguém solicitar representações de mais de cinco accionistas para votar em assembleia geral, deve observar-se o disposto nas alíneas e números seguintes:

a) A representação é concedida apenas para uma assembleia especificada, mas valerá quer ela se efectue em primeira quer em segunda convocação;

b) A concessão de representação é revogável, importando revogação a presença do representado na assembleia;

c) O pedido de representação deve conter, pelo menos: a especificação da assembleia, pela indicação do lugar, dia, hora da reunião e ordem do dia; as indicações sobre consultas de documentos por accionistas; a indicação precisa da pessoa ou pessoas que são oferecidas como representantes; o sentido em que o representante exercerá o voto na falta de instruções do representado; a menção de que, caso surjam circunstâncias imprevistas, o representante votará no sentido que julgue satisfazer melhor os interesses do representado.

2 – A sociedade não pode, nem por si, nem por pessoa interposta, solicitar representações a favor de quem quer que seja, não podendo os membros da comissão de auditoria, do conselho fiscal, do conselho geral e de supervisão ou os respectivos revisores oficiais de contas solicitá-las nem ser indicados como representantes. (*)

118   [DL n.º 76-A/2006]   SOCIEDADES COMERCIAIS E COOPERAÇÃO EMPRESARIAL

3 – *(Revogado.)*

4 – No caso de o accionista solicitado conceder a representação e dar instruções quanto ao voto, pode o solicitante não aceitar a representação, mas deverá comunicar urgentemente esse facto àquele accionista.

5 – Do mesmo modo devem ser comunicados aos representados, com as devidas explicações, os votos emitidos no caso previsto na parte final da alínea *c)* do n.º 1.

6 – O solicitante da representação deve enviar, à sua custa, ao accionista representado cópia da acta da assembleia.

7 – Se não for observado o disposto nos números anteriores, um accionista não pode representar mais de cinco outros.

ART. 382.º (Lista de presenças) – 1 – O presidente da mesa da assembleia geral deve mandar organizar a lista dos accionistas que estiverem presentes e representados no início da reunião.

2 – A lista de presenças deve indicar:

a) O nome e o domicílio de cada um dos accionistas presentes;

b) O nome e o domicílio de cada um dos accionistas representados e dos seus representantes;

c) O número, a categoria e o valor nominal das acções pertencentes a cada accionista presente ou representado.

3 – Os accionistas presentes e os representantes de accionistas devem rubricar a lista de presenças, no lugar respectivo.

4 – A lista de presenças deve ficar arquivada na sociedade; pode ser consultada por qualquer accionista e dela será fornecida cópia aos accionistas que a solicitem.

ART. 383.º (Quórum) – 1 – A assembleia geral pode deliberar, em primeira convocação, qualquer que seja o número de accionistas presentes ou representados, salvo o disposto no número seguinte ou no contrato.

2 – Para que a assembleia geral possa deliberar, em primeira convocação, sobre a alteração do contrato de sociedade, fusão, cisão, transformação, dissolução da sociedade ou outros assuntos para os quais a lei exija maioria qualificada, sem a especificar, devem estar presentes ou representados accionistas que detenham, pelo menos, acções correspondentes a um terço do capital social.

3 – Em segunda convocação, a assembleia pode deliberar seja qual for o número de accionistas presentes ou representados e o capital por eles representado.

4 – Na convocatória de uma assembleia pode logo ser fixada uma segunda data de reunião para o caso de a assembleia não poder reunir-se na primeira data marcada, por falta de representação do capital exigido pela lei ou pelo contrato, contanto que entre as duas datas medeiem mais de 15 dias; ao funcionamento da assembleia que reúna na segunda data fixada aplicam-se as regras relativas à assembleia da segunda convocação.

ART. 384.º (Votos) – 1 – Na falta de diferente cláusula contratual, a cada acção corresponde um voto.

2 – O contrato de sociedade pode:

a) Fazer corresponder um só voto a um certo número de acções, contanto que sejam abrangidas todas as acções emitidas pela sociedade e fique cabendo um voto, pelo menos, a cada € 1000 de capital;

b) Estabelecer que não sejam contados votos acima de certo número, quando emitidos por um só accionista, em nome próprio ou também como representante de outro.

3 – A limitação de votos permitida na alínea *b)* do número anterior pode ser estabelecida para todas as acções ou apenas para acções de uma ou mais categorias, mas não para accionistas determinados. (*)

4 – A partir da mora na realização de entradas de capital e enquanto esta durar, o accionista não pode exercer o direito de voto.

5 – É proibido estabelecer no contrato voto plural.

6 – Um accionista não pode votar, nem por si, nem por representante, nem em representação de outrem, quando a lei expressamente o proíba e ainda quando a deliberação incida sobre:

a) Liberação de uma obrigação ou responsabilidade própria do accionista, quer nessa qualidade quer na de membro de órgão de administração ou de fiscalização;

b) Litígio sobre pretensão da sociedade contra o accionista ou deste contra aquela, quer antes quer depois do recurso a tribunal;

c) Destituição, por justa causa, do seu cargo de titular de órgão social; (*)

d) Qualquer relação, estabelecido ou a estabelecer, entre a sociedade e o accionista, estranha ao contrato de sociedade.

7 – O disposto no número anterior não pode ser preterido pelo contrato de sociedade.

8 – A forma de exercício do voto pode ser determinada pelo contrato, por deliberação dos sócios ou por decisão do presidente da assembleia.

9 – Se os estatutos não proibirem o voto por correspondência, devem regular o seu exercício, estabelecendo, nomeadamente, a forma de verificar a autenticidade do voto e de assegurar, até ao momento da votação, a sua confidencialidade, e escolher entre uma das seguintes opções para o seu tratamento: (*)

a) Determinar que os votos assim emitidos valham como votos negativos em relação a propostas de deliberação apresentadas ulteriormente à emissão do voto; (*)

b) Autorizar a emissão de votos até ao máximo de cinco dias seguintes ao da realização da assembleia, caso em que o cômputo definitivo dos votos é feito até ao 8.º dia posterior ao da realização da assembleia e se assegura a divulgação imediata do resultado da votação. (*)

10 – Na falta de previsão dos estatutos aplica-se a alínea *a)* do número anterior.

CÓDIGO DAS SOCIEDADES COMERCIAIS   [DL n.º 76-A/2006]   119

ART. 385.º (Unidade de voto) – 1 – Um accionista que disponha de mais de um voto não pode fraccionar os seus votos para votar em sentidos diversos sobre a mesma proposta ou para deixar de votar com todas as suas acções providas de direito de voto.

2 – Um accionista que represente outros pode votar em sentidos diversos com as suas acções e as dos representados e bem assim deixar de votar com as suas acções ou com as dos representados.

3 – O disposto no número anterior é aplicável ao exercício de direito de voto como usufrutuário, credor pignoratício ou representante de contitulares de acções e bem assim como representante de uma associação ou sociedade cujos sócios tenham deliberado votar em sentidos diversos, segundo determinado critério.

4 – A violação do disposto no n.º 1 deste artigo importa a nulidade de todos os votos emitidos pelo accionista.

ART. 386.º (Maioria) – 1 – A assembleia geral delibera por maioria dos votos emitidos, seja qual for a percentagem do capital social nela representado, salvo disposição diversa da lei ou do contrato; as abstenções não são contadas.

2 – Na deliberação sobre a designação de titulares de órgãos sociais ou de revisores ou sociedades de revisores oficiais de contas, se houver várias propostas, fará vencimento aquela que tiver a seu favor maior número de votos.

3 – A deliberação sobre algum dos assuntos referidos no n.º 2 do artigo 383.º deve ser aprovada por dois terços dos votos emitidos, quer a assembleia reúna em primeira quer em segunda convocação.

4 – Se, na assembleia reunida em segunda convocação, estiverem presentes ou representados accionistas detentores de, pelo menos, metade do capital social, a deliberação sobre algum dos assuntos referidos no n.º 2 do artigo 383.º pode ser tomada pela maioria dos votos emitidos.

5 – Quando a lei ou o contrato exijam uma maioria qualificada, determinada em função do capital da sociedade, não são tidas em conta para o cálculo dessa maioria as acções cujos titulares estejam legalmente impedidos de votar, quer em geral quer no caso concreto, nem funcionam, a não ser que o contrato disponha diferentemente, as limitações de voto permitidas pelo artigo 384.º, n.º 2, alínea b).

ART. 387.º (Suspensão da sessão) – 1 – Além das suspensões normais determinadas pelo presidente da mesa, a assembleia pode deliberar suspender os seus trabalhos.

2 – O recomeço dos trabalhos deve ser logo fixado para data que não diste mais de 90 dias.

3 – A assembleia só pode deliberar suspender a mesma sessão duas vezes.

ART. 388.º (Actas) – 1 – Deve ser lavrada uma acta de cada reunião da assembleia geral.

2 – As actas das reuniões da assembleia geral devem ser redigidas e assinadas por quem nelas tenha servido como presidente e secretário.

3 – A assembleia pode, contudo, deliberar que a acta seja submetida à sua aprovação antes de assinada nos termos do número anterior.

ART. 389.º (Assembleias especiais de accionistas) – 1 – As assembleias especiais de titulares de acções de certa categoria são convocadas, reúnem-se e funcionam nos termos prescritos pela lei e pelo contrato de sociedade para as assembleias gerais.

2 – Quando a lei exija maioria qualificada para uma deliberação da assembleia geral, igual maioria é exigida para a deliberação das assembleias especiais sobre o mesmo assunto.

3 – Não há assembleias especiais de titulares de acções ordinárias.

CAPÍTULO VI — Administração, fiscalização e secretário da sociedade

Secção I — CONSELHO DE ADMINISTRAÇÃO

ART. 390.º (Composição) 1 O conselho de administração é composto pelo número de administradores fixado no contrato de sociedade. (*)

2 – O contrato de sociedade pode dispor que a sociedade tenha um só administrador, desde que o capital social não exceda € 200 000; aplicam-se ao administrador único as disposições relativas ao conselho de administração que não pressuponham a pluralidade de administradores.

3 – Os administradores podem não ser accionistas, mas devem ser pessoas singulares com capacidade jurídica plena.

4 – Se uma pessoa colectiva for designada administrador, deve nomear uma pessoa singular para exercer o cargo em nome próprio; a pessoa colectiva responde solidariamente com a pessoa designada pelos actos desta.

5 – O contrato de sociedade pode autorizar a eleição de administradores suplentes, até número igual a um terço do número de administradores efectivos.

ART. 391.º (Designação) – 1 – Os administradores podem ser designados no contrato de sociedade ou eleitos pela assembleia geral ou constitutiva.

2 – No contrato de sociedade pode estipular-se que a eleição dos administradores deve ser aprovada por votos correspondentes a determinada percentagem do capital ou que a eleição de alguns deles, em número não superior a um terço do total, deve ser também aprovada pela maioria dos votos conferidos a certas acções, mas não pode ser atribuído a certas categorias de acções o direito de designação de administradores.

120   [DL n.º 76-A/2006]   SOCIEDADES COMERCIAIS E COOPERAÇÃO EMPRESARIAL

3 – Os administradores são designados por um período fixado no contrato de sociedade, não excedente a quatro anos civis, contando-se como completo o ano civil em que os administradores forem designados; na falta de indicação do contrato, entende-se que a designação é feita por quatro anos civis, sendo permitida a reeleição.

4 – Embora designados por prazo certo, os administradores mantêm-se em funções até nova designação, sem prejuízo do disposto nos artigos 394.º, 403.º e 404.º.

5 – A aceitação do cargo pela pessoa designada pode ser manifestada expressa ou tacitamente.

6 – Não é permitido aos administradores fazerem-se representar no exercício do seu cargo, a não ser no caso previsto pelo artigo 410.º, n.º 5, e sem prejuízo da possibilidade de delegação de poderes nos casos previstos na lei.

7 – O disposto no número anterior não exclui a faculdade de a sociedade, por intermédio dos administradores que a representam, nomear mandatários ou procuradores para a prática de determinados actos ou categorias de actos, sem necessidade de cláusula contratual expressa.

ART. 392.º (Regras especiais de eleição) – 1 – O contrato de sociedade pode estabelecer que, para um número de administradores não excedente a um terço do órgão, se proceda a eleição isolada, entre pessoas propostas em listas subscritas por grupos de accionistas, contando que nenhum desses grupos possua acções representativas de mais de 20% e de menos de 10% do capital social. (*)   .

2 – Cada lista referida no número anterior deve propor pelo menos duas pessoas elegíveis por cada um dos cargos a preencher.

3 – O mesmo accionista não pode subscrever mais de uma lista.

4 – Se numa eleição isolada forem apresentadas listas por mais de um grupo, a votação incide sobre o conjunto dessas listas.

5 – A assembleia geral não pode proceder à eleição de outros administradores enquanto não tiver sido eleito, de harmonia com o n.º 1 deste artigo, o número de administradores para o efeito fixado no contrato, salvo se não forem apresentadas as referidas listas.

6 – O contrato de sociedade pode ainda estabelecer que uma minoria de accionistas que tenha votado contra a proposta que fez vencimento na eleição dos administradores tem o direito de designar, pelo menos, um administrador, contanto que essa minoria represente, pelo menos, 10% do capital social.

7 – Nos sistemas previstos nos números anteriores, a eleição é feita entre os accionistas que tenham votado contra a proposta que fez vencimento na eleição dos administradores, na mesma assembleia, e os administradores assim eleitos substituem automaticamente as pessoas menos votadas da lista vencedora ou, em caso de igualdade de votos, aquela que figurar em último lugar na mesma lista. (*)

8 – Nas sociedades com subscrição pública, ou concessionárias do Estado ou de entidade a este equiparada por lei, é obrigatória a inclusão no contrato de algum dos sistemas previstos neste artigo; sendo o contrato omisso, aplica-se o disposto nos precedentes n.ºs 6 e 7.

9 – A alteração do contrato de sociedade para inclusão de algum dos sistemas previstos no presente artigo pode ser deliberada por maioria simples dos votos emitidos na assembleia.

10 – Permitindo o contrato a eleição de administradores suplentes, aplica-se o disposto nos números anteriores à eleição de tantos suplentes quantos os administradores a quem aquelas regras tenham sido aplicadas.

11 – Os administradores por parte do Estado ou de entidade pública a ele equiparada por lei para este efeito são nomeados nos termos da respectiva legislação.

ART. 393.º (Substituição de administradores) – 1 – Os estatutos da sociedade devem fixar o número de faltas a reuniões, seguidas ou interpoladas, sem justificação aceite pelo órgão de administração, que conduz a uma falta definitiva do administrador. (*)

2 – A falta definitiva de administrador deve ser declarada pelo órgão de administração. (*)

3 – Faltando definitivamente um administrador, deve proceder-se à sua substituição, nos termos seguintes: (*)

a) Pela chamada de suplentes efectuada pelo presidente, conforme a ordem por que figurem na lista submetida à assembleia geral dos accionistas; (*)

b) Não havendo suplentes, por cooptação, salvo se os administradores em exercício não forem em número suficiente para o conselho poder funcionar; (*)

c) Não tendo havido cooptação dentro de 60 dias a contar da falta, o conselho fiscal ou a comissão de auditoria designa o substituto; (*)

d) Por eleição de novo administrador. (*)

4 – A cooptação e a designação pelo conselho fiscal ou pela comissão de auditoria devem ser submetidas a ratificação na primeira assembleia geral seguinte. (*)

5 – As substituições efectuadas nos termos do n.º 1 duram até ao fim do período para o qual os administradores foram eleitos.

6 – Só haverá substituições temporárias no caso de suspensão de administradores, aplicando-se então o disposto no n.º 1.

7 – Faltando administrador eleito ao abrigo das regras especiais estabelecidas no artigo 392.º, chama-se o respectivo suplente e, não o havendo, procede-se a nova eleição, à qual se aplicam, com as necessárias adaptações, aquelas regras especiais.

ART. 394.º (Nomeação judicial) – 1 – Quando durante mais de 60 dias não tenha sido possível reunir o conselho de administração, por não haver bastantes administradores efectivos e não se ter procedido às

CÓDIGO DAS SOCIEDADES COMERCIAIS   [DL n.º 76-A/2006]   121

substituições previstas no artigo 393.º, e, bem assim, quando tenham decorrido mais de 180 dias sobre o termo do prazo por que foram eleitos os administradores sem se ter efectuado nova eleição, qualquer accionista pode requerer a nomeação judicial de um administrador, até se proceder à eleição daquele conselho.

2 – O administrador nomeado judicialmente é equiparado ao administrador único, permitido pelo artigo 390.º, n.º 2.

3 – Nos casos previstos no n.º 1, os administradores ainda existentes terminam as suas funções na data da nomeação judicial de administrador.

ART. 395.º (Presidente do conselho de administração) – 1 – O contrato de sociedade pode estabelecer que a assembleia geral que eleger o conselho de administração designe o respectivo presidente.

2 – Na falta de cláusula contratual prevista no número anterior, o conselho de administração escolherá o seu presidente, podendo substituí-lo em qualquer tempo.

3 – Ao presidente é atribuído voto de qualidade nas deliberações do conselho nas seguintes situações: (*)
a) Quando o conselho seja composto por um número par de administradores; (*)
b) Nos restantes casos, se o contrato de sociedade o estabelecer. (*)

4 – Nos casos referidos na alínea *a)* do número anterior, nas ausências e impedimentos do presidente, tem voto de qualidade o membro de conselho ao qual tenha sido atribuído esse direito no respectivo acto de designação. (*)

ART. 396.º (Caução) – 1 – A responsabilidade de cada administrador deve ser caucionada por alguma das formas admitidas na lei, na importância que seja fixada no contrato, mas não podendo ser inferior a € 250 000 para as sociedades emitentes de valores mobiliários admitidos à negociação em mercado regulamentado nem para as sociedades que cumpram os critérios da alínea *a)* do n.º 2 do artigo 413.º e a € 50 000 para as restantes sociedades. (*)

2 – A caução pode ser substituída por um contrato de seguro, a favor dos titulares de indemnizações, cujos encargos não podem ser suportados pela sociedade, salvo na parte em que a indemnização exceda o mínimo fixado no número anterior. (*)

3 – Excepto nas sociedades emitentes de valores mobiliários admitidos à negociação em mercado regulamentado e nas sociedades que cumpram os critérios da alínea *a)* do n.º 2 do artigo 413.º, a caução pode ser dispensada por deliberação da assembleia geral ou constitutiva que eleja o conselho de administração ou um administrador e ainda quando a designação tenha sido feita no contrato de sociedade, por disposição deste. (*)

4 – A responsabilidade deve ser caucionada nos 30 dias seguintes à designação ou eleição e a caução deve manter-se até ao fim do ano civil seguinte àquele em que o administrador cesse as suas funções por qualquer causa, sob pena de cessação imediata de funções.

ART. 397.º (Negócios com a sociedade) – 1 – É proibido à sociedade conceder empréstimos ou crédito a administradores, efectuar pagamentos por conta deles, prestar garantias a obrigações por eles contraídas e facultar-lhes adiantamentos de remunerações superiores a um mês.

2 – São nulos os contratos celebrados entre a sociedade e os seus administradores, directamente ou por pessoa interposta, se não tiverem sido previamente autorizados por deliberação do conselho de administração, na qual o interessado não pode votar, e com o parecer favorável do conselho fiscal ou da comissão de auditoria.

3 – O disposto nos números anteriores é extensivo a actos ou contratos celebrados com sociedades que estejam em relação de domínio ou de grupo com aquela de que o contraente é administrador.

4 – No seu relatório anual, o conselho de administração deve especificar as autorizações que tenha concedido ao abrigo do n.º 2 e o relatório do conselho fiscal ou da comissão de auditoria deve mencionar os pareceres proferidos sobre essas autorizações. (*)

5 – O disposto nos n.ᵒˢ 2, 3 e 4 não se aplica quando se trate de acto compreendido no próprio comércio da sociedade e nenhuma vantagem especial seja concedida ao contraente administrador.

ART. 398.º (Exercício de outras actividades) – 1 – Durante o período para o qual foram designados, os administradores não podem exercer, na sociedade ou em sociedades que com esta estejam em relação de domínio ou de grupo, quaisquer funções temporárias ou permanentes ao abrigo de contrato de trabalho, subordinado ou autónomo, nem podem celebrar quaisquer desses contratos que visem uma prestação de serviços quando cessarem as funções de administrador.

2 – Quando for designado administrador uma pessoa que, na sociedade ou em sociedades referidas no número anterior, exerça qualquer das funções mencionadas no mesmo número, os contratos relativos a tais funções extinguem-se, se tiverem sido celebrados há menos de um ano antes da designação, ou suspendem-se, caso tenham durado mais do que esse ano.

3 – Na falta de autorização da assembleia geral, os administradores não podem exercer por conta própria ou alheia actividade concorrente da sociedade nem exercer funções em sociedade concorrente ou ser designados por conta ou em representação desta. (*)

4 – A autorização a que se refere o número anterior deve definir o regime de acesso a informação sensível por parte do administrador. (*)

5 – Aplica-se o disposto nos n.ᵒˢ 2, 5 e 6 do artigo 254.º. (*)

ART. 399.º (Remuneração) – 1 – Compete à assembleia geral de accionistas ou a uma comissão por aquela nomeada fixar as remunerações de cada um dos administradores, tendo em conta as funções desempenhadas e a situação económica da sociedade. (*)

122   [DL n.º 76-A/2006]   SOCIEDADES COMERCIAIS E COOPERAÇÃO EMPRESARIAL

2 – A remuneração pode ser certa ou consistir parcialmente numa percentagem dos lucros de exercício, mas a percentagem máxima destinada aos administradores deve ser autorizada por cláusula do contrato de sociedade. (*)

3 – A percentagem referida no número anterior não incide sobre distribuições de reservas nem sobre qualquer parte do lucro do exercício que não pudesse, por lei, ser distribuída aos accionistas.

ART. 400.º (Suspensão de administradores) – 1 – O conselho fiscal ou a comissão de auditoria pode suspender administradores quando: (*)

a) As suas condições de saúde os impossibilitem temporariamente de exercer as funções;

b) Outras circunstâncias pessoais obstem a que exerçam as suas funções por tempo presumivelmente superior a 60 dias e solicitem ao conselho fiscal ou à comissão de auditoria a suspensão temporária ou este entenda que o interesse da sociedade a exige. (*)

2 – O contrato de sociedade pode regulamentar a situação dos administradores durante o tempo de suspensão; na falta dessa regulamentação, suspendem-se todos os seus poderes, direitos e deveres, excepto os deveres que não pressuponham o exercício efectivo de funções.

ART. 401.º (Incapacidade superveniente) – Caso ocorra, posteriormente à designação do administrador, alguma incapacidade ou incompatibilidade que constituísse impedimento a essa designação e o administrador não deixe de exercer o cargo ou não remova a incompatibilidade superveniente no prazo de 30 dias, deve o conselho fiscal ou a comissão de auditoria declarar o termo das funções. (*)

ART. 402.º (Reforma dos administradores) – 1 – O contrato de sociedade pode estabelecer um regime de reforma por velhice ou invalidez dos administradores, a cargo da sociedade.

2 – É permitido à sociedade atribuir aos administradores complementos de pensões de reforma, contanto que não seja excedida a remuneração em cada momento percebida por um administrador efectivo ou, havendo remunerações diferentes, a maior delas.

3 – O direito dos administradores a pensões de reforma ou complementares cessa no momento em que a sociedade se extinguir, podendo, no entanto, esta realizar à sua custa contratos de seguro contra este risco, no interesse dos beneficiários.

4 – O regulamento de execução do disposto nos números anteriores deve ser aprovado pela assembleia geral.

ART. 403.º (Destituição) – 1 – Qualquer membro do conselho de administração pode ser destituído por deliberação da assembleia geral, em qualquer momento. (*)

2 – A deliberação de destituição sem justa causa do administrador eleito ao abrigo das regras especiais estabelecidas no artigo 392.º não produz quaisquer efeitos se contra ela tiverem votado accionistas que representem, pelo menos, 20% do capital social.

3 – Um ou mais accionistas titulares de acções correspondentes, pelo menos, a 10% do capital social podem, enquanto não tiver sido convocada a assembleia geral para deliberar sobre o assunto, requerer a destituição judicial de um administrador, com fundamento em justa causa.

4 – Constituem, designadamente, justa causa de destituição a violação grave dos deveres do administrador e a sua inaptidão para o exercício normal das respectivas funções. (*)

5 – Se a destituição não se fundar em justa causa o administrador tem direito a indemnização pelos danos sofridos, pelo modo estipulado no contrato com ele celebrado ou nos termos gerais de direito, sem que a indemnização possa exceder o montante das remunerações que presumivelmente receberia até ao final do período para que foi eleito. (*)

ART. 404.º (Renúncia) – 1 – O administrador pode renunciar ao seu cargo mediante carta dirigida ao presidente do conselho de administração ou, sendo este o renunciante, ao conselho fiscal ou à comissão de auditoria. (*)

2 – A renúncia só produz efeito no final do mês seguinte àquele em que tiver sido comunicada, salvo entretanto for designado ou eleito o substituto.

ART. 405.º (Competência do conselho de administração) – 1 – Compete ao conselho de administração gerir as actividades da sociedade, devendo subordinar-se às deliberações dos accionistas ou às intervenções do conselho fiscal ou da comissão de auditoria apenas nos casos em que a lei ou o contrato de sociedade o determinarem. (*)

2 – O conselho de administração tem exclusivos e plenos poderes de representação da sociedade.

ART. 406.º (Poderes de gestão) – Compete ao conselho de administração deliberar sobre qualquer assunto de administração da sociedade, nomeadamente sobre:

a) Escolha do seu presidente, sem prejuízo do disposto no artigo 395.º;

b) Cooptação de administradores;

c) Pedido de convocação de assembleias gerais;

d) Relatórios e contas anuais;

e) Aquisição, alienação e oneração de bens imóveis;

f) Prestação de cauções e garantias pessoais ou reais pela sociedade;

g) Abertura ou encerramento de estabelecimentos ou de partes importantes destes;

CÓDIGO DAS SOCIEDADES COMERCIAIS [DL n.º 76-A/2006] 123

h) Extensões ou reduções importantes da actividade da sociedade;
i) Modificações importantes na organização da empresa;
j) Estabelecimento ou cessação de cooperação duradoura e importante com outras empresas;
l) Mudança de sede e aumentos de capital, nos termos previstos no contrato de sociedade;
m) Projectos de fusão, de cisão e de transformação da sociedade;
n) Qualquer outro assunto sobre o qual algum administrador requeira deliberação do conselho.

ART. 407.º (Delegação de poderes de gestão) – 1 – A não ser que o contrato de sociedade o proíba, pode o conselho encarregar especialmente algum ou alguns administradores de se ocuparem de certas matérias de administração.

2 – O encargo especial referido no número anterior não pode abranger as matérias previstas nas alíneas *a*) a *m*) do artigo 406.º e não exclui a competência normal dos outros administradores ou do conselho nem a responsabilidade daqueles, nos termos da lei.

3 – O contrato de sociedade pode autorizar o conselho de administração a delegar num ou mais administradores ou numa comissão executiva a gestão corrente da sociedade. (*)

4 – A deliberação do conselho deve fixar os limites da delegação, na qual não podem ser incluídas as matérias previstas nas alíneas *a*) a *d*), *f*), *l*) e *m*) do artigo 406.º e, no caso de criar uma comissão, deve estabelecer a composição e o modo de funcionamento desta.

5 – Em caso de delegação, o conselho de administração ou os membros da comissão executiva devem designar um presidente da comissão executiva. (*)

6 – O presidente da comissão executiva deve: (*)
a) Assegurar que seja prestada toda a informação aos demais membros do conselho de administração relativamente à actividade e às deliberações da comissão executiva; (*)
b) Assegurar o cumprimento dos limites da delegação, da estratégia da sociedade e dos deveres de colaboração perante o presidente do conselho de administração. (*)

7 – Ao presidente da comissão executiva é aplicável, com as devidas adaptações, o disposto no n.º 3 do artigo 395.º. (*)

8 – A delegação prevista nos n.ºs 3 e 4 não exclui a competência do conselho para tomar resoluções sobre os mesmos assuntos; os outros administradores são responsáveis, nos termos da lei, pela vigilância geral da actuação do administrador ou administradores-delegados ou da comissão executiva e, bem assim, pelos prejuízos causados por actos ou omissões destes, quando, tendo conhecimento de tais actos ou omissões ou do propósito de os praticar, não provoquem a intervenção do conselho para tomar as medidas adequadas.

ART. 408.º (Representação) – 1 – Os poderes de representação do conselho de administração são exercidos conjuntamente pelos administradores, ficando a sociedade vinculada pelos negócios jurídicos concluídos pela maioria dos administradores ou por eles ratificados, ou por número menor destes fixado no contrato de sociedade.

2 – O contrato de sociedade pode dispor que esta fique também vinculada pelos negócios celebrados por um ou mais administradores-delegados, dentro dos limites da delegação do conselho.

3 – As notificações ou declarações de terceiros à sociedade podem ser dirigidas a qualquer dos administradores, sendo nula toda a disposição em contrário do contrato de sociedade.

4 – As notificações ou declarações de um administrador cujo destinatário seja a sociedade devem ser dirigidas ao presidente do conselho de administração ou, sendo ele o autor, ao conselho fiscal ou à comissão de auditoria. (*)

ART. 409.º (Vinculação da sociedade) – 1 – Os actos praticados pelos administradores, em nome da sociedade e dentro dos poderes que a lei lhes confere, vinculam-na para com terceiros, não obstante as limitações constantes do contrato de sociedade ou resultantes de deliberações dos accionistas, mesmo que tais limitações estejam publicadas.

2 – A sociedade pode, no entanto, opor a terceiros as limitações de poderes resultantes do seu objecto social, se provar que o terceiro sabia ou não podia ignorar, tendo em conta as circunstâncias, que o acto praticado não respeitava essa cláusula e se, entretanto, a sociedade o não assumiu, por deliberação expressa ou tácita dos accionistas.

3 – O conhecimento referido no número anterior não pode ser provado apenas pela publicidade dada ao contrato de sociedade.

4 – Os administradores obrigam a sociedade, apondo a sua assinatura, com a indicação dessa qualidade.

ART. 410.º (Reuniões e deliberações do conselho) – 1 – O conselho de administração reúne sempre que for convocado pelo presidente ou por outros dois administradores.

2 – O conselho deve reunir, pelo menos, uma vez em cada mês, salvo disposição diversa do contrato de sociedade.

3 – Os administradores devem ser convocados por escrito, com a antecedência adequada, salvo quando o contrato de sociedade preveja a reunião em datas prefixadas ou outra forma de convocação.

4 – O conselho não pode deliberar sem que esteja presente ou representada a maioria dos seus membros.

5 – O contrato de sociedade pode permitir que qualquer administrador se faça representar numa reunião por outro administrador, mediante carta dirigida ao presidente, mas cada instrumento de representação não pode ser utilizado mais de uma vez.

124 [DL n.º 76-A/2006]   SOCIEDADES COMERCIAIS E COOPERAÇÃO EMPRESARIAL

6 – O administrador não pode votar sobre assuntos em que tenha, por conta própria ou de terceiro, um interesse em conflito com o da sociedade; em caso de conflito, o administrador deve informar o presidente sobre ele.

7 – As deliberações são tomadas por maioria dos votos dos administradores presentes ou representados e dos que, caso o contrato de sociedade o permita, votem por correspondência.

8 – Se não for proibido pelos estatutos, as reuniões do conselho podem realizar-se através de meios telemáticos, se a sociedade assegurar a autenticidade das declarações e a segurança das comunicações, procedendo ao registo do seu conteúdo e dos respectivos intervenientes. (*)

ART. 411.º (Invalidade de deliberações) – 1 – São nulas as deliberações do conselho de administração:

a) Tomadas em conselho não convocado, salvo se todos os administradores tiverem estado presentes ou representados, ou, caso o contrato o permita, tiverem votado por correspondência;

b) Cujo conteúdo não esteja, por natureza, sujeito a deliberação do conselho de administração;

c) Cujo conteúdo seja ofensivo dos bons costumes ou de preceitos legais imperativos.

2 – É aplicável, com as necessárias adaptações, o disposto nos n.ºs 2 e 3 do artigo 56.º.

3 – São anuláveis as deliberações que violem disposições quer da lei, quando ao caso não caiba a nulidade, quer do contrato de sociedade.

ART. 412.º (Arguição da invalidade de deliberações) – 1 – O próprio conselho ou a assembleia geral pode declarar a nulidade ou anular deliberações do conselho viciadas, a requerimento de qualquer administrador, do conselho fiscal ou de qualquer accionista com direito de voto, dentro do prazo de um ano a partir do conhecimento da irregularidade, mas não depois de decorridos três anos a contar da data da deliberação. (*)

2 – Os prazos referidos no número anterior não se aplicam quando se trate de apreciação pela assembleia geral de actos de administradores, podendo então a assembleia deliberar sobre a declaração de nulidade ou anulação, mesmo que o assunto não conste da convocatória.

3 – A assembleia geral dos accionistas pode, contudo, ratificar qualquer deliberação anulável do conselho de administração ou substituir por uma deliberação sua a deliberação nula, desde que esta não verse sobre matéria da exclusiva competência do conselho de administração.

4 – Os administradores não devem executar ou consentir que sejam executadas deliberações nulas.

Secção II — FISCALIZAÇÃO

ART. 413.º (*) (Estrutura e composição quantitativa) – 1 – A fiscalização das sociedades que adoptem a modalidade prevista na alínea *a)* do n.º 1 do artigo 278.º compete:

a) A um fiscal único, que deve ser revisor oficial de contas ou sociedade de revisores oficiais de contas, ou a um conselho fiscal; ou

b) A um conselho fiscal e a um revisor oficial de contas ou uma sociedade de revisores oficiais de contas que não seja membro daquele órgão.

2 – A fiscalização da sociedade nos termos previstos na alínea *b)* do número anterior:

a) É obrigatória em relação a sociedades que sejam emitentes de valores mobiliários admitidos à negociação em mercado regulamentado e a sociedades que, não sendo totalmente dominadas por outra sociedade que adopte este modelo, durante dois anos consecutivos, ultrapassem dois dos seguintes limites:

i) Total do balanço – € 100 000 000;

ii) Total das vendas líquidas e outros proveitos – € 150 000 000;

iii) Número de trabalhadores empregados em média durante o exercício – 150;

b) É facultativa, nos restantes casos.

3 – O fiscal único terá sempre um suplente, que será igualmente revisor oficial de contas ou sociedade de revisores oficiais de contas.

4 – O conselho fiscal é composto pelo número de membros fixado nos estatutos, no mínimo de três membros efectivos.

5 – Sendo três os membros efectivos do conselho fiscal, deve existir um ou dois suplentes, havendo sempre dois suplentes quando o número de membros for superior.

6 – O fiscal único rege-se pelas disposições legais respeitantes ao revisor oficial de contas e subsidiariamente, na parte aplicável, pelo disposto quanto ao conselho fiscal e aos seus membros.

ART. 414.º (*) (Composição qualitativa) – 1 – O fiscal único e o suplente têm de ser revisores oficiais de contas ou sociedade de revisores oficiais de contas e não podem ser accionistas.

2 – O conselho fiscal deve incluir um revisor oficial de contas ou uma sociedade de revisores oficiais de contas, salvo se for adoptada a modalidade referida na alínea *b)* do n.º 1 do artigo anterior.

3 – Os restantes membros do conselho fiscal podem ser sociedades de advogados, sociedades de revisores oficiais de contas ou accionistas, mas neste último caso devem ser pessoas singulares com capacidade jurídica plena e devem ter as qualificações e a experiência profissional adequadas ao exercício das suas funções.

4 – Nos casos previstos na alínea *a)* do n.º 2 do artigo anterior, o conselho fiscal deve incluir pelo menos um membro que tenha curso superior adequado ao exercício das suas funções e conhecimentos em auditoria ou contabilidade e que seja independente.

CÓDIGO DAS SOCIEDADES COMERCIAIS **[DL n.º 76-A/2006]** 125

5 – Considera-se independente a pessoa que não esteja associada a qualquer grupo de interesses específicos na sociedade nem se encontre em alguma circunstância susceptível de afectar a sua isenção de análise ou de decisão, nomeadamente em virtude de:

a) Ser titular ou actuar em nome ou por conta de titulares de participação qualificada igual ou superior a 2% do capital social da sociedade;

b) Ter sido reeleita por mais de dois mandatos, de forma contínua ou intercalada.

6 – Em sociedades emitentes de acções admitidas à negociação em mercado regulamentado, o conselho fiscal deve ser composto por uma maioria de membros independentes.

ART. 414.º-A (*) **(Incompatibilidades)** – 1 – Não podem ser eleitos ou designados membros do conselho fiscal, fiscal único ou revisor oficial de contas:

a) Os beneficiários de vantagens particulares da própria sociedade;

b) Os que exercem funções de administração na própria sociedade;

c) Os membros dos órgãos de administração de sociedade que se encontrem em relação de domínio ou de grupo com a sociedade fiscalizada;

d) O sócio de sociedade em nome colectivo que se encontre em relação de domínio com a sociedade fiscalizada;

e) Os que, de modo directo ou indirecto, prestem serviços ou estabeleçam relação comercial significativa com a sociedade fiscalizada ou sociedade que com esta se encontre em relação de domínio ou de grupo;

f) Os que exerçam funções em empresa concorrente e que actuem em representação ou por conta desta ou que por qualquer outra forma estejam vinculados a interesses da empresa concorrente;

g) Os cônjuges, parentes e afins na linha recta e até ao 3.º grau, inclusive, na linha colateral, de pessoas impedidas por força do disposto nas alíneas *a)*, *b)*, *c)*, *d)* e *f)*, bem como os cônjuges das pessoas abrangidas pelo disposto na alínea *e)*;

h) Os que exerçam funções de administração ou de fiscalização em cinco sociedades, exceptuando as sociedades de advogados, as sociedades de revisores oficiais de contas e os revisores oficiais de contas, aplicando-se a estes o regime do artigo 76.º do Decreto-Lei n.º 487/99, de 16 de Novembro;

i) Os revisores oficiais de contas em relação aos quais se verifiquem outras incompatibilidades previstas na respectiva legislação;

j) Os interditos, os inabilitados, os insolventes, os falidos e os condenados a pena que implique a inibição, ainda que temporária, do exercício de funções públicas.

2 – A superveniência de algum dos motivos indicados nos números anteriores importa caducidade da designação.

3 – É nula a designação de pessoa relativamente à qual se verifique alguma das incompatibilidades estabelecidas no n.º 1 do artigo anterior ou nos estatutos da sociedade ou que não possua a capacidade exigida pelo n.º 3 do mesmo artigo.

4 – A sociedade de revisores oficiais de contas que fizer parte do conselho fiscal deve designar até dois dos seus revisores para assistir às reuniões dos órgãos de fiscalização e de administração e da assembleia geral da sociedade fiscalizada.

5 – A sociedade de advogados que fizer parte do conselho fiscal deve, para os efeitos do número anterior, designar um dos seus sócios.

6 – Os revisores designados nos termos do n.º 4 e os sócios de sociedades de advogados designados nos termos do número anterior ficam sujeitos às incompatibilidades previstas no n.º 1.

ART. 414.º-B (*) **(Presidente do conselho fiscal)** – 1 – Se a assembleia geral não o designar, o conselho fiscal deve designar o seu presidente.

2 – Aplica-se, com as devidas adaptações, o disposto no n.º 3 do artigo 395.º.

ART. 415.º (Designação e substituição) – 1 – Os membros efectivos do conselho fiscal, os suplentes, o fiscal único e o revisor oficial de contas são eleitos pela assembleia geral, pelo período estabelecido no contrato de sociedade, mas não superior a quatro anos, podendo a primeira designação ser feita no contrato de sociedade ou pela assembleia constitutiva; na falta de indicação do período por que foram eleitos, entende-se que a nomeação é feita por quatro anos. (*)

2 – O contrato ou a assembleia geral designam aquele dos membros efectivos que servirá como presidente; se o presidente cessar as suas funções antes de terminado o período para que foi designado ou eleito, os outros membros escolherão um deles para desempenhar aquelas funções até ao termo do referido período.

3 – Os membros efectivos do conselho fiscal que se encontrem temporariamente impedidos ou cujas funções tenham cessado são substituídos pelos suplentes, mas o suplente que seja revisor oficial de contas substitui o membro efectivo que tenha a mesma qualificação. (*)

4 – Os suplentes que substituam membros efectivos cujas funções tenham cessado mantêm-se no cargo até à primeira assembleia anual, que procederá ao preenchimento das vagas.

5 – Não sendo possível preencher uma vaga de membro efectivo por faltarem suplentes eleitos, os cargos vagos, tanto de membros efectivos como de suplentes, são preenchidos por nova eleição.

ART. 416.º (Nomeação oficiosa do revisor oficial de contas) – 1 – A falta de designação do revisor oficial de contas pelo órgão social competente, no prazo legal, deve ser comunicada à Ordem dos Revisores Oficiais de Contas nos 15 dias seguintes, por qualquer accionista ou membro dos órgãos sociais. (*)

126   [DL n.º 76-A/2006]   SOCIEDADES COMERCIAIS E COOPERAÇÃO EMPRESARIAL

2 – No prazo de 15 dias a contar da comunicação referida no número anterior, a Ordem dos Revisores Oficiais de Contas deve nomear oficiosamente um revisor oficial de contas para a sociedade, podendo a assembleia geral confirmar a designação ou eleger outro revisor oficial de contas para completar o respectivo período de funções. (*)

3 – Aplica-se ao revisor oficial de contas nomeado nos termos do número anterior o disposto no artigo 414.º-A. (*)

ART. 417.º (Nomeação judicial a requerimento da administração ou de accionistas) – 1 – Se a assembleia geral não eleger os membros do conselho fiscal, ou o fiscal único, efectivos e suplentes, não referidos no artigo anterior, deve a administração da sociedade e pode qualquer accionista requerer a sua nomeação judicial. (*)

2 – Os membros judicialmente nomeados têm direito à remuneração que o tribunal fixar em seu prudente arbítrio e cessam as suas funções logo que a assembleia geral proceda à eleição.

3 – Constituem encargos da sociedade as custas judiciais e o pagamento das remunerações a que se refere o número anterior.

ART. 418.º (Nomeação judicial a requerimento de minorias) – 1 – A requerimento de accionistas titulares de acções representativas de um décimo, pelo menos, do capital social, apresentado nos 30 dias seguintes à assembleia geral que tenha elegido os membros do conselho de administração e do conselho fiscal, pode o tribunal nomear mais um membro efectivo e um suplente para o conselho fiscal, desde que os accionistas requerentes tenham votado contra as propostas que fizeram vencimento e tenham feito consignar na acta o seu voto, começando o prazo a correr da data em que foi realizada a última assembleia, se a eleição dos membros do conselho de administração e do conselho fiscal foi efectuada em assembleias diferentes. (*)

2 – Havendo várias minorias que exerçam o direito conferido no número anterior, o tribunal pode designar até dois membros efectivos e os respectivos suplentes, apensando-se as acções que correrem simultaneamente; no caso de fiscal único, só pode designar outro e o respectivo suplente.

3 – Os membros judicialmente nomeados cessam as suas funções com o termo normal das funções dos membros eleitos; podem cessá-las em data anterior, se o tribunal deferir o requerimento que com esse fim lhe seja apresentado pelos accionistas que requereram a nomeação.

4 – O conselho fiscal pode, com fundamento em justa causa, requerer ao tribunal a substituição do membro judicialmente nomeado; a mesma faculdade têm os accionistas que requereram a nomeação e o conselho de administração da sociedade, se esta não tiver conselho fiscal. (*)

5 – Para o efeito do n.º 1 deste artigo, apenas contam as acções de que os accionistas já fossem titulares três meses antes, pelo menos, da data em que se tiverem realizado as assembleias gerais.

ART. 418.º-A (*) **(Caução ou seguro de responsabilidade)** – 1 – A responsabilidade de cada membro do conselho fiscal deve ser garantida através de caução ou de contrato de seguro, aplicando-se, com as devidas adaptações, o disposto no artigo 396.º.

2 – O seguro de responsabilidade dos revisores oficiais de contas rege-se por lei especial.

ART. 419.º (Destituição) – 1 – A assembleia geral pode destituir, desde que ocorra justa causa, os membros do conselho fiscal, o revisor oficial de contas ou o fiscal único que não tenham sido nomeados judicialmente. (*)

2 – Antes de ser tomada a deliberação, as pessoas visadas devem ser ouvidas na assembleia sobre os factos que lhes são imputados.

3 – A pedido da administração ou daqueles que tiverem requerido a nomeação, pode o tribunal destituir os membros do conselho fiscal, o revisor oficial de contas ou o fiscal único judicialmente nomeados, caso para isso haja justa causa, devendo proceder-se a nova nomeação judicial, se o tribunal ordenar a destituição. (*)

4 – Os membros do conselho fiscal e os revisores destituídos são obrigados a apresentar ao presidente da mesa da assembleia geral, no prazo de 30 dias, um relatório sobre a fiscalização exercida até ao termo das respectivas funções. (*)

5 – Apresentado o relatório, deve o presidente da mesa da assembleia geral facultar, desde logo, cópias à administração e ao conselho fiscal e submetê-lo oportunamente à apreciação da assembleia. (*)

ART. 420.º (Competência do fiscal único e do conselho fiscal) – 1 – Compete ao fiscal único ou conselho fiscal: (*)

a) fiscalizar a administração da sociedade;

b) Vigiar pela observância da lei e do contrato de sociedade;

c) Verificar a regularidade dos livros, registos contabilísticos e documentos que lhe servem de suporte;

d) Verificar, quando o julgue conveniente e pela forma que entenda adequada, a extensão da caixa e as existências de qualquer espécie dos bens ou valores pertencentes à sociedade ou por ela recebidos em garantia, depósito ou outro título;

e) Verificar a exactidão dos documentos de prestação de contas; (*)

f) Verificar se as políticas contabilísticas e os critérios valorimétricos adoptados pela sociedade conduzem a uma correcta avaliação do património e dos resultados; (*)

g) Elaborar anualmente relatório sobre a sua acção fiscalizadora e dar parecer sobre o relatório, contas e propostas apresentados pela administração;

h) Convocar a assembleia geral, quando o presidente da respectiva mesa o não faça, devendo fazê-lo;

CÓDIGO DAS SOCIEDADES COMERCIAIS [DL n.º 76-A/2006] 127

i) fiscalizar a eficácia do sistema de gestão de riscos, do sistema de controlo interno e do sistema de auditoria interna, se existentes; (*)

j) Receber as comunicações de irregularidades apresentadas por accionistas, colaboradores da sociedade ou outros; (*)

l) Contratar a prestação de serviços de peritos que coadjuvem um ou vários dos seus membros no exercício das suas funções, devendo a contratação e a remuneração dos peritos ter em conta a importância dos assuntos a eles cometidos e a situação económica da sociedade; (*)

m) Cumprir as demais atribuições constantes da lei ou do contrato de sociedade.

2 – Quando seja adoptada a modalidade referida na alínea *b)* do n.º 1 do artigo 413.º, para além das competências referidas no número anterior, compete ainda ao conselho fiscal: (*)

a) fiscalizar o processo de preparação e de divulgação de informação financeira; (*)

b) Propor à assembleia geral a nomeação do revisor oficial de contas; (*)

c) fiscalizar a revisão de contas aos documentos de prestação de contas da sociedade; (*)

d) fiscalizar a independência do revisor oficial de contas, designadamente no tocante à prestação de serviços adicionais. (*)

3 – O fiscal único ou qualquer membro do conselho fiscal, quando este exista, devem proceder, conjunta ou separadamente e em qualquer momento do ano, a todos os actos de verificação e inspecção que considerem convenientes para o cumprimento das suas obrigações de fiscalização. (*)

4 – O revisor oficial de contas tem, especialmente e sem prejuízo da actuação dos outros membros, o dever de proceder a todos os exames e verificações necessários à revisão e certificação legais das contas, nos termos previstos em lei especial, e bem assim os outros deveres especiais que esta lei lhe imponha. (*)

5 – No caso de sociedades que sejam emitentes de valores mobiliários admitidos à negociação em mercado regulamentado, o fiscal único ou o conselho fiscal devem atestar se o relatório sobre a estrutura e práticas de governo societário divulgado inclui os elementos referidos no artigo 245.º-A do Código dos Valores Mobiliários.

6 – No parecer a que se refere a alínea *g)* do n.º 1, o fiscal único ou o conselho fiscal devem exprimir a sua concordância ou não com o relatório anual de gestão e com as contas do exercício, para além de incluir uma declaração subscrita por cada um dos seus membros, prevista na alínea *c)* do n.º 1 do artigo 245.º do Código dos Valores Mobiliários.

ART. 420.º-A (Dever de vigilância) – 1 – Compete ao revisor oficial de contas comunicar, imediatamente, por carta registada, ao presidente do conselho de administração ou do conselho de administração executivo os factos de que tenha conhecimento e que considere revelarem graves dificuldades na prossecução do objecto da sociedade, designadamente reiteradas faltas de pagamento a fornecedores, protestos de título de crédito, emissão de cheques sem provisão, falta de pagamento de quotizações para a segurança social ou de impostos. (*)

2 – O presidente do conselho de administração ou do conselho de administração executivo deve, nos 30 dias seguintes à recepção da carta, responder pela mesma via. (*)

3 – Se o presidente não responder ou a resposta não for considerada satisfatória pelo revisor oficial de contas, este requer ao presidente, nos 15 dias seguintes ao termo do prazo previsto no número anterior, que convoque o conselho de administração ou o conselho de administração executivo para reunir, com a sua presença, nos 15 dias seguintes, com vista a apreciar os factos e a tomar as deliberações adequadas. (*)

4 – Se a reunião prevista no n.º 3 não se realizar ou se as medidas adoptadas não forem consideradas adequadas à salvaguarda do interesse da sociedade, o revisor oficial de contas, nos oito dias seguintes ao termo do prazo previsto no n.º 3 ou à data da reunião, requer, por carta registada, que seja convocada uma assembleia geral para apreciar e deliberar sobre os factos constantes das cartas referidas nos n.ºs 1 e 2 e da acta da reunião referida no n.º 3.

5 – O revisor oficial de contas que não cumpra o disposto nos n.ºs 1, 3 e 4 é solidariamente responsável com os membros do conselho de administração ou do conselho de administração executivo pelos prejuízos decorrentes para a sociedade. (*)

6 – O revisor oficial de contas não incorre em responsabilidade civil pelos factos referidos nos n.ºs 1, 3 e 4.

7 – Qualquer membro do conselho fiscal, quando este exista, deve, sempre que se aperceba de factos que revelem dificuldades na prossecução normal do objecto social, comunicá-los imediatamente ao revisor oficial de contas, por carta registada. (*)

ART. 421.º (Poderes do fiscal único e dos membros do conselho fiscal) – 1 – Para o desempenho das suas funções, pode o fiscal único, o revisor oficial de contas ou qualquer membro do conselho fiscal, conjunta ou separadamente: (*)

a) Obter da administração a apresentação, para exame e verificação, dos livros, registos e documentos da sociedade, bem como verificar as existências de qualquer classe de valores, designadamente dinheiro, títulos e mercadorias;

b) Obter da administração ou de qualquer dos administradores informações ou esclarecimentos sobre o curso das operações ou actividades da sociedade ou sobre qualquer dos seus negócios;

c) Obter de terceiros que tenham realizado operações por conta da sociedade as informações de que careçam para o conveniente esclarecimento de tais operações;

d) Assistir às reuniões da administração, sempre que o entendam conveniente.

2 – O disposto na alínea *c)* do n.º 1 não abrange a comunicação de documentos ou contratos detidos por terceiros, salvo se for judicialmente autorizada ou solicitada pelo revisor oficial de contas, no uso dos poderes

128 [DL n.º 76-A/2006] SOCIEDADES COMERCIAIS E COOPERAÇÃO EMPRESARIAL

que lhe são conferidos pela legislação que rege a sua actividade. Ao direito conferido pela mesma alínea não pode ser oposto segredo profissional que não pudesse ser também oposto à administração da sociedade.

3 – Para o desempenho das suas funções, pode o conselho fiscal deliberar a contratação da prestação de serviços de peritos que coadjuvem um ou vários dos seus membros no exercício das suas funções. (*)

4 – A contratação e a remuneração dos peritos referidos no número anterior têm em conta a importância dos assuntos a ele cometidos e a situação económica da sociedade. (*)

5 – Na contratação dos peritos referidos nos números anteriores, a sociedade é representada pelos membros do conselho fiscal, aplicando-se, com as devidas adaptações e na medida aplicável, o disposto nos artigos 408.º e 409.º. (*)

ART. 422.º (*) **(Deveres do fiscal único e dos membros do conselho fiscal)** – 1 – O fiscal único, o revisor oficial de contas ou os membros do conselho fiscal, quando este exista, têm o dever de: (*)

a) Participar nas reuniões do conselho e assistir às assembleias gerais e bem assim às reuniões da administração para que o presidente da mesma os convoque ou em que se apreciem as contas do exercício;

b) Exercer uma fiscalização conscienciosa e imparcial;

c) Guardar segredo dos factos e informações de que tiverem conhecimento em razão das suas funções, sem prejuízo do dever enunciado no n.º 3 deste artigo;

d) Dar conhecimento à administração das verificações, fiscalizações e diligências que tenham feito e do resultado das mesmas;

e) Informar, na primeira assembleia que se realize, de todas as irregularidades e inexactidões por eles verificadas e bem assim se obtiveram os esclarecimentos de que necessitaram para o desempenho das suas funções;

f) Registar por escrito todas as verificações, fiscalizações, denúncias recebidas e diligências que tenham sido efectuadas e o resultado das mesmas. (*)

2 – O fiscal único, o revisor oficial de contas e os membros do conselho fiscal não podem aproveitar-se, salvo autorização expressa da assembleia geral, de segredos comerciais ou industriais de que tenham tomado conhecimento no desempenho das suas funções. (*)

3 – O fiscal único, o revisor oficial de contas e os membros do conselho fiscal devem participar ao Ministério Público os factos delituosos de que tenham tomado conhecimento e que constituam crimes públicos. (*)

4 – Perdem o seu cargo o fiscal único, o revisor oficial de contas e os membros do conselho fiscal que, sem motivo justificado, não assistam, durante o exercício social, a duas reuniões do conselho ou não compareçam a uma assembleia geral ou a duas reuniões da administração previstas na alínea *a)* do n.º 1 deste artigo. (*)

ART. 422.º-A (*) **(Remuneração)** – 1 – A remuneração dos membros do conselho fiscal deve consistir numa quantia fixa.

2 – É aplicável o disposto no n.º 1 do artigo 399.º, com as necessárias adaptações.

ART. 423.º (Reuniões e deliberações) – 1 – O conselho fiscal deve reunir, pelo menos, todos os trimestres, sendo aplicável o disposto no n.º 8 do artigo 410.º.

2 – As deliberações do conselho fiscal são tomadas por maioria, devendo os membros que com elas não concordarem fazer inserir na acta os motivos da sua discordância. (*)

3 – De cada reunião deve ser lavrada a acta no livro respectivo ou nas folhas soltas, assinada por todos os que nela tenham participado.

4 – Das actas deve constar sempre a menção dos membros presentes à reunião, bem como um resumo das verificações mais relevantes a que procedam o conselho fiscal ou qualquer dos seus membros e das deliberações tomadas. (*)

5 – *(Revogado.)*

ART. 423.º-A (Norma de remissão) – Não havendo conselho fiscal, todas as referências que lhe são feitas devem considerar-se referidas ao fiscal único, desde que não pressuponham a pluralidade de membros. (*)

Secção III — **COMISSÃO DE AUDITORIA**

ART. 423.º-B (*) **(Composição da comissão de auditoria)** – 1 – A comissão de auditoria a que se refere a alínea *b)* do n.º 1 do artigo 278.º é um órgão da sociedade composto por uma parte dos membros do conselho de administração.

2 – A comissão de auditoria é composta pelo número de membros fixado nos estatutos, no mínimo de três membros efectivos.

3 – Aos membros da comissão de auditoria é vedado o exercício de funções executivas na sociedade e é-lhes aplicável o artigo 414.º-A, com as necessárias adaptações, com excepção do disposto na alínea *b)* do n.º 1 do mesmo artigo.

4 – Nas sociedades emitentes de valores mobiliários admitidos à negociação em mercado regulamentado e nas sociedades que cumpram os critérios referidos na alínea *a)* do n.º 2 do artigo 413.º, a comissão de auditoria deve incluir pelo menos um membro que tenha curso superior adequado ao exercício das suas funções e conhecimentos em auditoria ou contabilidade e que, nos termos do n.º 5 do artigo 414.º, seja independente.

5 – Em sociedades emitentes de acções admitidas à negociação em mercado regulamentado, os membros da comissão de auditoria devem, na sua maioria, ser indépendentes.

6 – É aplicável o n.º 3 do artigo 414.º.

CÓDIGO DAS SOCIEDADES COMERCIAIS   [DL n.º 76-A/2006]   129

ART. 423.º-C (*) **(Designação da comissão de auditoria)** – 1 – Os membros da comissão de auditoria são designados, nos termos gerais do artigo 391.º, em conjunto com os demais administradores.

2 – As listas propostas para o conselho de administração devem discriminar os membros que se destinam a integrar a comissão de auditoria.

3 – Se a assembleia geral não o designar, a comissão de auditoria deve designar o seu presidente.

4 – Aplica-se, com as devidas adaptações, o disposto no n.º 3 do artigo 395.º.

ART. 423.º-D (*) **(Remuneração da comissão de auditoria)** – A remuneração dos membros da comissão de auditoria deve consistir numa quantia fixa.

ART. 423.º-E (*) **(Destituição dos membros da comissão de auditoria)** – 1 – A assembleia geral só pode destituir os membros da comissão de auditoria desde que ocorra justa causa.

2 – É aplicável aos membros da comissão de auditoria, com as devidas adaptações, os n.ºs 2, 4 e 5 do artigo 419.º.

ART. 423.º-F (*)**(Competência da comissão de auditoria)** – 1 – Compete à comissão de auditoria:

a) fiscalizar a administração da sociedade;

b) Vigiar pela observância da lei e do contrato de sociedade;

c) Verificar a regularidade dos livros, registos contabilísticos e documentos que lhes servem de suporte;

d) Verificar, quando o julgue conveniente e pela forma que entenda adequada, a extensão da caixa e as existências de qualquer espécie dos bens ou valores pertencentes à sociedade ou por ela recebidos em garantia, depósito ou outro título;

e) Verificar a exactidão dos documentos de prestação de contas;

f) Verificar se as políticas contabilísticas e os critérios valorimétricos adoptados pela sociedade conduzem a uma correcta avaliação do património e dos resultados;

g) Elaborar anualmente relatório sobre a sua acção fiscalizadora e dar parecer sobre o relatório, contas e propostas apresentados pela administração;

h) Convocar a assembleia geral, quando o presidente da respectiva mesa o não faça, devendo fazê-lo;

i) fiscalizar a eficácia do sistema de gestão de riscos, do sistema de controlo interno e do sistema de auditoria interna, se existentes;

j) Receber as comunicações de irregularidades apresentadas por accionistas, colaboradores da sociedade ou outros;

l) fiscalizar o processo de preparação e de divulgação de informação financeira;

m) Propor à assembleia geral a nomeação do revisor oficial de contas;

n) fiscalizar a revisão de contas aos documentos de prestação de contas da sociedade;

o) fiscalizar a independência do revisor oficial de contas, designadamente no tocante à prestação de serviços adicionais;

p) Contratar a prestação de serviços de peritos que coadjuvem um ou vários dos seus membros no exercício das suas funções, devendo a contratação e a remuneração dos peritos ter em conta a importância dos assuntos a eles cometidos e a situação económica da sociedade;

q) Cumprir as demais atribuições constantes da lei ou do contrato de sociedade.

2 – É aplicável à comissão de auditoria, com as devidas adaptações, o disposto nos n.ºs 5 e 6 do artigo 420.º.

ART. 423.º-G (*) **(Deveres dos membros da comissão de auditoria)** – 1 – Os membros da comissão de auditoria têm o dever de:

a) Participar nas reuniões da comissão de auditoria, que devem ter, no mínimo, periodicidade bimestral;

b) Participar nas reuniões do conselho de administração e da assembleia geral;

c) Participar nas reuniões da comissão executiva onde se apreciem as contas do exercício;

d) Guardar segredo dos factos e informações de que tiverem conhecimento em razão das suas funções, sem prejuízo do disposto no n.º 3 do presente artigo;

e) Registar por escrito todas as verificações, fiscalizações, denúncias recebidas e diligências que tenham sido efectuadas e o resultado das mesmas.

2 – Ao presidente da comissão de auditoria é aplicável o disposto no artigo 420.º-A, com as devidas adaptações.

3 – O presidente da comissão de auditoria deve participar ao Ministério Público os factos delituosos de que tenha tomado conhecimento e que constituam crimes públicos.

ART. 423.º-H (*) **(Remissões)** – Tem igualmente aplicação, com as devidas adaptações, o disposto nos n.ºs 3, 4 e 5 do artigo 390.º, no artigo 393.º, no n.º 3 do artigo 395.º e nos artigos 397.º e 404.º.

Secção IV — **CONSELHO DE ADMINISTRAÇÃO EXECUTIVO**

ART. 424.º (*) **(Composição do conselho de administração executivo)** – 1 – O conselho de administração executivo, a que se refere a alínea *c)* do n.º 1 do artigo 278.º, é composto pelo número de administradores fixado nos estatutos.

2 – A sociedade só pode ter um único administrador quando o seu capital não exceda € 200 000.

130   [DL n.º 76-A/2006]   SOCIEDADES COMERCIAIS E COOPERAÇÃO EMPRESARIAL

ART. 425.º (Designação) – 1 – Se não forem designados nos estatutos, os administradores são designados: (*)
a) Pelo conselho geral e de supervisão; ou (*)
b) Pela assembleia geral, se os estatutos o determinarem. (*)
2 – A designação tem efeitos por um período fixado no contrato de sociedade, não excedente a quatro anos civis, contando-se como completo o ano civil em que o conselho de administração executivo for nomeado, entendendo-se que a designação é feita por quatro anos civis, na falta de indicação do contrato. (*)
3 – Embora designados por prazo certo, os administradores mantêm-se em funções até nova designação e, a não ser nos casos de destituição ou renúncia, são reelegíveis. (*)
4 – Em caso de falta definitiva ou de impedimento temporário de administradores, compete ao conselho geral e de supervisão providenciar quanto à substituição, sem prejuízo da possibilidade de designação de administradores suplentes, nos termos previstos no n.º 5 do artigo 390.º, e, no caso da alínea *b)* do n.º 1, da necessidade de ratificação daquela decisão de substituição pela assembleia geral seguinte. (*)
5 – Os administradores não podem fazer-se representar no exercício do seu cargo, sendo-lhes aplicável, todavia, o disposto no n.º 7 do artigo 391.º e no n.º 5 do artigo 410.º. (*)
6 – Os administradores podem não ser accionistas, mas não podem ser: (*)
a) Membros do conselho geral e de supervisão, sem prejuízo do disposto nos n.ºs 2 e 3 do artigo 437.º; (*)
b) Membros dos órgãos de fiscalização de sociedades que estejam em relação de domínio ou de grupo com a sociedade considerada; (*)
c) Cônjuges, parentes e afins na linha recta e até ao 2.º grau, inclusive, na linha colateral, das pessoas referidas na alínea anterior; (*)
d) Pessoas que não sejam dotadas de capacidade jurídica plena. (*)
7 – As designações feitas contra o disposto no número anterior são nulas e a superveniência de alguma das circunstâncias previstas nas alíneas *b)*, *c)* e *d)* do número anterior determina a imediata cessação de funções. (*)
8 – Se uma pessoa colectiva for designada para o cargo de administrador, aplica-se o disposto no n.º 4 do artigo 390.º. (*)

ART. 426.º (Nomeação judicial) – Aplica-se à nomeação judicial de administradores o disposto no artigo 394.º, com as necessárias adaptações. (*)

ART. 427.º (*) (Presidente) – 1 – Se não for designado no acto de designação dos membros do conselho de administração executivo, este conselho escolhe o seu presidente, podendo neste caso substituí-lo a todo o tempo.
2 – Aplica-se, com as devidas adaptações, o disposto nos n.ºs 3 e 4 do artigo 395.º.
3 – *(Revogado.)*

ART. 428.º (*) (Exercício de outras actividades e negócios com a sociedade) – Aplica-se aos administradores o disposto nos artigos 397.º e 398.º, competindo ao conselho geral e de supervisão as autorizações aí referidas.

ART. 429.º (Remuneração) – À remuneração dos administradores aplica-se o disposto no artigo 399.º, competindo a sua fixação ao conselho geral e de supervisão ou a uma sua comissão de remuneração ou, no caso em que o contrato de sociedade assim o determine, à assembleia geral de accionistas ou a uma comissão por esta nomeada. (*)

ART. 430.º (*) (Destituição e suspensão) – 1 – Qualquer administrador pode a todo o tempo ser destituído:
a) Pelo conselho geral e de supervisão, no caso previsto na alínea *a)* do n.º 1 do artigo 425.º; ou
b) Na situação prevista na alínea *b)* do n.º 1 do artigo 425.º, pela assembleia geral, caso em que o conselho geral e de supervisão pode propor a destituição e proceder à suspensão, até dois meses, de qualquer membro do conselho de administração executivo.
2 – Aplica-se o disposto nos n.ºs 4 e 5 do artigo 403.º.
3 – À suspensão de administrador aplica-se o disposto no artigo 400.º, competindo a sua decisão ao conselho geral e de supervisão.

ART. 431.º (*) (Competência do conselho de administração executivo) – 1 – Compete ao conselho de administração executivo gerir as actividades da sociedade, sem prejuízo do disposto no n.º 1 do artigo 442.º.
2 – O conselho de administração executivo tem plenos poderes de representação da sociedade perante terceiros, sem prejuízo do disposto na alínea *c)* do artigo 441.º.
3 – Aos poderes de gestão e de representação dos administradores é aplicável o disposto nos artigos 406.º, 408.º e 409.º, com as modificações determinadas pela competência atribuída na lei ao conselho geral e de supervisão.

ART. 432.º (*) (Relações do conselho de administração executivo com o conselho geral e de supervisão) – 1 – O conselho de administração executivo deve comunicar ao conselho geral e de supervisão: (*)
a) Pelo menos uma vez por ano, a política de gestão que tenciona seguir, bem como os factos e questões que fundamentalmente determinaram as suas opções;
b) Trimestralmente, antes da reunião daquele conselho, a situação da sociedade e a evolução dos negócios, indicando designadamente o volume de vendas e prestações de serviços;
c) Na época determinada pela lei, o relatório completo da gestão, relativo ao exercício anterior.

CÓDIGO DAS SOCIEDADES COMERCIAIS [DL n.º 76-A/2006] 131

2 – O conselho de administração executivo deve informar o presidente do conselho geral e de supervisão sobre qualquer negócio que possa ter influência significativa na rentabilidade ou liquidez da sociedade e, de modo geral, sobre qualquer situação anormal ou por outro motivo importante. (*)

3 – Nas informações previstas nos números anteriores incluem-se as ocorrências relativas a sociedades em relação de domínio ou de grupo, quando possam reflectir-se na situação da sociedade considerada.

4 – Além da fiscalização exercida pela comissão referida no n.º 2 do artigo 444.º pode o presidente do conselho geral e de supervisão exigir do conselho de administração executivo as informações que entenda convenientes ou que lhe sejam solicitadas por outro membro do conselho. (*)

5 – O presidente do conselho geral e de supervisão, um membro delegado designado por este órgão para o efeito e os membros da comissão prevista no n.º 2 do artigo 444.º têm o direito de assistir às reuniões do conselho de administração executivo. (*)

6 – Os membros da comissão prevista no n.º 2 do artigo 444.º devem assistir às reuniões do conselho de administração executivo em que sejam apreciadas as contas de exercício. (*)

7 – Todas as informações recebidas do conselho de administração executivo, nalguma das circunstâncias previstas nos n.ºs 2, 3 e 4, bem como informações obtidas em virtude da participação nas reuniões previstas nos n.ºs 5 e 6, devem ser transmitidas a todos os outros membros do conselho geral e de supervisão, em tempo útil, e o mais tardar na primeira reunião deste. (*)

ART. 433.º (Remissões) – 1 – Às reuniões e às deliberações do conselho de administração executivo aplica-se o disposto nos artigos 410.º e 411.º e nos n.ºs 1 e 4 do artigo 412.º, com as seguintes adaptações: (*)

a) A declaração de nulidade e a anulação compete ao conselho geral e de supervisão; (*)

b) O pedido de declaração de nulidade ou de anulação pode ser formulado por qualquer administrador ou membro do conselho geral e de supervisão. (*)

2 – À caução a prestar pelos administradores aplica-se o disposto no artigo 396.º, mas a dispensa de caução compete ao conselho geral e de supervisão. (*)

3 – À reforma dos administradores aplica-se o disposto no artigo 402.º, mas a aprovação do regulamento compete ao conselho geral e de supervisão ou, se os estatutos o determinarem, à assembleia geral. (*)

4 – À renúncia do administrador aplica-se, com as necessárias adaptações, o disposto no artigo 404.º. (*)

Secção V — **CONSELHO GERAL E DE SUPERVISÃO**

ART. 434.º (*) **(Composição do conselho geral e de supervisão)** – 1 – O conselho geral e de supervisão, a que se refere a alínea *c)* do n.º 1 do artigo 278.º, é composto pelo número de membros fixado no contrato de sociedade, mas sempre superior ao número de administradores. (*)

2 – *(Revogado.)*

3 – Aplica-se o disposto na segunda parte do n.º 3 e nos n.ºs 4 e 5 do artigo 390.º.

4 – À composição do conselho geral e de supervisão são aplicáveis os n.ºs 4 a 6 do artigo 414.º e o artigo 414.º-A, com excepção do disposto na alínea *f)* do n.º 1 deste último artigo, salvo no que diz respeito à comissão prevista no n.º 2 do artigo 444.º. (*)

5 – Na falta de autorização da assembleia geral, os membros do conselho geral e de supervisão não podem exercer por conta própria ou alheia actividade concorrente da sociedade nem exercer funções em sociedade concorrente ou ser designados por conta ou em representação desta. (*)

6 – A autorização a que se refere o número anterior deve definir o regime de acesso a informação sensível por parte do membro do conselho. (*)

7 – Para efeitos do disposto nos n.ºs 4 e 5, aplica-se o disposto nos n.ºs 2, 5 e 6 do artigo 254.º. (*)

ART. 435.º (Designação) – 1 – Os membros do conselho geral e de supervisão são designados no contrato de sociedade ou eleitos pela assembleia geral ou constitutiva. (*)

2 – À designação dos membros do conselho geral e de supervisão aplica-se o disposto nos n.ºs 2 a 5 do artigo 391.º. (*)

3 – Aplicam-se ainda à eleição dos membros do conselho geral e de supervisão as regras estabelecidas pelo artigo 392.º, com as necessárias adaptações. (*)

ART. 436.º (*) **(Presidência do conselho geral e de supervisão)** – À designação do presidente do conselho geral e de supervisão aplica-se o regime previsto no artigo 395.º, com as devidas adaptações.

ART. 437.º (*) **(Incompatibilidade entre funções de director e de membro do conselho geral e de supervisão)** – 1 – Não pode ser designado membro do conselho geral e de supervisão quem seja administrador da sociedade ou de outra que com aquela se encontre em relação de domínio ou de grupo. (*)

2 – O conselho geral e de supervisão pode nomear um dos seus membros para substituir, por período inferior a um ano, um administrador temporariamente impedido.

3 – O membro do conselho geral e de supervisão nomeado para substituir um administrador, nos termos do número anterior, não pode simultaneamente exercer funções no conselho geral e de supervisão.

ART. 438.º (Substituição) – 1 – Na falta definitiva de um membro do conselho geral e de supervisão, deve ser chamado um suplente, conforme a ordem por que figurem na lista submetida à assembleia geral dos accionistas. (*)

132   [DL n.º 76-A/2006]   SOCIEDADES COMERCIAIS E COOPERAÇÃO EMPRESARIAL

2 – Não havendo suplentes, a substituição efectua-se por eleição da assembleia geral.

3 – As substituições efectuadas nos termos dos números antecedentes duram até ao fim do período para o qual o conselho geral e de supervisão foi eleito. (*)

ART. 439.º (Nomeação judicial) – 1 – Se já não fizer parte do conselho geral e de supervisão o número de membros necessários para ele poder reunir-se, o tribunal pode preencher esse número, a requerimento do conselho de administração executivo, de um membro do conselho geral e de supervisão ou de um accionista. (*)

2 – O conselho de administração executivo deve apresentar o requerimento previsto no número anterior logo que tenha conhecimento da referida situação. (*)

3 – As nomeações efectuadas pelo tribunal caducam logo que as vagas forem preenchidas, nos termos da lei ou do contrato de sociedade.

4 – Os membros nomeados pelo juiz têm os direitos e deveres dos outros membros do conselho geral e de supervisão. (*)

ART. 440.º (Remuneração) – 1 – Na falta de estipulação contratual, as funções de membro do conselho geral e de supervisão são remuneradas. (*)

2 – A remuneração é fixada pela assembleia geral ou por uma comissão nomeada por esta, tendo em conta as funções desempenhadas e a situação económica da sociedade. (*)

3 – A remuneração deve consistir numa quantia fixa e a assembleia geral pode, em qualquer tempo, reduzi-la ou aumentá-la, tendo em conta os factores referidos no número anterior.

ART. 441.º (*) (Competência do conselho geral e de supervisão) – 1 – Compete ao conselho geral e de supervisão:

a) Nomear e destituir os administradores, se tal competência não for atribuída nos estatutos à assembleia geral;

b) Designar o administrador que servirá de presidente do conselho de administração executivo e destituí-lo, se tal competência não for atribuída nos estatutos à assembleia geral, sem prejuízo do disposto no artigo 436.º;

c) Representar a sociedade nas relações com os administradores;

d) fiscalizar as actividades do conselho de administração executivo;

e) Vigiar pela observância da lei e do contrato de sociedade;

f) Verificar, quando o julgue conveniente e pela forma que entenda adequada, a regularidade dos livros, registos contabilísticos e documentos que lhes servem de suporte, assim como a situação de quaisquer bens ou valores possuídos pela sociedade a qualquer título;

g) Verificar se as políticas contabilísticas e os critérios valorimétricos adoptados pela sociedade conduzem a uma correcta avaliação do património e dos resultados;

h) Dar parecer sobre o relatório de gestão e as contas do exercício;

i) fiscalizar a eficácia do sistema de gestão de riscos, do sistema de controlo interno e do sistema de auditoria interna, se existentes;

j) Receber as comunicações de irregularidades apresentadas por accionistas, colaboradores da sociedade ou outros;

l) fiscalizar o processo de preparação e de divulgação de informação financeira;

m) Propor à assembleia geral a nomeação do revisor oficial de contas;

n) fiscalizar a revisão de contas aos documentos de prestação de contas da sociedade;

o) fiscalizar a independência do revisor oficial de contas, designadamente no tocante à prestação de serviços adicionais;

p) Contratar a prestação de serviços de peritos que coadjuvem um ou vários dos seus membros no exercício das suas funções, devendo a contratação e a remuneração dos peritos ter em conta a importância dos assuntos a eles cometidos e a situação económica da sociedade;

q) Elaborar anualmente um relatório sobre a sua actividade e apresentá-lo à assembleia geral;

r) Conceder ou negar o consentimento à transmissão de acções, quando este for exigido pelo contrato;

s) Convocar a assembleia geral, quando entenda conveniente;

t) Exercer as demais funções que lhe sejam atribuídas por lei ou pelo contrato de sociedade.

2 – É aplicável ao conselho geral e de supervisão, com as devidas adaptações, o disposto nos n.ºs 5 e 6 do artigo 420.º.

ART. 441.º-A (*) (Dever de segredo) – Os membros do conselho geral e de supervisão estão obrigados a guardar segredo dos factos e informações de que tiverem conhecimento em razão das suas funções.

ART. 442.º (Poderes de gestão) – 1 – O conselho geral e de supervisão não tem poderes de gestão das actividades da sociedade, mas a lei e o contrato de sociedade podem estabelecer que o conselho de administração executivo deve obter prévio consentimento do conselho geral e de supervisão para a prática de determinadas categorias de actos. (*)

2 – Sendo recusado o consentimento previsto no número anterior, o conselho de administração executivo pode submeter a divergência a deliberação da assembleia geral, devendo a deliberação pela qual a assembleia dê o seu consentimento ser tomada pela maioria de dois terços dos votos emitidos, se o contrato de sociedade não exigir maioria mais elevada ou outros requisitos. (*)

3 – Para efeito do disposto no número anterior, os prazos referidos no n.º 4 do artigo 377.º são reduzidos para 15 dias. (*)

CÓDIGO DAS SOCIEDADES COMERCIAIS   [DL n.º 76-A/2006]   133

ART. 443.º (Poderes de representação) – 1 – Nas relações da sociedade com os seus administradores a sociedade é obrigada pelos dois membros do conselho geral e de supervisão por este designados. (*)

2 – Na contratação dos peritos, nos termos da alínea *p*) do artigo 441.º, a sociedade é representada pelos membros do conselho geral e de supervisão, aplicando-se, com as devidas adaptações, o disposto nos artigos 408.º e 409.º. (*)

3 – O conselho geral e de supervisão pode requerer actos de registo comercial relativos aos seus próprios membros. (*)

ART. 444.º (*) **(Comissões do conselho geral e de supervisão)** – 1 – Quando conveniente, deve o conselho geral e de supervisão nomear, de entre os seus membros, uma ou mais comissões para o exercício de determinadas funções, designadamente para fiscalização do conselho de administração executivo e para fixação da remuneração dos administradores.

2 – Nas sociedades emitentes de valores mobiliários admitidos à negociação em mercado regulamentado e nas sociedades que cumpram os critérios referidos na alínea *a*) do n.º 2 do artigo 413.º, o conselho geral e de supervisão deve constituir uma comissão para as matérias financeiras, especificamente dedicada ao exercício das funções referidas nas alíneas *f*) a *o*) do artigo 441.º.

3 – Sem prejuízo do disposto no artigo 434.º, à comissão para as matérias financeiras é aplicável a alínea *f*) do n.º 1 do artigo 414.º-A.

4 – A comissão para as matérias financeiras elabora anualmente relatório sobre a sua acção fiscalizadora.

5 – A comissão referida no número anterior deve incluir pelo menos um membro que tenha curso superior adequado ao exercício das suas funções e conhecimentos em auditoria ou contabilidade e que seja independente, nos termos do n.º 5 do artigo 414.º.

6 – Em sociedades emitentes de acções admitidas à negociação em mercado regulamentado, os membros da comissão referida no n.º 3 devem, na sua maioria, ser independentes.

ART. 445.º (Remissões) – 1 – Aos negócios celebrados entre membros do conselho geral e de supervisão e a sociedade aplica-se, com as necessárias adaptações, o disposto no artigo 397.º. (*)

2 – Às reuniões e às deliberações do conselho geral e de supervisão aplica-se o disposto nos artigos 410.º a 412.º, com as seguintes adaptações: (*)

a) O conselho geral e de supervisão deve reunir, pelo menos, uma vez em cada trimestre; (*)

b) A convocação pode ser feita pelo conselho de administração executivo, se o presidente do conselho geral e de supervisão não o tiver convocado para reunir dentro dos 15 dias seguintes à recepção do pedido por aquele formulado; (*)

c) O pedido de declaração de nulidade de deliberação pode ser formulado por qualquer administrador ou membro do conselho geral e de supervisão. (*)

3 – A responsabilidade de cada membro do conselho geral e de supervisão deve ser garantida através de caução ou de contrato de seguro, aplicando-se, com as devidas adaptações, o disposto no artigo 396.º. (*)

SECÇÃO VI — **REVISOR OFICIAL DE CONTAS**

ART. 446.º (Designação) – 1 – Nas sociedades com as estruturas referidas nas alíneas *b*) e *c*) do n.º 1 do artigo 278.º ou com a estrutura referida na alínea *b*) do n.º 1 do artigo 413.º, sob proposta da comissão de auditoria, do conselho geral e de supervisão, da comissão para as matérias financeiras ou do conselho fiscal, a assembleia geral deve designar um revisor oficial de contas ou uma sociedade de revisores oficiais de contas para proceder ao exame das contas da sociedade. (*)

2 – A designação é feita por tempo não superior a quatro anos. (*)

3 – O revisor oficial de contas exerce as funções previstas nas alíneas *c*), *d*), *e*) e *f*) do n.º 1 do artigo 420.º. (*)

4 – *(Revogado.)*

SECÇÃO VII — **SECRETÁRIO DA SOCIEDADE**

ART. 446.º-A (Designação) – 1 – As sociedades emitentes de acções admitidas à negociação em mercado regulamentado devem designar um secretário da sociedade e um suplente. (*)

2 – O secretário e o seu suplente devem ser designados pelos sócios no acto de constituição da sociedade ou pelo conselho de administração ou pelo conselho de administração executivo por deliberação registada em acta. (*)

3 – As funções de secretário são exercidos por pessoa com curso superior adequado ao desempenho das funções ou solicitador, não podendo exercê-las em mais de sete sociedades, salvo nas que se encontrem nas situações previstas no título VI deste Código. (*)

4 – Em caso de falta ou impedimento do secretário, as suas funções são exercidas pelo suplente.

ART. 446.º-B (Competência) – 1 – Para além de outras funções estabelecidas pelo contrato social, compete ao secretário da sociedade: (*)

a) Secretariar as reuniões dos órgãos sociais; (*)

b) Lavrar as actas e assiná-las conjuntamente com os membros dos órgãos sociais respectivos e o presidente da mesa da assembleia geral, quando desta se trate;

134 [DL n.º 76-A/2006]   SOCIEDADES COMERCIAIS E COOPERAÇÃO EMPRESARIAL

c) Conservar, guardar e manter em ordem os livros e folhas de actas, as listas de presenças, o livro de registo de acções, bem como o expediente a eles relativo;

d) Proceder à expedição das convocatórias legais para as reuniões de todos os órgãos sociais;

e) Certificar as assinaturas dos membros dos órgãos sociais apostas nos documentos da sociedade;

f) Certificar que todas as cópias ou transcrições extraídas dos livros da sociedade ou dos documentos arquivados são verdadeiras, completas e actuais;

g) Satisfazer, no âmbito da sua competência, as solicitações formuladas pelos accionistas no exercício do direito à informação e prestar a informação solicitada aos membros dos órgãos sociais que exercem funções de fiscalização sobre deliberações do conselho de administração ou da comissão executiva; (*)

h) Certificar o conteúdo, total ou parcial, do contrato de sociedade em vigor, bem como a identidade dos membros dos diversos órgãos da sociedade e quais os poderes de que são titulares;

i) Certificar as cópias actualizadas dos estatutos, das deliberações dos sócios e da administração e dos lançamentos em vigor constantes dos livros sociais, bem como assegurar que elas sejam entregues ou enviadas aos titulares de acções que as tenham requerido e que tenham pago o respectivo custo;

j) Autenticar com a sua rubrica toda a documentação submetida à assembleia geral e referida nas respectivas actas;

l) Promover o registo dos actos sociais a ele sujeitos. (*)

2 – As certificações feitas pelo secretário referidas nas alíneas *e)*, *f)* e *h)* do n.º 1 deste artigo substituem, para todos os efeitos legais, a certidão de registo comercial.

ART. 446.º-C (Período de duração das funções) – A duração das funções do secretário coincide com a do mandato dos órgãos sociais que o designarem, podendo renovar-se por uma ou mais vezes.

ART. 446.º-D (Regime facultativo de designação do secretário) – 1 – As sociedades anónimas relativamente às quais se não verifique o requisito previsto no n.º 1 do artigo 446.º-A, bem como as sociedades por quotas, podem designar um secretário da sociedade.

2 – Nas sociedades por quotas compete à assembleia geral designar o secretário da sociedade.

ART. 446.º-E (Registo do cargo) – A designação e cessação de funções do secretário, por qualquer causa que não seja o decurso do tempo, está sujeita a registo. (*)

ART. 446.º-F (Responsabilidade) – O secretário é responsável civil e criminalmente pelos actos que praticar no exercício das suas funções.

CAPÍTULO VII — Publicidade de participações e abuso de informações

ART. 447.º (Publicidade de participações dos membros de órgãos de administração e fiscalização) – 1 – Os membros dos órgãos de administração e de fiscalização de uma sociedade anónima devem comunicar à sociedade o número de acções e de obrigações da sociedade de que são titulares e bem assim todas as suas aquisições, onerações ou cessações de titularidade, por qualquer causa, de acções e de obrigações da mesma sociedade e de sociedades com as quais aquela esteja em relação de domínio ou de grupo.

2 – O disposto no número anterior é extensivo às acções e obrigações:

a) Do cônjuge não separado judicialmente, seja qual for o regime matrimonial de bens;

b) Dos descendentes de menor idade;

c) Das pessoas em cujo nome as acções ou obrigações se encontrem, tendo sido adquiridas por conta das pessoas referidas no n.º 1 e nas alíneas *a)* e *b)* deste número;

d) Pertencentes a sociedade de que as pessoas referidas no n.º 1 e nas alíneas *a)* e *b)* deste número sejam sócios de responsabilidade ilimitada, exerçam a gerência ou algum dos cargos referidos no n.º 1 ou possuam, isoladamente ou em conjunto com pessoas referidas nas alíneas *a)*, *b)* e *c)* deste número, pelo menos metade do capital social ou dos votos correspondentes a este.

3 – Às aquisições ou alienações referidas nos números anteriores equiparam-se os contratos de promessa, de opção, de reporte ou outros que produzam efeitos semelhantes.

4 – A comunicação deve ser feita:

a) Relativamente a acções e obrigações possuídas à data da designação ou eleição, nos 30 dias seguintes a este facto;

b) Nos 30 dias seguintes a algum dos factos referidos nos n.ºs 1 e 3 deste artigo, mas sempre a tempo de ser dado cumprimento ao disposto no n.º 5.

5 – Em anexo ao relatório anual do órgão de administração, será apresentada, relativamente a cada uma das pessoas referidas no n.º 1, a lista das suas acções e obrigações abrangidos pelos n.ºs 1 e 2, com menção dos factos enumerados nesses mesmos números e no n.º 3, ocorridos durante o exercício a que o relatório respeita, especificando o montante das acções ou obrigações negociadas ou oneradas, a data do facto e a contrapartida paga ou recebida.

6 – São abrangidas pelo disposto neste artigo as aquisições e alienações em bolsa e as que porventura estejam sujeitas a termo ou condição suspensiva.

7 – As comunicações são feitas, por escrito, ao órgão de administração e ao órgão de fiscalização.

8 – A falta culposa de cumprimento do disposto nos n.ºs 1 e 2 deste artigo constitui justa causa de destituição.

CÓDIGO DAS SOCIEDADES COMERCIAIS   [DL n.º 76-A/2006]   135

ART. 448.º (Publicidade de participações de accionistas) – 1 – O accionista que for titular de acções ao portador não registadas representativas de, pelo menos, um décimo, um terço ou metade do capital de uma sociedade deve comunicar à sociedade o número de acções de que for titular, aplicando-se para este efeito o disposto no artigo 447.º, n.º 2.

2 – A informação prevista no número anterior deve ser também comunicada à sociedade quando o accionista, por qualquer motivo, deixar de ser titular de um número de acções ao portador não registadas representativo de um décimo, um terço ou metade do capital da mesma sociedade.

3 – As comunicações previstas nos números anteriores são feitas, por escrito, ao órgão de administração e ao órgão de fiscalização, nos 30 dias seguintes à verificação dos factos neles previstos.

4 – Em anexo ao relatório anual do órgão de administração será apresentada a lista dos accionistas que, na data do encerramento do exercício social e segundo os registos da sociedade e as informações prestadas, sejam titulares de, pelo menos, um décimo, um terço ou metade do capital, bem como dos accionistas que tenham deixado de ser titulares das referidas fracções do capital.

ART. 449.º (Abuso de informação) – 1 – O membro do órgão de administração ou do órgão de fiscalização de uma sociedade anónima, bem como a pessoa que, por motivo ou ocasião de serviço permanente ou temporário prestado à sociedade, ou no exercício de função pública, tome conhecimento de factos relativos à sociedade aos quais não tenha sido dada publicidade e sejam susceptíveis de influenciarem o valor dos títulos por ela emitidos e adquira ou aliene acções ou obrigações da referida sociedade ou de outra que com ela esteja em relação de domínio ou de grupo, por esse modo conseguindo um lucro ou evitando uma perda, deve indemnizar os prejudicados, pagando-lhes quantia equivalente ao montante da vantagem patrimonial realizada; não sendo possível identificar os prejudicados, deve o infractor pagar a referida indemnização à sociedade.

2 – Respondem nos termos previstos no número anterior as pessoas nele indicadas que culposamente revelem a terceiro os factos relativos à sociedade, ali descritos, bem como o terceiro que, conhecendo a natureza confidencial dos factos revelados, adquira ou aliene acções ou obrigações da sociedade ou de outra que com ela esteja em relação de domínio ou de grupo, por esse modo conseguindo um lucro ou evitando uma perda.

3 – Se os factos referidos no n.º 1 respeitarem à fusão de sociedades, o disposto nos números anteriores aplica-se às acções e obrigações das sociedades participantes e das sociedades que com elas estejam em relação de domínio ou de grupo.

4 – O membro do órgão de administração ou do órgão de fiscalização que pratique alguns dos factos sancionados no n.º 1 ou no n.º 2 pode ainda ser destituído judicialmente, a requerimento de qualquer accionista.

5 – Os membros do órgão de administração devem zelar para que outras pessoas que, no exercício de profissão ou actividade exteriores à sociedade, tomem conhecimento de factos referidos no n.º 1 não se aproveitem deles nem os divulguem.

ART. 450.º (Inquérito judicial) – 1 – Para os efeitos dos n.ºs 1 e 2 do artigo anterior, qualquer accionista pode requerer inquérito, em cujo processo será ordenada a destituição do infractor, se disso for caso.

2 – No mesmo processo pode o infractor ser condenado a indemnizar os prejudicados, nos termos previstos no artigo anterior.

3 – O inquérito pode ser requerido até seis meses depois da publicação do relatório anual da administração de cujo anexo conste a aquisição ou alienação. (*)

4 – Durante cinco anos a contar da prática dos factos justificativos da destituição, as pessoas destituídas não podem desempenhar cargos na mesma sociedade ou noutra que com ela esteja em relação de domínio ou de grupo.

CAPÍTULO VIII — Apreciação anual da situação da sociedade

ART. 451.º (*) (Exame das contas nas sociedades com conselho fiscal e com comissão de auditoria) – 1 – Até 30 dias antes da data da assembleia geral convocada para apreciar os documentos de prestação de contas, o conselho de administração deve apresentar ao conselho fiscal e ao revisor oficial de contas o relatório da gestão e as contas do exercício. (*)

2 – O membro do conselho fiscal que for revisor oficial de contas ou, no caso das sociedades que adoptem as modalidades referidas nas alíneas a) e b) do n.º 1 do artigo 278.º e na alínea b) do n.º 1 do artigo 413.º, o revisor oficial de contas deve apreciar o relatório de gestão e completar o exame das contas com vista à sua certificação legal. (*)

3 – Em consequência do exame das contas, o revisor oficial de contas deve emitir documento de certificação legal das contas, o qual deve incluir:

a) Uma introdução que identifique, pelo menos, as contas do exercício que são objecto da revisão legal, bem como a estrutura de relato financeiro utilizada na sua elaboração;

b) Uma descrição do âmbito da revisão legal das contas que identifique, pelo menos, as normas segundo as quais a revisão foi realizada;

c) Um parecer sobre se as contas do exercício dão uma imagem verdadeira e apropriada de acordo com a estrutura do relato financeiro e, quando apropriado, se as contas do exercício estão em conformidade com os requisitos legais aplicáveis, sendo que o parecer de revisão pode traduzir uma opinião sem ou com reservas,

136 [DL n.º 76-A/2006]   SOCIEDADES COMERCIAIS E COOPERAÇÃO EMPRESARIAL

uma opinião adversa ou, se o revisor oficial de contas não estiver em condições de expressar uma opinião, revestir a forma de escusa de opinião;

d) Uma referência a quaisquer questões para as quais o revisor oficial de contas chame a atenção mediante ênfases, sem qualificar a opinião de revisão;

e) Um parecer em que se indique se o relatório de gestão é ou não concordante com as contas do exercício;

f) Data e assinatura do revisor oficial de contas.

4 – No caso de sociedades que sejam emitentes de valores mobiliários admitidos à negociação em mercado regulamentado, o revisor deve atestar se o relatório sobre a estrutura e as práticas de governo societário divulgado inclui os elementos referidos no artigo 245.º-A do Código dos Valores Mobiliários que lhe sejam exigíveis.

5 – O âmbito do parecer a que se refere a alínea *e)* do n.º 3 deve igualmente incluir as matérias referidas nas alíneas *c), d), f), h), i)* e *m)* do n.º 1 do artigo 245.º-A do Código dos Valores Mobiliários, no caso dos emitentes abrangidos pelas disposições em causa.

ART. 452.º (*) **(Apreciação pelo conselho fiscal e pela comissão de auditoria)** – 1 – O conselho fiscal e a comissão de auditoria devem apreciar o relatório de gestão, as contas do exercício, a certificação legal das contas ou de impossibilidade de certificação.

2 – Se o conselho fiscal ou a comissão de auditoria concordar com a certificação legal das contas ou com a declaração de impossibilidade de certificação, deve declará-lo expressamente no seu parecer.

3 – Se discordar do documento do revisor oficial de contas referido no número anterior, o conselho fiscal ou a comissão de auditoria deve consignar no relatório as razões da sua discordância, sem prejuízo do declarado pelo revisor oficial de contas.

4 – O relatório e parecer do conselho fiscal e da comissão de auditoria devem ser remetidos ao conselho de administração, no prazo de 15 dias a contar da data em que tiver recebido os referidos elementos de prestação de contas.

ART. 453.º (*) **(Exame das contas nas sociedades com conselho geral e de supervisão)** – 1 – Até 30 dias antes da data da assembleia geral convocada para apreciar os documentos de prestação de contas, o conselho de administração executivo deve apresentar ao revisor oficial de contas o relatório de gestão e as contas do exercício, para os efeitos referidos nos números seguintes, e ao conselho geral e de supervisão.

2 – O revisor oficial de contas deve apreciar o relatório de gestão e completar o exame das contas com vista à sua certificação legal.

3 – Aplica-se o disposto no n.º 3 do artigo 451.º e nos n.ºs 2 a 4 do artigo 452.º, com as necessárias adaptações.

ART. 454.º **(Deliberação do conselho geral)** *(Revogado.)*

ART. 455.º **(Apreciação geral da administração e da fiscalização)** – 1 – A assembleia geral referida no artigo 376.º deve proceder à apreciação geral da administração e fiscalização da sociedade.

2 – Essa apreciação deve concluir por uma deliberação de confiança em todos ou alguns dos órgãos de administração e de fiscalização e respectivos membros ou por destituição de algum ou alguns destes, podendo também a assembleia votar a desconfiança em administradores designados nos termos da alínea *a)* do n.º 1 do artigo 425.º. (*)

3 – As destituições e votos de confiança previstos no número anterior podem ser deliberados independentemente de menção na convocatória da assembleia.

CAPÍTULO IX — Aumento e redução do capital

ART. 456.º **(Aumento do capital deliberado pelo órgão de administração)** – 1 – O contrato de sociedade pode autorizar o órgão de administração a aumentar o capital, uma ou mais vezes, por entradas em dinheiro.

2 – O contrato de sociedade estabelece as condições para o exercício da competência conferida de acordo com o número anterior, devendo: (*)

a) fixar o limite máximo do aumento;

b) fixar o prazo, não excedente a cinco anos, durante o qual aquela competência pode ser exercida, sendo que, na falta de indicação, o prazo é de cinco anos; (*)

c) Mencionar os direitos atribuídos às acções a emitir; na falta de menção, apenas é autorizada a emissão de acções ordinárias.

3 – O projecto da deliberação do órgão de administração é submetido ao conselho fiscal, à comissão de auditoria ou ao conselho geral e de supervisão, podendo o órgão de administração submeter a divergência à deliberação de assembleia geral se não for dado parecer favorável. (*)

4 – A assembleia geral, deliberando com a maioria exigida para a alteração do contrato, pode renovar os poderes conferidos ao órgão de administração.

5 – Ao aumento do capital, deliberado pelo órgão de administração, é aplicável o disposto no artigo 88.º, com as necessárias adaptações. (*)

ART. 457.º **(Subscrição incompleta)** – 1 – Não sendo totalmente subscrito um aumento de capital, considera-se a deliberação da assembleia ou do conselho sem efeito, salvo se ela própria tiver previsto que em tal caso o aumento fica limitado às subscrições recolhidas.

2 – O anúncio de aumento do capital, referido no artigo 459.º, n.º 1, deve indicar o regime que vigora para a subscrição incompleta.

CÓDIGO DAS SOCIEDADES COMERCIAIS [DL n.º 76-A/2006] 137

3 – Ficando a deliberação de aumento sem efeito, por ter sido incompleta a subscrição, o órgão de administração avisará desse facto os subscritores nos 15 dias seguintes ao encerramento da subscrição e restituirá imediatamente as importâncias recebidas.

ART. 458.º (Direito de preferência) – 1 – Em cada aumento de capital por entradas em dinheiro, as pessoas que, à data da deliberação de aumento de capital, forem accionistas podem subscrever as novas acções, com preferência relativamente a quem não for accionista.

2 – As novas acções serão repartidas entre os accionistas que exerçam a preferência pelo modo seguinte:

a) Atribui-se a cada accionista o número de acções proporcional àquelas de que for titular na referida data ou o número inferior a esse que o accionista tenha declarado querer subscrever;

b) Satisfazem-se os pedidos superiores ao número referido na primeira parte da alínea *a)*, na medida que resultar de um ou mais rateios excedentários.

3 – Não tendo havido alienação dos respectivos direitos de subscrição, caduca o direito de preferência das acções antigas às quais não caiba número certo de acções novas; aquelas que, por esse motivo, não tiverem sido subscritas são sorteados uma só vez, para subscrição, entre todos os accionistas.

4 – Havendo numa sociedade várias categorias de acções, todos os accionistas têm igual direito de preferência na subscrição das novas acções, quer ordinárias, quer de qualquer categoria especial, mas se as novas acções forem iguais às de alguma categoria especial já existente, a preferência pertence primeiro aos titulares de acções dessa categoria e só quanto a acções não subscritas por estes gozam de preferência os outros accionistas.

ART. 459.º (Aviso e prazo para o exercício da preferência) – 1 – Os accionistas devem ser avisados, por anúncio, do prazo e demais condições de exercício do direito de subscrição.

2 – O contrato de sociedade pode prever comunicações adicionais aos accionistas e, no caso de todas as acções emitidas pela sociedade serem nominativas, pode o anúncio ser substituído por carta registada.

3 – O prazo fixado para o exercício do direito de preferência não pode ser inferior a 15 dias, contados da publicação do anúncio, ou a 21 dias, contados da expedição da carta dirigida aos titulares de acções nominativas.

ART. 460.º (Limitação ou supressão do direito de preferência) – 1 – O direito legal de preferência na subscrição de acções não pode ser limitado nem suprimido, a não ser nas condições dos números seguintes.

2 – A assembleia geral que deliberar o aumento de capital pode, para esse aumento, limitar ou suprimir o direito de preferência dos accionistas, desde que o interesse social o justifique.

3 – A assembleia geral pode também limitar ou suprimir, pela mesma razão, o direito de preferência dos accionistas relativamente a um aumento de capital deliberado ou a deliberar pelo órgão de administração, nos termos do artigo 456.º.

4 – As deliberações das assembleias gerais previstas nos números anteriores devem ser tomadas em separado de qualquer outra deliberação, pela maioria exigida para o aumento de capital.

5 – Sendo por ele apresentada uma proposta de limitação ou supressão do direito de preferência, o órgão de administração deve submeter à assembleia um relatório escrito, donde constem a justificação da proposta, o modo de atribuição das novas acções, as condições da sua liberação, o preço de emissão e os critérios utilizados para a determinação deste preço.

ART. 461.º (Subscrição indirecta) – 1 – A assembleia geral que deliberar o aumento de capital pode também deliberar que as novas acções sejam subscritas por uma instituição financeira, a qual assumirá a obrigação de as oferecer aos accionistas ou a terceiros, nas condições estabelecidos entre a sociedade e a instituição, mas sempre com respeito pelo disposto nos artigos anteriores.

2 – O disposto no número anterior é aplicável aos aumentos de capital deliberados pelo órgão de administração.

3 – Os accionistas serão avisados pela sociedade, por meio de anúncio, da deliberação tomada, de harmonia com os números antecedentes.

4 – O disposto no artigo 459.º aplica-se à instituição financeira subscritora das novas acções nos termos previstos no n.º 1 deste artigo.

ART. 462.º (Aumento de capital e direito de usufruto) – 1 – Se a acção estiver sujeita a usufruto, o direito de participar no aumento do capital é exercido pelo titular da raiz ou pelo usufrutuário ou por ambos, nos termos que entre si acordarem.

2 – Na falta de acordo, o direito de participar no aumento do capital pertence ao titular da raiz, mas se este não o exercer no prazo de 8 ou de 10 dias, contados, respectivamente, do anúncio ou da comunicação escrita referidos no n.º 3 do artigo 459.º, o referido direito devolve-se ao usufrutuário.

3 – Quando houver de efectuar-se a comunicação prescrita pelo n.º 3 do artigo 459.º, deve ela ser enviada ao titular da raiz e ao usufrutuário.

4 – A nova acção fica a pertencer em propriedade plena àquele que tiver exercido o direito de participar no aumento do capital, salvo se os interessados tiverem acordado em que ela fique também sujeita a usufruto.

5 – Se nem o titular da raiz, nem o usufrutuário quiserem exercer a preferência no aumento, pode qualquer deles vender os respectivos direitos, devendo ser repartida entre eles a quantia obtida, na proporção do valor que nesse momento tiver o direito de cada um.

ART. 463.º (Redução do capital por extinção de acções próprias) – 1 – A assembleia geral pode deliberar que o capital da sociedade seja reduzido por meio de extinção de acções próprias.

2 – À redução do capital aplica-se o disposto no artigo 95.º, excepto:

138 [DL n.º 76-A/2006]   SOCIEDADES COMERCIAIS E COOPERAÇÃO EMPRESARIAL

a) Se forem extintas acções inteiramente liberadas, adquiridas a título gratuito depois da deliberação da assembleia geral;

b) Se forem extintas acções inteiramente liberadas, adquiridas depois da deliberação da assembleia geral, unicamente por meio de bens que, nos termos dos artigos 32.º e 33.º, pudessem ser distribuídos aos accionistas; neste caso, deve ser levada a reserva especial, sujeita ao regime da reserva legal, quantia equivalente ao valor nominal total das acções extintas.

CAPÍTULO X — Dissolução da sociedade

ART. 464.º (Dissolução) – 1 – A deliberação de dissolução da sociedade deve ser tomada nos termos previstos no artigo 383.º, n.ºˢ 2 e 3, e no artigo 386.º, n.ºˢ 3, 4 e 5, podendo o contrato exigir uma maioria mais elevada ou outros requisitos.

2 – A simples vontade de sócio ou sócios, quando não manifestada na deliberação prevista no número anterior, não pode constituir causa contratual de dissolução.

3 – As sociedades anónimas podem ser dissolvidas por via administrativa quando, por período superior a um ano, o número de accionistas for inferior ao mínimo exigido por lei, excepto se um dos accionistas for pessoa colectiva pública ou entidade a ela equiparada por lei para esse efeito. (*)

TÍTULO V — SOCIEDADES EM COMANDITA

CAPÍTULO I — Disposições comuns

ART. 465.º (Noção) – 1 – Na sociedade em comandita cada um dos sócios comanditários responde apenas pela sua entrada; os sócios comanditados respondem pelas dívidas da sociedade nos mesmos termos que os sócios da sociedade em nome colectivo.

2 – Uma sociedade por quotas ou uma sociedade anónima podem ser sócios comanditados.

3 – Na sociedade em comandita simples não há representação do capital por acções; na sociedade em comandita por acções só as participações dos sócios comanditários são representadas por acções.

ART. 466.º (Contrato de sociedade) – 1 – No contrato de sociedade devem ser indicados distintamente os sócios comanditários e os sócios comanditados.

2 – O contrato deve especificar se a sociedade é constituída como comandita simples ou como comandita por acções.

ART. 467.º (firma) – 1 – A firma da sociedade é formada pelo nome ou firma de um, pelo menos, dos sócios comanditados e o aditamento «em comandita» ou «& comandita», «em comandita por acções» ou «& comandita por acções».

2 – Os nomes dos sócios comanditários não podem figurar na firma da sociedade sem o seu consentimento expresso e, neste caso, aplica-se o disposto nos números seguintes.

3 – Se o sócio comanditário ou alguém estranho à sociedade consentir que o seu nome ou firma figure na firma social, fica sujeito, perante terceiros, à responsabilidade imposta aos sócios comanditados, em relação aos actos outorgados com aquela firma, salvo se demonstrar que tais terceiros sabiam que ele não era sócio comanditado.

4 – O sócio comanditário, ou o estranho à sociedade, responde em iguais circunstâncias pelos actos praticados em nome da sociedade sem uso expresso daquela firma irregular, excepto se demonstrar que a inclusão do seu nome na firma social não era conhecida dos terceiros interessados ou que, sendo-o, estes sabiam que ele não era sócio comanditado.

5 – ficam sujeitos à mesma responsabilidade, nos termos previstos nos números antecedentes, todos os que agirem em nome da sociedade cuja firma contenha a referida irregularidade, a não ser que demonstrem que a desconheciam e não tinham o dever de a conhecer.

ART. 468.º (Entrada de sócio comanditário) – A entrada de sócio comanditário não pode consistir em indústria.

ART. 469.º (Transmissão de partes de sócios comanditados) – 1 – A transmissão entre vivos da parte de um sócio comanditado só é eficaz se for consentida por deliberação dos sócios, salvo disposição contratual diversa.

2 – À transmissão por morte da parte de um sócio comanditado é aplicável o disposto a respeito da transmissão de partes de sócios de sociedades em nome colectivo.

ART. 470.º (Gerência) – 1 – Só os sócios comanditados podem ser gerentes, salvo se o contrato de sociedade permitir a atribuição da gerência a sócios comanditários.

2 – Pode, porém, a gerência, quando o contrato o autorize, delegar os seus poderes em sócio comanditário ou em pessoa estranha à sociedade.

3 – O delegado deve mencionar esta qualidade em todos os actos em que intervenha.

4 – No caso de impedimento ou falta dos gerentes efectivos, pode qualquer sócio, mesmo comanditário, praticar actos urgentes e de mero expediente, mas deve declarar a qualidade em que age e, no caso de ter praticado actos urgentes, convocar imediatamente a assembleia geral para que esta ratifique os seus actos e o confirme na gerência provisória ou nomeie outros gerentes.

CÓDIGO DAS SOCIEDADES COMERCIAIS   [DL n.º 76-A/2006]   139

5 – Os actos praticados nos termos do número anterior mantêm os seus efeitos para com terceiros, embora não ratificados, mas a falta de ratificação torna o autor desses actos responsável, nos termos gerais, para com a sociedade.

ART. 471.º (Destituição de sócios gerentes) – 1 – O sócio comanditado que exerça a gerência só pode ser destituído desta, sem haver justa causa, por deliberação que reúna dois terços dos votos que cabem aos sócios comanditados e dois terços dos votos que cabem aos sócios comanditários.

2 – Havendo justa causa, o sócio comanditado é destituído da gerência por deliberação tomada por maioria simples dos votos apurados na assembleia.

3 – O sócio comanditário é destituído da gerência por deliberação que reúna a maioria simples dos votos apurados na assembleia.

ART. 472.º (Deliberações dos sócios) – 1 – As deliberações dos sócios são tomadas ou unanimemente, nos termos do artigo 54.º, ou em assembleia geral.

2 – O contrato de sociedade deve regular, em função do capital, a atribuição de votos aos sócios, mas os sócios comanditados, em conjunto, não podem ter menos de metade dos votos pertencentes aos sócios co-manditários, também em conjunto.

3 – Ao voto de sócios de indústria aplica-se o disposto no artigo 190.º, n.º 2.

ART. 473.º (Dissolução) – 1 – A deliberação de dissolução da sociedade é tomada por maioria que reúna dois terços dos votos que cabem aos sócios comanditados e dois terços dos votos que cabem aos sócios co-manditários.

2 – Constitui fundamento especial de dissolução das sociedades em comandita o desaparecimento de to-dos os sócios comanditados ou de todos os sócios comanditários.

3 – Se faltarem todos os sócios comanditários, a sociedade pode ser dissolvida por via administrativa. (*)

4 – Se faltarem todos os sócios comanditados e nos 90 dias seguintes a situação não tiver sido regularizada, a sociedade dissolve-se imediatamente.

CAPÍTULO II — Sociedades em comandita simples

ART. 474.º (Direito subsidiário) – Às sociedades em comandita simples aplicam-se as disposições relativas às sociedades em nome colectivo, na medida em que forem compatíveis com as normas do capítulo anterior e do presente.

ART. 475.º (Transmissão de partes de sócios comanditários) – À transmissão entre vivos ou por morte da parte de um sócio comanditário aplica-se o preceituado a respeito da transmissão de quotas de sociedade por quotas.

ART. 476.º (Alteração e outros factos relativos ao contrato) – As deliberações sobre a alteração do contrato de sociedade, fusão, cisão ou transformação devem ser tomadas unanimemente pelos sócios comanditados e por sócios comanditários que representem, pelo menos, dois terços do capital possuído por estes, a não ser que o contrato de sociedade prescinda da referida unanimidade ou aumente a mencionada maioria.

ART. 477.º (Proibição de concorrência) – Os sócios comanditados são obrigados a não fazer concorrência à sociedade, nos termos prescritos para os sócios de sociedades em nome colectivo.

CAPÍTULO III — Sociedades em comandita por acções

ART. 478.º (Direito subsidiário) – Às sociedades em comandita por acções aplicam-se as disposições relati-vas às sociedades anónimas, na medida em que forem compatíveis com as normas do capítulo I e do presente.

ART. 479.º (Número de sócios) – A sociedade em comandita por acções não pode constituir-se com menos de cinco sócios comanditários.

ART. 480.º (Direito de fiscalização e de informação) – Os sócios comanditados possuem sempre o direito de fiscalização atribuído a sócios de sociedades em nome colectivo.

TÍTULO VI — SOCIEDADES COLIGADAS

CAPÍTULO I — Disposições gerais

ART. 481.º (Âmbito de aplicação deste título) – 1 – O presente título aplica-se a relações que entre si estabe-leçam sociedades por quotas, sociedades anónimas e sociedades em comandita por acções.

2 – O presente título aplica-se apenas a sociedades com sede em Portugal, salvo quanto ao seguinte: (*)

a) A proibição estabelecida no artigo 487.º aplica-se à aquisição de participações de sociedades com sede no estrangeiro que, segundo os critérios estabelecidos pela presente lei, sejam consideradas dominantes;

140   [DL n.º 76-A/2006]   SOCIEDADES COMERCIAIS E COOPERAÇÃO EMPRESARIAL

b) Os deveres de publicação e declaração de participações por sociedades com sede em Portugal abrangem as participações delas em sociedades com sede no estrangeiro e destas naquelas;

c) A sociedade com sede no estrangeiro que, segundo os critérios estabelecidos pela presente lei, seja considerada dominante de uma sociedade com sede em Portugal é responsável para com esta sociedade e os seus sócios, nos termos do artigo 83.º e, se for caso disso, do artigo 84.º;

d) A constituição de uma sociedade anónima, nos termos dos n.ºˢ 1 e 2 do artigo 488.º, por sociedade cuja sede não se situe em Portugal. (*)

ART. 482.º (Sociedades coligadas) – Para os efeitos desta lei, consideram-se sociedades coligadas:
a) As sociedades em relação de simples participação;
b) As sociedades em relação de participações recíprocas;
c) As sociedades em relação de domínio;
d) As sociedades em relação de grupo.

CAPÍTULO II — Sociedades em relação de simples participação, de participações recíprocas e de domínio

ART. 483.º (Sociedades em relação de simples participação) – 1 – Considera-se que uma sociedade está em relação de simples participação com outra quando uma delas é titular de quotas ou acções da outra em montante igual ou superior a 10% do capital desta, mas entre ambas não existe nenhuma das outras relações previstas no artigo 482.º.

2 – À titularidade de quotas ou acções por uma sociedade equipara-se, para efeito do montante referido no número anterior, a titularidade de quotas ou acções por uma outra sociedade que dela seja dependente, directa ou indirectamente, ou com ela esteja em relação de grupo, e de acções de que uma pessoa seja titular por conta de qualquer dessas sociedades.

ART. 484.º (Dever de comunicação) – 1 – Sem prejuízo dos deveres de declaração e de publicidade de participações sociais na apresentação de contas, uma sociedade deve comunicar, por escrito, a outra sociedade todas as aquisições e alienações de quotas ou acções desta que tenha efectuado, a partir do momento em que se estabeleça uma relação de simples participação e enquanto o montante da participação não se tornar inferior àquele que determinar essa relação.

2 – A comunicação ordenada pelo número anterior é independente da comunicação de aquisição de quotas exigida pelo artigo 228.º, n.º 3, e do registo de aquisição de acções, referido nos artigos 330.º e seguintes, mas a sociedade participada não pode alegar desconhecimento do montante da participação que nela tenha outra sociedade, relativamente às aquisições de quotas que lhe tiverem sido comunicadas e às aquisições de acções que tiverem sido registadas, nos termos acima referidos.

ART. 485.º (Sociedades em relação de participações recíprocas) – 1 – As sociedades que estiverem em relação de participações recíprocas ficam sujeitas aos deveres e restrições constantes dos números seguintes, a partir do momento em que ambas as participações atinjam 10% do capital da participada.

2 – A sociedade que mais tardiamente tenha efectuado a comunicação exigida pelo artigo 484.º, n.º 1, donde resulte o conhecimento do montante da participação referido no número anterior, não pode adquirir novas quotas ou acções na outra sociedade.

3 – As aquisições efectuadas com violação do disposto no número anterior não são nulas, mas a sociedade adquirente não pode exercer os direitos inerentes a essas quotas ou acções na parte que exceda 10% do capital, exceptuado o direito à partilha do produto da liquidação, embora esteja sujeita às respectivas obrigações, e os seus administradores são responsáveis, nos termos gerais, pelos prejuízos que a sociedade sofra pela criação e manutenção de tal situação.

4 – Cumulando-se as relações, o disposto no artigo 487.º, n.º 2, prevalece sobre o n.º 3 deste artigo.

5 – Sempre que a lei imponha a publicação ou declaração de participações, deve ser mencionado se existem participações recíprocas, o seu montante e as quotas ou acções cujos direitos não podem ser exercidos por uma ou por outra das sociedades.

ART. 486.º (Sociedades em relação de domínio) – 1 – Considera-se que duas sociedades estão em relação de domínio quando uma delas, dita dominante, pode exercer, directamente ou por sociedades ou pessoas que preencham os requisitos indicados no artigo 483.º, n.º 2, sobre a outra, dita dependente, uma influência dominante.

2 – Presume-se que uma sociedade é dependente de uma outra se esta, directa ou indirectamente:
a) Detém uma participação maioritária no capital;
b) Dispõe de mais de metade dos votos;
c) Tem a possibilidade de designar mais de metade dos membros do órgão de administração ou do órgão de fiscalização.

3 – Sempre que a lei imponha a publicação ou declaração de participações, deve ser mencionado, tanto pela sociedade presumivelmente dominante, como pela sociedade presumivelmente dependente, se se verifica alguma das situações referidas nas alíneas do n.º 2 deste artigo.

CÓDIGO DAS SOCIEDADES COMERCIAIS   [DL n.º 76-A/2006]   141

ART. 487.º (Proibição de aquisição de participações) – 1 – É proibido a uma sociedade adquirir quotas ou acções das sociedades que, directamente ou por sociedades ou pessoas que preencham os requisitos indicados no artigo 483.º, n.º 2, a dominem, a não ser aquisições a título gratuito, por adjudicação em acção executiva movida contra devedores ou em partilha de sociedades de que seja sócia.

2 – Os actos de aquisição de quotas ou acções que violem o disposto no número anterior são nulos, excepto se forem compras em bolsa, mas neste caso aplica-se a todas as acções assim adquiridas o disposto no artigo 485.º, n.º 3.

CAPÍTULO III — Sociedades em relação de grupo

Secção I — GRUPOS CONSTITUÍDOS POR DOMÍNIO TOTAL

ART. 488.º (Domínio total inicial) – 1 – Uma sociedade pode constituir uma sociedade anónima de cujas acções ela seja inicialmente a única titular. (*)

2 – Devem ser observados todos os demais requisitos da constituição de sociedades anónimas.

3 – Ao grupo assim constituído aplica-se o disposto nos n.ºs 4, 5, e 6 do artigo 489.º.

ART. 489.º (Domínio total superveniente) – 1 – A sociedade que, directamente ou por outras sociedades ou pessoas que preencham os requisitos indicados no artigo 483.º, n.º 2, domine totalmente uma outra sociedade, por não haver outros sócios, forma um grupo com esta última, por força da lei, salvo se a assembleia geral da primeira tomar alguma das deliberações previstas nas alíneas *a*) e *b*) do número seguinte.

2 – Nos seis meses seguintes à ocorrência dos pressupostos acima referidos, a administração da sociedade dominante deve convocar a assembleia geral desta para deliberar em alternativa sobre:

a) Dissolução da sociedade dependente;

b) Alienação de quotas ou acções da sociedade dependente;

c) Manutenção da situação existente.

3 – Tomada a deliberação prevista na alínea *c*) do número anterior ou enquanto não for tomada alguma deliberação, a sociedade dependente considera-se em relação de grupo com a sociedade dominante e não se dissolve, ainda que tenha apenas um sócio.

4 – A relação de grupo termina:

a) Se a sociedade dominante ou a sociedade dependente deixar de ter a sua sede em Portugal;

b) Se a sociedade dominante for dissolvida;

c) Se mais de 10% do capital da sociedade dependente deixar de pertencer à sociedade dominante ou às sociedades e pessoas referidas no artigo 483.º, n.º 2.

5 – Na hipótese prevista na alínea *c*) do número anterior, a sociedade dominante deve comunicar esse facto, imediatamente e por escrito, à sociedade dependente.

6 – A administração da sociedade dependente deve pedir o registo da deliberação referida na alínea *c*) do n.º 2, bem como do termo da relação de grupo.

ART. 490.º (Aquisições tendentes ao domínio total) – 1 – Uma sociedade que, por si ou conjuntamente com outras sociedades ou pessoas mencionadas no artigo 483.º, n.º 2, disponha de quotas ou acções correspondentes a, pelo menos, 90% do capital de outra sociedade, deve comunicar o facto a esta nos 30 dias seguintes àquele em que for atingida a referida participação.

2 – Nos seis meses seguintes à data da comunicação, a sociedade dominante pode fazer uma oferta de aquisição das participações dos restantes sócios, mediante uma contrapartida em dinheiro ou nas suas próprias quotas, acções ou obrigações, justificada por relatório elaborado por revisor oficial de contas independente das sociedades interessadas, que será depositado no registo e patenteado aos interessados nas sedes das duas sociedades.

3 – A sociedade dominante pode tornar-se titular das acções ou quotas pertencentes aos sócios livres da sociedade dependente, se assim o declarar na proposta, estando a aquisição sujeita a registo por depósito e publicação. (*)

4 – O registo só pode ser efectuado se a sociedade tiver consignado em depósito a contrapartida, em dinheiro, acções ou obrigações, das participações adquiridas, calculada de acordo com os valores mais altos constantes do relatório do revisor. (*)

5 – Se a sociedade dominante não fizer oportunamente a oferta permitida pelo n.º 2 deste artigo, cada sócio ou accionista livre pode, em qualquer altura, exigir por escrito que a sociedade dominante lhe faça, em prazo não inferior a 30 dias, oferta de aquisição das suas quotas ou acções, mediante contrapartida em dinheiro, quotas ou acções das sociedades dominantes.

6 – Na falta da oferta ou sendo esta considerada insatisfatória, o sócio livre pode requerer ao tribunal que declare as acções ou quotas como adquiridas pela sociedade dominante desde a proposição da acção, fixe o seu valor em dinheiro e condene a sociedade dominante a pagar-lho. A acção deve ser proposta nos 30 dias seguintes ao termo do prazo referido no número anterior ou à recepção da oferta, conforme for o caso.

7 – A aquisição tendente ao domínio total de sociedade com o capital aberto ao investimento do público rege-se pelo disposto no Código dos Valores Mobiliários.

142 [DL n.º 76-A/2006]   SOCIEDADES COMERCIAIS E COOPERAÇÃO EMPRESARIAL

ART. 491.º (Remissão) – Aos grupos constituídos por domínio total aplicam-se as disposições dos artigos 501.º a 504.º e as que por força destes forem aplicáveis.

Secção II — CONTRATO DE GRUPO PARITÁRIO

ART. 492.º (Regime do contrato) – 1 – Duas ou mais sociedades que não sejam dependentes nem entre si nem de outras sociedades podem constituir um grupo de sociedades, mediante contrato pelo qual aceitem submeter-se a uma direcção unitária e comum.

2 – O contrato e as suas alterações e prorrogações devem ser reduzidos a escrito e precedidos de deliberações de todas as sociedades intervenientes, tomadas sobre proposta das suas administrações e pareceres dos seus órgãos de fiscalização, pela maioria que a lei ou os contratos de sociedade exijam para a fusão. (*)

3 – O contrato não pode ser estipulado por tempo indeterminado, mas pode ser prorrogado.

4 – O contrato não pode modificar a estrutura legal da administração e fiscalização das sociedades. Quando o contrato instituir um órgão comum de direcção ou coordenação, todas as sociedades devem participar nele igualmente.

5 – Ao termo do contrato aplica-se o disposto no artigo 506.º.

6 – ficam ressalvadas as normas legais disciplinadoras da concorrência entre empresas.

Secção III — CONTRATO DE SUBORDINAÇÃO

ART. 493.º (Noção) – 1 – Uma sociedade pode, por contrato, subordinar a gestão da sua própria actividade à direcção de uma outra sociedade, quer seja sua dominante, quer não.

2 – A sociedade directora forma um grupo com todas as sociedades por ela dirigidos, mediante contrato de subordinação, e com todas as sociedades por ela integralmente dominadas, directa ou indirectamente.

ART. 494.º (Obrigações essenciais da sociedade directora) – 1 – No contrato de subordinação é essencial que a sociedade directora se comprometa:

a) A adquirir as quotas ou acções dos sócios livres da sociedade subordinada, mediante uma contrapartida fixada ou por acordo ou nos termos do artigo 497.º;

b) A garantir os lucros dos sócios livres da sociedade subordinada, nos termos do artigo 499.º.

2 – Sócios livres são todos os sócios ou accionistas da sociedade subordinada, exceptuados:

a) A sociedade directora;

b) As sociedades ou pessoas relacionadas com a sociedade directora, nos termos do artigo 483.º, n.º 2, ou as sociedades que estejam em relação de grupo com a sociedade directora;

c) A sociedade dominante da sociedade directora;

d) As pessoas que possuam mais de 10% do capital das sociedades referidas nas alíneas anteriores;

e) A sociedade subordinada;

f) As sociedades dominadas pela sociedade subordinada.

ART. 495.º (Projecto de contrato de subordinação) – As administrações das sociedades que pretendam celebrar contrato de subordinação devem elaborar, em conjunto, um projecto donde constem, além de outros elementos necessários ou convenientes para o perfeito conhecimento da operação visada, tanto no aspecto jurídico como no económico:

a) Os motivos, as condições e os objectivos do contrato relativamente às duas sociedades intervenientes;

b) A firma, a sede, o montante do capital, o número e data da matrícula no registo comercial de cada uma delas, bem como os textos actualizados dos respectivos contratos de sociedade;

c) A participação de alguma das sociedades no capital da outra;

d) O valor em dinheiro atribuído às quotas ou acções da sociedade que, pelo contrato, ficará a ser dirigida pela outra;

e) A natureza da contrapartida que uma sociedade oferece aos sócios da outra, no caso de estes aceitarem a proposta de aquisição das suas quotas ou acções pela oferente;

f) No caso de a contrapartida mencionada na alínea anterior consistir em acções ou obrigações, o valor dessas acções ou obrigações e a relação de troca;

g) A duração do contrato de subordinação;

h) O prazo, a contar da celebração do contrato, dentro do qual os sócios livres da sociedade que ficará a ser dirigida poderão exigir a aquisição das suas quotas ou acções pela outra sociedade;

i) A importância que a sociedade que ficará a ser directora deverá entregar anualmente à outra sociedade para manutenção de distribuição de lucros ou o modo de calcular essa importância;

j) A convenção de atribuição de lucros, se a houver.

ART. 496.º (Remissão) – 1 – À fiscalização do projecto, à convocação das assembleias, à consulta dos documentos, à reunião das assembleias e aos requisitos das deliberações destas aplica-se, sempre que possível, o disposto quanto à fusão de sociedades.

2 – Quando se tratar da celebração ou da modificação de contrato celebrado entre uma sociedade dominante e uma sociedade dependente, exige-se ainda que não tenha votado contra a respectiva proposta mais de metade dos sócios livres da sociedade dependente.

CÓDIGO DAS SOCIEDADES COMERCIAIS

[DL n.º 76-A/2006] 143

3 – As deliberações das duas sociedades são comunicadas aos respectivos sócios por meio de carta registada, tratando-se de sócios de sociedades por quotas ou de titulares de acções nominativas; nos outros casos, a comunicação é feita por meio de anúncio.

ART. 497.º (Posição dos sócios livres) – 1 – Nos 90 dias seguintes à última das publicações do anúncio das deliberações ou à recepção da carta registada pode o sócio livre opor-se ao contrato de subordinação, com fundamento em violação do disposto nesta lei ou em insuficiência da contrapartida oferecida.

2 – A oposição realiza-se pela forma prevista para a oposição de credores, em casos de fusão de sociedades; o juiz ordenará sempre que a sociedade directora informe o montante das contrapartidas pagas a outros sócios livres ou acordadas com eles.

3 – É vedado às administrações das sociedades celebrarem o contrato de subordinação antes de decorrido o prazo referido no n.º 1 deste artigo ou antes de terem sido decididas as oposições de que, por qualquer forma, tenham conhecimento.

4 – A fixação judicial da contrapartida da aquisição pela sociedade directora ou dos lucros garantidos por esta aproveita a todos os sócios livres, tenham ou não deduzido oposição.

ART. 498.º (Celebração e registo do contrato) – O contrato de subordinação deve ser reduzido a escrito, devendo ser celebrado por administradores das duas sociedades, registado por depósito pelas duas sociedades e publicado. (*)

ART. 499.º (Direitos dos sócios livres) – 1 – Os sócios livres que não tenham deduzido oposição ao contrato de subordinação têm direito de optar entre a alienação das suas quotas ou acções e a garantia de lucro, contanto que o comuniquem, por escrito, às duas sociedades dentro do prazo fixado para a oposição.

2 – Igual direito têm os sócios livres que tenham deduzido oposição nos três meses seguintes ao trânsito em julgado das respectivas sentenças.

3 – A sociedade que pelo contrato seria directora pode, mediante comunicação escrita à outra sociedade, efectuada nos 30 dias seguintes ao trânsito em julgado da última das sentenças sobre oposições deduzidas, desistir da celebração do contrato.

ART. 500.º (Garantia de lucros) – 1 – Pelo contrato de subordinação, a sociedade directora assume a obrigação de pagar aos sócios livres da sociedade subordinada a diferença entre o lucro efectivamente realizado e a mais elevada das importâncias seguintes:

a) A média dos lucros auferidos pelos sócios livres nos três exercícios anteriores ao contrato de subordinação, calculada em percentagem relativamente ao capital social;

b) O lucro que seria auferido por quotas ou acções da sociedade directora, no caso de terem sido por elas trocadas as quotas ou acções daqueles sócios.

2 – A garantia conferida no número anterior permanece enquanto o contrato de grupo vigorar e mantém-se nos cinco exercícios seguintes ao termo deste contrato.

ART. 501.º (Responsabilidade para com os credores da sociedade subordinada) – 1 – A sociedade directora é responsável pelas obrigações da sociedade subordinada, constituídas antes ou depois da celebração do contrato de subordinação, até ao termo deste.

2 – A responsabilidade da sociedade directora não pode ser exigida antes de decorridos 30 dias sobre a constituição em mora da sociedade subordinada.

3 – Não pode mover-se execução contra a sociedade directora com base em título exequível contra a sociedade subordinada.

ART. 502.º (Responsabilidade por perdas da sociedade subordinada) – 1 – A sociedade subordinada tem o direito de exigir que a sociedade directora compense as perdas anuais que, por qualquer razão, se verifiquem durante a vigência do contrato de subordinação, sempre que estas não forem compensadas pelas reservas constituídas durante o mesmo período.

2 – A responsabilidade prevista no número anterior só é exigível após o termo do contrato de subordinação, mas torna-se exigível durante a vigência do contrato, se a sociedade subordinada for declarada falida.

ART. 503.º (Direito de dar instruções) – 1 – A partir da publicação do contrato de subordinação, a sociedade directora tem o direito de dar à administração da sociedade subordinada instruções vinculantes.

2 – Se o contrato não dispuser o contrário, podem ser dadas instruções desvantajosas para a sociedade subordinada, se tais instruções servirem os interesses da sociedade directora ou das outras sociedades do mesmo grupo. Em caso algum serão lícitas instruções para a prática de actos que em si mesmos sejam proibidos por disposições legais não respeitantes ao funcionamento de sociedades.

3 – Se forem dadas instruções para a administração da sociedade subordinada efectuar um negócio que, por lei ou pelo contrato de sociedade, dependa de parecer ou consentimento de outro órgão da sociedade subordinada e este não for dado, devem as instruções ser acatadas se, verificado a recusa, elas forem repetidas, acompanhadas do consentimento ou parecer favorável do órgão correspondente da sociedade directora, caso esta o tenha.

4 – É proibido à sociedade directora determinar a transferência de bens do activo da sociedade subordinada para outras sociedades do grupo sem justa contrapartida, a não ser no caso do artigo 502.º.

144 [DL n.º 76-A/2006] SOCIEDADES COMERCIAIS E COOPERAÇÃO EMPRESARIAL

ART. 504.º (Deveres e responsabilidades) – 1 – Os membros do órgão de administração da sociedade directora devem adoptar, relativamente ao grupo, a diligência exigida por lei quanto à administração da sua própria sociedade.

2 – Os membros do órgão de administração da sociedade directora são responsáveis também para com a sociedade subordinada, nos termos dos artigos 72.º a 77.º desta lei, com as necessárias adaptações; a acção de responsabilidade pode ser proposta por qualquer sócio ou accionista livre da sociedade subordinada, em nome desta.

3 – Os membros do órgão de administração da sociedade subordinada não são responsáveis pelos actos ou omissões praticados na execução de instruções lícitas recebidas.

ART. 505.º (Modificação do contrato) – As modificações do contrato de subordinação são deliberadas pelas assembleias gerais das duas sociedades, nos termos exigidos para a celebração do contrato, e devem ser reduzidas a escrito. (*)

ART. 506.º (Termo do contrato) – 1 – As duas sociedades podem resolver, por acordo, o contrato de subordinação, depois de este ter vigorado um exercício completo.

2 – A resolução por acordo é deliberada pelas assembleias gerais das duas sociedades, nos termos exigidos para a celebração do contrato.

3 – O contrato de subordinação termina:

a) Pela dissolução de alguma das duas sociedades;

b) Pelo fim do prazo estipulado;

c) Por sentença judicial, em acção proposta por alguma das sociedades com fundamento em justa causa;

d) Por denúncia de alguma das sociedades, nos termos do número seguinte, se o contrato não tiver duração determinada.

4 – A denúncia por alguma das sociedades não pode ter lugar antes de o contrato ter vigorado cinco anos; deve ser autorizada por deliberação da assembleia geral, nos termos do n.º 2, é comunicado à outra sociedade, por carta registada, e só produz efeitos no fim do exercício seguinte.

5 – A denúncia prevista no n.º 3, alínea *a)*, é autorizada por deliberação tomada nos termos do n.º 2.

ART. 507.º (Aquisição do domínio total) – 1 – Quando por força do disposto no artigo 499.º ou de aquisições efectuadas durante a vigência do contrato de subordinação a sociedade directora possua, só por si ou por sociedades ou pessoas que preencham os requisitos indicados no artigo 483.º, n.º 2, o domínio total da sociedade subordinada, passa a ser aplicável o regime respectivo, caducando as deliberações tomadas ou terminando o contrato, conforme o caso.

2 – A existência de projecto ou de contrato de subordinação não obsta à aplicação do artigo 490.º.

ART. 508.º (Convenção de atribuição de lucros) – 1 – O contrato de subordinação pode incluir uma convenção pela qual a sociedade subordinada se obriga a atribuir os seus lucros anuais à sociedade directora ou a outra sociedade do grupo.

2 – Os lucros a considerar para o efeito do número anterior não podem exceder os lucros do exercício, apurados nos termos da lei, deduzidos das importâncias necessárias para a cobertura de perdas de exercícios anteriores e para atribuição a reserva legal.

CAPÍTULO IV — Apreciação anual da situação de sociedades
obrigadas à consolidação de contas

ART. 508.º-A (Obrigação de consolidação de contas) – 1 – Os gerentes ou administradores de uma sociedade obrigada por lei à consolidação de contas devem elaborar e submeter aos órgãos competentes o relatório consolidado de gestão, as contas consolidadas do exercício e os demais documentos de prestação de contas consolidadas. (*)

2 – Os documentos de prestações de contas referidos no número anterior devem ser apresentados e apreciados pelos órgãos competentes no prazo de cinco meses a contar da data de encerramento do exercício.

3 – Os gerentes ou administradores de cada sociedade a incluir na consolidação que seja empresa filial ou associada devem, em tempo útil, enviar à sociedade consolidante o seu relatório e contas e a respectiva certificação legal ou declaração de impossibilidade de certificação a submeter à respectiva assembleia geral, bem como prestadas as demais informações necessárias à consolidação de contas. (*)

ART. 508.º-B (Princípios gerais sobre a elaboração das contas consolidadas) – 1 – A elaboração do relatório consolidado de gestão, das contas consolidadas do exercício e dos demais documentos de prestação de contas consolidadas deve obedecer ao disposto na lei, podendo o contrato de sociedade e os contratos entre empresas a consolidar complementar, mas não derrogar, as disposições legais aplicáveis.

2 – É aplicável à elaboração das contas consolidadas, com as necessárias adaptações, o disposto nos artigos 65.º, n.ᵒˢ 3 e 4, 67.º, 68.º e 69.º.

ART. 508.º-C (Relatório consolidado de gestão) – 1 – O relatório consolidado de gestão deve conter, pelo menos, uma exposição fiel e clara sobre a evolução dos negócios, do desempenho e da posição das empresas

CÓDIGO DAS SOCIEDADES COMERCIAIS   [DL n.º 76-A/2006]   145

compreendidas na consolidação, consideradas no seu conjunto, bem como uma descrição dos principais riscos e incertezas com que se defrontam.

2 – A exposição prevista no número anterior deve incluir uma análise equilibrada e global da evolução dos negócios, do desempenho e da posição das empresas compreendidas na consolidação, consideradas no seu conjunto, conforme com a dimensão e complexidade da sua actividade.

3 – Na medida do necessário para a compreensão da evolução do desempenho ou da posição das referidas empresas, a análise prevista no número anterior deve abranger tanto os aspectos financeiros como, quando adequado, referências de desempenho não financeiro relevantes para as actividades específicas dessas empresas, incluindo informações sobre questões ambientais e questões relativas aos trabalhadores.

4 – Na apresentação da análise prevista no n.º 2 o relatório consolidado de gestão deve, quando adequado, incluir uma referência aos montantes inscritos nas contas consolidadas e explicações adicionais relativas a esses montantes.

5 – No que se refere às empresas compreendidas na consolidação, o relatório deve igualmente incluir indicação sobre:

a) Os acontecimentos importantes ocorridos depois do encerramento do exercício;

b) A evolução previsível do conjunto destas empresas;

c) As actividades do conjunto destas empresas em matéria de investigação e desenvolvimento;

d) O número, o valor nominal ou, na falta de valor nominal, o valor contabilístico do conjunto das partes da empresa mãe, detidas por esta mesma empresa, por empresas filiais ou por uma pessoa agindo em nome próprio mas por conta destas empresas, a não ser que estas indicações sejam apresentadas no anexo ao balanço e demonstração de resultados consolidados;

e) Os objectivos e as políticas da sociedade em matéria de gestão dos riscos financeiros, incluindo as políticas de cobertura de cada uma das principais categorias de transacções previstas para as quais seja utilizada a contabilização de cobertura, e a exposição por parte das entidades compreendidas na consolidação aos riscos de preço, de crédito, de liquidez e de fluxos de caixa, quando materialmente relevantes para a avaliação dos elementos do activo e do passivo, da posição financeira e dos resultados, em relação com a utilização dos instrumentos financeiros;

f) A descrição dos principais elementos dos sistemas de controlo interno e de gestão de riscos do grupo relativamente ao processo de elaboração das contas consolidadas, quando os valores mobiliários da sociedade sejam admitidos à negociação num mercado regulamentado.

6 – Quando para além do relatório de gestão for exigido um relatório consolidado de gestão, os dois relatórios podem ser apresentados sob a forma de relatório único.

7 – Na elaboração do relatório único pode ser adequado dar maior ênfase às questões que sejam significativas para as empresas compreendidas na consolidação, consideradas no seu conjunto.

8 – No caso de sociedades que sejam emitentes de valores mobiliários admitidos à negociação em mercado regulamentado e que apresentem um único relatório, a informação constante da alínea *f)* do n.º 5 deve ser incluída na secção do relatório sobre governo das sociedades que contém a informação constante da alínea *m)* do n.º 1 do artigo 245.º-A do Código dos Valores Mobiliários.

ART. 508.º-D (fiscalização das contas consolidadas) – 1 – A entidade que elabora as contas consolidadas deve submetê-las a exame pelo revisor oficial de contas e pelo seu órgão de fiscalização, nos termos dos artigos 451.º a 454.º, com as necessárias adaptações.

2 – Caso tal entidade não tenha órgão de fiscalização, deve mandar fiscalizar as contas consolidadas, nos termos do número anterior, por um revisor oficial de contas.

3 – A pessoa ou pessoas encarregadas da fiscalização das contas consolidadas devem também emitir, na respectiva certificação legal das contas, parecer acerca da concordância, ou não, do relatório consolidado de gestão com as contas consolidadas do mesmo exercício.

4 – Quando forem anexadas às contas consolidadas as contas individuais da empresa mãe, a certificação legal das contas consolidadas poderá ser conjugada com a certificação legal das contas individuais da empresa.

ART. 508.º-E (Prestação de contas consolidadas) – 1 – A informação respeitante às contas consolidadas, à certificação legal de contas e aos demais documentos de prestação de contas consolidadas, regularmente aprovados, está sujeita a registo comercial, nos termos da lei respectiva.

2 – A sociedade deve disponibilizar aos interessados, sem encargos, no respectivo sítio da Internet, quando exista, e na sua sede cópia integral dos seguintes documentos:

a) Relatório consolidado de gestão;

b) Certificação legal das contas consolidadas;

c) Parecer do órgão de fiscalização, quando exista.

3 – Caso a empresa que tenha elaborado as contas consolidadas esteja constituída sob uma forma que não seja a de sociedade anónima, sociedade por quotas ou sociedade em comandita por acções e desde que ela não esteja sujeita por lei à obrigação de registo de prestação de contas consolidadas, deve colocar à disposição do público, na sua sede, os documentos de prestação de contas consolidadas, os quais podem ser obtidos por simples requisição, mediante um preço que não pode exceder o seu custo administrativo.

ART. 508.º-F (Anexo às contas consolidadas) – 1 – As sociedades devem prestar informação, no anexo às contas:

a) Sobre a natureza e o objectivo comercial das operações não incluídas no balanço e o respectivo impacte financeiro, quando os riscos ou os benefícios resultantes de tais operações sejam relevantes e na medida em

146 [DL n.º 76-A/2006]   SOCIEDADES COMERCIAIS E COOPERAÇÃO EMPRESARIAL

que a divulgação de tais riscos ou benefícios seja necessária para efeitos de avaliação da situação financeira das sociedades incluídas no perímetro de consolidação;

b) Separadamente, sobre os honorários totais facturados durante o exercício financeiro pelo revisor oficial de contas ou pela sociedade de revisores oficiais de contas relativamente à revisão legal das contas anuais, e os honorários totais facturados relativamente a outros serviços de garantia de fiabilidade, os honorários totais facturados a título de consultoria fiscal e os honorários totais facturados a título de outros serviços que não sejam de revisão ou auditoria.

2 – As sociedades que não elaboram as suas contas de acordo com as normas internacionais de contabilidade adoptadas nos termos de regulamento comunitário devem ainda proceder à divulgação, no anexo às contas, de informações sobre as operações, com excepção das operações intragrupo, realizadas pela sociedade mãe, ou por outras sociedades incluídas no perímetro de consolidação, com partes relacionadas, incluindo, nomeadamente, os montantes dessas operações, a natureza da relação com a parte relacionada e outras informações, necessárias à avaliação da situação financeira das sociedades incluídas no perímetro de consolidação, se tais operações forem relevantes e não tiverem sido realizadas em condições normais de mercado.

3 – Para efeitos do disposto no número anterior:

a) A expressão 'partes relacionadas' tem o significado definido nas normas internacionais de contabilidade adoptadas nos termos de regulamento comunitário;

b) As informações sobre as diferentes operações podem ser agregadas em função da sua natureza, excepto quando sejam necessárias informações separadas para compreender os efeitos das operações com partes relacionadas sobre a situação financeira das sociedades incluídas no perímetro de consolidação.

TÍTULO VII — DISPOSIÇÕES PENAIS

ART. 509.º (Falta de cobrança de entradas de capital) – 1 – O gerente ou administrador de sociedade que omitir ou fizer omitir por outrem actos que sejam necessários para a realização de entradas de capital será punido com multa até 60 dias. (*)

2 – Se o facto for praticado com intenção de causar dano, material ou moral, a algum sócio, à sociedade, ou a terceiro, a pena será de multa até 120 dias, se pena mais grave não couber por força de outra disposição legal.

3 – Se for causado dano grave, material ou moral, e que o autor pudesse prever, a algum sócio que não tenha dado o seu assentimento para o facto, à sociedade, ou a terceiro, a pena será a da infidelidade.

ART. 510.º (Aquisição ilícita de quotas ou acções) – 1 – O gerente ou administrador de sociedade que, em violação da lei, subscrever ou adquirir para a sociedade quotas ou acções próprias desta, ou encarregar outrem de as subscrever ou adquirir por conta da sociedade, ainda que em nome próprio, ou por qualquer título facultar fundos ou prestar garantias da sociedade para que outrem subscreva ou adquira quotas ou acções representativas do seu capital, é punido com multa até 120 dias. (*)

2 – O gerente ou administrador de sociedade que, em violação da lei, adquirir para a sociedade quotas ou acções de outra sociedade que com aquela esteja em relação de participações recíprocas ou em relação de domínio é, igualmente, punido com multa até 120 dias. (*)

ART. 511.º (Amortização de quota não liberada) – 1 – O gerente de sociedade que, em violação da lei, amortizar, total ou parcialmente, quota não liberada será punido com multa até 120 dias.

2 – Se for causado dano grave, material ou moral, e que o autor pudesse prever, a algum sócio que não tenha dado o seu assentimento para o facto, à sociedade, ou a terceiro, a pena será a da infidelidade.

ART. 512.º (Amortização ilícita de quota dada em penhor ou que seja objecto de usufruto) – 1 – O gerente de sociedade que, em violação da lei, amortizar ou fizer amortizar, total ou parcialmente, quota sobre a qual incida direito de usufruto ou de penhor, sem consentimento do titular deste direito, será punido com multa até 120 dias.

2 – Com a mesma pena será punido o sócio titular da quota que promover a amortização ou para esta der o seu assentimento, ou que, podendo informar do facto, antes de executado, o titular do direito de usufruto ou de penhor, maliciosamente o não fizer.

3 – Se for causado dano grave, material ou moral, e que o autor pudesse prever, ao titular do direito de usufruto ou de penhor, a algum sócio que não tenha dado o seu assentimento para o facto, ou à sociedade, a pena será a da infidelidade.

ART. 513.º (Outras infracções às regras da amortização de quotas ou acções) – 1 – O gerente de sociedade que, em violação da lei, amortizar ou fizer amortizar quota, total ou parcialmente, e por modo que, à data da deliberação, e considerada a contrapartida da amortização, a situação líquida da sociedade fique inferior à soma do capital e da reserva legal, sem que simultaneamente seja deliberada redução do capital para que a situação líquida se mantenha acima desse limite, será punido com multa até 120 dias.

2 – O administrador de sociedade que, em violação da lei, amortizar ou fizer amortizar acção, total ou parcialmente, sem redução de capital, ou com utilização de fundos que não possam ser distribuídos aos accionistas para tal efeito, é, igualmente, punido com multa até 120 dias. (*)

CÓDIGO DAS SOCIEDADES COMERCIAIS

[DL n.º 76-A/2006] 147

3 – Se for causado dano grave, material ou moral, e que o autor pudesse prever, a algum sócio que não tenha dado o seu assentimento para o facto, à sociedade, ou a terceiro, a pena será a da infidelidade.

ART. 514.º (Distribuição ilícita de bens da sociedade) – 1 – O gerente ou administrador de sociedade que propuser à deliberação dos sócios, reunidos em assembleia, distribuição ilícita de bens da sociedade é punido com multa até 60 dias. (*)

2 – Se a distribuição ilícita chegar a ser executada, no todo ou em parte, a pena será de multa até 90 dias.

3 – Se a distribuição ilícita for executada, no todo ou em parte, sem deliberação dos sócios, reunidos em assembleia, a pena será de multa até 120 dias.

4 – O gerente ou administrador de sociedade que executar ou fizer executar por outrem distribuição de bens da sociedade com desrespeito por deliberação válida de assembleia social regularmente constituída é, igualmente, punido com multa até 120 dias. (*)

5 – Se, em algum dos casos previstos nos n.ºs 3 e 4, for causado dano grave, material ou moral, e que o autor pudesse prever, a algum sócio que não tenha dado o seu assentimento para o facto, à sociedade, ou a terceiro, a pena será a da infidelidade.

ART. 515.º (Irregularidade na convocação de assembleias sociais) – 1 – Aquele que, competindo-lhe convocar assembleia geral de sócios, assembleia especial de accionistas ou assembleia de obrigacionistas, omitir ou fizer omitir por outrem a convocação nos prazos da lei ou do contrato social, ou a fizer ou mandar fazer sem cumprimento dos prazos ou das formalidades estabelecidos pela lei ou pelo contrato social, será punido com multa até 30 dias.

2 – Se tiver sido presente ao autor do facto, nos termos da lei ou do contrato social, requerimento de convocação de assembleia que devesse ser deferido, a pena será de multa até 90 dias.

3 – Se for causado dano grave, material ou moral, e que o autor pudesse prever, a algum sócio que não tenha dado o seu assentimento para o facto, à sociedade, ou a terceiro, a pena será a da infidelidade.

ART. 516.º (Perturbação de assembleia social) – 1 – Aquele que, com violência ou ameaça de violência, impedir algum sócio ou outra pessoa legitimada de tomar parte em assembleia geral de sócios, assembleia especial de accionistas ou assembleia de obrigacionistas, regularmente constituída, ou de nela exercer utilmente os seus direitos de informação, de proposta, de discussão ou de voto, será punido com pena de prisão até 2 anos e multa até 180 dias.

2 – Se o autor do impedimento, à data do facto, for membro de órgão de administração ou de fiscalização da sociedade, o limite máximo da pena será, em cada uma das espécies, agravado de um terço.

3 – Se o autor do impedimento for, à data do facto, empregado da sociedade e tiver cumprido ordens ou instruções de algum dos membros dos órgãos de administração ou de fiscalização, o limite máximo da pena será, em cada uma das espécies, reduzido a metade e o juiz poderá, consideradas todas as circunstâncias, atenuar especialmente a pena.

4 – A punição pelo impedimento não consumirá a que couber aos meios empregados para o executar.

ART. 517.º (Participação fraudulenta em assembleia social) – 1 – Aquele que, em assembleia geral de sócios, assembleia especial de accionistas ou assembleia de obrigacionistas, se apresentar falsamente como titular de acções, quotas, partes sociais ou obrigações, ou como investido de poderes de representação dos respectivos titulares, e nessa falsa qualidade votar, será punido, se pena mais grave não for aplicável por força de outra disposição legal, com prisão até 6 meses e multa até 90 dias.

2 – Se algum dos membros dos órgãos de administração ou fiscalização da sociedade determinar outrem a executar o facto descrito no número anterior, ou auxiliar a execução, será punido como autor, se pena mais grave não for aplicável por força de outra disposição legal, com prisão de 3 meses a 1 ano e multa até 120 dias.

ART. 518.º (Recusa ilícita de informações) – 1 – O gerente ou administrador de sociedade que recusar ou fizer recusar por outrem a consulta de documentos que a lei determinar que sejam postos à disposição dos interessados para preparação de assembleias sociais, ou recusar ou fizer recusar o envio de documentos para esse fim, quando devido por lei, ou enviar ou fizer enviar esses documentos sem satisfazer as condições e os prazos estabelecidos na lei, é punido, se pena mais grave não couber por força de outra disposição legal, com prisão até 3 meses e multa até 60 dias. (*)

2 – O gerente ou administrador de sociedade que recusar ou fizer recusar por outrem, em reunião de assembleia social, informações que esteja por lei obrigado a prestar, ou, noutras circunstâncias, informações que a lei deva prestar e que lhe tenham sido pedidas por escrito, é punido com multa até 90 dias. (*)

3 – Se, no caso do n.º 1, for causado dano grave, material ou moral, e que o autor pudesse prever, a algum sócio que não tenha dado o seu assentimento para o facto, ou à sociedade, a pena será a da infidelidade.

4 – Se, no caso do n.º 2, o facto for cometido por motivo que não indicie falta de zelo na defesa dos direitos e dos interesses legítimos da sociedade e dos sócios, mas apenas compreensão errónea do objecto desses direitos e interesses, o autor será isento da pena.

ART. 519.º (Informações falsas) – 1 – Aquele que, estando nos termos deste Código obrigado a prestar a outrem informações sobre matéria da vida da sociedade, as der contrárias à verdade, será punido com prisão até 3 meses e multa até 60 dias, se pena mais grave não couber por força de outra disposição legal.

148 [DL n.º 76-A/2006]   SOCIEDADES COMERCIAIS E COOPERAÇÃO EMPRESARIAL

2 – Com a mesma pena será punido aquele que, nas circunstâncias descritas no número anterior, prestar maliciosamente informações incompletas e que possam induzir os destinatários a conclusões erróneas de efeito idêntico ou semelhante ao que teriam informações falsas sobre o mesmo objecto.

3 – Se o facto for praticado com intenção de causar dano, material ou moral, a algum sócio que não tenha conscientemente concorrido para o mesmo facto, ou à sociedade, a pena será de prisão até 6 meses e multa até 90 dias, se pena mais grave não couber por força de outra disposição legal.

4 – Se for causado dano grave, material ou moral, e que o autor pudesse prever, a algum sócio que não tenha concorrido conscientemente para o facto, à sociedade, ou a terceiro, a pena será de prisão até 1 ano e multa até 120 dias.

5 – Se, no caso do n.º 2, o facto for praticado por motivo ponderoso, e que não indicie falta de zelo na defesa dos direitos e dos interesses legítimos da sociedade e dos sócios, mas apenas compreensão errónea do objecto desses direitos e interesses, poderá o juiz atenuar especialmente a pena ou isentar dela.

ART. 520.º (Convocatória enganosa) – 1 – Aquele que, competindo-lhe convocar assembleia geral de sócios, assembleia especial de accionistas ou assembleia de obrigacionistas, por mão própria ou a seu mandado fizer constar da convocatória informações contrárias à verdade será punido, se pena mais grave não couber por força de outra disposição legal, com pena de prisão até 6 meses e multa até 150 dias.

2 – Com a mesma pena será punido aquele que, nas circunstâncias descritas no número anterior, fizer maliciosamente constar da convocatória informações incompletas sobre matéria que por lei ou pelo contrato social ela deva conter e que possam induzir os destinatários a conclusões erróneas de efeito idêntico ou semelhante ao de informações falsas sobre o mesmo objecto.

3 – Se o facto for praticado com intenção de causar dano, material ou moral, à sociedade ou a algum sócio, a pena será de prisão até 1 ano e multa até 180 dias.

ART. 521.º (Recusa ilícita de lavrar acta) – Aquele que, tendo o dever de redigir ou assinar acta de assembleia social, sem justificação o não fizer, ou agir de modo que outrem igualmente obrigado o não possa fazer, será punido, se pena mais grave não couber por força de outra disposição legal, com multa até 120 dias.

ART. 522.º (Impedimento de fiscalização) – O gerente ou administrador de sociedade que impedir ou dificultar, ou levar outrem a impedir ou dificultar, actos necessários à fiscalização da vida da sociedade, executados, nos termos e formas que sejam de direito, por quem tenha por lei, pelo contrato social ou por decisão judicial o dever de exercer a fiscalização, ou por pessoa que actue à ordem de quem tenha esse dever, é punido com prisão até 6 meses e multa até 120 dias. (*)

ART. 523.º (Violação do dever de propor dissolução da sociedade ou redução do capital) – O gerente ou administrador de sociedade que, verificando pelas contas de exercício estar perdida metade do capital, não der cumprimento ao disposto nos n.ºs 1 e 2 do artigo 35.º é punido com prisão até 3 meses e multa até 90 dias. (*)

ART. 524.º (Abuso de informações) *(Revogado pelo Decreto-Lei n.º 142-A/91, de 10 de Abril.)*

ART. 525.º (Manipulação fraudulenta de cotações de títulos) *(Revogado pelo Decreto-Lei n.º 142-A/91, de 10 de Abril.)*

ART. 526.º (Irregularidades na emissão de títulos) – O administrador de sociedade que apuser, fizer apor, ou consentir que seja aposta, a sua assinatura em títulos, provisórios ou definitivos, de acções ou obrigações emitidos pela sociedade ou em nome desta, quando a emissão não tenha sido aprovada pelos órgãos sociais competentes, ou não tenham sido realizadas as entradas mínimas exigidas por lei, é punido com prisão até 1 ano e multa até 150 dias. (*)

ART. 527.º (Princípios comuns) – 1 – Os factos descritos nos artigos anteriores só serão puníveis quando cometidos com dolo.

2 – Será punível a tentativa dos factos para os quais tenha sido cominada nos artigos anteriores pena de prisão ou pena de prisão e multa.

3 – O dolo de benefício próprio, ou de benefício de cônjuge, parente ou afim até ao 3.º grau, será sempre considerado como circunstância agravante.

4 – Se o autor de um facto descrito nos artigos anteriores, antes de instaurado o procedimento criminal, tiver reparado integralmente os danos materiais e dado satisfação suficiente dos danos morais causados, sem outro prejuízo ilegítimo para terceiros, esses danos não serão considerados na determinação da pena aplicável.

ART. 528.º (Ilícitos de mera ordenação social) – 1 – O gerente ou administrador de sociedade que não submeter, ou por facto próprio impedir outrem de submeter, aos órgãos competentes da sociedade, até ao fim do prazo previsto no n.º 1 do artigo 376.º, o relatório da gestão, as contas do exercício e os demais documentos de prestação de contas previstos na lei, e cuja apresentação lhe esteja cometida por lei ou pelo contrato social, ou por outro título, bem como viole o disposto no artigo 65.º-A, é punido com coima de € 50 a € 1500. (*)

2 – A sociedade que omitir em actos externos, no todo ou em parte, as indicações referidas no artigo 171.º deste Código será punida com coima de € 250 a € 1500.

3 – A sociedade que, estando a isso legalmente obrigada, não mantiver livro de registo de acções nos termos da legislação aplicável, ou não cumprir pontualmente as disposições legais sobre registo e depósito de acções, será punida com coima de € 500 a € 49879,79.

CÓDIGO DAS SOCIEDADES COMERCIAIS   [DL n.º 76-A/2006]   149

4 – *(Revogado pelo Decreto-Lei n.º 486/99, de 13 de Novembro.)*

5 – Aquele que estiver legalmente obrigado às comunicações previstas nos artigos 447.º e 448.º deste Código e as não fizer nos prazos e formas da lei será punido com coima de € 25 a € 1000 e, se for membro de órgão de administração ou de fiscalização, com coima de € 50 a € 1500.

6 – Nos ilícitos previstos nos números anteriores será punível a negligência, devendo, porém, a coima ser reduzida em proporção adequada à menor gravidade da falta.

7 – Na graduação da pena serão tidos em conta os valores do capital e do volume de negócios das sociedades, os valores das acções a que diga respeito a infracção e a condição económica pessoal dos infractores.

8 – A organização do processo e a decisão sobre aplicação da coima competem ao conservador do registo comercial da conservatória situada no concelho da área da sede da sociedade, bem como ao director-geral dos Registos e do Notariado, com possibilidade de delegação.

9 – O produto das coimas reverte para a Direcção-Geral dos Registos e do Notariado.

ART. 529.º (Legislação subsidiária) – 1 – Aos crimes previstos neste Código são subsidiariamente aplicáveis o Código Penal e legislação complementar.

2 – Aos ilícitos de mera ordenação social previstos neste Código é subsidiariamente aplicável o regime geral do ilícito de mera ordenação social.

TÍTULO VIII — DISPOSIÇÕES FINAIS E TRANSITÓRIAS

ART. 530.º (Cláusulas contratuais não permitidas) – 1 – As cláusulas dos contratos de sociedade celebrados, na forma legal, antes da entrada em vigor desta lei que não forem por ela permitidas consideram-se automaticamente substituídas pelas disposições de carácter imperativo da nova lei, sendo lícito recorrer à aplicação das disposições de carácter supletivo que ao caso convierem.

2 – O disposto no n.º 1 não prejudica os poderes que a lei reconhece aos sócios para deliberarem alterações ao contrato de sociedade.

ART. 531.º (Voto plural) – 1 – Os direitos de voto plural constituídos legalmente antes da entrada em vigor desta lei mantêm-se.

2 – Tais direitos podem ser extintos ou limitados por deliberação dos sócios tomada nos termos previstos para a alteração do contrato, sem necessidade de consentimento dos sócios titulares desses direitos.

3 – Todavia, caso tais direitos tenham sido concedidos em contrapartida de contribuições especiais para a sociedade, para além das entradas, a sociedade deve pagar uma indemnização equitativa pela sua extinção ou limitação.

4 – A indemnização referida no número anterior pode ser pedida judicialmente no prazo de 60 dias a contar da data em que o sócio teve conhecimento da deliberação ou, se esta for impugnada, do trânsito em julgado da respectiva sentença.

ART. 532.º (firmas e denominações) – As sociedades constituídas antes da entrada em vigor desta lei podem manter as firmas ou denominações que até então vinham legalmente usando, mas as sociedades anónimas passarao a usar a abreviatura «S.A.», em vez de «S.A.R.L.», independentemente de alteração do contrato.

ART. 533.º (Capital mínimo) – 1 – As sociedades constituídas antes da entrada em vigor desta lei cujo capital não atinja os montantes mínimos nela estabelecidos devem aumentar o capital, pelo menos até aos referidos montantes mínimos, no prazo de três anos a contar daquela entrada em vigor.

2 – Para o aumento de capital exigido pelo número anterior podem as sociedades deliberar por maioria simples a incorporação de reservas, incluindo reservas de reavaliação de bens do activo.

3 – Para a liberação total do capital, aumentado por novas entradas em cumprimento do disposto no n.º 1 deste artigo, podem ser fixados prazos até cinco anos.

4 – As sociedades que não tenham procedido ao aumento do capital e à liberação deste, em conformidade com os números anteriores, devem ser dissolvidas nos termos previstos no artigo 143.º. (*)

5 – Podem ser mantidos os valores nominais de quotas ou acções estipulados de harmonia com a legislação anterior, embora sejam inferiores aos valores mínimos estabelecidos nesta lei, os quais, porém, passarão a ser aplicáveis desde que o capital seja aumentado por força deste artigo ou por outras circunstâncias.

6 – O disposto no n.º 4 é aplicável às sociedades que não tenham procedido ao aumento do capital até ao montante mínimo previsto no artigo 201.º ou no n.º 3 do artigo 276.º, na redacção dada pelo Decreto-Lei n.º 343/98, de 6 de Novembro. (*)

ART. 534.º (Irregularidade por falta de escritura ou de registo) – O disposto nos artigos 36.º a 40.º é aplicável, com ressalva dos efeitos anteriormente produzidos, de harmonia com lei então vigente, às sociedades que, à data da entrada em vigor desta lei, se encontrem nas situações ali previstas.

ART. 535.º (Pessoas colectivas em órgãos de administração ou fiscalização) – As pessoas colectivas que, à data da entrada em vigor desta lei, exercerem funções que por esta lei não lhes sejam permitidas cessá-las-ão no fim do ano civil seguinte àquele em que esta lei entrar em vigor, se por outro motivo não as tiverem cessado antes daquela data.

150   [Lei n.º 19/2009]   SOCIEDADES COMERCIAIS E COOPERAÇÃO EMPRESARIAL

ART. 536.º (Sociedades de revisores oficiais de contas exercendo funções de conselho fiscal) – As sociedades de revisores oficiais de contas que, ao abrigo do artigo 4.º do Decreto-Lei n.º 49 381, de 15 de Novembro de 1969, estiverem, à data da entrada em vigor desta lei, a exercer funções de conselho fiscal manterão essas funções até que a sociedade tenha conselho fiscal ou conselho geral, devendo a respectiva eleição ser realizada até ao fim do ano civil seguinte ao da entrada em vigor desta lei.

ART. 537.º (Distribuição antecipada de lucros) – Na aplicação do artigo 297.º às sociedades constituídas antes da entrada em vigor deste diploma é dispensada a autorização pelo contrato de sociedade.

ART. 538.º (Quotas amortizadas. Acções próprias) – 1 – As quotas amortizadas anteriormente à entrada em vigor desta lei podem continuar a figurar no balanço como tais, independentemente da existência de estipulação contratual.

2 – As sociedades anónimas que, à data da entrada em vigor desta lei, possuírem acções próprias podem conservá-las durante cinco anos a contar da referida data.

3 – As alienações de acções próprias a terceiros, durante os cinco anos referidos no número anterior, podem ser decididas pelo conselho de administração.

4 – As acções próprias que a sociedade conservar ao fim dos cinco anos referidos no n.º 2 serão nessa data automaticamente anuladas na parte em que excedam 10% do capital.

ART. 539.º (Publicidade de participações) – 1 – As comunicações, nos termos dos artigos 447.º e 448.º, de participações existentes até à data da entrada em vigor desta lei devem ser efectuadas durante o 1.º semestre seguinte.

2 – As sociedades devem avisar os accionistas, pelos meios adequados, do disposto no número anterior.

ART. 540.º (Participações recíprocas) – 1 – O disposto no artigo 485.º, n.º 3, começa a aplicar-se às participações recíprocas existentes entre sociedades à data da entrada em vigor desta lei a partir do fim do ano civil seguinte à referida data, se nessa altura ainda se mantiverem.

2 – A proibição de exercício de direitos aplica-se à participação de menor valor nominal, salvo acordo em contrário entre as duas sociedades.

3 – As participações existentes à data da entrada em vigor desta lei contam-se para o cálculo dos 10% de capital.

ART. 541.º (Aquisições tendentes ao domínio total) – O disposto no artigo 490.º não é aplicável se a participação de 90% já existia à data da entrada em vigor desta lei.

ART. 542.º (Relatórios) – Os Ministros das finanças e da Justiça, em portaria conjunta, podem completar o conteúdo obrigatório do relatório anual dos órgãos de administração ou de fiscalização e do revisor oficial de contas, sem prejuízo da imediata aplicação do disposto nesta lei.

ART. 543.º (Depósitos de entradas) – Os depósitos de entradas de capital ordenados por esta lei continuam a ser efectuados na Caixa Geral de Depósitos, enquanto os Ministros das finanças e da Justiça, em portaria conjunta, não autorizarem que o sejam noutras instituições de crédito.

ART. 544.º (Perda de metade do capital) – Enquanto não entrar em vigor o artigo 35.º desta lei, os credores de uma sociedade anónima podem requerer a sua dissolução, provando que, posteriormente à época dos seus contratos, metade do capital social está perdido, mas a sociedade pode opor-se à dissolução, sempre que dê as necessárias garantias de pagamento aos seus credores.

ART. 545.º (Equiparação ao Estado) – Para os efeitos desta lei são equiparados ao Estado as Regiões Autónomas, as autarquias locais, a Caixa Geral de Depósitos, o Instituto de Gestão financeira da Segurança Social e o IPE – Investimentos e Participações do Estado, S. A.

3.1.4. FUSÕES TRANSFRONTEIRIÇAS DAS SOCIEDADES DE RESPONSABILIDADE LIMITADA

Lei n.º 19/2009

de 12 de Maio

CAPÍTULO I — **Disposições comuns**

ART. 1.º (Objecto e âmbito) — 1 — A presente lei transpõe para a ordem jurídica interna as Directivas n.ºs 2005/56/CE, do Parlamento Europeu e do Conselho, de 26 de Outubro, relativa às fusões transfronteiriças das sociedades de responsabilidade limitada, incluindo o regime referente à participação dos trabalhadores na

FUSÕES TRANSFRONTEIRIÇAS DAS SOCIEDADES [Lei n.º 19/2009] 151

sociedade resultante da fusão, e 2007/63/CE, do Parlamento Europeu e do Conselho, de 13 de Novembro, que altera as Directivas n.ᵒˢ 78/855/CEE e 82/891/CEE, do Conselho, no que respeita à exigência de um relatório de peritos independentes aquando da fusão ou da cisão de sociedades anónimas.

2 — As referências feitas a Estados membros e ao território da Comunidade devem ser entendidas como referentes também aos outros Estados abrangidos pelo Acordo sobre o Espaço Económico Europeu e ao seu território.

ART. 2.º (Noções) — Para os efeitos previstos na presente lei, entende-se por:

a) «Fusão transfronteiriça» a reunião numa só de duas ou mais sociedades, constituídas de acordo com a legislação de um Estado membro e tendo a sede estatutária, a administração central ou o estabelecimento principal no território da Comunidade, desde que pelo menos duas dessas sociedades sejam regidas pelos ordenamentos jurídicos de diferentes Estados membros;

b) «Participação dos trabalhadores» o direito de os trabalhadores ou os seus representantes elegerem ou designarem membros dos órgãos de administração ou de fiscalização de uma sociedade, de *comités* destes órgãos ou de órgão de direcção competente para decidir sobre o planeamento económico da sociedade ou, ainda, o direito de recomendarem ou se oporem à nomeação de membros dos órgãos de administração ou de fiscalização de uma sociedade.

CAPÍTULO II — **Participação dos trabalhadores**

Secção I — **DISPOSIÇÃO GERAL**

ART. 3.º (Regime) — 1 — À sociedade resultante de fusão transfronteiriça, realizada nos termos dos artigos 117.º-A a 117.º-L do Código das Sociedades Comerciais, que tenha a sede em Portugal aplica-se o regime de participação de trabalhadores estabelecido na lei nacional.

2 — Em substituição do regime previsto no número anterior, é aplicável o disposto nas secções seguintes do presente capítulo sempre que:

a) Pelo menos uma das sociedades objecto da fusão tenha, durante os seis meses que antecedem a publicação do projecto de fusão transfronteiriça, um número médio de trabalhadores superior a 500 e seja gerida segundo um regime de participação de trabalhadores;

b) O regime previsto no número anterior não preveja o mesmo nível de participação que o aplicável nas sociedades objecto da fusão ou não preveja que os trabalhadores dos estabelecimentos situados nos outros Estados membros possam exercer os mesmos direitos de participação que os trabalhadores empregados no Estado membro da sede.

3 — A avaliação do nível de participação, para efeitos da aplicação da alínea *b)* do número anterior, é feita por referência à proporção de representantes dos trabalhadores que o regime preveja que integrem o órgão de administração ou de fiscalização ou os seus *comités*, ou o órgão de direcção responsável pelas unidades lucrativas da sociedade.

Secção II — **DETERMINAÇÃO DO REGIME APLICÁVEL**

Subsecção I — **Procedimento de negociação**

ART. 4.º (Constituição do grupo especial de negociação) — 1 — Após o registo do projecto de fusão e a publicação da respectiva notícia, as sociedades participantes adoptam as medidas necessárias para a constituição de um grupo especial de negociação, para com este negociarem o regime de participação dos trabalhadores na sociedade resultante da fusão.

2 — A eleição ou designação dos membros do grupo especial de negociação é regulada pela legislação de cada Estado membro em cujo território trabalhem os trabalhadores representados.

3 — As sociedades participantes iniciam o procedimento com a prestação das seguintes informações:

a) Identificação das sociedades participantes, respectivas filiais e estabelecimentos;

b) Número de trabalhadores das sociedades, filiais e estabelecimentos referidos na alínea anterior.

4 — A informação prevista no número anterior deve ser prestada:

a) Aos representantes dos trabalhadores que participem na designação ou eleição dos membros do grupo especial de negociação, de acordo com a legislação dos Estados membros em cujo território se situem as sociedades participantes ou as respectivas filiais e estabelecimentos;

b) Aos trabalhadores das sociedades participantes, filiais e estabelecimentos situados em Estados membros cuja legislação não contemple a participação dos respectivos representantes na designação ou eleição dos membros do grupo especial de negociação.

ART. 5.º (Composição do grupo especial de negociação) — 1 — O grupo especial de negociação é composto por representantes dos trabalhadores empregados em cada Estado membro pelas sociedades participantes, respectivas filiais e estabelecimentos, correspondendo a cada Estado membro um representante por cada 10% do número total de trabalhadores empregados em todos os Estados membros.

2 — Ao Estado membro em que o número de trabalhadores empregados seja inferior à percentagem referida no número anterior corresponde um representante no grupo especial de negociação.

152 [Lei n.º 19/2009] SOCIEDADES COMERCIAIS E COOPERAÇÃO EMPRESARIAL

3 — O grupo especial de negociação tem tantos membros suplementares quantos os necessários para asse-gurar, em relação a cada Estado membro, um representante dos trabalhadores de cada sociedade participante que tenha trabalhadores nesse Estado e que deixe de ter existência jurídica como tal após a fusão.

4 — O número de membros suplementares não pode exceder 20% do número de membros resultante da aplicação do disposto no n.º 1.

5 — Se o número de membros suplementares determinado por aplicação do n.º 3 exceder a percentagem prevista no número anterior, aqueles membros são providos, dentro deste limite e por ordem decrescente, por representantes das sociedades que, em diferentes Estados membros, empreguem maior número de trabalha-dores.

6 — Não são representados pelos membros indicados ao abrigo dos n.ºs 1 e 2 os trabalhadores das socieda-des representados por membros suplementares nos termos dos n.ºs 3 a 5.

7 — O número de trabalhadores das sociedades participantes e das respectivas filiais e estabelecimentos interessados é determinado com referência à data em que estejam cumpridas as formalidades a que se refere o n.º 1 do artigo 4.º.

ART. 6.º (Negociação) — 1 — A negociação sobre o regime de participação dos trabalhadores na sociedade resultante da fusão tem início logo que o grupo especial de negociação esteja constituído, cabendo a iniciativa às sociedades participantes na fusão.

2 — O grupo especial de negociação tem o direito de se reunir imediatamente antes de qualquer reunião de negociação.

ART. 7.º (Obrigações da sociedade participante com maior número de trabalhadores e sede em território nacional) — São obrigações da sociedade participante que empregue o maior número de trabalhadores, quan-do tenha a sede em território nacional:

a) Determinar, de acordo com os critérios estabelecidos no artigo 5.º, o número total dos membros do gru-po especial de negociação e os Estados membros em que estes devem ser eleitos ou designados;

b) Marcar um prazo razoável, contado a partir da informação a prestar nos termos da alínea *d)*, para a elei-ção ou designação dos membros do grupo especial de negociação;

c) Informar o grupo especial de negociação sobre o projecto de fusão e a sua evolução, até ao registo da sociedade resultante da fusão;

d) Informar das decisões previstas nas alíneas *a)* e *b)* as outras sociedades participantes e as entidades refe-ridas no n.º 4 do artigo 4.º;

e) Comunicar às outras sociedades participantes a constituição do grupo especial de negociação.

ART. 8.º (Funcionamento do grupo especial de negociação) — 1 — Cada membro do grupo especial de negociação dispõe de um voto.

2 — As deliberações do grupo especial de negociação são adoptadas por maioria absoluta dos votos que correspondam a membros que representem a maioria absoluta dos trabalhadores.

3 — A deliberação que aprove um acordo que implique a redução do direito de participação dos trabalha-dores, no caso de este abranger, no mínimo, 25% do total de trabalhadores das sociedades participantes, deve ser adoptada por maioria de dois terços dos membros que representem dois terços do número total de traba-lhadores e que inclua os votos de membros que representem trabalhadores empregados em, pelo menos, dois Estados membros.

4 — Considera-se que há redução do direito de participação se a proporção de membros representantes dos trabalhadores nos órgãos de administração ou fiscalização da sociedade resultante da fusão for inferior à pro-porção mais elevada existente em qualquer das sociedades participantes.

5 — Para efeito dos números anteriores e sem prejuízo dos números seguintes, cada membro do grupo especial de negociação representa os trabalhadores da sociedade participante de que seja proveniente.

6 — No caso de haver, num Estado membro, alguma sociedade participante, ou filial ou estabelecimento de sociedade participante com sede noutro Estado membro, não sendo proveniente dessas sociedades qualquer membro do grupo especial de negociação, a representação dos respectivos trabalhadores é atribuída, em partes iguais, aos membros provenientes daquele Estado.

7 — No caso de haver, num Estado membro, dois ou mais membros do grupo especial de negociação prove-nientes da mesma sociedade participante, a representação dos respectivos trabalhadores é atribuída, em partes iguais, a esses membros.

8 — A acta da reunião em que for adoptada qualquer posição negocial do grupo especial de negociação deve indicar, nomeadamente, os elementos que satisfaçam os requisitos dos n.ºs 2 a 7.

9 — O grupo especial de negociação pode ser assistido por peritos da sua escolha e pode deliberar a partici-pação destes nas reuniões de negociação, sem direito a voto.

10 — O grupo especial de negociação pode informar as estruturas de representação colectiva dos trabalha-dores do início e da evolução da negociação e do respectivo resultado.

ART. 9.º (Duração da negociação) — 1 — A negociação decorre durante um período máximo de seis meses a contar da comunicação às sociedades participantes da constituição do grupo especial de negociação.

2 — Por acordo entre as partes, o período previsto no número anterior pode ser prorrogado até mais seis meses.

FUSÕES TRANSFRONTEIRIÇAS DAS SOCIEDADES [Lei n.º 19/2009] 153

ART. 10.º (Boa fé e cooperação) — 1 — As partes devem agir com boa fé no processo de negociação, nomeadamente, respondendo com a máxima brevidade possível às propostas e contrapropostas e observando, caso exista, o protocolo negocial.

2 — Cada uma das partes deve facultar à outra os elementos ou informações que ela solicitar, na medida em que daí não resulte prejuízo para a defesa dos seus interesses.

ART. 11.º (Acordo) — 1 — Sem prejuízo da autonomia das partes, o acordo sobre a participação dos trabalhadores deve prever:

a) A data de entrada em vigor e a duração do acordo;

b) O âmbito de aplicação, identificando a sociedade resultante da fusão, filiais e estabelecimentos abrangidos;

c) O número de membros do órgão de administração ou fiscalização da sociedade que os trabalhadores, ou os seus representantes, podem designar ou eleger, ou os direitos de que os trabalhadores dispõem para recomendarem ou se oporem à designação ou eleição de membros desses órgãos;

d) O procedimento aplicável para cumprimento do disposto ao abrigo da alínea anterior;

e) As situações em que o acordo deve ser revisto e o processo de revisão.

2 — Em substituição do disposto nas alíneas *c)* e *d)* do número anterior, as partes podem acordar na aplicação do regime previsto na subsecção III.

3 — O acordo é celebrado por escrito.

4 — A sociedade resultante da fusão deve remeter cópia do acordo ao ministério responsável pela área laboral.

Subsecção II — Afastamento da negociação

ART. 12.º (Deliberação das sociedades participantes) — 1 — O procedimento previsto na subsecção anterior não tem lugar quando os órgãos competentes das sociedades participantes deliberarem que se aplica à sociedade resultante da fusão, a partir da data do respectivo registo, o regime previsto na subsecção seguinte.

2 — A deliberação referida no número anterior tem lugar quando da elaboração do projecto de fusão, do qual deve constar.

3 — No caso previsto no n.º 1 deste artigo, as sociedades participantes promovem a designação ou eleição de uma estrutura de representação dos trabalhadores idêntica ao grupo especial de negociação, que exerce as competências previstas no n.º 4 do artigo 14.º, no artigo 15.º e no n.º 2 do artigo 16.º.

4 — À estrutura referida no número anterior e aos seus membros é aplicável o mesmo regime que ao grupo especial de negociação e respectivos membros.

ART. 13.º (Deliberação do grupo especial de negociação) — Por maioria de dois terços dos membros que representem, no mínimo, dois terços da totalidade dos trabalhadores e que inclua os votos de membros que representem trabalhadores em, pelo menos, dois Estados membros, o grupo especial de negociação pode deliberar não iniciar a negociação ou terminar a que estiver em curso, aceitando o regime de participação aplicável à sociedade resultante da fusão previsto na subsecção seguinte.

Subsecção III — Regime supletivo

ART. 14.º (Instituição) — 1 — Os trabalhadores da sociedade resultante da fusão têm o direito de eleger, designar, recomendar ou se opor à designação de um número de membros do órgão de administração ou de fiscalização da referida sociedade igual à mais elevada das proporções que vigore em qualquer das sociedades participantes antes do registo da fusão.

2 — Nos casos em que o disposto no número anterior se aplica na sequência do procedimento de negociação previsto na subsecção I, o número de representantes dos trabalhadores não deve ultrapassar um terço do total de membros do órgão de administração, sem prejuízo da possibilidade de por acordo ser estabelecida uma proporção superior.

3 — O disposto nos números anteriores é aplicável nos casos seguintes, sem prejuízo do disposto na subsecção anterior:

a) Quando as partes assim o decidirem;

b) Quando não tiver sido celebrado acordo no prazo previsto no artigo 9.º e o órgão competente de cada uma das sociedades participantes decidir aceitar a sua aplicação e assim dar seguimento ao processo para registo da sociedade resultante da fusão;

c) Quando exista em uma ou mais sociedades participantes regime de participação que abranja, pelo menos, um terço dos trabalhadores do total das sociedades participantes ou quando, embora seja abrangido por regime de participação menos de um terço dos trabalhadores, o grupo especial de negociação assim o delibere.

4 — Se existirem diferentes modalidades de participação nas sociedades participantes, o grupo especial de negociação escolhe a que se aplica à sociedade resultante da fusão.

5 — Se o grupo especial de negociação não proceder à escolha prevista no número anterior, é aplicável a modalidade que abranja o maior número de trabalhadores das sociedades participantes.

6 — As partes devem providenciar mutuamente o conhecimento das deliberações tomadas.

154 [Lei n.º 19/2009] SOCIEDADES COMERCIAIS E COOPERAÇÃO EMPRESARIAL

SECÇÃO III — **DISPOSIÇÕES COMUNS**

ART. 15.º (Distribuição de lugares) — 1 — Sem prejuízo da competência do conselho de trabalhadores no que respeita à sociedade resultante da fusão caso esta seja uma sociedade europeia, compete ao grupo especial de negociação fixar, tendo em consideração a proporção dos trabalhadores da sociedade resultante da fusão empregados em cada Estado membro, quer a distribuição dos lugares a prover nos órgãos de administração ou fiscalização da sociedade pelos membros que representam os trabalhadores dos diversos Estados membros quer o modo como os mesmos trabalhadores podem recomendar ou rejeitar membros do órgão de administração ou fiscalização.

2 — Se, de acordo com o critério referido no número anterior, houver um ou mais Estados membros em que haja trabalhadores que não tenham representantes no órgão de administração ou fiscalização, deve ser atribuído pelo menos um lugar a um desses Estados, preferindo, sendo caso disso, o representante da sociedade com sede no território nacional.

3 — O número de lugares atribuídos de acordo com o número anterior deve ser subtraído aos dos Estados membros aos quais caberia mais de um lugar, procedendo-se por ordem inversa ao número de trabalhadores neles empregados.

ART. 16.º (Designação ou eleição dos membros) — 1 — A designação ou eleição dos membros que representam os trabalhadores empregados em cada Estado membro para os lugares do órgão de administração ou de fiscalização da sociedade resultante da fusão é regulada pela legislação nacional desse Estado.

2 — Na falta de legislação nacional aplicável, o modo de designação ou eleição do membro proveniente desse Estado é deliberado pelo grupo especial de negociação.

ART. 17.º (Estatuto dos membros representantes dos trabalhadores) — Os membros do órgão de administração ou fiscalização que sejam designados, eleitos ou recomendados pelos trabalhadores ou pelos seus representantes têm os mesmos direitos e deveres que os restantes membros, incluindo o direito a voto.

ART. 18.º (Recursos financeiros e materiais) — 1 — As sociedades participantes devem:

a) Pagar as despesas do grupo especial de negociação relativas à negociação e a outras diligências que, nos termos dos artigos anteriores, forem da sua competência, de modo que este possa exercer adequadamente as suas funções;

b) Facultar ao grupo especial de negociação os meios materiais necessários ao cumprimento da respectiva missão, incluindo instalações e locais para afixação da informação;

c) Pagar as despesas de, pelo menos, um perito do grupo especial de negociação.

2 — As despesas de funcionamento incluem as respeitantes à organização de reuniões, a traduções, estadas e deslocações e, ainda, a retribuição de um perito.

3 — O disposto no número anterior, excepto no que respeita à retribuição de um perito, pode ser regulado diferentemente por acordo com as sociedades participantes.

4 — Sem prejuízo de acordo específico sobre esta matéria, as despesas de deslocação e estada são pagas nos termos do regime em vigor nos estabelecimentos ou empresas em que os representantes dos trabalhadores trabalham, sendo aplicado ao perito o regime aplicável aos membros provenientes do mesmo Estado membro.

5 — Da aplicação do critério previsto no número anterior não pode resultar pagamento de despesas a um membro do grupo especial de negociação menos favorável que a outro.

6 — As despesas relativas a cada membro do grupo especial de negociação são pagas pela sociedade participante da qual ou de cuja sucursal ou estabelecimento o mesmo é proveniente.

7 — As sociedades participantes pagam as despesas do perito na proporção do número dos respectivos trabalhadores.

8 — As despesas de membro do grupo especial de negociação que não seja proveniente de qualquer sociedade participante, sua sucursal ou estabelecimento são pagas pelas sociedades participantes cujos trabalhadores sejam por ele representados, na proporção do número destes.

ART. 19.º (Dever de reserva e confidencialidade) — A prestação de informações aos membros do grupo especial de negociação e outros representantes dos trabalhadores, a qualificação daquelas como confidenciais, o dever de sigilo e a recusa da prestação de informações regem-se pelos artigos 412.º a 414.º do Código do Trabalho.

SECÇÃO IV — **DISPOSIÇÕES DE CARÁCTER NACIONAL**

ART. 20.º (Âmbito) — As disposições desta secção são aplicáveis às sociedades, filiais e estabelecimentos situados em território nacional.

ART. 21.º (Designação ou eleição dos membros do grupo especial de negociação) — 1 — A designação ou eleição deve assegurar que haja um membro do grupo especial de negociação proveniente de cada sociedade participante com sede em território nacional ou, se tal não for possível, das que nele empreguem maior número de trabalhadores.

2 — Pode ser membro do grupo especial de negociação um associado de sindicato que represente trabalhadores das sociedades participantes, filiais ou estabelecimentos interessados, independentemente de ser trabalhador ao seu serviço.

FUSÕES TRANSFRONTEIRIÇAS DAS SOCIEDADES
[Lei n.º 19/2009] 155

3 — Os membros do grupo especial de negociação são designados:
a) No caso de haver apenas uma sociedade participante ou filial, por acordo entre a respectiva comissão de trabalhadores e as associações sindicais que representem esses trabalhadores, ou apenas por aquela, na ausência destas;
b) No caso de haver duas ou mais sociedades participantes ou filiais, por acordo entre as respectivas comissões de trabalhadores e as associações sindicais que representem esses trabalhadores, ou apenas entre aquelas, na ausência destas;
c) No caso de haver uma ou mais sociedades participantes ou filiais e um ou mais estabelecimentos de outra sociedade participante ou filial, por acordo entre as respectivas comissões de trabalhadores e as associações sindicais, desde que estas representem também os trabalhadores dos referidos estabelecimentos;
d) Na ausência de comissões de trabalhadores, por acordo entre as associações sindicais que, em conjunto, representem pelo menos dois terços dos trabalhadores das sociedades participantes, sucursais ou estabelecimentos;
e) No caso de não se verificar o previsto nas alíneas anteriores, por acordo entre as associações sindicais que representem, cada uma, 5% dos trabalhadores das sociedades participantes, sucursais e estabelecimentos.
4 — Só as associações sindicais que representem, pelo menos, 5% dos trabalhadores das sociedades participantes, filiais ou estabelecimentos existentes em território nacional podem participar na designação dos representantes dos trabalhadores, sem prejuízo do disposto no número seguinte.
5 — As associações sindicais que, em conjunto, representarem pelo menos 5% dos trabalhadores das sociedades participantes, filiais ou estabelecimentos existentes em território nacional podem mandatar uma delas para participar na designação dos representantes dos trabalhadores.
6 — Os membros do grupo especial de negociação são eleitos por voto directo e secreto, de entre candidaturas apresentadas por, pelo menos, 100 ou 10% dos trabalhadores das sociedades participantes, filiais e estabelecimentos existentes em território nacional nas seguintes situações:
a) Se não houver lugar à designação nos termos dos artigos anteriores;
b) Sempre que pelo menos um terço dos trabalhadores das sociedades participantes, filiais e estabelecimentos o requeira.
7 — A convocação do acto eleitoral, o respectivo regulamento, o caderno eleitoral, as secções de voto, a votação, a acta, o apuramento e a publicidade do resultado da eleição, bem como o controlo da legalidade da mesma, são regulados pelos n.os 3 e 4 do artigo 430.º e pelos artigos 431.º a 433.º e 439.º do Código do Trabalho.
8 — A designação ou eleição de membros do grupo especial de negociação deve ser acompanhada da indicação do número de trabalhadores que cada um representa.
9 — Os trabalhadores a tempo parcial são considerados para efeito do cálculo do número de trabalhadores, independentemente da duração do seu período normal de trabalho.

ART. 22.º (Designação ou eleição dos membros do órgão de administração ou fiscalização) — À designação ou eleição dos membros que representam os trabalhadores para os lugares do órgão de administração ou fiscalização da sociedade resultante da fusão é aplicável o disposto no artigo anterior, com as necessárias adaptações.

ART. 23.º (Protecção especial dos representantes dos trabalhadores) — 1 — Os membros do grupo especial de negociação e os representantes dos trabalhadores no órgão de administração ou fiscalização têm, em especial, direito a:
a) Crédito de horas mensal para o exercício das suas funções igual ao dos membros de comissão de trabalhadores;
b) Crédito de tempo sem perda de retribuição, na medida em que seja necessário para participar em reuniões com a sociedade resultante da fusão, em reuniões do órgão de administração ou fiscalização e em reuniões preparatórias destas, incluindo o tempo gasto nas deslocações;
c) Justificação das ausências por motivo do desempenho das suas funções que excedam o crédito de horas, nos termos previstos no Código do Trabalho, para os membros das estruturas de representação colectiva dos trabalhadores;
d) Protecção em caso de procedimento disciplinar, despedimento e transferência, nos termos previstos no Código do Trabalho, para os membros das estruturas de representação colectiva dos trabalhadores.
2 — Não há lugar a acumulação do crédito de horas pelo facto de o trabalhador pertencer a mais de uma estrutura de representação colectiva dos trabalhadores.

ART. 24.º (Fusões subsequentes) — Quando a sociedade resultante da fusão transfronteiriça seja gerida segundo um regime de participação dos trabalhadores, são aplicáveis às fusões em que participe no território nacional, por um período de três anos subsequente à fusão transfronteiriça, as disposições do presente capítulo, com as necessárias adaptações.

SECÇÃO V — **CONTRA-ORDENAÇÕES**

ART. 25.º (Regime geral) — 1 — O regime geral previsto nos artigos 548.º a 566.º do Código do Trabalho aplica-se às infracções decorrentes da violação do presente capítulo.

156   [DL n.º 76-A/2006]   SOCIEDADES COMERCIAIS E COOPERAÇÃO EMPRESARIAL

2 — Na aplicação do presente capítulo às regiões autónomas são tidas em conta as competências atribuídas por lei aos respectivos órgãos e serviços regionais.

ART. 26.º (Contra-ordenações em especial) — 1 — Constitui contra-ordenação muito grave:
a) A violação dos n.ºˢ 1, 3 e 4 do artigo 4.º, do artigo 7.º, do n.º 6 do artigo 14.º e dos n.ºˢ 1 e 2 do artigo 18.º;
b) A prática de quaisquer factos que obstem ao pleno gozo dos direitos concedidos ao abrigo dos n.ºˢ 2 do artigo 6.º e 1 do artigo 14.º.
2 — Constitui contra-ordenação grave:
a) A violação do n.º 1 do artigo 6.º;
b) A prática de quaisquer factos que obstem ao pleno gozo dos direitos concedidos ao abrigo do n.º 9 do artigo 8.º.
3 — Constitui contra-ordenação leve a violação do n.º 4 do artigo 11.º.

3.1.5. REGIME JURÍDICO DOS PROCEDIMENTOS ADMINISTRATIVOS DE DISSOLUÇÃO E LIQUIDAÇÃO DE ENTIDADES COMERCIAIS

Decreto-Lei n.º 76-A/2006

de 29 de Março (Anexo III) (*)

Secção I — **DISPOSIÇÕES GERAIS**

ART. 1.º (Objecto) – É criado o regime jurídico dos procedimentos administrativos de dissolução e de liquidação de entidades comerciais.

ART. 2.º (Âmbito) – 1 – Os procedimentos administrativos de dissolução e de liquidação de entidades comerciais são aplicáveis, consoante os casos, às sociedades comerciais, às sociedades civis sob forma comercial, às cooperativas e aos estabelecimentos individuais de responsabilidade limitada, designados no presente diploma como entidades comerciais.
2 – As referências no presente diploma a membros de entidades comerciais entendem-se como feitas a sócios e cooperadores.
3 – Exceptuam-se do disposto no n.º 1 as empresas de seguros, as instituições de crédito, as sociedades financeiras, as empresas de investimento prestadoras de serviços que impliquem a detenção de fundos ou de valores mobiliários de terceiros e os organismos de investimento colectivo, na medida em que a sujeição aos procedimentos administrativos de dissolução e de liquidação de entidades comerciais seja incompatível com os regimes especiais previstos para tais entidades.

ART. 3.º (Pedido de declaração de insolvência da entidade comercial) – Se, durante a tramitação dos procedimentos administrativos de dissolução e de liquidação de entidades comerciais, for pedida a declaração de insolvência da entidade comercial, os actos praticados ao abrigo dos procedimentos ficam sem efeito, seguindo o processo de insolvência os termos previstos no Código da Insolvência e da Recuperação de Empresas.

ART. 3.º-A (Modelos de autos e notificações) – Por despacho do presidente do Instituto dos Registos e do Notariado, I. P., podem ser aprovados modelos dos autos e notificações previstos no presente regime jurídico.

Secção II — **PROCEDIMENTO ADMINISTRATIVO DE DISSOLUÇÃO**

ART. 4.º (Início voluntário do procedimento) – 1 – As entidades comerciais, os membros de entidades comerciais, os respectivos sucessores, os credores das entidades comerciais e os credores de sócios e cooperadores de responsabilidade ilimitada podem iniciar o procedimento administrativo de dissolução mediante a apresentação de requerimento no serviço de registo competente quando a lei o permita e ainda quando:
a) Por período superior a um ano, o número de sócios da sociedade for inferior ao mínimo exigido por lei, excepto se um dos sócios for uma pessoa colectiva pública ou entidade a ela equiparada por lei para esse efeito;
b) A actividade da sociedade que constitui o objecto contratual se torne de facto impossível;
c) A sociedade não tenha exercido qualquer actividade durante dois anos consecutivos;
d) A sociedade exerça de facto uma actividade não compreendida no objecto contratual;
e) Uma pessoa singular seja sócia de mais do que uma sociedade unipessoal por quotas;
f) A sociedade unipessoal por quotas tenha como sócio único outra sociedade unipessoal por quotas;
g) Se verifique a impossibilidade insuperável da prossecução do objecto da cooperativa ou a falta de coincidência entre o objecto real e o objecto expresso nos estatutos da cooperativa;

(*) Rectificado pela DR n.º 28-A/2006, de 26-5, e alterado pelo **DL n.º 318/2007**, de 26-9, que deu nova redacção aos arts. 5.º, 8.º, 9.º, 11.º, 15.º, 20.º, 24.º e 25.º, aditou o art. 3.º-A, e revogou o n.º 6 do art. 8.º

DISSOLUÇÃO E LIQUIDAÇÃO DE ENTIDADES COMERCIAIS [DL n.º 76-A/2006] 157

h) Ocorra a diminuição do número de membros da cooperativa abaixo do mínimo legalmente previsto por um período de tempo superior a 90 dias e desde que tal redução não seja temporária ou ocasional.

2 – No requerimento o interessado deve:

a) Pedir o reconhecimento da causa de dissolução da entidade;

b) Apresentar documentos ou requerer diligências de prova úteis para o esclarecimento dos factos com interesse para a decisão.

3 – Caso o requerimento seja apresentado pela entidade comercial, e esta optar pela forma de liquidação prevista na secção seguinte, pode indicar um ou mais liquidatários, comprovando a respectiva aceitação, ou solicitar a sua designação pelo conservador.

4 – A apresentação do requerimento por outro interessado que não a entidade comercial implica que a liquidação se faça por via administrativa.

5 – Com a apresentação do requerimento deve efectuar-se o pagamento das quantias correspondentes aos encargos devidos pelo procedimento, sob pena de a sua apresentação ser rejeitada.

6 – Os interessados podem exigir da entidade comercial o reembolso dos encargos pagos nos termos do número anterior.

ART. 5.º (Início oficioso do procedimento) – O procedimento administrativo de dissolução é instaurado oficiosamente pelo conservador, mediante auto que especifique as circunstâncias que determinaram a instauração do procedimento e que identifique a entidade e a causa de dissolução, quando resulte da lei e ainda quando:

a) Durante dois anos consecutivos, a sociedade não tenha procedido ao depósito dos documentos de prestação de contas e a administração tributária tenha comunicado ao serviço de registo competente a omissão de entrega da declaração fiscal de rendimentos pelo mesmo período;

b) A administração tributária tenha comunicado ao serviço de registo competente a ausência de actividade efectiva da sociedade, verificada nos termos previstos na legislação tributária;

c) A administração tributária tenha comunicado ao serviço de registo competente a declaração oficiosa da cessação de actividade da sociedade, nos termos previstos na legislação tributária;

d) As sociedades não tenham procedido ao aumento do capital e à liberação deste, nos termos dos n.ºs 1 a 3 e 6 do artigo 533.º do Código das Sociedades Comerciais;

e) A sociedade não tenha sido objecto de actos de registo comercial obrigatórios durante mais de 20 anos;

f) Ocorra a omissão de entrega da declaração fiscal de rendimentos da cooperativa durante dois anos consecutivos comunicada pela administração tributária ao serviço de registo competente;

g) Ocorra a comunicação da ausência de actividade efectiva da cooperativa verificada nos termos da legislação tributária, efectuada pela administração tributária junto do serviço de registo competente;

h) Ocorra a comunicação da declaração oficiosa de cessação de actividade da cooperativa nos termos previstos na legislação tributária, efectuada pela administração tributária junto do serviço de registo competente;

i) As cooperativas não tenham procedido ao registo do capital social actualizado nos termos previstos nos n.ºs 3 e 4 do artigo 91.º do Código Cooperativo.

ART. 6.º (Averbamento de pendência da dissolução) – 1 – Iniciado o procedimento, o conservador lavra oficiosamente averbamento da pendência da dissolução, reportando-se a este momento os efeitos dos registos que venham a ser lavrados na sequência do procedimento.

2 – O averbamento é oficiosamente cancelado mediante a decisão que indefira o pedido de dissolução ou declare findo o procedimento, logo que tal decisão se torne definitiva.

ART. 7.º (Indeferimento liminar) – 1 – Sempre que o pedido seja manifestamente improcedente ou não tenham sido apresentados os documentos comprovativos dos factos com interesse para a decisão que só documentalmente possam ser provados e cuja verificação constitua pressuposto da procedência do pedido, o conservador indefere liminarmente o pedido, por decisão fundamentada, que é notificada ao requerente.

2 – O conservador só pode indeferir liminarmente o pedido no caso da não apresentação dos documentos comprovativos dos factos com interesse para a decisão quando não seja possível o acesso do serviço de registo competente, por meios informáticos, à informação constante de base de dados de entidade ou serviço da Administração Pública que permita comprovar esses factos.

3 – O interessado pode impugnar judicialmente a decisão de indeferimento liminar nos termos previstos no artigo 12.º, com as necessárias adaptações.

4 – Tornando-se a decisão de indeferimento liminar definitiva, o serviço de registo competente procede à devolução de todas as quantias cobradas nos termos do n.º 5 do artigo 4.º.

ART. 8.º (Notificação e participação da entidade e dos interessados) – 1 – Quando não sejam requerentes, são, consoante o caso, notificados para os efeitos do procedimento:

a) A sociedade e os sócios, ou os respectivos sucessores, e um dos seus gerentes ou administradores;

b) A cooperativa e os cooperadores, ou os respectivos sucessores, e um dos membros da sua direcção.

2 – A notificação deve dar conta do início dos procedimentos administrativos de dissolução e de liquidação, excepto no caso em que o requerimento seja apresentado pela entidade comercial e esta não tenha optado pela liquidação por via administrativa, e conter os seguintes elementos:

a) Cópia do requerimento ou do auto e da documentação apresentada;

b) Ordem de comunicação ao serviço de registo competente, no prazo de 10 dias a contar da notificação, do activo e do passivo da entidade comercial e de envio dos respectivos documentos comprovativos, caso esses elementos ainda não constem do processo;

158   [DL n.º 76-A/2006]   SOCIEDADES COMERCIAIS E COOPERAÇÃO EMPRESARIAL

c) Concessão de um prazo de 10 dias, a contar da notificação, para dizerem o que se lhes oferecer, apresentando os respectivos meios de prova.

3 – Nos casos em que a causa de dissolução consista na diminuição do número legal de membros da entidade comercial ou corresponda às previstas nas alíneas *e*) ou *f*) do n.º 1 do artigo 4.º, a notificação deve conter os elementos referidos nas alíneas *a*) e *b*) do número anterior e ainda os referidos no n.º 1 do artigo 9.º.

4 – A notificação realiza-se através da publicação de aviso nos termos do n.º 1 do artigo 167.º do Código das Sociedades Comerciais, dando conta de que os documentos estão disponíveis para consulta no serviço de registo competente.

5 – A realização da publicação prevista no número anterior é comunicada à entidade comercial e aos respectivos membros que constem do registo, por carta registada.

6 – (*Revogado*).

7 – Nos casos previstos na alínea *e*) do artigo 5.º a comunicação prevista no n.º 5 é efectuada apenas à sociedade.

8 – Deve ser igualmente publicado um aviso, nos termos do n.º 1 do artigo 167.º do Código das Sociedades Comerciais, dirigido, consoante os casos, aos credores da entidade comercial e aos credores de sócios e cooperadores de responsabilidade ilimitada, comunicando que:

a) Tiveram início os procedimentos administrativos de dissolução e de liquidação, excepto no caso em que o requerimento seja apresentado pela entidade comercial e esta não tenha optado pela liquidação por via administrativa;

b) Devem informar, no prazo de 10 dias, os créditos e direitos que detenham sobre a entidade comercial em causa, bem como o conhecimento que tenham dos bens e direitos de que esta seja titular.

9 – Não são devidas quaisquer taxas pelas publicações referidas nos n.ºˢ 4 e 8.

ART. 9.º (Especificidades da notificação, participação dos interessados e solicitação de informações em procedimento oficioso) – 1 – Quando o procedimento seja instaurado oficiosamente a notificação deve conter os elementos referidos no n.º 2 do artigo 8.º, excepto o que consta da alínea *c*), e ainda os seguintes:

a) Solicitação da apresentação de documentos que se mostrem úteis para a decisão;

b) Concessão de um prazo de 30 dias, a contar da notificação, para a regularização da situação ou para a demonstração de que a regularização já se encontra efectuada;

c) Aviso de que, se dos elementos do processo não for apurada a existência de qualquer activo ou passivo a liquidar ou se os notificados não comunicarem ao serviço de registo competente o activo e o passivo da entidade comercial, o conservador declara simultaneamente a dissolução e o encerramento da liquidação da entidade comercial;

d) Advertência de que, se dos elementos do processo resultar a existência de activo e passivo a liquidar, após a declaração da dissolução da entidade comercial pelo conservador, se segue o procedimento administrativo de liquidação, sem que ocorra qualquer outra notificação.

2 – O prazo referido na alínea *b*) do número anterior pode ser prorrogado até 90 dias, a pedido dos interessados.

3 – Devem ser solicitadas, preferencialmente por via electrónica, à Inspecção-Geral do Trabalho e aos serviços competentes da segurança social informações sobre eventuais registos de trabalhadores da entidade comercial nos dois anos anteriores à instauração do procedimento.

4 – No caso de a entidade comercial ter trabalhadores registados, a sua identificação e residência devem ser comunicadas ao serviço de registo competente no prazo de 10 dias a contar da solicitação referida no número anterior, para notificação e comunicação de que o procedimento teve início, nos termos dos n.ºˢ 4, 5 e 9 do artigo 8.º.

5 – Na falta de resposta da Inspecção-Geral do Trabalho e dos serviços competentes da segurança social no prazo referido no número anterior pode o procedimento administrativo de dissolução prosseguir e vir a ser decidido sem essa resposta.

6 – A notificação aos trabalhadores da entidade comercial prevista no n.º 4, bem como, consoante os casos, aos credores da entidade comercial e aos credores de sócios e cooperadores de responsabilidade ilimitada, deve conter:

a) Os elementos referidos no n.º 7 do artigo anterior;

b) O aviso e a advertência a que se referem as alíneas *c*) e *d*) do n.º 1;

c) A informação de que a comunicação da existência de créditos e direitos que detenham sobre a entidade comercial em causa, bem como da existência de bens e direitos de que esta seja titular, determina a sua responsabilidade pelo pagamento dos encargos com os liquidatários e peritos nomeados pelo conservador, sem prejuízo da aplicação do disposto no n.º 6 do artigo 4.º.

7 – Nas situações a que se refere a alínea *e*) do artigo 5.º, são apenas solicitadas informações à administração tributária e somente nos casos em que a sociedade tiver número de identificação de pessoa colectiva, preferencialmente por via electrónica, para, no prazo de 10 dias, ser comunicada a situação tributária da sociedade, podendo o procedimento administrativo de dissolução prosseguir e vir a ser decidido na ausência de resposta.

8 – Nos casos referidos no número anterior, se a situação da sociedade perante a administração tributária estiver regularizada, o prazo previsto na alínea *b*) do n.º 1 pode ser prorrogado até 90 dias.

ART. 10.º (Indicação de liquidatários em procedimento voluntário) – No âmbito do procedimento voluntário de dissolução, as entidades comerciais, quando não sejam requerentes, podem, no prazo previsto para dizerem o que se lhes oferecer e apresentar os respectivos meios de prova, indicar um ou mais liquidatários, desde que comprovem a respectiva aceitação.

DISSOLUÇÃO E LIQUIDAÇÃO DE ENTIDADES COMERCIAIS   [DL n.º 76-A/2006]   159

ART. 11.º (Decisão) – 1 – Sendo regularizada a situação no prazo concedido para o efeito, o conservador declara findo o procedimento.

2 – Caso tenham sido indicadas testemunhas, o conservador procede à sua audição, sendo os respectivos depoimentos reduzidos a escrito.

3 – A decisão é proferida no prazo de 15 dias após o termo dos prazos para os interessados dizerem o que se lhes oferecer e apresentarem os respectivos meios de prova ou para a regularização da situação.

4 – Se do requerimento apresentado, do auto elaborado pelo conservador ou dos demais elementos constantes do processo não for apurada a existência de qualquer activo ou passivo a liquidar, o conservador declara simultaneamente a dissolução e o encerramento da liquidação da entidade comercial.

5 – Os interessados são imediatamente notificados da decisão pela forma prevista nos n.ºs 4, 5 e 7 do artigo 8.º.

ART. 12.º (Impugnação judicial) – 1 – Qualquer interessado pode impugnar judicialmente a decisão do conservador, com efeito suspensivo, no prazo de 10 dias a contar da notificação da decisão.

2 – A acção judicial considera-se proposta com a sua apresentação no serviço de registo competente em que decorreu o procedimento, sendo de seguida o processo remetido ao tribunal judicial competente.

3 – Após o trânsito em julgado da decisão judicial proferida o tribunal comunica-a ao serviço de registo competente e devolve a este os documentos constantes do procedimento administrativo.

4 – Todos os actos e comunicações referidos nos n.ºs 2 e 3 devem ser obrigatoriamente efectuados por via electrónica, sempre que tal meio se encontre disponível, em termos a definir por portaria do Ministro da Justiça.

ART. 13.º (Registo da dissolução) – Tornando-se a decisão definitiva, o conservador lavra oficiosamente o registo da dissolução e, nos casos a que se refere o n.º 4 do artigo 11.º, lavra simultaneamente o registo do encerramento da liquidação.

ART. 14.º (Comunicações subsequentes ao registo da dissolução) – Efectuado o registo da dissolução, o serviço de registo competente procede de imediato à comunicação do facto, por via electrónica, às seguintes entidades:

a) Ao Registo Nacional de Pessoas Colectivas, para efeitos da inscrição do facto no ficheiro central de pessoas colectivas;

b) À administração tributária e à segurança social, para efeitos de dispensa de apresentação das competentes declarações de alteração de situação jurídica.

Secção III — **PROCEDIMENTO ADMINISTRATIVO DE LIQUIDAÇÃO**

ART. 15.º (Início do procedimento e competência) – 1 – O procedimento administrativo de liquidação inicia-se mediante requerimento da entidade comercial, dos seus membros, dos respectivos sucessores, dos credores das entidades comerciais ou dos credores de sócios e cooperadores de responsabilidade ilimitada quando do resulte da lei que a liquidação deva ser feita por via administrativa.

2 – No requerimento apresentado pela entidade comercial devem ser indicados um ou mais liquidatários, comprovando a respectiva aceitação, ou ser solicitada a sua nomeação pelo conservador.

3 – Nos requerimentos apresentados por outros interessados a designação de liquidatários compete ao conservador, salvo indicação de liquidatários pela entidade comercial.

4 – Nos casos em que a dissolução tenha sido declarada no âmbito do procedimento administrativo de dissolução, o pedido de liquidação considera-se efectuado no requerimento de dissolução, salvo nos casos em que a dissolução tenha sido requerida pela entidade comercial e esta não tenha optado nesse momento pela liquidação por via administrativa.

5 – O procedimento administrativo de liquidação é instaurado oficiosamente pelo conservador, mediante auto que especifique as circunstâncias que determinaram a instauração do procedimento e no qual nomeie um ou mais liquidatários, quando:

a) A dissolução tenha sido realizada em procedimento administrativo de dissolução instaurado oficiosamente pelo conservador;

b) Se verifique terem decorrido os prazos previstos no artigo 150.º do Código das Sociedades Comerciais para a duração da liquidação sem que tenha sido requerido o respectivo registo de encerramento;

c) Durante dois anos consecutivos, o titular do estabelecimento individual de responsabilidade limitada não tenha procedido ao depósito dos documentos de prestação de contas e a administração tributária tenha comunicado ao serviço de registo competente a omissão de entrega da declaração fiscal de rendimentos pelo mesmo período;

d) A administração tributária tenha comunicado ao serviço de registo competente a ausência de actividade efectiva do estabelecimento individual de responsabilidade limitada, verificada nos termos previstos na legislação tributária;

e) A administração tributária tenha comunicado ao serviço de registo competente a declaração oficiosa da cessação de actividade do estabelecimento individual de responsabilidade limitada, nos termos previstos na legislação tributária;

f) Se verifique que o titular do estabelecimento individual de responsabilidade limitada não procedeu ao aumento de capital do estabelecimento, nos termos do artigo 35.º-A do Decreto-Lei n.º 248/86, de 25 de Agosto;

g) O estabelecimento individual de responsabilidade limitada não tenha sido objecto de actos de registo comercial obrigatórios durante mais de 20 anos;

h) Tenha ocorrido o óbito do titular do estabelecimento individual de responsabilidade limitada, comprovado por consulta a base de dados de serviço da Administração Pública;

160 [DL n.º 76-A/2006] SOCIEDADES COMERCIAIS E COOPERAÇÃO EMPRESARIAL

i) O tribunal que decidiu o encerramento de um processo de insolvência por insuficiência da massa insolvente tenha comunicado esse encerramento ao serviço de registo competente, nos termos do n.º 4 do artigo 234.º do Código da Insolvência e da Recuperação de Empresas.

6 – Os n.ᵒˢ 5 e 6 do artigo 4.º são aplicáveis ao procedimento administrativo de liquidação.

7 – O procedimento corre os seus termos em serviço de registo competente para o registo da liquidação.

8 – No caso previsto na alínea *a*) do n.º 5, é competente para o procedimento o serviço de registo competente que procedeu ao registo da dissolução.

ART. 16.º (Registo de entrada em liquidação) – Tratando-se da liquidação de estabelecimento individual de responsabilidade limitada, a instauração do procedimento determina o registo oficioso de entrada em liquidação do estabelecimento.

ART. 17.º (Notificação e participação da entidade e dos interessados) – 1 – Só há lugar a notificação no procedimento administrativo de liquidação nos seguintes casos:

a) Quando a dissolução não tiver sido declarada por via administrativa; e

b) Quando a dissolução tenha sido requerida pela entidade comercial e esta não tenha optado nesse momento pela liquidação por via administrativa.

2 – A notificação deve dar conta do início do procedimento administrativo de liquidação e conter os seguintes elementos:

a) Cópia do requerimento ou do auto e da documentação apresentada;

b) Ordenar a comunicação ao serviço de registo competente, no prazo de 10 dias a contar da notificação, do activo e do passivo da entidade comercial.

3 – O artigo 8.º, excepto os n.ᵒˢ 2 e 3, é aplicável, com as devidas adaptações.

ART. 18.º (Nomeação dos liquidatários e fixação do prazo de liquidação) – 1 – O conservador nomeia os liquidatários que lhe tenham sido indicados pela entidade comercial desde que verifique estar comprovada a aceitação dos mesmos.

2 – Quando competir ao conservador a designação de liquidatários ou quando a entidade comercial não tenha procedido à sua indicação, o conservador deve nomear um ou mais liquidatários de reconhecida capacidade técnica e idoneidade para o cargo.

3 – Se para o cargo de liquidatário não for designado revisor oficial de contas ou sociedade de revisores oficiais de contas, o conservador pode designar como perito uma de tais entidades, com base em indicação dada pela Ordem dos Revisores Oficiais de Contas, designadamente para fundamentação da decisão no procedimento.

4 – A remuneração dos liquidatários e dos peritos nomeados pelo conservador é a prevista para os liquidatários e peritos nomeados judicialmente, sendo os respectivos encargos suportados pelo requerente do procedimento, sem prejuízo do disposto no n.º 6.

5 – Nos casos de liquidação oficiosa, o pagamento dos encargos com a remuneração dos liquidatários e dos peritos é da responsabilidade da entidade comercial ou dos credores da entidade comercial ou de sócios e cooperadores de responsabilidade ilimitada que comuniquem a existência de créditos e direitos que detenham sobre a entidade comercial em causa, bem como a existência de bens e direitos de que esta seja titular, sem prejuízo da aplicação do disposto no n.º 6 do artigo 4.º.

6 – No caso de os liquidatários nomeados terem sido indicados pela entidade comercial, a definição da respectiva remuneração e a responsabilidade pelo pagamento desta cabem exclusivamente à entidade comercial, não podendo a remuneração ser mais elevada do que a prevista para os liquidatários e peritos nomeados judicialmente.

7 – O conservador deve fixar o prazo para a liquidação, com o limite máximo de um ano, podendo ouvir os membros da entidade comercial ou o titular do estabelecimento individual de responsabilidade limitada, bem como os administradores, gerentes ou membros da direcção da cooperativa.

8 – No prazo de 10 dias após o decurso do prazo referido no número anterior sem que a liquidação se tenha concluído, os liquidatários podem requerer a sua prorrogação por idêntico prazo por uma única vez, justificando a causa da demora.

ART. 19.º (Operações de liquidação) – 1 – Os liquidatários nomeados pelo conservador têm, para a liquidação, a mesma competência que a lei confere aos liquidatários nomeados contratualmente ou por deliberação do órgão competente da entidade a liquidar.

2 – Os actos dos liquidatários que dependam de autorização da sociedade ou da cooperativa ficam sujeitos a autorização do conservador, que pode solicitar a emissão de parecer ao perito nomeado, o qual deve ser emitido no prazo de 20 dias, findo o qual o procedimento deve obrigatoriamente prosseguir.

3 – A autorização do conservador referida no número anterior pode ser impugnada judicialmente nos termos do artigo 12.º.

4 – Se aos liquidatários não forem facultados os bens, livros e documentos da entidade ou as contas relativas ao último período da gestão, a entrega pode ser requerida judicialmente, nos termos dos artigos 1500.º e 1501.º do Código de Processo Civil.

ART. 20.º (Operações posteriores à liquidação) – 1 – Efectuada a liquidação total, os liquidatários apresentam, no prazo de 30 dias, as contas e o projecto de partilha do activo restante.

2 – Caso se verifique o incumprimento da obrigação prevista no número anterior, qualquer membro da entidade comercial e o titular do estabelecimento individual de responsabilidade limitada podem requerer judicialmente a prestação de contas, nos termos dos artigos 1014.º e seguintes do Código de Processo Civil.

DISSOLUÇÃO E LIQUIDAÇÃO DE ENTIDADES COMERCIAIS [DL n.º 76-A/2006] 161

3 – Os membros da entidade comercial e o titular do estabelecimento individual de responsabilidade limitada são notificados da apresentação das contas e do projecto de partilha do activo restante, nos termos dos n.ᵒˢ 4, 5 e 7 do artigo 8.º, podendo dizer o que se lhes oferecer sobre aqueles actos no prazo de 10 dias.

4 – A decisão do conservador sobre a resposta apresentada ao abrigo do disposto no número anterior pode ser impugnada judicialmente nos termos do artigo 12.º.

5 – Aprovadas as contas e liquidado integralmente o passivo social, é o valor do activo restante partilhado entre os membros da entidade comercial de harmonia com a lei aplicável.

6 – Se aos membros da entidade comercial forem atribuídos bens para a transmissão dos quais seja exigida forma especial ou outra formalidade, os liquidatários executam essas formalidades.

ART. 21.º (Liquidação parcial e partilha em espécie) – 1 – Se aos liquidatários parecer inconveniente ou impossível a liquidação da totalidade dos bens e for legalmente permitida a partilha em espécie, o conservador promove a realização de uma conferência de interessados, para a qual são convocados os credores não pagos, se os houver, a fim de se apreciarem os fundamentos invocados para a liquidação parcial e as contas da liquidação efectuada e se deliberar sobre o pagamento do passivo ainda existente e a partilha dos bens remanescentes.

2 – À apreciação das contas da liquidação e à aprovação da partilha dos bens remanescentes é aplicável o disposto nos n.ᵒˢ 5 e 6 do artigo anterior.

3 – Na falta de acordo sobre a partilha dos bens remanescentes o conservador é competente para decidir.

4 – A decisão do conservador pode ser impugnada judicialmente nos termos do artigo 12.º, aplicando-se o disposto nos n.ᵒˢ 2 a 4 do artigo 1127.º do Código de Processo Civil.

ART. 22.º (Destituição de liquidatários) – 1 – Os liquidatários podem ser destituídos por iniciativa do conservador ou a requerimento do órgão de fiscalização da entidade, de qualquer membro da entidade comercial, dos credores da entidade comercial ou dos credores de sócios e cooperadores de responsabilidade ilimitada sempre que ocorra justa causa.

2 – Na avaliação da justa causa para a destituição, o conservador pode solicitar ao perito nomeado nos termos do n.º 3 do artigo 18.º a emissão de um parecer no prazo de 20 dias, findo o qual o procedimento deve obrigatoriamente prosseguir.

3 – Se, terminado o prazo para a liquidação sem que esta se encontre concluída, os liquidatários não tiverem requerido a prorrogação do prazo ou as razões invocadas para a demora forem injustificadas, considera-se existir justa causa de destituição e de substituição daqueles.

4 – A decisão do conservador sobre a destituição de liquidatários pode ser impugnada judicialmente nos termos do artigo 12.º.

ART. 23.º (Publicitação de actos referentes aos liquidatários) – Estão sujeitas a registo comercial as decisões do conservador que titulem:
a) A nomeação dos liquidatários;
b) A autorização para a prática pelos liquidatários dos actos referidos no n.º 2 do artigo 19.º;
c) A destituição dos liquidatários.

ART. 24.º (Regime especial de liquidação oficiosa) – 1 – Aos casos de liquidação oficiosa promovidos nos termos das alíneas *b)* a *i)* do n.º 5 do artigo 15.º, é aplicável o regime previsto neste artigo.

2 – No caso previsto na alínea *b)* do n.º 5 do artigo 15.º, o conservador declara imediatamente o encerramento da liquidação da entidade comercial:
a) Se tendo sido efectuada a notificação prevista no artigo 8.º, os interessados não tiverem comunicado ao serviço de registo competente o activo e o passivo da entidade comercial; ou
b) Se após a notificação a que se referem os n.ᵒˢ 2 e 3 do artigo 17.º não for apurada a existência de qualquer activo ou passivo a liquidar.

3 – Nos casos previstos nas alíneas *c)* a *h)* do n.º 5 do artigo 15.º aplica-se o disposto nos n.ᵒˢ 2 e 3 do artigo 17.º.

4 – Cumpridas as diligências previstas no número anterior, se não for apurada a existência de qualquer bem ou direito de que a entidade em liquidação seja titular, o conservador declara imediatamente o encerramento da liquidação do estabelecimento individual de responsabilidade limitada.

5 – No caso de verificar a existência de bens ou direitos da titularidade do estabelecimento individual de responsabilidade limitada, o procedimento segue os trâmites previstos nos artigos 18.º a 23.º.

6 – No caso da alínea *i)* do n.º 5 do artigo 15.º o conservador deve declarar imediatamente o encerramento da liquidação da entidade comercial, salvo se do processo de insolvência resultar a existência de activos que permitam suportar os encargos com o procedimento administrativo de liquidação.

ART. 25.º (Decisão e registo de encerramento da liquidação) – 1 – A decisão que declare encerrada a liquidação é proferida no prazo de cinco dias após a conclusão dos actos de liquidação e partilha do património da entidade e dela são imediatamente notificados os interessados, sendo aplicáveis, consoante os casos, os n.ᵒˢ 4, 5 e 7 do artigo 8.º ou o n.º 5 do artigo 11.º.

2 – A decisão referida no número anterior pode ser impugnada judicialmente nos termos do artigo 12.º.

3 – Tornando-se a decisão definitiva, o conservador lavra oficiosamente o registo do encerramento da liquidação.

ART. 26.º (Comunicações subsequentes ao registo do encerramento da liquidação) – Efectuado o registo do encerramento da liquidação, o serviço de registo competente procede de imediato à comunicação do facto, por via electrónica, às seguintes entidades:

162   [Port. n.º 590-A/2005]   SOCIEDADES COMERCIAIS E COOPERAÇÃO EMPRESARIAL

a) Ao Registo Nacional de Pessoas Colectivas, para efeitos da inscrição do facto no ficheiro central de pessoas colectivas;

b) À administração tributária e à segurança social, para efeitos de dispensa de apresentação das competentes declarações de cessação de actividade;

c) Aos serviços que gerem o cadastro comercial, para efeito de dispensa de apresentação da competente declaração de encerramento de estabelecimento comercial;

d) À Inspecção-Geral do Trabalho.

Secção IV — **PROCEDIMENTO ESPECIAL DE EXTINÇÃO IMEDIATA DE ENTIDADES COMERCIAIS**

ART. 27.º (Pressupostos) – 1 – A dissolução e liquidação das sociedades e das cooperativas deve processar-se de forma imediata desde que se verifiquem cumulativamente os seguintes pressupostos:

a) Instauração do procedimento de dissolução e liquidação por qualquer pessoa, desde que apresentado requerimento subscrito por qualquer dos membros da entidade comercial em causa ou do respectivo órgão de administração, e apresentada acta de assembleia geral que comprove deliberação unânime nesse sentido tomada por todos os membros da entidade comercial;

b) Declaração, expressa na acta referida na alínea anterior, da não existência de activo ou passivo a liquidar.

2 – O requerimento e a acta previstos no número anterior podem ser substituídos por requerimento subscrito por todos os membros da entidade comercial e apresentado por qualquer pessoa.

3 – Quando o pedido seja efectuado presencialmente perante funcionário competente por qualquer dos membros da entidade comercial em causa ou do respectivo órgão de administração, ou por todos os membros da entidade comercial, esse pedido é sempre verbal, não havendo lugar a qualquer requerimento escrito.

4 – O disposto nos números anteriores é aplicável, com as necessárias adaptações, à liquidação imediata dos estabelecimentos individuais de responsabilidade limitada.

ART. 28.º (Documentos a apresentar e encargos) – 1 – Os interessados devem apresentar os documentos comprovativos da sua identidade, capacidade e poderes de representação para o acto.

2 – Com o requerimento ou pedido verbal os interessados devem liquidar uma quantia única que inclui os encargos emolumentares e os custos com as publicações devidos pelo processo.

3 – Não são devidos emolumentos pelo indeferimento do pedido nem são devidos emolumentos pessoais pelos actos compreendidos no processo.

ART. 29.º (Decisão e registos imediatos) – 1 – Apresentado o pedido, o conservador ou o oficial de registos em quem aquele delegar poderes para o efeito profere de imediato decisão de declaração da dissolução e do encerramento da liquidação da entidade.

2 – Proferida a decisão, o conservador ou o oficial com competência delegada lavra oficiosa e imediatamente o registo simultâneo da dissolução e do encerramento da liquidação e entrega aos interessados certidão gratuita do registo efectuado.

ART. 30.º (Comunicações subsequentes ao registo) – Efectuado o registo previsto no n.º 2 do artigo anterior, o serviço de registo competente procede de imediato à comunicação do facto, por via electrónica, às entidades e para os efeitos previstos no artigo 26.º.

3.1.6. PUBLICAÇÃO DOS ACTOS SOCIETÁRIOS NA INTERNET

Portaria n.º 590-A/2005

de 14 de Julho (*)

1.º (Publicações e acessos) – 1 – As publicações obrigatórias referidas no artigo 167.º do Código das Sociedades Comerciais e no n.º 2 do artigo 70.º do Código do Registo Comercial fazem-se através do sítio da Internet de acesso público com o endereço electrónico www.mj.gov.pt/publicacoes, mantido pela Direcção-Geral dos Registos e do Notariado.

2 – A informação objecto de publicidade no sítio referido no número anterior deve poder ser acedida, designadamente, por ordem cronológica e por outros elementos identificativos, como a denominação, o número de identificação de pessoa colectiva ou o concelho da localização da sede da pessoa colectiva.

3 – O acesso ao sítio referido no n.º 1 e à respectiva informação aí publicada é gratuito.

2.º (Procedimentos para publicação) – 1 – A publicação obrigatória dos actos sujeitos a registo é oficiosamente promovida pelas conservatórias do registo comercial, nos termos do disposto no artigo 71.º do Código do Registo Comercial.

(*) Alterada pela **P.ª n.º 621/2008**, de 18-7, que aditou o art. 3.º-A.

EMPRESAS "NA HORA" [DL n.º 111/2005] 163

2 – Os textos relativos aos restantes actos societários sujeitos a publicação obrigatória podem ser entregues junto de qualquer conservatória ou remetidos por via postal aos serviços centrais da Direcção-Geral dos Registos e do Notariado, em endereço a identificar no sítio referido no n.º 1 do artigo anterior.

3 – Os textos respeitantes aos actos societários referidos no número anterior podem ainda ser remetidos à Direcção-Geral dos Registos e do Notariado mediante transmissão electrónica de dados, de acordo com as instruções constantes do sítio da Internet identificado no n.º 1 do artigo anterior.

4 – Os textos destinados a publicação dos actos societários referidos nos n.ºs 2 e 3 devem conter todas as indicações referidas no artigo 171.º do Código das Sociedades Comerciais, cabendo à Direcção-Geral dos Registos e do Notariado assegurar a sua publicação no prazo máximo de 15 dias contados a partir da respectiva recepção.

3.º (Taxa única) – 1 – Por cada publicação é cobrada uma taxa única de € 30.

2 – Quando, nos termos do n.º 2 do artigo anterior, os textos para publicação sejam entregues nas conservatórias, a taxa única referida no número anterior é de € 35.

3 – Quando, nos termos do n.º 3 do artigo anterior, os textos para publicação sejam disponibilizados por transmissão electrónica de dados à Direcção-Geral dos Registos e do Notariado, a taxa única referida no n.º 1 é de € 27.

4 – As taxas devidas pelas publicações previstas na presente portaria constituem receita da Direcção-Geral dos Registos e do Notariado.

3.º-A (Notificações electrónicas no processo de rectificação) — 1 – As notificações por via electrónica referidas no n.º 3 do artigo 90.º do Código do Registo Comercial são efectuadas mediante aviso publicado, nos termos do n.º 1 do artigo 167.º do Código das Sociedades Comerciais.

2 – Do aviso referido no número anterior devem constar, nomeadamente, os seguintes elementos:

a) A identificação dos requerentes ou a menção da circunstância de o processo ter sido oficiosamente instaurado;

b) A identificação dos notificandos, com os elementos disponíveis;

c) A indicação do serviço de registo onde corre o processo;

d) A identificação do processo;

e) A identificação da unidade comercial, com indicação do número de identificação de pessoa colectiva;

f) O fundamento da rectificação, com referência à inexactidão verificada ou cometida e indicação da forma como a mesma vai ser rectificada;

g) A data da publicação;

h) O prazo para a dedução de oposição, indicando-se a partir de que momento este prazo começa a contar.

3 – A publicação do aviso nos termos do n.º 1 é gratuita.

4.º (Entrada em vigor) – 1 – A presente portaria entra em vigor no dia 1 de Janeiro de 2006.

2 – No que respeita às sociedades constituídas ao abrigo do regime especial de constituição imediata de sociedades previsto no Decreto-Lei n.º 111/2005, de 8 de Julho, a presente portaria entra em vigor no dia 13 de Julho de 2005, excepto quanto ao disposto no n.º 3 do artigo 2.º, que entra em vigor no dia 1 de Janeiro de 2006.

3.1.7. CONSTITUIÇÃO IMEDIATA DE SOCIEDADES (EMPRESAS "NA HORA")

Decreto-Lei n.º 111/2005

de 8 de Julho (*)

CAPÍTULO I — Regime especial de constituição imediata de sociedades

ART. 1.º (Objecto) – O presente diploma estabelece um regime especial de constituição imediata de sociedades comerciais e civis sob forma comercial do tipo por quotas e anónima, com ou sem a simultânea aquisição, pelas sociedades, de marca registada.

ART. 2.º (Âmbito) – O regime previsto no presente diploma não é aplicável:

a) (*Revogada.*)

b) (*Revogada.*)

c) Às sociedades anónimas europeias.

(*) Alterado pelo art. 37.º do **DL n.º 76-A/2006**, de 29-3, com início de vigência em 30.6.2006, que introduziu a actual redacção dos arts. 8.º-2 e 25.º-4-c, e 5, pelo art. 21.º do **DL n.º 125/2006**, de 29-6, que deu nova redacção aos arts. 1.º, 3.º, 6.º, 8.º, 11.º, 12.º, 14.º e 15.º, pelo **DL n.º 318/2007**, de 26-9, que alterou a redacção dos arts. 12.º, 13.º e 14.º, e aditou o art. 15.º-A, e pelo art. 34.º do **DL n.º 247-B/2008**, de 30-12, que deu nova redacção aos arts. 2.º, 3.º, 4.º, 7.º a 15.º e 27.º, e revogou o art. 15.º-A.

164   [DL n.º 111/2005]   SOCIEDADES COMERCIAIS E COOPERAÇÃO EMPRESARIAL

ART. 3.º (Pressupostos de aplicação) — 1 – São pressupostos de aplicação do regime previsto no presente diploma:

a) A opção por pacto ou acto constitutivo de modelo aprovado pelo presidente do Instituto dos Registos e do Notariado, I. P. (IRN, I. P.);

b) Se o capital da sociedade for total ou parcialmente realizado mediante entradas em bens diferentes de dinheiro sujeitos a registo, os bens estiverem registados definitivamente em nome do sócio que os dá como entrada.

2 – No caso previsto na alínea *b)* do número anterior, os serviços de registo devem verificar oficiosamente a titularidade dos bens, através do acesso directo às bases de dados respectivas.

3 – É ainda pressuposto da aplicação do regime previsto no presente diploma a escolha da firma da sociedade através de uma das seguintes formas:

a) Aprovação no posto de atendimento;

b) Escolha de firma constituída por expressão de fantasia previamente criada e reservada a favor do Estado, associada ou não à aquisição de uma marca previamente registada a favor do Estado;

c) Apresentação de certificado de admissibilidade de firma.

4 – A competência dos serviços de registo para a aprovação de firma referida na alínea *a)* do número anterior é atribuída por despacho do presidente do IRN, I. P.

ART. 4.º (Competência) – 1 – O regime a que se refere o artigo 1.º é da competência das conservatórias do registo comercial, ou de quaisquer outros serviços desconcentrados do IRN, I. P., independentemente da localização da sede da sociedade a constituir.

2 – Os interessados podem igualmente optar por promover o procedimento no posto de atendimento do registo comercial a funcionar junto dos centros de formalidades de empresas (CFE).

3 – A competência prevista nos números anteriores abrange a tramitação integral do procedimento, incluindo a prática de todos os actos de registo comercial, predial ou de veículos efectuados em consequência do procedimento.

4 – Os CFE podem adoptar as medidas necessárias para adequar as suas estruturas ao disposto no presente diploma, nomeadamente através de modificações ao respectivo manual de procedimentos.

ART. 4.º-A (Marcação prévia no caso de entradas em espécie) — Os procedimentos de constituição imediata de sociedades em que o capital seja total ou parcialmente realizado mediante entradas em bens diferentes de dinheiro sujeitos a registo, podem ser realizados mediante agendamento da data da realização do negócio jurídico, nos termos a regulamentar por portaria do membro do Governo responsável pela área da justiça.

ART. 5.º (Prazo de tramitação) – Os serviços referidos no artigo anterior devem iniciar e concluir a tramitação do procedimento no mesmo dia, em atendimento presencial único.

ART. 6.º (Início do procedimento) – 1 – Os interessados na constituição da sociedade formulam o seu pedido junto do serviço competente, manifestando a sua opção pela firma ou firma e marca e pelo modelo de pacto ou acto constitutivo.

2 – A prossecução do procedimento depende da verificação inicial da identidade, da capacidade e dos poderes de representação dos interessados para o acto.

ART. 7.º (Documentos a apresentar) – 1 – Para o efeito da constituição da sociedade, os interessados devem apresentar os documentos comprovativos da sua identidade, capacidade e poderes de representação para o acto, bem como autorizações especiais que sejam necessárias.

2 – Caso ainda não haja sido efectuado, os sócios devem declarar, sob sua responsabilidade, que o depósito das entradas em dinheiro é realizado no prazo de cinco dias úteis.

3 – Sendo o capital total ou parcialmente realizado mediante entradas em bens diferentes de dinheiro, deve ser apresentado o relatório elaborado por um revisor oficial de contas sem interesses na sociedade, nos termos do artigo 28.º do Código das Sociedades Comerciais.

4 – No caso de o capital social ser realizado mediante a entrada de imóveis, deve ser preferencialmente comprovada por acesso à base de dados, ou mediante a apresentação dos respectivos documentos pelos interessados:

a) A situação matricial do prédio;

b) A existência ou dispensa de licença de utilização ou de licença de construção, quando exigível;

c) A existência de ficha técnica do prédio, quando exigível;

d) A inexistência de manifestação da intenção de exercer o direito de preferência legal por parte do Estado, Regiões Autónomas, municípios, outras pessoas colectivas públicas ou empresas públicas.

5 – A mera referência à existência de licença de utilização ou o facto de que resulte a respectiva dispensa efectuada em caderneta predial, em base de dados de serviço da Administração Pública ou em documento autêntico, constitui prova bastante para os efeitos do disposto na alínea *b)* do número anterior.

6 – Os interessados podem proceder à entrega imediata da declaração de início de actividade para efeitos fiscais.

7 – Caso não procedam à entrega do documento referido no número anterior, os interessados são advertidos de que o devem fazer no serviço competente, no prazo legalmente fixado para o efeito.

EMPRESAS "NA HORA"   [DL n.º 111/2005]   165

8 – Os serviços fiscais devem notificar por via electrónica os serviços da segurança social dos elementos relativos ao início da actividade.

ART. 8.º (Sequência do procedimento) – 1 – Efectuada a verificação inicial da identidade, da capacidade e dos poderes de representação dos interessados para o acto, bem como a regularidade dos documentos apresentados, o serviço competente procede aos seguintes actos, pela ordem indicada:

a) Cobrança dos encargos que se mostrem devidos;

b) Promoção da liquidação do IMT, nos termos declarados pelo contribuinte, e de outros impostos que se mostrem devidos, tendo em conta os negócios jurídicos a celebrar, assegurando o seu pagamento prévio à celebração do negócio jurídico;

c) Aprovação de firma nos termos da alínea *a)* do n.º 3 do artigo 3.º ou afectação, por via informática e a favor da sociedade a constituir, da firma escolhida ou da firma e marca escolhidas e do número de identificação de pessoa colectiva (NIPC) associado à firma nos casos previstos na alínea *b)* do n.º 3 do artigo 3.º;

d) Preenchimento do pacto ou acto constitutivo, por documento particular, de acordo com o modelo previamente escolhido, nos termos das indicações dos interessados;

e) Reconhecimento presencial das assinaturas dos intervenientes no acto, apostas no pacto ou acto constitutivo;

f) Anotação de apresentação dos pedidos verbais de registo nos respectivos diários;

g) Registo de constituição de sociedade e de outros factos sujeitos a registo comercial, predial e de veículos a serem efectuados em consequência do procedimento;

h) Comunicação automática e electrónica da constituição da sociedade ao ficheiro central de pessoas colectivas e, se for o caso, codificação da actividade económica (CAE);

i) Disponibilização imediata do cartão electrónico da empresa mediante a atribuição de código de acesso, bem como comunicação aos interessados do número de identificação da sociedade na segurança social;

j) Sendo caso disso, completamento da declaração de início de actividade, para menção da firma, NIPC e CAE.

2 – A atribuição de firma referida na primeira parte da alínea *c)* do número anterior ocorre com a aprovação da primeira das firmas requeridas que for viável.

3 – A realização dos actos previstos no n.º 1 é da competência do conservador e dos oficiais de registo, com excepção dos actos que envolvam entradas em imóveis que são da competência do conservador, sem prejuízo da possibilidade de delegação em oficial de registo.

ART. 9.º (Recusa de titulação) – 1 – O conservador deve recusar a realização do acto previsto na alínea *d)* do n.º 1 do artigo anterior sempre que verifique a existência de omissões, vícios ou deficiências que afectem a formação e exteriorização da vontade dos intervenientes no acto ou nos documentos que devam instruir e que obstem à realização, com carácter definitivo, do registo da constituição de sociedade ou de qualquer outro registo incluído no procedimento, bem como quando, em face das disposições legais aplicáveis, o acto não seja viável.

2 – O conservador deve ainda recusar a realização do acto previsto na alínea *d)* do n.º 1 do artigo anterior quando o acto seja anulável ou ineficaz.

3 – Em caso de recusa, se o interessado declarar, oralmente ou por escrito, que pretende impugnar o respectivo acto, o conservador deve lavrar despacho especificando os fundamentos respectivos.

4 – À recusa de titulação é aplicável o regime de impugnação previsto nos artigos 98.º e seguintes do Código do Registo Comercial.

ART. 10.º (Aditamentos à firma e número de matrícula) – 1 – Nos casos previstos na alínea *b)* do n.º 3, o serviço competente deve completar a composição da firma com os aditamentos legalmente impostos assim como com qualquer expressão alusiva ao objecto social que os interessados optem por inserir entre a expressão de fantasia escolhida e os referidos aditamentos.

2 – O número de matrícula das sociedades constituídas ao abrigo do presente diploma corresponde ao número de identificação de pessoa colectiva.

ART. 11.º (Caducidade do direito ao uso da firma) – A não conclusão do procedimento no prazo previsto no artigo 5.º por facto imputável aos interessados determina a caducidade do direito ao uso da firma, ou da firma e marca escolhidas afectas à sociedade a constituir, nos termos da alínea *c)* do n.º 1 do artigo 8.º.

ART. 12.º (Documentos a disponibilizar à sociedade) – 1 – Concluído o procedimento de constituição da sociedade, o serviço competente entrega de imediato aos representantes da sociedade, a título gratuito:

a) Uma certidão do pacto ou acto constitutivo do registo deste último;

b) Sendo caso disso, disponibilização *online* das certidões de registo a que haja lugar através da atribuição do código de acesso e promoção da emissão do certificado de matrícula;

c) O recibo comprovativo do pagamento dos encargos devidos;

d) Caso tenha havido aquisição de marca registada, documento comprovativo dessa aquisição, em modelo aprovado pelo Instituto Nacional da Propriedade Industrial, I. P. (INPI, I. P.).

2 – Nos casos previstos na alínea *d)* do número anterior, é dispensado o documento escrito e assinado pelas partes, previsto no n.º 6 do artigo 31.º do Código da Propriedade Industrial, e não há lugar à emissão do título de concessão previsto no artigo 27.º do mesmo diploma.

3 – O serviço procede ainda ao envio posterior do cartão da empresa a título gratuito.

166   [DL n.º 111/2005]   SOCIEDADES COMERCIAIS E COOPERAÇÃO EMPRESARIAL

ART. 13.º (Diligências subsequentes à conclusão do procedimento) – 1 – Após a conclusão do procedimento de constituição da sociedade, o serviço competente, no prazo de vinte e quatro horas:

a) Promove as publicações legais;

b) Remete a declaração de início de actividade ao serviço fiscal competente;

c) Disponibiliza aos serviços competentes, por meios informáticos, os dados necessários para efeitos de comunicação do início de actividade da sociedade à Inspecção-Geral do Trabalho, bem como os dados necessários à inscrição oficiosa da sociedade nos serviços da segurança social e, quando for o caso, no cadastro comercial;

d) Caso tenha havido aquisição de marca registada, comunica ao INPI, I. P., por meios informáticos, a transmissão da mesma, para que se proceda à sua inscrição oficiosa no processo de registo, e ao RNPC para efeitos de dispensa da prova prevista no n.º 6 do artigo 33.º do regime do RNPC;

e) Promove as restantes diligências que venham ser fixadas por via regulamentar ou protocolar.

2 – No mesmo prazo, o serviço que conduziu o procedimento deve remeter a pasta da sociedade à conservatória do registo comercial da área da respectiva sede.

3 – O envio previsto no número anterior só ocorre quando não existam condições que garantam o acesso à informação sobre a sociedade por via electrónica.

ART. 14.º (Encargos) – 1 – Pelo procedimento de constituição de sociedade regulado no presente diploma são devidos encargos relativos:

a) Aos emolumentos previstos no Regulamento Emolumentar dos Registos e do Notariado;

b) Ao imposto do selo, nos termos da Tabela respectiva;

c) (*Revogado*);

d) Ao Imposto Municipal sobre Transmissões Onerosas de Imóveis, nos termos declarados pelo contribuinte, e outros impostos que se mostrem devidos, tendo em conta os negócios jurídicos a celebrar, devendo ser assegurado o seu pagamento prévio à celebração do negócio jurídico, sem prejuízo do disposto na alínea *b*);

e) Às taxas previstas em portaria do membro do Governo responsável pela área da justiça, caso tenha havido aquisição de marca registada.

2 – O Estado goza de isenção do pagamento das taxas devidas pela prática de actos junto do INPI, ao abrigo do presente diploma.

3 – Sem prejuízo do disposto no artigo 11.º, não são devidos quaisquer encargos pela recusa de titulação e de registo, procedendo-se nesses casos à devolução de todas as quantias cobradas pelo procedimento de constituição de sociedades regulado neste diploma.

4 – Pelo procedimento de constituição de sociedades regulado neste diploma não são devidos emolumentos pessoais.

ART. 15.º (Bolsas de firmas e de marcas) – 1 – É criada pelo RNPC uma bolsa de firmas reservadas a favor do Estado, compostas por expressão de fantasia e às quais está associado um NIPC, independentemente da localização da sede da sociedade, para o efeito de afectação exclusiva às sociedades a constituir no âmbito do presente diploma.

2 – É criada pelo RNPC e pelo INPI uma bolsa de firmas reservadas e de marcas registadas a favor do Estado, compostas por expressões de fantasia e às quais está associado um NIPC e um número de processo de marca, independentemente da localização da sede da sociedade, para o efeito de afectação às sociedades a constituir no âmbito do presente diploma.

3 – As marcas constantes da bolsa referida no número anterior são registadas a favor do Estado, representado pelo RNPC, para os produtos e serviços definidos por despacho conjunto do presidente do IRN, I. P., e do presidente do conselho de administração do INPI.

4 – Até à sua afectação nos termos da segunda parte da alínea *c*) do n.º 1 do artigo 8.º, as firmas constantes das bolsas referidas nos n.ᵒˢ 1 e 2 gozam de protecção em todo o território nacional.

5 – O recurso à bolsa referida no n.º 2 pressupõe a adopção conjunta das firmas e marcas que se encontram reciprocamente associadas.

6 – A dependência prevista no número anterior cessa com a conclusão do procedimento de constituição imediata da sociedade, momento a partir do qual a firma e a marca passam a vigorar autonomamente.

7 – A reserva a favor do Estado das firmas constantes das bolsas referidas nos n.ᵒˢ 1 e 2 confere o direito à sua exclusividade em todo o território nacional.

ART. 15.º-A (*Revogado.*)

ART. 16.º (Protocolos) – 1 – Podem ser celebrados protocolos entre a Direcção-Geral dos Registos e do Notariado (DGRN) e os vários organismos da Administração Pública envolvidos no procedimento de constituição de sociedades com vista à definição dos procedimentos administrativos de comunicação de dados.

2 – A DGRN pode ainda celebrar protocolos com a Direcção-Geral dos Impostos e com a Câmara dos Técnicos Oficiais de Contas com vista à definição dos procedimentos relativos ao preenchimento e entrega da declaração fiscal de início de actividade e posterior comprovação destes factos.

EMPRESAS "NA HORA" [DL n.º 111/2005] 167

CAPÍTULO II — Alterações legislativas

ART. 17.º (Alteração ao Código das Sociedades Comerciais) – Os artigos 10.º, 100.º, 167.º e 171.º do Código das Sociedades Comerciais, aprovado pelo Decreto-Lei n.º 262/86, de 2 de Setembro, passam a ter a seguinte redacção:

....

Alterações introduzidas no lugar próprio (**3.1.3.**).

ART. 18.º (Alteração ao regime do Registo Nacional de Pessoas Colectivas) – Os artigos 18.º, 32.º a 34.º, 53.º, 54.º, 56.º e 64.º do regime do Registo Nacional de Pessoas Colectivas, aprovado pelo Decreto-Lei n.º 129//98, de 13 de Maio (...), passam a ter a seguinte redacção:

....

Alterações introduzidas no lugar próprio (**4.1.**).

ART. 19.º (Alteração ao Código do Registo Comercial) – Os artigos 14.º, 51.º, 55.º, 62.º, 70.º e 71.º do Código do Registo Comercial, aprovado pelo Decreto-Lei n.º 403/86, de 3 de Dezembro (...), passam a ter a seguinte redacção:

....

Alterações introduzidas no lugar próprio (**4.4.**).

ART. 20.º (Alteração ao Decreto-Lei n.º 322-A/2001, de 14 de Dezembro) – O artigo 8.º do Decreto-Lei n.º 322-A/2001, de 14 de Dezembro, que aprova o Regulamento Emolumentar dos Registos e Notariado (...), passa a ter a seguinte redacção:

....

Alterações introduzidas no lugar próprio (**4.6.**).

ART. 21.º (Alteração ao Regulamento Emolumentar dos Registos e Notariado) – Os artigos 15.º, 27.º e 28.º do Regulamento Emolumentar dos Registos e Notariado, aprovado pelo Decreto-Lei n.º 322-A/2001, de 14 de Dezembro (...), passam a ter a seguinte redacção:

....

Alterações introduzidas no lugar próprio (**4.6.**).

ART. 22.º (Alteração ao Decreto-Lei n.º 8-B/2002, de 15 de Janeiro) – O artigo 4.º do Decreto-Lei n.º 8-B//2002, de 15 de Janeiro, passa a ter a seguinte redacção:

«**ART. 4.º [...]** – 1 – ....

2 – ....

3 – .... »

4 – Consideram-se oficiosamente inscritas na segurança social as entidades empregadoras criadas pelo regime especial de constituição imediata de sociedades.»

ART. 23.º (Alteração ao Código do Imposto sobre o Rendimento das Pessoas Colectivas) – Os artigos 110.º e 111.º do Código do Imposto sobre o Rendimento das Pessoas Colectivas, aprovado pelo Decreto-Lei n.º 442--B/88, de 30 de Novembro, passam a ter a seguinte redacção:

«**ART. 110.º [...]** – 1 – A declaração de inscrição no registo a que se refere a alínea *a*) do n.º 1 do artigo anterior deve ser apresentada pelos sujeitos passivos, em qualquer serviço de finanças ou noutro local legalmente autorizado, no prazo de 90 dias a partir da data de inscrição no Registo Nacional de Pessoas Colectivas, sempre que esta seja legalmente exigida, ou, caso o sujeito passivo esteja sujeito a registo comercial, no prazo de 15 dias a partir da data de apresentação a registo na Conservatória do Registo Comercial.

2 – ....

3 – Os sujeitos passivos não residentes e que obtenham rendimentos não imputáveis a estabelecimento estável situado em território português relativamente aos quais haja lugar à obrigação de apresentar a declaração a que se refere o artigo 112.º são igualmente obrigados a apresentar a declaração de inscrição no registo, em qualquer serviço de finanças ou noutro local legalmente autorizado, no prazo de 15 dias a contar da data da ocorrência do facto que originou o direito aos mesmos rendimentos.

4 – ....

5 – ....

6 – ....

ART. 111.º [...] – 1 – Quando o serviço de finanças ou outro local legalmente autorizado a receber as declarações referidas na alínea *a*) do n.º 1 do artigo 109.º disponha de meios informáticos adequados, essas declarações são substituídas pela declaração verbal, efectuada pelo sujeito passivo, de todos os elementos necessários à inscrição no registo, à alteração dos dados constantes daquele registo e ao seu cancelamento, sendo estes imediatamente introduzidos no sistema informático e confirmados pelo declarante, após a sua impressão em documento tipificado.

168 **[DL n.º 111/2005]** SOCIEDADES COMERCIAIS E COOPERAÇÃO EMPRESARIAL

2 – ....
3 – ....

ART. 24.º (Alteração ao Código do Imposto sobre o Valor Acrescentado) – Os artigos 30.º, 31.º e 34.º-A do Código do Imposto sobre o Valor Acrescentado, aprovado pelo Decreto-Lei n.º 394-B/84, de 26 de Dezembro, passam a ter a seguinte redacção:

«**ART. 30.º** – 1 – Sem prejuízo do disposto no número seguinte, as pessoas singulares ou colectivas que exerçam uma actividade sujeita a IVA devem apresentar, em qualquer serviço de finanças ou noutro local legalmente autorizado, antes de iniciado o exercício da actividade, a respectiva declaração.

2 – As pessoas colectivas que estejam sujeitas a registo comercial e exerçam uma actividade sujeita a IVA devem apresentar a declaração de início de actividade, em qualquer serviço de finanças ou noutro local legalmente autorizado, no prazo de 15 dias a partir da data da apresentação a registo na conservatória do registo comercial.

3 – Não há lugar à entrega da declaração referida nos números anteriores quando se trate de pessoas sujeitas a IVA pela prática de uma só operação tributável nos termos da alínea *a*) do n.º 1 do artigo 2.º, excepto se a mesma exceder o limite previsto nas alíneas *e*) e *f*) do n.º 1 do artigo 28.º.

ART. 31.º [...] – 1 – ....
2 – A declaração prevista no n.º 1 é entregue em qualquer serviço de finanças ou noutro local legalmente autorizado, no prazo de 15 dias a contar da data da alteração, se outro prazo não for expressamente previsto neste diploma.

ART. 34.º-A – 1 – Quando o serviço de finanças ou outro local legalmente autorizado a receber as declarações referidas nos artigos 30.º a 32.º disponha de meios informáticos adequados, essas declarações são substituídas pela declaração verbal, efectuada pelo sujeito passivo, de todos os elementos necessários ao registo e início da actividade, à alteração dos dados constantes daquele registo e à cessação da actividade, sendo estes imediatamente introduzidos no sistema informático e confirmados pelo declarante, após a sua impressão em documento tipificado.

2 – ....
3 – ....

CAPÍTULO III — Postos de atendimento e informação obrigatória

ART. 25.º (Postos de atendimento do registo comercial) – 1 – Para efeitos da aplicação do regime especial de constituição imediata de sociedades, podem ser criados, por despacho conjunto dos Ministros da Justiça e da Economia e da Inovação, postos de atendimento das conservatórias do registo comercial junto dos CFE do respectivo concelho, sem prejuízo do disposto no n.º 1 do artigo 27.º.

2 – O quadro das conservatórias do registo comercial que disponham dos postos de atendimento referidos no número anterior pode ser acrescido de um lugar de conservador, nos termos do artigo 1.º do Decreto-Lei n.º 253/96, de 26 de Dezembro.

3 – Na falta ou impedimento do conservador, as suas funções são exercidas pelo ajudante por ele designado para o efeito.

4 – A competência dos postos de atendimento abrange:

a) A prática de todos os actos próprios das conservatórias respectivas que se mostrem necessários à execução do regime mencionado no n.º 1;

b) A prática dos actos de registo comercial relativos aos processos previstos no artigo 1.º do Decreto-Lei n.º 78-A/98, de 31 de Março, e para os quais seja competente a conservatória do registo comercial a que pertencem;

c) A emissão e confirmação de certidões e cópias não certificadas de registo, nos termos legalmente previstos para a conservatória a que pertencem.

5 – A competência dos postos de atendimento pode ser alargada à prática de outros actos do registo comercial, por despacho do director-geral dos Registos e do Notariado.

ART. 26.º (Disponibilização da informação obrigatória) – Para o cumprimento do disposto no n.º 2 do artigo 14.º, na alínea *c*) do n.º 1 do artigo 55.º e no artigo 70.º do Código do Registo Comercial e no artigo 167.º do Código das Sociedades Comerciais é suficiente a disponibilização, designadamente por ordem cronológica, da informação obrigatória aí prevista através de sítio na Internet de acesso público, cujo funcionamento e respectivos termos e custo são definidos por portaria do Ministro da Justiça.

CAPÍTULO IV — Disposições finais e transitórias

ART. 27.º (Período experimental) – 1 – A partir da data de entrada em vigor do presente diploma e por um período a fixar por portaria conjunta do Ministro de Estado e da Administração Interna, do Ministro da Justiça e do Ministro da Economia e da Inovação, o regime especial de constituição imediata de sociedades funciona a título experimental nas Conservatórias do Registo Comercial de Aveiro, Coimbra, Moita e Barreiro e nos postos de atendimento do registo comercial junto dos CFE de Aveiro e Coimbra.

MARCAÇÃO PRÉVIA DE "EMPRESA NA HORA" [Port. n.º 3/2009] 169

2 – Durante o período experimental referido no número anterior não é permitido aos interessados requerer a constituição de sociedades utilizando certificado de admissibilidade de firma emitido pelo RNPC, nos termos previstos na parte final da alínea *a*) do artigo 3.º.

3 – Decorrido o período experimental previsto no n.º 1, a extensão do regime a outros serviços depende:
a) Do despacho conjunto referido no n.º 1 do artigo 25.º, quanto a outros CFE;
b) De despacho do presidente do IRN, I. P., quanto a serviços dependentes do IRN, I. P., não integrados nos CFE.

O período experimental previsto neste artigo decorreu de 13 de Julho a 31 de Dezembro de 2005 (Portaria n.º 811/2005, de 12-9).

Este regime foi alargado territorialmente pelos Despachos Conjuntos n.º 1034/2005, de 29-11 (*DR*, II série, de 29.11.2005) e n.º 292/2006, de 27-3 (*DR*, II série, de 27.3.2006).

ART. 28.º (Entrada em vigor) – 1 – O disposto no artigo 15.º entra em vigor no dia seguinte ao da sua publicação.
2 – O disposto no artigo 17.º, na parte em que altera os artigos 100.º e 167.º do Código das Sociedades Comerciais e o disposto no artigo 19.º, na parte em que altera os artigos 14.º, 55.º, 70.º e 71.º do Código do Registo Comercial, entram em vigor no dia 1 de Janeiro de 2006, sem prejuízo da sua entrada em vigor nos termos gerais no que respeita às sociedades constituídas ao abrigo do regime especial de constituição imediata de sociedades.

3.1.8. MARCAÇÃO PRÉVIA DE "EMPRESA NA HORA" COM CAPITAL EM BENS DIFERENTES DE DINHEIRO

Portaria n.º 3/2009

de 2 de Janeiro

ART. 1.º (Objecto) — A presente portaria regulamenta a marcação prévia da data da realização dos procedimentos de constituição imediata de sociedades em que o capital seja total ou parcialmente realizado mediante entradas em bens diferentes de dinheiro sujeitos a registo, nos termos do artigo 4.º-A do Decreto-Lei n.º 111//2005, de 8 de Julho.

ART. 2.º (Âmbito e forma da marcação prévia) — 1 — A realização de procedimento de constituição imediata de sociedades em que o capital seja total ou parcialmente realizado mediante entradas em bens diferentes de dinheiro sujeitos a registo está sujeita ao agendamento da data da sua realização.
2 — A marcação prévia referida no número anterior pode ser promovida por via electrónica, por telefone ou solicitada ao balcão dos serviços com competência para a realização do procedimento.

ART. 3.º (Prazo) — 1 — A realização dos procedimentos de constituição imediata de sociedades em que o capital seja total ou parcialmente realizado mediante entradas em bens diferentes de dinheiro sujeitos a registo apenas pode ser marcada para data posterior a cinco dias úteis relativamente à data do pedido se esta for a vontade do interessado.
2 — Sem prejuízo do disposto no número anterior, os documentos necessários à apreciação da validade dos negócios jurídicos e à realização dos registos que tenham de ser apresentados pelos interessados devem ser disponibilizados aos serviços competentes pelo menos três dias úteis antes da data marcada para a realização do procedimento.
3 — O envio em suporte electrónico dos documentos referidos no número anterior equivale à sua disponibilização ao serviço de registo, mas não dispensa a apresentação dos documentos originais na data da realização do procedimento.
4 — Se os documentos referidos no número anterior forem enviados por correio, a data da expedição deve anteceder pelo menos seis dias úteis a data da realização do procedimento.
5 — Se o disposto nos números anteriores não for respeitado, o procedimento deve ser remarcado, salvo se a sua realização não prejudicar o regular funcionamento do serviço competente.
6 — A desmarcação do procedimento por motivos imputáveis aos interessados equivale, para efeitos emolumentares, à desistência do mesmo.

ART. 4.º (Manifestação da intenção de exercício do direito legal de preferência) — Aos procedimentos de constituição imediata de sociedades em que o capital seja total ou parcialmente realizado mediante entradas em bens diferentes de dinheiro sujeitos a registo e em que exista direito legal de preferência aplica-se o disposto na secção IV da Portaria n.º 794 -B/2007, de 23 de Julho, com as necessárias adaptações.

ART. 5.º (Tramitação subsequente) — Na data previamente agendada os procedimentos de constituição imediata de sociedades em que o capital seja total ou parcialmente realizado mediante entradas em bens diferentes de dinheiro sujeitos a registo são tramitados no mesmo dia, em atendimento presencial único, nos termos previstos no Decreto-Lei n.º 111/2005, de 8 de Julho.

170   [DL n.º 125/2006]   SOCIEDADES COMERCIAIS E COOPERAÇÃO EMPRESARIAL

ART. 6.º (Aplicação no tempo) — A presente portaria produz efeitos desde o dia 31 de Dezembro de 2008.

ART. 7.º (Início de vigência) — A presente portaria entra em vigor no dia seguinte à da sua publicação.

3.1.9. CONSTITUIÇÃO *ON-LINE* DE SOCIEDADES

Decreto-Lei n.º 125/2006
de 29 de Junho (*)

CAPÍTULO I — Regime especial de constituição *on-line* de sociedades

ART 1.º (Objecto) – É criado um regime especial de constituição *online* de sociedades comerciais e civis sob forma comercial do tipo por quotas e anónima, com ou sem a simultânea aquisição, pelas sociedades, de marca registada, através de sítio na Internet, regulado por portaria do membro do Governo responsável pela área da Justiça.

ART. 2.º (Âmbito) – O regime previsto no presente decreto-lei não é aplicável:
a) Às sociedades cujo capital seja realizado com recurso a entradas em espécie em que, para a transmissão dos bens com que os sócios entram para a sociedade, seja exigida forma mais solene do que a forma escrita;
b) Às sociedades anónimas europeias.

ART. 3.º (Competência) – 1 – O procedimento de constituição de sociedades ao abrigo do regime a que se refere o artigo 1.º é da competência do Registo Nacional de Pessoas Colectivas (RNPC), independentemente da localização da sede da sociedade a constituir, sem prejuízo do disposto no número seguinte.
2 – O RNPC pode distribuir por outras conservatórias do registo comercial a tramitação dos procedimentos de constituição *on-line* de sociedades, nos termos fixados por despacho do director-geral dos Registos e do Notariado.

ART. 4.º (Interessados) – Podem recorrer ao regime previsto no presente decreto-lei pessoas singulares e pessoas colectivas.

ART. 5.º (Meios de certificação) – 1 – A indicação dos dados e a entrega de documentos no sítio na Internet devem ser efectuadas mediante autenticação electrónica ou aposição de uma assinatura electrónica, cujos requisitos e condições de utilização são definidos na portaria referida no artigo 1.º, em articulação com os mecanismos previstos no Sistema de Certificação Electrónica do Estado – Infra-Estrutura de Chaves Públicas.
2 – No âmbito do regime previsto no presente decreto-lei, a confirmação das assinaturas dos interessados faz-se através dos meios de certificação referidos no número anterior.
3 – Caso intervenha mais de um interessado na constituição da sociedade, é possível o acesso conjunto, simultâneo ou sucessivo, dos diversos interessados ao respectivo processo de constituição *on-line*.

ART 6.º (Pedido *on-line*) – 1 – Os interessados na constituição da sociedade formulam o seu pedido *on-line* praticando, entre outros que se mostrem necessários, os seguintes actos:
a) Opção por firma constituída por expressão de fantasia previamente criada e reservada a favor do Estado, associada ou não à aquisição de uma marca previamente registada a favor do Estado, pela aprovação electrónica e automática da firma nos termos do artigo 50.º-A do regime do RNPC ou pela verificação da admissibilidade e aprovação de firma;
b) Não se optando por nenhuma das possibilidades previstas na alínea anterior, indicação de firma constante, de certificado de admissibilidade de firma previamente obtido;
c) Opção por pacto ou acto constitutivo de modelo aprovado pelo director-geral dos Registos e do Notariado ou por envio do pacto ou do acto constitutivo por eles elaborado;
d) Preenchimento electrónico dos elementos necessários à apresentação da declaração de início de actividade para efeitos fiscais;
e) Caso ainda não haja sido efectuado, os sócios devem declarar, sob sua responsabilidade, que o depósito das entradas em dinheiro é realizado no prazo de cinco dias úteis a contar da disponibilização de prova gratuita do registo da constituição da sociedade prevista na alínea *b)* do n.º 3 do artigo 12.º;
f) Pagamento, através de meios electrónicos, dos encargos que se mostrem devidos.
2 – Nas situações previstas na primeira parte da alínea *a)* do número anterior, os interessados podem completar a composição da firma com qualquer expressão alusiva ao objecto social que optem por inserir entre a expressão de fantasia escolhida e os aditamentos legalmente impostos.

(*) Com as alterações introduzidas pelo **DL n.º 318/2007**, de 26-9, que deu nova redacção aos arts. 1.º, 6.º, 12.º, 13.º e 14.º, aditou o art. 14.º-A, e revogou o n.º 2 do art. 14.º, e pelo **DL n.º 247-B/2008**, de 30-12, que alterou a redacção dos arts. 6.º e 12.º e revogou o art. 14.º-A.

CONSTITUIÇÃO *ON-LINE* DE SOCIEDADES   [DL n.º 125/2006]   171

3 – Se se tiver requerido a verificação e aprovação de firma nos termos da parte final da alínea *a*) do n.º 1, o pedido deve ser apreciado no prazo máximo de um dia útil, sendo aprovada a primeira das firmas requeridas que for viável.

4 – Se for esse o caso, os interessados devem ainda enviar através do sítio na Internet, entre outros que se mostrem necessários, os seguintes documentos:

a) Documentos comprovativos da sua capacidade e dos seus poderes de representação para o acto;

b) Autorizações especiais que sejam necessárias para a constituição da sociedade;

c) No caso de se tratar de sociedade cujo capital seja realizado com recurso a entradas em espécie, sem que para a transmissão dos bens com que os sócios entram para a sociedade seja exigida forma mais solene do que a forma escrita, o relatório do revisor oficial de contas referido no artigo 28.º do Código das Sociedades Comerciais, tendo sido cumprido o estipulado no n.º 5 dessa disposição.

5 – Uma vez iniciado o procedimento ou aprovada a firma nos termos da parte final da alínea *a*) do n.º 1, o pedido *online* deve ser submetido pelos interessados no prazo máximo de vinte e quatro horas.

6 – Todos os documentos entregues através de sítio na Internet, desde que tenham sido correctamente digitalizados e sejam integralmente apreensíveis, têm o mesmo valor probatório dos originais.

ART 7.º (Intervenção de advogados e de solicitadores) – 1 – Os advogados e os solicitadores que disponham dos meios de certificação de acordo com a portaria referida no n.º 1 do artigo 5.º enviam através do sítio na Internet o pacto ou o acto constitutivo da sociedade, com as assinaturas dos seus subscritores reconhecidas presencialmente.

2 – Para o efeito previsto no número anterior, os advogados e os solicitadores reconhecem presencialmente as assinaturas dos subscritores do pacto ou do acto constitutivo, certificando a sua identidade e, se for esse o caso, a sua capacidade e os seus poderes de representação, e ainda que os mesmos manifestaram a sua vontade em constituir a sociedade.

3 – As declarações dos advogados e dos solicitadores relativas à certificação referida no número anterior fazem-se através de fórmula própria disponível no sítio na Internet, não sendo necessário proceder ao registo em sistema informático previsto no n.º 3 do artigo 38.º do Decreto-Lei n.º 76-A/2006, de 29 de Março.

4 – Se os interessados dispuserem dos meios de certificação de acordo com a portaria referida no n.º 1 do artigo 5.º, o advogado ou o solicitador podem enviar através do sítio na Internet o pacto ou o acto constitutivo assinados pelos interessados com esse meio de certificação.

5 – Caso intervenha mais de um advogado ou solicitador na constituição da sociedade, é possível o acesso conjunto, simultâneo ou sucessivo, dos diversos interessados, estejam ou não representados por advogado ou solicitador, nos termos do n.º 1 do artigo 5.º.

ART 8.º (Representação dos interessados na subscrição do pacto ou do acto constitutivo da sociedade) – No caso da intervenção prevista no artigo anterior, os advogados e os solicitadores não podem agir como representantes dos interessados na subscrição do pacto ou do acto constitutivo da sociedade.

ART 9.º (Intervenção dos notários) – 1 – Os interessados podem solicitar aos notários, que disponham dos meios de certificação de acordo com a portaria referida no n.º 1 do artigo 5.º, que a constituição de sociedade seja realizada através do procedimento previsto no presente decreto-lei.

2 – Para esse efeito, os notários reconhecem presencialmente as assinaturas dos subscritores do pacto ou do acto constitutivo certificam a sua identidade e, se for esse o caso, a sua capacidade e os seus poderes de representação e, ainda, que os mesmos manifestaram a sua vontade em constituir a sociedade.

3 – O disposto no n.º 4 do artigo 7.º é aplicável aos notários, com as necessárias adaptações.

ART. 10.º (Validação do pedido) – 1 – O pedido de constituição de sociedade apresentado nos termos do presente decreto-lei só é considerado validamente submetido após a emissão de um comprovativo electrónico, através do sítio na Internet, que indique a data e a hora em que o pedido foi concluído.

2 – A não conclusão do procedimento de constituição de sociedade por facto imputável ao interessado determina a caducidade do direito ao uso da firma afecta à sociedade a constituir nos termos da primeira parte da alínea *a*) do n.º 1 do artigo 6.º.

ART. 11.º (Prazo de apreciação do pedido) – 1 – Emitido o comprovativo electrónico referido no n.º 1 do artigo anterior, o serviço competente aprecia o pedido de constituição de sociedade.

2 – Se os interessados tiverem optado por pacto ou acto constitutivo de modelo aprovado pelo director-geral dos Registos e do Notariado e não tiver ocorrido a entrega dos documentos referidos nas alíneas *b*) e *c*) do n.º 4 do artigo 6.º, o serviço competente, após confirmação do pagamento efectuado pelos interessados, procede imediatamente às diligências subsequentes previstas no artigo 12.º.

3 – Nas restantes situações, o serviço competente procede a todas as diligências subsequentes previstas no artigo 12.º no prazo de dois dias úteis a contar da confirmação do pagamento efectuado pelos interessados.

ART. 12.º (Diligências subsequentes) – 1 – O tratamento dos dados indicados e dos documentos entregues pelos interessados bem como a apreciação do pedido de constituição da sociedade são efectuados pelos serviços competentes.

2 – O serviço competente deve proceder aos seguintes actos:

a) Registo do pacto ou acto constitutivo da sociedade, que deve ser imediatamente comunicado aos interessados por via electrónica;

172   [DL n.º 125/2006]   SOCIEDADES COMERCIAIS E COOPERAÇÃO EMPRESARIAL

b) Comunicação automática e electrónica da constituição da sociedade ao ficheiro central de pessoas colectivas e, se for o caso, codificação da actividade económica (CAE).

3 – O serviço competente deve ainda proceder aos seguintes actos:

a) Comunicação do código de acesso do cartão electrónico da empresa e do número de identificação da sociedade na segurança social e envio posterior do cartão da empresa a título gratuito;

b) Caso tenha havido aquisição de marca registada e independentemente da qualificação do correspondente acto de registo comercial, emissão e envio do documento comprovativo dessa aquisição, em modelo aprovado pelo Instituto Nacional da Propriedade Industrial, I. P. (INPI, I. P.);

c) Disponibilização gratuita de código de acesso à certidão permanente da sociedade pelo período de um ano;

d) Promoção das publicações legais, as quais se devem efectuar automaticamente e por via electrónica;

e) Disponibilização aos serviços competentes, por meios informáticos, dos dados necessários para o controlo das obrigações tributárias à administração tributária, dos dados necessários para efeitos de comunicação do início de actividade da sociedade à Inspecção-Geral do Trabalho, bem como dos dados necessários à inscrição oficiosa da sociedade nos serviços de segurança social e, quando for o caso, no cadastro comercial;

f) Caso tenha havido aquisição de marca registada, comunicação ao INPI, I. P., por meios informáticos, da transmissão da marca, para que se proceda à sua inscrição oficiosa no processo de registo, e ao RNPC para efeitos de dispensa da prova prevista no n.º 6 do artigo 33.º do regime do RNPC;

g) Promoção das restantes diligências que venham a ser fixadas por via regulamentar ou protocolar;

h) Envio da pasta da sociedade à conservatória do registo comercial da área da respectiva sede.

4 – Nos casos referidos na alínea *b)* do número anterior, é dispensado o documento escrito e assinado pelas partes, previsto no n.º 6 do artigo 31.º do Código da Propriedade Industrial, e não há lugar à emissão do título de concessão previsto no artigo 27.º do mesmo diploma.

5 – Para os efeitos previstos na alínea *e)* do n.º 3, os serviços da administração tributária devem notificar, por via electrónica, os serviços de segurança social dos elementos relativos ao início de actividade.

6 – O envio referido na alínea *h)* do n.º 3 só ocorre quando não existam condições que garantam o acesso à informação sobre a sociedade por via electrónica.

7 – A realização dos actos previstos nos n.ºˢ 2 e 3 é da competência do conservador e dos oficiais de registo.

ART. 13.º (Encargos) – 1 – Pelo procedimento de constituição de sociedade regulado no presente decreto-lei são devidos encargos relativos:

a) Aos emolumentos previstos no Regulamento Emolumentar dos Registos e do Notariado;

b) Ao imposto do selo, nos termos da tabela respectiva;

c) Às taxas previstas em portaria do membro do Governo responsável pela área da justiça, caso tenha havido aquisição de marca registada.

2 – Não são devidos emolumentos pessoais no âmbito do regime especial de constituição *on-line* de sociedades.

ART 14.º (Bolsas de firmas e de marcas) – 1 – No procedimento de constituição de sociedades previsto no presente decreto-lei são utilizadas a bolsa de firmas ou a bolsa de firmas e de marcas associadas previstas no artigo 15.º do Decreto-Lei n.º 111/2005, de 8 de Julho.

2 – *(Revogado).*

ART. 14.º-A – *(Revogado.)*

ART. 15.º (Aplicação subsidiária) – O Código do Registo Comercial é aplicável subsidiariamente ao regime especial de constituição *on-line* de sociedades.

ART. 16.º (Protocolos) – 1 – Podem ser celebrados protocolos entre a Direcção-Geral dos Registos e do Notariado (DGRN) e os vários organismos da Administração Pública envolvidos no procedimento de constituição de sociedades, com vista à definição dos procedimentos administrativos de comunicação de dados.

2 – A DGRN pode ainda celebrar protocolos com a Direcção-Geral dos Impostos e com a Câmara dos Técnicos Oficiais de Contas, com vista à definição dos procedimentos relativos ao preenchimento e entrega da declaração fiscal de início de actividade e posterior comprovação destes factos.

ART. 17.º (Regulamentação) – Deve ser regulado por portaria do Ministro da Justiça:

a) A designação, o funcionamento e as funções do sítio na Internet referido no artigo 1.º;

b) Os requisitos e as condições de utilização da autenticação electrónica e da assinatura electrónica na indicação dos dados e na entrega de documentos no referido sítio.

CAPÍTULO II — Alterações legislativas

ART. 18.º (Alteração ao regime do Registo Nacional de Pessoas Colectivas) – O artigo 45.º do regime do Registo Nacional de Pessoas Colectivas, aprovado pelo Decreto-Lei n.º 129/98, de 13 de Maio, com as alterações introduzidas pelos Decretos-Leis n.ºˢ 12/2001, de 25 de Janeiro, 323/2001, de 17 de Dezembro, 2/2005, de 4 de Janeiro, 111/2005, de 8 de Julho, e 76-A/2006, de 29 de Março, passa a ter a seguinte redacção:

Alteração introduzida no lugar próprio (**4.1.**).

REGULAMENTO DA CONSTITUIÇÃO *ON-LINE* DE SOCIEDADES [Port. n.º 657-C/2006] 173

ART. 19.º (Alteração ao Regulamento Emolumentar dos Registos e do Notariado) – Os artigos 27.º e 28.º do Regulamento Emolumentar dos Registos e do Notariado, aprovado pelo Decreto-Lei n.º 322-A/2001, de 14 de Dezembro, com as alterações introduzidas pelo Decreto-Lei n.º 315/2002, de 27 de Dezembro, pela Lei n.º 32-B/2002, de 30 de Dezembro, e pelos Decretos-Leis n.ºˢ 194/2003, de 23 de Agosto, 53/2004, de 18 de Março, 199/2004, de 18 de Agosto, 111/2005, de 8 de Julho, 178-A/2005, de 28 de Outubro, rectificado pela Declaração de Rectificação n.º 89/2005, de 27 de Dezembro, 76-A/2006, de 29 de Março, e 85/2006, de 23 de Maio, passam a ter a seguinte redacção:

....

Alterações introduzidas no lugar próprio (**4.5.**).

ART. 20.º (Alteração ao Decreto-Lei n.º 8-B/2002, de 15 de Janeiro) – O artigo 4.º do Decreto-Lei n.º 8-B/ /2002, de 15 de Janeiro, com a alteração introduzida pelo Decreto-Lei n.º 111/2005, de 8 de Julho, passa a ter a seguinte redacção:

«**ART. 4.º** [...] – 1 – ....

2 – ....

3 – ....

4 – Consideram-se oficiosamente inscritas na segurança social as entidades empregadoras criadas pelo regime especial de constituição imediata de sociedades e pelo regime especial de constituição *on-line* de sociedades.»

ART. 21.º (Alteração ao Decreto-Lei n.º 111/2005, de 8 de Julho) – Os artigos 1.º, 3.º, 6.º, 8.º, 11.º, 12.º, 14.º e 15.º do Decreto-Lei n.º 111/2005, de 8 de Julho, com a alteração introduzida pelo Decreto-Lei n.º 76-A/2006, de 29 de Março, passam a ter a seguinte redacção:

....

Alterações introduzidas no lugar próprio (**3.1.6.**).

CAPÍTULO III — Disposições finais e transitórias

ART. 22.º (Período experimental) – 1 – O regime especial de constituição imediata de sociedades com simultânea aquisição do registo de marca funciona a título experimental no RNPC, nos respectivos postos de atendimento junto dos Centros de Formalidades de Empresas de Lisboa, nas Conservatórias do Registo Comercial de Vila Nova de Gaia e de Coimbra e no respectivo posto de atendimento junto do Centro de Formalidades de Empresas de Coimbra, por um período de quatro meses, a contar da data de entrada em vigor do presente decreto-lei.

2 – Decorrido o período experimental previsto no número anterior, a extensão do regime a outros serviços depende de despacho do Ministro da Justiça.

ART. 23.º (Entrada em vigor) – O presente decreto-lei entra em vigor no dia 30 de Junho de 2006, com as excepções seguintes:

a) O disposto nos artigos 1.º e 17.º, quanto à emissão da regulamentação aí prevista, entra em vigor no dia seguinte ao da sua publicação;

b) As alterações legislativas ao Decreto-Lei n.º 111/2005, de 8 de Julho, entram em vigor no dia 14 de Julho de 2006;

c) A parte final da alínea *c*) do n.º 1 do artigo 6.º, que permite que o pedido de constituição *on-line* de sociedade apresentado pelos interessados seja feito através do envio de um pacto ou acto constitutivo por eles elaborado, entra em vigor no dia 31 de Outubro de 2006.

3.1.10. REGULAMENTO DA CONSTITUIÇÃO *ON-LINE* DE SOCIEDADES

Portaria n.º 657-C/2006

de 29 de Junho(*)

ART. 1.º (Objecto) – A presente portaria regula:

a) A designação, o funcionamento e as funções do sítio que permite a constituição *on-line* de sociedades comerciais e civis sob forma comercial do tipo por quotas e anónima;

b) Os termos em que se deve processar a indicação dos dados e a entrega de documentos pelos interessados no sítio.

(*) Rectificada pela Decl. de Recti. n.º 54/2006, de 22-8 (n.º 2 do art. 5.º).

174   [Port. n.º 657-C/2006]   SOCIEDADES COMERCIAIS E COOPERAÇÃO EMPRESARIAL

ART. 2.º (Designação do sítio) – A constituição *on-line* de sociedades comerciais e civis sob forma comercial do tipo por quotas e anónima, nos termos do Decreto-Lei n.º 125/2006, de 29 de Junho, faz-se através do sítio na Internet com o endereço www.empresaonline.pt, mantido pela Direcção-Geral dos Registos e do Notariado.

ART. 3.º (Funções do sítio) – 1 – O sítio deve permitir, entre outras que se mostrem necessárias, as seguintes funções:

a) A autenticação dos utilizadores através de certificados digitais;

b) A indicação dos dados de identificação dos interessados;

c) A escolha de uma firma constituída por expressão de fantasia previamente criada e reservada a favor do Estado;

d) A verificação da admissibilidade e obtenção da firma, nos termos do n.º 3 do artigo 45.º do regime do Registo Nacional de Pessoas Colectivas (RNPC);

e) A indicação da firma constante de certificado de admissibilidade de firma emitido pelo RNPC;

f) A escolha e o preenchimento de pacto ou acto constitutivo de modelo aprovado pelo director-geral dos Registos e do Notariado ou o envio de pacto ou acto constitutivo elaborado pelos interessados;

g) A apresentação, através de fórmula própria, das declarações referidas no n.º 3 do artigo 7.º do Decreto-Lei n.º 125/2006, de 29 de Junho;

h) O preenchimento electrónico dos elementos necessários à apresentação da declaração de início de actividade para efeitos fiscais;

i) A entrega dos documentos necessários à apreciação do pedido e ao suprimento de suas eventuais deficiências;

j) A assinatura electrónica dos documentos entregues;

l) O pagamento dos serviços por via electrónica;

m) A recolha de informação que permita o contacto entre os serviços competentes e os interessados e seus representantes;

n) O pedido de registo comercial da constituição da sociedade;

o) A certificação da data e da hora em que o pedido de registo foi concluído;

p) O acesso ao sítio na Internet onde se encontrem disponibilizadas as publicações legais.

2 – No caso previsto na alínea *c)*, o sítio deve permitir aos interessados completar a composição da firma com os aditamentos legalmente impostos, assim como com qualquer expressão alusiva ao objecto social que os interessados optem por inserir entre a expressão de fantasia escolhida e os referidos aditamentos.

ART. 4.º (Ordem de anotação dos pedidos) – 1 – Os pedidos de constituição *on-line* de sociedades efectuados através do sítio são anotados pela ordem da respectiva recepção.

2 – Caso a tramitação do procedimento de constituição *on-line* de sociedades seja distribuído por outras conservatórias, nos termos do n.º 2 do artigo 3.º do Decreto-Lei n.º 125/2006, de 29 de Junho, os pedidos são anotados pela respectiva ordem de recepção na conservatória do registo comercial para onde o pedido foi distribuído.

3 – Nos casos de pedidos de registo recebidos após as 16 horas e em que a respectiva anotação não possa ser efectuada automaticamente por via informática, os pedidos são anotados no dia seguinte, imediatamente antes da primeira apresentação pessoal ou por telecópia, caso exista.

ART. 5.º (Autenticação electrónica) – 1 – Para efeitos de constituição *on-line* de sociedades, a autenticação electrónica de advogados, solicitadores e notários deve fazer-se mediante certificado digital que comprove a qualidade profissional do utilizador.

2 – Para os restantes utilizadores, a autenticação electrónica faz-se mediante a utilização de certificado digital qualificado, nos termos previstos no regime jurídico dos documentos electrónicos e da assinatura electrónica, aprovado pelo Decreto-Lei n.º 290-D/99, de 2 de Agosto, na redacção introduzida pelos Decretos-Leis n.ºs 62/2003, de 3 de Abril, e 165/2004, de 6 de Julho, e 116-A/2006, de 16 de Junho.

ART. 6.º (Certificados digitais de advogados, solicitadores e notários) – Na constituição *on-line* de sociedades, apenas são admitidos os certificados digitais de advogados, solicitadores e notários cuja utilização para fins profissionais seja confirmada através de listas electrónicas de certificados, disponibilizadas, respectivamente, pela Ordem dos Advogados, pela Câmara dos Solicitadores e pela Ordem dos Notários.

ART. 7.º (Assinatura electrónica de documentos) – 1 – No processo de constituição *on-line* de sociedades, cada subscritor deve apor a sua assinatura electrónica qualificada no pacto social ou no acto constitutivo da sociedade, excepto no caso de aposição pelo subscritor de assinatura manuscrita, reconhecida presencialmente por advogado, solicitador ou notário.

2 – Aos restantes documentos entregues no processo de constituição *on-line* de sociedades deve ser aposta a assinatura electrónica qualificada do interessado que efectuar o envio, salvo quando este for realizado por advogado, solicitador ou notário.

3 – Os documentos entregues no processo de constituição *on-line* de sociedades são assinados digitalmente pelo sistema informático que os recepciona.

ART. 8.º (Comprovativo e comunicação electrónicos) – 1 – O comprovativo electrónico referido no n.º 1 do artigo 10.º do Decreto-Lei n.º 125/2006, de 29 de Junho, deve ser enviado aos interessados através de mensagem de correio electrónico.

CENTROS DE FORMALIDADES DAS EMPRESAS   [DL n.º 78-A/2006]   175

2 – O registo do pacto ou acto constitutivo da sociedade deve, nos termos do alínea *a*) do n.º 2 do artigo 12.º do Decreto-Lei n.º 125/2006, de 29 de Junho, ser comunicado aos interessados por mensagem de correio electrónico e, quando possível, por *short message service* (sms).

ART. 9.º (Entrada em vigor) – A presente portaria entra em vigor no dia 30 de Junho de 2006.

3.1.11. CENTROS DE FORMALIDADES DAS EMPRESAS

Decreto-Lei n.º 78-A/98

de 31 de Março (*)

ART. 1.º (Natureza e finalidade) – 1 – Os centros de formalidades das empresas, doravante designados por CFE, são serviços de atendimento e de prestação de informações aos utentes que têm por finalidade facilitar os processos de constituição, alteração ou extinção de empresas e actos afins.

2 – Os CFE são criados, sob proposta do Ministro da Economia, por despacho conjunto dos ministros que tutelam os serviços intervenientes e do ministro que tutela a área da Administração Pública. (**)

ART. 2.º (Entidades hospedeiras e de acolhimento) – 1 – A instalação de cada CFE depende de candidatura apresentada no Ministério da Economia por entidades hospedeiras ou de acolhimento, nomeadamente organismos ou institutos públicos, associações empresariais, câmaras de comércio e indústria e ordens profissionais.

2 – São entidades hospedeiras as que asseguram as instalações e equipamentos adequados ao funcionamento dos CFE, os recursos humanos a afectar aos serviços de informação e encaminhamento, a estrutura administrativa, bem como a participação nas despesas de funcionamento.

3 – São entidades de acolhimento as que se propõem disponibilizar as instalações adequadas ao funcionamento dos CFE.

4 – A decisão sobre a candidatura deverá ser comunicada à entidade interessada no prazo de 30 dias após a recepção da proposta, valendo a ausência de resposta como indeferimento.

5 – A prestação dos serviços pelas entidades a que se referem os números anteriores constará de protocolos, em que intervirá, em representação do Estado, o Ministro da Economia.

6 – Os protocolos serão assinados, no prazo de 10 dias após a comunicação da decisão referida no número anterior, publicados na 2.ª série do *Diário da República* e divulgados nos órgãos de comunicação social com maior expansão nacional e regional.

ART. 3.º (Estrutura) – 1 – Junto de cada CFE funciona:
a) Uma delegação do Registo Nacional de Pessoas Colectivas (RNPC);
b) Um cartório notarial;
c) Uma extensão da Direcção-Geral dos Impostos (DGCI);
d) Um Gabinete de Apoio ao Registo Comercial (GARC);
e) Uma extensao do centro regional de segurança social (CRSS) da respectiva zona de localização do CFE.

2 – Podem ainda ser instalados junto de cada CFE outros serviços de atendimento públicos ou privados.

3 – Poderão ser também criadas extensões dos próprios CFE, mediante despacho conjunto dos Ministros das finanças, da Justiça, da Economia e do Trabalho e da Solidariedade.

ART. 4.º (Competências) – 1 – À delegação do RNPC cabe efectuar as pesquisas no ficheiro central de pessoas colectivas, a fim de ser averiguada a susceptibilidade de confusão da firma ou denominação pretendida pelo requerente com outras já registadas ou licenciadas, assinando o impresso correspondente e remetendo, por telecopia, o pedido de certificado ao RNPC, acompanhado do comprovativo do depósito do emolumento, o qual comunicará, pela mesma via, até ao 5.º dia útil seguinte, o deferimento ou indeferimento do pedido.

2 – O notário tem competência para praticar os actos notariais necessários à prossecução da finalidade dos CFE, cabendo-lhe redigir os instrumentos públicos e determinar a data em que os mesmos são efectuados.

3 – À extensão da DGCI cabe receber, registar e enviar à repartição de finanças da área da sede das empresas constituídas as respectivas declarações de início de actividade e, quando for o caso, as declarações de alteração em consequência de modificação de pactos sociais e de cessação de actividade.

4 – Ao GARC incumbe a requisição do registo de actos nas conservatórias do registo comercial competentes, a qual se tem por efectuada com o envio por telecópia do impresso de modelo aprovado.

5 – Ao GARC incumbe ainda remeter os documentos que instruem o pedido de registo ou as respectivas fotocópias, com anotação de conformidade com o original, bem como o comprovativo do pagamento dos encargos devidos, por forma a darem entrada na conservatória competente no prazo máximo de cinco dias úteis a contar da data do envio da respectiva requisição, equivalendo, para efeitos de anotação, a identificação dos documentos no impresso requisição remetido à sua apresentação por telecópia.

(*) Com a alteração introduzida pelo **DL n.º 87/2000**, de 12-5 (art. 13.º).
(**) Estão instalados CFE em Aveiro, Braga, Coimbra, Leiria, Lisboa I, Lisboa II, Loulé, Porto, Setúbal e Viseu.

176 [DL n.º 78-A/2006]
SOCIEDADES COMERCIAIS E COOPERAÇÃO EMPRESARIAL

6 – À extensão do CRSS incumbe assegurar a inscrição das entidades empregadoras como contribuintes do regime geral de segurança social, bem como registar as alterações de objecto social, sede e outras.

ART. 5.º (Delegações do Registo Nacional de Pessoas Colectivas) – O quadro das delegações do RNPC junto dos CFE é fixado por portaria do Ministro da Justiça.

ART. 6.º (Estatuto remuneratório do pessoal do Registo Nacional de Pessoas Colectivas) – 1 – O pessoal das delegações do RNPC tem direito à remuneração mínima assegurada a um segundo-ajudante dos registos do escalão mais aproximado do seu, se a da sua categoria actual não for igual ou superior.

2 – Ao pessoal referido no número anterior é aplicável o regime previsto no n.º 3 do artigo 8.º.

ART. 7.º (Cartórios notariais) – 1 – Os cartórios notariais dos CFE são serviços externos da Direcção-Geral dos Registos e do Notariado (DGRN).

2 – A classe e o quadro de pessoal dos cartórios dos CFE constam de portaria do Ministro da Justiça.

3 – Os lugares de notário e de oficial são providos nos termos da legislação dos serviços externos da DGRN, sem prejuízo do disposto nos números seguintes.

4 – O lugar de notário pode ser provido em regime de comissão de serviço, por transferência ou em requisição, nos termos previstos no artigo 21.º do Decreto-Lei n.º 40/94, de 11 de Fevereiro.

5 – Sempre que se mostrar necessário para o regular funcionamento do cartório, o director-geral dos Registos e do Notariado pode determinar o destacamento de notários e de oficiais.

ART. 8.º (Estatuto remuneratório do notário e dos oficiais do notariado) – 1 – O estatuto remuneratório do notário e dos oficiais do notariado é o que resulta da aplicação das respectivas disposições dos serviços dos registos e do notariado, sendo-lhes assegurada a participação emolumentar calculada sobre uma receita mensal líquida de 20 000 contos, 15 000 contos e 10 000 contos, referida, respectivamente, a cartórios de 1.ª, 2.ª e 3.ª classes.

2 – Nas situações de comissão de serviço e destacamento, os funcionários podem optar pelo estatuto remuneratório previsto no número anterior ou pela remuneração que aufeririam se estivessem ao serviço na repartição de origem, podendo, caso se mostre mais favorável, calcular-se a média mensal da participação emolumentar e emolumentos pessoais auferidos no ano anterior, sem prejuízo do direito aos emolumentos pessoais devidos por actos praticados nos CFE.

3 – Ao notário e oficiais do notariado pode ainda ser abonada uma participação emolumentar, a fixar, caso a caso, por despacho do director-geral dos Registos e do Notariado.

ART. 9.º (Gabinete de Apoio ao Registo Comercial) – As funções de apoio ao registo comercial são desempenhadas por oficiais dos registos, a destacar pelo director-geral dos Registos e do Notariado.

ART. 10.º (Estatuto remuneratório dos oficiais dos registos) – 1 – Os oficiais destacados em funções de apoio ao registo comercial têm direito à remuneração que aufeririam se estivessem na repartição de origem, designadamente ao vencimento de categoria, à participação emolumentar e aos emolumentos pessoais.

2 – Aos oficiais referidos no número anterior é aplicável o n.º 3 do artigo 8.º.

ART. 11.º (Centros regionais de segurança social) – 1 – O exercício das competências confiadas à extensão do centro regional de segurança social será assegurado pelo pessoal a afectar a cada um dos CFE pelo respectivo centro regional.

2 – Os centros regionais de segurança social ficam autorizados a celebrar os contratos de trabalho a termo certo que, em cada caso, se revelem indispensáveis ao funcionamento da extensão junto de cada CFE a criar, até ao limite do pessoal a afectar a essa mesma finalidade.

ART. 12.º (Extensões da Direcção-Geral dos Impostos) – As extensões da DGCI junto dos CFE dependem hierarquicamente da direcção distrital de finanças onde territorialmente se situem, sem prejuízo do disposto nos artigos 13.º, 14.º e 15.º.

ART. 13.º (Gestão dos CFE) – 1 – As funções de gestor da rede nacional dos CFE são desempenhadas pelo membro do conselho de administração do IAPMEI a quem esteja cometida a responsabilidade pelo relacionamento com os CFE.

2 – Quando for julgado conveniente para o bom funcionamento dos CFE, as funções a que se refere o número anterior podem ser asseguradas por gestor para o efeito nomeado por resolução do Conselho de Ministros, mediante proposta do Ministro da Economia, nos termos do artigo 37.º da Lei n.º 49/99, de 22 de Junho, com o estatuto de encarregado de missão.

3 – Na situação prevista no n.º 1, o desempenho das funções de gestor da rede nacional dos CFE por inerência não permite a acumulação de remunerações.

4 – A gestão de cada CFE e da sua eventual extensão compete a um adjunto do gestor da rede nacional dos CFE por este proposto e nomeado por despacho do Ministro da Economia.

ART. 14.º (Competências do gestor e dos adjuntos) – 1 – Compete ao gestor da rede nacional dos CFE:

a) Coordenar a equipa interministerial da rede nacional dos CFE;

b) Definir e supervisionar a aplicação das regras de funcionamento dos CFE;

c) Coordenar os respectivos adjuntos;

d) Elaborar e apresentar, depois de obtido o parecer da equipa interministerial da rede nacional dos CFE, um relatório semestral da actividade dos CFE;

e) Acompanhar a execução dos protocolos de criação e funcionamento dos CFE;

LOJAS DO CIDADÃO

[DL n.º 314/98] 177

f) Propor a extinção dos CFE, depois de obtido o parecer favorável da equipa interministerial da rede nacional dos CFE.

2 – Os adjuntos do gestor da rede nacional dos CFE têm, para além das que por aquele lhes forem delegadas, as competências seguintes:

a) A fixação do horário de atendimento do CFE, de acordo com as necessidades dos utentes e no respeito pela legislação em vigor;

b) A aplicação e supervisão dos procedimentos operacionais internos do CFE, conforme definidos pelo gestor da rede nacional dos CFE, de modo a responderem eficaz e rapidamente aos utentes;

c) A elaboração do relatório semestral de avaliação do desempenho do CFE.

ART. 15.º (Equipa interministerial da rede nacional dos CFE) – 1 – A equipa interministerial da rede nacional dos CFE será nomeada por despacho conjunto dos Ministros das finanças, da Justiça, da Economia, do Trabalho e da Solidariedade e Adjunto, sendo coordenada pelo gestor da rede nacional dos CFE.

2 – Compete à equipa interministerial da rede nacional dos CFE:

a) Elaborar o manual de procedimentos dos CFE;

b) Acompanhar a instalação e o funcionamento dos CFE e propor medidas que permitam uma actuação eficaz;

c) Dar parecer sobre o relatório semestral de actividades dos CFE;

d) Dar parecer sobre as propostas de extinção dos CFE.

ART. 16.º (Meios electrónicos) – As entidades intervenientes nos CFE utilizarão preferencialmente os meios electrónicos da aceitação e transmissão de dados e valores.

ART. 17.º (Eficácia dos actos) – Os actos praticados nos CFE entendem-se como efectuados junto dos serviços públicos competentes, com excepção dos relativos ao RNPC e ao registo comercial.

ART. 18.º (Prestação de serviços) – Aos serviços prestados nos CFE pelas entidades intervenientes não acresce qualquer taxa ou emolumento para além dos legalmente previstos.

ART. 19.º (Encargos e receitas) – 1 – As entidades intervenientes suportam os encargos decorrentes do funcionamento dos respectivos serviços, delegações ou extensões, bem como os relativos ao pessoal que lhes estiver afecto.

2 – Os encargos relacionados com o gestor da rede nacional dos CFE e com os respectivos adjuntos são cobertos pelo orçamento do Ministério da Economia, a não ser que o protocolo a estabelecer com as entidades hospedeiras ou de acolhimento defina outro procedimento.

3 – Incumbe ao Gabinete de Gestão financeira do Ministério da Justiça suportar os encargos decorrentes do funcionamento do cartório notarial, do GARC e da delegação do RNPC, bem como os relativos ao respectivo pessoal.

4 – As despesas do funcionamento dos serviços dos registos e do notariado são aplicáveis, com as necessárias adaptações, as disposições da legislação orgânica dos serviços externos da DGRN.

5 – Os emolumentos cobrados pelos serviços dos registos e do notariado e pelo RNPC constituem receita do Gabinete de Gestão financeira do Ministério da Justiça.

ART. 20.º (Extinção) – Os CFE são extintos por despacho conjunto dos Ministros das finanças, da Justiça, da Economia, do Trabalho e da Solidariedade e Adjunto.

ART. 21.º (Centros de Formalidades das Empresas de Lisboa e do Porto) – Os CFE de Lisboa e do Porto, criados pelo Decreto-Lei n.º 55/97, de 8 de Março, mantêm-se em funcionamento, obedecendo ao regime legal criado pelo presente diploma.

ART. 22.º (Norma revogatória) – É revogado o Decreto-Lei n.º 55/97, de 8 de Março.

ART. 23.º (Entrada em vigor) – O presente diploma entra em vigor no 1.º dia do mês seguinte ao da sua publicação.

3.1.12. LOJAS DO CIDADÃO

Decreto-Lei n.º 314/98

de 17 de Outubro (*)

ART. 1.º (Serviços da Direcção-Geral dos Registos e do Notariado nas lojas do cidadão) – Em cada loja do cidadão podem funcionar os seguintes serviços da Direcção-Geral dos Registos e do Notariado:

a) Gabinete de apoio ao registo automóvel;

b) Gabinete de certidões;

c) Delegação da Direcção-Geral dos Registos e do Notariado.

(*) O n.º 7 do art. 3.º foi aditado pelo art. 28.º do **DL n.º 76-A/2006**, de 29-3, com início de vigência em 30.6.2006.

178   [DL n.º 64/2009]   SOCIEDADES COMERCIAIS E COOPERAÇÃO EMPRESARIAL

ART. 2.º (Gabinetes de apoio ao registo automóvel) – 1 – Os gabinetes de apoio ao registo automóvel têm competência equiparada à de qualquer conservatória intermediária, podendo ainda prestar informações, oralmente ou por escrito, sobre a titularidade de qualquer veículo automóvel.

2 – Efectuado o registo, a conservatória competente remete os respectivos documentos directamente ao interessado.

3 – Se o registo requerido não puder efectuar-se, são devolvidos directamente ao requerente o requerimento, documentos e preparos, com indicação dos motivos da impossibilidade ou da recusa.

4 – A revalidação das guias de substituição do título de registo e livrete só pode ser efectuada pela conservatória com competência para o acto de registo, sem prejuízo de a revalidação poder ainda ser feita pelo gabinete de apoio ao registo automóvel, se assim o determinar o director-geral dos Registos e do Notariado.

ART. 3.º (Gabinetes de certidões) – 1 – Os gabinetes de certidões podem servir de intermediários nos pedidos de certidões de actos de registo civil, predial e comercial e de documentos arquivados.

2 – Cabe ao requerente da certidão fornecer os elementos indispensáveis à satisfação da requisição.

3 – A certidão é remetida directamente ao requerente pela conservatória.

4 – Os gabinetes de certidões podem ainda requisitar e receber certidões por meio de telecópia.

5 – As certidões a que se refere o número anterior devem indicar a data de emissão e ser assinadas ou rubricadas por funcionário competente para assinar certidões, fazendo-se constar, em papel avulso a transmitir na continuidade da certidão, a referência à aposição do selo branco.

6 – As certidões recebidas por telecópia têm, junto de qualquer serviço, a força probatória do original, devendo, para o efeito, o competente funcionário dos registos em serviço nos gabinetes de certidões mencionar a presente disposição, assinar a certidão e apor-lhe o selo branco.

7 – Os gabinetes de certidões podem ainda emitir e confirmar certidões e cópias não certificadas de registos, nos termos legalmente previstos para as conservatórias do registo comercial.

ART. 4.º (Delegações da Direcção-Geral dos Registos e do Notariado) – As delegações da Direcção-Geral dos Registos e do Notariado têm competência na área da identificação civil, nos termos do n.º 3 do artigo 3.º do Decreto-Lei n.º 40/94, de 11 de Fevereiro.

ART. 5.º (Funcionamento) – As regras de funcionamento dos gabinetes de apoio ao registo automóvel e dos gabinetes de certidões, bem como a articulação dos gabinetes com os serviços externos da Direcção-Geral dos Registos e do Notariado, são definidas por despacho do director-geral dos Registos e do Notariado.

ART. 6.º (Pessoal) – 1 – O director-geral dos Registos e do Notariado pode destacar funcionários dos serviços externos para as lojas do cidadão.

2 – Os funcionários destacados têm direito à remuneração que aufeririam se estivessem no serviço de origem, designadamente ao vencimento da categoria, à participação emolumentar e aos emolumentos pessoais.

3 – Aos funcionários referidos no n.º 1 pode ainda ser abonada uma participação emolumentar, a fixar, caso a caso, por despacho do director-geral dos Registos e do Notariado.

4 – Os funcionários dos gabinetes de apoio ao registo automóvel e dos gabinetes de certidões estão na dependência hierárquica e funcional do director-geral dos Registos e do Notariado.

ART. 7.º (Encargos) – 1 – Incumbe ao Gabinete de Gestão financeira do Ministério da Justiça suportar os encargos decorrentes do funcionamento dos serviços da Direcção-Geral dos Registos e do Notariado nas lojas do cidadão, incluindo os relativos ao pessoal.

2 – Às despesas de funcionamento dos serviços referidos no número anterior são aplicáveis, com as necessárias adaptações, as disposições da legislação orgânica dos serviços externos da Direcção-Geral dos Registos e do Notariado.

3.1.13. DIMINUIÇÃO DO VALOR NOMINAL DAS ACÇÕES

Decreto-Lei n.º 64/2009

de 20 de Março

ART. 1.º (Objecto) — O presente decreto-lei estabelece os mecanismos extraordinários de diminuição do valor nominal das acções das sociedades anónimas.

ART. 2.º (Redução de capital por diminuição do valor nominal das acções) — 1 — A assembleia geral de qualquer sociedade anónima pode deliberar a redução do capital social por diminuição do valor nominal das acções, desde que uma importância igual ao montante da redução seja simultaneamente levada a uma reserva especial, sujeita ao regime do capital social no que respeita às garantias perante os credores.

2 — Nos casos previstos no número anterior não é aplicável o disposto no n.ºs 1 e 3 do artigo 95.º do Código das Sociedades Comerciais, aprovado pelo Decreto-Lei n.º 262/86, de 2 de Setembro.

SOCIEDADES ANÓNIMAS EUROPEIAS   [DL n.º 2/2005]   179

ART. 3.º (Diminuição do valor nominal das acções sem redução do capital) — 1 — Nas sociedades cujas acções estejam admitidas à negociação em mercado regulamentado, pode ser deliberada a diminuição do valor nominal das acções sem redução do capital social, desde que:

a) O valor nominal antes da diminuição seja igual ou inferior ao valor contabilístico das acções constante de balanço certificado pelo revisor oficial de contas da sociedade que se reporte a data não anterior a seis meses em relação à data da deliberação de diminuição do valor nominal;

b) Seja simultaneamente deliberado, ou tenha sido prévia ou simultaneamente autorizado, aumento de capital mediante novas entradas em numerário, no todo ou em parte, ficando a deliberação referida na alínea anterior condicionada à realização do aumento de capital.

2 — O montante da diminuição do valor nominal deve ser estabelecido tendo em conta o interesse social e a sua adequação à realização do aumento de capital de acordo com as circunstâncias do mercado.

3 — Para efeitos do disposto no número anterior, o processo de registo na Conservatória do Registo Comercial deve ser instruído com declaração de não oposição da CMVM.

4 — Após a diminuição do valor nominal sem redução do capital social, este último passa a ser constituído por uma componente representada pelo valor nominal das acções e por uma componente correspondente ao diferencial resultante da diminuição do valor nominal.

5 — A componente correspondente ao diferencial resultante da diminuição do valor nominal apenas pode ser utilizada para aumento do valor nominal das acções ou para emissão de novas acções a atribuir aos accionistas, não podendo ser utilizada para o aumento de capital a que se refere a alínea *b)* do n.º 1, sem prejuízo de poder ser eliminada em caso de redução do capital social.

6 — As deliberações da assembleia geral referidas no n.º 1 que se destinem ao reforço da solidez financeira das instituições de crédito com vista a atingir o nível de fundos próprios exigido no âmbito da Lei n.º 63-A/2008, de 24 de Novembro, são tomadas nos termos do n.º 2 do artigo 10.º da referida lei.

7 — No aumento de capital a que se refere o n.º 1, independentemente da modalidade das respectivas entradas, não pode ser limitado ou suprimido o direito de preferência dos accionistas na subscrição de acções.

ART. 4.º (Entrada em vigor) — O presente decreto-lei entra em vigor no dia seguinte ao da sua publicação.

ART. 5.º (Período de vigência) — O disposto no presente decreto-lei é aplicável às operações que sejam realizadas ao abrigo deste regime até 31 de Dezembro de 2009.

3.1.14. SOCIEDADES ANÓNIMAS EUROPEIAS

Decreto-Lei n.º 2/2005

de 4 de Janeiro (*)

ART. 1.º (Aprovação do regime aplicável às sociedades anónimas europeias) – É aprovado o regime jurídico aplicável às sociedades anónimas europeias com sede em Portugal e à constituição de sociedades anónimas europeias em que estejam envolvidas sociedades reguladas pelo direito interno português, que se identifica sob a designação «Regime Jurídico das Sociedades Anónimas Europeias» e se publica em anexo ao presente decreto-lei, do qual faz parte integrante.

(...)

ART. 8.º (Entrada em vigor) – O presente diploma entra em vigor no dia seguinte ao da sua publicação.

ANEXO

REGIME JURÍDICO DAS SOCIEDADES ANÓNIMAS EUROPEIAS

CAPÍTULO I — Disposições gerais

ART. 1.º (Objecto) – 1 – O presente Regime Jurídico é aplicável às sociedades anónimas europeias com sede em Portugal e à constituição de sociedades anónimas europeias em que estejam envolvidas sociedades reguladas pelo direito interno português, sem prejuízo do disposto no número seguinte.

2 – As sociedades anónimas europeias com sede em Portugal regem-se pelo Regulamento (CE) n.º 2157//2001, do Conselho, de 8 de Outubro, pelas estipulações dos respectivos estatutos em tudo o que por aquele for

---

(*) Rectificado pela Declaração de Rectificação n.º 6/2005, de 17-2, e alterado pelo art. 36.º do **DL n.º 76-A/2006**, de 29-3, com início de vigência em 30.6.2006, que introduziu a redacção actual dos arts. 2.º, 4.º, 5.º, 6.º, 7.º, 10.º, 13.º e 14.º.

180 [DL n.º 2/2005] SOCIEDADES COMERCIAIS E COOPERAÇÃO EMPRESARIAL

expressamente autorizado, pelo presente diploma e, subsidiariamente, pela legislação nacional que regula as sociedades anónimas, a qual, designadamente, é aplicável no que respeita à estrutura, à orgânica, ao funcionamento e à extinção da sociedade, à designação, competência, responsabilidade e cessação de funções dos titulares dos órgãos sociais, e às alterações do contrato de sociedade.

ART. 2.º (Autoridades competentes) – 1 – As autoridades competentes para a prática dos actos referidos no n.º 8 do artigo 8.º, no n.º 2 do artigo 25.º e no artigo 26.º do Regulamento (CE) n.º 2157/2001, do Conselho, de 8 de Outubro, são as conservatórias do registo comercial ou os notários.

2 – As autoridades a que se referem o n.º 2 do artigo 54.º e o n.º 3 do artigo 55.º do Regulamento (CE) n.º 2157/2001, do Conselho, de 8 de Outubro, são os tribunais competentes para preparar e julgar as acções relativas ao exercício de direitos sociais.

3 – A autoridade competente para a informação prevista no n.º 4 do artigo 64.º do regulamento previsto no número anterior é o Ministério da Justiça.

4 – Para o efeito do número anterior, o Ministério Público e qualquer outra entidade ou organismo público ou qualquer interessado que tenha conhecimento de que uma sociedade europeia tem sede ou administração central em Portugal sem que ambas coincidam no território nacional deve comunicar o facto imediatamente ao Ministério da Justiça.

ART. 3.º (Designação de peritos) – Em todos os casos em que o Regulamento (CE) n.º 2157/2001, do Conselho, de 8 de Outubro, prevê a designação de peritos independentes por uma determinada autoridade, deve entender-se que essa designação fica a cargo da Ordem dos Revisores Oficiais de Contas, que procede à nomeação:

a) A pedido de qualquer das sociedades interessadas ou a pedido conjunto das sociedades interessadas, nos casos de constituição de sociedades anónimas europeias;

b) A pedido da sociedade anónima europeia com sede em Portugal no âmbito do processo de transformação desta em sociedade anónima regulada pelo direito interno.

ART. 4.º (Forma e publicidade do processo constitutivo e de transferência de sede) – 1 – A constituição de uma sociedade anónima europeia com sede em Portugal, em qualquer das modalidades previstas no Regulamento (CE) n.º 2157/2001, do Conselho, de 8 de Outubro, bem como a alteração dos estatutos decorrente da transferência de sede daquela sociedade para Portugal, está sujeita às exigências de forma, assim como ao registo e publicação previstos na legislação aplicável às sociedades anónimas.

2 – Estão igualmente sujeitos a registo e publicação:

a) Os projectos de constituição de sociedades anónimas europeias, em qualquer das modalidades admissíveis, que devem ser sempre elaborados em conformidade com o Regulamento (CE) n.º 2157/2001, do Conselho, de 8 de Outubro;

b) A verificação das condições para a constituição de uma sociedade anónima europeia nos termos do n.º 3 do artigo 33.º do Regulamento (CE) n.º 2157/2001, do Conselho, de 8 de Outubro;

c) O projecto de transferência de sede de sociedade anónima europeia registada em Portugal para outro Estado membro.

CAPÍTULO II — Modos de constituição

Secção I — CONSTITUIÇÃO DE UMA SOCIEDADE ANÓNIMA EUROPEIA POR FUSÃO

ART. 5.º (Publicações obrigatórias) – Sem prejuízo de outras publicações a que deva haver lugar por aplicação de lei especial, nomeadamente por virtude da qualidade de sociedade aberta de que se revistam as sociedades a fundir, as publicações previstas no artigo 21.º do Regulamento (CE) n.º 2157/2001, do Conselho, de 8 de Outubro, devem ser feitas nos termos do n.º 1 do art. 167.º do Código das Socedades Comerciais.

ART. 6.º (Oposição dos credores) – Para efeitos do exercício do direito de oposição dos credores das sociedades que se fundem, o prazo previsto no artigo 101.º-A do Código das Sociedades Comerciais conta-se a partir da publicação a que se refere o artigo anterior.

ART. 7.º (Exoneração de sócio nos casos de fusão) – 1 – Qualquer sócio pode exonerar-se da sociedade quando, contra o seu voto expresso, tenha sido deliberada a respectiva fusão para constituição de uma sociedade anónima europeia.

2 – O sócio que queira usar da faculdade atribuída pelo número anterior deve, nos 30 dias seguintes à deliberação sobre a fusão, declarar por escrito à sociedade a sua intenção de se exonerar.

3 – Recebida a declaração do sócio, a sociedade deve adquirir ou fazer adquirir por terceiro a sua participação social, aplicando-se o disposto nos números seguintes.

4 – Salvo acordo das partes, a contrapartida da aquisição é calculada nos termos do artigo 1021.º do Código Civil, com referência ao momento da deliberação de fusão, por um revisor oficial de contas independente designado pela respectiva Ordem, a solicitação de qualquer dos interessados, sem prejuízo de a designação poder ter lugar por mútuo acordo.

5 – Uma vez designado, o revisor dispõe de 30 dias para a determinação do valor da contrapartida, após a qual corre novo prazo de idêntica duração para a realização da aquisição.

SOCIEDADES ANÓNIMAS EUROPEIAS [DL n.º 2/2005] 181

6 – A não realização da aquisição no prazo estabelecido por motivo imputável ao sócio determina para ele a perda do direito à exoneração, obstando à realização da fusão quando seja imputável à sociedade.

7 – Se, apesar do disposto na parte final do número anterior, a sociedade promover o registo da constituição por fusão, a sociedade anónima europeia constituída fica obrigada a adquirir a participação social que tenha sido atribuída ao sócio exonerando mediante contrapartida idêntica à anteriormente fixada em conformidade com o n.º 4, devendo ainda compensá-lo pelos prejuízos sofridos.

8 – Os administradores da sociedade fundida e, bem assim, os da sociedade anónima europeia obrigada respondem solidariamente com esta.

ART. 8.º (Oposição de autoridades reguladoras) – 1 – As operações de fusão de que resulte a criação de uma sociedade anónima europeia devem ser precedidas de notificação à Autoridade da Concorrência bem como, nos casos em que as sociedades participantes estejam sujeitas a supervisão ou regulação, à autoridade reguladora sectorial competente em razão da matéria.

2 – O projecto de fusão deve ser notificado às autoridades referidas no número anterior no prazo de sete dias úteis após a aprovação do mesmo pela assembleia geral da sociedade participante.

3 – A Autoridade da Concorrência e a autoridade reguladora sectorial podem opor-se à participação de uma sociedade na constituição de uma sociedade anónima europeia por meio de fusão com fundamento na existência de um interesse público contrário àquela participação.

4 – No prazo de 30 dias contados da notificação que receberem, as autoridades competentes, quando entendam opor-se à participação da sociedade na fusão, devem dar-lhe conhecimento das suas intenções, oferecendo-lhe prazo para se pronunciarem, o qual não pode ser inferior a 15 dias.

5 – Recebida a resposta da sociedade ou, na sua falta, decorrido o prazo concedido, a autoridade decide fundamentadamente dentro dos 15 dias seguintes.

6 – O decurso de qualquer dos prazos previstos nos números precedentes sem que as autoridades competentes procedam de acordo com o aí estabelecido vale como não oposição.

ART. 9.º (Efeitos da oposição) – 1 – A declaração de oposição por qualquer das autoridades competentes obsta à participação da sociedade na fusão.

2 – Da declaração de oposição das entidades competentes cabe impugnação judicial nos termos previstos na legislação respectiva.

3 – No caso de existência de mais de uma declaração de oposição, pode ser interposta acção única para a impugnação de todas elas, desde que tal seja possível de acordo com as regras de competência dos tribunais.

4 – A acção deve ser interposta no prazo de um mês contado da notificação da decisão de oposição, considerando-se, para efeitos do número anterior, que o prazo se conta a partir da última notificação de oposição recebida.

ART. 10.º (Certificado de não oposição) – As entidades referidas no artigo 8.º devem, no prazo de 10 dias contado da apresentação do pedido que lhes seja dirigido pelas sociedades interessadas, emitir documento comprovativo da não oposição à fusão, de cuja apresentação depende a emissão do certificado referido no n.º 2 do artigo 25.º do Regulamento (CE) n.º 2157/2001, do Conselho, de 8 de Outubro.

Secção II — **CONSTITUIÇÃO DE UMA SOCIEDADE ANÓNIMA EUROPEIA GESTORA DE PARTICIPAÇÕES SOCIAIS**

ART. 11.º (Exoneração de sócio) – 1 – O sócio que tenha votado contra o projecto de constituição de uma sociedade anónima europeia gestora de participações sociais tem direito a exonerar-se da sociedade a que pertence, sendo-lhe aplicável, com as necessárias adaptações, o disposto no artigo 7.º.

2 – Tendo sido exercido o direito à exoneração, se a constituição da nova sociedade ocorrer sem que esteja concretizada a aquisição da participação do exonerando por motivo não imputável a este, ela fica solidariamente responsável com a sociedade promotora pelo cumprimento da respectiva obrigação, sem prejuízo da cumulativa e solidária responsabilidade dos titulares da administração de uma e de outra.

3 – O disposto no presente artigo não é aplicável aos sócios de sociedades promotoras que sejam qualificadas como sociedades abertas.

ART. 12.º (Protecção dos credores) – Quando a sociedade anónima europeia gestora de participações sociais tenha adquirido, no processo de constituição ou em decorrência dele, bens de qualquer das sociedades promotoras, responde, até à concorrência do respectivo valor, pelas dívidas do alienante existentes à data da constituição.

CAPÍTULO III — Sede e transferência de sede da sociedade anónima europeia

ART. 13.º (Exoneração do sócio nos casos de transferência de sede) – 1 – O sócio que tenha votado contra o projecto de transferência da sede de sociedade anónima europeia para outro Estado membro da União Europeia pode exonerar-se.

182   [DL n.º 2/2005]   SOCIEDADES COMERCIAIS E COOPERAÇÃO EMPRESARIAL

2 – Salvo o disposto nos números seguintes, é aplicável à exoneração de sócio por motivo de transferência de sede para outro Estado membro, com as necessárias adaptações, o estatuído no artigo 7.º.

3 – Tendo sido exercido o direito à exoneração, e previamente à emissão do certificado a que se refere o n.º 8 do artigo 8.º do Regulamento (CE) n.º 2157/2001, do Conselho, de 8 de Outubro, a sociedade deve provar que a participação social do exonerando foi adquirida ou que, se for o caso, tal não ocorreu por motivo que lhe não possa ser imputável.

4 – Nos casos em que a participação social do exonerando não tenha sido adquirida por motivo não imputável à sociedade e não existindo confirmação expressa do facto pelo exonerando, a sociedade pode solicitar à conservatória do registo comercial ou ao notário que notifique o exonerando com vista à celebração de contrato de aquisição da sua participação social nos termos previstos, respectivamente, na lei registral e na lei notarial.

5 – Não tendo sido exercido o direito de exoneração por qualquer sócio, a sociedade fica obrigada a declarar esse facto para efeitos da emissão do certificado relativo à transferência de sede.

ART. 14.º (Medidas de protecção especiais) – 1 – Para efeitos da emissão do certificado a que se refere o n.º 8 do artigo 8.º do Regulamento n.º 2157/2001, do Conselho, de 8 de Outubro, a sociedade deve provar, nos termos do primeiro parágrafo do n.º 7 do mesmo artigo e mediante apresentação de certidão, que a sua situação fiscal e relativa a dívidas à segurança social se encontra regularizada.

2 – No que respeita aos créditos pertencentes aos trabalhadores resultantes de contratos de trabalho e da sua violação ou cessação, a sociedade deve prestar garantia bancária, aplicando-se com as necessárias adaptações o disposto nos n.ºs 4 a 7 do artigo 296.º da Lei n.º 35/2004, de 29 de Julho, e fazer prova da prestação de tal garantia para que lhe possa ser emitido o certificado a que se refere o número anterior.

3 – Previamente à emissão do certificado, os titulares de créditos sobre a sociedade anónima europeia que pretende transferir a sua sede para outro Estado membro podem declarar antecipadamente vencidos os seus créditos, devendo fazê-lo no prazo de 30 dias a contar da publicação do projecto de transferência de sede.

4 – Se os créditos referidos no número anterior constarem de livros ou documentos da sociedade ou forem por esta de outro modo conhecidos, os credores devem ser avisados do seu direito por carta registada com aviso de recepção.

5 – Tendo sido pagas as dívidas referidas no n.º 3, os credores devem emitir declaração pela qual seja dada quitação do pagamento e reconhecida a extinção da totalidade dos créditos vencidos.

6 – A sociedade deve incluir, no projecto de transferência de sede, referência ao direito previsto no n.º 3 e, perante a conservatória do registo competente ou o notário, identificar quais os credores que declararam antecipadamente vencidos os seus créditos e fazer prova do cumprimento das obrigações respectivas.

ART. 15.º (Oposição de autoridades reguladoras) – 1 – A transferência de sede de sociedade anónima europeia que esteja registada em Portugal para outro Estado membro da União Europeia de que resulte uma mudança da lei aplicável deve ser precedida, quando a sociedade esteja sujeita a supervisão, de notificação à autoridade reguladora sectorial que exerce poderes de supervisão ou regulação sobre a sociedade.

2 – À oposição prevista no número anterior e à emissão do certificado de não oposição com base na transferência de sede da sociedade anónima europeia para outro Estado membro é aplicável o regime previsto nos artigos 8.º a 10.º, com as necessárias adaptações.

ART. 16.º (Regularização da situação relativa à sede da sociedade anónima europeia) – 1 – Nos casos em que se verifique uma violação do disposto no artigo 7.º do Regulamento (CE) n.º 2157/2001, do Conselho, de 8 de Outubro, por uma sociedade anónima europeia com sede em Portugal, a administração da sociedade deve, por iniciativa própria ou a pedido de qualquer accionista, promover as medidas necessárias para proceder à regularização da situação por uma das seguintes vias:

a) O restabelecimento da sede efectiva da sociedade em Portugal; ou

b) A transferência da sede pelo processo previsto no artigo 8.º do Regulamento (CE) n.º 2157/2001, do Conselho, de 8 de Outubro.

2 – Sem prejuízo do disposto nos n.ºs 4 e 5, decorrido um ano sem que a situação esteja regularizada, a sociedade considera-se imediatamente dissolvida, assumindo os administradores as funções e competências próprias dos liquidatários, sem necessidade de qualquer acto ou formalidade prévios.

3 – No caso previsto no número anterior, é aplicável o disposto no n.º 2 do artigo 141.º do Código das Sociedades Comerciais.

4 – Enquanto a situação não estiver regularizada, qualquer sócio, credor social ou o Ministério Público podem requerer a dissolução judicial da sociedade, com fundamento na violação do artigo 7.º do Regulamento (CE) n.º 2157/2001, do Conselho, de 8 de Outubro.

5 – A propositura da acção prevista no número anterior tem efeito suspensivo sobre os procedimentos previstos nos n.ºs 1 a 3.

6 – Os administradores da sociedade anónima europeia são responsáveis nos termos gerais pela violação do artigo 7.º do Regulamento (CE) n.º 2157/2001, do Conselho, de 8 de Outubro.

SOCIEDADES GESTORAS DE PARTICIPAÇÕES SOCIAIS   [DL n.º 495/88]   183

CAPÍTULO IV — Órgãos sociais

ART. 17.º (Regras de votação) – 1 – Nas deliberações dos órgãos sociais das sociedades anónimas europeias com sede em Portugal não se contam as abstenções para apuramento das maiorias exigidas.

2 – O disposto no número anterior não prejudica a necessidade de verificação da percentagem legalmente exigida sempre que a maioria for determinada com relação à proporção entre os votos favoráveis obtidos e o capital social que representar.

3 – Em nenhuma circunstância são tidos em conta para o cálculo das maiorias os votos pertencentes aos titulares legalmente impedidos de votar, quer em geral quer no caso concreto, nem funcionam as limitações de voto voluntariamente estabelecidas ao abrigo de permissão legal.

ART. 18.º (Composição da direcção) – A direcção, a que se refere o artigo 39.º do Regulamento (CE) n.º 2157/2001, do Conselho, de 8 de Outubro, é composta por um número ímpar de directores, sem limite máximo.

ART. 19.º (Composição do conselho geral) – O conselho geral, a que se refere o artigo 40.º do Regulamento (CE) n.º 2157/2001, do Conselho, de 8 de Outubro, é composto por um número ímpar de membros, a fixar no contrato de sociedade, sem limite máximo mas sempre superior ao número de membros do órgão de direcção.

ART. 20.º (Composição do conselho de administração) – O conselho de administração, a que se refere o artigo 43.º do Regulamento (CE) n.º 2157/2001, do Conselho, de 8 de Outubro, é composto por um número ímpar de membros, sem limite máximo.

ART. 21.º (Mesa da assembleia geral) – 1 – A assembleia geral é convocada pelo presidente da mesa da assembleia geral sempre que a lei o determine ou quando o requeiram o conselho de administração, a direcção, o conselho geral ou um ou mais accionistas titulares de acções correspondentes a, pelo menos, 5% do capital social.

2 – A convocatória pode ser directamente promovida pelo órgão de fiscalização, pelo conselho geral ou pelo tribunal, nos termos previstos na lei e sempre que o presidente da assembleia não a promova no prazo de 15 dias contados do requerimento que lhe tenha sido apresentado para o efeito.

ART. 22.º (Inclusão de assuntos na ordem do dia) – O accionista ou accionistas que possuam acções correspondentes a, pelo menos, 5% do capital social podem requerer que na ordem do dia de uma assembleia geral já convocada ou a convocar sejam incluídos determinados assuntos.

CAPÍTULO V — Transformação em sociedade anónima

ART. 23.º (Projecto de transformação) – O projecto de transformação de uma sociedade anónima europeia em sociedade anónima regulada pela lei portuguesa está sujeito a registo e publicação nos termos da legislação respectiva.

ART. 24.º (Aprovação do projecto e dos estatutos da sociedade anónima) – À decisão da assembleia geral da sociedade anónima europeia que aprova o projecto de transformação e os estatutos da sociedade anónima são aplicáveis as regras previstas nos n.ºˢ 3 e 4 do artigo 386.º do Código das Sociedades Comerciais.

3.1.15. SOCIEDADES GESTORAS DE PARTICIPAÇÕES SOCIAIS

Decreto-Lei n.º 495/88

de 30 de Dezembro (*)

ART. 1.º (Sociedades gestoras de participações sociais) – 1 – As sociedades gestoras de participações sociais, adiante designadas abreviadamente por SGPS, têm por único objecto contratual a gestão de participações sociais noutras sociedades como forma indirecta de exercício de actividades económicas.

2 – Para efeitos do presente diploma, a participação numa sociedade é considerada forma indirecta de exercício da actividade económica desta quando não tenha carácter ocasional e atinja, pelo menos, 10% do capital com direito de voto da sociedade participada, quer por si só quer através de participações de outras sociedades em que a SGPS seja dominante.

3 – Para efeitos do número anterior, considera-se que a participação não tem carácter ocasional quando é detida pela SGPS por período superior a um ano.

4 – As SGPS podem adquirir e deter participações de montante inferior ao referido no n.º 2, nos termos dos n.ºˢ 3 a 5 do artigo 3.º.

(*) Rectificado no DR, I, Supl., de 28-2-1989, pág. 878-(8), com alterações introduzidas pelo **DL n.º 318/94,** de 24-12 (arts. 1.º, 3.º, 4.º, 5.º, 9.º, 10.º, 12.º e 13.º; revogou também o art. 6.º), pelo **DL n.º 378/98,** de 27-11 (alterou os arts. 3.º, 4.º, 5.º, 8.º, 9.º e 13.º, e revogou os n.ºˢ 3 do art. 4.º, 1 do art. 10.º e 3 do art. 12.º), e pela **Lei n.º 109-B/2001,** de 27-12, que revogou o art. 7.º.

184 [DL n.º 495/88]   SOCIEDADES COMERCIAIS E COOPERAÇÃO EMPRESARIAL

ART. 2.º (Tipo de sociedade e requisitos especiais do contrato) – 1 – As SGPS podem constituir-se segundo o tipo de sociedades anónimas ou de sociedades por quotas.

2 – Os contratos pelos quais se constituem SGPS devem mencionar expressamente como objecto único da sociedade a gestão de participações sociais de outras sociedades, como forma indirecta de exercício de actividades económicas, nos termos do n.º 2 do artigo anterior.

3 – O contrato da sociedade pode restringir as participações admitidas, em função quer do tipo, objecto ou nacionalidade das sociedades participadas quer do montante das participações.

4 – A firma das SGPS deve conter a menção «sociedade gestora de participações sociais» ou a abreviatura SGPS, considerando-se uma ou outra dessas formas indicação suficiente do objecto social.

ART. 3.º (Participações admitidas) – 1 – As SGPS podem adquirir e deter quotas ou acções de quaisquer sociedades, nos termos da lei.

2 – As SGPS podem adquirir e deter participações em sociedades subordinadas a um direito estrangeiro, nos mesmos termos em que podem adquirir e deter participações em sociedades sujeitas ao direito português, salvas as restrições constantes dos respectivos contratos e ordenamentos jurídicos estrangeiros.

3 – Com excepção do disposto na parte final do n.º 2 do artigo 1.º, as SGPS só podem adquirir e deter acções ou quotas correspondentes a menos de 10% do capital com direito de voto da sociedade participada nos seguintes casos:

a) Até ao montante de 30% do valor total das participações iguais ou superiores a 10% do capital social com direito de voto das sociedades participadas, incluídas nos investimentos financeiros constantes do último balanço aprovado;

b) Quando o valor de aquisição de cada participação não seja inferior a 1 milhão de contos, de acordo com o último balanço aprovado;

c) Quando a aquisição das participações resulte de fusão ou de cisão da sociedade participada;

d) Quando a participação ocorra em sociedade com a qual a SGPS tenha celebrado contrato de subordinação.

4 – No ano civil em que uma SGPS for constituída, a percentagem de 30% referida na alínea *a)* do número anterior é reportada ao balanço desse exercício.

5 – Sem prejuízo da sanção prevista no n.º 1 do artigo 13.º, a ultrapassagem, por qualquer motivo, do limite estabelecido na alínea *a)* do n.º 3 deve ser regularizada no prazo de seis meses a contar da sua verificação.

6 – Em casos excepcionais, o Ministro das finanças, a requerimento da SGPS interessada, poderá, mediante despacho fundamentado, prorrogar o prazo estabelecido no número anterior.

ART. 4.º (Prestação de serviços) – 1 – É permitida às SGPS a prestação de serviços técnicos de administração e gestão a todas ou a algumas das sociedades em que detenham participações previstas no n.º 2 do artigo 1.º e nas alíneas *a)* a *c)* do n.º 3 do artigo 3.º ou com as quais tenham celebrado contratos de subordinação.

2 – A prestação de serviços deve ser objecto de contrato escrito, no qual deve ser identificada a correspondente remuneração.

ART. 5.º (Operações vedadas) – 1 – Às SGPS é vedado:

a) Adquirir ou manter na sua titularidade bens imóveis, exceptuados os necessários à sua própria instalação ou de sociedades em que detenham as participações abrangidas pelo n.º 2 do artigo 1.º, os adquiridos por adjudicação em acção executiva movida contra os seus devedores e os provenientes de liquidação de sociedades suas participadas, por transmissão global, nos termos do artigo 148.º do Código das Sociedades Comerciais;

b) Antes de decorrido um ano sobre a sua aquisição, alienar ou onerar as participações abrangidas pelo n.º 2 do artigo 1.º e pelas alíneas *a)* a *c)* do n.º 3 do artigo 3.º, excepto se a alienação for feita por troca ou o produto da alienação for reinvestido no prazo de seis meses noutras participações abrangidas pelo citado preceito ou pelo n.º 3 do artigo 3.º ou ainda no caso de o adquirente ser uma sociedade dominada pela SGPS, nos termos do n.º 1 do artigo 486.º do Código das Sociedades Comerciais;

c) Conceder crédito, excepto às sociedades que sejam por ela dominadas nos termos do artigo 486.º do Código das Sociedades Comerciais ou a sociedades em que detenham participações previstas no n.º 2 do artigo 1.º e nas alíneas *b)* e *c)* do n.º 3 do artigo 3.º, sem prejuízo do disposto no número seguinte.

2 – Para efeitos da alínea *c)* do número anterior, a concessão de crédito pela SGPS a sociedades em que detenham participações aí mencionadas, mas que não sejam por ela dominadas, só será permitida até ao montante do valor da participação constante do último balanço aprovado, salvo se o crédito for concedido através de contratos de suprimento.

3 – As operações a que se refere a alínea *c)* do n.º 1, efectuadas nas condições estabelecidas no número anterior, bem como as operações de tesouraria efectuadas em benefício da SGPS pelas sociedades participadas que com ela se encontrem em relação de domínio ou de grupo, não constituem concessão de crédito para os efeitos do Regime Geral das Instituições de Crédito e Sociedades financeiras, aprovado pelo Decreto-Lei n.º 298/92, de 31 de Dezembro.

4 – As SGPS e as sociedades em que estas detenham participações previstas no n.º 2 do artigo 1.º e nas alíneas *b)* e *c)* do n.º 3 do artigo 3.º, deverão mencionar, de modo individualizado, nos documentos de prestação

SOCIEDADES GESTORAS DE PARTICIPAÇÕES SOCIAIS   [DL n.º 495/88]   185

de contas, os contratos celebrados ao abrigo da alínea *c*) do n.º 1 e as respectivas posições credoras ou devedoras no fim do ano civil a que os mesmos documentos respeitam.

5 – O prazo previsto na parte final da alínea *b*) do n.º 1 é alargado para a data correspondente ao fim do segundo exercício seguinte ao da realização de alienação, quando se trate de alienação de participação cujo valor de alienação não seja inferior a 1 milhão de contos.

6 – O valor de aquisição inscrito no balanço das SGPS relativo aos bens imóveis destinados à instalação de sociedades em que possuam as participações previstas no n.º 2 do artigo 1.º não pode exceder 25% do capital próprio das SGPS.

ART. 6.º (Menções em actos externos) – *(Revogado.)*

ART. 7.º (Regime fiscal) – *(Revogado* pela Lei n.º 109-B/2001, de 27-12).

ART. 8.º (Objecto contratual e objecto de facto) – 1 – As sociedades que tenham por objecto social uma actividade económica directa mas que possuam também participações noutras sociedades podem, nos termos do artigo 488.º do Código das Sociedades Comerciais, constituir com essas participações uma SGPS, sem prejuízo do disposto nos n.ºs 2 e 4 do artigo 1.º.

2 – As sociedades que, tendo diferente objecto contratual, tenham como único objecto de facto a gestão de participações noutras sociedades e, bem assim, as SGPS que exerçam de facto actividade económica directa serão dissolvidas pelo tribunal, nos termos do artigo 144.º do Código das Sociedades Comerciais, sem prejuízo da aplicação da sanção cominada pelo n.º 1 do artigo 13.º deste diploma.

ART. 9.º (Dever de comunicação) – 1 – Os conservadores do registo comercial comunicarão à Inspecção--Geral de finanças, com remessa dos textos registados, a constituição de SGPS e as alterações dos respectivos contratos, no prazo de 30 dias contado a partir do registo, ainda que provisório.

2 – As SGPS devem remeter anualmente à Inspecção-Geral de finanças, até 30 de Junho, o inventário das partes de capital incluídas nos investimentos financeiros constantes do último balanço aprovado.

3 – Quando as SGPS não remetam o referido inventário, a Inspecção-Geral de finanças deve notificá-las para que procedam ao respectivo envio.

4 – Notificadas nos termos do número anterior, as SGPS devem enviar à Inspecção-Geral de finanças, no prazo de 10 dias úteis a contar da data da notificação, o mencionado inventário.

ART. 10.º (Relatórios, publicidade e fiscalização) – 1 – *(Revogado.)*

2 – As SGPS devem designar e manter um revisor oficial de contas ou uma sociedade de revisores oficiais de contas, desde o início de actividade, excepto se tal designação já lhes for exigida nos termos de outras disposições legais.

3 – Sem prejuízo dos deveres previstos na legislação aplicável, é dever do revisor oficial de contas, ou da sociedade de revisores oficiais de contas, comunicar à Inspecção-Geral de finanças, logo que delas tomem conhecimento, as infracções ao disposto no presente diploma que sejam imputadas à respectiva SGPS.

4 – A Inspecção-Geral de finanças, enquanto entidade a quem compete a supervisão das SGPS, comunicará ao Ministério Público as infracções que, nos termos deste diploma, determinem a dissolução das sociedades e aplicará as coimas previstas no n.º 1 do artigo 13.º.

5 – ficam também sujeitas a registo especial e supervisão do Banco de Portugal as SGPS relativamente às quais se verifique alguma das situações previstas no artigo 117.º do Regime Geral das Instituições de Crédito e Sociedades financeiras, aprovado pelo Decreto-Lei n.º 298/92, de 31 de Dezembro, sendo equiparadas a sociedades financeiras para efeitos do disposto no título XI do mesmo Regime Geral.

ART. 11.º (Aplicação das normas respeitantes a sociedades coligadas) – 1 – O disposto neste diploma não prejudica a aplicação das normas respeitantes a sociedades coligadas, as quais constam do título VI do Código das Sociedades Comerciais.

2 – É vedado a todas as sociedades participadas por uma SGPS, nos termos do n.º 2 do artigo 1.º, adquirir acções ou quotas da SGPS sua participante, e bem assim de outras SGPS que nesta participem, exceptuados os casos previstos na parte final do n.º 1 do artigo 487.º do Código das Sociedades Comerciais.

ART. 12.º (Antigas sociedades de controlo) – 1 – As sociedades que tenham sido constituídas como sociedades de controlo, ao abrigo do Decreto-Lei n.º 271/72, de 2 de Agosto, ficam sujeitas ao disposto no presente diploma, sem necessidade de alteração dos respectivos contratos.

2 – As sociedades referidas no n.º 1 podem manter as suas actuais firmas, desde que indiquem nos actos externos a menção «sociedade gestora de participações sociais» ou a abreviatura «SGPS».

ART. 13.º (Sanções) – 1 – A violação do disposto nos n.ºs 2 e 4 do artigo 2.º, 3 a 5 do artigo 3.º, 2 do artigo 4.º, 1, 2, 4 e 6 do artigo 5.º, 2 do artigo 8.º, 4 do arbgo 9.º, 2 do artigo 10.º, 2 do artigo 11.º e 2 do artigo 12.º constitui contra-ordenação punível com coima entre 100 000$ e 2 000 000$ no caso de negligência, e entre 100 000$ e 4 000 000$, no caso de dolo.

2 – A violação do disposto nos n.ºs 5 e 6 do artigo 3.º e na alínea *c*) do n.º 1 do artigo 5.º constitui causa de dissolução judicial da sociedade, a requerimento do Ministério Público, quando, pela sua frequência ou pelo montante envolvido, assuma especial gravidade, a apreciar pelo tribunal.

186	SOCIEDADES COMERCIAIS E COOPERAÇÃO EMPRESARIAL

3 – Como incidente da acção referida no número anterior, pode o tribunal ordenar a proibição de a SGPS adquirir ou alienar participações até à sentença final.

3.1.16. NEGÓCIOS SOBRE AS EMPRESAS (LOCAÇÃO DE ESTABELECIMENTO E TRESPASSE)

CÓDIGO CIVIL (*)

(...)

ART. 1109.º (Locação de estabelecimento) – 1 – A transferência temporária e onerosa do gozo de um prédio ou de parte dele, em conjunto com a exploração de um estabelecimento comercial ou industrial nele instalado, rege-se pelas regras da presente subsecção, com as necessárias adaptações.

2 – A transferência temporária e onerosa de estabelecimento instalado em local arrendado não carece de autorização do senhorio, mas deve ser-lhe comunicada no prazo de um mês.

(...)

ART. 1112.º (Transmissão da posição do arrendatário) – 1 – É permitida a transmissão por acto entre vivos da posição do arrendatário, sem dependência da autorização do senhorio:

a) No caso de trespasse de estabelecimento comercial ou industrial;

b) A pessoa que no prédio arrendado continue a exercer a mesma profissão liberal, ou a sociedade profissional de objecto equivalente.

2 – Não há trespasse:

a) Quando a transmissão não seja acompanhada de transferência, em conjunto, das instalações, utensílios, mercadorias ou outros elementos que integram o estabelecimento;

b) Quando a transmissão vise o exercício, no prédio, de outro ramo de comércio ou indústria ou, de um modo geral, a sua afectação a outro destino.

3 – A transmissão deve ser celebrada por escrito e comunicada ao senhorio.

4 – O senhorio tem direito de preferência no trespasse por venda ou dação em cumprimento, salvo convenção em contrário.

5 – Quando, após a transmissão, seja dado outro destino ao prédio, ou o transmissário não continue o exercício da mesma profissão liberal, o senhorio pode resolver o contrato.

(...)

3.1.17. SOCIEDADES CIVIS E COMERCIAIS SUJEITAS A LEGISLAÇÃO ESPECIAL (**)

– *Actividade de armeiro e de gestão de carreiras e campos de tiro:* art. 76.º da Lei n.º 5/2006, de 23-2;

– *Advogados:* DL n.º 229/2004, de 10-12;

– *Aeroportos* (exploração de...): DL n.º 240/95, de 13-9;

– *Agricultura de grupo:* DL n.º 336/89, de 4-10, alterado pelos DLs n.º 339/90, de 30-11, e n.º 382/93, de 18-11;

– *Aluguer de automóveis de mercadorias sem condutor:* DL n.º 15/88, de 16-1, alterado pelos DLs n.º 306/94, de 19-12, e n.º 203/99, de 9-6;

– *Aluguer de automóveis sem condutor:* DL n.º 354/86, de 23-10, alterado pelos DLs n.º 373/90, de 27-11, e n.º 44/92, de 31-3;

– *Armazéns de depósito provisório:* DL n.º 281/86, de 5-9, e Desp. Norma. n.º 93/86, de 13-10;

– *Armamento – indústria/comércio:* DL n.º 396/98, de 17-12; DL n.º 397/98, de 17-12, alterado pela Lei n.º 153//99, de 14-9;

– *Sociedades desportivas:* Lei n.º 1/90, de 13-1, alterada pela Lei n.º 19/96, de 25-6; DL n.º 67/97, de 3-4, alterado pela Lei n.º 107/97, de 16-9, pelo DL n.º 303/99, de 3-8, e pelo DL n.º 76-A/2006, de 29-3.

– *Transportes rodoviários de mercadorias:* DL n.º 38/99, de 6-2;

– *Transportes rodoviários de passageiros:* DL n.º 3/2001, de 10-1.

(*) Na redacção da **Lei n.º 6/2006**, de 27-2 (NRAU).

(**) Esta relação completa, mas não esgota, a incluída na presente **Colectânea**.

CONTRATOS DE CONSÓRCIO E DE ASSOCIAÇÃO EM PARTICIPAÇÃO [DL n.º 231/81] 187

3.2. FORMAS DE COOPERAÇÃO EMPRESARIAL

3.2.1. CONTRATOS DE CONSÓRCIO E DE ASSOCIAÇÃO EM PARTICIPAÇÃO

Decreto-Lei n.º 231/81

de 28 de Julho

CAPÍTULO I — Do contrato de consórcio

ART. 1.º (Noção) – Consórcio é o contrato pelo qual duas ou mais pessoas, singulares ou colectivas que exercem uma actividade económica se obrigam entre si a, de forma concertada, realizar certa actividade ou efectuar certa contribuição com o fim de prosseguir qualquer dos objectos referidos no artigo seguinte.

ART. 2.º (Objecto) – O consórcio terá um dos seguintes objectos:
a) Realização de actos, materiais ou jurídicos, preparatórios quer de um determinado empreendimento quer de uma actividade contínua;
b) Execução de determinado empreendimento;
c) Fornecimento a terceiros de bens, iguais ou complementares entre si, produzidos por cada um dos membros do consórcio;
d) Pesquisa ou exploração de recursos naturais;
e) Produção de bens que possam ser repartidos, em espécies, entre os membros do consórcio.

ART. 3.º (Forma) – 1 – O contrato está apenas sujeito a forma escrita, salvo se entre os membros do consórcio houver transmissão de bens imóveis, caso em que só é válido se for celebrado por escritura pública.
2 – A falta de escritura pública só produz nulidade total do negócio quando for aplicável a parte final do artigo 292.º do Código Civil e caso não seja possível aplicar o artigo 293.º do mesmo Código, de modo que a contribuição se converta no simples uso dos bens cuja transmissão exige aquela forma.

ART. 4.º (Conteúdo) – 1 – Os termos e condições do contrato serão livremente estabelecidos pelas partes, sem prejuízo das normas imperativas constantes deste diploma.
2 – Quando a realização do objecto contratual envolver a prestação de alguma contribuição deverá esta consistir em coisa corpórea ou no uso de coisa corpórea as contribuições em dinheiro só são permitidas se as contribuições de todos os membros forem dessa espécie.

ART. 5.º (Modalidades de consórcio) – 1 – O consórcio diz-se interno quando:
a) As actividades ou os bens são fornecidos a um dos membros do consórcio e só este estabelece relações com terceiros;
b) As actividades ou os bens são fornecidos directamente a terceiros por cada um dos membros do consórcio, sem expressa invocação dessa qualidade.
2 – O consórcio diz-se externo quando as actividades ou os bens são fornecidos directamente a terceiros por cada um dos membros do consórcio, com expressa invocação dessa qualidade.

ART. 6.º (Modificações do contrato) – 1 – As modificações do contrato de consórcio requerem o acordo de todos os contraentes, excepto se o próprio contrato o dispensar.
2 – As modificações devem revestir a forma utilizada para o contrato.
3 – Salvo convenção em contrário, o contrato não é afectado pelas mudanças de administração ou de sócios dos membros quando estes sejam pessoas colectivas.

ART. 7.º (Conselho de orientação e fiscalização) – 1 – O contrato de consórcio externo pode prever a criação de um conselho de orientação e fiscalização do qual façam parte todos os membros.
2 – No silêncio do contrato:
a) As deliberações do conselho devem ser tomadas por unanimidade;
b) Deliberações do conselho, tomadas por unanimidade ou pela maioria prevista no contrato, vinculam o chefe do consórcio como instruções de todos os seus mandantes, desde que se contenham no âmbito dos poderes que lhe são atribuídos ou lhe forem conferidos nos termos dos artigos 13.º e 14.º;
c) O conselho não tem poderes para deliberar a modificação ou resolução de contratos celebrados no âmbito do contrato de consórcio, nem a transacção destinada quer a prevenir, quer aterminar litígios.

ART. 8.º (Deveres dos membros do consórcio) – Além dos deveres gerais decorrentes da lei e dos deveres estipulados no contrato, cada membro do consórcio deve:
a) Abster-se de estabelecer concorrência com o consórcio, a não ser nos termos em que esta lhe for expressamente permitida;
b) Fornecer aos outros membros do consórcio e em especial ao chefe deste todas as informações que considere relevante;
c) Permitir exames às entidades ou bens, que pelo contrato, esteja adstrito a prestar a terceiros.

188 [DL n.º 231/81] SOCIEDADES COMERCIAIS E COOPERAÇÃO EMPRESARIAL

ART. 9.º (Exoneração de membros) – 1 – Um membro do consórcio pode exonerar-se deste se:

a) Estiver impossibilitado, sem culpa, de cumprir as obrigações de realizar certa actividade ou de efectuar certa contribuição;

b) Tiverem ocorrido as hipóteses previstas no artigo 10.º, n.º 2, alíneas *h)* ou *c)*, relativamente a outro membro e, havendo resultado prejuízo relevante, nem todos os membros acederem a resolver o contrato quanto ao inadimplente.

2 – No caso da alínea *b)* do número anterior, o membro que se exonere do consórcio tem direito a ser indemnizado, nos termos gerais, dos danos decorrentes daquele facto.

ART. 10.º (Resolução do contrato) – 1 – O contrato de consórcio pode ser resolvido, quanto a alguns dos contraentes, por declarações escritas emanadas de todos os outros, ocorrendo justa causa.

2 – Considera-se justa causa para resolução do contrato de consórcio quanto a algum dos contraentes:

a) A declaração de falência ou a homologação de concordata;

b) A falta grave, em si mesma ou pela sua repetição, culposa ou não, a deveres de membro do consórcio;

c) A impossibilidade, culposa ou não, de cumprimento da obrigação de realizar certa actividade ou de efectuar certa contribuição.

3 – Na hipótese da alínea *b)* do número anterior, a resolução do contrato não afecta o direito à indemnização que for devida.

ART. 11.º (Extinção do consórcio) – 1 – O consórcio extingue-se:

a) Por acordo unânime dos seus membros;

b) Pela realização do seu objecto ou por este se tornar impossível;

c) Pelo decurso do prazo fixado no contrato, não havendo prorrogação;

d) Por se extinguir a pluralidade dos seus membros;

e) Por qualquer outra causa prevista no contrato.

2 – Não se verificando nenhuma das hipóteses previstas no número anterior, o consórcio extinguir-se-á decorridos dez anos sobre a data da sua celebração, sem prejuízo de eventuais prorrogações expressas.

ART. 12.º (Chefe do consórcio) – No contrato de consórcio externo um dos membros será designado como chefe do consórcio, competindo-lhe, nessa qualidade, exercer as funções internas e externas que contratualmente lhe forem atribuídas.

ART. 13.º (Funções internas do chefe do consórcio) – Na falta de estipulação contratual que as defina, as funções internas do chefe do consórcio consistem no dever de organizar a cooperação entre as partes na realização do objecto de consórcio e de promover as medidas necessárias à execução do contrato, empregando a diligência de um gestor criterioso e ordenado.

ART. 14.º (Funções externas do chefe do consórcio) – 1 – Os membros do consórcio poderão conferir ao respectivo chefe, mediante procuração, os seguintes poderes de representação, entre outros:

a) Poder para negociar quaisquer contratos a celebrar com terceiros no âmbito do contrato de consórcio, ou as suas modificações;

b) Poder para, durante a execução dos mesmos contratos, receber de terceiros quaisquer declarações, excepto as de resolução desses contratos;

c) Poder para dirigir àqueles terceiros declarações relativas a actos previstos nos respectivos contratos, excepto quando envolvam modificações ou resolução dos mesmos contratos;

d) Poder para receber dos referidos terceiros quaisquer importâncias por eles devidas aos membros do consórcio, bem como para reclamar dos mesmos o cumprimento das suas obrigações para com algum dos membros do consórcio;

e) Poder para efectuar expedições de mercadorias;

f) Poder para, em casos específicos, contratar consultores económicos, jurídicos, contabilísticos ou outros adequados às necessidades e remunerar esses serviços.

2 – Apenas por procuração especial, podem ser conferidos poderes para celebração, modificação ou resolução de contratos com terceiros no âmbito do contrato de consórcio, bem como poderes para representação em juízo, incluindo a recepção da primeira citação, e para transacção destinada quer a prevenir, quer a terminar litígios.

3 – Os poderes de representação referidos nos números anteriores, quando não possam ser especificamente relacionados com algum ou alguns dos membros do consórcio, consideram-se exercidos no interesse e no nome de todos.

ART. 15.º (Denominação do consórcio externo) – 1 – Os membros do consórcio externo podem fazer-se designar colectivamente, juntando todos os seus nomes, firmas ou denominações sociais, com o aditamento «Consórcio de ...» ou «... em consórcio», sendo no entanto, responsável perante terceiros apenas o membro do consórcio que tenha assinado o documento onde a denominação for usada ou aquele por quem o chefe do consórcio tenha assinado, no uso dos poderes conferidos.

2 – Todos os membros do consórcio são solidariamente responsáveis para com terceiros por danos resultantes da adopção ou uso de denominações do consórcio susceptíveis de criar confusão com outras existentes.

CONTRATOS DE CONSÓRCIO E DE ASSOCIAÇÃO EM PARTICIPAÇÃO   **[DL n.º 231/81]**   189

ART. 16.º (Repartição dos valores recebidos pela actividade dos consórcios externos) – 1 – Nos consórcios externos cujo objecto seja o previsto nas alíneas *b*) e *c*) do artigo 2.º, cada um dos membros do consórcio percebe directamente os valores que lhe forem devidos pelo terceiro, salvo o disposto nos números seguintes e sem prejuízo, quer da solidariedade entre os membros do consórcio eventualmente estipulada com o terceiro, quer dos poderes conferidos a algum daqueles membros pelos outros.

2 – Os membros do consórcio podem estabelecer no respectivo contrato uma distribuição dos valores a receber de terceiros diferente da resultante das relações directas de cada um com o terceiro.

3 – No caso do número anterior e no respeitante às relações entre os membros do consórcio a diferença a prestar por um destes a outro reputa-se recebida e detida por conta daquele que a ela tenha direito nos termos do contrato de consórcio.

4 – O regime do número anterior aplica-se igualmente no caso de a prestação de um dos membros do consórcio não ter, relativamente ao terceiro, autonomia material e por isso a remuneração estar englobada nos valores recebidos do terceiro por outro ou outros membros do consórcio.

ART. 17.º (Repartição do produto da actividade dos consórcios externos) – 1 – Nos consórcios externos cujo objecto seja o previsto nas alíneas *d*) e *e*) do artigo 2.º, cada um dos membros do consórcio deve adquirir directamente parte dos produtos, sem prejuízo do disposto no n.º 3.

2 – O contrato precisará o momento em que a propriedade dos produtos se considera adquirida por cada membro do consórcio; na falta de estipulação, atender-se-á aos usos ou, não os havendo e conforme os casos, ao momento em que o produto dê entrada em armazém ou transponha as instalações onde a operação económica decorreu.

3 – Pode estipular-se no contrato de consórcio que os produtos adquiridos por um membro do consórcio, nos termos do n.º 1, sejam vendidos, de conta daquele, por outro membro, aplicando-se neste caso, adicionalmente, as regras do mandato.

ART. 18.º (Participação em lucros e perdas nos consórcios internos) – Nos consórcios internos, quando entre os contraentes seja convencionada participação nos lucros, perdas, ou ambos, aplica-se o disposto no artigo 25.º deste diploma.

ART. 19.º (Relações com terceiros) – 1 – Nas relações dos membros do consórcio externo com terceiros não se presume solidariedade activa ou passiva entre aqueles membros.

2 – A estipulação em contratos com terceiros de multas ou outras cláusulas penais a cargo de todos os membros do consórcio não faz presumir solidariedade destes quanto a outras obrigações activas ou passivas.

3 – A obrigação de indemnizar terceiros por facto constitutivo de responsabilidade civil é restrita àquele dos membros do consórcio externo a que, por lei, essa responsabilidade for imputável, sem prejuízo de estipulações internas quanto à distribuição desse encargo.

ART. 20.º (Proibição de fundos comuns) – 1 – Não é permitida a constituição de fundos comuns em qualquer consórcio.

2 – Nos consórcios externos, as importâncias entregues ao respectivo chefe ou retidas por este com autorização do interessado consideram-se fornecidas àquele nos termos e para os efeitos do artigo 1167.º, alínea *a*), do Código Civil.

CAPÍTULO II — **Do contrato de associação em participação**

ART. 21.º (Noção e regulamentação) – 1 – A associação de uma pessoa a uma actividade económica exercida por outra, ficando a primeira a participar nos lucros ou nos lucros e perdas que desse exercício resultarem para a segunda, regular-se-á pelo disposto nos artigos seguintes.

2 – É elemento essencial do contrato a participação nos lucros; a participação nas perdas pode ser dispensada.

3 – As matérias não reguladas nos artigos seguintes serão disciplinadas pelas convenções das partes e pelas disposições reguladoras de outros contratos, conforme a analogia das situações.

ART. 22.º (Pluralidade de associados) – 1 – Sendo várias as pessoas que se ligam, numa só associação, ao mesmo associante, não se presume a solidariedade dos débitos e créditos daquelas para com este.

2 – O exercício dos direitos de informação, de fiscalização e de intervenção na gerência pelos vários associados será regulado no contrato; na falta dessa regulamentação, os direitos de informação e de fiscalização podem ser exercidos individual e independentemente por cada um deles, devendo os consentimentos exigidos pelo artigo 26.º, n.º 1, alíneas b) e c), e n.º 2, ser prestados pela maioria dos associados.

ART. 23.º (Forma do contrato) – 1 – O contrato de associação em participação não está sujeito a forma especial, à excepção da que for exigida pela natureza dos bens com que o associado contribuir.

2 – Só podem, contudo, ser provadas por escrito a cláusula que exclua a participação do associado nas perdas do negócio e aquela que, quanto a essas perdas, estabeleça a responsabilidade ilimitada do associado.

3 – A inobservância da forma exigida pela natureza dos bens com que o associado contribuir só anula todo o negócio se este não puder converter-se, segundo o disposto no artigo 293.º do Código Civil, de modo que a contribuição consista no simples uso e fruição dos bens cuja transferência determina a forma especial.

190   [DL n.º 231/81]   SOCIEDADES COMERCIAIS E COOPERAÇÃO EMPRESARIAL

ART. 24.º (Contribuição do associado) – 1 – O associado deve prestar ou obrigar-se a prestar uma contribuição de natureza patrimonial que, quando consista na constituição de um direito ou na sua transmissão, deve ingressar no património do associante.

2 – A contribuição do associado pode ser dispensada no contrato, se aquele participar nas perdas.

3 – No contrato pode estipular-se que a contribuição prevista no n.º 1 deste artigo seja substituída pela participação recíproca em associação entre as mesmas pessoas, simultaneamente contratada.

4 – À contribuição do associado deve ser contratualmente atribuído um valor em dinheiro: a avaliação pode, porém, ser feita judicialmentee, a requerimento do interessado, quando se torne necessária para efeitos do contrato.

5 – Salvo convenção em contrário, a mora do associado suspende o exercício dos seus direitos legais ou contratuais, mas não prejudica a exigibilidade das suas obrigações.

ART. 25.º (Participação nos lucros e nas perdas) – 1 – O montante e a exigibilidade da participação do associado nos lucros ou nas perdas são determinados pelas regras constantes dos números seguintes, salvo se regime diferente resultar de convenção expressa ou das circunstâncias do contrato.

2 – Estando convencionado apenas o critério de determinação da participação do associado nos lucros ou nas perdas, aplicar-se-á o mesmo critério à determinação da participação do associado nas perdas ou nos lucros.

3 – Não podendo a participação ser determinada conforme o disposto no número anterior mas estando contratualmente avaliadas as contribuições do associante e do associado, a participação do associado nos lucros e nas perdas será proporcional ao valor da sua contribuição; faltando aquela avaliação, a participação do associado será de metade dos lucros ou metade das perdas, mas o interessado poderá requerer judicialmente uma redução que se considere equitativa, atendendo às circunstâncias do caso.

4 – A participação do associado nas perdas das operações é limitada à sua contribuição.

5 – O associado participa nos lucros ou nas perdas das operações pendentes à data do início ou do termo do contrato.

6 – A participação do associado reporta-se aos resultados de exercício, apurados segundo os critérios estabelecidos por lei ou resultantes dos usos comerciais, tendo em atenção as circunstâncias da empresa.

7 – Dos lucros que, nos termos contratuais ou legais, couberem ao associado relativamente a um exercício serão deduzidas as perdas sofridas em exercícios anteriores, até ao limite da responsabilidade do associado.

ART. 26.º (Deveres do associante) – 1 – São deveres do associante, além de outros resultantes da lei ou do contrato:

a) Proceder, na gerência, com a diligência de um gestor criterioso e ordenado;

b) Conservar as bases essenciais da associação, tal como o associado pudesse esperar que elas se conservassem, atendendo às circunstâncias do contrato e ao funcionamento de empresas semelhantes; designadamente, não pode, sem consentimento do associado, fazer cessar ou suspender o funcionamento da empresa, substituir o objecto desta ou alterar a forma jurídica da sua exploração;

c) Não concorrer com a empresa na qual foi contratada a associação, a não ser nos termos em que essa concorrência lhe for expressamente consentida;

d) Prestar ao associado as informações justificadas pela natureza e pelo objecto do contrato.

2 – O contrato pode estipular que determinados actos de gestão não devam ser praticados pelo associante sem prévia audiência ou consentimento do associado.

3 – O associante responderá para com o associado pelos danos que este venha a sofrer por actos de gestão praticados sem a observância das estipulações contratuais admitidas pelo número anterior, sem prejuízo de outras sanções previstas no contrato.

4 – As alterações dos sócios ou da administração da sociedade associante são irrelevantes, salvo quando outra coisa resultar da lei ou do contrato.

ART. 27.º (Extinção da associação) – A associação extingue-se pelos factos previstos no contrato e ainda pelos seguintes:

a) Pela completa realização do objecto da associação;

b) Pela impossibilidade de realização do objecto da associação;

c) Pela vontade dos sucessores ou pelo decurso de certo tempo sobre a morte de um contraente, nos termos do artigo 28.º;

d) Pela extinção da pessoa colectiva contraente, nos termos do artigo 29.º;

e) Pela confusão das posições de associante e associado;

f) Pela vontade unilateral de um contraente, nos termos do artigo 30.º;

g) Pela falência ou insolvência do associante.

ART. 28.º (Morte do associante ou do associado) – 1 – A morte do associante ou do associado produz as consequências previstas nos números seguintes, salvo estipulação contratual diferente ou acordo entre o associante e os sucessores do associado.

2 – A morte do associante ou do associado não extingue a associação, mas será lícito ao contraente sobrevivo ou aos herdeiros do falecido extingui-la, contanto que o façam por declaração dirigida ao outro contraente dentro dos noventa dias seguintes ao falecimento.

ACE   [Lei n.º 4/73] 191

3 – Sendo a responsabilidade do associado ilimitada ou superior à contribuição por ele efectuada ou prometida, a associação extingue-se passados noventa dias sobre o falecimento, salvo se dentro desse prazo os sucessores do associado tiverem declarado querer continuar associados.

4 – Os sucessores do associado, no caso de a associação vir a extinguir-se, não suportam as perdas ocorridas desde o falecimento até ao momento da extinção prevista nos números anteriores.

ART. 29.º (Extinção do associado ou do associante) – 1 – À extinção da pessoa colectiva associada aplica-se o disposto no artigo antecedente, considerando-se, para esse efeito, sucessores a pessoa ou pessoas a quem, na liquidação, vier a caber a posição da pessoa colectiva na associação.

2 – A associação termina pela dissolução da pessoa colectiva associante, salvo se o contrato dispuser diferentemente ou foi deliberado pelos sócios da sociedade dissolvida que esta continue o seu comércio; neste último caso, a associação termina quando a sociedade se extinguir.

3 – Terminada a associação pela dissolução da sociedade associante e revogada esta por deliberação dos sócios, a associação continuará sem interrupção se o associado o quiser, por declaração dirigida ao outro contraente dentro dos noventa dias seguintes ao conhecimento que tenha da revogação.

4 – Os sucessores da pessoa colectiva extinta respondem pela indemnização porventura devida à outra parte.

ART. 30.º (Resolução do contrato) – 1 – Os contratos celebrados por tempo determinado ou que tenham por objecto operações determinadas podem ser extintos antecipadamente, por vontade de uma parte, fundada em justa causa.

2 – Consistindo essa causa em facto doloso ou culposo de uma parte, deve esta indemnizar dos prejuízos causados pela extinção.

3 – Os contratos cuja duração não seja determinada e cujo objecto não consista em operações determinadas podem ser extintos por vontade de uma das partes, em qualquer momento, depois de decorridos dez anos sobre a sua celebração.

4 – A extinção do contrato nos termos do n.º 3 deste artigo não exonera de responsabilidade quando o exercício do respectivo direito deva considerar-se ilegítimo, de acordo com o artigo 334.º do Código Civil.

ART. 31.º (Prestação de contas) – 1 – O associante deve prestar contas nas épocas legal ou contratualmente fixadas para a exigibilidade da participação do associado nos lucros e nas perdas e ainda relativamente a cada ano civil de duração da associação.

2 – As contas devem ser prestadas dentro de prazo razoável depois de findo o período a que respeitam; sendo associante uma sociedade comercial, vigorará para este efeito o prazo de apresentação das contas à assembleia geral.

3 – As contas devem fornecer indicação clara e precisa de todas as operações em que o associado seja interessado e justificar o montante da participação do associado nos lucros e perdas, se a ela houver lugar nessa altura.

4 – Na falta de apresentação de contas pelo associante, ou não se conformando o associado com as contas apresentadas, será utilizado o processo especial de prestação de contas regulado pelos artigos 1014.º e seguintes do Código de Processo Civil.

5 – A participação do associado nos lucros ou nas perdas é imediatamente exigível, caso as contas tenham sido prestadas judicialmente; no caso contrário, a participação nas perdas, na medida em que exceda a contribuição, deve ser satisfeita em prazo não inferior a quinze dias, a contar da interpelação pelo associante.

ART. 32.º (Revogação de legislação) – São revogados os artigos 224.º a 227.º do Código Comercial.

3.2.2. AGRUPAMENTOS COMPLEMENTARES DE EMPRESAS (ACE)

Lei n.º 4/73

de 4 de Junho (*)

Base I – 1 – As pessoas singulares ou colectivas e as sociedades podem agrupar-se, sem prejuízo da sua personalidade jurídica, a fim de melhorar as condições de exercício ou de resultado das suas actividades económicas.

2 – As entidades assim constituídas são designadas por «agrupamentos complementares de empresas».

Cf. o DL n.º 181/87, de 21-4.

Base II – 1 – Os agrupamentos complementares de empresas não podem ter por fim principal a realização e partilha de lucros e constituir-se-ão com ou sem capital próprio.

(*) Com a alteração introduzida pelo art. único do **DL n.º 157/81**, de 11-6, pelo art. 3.º do **DL n.º 36/2000**, de 14-3, e pelo **DL n.º 76-A/2006**, de 29-3.

192   [DL n.º 430/73]   SOCIEDADES COMERCIAIS E COOPERAÇÃO EMPRESARIAL

2 – As empresas agrupadas respondem solidariamente pelas dívidas do agrupamento, salvo cláusula em contrário do contrato celebrado por este com um credor determinado.

3 – Os credores do agrupamento não podem exigir das empresas agrupadas o pagamento dos seus créditos sem prévia excussão dos bens do próprio agrupamento.

4 – O agrupamento pode emitir obrigações, se apenas for composto de sociedades por acções; a emissão é feita nas condições gerais aplicáveis à emissão desses títulos pelas sociedades.

Base III – 1 – O contrato constitutivo deve ser reduzido a escrito, salvo se forma mais solene for exigida para a transmissão dos bens com que os sócios entram para o agrupamento. (*)

2 – O contrato constitutivo determina a firma, o objecto, a sede e a duração, quando limitada, do agrupamento, bem como as contribuições dos agrupados para os encargos e a constituição do capital, se o houver, devendo a firma conter o aditamento, 'agrupamento complementar de empresas' ou as iniciais 'A.C.E.'. (*)

3 – O contrato pode também regular os direitos e as obrigações dos agrupados, a administração, a fiscalização, a prorrogação, a dissolução e a liquidação e partilha do agrupamento e ainda os poderes, os deveres, aremuneração e a destituição dos administradores, bem como a entrada e saída de elementos do agrupamento, cumpridas as suas obrigações sociais.

4 – Qualquer dos administradores, agindo nessa qualidade, obriga o agrupamento em relação a terceiros; são inoponíveis a terceiros de boa fé as limitações estabelecidas ao poder de representação dos administradores.

(*) Redacção do art. 10.º do DL n.º 76-A/2006, de 29-3, com início de vigência em 30.6.2006.

Base IV – O agrupamento adquire personalidade jurídica com a inscrição do seu acto constitutivo no registo comercial.

Base V – A fiscalização da gestão por um ou mais revisores oficiais de contas, ou por uma sociedade de revisores oficiais de contas, designados pela assembleia geral, é obrigatória desde que o agrupamento emita obrigações.

Base VI – 1 – Os agrupamentos complementares de empresas que se constituam e funcionem nos termos desta lei não estão sujeitos a contribuição industrial, nem a impostos, licenças ou taxas para as autarquias locais que tenham aquela contribuição por base de lançamento.

2 – Às importâncias com que cada empresa agrupada tenha contribuído para a instalação e funcionamento do agrupamento é dispensado tratamento tributário igual aos dos gastos directamente despendidos por essa empresa com os objectivos indicados na base I, consoante a aplicação que tiverem.

3 – É tributada em imposto de capitais, como lucro, mas por taxas idênticas às da contribuição industrial que seriam aplicáveis a lucro de igual quantitativo, a parte do saldo de liquidação atribuída a cada empresa agrupada que exceda as contribuições por ela efectuadas para o agrupamento.

4 – O Governo providenciará no sentido da concessão de estímulos financeiros e de outros benefícios, nomeadamente de natureza fiscal, a favor dos agrupamentos que tenham, pelo seu objectivo, interesse para a economia nacional.

3.2.3. REGULAMENTAÇÃO DOS ACE

Decreto-Lei n.º 430/73

de 25 de Agosto (*)

ART. 1.º – O agrupamento complementar de empresas pode ter por fim acessório a realização e partilha de lucros apenas quando autorizado expressamente pelo contrato constitutivo.

ART. 2.º – 1 – O contrato do agrupamento fica sujeito às publicações exigidas por lei para a constituição das sociedades comerciais.

2 – As modificações do contrato só podem ser deliberadas por maioria não inferior a três quartos do número de agrupados e devem obedecer às exigências de forma e de publicidade requeridas para a constituição do agrupamento.

ART. 3.º – 1 – A firma do agrupamento poderá consistir numa denominação particular ou ser formada pelos nomes ou firmas de todos os membros ou de, pelo menos, um deles.

2 – Quando da firma do agrupamento não constarem os nomes ou firmas de todos os seus membros, deverão estes ser especificados em todas as publicações obrigatórias e em todos os actos ou contratos escritos em

(*) Com as rectificações publicadas no DG, I, de 6.11.1973, e as alterações introduzidas pelo art. 18.º do **DL n.º 442-B/88**, de 30-11 (revogou o art.7.º), pelo art. 4.º do **DL n.º 36/2000**, de 14-3 (art. 9.º-1) e pelo **DL n.º 323/2001**, de 17-12 (art. 15.º-2).

REGULAMENTAÇÃO DOS ACE   [DL n.º 430/73]   193

que o agrupamento intervenha. Se, porém, o número de agrupados for superior a cinco, bastará a especificação do nome ou firma de cinco.

ART. 4.º – Para fins de registo, o agrupamento é equiparado às sociedades comerciais.

ART. 5.º – A capacidade do agrupamento não compreende:
a) A aquisição do direito de propriedade ou de outros direitos reais sobre coisas imóveis, salvo se o imóvel se destinar a instalação da sua sede, delegação ou serviço próprio;
b) A participação em sociedades civis ou comerciais ou ainda em outros agrupamentos complementares de empresas;
c) O exercício de cargos sociais em quaisquer sociedades, associações ou agrupamentos complementares de empresas.

ART. 6.º – 1 – A administração é exercida por uma ou mais pessoas, nos termos designados no contrato.
2 – Compete à assembleia geral a nomeação ou exoneração dos administradores ou gerentes não designados no contrato, bem como estabelecer as remunerações, quando devidas.
3 – É aplicável aos administradores ou gerentes estranhos ao agrupamento, ainda que tenham sido nomeados no contrato, o disposto no artigo 156.º do Código Comercial, reportando-se a todos os membros a maioria referida no § único do mesmo artigo.

ART. 7.º – As deliberações dos sócios são tomadas à pluralidade de votos, contando-se um voto por cada sócio, salvo disposição em contrário do contrato.

ART. 8.º – 1 – A administração prestará anualmente contas.
2 – Não havendo disposição da lei e do contrato sobre a fiscalização da gestão, a assembleia geral poderá designar, pelo período máximo de três anos, renovável, uma ou mais pessoas para fiscalizar a gestão e dar parecer sobre as contas.

ART. 9.º – 1 – O contrato pode especificar os actos proibidos aos agrupados para efeitos do disposto no artigo 180.º do Código das Sociedades Comerciais.
2 – Na falta de disposição do contrato, é proibida aos membros do agrupamento actividade concorrente da que este tenha por objecto.

ART. 10.º – A admissão de novos membros do agrupamento só pode ter lugar nos termos do contrato ou, se este for omisso, por deliberação unânime dos agrupados.

ART. 11.º – 1 – A participação dos membros no agrupamento, tenha este ou não capital próprio, não pode ser representada por títulos negociáveis.
2 – A transmissão, entre vivos ou por morte, da parte de cada agrupado só pode verificar-se juntamente com a transmissão do respectivo estabelecimento ou empresa.
3 – Depende do consentimento do agrupamento a atribuição ao transmissário da qualidade de novo membro.

ART. 12.º – 1 – O membro do agrupamento pode exonerar-se nos termos autorizados no contrato, ou tendo-se oposto a modificação neste introduzida, ou ainda se houverem decorrido pelo menos dez anos desde a sua admissão e estiverem cumpridas as obrigações por ele assumidas.
2 – A exoneração produzirá efeito vinte dias depois de aviso à administração por carta registada com aviso de recepção.

ART. 13.º – A exclusão de membro do agrupamento compete à assembleia geral e pode ter lugar quando:
a) O agrupado deixar de exercer a actividade económica para a qual o agrupamento serve de complemento;
b) For declarado falido ou insolvente;
c) Estiver em mora na contribuição que lhe caiba para as despesas do agrupamento, depois de notificado pela administração, em carta registada, para satisfazer o pagamento no prazo que lhe seja fixado e nunca inferior a trinta dias.

ART. 14.º – A liquidação da parte do membro exonerado ou excluído e ainda a do transmissário não admitido pelo agrupamento será feita de harmonia com o disposto no artigo 201.º do Código Civil.

ART. 15.º – 1 – O agrupamento que exerça actividade acessória directamente lucrativa não autorizada pelo contrato, ou que exerça de modo principal actividade directamente lucrativa autorizada como acessória, fica, para todos os efeitos, incluindo os fiscais, sujeito às regras das sociedades comerciais em nome colectivo.
2 – Os administradores ou gerentes do agrupamento que se encontrem nas circunstâncias referidas no número anterior são punidos, individualmente, com multa de € 249,40 a € 2493,99, sem prejuízo da responsabilidade solidária de todos eles.

ART. 16.º – 1 – O agrupamento dissolve-se:
a) Nos termos do contrato;
b) A requerimento do Ministério Público ou de qualquer interessado, quando violar as normas legais que disciplinam a concorrência ou persistentemente se dedicar, como objecto principal, a actividade directamente lucrativa;

194   [Reg. (CEE) n.º 2137/85]   SOCIEDADES COMERCIAIS E COOPERAÇÃO EMPRESARIAL

c) A requerimento de membro que houver respondido por obrigações do agrupamento vencidas e em mora.

2 – A morte, interdição, inabilitação, falência, insolvência, dissolução ou vontade de um ou mais membros não determina a dissolução do agrupamento, salvo disposição em contrário do contrato.

ART. 17.º – O saldo da liquidação do agrupamento é partilhado entre os agrupados na proporção das suas entradas para a formação do capital próprio, acrescidas das contribuições que tenham satisfeito.

ART. 18.º – (*Revogado*).

ART. 19.º – 1 – O agrupamento que pretenda obter os estímulos financeiros ou os benefícios a que se refere o n.º 4 da base VI da Lei n.º 4/73, de 4 de Junho, formulará a pretensão, documentada com o programa da sua actividade e com os demais elementos de estudo reputados convenientes.

2 – Compete ao Ministro das finanças, ouvido o Ministro da Economia decidir a pretensão a que se refere o número anterior.

ART. 20.º – No caso de omissão da lei e deste regulamento, são aplicáveis aos agrupamentos complementares de empresas as disposições que regem as sociedades comerciais em nome colectivo.

ART. 21.º – 1 – As sociedades ou associações já constituídas com objectivos análogos aos designados na lei para os agrupamentos complementares de empresas podem transformar-se nestes, sem perder a sua personalidade, desde que respeitem as condições previstas na mesma lei e no presente regulamento.

2 – Os agrupamentos complementares de empresas não podem transformar-se.

3.2.4. AGRUPAMENTO EUROPEU DE INTERESSE ECONÓMICO (AEIE) (*)

ART. 1.º – 1 – Os Agrupamentos Europeus de Interesse Económico constituir-se-ão nas condições, segundo as modalidades e com os efeitos previstos no presente regulamento.

Neste sentido, quem pretenda constituir um agrupamento deve concluir um contrato e proceder ao registo previsto no artigo 6.º.

2 – O agrupamento assim constituído tem capacidade, em seu próprio nome, para ser titular de direitos e de obrigações de qualquer natureza, para celebrar contratos ou praticar outros actos jurídicos e estar em juízo, a partir da data do registo previsto no artigo 6.º.

3 – Os Estados-membros determinarão se os agrupamentos inscritos nos seus registos por força do artigo 6.º têm ou não personalidade jurídica.

ART. 2.º – 1 – Sem prejuízo do disposto no presente regulamento, a lei aplicável por um lado ao contrato de agrupamento, excepto quanto às questões relativas ao estado e à capacidade das pessoas singulares e à capacidade das pessoas colectivas, e por outro ao funcionamento interno do agrupamento, é a lei interna do Estado da sede fixada pelo contrato de agrupamento.

2 – No caso de um Estado abranger várias unidades territoriais, cada uma das quais com as suas regras próprias aplicáveis às matérias referidas no n.º 1, cada unidade territorial é considerada como um Estado para efeitos de determinação da lei aplicável nos termos do presente artigo.

ART. 3.º – 1 – O objectivo do agrupamento é facilitar ou desenvolver a actividade económica dos seus membros, melhorar ou aumentar os resultados desta actividade; não é seu objectivo realizar lucros para si próprio.

A sua actividade deve estar ligada à actividade económica dos seus membros e apenas pode constituir um complemento a esta última.

2 – Por conseguinte, o agrupamento não pode:

a) Exercer, directa ou indirectamente, um poder de direcção ou de controlo das actividades próprias dos seus membros ou das actividades de uma outra empresa, nomeadamente nos domínios relativos ao pessoal, às finanças e aos investimentos;

b) Deter, directa ou indirectamente, a qualquer título, qualquer parte ou acção de uma empresa-membro, sob nenhuma forma; a detenção de partes ou acções numa outra empresa apenas será possível na medida necessária para alcançar o objectivo do agrupamento e quando seja realizada por conta dos seus membros;

c) Empregar mais de 500 assalariados;

d) Ser utilizado por uma sociedade para conceder um empréstimo a um dirigente de uma sociedade, ou a qualquer pessoa a ele ligada, quando tais empréstimos estejam sujeitos a restrições ou a controlos, de acordo com as leis dos Estados-membros aplicáveis às sociedades; um agrupamento também não deve ser utilizado para a transferência de um bem entre uma sociedade e um dirigente ou qualquer pessoa a ele ligada, salvo na medida em que tal seja permitido pelas leis dos Estados-membros aplicáveis às sociedades. Para efeitos do

---

(*) Regulamento (CEE) n.º 2137/85 do Conselho, de 25-7, publicado no JOCE n.º H 199, de 31.7.1985, e rectificado no JOCE n.º H 124/52, de 15.5.1990.

AEIE   [Reg. (CEE) n.º 2137/85]   195

disposto na presente disposição, o empréstimo inclui qualquer operação com efeito similar e o bem pode ser móvel ou imóvel;
   e) Ser membro de um outro agrupamento europeu de interesse económico.

   ART. 4.º – 1 – Só podem ser membros de um agrupamento:
   a) As sociedades, na acepção do segundo parágrafo do artigo 58.º do Tratado, bem como as outras entidades jurídicas de direito público ou privado, constituídas de acordo com a legislação de um Estado-membro, que tenham a sua sede estatutária ou legal e a sua administração central na Comunidade; quando de acordo com a legislação de um Estado-membro, uma sociedade ou outra entidade jurídica não for obrigada a ter uma sede estatutária ou legal, basta que esta sociedade ou outra entidade jurídica tenha a sua administração central na Comunidade;
   b) As pessoas singulares que exerçam uma actividade industrial, comercial, artesanal, agrícola que exerçam uma profissão liberal ou que prestem outros serviços na Comunidade.
   2 – Um agrupamento deve ser composto, no mínimo:
   a) Por duas sociedades ou outras entidades jurídicas, na acepção do n.º 1, que tenham a sua administração central em Estados-membros diferentes;
   b) Por duas pessoas singulares, na acepção do n.º 1, que exerçam a sua actividade principal em Estados-membros diferentes;
   c) Na acepção do n.º 1, por uma sociedade ou outra entidade jurídica e uma pessoa singular, tendo a primeira a sua administração central num Estado-membro e exercendo a segunda a sua actividade principal num Estado-membro diferente.
   3 – Um Estado-membro pode prever que os agrupamentos inscritos nos seus registos nos termos do artigo 6.º não possam ter mais de vinte membros. Para tanto o Estado-membro pode prever, de acordo com a sua legislação, que cada membro de uma entidade jurídica constituída em conformidade com a sua legislação, que não seja uma sociedade registada, seja tratado como membro individual do agrupamento.
   4 – Qualquer Estado-membro pode excluir ou restringir, por razões de interesse público, a participação de determinadas categorias de pessoas singulares, de sociedades ou de outras entidades jurídicas em qualquer agrupamento.

   ART. 5.º – Do contrato de agrupamento deve constar pelo menos:
   a) A denominação do agrupamento antecedida ou seguida da expressão «agrupamento europeu de interesse económico» de iniciais «AEIE», a não ser que esta expressão ou estas iniciais estejam já incluídas na denominação;
   b) A sede do agrupamento;
   c) O objectivo em vista do qual foi formado o agrupamento;
   d) O nome, firma ou denominação social, a forma jurídica, o domicílio ou sede social e, se for caso disso, o número e local de registo de cada um dos membros do agrupamento;
   e) A duração do agrupamento, quando não for indeterminada.

   ART. 6.º – O agrupamento é registado no Estado em que está situada a sede, do registo designado nos termos do n.º 1 do artigo 39.º.

   ART. 7.º – O contrato de agrupamento é apresentado no registo referido no artigo 6.º.
   Também devem ser apresentados neste registo os actos e as indicações seguintes:
   a) Qualquer alteração do contrato de agrupamento, incluindo qualquer alteração da composição do agrupamento;
   b) A criação e a supressão de qualquer estabelecimento do agrupamento;
   c) A decisão judicial que verifica ou declara a nulidade do agrupamento, nos termos do artigo 15.º;
   d) A nomeação do ou dos gerentes do agrupamento, o seu nome ou qualquer outro elemento de identificação exigido pela lei do Estado-membro no qual é mantido o registo, a indicação de que podem agir sós ou devem agir conjuntamente, bem como a cessação das suas funções;
   e) Qualquer cessão da participação de um membro no agrupamento ou de parte da sua participação, nos termos do n.º 1 do artigo 22.º;
   f) A decisão dos membros que declare ou verifique a dissolução do agrupamento, nos termos do artigo 31.º, ou a decisão judicial que declare tal dissolução, nos termos dos artigos 31.º ou 32.º;
   g) A nomeação do ou dos liquidatários do agrupamento, referidos no artigo 35.º, o seu nome e qualquer outro elemento de identificação exigido pela lei do Estado-membro no qual é mantido o registo, bem como a cessação das suas funções;
   h) O encerramento da liquidação do agrupamento, referida no n.º 2 do artigo 35.º;
   i) O projecto de transferência de sede, referido no n.º 1 do artigo 14.º;
   j) A cláusula que exonere um novo membro do pagamento das dívidas contraídas antes da sua entrada, nos termos do n.º 2 do artigo 26.º.

   ART. 8.º – Devem ser publicados, nas condições previstas no artigo 39.º, no boletim mencionado no n.º 1 do referido artigo:
   a) As indicações que devem obrigatoriamente constar do contrato de agrupamento por força do artigo 5.º, bem como as alterações de que tenham sido objecto;

196   [Reg. (CEE) n.º 2137/85]   SOCIEDADES COMERCIAIS E COOPERAÇÃO EMPRESARIAL

b) O número, a data e o lugar de registo, bem como o cancelamento do registo;
c) Os actos e indicações referidos nas alíneas *b)* a *j)* do artigo 7.º.

As indicações referidas nas alíneas *a)* e *b)* devem ser publicadas integralmente. Os actos e as indicações referidas na alínea *c)* podem ser publicadas integralmente ou sob forma de extractos ou ainda sob a forma de indicação de apresentação no registo, consoante a legislação nacional aplicável.

ART. 9.º – 1 – Os actos e indicações sujeitos a publicação, nos termos do presente regulamento, são oponíveis pelo agrupamento em relação a terceiros nas condições previstas pelo direito nacional aplicável, nos termos dos n.ᵒˢ 5 e 7 do artigo 3.º da Directiva 68/151/CEE do Conselho de 9 de Março de 1968, relativa à coordenação, para as tornar equivalentes, das garantias exigidas nos Estados-membros, em relação às sociedades, na acepção do segundo parágrafo do artigo 58.º do Tratado, a fim de proteger tanto os interesses dos sócios como de terceiros.

2 – Caso tenham sido praticados actos em nome de um agrupamento antes do seu registo nos termos do artigo 6.º e se o agrupamento não assumir, após o registo, os compromissos resultantes de tais actos, as pessoas singulares, sociedades ou outras entidades jurídicas que os tenham praticado são responsáveis por eles de forma solidária e ilimitada.

ART. 10.º – Qualquer estabelecimento do agrupamento situado num Estado-membro que não o Estado--membro da sede deve ser registado nesse Estado. Para efeitos do registo, o agrupamento apresentará no registo competente do Estado-membro em causa uma cópia dos documentos em relação aos quais é obrigatória a apresentação no registo do Estado-membro da sede, acompanhada, se necessário de uma tradução elaborada de acordo com os usos existentes no registo de inscrição do estabelecimento.

ART. 11.º – A constituição e o encerramento da liquidação de um agrupamento, com indicação do número, da data e do lugar do seu registo, bem como da data, do lugar e do título da publicação, serão publicadas no *Jornal Oficial das Comunidades Europeias*, após publicação no boletim referido no n.º 1 do artigo 39.º.

ART. 12.º – A sede mencionada no contrato de agrupamento deve situar-se na Comunidade. A sede deve ser fixada:
a) No lugar em que o agrupamento tem a sua administração central; ou
b) No lugar em que um dos membros do agrupamento tem a sua administração central ou ainda, quando se trate de uma pessoa singular, no local em que tem a sua actividade principal, desde que o agrupamento desenvolva uma actividade real nesse lugar.

ART. 13.º – A sede do agrupamento pode ser transferida no interior da Comunidade. Quando tal transferência não tiver por consequência uma mudança da lei aplicável por força do artigo 2.º, a decisão de transferência será tomada nas condições previstas no contrato do agrupamento.

ART. 14.º – 1 – Quando a transferência da sede tiver por consequência uma mudança da lei aplicável por força do artigo 2.º, deve ser elaborado um projecto de transferência que deve ser objecto de apresentação e de publicação nas condições previstas nos artigos 7.º e 8.º.

A decisão de transferência só pode ser tomada dois meses após a publicação do referido projecto. Esta decisão deve ser tomada por unanimidade dos membros do agrupamento. A transferência produz efeitos na data em que o agrupamento for registado, nos termos do artigo 6.º, no registo da nova sede. Este registo só se pode efectuar se se provar a publicação do projecto de transferência da sede.

2 – O cancelamento do registo do agrupamento no registo da anterior sede só se pode efectuar mediante prova do registo do agrupamento no registo da nova sede.

3 – A publicação do novo registo do agrupamento torna a nova sede oponível a terceiros nas condições referidas no n.º 1 do artigo 9.º; todavia enquanto não se tiver realizado a publicação do cancelamento do registo no registo da anterior sede, os terceiros podem continuar a basear-se na sede antiga, a não ser que o agrupamento prove que os terceiros tinham conhecimento da nova sede.

4 – A legislação de um Estado-membro pode prever, no que respeita aos agrupamentos registados neste último, nos termos do artigo 6.º, que uma transferência da sede, de que resultaria uma mudança da lei aplicável, não produz efeitos se, no prazo de dois meses referido no n.º 1, uma autoridade competente desse Estado--membro se opuser. Esta oposição só pode fundamentar-se em razões de interesse público. Deve ser susceptível de recurso perante uma autoridade jurisdicional.

ART. 15.º – 1 – Sempre que a lei aplicável ao agrupamento por força do artigo 2.º previr a nulidade do agrupamento, esta nulidade deve ser verificada ou declarada por decisão judicial. Contudo, o tribunal a que a questão tenha sido submetida deve, sempre que for possível, a regularização da situação do agrupamento, conceder um prazo que permita proceder a essa regularização.

2 – A nulidade do agrupamento implicará a sua liquidação nas condições previstas no artigo 35.º.

3 – A decisão que verifica ou declara a nulidade do agrupamento é oponível a terceiros nas condições referidas no n.º 1 do artigo 9.º.

Esta decisão não afecta a validade das obrigações nascidas a cargo ou em benefício do agrupamento anteriormente à data em que se torna oponível a terceiros nas condições referidas no parágrafo anterior.

AEIE [Reg. (CEE) n.º 2137/85] 197

ART. 16.º – 1 – Os órgãos do agrupamento são os membros agindo colegialmente e o ou os gerentes. O contrato do agrupamento pode prever outros órgãos; estabelecerá, neste caso, os seus poderes.

2 – Os membros do agrupamento agindo enquanto órgão podem tomar qualquer decisão com vista à realização do objectivo do agrupamento.

ART. 17.º – 1 – Cada membro dispõe de um voto. O contrato de agrupamento pode, todavia, atribuir vários votos a certos membros, desde que nenhum deles detenha a maioria.

2 – É exigida a unanimidade dos membros para as seguintes decisões:

a) Alterar o objectivo do agrupamento;

b) Alterar o número de votos atribuído a cada um deles;

c) Alterar as condições de tomada de decisão;

d) Prorrogar a duração do agrupamento para além do período fixado no contrato de agrupamento;

e) Alterar a quota de cada um dos membros ou de alguns de entre eles no financiamento do agrupamento;

f) Alterar qualquer outra obrigação de um membro, a não ser que o contrato de agrupamento disponha de outro modo;

g) Proceder a qualquer alteração do contrato de agrupamento que não seja uma alteração referida no presente número, a não ser que este contrato disponha de outro modo.

3 – Em todos os casos em que o presente regulamento não preveja que as decisões devem ser tomadas por unanimidade, o contrato de agrupamento pode determinar as condições de quorum e de maioria em que as decisões, ou algumas de entre elas, serão tomadas. Se o contrato nada estipular a este respeito, as decisões serão tomadas por unanimidade.

4 – Por iniciativa de um gerente ou a pedido de um membro, o ou os gerentes devem organizar uma consulta aos membros a fim de que estes tomem uma decisão.

ART. 18.º – Cada membro tem o direito de obter dos gerentes informações sobre os negócios do agrupamento e de consultar os livros e documentos de negócios.

ART. 19.º – 1 – O agrupamento é gerido por uma ou várias pessoas singulares nomeadas no contrato de agrupamento ou por decisão dos membros. Não podem ser gerentes de um agrupamento as pessoas que:

– segundo a lei que lhes é aplicável,

ou

– segundo a lei interna do Estado da sede do agrupamento,

ou

– na sequência de uma decisão judicial ou administrativa tomada ou reconhecida num Estado-membro, não podem fazer parte do órgão de administração ou de direcção de uma sociedade, não podem gerir uma empresa ou não podem agir como gerentes de um agrupamento europeu de interesse económico.

2 – Um Estado-membro pode prever, para os agrupamentos inscritos nos seus registos por força do artigo 6.º, que uma pessoa colectiva possa ser gerente, desde que esta designe uma ou mais pessoas singulares como seus representantes, que devem ser objecto da menção prevista na alínea *d)* do artigo 7.º.

Se um Estado-membro usar esta faculdade deve prever que esse ou esses representantes sejam responsáveis como se fossem, eles próprios, gerentes do agrupamento.

As proibições previstas no n.º 1 aplicam-se igualmente a estes representantes.

3 – O contrato do agrupamento ou, se este for omisso, uma decisão unânime dos membros estabelecerá as condições de nomeação e de exoneração do ou dos gerentes e fixará os seus poderes.

ART. 20.º – 1 – Relativamente a terceiros, só o gerente ou, se forem vários, cada um dos gerentes, representa o agrupamento.

Cada um dos gerentes obriga o agrupamento em relação a terceiros, quando age em nome do agrupamento, mesmo se os seus actos não forem abrangidos pelo objecto deste, a não ser que o agrupamento prove que o terceiro sabia que o acto ultrapassava os limites do objectivo do agrupamento ou não podia ignorá-lo, tendo em conta as circunstâncias; a mera publicação da menção referida na alínea *c)* do artigo 5.º não é prova suficiente.

Qualquer limitação, resultante do contrato de agrupamento ou de uma decisão dos membros, aos poderes do ou dos gerentes é inoponível a terceiros, mesmo que tenha sido publicada.

2 – O contrato de agrupamento pode prever que o agrupamento só se obriga validamente através de dois ou mais gerentes agindo conjuntamente. Esta cláusula só é oponível a terceiros, nas condições referidas no n.º 1 do artigo 9.º, se tiver sido publicada nos termos do artigo 8.º.

ART. 21.º – 1 – Os lucros provenientes das actividades do agrupamento serão considerados como lucros dos membros e repartidos entre eles na proporção prevista no contrato de agrupamento ou, se este for omisso, em partes iguais.

2 – Os membros do agrupamento contribuirão para o pagamento do excedente das despesas sobre as receitas na proporção prevista no contrato de agrupamento ou, se este for omisso, em partes iguais.

ART. 22.º – 1 – Qualquer membro do agrupamento pode ceder a sua participação no agrupamento, ou uma fracção desta, quer a outro membro, quer a um terceiro; a eficácia da cessão está subordinada a uma autorização dada, por unanimidade, pelos outros membros.

198   [Reg. (CEE) n.º 2137/85]   SOCIEDADES COMERCIAIS E COOPERAÇÃO EMPRESARIAL

2 – Um membro do agrupamento só pode constituir uma garantia sobre a sua participação no agrupamento após autorização dada por unanimidade pelos outros membros, a não ser que o contrato de agrupamento disponha em contrário. O titular da garantia não pode, em nenhum momento, tornar-se membro do agrupamento por força de tal garantia.

ART. 23.º – O agrupamento não pode fazer apelo ao investimento do público.

ART. 24.º – 1 – Os membros do agrupamento respondem ilimitada e solidariamente pelas dívidas daquele, de qualquer natureza. A legislação nacional determinará as consequências dessa responsabilidade.

2 – Até ao encerramento da liquidação do agrupamento os credores do agrupamento só podem proceder contra um membro para pagamento das dívidas nas condições previstas no n.º 1, após terem pedido esse pagamento ao agrupamento e este não ter sido efectuado em prazo adequado.

ART. 25.º – As cartas, notas de encomenda e documentos semelhantes devem indicar de modo legível:

a) A denominação do agrupamento, precedida ou seguida das palavras «agrupamento europeu de interesse económico» ou das iniciais «AEIE», excepto se essas palavras ou iniciais já figurarem naquela denominação;

b) O local do registo referido no artigo 6.º em que o agrupamento se encontra inscrito, bem como o número de inscrição do agrupamento nesse registo;

c) O endereço da sede do agrupamento;

d) Se for caso disso, a menção de que os gerentes devem agir conjuntamente;

e) Se for caso disso, a menção de que o agrupamento está em liquidação por força dos artigos 15.º, 31.º, 32.º ou 36.º.

Qualquer estabelecimento do agrupamento, desde que inscrito em conformidade com o artigo 10.º, deve fazer constar as indicações supra-mencionadas, acompanhadas pelas relativas ao seu próprio registo, nos documentos referidos no primeiro parágrafo do presente artigo, emanado desse estabelecimento.

ART. 26.º – 1 – A decisão de admitir novos membros será tomada por unanimidade dos membros do agrupamento.

2 – Qualquer novo membro é responsável, nos termos do artigo 24.º, pelas dívidas do agrupamento, incluindo as resultantes da actividade do agrupamento anteriormente à sua admissão.

O novo membro pode ser, no entanto, isento, por uma cláusula do contrato de agrupamento ou do acto de admissão, do pagamento das dívidas contraídas anteriormente à sua admissão. Esta cláusula só é oponível a terceiros, nas condições referidas no n.º 1 do artigo 9.º, se for publicada em conformidade com o artigo 8.º.

ART. 27.º – 1 – Um membro do agrupamento pode exonerar-se nas condições previstas no contrato de agrupamento ou, se este for omisso, com o acordo unânime dos outros membros.

Qualquer membro do agrupamento pode, além disso, exonerar-se com justa causa.

2 – Qualquer membro do agrupamento pode ser excluído pelos motivos indicados no contrato de agrupamento e, em qualquer caso, quando faltar gravemente às suas obrigações ou provocar ou ameaçar provocar perturbações graves no funcionamento do agrupamento.

Tal exclusão só pode verificar-se por decisão do tribunal, tomada a pedido conjunto da maioria dos restantes membros, a não ser que o contrato de agrupamento disponha de outro modo.

ART. 28.º – 1 – Qualquer membro do agrupamento deixa de fazer parte deste no momento da sua morte ou no momento em que já não preencher as condições previstas no n.º 1 do artigo 4.º.

Além disso, um Estado-membro pode prever, na sua legislação em matéria de liquidação, dissolução, insolvência ou de cessação de pagamentos, que um membro de agrupamento deixe de a ele pertencer no momento fixado pela referida legislação.

2 – Em caso de morte de uma pessoa singular membro do agrupamento, nenhuma outra pessoa pode tomar o seu lugar naquele, excepto nas condições previstas no contrato de agrupamento ou, se este for omisso, com o acordo unânime dos restantes membros.

ART. 29.º – Logo que um membro deixe de fazer parte do agrupamento, o ou os gerentes devem notificar os restantes membros dessa situação; devem igualmente tomar as medidas enunciadas nos artigos 7.º e 8.º. Além disso, qualquer interessado pode tomar as referidas medidas.

ART. 30.º – Salvo disposições do contrato de agrupamento em contrário e sem prejuízo dos direitos adquiridos por uma pessoa por força do n.º 1 do artigo 22.º ou do n.º 2 do artigo 28.º, o agrupamento subsistirá com os restantes membros, após um dos seus membros ter cessado de dele fazer parte, nas condições previstas pelo contrato de agrupamento ou determinadas por decisão unânime dos membros.

ART. 31.º – 1 – O agrupamento pode ser dissolvido por decisão dos seus membros que declare essa dissolução. Esta decisão é tomada por unanimidade, a não ser que o contrato de agrupamento disponha de outro modo.

2 – O agrupamento deve ser dissolvido por decisão dos seus membros:

a) Que verifique o decurso do prazo fixado no contrato de agrupamento ou qualquer outra causa de dissolução prevista nesse contrato, ou;

b) Que verifique a realização do objectivo do agrupamento ou a impossibilidade de o prosseguir.

AEIE   [Reg. (CEE) n.º 2137/85]   199

Se, decorridos três meses após a ocorrência de uma das situações referidas no parágrafo anterior, não tiver sido tomada a decisão dos membros que verifica a dissolução do agrupamento, qualquer membro pode solicitar ao tribunal que declare essa dissolução.

3 – O agrupamento deve também ser dissolvido por uma decisão dos seus membros ou do membro restante quando as condições no n.º 2 do artigo 4.º já não se encontrarem preenchidas.

4 – Após a dissolução do agrupamento por decisão dos seus membros, o ou os gerentes devem proceder à aplicação das medidas enunciadas nos artigos 7.º e 8.º. Além disso, qualquer interessado pode proceder à aplicação das referidas medidas.

ART. 32.º – 1 – A pedido de qualquer interessado ou de uma autoridade competente, o tribunal deve declarar a dissolução do agrupamento em caso de violação dos artigos 3.º ou 12.º ou do n.º 3 do artigo 31.º, excepto se a regularização da situação do agrupamento for possível e ocorrer antes da decisão de mérito.

2 – A pedido de um membro, o tribunal pode declarar a dissolução do agrupamento por justa causa.

3 – Um Estado-membro pode prever que o tribunal possa, a pedido de uma autoridade competente, declarar a dissolução de um agrupamento com sede no Estado a que pertença essa autoridade, em todos os casos em que o agrupamento actue contra o interesse público desse Estado, caso exista essa possibilidade na legislação deste último em relação às sociedades registadas ou a outras entidades jurídicas sujeitas a essa legislação.

ART. 33.º – Quando um membro deixar de fazer parte do agrupamento por causa distinta da cessão dos seus direitos nas condições previstas no n.º 1 do artigo 22.º, o valor dos seus direitos e obrigações será determinado com base no património do agrupamento tal como se apresenta no momento em que esse membro deixe de lhe pertencer.

O valor dos direitos e obrigações do membro que deixa o agrupamento não pode ser fixado antecipadamente.

ART. 34.º – Sem prejuízo do disposto no n.º 1 do artigo 37.º, qualquer membro que deixe de fazer parte do agrupamento continuará responsável, nas condições previstas no artigo 24.º, pelas dívidas resultantes da actividade do agrupamento anteriormente à cessação da sua qualidade de membro.

ART. 35.º – 1 – A dissolução do agrupamento implicará a sua liquidação.

2 – A liquidação do agrupamento e o encerramento dessa liquidação são regulados pelo direito nacional.

3 – A capacidade do agrupamento, na acepção do n.º 2 do artigo 1.º, subsiste até ao encerramento da liquidação.

4 – O ou os liquidatários procederão à aplicação das medidas enunciadas nos artigos 7.º e 8.º.

ART. 36.º – Os agrupamentos europeus de interesse económico encontram-se sujeitos às disposições do direito nacional que regulam a insolvência e a cessação dos pagamentos. A instauração de um processo contra um agrupamento por motivo da sua insolvência ou de cessação dos seus pagamentos não implicará, por si só, a instauração de um processo semelhante contra os membros desse agrupamento.

ART. 37.º – 1 – Qualquer prazo mais longo eventualmente previsto pelo direito nacional aplicável é substituído pelo prazo de prescrição de cinco anos a contar da publicação, nos termos do artigo 8.º, da saída de um membro do agrupamento, quanto às acções contra esse membro, relativas às dívidas decorrentes da actividade do agrupamento anteriormente à cessação da sua qualidade de membro.

2 – Qualquer prazo mais longo eventualmente previsto pelo direito nacional aplicável é substituído pelo prazo de prescrição de cinco anos a contar da publicação, nos termos do artigo 8.º, do encerramento da liquidação do agrupamento, quanto às acções contra um membro do agrupamento relativas às dívidas decorrentes da actividade desse agrupamento.

ART. 38.º – Sempre que um agrupamento exercer, num Estado-membro, uma actividade contrária ao interesse público desse Estado, uma autoridade competente desse Estado pode proibir tal actividade. A decisão da autoridade competente deve ser susceptível de recurso perante uma autoridade jurisdicional.

ART. 39.º – 1 – Os Estados-membros designarão o ou os registos competentes para proceder ao registo referido nos artigos 6.º e 10.º e determinarão as regras que lhe são aplicáveis. fixarão as condições sob que se deve efectuar a apresentação dos documentos referidos nos artigos 7.º e 10.º. Assegurar-se-ão de que os actos e indicações referidos no artigo 8.º sejam publicados no boletim oficial adequado do Estado-membro em que o agrupamento tenha a sua sede, e podem prever as modalidades de publicação dos actos e indicações referidos na alínea c) do artigo 8.º.

Além disso, os Estados-membros velarão por que qualquer pessoa possa tomar conhecimento, no registo competente por força do artigo 6.º ou, se for caso disso, do artigo 10.º, dos documentos referidos no artigo 7.º e obter, mesmo por correio, cópia integral ou parcial dos mesmos.

Os Estados-membros podem prever o pagamento das despesas inerentes às operações referidas nos parágrafos anteriores, mas o montante dessas despesas não pode ser superior ao seu custo administrativo.

2 – Os Estados-membros assegurar-se-ão de que as indicações que devem ser publicadas no *Jornal Oficial das Comunidades Europeias* por força do artigo 11.º são comunicadas ao Serviço das publicações Oficiais das Comunidades Europeias no mês seguinte à publicação no boletim referido no n.º 1.

3 – Os Estados-membros devem prever sanções adequadas em caso de não cumprimento do disposto nos artigos 7.º, 8.º e 10.º em matéria de publicidade e em caso de não cumprimento do disposto no artigo 25.º.

200 [DL n.º 1/91] SOCIEDADES COMERCIAIS E COOPERAÇÃO EMPRESARIAL

ART. 40.º – Os lucros ou perdas resultantes da actividade do agrupamento só são tributáveis a nível dos seus membros.

ART. 41.º – 1 – Os Estados-membros tomarão as medidas exigidas por força do artigo 39.º antes de 1 de Julho de 1989. Comunicá-las-ão imediatamente à Comissão.

2 – Os Estados-membros comunicarão à Comissão, a título informativo, as categorias de pessoas singulares, sociedades e outras entidades jurídicas que excluam da participação em agrupamentos nos termos do n.º 4 do artigo 4.º.

ART. 42.º – 1 – É instituído junto da Comissão, a partir da adopção do presente regulamento, um Comité de Contacto. A sua função consiste em:

a) Facilitar, sem prejuízo do disposto nos artigos 169.º e 170.º do Tratado, a aplicação do presente regulamento através de consultas regulares relativas, nomeadamente, aos problemas concretos suscitados pela sua aplicação;

b) Aconselhar, se necessário, a Comissão sobre os aditamentos ou alterações a fazer ao presente regulamento.

2 – O Comité de Contacto é composto por representantes dos Estados-membros, bem como por representantes da Comissão.

A presidência será assegurada por um representante da Comissão.

O secretariado será assegurado pelos serviços da Comissão.

3 – O Comité de Contacto é convocado pelo seu presidente, quer por sua própria iniciativa, quer a pedido de um dos seus membros.

ART. 43.º – O presente regulamento entra em vigor no terceiro dia seguinte ao da sua publicação no *Jornal Oficial das Comunidades Europeias.*

O presente regulamento é aplicável a partir de 1 de Julho de 1989, com excepção dos artigos 39.º, 41.º e 42.º, aplicáveis desde a entrada em vigor do presente regulamento.

O presente regulamento é obrigatório em todos os seus elementos e directamente aplicável em todos os Estados-membros.

3.2.5. NORMAS SANCIONATÓRIAS APLICÁVEIS AO AEIE

Decreto-Lei n.º 1/91

de 5 de Janeiro

ART. 1.º (Distribuição ilícita de bens do agrupamento) – 1 – O gerente de agrupamento que propuser à deliberação dos membros, reunidos em assembleia, distribuição ilícita de bens do agrupamento será punido com multa até 60 dias.

2 – Se a distribuição ilícita chegar a ser executada, no todo ou em parte, a pena será a multa até 90 dias.

3 – Se a distribuição ilícita for executada, no todo ou em parte, sem deliberação dos membros, a pena será de multa até 120 dias.

4 – Com a mesma pena será punido o gerente do agrupamento que executar ou fizer executar por outrem distribuição de bens do agrupamento com desrespeito de deliberação válida dos membros do agrupamento.

5 – Se, em algum dos casos previstos nos n.ºˢ 3 e 4, for causado dano grave, material ou moral, e que o autor pudesse prever, a algum membro que não tenha dado o seu assentimento para o facto ao agrupamento, ou a terceiro, a pena será a cominada para o crime de infidelidade previsto no artigo 319.º do Código Penal.

ART. 2.º (Recusa ilícita de informações) – 1 – O gerente de agrupamento que recusar ou fizer recusar por outrem a consulta de documentos que a lei determine sejam postos à disposição dos interessados para preparação de deliberações dos membros do agrupamento, ou recusar ou fizer recusar o envio de documentos para esse fim, quando devido por lei, ou enviar ou fizer enviar esses documentos sem satisfazer as condições e os prazos estabelecidos na lei, será punido, se pena mais grave não couber por força de outra disposição legal, com prisão até três meses ou multa, até 60 dias.

2 – O gerente de agrupamento que recusar ou fizer recusar por outrem informações que por lei deva prestar, e que lhe tenham sido pedidas por escrito, será punido com multa até 90 dias.

3 – Se, no caso do n.º 1, for causado dano grave, material ou moral, e que o autor pudesse prever, a algum membro que não tenha dado o seu assentimento para o facto, ou à sociedade, a pena será a cominada para o crime de infidelidade previsto no artigo 319.º do Código Penal.

4 – Se, no caso do n.º 2, o facto for cometido por motivo que não indicie falta de zelo na defesa dos direitos e dos interesses legítimos do agrupamento e dos membros, mas apenas compreensão errónea do objecto desses direitos e interesses, o autor não está sujeito a pena.

ART. 3.º (Informações falsas) – 1 – Aquele que, estando, nos termos da lei, obrigado a prestar a outrem informações sobre a matéria da vida do agrupamento, as der contrárias à verdade, será punido com prisão até três meses ou multa até 60 dias, se pena mais grave não couber por força de outra disposição legal.

REGULAMENTO DO AGRUPAMENTO EUROPEU DE INTERESSE ECONÓMICO [DL n.º 148/90] 201

2 – Com a mesma pena prevista no número anterior será punido aquele que, nas circunstâncias ali descritas, prestar maliciosamente informações incompletas e que possam induzir os destinatários a conclusões erróneas de efeito idêntico ou semelhante ao que teriam informações falsas sobre o mesmo objecto.

3 – Se o facto for praticado com intenção de causar dano, material ou moral, a algum membro que não tenha conscientemente concorrido para o mesmo facto, ou ao agrupamento, a pena será de prisão até seis meses ou multa até 90 dias, se pena mais grave não couber por força de outra disposição legal.

4 – Se for causado dano grave, material ou moral, qué o autor pudesse prever, a algum membro que não tenha concorrido, conscientemente para o facto, ao agrupamento, ou a terceiro, a pena será de prisão até um ano ou multa até 120 dias.

5 – Se, no caso do n.º 2, o facto for praticado por motivo ponderoso, e que não indicie falta de zelo na defesa dos direitos e dos interesses legítimos do agrupamento e dos membros, mas apenas compreensão errónea do objecto desses direitos e interesses, poderá o juiz atenuar especialmente a pena ou isentar dela.

ART. 4.º (Impedimento de fiscalização) – O gerente de agrupamento que impedir ou dificultar, ou levar outrem a impedir ou dificultar, actos necessários à fiscalização da vida do agrupamento, executados, nos termos e formas que sejam de direito, por quem tenha por lei, pelo contrato do agrupamento ou por decisão judicial o dever de exercer a fiscalização, ou por pessoa que actue à ordem de quem tenha esse dever, será punido com prisão até seis meses e multa até 120 dias.

ART. 5.º (Princípios comuns) – 1 – Os factos descritos nos artigos 1.º a 4.º só serão puníveis quando cometidos com dolo.

2 – Será punível a tentativa dos factos para os quais tenha sido cominada nos artigos 1.º a 4.º pena de prisão ou pena de prisão ou multa.

3 – O dolo de benefício próprio, ou de benefício de cônjuge, parente ou afim até ao 3.º grau será sempre considerado como circunstância agravante.

4 – Se o autor de um facto descrito nos artigos 1.º a 4.º, antes de instaurado o procedimento criminal, tiver reparado integralmente os danos materiais e dado satisfação suficiente dos danos morais causados, sem outro prejuízo ilegítimo para terceiros, esses danos não serão considerados na determinação da pena aplicável.

ART. 6.º (Ilícitos de mera ordenação social) – 1 – O gerente de agrupamento que não submeter, ou por facto próprio impedir outrem de submeter, aos órgãos competentes do agrupamento, até ao fim do terceiro mês do ano civil, o relatório da gestão, as contas do exercício e os demais documentos de prestação de contas previstos na lei, e cuja apresentação lhe esteja cometida por lei ou por contrato, ou por outro título seja seu dever, será punido com coima de 10 000$ a 300 000$.

2 – O agrupamento que omitir, em actos externos, no todo ou em parte, as indicações referidas no artigo 25.º do Regulamento (CEE) n.º 2137/85 será punido com coima de 50 000$ a 300 000$.

3 – Nos ilícitos previstos nos números anteriores será punível a negligência, devendo, porém, a coima ser reduzida em proporção adequada à menor gravidade da falta.

4 – Na graduação da coima serão tidos em conta os valores do capital e do volume de negócios do agrupamento, os valores das participações a que diga respeito a infracção e a condição económica pessoal dos infractores.

5 – A organização do processo e a decisão sobre aplicação da coima caberão ao conservador do registo comercial territorialmente competente na área da sede do agrupamento.

ART. 7.º (Destino das coimas) – O produto das coimas destina-se em 40% para o Cofre Geral dos Tribunais do Ministério da Justiça, revertendo o remanescente para o Estado.

ART. 8.º (Legislação subsidiária) – 1 – Aos crimes previstos neste diploma são subsidiariamente aplicáveis o Código Penal e legislação complementar.

2 – Aos ilícitos de mera ordenação social previstos neste diploma é subsidiariamente aplicável o regime geral do ilícito de mera ordenação social.

ART. 9.º (Entrada em vigor) – 1 – O presente diploma entra em vigor 30 dias após a data da sua publicação.

2 – As disposições do artigo 6.º entram em vigor seis meses após a publicação do presente diploma.

3.2.6. REGULAMENTO DO AGRUPAMENTO EUROPEU DE INTERESSE ECONÓMICO

Decreto-Lei n.º 148/90

de 9 de Maio

ART. 1.º (Personalidade jurídica) – O agrupamento europeu de interesse económico adquire personalidade jurídica com a inscrição definitiva da sua constituição no registo comercial, de harmonia com a lei respectiva, e mantém-na até ao registo do encerramento da liquidação.

ART. 2.º (Contrato de agrupamento) – O contrato de agrupamento e as suas alterações devem constar de documento escrito.

202 [DL n.º 148/90]   SOCIEDADES COMERCIAIS E COOPERAÇÃO EMPRESARIAL

ART. 3.º (Natureza do contrato) – 1 – O contrato de agrupamento tem carácter civil ou comercial, consoante o seu objecto.

2 – O agrupamento europeu de interesse económico que tenha por objecto praticar actos de comércio é comerciante.

ART. 4.º (Denominação) – A denominação do agrupamento deve incluir o aditamento «agrupamento europeu de interesse económico» ou a abreviatura «AEIE».

ART. 5.º (Cessão de participação) – A transmissão entre vivos da participação de um membro do agrupamento deve constar de documento escrito.

ART. 6.º (Exclusão de membro) – Sem prejuízo do disposto no Regulamento (CEE) n.º 2137/85, um membro considera-se excluído quando seja declarado falido ou insolvente.

ART. 7.º (Obrigações) – O agrupamento pode emitir obrigações para oferta em subscrição particular, nas mesmas condições que o agrupamento complementar de empresas, sem prejuízo do disposto no artigo 23.º do Regulamento (CEE) n.º 2137/85.

ART. 8.º (Gerência) – 1 – Uma pessoa colectiva membro do agrupamento pode ser gerente deste, mas deve designar uma pessoa singular como seu representante.

2 – A pessoa colectiva responde solidariamente pelos actos da pessoa singular designada nos termos do número anterior.

ART. 9.º (Prestação de contas) – Os gerentes devem elaborar e submeter à apreciação dos membros o relatório de gestão, as contas do exercício e os demais documentos de prestação de contas previstos na lei relativos a cada ano civil.

ART. 10.º (Falência, insolvência e recuperação) – O agrupamento está sujeito ao regime da falência ou da insolvência, consoante seja ou não comerciante, sendo-lhe aplicável o processo especial de recuperação de empresas e de protecção dos credores.

ART. 11.º (Transformação) – 1 – Um agrupamento complementar de empresas pode transformar-se em agrupamento europeu de interesse económico, independentemente de processo de liquidação e sem criação de uma nova pessoa colectiva, desde que satisfaça as condições previstas no referido Regulamento (CEE) n.º 2137/85, nomeadamente no seu artigo 4.º, n.º 2.

2 – Um agrupamento europeu de interesse económico pode transformar-se em agrupamento complementar de empresas, independentemente de processo de liquidação e sem criação de uma nova pessoa colectiva, desde que deixe de satisfazer as condições previstas no referido Regulamento (CEE) n.º 2137/85, nomeadamente nos artigos 3.º, n.º 2, alínea c), e 4.º, n.º 2.

ART. 12.º (Regime supletivo) – São aplicáveis aos agrupamentos europeus de interesse económico com sede contratual em Portugal as normas estabelecidas pela lei portuguesa para o agrupamento complementar de empresas em tudo o que não se encontre previsto no Regulamento (CEE) n.º 2137/85, do Conselho, de 25 de Julho de 1985, nem no presente diploma.

ART. 13.º (Entrada em vigor) – O presente diploma entra em vigor 30 dias após a sua publicação.

CAP. IV

REGISTO DE PESSOAS COLECTIVAS, DE FIRMAS E DENOMINAÇÕES, E COMERCIAL

4.1. REGIME DO REGISTO NACIONAL DE PESSOAS COLECTIVAS

Decreto-Lei n.º 129/98
de 13 de Maio (*)

TÍTULO I — DISPOSIÇÕES GERAIS

ART. 1.º (Registo Nacional de Pessoas Colectivas) – O Registo Nacional de Pessoas Colectivas (RNPC) tem por função organizar e gerir o ficheiro central de pessoas colectivas, bem como apreciar a admissibilidade de firmas e denominações.

ART. 2.º (Ficheiro central de pessoas colectivas) – 1 – O ficheiro central de pessoas colectivas (FCPC) é constituído por uma base de dados informatizados onde se organiza informação actualizada sobre as pessoas colectivas necessária aos serviços da Administração Pública para o exercício das suas atribuições.

2 – O FCPC contém ainda, com os mesmos objectivos, informação de interesse geral relativa a entidades públicas ou privadas não dotadas de personalidade jurídica, bem como pessoas colectivas internacionais e pessoas colectivas de direito estrangeiro.

ART. 3.º (Firmas e denominações) – A atribuição das firmas e denominações está sujeita à observância dos princípios da verdade e da novidade nos termos e condições previstos no título III e o respectivo registo confere o direito ao seu uso exclusivo.

TÍTULO II — FICHEIRO CENTRAL DE PESSOAS COLECTIVAS

CAPÍTULO I — Âmbito e forma de inscrição

ART. 4.º (Âmbito pessoal) – 1 – O FCPC integra informação relativa a:

a) Associações, fundações, sociedades civis e comerciais, cooperativas, empresas públicas, agrupamentos complementares de empresas, agrupamentos europeus de interesse económico, bem como quaisquer outros entes colectivos personalizados, sujeitos ao direito português ou ao direito estrangeiro, que habitualmente exerçam actividade em Portugal;

b) Representações de pessoas colectivas internacionais ou de direito estrangeiro que habitualmente exerçam actividade em Portugal;

(*) Com as alterações introduzidas pelo **DL n.º 12/2001**, de 25-1 (arts. 46.º e 50.º), pelo **DL n.º 323/2001**, de 17-12 (arts. 74.º, 75.º e 76.º), pelo **DL n.º 2/2005**, de 4-1 (arts. 6.º, 54.º e 56.º), **DL n.º 111/2005**, de 8-7 (arts. 18.º, 32.º, 33.º, 34.º, 53.º, 54.º, 56.º e 64.º), pelo **DL n.º 76-A/2006**, de 29-3 (art. 61.º e aditamento do art. 80.º-A), pelo **DL n.º 125/2006**, de 29-6 (art. 45.º), pelo **DL n.º 8/2007**, de 17-1 (arts. 54.º e 56.º), pelos arts. 26.º, 27.º, 28.º e 46.º-*c* do **DL n.º 247-B/2008**, de 30-12, pelo art. 14.º do **DL n.º 122/2009**, de 21-5 (aditou o art. 11.º-A), e pela **Lei n.º 29/2009**, de 29-6 (aditou os arts. 73.º-A a 73.º-C).

204 [DL n.º 129/98] REGISTOS

c) Entidades a que a lei confira personalidade jurídica após o respectivo processo de formação, entre o momento em que tiverem iniciado esse processo e aquele em que o houverem terminado;

d) Entidades que, prosseguindo objectivos próprios e actividades diferenciadas das dos seus associados, não sejam dotadas de personalidade jurídica;

e) Organismos e serviços da Administração Pública, não personalizados, que constituam uma unidade organizativa e funcional;

f) Estabelecimentos individuais de responsabilidade limitada;

g) Comerciantes individuais;

h) Empresários individuais que exerçam actividade económica legalmente não qualificada como profissão liberal e usem firma diferente do seu nome completo ou abreviado;

i) Instrumentos de gestão fiduciária e sucursais financeiras exteriores registados na Zona Franca da Madeira.

2 — O FCPC pode ainda, enquanto for necessário para efeitos fiscais, incluir informação respeitante a quaisquer sujeitos passivos da relação jurídica tributária não abrangidos pelo número fiscal de pessoa singular.

3 — *(Revogado.)*

ART. 5.º (Âmbito material) – O FCPC contém, além dos elementos de identificação das entidades referidas no artigo anterior, a inscrição dos factos previstos nos artigos seguintes, podendo ainda conter outros dados de informação previstos na legislação comercial, designadamente no Código do Registo Comercial, bem como os dados necessários à prossecução das atribuições legais ou estatutárias de organismos do sector público.

ART. 6.º (Pessoas colectivas) – Estão sujeitos a inscrição no FCPC os seguintes actos e factos relativos a pessoas colectivas:

a) Constituição;

b) Modificação de firma ou denominação;

c) Alteração do objecto ou do capital;

d) Alteração de localização da sede ou do endereço postal, incluindo a transferência da sede de e para Portugal;

e) A alteração do código de actividade económica (CAE);

f) Fusão, cisão ou transformação;

g) Cessação de actividade;

h) Dissolução, encerramento da liquidação ou regresso à actividade.

ART. 7.º (Representações de pessoas colectivas internacionais ou de direito estrangeiro) – Estão sujeitos a inscrição no FCPC os seguintes actos e factos relativos a representações de pessoas colectivas internacionais ou de direito estrangeiro que exerçam actividade em Portugal:

a) Início e cessação de actividade;

b) Alteração do objecto ou capital;

c) Alteração da localização da sede ou do endereço postal;

d) A alteração do código de actividade económica (CAE);

e) Elementos de identificação da entidade representada e suas alterações.

ART. 8.º (Organismos e serviços públicos) – Estão sujeitos a inscrição no FCPC, relativamente a organismos e serviços da Administração Pública não personalizados, o respectivo nome, endereço postal e suas alterações, bem como a menção do diploma da criação.

ART. 9.º (Estabelecimentos individuais de responsabilidade limitada) – Estão sujeitos a inscrição no FCPC os seguintes actos e factos relativos a estabelecimentos individuais de responsabilidade limitada:

a) Constituição;

b) Alteração da firma;

c) Alteração da localização da sede ou do endereço postal;

d) Alteração do objecto ou do capital;

e) A alteração do código de actividade económica (CAE);

f) Cessação de actividade, entrada em liquidação e encerramento da liquidação.

ART. 10.º (Outras entidades e comerciantes individuais) – 1 – Estão sujeitos a inscrição no FCPC os seguintes actos e factos, bem como as suas alterações, relativos às entidades referidas nas alíneas *c)* e *d)* do n.º 1 do artigo 4.º, bem como a comerciantes individuais:

a) Firma ou denominação;

b) Sede ou domicílio e endereço postal;

c) Objecto social ou actividade exercida;

d) A alteração do código de actividade económica (CAE);

e) Início e cessação de actividade.

2 – *(Revogado.)*

ART. 11.º (Forma de inscrição) – 1 – As entidades sujeitas a registo comercial obrigatório e as que o tenham requerido, bem como os actos e factos que a umas e outras respeitem, são oficiosamente inscritos no FCPC, através de comunicação automática electrónica do sistema integrado do registo comercial (SIRCOM).

REGISTO NACIONAL DE PESSOAS COLECTIVAS   [DL n.º 129/98]   205

2 – As demais entidades devem promover a inscrição no FCPC no prazo de validade do certificado de admissibilidade, quando exista, ou no prazo de um mês a contar da verificação dos seguintes factos:

a) Finalização das formalidades legais de constituição, no caso de pessoas colectivas;
b) Publicação do diploma de criação, no caso de entidades constituídas por diploma legal;
c) Início de actividade, nos restantes casos.

3 – A inscrição pode ser requerida por um dos constituintes ou, sendo o caso, pelas entidades já constituídas, através das seguintes formas:

a) Presencialmente, por forma verbal, pelo próprio ou por pessoa com legitimidade para o efeito ou advogado, notário ou solicitador, ou por escrito em formulário próprio;
b) Através de sítio na Internet, se essa funcionalidade estiver disponibilizada;
c) Pelo correio em formulário próprio.

4 – Quando intervenham na formalização dos actos constitutivos das pessoas colectivas referidas no n.º 2 ou em alterações estatutárias posteriores, os notários devem promover a inscrição no FCPC ou advertir para a necessidade de esta ser efectuada no prazo legal.

ART. 11.º-A (Comunicações obrigatórias) — 1 – É oficiosa e gratuitamente comunicado aos serviços da administração tributária e da segurança social, por via electrónica, o conteúdo dos seguintes actos respeitantes a entidades inscritas no FCPC que não estejam sujeitas no registo comercial:

a) Inscrição inicial;
b) A mudança da firma ou da denominação;
c) A alteração da localização da sede, do domicílio ou do endereço postal;
d) A dissolução e o encerramento da liquidação.

2 – Para os efeitos do disposto na alínea *d)* do número anterior, no momento da inscrição desse facto no FCPC deve ser obrigatoriamente indicado o representante da entidade para efeitos tributários, nos termos do n.º 4 do artigo 19.º do Decreto-Lei n.º 398/98, de 17 de Dezembro.

3 – As comunicações obrigatórias efectuadas nos termos dos números anteriores determinam que os serviços da administração tributária e da segurança social não podem exigir a apresentação das respectivas declarações.

ART. 11.º-B (Não aceitação do pedido de inscrição) — 1 – O pedido de inscrição não é aceite nos casos seguintes:

a) O requerimento do pedido não respeite o modelo aprovado, não contenha os elementos de preenchimento obrigatório ou não se encontre devidamente instruído;
b) O pedido seja ininteligível;
c) Não tenham sido pagas as quantias que se mostrem devidas;
d) Não haja lugar a inscrição.

2 – Em caso de não aceitação do pedido, se o interessado declarar que pretende impugnar o acto, o funcionário deve proferir a sua decisão por escrito.

ART. 12.º (Inscrição oficiosa) - 1 – O RNPC pode fazer inscrever oficiosamente no FCPC as entidades que não tenham cumprido a obrigação legal de requerer a inscrição e cuja identificação esteja estabelecida.

2 – Após a inscrição oficiosa, deve ser promovido o procedimento legal que ao caso couber.

CAPÍTULO II — Número e cartão de identificação

ART. 13.º (Número de identificação) - 1 – A cada entidade inscrita no FCPC é atribuído um número de identificação próprio, designado número de identificação de pessoa colectiva (NIPC).

2 – O NIPC é um número sequencial de nove dígitos, variando o primeiro dígito da esquerda entre os algarismos 5 e 9, com exclusão do algarismo 7.

3 – A atribuição do primeiro dígito da esquerda é efectuada de harmonia com tabela aprovada por portaria do Ministro da Justiça.

ART. 14.º (Atribuição e exclusividade) — 1 – O NIPC só pode ser atribuído pelo RNPC ou pelos serviços de registo designados nos termos do disposto no n.º 1 do artigo 78.º, sendo vedada a atribuição por qualquer outra entidade de número susceptível de confusão com o NIPC.

2 – Não é permitido o uso de designações genéricas, nomeadamente número de pessoa colectiva, número de empresa ou semelhante, para designar números diferentes do NIPC e que possam gerar confusão com este.

ART. 15.º (Número provisório de identificação) — 1 – Com a emissão do certificado de admissibilidade é atribuído um NIPC provisório para efeitos de constituição de pessoa colectiva, de estabelecimento individual de responsabilidade limitada, de organismos da Administração Pública que incorporem na sua denominação siglas, expressões de fantasia ou composições e para os empresários individuais referidos na alínea *h)* do n.º 1 do artigo 4.º.

2 – Para a apresentação de pedidos no registo comercial é igualmente atribuído pelos serviços de registo um NIPC provisório às seguintes entidades:

206 [DL n.º 129/98]   REGISTOS

a) Representações permanentes de pessoas colectivas registadas no estrangeiro;
b) Comerciantes individuais que usem firma exclusivamente composta pelo seu nome completo ou abreviado;
c) Instrumentos de gestão fiduciária e sucursais financeiras exteriores da Zona Franca da Madeira que tenham efectuado o pedido de registo.
3 – O NIPC provisório tem o mesmo prazo de validade do certificado que lhe deu origem ou, nos casos previstos no número anterior, o prazo de validade do registo que lhe está associado.

ARTS. 16.º a 20.º — *(Revogados.)*

CAPÍTULO III — **Protecção de dados**

ART. 21.º (Funções e actualização dos dados) – 1 — Os dados constantes da base de dados do FCPC destinam-se:
a) A fornecer aos organismos e serviços do Estado e demais pessoas colectivas de direito público a informação básica sobre pessoas colectivas e entidades equiparadas de que necessitem para prossecução das suas atribuições legais ou estatutárias;
b) A fornecer a entidades privadas, designadamente do sector financeiro, a informação referida na alínea anterior, na medida em que esta seja necessária para execução das políticas definidas pelas entidades legalmente competentes, particularmente nos domínios financeiro, monetário e fiscal;
c) A fornecer informação básica sobre entidades sujeitas a registo comercial nos termos da legislação comercial e sobre outras entidades nos termos do Código do Procedimento Administrativo;
d) À verificação da admissibilidade de firmas ou denominações.
2 — Relativamente às entidades sujeitas a registo comercial, a base de dados do FCPC é automaticamente actualizada através do SIRCOM.

ART. 21.º-A (Dados pessoais recolhidos) — 1 – São recolhidos para tratamento automatizado os seguintes dados pessoais referentes aos requerentes dos certificados de admissibilidade de firma ou denominação e aos sujeitos dos actos ou factos a inscrever na base de dados do FCPC:
a) Nome;
b) Residência habitual ou domicílio profissional;
c) Número do documento de identificação;
d) Número de identificação fiscal;
e) Número de identificação bancária, se disponibilizado;
f) Meios de contacto telefónicos e informáticos.
2 — Os dados pessoais constantes da base de dados do FCPC são recolhidos dos requerimentos ou documentos apresentados pelos interessados ou das comunicações efectuadas pelas conservatórias do registo comercial através do SIRCOM e servem para tornar mais célere a comunicação com os interessados e efectuar os reembolsos a que estes tenham direito.

ART. 22.º (Comunicação dos dados) – 1 – Os dados constantes do FCPC podem ser comunicados às entidades e para as finalidades previstas no artigo anterior.
2 – A consulta *online* e a cedência de cópias totais ou parciais podem ser autorizadas:
a) Aos serviços e entidades referidos no artigo 21.º;
b) Às entidades legal ou estatutariamente competentes para intervir na constituição de pessoas colectivas;
c) Aos magistrados judiciais e do Ministério Público, juízes de paz, bem como aos agentes de execução e aos administradores da insolvência, no âmbito da prossecução das suas atribuições;
d) Às entidades que, nos termos da lei processual, recebam delegação para a prática de actos de inquérito ou de instrução ou a quem incumba cooperar internacionalmente na prevenção e repressão da criminalidade e no âmbito dessas competências, bem como às entidades com competência legal para garantir a segurança interna, no âmbito da prossecução dos seus fins.
3 – O acesso aos dados nos termos do número anterior está sujeito à celebração de protocolo com o IRN, I. P., que define os seus limites face às atribuições legais e estatutárias das entidades interessadas e ao envio de cópia deste, por via electrónica, à Comissão Nacional de Protecção de Dados.
4 – *(Revogado.)*
5 – *(Revogado.)*
6 – *(Revogado.)*
7 – *(Revogado.)*

ART. 23.º (Acesso aos dados pelos seus titulares) – 1 – Qualquer pessoa tem o direito de conhecer o conteúdo do registo ou registos constantes da base de dados que lhe respeitem.
2 – A reprodução exacta dos registos a que se refere o número anterior, com a indicação do significado de quaisquer códigos ou abreviaturas deles constantes, é fornecida, a requerimento dos respectivos titulares:
a) Gratuitamente, no momento da inscrição no FCPC ou em caso de alteração à inscrição inicial;
b) Mediante o pagamento dos encargos devidos correspondentes às informações por escrito, nos outros casos.

REGISTO NACIONAL DE PESSOAS COLECTIVAS   [DL n.º 129/98]   207

ART. 24.º (Informação para fins de investigação ou de estatística) — Para além dos casos previstos no artigo 22.º, a informação pode ser divulgada para fins de investigação ou de estatística, desde que não possam ser identificáveis as pessoas a que respeita, mediante autorização do director do RNPC.

ART. 25.º (Transmissão de dados comunicados a terceiros) — Os dados comunicados nos termos do artigo 22.º não podem ser transmitidos a terceiros, salvo mediante autorização escrita do director do RNPC onde se refira a finalidade prosseguida com a transmissão e com respeito pelas condições definidas no presente diploma.

ART. 26.º (Correcção de dados) — Qualquer interessado tem o direito de exigir a correcção de eventuais inexactidões e omissões, bem como a supressão de dados indevidamente registados, nos termos previstos na alínea *d*) do n.º 1 do artigo 11.º da Lei n.º 67/98, de 26 de Outubro.

ART. 27.º (Conservação dos dados) — Os dados pessoais podem ser conservados no FCPC:
a) Até um ano após a inscrição da cessação da actividade de empresário individual;
b) Até um ano após a caducidade do certificado de admissibilidade ou, no caso de recurso hierárquico ou impugnação judicial, até um ano após o trânsito em julgado da decisão final.

ART. 28.º (Conservação de documentos) — 1 – Os pedidos de certificado de admissibilidade e de inscrição no FCPC são conservados em suporte informático.
2 – Se os pedidos referidos no número anterior forem efectuados em suporte físico, estes e a respectiva documentação anexa, caso exista, devem ser informatizados e conservados dessa forma, sendo imediatamente devolvidos aos interessados, desde que as condições técnicas permitam a informatização.
3 — Quaisquer outros documentos e registos inerentes ao funcionamento dos serviços que não contenham decisão de eficácia permanente podem ser destruídos decorrido um ano sobre a respectiva data.

ART. 29.º (Segurança do FCPC) – Devem ser conferidas as garantias de segurança necessárias a impedir a consulta, a modificação, a supressão, o acrescentamento, a destruição ou a comunicação dos dados constantes no FCPC por forma não consentida no presente diploma.

ART. 30.º (Entidade responsável) — 1 – O presidente do IRN, I. P., é a entidade responsável pela base de dados, nos termos e para os efeitos definidos na alínea *d*) do artigo 3.º da Lei n.º 67/98, de 26 de Outubro.
2 – Cabe ao director do RNPC o dever de assegurar o direito de informação e de acesso aos dados pelos respectivos titulares e a correcção de inexactidões, bem como o de velar pela legalidade da consulta ou comunicação da informação.

ART. 31.º (Dever de sigilo) — Os responsáveis pelo tratamento de dados pessoais, bem como as pessoas que, no exercício das suas funções, tenham conhecimento dos dados pessoais registados na base de dados do FCPC, ficam obrigados a sigilo profissional, mesmo após o termo das suas funções.

TÍTULO III — ADMISSIBILIDADE DE FIRMAS E DENOMINAÇÕES

CAPÍTULO I — Princípios gerais

ART. 32.º (Princípio da verdade) – 1 – Os elementos componentes das firmas e denominações devem ser verdadeiros e não induzir em erro sobre a identificação, natureza ou actividade do seu titular.
2 – Os elementos característicos das firmas e denominações, ainda quando constituídos por designações de fantasia, siglas ou composições, não podem sugerir actividade diferente da que constitui o objecto social.
3 — Para efeitos do disposto neste artigo não deve ser efectuado o controlo da legalidade do objecto social, devendo somente ser assegurado o cumprimento do disposto nos números anteriores.
4 – Das firmas e denominações não podem fazer parte:
a) Expressões que possam induzir em erro quanto à caracterização jurídica da pessoa colectiva, designadamente o uso, por entidades com fim lucrativo, de expressões correntemente usadas na designação de organismos públicos ou de associações sem finalidade lucrativa;
b) Expressões proibidas por lei ou ofensivas da moral ou dos bons costumes;
c) Expressões incompatíveis com o respeito pela liberdade de opção política, religiosa ou ideológica;
d) Expressões que desrespeitem ou se apropriem ilegitimamente de símbolos nacionais, personalidades, épocas ou instituições cujo nome ou significado seja de salvaguardar por razões históricas, patrióticas, científicas, institucionais, culturais ou outras atendíveis.
5 – Quando, por qualquer causa, deixe de ser associado ou sócio pessoa singular cujo nome figure na firma ou denominação de pessoa colectiva, deve tal firma ou denominação ser alterada no prazo de um ano, a não ser que o associado ou sócio que se retire ou os herdeiros do que falecer consintam por escrito na continuação da mesma firma ou denominação.

ART. 33.º (Princípio da novidade) – 1 – As firmas e denominações devem ser distintas e não susceptíveis de confusão ou erro com as registadas ou licenciadas no mesmo âmbito de exclusividade, mesmo quando a lei permita a inclusão de elementos utilizados por outras já registadas, ou com designações de instituições notoriamente conhecidas.

208 [DL n.º 129/98]

REGISTOS

2 – Os juízos sobre a distinção e a não susceptibilidade de confusão ou erro devem ter em conta o tipo de pessoa, o seu domicílio ou sede, a afinidade ou proximidade das suas actividades e o âmbito territorial destas.

3 – Não são admitidas denominações constituídas exclusivamente por vocábulos de uso corrente que permitam identificar ou se relacionem com actividade, técnica ou produto, bem como topónimos e qualquer indicação de proveniência geográfica.

4 – A incorporação na firma ou denominação de sinais distintivos registados está sujeita à prova do seu uso legítimo.

5 – Nos juízos a que se refere o n.º 2 deve ainda ser considerada a existência de marcas e logótipos já concedidos que sejam de tal forma semelhantes que possam induzir em erro sobre a titularidade desses sinais distintivos.

6 – Para que possam prevalecer do disposto no número anterior, os titulares das marcas ou logótipos devem ter efectuado anteriormente prova do seu direito junto do RNPC.

7 – *(Revogado.)*

ART. 34.º (Firmas e denominações registadas no estrangeiro) – 1 – A instituição de representações permanentes de pessoas colectivas registadas no estrangeiro não está sujeita à emissão de certificado de admissibilidade de firma.

2 – A garantia da protecção das denominações de pessoas colectivas internacionais está dependente da confirmação da sua existência jurídica pelo Ministério dos Negócios Estrangeiros e da não susceptibilidade de confusão com firmas ou denominações já registadas em Portugal.

ART. 35.º (Exclusividade) – 1 – Após o registo definitivo é conferido o direito ao uso exclusivo de firma ou denominação no âmbito territorial especialmente definido para a entidade em causa nos artigos 36.º a 43.º.

2 – O certificado de admissibilidade de firma ou denominação constitui mera presunção de exclusividade.

3 – Salvo no caso de decisão judicial, a atribuição do direito ao uso exclusivo ou a declaração de perda do direito ao uso de qualquer firma ou denominação efectuadas pelo RNPC não podem ser sindicadas por qualquer entidade, ainda que para efeitos de registo comercial.

4 – O disposto nos n.ºs 1 e 2 não prejudica a possibilidade de declaração de nulidade, anulação ou revogação do direito à exclusividade por sentença judicial ou a declaração da sua perda nos termos dos artigos 60.º e 61.º.

CAPÍTULO II — **Regras especiais**

ART. 36.º (Associações e fundações) – 1 – As denominações das associações e das fundações devem ser compostas por forma a dar a conhecer a sua natureza associativa ou institucional, respectivamente, podendo conter siglas, expressões de fantasia ou composições.

2 – Podem, todavia, ser admitidas denominações sem referência explícita à natureza associativa ou institucional, desde que correspondam a designações tradicionais ou não induzam em erro sobre a natureza da pessoa colectiva.

3 – É reconhecido o direito ao uso exclusivo da denominação das associações e fundações a partir da data do seu registo definitivo no RNPC:

a) Em todo o território nacional, quando o seu objecto estatutário não indicie a prática de actividades de carácter essencialmente local ou regional;

b) No âmbito geográfico do exercício das suas actividades estatutárias, nos restantes casos.

ART. 37.º (Sociedades comerciais e sociedades civis sob forma comercial) – 1 – As firmas das sociedades comerciais e das sociedades civis sob forma comercial devem ser compostas nos termos previstos no Código das Sociedades Comerciais e em legislação especial, sem prejuízo da aplicação das disposições do presente diploma no que se não revele incompatível com a referida legislação.

2 – As sociedades comerciais e as sociedades civis sob forma comercial têm direito ao uso exclusivo da sua firma em todo o território nacional.

ART. 38.º (Comerciantes individuais) – 1 – O comerciante individual deve adoptar uma só firma, composta pelo seu nome, completo ou abreviado, conforme seja necessário para identificação da pessoa, podendo aditar-lhe alcunha ou expressão alusiva à actividade exercida.

2 – O comerciante individual pode ainda aditar à sua firma a indicação «Sucessor de» ou «Herdeiro de» e a firma do estabelecimento que tenha adquirido.

3 – O nome do comerciante individual não pode ser antecedido de quaisquer expressões ou siglas, salvo as correspondentes a títulos académicos, profissionais ou nobiliárquicos a que tenha direito, e a sua abreviação não pode reduzir-se a um só vocábulo, a menos que a adição efectuada o torne completamente individualizador.

4 – Os comerciantes individuais que não usem como firma apenas o seu nome completo ou abreviado têm direito ao uso exclusivo da sua firma desde a data do registo definitivo e no âmbito do concelho onde se encontra o seu estabelecimento principal.

5 – *(Revogado.)*

ART. 39.º (Outros empresários individuais) — 1 – Os demais empresários individuais que exerçam habitualmente, por conta própria e com fim lucrativo, actividade económica legalmente não qualificada como comercial ou como profissão liberal podem adoptar uma firma sob a qual são designados no exercício dessa actividade e com ela podem assinar os respectivos documentos.

2 – À firma dos empresários individuais aplicam-se, com as necessárias adaptações, as regras constantes do artigo anterior.

REGISTO NACIONAL DE PESSOAS COLECTIVAS   [DL n.º 129/98]   209

ART. 40.º (Estabelecimentos individuais de responsabilidade limitada) – 1 – A firma de estabelecimento individual de responsabilidade limitada é composta pelo nome do seu titular, acrescido ou não de referência ao objecto do comércio nele exercido, e pelo aditamento «Estabelecimento Individual de Responsabilidade Limitada» ou «E. I. R. L.».

2 – O nome do titular pode ser abreviado, com os limites referidos no n.º 3 do artigo 38.º.

3 – Ao uso exclusivo da firma do estabelecimento individual de responsabilidade limitada é aplicável o disposto no n.º 4 do artigo 38.º.

ART. 41.º – *(Revogado.)*

ART. 42.º (Sociedades civis sob forma civil) – 1 – Sem prejuízo do disposto em legislação especial, as denominações das sociedades civis sob forma civil podem ser compostas pelos nomes, completos ou abreviados, de um ou mais sócios, seguidos do aditamento «e Associados», bem como por siglas, iniciais, expressões de fantasia ou composições, desde que acompanhadas da expressão «Sociedade».

2 – É aplicável às sociedades civis sob forma civil o disposto no n.º 3 do artigo 36.º.

ART. 43.º (Outras pessoas colectivas) – 1 – As denominações de outras pessoas colectivas regem-se pela lei respectiva e pelas disposições deste diploma que a não contrariem.

2 – Às denominações previstas no número anterior aplica-se, com as necessárias adaptações, o disposto no n.º 3 do artigo 36.º se outra coisa não dispuser lei especial.

ART. 44.º (Transmissão do estabelecimento) – 1 – O adquirente, por qualquer título entre vivos, de um estabelecimento comercial pode aditar à sua própria firma a menção de haver sucedido na firma do anterior titular do estabelecimento, se esse titular o autorizar, por escrito.

2 – Tratando-se de firma de sociedade onde figure o nome de sócio, a autorização deste é também indispensável.

3 – No caso de aquisição, por herança ou legado, de um estabelecimento comercial, o adquirente pode aditar à sua própria a firma do anterior titular do estabelecimento, com a menção de nela haver sucedido.

4 – É proibida a aquisição de uma firma sem a do estabelecimento a que se achar ligada.

CAPÍTULO III — Base de dados do ficheiro central de pessoas colectivas

ART. 45.º (Certificado de admissibilidade de firma ou denominação) – 1 – A admissibilidade das firmas e denominações é comprovada através da disponibilização do respectivo certificado requerido pelos interessados.

2 – *(Revogado.)*

3 – *(Revogado.)*

ART. 46.º (Pedido de certificado) — 1 – O pedido de certificado de admissibilidade de firma ou denominação deve ser requerido por um dos constituintes ou, sendo o caso, pelas entidades já constituídas, através das seguintes formas:

a) Presencialmente, por forma verbal, pelo próprio ou por pessoa com legitimidade para o efeito, ou advogado, notário ou solicitador ou por escrito em formulário próprio;

b) Através de sítio na Internet;

c) Pelo correio em formulário próprio.

2 – *(Revogado.)*

3 – *(Revogado.)*

4 – *(Revogado.)*

5 – *(Revogado.)*

ART. 46.º-A (Não aceitação do pedido de certificado) — 1 – O pedido de certificado não é aceite nos casos seguintes:

a) O requerimento do pedido não respeite o modelo aprovado ou não contenha os elementos de preenchimento obrigatório;

b) O pedido seja ininteligível;

c) Não tenham sido pagas as quantias que se mostrem devidas;

d) Não haja lugar a emissão de certificado de admissibilidade.

2 – Em caso de não aceitação do pedido, se o interessado declarar que pretende impugnar o acto, o funcionário deve proferir a sua decisão por escrito.

ART. 47.º (Informação sobre viabilidade de firma ou denominação) – Qualquer interessado pode solicitar informações sobre a viabilidade de firma ou denominação que pretenda usar.

ART. 48.º — *(Revogado.)*

ART. 49.º (Junção de documentos) — 1 – Os requerentes podem juntar ao pedido de certificado os documentos que considerem pertinentes para a apreciação do pedido.

2 – Deve ser oficiosamente solicitada aos requerentes, quando não a tenham feito, a junção, no prazo de cinco dias úteis, dos documentos e das informações necessárias à verificação da ocorrência dos requisitos estabelecidos na lei.

3 – A falta de apresentação dos documentos e das informações no prazo fixado implica o arquivamento do pedido, sem direito à restituição do correspondente emolumento.

210   [DL n.º 129/98]   REGISTOS

ART. 50.º (Ordem de prioridade) – 1 – O pedido de certificado de admissibilidade de firma ou denominação apresentado em primeiro lugar prevalece sobre os que se lhe seguirem.

2 – O número de referência, a data e a hora de recepção em UTC *(universal time coordinated)* do pedido devem constar dos pedidos de certificado apresentados.

3 – A ordem da prioridade do pedido é definida pela data e hora do registo do pedido no sistema informático.

4 – Os pedidos apresentados através de sítio na Internet referido na alínea *b)* do n.º 1 do artigo 46.º são registados pela ordem da respectiva recepção.

5 – Os pedidos apresentados pelo correio são registados logo após a abertura da correspondência.

ART. 50.º-A (Aprovação automática de firmas e denominações) — No caso de pedidos de firmas para efeitos de constituição de sociedades por quotas, unipessoal por quotas ou anónima em que as firmas correspondam ao nome dos sócios pessoas singulares, podem ser utilizados meios electrónicos e automáticos para a sua aprovação.

ART. 50.º-B (Notificação do indeferimento de pedido de certificado) — 1 – Os indeferimentos dos pedidos de certificados de admissibilidade apresentados electronicamente são exclusivamente notificados através de mensagem de correio electrónico enviada para endereço electrónico válido fornecido pelo requerente, devendo ainda os interessados, sempre que possível, ser avisados por *short message service* (sms) ou outro meio considerado adequado.

2 – Os indeferimentos dos pedidos de certificados de admissibilidade apresentados por outras vias podem ser notificados nos termos previstos no número anterior caso os interessados forneçam um endereço electrónico válido.

ART. 51.º (Disponibilização do certificado) — 1 – O certificado de admissibilidade de firma ou denominação é disponibilizado exclusivamente de forma electrónica.

2 – *(Revogado.)*

3 – *(Revogado.)*

ART. 52.º (Invalidação e desistência) — 1 – O requerente do certificado de admissibilidade de firma ou denominação pode desistir do pedido de certificado e pode pedir a sua invalidação, desde que o certificado não tenha sido utilizado.

2 – Os pedidos referidos no número anterior podem ser apresentados por qualquer uma das vias previstas no n.º 1 do artigo 46.º.

ART. 53.º (Validade do certificado) — 1 – O certificado de admissibilidade de firma ou denominação é válido pelo período de três meses, a contar da data da sua emissão, para a firma, sede, objecto, requerente e condições de validade nele indicadas.

2 – *(Revogado.)*

3 – O certificado condicionado à participação de pessoa singular ou colectiva ou de titular de direito de propriedade industrial já registado só é válido quando utilizado por pessoa legitimada para o efeito.

4 – *(Revogado.)*

ART. 54.º (Efeitos do certificado na celebração de actos) — 1 – Os actos de constituição de pessoas colectivas ou de estabelecimentos individuais de responsabilidade limitada devem fazer referência à emissão do certificado de admissibilidade da firma ou denominação adoptada, através da indicação do respectivo número e data de emissão.

2 – O acto de alteração do contrato de sociedade ou estatutos que determine a modificação da firma ou denominação, a modificação do objecto, a alteração da sede para concelho diferente ou a transferência para Portugal da sede de sociedade estrangeira não pode ser efectuado sem que seja feita referência ao certificado comprovativo da admissibilidade da nova firma ou denominação ou da sua manutenção em relação ao novo objecto e sede, nos termos do número anterior.

3 – O disposto no número anterior não se aplica aos casos em que a alteração da firma se limite à alteração do elemento que identifica o tipo de pessoa colectiva, nem aos casos de alteração de sede de sociedades que utilizem firma constituída por expressão de fantasia, acrescida ou não de referência à actividade.

4 – Nos actos a que se referem os números anteriores, o objecto social não pode ser ampliado a actividades não contidas no objecto declarado no certificado de admissibilidade.

5 – O disposto nos números anteriores não prejudica a especificação ou restrição das actividades contidas no objecto declarado, desde que estas não estejam reflectidas na denominação, nem as alterações de redacção ou correcção de erros materiais que não envolvam a sua ampliação.

6 – A actividade resultante da participação no capital de outras entidades não é considerada actividade autónoma para efeitos deste artigo.

ART. 55.º (Nulidade do acto) — 1 – É nulo o acto efectuado:

a) Com inobservância do disposto nos n.ºˢ 1 e 3 do artigo 53.º; ou

b) Sem a emissão do certificado de admissibilidade e firma ou denominação, quando este deva ser exigido.

2 – A nulidade prevista na alínea *b)* do número anterior é sanável mediante a apresentação do certificado de admissibilidade de firma ou denominação em falta no prazo de três meses a contar da data do acto.

REGISTO NACIONAL DE PESSOAS COLECTIVAS [DL n.º 129/98] 211

ART. 56.º (Obrigatoriedade de verificação da emissão de certificado) — 1 – Está sujeita à verificação da disponibilização de certificado de admissibilidade da respectiva firma ou denominação o registo comercial ou a inscrição no FCPC, consoante os casos:

a) Do início de actividade de comerciante individual que adopte firma diferente do seu nome completo ou abreviado, bem como da alteração desta firma ou da mudança de estabelecimento principal para outro concelho;

b) De contrato de sociedade, da alteração da respectiva firma ou objecto, da mudança de sede para concelho diferente, sem prejuízo do disposto no n.º 3 do artigo 54.º, ou da fusão, cisão ou transformação de sociedades;

c) Da constituição, da alteração da respectiva denominação ou objecto, da mudança da sede para outro concelho ou da fusão, cisão ou transformação de cooperativa;

d) Da constituição, do agrupamento, da alteração da respectiva denominação ou objecto ou da fusão ou cisão de empresa pública;

e) Do contrato de agrupamento complementar de empresas ou de agrupamento europeu de interesse económico ou da alteração da respectiva denominação ou objecto;

f) Da constituição de estabelecimento individual de responsabilidade limitada, bem como da alteração da sua firma ou objecto ou da mudança de sede para outro concelho;

g) Da denominação de empresário individual não comerciante, da sua alteração ou, se a denominação contiver indicação de actividade, da mudança de domicílio do seu titular;

h) Da constituição de associação ou instituição de fundação com personalidade jurídica, bem como da alteração da denominação, do objecto estatutário ou da transferência da sede para outro concelho;

i) Da criação pelo Estado e outros entes públicos de pessoas colectivas e de organismos da Administração Pública que incorporem na sua denominação siglas, expressões de fantasia ou composições.

2 – O disposto no número anterior não é aplicável:

a) À alteração da denominação decorrente de transformação que se restrinja à alteração do elemento que identifica o tipo de pessoa colectiva;

b) À fusão por incorporação que não implique alteração de denominação, sede ou objecto.

3 – O certificado a que se refere o n.º 1 deve estar dentro do seu prazo de validade à data de apresentação do pedido de registo comercial ou de inscrição no FCPC.

ART. 57.º — *(Revogado.)*

ART. 58.º (Recusa do registo) – O registo comercial ou a inscrição no FCPC, consoante os casos, é recusado quando:

a) O acto for nulo;

b) O certificado de admissibilidade tiver sido emitido com manifesta violação da lei;

c) No acto destinado à constituição ou modificação da pessoa colectiva tiverem sido desrespeitados os elementos ou as condições de validade constantes do certificado de admissibilidade.

ART. 59.º — *(Revogado.)*

CAPÍTULO IV — Vicissitudes

ART. 60.º (Perda do direito ao uso de firmas e denominações por violação dos princípios da verdade e novidade) — 1 – O RNPC deve declarar a perda do direito ao uso de firmas ou denominações quando se verificar terem sido violados os princípios consagrados nos artigos 32.º e 33.º.

2 – Na sequência da declaração de perda do direito ao uso de firma ou denominação, deve:

a) Realizar-se o respectivo acto de registo comercial, tratando-se de entidade a ele sujeita;

b) Comunicar-se o facto a outros serviços onde a entidade esteja registada para que a perda do direito ao uso da firma ou denominação seja inscrita.

ART. 61.º (Perda do direito ao uso de firmas e denominações por falta de inscrição ou não exercício de actividade) — 1 – O RNPC ou qualquer um dos serviços de registo designados nos termos do n.º 1 do artigo 78.º podem, oficiosamente ou a requerimento de qualquer interessado, declarar a perda do direito ao uso de firma ou denominação de terceiro, mediante prova da verificação das seguintes situações:

a) Falta de inscrição da entidade no FCPC decorrido um ano desde o prazo em que a mesma deveria ter sido realizada;

b) Não exercício de actividade pelo titular da firma ou denominação durante um período de dois anos consecutivos.

2 – No caso previsto na alínea *a)* do número anterior, pode ser declarada a perda do direito ao uso da firma ou denominação, desde que os interessados tenham sido notificados para a sede declarada a fim de regularizarem a situação e o não fizerem no prazo de um mês a contar da notificação.

3 – À declaração de perda do direito ao uso de firma ou denominação prevista no número anterior é aplicável o disposto no n.º 2 do artigo 60.º.

ART. 62.º (Uso ilegal de firma ou denominação) – O uso ilegal de uma firma ou denominação confere aos interessados o direito de exigir a sua proibição, bem como a indemnização pelos danos daí emergentes, sem prejuízo da correspondente acção criminal, se a ela houver lugar.

TÍTULO IV — IMPUGNAÇÃO DE DECISÕES

CAPÍTULO I — Recurso hierárquico e impugnação judicial

ART. 63.º (Admissibilidade) – 1 – Podem ser impugnados mediante a interposição de recurso hierárquico para o presidente do IRN, I. P., ou mediante impugnação judicial para o tribunal do domicílio ou sede do recorrente:

a) Os despachos que admitam ou recusem firmas ou denominações;

b) Os despachos que declarem a perda do direito ao uso de firma ou denominação ou que indefiram o respectivo pedido;

c) A imposição de condições à validade do certificado de admissibilidade de firma ou denominação;

d) Os despachos que recusem a aceitação do pedido, exijam o cumprimento de certas formalidades ou o preenchimento de certos requisitos;

e) Os despachos que recusem a invalidação de certificado de admissibilidade de firma ou denominação;

f) Os despachos que recusem ou admitam a inscrição definitiva de pessoas colectivas ou outras entidades no FCPC.

2 – *(Revogado.)*

ART. 64.º — *(Revogado.)*

ART. 65.º (Tramitação do recurso hierárquico) — 1 – O recurso hierárquico é apresentado no RNPC.

2 – Recebido o recurso, o director do RNPC deve, no prazo de 10 dias, proferir despacho fundamentado a reparar ou a sustentar a decisão, que é imediatamente notificado ao recorrente.

3 – No caso de manter a decisão, o director do RNPC deve, no prazo de cinco dias, remeter ao IRN, I. P., todo o processo, instruído com o despacho recorrido, o despacho de sustentação e demais documentos.

4 – O recurso é decidido no prazo máximo de 30 dias a contar da sua recepção no IRN, I. P.

5 – No caso de a decisão afectar direitos de terceiros, estes devem ser ouvidos, concedendo-lhes o prazo de 30 dias para a sua resposta, e, caso sejam trazidos novos factos ao procedimento, é garantido, por igual prazo, o direito de resposta do recorrente, suspendendo-se o prazo para a decisão do recurso.

6 – Para proferir as decisões previstas nos n.ºs 2 e 4 podem ser solicitados ao recorrente documentos ou informações adicionais, suspendendo-se o respectivo prazo.

7 – A decisão final é notificada ao recorrente e aos terceiros referidos no n.º 5.

8 – No caso de a decisão ter sido proferida por uma conservatória designada nos termos do n.º 1 do artigo 78.º, o disposto nos números anteriores sobre a tramitação do recurso hierárquico é igualmente aplicável, com as necessárias adaptações.

ART. 66.º (Direito subsidiário) — Ao recurso hierárquico é aplicável, subsidiariamente, o disposto no Código do Procedimento Administrativo.

ART. 67.º (Legitimidade para a impugnação judicial) — 1 – São partes legítimas para impugnar judicialmente os requerentes e ainda as pessoas ou entidades que se considerem directamente prejudicadas pelos actos previstos no n.º 1 do artigo 63.º.

2 – As pessoas não requerentes referidas no número anterior podem impugnar judicialmente os despachos finais que defiram firma ou denominação ou declarem a perda do direito ao seu uso e os que determinem o cancelamento do registo.

ART. 68.º — *(Revogado.)*

ART. 69.º (Prazo da impugnação judicial) — 1 – O prazo para a interposição da impugnação judicial é de 30 dias após a notificação ou, nos casos em que o acto recorrido não tenha dado lugar a notificação, após o seu conhecimento pelo impugnante ou, se for o caso, da publicação da constituição ou alteração da pessoa colectiva.

2 – No caso de se tratar de impugnação judicial subsequente a recurso hierárquico, o prazo é de 30 dias a contar da data da notificação ao impugnante da decisão do recurso hierárquico.

ART. 70.º (Tramitação da impugnação judicial) — 1 – A impugnação judicial dos despachos previstos no n.º 1 do artigo 63.º ou do despacho do presidente do IRN, I. P., é apresentada no RNPC.

2 – A impugnação deve ser interposta mediante requerimento em que são expostos os seus fundamentos, acompanhado por todos os meios de prova e, se for o caso, requerendo as diligências que considere necessárias à prova da sua pretensão.

3 – A impugnação deve ser interposta também contra os interessados a quem tenha sido favorável o despacho impugnado.

4 – Recebida a impugnação, caso não tenha havido recurso hierárquico, o director do RNPC deve, no prazo de 10 dias, proferir despacho fundamentado a reparar ou a sustentar a decisão que é imediatamente notificado ao recorrente.

5 – No caso de manter a decisão ou de a decisão ter sido mantida na sequência de recurso hierárquico, o director do RNPC deve, no prazo de cinco dias, remeter ao tribunal competente todo o processo, instruído com o despacho recorrido, o despacho de sustentação e demais documentos, bem como o recurso hierárquico, se tiver sido interposto.

6 – Após a distribuição, se não houver motivo para rejeição liminar, são notificados, para contestar, caso ainda não se tenham pronunciado, os terceiros interessados.

REGISTO NACIONAL DE PESSOAS COLECTIVAS   [DL n.º 129/98]   213

7 – A tramitação da impugnação judicial, incluindo a remessa dos elementos referidos no número anterior ao tribunal competente, é efectuada, sempre que possível, por meios electrónicos.

8 – No caso de a decisão ter sido proferida por uma conservatória designada nos termos do n.º 1 do artigo 78.º, o disposto nos números anteriores sobre a tramitação do recurso judicial é igualmente aplicável com as necessárias adaptações.

ART. 71.º — *(Revogado.)*

ART. 72.º (Recurso da sentença) – 1 – Da sentença proferida em processo de recurso contencioso cabe sempre recurso, com efeito suspensivo, para o tribunal da Relação.

2 – Têm legitimidade para interpor recurso o autor, o réu, o presidente do IRN, I.P., o Ministério Público e os terceiros lesados.

3 – Do acórdão cabe recurso, nos termos da lei de processo, para o Supremo Tribunal de Justiça.

ART. 73.º — *(Revogado.)*

CAPÍTULO II — **Tribunal arbitral**

ART. 73.º-A (Tribunal arbitral) — 1 — Sem prejuízo da possibilidade de recurso a outros mecanismos extrajudiciais de resolução de litígios, pode ser constituído tribunal arbitral para o julgamento de todas as questões susceptíveis de reacção contenciosa em matéria de firmas e denominações.

2 — Exceptuam-se do disposto no número anterior os casos em que existam contra interessados, salvo se estes aceitarem o compromisso arbitral.

ART. 73.º-B (Compromisso arbitral) — 1 — O interessado que pretenda recorrer à arbitragem, no âmbito dos litígios previstos no n.º 1 do artigo anterior, pode requerer a celebração de compromisso arbitral, nos termos da lei de arbitragem voluntária e aceitar a competência do tribunal arbitral.

2 — A apresentação de requerimento, ao abrigo do disposto no número anterior, suspende os prazos de reacção contenciosa.

3 — Sem prejuízo do disposto no número seguinte, a outorga de compromisso arbitral por parte do IRN, I. P., é objecto de despacho do seu presidente, a proferir no prazo de 30 dias, a contar da data da apresentação do requerimento.

4 — Pode ser determinada a vinculação genérica do IRN, I. P., a centros de arbitragem voluntária institucionalizada com competência para dirimir os conflitos referidos no n.º 1 do artigo anterior, por meio de portaria do membro do Governo que tutela o IRN, I. P., a qual estabelece o tipo e o valor máximo dos litígios abrangidos, conferindo aos interessados o poder de se dirigirem a esses centros para a resolução de tais litígios.

ART. 73.º-C (Constituição e funcionamento) — O tribunal arbitral é constituído e funciona nos termos previstos na lei de arbitragem voluntária.

TÍTULO V — **SANÇÕES**

ART. 74.º (Transmissão a terceiros sem autorização) – 1 – As entidades a quem tiver sido autorizado o acesso ao ficheiro central ou o fornecimento de cópias do seu conteúdo, nos termos do presente diploma, que, sem a autorização prevista no artigo 25.º, transmitam a terceiros as informações obtidas ou o façam com inobservância das condições fixadas praticam contra-ordenação punível com as seguintes coimas:

a) Tratando-se de pessoa singular, no mínimo de € 249,40 e no máximo de € 997,60;

b) Tratando-se de pessoa colectiva, no mínimo de € 997,60 e no máximo de € 14.963,94.

2 – A negligência é punível nos termos gerais.

ART. 75.º (Falsificação) – 1 – Praticam contra-ordenação e ficam sujeitas a coima, de € 249,40 a € 2.493,99, tratando-se de pessoas singulares, e de € 1.496,39 a € 14.963,94, tratando-se de pessoas colectivas, as entidades que:

a) Por qualquer forma, e com intuito fraudulento ou com ânimo de prejudicar terceiro, falsifiquem ou utilizem indevidamente documentos emanados do RNPC;

b) Não cumpram a obrigação de inscrição no FCPC ou o não façam nos prazos ou nas condições fixadas no presente diploma;

c) Declarem, para quaisquer efeitos, falsos números de identificação;

d) Utilizem, para quaisquer efeitos, cartões de identificação com elementos desactualizados;

e) Usem firmas sem ter previamente obtido certificado da respectiva admissibilidade ou, tendo-o obtido, não tenham promovido a constituição da sociedade ou estabelecimento individual de responsabilidade limitada.

2 – O disposto no número anterior não prejudica o procedimento criminal a que possa haver lugar.

ART. 76.º (Outras contra-ordenações) – 1 – Pratica contra-ordenação, ficando sujeito a coima, de € 249,40 a € 2.493,99, tratando-se de pessoa singular, e de €1.496,39 a € 14.963,94, tratando-se de pessoa colectiva, quem:

a) Detenha documentos emanados do RNPC para negociar com terceiros;

214 [DL n.º 129/98]   REGISTOS

b) Preste declarações falsas ou inexactas ou omita informações que, nos termos da legislação aplicável, devia prestar;
c) Não efectue as comunicações previstas no presente diploma ou o faça fora do prazo ou das condições estatuídas;
d) Falsifique, pratique contrafacção, reproduza, proceda à revenda não autorizada ou por qualquer forma faça uso ilegítimo dos impressos exclusivos do RNPC;
e) Efectue publicidade sugerindo facilidades na obtenção de documentos emitidos pelo RNPC.
2 – O disposto no número anterior não prejudica o procedimento criminal a que possa haver lugar.

ART. 77.º (Competência para aplicação das coimas) — 1 – A aplicação das coimas previstas no presente diploma compete ao RNPC.
2 – O produto das coimas reverte para o IRN, I. P.

TÍTULO VI — REGISTO NACIONAL DE PESSOAS COLECTIVAS

CAPÍTULO I — Competência e direcção

ART. 78.º (Competência) — 1 – Compete ao RNPC e aos serviços de registo designados em despacho do presideate do IRN, I. P.:
a) Velar pela exactidão e actualidade da informação contida no FCPC, promovendo as correcções necessárias;
b) Promover a inscrição no FCPC dos actos de constituição, modificação e dissolução das pessoas colectivas e entidades equiparadas;
c) Emitir certificados de admissibilidade de firmas e denominações assegurando o cumprimento dos princípios da novidade e da verdade;
d) Declarar a perda do direito ao uso de firma ou denominação nos termos do artigo 61.º.
2 — Compete em especial ao RNPC:
a) Estudar, planear e coordenar as tarefas necessárias à identificação das pessoas colectivas e entidades equiparadas;
b) Organizar, manter e explorar o FCPC, sem prejuízo do disposto no n.º 1 do artigo 30.º;
c) Promover as acções necessárias à coordenação no sector público das bases de dados de pessoas colectivas e entidades equiparadas;
d) Coordenar, em conjunto com o IRN, I. P., a prestação dos serviços *online* e de balcão único disponibilizados nos serviços de registo;
e) Praticar actos de registo que venham a ser fixados por despacho do presidente do IRN, I. P.;
f) Assegurar a participação portuguesa em reuniões internacionais sobre matérias da sua competência.

ART. 79.º (Direcção) – 1 – O RNPC é dirigido por um director, a quem compete:
a) Representar o RNPC em juízo e fora dele;
b) Dirigir a actividade do RNPC com vista à realização das suas atribuições;
c) Superintender na gestão de pessoal, promover a arrecadação das receitas e autorizar, nos termos legais, a realização das despesas;
d) Decidir da emissão dos certificados de admissibilidade de firmas e denominações, promover a inscrição e identificação das pessoas colectivas e entidades equiparadas e, bem assim, assegurar a organização e funcionamento do FCPC;
e) Autorizar o acesso à informação do FCPC ou o seu fornecimento, no respeito das disposições legais e demais normativos aplicáveis;
f) Exercer qualquer outra competência que lhe seja atribuída por lei.
2 – A direcção do RNPC é assegurada, por períodos trienais, pelo conservador para o efeito designado por despacho do Presidente do IRN, I. P.
3 – O director pode delegar as suas competências nos conservadores e conservadores auxiliares.

ART. 80.º (Conservadores e conservadores auxiliares) — São competências específicas dos conservadores e dos conservadores auxiliares apreciar e decidir os pedidos de emissão de certificados de admissibilidade de firmas e denominações, os pedidos de inscrição, os pedidos de declaração de perda do direito ao uso de firma ou denominação, nos termos do artigo 61.º, e, bem assim, praticar quaisquer outros actos relacionados com a organização e funcionamento do FCPC e com o cumprimento das competências do RNPC delegadas pelo director.

ART. 80.º-A (Oficiais dos registos) – São competências próprias dos oficiais de registo:
a) Apreciar e decidir os pedidos de emissão de certificados de admissibilidade de firmas ou denominações;
b) *(Revogada.)*
c) Apreciar e decidir os pedidos de desistência de emissão de certificados de admissibilidade de firmas ou denominações, bem como de invalidação de certificados já emitidos;
d) Apreciar e decidir os pedidos de substituição de impressos de emissão de certificados de admissibilidade de firmas ou denominações;
e) *(Revogada.)*

REGISTO NACIONAL DE PESSOAS COLECTIVAS [DL n.º 129/98] 215

f) Promover a inscrição e a identificação de pessoas colectivas e entidades equiparadas;
g) Apreciar os pedidos de declaração de perda do direito ao uso de firma ou denominação, nos termos do artigo 61.º;
h) Praticar outros actos que lhes sejam delegados pelos conservadores e pelos conservadores auxiliares.

CAPÍTULO II — Pessoal

ART. 81.º (Estatuto do pessoal) – 1 – O estatuto do pessoal do RNPC é o do pessoal dos serviços dos registos e notariado, sendo-lhe aplicáveis, no que não for contrariado pelo presente diploma, as disposições referentes ao pessoal das conservatórias do registo comercial autonomizadas.

2 – Ao pessoal dirigente integrado em carreira é aplicável o disposto no artigo 54.º do Decreto-Lei n.º 519--F2/79, de 29 de Dezembro.

3 – Aos oficiais dos registos e do notariado é aplicável o disposto no artigo 61.º do diploma referido no número anterior.

ART. 82.º (Vencimentos dos conservadores) – 1 – Os conservadores auferem o ordenado correspondente à 1.ª classe.

2 – Os conservadores auxiliares têm direito ao ordenado correspondente à 3.ª classe, salvo se for mais elevada a sua classe pessoal.

3 – A participação emolumentar do director é apurada segundo as regras aplicáveis aos conservadores das conservatórias do registo comercial autonomizadas.

4 – A participação emolumentar dos outros conservadores e dos conservadores auxiliares corresponde, respectivamente, a 85% e a 70% da participação emolumentar apurada para o director.

ART. 83.º (Provimento dos lugares de conservador) – 1 – Os lugares de conservador são providos nos termos da lei orgânica e regulamento dos serviços dos registos e do notariado, sem prejuízo da aplicação dos outros instrumentos de mobilidade previstos na lei geral.

2 – Os lugares de conservador auxiliar são providos nos termos do artigo 2.º do Decreto-Lei n.º 287/94, de 14 de Novembro.

ART. 84.º (Oficiais dos registos) – 1 – A carreira de oficiais dos registos desenvolve-se da forma prevista para os restantes oficiais dos registos e do notariado.

2 – O recrutamento e promoção dos oficiais efectua-se de harmonia com as disposições aplicáveis da legislação específica dos registos e do notariado.

ART. 85.º (Recrutamento de outro pessoal) – O recrutamento do pessoal pertencente a carreiras não específicas dos registos e do notariado efectua-se nos termos da lei geral ou da lei específica da carreira em causa.

ART. 86.º (Quadro de pessoal) – 1 – O quadro de pessoal do RNPC é objecto de portaria do Ministro da Justiça.

2 – A afectação do pessoal aos diversos serviços do RNPC é feita por despacho do director.

CAPÍTULO III — Funcionamento

ART. 87.º (Horário) — 1 – O período de atendimento do público é fixado de acordo com a legislação aplicável aos órgãos e serviços da Administração Pública.

2 – *(Revogado.)*

3 – Salvo no caso de estarem impedidos ou em serviço oficial, os conservadores devem permanecer no RNPC durante o horário de atendimento do público.

4 – Nos casos de horário de atendimento contínuo ou prolongado, deve o serviço ser organizado por forma a assegurar, sempre que possível, a permanência de um conservador durante o período de atendimento do público.

ART. 88.º (Prestação de serviços) – O RNPC pode prestar serviços, no âmbito da sua competência, a entidades públicas ou privadas nos termos que forem autorizados por despacho do presidente do IRN, L P.

ART. 89.º (Emolumentos) – 1 – As tabelas de emolumentos devidos por actos praticados ou por informações prestadas pelo RNPC são aprovadas por portaria do Ministro da Justiça.

2 – À conta dos actos praticados ou das informações prestadas pelo RNPC é aplicável o disposto no artigo 133.º do Regulamento dos Serviços dos Registos e do Notariado, aprovado pelo Decreto n.º 55/80, de 8 de Outubro.

3 – As quantias cobradas em excesso por erro dos serviços são oficiosamente restituídas.

4 – As quantias remetidas em excesso por erro dos requerentes são-lhes restituídas, deduzidos os custos calculados para a restituição, se forem razoavelmente superiores a estes; em caso contrário, são contabilizadas como emolumentos.

ART. 90.º — *(Revogado.)*

ART. 91.º (Impressos) — Os formulários próprios referidos no presente diploma constituem exclusivo do IRN, I. P., e são aprovados por despacho do seu presidente.

ART. 92.º (Direito subsidiário) — As disposições do Código do Registo Comercial são subsidiariamente aplicáveis, com as necessárias adaptações, a tudo o que não estiver disposto no presente diploma.

4.2. CARTÃO DA EMPRESA E CARTÃO DE PESSOA COLECTIVA

Decreto-Lei n.º 247-B/2008

de 30 de Dezembro

CAPÍTULO I — Disposição geral

ART. 1.º (Objecto) — 1 — O presente decreto-lei cria e regula:
a) O cartão da empresa e o cartão de pessoa colectiva;
b) O Sistema de Informação da Classificação Portuguesa das Actividades Económicas, adiante designado por SICAE.

2 — O presente decreto-lei adopta ainda medidas de simplificação no âmbito dos seguintes regimes e serviços:
a) Regime do Registo Nacional de Pessoas Colectivas;
b) Código do Registo Comercial;
c) Procedimentos simplificados de sucessão hereditária e divórcio com partilha, regulados no Código do Registo Civil;
d) Regime especial de constituição imediata de sociedades («empresa na hora»), previsto no Decreto-Lei n.º 111/2005, de 8 de Julho;
e) Regime especial de constituição *online* de sociedades comerciais e civis sob forma comercial («empresa on-line»), previsto no Decreto-Lei n.º 125/2006, de 29 de Junho;
f) Regime especial de constituição imediata de associações («associação na hora»), previsto na Lei n.º 40/2007, de 24 de Agosto;
g) Regime especial de criação imediata de representações permanentes em Portugal de entidades estrangeiras («sucursal na hora»), previsto no Decreto-Lei n.º 73/2008, de 16 de Abril.

CAPÍTULO II — Cartão da empresa e cartão de pessoa colectiva

Secção I — DESCRIÇÃO DO CARTÃO DA EMPRESA E DO CARTÃO DE PESSOA COLECTIVA

ART. 2.º (Definição) — 1 — O cartão da empresa e o cartão de pessoa colectiva são documentos de identificação múltipla que contêm os dados das pessoas colectivas e entidades equiparadas relevantes para a sua identificação perante quaisquer autoridades e entidades públicas ou privadas.

2 — Os cartões referidos no número anterior incluem, designadamente, o número de identificação de pessoa colectiva (NIPC)/número de identificação fiscal das pessoas colectivas e entidades equiparadas e o número de identificação da segurança social (NISS) de pessoa colectiva.

ART. 3.º (Âmbito pessoal) — 1 — Podem solicitar a emissão do cartão da empresa as seguintes pessoas colectivas e entidades equiparadas:
a) Sociedades comerciais e civis sob forma comercial, cooperativas, empresas públicas, agrupamentos complementares de empresas e agrupamentos europeus de interesse económico;
b) Estabelecimentos individuais de responsabilidade limitada e comerciantes individuais;
c) Representações de pessoas colectivas com sede no estrangeiro que habitualmente exerçam actividade em Portugal e estejam sujeitas a registo comercial;
d) Instrumentos de gestão fiduciária e sucursais financeiras exteriores registados na Zona Franca da Madeira;
e) Quaisquer outras pessoas colectivas sujeitas a registo comercial;
f) Empresários individuais inscritos no ficheiro central de pessoas colectivas (FCPC).

2 — Podem solicitar a emissão do cartão de pessoa colectiva todas as entidades não referidas no número anterior que estejam inscritas no FCPC, bem como as associações ou fundações sujeitas a registo comercial devido ao seu reconhecimento como pessoas colectivas de utilidade pública.

ART. 4.º (Modelo) — Os modelos do cartão da empresa e do cartão de pessoa colectiva são aprovados por portaria do membro do Governo responsável pela área da justiça, que define, designadamente, os elementos visíveis de identificação da pessoa colectiva constantes dos cartões.

ART. 5.º (Elementos de identificação) — 1 — O cartão da empresa e o cartão de pessoa colectiva pressupõem a atribuição, pelas entidades competentes nos termos da lei, do NIPC/número de identificação fiscal das pessoas colectivas e entidades equiparadas e do NISS de pessoa colectiva.

2 — Nos casos previstos nas alíneas *b)* e *f)* do n.º 1 do artigo 3.º o NIPC não é válido para efeitos de identificação fiscal e não é atribuído NISS de pessoa colectiva.

3 — A informação referente aos elementos de identificação constantes do cartão da empresa e do cartão de pessoa colectiva é obtida a partir das bases de dados do Ministério das Finanças e da Administração Pública, do Ministério da Justiça e do Ministério do Trabalho e da Solidariedade Social.

CARTÃO DA EMPRESA E CARTÃO DE PESSOA COLECTIVA   [DL n.º 247-B/2008]   217

ART. 6.º (Número de emissão) — 1 — A cada cartão da empresa e a cada cartão de pessoa colectiva é atribuído um número de emissão, único e sequencial.

2 — O número de emissão constitui um elemento de segurança que apenas pode ser utilizado para fiscalizar e impedir o uso de cartões cancelados.

Secção II — **COMPETÊNCIA E PROCEDIMENTO**

ART. 7.º (Competências do Instituto dos Registos e do Notariado, I. P. (IRN, I. P.) — Compete ao IRN, I. P.:

a) Conduzir as operações relativas à emissão e cancelamento do cartão da empresa e do cartão de pessoa colectiva;

b) Definir os procedimentos de controlo e de segurança.

ART. 8.º (Pedido de emissão) — Os pedidos de emissão do cartão da empresa e do cartão de pessoa colectiva podem ser efectuados:

a) Electronicamente, através do sítio na Internet com o endereço www.empresaonline.pt, mantido pelo IRN, I. P., ou de outro sítio designado em portaria do membro do Governo responsável pela área da justiça; ou

b) Presencialmente, nos serviços de registo com competência para a prática de actos de registo comercial ou noutros que venham a ser fixados por despacho do presidente do IRN, I. P.

ART. 9.º (Pagamento) — 1 — Nos casos em que o pedido de emissão do cartão da empresa ou do cartão de pessoa colectiva seja efectuado electronicamente, o pedido só é considerado validamente submetido após o pagamento, por via electrónica, dos encargos devidos.

2 — Para efeitos do disposto no número anterior, é gerada automaticamente uma referência para pagamento dos encargos devidos.

3 — Nos casos em que o pedido de emissão do cartão seja efectuado presencialmente, o pagamento dos encargos devidos deve ser efectuado directamente ao serviço receptor, sob pena de recusa de aceitação do pedido.

ART. 10.º (Recusa ou suspensão da emissão) — 1 — Nos casos em que a pessoa colectiva ou entidade equiparada deva apresentar a declaração de início de actividade para efeitos fiscais, o cartão da empresa ou o cartão de pessoa colectiva não podem ser emitidos enquanto a declaração não for entregue.

2 — Nos casos em que a pessoa colectiva ou entidade equiparada esteja sujeita a inscrição na segurança social, o cartão da empresa ou o cartão de pessoa colectiva não podem ainda ser emitidos enquanto o NISS não for atribuído.

3 — Sempre que a emissão do cartão esteja suspensa por mais de um ano devido à não apresentação da declaração de início de actividade para efeitos fiscais ou da não promoção da inscrição na segurança social, o pedido é cancelado, não havendo lugar à restituição das quantias já pagas.

4 — A emissão do cartão da empresa ou do cartão de pessoa colectiva pode ser recusada ou suspensa em caso de existência de nulidades no processo legal de constituição da pessoa colectiva ou da entidade equiparada.

ART. 11.º (Local da entrega) — 1 — Nos casos em que o pedido de emissão do cartão da empresa ou cartão de pessoa colectiva tenha sido efectuado electronicamente, o cartão é remetido para a morada da sede da pessoa colectiva ou entidade equiparada ou para o domicílio do comerciante ou empresário individual.

2 — Nos casos em que o pedido de emissão do cartão da empresa ou cartão de pessoa colectiva tenha sido efectuado presencialmente, o cartão é remetido:

a) Para a morada indicada pelo requerente, quando este seja pessoa com legitimidade para representar a pessoa colectiva ou entidade equiparada ou advogado, notário ou solicitador;

b) Para a morada da sede da pessoa colectiva ou entidade equiparada ou para o domicílio do comerciante ou empresário individual, nos restantes casos.

ART. 12.º (Cancelamento) — 1 — O cartão da empresa ou o cartão de pessoa colectiva são oficiosamente cancelados nas seguintes situações:

a) Extinção da pessoa colectiva ou entidade equiparada;

b) Transferência de sede da pessoa colectiva ou entidade equiparada para o estrangeiro;

c) Cessação de actividade do comerciante ou empresário individual.

2 — Nos casos de perda, destruição, furto ou roubo, o cartão pode ser cancelado, a pedido de pessoa com legitimidade para representar a pessoa colectiva ou entidade equiparada.

ART. 13.º (Validade) — A validade do cartão da empresa ou do cartão de pessoa colectiva depende da validade dos elementos de identificação da pessoa colectiva ou entidade equiparada, previstos no artigo 4.º.

ART. 14.º (Taxas) — Pela emissão do cartão da empresa ou do cartão de pessoa colectiva são devidas taxas de montante fixado por portaria dos membros do Governo responsáveis pela área das finanças e da justiça, que constituem receita do IRN, I. P.

Secção III — **CARTÃO ELECTRÓNICO DA EMPRESA OU DA PESSOA COLECTIVA**

ART. 15.º (Cartão electrónico) — 1 — O cartão electrónico da empresa ou da pessoa colectiva é disponibilizado automaticamente no momento da inscrição da pessoa colectiva ou entidade equiparada no

218   [DL n.º 247-B/2008]   REGISTOS

FCPC, mediante a atribuição de um código de acesso, tendo o mesmo valor e efeitos do que o cartão da empresa ou de pessoa colectiva.

2 — O cartão electrónico contém, em suporte electrónico e permanentemente actualizado, os elementos definidos na portaria referida no artigo 4.º.

3 — A disponibilização do cartão electrónico é gratuita.

ART. 16.º (Cancelamento do cartão electrónico) — Nos casos previstos no n.º 1 do artigo 12.º, o cancelamento do cartão da empresa ou do cartão de pessoa colectiva determina o cancelamento do respectivo cartão electrónico.

CAPÍTULO III — SICAE

Secção I — DEFINIÇÃO, CONTEÚDO E EFICÁCIA

ART. 17.º (Definição e conteúdo) — 1 — O SICAE constitui um subconjunto do FCPC que integra, em suporte electrónico e permanentemente actualizado, a informação sobre o código CAE das pessoas colectivas e entidades equiparadas previstas no artigo 3.º, com excepção dos comerciantes e dos empresários individuais inscritos no FCPC.

2 — Para efeitos do disposto no número anterior, o SICAE integra, designadamente, a seguinte informação:
a) Nome, firma ou denominação;
b) NIPC;
c) CAE principal;
d) Até três CAE secundárias.

ART. 18.º (Eficácia) — O código CAE das pessoas colectivas e entidades equiparadas previstas no n.º 1 do artigo anterior é, para todos os efeitos legais, o constante do SICAE.

Secção II — COMPETÊNCIA E PROCEDIMENTO

ART. 19.º (Entidades competentes) — Sem prejuízo das competências legalmente atribuídas ao Conselho Superior de Estatística no âmbito da CAE — Rev. 3, a coordenação, gestão e manutenção do SICAE compete às seguintes entidades:
a) Instituto Nacional de Estatística (INE);
b) IRN, I. P.;
c) Direcção-Geral dos Impostos (DGCI).

ART. 20.º (Atribuição inicial do CAE) — O código CAE é atribuído inicialmente pelo IRN, I. P., no momento da emissão do certificado de admissibilidade de firma para efeitos de constituição da pessoa colectiva ou entidade equiparada ou no momento da inscrição da mesma no FCPC.

ART. 21.º (Alteração oficiosa do código CAE) — 1 — O código CAE é alterado oficiosamente:
a) Pelo INE, na sequência de inquéritos ou outras operações estatísticas promovidos nos termos da lei;
b) Pela DGCI, na sequência de acções de inspecção tributária promovidas nos termos da lei;
c) Pelo IRN, I. P., na sequência da inscrição de alteração do objecto social da pessoa colectiva ou entidade equiparada no FCPC.

2 — A alteração do código CAE efectuada nos termos do número anterior é notificada electronicamente, através do SICAE, à pessoa colectiva ou entidade equiparada.

ART. 22.º (Pedido de alteração do código CAE) — 1 — A pessoa colectiva ou entidade equiparada pode solicitar a alteração do respectivo código CAE, principal ou secundário.

2 — O pedido de alteração do código CAE é efectuado:
a) Electronicamente, através do sítio na Internet com o endereço www.e-financas.gov.pt; ou
b) Presencialmente, junto dos serviços de finanças.

3 — A alteração do código CAE solicitada nos termos do número anterior é automaticamente efectuada, sem prejuízo das validações asseguradas por via electrónica.

ART. 23.º (Protocolos) — 1 — São celebrados protocolos entre as entidades referidas no artigo 19.º, com vista à definição dos procedimentos técnicos e administrativos de comunicação de dados.

2 — As entidades referidas no artigo 19.º podem ainda celebrar protocolos com outros organismos da Administração Pública, nomeadamente no que respeita à disponibilização, em formatos especiais, de informação relevante constante do SICAE.

Secção III — ACESSO À INFORMAÇÃO CONSTANTE DO SICAE

ART. 24.º (Informação de acesso público) — A informação constante do SICAE é de acesso público e gratuito, através do sítio na Internet com o endereço www.empresaonline.pt, mantido pelo IRN, I. P., ou através de outro sítio designado em portaria do membro do Governo responsável pela área da justiça.

CARTÃO DA EMPRESA E CARTÃO DE PESSOA COLECTIVA   [DL n.º 247-B/2008]   219

ART. 25.º (Pesquisa no SICAE) — O SICAE deve estar organizado de forma a permitir a pesquisa, designadamente, pelos seguintes elementos:
 a) Firma;
 b) NIPC;
 c) Código CAE.

CAPÍTULO IV — Alterações legislativas
(...)
CAPÍTULO V — Disposições finais e transitórias

ART. 39.º (Cartões de identificação de pessoa colectiva e de identificação fiscal de pessoa colectiva) — 1 — Os cartões de identificação de pessoa colectiva e de identificação fiscal de pessoa colectiva deixam de ser emitidos a partir da data de entrada em vigor do presente decreto-lei.

2 — Os cartões de identificação de pessoa colectiva e de identificação fiscal que já tenham sido emitidos antes da entrada em vigor do presente decreto-lei mantêm a sua validade.

ART. 40.º (Cartão electrónico das empresas e das pessoas colectivas existentes antes da entrada em vigor do presente decreto-lei) — O acesso ao cartão electrónico das empresas e das pessoas colectivas existentes antes da entra-da em vigor do presente decreto-lei só pode ser efectuado com a emissão de cartão da empresa ou de cartão de pessoa colectiva, realizada a pedido dos interessados.

ART. 41.º (Protocolo de financiamento) — A repartição das receitas obtidas através do cartão da empresa, do cartão de pessoa colectiva e do SICAE é realizada através de protocolo celebrado entre o IRN, I. P., e a Direcção-Geral de Informática e Apoio aos Serviços Tributários e Aduaneiros.

ART. 42.º (Princípio da novidade) — 1 — Nos juízos a que se refere o n.º 2 do artigo 33.º do Regime do RNPC, aprovado pelo Decreto-Lei n.º 129/98, de 13 de Maio, deve ser ainda considerada a existência de nomes de estabeleci-mentos, insígnias ou marcas de tal forma coincidentes ou semelhantes que possam induzir em erro sobre a titularidade desses sinais distintivos, desde que essa titularidade tenha sido comprovada junto do RNPC antes da entrada em vigor do presente decreto-lei.

2 — São eliminados da base de dados do RNPC os nomes de estabelecimento, insígnia de estabelecimento e mar-cas que por força das disposições do Código da Propriedade Industrial já tenham cessado a sua vigência.

ART. 43.º (Conservação de documentos) — Os pedidos de certificado de admissibilidade de firma ou denomina-ção e de inscrição apresentados até à entrada em vigor do presente decreto-lei devem ser digitalizados e conservados em suporte informático, devendo ser posteriormente destruídos.

ART. 44.º (Invalidação de certificados emitidos em suporte físico) — A invalidação de certificado de admissibilidade de firma ou denominação emitido em suporte físico antes da entrada em vigor do presente decreto-lei deve ser pedida pelo requerente do certificado, mediante a entrega do respectivo original.

ART. 45.º (Procedimento especial de constituição imediata de sociedades com recurso a entradas em espécie) — A competência dos serviços de registo para o procedimento especial de constituição imediata de sociedades com re-curso a entradas em espécie, previsto no Decreto-Lei n.º 111/2005, de 8 de Julho, na redacção dada pelo presente decre-to -lei, é atribuída por despacho do presidente do IRN, I. P.

ART. 46.º (Norma revogatória) — São revogados:
 a) O Decreto-Lei n.º 267/93, de 31 de Julho;
 b) O Decreto-Lei n.º 12/2001, de 25 de Janeiro;
 c) O n.º 3 do artigo 4.º, o n.º 2 do artigo 10.º, os artigos 16.º a 20.º, os n.ºs 4 a 7 do artigo 22.º, o n.º 7 do artigo 33.º, o n.º 5 do artigo 38.º, o artigo 41.º, os n.ºs 2 e 3 do artigo 45.º, os n.ºs 2 a 5 do artigo 46.º, o artigo 48.º, os n.ºs 2 e 3 do artigo 51.º, os n.ºs 2 e 4 do artigo 53.º, os artigos 57.º e 59.º, o n.º 2 do artigo 63.º, os artigos 64.º, 68.º, 71.º, 73.º, as alíneas *b)* e *e)* do artigo 80.º-A, o n.º 2 do artigo 87.º e o artigo 90.º do Regime do Registo Nacional de Pessoas Colectivas;
 d) O n.º 3 do artigo 45.º, a alínea *g)* do n.º 1 do artigo 48.º e o n.º 4 do artigo 53.º -A do Código do Registo Comercial;
 e) O n.º 2 do artigo 70.º, o n.º 5 do artigo 210.º-G e a alínea *c)* do n.º 1 do artigo 270.º do Código do Registo Civil;
 f) Os n.ºs 4, 5, 7.3 e 7.4 do artigo 23.º e o n.º 2 do artigo 27.º do Regulamento Emolumentar e dos Registos e Notariado, aprovado pelo Decreto-Lei n.º 322 -A/2001, de 14 de Dezembro;
 g) As alíneas *a)* e *b)* do artigo 2.º e o artigo 15.º-A do Decreto-Lei n.º 111/2005, de 8 de Julho;
 h) O artigo 14.º-A do Decreto-Lei n.º 125/2006, de 29 de Junho;
 i) O n.º 3 do artigo 9.º da Lei n.º 40/2007, de 24 de Agosto;
 j) O n.º 2 do artigo 24.º do Decreto-Lei n.º 324/2007, de 24 de Setembro.

ART. 47.º (Disposições transitórias) — 1 — Os pedidos de emissão de cartão de identificação de pessoa colectiva e de cartão de identificação fiscal de pessoa colectiva que estejam pendentes na data de entrada em vigor do presente decreto-lei são convertidos em pedidos de emissão de cartão da empresa ou de pessoa colectiva, com devolução aos requerentes dos montantes cobrados em excesso através das conservatórias do registo comercial, constituindo encar-go do IRN, I. P.

2 — Os certificados de admissibilidade de firma ou denominação emitidos até à entrada em vigor do presente decreto-lei são válidos pelo prazo neles indicado.

220 [Port. n.º 4/2009] REGISTOS

3 — Até ao dia 1 de Janeiro de 2009, a disponibilização *online* das certidões de registo referidas na alínea *b)* do n.º 1 do artigo 12.º do Decreto-Lei n.º 111/2005, de 8 de Julho, na redacção dada pelo presente decreto-lei, é realizada mediante a entrega de certidões em suporte de papel.

4 — A apresentação de certificado de admissibilidade emitido pelo RNPC antes da entrada em vigor do presente decreto-lei, no âmbito do regime especial de constituição *online* de sociedades, previsto no Decreto-Lei n.º 125/2006, de 29 de Junho, implica a sua inutilização pelos interessados mediante a inscrição do seu nome, da sua assinatura, da data e, se se tratar de advogado ou solicitador, da aposição do respectivo carimbo profissional no espaço reservado para o efeito para os oficiais públicos.

ART. 48.º (Entrada em vigor) — 1 — O disposto no presente decreto-lei entra em vigor no dia seguinte ao da sua publicação.

2 — O disposto no capítulo III entra em vigor no dia 6 de Abril de 2009.

4.3. PEDIDO DE EMISSÃO ELECTRÓNICA DO CARTÃO DE EMPRESA E DO CARTÃO DE PESSOA COLECTIVA

Portaria n.º 4/2009

de 2 de Janeiro

ART. 1.º (Objecto) — A presente portaria aprova os modelos do cartão da empresa e do cartão de pessoa colectiva, regulamenta o respectivo pedido de emissão por via electrónica e altera o Regulamento do Registo Comercial.

Secção I — **CONTEÚDO E MODELO DO CARTÃO DA EMPRESA E DO CARTÃO DE PESSOA COLECTIVA**

ART. 2.º (Conteúdo do cartão de empresa e do cartão de pessoa colectiva) — 1 — O cartão da empresa contém os seguintes elementos visíveis de identificação:

a) Nome, firma ou denominação;

b) Número de identificação de pessoa colectiva (NIPC) ou número de identificação fiscal das pessoas colectivas e entidades equiparadas;

c) Número de identificação da segurança social (NISS) de pessoa colectiva;

d) Domicílio ou morada da sede;

e) Natureza jurídica;

f) Data da constituição;

g) Código da Classificação Portuguesa de Actividades Económicas (código CAE) principal e até três códigos CAE secundários;

h) Código da certidão permanente;

i) Código do cartão electrónico.

2 — O cartão de pessoa colectiva contém os elementos indicados no número anterior, excepto o referido na alínea *h)*.

3 — Na ausência de informação sobre algum elemento referido nos números anteriores, o cartão da empresa e o cartão de pessoa colectiva contêm, na área destinada a esse elemento, a inscrição da letra «X».

4 — O cartão da empresa e o cartão de pessoa colectiva contêm ainda as seguintes menções:

a) Tipo de documento;

b) Número de emissão, único e sequencial.

ART. 3.º (Modelos do cartão de empresa e do cartão de pessoa colectiva) — São aprovados em anexo à presente portaria os modelos de cartão da empresa e do cartão de pessoa colectiva, que dela são parte integrante.

Secção II — **PEDIDO DE EMISSÃO POR VIA ELECTRÓNICA DO CARTÃO DA EMPRESA E DO CARTÃO DE PESSOA COLECTIVA**

ART. 4.º (Sítios Internet onde pode ser efectuado o pedido) — Os pedidos de emissão do cartão da empresa e do cartão de pessoa colectiva podem ser efectuados electronicamente, através dos sítios na Internet, mantidos pelo Instituto dos Registos e do Notariado, I. P., com os seguintes endereços:

a) www.irn.mj.pt;

b) www.empresaonline.pt.

Secção III — **ALTERAÇÃO AO REGULAMENTO DO REGISTO COMERCIAL**

(...)

CÓDIGO DO REGISTO COMERCIAL   **[DL n.º 403/86]**   221

SECÇÃO IV — **DISPOSIÇÕES FINAIS**

ART. 6.º (Actualização da matrícula dos comerciantes em nome individual) — A matrícula dos comerciantes em nome individual, constituída pelo seu número de identificação fiscal, é substituída automaticamente pelo NIPC.

ART. 7.º (Aplicação no tempo) — A presente portaria produz efeitos desde o dia 31 de Dezembro de 2008.

ART. 8.º (Início de vigência) — A presente portaria entra em vigor no dia seguinte ao da sua publicação.

4.4. CÓDIGO DO REGISTO COMERCIAL

Decreto-Lei n.º 403/86

de 3 de Dezembro (*)

ART. 1.º – É aprovado o Código do Registo Comercial, que faz parte do presente decreto-lei.

ART. 2.º – 1 – Na contagem dos prazos previstos no artigo 19.º do Código será levado em conta o tempo decorrido antes da data da sua entrada em vigor.

2 – Os registos não sujeitos a caducidade segundo a lei anterior podem ser renovados nos seis meses posteriores à data da entrada em vigor deste Código.

(*) O texto publicado insere, nos lugares próprios, as alterações constantes dos seguintes diplomas:

a) **DL n.º 7/88**, de 15-1 (deu nova redacção ao art. 5.º);

b) **DL n.º 349/89**, de 13-10, que deu nova redacção aos arts. 3.º, 4.º, 5.º, 10.º, 17.º, 24.º, 27.º, 30.º, 34.º, 35.º, 42.º, 44.º, 51.º, 58.º, 59.º, 61.º, 70.º e 72.º, aditou a art. 115.º e revogou os arts. 36.º, 38.º, 39.º e 41.º;

c) **DL n.º 238/91**, de 2-7, que alterou os arts. 3.º-*n*) e 42.º;

d) **DL n.º 31/93**, de 12-2, que deu nova redacção aos arts. 9.º, 15.º, 19.º, 26.º, 27.º, 30.º, 40.º, 65.º. 69.º, 76.º e 83.º e revogou o n.º 3 do art. 29.º;

e) **DL n.º 267/93**, de 31-7, que deu nova redacção aos arts. 45.º e 48.º;

f) **DL n.º 216/94**, de 20-8, que alterou os arts. 2.º, 9.º, 10.º, 14.º, 15.º, 27.º, 29.º, 42.º, 46.º, 54.º, 55.º, 64.º, 69.º e 70.º e aditou os arts. 112.º-A e 112.º-B, que passaram a integrar um novo capítulo VIII, tendo sido rectificado pela Declaração de rectificação n.º 144/94 [*DR*, I-A, de 30-9-1994, pág. 6034-(6)];

g) **DL n.º 328/95**, de 9-12, que deu nova redacção ao art. 3.º;

h) **DL n.º 257/96**, de 31-12, que alterou a redacção dos arts. 3.º e 112.º-A;

i) **DL n.º 368/98**, de 23-11: alterou a redacção do art. 42.º;

j) **DL n.º 172/99**, de 20-5, que deu nova redacção ao art. 3.º;

l) **DL n.º 198/99**, de 8-6, que alterou a redacção do art. 42.º;

m) **DL n.º 375-A/99**, de 20-9, que deu nova redacção aos arts. 92.º e 106.º;

n) **DL n.º 410/99**, de 15-10, que alterou a redacção do art. 15.º-3;

o) **DL n.º 533/99**, de 11-12, que aditou o art. 28.º-A;

p) **DL n.º 273/2001**, de 13-10, rectificado em 30-11-2001 (arts. 79.º e 8 l.º a 93.º; aditou os arts. 93.º-A a 93.º-D);

q) **DL n.º 323/2001**, de 17-12 (art. 17.º);

r) **DL n.º 107/2003**, de 4-6 (arts. 3.º e 69.º);

s) **DL n.º 53/2004**, de 18-3 (arts. 9.º, 10.º, 61.º, 64.º, 66.º, 67.º, 69.º e 80.º);

t) **DL n.º 70/2004**, de 25-3 (art. 3.º);

u) **DL n.º 2/2005**, de 4-1 (arts. 3.º, 13.º, 14.º, 15.º, 27.º, 36.º, 61.º, 69.º, 70.º, 71.º e 112.º-B, e aditou os arts. 25.º-A e 62.º-A);

v) **DL n.º 35/2005**, de 17-2 (art. 72.º);

x) **DL n.º 111/2005**, de 8-7 (arts. 14.º, 51.º, 55.º, 62.º, 70.º e 71.º);

y) **DL n.º 52/2006**, de 15-3 (arts. 3.º e 69.º);

z) **DL n.º 76-A/2006**, de 29-3, que introduziu múltiplas alterações e republicou em anexo o texto integral consolidado, que se adopta, com a rectificação n.º 28-A/2006, de 26-5;

aa) **DL n.º 8/2007**, de 17-1, cujo art. 12.º alterou a redacção dos arts. 3.º, 11.º, 12.º, 15.º, 29.º, 29.º-A, 32.º, 42.º, 45.º, 46.º, 51.º, 53.º-A, 55.º, 72.º, 75.º, 78.º, 81.º, 111.º e 112.º-B, tendo o art. 13.º aditado o art. 67.º-A, e o art. 23.º-*a)* revogado o n.º 2 do art. 11.º e o n.º 4 do art. 42.º;

ab) **DL n.º 318/2007**, de 26-9, cujo art. 12.º aditou os n.ºs 6 e 7 do art. 42.º;

ac) **DL n.º 34/2008**, de 26-2, cujo art. 11.º deu nova redacção ao art. 93.º-C;

ad) **DL n.º 73/2008**, de 16-4 (arts. 17.º e 58.º);

ae) **DL n.º 116/2008**, de 4-7 (alterou os arts. 15.º, 22.º, 30.º, 32.º, 43.º, 44.º, 46.º, 49.º, 50.º, 52.º, 54.º, 65.º, 82.º, 84.º, 85.º, 88.º, 90.º, 91.º, 94.º, 101.º-B, 106.º, 107.º, 111.º, 112.º, aditou o art. 94.º-A, e revogou o art. 28.º-A, a al. *i)* do n.º 1 do art. 64.º, o n.º 5 do art. 78.º-G, o art. 89.º, o n.º 5 do art. 91.º, o art. 93.º-C, o n.º 2 do art. 102.º e o n.º 3 do art. 106), rectificado pela DR n.º 46/2008, de 25-8;

af) **DL n.º 247-B/2008**, de 30-12 (altera os arts. 32.º, 45.º, 48.º, 52.º, 53.º-A e 114.º, e revoga o n.º 3 do art. 45.º, a al. *g)* do n.º 1 do art. 48.º e o n.º 4 do art. 53.º-A);

ag) **Lei n.º 19/2009**, de 12-5, cujo art. 29.º alterou os arts. 3.º e 67.º-A, e o respectivo art. 30.º aditou o art. 74.º-A;

ah) **DL n.º 122/2009**, de 21-5, cujo art. 3.º alterou os arts. 52.º e 52.º-A, e o art. 13.º aditou os arts. 23.º-A e 72.º-A;

ai) **DL n.º 185/2009**, de 12-8, cujo art. 4.º deu nova redacção aos arts. 53.º-A e 57.º;

aj) **DL n.º 292/2009**, de 13-10, cujo art. 5.º alterou o n.º 4 do art. 15.º.

222 [DL n.º 403/86]   REGISTOS

ART. 3.º – *(Revogado.)*

ART. 4.º – Os livros de registo substituídos integralmente por fichas e os documentos que serviram de base aos respectivos registos podem ser microfilmados e destruídos ou depositados em arquivos centrais, nos termos fixados por despacho do Ministro da Justiça.

ART. 5.º – 1 – Sem prejuízo do disposto no n.º 2, é revogada toda a legislação anterior referente às matérias abrangidas pelo Código do Registo Comercial, designadamente o Decreto-Lei n.º 42 644, de 14 de Novembro de 1959, o regulamento aprovado pelo Decreto n.º 42 645, de 14 de Novembro de 1959, a Portaria n.º 330/79, de 7 de Julho, e os artigos 17.º, 18.º, 84.º a 94.º e 101.º do Código Cooperativo.

2 – As disposições referentes ao registo de navios mantêm-se em vigor até à publicação de nova legislação sobre a matéria.

ART. 6.º – 1 – Os emolumentos cobrados pelos actos previstos no Código do Registo Comercial constituem receita do Cofre dos Conservadores, Notários e Funcionários de Justiça, que suportará igualmente as despesas de instalação e funcionamento da orgânica do registo de comércio.

2 – As tabelas e a participação emolumentar são fixadas por portaria do Ministro da Justiça.

ART. 7.º – Este diploma entra em vigor em 1 de Janeiro de 1987.

Código do Registo Comercial

CAPÍTULO I — Objecto, efeitos e vícios do registo

ART. 1.º (Fins do registo) – 1 – O registo comercial destina-se a dar publicidade à situação jurídica dos comerciantes individuais, das sociedades comerciais, das sociedades civis sob forma comercial e dos estabelecimentos individuais de responsabilidade limitada, tendo em vista a segurança do comércio jurídico.

2 – O registo das cooperativas, das empresas públicas, dos agrupamentos complementares de empresas e dos agrupamentos europeus de interesse económico, bem como de outras pessoas singulares e colectivas por lei a ele sujeitas, rege-se pelas disposições do presente Código, salvo expressa disposição de lei em contrário.

ART. 2.º (Comerciantes individuais) – Estão sujeitos a registo os seguintes factos relativos a comerciantes individuais:

a) O início, alteração e cessação da actividade do comerciante individual;
b) As modificações do seu estado civil e regime de bens;
c) A mudança de estabelecimento principal.

ART. 3.º (Sociedades comerciais e sociedades civis sob forma comercial) – 1 – Estão sujeitos a registo os seguintes factos relativos às sociedades comerciais e sociedades civis sob forma comercial:

a) A constituição;
b) A deliberação da assembleia geral, nos casos em que a lei a exige, para aquisição de bens pela sociedade;
c) A unificação, divisão e transmissão de quotas de sociedades por quotas, bem como de partes sociais de sócios comanditários de sociedades em comandita simples;
d) A promessa de alienação ou de oneração de partes de capital de sociedades em nome colectivo e de sociedades em comandita simples e de quotas de sociedades por quotas, bem como os pactos de preferência, se tiver sido convencionado atribuir-lhes eficácia real, e a obrigação de preferência a que, em disposição de última vontade, o testador tenha atribuído igual eficácia;
e) A transmissão de partes sociais de sociedades em nome colectivo, de partes sociais de sócios comanditados de sociedades em comandita simples, a constituição de direitos reais de gozo ou de garantia sobre elas e a sua transmissão, modificação_e extinção, bem como a penhora dos direitos aos lucros e à quota de liquidação;
f) A constituição e a transmissão de usufruto, o penhor, arresto, arrolamento e penhora de quotas ou direitos sobre elas e ainda quaisquer outros actos ou providências que afectem a sua livre disposição;
g) A exoneração e exclusão de sócios de sociedades em nome colectivo e de sociedades em comandita, bem como a extinção de parte social por falecimento do sócio e a admissão de novos sócios de responsabilidade ilimitada;
h) *(Revogada.)*
i) A amortização de quotas e a exclusão e exoneração de sócios de sociedades por quotas;
j) A deliberação de amortização, conversão e remissão de acções;
l) A emissão de obrigações, quando realizada através de oferta particular, excepto se tiver ocorrido, dentro do prazo para requerer o registo, a admissão das mesmas à negociação em mercado regulamentado de valores mobiliários;
m) A designação e cessação de funções, por qualquer causa que não seja o decurso do tempo, dos membros dos órgãos de administração e de fiscalização das sociedades, bem como do secretário da sociedade;
n) A prestação de contas das sociedades anónimas, por quotas e em comandita por acções, bem como das sociedades em nome colectivo e em comandita simples quando houver lugar a depósito, e de contas consolidadas de sociedades obrigadas a prestá-las;

CÓDIGO DO REGISTO COMERCIAL   [DL n.º 403/86]   223

o) A mudança da sede da sociedade e a transferência de sede para o estrangeiro;
p) O projecto de fusão interna ou transfronteiriça e o projecto de cisão de sociedades;
q) O projecto de constituição de uma sociedade anónima europeia por meio de fusão, o projecto de constituição de uma sociedade anónima europeia por meio de transformação de sociedade anónima de direito interno e o projecto de constituição de uma sociedade anónima europeia gestora de participações sociais, bem como a verificação das condições de que depende esta última constituição;
r) A prorrogação, fusão interna ou transfronteiriça, cisão, transformação e dissolução das sociedades, bem como o aumento, redução ou reintegração do capital social e qualquer outra alteração ao contrato de sociedade;
s) A designação e cessação de funções, anterior ao encerramento da liquidação, dos liquidatários das sociedades, bem como os actos de modificação dos poderes legais ou contratuais dos liquidatários;
t) O encerramento da liquidação ou o regresso à actividade da sociedade;
u) A deliberação de manutenção do domínio total de uma sociedade por outra, em relação de grupo, bem como o termo dessa situação;
v) O contrato de subordinação, suas modificações e seu termo;
x) *(Revogada.)*
z) A emissão de *warrants* sobre valores mobiliários próprios, quando realizada através de oferta particular por entidade que não tenha valores mobiliários admitidos à negociação em mercado regulamentado nacional, excepto se tiver ocorrido, dentro do prazo para requerer o registo, a admissão dos mesmos à negociação em mercado regulamentado de valores mobiliários.
2 – Estão sujeitos a registo os seguintes factos relativos às sociedades anónimas europeias:
a) A constituição;
b) A prestação das contas anuais e, se for caso disso, das contas consolidadas;
c) O projecto de transferência da sede para outro Estado membro da União Europeia;
d) As alterações aos respectivos estatutos;
e) O projecto de transformação em sociedade anónima de direito interno;
f) A transformação a que se refere a alínea anterior;
g) A dissolução;
h) O encerramento da liquidação ou o regresso à actividade da sociedade;
i) Os restantes factos referentes a sociedades anónimas que, por lei, estejam sujeitos a registo.
3 – *(Revogado.)*

ART. 4.º (Cooperativas) – Estão sujeitos a registo os seguintes factos relativos a cooperativas:
a) A constituição da cooperativa;
b) A nomeação e cessação de funções, por qualquer causa que não seja o decurso do tempo, de directores, representantes e liquidatários;
c) *(Revogada.)*
d) A prorrogação, transformação, fusão, cisão e qualquer outra alteração dos estatutos;
e) A dissolução e encerramento da liquidação.

ART. 5.º (Empresas públicas) – Estão sujeitos a registo os seguintes factos relativos a empresas públicas:
a) A constituição da empresa pública;
b) A emissão de obrigações e de títulos de participação;
c) A designação e cessação de funções, por qualquer causa que não seja o decurso do tempo, dos membros dos órgãos de administração e de fiscalização;
d) A prestação de contas;
e) O agrupamento, fusão, cisão e qualquer outra alteração dos estatutos;
f) A extinção das empresas públicas, a designação e cessação de funções, anterior ao encerramento da liquidação, dos liquidatários, bem como o encerramento da liquidação.

ART. 6.º (Agrupamentos complementares de empresas) – Estão sujeitos a registo os seguintes factos relativos a agrupamentos complementares de empresas:
a) O contrato de agrupamento;
b) A emissão de obrigações;
c) A nomeação e exoneração de administradores e gerentes;
d) A entrada, exoneração e exclusão de membros do agrupamento;
e) As modificações do contrato;
f) A dissolução e encerramento da liquidação do agrupamento.

ART. 7.º (Agrupamentos europeus de interesse económico) – Estão sujeitos a registo os seguintes factos relativos aos agrupamentos europeus de interesse económico:
a) O contrato de agrupamento;
b) A cessão, total ou parcial, de participação de membro do agrupamento;
c) A cláusula que exonere um novo membro do pagamento das dívidas contraídas antes da sua entrada;
d) A designação e cessação de funções, por qualquer causa que não seja o decurso do tempo, dos gerentes do agrupamento;
e) A entrada, exoneração e exclusão de membros do agrupamento;

224 [DL n.º 403/86] REGISTOS

f) As alterações do contrato de agrupamento;
g) O projecto de transferência da sede;
h) A dissolução;
i) A designação e cessação de funções, anterior ao encerramento da liquidação, dos liquidatários;
j) O encerramento da liquidação.

ART. 8.º (Estabelecimentos individuais de responsabilidade limitada) – Estão sujeitos a registo os seguintes factos relativos a estabelecimentos individuais de responsabilidade limitada:
a) A constituição do estabelecimento;
b) O aumento e redução do capital do estabelecimento;
c) A transmissão do estabelecimento por acto entre vivos e a sua locação;
d) A constituição por acto entre vivos de usufruto e de penhor sobre o estabelecimento;
e) As contas anuais;
f) As alterações do acto constitutivo;
g) A entrada em liquidação e o encerramento da liquidação do estabelecimento;
h) A designação e a cessação de funções, anterior ao termo da liquidação, do liquidatário do estabelecimento, quando não seja o respectivo titular.

ART. 9.º (Acções e decisões sujeitas a registo) – Estão sujeitas a registo:
a) As acções de interdição do comerciante individual e de levantamento desta;
b) As acções que tenham como fim, principal ou acessório, declarar, fazer reconhecer, constituir, modificar ou extinguir qualquer dos direitos referidos nos artigos 3.º a 8.º;
c) As acções de declaração de nulidade ou anulação dos contratos de sociedade, de agrupamento complementar de empresas e de agrupamento europeu de interesse económico registados;
d) As acções de declaração de nulidade ou anulação dos actos de constituição de cooperativas e de estabelecimentos individuais de responsabilidade limitada;
e) As acções de declaração de nulidade ou anulação de deliberações sociais, bem como os procedimentos cautelares de suspensão destas;
f) As acções de reforma, declaração de nulidade ou anulação de um registo ou do seu cancelamento;
g) As providências cautelares não especificadas requeridas com referência às mencionadas nas alíneas anteriores;
h) As decisões finais, com trânsito em julgado, proferidas nas acções e procedimentos cautelares referidos nas alíneas anteriores;
i) As sentenças de declaração de insolvência de comerciantes individuais, de sociedades comerciais, de sociedades civis sob forma comercial, de cooperativas, de agrupamentos complementares de empresas, de agrupamentos europeus de interesse económico e de estabelecimentos individuais de responsabilidade limitada e as de indeferimento do respectivo pedido, nos casos de designação prévia de administrador judicial provisório, bem como o trânsito em julgado das referidas sentenças;
j) As sentenças, com trânsito em julgado, de inabilitação e de inibição de comerciantes individuais para o exercício do comércio e de determinados cargos, bem como as decisões de nomeação e de destituição do curador do inabilitado;
l) Os despachos de nomeação e de destituição do administrador judicial e do administrador judicial provisório da insolvência, de atribuição ao devedor da administração da massa insolvente, assim como de proibição da prática de certos actos sem o consentimento do administrador da insolvência e os despachos que ponham termo a essa administração;
m) Os despachos, com trânsito em julgado, de exoneração do passivo restante de comerciantes individuais, assim como os despachos inicial e de cessação antecipada do respectivo procedimento e de revogação dessa exoneração;
n) As decisões judiciais de encerramento do processo de insolvência;
o) As decisões judiciais de confirmação do fim do período de fiscalização incidente sobre a execução de plano de insolvência.

ART. 10.º (Outros factos sujeitos a registo) – Estão ainda sujeitos a registo:
a) O mandato comercial escrito, suas alterações e extinção;
b) *(Revogada.)*
c) A criação, a alteração e o encerramento de representações permanentes de sociedades, cooperativas, agrupamentos complementares de empresas e agrupamentos europeus de interesse económico com sede em Portugal ou no estrangeiro, bem como a designação, poderes e cessação de funções dos respectivos representantes;
d) A prestação de contas das sociedades com sede no estrangeiro e representação permanente em Portugal;
e) O contrato de agência ou representação comercial, quando celebrado por escrito, suas alterações e extinção;
f) Quaisquer outros factos que a lei declare sujeitos a registo comercial.

ART. 11.º (Presunções derivadas do registo) – O registo por transcrição definitivo constitui presunção de que existe a situação jurídica, nos precisos termos em que é definida.

CÓDIGO DO REGISTO COMERCIAL [DL n.º 403/86] 225

ART. 12.º (Prioridade do registo) – O facto registado em primeiro lugar prevalece sobre os que se lhe seguirem, relativamente às mesmas quotas ou partes sociais, segundo a ordem do respectivo pedido.

ART. 13.º (Eficácia entre as partes) – 1 – Os factos sujeitos a registo, ainda que não registados, podem ser invocados entre as próprias partes ou seus herdeiros.

2 – Exceptuam-se do disposto no número anterior os actos constitutivos das sociedades e respectivas alterações, a que se aplica o disposto no Código das Sociedades Comerciais e na legislação aplicável às sociedades anónimas europeias.

ART. 14.º (Oponibilidade a terceiros) – 1 – Os factos sujeitos a registo só produzem efeitos contra terceiros depois da data do respectivo registo.

2 – Os factos sujeitos a registo e publicação obrigatória nos termos do n.º 2 do artigo 70.º só produzem efeitos contra terceiros depois da data da publicação.

3 – A falta de registo não pode ser oposta aos interessados pelos seus representantes legais, a quem incumbe a obrigação de o promover, nem pelos herdeiros destes.

4 – O disposto no presente artigo não prejudica o estabelecido no Código das Sociedades Comerciais e na legislação aplicável às sociedades anónimas europeias.

ART. 15.º (Factos sujeitos a registo obrigatório) – 1 – O registo dos factos referidos nas alíneas *a)* a *c)* e *e)* a *z)* do n.º 1 e no n.º 2 do artigo 3.º, no artigo 4.º, nas alíneas *a)*, *e)* e *f)* do artigo 5.º, nos artigos 6.º, 7.º e 8.º e nas alíneas *c)* e *d)* do artigo 10.º é obrigatório.

2 – Salvo o disposto nos números seguintes, o registo dos factos referidos no número anterior deve ser pedido no prazo de dois meses a contar da data em que tiverem sido titulados.

3 – O registo dos factos referidos nas alíneas *a)*, *e)* e *f)* do artigo 5.º deve ser requerido no prazo de dois meses a contar da data da publicação do decreto que os determinou.

4 – O pedido de registo de prestação de contas de sociedades e de estabelecimentos individuais de responsabilidade limitada deve ser efectuado até ao 15.º dia do 7.º mês posterior à data do termo do exercício económico.

5 – Estão igualmente sujeitas a registo obrigatório as acções, decisões, procedimentos e providências cautelares previstas no artigo 9.º.

6 – O registo do procedimento cautelar não é obrigatório se já se encontrar pedido o registo da providência cautelar requerida e o registo desta não é obrigatório se já se encontrar pedido o registo da acção principal.

7 – O registo das acções e dos procedimentos cautelares de suspensão de deliberações sociais devem ser pedidos no prazo de dois meses a contar da data da sua propositura.

8 – O registo das decisões finais proferidas nas acções e procedimentos referidos no número anterior deve ser pedido no prazo de dois meses a contar do trânsito em julgado.

ART. 16.º (Remessa das relações mensais dos actos notariais e decisões judiciais) – 1 – Até ao dia 15 de cada mês, os notários devem remeter à conservatória situada no concelho da sede da entidade sujeita a registo a relação dos documentos lavrados no mês anterior, para prova dos factos sujeitos a registo comercial obrigatório.

2 – De igual modo devem proceder as secretarias dos tribunais, com referência às decisões previstas no n.º 6 do artigo anterior.

ART. 17.º (Incumprimento da obrigação de registar) – 1 – Os titulares de estabelecimentos individuais de responsabilidade limitada, as cooperativas e as sociedades com capital não superior a € 5000 que não requeiram, dentro do prazo legal, o registo dos factos sujeitos a registo obrigatório são punidos com coima no mínimo de € 100 e no máximo de € 500.

2 – As sociedades com capital superior a € 5000, os agrupamentos complementares de empresas, os agrupamentos europeus de interesse económico e as empresas públicas que não cumpram igual obrigação são punidos com coima no mínimo de € 150 e no máximo de € 750.

3 – As partes nos actos de unificação, divisão, transmissão e usufruto de quotas que não requeiram no prazo legal o respectivo registo são solidariamente punidas com coima com iguais limites.

4 – São competentes para conhecer das contra-ordenações previstas nos números anteriores e aplicar as respectivas coimas o conservador do registo comercial onde é apresentado o pedido de registo, ou no caso de omissão desse pedido, da sede de entidade, o Instituto dos Registos e do Notariado, I. P., e o Registo Nacional de Pessoas Colectivas.

5 – Se as entidades referidas nos n.ºs 1 e 2 não procederem à promoção do registo no prazo de 15 dias após a notificação da instauração do procedimento contra-ordenacional, os valores mínimos e máximos das coimas previstas são elevados para o seu dobro.

6 – O produto das coimas reverte em partes iguais para o Cofre dos Conservadores, Notários e Funcionários de Justiça e para o Instituto dos Registos e do Notariado, I. P.

7 – O incumprimento, por negligência, da obrigação de registar factos sujeitos a registo obrigatório dentro do prazo legal, é punível nos termos do presente artigo, reduzindo-se o montante máximo da coima aplicável a metade do previsto nos n.ºs 1 e 2.

8 – As notificações no âmbito do procedimento contra-ordenacional previsto nos números anteriores podem ser efectuadas electronicamente, nos termos a definir por portaria do membro do Governo responsável pela área da justiça, de acordo com os requisitos exigíveis pelo Sistema de Certificação Electrónica do Estado – Infra-Estrutura de Chaves Públicas.

226 [DL n.º 403/86]

REGISTOS

ART. 18.º (Caducidade) – 1 – Os registos caducam por força da lei ou pelo decurso do prazo de duração do negócio.

2 – Os registos provisórios caducam se não forem convertidos em definitivos ou renovados dentro do prazo da respectiva vigência.

3 – É de seis meses o prazo de vigência do registo provisório, salvo disposição em contrário.

4 – A caducidade deve ser anotada ao registo logo que verificada.

ART. 19.º (Prazos especiais de caducidade) *(Revogado.)*

ART. 20.º (Cancelamento) – Os registos são cancelados com base na extinção dos direitos, ónus ou encargos neles definidos, em execução de decisão administrativa, nos casos previstos na lei, ou de decisão judicial transitada em julgado.

ART. 21.º (Inexistência) *(Revogado.)*

ART. 22.º (Nulidade) – 1 – O registo por transcrição é nulo:

a) Quando for falso ou tiver sido feito com base em títulos falsos;

b) Quando tiver sido feito com base em títulos insuficientes para a prova legal do facto registado;

c) Quando enfermar de omissões ou inexactidões de que resulte incerteza acerca dos sujeitos ou do objecto da relação jurídica a que o facto registado se refere;

d) Quando tiver sido assinado por pessoa sem competência funcional, salvo o disposto no n.º 2 do artigo 369.º do Código Civil, e não possa ser confirmado;

e) Quando tiver sido lavrado sem apresentação prévia.

2 – Os registos nulos só podem ser rectificados nos casos previstos na lei, se não tiver registada a acção de declaração de nulidade.

3 – A nulidade do registo só pode, porém, ser invocada depois de declarada por decisão judicial com trânsito em julgado.

4 – A declaração de nulidade do registo não prejudica os direitos adquiridos a título oneroso por terceiro de boa fé, se o registo dos correspondentes factos for anterior ao registo da acção de nulidade.

ART. 23.º (Inexactidão) – O registo é inexacto quando se mostre lavrado em desconformidade com o título que lhe serviu de base ou enferme de deficiências provenientes desse título que não sejam causa de nulidade.

ART 23º-A (Declaração do representante para efeitos tributários) — No momento do registo do encerramento da liquidação ou da cessação de actividade, consoante o caso, deve ser obrigatoriamente indicado o representante para efeitos tributários, nos termos do n.º 4 do artigo 19.º do Decreto-Lei n.º 398/98, de 17 de Dezembro, para comunicação obrigatória, e por via electrónica, aos serviços da administração tributária.

CAPÍTULO II — Competência para o registo

ART. 24.º (Competência relativa aos comerciantes individuais e aos estabelecimentos individuais de responsabilidade limitada) *(Revogado.)*

ART. 25.º (Competência relativa a pessoas colectivas) *(Revogado.)*

ART. 25.º-A (Competência para o registo da fusão) *(Revogado.)*

ART. 26.º (Competência relativa às representações) *(Revogado.)*

ART. 27.º (Mudança voluntária da sede ou do estabelecimento) – 1 – Quando a sociedade ou outra entidade sujeita a registo solicitar o registo de alteração de sede para localidade pertencente a outro concelho, a conservatória remete oficiosamente a respectiva pasta à conservatória situada nesse concelho e de tal facto notifica a entidade em causa.

2 – Tratando-se de transferência da sede de sociedade anónima europeia para outro Estado membro da União Europeia, a comunicação, pelo serviço de registo competente deste último, da nova matrícula da sociedade, em consequência do registo definitivo da transferência de sede e da correspondente alteração dos estatutos, determina o imediato registo oficioso da transferência de sede e o correspondente cancelamento da matrícula na conservatória nacional.

3 – *(Revogado.)*

4 – *(Revogado.)*

5 – *(Revogado.)*

6 – O registo definitivo de alteração dos estatutos de sociedade anónima europeia pelo qual seja publicitada a transferência da sede daquela para Portugal deve ser imediatamente comunicado, em conjunto com a nova matrícula da sociedade, ao serviço de registo do Estado da anterior matrícula.

CAPÍTULO III — Processo de registo

ART. 28.º (Princípio da instância) – 1 – O registo efectua-se a pedido dos interessados, salvo nos casos de oficiosidade previstos na lei.

CÓDIGO DO REGISTO COMERCIAL   [DL n.º 403/86]   227

2 – Por portaria do Ministro da Justiça são identificadas as situações em que o pedido de registo é efectuado de forma verbal ou escrita.

3 – Nos casos em que os pedidos devam ser apresentados de forma escrita, os modelos de requerimento de registo são aprovados por despacho do director-geral dos Registos e do Notariado.

ART. 28.º-A (Apresentação por notário) *(Revogado.)*

ART. 29.º (Legitimidade) – 1 – Para pedir os actos de registo respeitantes a comerciantes individuais, salvo o referido no n.º 2, e a pessoas colectivas sujeitas a registo têm legitimidade os próprios ou seus representantes e todas as demais pessoas que neles tenham interesse.

2 – O registo do início, alteração e cessação de actividade do comerciante individual, bem como da mudança do seu estabelecimento principal, só pode ser pedido pelo próprio ou pelo seu representante.

3 – Para o pedido de registo provisório do contrato de sociedade anónima com apelo a subscrição pública de acções só têm legitimidade os respectivos promotores.

4 – O Ministério Público tem legitimidade para pedir os registos das acções por ele propostas e respectivas decisões finais.

5 – Salvo no que respeita ao registo de acções e outras providências judiciais, para pedir o registo de actos a efectuar por depósito apenas tem legitimidade a entidade sujeita a registo, sem prejuízo do disposto no artigo seguinte.

ART. 29.º-A (Registo de factos relativos a participações sociais e respectivos titulares a promover pela sociedade) – 1 – No caso de a sociedade não promover o registo, nos termos do n.º 5 do artigo anterior, qualquer pessoa pode solicitar junto da conservatória que esta promova o registo por depósito de factos relativos a participações sociais e respectivos titulares.

2 – No caso previsto no número anterior, a conservatória notifica a sociedade para que esta, no prazo de 10 dias, promova o registo sob pena de, não o fazendo, a conservatória proceder ao registo, nos termos do número seguinte.

3 – Se a sociedade não promover o registo nem se opuser, no mesmo prazo, a conservatória regista o facto, arquiva os documentos que tiverem sido entregues e envia cópia dos mesmos à sociedade.

4 – A oposição da sociedade deve ser apreciada pelo conservador, ouvidos os interessados.

5 – Se o conservador decidir promover o registo, a sociedade deve entregar ao requerente as quantias por este pagas a título de emolumentos e outros encargos e, no caso de o conservador indeferir o pedido, deve este entregar à sociedade as quantias por esta pagas a título de emolumentos e outros encargos.

6 – A decisão do conservador de indeferir o pedido ou proceder ao registo é recorrível nos termos dos artigos 101.º e seguintes.

ART. 29.º-B (Promoção do registo de factos relativos a participações sociais e respectivos titulares por outras entidades) – Nos casos em que o registo de factos relativos a participações sociais e respectivos titulares não deva ser promovido pela sociedade, designadamente no caso de acções e providências judiciais, o requerente do registo deve enviar à sociedade cópia dos documentos que titulem o facto, para que aquela os arquive.

ART. 30.º (Representação) – 1 O registo pode ser pedido por:
a) Aqueles que tenham poderes de representação para intervir no respectivo título;
b) Mandatário com procuração bastante;
c) Advogados, notários e solicitadores;
d) Revisores e técnicos oficiais de contas, para o pedido de depósito dos documentos de prestação de contas.

2 – A representação subsiste até à realização do registo, abrangendo, designadamente, a faculdade de requerer urgência na sua realização e a de impugnar a decisão de qualificação do registo, nos termos do artigo 101.º, e implica a responsabilidade solidária do representante no pagamento dos respectivos encargos.

3 – Sem prejuízo do disposto no número anterior, a representação para efeitos de impugnação judicial só pode ser assegurada por mandatário com poderes especiais para o efeito ou com poderes forenses gerais.

ART. 31.º (Princípio do trato sucessivo) *(Revogado.)*

ART. 32.º (Prova documental) – 1 – Só podem ser registados os factos constantes de documentos que legalmente os comprovem.

2 – Os documentos escritos em língua estrangeira só podem ser aceites quando traduzidos nos termos da lei, salvo se titularem factos sujeitos a registo por transcrição, estiverem redigidos em língua inglesa, francesa ou espanhola e o funcionário competente dominar essa língua.

3 – Sem prejuízo do disposto nos números anteriores, podem ser depositadas na pasta da entidade sujeita a registo traduções, efectuadas nos termos da lei, de documentos respeitantes a actos submetidos a registos, em qualquer língua oficial da União Europeia, em termos a definir por portaria do membro do Governo responsável pela área da justiça.

4 – Os documentos arquivados nos serviços da Administração Pública podem ser utilizados para a realização de registos por transcrição, devendo tais documentos ser referenciados no pedido.

5 – Para efeitos do disposto no número anterior, o serviço de registo é reembolsado pelo apresentante das despesas resultantes dos pagamentos devidos às entidades referidas no número anterior.

228 [DL n.º 403/86]   REGISTOS

6 – Sem prejuízo da competência para certificação de fotocópias atribuída por lei a outras entidades, para efeitos de registo comercial *online* de actos sobre sociedades comerciais ou civis sob forma comercial os respectivos gerentes, administradores e secretários podem, quando os promovam, certificar a conformidade dos documentos electrónicos por si entregues, através do sítio na Internet, com os documentos originais, em suporte de papel.

ART. 33.º (Declarações complementares) – São admitidas declarações complementares dos títulos nos casos previstos na lei, designadamente para completa identificação dos sujeitos, sem prejuízo da exigência de prova do estado civil, e bem assim dos gerentes, administradores, directores, liquidatários e demais representantes das pessoas colectivas.

ART. 34.º (Comerciante individual) – 1 – O registo do início, alteração e cessação de actividade do comerciante individual, bem como da modificação dos seus elementos de identificação, efectua-se com base na declaração do interessado.

2 – Com o pedido de registo de modificação do estado civil ou do regime de bens do comerciante individual deve ser arquivado o respectivo documento comprovativo.

ART. 35.º (Sociedades) – 1 – Para o registo de sociedades cuja constituição esteja dependente de qualquer autorização especial é necessário o arquivamento do respectivo documento comprovativo, salvo se o acto de constituição for titulado por escritura pública que o mencione.

2 – O registo prévio do contrato de sociedade é efectuado em face do projecto completo do respectivo contrato.

3 – A conversão em definitivo do registo referido no número anterior é feita em face do contrato de sociedade.

4 – O registo provisório do contrato de sociedade anónima com apelo à subscrição pública de acções é lavrado em face do projecto completo do contrato, com reconhecimento das assinaturas de todos os interessados, de documento comprovativo da liberação das acções por eles subscritas e, quando necessário, da autorização para a subscrição pública ou emissão de acções.

5 – *(Revogado.)*

ART. 36.º (Sociedades anónimas europeias) – 1 – O registo de constituição de uma sociedade anónima europeia por fusão ou transformação ou de constituição de uma sociedade anónima europeia gestora de participações sociais ou filial é efectuado com base no contrato de sociedade.

2 – Para o registo de constituição de sociedade anónima europeia gestora de participações sociais deve ainda ser comprovada a prévia publicitação, relativamente a todas as sociedades promotoras, da verificação das condições de que depende essa constituição, nos termos previstos na legislação comunitária aplicável.

3 – O registo ou menção da verificação das condições de que depende a constituição de uma sociedade anónima europeia gestora de participações sociais com sede em Portugal é feito com base no acto de constituição dessa sociedade.

4 – O registo de alteração dos estatutos de uma sociedade anónima europeia pelo qual seja publicitada a transferência de sede daquela para Portugal é efectuado com base no documento que formalize essa alteração, no qual seja declarada a transferência da sede e exarado o contrato pelo qual a sociedade passa a reger-se.

ART. 36.º-A (Certificados relativos às sociedades anónimas europeias) – 1 – Os certificados a que se referem o n.º 8 do artigo 8.º e o n.º 2 do artigo 25.º do Regulamento (CE) n.º 2157/2001, do Conselho, de 8 de Outubro, devem, em especial, fazer referência à verificação do cumprimento de cada um dos actos e formalidades prévios, respectivamente, à transferência da sede de sociedade anónima europeia para outro Estado membro da União Europeia ou à constituição de sociedade anónima europeia por fusão, exigidos por aquele regulamento, pela legislação nacional adoptada em sua execução ou ainda pela legislação nacional aplicável às sociedades anónimas de direito interno, identificando os documentos que comprovem tal verificação.

2 – Nos casos em que a mesma conservatória seja competente para controlar a legalidade do cumprimento, pelas sociedades portuguesas participantes, dos actos e formalidades prévias à fusão e para o controlo da legalidade do processo na parte que respeita à fusão e à constituição da sociedade anónima europeia com sede em Portugal, ambos os controlos podem ser efectuados aquando do registo daquela constituição.

ART. 36.º-B (Transferência de sede de sociedade anónima europeia) – 1 – Nos casos em que, para efeitos de emissão do certificado previsto no n.º 8 do artigo 8.º do Regulamento (CE) n.º 2157/2001, do Conselho, de 8 de Outubro, a sociedade solicite à conservatória a notificação do sócio exonerando para a celebração de contrato de aquisição da sua participação social, aplicam-se ao procedimento de notificação as disposições constantes dos números seguintes.

2 – A solicitação referida no número anterior pode ser formulada através de requerimento escrito ou verbal da sociedade, sendo neste último caso reduzido a auto, do qual deve, em especial, constar:

a) A identificação do sócio exonerando a notificar;

b) A intenção da sociedade de adquirir ou fazer adquirir por terceiro a participação social do sócio, em virtude do exercício por este último do seu direito à exoneração da sociedade;

c) O pedido de fixação da data da celebração do contrato e de notificação do sócio exonerando quanto a tal data.

3 – No prazo de três dias, a conservatória procede à notificação do sócio exonerando, através de carta registada, da qual, para além das menções resultantes do disposto no número anterior, deve constar a cominação de que a não comparência do sócio para efeitos da celebração do contrato na data fixada, sem motivo justificado, determina a perda do seu direito à exoneração da sociedade.

CÓDIGO DO REGISTO COMERCIAL   [DL n.º 403/86]   229

4 – A justificação da não comparência do sócio com base em motivo devidamente comprovado deve ser apresentada no prazo máximo de cinco dias a contar da data fixada para a celebração do contrato.

5 – Se o sócio exonerando não comparecer na data fixada e apresentar a justificação a que se refere o número anterior, nos termos e prazo nele indicados, a conservatória, no prazo indicado no n.º 3, procede à fixação de nova data para a celebração do contrato e notifica-a ao sócio exonerando e à sociedade.

6 – Se na data inicialmente fixada ou, caso se verifique a circunstância prevista no número anterior, na nova data fixada o sócio exonerando não comparecer e não apresentar justificação do facto, nos termos e prazo previstos no n.º 4, a conservatória faz constar do certificado referido no n.º 1 a verificação da perda do direito à exoneração por parte do sócio, por motivo que lhe é imputável.

ART. 37.º (Empresas públicas) – O registo da constituição de empresas públicas efectua-se em face do decreto que a determinou.

ART. 38.º (Agrupamento complementar de empresas) *(Revogado.)*

ART. 39.º (Agrupamento europeu de interesse económico) *(Revogado.)*

ART. 40.º (Representações sociais) – 1 – O registo das representações permanentes de sociedades com sede principal e efectiva em Portugal é feito em face de documento comprovativo da deliberação social que a estabeleça.

2 – O registo das representações permanentes de sociedades com sede principal e efectiva no estrangeiro é feito em face de documento comprovativo da deliberação social que a estabeleça, do texto completo e actualizado do contrato de sociedade e de documento que comprove a existência jurídica deste.

3 – O disposto nos números anteriores é aplicável, com as necessárias adaptações, a outras pessoas colectivas de tipo correspondente a qualquer das abrangidas por este diploma.

ART. 41.º (Estabelecimento individual de responsabilidade limitada) *(Revogado.)*

ART. 42.º (Prestação de contas) – 1 – O registo da prestação de contas consiste no depósito, por transmissão electrónica de dados e de acordo com os modelos oficiais previstos em legislação especial, da informação constante dos seguintes documentos:

a) Acta de aprovação das contas do exercício e da aplicação dos resultados;
b) Balanço, demonstração de resultados e anexo ao balanço e demonstração de resultados;
c) Certificação legal das contas;
d) Parecer do órgão de fiscalização, quando exista.

2 – O registo da prestação de contas consolidadas consiste no depósito, por transmissão electrónica de dados e de acordo com os modelos oficiais previstos em legislação especial, da informação constante dos seguintes documentos:

a) Acta da deliberação de aprovação das contas consolidadas do exercício, de onde conste o montante dos resultados consolidados;
b) Balanço consolidado, demonstração consolidada dos resultados e anexo;
c) Certificação legal das contas consolidadas;
d) Parecer do órgão de fiscalização, quando exista.

3 – Relativamente as empresas públicas, a informação respeitante à deliberação da assembleia geral é substituída pela informação referente aos despachos de aprovação do ministro das Finanças e do ministro da tutela e a respeitante à certificação legal das contas é substituída pela referente ao parecer da Inspecção-Geral de Finanças.

4 – *(Revogado.)*
5 – *(Revogado.)*

6 – Relativamente às representações permanentes em Portugal de sociedades com sede no estrangeiro, a acta de aprovação é substituída por declaração da entidade representada, de onde conste que os documentos referidos no n.º 1 lhe foram apresentados.

7 – O acesso por meios electrónicos, nos termos legalmente previstos, à informação constante dos documentos referidos nos n.ºs 1 e 2, substitui, para todos os efeitos legais, os correspondentes documentos em suporte de papel.

ART. 43.º (Registo provisório de acção e de procedimento cautelar) – 1 – Os registos provisórios de acção e o de procedimento cautelar de suspensão de deliberações sociais são feitos com base em certidão de teor do articulado ou em duplicado deste, acompanhado de prova da sua apresentação a juízo.

2 – Se a apresentação for feita pelo mandatário judicial é suficiente a entrega da cópia do articulado e de declaração da sua prévia ou simultânea apresentação em juízo com indicação da respectiva data.

ART. 44.º (Cancelamento do registo provisório) – 1 – O cancelamento dos registos provisórios por dúvidas é feito com base em declaração do respectivo titular.

2 – A assinatura do declarante deve ser reconhecida presencialmente se não for feita na presença do funcionário da conservatória competente para o registo.

3 – No caso de existirem registos dependentes dos registos referidos no n.º 1 deste artigo é igualmente necessário o consentimento dos respectivos titulares, prestado em declaração com idêntica formalidade.

230   [DL n.º 403/86]   REGISTOS

4 – O cancelamento do registo provisório de acção e de procedimento cautelar é feito com base em certidão da decisão transitada em julgado que absolva o réu do pedido ou da instância, a julgue extinta ou a declare interrompida, se o serviço de registo não conseguir aceder à informação necessária por meios electrónicos.

ART. 45.º (Anotação de apresentação) – 1 – A apresentação de documentos para registo pode ser feita pessoalmente, pelo correio ou ainda por via electrónica, nos termos a regulamentar por portaria do membro do Governo responsável pela área da justiça.

2 – Os documentos apresentados pessoalmente são anotados pela ordem de entrega dos pedidos.

3 – *(Revogado.)*

4 – Os documentos apresentados pelo correio são anotados com a observação de «correspondência» no dia da recepção e imediatamente após a última apresentação pessoal.

5 – A ordem de anotação dos documentos apresentados por via electrónica é fixada pela portaria referida no n.º 1.

6 – O pedido de registo por depósito não está sujeito a anotação de apresentação, sem prejuízo da aplicação das regras constantes nos números anteriores à ordenação dos pedidos.

ART. 45.º-A (Omissão de anotação de apresentações) – Sempre que ocorra uma omissão de anotação de apresentação de pedidos de registo relativamente à mesma requisição, as apresentações omitidas são anotadas no dia em que a omissão for constatada, fazendo-se referência a esta e ao respectivo suprimento no dia a que respeita, ficando salvaguardados os efeitos dos registos entretanto apresentados.

ART. 46.º (Rejeição da apresentação ou do pedido) – 1 – A apresentação deve ser rejeitada:

a) Quando o requerimento não respeitar o modelo aprovado, quando tal for exigível;

b) Quando não forem pagas as quantias que se mostrem devidas;

c) Quando a entidade objecto de registo não tiver número de identificação de pessoa colectiva atribuído.

2 – O pedido de registo por depósito deve ser rejeitado:

a) Nas situações referidas no número anterior;

b) Se o requerente não tiver legitimidade para requerer o registo;

c) Quando não se mostre efectuado o primeiro registo da entidade, nos termos previstos no artigo 61.º;

d) Quando o facto não estiver sujeito a registo.

3 – Verificada a existência de causa de rejeição de registo por transcrição ou por depósito, é feita a apresentação do pedido no diário ou feita menção do pedido com os elementos disponíveis.

4 – O disposto no número anterior não se aplica às situações previstas na alínea *c)* do n.º 1.

5 – A rejeição da apresentação ou do pedido deve ser fundamentada em despacho a notificar ao interessado, para efeitos de impugnação, nos termos do disposto nos artigos 101.º e seguintes, aplicando-se-lhe, com as devidas adaptações, as disposições relativas à recusa.

6 – Nos casos em que a entidade se encontre registada sem número de identificação de pessoa colectiva atribuído, a conservatória comunica tal facto ao Registo Nacional de Pessoas Colectivas de modo que se proceda, no próprio dia, à inscrição da entidade no ficheiro central de pessoas colectivas.

7 – A verificação das causas de rejeição previstas no n.º 2 pode efectuar-se até à realização do registo.

ART. 47.º (Princípio da legalidade) – A viabilidade do pedido de registo a efectuar por transcrição deve ser apreciada em face das disposições legais aplicáveis, dos documentos apresentados e dos registos anteriores, verificando-se especialmente a legitimidade dos interessados, a regularidade formal dos títulos e a validade dos actos neles contidos.

ART. 48.º (Recusa do registo) – 1 – O registo por transcrição deve ser recusado nos seguintes casos:

a) (Revogada.)

b) Quando for manifesto que o facto não está titulado nos documentos apresentados;

c) Quando se verifique que o facto constante do documento já está registado ou não está sujeito a registo;

d) Quando for manifesta a nulidade do facto;

e) Quando o registo já tiver sido lavrado como provisório por dúvidas e estas não se mostrem removidas;

f) (Revogada.)

g) (Revogada.)

2 – Além dos casos previstos no número anterior, o registo só pode ser recusado se, por falta de elementos ou pela natureza do acto, não puder ser feito como provisório por dúvidas.

ART. 49.º (Registo provisório por dúvidas) – Se as deficiências do processo de registo não forem sanadas nos termos do artigo 52.º, o registo por transcrição deve ser feito provisoriamente por dúvidas quando existam motivos que obstem ao registo do acto tal como é pedido que não sejam fundamento de recusa.

ART. 50.º (Despachos de recusa e de provisoriedade) – 1 – Os despachos de recusa e de provisoriedade por dúvidas são efectuados pela ordem de apresentação dos respectivos pedidos de registo, salvo quando deva ser aplicado o mecanismo do suprimento de deficiências, nos termos do artigo 52.º, e são notificados aos interessados nos dois dias seguintes.

2 – Salvo nos casos previstos nas alíneas *a), c)* e *n)* do n.º 1 do artigo 64.º, a qualificação do registo como provisório por natureza é notificada aos interessados no prazo previsto no número anterior.

3 – A data da notificação prevista nos números anteriores é anotada na ficha.

CÓDIGO DO REGISTO COMERCIAL   [DL n.º 403/86]   231

ART. 51.º (Obrigações fiscais) – 1 – Nenhum acto sujeito a encargos de natureza fiscal pode ser definitivamente registado sem que se mostrem pagos ou assegurados os direitos do Fisco.

2 – Não está sujeita à apreciação do funcionário competente para o registo a correcção da liquidação de encargos fiscais feita nas repartições de finanças.

3 – Presume-se assegurado o pagamento dos direitos correspondentes a qualquer transmissão desde que tenham decorrido os prazos de caducidade da liquidação ou de prescrição previstos nas leis fiscais.

4 – A verificação do cumprimento de obrigações fiscais relativamente a factos que devam ser registados por depósito não compete às conservatórias.

ART. 52.º (Suprimento das deficiências) – 1 – Sempre que possível, as deficiências do processo de registo por transcrição devem ser supridas oficiosamente com base nos documentos apresentados ou já existentes no serviço de registo ou por acesso directo à informação constante de bases de dados das entidades ou serviços da Administração Pública.

2 – Não sendo possível o suprimento das deficiências, nos termos previstos no número anterior, e tratando-se de deficiência que não envolva novo pedido de registo nem constitua motivo de recusa nos termos das alíneas *c*) e *e*) do n.º 1 do artigo 48.º, o serviço de registo competente comunica este facto ao interessado, por qualquer meio idóneo, para que este, no prazo de cinco dias, proceda a tal suprimento, sob pena de o registo ser lavrado como provisório ou recusado.

3 – O registo não é lavrado provisoriamente ou recusado se as deficiências em causa respeitarem à omissão de documentos a emitir pelas entidades referidas no n.º 1 e a informação deles constante não puder ser obtida nos termos aí previstos, caso em que o serviço de registo competente deve solicitar esses documentos directamente às entidades ou serviços da Administração Pública.

4 – A conservatória é reembolsada pelo apresentante das despesas resultantes dos pagamentos devidos às entidades referidas no número anterior.

5 – A falta de apresentação do título que constitua motivo de recusa, nos termos da alínea *b*) do n.º 1 do artigo 48.º pode ser suprida, com observância dos números anteriores, desde que o facto sujeito a registo seja anterior à data da apresentação.

6 – Se, nos termos do número anterior, o registo for recusado porque o facto é posterior à data da apresentação, deve ser efectuada nova apresentação imediatamente após a última apresentação pessoal do dia em que foi efectuado o despacho de recusa, transferindo-se a totalidade dos emolumentos pagos na primeira apresentação.

ART. 53.º (Desistência) – A apresentação de pedido de desistência de um registo e dos que dele dependam só pode ser aceite no caso de deficiência que motive recusa ou se for junto documento comprovativo da extinção do facto desde que o pedido de desistência seja apresentado antes da assinatura do registo.

CAPÍTULO IV — Actos de registo

ART. 53.º-A (Formas de registo) – 1 – Os registos são efectuados por transcrição ou depósito.

2 – O registo por transcrição consiste na extractação dos elementos que definem a situação jurídica das entidades sujeitas a registo constantes dos documentos apresentados.

3 – Sem prejuízo dos regimes especiais de depósito de prestação de contas, o registo por depósito consiste no mero arquivamento dos documentos que titulam factos sujeitos a registo.

4 – (*Revogado.*)

5 – São registados por depósito:

a) Os factos mencionados nas alíneas *b*) a *l*), *n*), *p*), *q*), *u*), *v*) e *z*) do n.º 1 do artigo 3.º, salvo o registo do projecto de constituição de sociedade anónima europeia gestora de participações sociais, bem como o da verificação das condições de que depende a sua constituição;

h) Os factos referidos nas alíneas *b*), *c*) e *e*) do n.º 2 do artigo 3.º;

c) Os factos constantes das alíneas *b*) e *d*) do artigo 5.º;

d) O facto mencionado na alínea *b*) do artigo 6.º;

e) O facto referido na alínea *g*) do artigo 7.º;

f) O facto constante da alínea *e*) do artigo 8.º;

g) Os factos constantes do artigo 9.º se respeitarem a factos que estão sujeitos a registo por depósito;

h) Os factos mencionados nas alíneas *a*), *d*) e *e*) do artigo 10.º;

i) Todos os factos que por lei especial estejam sujeitos a depósito.

6 – Os suportes, processo e conteúdo dos registos são regulamentados por membro do Governo responsável pela área da justiça.

ART. 54.º (Prazo e ordem dos registos) – 1 – O registo por transcrição é efectuado no prazo de 10 dias e pela ordem de anotação no diário, salvo nos casos de urgência e de suprimento de deficiências, nos termos do artigo 52.º.

2 – No caso de o apresentante requerer urgência, o registo deve ser efectuado no prazo máximo de um dia útil, podendo o funcionário proceder à feitura do registo sem subordinação à ordem da anotação, mas sem prejuízo da dependência dos actos.

3 – A menção na ficha do registo por depósito é efectuada no próprio dia em que for pedido.

232 [DL n.º 403/86]   REGISTOS

ART. 55.º (Âmbito e data do registo) – 1 – O registo por transcrição compreende a matrícula das entidades sujeitas a registo, bem como as inscrições, averbamentos e anotações de factos a elas respeitantes.

2 – Sem prejuízo do disposto no número seguinte, o registo por depósito abrange os documentos arquivados e a respectiva menção na ficha de registo.

3 – O registo por depósito dos factos relativos a participações sociais e respectivos titulares pode ser efectuado de modo diverso do previsto no número anterior, nos termos a definir por portaria do Ministro da Justiça.

4 – A data do registo por transcrição é a da apresentação ou, se desta não depender, a data em que tiver lugar.

5 – A data do registo por depósito é a do respectivo pedido.

6 – Para efeitos do disposto no número anterior, a data do pedido de registo da prestação de contas é a do respectivo pagamento por via electrónica.

ART. 55.º-A (Funcionário competente para o registo) – 1 – O funcionário competente para o registo é o conservador ou o seu substituto legal, quando em exercício, sem prejuízo do disposto no número seguinte.

2 – Os oficiais dos registos têm competência para os seguintes actos de registo:

a) Os previstos nas alíneas *m)*, *o)* e *s)* do n.º 1 do artigo 3.º;

b) O referido na alínea *b)* do artigo 4.º;

c) O previsto na alínea *c)* do artigo 5.º e a designação e cessação de funções dos liquidatários das empresas públicas;

d) O mencionado na alínea *c)* do artigo 6.º;

e) Os referidos nas alíneas *d)* e *i)* do artigo 7.º;

f) Os previstos nas alíneas *d)* e *h)* do artigo 8.º;

g) As alterações ao contrato ou aos estatutos;

h) Os registos por depósito;

i) Outros actos de registo para os quais o conservador lhes tenha delegado competência.

3 – Os oficiais dos registos têm ainda competência para a extractação de actos de registo.

4 – A menção de depósito pode ser efectuada pelo próprio requerente quando o pedido seja entregue por via electrónica, nos termos de portaria do Ministro da Justiça.

ART. 56.º (Suportes documentais) *(Revogado.)*

ART. 57.º (Organização do arquivo) – 1 – A cada entidade sujeita a registo é destinada uma pasta, guardada na conservatória situada no concelho da respectiva sede, onde são arquivados todos os documentos respeitantes aos actos submetidos a registo.

2 – Por despacho do director-geral dos Registos e do Notariado pode ser determinado o arquivo dos documentos em suporte electrónico, em substituição do arquivo previsto no número anterior.

3 – Os documentos arquivados em suporte electrónico referidos no número anterior têm a força probatória dos originais.

ART. 58.º (Línguas e termos) – 1 – Os actos de registo referidos no n.º 1 do artigo 55.º são efectuados em suporte informático.

2 – As inscrições e averbamentos são efectuados por extracto e deles decorre a matrícula.

3 – Quando solicitada, a informação constante do registo comecial é disponibilizada através de certidão permanente em língua inglesa ou noutras línguas estrangeiras determinadas por despacho do presidente do Instituto dos Registos e do Notariado, I. P.

4 – Para os efeitos previstos no número anterior, a informação disponibilizada em língua estrangeira tem efeitos jurídicos equivalentes à informação disponibilizada em língua portuguesa.

ART. 59.º (Arquivo de documentos) – 1 – Os documentos que servem de base ao registo lavrado por transcrição são obrigatoriamente arquivados.

2 – Relativamente a cada alteração do contrato de sociedade deve ser apresentado, para arquivo, o texto completo do contrato alterado, na sua redacção actualizada.

ART. 60.º (Natureza do depósito) *(Revogado.)*

ART. 61.º (Primeiro registo) – 1 – Nenhum facto referente a comerciante individual, pessoa colectiva sujeita a registo ou estabelecimento individual de responsabilidade limitada pode ser registado sem que se mostre efectuado o registo do início de actividade do comerciante individual ou da constituição da pessoa colectiva ou do estabelecimento de responsabilidade limitada.

2 – O disposto no número anterior não é aplicável aos registos decorrentes do processo de insolvência.

3 – No caso de transferência da sede de sociedade anónima europeia para Portugal, o primeiro registo referente a essa sociedade é o da alteração dos estatutos decorrente de tal transferência, sem prejuízo do disposto no número anterior quanto aos registos decorrentes do processo de insolvência.

4 – Do primeiro registo decorre a matrícula do comerciante individual, da pessoa colectiva ou do estabelecimento individual de responsabilidade limitada.

CÓDIGO DO REGISTO COMERCIAL [DL n.º 403/86] 233

ART. 62.º (Matrícula) – 1 – A matrícula destina-se à identificação da entidade sujeita a registo.

2 – A cada entidade sujeita a registo corresponde uma só matrícula.

3 – Os elementos constantes da matrícula e a sua correspondente actualização ou rectificação resultam dos registos que sobre ela incidem.

4 – A matrícula é aberta com carácter definitivo, independentemente da qualificação atribuída ao registo que origina a sua abertura.

5 – A actualização ou rectificação dos elementos da matrícula só pode decorrer de registo definitivo que publicite tais factos.

ART. 62.º-A (Cancelamento da matrícula) – A matrícula é oficiosamente cancelada, por meio de inscrição:

a) Com o registo definitivo de factos que tenham por efeito a extinção da entidade registada;

b) Se a conversão em definitivo do registo provisório, na dependência do qual foi aberta, não se efectuar dentro do prazo legal;

c) Se aberta na dependência de um acto recusado, se o despacho de qualificação não tiver sido impugnado no prazo legal ou, tendo-o sido, se se verificar algum dos factos previstos no n.º 2 do artigo 111.º;

d) Com o registo definitivo de transferência de sede para o estrangeiro.

ART. 63.º (Inscrições) – As inscrições extractam dos documentos depositados os elementos que definem a situação jurídica dos comerciantes individuais, das pessoas colectivas e dos estabelecimentos individuais de responsabilidade limitada.

ART. 64.º (Inscrições provisórias por natureza) – 1 – São provisórias por natureza as seguintes inscrições:

a) De constituição de sociedades antes de titulado o contrato;

b) De constituição de sociedades dependente de alguma autorização especial, antes da concessão desta;

c) De constituição provisória de sociedades anónimas com apelo a subscrição pública de acções;

d) *(Revogada.)*

e) De declaração de insolvência ou de indeferimento do respectivo pedido, antes do trânsito em julgado da sentença;

f) *(Revogada.)*

g) *(Revogada.)*

h) *(Revogada.)*

i) *(Revogada.)*

j) De negócio celebrado por gestor ou por procurador sem poderes suficientes, antes da ratificação;

l) *(Revogada.)*

m) *(Revogada.)*

n) De acções judiciais.

2 – São ainda provisórias por natureza as inscrições:

a) *(Revogada.)*

b) Dependentes de qualquer registo provisório ou que com ele sejam incompatíveis;

c) Que, em reclamação contra a reforma de livros e fichas, se alega terem sido omitidas;

d) Efectuadas na pendência de recurso hierárquico ou impugnação judicial da recusa do registo ou enquanto não decorrer o prazo para a sua interposição.

ART. 65.º (Prazos especiais de vigência) – 1 – É de um ano o prazo de vigência das inscrições provisórias referidas nas alíneas *a)* a *c)* do n.º 1 do artigo anterior.

2 – As inscrições referidas nas alíneas *e)* do n.º 1 e *c)* do n.º 2 do artigo anterior, se não forem também provisórias com outro fundamento, mantêm-se em vigor pelo prazo de cinco anos, renovável por períodos de igual duração, mediante prova de subsistência da razão da provisoriedade.

3 – As inscrições referidas na alínea *n)* do n.º 1 do artigo anterior não estão sujeitas a qualquer prazo de caducidade.

4 – As inscrições referidas na alínea *b)* do n.º 2 do artigo anterior mantêm-se em vigor pelo prazo do registo de que dependem ou com o qual colidem, salvo se antes caducarem por outra razão, e a conversão do registo em definitivo determina a conversão oficiosa das inscrições dependentes ou a caducidade das inscrições incompatíveis, sendo que o cancelamento ou a caducidade do registo provisório determina a conversão oficiosa da inscrição incompatível.

5 – Sem prejuízo do disposto no artigo 112.º, as inscrições referidas na alínea *d)* do n.º 2 do artigo anterior mantêm-se em vigor nos termos previstos no n.º 2, salvo se antes caducarem por outra razão.

ART. 66.º (Unidade de inscrição) – 1 – Todas as alterações do contrato ou acto constitutivo da pessoa colectiva ou estabelecimento individual de responsabilidade limitada dão lugar a uma só inscrição desde que constem do mesmo título.

2 – A nomeação ou recondução dos gerentes, administradores, directores, membros do órgão de fiscalização, liquidatários e secretários da sociedade feita no título constitutivo da pessoa colectiva ou estabelecimento individual de responsabilidade limitada ou da sua alteração não tem inscrição autónoma, devendo constar, consoante os casos, da inscrição do acto constitutivo ou da sua alteração.

234 [DL n.º 403/86]   REGISTOS

3 – A nomeação de administrador judicial da insolvência, a atribuição ao devedor da administração da massa insolvente e a proibição ao devedor administrador da prática de certos actos sem o consentimento do administrador judicial, quando determinadas simultaneamente com a declaração de insolvência, não têm inscrição autónoma, devendo constar da inscrição que publicita este último facto; a inscrição conjunta é também feita em relação aos factos referidos que sejam determinados simultaneamente em momento posterior àquela declaração.

4 – A nomeação de curador ao comerciante individual insolvente, quando efectuada na sentença de inabilitação daquele, é registada na inscrição respeitante a este último facto.

5 – A cumulação prevista nos números anteriores só é permitida se a qualificação dos actos for a mesma.

ART. 67.º (Factos constituídos com outros sujeitos a registo) – 1 – *(Revogado.)*

2 – O registo da decisão de encerramento do processo de insolvência, quando respeitante a sociedade comercial ou sociedade civil sob forma comercial, determina a realização oficiosa:

a) Do registo de regresso à actividade da sociedade, quando o encerramento do processo se baseou na homologação de um plano de insolvência que preveja a continuidade daquela;

b) Do cancelamento da matrícula da sociedade, nos casos em que o encerramento do processo foi declarado após a realização do rateio final.

ART. 67.º-A (Registo da fusão) — 1 – O registo da fusão interna na entidade incorporante ou o registo da nova entidade resultante da fusão interna determina a realização oficiosa do registo da fusão nas entidades incorporadas ou fundidas na nova entidade.

2 – No caso do registo da fusão transfronteiriça, aplica-se o disposto no número anterior às sociedades participantes na fusão que tenham sede em território nacional.

3 – O serviço que efectue o registo de fusão transfronteiriça notifica desse facto e do consequente início de produção de efeitos da fusão os serviços de registo competentes dos Estados membros da União Europeia onde estejam sediadas sociedades participantes.

4 – A recepção por qualquer serviço de registo comercial de notificação do início da produção de efeitos de fusão transfronteiriça, efectuada por serviço de registo competente de Estado membro da União Europeia, determina a realização oficiosa do registo da fusão transfronteiriça nas sociedades participantes na fusão que estejam sediadas em território nacional.

ART. 68.º (Alteração das inscrições) – A inscrição pode ser actualizada ou rectificada por averbamento.

ART. 69.º (Factos a averbar) – 1 – São registados por averbamento às inscrições a que respeitam os seguintes factos:

a) (Revogada.)
b) (Revogada.)
c) (Revogada.)
d) (Revogada.)
e) (Revogada.)
f) (Revogada.)
g) (Revogada.)
h) (Revogada.)
i) (Revogada.)
j) (Revogada.)

l) A recondução ou cessação de funções de gerentes, administradores, directores, representantes e liquidatários;

m) (Revogada.)
n) (Revogada.)
o) (Revogada.)
p) (Revogada.)

q) A cessação de funções do administrador judicial e do administrador judicial provisório da insolvência;

r) A decisão judicial de proibição ao devedor insolvente da prática de certos actos sem o consentimento do administrador da insolvência, quando tal proibição não for determinada conjuntamente com a atribuição ao devedor da administração da massa insolvente;

s) A decisão judicial que ponha termo à administração da massa insolvente pelo devedor;

t) A decisão judicial de cessação antecipada do procedimento de exoneração do passivo restante de comerciante individual e a de revogação dessa exoneração;

u) A decisão judicial de confirmação do fim do período de fiscalização incidente sobre a execução de plano de insolvência;

v) A declaração de perda do direito ao uso de firma ou denominação.

2 – São igualmente registados nos termos do número anterior:

a) (Revogada.)
b) A decisão final das acções inscritas;
c) A conversão em definitivos, no todo ou em parte, dos registos provisórios;
d) A renovação dos registos;

CÓDIGO DO REGISTO COMERCIAL [DL n.º 403/86] 235

e) A nomeação de terceiro ou a sua não nomeação em contrato para pessoa a nomear;
f) O cancelamento, total ou parcial, dos registos.
3 – Podem ser feitos provisoriamente por dúvidas os averbamentos referidos no n.º 1.
4 – A conversão em definitiva da inscrição de acção em que se julgue modificado ou extinto um facto registado, ou se declare nulo ou anulado um registo, determina o correspondente averbamento oficioso de alteração
ou cancelamento.
5 – O trânsito em julgado da sentença prevista na alínea *e)* do n.º 1 do artigo 64.º determina o averbamento
de conversão em definitivo do correspondente registo.
6 – As decisões judiciais previstas na alínea *s)* do n.º 1 são averbadas, respectivamente, à inscrição do despacho inicial de exoneração do passivo restante e à do despacho final que determine essa exoneração.
7 – A decisão judicial prevista na alínea *t)* do n.º 1 é averbada à inscrição da decisão de encerramento do
processo de insolvência que publicite a sujeição da execução de plano de insolvência a fiscalização.

ART. 70.º (Publicações obrigatórias) – 1 – É obrigatória a publicação dos seguintes actos de registo:
a) Os previstos no artigo 3.º, quando respeitem a sociedades por quotas, anónimas ou em comandita por
acções, desde que sujeitas a registo obrigatório, salvo os das alíneas *c)*, *e)*, *f)* e *i)* do n.º 1;
b) Os previstos nos artigos 4.º, 6.º, 7.º e 8.º;
c) *(Revogada.)*
d) Os previstos nas alíneas *c)*, *d)* e *h)* do artigo 9.º;
e) Os previstos nas alíneas *c)* e *d)* do artigo 10.º;
f) O averbamento de cancelamento a que se refere o n.º 2 do artigo 27.º.
2 – As publicações referidas no número anterior devem ser feitas em sítio na Internet de acesso público,
regulado por portaria do Ministro da Justiça, no qual a informação objecto de publicidade possa ser acedida,
designadamente por ordem cronológica.
3 – Pelas publicações é devida uma taxa que constitui receita do serviço incumbido da manutenção do sítio
referido no número anterior.
4 – A constituição e o encerramento da liquidação de um agrupamento europeu de interesse económico,
bem como os factos cujo registo determina a abertura ou o cancelamento da matrícula de uma sociedade anónima europeia, são publicados no *Jornal Oficial da União Europeia* após a publicação referida no n.º 2.
5 – *(Revogado.)*

ART. 71.º (Oficiosidade da publicação) – 1 – Efectuado o registo, a conservatória deve promover, imediatamente e a expensas do interessado, as respectivas publicações.
2 – As publicações a que se refere o n.º 4 do artigo anterior são promovidas no prazo de cinco dias a contar
do registo.
3 – As publicações efectuam-se com base nos dados transmitidos por via electrónica entre a conservatória e
a Direcção-Geral dos Registos e do Notariado e, apenas nos casos em que este meio não esteja disponível, com
base em certidões passadas na conservatória ou com base em certidões passadas em cartório notarial ou tribunal judicial e juntas ao pedido de registo, as quais devem ser remetidas à Direcção-Geral dos Registos e do
Notariado, no prazo previsto no n.º 1, por via postal ou ainda por telecópia ou por correio electrónico, nos
termos do n.º 1 do artigo 2.º e do artigo 4.º do Decreto-Lei n.º 66/2005, de 15 de Março, aplicáveis com as
necessárias adaptações.
4 – As certidões emitidas pelas conservatórias para efeitos das publicações referidas no n.º 4 do artigo anterior devem conter as indicações cuja publicitação é exigida pela legislação comunitária aplicável.
5 – As publicações devem ser anotadas na ficha de registo, sendo competentes para a sua assinatura o conservador e qualquer oficial dos registos.

ART. 72.º (Modalidades das publicações) – 1 – Das publicações devem constar as menções obrigatórias do
registo.
2 – A publicação do contrato ou do estatuto por que se rege a pessoa colectiva, bem como das respectivas
alterações, é efectuada nos termos do número anterior, com a menção especial do depósito do texto actualizado do contrato ou estatuto.
3 – Os documentos de prestação de contas das sociedades abertas que não tenham valores mobiliários
admitidos à negociação em mercado regulamentado e a acta de encerramento da liquidação destas sociedades
são publicados integralmente.
4 – A publicação da informação constante dos documentos de prestação de contas de outras sociedades
que não as referidas no número anterior não inclui a certificação legal das contas, mas é nelas divulgado:
a) Se o parecer de revisão traduz uma opinião sem reservas ou com reservas, se é emitida uma opinião
adversa ou se o revisor oficial de contas não está em condições de exprimir uma opinião de revisão;
b) Se no documento de certificação legal das contas é feita referência a qualquer questão para a qual o
revisor oficial de contas tenha chamado a atenção com ênfase, sem qualificar a opinião de revisão.
5 – *(Revogado.)*

ART. 72.º-A (Comunicações obrigatórias) — 1 – É oficiosa e gratuitamente comunicado, por via electrónica, o conteúdo dos seguintes actos de registo aos serviços da administração tributária e da segurança social:
a) A inscrição no registo comercial;

236   [DL n.º 403/86]   REGISTOS

b) As alterações aos estatutos quanto à natureza jurídica, à firma, ao nome ou à denominação, à sede ou à localização de estabelecimento principal, ao capital e ao objecto;

c) A designação e cessação de funções, por qualquer causa que não seja o decurso do tempo, dos órgãos de administração e fiscalização;

d) A fusão e a cisão;

e) A designação e cessação de funções, anterior ao encerramento da liquidação, de liquidatários;

f) A nomeação e destituição do administrador de insolvência;

g) A dissolução e o encerramento da liquidação.

2 – Para os efeitos do disposto na alínea *g)* do número anterior, no momento do registo do encerramento da liquidação deve ser obrigatoriamente indicado o representante da entidade para efeitos tributários, nos termos do n.º 4 do artigo 19.º do Decreto-Lei n.º 398/98, de 17 de Dezembro.

3 – As comunicações obrigatórias efectuadas nos termos dos números anteriores determinam que os serviços da administração tributária e da segurança social não podem exigir a apresentação das respectivas declarações.

CAPÍTULO V — Publicidade e prova do registo

Secção I — PUBLICIDADE

ART. 73.º (Carácter público do registo) – 1 – Qualquer pessoa pode pedir certidões dos actos de registo e dos documentos arquivados, bem como obter informações verbais ou escritas sobre o conteúdo de uns e outros.

2 – Para efeitos do disposto no número anterior, apenas os funcionários podem consultar os suportes documentais e de registo, de harmonia com as indicações dadas pelos interessados.

ART. 74.º (Cópias não certificadas) – 1 – Podem ser passadas cópias integrais ou parciais não certificadas, com o valor de informação, dos registos e despachos e de quaisquer documentos.

2 – Nas cópias referidas no número anterior deve ser aposta a menção «cópia não certificada».

ART. 74.º-A (Certificado prévio à fusão transfronteiriça) — 1 – A emissão do certificado ou dos certificados comprovativos do cumprimento dos actos e formalidades prévias à fusão transfronteiriça, relativamente à sociedade ou às sociedades participantes com sede em território nacional, pode ser solicitada, após o registo do respectivo projecto, em qualquer serviço de registo com competência para a prática de actos de registo comercial.

2 – O pedido de emissão do certificado previsto no número anterior deve ser instruído com o projecto de fusão e os relatórios de órgãos sociais e de peritos que, no caso, devam existir.

3 – A apresentação dos documentos referidos no número anterior é dispensada sempre que estes se encontrem arquivados em serviço de registo nacional.

Secção II — MEIOS DE PROVA

ART. 75.º (Meios de prova) – 1 – O registo prova-se por meio de certidão.

2 – A validade das certidões de registo é de um ano, podendo ser prorrogada por períodos sucessivos de igual duração, através de confirmação pela conservatória.

3 – As certidões podem ser disponibilizadas em suporte electrónico, em termos a definir por portaria do Ministro da Justiça.

4 – As certidões disponibilizadas nos termos do número anterior fazem prova para todos os efeitos legais e perante qualquer autoridade pública ou entidade privada, nos mesmos termos da correspondente versão em suporte de papel.

5 – Faz igualmente prova para todos os efeitos legais e perante qualquer autoridade pública ou entidade privada a disponibilização da informação constante da certidão em sítio da Internet, em termos a definir por portaria do Ministro da Justiça.

6 – Por cada processo de registo é entregue ou enviada ao requerente uma certidão gratuita de todos os registos em vigor respeitantes à entidade em causa, salvo se o requerente optar pela disponibilização gratuita, pelo período de um ano, do serviço referido no número anterior.

7 – Sem prejuízo do disposto na parte final do número anterior, por cada processo de registo é disponibilizado, gratuitamente e pelo período de três meses, o serviço referido no n.º 5.

ART. 76.º (Competência para a emissão) – 1 – As certidões e as cópias não certificadas de registos podem ser emitidas e confirmadas por qualquer conservatória.

2 – As certidões negativas de registos e as certidões de documentos ou despachos apenas podem ser emitidas pela conservatória competente para o registo.

3 – Para a emissão dos documentos referidos nos números anteriores é competente o conservador e qualquer oficial dos registos.

ART. 77.º (Requisição de certidões) – 1 – As certidões podem ser requisitadas verbalmente ou por escrito, em termos a definir por portaria do Ministro da Justiça.

2 – Os modelos dos requerimentos de certidões que possam ser requisitadas por escrito são aprovados por despacho do director-geral dos Registos e do Notariado.

CÓDIGO DO REGISTO COMERCIAL   [DL n.º 403/86] 237

3 – As requisições de certidões podem ser entregues na conservatória ou enviadas pelo correio ou ainda por via electrónica, nos termos previstos em diploma próprio.

4 – Os pedidos de certidão de registo devem conter, além da identificação do requerente, o número de matrícula da entidade ou, nos casos de certidão negativa, o nome ou firma da entidade.

ART. 78.º (Conteúdo das certidões de registo) – As certidões de registo devem conter:

a) A reprodução dos registos em vigor respeitantes à entidade em causa, salvo se tiverem sido pedidas com referência a todos os actos de registo;

b) A menção das apresentações e dos pedidos de registo pendentes sobre a entidade em causa;

c) As irregularidades ou deficiências de registo não rectificadas.

ART. 78.º-A (Emissão de certidões) – 1 – As certidões são emitidas imediatamente após a recepção do requerimento.

2 – Sem prejuízo de outros fundamentos de recusa de emissão de certidão previstos na lei, a emissão da certidão deve ser recusada nos casos seguintes:

a) Se o requerimento não contiver os elementos previstos no n.º 4 do artigo 77.º;

b) Se a entidade não estiver sujeita a registo.

Secção III — **BASES DE DADOS DO REGISTO COMERCIAL**

ART. 78.º-B (Finalidade da base de dados) – A base de dados do registo comercial tem por finalidade organizar e manter actualizada a informação respeitante à situação jurídica das entidades sujeitas a tal registo com vista à segurança do comércio jurídico, nos termos e para os efeitos previstos na lei, não podendo ser utilizada para qualquer outra finalidade com aquela incompatível.

ART. 78.º-C (Entidade responsável pelo tratamento da base de dados) – 1 – O director-geral dos Registos e do Notariado é o responsável pelo tratamento da base de dados, nos termos e para os efeitos definidos na alínea *d)* do artigo 3.º da Lei n.º 67/98, de 26 de Outubro, sem prejuízo da responsabilidade que, nos termos da lei, é atribuída aos conservadores.

2 – Cabe ao director-geral dos Registos e do Notariado assegurar o direito de informação e de acesso aos dados pelos respectivos titulares, a correcção de inexactidões, o completamento de omissões e a supressão de dados indevidamente registados, bem como velar pela legalidade da consulta ou comunicação da informação.

ART. 78.º-D (Dados recolhidos) – 1 – São recolhidos para tratamento automatizado os dados pessoais referentes a:

a) Sujeitos do registo;

b) Apresentantes dos pedidos de registo.

2 – Relativamente aos sujeitos do registo, são recolhidos os seguintes dados pessoais:

a) Nome;

b) Estado civil e, sendo o de solteiro, menção de maioridade ou menoridade;

c) Nome do cônjuge e regime de bens;

d) Residência habitual ou domicílio profissional;

e) Número de identificação fiscal.

3 – Relativamente aos apresentantes dos pedidos de registo, são recolhidos os seguintes dados pessoais:

a) Nome;

b) Residência habitual ou domicílio profissional;

c) Número do documento de identificação;

d) Número de identificação bancária, se disponibilizado pelo apresentante.

4 – São ainda recolhidos quaisquer outros dados referentes à situação jurídica das entidades sujeitas a registo.

ART. 78.º-E (Modo de recolha) – 1 – Os dados pessoais constantes da base de dados têm por suporte a identificação dos sujeitos activos e passivos dos factos sujeitos a registo e são recolhidos dos documentos apresentados pelos interessados.

2 – Dos modelos destinados ao pedido de registo devem constar as informações previstas no n.º 1 do artigo 10.º da Lei n.º 67/98, de 26 de Outubro.

ART. 78.º-F (Comunicação e acesso aos dados) – 1 – Os dados referentes à situação jurídica de qualquer entidade sujeita a registo comercial constantes da base de dados podem ser comunicados a qualquer pessoa que o solicite, nos termos previstos neste Código.

2 – Os dados pessoais referidos no n.º 2 do artigo 78.º-D podem ainda ser comunicados aos organismos e serviços do Estado e demais pessoas colectivas de direito público para prossecução das respectivas atribuições legais e estatutárias.

3 – Às entidades referidas no número anterior pode ser autorizada a consulta através de linha de transmissão de dados, garantido o respeito pelas normas de segurança da informação e da disponibilidade técnica.

4 – A informação pode ser divulgada para fins de investigação científica ou de estatística desde que não possam ser identificáveis as pessoas a que respeita.

238 [DL n.º 403/86]   REGISTOS

ART. 78.º-G (Condições de comunicação e acesso aos dados) – 1 – A comunicação de dados deve obedecer às disposições gerais de protecção de dados pessoais constantes da Lei n.º 67/98, de 26 de Outubro, designadamente respeitar as finalidades para as quais foi autorizada a consulta, limitando o acesso ao estritamente necessário e não utilizando a informação para outros fins.

2 – A consulta referida no n.º 3 do artigo anterior depende da celebração de protocolo com a Direcção-Geral dos Registos e do Notariado, que define os seus limites face às atribuições legais e estatutárias das entidades interessadas.

3 – A Direcção-Geral dos Registos e do Notariado comunica ao organismo processador dos dados os protocolos celebrados a fim de que este providencie para que a consulta por linha de transmissão possa ser efectuada, nos termos e condições deles constantes.

4 – A Direcção-Geral dos Registos e do Notariado remete obrigatoriamente à Comissão Nacional de Protecção de Dados cópia dos protocolos celebrados, devendo fazê-lo por via electrónica.

5 – (*Revogado.*)

ART. 78.º-H (Acesso directo aos dados) – 1 – Podem aceder directamente aos dados referidos nos n.ᵒˢ 1 e 2 do artigo 78.º-F:

a) Os magistrados judiciais e do Ministério Público, no âmbito da prossecução das suas atribuições;

b) As entidades que, nos termos da lei processual, recebam delegação para a prática de actos de inquérito ou instrução ou a quem incumba cooperar internacionalmente na prevenção e repressão da criminalidade e no âmbito dessas competências;

c) As entidades com competência legal para garantir a segurança interna e prevenir a sabotagem, o terrorismo, a espionagem e a prática de actos que, pela sua natureza, podem alterar ou destruir o Estado de direito constitucionalmente estabelecido, no âmbito da prossecução dos seus fins.

2 – As condições de acesso directo pelas entidades referidas no número anterior são definidas por despacho do director-geral dos Registos e do Notariado.

3 – As entidades autorizadas a aceder directamente aos dados obrigam-se a adoptar todas as medidas necessárias à estrita observância das regras de segurança estabelecidas na Lei n.º 67/98, de 26 de Outubro.

4 – As entidades referidas na alínea *a)* do n.º 1 podem fazer-se substituir por funcionários por si designados.

ART. 78.º-I (Direito à informação) – 1 – Qualquer pessoa tem o direito de ser informada sobre os dados pessoais que lhe respeitem e a respectiva finalidade, bem como sobre a identidade e o endereço do responsável pela base de dados.

2 – A actualização e a correcção de eventuais inexactidões realiza-se nos termos e pela forma previstos neste Código, sem prejuízo do disposto na alínea *d)* do n.º 1 do artigo 11.º da Lei n.º 67/98, de 26 de Outubro.

ART. 78.º-J (Segurança da informação) – 1 – O director-geral dos Registos e do Notariado e as entidades referidas no n.º 2 do artigo 78.º-F devem adoptar as medidas de segurança referidas no n.º 1 do artigo 15.º da Lei n.º 67/98, de 26 de Outubro.

2 – À base de dados devem ser conferidas as garantias de segurança necessárias a impedir a consulta, a modificação, a supressão, o acrescentamento ou a comunicação de dados por quem não esteja legalmente habilitado.

3 – Para efeitos de controlo de admissibilidade da consulta, 1 em cada 10 pesquisas efectuadas pelas entidades que tenham acesso à base de dados é registada informaticamente.

4 – As entidades referidas no n.º 1 obrigam-se a manter uma lista actualizada das pessoas autorizadas a aceder à base de dados.

ART. 78.º-L (Sigilo) – 1 – A comunicação ou a revelação dos dados pessoais registados na base de dados só podem ser efectuadas nos termos previstos neste Código.

2 – Os funcionários dos registos e do notariado, bem como as pessoas que, no exercício das suas funções, tenham conhecimento dos dados pessoais registados na base de dados do registo comercial, ficam obrigados a sigilo profissional, nos termos do n.º 1 do artigo 17.º da Lei n.º 67/98, de 26 de Outubro.

CAPÍTULO VI — Suprimento, rectificação e reconstituição do registo

ART. 79.º (Suprimento) *(Revogado.)*

ART. 79.º-A (Procedimento simplificado de justificação) – 1 – A justificação das situações de dissolução imediata de sociedades a que se refere o n.º 2 do artigo 141.º do Código das Sociedades Comerciais pode ser declarada em procedimento simplificado de justificação.

2 – O procedimento inicia-se mediante requerimento escrito dos interessados com alegação da situação que fundamenta a dissolução imediata e confirmação do facto por três declarantes que o conservador considere dignos de crédito.

3 – Quando o pedido seja efectuado presencialmente perante funcionário competente, esse pedido é sempre verbal e reduzido a auto, não havendo lugar a qualquer requerimento escrito.

4 – Verificando-se o disposto nos números anteriores, o conservador profere decisão pela qual declara justificada a dissolução da sociedade, lavra o registo da dissolução e promove as comunicações previstas no regime jurídico do procedimento administrativo de dissolução de entidades comerciais.

CÓDIGO DO REGISTO COMERCIAL   [DL n.º 403/86]   239

ART. 80.º (Suprimento em caso de arresto, penhora ou apreensão) *(Revogado.)*

ART. 81.º (Processo especial de rectificação) – 1 – O processo previsto neste capítulo visa a rectificação dos registos e é regulado pelos artigos seguintes e, subsidiariamente, pelo Código de Processo Civil.

2 – O processo especial de rectificação é aplicável, com as necessárias adaptações, aos registos por depósito.

ART. 82.º (Iniciativa) – 1 – Os registos inexactos e os registos indevidamente lavrados devem ser rectificados por iniciativa do conservador logo que tome conhecimento da irregularidade, ou a pedido de qualquer interessado, ainda que não inscrito.

2 – Os registos indevidamente efectuados que sejam nulos nos termos das alíneas *b)* e *d)* do n.º 1 do artigo 22.º podem ser cancelados com o consentimento dos interessados ou em execução de decisão tomada neste processo.

3 – A rectificação do registo é feita, em regra, por averbamento, a lavrar no termo do processo especial para esse efeito previsto neste Código.

4 – *(Revogado.)*

5 – Os registos lançados em ficha distinta daquela em que deviam ter sido lavrados são oficiosamente transcritos na ficha que lhes corresponda, anotando-se ao registo errado a sua inutilização e a indicação da ficha em que foi transcrito.

ART. 83.º (Efeitos da rectificação) – A rectificação do registo não prejudica os direitos adquiridos a título oneroso por terceiros de boa fé se o registo dos factos correspondentes for anterior ao registo da rectificação ou da pendência do respectivo processo.

ART. 84.º (Pedido de rectificação) – 1 – No pedido de rectificação devem ser especificados os fundamentos e a identidade dos interessados.

2 – O pedido de rectificação é acompanhado dos meios de prova necessários e do pagamento dos emolumentos devidos.

3 – Constitui causa de rejeição do pedido a falta de pagamento dos emolumentos devidos.

ART. 85.º (Consentimento dos interessados) – Se a rectificação tiver sido requerida por todos os interessados, é rectificado o registo sem necessidade de outra qualquer formalidade, se os pressupostos da rectificação pedida resultarem dos documentos apresentados.

ART. 86.º (Casos de dispensa de consentimento dos interessados) – 1 – A rectificação que não seja susceptível de prejudicar direitos dos titulares inscritos é efectuada, mesmo sem necessidade do seu consentimento, nos casos seguintes:

a) Sempre que a inexactidão provenha da desconformidade com o título, analisados os documentos que serviram de base ao registo;

b) Sempre que, provindo a inexactidão de deficiência dos títulos, a rectificação seja requerida por qualquer interessado com base em documento bastante.

2 – Deve entender-se que a rectificação de registo inexacto por desconformidade com o título não prejudica o titular do direito nele inscrito.

3 – Presume-se que da rectificação não resulta prejuízo para a herança se tal for declarado pelo respectivo cabeça-de-casal.

ART. 87.º (Averbamento de pendência da rectificação) – 1 – Quando a rectificação não seja de efectuar nos termos dos artigos 85.º ou 86.º, é averbada ao respectivo registo a pendência da rectificação, com referência à anotação no Diário do requerimento inicial ou à data em que tiver sido levantado o auto de verificação da inexactidão, consoante os casos.

2 – O averbamento a que se refere o número anterior não prejudica o decurso do prazo de caducidade a que o registo rectificando esteja sujeito.

3 – Os registos de outros factos que venham a ser lavrados e que dependam, directa ou indirectamente, da rectificação pendente estão sujeitos ao regime de provisoriedade previsto na alínea *b)* do n.º 2 do artigo 64.º, sendo-lhes aplicável, com as adaptações necessárias, o disposto no n.º 4 do artigo 65.º.

4 – O averbamento da pendência é oficiosamente cancelado mediante decisão definitiva que indefira a rectificação ou declare findo o processo.

ART. 88.º (Indeferimento liminar) – 1 – Sempre que o pedido se prefigure como manifestamente improcedente, o conservador indefere liminarmente o requerido, por despacho fundamentado de que notifica o requerente.

2 – A decisão de indeferimento liminar pode ser impugnada nos termos do artigo 92.º.

3 – Pode o conservador, face aos fundamentos alegados no recurso interposto, reparar a sua decisão de indeferir liminarmente o pedido mediante despacho fundamentado que ordene o prosseguimento do processo, do qual é notificado o recorrente.

4 – Não sendo a decisão reparada, são notificados os interessados a que se refere o artigo 90.º para, no prazo de 10 dias, impugnarem os fundamentos do recurso, remetendo-se o processo à entidade competente.

ART. 89.º (Emolumentos) – *(Revogado.)*

240   [DL n.º 403/86]   REGISTOS

ART. 90.º (Notificação) – 1 – Os interessados não requerentes são notificados para, no prazo de 10 dias, deduzirem oposição à rectificação, devendo juntar os elementos de prova e pagar os emolumentos devidos.

2 – Se os interessados forem incertos, o conservador notifica o Ministério Público, nos termos previstos no número anterior.

3 – A notificação realiza-se por via electrónica, nos termos a definir por portaria do membro do Governo responsável pela área da justiça ou, não sendo possível, por carta registada com aviso de recepção.

4 – Se for possível realizar a notificação pela forma prevista no n.º 3 é publicado um aviso, nos termos do n.º 1 do artigo 167.º do Código das Sociedades Comerciais.

5 – Não é devida taxa pela publicação referida no número anterior.

ART. 91.º (Instrução e decisão) – 1 – Recebida a oposição ou decorrido o respectivo prazo, o conservador procede às diligências necessárias à produção de prova.

2 – A prova testemunhal tem lugar mediante a apresentação das testemunhas pela parte que as tiver indicado, em número não superior a três, sendo os respectivos depoimentos reduzidos a escrito por extracto.

3 – A perícia é requisitada pelo conservador ou realizada por perito a nomear nos termos previstos no artigo 568.º do Código de Processo Civil, aplicável com as necessárias adaptações.

4 – O conservador pode, em qualquer caso, ordenar as diligências e a produção de prova que considerar necessárias.

5 – Concluída a produção de prova e efectuadas as diligências que oficiosamente sejam ordenadas, dispõem os interessados do prazo de três dias para apresentar alegações.

6 – A decisão sobre o pedido de rectificação é proferida pelo conservador no prazo de 10 dias.

ART. 92.º (Recurso hierárquico e impugnação judicial) – 1 – A decisão de indeferimento do pedido de rectificação pode ser impugnada mediante a interposição de recurso hierárquico para o director-geral dos Registos e do Notariado, nos termos previstos nos artigos 101.º e seguintes ou mediante impugnação judicial para o tribunal da comarca da área da circunscrição a que pertence a conservatória, nos termos dos números seguintes.

2 – Têm legitimidade para impugnar judicialmente a decisão do conservador qualquer interessado e o Ministério Público.

3 – A impugnação judicial prevista no n.º 1 tem efeito suspensivo e deve ser proposta no prazo previsto no artigo 685.º do Código de Processo Civil.

4 – A impugnação judicial é proposta por meio de requerimento onde são expostos os respectivos fundamentos.

5 – A propositura de acção de impugnação judicial considera-se efectuada com a apresentação do respectivo requerimento na conservatória em que o processo foi objecto da decisão impugnada, sendo aquela anotada no Diário.

ART. 93.º (Decisão da impugnação judicial) – 1 – Recebido o processo, o juiz ordena a notificação dos interessados para, no prazo de 10 dias, impugnarem os fundamentos da impugnação judicial.

2 – Não havendo lugar a qualquer notificação, ou findo o prazo a que se refere o número anterior, vai o processo com vista ao Ministério Público.

ART. 93.º-A (Recurso para o tribunal da Relação) – 1 – Da sentença proferida pelo tribunal de 1.ª instância podem interpor recurso para o tribunal da Relação os interessados, o conservador e o Ministério Público.

2 – O recurso, que tem efeito suspensivo, é processado e julgado como agravo em matéria cível.

3 – Do acórdão do tribunal da Relação não cabe recurso para o Supremo Tribunal de Justiça, sem prejuízo dos casos em que o recurso é sempre admissível.

ART. 93.º-B (Devolução do processo) – Após o trânsito em julgado da sentença ou do acórdão proferidos, o tribunal devolve à conservatória o processo de rectificação.

ART. 93.º-C (Gratuitidade do registo e custas) – (*Revogado.*)

ART. 93.º-D (Incompatibilidades) – Ao conservador que exerça advocacia é vedada a aceitação do patrocínio nos processos de rectificação previstos no presente capítulo.

ART. 94.º (Reconstituição) – 1 – Em caso de extravio ou inutilização dos suportes documentais, os registos podem ser reconstituídos por reprodução a partir dos arquivos existentes, por reelaboração do registo com base nos respectivos documentos, ou por reforma dos referidos suportes.

2 – A data da reconstituição dos registos deve constar da ficha.

ART. 94.º-A (Reelaboração do registo) – 1 – O extravio ou inutilização de um suporte de registo determina reelaboração oficiosa de todos os registos respeitantes à entidade comercial.

2 – Devem ser requisitados aos serviços competentes os documentos que se mostrem necessários à reelaboração do registo, os quais são isentos de emolumentos e de quaisquer outros encargos legais.

ART. 95.º (Processo de reforma) – 1 – O processo de reforma inicia-se com a remessa ao Ministério Público de auto lavrado pelo conservador, do qual devem constar as circunstâncias do extravio ou inutilização, a especificação dos suportes documentais abrangidos e a referência ao período a que correspondem os registos.

CÓDIGO DO REGISTO COMERCIAL [DL n.º 403/86] 241

2 – O Ministério Público deve requerer ao juiz a citação edital dos interessados para, no prazo de dois meses, apresentarem na conservatória os documentos de que disponham; dos editais deve constar o período a que os registos respeitam.

3 – Decorrido o prazo dos editais e julgada válida a citação, por despacho transitado em julgado, o Ministério Público deve promover a comunicação do facto ao conservador.

ART. 96.º (Reclamações) – 1 – Concluída a reforma, o conservador deve participar o facto ao Ministério Público, a fim de que este promova nova citação edital dos interessados para examinarem os registos reconstituídos e apresentarem na conservatória as suas reclamações no prazo de 30 dias.

2 – Quando a reclamação tiver por fundamento a omissão de alguma inscrição, esta é lavrada como provisória por natureza, com base na petição do reclamante e nos documentos apresentados.

3 – Se a reclamação visar o próprio registo reformado, devem ser juntas ao processo de reclamação cópias do registo impugnado e dos documentos que lhe serviram de base e deve anotar-se a pendência da reclamação.

4 – Cumprindo o disposto nos dois números anteriores, as reclamações são remetidas, para decisão, ao tribunal competente, com informação do conservador.

ART. 97.º (Suprimento de omissões não reclamadas) – 1 – A omissão não reclamada de algum registo só pode ser suprida por meio de acção intentada contra aqueles a quem o interessado pretenda opor a prioridade do registo.

2 – A acção não prejudica os direitos decorrentes de factos registados antes do registo da acção que não tenham constado dos suportes documentais reformados.

CAPÍTULO VII — Impugnação de decisões

ART. 98.º (Reclamação) *(Revogado.)*

ART. 99.º (Prazo e formalidades da reclamação) *(Revogado.)*

ART. 100.º (Apreciação da reclamação) *(Revogado.)*

ART. 101.º (Admissibilidade e prazo) – 1 – A decisão de recusa da prática do acto de registo nos termos requeridos pode ser impugnada mediante a interposição de recurso hierárquico para o director-geral dos Registos e do Notariado ou mediante impugnação judicial para o tribunal da área da circunscrição a que pertence a conservatória.

2 – O prazo para impugnar judicialmente a decisão referida no n.º 1 é de 30 dias a contar da notificação a que se refere o artigo 50.º.

ART. 101.º-A (Interposição de recurso hierárquico e impugnação judicial) – 1 – O recurso hierárquico ou a impugnação judicial interpõem-se por meio de requerimento em que são expostos os seus fundamentos.

2 – A interposição de recurso hierárquico ou a impugnação judicial consideram-se feitas com a apresentação das respectivas petições na conservatória competente.

ART. 101.º-B (Tramitação subsequente) – 1 – Impugnada a decisão e independentemente da categoria funcional de quem tiver lavrado o despacho recorrido, este é submetido à apreciação do conservador, o qual deve proferir, no prazo de 10 dias, despacho a sustentar ou a reparar a decisão, dele notificando o recorrente.

2 – A notificação referida no número anterior deve ser acompanhada do envio ou entrega ao notificando de fotocópia dos documentos juntos ao processo.

3 – Sendo sustentada a decisão, o processo deve ser remetido à entidade competente, no prazo de cinco dias, instruído com fotocópia autenticada do despacho de qualificação do registo e dos documentos necessários à sua apreciação.

4 – A tramitação da impugnação judicial, incluindo a remessa dos elementos referidos no número anterior ao tribunal competente, é efectuada electronicamente, nos termos a definir por portaria do Ministro da Justiça.

ART. 102.º (Decisão do recurso hierárquico) – 1 – O recurso hierárquico é decidido no prazo de 90 dias, pelo presidente do Instituto dos Registos e do Notariado, I. P., que pode determinar que seja previamente ouvido o conselho técnico.

2 – *(Revogado.)*

3 – A decisão proferida é notificada ao recorrente e comunicada ao conservador que sustentou a decisão.

4 – Sendo o recurso hierárquico deferido, deve ser dado cumprimento à decisão no próprio dia.

ART. 103.º (Notificação da decisão) *(Revogado.)*

ART. 104.º (Impugnação judicial subsequente a recurso hierárquico) – 1 – Tendo o recurso hierárquico sido julgado improcedente, o interessado pode ainda impugnar judicialmente a decisão de qualificação do acto de registo.

2 – A impugnação judicial é proposta mediante apresentação do requerimento na conservatória competente, no prazo de 20 dias a contar da data da notificação da decisão que tiver julgado improcedente o recurso hierárquico.

3 – O processo é remetido ao tribunal no prazo de cinco dias, instruído com o de recurso hierárquico.

242 [DL n.º 403/86]   REGISTOS

ART. 105.º (Julgamento) – 1 – Recebido em juízo e independentemente de despacho, o processo vai com vista ao Ministério Público para emissão de parecer.

2 – O juiz que tenha intervindo no processo donde conste o acto cujo registo está em causa fica impedido de julgar a impugnação judicial.

ART. 106.º (Recurso de sentença) – 1 – Da sentença proferida podem sempre interpor recurso para a Relação, com efeito suspensivo, o impugnante, o conservador que sustenta, o presidente do Instituto dos Registos e do Notariado, I. P., e o Ministério Público.

2 – Para os efeitos previstos no número anterior, a sentença é sempre notificada ao presidente do Instituto dos Registos e Notariado, I. P.

3 – (*Revogado.*)

4 – Do acórdão da Relação não cabe recurso para o Supremo Tribunal de Justiça, sem prejuízo dos casos em que o recurso é sempre admissível.

ART. 107.º (Comunicações oficiosas) – 1 – Após o trânsito em julgado da decisão, a secretaria comunica a decisão proferida ao serviço de registo.

2 – A secretaria deve igualmente comunicar à conservatória:

a) A desistência ou deserção da instância;

b) O facto de o processo ter estado parado mais de 30 dias por inércia do autor.

ART. 108.º (Valor da acção) – O valor da acção é o do facto cujo registo foi recusado ou feito provisoriamente.

ART. 109.º (Interposição de reclamação ou recurso por notário) *(Revogado.)*

ART. 109.º-A (Direito subsidiário) – Aos recursos hierárquicos previstos nos artigos anteriores é aplicável, subsidiariamente, o disposto no Código do Procedimento Administrativo.

ART. 110.º (Impugnação da conta dos actos e da recusa de emissão de certidões) – 1 – Assiste ao interessado o direito de recorrer hierarquicamente ou de promover a impugnação judicial da decisão de recusa de emissão de certidão, bem como da liquidação da conta emolumentar do acto, com fundamento em erro na liquidação ou na aplicação da tabela emolumentar respectiva.

2 – Sem prejuízo do disposto nos números seguintes, ao recurso hierárquico a que se refere o número anterior é aplicável, com as necessárias adaptações, o disposto no n.º 2 do artigo 101.º e nos artigos 101.º-A, 101.º-B e 102.º.

3 – Nos recursos hierárquicos a que se refere o presente artigo, os prazos estabelecidos nos n. 1 e 3 do artigo 101.º-B e no n.º 1 do artigo 102.º são reduzidos a 5, 2 e 30 dias, respectivamente.

4 – Tratando-se de recusa de emissão de certidão, o prazo para a interposição do recurso hierárquico conta-se a partir da comunicação do despacho de recusa.

5 – Aos recursos hierárquicos a que se refere o presente artigo é subsidiariamente aplicável o disposto no Código do Procedimento Administrativo.

6 – A impugnação judicial prevista no n.º 1 é dirigida, conforme os casos, ao tribunal administrativo ou ao tribunal tributário com jurisdição sobre a área da circunscrição da conservatória e rege-se pelo disposto na legislação processual aplicável.

ART. 111.º (Efeitos da impugnação) – 1 – A interposição de recurso hierárquico ou a impugnação judicial devem ser imediatamente anotadas, a seguir à anotação da recusa ou ao registo provisório.

2 – São ainda anotadas a improcedência ou a desistência do recurso hierárquico ou da impugnação judicial, bem como, sendo caso disso, a deserção da instância ou a paragem do processo durante mais de 30 dias por inércia do autor.

3 – Com a propositura da acção ou a interposição de recurso hierárquico fica suspenso o prazo de caducidade do registo provisório até lhe serem anotados os factos referidos no número anterior.

4 – Proferida decisão final que julgue insubsistente a recusa da prática do acto nos termos requeridos, deve ser efectuado o registo recusado, com base na apresentação correspondente, ou convertido oficiosamente o registo provisório.

ART. 112.º (Registos dependentes) – 1 – No caso de recusa, julgado procedente o recurso hierárquico ou a impugnação judicial, deve anotar-se a caducidade dos registos provisórios incompatíveis com o acto inicialmente recusado e converter-se oficiosamente os registos dependentes, salvo se outra for a consequência da requalificação do registo dependente.

2 – Verificando-se a caducidade do direito de impugnação ou qualquer dos factos previstos no n.º 2 do artigo anterior, é anotada a caducidade dos registos dependentes e são convertidos os registos incompatíveis, salvo se outra for a consequência da requalificação do registo dependente.

CAPÍTULO VIII — Outros actos

ART. 112.º-A (Legalização de livros) *(Revogado.)*

REGULAMENTO DO REGISTO COMERCIAL   [**Port. n.º 657-A/2006**]   243

ART. 112.º-B (Nomeação de auditores e de revisores oficiais de contas) – 1 – Sempre que a lei exija a no meação de peritos ou de auditores, bem como de revisores oficiais de contas, e a mesma não possa ser feita pela sociedade, mas seja admitida por processo extrajudicial, deve a entidade interessada requerer à conservatória competente que designe os peritos respectivos.

2 – Logo que apresentado o requerimento, a conservatória oficia, no prazo de dois dias, à Ordem dos Revisores Oficiais de Contas ou, não sendo esta entidade a legalmente competente, ao organismo representativo dos peritos em causa, havendo-o, ou, ainda, em caso negativo, à câmara de comércio mencionado pelo requerente, solicitando a indicação dos nomes e das moradas dos peritos a nomear.

3 – Recebida a comunicação, o conservador, no prazo de três dias, verifica, designadamente em face dos registos existentes na conservatória e dos elementos de que disponha, a existência de alguma incompatibilidade legal relativamente ao perito indicado.

4 – No caso de existir incompatibilidade, directa ou indirecta, com a pessoa indigitada, a conservatória solicita, nos mesmos termos e dentro de igual prazo, a indicação de outro perito.

5 – Não existindo incompatibilidade, o conservador procede imediatamente à nomeação, por despacho exarado no próprio requerimento, e comunica o facto, no prazo de vinte e quatro horas, à entidade interessada.

6 – *(Revogado.)*

7 – O disposto nos números anteriores não é aplicável à designação de peritos independentes no âmbito dos processos de constituição ou transformação de sociedades anónimas europeias, prevista nas normas comunitárias correspondentes, a qual se rege pelo disposto na legislação nacional aprovada em execução dessas normas.

CAPÍTULO IX — Disposições diversas

ART. 113.º (Modelos oficiais) – Os modelos de suportes documentais previstos neste Código são aprovados por despacho do director-geral dos Registos e do Notariado.

ART. 114.º (Pagamento dos emolumentos e taxas) — 1 – Sempre que os emolumentos devam entrar em regra de custas, as quantias são descontadas na receita do Instituto de Gestão Financeira e de Infra-Estruturas da Justiça, I. P. (IGFIJ, I. P.), cobrada pelos serviços do registo.

2 – O montante que vier a ser obtido por via das custas judiciais constitui receita do IGFIJ, I. P., na parte que lhe couber.

3 – Não obsta ao disposto no número anterior a eventual incobrabilidade da conta de custas ou o benefício de apoio judiciário do requerente.

4 – Para a confirmação da liquidação de contas emolumentares é competente o conservador e qualquer oficial dos registos.

ART. 115.º (Direito subsidiário) – São aplicáveis, com as necessárias adaptações, ao registo comercial, na medida indispensável ao preenchimento das lacunas da regulamentação própria, as disposições relativas ao registo predial que não sejam contrárias aos princípios informadores do presente diploma.

ART. 116.º (Tramitação, comunicações e notificações por via electrónica) – 1 – A tramitação dos procedimentos e actos para os quais a conservatória seja competente, bem como a tramitação dos recursos e impugnações previstos no presente diploma, pode ser integralmente electrónica, em termos a regulamentar por portaria do Ministro da Justiça, sem prejuízo do disposto no n.º 2 do artigo 57.º.

2 – Todas as comunicações e notificações previstas no presente Código podem ser efectuadas por via electrónica, nos termos a regulamentar por portaria do Ministro da Justiça.

4.5. REGULAMENTO DO REGISTO COMERCIAL

Portaria n.º 657-A/2006

de 29 de Junho (*)

ART. 1.º (Objecto) – É aprovado o Regulamento do Registo Comercial, em anexo ao presente diploma, do qual faz parte integrante.

ART. 2.º (Disposições transitórias) – 1 – Enquanto não se verificar a informatização do serviço de registo, são aplicáveis a este as disposições do Regulamento do Registo Comercial, aprovado pela Portaria n.º 883/89, de 13 de Outubro, que respeitem a livros, fichas e verbetes ou que pressuponham a sua existência.

(*) Com as alterações introduzidas pela **Portaria n.º 1416-A/2006**, de 19-12 (arts. 3.º, 8.º, 9.º, 10.º, 14.º e 15.º, e aditamento dos arts. 4.º-A e 17.º, pela **Portaria n.º 562/2007**, de 30-4 (art. 15.º), pela **Portaria n.º 234/2008**, de 12-3, que deu nova redacção aos arts. 8.º e 10.º, pela **Portaria n.º 4/2009**, de 2-1, que alterou a redacção dos arts. 8.º e 10.º, e pela **Portaria n.º 1256/2009**, de 14- -10 (arts. 2.º, 8.º, 10.º, 14.º e 15.º, e aditamento do art. 13.º-A).

244   [Port. n.º 657-A/2006]   REGISTOS

2 – Por força da transcrição dos registos para suporte informático:

a) A entidade a que aqueles respeitam passa a ter o número de matrícula previsto na alínea *a)* do n.º 1 do artigo 8.º do Regulamento do Registo Comercial, aprovado pela presente portaria, devendo fazer-se menção adicional ao anterior número de matrícula no registo;

b) As menções constantes dos averbamentos à matrícula e suas correspondentes alterações e rectificações são transcritas para inscrições já lavradas se integrarem o facto publicitado por estas e, em caso contrário, são transcritas para novas inscrições, com menção do número e da data de apresentação ou da data de feitura do averbamento transcrito.

ART. 3.º (Entrada em vigor e produção de efeitos) – 1 – A presente portaria entra em vigor no dia 30 de Junho de 2006.

2 – O disposto no n.º 1 do artigo 1.º, no artigo 2.º, nos n.ºs 1 a 4 e 8 do artigo 3.º e nos artigos 8.º, 9.º, 11.º e 13.º do Regulamento do Registo Comercial, aprovado pela presente portaria, produz efeitos desde 31 de Outubro de 2005.

ANEXO

REGULAMENTO DO REGISTO COMERCIAL

CAPÍTULO I — **Suporte e processo de registo**

Secção I — **SUPORTES DE REGISTO**

ART. 1.º (Instrumentos do registo) – 1 – Para o serviço de registo, existem nas conservatórias:

a) Um diário, em suporte informático, destinado à anotação cronológica das apresentações dos pedidos de registo por transcrição e respectivos documentos;

b) Fichas de registo em suporte informático;

c) Pastas destinadas ao arquivo de documentos.

2 – Os suportes previstos na alínea *c)* do número anterior podem ser substituídos pelo arquivo dos documentos em suporte electrónico, nos termos fixados por despacho do director-geral dos Registos e do Notariado.

ART. 2.º (Fichas informáticas de registo) – 1 – As fichas informáticas de registo contêm a matrícula da entidade sujeita a registo e os registos por transcrição e menções dos registos por depósito que lhe respeitem.

2 – A cada entidade corresponde uma única ficha informática.

3 – Se a alteração da natureza jurídica da entidade registada determinar a atribuição de um novo número de identificação de pessoa colectiva, é aberta uma nova ficha informática para o registo da entidade em causa.

4 – Os registos por transcrição e as menções de depósito são elaborados através do preenchimento obrigatório dos campos específicos da aplicação informática que serve de suporte ao registo comercial.

ART. 3.º (Pastas) – 1 – Os documentos que serviram de base ao registo e a respectiva requisição, bem como o texto das publicações, quando não efectuadas por via electrónica, são arquivados em pastas privativas de cada entidade sujeita a registo, existentes na conservatória da área da respectiva sede.

2 – As conservatórias podem atribuir um número de ordem a cada pasta.

3 – Os documentos respeitantes a registos que já não se encontrem em vigor podem ser transferidos para uma pasta-desdobramento, com anotação do facto em ambas as pastas.

4 – Anotada a caducidade do registo provisório, os documentos são desentranhados da pasta para devolução aos interessados.

5 – Após a feitura de registo solicitado em conservatória não detentora da pasta da entidade, deve esta conservatória remeter à competente a requisição e os documentos que a instruíram, bem como os despachos a que tenha havido lugar, para arquivamento na pasta respectiva.

6 – *(Revogado.)*

7 – Sempre que a conservatória onde foi solicitado o registo não for a detentora da pasta da entidade e o funcionário competente para o registo tenha necessidade de consultar documentos nela arquivados, deve solicitar àquela conservatória o envio imediato de cópia dos mesmos, por telecópia ou qualquer outra forma expedita.

8 – Efectuada a inscrição que publicite a mudança voluntária da sede da entidade para outro concelho, a pasta respectiva é remetida oficiosamente à conservatória nele situada, sendo a entidade notificada de tal facto.

9 – O envio dos documentos previsto nos n.ºs 5, 7 e 8 só ocorre quando não existam condições que garantam o acesso por via electrónica à informação sobre a entidade.

Secção II — **PROCESSO DE REGISTO**

ART. 4.º (Pedido de registo) – 1 – O pedido de registo é formulado verbalmente, se efectuado presencialmente por pessoa com legitimidade para o efeito.

REGULAMENTO DO REGISTO COMERCIAL   [Port. n.º 657-A/2006]   245

2 – Nos restantes casos, o pedido de registo é efectuado pela forma escrita, de acordo com modelo aprovado por despacho do director-geral dos Registos e do Notariado.
3 – Nos casos previstos no n.º 1, deve ser disponibilizado ao interessado um comprovativo do pedido efectuado.

ART 4.º-A (Número de identificação da segurança social) – 1 – No pedido de registo de facto que importe a extinção da entidade sujeita a registo deve ser indicado o seu número de identificação da segurança social ou declarada a sua inexistência.
2 – No caso de o registo dos factos referidos no número anterior ser realizado oficiosamente, a conservatória deve realizar as diligências necessárias à obtenção do número da segurança social.

ART. 5.º (Apresentação de pedidos de registo) – 1 – A anotação da apresentação do pedido de registo por transcrição deve conter os seguintes elementos:
a) O número de ordem e a data da apresentação;
b) O nome completo do apresentante e o número do respectivo documento de identificação;
c) O facto a registar;
d) O nome, a firma ou a denominação da pessoa ou do estabelecimento;
e) A espécie de documentos e o seu número.
2 – Para fins de apresentação, a matrícula e o registo pedido constituem um só acto de registo.

ART. 6.º (Ordem de feitura dos registos relativos a participações sociais e respectivos titulares) – O registo por depósito de factos relativos a quotas ou partes sociais e respectivos titulares deve ser efectuado pela ordem do respectivo pedido.

ART. 7.º (Requisição de certidões) – O pedido de certidão é formulado verbalmente, se efectuado presencialmente pelo interessado.

CAPÍTULO II — **Menções dos registos**

Secção I — **REGISTOS POR TRANSCRIÇÃO**

ART. 8.º (Menções da matrícula) – 1 – O extracto da matrícula deve conter:
a) O número de matrícula, que corresponde ao número de identificação de pessoa colectiva ou entidade equiparada (NIPC) da entidade sujeita a registo, e a conservatória detentora da pasta desta última;
b) A natureza jurídica da entidade;
c) O nome completo e a firma, se diferente daquele, do comerciante individual, o seu número fiscal e o estabelecimento principal ou o local do exercício da actividade principal, com indicação do código postal válido;
d) A firma ou denominação, o número de identificação de pessoa colectiva e a sede da pessoa colectiva e do estabelecimento individual de responsabilidade limitada, com indicação do código postal válido, bem como o objecto, o capital e a data do encerramento do exercício, e ainda, quanto a sociedades comerciais, empresas públicas, agrupamentos complementares de empresas, agrupamentos europeus de interesse económico e cooperativas, a forma de obrigar, os titulares dos órgãos sociais e a duração dos respectivos mandatos;
e) A firma da representação permanente de pessoa colectiva, bem como o número de identificação de pessoa colectiva e o local de representação, com indicação do código postal válido, o objecto, o capital afecto, quando exista, a data de encerramento de exercício e os representantes;
f) Os fins, a forma de obrigar, a administração ou os representantes legais e a duração dos respectivos mandatos, das pessoas colectivas de utilidade pública;
g) O código CAE (compreendendo o CAE principal e até três CAE secundários);
h) A menção do seu cancelamento, quando este se verifique;
i) Outros elementos identificadores da entidade sujeita a registo cuja menção no extracto da matrícula seja determinada por despacho do presidente do Instituto dos Registos e do Notariado, I. P.
2 – A matrícula das representações permanentes das sociedades com sede principal e efectiva no estrangeiro deve incluir a referência a "representação permanente", "sucursal" ou outra equivalente, à escolha do interessado.
3 – O registo de declaração de perda do direito ao uso de firma ou denominação determina a correspondente menção na matrícula.
4 – As alterações ao código CAE constantes do Sistema de Informação da Classificação Portuguesa das Actividades Económicas (SICAE) são automaticamente reflectidas na matrícula.

ART. 9.º (Menções gerais das inscrições) – 1 – Do extracto da inscrição deve constar:
a) O número de ordem correspondente e o número e a data da apresentação;
b) Sendo a inscrição provisória, a menção de que o é, por natureza ou por dúvidas, com indicação, no primeiro caso, da disposição legal aplicável;
c) O facto registado;
d) O nome completo, a residência habitual ou domicílio profissional e o número de identificação fiscal (NIF) ou a firma, a sede e o número de identificação de pessoa colectiva (NIPC) dos sujeitos que figurem activamente no facto.

246   [Port. n.º 657-A/2006]   REGISTOS

2 – Sem prejuízo do disposto no número anterior, deve constar, igualmente, do extracto da inscrição o estado civil dos sócios e, sendo casados, o nome do cônjuge e o respectivo regime de bens.

ART. 10.º (Menções especiais das inscrições) – O extracto da inscrição deve ainda conter as seguintes menções especiais:

a) Na de início de actividade do comerciante individual, o nome completo e a firma, se diferente daquele, o seu número de identificação fiscal, a data do início de actividade, a nacionalidade, o estado civil e, sendo casado, o nome do cônjuge e o regime de bens, o ramo de actividade e a localização do estabelecimento principal;

b) Na de constituição de sociedade, a firma, a sede, o prazo de duração, quando determinado, o objecto, o capital e, não estando realizado, o montante em que ficou, as quotas ou partes sociais, ou o valor nominal e a natureza das acções, a data do encerramento do exercício social, a administração, a fiscalização e a forma de obrigar a sociedade e, tratando-se de constituição de sociedade anónima europeia, para além das menções anteriores, a modalidade de constituição;

c) Na de constituição de cooperativa, a firma, a sede, o prazo de duração, quando determinado, o objecto, o capital mínimo, a direcção, a fiscalização e a forma de obrigar a cooperativa;

d) Na de constituição de empresa pública, a firma, a sede, o prazo de duração, quando determinado, o objecto, o capital, a administração, a fiscalização e a forma de obrigar a empresa;

e) Na de contrato de agrupamento complementar de empresas e na de agrupamento europeu de interesse económico, a firma, a sede, o prazo de duração, quando determinado, o objecto, o nome ou a firma dos membros, as contribuições genéricas dos agrupados para os encargos e a constituição do capital, havendo-o, a administração e a forma de obrigar o agrupamento;

f) Na de constituição de estabelecimento individual de responsabilidade limitada, o nome, a residência e a nacionalidade do titular, a sede, a data do início da actividade, o prazo de duração, quando determinado, o objecto e o capital;

g) Na de criação de representação permanente, a identificação da pessoa colectiva representada, por referência à firma, nacionalidade, sede, objecto e capital, e ainda a firma, o local da representação, o capital afecto, quando exigível, e a data de encerramento do exercício social;

h) Na de entrada de novos membros do agrupamento complementar de empresas, a data da deliberação;

i) Na de designação dos membros dos órgãos de administração, fiscalização e liquidação, bem como do secretário da sociedade, o prazo por que foram designados, se o houver, e a data da deliberação;

j) Na de alteração do contrato ou do acto constitutivo, a indicação dos artigos alterados e, tratando-se da alteração de algum dos elementos previstos nas alíneas *b)* a *f)*, a respectiva menção;

l) Na de prorrogação, a data da deliberação;

m) Na de fusão e de cisão, a modalidade, a firma, o número de identificação de pessoa colectiva e a sede das entidades participantes, as alterações ao contrato ou aos estatutos da entidade incorporante ou cindida quanto às menções previstas nas alíneas *b)* a *e)*, bem como a data da deliberação que aprovou o projecto, nos casos em que, por lei, aquela deliberação não é dispensada;

n) Na de transformação, a data da deliberação e as menções do contrato ou dos estatutos previstas nas alíneas *b)* a *e)*;

o) Na de aumento do capital, o montante após o aumento, a natureza da subscrição e como foi subscrito;

p) Na de redução do capital, a quantia a que este ficou reduzido e a data da deliberação;

q) Na de reintegração do capital, o montante e a sua distribuição pelos sócios;

r) Na de dissolução, o prazo para a liquidação, quando estipulado;

s) Na de encerramento da liquidação, a data da aprovação das contas e o nome, residência habitual ou domicílio profissional e o número de identificação fiscal do depositário designado nos termos do n.º 4 do artigo 157.º do Código das Sociedades Comerciais;

t) Na de regresso à actividade da sociedade, quando deliberada pelos sócios, a data da deliberação;

u) Na de encerramento de representação permanente, a data do encerramento;

v) Na de acção e nas dos procedimentos e providências cautelares, o pedido, o tribunal onde o processo foi instaurado e a respectiva data de entrada;

x) Na de declaração de insolvência, a data e hora de prolação da sentença e a data do respectivo trânsito em julgado e, se for caso disso, a menção adicional da presumível insuficiência do património do devedor para a satisfação das custas do processo e das dívidas previsíveis da massa insolvente;

z) Na de indeferimento do pedido de declaração de insolvência, a data do trânsito em julgado da sentença respectiva;

aa) Na de nomeação de administrador judicial e de administrador judicial provisório da insolvência, o domicílio profissional do administrador nomeado e, no caso de nomeação de administrador judicial provisório, os poderes que lhe foram atribuídos;

ab) Na de atribuição ao devedor da administração da massa insolvente, a data do despacho que a decretou e, sendo decretada a proibição da prática de certos actos pelo devedor sem o consentimento do administrador da insolvência, a especificação dos actos sujeitos a esse condicionalismo;

ac) Na de inabilitação e de inibição de comerciantes individuais para o exercício do comércio e de determinados cargos, a data do trânsito em julgado da sentença, o prazo da inabilitação e da inibição e a especificação das inibições decretadas;

ad) Na de nomeação de curador ao insolvente inabilitado, o domicílio profissional do curador;

REGULAMENTO DO REGISTO COMERCIAL [Port. n.º 657-A/2006] 247

ae) Na que publicita o despacho inicial no procedimento de exoneração do passivo restante do comerciante individual, a data do despacho e a menção do nome e domicílio profissional do fiduciário do rendimento disponível do devedor;

af) Na de exoneração do passivo restante do comerciante individual, a data do trânsito em julgado do despacho que a determina;

ag) Na de encerramento do processo de insolvência, a data da respectiva decisão judicial e a razão determinante do encerramento e, no caso de encerramento por homologação de plano de insolvência cuja execução fique sujeita a fiscalização, a menção deste último condicionalismo e, se for o caso, dos actos cuja prática depende do consentimento do administrador da insolvência e do limite quantitativo dentro do qual é lícita a concessão de prioridade a novos créditos;

ah) Na de constituição de entidades resultantes de fusão, cisão ou cisão/fusão, a menção desta circunstância, bem como o número de identificação de pessoa colectiva das entidades fundidas ou cindidas.

ART. 11.º (Menções gerais dos averbamentos à inscrição) – Os averbamentos à inscrição devem conter:

a) O número de ordem privativo do averbamento dentro da inscrição a que respeita;

b) O número e a data da apresentação ou, se desta não dependerem, a data em que são feitos;

c) A menção do facto averbado.

ART. 12.º (Menções especiais dos averbamentos à inscrição) – O extracto do averbamento à inscrição deve ainda conter as seguintes menções especiais:

a) No de recondução de funções de membros dos órgãos de administração e de fiscalização e do secretário da sociedade, o prazo por que foram reconduzidos, quando indicado, e a data da deliberação;

b) No de cessação de funções dos membros dos órgãos de administração, fiscalização e liquidação e do secretário da sociedade, a data e a causa;

c) Nos de concessão e modificação de poderes dos liquidatários, os poderes concedidos ou modificados e a data;

d) No de realização integral do capital, a data;

e) No de declaração de perda do direito ao uso da firma ou denominação, a data e a causa;

f) No de decisão final de acções inscritas, o conteúdo dispositivo da sentença e a data do trânsito em julgado;

g) No de cessação de funções do administrador judicial ou do administrador judicial provisório da insolvência e no de cessação de funções do curador do insolvente inabilitado, a causa;

h) No de proibição ao devedor insolvente da prática de certos actos sem o consentimento do administrador da insolvência, quando tal proibição não for determinada conjuntamente com a atribuição ao devedor da administração da massa insolvente, a data do despacho respectivo e a especificação dos actos sujeitos a esse condicionalismo;

i) No de cessação da administração da massa insolvente pelo devedor, a data do despacho que a decretou;

j) No de confirmação do fim do período de fiscalização incidente sobre a execução de plano de insolvência, a data da decisão judicial respectiva;

l) No de cessação antecipada do procedimento de exoneração do passivo restante de comerciante individual, a data do despacho respectivo;

m) No de revogação da exoneração do passivo restante de comerciante individual, a data do trânsito em julgado do despacho respectivo.

ART. 13.º (Anotações) – As anotações previstas na lei devem conter:

a) A data da apresentação dos documentos ou, se dela não dependerem, a data em que foram lavradas, bem como o número de ordem privativo dentro das inscrições ou averbamentos a que respeitam;

b) O facto anotado.

ART. 13.º-A (Referência ao código postal) — Em todas as menções de sede, localização de estabelecimento, ou residência ou domicílio profissional, é obrigatória a indicação de código postal válido.

Secção II — **REGISTOS POR DEPÓSITO**

ART. 14.º (Menções gerais do registo por depósito) – 1 – O depósito dos documentos que titulem factos sujeitos a registo é mencionado na ficha de registo, com indicação:

a) Da data do depósito;

b) Do facto a registar;

c) Do nome ou denominação, da residência habitual, domicílio fiscal ou sede, com indicação de código de postal válido, e do número de identificação fiscal do sujeito activo do facto;

d) Do nome, qualidade e número de cédula profissional ou documento equivalente, quando aplicável, de quem requereu o depósito, bem como a residência ou domicílio profissional, com indicação de código de postal válido.

2 – As indicações previstas no número anterior são recolhidas do pedido de registo.

248 [Port. n.º 547/2009]   REGISTOS

ART. 15.º (**Menções especiais do registo por depósito**) – 1 – O depósito dos documentos que titulem factos sujeitos a registo é mencionado na ficha de registo, com indicação:

a) No de deliberação da assembleia geral para a aquisição de bens e no de deliberação de manutenção ou termo do domínio total, a data da deliberação;

b) No de deliberação de amortização, conversão e remissão de acções, a data da deliberação, o montante das acções e a sua espécie, quando indicada;

c) No de emissão de obrigações, o montante da emissão, o valor nominal das obrigações e a data da deliberação;

d) No de prestação de contas, o ano do exercício e os elementos referidos no n.º 4 do artigo 72.º do Código do Registo Comercial;

e) No de deliberação de redução do capital social, o montante e a data da deliberação;

f) No de projecto de fusão ou cisão, a modalidade, a firma, o número de identificação de pessoa colectiva e a sede, com indicação de código de postal válido, das entidades participantes;

g) No de projecto de constituição de sociedade anónima europeia, a modalidade de constituição e, no caso de constituição por meio de fusão ou de constituição de sociedade gestora de participações sociais, a firma e sede, com indicação de código de postal válido, das sociedades participantes;

h) No de contrato de subordinação, no de contrato de agência ou representação comercial e no de mandato, o início de produção de efeitos e o prazo de duração, quando estipulado;

i) No de acção, procedimento ou providência cautelar, o pedido, o tribunal onde o processo foi instaurado e a respectiva data de entrada;

j) No de decisão judicial, o conteúdo dispositivo e a data do trânsito em julgado da sentença, o tribunal que a decretou e o respectivo número de processo;

l) No de cancelamento, o facto a que respeita o registo cancelado e o respectivo número de ordem;

m) No de modificação ou rectificação, o facto a que respeita o registo modificado ou rectificado, o respectivo número de ordem e, sendo modificado ou rectificado algum dos elementos constantes da menção, a sua indicação.

2 – O registo de facto respeitante a participação social ou respectivo titular deve ainda mencionar:

a) A quota ou parte social objecto do facto registado;

b) O estado civil do sujeito activo do facto e, sendo casado, o nome do cônjuge e o regime de bens;

c) A identificação do sujeito passivo do facto, nos termos previstos para o sujeito activo;

d) Tratando-se de registo de penhor, para além das menções anteriores, a quantia garantida;

e) Tratando-se de registo de penhora ou arresto, para além das menções previstas nas alíneas *a*) a *d*), o tribunal onde a providência foi decretada e o respectivo número de processo;

f) Tratando-se de registo de amortização de quota, extinção de parte social, exoneração ou exclusão de sócio, para além das menções das alíneas *a*) e *b*), a data do facto.

3 – O disposto no n.º 2 do artigo anterior é aplicável às menções previstas neste artigo.

CAPÍTULO III — **Disposições finais**

ART. 16.º (**Notificações**) – Sempre que a lei não disponha em contrário e sem prejuízo do disposto no artigo 116.º do Código do Registo Comercial, as notificações são efectuadas por carta registada.

ART. 17.º (**Emolumentos**) – Para efeitos de tributação emolumentar, o secretário da sociedade é equiparado a órgão social.

4.6. BALCÕES "SIR — SOLUÇÕES INTEGRADAS DE REGISTO"

Portaria n.º 547/2009

de 25 de Maio

ART. 1.º (**Objecto**) — A presente portaria regulamenta os procedimentos para operações especiais de registos.

ART. 2.º (**Noção**) — Constituem operações especiais de registos os processos em que sejam interessadas uma ou mais pessoas colectivas, públicas ou privadas, que envolvam a prática de actos de registo que pelo seu número, complexidade, natureza, relação de dependência ou conexão, ou relevância económica, justifiquem um tratamento unitário e personalizado.

ART. 3.º (**Competência**) — 1 — A prática dos procedimentos para operações especiais de registo compete a balcões criados por despacho do presidente do Instituto dos Registos e do Notariado, I. P., nos termos do n.º 5 do artigo 26.º do Decreto-Lei n.º 116/2008, de 4 de Julho.

SOLUÇÕES INTEGRADAS DE REGISTO   [Port. n.º 547/2009]   249

2 — Os balcões criados nos termos do número anterior denominam-se «SIR — Soluções integradas de registo» (SIR), com competência para a prática de actos em qualquer ponto do território nacional, e constituem serviços especiais de registo equiparados a conservatórias de registo predial de 1.ª classe.

ART. 4.º (Âmbito das operações especiais de registo) — 1 — Os procedimentos para operações especiais de registos aplicam-se designadamente às seguintes situações:
a) Projectos de potencial interesse nacional, designados como projectos PIN, e projectos de potencial interesse nacional, classificados como de importância estratégica, designados como projectos PIN +, reconhecidos nos termos da legislação em vigor;
b) Projectos de investimento acompanhados, apoiados ou acolhidos pela Agência para o Investimento e Comércio Externo de Portugal, E. P. E., e pelo IAPMEI — Instituto de Apoio às Pequenas e Médias Empresas e à Inovação, I. P.;
c) Projectos financiados pelos programas operacionais do Quadro de Referência Estratégico Nacional 2007-2013;
d) Projectos que promovam a utilização de energias renováveis;
e) Negócios realizados por sociedades gestoras de fundos de investimento imobiliário para arrendamento habitacional (FIIAH), e dos demais fundos de investimento imobiliário que operem de acordo com a legislação nacional;
f) Investimentos em capital de risco através de sociedades de capital de risco e de fundos de capital de risco;
g) Expropriações;
h) Regularização do registo de património de pessoas colectivas públicas ou privadas;
i) Criação de sociedades e de sucursais, incluindo actos de registo subsequentes;
j) Alterações de firma ou denominação social ou da sede que tenham por consequência a necessidade de actualização de registos sobre imóveis, marcas, patentes ou outros direitos de propriedade industrial, e veículos;
l) Fusões e cisões, incluindo os actos consequentes de actualização ou de transmissão de imóveis, de marcas, patentes ou outros direitos de propriedade industrial, ou de veículos, bem como os direitos sobre os mesmos;
m) Aumentos de capital, por novas entradas, incluindo os actos consequentes de transmissão de imóveis, marcas, logótipos e patentes ou veículos, bem como os direitos sobre os mesmos;
n) Transmissão de créditos e garantias sujeitas a registo;
o) Empreendimentos urbanísticos, incluindo, designadamente, a constituição e modificação de propriedade horizontal, o registo do titulo constitutivo de empreendimento turístico e suas alterações, a constituição, alteração e transmissão do direito real de habitação periódica;
p) Operações de transformação fundiária;
q) Constituição e alteração de servidões de passagem de aqueduto, gasoduto, oleoduto, bem como de redes de comunicação e de electricidade.
2 — A aplicação dos procedimentos regulados na presente portaria às alíneas *i)* a *q)* do número anterior implica a verificação de um dos seguintes requisitos:
a) Estar em causa a prática simultânea ou sucessiva de, pelo menos, 10 actos ou procedimentos de registo;
b) A operação incidir ou dela resultarem, pelo menos, 10 actos sobre marcas, patentes, ou outros direitos de propriedade industrial, ou 20 imóveis, ou 50 veículos;
c) O valor da operação ser superior a € 5 000 000;
d) Estar em causa um projecto que se mostre relevante para estimular a actividade económica e criar emprego e postos de trabalho.
3 — Podem ainda utilizar os balcões SIR as entidades ou profissionais que, no ano anterior, tenham promovido mais de 1000 pedidos de registo.

ART. 5.º (Actos e procedimentos incluídos em operações especiais de registo) — 1 — Podem realizar-se os seguintes actos e procedimentos no âmbito de uma operação especial de registos:
a) Pedido e realização de actos e processos de registo comercial, predial e de veículos, bem como a emissão dos respectivos meios de prova;
b) Reconhecimentos simples e com menções especiais, presenciais e por semelhança, autenticação de documentos particulares, certificação ou realização e certificação de traduções de documentos que se destinem a instruir actos de registo compreendidos na alínea anterior;
c) Pedidos de actos relativos a direitos de propriedade industrial;
d) Pedido e obtenção do certificado de admissibilidade de firma e do cartão da empresa ou de pessoa colectiva;
e) Procedimentos especiais de criação imediata de sociedades («Empresa na hora»), com ou sem aquisição simultânea de marca registada, de criação imediata de representações permanentes em Portugal de entidades estrangeiras («Sucursal na hora») e de transmissão, oneração e registo de imóveis («Casa pronta»);
f) Promoção da liquidação e cobrança dos impostos que se mostrem devidos pela realização dos negócios jurídicos, actos e processos de registo executados no balcão SIR.
2 — Por despacho do presidente do IRN, I. P., pode ser incluída no âmbito dos procedimentos para operações especiais de registo:

250 [Port. n.º 547/2009]   REGISTOS

a) A prática de qualquer outro acto da competência dos serviços de registo;

b) A realização e execução de projectos específicos no sector dos registos, nos termos previstos no n.º 5 do artigo 8.º do Decreto-Lei n.º 129/2007, de 27 de Abril;

c) A prática de actos da competência de outros serviços públicos que sejam ou venham a ser efectuados nos serviços de registo, designadamente por protocolo entre a entidade competente e o Instituto dos Registos e do Notariado, I. P.

ART. 6.º (Marcação prévia) — 1 — Os interessados podem proceder, por via electrónica, por telefone ou presencialmente, à marcação prévia do atendimento no balcão SIR.

2 — Mediante marcação prévia, os funcionários do balcão SIR podem deslocar-se à sede ou instalações dos interessados para a realização de actos ou procedimentos abrangidos no âmbito da presente portaria.

ART. 7.º (Início do procedimento e gestor de cliente) — 1 — Os pedidos de registo e de outros actos e procedimentos incluídos em operações especiais de registos devem ser efectuados presencialmente, por forma verbal, pelo próprio ou por pessoa com legitimidade para o efeito, sem necessidade de utilização dos impressos próprios de cada área de registo.

2 — Sem prejuízo do disposto nos números seguintes, os pedidos de registo são apresentados no livro-diário logo que se verifiquem cumulativamente os seguintes requisitos:

a) Terem sido recepcionados ou consultados nas bases de dados dos serviços de registo ou da Administração Pública todos os documentos instrutórios;

b) Os actos de registo estarem em condições de serem efectuados com natureza definitiva.

3 — O registo pode ser efectuado como provisório desde que os interessados manifestem, expressamente, vontade nesse sentido.

4 — Quando estejam em causa actos relativos a direitos de propriedade industrial, os funcionários do SIR inserem de imediato no sítio na Internet do INPI, I. P., os dados que são transmitidos verbalmente pelo interessado.

5 — Os pedidos de registo podem ser apresentados em suporte informático, nos termos a fixar por despacho do presidente do IRN, I. P.

6 — O SIR assegura que, desde o primeiro contacto, cada utilizador do serviço tem um gestor de cliente especificamente designado enquanto ponto de contacto privilegiado com o serviço, responsável pelo acompanhamento da operação especial de registos que pretenda realizar, bem como para todas as outras que esse utilizador venha futuramente a efectuar.

ART. 8.º (Tramitação dos procedimentos) — 1 — No âmbito do procedimento de operação especial de registo, o SIR realiza todos os actos e procedimentos necessários para que se efectue:

a) A conclusão dos actos e procedimentos de registo comercial, predial e de veículos;

b) A emissão dos respectivos meios de prova, sempre que possível através da entrega aos interessados dos códigos de acesso a certidões permanentes;

c) A promoção dos pedidos de registo dos direitos de propriedade industrial;

d) A realização das comunicações necessárias a outras entidades públicas.

2 — Para efeitos de instrução e realização dos procedimentos e actos referidos na alínea *a)* do número anterior, o SIR apenas solicita aos interessados os documentos que não possam ser obtidos através do acesso directo às bases de dados dos registos ou junto de outras entidades públicas.

3 — Por solicitação dos interessados, o SIR pode, com base nos documentos apresentados para titular os factos que se pretendem registar, proceder a consultas das bases de dados dos registos para identificar os bens sobre os quais incidem os actos ou procedimentos.

4 — A informação obtida nos termos do número anterior deve ser confirmada pelos interessados.

ART. 9.º (Dever de informação) — O balcão SIR deve informar semanalmente os interessados, por meios electrónicos e através de um modelo padronizado:

a) Das diligências efectuadas para a obtenção dos elementos necessários à realização dos procedimentos para operações especiais de registo;

b) Indicar os actos que já se encontrem concluídos;

c) Indicar a data estimada para a conclusão do procedimento de operação especial de registos em curso.

ART. 10.º (Indeferimento e desistência) — 1 — Os procedimentos para operações especiais de registos apenas são indeferidos quando se verifique uma das seguintes situações:

a) Não se encontrem no âmbito do artigo 4.º;

b) Não se verifiquem os pressupostos previstos no artigo 5.º.

2 — O indeferimento do procedimento nos termos do número anterior determina o reencaminhamento do pedido, preferencialmente por via electrónica, para o serviço de registo mais próximo que tenha competência para realizar os actos ou procedimentos requeridos.

SUCURSAL NA HORA   [DL n.º 73/2008]   251

ART. 11.º (Notificações e comunicações) — 1 — As notificações e outras comunicações entre o SIR e os interessados devem ser efectuadas preferencialmente por via electrónica.

2 — Os interessados podem enviar os documentos necessários à instrução dos actos e procedimentos para operações especiais de registo por meios electrónicos, telecópia ou correio.

3 — O SIR envia ao INPI, I. P., os documentos necessários à instrução de pedidos de registo sobre direitos de propriedade industrial.

ART. 12.º (Distribuição e encaminhamento) — 1 — Por despacho do presidente do IRN, I. P., a execução ou a realização dos actos e procedimentos regulados pela presente portaria podem ser distribuídos a outros serviços de registo.

2 — Quando, num serviço de registos, seja apresentado um pedido que possa implicar ou do qual se possa inferir que o mesmo se insere no âmbito de uma operação especial de registos tal como definida nos artigos 2.º e 4.º da presente portaria, esse serviço de registo deve:

a) Informar o interessado de que dispõe do serviço SIR, explicando as vantagens deste serviço e perguntando ao mesmo se pretende que o seu pedido de registo seja encaminhado para esse serviço;

b) Encaminhar o pedido para o SIR, sempre que o interessado manifeste vontade nesse sentido;

c) Contactar imediatamente o SIR para marcar uma reunião entre o interessado e o responsável do SIR pelo procedimento, cuja data, hora e local é imediatamente comunicada verbalmente ao interessado.

ART. 13.º (Encargos) — 1 — Pelos procedimentos para operações especiais de registos são devidos os emolumentos, taxas e impostos fixados na legislação aplicável.

2 — Os emolumentos e taxas de registo são facturados de forma agrupada, com discriminação dos valores liquidados por tipo de registo, no final de cada operação especial de registos.

3 — O pagamento dos valores devidos pode ser efectuado por qualquer forma em uso nos serviços de registo, incluindo por transferência bancária.

4 — Os interessados podem optar por um regime de conta corrente, efectuando uma provisão no valor de mínimo de € 20 000, à qual vão sendo descontados os valores devidos nos termos do número anterior.

ART. 14.º (Pessoal) — 1 — Para efeitos do disposto no n.º 1 do artigo 63.º da Lei n.º 12-A/2008, de 27 de Fevereiro, os balcões SIR não dispõem de mapa de pessoal próprio.

2 — O presidente do IRN, I. P., designa para cada balcão SIR o responsável pela sua direcção, gestão e coordenação.

ART. 15.º (Receita) — Para os efeitos legais relevantes, considera-se que a receita mensal líquida de cada balcão SIR é de € 300 000.

ART. 16.º (Entrada em vigor) — A presente portaria entra em vigor no dia seguinte ao da sua publicação.

4.7. "SUCURSAL NA HORA"

Decreto-Lei n.º 73/2008
de 16 de Abril (*)

CAPÍTULO I — **Regime especial de criação imediata de representações permanentes em Portugal de entidades estrangeiras**

ART. 1.º (Objecto) – O presente decreto-lei estabelece um regime especial de criação imediata de representações permanentes em Portugal de sociedades comerciais e civis sob forma comercial, cooperativas, agrupamentos complementares de empresas e agrupamentos europeus de interesse económico com sede no estrangeiro, com a simultânea nomeação dos respectivos representantes.

ART. 2.º (Competência) – A tramitação do procedimento referido no artigo anterior é da competência das conservatórias do registo comercial e dos seus postos de atendimento.

ART. 3.º (Prazo de tramitação) – O procedimento de criação imediata de representações permanentes em Portugal de entidades estrangeiras é iniciado e concluído no mesmo dia, em atendimento presencial único.

(*) Alterado pelo art. 38.º do **DL n.º 247-B/2008**, de 30-12 (arts. 5.º e 7.º).

252 [DL n.º 73/2008]

REGISTOS

ART. 4.º (Início do procedimento) 1 – Os interessados na criação da representação permanente formulam o seu pedido junto do serviço competente, apresentando os documentos comprovativos:

a) Da sua identidade e da sua legitimidade para o acto;

b) Da existência jurídica da entidade que cria a representação permanente;

c) Do texto completo e actualizado do pacto social ou dos estatutos da entidade referida na alínea anterior;

d) Das deliberações sociais que aprovam a criação da representação permanente e designam o respectivo representante.

2 – A prossecução do procedimento depende da verificação inicial da identidade e da legitimidade dos interessados para o acto.

ART. 5.º (Sequência do procedimento) – 1 – Efectuada a verificação inicial da identidade e da legitimidade dos interessados para o acto, bem como a regularidade dos documentos apresentados, o serviço competente procede aos seguintes actos, pela ordem indicada:

a) Cobrança dos encargos que se mostrem devidos;

b) Anotação da apresentação do pedido verbal de registo no diário;

c) Registo de criação da representação permanente e da nomeação dos respectivos representantes;

d) Comunicação automática e electrónica da criação da representação permanente ao ficheiro central de pessoas colectivas e codificação da actividade económica (CAE);

e) Promoção da publicação legal dos actos de registo referidos na alínea *c)*;

f) Comunicação aos interessados do número de identificação da representação permanente na segurança social.

2 – A firma ou denominação constante da matrícula da representação permanente deve incluir a designação «representação permanente», «sucursal» ou outra equivalente, a escolher pelos interessados.

3 – A realização dos actos previstos no n.º 1 é da competência do conservador e dos oficiais de registo.

ART. 6.º (Recusa de registo) – A realização do registo da representação permanente deve ser recusada sempre que se verifique a existência de omissões, vícios ou deficiências que obstem à realização do correspondente registo definitivo, bem como quando, em face das disposições legais aplicáveis, o acto não seja viável.

ART. 7.º (Documentos a disponibilizar e a entregar aos interessados) – 1 – Concluído o procedimento de criação da representação permanente, os interessados são advertidos de que devem entregar a declaração de início de actividade no serviço competente, no prazo legalmente fixado para o efeito, e é-lhes disponibilizado e entregue, de imediato, a título gratuito:

a) Cartão electrónico da empresa mediante a atribuição de código de acesso;

b) Código de acesso à certidão permanente disponibilizada em sítio da Internet pelo período de um ano;

c) Recibo comprovativo do pagamento dos encargos devidos.

2 – A certidão prevista na alínea *b)* do número anterior é disponibilizada em língua portuguesa ou, a pedido dos interessados, também em língua estrangeira, nos termos dos n.ᵒˢ 3 e 4 do artigo 58.º do Código do Registo Comercial.

3 – O serviço procede ainda ao envio posterior do cartão da empresa a título gratuito.

ART. 8.º (Diligências subsequentes à conclusão do procedimento) – 1 – Após a conclusão do procedimento de criação da representação permanente, o serviço competente, no prazo de vinte e quatro horas:

a) Disponibiliza, por meios informáticos, os dados necessários para efeitos de comunicação do início de actividade da representação permanente à Direcção-Geral dos Impostos e à Inspecção-Geral do Trabalho, bem como os dados necessários à inscrição oficiosa daquela nos serviços da segurança social e, quando for o caso, no cadastro comercial;

b) Promove as restantes diligências que venham a ser fixadas por via regulamentar ou protocolar.

2 – Os serviços fiscais devem notificar por via electrónica os serviços da segurança social dos elementos relativos ao início da actividade.

ART. 9.º (Encargos) – 1 – Pelo procedimento de criação de representação permanente regulado no presente decreto-lei é devido o emolumento previsto no Regulamento Emolumentar dos Registos e do Notariado.

2 – Não é devido emolumento pela recusa de registo, procedendo-se nesses casos à devolução da quantia cobrada pelo procedimento regulado neste decreto-lei.

3 – Não são devidos emolumentos pessoais pelo procedimento regulado pelo presente decreto-lei.

ART. 10.º (Protocolos) – 1 – Podem ser celebrados protocolos entre o Instituto dos Registos e do Notariado, I. P. (IRN, I. P.), e os vários organismos da Administração Pública envolvidos no procedimento de criação de representações permanentes com vista à definição dos procedimentos administrativos de comunicação de dados.

2 – O IRN, I. P., pode ainda celebrar protocolos com a Direcção-Geral dos Impostos e com a Câmara dos Técnicos Oficiais de Contas com vista à definição dos procedimentos relativos ao preenchimento e entrega da declaração fiscal de início de actividade e posterior comprovação destes factos.

(...)

REGISTOS *ON-LINE* E CERTIDÃO PERMANENTE [Port. n.º 1416-A/2006] 253

CAPÍTULO III — **Disposições finais e transitórias**

ART. 14.º (Período experimental) – 1 – A partir da data de entrada em vigor do presente decreto-lei, o regime especial de criação imediata de representações permanentes funciona a título experimental, pelo período de 90 dias, no Registo Nacional de Pessoas Colectivas e nas Conservatórias do Registo Comercial de Bragança, Cascais, Elvas, Lisboa e no seu posto de atendimento, Loulé e Vila Nova da Cerveira.

2 – Decorrido o período experimental previsto no número anterior, a extensão do regime a outros serviços depende de despacho do presidente do IRN, I. P.

ART. 15.º (Entrada em vigor) – O presente decreto-lei entra em vigor no dia seguinte ao da sua publicação.

4.8. REGISTOS *ON-LINE*, DEPÓSITO DA PRESTAÇÃO DE CONTAS E CERTIDÃO PERMANENTE

Portaria n.º 1416-A/2006
de 19 de Dezembro (*)

CAPÍTULO I — **Registos *online* e certidão permanente**

Secção I — **DISPOSIÇÕES GERAIS**

ART. 1.º (Objecto) – A presente portaria regula:
a) A promoção *online* de actos de registo comercial;
b) A certidão permanente;
c) O cumprimento da obrigação de registo da pres tação de contas através do envio, por transmissão electrónica de dados, da informação empresarial simpli ficada (IES).

ART. 2.º (Designação do sítio) – A promoção *online* de actos de registo comercial e a solicitação da certidão permanente fazem-se através do sítio na Internet com o endereço www.empresaon line.pt, mantido pela Direcção-Geral dos Registos e do Notariado.

ART. 3.º (Funções do sítio) – O sítio deve permitir, entre outras que se mostrem necessárias, as seguintes funções:
a) A autenticação dos utilizadores através de certi ficados digitais;
b) A indicação dos dados de identificação dos interessados;
c) O preenchimento electrónico dos elementos neces sários ao requerimento do registo e ao pedido da certidão permanente;
d) A entrega dos documentos necessários à apreciação do pedido de registo e ao suprimento de suas eventuais deficiências;
e) A assinatura electrónica dos documentos entregues;
f) O pagamento dos serviços por via electrónica;
g) A recolha de informação que permita o contacto entre os serviços competentes e os interessados e seus representantes;
h) A certificação da data e da hora em que o pedido de registo foi concluído;
i) O acesso ao sítio na Internet onde se encontrem disponibilizadas as publicações legais.

Secção II — **PROMOÇÃO DE ACTOS DE REGISTO COMERCIAL *ONLINE***

ART. 4.º (Pedido de actos de registo comercial *online*) – 1– Os interessados na promoção de actos de registo comercial *online* formulam o seu pedido e enviam, através do sítio na Internet a que se refere o artigo 2.º, os documentos necessários ao registo, designadamente:
a) Os documentos que legalmente comprovem os fac tos constantes do pedido de registo;
b) Os documentos comprovativos da sua capacidade e dos seus poderes de representação para o acto.
2 – Todos os documentos entregues através de sítio na Internet, desde que tenham sido correctamente digitalizados, sejam integralmente apreensíveis e tenham sido enviados por quem tenha competência para a conferência de documentos electrónicos com os respectivos originais em formato de papel, têm o mesmo valor pro batório dos originais.

(*) Com as alterações introduzidas pela **Portaria n.º 562/2007**, de 30-4, e pela **Portaria n.º 1256/2009**, de 14-10.

254 [Port. n.º 1416-A/2006]

REGISTOS

3 – Os documentos que não tenham sido enviados pelas entidades referidas no número anterior têm de ser certificados nos termos da lei.

4 – A existência do pedido depende da confirmação do pagamento dos encargos devidos.

ART. 5.º (Ordem de anotação dos pedidos) – 1 – Os pedidos de actos de registo comercial efec tuados através do sítio referido no artigo 2.º são ano tados pela ordem da hora da respectiva recepção.

2 – Para efeitos do disposto no n.º 1, é possível anotar imediatamente os pedidos de registo *online* recebidos a qualquer hora e em qualquer dia da semana, incluindo sábados, domingos e feriados.

3 – Para efeitos do disposto nos números anteriores, a hora de recepção dos pedidos de registo apresentados *online* tem por referência a hora do meridiano de Greenwich, assinalada nas certidões de registo pela aposição do acrónimo UTC *(universal time, coordinated)*.

ART. 6.º (Autenticação electrónica) – 1 – Para efeitos da promoção de actos de registo comercial *online*, a autenticação electrónica de advo gados, solicitadores e notários deve fazer-se mediante certificado digital que comprove a qualidade profissional do utilizador.

2 – Para os restantes utilizadores, a autenticação electrónica faz-se mediante a utilização de certificado digital qualificado, nos termos previstos no regime jurí dico dos documentos electrónicos e da assinatura electrónica, aprovado pelo Decreto-Lei n.º 290-D/99, de 2 de Agosto, na redacção introduzida pelos Decretos-Leis n.ºˢ 62/2003, de 3 de Abril, 165/2004, de 6 de Julho, e 116-A/2006, de 16 de Junho.

ART. 7.º (Certificados digitais de advogados, solicitadores e notários) – Na promoção de actos de registo comercial *online*, apenas são admitidos os certificados digitais de advo gados, solicitadores e notários cuja utilização para fins profissionais seja confirmada através de listas electró nicas de certificados, dispo nibilizadas, respectivamente, pela Ordem dos Advogados, pela Câmara dos Solici tadores e pela Ordem dos Notários.

ART. 8.º (Assinatura electrónica de documentos) – 1 – Aos documentos entregues no processo de promoção de actos de registo comercial *online* deve ser aposta a assinatura electrónica qualificada do interessado que efectuar o envio, salvo quando este for realizado por advogado, solicitador ou notário.

2 – Os documentos entregues no processo de pro moção de actos de registo comercial *online* são assinados digitalmente pelo sistema informático que os recepciona.

ART. 9.º (Validação do pedido) – O pedido de actos de registo comercial *online* só é considerado validamente submetido após a emissão de um comprovativo electrónico, através do sítio referido no artigo 2.º, que indique a data e a hora em que o pedido foi concluído.

ART. 10.º (Comprovativo e comunicação electrónicos) – 1 – O comprovativo electrónico do pedido de registo deve ser enviado aos interessados através de mensagem de correio electrónico.

2 – A realização do registo deve ser comunicada aos interessados por mensagem de correio electrónico e, sempre que possível, por *short message service* (sms).

ART. 11.º (Prazo de apreciação do pedido) – Emitido o comprovativo electrónico referido no n.º 1 do artigo anterior, o serviço competente aprecia o pedido de registo e procede a todas as diligências sub sequentes previstas no artigo seguinte no prazo de dois dias úteis a contar da confirmação do pagamento efec tuado pelos interessados.

ART. 12.º (Diligências subsequentes) – 1 – Após o tratamento dos dados indicados e dos documentos entregues pelos interessados e a apreciação do pedido de registo, o serviço competente deve ainda proceder aos seguintes actos:

a) Registo dos factos, que deve ser imediatamente comunicado aos interessados por via electrónica;

b) Disponibilização aos interessados do recibo com provativo do pagamento dos encargos devidos;

c) Inscrição do facto no ficheiro central de pessoas colectivas e codificação da actividade económica (CAE) ou, se for esse o caso, comunicação do registo para aqueles efeitos, quando estes actos sejam necessários;

d) Disponibilização de prova gratuita do registo da sociedade, nos termos e pelos meios previstos no artigo 75.º do Código do Registo Comercial;

e) Promoção das publicações legais que sejam devidas, as quais se devem efectuar automaticamente e por via electrónica;

f) Promoção das restantes diligências que venham a ser fixadas por via regulamentar ou protocolar;

g) Envio dos documentos à conservatória do registo comercial detentora da pasta da sociedade, para efeitos do disposto no n.º 1 do artigo 59.º do Código do Registo Comercial.

2 – O envio dos documentos previsto na alínea *g)* do número anterior só ocorre quando não existam condições que garantam o acesso à informação sobre a sociedade por via electrónica.

3 – No caso de se tratar de um registo a efectuar por depósito, a respectiva menção pode ser efectuada pelo requerente.

ART. 13.º (Encargos) – 1 – Pelo procedimento de promoção de actos de registo comercial *online* regulado na presente portaria é devido o pagamento de emolumentos previstos no Regulamento Emolumentar dos Registos e do Notariado.

REGISTOS *ON-LINE* E CERTIDÃO PERMANENTE   [Port. n.º 1416-A/2006]   255

2 – Não são devidos emolumentos pessoais no âmbito do regime especial de promoção de actos de registo comercial *online*.

Secção III — **DEPÓSITO DA PRESTAÇÃO DE CONTAS**

ART. 13.º-A (Pedido de registo da prestação de contas) – O pedido de registo da prestação de contas é feito por via electrónica, através do envio da IES, nos termos previstos no n.º 1 do artigo 4.º do Decreto-Lei n.º 8/2007, de 17 de Janeiro.

ART. 13.º-B (Pagamento) – 1 – Após a submissão electrónica da IES, nos termos referidos no artigo anterior, é gerada automa ticamente uma referência para pagamento da taxa devida pelo registo da prestação de contas.

2 – O pagamento da taxa referida no número ante rior deve ser efectuado no prazo de cinco dias úteis após a geração da referência para pagamento.

3 – Em caso de envio, nos termos do n.º 1 do artigo 4.º do Decreto-Lei n.º 8/2007, de 17 de Janeiro, por parte da mesma entidade, de mais de uma IES referente ao mesmo ano económico e à mesma moda lidade de prestação de contas, é disponibilizada ao Ministério da Justiça a informação prevista no n.º 2 do mesmo artigo respeitante a todas elas, mas é ape nas gerada uma única referência para pagamento.

4 – O disposto neste artigo não prejudica a dis ponibilização de outros meios de pagamento.

· **ART. 13 º-C (Validação do pedido)** – O pedido de registo da prestação de contas só é considerado validamente submetido após a confirma ção do pagamento da taxa devida.

ART. 13.º-D (Diligências subsequentes) – 1 – Após recepção da informação respeitante ao cumprimento da obrigação de registo da prestação de contas, nos termos do disposto no n.º 1 do artigo 9.º do Decreto-Lei n.º 8/2007, de 17 de Janeiro, são rea lizados os seguintes actos:

a) Registo electrónico automático da prestação de contas, nos termos do artigo 42.º do Código do Registo Comercial;

b) Disponibilização automática aos interessados do recibo comprovativo dos encargos efectuados;

c) Promoção automática, por via electrónica, das publicações legais;

d) Disponibilização automática, por via electrónica, do código de acesso à certidão prevista no artigo 14.º;

e) Promoção das restantes diligências que venham a ser fixadas por via regulamentar ou protocolar.

2 – A informação constante da IES, bem como a relativa às diligências previstas neste artigo, é arquivada electronicamente, não havendo lugar a impres são para efeitos de integração na pasta física da sociedade.

ART. 13.º-E (Taxa) – 1 – Pelo cumprimento da obrigação de registo da prestação de contas é devido o pagamento da taxa única de € 85, que constitui receita da Direcção-Geral dos Registos e do Notariado.

2 – Para fazer face ao encargo com a gestão dos sistemas informáticos necessários à sua disponibili zação é deduzido o montante de € 5 à taxa referida no número anterior em cada acto de registo da pres tação de contas, que constitui receita do Instituto das Tecnologias de Informação na Justiça.

ART. 13.º-F (Acesso à base de dados das contas anuais) – O acesso à informação constante da base de dados das contas anuais (BDCA) prevista no artigo 10.º do Decreto-Lei n.º 8/2007, de 17 de Janeiro, é feito pelas seguintes vias:

a) Emissão de certidão de contas anuais relativa a entidades individualizadas;

b) Acesso através de formatos especiais.

ART. 13.º-G (Pedido de certidão de contas anuais) – 1 – O pedido de certidão de contas anuais pode ser feito electronicamente, através do sítio na Internet com o endereço www.empresaonline.pt, mantido pela Direcção-Geral dos Registos e do Notariado, ou outro, bem como em qualquer conservatória com competência para a prática de actos de registo comercial.

2 – Quando o pedido seja feito através dos sítios referidos no número anterior, é disponibilizado ao requerente um código que permite a visualização da certidão, em suporte electrónico, a partir do momento em que seja confirmado o pagamento da taxa devida.

3 – O serviço referido no número anterior é pres tado mediante a subscrição de uma assinatura que pode ter a duração de um, dois, três ou quatro anos e que permite a visualização da certidão das contas anuais referente ao número de anos subscrito.

4 – Quando o pedido seja feito na conservatória, pode ser solicitada a certidão de contas anuais através das seguintes vias:

a) Disponibilização do código de acesso que permite a visualização da certidão em suporte electrónico, nos termos previstos nos números anteriores; ou

b) Disponibilização da certidão das contas anuais em suporte de papel.

ART. 13.º-H (Identificação do requerente da certidão de contas anuais) – A identificação do requerente da certidão de contas anuais faz-se nos termos previstos no artigo 16.º, excepto nos casos da alínea *b)* do n.º 4 do artigo anterior.

256 [Port. n.º 1416-A/2006]   REGISTOS

ART. 13.º-I (Taxa da certidão de contas anuais) – 1 – Pela assinatura, através dos sítios na Internet referidos no n.º 1 do artigo 13.º-G, do serviço de certidão electrónica de contas anuais, é devido o paga mento das seguintes taxas únicas:

a) € 3 pela assinatura por um ano;
b) € 5 pela assinatura por dois anos;
c) € 7 pela assinatura por três anos;
d) € 8 pela assinatura por quatro anos.

2 - Às taxas previstas no número anterior acresce o montante de € 15 quando a assinatura seja solicitada nas conservatórias.

3 - Pela certidão de contas anuais em suporte de papel é devida a taxa única de € 55.

4 - As taxas previstas no presente artigo constituem receita da Direcção-Geral dos Registos e do Notariado.

ART 13.º-J (Pedido de acesso em formatos especiais) – O acesso à informação constante da BDCA noutros formatos distintos dos previstos nos artigos 13.º-G e 13.º-H é efectuado nos termos e condições a definir em protocolo a celebrar entre a Direcção-Geral dos Registos e do Notariado e as entidades que o solicitem.

Secção IV — CERTIDÃO PERMANENTE

ART. 14.º (Definição) – Designa-se por "certidão permanente" a disponibilização, em suporte electrónico e permanentemente actualizada, da reprodução dos registos em vigor res peitantes a entidade sediada em conservatória informatizada, bem como da menção das apresentações e dos pedidos de registo pendentes, nos termos do n.º 5 do artigo 75.º do Código do Registo Comercial.

ART. 15.º (Pedido de certidão permanente) – O pedido de certidão permanente pode ser efectuado através do sítio referido no artigo 2.º ou, verbalmente, em qualquer serviço com competência para a prática de actos de registo comercial.

ART. 16.º (Identificação do requerente da certidão permanente) – A identificação do requerente da certidão permanente faz-se pela indicação do nome ou firma e do endereço de correio electrónico, sem necessidade de utilização dos meios de autenticação referidos nos artigos 6.º e 7.º.

ART. 17.º (Código de acesso) – 1 – Após a solicitação do serviço, é disponibilizado ao requerente um código que permite a visualização da certidão permanente a partir do momento em que seja confirmado o pagamento da taxa devida.

2 – A entrega, a qualquer entidade pública ou privada, do código de acesso à certidão permanente equivale, para todos os efeitos, à entrega de uma certidão do registo comercial.

ART. 18.º (Assinatura da certidão permanente) – O serviço certidão permanente é prestado mediante a subscrição de uma assinatura que pode ter a duração de um, dois, três ou quatro anos.

ART. 19.º (Taxa da certidão permanente) – Pela assinatura do serviço certidão permanente é devido o pagamento das seguintes taxas únicas, que constituem receita da Direcção-Geral dos Registos e do Notariado:

a) € 19,50 pela assinatura por um ano;
b) € 35 pela assinatura por dois anos;
c) € 49 pela assinatura por três anos;
d) € 59 pela assinatura por quatro anos.

CAPÍTULO II — Alteração à tabela de honorários e encargos notariais
e ao Regulamento do Registo Comercial

ART. 20.º (Alteração à Portaria n.º 385/2004, de 16 de Abril) – O artigo 10.º da Portaria n.º 385/2004, de 16 de Abril, que aprova a tabela de honorários e encargos aplicáveis à actividade notarial exercida ao abrigo do Estatuto do Notariado, aprovado pelo Decreto-Lei n.º 26/2006, de 4 de Fevereiro, passa a ter a seguinte redacção:

«ART. 10.º [...] – 1 – ....
2 – ....
3 – ....
4 – ....
5 – ....
6 – ....
7 – ....
8 – Notificações - por cada notificação de titular inscrito - € 37,82.»

INFORMAÇÃO EMPRESARIAL SIMPLIFICADA (IES)   [DL n.º 8/2007]   257

ART. 21.º (Alteração ao Regulamento do Registo Comercial, aprovado pela Portaria n.º 657-A/2006, de 29 de Junho) – Os artigos 3.º, 8.º, 9.º, 10.º,14.º e 15.º do Regulamento do Registo Comercial, aprovado pela Portaria n.º 657-A/2006, de 29 de Junho, passam a ter a seguinte redacção:

....

Alteração introduzida no lugar próprio (**4.5.**).

ART. 22.º (Aditamento ao Regulamento do Registo Comercial, aprovado pela Portaria n.º 657-A/2006, de 29 de Junho) – São aditados ao Regulamento do Registo Comercial, aprovado pela Portaria n º 657-A/2006, de 29 de Junho, os artigos 4.º-A e 17.º, com a seguinte redacção:

....

Alteração introduzida no lugar próprio (**4.5.**).

CAPÍTULO III — Disposições finais e transitórias

ART. 23.º (Aplicação subsidiária) – Aplicam-se ao regime especial de promoção de actos de registo comercial *online* e ao regime da certidão permanente as disposições do Código do Registo Comercial e do Regulamento do Registo Comercial que não con trariem o disposto na presente portaria.

ART. 24.º (Norma transitória) – 1 – Podem, desde o momento da entrada em vigor da presente portaria, ser promovidos por via electrónica os actos de registo de transmissão e unificação de quotas e de designação e cessação de funções dos membros dos órgãos de administração e fiscalização das socie dades por quotas e anónimas, bem como do secretário da sociedade, sem prejuízo da possibilidade de promo ção electrónica de outros actos de registo comercial, nos termos de despacho do director-geral dos Registos e do Notariado.

2 – Por despacho do director-geral dos Registos e do Notariado são definidos os procedimentos a adoptar no caso de o pedido de registo ou de certidão permanente respeitar a entidade cujos registos não se encontrem extractados para o Sistema Integrado do Registo Comercial (SIRCom).

O Despacho n.º 914/2009, do Presidente do IRN, I. P., publicado no *DR*, 2.ª série, de 13.1.2009, p. 1189, determinou que, a partir de 22.12.2008, pudessem ser promovidos, por via electrónica, os seguintes actos de registo comercial: *a)* Dissolução; *b)* Dissolução com nomeação de liquidatários; *c)* Dissolução com encerramento da liquidação; *d)* Encerramento da liquidação; *e)* Requerimento inicial para extinção imediata.

ART. 25.º (Entrada em vigor) – A presente portaria entra em vigor no dia 20 de Dezembro de 2006.

4.9. INFORMAÇÃO EMPRESARIAL SIMPLIFICADA (IES)

Decreto-Lei n.º 8/2007
de 17 de Janeiro (*)

CAPÍTULO I — Informação Empresarial Simplificada

ART. 1.º (Objecto) – 1 – O presente decreto-lei cria a Informação Empresarial Simplificada (IES).

2 – A IES consiste na prestação da informação de natureza fiscal, contabilística e estatística respeitante ao cumprimento das obrigações legais referidas no n.º 1 do artigo 2.º através de uma declaração única transmitida por via electrónica.

ART. 2.º (Âmbito de aplicação) – 1 – A IES compreende as seguintes obrigações legais:

a) A entrega da declaração anual de informação contabilística e fiscal prevista no n.º 1 do artigo 113.º do Código do Imposto sobre o Rendimento das Pessoas Singulares (CIRS), quando respeite a pessoas singulares titulares de estabelecimentos individuais de responsabilidade limitada;

b) A entrega da declaração anual de informação contabilística e fiscal prevista na alínea *c)* do n.º 1 do artigo 109.º do Código do Imposto sobre o Rendimento das Pessoas Colectivas;

c) O registo da prestação de contas, nos termos previstos na legislação do registo comercial;

d) A prestação de informação de natureza estatística ao Instituto Nacional de Estatística (INE), nos termos previstos na Lei do Sistema Estatístico Nacional e em outras normas, designadamente emanadas de instituições da União Europeia;

(*) Alterado pelo art. 21.º do **DL n.º 116/2008**, de 4-7 (art. 10.º), e pelos arts. 6.º e 7.º do **DL n.º 292/2009**, de 13-10 (arts. 3.º e 5.º, e aditamento do art. 9.º-A).

258 [DL n.º 8/2007]   REGISTOS

e) A prestação de informação relativa a dados contabilísticos anuais para fins estatísticos ao Banco de Portugal, de acordo com o estabelecido na respectiva lei orgânica, incluindo a que decorre da participação do Banco de Portugal no Sistema Europeu de Bancos Centrais.

2 – Com a entrega da IES, devem ser igualmente apresentadas as seguintes declarações:

a) A declaração anual de informação contabilística e fiscal prevista no n.º 1 do artigo 113.º do CIRS, quando respeite a pessoas singulares que não sejam titulares de estabelecimentos individuais de responsabilidade limitada;

b) A declaração anual de informação contabilística e fiscal e os mapas recapitulativos previstos nas alíneas *d*) a *f*) do n.º 1 do artigo 28.º do Código do Imposto sobre o Valor Acrescentado;

c) A declaração anual prevista nos n.ºˢ 1 e 2 do artigo 52.º do Código do Imposto do Selo.

3 – As obrigações legais previstas no n.º 1 do artigo 2.º são exclusivamente cumpridas através da entrega da IES.

4 – As entidades obrigadas ao cumprimento das obrigações legais referidas nos números anteriores são determinadas pela legislação respectiva.

ART. 3.º (Modelos) – 1 – A informação a prestar consta de modelos oficiais, aprovados por portaria do ministro responsável pela área das finanças, os quais devem integrar toda a informação necessária ao cumprimento de cada uma das obrigações legais incluídas na IES.

2 – A obrigação a que se refere o número anterior é também aplicável às entidades abrangidas pela aplicação das normas internacionais de contabilidade.

Os actuais modelos de impressos foram aprovados pela Portaria n.º 333-B/2009, de 1-4.

ART. 4.º (Forma de envio) – 1 – O cumprimento das obrigações legais referidas no artigo 2.º é efectuado através do envio da respectiva informação ao Ministério das Finanças, por transmissão electrónica de dados, nos termos a definir por portaria conjunta dos membros do Governo responsáveis pela área das finanças, pelo INE e pela área da justiça.

2 – A informação recepcionada nos termos do número anterior que respeite ao cumprimento das obrigações previstas nas alíneas *c*) a *e*) do n.º 1 do artigo 2.º é disponibilizada ao Ministério da Justiça, nos termos do artigo 9.º.

ART. 5.º (Prazo para apresentação da informação) – 1 – A IES é apresentada anualmente, até ao 15.º dia do 7.º mês posterior à data do termo do exercício económico, independentemente de esse dia ser útil ou não útil.

2 – Para efeitos do disposto no número anterior, considera-se como data de apresentação da IES a da respectiva submissão por via electrónica.

ART. 6.º (Submissão) – 1 – A IES é submetida pelas entidades competentes para a entrega das declarações de informação contabilística e fiscal.

2 – A forma de verificação da identidade do apresentante da IES é regulada na portaria prevista no artigo 4.º.

ART. 7.º (Taxa) – O cumprimento da obrigação prevista na alínea *c*) do n.º 1 do artigo 2.º está sujeito ao pagamento de uma taxa, de montante a definir por portaria do membro do Governo responsável pela área da justiça, e que constitui receita própria do Instituto dos Registos e do Notariado, I. P. (IRN, I. P.).

ART. 8.º (Incumprimento) – O incumprimento das obrigações inerentes à entrega da IES é sancionado nos termos previstos na legislação respeitante a cada uma das obrigações que aquela compreende.

ART. 9.º (Disponibilização da informação) – 1 – A informação respeitante ao cumprimento das obrigações previstas nas alíneas *c*) a *e*) do n.º 1 do artigo 2.º deve ser disponibilizada, por via electrónica, às entidades perante as quais deve ser legalmente prestada, nos termos regulados na portaria prevista no artigo 4.º.

2 – A disponibilização ao INE da informação res peitante ao cumprimento da obrigação prevista na alínea *d*) do n.º 1 do artigo 2.º é efectuada nos termos de portaria conjunta dos membros do Governo responsáveis pelo INE e pela área da justiça.

3 – A disponibilização ao Banco de Portugal da informação respeitante ao cumprimento da obrigação prevista na alínea *e*) do n.º 1 do artigo 2.º é efectuada nos termos de protocolo a celebrar entre a entidade titular da base de dados das contas anuais (BDCA) e o banco de Portugal.

4 – Sem prejuízo do regime da publicação dos actos de registo comercial e da possibilidade de emissão de certidões dos actos de prestação de contas, designadamente por via electrónica, a informação de interesse económico geral constante da IES pode ainda ser disponibilizada em base de dados de acesso público, nomeadamente no sítio da Internet de acesso à edição electrónica do *Diário da República*, nos termos de protocolo a celebrar entre a entidade titular da BDCA e as entidades responsáveis pela gestão dos conteúdos dessas bases de dados.

ART. 9.º-A (Protocolo) – Com vista à articulação entre as entidades perante as quais deve ser legalmente prestada a informação constante da IES, é celebrado um protocolo entre a Direcção-Geral dos Impostos (DGCI), a Direcção-Geral de Informática e Apoio aos Serviços Tributários e Aduaneiros (DGITA), o IRN, I. P., o Instituto para as Tecnologias de Informação na Justiça, I. P. (ITIJ, I. P.), o INE e o Banco de Portugal.

INFORMAÇÃO EMPRESARIAL SIMPLIFICADA (IES) [DL n.º 8/2007] 259

ART. 10.º (Base de dados das contas anuais) – 1 – A informação constante da IES que respeita ao cumprimento da obrigação prevista na alínea *c)* do n.º 1 do artigo 2.º consta da BDCA, da titularidade do IRN, I. P.

2 – A BDCA deve estar organizada de forma a permitir a pesquisa, designadamente, pelos seguintes elementos:

a) Firma;

b) Sede;

c) Número de identificação de pessoa colectiva e de matrícula no registo comercial;

d) Ano de exercício a que respeita a prestação de contas.

3 – A BDCA deve estar organizada de forma a permitir o registo e a publicação automáticas da prestação de contas, em termos a definir por portaria do membro do Governo responsável pela área da justiça.

4 – A certidão de registo comercial a enviar ou a entregar ao apresentante do registo da prestação de contas nos termos do n.º 6 do artigo 75.º do Código do Registo Comercial, é a prevista no n.º 5 do mesmo artigo e tem a validade 16 meses.

5 – A BDCA é de acesso público, designadamente através da emissão de certidões, nos termos, condições e custo a definir na portaria referida no n.º 3.

CAPÍTULO II — Alterações legislativas

ART. 11.º (Alteração ao Código das Sociedades Comerciais) – ....

Alterações introduzidas no lugar próprio (**3.1.3.**).

ART. 12.º (Alteração ao Código do Registo Comercial) – ....

Alterações introduzidas no lugar próprio (**4.4.**).

ART. 13.º (Aditamento ao Código de Registo Comercial) – ....

Alterações introduzidas no lugar próprio (**4.4.**).

ART. 14 º (Alteração à Lei de Organização e Funcionamento dos Tribunais Judiciais) – O artigo 89.º da Lei n.º 3/99, de 13 de Janeiro, alterada pela Lei n.º 101/99, de 26 de Julho, pelos Decretos-Leis n.ᵒˢ 323/2001, de 17 de Dezembro, e 38/2003, de 8 de Março, pela Lei n.º 105/2003, de 10 de Dezembro, pelo Decreto-Lei n.º 53/2004, de 18 de Março, pela Lei n.º 42/2005, de 29 de Agosto, e pelo Decreto-Lei n.º 76-A/2006, de 29 de Março, passa a ter a seguinte redacção:

«**ART. 89.º** – 1 – Compete aos tribunais de comércio preparar e julgar:

a) O processo de insolvência se o devedor for uma sociedade comercial ou a massa insolvente integrar uma empresa;

b) ....

c) ....

d) ....

e) ....

f) ....

g) ....

h) ....

2 – ....

3 – .... »

ART. 15.º (Alteração ao Código de Processo Civil) – O artigo 1487.º do Código de Processo Civil, aprovado pelo Decreto-Leí n.º 44 129, de 28 de Dezembro de 1961, alterado pelos Decretos-Leis n.ᵒˢ 47 690, de 11 de Maio de 1967, e 323/70, de 11 de Julho, pela Portaria n.º 439/74, de 10 de Julho, pelos Decretos-Leis n.ᵒˢ 261/75, de 27 de Maio,165/76, de 1 de Março, 201/76, de 19 de Março, 366/76, de 5 de Maio, 605/76, de 24 de Julho, 738/76, de 16 de Outubro, 368/77, de 3 de Setembro, e 533/77, de 30 de Dezembro, pela Lei n º 21/78, de 3 de Maio, pelos Decretos-Leis n.ᵒˢ 513-X/79, de 27 de Dezembro, 207/80, de 1 de Julho, 457/80, de 10 de Outubro, 400/82, de 23 de Setembro, 242/85, de 9 de Julho, 381-A/85, de 28 de Setembro, e 177/86, de 2 de Julho, pela Lei n.º 31/86, de 29 de Agosto, pelos Decretos-Leis n.ᵒˢ 92/88, de 17 de Março, 321-B/90, de 15 de Outubro, 211/91, de 14 de Julho, 132/93, de 23 de Abril, 227/94, de 8 de Setembro, 39/95, de 15 de Fevereiro, 329-A/95, de 12 de Dezembro, 180/96, de 25 de Setembro, 375-A/99, de 20 de Setembro, e 183/2000, de 10 de Agosto, pela Lei n.º 30-D/2000, de 20 de Dezembro, pelos Decretos-Leis n.ᵒˢ 272/2001, de 13 de Outubro, e 323/2001, de 17 de Dezembro, pela Lei n.º 13/2002, de 19 de Fevereiro, e pelos Decretos-Leis n.ᵒˢ 38/2003, de 8 de Março, 199/2003, de 10 de Setembro, e 324/2003, de 27 de Dezembro, e pela Lei n.º 14/2006, de 26 de Abril, passa a ter a seguinte redacção:

260 [DL n.º 8/2007] REGISTOS

«ART. 1487.º (Oposição à distribuição de reservas ou dos lucros do exercício) – 1 – Se algum credor social pretender obstar à distribuição das reservas disponíveis ou dos lucros do exercício, deve fazer prova da existência do seu crédito e de que solicitou à sociedade a satisfação do mesmo ou a prestação de garantia adequada há pelo menos 15 dias.

2 – A sociedade é citada para contestar ou satisfazer o crédito do requerente, se já for exigível, ou garanti-lo adequadamente.

3 – À prestação da garantia, quando tenha lugar, é aplicável o preceituado quanto à prestação de caução, com as adaptações necessárias.»

ART. 16 º (Alteração ao regime do estabelecimento individual de responsabilidade limitada) – ....
Alteração introduzida no lugar próprio (**2.2.**).

ART. 17.º (Alteração ao regime do Registo Nacional de Pessoas Colectivas) – ....
Alteração introduzida no lugar próprio (**4.1.**).

ART. 18.º (Alteração ao Regulamento Emolumentar dos Registos e do Notariado) – ....
Alteração introduzida no lugar próprio (**4.6.**).

ART. 19.º (Alteração ao Decreto-Lei n º 76 A/2006, de 29 de Março) – ....
Alteração introduzida no lugar próprio (**3.1.2.**).

CAPÍTULO III — Disposições finais e transitórias

ART. 20.º (Promoção da transformação de estabelecimentos individuais de responsabilidade limitada em sociedades unipessoais por quotas) – 1 – O registo da transformação de um estabelecimento individual de responsabilidade limitada em sociedade unipessoal por quotas e os registos de actualização decorrentes dessa transformação são gratuitos, desde que sejam requeridos até 30 de Junho de 2007, independentemente da data da titulação daquele facto.

2 – É igualmente gratuita a emissão do certificado de admissibilidade de firma necessário à transformação prevista no número anterior.

· ART. 21.º (Competência para a prática de actos de registo comercial promovidos por via electrónica) – 1 – Sem prejuízo do disposto no número seguinte, o Registo Nacional de Pessoas Colectivas (RNPC) é a conservatória competente para a prática dos actos de registo comercial promovidos por via electrónica, enquanto existir competência territorial para a prática desses actos, independentemente da localização da sede da entidade sujeita a registo.

2 – O RNPC pode distribuir por outras conservatórias do registo comercial a tramitação dos processos de registo promovidos por via electrónica, nos termos fixados por despacho do director-geral dos Registos e do Notariado.

ART. 22.º (Instituto dos Registos e do Notariado, I. P.) – Até à entrada em vigor da lei orgânica do IRN, I. P., as referências feitas no presente decreto-lei a este organismo consideram-se feitas à Direcção-Geral dos Registos e do Notariado.

ART. 23.º (Norma revogatória) – São revogados:

a) O n.º 2 do artigo 11.º e o n.º 4 do artigo 42.º do Código do Registo Comercial, aprovado pelo Decreto-Lei n.º 403/86, de 3 de Dezembro;

b) O artigo 1487 º-A do Código de Processo Civil, aprovado pelo Decreto-Lei n.º 44 129, de 28 de Dezembro de 1961;

c) O artigo 20.º do regime do estabelecimento individual de responsabilidade limitada, aprovado pelo Decreto-Lei n.º 248/86, de 25 de Agosto;

d) Os n.ᵒˢ 4.1.1, 4.1.2, 4.3 e 5 do artigo 20.º e os n.ᵒˢ 2.2 e 2.3 do artigo 22.º do Regulamento Emolumentar dos Registos e do Notariado, aprovado pelo Decreto-Lei n.º 322-A/2001, de 14 de Dezembro.

ART. 24.º (Aplicação no tempo) – 1 – As disposições do presente decreto-lei relativas à IES aplicam-se às obrigações legais previstas no artigo 2.º que respeitem a exercícios económicos que se tenham iniciado em 2006, bem como aos subsequentes.

2 – O artigo 21.º e as normas respeitantes, à prática de actos de registo pela Internet produzem efeitos desde o dia 21 de Dezembro de 2006.

ART. 25.º (Entrada em vigor) – O presente decreto-lei entra em vigor no dia seguinte ao da sua publicação.

4.10. PROCEDIMENTOS PARA O ENVIO ELECTRÓNICO DA IES

Portaria n.º 499/2007

de 30 de Abril (*)

ART. 1.º (Envio da informação empresarial simplificada) – 1 – O envio da informação empresarial simplificada (IES) por parte das entidades obrigadas ao cumprimento das obrigações legais previstas no n.º 1 do artigo 2.º do Decreto-Lei n.º 8/2007, de 17 de Janeiro, é feito por transmissão electrónica de dados.

2 – O disposto nos artigos 2.º a 4.º é aplicável à entrega das declarações previstas no n.º 2 do artigo 2.º do Decreto-Lei n.º 8/2007, de 17 de Janeiro, com as necessárias adaptações.

ART. 2.º (Registo e ficheiro) – Para efeitos do disposto no artigo anterior, as entidades obrigadas à entrega da IES devem:

a) Registar-se por via electrónica, caso ainda não disponham de senha de acesso, através do sítio da Internet com o endereço www.e-financas.gov.pt;

b) Utilizar, para o envio da IES, um ficheiro com as características e estrutura disponibilizadas no sítio da Internet com o endereço www.ies.gov.pt ou no sítio referido na alínea anterior, sem prejuízo do preenchimento directo da declaração e do disposto no artigo 5.º quanto às entidades que devem elaborar contas consolidadas.

ART. 3.º (Atribuição de senhas) – As entidades obrigadas à entrega da IES e os técnicos oficiais de contas são identificados por senhas atribuídas pela Direcção-Geral dos Impostos (DGCI).

ART. 4.º (Procedimento de envio da IES) – O envio da IES deve ser efectuado de acordo com os seguintes procedimentos:

a) Seleccionar:

    i) Serviços *online;*

    ii) TOC ou contribuintes, consoante o caso;

    iii) Entregar;

    iv) IES/DA;

b) Preencher a declaração directamente ou abrir e enviar o ficheiro previamente formatado com as características referidas na alínea *b)* do artigo 2.º;

c) Validar a informação e corrigir os erros detectados;

d) Submeter a declaração;

e) Consultar, a partir do 2.º dia útil seguinte ao da submissão, a situação definitiva da IES;

f) Efectuar o pagamento do registo da prestação de contas, no prazo de cinco dias úteis após a geração electrónica da referência para pagamento.

ART. 5.º (Procedimento de envio de contas consolidadas no âmbito da IES) – As entidades que devam elaborar contas consolidadas devem digitalizar os documentos referidos no n.º 2 do artigo 42.º do Código do Registo Comercial e submetê-los como um só ficheiro.

ART. 5.º-A (Contas em conformidade com as Normas Internacionais de Contabilidade) – Sem prejuízo do disposto no artigo 4.º e do preenchimento integral da declaração nele prevista, as entidades que, nos termos do n.º 2 do artigo 12.º do Decreto-Lei n.º 35/2005, de 17 de Fevereiro, tenham optado por elaborar as suas contas individuais em conformidade com as Normas Internacionais de Contabilidade adoptadas nos termos do artigo 3.º do Regulamento (CE) n.º 1606/2002, do Parlamento Europeu e do Conselho, de 19 de Julho, devem digitalizar a informação referente a essas contas e anexar o correspondente ficheiro, submetendo-o em conjunto com a declaração.

ART. 6.º (Disponibilização de informação ao Ministério da Justiça) – 1 – A informação respeitante ao cumprimento das obrigações previstas nas alíneas *c)* a *e)* do n.º 1 do artigo 2.º do Decreto-Lei n.º 8/2007, de 17 de Janeiro, contida nos modelos declarativos da IES aprovados pela Portaria n.º 208/2007, de 16 de Fevereiro, é disponibilizada, por via electrónica, pela DGCI, através da Direcção-Geral de Informática e Apoio aos Serviços Tributários e Aduaneiros (DGITA), ao Instituto dos Registos e do Notariado, I. P. (IRN), através do Instituto das Tecnologias de Informação na Justiça, I. P. (ITIJ).

2 – A disponibilização da informação prevista no número anterior deve incluir um mecanismo de controlo das declarações transmitidas.

ART. 7.º (Disponibilização de informação ao Instituto Nacional de Estatística e ao Banco de Portugal) – 1 – A informação respeitante ao cumprimento da obrigação prevista na alínea *d)* do n.º 1 do artigo 2.º do Decreto-Lei n.º 8/2007, de 17 de Janeiro, é disponibilizada electronicamente pelo IRN ao Instituto Nacional de Estatística (INE), através do ITIJ.

(*) Alterada pela **Portaria n.º 245/2008**, de 27-3, que deu nova redacção aos arts. 2.º e 5.º, e aditou o art. 5.º-A.

262 [Portaria n.º 657-B/2006]

REGISTOS

2 – Para efeitos do disposto no número anterior, a informação deve ficar disponível no ITIJ, para transferência electrónica por parte do INE, no prazo de dois dias úteis após a sua disponibilização pela DGITA.

3 – A informação respeitante ao cumprimento da obrigação prevista na alínea *e*) do n.º 1 do artigo 2.º do Decreto-Lei n.º 8/2007, de 17 de Janeiro, é disponibilizada electronicamente pelo IRN ao Banco de Portugal, através do ITIJ, nos termos de protocolo a celebrar entre aquelas duas entidades.

4 – A disponibilização da informação ao INE e ao Banco de Portugal não está dependente da sua integração na base de dados das contas anuais.

4.11. REGISTO INFORMÁTICO DOS ACTOS PRATICADOS PELAS CÂMARAS DE COMÉRCIO E INDÚSTRIA, ADVOGADOS E SOLICITADORES

Portaria n.º 657-B/2006

de 29 de Junho

ART. 1.º (Registo informático) – A validade dos reconhecimentos simples e com menções especiais, presenciais e por semelhança, das autenticações de documentos particulares e da certificação, ou realização e certificação, de traduções de documentos nos termos previstos na lei notarial, efectuados por câmaras de comércio e indústria, reconhecidas nos termos do Decreto-Lei n.º 244/92, de 29 de Outubro, advogados e solicitadores, depende de registo em sistema informático.

ART. 2.º (Competência para o desenvolvimento e gestão do sistema informático) – 1 – O desenvolvimento e gestão do sistema informático referido no artigo anterior incumbe às entidades com competência para a prática dos respectivos actos, com as seguintes excepções:

a) No caso dos advogados, é competente a Ordem dos Advogados;

b) No caso dos solicitadores, é competente a Câmara dos Solicitadores.

2 – As entidades competentes para o desenvolvimento e gestão do sistema informático devem garantir os meios de segurança necessários à sua correcta e lícita utilização, designadamente mediante o uso de meios de autenticação das pessoas que acedem ao sistema e de soluções informáticas que impeçam a alteração dos registos.

ART. 3.º (Dados recolhidos) – Relativamente a cada um dos actos referidos no artigo 1.º, devem ser registados no sistema informático os seguintes elementos:

a) Identificação da natureza e espécie dos actos;

b) Identificação dos interessados, com menção do nome completo e do número do documento de identificação;

c) Identificação da pessoa que pratica o acto;

d) Data e hora de execução do acto;

e) Número de identificação do acto.

ART. 4.º (Execução do registo) – 1 – O registo informático é efectuado no momento da prática do acto, devendo o sistema informático gerar um número de identificação que é aposto no documento que formaliza o acto.

2 – Se, em virtude de dificuldades de carácter técnico, não for possível aceder ao sistema no momento da realização do acto, esse facto deve ser expressamente referido no documento que o formaliza, devendo o registo informático ser realizado nas quarenta e oito horas seguintes.

ART. 5.º (Protocolos) – As entidades competentes para o desenvolvimento e gestão do sistema informático podem celebrar protocolos que permitam a utilização do mesmo sistema por parte de diversas entidades com competência para a prática dos actos.

ART. 6.º (Notificação) – 1 – O sistema informático apenas se considera em funcionamento depois de a sua disponibilização aos utilizadores ser notificada à Direcção-Geral dos Registos e do Notariado.

2 – Deve igualmente ser objecto de notificação à Direcção-Geral dos Registos e do Notariado a celebração dos protocolos previstos no artigo anterior, bem como qualquer alteração a que estes sejam sujeitos.

ART. 7.º (Custos associados) – 1 – As entidades competentes para o desenvolvimento e gestão do sistema informático podem cobrar um preço pelo serviço de registo.

2 – O disposto no número anterior não pode implicar um aumento do custo total do acto que implique a violação do disposto no n.º 5 do artigo 38.º do Decreto-Lei n.º 76-A/2006, de 29 de Março.

ART. 8.º (Produção de efeitos) – A presente portaria produz efeitos desde 30 de Junho de 2006.

ART. 9.º (Entrada em vigor) – A presente portaria entra em vigor no dia seguinte ao da sua publicação.

CAP. V

REVISÃO LEGAL E PUBLICIDADE DAS CONTAS

5.1. ESTATUTO DA ORDEM DOS REVISORES OFICIAIS DE CONTAS

Decreto-Lei n.º 487/99
de 16 de Novembro (*)

TÍTULO I — ORGANIZAÇÃO E ÂMBITO PROFISSIONAL

CAPÍTULO I — Ordem dos Revisores Oficiais de Contas

Secção I — DISPOSIÇÕES GERAIS

ART. 1.º (Natureza) — A Ordem dos Revisores Oficiais de Contas, adiante designada por Ordem, é uma pessoa colectiva pública, dotada de autonomia administrativa, financeira e patrimonial, a quem compete representar e agrupar os seus membros, inscritos nos termos deste diploma, bem como superintender em todos os aspectos relacionados com a profissão de revisor oficial de contas.

ART. 2.º (Sede) — A Ordem tem a sua sede em Lisboa.

ART. 3.º (Secções regionais) — 1 — Poderão ser criadas secções regionais da Ordem por deliberação da assembleia geral.

2 — As atribuições, composição, organização e funcionamento das secções regionais serão fixados pela assembleia geral, sob proposta do conselho directivo.

ART. 4.º (Representação) — 1 — A Ordem é representada, em juízo e fora dele:
a) Pelo bastonário;
b) Por qualquer dos membros do conselho directivo em quem o bastonário, para tal efeito, delegue os seus poderes, sem prejuízo da constituição de mandatário com poderes específicos para o acto ou para um conjunto determinado de actos.

2 — Para defesa dos seus membros em todos os assuntos relativos ao exercício da profissão ou desempenho de cargos nos órgãos da Ordem, quer se trate de responsabilidades que lhes sejam exigidas quer de ofensas contra eles praticadas, pode a Ordem exercer os direitos de assistente ou conceder patrocínio em processos de qualquer natureza.

ART. 5.º (Atribuições) — Constituem atribuições da Ordem:
a) Exercer jurisdição sobre tudo o que respeite à actividade de revisão/auditoria às contas e serviços relacionados, de empresas ou de outras entidades, de acordo com as normas de auditoria em vigor;

(*) Alterado pelo **DL n.º 224/2008**, de 20-11, o qual republicou, em anexo, o texto integral com a actual redacção, sendo este o que se adopta, com a alteração introduzida pelo art. 7.º do **DL n.º 185/2009**, de 12-8 (art. 111.º).

264   [DL n.º 487/99]   REVISÃO LEGAL E PUBLICIDADE DAS CONTAS

b) Zelar pela função social, dignidade e prestígio da profissão, promover o respeito pelos respectivos princípios éticos e deontológicos e defender os interesses, direitos e prerrogativas dos seus membros;
c) Promover e contribuir para o aperfeiçoamento e a formação profissional dos seus membros;
d) Exercer jurisdição disciplinar sobre todos os seus membros;
e) Promover e apoiar a criação de esquemas complementares de segurança social em benefício dos revisores oficiais de contas e acompanhar o seu funcionamento;
f) Propor às entidades legalmente competentes medidas relativas à defesa da profissão e da função dos revisores oficiais de contas e dos seus interesses profissionais e morais;
g) Criar, filiar-se, associar-se ou participar no capital de entidades, nacionais ou estrangeiras, e com elas colaborar, com vista à realização e fomento de estudos, investigação, acções de formação e outros trabalhos que promovam o aperfeiçoamento e a divulgação dos princípios, conceitos e normas contabilísticas e de revisão/auditoria às contas;
h) Propor ao Governo, em articulação com as entidades normalizadoras, a regulamentação de aspectos contabilísticos susceptíveis de permitirem uma mais eficiente revisão/auditoria às contas;
i) Assegurar a inscrição dos revisores oficiais de contas e das sociedades de revisores oficiais em registo público e promover as condições que permitam a respectiva divulgação pública;
j) Exercer jurisdição sobre tudo o que respeite aos exames, aos estágios e à inscrição;
l) Colaborar com o Governo no aperfeiçoamento da revisão/auditoria às contas de empresas e outras entidades do sector público empresarial e administrativo;
m) Estabelecer princípios e normas de ética e deontologia profissional;
n) Definir normas e esquemas técnicos de actuação profissional, tendo em consideração os padrões internacionalmente exigidos;
o) Disciplinar a actividade de consultoria exercida pelos seus membros nas matérias que integram o programa de exame de admissão à Ordem;
p) Promover a publicação de uma revista com objectivos de informação científica, técnica e cultural;
q) Certificar, sempre que lhe seja pedido, que os revisores oficiais de contas se encontram em pleno exercício da sua capacidade profissional nos termos deste diploma;
r) Exercer as demais funções que lhe são atribuídas pelo presente diploma e por outras disposições legais.

ART. 6.º (Insígnias) — A Ordem tem direito a adoptar e a usar símbolo, estandarte e selo próprios, conforme modelo aprovado em assembleia geral, mediante proposta do conselho directivo.

ART. 7.º (Audição prévia da Ordem) — A Ordem deverá ser previamente ouvida em todas as matérias que se compreendam no âmbito das suas atribuições.

Secção II — **MEMBROS**

ART. 8.º (Categorias) — A Ordem tem as seguintes categorias de membros:
a) Revisores oficiais de contas;
b) Membros estagiários;
c) Membros honorários.

ART. 9.º (Revisores oficiais de contas) — 1 — São revisores oficiais de contas aqueles que se encontram obrigatoriamente inscritos na respectiva lista.
2 — O disposto no número anterior compreende também as sociedades de revisores oficiais de contas, abreviadamente designadas por sociedades de revisores.

ART. 10.º (Membros estagiários) — 1 — São membros estagiários aqueles que tenham obtido aprovação no exame de admissão à Ordem e estejam inscritos no estágio profissional.
2 — Os membros estagiários podem participar e beneficiar da actividade social, cultural e científica da Ordem e informar-se da sua actividade.

ART. 11.º (Membros honorários) — 1 — Podem ser membros honorários as pessoas singulares ou colectivas, nacionais ou estrangeiras, que, exercendo ou tendo exercido actividade de reconhecido interesse público para a profissão, sejam merecedoras de tal distinção.
2 — Os membros honorários podem participar e beneficiar da actividade social, cultural e científica da Ordem e informar-se da sua actividade.

Secção III — **ÓRGÃOS**

Subsecção I — **Órgãos em geral**

ART. 12.º (Órgãos) — São órgãos da Ordem:
a) A assembleia geral;
b) O conselho superior;

ESTATUTO DA ORDEM DOS REVISORES OFICIAIS DE CONTAS [DL n.º 487/99] 265

c) O bastonário;
d) O conselho directivo;
e) O conselho disciplinar;
f) O conselho fiscal.

ART. 13.º (Deliberações) — 1 — As deliberações dos órgãos colegiais da Ordem são tomadas por maioria simples e exaradas em acta.

2 — Em qualquer dos órgãos colegiais da Ordem, o respectivo presidente ou quem o substitua dispõe de voto de qualidade.

3 — As deliberações dos órgãos da Ordem podem ser objecto de impugnação judicial, nos termos da lei, para os tribunais administrativos.

ART. 14.º (Exercício de cargos) — 1 — Sem prejuízo do disposto no número seguinte, o exercício de cargos nos órgãos da Ordem é gratuito.

2 — Os membros dos órgãos da Ordem que, por motivo de exercício de cargos nesses órgãos, percam toda ou parte dos rendimentos do seu trabalho podem ter direito a uma compensação, por parte da Ordem, a fixar em assembleia geral.

SUBSECÇÃO II — **Assembleia geral**

ART. 15.º (Assembleia geral) — 1 — A assembleia geral é constituída por todos os revisores oficiais de contas que sejam pessoas singulares, ainda que sócios de sociedades de revisores.

2 — Às sessões da assembleia geral poderão, contudo, assistir e intervir, sem direito a voto, todos os outros membros da Ordem.

3 — A mesa da assembleia geral é constituída por um presidente, um 1.º secretário e um 2.º secretário.

4 — Na falta ou impedimento do presidente, as suas competências serão exercidas sucessivamente pelo 1.º ou 2.º secretários.

5 — A assembleia geral deve reunir em sessões de carácter ordinário, extraordinário e eleitoral, designadas, respectivamente, por assembleias gerais ordinárias, assembleias gerais extraordinárias e assembleias gerais eleitorais.

ART. 16.º (Competência) — Compete, em especial, à assembleia geral, sem prejuízo de outras competências previstas neste decreto-lei:

a) Aprovar a aquisição e perda da qualidade de membro honorário da Ordem;

b) Eleger e destituir os membros dos órgãos sociais;

c) Apreciar a actividade e desempenho dos órgãos sociais;

d) Aprovar as compensações e demais abonos a atribuir pelo exercício efectivo de qualquer cargo nos órgãos da Ordem;

e) Aprovar, anualmente, o plano de actividades e os orçamentos ordinário e suplementares, bem como o relatório e contas do exercício anterior;

f) Autorizar a aquisição, alienação e oneração de bens imóveis, desde que tais actos não estejam incluídos em plano de actividades e orçamento anual devidamente aprovados;

g) Aprovar o montante das quotas e as taxas e emolumentos a cobrar por serviços prestados;

h) Aprovar recomendações e emitir moções sobre matéria associativa, profissional ou técnica;

i) Aprovar o código de ética e deontologia profissional, o regulamento eleitoral, o regulamento disciplinar e demais regulamentos, com excepção do regulamento do congresso dos revisores oficiais de contas, bem assim como as respectivas alterações;

j) Deliberar sobre propostas de alteração do regime jurídico dos revisores oficiais de contas.

ART. 17.º (Disposições comuns a todas as sessões da assembleia geral) — 1 — A assembleia geral deve ser convocada pelo presidente, mediante comunicação escrita dirigida aos revisores, com a antecedência mínima de 15 dias, devendo a ordem do dia e o local constar do aviso da convocação.

2 — Sem prejuízo do disposto no número seguinte, as reuniões da assembleia geral têm início à hora marcada na convocatória, com a presença de, pelo menos, um terço dos membros com direito a voto.

3 — Quando não estiver presente o número mínimo de membros previsto no número anterior, a sessão terá início meia hora depois, com a presença de qualquer número de membros.

4 — O revisor oficial de contas pode fazer-se representar por outro revisor oficial de contas na assembleia geral, não podendo, no entanto, este revisor oficial de contas representar mais de três outros revisores oficiais de contas.

5 — Como instrumento de representação voluntária é necessário um documento escrito, devidamente assinado, dirigido ao presidente da mesa que fica arquivado na Ordem por um período de cinco anos.

6 — Não são admitidos a participar na discussão nem a votar em assembleia geral os revisores oficiais de contas com pagamentos em atraso, superiores a dois meses, de qualquer das importâncias referidas no artigo 67.º.

266 [DL n.º 487/99]   REVISÃO LEGAL E PUBLICIDADE DAS CONTAS

7 — A assembleia geral só pode deliberar sobre os assuntos incluídos na respectiva ordem de trabalhos.

8 — Os revisores oficiais de contas que desejem submeter algum assunto à assembleia geral deverão requerer ao presidente, com a antecedência de, pelo menos, 10 dias da data da reunião, que o faça inscrever na ordem do dia.

9 — Se considerar conveniente e oportuna a sua apreciação, o presidente da mesa efectua o respectivo aditamento, sendo a inscrição obrigatória se for requerida por, pelo menos, um décimo dos revisores oficiais de contas no pleno gozo dos seus direitos que possam votar em assembleia geral.

10 — O aditamento à ordem do dia deverá ser levado ao conhecimento dos membros da assembleia geral nos três dias imediatamente posteriores à formulação do pedido de inscrição.

11 — A mesa da assembleia geral deverá elaborar projecto de regulamento do respectivo órgão, para aprovação em assembleia geral.

ART. 18.º (Assembleia geral ordinária) — 1 — A assembleia geral ordinária reúne até ao fim do mês de Março e no mês de Dezembro de cada ano, sem prejuízo do disposto no n.º 3.

2 — A assembleia geral reúne até ao fim do mês de Março para discutir e votar o relatório do conselho directivo e as contas referentes ao exercício anterior; do relatório do conselho directivo deverá constar, no essencial, informação sobre a execução do plano de actividades do exercício em apreciação.

3 — A assembleia geral reúne no mês de Dezembro para discutir e votar o plano de actividades e o orçamento ordinário para o ano seguinte, excepto em caso de eleições, em que reunirá nos 30 dias seguintes à tomada de posse.

4 — À assembleia geral ordinária cabe ainda pronunciar-se sobre quaisquer outros assuntos incluídos na ordem de trabalhos.

ART. 19.º (Assembleia geral extraordinária) — A assembleia geral extraordinária reunirá, por determinação do presidente:

a) Sempre que o bastonário e os conselhos superior, directivo, disciplinar ou fiscal o julguem necessário;

b) Quando o requeira um décimo dos revisores oficiais de contas no pleno gozo dos seus direitos que possam votar em assembleia geral;

c) Sempre que se tornar necessário discutir e votar orçamentos suplementares.

ART. 20.º (Assembleia geral eleitoral) — 1 — Os membros dos órgãos sociais referidos no artigo seguinte são eleitos a cada três anos em assembleia geral eleitoral, a realizar para o efeito em Novembro, iniciando-se o respectivo mandato no dia 1 de Janeiro do ano seguinte.

2 — A votação efectua-se:

a) Presencialmente, funcionando, para o efeito, mesas de voto por um período de doze horas, na sede e nas secções regionais;

b) Por correspondência.

3 — Os resultados eleitorais deverão ser divulgados até 3 dias após a realização da votação e na mesma data será marcada nova assembleia para eleição dos órgãos não eleitos no escrutínio anterior, a qual deverá realizar-se no prazo de 30 dias.

4 — Sempre que se tenha verificado vacatura do cargo de membro efectivo, não havendo suplente que o substitua, qualquer assembleia deverá funcionar como assembleia eleitoral para o preenchimento do cargo até ao fim do triénio.

5 — Os membros eleitos tomarão posse perante o presidente da mesa da assembleia geral, ao qual também serão apresentados os respectivos pedidos de exoneração.

ART. 21.º (Eleição dos órgãos) — 1 — Os membros da mesa da assembleia geral, o bastonário e os membros dos conselhos directivo, disciplinar e fiscal serão eleitos pela assembleia geral eleitoral, através de escrutínio secreto, podendo ser reeleitos.

2 — O bastonário e os presidentes dos restantes órgãos da Ordem estão impedidos de exercer mais de dois mandatos sucessivos.

3 — A votação incidirá sobre listas por órgãos sociais, as quais deverão ser divulgadas até 15 dias antes da data fixada para a assembleia geral eleitoral.

4 — Considerar-se-á eleita a lista que:

a) Sendo única, obtiver a maioria absoluta dos votos expressos em assembleia geral;

b) Não sendo única, obtiver o maior número de votos, desde que seja superior à soma dos votos nulos e brancos.

ART. 22.º (Continuação do desempenho dos cargos sociais) — Os membros dos órgãos anteriormente eleitos mantêm-se em exercício até tomarem posse os novos membros que irão suceder-lhes.

ART. 23.º (Regulamento eleitoral) — A assembleia geral aprovará o regulamento eleitoral, com base em proposta do conselho directivo.

ESTATUTO DA ORDEM DOS REVISORES OFICIAIS DE CONTAS [DL n.º 487/99] 267

SUBSECÇÃO III — **Conselho superior**

ART. 24.º (Conselho superior) — 1 — O conselho superior é constituído por 15 revisores oficiais de contas em exercício, distribuídos por distritos eleitorais proporcionalmente ao número de revisores oficiais de contas com domicílio profissional em cada um deles.

2 — Os distritos em que o número de revisores oficiais de contas não atinja o bastante para lhes corresponder um representante serão agregados com outros distritos até atingirem o número mínimo necessário.

3 — A eleição dos membros do conselho superior é efectuada por colégios distritais, por forma a assegurar o sistema de representação proporcional e o método da média mais alta de Hondt, sendo-lhe aplicável o disposto no artigo 20.º, com as necessárias adaptações.

4 — O conselho superior elegerá de entre os seus membros:
a) O presidente;
b) O vice-presidente;
c) Dois secretários.

ART. 25.º (Competência) — Ao conselho superior compete a análise e apreciação dos assuntos de maior relevância da Ordem, devendo:
a) Dar parecer sobre o plano de actividades e os orçamentos ordinário e suplementares e respectivos relatórios;
b) Dar parecer sobre a criação de comissões técnicas e a fixação das remunerações e demais abonos dos respectivos membros;
c) Dar parecer sobre todos os regulamentos e o código de ética e deontologia profissional, que deverão ser aprovados pela assembleia geral;
d) Dar parecer sobre o plano anual de formação contínua que lhe seja submetido pelo conselho directivo;
e) Dar parecer sobre todos os assuntos que lhe sejam submetidos pelo bastonário e pelos conselhos directivo, disciplinar e fiscal;
f) Dar parecer sobre o montante das quotas, taxas e emolumentos a cobrar e sobre as compensações e demais abonos a atribuir pelo exercício efectivo de qualquer cargo nos órgãos da Ordem;
g) Apreciar e instruir os processos de aquisição e perda da qualidade de membros honorários da Ordem, por iniciativa própria ou do conselho directivo, bem como apresentar a respectiva proposta ao plenário composto pela mesa da assembleia geral e pelos membros dos restantes órgãos da Ordem, para parecer prévio à deliberação em assembleia geral.

ART. 26.º (Reuniões) — 1 — O conselho superior reunirá:
a) Por convocação do seu presidente ou, nos impedimentos deste, do seu vice-presidente;
b) A pedido de, pelo menos, cinco dos seus membros.

2 — Às reuniões do conselho superior assistirão, sem direito a voto, o bastonário e os presidentes dos restantes órgãos da Ordem.

3 — Sempre que o entender, o conselho superior poderá solicitar a presença e a audição de membros honorários nas suas reuniões.

SUBSECÇÃO IV — **Bastonário**

ART. 27.º (Bastonário) — 1 — O bastonário é o presidente da Ordem e, por inerência, presidente do conselho directivo.

2 — Em caso de impedimento permanente ou vacatura do cargo, o presidente da mesa da assembleia geral assumirá interinamente as funções de bastonário, sem prejuízo do disposto no n.º 3 do artigo 29.º, até ao termo do mandato, se faltar menos de um ano para a sua conclusão, ou até que se realize nova eleição.

ART. 28.º (Competência) — 1 — Compete ao bastonário:
a) Representar a Ordem, em juízo e fora dele;
b) Dirigir os serviços da Ordem;
c) Presidir ao conselho directivo;
d) Dirigir a revista da Ordem;
e) Assistir, querendo, às reuniões de todos os órgãos da Ordem;
f) Presidir ao congresso dos revisores oficiais de contas;
g) Exercer as demais competências que a lei e os regulamentos lhe confiram.

2 — O bastonário poderá delegar competências no vice-presidente do conselho directivo, sem prejuízo do disposto na alínea *b)* do n.º 1 do artigo 4.º.

SUBSECÇÃO V — **Conselho directivo**

ART. 29.º (Conselho directivo) — 1 — O conselho directivo é constituído por:
a) Um presidente, que é o bastonário;
b) Um vice-presidente;
c) Cinco vogais.

268   [DL n.º 487/99]   REVISÃO LEGAL E PUBLICIDADE DAS CONTAS

2 — Em caso de impedimento permanente ou vacatura do cargo:
a) O presidente é substituído pelo vice-presidente;
b) O vice-presidente é substituído por um vogal cooptado pelo bastonário;
c) Os vogais são substituídos pelos três suplentes, de acordo com a respectiva ordem de antiguidade, que devem ser eleitos em conjunto com o vice-presidente e dos vogais.
3 — *(Revogado.)*
4 — *(Revogado.)*
5 — Considera-se impedimento permanente a falta sem justificação a quatro reuniões obrigatórias e consecutivas do conselho directivo ou a duas sessões consecutivas da assembleia geral.

ART. 30.º (Competência) — 1 — Ao conselho directivo compete exercer os poderes da Ordem e as tarefas que lhe sejam expressamente fixadas no presente diploma, incumbindo-lhe especialmente:
a) Elaborar o código de ética e deontologia profissional, bem como propostas de alteração, a submeter à aprovação da assembleia geral;
b) Elaborar e apresentar as propostas de regulamentos, bem como as respectivas propostas de alteração, a submeter à aprovação da assembleia geral;
c) Fiscalizar o cumprimento do preceituado sobre incompatibilidades e impedimentos inerentes ao exercício da função;
d) Cobrar as receitas da Ordem e autorizar as despesas;
e) Propor anualmente à assembleia geral o montante das quotas, taxas e emolumentos a cobrar pela Ordem;
f) Submeter anualmente à assembleia geral o plano de actividades e os orçamentos ordinário e suplementares e o relatório e contas do exercício anterior, acompanhado este do parecer do conselho fiscal;
g) Organizar os serviços da Ordem;
h) Organizar, manter actualizado e publicar electronicamente um registo de revisores oficiais de contas donde constem, nomeadamente, os elementos relativos à sua actividade profissional, cargos desempenhados na Ordem, louvores recebidos, suspensão e cancelamento da inscrição e sanções penais e disciplinares;
i) Realizar, pelo menos de três em três anos e uma vez no decurso do seu mandato, o congresso dos revisores oficiais de contas e nomear a sua comissão organizadora, a qual elaborará o regulamento do congresso e o respectivo programa;
j) Aprovar a criação de comissões técnicas, a definição das suas funções e as respectivas remunerações e demais abonos dos seus membros;
l) Desenvolver as acções necessárias à realização do exame, do estágio e da inscrição, através de um júri de exame, de uma comissão de estágio e de uma comissão de inscrição;
m) Aprovar as directrizes de revisão/auditoria suplementares das normas técnicas;
n) Desempenhar as funções de consultoria jurídica na Ordem, nomeadamente em questões emergentes do exercício pelos revisores oficiais de contas das suas funções;
o) Desenvolver as acções subsequentes à aplicação de penas disciplinares;
p) Propor as acções judiciais necessárias à defesa e prossecução dos interesses da Ordem e dos seus membros.
2 — Ao conselho directivo compete, em geral, praticar os demais actos conducentes à realização das atribuições da Ordem e tomar deliberações em todas as matérias que não sejam da competência exclusiva dos outros órgãos.

ART. 31.º (Funcionamento) — 1 — O conselho directivo só poderá deliberar com a presença de, pelo menos, quatro dos seus membros, sendo um deles o presidente ou o vice-presidente.
2 — O conselho directivo reunirá obrigatoriamente todas as quinzenas e sempre que o seu presidente o convocar.

SUBSECÇÃO VI — **Conselho disciplinar**

ART. 32.º (Conselho disciplinar) — 1 — O conselho disciplinar é constituído por um presidente e quatro vogais.
2 — Conjuntamente com os membros efectivos devem ser eleitos dois suplentes, que os substituirão, por ordem de antiguidade, em caso de impedimento permanente ou vacatura do cargo.
3 — Considera-se impedimento permanente a falta não justificada a duas reuniões consecutivas do conselho disciplinar.

ART. 33.º (Competência) — Compete ao conselho disciplinar:
a) Julgar, em 1.ª instância, as infracções disciplinares cometidas pelos revisores oficiais de contas e membros estagiários;
b) Dar parecer sobre as reclamações das empresas ou outras entidades a quem os revisores oficiais de contas prestem serviços de assuntos relacionados com o exercício das suas funções;
c) Proceder às averiguações que lhe sejam expressamente fixadas no presente diploma ou a quaisquer outras solicitadas pelos demais órgãos;
d) Propor ao conselho directivo as medidas legislativas ou administrativas com vista a suprir lacunas ou interpretar as matérias da sua competência.

ESTATUTO DA ORDEM DOS REVISORES OFICIAIS DE CONTAS [DL n.º 487/99] 269

ART. 34.º (Funcionamento) — 1 — O conselho disciplinar reunirá por convocação do presidente e só poderá deliberar com a presença deste e de, pelo menos, dois dos seus vogais.

2 — O conselho disciplinar poderá fazer-se assessorar no desempenho das suas funções por juristas.

SUBSECÇÃO VII — **Conselho fiscal**

ART. 35.º (Conselho fiscal) — 1 — O conselho fiscal é constituído por um presidente e dois vogais.

2 — Conjuntamente com os membros efectivos deve ser eleito um suplente, que os substituirá, por ordem de antiguidade, em caso de impedimento permanente ou vacatura do cargo.

3 — Considera-se impedimento permanente a ausência não justificada a três reuniões consecutivas do conselho fiscal ou a duas sessões consecutivas da assembleia geral.

4 — O conselho só poderá deliberar com a presença do seu presidente e de, pelo menos, um dos seus vogais.

5 — O conselho reunirá ordinariamente uma vez por trimestre e extraordinariamente sempre que o presidente ou os dois vogais conjuntamente o convocarem.

6 — Compete ao presidente coordenar os trabalhos do conselho, sem prejuízo de, conjunta ou separadamente, os membros do conselho fiscal procederem aos actos de verificação e inspecção que considerem convenientes para o cumprimento das suas obrigações de fiscalização.

ART. 36.º (Competência) — 1 — Compete ao conselho fiscal:

a) Fiscalizar o cumprimento da lei, estatutos e regulamentos, assim como das deliberações da assembleia geral;

b) Fiscalizar a gestão e o funcionamento da Ordem;

c) Elaborar relatório sobre a sua acção fiscalizadora e emitir parecer sobre o relatório e contas de cada exercício, a apresentar até 15 dias antes da realização da assembleia geral de aprovação de contas;

d) Convocar a assembleia geral quando a respectiva mesa o não faça, estando vinculada à convocação.

2 — Para o desempenho da sua função podem os membros do conselho fiscal, conjunta ou separadamente, assistir às reuniões do conselho directivo sempre que o considerem conveniente.

3 — Os membros do conselho fiscal são ainda obrigados:

a) A participar nas reuniões do conselho fiscal, bem como nas reuniões do conselho directivo para que o presidente do mesmo os convoque ou em que se apreciem as contas do exercício;

b) A dar conhecimento ao conselho directivo das verificações e diligências que tenham feito e dos resultados das mesmas;

c) A informar, na primeira assembleia geral que se realize, de todas as irregularidades e inexactidões por eles verificadas e, bem assim, se não obtiveram os esclarecimentos de que necessitavam para o desempenho das suas funções;

d) A solicitar a convocação da assembleia geral sempre que no exercício das suas funções tomem conhecimento de factos ou ocorrências que, constituindo irregularidades graves, ponham em perigo a idoneidade ou o prestígio da Ordem.

CAPÍTULO II — **Referendos internos**

ART. 37.º (Objecto) — 1 — A Ordem pode promover, a nível nacional, a realização de referendos internos aos seus membros, com carácter vinculativo, destinados a submeter a votação as questões que o conselho directivo, depois de obtido parecer favorável do conselho superior, considere suficientemente relevantes para o exercício da profissão.

2 — As questões devem ser formuladas com clareza e para respostas de sim ou não.

ART. 38.º (Organização) — 1 — Compete ao conselho directivo fixar a data do referendo interno e organizar o respectivo processo.

2 — O teor das questões a submeter a referendo interno é divulgado junto de todos os membros da Ordem e deve ser objecto de reuniões de esclarecimento e debate, sem carácter deliberativo, a realizar na sede e nas secções regionais.

3 — Sem prejuízo do disposto no número seguinte, as propostas de alteração às questões a submeter a referendo interno devem ser dirigidas por escrito ao conselho directivo, durante o período de esclarecimento e debate, sendo os respectivos subscritores devidamente identificados.

4 — As propostas de referendo interno subscritas por um mínimo de um décimo dos revisores oficiais de contas no pleno gozo dos seus direitos que possam votar em assembleia geral não podem ser objecto de alteração.

ART. 39.º (Efeitos) — 1 — O efeito vinculativo do referendo interno depende de o número de votantes ser superior a metade dos revisores oficiais de contas no pleno gozo dos seus direitos que possam votar em assembleia geral.

2 — Os resultados dos referendos internos são divulgados pelo conselho directivo após a contagem de todos os votos.

270 [DL n.º 487/99]

REVISÃO LEGAL E PUBLICIDADE DAS CONTAS

CAPÍTULO III — Âmbito de actuação dos revisores oficiais de contas

Secção I — FUNÇÕES

Subsecção I — Funções de interesse público

ART. 40.º (Competências dos revisores oficiais de contas no exercício de funções de interesse público) — 1 — Constituem competências exclusivas dos revisores oficiais de contas as seguintes funções de interesse público:

a) A revisão legal das contas, a auditoria às contas e os serviços relacionados, de empresas ou de outras entidades, nos termos definidos no artigo seguinte;

b) O exercício de quaisquer outras funções que por lei exijam a intervenção própria e autónoma de revisores oficiais de contas sobre determinados actos ou factos patrimoniais de empresas ou de outras entidades.

2 — Constituem também competências exclusivas dos revisores oficiais de contas quaisquer outras funções de interesse público que a lei lhes atribua.

ART. 41.º (Auditoria) — A actividade de auditoria integra os exames e outros serviços relacionados com as contas de empresas ou de outras entidades efectuados de acordo com as normas de auditoria em vigor, compreendendo:

a) A revisão legal de contas exercida em cumprimento de disposição legal e no contexto dos mecanismos de fiscalização das entidades ou empresas objecto de revisão em que se impõe a designação de um revisor oficial de contas;

b) A auditoria às contas exercida em cumprimento de disposição legal, estatutária ou contratual;

c) Os serviços relacionados com os referidos nas alíneas anteriores, quando tenham uma finalidade ou um âmbito específicos ou limitados.

ART. 42.º (Sujeição) — 1 — As empresas ou outras entidades ficam sujeitas à intervenção de revisor oficial de contas, no âmbito das suas funções de revisão/auditoria às contas definidas no artigo anterior, quando:

a) Tal resulte de disposição legal, estatutária ou contratual;

b) Possuam ou devam possuir contabilidade organizada nos termos dos planos contabilísticos aplicáveis e preencham os requisitos estabelecidos no n.º 2 do artigo 262.º do Código das Sociedades Comerciais.

2 — Mediante portaria, poderão ser excluídas da sujeição mencionada no número anterior as empresas ou outras entidades consideradas inactivas ou de dimensão económica e social não relevante para efeitos deste diploma.

3 — O disposto no n.º 1 não prejudica, quando for o caso, as atribuições conferidas nesta matéria ao Tribunal de Contas ou a qualquer organismo da Administração Pública.

ART. 43.º (Processamento da revisão legal das contas) — 1 — A revisão legal de contas é realizada pelos revisores oficiais de contas que para o efeito tenham sido eleitos ou designados, conforme os casos, pelos órgãos competentes das empresas ou entidades que sejam objecto de tal revisão, de acordo com as disposições legais aplicáveis a essas entidades.

2 — Os revisores oficiais de contas que realizem a revisão legal de contas integram o órgão de fiscalização da entidade examinada ou actuam autonomamente, nos termos das disposições legais aplicáveis.

3 — O exercício de revisão legal de contas implica que os revisores oficiais de contas fiquem sujeitos ao complexo de poderes e deveres que lhes são especificamente atribuídos pelas disposições legais que regem as empresas ou entidades que sejam objecto de tal revisão, sem prejuízo do seu estatuto próprio fixado no título II.

4 — Nas empresas ou outras entidades sujeitas à revisão legal das contas é obrigatória a certificação legal das contas, a emitir exclusivamente pelos revisores oficiais de contas que exerçam aquelas funções.

ART. 44.º (Certificação legal das contas) — 1 — Decorrente do exercício da revisão legal das contas ou sempre que, por intervenção própria e autónoma dos revisores oficiais de contas ao abrigo da lei, seja exigível dar opinião ou parecer sobre determinados actos ou factos patrimoniais que envolvam exame das contas de empresas ou de outras entidades, será emitida, com as adaptações que neste caso se mostrem devidas, certificação legal das contas.

2 — A certificação legal das contas exprime a opinião do revisor oficial de contas de que as demonstrações financeiras individuais e ou consolidadas apresentam, ou não, de forma verdadeira e apropriada, a posição financeira da empresa ou de outra entidade, bem como os resultados das operações e os fluxos de caixa, relativamente à data e ao período a que as mesmas se referem, de acordo com a estrutura de relato financeiro identificada e, quando for caso disso, de que as demonstrações financeiras respeitam, ou não, os requisitos legais aplicáveis.

3 — A certificação legal das contas deve concluir exprimindo uma opinião com ou sem reservas, uma escusa de opinião, uma opinião adversa, com ou sem ênfases, de acordo com as modalidades definidas nas normas de auditoria em vigor.

4 — Quando as demonstrações financeiras individuais da empresa mãe sejam anexadas às demonstrações financeiras consolidadas, a certificação legal das contas consolidadas pode ser conjugada com a certificação legal das contas individuais da empresa mãe.

ESTATUTO DA ORDEM DOS REVISORES OFICIAIS DE CONTAS   [DL n.º 487/99] 271

5 — Verificada a inexistência, significativa insuficiência ou ocultação de matéria de apreciação, os revisores oficiais de contas devem emitir declaração de impossibilidade de certificação legal, só podendo ser emitida certificação legal das contas em data posterior caso se venha a verificar que, entretanto, as contas foram disponibilizadas ou supridas as insuficiências identificadas na referida declaração de impossibilidade.

6 — A certificação legal das contas e a declaração de impossibilidade de certificação legal estão sujeitas aos regimes do direito à informação e do registo e publicação nos termos da lei respectiva.

7 — A certificação legal das contas, em qualquer das suas modalidades, bem como a declaração de impossibilidade de certificação legal, são dotadas de fé pública, só podendo ser impugnadas por via judicial quando arguidas de falsidade

8 — As acções judiciais destinadas a arguir a falsidade da certificação legal das contas ou da declaração de impossibilidade de certificação legal devem ser propostas no prazo de 120 dias a contar do prazo para o registo da prestação de contas ou, quando obrigatória, para a sua publicação no sítio da Internet de acesso público, ou do prazo para a publicação que legalmente a substituir, ou ainda, se anterior, do conhecimento da certificação ou declaração de impossibilidade de certificação por qualquer outra forma.

9 — Nos casos de ofertas públicas de distribuição ou de outras operações em mercado regulamentado, o prazo previsto no número anterior conta-se a partir da data do termo da operação.

10 — É aplicável ao relatório do auditor das entidades emitentes de valores mobiliários admitidos à negociação em mercado regulamentado o regime estabelecido para a certificação legal das contas, sem prejuízo do disposto no Código dos Valores Mobiliários.

11 — A matéria do presente artigo é objecto de regulamentação através de normas de auditoria, que devem respeitar as normas internacionais de auditoria adoptadas pela Comissão Europeia, salvo quando:

a) Tiver por objecto matéria que não seja regulada por norma adoptada pela Comissão Europeia;

b) A imposição de procedimentos ou requisitos de auditoria, para além ou, em casos excepcionais, aquém das normas internacionais de auditoria, decorrer de requisitos legais específicos quanto ao âmbito da revisão legal de contas.

ART. 44.º-A (Revisão legal das contas consolidadas) — 1 — No caso de revisão legal das contas consolidadas de um grupo de empresa:

a) O revisor oficial de contas do grupo tem inteira responsabilidade pela certificação legal das contas relativamente às contas consolidadas;

b) O revisor oficial de contas do grupo deve realizar e guardar a documentação da sua análise dos trabalhos de revisão realizados pelos auditores de países terceiros, revisores oficiais de contas, entidades de auditoria de países terceiros ou sociedades de revisores oficiais de contas, para efeitos da revisão ou auditoria do grupo;

c) Sempre que uma parte de um grupo de empresas for examinada por um ou mais auditores ou por uma ou mais entidades de auditoria de um país terceiro com o qual não exista qualquer acordo de cooperação, o revisor oficial de contas do grupo é responsável por garantir a entrega adequada, quando pedida, ao Conselho Nacional de Supervisão de Auditoria, adiante designado por CNSA, da documentação relativa à sua análise dos trabalhos de revisão ou auditoria realizados pelo auditor ou auditores ou pela outra entidade ou entidades de auditoria do país terceiro, nomeadamente os documentos de trabalho relevantes para a revisão ou auditoria do grupo.

2 — A documentação conservada pelo revisor oficial de contas do grupo de empresas, nos termos do número anterior, deve ser suficiente para o CNSA examinar convenientemente o trabalho do revisor oficial de contas do grupo.

3 — Para garantir a entrega a que se refere a alínea *c)* do n.º 1, o revisor oficial de contas do grupo deve guardar uma cópia dessa documentação ou, em alternativa, acordar com o auditor ou auditores do país terceiro ou com a outra entidade ou entidades de auditoria do país terceiro o acesso adequado e sem restrições, quando solicitado, ou tomar quaisquer outras medidas adequadas.

4 — Nos casos previstos no número anterior, se existirem impedimentos legais ou outros à transmissão dos documentos de trabalho da revisão ou auditoria de um país terceiro para o revisor oficial de contas do grupo, a documentação guardada pelo revisor oficial de contas do grupo deve conter provas de que tal revisor efectuou as diligências adequadas para obter o acesso à documentação de revisão ou auditoria e, no caso de impedimentos que não sejam decorrentes da legislação do pais terceiro, provas desse impedimento.

ART. 45.º (Auditoria às contas) — Na sequência da realização de auditoria às contas deve ser emitido relatório de auditoria sobre as demonstrações financeiras objecto de exame, de acordo com as normas de auditoria em vigor.

ART. 46.º (Serviços relacionados) — Na sequência da realização de serviços relacionados com a revisão legal das contas e com a auditoria às contas deve ser emitido, quando for o caso, relatório descrevendo a natureza e a extensão do trabalho e a respectiva conclusão, de acordo com as normas de auditoria em vigor.

ART. 47.º (Competências específicas dos revisores oficiais de contas) — 1 — As competências específicas dos revisores oficiais de contas no âmbito do exercício da revisão legal das contas são definidas pela lei que regule as empresas ou outras entidades objecto da revisão.

272   **[DL n.º 487/99]**   REVISÃO LEGAL E PUBLICIDADE DAS CONTAS

2 — Constituem também competências específicas dos revisores oficiais de contas quaisquer outras funções assim definidas por lei.

Subsecção II — Outras funções

ART. 48.º (Outras funções) — Constituem também funções dos revisores oficiais de contas, fora do âmbito das funções de interesse público, o exercício das seguintes actividades:
a) Docência;
b) Membros de comissões de auditoria e de órgãos de fiscalização ou de supervisão de empresas ou outras entidades;
c) Consultoria e outros serviços no âmbito de matérias inerentes à sua formação e qualificação profissionais, designadamente avaliações, peritagens e arbitragens, estudos de reorganização e reestruturação de empresas e de outras entidades, análises financeiras, estudos de viabilidade económica e financeira, formação profissional, estudos e pareceres sobre matérias contabilísticas, revisão de declarações fiscais, elaboração de estudos, pareceres e demais apoio e consultoria em matérias fiscais e parafiscais e revisão de relatórios ambientais e de sustentabilidade;
d) Administrador da insolvência e liquidatário;
e) Administrador ou gerente de sociedades participadas por sociedades de revisores oficiais de contas, a que se refere o n.º 7 do artigo 96.º.

Secção II — FORMA DE EXERCÍCIO DAS FUNÇÕES E ÁREA DE ACTUAÇÃO

ART. 49.º (Modalidades) — 1 — O revisor oficial de contas desempenha as funções contempladas neste diploma em regime de completa independência funcional e hierárquica relativamente às empresas ou outras entidades a quem presta serviços, podendo exercer a sua actividade numa das seguintes situações:
a) A título individual;
b) Como sócio de sociedades de revisores;
c) Sob contrato de prestação de serviços celebrado com um revisor oficial de contas a título individual ou com uma sociedade de revisores.
2 — Os revisores oficiais de contas cuja actividade seja exercida nos termos da alínea *c)* do número anterior podem exercer as funções contempladas neste diploma em regime de não dedicação exclusiva, durante um período máximo de três anos a contar da data de celebração do primeiro contrato de prestação de serviços.
3 — O contrato de prestação de serviços referido na alínea *c)* do n.º 1 deverá ser previamente registado na Ordem, observando-se, na parte aplicável, o disposto no n.º 2 do artigo 53.º.
4 — Os revisores oficiais de contas que não exerçam as funções contempladas neste diploma em regime de dedicação exclusiva, bem como as sociedades de revisores em que algum dos sócios esteja nessas condições, não podem contratar revisores oficiais de contas nos termos da alínea *c)* do n.º 1.
5 — Para efeitos deste diploma, considera-se que os revisores oficiais de contas ou sócios de sociedades de revisores exercem as funções nele contempladas em regime de dedicação exclusiva quando não estiverem simultaneamente vinculados, seja qual for a natureza do vínculo, fora do âmbito das referidas funções, a outra empresa ou entidade.
6 — Os vínculos estabelecidos pelos revisores oficiais de contas ou pelos sócios de sociedades de revisores com vista ao exercício das funções previstas no artigo 48.º não prejudicam o exercício das funções em regime de dedicação exclusiva.

ART. 50.º (Designação) — 1 — A designação de revisores oficiais de contas ou de sociedade de revisores oficiais de contas para o exercício da revisão legal das contas de empresas ou de outras entidades cabe à respectiva assembleia geral ou a quem tiver competência para o efeito, nos termos das disposições legais aplicáveis.
2 — Na falta de proposta para designação de revisor oficial de contas cabe ao presidente da mesa da assembleia geral fazê-lo ou, na falta desta, ao sócio presente detentor da maior participação de capital, ou ainda, havendo igualdade de participação, atender-se-á, sucessivamente, à maior antiguidade do sócio e à idade.
3 — A designação de revisor oficial de contas ou de sociedade de revisores oficiais de contas entre duas assembleias é da competência da respectiva mesa e, na sua falta, do órgão de gestão, devendo ser submetida à ratificação pela assembleia geral seguinte, sob pena de eventual resolução do contrato pelo revisor oficial de contas, sem prejuízo do direito à remuneração correspondente ao período em que exerceu funções.
4 — A designação de revisor oficial de contas ou de sociedade de revisores oficiais de contas por entidades emitentes de valores mobiliários admitidos à negociação num mercado regulamentado rege-se pelo disposto no Código das Sociedades Comerciais e no Código dos Valores Mobiliários e pela regulamentação aprovada pela Comissão do Mercado de Valores Mobiliários (CMVM).
5 — A falta de designação de revisor oficial de contas, no prazo de 30 dias, deverá ser comunicada pelo respectivo órgão de gestão à Ordem nos 15 dias posteriores e implicará a transferência para esta do poder de designação.

ESTATUTO DA ORDEM DOS REVISORES OFICIAIS DE CONTAS   [**DL n.º 487/99**]   273

6 — O não cumprimento do disposto no número anterior sujeitará o órgão de gestão às responsabilidades previstas no artigo 72.º do Código das Sociedades Comerciais e em idênticas disposições legais relativas às demais empresas ou outras entidades, bem como ao pagamento à Ordem dos honorários devidos quanto ao período em falta, sem prejuízo de se manter a obrigatoriedade de revisão legal das contas da empresa ou de outra entidade por um revisor oficial de contas, a designar oficiosamente pela mesma Ordem, se for caso disso.

7 — A designação de revisores oficiais de contas ou de sociedade de revisores oficiais de contas para o exercício da revisão legal de contas de empresas ou outras entidades e o seu registo na competente conservatória de registo só são válidos no caso de aqueles terem dado o seu expresso consentimento por escrito.

8 — A designação de revisores oficiais de contas ou de sociedade de revisores oficiais de contas para o exercício de quaisquer outras funções de interesse público que exijam a sua intervenção própria e autónoma é feita de harmonia com as disposições legais aplicáveis.

ART. 51.º (Área de actuação) — Os revisores oficiais de contas exercem a sua actividade em todo o território nacional, podendo, também, exercê-la nos territórios dos demais Estados, nos termos estabelecidos pelas respectivas legislações.

TÍTULO II — **ESTATUTO PROFISSIONAL**

CAPÍTULO I — **Direitos e deveres**

Secção I — **DIREITOS E DEVERES ESPECÍFICOS**

ART. 52.º (Direitos e deveres específicos) — 1 — No exercício da revisão legal das contas, compete ao revisor oficial de contas:

a) Elaborar documento de certificação legal das contas, numa das suas modalidades, ou declaração de impossibilidade de certificação legal;

b) Elaborar quaisquer outros relatórios decorrentes de exigência legal ou estatutária, em conformidade com as normas ou as recomendações emanadas da Ordem;

c) Subscrever o relatório e ou parecer do órgão de fiscalização em que se integre, sem prejuízo de declaração de voto, se o entender;

d) Sendo caso disso, requerer isoladamente a convocação da assembleia geral, quando o conselho fiscal, devendo fazê-lo, o não tenha feito.

2 — No exercício de quaisquer outras funções de interesse público que por lei exijam a intervenção própria e autónoma de revisores oficiais de contas, em que haja obrigação de emitir certificações ou relatórios, devem os mesmos observar as normas de auditoria em vigor que se mostrem aplicáveis ao caso.

3 — No exercício de funções de interesse público, pode o revisor oficial de contas solicitar a terceiros informações sobre contratos e movimentos de contas entre estes e as empresas ou outras entidades onde exerce funções originados por compras, vendas, depósitos, responsabilidades por aceites e avales ou quaisquer outras operações, bastando, para o efeito, invocar a sua qualidade, o que poderá ser comprovado, se necessário, pela apresentação da cédula profissional.

4 — Nos casos de falta de resposta no prazo de 30 dias, ou de insuficiência da mesma, o revisor oficial de contas poderá examinar directamente a escrita e a documentação da empresa ou entidade solicitada, embora circunscrevendo o exame aos elementos pedidos; se tal actuação lhe for dificultada, poderá solicitar por escrito a obtenção das mesmas informações através de entidade legalmente competente, a qual, para o efeito, quando o caso o justifique, cobrará uma taxa à empresa ou outra entidade solicitada.

Secção II — **CONTRATOS**

ART. 53.º (Vínculo contratual) — 1 — O revisor oficial de contas exerce as suas funções de revisão/auditoria às contas por força de disposições legais, estatutárias ou contratuais, mediante contrato de prestação de serviços, reduzido a escrito, a celebrar no prazo de 45 dias a contar da data da designação.

2 — Os contratos referidos no número anterior obedecerão a modelo a fixar pela Ordem, especificando, pelo menos, a natureza do serviço, a sua duração e os honorários correspondentes.

3 — A nulidade do contrato por inobservância de forma escrita não é oponível a terceiros de boa fé.

ART. 54.º (Inamovibilidade e rotação) — 1 — Os revisores oficiais de contas designados para o exercício da revisão legal das contas são inamovíveis antes de terminado o mandato ou na falta de indicação deste ou de disposição contratual por períodos de quatro anos, salvo com o seu expresso acordo, manifestado por escrito, ou verificada justa causa arguível nos termos previstos no Código das Sociedades Comerciais e na legislação respectiva para as demais empresas ou outras entidades.

2 — Nas entidades de interesse público o período máximo de exercício de funções de auditoria pelo sócio responsável pela orientação ou execução directa da revisão legal das contas é de sete anos, a contar da sua designação, podendo vir a ser novamente designado depois de decorrido um período mínimo de dois anos.

274 [DL n.º 487/99] REVISÃO LEGAL E PUBLICIDADE DAS CONTAS

ART. 55.º (Obrigações acessórias) — 1 — As empresas ou outras entidades que celebrem com revisores oficiais de contas contratos de prestação de serviços relativos ao exercício de funções de interesse público são obrigadas a comunicar à Ordem, no prazo de 15 dias, após a celebração do mesmo:

a) O nome do revisor oficial de contas ou a firma da sociedade de revisores;

b) A natureza e a duração do serviço.

2 — A resolução do contrato pela empresa ou outra entidade à qual os revisores oficiais de contas prestem serviços será comunicada por aquela à Ordem no prazo de 30 dias a contar da mesma e com indicação dos motivos que a fundamentam.

3 — Se a resolução referida no n.º 2 se basear em facto imputável aos revisores oficiais de contas, deverá a Ordem, concluindo pela falta de fundamento para tal, obter judicialmente a declaração de falta de fundamento da resolução do contrato.

ART. 56.º (Fornecimento de elementos por sociedades de revisores) — A pedido das empresas ou outras entidades com as quais existam contratos de prestação de serviços, a sociedade de revisores fornecerá gratuitamente:

a) Cópia fiel e actualizada dos respectivos estatutos;

b) Certidão passada pela Ordem comprovativa de que se encontra em plena capacidade de exercício profissional.

ART. 57.º (Revisor orientador ou executor) — Em relação a cada contrato de prestação de serviços no exercício de funções de revisão/auditoria às contas por força de disposições legais, estatutárias ou contratuais, será designado, pelo menos, um revisor oficial de contas a título individual ou como sócio de sociedade de revisores, ou um revisor oficial de contas exercendo funções nos termos da alínea *c)* do n.º 1 do artigo 49.º responsável pela orientação ou execução directa do seu cumprimento.

ART. 58.º (Deveres de comunicação) — 1 — Os revisores oficiais de contas devem comunicar à Ordem, no prazo de 15 dias, o início e a cessação de todos os contratos de prestação de serviços relativos ao exercício de funções de interesse público.

2 — Os revisores oficiais de contas devem fornecer à Ordem, no prazo que vier a ser estabelecido pelo conselho directivo, um mapa anual da actividade profissional exercida, contendo a identificação dos clientes, a caracterização das funções, os honorários facturados e o período a que respeitam.

Secção III — **HONORÁRIOS**

ART. 59.º (Honorários e reembolso de despesas) — 1 — O exercício pelo revisor oficial de contas das funções previstas neste ou noutros diplomas legais confere o direito a honorários, a pagar pela empresa ou outra entidade a quem prestam serviços, nos termos fixados nos contratos respectivos.

2 — Para além dos honorários, os revisores oficiais de contas têm direito ao reembolso, pelas empresas ou outras entidades a quem prestem serviços, das despesas de transporte e alojamento e quaisquer outras realizadas no exercício das suas funções.

ART. 60.º (Fixação de honorários) — 1 — No exercício da revisão legal das contas de empresas ou de outras entidades, os honorários são fixados entre as partes, tendo em conta critérios de razoabilidade que atendam, em especial, à natureza, extensão, profundidade e tempo do trabalho necessário à execução de um serviço de acordo com as normas de auditoria em vigor.

2 — No exercício de quaisquer outras funções contempladas neste ou noutros diplomas legais, os honorários serão fixados entre as partes, tendo nomeadamente em conta os critérios estabelecidos no número anterior.

3 — O revisor oficial de contas designado membro suplente, quando assumir o exercício efectivo das funções de revisão legal das contas, tem direito aos honorários que competiriam ao membro que substituir.

4 — No exercício das funções de revisão legal das contas, a remuneração do revisor oficial de contas nunca poderá ser inferior à de qualquer dos restantes membros dos órgãos de fiscalização em que se incluem.

5 — No exercício das funções de interesse público, os honorários do revisor oficial de contas nunca podem pôr em causa a sua independência profissional e a qualidade do seu trabalho, nem ser influenciados ou determinados pela prestação de serviços adicionais à empresa ou outra entidade objecto de revisão ou de auditoria, nem ser em espécie e nem ser contingentes ou variáveis em função dos resultados do trabalho efectuado.

Secção IV — **CÉDULA PROFISSIONAL**

ART. 61.º (Cédula profissional) — 1 — O revisor oficial de contas tem direito a uma cédula profissional de modelo a aprovar pelo conselho directivo, que servirá de prova da sua qualidade e inscrição na lista dos revisores oficiais de contas.

2 — A apreciação de um processo de suspensão ou cancelamento voluntário obriga a prévia devolução da cédula profissional.

ESTATUTO DA ORDEM DOS REVISORES OFICIAIS DE CONTAS   [DL n.º 487/99]   275

3 — No caso de suspensão ou cancelamento compulsivos, a cédula profissional deve ser devolvida no prazo máximo de oito dias a contar da notificação da decisão proferida no processo e transitada em julgado e, nos restantes casos, da notificação para o efeito efectuada ao revisor oficial de contas por carta registada com aviso de recepção.

4 — Os membros estagiários têm direito a uma cédula de modelo a aprovar pelo conselho directivo, a qual será devolvida em caso de interrupção, desistência, exclusão ou termo do estágio.

5 — Os membros honorários têm direito a uma cédula de modelo e nas condições a aprovar pelo conselho directivo.

6 — Em caso de recusa de devolução da cédula, a Ordem pode promover a respectiva apreensão judicial.

7 — Em caso de reinscrição, será emitida nova cédula.

SECÇÃO V — **DEVERES**

ART. 62.º (Deveres em geral) — 1 — Os membros da Ordem devem contribuir para o prestígio da profissão, desempenhando com zelo e competência as suas funções, evitando qualquer actuação contrária à dignidade das mesmas.

2 — Com vista à actualização permanente dos seus conhecimentos, os revisores oficiais de contas devem frequentar cursos de formação profissional a promover pela Ordem ou por esta reconhecidos, nos termos a fixar no regulamento de formação.

3 — Por razões de natureza deontológica e disciplinar, os revisores oficiais de contas devem permitir a consulta dos livros de escrituração ou de contabilidade e da documentação profissional, mediante notificação da Ordem, através do conselho directivo ou do conselho disciplinar.

4 — Os revisores oficiais de contas devem organizar, relativamente ao exercício de cada uma das funções de interesse público, um processo instruído de acordo com as normas de auditoria em vigor, designadamente com a evidência do trabalho efectuado e com a fundamentação das conclusões relevantes em que se basearam para formular a sua opinião profissional, por forma a emitir a certificação legal das contas, o parecer ou o relatório de auditoria e, bem assim, com documentação de todos os riscos importantes que possam comprometer a sua independência e as medidas de protecção aplicadas para limitar esses riscos.

5 — Os processos referidos no número anterior devem ser conservados por um período de cinco anos.

ART. 62.º-A (Dever de elaboração e divulgação do relatório de transparência) — 1 — Os revisores oficiais de contas e as sociedades de revisores oficiais de contas que realizam a auditoria às contas de entidades de interesse público, nos termos definidos no artigo 2.º do Decreto-Lei n.º 225/2008, de 20 de Novembro, devem publicar no seu sítio na Internet, no prazo de três meses a contar do fim de cada exercício financeiro, um relatório anual de transparência, que deve incluir, pelo menos:

a) Uma descrição da estrutura jurídica e da propriedade;

b) Sempre que a sociedade de revisores oficiais de contas pertencer a uma rede, uma descrição da rede e das disposições jurídicas e estruturais da rede;

c) Uma descrição da estrutura de governação da sociedade de revisores oficiais de contas;

d) Uma descrição do sistema interno do controlo de qualidade da sociedade de revisores oficiais de contas e uma declaração emitida pelo órgão de administração ou de direcção relativamente à eficácia do seu funcionamento;

e) Uma indicação de quando foi realizada a última verificação de controlo de qualidade a que se refere o artigo 68.º;

f) Uma listagem das entidades de interesse público relativamente às quais a sociedade de revisores oficiais de contas realizou, no exercício financeiro anterior, uma revisão legal das contas ou auditoria imposta por disposição legal;

g) Uma declaração sobre as práticas de independência da sociedade de revisores oficiais de contas, que confirme igualmente a realização de uma análise interna da conformidade destas práticas de independência;

h) Uma declaração sobre a política seguida pela sociedade de revisores oficiais de contas relativamente à formação contínua dos revisores oficiais de contas;

i) Informações financeiras que demonstrem a relevância da sociedade de revisores oficiais de contas, em especial o volume de negócios total repartido pelos honorários auferidos pela revisão legal das contas individuais e consolidadas e pelos honorários facturados relativamente a outros serviços de garantia de fiabilidade, serviços de consultoria fiscal e outros serviços não relacionados com a revisão ou auditoria;

j) Informações quanto à base remuneratória dos sócios.

2 — Mediante solicitação fundamentada de um revisor oficial de contas ou de uma sociedade de revisores oficiais de contas, o CNSA pode autorizar a não divulgação das informações referidas na alínea *f)* do n.º 1, na medida necessária para atenuar uma ameaça iminente e significativa à segurança pessoal de qualquer pessoa.

3 — O relatório de transparência deve ser assinado pelo revisor oficial de contas ou pela sociedade de revisores oficiais de contas, consoante o caso, podendo esta assinatura ser feita, nomeadamente, por assinatura electrónica, tal como o previsto na lei.

276   [DL n.º 487/99]   REVISÃO LEGAL E PUBLICIDADE DAS CONTAS

ART. 62.º-B (Dever de comunicação ao órgão de fiscalização) — 1 — Os revisores oficiais de contas ou as sociedades de revisores oficiais de contas que realizem auditoria às contas de entidades de interesse público devem:

a) Confirmar anualmente por escrito ao conselho fiscal, à comissão de auditoria ou ao conselho geral e de supervisão, conforme o caso, a sua independência relativamente à entidade examinada;

b) Comunicar anualmente ao conselho fiscal, à comissão de auditoria ou ao conselho geral e de supervisão, conforme o caso, todos os serviços adicionais prestados à entidade examinada; e

c) Examinar com o conselho fiscal, a comissão de auditoria ou o conselho geral e de supervisão, conforme o caso, as ameaças à sua independência e as salvaguardas aplicadas para atenuar essas ameaças, documentadas nos termos do n.º 4 do artigo 62.º.

2 — As comunicações a que se referem as alíneas *a)* e *b)* do número anterior devem ser efectuadas antes da elaboração da certificação legal de contas da entidade em causa.

ART. 63.º (Domicílio profissional) — 1 — Os membros da Ordem têm o seu domicílio profissional no local que nela constar.

2 — Os membros da Ordem devem comunicar-lhe, no prazo de 30 dias, qualquer mudança do seu domicílio profissional.

3 — O domicílio profissional não pode, em qualquer caso, revestir a forma de um apartado, caixa postal, endereço electrónico ou equivalente.

ART. 64.º (Observância das normas, avisos e determinações da Ordem) — 1 — Constitui dever dos membros da Ordem observar as normas, avisos e determinações dela emanados.

2 — A falta de resposta do membro da Ordem, no prazo de 20 dias, a duas notificações, distanciadas entre si pelo menos 20 dias e efectuadas por carta registada com aviso de recepção relativamente ao cumprimento de deveres funcionais, constitui fundamento para instauração de procedimento disciplinar.

ART. 65.º (Desempenho de cargos por eleição ou designação da Ordem) — 1 — Os revisores oficiais de contas devem desempenhar os cargos para que forem eleitos e aceitar os cargos para que forem designados pela Ordem, salvo justificação atendível.

2 — O não cumprimento pelos revisores oficiais de contas das obrigações relativas ao exercício de cargos em órgãos da Ordem ou a outros para que tenham sido eleitos ou designados por esta conduz à sua destituição dos respectivos cargos, sem prejuízo do procedimento disciplinar correspondente.

3 — Na hipótese prevista no número anterior, cabe ao órgão competente para a designação para o cargo a deliberação de destituição.

ART. 66.º (Desempenho de funções profissionais por designação da Ordem) — 1 — Os revisores oficiais de contas devem desempenhar as funções profissionais para que forem designados pela Ordem, nomeadamente as referidas no n.º 5 do artigo 50.º, salvo se existir qualquer incompatibilidade ou impedimento.

2 — A designação deverá ser feita de entre os que manifestem interesse no desempenho das funções e, na sua falta, por sorteio.

3 — À designação por sorteio nos termos do número anterior será oponível justa causa, a apreciar pelo conselho disciplinar.

ART. 67.º (Pagamento de quotas, taxas, emolumentos e multas) — Os membros da Ordem devem pagar as quotas, taxas e emolumentos fixados pela assembleia geral, bem como as multas que lhes forem aplicadas pelo órgão competente, nas datas e formas previstas.

ART. 68.º (Controlo de qualidade) — 1 — Os revisores oficiais de contas estão sujeitos a controlo de qualidade, o qual será exercido pela Ordem, sob a supervisão do CNSA, em conformidade com o respectivo regulamento e com as normas comunitárias aplicáveis.

2 — O controlo de qualidade da actividade exercida pelos revisores oficiais de contas, relativamente a funções de interesse público, deve ser exercido em conformidade com um plano anual.

3 — O controlo de qualidade da actividade exercida pelos revisores oficiais de contas, relativamente a funções que não sejam de interesse público, com exclusão do exercício da docência, consiste, essencialmente, na verificação do cumprimento da lei e dos regulamentos aprovados pela Ordem.

4 — Para além dos controlos de qualidade previstos no plano anual, são, ainda, submetidos a controlo, por deliberação do conselho directivo, os revisores oficiais de contas e as sociedades de revisores que, no exercício da sua actividade profissional:

a) Revelem manifesta desadequação dos meios humanos e materiais utilizados, face ao volume dos serviços prestados;

b) Apresentem fortes indícios de incumprimento de normas legais ou de regulamentos ou normas de auditoria em vigor.

5 — Para efeitos da alínea *b)* do número anterior presume-se que existem fortes indícios de incumprimento das normas de auditoria, sempre que os honorários praticados pelos revisores oficiais de contas sejam significativamente inferiores aos que resultariam da aplicação dos critérios estabelecidos pelo artigo 60.º.

ESTATUTO DA ORDEM DOS REVISORES OFICIAIS DE CONTAS [DL n.º 487/99] 277

ART. 68.º-A (Dever de independência) — 1 — Na sua actividade profissional o revisor oficial de contas deve actuar livre de qualquer pressão, influência ou interesse e deve evitar factos ou circunstâncias que sejam susceptíveis de comprometer a sua independência, integridade ou objectividade, de acordo com padrões de um terceiro objectivo, razoável e informado.

2 — O revisor oficial de contas deve recusar qualquer trabalho que possa diminuir a sua independência, integridade e objectividade, nomeadamente quando exista qualquer relação financeira, empresarial, de trabalho ou outra, como seja a prestação, directa ou indirecta, de serviços complementares que não sejam de revisão ou auditoria entre o revisor oficial de contas, a sociedade de revisores oficiais de contas ou a rede e a entidade examinada, em virtude da qual um terceiro objectivo, razoável e informado, concluiria que a independência estava comprometida.

3 — Se a independência do revisor oficial de contas ou da sociedade de revisores oficiais de contas for afectada por ameaças, tais como auto-revisão, interesse pessoal, representação, familiaridade ou confiança ou intimidação, deve o revisor ou a sociedade adoptar as medidas necessárias para assegurar a respectiva independência, caso contrário não deve realizar a auditoria.

4 — Ao revisor oficial de contas é proibida a realização de auditoria a entidades de interesse público em caso de auto-revisão ou de interesse pessoal.

5 — O risco de auto-revisão existe nomeadamente quando um revisor oficial de contas, uma sociedade de revisores oficiais de contas, uma entidade de uma rede de sociedades ou um seu sócio, gestor ou trabalhador participa na elaboração dos registos contabilísticos ou das demonstrações financeiras do cliente da revisão legal de contas.

6 — O risco de interesse pessoal existe nomeadamente quando a independência do revisor oficial de contas possa ser ameaçada por um interesse financeiro próprio ou por um conflito de interesses pessoais de outra natureza, designadamente, em virtude de uma participação financeira directa ou indirecta no cliente ou de uma dependência excessiva dos honorários a pagar pelo cliente pela revisão de contas ou por outros serviços.

7 — Ao revisor oficial de contas de entidades de interesse público é proibida a prestação simultânea, a essas entidades, de auditoria e de quaisquer dos seguintes serviços:

a) Elaboração de registos contabilísticos e demonstrações financeiras;

b) Concepção e implementação de sistemas de tecnologia de informação no domínio contabilístico, salvo se essa sociedade assumir a responsabilidade pelo sistema global de controlo interno ou o serviço for prestado de acordo com as especificações por ela definidas;

c) Elaboração de estudos actuariais destinados a registar as suas responsabilidades;

d) Serviços de avaliação de activos ou de responsabilidades financeiras que representem montantes materialmente relevantes no contexto das demonstrações financeiras e em que a avaliação envolva um elevado grau de subjectividade;

e) Representação no âmbito da resolução de litígios;

f) Selecção e recrutamento de quadros superiores.

8 — O dever de independência a que se referem os n.ºs 1, 2 e 3 aplica-se:

a) Ao revisor oficial de contas e à sociedade de revisores de que for sócio;

b) Aos demais profissionais envolvidos na auditoria.

9 — O revisor oficial de contas deve assegurar o cumprimento do disposto no presente artigo, devendo dispor de um sistema adequado de salvaguardas para fazer face a potenciais riscos para a sua independência.

10 — A proibição de prestação de serviços a que se referem os n.ºs 4 e 7 aplica-se também às sociedades de revisores oficiais de contas, aos respectivos sócios e, ainda, às pessoas colectivas que integrem a rede a que a sociedade de revisores pertença.

11 — Para efeitos deste decreto-lei, o conceito de rede designa a estrutura mais vasta destinada à cooperação, a que pertence um revisor oficial de contas ou uma sociedade de revisores oficiais de contas, e que tem como objectivo a partilha de lucros ou de custos ou a partilha em comum da propriedade, controlo ou gestão, das políticas e procedimentos comuns de controlo de qualidade, da estratégia comum, da utilização de uma denominação comum ou de uma parte significativa de recursos profissionais.

12 — Os sócios ou os accionistas de uma sociedade de revisores oficiais de contas, bem como os membros dos órgãos de administração e de fiscalização dessa sociedade, ou de uma sociedade afiliada, devem abster-se de ter qualquer intervenção na execução de uma auditoria, susceptível de comprometer a independência e a objectividade do revisor oficial de contas que realiza a auditoria em nome da sociedade de revisores oficiais de contas.

ART. 69.º (Conservação dos processos de trabalho) — *(Revogado.)*

ART. 70.º (Uso de nome e menção de qualidade) — 1 — Os revisores oficiais de contas que exerçam funções a título individual devem agir com o seu nome, não podendo fazê-lo com pseudónimo ou a título impessoal.

2 — Em todos os documentos subscritos por um revisor oficial de contas no desempenho das funções contempladas neste diploma é obrigatória a indicação da sua qualidade, a qual poderá ser expressa pelas iniciais «ROC».

3 — O não cumprimento do estabelecido no número anterior implicará a nulidade dos documentos e as sanções previstas na lei, sem prejuízo da acção disciplinar da Ordem.

278 [DL n.º 487/99] REVISÃO LEGAL E PUBLICIDADE DAS CONTAS

ART. 71.º (Informação e publicidade) — 1 — O revisor oficial de contas pode divulgar a sua actividade profissional de forma objectiva e verdadeira, no rigoroso respeito dos deveres deontológicos, do segredo profissional e das normas legais sobre publicidade e concorrência.

2 — A matéria constante no presente artigo é objecto de regulamentação no código de ética e deontologia profissional.

ART. 72.º (Sigilo profissional) — 1 — Os revisores oficiais de contas não podem prestar a empresas ou outras entidades públicas ou privadas quaisquer informações relativas a factos, documentos ou outras de que tenham tomado conhecimento por motivo de prestação dos seus serviços, excepto quando a lei o imponha ou quando tal seja autorizado por escrito pela entidade a que diga respeito.

2 — Os revisores oficiais de contas não podem ainda prestar a empresas ou outras entidades públicas ou privadas quaisquer informações relativas a factos, documentos ou outras que, por virtude de cargo desempenhado na Ordem, qualquer revisor oficial de contas, obrigado a sigilo profissional quanto às mesmas informações, lhes tenha comunicado.

3 — O dever de sigilo profissional não abrange:

a) As comunicações e informações de um sócio a outros sócios;

b) As comunicações e informações de revisor oficial de contas individual ou de sócios de sociedades de revisores que se encontrem sob contrato de prestação de serviços nos termos da alínea *c)* do n.º 1 do artigo 49.º e aos seus colaboradores, na medida estritamente necessária para o desempenho das suas funções;

c) As comunicações e informações entre revisores oficiais de contas, no âmbito da revisão legal das contas consolidadas de empresas ou de outras entidades, na medida estritamente necessária ao desempenho das suas funções, devendo os revisores oficiais de contas dar conhecimento desse facto à administração, gestão, direcção ou gerência da respectiva empresa ou outra entidade;

d) As comunicações e informações pertinentes relativas à entidade examinada efectuadas pelo revisor oficial de contas ou a sociedade de revisores oficiais de contas que for substituído ao revisor oficial de contas ou à sociedade de revisores oficiais de contas que o substituir.

4 — Cessa o dever de sigilo profissional quando esteja em causa a defesa da dignidade, de direitos e interesses legítimos do próprio revisor oficial de contas ou da sociedade de revisores, mediante prévia autorização do bastonário da Ordem.

5 — Os revisores oficiais de contas que cessem funções de interesse público numa determinada entidade permanecem vinculados ao dever de sigilo profissional relativamente ao trabalho efectuado no exercício dessas funções.

ART. 72.º-A (Buscas e apreensões em escritórios de revisores oficiais de contas) — Às buscas e apreensões em escritórios de revisores oficiais de contas é aplicável, respectivamente, o disposto no n.º 5 do artigo 177.º e no n.º 1 do artigo 180.º do Código de Processo Penal.

ART. 72.º-B (Reclamação) — 1 — No decurso das diligências previstas nos artigos anteriores, pode o revisor interessado ou, na sua falta, qualquer dos familiares ou empregados presentes, bem como o representante da Ordem, apresentar uma reclamação.

2 — Destinando-se a apresentação de reclamação a garantir a preservação do sigilo profissional, o juiz deve logo sobrestar a diligência em relação aos documentos ou objectos que forem postos em causa, fazendo-os acondicionar, sem os ler ou examinar, em volume selado no mesmo momento.

3 — A fundamentação das reclamações é feita no prazo de cinco dias e entregue no tribunal onde corre o processo, devendo o juiz remetê-las, em igual prazo, ao presidente do Tribunal da Relação com o seu parecer e, sendo caso disso, com o volume a que se refere o número anterior.

4 — O presidente do Tribunal da Relação pode, com reserva de sigilo, proceder à desselagem do mesmo volume, devolvendo-o selado com a sua decisão.

ART. 73.º (Seguro de responsabilidade civil profissional) — 1 — No exercício da sua actividade profissional, a responsabilidade civil dos revisores oficiais de contas, mesmo quando sob o contrato de prestação de serviços nos termos da alínea *c)* do n.º 1 do artigo 50.º, deve ser garantida por seguro pessoal de responsabilidade civil profissional, com o limite mínimo de € 500 000 por cada facto ilícito, feito a favor de terceiros lesados.

2 — A responsabilidade civil das sociedades de revisores deve ser garantida por seguro, com limite mínimo de € 500 000 vezes o número de sócios revisores e de revisores oficiais de contas que estejam nas condições do disposto na alínea *c)* do n.º 1 do artigo 49.º por cada facto ilícito, feito a favor de terceiros lesados.

3 — O limite mínimo mencionado nos números anteriores poderá ser aumentado no caso de o revisor oficial de contas ou a sociedade de revisores estarem obrigados a subscrever um seguro de valor superior àquele limite por força de outras disposições legais.

4 — No caso de o seguro antes referido não ser celebrado com a intervenção da Ordem, devem os revisores oficiais de contas comunicar a esta a sua celebração no prazo de 15 dias a contar da realização do contrato.

5 — Os revisores oficiais de contas deverão comunicar à Ordem, no prazo de 30 dias em relação à data do efeito, qualquer modificação nas suas responsabilidades contratuais, resultantes ou não da suspensão, anulação ou alteração do contrato, remetendo sempre cópia das actas adicionais emitidas.

ESTATUTO DA ORDEM DOS REVISORES OFICIAIS DE CONTAS   [DL n.º 487/99] 279

6 — O incumprimento dos deveres referidos nos n.ºs 4 e 5 constitui fundamento para a instauração de procedimento disciplinar.

7 — Não poderão ser ou manter-se inscritos na lista de revisores oficiais de contas os que não tiverem a sua responsabilidade coberta pelo seguro a que se referem os n.ºs 1 e 2, excepto quando estejam em situação de suspensão de exercício.

8 — As condições do seguro previsto no presente artigo constarão de apólice única, podendo esta desdobrar-se em certificados específicos consoante as finalidades das coberturas de risco, a aprovar por norma do Instituto de Seguros de Portugal, ouvida a Associação Portuguesa de Seguradoras.

9 — Mediante portaria, poderão vir a ser actualizados os valores dos limites mínimos estabelecidos nos n.ºs 1 e 2.

Artigo 74.º (Cessação de funções em caso de incompatibilidade) — Verificando-se incompatibilidade entre as funções previstas no presente diploma e outras que o revisor oficial de contas pretenda prosseguir, deve o mesmo cessar as funções de revisor oficial de contas, requerendo a suspensão de exercício ou o cancelamento de inscrição, consoante o caso.

CAPÍTULO II — Incompatibilidades e impedimentos

ART. 75.º (Incompatibilidades em geral) — A profissão de revisor oficial de contas é incompatível com qualquer outra que possa implicar a diminuição da independência, do prestígio ou da dignidade da mesma ou ofenda outros princípios de ética e deontologia profissional.

ART. 76.º (Incompatibilidades específicas de exercício) — Os revisores oficiais de contas que não exerçam a sua actividade em regime de dedicação exclusiva estão impedidos de cumular o exercício de funções de revisão ou de auditoria às contas, por força de disposições legais, estatutárias ou contratuais, com carácter continuado, em mais de cinco empresas ou outras entidades.

ART. 77.º (Incompatibilidades absolutas) — 1 — Sem prejuízo do disposto nos artigos 48.º e 107.º, os revisores oficiais de contas não podem exercer funções de membros de órgãos de administração, gestão, direcção ou gerência em empresas ou outras entidades.

2 — O disposto no número anterior não exclui a possibilidade de exercício pelos revisores oficiais de contas das funções nele referidas ou a elas legalmente equiparadas em pessoas colectivas de utilidade pública administrativa ou de mera utilidade pública, bem como em instituições particulares de solidariedade social ou em associações sem fins lucrativos.

3 — Os revisores oficiais de contas na situação prevista no número anterior deverão comunicá-la por escrito ao conselho directivo nos 60 dias posteriores à tomada de posse ou ao início do exercício de funções.

ART. 78.º (Incompatibilidades relativas) — 1 — Não pode exercer funções de revisão ou auditoria às contas numa empresa ou outra entidade o revisor oficial de contas que:

a) Tiver, ou cujo cônjuge ou parentes em linha recta tiverem, participação no capital social da mesma;

b) Tiver o cônjuge ou qualquer parente ou afim na linha recta ou até ao 3.º grau na linha colateral nela exercendo funções de membro de órgãos de administração, gestão, direcção ou gerência;

c) Nela prestar serviços remunerados que ponham em causa a sua independência profissional;

d) Exercer numa concorrente funções que não sejam as previstas no capítulo III do título I, salvo concordância das empresas ou outras entidades em causa;

e) Nela tenha exercido nos últimos três anos funções de membro dos seus órgãos de administração, gestão, direcção ou gerência.

2 — As circunstâncias referidas no número anterior, quando se verifiquem relativamente a sócios de sociedade de revisores, constituem apenas incompatibilidade quanto a esses sócios.

3 — A designação como suplentes de sócios de sociedade de revisores no âmbito das funções de revisão legal das contas não constitui incompatibilidade da mesma sociedade.

ART. 79.º (Impedimentos) — 1 — Os revisores oficiais de contas, incluindo os sócios de sociedade de revisores seus representantes no exercício dessas funções, que nos últimos três anos tenham exercido funções de revisão legal das contas em empresa ou outra entidade não podem nela exercer funções de membros dos seus órgãos de administração ou gerência.

2 — Os revisores oficiais de contas ou as sociedades de revisores que exerçam funções em entidades de interesse público estão impedidos de contratar colaboradores dessas entidades, durante o período do mandato e até três anos após a sua cessação.

3 — Os revisores oficiais de contas e os sócios de sociedades de revisores que exerçam funções em entidades de interesse público estão impedidos de celebrar contratos de trabalho com essas sociedades ou nelas exercer funções de membros dos seus órgãos de administração, gestão, direcção ou gerência, durante o período do mandato e até três anos após a sua cessação.

280   [DL n.º 487/99]   REVISÃO LEGAL E PUBLICIDADE DAS CONTAS

4 — A inobservância do disposto no n.º 1 implica a nulidade da eleição ou designação para o correspondente cargo e a punição com pena não inferior à de multa.

5 — A inobservância do disposto nos n.ᵒˢ 2 e 3 implica a punição com pena não inferior à de multa.

CAPÍTULO III — Responsabilidade

Secção I — RESPONSABILIDADE DISCIPLINAR

ART. 80.º (Pressupostos da responsabilidade disciplinar) — Comete infracção disciplinar o membro da Ordem que, por acção ou omissão, violar, dolosa ou culposamente, algum dos deveres estabelecidos no presente diploma ou em outros normativos aplicáveis, bem como os decorrentes das suas funções.

ART. 81.º (Penas disciplinares) — 1 — As penas disciplinares são:
a) Advertência;
b) Advertência registada;
c) Multa de € 1000 a € 10 000;
d) Censura;
e) Suspensão de 30 dias até 5 anos;
f) Expulsão.

2 — Às penas de advertência registada, de censura e de multa pode ser atribuído o efeito de inibição, até cinco anos, para o exercício de funções nos órgãos da Ordem, no júri de exame, na comissão de estágio e na comissão de inscrição, determinando a suspensão sempre essa inibição por um período duplo do da suspensão.

3 — A violação do disposto no artigo 67.º dá lugar à aplicação de pena não superior à de multa.

4 — Os factos praticados com ofensa do regime previsto no artigo 79.º serão punidos com multa de duas a cinco vezes o montante das importâncias recebidas pelas funções ilegalmente desempenhadas.

5 — São punidos com pena não inferior à de multa os factos que envolverem a violação do disposto no n.º 4 do artigo 62.º, no n.º 3 do artigo 68.º-A e nos artigos 76.º, 77.º e 78.º.

6 — A multa a aplicar pela violação do disposto no n.º 4 do artigo 62.º tem em conta o benefício económico indevidamente auferido.

7 — Aos factos que importarem a violação do artigo 73.º será aplicada a pena de suspensão por um ano e em caso de reincidência a pena aplicável será a de expulsão.

8 — Cumulativamente com qualquer das penas mencionadas nos números anteriores, podem ser aplicadas ao responsável por qualquer das infracções disciplinares as seguintes sanções acessórias em função da gravidade da infracção e da culpa do agente:
a) A restituição de quantias, documentos ou objectos relacionados com a infracção, incluindo o produto do benefício económico obtido pelo infractor através da sua prática;
b) Publicação da punição definitiva no sítio na Internet da Ordem.

9 — A Ordem comunica às autoridades competentes dos Estados membros da União Europeia, nos quais os revisores oficiais de contas ou sociedades de revisores oficiais de contas se encontrem autorizados a exercer funções, a aplicação de uma punição definitiva de expulsão ou de cancelamento compulsivo da inscrição.

ART. 82.º (Responsabilidade disciplinar) — 1 — Cada sócio de uma sociedade de revisores e revisor oficial de contas ao seu serviço nos termos da alínea *c)* do n.º 1 do artigo 49.º responde pelos actos profissionais que praticar e pelos dos colaboradores que dela dependem profissionalmente, sem prejuízo da responsabilidade solidária da sociedade.

2 — Excepcionalmente, constituem faltas disciplinares da sociedade de revisores as praticadas por qualquer dos seus sócios, revisor oficial de contas ao seu serviço nos termos da alínea *c)* do n.º 1 do artigo 49.º ou colaborador, quando não seja possível identificar o infractor; neste caso, ser-lhe-ão aplicáveis as regras sobre responsabilidade disciplinar constantes da presente secção.

ART. 83.º (Processo disciplinar) — 1 — O processo disciplinar é instaurado pelo conselho disciplinar, por iniciativa própria ou do conselho directivo.

2 — A instrução é feita por um membro do conselho disciplinar designado para o efeito pelo presidente.

3 — Instruído o processo, se houver indícios suficientes da prática de qualquer infracção, deduzirá o instrutor, no prazo de 15 dias, a acusação, que deve ser articulada.

4 — O arguido pode deduzir a sua defesa no prazo de 20 dias a contar da notificação da acusação e entrega da nota de culpa.

5 — Efectuadas as diligências posteriores a que houver lugar deve o instrutor elaborar um relatório, com indicação dos factos provados, sua qualificação e pena que julga adequada, tendo em conta os antecedentes profissionais e disciplinares do arguido, o grau de culpabilidade, as consequências da infracção e todas as demais circunstâncias agravantes e atenuantes.

6 — A deliberação do conselho disciplinar, que é relatada pelo presidente, será proferida no prazo de 20 dias e comunicada ao conselho directivo e notificada ao arguido por carta registada com aviso de recepção.

ESTATUTO DA ORDEM DOS REVISORES OFICIAIS DE CONTAS   [DL n.º 487/99]   281

ART. 84.º (Recurso) — Em caso de absolvição, pode recorrer o conselho directivo nos termos do disposto no n.º 3 do artigo 13.º; em caso de condenação, podem recorrer, nos mesmos termos, o conselho directivo e o arguido.

ART. 85.º (Destino e pagamento das multas) — 1 — O produto das multas reverte para a Ordem.

2 — As multas devem ser pagas no prazo de 30 dias a contar da notificação da decisão condenatória transitada em julgado.

3 — Na falta de pagamento voluntário, proceder-se-á à cobrança coerciva nos tribunais competentes, constituindo título executivo a decisão condenatória.

ART. 86.º (Suspensão preventiva) — 1 — Pode ser ordenada a suspensão preventiva do arguido por prazo não superior a 90 dias:

a) Depois de deduzida a acusação, quando se considere aplicável alguma das penas das alíneas *e)* e *f)* do n.º 1 do artigo 81.º; se, atendendo à natureza e circunstâncias da infracção, a medida for imposta pela dignidade e prestígio da profissão;

b) Em qualquer altura do processo, quando se verifique justo receio da perpetração de novas infracções disciplinares ou a tentativa, por parte do arguido, de perturbar o andamento ou a instrução do processo disciplinar.

2 — A suspensão preventiva é da competência do conselho disciplinar, que a deverá comunicar imediatamente à comissão de inscrição.

ART. 87.º (Suspensão e expulsão) — 1 — No caso de suspensão ou expulsão, a comissão de inscrição deve informar imediatamente desse facto as empresas ou outras entidades em que o revisor oficial de contas suspenso ou expulso exerça funções.

2 — Os revisores oficiais de contas suspensos ou expulsos devem entregar ao seu sucessor no exercício do cargo os documentos pertença das empresas ou outras entidades a quem prestem serviços e, bem assim, restituir a estas as quantias já recebidas que não correspondam ao reembolso de despesas ou a trabalho realizado.

ART. 88.º (Prescrições) — 1 — O procedimento disciplinar extingue-se, por prescrição, logo que sobre a prática de facto susceptível de constituir infracção disciplinar tenham decorrido dois anos.

2 — Sem prejuízo do prazo estabelecido no número anterior, o conselho disciplinar deve exercer o procedimento disciplinar, no prazo de 90 dias, após ter tomado conhecimento de qualquer facto susceptível de constituir infracção disciplinar.

3 — Se o facto constituir simultaneamente crime e infracção disciplinar, o prazo de prescrição é o de procedimento criminal, desde que superior ao previsto no n.º 1.

4 — O procedimento criminal não determina a suspensão do procedimento disciplinar.

ART. 89.º (Despesas do processo) — 1 — O pagamento das despesas processuais é da responsabilidade do participante, no caso de participação manifestamente infundada, e do arguido, no caso de condenação.

2 — Ao pagamento das quantias devidas por força do número anterior é aplicável o disposto nos n.ºs 2 e 3 do artigo 85.º.

ART. 90.º (Revisão) — O conselho disciplinar pode conceder a revisão da decisão disciplinar, quando se tiverem produzido novos factos ou outras provas susceptíveis de modificarem a apreciação anteriormente feita e, concedida a revisão, determinar que o processo lhe seja novamente submetido, para seguir perante ele os seus trâmites, sem prejuízo dos recursos a que houver lugar, nos termos legais.

ART. 91.º (Regulamento disciplinar) — A assembleia geral aprovará o regulamento disciplinar, com base em proposta do conselho directivo.

SECÇÃO II — **RESPONSABILIDADE PENAL**

ART. 92.º (Factos passíveis de serem considerados infracção penal) — Quando os factos forem passíveis de serem considerados infracção penal, dar-se-á obrigatoriamente parte dela ao agente do Ministério Público que for competente para a promoção da acção legal.

ART. 93.º (Publicidade das decisões) — O tribunal pode ordenar a publicação das decisões absolutórias, nos termos previstos no Código de Processo Penal.

TÍTULO III — SOCIEDADES DE REVISORES OFICIAIS DE CONTAS

CAPÍTULO I — Disposições gerais

ART. 94.º (Natureza, tipos jurídicos e regime supletivo) — 1 — As sociedades de revisores revestem a natureza de sociedades civis, dotadas de personalidade jurídica.

282 [DL n.º 487/99]   REVISÃO LEGAL E PUBLICIDADE DAS CONTAS

2 — As sociedades de revisores podem adoptar os tipos jurídicos previstos no Código das Sociedades Comerciais.

3 — Na falta de disposições especiais, observar-se-á o regime jurídico estabelecido na legislação civil ou comercial, conforme o caso.

ART. 95.º (Objecto) — As sociedades de revisores têm por objecto o desempenho das funções indicadas na subsecção I da secção I do capítulo III do título I deste diploma e, acessoriamente, as contempladas no artigo 48.º do mesmo.

ART. 96.º (Participações sociais e outros modos de associação) — 1 — Sem prejuízo do disposto no n.º 4, os sócios das sociedades de revisores devem ser revisores inscritos na Ordem ou não revisores oficiais de contas que possuam as habilitações referidas no artigo 124.º em qualquer das matérias que integram o programa de exame de admissão à Ordem.

2 — Nenhum revisor oficial de contas a título individual pode ser sócio de mais de uma sociedade de revisores, salvo quando, por qualquer causa, estiver comprovadamente de saída de uma sociedade de revisores para entrar como sócio noutra.

3 — No caso previsto no número anterior, o revisor oficial de contas fica impedido na sociedade de saída do exercício dos seus direitos e deveres sociais na medida em que excedam o que for exigível à concretização dessa saída.

4 — Os revisores oficiais de contas que, no momento de entrada como sócios de uma sociedade de revisores, estiverem vinculados a actos ou contratos são por ela substituídos nos direitos e obrigações deles emergentes.

5 — Uma sociedade de revisores pode ser sócia de outra ou outras sociedades de revisores ou ser participada no capital por sociedades de revisores ou por sociedades autorizadas para o exercício da profissão em qualquer dos demais Estados membros da União Europeia, devendo o representante da sociedade participante ser sempre um revisor oficial de contas ou pessoa com título equiparado autorizada a exercer a profissão em qualquer Estado membro.

6 — Ao conjunto das sociedades na situação do número anterior é aplicável o disposto nos n.ᵒˢ 2 e 3 do artigo seguinte, com as devidas adaptações.

7 — As sociedades de revisores oficiais de contas podem associar-se entre si constituindo consórcios, agrupamentos complementares de empresas, agrupamentos europeus de interesse económico ou outras formas de associação, com vista ao exercício em comum de actividades que se integrem no seu objecto, ficando tais associações sujeitas ao presente decreto-lei e demais normas legais e regulamentares aplicáveis.

8 — As sociedades de revisores oficiais de contas podem ainda participar em sociedades de direito nacional que tenham por objecto exclusivo a prestação dos serviços a que se refere a alínea *c*) do artigo 48.º.

ART. 97.º (Sócios não revisores oficiais de contas) — 1 — Nas sociedades de revisores poderá também haver sócios não revisores oficiais de contas, pessoas singulares, desde que nos respectivos estatutos sejam estabelecidos cumulativamente os seguintes requisitos essenciais:

a) A maioria de três quartos do número de sócios, do capital social e dos direitos de voto pertençam sempre a sócios revisores oficiais de contas;

b) A maioria de três quartos dos membros da administração, direcção ou gerência da sociedade deverá ser composta por sócios revisores oficiais de contas;

c) Os únicos responsáveis pela orientação e execução directa das funções de interesse público contempladas neste diploma sejam revisores oficiais de contas, sócios ou contratados nos termos da alínea *c*) do n.º 1 do artigo 49.º;

d) Os sócios não revisores oficiais de contas preencham os requisitos estabelecidos no n.º 1 do artigo anterior.

2 — Compete à comissão de inscrição, especialmente quando da aprovação dos projectos de estatutos e das suas alterações, apreciar se os requisitos mencionados no número anterior se encontram a todo o momento preenchidos.

3 — Não sendo respeitados os requisitos estabelecidos no n.º 1, os projectos de estatutos e as suas alterações não poderão ser aprovados e, no caso de sociedade já inscrita, será suspensa compulsivamente a sua inscrição após notificação da comissão de inscrição a essa sociedade, por carta registada com aviso de recepção, até à sua regularização.

4 — Caso a situação que originou a suspensão compulsiva prevista no número anterior não seja regularizada no prazo de 60 dias a contar da notificação da suspensão, a inscrição da sociedade é compulsivamente cancelada.

5 — Nos estatutos poderão ainda ser fixadas disposições especiais que regulem as relações entre sócios revisores oficiais de contas e não revisores oficiais de contas, as relações dos sócios não revisores oficiais de contas com terceiros, a suspensão e exclusão de sócios não revisores oficiais de contas e, bem assim, a dissolução e liquidação de sociedades de revisores nestas condições.

6 — Os sócios não revisores oficiais de contas encontram-se sujeitos ao regime legal e regulamentar da Ordem, na parte aplicável.

ESTATUTO DA ORDEM DOS REVISORES OFICIAIS DE CONTAS [DL n.º 487/99] 283

ART. 98.º (Firma) — 1 — A firma das sociedades de revisores é obrigatória e exclusivamente composta:

a) Pelos nomes de todos os sócios, ou, pelo menos, de um dos sócios revisor oficial de contas ou pessoa, singular ou colectiva, reconhecida para o exercício da profissão em qualquer dos demais Estados membros da União Europeia, por extenso ou abreviadamente; e

b) Pelo qualificativo «Sociedade de Revisores Oficiais de Contas», ou abreviadamente «SROC», seguido do tipo jurídico adoptado.

2 — No caso de não individualizar todos os sócios, deverá a firma conter a expressão «& Associado» ou «& Associados», quando aplicável.

3 — A firma das sociedades de revisores deverá ser sempre usada completa.

4 — Quando, por qualquer causa, deixe de ser sócio pessoa, singular ou colectiva, cujo nome ou firma conste da firma da sociedade, não se torna necessária a alteração de tal firma, salvo oposição dos seus sucessores ou do sócio que deixou de o ser ou disposição expressa dos estatutos em contrário.

5 — É proibido:

a) Às restantes sociedades, quaisquer associações ou outras pessoas colectivas, bem como aos respectivos órgãos, utilizar quaisquer qualificativos susceptíveis de induzir em erro relativamente à designação de «Sociedade de Revisores Oficiais de Contas» ou «SROC»;

b) Aos sócios ou membros das referidas entidades, utilizar o qualificativo de «sócio de sociedade de revisores oficiais de contas» ou «sócio de SROC» ou ainda qualquer outro susceptível de induzir em erro.

6 — Em qualquer caso, a firma das sociedades de revisores não pode ser igual ou de tal forma semelhante a outra já registada que com ela possa confundir-se.

ART. 99.º (Aprovação dos estatutos e das suas alterações) — 1 — Os projectos de estatutos e das suas alterações estão sujeitos a aprovação da comissão de inscrição, com vista a assegurar a sua conformidade com o presente decreto-lei e demais normas legais e regulamentares aplicáveis.

2 — A comissão de inscrição deve pronunciar-se, para efeitos do disposto no número anterior, no prazo de 30 dias, que esta comissão pode prorrogar ocorrendo motivo justificado.

ART. 100.º (Constituição) — 1 — As sociedades de revisores constituem-se pela forma prevista na lei para as sociedades comerciais, salvo quando haja entrada de bens imóveis, caso em que a constituição deve ser feita pela forma exigida para a transmissão de imóveis.

2 — Dos estatutos da sociedade constará o nome dos sócios e a menção de inscrição de cada um dos sócios revisores na lista dos revisores oficiais de contas, além do que se exija noutras disposições legais.

ART. 101.º (Inscrição na lista) — 1 — A inscrição da sociedade na lista dos revisores oficiais de contas deve ser requerida, pela administração, direcção ou gerência, no prazo de 60 dias após a sua constituição.

2 — O requerimento deve ser instruído com cópia autenticada do documento de constituição.

3 — A firma e a sede da sociedade, bem como a data de entrada de requerimento, serão inscritas no registo a que se refere o n.º 1 do artigo 136.º.

4 — Considera-se em dissolução a sociedade cuja inscrição não tenha sido devidamente requerida no prazo fixado no n.º 1.

5 — Devem constar da inscrição os nomes e domicílios profissionais dos sócios revisores oficiais de contas e outras referências consideradas de interesse para o efeito.

ART. 102.º (Registo e publicidade na Ordem) — 1 — No prazo de 60 dias a partir da data de constituição da sociedade deve ser depositada, para efeitos de registo na Ordem, uma certidão comprovativa do registo definitivo na conservatória do registo comercial, quando aplicável, bem como um exemplar dos estatutos.

2 — As sociedades de revisores que não adoptem os tipos jurídicos previstos no Código das Sociedades Comerciais adquirem personalidade jurídica pelo registo na Ordem, a qual deverá promover a sua publicação oficial.

3 — Às alterações dos estatutos é aplicável o disposto nos números anteriores.

ART. 103.º (Alteração dos sócios) — 1 — O processo de alteração dos sócios segue, na parte aplicável e com as necessárias adaptações, o disposto nos artigos 99.º, 100.º, 101.º e 102.º.

2 — Se, por qualquer causa, saírem ou entrarem sócios, a sociedade é obrigada a proceder, no prazo de 60 dias, à devida alteração e a requerer à comissão de inscrição, no prazo de 30 dias a contar desta, a confirmação de inscrição, entregando, para o efeito, cópia autenticada da acta da respectiva deliberação ou do instrumento contratual, conforme o caso.

3 — Ocorrendo a morte de um sócio, este facto deve ser comunicado à comissão de inscrição no prazo de 30 dias após o seu conhecimento pela sociedade, devendo o processo subsequente de alteração dos estatutos ser iniciado nos 60 dias seguintes, salvo se o atraso resultar de motivo atendível na definição do destino da parte daquele sócio no capital, sem prejuízo do disposto nos artigos 96.º e 97.º.

ART. 104.º (Contabilidade) — 1 — As sociedades de revisores devem possuir contabilidade organizada nos termos do Plano Oficial de Contabilidade.

284 [DL n.º 487/99]   REVISÃO LEGAL E PUBLICIDADE DAS CONTAS

2 — Por razões de natureza deontológica e disciplinar, a Ordem, através do conselho directivo ou do conselho disciplinar, pode mandar proceder à análise da contabilidade e documentação da sociedade.

ART. 105.º (Assinatura dos documentos) — 1 — Nas relações com terceiros, as certificações, relatórios e outros documentos de uma sociedade de revisores oficiais de contas, no exercício de funções de interesse público, são assinados em nome e em representação da sociedade por um sócio administrador ou gerente, pelo sócio responsável pela sua elaboração ou por outro sócio com competência e poder bastantes.

2 — Caso o sócio, não administrador ou gerente, não tenha sido responsável pela orientação ou execução do trabalho, os referidos documentos devem ser também assinados pelo respectivo revisor orientador ou executor.

3 — Em qualquer dos casos referidos nos números anteriores, deve ser aposta a identificação das pessoas que assinam as certificações, relatórios e outros documentos aí referidos.

CAPÍTULO II — **Relação entre sócios**

ART. 106.º (Capital e partes de capital) — 1 — O capital social não poderá ser inferior a € 5000, excepto nas sociedades em que seja representado por acções, caso em que não poderá ser inferior a € 50 000.

2 — Cada uma das partes representativas do capital social não pode ser de montante inferior a € 100, tratando-se de quotas, nem de montante inferior a € 1, tratando-se de acções, e deve ser sempre divisível por estas quantias.

3 — A liberação das partes de capital efectuar-se-á nos moldes seguintes:

a) As partes de capital representativas de entradas em espécie deverão estar integralmente liberadas na data da constituição da sociedade;

b) As partes de capital representativas de entradas em dinheiro deverão ser liberadas em metade, pelo menos, do seu montante na data da subscrição, efectuando-se a liberação do restante nas datas fixadas no estatuto ou, na falta de disposição estatutária, pela administração, direcção ou gerência, mas não depois de decorrido um ano após a inscrição na lista dos revisores oficiais de contas.

4 — As importâncias resultantes da liberação das entradas em dinheiro no acto da subscrição devem ser depositadas numa instituição de crédito, antes da celebração do contrato de constituição, em conta aberta em nome da futura sociedade.

5 — Da conta referida no número anterior só poderão ser efectuados levantamentos:

a) Depois de efectuado o registo na Ordem;

b) Depois de celebrado o contrato de constituição, caso os sócios autorizem os administradores, directores ou gerentes a efectuá-los para fins determinados;

c) Para liquidação da sociedade, provocada pela falta de inscrição na lista dos revisores oficiais de contas.

6 — No caso de o capital das sociedades de revisores ser representado por acções, estas serão obrigatoriamente nominativas.

7 — As partes de capital dos sócios das sociedades de revisores não poderão constituir objecto de penhor.

ART. 107.º (Administração, direcção ou gerência) — 1 — A administração, direcção ou gerência da sociedade só poderá ser confiada a sócios.

2 — Todos os sócios são administradores, directores ou gerentes, salvo disposição expressa dos estatutos em contrário, mas respeitando sempre o disposto na alínea *b)* do n.º 1 do artigo 97.º.

3 — Fica incapacitado para exercer a administração, direcção ou gerência da sociedade o sócio revisor oficial de contas que se encontre em situação de suspensão de exercício.

ART. 108.º (Relatório e contas) — 1 — O relatório e as contas deverão ser submetidos a aprovação da assembleia geral dentro dos 90 dias subsequentes ao encerramento do respectivo exercício, devendo um exemplar ser enviado à Ordem nos 60 dias imediatos à aprovação.

2 — O relatório da administração, direcção ou gerência não poderá conter quaisquer referências a factos relativos a empresas ou outras entidades de que a sociedade tenha tomado conhecimento por motivo de prestação dos seus serviços ou com ela relacionados.

ART. 109.º (Impossibilidade temporária de exercício das funções) — 1 — No caso de impossibilidade temporária de exercício de funções, o sócio mantém o direito aos lucros e o dever de quinhoar nos prejuízos.

2 — Os estatutos podem fixar as condições em que o sócio impossibilitado temporariamente fica perante a sociedade, mas não podem limitar o disposto no número anterior.

3 — Se a impossibilidade não justificada exceder 24 meses pode, porém, a sociedade proceder à amortização da parte de capital do sócio.

ART. 110.º (Deveres específicos dos sócios) — É dever de cada sócio das sociedades de revisores:

a) Consagrar à sociedade toda a actividade profissional, sem prejuízo de poder desempenhar outras funções não incompatíveis com o exercício da profissão de revisor oficial de contas desde que os estatutos da sociedade o não proíbam;

ESTATUTO DA ORDEM DOS REVISORES OFICIAIS DE CONTAS [DL n.º 487/99] 285

b) Exercer as suas funções em nome da sociedade;
c) Indicar a firma da sociedade nos documentos profissionais.

ART. 111.º (Incompatibilidade específica dos sócios) — Os sócios não podem exercer, a título individual, as actividades previstas no artigo 41.º do presente decreto-lei.

CAPÍTULO III — Relação com terceiros

ART. 112.º (Representação) — As sociedades de revisores e os membros da sua administração, direcção ou gerência não poderão constituir mandatários ou procuradores nem substabelecer poderes a estranhos para o exercício dos direitos e deveres específicos do seu objecto social, excepto tratando-se de revisores oficiais de contas ou quando a lei o torne imperativo.

ART. 113.º (Responsabilidade civil dos sócios) — 1 — Os sócios respondem civil e solidariamente com as sociedades de revisores pela responsabilidade emergente do exercício das funções de interesse público em qualquer empresa ou outra entidade.

2 — A responsabilidade a que se refere o número anterior deve ser garantida por seguro, nos termos contemplados no presente diploma.

3 — O seguro que tenha sido efectuado pessoalmente pelo sócio deverá ser transferido para a sociedade de revisores.

ART. 114.º (Responsabilidade civil das sociedades de revisores) — 1 — No exercício das funções de interesse público, as sociedades de revisores respondem nos termos previstos no Código das Sociedades Comerciais e em idênticas disposições legais relativas às demais empresas ou outras entidades.

2 — Fora do âmbito previsto no número anterior as sociedades de revisores respondem nos termos da lei civil.

CAPÍTULO IV — Suspensão e exclusão de sócio

ART. 115.º (Suspensão dos direitos sociais) — O sócio suspenso ficará impedido do exercício dos seus direitos sociais enquanto durar a situação de suspensão, salvo disposição expressa em contrário dos estatutos e sem prejuízo do disposto no artigo seguinte.

ART. 116.º (Exclusão de sócio) — 1 — Será excluído o sócio:
a) Que, com carácter definitivo, deixe de estar habilitado para exercer a profissão de revisor oficial de contas;
b) Ao qual sobrevier incompatibilidade prevista na lei ou nos estatutos que implique cancelamento da inscrição;
c) Que violar o disposto no n.º 2 do artigo 96.º e nos artigos 110.º e 111.º.

2 — Poderá ser excluído, mediante deliberação social tomada pelos outros sócios, o sócio:
a) Cuja inscrição como revisor oficial de contas tiver sido suspensa compulsiva ou voluntariamente por tempo superior a 180 dias;
b) Que for temporariamente inibido, em processo penal, do exercício da profissão;
c) A quem, no prazo de cinco anos, forem aplicadas três penas disciplinares.

3 — O direito de a sociedade excluir o sócio com fundamento em qualquer dos factos previstos no número anterior caduca no prazo de 180 dias contados a partir da data em que a mesma tenha conhecimento:
a) No caso da alínea *a*), do início de suspensão;
b) No caso da alínea *b*), da decisão definitiva;
c) No caso da alínea *c*), da decisão definitiva em que tenha sido aplicada a última pena.

4 — Não poderá ser deliberada a exclusão de sócio com fundamento da alínea *a*) do n.º 2 se, entretanto, o sócio tiver obtido a sua reinscrição na lista dos revisores oficiais de contas ou tiver previamente obtido o consentimento da sociedade para requerer a suspensão voluntária, encontrando-se a deliberação exarada em acta de assembleia geral.

5 — A exclusão deverá ser comunicada ao sócio excluído no prazo de oito dias contados da expedição da carta registada com aviso de recepção, juntando-se cópia do extracto da acta da assembleia geral em que conste a respectiva deliberação votada.

6 — Por solicitação do sócio excluído e com despesas de sua conta, designará a Ordem, em caso de litígio, um dos seus membros para intervir como árbitro, com o fim de regularizar as consequências emergentes da exclusão, sem prejuízo da possibilidade de qualquer das partes submeter a questão aos tribunais.

CAPÍTULO V — Transformação, fusão e cisão da sociedade

ART. 117.º (Aprovação do projecto pela Ordem) — O projecto de transformação, de fusão ou de cisão aprovado pelos sócios das sociedades participantes deve ser remetido à Ordem para aprovação, que deve pronunciar-se, por intermédio da comissão de inscrição, nos termos e prazos previstos para a aprovação dos estatutos.

286   [DL n.º 487/99]   REVISÃO LEGAL E PUBLICIDADE DAS CONTAS

ART. 118.º (Registo da transformação, da fusão ou da cisão na Ordem) — 1 — No prazo de 30 dias após celebração do contrato de transformação, de fusão ou de cisão, deve ser apresentado ao conselho directivo da Ordem, para efeitos de registo, um exemplar da mesma.

2 — O registo da transformação, da fusão ou da cisão deve ser comunicado, pela sociedade incorporante ou pela nova sociedade, aos clientes da mesma.

CAPÍTULO VI — Dissolução e liquidação da sociedade

ART. 119.º (Dissolução) — 1 — A sociedade dissolver-se-á nos casos previstos da lei ou nos estatutos.

2 — A dissolução produzir-se-á:

a) Se as inscrições de todos os seus sócios revisores oficiais de contas ou a dela própria forem canceladas na lista dos revisores oficiais de contas, determinando o referido cancelamento a liquidação da sociedade;

b) Pela morte de todos os sócios.

3 — Se o número de sócios revisores oficiais de contas se encontrar reduzido à unidade, pode o sócio único, no prazo de 180 dias, admitir novos sócios, desde que, quando for o caso, sejam respeitados os requisitos estabelecidos nos artigos 96.º e 97.º, ou promover a transformação em sociedade unipessoal por quotas, sem o que a sociedade é dissolvida administrativamente nos termos previstos para as sociedades comerciais.

4 — O requerimento de dissolução deverá ser apresentado pelo sócio único, no prazo de 30 dias após o termo do período indicado no número anterior, com notificação à Ordem no mesmo prazo; na falta desta notificação, o requerimento de dissolução deverá ser apresentado pela Ordem nos 30 dias seguintes.

ART. 120.º (Liquidação) — 1 — A sociedade considerar-se-á em liquidação a partir:

a) Da dissolução; ou

b) Da data em que se tornar definitiva a decisão judicial que declare a nulidade do seu acto constitutivo.

2 — A entrada da sociedade em liquidação será comunicada no prazo de 30 dias, por carta registada com aviso de recepção, à Ordem e a todas as entidades com quem a sociedade tiver celebrado contratos de prestação de serviços relativos ao exercício de funções de interesse público.

3 — Os sócios que continuem a exercer a profissão de revisor oficial de contas cumprirão obrigatoriamente, em substituição da sociedade, os contratos de cuja orientação ou execução eram responsáveis em situação equiparada à de suplente no exercício da revisão legal das contas, quando for o caso, salvo se a outra parte os desobrigar desse cumprimento, por carta registada com aviso de recepção, no prazo de 30 dias após ter sido recebida a comunicação a que se refere o n.º 2 deste artigo.

4 — Durante a liquidação, a firma social deverá ser seguida da menção «em liquidação».

ART. 121.º (Liquidatários) — 1 — Se a sociedade se dissolver pelo decurso do prazo fixado para a sua duração ou por deliberação dos sócios, e dos estatutos não constar quem é o liquidatário, deve este ser nomeado:

a) Por deliberação dos sócios, devendo o nome do liquidatário ser comunicado à Ordem no prazo de 30 dias após a dissolução;

b) Na falta de deliberação, pelo tribunal da sede da sociedade, a pedido da Ordem ou de qualquer interessado.

2 — Em caso de declaração judicial de nulidade do acto constitutivo da sociedade ou quando a dissolução for decretada pelo tribunal, a nomeação do liquidatário deverá ser feita na respectiva decisão.

3 — Nas hipóteses previstas no n.º 2 do artigo 119.º o liquidatário deverá ser nomeado pelo conselho directivo da Ordem.

4 — Quando se verifique a hipótese da segunda parte do n.º 3 do artigo 119.º, será o liquidatário o sócio único.

5 — Os sócios excluídos não podem ser nomeados liquidatários.

ART. 122.º (Poderes e deveres do liquidatário) — 1 — Durante a liquidação, a sociedade será representada pelo liquidatário.

2 — O liquidatário terá os poderes necessários para:

a) A realização do activo e o pagamento do passivo;

b) O reembolso aos sócios ou seus representantes do montante das respectivas entradas e a repartição entre eles do saldo da liquidação.

3 — Os poderes do liquidatário poderão ser determinados pela decisão que o nomear.

4 — Finda a liquidação, deverá o liquidatário, no prazo de 30 dias, convocar os sócios ou seus representantes para:

a) Deliberarem sobre as contas definitivas e sobre a sua exoneração;

b) Verificarem o encerramento da liquidação.

5 — A assembleia dos sócios deliberará nos termos estabelecidos para a aprovação das contas anuais e, se não puder deliberar ou se não aprovar as contas do liquidatário, a decisão caberá ao tribunal, a requerimento da Ordem ou de qualquer interessado.

ESTATUTO DA ORDEM DOS REVISORES OFICIAIS DE CONTAS   [DL n.º 487/99]   287

TÍTULO IV — ACESSO À PROFISSÃO

CAPÍTULO I — Requisitos de inscrição

Secção I — REQUISITOS GERAIS

ART. 123.º (Obrigatoriedade de inscrição) — Os revisores oficiais de contas e as sociedades de revisores só poderão exercer as funções respectivas depois de inscritos em lista designada «lista dos revisores oficiais de contas».

ART. 124.º (Requisitos gerais de inscrição) — São requisitos gerais de inscrição como revisor oficial de contas:

a) Ter nacionalidade portuguesa, sem prejuízo do disposto no artigo seguinte;

b) Ter idoneidade moral para o exercício do cargo;

c) Estar no pleno gozo dos direitos civis e políticos;

d) Não ter sido condenado por qualquer crime doloso nem declarado incapaz de administrar a sua pessoa e bens por sentença transitada em julgado, salvo se obtida reabilitação judicial;

e) Possuir licenciatura na área da auditoria, da contabilidade, do direito, da economia ou da gestão, ou noutras áreas que venham a ser aprovadas por portaria do ministro da tutela do ensino superior ouvida a Ordem, ou grau académico numa dessas áreas que, nos termos da lei, seja equivalente a licenciatura ou reconhecido como licenciatura;

f) Realizar com aproveitamento o exame de admissão à Ordem;

g) Realizar com aproveitamento o estágio a que se refere a secção III do presente capítulo.

ART. 125.º (Inscrição de estrangeiros) — Sem prejuízo do disposto no título V, é admitida a inscrição de estrangeiros que preencham os requisitos exigidos no artigo anterior desde que o Estado respectivo admita portugueses a exercerem profissão correspondente à de revisor oficial de contas em igualdade de condições com os seus nacionais, reconhecidas de harmonia com o legalmente estabelecido.

ART. 126.º (Comissão de inscrição) — 1 — A inscrição processar-se-á sob orientação geral e fiscalização da comissão de inscrição.

2 — A comissão de inscrição funcionará na dependência do conselho directivo da Ordem, competindo-lhe:

a) Desempenhar as tarefas que lhe estejam fixadas no regulamento de exame e de inscrição, a aprovar pela assembleia geral, com base em proposta do conselho directivo;

b) Verificar a regularidade das condições de inscrição como membros da Ordem, previstas neste diploma;

c) Inscrever como revisores oficiais de contas na respectiva lista os requerentes que se encontrarem nas condições legalmente exigidas;

d) Organizar, actualizar e publicar a lista dos revisores oficiais de contas;

e) Promover as averiguações necessárias ou convenientes com vista a verificar se a todo o momento se encontram preenchidos os requisitos de inscrição estabelecidos neste diploma;

f) Propor ao conselho directivo as medidas regulamentares ou administrativas com vista a suprir lacunas ou a interpretar as matérias da sua competência.

3 — A composição e nomeação da comissão de inscrição e, em geral, a regulamentação da inscrição na Ordem são fixadas no regulamento de exame e de inscrição.

ART. 126.º-A (Exame) — O exame de admissão é organizado com vista a assegurar o nível necessário de conhecimentos teóricos nas matérias relevantes para a revisão legal e auditoria às contas, bem assim a assegurar a capacidade para aplicar na prática esses conhecimentos.

ART. 127.º (Organização, revisão e publicação da lista) — *(Revogado.)*

Secção II — EXAME DE ADMISSÃO À ORDEM

ART. 128.º (Periodicidade) — 1 — O exame de admissão à Ordem será realizado, pelo menos, uma vez por ano em data a marcar pelo conselho directivo.

2 — O exame poderá compreender a prestação de provas fraccionada por grupos de matérias, nos termos a fixar no regulamento de inscrição e de exame.

ART. 129.º (Regime do exame) — 1 — O exame de admissão à Ordem constará de provas escritas e orais, a efectuar perante um júri.

2 — A composição e nomeação do júri, bem como as matérias, os trâmites e, em geral, a regulamentação do exame, serão fixados no regulamento de inscrição e de exame.

3 — A prova de conhecimentos teóricos incluída no exame deve abranger, pelo menos, as seguintes matérias:

a) Teoria e princípios da contabilidade geral;

b) Requisitos e normas legais relativos à elaboração das contas individuais e consolidadas;

288 [DL n.º 487/99]   REVISÃO LEGAL E PUBLICIDADE DAS CONTAS

c) Normas internacionais de contabilidade;
d) Análise financeira;
e) Contabilidade de custos e de gestão;
f) Gestão de risco e controlo interno;
g) Auditoria e qualificações profissionais;
h) Requisitos legais e normas profissionais relativos à revisão legal das contas e aos revisores oficiais de contas;
i) Normas internacionais de auditoria;
j) Ética e deontologia profissional e independência.

4 — A prova de conhecimentos teóricos deve ainda abranger, pelo menos, as seguintes matérias, na medida em que sejam relevantes para o exercício da auditoria:
a) Direito das sociedades e governação das sociedades;
b) Direito da insolvência e procedimentos análogos;
c) Direito fiscal;
d) Direito civil e comercial;
e) Direito de segurança social e direito do trabalho;
f) Tecnologias da informação e sistemas informáticos;
g) Economia empresarial, geral e financeira;
h) Matemática e estatística;
i) Princípios básicos da gestão financeira das empresas.

Secção III — **ESTÁGIO**

ART. 130.º (Inscrição no estágio profissional) — A inscrição no estágio a que se refere a alínea g) do artigo 124.º só poderá ser efectuada após a realização com aproveitamento do exame de admissão à Ordem.

ART. 131.º (Comissão de estágio) — 1 — O estágio profissional processar-se-á sob orientação geral e fiscalização da comissão de estágio, sem prejuízo da orientação específica a cargo do patrono respectivo, que terá de ser revisor oficial de contas ou sociedade de revisores, devendo, neste último caso, ser nomeado um sócio como responsável pelo estágio, que, em qualquer dos casos, deverá estar inscrito há mais de cinco anos.

2 — A comissão de estágio funcionará na dependência do conselho directivo da Ordem, competindo-lhe, nomeadamente:
a) Desempenhar as tarefas que lhe estejam fixadas no regulamento do estágio, a aprovar pela assembleia geral, com base em proposta do conselho directivo;
b) Propor, para aprovação do conselho directivo, os modelos de convenção de estágio e de cédula de estagiário;
c) Propor, para aprovação do conselho directivo, as convenções de estágio;
d) Organizar as listas dos membros estagiários;
e) Organizar os trabalhos de avaliação contínua dos membros estagiários.

ART. 132.º (Duração do estágio) — 1 — A duração do estágio será, pelo menos, de três anos, com o mínimo de setecentas horas anuais, devendo ser efectuado durante dois terços do tempo junto de patrono devidamente habilitado.

2 — A duração do estágio poderá, no entanto, ser reduzida pela comissão de estágio para um mínimo de um a dois anos, relativamente aos membros estagiários que, tendo exercido durante cinco anos funções públicas ou privadas, aquela comissão, por proposta do respectivo patrono, considere possuírem adequada experiência na área de auditoria e, acessoriamente, nas áreas relacionadas com as outras matérias que integram o programa de exame de admissão à Ordem.

3 — Em casos excepcionais devidamente fundamentados poderão ser dispensados de estágio pela comissão de estágio os indivíduos aprovados no exame de admissão à Ordem que, tendo exercido durante 10 anos funções públicas ou privadas, aquela comissão considere possuírem adequada experiência na área de auditoria e, acessoriamente, nas áreas relacionadas com as outras matérias que integram o programa de exame de admissão à Ordem.

ART. 133.º (Início do estágio) — O estágio tem de ser iniciado no prazo máximo de três anos, a contar da data do exame de admissão à Ordem.

ART. 134.º (Regime de estágio) — 1 — Durante o estágio os membros estagiários encontram-se sujeitos ao regime legal e regulamentar da Ordem, na parte aplicável.

2 — O regulamento do estágio fixará, nomeadamente:
a) As regras para a inscrição, desistência, exclusão e interrupção do estágio;
b) As regras de duração, redução e dispensa de estágio;
c) Os direitos e obrigações dos patronos e dos estagiários;
d) A composição e as competências da comissão de estágio;
e) O regime de avaliação de conhecimentos;
f) As matérias objecto de avaliação de conhecimentos.

ESTATUTO DA ORDEM DOS REVISORES OFICIAIS DE CONTAS

3 — Durante o estágio os membros estagiários serão objecto de, pelo menos, duas avaliações intercalares e uma avaliação final de conhecimentos.

CAPÍTULO II — Obtenção, suspensão e perda da qualidade de revisor oficial de contas

Secção I — OBTENÇÃO DE QUALIDADE

ART. 135.º (Inscrição na lista) — 1 — O requerimento de inscrição como revisor oficial de contas é dirigido à comissão de inscrição, no prazo de três anos após ter realizado com aproveitamento o estágio profissional.

2 — O requerimento será acompanhado dos seguintes documentos:

a) Certificado do registo criminal e fotocópia do bilhete de identidade;

b) Declaração, sob compromisso de honra, de o requerente não estar abrangido por qualquer incompatibilidade absoluta e, caso esteja, requerimento de pedido de suspensão voluntária nos termos do artigo 138.º.

ART. 136.º (Registo e apreciação pela comissão de inscrição) — 1 — O nome e o domicílio profissional do requerente, bem como a data da entrada do requerimento, são inscritos num registo organizado pela comissão de inscrição.

2 — Verificada a regularidade do requerimento e dos documentos juntos, a comissão de inscrição designará inquiridor um dos seus membros que averiguará se estão preenchidos todos os requisitos previstos no artigo 124.º.

3 — O relatório de averiguação deve ser apresentado à comissão de inscrição no prazo de 15 dias, que esta comissão pode prorrogar ocorrendo motivo justificado.

ART. 137.º (Anulação da inscrição) — Sempre que a deliberação da comissão de inscrição que autoriza a inscrição na lista de revisores oficiais de contas tiver sido tomada com base em declarações ou documentos falsos, informações inexactas ou incorrectas, produzidas deliberadamente ou não para induzir em erro, a comissão deverá declarar a nulidade da inscrição.

Secção II — SUSPENSÃO DA QUALIDADE

ART. 138.º (Suspensão voluntária de exercício) — 1 — Os revisores oficiais de contas podem requerer à comissão de inscrição a suspensão de exercício.

2 — No pedido terão de ser alegados os fundamentos respectivos, os quais, se comprometerem gravemente os interesses da Ordem, implicarão o indeferimento do pedido.

3 — O deferimento só produzirá efeitos desde que os revisores oficiais de contas provem perante a comissão de inscrição terem cessado as suas funções.

4 — A comissão de inscrição proporá, relativamente ao revisor oficial de contas cuja inscrição seja suspensa, as condições em que o mesmo pode continuar a beneficiar das regalias atribuídas aos membros da Ordem, compatíveis com aquela situação.

ART. 139.º (Suspensão compulsiva de exercício) — Fica suspenso compulsivamente o revisor oficial de contas:

a) Que, por decisão proferida em processo penal, for inibido temporariamente do exercício da profissão;

b) Que for punido, em processo disciplinar, com pena disciplinar de suspensão;

c) Que for condenado definitivamente pela prática de crime doloso ou declarado incapaz por facto que constitua impedimento à inscrição nos termos da alínea *d)* do artigo 124.º.

ART. 140.º (Regime) — 1 — O revisor oficial de contas na situação de suspensão de exercício não pode, durante o período de suspensão, invocar perante terceiros a qualidade de revisor oficial de contas, encontrando-se consequentemente inibido de exercer quaisquer das funções de interesse público contempladas neste diploma.

2 — A situação de suspensão não liberta o revisor oficial de contas do regime legal e regulamentar da Ordem, na parte aplicável.

Secção III — PERDA DA QUALIDADE

ART. 141.º (Cancelamento voluntário da inscrição) — O cancelamento voluntário da inscrição poderá ser requerido nos termos previstos no artigo 138.º.

ART. 142.º (Cancelamento compulsivo da inscrição) — É cancelada a inscrição do revisor oficial de contas:

a) Quando deixe de se verificar qualquer dos factos ou situações previstas nas alíneas *c)* e *d)* do artigo 124.º;

b) Sempre que se encontre gravemente comprometida a idoneidade do revisor oficial de contas;

c) Quando lhe seja aplicada a pena de expulsão;

d) Sempre que o CNSA determine o cancelamento do registo.

290 [DL n.º 487/99]   REVISÃO LEGAL E PUBLICIDADE DAS CONTAS

Secção IV — **LEVANTAMENTO DA SUSPENSÃO E REINSCRIÇÃO NA LISTA**

ART. 143.º (Levantamento da suspensão) — 1 — O revisor oficial de contas cuja inscrição esteja suspensa voluntariamente pode pedir levantamento da suspensão, devendo o requerimento ser dirigido à comissão de inscrição e instruído com os documentos referidos no n.º 2 do artigo 135.º, podendo ser dispensado os mencionados na alínea *a*) no caso de a inscrição estar suspensa há menos de um ano.

2 — O revisor oficial de contas suspenso compulsivamente será considerado, no termo do período de suspensão compulsiva, na situação de suspensão voluntária, nomeadamente para efeitos do número anterior.

3 — A deliberação sobre o levantamento da suspensão será antecedida de averiguação, nos termos do n.º 2 do artigo 136.º, se a comissão de inscrição o julgar necessário.

4 — Nos casos de suspensão por período superior a cinco anos a deliberação sobre o seu levantamento será também antecedida por uma avaliação dos conhecimentos técnicos indispensáveis ao exercício da profissão.

ART. 144.º (Reinscrição após cancelamento de inscrição) — 1 — Todo aquele que tenha obtido o cancelamento voluntário de inscrição e reúna os requisitos gerais consignados no artigo 124.º poderá pedir a reinscrição na lista dos revisores oficiais de contas com dispensa do disposto nas alíneas *f*) e *g*) do mesmo artigo, mediante requerimento dirigido à comissão de inscrição e instruído com os documentos referidos no n.º 2 do artigo 135.º, podendo ser dispensados os mencionados na alínea *a*) no caso de o cancelamento ter sido obtido há menos de um ano.

2 — Decorridos cinco anos sobre o cancelamento compulsivo de inscrição estipulado na alínea *a*) do artigo 142.º, e não se verificando já qualquer dos factos ou situações nela previstos, o interessado pode requerer a sua reinscrição na lista de revisores oficiais de contas, desde que reúna os requisitos gerais previstos no artigo 124.º, mediante requerimento dirigido à comissão de inscrição instruído com os documentos referidos no n.º 2 do artigo 135.º.

3 — Verificada a regularidade do requerimento e dos documentos juntos, a comissão de inscrição remeterá o processo para o conselho disciplinar, que averiguará se o requerente se encontra nas condições exigidas para a reinscrição.

4 — O relatório da averiguação efectuada pelo conselho disciplinar deve ser apresentado à comissão de inscrição no prazo de 30 dias, que esta comissão pode prorrogar ocorrendo motivo justificado.

5 — Nos casos de cancelamento voluntário de inscrição por período superior a cinco anos, a deliberação sobre o seu levantamento será também antecedida por uma avaliação dos conhecimentos técnicos indispensáveis ao exercício da profissão.

6 — No caso de recusa do pedido de reinscrição, só poderá ser apresentado novo pedido depois de decorridos três anos sobre a data da notificação da recusa.

ART. 145.º (Reinscrição após expulsão) — 1 — Decorridos cinco anos sobre a expulsão disciplinar, o interessado em requerer a sua reinscrição na lista dos revisores oficiais de contas que reúna os requisitos gerais aplicáveis, consignados no artigo 124.º, poderá fazê-lo mediante requerimento dirigido à comissão de inscrição e instruído com os documentos referidos no n.º 2 do artigo 135.º.

2 — Verificada a regularidade do requerimento e dos documentos juntos, a comissão de inscrição remeterá o processo para o conselho disciplinar, que averiguará se o requerente se encontra nas condições exigidas para a reinscrição.

3 — O relatório da averiguação efectuada pelo conselho disciplinar deve ser apresentado à comissão de inscrição no prazo de 30 dias, que esta comissão pode prorrogar ocorrendo motivo justificado.

4 — A deliberação sobre a reinscrição será também antecedida por uma avaliação dos conhecimentos técnicos indispensáveis ao exercício da profissão.

5 — Se o pedido for rejeitado pela comissão de inscrição, pode ser renovado uma única vez depois de decorridos três anos sobre a data da notificação da rejeição.

TÍTULO V — **REGISTO PÚBLICO**

ART. 145.º-A (Registo público) — A Ordem assegura o registo dos revisores oficiais de contas e das sociedades de revisores oficiais de contas.

ART. 145.º-B (Conteúdo do registo público) — 1 — O registo público referido no artigo anterior identifica cada revisor oficial de contas e cada sociedade de revisores oficiais de contas, através de um número específico.

2 — As informações do registo público são inscritas e mantidas sob forma electrónica e comunicadas ao CNSA para divulgação pública.

3 — Para além dos factos e informações referidos nos números seguintes, o registo público contém a designação e o endereço das entidades responsáveis pela aprovação, pelo controlo de qualidade, pelas inspecções e penalidades relativamente aos revisores oficiais de contas e às sociedades de revisores oficiais de contas e, bem assim, pela supervisão pública dos revisores oficiais de contas e das sociedades de revisores oficiais de contas.

4 — No que diz respeito aos revisores oficiais de contas, o registo público contém as seguintes informações:
a) Nome, endereço e número de registo;

ESTATUTO DA ORDEM DOS REVISORES OFICIAIS DE CONTAS [DL n.º 487/99] 291

b) Caso aplicável, a denominação, endereço, endereço do sítio na Internet e número de registo da sociedade de revisores oficiais de contas que emprega o revisor oficial de contas ou com a qual se encontra associado na qualidade de sócio ou a qualquer outro título;

c) Todos os demais registos, como revisor oficial de contas, junto das autoridades competentes dos outros Estados membros e, como auditor, junto de países terceiros, incluindo os nomes das autoridades de registo e, se existirem, os números de registo.

5 — Os auditores de países terceiros registados devem figurar no registo como tal e não como revisores oficiais de contas.

6 — No que diz respeito às sociedades de revisores oficiais de contas, o registo público contém as seguintes informações:

a) Denominação, endereço e número do registo;

b) Forma jurídica;

c) Informações sobre os contactos, a principal pessoa de contacto e, se for caso disso, o endereço na Internet;

d) Endereço de cada escritório em Portugal;

e) Nome e número de registo de todos os revisores oficiais de contas empregados pela sociedade de revisores oficiais de contas ou a ela associados na qualidade de sócio ou a qualquer outro título;

f) Nomes e endereços comerciais de todos os sócios ou accionistas;

g) Nomes e endereços comerciais de todos os membros dos órgãos de administração ou de direcção;

h) Caso aplicável, a identificação da rede, nacional ou internacional, a que pertence;

i) Todos os demais registos, como sociedade de revisores oficiais de contas, junto das autoridades competentes dos outros Estados membros e, como entidade de auditoria, junto de países terceiros, incluindo os nomes das autoridades de registo e, se existirem, os números de registo.

7 — As entidades de auditoria de países terceiros registadas figuram no registo, como tal, e não como sociedades de revisores oficiais de contas.

ART. 145.º-C (Inscrição e actualização das informações de registo) — 1 — No âmbito do seu processo de registo, os revisores oficiais de contas e as sociedades de revisores oficiais de contas devem prestar à Ordem, para efeitos de inscrição no registo público, as informações referidas, respectivamente, nos n.ᵒˢ 4 a 6 do artigo anterior.

2 — Os revisores oficiais de contas e as sociedades de revisores oficiais de contas devem notificar a Ordem de quaisquer alterações às informações contidas no registo público, no prazo de 30 dias a contar da ocorrência de tais alterações.

3 — As informações prestadas, para efeitos de registo, nos termos dos números anteriores, devem:

a) Ser assinadas pelo revisor oficial de contas ou pela sociedade de revisores oficiais de contas;

b) Ser redigidas em português, ou em qualquer outra língua ou línguas oficiais da União Europeia desde que acompanhadas por tradução certificada.

4 — O disposto nos números anteriores aplica-se, com as devidas adaptações, aos auditores e às entidades de auditoria de países terceiros previstas nos n.ᵒˢ 5 e 7 do artigo 145.º-B.

ART. 145.º-D (Registo de pessoas singulares ou colectivas autorizadas a exercer a actividade de revisão de contas em país terceiro) — 1 — Estão, ainda, sujeitas ao registo público previsto no artigo 145.º-A as pessoas singulares ou colectivas autorizadas a exercer a actividade de revisão das contas num país terceiro que apresentem relatório de auditoria das contas individuais ou consolidadas de uma entidade com sede fora da Comunidade e com valores mobiliários admitidos à negociação num mercado regulamentado em Portugal, salvo se a sociedade apenas emitir valores mobiliários representativos de dívida admitidos à negociação em mercado regulamentado, cujo valor nominal seja, na data de emissão, de pelo menos € 50 000 ou, no caso de emissão noutra moeda, de valor equivalente a € 50 000.

2 — O registo das entidades a que se refere o número anterior é assegurado pela CMVM.

3 — A CMVM pode dispensar o registo de pessoas singulares ou colectivas autorizadas a exercer a actividade de revisão legal de contas num país terceiro que apresentem relatório de auditoria das contas individuais ou consolidadas de uma entidade com sede fora da Comunidade, se essa pessoa individual ou colectiva estiver submetida, num país terceiro, a sistema de supervisão pública, de controlo de qualidade e de inspecção e penalidades que cumpram os requisitos equivalentes aos previstos nas normas legais aplicáveis e exista reciprocidade.

4 — Nos casos previstos no número anterior, aplica-se, com as necessárias adaptações, o disposto nos artigos 145.º-B e 145.º-C, devendo todas as comunicações ali previstas ser dirigidas à CMVM.

TÍTULO VI — **DOS REVISORES DA UNIÃO EUROPEIA**

CAPÍTULO I — **Do exercício da actividade profissional**
por revisores de contas da União Europeia

ART. 146.º (Âmbito de aplicação) — O presente título é aplicável aos revisores de contas provenientes de qualquer dos Estados membros da União Europeia, sendo permitido o seu exercício em Portugal, desde que

292   [DL n.º 487/99]   REVISÃO LEGAL E PUBLICIDADE DAS CONTAS

neles autorizados a exercer a sua actividade profissional e obtenham aprovação na prova de aptidão prevista no artigo 152.º.

ART. 147.º (Definições) — Para os efeitos previstos no presente título, as expressões abaixo indicadas tem o seguinte significado:

a) «Revisor de contas da União Europeia», nacional de um Estado membro da União Europeia habilitado a exercer em Portugal a profissão de revisor oficial de contas, prestando os serviços respectivos;

b) «Estado membro de proveniência», país onde o revisor de contas da União Europeia se encontra estabelecido.

ART. 148.º (Reconhecimento do título profissional) — 1 — Podem ser reconhecidos em Portugal, na qualidade de revisores oficiais de contas, e como tal autorizados a exercer a respectiva profissão, as pessoas autorizadas para o exercício da profissão em qualquer dos demais Estados membros da União Europeia, desde que para o efeito obtenham aprovação na prova de aptidão prevista no artigo 152.º do presente decreto-lei.

2 — O revisor referido no número anterior deve usar o seu título expresso na língua portuguesa e na língua do Estado membro de proveniência, com indicação do organismo profissional a que pertence.

3 — Pode ser exigida ao revisor de contas da União Europeia a exibição do título comprovativo do seu direito a exercer a profissão no Estado membro de proveniência.

4 — Os revisores oficiais de contas reconhecidos nos termos do n.º 1 ficam sujeitos, no exercício da respectiva actividade em Portugal, ao presente decreto-lei e demais normas legais e regulamentares aplicáveis.

ART. 149.º (Modo de prestação de serviços) — A prestação de serviços profissionais em Portugal por revisor oficial de contas da União Europeia é livre, ressalvados os termos do presente decreto-lei e da demais legislação portuguesa aplicável aos revisores oficiais de contas nacionais.

ART. 150.º (Estatuto profissional) — 1 — No que respeita às regras reguladoras do modo de exercício da profissão, designadamente as relativas aos direitos e deveres, às incompatibilidades, à responsabilidade e ao código de ética e deontologia profissional, os revisores de contas da União Europeia estão sujeitos às condições de exercício aplicáveis aos revisores nacionais.

2 — Nas matérias não compreendidas no número anterior, aplicam-se aos revisores de contas da União Europeia as regras em vigor no Estado membro de proveniência.

3 — A aplicação do disposto no n.º 1 do presente artigo tem lugar independentemente de o revisor de contas da União Europeia ter estabelecimento profissional em Portugal e na medida em que a sua observância for concretamente viável e justificada para assegurar o correcto exercício, em Portugal, da actividade de revisor oficial de contas e a independência, o prestígio e a dignidade da profissão.

ART. 151.º (Sanções aplicáveis) — 1 — O revisor de contas da União Europeia que viole o disposto no presente título e nomeadamente as disposições estatutárias do artigo anterior fica sujeito às sanções previstas para os revisores oficiais de contas nacionais, sendo, porém, a sanção de suspensão substituída pela de proibição temporária do exercício em Portugal da actividade profissional.

2 — A Ordem é competente para aplicar relativamente aos revisores de contas da União Europeia as sanções previstas neste diploma e a que alude o número anterior, podendo solicitar às competentes entidades profissionais do Estado membro de proveniência as informações, documentos e diligências necessários à instrução dos respectivos processos e à aplicação das penas que ao caso couberem.

3 — A Ordem informará o Estado membro de proveniência das sanções que aplicar a revisores de contas da União Europeia.

CAPÍTULO II — Das condições de inscrição
de revisores de contas da União Europeia

ART. 152.º (Prova de aptidão) — 1 — A prova de aptidão é efectuada nos termos do regulamento de inscrição e de exame, em língua portuguesa, e incide obrigatoriamente sobre as matérias jurídicas que integram o programa do exame para revisor oficial de contas.

2 — A prova de aptidão é composta por uma parte escrita e uma parte oral, a efectuar perante um júri de exame.

3 — As pessoas singulares autorizadas para o exercício da profissão em qualquer dos Estados membros da União Europeia podem requerer, ao conselho directivo, a dispensa da prova de aptidão desde que sejam residentes em Portugal e aqui tenham exercido actividade profissional durante, pelo menos, 10 anos.

ART. 153.º (Inscrição para efeitos do exercício do direito de estabelecimento) — 1 — A inscrição de revisores de outros Estados membros da União Europeia que exerçam o direito de estabelecimento far-se-á mediante requerimento escrito em língua portuguesa e dirigido à comissão de inscrição, com a indicação do seu nome completo, os cargos e actividades que exerça, o domicílio profissional, a data de nascimento, a residência em Portugal e o Estado membro de proveniência.

2 — O citado requerimento deverá ser acompanhado de:

ESTATUTO DA ORDEM DOS REVISORES OFICIAIS DE CONTAS [DL n.º 487/99] 293

a) Documento oficial de identificação com a indicação da nacionalidade;
b) Documento comprovativo do direito do requerente a exercer qualquer das actividades profissionais referidas no n.º 1 do artigo 148.º, emitido há menos de três meses pelas autoridades competentes do Estado membro de proveniência;
c) Documento comprovativo de realização com aproveitamento da prova de aptidão referida no artigo anterior.
3 — A comissão de inscrição só deve efectuar a inscrição de revisores de contas da União Europeia, para efeitos do exercício do direito de estabelecimento, desde que esteja assegurada a sua permanência efectiva em domicílio profissional situado em Portugal e a observância das regras deontológicas vigentes, salvo se o respeito de tais condições e regras esteja já assegurado através de um revisor oficial de contas estabelecido e habilitado em Portugal e ao serviço do qual desempenhem a sua actividade.
4 — A Ordem poderá exigir a revisores de contas da União Europeia, em qualquer momento, algum ou alguns dos documento indicados no n.º 2, para efeitos de prova dos requisitos estabelecidos para o exercício da profissão.

TÍTULO VII — **DISPOSIÇÕES FINAIS E TRANSITÓRIAS**

CAPÍTULO I — **Disposições finais**

ART. 154.º (Comunicações pela Ordem às empresas e outras entidades) — A Ordem comunicará no prazo de 30 dias a partir da data da deliberação às empresas e outras entidades as suspensões compulsivas de exercício, os cancelamentos compulsivos de inscrição e as expulsões dos revisores oficiais de contas que nelas exerçam funções de interesse público.

ART. 155.º (Sociedades) — 1 — Às sociedades de revisores é aplicável o regime geral estabelecido no presente diploma em tudo o que não contrarie o regime especial respectivo.
2 — As sociedades de revisores de natureza civil podem transformar-se, fundir-se ou cingir-se nos termos previstos no Código das Sociedades Comerciais.

ART. 156.º (Sociedades de estrangeiros) — Os estrangeiros que tenham adquirido em Portugal a qualificação de revisores oficiais de contas poderão constituir sociedades de revisores nos termos deste diploma em igualdade de condições com os nacionais.

ART. 157.º (Colaboração de entidades) — Os cartórios notariais, as conservatórias de registo, a Direcção-Geral dos Impostos, a Inspecção-Geral de Finanças, a CMVM, o Banco de Portugal, o Instituto de Seguros de Portugal e demais entidades públicas, nas situações em que haja lugar a intervenção dos revisores oficiais de contas e sempre que se suscitem dúvidas quanto à qualificação profissional destes ou a eventuais irregularidades detectadas no âmbito das suas competências, deverão delas dar conhecimento à Ordem.

ART. 158.º (Participação de crimes públicos) — 1 — Os revisores oficiais de contas devem participar ao Ministério Público, através da Ordem, os factos, detectados no exercício das respectivas funções de interesse público, que indiciem a prática de crimes públicos.
2 — Tratando-se dos crimes previstos na Lei n.º 25/2008, de 5 de Junho, a comunicação é feita igualmente à Unidade de Informação Financeira.

ART. 159.º (Remissões para disposições revogadas) — Quando disposições legais, estatutárias ou contratuais remeterem para preceitos legais revogados por esta lei, entende-se que a remissão valerá para as correspondentes disposições desta, salvo se a interpretação daquelas impuser solução diferente.

CAPÍTULO II — **Disposições transitórias**

ART. 160.º (Honorários mínimo) — *(Revogado.)*

ART. 161.º (Designação de revisor oficial de contas para empresas ou outras entidades com valores cotados nas bolsas) — *(Revogado.)*

ART. 162.º (Órgãos da Câmara) — *(Revogado.)*

ART. 163.º (Regularização de situações existentes) — *(Revogado.)*

ART. 164.º (Direitos adquiridos) — *(Revogado.)*

ART. 165.º (Denominação em euros do capital e das partes de capital) — *(Revogado.)*

ART. 166.º (Valores expressos em euros) — *(Revogado.)*

ART. 167.º (Regime de transição) — *(Revogado.)*

294 [DL n.º 225/2008]   REVISÃO LEGAL E PUBLICIDADE DAS CONTAS

ART. 168.º (Legislação revogada) — 1 — São revogados:
a) O Decreto-Lei n.º 422-A/93, de 30 de Dezembro, excepto o n.º 1 do artigo 148.º, que se manterá até à entrada em vigor do regulamento de inscrição e de exame;
b) O Decreto-Lei n.º 261/98, de 18 de Agosto;
c) A Portaria n.º 369/86, de 18 de Julho.
2 — Manter-se-ão todos os regulamentos previstos no Decreto-Lei n.º 422-A/93, de 30 de Dezembro, até à entrada em vigor dos que os substituam.

5.2. CONSELHO NACIONAL DE SUPERVISÃO DE AUDITORIA

Decreto-Lei n.º 225/2008

de 20 de Novembro (*)

ART. 1.º (Objecto) — O presente decreto-lei cria o Conselho Nacional de Supervisão de Auditoria (CNSA) e aprova os respectivos Estatutos, constantes do anexo ao presente decreto-lei, do qual faz parte integrante.

ART. 2.º (Entidades de interesse público) — Para efeitos do disposto no presente decreto-lei e do disposto no Estatuto da Ordem dos Revisores Oficiais de Contas, aprovado pelo Decreto-Lei n.º 224/2008, de 20 de Novembro, são qualificadas como entidades de interesse público:
a) Os emitentes de valores mobiliários admitidos à negociação num mercado regulamentado;
b) As instituições de crédito que estejam obrigadas à revisão legal das contas;
c) As sociedades de investimento mobiliário e os fundos de investimento mobiliário previstos no regime jurídico dos organismos de investimento colectivo;
d) As sociedades de investimento imobiliário e os fundos de investimento imobiliário previstos no regime dos fundos de investimento imobiliário;
e) As sociedades de capital de risco e os fundos de capital de risco;
f) As sociedades de titularização de créditos e os fundos de titularização de créditos;
g) As empresas de seguros e de resseguros;
h) As sociedades gestoras de participações sociais, quando as participações detidas, directa ou indirectamente, lhes confiram a maioria dos direitos de voto nas instituições de crédito referidas na alínea *b)*;
i) As sociedades gestoras de participações sociais no sector dos seguros e as sociedades gestoras de participações mistas de seguros;
j) Os fundos de pensões;
l) As empresas públicas que, durante dois anos consecutivos, apresentem um volume de negócios superior a € 50 000 000, ou um activo líquido total superior a € 300 000 000.

ART. 3.º (Fiscalização das entidades de interesse público) — 1 — As entidades de interesse público sob forma societária ou cooperativa, ou que tenham a natureza de caixas económicas, devem adoptar um dos modelos de administração e fiscalização previstos no Código das Sociedades Comerciais em que o revisor oficial de contas, ou a sociedade de revisores oficiais de contas a quem compete emitir a certificação legal de contas, não integra o respectivo órgão de fiscalização.
2 — O órgão de fiscalização das entidades de interesse público deve incluir pelo menos um membro que tenha um curso superior adequado ao exercício das suas funções e conhecimentos em auditoria ou contabilidade e que seja independente, nos termos do n.º 5 do artigo 414.º do Código das Sociedades Comerciais.
3 — Nas entidades de interesse público cuja modalidade de administração e fiscalização adoptada inclua um conselho geral e de supervisão, este deve constituir uma comissão para as matérias financeiras, nos termos previstos no artigo 444.º do Código das Sociedades Comerciais.
4 — Exceptuam-se do disposto nos números anteriores, salvo se abrangidas pela alínea *a)* do n.º 2 do artigo 413.º do Código das Sociedades Comerciais:
a) As instituições de crédito que não estejam autorizadas a desenvolver a actividade de recepção de depósitos, nos termos da primeira parte da alínea *a)* do n.º 1 do artigo 4.º do Regime Geral das Instituições de Crédito e Sociedades Financeiras, aprovado pelo Decreto-Lei n.º 298/92, de 31 de Dezembro, com a última redacção dada pelo Decreto-Lei n.º 126/2008, de 21 de Julho;
b) As sociedades de capital de risco e as sociedades de titularização de créditos;
c) As sociedades de investimento mobiliário e imobiliário.

ART. 4.º (Extensão do âmbito das atribuições das entidades que integram o CNSA) — As atribuições legais do Banco de Portugal, da Comissão do Mercado de Valores Mobiliários, do Instituto de Seguros de Portugal, da Ordem dos Revisores Oficiais de Contas e da Inspecção-Geral de Finanças passam a compreender a participação no CNSA.

(*) Alterado pelo art. 9.º do **DL n.º 71/2010**, de 18-6 (arts. 2.º e 3.º).

CONSELHO NACIONAL DE SUPERVISÃO DE AUDITORIA [DL n.º 225/2008] 295

ART. 5.º (Comunicação de registos para divulgação pública) — A Comissão do Mercado de Valores Mobiliários e a Ordem dos Revisores Oficiais de Contas devem comunicar ao CNSA, para efeitos de divulgação pública, no prazo de 30 dias a contar da entrada em vigor do presente decreto-lei, os registos de revisores oficiais de contas e de sociedades de revisores oficiais de contas que tenham realizado.

ART. 6.º (Regulamento interno) — O CNSA elabora e remete ao membro do Governo responsável pela área das finanças para aprovação o seu respectivo regulamento interno, no prazo de 90 dias a contar da entrada em vigor do presente decreto-lei.

ART. 7.º (Regime transitório) — 1 — A Comissão do Mercado de Valores Mobiliários e a Ordem dos Revisores Oficiais de Contas devem desenvolver as iniciativas de índole regulamentar ou organizativa necessárias a harmonizar os procedimentos e a promover a troca de informação tendentes a evitar a duplicação de actos e exigências no âmbito dos processos de registo a cargo de cada uma destas entidades.

2 — Salvo decisão em contrário até à data de aprovação do regulamento interno referido no artigo anterior ou até outra data que esse regulamento venha a prever, o CNSA funciona junto do Banco de Portugal.

ART. 8.º (Disposição final) — As competências exercidas ao abrigo do Estatuto da Ordem dos Revisores Oficiais de Contas não prejudicam as atribuições legalmente reconhecidas ao CNSA pelo presente decreto-lei.

ART. 9.º (Entrada em vigor) — O presente decreto-lei entra em vigor no dia seguinte ao da sua publicação.

ANEXO
ESTATUTOS DO CONSELHO NACIONAL
DE SUPERVISÃO DE AUDITORIA

CAPÍTULO I — Disposições gerais

ART. 1.º (Objecto) — Os presentes Estatutos fixam as atribuições, a organização e o funcionamento do Conselho Nacional de Supervisão de Auditoria, adiante designado abreviadamente CNSA, sem prejuízo das atribuições e autonomia das diferentes entidades que o compõem.

ART. 2.º (Natureza e regime jurídico) — 1 — O CNSA é uma entidade sem personalidade jurídica, sujeita à tutela do Ministro das Finanças, que é exercida nos termos previstos nos presentes Estatutos.

2 — O CNSA rege-se pelas normas constantes do presente decreto-lei e pela demais legislação aplicável.

3 — O CNSA tem personalidade judiciária, podendo fazer-se representar em juízo através de mandatário, tendo este os poderes previstos nos regimes processuais aplicáveis, sem prejuízo da representação pelo Ministério Público nos casos previstos na lei.

CAPÍTULO II — Atribuições, cooperação e informação

ART. 3.º (Atribuições) — 1 — São atribuições do CNSA:
a) Assegurar a supervisão:
   i) Da aprovação e registo dos revisores oficiais de contas e das sociedades de revisores oficiais de contas;
   ii) Da adopção das normas em matéria de deontologia profissional, de controlo de qualidade interna das sociedades de revisores oficiais de contas e de procedimentos de auditoria;
   iii) Da formação contínua, do controlo de qualidade e de sistemas de inspecção e disciplinares;
b) Emitir a regulamentação necessária sobre as matérias compreendidas no âmbito da sua esfera de actuação;
c) Promover a coordenação entre as diferentes entidades nacionais com competência em matéria de auditoria;
d) Prestar assistência e cooperação com outras entidades internacionais competentes para a aprovação, registo, controlo de qualidade, inspecção e disciplina dos revisores oficiais de contas e das sociedades de revisores oficiais de contas;
e) Instruir e decidir processos de contra-ordenação, incluindo aplicar sanções de carácter contra-ordenacional.

2 — As atribuições do CNSA não prejudicam as atribuições e competências legalmente reconhecidas ao Banco de Portugal, à Comissão do Mercado de Valores Mobiliários, ao Instituto de Seguros de Portugal, à Ordem dos Revisores Oficiais de Contas e à Inspecção-Geral de Finanças.

ART. 4.º (Exercício da supervisão) — 1 — No âmbito das suas atribuições de supervisão, o CNSA pratica os actos necessários para assegurar a efectividade da sua actuação.

2 — No exercício das suas atribuições de supervisão, o CNSA pode adoptar os seguintes procedimentos:
a) Fiscalizar o cumprimento da lei e dos regulamentos;
b) Iniciar, instruir, decidir e intervir nos processos de contra-ordenação que sejam da sua competência;

296   [DL n.º 225/2008]   REVISÃO LEGAL E PUBLICIDADE DAS CONTAS

c) Dar ordens e formular recomendações;

d) Difundir informações.

3 — No exercício das suas atribuições de supervisão, o CNSA dispõe dos seguintes poderes:

a) Exigir quaisquer elementos e esclarecimentos que considere relevantes, não podendo as entidades supervisionadas invocar o segredo profissional;

b) Ouvir quaisquer pessoas, intimando-as para o efeito, quando necessário;

c) Determinar que as pessoas responsáveis pelos locais onde se proceda à instrução de qualquer processo ou a outras diligências coloquem à sua disposição as instalações de que os seus representantes ou mandatários careçam para a execução dessas tarefas, em condições adequadas de dignidade e eficiência.

ART. 5.º (Fiscalização) — 1 — O CNSA dispõe de poderes de fiscalização, nomeadamente, através:

a) Da verificação da conformidade legal e técnica dos processos de inscrição, dos registos, da formação contínua e das inspecções regulares realizadas a revisores oficiais de contas e sociedades de revisores oficiais de contas;

b) Da realização de inspecções às entidades sujeitas à sua supervisão, sempre que existam indícios da prática de irregularidades;

c) Da realização de inquéritos para averiguação de infracções de natureza contra-ordenacional cometidas no exercício da actividade de auditoria.

2 — O CNSA participa às entidades competentes as infracções de que tome conhecimento e cuja instrução e sanção não se enquadrem na sua competência.

3 — Sempre que seja solicitada a realização de acções de inspecção por autoridades competentes de outros Estados membros da União Europeia, as mesmas são conduzidas pelo CNSA, utilizando os recursos técnicos e humanos que se lhe encontram afectos nos termos do artigo 14.º.

4 — Mediante solicitação da autoridade competente do outro Estado membro, os respectivos representantes ou mandatários podem ser autorizados a acompanhar as acções de inspecção previstas no número anterior.

5 — As acções de inspecção e as solicitações previstas nos n.ᵒˢ 3 e 4 apenas podem ser recusadas quando:

a) A prestação de informação possa afectar de modo negativo a soberania, a segurança ou a ordem pública portuguesas ou violar regras de segurança nacional;

b) Já tiverem sido iniciados processos judiciais relativamente às mesmas medidas e contra os mesmos revisores oficiais de contas ou sociedades de revisores oficiais de contas perante as autoridades nacionais;

c) Tiver sido proferida em Portugal sentença transitada em julgado relativamente às mesmas medidas e contra os mesmos revisores oficiais de contas ou sociedades de revisores oficiais de contas.

6 — O CNSA pode solicitar que seja realizada uma investigação pelas autoridades competentes de outro Estado membro no território deste último.

ART. 6.º (Cooperação e assistência) — 1 — O CNSA deve estabelecer formas e cooperação relativas ao desempenho das suas atribuições com outras entidades de direito público ou privado, nacionais ou internacionais, quando tal se mostre necessário ou conveniente para a prossecução das respectivas atribuições.

2 — O CNSA deve prestar assistência às autoridades competentes de outros Estados membros, em especial quanto à cooperação no quadro das inspecções relacionadas com as revisões legais das contas.

ART. 7.º (Troca de informação com outras entidades) — 1 — O CNSA deve fornecer, em prazo razoável, quaisquer informações requeridas por autoridades competentes de outros Estados membros sempre que as mesmas se revelem necessárias ou convenientes à prossecução das respectivas atribuições.

2 — Caso não seja possível ao CNSA prestar as informações requeridas, em prazo razoável, deve notificar as autoridades competentes das respectivas razões.

3 — As informações prestadas nos termos dos números anteriores estão sujeitas a segredo profissional.

4 — O CNSA pode recusar-se a responder a um pedido de informação quando se verifique uma das situações previstas no n.º 5 do artigo 5.º.

5 — Quando o CNSA for destinatário de pedido de informações requeridas por autoridades competentes de outros Estados membros para os fins previstos do n.º 1, deve tomar, sem demora indevida, as medidas necessárias que permitam recolher as informações requeridas.

6 — Sempre que o CNSA tome conhecimento de que se encontram a ser realizadas no território de outro Estado membro actividades contrárias à lei, notifica a autoridade competente desse Estado membro, conferindo-lhe toda a informação disponível e solicitando que sejam transmitidas informações relativamente a desenvolvimentos relevantes que venham a ter lugar.

ART. 8.º (Utilização e transmissão da informação) — 1 — O CNSA apenas pode utilizar a informação recebida no âmbito dos presentes Estatutos no contexto de processos relacionados especificamente com o exercício das suas atribuições.

2 — Os documentos de trabalho ou aqueles que tenham sido obtidos pelo CNSA junto de revisores oficiais de contas ou de sociedades de revisores oficiais de contas apenas podem ser transmitidos, nos termos da lei, a autoridades competentes de um país terceiro, a seu pedido, quando:

CONSELHO NACIONAL DE SUPERVISÃO DE AUDITORIA [DL n.º 225/2008] 297

a) Esses documentos se relacionem com a revisão ou auditoria de sociedades que tenham emitido valores mobiliários no país terceiro que solicita a transmissão ou façam parte de um grupo que publica contas consolidadas legais nesse país;

b) A transmissão seja realizada através do CNSA;

c) As autoridades competentes do país terceiro em causa satisfaçam os requisitos considerados adequados, nos termos que sejam definidos por decisão comunitária;

d) Tenham sido celebrados acordos de colaboração com a autoridade competente requerente dessa informação, com base na reciprocidade;

e) A transmissão de dados pessoais se processe nos termos da lei.

3 — Os procedimentos de transmissão da informação referida no número anterior são definidos pelo CNSA, mediante audição prévia da Comissão Nacional de Protecção de Dados.

4 — Os acordos de colaboração previstos na alínea *d*) do n.º 2 devem conter e impor:

a) A obrigação de fundamentar o pedido de documentos solicitado;

b) Um dever de segredo profissional aplicável aos colaboradores vinculados ou que tenham estado vinculados à autoridade competente;

c) A utilização da informação recebida apenas para efeitos de exercício de funções de supervisão pública, de controlo de qualidade e de inspecção ou de instrução de processos administrativos, judiciais, criminais ou contra-ordenacionais da competência das entidades de supervisão;

d) A possibilidade de recusa da informação solicitada sempre que a apresentação desses documentos afecte a soberania, a segurança ou a ordem pública da União Europeia ou do Estado membro requerido, ou tenham sido intentados processos judiciais, tendo por objecto a mesma informação ou as entidades que a produziram em Portugal.

5 — Sem prejuízo do disposto no n.º 2, os revisores oficiais de contas e as sociedades de revisores oficiais de contas podem, a título excepcional, transmitir directamente documentos que lhes tenham sido solicitados por autoridade competente de país terceiro quando:

a) As inspecções tenham sido iniciadas por autoridade competente de país terceiro, requerente da informação;

b) Existam acordos de colaboração com as autoridades competentes do país terceiro que respeitem o conteúdo definido no número anterior e, numa base de reciprocidade, permitam igualmente às autoridades nacionais e ao CNSA o acesso directo aos documentos produzidos pelos auditores e entidades de auditoria do país terceiro;

c) As autoridades competentes requerentes do país terceiro informem antecipadamente as autoridades nacionais e o CNSA de cada pedido directo de informação e da respectiva fundamentação.

CAPÍTULO III — **Composição e funcionamento**

ART. 9.º (Composição) — 1 — São membros permanentes do CNSA:

a) Um representante do Banco de Portugal, designado de entre os membros do respectivo conselho de administração;

b) Um representante da Comissão do Mercado de Valores Mobiliários, designado de entre os membros do respectivo conselho directivo;

c) Um representante do Instituto de Seguros de Portugal, designado de entre os membros do respectivo conselho directivo;

d) Um representante da Ordem dos Revisores Oficiais de Contas, designado de entre os membros do respectivo conselho directivo;

e) Um representante da Inspecção -Geral de Finanças, designado de entre os subinspectores gerais.

2 — Em caso de ausência, por motivos justificados, os membros permanentes do CNSA podem fazer-se representar pelos substitutos legais ou estatutários, os quais têm todos os direitos e obrigações dos representados.

3 — Podem ser convidadas a participar nas reuniões do CNSA, com estatuto de observador, outras entidades públicas ou privadas, em particular peritos independentes de reconhecido mérito ou outras entidades relevantes, às quais se aplica o dever de sigilo.

4 — A participação nas reuniões de outras entidades, nos termos do número anterior, pode ser indicada por qualquer dos membros permanentes, estando sujeita a prévia aprovação pelo CNSA, sob proposta do presidente.

ART. 10.º (Presidência) — 1 — As funções de presidente são exercidas rotativamente, por períodos de um ano, coincidentes com o ano civil, de acordo com a ordem estabelecida no n.º 1 do artigo anterior ou outra que seja deliberada pelo CNSA.

2 — Na ausência ou impedimento do presidente, os trabalhos são coordenados por um dos restantes membros permanentes do CNSA, que seja designado suplente.

3 — As funções de presidente compreendem, nomeadamente, a coordenação dos trabalhos e a convocação de reuniões extraordinárias, assistindo-lhe voto de qualidade.

298 [DL n.º 225/2008]   REVISÃO LEGAL E PUBLICIDADE DAS CONTAS

ART. 11.º (Competências do CNSA) — 1 — No exercício das suas atribuições, cabe, nomeadamente, ao CNSA:

a) Organizar e gerir os recursos humanos, técnicos e patrimoniais do CNSA;

b) Contratar a prestação de serviços e autorizar a realização de despesas, bem assim como arrecadar receitas;

c) Emitir parecer prévio, de natureza vinculativa, relativamente às normas do sistema de controlo de qualidade, deontológicas e de auditoria;

d) Proceder à avaliação prévia do sistema disciplinar e do respectivo regulamento, bem assim como do plano anual de controlo de qualidade proposto pela Ordem dos Revisores Oficiais de Contas e acompanhamento da sua execução, nomeadamente no que respeita à adequação dos meios disponibilizados para o efeito, podendo em qualquer dos casos definir os requisitos adicionais que considere necessários;

e) Efectuar a supervisão das actividades de formação contínua dos revisores oficiais de contas e das sociedades de revisores oficiais de contas, levadas a cabo pela Ordem dos Revisores Oficiais de Contas;

f) Proceder ao cancelamento do registo de um revisor oficial de contas ou de uma sociedade de revisores oficiais de contas, sempre que tenha conhecimento de facto que obstaria à concessão do respectivo registo, caso essa circunstância não seja sanada no prazo fixado para o efeito;

g) Decidir sobre a realização de inspecções aos revisores oficiais de contas e às sociedades de revisores oficiais de contas, sempre que tenha conhecimento de um facto indiciador de violação do enquadramento legal ou regulamentar em vigor;

h) Promover a coordenação da actuação das entidades que compõem o CNSA no que se refere ao exercício das competências próprias relativas à revisão legal das contas ou auditoria prestadas a entidades sob a sua supervisão;

i) Fomentar a adopção de políticas de actuação coordenadas junto de autoridades comunitárias e de países terceiros;

j) Promover a cooperação e a assistência entre sistemas de supervisão pública a nível comunitário e internacional;

l) Promover e coordenar a troca de informações entre as autoridades referidas na alínea *h*), bem como entre estas e as autoridades competentes comunitárias e de países terceiros;

m) Proceder à aplicação de coimas e sanções acessórias em processo de contra-ordenação;

n) Elaborar o plano anual de actividades e o orçamento, bem como o relatório de actividades e as contas do CNSA e submetê-los anualmente à aprovação do membro do Governo responsável pela área das finanças, bem assim como promover a sua publicação;

o) Elaborar um regulamento interno, sujeito a aprovação do membro do Governo responsável pela área das finanças;

p) Realizar quaisquer acções que sejam consideradas adequadas às finalidades indicadas nas alíneas anteriores.

2 — O regulamento interno referido na alínea *o*) do número anterior define, nomeadamente, o local onde funcionam os seus serviços, os recursos humanos a afectar à respectiva actividade, as regras sobre o processo de decisão, as normas gerais a observar no desenvolvimento das suas competências e tudo o mais que se torne necessário ao seu adequado funcionamento.

ART. 12.º (Secretariado permanente) — 1 — O CNSA pode delegar num secretariado permanente, nomeadamente, a prática dos seguintes actos de:

a) Organização e gestão dos recursos humanos, técnicos e patrimoniais do CNSA;

b) Apresentação de propostas relativas à contratação da prestação de serviços e à realização de despesas;

c) Realização de inspecções aos revisores oficiais de contas e às sociedades de revisores oficiais de contas, por determinação do CNSA;

d) Preparação do plano anual de actividades e do relatório de actividades do CNSA;

e) Organização, instrução e elaboração de propostas ou pareceres fundamentados, a submeter ao CNSA, sobre os processos inerentes ao exercício dos poderes de supervisão previstos no artigo anterior.

2 — A composição do secretariado permanente é designada pelo CNSA, devendo integrar um representante indicado por cada uma das entidades que aí têm assento, entre os quais é nomeado um secretário-geral.

3 — O secretário-geral é nomeado pelo período máximo de três anos, renovável uma vez por igual período.

ART. 13.º (Reuniões) — 1 — O CNSA reúne, ordinariamente, com uma periodicidade mínima mensal, podendo ainda ser convocadas reuniões extraordinárias por iniciativa do presidente ou a pedido de dois membros do Conselho.

2 — O CNSA não pode decidir sem que esteja presente ou representada a maioria dos seus membros.

3 — As conclusões das reuniões do CNSA são objecto de uma súmula, assinada pelos membros presentes, que é apresentada em sessão do órgão de administração de cada uma das autoridades representadas.

ART. 14.º (Apoio técnico) — 1 — Sem prejuízo dos princípios de independência e objectividade no exercício das suas competências, o CNSA funciona com recurso aos meios técnicos, materiais e humanos das entidades que o integram, as quais são responsáveis pela execução dos actos materiais e pela instrução dos processos compreendidos na esfera de actuação do CNSA.

CONSELHO NACIONAL DE SUPERVISÃO DE AUDITORIA [DL n.º 225/2008] 299

2 — O CNSA decide, para a prática de cada um dos actos compreendidos no âmbito das respectivas competências, a afectação de:

a) Equipas de uma das entidades representadas no CNSA;

b) Equipas de uma das entidades representadas no CNSA, com a colaboração das outras que sejam expressamente indicadas para o efeito, nomeadamente de realização de perícias ou quaisquer actos de apoio técnico;

c) Equipas plurifuncionais que integrem representantes de todas as entidades representadas no CNSA.

3 — Sem prejuízo do estatuto laboral originário do pessoal afecto à prestação de serviços ao CNSA, dos respectivos vínculos funcionais, bem assim como do seu complexo de direitos e deveres, têm estes funcionários, no estrito exercício das funções compreendidas no âmbito do CNSA, um dever de respeito relativamente às decisões e orientações emanadas da estrutura directiva e executiva do CNSA.

ART. 15.º (Dever de segredo) — Os membros do CNSA, bem como todas as outras pessoas que com este colaborem, ficam sujeitos ao dever de segredo, relativamente a todos os factos e documentos que tomem conhecimento no exercício das suas funções.

CAPÍTULO IV — **Da divulgação pública do registo**

ART. 16.º (Divulgação do registo) — 1 — O CNSA deve assegurar a divulgação, pública e centralizada, do registo realizado junto da Ordem dos Revisores Oficiais de Contas e da Comissão do Mercado de Valores Mobiliários de:

a) Revisores oficiais de contas,

b) Sociedades de revisores oficiais de contas;

c) Auditores ou entidades de auditoria de países terceiros que apresentem relatório de auditoria das contas individuais ou consolidadas de uma sociedade constituída fora da União Europeia cujos valores mobiliários emitidos se encontrem admitidos à negociação em mercado regulamentado português, salvaguardadas as situações de valores mobiliários representativos de dívida cujo valor nominal unitário seja, pelo menos, de € 50 000 ou, se denominados noutra moeda, seja equivalente, pelo menos, a € 50 000, na data da emissão.

2 — Para efeitos da alínea *c)* do número anterior, só podem ser registados auditores e entidades de auditoria de países terceiros desde que, cumulativamente:

a) Respeitem requisitos equivalentes aos estabelecidos no presente decreto-lei para a inscrição de revisores oficiais de contas e de sociedades de revisores oficiais de contas;

b) A maioria dos membros dos órgãos de administração ou de direcção da entidade de auditoria de país terceiro respeite requisitos equivalentes aos estabelecidos nas normas legais aplicáveis, relativos à idoneidade, qualificações académicas, submi<ssão a exame e estágio prático;

c) O auditor de país terceiro que realiza a revisão legal das contas por conta da entidade de auditoria de país terceiro respeite requisitos equivalentes aos estabelecidos nas normas legais aplicáveis, relativos à idoneidade, qualificações académicas, submissão a exame e estágio prático;

d) Realizem as revisões legais das contas individuais ou consolidadas previstas no n.º 1 de acordo com normas de auditoria aplicáveis em Portugal, bem como em consonância com os requisitos de independência, objectividade e de fixação de honorários estabelecidos na lei portuguesa;

e) Publiquem no seu sítio de Internet um relatório anual de prestação de informação nos termos das normas legais aplicáveis, ou cumpram requisitos de divulgação equivalentes.

3 — A Comissão do Mercado de Valores Mobiliários pode, com base na reciprocidade, não aplicar ou alterar os requisitos previstos no número anterior se os auditores ou a entidade de auditoria de um país terceiro estiverem submetidos, no país terceiro, a sistemas de supervisão pública, de controlo de qualidade e de inspecção e de penalidades que cumpram os requisitos equivalentes aos previstos nas normas legais aplicáveis.

4 — Para efeitos da divulgação prevista no n.º 1, as autoridades competentes para o registo devem informar o CNSA, no prazo máximo de oito dias contados a partir do registo e dos averbamentos ao registo realizados.

ART. 17.º (Forma da divulgação pública) — 1 — As informações do registo público são inscritas e mantidas sob forma electrónica e são electronicamente acessíveis ao público no sítio de Internet do CNSA.

2 — A solicitação fundamentada de um revisor oficial de contas ou de uma sociedade de revisores oficiais de contas, o CNSA, ouvida a Ordem dos Revisores Oficiais de Contas, pode autorizar a não divulgação das informações constantes do registo público, na medida necessária para atenuar uma ameaça iminente e significativa à segurança pessoal de qualquer pessoa.

ART. 18.º (Efeitos do registo dos auditores e entidades de auditoria de países terceiros) — 1 — Os auditores e as entidades de auditoria de países terceiros inscritos no registo público estão sujeitos aos sistemas de controlo de qualidade, de inspecção, de investigação e de sanções previsto e aplicável à actividade de auditoria em Portugal.

2 — Os relatórios de auditoria das contas individuais ou das contas consolidadas, emitidos pelos auditores ou pelas entidades de auditoria de países terceiros que não se encontram registados em Portugal, não têm qualquer valor jurídico, salvo quando a lei disponha em sentido diverso.

300 [DL n.º 225/2008] REVISÃO LEGAL E PUBLICIDADE DAS CONTAS

CAPÍTULO V — Controlo de qualidade

ART. 19.º (Supervisão do controlo de qualidade) — No exercício das suas atribuições de supervisão, o CNSA supervisiona e avalia o sistema de controlo de qualidade, praticando os actos necessários para assegurar a efectividade da sua actuação nos termos dos presentes Estatutos.

ART. 20.º (Controlo de qualidade) — 1 — O sistema de controlo de qualidade pauta-se pelos seguintes princípios:

a) Deve ser organizado de modo que seja independente dos revisores oficiais de contas e das sociedades de revisores oficiais de contas objecto de controlo;

b) Deve dispor de recursos, designadamente financeiros, adequados;

c) Só podem realizar acções de controlo de qualidade as pessoas que tenham uma formação profissional adequada e específica em matéria de controlo de qualidade e experiência relevante nos domínios da revisão legal das contas e da informação financeira;

d) A selecção das pessoas para realizar acções de controlo de qualidade deve ser efectuada com base num procedimento concebido de forma a assegurar que não haja quaisquer conflitos de interesses entre os controladores e o revisor oficial de contas ou a sociedade de revisores oficiais de contas objecto de controlo;

e) O âmbito das acções de controlo de qualidade inclui a verificação da evidência constante dos *dossiers* de revisão legal das contas seleccionados e uma apreciação do cumprimento das normas de auditoria aplicáveis, dos requisitos de independência e da adequação dos recursos utilizados e dos honorários de auditoria praticados, assim como uma avaliação do sistema interno de controlo de qualidade;

f) A acção de controlo de qualidade realizada deve ser reflectida num relatório que contenha as principais conclusões das verificações efectuadas;

g) Sem prejuízo do disposto no n.º 2, as acções de controlo de qualidade devem decorrer, pelo menos, com uma periodicidade de seis anos.

2 — O controlo de qualidade dos revisores oficiais de contas ou das sociedades de revisores oficiais de contas que realizam revisões legais das contas ou auditoria de entidades de interesse público deve ser realizado com uma periodicidade mínima de três anos.

3 — Os resultados globais do sistema de controlo de qualidade devem ser publicados no sítio de Internet do CNSA no 2.º trimestre de cada ano.

4 — A Ordem dos Revisores Oficiais de Contas confere aos responsáveis pelo controlo de qualidade os poderes necessários para o desempenho das suas funções de modo independente, designadamente quanto à obtenção de informação relevante.

5 — Caso o controlo de qualidade verse sobre auditores ou entidades de auditoria de países terceiros pode o CNSA, com base na reciprocidade, isentá-los dessa verificação sempre que o sistema de controlo de qualidade do país de origem seja reconhecido como equivalente e tenha sido objecto de verificação no decurso dos três anos precedentes.

6 — O CNSA pode desenvolver, através de regulamento, o disposto no presente artigo.

ART. 21.º (Adopção de recomendações) — 1 — Os revisores oficiais de contas e as sociedades de revisores oficiais de contas devem adoptar as recomendações resultantes das acções de controlo de qualidade num prazo razoável, a estabelecer pela Ordem dos Revisores Oficiais de Contas.

2 — Os revisores oficiais de contas e as sociedades de revisores oficiais de contas devem comunicar à Ordem dos Revisores Oficiais de Contas, no prazo máximo de oito dias após o decurso do prazo fixado no número anterior, o modo como procederam à adopção das recomendações que lhes foram dirigidas.

3 — Caso não sejam devidamente adoptadas as recomendações resultantes das acções de controlo de qualidade, os revisores oficiais de contas e as sociedades de revisores oficiais de contas ficam sujeitos às sanções aplicáveis pela prática das infracções identificadas e não regularizadas nos termos do presente artigo.

CAPÍTULO VI — Ilícitos de mera ordenação social

ART. 22.º (Tipos de contra-ordenação) — 1 — Constitui contra-ordenação grave, punível com coima entre € 10 000 e € 50 000, a violação:

a) De deveres de independência ou de segredo dos revisores oficiais de contas e das sociedades de revisores oficiais de contas relativos à preparação e emissão de certificação legal de contas;

b) De normas de auditoria emitidas por autoridade competente;

c) De ordens ou mandados legítimos do CNSA;

d) Do dever de arquivo de documentos inerentes à revisão legal de contas e respectiva conservação;

e) Do dever de prestação de declarações ou a prestação de informações falsas ao CNSA;

f) Do regime de interdição temporária de actividade cominado como sanção acessória, sem prejuízo de ao facto poder caber sanção mais grave.

REMESSA OBRIGATÓRIA DE DOCUMENTOS AO INE   [DL n.º 402/80]   301

2 — Constitui contra-ordenação simples, punível com coima entre € 2500 e € 15 000, a violação de deveres de:
a) Comunicação previstos na lei;
b) Publicação de relatórios anuais de transparência.

ART. 23.º (Imputação subjectiva) — 1 — As contra-ordenações previstas no presente decreto-lei são imputáveis a título de dolo e a título de negligência.
2 — Verificando-se a imputação a título de negligência, a coima prevista no artigo anterior é reduzida para metade no seu limite máximo.

ART. 24.º (Direito aplicável) — 1 — O processamento pela prática das contra-ordenações previstas no presente decreto-lei segue o regime processual, tanto na fase administrativa como judicial, e substantivo previsto no Código dos Valores Mobiliários para essa matéria e, subsidiariamente, o disposto no regime geral das contra-ordenações.
2 — O CNSA exerce nos processos de supervisão e de contra-ordenação contemplados neste decreto-lei todos os poderes e prerrogativas previstos no Código dos Valores Mobiliários para a autoridade de supervisão.

ART. 25.º (Divulgação da decisão) — 1 — Decorrido o prazo de impugnação judicial, a decisão que condene o agente pela prática de uma ou mais contra-ordenações é divulgada através do sítio do CNSA na Internet, por extracto ou na íntegra, mesmo que tenha sido requerida a sua impugnação judicial, sendo, neste caso, feita expressa menção desse facto.
2 — A decisão judicial que confirme, altere ou revogue a decisão condenatória é comunicada de imediato ao CNSA e obrigatoriamente divulgada nos termos do número anterior.
3 — O disposto nos números anteriores pode não ser aplicado sempre que o CNSA considere que a divulgação da decisão pode causar danos concretos, a pessoas ou entidades envolvidas, manifestamente desproporcionados em relação à gravidade dos factos imputados.

ART. 26.º (Sanções acessórias) — 1 — Cumulativamente com as coimas previstas no artigo 22.º, podem ser ainda aplicadas as seguintes sanções acessórias:
a) Apreensão e perda do objecto da infracção, incluindo o produto do benefício obtido pelo infractor através da prática da contra-ordenação;
b) Interdição temporária do exercício da actividade pelo infractor;
c) Revogação da aprovação ou cancelamento do registo necessário ao exercício de funções.
2 — A sanção prevista na alínea b) do número anterior não pode ter duração superior a três anos, contados da decisão condenatória definitiva.

CAPÍTULO VII — **Regime financeiro**

ART. 27.º (Financiamento) — 1 — Os meios financeiros necessários ao funcionamento do CNSA estão a cargo das entidades que o compõem, que prestam também o apoio técnico e administrativo necessário ao seu funcionamento, sem prejuízo das receitas próprias.
2 — Constituem, nomeadamente, receitas próprias do CNSA o montante correspondente a 40% do produto das coimas e das custas dos processos de contra-ordenação, revertendo o remanescente para o Estado.
3 — O critério de financiamento das despesas que resultem de outros encargos, além dos técnicos e administrativos, decorrentes da prossecução das atribuições do CNSA é fixado por portaria do membro do Governo responsável pela área das finanças, sob proposta do CNSA.

5.3. REMESSA OBRIGATÓRIA DE DOCUMENTOS AO INE

Decreto-Lei n.º 402/80

de 25 de Setembro

ART. 1.º – Todas as empresas públicas e sociedades anónimas que não revistam a forma cooperativa, com sede ou estabelecimento no continente e regiões autónomas, ficam obrigadas a enviar ao Instituto Nacional de Estatística, no caso do continente, e aos serviços regionais de estatística, no caso das regiões autónomas, logo que aprovados, os seguintes documentos: balanço analítico, demonstração dos resultados líquidos, anexo ao balanço e à documentação de resultados e relatórios da gerência.

302   [DL n.º 238/91]

ART. 2.º – São revogados os artigos 5.º e 6.º do Decreto n.º 16 927, de 1 de Junho de 1929, assim como o artigo 1.º do Decreto n.º 26 188, de 10 de Janeiro de 1936.

ART. 3.º – O presente diploma entra em vigor no dia 1 de Janeiro de 1981.

5.4. CONSOLIDAÇÃO DE CONTAS

Decreto-Lei n.º 238/91

de 2 de Julho (*)

ART. 1.º (Empresas consolidantes) – 1 – É obrigatória a elaboração das demonstrações financeiras consolidadas e do relatório consolidado de gestão para a empresa (empresa-mãe) sujeita ao direito nacional que:

a) Tenha a maioria dos direitos de voto dos titulares do capital de uma empresa (empresa filial); ou

b) Tenha o direito de designar ou destituir a maioria dos membros de administração, de direcção, de gerência ou de fiscalização de uma empresa (empresa filial) e seja, simultaneamente, titular de capital desta empresa; ou

c) Tenha o direito de exercer uma infiuência dominante sobre uma empresa (empresa filial) da qual é um dos titulares do capital, por força de um contrato celebrado com esta ou de uma outra cláusula do contrato desta sociedade; ou

d) Seja titular do capital de uma empresa, detendo pelo menos 20% dos direitos de voto e a maioria dos membros do orgão de administração, de direcção, de gerência ou de fiscalização desta empresa (empresa filial) que tenham estado em funções durante o exercício a que se reportam as demonstrações financeiras consolidadas, bem como, no exercício precedente e até ao momento em que estas sejam elaboradas, tenham sido exclusivamente designados como consequência do exercício dos seus direitos de voto; ou

e) Seja titular do capital de uma empresa e controle, por si só, por força de um acordo com outros titulares do capital desta empresa (empresa filial), a maioria dos direitos de voto dos titulares do capital da mesma;

f) Possa exercer, ou exerça efectivamente, infiuência dominante ou controlo sobre essa empresa;

g) Exerça a gestão de outra empresa como se esta e a empresa-mãe constituissem uma única entidade.

2 – Para efeitos do disposto nas alíneas *a)*, *b)*, *d)* e *e)* do número anterior, aos direitos de voto, de designação e de destituição da empresa-mãe devem ser adicionados os direitos de qualquer outra empresa filial e os das filiais desta, bem como os de qualquer pessoa agindo em seu próprio nome mas por conta da empresa-mãe ou de qualquer outra empresa filial.

3 – Para os mesmos efeitos, aos direitos indicados no número anterior devem ser deduzidos os direitos relativos:

a) Às partes de capital detidas por conta de uma pessoa que não seja a empresa-mãe ou uma empresa filial; ou

b) Às partes de capital detidas como garantia, desde que os direitos em causa sejam exercidos em conformidade com as instruções recebidas ou que a posse destas partes seja para a empresa detentora uma operação decorrente das suas actividades normais, em matéria de empréstimos, com a condição de que os direitos de voto sejam exercidos no interesse do prestador da garantia.

4 – Ainda para os efeitos do disposto nas alíneas *a)*, *d)* e *e)* do n.º 1, à totalidade dos direitos de voto dos titulares do capital da empresa filial devem deduzir-se os direitos de voto relativos às partes de capital detidas por essa empresa, por uma empresa filial desta ou por uma pessoa que actue no seu próprio nome mas por conta destas empresas.

ART. 2.º (Empresas a consolidar) – 1 – Sem prejuízo do disposto no artigo 4.º, a empresa-mãe e todas as suas filiais, bem como as filiais destas, devem ser consolidadas, qualquer que seja o local da sede das empresas filiais.

2 – A empresa-mãe e todas as suas filiadas são empresas a consolidar, de acordo com o presente diploma, sempre que a empresa-mãe esteja constituída:

a) Sob a forma de sociedade por quotas, sociedade anónima ou sociedade em comandita por acções;

b) Sob a forma de sociedade em nome colectivo ou sociedade em comandita simples, desde que todos os sócios de responsabilidade ilimitada sejam sociedades sob uma das formas indicadas na alínea anterior ou sociedades não sujeitas à legislação de um Estado membro, mas cuja forma jurídica seja comparável às referidas na Directiva n.º 68/151/CEE, do Conselho, de 9 de Março;

(*) Rectificado através das Declarações de Rectificação n.º 236-A/91, de 31-10, e n.º 24/92, de 31-3, alterado pelo **DL n.º 127/ /95**, de 1-6 (art. 2.º), e pelo **DL n.º 35/2005**, de 17-2 (arts. 1.º, 3.º e 4.º).

CONSOLIDAÇÃO DE CONTAS   [DL n.º 238/91]   303

c) Sob a forma de sociedade em nome colectivo ou sociedade em comandita simples, sempre que todos os sócios de responsabilidade ilimitada se encontrem eles próprios organizados segundo qualquer das formas previstas nas alíneas anteriores.

ART. 3.º (Dispensa de consolidação) – 1 – A empresa-mãe fica dispensada de elaborar as demonstrações financeiras consolidadas quando, na data do seu balanço, o conjunto das empresas a consolidar, com base nas suas últimas contas anuais aprovadas, não ultrapasse dois dos três limites a seguir indicados:
a) Total do balanço – 1,5 milhões de contos;
b) Vendas líquidas e outros proveitos – 3 milhões de contos;
c) Número de trabalhadores utilizados em média durante o exercício – 250.

2 – Quando se tenha ultrapassado ou tenha deixado de se ultrapassar dois dos limites definidos no número anterior, este facto não produz efeitos, em termos de aplicação da dispensa aí referida, senão quando se verifique durante dois exercícios consecutivos.

3 – A dispensa mencionada no n.º 1 não se aplica se uma das empresas a consolidar for uma sociedade cujos valores mobiliários tenham sido admitidos ou estejam em processo de vir a ser admitidos à negociação num mercado regulamentado de qualquer Estado membro da União Europeia.

4 – Não obstante o disposto nos números anteriores, é ainda dispensada da obrigação de elaborar contas consolidadas qualquer empresa-mãe que seja também uma empresa filial, quando a sua própria empresa-mãe esteja subordinada à legislação de um Estado membro das Comunidades Europeias e:
a) For titular de todas as partes de capital da empresa dispensada, não sendo tidas em consideração as partes de capital desta empresa detidas por membro dos seus órgãos de administração, de direcção, de gerência ou de fiscalização, por força de uma obrigação legal ou de cláusulas do contrato de sociedade; ou
b) Detiver 90%, ou mais, das partes de capital da empresa dispensada da obrigação e os restantes titulares do capital desta empresa tenham aprovado a dispensa.

5 – A dispensa referida no número anterior depende da verificação de todas as condições seguintes:
a) Sem prejuízo do disposto no artigo 4.º, a empresa dispensada bem como todas as suas empresas filiais sejam consolidadas nas demonstrações financeiras de um conjunto mais vasto de empresas cuja empresa-mãe esteja sujeita à legislação de um Estado membro das Comunidades Europeias;
b) As demonstrações financeiras consolidadas referidas na alínea anterior bem como o relatório consolidado de gestão do conjunto mais vasto de empresas sejam elaborados pela empresa-mãe deste conjunto e sujeitos a revisão legal segundo a legislação do Estado membro a que ela esteja sujeita, adaptada à Directiva n.º 83/349/CEE, de 13 de Junho;
c) As demonstrações financeiras consolidadas referidas na alínea a) e o relatório consolidado de gestão referido na alínea anterior, bem como o documento de revisão legal dessas contas, sejam objecto de publicidade por parte da empresa dispensada, em língua portuguesa;
d) O anexo ao balanço e à demonstração de resultados anuais da empresa dispensada inclua a firma e a sede da empresa-mãe que elabora as demonstrações financeiras consolidadas referidas na alínea a), a menção da dispensa da obrigação de elaborar demonstrações financeiras consolidadas e relatório consolidado de gestão e informações relativas ao conjunto formado por essa empresa e pelas suas filiais sobre:
i) Total do balanço;
ii) Vendas líquidas e outros proveitos;
iii) Resultado do exercício e total dos capitais próprios;
iv) Número de trabalhadores utilizados em média durante o exercício.

6 – A dispensa referida no n.º 4 não se aplica às sociedades cujos valores mobiliários tenham sido admitidos, ou estejam em processo de vir a ser admitidos, à negociação num mercado regulamentado de qualquer Estado membro da União Europeia.

ART. 4.º (Exclusões de consolidação) – 1 – Uma empresa pode ser excluída da consolidação quando não seja materialmente relevante para o objectivo referido no n.º 13.2.2 das normas de consolidação de contas, mencionadas no n.º 1 do artigo 7.º.

2 – Quando duas ou mais empresas estiverem nas circunstâncias referidas no número anterior, mas se revelem no seu conjunto materialmente relevantes para o mesmo objectivo, devem ser incluídas na consolidação.

3 – Uma empresa pode também ser excluída da consolidação sempre que:
a) Restrições severas e duradouras prejudiquem substancialmente o exercício pela empresa-mãe dos seus direitos sobre o património ou a gestão dessa empresa;
b) As partes de capital desta empresa sejam detidas exclusivamente tendo em vista a sua cessão posterior.

4 – (*Revogado.*)
5 – (*Revogado.*)
6 – (*Revogado.*)

ART. 5.º (Alterações ao Código das Sociedades Comerciais) – 1 – O artigo 414.º do Código das Sociedades Comerciais, aprovado pelo Decreto-Lei n.º 262/86, de 2 de Setembro, passa a ter a seguinte redacção:

304   [DL n.º 238/91]   REVISÃO LEGAL E PUBLICIDADE DAS CONTAS

2 – É aditado no título VI do referido Código das Sociedades Comerciais um capítulo IV, com a seguinte redacção:

....

ART. 6.º (Alterações ao Código do Registo Comercial) – Os artigos 3.º e 42.º do Código do Registo Comercial, aprovado pelo Decreto-Lei n.º 403/86, de 3 de Dezembro, passam a ter a seguinte redacção:

....

ART. 7.º (Alterações ao Plano Oficial de Contabilidade) – 1 – São introduzidas no Plano Oficial de Contabilidade, aprovado pelo Decreto-Lei n.º 410/89, de 21 de Novembro, as normas de consolidação de contas e as demonstrações financeiras consolidadas constantes do anexo I a este diploma, do qual faz parte integrante, que ficam a constituir, respectivamente, os seus capítulos 13 e 14.

2 – É ainda alterado o mesmo Plano Oficial de Contabilidade em conformidade com as modificações e aditamentos constantes do anexo II a este diploma, do qual faz parte integrante.

....

ART. 8.º (Produção de efeitos) – O presente diploma produz efeitos desde 1 de Janeiro de 1991, sendo obrigatória a elaboração dos documentos de prestação de contas consolidadas relativamente aos exercícios de 1991 e seguintes.

CAP. VI
INSTITUIÇÕES DE CRÉDITO E SOCIEDADES FINANCEIRAS

6.1. REGIME GERAL

6.1.1. REGIME GERAL DAS INSTITUIÇÕES DE CRÉDITO E SOCIEDADES FINANCEIRAS

Decreto-Lei n.º 298/92
de 31 de Dezembro (*)

ART. 1.º – É aprovado o Regime Geral das Instituições de Crédito e Sociedades Financeiras, adiante designado por Regime Geral, o qual faz parte integrante do presente decreto-lei.

ART. 2.º – O Regime Geral entra em vigor no dia 1 de Janeiro de 1993.

ART. 3.º – 1 – Até 31 de Dezembro de 1993, as instituições de crédito devem adaptar as acções representativas do seu capital ao disposto na alínea *d*) do n.º 1 do artigo 14.º do Regime Geral.

2 – As situações de desconformidade com o disposto nos n.ºs 1 e 3 do artigo 100.º e nos n.ºs 1 e 2 do artigo 113.º do Regime Geral verificadas em 1 de Janeiro de 1993 devem ser regularizadas no prazo máximo de um ano a contar daquela data.

3 – Relativamente às instituições de crédito que à data da publicação do presente diploma detenham uma participação superior à mencionada no n.º 1 do artigo 101.º do Regime Geral, o prazo de três anos referido nesse preceito é substituído pelo de cinco anos a contar daquela data.

(*) Alterado quer pelo **DL n.º 246/95**, de 14-9, que deu nova redacção aos arts. 89.º, 155.º, 156.º, 157.º, 159.º, 160.º, 161.º, 162.º, 164.º, 165.º, 166.º e 167.º, com efeitos a 1-7-95, quer pelo **DL n.º 232/96**, de 5-12, rectificado em 31-1-1997, que deu nova redacção aos arts. 4.º, 13.º, 14.º, 20.º, 41.º, 69.º, 81.º, 103.º, 105.º, 120.º, 121.º, 181.º e 196.º, aditou o art. 29.º-A e acrescentou o título X-A, quer pelo **DL n.º 222/99**, de 22-6, que alterou a redacção dos arts. 22.º, 49.º, 79.º, 89.º, 166.º, 178.º e 225.º, e revogou o n.º 2 do art. 166.º e a alínea *c*) do art. 199.º-E, quer pelo **DL n.º 250/2000**, de 13-10, que deu nova redacção aos arts. 81.º e 82.º, quer pelo **DL n.º 285/2001**, de 3-11, que alterou o art. 4.º, quer pelo **DL n.º 201/2002**, de 26-9, que, além de ter dado nova redacção a numerosos artigos, republicou, em anexo, a versão consolidada de todo o texto, sendo esta a que se reproduz, com as alterações posteriores introduzidas pelo **DL n.º 319/2002**, de 28-12, que revogou a alínea *h*) do n.º 1 do art. 6.º e deu nova redacção ao n.º 3 do art. 101.º, quer ainda pelo **DL n.º 252/2003**, de 17-10, que deu nova redacção aos arts. 199.º-A, 199.º-B e 225.º, e aditou o art. 199.º-1, quer pelo **DL n.º 145/2006**, de 31-7, que deu nova redacção aos arts. 16.º, 18.º, 30.º, 58.º, 100.º, 103.º, 117.º, 130.º, 132.º e 137.º, e aditou os arts. 29.º-B, 132.º-A e 132.º-B, quer pelo **DL n.º 104/2007**, de 3-4, que deu nova redacção aos arts. 13.º, 14.º, 17.º, 39.º, 43.º, 52.º, 60.º, 130.º, 132.º, 197.º e 199.º-A, e aditou os arts. 93.º-A, 116.º-A, 116.º-B, 116.º-C, 132.º-C e 135.º-A a 135.º-E, pelo **DL n.º 357-A/2007**, de 31-10, e plo **DL n.º 1/2008**, de 3-1, que se publicou em anexo o texto integral consolidado, sendo este que se adopta, pelo **DL n.º 126/2008**, de 21-7, que deu nova redacção aos arts. 30.º, 31.º, 33.º, 69.º, 77.º-A., 85.º, 143.º, 154.º, 158.º e 227.º, pelo **DL n.º 211-A/2008**, de 3-11, que alterou os arts. 77.º, 77.º-C, 120.º, 167.º e 203.º, pela **Lei n.º 28/2009**, de 19-6, que alterou os arts. 200.º, 210.º, 211.º e 215.º, e aditou os arts. 118.º-A, 211.º-A, 227.º-A e 227.º-B, pelo **DL n.º 162/2009**, de 20-7, pela **Lei n.º 94/2009**, de 1-9, pelo **DL n.º 317/2009**, de 30-10, pelo **DL n.º 52/2010**, de 26-5, e pelo **DL n.º 71/2010**, de 18-6 (art. 199.º-L).

306   [DL n.º 298/92]   INSTITUIÇÕES DE CRÉDITO E SOCIEDADES FINANCEIRAS

4 – Aos factos previstos nos artigos 210.º e 211.º do Regime Geral praticados antes da entrada em vigor deste Regime e já puníveis nos termos da legislação agora revogada é aplicável o disposto nos artigos 201.º a 232.º, sem prejuízo da aplicação da lei mais favorável.

5 – Aos processos pendentes em 1 de Janeiro de 1993 continua a aplicar-se a legislação substantiva e processual anterior, sem prejuízo da aplicação da lei mais favorável.

ART. 4.º – Consideram-se autorizadas, para os efeitos dos artigos 174.º e seguintes do Regime Geral, as sociedades mediadoras do mercado monetário ou de câmbios que à data da entrada em vigor daquele Regime se encontrem registadas no Banco de Portugal, nos termos do n.º 1 do artigo 4.º do Decreto-Lei n.º 164/86, de 26 de Junho, na redacção dada pelo Decreto-Lei n.º 229-G/88, de 4 de Julho.

ART. 5.º – 1 – É revogada, a partir da data da entrada em vigor do Regime Geral, a legislação relativa às matérias nele reguladas, designadamente:

Decreto-Lei n.º 41 403, de 27 de Novembro de 1957;
Decreto-Lei n.º 42 641, de 12 de Novembro de 1959;
Decreto-Lei n.º 46 302, de 27 de Abril de 1965;
Decreto-Lei n.º 46 492, de 18 de Agosto de 1965;
Decreto-Lei n.º 46 493, de 18 de Agosto de 1965;
Decreto-Lei n.º 47 413, de 23 de Dezembro de 1966;
Decreto-Lei n.º 205/70, de 12 de Maio;
Decreto-Lei n.º 119/74, de 23 de Março;
Decreto-Lei n.º 540-A/74, de 12 de Outubro;
Decreto-Lei n.º 76-B/75, de 21 de Fevereiro;
Decreto-Lei n.º 183-B/76, de 10 de Março;
Decreto-Lei n.º 353-S/77, de 29 de Agosto;
Decreto-Lei n.º 372/77, de 5 de Setembro;
Decreto-Lei n.º 2/78, de 9 de Janeiro;
Decreto-Lei n.º 23/86, de 18 de Fevereiro;
Decreto-Lei n.º 24/86, de 18 de Fevereiro;
Decreto-Lei n.º 25/86, de 18 de Fevereiro;
Decreto-Lei n.º 318/89, de 23 de Setembro;
Decreto-Lei n.º 91/90, de 17 de Março;
Decreto-Lei n.º 333/90, de 29 de Outubro;
Portaria n.º 23-A/91, de 10 de Janeiro;
Decreto-Lei n.º 186/91, de 17 de Maio;
Decreto-Lei n.º 149/92, de 21 de Julho.

2 – Os artigos 1.º e 3.º do Decreto-Lei n.º 28/89, de 23 de Janeiro, consideram-se revogados na data de entrada em vigor da portaria a publicar ao abrigo do disposto no n.º 1 do artigo 95.º do Regime Geral.

3 – Os Decretos-Leis n.ºs 207/87, de 18 de Maio, e 228/87, de 11 de Junho, deixam de ser aplicáveis às instituições de crédito e às sociedades financeiras a partir da data de entrada em vigor do Regime Geral.

4 – As remissões feitas para preceitos revogados consideram-se efectuadas para as correspondentes normas do Regime Geral.

O art. 1.º do DL n.º 207/87, de 18-5, só obrigava à publicação da lista de accionistas cujas participações excedessem 1% do capital social, ao passo que o art. 2.º do DL n.º 228/87, de 11-6, impunha aos detentores de, pelo menos, 15% do capital social das instituições de crédito ou parabancárias o dever de comunicar ao BP o montante da respectiva participação, idêntica obrigação recaindo sobre as sociedades participadas.

Regime Geral das Instituições de Crédito e Sociedades Financeiras

TÍTULO I — **DISPOSIÇÕES GERAIS**

ART. 1.º (Objecto do diploma) – 1 – O presente diploma regula o processo de estabelecimento e o exercício da actividade das instituições de crédito e das sociedades financeiras.

2 – As instituições de crédito sob a forma de empresa pública ficam sujeitas às normas do presente diploma que não sejam incompatíveis com a sua forma.

ART. 2.º (Instituições de crédito) – 1 – São instituições de crédito as empresas cuja actividade consiste em receber do público depósitos ou outros fundos reembolsáveis, a fim de os aplicarem por conta própria mediante a concessão de crédito.

2 – São também instituições de crédito as empresas que tenham por objecto a emissão de meios de pagamento sob a forma de moeda electrónica.

REGIME GERAL DAS INST. DE CRÉDITO E SOC. FINANCEIRAS   [**DL n.º 298/92**]   307

ART. 3.º (Espécies de instituições de crédito) – São instituições de crédito:
a) Os bancos;
b) As caixas económicas;
c) A Caixa Central de Crédito Agrícola Mútuo e as caixas de crédito agrícola mútuo;
d) As instituições financeiras de crédito;
e) As instituições de crédito hipotecário;
f) As sociedades de investimento;
g) As sociedades de locação financeira;
h) As sociedades de *factoring*;
i) As sociedades financeiras para aquisições a crédito;
j) As sociedades de garantia mútua;
l) As instituições de moeda electrónica;
m) Outras empresas que, correspondendo à definição do artigo anterior, como tal sejam qualificadas pela lei.

ART. 4.º (Actividade das instituições de crédito) – 1 – Os bancos podem efectuar as operações seguintes:
a) Recepção de depósitos ou outros fundos reembolsáveis;
b) Operações de crédito, incluindo concessão de garantias e outros compromissos, locação financeira e *factoring*;
c) Serviços de pagamento, tal como definidos no artigo 4.º do regime jurídico que regula o acesso à actividade das instituições de pagamento e a prestação de serviços de pagamento;
d) Emissão e gestão de outros meios de pagamento, não abrangidos pela alínea anterior, tais como cheques em suporte de papel, cheques de viagem em suporte de papel e cartas de crédito;
e) Transacções, por conta própria ou da clientela, sobre instrumentos do mercado monetário e cambial, instrumentos financeiros a prazo, opções e operações sobre divisas, taxas de juro, mercadorias e valores mobiliários;
f) Participações em emissões e colocações de valores mobiliários e prestação de serviços correlativos;
g) Actuação nos mercados interbancários;
h) Consultoria, guarda, administração e gestão de carteiras de valores mobiliários;
i) Gestão e consultoria em gestão de outros patrimónios;
j) Consultoria das empresas em matéria de estrutura do capital, de estratégia empresarial e de questões conexas, bem como consultoria e serviços no domínio da fusão e compra de empresas;
l) Operações sobre pedras e metais preciosos;
m) Tomada de participações no capital de sociedades;
n) Mediação de seguros;
o) Prestação de informações comerciais;
p) Aluguer de cofres e guarda de valores;
q) Locação de bens móveis, nos termos permitidos às sociedades de locação financeira;
r) Prestação dos serviços e exercício das actividades de investimento a que se refere o artigo 199.º-A, não abrangidos pelas alíneas anteriores;
s) Outras operações análogas e que a lei lhes não proíba.
2 – As restantes instituições de crédito só podem efectuar as operações permitidas pelas normas legais e regulamentares que regem a sua actividade.

ART. 5.º (Sociedades financeiras) – São sociedades financeiras as empresas que não sejam instituições de crédito e cuja actividade principal consista em exercer uma ou mais das actividades referidas na alínea *b)*, excepto locação financeira e *factoring*, bem como nas alíneas *d)* a *i)* do n.º 1 do artigo anterior.

ART. 6.º (Espécies de sociedades financeiras) – 1 – São sociedades financeiras:
a) As sociedades financeiras de corretagem,
b) As sociedades corretoras;
c) As sociedades mediadoras dos mercados monetário ou de câmbios;
d) As sociedades gestoras de fundos de investimento;
e) *(Revogada.)*
f) As sociedades gestoras de patrimónios;
g) As sociedades de desenvolvimento regional;
h) *(Revogada.)*
i) As agências de câmbios;
j) As sociedades gestoras de fundos de titularização de créditos;
l) Outras empresas que sejam como tal qualificadas pela lei.
2 – É também sociedade financeira a FINANGESTE – Empresa Financeira de Gestão e Desenvolvimento, S. A.
3 – Para os efeitos deste diploma, não se consideram sociedades financeiras as empresas de seguros e as sociedades gestoras de fundos de pensões.
4 – Rege-se por legislação especial a actividade das casas de penhores.

ART. 7.º (Actividade das sociedades financeiras) – As sociedades financeiras só podem efectuar as operações permitidas pelas normas legais e regulamentares que regem a respectiva actividade.

308   [DL n.º 298/92]   INSTITUIÇÕES DE CRÉDITO E SOCIEDADES FINANCEIRAS

ART. 8.º (Princípio da exclusividade) – 1 – Só as instituições de crédito, com excepção das instituições de moeda electrónica, podem exercer a actividade de recepção, do público, de depósitos ou outros fundos reembolsáveis, para utilização por conta própria.

2 – Só as instituições de crédito e as sociedades financeiras podem exercer, a título profissional, as actividades referidas nas alíneas *b*) a *i*) e *r*) do n.º 1 do artigo 4.º, com excepção da consultoria referida na alínea *i*).

3 – O disposto no n.º 1 não obsta a que as seguintes entidades recebam do público fundos reembolsáveis, nos termos das disposições legais, regulamentares ou estatutárias aplicáveis:

a) Estado, incluindo fundos e institutos públicos dotados de personalidade jurídica e autonomia administrativa e financeira;

b) Regiões Autónomas e autarquias locais;

c) Banco Europeu de Investimentos e outros organismos internacionais de que Portugal faça parte e cujo regime jurídico preveja a faculdade de receberem do público, em território nacional, fundos reembolsáveis;

d) Empresas de seguros, no respeitante a operações de capitalização.

4 – O disposto no n.º 2 não obsta ao exercício, a título profissional:

a) Da recepção e transmissão de ordens e da consultoria para investimento em valores mobiliários, por consultores para investimento;

b) Da recepção e transmissão de ordens e da consultoria para investimento em instrumentos financeiros, por sociedades de consultoria para investimento;

c) Da gestão de sistemas de negociação multilateral, por sociedades gestoras de sistema de negociação multilateral, bem como por sociedades gestoras de mercado regulamentado;

d) Da prestação de serviços de pagamento, por instituições de pagamento, de acordo com as normas legais e regulamentares que regem a respectiva actividade;

e) Da prestação de serviços incluídos no objecto legal das agências de câmbio, por instituições de pagamento, de acordo com as normas legais e regulamentares que regem a respectiva actividade.

ART. 9.º (Fundos reembolsáveis recebidos do público e concessão de crédito) – 1 – Para os efeitos do presente diploma, não são considerados como fundos reembolsáveis recebidos do público os fundos obtidos mediante emissão de obrigações, nos termos e limites do Código das Sociedades Comerciais, nem os fundos obtidos através da emissão de papel comercial, nos termos e limites da legislação aplicável.

2 – Para efeitos dos artigos anteriores, não são considerados como concessão de crédito:

a) Os suprimentos e outras formas de empréstimos e adiantamentos entre uma sociedade e os respectivos sócios;

b) A concessão de crédito por empresas aos seus trabalhadores, por razões de ordem social;

c) As dilações ou antecipações de pagamento acordadas entre as partes em contratos de aquisição de bens ou serviços;

d) As operações de tesouraria, quando legalmente permitidas, entre sociedades que se encontrem numa relação de domínio ou de grupo;

e) A emissão de senhas ou cartões para pagamento dos bens ou serviços fornecidos pela empresa emitente.

ART. 10.º (Entidades habilitadas) –1 – Estão habilitadas a exercer as actividades a que se refere o presente diploma as seguintes entidades:

a) Instituições de crédito e sociedades financeiras com sede em Portugal;

b) Sucursais de instituições de crédito e de instituições financeiras com sede no estrangeiro.

2 – As instituições de crédito e as instituições financeiras autorizadas noutros Estados membros da Comunidade Europeia podem prestar em Portugal, nos termos do presente diploma, serviços que se integrem nas mencionadas actividades e que os prestadores estejam autorizados a efectuar no seu país de origem.

ART. 11.º (Verdade das firmas e denominações) – 1 – Só as entidades habilitadas como instituição de crédito ou como sociedade financeira poderão incluir na sua firma ou denominação, ou usar no exercício da sua actividade, expressões que sugiram actividade própria das instituições de crédito ou das sociedades financeiras, designadamente «banco», «banqueiro», «de crédito», «de depósitos», «locação financeira» «*leasing*» e «*factoring*».

2 – Estas expressões serão sempre usadas por forma a não induzirem o público em erro quanto ao âmbito das operações que a entidade em causa possa praticar.

ART. 12.º (Decisões do Banco de Portugal) – 1 – Os recursos interpostos das decisões do Banco de Portugal, tomadas no âmbito do presente diploma, seguem, em tudo o que nele não seja especialmente regulado, os termos constantes da respectiva Lei Orgânica.

2 – Nos recursos referidos no número anterior e nos de outras decisões tomadas no âmbito da legislação específica que rege a actividade das instituições de crédito e das sociedades financeiras, presume-se, até prova em contrário, que a suspensão da eficácia determina grave lesão do interesse público.

3 – Pelas decisões a que se refere o presente artigo, de que resultem danos para terceiros, a responsabilidade civil pessoal dos seus autores apenas pode ser efectivada mediante acção de regresso do Banco, salvo se a respectiva conduta constituir crime.

REGIME GERAL DAS INST. DE CRÉDITO E SOC. FINANCEIRAS [DL n.º 298/92] 309

ART. 12.º-A (Prazos) – 1 – Salvo norma especial em contrário, os prazos estabelecidos no presente diploma são contínuos, sem prejuízo do disposto no número seguinte.

2 – Os prazos de 30 dias ou de um mês estabelecidos no presente diploma para o exercício de competências conferidas ao Banco de Portugal interrompem-se sempre que o Banco solicite aos interessados elementos de informação que considere necessários à instrução do respectivo procedimento.

3 – A interrupção prevista no número anterior não poderá, em qualquer caso, exceder a duração total de 60 dias, seguidos ou interpolados.

ART. 13.º (Outras definições) – Para efeitos do presente diploma, entende-se por:

1.º «Filial» a pessoa colectiva relativamente à qual outra pessoa colectiva, designada por empresa mãe, se encontre numa relação de controlo ou de domínio, considerando-se que a filial de uma filial é igualmente filial da empresa mãe de que ambas dependem;

2.º «Relação de controlo ou de domínio» a relação que se dá entre uma pessoa singular ou colectiva e uma sociedade quando:

a) Se verifique alguma das seguintes situações:

I) Deter a pessoa singular ou colectiva em causa a maioria dos direitos de voto;

II) Ser sócio da sociedade e ter o direito de designar ou de destituir mais de metade dos membros do órgão de administração ou do órgão de fiscalização;

III) Poder exercer influência dominante sobre a sociedade, por força de contrato ou de cláusula dos estatutos desta;

IV) Ser sócio da sociedade e controlar por si só, em virtude de acordo concluído com outros sócios desta, a maioria dos direitos de voto;

V) Poder exercer, ou exercer efectivamente, influência dominante ou controlo sobre a sociedade;

VI) No caso de pessoa colectiva, gerir a sociedade como se ambas constituíssem uma única entidade;

b) Considera-se, para efeitos da aplicação das subalíneas I), II) e IV), que:

I) Aos direitos de voto, de designação ou de destituição do participante equiparam-se os direitos de qualquer outra sociedade dependente do dominante ou que com este se encontre numa relação de grupo, bem como os de qualquer pessoa que actue em nome próprio, mas por conta do dominante ou de qualquer outra das referidas sociedades;

II) Dos direitos indicados no número anterior deduzem-se os direitos relativos às acções detidas por conta de pessoa que não seja o dominante ou outra das referidas sociedades, ou relativos às acções detidas em garantia, desde que, neste último caso, tais direitos sejam exercidos em conformidade com as instruções recebidas, ou a posse das acções seja operação corrente da empresa detentora em matéria de empréstimos e os direitos de voto sejam exercidos no interesse do prestador da garantia;

c) Para efeitos da aplicação das subalíneas *i)* e *iv)* da alínea *a)*, deverão ser deduzidos, à totalidade dos direitos de voto correspondentes ao capital da sociedade dependente, os direitos de voto relativos à participação detida por esta sociedade, por uma sua filial ou por uma pessoa em nome próprio mas por conta de qualquer destas sociedades;

3.º «Sociedades em relação de grupo» as sociedades coligadas entre si nos termos em que o Código das Sociedades Comerciais caracteriza este tipo de relação, independentemente de as respectivas sedes se situarem em Portugal ou no estrangeiro;

4.º «Instituição financeira» a empresa que, não sendo uma instituição de crédito, e encontrando-se sediada fora do território nacional mas noutro Estado membro da União Europeia, tenha como actividade principal tomar participações ou exercer uma ou mais das actividades referidas nos n.os 2 a 12 da lista anexa à Directiva n.º 2006/48/CE, do Parlamento Europeu e do Conselho, de 14 de Junho, ou, tendo a sede em país terceiro, exerça, a título principal, uma ou mais das actividades equivalentes às referidas no artigo 5.º;

5.º «Sucursal» o estabelecimento de uma empresa desprovido de personalidade jurídica e que efectue directamente, no todo ou em parte, operações inerentes à actividade da empresa;

6.º «Agência» a sucursal, no país, de instituição de crédito ou sociedade financeira com sede em Portugal ou sucursal suplementar de instituição de crédito ou instituição financeira com sede no estrangeiro;

7.º "Participação qualificada": a participação directa ou indirecta que represente percentagem não inferior a 10% do capital ou dos direitos de voto da instituição participada ou que, por qualquer motivo, possibilite exercer influência significativa na gestão da instituição participada. Para efeitos da presente definição, ao cômputo dos direitos de voto é aplicável o disposto nos artigos 13.º-A e 13.º-B.

8.º «País ou «Estado de origem» o país ou o Estado no qual a instituição de crédito, a sociedade financeira ou a instituição financeira tenham sido autorizadas;

9.º «País ou Estado de acolhimento» o país ou Estado no qual a instituição de crédito, a sociedade financeira ou a instituição financeira tenham sucursal ou prestem serviços;

10.º «Autorização» o acto emanado das autoridades competentes e que confere o direito de exercer a actividade de instituição de crédito, de sociedade financeira ou de instituição financeira;

11.º «Sociedade de serviços auxiliares» a sociedade cujo objecto principal tenha natureza acessória relativamente à actividade principal de uma ou mais instituições de crédito, nomeadamente a detenção ou gestão de imóveis ou a gestão de serviços informáticos;

310   [DL n.º 298/92]   INSTITUIÇÕES DE CRÉDITO E SOCIEDADES FINANCEIRAS

12.º «Relação de proximidade» a relação entre duas ou mais pessoas, singulares ou colectivas:
a) Ligadas entre si através:
1) De uma participação, entendida como a detenção, directa ou indirecta, de percentagem não inferior a 20%
do capital ou dos direitos de voto de uma empresa; ou
2) De uma relação de domínio; ou
b) Ligadas a uma terceira pessoa através de uma relação de domínio.

ART. 13.º-A (Imputação de direitos de voto) — 1 — Para efeitos do disposto no n.º 7.º do artigo 13.º, no
cômputo das participações qualificadas consideram-se, além dos inerentes às acções de que o participante
tenha a titularidade ou o usufruto, os direitos de voto:
a) Detidos por terceiros em nome próprio, mas por conta do participante;
b) Detidos por sociedade que com o participante se encontre em relação de domínio ou de grupo;
c) Detidos por titulares do direito de voto com os quais o participante tenha celebrado acordo para o seu
exercício, salvo se, pelo mesmo acordo, estiver vinculado a seguir instruções de terceiro;
d) Detidos, se o participante for uma sociedade, pelos membros dos seus órgãos de administração e de
fiscalização;
e) Que o participante possa adquirir em virtude de acordo celebrado com os respectivos titulares;
f) Inerentes a acções detidas em garantia pelo participante ou por este administradas ou depositadas junto
dele, se os direitos de voto lhe tiverem sido atribuídos;
g) Detidos por titulares do direito de voto que tenham conferido ao participante poderes discricionários
para o seu exercício;
h) Detidos por pessoas que tenham celebrado algum acordo com o participante que vise adquirir o domínio da sociedade ou frustrar a alteração de domínio ou que, de outro modo, constitua um instrumento de exercício concertado de influência sobre a sociedade participada;
i) Imputáveis a qualquer das pessoas referidas numa das alíneas anteriores por aplicação, com as devidas
adaptações, de critério constante de alguma das outras alíneas.
2 — Para efeitos do disposto na alínea *b*) do número anterior, não se consideram imputáveis à sociedade
que exerça domínio sobre entidade gestora de fundo de investimento, sobre entidade gestora de fundo de pensões, sobre entidade gestora de fundo de capital de risco ou sobre intermediário financeiro autorizado a prestar
o serviço de gestão de carteiras por conta de outrem e às sociedades associadas de fundos de pensões os direitos
de voto inerentes a acções integrantes de fundos ou carteiras geridas, desde que a entidade gestora ou o intermediário financeiro exerça os direitos de voto de modo independente da sociedade dominante ou das sociedades associadas.
3 — Para efeitos do disposto na alínea *h*) do n.º 1, presume-se serem instrumento de exercício concertado
de influência os acordos relativos à transmissibilidade das acções representativas do capital social da sociedade
participada.
4 — A presunção referida no número anterior pode ser ilidida perante o Banco de Portugal, mediante prova
de que a relação estabelecida com o participante é independente da influência, efectiva ou potencial, sobre a
sociedade participada.
5 — Para efeitos do disposto no n.º 1, os direitos de voto são calculados com base na totalidade das acções
com direitos de voto, não relevando para o cálculo a suspensão do respectivo exercício.
6 — No cômputo das participações qualificadas não são considerados:
a) Os direitos de voto detidos por empresas de investimento ou instituições de crédito em resultado da
tomada firme ou da colocação com garantia de instrumentos financeiros, desde que os direitos de voto não
sejam exercidos ou de outra forma utilizados para intervir na gestão da sociedade e sejam cedidos no prazo de
um ano a contar da aquisição;
b) As acções transaccionadas exclusivamente para efeitos de operações de compensação e de liquidação no
âmbito do ciclo curto e habitual de liquidação, aplicando-se para este efeito o disposto no n.º 2 do artigo 16.º-A
e no n.º 1 do artigo 18.º, ambos do Código dos Valores Mobiliários;
c) As acções detidas por entidades de custódia, actuando nessa qualidade, desde que estas entidades apenas possam exercer os direitos de voto associados às acções sob instruções comunicadas por escrito ou por
meios electrónicos;
d) As participações de intermediário financeiro actuando como criador de mercado que atinjam ou ultrapassem 5% dos direitos de voto correspondentes ao capital social, desde que aquele não intervenha na gestão
da instituição participada, nem o influencie a adquirir essas acções ou a apoiar o seu preço.

**ART. 13.º-B (Imputação de direitos de voto relativos a acções integrantes de organismos de investimento
colectivo, de fundos de pensões ou de carteiras)** — 1 — Para efeitos do disposto no n.º 2 do artigo anterior, a
sociedade que exerça domínio sobre a entidade gestora ou sobre o intermediário financeiro e as sociedades
associadas de fundos de pensões beneficiam da derrogação de imputação agregada de direitos de voto se:
a) Não interferirem através de instruções, directas ou indirectas, sobre o exercício dos direitos de voto inerentes às acções integrantes do fundo de investimento, do fundo de pensões, do fundo de capital de risco ou da
carteira;

REGIME GERAL DAS INST. DE CRÉDITO E SOC. FINANCEIRAS [DL n.º 298/92] 311

b) A entidade gestora ou o intermediário financeiro revelar autonomia dos processos de decisão no exercício do direito de voto.

2 — Para beneficiar da derrogação de imputação agregada de direitos de voto, a sociedade que exerça domínio sobre a entidade gestora ou sobre o intermediário financeiro deve:

a) Enviar ao Banco de Portugal a lista actualizada de todas as entidades gestoras e intermediários financeiros sob relação de domínio e, no caso de entidades sujeitas a lei pessoal estrangeira, indicar as respectivas autoridades de supervisão;

b) Enviar ao Banco de Portugal uma declaração fundamentada, referente a cada entidade gestora ou intermediário financeiro, de que cumpre o disposto no número anterior;

c) Demonstrar ao Banco de Portugal, a seu pedido, que as estruturas organizacionais das entidades relevantes asseguram o exercício independente dos direitos de voto, que as pessoas que exercem os direitos de voto agem independentemente e que existe um mandato escrito e claro que, nos casos em que a sociedade dominante recebe serviços prestados pela entidade dominada ou detém participações directas em activos por esta geridos, fixa a relação contratual das partes em consonância com as condições normais de mercado para situações similares.

3 — Para efeitos da alínea *c)* do número anterior, as entidades relevantes devem adoptar políticas e procedimentos escritos que impeçam, em termos adequados, o acesso a informação relativa ao exercício dos direitos de voto.

4 — Para beneficiar da derrogação de imputação agregada de direitos de voto, as sociedades associadas de fundos de pensões devem enviar ao Banco de Portugal uma declaração fundamentada de que cumprem o disposto no n.º 1.

5 — Caso a imputação fique a dever-se à detenção de instrumentos financeiros que confiram ao participante o direito à aquisição, exclusivamente por sua iniciativa, por força de acordo, de acções com direitos de voto, já emitidas por emitente cujas acções estejam admitidas à negociação em mercado regulamentado, basta, para efeitos do n.º 2, que a sociedade aí referida envie ao Banco de Portugal a informação prevista na alínea *a)* desse número.

6 — Para efeitos do disposto no n.º 1:

a) Consideram-se instruções directas as dadas pela sociedade dominante ou outra entidade por esta dominada que precise o modo como são exercidos os direitos de voto em casos concretos;

b) Consideram-se instruções indirectas as que, em geral ou particular, independentemente da sua forma, são transmitidas pela sociedade dominante ou qualquer entidade por esta dominada e limitam a margem de discricionariedade da entidade gestora, intermediário financeiro e sociedade associada de fundos de pensões relativamente ao exercício dos direitos de voto de modo a servir interesses empresariais específicos da sociedade dominante ou de outra entidade por esta dominada.

7 — Logo que, nos termos do disposto no n.º 1, considere não provada a independência da entidade gestora ou do intermediário financeiro que envolva uma participação qualificada em instituição de crédito, e sem prejuízo das consequências sancionatórias que ao caso caibam, o Banco de Portugal informa deste facto a sociedade que exerça domínio sobre a entidade gestora ou sobre o intermediário financeiro e as sociedades associadas de fundos de pensões e, ainda, o órgão de administração da sociedade participada.

8 — A declaração do Banco de Portugal prevista no número anterior implica a imputação à sociedade dominante de todos os direitos de voto inerentes às acções que integrem o fundo de investimento, o fundo de pensões, o fundo de capital de risco ou a carteira, com as respectivas consequências, enquanto não seja demonstrada a independência da entidade gestora ou do intermediário financeiro.

9 — A emissão da declaração prevista no n.º 7 pelo Banco de Portugal é precedida de consulta prévia ao Instituto de Seguros de Portugal, sempre que se refira a direitos de voto inerentes a acções integrantes de fundos de pensões, ou à Comissão do Mercado de Valores Mobiliários, sempre que se refira a direitos de voto inerentes a acções de sociedades abertas, ou detidas por organismos de investimento colectivo, ou ainda integradas em carteiras de instrumentos financeiros, no âmbito de contrato de gestão de carteiras.

TÍTULO II — AUTORIZAÇÃO DAS INSTITUIÇÕES DE CRÉDITO COM SEDE EM PORTUGAL

CAPÍTULO I — Princípios gerais

ART. 14.º (Requisitos gerais) – 1 – As instituições de crédito com sede em Portugal devem satisfazer as seguintes condições:

a) Corresponder a um dos tipos previstos na lei portuguesa;

b) Adoptar a forma de sociedade anónima;

c) Ter por exclusivo objecto o exercício da actividade legalmente permitida nos termos do artigo 4.º;

d) Ter capital social não inferior ao mínimo legal, representado obrigatoriamente por acções nominativas;

e) Ter a sede principal e efectiva da administração situada em Portugal;

312 [DL n.º 298/92]   INSTITUIÇÕES DE CRÉDITO E SOCIEDADES FINANCEIRAS

f) Apresentar dispositivos sólidos em matéria de governo da sociedade, incluindo uma estrutura organizativa clara, com linhas de responsabilidade bem definidas, transparentes e coerentes;

g) Organizar processos eficazes de identificação, gestão, controlo e comunicação dos riscos a que está ou possa vir a estar exposta;

h) Dispor de mecanismos adequados de controlo interno, incluindo procedimentos administrativos e contabilísticos sólidos.

2 – Na data da constituição, o capital social deve estar inteiramente subscrito e realizado em montante não inferior ao mínimo legal.

ART. 15.º (Composição do órgão de administração) – 1 – O órgão de administração das instituições de crédito deve ser constituído por um mínimo de três membros, com poderes de orientação efectiva da actividade da instituição.

2 – A gestão corrente da instituição será confiada a, pelo menos, dois dos membros do órgão de administração.

CAPÍTULO II — Processo de autorização

ART. 16.º (Autorização) – 1 – Sem prejuízo do disposto no n.º 2, a constituição de instituições de crédito depende de autorização a conceder, caso a caso, pelo Banco de Portugal.

2 – Compete ao Ministro das Finanças autorizar a constituição de instituições de crédito que sejam filiais de instituições de crédito que tenham a sua sede principal e efectiva de administração em países que não se-jam membros da Comunidade Europeia, ou que sejam dominadas ou cujo capital ou os direitos de voto a este correspondentes sejam maioritariamente detidos por pessoas singulares não nacionais de Estados membros da Comunidade Europeia ou por pessoas colectivas que tenham a sua sede principal e efectiva de administração em países que não sejam membros da mesma Comunidade, podendo esta competência ser delegada no Banco de Portugal.

3 – A autorização concedida é sempre comunicada à Comissão Europeia.

4 – Se a instituição de crédito se encontrar nas situações a que se refere o n.º 2, a comunicação prevista no número anterior deve especificar a estrutura do grupo a que pertence e é ainda comunicada às autoridades competentes dos outros Estados membros.

5 – Das condições de autorização de uma instituição de crédito prevista no número anterior não poderá resultar tratamento mais favorável que aquele de que beneficiam as restantes instituições de crédito.

6 – Por decisão da Comissão ou do Conselho da União Europeia, nos termos previstos na Directiva n.º 2006/ /48/CE, do Parlamento Europeu e do Conselho, de 14 de Junho, podem ser limitadas as autorizações para a constituição de instituições de crédito referidas no n.º 2, ou suspensas as apreciações dos respectivos pedidos de autorização, ainda que já apresentados.

ART. 17.º (Instrução do pedido) – 1 – O pedido de autorização será instruído com os seguintes elementos:

a) Caracterização do tipo de instituição a constituir e projecto de contrato de sociedade;

b) Programa de actividades, implantação geográfica, estrutura orgânica e meios humanos, técnicos e materiais que serão utilizados, bem como contas previsionais para cada um dos primeiros três anos de actividade;

c) Identificação dos accionistas fundadores, com especificação do capital por cada um subscrito;

d) Exposição fundamentada sobre a adequação da estrutura accionista à estabilidade da instituição;

e) Declaração de compromisso de que no acto da constituição, e como condição dela, se mostrará depositado numa instituição de crédito o montante do capital social exigido por lei;

f) Dispositivos sólidos em matéria de governo da sociedade, incluindo uma estrutura organizativa clara, com linhas de responsabilidade bem definidas, transparentes e coerentes, processos eficazes de identificação, gestão, controlo e comunicação dos riscos a que está ou possa vir a estar exposta e mecanismos adequados de controlo interno, incluindo procedimentos administrativos e contabilísticos sólidos, sendo que os dispositivos, procedimentos e mecanismos referidos devem ser completos e proporcionais à natureza, nível e complexidade das actividades de cada instituição de crédito.

2 – Devem ainda ser apresentadas as seguintes informações relativas a accionistas fundadores que sejam pessoas colectivas detentoras de participações qualificadas na instituição a constituir:

a) Contrato de sociedade ou estatutos e relação dos membros do órgão de administração;

b) Balanço e contas dos últimos três anos;

c) Relação dos sócios da pessoa colectiva participante que nesta sejam detentores de participações qualificadas;

d) Relação das sociedades em cujo capital a pessoa colectiva participante detenha participações qualificadas, bem como exposição ilustrativa da estrutura do grupo a que pertença.

3 – A apresentação de elementos referidos no número anterior poderá ser dispensada quando o Banco de Portugal deles já tenha conhecimento.

4 – O Banco de Portugal poderá solicitar aos requerentes informações complementares e levar a efeito as averiguações que considere necessárias.

ART. 18.º (Filiais de instituições autorizadas no estrangeiro) – 1 – A autorização para constituir uma instituição de crédito que seja filial de instituição de crédito autorizada em país estrangeiro, ou que seja filial da

REGIME GERAL DAS INST. DE CRÉDITO E SOC. FINANCEIRAS [DL n.º 298/92] 313

empresa mãe de instituição nestas condições, depende de consulta prévia à autoridade de supervisão do país em causa.

2 – O disposto no número anterior é igualmente aplicável quando a instituição a constituir for dominada pelas mesmas pessoas singulares ou colectivas que dominem uma instituição de crédito autorizada noutro país.

3 – O disposto no n.º 1 é também aplicável quando a instituição a constituir for filial de empresa de seguros autorizada em país estrangeiro, ou seja filial da empresa mãe de empresa nestas condições ou for dominada pelas mesmas pessoas singulares ou colectivas que dominem uma empresa de seguros autorizada noutro país.

ART. 19.º (Decisão) – 1 – A decisão deve ser notificada aos interessados no prazo de seis meses a contar da recepção do pedido ou, se for o caso, a contar da recepção das informações complementares solicitadas aos requerentes, mas nunca depois de decorridos 12 meses sobre a data da entrega inicial do pedido.

2 – A falta de notificação nos prazos referidos no número anterior constitui presunção de indeferimento tácito do pedido.

ART. 20.º (Recusa de autorização) – 1 – A autorização será recusada sempre que:

a) O pedido de autorização não estiver instruído com todas as informações e documentos necessários;

b) A instrução do pedido enfermar de inexactidões ou falsidades;

c) A instituição a constituir não corresponder ao disposto no artigo 14.º;

d) O Banco de Portugal não considerar demonstrado que todos os accionistas reúnem condições que garantam uma gestão sã e prudente da instituição de crédito, nos termos do disposto nos n.ºs 1 e 2 do artigo 103.º;

e) A instituição de crédito não dispuser de meios técnicos e recursos financeiros suficientes para o tipo e volume das operações que pretenda realizar;

f) A adequada supervisão da instituição a constituir seja inviabilizada por uma relação de proximidade entre a instituição e outras pessoas;

g) A adequada supervisão da instituição a constituir seja inviabilizada pelas disposições legais ou regulamentares de um país terceiro a que esteja sujeita alguma das pessoas com as quais a instituição tenha uma relação de proximidade ou por dificuldades inerentes à aplicação de tais disposições.

2 – Se o pedido estiver deficientemente instruído, o Banco de Portugal, antes de recusar a autorização, notificará os requerentes, dando-lhes prazo razoável para suprir a deficiência.

ART. 21.º (Caducidade da autorização) – 1 – A autorização caduca se os requerentes a ela expressamente renunciarem ou se a instituição não iniciar a sua actividade no prazo de 12 meses.

2 – O Banco de Portugal poderá, a pedido dos interessados, prorrogar o prazo referido no número anterior por igual período.

3 – A autorização caduca ainda se a instituição for dissolvida, sem prejuízo da prática dos actos necessários à respectiva liquidação.

ART. 22.º (Revogação da autorização) – 1 – A autorização da instituição pode ser revogada com os seguintes fundamentos, além de outros legalmente previstos:

a) Se tiver sido obtida por meio de falsas declarações ou outros expedientes ilícitos, independentemente das sanções penais que ao caso couberem;

b) Se deixar de se verificar algum dos requisitos estabelecidos no artigo 14.º;

c) Se a actividade da instituição de crédito não corresponder ao objecto estatutário autorizado;

d) Se a instituição cessar actividade ou a reduzir para nível insignificante por período superior a 12 meses;

e) Se se verificarem irregularidades graves na administração, organização contabilística ou fiscalização interna da instituição;

f) Se a instituição não puder honrar os seus compromissos, em especial quanto à segurança dos fundos que lhe tiverem sido confiados;

g) Se a instituição não cumprir as obrigações decorrentes da sua participação no Fundo de Garantia de Depósitos ou no Sistema de Indemnização aos Investidores;

h) Se a instituição violar as leis e os regulamentos que disciplinam a sua actividade ou não observar as determinações do Banco de Portugal, por modo a pôr em risco os interesses dos depositantes e demais credores ou as condições normais de funcionamento do mercado monetário, financeiro ou cambial.

2 – A revogação da autorização concedida a uma instituição que tenha sucursais em outros Estados membros da Comunidade Europeia será precedida de consulta às autoridades de supervisão desses Estados, podendo, porém, em casos de extrema urgência, substituir-se a consulta por simples informação, acompanhada de justificação do recurso a este procedimento simplificado.

3 – A revogação da autorização implica dissolução e liquidação da instituição de crédito, salvo se, no caso indicado na alínea *d)* do n.º 1, o Banco de Portugal o dispensar.

ART. 23.º (Competência e forma da revogação) – 1 – A revogação da autorização é da competência do Banco de Portugal.

2 – A decisão de revogação deve ser fundamentada, notificada à instituição de crédito e comunicada à Comissão Europeia e às autoridades de supervisão dos Estados membros da Comunidade Europeia onde a instituição tenha sucursais ou preste serviços.

314 [DL n.º 298/92] INSTITUIÇÕES DE CRÉDITO E SOCIEDADES FINANCEIRAS

3 – O Banco de Portugal dará à decisão de revogação a publicidade conveniente e tomará as providências necessárias para o imediato encerramento de todos os estabelecimentos da instituição, o qual se manterá até ao início de funções dos liquidatários.

4 – *(Revogado.)*

ART. 23.º-A (Instrução do processo e revogação da autorização em casos especiais) – No caso de instituições de crédito referidas no n.º 2 do artigo 16.º, o disposto nos artigos 17.º a 23.º é aplicável com as seguintes adaptações:

a) O pedido de autorização é entregue no Banco de Portugal;

b) A autorização será precedida de parecer do Banco de Portugal, que poderá solicitar informações complementares e efectuar as averiguações que considere necessárias;

c) O Banco de Portugal remeterá o seu parecer ao Ministério das Finanças no prazo de três meses;

d) Tratando-se de instituição cujo local projectado para a sede se situe em Região Autónoma, o Banco de Portugal enviará cópia do processo e do seu parecer ao Governo Regional, que terá o prazo de um mês para se pronunciar;

e) A revogação da autorização compete ao Ministro das Finanças, ou, existindo a delegação prevista no n.º 2 do artigo 16.º, ao Banco de Portugal;

f) A revogação será precedida de audição do Banco de Portugal, se não se verificar a delegação de competência a que se refere o número anterior, e, se for caso disso, do Governo Regional competente.

ART. 24.º (Âmbito de aplicação) *(Revogado.)*

ART. 25.º (Competência) *(Revogado.)*

ART. 26.º (Instrução do processo) *(Revogado.)*

ART. 27.º (Requisitos especiais da autorização) *(Revogado.)*

ART. 28.º (Revogação da autorização) *(Revogado.)*

ART. 29.º (Caixas económicas e caixas de crédito agrícola mútuo) – O disposto nas alíneas *b)* e *d)* do n.º 1 do artigo 14.º e no presente capítulo não é aplicável às caixas económicas e às caixas de crédito agrícola mútuo.

ART. 29.º-A (Intervenção da Comissão do Mercado de Valores Mobiliários) – 1 – Sempre que o objecto da instituição de crédito compreender alguma actividade de intermediação de instrumentos financeiros, o Banco de Portugal, antes de decidir sobre o pedido de autorização, solicita informações à Comissão do Mercado de Valores Mobiliários sobre a idoneidade dos accionistas.

2 – Se for caso disso, a Comissão prestará as aludidas informações no prazo de dois meses.

3 – A revogação da autorização de instituição de crédito referida no n.º 1 deverá ser imediatamente comunicada à Comissão.

ART. 29.º-B (Intervenção do Instituto de Seguros de Portugal) – 1 – A concessão da autorização para constituir uma instituição de crédito filial de uma empresa de seguros sujeita à supervisão do Instituto de Seguros de Portugal, ou filial da empresa mãe de uma empresa nestas condições, deve ser precedida de consulta àquela autoridade de supervisão.

2 – O disposto no número anterior é igualmente aplicável quando a instituição de crédito a constituir seja dominada pelas mesmas pessoas singulares ou colectivas que dominem uma empresa de seguros nas condições indicadas no número anterior.

3 – Se for caso disso, o Instituto de Seguros de Portugal presta as informações no prazo de dois meses.

CAPÍTULO III — **Administração e fiscalização**

ART. 30.º (Idoneidade dos membros dos órgãos de administração e fiscalização) – 1 – Dos órgãos de administração e fiscalização de uma instituição de crédito, incluindo os membros do conselho geral e de supervisão e os administradores não executivos, apenas podem fazer parte pessoas cuja idoneidade e disponibilidade dêem garantias de gestão sã e prudente, tendo em vista, de modo particular, a segurança dos fundos confiados à instituição.

2 – Na apreciação da idoneidade deve ter-se em conta o modo como a pessoa gere habitualmente os negócios ou exerce a profissão, em especial nos aspectos que revelem incapacidade para decidir de forma ponderada e criteriosa, ou a tendência para não cumprir pontualmente as suas obrigações ou para ter comportamentos incompatíveis com a preservação da confiança do mercado.

3 – Entre outras circunstâncias atendíveis, cuja relevância o Banco de Portugal apreciará à luz das finalidades preventivas do presente artigo e dos critérios enunciados no número anterior, considera-se indiciador de falta de idoneidade:

a) A declaração de insolvência do membro do órgão social ou a declaração de insolvência de empresa por ele dominada ou de que tenha sido administrador, director ou gerente, num e noutro caso por sentença nacional ou estrangeira;

REGIME GERAL DAS INST. DE CRÉDITO E SOC. FINANCEIRAS [DL n.º 298/92] 315

b) A condenação, em Portugal ou no estrangeiro, por furto, abuso de confiança, roubo, burla, extorsão, infidelidade, abuso de cartão de garantia ou de crédito, emissão de cheques sem provisão, usura, insolvência dolosa, insolvência negligente, frustração de créditos, favorecimento de credores, apropriação ilegítima de bens do sector público ou cooperativo, administração danosa em unidade económica do sector público ou cooperativo, falsificação, falsidade, suborno, corrupção, branqueamento de capitais, recepção não autorizada de depósitos ou outros fundos não reembolsáveis, prática ilícita de actos ou operações de seguros, de ressegu-ros ou de gestão de fundos de pensões, abuso de informação, manipulação do mercado de valores mobiliários ou pelos crimes previstos no Código das Sociedades Comerciais;

c) A condenação, em Portugal ou no estrangeiro, pela prática de infracções às regras legais ou regulamen-tares que regem a actividade das instituições de crédito, sociedades financeiras ou instituições financeiras, das sociedades gestoras de fundos de pensões e do mercado de valores mobiliários, bem como a actividade segura-dora ou resseguradora e a actividade de mediação de seguros ou resseguros.

4 – O Banco de Portugal, para os efeitos do presente artigo, troca informações com o Instituto de Seguros de Portugal e com a Comissão do Mercado de Valores Mobiliários, bem como com as autoridades de supervisão referidas no artigo 18.º.

5 – Para efeitos do presente artigo, considera-se verificada a idoneidade dos membros dos órgãos de admi-nistração e de fiscalização que se encontrem registados junto da Comissão do Mercado de Valores Mobiliários ou do Instituto de Seguros de Portugal, quando esse registo esteja sujeito a exigências de controlo da ideoneidade, a menos que factos supervenientes à data do referido registo conduzam o Banco de Portugal a pronunciar-se em sentido contrário.

ART. 31.º (Qualificação profissional) – 1 – Os membros do órgão de administração a quem caiba assegurar a gestão corrente da instituição de crédito e os revisores oficiais de contas que integrem o órgão de fiscalização devem possuir qualificação adequada, nomeadamente através de habilitação académica ou experiência profis-sional.

2 – Presume-se existir qualificação adequada através de experiência profissional quando a pessoa em causa tenha previamente exercido, de forma competente, funções de responsabilidade no domínio financeiro.

3 – A duração da experiência anterior e a natureza e o grau de responsabilidade das funções previamente exercidas devem estar em consonância com as características e dimensão da instituição de crédito de que se trate.

4 – A verificação do preenchimento do requisito de experiência adequada pode ser objecto de um processo de consulta prévia junto da autoridade competente.

ART. 32.º (Falta de requisitos dos órgãos de administração ou fiscalização) – 1 – Se por qualquer motivo deixarem de estar preenchidos os requisitos legais ou estatutários do normal funcionamento do órgão de admi-nistração ou fiscalização, o Banco de Portugal fixará prazo para ser alterada a composição do órgão em causa.

2 – Não sendo regularizada a situação no prazo fixado, poderá ser revogada a autorização nos termos do artigo 22.º.

ART. 33.º (Acumulação de cargos) – 1 – O Banco de Portugal pode opor-se a que os membros dos órgãos de administração e do conselho geral e de supervisão das instituições de crédito exerçam funções de administra-ção noutras sociedades, se entender que a acumulação é susceptível de prejudicar o exercício das funções que o interessado já desempenhe, nomeadamente por existirem riscos graves de confiito de interesses, ou, tra-tando-se de pessoas a quem caiba a gestão corrente da instituição, por não se verificar disponibilidade suficien-te para o exercício do cargo.

2 – O disposto no número anterior não se aplica ao exercício cumulativo de cargos em órgãos de admi-nistração ou no conselho geral e de supervisão de instituições de crédito ou outras entidades que estejam in-cluídas no mesmo perímetro de supervisão em base consolidada.

3 – No caso de funções a exercer em entidade sujeita a registo no Banco de Portugal, o poder de oposição exerce-se no âmbito do processo de registo regulado no artigo 69.º; nos demais casos, os interessados deverão comunicar ao Banco de Portugal a sua pretensão com a antecedência mínima de 30 dias sobre a data prevista para o início das novas funções, entendendo-se, na falta de decisão dentro desse prazo, que o Banco de Portugal não se opõe à acumulação.

CAPÍTULO IV — Alterações estatutárias e dissolução

ART. 34.º (Alterações estatutárias em geral) – 1 – Estão sujeitas a prévia autorização do Banco de Portugal as alterações dos contratos de sociedade das instituições de crédito relativas aos aspectos seguintes:

a) Firma ou denominação;

b) Objecto;

c) Local da sede, salvo se a mudança ocorrer dentro do mesmo concelho ou para concelho limítrofe;

d) Capital social, quando se trate de redução;

e) Criação de categorias de acções ou alteração das categorias existentes;

316 [DL n.º 298/92] INSTITUIÇÕES DE CRÉDITO E SOCIEDADES FINANCEIRAS

f) Estrutura da administração ou da fiscalização;
g) Limitação dos poderes dos órgãos de administração ou de fiscalização;
h) Dissolução.
2 – As alterações do objecto que impliquem mudança do tipo de instituição estão sujeitas ao regime definido nos capítulos i e ii do presente título, considerando-se autorizadas as restantes alterações se, no prazo de 30
dias a contar da data em que receber o respectivo pedido, o Banco de Portugal nada objectar.

ART. 35.º (Fusão e cisão) – 1 – A fusão de instituições de crédito, entre si ou com sociedades financeiras,
depende de autorização prévia do Banco de Portugal.
2 – Depende igualmente de autorização prévia do Banco de Portugal a cisão de instituições de crédito.
3 – Aplicar-se-á, sendo o caso disso, o regime definido nos capítulos I e II do presente título.

ART. 35.º-A (Dissolução voluntária) – 1 – Deve ser comunicado ao Banco de Portugal qualquer projecto de
dissolução voluntária de uma instituição de crédito, com a antecedência mínima de 90 dias em relação à data
da sua efectivação.
2 – O disposto no número anterior é aplicável aos projectos de encerramento de sucursais de instituições de
crédito com sede em países não membros da Comunidade Europeia.

TÍTULO III — ACTIVIDADE NO ESTRANGEIRO DE INSTITUIÇÕES DE CRÉDITO COM SEDE EM PORTUGAL

CAPÍTULO I — Estabelecimento de sucursais e filiais

ART. 36.º (Requisitos do estabelecimento em país da Comunidade Europeia) – 1 – A instituição de crédito
com sede em Portugal que pretenda estabelecer sucursal em Estado membro da Comunidade Europeia deve
notificar previamente desse facto o Banco de Portugal, especificando os seguintes elementos:
a) País onde se propõe estabelecer a sucursal;
b) Programa de actividades, no qual sejam indicados, nomeadamente, o tipo de operações a realizar e a
estrutura de organização da sucursal;
c) Endereço da sucursal no país de acolhimento;
d) Identificação dos responsáveis pela sucursal.
2 – A gestão corrente da sucursal deve ser confiada a um mínimo de dois gerentes, sujeitos a todos os requisitos exigidos aos membros do órgão de administração das instituições de crédito.

ART. 37.º (Apreciação pelo Banco de Portugal) – 1 – No prazo de três meses a contar da recepção das informações referidas no artigo anterior, o Banco de Portugal comunicá-las-á à autoridade de supervisão do país de
acolhimento, certificando também que as operações projectadas estão compreendidas na autorização, e informará do facto a instituição interessada.
2 – Será igualmente comunicado o montante dos fundos próprios e o rácio de solvabilidade da instituição,
bem como uma descrição pormenorizada do sistema de garantia de depósitos de que a mesma instituição
participe e que assegure a protecção dos depositantes da sucursal.

ART. 38.º (Recusa de comunicação) – 1 – Se existirem dúvidas fundadas sobre a adequação das estruturas
administrativas ou da situação financeira da instituição, o Banco de Portugal recusará a comunicação.
2 – A decisão de recusa deve ser fundamentada e notificada à instituição interessada, no prazo referido no
n.º 1 do artigo anterior.
3 – Se o Banco de Portugal não proceder à comunicação no prazo referido no n.º 1 do artigo anterior, presume-se que foi recusada a comunicação.
4 – Serão comunicados à Comissão Europeia o número e a natureza dos casos em que tenha havido recusa.

ART. 39.º (Âmbito da actividade) – Observado o disposto nos artigos anteriores, a sucursal pode efectuar
no país de acolhimento as operações constantes da lista anexa à Directiva n.º 2006/48/CE, do Parlamento Europeu e do Conselho, de 14 de Junho, que a instituição esteja autorizada a efectuar em Portugal e que estejam
mencionadas no programa de actividades referido na alínea *b)* do n.º 1 do artigo 36.º.

ART. 40.º (Alteração dos elementos comunicados) – 1 – Em caso de modificação de alguns dos elementos
referidos nas alíneas *b)*, *c)* e *d)* do n.º 1 do artigo 36.º ou do sistema de garantia referido no n.º 2 do artigo 37.º, a
instituição comunicá-la-á, por escrito, ao Banco de Portugal e à autoridade de supervisão do país onde tiver
estabelecido a sucursal.
2 – É aplicável o disposto nos artigos 37.º e 38.º, reduzindo-se para um mês e para 15 dias os prazos previstos, respectivamente, nos n.ºs 1 e 3 do artigo 37.º.

ART. 41.º (Âmbito de aplicação) – O disposto nos artigos 36.º a 40.º não é aplicável às caixas de crédito
agrícola mútuo nem às caixas económicas que não revistam a forma de sociedade anónima, com excepção da
Caixa Económica Montepio Geral.

REGIME GERAL DAS INST. DE CRÉDITO E SOC. FINANCEIRAS [DL n.º 298/92] 317

ART. 42.º (Sucursais em países terceiros) – 1 – As instituições de crédito com sede em Portugal que pretendam estabelecer sucursais em países que não sejam membros da Comunidade Europeia observarão o disposto no artigo 36.º e no presente artigo.

2 – O Banco de Portugal poderá recusar a pretensão com fundado motivo, nomeadamente por as estruturas administrativas ou a situação financeira da instituição serem inadequadas ao projecto.

3 – A decisão será tomada no prazo de três meses, entendendo-se, em caso de silêncio, que a pretensão foi recusada.

4 – A decisão de recusa deve ser fundamentada e notificada à instituição interessada.

5 – A sucursal não poderá efectuar operações que a instituição não esteja autorizada a realizar em Portugal ou que não constem do programa de actividades referido na alínea *b*) do n.º 1 do artigo 36.º.

ART. 42.º-A (Filiais em países terceiros) – 1 – As instituições de crédito com sede em Portugal que pretendam constituir quaisquer filiais em países que não sejam membros da Comunidade Europeia devem comunicar previamente os seus projectos ao Banco de Portugal, nos termos a definir por aviso.

2 – O Banco de Portugal poderá recusar a pretensão com fundado motivo, nomeadamente por a situação financeira da instituição ser inadequada ao projecto.

3 – A decisão será tomada no prazo de três meses, entendendo-se, em caso de silêncio, que a pretensão foi recusada.

CAPÍTULO II — Prestação de serviços

ART. 43.º (Prestação de serviços em países comunitários) – 1 – A instituição de crédito com sede em Portugal que pretenda iniciar noutro Estado membro da União Europeia prestação de serviços constantes da lista anexa à Directiva n.º 2006/48/CE, do Parlamento Europeu e do Conselho, de 14 de Junho, que esteja autorizada a efectuar em Portugal e que não sejam prestados por meio de estabelecimento permanente que possua no país de residência do destinatário da prestação deve notificar previamente o Banco de Portugal, especificando as actividades que se propõe exercer nesse Estado.

2 – No prazo máximo de um mês a contar da notificação referida no número anterior, o Banco de Portugal comunicá-la-á à autoridade de supervisão do Estado de acolhimento, certificando também que as operações projectadas estão compreendidas na autorização.

3 – A prestação de serviços referida no presente artigo deve fazer-se de harmonia com as normas reguladoras das operações sobre divisas.

CAPÍTULO III — Aquisição de participações qualificadas

ART. 43.º-A (Participações qualificadas em empresas com sede no estrangeiro) – As instituições de crédito com sede em Portugal que pretendam adquirir, directa ou indirectamente, participações em instituições de crédito com sede no estrangeiro ou em instituições financeiras que representem 10% ou mais do capital social da entidade participada ou 2% ou mais do capital social da instituição participante devem comunicar previamente os seus projectos ao Banco de Portugal, nos termos a definir por aviso.

TÍTULO IV — ACTIVIDADE EM PORTUGAL DE INSTITUIÇÕES DE CRÉDITO COM SEDE NO ESTRANGEIRO

CAPÍTULO I — Princípios gerais

ART. 44.º (Aplicação da lei portuguesa) – A actividade em território português de instituições de crédito com sede no estrangeiro deve observar a lei portuguesa, designadamente as normas reguladoras das operações com o exterior e das operações sobre divisas.

ART. 45.º (Gerência) – Os gerentes das sucursais ou dos escritórios de representação que as instituições de crédito que não estejam autorizadas em outros Estados membros da Comunidade Europeia mantenham em Portugal estão sujeitos a todos os requisitos de idoneidade e experiência que a lei estabelece para os membros do órgão de administração das instituições de crédito com sede em Portugal.

ART. 46.º (Uso de firma ou denominação) – 1 – As instituições de crédito com sede no estrangeiro estabelecidas em Portugal poderão usar a firma ou denominação que utilizam no país de origem.

2 – Se esse uso for susceptível de induzir o público em erro quanto às operações que as instituições de crédito podem praticar, ou de fazer confundir as firmas ou denominações com outras que gozem de protecção em Portugal, o Banco de Portugal determinará que à firma ou denominação seja aditada uma menção explicativa apta a prevenir equívocos.

318 [DL n.º 298/92]   INSTITUIÇÕES DE CRÉDITO E SOCIEDADES FINANCEIRAS

3 – Na actividade em Portugal, as instituições de crédito com sede em países da Comunidade Europeia e não estabelecidas em Portugal poderão usar a sua firma ou denominação de origem, desde que não se suscitem dúvidas quanto ao regime que lhes é aplicável e sem prejuízo do disposto no n.º 2.

4 – (*Revogado.*)

ART. 47.º (Revogação e caducidade da autorização no país de origem) – Se o Banco de Portugal for informado de que no país de origem foi revogada ou caducou a autorização de instituição de crédito que disponha de sucursal em território português ou aqui preste serviços, tomará as providências apropriadas para impedir que a entidade em causa inicie novas operações e para salvaguardar os interesses dos depositantes e de outros credores.

CAPÍTULO II — Sucursais

Secção I — REGIME GERAL

ART. 48.º (Âmbito de aplicação) – O disposto na presente secção aplica-se ao estabelecimento em Portugal de sucursais de instituições de crédito autorizadas noutros Estados membros da Comunidade Europeia e sujeitas à supervisão das respectivas autoridades.

ART. 49.º (Requisitos do estabelecimento) – 1 – É condição do estabelecimento da sucursal que o Banco de Portugal receba, da autoridade de supervisão do país de origem, uma comunicação da qual constem:

a) Programa de actividades, no qual sejam indicados, nomeadamente, o tipo de operações a efectuar e estrutura de organização da sucursal e, bem assim, certificado de que tais operações estão compreendidas na autorização da instituição de crédito;

b) Endereço da sucursal em Portugal;

c) Identificação dos responsáveis pela sucursal;

d) Montante dos fundos próprios da instituição de crédito;

e) Rácio de solvabilidade da instituição de crédito;

f) Descrição pormenorizada do sistema de garantia de depósitos de que a instituição de crédito participe e que assegure a protecção dos depositantes da sucursal;

g) Descrição pormenorizada do Sistema de Indemnização aos Investidores de que a instituição de crédito participe e que assegure a protecção dos investidores clientes da sucursal.

2 – A gerência da sucursal deve ser confiada a uma direcção com o mínimo de dois gerentes com poderes bastantes para tratar e resolver definitivamente, no País, todos os assuntos que respeitem à sua actividade.

ART. 50.º (Organização da supervisão) – 1 – Recebida a comunicação mencionada no artigo anterior, o Banco de Portugal disporá do prazo de dois meses para organizar a supervisão da sucursal relativamente às matérias da sua competência, após o que notificará a instituição de crédito da habilitação para estabelecer a sucursal, assinalando, se for caso disso, as condições em que, por razões de interesse geral, a sucursal deve exercer a sua actividade em Portugal.

2 – Tendo recebido a notificação do Banco de Portugal, ou, em caso de silêncio deste, decorrido o prazo previsto no número anterior, a sucursal pode estabelecer-se e, cumprido o disposto em matéria de registo, iniciar a sua actividade.

ART. 51.º (Comunicação de alterações) – 1 – A instituição de crédito comunicará, por escrito, ao Banco de Portugal, com a antecedência mínima de um mês, qualquer alteração dos elementos referidos nas alíneas *a*), *b*), *c*) e *f*) do artigo 49.º.

2 – É aplicável o disposto no n.º 1 do artigo anterior, reduzindo-se para um mês o prazo aí previsto.

ART. 52.º (Operações permitidas) – Observado que seja o disposto nos artigos anteriores, a sucursal pode efectuar em Portugal as operações constantes da lista anexa à Directiva n.º 2006/48/CE, do Parlamento Europeu e do Conselho, de 14 de Junho, que a instituição de crédito esteja autorizada a realizar no seu país de origem e que constem do programa de actividades referido na alínea *a*) do n.º 1 do artigo 49.º.

ART. 53.º (Irregularidades) – 1 – Quando se verificar que uma sucursal não observa as normas portuguesas relativas à supervisão da liquidez, à execução da política monetária ou ao dever de informação sobre operações efectuadas em território português, o Banco de Portugal determinar-lhe-á que ponha termo à irregularidade.

2 – Se a sucursal ou a instituição de crédito não adoptarem as medidas necessárias, o Banco de Portugal informará de tal facto a autoridade de supervisão do país de origem e solicitar-lhe-á que, com a maior brevidade, tome as providências apropriadas.

3 – Se a autoridade de supervisão do país de origem não tomar as providências solicitadas, ou estas forem inadequadas e a sucursal persistir na violação das normas aplicáveis, o Banco de Portugal poderá, após informar desse facto a autoridade de supervisão do país de origem, tomar as providências que entenda convenientes

REGIME GERAL DAS INST. DE CRÉDITO E SOC. FINANCEIRAS   [DL n.º 298/92]   319

para prevenir ou reprimir novas irregularidades, designadamente obstando a que a sucursal inicie novas operações em Portugal.

4 – Serão comunicados à Comissão Europeia o número e a natureza dos casos em que tenham sido tomadas providências nos termos do número anterior.

5 – Em caso de urgência, o Banco de Portugal pode, antes de encetar o procedimento previsto nos números anteriores, tomar todas as providências cautelares indispensáveis à protecção dos interesses dos depositantes, dos investidores ou de outras pessoas a quem a sucursal preste serviços, dando conhecimento dessas providências, com a maior brevidade, à autoridade de supervisão do país de origem e à Comissão da Comunidade.

6 – O disposto nos números anteriores não obsta a que as autoridades portuguesas competentes tomem todas as providências preventivas ou repressivas de infracções às normas referidas no n.º 1, ou a outras normas determinadas por razões de interesse geral.

7 – Nos recursos interpostos das decisões tomadas nos termos deste artigo presume-se, até prova em contrário, que a suspensão da eficácia determina grave lesão do interesse público.

ART. 54.º (Responsabilidade por dívidas) – 1 – Por obrigações assumidas em outros países pela instituição de crédito poderá responder o activo da sucursal, mas apenas depois de satisfeitas todas as obrigações contraídas em Portugal.

2 – A decisão de autoridade estrangeira que decretar a falência ou a liquidação da instituição de crédito só se aplicará às sucursais que ela tenha em Portugal, ainda quando revista pelos tribunais portugueses, depois de cumprido o disposto no número anterior.

ART. 55.º (Contabilidade e escrituração) – A instituição de crédito manterá centralizada na primeira sucursal que haja estabelecido no País toda a contabilidade específica das operações realizadas em Portugal, sendo obrigatório o uso da língua portuguesa na escrituração dos livros.

ART. 56.º (Associações empresariais) – As instituições de crédito autorizadas noutros Estados membros da Comunidade Europeia e que disponham de sucursal no País podem ser membros de associações empresariais portuguesas do respectivo sector, nos mesmos termos e com os mesmos direitos e obrigações das entidades equivalentes com sede em Portugal, incluindo o de integrarem os respectivos corpos sociais.

Secção II — **REGIME ESPECIAL**

ART. 57.º (Disposições aplicáveis) – O estabelecimento em Portugal de sucursais de instituições de crédito não compreendidas no artigo 48.º fica sujeito ao disposto na presente secção, no artigo 16.º, no n.º 3 do artigo 17.º, nos artigos 19.º, 21.º e 22.º, nas alíneas b) a f) do artigo 23.º-A, no n.º 2 do artigo 49.º e nos artigos 54.º e 55.º.

ART. 58.º (Autorização) – 1 – O estabelecimento da sucursal fica dependente de autorização a ser concedida, caso a caso, pelo Ministro das Finanças, podendo esta competência ser delegada no Banco de Portugal.

2 – O pedido da autorização é entregue no Banco de Portugal, instruído com os elementos referidos no n.º 1 do artigo 49.º e, ainda, com os seguintes:

a) Demonstração da possibilidade de a sucursal garantir a segurança dos fundos que lhe forem confiados, bem como da suficiência de meios técnicos e recursos financeiros relativamente ao tipo e volume das operações que pretenda realizar;

b) Indicação da implantação geográfica projectada para a sucursal;

c) Contas previsionais para cada um dos primeiros três anos de actividade da sucursal;

d) Cópia do contrato de sociedade da instituição de crédito;

e) Declaração de compromisso de que efectuará o depósito referido no n.º 2 do artigo seguinte.

3 – A autorização pode ser recusada nos casos referidos nas alíneas a), b) e e) do n.º 1 do artigo 20.º, bem como se o Banco de Portugal considerar insuficiente o sistema de supervisão a que a instituição de crédito estiver sujeita.

4 – O Banco de Portugal notifica a Comissão Europeia e o Comité Bancário Europeu das autorizações concedidas ao abrigo do disposto no n.º 1 deste artigo.

ART. 59.º (Capital afecto) – 1 – Às operações a realizar pela sucursal deve ser afecto o capital adequado à garantia dessas operações e não inferior ao mínimo previsto na lei portuguesa para instituições de crédito de tipo equivalente com sede em Portugal.

2 – O capital deve ser depositado numa instituição de crédito antes de efectuado o registo da sucursal no Banco de Portugal.

3 – A sucursal deve aplicar em Portugal a importância do capital afecto às suas operações no País, bem como as reservas constituídas e os depósitos e outros recursos aqui obtidos.

4 – A instituição de crédito responderá pelas operações realizadas pela sua sucursal em Portugal.

CAPÍTULO III — **Prestação de serviços**

ART. 60.º (Liberdade de prestação de serviços) – As instituições de crédito referidas no artigo 48.º e autorizadas a prestar no seu país de origem os serviços constantes da lista anexa à Directiva n.º 2006/48/CE, do Par-

320 [DL n.º 298/92] INSTITUIÇÕES DE CRÉDITO E SOCIEDADES FINANCEIRAS

lamento Europeu e do Conselho, de 14 de Junho, podem prestar esses serviços em território português, ainda que não possuam estabelecimento em Portugal.

ART. 61.º (Requisitos) – 1 – É condição do início da prestação de serviços no País que o Banco de Portugal receba, da autoridade de supervisão do país de origem, uma comunicação da qual constem as operações que a instituição se propõe realizar em Portugal, bem como a certificação de que tais operações estão compreendidas na autorização do país de origem.

2 – O Banco de Portugal pode determinar que as entidades a que a presente secção se refere esclareçam o público quanto ao seu estatuto, características, principais elementos de actividade e situação financeira.

3 – É aplicável, com as devidas adaptações, o disposto no artigo 53.º.

CAPÍTULO IV — Escritórios de representação

ART. 62.º (Registo) – 1 – A instalação e o funcionamento em Portugal de escritórios de representação de instituições de crédito com sede no estrangeiro dependem, sem prejuízo da legislação aplicável em matéria de registo comercial, de registo prévio no Banco de Portugal, mediante apresentação de certificado emitido pelas autoridades de supervisão do país de origem, e que especifique o regime da instituição por referência à lei que lhe é aplicável.

2 – O início de actividade dos escritórios de representação deve ter lugar nos três meses seguintes ao registo no Banco de Portugal, podendo este, se houver motivo fundado, prorrogar o prazo por igual período.

ART. 63.º (Âmbito de actividade) – 1 – A actividade dos escritórios de representação decorre na estrita dependência das instituições de crédito que representam, apenas lhes sendo permitido zelar pelos interesses dessas instituições em Portugal e informar sobre a realização de operações em que elas se proponham participar.

2 – É especialmente vedado aos escritórios de representação:

a) Realizar directamente operações que se integrem no âmbito de actividade das instituições de crédito;

b) Adquirir acções ou partes de capital de quaisquer sociedades nacionais;

c) Adquirir imóveis que não sejam os indispensáveis à sua instalação e funcionamento.

ART. 64.º (Gerência) – Os gerentes de escritórios de representação devem dispor de poderes bastantes para tratar e resolver definitivamente, no País, todos os assuntos que respeitem à sua actividade.

TÍTULO V — REGISTO

ART. 65.º (Sujeição a registo) – 1 – As instituições de crédito não podem iniciar a sua actividade enquanto não se encontrarem inscritas em registo especial no Banco de Portugal.

2 – No caso de o objecto das instituições de crédito incluir o exercício de actividades de intermediação de instrumentos financeiros, o Banco de Portugal comunica e disponibiliza à Comissão do Mercado de Valores Mobiliários o registo referido no número anterior e os respectivos averbamentos, alterações ou cancelamentos.

ART. 66.º (Elementos sujeitos a registo) – O registo das instituições de crédito com sede em Portugal abrangerá os seguintes elementos:

a) Firma ou denominação;

b) Objecto;

c) Data da constituição;

d) Lugar da sede;

e) Capital social;

f) Capital realizado;

g) Identificação de accionistas detentores de participações qualificadas;

h) Identificação dos membros dos órgãos de administração, de fiscalização e da mesa da assembleia geral;

i) Delegações de poderes de gestão;

j) Data do início da actividade;

l) Lugar e data da criação de filiais, sucursais e agências;

m) Identificação dos gerentes das sucursais estabelecidas no estrangeiro;

n) Acordos parassociais referidos no artigo 111.º;

o) Alterações que se verifiquem nos elementos constantes das alíneas anteriores.

ART. 67.º (Instituições autorizadas no estrangeiro) – O registo das instituições de crédito autorizadas em país estrangeiro e que disponham de sucursal ou escritório de representação em Portugal abrangerá os seguintes elementos:

a) Firma ou denominação;

b) Data a partir da qual pode estabelecer-se em Portugal;

c) Lugar da sede;

d) Lugar das sucursais, agências e escritórios de representação em Portugal;

REGIME GERAL DAS INST. DE CRÉDITO E SOC. FINANCEIRAS [DL n.º 298/92] 321

e) Capital afecto às operações a efectuar em Portugal, quando exigível;
f) Operações que a instituição pode efectuar no país de origem e operações que pretende exercer em Portugal;
g) Identificação dos gerentes das sucursais e dos escritórios de representação;
h) Alterações que se verifiquem nos elementos referidos nas alíneas anteriores.

ART. 68.º (Instituições não estabelecidas em Portugal) – O Banco de Portugal publicará uma lista das instituições de crédito e instituições financeiras com sede em países da Comunidade Europeia e não estabelecidas em Portugal, habilitadas a prestar serviços no País.

ART. 69.º (Registo dos membros dos órgãos de administração e fiscalização) 1 – O registo dos membros dos órgãos de administração e fiscalização, incluindo os que integrem o conselho geral e de supervisão e os administradores não executivos, deverá ser solicitado, após a respectiva designação, mediante requerimento da instituição de crédito.
2 – Poderá a instituição de crédito, ou qualquer interessado, solicitar o registo provisório antes da designação, devendo a conversão do registo em definitivo ser requerida no prazo de 30 dias a contar da designação, sob pena de caducidade.
3 – A efectivação do registo, provisório ou definitivo, no Banco de Portugal é condição necessária para o exercício das funções referidas no n.º 1.
4 – Em caso de recondução, será esta averbada no registo, a requerimento da instituição de crédito.
5 – A falta de idoneidade, experiência ou disponibilidade dos membros do órgão de administração ou fiscalização é fundamento de recusa do registo.
6 – A recusa do registo com fundamento em falta de idoneidade, experiência ou disponibilidade dos membros do órgão de administração ou fiscalização será comunicada aos interessados e à instituição de crédito.
7 – A falta de registo não determina a invalidade dos actos praticados pela pessoa em causa no exercício das suas funções.
8 – O disposto nos números anteriores aplica-se, com as necessárias adaptações, aos gerentes das sucursais e dos escritórios de representação referido no artigo 45.º.
9 – Sempre que o objectivo da instituição de crédito compreender alguma actividade de intermediação em instrumentos financeiros, o Banco de Portugal, antes de decidir, solicita informações à Comissão do Mercado de Valores Mobiliários, devendo a Comissão, se for caso disso, prestar as referidas informações no prazo de 15 dias.

ART. 70.º (Factos supervenientes) – 1 – As instituições de crédito comunicarão ao Banco de Portugal, logo que deles tomem conhecimento, factos referidos no n.º 3 do artigo 30.º que sejam supervenientes ao registo da designação e que digam respeito a qualquer das pessoas referidas no n.º 1 do mesmo artigo.
2 – Dizem-se supervenientes tanto os factos ocorridos posteriormente ao registo como os factos anteriores de que só haja conhecimento depois de efectuado o registo.
3 – O dever estabelecido no n.º 1 considera-se suprido se a comunicação for feita pelas próprias pessoas a quem os factos respeitarem.
4 – Se o Banco de Portugal concluir não estarem satisfeitos os requisitos de idoneidade exigidos para o exercício do cargo, cancelará o respectivo registo e comunicará a sua decisão às pessoas em causa e à instituição de crédito, a qual tomará as medidas adequadas para que aquelas cessem imediatamente funções.
5 – O registo será sempre cancelado quando se verifique que foi obtido por meio de falsas declarações ou outros expedientes ilícitos, independentemente das sanções penais que ao caso couberem.
6 – O disposto no presente artigo aplica-se, com as necessárias adaptações, aos gerentes de sucursais e de escritórios de representação referidos no artigo 45.º.
7 – É aplicável o disposto nos n.os 6 e 7 do artigo anterior.

ART. 71.º (Prazos, informações complementares e certidões) – 1 – Salvo o disposto no número seguinte, o prazo para requerer qualquer registo é de 30 dias a contar da data em que os factos a registar tiverem ocorrido.
2 – Não estão sujeitos a prazo o registo inicial das instituições de crédito, o da habilitação para o estabelecimento em Portugal de entidades com sede no estrangeiro e os previstos no artigo 69.º, bem como quaisquer outros sem efectivação dos quais não seja permitido o exercício da actividade das funções em causa.
3 – Quando o requerimento ou a documentação apresentada contiverem insuficiências ou irregularidades que possam ser supridas pelos interessados, estes serão notificados para as suprirem em prazo razoável, sob pena de, não o fazendo, ser recusado o registo.
4 – O registo considera-se efectuado se o Banco de Portugal nada objectar no prazo de 30 dias a contar da data em que receber o pedido devidamente instruído, ou, se tiver solicitado informações complementares, no prazo de 30 dias após a recepção destas.
5 – Do registo serão passadas certidões a quem demonstre interesse legítimo.

ART. 72.º (Recusa de registo) – Além de outros fundamentos legalmente previstos, o registo será recusado nos seguintes casos:
a) Quando for manifesto que o facto não está titulado nos documentos apresentados;
b) Quando se verifique que o facto constante do documento já está registado ou não está sujeito a registo;
c) Quando falte qualquer autorização legalmente exigida;

322   [DL n.º 298/92]   INSTITUIÇÕES DE CRÉDITO E SOCIEDADES FINANCEIRAS

d) Quando for manifesta a nulidade do facto;
e) Quando se verifique que não está preenchida alguma das condições de que depende a autorização necessária para a constituição da instituição ou para o exercício da actividade, nomeadamente quando algum dos membros do órgão de administração ou de fiscalização não satisfaça os requisitos de idoneidade, experiência ou disponibilidade legalmente exigidos, bem como quando haja fundamento para oposição nos termos do artigo 33.º e no caso previsto no n.º 10 do artigo 105.º.

TÍTULO VI — **SUPERVISÃO COMPORTAMENTAL**

CAPÍTULO I — **Regras de conduta**

ART. 73.º (Competência técnica) – As instituições de crédito devem assegurar, em todas as actividades que exerçam, elevados níveis de competência técnica, garantindo que a sua organização empresarial funcione com os meios humanos e materiais adequados a assegurar condições apropriadas de qualidade e eficiência.

ART. 74.º (Outros deveres de conduta) – Os administradores e os empregados das instituições de crédito devem proceder, tanto nas relações com os clientes como nas relações com outras instituições, com diligência, neutralidade, lealdade e discrição e respeito consciencioso dos interesses que lhes estão confiados.

ART. 75.º (Critério de diligência) – Os membros dos órgãos de administração das instituições de crédito, bem como as pessoas que nelas exerçam cargos de direcção, gerência, chefia ou similares, devem proceder nas suas funções com a diligência de um gestor criterioso e ordenado, de acordo com o princípio da repartição de riscos e da segurança das aplicações e ter em conta o interesse dos depositantes, dos investidores, dos demais credores e de todos os clientes em geral.

ART. 76.º (Poderes do Banco de Portugal) – 1 – O Banco de Portugal pode estabelecer, por aviso, regras de conduta que considere necessárias para complementar e desenvolver as fixadas neste Regime Geral.
2 – Com vista a assegurar o cumprimento das regras de conduta previstas neste Regime Geral e em diplomas complementares, o Banco de Portugal pode, nomeadamente, emitir recomendações e determinações específicas, bem como aplicar coimas e respectivas sanções acessórias, no quadro geral dos procedimentos previstos no artigo 116.º.
3 – As disposições do presente título não prejudicam os poderes atribuídos à Comissão de Mercado de Valores Mobiliários pelo Código dos Valores Mobiliários.

CAPÍTULO II — **Relações com os clientes**

ART. 77.º (Dever de informação e de assistência) – 1 – As instituições de crédito devem informar com clareza os clientes sobre a remuneração que oferecem pelos fundos recebidos e os elementos caracterizadores dos produtos oferecidos, bem como sobre o preço dos serviços prestados e outros encargos a suportar pelos clientes.
2 – Em particular, no âmbito da concessão de crédito ao consumo, as instituições autorizadas a conceder crédito prestam ao cliente, antes da celebração do contrato de crédito, as informações adequadas, em papel ou noutro suporte duradouro, sobre as condições e o custo total do crédito, as suas obrigações e os riscos associados à falta de pagamento, bem como asseguram que as empresas que intermedeiam a concessão do crédito prestam aquelas informações nos mesmos termos.
3 – Para garantir a transparência e a comparabilidade dos produtos oferecidos, as informações referidas no número anterior devem ser prestadas ao cliente na fase pré-contratual e devem contemplar os elementos caracterizadores dos produtos propostos, nomeadamente, incluir a respectiva taxa anual de encargos efectiva global, indicada através de exemplos que sejam representativos.
4 – O Banco de Portugal regulamenta, por aviso, os requisitos mínimos que as instituições de crédito devem satisfazer na divulgação ao público das condições em que prestam os seus serviços.
5 – Os contratos celebrados entre as instituições de crédito e os seus clientes devem conter toda a informação necessária e ser redigidos de forma clara e concisa.
6 – O Banco de Portugal estabelece, por aviso, regras imperativas sobre o conteúdo dos contratos entre instituições de crédito e os seus clientes, tendo em vista garantir a transparência das condições de prestação dos correspondentes serviços.
7 – A violação dos deveres previstos neste artigo constitui contra-ordenação punível nos termos da alínea *h*) do artigo 210.º do presente Regime Geral.

ART. 77.º-A (Reclamações dos clientes) – 1 – Sem prejuízo do regime aplicável às reclamações apresentadas às instituições de crédito no âmbito da legislação em vigor, os clientes destas instituições podem apresentar directamente ao Banco de Portugal reclamações fundadas no incumprimento das normas que regem a sua actividade.

REGIME GERAL DAS INST. DE CRÉDITO E SOC. FINANCEIRAS [DL n.º 298/92] 323

2 – Compete ao Banco de Portugal apreciar as reclamações, independentemente da sua modalidade de apresentação, bem como definir os procedimentos e os prazos relativos à apreciação das reclamações referidas na segunda parte do número anterior, com observância, em ambos os casos, dos princípios da imparcialidade, da celeridade e da gratuitidade.

3 – Na apreciação das reclamações, o Banco de Portugal identifica as modalidades de reclamação e promove as diligências necessárias para a verificação do cumprimento das normas por cuja observância lhe caiba zelar e adopta as medidas adequadas para obter a sanação dos incumprimentos detectados, sem prejuízo da instauração de procedimento contra-ordenacional sempre que a conduta das entidades reclamadas, nomeadamente pela sua gravidade ou reiteração, o justifique.

4 – Sem prejuízo do regime aplicável às reclamações apresentadas às instituições de crédito no âmbito da legislação em vigor, o Banco de Portugal torna público um relatório anual sobre as reclamações dos clientes das instituições de crédito, independentemente da sua modalidade de apresentação, com especificação das suas áreas de incidência e das entidades reclamadas e com informação sobre o tratamento dado às reclamações.

ART. 77.º-B (Códigos de conduta) – 1 – As instituições de crédito, ou as suas associações representativas, devem adoptar códigos de conduta e divulgá-los junto dos clientes, designadamente através de página na Internet, devendo desses códigos constar os princípios e as normas de conduta que regem os vários aspectos das suas relações com os clientes, incluindo os mecanismos e os procedimentos internos por si adoptados no âmbito da apreciação de reclamações.

2 – O Banco de Portugal pode emitir instruções sobre os códigos de conduta referidos no número anterior e, bem assim, definir normas orientadoras para esse efeito.

ART. 77.º-C (Publicidade) – 1 – A publicidade das instituições de crédito e das suas associações empresariais está sujeita ao regime geral e, relativamente às actividades de intermediação de instrumentos financeiros, ao estabelecido no Código dos Valores Mobiliários.

2 – As mensagens publicitárias que mencionem a garantia dos depósitos ou a indemnização dos investidores devem limitar-se a referências meramente descritivas e não podem conter quaisquer juízos de valor nem tecer comparações com a garantia dos depósitos ou a indemnização dos investidores asseguradas por outras instituições.

3 — Em particular, as mensagens publicitárias relativas a contratos de crédito devem ser ilustradas, sempre que possível, através de exemplos representativos.

4 — O Banco de Portugal regulamenta, por aviso, os deveres de informação e transparência a que devem obedecer as mensagens publicitárias das instituições de crédito, independentemente do meio de difusão utilizado.

5 – As instituições de crédito autorizadas noutros Estados membros da Comunidade Europeia podem fazer publicidade dos seus serviços em Portugal nos mesmos termos e condições que as instituições com sede no País.

ART. 77.º-D (Intervenção do Banco de Portugal) – 1 – O Banco de Portugal pode, relativamente à publicidade que não respeite a lei:

a) Ordenar as modificações necessárias para pôr termo às irregularidades;

b) Ordenar a suspensão das acções publicitárias em causa;

c) Determinar a imediata publicação, pelo responsável, de rectificação apropriada.

2 – Em caso de incumprimento das determinações previstas na alínea *c)* do número anterior, pode o Banco de Portugal, sem prejuízo das sanções aplicáveis, substituir-se aos infractores na prática do acto.

CAPÍTULO III — Segredo profissional

ART. 78.º (Dever de segredo) – 1 – Os membros dos órgãos de administração ou de fiscalização das instituições de crédito, os seus empregados, mandatários, comitidos e outras pessoas que lhes prestem serviços a título permanente ou ocasional não podem revelar ou utilizar informações sobre factos ou elementos respeitantes à vida da instituição ou às relações desta com os seus clientes cujo conhecimento lhes advenha exclusivamente do exercício das suas funções ou da prestação dos seus serviços.

2 – Estão, designadamente, sujeitos a segredo os nomes dos clientes, as contas de depósito e seus movimentos e outras operações bancárias.

3 – O dever de segredo não cessa com o termo das funções ou serviços.

ART. 79.º (Excepções ao dever de segredo) – 1 – Os factos ou elementos das relações do cliente com a instituição podem ser revelados mediante autorização do cliente, transmitida à instituição.

2 – Fora do caso previsto no número anterior, os factos e elementos cobertos pelo dever de segredo só podem ser revelados:

a) Ao Banco de Portugal, no âmbito das suas atribuições;

b) À Comissão do Mercado de Valores Mobiliários, no âmbito das suas atribuições;

c) Ao Fundo de Garantia de Depósitos e ao Sistema de Indemnização aos Investidores, no âmbito das respectivas atribuições;

d) Nos termos previstos na lei penal e de processo penal;

324 [DL n.º 298/92]INSTITUIÇÕES DE CRÉDITO E SOCIEDADES FINANCEIRAS

e) À administração tributária, no âmbito das suas atribuições;
f) Quando exista outra disposição legal que expressamente limite o dever de segredo.

ART. 80.º (Dever de segredo das autoridades de supervisão) – 1 – As pessoas que exerçam ou tenham exercido funções no Banco de Portugal, bem como as que lhe prestem ou tenham prestado serviços a título permanente ou ocasional, ficam sujeitas a dever de segredo sobre factos cujo conhecimento lhes advenha exclusivamente do exercício dessas funções ou da prestação desses serviços e não poderão divulgar nem utilizar as informações obtidas.

2 – Os factos e elementos cobertos pelo dever de segredo só podem ser revelados mediante autorização do interessado, transmitida ao Banco de Portugal, ou nos termos previstos na lei penal e de processo penal.

3 – Fica ressalvada a divulgação de informações confidenciais relativas a instituições de crédito no âmbito de providências extraordinárias de saneamento ou de processos de liquidação, excepto tratando-se de informações relativas a pessoas que tenham participado no plano de saneamento financeiro da instituição.

4 – É lícita, designadamente para efeitos estatísticos, a divulgação de informação em forma sumária ou agregada e que não permita a identificação individualizada de pessoas ou instituições.

ART. 81.º (Cooperação com outras entidades) – 1 – O disposto nos artigos anteriores não obsta, igualmente, a que o Banco de Portugal troque informações com a Comissão do Mercado de Valores Mobiliários, o Instituto de Seguros de Portugal, a Caixa Central do Crédito Agrícola Mútuo, com autoridades, organismos e pessoas que exerçam funções equivalentes às destas entidades em outro Estado membro da Comunidade Europeia e ainda com as seguintes entidades igualmente pertencentes a um Estado membro da Comunidade Europeia:

a) Organismos encarregados da gestão dos sistemas de garantia de depósitos ou de protecção dos investidores, quanto às informações necessárias ao cumprimento das suas funções;

b) Entidades intervenientes em processos de liquidação de instituições de crédito, de sociedades financeiras, de instituições financeiras e autoridades com competência de supervisão sobre aquelas entidades;

c) Pessoas encarregadas do controlo legal das contas e auditores externos de instituições de crédito, de sociedades financeiras, de empresas de seguros e de instituições financeiras e autoridades com competência de supervisão sobre aquelas pessoas;

d) Autoridades de supervisão dos Estados membros da Comunidade Europeia, quanto às informações previstas nas directivas comunitárias aplicáveis às instituições de crédito e instituições financeiras;

e) (*Revogada.*)

f) Bancos centrais e outros organismos de vocação similar, enquanto autoridades monetárias, e outras autoridades com competência para a supervisão dos sistemas de pagamento.

2 – O Banco de Portugal pode trocar informações, no âmbito de acordos de cooperação que haja celebrado, com autoridades de supervisão de Estados que não sejam membros da Comunidade Europeia, em regime de reciprocidade, quanto às informações necessárias à supervisão, em base individual ou consolidada, das instituições de crédito com sede em Portugal e das instituições de natureza equivalente com sede naqueles Estados.

3 – O Banco de Portugal pode ainda trocar informações com autoridades, organismos e pessoas que exerçam funções equivalentes às das autoridades mencionadas no corpo do n.º 1 e nas alíneas *a)* a *c)* e *f)* do mesmo número em países não membros da Comunidade Europeia, devendo observar-se o disposto no número anterior.

4 – Ficam sujeitas a dever de segredo todas as autoridades, organismos e pessoas que participem nas trocas de informações referidas nos números anteriores.

5 – As informações recebidas pelo Banco de Portugal nos termos do presente artigo só podem ser utilizadas:

a) Para exame das condições de acesso à actividade das instituições de crédito e das sociedades financeiras;

b) Para supervisão, em base individual ou consolidada, da actividade das instituições de crédito, nomeadamente quanto a liquidez, solvabilidade, grandes riscos e demais requisitos de adequação de fundos próprios, organização administrativa e contabilística e controlo interno;

c) Para aplicação de sanções;

d) No âmbito de recursos interpostos de decisões do Ministro das Finanças ou do Banco de Portugal, tomadas nos termos das disposições aplicáveis às entidades sujeitas a supervisão deste;

e) Para efeitos da política monetária e do funcionamento ou supervisão dos sistemas de pagamento.

6 – O Banco de Portugal só pode comunicar informações que tenha recebido de entidades de outro Estado membro da Comunidade Europeia ou de países não membros com o consentimento expresso dessas entidades.

ART. 82.º (Cooperação com países terceiros) – Os acordos de cooperação referidos no n.º 2 do artigo anterior só podem ser celebrados quando as informações a prestar beneficiem de garantias de segredo pelo menos equivalentes às estabelecidas no presente Regime Geral e tenham por objectivo o desempenho de funções de supervisão que estejam cometidas às entidades em causa.

ART. 83.º (Informações sobre riscos) – Independentemente do estabelecido quanto ao Serviço de Centralização de Riscos de Crédito, as instituições de crédito poderão organizar, sob regime de segredo, um sistema de informações recíprocas com o fim de garantir a segurança das operações.

ART. 84.º (Violação do dever de segredo) – Sem prejuízo de outras sanções aplicáveis, a violação do dever de segredo é punível nos termos do Código Penal.

REGIME GERAL DAS INST. DE CRÉDITO E SOC. FINANCEIRAS [DL n.º 298/92] 325

CAPÍTULO IV — Conflitos de interesses

ART. 85.º (Crédito a membros dos órgãos sociais) – 1 – Sem prejuízo do disposto nos n.ᵒˢ 5, 6 e 7, as instituições de crédito não podem conceder crédito, sob qualquer forma ou modalidade, incluindo a prestação de garantias, quer directa quer indirectamente, aos membros dos seus órgãos de administração ou fiscalização, nem a sociedades ou outros entes colectivos por eles directa ou indirectamente dominados.

2 – Presume-se o carácter indirecto da concessão de crédito quando o beneficiário seja cônjuge ou parente em 1.º grau de algum membro dos órgãos de administração ou fiscalização ou uma sociedade directa ou indirectamente dominada por alguma ou algumas daquelas pessoas, podendo tal presunção ser ilidida antes da concessão do crédito, perante o conselho de administração da respectiva instituição de crédito, a quem cabe tal verificação, sujeita a comunicação prévia ao Banco de Portugal, nos termos de procedimento a definir por instrução.

3 – Para os efeitos deste artigo, é equiparada à concessão de crédito aquisição de partes de capital em sociedades ou outros entes colectivos referidos nos números anteriores.

4 – Ressalvam-se do disposto nos números anteriores, as operações de carácter ou finalidade social ou decorrentes da política de pessoal, bem como o crédito concedido em resultado da utilização de cartões de crédito associados à conta de depósito, em condições similares às praticadas com outros clientes de perfil e risco análogos.

5 – Sem prejuízo do disposto no número seguinte, o disposto nos n.ᵒˢ 1 a 4 não se aplica aos membros do conselho geral e de supervisão que não integrem a comissão para as matérias financeiras, aos administradores não executivos das instituições de crédito que não façam parte da comissão de auditoria, nem a sociedades ou outros entes colectivos por eles dominados.

6 – O Banco de Portugal poderá determinar a aplicação do artigo 109.º às entidades referidas no número anterior, aos membros de outros órgãos que considere exercerem funções equiparáveis e às sociedades ou outros entes colectivos por eles dominados.

7 – O disposto nos n.ᵒˢ 1 a 4 não se aplica às operações de concessão de crédito de que sejam beneficiárias instituições de crédito, sociedades financeiras ou sociedades gestoras de participações sociais que se encontrem incluídas no perímetro de supervisão em base consolidada a que esteja sujeita a instituição de crédito em causa, nem às sociedades gestoras de fundos de pensões, empresas de seguros, corretoras e outras mediadoras de seguros que dominem ou sejam dominadas por qualquer entidade incluída no mesmo perímetro de supervisão.

8 – Os membros do órgão de administração ou fiscalização de uma instituição de crédito não podem participar na apreciação e decisão de operações de concessão de crédito a sociedades ou outros entes colectivos não incluídos no n.º 1 de que sejam gestores ou em que detenham participações qualificadas, bem como na apreciação e decisão dos casos abrangidos pelos n.ᵒˢ 5 e 7, exigindo-se em todas estas situações a aprovação por maioria de pelo menos dois terços dos restantes membros do órgão de administração e o parecer favorável do órgão de fiscalização.

ART. 86.º (Outras operações) – Os membros do órgão de administração, os directores e outros empregados, os consultores e os mandatários das instituições de crédito não podem intervir na apreciação e decisão de operações em que sejam directa ou indirectamente interessados os próprios, seus cônjuges, parentes ou afins em 1.º grau, ou sociedades ou outros entes colectivos que uns ou outros directa ou indirectamente dominem.

CAPÍTULO V — Defesa da concorrência

ART. 87.º (Defesa da concorrência) – 1 – A actividade das instituições de crédito, bem como a das suas associações empresariais, está sujeita à legislação da defesa da concorrência.

2 – Não se consideram restritivos da concorrência os acordos legítimos entre instituições de crédito e as práticas concertadas que tenham por objecto as operações seguintes:

a) Participação em emissões e colocações de valores mobiliários ou instrumentos equiparados;

b) Concessão de créditos ou outros apoios financeiros de elevado montante a uma empresa ou a um conjunto de empresas.

3 – Na aplicação da legislação da defesa da concorrência às instituições de crédito e suas associações empresariais ter-se-ão sempre em conta os bons usos da respectiva actividade, nomeadamente no que respeite às circunstâncias de risco ou solvabilidade.

ART. 88.º (Colaboração do Banco de Portugal e da Comissão do Mercado de Valores Mobiliários) – Nos processos instaurados por práticas restritivas da concorrência imputáveis a instituições de crédito ou suas associações empresarias é obrigatoriamente solicitado e enviado à Autoridade da Concorrência o parecer do Banco de Portugal, bem como, se estiver em causa o exercício da actividade de intermediação de instrumentos financeiros, o parecer da Comissão do Mercado de Valores Mobiliários.

ART. 89.º (Publicidade) – (*Revogado.*)

ART. 90.º (Intervenção do Banco de Portugal) – (*Revogado.*)

TÍTULO VII — **SUPERVISÃO PRUDENCIAL**

CAPÍTULO I — **Princípios gerais**

ART. 91.º (Superintendência) – 1 – A superintendência do mercado monetário, financeiro e cambial, e designadamente a coordenação da actividade dos agentes do mercado com a política económica e social do Governo, compete ao Ministro das Finanças.

2 – Quando nos mercados monetário, financeiro e cambial se verifique perturbação que ponha em grave perigo a economia nacional, poderá o Governo, por portaria conjunta do Primeiro-Ministro e do Ministro das Finanças, e ouvido o Banco de Portugal, ordenar as medidas apropriadas, nomeadamente a suspensão temporária de mercados determinados ou de certas categorias de operações, ou ainda o encerramento temporário de instituições de crédito.

ART. 92.º (Atribuições do Banco de Portugal enquanto banco central) – Nos termos da sua Lei Orgânica, compete ao Banco de Portugal:

a) Orientar e fiscalizar os mercados monetário e cambial, bem como regular, fiscalizar e promover o bom funcionamento dos sistemas de pagamento, designadamente no âmbito da sua participação no Sistema Europeu de Bancos Centrais;

b) Recolher e elaborar as estatísticas monetárias, financeiras, cambiais e da balança de pagamentos, designadamente no âmbito da sua colaboração com o Banco Central Europeu.

ART. 93.º (Supervisão) – 1 – A supervisão das instituições de crédito, e em especial a sua supervisão prudencial, incluindo a da actividade que exerçam no estrangeiro, incumbe ao Banco de Portugal, de acordo com a sua Lei Orgânica e o presente diploma.

2 – O disposto no número anterior não prejudica os poderes de supervisão atribuídos à Comissão do Mercado de Valores Mobiliários pelo Código do Mercado de Valores Mobiliários.

ART. 93.º-A (Informação a divulgar) – 1 – Compete ao Banco de Portugal divulgar as seguintes informações:

a) Os textos dos diplomas legais e regulamentares e as recomendações de carácter geral adoptados em Portugal no domínio prudencial;

b) As opções e faculdades previstas na legislação comunitária que tenham sido exercidas;

c) Os critérios e metodologias gerais utilizados para efeitos do artigo 116.º-A;

d) Os dados estatísticos agregados relativos a aspectos fundamentais da aplicação do quadro prudencial.

2 – A divulgação da informação prevista no número anterior deve ser suficiente para permitir uma comparação com os métodos adoptados pelas autoridades competentes de outros Estados membros.

3 – As informações previstas nos números anteriores devem ser publicadas num formato idêntico ao utilizado pelas autoridades competentes dos outros Estados membros e regularmente actualizadas, devendo ser acessíveis a partir de um único endereço electrónico.

CAPÍTULO II — **Normas prudenciais**

ART. 94.º (Princípio geral) – As instituições de crédito devem aplicar os fundos de que dispõem de modo a assegurar a todo o tempo níveis adequados de liquidez e solvabilidade.

ART. 95.º (Capital) – 1 – Compete ao Ministro das Finanças, ouvido o Banco de Portugal ou sob sua proposta, fixar, por portaria, o capital social mínimo das instituições de crédito.

2 – As instituições de crédito constituídas por modificação do objecto de uma sociedade, por fusão de duas ou mais, ou por cisão, devem ter, no acto da constituição, capital social não inferior ao mínimo estabelecido nos termos do número anterior, não podendo também os seus fundos próprios ser inferiores àquele mínimo.

ART. 96.º (Fundos próprios) – 1 – O Banco de Portugal, por aviso, fixará os elementos que podem integrar os fundos próprios das instituições de crédito e das sucursais referidas no artigo 57.º, definindo as características que devem ter.

2 – Os fundos próprios não podem tornar-se inferiores ao montante de capital social exigido nos termos do artigo 95.º.

3 – Verificando-se diminuição dos fundos próprios abaixo do referido montante, o Banco de Portugal pode, sempre que as circunstâncias o justifiquem, conceder à instituição um prazo limitado para que regularize a situação.

ART. 97.º (Reservas) – 1 – Uma fracção não inferior a 10% dos lucros líquidos apurados em cada exercício pelas instituições de crédito deve ser destinada à formação de uma reserva legal, até um limite igual ao valor do capital social ou ao somatório das reservas livres constituídas e dos resultados transitados, se superior.

2 – Devem ainda as instituições de crédito constituir reservas especiais destinadas a reforçar a situação líquida ou a cobrir prejuízos que a conta de lucros e perdas não possa suportar.

3 – O Banco de Portugal poderá estabelecer, por aviso, critérios, gerais ou específicos, de constituição e aplicação das reservas mencionadas no número anterior.

REGIME GERAL DAS INST. DE CRÉDITO E SOC. FINANCEIRAS   [DL n.º 298/92]   327

ART. 98.º (Segurança das aplicações) – (*Revogado.*)

ART. 99.º (Competência regulamentar) – 1 – Compete ao Banco de Portugal definir, por aviso, as relações a observar entre as rubricas patrimoniais e estabelecer limites prudenciais à realização de operações que as instituições de crédito estejam autorizadas a praticar, em ambos os casos quer em termos individuais, quer em termos consolidados, e nomeadamente:

a) Relação entre os fundos próprios e o total dos activos e das contas extrapatrimoniais, ponderados ou não por coeficientes de risco;

b) Limites à tomada firme de emissões de valores mobiliários para subscrição indirecta ou à garantia da colocação das emissões dos mesmos valores;

c) Limites e formas de cobertura dos recursos alheios e de quaisquer outras responsabilidades perante terceiros;

d) Limites à concentração de riscos;

e) Limites mínimos para as provisões destinados à cobertura de riscos de crédito ou de quaisquer outros riscos ou encargos;

f) Prazos e métodos da amortização das instalações e do equipamento, das despesas de instalação, de trespasse e outras de natureza similar.

2 – Compete ainda ao Banco de Portugal regulamentar as matérias a que alude a alínea *f)* do n.º 1 do artigo 17.º, devendo, neste caso, consultar a Comissão do Mercado de Valores Mobiliários, sempre que o objecto das instituições visadas compreenda alguma actividade ou serviço de investimento.

ART. 100.º (Relações das participações com os fundos próprios) – 1 – As instituições de crédito não podem deter no capital de uma sociedade participação qualificada cujo montante ultrapasse 15% dos fundos próprios da instituição participante.

2 – O montante global das participações qualificadas em sociedades não pode ultrapassar 60% dos fundos próprios da instituição de crédito participante.

3 – Para cálculo dos limites estabelecidos nos números anteriores não serão tomadas em conta:

a) As acções detidas temporariamente em virtude de tomada firme da respectiva emissão, durante o período normal daquela e dentro dos limites fixados nos termos do artigo anterior;

b) As acções ou outras partes de capital detidas em nome próprio mas por conta de terceiros, sem prejuízo dos limites estabelecidos nos termos do artigo anterior.

4 – Não se aplicam os limites fixados nos n.ºs 1 e 2 quando os excedentes de participação relativamente aos referidos limites sejam cobertos a 100% por fundos próprios e estes não entrem no cálculo do rácio de solvabilidade e de outros rácios ou limites que tenham os fundos próprios por referência.

5 – Caso existam excedentes em relação a ambos os limites a que se refere o número anterior, o montante a cobrir pelos fundos próprios será o mais elevado desses excedentes.

6 – O disposto no presente artigo não se aplica às participações noutras instituições de crédito, em sociedades financeiras, em instituições financeiras, em sociedades gestoras de fundos de pensões, em empresas de seguros e em empresas de resseguros.

ART. 101.º (Relações das participações com o capital das sociedades participadas) – 1 – Sem prejuízo do disposto no n.º 4, as instituições de crédito não podem deter, directa ou indirectamente, numa sociedade, por prazo seguido ou interpolado, superior a três anos, participação que lhes confira mais de 25% dos direitos de voto, correspondentes ao capital da sociedade participada.

2 – Considera-se participação indirecta a detenção de acções ou outras partes de capital por pessoas ou em condições que determinem equiparação de direitos de voto para efeitos de participação qualificada.

3 – Não se aplica o limite estabelecido no n.º 1 às participações de uma instituição de crédito noutras instituições de crédito, sociedades financeiras, instituições financeiras, sociedades de serviços auxiliares, sociedades de titularização de créditos, empresas de seguros, filiais de empresas de seguros detidas em conformidade com a lei a estas aplicável, corretoras e mediadoras de seguros, sociedades gestoras de fundos de pensões, sociedades de capital de risco e sociedades gestoras de participações sociais que apenas detenham partes de capital nas sociedades antes referidas, bem como às participações detidas por instituições de crédito em fundos de investimento imobiliário para arrendamento habitacional e sociedades de investimento imobiliário.

4 – O prazo previsto no n.º 1 é de cinco anos relativamente às participações indirectas detidas através de sociedades de capital de risco e de sociedades gestoras de participações sociais.

ART. 102.º (Comunicação das participações qualificadas) – 1 – A pessoa singular ou colectiva que, directa ou indirectamente, pretenda deter participação qualificada numa instituição de crédito deve comunicar previamente ao Banco de Portugal o seu projecto.

2 – Devem ainda ser comunicados previamente ao Banco de Portugal os actos que envolvam aumento de uma participação qualificada, sempre que deles possa resultar, consoante os casos, uma percentagem que atinja ou ultrapasse qualquer dos limiares de 10%, 20%, um terço ou 50% do capital ou dos direitos de voto na instituição participada, ou quando esta se transforme em filial da entidade adquirente.

3 – A comunicação prevista nos números anteriores deve ser feita sempre que da iniciativa ou do conjunto de iniciativas projectadas pela pessoa em causa possa resultar qualquer das situações indicadas, ainda que o resultado não esteja de antemão assegurado.

328 [DL n.º 298/92] INSTITUIÇÕES DE CRÉDITO E SOCIEDADES FINANCEIRAS

4 – O Banco de Portugal estabelece, por aviso, os elementos e informações que devem acompanhar a comunicação prevista nos n.ᵒˢ 1 e 2.

5 – O Banco de Portugal informa o proposto adquirente, por escrito, da recepção da comunicação, se estiver instruída com todos os elementos e informações que a devem acompanhar, e da data do termo do prazo previsto no n.º 4 do artigo 103.º, no prazo de dois dias úteis a contar da data da recepção da referida comunicação.

6 – Se a comunicação efectuada nos termos do presente artigo não estiver devidamente instruída, o Banco de Portugal informa o proposto adquirente, por escrito, dos elementos ou informações em falta, no prazo de dois dias úteis a contar da data de recepção da referida comunicação.

ART. 102.º-A (Declaração oficiosa) – 1 – O Banco de Portugal pode, a todo o tempo e independentemente da aplicação de outras medidas previstas na lei, declarar que possui carácter qualificado qualquer participação no capital ou nos direitos de voto de uma instituição de crédito, relativamente à qual venha a ter conhecimento de actos ou factos relevantes cuja comunicação ao Banco tenha sido omitida ou incorrectamente feita pelo seu detentor.

2 – O Banco de Portugal pode igualmente, a todo o tempo, declarar que possui carácter qualificado uma participação no capital ou nos direitos de voto de uma instituição de crédito, sempre que tenha conhecimento de actos ou factos susceptíveis de alterar a influência exercida pelo seu detentor na gestão da instituição participada.

3 – A apreciação a que se refere o número anterior pode ser feita por iniciativa dos interessados, devendo, neste caso, a decisão do Banco de Portugal ser tomada no prazo de 30 dias após a recepção do pedido.

ART. 103.º (Apreciação) – 1 – O Banco de Portugal pode opor-se ao projecto, se não considerar demonstrado que o proposto adquirente reúne condições que garantam uma gestão sã e prudente da instituição de crédito ou se as informações prestadas pelo proposto adquirente forem incompletas.

2 – Para efeitos do disposto no número anterior, na apreciação das condições que garantam uma gestão sã e prudente da instituição de crédito, o Banco de Portugal tem em conta a adequação do proposto adquirente, a sua influência provável na instituição de crédito e a solidez financeira do projecto, em função do conjunto dos seguintes critérios:

a) Idoneidade do proposto adquirente, tendo especialmente em consideração o disposto no artigo 30.º, se se tratar de uma pessoa singular;

b) Idoneidade e qualificação profissional dos membros do órgão de administração da instituição de crédito, a designar em resultado da aquisição projectada, nos termos do disposto nos artigos 30.º e 31.º;

c) Solidez financeira do proposto adquirente, designadamente em função do tipo de actividade exercida ou a exercer na instituição de crédito;

d) Capacidade da instituição de crédito para cumprir de forma continuada os requisitos prudenciais aplicáveis, tendo especialmente em consideração, caso integre um grupo, a existência de uma estrutura que permita o exercício de uma supervisão efectiva, a troca eficaz de informações entre as autoridades competentes e a determinação da repartição de responsabilidades entre as mesmas;

e) Existência de razões suficientes para suspeitar que, relacionada com a aquisição projectada, teve lugar, está em curso ou foi tentada uma operação susceptível de configurar a prática de actos de branqueamento de capitais ou de financiamento do terrorismo, na acepção do artigo 1.º da Directiva n.º 2005/60/CE, do Parlamento Europeu e do Conselho, de 26 de Outubro, ou que a aquisição projectada poderá aumentar o respectivo risco de ocorrência.

3 – O Banco de Portugal pode solicitar ao proposto adquirente, a todo o tempo, elementos e informações complementares, bem como realizar as averiguações que considere necessárias.

4 – Sem prejuízo do disposto nos n.ᵒˢ 5 e 6, o Banco de Portugal informa o proposto adquirente da sua decisão no prazo de 60 dias úteis a contar da data em que tiverem sido comunicadas as informações previstas no n.º 5 do artigo 102.º.

5 – O pedido de elementos ou de informações complementares apresentado pelo Banco de Portugal, por escrito, até ao 50.º dia útil do prazo previsto no número anterior suspende o prazo de apreciação, entre a data do pedido e a data de recepção da resposta do proposto adquirente.

6 – A suspensão do prazo prevista no número anterior não pode exceder:

a) 30 dias úteis, no caso de o proposto adquirente ter domicílio ou sede fora do território da União Europeia ou estar sujeito a regulamentação não comunitária, bem como no caso de o proposto adquirente não estar sujeito a supervisão nos termos do disposto na Directiva n.º 2006/48/CE, do Parlamento Europeu e do Conselho, de 14 de Junho, na Directiva n.º 85/611/CEE, do Conselho, de 20 de Dezembro, na Directiva n.º 92/49/CEE, do Conselho, de 18 de Junho, na Directiva n.º 2002/83/CE, do Parlamento Europeu e do Conselho, de 5 de Novembro, na Directiva n.º 2004/39/CE, do Parlamento Europeu e do Conselho, de 21 de Abril, e na Directiva n.º 2005/68/CE, do Parlamento Europeu e do Conselho, de 9 de Dezembro;

b) 20 dias úteis, nos restantes casos.

7 – O Banco de Portugal informa o proposto adquirente, por escrito, da recepção dos elementos e informações a que se refere o n.º 5 e da nova data do termo do prazo previsto no n.º 4, no prazo de dois dias úteis a contar da recepção dos referidos elementos e informações.

REGIME GERAL DAS INST. DE CRÉDITO E SOC. FINANCEIRAS   [DL n.º 298/92]   329

8 – Caso decida opor-se ao projecto, o Banco de Portugal:
a) Informa o proposto adquirente, por escrito, da sua decisão e das razões que a fundamentam, no prazo de dois dias úteis a contar da data da decisão e antes do termo do prazo previsto no n.º 4;
b) Pode divulgar ao público as razões que fundamentam a oposição, por sua iniciativa ou a pedido do proposto adquirente.
9 – Sem prejuízo do disposto nos n.ºs 5 e 6, considera-se que o Banco de Portugal não se opõe ao projecto caso não se pronuncie no prazo previsto no n.º 4.
10 – Quando não deduza oposição, o Banco de Portugal poderá fixar prazo razoável para a realização da operação projectada, entendendo-se, nos casos em que nada disser, que aquele é de um ano.
11 – Na decisão do Banco de Portugal devem ser indicadas as eventuais observações ou reservas expressas pela autoridade competente no âmbito do processo de cooperação previsto no artigo 103.º-A.

ART. 103.º-A (Cooperação) – 1 – O Banco de Portugal solicita o parecer da autoridade competente do Estado membro de origem, caso o proposto adquirente corresponda a um dos seguintes tipos de entidades:
a) Instituição de crédito, empresa de seguros, empresa de resseguros, empresa de investimento ou entidade gestora de organismos de investimento colectivo em valores mobiliários, na acepção do n.º 2 do artigo 1.º-A da Directiva n.º 85/611/CEE, do Conselho, de 20 de Dezembro, autorizada noutro Estado membro;
b) Empresa mãe de uma entidade referida na alínea anterior;
c) Pessoa singular ou colectiva que controla uma entidade referida na alínea *a).*
2 – A pedido das autoridades competentes de outros Estados membros, o Banco de Portugal comunica as informações essenciais à apreciação de projectos de aquisição de participações qualificadas e, caso sejam solicitadas, outras informações relevantes.
3 – O Banco de Portugal solicita o parecer do Instituto de Seguros de Portugal no caso de o proposto adquirente corresponder a um dos tipos de entidades previstas no n.º 1, autorizadas pelo Instituto de Seguros de Portugal.
4 – O Banco de Portugal solicita o parecer da Comissão do Mercado de Valores Mobiliários se o objecto da instituição de crédito compreender alguma actividade de intermediação de instrumentos financeiros ou no caso de o proposto adquirente corresponder a um dos tipos de entidades previstas no n.º 1, autorizadas pela Comissão do Mercado de Valores Mobiliários.
5 – O Banco de Portugal informa a Comissão Europeia e as autoridades competentes dos outros Estados membros da União Europeia de qualquer tomada de participações numa instituição de crédito sempre que o participante seja pessoa singular não nacional de Estados membros da União Europeia, ou pessoa colectiva que tenha a sua sede principal e efectiva de administração em país terceiro à União Europeia, e, em virtude da participação, a instituição de crédito se transforme em sua filial.

ART. 104.º (Comunicação subsequente) – 1 – Os actos ou factos de que tenha resultado a aquisição de uma participação que atinja, pelo menos, 5% do capital ou dos direitos de voto de uma instituição de crédito devem ser comunicados ao Banco de Portugal no prazo de 15 dias a contar da respectiva verificação.
2 – No caso previsto no número anterior, o Banco de Portugal informa o interessado, no prazo de 30 dias, se considerar que a participação adquirida tem carácter qualificado.
3 – Deve ainda ser comunicada ao Banco de Portugal, no prazo de 15 dias, a celebração dos actos mediante os quais sejam concretizados os projectos de aquisição ou de aumento de participação qualificada, sujeitos a comunicação prévia nos termos do disposto nos n.ºs 1 e 2 do artigo 102.º.

ART. 105.º (Inibição dos direitos de voto) – 1 – Sem prejuízo de outras sanções aplicáveis e salvo o disposto no número seguinte, o Banco de Portugal pode determinar a inibição do exercício dos direitos de voto integrantes de uma participação qualificada, na medida necessária e adequada para impedir a influência na gestão que foi obtida através do acto de que tenha resultado a aquisição ou o aumento da referida participação, desde que se verifique alguma das seguintes situações:
a) Não ter o interessado cumprido a obrigação de comunicação prevista no artigo 102.º;
b) Ter o interessado adquirido ou aumentado participação qualificada depois de ter procedido à comunicação referida no artigo 102.º, mas antes de o Banco de Portugal se ter pronunciado nos termos do artigo 103.º;
c) Ter-se o Banco de Portugal oposto ao projecto de aquisição ou de aumento da participação comunicado.
2 – Se, nas situações a que se refere a alínea *a)* do número anterior, a comunicação em falta for feita antes de decidida a inibição dos direitos de voto, o Banco de Portugal procede de acordo com os poderes que lhe são conferidos pelo artigo 103.º; se a mesma comunicação for posterior à decisão de inibição, esta cessa se o Banco de Portugal não deduzir oposição.
3 – Em qualquer dos casos previstos nos números anteriores, o Banco de Portugal poderá, em alternativa, determinar que a inibição incida em entidade que detenha, directa ou indirectamente, direitos de voto na instituição de crédito participada, se essa medida for considerada suficiente para assegurar as condições de gestão sã e prudente nesta última e não envolver restrição grave do exercício de outras actividades económicas.
4 – O Banco de Portugal determina igualmente em que medida a inibição abrange os direitos de voto exercidos pela instituição participada noutras instituições de crédito com as quais se encontre em relação de controlo ou domínio, directo ou indirecto.

330 [DL n.º 298/92]   INSTITUIÇÕES DE CRÉDITO E SOCIEDADES FINANCEIRAS

5 – As decisões proferidas ao abrigo dos números anteriores são notificadas ao interessado, nos termos gerais, e comunicadas ao órgão de administração da instituição de crédito participada e ao presidente da respectiva assembleia de accionistas, acompanhadas, quanto a este último, da determinação de que deve actuar de forma a impedir o exercício dos direitos de voto inibidos, de acordo com o disposto no número seguinte, e são também comunicadas, sempre que o objecto da instituição de crédito compreenda alguma actividade de intermediação em instrumentos financeiros, à Comissão do Mercado de Valores Mobiliários e, sempre que o interessado seja uma entidade sujeita a supervisão do Instituto de Seguros de Portugal, a este Instituto.

6 – O presidente da assembleia geral a quem sejam comunicadas as decisões a que se refere o número anterior deve, no exercício das suas funções, assegurar que os direitos de voto inibidos não são, em qualquer circunstância, exercidos na assembleia de accionistas.

7 – Se, não obstante o disposto no número anterior, se verificar que foram exercidos direitos de voto sujeitos a inibição, a deliberação tomada é anulável, salvo se se provar que teria sido tomada e teria sido idêntica ainda que esses direitos não tivessem sido exercidos.

8 – A anulabilidade pode ser arguida nos termos gerais, ou ainda pelo Banco de Portugal.

9 – Se o exercício dos direitos de voto abrangidos pela inibição tiver sido determinante para a eleição dos órgãos de administração ou fiscalização, o Banco de Portugal deve, na pendência da acção de anulação da respectiva deliberação, recusar os respectivos registos.

ART. 106.º (Inibição por motivos supervenientes) – 1 – O Banco de Portugal, com fundamento em factos relevantes, que venham ao seu conhecimento após a constituição ou aumento de uma participação qualificada e que criem o receio justificado de que a infiuência exercida pelo seu detentor possa prejudicar a gestão sã e prudente da instituição de crédito participada, pode determinar a inibição do exercício dos direitos de voto integrantes da mesma participação.

2 – Às decisões tomadas nos termos do n.º 1 é aplicável, com as necessárias adaptações, o disposto nos n.ᵒˢ 4 e seguintes do artigo 105.º.

ART. 107.º (Diminuição da participação) – 1 – A pessoa singular ou colectiva que pretenda deixar de deter participação qualificada numa instituição de crédito, ou diminuí-la de tal modo que a percentagem de direitos de voto ou de capital de que seja titular desça a nível inferior a qualquer dos limiares de 20%, um terço ou 50%, ou de tal modo que a instituição deixe de ser sua filial, deve informar previamente o Banco de Portugal e comunicar-lhe o novo montante da sua participação.

2 – Se se verificar a redução de uma participação para um nível inferior a 5% do capital ou dos direitos de voto da instituição participada, o Banco de Portugal comunicará ao seu detentor, no prazo de 30 dias, se considera que a participação daí resultante tem carácter qualificado.

3 – Às situações previstas no presente artigo é aplicável, com as devidas adaptações, o disposto no artigo 104.º.

ART. 108.º (Comunicação pelas instituições de crédito) – 1 – As instituições de crédito comunicarão ao Banco de Portugal, logo que delas tiverem conhecimento, as alterações a que se referem os artigos 102.º e 107.º.

2 – Em Abril de cada ano, as instituições de crédito comunicam ao Banco de Portugal a identidade dos detentores de participações qualificadas, com especificação do capital social e dos direitos de voto correspondentes a cada participação.

ART. 109.º (Crédito a detentores de participações qualificadas) – 1 – O montante dos créditos concedidos, sob qualquer forma ou modalidade, incluindo a prestação de garantias, a pessoa que directa ou indirectamente detenha participação qualificada numa instituição de crédito e a sociedade que essa pessoa directa ou indirectamente domine, ou que com ela estejam numa relação de grupo, não poderá exceder, em cada momento e no seu conjunto, 10% dos fundos próprios da instituição.

2 – O montante global dos créditos concedidos a todos os detentores de participações qualificadas e a sociedades referidas no número anterior não poderá exceder, em cada momento, 30% dos fundos próprios da instituição de crédito.

3 – As operações referidas nos números anteriores dependem da aprovação por maioria qualificada de pelo menos dois terços dos membros do órgão de administração e do parecer favorável do órgão de fiscalização da instituição de crédito.

4 – Os n.ᵒˢ 2 e 3 do artigo 85.º são aplicáveis, com as necessárias adaptações, às operações a que se referem os números anteriores, sendo a presunção prevista no n.º 2 do artigo 85.º apenas ilidível nos casos de parentesco e afinidade em 1.º grau ou de cônjuges judicialmente separados de pessoas e bens.

5 – O disposto no presente artigo não se aplica às operações de concessão de crédito de que sejam beneficiárias instituições de crédito, sociedades financeiras ou sociedades gestoras de participações sociais, que se encontrem incluídas no perímetro de supervisão em base consolidada a que esteja sujeita a instituição de crédito em causa, nem às sociedades gestoras de fundos de pensões, empresas de seguros, corretoras e outras mediadoras de seguros que dominem ou sejam dominadas por qualquer entidade incluída no mesmo perímetro de supervisão.

6 – Os montantes de crédito referidos no presente artigo e no n.º 5 do artigo 85.º serão sempre agregados para efeitos do cômputo dos respectivos limites.

REGIME GERAL DAS INST. DE CRÉDITO E SOC. FINANCEIRAS   [DL n.º 298/92]   331

ART. 110.º (Relação de accionistas) – 1 – Até cinco dias antes da realização das assembleias gerais das instituições de crédito, deve ser publicada, em dois dos jornais mais lidos da localidade da sede, a relação dos accionistas, com indicação das respectivas participações no capital social.

2 – A relação só tem de incluir os accionistas cujas participações excedam 2% do capital social.

3 – O disposto nos números anteriores não se aplica no caso de as assembleias gerais se realizarem ao abrigo do artigo 54.º do Código das Sociedades Comerciais.

ART. 111.º (Registo de acordos parassociais) – 1 – Os acordos parassociais entre accionistas de instituições de crédito relativos ao exercício do direito de voto estão sujeitos a registo no Banco de Portugal, sob pena de ineficácia.

2 – O registo pode ser requerido por qualquer das partes do acordo.

ART. 112.º (Aquisição de imóveis) – 1 – As instituições de crédito não podem, salvo autorização concedida pelo Banco de Portugal, adquirir imóveis que não sejam indispensáveis à sua instalação e funcionamento ou à prossecução do seu objecto social.

2 – O Banco de Portugal determinará as normas, designadamente de contabilidade, que a instituição de crédito deve observar na aquisição de imóveis.

ART. 113.º (Rácio do imobilizado e aquisição de títulos de capital) – O Banco de Portugal poderá definir, por aviso, os limites ao valor do activo imobilizado das instituições de crédito, bem como ao valor total das acções ou outras partes de capital de quaisquer sociedades não abrangidas no referido activo, que as instituições de crédito podem deter.

ART. 114.º (Aquisições em reembolso de crédito próprio) – Os limites previstos nos artigos 100.º e 101.º podem ser excedidos e a restrição constante do artigo 112.º ultrapassada, em resultado de aquisições em reembolso de crédito próprio, devendo as situações daí resultantes ser regularizadas no prazo de dois anos, o qual, havendo motivo fundado, poderá ser prorrogado pelo Banco de Portugal, nas condições que este determinar.

ART. 115.º (Regras de contabilidade e publicações) – 1 – Compete ao Banco de Portugal, sem prejuízo das atribuições da Comissão de Normalização Contabilística e do disposto no Código dos Valores Mobiliários, estabelecer normas de contabilidade aplicáveis às instituições sujeitas à sua supervisão, bem como definir os elementos que as mesmas instituições lhe devem remeter e os que devem publicar.

2 – As instituições de crédito organizarão contas consolidadas nos termos previstos em legislação própria.

3 – As instituições sujeitas à supervisão do Banco de Portugal devem publicar as suas contas nos termos e com a periodicidade definidas em aviso do Banco de Portugal, podendo este exigir a respectiva certificação legal.

CAPÍTULO III — Supervisão

Secção I — SUPERVISÃO EM GERAL

ART. 116.º (Procedimentos de supervisão) – 1 – No desempenho das suas funções de supervisão, compete em especial ao Banco de Portugal:

a) Acompanhar a actividade das instituições de crédito;

b) Vigiar pela observância das normas que disciplinam a actividade das instituições de crédito;

c) Emitir recomendações e determinações específicas para que sejam sanadas as irregularidades detectadas;

d) Tomar providências extraordinárias de saneamento;

e) Sancionar as infracções.

2 – O Banco de Portugal pode exigir a realização de auditorias especiais por entidade independente, por si designada, a expensas da instituição auditada.

ART. 116.º-A (Processo de supervisão) – 1 – Tomando em consideração os critérios técnicos previstos no artigo 116.º-B, o Banco de Portugal analisa as disposições, estratégias, processos e mecanismos aplicados pelas instituições de crédito para dar cumprimento ao Decreto-Lei n.º 104/2007, de 3 de Abril, e avalia os riscos a que as instituições de crédito estejam ou possam vir a estar expostas.

2 – Com base na análise e avaliação referidas no número anterior, o Banco de Portugal decide se as disposições, estratégias, processos e mecanismos aplicados pelas instituições de crédito e os fundos próprios que detêm garantem uma gestão sólida e a cobertura dos seus riscos.

3 – O Banco de Portugal determina, de harmonia com o princípio da proporcionalidade, a frequência e a intensidade da análise e avaliação referida no n.º 1, tomando em consideração a dimensão, a importância sistémica, a natureza, o nível e a complexidade das actividades da instituição de crédito em causa.

4 – A análise e a avaliação referidas no número anterior são actualizadas pelo menos anualmente.

5 – A análise e a avaliação efectuadas pelo Banco de Portugal incluem a exposição das instituições de crédito ao risco de taxa de juro resultante de actividades da carteira bancária, sendo necessárias medidas no caso de instituições cujo valor económico sofra uma redução correspondente a mais de 20% dos respectivos fundos

332 [DL n.º 298/92] INSTITUIÇÕES DE CRÉDITO E SOCIEDADES FINANCEIRAS

próprios, na sequência de uma alteração súbita e inesperada das taxas de juro, devendo o respectivo âmbito ser determinado pelo Banco de Portugal e ser igual para todas as instituições.

ART. 116.º-B (Critérios técnicos relativos à análise e avaliação pelo Banco de Portugal) – 1 – Para além dos riscos de crédito, de mercado e operacional, a análise e a avaliação realizadas pelo Banco de Portugal, de acordo com artigo 116.º-A, devem incluir o seguinte:

a) Os resultados do teste de esforço realizado pelas instituições de crédito com base na aplicação do método IRB;

b) A exposição aos riscos de concentração e respectiva gestão por parte das instituições de crédito, incluindo o respeito dos requisitos estabelecidos na regulamentação sobre grandes riscos;

c) A solidez, a adequação e o modo de aplicação das políticas e procedimentos aplicados pelas instituições de crédito relativamente à gestão do risco residual associado à utilização de técnicas reconhecidas de redução do risco de crédito;

d) O carácter adequado dos fundos próprios detidos por uma instituição de crédito relativos a activos por si titularizados, tendo em conta o conteúdo económico da operação, incluindo o grau de transferência de risco alcançado;

e) A exposição aos riscos de liquidez e respectiva gestão por parte das instituições de crédito;

f) O impacte dos efeitos de diversificação e o modo como esses efeitos são tidos em conta no sistema de avaliação de riscos; e

g) Os resultados dos testes de esforço realizados pelas instituições que utilizam um modelo interno para calcular os requisitos de fundos próprios para cobertura dos riscos de mercado.

2 – Compete ao Banco de Portugal verificar se uma instituição de crédito concedeu apoio implícito a uma operação de titularização.

3 – Caso se verifique que uma instituição de crédito concedeu apoio implícito mais de uma vez, o Banco de Portugal toma as medidas adequadas que reflictam o facto de crescerem as expectativas de que concede, no futuro, apoio às suas operações de titularização, não sendo assim assegurada uma transferência de risco significativa.

4 – Para efeitos da decisão a realizar nos termos do n.º 2 do artigo 116.º-A, o Banco de Portugal pondera se os ajustamentos de valor efectuados e as provisões constituídas relativamente às posições incluídas na carteira de negociação, nos termos da regulamentação aplicável em matéria de adequação de fundos próprios aos riscos de mercado, permitem à instituição de crédito vender ou assegurar a cobertura das suas posições num período curto sem incorrer em perdas significativas em condições normais de mercado.

ART. 116.º-C (Medidas correctivas) – 1 – O Banco de Portugal pode exigir que as instituições de crédito que não cumpram as normas que disciplinam a sua actividade adoptem rapidamente as medidas ou acções necessárias para resolver a situação.

2 – Para o efeito, o Banco de Portugal pode determinar, entre outras, as seguintes medidas:

a) Exigir que as instituições de crédito detenham fundos próprios superiores ao nível mínimo estabelecido;

b) Exigir o reforço das disposições, processos, mecanismos e estratégias criados para efeitos do governo da sociedade, controlo interno e auto-avaliação de riscos;

c) Exigir que as instituições de crédito apliquem uma política específica de constituição de provisões ou de tratamento de activos em termos de requisitos de fundos próprios;

d) Restringir ou limitar as actividades, operações ou redes de balcões das instituições de crédito; e

e) Exigir a redução do risco inerente às actividades, produtos e sistemas das instituições de crédito.

ART. 117.º (Sociedades gestoras de participações sociais) – 1 – Ficam sujeitas à supervisão do Banco de Portugal as sociedades gestoras de participações sociais quando as participações detidas, directa ou indirectamente, lhes confiram a maioria dos direitos de voto em uma ou mais instituições de crédito ou sociedades financeiras.

2 – O Banco de Portugal pode ainda sujeitar à sua supervisão as sociedades gestoras de participações sociais que, não estando incluídas na previsão do número anterior, detenham participação qualificada em instituição de crédito ou em sociedade financeira.

3 – Exceptuam-se da aplicação do número anterior as sociedades gestoras de participações sociais sujeitas à supervisão do Instituto de Seguros de Portugal.

4 – O disposto nos artigos 30.º, 31.º e 43.º-A é aplicável às sociedades gestoras de participações sociais sujeitas à supervisão do Banco de Portugal.

ART. 117.º-A (Instituições de pagamento) – As instituições de pagamento encontram-se sujeitas à supervisão do Banco de Portugal, nos termos das normas legais e regulamentares que regem a respectiva actividade.

ART. 117.º-B (Sociedades relevantes para sistemas de pagamentos) – 1 – O Banco de Portugal pode sujeitar à sua supervisão as entidades que tenham por objecto exercer, ou que de facto exerçam, uma actividade especialmente relevante para o funcionamento dos sistemas de pagamentos, especificando as regras e as obrigações que lhes são aplicáveis, de entre as previstas no presente decreto-lei para as sociedades financeiras.

2 – As entidades que exerçam qualquer actividade no âmbito dos sistemas de pagamentos devem comunicar esse facto ao Banco de Portugal e prestar-lhe todas as informações que ele lhes solicitar.

3 – Para os efeitos do n.º 1, considera-se especialmente relevante para os sistemas de pagamentos, nomeadamente, a actividade de gestão de uma rede electrónica através da qual se efectuem pagamentos.

REGIME GERAL DAS INST. DE CRÉDITO E SOC. FINANCEIRAS   [DL n.º 298/92]   333

ART. 118.º (Gestão sã e prudente) – 1 – Se as condições em que decorre a actividade de uma instituição de crédito não respeitarem as regras de uma gestão sã e prudente, o Banco de Portugal pode notificá-la para, no prazo que lhe fixar, tomar as providências necessárias para restabelecer ou reforçar o equilíbrio financeiro, ou corrigir os métodos de gestão.

2 – Sempre que tiver conhecimento do projecto de uma operação por uma instituição de crédito que, no seu entender, seja susceptível de implicar a violação ou o agravamento da violação de regras prudenciais aplicáveis ou infringir as regras de uma gestão sã e prudente, o Banco de Portugal pode notificar essa instituição para se abster de realizar tal operação.

ART. 118.º-A (Dever de abstenção e registo de operações) – 1 – É vedada às instituições de crédito a concessão de crédito a entidades sediadas em jurisdição *offshore* considerada não cooperante ou cujo beneficiário último seja desconhecido.

2 – Compete ao Banco de Portugal definir, por aviso, as jurisdições *offshore* consideradas não cooperantes para efeitos do disposto no número anterior.

3 – Sem prejuízo do disposto no n.º 1, devem as instituições de crédito proceder ao registo das operações de transferência que tenham como beneficiário entidade sediada em jurisdição *offshore*, procedendo à sua comunicação ao Banco de Portugal, nos termos e com a periodicidade definidos por esta entidade.

4 – O disposto no número anterior incide sobre operações de montante superior a € 15 000, independentemente de a transferência ser realizada através de uma única operação ou várias operações relacionadas entre si, devendo incluir a identificação do ordenante, da entidade beneficiária e eventuais entidades intermediárias.

ART. 119.º (Dever de accionista) – Quando a situação de uma instituição de crédito o justifique, o Banco de Portugal pode recomendar aos accionistas que lhe prestem o apoio financeiro que seja adequado.

ART. 120.º (Deveres de informação) – 1 – As instituições de crédito são obrigadas a apresentar ao Banco de Portugal as informações que este considere necessárias à verificação:

a) Do seu grau de liquidez e solvabilidade;

b) Dos riscos em que incorrem, incluindo o nível de exposição a diferentes tipos de instrumentos financeiros;

c) Das práticas de gestão e controlo dos riscos a que estão ou possam vir a estar sujeitas;

d) Das metodologias adoptadas na avaliação dos seus activos, em particular daqueles que não sejam transaccionados em mercados de elevada liquidez e transparência;

e) Do cumprimento das normas, legais e regulamentares, que disciplinam a sua actividade;

f) Da sua organização administrativa;

g) Da eficácia dos seus controlos internos;

h) Dos seus processos de segurança e controlo no domínio informático;

i) Do cumprimento permanente das condições previstas nos artigos 14.º, 15.º e 20.º, n.º 1, alínea *f)*.

2 – O Banco de Portugal pode regulamentar, por aviso, o disposto do número anterior.

3 – As instituições de crédito facultarão ao Banco de Portugal a inspecção dos seus estabelecimentos e o exame da escrita no local, assim como todos os outros elementos que o Banco considere relevantes para a verificação dos aspectos mencionados no número anterior.

4 – O Banco de Portugal pode extrair cópias e traslados de toda a documentação pertinente.

5 – As entidades não abrangidas pelos números precedentes e que detenham participações qualificadas no capital de instituições de crédito são obrigadas a fornecer ao Banco de Portugal todos os elementos ou informações que o mesmo Banco considere relevantes para a supervisão das instituições em que participam.

6 – Durante o prazo de cinco anos, as instituições de crédito devem manter à disposição do Banco de Portugal os dados relevantes sobre as transacções relativas a serviços e actividades de investimento.

7 – O Banco de Portugal pode exigir que as instituições de crédito lhe apresentem relatórios de trabalhos relacionados com matérias de supervisão prudencial, realizados por uma entidade devidamente habilitada e para o efeito aceite pelo mesmo Banco.

8 – O Banco de Portugal pode ainda solicitar a qualquer pessoa as informações de que necessite para o exercício das suas funções e, se necessário, convocar essa pessoa e ouvi-la a fim de obter essas informações.

ART. 121.º (Revisores oficiais de contas e auditores externos) – 1 – Os revisores oficiais de contas ao serviço de uma instituição de crédito e os auditores externos que, por exigência legal, prestem a uma instituição de crédito serviços de auditoria são obrigados a comunicar ao Banco de Portugal, com a maior brevidade, os factos respeitantes a essa instituição de que tenham conhecimento no exercício das suas funções, quando tais factos sejam susceptíveis de:

a) Constituir uma infracção grave às normas, legais ou regulamentares, que estabeleçam as condições de autorização ou que regulem de modo específico o exercício da actividade das instituições de crédito; ou

b) Afectar a continuidade da exploração da instituição de crédito; ou

c) Determinar a recusa da certificação das contas ou a emissão de reservas.

2 – A obrigação prevista no número anterior é igualmente aplicável relativamente aos factos de que as pessoas referidas no mesmo número venham a ter conhecimento no contexto de funções idênticas, mas exercidas em empresa que mantenha com a instituição de crédito onde tais funções são exercidas uma relação de proximidade.

334   [DL n.º 298/92]   INSTITUIÇÕES DE CRÉDITO E SOCIEDADES FINANCEIRAS

3 – O dever de informação imposto pelo presente artigo prevalece sobre quaisquer restrições à divulgação de informações legal ou contratualmente previstas, não envolvendo nenhuma responsabilidade para os respectivos sujeitos o seu cumprimento.

ART. 122.º (Instituições de crédito autorizadas em outros países comunitários) – 1 – As instituições de crédito autorizadas em outros Estados membros da Comunidade Europeia e que exerçam actividade em Portugal, desde que sujeitas à supervisão das autoridades dos países de origem, não estão sujeitas à supervisão prudencial do Banco de Portugal.

2 – Compete, porém, ao Banco de Portugal, em colaboração com as autoridades competentes dos países de origem, supervisar a liquidez das sucursais das instituições de crédito mencionadas no número anterior.

3 – O Banco de Portugal colaborará com as autoridades competentes dos países de origem, no sentido de as instituições referidas no n.º 1 tomarem as providências necessárias para cobrir os riscos resultantes de posições abertas que decorram das operações que efectuem no mercado português.

4 – As instituições mencionadas estão sujeitas às decisões e outras providências que as autoridades portuguesas tomem no âmbito da política monetária, financeira e cambial e às normas aplicáveis por razões de interesse geral.

ART. 123.º (Deveres das instituições autorizadas em outros países comunitários) – 1 – Para os efeitos do artigo anterior, as instituições nele mencionadas devem apresentar ao Banco de Portugal os elementos de informação que este considere necessários.

2 – É aplicável o disposto nos n.ºs 2 e 3 do artigo 120.º.

ART. 124.º (Inspecção pelas autoridades do país de origem) – 1 – Tendo em vista exercer as funções de supervisão prudencial que lhes incumbem, as autoridades competentes dos outros Estados membros da Comunidade Europeia, após terem informado do facto o Banco de Portugal, podem, directamente ou por intermédio de quem tenham mandatado para o efeito, proceder a inspecções nas sucursais que as instituições de crédito autorizadas nesses Estados membros possuam em território português.

2 – As inspecções de que trata o número anterior podem também ser realizadas pelo Banco de Portugal, a pedido das autoridades referidas no mesmo número.

ART. 125.º (Escritórios de representação) – A actividade dos escritórios de representação de instituições de crédito com sede no estrangeiro está sujeita à supervisão do Banco de Portugal, a qual poderá ser feita no local e implicar o exame de livros de contabilidade e de quaisquer outros elementos de informação julgados necessários.

ART. 126.º (Entidades não habilitadas) – 1 – Quando haja fundadas suspeitas de que uma entidade não habilitada exerce ou exerceu alguma actividade reservada às instituições de crédito, pode o Banco de Portugal exigir que ela apresente os elementos necessários ao esclarecimento da situação, bem como realizar inspecções no local onde indiciariamente tal actividade seja ou tenha sido exercida, ou onde suspeite que se encontrem elementos relevantes para o conhecimento da mesma actividade.

2 – Sem prejuízo da legitimidade atribuída por lei a outras pessoas, o Banco de Portugal pode requerer a dissolução e liquidação de sociedade ou outro ente colectivo que, sem estar habilitado, pratique operações reservadas a instituições de crédito.

ART. 127.º (Colaboração de outras autoridades) – As autoridades policiais prestarão ao Banco de Portugal a colaboração que este lhes solicitar no âmbito das suas atribuições de supervisão.

ART. 128.º (Apreensão de documentos e valores) – 1 – No decurso das inspecções a que se refere o n.º 1 do artigo 126.º, pode o Banco de Portugal proceder a apreensão de quaisquer documentos ou valores que constituam objecto, instrumento ou produto de infracção ou que se mostrem necessários à instrução do respectivo processo.

2 – Aos valores apreendidos aplica-se o disposto no n.º 1 do artigo 215.º.

ART. 129.º (Recursos) – (*Revogado.*)

SECÇÃO II — **SUPERVISÃO EM BASE CONSOLIDADA**

ART. 130.º (Competência e definições) – 1 – O Banco de Portugal exercerá a supervisão em base consolidada das instituições de crédito, nos termos da presente secção.

2 – Para os efeitos da presente secção, entende-se por:

a) «Entidades equiparadas a instituições de crédito» as sociedades financeiras referidas no n.º 1 do artigo 6.º e ainda qualquer pessoa colectiva que, não sendo instituição de crédito ou sociedade financeira, tenha como actividade principal tomar participações ou exercer uma ou mais actividades previstas nos n.ºs 2 a 12 da lista anexa à Directiva n.º 2006/48/CE, do Parlamento Europeu e do Conselho, de 14 de Junho, e ainda as instituições excluídas a título permanente pelo artigo 2.º da Directiva n.º 2006/48/CE, do Parlamento Europeu e do Conselho, de 14 de Junho, com excepção dos bancos centrais dos Estados membros da União Europeia;

b) «Companhia financeira» alguma das entidades equiparadas a instituições de crédito, cujas filiais sejam exclusiva ou principalmente instituições de crédito ou entidades equiparadas, sendo pelo menos uma destas

REGIME GERAL DAS INST. DE CRÉDITO E SOC. FINANCEIRAS [DL n.º 298/92] 335

filiais uma instituição de crédito, e que não seja uma companhia financeira mista na acepção da alínea *l*) do artigo 2.º do decreto-lei que transpõe a Directiva n.º 2002/87/CE, do Parlamento Europeu e do Conselho, de 16 de Dezembro, relativa à supervisão complementar de instituições de crédito, empresas de seguros e empresas de investimento de um conglomerado financeiro;

c) «Companhia mista» qualquer empresa mãe que não seja uma companhia financeira ou uma instituição de crédito ou uma companhia financeira mista na acepção da alínea *l*) do artigo 2.º do decreto-lei que transpõe a Directiva n.º 2002/87/CE, do Parlamento Europeu e do Conselho, de 16 de Dezembro, em cujas filiais se inclua, pelo menos, uma instituição de crédito;

d) «Participação» os direitos no capital de outras empresas desde que criem ligações duradouras com estas e se destinem a contribuir para a actividade da empresa, sendo sempre considerada uma participação a detenção, directa ou indirecta, de pelo menos 20% ou dos direitos de voto ou do capital de uma empresa;

e) «Filial» a pessoa colectiva relativamente à qual outra pessoa colectiva, designada por empresa mãe, se encontre numa relação de domínio em alguma das variantes I) a IV) da alínea *a*) da definição 2.ª do artigo 13.º, ou sobre a qual exerça efectivamente, no juízo das autoridades de supervisão das instituições de crédito, influência dominante;

f) «Instituição de crédito mãe em Portugal» uma instituição de crédito que tenha como filial uma instituição de crédito ou uma entidade a esta equiparada ou que detenha uma participação numa instituição dessa natureza e que não seja, ela própria, filial de outra instituição de crédito ou de companhia financeira sediada em Portugal;

g) «Companhia financeira mãe em Portugal» uma companhia financeira que não seja, ela própria, filial de instituição de crédito ou de companhia financeira sediada em Portugal;

h) «Instituição de crédito mãe em Portugal e na União Europeia» uma instituição de crédito mãe em Portugal que não seja filial de instituição de crédito autorizada em outro Estado membro ou de companhia financeira estabelecida em outro Estado membro;

i) «Companhia financeira mãe em Portugal e na União Europeia» uma companhia financeira mãe em Portugal que não seja filial de instituição de crédito autorizada em outro Estado membro ou de companhia financeira estabelecida em outro Estado membro;

j) «Empresa de investimento mãe em Portugal» uma empresa de investimento que tenha como filial uma instituição ou uma instituição financeira, ou que detenha uma participação em tais entidades, e que não seja filial de outra instituição ou companhia financeira sediada em Portugal;

l) «Empresa de investimento mãe em Portugal e na União Europeia» uma empresa de investimento mãe em Portugal que não seja filial de outra instituição ou companhia financeira estabelecida em qualquer outro Estado membro.

ART. 131.º (Âmbito) – 1 – Sem prejuízo da supervisão em base individual, as instituições de crédito com sede em Portugal que tenham como filiais uma ou mais instituições de crédito ou entidades equiparadas, ou que nelas detenham uma participação, ficam sujeitas à supervisão com base na sua situação financeira consolidada.

2 – Sem prejuízo da supervisão em base individual, as instituições de crédito com sede em Portugal, cuja empresa mãe seja uma companhia financeira com sede num Estado membro da Comunidade Europeia, ficam sujeitas a supervisão com base na situação financeira consolidada da companhia financeira.

3 – O Banco de Portugal pode determinar a inclusão de uma instituição de crédito na supervisão em base consolidada, nos seguintes casos:

a) Quando uma instituição de crédito exerça influência significativa sobre outra instituição de crédito ou entidade equiparada, ainda que não detenha nela qualquer participação;

b) Quando duas ou mais instituições de crédito ou entidades equiparadas estejam sujeitas a direcção única, ainda que não estipulada estatutária ou contratualmente;

c) Quando duas ou mais instituições de crédito ou entidades equiparadas tenham órgãos de administração ou fiscalização compostos maioritariamente pelas mesmas pessoas.

4 – As sociedades de serviços auxiliares serão incluídas na supervisão em base consolidada quando se verificarem as condições previstas nos n.ºs 1 e 2.

5 – O Banco de Portugal fixará, por aviso, os termos em que instituições de crédito, entidades equiparadas ou sociedades de serviços auxiliares podem ser excluídas da supervisão em base consolidada.

ART. 132.º (Regras especiais de competência) – 1 – O Banco de Portugal exercerá a supervisão em base consolidada se uma companhia financeira tiver sede em Portugal e for empresa mãe de instituições de crédito com sede em Portugal e noutros Estados membros da Comunidade Europeia.

2 – As instituições de crédito com sede em Portugal que tenham como empresa mãe uma companhia financeira com sede noutro Estado membro onde também se encontre sediada outra instituição de crédito sua filial ficam sujeitas à supervisão em base consolidada exercida pela autoridade de supervisão desse Estado membro.

3 – As instituições de crédito com sede em Portugal cuja companhia financeira tenha sede num Estado membro, integrada num grupo em que as restantes instituições de crédito têm sede em diferentes Estados

336 [DL n.º 298/92]   INSTITUIÇÕES DE CRÉDITO E SOCIEDADES FINANCEIRAS

membros e têm como empresas mãe uma companhia financeira também com sede em diferentes Estados membros, ficam sujeitas à supervisão em base consolidada exercida pela autoridade de supervisão da instituição de crédito cujo total do balanço apresente o valor mais elevado.

4 – As instituições de crédito com sede em Portugal, cuja empresa mãe seja uma companhia financeira com sede noutro Estado membro, e que tenha outras instituições de crédito filiais em Estados membros diferentes do da sua sede, ficam sujeitas à supervisão em base consolidada exercida pela autoridade de supervisão que autorizou a instituição de crédito cujo total do balanço seja o mais elevado.

ART. 132.º-A (Empresas mãe sediadas em países terceiros) – 1 – Quando uma instituição de crédito, cuja empresa mãe seja uma instituição de crédito ou uma companhia financeira sediada fora da União Europeia, que não esteja sujeita a supervisão em base consolidada em termos equivalentes aos da presente secção, deve ser verificado se está sujeita, por parte de uma autoridade de supervisão do país terceiro, a uma supervisão equivalente à exigida pelos princípios estabelecidos na presente secção.

2 – A verificação referida no número anterior é efectuada pelo Banco de Portugal no caso em que, pela aplicação dos critérios estabelecidos nos artigos 130.º e seguintes, este seria a autoridade responsável pela supervisão em base consolidada se esta fosse realizada.

3 – Compete ao Banco de Portugal proceder à verificação referida no n.º 1:
a) A pedido da empresa mãe;
b) A pedido de qualquer das entidades sujeitas a supervisão autorizadas na União Europeia;
c) Por iniciativa própria.

4 – O Banco de Portugal deve consultar as demais autoridades de supervisão das referidas filiais e o Comité Bancário Europeu.

5 – Na ausência de uma supervisão equivalente, aplicam-se, por analogia, as disposições da presente secção.

6 – Em alternativa ao disposto no número anterior, o Banco de Portugal, quando for a autoridade responsável e após consulta às autoridades referidas no n.º 3, pode adoptar outros métodos adequados que permitam atingir os objectivos da supervisão numa base consolidada, nomeadamente exigindo a constituição de uma companhia financeira sediada na União Europeia e aplicando-lhe as disposições sobre a supervisão numa base consolidada.

7 – No caso referido no número anterior, o Banco de Portugal notifica às autoridades de supervisão referidas no n.º 3 e à Comissão Europeia os métodos adoptados.

ART. 132.º-B (Operações intragrupo com as companhias mistas) – 1 – As instituições de crédito devem informar o Banco de Portugal de quaisquer operações significativas que efectuem com a companhia mista em cujo grupo estão integradas e com as filiais desta companhia, devendo, para o efeito, possuir processos de gestão dos riscos e mecanismos de controlo interno adequados, incluindo procedimentos de prestação de informação e contabilísticos sólidos que lhes permitam identificar, medir, acompanhar e avaliar, de modo adequado, estas operações.

2 – O Banco de Portugal toma as medidas adequadas quando as operações previstas no número anterior possam constituir uma ameaça para a situação financeira de uma instituição de crédito.

ART. 132.º-C (Acordo sobre o âmbito de competência) – 1 – As autoridades de supervisão referidas no artigo 132.º podem, de comum acordo, derrogar as regras referidas no mesmo artigo sempre que a sua aplicação for considerada inadequada, tomando em consideração as instituições de crédito e a importância relativa das suas actividades nos diferentes países e nomear uma autoridade competente diferente para exercer a supervisão numa base consolidada.

2 – Antes de tomar a decisão referida no número anterior, as autoridades competentes devem dar à instituição de crédito mãe na União Europeia, à companhia financeira mãe na União Europeia ou à instituição de crédito cujo total de balanço apresente o valor mais elevado a oportunidade de se pronunciarem relativamente a essa decisão.

ART. 133.º (Outras regras) – Compete ao Banco de Portugal fixar, por aviso, as regras necessárias à supervisão em base consolidada, nomeadamente:
a) Regras que definam os domínios em que a supervisão terá lugar;
b) Regras sobre a forma e extensão da consolidação;
c) Regras sobre procedimentos de controlo interno das sociedades abrangidas pela supervisão em base consolidada, designadamente as que sejam necessárias para assegurar as informações úteis para a supervisão.

ART. 134.º (Prestação de informações) – 1 – As instituições abrangidas pelo disposto nos artigos anteriores são obrigadas a apresentar ao Banco de Portugal todos os elementos de informação relativos às sociedades em cujo capital participem e que sejam necessários para a supervisão.

2 – As sociedades participadas são obrigadas a fornecer às instituições que nelas participam os elementos de informação que sejam necessários para dar cumprimento ao disposto no número anterior.

3 – Quando a empresa mãe de uma ou várias instituições de crédito for uma companhia financeira ou uma companhia mista, estas e as respectivas filiais ficam obrigadas a fornecer ao Banco de Portugal todas as informações e esclarecimentos que sejam úteis para a supervisão.

REGIME GERAL DAS INST. DE CRÉDITO E SOC. FINANCEIRAS [DL n.º 298/92] 337

4 – As instituições sujeitas à supervisão do Banco de Portugal que sejam participadas por instituições de crédito com sede no estrangeiro ficam autorizadas a fornecer às instituições participantes as informações e elementos necessários para a supervisão, em base consolidada, pelas autoridades competentes.

5 – O Banco de Portugal poderá, sempre que seja necessário para a supervisão em base consolidada das instituições de crédito, proceder ou mandar proceder a verificações e exames periciais nas companhias financeiras ou mistas e nas respectivas filiais, bem como nas sociedades de serviços auxiliares.

ART. 135.º (Colaboração de autoridades de supervisão de outros países comunitários com o Banco de Portugal) – 1 – O Banco de Portugal pode solicitar às autoridades de supervisão dos Estados membros da Comunidade Europeia, em que tenham sede as sociedades participadas, as informações necessárias para a supervisão em base consolidada.

2 – O Banco de Portugal pode igualmente solicitar as informações que sejam necessárias para exercer a supervisão em base consolidada às seguintes autoridades:

a) Autoridades competentes dos Estados membros da Comunidade Europeia em que tenham sede companhias financeiras ou companhias que sejam empresas mãe de instituições de crédito com sede em Portugal;

b) Autoridades competentes dos Estados membros da Comunidade Europeia em que tenham sede instituições de crédito filiais das mencionadas companhias financeiras.

3 – Pode ainda o Banco de Portugal, para o mesmo fim, solicitar às autoridades referidas que verifiquem informações de que disponha sobre as sociedades participadas, ou que autorizem que essas informações sejam verificadas pelo Banco de Portugal, quer directamente, quer através de pessoa ou entidade mandatada para o efeito.

ART. 135.º-A (Competências do Banco de Portugal a nível da União Europeia) – Compete ao Banco de Portugal, na qualidade de autoridade competente responsável pelo exercício da supervisão em base consolidada das instituições de crédito mãe na União Europeia e das instituições de crédito controladas por companhias financeiras mãe na União Europeia:

a) A coordenação da recolha e divulgação de informações relevantes ou essenciais em condições normais de exploração ou em situação de emergência;

b) O planeamento e coordenação das actividades de supervisão em condições normais de exploração ou em situações de emergência, em colaboração com as autoridades competentes envolvidas.

ART. 136.º (Colaboração do Instituto de Seguros de Portugal) – Quando uma instituição de crédito, uma companhia financeira ou uma companhia mista controlarem uma ou mais filiais sujeitas à supervisão do Instituto de Seguros de Portugal, fornecerá este Instituto ao Banco de Portugal as informações que sejam necessárias à supervisão em base consolidada.

ART. 137.º (Colaboração com outras autoridades de supervisão de países comunitários) – 1 – Em ordem à supervisão, em base consolidada, da situação financeira de instituições de crédito com sede em outros Estados membros da Comunidade Europeia, deve o Banco de Portugal prestar às respectivas autoridades de supervisão as informações de que disponha ou que possa obter relativamente às instituições que supervise e que sejam participadas por aquelas instituições.

2 – Quando, para o fim mencionado no número anterior, a autoridade de supervisão de outro Estado membro da Comunidade Europeia solicite a verificação de informações relativas a instituições sujeitas a supervisão do Banco de Portugal e que tenham sede em território português, deve o Banco de Portugal proceder a essa verificação ou permitir que ela seja efectuada pela autoridade que a tiver solicitado, quer directamente, quer através de pessoa ou entidade mandatada para o efeito.

3 – Quando não efectua ela própria a verificação, a autoridade de supervisão que apresenta o pedido pode, se o desejar, participar na verificação.

ART. 137.º-A (Cooperação em situação de emergência) – 1 – Sempre que se verificar uma situação de emergência no interior de um grupo bancário, susceptível de pôr em risco a estabilidade do sistema financeiro em qualquer dos Estados membros em que tenham sido autorizadas entidades desse grupo, e o Banco de Portugal for a autoridade competente responsável pelo exercício da supervisão numa base consolidada ou individual, deve comunicá-la, tão rapidamente quanto possível, às seguintes entidades:

a) Autoridades competentes pela supervisão individual ou consolidada das entidades em causa;

b) Bancos centrais e outros organismos de vocação semelhante enquanto autoridades monetárias;

c) Departamentos das administrações centrais responsáveis pela legislação de supervisão das instituições de crédito, das instituições financeiras, dos serviços de investimento e das companhias de seguros, bem como aos inspectores mandatados por tais departamentos.

2 – Sempre que necessitar de informações já fornecidas a outra autoridade competente, o Banco de Portugal contacta, sempre que possível, essa outra autoridade directamente sem necessidade de consentimento expresso da entidade que forneceu a informação.

3 – O Banco de Portugal deve fornecer à autoridade competente responsável pela supervisão em base consolidada a informação de que disponha e que lhe seja solicitada, nos mesmos termos do número anterior.

338   [DL n.º 298/92]   INSTITUIÇÕES DE CRÉDITO E SOCIEDADES FINANCEIRAS

ART. 137.º-B (Acordos escritos) – 1 – O Banco de Portugal celebra com outras autoridades competentes acordos escritos em matéria de coordenação e cooperação, a fim de facilitar a supervisão e garantir a sua eficácia.

2 – Nos termos dos acordos previstos no número anterior, podem ser confiadas responsabilidades adicionais à autoridade competente responsável pela supervisão numa base consolidada e podem ser especificados procedimentos em matéria de tomada de decisão e de cooperação com outras autoridades competentes.

ART. 137.º-C (Troca de informação) – 1 – O Banco de Portugal colabora estreitamente com as restantes autoridades competentes trocando todas as informações essenciais ou relevantes para o exercício das funções de supervisão.

2 – O Banco de Portugal solicita e transmite, mediante pedido, às autoridades competentes todas as informações relevantes e comunica por sua própria iniciativa todas as informações essenciais.

3 – O Banco de Portugal, na qualidade de autoridade responsável pela supervisão em base consolidada das instituições de crédito mãe na União Europeia e das instituições de crédito controladas por companhias financeiras mãe na União Europeia, fornece às autoridades competentes de outros Estados membros que exercem a supervisão de filiais dessas empresas mãe todas as informações relevantes.

4 – Para determinar o âmbito das informações relevantes referido no número anterior, toma-se em consideração a importância das filiais no sistema financeiro dos Estados membros respectivos.

ART. 137.º-D (Informações essenciais) – 1 – As informações são essenciais se forem susceptíveis de influenciar a avaliação da solidez financeira de uma instituição de crédito ou de uma instituição financeira em outro Estado membro.

2 – As informações essenciais incluem, nomeadamente, os seguintes elementos:

a) Identificação da estrutura de grupo das principais instituições de crédito a ele pertencentes, bem como as autoridades competentes das instituições de crédito do grupo;

b) Procedimentos em matéria de recolha de informações junto das instituições de crédito de um grupo e verificação dessas informações;

c) Qualquer evolução negativa na situação das instituições de crédito ou outras entidades de um grupo, susceptíveis de afectar significativamente as instituições de crédito; e

d) Sanções importantes e providências extraordinárias adoptadas pelas autoridades competentes, incluindo a imposição de requisitos adicionais de fundos próprios, nos termos do artigo 116.º-C e de limites à utilização do método AMA para o cálculo dos requisitos de fundos próprios.

ART. 137.º-E (Consultas mútuas) – 1 – O Banco de Portugal e as restantes autoridades competentes referidas no artigo 132.º procedem a consultas mútuas sempre que tais decisões sejam relevantes para as funções de supervisão de outras autoridades competentes, relativamente às seguintes matérias:

a) Alteração na estrutura de accionistas, organizativa ou de gestão das instituições de crédito de um grupo, que impliquem aprovação ou autorização das autoridades competentes; e

b) Sanções importantes e providências extraordinárias adoptadas pelas autoridades competentes, incluindo a imposição de requisitos adicionais de fundos próprios, nos termos do artigo 116.º-C e de limites à utilização do método AMA para o cálculo dos requisitos de fundos próprios.

2 – Para efeitos da alínea *b)* do número anterior, a autoridade competente responsável pela supervisão numa base consolidada é sempre consultada.

3 – O Banco de Portugal pode não proceder às consultas referidas neste artigo em situações de urgência ou sempre que tal consulta seja susceptível de prejudicar a eficácia das decisões.

4 – Na situação referida no número anterior, o Banco de Portugal informa de imediato as outras autoridades competentes.

ART. 138.º (Colaboração com autoridades de supervisão de países terceiros) – A colaboração referida nos artigos 135.º e 137.º poderá igualmente ter lugar com as autoridades de supervisão de Estados que não sejam membros da Comunidade Europeia, no âmbito de acordos de cooperação que hajam sido celebrados, em regime de reciprocidade, e salvaguardando o disposto no artigo 82.º.

TÍTULO VIII — SANEAMENTO

ART. 139.º (Finalidade das providências de saneamento) – 1 – Tendo em vista a protecção dos interesses dos depositantes, investidores e outros credores e a salvaguarda das condições normais de funcionamento do mercado monetário, financeiro ou cambial, o Banco de Portugal poderá adoptar, relativamente às instituições de crédito com sede em Portugal, as providências referidas no presente título.

2 – Não se aplicam às instituições de crédito os regimes gerais relativos aos meios preventivos da declaração de falência e aos meios de recuperação de empresas e protecção de credores.

ART. 140.º (Dever de comunicação) – 1 – Quando uma instituição de crédito se encontre impossibilitada de cumprir as suas obrigações, ou em risco de o ficar, o órgão de administração ou de fiscalização deve comunicar imediatamente o facto ao Banco de Portugal.

REGIME GERAL DAS INST. DE CRÉDITO E SOC. FINANCEIRAS [DL n.º 298/92] 339

2 – Os membros do órgão de administração e fiscalização estão individualmente obrigados à comunicação referida no número anterior, devendo fazê-la por si próprios se o órgão a que pertencem a omitir ou a diferir.

3 – A comunicação deve ser acompanhada ou seguida, com a maior brevidade, de exposição das razões determinantes da situação criada e da relação dos principais credores, com indicação dos respectivos domicílios.

ART. 141.º (Providências extraordinárias de saneamento) – Quando uma instituição de crédito se encontre em situação de desequilíbrio financeiro, traduzido, designadamente, na redução dos fundos próprios a um nível inferior ao mínimo legal ou na inobservância dos rácios de solvabilidade ou de liquidez, o Banco de Portugal poderá determinar, no prazo que fixará, a aplicação de alguma ou de todas as seguintes providências de recuperação e saneamento:

a) Apresentação, pela instituição em causa, de um plano de recuperação e saneamento, nos termos do artigo 142.º;

b) Restrições ao exercício de determinados tipos de actividade;

c) Restrições à concessão de crédito e à aplicação de fundos em determinadas espécies de activos, em especial no que respeite a operações realizadas com filiais, com entidade que seja a empresa mãe da instituição ou com filiais desta;

d) Restrições à recepção de depósitos, em função das respectivas modalidades e da remuneração;

e) Imposição da constituição de provisões especiais;

f) Proibição ou limitação da distribuição de dividendos;

g) Sujeição de certas operações ou de certos actos à aprovação prévia do Banco de Portugal.

ART. 142.º (Plano de recuperação e saneamento) – 1 – Verificando-se alguma das situações referidas no artigo anterior, o Banco de Portugal poderá exigir da instituição em causa que elabore um plano de recuperação e saneamento, a submeter à aprovação do Banco no prazo por este fixado.

2 – O Banco de Portugal poderá estabelecer as condições que entenda convenientes para a aceitação do plano de recuperação e saneamento, designadamente aumento ou redução do capital, alienação de participações sociais e outros activos.

3 – Se as medidas previstas nos números anteriores não forem aprovadas pelos accionistas, ou envolverem montantes de tal importância que possam pôr em causa a respectiva concretização, o Banco de Portugal, havendo risco grave de a instituição se encontrar em situação de não poder honrar os seus compromissos, em especial quanto à segurança dos fundos que lhe tiverem sido confiados, pode apresentar um programa de intervenção que, entre outras medidas, defina o aumento de capital necessário e, sendo caso disso, determine que o mesmo seja precedido da absorção dos prejuízos da instituição pelos relevantes elementos positivos dos seus fundos próprios.

4 – As medidas previstas no âmbito do programa de intervenção englobarão o plano de recuperação e saneamento previsto no n.º 1 com as condições estabelecidas pelo Banco de Portugal, bem como os limites temporais dessa intervenção e a recomposição dos respectivos órgãos sociais, se tal se mostrar conveniente.

5 – No âmbito do programa de intervenção previsto no número anterior, o Banco de Portugal poderá convidar o Fundo de Garantia de Depósitos ou outras instituições a cooperar no saneamento, nomeadamente através da viabilização de adequado apoio monetário ou financeiro, ou da sua participação no aumento de capital definido nos termos do n.º 3, cabendo-lhe orientar e definir temporalmente essa cooperação.

6 – No decurso do saneamento, o Banco de Portugal terá o direito de requerer a todo o tempo a convocação da assembleia geral dos accionistas e de nela intervir com apresentação de propostas.

7 – Não sendo aceites as condições estabelecidas pelo Banco de Portugal, ou as propostas que apresente, poderá ser revogada a autorização de exercício da actividade.

ART. 143.º (Designação de administradores provisórios) – 1 – O Banco de Portugal poderá designar para a instituição de crédito um ou mais administradores provisórios nos seguintes casos:

a) Quando a instituição esteja em risco de cessar pagamentos;

b) Quando a instituição se encontre em situação de desequilíbrio financeiro que, pela sua dimensão ou duração, constitua ameaça grave para a solvabilidade;

c) Quando, por quaisquer razões, a administração não ofereça garantias de actividade prudente, colocando em sério risco os interesses dos credores;

d) Quando a organização contabilística ou os procedimentos de controlo interno apresentem insuficiências graves que não permitam avaliar devidamente a situação patrimonial da instituição.

2 – Os administradores designados pelo Banco de Portugal terão os poderes e deveres conferidos pela lei e pelos estatutos aos membros do órgão de administração e, ainda, os seguintes:

a) Vetar as deliberações da assembleia geral e, sendo caso disso, dos órgãos referidos no n.º 3 do presente artigo;

b) Convocar a assembleia geral;

c) Elaborar, com a maior brevidade, um relatório sobre a situação patrimonial da instituição e as suas causas e submetê-lo ao Banco de Portugal, acompanhado de parecer da comissão de fiscalização, se esta tiver sido nomeada.

340   [DL n.º 298/92]   INSTITUIÇÕES DE CRÉDITO E SOCIEDADES FINANCEIRAS

3 – Com a designação dos administradores provisórios pode o Banco de Portugal suspender, no todo ou em parte, o órgão de administração, o conselho geral e de supervisão e quaisquer outros órgãos com funções análogas.

4 – Os administradores provisórios exercerão as suas funções pelo prazo que o Banco de Portugal determinar, no máximo de um ano, prorrogável uma vez por igual período.

5 – A remuneração dos administradores provisórios será fixada pelo Banco de Portugal e constitui encargo da instituição em causa.

ART. 144.º (Designação de comissão de fiscalização) – 1 – Quando se verifique alguma das situações previstas no artigo 141.º ou no n.º 1 do artigo 143.º, o Banco de Portugal poderá, juntamente ou não com a designação de administradores provisórios, nomear uma comissão de fiscalização.

2 – A comissão de fiscalização será composta por:

a) Um revisor oficial de contas designado pelo Banco de Portugal, que presidirá;

b) Um elemento designado pela assembleia geral;

c) Um revisor oficial de contas designado pela Ordem dos Revisores Oficiais de Contas.

3 – A falta de designação do elemento referido na alínea *b)* do número anterior não obsta ao exercício das funções da comissão de fiscalização.

4 – A comissão de fiscalização terá os poderes e deveres conferidos por lei ou pelos estatutos ao conselho fiscal ou ao revisor oficial de contas, consoante a estrutura da sociedade, os quais ficarão suspensos pelo período da sua actividade.

5 – A comissão de fiscalização exercerá as suas funções pelo prazo que o Banco de Portugal determinar, no máximo de um ano, prorrogável uma vez por igual período.

6 – A remuneração dos membros da comissão de fiscalização será fixada pelo Banco de Portugal e constitui encargo da instituição em causa.

ART. 145.º (Outras providências) – 1 – Juntamente com a designação de administradores provisórios, o Banco de Portugal poderá determinar as seguintes providências extraordinárias:

a) Dispensa temporária da observância de normas sobre controlo prudencial ou de política monetária;

b) Dispensa temporária do cumprimento pontual de obrigações anteriormente contraídas;

c) Encerramento temporário de balcões e outras instalações em que tenham lugar transacções com o público.

2 – O disposto na alínea *b)* do número anterior não obsta à conservação de todos os direitos dos credores contra os co-obrigados ou garantes.

3 – As providências referidas neste artigo terão a duração máxima de um ano, prorrogável uma só vez por igual período de tempo.

ART. 146.º (Subsistência das providências extraordinárias) – As providências extraordinárias previstas no presente título subsistirão apenas enquanto se verificar a situação que as tiver determinado.

ART. 147.º (Suspensão de execução e prazos) – Quando for adoptada a providência extraordinária de designação de administradores provisórios, e enquanto ela durar, ficarão suspensas todas as execuções, incluindo as fiscais, contra a instituição, ou que abranjam os seus bens, sem excepção das que tenham por fim a cobrança de créditos com preferência ou privilégio, e serão interrompidos os prazos de prescrição ou de caducidade oponíveis pela instituição.

ART. 148.º (Recursos) – *(Revogado.)*

ART. 149.º (Aplicação de sanções) – A adopção de providências extraordinárias de saneamento não obsta a que, em caso de infracção, sejam aplicadas as sanções previstas na lei.

ART. 150.º (Levantamento e substituição das penhoras efectuadas pelas repartições de finanças) – O disposto no n.º 1 do artigo 300.º do Código de Processo Tributário aplica-se, com as necessárias adaptações, quando tenha lugar e enquanto decorra a providência extraordinária de designação de administradores provisórios, competindo ao Banco de Portugal exercer a faculdade atribuída naquele artigo ao administrador judicial.

ART. 151.º (Filiais referidas no artigo 18.º) – 1 – A adopção de providências extraordinárias às filiais mencionadas no artigo 18.º deve ser precedida de consulta prévia das autoridades de supervisão do país de origem.

2 – Em caso de urgência, as autoridades de supervisão do país de origem devem ser imediatamente informadas das providências adoptadas e das fases essenciais do processo de recuperação.

ART. 152.º (Regime de liquidação) – Verificando-se que, com as providências extraordinárias adoptadas, não foi possível recuperar a instituição, será revogada a autorização para o exercício da respectiva actividade e seguir-se-á o regime de liquidação estabelecido na legislação aplicável.

ART. 153.º (Sucursais de instituições não comunitárias) – O disposto no presente título é aplicável, com as devidas adaptações, às sucursais de instituições de crédito não compreendidas no artigo 48.º.

TÍTULO IX — **FUNDO DE GARANTIA DE DEPÓSITOS**

ART. 154.º (Criação e natureza do Fundo) – 1 – É criado o Fundo de Garantia de Depósitos, adiante designado por Fundo, pessoa colectiva de direito público, dotada de autonomia administrativa e financeira.

2 – O Fundo tem sede em Lisboa e funciona junto do Banco de Portugal.

3 – O Fundo goza de um regime especial nos termos da lei quadro dos institutos públicos, regendo-se pelo presente decreto-lei, pelos seus regulamentos e, em tudo o que não for por estes fixado em contrário pela mesma lei quadro dos institutos públicos.

ART. 155.º (Objecto) – 1 – O Fundo tem por objecto garantir o reembolso de depósitos constituídos nas instituições de crédito que nele participem.

2 – O Fundo pode igualmente colaborar, com carácter transitório, em acções destinadas a:

a) Restabelecer as condições de solvabilidade e de liquidez das instituições de crédito que nele participem, no âmbito do programa de intervenção previsto no artigo 142.º;

b) Prestar apoio financeiro ao Sistema de Indemnização aos Investidores, nas modalidades de empréstimo ou de prestação de garantia, nomeadamente nos casos em que na origem do seu accionamento se encontrem instituições de crédito participantes do Fundo.

3 – Para efeitos do disposto no presente título, entende-se por depósito os saldos credores que, nas condições legais e contratuais aplicáveis, devam ser restituídos pela instituição de crédito e consistam em disponibilidades monetárias existentes numa conta ou que resultem de situações transitórias decorrentes de operações bancárias normais.

4 – São abrangidos pelo disposto no número anterior os fundos representados por certificados de depósito emitidos pela instituição de crédito, mas não os representados por outros títulos de dívida por ela emitidos nem os débitos emergentes de aceites próprios ou de promissórias em circulação.

ART. 156.º (Instituições participantes) – 1 – Participam obrigatoriamente no Fundo:

a) As instituições de crédito com sede em Portugal autorizadas a receber depósitos;

b) As instituições de crédito com sede em países que não sejam membros da Comunidade Europeia, relativamente aos depósitos captados pelas suas sucursais em Portugal, salvo se esses depósitos estiverem cobertos por um sistema de garantia do país de origem em termos que o Banco de Portugal considere equivalentes aos proporcionados pelo Fundo e sem prejuízo de acordos bilaterais existentes sobre a matéria;

c) Até 31 de Dezembro de 1999, as instituições de crédito constantes do anexo III da Directiva n.º 94/19/CE, do Parlamento Europeu e do Conselho, de 30 de Maio, relativamente aos depósitos captados pelas suas sucursais em Portugal.

2 – Em complemento da garantia prevista no sistema do país de origem, podem participar no Fundo as instituições de crédito com sede noutros Estados membros da Comunidade Europeia, relativamente aos depósitos captados pelas suas sucursais em Portugal, se o nível ou o âmbito daquela garantia forem inferiores aos proporcionados pelo Fundo.

3 – As instituições de crédito referidas no número anterior ficarão sujeitas às normas legais e regulamentares relativas ao Fundo.

4 – O Banco de Portugal definirá, por aviso e com observância dos princípios estabelecidos nos artigos 160.º a 162.º, as condições segundo as quais as instituições de crédito referidas no n.º 2 poderão participar no Fundo e dele ser excluídas.

5 – Se uma das instituições de crédito mencionadas no n.º 2 for excluída do Fundo, os depósitos efectuados nas suas sucursais anteriormente à data da exclusão continuarão por ele garantidos até à data dos seus próximos vencimentos.

6 – O Fundo de Garantia de Depósitos coopera com outros organismos ou instituições que desempenhem funções análogas às suas no âmbito da garantia de depósitos, designadamente no que respeita à garantia de depósitos captados em Portugal por sucursais de instituições de crédito com sede noutros Estados membros ou captados noutros Estados membros por sucursais de instituições de crédito com sede em Portugal.

7 – Rege-se por lei especial a garantia dos depósitos captados pelas caixas de crédito agrícola mútuo pertencentes ao Sistema Integrado do Crédito Agrícola Mútuo.

ART. 157.º (Dever de informação) – 1 – As instituições de crédito que captem depósitos em Portugal devem prestar ao público, de forma facilmente compreensível, todas as informações pertinentes relativas aos sistemas de garantia de que beneficiem os depósitos que recebem, nomeadamente as respectivas identificação e disposições, bem como os respectivos montante, âmbito de cobertura e prazo máximo de reembolso.

2 – As instituições de crédito devem, de igual modo, informar os respectivos depositantes sempre que os depósitos se encontrem excluídos da garantia.

3 – A informação deve encontrar-se disponível nos balcões, em local bem identificado e directamente acessível.

4 – A pedido do interessado, as entidades referidas no n.º 2 devem prestar informação sobre as condições de que depende o reembolso no âmbito da garantia de depósitos e sobre as formalidades necessárias para a sua obtenção.

342 [DL n.º 298/92] INSTITUIÇÕES DE CRÉDITO E SOCIEDADES FINANCEIRAS

5 – As instituições de crédito devem comunicar ao Banco de Portugal os termos e condições dos depósitos captados junto do público que se encontrem abrangidos pelo âmbito de cobertura do Fundo.

6 – O Banco de Portugal define, por aviso, os elementos, o modo e a periodicidade da comunicação prevista no número anterior.

ART. 158.º (Comissão directiva) – 1 – O Fundo é gerido por uma comissão directiva composta por três membros, sendo o presidente um elemento do conselho de administração do Banco de Portugal, por este designado, outro nomeado pelo ministro responsável pela área das finanças, em sua representação, e um terceiro designado pela associação que em Portugal represente as instituições de crédito participantes que, no seu conjunto, detenham o maior volume de depósitos garantidos.

2 – O presidente da comissão directiva tem voto de qualidade.

3 – O Fundo obriga-se pela assinatura de dois membros da comissão directiva.

4 – Os membros da comissão directiva exercem as suas funções por mandatos de três anos, renováveis até ao máximo de três mandatos, podendo acumular as suas funções com quaisquer outras, públicas ou privadas, desde que autorizados para o efeito no acto de nomeação.

ART. 159.º (Recursos financeiros) – 1 – O Fundo disporá dos seguintes recursos:
a) Contribuições iniciais das instituições de crédito participantes;
b) Contribuições periódicas e contribuições especiais das instituições de crédito participantes;
c) Importâncias provenientes de empréstimos;
d) Rendimentos da aplicação de recursos;
e) Liberalidades;
f) Produto das coimas aplicadas às instituições de crédito.

2 – Verificando-se uma situação de urgência, designadamente se puderem estar em causa aspectos de estabilidade sistémica, o Banco de Portugal poderá, nas condições definidas na sua Lei Orgânica, facultar temporariamente ao Fundo os recursos adequados à satisfação das suas necessidades imediatas.

ART. 160.º (Contribuições iniciais) – 1 – No prazo de 30 dias a contar do registo do início da sua actividade, as instituições de crédito participantes entregarão ao Fundo uma contribuição inicial cujo valor será fixado por aviso do Banco de Portugal, sob proposta do Fundo.

2 – São dispensadas de contribuição inicial as instituições de crédito que resultem de operações de fusão, cisão ou transformação de participantes no Fundo.

ART. 161.º (Contribuições periódicas) – 1 – As instituições de crédito participantes entregarão ao Fundo, até ao último dia útil do mês de Abril, uma contribuição anual.

2 – O valor da contribuição inicial de cada instituição de crédito será em função do valor médio dos saldos mensais dos depósitos do ano anterior, não considerando os depósitos excluídos nos termos do artigo 165.º.

3 – O Banco de Portugal fixará, ouvidos o Fundo e as associações representativas das instituições de crédito participantes, os escalões da contribuição anual e dos respectivos limites máximos, podendo utilizar critérios de regressividade e atender à situação de solvabilidade das instituições.

4 – Até ao limite de 75% da contribuição anual e em termos a definir no aviso referido no número anterior, as instituições de crédito participantes poderão ser dispensadas de efectuar o respectivo pagamento no prazo estabelecido no n.º 1 desde que assumam o compromisso, irrevogável e caucionado por penhor de valores mobiliários, de pagamento ao Fundo, em qualquer momento em que este o solicite, da totalidade ou de parte do montante da contribuição que não tiver sido pago em numerário.

ART. 162.º (Contribuições especiais) – 1 – Quando os recursos do Fundo se mostrem insuficientes para o cumprimento das suas obrigações, o Ministro das Finanças, sob proposta da comissão directiva, poderá determinar, mediante portaria, que as instituições de crédito participantes efectuem contribuições especiais e definir os montantes, prestações, prazos e demais termos dessas contribuições.

2 – O valor global das contribuições especiais de uma instituição de crédito não poderá exceder, em cada período de exercício do Fundo, o valor da respectiva contribuição anual.

3 – Sob proposta do Fundo, o Ministro das Finanças poderá isentar as novas instituições participantes, com excepção das referidas no n.º 2 do artigo 160.º, da obrigação de efectuar contribuições especiais durante um período de três anos.

ART. 163.º (Aplicação de recursos) – Sem prejuízo do disposto no artigo 167.º-A, o Fundo aplicará os recursos disponíveis em operações financeiras, mediante plano de aplicações acordado com o Banco de Portugal.

ART. 164.º (Depósitos garantidos) – O Fundo garante, até aos limites previstos no artigo 166.º, o reembolso:
a) Dos depósitos captados em Portugal ou noutros Estados membros da Comunidade Europeia por instituições de crédito com sede em Portugal, sem prejuízo de, até 31 de Dezembro de 1999, a garantia dos que forem captados nestes Estados membros por sucursais das mencionadas instituições ter como limites o nível e o âmbito de cobertura oferecidos pelo sistema de garantia do país de acolhimento, se forem inferiores aos proporcionados pelo Fundo;

REGIME GERAL DAS INST. DE CRÉDITO E SOC. FINANCEIRAS [DL n.º 298/92] 343

b) Dos depósitos captados em Portugal por sucursais referidas nas alíneas *b*) e *c*) do n.º 1 do artigo 156.º;

c) Dos depósitos captados em Portugal por sucursais de instituições de crédito com sede noutros Estados membros da Comunidade Europeia que participem voluntariamente no Fundo, na parte que exceda a garantia prevista no sistema do país de origem.

ART. 165.º (Depósitos excluídos da garantia) – Excluem-se da garantia de reembolso:

a) Os depósitos constituídos em seu nome e por sua conta dos investidores qualificados referidos no n.º 1 do artigo 30.º do Código dos Valores Mobiliários, bem como por entidades do sector público administrativo;

b) Os depósitos decorrentes de operações em relação às quais tenha sido proferida uma condenação penal, transitada em julgado, pela prática de actos de branqueamento de capitais;

c) os depósitos efectuados junto de entidades não autorizadas para o efeito;

d) Os depósitos realizados directamente fora do âmbito territorial do artigo anterior, designadamente em jurisdição *off shore*, excepto se o depositante desconhecesse o destino desses depósitos;

e) Os depósitos de que sejam titulares os membros dos órgãos de administração ou fiscalização da instituição de crédito, accionistas que nela detenham participação, directa ou indirecta, não inferior a 2% do respectivo capital social, revisores oficiais de contas ao serviço da instituição, auditores externos que lhe prestem serviços de auditoria ou pessoas com estatuto semelhante noutras empresas que se encontrem em relação de domínio ou de grupo com a instituição;

f) Os depósitos de que sejam titulares as pessoas ou entidades que tenham exercido as funções, detido as participações ou prestado os serviços referidos na alínea anterior nos quatro anos anteriores à data em que se verificar a indisponibilidade dos depósitos, ou a adopção pelo Banco de Portugal de providências de recuperação e saneamento, nos termos da lei, e cuja acção ou omissão tenha estado na origem das dificuldades financeiras da instituição de crédito ou tenha contribuído para o agravamento de tal situação;

g) Os depósitos de que sejam titulares cônjuges, parentes ou afins em 1.º grau ou terceiros que actuem por conta de depositantes referidos na alínea anterior;

h) Os depósitos de que sejam titulares empresas que se encontrem em relação de domínio ou de grupo com a instituição de crédito;

i) Os depósitos cujos titulares tenham sido responsáveis por factos relacionados com a instituição de crédito, ou que deles tenham tirado benefício, directamente ou por interposta pessoa, e que estejam na origem das dificuldades financeiras ou tenham contribuído, por acção ou omissão no âmbito das suas responsabilidades, para o agravamento de tal situação;

j) Os depósitos relativamente aos quais o titular tenha abusivamente obtido da instituição de crédito, a título individual, taxas ou outras vantagens financeiras que tenham contribuído para agravar a situação financeira da instituição de crédito;

l) Os depósitos resultantes do resgate, integral ou parcial, de operações de investimento decorrentes de garantias de rendibilidade, bem como de garantias de reembolso de fundos afectos a operações de investimento que tenham sido abusivamente acordadas entre investidores e entidades participantes ou por estas concedidas, presumindo-se como tais as que tenham sido constituídas a partir do terceiro mês anterior à data em que os depósitos se tenham tornado indisponíveis, ou à data da adopção pelo Banco de Portugal de providências de recuperação e saneamento, nos termos da lei;

m) Os depósitos de titulares que actuem por conta de quaisquer pessoas ou entidades referidas nas alíneas anteriores.

2 – Nos casos em que existam dúvidas fundadas sobre a verificação de alguma das situações previstas no número anterior, o Fundo suspende a efectivação do reembolso ao depositante em causa até ser notificado de decisão judicial que reconheça o direito do depositante ao reembolso.

3 – Nos casos em que se encontre em curso um processo judicial ou contra-ordenacional pela prática de quaisquer actos relacionados com depósitos cobertos pelo Fundo em violação de norma legal ou regulamentar, o Fundo suspende a efectivação do reembolso ao depositante em causa até ser notificado do despacho de não pronúncia ou da decisão judicial de absolvição, transitada em julgado.

4 – Caso haja uma decisão judicial de não reconhecimento do direito à cobertura pelo Fundo, após a efectivação do reembolso, a operação de reembolso é revertida em benefício do Fundo.

ART. 166.º (Limites da garantia) – 1 – O Fundo garante o reembolso da totalidade do valor global dos saldos em dinheiro de cada depositante, desde que esse valor não ultrapasse os € 25 000.

2 – Para os efeitos do número anterior, considerar-se-ão os saldos existentes à data em que se verificar a indisponibilidade dos depósitos.

3 – O valor referido no n.º 1 será determinado com observância dos seguintes critérios:

a) Considerar-se-á o conjunto das contas de depósito de que o interessado seja titular na instituição em causa, independentemente da sua modalidade;

b) Incluir-se-ão nos saldos dos depósitos os respectivos juros, contados até à data referida no n.º 3;

c) Serão convertidos em escudos, ao câmbio da mesma data, os saldos de depósitos expressos em moeda estrangeira;

d) Na ausência de disposição em contrário, presumir-se-á que pertencem em partes iguais aos titulares os saldos das contas colectivas, conjuntas ou solidárias;

344 [DL n.º 298/92] INSTITUIÇÕES DE CRÉDITO E SOCIEDADES FINANCEIRAS

e) Se o titular da conta não for o titular do direito aos montantes depositados e este tiver sido identificado ou for identificável antes de verificada a indisponibilidade dos depósitos, a garantia cobre o titular do direito;

f) Se o direito tiver vários titulares, a parte imputável a cada um deles, nos termos da regra constante da alínea *d)*, será tomada em consideração no cálculo do limite previsto no n.º 1;

g) Os depósitos numa conta à qual tenham acesso várias pessoas na qualidade de membros de uma associação ou de uma comissão especial desprovidos de personalidade jurídica são agregados como se tivessem sido feitos por um único depositante e não contam para efeitos do cálculo do limite previsto no n.º 1 aplicável a cada uma dessas pessoas.

ART. 167.º (Efectivação do reembolso) – 1 – O reembolso deve ter lugar dentro dos seguintes prazos:

a) Uma parcela até € 10 000 de todos os depósitos abrangidos, no prazo máximo de sete dias;

b) O remanescente até ao limite fixado no n.º 1 do artigo anterior, no prazo máximo de 20 dias úteis.

2 – O prazo referido no número anterior é contado da data em que os depósitos se tenham tornado indisponíveis, podendo o Fundo, em circunstâncias absolutamente excepcionais e relativamente a casos individuais, solicitar ao Banco de Portugal uma prorrogação daquele prazo, por período não superior a 10 dias úteis.

3 – Salvaguardando o prazo de prescrição estabelecido na lei geral, o termo do prazo previsto no número anterior não prejudica o direito dos depositantes a reclamarem do Fundo o montante que por este lhes for devido.

4 – Se o titular da conta ou do direito aos montantes depositados tiver sido pronunciado pela prática de actos de branqueamento de capitais, o Fundo suspenderá o reembolso do que lhe for devido até ao trânsito em julgado da sentença final.

5 – Considera-se que há indisponibilidade dos depósitos quando:

a) A instituição depositária, que por razões directamente relacionadas com a sua situação financeira, não tiver efectuado o respectivo reembolso nas condições legais e contratuais aplicáveis e o Banco de Portugal tiver verificado, no prazo máximo de cinco dias úteis após se ter certificado pela primeira vez dessa ocorrência, que a instituição não mostra ter possibilidade de restituir os depósitos nesse momento nem tem perspectivas de vir a fazê-lo nos dias mais próximos; ou

b) O Banco de Portugal tornar pública a decisão pela qual revogue a autorização da instituição depositária, caso tal publicação ocorra antes da verificação na alínea anterior; ou

c) Relativamente aos depósitos constituídos em sucursais de instituições de crédito com sede noutros Estados membros da Comunidade Europeia, for recebida uma declaração da autoridade de supervisão do país de origem comprovando que se encontram indisponíveis os depósitos captados por essa instituição.

6 – Caso se mostre adequado, o Banco de Portugal comunica ao Fundo qualquer situação verificada numa instituição de crédito que torne provável o accionamento da garantia de depósitos.

7 – A instituição depositária é obrigada a fornecer ao Fundo, no prazo de dois dias úteis e nos termos a definir por aviso do Banco de Portugal, uma relação completa dos créditos dos depositantes, bem como todas as demais informações de que aquele careça para satisfazer os seus compromissos, cabendo ao Fundo analisar a contabilidade da instituição e recolher nas instalações desta quaisquer outros elementos de informação relevantes.

8 – O Banco de Portugal, em colaboração com o Fundo, regula, fiscaliza e realiza testes periódicos à eficácia dos mecanismos a que se refere o número anterior, podendo determinar a realização desses testes pelas próprias instituições.

9 – O Fundo ficará sub-rogado nos direitos dos depositantes na medida dos reembolsos que tiver efectuado.

ART. 167.º-A (Regra de assistência) – 1 – O Fundo poderá participar em operações que considere adequadas para eliminar situações de desequilíbrio financeiro em que se encontrem instituições de crédito participantes.

2 – O Fundo deve confinar as suas operações de apoio financeiro a casos em que exista forte probabilidade de as situações de desequilíbrio virem a ser eliminadas em curto período de tempo, os objectivos estejam perfeitamente definidos e delimitados e seja assegurada a forma de cessação do apoio do Fundo.

3 – A realização das operações de apoio financeiro a que se referem os números anteriores depende de decisão unânime dos membros da comissão directiva do Fundo, de parecer favorável da associação referida no n.º 1 do artigo 158.º e de o Banco de Portugal considerar essas operações adequadas à resolução das situações em causa.

4 — Sem prejuízo do disposto na parte final dos n.ºs 2 e 3, o apoio financeiro ao Sistema de Indemnização aos Investidores, previsto na alínea *b)* do n.º 1 do artigo 155.º é solicitado, em termos devidamente fundamentados, pela comissão directiva do Sistema ao membro do Governo responsável pela área das finanças que, caso se pronuncie favoravelmente, após audição prévia do Banco de Portugal e da Comissão do Mercado de Valores Mobiliários, o encaminha para decisão da comissão directiva do Fundo de Garantia de Depósitos.

ART. 168.º (Serviços) – O Banco de Portugal assegurará os serviços técnicos e administrativos indispensáveis ao bom funcionamento do Fundo.

ART. 169.º (Períodos de exercício) – Os períodos de exercício do Fundo correspondem ao ano civil.

REGIME GERAL DAS INST. DE CRÉDITO E SOC. FINANCEIRAS   [DL n.º 298/92]   345

ART. 170.º (Plano de contas) – O plano de contas do Fundo será organizado de modo a permitir identificar claramente a sua estrutura patrimonial e o seu funcionamento e a registar todas as operações realizadas.

ART. 171.º (Fiscalização) – O Conselho de Auditoria do Banco de Portugal acompanhará a actividade do Fundo, zelará pelo cumprimento das leis e regulamentos e emitirá parecer acerca das contas anuais.

ART. 172.º (Relatório e contas) – Até 31 de Março de cada ano, o Fundo apresentará ao Ministro das Finanças, para aprovação, relatório e contas referidos a 31 de Dezembro do ano anterior e acompanhados do parecer do Conselho de Auditoria do Banco de Portugal.

ART. 173.º (Regulamentação) – 1 – O Ministro das Finanças aprovará, por portaria e sob proposta da comissão directiva, os regulamentos necessários à actividade do Fundo.

2 – Compete ao Ministro das Finanças fixar as remunerações dos membros da comissão directiva.

TÍTULO X — **SOCIEDADES FINANCEIRAS**

CAPÍTULO I — Autorização de sociedades financeiras com sede em Portugal

ART. 174.º (Requisitos gerais) – 1 – As sociedades financeiras com sede em Portugal devem satisfazer os seguintes requisitos:

a) Corresponder a um dos tipos previstos na lei portuguesa;

b) Ter por objecto alguma ou algumas das actividades referidas no artigo 5.º ou outra actividade prevista em lei especial;

c) Ter capital social não inferior ao mínimo legal.

2 – Na data da constituição, capital social deve estar inteiramente subscrito e realizado em montante não inferior ao mínimo legal.

ART. 175.º (Autorização) – 1 – A constituição de sociedade financeiras com sede em Portugal depende de autorização a conceder, caso a caso, pelo Banco de Portugal.

2 – À autorização e ao correspondente pedido aplica-se o disposto nos artigos 17.º, 18.º e 19.º e no n.º 2 do artigo 20.º.

ART. 176.º (Recusa de autorização) – A autorização para a constituição de sociedades financeiras será recusada sempre que:

a) O pedido de autorização não estiver instruído com todas as informações e documentos necessários;

b) A instrução do pedido enfermar de inexactidões ou de falsidades;

c) A sociedade a constituir não corresponder aos requisitos estabelecidos no artigo 174.º;

d) O Banco de Portugal não considerar demonstrado que todos os accionistas reúnem condições que garantam uma gestão sã e prudente da instituição de crédito, nos termos do disposto nos n.ºs 1 e 2 do artigo 103.º;

e) A sociedade não dispuser de meios técnicos e recursos financeiros suficientes para o tipo e volume das operações que pretende realizar.

ART. 177.º (Caducidade da autorização) – 1 – A autorização de uma sociedade financeira caduca se os requerentes a ela expressamente renunciarem ou se a sociedade não iniciar actividade no prazo de 12 meses.

2 – O Banco de Portugal poderá, a pedido dos interessados, prorrogar o prazo referido no número anterior por igual período.

3 – A autorização caduca ainda se a sociedade for dissolvida, sem prejuízo da prática dos actos necessários à respectiva liquidação.

ART. 178.º (Revogação da autorização) – 1 – A autorização de uma sociedade financeira pode ser revogada com os seguintes fundamentos, além de outros legalmente previstos:

a) Se tiver sido obtida por meio de falsas declarações ou outros expedientes ilícitos, independentemente das sanções penais que ao caso couberem;

b) Se deixar de se verificar algum dos requisitos estabelecidos no artigo 174.º;

c) Se a actividade da sociedade não corresponder ao objecto estatutário autorizado;

d) Se a sociedade cessar actividade ou a reduzir para nível insignificante por período superior a 12 meses;

e) Se se verificarem irregularidades graves na administração, organização contabilística ou fiscalização interna da sociedade;

f) Se a sociedade não puder honrar os seus compromissos, em especial quanto à segurança dos fundos que lhe tiverem sido confiados;

g) Se a sociedade violar as leis ou os regulamentos que disciplinam a sua actividade, ou não observar as determinações do Banco de Portugal, por modo a pôr em risco os interesses dos investidores e demais credores ou as condições normais de funcionamento do mercado monetário, financeiro ou cambial;

346 [DL n.º 298/92]   INSTITUIÇÕES DE CRÉDITO E SOCIEDADES FINANCEIRAS

h) Se a sociedade não cumprir as obrigações decorrentes da sua participação no Sistema de Indemnização aos Investidores.

2 – A revogação da autorização implica dissolução e liquidação da sociedade salvo se, no caso indicado na alínea *d*) do número anterior, o Banco de Portugal o dispensar.

ART. 179.º (Competência e forma da revogação) – A competência e a forma da revogação regem-se pelo disposto no artigo 23.º.

ART. 180.º (Regime especial) – (*Revogado.*)

ART. 181.º (Sociedades gestoras de fundos de investimento) – Às sociedades gestoras de fundos de investimento aplica-se o disposto no artigo 29.º-A.

ART. 182.º (Administração e fiscalização) – Salvo o disposto em lei especial, são aplicáveis às sociedades financeiras, com as necessárias adaptações, os artigos 30.º a 33.º.

ART. 183.º (Alterações estatutárias) – Estão sujeitas a prévia autorização do Banco de Portugal as alterações dos contratos de sociedade e a fusão e cisão das sociedades financeiras, nos termos dos artigos 34.º e 35.º.

CAPÍTULO II — Actividade no estrangeiro de sociedades financeiras com sede em Portugal

ART. 184.º (Sucursais de filiais de instituições de crédito em países comunitários) – 1 – O disposto no artigo 36.º, no n.º 1 do artigo 37.º e nos artigos 38.º a 40.º aplica-se ao estabelecimento, em Estados membros da Comunidade Europeia, de sucursais de sociedades financeiras com sede em Portugal, quando estas sociedades financeiras, por sua vez, sejam filiais de uma ou várias instituições de crédito que estejam sujeitas à lei portuguesa, gozem de regime legal que lhes permita o exercício de uma ou mais actividades referidas nos n.ºs 2 a 12 da lista anexa à Directiva n.º 2000/12/CE, do Parlamento Europeu e do Conselho, de 20 de Março, e preencham cumulativamente as seguintes condições:

a) Se as empresas mãe forem autorizadas como instituições de crédito em Portugal;
b) Se as actividades em questão forem efectivamente exercidas em território português;
c) Se as empresas mãe detiverem 90 % ou mais dos direitos de voto correspondentes ao capital da filial;
d) Se as empresas mãe assegurarem, a contento do Banco de Portugal, a gestão prudente da filial e se declararem, com a anuência do mesmo Banco, solidariamente garantes dos compromissos assumidos pela filial;
e) Se a filial for efectivamente incluída, em especial no que respeita às actividades em questão, na supervisão em base consolidada a que estiver sujeita a respectiva empresa mãe ou cada uma das empresas mãe, nomeadamente no que se refere ao cálculo do rácio de solvabilidade, ao controlo de grandes riscos e à limitação de participações noutras sociedades;
f) Se a filial estiver também sujeita a supervisão em base individual.

2 – Da comunicação referida no n.º 1 do artigo 37.º deverá constar o montante dos fundos próprios da sociedade financeira e o rácio de solvabilidade consolidado da instituição de crédito que constitui a respectiva empresa mãe.

3 – Se uma sociedade financeira que beneficie do disposto no presente artigo deixar de preencher algumas das condições referidas, o Banco de Portugal informará do facto as autoridades de supervisão dos países onde a sociedade tenha estabelecido sucursais.

ART. 185.º (Sucursais de outras sociedades no estrangeiro) – As sociedades financeiras com sede em Portugal que não sejam abrangidas pelo artigo anterior e pretendam estabelecer sucursais em país estrangeiro observarão o disposto no artigo 42.º.

ART. 186.º (Intervenção da Comissão do Mercado de Valores Mobiliários) – Sempre que o objecto da sociedade financeira que pretende estabelecer sucursal no estrangeiro compreender alguma actividade de intermediação de instrumentos financeiros, o Banco de Portugal solicita parecer da Comissão do Mercado de Valores Mobiliários, devendo esta pronunciar-se no prazo de dois meses.

ART. 187.º (Prestação de serviços noutros Estados membros da Comunidade Europeia) – 1 – A prestação de serviços noutro Estado membro da Comunidade Europeia por uma sociedade financeira que preencha as condições referidas no n.º 1 do artigo 184.º obedece ao disposto no artigo 43.º, devendo a comunicação do Banco de Portugal aí prevista ser acompanhada por comprovativo do preenchimento daquelas condições.

2 – É aplicável, com as necessárias adaptações, o n.º 3 do artigo 184.º.

CAPÍTULO III — Actividade em Portugal de instituições financeiras com sede no estrangeiro

ART. 188.º (Sucursais de filiais de instituições de crédito de países comunitários) – 1 – Rege-se pelo disposto nos artigos 44.º e 46.º a 56.º o estabelecimento, em Portugal, de sucursais de instituições financeiras sujeitas à lei de outros Estados membros da Comunidade Europeia quando estas instituições tenham a nature-

REGIME GERAL DAS INST. DE CRÉDITO E SOC. FINANCEIRAS   [**DL n.º 298/92**]   347

za de filial de instituição de crédito ou de filial comum de várias instituições de crédito, gozem de regime que lhes permita exercer uma ou mais das actividades referidas nos n.os 2 a 12 da lista anexa à Directiva n.º 2000/ /12/CE, do Parlamento Europeu e do Conselho, de 20 de Março, e preencham cumulativamente as seguintes condições:

a) Se as empresas mãe forem autorizadas como instituições de crédito no Estado membro a cuja lei a filial se encontrar sujeita;

b) Se as actividades em questão forem efectivamente exercidas em território do mesmo Estado membro;

c) Se as empresas mãe detiverem 90% ou mais dos direitos de voto correspondentes ao capital da filial;

d) Se as empresas mãe assegurarem, a contento das autoridades de supervisão do Estado membro de origem, a gestão prudente da filial e se declararem, com a anuência das mesmas autoridades, solidariamente garantes dos compromissos assumidos pela filial;

e) Se a filial for efectivamente incluída, em especial no que respeita às actividades em questão, na supervisão em base consolidada a que estiver sujeita a respectiva empresa mãe ou cada uma das empresas mãe, nomeadamente no que se refere ao cálculo do rácio de solvabilidade, ao controlo de grandes riscos e à limitação de participações noutras sociedades;

f) Se a filial estiver também sujeita a supervisão em base individual pelas autoridades do Estado membro de origem, nos termos exigidos pela legislação comunitária.

2 – É condição do estabelecimento que o Banco de Portugal receba, da autoridade de supervisão do país de origem, comunicação da qual constem as informações mencionadas nas alíneas *a)*, feitas as necessárias adaptações, *b)* e *c)* do artigo 49.º, o montante dos fundos próprios da instituição financeira, o rácio de solvabilidade consolidado da instituição de crédito que constitui a empresa mãe da instituição financeira titular e um atestado, passado pela autoridade de supervisão do país de origem, comprovativo da verificação das condições referidas no número anterior.

3 – Se uma instituição financeira deixar de preencher alguma das condições previstas no n.º 1 do presente artigo, as sucursais que tenha estabelecido em território português ficam sujeitas ao regime dos artigos 189.º e 190.º.

4 – O disposto nos n.os 1, 3 e 4 do artigo 122.º e nos artigos 123.º e 124.º é aplicável, com as necessárias adaptações, às filiais referidas no presente artigo.

ART. 189.º (Outras sucursais) – 1 – Rege-se pelo disposto nos artigos 44.º a 47.º e 57.º a 59.º o estabelecimento em Portugal de sucursais de instituições financeiras com sede no estrangeiro não abrangidas pelo artigo anterior e que correspondam a um dos tipos previstos no artigo 6.º.

2 – O disposto no artigo 181.º é aplicável ao estabelecimento das sucursais referidas no número anterior, quando as mesmas se proponham exercer no País alguma actividade de intermediação de instrumentos financeiros.

ART. 190.º (Âmbito de actividade) – A autorização para o estabelecimento, em Portugal, de sucursais referidas no artigo anterior não será concedida de modo a permitir exercício de actividades em termos mais amplos que os legalmente estabelecidos para as instituições de tipo equivalente com sede em Portugal.

ART. 191.º (Prestação de serviços) – À prestação de serviços, no País, por instituições financeiras que preencham as condições referidas no artigo 188.º é aplicável o disposto nos artigos 60.º e 61.º, devendo a comunicação mencionada no n.º 1 do artigo 61.º ser acompanhada de certificado, passado pela autoridade de supervisão do país de origem, comprovativo de que se verificam as condições referidas no n.º 1 do artigo 188.º.

ART. 192.º (Escritórios de representação) – A instalação e o funcionamento, em Portugal, de escritórios de representação de instituições financeiras com sede no estrangeiro regulam-se, com as necessárias adaptações, pelo disposto nos artigos 62.º a 64.º e 125.º.

ART. 193.º (Intervenção da Comissão do Mercado de Valores Mobiliários) – No caso de o objecto das instituições financeiras referidas no artigo anterior incluir o exercício de actividades de intermediação de instrumentos financeiros, é aplicável, com as necessárias adaptações, o disposto no artigo 186.º.

CAPÍTULO IV — Outras disposições

ART. 194.º (Registo) – 1 – As sociedades financeiras não podem iniciar a sua actividade enquanto não se encontrarem inscritas em registo especial no Banco de Portugal.

2 – É aplicável, com as devidas adaptações, o disposto nos artigos 65.º a 72.º.

ART. 195.º (Regras de conduta) – Salvo o disposto em lei especial, as sociedades financeiras estão sujeitas, com as necessárias adaptações, às normas contidas nos artigos 73.º a 90.º.

ART. 196.º (Normas prudenciais) – 1 – Salvo o disposto em lei especial, é aplicável às sociedades financeiras o disposto nos artigos 94.º a 97.º, 99.º e 115.º.

2 – Os adquirentes de participações iguais ou superiores a 10% do capital ou dos direitos de voto de sociedade financeira não abrangida pelo título X-A devem comunicar o facto ao Banco de Portugal, nos termos previstos no artigo 104.º, podendo o Banco de Portugal exigir a prestação das informações a que se refere o n.º 5 do artigo 102.º e o n.º 3 do artigo 103.º e usar dos poderes previstos no artigo 106.º.

348   [DL n.º 298/92]   INSTITUIÇÕES DE CRÉDITO E SOCIEDADES FINANCEIRAS

ART. 197.º (Supervisão) – 1 – Salvo o disposto em lei especial, é aplicável às sociedades financeiras, com as necessárias adaptações, o disposto nos artigos 93.º, 116.º, 116.º-A, 116.º-B, 116.º-C, 118.º a 121.º e 125.º a 128.º.

2 – Quando uma instituição financeira com sede no estrangeiro, e que em Portugal preste serviços ou disponha de escritório de representação, exerça no País actividade de intermediação de instrumentos financeiros, a supervisão dessa actividade compete igualmente à Comissão do Mercado de Valores Mobiliários.

ART. 198.º (Saneamento) – 1 – Salvo o disposto em lei especial, é aplicável, com as necessárias adaptações, às sociedades financeiras e às sucursais estabelecidas em Portugal o disposto nos artigos 139.º a 153.º.

2 – Tratando-se de sociedades financeiras que exerçam alguma actividade de intermediação de instrumentos financeiros, o Banco de Portugal manterá a Comissão do Mercado de Valores Mobiliários informada das providências que tomar nos termos dos artigos referidos no número anterior e, sempre que possível, ouvi-la-á antes de tomar alguma das providências ou decisões previstas nos artigos 141.º a 145.º e 152.º.

ART. 199.º (Remissão) – Em tudo o que não contrarie o disposto no presente diploma, as sociedades financeiras regem-se pela legislação especial aplicável.

TÍTULO X-A — SERVIÇOS E ACTIVIDADES DE INVESTIMENTO, EMPRESAS DE INVESTIMENTO E SOCIEDADES GESTORAS DE INVESTIMENTO MOBILIÁRIO

CAPÍTULO I — Disposições gerais

ART. 199.º-A (Definições) – Para efeitos deste título, entende-se por:

1.º «Serviços e actividades de investimento»:

a) A recepção e transmissão, por conta de clientes, de ordens relativas a um ou mais instrumentos financeiros referidos no n.º 3.º;

b) A execução de ordens por conta de clientes, relativas a um ou mais instrumentos financeiros referidos no n.º 3.º;

c) A negociação por conta própria de um ou mais instrumentos financeiros referidos no n.º 3.º;

d) A gestão de carteiras, numa base discricionária e individualizada, no âmbito de mandato conferido pelos clientes, sempre que essas carteiras incluam um ou mais instrumentos financeiros referidos no n.º 3.º;

e) A consultoria para investimento em um ou mais instrumentos financeiros referidos no n.º 3.º;

f) A colocação, com ou sem tomada firme, de um ou mais instrumentos financeiros referidos no n.º 3.º;

g) A gestão de sistemas de negociação multilateral;

2.º «Serviços auxiliares» os indicados na secção B do anexo i da Directiva n.º 2004/39/CE, do Parlamento Europeu e do Conselho, de 21 de Abril;

3.º «Instrumentos financeiros» qualquer contrato que dê origem, simultaneamente, a um activo financeiro de uma parte e a um passivo financeiro ou instrumento de capital de outra parte, incluindo, no mínimo, os instrumentos referidos na secção C do anexo i da Directiva n.º 2004/39/CE, do Parlamento Europeu e do Conselho, de 21 de Abril;

4.º «Empresas de investimento» as empresas em cuja actividade habitual se inclua a prestação de um ou mais serviços de investimento a terceiros e ou o exercício de uma ou mais actividades de investimento e que estejam sujeitas aos requisitos previstos na Directiva n.º 2004/39/CE, do Parlamento Europeu e do Conselho, de 21 de Abril, com excepção das instituições de crédito e das entidades abrangidas no âmbito da previsão do n.º 1 do artigo 2.º da mesma directiva;

5.º «Agente vinculado» a pessoa singular ou colectiva que, sob a responsabilidade total e incondicional de uma única empresa de investimento em cujo nome actua, promove serviços de investimento e ou serviços auxiliares junto de clientes ou clientes potenciais, recebe e transmite instruções ou ordens de clientes relativamente a serviços de investimento ou instrumentos financeiros, coloca instrumentos financeiros e ou presta um aconselhamento aos clientes ou clientes potenciais relativamente a esses instrumentos financeiros ou serviços;

6.º «Sociedade gestora de fundos de investimento mobiliário» qualquer sociedade cuja actividade principal consista na gestão de fundos de investimento mobiliário ou de sociedades de investimento mobiliário que obedeçam aos requisitos da Directiva n.º 85/611/CEE, do Conselho, de 20 de Dezembro.

ART. 199.º-B (Regime jurídico) – 1 – As empresas de investimento, com excepção das sociedades de consultoria para investimento e das sociedades gestoras de sistemas de negociação multilateral, bem como as sociedades gestoras de fundos de investimento mobiliário, estão sujeitas a todas as normas do presente Regime Geral aplicáveis às sociedades financeiras e, em especial, às disposições do presente título.

2 – No âmbito da prestação de serviços de investimento, o disposto no n.º 5 do artigo 199.º-D, no artigo 199.º-F e nos n.ºˢ 2, 3 e 4 do artigo 199.º-L é também aplicável às instituições de crédito.

CAPÍTULO II — Autorização de empresas de investimento com sede em Portugal

ART. 199.º-C (Autorização de empresas de investimento com sede em Portugal) – O título II é aplicável, com as necessárias adaptações, às empresas de investimento com sede em Portugal, com as seguintes modificações:

REGIME GERAL DAS INST. DE CRÉDITO E SOC. FINANCEIRAS   [DL n.º 298/92]   349

a) Não é aplicável a alínea *b*) do n.º 1 do artigo 14.º;

b) O capital das empresas de investimento que adoptem a forma de sociedade anónima deve ser representado por acções nominativas;

c) Não são aplicáveis os n.ᵒˢ 3 a 5 do artigo 16.º;

d) O disposto no artigo 18.º é também aplicável quando a empresa a constituir seja filial de uma empresa de investimento autorizada noutro país, ou filial de empresa mãe de empresa de investimento nestas condições, ou dominada pelas mesmas pessoas singulares ou colectivas que dominem uma empresa de investimento autorizada noutro país;

e) No n.º 6 do artigo 16.º, a referência feita à Directiva n.º 2006/48/CE, do Parlamento Europeu e do Conselho, de 14 de Junho, é substituída pela referência ao artigo 15.º da Directiva n.º 2004/39/CE, do Parlamento Europeu e do Conselho, de 21 de Abril;

f) O artigo 33.º aplica-se sem prejuízo do disposto em lei especial.

CAPÍTULO III — Actividade, na Comunidade Europeia, de empresas de investimento com sede em Portugal

ART. 199.º-D (Actividade, na Comunidade Europeia, de empresas de investimento com sede em Portugal) – 1 – O estabelecimento de sucursais e a prestação de serviços em outros Estados membros da Comunidade Europeia por empresas de investimento com sede em Portugal rege-se, com as necessárias adaptações, pelo disposto nos artigos 36.º, 37.º, n.º 1, 38.º, n.ᵒˢ 1 a 3, 39.º e 43.º, com as modificações seguintes:

a) As notificações referidas no n.º 1 do artigo 36.º e no n.º 1 do artigo 43.º devem ser feitas também à Comissão do Mercado de Valores Mobiliários;

b) As comunicações e as certificações referidas no n.º 1 do artigo 37.º e no n.º 2 do artigo 43.º só poderão ser transmitidas à autoridade de supervisão do Estado membro de acolhimento se o Banco de Portugal e a Comissão do Mercado de Valores Mobiliários se pronunciarem em sentido favorável à pretensão;

c) A comunicação referida no n.º 1 do artigo 37.º é acompanhada dos esclarecimentos necessários sobre o sistema de indemnização aos investidores autorizado do qual a empresa de investimento é membro nos termos da Directiva n.º 97/9/CE, do Parlamento Europeu e do Conselho, de 3 de Março;

d) Nos artigos 39.º e 43.º, a referência às operações constantes da lista anexa à Directiva n.º 2006/48/CE, do Parlamento Europeu e do Conselho, de 14 de Junho, é substituída pela referência aos serviços e actividades de investimento e aos serviços auxiliares constantes das secções A e B do anexo i à Directiva n.º 2004/39/CE, do Parlamento Europeu e do Conselho, de 21 de Abril, sendo que os serviços auxiliares só podem ser prestados conjuntamente com um serviço e ou actividade de investimento;

e) A autoridade de supervisão do Estado membro de acolhimento é informada das modificações que ocorram no sistema referido na alínea *c*);

f) As notificações previstas no n.º 1 do artigo 36.º e no n.º 1 do artigo 43.º devem incluir indicação sobre a intenção da empresa de investimento recorrer a agentes vinculados no Estado membro de acolhimento e, em caso afirmativo, a identidade destes;

g) Em caso de modificação de alguns dos elementos comunicados nos termos do n.º 1 do artigo 36.º ou do n.º 1 do artigo 43.º com as modificações previstas neste número, a empresa de investimento comunicá-la-á, por escrito, com a antecedência mínima de um mês face à data da sua implementação, ao Banco de Portugal e à Comissão do Mercado de Valores Mobiliários, sendo a comunicação transmitida à autoridade de supervisão do Estado membro de acolhimento;

h) Na sequência da comunicação a que se refere o n.º 2 do artigo 43.º, a identidade dos agentes vinculados pode ser comunicada à autoridade de supervisão do Estado membro de acolhimento, a pedido desta.

2 – A competência para a transmissão das informações à autoridade de supervisão do Estado membro de acolhimento a que se referem as alíneas *b*), *c*), *e*), *g*) e *h*) do número anterior é exercida pela Comissão do Mercado de Valores Mobiliários.

3 – O recurso a um agente vinculado estabelecido noutro Estado membro da Comunidade Europeia é equiparado, para todos os efeitos, ao estabelecimento de uma sucursal da empresa de investimento nesse Estado membro.

4 – Para efeitos dos números anteriores, entende-se como autoridade de supervisão do Estado membro de acolhimento aquela que, no Estado membro da Comunidade Europeia em causa, tiver sido designada como ponto de contacto nos termos do artigo 56.º da Directiva n.º 2004/39/CE, do Parlamento Europeu e do Conselho, de 21 de Abril.

5 – Se, relativamente a empresas de investimento com sede em Portugal, o Banco de Portugal ou a Comissão do Mercado de Valores Mobiliários forem notificados de que estas infringem disposições legais ou regulamentares cuja verificação não cabe à autoridade de supervisão do Estado membro de acolhimento, o Banco de Portugal ou a Comissão do Mercado de Valores Mobiliários tomam as medidas necessárias e adequadas para pôr fim à irregularidade.

350   [DL n.º 298/92]   INSTITUIÇÕES DE CRÉDITO E SOCIEDADES FINANCEIRAS

CAPÍTULO IV — Actividade, em Portugal, de empresas de investimento com sede em outros Estados membros da Comunidade Europeia

ART. 199.º-E (Actividade, em Portugal, de empresas de investimento com sede em outros Estados membros da Comunidade Europeia) – 1 – O estabelecimento de sucursais e a prestação de serviços, em Portugal, por empresas de investimento com sede em outros Estados membros da Comunidade Europeia rege-se, com as necessárias adaptações, pelo disposto nos artigos 44.º, 46.º a 49.º, 50.º, n.º 2, 52.º, 54.º a 56.º, 60.º e 61.º, n.ºˢ 1 e 2, com as seguintes modificações:

a) A competência conferida ao Banco de Portugal nos artigos 46.º, 47.º, 49.º, 50.º, n.º 2, e 61.º, n.ºˢ 1 e 2, é atribuída à Comissão do Mercado de Valores Mobiliários;

b) Não são aplicáveis as alíneas *d)*, *e)* e *f)* do n.º 1 do artigo 49.º;

c) (*Revogada.*)

d) Nos artigos 52.º e 60.º, a referência às operações constantes da lista anexa à Directiva n.º 2006/48/CE, do Parlamento Europeu e do Conselho, de 14 de Junho, é substituída pela referência aos serviços e actividades de investimento e aos serviços auxiliares constantes das secções A e B do anexo i à Directiva n.º 2004/39/CE, do Parlamento e do Conselho, de 21 de Abril, sendo que os serviços auxiliares só podem ser prestados conjuntamente com um serviço e ou actividade de investimento;

e) (*Revogada.*)

f) (*Revogada.*)

g) (*Revogada.*)

h) As comunicações previstas no n.º 1 do artigo 49.º e no n.º 1 do artigo 61.º devem incluir indicação sobre a intenção da empresa de investimento recorrer a agentes vinculados em Portugal;

i) Se do conteúdo da comunicação referida no n.º 1 do artigo 61.º resultar que a empresa de investimento tenciona recorrer a agentes vinculados em território português, a Comissão do Mercado de Valores Mobiliários solicita à autoridade de supervisão do Estado membro de origem a indicação da identidade dos mesmos.

2 – O recurso a um agente vinculado estabelecido em Portugal é equiparado, para todos os efeitos, ao estabelecimento de uma sucursal da empresa de investimento em território português.

3 – Para efeitos do presente artigo, entende-se como autoridade de supervisão do Estado membro de origem aquela que, no Estado membro da Comunidade Europeia em causa, tenha sido designada como ponto de contacto nos termos do artigo 56.º da Directiva n.º 2004/39/CE, do Parlamento Europeu e do Conselho, de 21 de Abril.

ART. 199.º-F (Irregularidades quando esteja em causa a prestação de serviços e actividades de investimento) – 1 – Se o Banco de Portugal ou a Comissão do Mercado de Valores Mobiliários tiverem motivos claros e demonstráveis para crer que, relativamente à actividade em Portugal de empresas de investimento com sede em outros Estados membros da Comunidade Europeia, estão a ser infringidas disposições legais ou regulamentares da competência do Estado membro de origem, devem notificar desse facto a autoridade de supervisão competente.

2 – Se, apesar da iniciativa prevista no número anterior, designadamente em face da insuficiência das medidas tomadas pela autoridade competente do Estado membro de origem, a empresa de investimento persistir na irregularidade, o Banco de Portugal ou a Comissão do Mercado de Valores Mobiliários, após informar a autoridade competente do Estado membro de origem, toma as medidas adequadas que se revelem necessárias para proteger os interesses dos investidores ou o funcionamento ordenado dos mercados, podendo, nomeadamente, impedir que essas empresas de investimento iniciem novas transacções em Portugal, devendo a Comissão Europeia ser informada sem demora das medidas adoptadas.

3 – Quando se verificar que uma sucursal que exerça actividade em Portugal não observa as disposições legais ou regulamentares cuja verificação cabe à Comissão do Mercado de Valores Mobiliários, esta determina-lhe que ponha termo à irregularidade.

4 – Caso a sucursal não adopte as medidas necessárias nos termos do número anterior, a Comissão do Mercado de Valores Mobiliários toma as medidas adequadas para assegurar que aquela ponha termo à situação irregular, informando a autoridade competente do Estado membro de origem da natureza dessas medidas.

5 – Se, apesar das medidas adoptadas nos termos do número anterior, a sucursal persistir na violação das disposições legais ou regulamentares, a Comissão do Mercado de Valores Mobiliários pode, após informar a autoridade competente do Estado membro de origem, tomar as medidas adequadas para impedir ou sancionar novas irregularidades e, se necessário, impedir que a sucursal inicie novas transacções em Portugal, informando sem demora a Comissão Europeia das medidas adoptadas.

6 – As disposições a que se refere o n.º 3 são as relativas ao registo das operações e à conservação de documentos, aos deveres gerais de informação, à execução de ordens nas melhores condições, ao tratamento de ordens de clientes, à informação sobre ofertas de preços firmes e operações realizadas fora de mercado regulamentado ou de sistema de negociação multilateral e à informação à Comissão do Mercado de Valores Mobiliários sobre operações.

REGIME GERAL DAS INST. DE CRÉDITO E SOC. FINANCEIRAS [DL n.º 298/92] 351

CAPÍTULO V — Cooperação com outras entidades

ART. 199.º-G (Cooperação com outras entidades) – 1 – A Comissão do Mercado de Valores Mobiliários deve encaminhar de imediato para o Banco de Portugal as informações que receba de autoridades competentes de outros Estados, bem como os pedidos de informação destas autoridades que lhe tenham sido dirigidos, que sejam da competência do Banco.

2 – O Banco de Portugal pode, na transmissão de informações, declarar que estas não podem ser divulgadas sem o seu consentimento expresso, caso em que tais informações apenas podem ser trocadas para os fins aos quais o Banco deu o seu acordo.

3 – O Banco de Portugal pode transmitir a outras entidades as informações que tenha recebido de autoridades de supervisão de Estados membros da Comunidade Europeia desde que as primeiras não tenham condicionado essa divulgação, caso em que tais informações apenas podem ser divulgadas para os fins aos quais essas autoridades deram o seu acordo.

4 – Se o Banco de Portugal tiver conhecimento de que actos contrários às disposições que regulam os serviços e actividades de investimento estejam a ser ou tenham sido praticados por entidades não sujeitas à sua supervisão no território de outro Estado membro, comunica tais actos à Comissão do Mercado de Valores Mobiliários para efeitos de notificação da autoridade competente desse Estado, sem prejuízo de actuação no âmbito dos seus poderes.

5 – Se o Banco de Portugal receber notificação análoga à prevista no número anterior, comunica à Comissão do Mercado de Valores Mobiliários os resultados das diligências efectuadas e outros desenvolvimentos relevantes para efeitos da sua transmissão à autoridade notificante.

ART. 199.º-H (Recusa de cooperação) – 1 – O Banco de Portugal pode recusar a uma autoridade competente de outro Estado membro a transmissão de informações ou a colaboração em inspecções a sucursais se:

a) Essa inspecção ou transmissão de informação for susceptível de prejudicar a soberania, a segurança ou a ordem pública nacionais;

b) Estiver em curso acção judicial ou existir uma decisão transitada em julgado relativamente aos mesmos actos e às mesmas pessoas perante os tribunais portugueses.

2 – Em caso de recusa, o Banco de Portugal notifica desse facto a autoridade competente requerente, fornecendo-lhe informação tão pormenorizada quanto possível.

CAPÍTULO VI — Outras disposições

ART. 199.º-I (Remissão) – 1 – O disposto nos artigos 35.º-A, 42.º-A e 102.º a 111.º é também aplicável às empresas de investimento, às sociedades gestoras de fundos de investimento e à tomada de participações nestas mesmas empresas.

2 – (*Revogado.*)

3 – (*Revogado.*)

4 – (*Revogado.*)

5 – (*Revogado.*)

6 – (*Revogado.*)

ART. 199.º-J (Outras competências das autoridades de supervisão) – 1 – O disposto nos artigos 122.º a 124.º é aplicável a todas as empresas de investimento autorizadas em outros Estados membros da Comunidade Europeia, sendo outorgada à Comissão do Mercado de Valores Mobiliários a competência neles conferida ao Banco de Portugal, e entendido o âmbito de competências definido pelo n.º 2 do artigo 122.º como relativo às matérias constantes do n.º 6 do artigo 199.º-F.

2 – Para o exercício das suas competências na supervisão das matérias a que se refere o n.º 6 do artigo 199.º--F, a Comissão do Mercado de Valores Mobiliários pode, relativamente às empresas de investimento autorizadas em outros Estados membros da Comunidade Europeia que tenham estabelecido sucursal em Portugal, verificar os procedimentos adoptados e exigir as alterações que considere necessárias, bem como as informações que para os mesmos efeitos pode exigir às empresas de investimento com sede em Portugal.

3 – O Banco de Portugal e a Comissão do Mercado de Valores Mobiliários podem exigir às empresas de investimento autorizadas em outros Estados membros da Comunidade Europeia que tenham estabelecido sucursal em Portugal, para efeitos estatísticos, a apresentação periódica de relatórios sobre as suas operações efectuadas em território português, podendo, ainda, o Banco de Portugal, no âmbito das suas atribuições e competências em matéria de política monetária, solicitar as informações que para os mesmos efeitos pode exigir às empresas de investimento com sede em Portugal.

4 – No âmbito da prestação de serviços e actividades de investimento, o Banco de Portugal pode requerer de modo devidamente fundamentado à autoridade judiciária competente que autorize a solicitação a entidades prestadoras de serviços de telecomunicações, de rede fixa ou de rede móvel, ou a operadores de serviços de Internet registos de contactos telefónicos e de transmissão de dados existentes.

352 [DL n.º 298/92]   INSTITUIÇÕES DE CRÉDITO E SOCIEDADES FINANCEIRAS

5 – Nos termos do disposto no número anterior, o Banco de Portugal pode solicitar a entidades prestadoras de serviços de telecomunicações, de rede fixa ou de rede móvel, ou a operadores de serviços de Internet registos de contactos telefónicos e de transmissão de dados existentes, que necessite para o exercício das suas funções, não podendo a entidade em causa invocar qualquer regime de segredo.

ART. 199.º-L (Regime das sociedades gestoras de fundos de investimento mobiliário) – 1 – Às sociedades gestoras de fundos de investimento mobiliário aplica-se o disposto no presente título, com excepção do n.º 5.º do artigo 199.º-A e dos artigos 199.º-C a 199.º-H, entendendo-se o âmbito das competências do n.º 2 do artigo 122.º, a que alude o artigo anterior, ao previsto na alínea *d*) do n.º 4.

2 – O título II é aplicável, com as necessárias adaptações, às sociedades gestoras de fundos de investimento mobiliário com sede em Portugal, com as seguintes modificações:

a) Não são aplicáveis os n.os 3 a 5 do artigo 16.º;

b) O disposto no artigo 18.º é também aplicável quando a sociedade gestora a constituir seja:

i) Filial de uma sociedade gestora, empresa de investimento, instituição de crédito ou empresa de seguros autorizada noutro país; ou

ii) Filial de empresa mãe de sociedade gestora, empresa de investimento, instituição de crédito ou empresa de seguros autorizada noutro país; ou

iii) Dominada pelas mesmas pessoas singulares ou colectivas que dominem uma sociedade gestora, empresa de investimento, instituição de crédito ou empresa de seguros autorizada noutro país;

c) No n.º 6 do artigo 16.º, a referência feita à Directiva n.º 2006/48/CE, do Parlamento Europeu e do Conselho, de 14 de Junho, é substituída pela referência ao artigo 15.º da Directiva n.º 2004/39/CE, do Parlamento Europeu e do Conselho, de 21 de Abril;

d) O artigo 33.º aplica-se sem prejuízo do disposto em lei especial.

3 – O estabelecimento de sucursais e a prestação de serviços em outros Estados membros da Comunidade Europeia por sociedades gestoras de fundos de investimento mobiliário com sede em Portugal rege-se, com as necessárias adaptações, pelo disposto nos artigos 36.º, 37.º, n.º 1, 38.º a 40.º e 43.º, com as modificações seguintes:

a) As notificações referidas no n.º 1 do artigo 36.º e no n.º 1 do artigo 43.º devem ser feitas também à Comissão do Mercado de Valores Mobiliários;

b) As comunicações e as certificações referidas no n.º 1 do artigo 37.º e no n.º 2 do artigo 43.º só podem ser transmitidas à autoridade de supervisão do Estado membro de acolhimento se o Banco de Portugal e a Comissão do Mercado de Valores Mobiliários se pronunciarem em sentido favorável à pretensão;

c) Se aplicável, a comunicação referida no n.º 1 do artigo 37.º é acompanhada dos esclarecimentos necessários sobre os sistemas de garantia dos quais a sociedade gestora seja membro;

d) A fundamentação da decisão de recusa, a que se refere o n.º 2 do artigo 38.º, deve ser notificada à instituição interessada no prazo de dois meses;

e) Nos artigos 39.º e 43.º, a referência às operações constantes da lista anexa à Directiva n.º 2006/48/CE, do Parlamento Europeu e do Conselho, de 14 de Junho, é substituída pela referência à actividade e serviços enumerados nos n.os 2 e 3 do artigo 5.º da Directiva n.º 85/611/CEE, de 20 de Dezembro, tal como modificada pela Directiva n.º 2001/107/CE, do Parlamento Europeu e do Conselho, de 21 de Janeiro;

f) O Banco de Portugal ou a Comissão do Mercado de Valores Mobiliários informam a autoridade de supervisão do Estado membro de acolhimento das modificações que ocorram nos sistemas de garantia referidos na alínea *c*);

g) A comunicação a que se refere o n.º 1 do artigo 40.º deve ser feita também à Comissão do Mercado de Valores Mobiliários;

h) Em caso de modificação do plano de actividades a que se refere o n.º 1 do artigo 43.º, a sociedade gestora comunicá-lo-á, por escrito, com a antecedência mínima de um mês face à data da sua implementação, ao Banco de Portugal e à Comissão do Mercado de Valores Mobiliários e à autoridade de supervisão do Estado membro de acolhimento;

i) A competência para a transmissão das informações à autoridade de supervisão do Estado membro de acolhimento a que se referem as alíneas *b*), *c*) e *f*) deste número é exercida pelo Banco de Portugal em relação aos Estados membros de acolhimento nos quais a autoridade de supervisão destinatária tenha competência para a supervisão das instituições de crédito e pela Comissão do Mercado de Valores Mobiliários nos demais casos.

4 – O estabelecimento de sucursais e a prestação de serviços, em Portugal, por sociedades gestoras de fundos de investimento mobiliário com sede em outros Estados membros da Comunidade Europeia rege-se, com as necessárias adaptações, pelo disposto nos artigos 44.º, 46.º a 56.º, 60.º e 61.º, com as modificações seguintes:

a) A competência conferida ao Banco de Portugal nos artigos 46.º, 47.º, 49.º a 51.º, 53.º e 61.º é atribuída à Comissão do Mercado de Valores Mobiliários;

b) Não são aplicáveis as alíneas *d*), *e*) e *f*) do n.º 1 do artigo 49.º;

c) Nos artigos 52.º e 60.º, a referência às operações constantes da lista anexa à Directiva n.º 2006/48/CE, do Parlamento Europeu e do Conselho, de 14 de Junho, é substituída pela referência à actividade e serviços enumerados nos n.os 2 e 3 do artigo 5.º da Directiva n.º 85/611/CEE, de 20 de Dezembro, tal como modificada pela Directiva n.º 2001/107/CE, do Parlamento Europeu e do Conselho, de 21 de Janeiro;

d) As normas a que se refere o n.º 1 do artigo 53.º são as normas de conduta, as que regem a forma e o conteúdo das acções publicitárias e as que regulam a comercialização de unidades de participação de fundos

REGIME GERAL DAS INST. DE CRÉDITO E SOC. FINANCEIRAS   [DL n.º 298/92]   353

de investimento mobiliário ou de acções de sociedades de investimento mobiliário, bem como as relativas às obrigações de informação, de declaração e de publicação;

e) Na medida em que tal se mostre necessário para o exercício das competências das autoridades de supervisão dos Estados membros de origem, e a pedido destas, a Comissão do Mercado de Valores Mobiliários informá-las-á de todas as providências que tenham sido adoptadas nos termos do n.º 6 do artigo 53.º;

f) Em caso de modificação do plano de actividades a que se refere o n.º 1 do artigo 61.º, a sociedade gestora comunicá-lo-á previamente à Comissão do Mercado de Valores Mobiliários, podendo esta, sendo caso disso, indicar à empresa qualquer alteração ou complemento em relação às informações que tiverem sido comunicadas nos termos do n.º 1 do artigo 50.º.

TÍTULO XI — SANÇÕES

CAPÍTULO I — Disposição penal

ART. 200.º (Actividade ilícita de recepção de depósitos e outros fundos reembolsáveis) – Aquele que exercer actividade que consista em receber do público, por conta própria ou alheia, depósitos ou outros fundos reembolsáveis, sem que para tal exista a necessária autorização, e não se verificando nenhuma das situações previstas no n.º 3 do artigo 8.º, será punido com pena de prisão até 5 anos.

CAPÍTULO II — Ilícitos de mera ordenação social

Secção I — DISPOSIÇÕES GERAIS

ART. 201.º (Aplicação no espaço) – O disposto no presente título é aplicável, independentemente da nacionalidade do agente, aos seguintes factos que constituam infracção à lei portuguesa:

a) Factos praticados em território português;

b) Factos praticados em território estrangeiro de que sejam responsáveis instituições de crédito ou sociedades financeiras com sede em Portugal e que ali actuem por intermédio de sucursais ou em prestação de serviços, bem como indivíduos que, em relação a tais entidades, se encontrem em alguma das situações previstas no n.º 1 do artigo 204.º;

c) Factos praticados a bordo de navios ou aeronaves portuguesas, salvo tratado ou convenção em contrário.

ART. 202.º (Responsáveis) – Pela prática das infracções a que se refere o presente capítulo podem ser responsabilizadas, conjuntamente ou não, pessoas singulares ou colectivas, ainda que irregularmente constituídas, e associações sem personalidade jurídica.

ART. 203.º (Responsabilidade dos entes colectivos) – 1 – As pessoas colectivas, ainda que irregularmente constituídas, e as associações sem personalidade jurídica são responsáveis pelas infracções cometidas pelos titulares dos cargos de direcção, chefia ou gerência, no exercício das suas funções, bem como pelas infracções cometidas por mandatários, representantes ou trabalhadores do ente colectivo em actos praticados em nome e no interesse deste.

2 – A responsabilidade da pessoa colectiva é excluída quando o agente actue contra ordens ou instruções expressas daquela.

3 – A invalidade e a ineficácia jurídicas dos actos em que se funde a relação entre o agente individual e o ente colectivo não obstam a que seja aplicado o disposto no n.º 1.

ART. 204.º (Responsabilidade dos agentes individuais) – 1 – A responsabilidade do ente colectivo não preclude a responsabilidade individual dos membros dos respectivos órgãos, de quem naquele detenha participações sociais, exerça cargos de direcção, chefia ou gerência, ou actue em sua representação, legal ou voluntária.

2 – Não obsta à responsabilidade dos agentes individuais que representem outrem o facto de o tipo legal do ilícito requerer determinados elementos pessoais, e estes só se verificarem na pessoa do representado, ou requerer que o agente pratique o acto no seu interesse, tendo o representante actuado no interesse do representado.

ART. 205.º (Tentativa e negligência) – 1 – A tentativa e a negligência serão sempre puníveis.

2 – A sanção da tentativa será a do ilícito consumado, especialmente atenuada.

3 – Em caso de negligência, os limites máximos e mínimo da coima serão reduzidos a metade.

4 – Quando a responsabilidade do agente individual for atenuada nos termos dos números anteriores, proceder-se-á a graduação correspondente da sanção aplicável ao ente colectivo.

ART. 206.º (Graduação da sanção) – 1 – A determinação da medida da coima e das sanções acessórias far-se-á em função da gravidade objectiva e subjectiva da infracção, tendo em conta a natureza individual ou colectiva do agente considerado.

2 – A gravidade da infracção cometida pelos entes colectivos será avaliada, designadamente, pelas seguintes circunstâncias:

354 [DL n.º 298/92]   INSTITUIÇÕES DE CRÉDITO E SOCIEDADES FINANCEIRAS

a) Perigo ou dano causado ao sistema financeiro ou à economia nacional;

b) Carácter ocasional ou reiterado da infracção;

c) Actos de ocultação, na medida em que dificultem a descoberta da infracção ou a eficácia da sanção aplicável;

d) Actos do arguido destinados a, por sua iniciativa, reparar os danos ou obviar aos perigos causados pela infracção.

3 – Para os agentes individuais, além das circunstâncias correspondentes às enumeradas no número anterior, atender-se-á ainda, designadamente, às seguintes:

a) Nível de responsabilidades e esfera de acção no ente colectivo em causa;

b) Benefício, ou intenção de o obter, do próprio, de cônjuge, de parente ou de afim até ao 3.º grau;

c) Especial dever de não cometer a infracção.

4 – Na determinação da sanção aplicável, além da gravidade da infracção, ter-se-á em conta:

a) A situação económica do arguido;

b) A conduta anterior do arguido.

5 – A atenuante da reparação do dano ou da redução do perigo, quando realizadas pelo ente colectivo, comunica-se a todos os agentes individuais, ainda que não tenham pessoalmente contribuído para elas.

6 – A coima deve, sempre que possível, exceder o benefício económico que o arguido ou pessoa que fosse seu propósito beneficiar tenham retirado da prática da infracção.

ART. 207.º (Cumprimento do dever omitido) – 1 – Sempre que a infracção resulte da omissão de um dever, a aplicação da sanção e o pagamento da coima não dispensam o infractor do seu cumprimento, se este ainda for possível.

2 – O infractor pode ser sujeito pelo Banco de Portugal à injunção de cumprir o dever em causa.

ART. 208.º (Concurso de infracções) – Se, pelo mesmo facto, uma pessoa responder simultaneamente a título de crime e a título de ilícito de mera ordenação social, seguir-se-á o regime geral, mas instaurar-se-ão processos distintos respectivamente perante o juiz penal e no Banco de Portugal, cabendo a este último a aplicação, se for caso disso, das sanções acessórias previstas no presente diploma.

ART. 209.º (Prescrição) – 1 – O procedimento pelos ilícitos de mera ordenação social previstos neste diploma prescreve em cinco anos.

2 – O prazo de prescrição das sanções é de cinco anos a contar do dia em que se esgotar o prazo de impugnação judicial da decisão que aplicar a sanção ou do dia em que a decisão judicial transitar em julgado.

Secção II — **ILÍCITOS EM ESPECIAL**

ART. 210.º (Coimas) – São puníveis com coima de € 3000 a € 1 500 000 e de € 1000 a € 500 000, consoante seja aplicada a ente colectivo ou a pessoa singular, as infracções adiante referidas:

a) O exercício de actividade com inobservância das normas sobre registo no Banco de Portugal;

b) A violação das normas relativas à subscrição ou à realização do capital social, quanto ao prazo, montante e forma de representação;

c) A infracção às regras sobre o uso de denominações constantes dos artigos 11.º e 46.º;

d) A inobservância de relações e limites prudenciais determinados por lei ou pelo Ministro das Finanças ou pelo Banco de Portugal no exercício das respectivas atribuições;

e) A omissão, nos prazos legais, de publicações obrigatórias;

f) A inobservância das normas e procedimentos contabilísticos determinados por lei ou pelo Banco de Portugal, quando dela não resulte prejuízo grave para o conhecimento da situação patrimonial e financeira da entidade em causa;

g) A violação de regras e deveres de conduta previstos neste Regime Geral ou em diplomas complementares que remetam para o seu regime sancionatório, bem como o não acatamento de determinações específicas emitidas pelo Banco de Portugal para assegurar o respectivo cumprimento;

h) A violação dos deveres de informação previstos no artigo 77.º;

i) A omissão de informações e comunicações devidas ao Banco de Portugal, nos prazos estabelecidos, e a prestação de informações incompletas;

j) As violações dos preceitos imperativos deste diploma e da legislação específica que rege a actividade das instituições de crédito e das sociedades financeiras, não previstas nas alíneas anteriores e no artigo seguinte, bem como dos regulamentos emitidos pelo Ministro das Finanças ou pelo Banco de Portugal, em cumprimento ou para execução dos referidos preceitos;

l) A violação das normas sobre registo de operações constantes dos n.ºs 3 e 4 do artigo 118.º-A.

ART. 211.º (Infracções especialmente graves) – São puníveis com coima de € 10 000 a € 5 000 000 ou de € 4000 a € 2 000 000, consoante seja aplicada a ente colectivo ou a pessoa singular, as infracções adiante referidas:

a) A prática não autorizada, por quaisquer indivíduos ou entidades, de operações reservadas às instituições de crédito ou às sociedades financeiras;

REGIME GERAL DAS INST. DE CRÉDITO E SOC. FINANCEIRAS [DL n.º 298/92] 355

b) O exercício, pelas instituições de crédito ou pelas sociedades financeiras, de actividades não incluídas no seu objecto legal, bem como a realização de operações não autorizadas ou que lhes estejam especialmente vedadas;

c) A realização fraudulenta do capital social;

d) A realização de alterações estatutárias previstas nos artigos 34.º e 35.º, quando não precedidas de autorização do Banco de Portugal;

e) O exercício de quaisquer cargos ou funções em instituição de crédito ou em sociedade financeira, em violação de proibições legais ou à revelia de oposição expressa do Banco de Portugal;

f) O desacatamento da inibição do exercício de direitos de voto;

g) A falsificação da contabilidade e a inexistência de contabilidade organizada, bem como a inobservância de outras regras contabilísticas aplicáveis, determinadas por lei ou pelo Banco de Portugal, quando essa inobservância prejudique gravemente o conhecimento da situação patrimonial e financeira da entidade em causa;

h) A inobservância de relações e limites prudenciais constantes do n.º 2 do artigo 96.º, sem prejuízo do n.º 3 do mesmo artigo, bem como dos artigos 97.º, 98.º, 100.º, 101.º, 109.º, 112.º e 113.º, ou de outros determinados em norma geral pelo Ministro das Finanças ou pelo Banco de Portugal nos termos do artigo 99.º, quando dela resulte ou possa resultar grave prejuízo para o equilíbrio financeiro da entidade em causa;

i) As infracções às normas sobre confiitos de interesse dos artigos 85.º e 86.º;

j) A violação das normas sobre crédito concedido a detentores de participações qualificadas constantes dos n.ºs 1, 2 e 3 do artigo 109.º;

l) Os actos dolosos de gestão ruinosa, em detrimento de depositantes, investidores e demais credores, praticados pelos membros dos órgãos sociais;

m) A prática, pelos detentores de participações qualificadas, de actos que impeçam ou dificultem, de forma grave, uma gestão sã e prudente da entidade em causa;

n) A omissão da comunicação imediata ao Banco de Portugal da impossibilidade de cumprimento de obrigações em que se encontre, ou corra risco de se encontrar, uma instituição de crédito ou sociedade financeira, bem como a comunicação desta impossibilidade com omissão das informações requeridas pela lei;

o) A desobediência ilegítima a determinações do Banco de Portugal ditadas especificamente, nos termos da lei, para o caso individual considerado, bem como a prática de actos sujeitos por lei a apreciação prévia do Banco de Portugal, quando este tenha manifestado a sua oposição;

p) A recusa ou obstrução ao exercício da actividade de inspecção do Banco de Portugal;

q) A omissão de comunicação ao Banco de Portugal de factos previstos no n.º 3 do artigo 30.º posteriores ao registo da designação de membros de órgãos de administração ou fiscalização de instituições de crédito ou de sociedades financeiras, bem como a omissão das medidas de cessação de funções a que se referem o n.º 5 do artigo 69.º e o n.º 4 do artigo 70.º;

r) A prestação ao Banco de Portugal de informações falsas, ou de informações incompletas susceptíveis de induzir a conclusões erróneas de efeito idêntico ou semelhante ao que teriam informações falsas sobre o mesmo objecto;

s) O incumprimento das obrigações de contribuição para o Fundo de Garantia de Depósitos;

t) A violação das normas sobre concessão de crédito e sobre registo de operações constantes do artigo 118.º-A.

ART. 211.º-A (Agravamento da coima) — Sem prejuízo do disposto na alínea *a*) do n.º 1 do artigo 212.º, se o dobro do benefício económico exceder o limite máximo da coima aplicável, este é elevado àquele valor.

ART. 212.º (Sanções acessórias) - 1 - Conjuntamente com as coimas previstas nos artigos 210.º e 211.º, poderão ser aplicadas ao infractor as seguintes sanções acessórias:

a) Apreensão e perda do objecto da infracção, incluindo o produto económico desta, com observância do disposto nos artigos 22.º a 26.º do Decreto-Lei n.º 433/82, de 27 de Outubro;

b) Publicação pelo Banco de Portugal da punição definitiva;

c) Quando o arguido seja pessoa singular, inibição do exercício de cargos sociais e de funções de administração, direcção, gerência ou chefia em instituição de crédito, sociedade financeira ou instituição de pagamento determinada ou em quaisquer instituições de crédito, sociedades financeiras ou instituições de pagamento, por um período de seis meses a 3 anos, em casos previstos no artigo 210.º, ou de 1 ano a 10 anos, em casos previstos no artigo 211.º;

d) Suspensão do exercício do direito de voto atribuído aos sócios das instituições de crédito, das sociedades financeiras e das sociedades gestoras de participações sociais sujeitas à supervisão do Banco de Portugal, por um período de 1 a 10 anos.

2 – As publicações a que se refere o número anterior são feitas a expensas do infractor e em locais idóneos para o cumprimento das finalidades de prevenção geral do sistema jurídico e da protecção dos mercados bancários, incluindo necessariamente no sítio da Internet do Banco de Portugal.

Secção III — **PROCESSO**

ART. 213.º (Competência) - 1 - A competência para o processo de ilícitos de mera ordenação social previstos no presente diploma e a aplicação das sanções correspondentes pertencem ao Banco de Portugal.

2 – Cabe ao conselho de administração do Banco de Portugal a decisão do processo.

356   [DL n.º 298/92]   INSTITUIÇÕES DE CRÉDITO E SOCIEDADES FINANCEIRAS

3 – No decurso da averiguação ou da instrução, o Banco de Portugal poderá solicitar às entidades policiais e a quaisquer outros serviços públicos ou autoridades toda a colaboração ou auxílio que julgue necessários para a realização das finalidades do processo.

ART. 214.º (Suspensão do processo) – 1 – Quando a infracção constitua irregularidade sanável, não lese significativamente nem ponha em perigo próximo e grave os direitos dos depositantes, investidores, accionistas ou outros interessados e não cause prejuízos importantes ao sistema financeiro ou à economia nacional, o conselho de administração do Banco de Portugal poderá suspender o processo, notificando o infractor para, no prazo que lhe fixar, sanar a irregularidade em que incorreu.

2 – A falta de sanação no prazo fixado determina o prosseguimento do processo.

ART. 215.º (Recolha de elementos) – 1 – Quando necessária à averiguação ou à instrução do processo pode proceder-se à apreensão de quaisquer documentos, bem como à apreensão e congelamento de quaisquer valores, independentemente do local ou instituição em que se encontrem, devendo os valores ser depositados na Caixa Geral de Depósitos à ordem do Banco de Portugal, garantindo o pagamento da coima e das custas em que vier a ser condenado o arguido.

2 – As buscas e apreensões domiciliárias serão objecto de mandado judicial.

3 – O Banco de Portugal pode solicitar a quaisquer pessoas e entidades todos os esclarecimentos, informações, documentos, independentemente da natureza do seu suporte, objectos, e elementos, na medida, em que os mesmos se revelem necessários às averiguações ou à instrução de processos da sua competência.

ART. 216.º (Suspensão preventiva) – Se o arguido for algum dos indivíduos indicados no n.º 1 do artigo 204.º, o conselho de administração do Banco de Portugal poderá determinar a suspensão preventiva das respectivas funções, sempre que tal se revele necessário à eficaz instrução do processo ou à salvaguarda do sistema financeiro ou dos interesses dos depositantes, investidores e demais credores.

ART. 217.º (Notificações) – As notificações serão feitas por carta registada com aviso de recepção ou pessoalmente, se necessário através das autoridades policiais.

ART. 218.º (Dever de comparência) – 1 – Às testemunhas e aos peritos que não comparecerem no dia, hora e local designados para diligência do processo, nem justificarem a falta no acto ou nos cinco dias úteis imediatos, será aplicada pelo Banco de Portugal uma sanção pecuniária graduada entre um quinto e o dobro do salário mínimo nacional mensal mais elevado em vigor à data.

2 – O pagamento será efectuado no prazo de 10 dias úteis a contar da notificação, sob pena de se proceder a cobrança coerciva.

ART. 219.º (Acusação e defesa) – 1 – Concluída a instrução, serão arquivados os autos se não houver matéria de infracção ou será deduzida acusação.

2 – Na acusação serão indicados o infractor, os factos que lhe são imputados e as respectivas circunstâncias de tempo e lugar, bem como a lei que os proíbe e pune.

3 – A acusação será notificada ao arguido ou ao seu defensor, quando este existir, designando-se-lhe prazo razoável para apresentar a defesa por escrito e oferecer meios de prova.

4 – O prazo da defesa será fixado entre 10 e 30 dias úteis, tendo em atenção o lugar da residência, sede ou estabelecimento permanente do arguido e a complexidade do processo.

5 – O arguido não poderá arrolar mais de cinco testemunhas por cada infracção.

6 – A notificação da acusação será feita nos termos previstos no artigo 217.º ou, quando o arguido não seja encontrado ou se recuse a recebê-la:

a) Por anúncio publicado num jornal da última localidade conhecida onde o arguido tenha tido residência, sede ou estabelecimento permanente ou, na falta daquele, num dos jornais mais lidos naquela localidade;

b) Por anúncio publicado num dos jornais diários de Lisboa, nos casos em que o arguido não tenha residência, sede ou estabelecimento permanente no território nacional.

ART. 220.º (Decisão) – 1 – Após a realização das diligências de averiguação e instrução tornadas necessárias em consequência da defesa, será o processo apresentado à entidade a quem caiba proferir decisão, acompanhado de parecer sobre as infracções que se devem considerar provadas e as sanções que lhes são aplicáveis.

2 – Da decisão deve ser dado conhecimento ao arguido, através de notificação efectuada de acordo com o disposto no n.º 6 do artigo anterior.

ART. 221.º (Revelia) – A falta de comparência do arguido não obsta em fase alguma do processo a que este siga os seus termos e seja proferida decisão final.

ART. 222.º (Requisitos da decisão que aplique sanção) – 1 – A decisão que aplique sanção conterá:

a) Identificação do arguido e dos eventuais comparticipantes;

b) Descrição do facto imputado e das provas obtidas, bem como das normas violadas e punitivas;

c) Sanção ou sanções aplicadas, com indicação dos elementos que contribuíram para a sua determinação;

d) Indicação dos termos em que a condenação pode ser impugnada judicialmente e tornar-se exequível;

e) Indicação de que, em caso de impugnação judicial, o juiz pode decidir mediante audiência ou, quando o arguido, o Ministério Público ou o Banco de Portugal não se oponham, mediante simples despacho;

REGIME GERAL DAS INST. DE CRÉDITO E SOC. FINANCEIRAS [DL n.º 298/92] 357

f) Indicação de que não vigora o princípio da proibição da *reformatio in pejus*;

g) Condenação em custas e indicação da pessoa ou pessoas obrigadas ao seu pagamento.

2 – A notificação conterá, além dos termos da decisão e do montante das custas, a advertência de que a coima deverá ser paga no prazo de 15 dias úteis após o trânsito em julgado, sob pena de se proceder à sua cobrança coerciva.

ART. 223.º (Suspensão da execução da sanção) – 1 – O conselho de administração do Banco de Portugal poderá suspender, total ou parcialmente, a execução da sanção.

2 – A suspensão poderá ficar condicionada ao cumprimento de certas obrigações, designadamente as consideradas necessárias para a regularização de situações ilegais, a reparação de danos ou a prevenção de perigos.

3 – O tempo de suspensão da execução será fixado entre dois e cinco anos, contando-se o seu início a partir da data em que se esgotar o prazo da impugnação judicial da decisão condenatória.

4 – A suspensão não abrange as custas.

5 – Se decorrer o tempo de suspensão sem que o arguido tenha praticado infracção criminal ou ilícito de mera ordenação social previsto no presente diploma, e sem ter violado as obrigações que lhe hajam sido impostas, ficará a condenação sem efeito, procedendo-se, no caso contrário, à execução da sanção aplicada.

ART. 224.º (Custas) – 1 – Em caso de condenação serão devidas custas pelo arguido, nos termos gerais.

2 – A condenação em custas é sempre individual.

ART. 225.º (Pagamento das coimas e das custas) – 1 – O pagamento da coima e das custas será realizado, por meio de guia, em tesouraria da Fazenda Pública da localidade onde o arguido tenha residência, sede ou estabelecimento permanente ou, quando tal localidade se situe fora do território nacional, em qualquer tesouraria da Fazenda Pública de Lisboa.

2 – Após o pagamento deverá o arguido remeter ao Banco de Portugal, no prazo de oito dias úteis, os duplicados das guias, a fim de serem juntos ao respectivo processo.

3 – O valor das coimas reverte integralmente para o Estado, salvo nos casos previstos nos números seguintes.

4 – Reverte integralmente para o Fundo de Garantia de Depósitos o valor das coimas em que forem condenadas as instituições de crédito, independentemente da fase em que se torne definitiva ou transite em julgado a decisão condenatória.

5 – Reverte integralmente para o Sistema de Indemnização aos Investidores o valor das coimas em que forem condenadas as empresas de investimento e as sociedades gestoras de fundos de investimento mobiliário que sejam participantes naquele Sistema, independentemente da fase em que se torne definitiva ou transite em julgado a decisão condenatória.

ART. 226.º (Responsabilidade pelo pagamento) – 1 – As pessoas colectivas, ainda que irregularmente constituídas, e as associações sem personalidade jurídica respondem solidariamente pelo pagamento da coima e das custas em que forem condenados os seus dirigentes, empregados ou representantes pela prática de infracções puníveis nos termos do presente diploma.

2 – Os titulares dos órgãos de administração das pessoas colectivas, ainda que irregularmente constituídas, e das associações sem personalidade jurídica, que, podendo fazê-lo, não se tenham oposto à prática da infracção, respondem individual e subsidiariamente pelo pagamento da coima e das custas em que aquelas sejam condenadas, ainda que à data da condenação hajam sido dissolvidas ou entrado em liquidação.

ART. 227.º (Exequibilidade da decisão) – 1 – Sem prejuízo do disposto no número seguinte, a decisão final torna-se exequível se não for judicialmente impugnada.

2 – A decisão que aplique algumas das sanções previstas nas alíneas *c)* e *d)* do artigo 212.º torna-se, quanto a ela, imediatamente exequível e a sua exequibilidade só termina com a decisão judicial que definitivamente a revogue.

3 – O disposto no número anterior aplica-se igualmente às decisões tomadas nos termos dos artigos 215.º e 216.º.

4 – A decisão que aplique a sanção prevista na alínea *b)* do artigo 212.º é exequível decorrido o prazo de impugnação judicial, mesmo que tenha sido requerida a sua impugnação, sendo, neste caso, feita expressa menção desse facto.

5 – A decisão judicial que confirme, altere ou revogue a decisão condenatória do Banco de Portugal ou do tribunal de 1.ª instância é comunicada de imediato ao Banco de Portugal e obrigatoriamente divulgada nos termos previsto no n.º 2 do artigo 212.º.

ART. 227.º-A (Processo sumaríssimo) — 1 — Quando a natureza da infracção, a intensidade da culpa e as demais circunstâncias o justifiquem, pode o Banco de Portugal, antes da acusação e com base nos factos indiciados, notificar o arguido da possibilidade de aplicação de uma sanção reduzida, nos termos e condições constantes dos números seguintes.

2 — A sanção aplicável é uma admoestação, nos termos do regime geral dos ilícitos de mera ordenação social, ou uma coima cuja medida concreta não exceda o triplo do limite mínimo da moldura abstractamente prevista para a infracção, podendo em qualquer caso ser também aplicada a sanção acessória de publicação da decisão condenatória.

358 [DL n.º 298/92] INSTITUIÇÕES DE CRÉDITO E SOCIEDADES FINANCEIRAS

3 — A notificação prevista no n.º 1 é feita mediante comunicação escrita da qual devem constar:
a) A descrição dos factos imputados;
b) A especificação das normas violadas e dos ilícitos contra-ordenacionais praticados;
c) A sanção ou sanções a aplicar, com indicação dos elementos que contribuíram para a sua determinação;
d) A indicação, se for caso disso, do comportamento que o arguido deve adoptar em cumprimento do dever violado e do prazo de que dispõe para o efeito;
e) A informação sobre as consequências respectivas da aceitação e da recusa da sanção.

4 — Recebida a notificação prevista no n.º 1, o arguido dispõe do prazo de 15 dias para remeter ao Banco de Portugal declaração escrita de aceitação da sanção nos termos notificados ou requerimento de pagamento da coima aplicada.

5 — Se o arguido aceitar a sanção ou proceder ao pagamento da coima aplicada, e se adoptar o comportamento que lhe tenha sido eventualmente notificado, a decisão do Banco de Portugal torna-se definitiva, como decisão condenatória e preclude a possibilidade de nova apreciação dos factos imputados como contra-ordenação.

6 — Se o arguido recusar a aplicação da sanção nos termos notificados ou não se pronunciar no prazo estabelecido, ou se, tendo sido aplicada uma coima, esta não tiver sido paga no prazo devido, ou ainda se requerer qualquer diligência complementar ou não adoptar o comportamento devido, a notificação feita nos termos do n.º 3 fica sem efeito e o processo de contra-ordenação continua sob a forma comum, cabendo ao Banco de Portugal realizar as demais diligências instrutórias e deduzir acusação, sem que esta seja limitada pelo conteúdo da referida notificação.

ART. 227.º-B (Divulgação da decisão) — 1 — Decorrido o prazo de impugnação judicial, a decisão do Banco de Portugal que condene o agente pela prática de uma ou mais infracções especialmente graves é divulgada no sítio da Internet do Banco de Portugal, por extracto elaborado pelo Banco de Portugal ou na íntegra, mesmo que tenha sido requerida a sua impugnação judicial, sendo, neste caso, feita expressa menção desse facto.

2 — No caso de decisão judicial que confirme, altere ou revogue a decisão condenatória do Banco de Portugal ou do tribunal de 1.ª instância, é aplicável o disposto no n.º 5 do artigo 227.º-A.

3 — O disposto nos números anteriores pode não ser aplicado nos processos sumaríssimos quando tenha lugar a suspensão da sanção, a ilicitude do facto e a culpa do agente sejam diminutas ou quando o Banco de Portugal considere que a divulgação da decisão pode ser contrária aos interesses dos investidores ou aforradores, afectar gravemente os mercados monetário, financeiro e cambial ou causar danos concretos, a pessoas ou entidades envolvidas, manifestamente desproporcionados em relação à gravidade dos factos imputados.

4 — Independentemente do trânsito em julgado, as decisões judiciais relativas ao crime de exercício de actividade ilícita de recepção de depósitos e outros fundos reembolsáveis são divulgadas pelo Banco de Portugal nos termos dos n.ºˢ 1 e 2.

Secção IV — **RECURSO**

ART. 228.º (Impugnação judicial) – 1 – O prazo para a interposição do recurso da decisão que tenha aplicado uma sanção é de 15 dias úteis a partir do seu conhecimento pelo arguido, devendo a respectiva petição ser apresentada na sede do Banco de Portugal.

2 – Recebida a petição, o Banco de Portugal remeterá os autos ao Ministério Público no prazo de 15 dias úteis, podendo juntar alegações, elementos ou informações que considere relevantes para a decisão da causa, bem como oferecer meios de prova.

ART. 229.º (Tribunal competente) – O tribunal competente para a impugnação judicial, revisão e execução das decisões do Banco de Portugal em processo de ilícito de mera ordenação social, instaurado nos termos deste diploma, ou de quaisquer outras medidas do mesmo Banco tomadas no âmbito do mesmo processo e legalmente susceptíveis de impugnação é o Tribunal Judicial da Comarca de Lisboa.

ART. 230.º (Decisão judicial por despacho) – O juiz pode decidir por despacho quando não considere necessária a audiência de julgamento e o arguido, o Ministério Público ou o Banco de Portugal não se oponham a esta forma de decisão.

ART. 231.º (Intervenção do Banco de Portugal na fase contenciosa) – 1 – O Banco de Portugal poderá sempre participar, através de um representante, na audiência de julgamento.

2 – A desistência da acusação pelo Ministério Público depende da concordância do Banco de Portugal.

3 – O Banco de Portugal tem legitimidade para recorrer das decisões proferidas no processo de impugnação e que admitam recurso.

Secção V — **DIREITO SUBSIDIÁRIO**

ART. 232.º (Aplicação do regime geral) – Às infracções previstas no presente capítulo é subsidiariamente aplicável, em tudo que não contrarie as disposições dele constantes, o regime geral dos ilícitos de mera ordenação social.

6.1.2. ARQUIVO DE DOCUMENTOS PELAS INSTITUIÇÕES DE CRÉDITO

Decreto-Lei n.º 279/2000

de 10 de Novembro

ART. 1.º (Objecto) – 1 – As instituições de crédito ficam autorizadas a destruir os originais dos documentos indicados no artigo 2.º, desde que observado o disposto neste diploma.

2 – A destruição dos originais deve ser feita de modo a não permitir a sua reconstituição, sem prejuízo do aproveitamento industrial do papel.

ART. 2.º (Documentos) – São documentos, na acepção deste diploma, as letras e livranças pagas, respectivamente, pelo aceitante ou subscritor, os cheques e os avisos ou ordens bancárias de pagamento ou de transferência pagos, bem como os talões de depósito de valores.

ART. 3.º (Prazo de guarda) – Os originais dos documentos devem ser mantidos em arquivo pelo período mínimo de seis meses contados a partir da data de:

a) Pagamento, no caso de cheques e avisos ou ordens bancárias de pagamento ou de transferência;

b) Envio aos interessados da advertência a que se refere o n.º 3 do artigo seguinte, no caso de letras e livranças;

c) Certificação do caixa, no caso de talões de depósito de valores.

ART. 4.º (Requisitos) – 1 – A destruição dos originais dos documentos enunciados no artigo 2.º só é admitida se for precedida de recolha da respectiva imagem em suporte não, regravável, designadamente microfilme ou disco óptico.

2 – A imagem recolhida deve reproduzir integralmente a frente e o verso do documento original e permitir a extracção de cópia fiel e legível do mesmo.

3 – Quando não seja feita a devolução do respectivo título, os documentos de quitação de letras e de livranças devem conter a menção de que os originais poderão ser destruídos se não forem reclamados no prazo referido no artigo 3.º, deste diploma legal.

ART. 5.º (Segurança) – 1 – Os suportes de recolha de imagem, bem como os respectivos duplicados, devem garantir a impossibilidade de perda e alteração das imagens neles contidas, não possuir cortes ou emendas nem permitir nova gravação.

2 – O microfilme deve ser autenticado com selo branco apropriado, aposto imediatamente antes da primeira e após a última imagens recolhidas.

3 – Os suportes de recolha de imagem devem conter de origem número de série alfabético, numérico ou alfanumérico que os identifiquem e individualizem.

4 – É obrigatória a criação e manutenção de índices de:

a) Imagens recolhidas, com indicação da data de recolha;

b) Identificação dos suportes que lhes correspondem.

5 – As instituições de crédito ficam ainda obrigadas a manter duplicados dos suportes das imagens recolhidas e dos índices, depositados em local de acesso reservado e distinto daquele onde se encontram os originais respectivos.

ART. 6.º (Força probatória) – As cópias obtidas a partir dos suportes de recolha referidos no n.º 1 do artigo 4.º têm a força probatória dos documentos originais, obrigando-se às instituições de crédito a cumprir os procedimentos seguintes:

a) Tenham sido observadas as disposições do presente diploma relativas aos requisitos da destruição dos originais e à segurança dos suportes de recolha de imagem;

b) As cópias sejam autenticadas com selo branco e duas assinaturas que obriguem a instituição de crédito.

ART. 7.º (Norma revogatória) – São revogados o Decreto-Lei n.º 110/89, de 13 de Abril, e a Portaria n.º 974//89, de 13 de Novembro.

6.1.3. REFORÇO DA SOLIDEZ FINANCEIRA DAS INSTITUIÇÕES DE CRÉDITO

Lei n.º 63-A/2008

de 24 de Novembro

CAPÍTULO I — Disposições gerais

ART. 1.º (Objecto) — A presente lei estabelece medidas de reforço da solidez financeira das instituições de crédito no âmbito da iniciativa para o reforço da estabilidade financeira e da disponibilização de liquidez nos mercados financeiros.

360 [Lei n.º 63-A/2008]   INSTITUIÇÕES DE CRÉDITO E SOCIEDADES FINANCEIRAS

ART. 2.º (Modalidades de reforço) — 1 — O reforço da solidez financeira das instituições de crédito é efectuado através de operações de capitalização com recurso a investimento público e pode realizar-se mediante:

a) O reforço dos níveis de fundos próprios das instituições de crédito que reúnam adequadas condições de solidez e solvência aferidas de acordo com a legislação aplicável;

b) A participação no plano de recuperação e saneamento de instituição de crédito que, nos termos do artigo 141.º do Regime Geral das Instituições de Crédito e Sociedades Financeiras, aprovado pelo Decreto-Lei n.º 298/ /92, de 31 de Dezembro, apresentem, ou mostrem risco de apresentar, um nível de fundos próprios, solvabilidade ou liquidez inferior ao mínimo legal.

2 — O recurso ao investimento público é realizado de acordo, nomeadamente, com princípios de proporcionalidade, de remuneração e garantia dos capitais investidos e de minimização dos riscos de distorção da concorrência.

3 — As modalidades previstas no n.º 1 têm natureza subsidiária e temporária, sendo aplicáveis a operações de capitalização de instituições de crédito a realizar até 31 de Dezembro de 2009.

ART. 3.º (Âmbito subjectivo) — Podem beneficiar de operações de capitalização previstas na presente lei, as instituições de crédito que tenham sede em Portugal.

ART. 4.º (Modos de capitalização) — 1 — A capitalização pode ser efectuada com recurso a quaisquer instrumentos ou meios financeiros que permitam que os fundos disponibilizados à instituição de crédito sejam elegíveis para fundos próprios de base (*tier* 1).

2 — A operação de capitalização pode ser efectuada, designadamente, através de:

a) Aquisição de acções próprias da instituição de crédito;

b) Aumento do capital social da instituição de crédito;

c) Outros valores, legal ou estatutariamente admitidos, representativos de capital;

d) Contrato de associação em participação ou contrato de efeitos similares.

3 — O aumento do capital social previsto na alínea *b)* do número anterior pode realizar-se mediante emissão de:

a) Acções preferenciais sem voto e acções que conferem direitos especiais;

b) Acções ordinárias.

4 — No caso da operação de capitalização ser efectuada através da emissão de acções preferenciais sem voto, o direito ao dividendo prioritário a que se refere o artigo 341.º do Código das Sociedades Comerciais é previamente fixado por portaria do membro do Governo responsável pela área das finanças.

5 — A operação de capitalização pode, ainda, efectuar-se através da emissão dos instrumentos financeiros referidos nos números anteriores destinada aos accionistas da instituição de crédito, ao público ou a ambos, com tomada firme ou garantia de colocação, no todo ou em parte, pelo Estado.

6 — Fica o Estado autorizado a tomar firme ou a garantir a colocação da emissão de instrumentos financeiros nos termos referidos no número anterior, sem prejuízo da possibilidade de recorrer a um intermediário financeiro para o efeito.

7 — Por proposta do Banco de Portugal, devidamente fundamentada, a operação de capitalização pode, ainda, ser efectuada mediante a emissão de obrigações ou outros valores de dívida, por parte da instituição de crédito, sem sujeição ao limite previsto no artigo 349.º do Código das Sociedades Comerciais.

8 — As obrigações ou outros valores de dívida a emitir ao abrigo do número anterior podem ser convertíveis em acções, ordinárias ou preferenciais, ou permutáveis por estas, por iniciativa dos titulares.

ART. 5.º (Adiantamento por conta de entradas) — O adiantamento de meios financeiros à instituição de crédito considera-se imputado à realização da obrigação de entrada em caso de aumento do capital e libera o Estado dessa obrigação na medida aplicável.

ART. 6.º (Direito de preferência na subscrição) — Sem prejuízo do disposto no Código das Sociedades Comerciais quanto à possibilidade de limitação ou supressão do direito de preferência, o prazo para o seu exercício no âmbito de aumentos de capital de instituições de crédito realizados, no âmbito da presente lei, não pode ser superior a 14 dias, contados da publicação do anúncio em jornal diário de grande circulação nacional, do envio do correio electrónico ou da expedição da carta registada dirigida aos titulares de acções nominativas.

ART. 7.º (Derrogação do dever de lançamento de oferta pública de aquisição) — 1 — Os direitos de voto adquiridos pelo Estado no âmbito da presente lei, incluindo aqueles que venham a ser conferidos a acções preferenciais sem voto nos termos do n.º 3 do artigo 342.º do Código das Sociedades Comerciais, não são considerados para efeito do dever de lançamento de oferta pública geral de aquisição.

2 — Não relevam para os efeitos de imputação de direitos de voto, nem para o dever de lançamento de oferta pública geral de aquisição, os acordos para o exercício do direito de voto que tenham por finalidade a vinculação da sociedade para efeitos de concretização das operações de capitalização ao abrigo da presente lei.

3 — Às acções subscritas pelo Estado, e enquanto estas se mantiverem na sua titularidade, não é aplicável o disposto no n.º 5 do artigo 227.º do Código dos Valores Mobiliários, iniciando-se o prazo aí previsto na data da transmissão das acções a terceiros.

REFORÇO DA SOLIDEZ FINANCEIRA DAS INSTITUIÇÕES DE CRÉDITO   [Lei n.º 63-A/2008]   361

4 — Aos accionistas que, por força dos direitos de voto conferidos ao Estado nos termos do n.º 3 do artigo 342.º do Código das Sociedades Comerciais ou pela emissão de acções preferenciais remíveis, vejam os seus direitos de voto diminuir abaixo dos limiares previstos no artigo 187.º do Código dos Valores Mobiliários e aumentar até ao nível inicial em consequência de aquelas acções preferenciais passarem a conferir direitos de voto ou serem remidas, não é aplicável o disposto no artigo 187.º do Código dos Valores Mobiliários.

ART. 8.º (Desinvestimento público) — 1 — Mostrando-se assegurada, pela instituição de crédito, a manutenção de níveis adequados de fundos próprios, pode a mesma adquirir a participação do Estado ou reembolsar os valores de dívida emitidos ao abrigo da presente lei, no todo ou em parte, com observância do disposto no n.º 3.

2 — O Estado pode, igualmente, sem prejuízo de eventuais direitos de preferência, ceder a terceiros, a todo o tempo, a sua participação no capital social da instituição de crédito, ou alienar os títulos de dívida emitidos ao abrigo da presente lei, no todo ou em parte.

3 — O desinvestimento público é realizado, nomeadamente, de acordo com as condições de mercado e de modo a assegurar a adequada remuneração e garantia dos capitais investidos, tendo em conta os objectivos de estabilidade financeira.

CAPÍTULO II — **Reforço de fundos próprios**

ART. 9.º (Acesso e deliberações da sociedade) — 1 — O acesso ao investimento público para reforço de fundos próprios depende de solicitação do órgão de administração, com o consentimento do órgão de fiscalização.

2 — O órgão de administração pode sempre fazer depender a sua iniciativa de acesso ao investimento público de mandato conferido pela assembleia geral e fá-lo-á, necessariamente, se as medidas a tomar dependerem, no todo ou em parte, de deliberação da assembleia geral.

3 — O mandato conferido pela assembleia geral envolve a atribuição ao órgão de administração da competência para, com a concordância do órgão de fiscalização, tomar todas as medidas previstas na presente lei, incluindo aumentos de capital, sem dependência de limites estatutários que porventura se encontrem estabelecidos.

4 — Às deliberações de aumento de capital no âmbito do reforço dos fundos próprios não é aplicável o disposto no n.º 3 do artigo 87.º do Código das Sociedades Comerciais.

5 — As deliberações previstas nos números anteriores produzem efeitos imediatos, sem prejuízo da necessidade de virem a constar de acta e de serem inscritas no registo comercial.

ART. 10.º (Forma e âmbito das deliberações da sociedade) — 1 — A assembleia geral é convocada especificamente para o efeito previsto no n.º 2 do artigo anterior, com uma antecedência mínima de cinco dias, por anúncio publicado em jornal diário de grande circulação nacional ou por correio electrónico dirigido a todos os accionistas.

2 — A assembleia geral delibera, para todos os efeitos previstos na presente lei, por maioria simples dos votos presentes e sem exigência de quórum constitutivo.

ART. 11.º (Impugnação das deliberações sociais) — 1 — Às deliberações sociais respeitantes a matérias abrangidas pelo presente capítulo não é aplicável o disposto no n.º 3 do artigo 397.º do Código de Processo Civil e presume-se sempre que da sua suspensão resulta dano muito grave para a sociedade.

2 — A suspensão de deliberações sociais de instituições de crédito adoptadas no âmbito do reforço de fundos próprios só pode ser requerida por accionistas que, isolada ou conjuntamente, detenham acções correspondentes a, pelo menos, 5% do capital social da instituição de crédito.

ART. 12.º (Candidatura) — 1 — O acesso ao investimento público para reforço de fundos próprios depende de candidatura apresentada pela instituição de crédito interessada junto do Banco de Portugal, devidamente fundamentada e instruída com um plano de reforço de fundos próprios.

2 — O plano referido no número anterior deve conter, designadamente, os seguintes elementos:

a) Objectivos de reforço de fundos próprios, com indicação da evolução, composição e estrutura desses fundos próprios ao longo da vigência do plano, bem como da natureza das operações previstas para a sua concretização;

b) Informação actualizada acerca da situação patrimonial, bem como dos rácios e indicadores prudenciais sobre a liquidez, qualidade dos activos e cobertura de riscos;

c) Programação estratégica das actividades ao longo da vigência do plano, incluindo eventuais alterações na estrutura do grupo em que a instituição se insere, assim como nas participações, nomeadamente, não financeiras, detidas pela mesma, e projecções sobre a evolução da rendibilidade, posição de liquidez e adequação de fundos próprios;

d) Eventuais ajustamentos a introduzir no sistema de governo societário e nos mecanismos de gestão e controlo de riscos, tendo em vista a prossecução dos objectivos do plano.

362   [Lei n.º 63-A/2008]   INSTITUIÇÕES DE CRÉDITO E SOCIEDADES FINANCEIRAS

3 — Compete ao Banco de Portugal proceder à análise da candidatura, devendo remeter, no prazo máximo de 10 dias úteis, a respectiva proposta de decisão, devidamente fundamentada, ao membro do Governo responsável pela área das finanças.

4 — Na proposta de decisão, o Banco de Portugal pronuncia-se, designadamente, sobre a adequação patrimonial da instituição de crédito interessada e sobre as garantias que a mesma oferece de prossecução de uma política de negócios sólida e prudente.

5 — O Banco de Portugal pode solicitar à instituição de crédito interessada os elementos e informações complementares que se revelem necessários à apreciação da candidatura.

6 — O prazo referido no n.º 3 pode ser prorrogado por igual período se a complexidade da operação o justificar.

ART. 13.º (Decisão) — 1 — Compete ao membro do Governo responsável pela área das finanças, mediante despacho, decidir sobre a realização da operação de capitalização, seus termos, condições e encargos a assumir pela instituição de crédito interessada.

2 — Na ponderação da decisão, o membro do Governo responsável pela área das finanças tem em consideração, nomeadamente, o contributo da instituição de crédito interessada para o financiamento da economia e a necessidade de reforço de fundos próprios.

3 — A decisão a que se refere o n.º 1 pode igualmente fixar os termos e condições do desinvestimento público, uma vez cumpridos os objectivos de reforço de fundos próprios.

4 — A decisão a que se refere o n.º 1 deve ser tomada no prazo de cinco dias úteis, prorrogável por igual período se a complexidade da operação o justificar, sem prejuízo da faculdade de devolução da candidatura ao Banco de Portugal para clarificação, caso em que o prazo se suspende.

5 — O despacho referido no n.º 1 pode ser modificado em função das circunstâncias, designadamente em caso de incumprimento grave ou sistemático dos encargos assumidos pela instituição de crédito.

ART. 14.º (Obrigações da instituição de crédito) — 1 — Enquanto a instituição de crédito se encontrar abrangida pelo investimento público para reforço de fundos próprios fica sujeita aos termos, condições e encargos fixados no despacho previsto no n.º 1 do artigo anterior, designadamente, no que se refere:

a) À utilização dos meios facultados ao abrigo do reforço de fundos próprios, em particular no que se refere ao contributo da instituição de crédito para o financiamento da economia, nomeadamente às famílias e às pequenas e médias empresas;

b) À adopção de princípios de bom governo societário, que podem incluir o reforço do número de administradores independentes;

c) À política de distribuição de dividendos e de remuneração dos titulares dos órgãos de administração e fiscalização, bem como à possibilidade de introdução de limitações a outras compensações de que beneficiem esses titulares, independentemente da natureza que revistam;

d) À adopção de medidas destinadas a evitar distorções de concorrência;

e) À possibilidade de ser necessário o reforço das contribuições para os fundos de garantia de depósitos;

f) À adopção de mecanismos que permitam concretizar o desinvestimento público em condições de mercado que garantam uma adequada remuneração do capital investido, assegurando assim a protecção do interesse dos contribuintes.

2 — Enquanto a instituição de crédito se encontrar abrangida pelo investimento público para reforço de fundos próprios, pode, no despacho previsto no n.º 1 do artigo anterior, ser determinada a não aplicação do n.º 1 do artigo 294.º do Código das Sociedades Comerciais.

3 — São nulas as deliberações dos órgãos da instituição de crédito que contrariem os compromissos por esta assumidos nos termos do presente artigo.

ART. 15.º (Responsabilidade) — A responsabilidade dos membros dos órgãos de administração e de fiscalização para com a sociedade, para com os sócios e para com os credores pela prática de quaisquer actos ao abrigo do disposto no presente capítulo apenas existe em caso de dolo ou culpa grave do agente.

CAPÍTULO III — Intervenção pública na recuperação e saneamento

ART. 16.º (Âmbito da intervenção) — 1 — Quando uma instituição de crédito se encontre em situação de desequilíbrio financeiro, em virtude de apresentar um nível de fundos próprios, solvabilidade ou liquidez inferior ao mínimo legal, é aplicável o regime de recuperação e saneamento previsto nos artigos 139.º e seguintes do Regime Geral das Instituições de Crédito e Sociedades Financeiras.

2 — No âmbito do programa de intervenção previsto no artigo 142.º do Regime Geral das Instituições de Crédito e Sociedades Financeiras, pode o Banco de Portugal propor a cooperação do Estado no saneamento da instituição de crédito, através da viabilização de adequado apoio monetário ou financeiro, com recurso aos modos de capitalização previstos no artigo 4.º.

3 — A concretização da operação de capitalização e a definição dos seus termos, condições e encargos, compete ao membro do Governo responsável pela área das finanças, mediante despacho.

REFORÇO DA SOLIDEZ FINANCEIRA DAS INSTITUIÇÕES DE CRÉDITO [Lei n.º 63-A/2008] 363

4 — O despacho referido no número anterior dispõe sobre as matérias previstas no artigo 14.º, podendo, ainda, o Estado designar um ou mais membros para os órgãos de administração ou de fiscalização da instituição de crédito, sem necessidade de observância do limite estatutário à composição daqueles órgãos, aplicando-se-lhes o regime previsto no artigo 15.º.

5 — À intervenção pública na recuperação e saneamento é aplicável o disposto nos artigos 9.º a 11.º da presente lei.

CAPÍTULO IV — **Disposições finais**

ART. 17.º (Financiamento) — As medidas de reforço da solidez financeira previstas na presente lei dispõem de recursos obtidos por dotações do Orçamento do Estado e emissão de dívida pública até ao limite de quatro mil milhões de euros, que acresce ao montante máximo previsto no artigo 109.º da Lei n.º 67-A/2007, de 31 de Dezembro, que aprova a Lei do Orçamento do Estado para 2008.

ART. 18.º (Acompanhamento e fiscalização) — 1 — Sem prejuízo da competência das demais entidades dotadas de funções inspectivas, compete ao Banco de Portugal acompanhar e fiscalizar o cumprimento das obrigações da instituição de crédito estabelecidas nos despachos previstos nos artigos 14.º e 16.º.

2 — A execução das medidas previstas na presente lei é objecto de avaliação com periodicidade máxima mensal e inclui a elaboração de relatórios individuais sobre cada uma das instituições de crédito abrangidas, a remeter ao membro do Governo responsável pela área das finanças.

3 — Semestralmente, o membro do Governo responsável pela área das finanças dá conhecimento à Assembleia da República das operações de capitalização realizadas no âmbito da presente lei e sua execução.

ART. 19.º (Interesse público) — Havendo impugnação nos termos do Código de Processo nos Tribunais Administrativos de quaisquer normas emitidas em execução da presente lei ou de quaisquer actos praticados no seu âmbito, presume-se que a adopção de providências cautelares relativas a tais normas ou actos prejudica gravemente o interesse público, dispensando a resolução fundamentada prevista no n.º 1 do artigo 128.º do referido Código.

ART. 20.º (Concorrência) — 1 — Sem prejuízo das obrigações internacionais do Estado Português, não é considerada concentração de empresas a aquisição pelo Estado de participações sociais ou de activos em instituições de crédito ao abrigo da presente lei.

2 — Enquanto se mantiver a intervenção pública realizada ao abrigo da presente lei, sempre que estiver prevista a susceptibilidade de ponderação de interesses económicos relevantes, para efeitos da legislação aplicável às operações de concentração de empresas, são obrigatoriamente consideradas, para protecção do interesse público, a urgência inerente à actuação no sector financeiro, as circunstâncias relativas ao risco e situação patrimonial das instituições de crédito, nomeadamente, em matéria de solvabilidade e liquidez, e as suas implicações na estabilidade do sistema financeiro português.

3 — Se da intervenção pública na recuperação e saneamento, prevista no capítulo III, decorrer uma operação de concentração em que se verifique alguma das condições previstas no n.º 1 do artigo 9.º da Lei n.º 18/2003, de 11 de Junho, esta operação pode realizar-se antes de ter sido objecto de uma decisão de não oposição por parte da Autoridade da Concorrência, não dependendo a validade dos negócios jurídicos realizados no âmbito dessa operação de autorização, expressa ou tácita, daquela Autoridade.

ART. 21.º (Revisão) — 1 — A presente lei pode ser revista a todo o momento, nomeadamente se as condições dos mercados financeiros o justificarem ou se tal for necessário por razões de coordenação ao nível da zona euro e da União Europeia.

2 — Sem prejuízo do disposto no número anterior, a presente lei é reapreciada no prazo máximo de seis meses.

ART. 22.º (Referências ao Estado) — As referências feitas na presente lei ao Estado abrangem as sociedades cujo capital seja totalmente detido, directa ou indirectamente, pelo Estado.

ART. 23.º (Regulamentação) — O membro do Governo responsável pela área das finanças define, por portaria, os procedimentos necessários à execução da presente lei, nomeadamente:

a) A definição do nível de fundos próprios das instituições de crédito a atingir com a execução das operações de capitalização;

b) A fixação de um limite mínimo para o dividendo prioritário superior ao previsto no n.º 2 do artigo 341.º do Código das Sociedades Comerciais, em linha com o valor de referência adoptado a nível europeu;

c) Os termos e eventuais elementos adicionais do plano de reforço de fundos próprios previsto no n.º 2 do artigo 12.º.

ART. 24.º (Prazo de desinvestimento público) — O desinvestimento público a que se refere o artigo 8.º deve ocorrer, nos termos nele previstos, no prazo máximo de três anos, que pode, excepcionalmente e no caso das condições de mercado o justificarem, ir até cinco anos, a contar da data de entrada em vigor da presente lei.

364 [Port. n.º 493-A/2009]   INSTITUIÇÕES DE CRÉDITO E SOCIEDADES FINANCEIRAS

ART. 25.º (Articulação com o regime das garantias) — 1 — O acesso ao investimento público no âmbito da presente lei é independente do recurso pela instituição de crédito a garantias pessoais do Estado, nos termos da Lei n.º 60-A/2008, de 20 de Outubro.

2 — No caso de accionamento das garantias nos termos previstos na portaria que regulamenta a lei referida no número anterior, a conversão do crédito em capital social da instituição de crédito é efectuada de acordo com o disposto na alínea *a*) do n.º 3 e no n.º 4 do artigo 4.º, podendo a instituição em causa ficar sujeita, designadamente, às obrigações das alíneas *b*) e *c*) do n.º 1 do artigo 14.º e à designação de um ou mais administradores provisórios, nos termos e com os poderes previstos no artigo 143.º do Regime Geral das Instituições de Crédito e Sociedades Financeiras, considerando-se atribuídas ao membro do Governo responsável pela área das finanças as competências aí atribuídas ao Banco de Portugal.

3 — As disposições da presente lei em matéria de competência dos órgãos, de convocação de assembleias gerais e de deliberações sociais são aplicáveis no âmbito do accionamento das garantias concedidas ao abrigo da Lei n.º 60-A/2008, de 20 de Outubro, e respectiva regulamentação, sendo o aumento de capital por conversão de crédito do Estado considerado como aumento de capital em numerário.

ART. 26.º (Entrada em vigor) — A presente lei entra em vigor no dia seguinte ao da sua publicação.

6.1.4. REGULAMENTO DA CAPITALIZAÇÃO DE INSTITUIÇÕES DE CRÉDITO COM RECURSO A INVESTIMENTO PÚBLICO

Portaria n.º 493-A/2009

de 8 de Maio

ART. 1.º (Objecto) — A presente portaria procede, nos termos do disposto no artigo 23.º da Lei n.º 63-A/ /2008, de 24 de Novembro, à definição dos procedimentos necessários à sua execução, em matéria de operações de capitalização de instituições de crédito com recurso a investimento público.

ART. 2.º (Pedido de acesso ao investimento público) — 1 — Sem prejuízo da apresentação da informação prevista no n.º 2 do artigo 12.º da Lei n.º 63-A/2008, de 24 de Novembro, o pedido de acesso ao investimento público, efectuado junto do Banco de Portugal, deve conter os seguintes elementos:

a) Demonstração da necessidade de reforço de fundos próprios com a descrição actualizada da situação financeira da instituição da qual conste, nomeadamente, a avaliação dos riscos de curto e médio prazo associados a essa situação;

b) Apresentação de proposta concreta e devidamente fundamentada sobre o modo de capitalização a realizar em conformidade com o artigo 4.º da Lei n.º 63-A/2008, de 24 de Novembro, sobre as condições de realização da operação de capitalização nos termos do artigo 7.º e sobre o montante necessário de fundos a disponibilizar pelo Estado face à disponibilidade de accionistas privados;

c) Descrição das características dos instrumentos a emitir no âmbito da operação de capitalização que permitam verificar os critérios de elegibilidade para fundos próprios de base (*tier* 1), aprovados, no âmbito do regime prudencial em vigor, pelo Banco de Portugal;

d) Descrição da estratégia de utilização dos meios facultados ao abrigo da Lei n.º 63-A/2008, de 24 de Novembro, em particular no que se refere ao contributo da instituição de crédito para o financiamento da economia, nomeadamente das famílias e das pequenas e médias empresas;

e) Descrição das medidas adoptadas ou a adoptar, neste último caso mediante apresentação do calendário de implementação, tendo em vista o reforço do sistema de governo societário, em particular através da designação de administradores independentes, e dos mecanismos de gestão e controlo de riscos;

f) Descrição da política de distribuição de dividendos e de remuneração dos titulares dos órgãos de administração e fiscalização e das pessoas que exerçam cargos de direcção, gerência, chefia ou similares para o período previsível do investimento público, identificando as eventuais alterações face à prática em vigor;

g) Apresentação da duração estimada para o investimento público, de dados demonstrativos do seu reequilíbrio financeiro futuro e de plano para a concretização do desinvestimento que preveja a sua substituição por instrumentos elegíveis para o cálculo de fundos próprios de base de qualidade igual ou superior;

h) Identificação do contributo de outras entidades, designadamente dos accionistas, para o reforço dos fundos próprios de base, incluindo uma descrição do modo e montante desse contributo;

i) Declaração da entidade requerente que autorize o Banco de Portugal a proceder ao envio ao membro do Governo responsável pela área das finanças de todos os elementos, que tenham sido apresentados pela mesma ou que se encontrem na posse do Banco de Portugal, que se afigurem necessários à apreciação do pedido ou à

REGULAMENTO DA CAPITALIZAÇÃO DE INSTITUIÇÕES DE CRÉDITO [Port. n.º 493-A/2009] 365

elaboração dos relatórios de acompanhamento e fiscalização, previstos no artigo 18.º da Lei n.º 63-A/2008, de 24 de Novembro;

j) Cópia das actas com as deliberações previstas no n.º 1 e, quando aplicável, no n.º 2 do artigo 9.º da Lei n.º 63-A/2008, de 24 de Novembro.

2 — O Banco de Portugal pode solicitar às entidades requerentes os elementos e informações complementares que se revelem necessários à apreciação do pedido.

ART. 3.º (Apreciação do pedido) — Cabe ao Banco de Portugal, sem prejuízo das competências de outras autoridades, efectuar a apreciação do pedido, tendo em consideração, nomeadamente, o contributo da instituição de crédito beneficiária para o financiamento da economia, incluindo o financiamento às famílias e às pequenas e médias empresas, e a necessidade de reforço de fundos próprios.

ART. 4.º (Proposta de decisão) — No prazo máximo de 10 dias úteis após a apresentação do pedido devidamente instruído com os elementos previstos na lei e no artigo 2.º da presente portaria, o Banco de Portugal remete ao membro do Governo responsável pela área das finanças a respectiva proposta de decisão devidamente fundamentada, na qual sejam analisados, designadamente, os elementos elencados no artigo 2.º, sem prejuízo da possibilidade de prorrogação do prazo por igual período se a complexidade da operação o justificar.

ART. 5.º (Decisão) — A decisão prevista no artigo anterior deve ser tomada, no prazo de cinco dias úteis, pelo membro do Governo responsável pela área das finanças, sem prejuízo:

a) Da faculdade de devolução do processo ao Banco de Portugal em caso de necessidade de clarificação ou obtenção de informações complementares; ou

b) Da necessidade de desenvolver outros procedimentos destinados a assegurar que o investimento público é efectuado em termos que permitam assegurar a protecção dos interesses patrimoniais do Estado.

ART. 6.º (Rácio de fundos próprios) — 1 — As instituições de crédito beneficiárias das operações de capitalização objecto da presente portaria devem reforçar, até 31 de Dezembro de 2009, os respectivos rácios de adequação de fundos próprios de base (rácio *tier* 1), para um valor não inferior ao para o efeito estabelecido pelo Banco de Portugal.

2 — O rácio de adequação de fundos próprios de base (rácio *tier* 1) a estabelecer pelo Banco de Portugal, nos termos do número anterior, não deve ser inferior a 8%.

3 — Não obstante o disposto nos números anteriores, em casos devidamente justificados, pode, mediante proposta do Banco de Portugal, ser estabelecido um prazo superior para a operação de capitalização ou um rácio distinto.

ART. 7.º (Remuneração do investimento público) — 1 — No caso de a operação de capitalização ser efectuada ao abrigo da alínea *a)* do n.º 1 do artigo 2.º da Lei n.º 63-A/2008, de 24 de Novembro, o investimento público para reforço dos fundos próprios deve ter lugar em condições normais de mercado, que se consideram verificadas se a operação contar com a participação, nos mesmos termos, de investimento privado em percentagem não inferior a 30%.

2 — No caso de a operação de capitalização ser efectuada ao abrigo da alínea *a)* do n.º 1 do artigo 2.º da Lei n.º 63-A/2008, de 24 de Novembro, e ter lugar, fora do caso previsto no número anterior, através da emissão de quaisquer instrumentos ou meios financeiros que confiram a possibilidade de uma remuneração anual, sob a forma de dividendo prioritário, cupões, juros ou outra, esta é fixada pelo membro do Governo responsável pela área das finanças, sob proposta devidamente fundamentada do Banco de Portugal, tendo em atenção as características específicas da operação de capitalização e da instituição beneficiária, com base nos seguintes limites, conforme o disposto nos anexos I e II da presente portaria:

a) Para os instrumentos ou meios financeiros com grau de subordinação de capital próximo ao da dívida subordinada mas inferior ao das acções preferenciais, a remuneração não pode ser inferior à taxa de rendibilidade da dívida pública a cinco anos, acrescida da mediana do *spread* do *credit default swap* para a dívida subordinada da instituição beneficiária e de uma comissão adicional de 200 pontos base por ano, e tem de ser superior ao limite mínimo estabelecido no artigo 341.º, n.º 2, do Código das Sociedades Comerciais;

b) Para os instrumentos ou meios financeiros com grau de subordinação de capital próximo ao das acções preferenciais mas inferior ao das acções ordinárias, a remuneração não pode ser inferior à taxa de rendibilidade da dívida pública a cinco anos, acrescida da mediana do *spread* do *credit default swap* para a dívida subordinada da instituição beneficiária e de uma comissão adicional de 300 pontos base por ano, e tem de ser superior ao limite mínimo estabelecido no artigo 341.º, n.º 2, do Código das Sociedades Comerciais;

c) Para os instrumentos ou meios financeiros referidos na alínea *a)*, a remuneração não pode ser superior ao limite referido na alínea *b)*;

d) Para os instrumentos ou meios financeiros referidos na alínea *b)*, a remuneração não pode ser superior à taxa de rendibilidade da dívida pública a cinco anos, acrescida de um prémio de risco para o mercado accionista de 500 pontos base por ano e de uma comissão adicional de 100 pontos base por ano;

366 [Port. n.º 493-A/2009]   INSTITUIÇÕES DE CRÉDITO E SOCIEDADES FINANCEIRAS

e) O limite definido na alínea *d*) é considerado como referencial para estabelecer uma remuneração anualizada mínima para as operações de capitalização a realizar através de acções ordinárias.

3 — Nos anos subsequentes ao primeiro ano de vigência do investimento público, a taxa de remuneração fixada nos termos do número anterior é acrescida em 50 pontos base por cada ano em que esse investimento se mantenha.

4 — Caso a instituição de crédito proceda à distribuição de dividendos, em conformidade com o disposto no artigo seguinte, a taxa de remuneração anual do investimento público definida nos termos dos n.ᵒˢ 2 e 3 do presente artigo é acrescida adicionalmente em 50 pontos base.

5 — A taxa de rendibilidade da dívida pública referida no número anterior é determinada com base na média do *benchmark* para a área do euro a cinco anos nos 20 dias anteriores à data de finalização pelo Banco de Portugal do pedido da instituição beneficiária, conforme disposto no artigo 4.º, adicionada do diferencial entre o *benchmark* dos cinco anos da dívida pública emitida pelo Estado Português e o *benchmark* dos cinco anos da área do euro, no período compreendido entre Janeiro de 2007 e Agosto de 2008.

6 — A mediana do *spread* do *credit default swap* para a dívida subordinada da instituição beneficiária a que se refere o n.º 1 é calculada de acordo com a tabela constante do anexo II à presente portaria.

7 — A remuneração anual das operações de capitalização é definida no contrato e, sendo efectuada ao abrigo da alínea *b*) do n.º 1 do artigo 2.º da Lei n.º 63-A/2008, consta dos planos de reestruturação e saneamento da instituição beneficiária e tem como referencial o descrito nos números anteriores.

8 — Nas operações de capitalização pública realizadas através da aquisição, pelo Estado, de acções ordinárias ou de acções preferenciais, o preço de alienação ou remição dessas acções não pode ser inferior ao seu valor de aquisição.

9 — Se o desinvestimento público ocorrer a partir do terceiro ano de investimento, o preço mínimo a que se refere o número anterior é acrescido de 5% por cada ano em que esse investimento se mantenha.

ART. 8.º (Distribuição de dividendos) — 1 — As instituições de crédito beneficiárias do investimento público efectuado nos termos dos n.ᵒˢ 2 a 6 do artigo 7.º não podem distribuir dividendos aos detentores das respectivas acções ordinárias durante o período desse investimento, salvo se o Estado for remunerado nos termos do n.º 4 do artigo anterior e se encontrar assegurado o cumprimento do rácio de adequação de fundos próprios de base definido nos termos do artigo 6.º.

2 — Sem prejuízo do disposto no número anterior, durante o período do investimento público que tenha sido efectuado nos termos dos n.ᵒˢ 2 a 6 do artigo 7.º encontram-se vedadas quaisquer formas de remuneração dos accionistas da instituição beneficiária que resultem numa diminuição dos seus fundos próprios, nomeadamente através da compra de acções próprias.

3 — As instituições de crédito beneficiárias não podem, durante o período de duração do investimento público efectuado nos termos do n.º 1 do artigo 7.º, remunerar os detentores das respectivas acções ordinárias com uma taxa superior à fixada, nos termos do artigo 7.º, para a remuneração do investimento público.

ART. 9.º (Remunerações dos membros dos órgãos sociais) — 1 — Durante o período de duração do investimento público, as instituições de crédito beneficiárias das operações de capitalização devem fixar para o conjunto dos membros dos órgãos de administração e fiscalização uma remuneração que, no cômputo da sua componente fixa e variável, não seja superior a 50% da respectiva remuneração média dos anos 2007 e 2008, salvo se esse valor for inferior à remuneração em vigor em instituições de crédito cujo capital seja detido na totalidade, directa ou indirectamente, pelo Estado, caso em que pode ser este o valor da remuneração a fixar.

2 — O órgão de administração ou a comissão de remuneração, caso exista, das instituições de crédito, devem submeter, anualmente, à aprovação da assembleia geral uma declaração sobre política de remuneração dos membros dos respectivos órgãos de administração e de fiscalização.

3 — A remuneração fixada pelas instituições de crédito beneficiárias, nos termos dos números anteriores, tem em conta o cumprimento pela instituição dos deveres previstos no artigo 10.º e deve ser estruturada de forma a não incentivar a adopção de práticas incompatíveis com uma gestão sã e prudente da instituição de crédito, nomeadamente por via da assunção de níveis excessivos de risco ou da maximização de lucros de curto prazo, devendo um montante não inferior a 50% da componente variável da remuneração ser apenas distribuído mediante deliberação favorável dos accionistas após o decurso de um prazo mínimo de um ano sobre o termo do mandato dos membros dos órgãos de administração ou de fiscalização.

4 — A política de remuneração das pessoas que exerçam cargos de direcção, gerência, chefia ou similares na instituição de crédito beneficiária tem em consideração os princípios constantes do número anterior no que respeita à componente variável dessa remuneração.

ART. 10.º (Deveres das instituições de crédito beneficiárias) — 1 — Sem prejuízo do disposto no artigo 14.º da Lei n.º 63-A/2008, de 24 de Novembro, enquanto a instituição de crédito se encontrar abrangida pelo investimento público para reforço de fundos próprios, fica sujeita aos seguintes deveres:

a) Observância de princípios de bom governo societário, nomeadamente através da nomeação de um número adequado de administradores independentes, que não poderá ser inferior ao recomendado pela Comis-

REGULAMENTO DA CAPITALIZAÇÃO DE INSTITUIÇÕES DE CRÉDITO   [Port. n.º 493-A/2009]   367

são do Mercado de Valores Mobiliários para as sociedades emitentes de valores mobiliários admitidos à negociação em mercado regulamentado;

b) Divulgação da remuneração individual, na sua componente fixa e variável, dos membros dos órgãos de administração e de fiscalização da instituição de crédito beneficiária;

c) Compromisso de manutenção, em termos compatíveis com a procura e a gestão sã e prudente da instituição, do volume de emprego e de um *stock* de crédito à economia, nomeadamente às pequenas e médias empresas, equivalente, pelo menos, ao registado no final de 2008, devendo garantir que o mesmo é disponibilizado em condições de mercado competitivas;

d) Compromisso de instituir ou participar em mecanismos de apoio às famílias e às empresas que enfrentem dificuldades na regularização dos seus encargos com o crédito;

e) Adoptar práticas adequadas de pedagogia financeira na relação com os respectivos clientes, devendo adoptar padrões de elevada transparência e adequação no conteúdo das mensagens publicitárias;

f) Adoptar práticas compatíveis com uma gestão sã e prudente destinadas a assegurar, durante o período do investimento público, o nível de fundos próprios de base estabelecido no artigo 6.º.

2 — Nos casos em que o investimento público seja efectuado através da subscrição de acções ordinárias, é aplicável à participação do Estado, independentemente de disposição estatutária, o disposto no artigo 392.º do Código das Sociedades Comerciais.

ART. 11.º (Administrador designado pelo Banco de Portugal) — O Banco de Portugal, enquanto a instituição de crédito se encontrar abrangida pelo investimento público para reforço de fundos próprios, pode designar um administrador não executivo ou membro de órgão com responsabilidade equivalente em função da estrutura de administração adoptada, ao qual compete, para além das funções próprias de um administrador não executivo, nomeadamente, o seguinte:

a) Assegurar a verificação do cumprimento das obrigações das instituições de crédito beneficiárias estabelecidas ao abrigo do presente regime;

b) Elaborar e enviar ao Banco de Portugal, com uma periodicidade máxima mensal, um relatório com as conclusões da avaliação realizada nos termos da alínea anterior;

c) Informar o Banco de Portugal de qualquer facto relevante no âmbito das respectivas funções.

ART. 12.º (Dever de informação) — As instituições de crédito beneficiárias do investimento público comunicam imediatamente ao Banco de Portugal qualquer modificação das condições que constituíram pressuposto do investimento público.

ART. 13.º (Desinvestimento público) — 1 — De modo a assegurar o adequado cumprimento do disposto nos artigos 8.º e 24.º da Lei n.º 63-A/2008, de 24 de Novembro, as instituições de crédito beneficiárias devem apresentar ao Banco de Portugal, anualmente e sempre que lhes seja solicitado, um plano concreto com vista à substituição do investimento público com recurso a instrumentos elegíveis para o cálculo de fundos próprios de base de qualidade igual ou superior.

2 — Para efeitos do desinvestimento público, as instituições de crédito devem ainda demonstrar que se encontra assegurado, após o mesmo, o nível mínimo exigível de fundos próprios de base.

ART. 14.º (Violação dos deveres) — A violação por parte das instituições de crédito beneficiárias do previsto na presente portaria determina, ouvidos o Banco de Portugal e a instituição de crédito beneficiária, o agravamento da remuneração do investimento público até 100 pontos base e a possibilidade de o Estado impor o reforço do número de administradores designados pelo Banco de Portugal.

ART. 15.º (Fiscalização e regulamentação) 1 Compete ao Banco de Portugal assegurar o acompanhamento e fiscalização do cumprimento das obrigações das instituições de crédito beneficiárias estabelecidas ao abrigo do presente regime, devendo remeter ao membro do Governo responsável pela área das finanças o relatório de avaliação previsto na alínea *b*) do artigo 11.º, e informar dos factos relevantes de que tenha conhecimento nos termos da alínea *c*) do mesmo artigo.

2 — Para efeitos do disposto no número anterior, o Banco de Portugal regulamenta, por instrução, o âmbito, natureza, conteúdo e periodicidade da informação a remeter pelas instituições de crédito candidatas ou beneficiárias das operações de capitalização, nomeadamente a respeito da sua situação patrimonial e rácios e indicadores prudenciais relativos à liquidez, qualidade dos activos e cobertura de riscos, nos termos da alínea *b*) do n.º 2 do artigo 12.º da Lei n.º 63-A/2008, de 24 de Novembro.

ART. 16.º (Instituições de crédito detidas pelo Estado) — O aumento de capital para efeitos de reforço de fundos próprios de instituições de crédito integralmente detidas pelo Estado, pode ser realizado com recurso à dotação orçamental prevista para a Iniciativa de Reforço da Estabilidade Financeira, não ficando, pela sua natureza, sujeitas ao procedimento e às demais obrigações previstas na presente portaria, sem prejuízo da observância do artigo 6.º e, quando aplicável, dos deveres decorrentes do artigo 10.º.

ART. 17.º (Entrada em vigor) — A presente Portaria entra em vigor no dia seguinte ao da sua publicação.

368 [Port. n.º 493-A/2009] INSTITUIÇÕES DE CRÉDITO E SOCIEDADES FINANCEIRAS

ANEXO I

Tipo de instrumento	Referencial da taxa de remuneração
i) Acções ordinárias ...	(Taxa de rendibilidade da dívida pública a cinco anos + 500 pontos base/ano de prémio de risco + 100 pontos base/ano de comissão)
ii) Instrumentos com grau de subordinação próximo das acções preferencias, mas inferior ao das acções ordinárias.	≥ (Taxa de rendibilidade da dívida pública a cinco anos + mediana do *spread* do *credit default swap* para a dívida subordinada da instituição beneficiária + 300 pontos base/ano de comissão) e > (limite mínimo do artigo 341.º, n.º 2, do CSC)
iii) Acções preferenciais	(Taxa de rendibilidade da dívida pública a cinco anos + mediana do *spread* do *credit default swap* para a dívida subordinada da instituição beneficiária + 300 pontos base/ano de comissão) e > (limite mínimo do artigo 341.º, n.º 2, do CSC)
iv) Instrumentos com grau de subordinação próximo da dívida subordinada, mas inferior ao das acções preferenciais.	≥ (taxa de rendibilidade da dívida pública a cinco anos + mediana do *spread* do *credit default swap* para a dívida subordinada da instituição beneficiária + 200 pontos base/ano de comissão) e > (limite mínimo do artigo 341.º, n.º 2, do CSC)
v) Dívida subordinada	(Taxa de rendibilidade da dívida pública a cinco anos + mediana do *spread* do *credit default swap* para a dívida subordinada da instituição beneficiária + 200 pontos base/ano de comissão) e > (limite mínimo do artigo 341.º, n.º 2, do CSC)

Nota. — Taxa de remuneração de *i*) > taxa de remuneração de *ii*) > taxa de remuneração de *iii*) > taxa de remuneração de *iv*) > taxa de remuneração de *v*).

ANEXO II

1 — A mediana do *spread* do *credit default swap* para a dívida subordinada é calculada do seguinte modo:

Entidade beneficiária	Fórmula de cálculo do *spread* do *credit default swap* para a dívida subordinada
a) Instituição de crédito com informação de *credit default swap* para a dívida subordinada.	Mínimo dos dois valores seguintes: *i*) Mediana do *spread* de *credit default swap* a cinco anos da instituição de crédito em questão, para o período entre 1 de Janeiro de 2007 e 31 de Agosto de 2008; *ii*) Mediana do *spread* de *credit default swap* a cinco anos de uma amostra representativa de instituições de crédito com a mesma notação de risco que a instituição de crédito em questão, definida pelo eurossistema, para o período entre 1 de Janeiro de 2007 e 31 de Agosto de 2008.
b) Instituições de crédito sem informação de *credit default swap* para a dívida subordinada ou sem informação de *credit default swap* para a dívida subordinada representativa:	
i) Instituições de crédito com notação de risco «A» ou superior;	Mediana do *spread* de *credit default swap* a cinco anos de uma amostra representativa de instituições de crédito com a mesma notação de risco da instituição de crédito em questão, definida pelo eurossistema, para o período entre 1 de Janeiro de 2007 e 31 de Agosto de 2008.
ii) Instituições de crédito sem notação de risco ou com notação de risco inferior a «A».	Mediana do *spread* de *credit default swap* a cinco anos de uma amostra representativa de instituições de crédito com notação de risco «A», definida pelo eurossistema, para o período entre 1 de Janeiro de 2007 e 31 de Agosto de 2008.

2 — Para efeitos do cálculo do *spread* do *credit default swap* para a dívida subordinada a que se refere a alínea *a*) do número anterior, cabe ao Banco de Portugal determinar se a instituição de crédito em questão dispõe de informação de *credit default swap* representativa.

3 — Para efeitos do cálculo do *spread* do *credit default swap* para a dívida subordinada a que se refere a alínea *b*) do n.º 1, pode o Banco de Portugal, após avaliação fundamentada e se necessário, adaptar o valor do *spread* do *credit default swap* relevante.

SANEAMENTO E LIQUIDAÇÃO DE INSTITUIÇÕES DE CRÉDITO [DL n.º 199/2006] 369

6.1.5. SANEAMENTO E LIQUIDAÇÃO DE INSTITUIÇÕES DE CRÉDITO

Decreto-Lei n.º 199/2006

de 25 de Outubro

CAPÍTULO I — Disposições introdutórias

ART. 1.º (Objecto) – 1 – O presente decreto-lei regula a liquidação de instituições de crédito e sociedades financeiras com sede em Portugal e suas sucursais criadas noutro Estado membro, procedendo à transposição para a ordem jurídica portuguesa da Directiva n.º 2001/24/CE, do Parlamento Europeu e do Conselho, de 4 de Abril, relativa ao saneamento e à liquidação das instituições de crédito.

2 – A aplicação de medidas de saneamento a instituições de crédito e sociedades financeiras com sede em Portugal rege-se pelo disposto no Regime Geral das Instituições de Crédito e Sociedades Financeiras, aprovado pelo Decreto-Lei n.º 298/92, de 31 de Dezembro, adiante abreviadamente designado por RGICSF, sem prejuízo do que se estabelece no capítulo III do presente decreto-lei.

ART. 2.º (Definições) – 1 – Para efeitos do presente decreto-lei, entende-se por:

a) «Medidas de saneamento» as medidas destinadas a preservar ou restabelecer a situação financeira de uma instituição de crédito, susceptíveis de afectar direitos preexistentes de terceiros, incluindo as de suspensão de pagamentos, de suspensão de processos de execução ou de redução de créditos;

b) «Processo de liquidação» o processo colectivo a cargo das autoridades administrativas ou judiciais de um Estado membro, com o objectivo de proceder à liquidação dos bens, sob fiscalização dessas autoridades, inclusivamente quando esse processo se extinga por efeito de concordata ou medida análoga;

c) «Administrador» a pessoa ou o órgão designado pelas autoridades administrativas ou judiciais para adoptar e gerir medidas de saneamento;

d) «Liquidatário» a pessoa ou o órgão designado pelas autoridades administrativas ou judiciais para gerir processos de liquidação;

e) «Autoridades competentes» as autoridades nacionais de supervisão das instituições de crédito;

f) «Autoridades administrativas ou judiciais» as autoridades administrativas ou judiciais dos Estados membros competentes em matéria de medidas de saneamento ou de processos de liquidação.

2 – Relativamente ao saneamento ou à liquidação de sucursais, situadas na União Europeia, de instituições de crédito com sede em país terceiro, as expressões «Estado membro de origem», «autoridades competentes» e «autoridades administrativas ou judiciais» respeitam ao Estado membro em que se situa a sucursal.

ART. 3.º (Informação à Comissão do Mercado de Valores Mobiliários) – O Banco de Portugal informa a Comissão do Mercado de Valores Mobiliários relativamente às propostas ou medidas adoptadas no âmbito do saneamento ou da liquidação de instituições de crédito ou de sociedades financeiras que sejam intermediários financeiros registados naquela Comissão, sem prejuízo do disposto no artigo 198.º do RGICSF.

CAPÍTULO II — Liquidação de instituições de crédito
e sociedades financeiras com sede em Portugal

ART. 4.º (Liquidação) – 1 – A liquidação de instituições de crédito com sede em Portugal rege-se pelo disposto no presente capítulo.

2 – As caixas de crédito agrícola mútuo pertencentes ao Sistema Integrado do Crédito Agrícola Mútuo são liquidadas de acordo com a respectiva legislação especial.

3 – As disposições do presente capítulo são aplicáveis, com as devidas adaptações, à liquidação das sociedades financeiras.

4 – O disposto no presente decreto-lei é ainda aplicável à liquidação de sucursais, situadas em Portugal, de instituições de crédito com sede em países que não sejam membros da União Europeia, bem como de sucursais de instituições financeiras situadas em Portugal e sujeitas à supervisão do Banco de Portugal.

ART. 5.º (Dissolução e entrada em liquidação) – 1 – As instituições de crédito dissolvem-se apenas por força da revogação da respectiva autorização, nos termos do artigo 22.º do RGICSF, ou por deliberação dos sócios.

2 – Com a dissolução, as instituições de crédito entram em liquidação, sem prejuízo do estabelecido na parte final do n.º 3 do artigo 22.º do RGICSF.

3 – Na decisão de revogação da autorização, é indicada a hora da prática do acto, considerando-se, em caso de omissão, que o mesmo ocorreu às 12 horas, valendo essa hora, para todos os efeitos legais, como o momento da instauração do processo de liquidação.

370 [DL n.º 199/2006]   INSTITUIÇÕES DE CRÉDITO E SOCIEDADES FINANCEIRAS

ART. 6.º (Dissolução voluntária) – 1 – É aplicável à dissolução voluntária o disposto no artigo 35 °-A do RGICSF, devendo constar do respectivo projecto um plano pormenorizado de liquidação e a identificação dos liquidatários.

2 – A dissolução voluntária não obsta a que, a todo o tempo, o Banco de Portugal requeira a liquidação judicial nos termos do artigo 8.º, incluindo eventuais medidas cautelares.

ART. 7.º (Liquidação extrajudicial) – 1 – As instituições de crédito dissolvidas voluntariamente são liquidadas nos termos previstos no capítulo XIII do título I do Código das Sociedades Comerciais, com excepção do artigo 161.º.

2 – À designação dos liquidatários é aplicável, com as necessárias adaptações, o disposto nos artigos 69.º e 70.º do RGICSF.

3 – Os liquidatários devem remeter ao Banco de Portugal os relatórios e contas anuais e finais.

4 – Na pendência da liquidação, é aplicável o disposto no título VII do RGICSF, com as necessárias adaptações.

ART. 8.º (Liquidação judicial) – 1 – A liquidação judicial das instituições de crédito fundada na revogação de autorização pelo Banco de Portugal faz-se nos termos do Código da Insolvência e da Recuperação de Empresas, com as especialidades constantes dos artigos seguintes.

2 – A decisão de revogação da autorização pelo Banco de Portugal produz os efeitos da declaração de insolvência.

3 – Cabe em exclusivo ao Banco de Portugal requerer, no tribunal competente, a liquidação da instituição de crédito, no prazo máximo de 10 dias úteis após a revogação da autorização, proferida nos termos do artigo 22.º do RGICSF.

4 – O requerimento deve ser instruído com cópia da decisão de revogação e com a proposta de liquidatário judicial ou comissão liquidatária a designar pelo juiz, nos termos e para os efeitos dos artigos seguintes.

ART. 9.º (Tramitação subsequente) – 1 – No despacho de prosseguimento, o juiz limita-se a verificar o preenchimento dos requisitos enunciados no artigo anterior, sendo quaisquer questões sobre a legalidade da decisão de revogação da autorização suscitáveis apenas no processo de impugnação a que se refere o artigo 15.º.

2 – No mesmo despacho, o juiz nomeia o liquidatário ou a comissão liquidatária e toma as decisões previstas nas alíneas b), c) e f) a n) do artigo 36.º do Código da Insolvência e da Recuperação de Empresas.

3 – São aplicáveis, com as necessárias adaptações, as demais disposições do Código da Insolvência e da Recuperação de Empresas que se mostrem compatíveis com as especialidades constantes do presente decreto-lei, com excepção dos títulos IX a X.

ART. 10.º (Liquidatário ou comissão liquidatária) – 1 – O juiz, sob proposta do Banco de Portugal, nomeia um liquidatário judicial ou uma comissão liquidatária composta por três membros, consoante a complexidade e dificuldade da liquidação, aos quais compete o exercício das funções cometidas ao administrador da insolvência pelo Código da Insolvência e da Recuperação de Empresas.

2 – O Banco de Portugal pode propor ao juiz a destituição e substituição do liquidatário judicial ou dos membros da comissão liquidatária, no todo ou em parte, bem como a substituição da comissão liquidatária por um único liquidatário judicial ou deste por uma comissão.

3 – A remuneração do liquidatário judicial ou dos membros da comissão liquidatária é fixada anualmente pelo juiz, sob proposta do Banco de Portugal.

ART. 11.º (Comunicação ao Fundo de Garantia de Depósitos e ao Sistema de Indemnização aos Investidores) – No prazo estabelecido para a entrega na secretaria judicial da lista dos credores reconhecidos e não reconhecidos, o liquidatário remete cópia da mesma ao Fundo de Garantia de Depósitos e, tratando-se de entidade participante, ao Sistema de Indemnização aos Investidores.

ART. 12.º (Continuação da actividade) – 1 – Quando se mostre necessário ou conveniente à liquidação, podem os liquidatários requerer ao juiz a continuação parcial da actividade da instituição de crédito.

2 – O requerimento a que se refere o número anterior deve ser instruído com parecer favorável do Banco de Portugal.

ART. 13.º (Comissão de credores) – 1 – A comissão de credores é nomeada pelo juiz, ouvido o Banco de Portugal.

2 – As competências conferidas pelo Código da Insolvência e da Recuperação de Empresas à assembleia de credores são exercidas pela comissão de credores.

ART. 14.º (Intervenção do Banco de Portugal) – 1 – O Banco de Portugal tem a faculdade de acompanhar a actividade do liquidatário judicial ou da comissão liquidatária, podendo, ainda, requerer ao juiz o que entender conveniente.

2 – Para efeitos do disposto no número anterior, o Banco de Portugal pode examinar os elementos da contabilidade da instituição de crédito e solicitar ao liquidatário judicial ou à comissão liquidatária as informações e a apresentação dos elementos que considere necessários.

3 – Por iniciativa própria, pode o Banco de Portugal apresentar em juízo os relatórios e pareceres julgados convenientes.

4 – O Banco de Portugal tem legitimidade para reclamar ou recorrer das decisões judiciais que admitam reclamação ou recurso.

SANEAMENTO E LIQUIDAÇÃO DE INSTITUIÇÕES DE CRÉDITO [DL n.º 199/2006] 371

ART. 15.º (Efeitos da impugnação contenciosa sobre a liquidação) – 1 – Sem prejuízo do disposto no artigo 128.º do Código de Processo nos Tribunais Administrativos, a impugnação contenciosa do acto de revogação de autorização de uma instituição de crédito bem como o requerimento da suspensão da eficácia do mesmo acto produzem os efeitos previstos na parte final do n.º 3 do artigo 40.º do Código da Insolvência e da Recuperação de Empresas.

2 – Distribuída a petição de impugnação ou o requerimento de suspensão, o juiz, se o processo houver de prosseguir, determina que se informe da respectiva pendência o tribunal da liquidação, para os efeitos do disposto no número anterior, solicitando às partes, se necessário, a indicação do tribunal e do processo.

3 – Das decisões definitivas proferidas nos processos de impugnação ou suspensão é enviada cópia ao tribunal da liquidação.

CAPÍTULO III — Saneamento e liquidação de âmbito comunitário

Secção I — INSTITUIÇÕES DE CRÉDITO COM SEDE EM PORTUGAL E COM SUCURSAIS NOUTRO ESTADO MEMBRO

Subsecção I — Saneamento

ART. 16.º (Adopção de medidas de saneamento) – Compete ao Banco de Portugal adoptar medidas de saneamento relativamente às instituições de crédito com sede em Portugal e respectivas sucursais estabelecidas noutros Estados membros da União Europeia, doravante designados por Estados membros de acolhimento.

ART. 17.º (Informação às autoridades de cada Estado membro de acolhimento) – Antes da respectiva decisão ou, não sendo possível, imediatamente depois, o Banco de Portugal deve informar as autoridades competentes de cada Estado membro de acolhimento acerca das medidas de saneamento adoptadas e dos seus efeitos concretos.

ART. 18.º (Publicação) – 1 – Se a aplicação de medidas de saneamento for susceptível de afectar os direitos de terceiro no Estado membro de acolhimento, o Banco de Portugal publica um extracto da sua decisão no *Jornal Oficial da União Europeia* e em, pelo menos, dois jornais de circulação nacional no referido Estado membro.

2 – O extracto da decisão é redigido na língua ou nas línguas oficiais do Estado membro de acolhimento, devendo mencionar, pelo menos, o objecto e o fundamento jurídico da decisão, os prazos de recurso, incluindo o respectivo termo, bem como o endereço das entidades competentes para conhecer do recurso.

3 – A falta de publicação nos termos dos números anteriores não obsta à produção dos efeitos das medidas de saneamento.

Subsecção II — Liquidação

ART. 19.º (Entrada em liquidação) – 1 – A entrada em liquidação de instituições de crédito autorizadas em Portugal, incluindo as sucursais situadas noutros Estados membros da União Europeia, rege-se pelo disposto no presente decreto-lei.

2 – Antes da decisão de revogação ou, não sendo possível, imediatamente depois, o Banco de Portugal deve informar as autoridades competentes de cada Estado membro de acolhimento acerca daquela decisão e dos seus efeitos concretos.

3 – O disposto no número anterior aplica-se, com as necessárias adaptações, à dissolução voluntária.

ART. 20.º (Lei aplicável) – 1 – Salvo o disposto em contrário neste decreto-lei, nomeadamente no n.º 3 do presente artigo e nos artigos 27.º a 34.º, as instituições de crédito referidas no artigo anterior são liquidadas de acordo com as leis, regulamentos e procedimentos aplicáveis em Portugal.

2 – São determinados de acordo com a lei portuguesa, designadamente:

a) Os bens que fazem parte da massa falida e o destino a dar aos bens adquiridos pela instituição de crédito após a instauração do processo de liquidação;

b) A capacidade jurídica da instituição de crédito;

c) Os poderes do liquidatário;

d) Os efeitos do processo de liquidação sobre os contratos de que a instituição de crédito seja parte;

e) Os efeitos do processo de liquidação sobre acções propostas por credores;

f) Os créditos susceptíveis de reclamação e o destino a dar aos créditos constituídos após a instauração do processo de liquidação;

g) As condições de oponibilidade da compensação;

h) As normas relativas à reclamação, verificação e aprovação de créditos;

i) As normas sobre distribuição do produto da liquidação dos bens, a graduação dos créditos e os direitos dos credores que tenham sido parcialmente satisfeitos após a instauração do processo de liquidação por força de direito real ou de compensação;

372 [DL n.º 199/2006] INSTITUIÇÕES DE CRÉDITO E SOCIEDADES FINANCEIRAS

j) As condições e os efeitos da extinção e da suspensão do processo de liquidação, nomeadamente por concordata;

l) Os direitos dos credores após a extinção do processo de liquidação;

m) As custas e despesas do processo de liquidação;

n) As normas sobre nulidade, anulabilidade ou oponibilidade dos actos prejudiciais ao conjunto dos credores.

3 – A lei portuguesa não é aplicável às hipóteses previstas na alínea *n*) do número anterior, quando o beneficiário dos actos prejudiciais ao conjunto dos credores faça prova, cumulativamente, de que:

a) O acto prejudicial é regulado pela lei de outro Estado membro;

b) No caso em apreço, essa lei proíbe a impugnação do acto por qualquer meio.

ART. 21.º (Publicação) – O Banco de Portugal publica no *Jornal Oficial da União Europeia* e em, pelo menos, dois jornais de circulação nacional em cada Estado membro de acolhimento um extracto da decisão referida no n.º 2 do artigo 19.º ou da deliberação da dissolução voluntária.

ART. 22.º (Notificação dos credores) – 1 – Os credores conhecidos que tenham domicílio, residência habitual ou sede social noutros Estados membros devem ser notificados pelo liquidatário, com a brevidade possível, do despacho a que se referem os n.ᵒˢ 1 e 2 do artigo 9.º, devendo a notificação informar sobre os prazos a observar, as consequências da inobservância desses prazos, o tribunal competente para receber a reclamação dos créditos, bem como sobre outras medidas que tenham sido determinadas.

2 – Os credores a que se refere o número anterior, cujos créditos gozem de privilégio ou garantia real, são igualmente informados sobre os termos em que possa ou deva processar-se a reclamação desses créditos.

ART. 23.º (Reclamação de créditos) – Os créditos cujos titulares tenham domicílio, residência habitual ou sede noutro Estado membro, incluindo os das autoridades públicas, podem ser reclamados e são graduados como os créditos de natureza equivalente cujos titulares tenham residência habitual, domicílio ou sede em Portugal.

ART. 24.º (Idiomas) – 1 – A informação prevista nos artigos 21.º e 22.º é prestada em português, utilizando-se, para o efeito, um formulário em que figura, em todas as línguas oficiais da União Europeia, o título «Aviso de reclamação de créditos. Prazos legais a observar».

2 – Os credores que tenham domicílio, residência habitual ou sede social noutro Estado membro podem reclamar os respectivos créditos na língua oficial desse Estado membro.

3 – No caso previsto no número anterior, a reclamação dos créditos inclui em título a expressão «Reclamação de créditos», em língua portuguesa, podendo o liquidatário exigir tradução integral da reclamação para a língua portuguesa.

Secção II — SUCURSAIS EM PORTUGAL DE INSTITUIÇÕES DE CRÉDITO COM SEDE NOUTRO ESTADO MEMBRO

ART. 25.º (Saneamento) – Se o Banco de Portugal considerar necessária a aplicação de uma ou mais medidas de saneamento, a sucursal de instituição de crédito com sede noutro Estado membro da União Europeia deve informar desse facto as respectivas autoridades competentes.

Secção III — SUCURSAIS DE INSTITUIÇÕES DE CRÉDITO COM SEDE EM PAÍSES NÃO MEMBROS DA UNIÃO EUROPEIA

ART. 26.º (Saneamento e liquidação) – 1 – O Banco de Portugal deve informar as autoridades competentes dos Estados membros em que tenham sido estabelecidas sucursais constantes da lista referida no artigo 11.º da Directiva n.º 2000/12/CE, do Parlamento Europeu e do Conselho, de 20 de Março, relativa ao acesso à actividade das instituições de crédito e seu exercício, por instituições com sede em países não membros da União Europeia, da adopção de medidas de saneamento ou da instauração de processos de liquidação relativamente a sucursal dessas instituições estabelecida em Portugal.

2 – O Banco de Portugal e o tribunal competente para a liquidação da sucursal em Portugal coordenam as suas acções com as autoridades administrativas ou judiciais dos Estados membros a que se refere o número anterior, devendo o liquidatário nomeado no âmbito do processo de liquidação proceder da mesma maneira em relação aos seus congéneres.

Secção IV — DISPOSIÇÕES COMUNS

Subsecção I — Lei aplicável a situações especiais

ART. 27.º (Efeitos sobre certos contratos e direitos) – Os efeitos da adopção de medidas de saneamento ou da instauração de processos de liquidação regulam-se:

a) Pela lei do Estado membro aplicável ao contrato, quanto a contratos e relações de trabalho;

SANEAMENTO E LIQUIDAÇÃO DE INSTITUIÇÕES DE CRÉDITO [DL n.º 199/2006] 373

b) Pela lei do Estado membro do registo, quanto a direitos relativos a bens imóveis, navios ou aeronaves sujeitos a inscrição em registo público;

c) Quanto a contratos que confiram direitos de gozo sobre imóveis ou o direito à sua aquisição, pela lei do Estado membro em cujo território se situem esses imóveis, a qual determina igualmente a qualificação do bem como móvel ou imóvel.

ART. 28.º (Direitos reais de terceiros) – 1 – A aplicação de medidas de saneamento ou a instauração de processos de liquidação não prejudica os direitos reais de credores ou de terceiros sobre bens corpóreos ou incorpóreos, móveis ou imóveis, incluindo as universalidades, pertencentes à instituição de crédito, que, no momento da aplicação dessas medidas ou da instauração desses processos, se encontrem no território de outro Estado membro.

2 – O disposto no número anterior compreende, nomeadamente:

a) O direito de reivindicar o bem ou de exigir a sua restituição;

b) A consignação de rendimentos e outros direitos reais sobre o rendimento de bens;

c) O direito de obter satisfação do crédito através do produto da alienação ou dos rendimentos de activos, designadamente em execução de caução ou hipoteca;

d) O direito exclusivo de cobrança de dívidas, nomeadamente por força de prestação de caução ou transmissão da dívida a título de garantia.

3 – Considera-se igualmente direito real o direito inscrito em registo público e oponível a terceiros que permita adquirir algum dos direitos previstos no n.º 1.

4 – O disposto no presente artigo não prejudica a aplicação das normas previstas na alínea *n*) do n.º 2 do artigo 20.º.

ART. 29.º (Actos supervenientes) – A validade dos actos de disposição a título oneroso, praticados após a adopção de medidas de saneamento ou após a instauração do processo de liquidação, regula-se:

a) Pela lei do Estado membro da respectiva situação, tratando-se de imóvel;

b) Pela lei do Estado membro do registo, tratando-se de navio ou aeronave sujeitos a inscrição em registo público;

c) Pela lei do Estado membro do sistema centralizado, do registo ou depósito, ou da conta, relativamente a instrumentos financeiros ou direitos sobre estes instrumentos, cuja existência ou transmissão pressuponha a sua inscrição em sistema centralizado, registo ou depósito, ou em conta.

ART. 30.º (Compra e venda de activos) – Sem prejuízo da aplicação das normas a que se refere a alínea *n*) do n.º 2 do artigo 20.º, a adopção de medidas de saneamento ou a instauração de processos de liquidação não prejudica:

a) Os direitos do vendedor de activos à instituição de crédito que se fundamentem em reserva de propriedade, se, no momento da adopção da medida ou da instauração do processo, os activos se encontrarem no território de outro Estado membro;

b) A aquisição de activos à instituição de crédito, por esta já entregues, nem constitui fundamento para resolução da sua compra, se, no momento da adopção da medida ou da instauração do processo, aqueles activos se encontrarem no território de outro Estado membro.

ART. 31.º (Compensação) – Sem prejuízo da aplicação das normas a que se refere a alínea *n*) do n.º 2 do artigo 20.º, a adopção de medidas de saneamento ou a instauração de processo de liquidação não prejudica o direito dos credores à compensação dos seus créditos com os da instituição em causa, desde que esse direito seja reconhecido pela lei aplicável aos créditos da instituição.

ART. 32.º (Instrumentos financeiros) – 1 – Regula-se pela lei do Estado membro do sistema centralizado, do registo ou depósito, ou da conta, o exercício de direitos de propriedade ou de outros direitos sobre instrumentos financeiros, cuja existência ou transmissão pressuponha a sua inscrição em sistema centralizado, registo ou depósito, ou em conta.

2 – Sem prejuízo do disposto no número anterior, os contratos de reporte e as transacções efectuadas no quadro de um mercado regulamentado regem-se exclusivamente pela lei aplicável aos respectivos contratos.

ART. 33.º (Convenções de compensação e de novação) – As convenções de compensação e de novação (*netting agreements*) regem-se exclusivamente pela lei aplicável ao respectivo contrato.

ART. 34.º (Processos pendentes) – Os efeitos da adopção de medidas de saneamento ou da instauração de processos de liquidação sobre processos pendentes que tenham por objecto actos que envolvam diminuição da garantia patrimonial da instituição de crédito regulam-se exclusivamente pela lei do Estado membro em que os processos estejam pendentes.

Subsecção II — Poderes do administrador e do liquidatário

ART. 35.º (Exercício de poderes) – 1 – Os administradores ou o liquidatário podem exercer em território nacional os poderes que estão habilitados a exercer no Estado membro em que tenham sido adoptadas medidas de saneamento ou instaurado o processo de liquidação.

2 – Os administradores ou o liquidatário podem designar pessoas que os coadjuvem ou os representem no âmbito das medidas de saneamento ou processo de liquidação.

3 – No exercício dos seus poderes, os administradores ou o liquidatário observam a lei portuguesa, em particular, no que respeita às modalidades de venda dos bens.

374 [DL n.º 136/79] INSTITUIÇÕES DE CRÉDITO E SOCIEDADES FINANCEIRAS

ART. 36.º (Prova da nomeação dos liquidatários) – 1 – A prova da nomeação dos administradores ou do liquidatário é efectuada mediante apresentação de cópia autenticada da decisão da sua nomeação ou de certificado emitido pelas autoridades competentes.

2 – Pode ser exigida aos administradores ou ao liquidatário a tradução dos documentos referidos no número anterior, sem dependência de legalização dessa tradução ou de qualquer outra formalidade.

ART. 37.º (Inscrição em registo público) – Sem prejuízo da respectiva obrigatoriedade, quando prevista, os administradores, o liquidatário e as autoridades administrativas ou judiciais têm legitimidade para requerer a inscrição das medidas de saneamento ou de instauração do processo de liquidação no registo predial ou comercial.

SECÇÃO V — **DECISÕES TOMADAS NOUTROS ESTADOS MEMBROS**

ART. 38.º (Reconhecimento de decisões) – As decisões de adopção de medidas de saneamento e de instauração de processos de liquidação tomadas pelas autoridades administrativas ou judiciais de outro Estado membro, em conformidade com o disposto na Directiva n.º 2001/24/CE, do Parlamento Europeu e do Conselho, de 4 de Abril, são reconhecidas em Portugal, independentemente de revisão, confirmação ou de outra formalidade de efeito equivalente.

CAPÍTULO IV — **Disposições finais e transitórias**

ART. 39.º (Cumprimento das obrigações) – 1 – É liberatório o pagamento feito a instituição de crédito que não seja pessoa colectiva, em liquidação noutro Estado membro, se, no momento do pagamento, a instauração do processo de liquidação for desconhecida de quem o efectue.

2 – Salvo prova em contrário, presume-se:

a) Não haver conhecimento da instauração do processo de liquidação se o pagamento tiver sido efectuado antes da publicação a que alude o artigo 21.º;

b) Haver conhecimento da instauração do processo de liquidação se o pagamento tiver sido efectuado após a publicação referida na alínea anterior.

ART. 40.º (Segredo profissional) – Ficam sujeitas ao dever de segredo, nos termos do disposto nos artigos 78.º a 84.º do RGICSF, todas as pessoas intervenientes na aplicação de medidas de saneamento ou em processos de liquidação.

ART. 41.º (Norma revogatória) – É revogado o Decreto-Lei n.º 30 689, de 27 de Agosto de 1940, com excepção das normas relativas à liquidação que continuam a aplicar-se às caixas de crédito agrícola mútuo pertencentes ao Sistema Integrado do Crédito Agrícola Mútuo, nos termos da respectiva legislação especial.

ART. 42.º (Entrada em vigor e aplicação no tempo) – 1 – O presente decreto-lei entra em vigor no dia seguinte ao da sua publicação.

2 – O presente decreto-lei. apenas é aplicável às medidas de saneamento adoptadas ou aos processos de liquidação instaurados após a sua entrada em vigor.

6.2. INSTITUIÇÕES DE CRÉDITO

6.2.1. CAIXAS ECONÓMICAS

Decreto-Lei n.º 136/79

de 18 de Maio (*)

CAPÍTULO I — **Disposições gerais**

ART. 1.º (Noção) – As caixas económicas são instituições especiais de crédito que têm por objecto uma actividade bancária restrita, nomeadamente recebendo, sob a forma de depósitos à ordem, com pré-aviso ou a prazo, disponibilidades monetárias que aplicam em empréstimos e outras operações sobre títulos que lhes

---

(*) O texto publicado insere as rectificações publicadas no *DR*, n.º 146, de 27-6-1979, e as alterações introduzidas pelos **Decretos-Leis n.os 231/79**, de 24-7, **281/80**, de 14-8, **79/81**, de 20-4, **49/86**, de 14-3, **212/86**, de 1-8, **182/90**, de 6-6, rectificado em 28-6-1990, **319/97**, de 25-11, e **DL n.º 188/2007**, de 11-5.

CAIXAS ECONÓMICAS [DL n.º 136/79] 375

sejam permitidas e prestando, ainda, os serviços bancários compatíveis com a sua natureza e que a lei expressamente lhes não proíba.

ART. 2.º (Constituição e fusão) – 1 – A constituição de caixas económicas só pode ser autorizada com carácter excepcional pelo Ministro das Finanças e do Plano, ouvido o Banco de Portugal, desde que se trate de caixas anexas ou pertencentes a associações de socorros mútuos, Misericórdias ou outras instituições de beneficência e se justifique devidamente a necessidade da sua existência.

2 – Em caso algum podem ser constituídas novas caixas económicas sob a forma de sociedade comercial.

3 – A fusão ou transformação de caixas económicas só com carácter excepcional pode ser autorizada pelo Ministro das Finanças e do Plano, ouvido o Banco de Portugal.

4 – A denominação de caixa económica ou outra que sugira a ideia de instituição desta natureza só pode ser usada por caixas legalmente constituídas.

ART. 3.º (Agências ou sucursais) – 1 – Mediante autorização do Ministro das Finanças e do Plano, ouvido o Banco de Portugal, podem as caixas económicas abrir agências ou sucursais em território nacional, salvo o disposto nos n.ºs 2 e 3.

2 – Carece de autorização do Ministro das Finanças e do Plano, ouvido o Banco de Portugal e com o parecer favorável do respectivo Governo Regional, a abertura de agências ou sucursais em território nacional, fora da respectiva Região, por parte de caixas económicas com sede nas Regiões Autónomas.

3 – As caixas económicas que não tenham a sua sede nas Regiões Autónomas poderão abrir agências ou sucursais nas referidas Regiões mediante autorização do respectivo Governo Regional e com o parecer favorável do Banco de Portugal.

ART. 4.º (Acções de caixas que são sociedades anónimas) – 1 – Sem prejuízo do disposto no n.º 3, nas caixas económicas que existem sob a forma de sociedades anónimas, as respectivas acções serão nominativas e averbáveis apenas a pessoas singulares, a cooperativas e a quaisquer pessoas colectivas sem fim lucrativo.

2 – Nenhum accionista pode, directamente ou por interposta pessoa, possuir participação superior a 5% do capital social, salvo o disposto no número seguinte.

3 – O Ministro das Finanças, ouvido o Banco de Portugal, pode autorizar, em circunstâncias excepcionais devidamente justificadas, que acções representativas do capital social de caixas económicas possam ser averbadas a favor de pessoas colectivas com fim lucrativo e que seja excedido o limite referido no número anterior.

4 – O capital social das caixas económicas referidas neste artigo, integralmente realizado, não pode ser inferior a 40 000 contos.

CAPÍTULO II — Actividades das caixas

Secção I — OPERAÇÕES ACTIVAS E CAMBIAIS

ART. 5.º (Operações de crédito) – 1 – As caixas económicas limitam as suas operações de crédito activas a empréstimos sobre penhores e hipotecários.

2 – O diposto no número anterior não prejudica, a possibilidade de:

a) As caixas económicas actualmente existentes e com sede nas regiões autónomas poderem efectuar as seguintes operações activas:

i) Desconto comercial, visando, em especial, o benefício de explorações agro-pecuárias ou de pequenas e médias empresas;

ii) Concessão de crédito a médio e longo prazos ao investimento produtivo;

iii) Realização de operações de abertura de crédito em conta corrente, desde que caucionadas por títulos de dívida pública;

iv) Execução de operações de crédito à habitação com taxas bonificadas;

b) A Caixa Económica de Lisboa, anexa ao Montepio Geral, realizar operações bancárias além das enunciadas nos seus estatutos, desde que genericamente autorizada pelo Banco de Portugal, não se lhe aplicando, assim, o disposto no corpo do artigo 79.º do Decreto n.º 20 944, de 27 de Fevereiro de 1932.

3 – O disposto na subalínea *ii)* da alínea *a)* do número anterior não impede as caixas económicas actualmente existentes, com sede nas regiões autónomas de participarem em acordos de saneamento financeiro de empresas economicamente viáveis suas devedoras nos mesmos termos em que os bancos comerciais o podem fazer.

ART. 6.º (Limites e condições das operações de crédito) – A concessão de crédito pelas caixas económicas fica sujeita aos limites e condições estabelecidos para os bancos comerciais, com as necessárias adaptações.

ART. 7.º (Operações cambiais) – 1 – Podem as caixas económicas praticar operações cambiais sempre que o contravalor em escudos da moeda estrangeira se destine à constituição de contas de depósito ou a crédito de contas já existentes ou ainda, a liquidar responsabilidades próprias do cedente dos valores perante a caixa eco-

376 [DL n.º 136/79] INSTITUIÇÕES DE CRÉDITO E SOCIEDADES FINANCEIRAS

nómica; podem também, em qualquer caso, as caixas económicas comprar e vender notas e moedas metálicas estrangeiras, bem como adquirir cheques turísticos.

2 – As divisas adquiridas, nelas não se compreendendo notas e moedas metálicas estrangeiras, devem ser cedidas ao Banco de Portugal no prazo de cinco dias.

3 – O Banco de Portugal pode estabelecer a obrigatoriedade de cedência de notas e moedas metálicas estrangeiras acima de determinados valores.

ART. 8.º (Participações financeiras) – A participação no capital de empresas por parte das caixas económicas fica sujeita aos limites estabelecidos no artigo 67.º do Decreto-Lei n.º 42 641, de 12 de Novembro de 1959.

ART. 9.º (Carteira de títulos) – 1 – As caixas económicas só podem adquirir acções, obrigações e títulos de natureza similar que estejam cotados em bolsa nacional.

2 – A carteira de títulos das caixas económicas, excluindo os emitidos pelo Estado, não pode exceder 15% do saldo dos respectivos depósitos.

ART. 10.º (Afectação dos empréstimos) – 1 – Os capitais emprestados não podem ter destino diferente daquele que foram concedidos, sob pena de resolução imediata do contrato.

2 – As caixas económicas têm a faculdade de fiscalizar ou de exigir prova da aplicação dos fundos mutuados.

ART. 11.º (Tipos e condições das garantias) – 1 – A garantia das operações de empréstimo é constituída por primeira hipoteca ou penhor, conforme a natureza da operação e o crédito da caixa mutuante.

2 – As caixas económicas só podem aceitar, como garantia das suas operações, terrenos para construção desde que os mesmos se integrem em zonas com projectos de urbanização aprovados oficialmente.

ART. 12.º (Seguro das garantias) – As caixas económicas devem exigir prova do seguro dos bens hipotecados que aceitarem em garantia dos empréstimos efectuados, com averbamento do seu interesse no mesmo seguro.

ART. 12.º-A (Outras operações) – 1 – As caixas económicas que reúnam condições estruturais adequadas e recursos suficientes, designadamente quanto a fundos próprios, solvabilidade, liquidez, organização interna e capacidade técnica e humana, podem ser autorizadas pelo Banco de Portugal a realizar tipos de operações diferentes dos previstos na presente secção, de entre as que, em geral, são permitidas aos bancos.

2 – O Banco de Portugal pode revogar, no todo ou em parte, a autorização concedida para a realização dos tipos de operações referidas no número anterior quando, em relação à caixa económica, deixem de se verificar as condições e requisitos considerados adequados.

Secção II — OPERAÇÕES PASSIVAS

ART. 13.º (Operações passivas) – 1 – As caixas económicas podem receber depósitos em numerário, nos termos definidos para os bancos comerciais.

2 – As caixas económicas existentes e com sede nas regiões autónomas poderão continuar a receber depósitos nos termos estabelecidos para as instituições especiais de crédito.

ART. 14.º (Empréstimos) – 1 – Podem as instituições de crédito conceder empréstimos às caixas económicas, exclusivamente sob a forma de conta corrente, com a garantia do penhor de coisas ou de direitos.

2 – No caso de a garantia referida no número anterior consistir em penhor de créditos, o penhor subsiste, independentemente de registo.

Secção III — PRESTAÇÃO DE SERVIÇOS

ART. 15.º (Prestação de serviços) – As caixas económicas podem executar serviços de cobrança, transferências de numerário, aluguer de cofres, administração de bens imóveis, pagamentos periódicos e outros análogos de conta dos clientes.

ART. 16.º (Condições especiais para sócios) – Os estatutos das caixas económicas podem consignar condições especiais de prestação de serviços a favor dos respectivos sócios.

CAPÍTULO III — Garantias de liquidez e solvabilidade

ART. 17.º (Composição e percentagem de disponibilidades de caixa) – As responsabilidades das caixas económicas representadas por depósitos à ordem, com pré-aviso ou a prazo devem estar cobertas por disponibilidades de caixa, com a composição e nas percentagens que estiverem estabelecidas para os bancos comerciais.

ART. 18.º (Proibição de aquisição e posse de imóveis) – 1 – As caixas económicas não podem adquirir ou possuir bens imóveis para além dos necessários às suas instalações próprias, salvo quando lhes advenham por

CAIXAS ECONÓMICAS   [DL n.º 136/79] 377

efeito de cessão de bens, dação em cumprimento, arrematação ou qualquer outro meio legal de cumprimento de obrigações ou destinado a assegurar esse cumprimento, devendo, em tais casos, proceder à respectiva liquidação no prazo de três anos.

2 – O prazo de três anos referido no número anterior pode ser alargado em casos excepcionais, a submeter a autorização do Ministro das Finanças e do Plano.

3 – A autorização prevista no n.º 2 no tocante às caixas económicas actualmente existentes e com sede nas Regiões Autónomas é da competência dos respectivos Governos Regionais.

CAPÍTULO IV — Órgãos sociais

Secção I — ASSEMBLEIA GERAL

ART. 19.º (Assembleia geral) – A constituição, atribuição e funcionamento das assembleias gerais das caixas económicas são regidos pelas normas constantes dos respectivos estatutos e das leis gerais aplicáveis.

Secção II — ADMINISTRAÇÃO E FISCALIZAÇÃO

ART. 20.º (Administração) – 1 – As caixas económicas são geridas por uma direcção ou conselho de administração, constituídos por um mínimo de três membros, cuja eleição compete à assembleia geral.

2 – A eleição é trienal, sendo permitida a reeleição.

3 – A assembleia geral elege um número de suplentes igual ao dos efectivos.

ART. 21.º (Fiscalização) – 1 – A fiscalização da gerência das caixas económicas é exercida por um conselho fiscal, constituído por três membros, eleitos pela assembleia geral.

2 – O conselho fiscal, tem, além dos membros efectivos, dois suplentes, eleitos pela assembleia geral.

3 – Os membros do conselho fiscal exercem as suas funções por período de três anos, renováveis.

ART. 22.º (Regime de desempenho dos cargos) – As atribuições e, bem assim, as condições de desempenho dos cargos referidos nos artigos 20.º e 21.º constarão dos respectivos estatutos e devem conformar-se com o disposto na lei geral, considerando-se, designadamente, aplicável, o disposto no Decreto-Lei n.º 49 381, de 15 de Novembro de 1969.

O DL n.º 49 381 foi expressamente revogado pelo art. 3.º do DL n.º 262/86, de 2-9, que aprovou o Código das Sociedades Comerciais.

ART. 23.º (Nomeação de administradores por parte do Estado) – 1 – O Banco de Portugal, em casos excepcionais devidamente justificados, pode propor ao Ministro das Finanças e do Plano a nomeação de um administrador por parte do Estado para assegurar o normal funcionamento de uma caixa.

2 – No caso de as caixas económicas que exerçam a sua actividade exclusivamente no território de uma Região Autónoma, a nomeação prevista no n.º 1 compete aos respectivos Governos Regionais, ouvido o Banco de Portugal.

CAPÍTULO V — Contas e resultados

ART. 24.º (Contas) – O plano de contas e sua execução, a organização dos balanços e outros documentos, bem como os critérios a adoptar na valorimetria dos elementos patrimoniais, devem obedecer às instruções emanadas do Banco de Portugal.

ART. 25.º (Provisões) – As caixas económicas devem constituir provisões para créditos de cobrança duvidosa e para outras depreciações do activo, nos termos que forem regulamentados pelo Banco de Portugal, além das que prudentemente considerem necessárias para fazer face aos riscos de depreciação ou prejuízos a que determinadas espécies de valores ou operações estão especialmente sujeitas.

ART. 26.º (Reservas) – 1 – As caixas económicas devem constituir, obrigatoriamente, as seguintes reservas:

a) Reserva geral, destinada a ocorrer a qualquer eventualidade e a cobrir prejuízos ou depreciações extraordinárias;

b) Reserva especial, destinada a suportar prejuízos resultantes das operações correntes.

2 – O limite para formação da reserva geral é fixado em 25% da totalidade dos depósitos.

3 – É facultativa a criação de uma reserva social com a finalidade de permitir a regularidade e estabilização do nível dos valores a distribuir pelos sócios a título de remuneração do capital, independentemente da variação anual dos resultados.

ART. 27.º (Afectação de resultados) – 1 – Depois de realizadas as amortizações e de constituídas as devidas provisões, o conselho de administração, ou a direcção, deve propor à assembleia geral, com as contas anuais, o destino a dar ao saldo que se apurar, em cada exercício, na respectiva conta de resultados.

378 [DL n.º 24/91]   INSTITUIÇÕES DE CRÉDITO E SOCIEDADES FINANCEIRAS

2 – É feita a atribuição mínima de 20% e 5%, respectivamente para a reserva geral, enquanto não atingir o limite fixado no n.º 2 do artigo 26.º, e para a reserva especial, do saldo a que se refere o número anterior.

CAPÍTULO VI — Disposições finais

ART. 28.º (Obrigação de prestação de informações) – Os elementos sujeitos a dever de informação e sua forma de publicação serão definidos por aviso do Banco de Portugal, sem prejuízo do disposto na lei geral sobre publicação dos documentos de prestação de contas.

ART. 29.º (Outras informações) – 1 – As caixas económicas devem enviar ainda ao Banco de Portugal, logo que a assembleia geral tenha aprovado as contas do exercício, a lista dos sócios presentes e um extracto da acta da referida assembleia, na parte relativa à discussão das contas, respectiva aprovação e aplicação de resultados.

2 – As caixas económicas com sede nas Regiões Autónomas remeterão igualmente ao respectivo Governo Regional os elementos referidos no n.º 1.

ART. 30.º (Regime jurídico) – 1 – As caixas económicas regem-se pelas normas do presente diploma, pela legislação aplicável ao conjunto das instituições especiais de crédito e ainda, subsidiariamente pelas disposições que regulam a actividade das instituições de crédito, com as necessárias adaptações.

2 – Mantém-se a vigência dos estatutos das caixas económicas na parte não contrariada pelas normas referidas no número anterior.

3 – Pode o Ministro das Finanças e do Plano, por meio de portaria e ouvido o Banco de Portugal, determinar a modificação dos estatutos de caixas económicas que se mostrem desajustados à sua natureza.

4 – Compete aos respectivos Governos Regionais, ouvido o Banco de Portugal, determinar às caixas económicas existentes e com sede nas Regiões Autónomas, a modificação dos estatutos que se mostrem desajustados à sua natureza.

5 – A Caixa Económica de Lisboa e a Caixa Económica das Forças Armadas continuam a ser regidas pela legislação que lhes é própria.

ART. 31.º (Dúvidas) – As dúvidas que surjam na execução deste diploma são esclarecidas por despacho do Ministro das Finanças e do Plano.

ART. 32.º (Revogação da legislação) – Fica revogada a legislação em contrário.

6.2.2. CAIXAS DE CRÉDITO AGRÍCOLA MÚTUO

Decreto-Lei n.º 24/91

de 11 de Janeiro (*)

CAPÍTULO I — Das caixas de crédito agrícola mútuo

ART. 1.º (Natureza e objecto) — As caixas de crédito agrícola mútuo são instituições de crédito, sob a forma cooperativa, cujo objecto é o exercício de funções de crédito agrícola em favor dos seus associados, bem como a prática dos demais actos inerentes à actividade bancária, nos termos do presente diploma.

ART. 2.º (Direito subsidiário) — Em tudo o que não estiver previsto no presente diploma, as caixas agrícolas regem-se, consoante a matéria, pelo Regime Geral das Instituições de Crédito e Sociedades Financeiras e outras normas que disciplinam as instituições de crédito e pelo Código Cooperativo e demais legislação aplicável às cooperativas em geral.

ART. 3.º (Forma e constituição) — As caixas agrícolas constituem-se sob a forma de cooperativas de responsabilidade limitada, e a sua constituição deve ser reduzida a escrito, salvo se forma mais solene for exigida para a transmissão dos bens que representem o seu capital social inicial.

ART. 4.º (Autorização prévia) — 1 — A constituição e o funcionamento das caixas agrícolas dependem da autorização prévia do Banco de Portugal, precedida de parecer da Caixa Central de Crédito Agrícola Mútuo (Caixa Central) e da Federação Nacional das Caixas de Crédito Agrícola Mútuo (Federação Nacional).

(*) Alterado pelo **DL n.º 230/95**, de 12-9, **DL n.º 320/97**, de 25-11, **DL n.º 102/99**, de 31-3 (rectificado no *DR*, I-A, de 30-4-1999, Supl.), **DL n.º 201/2002**, de 26-9, **DL n.º 76-A/2006**, de 29-3, e pelo **DL n.º 142/2009**, de 16-6, o qual republicou em anexo o texto actualizado integral, sendo este o que se adopta.

CAIXAS DE CRÉDITO AGRÍCOLA MÚTUO   [DL n.º 24/91] 379

2 — Para além do disposto no Regime Geral das Instituições de Crédito e Sociedades Financeiras em matéria de alterações estatutárias, está também sujeita a autorização prévia do Banco de Portugal, nos termos do número anterior, a alteração dos estatutos das caixas agrícolas relativamente à sua área de acção.

ART. 5.º (Instrução do pedido de autorização) — 1 — O pedido de autorização deve ser apresentado ao Banco de Portugal acompanhado dos seguintes elementos:
a) Exposição fundamentada das razões de ordem económica, financeira e social justificativas da constituição da caixa agrícola;
b) Delimitação do âmbito territorial da caixa agrícola;
c) Indicação da estrutura de funcionamento, com especificação dos meios materiais, técnicos e humanos a utilizar, estimativa de custos para os três primeiros anos e respectiva cobertura financeira;
d) Projecto de estatutos;
e) Identificação pessoal e profissional dos membros fundadores, com especificação do capital subscrito por cada um;
f) Certificado do registo criminal dos associados propostos para membros dos órgãos de administração ou de fiscalização, emitido há menos de 90 dias;
g) Declaração, assinada por cada uma das pessoas propostas para o exercício de cargo como membro dos órgãos de administração ou de fiscalização, de que não se encontra em situação de inelegibilidade e de que não foram declarados em estado de insolvência ou de falência nem o próprio nem as sociedades ou empresas cujo controlo ou administração tenham assegurado;
h) Declaração de compromisso de que no acto da constituição se mostrará efectuado o depósito do capital social;
i) Declaração dos promotores e da Caixa Central de que a caixa agrícola a constituir se associará à Caixa Central, se for esse o caso.
2 — O Banco de Portugal pode solicitar aos requerentes informações ou elementos complementares e efectuar as averiguações que considere necessárias ou úteis à instrução do processo, podendo também dispensar a entrega dos elementos referidos no número anterior que já possua ou de que tenha conhecimento.

ART. 6.º (Decisão) — 1 — Sem prejuízo do disposto no número seguinte, a decisão deve ser proferida no prazo máximo de três meses, a contar da entrega no Banco de Portugal do pedido e de todos os elementos referidos no n.º 1 do artigo anterior.
2 — No caso previsto no n.º 2 do artigo 5.º, a decisão deve ser proferida no prazo de três meses a contar da recepção das informações ou elementos complementares solicitados, mas nunca depois de decorridos seis meses sobre a data da entrega do pedido de autorização.
3 — Os pareceres previstos no artigo 4.º devem ser proferidos no prazo máximo de 30 dias contados da data de comunicação do pedido pelo Banco de Portugal, considerando-se como parecer favorável a ausência de resposta no referido prazo.
4 — A concessão da autorização é comunicada à Comissão Europeia, no caso de a caixa não pertencer ao sistema integrado de crédito agrícola mútuo.
5 — A decisão que recuse expressamente a autorização bem como a omissão de decisão são impugnáveis nos termos gerais.

ART. 7.º (Condições de autorização) — A autorização não é concedida se os requerentes não fornecerem as informações ou elementos a que se refere o artigo 5.º, se estes se mostrarem desconformes à lei ou se os associados propostos para o órgão de administração não satisfizerem as condições previstas no Regime Geral das Instituições de Crédito e Sociedades Financeiras.

ART. 8.º (Caducidade da autorização) — A autorização caduca se a caixa agrícola não iniciar a respectiva actividade no prazo de 12 meses, podendo este prazo ser prorrogado pelo Banco de Portugal, a solicitação fundamentada da caixa agrícola interessada.

ART. 9.º (Revogação da autorização) — 1 — Sem prejuízo dos fundamentos admitidos na lei geral, a autorização pode ser revogada quando se verifique alguma das seguintes situações:
a) Ter sido obtida por meio de falsas declarações ou outros meios ilícitos, sem prejuízo das sanções penais que ao caso couberem;
b) A caixa agrícola cessar a sua actividade ou mantê-la significativamente reduzida por período superior a um ano;
c) A caixa agrícola não se associar à Caixa Central até ao momento da sua entrada em funcionamento quando a intenção de o fazer tiver sido declarada pelos seus promotores e pela Caixa Central;
d) Ser recusado, por falta de idoneidade, experiência ou qualificação profissional, o registo da designação de membros do órgão de administração ou de fiscalização;
e) Ocorrerem infracções graves na actividade, na organização contabilística ou na fiscalização interna da caixa agrícola;
f) Não dar a caixa agrícola garantias de cumprimento das suas obrigações para com os credores, em especial quanto à segurança dos fundos que lhe tiverem sido confiados;

380 [DL n.º 24/91] INSTITUIÇÕES DE CRÉDITO E SOCIEDADES FINANCEIRAS

g) A caixa agrícola não cumprir as leis, regulamentos e instruções que disciplinam a sua actividade;

h) Manter-se a caixa agrícola em funcionamento, por mais de seis meses, com o capital social inferior ao mínimo legal ou com menos de 50 associados.

2 — O facto previsto na alínea *d)* do número anterior não constitui fundamento de revogação se, no prazo que o Banco de Portugal estabelecer, a caixa agrícola proceder à designação de outro membro do órgão de administração cujo registo seja aceite.

3 — Em relação às caixas agrícolas associadas de forma permanente na Caixa Central a revogação da autorização será precedida da audição da Caixa Central.

4 — A decisão de revogação, que deve ser fundamentada, é notificada à caixa agrícola e, no caso de a caixa não pertencer ao sistema integrado do crédito agrícola mútuo, comunicada à Comissão Europeia.

5 — A decisão bem como a omissão de decisão são impugnáveis nos termos gerais.

ART. 10.º (Registo no Banco de Portugal) — 1 — Para além do disposto no Regime Geral das Instituições de Crédito e Sociedades Financeiras, estão também sujeitos a registo especial no Banco de Portugal:

a) A área de acção;

b) O capital subscrito e o realizado à data do encerramento das contas;

c) A autorização para efectuar operações de âmbito não agrícola e com não associados.

2 — O registo das alterações do elemento referido na alínea *b)* do número anterior deve ser requerido no prazo de 30 dias a contar da data da sessão da assembleia geral que aprovar as contas.

3 — O requerimento de registo dos membros dos órgãos de administração e fiscalização das caixas agrícolas associadas da Caixa Central deve ser acompanhado, sob pena de indeferimento, de parecer favorável daquela instituição ou de prova de que tal parecer foi solicitado e de declaração da requerente que não foi obtida resposta no prazo estabelecido no n.º 5.

4 — O parecer desfavorável ao registo de membros dos órgãos de administração ou de fiscalização das caixas agrícolas pertencentes ao sistema de crédito agrícola mútuo, emitido pela Caixa Central, determina o indeferimento liminar do pedido de registo, pelo Banco de Portugal.

5 — O parecer referido no n.º 3 deve ser emitido no prazo de 20 dias, entendendo-se, em caso de silêncio, que a Caixa Central se pronunciou no sentido favorável à realização do registo.

ART. 11.º (Falta de autorização ou do registo especial) — *(Revogado.)*

ART. 12.º (Âmbito territorial) — 1 — As caixas agrícolas têm âmbito local, não podendo ser constituídas as que se proponham exercer a sua actividade em área que exceda a do município onde tiverem sede, salvo nos casos em que nos municípios limítrofes não exista nenhuma outra em funcionamento ou se o excesso resultar da fusão de caixas agrícolas já existentes.

2 — Não é igualmente concedida autorização a novas caixas agrícolas que se proponham exercer actividade em município onde outra já estiver sediada ou tiver aberto agência.

ART. 13.º (Agências) — 1 — As caixas agrícolas podem instalar agências na sua área de acção ou nos municípios limítrofes em que não exista nenhuma outra caixa agrícola em funcionamento, mediante autorização:

a) Da Caixa Central, no caso das caixas agrícolas suas associadas;

b) Do Banco de Portugal, nos restantes casos.

2 — No caso previsto na alínea *a)* do número anterior, a Caixa Central comunica, de imediato, ao Banco de Portugal as autorizações concedidas.

ART. 14.º (Capital social) — O capital social das caixas agrícolas é variável, não podendo ser inferior a um mínimo fixado por portaria do Ministro das Finanças.

ART. 15.º (Subscrição de capital) — Sem prejuízo de os estatutos poderem prever importância superior, o montante mínimo de capital que cada novo associado deve subscrever e realizar integralmente na data de admissão é de € 500.

ART. 16.º (Aumento de capital social) — 1 — O capital social das caixas agrícolas pode ser aumentado com a admissão de associados, com o aumento da participação de um associado, por sua iniciativa, e, quando a assembleia geral o delibere, mediante novas entradas em dinheiro ou mediante incorporação de reservas disponíveis para o efeito.

2 — A aceitação da proposta de aumento da participação de um associado compete ao órgão da caixa agrícola ao qual caiba, consoante o disposto nos estatutos, a aceitação da admissão de novos associados.

3 — O valor de subscrição dos títulos de capital nos casos de admissão de novos associados e de aumento de participação de um associado será fixado pelo órgão competente nos termos do número anterior, com base em critérios de apuramento previstos nos estatutos.

4 — A assembleia geral que deliberar um aumento de capital social fixará o valor de subscrição dos títulos de capital.

5 — Os títulos de capital que forem emitidos em representação do capital social resultante da incorporação de reservas poderão ser atribuídos apenas à caixa agrícola ou a esta e aos associados proporcionalmente ao capital detido antes da incorporação.

CAIXAS DE CRÉDITO AGRÍCOLA MÚTUO   [DL n.º 24/91]   381

ART. 17.º (Redução do capital social) — 1 — Sem prejuízo do disposto no n.º 6, o capital social das caixas agrícolas só pode ser reduzido por amortização dos títulos de capital nos casos de:

a) Exoneração do associado;

b) Redução da participação do associado;

c) Exclusão do associado;

d) Falecimento de um associado, desde que os seus sucessores não queiram ou não possam associar-se.

2 — A redução da participação do associado só é permitida até ao limite mínimo estabelecido nos estatutos ou deliberado em assembleia geral.

3 — A exoneração do associado ou a redução da sua participação só se tornam eficazes no termo do exercício social, dependendo da verificação das seguintes condições:

a) O pedido ter sido apresentado por escrito, com antecedência mínima de 90 dias;

b) Terem decorrido pelo menos três anos desde a realização dos títulos de capital;

c) O reembolso não implicar a redução do capital social para valor inferior ao capital mínimo previsto nos estatutos nem implicar o incumprimento ou o agravamento de incumprimento de quaisquer relações ou limites prudenciais fixados por lei ou pelo Banco de Portugal em relação à caixa agrícola.

4 — O órgão de administração deve suspender o reembolso:

a) Em todas as situações a que alude o n.º 1, quando o reembolso for susceptível de causar problemas graves à caixa agrícola, podendo o associado, em tais circunstâncias e em caso de exoneração, retirar o respectivo pedido;

b) Nas situações previstas nas alíneas *c)* e *d)* do n.º 1, quando não se verificar a condição referida na alínea *c)* do n.º 3;

c) Nos casos de exclusão de associado de caixa agrícola pertencente ao sistema integrado do crédito agrícola mútuo, quando o reembolso implicar o incumprimento ou o agravamento de incumprimento de quaisquer relações ou limites prudenciais fixados por lei ou pelo Banco de Portugal àquele sistema integrado ou for susceptível de lhe causar problemas graves.

5 — O valor do reembolso previsto nos números anteriores será fixado com base em critérios de apuramento previstos nos estatutos, não podendo em qualquer caso ser superior ao valor contabilístico dos títulos de capital após a exclusão das reservas obrigatórias.

6 — O capital social das caixas agrícolas pode ainda ser reduzido, por deliberação da assembleia geral, se a redução se destinar à cobertura de prejuízos, aplicando-se, com as necessárias adaptações, o disposto nos artigos 94.º a 96.º do Código das Sociedades Comerciais.

ART. 18.º (Número mínimo de associados) — Nenhuma caixa agrícola se pode constituir com menos de 50 associados, não podendo manter-se em funcionamento com número inferior por período superior a seis meses, sob pena de dissolução.

ART. 19.º (Número mínimo de associados) — 1 — Podem ser associados de uma caixa agrícola as pessoas singulares ou colectivas que na área dessa caixa:

a) Exerçam actividades produtivas nos sectores da agricultura, silvicultura, pecuária, caça, pesca, aquicultura, agro-turismo e indústrias extractivas;

b) Exerçam como actividade a transformação, melhoramento, conservação, embalagem, transporte e comercialização de produtos agrícolas, silvícolas, pecuários, cinegéticos, piscícolas, aquícolas ou de indústrias extractivas;

c) Tenham como actividade o fabrico ou comercialização de produtos directamente aplicáveis na agricultura, silvicultura, pecuária, caça, pesca, aquicultura, agro-turismo e indústrias extractivas ou a prestação de serviços directamente relacionados com estas actividades, bem como o artesanato.

2 — É permitida a associação a uma caixa agrícola de pessoas que exerçam a respectiva actividade em municípios limítrofes dos abrangidos na área de acção desta, caso não exista nesses municípios nenhuma outra caixa agrícola em funcionamento ou, existindo, se a associação se justificar por razões evidentes de proximidade geográfica ou de conexão da actividade económica por elas desenvolvida com a área de acção da caixa agrícola.

3 — É permitida a associação a uma caixa agrícola de pessoas singulares ou colectivas que não cumpram os requisitos definidos no n.º 1, desde que exerçam actividade ou tenham residência na área de acção da caixa agrícola, até ao limite de 35% do número total de associados daquela caixa.

4 — Em casos excepcionais, devidamente justificados, tendo em conta, nomeadamente, a capacidade e as limitações ao crescimento e eficiência das caixas agrícolas, o Banco de Portugal pode autorizar que o limite previsto no número anterior seja elevado até 50%, mediante proposta da Caixa Central no caso das caixas agrícolas associadas.

5 — Os associados de uma caixa agrícola não o poderão ser de uma outra caixa, sem que esta obtenha previamente a aprovação da Federação Nacional e da Caixa Central, quando for associada desta última.

ART. 20.º (Órgãos sociais) — 1 — A administração e a fiscalização das caixas agrícolas são estruturadas segundo as modalidades previstas para as sociedades anónimas no Código das Sociedades Comerciais.

382 [DL n.º 24/91]   INSTITUIÇÕES DE CRÉDITO E SOCIEDADES FINANCEIRAS

2 — Sem prejuízo da competência da assembleia geral, a composição e a competência dos órgãos de administração e fiscalização das caixas agrícolas são as previstas no Código das Sociedades Comerciais para as sociedades anónimas, com as devidas adaptações.

3 — A designação dos membros dos órgãos sociais das caixas agrícolas rege-se pelo disposto no Código das Sociedades Comerciais.

4 — Para efeitos do presente diploma, a comissão de auditoria, prevista na alínea *b*) do n.º 1 do artigo 278.º do Código das Sociedades Comerciais, e o conselho geral e de supervisão, previsto na alínea *c*) do n.º 1 do mesmo artigo, são considerados órgãos de fiscalização.

ART. 21.º — (*Revogado.*)

ART. 22.º — (*Revogado.*)

ART. 23.º (Inelegibilidade e incompatibilidade) — 1 — Sem prejuízo de outras causas de inelegibilidade previstas na lei ou nos estatutos, não podem ser eleitos para qualquer cargo social ou nele permanecer os que, por si ou através de empresas por eles directa ou indirectamente controladas ou de que sejam administradores, directores ou gerentes, se encontrem ou tenham estado em mora com a caixa agrícola por período superior a 30 dias, seguidos ou interpolados, excepto quando tal situação tenha terminado pelo menos 180 dias antes da data da eleição.

2 — Sem prejuízo de outras causas de inelegibilidade ou de incompatibilidade previstas na lei ou nos estatutos, não podem fazer parte dos órgãos de administração e fiscalização das caixas agrícolas nem nelas desempenhar funções ao abrigo de contrato de trabalho subordinado ou autónomo:

a) Os administradores, directores, gerentes, consultores, técnicos, promotores, prospectores, mediadores ou mandatários de outras instituições de crédito, sociedades financeiras, empresas de seguros ou resseguros, nacionais ou estrangeiras, à excepção da Caixa Central e de sociedades por esta controladas;

b) Os que desempenhem as funções de administrador, director, gerente, consultor, técnico ou mandatário, ou sejam trabalhadores de pessoas singulares ou colectivas que detenham mais de uma quinta parte do capital de qualquer outra instituição de crédito, sociedade financeira, empresas de seguros ou resseguros ou de sociedades por estas controladas;

c) Os que desempenhem funções de administração, gerência ou direcção em qualquer empresa cujo objecto seja o fornecimento de bens ou serviços destinados às actividades referidas no n.º 1 do artigo 19.º, salvo em casos cuja justificação seja expressamente aceite pelo Banco de Portugal.

3 — Durante o mandato, as situações susceptíveis de gerar inelegibilidades, bem como as incompatibilidades dos membros dos órgãos de administração e da mesa da assembleia geral, são verificadas pelo órgão de fiscalização, e as deste pela mesa da assembleia geral, devendo ser comunicadas à Caixa Central e, nos caso das caixas agrícolas não associadas desta, ao Banco de Portugal.

ART. 24.º (Duração do mandato e remuneração) — 1 — O mandato dos titulares dos órgãos sociais e da mesa da assembleia geral tem a duração máxima de três anos, sendo sempre permitida a reeleição.

2 — O exercício efectivo dos cargos dos membros dos órgãos de administração ou de fiscalização pode ser remunerado, de acordo com o que seja definido pela assembleia geral.

ART. 25.º (Delegação de poderes) — Os poderes para conceder crédito, constituir depósitos ou realizar quaisquer outras aplicações só podem ser delegados em empregados tidos por qualificados por decisão unânime do órgão de administração, e desde que:

a) A delegação seja prevista nos estatutos;

b) Fique assegurado que as decisões no âmbito dos poderes delegados sejam tomadas colegialmente;

c) O exercício de poderes delegados seja limitado à concessão de crédito ou a aplicações financeiras que, por si próprias ou somadas com outras em vigor, em benefício da mesma entidade, à excepção dos depósitos constituídos na Caixa Central, não excedam o menor dos limites à concentração de risco fixados pelo Banco de Portugal.

ART. 26.º (Obtenção de recursos) — Para além dos demais meios de financiamento permitidos às cooperativas em geral, as caixas agrícolas podem, para a prossecução das suas finalidades:

a) Receber depósitos ou outros fundos reembolsáveis dos seus associados ou de terceiros;

b) Ter acesso a outros meios de financiamento que lhes sejam especialmente autorizados pelo Banco de Portugal, ouvida a Caixa Central, se se tratar de caixas suas associadas.

ART. 27.º (Operações de crédito agrícola) — Para efeitos do presente diploma, são consideradas operações de crédito agrícola os empréstimos e outros créditos, qualquer que seja a forma, a natureza, o título ou o prazo destes, quando tenham por objecto:

a) Facultar recursos para apoio ao investimento ou funcionamento de unidades produtivas dos sectores da agricultura, silvicultura, pecuária, caça, pesca, aquicultura, agro-turismo e indústrias extractivas, ou para formação, reestruturação, melhoria ou desagravamento do capital fundiário das explorações agrícolas, silvícolas, pecuárias, cinegéticas, piscícolas, aquícolas, agro-turísticas ou de indústrias extractivas;

CAIXAS DE CRÉDITO AGRÍCOLA MÚTUO   [DL n.º 24/91]   383

b) Financiar a criação, a montagem, o aperfeiçoamento, a renovação, total ou parcial, e o funcionamento de instalações destinadas à transformação, ao melhoramento, à conservação, à embalagem, ao transporte e à comercialização dos produtos agrícolas, silvícolas, pecuários, cinegéticos, piscícolas, aquícolas ou de indústrias extractivas;

c) Facultar recursos para apoio ao investimento ou funcionamento de unidades que se dediquem ao fabrico ou comercialização de factores de produção directamente aplicáveis na agricultura, silvicultura, pecuária, caça, pesca, aquicultura, agro-turismo e indústrias extractivas ou à prestação de serviços com elas directa e imediatamente relacionados;

d) Facultar recursos para o apoio ao investimento ou financiamento de unidades de turismo de habitação ou turismo rural e de produção e comercialização de artesanato;

e) Financiar as despesas que contribuam para o aumento das condições de bem-estar dos associados das caixas agrícolas e dos familiares que com eles vivam em economia comum, designadamente através de crédito à habitação;

f) Financiar a construção e melhoria de infra-estruturas económicas e sociais relacionadas com o desenvolvimento do mundo rural e das unidades referidas nas alíneas anteriores;

g) Prestar garantias aos seus associados em operações relacionadas com o exercício das actividades previstas no n.º 1 do artigo 19.º, nas condições que forem estabelecidas pelo Banco de Portugal.

ART. 28.º (Beneficiários das operações de crédito) — 1 — Sem prejuízo do disposto nos números seguintes, as caixas agrícolas realizam as suas operações de crédito com os respectivos associados.

2 — As caixas agrícolas que cumpram, em base individual, as regras prudenciais fixadas ao abrigo do artigo 99.º do Regime Geral das Instituições de Crédito e Sociedades Financeiras podem realizar operações de crédito com não associados até ao limite de 35% do respectivo activo líquido total.

3 — Em casos excepcionais, devidamente justificados, tendo em conta, nomeadamente, o nível de captação de depósitos e a capacidade e limitações ao crescimento e eficiência das caixas agrícolas, o Banco de Portugal pode autorizar que o limite previsto no número anterior seja elevado até 50%, mediante proposta da Caixa Central no caso das caixas agrícolas associadas.

4 — O disposto no n.º 1 não impede que as caixas agrícolas financiem as despesas que contribuam para o aumento das condições de bem-estar dos respectivos trabalhadores e dos familiares que com eles vivam em economia comum e, quando autorizadas pelo Banco de Portugal, financiem acções e investimentos enquadrados em programas de desenvolvimento regional.

ART. 29.º (Condições especiais de acesso ao crédito) — *(Revogado.)*

ART. 30.º (Aplicação dos capitais mutuados) — 1 — Os capitais mutuados pelas caixas agrícolas não podem ter aplicação diferente da indicada no respectivo contrato.

2 — A violação do disposto no número anterior acarreta o vencimento da dívida, podendo exigir-se imediatamente o seu reembolso total e o pagamento dos juros que forem devidos, com perda de bonificações já concedidas, sem prejuízo da responsabilidade estatutária, civil e criminal a que também haja lugar.

ART. 31.º (Fiscalização e acompanhamento) — As caixas agrícolas devem fiscalizar e acompanhar a aplicação dos capitais mutuados, tendo em vista a finalidade do empréstimo, devendo, para tanto, os mutuários fornecer as informações solicitadas e autorizar as vistorias e exames que forem considerados oportunos.

ART. 32.º (Aprovação das operações de crédito) — A concessão de crédito é sempre decidida colegialmente.

ART. 33.º (Cobrança coerciva e títulos executivos) — 1 — Para efeito de cobrança coerciva de empréstimos vencidos e não pagos, seja qual for o seu montante, servem de prova e título executivo as escrituras, os títulos particulares, as letras, as livranças e os documentos congéneres apresentados pela caixa agrícola exequente, desde que assinados por aquele contra quem a acção é proposta, nos termos previstos no Código de Processo Civil.

2 — Os mesmos documentos referidos no número anterior servem igualmente para as caixas agrícolas deduzirem e provarem os seus direitos em quaisquer processos em que sejam demandadas, reclamadas ou interessadas.

ART. 34.º (Alteração do valor das garantias) — Quando o valor das garantias concedidas diminuir e os mutuários, para tanto avisados, não as reforçarem, podem as caixas agrícolas considerar vencidos e exigidos os empréstimos concedidos.

ART. 35.º (Prestação de serviços) — As caixas agrícolas podem prestar serviços de aluguer de cofres e guarda de valores, administração de bens imóveis, mediação de seguros, prestação de informações comerciais, intermediação em pagamentos e outros de natureza análoga e colocação de valores mobiliários desde que sem vínculo à subscrição de qualquer parcela que não seja subscrita pelo público.

ART. 36.º (Operações cambiais) — 1 — Às caixas agrícolas é permitido comprar e vender notas e moedas estrangeiras ou cheques de viagem, nos termos permitidos às agências de câmbios.

2 — *(Revogado.)*

384   [DL n.º 24/91]   INSTITUIÇÕES DE CRÉDITO E SOCIEDADES FINANCEIRAS

ART. 36.º-A (Alargamento das actividades das caixas agrícolas) — 1 — As caixas agrícolas que apresentem condições estruturais adequadas e meios suficientes, designadamente quanto a fundos próprios, solvabilidade, liquidez, organização interna e capacidade técnica e humana, poderão ser autorizadas pelo Banco de Portugal a alargar o seu objecto a uma ou várias das actividades seguintes:

a) Locação financeira a favor dos associados para financiamento de actividades referidas no artigo 27.º;

b) Factoring a favor dos associados para financiamento de actividades referidas no artigo 27.º;

c) Emissão e gestão de meios de pagamento, tais como cartões de crédito, cheques de viagem e cartas de crédito;

d) Participação em emissões e colocações de valores mobiliários e prestações de serviços correlativos;

e) Actuação nos mercados interbancários;

f) Consultoria, guarda, administração e gestão de carteiras de valores mobiliários;

g) Gestão e consultoria em gestão de outros patrimónios.

2 — Quando uma caixa deixar de reunir as condições e requisitos necessários, o Banco de Portugal poderá retirar-lhe, no todo ou em parte, a faculdade do exercício de actividades referidas no número anterior.

3 — A autorização e revogação de autorização previstas nos números anteriores dependem de parecer favorável da Comissão do Mercado de Valores Mobiliários, sempre que respeitem a actividade de intermediação em valores mobiliários, e tratando-se de uma caixa agrícola associada da Caixa Central deverão ser precedidas, sem prejuízo do disposto no número seguinte, de parecer da Caixa Central, a emitir no prazo de 30 dias.

4 — No caso de revogação da autorização, e se a urgência da situação o aconselhar, poderá ser dispensado o parecer prévio da Caixa Central previsto no número anterior.

5 — O Banco de Portugal identificará, por aviso, as condições de que depende a autorização prevista no n.º 1 e a revogação da autorização prevista no n.º 2.

6 — Nos termos previstos no n.º 2 do artigo 28.º, as caixas agrícolas podem efectuar operações de crédito com finalidades distintas das previstas no artigo 27.º até ao limite de 35% do valor do respectivo activo líquido.

7 — Nos termos e com os fundamentos previstos no n.º 3 do artigo 28.º, o Banco de Portugal pode autorizar a realização das operações referidas no número anterior até ao limite de 50%, mediante proposta da Caixa Central no caso das caixas agrícolas associadas.

ART. 37.º (Auditoria das caixas agrícolas) — 1 — As caixas agrícolas e a Caixa Central contratam obrigatoriamente um serviço de auditoria, o qual é dirigido por um revisor oficial de contas e deve verificar e apreciar periodicamente o cumprimento das normas legais e regulamentares que disciplinam a sua actividade e dos restantes aspectos mencionados no n.º 1 do artigo 120.º do Regime Geral das Instituições de Crédito e Sociedades Financeiras.

2 — Dos relatórios elaborados pelo serviço de auditoria é enviada cópia, no prazo de 15 dias a partir da respectiva elaboração, aos respectivos órgãos de administração e fiscalização e ao Banco de Portugal, bem como à Caixa Central, no caso de a caixa agrícola ser sua associada, e ao Fundo de Garantia do Crédito Agrícola Mútuo, quando este o solicitar.

3 — O serviço de auditoria poderá abranger a verificação e a apreciação de outros aspectos, a solicitação da própria caixa agrícola, do Banco de Portugal, da Caixa Central, da Federação Nacional ou do Fundo de Garantia do Crédito Agrícola Mútuo.

4 — Os relatórios de auditoria à Caixa Central deverão ser enviados ao Banco de Portugal no prazo de 15 dias.

ART. 38.º (Solvabilidade e liquidez) — *(Revogado.)*

ART. 39.º (Aplicações financeiras) — 1 — As caixas agrícolas podem fazer depósitos e fazer aplicações em títulos da dívida pública, podendo o Banco de Portugal estabelecer condições para efeito.

2 — As caixas agrícolas só podem deter participações financeiras:

a) Nas uniões regionais, na Federação Nacional das Caixas Agrícolas e na Caixa Central;

b) Em empresas cujo objecto seja o exercício das actividades referidas no n.º 1 do artigo 19.º e se revistam de especial interesse para o desenvolvimento da região em que se inserem, não podendo, porém, o total das participações exceder 20% dos fundos próprios;

c) Quando adquiridas para obter ou assegurar o reembolso de créditos próprios;

d) Quando especialmente autorizadas pelo Banco de Portugal.

ART. 40.º (Aquisição de imóveis) — *(Revogado.)*

ART. 41.º (Escrituração) — A responsabilidade pela elaboração da contabilidade das caixas agrícolas deve ser confiada a um técnico oficial de contas.

ART. 42.º (Provisões) — *(Revogado.)*

ART. 42.º-A (Certificação de contas) — As contas anuais das caixas de crédito agrícola mútuo são sujeitas a certificação legal.

CAIXAS DE CRÉDITO AGRÍCOLA MÚTUO   [DL n.º 24/91]   385

ART. 43.º **(Aplicação de resultados)** — 1 — Sem prejuízo do disposto nos números seguintes, os resultados obtidos pelas caixas agrícolas, após cobertura de eventuais perdas de exercícios anteriores e após as reversões para as diversas reservas, podem retornar aos associados sob a forma de remuneração dos títulos de capital ou outras formas de distribuição, nos termos do Código Cooperativo.

2 — A remuneração dos títulos de capital só pode ser efectuada a partir de resultados distribuíveis ou de reservas disponíveis para o efeito.

3 — Não podem ser distribuídos resultados pelos associados se a caixa agrícola se encontrar em situação de incumprimento de rácios e limites prudenciais obrigatórios.

4 — Quando o associado for detentor de títulos de capital em montante inferior a € 500, a parte que lhe couber na operação de distribuição de resultados é aplicada no aumento da sua participação no capital da caixa agrícola até ser atingido aquele montante.

ART. 44.º **(Reservas)** — 1 — Sem prejuízo de outras que forem previstas nos estatutos ou que a assembleia geral deliberar criar, as caixas agrícolas constituirão obrigatoriamente as seguintes reservas:

a) Reserva legal destinada a cobrir eventuais perdas;

b) Reserva especial, para reforço da situação líquida, no caso de caixas agrícolas que tenham sido objecto de procedimentos de recuperação ou saneamento;

c) Reserva para cobrir despesas com a educação e formação cultural e técnica dos associados;

d) Reserva para mutualismo, destinada a custear acções de entreajuda e auxílio mútuo de que careçam os associados ou os empregados das caixas agrícolas.

2 — Dos excedentes anuais líquidos serão afectados:

a) 20%, no mínimo, à reserva legal, até que esta atinja montante igual ao capital social;

b) 20%, no mínimo, à reserva especial, até que esta atinja montante igual aos benefícios auferidos com os procedimentos de recuperação ou saneamento;

c) 5%, no máximo, às reservas para formação e educação cooperativa e para mutualismo, de acordo com o que for decidido pela assembleia geral, sob proposta do órgão de administração.

3 — No caso de exoneração ou exclusão, a caixa agrícola associada da Caixa Central deverá reembolsar esta ou o Fundo de Garantia do Crédito Agrícola Mútuo ou ambos, se for o caso, na data em que se verificar a eficácia da exoneração ou exclusão, do montante dos benefícios auferidos com os procedimentos de recuperação ou saneamento.

4 — A reserva legal pode ainda ser utilizada para incorporação no capital social, devendo os títulos de capital que forem emitidos em representação do aumento ser atribuídos exclusivamente à caixa agrícola.

ART. 45.º **(Fusão de caixas agrícolas)** — 1 — É permitida a fusão de duas ou mais caixas agrícolas desde que, para além dos requisitos previstos na demais legislação aplicável, estejam sediadas na mesma Região Autónoma ou no mesmo município ou em municípios contíguos.

2 — Os projectos de fusão carecem de autorização prévia do Banco de Portugal, ouvida a Caixa Central.

3 — Em casos devidamente fundamentados, nomeadamente por razões de ordem económica e social, pode o Banco de Portugal autorizar a fusão de caixas agrícolas fora dos condicionalismos estabelecidos no n.º 1.

ART. 46.º **(Cisão de caixas agrícolas)** — É permitida a cisão de caixas agrícolas, nos termos da legislação aplicável, desde que dela não resulte a constituição de uma caixa agrícola com âmbito territorial inferior à área de um município.

ART. 47.º **(Dissolução de caixas agrícolas)** — 1 — A revogação da autorização a uma caixa agrícola implica a sua dissolução e liquidação, nos termos previstos para as instituições de crédito em geral, com as especialidades previstas neste diploma.

2 — No caso de a caixa agrícola pertencer ao sistema integrado do crédito agrícola mútuo, a liquidação pode consistir na mera transferência da universalidade dos activos e passivos da caixa agrícola em causa para a Caixa Central ou, por indicação desta, para uma caixa agrícola com área de acção em município limítrofe, mediante autorização do Banco de Portugal, a pedido fundamentado do liquidatário ou da comissão liquidatária, nos termos seguintes:

a) A transferência referida no número anterior carece de prévio acordo da Caixa Central e, se for caso disso, da caixa agrícola;

b) A Caixa Central ou a caixa agrícola com área de acção em município limítrofe por aquela indicada ao Banco de Portugal fica autorizada a exercer as actividades que lhe são permitidas na área dessa caixa agrícola.

3 — *(Revogado.)*

4 — *(Revogado.)*

5 — *(Revogado.)*

6 — *(Revogado.)*

7 — *(Revogado.)*

ART. 48.º **(Providências extraordinárias)** — *(Revogado.)*

386 [DL n.º 24/91] INSTITUIÇÕES DE CRÉDITO E SOCIEDADES FINANCEIRAS

CAPÍTULO II — Das organizações cooperativas de grau superior

ART. 49.º (Organizações cooperativas de grau superior) — 1 — As caixas agrícolas podem livremente agrupar-se em uniões regionais e numa federação nacional, a fim de melhorarem as suas condições de exercício e resultados, de assegurarem a sua representação aos níveis regional e nacional e o exercício e promoção de actividades em benefício comum.

2 — As uniões regionais têm âmbito territorial limitado, não inferior ao dos distritos nem superior ao das regiões administrativas ou, enquanto estas não forem criadas, ao das regiões agrícolas.

3 — As uniões regionais só podem representar as caixas agrícolas sediadas na região, se agruparem mais de metade das caixas agrícolas nela existentes.

4 — As organizações cooperativas de grau superior podem obter crédito junto das suas associadas.

CAPÍTULO III — Da Caixa Central de Crédito Agrícola Mútuo

ART. 50.º (Natureza e objecto) — 1 — A Caixa Central de Crédito Agrícola Mútuo é uma instituição de crédito sob a forma de cooperativa de responsabilidade limitada e é o organismo central do sistema integrado do crédito agrícola mútuo.

2 — O objecto da Caixa Central abrange a concessão de crédito e a prática dos demais actos inerentes à actividade bancária, nos mesmos termos autorizados aos bancos.

3 — No exercício da sua actividade, a Caixa Central deve abster-se de concorrer com as suas associadas.

4 — A Caixa Central pode conceder crédito às suas associadas, bem como aos membros dos órgãos de administração ou de fiscalização de caixas agrícolas e a outras entidades abrangidas pelo disposto no artigo 85.º do Regime Geral das Instituições de Crédito e Sociedades Financeiras.

5 — A concessão de crédito a membros dos órgãos sociais prevista no número anterior só é permitida quando esteja em causa o financiamento das actividades referidas no n.º 1 do artigo 19.º ou nos casos previstos no n.º 4 do artigo 85.º do Regime Geral das Instituições de Crédito e Sociedades Financeiras.

6 — A Caixa Central pode prestar apoio técnico às suas associadas e representá-las junto dos serviços de compensação do Banco de Portugal, de sistemas de registo, compensação e liquidação de valores mobiliários da Interbolsa e de outros organismos ou entidades para as quais tal representação seja solicitada pelas associadas e aceite pela Caixa Central.

7 — Cabe à Caixa Central representar o sistema integrado do crédito agrícola mútuo e, sem prejuízo das competências do Banco de Portugal, exercer as funções indicadas no n.º 3 do artigo 74.º.

8 — Sem prejuízo do disposto no n.º 1 do artigo 81.º, só podem ser associados da Caixa Central:

a) As caixas agrícolas devidamente registadas no Banco de Portugal;

b) Outras entidades ligadas ao crédito agrícola mútuo que, para o efeito, obtenham autorização expressa do Banco de Portugal.

ART. 51.º (Normas aplicáveis) — Em tudo o que em relação à Caixa Central não estiver especialmente preceituado, são aplicáveis as normas reguladoras das caixas agrícolas.

ART. 52.º (Agências da Caixa Central) — 1 — A Caixa Central pode instalar agências, nos mesmos termos dos bancos.

2 — Antes de decidir a abertura de agências, a Caixa Central deve ouvir as caixas agrícolas associadas cuja área territorial abranja o município onde pretende instalar a agência.

ART. 53.º (Capital social) — 1 — O capital social realizado da Caixa Central, dividido e representado por títulos de capital nominativos, não pode ser inferior a um mínimo fixado por portaria do Ministro das Finanças.

2 — Sem prejuízo do mais que for previsto nos estatutos, nenhuma associada pode subscrever participação inferior a € 5000 nem superior a 10% do capital social realizado, excepto na situação prevista no n.º 1 do artigo 81.º.

3 — Os títulos de capital devem ser realizados em pelo menos um terço do seu valor, no acto de subscrição e a parte restante no prazo máximo de três anos.

4 — O capital social da Caixa Central pode ser aumentado, com a admissão de novas associadas e, quando a assembleia geral o delibere, mediante novas entradas em dinheiro, ou mediante incorporação de reservas disponíveis para o efeito.

ART. 54.º (Remuneração do capital) — 1 — As associadas da Caixa Central têm direito a partilhar dos lucros de cada exercício, tal como resultem das contas aprovadas, exceptuada a parte destinada às reservas legais ou estatutárias.

ART. 55.º (Órgãos da Caixa Central) — 1 — Aos órgãos sociais da Caixa Central é aplicável o disposto no artigo 278.º do Código das Sociedades Comerciais, sem prejuízo do disposto no artigo 20.º.

2 — Sem prejuízo das competências dos órgãos sociais previstas no número anterior, os estatutos da Caixa Central devem prever a existência de um órgão com funções consultivas, composto, no máximo, por 15 membros,

CAIXAS DE CRÉDITO AGRÍCOLA MÚTUO — [DL n.º 24/91] 387

dos quais 9 correspondem a caixas eleitas de entre as associadas não representadas nos demais órgãos sociais, e os 6 restantes a membros não eleitos, sendo os correspondentes lugares preenchidos por inerência de funções ou por personalidades de reconhecido mérito, externas ao sistema integrado do crédito agrícola mútuo.

3 — A duração do mandato do órgão previsto no número anterior coincide com o dos restantes órgãos da Caixa Central.

4 — O exercício das funções de membro dos órgãos de administração ou de fiscalização, director ou gerente de uma caixa agrícola não é incompatível com o exercício de funções não executivas na Caixa Central.

5 — A assembleia geral ordinária da Caixa Central reúne obrigatoriamente duas vezes em cada ano, uma até 31 de Maio para deliberar sobre o relatório de gestão e as contas consolidadas do exercício anterior, a proposta de aplicação de resultados, proceder à apreciação geral da administração e fiscalização da Caixa Central, e outra até 31 de Dezembro para deliberar sobre o plano de actividades e o orçamento da Caixa Central e o plano de actividades do sistema integrado do crédito agrícola mútuo para o exercício seguinte.

ART. 56.º (Certificação de contas) — As contas anuais da Caixa Central são sujeitas a certificação legal.

ART. 57.º (Obtenção de recursos) — *(Revogado.)*

ART. 58.º (Operações activas) — *(Revogado.)*

ART. 59.º (Prestação de serviços pela Caixa Central) — *(Revogado.)*

ART. 60.º (Participações financeiras) — *(Revogado.)*

ART. 60.º-A (Alargamento da actividade) — *(Revogado.)*

ART. 61.º (Contrato de agência) — A Caixa Central pode celebrar com as suas associadas contratos de agência, desde que a actividade do agente fique limitada à sua área de acção.

CAPÍTULO IV — Do sistema integrado do crédito agrícola mútuo

ART. 62.º (Âmbito de aplicação) — As normas deste capítulo aplicam-se apenas ao sistema integrado do crédito agrícola mútuo e às instituições que o formam.

ART. 63.º (Composição e admissão ao sistema integrado do crédito agrícola mútuo) — 1 — O sistema integrado do crédito agrícola mútuo é o conjunto formado pela Caixa Central e pelas caixas agrícolas suas associadas, organizado em conformidade com as normas constantes deste capítulo.

2 — A Caixa Central ou o Banco de Portugal poderão fazer depender a admissão de uma caixa agrícola ao sistema integrado do crédito agrícola mútuo da adopção das medidas de assistência ou outras para que for notificada pelo Fundo de Garantia do Crédito Agrícola Mútuo.

3 — A associação à Caixa Central está ainda sujeita ao registo especial mencionado no artigo 10.º.

ART. 64.º (Constituição do sistema integrado do crédito agrícola mútuo) — *(Revogado.)*

ART. 65.º (Representação e coordenação do sistema) — O sistema integrado do crédito agrícola mútuo é representado e coordenado pela Caixa Central, devendo os estatutos desta incluir o regime de responsabilidade previsto nos artigos 78.º e seguintes, os seus poderes de fiscalização, intervenção e orientação, bem como as regras de exoneração e exclusão das caixas agrícolas associadas.

ART. 66.º (Conselho consultivo) — *(Revogado.)*

ART. 67.º (Conteúdo obrigatório dos estatutos das caixas agrícolas) — Para além das demais menções obrigatórias, os estatutos das caixas agrícolas associadas da Caixa Central deverão prever:

a) A responsabilidade dos associados limitada ao capital social por eles subscrito;

b) O capital social mínimo obrigatório;

c) A declaração expressa de adesão à Caixa Central;

d) O reconhecimento e aceitação da competência da Caixa Central em matéria de orientação, fiscalização e poderes de intervenção e do regime relativo à exoneração e exclusão das caixas agrícolas suas associadas;

e) A aceitação do regime de responsabilidade previsto nos artigos 78.º a 80.º.

ART. 68.º (Condições de exoneração) — 1 — As caixas agrícolas associadas da Caixa Central só podem exonerar-se decorridos três anos contados da data da sua adesão, mediante denúncia.

2 — Sem prejuízo do disposto nos números seguintes, a exoneração tornar-se-á eficaz no último dia do ano seguinte àquele em que for feita a denúncia.

3 — É condição necessária para que a exoneração se torne eficaz que o Banco de Portugal considere demonstrado que a caixa agrícola dispõe de situação financeira, organização e meios técnicos adequados ao seu bom funcionamento como instituição não associada da Caixa Central e a exoneração não implique o incumprimento ou o agravamento do incumprimento pelo sistema integrado do crédito agrícola mútuo de quaisquer relações ou limites prudenciais que lhe sejam aplicáveis.

388   [DL n.º 24/91]   INSTITUIÇÕES DE CRÉDITO E SOCIEDADES FINANCEIRAS

4 — A Caixa Central pode condicionar a eficácia da exoneração à prévia satisfação pela associada de todos os seus compromissos para com ela.

5 — Para efeitos do disposto no número anterior, os compromissos da caixa associada com vencimentos ulteriores à data da exoneração tornam-se exigíveis até àquela data.

6 — A faculdade prevista no n.º 4 só pode ser exercida no prazo de 90 dias contados da recepção da denúncia.

7 — No caso previsto no n.º 4, vencem-se igualmente os compromissos da Caixa Central para com as suas associadas.

8 — Para efeitos da verificação da condição estabelecida no n.º 3, a Caixa Central dará conhecimento ao Banco de Portugal de todos os pedidos de exoneração logo que estes lhe sejam apresentados.

9 — Caso estejam reunidas as condições que permitam o reembolso dos títulos de capital, cabe à assembleia geral a sua aprovação.

ART. 69.º (Exclusão e outras sanções) — 1 — Sem prejuízo de outras causas legais ou estatutárias, pode constituir motivo de exclusão das associadas da Caixa Central:

a) A não conformação dos seus estatutos com o disposto no artigo 67.º;

b) O não acatamento grave ou reiterado dos poderes de orientação, fiscalização ou intervenção da Caixa Central;

c) A verificação dos factos previstos nos n.ᵒˢ 2 e 3 do artigo 79.º e 8 do artigo 80.º.

2 — A deliberação de exclusão, tomada em assembleia geral da Caixa Central e de cuja convocatória deverá constar, será imediatamente comunicada ao Banco de Portugal para efeitos de averbamento no registo a que se refere o artigo 10.º.

3 — O Banco de Portugal deve promover a publicação da deliberação de exclusão nos termos do n.º 1 do artigo 167.º do Código das Sociedades Comerciais, bem como a afixação de avisos nas instalações da caixa agrícola.

4 — A exclusão só produzirá efeitos relativamente a terceiros após a publicação referida no número anterior.

5 — Sem prejuízo da adopção de providências extraordinárias de saneamento ou da revogação da autorização, se para tanto existirem fundamentos, a caixa agrícola excluída disporá do prazo de 60 dias para adequar os seus estatutos ao regime das caixas agrícolas não associadas da Caixa Central, sob pena de caducidade da autorização.

6 — Os estatutos da Caixa Central poderão prever a aplicação de sanções de natureza pecuniária e a suspensão temporária de direitos em caso de incumprimento pelas caixas agrícolas associadas das regras e orientações emanadas da Caixa Central em conformidade com o disposto no presente diploma.

7 — A aplicação das sanções referidas no número anterior é da competência do órgão de administração da Caixa Central, ou, se esta tiver adoptado a modalidade prevista na alínea *c)* do n.º 1 do artigo 278.º do Código das Sociedades Comerciais, do conselho geral e de supervisão, cabendo recurso para a assembleia geral, com efeito meramente devolutivo.

8 — As sanções só poderão ser aplicadas mediante processo escrito e com audição prévia da associada.

9 — O produto da aplicação das sanções de natureza pecuniária reverte integralmente a favor do Fundo de Garantia do Crédito Agrícola Mútuo independentemente da fase em que se torne definitiva ou transite em julgado a decisão condenatória.

ART. 70.º (Normas especificamente aplicáveis às caixas agrícolas associadas) — 1 — A Caixa Central, em condições a definir pelo Banco de Portugal, pode autorizar as caixas agrícolas pertencentes ao sistema integrado do crédito agrícola mútuo a excederem as relações e limites prudenciais.

2 — *(Revogado.)*

3 — *(Revogado.)*

ART. 71.º (Capital social mínimo das caixas agrícolas integradas no sistema) — O capital social mínimo das caixas agrícolas associadas da Caixa Central pode ser fixado em montante inferior ao das caixas agrícolas não associadas.

ART. 72.º (Aplicação dos meios líquidos excedentários) — Sem prejuízo das regras de solvabilidade e liquidez a que estiverem sujeitas, as caixas agrícolas associadas da Caixa Central só podem aplicar capitais, não utilizados em operações de crédito agrícola ou em aplicações financeiras realizadas nos termos do artigo 39.º, na constituição de depósitos na Caixa Central ou ainda noutras instituições de crédito, desde que, neste caso, se trate de depósitos à ordem destinados a assegurar o seu regular funcionamento e a conveniente salvaguarda de valores.

ART. 73.º (Autorização para o exercício do comércio de câmbios) — *(Revogado.)*

ART. 74.º (Regime prudencial e supervisão) — 1 — Compete ao Banco de Portugal definir relações e limites prudenciais aplicáveis ao sistema integrado do crédito agrícola mútuo.

2 — Sem prejuízo do cumprimento pela Caixa Central das relações e limites prudenciais aplicáveis aos bancos, a supervisão prudencial do sistema integrado de crédito agrícola mútuo é efectuada pelo Banco de Portugal com base em contas consolidadas.

CAIXAS DE CRÉDITO AGRÍCOLA MÚTUO   [DL n.º 24/91] 389

3 — Sem prejuízo da faculdade do exercício dos poderes atribuídos pelo Regime Geral das Instituições de Crédito e Sociedades Financeiras ao Banco de Portugal, designadamente os de vigiar pela observância, por cada uma das instituições, das normas que disciplinam a sua actividade, cabe à Caixa Central assegurar o cumprimento das regras de solvabilidade e liquidez do sistema integrado do crédito agrícola mútuo e das caixas agrícolas a ele pertencentes, bem como orientá-las e fiscalizá-las, nos termos dos artigos 75.º e 76.º.

4 — A consolidação das contas da Caixa Central e das caixas agrícolas suas associadas é da responsabilidade daquela instituição e operar-se-á nos termos que forem definidos pelo Banco de Portugal.

ART. 75.º (Orientação das associadas) — 1 — Sem prejuízo das competências do Banco de Portugal, compete à Caixa Central, no exercício das funções de orientação das suas associadas:

a) Definir as orientações necessárias para assegurar o cumprimento das regras relativas à solvabilidade e liquidez das caixas agrícolas suas associadas e do sistema integrado do crédito agrícola mútuo;

b) Definir as regras gerais de política comercial e de concessão de crédito, incluindo a prestação de garantias;

c) Definir regras gerais quanto à admissão, remuneração, formação e qualificação do pessoal;

d) Definir regras gerais quanto à criação de novos estabelecimentos;

e) Definir regras gerais de funcionamento e segurança dos estabelecimentos.

2 — A Caixa Central enviará ao Banco de Portugal cópia das orientações e regras mencionadas nas alíneas *a)*, *b)* e *d)* do número anterior.

ART. 76.º (Fiscalização) — 1 — Sem prejuízo da competência do Banco de Portugal, compete à Caixa Central a fiscalização das caixas agrícolas suas associadas nos aspectos administrativo, técnico e financeiro e da sua organização e gestão.

2 — Para o bom desempenho das suas funções, a Caixa Central analisará os elementos contabilísticos e quaisquer outros que entenda necessários e levará a cabo as inspecções directas que se mostrem convenientes.

3 — As caixas agrícolas associadas da Caixa Central ficam obrigadas a fornecer -lhe os elementos contabilísticos e outros que ela solicite e a facultar aos seus representantes o acesso aos seus estabelecimentos e a documentação neles existente, necessária ao exercício das suas funções.

ART. 77.º (Poderes de intervenção) — 1 — Pode a Caixa Central requerer a convocação de reuniões da assembleia geral de qualquer caixa agrícola e nelas intervir para informação aos associados e proposição de medidas.

2 — Pode a Caixa Central designar delegado seu para acompanhar a gestão de qualquer caixa agrícola sua associada quando se verifique uma situação de desequilíbrio que, pela sua extensão ou continuidade, possa afectar o regular funcionamento da mesma caixa, quando a sua solvabilidade se mostre ameaçada ou quando se verifiquem irregularidades graves.

3 — Ao delegado a que se refere o número anterior compete adoptar as providências necessárias para corrigir as situações que tenham conduzido à sua nomeação, ficando dependente da sua aprovação a validade de todos os actos e contratos dentro dos limites definidos aquando da nomeação.

4 — Durante o período de intervenção, compete ao delegado da Caixa Central a orientação, supervisão e disciplina dos serviços, podendo fazer-se assistir por profissionais da sua escolha.

5 — A nomeação do delegado bem como os respectivos poderes devem ser registados, sob pena de não produzirem efeitos relativamente a terceiros.

6 — A designação do delegado da Caixa Central a que se refere o n.º 2 só pode ser feita pelo prazo máximo de um ano, o qual, havendo motivo fundado, pode ser prorrogado uma ou mais vezes pela Caixa Central até ser atingido pela caixa agrícola uma situação de equilíbrio.

7 — Caso a prorrogação prevista no número anterior ultrapasse o prazo de dois anos, o Banco de Portugal pode opor-se no prazo máximo de 30 dias úteis contados a partir da comunicação prévia da Caixa Central.

8 — A Caixa Central informará o Banco de Portugal, no prazo de cinco dias, das decisões que tomar, nos termos deste artigo, e da respectiva fundamentação.

9 — A Caixa Central enviará ao Banco de Portugal cópia dos relatórios elaborados pelo seu delegado no exercício das funções a que se refere este artigo.

ART. 77.º-A (Designação de administradores provisórios) — 1 — Quando uma caixa agrícola pertencente ao sistema integrado do crédito agrícola mútuo esteja em situação de desequilíbrio financeiro grave, ou em risco de o estar, e incumprir as orientações definidas pela Caixa Central nos termos do artigo 75.º, pode esta instituição designar para a caixa agrícola em causa um ou mais administradores provisórios.

2 — Os administradores designados nos termos do número anterior têm os poderes e deveres conferidos pela lei e pelos estatutos aos membros do órgão de administração e ainda os seguintes:

a) Vetar as deliberações da assembleia geral e, mediante confirmação do Banco de Portugal, do órgão de administração;

b) Convocar a assembleia geral;

c) Elaborar, com a maior brevidade, um relatório sobre a situação patrimonial da instituição e as suas causas e submetê-lo à Caixa Central e ao Banco de Portugal, acompanhado de parecer da comissão de fiscalização, se esta tiver sido nomeada;

390 [DL n.º 24/91]   INSTITUIÇÕES DE CRÉDITO E SOCIEDADES FINANCEIRAS

d) Alienar, após parecer favorável da Caixa Central, elementos do activo imobilizado que se mostrem desadequados à actividade desenvolvida pela caixa agrícola.

3 — Com a designação dos administradores provisórios, pode a Caixa Central suspender no todo ou em parte, os órgãos de administração e de fiscalização da caixa agrícola.

4 — Caso seja suspenso o órgão de fiscalização, a Caixa Central nomeia uma comissão de fiscalização composta por:

a) Um elemento designado pela Caixa Central, que presidirá;
b) Um elemento designado pela assembleia geral;
c) Um revisor oficial de contas designado pela Federação Nacional.

5 — A falta de designação do membro referido na alínea *b)* do número anterior não obsta ao exercício das funções da comissão de fiscalização.

6 — A comissão de fiscalização tem os poderes e os deveres conferidos por lei ou pelos estatutos ao órgão de fiscalização.

7 — Os administradores provisórios e a comissão de fiscalização exercem as suas funções pelo prazo que a Caixa Central determinar, no máximo de um ano.

8 — O prazo máximo referido no número anterior pode ser prorrogado uma ou mais vezes pela Caixa Central até ser atingida pela caixa agrícola uma situação de adequado equilíbrio financeiro.

9 — Nas situações previstas nos n.ºs 1, 3 e 8, a Caixa Central comunica previamente ao Banco de Portugal a sua intenção de adoptar as medidas aí previstas, podendo o Banco de Portugal opor-se à sua adopção no prazo máximo de 30 dias úteis contados a partir da respectiva comunicação.

ART. 78.º (Garantia da Caixa Central) — 1 — As obrigações assumidas pelas caixas agrícolas associadas da Caixa Central, ainda que emergentes de facto anterior à associação, são integralmente garantidas por esta nos termos em que o fiador garante as obrigações do afiançado.

2 — A Caixa Central não goza do benefício de excussão.

3 — A garantia a que se refere o n.º 1 não abrange as obrigações constituídas após o momento em que se torne eficaz a exclusão ou a exoneração da caixa agrícola do sistema.

4 — Não é aplicável à garantia prevista neste artigo o disposto no artigo 648.º do Código Civil.

ART. 79.º (Exercício do direito ao reembolso) — 1 — Cumprida a obrigação pela Caixa Central e sub-rogada esta no direito do credor nos termos do artigo 644.º do Código Civil, a caixa agrícola devedora satisfará esse direito no prazo que lhe for fixado pela Caixa Central.

2 — A não satisfação desse direito no prazo fixado, desde que devida, constitui, por si só, fundamento bastante para a intervenção da Caixa Central na caixa agrícola devedora nos termos do artigo 77.º.

3 — Independentemente da utilização da faculdade prevista no número anterior, poderá a Caixa Central, se a situação financeira da caixa agrícola devedora envolver uma ameaça séria à satisfação do seu crédito, excluir esta do sistema integrado de crédito agrícola, nos termos e para os efeitos do artigo 69.º.

ART. 80.º (Reforço dos fundos próprios da Caixa Central) — 1 — No caso de a Caixa Central se encontrar em situação de desequilíbrio financeiro, traduzido, designadamente, na redução dos fundos próprios a um nível inferior ao mínimo legal ou na inobservância dos rácios e limites prudenciais que lhe são aplicáveis, poderá esta exigir às caixas agrícolas associadas a subscrição e a realização de um aumento do capital social necessário para corrigir a situação verificada e até ao limite do valor do capital da Caixa Central.

2 — As caixas agrícolas contribuirão para este aumento de capital na proporção dos seus fundos próprios apurados no último balanço aprovado.

3 — Verificando-se uma situação de urgência, o órgão de administração da Caixa Central poderá ordenar que as caixas agrícolas suas associadas procedam, num prazo de oito dias, a um depósito intercalar até ao máximo do valor referido no n.º 1, imputando-se depois este depósito na realização do aumento do capital, na medida em que for necessário.

4 — Os depósitos referidos no número anterior deverão ser restituídos às caixas agrícolas, no prazo de 90 dias contados das suas datas de recepção na Caixa Central, sempre que não tenha sido entretanto deliberado um aumento de capital, devendo ainda ser restituídos, durante o mesmo prazo, os fundos excedentários, quando o aumento de capital deliberado for inferior àqueles depósitos.

5 — A deliberação de aumento de capital referida nos números anteriores poderá ser tomada pelo órgão de administração da Caixa Central se esta competência lhe for atribuída pelos estatutos da mesma Caixa.

6 — A posterior exoneração ou a exclusão de uma caixa agrícola não a exime, nos termos definidos nos estatutos da Caixa Central, do pagamento a esta Caixa da importância apurada nos termos do n.º 2, apesar de não concorrer para o aumento de capital.

7 — Nos casos de exoneração ou exclusão de uma caixa agrícola os títulos de capital correspondentes à participação no aumento de capital referido nos números anteriores só poderão ser restituídos precedendo deliberação da assembleia geral que o permita.

8 — O incumprimento pelas caixas agrícolas das obrigações previstas nos n.os 1 a 3 determinará, sem prejuízo do disposto no n.º 6, a aplicação, com as necessárias adaptações, do disposto nos n.os 2 e 3 do artigo 79.º.

ART. 81.º (Providências extraordinárias) — 1 — Quando o aumento do capital da Caixa Central previsto no n.º 1 do artigo anterior for insuficiente para restabelecer o seu equilíbrio financeiro e as caixas agrícolas asso-

INSTITUIÇÕES FINANCEIRAS DE CRÉDITO   [DL n.º 186/2002]   391

ciadas não tiverem condições para subscrever e realizar um aumento complementar do capital daquela instituição, necessário para reequilibrar a sua situação financeira, pode o Banco de Portugal, na ausência da concretização do necessário reforço do capital, convidar outras entidades ligadas ao crédito agrícola mútuo, outras entidades do sector cooperativo ou mutualista ou, ainda, outras instituições de crédito a subscreverem e realizarem esse aumento, não se lhes aplicando o limite máximo fixado no n.º 2 do artigo 53.º nem o regime de inelegibilidades e incompatibilidades estabelecido nas alíneas *a*) e *b*) do n.º 2 do artigo 23.º.

2 — As caixas agrícolas associadas da Caixa Central têm o direito de adquirir, em qualquer data, durante um período de cinco anos, pelo respectivo valor contabilístico ou valor nominal, se este for superior, se outro não for acordado entre as partes, os títulos de capital detidos por entidades não pertencentes ao sistema integrado de crédito agrícola mútuo.

3 — A concretização das medidas previstas no n.º 1 não prejudica a natureza cooperativa da Caixa Central nem a aplicação à mesma do disposto no n.º 2 do artigo 8.º do Código Cooperativo.

4 — Quando se verifique a situação de desequilíbrio financeiro referida no artigo anterior, o Banco de Portugal tem o direito de requerer a convocação da assembleia geral dos detentores de títulos de capital da Caixa Central e de nela intervir para apresentação de propostas para eliminação daquele desequilíbrio, designadamente através de aumentos de capital a subscrever e a realizar nos termos do n.º 1.

5 — Não sendo aceites pela assembleia geral as propostas para a eliminação do desequilíbrio financeiro, pode o Banco de Portugal decidir um aumento de capital da Caixa Central, a subscrever e realizar pelas entidades referidas no n.º 1, quando houver risco grave de a mesma vir a encontrar-se em situação de não poder honrar os seus compromissos, em especial quanto à segurança dos fundos que a ela ou às caixas agrícolas pertencentes ao sistema integrado do crédito agrícola mútuo tiverem sido confiados.

ART. 82.º (Aquisição de títulos detidos por entidades não pertencentes ao sistema integrado do crédito agrícola mútuo) — 1 — Para efeitos do disposto no n.º 2 do artigo 81.º, a caixa agrícola associada interessada notifica a Caixa Central da intenção de adquirir títulos de capital detidos por entidades não pertencentes ao sistema integrado de crédito agrícola mútuo, com indicação da quantidade dos títulos objecto da aquisição pretendida e do preço.

2 — Caso a caixa agrícola associada pretenda adquirir títulos de capital em proporção superior ao capital da Caixa Central por si detido, esta última, no prazo de cinco dias, comunica a referida intenção a todas as demais caixas associadas para estas, querendo, exercerem, no prazo de 30 dias e nos termos do número anterior, o direito de aquisição.

3 — Não havendo títulos de capital detidos por entidades não pertencentes ao sistema integrado de crédito agrícola mútuo em quantidade suficiente para satisfazer todas as intenções de aquisição, as mesmas serão satisfeitas na proporção do capital da Caixa Central detido por cada uma das caixas interessadas.

4 — Sem prejuízo de diversa estipulação, se houver mais de uma entidade não pertencente ao sistema integrado do crédito agrícola mútuo a deter títulos de capital da Caixa Central, as aquisições terão por objecto os títulos de todas na proporção das respectivas participações.

5 — No prazo de cinco dias contados da recepção da notificação a que alude o n.º 1 ou do termo do prazo previsto na segunda parte do n.º 2, a Caixa Central notifica as entidades detentoras dos títulos de capital das intenções de aquisição, com discriminação das caixas associadas que as manifestaram, do preço de aquisição proposto e da quantidade de títulos detidos a transmitir a cada uma das caixas associadas.

6 — A transmissão concretiza-se através de simples averbamento, pela Caixa Central, da aquisição a favor da caixa associada, mediante comprovativo de pagamento do preço ou de depósito do mesmo em conta à ordem da entidade não pertencente ao sistema integrado do crédito agrícola mútuo.

7 — O averbamento referido no número anterior não pode ser efectuado antes de decorridos 30 dias da data da notificação referida no n.º 5.

8 — O direito de aquisição pode ser exercido uma ou mais vezes por uma mesma caixa associada.

6.2.3. INSTITUIÇÕES FINANCEIRAS DE CRÉDITO

Decreto-Lei n.º 186/2002

de 21 de Agosto

ART. 1.º (Objecto) – As instituições financeiras de crédito, abreviadamente designadas por IFIC, são instituições de crédito que têm por objecto a prática das operações permitidas aos bancos, com excepção da recepção de depósitos.

ART. 2.º (Regime jurídico) – As IFIC regem-se pelo disposto no presente diploma e pelas disposições aplicáveis às instituições de crédito do Regime Geral das Instituições de Crédito e das Sociedades Financeiras e da legislação complementar.

392   [DL n.º 260/94]   INSTITUIÇÕES DE CRÉDITO E SOCIEDADES FINANCEIRAS

ART. 3.º (Verdade da denominação) – As entidades previstas neste diploma devem incluir na sua denominação a expressão «instituição financeira de crédito», podendo apenas estas entidades utilizar esta designação.

ART. 4.º (Revogação) – São revogados o artigo 4.º do Decreto-Lei n.º 72/95, de 15 de Abril, e o n.º 1 do artigo 4.º do Decreto-Lei n.º 171/95, de 18 de Julho.

ART. 5.º (Entrada em vigor) – O presente diploma entra em vigor no dia seguinte ao da sua publicação.

6.2.4. SOCIEDADES DE INVESTIMENTO

Decreto-Lei n.º 260/94

de 22 de Outubro (*)

ART. 1.º (Noção) – As sociedades de investimento são instituições de crédito que têm por objecto exclusivo uma actividade bancária restrita à realização das operações financeiras e na prestação de serviços conexos, definidos neste diploma.

ART. 2.º (Regime jurídico) – As sociedades de investimento regem-se pelo disposto no presente diploma e pelas disposições aplicáveis do Regime Geral das Instituições de Crédito e Sociedades Financeiras.

ART. 3.º (Objecto) – 1 – As sociedades de investimento podem efectuar apenas as seguintes operações ou prestar os seguintes serviços:
a) Operações de crédito a médio e longo prazo, não destinadas a consumo, incluindo concessão de garantias e outros compromissos, bem como operações de crédito de curto prazo directamente relacionadas com as anteriores;
b) Oferta de fundos no mercado interbancário;
c) Tomada de participações no capital de sociedades sem a restrição prevista no artigo 101.º do Regime Geral das Instituições de Crédito e Sociedades Financeiras;
d) Subscrição e aquisição de valores mobiliários, bem como a participação na tomada firme e em qualquer outra forma de colocação de emissões de valores mobiliários e prestação de serviços correlativos;
e) Consultoria, guarda, administração e gestão de carteiras de valores mobiliários;
f) Gestão e consultoria em gestão de outros patrimónios;
g) Administração de fundos de investimento fechados;
h) Serviços de depositário de fundos de investimento;
i) Consultoria de empresas em matéria de estrutura do capital, de estratégia empresarial e de questões conexas, bem como consultoria e serviços no domínio da fusão e compra de empresas;
j) Outras operações previstas em leis especiais;
l) Transacções por conta dos clientes sobre instrumentos do mercado monetário e cambial, intrumentos financeiros a prazo e opções e operações sobre divisas ou sobre taxas de juro e valores mobiliários para cobertura dos riscos de taxa de juro e cambial associados às operações referidas na alínea *a*);
m) Outras operações cambiais necessárias ao exercício da sua actividade.
2 – As actividades previstas nas alíneas *e*) e *f*) ficam sujeitas às disposições que regulam o respectivo exercício por sociedades gestoras de patrimónios, carecendo ainda de autorização expressa do cliente as aquisições de valores mobiliários emitidos ou detidos pela sociedade de investimentos.
3 – Para os efeitos da alínea *a*) do n.º 1 do presente artigo, entendem-se por operações de crédito destinadas ao consumo os negócios de concessão de crédito concedidos a pessoas singulares para finalidades alheias à sua actividade profissional.

ART. 4.º (Recursos) – As sociedades de investimento só podem financiar a sua actividade com fundos próprios e através dos seguintes recursos:
a) Emissão de obrigações de qualquer espécie, nas condições previstas na lei e sem obediência aos limites fixados no Código das Sociedades Comerciais;
b) Emissão de títulos de dívida de curto prazo regulados pelo Decreto-Lei n.º 181/92, de 22 de Agosto;
c) Financiamentos concedidos por outras instituições de crédito, nomeadamente no âmbito do mercado interbancário e de acordo com a legislação aplicável a este mercado, bem como por instituições financeiras internacionais;
d) Financiamentos previstos nas alíenas *a*) e *d*) do n.º 2 do artigo 9.º do Regime Geral das Instituições de Crédito e Sociedades Financeiras.

ART. 5.º (Norma revogatória) – É revogado o Decreto-Lei n.º 77/86, de 2 de Maio.

(*) O Código da Conduta das Sociedades de Investimento foi publicado no *DR*, II, n.º 157, de 9-7-1994, págs. 6830 e segs.

SOCIEDADES DE LOCAÇÃO FINANCEIRA (*LEASING*) [DL n.º 72/95] 393

6.2.5. SOCIEDADES DE LOCAÇÃO FINANCEIRA (*LEASING*)

Decreto-Lei n.º 72/95

de 15 de Abril (*)

ART. 1.º (Objecto) – 1 – As sociedades de locação financeira são instituições de crédito que têm por objecto principal o exercício da actividade de locação financeira.

2 – As sociedades de locação financeira podem, como actividade acessória:

a) Alienar, ceder a exploração, locar ou efectuar outros actos de administração sobre bens que lhes hajam sido restituídos, quer por motivo de resolução de um contrato de locação financeira, quer em virtude do não exercício pelo locatário do direito de adquirir a respectiva propriedade;

b) Locar bens móveis fora das condições referidas na alínea anterior.

ART. 1.º-A (Prestação de serviços por terceiros) – Encontra-se vedada às sociedades de locação financeira a prestação dos serviços complementares da actividade de locação operacional, nomeadamente a manutenção e a assistência técnica dos bens locados, podendo, no entanto, contratar a prestação desses serviços por terceira entidade.

ART. 2.º (Regime jurídico) – As sociedades de locação financeira regem-se pelo disposto no presente diploma e pelas disposições aplicáveis do Regime Geral das Instituições de Crédito e Sociedades Financeiras.

ART. 3.º (Designação) – A designação de sociedade de locação financeira, sociedade de *leasing* ou outra que com elas se confunda não pode ser usada por outras entidades que não as previstas no presente diploma.

ART. 4.º – *(Revogado.)*

ART. 5.º (Recursos) – As sociedades de locação financeira só podem financiar a sua actividade com fundos próprios e através dos seguintes recursos:

a) Emissão de obrigações de qualquer espécie, nas condições previstas na lei e sem obediência aos limites fixados no Código das Sociedades Comerciais, bem como de «papel comercial»;

b) Financiamentos concedidos por outras instituições de crédito, nomeadamente no âmbito do mercado interbancário, se a regulamentação aplicável a este mercado o não proibir, bem como por instituições financeiras internacionais;

c) Financiamentos previstos nas alíneas *a)* e *d)* do n.º 2 do artigo 9.º do Regime Geral das Instituições de Crédito e Sociedades Financeiras.

ART. 6.º (Operações cambiais) – As sociedades de locação financeira podem realizar as operações cambiais necessárias ao exercício das suas actividades.

ART. 7.º (Consórcios) – As entidades habilitadas a exercer a actividade de locação financeira podem constituir consórcios para a realização de operações de locação financeira.

ART. 8.º (Norma revogatória) – É revogado o Decreto-Lei n.º 103/86, de 19 de Maio.

6.2.6. SOCIEDADES DE «FACTORING»

Decreto-Lei n.º 171/95

de 18 de Julho (**)

ART. 1.º (Âmbito) – O presente diploma regula as sociedades de *factoring* e o contrato de *factoring*.

ART. 2.º (Actividade de *factoring*) – 1 – A actividade de *factoring* ou cessão financeira consiste na aquisição de créditos a curto prazo, derivados da venda de produtos ou da prestação de serviços, nos mercados interno e externo.

2 – Compreendem-se na actividade de factoring acções complementares de colaboração entre as entidades referidas no artigo 4.º e os seus clientes, designadamente de estudo dos riscos de crédito e de apoio jurídico, comercial e contabilístico à boa gestão dos créditos transaccionados.

(*) Com as alterações introduzidas pelo **DL n.º 285/2001**, de 3-11 (arts. 1.º e 7.º e aditamento do art. 1.º-A), e pelo **DL n.º 186/2002**, de 21-8 (revogação do art. 4.º).

(**) Alterado pelo **DL n.º 186/2002**, de 21-8, que revogou o n.º 1 do art. 4.º.

394 [DL n.º 206/95]   INSTITUIÇÕES DE CRÉDITO E SOCIEDADES FINANCEIRAS

ART. 3.º (Outras noções) – Para os efeitos do presente diploma, designam-se por:
a) «Factor» ou «cessionário», as entidades referidas no n.º 1 do artigo 4.º;
b) «Aderente», o interveniente no contrato de *factoring* que ceda créditos ao factor;
c) «Devedores», os terceiros devedores dos créditos cedidos pelo aderente ao factor.

ART. 4.º (Exclusividade) – 1 – *(Revogado.)*
2 – As designações «sociedade de *factoring*», «sociedade de cessão financeira» ou quaisquer outras que sugiram essa actividade só podem ser usadas pelas sociedades referidas no número anterior.

ART. 5.º (Recursos) – As sociedades de *factoring* só podem financiar a sua actividade com fundos próprios e através dos seguintes recursos:
a) Emissão de obrigações de qualquer espécie, nas condições previstas na lei e sem obediência aos limites fixados no Código das Sociedades Comerciais, bem como de «papel comercial»;
b) Financiamentos concedidos por outras instituições de crédito, nomeadamente no âmbito do mercado interbancário, se a regulamentação aplicável a este mercado o não proibir, bem como por instituições financeiras internacionais;
c) Financiamentos previstos nas alíneas *a)* e *d)* do n.º 2 do artigo 9.º do Regime Geral das Instituições de Crédito e Sociedades Financeiras, aprovado pelo Decreto-Lei n.º 298/92, de 31 de Dezembro.

ART. 6.º (Operações cambiais) – As sociedades de *factoring* podem realizar as operações cambiais necessárias ao exercício da sua actividade.

ART. 7.º (Contrato de *factoring*) – 1 – O contrato de *factoring* é sempre cclebrado por escrito e dele deve constar o conjunto das relações do factor com o respectivo aderente.
2 – A transmissão de créditos ao abrigo de contratos de *factoring* deve ser acompanhada pelas correspondentes facturas ou suporte documental equivalente, nomeadamente informático, ou título cambiário.

ART. 8.º (Pagamento dos créditos transmitidos) – 1 – O pagamento ao aderente dos créditos por este transmitidos ao factor deverá ser efectuado nas datas de vencimento dos mesmos ou na data de um vencimento médio presumido que seja contratualmente estipulado.
2 – O factor poderá também pagar antes dos vencimentos, médios ou efectivos, a totalidade ou parte dos créditos cedidos ou possibilitar, mediante a prestação de garantia ou outro meio idóneo, o pagamento antecipado por intermédio de outra instituição de crédito.
3 – Os pagamentos antecipados de créditos, efectuados nos termos do número anterior, não poderão exceder a posição credora do aderente na data da efectivação do pagamento.

ART. 9.º (Direito subsidiário) – Em tudo o que não esteja disposto no presente diploma sobre as sociedades de *factoring* é aplicável o Regime Geral das Instituições de Crédito e das Sociedades Financeiras e legislação complementar.

ART. 10.º (Norma revogatória) – É revogado o Decreto-Lei n.º 56/86, de 18 de Março.

6.2.7. SOCIEDADES FINANCEIRAS PARA AQUISIÇÕES A CRÉDITO (SFAC)

Decreto-Lei n.º 206/95

de 14 de Agosto

ART. 1.º (Natureza e objecto) – As sociedasdes financeiras para aquisições a crédito (SFAC) são instituições de crédito que têm por objecto o financiamento da aquisição a crédito de bens e serviços.

ART. 2.º (Operações permitidas às SFAC) – No âmbito do seu objecto, podem as SFAC realizar as seguintes operações:
a) Financiar a aquisição ou o fornecimento de bens ou serviços determinados, através da concessão de crédito directo ao adquirente ou ao fornecedor respectivos ou através de prestação de garantias;
b) Descontar títulos de crédito ou negociá-los sob qualquer forma, no âmbito das operações referidas na alínea anterior;
c) Antecipar fundos sobre créditos de que sejam cessionárias, relativos à aquisição de bens ou serviços que elas próprias possam financiar directamente;
d) Emitir cartões de crédito destinados à aquisição, por elas financiável, de bens ou serviços;
e) Prestar serviços directamente relacionados com as operações referidas nas alíneas anteriores;
f) Realizar as operações cambiais necessárias ao exercício da sua actividade.

SOCIEDADES DE GARANTIA MÚTUA   [DL n.º 211/98]   395

ART. 3.º (Operações especificamente vedadas) – Fica vedado às SFAC o financiamento de:
a) Aquisição, construção, recuperação, beneficiação ou ampliação de imóveis;
b) Aquisição de valores mobiliários.

ART. 4.º (Âmbito reservado às SFAC) – As operações de financiamento previstas no presente diploma só podem ser realizadas por SFAC ou por bancos ou outras instituições de crédito para o efeito autorizadas nos termos do n.º 3 do artigo 4.º do Regime Geral das Instituições de Crédito e Sociedades Financeiras.

ART. 5.º (Recursos) – As SFAC só podem financiar a sua actividade com fundos próprios e através dos seguintes recursos:
a) Emissão de obrigações de qualquer espécie, nas condições previstas na lei e sem obediência aos limites fixados no Código das Sociedades Comerciais, bem como de «papel comercial»;
b) Financiamentos concedidos por outras instituições de crédito, nomeadamente no âmbito do mercado interbancário, se a regulamentação aplicável a este mercado o não proibir, bem como por instituições financeiras internacionais;
c) Financiamentos previstos nas alíneas *a)* e *d)* do n.º 2 do artigo 9.º do Regime Geral das Instituições de Crédito e Sociedades Financeiras.

ART. 6.º (Direito subsidiário) – Em tudo o que não esteja disposto no presente diploma é aplicável o Regime Geral das Instituições de Crédito e Sociedades Financeiras e legislação complementar.

ART. 7.º (Norma revogatória) – É revogado o Decreto-Lei n.º 49/89, de 22 de Fevereiro.

6.2.8. SOCIEDADES DE GARANTIA MÚTUA

Decreto-Lei n.º 211/98

de 16 de Julho (*)

CAPÍTULO I
Disposições gerais

ART. 1.º (Noção) – As sociedades de garantia mútua são instituições de crédito que têm por objecto uma actividade bancária restrita à realização de operações financeiras e à prestação de serviços conexos previstos neste diploma em benefício de micro, pequenas e médias empresas, ou outras pessoas colectivas, qualquer que seja a sua natureza jurídica, designadamente associações e agrupamentos complementares de empresas, e pessoas singulares, em especial estudantes e investigadores, regendo-se pelo disposto no presente diploma e pelas disposições aplicáveis do Regime Geral das Instituições de Crédito e Sociedades Financeiras.

ART. 2.º (Objecto) – 1 – As sociedades de garantia mútua podem realizar as operações e prestar os serviços seguintes:
a) Concessão de garantias destinadas a assegurar o cumprimento de obrigações contraídas por accionistas beneficiários ou por outras pessoas jurídicas, singulares ou colectivas, não accionistas, no âmbigo de operações de garantia de carteira nos termos do n.º 2, designadamente garantias acessórias de contratos de mútuo;
b) Promoção, em favor dos accionistas beneficiários, da obtenção de recursos financeiros junto de instituições de crédito ou de outras instituições financeiras, nacionais ou estrangeiras;
c) Participação na colocação, em mercado primário ou em mercado secundário, de acções, obrigações ou de quaisquer outros valores mobiliários, bem como de títulos de crédito emitidos nos termos do Decreto-Lei n.º 181/92, de 22 de Agosto, desde que a entidade emitente seja accionista beneficiário ou se encontrem previstos no n.º 2, e prestação de serviços correlativos;
d) Prestação de serviços de consultoria de empresas, aos accionistas beneficiários, em áreas associadas à gestão financeira, designadamente em matéria de estrutura do capital, de estratégia empresarial e de questões conexas, bem como no domínio da fusão, cisão e compra ou venda de empresas.

(*) Com as alterações introduzidas pelo **DL n.º 19/2001**, de 30-1, que deu nova redacção aos arts. 1.º, 2.º e 8.º, e revogou o n.º 1 do art. 11.º, e pelo **DL n.º 309-A/2007**, de 7-9, que alterou os arts. 1.º, 2.º e 3.º, revogou o art. 19.º, e no seu art. 2.º estabeleceu que "Ficam derrogadas as normas legais ou regulamentares que restrinjam o objecto do Fundo de Contragarantia Mútuo à contragarantia das garantias prestadas pelas sociedades de garantia mútua para assegurar o cumprimento de obrigações contraídas, exclusivamente, por accionistas beneficiários, designadamente o n.º 1 do artigo 2.º da Portaria n.º 1354-A/99, de 31 de Dezembro".

396   [DL n.º 211/98]   INSTITUIÇÕES DE CRÉDITO E SOCIEDADES FINANCEIRAS

2 – Para efeitos do disposto na alínea *a*) do n.º 1, a concessão de garantias de carteira a linhas de crédito especiais, designadamente para microcréditos e para empréstimos a estudantes do ensino superior, bolseiros de doutoramento e pós-doutoramento e investigadores, depende do reconhecimento, pelas sociedades de garantia mútua e pelo conselho geral do Fundo de Contragarantia Mútuo, do seu relevante interesse para o desenvolvimento económico e científico ou para o fomento da inovação e destinam-se a assegurar o cumprimento das obrigações assumidas por essas pessoas jurídicas, sejam singulares ou colectivas, junto das entidades que disponibilizem as referidas linhas de crédito especiais.

3 – Para além dos valores mobiliários emitidos pelos accionistas beneficiários, as sociedades de garantia mútua podem participar na colocação de valores mobiliários que, nos termos das respectivas condições de emissão, confiram direito à subscrição, sejam convertíveis ou permutáveis por acções representativas do capital social de accionistas beneficiários.

4 – As sociedades de garantia mútua não podem tomar firme, total ou parcialmente, colocações de valores mobiliários em que participem, só podendo adquirir para carteira própria os valores mobiliários referidos no n.º 5 do artigo 229.º do Código dos Valores Mobiliários e, de acordo com as regras que venham a ser estabelecidas pelo Banco de Portugal, outros que este autorize.

5 – As sociedades de garantia mútua só podem realizar operações e prestar serviços em benefício de accionistas beneficiários, para o desenvolvimento das respectivas actividades económicas.

6 – Exceptua-se do disposto no número anterior as seguintes operações:

a) Garantias enquadráveis no n.º 2;

b) Garantias emitidas em benefício de micro, pequenas e médias empresas não accionistas, no âmbito de acordos com outras entidades ou sistemas de garantia fora do território nacional.

7 – As entidades que disponibilizem as linhas de crédito especiais previstas no n.º 2 devem assegurar, previamente à contratação das linhas de crédito, a condição de accionista promotor da sociedade de garantia mútua.

8 – É assegurado, na contratação das garantias de carteira previstas no n.º 2, que o accionista promotor afecte à linha de crédito uma parte da sua participação na capital social da sociedade de garantia mútua, sobre a qual será constituído penhor, em benefício da sociedade de garantia mútua, como contrapartida da garantia prestada por essa sociedade, em número de acções e nos termos que venham a ser fixados pelo conselho geral do Fundo de Contragarantia Mútuo, podendo esta executar o mesmo, adjudicando a si, ao respectivo valor nominal, ou vendendo-as extrajudicialmente.

ART. 3.º (Accionistas beneficiários e accionistas promotores) – 1 – As sociedades de garantia mútua têm accionistas beneficiários e, desde que os respectivos estatutos o prevejam, podem ter accionistas promotores.

2 – Só podem ser accionistas beneficiários micro, pequenas e médias empresas, entidades representativas de qualquer uma das categorias de empresas referidas, bem como outras pessoas colectivas, designadamente agrupamentos complementares de empresas, que desenvolvam actividades qualificadas pelas sociedades de garantia mútua e pelo conselho geral do Fundo de Contragarantia Mútuo como de relevante interesse económico.

3 – Os estatutos das sociedades de garantia mútua devem definir com clareza quem pode adquirir a qualidade de accionista beneficiário.

4 – As sociedades de garantia mútua não podem realizar operações nem prestar serviços em benefício de accionistas promotores.

5 – Os accionistas promotores não podem deter, individual ou conjuntamente, directa ou indirectamente, uma participação superior a 50% do capital social ou dos direitos de voto da sociedade de garantia mútua, excepto nos três primeiros anos contados da data de constituição da sociedade, período durante o qual aquela percentagem será de 75%.

6 – Sem prejuízo do disposto no número anterior, para efeito de contagem dos direitos de voto será deduzida a quantidade de acções averbadas ou inscritas a favor dos accionistas promotores que tenha sido dada em penhor a favor da sociedade de garantia mútua parceira nos termos do previsto no n.º 8 do artigo 2.º.

ART. 4.º (Firma) – A firma destas sociedades deve incluir a expressão «sociedade de garantia mútua» ou a abreviatura SGM, as quais, ou outras que com elas se confundam, não poderão ser usadas por outras entidades que não as previstas no presente diploma.

ART. 5.º (Representação do capital) – 1 – As acções representativas do capital social das sociedades de garantia mútua são obrigatoriamente nominativas.

2 – As contas de registo ou de depósito nas quais se encontrem registadas ou depositadas acções de sociedades de garantia mútua devem, para além das menções e factos exigidos nos termos gerais, revelar a qualidade de accionista beneficiário ou de accionista promotor.

ART. 6.º (Realização do capital) – O capital social das sociedades de garantia mútua só pode ser realizado através de entradas em dinheiro, sem prejuízo da possibilidade de serem efectuados aumentos do capital social na modalidade de incorporação de reservas, nos termos gerais.

ART. 7.º (Autorização e revogação da autorização) – 1 – As sociedades de garantia mútua não podem ser constituídas por um número de accionistas beneficiários inferior a 20.

SOCIEDADES DE GARANTIA MÚTUA   [DL n.º 211/98] 397

2 – Para além dos fundamentos previstos nos termos gerais, a autorização das sociedades de garantia mútua pode também ser revogada se:

a) Por um período superior a 18 meses, o número de accionistas beneficiários for inferior a 20;

b) A assembleia geral não aprovar as condições gerais de concessão das garantias, no prazo de 180 dias contado da data de constituição da sociedade.

CAPÍTULO II — Actividade das sociedades de garantia mútua

ART. 8.º (Recursos financeiros) – As sociedades de garantia mútua só podem financiar a sua actividade com fundos próprios e através dos seguintes recursos:

a) Financiamentos concedidos por outras instituições de crédito ou por instituições financeiras, nacionais ou estrangeiras;

b) Suprimentos e outras formas de financiamento concedido pelos accionistas, nos termos legalmente admissíveis;

c) Emissão de obrigações de qualquer espécie, nas condições previstas na lei e sem obediência aos limites fixados no Código das Sociedades Comerciais.

ART. 9.º (Reservas) – 1 – Um montante não inferior a 10% dos resultados antes de impostos apurados em cada exercício pelas sociedades de garantia mútua é destinado à constituição de um fundo técnico de provisão até ao limite de 10% do saldo da carteira de garantias concedidas.

2 – O fundo técnico de provisão previsto no número anterior destina-se à cobertura de prejuízos decorrentes da sinistralidade da carteira de garantias.

3 – Uma fracção não inferior a 10% dos lucros líquidos apurados em cada exercício pelas sociedades de garantia mútua deve ser destinada à formação de uma reserva legal, até ao limite do capital social.

4 – O Banco de Portugal poderá elevar qualquer das duas percentagens referidas no n.º 1.

ART. 10.º (Prestação de garantias) – 1 – As sociedades de garantia mútua não podem conceder garantias a favor dos accionistas beneficiários enquanto não se encontrar integralmente realizada a participação cuja titularidade seja exigida, nos termos do n.º 3 do artigo 13.º, como condição da sua obtenção.

2 – Entre o momento de concessão da garantia e o da respectiva extinção, as acções que integrem a participação cuja titularidade seja exigida como condição de obtenção daquela garantia não poderão ser objecto de transmissão, excepto nos casos previstos no n.º 4, e serão dadas em penhor em benefício da sociedade de garantia mútua como contragarantia da garantia prestada por aquela sociedade.

3 – Quer a intransmissibilidade quer a constituição de penhor ficam, nos termos gerais, sujeitos a averbamento nas contas de registo ou de depósito em que as acções da sociedade de garantia mútua objecto daquela limitação e daquele ónus se encontrem registadas ou depositadas.

4 – No caso previsto no n.º 2, as acções podem ser objecto de transmissão, nos termos que os estatutos da sociedade de garantia mútua venham a estabelecer, se se verificar alguma das seguintes situações:

a) Cisão ou fusão do accionista beneficiário;

b) Cessão da posição contratual no negócio do qual resultem as obrigações garantidas;

c) Falecimento do accionista beneficiário.

ART. 11.º (Regime aplicável às garantias concedidas) – 1 – *(Revogado.)*

2 – A condição de sócio, inicial ou superveniente, da entidade credora da obrigação garantida não afectará o regime jurídico da garantia concedida, a qual se . ege pelo disposto no presente diploma, pelas normas legais e regulamentares que, nos termos gerais, lhe sejam aplicáveis e pelas condições gerais de concessão das garantias fixadas nos termos do n.º 3 do artigo 13.º.

ART. 12.º (Não cumprimento de obrigações garantidas) – 1 – Em caso de não cumprimento, por algum dos accionistas beneficiários, de obrigação que se encontre garantida pela sociedade de garantia mútua, pode esta, nos termos gerais, executar o penhor constituído, nos termos do n.º 2 do artigo 10.º, sobre as acções do accionista beneficiário.

2 – Independentemente de convenção nesse sentido entre a sociedade de garantia mútua e o accionista beneficiário faltoso, podem as acções objecto do penhor ser adjudicadas àquela sociedade ou ser vendidas extrajudicialmente.

3 – Nos casos previstos no número anterior, o valor das acções para efeitos de adjudicação será o valor nominal, não podendo ser inferior a este o preço de venda.

ART. 13.º (Contrato de sociedade) – 1 – Do contrato de sociedade das sociedades de garantia mútua deve constar, sem prejuízo de outros elementos exigidos nos termos gerais:

a) Se for caso disso, a possibilidade de existência de accionistas promotores;

b) As entidades que podem subscrever ou, a outro título, adquirir acções na qualidade de accionista beneficiário;

398 [DL n.º 211/98]   INSTITUIÇÕES DE CRÉDITO E SOCIEDADES FINANCEIRAS

c) As transmissões de acções que, nos termos do artigo 14.º, fiquem sujeitas ao consentimento da sociedade, bem como os casos em que a constituição de penhor e de usufruto sobre acções fique sujeita ao consentimento da sociedade;

d) Especificar os fundamentos com que, de acordo com o n.º 5 do artigo 14.º, o órgão de administração da sociedade de garantia mútua pode recusar o consentimento para a transmissão de acções e para a constituição de penhor ou de usufruto;

e) As condições em que, nos casos previstos no n.º 4 do artigo 10.º, as acções objecto de penhor podem ser transmitidas.

2 – Para além das matérias referidas no n.º 1 do artigo 34.º do Regime Geral das Instituições de Crédito e Sociedades Financeiras, ficam igualmente sujeitas a autorização do Banco de Portugal as alterações dos estatutos de sociedades de garantia mútua que versem sobre alguma das matérias elencadas nas alíneas *b*) e *d*) do n.º 1.

3 – As assembleias gerais das sociedades de garantia mútua devem aprovar as condições gerais de concessão das garantias, designadamente o montante mínimo da participação de que o accionista beneficiário deve ser titular para que possam ser concedidas garantias a seu favor.

4 – As deliberações referidas no número anterior devem ser comunicadas ao Banco de Portugal.

ART. 14.º (Transmissão de acções) – 1 – São livres as transmissões de acções entre accionistas beneficiários, entre accionistas promotores e de accionistas promotores para accionistas beneficiários.

2 – A transmissão de acções de accionistas beneficiários ou de accionistas promotores para novos accionistas beneficiários ficará obrigatoriamente sujeita ao consentimento da sociedade de garantia mútua.

3 – Não podem ser transmitidas acções de accionistas beneficiários para accionistas promotores ou para novos accionistas promotores.

4 – A competência para conceder ou recusar o consentimento para a transmissão de acções cabe obrigatoriamente ao órgão de administração da sociedade de garantia mútua.

5 – O consentimento para a transmissão de acções só poderá ser recusado com fundamento na não verificação, em relação à entidade para a qual se pretendem transmitir as acções, de algum dos requisitos dos quais os estatutos da sociedade de garantia mútua faça depender a possibilidade de subscrever ou, a outro título, adquirir acções na qualidade de accionista beneficiário.

6 – Caso seja recusado o consentimento para a transmissão de acções, a sociedade de garantia mútua fica obrigada a, no prazo de 90 dias contado da data da recusa do consentimento, adquirir ou fazer adquirir por terceiro as acções.

7 – Na situação prevista no número anterior, as acções serão adquiridas pelo valor nominal.

8 – Aplica-se à constituição de penhor ou usufruto sobre acções representativas do capital social de sociedades de garantia mútua, com as devidas adaptações, o disposto nos números anteriores.

ART. 15.º (Aquisição e alienação de acções próprias) – 1 – Para além do caso previsto no n.º 6 do artigo 14.º, a sociedade de garantia mútua ficará ainda obrigada a adquirir aos accionistas beneficiários, sempre que estes lho solicitem, as acções de que estes sejam titulares e que, nos termos do n.º 2 do artigo 10.º, não sejam intransmissíveis, aplicando-se o disposto no n.º 7 do artigo 14.º.

2 – A aquisição de acções próprias pelas sociedades de garantia mútua só se torna eficaz no termo do exercício social, ficando dependente da verificação das seguintes condições:

a) Terem decorrido, pelo menos, três anos desde a data de aquisição das acções;

b) A aquisição não implicar o incumprimento, ou o agravamento do incumprimento, de nenhumas relações ou limites prudenciais fixados na lei ou pelo Banco de Portugal.

3 – Para efeito da aquisição de acções próprias acrescerá aos bens distribuíveis referidos no n.º 4 do artigo 317.º do Código das Sociedades Comerciais o montante do fundo técnico de provisão.

4 – Não dispondo a sociedade de fundos que permitam satisfazer, ou satisfazer integralmente, um pedido de aquisição de acções próprias, este ficará pendente e, até à sua integral satisfação, a sociedade não poderá distribuir dividendos.

5 – As acções próprias de que a sociedade de garantia mútua seja titular destinam-se a ser alienadas a accionistas beneficiários ou a accionistas promotores, ou a terceiros que pretendam adquirir qualquer daquelas qualidades e, no primeiro caso, preencham requisitos para tanto.

6 – A venda será deliberada pelo órgão de administração e o preço será igual ao valor nominal das acções.

ART. 16.º (Fusão e cisão) – 1 – O Banco de Portugal só concederá autorização para a fusão ou cisão de sociedades de garantia mútua se da operação resultar, pelo menos, uma sociedade do mesmo tipo.

2 – As sociedades de garantia mútua não podem proceder a alterações dos respectivos objectos sociais que impliquem uma mudança do tipo de instituição.

CAPÍTULO III — Contragarantia das sociedades de garantia mútua

ART. 17.º (Fundo de Contragarantia Mútuo) – As sociedades de garantia mútua, com a finalidade de oferecer uma cobertura e garantia suficientes para os riscos contraídos nas suas operações e assegurar a solvência do sistema, devem proceder à contragarantia das suas operações, através do Fundo de Contragarantia Mútuo, pelo saldo vivo, em cada momento, das garantias prestadas e pelo limite máximo de contragarantia admitido por aquele fundo.

INSTITUIÇÕES DE MOEDA ELECTRÓNICA   [DL n.º 42/2002]   399

ART. 18.º (Entidade gestora do Fundo de Contragarantia Mútuo) – 1 – Compete à entidade gestora do Fundo de Contragarantia Mútuo promover e incentivar a criação de sociedades de garantia mútua, designadamente através da tomada de participações iniciais no capital destas, na qualidade de accionista promotor.

2 – A entidade gestora do Fundo de Contragarantia Mútuo tem o direito de designar um representante seu no conselho de administração das sociedades de garantia mútua em que detenha uma participação correspondente a, pelo menos, 10% do capital social.

CAPÍTULO IV — Disposições transitórias

ART. 19.º (Início de funcionamento do sistema de caucionamento mútuo) – São isentos de taxas e emolumentos, devidos a quaisquer entidades, designadamente ao Registo Nacional de Pessoas Colectivas, conservatórias do registo comercial e cartórios notariais, todos os actos que sejam necessários praticar em virtude de quaisquer cisões da SPGM – Sociedade de Investimento, S.A.

ART. 20.º (Entrada em vigor) – O presente decreto-lei entra em vigor no 1.º dia do mês seguinte ao da sua publicação.

6.2.9. INSTITUIÇÕES DE MOEDA ELECTRÓNICA

Decreto-Lei n.º 42/2002

de 2 de Março

ART. 1.º (Objecto) – O presente diploma transpõe para o ordenamento jurídico interno a Directiva n.º 2000/ /28/CE, do Parlamento Europeu e do Conselho, de 18 de Setembro, que altera a Directiva n.º 2000/12/CE, do Conselho, de 20 de Março, relativa ao acesso à actividade das instituições de crédito e ao seu exercício, e a Directiva n.º 2000/46/CE, do Parlamento Europeu e do Conselho, de 18 de Setembro, relativa ao acesso à actividade das instituições de moeda electrónica e ao seu exercício, bem como à sua supervisão prudencial, estabelecendo o regime jurídico das instituições de moeda electrónica.

ART. 2.º (Noção e âmbito de actividade) – 1 – As instituições de moeda electrónica são instituições de crédito que têm por objecto a emissão de meios de pagamento sob a forma de moeda electrónica.

2 – Para além da actividade referida no número anterior, as instituições de moeda electrónica apenas podem:

a) Prestar serviços financeiros e não financeiros estreitamente relacionados com a emissão de moeda electrónica, nomeadamente a gestão de moeda electrónica, mediante a realização de funções operacionais e outras funções acessórias ligadas à sua emissão, e a emissão e gestão de outros meios de pagamento, excluindo a concessão de crédito sob qualquer forma;

b) Exercer actividades referentes à armazenagem de dados em suporte electrónico em nome de outras entidades.

ART. 3.º (Regime jurídico) – Sem prejuízo do disposto no presente diploma, as instituições de moeda electrónica regem-se pelas disposições aplicáveis às instituições de crédito do Regime Geral das Instituições de Crédito e Sociedades Financeiras, aprovado pelo Decreto-Lei n.º 298/92, de 31 de Dezembro, com a redacção que lhe foi dada pelos Decretos-Leis n.ºˢ 246/95, de 14 de Setembro, 232/96, de 5 de Dezembro, 222/99, de 22 de Junho, 250/2000, de 13 de Outubro, e 285/2001, de 3 de Novembro, e da regulamentação complementar que as não exclua.

ART. 4.º (Noção de moeda electrónica) – 1 – Moeda electrónica é um valor monetário, representado por um crédito sobre o emitente:

a) Armazenado num suporte electrónico;

b) Emitido contra a recepção de fundos; e

c) Aceite como meio de pagamento por outras entidades que não a emitente.

2 – Os fundos a que se refere a alínea *b)* do número anterior não podem ter um valor inferior ao valor monetário emitido.

3 – A moeda electrónica é reembolsável, a pedido dos portadores e durante o período de validade, pelo valor nominal, em moedas e notas de banco ou por transferência bancária, sem outros encargos que não os estritamente necessários à realização dessa operação.

4 – As condições de reembolso da moeda electrónica devem ser claramente estabelecidas por contrato entre a instituição emitente e o portador.

5 – O limite mínimo de reembolso, se existir, deve ser estabelecido no contrato a que se refere o número anterior e não pode exceder € 10.

400   [DL n.º 42/2002]   INSTITUIÇÕES DE CRÉDITO E SOCIEDADES FINANCEIRAS

6 – O disposto neste artigo é aplicável a todas as instituições de crédito autorizadas a emitir moeda electrónica.

ART. 5.º (Exclusividade) – 1 – Além das instituições de moeda electrónica, podem emitir moeda electrónica os bancos, a Caixa Económica Montepio Geral e a Caixa Central de Crédito Agrícola Mútuo.

2 – O Banco de Portugal pode autorizar outras instituições de crédito que apresentem condições financeiras e técnicas adequadas a emitirem moeda electrónica.

ART. 6.º (Participações noutras sociedades) – As instituições de moeda electrónica apenas podem deter participações no capital de sociedades que exerçam funções operacionais ou acessórias associadas à moeda electrónica emitida ou distribuída pela instituição participante.

ART. 7.º (Operações cambiais) – As instituições de moeda electrónica podem realizar as operações cambiais necessárias ao exercício da sua actividade.

ART. 8.º (Capital social) – O capital social mínimo das instituições de moeda electrónica é fixado por portaria do Ministro das Finanças em montante não inferior a 1 milhão de euros.

ART. 9.º (Fundos próprios) – 1 – As instituições de moeda electrónica devem possuir, em permanência, fundos próprios pelo menos iguais a 2% do total das responsabilidades resultantes da moeda electrónica em circulação ou do montante médio dos últimos seis meses, consoante o que for mais elevado.

2 – Para as instituições de moeda electrónica que ainda não tenham completado um período de actividade de seis meses, o montante médio dos últimos seis meses referido no número anterior é substituído pelo montante previsto no respectivo programa de actividades para os primeiros seis meses de actividade.

ART. 10.º (Aplicações) – 1 – As instituições de moeda electrónica devem ter as suas responsabilidades resultantes da moeda electrónica em circulação cobertas por activos das seguintes espécies:

a) Activos aos quais seja aplicável um coeficiente de ponderação zero referidos no n.º 2, alínea *a)*, subalíneas I), II) e III), com excepção dos activos sobre as administrações centrais e bancos centrais de países da zona B, da parte I do anexo ao aviso do Banco de Portugal n.º 1/93, de 8 de Junho, e que sejam caracterizados por um grau de liquidez suficiente;

b) Depósitos à ordem junto de instituições de crédito da zona A definidas no n.º 5 da parte I do anexo ao aviso do Banco de Portugal n.º 1/93, de 8 de Junho;

c) Instrumentos de dívida que reúnam cumulativamente as seguintes condições:

i) Apresentem um grau de liquidez suficiente;

ii) Sejam reconhecidos pelas autoridades competentes como elementos qualificados na acepção do anexo III do aviso do Banco de Portugal n.º 7/96, de 24 de Dezembro;

iii) Não sejam emitidos por empresas que detenham uma participação qualificada, tal como definida no n.º 7 do artigo 13.º do Regime Geral das Instituições de Crédito e Sociedades Financeiras, na instituição de moeda electrónica em causa, ou que devam ser incluídas nas contas consolidadas dessas empresas.

2 – Os activos referidos nas alíneas *b)* e *c)* do n.º 1 não podem exceder 20 vezes os fundos próprios da instituição de moeda electrónica em causa.

3 – O limite referido no número anterior não se aplica aos instrumentos de dívida abrangidos pelo disposto na alínea *a)* do n.º 1.

4 – Se o valor dos activos referidos no n.º 1 se tornar inferior ao das responsabilidades financeiras resultantes da moeda electrónica, em circulação, a instituição de moeda electrónica em causa deve informar imediatamente o Banco de Portugal da ocorrência e tomar as medidas adequadas à correcção de tal situação o mais rapidamente possível.

5 – Nos casos a que se refere o número anterior, e apenas por um período transitório, o Banco de Portugal poderá autorizar a instituição a proceder à cobertura das suas responsabilidades por outros activos que não os previstos no n.º 1, até ao montante máximo de 5% dessas responsabilidades ou do montante total dos seus fundos próprios, consoante o valor que for menos elevado.

6 – Para efeitos dos números anteriores, os activos são avaliados a preços de aquisição ou a preços de mercado, consoante o valor que for mais baixo.

ART. 11.º (Riscos de mercado) – 1 – Para efeitos de cobertura dos riscos de mercado decorrentes da emissão de moeda electrónica e dos activos referidos no n.º 1 do artigo 10.º, e apenas para tais efeitos, as instituições de moeda, electrónica podem recorrer a instrumentos derivados, suficientemente líquidos, negociados num mercado regulamentado e sujeitos à exigência de margens diárias, ou a contratos de taxa de câmbio de duração inicial igual ou inferior a 14 dias de calendário.

2 – O Banco de Portugal poderá estabelecer, por aviso, as restrições que considere adequadas aos riscos de mercado em que as instituições de moeda electrónica possam incorrer devidos à detenção dos activos referidos no n.º 1 do artigo 10.º.

ART. 12.º (Disposição transitória) – Enquanto não for publicada a portaria a que se refere o artigo 8.º, o capital social mínimo das instituições de moeda electrónica é de 1 milhão de euros.

SOCIEDADES CORRETORAS E FINANCEIRAS DE CORRETAGEM   [DL n.º 262/2001]   401

6.3. SOCIEDADES FINANCEIRAS

6.3.1. SOCIEDADES CORRETORAS E FINANCEIRAS DE CORRETAGEM

Decreto-Lei n.º 262/2001

de 28 de Setembro (*)

ART. 1.º (Âmbito) – As sociedades corretoras e as sociedades financeiras de corretagem regem-se pelas normas do presente diploma e pelas disposições aplicáveis do Regime Geral das Instituições de Crédito e Sociedades Financeiras, aprovado pelo Decreto-Lei n.º 298/92, de 31 de Dezembro, e do Código dos Valores Mobiliários, aprovado pelo Decreto-Lei n.º 486/99, de 13 de Novembro.

ART. 2.º (Objecto das sociedades corretoras) – 1 – As sociedades corretoras têm por objecto a prestação dos serviços e actividades referidas nas alíneas *a*), *b*), *c*) e *f*) do n.º 1 do artigo 290.º do Código dos Valores Mobiliários e a colocação sem garantia em oferta pública de distribuição referida na alínea *d*) do mesmo artigo.

2 – O objecto das sociedades corretoras compreende ainda os serviços e actividades indicados nas alíneas *a*) e *c*) do artigo 291.º do Código dos Valores Mobiliários, bem como quaisquer outros cujo exercício lhes seja permitido por portaria do Ministro responsável pela área das finanças, ouvidos o Banco de Portugal e a Comissão do Mercado de Valores Mobiliários.

ART. 3.º (Objecto das sociedades financeiras de corretagem) – 1 – As sociedades financeiras de corretagem têm por objecto a prestação dos serviços e actividades referidos no n.º 1 do artigo 290.º do Código dos Valores Mobiliários.

2 – Incluem-se ainda no objecto das sociedades financeiras de corretagem os serviços e actividades indicados no artigo 291.º do Código dos Valores Mobiliários, bem como quaisquer outros cujo exercício lhes seja permitido por portaria do Ministro responsável pela área das finanças, ouvidos o Banco de Portugal e a Comissão do Mercado de Valores Mobiliários.

ART. 4.º (Forma e denominação) – 1 – As sociedades corretoras e as sociedades financeiras de corretagem constituem-se sob a forma de sociedades anónimas.

2 – O disposto no número anterior não se aplica às sociedades já constituídas sob forma diferente.

3 – A firma das sociedades corretoras deverá conter a expressão «sociedade corretora», podendo ainda incluir a designação acessória de *broker*.

4 – A firma das sociedades financeiras de corretagem deverá conter a expressão «sociedade financeira de corretagem», podendo ainda incluir a designação acessória de *dealer*.

ART. 5.º (Operações vedadas) – 1 – É vedado às sociedades corretoras e às sociedades financeiras de corretagem:

a) Prestar garantias pessoais ou reais a favor de terceiros;

b) Adquirir bens imóveis, salvo os necessários à instalação das suas próprias actividades.

2 – É ainda vedado às sociedades corretoras:

a) Conceder crédito sob qualquer forma;

b) Adquirir por conta própria valores mobiliários de qualquer natureza, com excepção dos títulos da dívida pública emitidos ou garantidos por Estados-Membros da OCDE.

ART. 6.º (Recursos das sociedades corretoras e das sociedades financeiras de corretagem) – As sociedades corretoras e as sociedades financeiras de corretagem podem financiar-se com recursos alheios nos termos e condições a definir pelo Banco de Portugal, ouvida a Comissão do Mercado de Valores Mobiliários.

ART. 7.º (Reembolso de créditos) – Quando uma sociedade corretora ou uma sociedade financeira de corretagem venha a adquirir, para reembolso de créditos, quaisquer bens cuja aquisição lhe seja vedada, deve promover a sua alienação no prazo de um ano, o qual, havendo motivo fundado, poderá ser prorrogado pelo Banco de Portugal, ouvida a Comissão do Mercado de Valores Mobiliários.

ART. 8.º (Supervisão) – A supervisão da actividade das sociedades corretoras e das sociedades financeiras de corretagem compete ao Banco de Portugal e à Comissão do Mercado de Valores Mobiliários, no âmbito das respectivas competências.

ART. 9.º (Norma revogatória) – É revogado o Decreto-Lei n.º 229-I/88, de 4 de Julho.

(*) Com as alterações nos arts. 2.º e 3.º pelo art. 10.º do **DL n.º 357-A/2007**, de 31-10.

402   [DL n.º 12/2010]   INSTITUIÇÕES DE CRÉDITO E SOCIEDADES FINANCEIRAS

6.3.2. SOCIEDADES FINANCEIRAS DE MICROCRÉDITO

Decreto-Lei n.º 12/2010

de 19 de Fevereiro

ART. 1.º (Objecto) – 1 – As sociedades financeiras de microcrédito são sociedades financeiras que têm por objecto a prática de operações de concessão de crédito de montantes reduzidos, a particulares e a empresas, para desenvolver uma actividade económica, o aconselhamento dos mutuários e o acompanhamento dos respectivos projectos.

2 – Por portaria do membro do Governo responsável pela área das finanças, ouvido o Banco de Portugal, são definidos:

a) Os tipos de actividades económicas que podem ser objecto de financiamento pelas sociedades financeiras de microcrédito;

b) Os montantes máximos de financiamento que as sociedades financeiras de microcrédito podem conceder a cada mutuário, sem prejuízo do cumprimento das normas prudenciais que lhes sejam aplicáveis.

ART. 2.º (Aplicação dos financiamentos) – 1 – Os financiamentos concedidos pelas entidades financeiras de microcrédito não podem ser aplicados em finalidade diferente daquela para a qual foram concedidos.

2 – A violação do disposto no número anterior implica o vencimento do empréstimo, podendo exigir-se imediatamente o seu reembolso e o pagamento dos juros que forem devidos.

3 – As sociedades financeiras de microcrédito devem fiscalizar e acompanhar a aplicação dos empréstimos, tendo em vista a finalidade para a qual foram concedidos, devendo para o efeito os mutuários fornecer as informações solicitadas e autorizar as vistorias e verificações que forem consideradas adequadas.

ART. 3.º (Regime jurídico) – As sociedades financeiras de microcrédito regem-se pelo disposto no presente decreto-lei e sua regulamentação e pelas disposições, aplicáveis às sociedades financeiras, do regime geral das instituições de crédito e sociedades financeiras e legislação complementar.

ART. 4.º (Denominação) – As entidades previstas no presente decreto-lei devem incluir na sua denominação a expressão «sociedade financeira de microcrédito», podendo apenas estas entidades utilizar tal designação.

6.3.3. SOCIEDADES MEDIADORAS DO MERCADO MONETÁRIO E DO MERCADO DE CÂMBIOS

Decreto-Lei n.º 110/94

de 28 de Abril

ART. 1.º (Exercício da actividade) – 1 – As sociedades mediadoras do mercado monetário e do mercado de câmbios, adiante designadas por sociedades mediadoras, ou mediadores, têm por objecto exclusivo a realização de operações de intermediação no mercado monetário e no mercado de câmbios e a prestação de serviços conexos.

2 – A actividade de mediador no mercado monetário e no mercado de câmbios pode ser exercida por sociedades anónimas ou por quotas.

3 – Na prossecução do seu objecto social, as sociedades mediadoras só podem agir por conta de outrem, sendo-lhes vedado efectuar transacções por conta própria.

ART. 2.º (Regime jurídico) – As sociedades mediadoras regem-se pelas normas do presente diploma e pelas disposições aplicáveis do Regime Geral das Instituições de Crédito e Sociedades Financeiras.

ART. 3.º (Deveres da sociedade mediadora) – 1 – As sociedades mediadoras são obrigadas a:

a) Certificar-se da identidade e da capacidade legal para contratar das pessoas singulares ou colectivas em cujos negócios intervierem;

b) Propor com exactidão e clareza os negócios de que forem encarregadas, procedendo de modo que não possam induzir em erro os contraentes;

c) Guardar completo segredo de tudo o que disser respeito às negociações de que se encarregarem;

d) Não revelar os nomes dos seus mandantes, excepto para permitir a contratação, entre estes, dos negócios jurídicos negociados por seu intermédio;

e) Comunicar imediatamente a cada mandante os pormenores dos negócios concluídos, expedindo no próprio dia a respectiva confirmação escrita.

ORGANISMOS DE INVESTIMENTO COLECTIVO EM VALORES MOBILIÁRIOS [DL n.º 252/2003] 403

2 – Nas operações que tiverem por objecto títulos:

a) O mediador deve exigir do mandante, antes da execução da ordem recebida, a entrega dos títulos a vender ou do documento que legalmente os represente ou da importância provável destinada ao pagamento da compra ordenada;

b) A falta de entrega dos títulos ou do documento representativo ou dos fundos pelo mandante eximirá definitivamente o mediador da obrigação de cumprir a respectiva ordem.

3 – O mediador a quem for conferido o mandato deverá, por todos os meios ao seu alcance, diligenciar pelo respectivo cumprimento.

ART. 4.º (Actos proibidos às sociedades mediadoras) – Às sociedades mediadoras é expressamente vedado o exercício de qualquer actividade não compreendida no seu objecto social e, nomeadamente:

a) Negociar operações a preços fictícios ou a cotações que não correspondam às do mercado ou que não tenham uma real contrapartida;

b) Conceder favores ou liberalidades, sob a forma de comissões ou outras, que possam afectar a imparcialidade ou a integridade das partes;

c) Propor transacções que visem aumentar artificialmente o volume de operações;

d) Exercer preferência entre clientes ou operar discriminações entre as operações propostas por aqueles;

e) Conceder empréstimos ou créditos, qualquer que seja a sua forma, natureza ou título;

f) Aceitar ou prestar garantias;

g) Receber, ter depósito ou possuir, a qualquer título, dinheiros ou outros bens que não lhes pertençam, salvo o montante entregue pelo comprador ou títulos ou documentos que os representem entregues pelo vendedor e destinados a uma operação determinada e pelo período mínimo necessário à sua realização;

h) Participar no capital ou fazer parte dos corpos gerentes de outras sociedades mediadoras.

ART. 5.º (Actos proibidos aos sócios, membros dos órgãos sociais e empregados) – 1 – Aos administradores, directores, gerentes e membros de qualquer órgão das sociedades mediadoras é vedado:

a) Possuir participação de capital, fazer parte dos órgãos sociais ou desempenhar quaisquer funções noutras sociedades que se dediquem à mesma actividade;

b) Exercer, por si ou por interposta pessoa, operações de intermediação nos mercados monetários e de câmbios, pertencer a órgãos sociais de instituições financeiras ou ter nelas participação superior a 20% do respectivo capital.

2 – As proibições estabelecidas no número anterior serão extensivas:

a) A todos os sócios da sociedade, quando esta revista a forma de sociedades por quotas;

b) Aos accionistas com mais de 20% do capital da sociedade mediadora, tratando-se de sociedade anónima;

c) Aos indivíduos que exerçam funções técnicas de qualquer natureza ou de chefia de serviços nas sociedades referidas.

ART. 6.º (Norma revogatória) – É revogado o Decreto-Lei n.º 164/86, de 26 de Junho.

6.3.4. ORGANISMOS DE INVESTIMENTO COLECTIVO EM VALORES MOBILIÁRIOS

Decreto-Lei n.º 252/2003

de 17 de Outubro (*)

TÍTULO I — DOS ORGANISMOS DE INVESTIMENTO COLECTIVO

CAPÍTULO I — Disposições gerais

ART. 1.º (Âmbito de aplicação e definições) — 1 — O presente diploma regula as instituições de investimento colectivo, adiante designadas «organismos de investimento colectivo», ou abreviadamente OIC.

2 — Consideram-se OIC as instituições, dotadas ou não de personalidade jurídica, que têm como fim o investimento colectivo de capitais obtidos junto do público, cujo funcionamento se encontra sujeito a um princípio de divisão de riscos e à prossecução do exclusivo interesse dos participantes.

(*) Alterado pelo art. 8.º do **DL n.º 52/2006**, de 15-3, que deu nova redacção aos arts. 25.º e 64.º, pelo **DL n.º 357-A/2007**, de 31-10, que deu nova redacção a arts. 11.º, 12.º, 16.º, 25.º, 31.º, 32.º, 38.º, 41.º, 47.º, 62.º, 66.º, 78.º e 83.º, e revogou os n.ᵒˢ 2 e 3 do art. 47.º e o n.º 5 do art. 66.º, com as rectificações constantes da Decla. de Rectif. n.º 117-A/2007, de 28-12, pelo **DL n.º 211-A/2008**, de 3-11, que deu nova redacção ao art. 82.º, pelo **DL n.º 148/2009**, de 25-6, que deu nova redacção aos arts. 31.º, 38.º, 44.º, 45.º, 46.º, 49.º e 53.º, e aditou os arts. 44.º-A, 45.º-A e 45.º-B, e pelo **DL n.º 71/2010**, de 18-6, que alterou a redacção dos arts. 4.º, 14.º e 83.º, aditou os arts. 81.º-A a 81.º-Q, e republicou em anexo o texto integral consolidado, sendo este último o que aqui se reproduz.

404 [DL n.º 252/2003]   INSTITUIÇÕES DE CRÉDITO E SOCIEDADES FINANCEIRAS

3 — Considera-se que existe recolha de capitais junto do público desde que tal recolha:
a) Se dirija a destinatários indeterminados;
b) Seja precedida ou acompanhada de prospecção ou de recolha de intenções de investimento junto de destinatários indeterminados ou de promoção publicitária; ou
c) Se dirija, pelo menos, a 100 destinatários.

4 — São OIC em valores mobiliários, adiante designados por OICVM, os fundos de investimento mobiliário que têm, nos termos dos seus documentos constitutivos, por fim o exercício da actividade referida no n.º 2 relativamente aos activos referidos na secção I do capítulo I do título III do presente diploma.

5 — São OICVM harmonizados aqueles que obedecem às regras consagradas no título III do presente diploma para os OICVM abertos.

6 — Regem-se por legislação especial os fundos de investimento imobiliário, de capital de risco, de reestruturação e internacionalização empresarial, de gestão de património imobiliário, de titularização de créditos e de pensões.

7 — Sem prejuízo do disposto no presente diploma ou em regulamento da Comissão do Mercado de Valores Mobiliários (CMVM), o regime jurídico dos OICVM é aplicável, subsidiariamente, aos demais OIC, com excepção dos referidos no número anterior.

8 — Sem prejuízo do disposto no presente diploma e na regulamentação, são subsidiariamente aplicáveis aos OIC as disposições do Código dos Valores Mobiliários e respectiva regulamentação.

9 — Sempre que no presente diploma se remeta para regulamento, entende-se por tal os regulamentos da CMVM.

10 — Para os efeitos do presente diploma, a existência de uma relação de domínio ou de grupo determina-se nos termos dos artigos 20.º e 21.º do Código dos Valores Mobiliários.

11 — O disposto no presente diploma não deverá ser entendido como proibição da criação, pela via da contratação individual de esquemas de investimento colectivo, de estrutura e funcionamento semelhante aos dos OIC, em que não exista recolha de capitais junto do público.

ART. 2.º (Espécie e tipo) — 1 — Os OIC podem ser abertos ou fechados, consoante as unidades de participação sejam, respectivamente, em número variável ou em número fixo.

2 — As unidades de participação de OIC abertos são emitidas e resgatadas, a todo o tempo, a pedido dos participantes, de acordo com o estipulado nos documentos constitutivos.

3 — A tipologia de OIC é estabelecida consoante, nomeadamente, os activos e as regras de composição das carteiras, as modalidades de gestão, a forma ou a variabilidade das unidades de participação.

ART. 3.º (Tipicidade) — 1 — Só podem ser constituídos os OIC previstos no presente diploma ou em regulamento, desde que, neste caso, sejam asseguradas adequadas condições de transparência e prestação de informação relativas, designadamente, aos mercados de transacção dos activos subjacentes, à sua valorização e ao conteúdo e valorização dos valores mobiliários representativos do património dos OIC a distribuir junto do público.

2 — A CMVM pode regulamentar a dispensa do cumprimento de alguns deveres por determinados tipos de OIC, em função das suas características, bem como a imposição do cumprimento de outros.

ART. 4.º (Forma) — 1 — Os OIC assumem a forma de fundo de investimento ou de sociedade de investimento mobiliário.

2 — Os fundos de investimento são patrimónios autónomos, pertencentes aos participantes no regime especial de comunhão regulado no presente diploma.

3 — *(Revogado.)*

ART. 5.º (Denominação) — 1 — Os OIC integram na sua denominação a expressão «fundo de investimento».

2 — Só os OIC podem integrar na sua denominação a expressão referida no número anterior.

3 — A denominação identifica inequivocamente a espécie e o tipo do OIC.

ART. 6.º (Domicílio) — 1 — Os OIC consideram-se domiciliados no Estado em que se situe a sede e a administração efectiva da respectiva entidade gestora.

2 — As sociedades gestoras de fundos de investimento mobiliário autorizadas nos termos do Regime Geral das Instituições de Crédito e Sociedades Financeiras têm sede e administração efectiva em Portugal.

ART. 7.º (Unidades de participação e acções) — 1 — O património dos OIC é representado por partes sem valor nominal, que se designam por unidades de participação.

2 — As unidades de participação podem ser representadas por certificados de uma ou mais unidades de participação ou adoptar a forma escritural, sendo admitido o seu fraccionamento para efeitos de subscrição e de resgate.

3 — Podem ser previstas em regulamento unidades de participação com direitos ou características especiais.

4 — As unidades de participação só podem ser emitidas após o montante correspondente ao preço de subscrição ser efectivamente integrado no activo do OIC, excepto se se tratar de desdobramento de unidades de participação já existentes.

ORGANISMOS DE INVESTIMENTO COLECTIVO EM VALORES MOBILIÁRIOS   [DL n.º 252/2003]   405

ART. 8.º (Autonomia patrimonial) — Os OIC não respondem, em caso algum, pelas dívidas dos participantes, das entidades que asseguram as funções de gestão, depósito e comercialização, ou de outros OIC.

ART. 9.º (Participantes) — 1 — Os titulares de unidades de participação designam-se participantes.

2 — A qualidade de participante adquire-se no momento da subscrição das unidades de participação contra o pagamento do respectivo preço, ou da aquisição em mercado, e extingue-se no momento do pagamento do resgate, do reembolso, ou do produto da liquidação do OIC, ou da alienação em mercado.

3 — Salvo disposição regulamentar em contrário, não é admitido o pagamento da subscrição, do resgate, do reembolso ou do produto da liquidação em espécie.

4 — A subscrição implica a aceitação do disposto nos documentos constitutivos do OIC.

5 — Os participantes em OIC fechados gozam de direito de preferência na subscrição de novas unidades de participação, excepto se os documentos constitutivos preverem a não atribuição desse direito.

ART. 10.º (Direitos dos investidores e participantes) — 1 — Os investidores têm direito:

a) A receber as unidades de participação emitidas depois de terem pago integralmente o preço de subscrição, no prazo previsto nos documentos constitutivos do OIC;

b) A que lhes seja facultado, prévia e gratuitamente, o prospecto simplificado.

2 — Os participantes têm direito, nomeadamente:

a) À informação, nos termos do presente diploma;

b) Ao recebimento do resgate, do reembolso ou do produto da liquidação das unidades de participação.

CAPÍTULO II — Vicissitudes dos OIC

ART. 11.º (Autorização e constituição) — 1 — A constituição de OIC depende de autorização prévia simplificada da CMVM.

2 — A autorização prevista no número anterior não implica, por parte da CMVM, qualquer garantia quanto ao conteúdo e à informação constante dos documentos constitutivos do OIC.

3 — O pedido de autorização, subscrito pela entidade gestora, é instruído com os seguintes documentos:

a) Projecto dos prospectos completo e simplificado;

b) Projecto dos contratos a celebrar pela entidade gestora com o depositário e com as entidades comercializadoras;

c) Projecto dos contratos a celebrar com outras entidades prestadoras de serviços;

d) Documentos comprovativos de aceitação de funções de todas as entidades envolvidas na actividade dos OIC.

4 — A CMVM pode solicitar aos requerentes as informações complementares ou sugerir as alterações aos projectos que considere necessárias.

5 — A decisão de autorização é notificada aos requerentes no prazo de 15 dias a contar da data da recepção do pedido, ou das informações complementares, ou das alterações aos projectos referidas no número anterior.

6 — A ausência de notificação no prazo referido no número anterior implica o indeferimento tácito do pedido.

7 — A entidade gestora comunica à CMVM a data de colocação das unidades de participação à subscrição.

8 — Os fundos de investimento consideram-se constituídos no momento de integração na sua carteira do montante correspondente à primeira subscrição, sendo essa data comunicada à CMVM.

ART. 12.º (Recusa da autorização) — A CMVM pode recusar a autorização quando:

a) O pedido não for instruído com os documentos exigidos por lei ou regulamento;

b) A entidade gestora requerente gerir outros OIC de forma irregular.

ART. 13.º (Caducidade da autorização) — A autorização do OIC caduca:

a) Se a subscrição das unidades de participação não tiver início no prazo de 90 dias a contar da notificação da decisão de autorização aos requerentes;

b) Se a entidade gestora renunciar expressamente à autorização ou tiver cessado há pelo menos seis meses a sua actividade em relação ao OIC.

ART. 14.º (Revogação de autorização) — A CMVM pode revogar a autorização do OIC:

a) Em virtude da violação de normas legais, regulamentares ou constantes dos documentos constitutivos, pela entidade gestora, se o interesse dos participantes e a defesa do mercado o justificarem;

b) Se nos seis meses subsequentes à constituição do OIC não houver dispersão de 25% das suas unidades de participação por um número mínimo de 100 participantes ou o OIC não atingir o valor líquido global de € 1 250 000;

c) Se o grau de dispersão das unidades de participação, o número de participantes ou o valor líquido global não cumprirem o disposto na alínea anterior durante mais de seis meses;

d) Nos casos em que a essa autorização tenha sido obtida com recurso a falsas declarações ou a qualquer outro meio irregular;

e) Quando o OIC deixe de reunir as condições de concessão da autorização.

406   [DL n.º 252/2003]   INSTITUIÇÕES DE CRÉDITO E SOCIEDADES FINANCEIRAS

ART. 15.º (Comercialização) — 1 — Para efeitos do presente diploma, existe comercialização de unidades de participação de OIC nos casos em que se verifique qualquer das condições do n.º 3 do artigo 1.º, sem prejuízo do disposto no número seguinte.

2 — Não se considera existir comercialização sempre que a oferta de unidades de participação tenha exclusivamente como destinatários finais investidores institucionais.

ART. 16.º (Alterações) — As alterações aos contratos celebrados pela entidade gestora com o depositário tornam-se eficazes 15 dias úteis após a sua comunicação à CMVM.

ART. 17.º (Transformação) — Os OICVM harmonizados não podem ser transformados em OICVM não harmonizados ou em outros OIC.

ART. 18.º (Fusão e cisão) — Os OIC podem ser objecto de fusão e cisão nos termos definidos em regulamento.

ART. 19.º (Dissolução) — 1 — Os OIC dissolvem-se por:
a) Decurso do prazo por que foram constituídos;
b) Decisão da entidade gestora fundada no interesse dos participantes;
c) Deliberação da assembleia geral de participantes, nos casos aplicáveis;
d) Caducidade da autorização;
e) Revogação da autorização;
f) Cancelamento do registo, dissolução ou qualquer outro motivo que determine a impossibilidade de a entidade gestora continuar a exercer as suas funções se, nos 30 dias subsequentes ao facto, a CMVM declarar a impossibilidade de substituição da mesma.

2 — O facto que origina a dissolução e o prazo para liquidação:
a) São imediatamente comunicados à CMVM e publicados pela entidade gestora, nas situações previstas nas alíneas *a)* a *d)* do n.º 1;
b) São publicados pela entidade gestora, assim que for notificada da decisão da CMVM, nas situações previstas nas alíneas *e)* e *f)* do n.º 1;
c) São objecto de imediato aviso ao público, afixado em todos os locais de comercialização das unidades de participação, pelas respectivas entidades comercializadoras.

3 — A dissolução produz efeitos desde:
a) A publicação, nas situações da alínea *a)* do número anterior;
b) A notificação da decisão da CMVM, nas situações da alínea *b)* do número anterior.

4 — Os actos referidos no número anterior determinam a imediata suspensão da subscrição e do resgate das unidades de participação.

ART. 20.º (Liquidação, partilha e extinção) — 1 — São liquidatárias dos OIC as respectivas entidades gestoras, salvo disposição em contrário nos documentos constitutivos, ou designação de pessoa diferente pela CMVM, nas situações previstas nas alíneas *e)* e *f)* do n.º 1 do artigo anterior, caso em que a remuneração do liquidatário constituirá encargo da entidade gestora.

2 — Durante o período de liquidação:
a) Não têm de ser cumpridos os deveres de informação sobre o valor diário das unidades de participação e sobre a composição da carteira do OIC;
b) O liquidatário realiza apenas as operações adequadas à liquidação, observando na alienação dos activos o disposto no presente diploma, designadamente no artigo 47.º;
c) O liquidatário não fica sujeito às normas relativas à actividade do OIC que forem incompatíveis com o processo de liquidação;
d) O depositário mantém os seus deveres e responsabilidades.

3 — O valor final de liquidação por unidade de participação é divulgado nos cinco dias subsequentes ao seu apuramento, pelos meios previstos para a divulgação do valor diário das unidades de participação e da composição da carteira do OIC.

4 — O pagamento aos participantes do produto da liquidação do OIC não excederá em cinco dias úteis o prazo previsto para o resgate, salvo se, mediante justificação devidamente fundamentada pela entidade gestora, a CMVM autorizar um prazo superior.

5 — Se o liquidatário não proceder à alienação de alguns activos do OIC no prazo fixado para a liquidação, o pagamento a efectuar aos participantes inclui o montante correspondente ao respectivo valor de mercado no termo desse prazo, entendendo-se para este efeito, no caso de activos não cotados, o último valor da avaliação.

6 — Se a alienação dos activos referidos no número anterior vier a ser realizada por um valor superior àquele que foi considerado para os efeitos de pagamento aos participantes, a diferença entre os valores é, assim que realizada, imediatamente distribuída aos participantes do OIC à data da liquidação.

7 — Os rendimentos gerados pelos activos referidos no n.º 5 até à data da sua alienação, assim como quaisquer outros direitos patrimoniais gerados pelo OIC até ao encerramento da liquidação, são, assim que realizados, imediatamente distribuídos aos participantes do OIC à data da liquidação.

ORGANISMOS DE INVESTIMENTO COLECTIVO EM VALORES MOBILIÁRIOS   [DL n.º 252/2003]   407

8 — As contas da liquidação do OIC contendo a indicação expressa das operações efectuadas fora de mercado regulamentado, se for o caso, são enviadas à CMVM, acompanhadas de um relatório de auditoria elaborado
por auditor registado na CMVM, no prazo de cinco dias contados do termo da liquidação.

9 — O OIC considera-se extinto no momento da recepção pela CMVM das contas da liquidação.

CAPÍTULO III — **OIC fechados**

ART. 21.º (Regime aplicável) — Os OIC fechados obedecem ao disposto no presente diploma em tudo
quanto não for incompatível com a sua natureza, com as especificidades constantes do presente capítulo.

ART. 22.º (Participantes, unidades de participação e capital) — 1 — Para os efeitos do disposto na alínea *b*)
do artigo 14.º, é considerado o número mínimo de 30 participantes.

2 — Salvo o disposto no n.º 1 do artigo 24.º, não é permitido o resgate de unidades de participação.

3 — Mediante alteração aos documentos constitutivos, podem ser emitidas novas unidades de participação
para subscrição desde que:

a) A emissão tenha sido aprovada em assembleia de participantes convocada para o efeito; e

b) O preço de subscrição corresponda ao valor da unidade de participação do dia da liquidação financeira,
calculado nos termos do artigo 58.º, e exista parecer do auditor, elaborado com uma antecedência não superior
a 30 dias em relação àquele dia, que se pronuncie expressamente sobre a avaliação do património do OIC efectuada pela entidade gestora.

4 — Para o efeito da alínea *b*) do número anterior, tratando-se de OIC cujas unidades de participação estejam admitidas à negociação em mercado regulamentado, a entidade gestora fixa o preço no intervalo entre o
valor apurado nos termos referidos naquela alínea e o valor da última cotação verificada no período de referência definido no prospecto de emissão, pronunciando-se o auditor igualmente sobre o preço fixado.

5 — O número de unidades de participação do OIC só pode ser reduzido no caso do resgate previsto no n.º 1
do artigo 24.º, sendo necessário que o valor da unidade de participação corresponda ao do último dia do período inicialmente previsto para a duração do OIC e que exista parecer do auditor, elaborado com uma antecedência não superior a 30 dias em relação à data do resgate, que se pronuncie expressamente sobre a avaliação
do património do OIC efectuada pela entidade gestora.

ART. 23.º (Assembleias de participantes) — 1 — Nos OIC fechados dependem de deliberação favorável da
assembleia de participantes:

a) O aumento das comissões que constituem encargo do OIC ou dos participantes;

b) A alteração da política de investimento;

c) A emissão de novas unidades de participação para subscrição e respectivas condições;

d) A prorrogação da duração do OIC ou a passagem a duração indeterminada;

e) A fusão com outro ou outros OIC;

f) A substituição da entidade gestora;

g) A liquidação do OIC, quando este não tenha duração determinada ou quando se pretenda que a liquidação ocorra antes do termo da duração inicialmente prevista;

h) Outras matérias que os documentos constitutivos façam depender de deliberação favorável da
assembleia de participantes.

2 — A assembleia de participantes não pode pronunciar-se sobre decisões concretas de investimento ou
aprovar orientações ou recomendações sobre esta matéria para além do disposto na alínea *b*) do número anterior, salvo previsão diversa dos documentos constitutivos.

3 — A convocação e o funcionamento da assembleia de participantes regem-se pelo disposto na lei para as
assembleias de accionistas, salvo previsão diversa dos documentos constitutivos, nos termos da alínea *d*) do
n.º 3 do artigo 65.º.

ART. 24.º (Duração) — 1 — Os OIC fechados de duração determinada não podem exceder 10 anos, sendo
permitida a sua prorrogação, uma ou mais vezes, por período não superior ao inicial, mediante deliberação da
assembleia de participantes nesse sentido, tomada nos últimos seis meses do período anterior, sendo sempre
permitido o resgate das unidades de participação pelos participantes que tenham votado contra a prorrogação.

2 — Os OIC fechados de duração indeterminada só são autorizados se nos documentos constitutivos estiver prevista a admissão à negociação em mercado regulamentado das suas unidades de participação.

ART. 25.º (Subscrição de unidades de participação) — 1 — As ofertas públicas de unidades de participação
de OIC fechados regem-se pelo disposto no título III do Código dos Valores Mobiliários, sendo o conteúdo do
correspondente prospecto completo de oferta pública ou de admissão à negociação em mercado regulamentado definido pelo Regulamento (CE) n.º 809/2004, da Comissão, de 29 de Abril.

2 — A aprovação do prospecto de oferta pública implica a aprovação do OIC.

3 — O prazo da oferta tem a duração máxima de 30 dias.

4 — O fundo de investimento considera-se constituído na data da liquidação financeira, que ocorre no final
do período de subscrição para todos os participantes.

408   [DL n.º 252/2003]   INSTITUIÇÕES DE CRÉDITO E SOCIEDADES FINANCEIRAS

ART. 26.º (**Recusa de autorização**) — Sem prejuízo do disposto no artigo 12.º, a CMVM pode ainda recusar a autorização para a constituição de OIC fechados enquanto não estiverem integralmente subscritas as unidades de participação de outros OIC fechados geridos pela mesma entidade gestora.

ART. 27.º (**Revogação da autorização**) — Sem prejuízo do disposto no artigo 14.º, a CMVM pode ainda revogar a autorização dos OIC fechados se a admissão à negociação em mercado regulamentado das suas unidades de participação, quando exigível, não se verificar no prazo de um ano após a constituição do OIC.

ART. 28.º (**Liquidação, partilha e extinção**) — O reembolso das unidades de participação ocorre no prazo máximo de dois meses a contar da data da dissolução, podendo ser efectuados reembolsos parciais.

TÍTULO II — **DAS ENTIDADES RELACIONADAS COM OS OIC**

CAPÍTULO I — **Entidades gestoras**

Secção I — **DISPOSIÇÕES GERAIS**

ART. 29.º (**Entidades gestoras**) — 1 — Podem ser entidades gestoras de OIC:
a) As sociedades gestoras de fundos de investimento mobiliário;
b) Se o OIC for fechado, as instituições de crédito referidas nas alíneas *a*) a *e*) do artigo 3.º do Regime Geral das Instituições de Crédito e Sociedades Financeiras que disponham de fundos próprios não inferiores a 7,5 milhões de euros.

2 — O início da actividade de gestão depende da autorização e do registo prévios legalmente exigidos.

3 — A CMVM pode, excepcionalmente, autorizar a substituição da entidade gestora se houver acordo do depositário e os documentos constitutivos do OIC o permitirem.

4 — A entidade gestora e o depositário respondem solidariamente, perante os participantes, pelo cumprimento dos deveres legais e regulamentares aplicáveis e das obrigações decorrentes dos documentos constitutivos dos OIC.

5 — A entidade gestora e o depositário indemnizam os participantes, nos termos e condições definidos em regulamento, pelos prejuízos causados em consequência de situações imputáveis a qualquer deles, designadamente:
a) Erros e irregularidades na avaliação ou na imputação de operações à carteira do OICVM;
b) Erros e irregularidades no processamento das subscrições e resgates;
c) Cobrança de quantias indevidas.

ART. 30.º (**Remuneração**) — 1 — O exercício da actividade de gestão de OIC é remunerado através de uma comissão de gestão.

2 — Apenas podem ser receitas da entidade gestora, nessa qualidade:
a) A comissão de gestão, nos termos estabelecidos nos documentos constitutivos;
b) As comissões de subscrição, resgate ou transferência de unidades de participação relativas aos OIC por si geridos, na medida em que os documentos constitutivos lhas atribuam, nos termos previstos em regulamento;
c) Outras como tal estabelecidas em regulamento.

Secção II — **OBJECTO SOCIAL E FUNDOS PRÓPRIOS**

ART. 31.º (**Objecto social das sociedades gestoras de fundos de investimento mobiliário**) — 1 — As sociedades gestoras de fundos de investimento mobiliário têm por objecto principal a actividade de gestão de um ou mais OIC.

2 — No exercício das suas funções, compete à entidade gestora, designadamente:
a) Praticar os actos e operações necessários à boa concretização da política de investimento, em especial:

i) Seleccionar os activos para integrar os OIC;
ii) Adquirir e alienar os activos dos OIC, cumprindo as formalidades necessárias para a válida e regular transmissão dos mesmos;
iii) Exercer os direitos relacionados com os activos dos OIC;

b) Administrar os activos do OIC, em especial:

i) Prestar os serviços jurídicos e de contabilidade necessários à gestão do OIC, sem prejuízo da legislação específica aplicável a estas actividades;
ii) Esclarecer e analisar as reclamações dos participantes;
iii) Avaliar a carteira e determinar o valor das unidades de participação e emitir declarações fiscais;
iv) Observar e controlar a observância das normas aplicáveis, dos documentos constitutivos dos OIC e dos contratos celebrados no âmbito dos OIC;

ORGANISMOS DE INVESTIMENTO COLECTIVO EM VALORES MOBILIÁRIOS   [DL n.º 252/2003]   409

v) Proceder ao registo dos participantes;
vi) Distribuir rendimentos;
vii) Emitir e resgatar unidades de participação;
viii) Efectuar os procedimentos de liquidação e compensação, incluindo enviar certificados;
ix) Conservar os documentos;

c) Comercializar as unidades de participação dos OIC que gere.

3 — As sociedades gestoras de fundos de investimento mobiliário podem também comercializar, em Portugal, unidades de participação de OIC geridos por outrem, domiciliados ou não em Portugal.

4 — Em cumulação com a actividade de gestão de OICVM harmonizados, as sociedades gestoras de fundos de investimento mobiliário podem ser autorizadas a exercer as seguintes actividades:

a) Gestão discricionária e individualizada de carteiras por conta de outrem, incluindo as correspondentes a fundos de pensões, com base em mandato conferido pelos investidores, a exercer nos termos do Decreto-Lei n.º 163/94, de 4 de Junho, desde que as carteiras incluam instrumentos financeiros enumerados na secção C do anexo da Directiva n.º 2004/39/CE, do Parlamento Europeu e do Conselho, de 21 de Abril;

b) Consultoria para investimento relativa a activos a que se refere a alínea anterior;

c) Registo e depósito de unidades de participação de OIC.

5 — As sociedades gestoras de fundos de investimento mobiliário só podem ser autorizadas a exercer as actividades referidas nas alíneas *b*) ou *c*) do número anterior se estiverem autorizadas para o exercício da actividade referida na alínea *a*) do mesmo número.

6 — As sociedades gestoras de fundos de investimento mobiliário podem ser autorizadas a exercer as actividades de:

a) Gestão de fundos de capital de risco, nos termos do Decreto-Lei n.º 319/2002, de 28 de Dezembro; e

b) Gestão de fundos de investimento imobiliário, nos termos do Decreto-Lei n.º 60/2002, de 20 de Março.

ART. 32.º (Fundos próprios das sociedades gestoras de fundos de investimento mobiliário) — 1 — Sem prejuízo do disposto no número seguinte, os fundos próprios das sociedades gestoras de fundos de investimento mobiliário não podem ser inferiores às seguintes percentagens do valor líquido global das carteiras sob gestão:

a) Até 75 milhões de euros — 0,5%;

b) No excedente — 0,1%.

2 — Sem prejuízo do disposto no número seguinte, não podem ser exigidos fundos próprios em montante superior a 10 milhões de euros.

3 — Independentemente do montante dos requisitos referidos nos números anteriores, os fundos próprios das sociedades gestoras de fundos de investimento mobiliário não podem ser inferiores ao montante prescrito no artigo 21.º da Directiva n.º 2006/49/CE, do Parlamento Europeu e do Conselho, de 14 de Junho.

4 — Para os efeitos do disposto no n.º 1, entende-se por carteira sob gestão qualquer OIC gerido pela sociedade gestora de fundos de investimento mobiliário, incluindo os OIC em relação aos quais delegou as funções de gestão, mas excluindo os OIC que gere por delegação.

5 — As sociedades gestoras de fundos de investimento mobiliário que exerçam as actividades referidas no n.º 4 do artigo anterior ficam ainda sujeitas ao regime de supervisão em base individual e em base consolidada aplicável às empresas de investimento e, no que se refere a estas actividades, às normas prudenciais específicas aplicáveis às sociedades gestoras de patrimónios.

6 — As sociedades gestoras de fundos de investimento mobiliário que exerçam as actividades mencionadas no n.º 6 do artigo anterior ficam ainda sujeitas ao regime de fundos próprios definidos nos diplomas que regem aquelas actividades.

SECÇÃO III — **DEVERES**

ART. 33.º (Deveres gerais) — 1 — A entidade gestora, no exercício das suas funções, age de modo independente e no exclusivo interesse dos participantes.

2 — A entidade gestora está sujeita, nomeadamente, aos deveres de gerir os OIC de acordo com um princípio de divisão do risco e de exercer as funções que lhe competem de acordo com critérios de elevada diligência e competência profissional.

3 — A entidade gestora não pode exercer os direitos de voto inerentes aos valores mobiliários detidos pelos OIC que gere:

a) Através de representante comum, a entidade que com ela se encontre em relação de domínio ou de grupo;

b) No sentido de apoiar a inclusão ou manutenção de cláusulas estatutárias de intransmissibilidade, cláusulas limitativas do direito de voto ou outras cláusulas susceptíveis de impedir o êxito de ofertas públicas de aquisição;

410   [DL n.º 252/2003]   INSTITUIÇÕES DE CRÉDITO E SOCIEDADES FINANCEIRAS

c) Com o objectivo principal de reforçar a influência societária por parte de entidade que com ela se encontre em relação de domínio ou de grupo.

ART. 34.º (Conflito de interesses e operações proibidas) — 1 — É vedado aos trabalhadores e aos órgãos de administração da entidade gestora que exerçam funções de decisão e execução de investimentos exercer quaisquer funções noutra sociedade gestora de fundos de investimento.

2 — Os membros dos órgãos de administração da entidade gestora agem de modo independente e no exclusivo interesse dos participantes.

3 — Cada OIC gerido pela entidade gestora constitui-se como um seu cliente, nomeadamente para os efeitos do disposto nos números seguintes e no artigo 309.º do Código dos Valores Mobiliários.

4 — Sempre que sejam emitidas ordens conjuntas para vários OIC, a entidade gestora efectua a distribuição proporcional dos activos e respectivos custos.

5 — A sociedade gestora de fundos de investimento mobiliário autorizada também a exercer a actividade de gestão discricionária e individualizada de carteiras por conta de outrem, com base em mandato conferido pelos investidores, não pode investir a totalidade ou parte da carteira de um cliente em unidades de participação do OIC que gere ou cujas unidades de participação comercializa, salvo com o consentimento prévio daquele, que poderá ser dado em termos genéricos.

6 — À entidade gestora é vedado:

a) Contrair empréstimos e conceder crédito, incluindo a prestação de garantias, por conta própria;

b) Efectuar, por conta própria, vendas a descoberto de valores mobiliários;

c) Adquirir, por conta própria, unidades de participação de OIC, com excepção daqueles que sejam enquadráveis no tipo de OIC de tesouraria ou equivalente e que não sejam por si geridos;

d) Adquirir, por conta própria, outros valores mobiliários de qualquer natureza, com excepção dos da dívida pública e obrigações admitidas à negociação em mercado regulamentado que tenham sido objecto de notação correspondente pelo menos a A ou equivalente por uma sociedade de notação de risco registada na CMVM ou internacionalmente reconhecida;

e) Adquirir imóveis para além do indispensável à prossecução directa da sua actividade e até à concorrência dos seus fundos próprios.

7 — À entidade gestora que seja instituição de crédito não é aplicável o disposto no número anterior.

Secção IV — **SUBCONTRATAÇÃO**

ART. 35.º (Princípios) — 1 — A entidade gestora pode subcontratar as funções de gestão de investimentos e de administração, nos termos definidos no presente diploma e em regulamento.

2 — A subcontratação referida no número anterior obedece aos seguintes princípios:

a) Definição periódica dos critérios de investimento pela entidade gestora;

b) Não esvaziamento da actividade da entidade gestora;

c) Manutenção da responsabilidade da entidade gestora e do depositário pelo cumprimento das disposições que regem a actividade;

d) Detenção pela entidade subcontratada das qualificações e capacidades necessárias ao desempenho das funções subcontratadas;

e) Dever de controlo do desempenho das funções subcontratadas pela entidade gestora, garantindo que são realizadas no interesse dos participantes, designadamente dando à entidade subcontratada, instruções adicionais ou resolvendo o subcontrato, sempre que tal for do interesse dos participantes.

3 — A entidade subcontratada fica sujeita aos mesmos deveres que impendem sobre a entidade gestora, nomeadamente para efeitos de supervisão.

4 — A subcontratação não pode comprometer a eficácia da supervisão da entidade gestora nem impedir esta de actuar, ou os OIC de serem geridos, no exclusivo interesse dos participantes.

ART. 36.º (Entidades subcontratadas) — 1 — A gestão de investimentos só pode ser subcontratada a intermediários financeiros autorizados e registados para o exercício das actividades de gestão discricionária e individualizada de carteiras por conta de outrem, com base em mandato conferido pelos investidores ou de gestão de OIC.

2 — A actividade de gestão de investimentos não pode ser subcontratada ao depositário ou a outras entidades cujos interesses possam colidir com os da entidade gestora ou com os dos participantes.

3 — Compete à entidade gestora demonstrar a inexistência da colisão de interesses referida no número anterior.

4 — Só pode ser subcontratada a gestão de investimentos a uma entidade com sede num Estado que não seja membro da União Europeia se estiver garantida a cooperação entre a autoridade de supervisão nacional e a autoridade de supervisão daquele Estado.

ART. 37.º (Informação) — 1 — A entidade gestora informa a CMVM dos termos de cada subcontrato antes da sua celebração.

2 — O prospecto completo identifica as funções que a entidade gestora subcontrata.

ORGANISMOS DE INVESTIMENTO COLECTIVO EM VALORES MOBILIÁRIOS   [**DL n.º 252/2003**]   411

CAPÍTULO II — **Depositários**

ART. 38.º (Depositários) — 1 — Os activos que constituem a carteira do OIC são confiados a um único depositário.

2 — Sem prejuízo do disposto na alínea *c)* do n.º 4 do artigo 31.º, podem ser depositárias as instituições de crédito referidas nas alíneas *a)* a *e)* do artigo 3.º do Regime Geral das Instituições de Crédito e Sociedades Financeiras, aprovado pelo Decreto-Lei n.º 298/92, de 31 de Dezembro, na sua redacção actual, que disponham de fundos próprios não inferiores a 7,5 milhões de euros e que tenham sede em Portugal ou sede noutro Estado membro da União Europeia e sucursal em Portugal.

3 — O contrato entre a entidade gestora e o depositário está sujeito a forma escrita.

4 — A substituição do depositário é comunicada à CMVM e torna-se eficaz 15 dias após a sua efectiva recepção, podendo a CMVM, neste período, deduzir oposição.

5 — A sociedade gestora não pode exercer as funções de depositário dos OIC que gere.

6 — O depositário pode subscrever unidades de participação dos OIC relativamente aos quais exerce as funções referidas no artigo 40.º, sendo que a aquisição de unidades de participação já emitidas só pode ter lugar nos termos definidos em regulamento.

7 — A limitação constante do número anterior não é aplicável à aquisição de unidades de participação de OIC fechados.

ART. 39.º (Remuneração) — O exercício da actividade de depositário é remunerado através de uma comissão de depósito.

ART. 40.º (Deveres dos depositários) — 1 — O depositário, no exercício das suas funções, age de modo independente e no exclusivo interesse dos participantes.

2 — O depositário está sujeito, nomeadamente, aos seguintes deveres:

a) Cumprir a lei, os regulamentos, os documentos constitutivos dos OIC e os contratos celebrados no âmbito dos OIC;

b) Guardar os activos dos OIC;

c) Receber em depósito ou inscrever em registo os activos do OIC;

d) Efectuar todas as aquisições, alienações ou exercício de direitos relacionados com os activos do OIC de que a entidade gestora o incumba, salvo se forem contrários à lei, aos regulamentos ou aos documentos constitutivos;

e) Assegurar que nas operações relativas aos activos que integram o OIC a contrapartida lhe é entregue nos prazos conformes à prática do mercado;

f) Verificar a conformidade da situação e de todas as operações sobre os activos do OIC com a lei, os regulamentos e os documentos constitutivos;

g) Pagar aos participantes os rendimentos das unidades de participação e o valor do resgate, reembolso ou produto da liquidação;

h) Elaborar e manter actualizada a relação cronológica de todas as operações realizadas para os OIC;

i) Elaborar mensalmente o inventário discriminado dos valores à sua guarda e dos passivos dos OIC;

j) Fiscalizar e garantir perante os participantes o cumprimento da lei, dos regulamentos e dos documentos constitutivos dos OIC, designadamente no que se refere:

i) À política de investimentos;

ii) À aplicação dos rendimentos do OIC;

iii) Ao cálculo do valor, à emissão, ao resgate e ao reembolso das unidades de participação.

3 — A guarda dos activos dos OIC pode ser confiada, no todo ou em parte, com o acordo da entidade gestora, a um terceiro, através de contrato escrito, o que não afecta a responsabilidade do depositário.

CAPÍTULO III — **Entidades comercializadoras**

ART. 41.º (Entidades comercializadoras) — 1 — As unidades de participação de OIC são colocadas pelas entidades comercializadoras.

2 — Podem ser entidades comercializadoras de unidades de participação:

a) As entidades gestoras;

b) Os depositários;

c) Os intermediários financeiros registados ou autorizados junto da CMVM para o exercício das actividades de colocação em ofertas públicas de distribuição ou de recepção e transmissão de ordens por conta de outrem;

d) Outras entidades como tal previstas em regulamento.

3 — As relações entre a entidade gestora e as entidades comercializadoras regem-se por contrato escrito.

4 — As entidades comercializadoras respondem, solidariamente com a entidade gestora, perante os participantes pelos danos causados no exercício da sua actividade.

412   [DL n.º 252/2003]   INSTITUIÇÕES DE CRÉDITO E SOCIEDADES FINANCEIRAS

ART. 42.º (Deveres das entidades comercializadoras) — 1 — As entidades comercializadoras agem, no exercício das suas funções, de modo independente e no exclusivo interesse dos participantes.

2 — As entidades comercializadoras estão sujeitas, nomeadamente, ao dever de disponibilizar ao subscritor ou participante, nos termos do presente diploma ou de regulamento, a informação que para o efeito lhes tenha sido remetida pela entidade gestora.

CAPÍTULO IV — Outras entidades

ART. 43.º (Auditores) — 1 — Os relatórios e contas dos OIC são objecto de relatório elaborado por auditor registado na CMVM, nos termos do artigo 67.º.

2 — O auditor comunica à CMVM os factos, que conheça no exercício das suas funções, que sejam susceptíveis de constituir infracção às normas legais ou regulamentares que regulam a actividade dos OIC ou de levar à elaboração de um relatório de auditoria que exprima uma opinião com reservas, uma escusa de opinião ou uma opinião adversa.

TÍTULO III — DA ACTIVIDADE DOS OICVM

CAPÍTULO I — Património dos OICVM

Secção I — ACTIVOS

ART. 44.º (Valores mobiliários) — 1 — O presente título é aplicável aos seguintes valores mobiliários:

a) Acções e outros instrumentos equivalentes, obrigações e outros instrumentos representativos de dívida, bem como quaisquer outros instrumentos negociáveis que confiram o direito de aquisição desses valores mobiliários, desde que:

i) Apresentem uma liquidez que não comprometa a capacidade do OICVM de satisfazer os pedidos de resgate ou de reembolso;

ii) Estejam disponíveis informações adequadas sobre os mesmos, incluindo informações periódicas, exactas e completas sobre o valor mobiliário prestadas ao mercado ou, no caso dos valores mobiliários referidos no n.º 7 do artigo 45.º, ao OICVM;

iii) No caso de valores mobiliários referidos no n.º 1 do artigo 45.º, existam, em relação a eles, preços exactos, confiáveis e periódicos, de mercado ou disponibilizados por sistemas de avaliação independentes dos emitentes;

iv) No caso de outros valores mobiliários, sejam objecto de avaliação periódica com base nas informações sobre o valor mobiliário fornecidas pelo emitente, em estudos de investimento adequados, ou em metodologias universalmente reconhecidas;

b) As acções de OICVM fechados sob a forma de sociedades de investimento e as unidades de participação de OICVM fechados sob forma contratual que:

i) Respeitem os critérios estabelecidos na alínea anterior;

ii) Estejam sujeitos a mecanismos de governo societário ou equivalentes;

iii) Sejam geridos por uma entidade sujeita a regulação dirigida à protecção dos investidores;

c) Os instrumentos financeiros que:

i) Respeitem os critérios estabelecidos na alínea *a)*;

ii) Tenham como subjacentes outros activos, ainda que estes difiram dos referidos no artigo 45.º.

2 — Consideram-se na situação prevista na alínea *a)* do número anterior, salvo informações obtidas pelo OICVM que conduzam a conclusão diferente, os valores mobiliários admitidos à negociação ou negociados num mercado regulamentado.

ART. 44.º-A (Instrumentos do mercado monetário) — 1 — Para efeitos do presente título, são instrumentos do mercado monetário os instrumentos financeiros transmissíveis, normalmente negociados no mercado monetário, líquidos e cujo valor possa ser determinado com precisão a qualquer momento, nomeadamente bilhetes do Tesouro, certificados de depósito, papel comercial e outros instrumentos representativos de dívida de curto prazo.

2 — São entendidos como instrumentos do mercado monetário normalmente negociados no mercado monetário os instrumentos financeiros que têm um vencimento, aquando da emissão, igual ou inferior a 397 dias ou que distam menos de 397 dias do prazo de vencimento.

3 — São ainda considerados como instrumentos do mercado monetário os instrumentos financeiros que:

a) São submetidos a ajustamentos periódicos de rendibilidade em função das condições do mercado monetário pelo menos uma vez em cada 397 dias; ou

ORGANISMOS DE INVESTIMENTO COLECTIVO EM VALORES MOBILIÁRIOS [DL n.º 252/2003] 413

b) Possuem um perfil de risco, incluindo riscos de crédito e de taxa de juro, correspondente ao de instrumentos financeiros que têm um prazo de vencimento conforme referido no número anterior ou são submetidos a ajustamentos de rendibilidade conforme referido na alínea anterior.

4 — São entendidos como instrumentos do mercado monetário líquidos os instrumentos financeiros que podem ser vendidos com custos limitados num prazo adequadamente curto, tendo em conta a obrigação do OICVM de satisfazer os pedidos de resgate ou de reembolso.

5 — São entendidos como instrumentos do mercado monetário cujo valor pode ser determinado com exactidão em qualquer momento aqueles para os quais estão disponíveis sistemas de avaliação exactos e fiáveis que:

a) Permitam ao OICVM calcular um valor líquido da sua unidade de participação em conformidade com o valor pelo qual o instrumento financeiro detido na carteira pode ser trocado entre partes que actuem com pleno conhecimento de causa e de livre vontade, no contexto de uma operação em que não existe relacionamento entre as partes;

b) Assentem em dados de mercado ou em modelos de avaliação, incluindo sistemas baseados em custos amortizados.

6 — Considera-se que os critérios referidos nos n.ᵒˢ 4 e 5 são respeitados no caso de instrumentos financeiros que são normalmente negociados no mercado monetário, conforme referidos no n.º 1, e que são admitidos à negociação ou negociados num mercado regulamentado, em conformidade com a alínea *a*) do n.º 1 do artigo 45.º, a menos que o OICVM disponha de informações que conduzam a uma conclusão diferente.

ART. 45.º (Instrumentos financeiros elegíveis) — 1 — As carteiras dos OICVM são constituídas por instrumentos financeiros líquidos que sejam:

a) Valores mobiliários e instrumentos do mercado monetário:

i) Admitidos à negociação ou negociados em mercado regulamentado de Estado membro da União Europeia, na acepção do n.º 14 do artigo 4.º da Directiva n.º 2004/39/CE, do Parlamento Europeu e do Conselho, de 21 de Abril, ou em outro mercado regulamentado de um Estado membro com funcionamento regular reconhecido e aberto ao público;

ii) Admitidos à negociação ou negociados num outro mercado regulamentado de Estado terceiro, com funcionamento regular, reconhecido e aberto ao público, desde que a escolha desse mercado seja prevista na lei, nos documentos constitutivos ou aprovada pela CMVM;

b) Valores mobiliários recentemente emitidos, desde que as condições de emissão incluam o compromisso de que será apresentado o pedido de admissão à negociação num dos mercados referidos na alínea anterior e desde que tal admissão seja obtida no prazo de um ano a contar da data da emissão;

c) Unidades de participação:

i) De OICVM autorizados nos termos da Directiva n.º 85/611/CEE, do Conselho, de 20 de Dezembro;

ii) De outros OIC, desde que:

Correspondam à noção de OICVM do n.º 4 do artigo 1.º;

Sejam autorizados ao abrigo de legislação que os sujeite a um regime de supervisão que a CMVM considere equivalente à prevista no presente decreto-lei, e que esteja assegurada a cooperação com as autoridades competentes para a supervisão;

Assegurem aos participantes um nível de protecção equivalente ao que resulta do presente decreto-lei, nomeadamente no que diz respeito a segregação de activos, empréstimos e vendas a descoberto;

Elaborem relatórios anuais e semestrais que permitam uma avaliação do seu activo e passivo, bem como das suas receitas e operações; e

Não possam, nos termos dos documentos constitutivos, investir mais de 10% dos seus activos em unidades de participação de OIC;

d) Depósitos bancários à ordem ou a prazo não superior a 12 meses e que sejam susceptíveis de mobilização antecipada, junto de instituições de crédito com sede em Estado membro da União Europeia ou num Estado terceiro, desde que, neste caso, sujeitas a normas prudenciais equivalentes às que constam do direito comunitário;

e) Instrumentos financeiros derivados negociados nos mercados regulamentados referidos na alínea *a*) desde que os activos subjacentes sejam abrangidos pelo presente número, incluindo instrumentos financeiros que possuam pelo menos uma característica desses activos, ou sejam índices financeiros, taxas de juro, de câmbio ou divisas nos quais o OICVM possa efectuar as suas aplicações, nos termos dos respectivos documentos constitutivos;

f) Instrumentos financeiros derivados transaccionados fora de mercado regulamentado desde que:

i) Os activos subjacentes se enquadrem no disposto na alínea anterior;

ii) As contrapartes nas operações sejam instituições sujeitas a supervisão prudencial; e

iii) Os instrumentos estejam sujeitos a avaliação diária fiável e verificável e possam ser vendidos, liquidados ou encerrados a qualquer momento pelo seu justo valor, por iniciativa do OICVM;

414   [**DL n.º 252/2003**]   INSTITUIÇÕES DE CRÉDITO E SOCIEDADES FINANCEIRAS

g) Instrumentos do mercado monetário diferentes dos referidos na alínea *a)*, cuja emissão ou emitente seja objecto de regulamentação para efeitos de protecção dos investidores ou da poupança, desde que:

i) Respeitem um dos critérios estabelecidos nos n.ᵒˢ 2 e 3 do artigo 44.º-A e todos os critérios estabelecidos nos n.ᵒˢ 4 e 5 desse mesmo artigo;

ii) Estejam disponíveis informações adequadas sobre os mesmos, incluindo informações que permitem uma avaliação apropriada dos riscos de crédito relacionados com o investimento em tais instrumentos, tendo em conta a alínea *c)* do n.º 2, e os n.ᵒˢ 4 e 6 do presente artigo;

iii) Sejam livremente transmissíveis.

2 — Consideram-se incluídos na alínea *g)* do número anterior, quando cumpram os requisitos ali estabelecidos, os instrumentos do mercado monetário:

a) Emitidos ou garantidos por órgãos da administração central, regional ou local, ou pelo banco central de um Estado membro da União Europeia, pelo Banco Central Europeu, pela União Europeia, pelo Banco Europeu de Investimento, por um terceiro Estado, por um Estado membro de uma federação ou por uma instituição internacional de carácter público a que pertençam um ou mais Estados membros da União Europeia;

b) Emitidos por uma sociedade emitente de valores mobiliários admitidos à negociação num dos mercados regulamentados referidos na alínea *a)* do número anterior;

c) Emitidos ou garantidos por uma instituição sujeita a supervisão prudencial, de acordo com critérios definidos pela legislação comunitária, ou sujeita a regras prudenciais equivalentes, desde que exista:

i) Informação sobre a emissão ou o programa de emissão ou sobre a situação jurídica e financeira do emitente anterior à emissão do instrumento de mercado monetário;

ii) Actualização das informações referidas na subalínea anterior numa base periódica e sempre que ocorra um desenvolvimento significativo;

iii) Disponibilidade de estatísticas fiáveis sobre a emissão ou o programa de emissão ou outros dados que permitam uma avaliação adequada dos riscos de crédito relacionados com o investimento nesses instrumentos;

d) Emitidos por outras entidades, reconhecidas pela CMVM, desde que o investimento nesses valores confira aos investidores uma protecção equivalente à referida nas alíneas *a)*, *b)* e *c)* e o emitente seja uma sociedade com capital e reservas de montante mínimo de 10 milhões de euros que apresente e publique as suas contas anuais em conformidade com a Directiva n.º 78/660/CEE, do Conselho, de 25 de Julho, e seja uma entidade que, dentro de um grupo que inclua diversas sociedades cotadas, se especialize no financiamento do grupo ou seja uma entidade especializada no financiamento de veículos de titularização com os quais celebre contratos de abertura de crédito.

3 — Para efeitos da alínea *d)* do número anterior, considera-se que:

a) Os veículos de titularização são estruturas, na forma societária, de *trust* ou contratual, criadas para fins de operações de titularização;

b) Os contratos de abertura de crédito são celebrados com uma instituição que cumpre o disposto na alínea *c)* do número anterior.

4 — Relativamente a todos os instrumentos do mercado monetário abrangidos pela alínea *a)* do n.º 2, com excepção dos referidos no n.º 6 e dos emitidos pelo Banco Central Europeu ou por um banco central de um Estado membro, as informações adequadas, conforme referidas na subalínea *ii)* da alínea *g)* do n.º 1, consistem nas informações sobre a emissão ou o programa de emissão ou sobre a situação jurídica e financeira do emitente anterior à emissão do instrumento de mercado monetário.

5 — A referência da alínea *c)* do n.º 2 a uma instituição objecto de supervisão prudencial que respeite regras prudenciais consideradas pelas autoridades competentes como sendo, pelo menos, tão rigorosas como as previstas pelo direito comunitário é entendida como uma referência a um emitente que é objecto de supervisão prudencial, respeita regras prudenciais e cumpre um dos seguintes critérios:

a) Encontra-se localizado no espaço económico europeu;

b) Encontra-se localizado num país da OCDE pertencente ao Grupo dos Dez;

c) Tem, no mínimo, uma notação de risco;

d) Pode ser demonstrado, com base numa análise em profundidade do emitente, que as regras prudenciais que lhe são aplicáveis são, pelo menos, tão rigorosas como as previstas pelo direito comunitário.

6 — Para efeitos dos instrumentos do mercado monetário referidos nas alíneas *b)* e *d)* do n.º 2, bem como para os emitidos por uma autoridade local ou regional de um Estado membro ou por um organismo público internacional, mas que não são garantidos por um Estado membro ou, no caso de um Estado federal que seja um Estado membro, por um dos membros que compõem a federação, as informações adequadas, em conformidade com o referido na subalínea *ii)* da alínea *g)* do n.º 1 consistem em:

a) Informações sobre a emissão ou o programa de emissão e sobre a situação jurídica e financeira do emitente anterior à emissão do instrumento de mercado monetário;

b) Actualizações das informações referidas na alínea anterior numa base periódica e sempre que ocorra um desenvolvimento significativo;

c) Verificação das informações referidas na alínea *a)* por terceiros devidamente qualificados não sujeitos a instruções do emitente;

d) Disponibilidade de estatísticas fiáveis sobre a emissão ou os programas de emissão.

ORGANISMOS DE INVESTIMENTO COLECTIVO EM VALORES MOBILIÁRIOS   [DL n.º 252/2003]   415

7 — Um OICVM pode investir até 10% do seu valor líquido global em valores mobiliários e instrumentos do mercado monetário diferentes dos referidos no n.º 1, salvo os mencionados no número seguinte.

8 — Não podem ser adquiridos para os OICVM metais preciosos nem certificados representativos destes.

ART. 45.º-A (Instrumentos financeiros derivados) — 1 — Os instrumentos derivados de crédito incluem--se nos instrumentos financeiros derivados referidos nas alíneas *e)* e *f)* do n.º 1 do artigo 45.º, permitindo a transferência do risco de crédito de um activo, conforme referido na alínea *e)* do n.º 1 do artigo 45.º, independentemente dos outros riscos associados a esse activo, quando cumpram os seguintes critérios:

a) Não resultem na entrega ou transferência de activos para além dos previstos como admissíveis no artigo 45.º, incluindo numerário;

b) Cumpram os critérios aplicáveis aos instrumentos financeiros derivados negociados fora de mercado regulamentado estabelecidos nas subalíneas *ii)* e *iii)* da alínea *f)* do n.º 1 artigo 45.º e nos n.ºs 2 e 3 do presente artigo;

c) Os seus riscos sejam devidamente tidos em conta pelo processo de gestão de riscos do OICVM, bem como pelos seus mecanismos internos de controlo no caso de risco de assimetria das informações entre o OICVM e a contraparte do derivado de crédito, resultante da possibilidade de acesso da contraparte a informações não públicas sobre as sociedades a cujos activos os derivados de crédito fazem referência.

2 — Para efeitos da subalínea *iii)* da alínea *f)* do n.º 1 do artigo 45.º, entende-se por justo valor o montante pelo qual um instrumento financeiro pode ser trocado ou um passivo liquidado entre partes que actuam com pleno conhecimento de causa e de livre vontade, no quadro de uma operação em que não existe relacionamento entre as partes.

3 — Para efeitos da subalínea *iii)* da alínea *f)* do n.º 1 do artigo 45.º, entende-se por avaliação fiável e verificável a avaliação, pelo OICVM, correspondente ao justo valor, conforme referido no n.º 2 do presente artigo, que não dependa só da cotação indicada pela contraparte e que cumpra os seguintes critérios:

a) Assenta num valor de mercado actualizado fiável do instrumento ou, se esse valor não se encontrar disponível, num modelo de determinação do valor que utilize uma metodologia universalmente reconhecida;

b) A sua verificação é realizada por:

i) Um terceiro considerado adequado, independente da contraparte do instrumento derivado negociado fora de mercado regulamentado e com uma frequência apropriada; ou

ii) Um serviço da sociedade gestora do OICVM independente do departamento responsável pela gestão dos activos, devidamente equipado para o efeito.

4 — A referência a instrumentos financeiros líquidos exclui os instrumentos derivados sobre mercadorias.

ART. 45.º-B (Índices financeiros) — 1 — São considerados índices financeiros os índices que:
a) Sejam suficientemente diversificados, de modo que:

i) A composição do índice seja tal que os movimentos de preço ou as actividades de negociação relativas a um activo não influenciem indevidamente o desempenho global do índice;

ii) Quando o índice seja composto por activos referidos no n.º 1 do artigo 45.º, a sua composição seja, no mínimo, diversificada em conformidade com o artigo 53.º;

iii) Quando o índice seja composto por activos para além dos referidos no n.º 1 do artigo 45.º, a sua composição tenha uma diversificação equivalente à prevista no artigo 53.º;

b) Representem um padrão de referência adequado em relação aos mercados a que dizem respeito, devendo para o efeito:

i) O índice medir o desempenho de um grupo representativo de activos subjacentes de forma relevante e adequada;

ii) O índice ser revisto ou reformulado periodicamente para garantir que continua a reflectir os mercados a que diz respeito, em função de critérios publicamente disponíveis;

iii) Os activos subjacentes ser suficientemente líquidos, permitindo a reprodução do índice pelos utilizadores;

c) Sejam publicados de forma adequada, devendo para o efeito:

i) O seu processo de publicação assentar em procedimentos sólidos para recolher preços, calcular e, posteriormente, publicar o valor do índice, incluindo o método de determinação do valor dos activos para os quais o preço de mercado não se encontra disponível;

ii) Ser prestadas, numa base alargada e em tempo útil, informações relevantes sobre assuntos como as metodologias de cálculo e de reformulação dos índices, as alterações dos índices ou quaisquer dificuldades operacionais na prestação de informações atempadas ou exactas.

2 — São instrumentos financeiros derivados sobre uma combinação dos activos referidos nas alíneas *e)* e *f)* do n.º 1 do artigo 45.º aqueles que, não cumprindo os critérios estabelecidos no n.º 1 do presente artigo, preenchem os critérios estabelecidos nas alíneas *e)* e *f)* do n.º 1 do artigo 45.º, com excepção dos índices financeiros.

416 [DL n.º 252/2003] INSTITUIÇÕES DE CRÉDITO E SOCIEDADES FINANCEIRAS

ART. 46.º (Técnicas e instrumentos de gestão) — 1 — As sociedades gestoras podem utilizar técnicas e instrumentos adequados à gestão eficaz dos activos do OICVM, nos termos definidos no presente decreto-lei ou em regulamento, e de acordo com os documentos constitutivos, considerando os respectivos riscos no processo de gestão do OICVM.

2 — A referência a técnicas e instrumentos relacionados com valores mobiliários para efeitos de uma gestão eficaz da carteira é entendida como uma referência a técnicas e instrumentos que:

a) Sejam economicamente adequados, na medida em que a sua aplicação apresente uma boa relação entre o custo e a eficácia;

b) Contribuam para prosseguir, pelo menos, um dos seguintes objectivos específicos:

i) Redução dos riscos;

ii) Redução dos custos;

iii) Disponibilização de capital ou rendimento adicional para o OICVM com um nível de risco coerente com o perfil de risco do OICVM e com as regras de diversificação dos riscos estabelecidas no artigo 49.º.

3 — As técnicas e os instrumentos que cumpram os critérios estabelecidos no número anterior e que sejam relacionados com instrumentos do mercado monetário são considerados técnicas e instrumentos relacionados com instrumentos do mercado monetário para efeitos de uma gestão eficaz da carteira.

4 — A sociedade gestora comunica à CMVM a utilização das técnicas e instrumentos, incluindo o tipo de instrumentos financeiros derivados, os riscos subjacentes, os limites quantitativos e os métodos utilizados para calcular os riscos associados à transmissão de instrumentos financeiros derivados por cada OICVM.

5 — A exposição de cada OICVM em instrumentos derivados não pode exceder o seu valor líquido global.

6 — A exposição a que se refere o número anterior é calculada tendo em conta o valor de mercado dos activos subjacentes e os respectivos riscos, nomeadamente, se aplicável, o risco de contraparte, os futuros movimentos do mercado e o tempo disponível para liquidar as posições.

7 — Sempre que um valor mobiliário ou instrumento do mercado monetário incorpore instrumentos financeiros derivados, estes últimos são tidos em conta para efeitos do cálculo dos limites impostos à utilização de instrumentos financeiros derivados.

8 — São entendidos como valores mobiliários com incorporação de um derivado os instrumentos financeiros que cumpram os critérios estabelecidos no n.º 1 do artigo 44.º e que contenham um activo subjacente que cumpra os seguintes critérios:

a) Em virtude desse activo, alguns ou todos os fluxos de caixa que de outra forma seriam exigidos pelo valor mobiliário que funciona como contrato de base podem ser alterados em função de uma taxa de juro especificada, de um preço de instrumentos financeiros, de uma taxa de câmbio, de um índice de preços ou taxas, de uma notação do risco de crédito, de um índice de crédito ou de outra variável e, por conseguinte, variam de forma semelhante a um derivado autónomo;

b) As suas características económicas e riscos não têm uma relação estreita com as características económicas e os riscos do contrato de base;

c) Tem um impacte significativo sobre o perfil de risco e a determinação do preço do valor mobiliário.

9 — Os instrumentos do mercado monetário que cumpram um dos critérios estabelecidos nos n.ºs 2 e 3 do artigo 44.º-A e todos os critérios estabelecidos nos n.ºs 4 e 5 do mesmo artigo e que contenham um activo que cumpra os critérios estabelecidos no número anterior são considerados instrumentos do mercado monetário com um derivado incorporado.

10 — Considera-se que um valor mobiliário ou um instrumento de mercado monetário não incorpora um derivado se contiver um elemento que é contratualmente transmissível, independentemente do valor mobiliário ou do instrumento de mercado monetário, sendo esse elemento considerado um instrumento financeiro distinto.

11 — A sociedade gestora utiliza processos de gestão de riscos que lhe permitam em qualquer momento controlar e avaliar as suas posições em instrumentos financeiros derivados e a respectiva contribuição para o perfil de risco geral da carteira, os quais permitem uma avaliação precisa e independente dos instrumentos financeiros derivados negociados fora de mercado regulamentado.

ART. 47.º (Operações fora de mercado regulamentado) — 1 — São objecto de registo especial organizado pela entidade gestora as operações sobre activos admitidos à negociação em mercado regulamentado realizadas fora de mercado regulamentado e de sistema de negociação multilateral.

2 — *(Revogado.)*

3 — *(Revogado.)*

ART. 48.º (Endividamento) — As entidades gestoras podem contrair empréstimos por conta dos OICVM que gerem, com a duração máxima de 120 dias, seguidos ou interpolados, num período de um ano e até ao limite de 10% do valor líquido global do OICVM, sem prejuízo da utilização de técnicas de gestão relativas a empréstimo e reporte de valores mobiliários.

ORGANISMOS DE INVESTIMENTO COLECTIVO EM VALORES MOBILIÁRIOS   [DL n.º 252/2003]   417

Secção II — LIMITES

ART. 49.º (Limites por entidade) — 1 — Um OICVM não pode investir mais de 10% do seu valor líquido global em valores mobiliários e instrumentos do mercado monetário emitidos por uma mesma entidade, sem prejuízo do disposto no número seguinte.

2 — O conjunto dos valores mobiliários e instrumentos do mercado monetário que, por emitente, representem mais de 5% do valor líquido global do OICVM não pode ultrapassar 40% deste valor.

3 — O limite referido no número anterior não é aplicável a depósitos e a transacções sobre instrumentos financeiros derivados realizadas fora de mercado regulamentado quando a contraparte for uma instituição sujeita a supervisão prudencial.

4 — O limite referido no n.º 1 é elevado para 35% no caso de valores mobiliários e instrumentos do mercado monetário emitidos ou garantidos por um Estado membro da União Europeia, pelas suas autoridades locais ou regionais, por um terceiro Estado ou por instituições internacionais de carácter público a que pertençam um ou mais Estados membros da União Europeia.

5 — Os limites referidos nos n.os 1 e 2 são, respectivamente, elevados para 25% e 80%, no caso de obrigações, nomeadamente hipotecárias, emitidas por uma instituição de crédito sediada num Estado membro da União Europeia, desde que essa possibilidade esteja expressamente prevista nos documentos constitutivos.

6 — Das condições de emissão das obrigações referidas no número anterior tem de resultar, nomeadamente, que o valor por elas representado está garantido por activos que cubram completamente, até ao vencimento das obrigações, os compromissos daí decorrentes e que sejam afectados por privilégio ao reembolso do capital e ao pagamento dos juros devidos em caso de incumprimento do emitente.

7 — Sem prejuízo do disposto nos n.os 4 e 5, um OICVM não pode acumular um valor superior a 20% do seu valor líquido global em valores mobiliários, instrumentos do mercado monetário, depósitos e exposição a instrumentos financeiros derivados fora de mercado regulamentado junto da mesma entidade.

8 — Os limites previstos nos n.os 1 a 5 não podem ser acumulados.

9 — Os valores mobiliários e instrumentos do mercado monetário referidos nos n.os 4 e 5 não são considerados para aplicação do limite de 40% estabelecido no n.º 2.

10 — Um OICVM pode investir até 100% do seu valor líquido global em valores mobiliários ou instrumentos do mercado monetário emitidos ou garantidos por um Estado membro da União Europeia, pelas suas autoridades locais ou regionais, por instituições internacionais de carácter público a que pertençam um ou mais Estados membros da União Europeia ou por um terceiro Estado, desde que respeitem, pelo menos, a seis emissões diferentes e que os valores pertencentes a cada emissão não excedam 30% do valor líquido global do OICVM.

11 — O investimento referido no número anterior impõe a identificação expressa, nos documentos constitutivos e em qualquer publicação de natureza promocional, dos emitentes em que se pretende investir mais de 35% do valor líquido global do OICVM, bem como a inclusão de uma menção que evidencie a especial natureza da sua política de investimentos.

12 — Os valores a que se refere a alínea *b)* do n.º 1 do artigo 45.º não podem, em cada momento, exceder 10% do valor líquido global do OICVM, passando, no termo do prazo ali previsto, a ser considerados para os efeitos do limite previsto no n.º 2 daquele artigo.

13 — As sociedades incluídas no mesmo grupo para efeitos de consolidação de contas, na acepção da Directiva n.º 83/349/CEE, do Conselho, de 13 de Junho, ou em conformidade com regras contabilísticas internacionalmente reconhecidas, são consideradas como uma única entidade para efeitos de cálculo dos limites previstos no presente artigo.

14 — Para efeitos do cálculo dos limites previstos no presente artigo consideram-se os activos subjacentes aos instrumentos financeiros derivados em que o OICVM invista.

ART. 50.º (Limites por OIC) — 1 — Um OICVM não pode investir mais de 20% do seu valor líquido global em unidades de participação de um único OIC previstas na alínea *c)* do n.º 1 do artigo 45.º.

2 — Um OICVM não pode investir, no total, mais de 30% do seu valor líquido global em unidades de participação de OIC previstas na subalínea *ii)* da alínea *c)* do n.º 1 do artigo 45.º.

3 — Quando um OICVM detiver unidades de participação de OIC, os activos que integram estes últimos não contam para efeitos dos limites por entidade referidos nos artigos 49.º, 51.º e 52.º.

ART. 51.º (Limites em derivados) — 1 — A exposição do OICVM a uma mesma contraparte em transacções com instrumentos financeiros derivados fora de mercado regulamentado não pode ser superior a:

a) 10% do seu valor líquido global, quando a contraparte for uma instituição de crédito na acepção da alínea *d)* do n.º 1 do artigo 45.º;

b) 5% do seu valor líquido global, nos restantes casos.

2 — No caso de investimento em instrumentos financeiros derivados baseados num índice, os valores que o integram não contam para efeitos dos limites referidos nos artigos 49.º e 52.º.

ART. 52.º (Limites por grupo) — Um OICVM não pode investir mais de 20% do seu valor líquido global em valores mobiliários e instrumentos do mercado monetário emitidos por entidades que se encontrem em relação de grupo.

418   [DL n.º 252/2003]   INSTITUIÇÕES DE CRÉDITO E SOCIEDADES FINANCEIRAS

ART. 53.º (Limites de OICVM de índices) — 1 — Um OICVM pode investir até ao máximo de 20% do seu valor líquido global em acções ou instrumentos representativos de dívida emitidos pela mesma entidade, quando o objectivo da sua política de investimentos for a reprodução da composição de um determinado índice de acções ou de instrumentos representativos de dívida, reconhecido pela CMVM.

2 — Entende-se por reprodução da composição de um determinado índice de acções ou de instrumentos representativos de dívida a reprodução da composição dos activos subjacentes do índice, incluindo a utilização de derivados ou outras técnicas e instrumentos de gestão referidos no artigo 46.º.

3 — Os índices mencionados no n.º 1:

a) Têm uma composição suficientemente diversificada, respeitando os limites previstos no presente artigo, sem prejuízo do disposto no número anterior;

b) Representam um padrão de referência adequado em relação aos mercados a que dizem respeito, entendidos estes como índices cujo fornecedor usa uma metodologia reconhecida, que, de forma geral, não resulta na exclusão de um emitente importante dos mercados a que dizem respeito; e

c) São publicamente acessíveis e o seu fornecedor é independente do OICVM que reproduz índices.

4 — A alínea *c)* do número anterior não exclui a situação em que o fornecedor do índice e o OICVM fazem parte do mesmo grupo económico, desde que existam disposições efectivas para a gestão de conflitos de interesse.

5 — O limite referido no n.º 1 é elevado para 35%, apenas em relação a uma única entidade, se tal for justificado por condições excepcionais verificadas nos mercados regulamentados em que predominem determinados valores mobiliários ou instrumentos do mercado monetário.

ART. 54.º (Limites de OICVM fechados) — A composição da carteira dos OICVM fechados obedece ao disposto nas secções I e II do presente capítulo, com as seguintes especificidades:

a) O limite previsto no artigo 48.º é elevado para 20%;

b) O limite previsto no n.º 2 do artigo 49.º não é aplicável;

c) O limite previsto no n.º 2 do artigo 45.º é elevado para 25%.

ART. 55.º (Situações excepcionais) — 1 — Os limites previstos nesta secção e no n.º 2 do artigo 45.º podem ser ultrapassados em resultado do exercício ou conversão de direitos inerentes a valores mobiliários ou a instrumentos do mercado monetário detidos pelos OICVM ou em virtude de variações significativas dos preços de mercado, nos termos definidos em regulamento.

2 — Nas situações referidas no número anterior, as decisões em matéria de investimentos têm por objectivo prioritário a regularização da situação no prazo máximo de seis meses, tendo em conta o interesse dos participantes.

3 — Os limites previstos nos artigos 45.º, n.º 2, e 49.º a 54.º podem ser ultrapassados durante os primeiros seis meses de actividade dos OICVM.

Secção III — **ENCARGOS E RECEITAS**

ART. 56.º (Encargos e receitas) — 1 — Constituem encargos do OICVM:

a) A comissão de gestão e a comissão de depósito, destinadas a remunerar os serviços prestados pela entidade gestora e pelo depositário do OICVM, respectivamente;

b) Os custos de transacção dos activos do OICVM;

c) Os custos emergentes das auditorias exigidas por lei ou regulamento;

d) Outras despesas e encargos devidamente documentados e que decorram de obrigações legais, nas condições a definir em regulamento;

e) A taxa de supervisão devida à CMVM.

2 — Sempre que um OICVM invista em unidades de participação de OIC geridos, directamente ou por delegação, ou comercializados pela mesma entidade gestora, ou por entidade gestora que com aquela se encontre em relação de domínio ou de grupo, ou ligada no âmbito de uma gestão comum ou por participação de capital directa ou indirecta superior a 20%, não podem ser cobradas quaisquer comissões de subscrição ou de resgate nas respectivas operações.

3 — Um OICVM que invista uma parte importante dos seus activos em unidades de participação de OIC indica nos seus documentos constitutivos o nível máximo de comissões de gestão que podem ser cobradas em simultâneo ao próprio OICVM e aos restantes OIC em que pretenda investir, especificando no seu relatório e contas anual a percentagem de comissões de gestão cobradas ao OICVM e aos restantes OIC em que investiu.

4 — Constituem, nomeadamente, receitas dos OICVM as resultantes do investimento ou transacção dos activos que os compõem, sem prejuízo do disposto no número seguinte, bem como os rendimentos desses activos.

5 — O destino das receitas ou proveitos pagos à entidade gestora ou a entidades que com ela se encontrem em relação de domínio ou de grupo em consequência directa ou indirecta do exercício da sua actividade é definido em lei ou regulamento.

ORGANISMOS DE INVESTIMENTO COLECTIVO EM VALORES MOBILIÁRIOS   [DL n.º 252/2003]   419

SECÇÃO IV — **VALORIZAÇÃO DAS CARTEIRAS E DAS UNIDADES DE PARTICIPAÇÃO**

ART. 57.º (Princípio de valorização) — A carteira do OICVM é avaliada ao seu valor de mercado, de acordo com as regras fixadas nos seus documentos constitutivos, nos termos definidos em regulamento.

ART. 58.º (Cálculo e divulgação do valor das unidades de participação) — 1 — O valor das unidades de participação determina-se dividindo o valor líquido global do OICVM pelo número de unidades de participação em circulação.

2 — O valor das unidades de participação dos OICVM é calculado e divulgado todos os dias úteis, excepto o valor das unidades de participação dos OICVM fechados, que é divulgado mensalmente, com referência ao último dia do mês anterior.

3 — O valor das unidades de participação é divulgado em todos os locais de comercialização e respectivos meios.

CAPÍTULO II — **Conflitos de interesses e operações proibidas**

ART. 59.º (Participações qualificadas) — 1 — A entidade gestora não pode, relativamente ao conjunto de OICVM que gere, realizar operações por conta destes que sejam susceptíveis de lhe conferir uma influência significativa sobre qualquer sociedade.

2 — A entidade gestora não pode, relativamente ao conjunto de OICVM que gere, adquirir acções que lhe confiram mais de 20% dos direitos de voto numa sociedade ou que lhe permitam exercer uma influência significativa na sua gestão.

3 — Não podem fazer parte de um OICVM mais de:
a) 10% das acções sem direito de voto de um mesmo emitente;
b) 10% das obrigações de um mesmo emitente;
c) 25% das unidades de participação de um mesmo OICVM;
d) 10% dos instrumentos do mercado monetário de um mesmo emitente.

4 — Os limites previstos nas alíneas b), c) e d) do número anterior podem não ser respeitados no momento da aquisição se, nesse momento, o montante ilíquido das obrigações ou dos instrumentos do mercado monetário ou o montante líquido dos títulos emitidos não puder ser calculado.

5 — O disposto nos números anteriores não se aplica no caso de valores mobiliários e instrumentos do mercado monetário emitidos ou garantidos por um Estado membro da União Europeia, pelas suas autoridades locais ou regionais, por instituições internacionais de carácter público a que pertençam um ou mais Estados membros da União Europeia ou por um terceiro Estado.

6 — O conjunto dos OICVM geridos por uma entidade gestora não pode deter mais de:
a) 20% das acções sem direito de voto de um mesmo emitente;
b) 50% das obrigações de um mesmo emitente;
c) 60% das unidades de participação de um mesmo OICVM.

ART. 60.º (Operações proibidas) — 1 — A entidade gestora não pode realizar por conta dos OICVM que gere, para além das referidas nos números seguintes, quaisquer operações susceptíveis de gerarem conflitos de interesses com:
a) A entidade gestora;
b) As entidades que detenham participações superiores a 10% do capital social ou dos direitos de voto da entidade gestora;
c) As entidades que se encontrem em relação de domínio ou de grupo com a entidade gestora, ou as entidades com quem aquelas se encontrem em relação de domínio ou de grupo;
d) As entidades em que a entidade gestora, ou entidade que com aquela se encontre em relação de domínio ou de grupo, detenha participação superior a 20% do capital social ou dos direitos de voto;
e) O depositário ou qualquer entidade que com este se encontre numa das relações referidas nas alíneas b), c) e d);
f) Os membros dos órgãos sociais de qualquer das entidades referidas nas alíneas anteriores;
g) O pessoal e demais colaboradores de qualquer das entidades referidas nas alíneas a) a e);
h) Os diferentes OICVM por si geridos.

2 — A entidade gestora tem o dever de conhecer as relações previstas neste artigo.

3 — A entidade gestora não pode, por conta dos OICVM que gere, adquirir ou deter activos emitidos, detidos ou garantidos por qualquer das entidades referidas no n.º 1.

4 — A proibição constante do número anterior não se aplica se:
a) A transacção dos valores mobiliários for realizada no mercado regulamentado em que se encontram admitidos; ou
b) Os valores mobiliários:

i) Forem adquiridos em oferta pública de subscrição cujas condições incluam o compromisso de que será apresentado o pedido da sua admissão à negociação em mercado regulamentado;

420 [DL n.º 252/2003] INSTITUIÇÕES DE CRÉDITO E SOCIEDADES FINANCEIRAS

ii) O emitente tenha valores mobiliários do mesmo tipo já admitidos nesse mercado regulamentado; e

iii) A admissão seja obtida o mais tardar no prazo de seis meses a contar da apresentação do pedido.

5 — Na situação prevista na alínea *b)* do número anterior, se a admissão dos valores não ocorrer no prazo referido, os valores são alienados nos 15 dias subsequentes ao termo daquele prazo.

6 — A entidade gestora não pode alienar activos detidos pelos OICVM que gere às entidades referidas no n.º 1, salvo na situação prevista na alínea *a)* do n.º 4.

7 — A detenção dos activos referida neste artigo abrange a titularidade, o usufruto, as situações que conferem ao detentor o poder de administrar ou dispor dos activos, bem como aquelas em que, não tendo nenhum destes poderes, é o real beneficiário dos seus frutos ou pode de facto deles dispor ou administrá-los.

8 — A entidade gestora não pode:

a) Onerar por qualquer forma os valores dos OICVM, salvo para a realização das operações previstas nos artigos 46.º e 48.º;

b) Conceder crédito ou prestar garantias por conta dos OICVM, não obstante a possibilidade de serem adquiridos para os OICVM valores mobiliários, instrumentos do mercado monetário ou os activos referidos nas alíneas *c), e), f)* e *g)* do n.º 1 do artigo 45.º não inteiramente realizados;

c) Efectuar por conta dos OICVM vendas a descoberto dos activos referidos nas alíneas *a), b), c), e), f)* e *g)* do n.º 1 do artigo 45.º;

d) Adquirir para o OICVM quaisquer activos objecto de garantias reais, penhora ou procedimentos cautelares.

CAPÍTULO III — **Informação**

Secção I — **DOCUMENTOS CONSTITUTIVOS**

ART. 61.º (Documentos constitutivos) — A entidade gestora elabora, para cada OICVM por si gerido, os seguintes documentos constitutivos:

a) Prospecto simplificado;

b) Prospecto completo; e

c) Regulamento de gestão.

ART. 62.º (Prospectos) — 1 — Para cada OICVM são elaborados um prospecto simplificado e um prospecto completo, mantidos actualizados, cujo conteúdo permita ao investidor tomar uma decisão esclarecida sobre o investimento que lhe é proposto, nomeadamente sobre os riscos a ele inerentes.

2 — Os prospectos e as respectivas alterações são divulgados no sistema de difusão de informação da CMVM.

3 — Todas as acções publicitárias relativas a um OICVM informam da existência dos prospectos e dos locais e formas da sua obtenção ou acesso.

4 — O OICVM só pode ser publicitado depois de ter sido autorizada a sua constituição.

ART. 63.º (Prospecto simplificado) — 1 — O prospecto simplificado contém os elementos informativos constantes do anexo I do presente diploma, que dele constitui parte integrante.

2 — O prospecto simplificado pode ser usado como documento de comercialização em qualquer Estado membro da União Europeia, sem prejuízo da necessidade da sua eventual tradução.

ART. 64.º (Prospecto completo) — O prospecto completo de OIC integra, pelo menos, o regulamento de gestão e, quando não seja aplicável o disposto no n.º 1 do artigo 25.º, os elementos constantes do anexo II do presente decreto-lei, que dele fazem parte integrante, sendo disponibilizado aos investidores que o solicitem, sem qualquer encargo.

ART. 65.º (Regulamento de gestão) — 1 — O regulamento de gestão contém os elementos identificadores do OICVM, da entidade gestora, do depositário, das entidades subcontratadas e das funções que exercem, e define de forma clara os direitos e obrigações dos participantes, da entidade gestora e do depositário, as condições para a substituição destas entidades, a política de investimentos e as condições de liquidação.

2 — O regulamento de gestão indica, nomeadamente:

a) A denominação do OICVM, que não pode estar em desacordo com a política de investimentos e de rendimentos, o capital subscrito e realizado e a data de constituição;

b) A denominação e sede da entidade gestora, as condições da sua substituição e a identificação das funções e entidades efectivamente subcontratadas;

c) A denominação e sede do depositário e as condições da sua substituição;

d) A identificação das entidades comercializadoras e dos meios de comercialização utilizados;

e) A política de investimentos do OICVM, de forma a identificar claramente o seu objectivo, os activos que podem integrar a sua carteira, o nível de especialização, se existir, em termos sectoriais, geográficos ou por tipo de activo, os limites do endividamento, destacando especialmente, nos casos aplicáveis:

i) A finalidade prosseguida com a utilização de instrumentos financeiros derivados, consoante seja para efeitos de cobertura de risco ou como técnica de gestão, e a respectiva incidência no perfil de risco;

ORGANISMOS DE INVESTIMENTO COLECTIVO EM VALORES MOBILIÁRIOS   [DL n.º 252/2003]   421

ii) A identificação do índice que o OICVM reproduz;
iii) A identificação das entidades, nos termos do n.º 11 do artigo 49.º, em que o OICVM prevê investir mais de 35% do seu activo global;
iv) As especiais características do OICVM em função da composição da carteira ou das técnicas de gestão da mesma, designadamente a sua elevada volatilidade;

f) A política de rendimentos do OICVM, definida objectivamente por forma, em especial, a permitir verificar se a política é de capitalização ou de distribuição, parcial ou total e, neste caso, quais os critérios e periodicidade de distribuição;
g) A política geral da entidade gestora relativa ao exercício dos direitos de voto inerentes às acções detidas pelo OICVM, se for o caso;
h) A existência de comissões de subscrição, de resgate e de transferência entre OICVM e indicação dos respectivos valores;
i) O valor da unidade de participação para efeitos de subscrição e de resgate, indicando se a subscrição e o resgate se fazem pelo valor da unidade de participação divulgado na data dos pedidos ou pelo valor do dia subsequente;
j) A identificação das unidades de participação, com indicação das diferentes categorias e características e da existência de direito de voto dos participantes, se for o caso;
l) O montante mínimo exigível por subscrição;
m) O prazo máximo para efeitos de pagamento dos pedidos de resgate;
n) O valor inicial da unidade de participação para efeitos de constituição do OICVM;
o) As condições de transferência de unidades de participação de OIC;
p) Todos os encargos suportados pelo OICVM;
q) O valor, o modo de cálculo e as condições de cobrança das comissões de gestão e de depósito, e o valor máximo das comissões de gestão no caso previsto no n.º 3 do artigo 56.º;
r) As condições de suspensão das operações de subscrição e resgate das unidades de participação;
s) As regras de cálculo do valor dos activos do OICVM;
t) As regras de cálculo do valor das unidades de participação, incluindo o momento do dia utilizado como referência para o cálculo.
3 — O regulamento de gestão de um OICVM fechado indica ainda:
a) O número de unidades de participação;
b) A menção relativa à solicitação da admissão à negociação em mercado regulamentado;
c) Nos OICVM com duração determinada, a possibilidade e as condições da sua prorrogação;
d) As competências e regras de convocação e funcionamento das assembleias de participantes;
e) O prazo de subscrição, os critérios de rateio e o regime da subscrição incompleta, aplicáveis na constituição do OICVM e na emissão de novas unidades de participação;
f) A existência de garantias, prestadas por terceiros, de reembolso do capital ou de pagamento de rendimentos, e os respectivos termos e condições;
g) O regime de liquidação do OICVM;
h) A sua duração.

ART. 66.º (Alterações aos documentos constitutivos) — 1 — As alterações aos documentos constitutivos são comunicadas previamente à CMVM, podendo esta deduzir oposição no prazo de 15 dias a contar desta comunicação e, salvo o disposto no n.º 5, tornam-se eficazes após o decurso daquele prazo.
2 — Excluem-se do disposto no número anterior, efectuando-se por mera comunicação à CMVM, e tornam-se eficazes no momento desta comunicação, as alterações relativas às seguintes matérias:
a) Denominação e sede da entidade gestora, do depositário ou das entidades comercializadoras;
b) Órgãos sociais da entidade gestora;
c) Inclusão de novas entidades comercializadoras;
d) Redução dos montantes globais cobrados a título de comissões de gestão, depósito, subscrição, resgate e transferência;
e) Actualizações de elementos sujeitos a comunicação prévia à CMVM;
f) Actualização de dados quantitativos;
g) Meras adaptações a alterações legislativas ou regulamentares.
3 — Os participantes são informados até 10 dias a contar do termo do prazo para a CMVM deduzir oposição, das alterações de que resulte:
a) Modificação significativa da política de investimentos, como tal considerada pela CMVM;
b) Modificação da política de rendimentos;
c) Substituição da entidade gestora, depositário ou alteração dos titulares da maioria do capital social da entidade gestora;
d) Alterações de que resulte aumento global das comissões de gestão e de depósito suportadas pelo OICVM.
4 — As alterações referidas no número anterior tornam-se eficazes 45 dias após o termo do prazo para a CMVM deduzir oposição às mesmas.

422 [DL n.º 252/2003]   INSTITUIÇÕES DE CRÉDITO E SOCIEDADES FINANCEIRAS

5 — *(Revogado.)*

6 — Nos casos em que se verifique um aumento global das comissões de gestão e de depósito a suportar pelo OICVM ou uma modificação substancial da política de investimentos, os participantes podem proceder ao resgate das unidades de participação sem pagar a respectiva comissão, até um mês após a entrada em vigor das alterações.

Secção II — CONTAS

ART. 67.º (Relatórios e contas dos OICVM) — 1 — A entidade gestora elabora, para cada OICVM, um relatório e contas anual, relativo ao exercício findo em 31 de Dezembro anterior, e um relatório e contas semestral, referente ao 1.º semestre do exercício, que integram os seguintes documentos:

a) Relatório de gestão, incluindo, nomeadamente, a descrição da actividade e dos principais acontecimentos relativos ao OICVM no período;

b) Balanço;

c) Demonstração de resultados;

d) Demonstração de fluxos de caixa; e

e) Anexos aos documentos referidos nas alíneas *b)* a *d)*.

2 — No relatório do auditor, sobre os relatórios e contas dos OICVM, este deve pronunciar-se, nomeadamente, sobre:

a) A adequada avaliação efectuada pela entidade gestora dos valores do OICVM, em especial no que respeita aos valores mobiliários e instrumentos do mercado monetário não admitidos à negociação em mercado regulamentado e aos instrumentos financeiros derivados transaccionados fora de mercado regulamentado;

b) O cumprimento dos critérios de avaliação definidos nos documentos constitutivos;

c) O controlo das operações a que se refere o artigo 47.º;

d) O controlo dos movimentos de subscrição e de resgate das unidades de participação.

ART. 68.º (Divulgação) — 1 — Os relatórios e contas do OICVM e os respectivos relatórios do auditor são publicados e enviados à CMVM no prazo de:

a) Três meses contados do termo do exercício anterior, para os relatórios anuais;

b) Dois meses contados do termo do semestre do exercício, para os relatórios semestrais.

2 — A publicação referida no número anterior poderá ser substituída pela divulgação de um aviso com a menção de que os documentos se encontram à disposição do público nos locais indicados nos documentos constitutivos e que os mesmos poderão ser enviados sem encargos aos participantes que o requeiram.

3 — Os relatórios e contas são facultados, sem qualquer encargo, aos investidores e aos participantes que os solicitem, estando disponíveis ao público nos termos indicados nos documentos constitutivos.

ART. 69.º (Contabilidade) — 1 — A contabilidade dos OICVM é organizada nos termos definidos em regulamento.

2 — A entidade gestora envia à CMVM até ao dia 10 do mês seguinte o balancete mensal do OICVM.

Secção III — OUTRA INFORMAÇÃO

ART. 70.º (Meios de publicação) — 1 — Salvo disposição em contrário, a publicação ou divulgação de informações impostas por este diploma são efectuadas através de um dos seguintes meios:

a) Sistema de difusão de informação da CMVM;

b) Meio de comunicação de grande divulgação em Portugal;

c) Boletim oficial de uma sociedade gestora de mercados com sede em Portugal.

2 — Nos casos em que a publicação ou divulgação se efectue através de um dos meios referidos nas alíneas *b)* e *c)* do número anterior, a entidade gestora envia à CMVM cópia no prazo de três dias após a mesma.

ART. 71.º (Composição da carteira) — A entidade gestora publica e envia à CMVM a composição discriminada da carteira de cada OICVM, o respectivo valor líquido global e o número de unidades de participação em circulação, nos termos de regulamento.

ART. 72.º (Rendibilidade e risco) — As medidas ou índices de rendibilidade e risco dos OICVM comercializados em Portugal são calculados e divulgados nos termos definidos em regulamento.

ART. 73.º (Dever de comunicação sobre transacções) — 1 — Os membros dos órgãos de administração e os demais responsáveis pelas decisões de investimento dos OICVM informam a respectiva entidade gestora sobre as aquisições e alienações de acções ou de valores mobiliários que dão direito à aquisição de acções, efectuadas por eles, pelos respectivos cônjuges, por pessoas que com eles se encontrem em relação de dependência económica e por sociedades por eles dominadas, quer as aquisições sejam efectuadas em nome próprio, em representação ou por conta de terceiros, ou por estes por conta daqueles, no prazo de cinco dias contados da aquisição ou da alienação.

2 — A entidade gestora envia à CMVM as informações recebidas em cumprimento do disposto no número anterior.

ORGANISMOS DE INVESTIMENTO COLECTIVO EM VALORES MOBILIÁRIOS   [**DL n.º 252/2003**]   423

ART. 74.º (Direitos de voto) — As entidades gestoras comunicam à CMVM e ao mercado a justificação do sentido de exercício do direito de voto inerente a acções da carteira dos OICVM que gerem, nos termos a definir em regulamento.

CAPÍTULO IV — **Comercialização**

SECÇÃO I — **COMERCIALIZAÇÃO EM PORTUGAL**

ART. 75.º (Subscrição e resgate) — 1 — As unidades de participação são subscritas e o pagamento do seu resgate é efectuado nas condições e termos fixados nos documentos constitutivos.

2 — O valor da unidade de participação para efeitos de subscrição e de resgate é, de acordo com os documentos constitutivos, o divulgado no dia do pedido ou no dia útil seguinte.

ART. 76.º (Comissões) — 1 — Apenas podem ser cobradas aos participantes as comissões de subscrição, de resgate e de transferência, nas condições fixadas nos documentos constitutivos.

2 — O aumento das comissões de resgate ou de transferência ou o agravamento das suas condições de cálculo só podem ser aplicados em relação às unidades de participação subscritas após a entrada em vigor das respectivas alterações.

ART. 77.º (Suspensão) — 1 — Em circunstâncias excepcionais e sempre que o interesse dos participantes ou do mercado o aconselhe, as operações de subscrição e resgate das unidades de participação podem ser suspensas por decisão da entidade gestora ou da CMVM.

2 — A entidade gestora comunica previamente à CMVM a suspensão referida no número anterior.

SECÇÃO II — **COMERCIALIZAÇÃO TRANSFRONTEIRIÇA**

ART. 78.º (Comercialização em Portugal) — 1 — A comercialização em Portugal de unidades de participação de OICVM domiciliados noutro Estado membro da União Europeia que obedeçam ao disposto na Directiva n.º 85/611/CEE, do Conselho, de 20 de Dezembro, é precedida do envio à CMVM dos seguintes elementos:

a) Certificado actualizado emitido pela autoridade competente do Estado membro de origem atestando que o OICVM reúne os requisitos daquela directiva;

b) Regulamento de gestão ou contrato de sociedade, se for o caso;

c) Prospectos completo e simplificado;

d) Se for o caso, os últimos relatórios e contas anuais e semestrais;

e) Informação sobre as modalidades previstas para a comercialização das unidades de participação.

2 — A comercialização das unidades de participação do OICVM pode iniciar-se dois meses após o envio dos elementos referidos no número anterior, salvo se a CMVM se opuser, com fundamento no não cumprimento das disposições legislativas, regulamentares e administrativas aplicáveis em matéria de comercialização.

3 — Os OICVM adoptam, entre outras, as medidas necessárias, a assegurar em território nacional os pagamentos aos participantes, designadamente os relativos a operações de subscrição e resgate das unidades de participação, e a difusão de informação.

4 — As entidades gestoras dos OICVM facultam em língua portuguesa os documentos e as informações que devam ser publicitados no Estado do seu domicílio e procedem à sua divulgação nos termos aplicáveis aos OICVM nacionais.

5 — Os elementos referidos no n.º 1 devem ser mantidos actualizados, devendo as actualizações ser comunicadas à CMVM e produzindo os seus efeitos a partir do momento da recepção efectiva da comunicação.

6 — A publicidade dos OICVM obedece às disposições nacionais sobre a matéria, designadamente as que constam do Código dos Valores Mobiliários.

7 — A comercialização em Portugal de unidades de participação de OIC domiciliados no estrangeiro que não obedeçam aos requisitos do n.º 1 está sujeita a autorização da CMVM, nos termos definidos em regulamento.

ART. 79.º (Comercialização no estrangeiro) — 1 — A comercialização noutro Estado membro da União Europeia de unidades de participação de OIC domiciliados em Portugal é precedida de comunicação à CMVM, sendo remetidos à autoridade competente do Estado membro onde as unidades de participação serão comercializadas, tratando-se de OICVM harmonizado, os elementos referidos no n.º 1 do artigo anterior, para além de outros exigidos nesse Estado.

2 — As entidades gestoras dos OICVM harmonizados distribuem, no Estado membro onde são comercializadas as respectivas unidades de participação na língua ou línguas aceites nesse Estado, os documentos e as informações que devam ser publicitados em Portugal e procedem à sua divulgação segundo as regras aplicáveis nesse Estado.

3 — A liquidação dos OICVM harmonizados e a suspensão das operações de subscrição e de resgate das unidades de participação são imediatamente comunicadas pela CMVM à autoridade competente do Estado membro onde as unidades de participação dos OICVM são comercializadas.

4 — Qualquer decisão de revogar autorização concedida ou qualquer outra medida grave tomada pela CMVM quanto a um OICVM harmonizado é comunicada de imediato à autoridade competente do Estado membro onde as suas unidades de participação são comercializadas.

424 [DL n.º 252/2003]   INSTITUIÇÕES DE CRÉDITO E SOCIEDADES FINANCEIRAS

CAPÍTULO V — Agrupamentos de OICVM e OIC garantidos

ART. 80.º (Agrupamentos) — 1 — Nos termos a definir em regulamento, podem ser constituídos agrupamentos de OICVM geridos pela mesma entidade gestora, destinados a proporcionar aos participantes vantagens na transferência de unidades de participação.

2 — Os OICVM integrantes de um agrupamento correspondem a um tipo de OICVM aberto, não podendo as suas unidades de participação ser comercializadas fora do agrupamento.

3 — Os agrupamentos de OICVM têm um prospecto completo único e um prospecto simplificado único, que indicam obrigatoriamente as condições especiais de transferência de unidades de participação.

ART. 81.º (OIC garantidos) — Nos termos a definir em regulamento, podem ser constituídos OIC que comportem garantias prestadas por ter ceiros ou que resultem da configuração do seu património, destinadas à protecção do capital, de um certo rendimento ou de um determinado perfil de rendimentos.

CAPÍTULO VI — Sociedades de investimento mobiliário

Secção I — DISPOSIÇÕES GERAIS

ART. 81.º-A (Sociedades de investimento mobiliário) — 1 — A constituição e o funcionamento das instituições de investimento colectivo dotadas de personalidade jurídica a que se refere o n.º 2 do artigo 1.º, adiante designadas «sociedades de investimento mobiliário», ou abreviadamente SIM, regem-se pelo presente decreto--lei, com as especificidades constantes do presente título.

2 — As SIM regem-se ainda pelo disposto no Código das Sociedades Comerciais, salvo quando as respectivas normas se mostrem incompatíveis com a natureza e objecto específicos destas sociedades ou com o disposto no presente decreto-lei, designadamente no que respeita aos seguintes aspectos de regime:

a) Composição, aumento, redução e intangibilidade do capital social e amortização de acções;
b) Constituição de reservas;
c) Limitação de distribuição de resultados aos accionistas;
d) Regras relativas à celebração e prestação de contas;
e) Regime de fusão e cisão de sociedades; e
f) Regime de aquisição tendente ao domínio total.

3 — As SIM são intermediários financeiros, não lhes sendo todavia aplicável o regime consagrado no Código dos Valores Mobiliários para sociedades abertas.

ART. 81.º-B (Denominação e espécie) — 1 — As SIM adoptam na sua denominação a designação de SICAF ou SICAV, consoante se constituam como SIM de capital fixo ou de capital variável.

2 — Salvo disposição em contrário, as SICAF observam o regime dos fundos de investimento fechados e as SICAV o dos fundos de investimento abertos.

ART. 81.º-C (Acções) — 1 — As SIM são divididas em acções nominativas de conteúdo idêntico, representativas do seu capital social, sem valor nominal, sem prejuízo do disposto no artigo 81.º-N.

2 — Às acções das SIM é aplicável, salvo disposição em contrário, o regime jurídico das unidades de participação, nomeadamente no que respeita à sua emissão, avaliação e comercialização.

3 — Às acções das SIM é ainda aplicável, em tudo o que não se mostre incompatível com o regime das unidades de participação, o regime aplicável às acções previsto no Código das Sociedades Comerciais e demais legislação societária.

ART. 81.º-D (Capital social e património) — 1 — O capital inicial mínimo das SIM é de € 300 000, podendo ser diferida a realização de 50% do capital pelo período de um ano desde a respectiva constituição.

2 — O capital social das SICAV corresponde, em cada momento, ao valor líquido global do seu património, variando em função das subscrições e dos resgates, os quais, salvo as situações de suspensão, são livres e ocorrem a todo o tempo.

3 — O capital social das SICAF é definido no momento da constituição da sociedade, nos termos do Código das Sociedades Comerciais, com as eventuais alterações decorrentes de aumento e de redução do capital.

4 — As SIM adoptam as medidas necessárias para que o valor líquido global do seu património não desça a valores inferiores a € 4 000 000 ou € 1 250 000 para cada compartimento.

5 — Sob pena de responsabilidade dos membros dos órgãos de administração, sempre que o património social apresente valores inferiores aos estabelecidos no número anterior, é o facto comunicado imediatamente à CMVM, devendo a sociedade adoptar as medidas necessárias à rápida regularização da situação, nomeadamente procedendo à redução do capital para o valor do património, e sujeitar-se às directrizes emitidas pela CMVM durante esse período.

6 — Se no prazo de seis meses a sociedade não regularizar a situação, deve proceder-se, caso isso viole o limite mínimo previsto nos n.ºˢ 1 e 2, à liquidação da sociedade.

ART. 81.º-E (Fundos próprios) — Às SIM autogeridas aplica-se, com as devidas adaptações, o disposto no artigo 32.º.

ORGANISMOS DE INVESTIMENTO COLECTIVO EM VALORES MOBILIÁRIOS   [DL n.º 252/2003]   425

SECÇÃO II — **ACESSO E EXERCÍCIO DA ACTIVIDADE**

ART. 81.º-F (Autorização e constituição) — 1 — A constituição de SIM depende de autorização da CMVM, nos termos previstos nos artigos 11.º a 14.º.

2 — As SIM consideram-se constituídas na data do registo do respectivo contrato de sociedade.

ART. 81.º-G (Caducidade da autorização) — Sem prejuízo dos fundamentos de caducidade previstos no artigo 13.º, a autorização das SIM caduca se não for utilizada no prazo de 12 meses a contar da data da sua concessão.

ART. 81.º-H (Gestão) — 1 — As SIM podem ser heterogeridas ou autogeridas consoante designem ou não uma terceira entidade para o exercício da respectiva gestão.

2 — Às SIM autogeridas é aplicável o disposto nos artigos 29.º a 37.º, ficando sujeitas, com as necessárias adaptações, aos requisitos de organização e aos deveres da sociedade gestora em relação aos organismos de investimento colectivo em valores mobiliários, aos activos por eles geridos e aos respectivos investidores, designadamente os decorrentes das regras de conduta, dos deveres de informação e de delegação de funções.

3 — As SIM heterogeridas só podem designar para o exercício da respectiva gestão uma sociedade gestora de fundos de investimento mobiliário devidamente autorizada.

4 — A designação prevista no número anterior deve ser previamente comunicada ao Banco de Portugal.

5 — As relações entre a SIM heterogerida e a entidade designada para o exercício da respectiva gestão regem-se por contrato escrito aprovado pela assembleia de accionistas, que deve conter, designadamente, os seguintes elementos:

a) A denominação e sede da sociedade;

b) As condições de substituição da entidade gestora;

c) A política de investimentos da sociedade e a política de distribuição de rendimentos;

d) A política de exercício dos direitos de voto inerentes às acções detidas;

e) A remuneração dos serviços prestados pelo depositário e pela entidade gestora designada;

f) O valor, modo de cálculo e condições de cobrança das comissões de subscrição e de resgate de acções, bem como, se for o caso, de gestão para remuneração do serviço prestado pela entidade gestora designada;

g) As regras de determinação do valor das acções e dos preços de subscrição e de resgate;

h) O momento do dia utilizado como referência para a determinação do valor das acções;

i) O critério de subscrição e resgate das acções pelo último valor conhecido e divulgado;

j) O número mínimo de acções que pode ser exigido em cada subscrição;

l) O prazo máximo em que se verifica o resgate; e

m) As condições para a suspensão das operações de subscrição e resgate de acções.

ART. 81.º-I (Deveres e responsabilidades dos membros dos órgãos de administração e de fiscalização das SIM e das respectivas entidades gestoras) — 1 — A gestão de uma SIM autogerida ou, no caso de uma SIM heterogerida, da entidade a quem a gestão haja sido confiada, é exercida no exclusivo interesse dos accionistas.

2 — Os membros dos órgãos de administração e fiscalização das SIM respondem solidariamente entre si, perante os accionistas e perante a sociedade pela violação ou cumprimento defeituoso dos deveres legais e regulamentares aplicáveis e das obrigações decorrentes dos documentos constitutivos da SIM.

3 — No caso de uma SIM total ou parcialmente heterogerida, a entidade a quem tenha sido confiada a gestão, bem como os membros dos respectivos órgãos de administração e fiscalização, respondem solidariamente com os membros dos órgãos de administração e fiscalização da sociedade de investimento pelos actos mencionados no número anterior.

ART. 81.º-J (Depositário) — 1 — A guarda dos activos de uma SIM deve ser confiada a um depositário, nos termos dos artigos 38.º a 40.º.

2 — Compete ao depositário:

a) Assegurar que a venda, a emissão, a reaquisição, o reembolso e a anulação das acções efectuados pela sociedade ou por sua conta se efectuam de acordo com a lei ou com os documentos constitutivos da sociedade;

b) Assegurar que os rendimentos da sociedade são aplicados em conformidade com a lei e com os documentos constitutivos.

3 — Sem prejuízo do disposto no n.º 4 do artigo 38.º, os documentos constitutivos da SIM definem as regras aplicáveis à substituição do depositário, que devem assegurar a protecção dos accionistas.

ART. 81.º-L (Aquisições proibidas por conta das SIM) — 1 — As entidades gestoras não podem, por conta da SIM que gerem, efectuar as seguintes aquisições:

a) De quaisquer bens objecto de garantias reais, penhoras ou procedimentos cautelares;

b) De acções da própria SIM;

c) De valores mobiliários emitidos ou detidos pela entidade gestora, no caso das SIM heterogeridas, e integrados no mesmo compartimento;

d) De valores mobiliários emitidos ou detidos por entidades que, directa ou indirectamente, participem em pelo menos 10% do capital da SIM ou da entidade gestora;

426 [DL n.º 252/2003] INSTITUIÇÕES DE CRÉDITO E SOCIEDADES FINANCEIRAS

e) De valores mobiliários emitidos ou detidos por entidade cujo capital social seja detido, em percentagem igual ou superior a 20, à entidade gestora ou a uma sociedade que, directa ou indirectamente, domine aquela entidade, ou por entidades dominadas, directa ou indirectamente, pela entidade gestora;

f) De valores mobiliários emitidos ou detidos por entidades que sejam membros dos órgãos de administração da SIM, da entidade gestora ou de sociedade que, directa ou indirectamente, domine qualquer uma daquelas sociedades;

g) De valores mobiliários emitidos ou detidos por entidades cujo capital social seja pertença, em percentagem igual ou superior a 20, a um ou mais membros dos órgãos de administração da SIM, da entidade gestora ou de sociedade que, directa ou indirectamente, domine qualquer uma daquelas sociedades;

h) De valores mobiliários emitidos ou detidos por sociedades de cujos órgãos de administração façam parte um ou mais membros dos órgãos de administração da SIM ou da entidade gestora.

2 — As proibições previstas nas alíneas *d*) a *i*) do número anterior não se aplicam aos valores mobiliários:

a) Adquiridos em mercado regulamentado ou em sistema de negociação multilateral ou através de subscrição pública;

b) Para os quais tenha sido solicitada a admissão à negociação num dos mercados em que devem estar admitidos à negociação os valores mobiliários que podem compor o património das SIM;

c) Desde que se encontrem já admitidos à negociação valores da mesma espécie, emitidos pela mesma entidade.

ART. 81.º-M (Regulamento de gestão) — As SIM elaboram um regulamento de gestão, ao qual é aplicável, com as devidas adaptações, o disposto no artigo 65.º.

ART. 81.º-N (Compartimentos patrimoniais autónomos) — 1 — O contrato de sociedade das SIM pode prever a sua divisão em compartimentos patrimoniais autónomos, nos termos previstos neste decreto-lei e em regulamento a emitir pela CMVM.

2 — Cada compartimento é representado por uma ou mais categorias de acções e está sujeito às regras da autonomia patrimonial.

3 — A parte do património da SIM constituída pelos bens necessários ao exercício da actividade é, nos termos dos documentos constitutivos, rateada por todos os compartimentos ou integrada num compartimento autónomo das restantes, cujas acções não são objecto de resgate.

4 — O valor das acções do compartimento determina-se, em cada momento, pela divisão do valor líquido global do compartimento pelo número de acções da respectiva categoria em circulação.

5 — A cada compartimento de acções é aplicável o regime estabelecido no presente decreto-lei.

6 — A constituição dos compartimentos depende de autorização prévia simplificada da CMVM, nos termos do artigo 11.º, devendo o pedido de autorização, subscrito pelos promotores da SIM, ser instruído adicionalmente com o projecto de contrato de gestão a celebrar com a entidade gestora, caso aplicável.

ART. 81.º-O (Assembleia de accionistas) — O disposto nos artigos 23.º e 24.º é aplicável às SICAF, com as necessárias adaptações, sendo-lhes ainda aplicável o disposto no Código das Sociedades Comerciais no que respeita às competências da assembleia geral das sociedades anónimas, salvo quando tais regras se mostrem incompatíveis com a natureza das SIM ou com o disposto naqueles artigos.

ART. 81.º-P (Dissolução) — Sem prejuízo do disposto no artigo 19.º, as SIM dissolvem-se ainda nas situações previstas no contrato de sociedade.

ART. 81.º-Q (Liquidação e partilha) — À liquidação e partilha do património das SIM aplica-se o disposto nos artigos 20.º e 28.º e subsidiariamente as regras de liquidação previstas no Código das Sociedades Comerciais.

TÍTULO IV — **SUPERVISÃO E REGULAMENTAÇÃO**

ART. 82.º (Supervisão) — 1 — Sem prejuízo das competências do Banco de Portugal em matéria de supervisão das instituições de crédito e sociedades financeiras, e das da CMVM previstas no Código dos Valores Mobiliários, compete a esta última entidade a supervisão do disposto no presente diploma.

2 — O disposto no número anterior não prejudica a competência da CMVM para, em circunstâncias excepcionais, susceptíveis de perturbar o normal funcionamento do OIC, determinar ao OIC e respectiva entidade gestora, depositário ou entidade comercializadora o cumprimento de deveres adicionais aos previstos no presente decreto-lei, tendo em vista acautelar os interesses dos participantes.

3 — Sem prejuízo do disposto no número anterior, a CMVM pode igualmente, nos termos e com os fundamentos nele previstos, mediante requerimento fundamentado dos interessados, permitir a dispensa temporária do cumprimento dos deveres previstos no presente decreto-lei relativos às seguintes matérias:

a) Regime de composição das carteiras, seus limites, técnicas e instrumentos de gestão dos OIC;

b) Termos e condições de financiamento dos OIC;

c) Realização de operações com fundos e entidades relacionadas;

ORGANISMOS DE INVESTIMENTO COLECTIVO EM VALORES MOBILIÁRIOS [DL n.º 252/2003] 427

d) Vicissitudes a que estão sujeitos os OIC, em particular no que respeita à fusão, cisão, transformação, liquidação e partilha de fundos.

4 — A dispensa a que se refere o número anterior deve ser devidamente fundamentada, designadamente no que respeita ao seu carácter instrumental e necessário para a protecção dos interesses dos participantes, e prever a sua duração, até ao limite máximo de três meses, renovável por igual período, podendo ser acompanhada de deveres de informação acessórios à CMVM e aos participantes e ser revogada a todo o tempo.

ART. 83.º (Regulamentação) — Sem prejuízo das competências do Banco de Portugal, compete à CMVM regulamentar o disposto no presente diploma, nomeadamente, quanto às seguintes matérias:

a) Tipologia e condições de funcionamento dos OIC;

b) Unidades de participação com direitos e características especiais;

c) Pagamentos em espécie ao OIC ou aos participantes;

d) Separação patrimonial entre compartimentos do OIC;

e) Documentos que instruem os pedidos de autorização e aprovação;

f) Formalidades e prazos de dissolução e liquidação de OIC, requisitos dos liquidatários, conteúdo das contas de liquidação e do respectivo relatório do auditor e formas de liberação do dever de pagar o produto da liquidação;

g) Fusão e cisão de OIC;

h) Subcontratação de funções compreendidas na actividade de gestão de OIC;

i) Operações de empréstimo e reporte de valores mobiliários e utilização de instrumentos financeiros derivados na gestão dos activos dos OIC;

j) Registo de operações, por conta dos OIC, sobre activos admitidos à negociação em mercado regulamentado realizadas fora de mercado regulamentado ou de sistema de negociação multilateral;

l) Receitas e encargos dos OIC;

m) Afectação de receitas e proveitos pagos, à entidade gestora ou a outras entidades em consequência do exercício da actividade daquela;

n) Avaliação dos activos dos OIC e cálculo do valor das unidades de participação;

o) Compensação dos participantes em consequência de erros, irregularidades, ou outros eventos e prestação de informação à CMVM sobre esses factos;

p) Conteúdo dos documentos constitutivos do OIC;

q) Deveres de prestação de informação ao público, aos participantes, à CMVM, às entidades gestoras de mercados e de sistemas, pelas entidades gestoras, depositários e entidades comercializadoras ou terceiros prestadores de serviços e por estes entre si;

r) Contabilidade dos OIC;

s) Cálculo e divulgação pública de medidas ou índices de rendibilidade e risco dos OICVM;

t) Comercialização de unidades de participação de OIC, designadamente os deveres das entidades comercializadoras, as condições a que estão sujeitas, o conteúdo mínimo do contrato de comercialização, os requisitos relativos aos diferentes meios de comercialização e regras relativas à subscrição e resgate;

u) Suspensão das operações de resgate e subscrição;

v) Comercialização em Portugal de unidades de participação de OIC domiciliados no estrangelro;

x) Agrupamentos de OIC;

z) OIC com património ou rendimentos garantidos e regime da garantia;

aa) Termos e condições em que os OIC e as SIM podem tornar público, sob qualquer forma, medidas ou índices de rendibilidade e risco dos organismos ou sociedades de investimento e as regras a que obedece o cálculo dessas medidas ou índices;

bb) Critérios de dispersão das acções de cada SIM;

cc) Conteúdo do contrato de sociedade das SIM.

ANEXO I (a que se refere o n.º 1 do artigo 63.º do regime jurídico dos organismos de investimento colectivo) — Prospecto simplificado

Apresentação sintética do OICVM:

Data de criação e duração do OICVM e Estado membro onde foi registado/constituído;

Identificação dos compartimentos, se existirem;

Depositário;

Auditor;

Grupo financeiro.

Informações relativas aos investimentos:

Definição sintética dos objectivos do OICVM;

Política de investimento do OICVM e seu perfil de risco, destacando o tipo de OICVM, e menções especiais em função da natureza dos activos em que investe;

Evolução histórica dos resultados do OICVM e aviso de que não se trata de um indicador do desempenho futuro;

428 [DL n.º 60/2002] INSTITUIÇÕES DE CRÉDITO E SOCIEDADES FINANCEIRAS

Perfil do tipo de investidor a que se dirige o OICVM.
Informações de carácter económico:
Regime fiscal;
Comissões de subscrição, de resgate e de transferência;
Outras despesas, distinguindo as que são encargo dos participantes ou do OICVM;
Informações de carácter comercial;
Modalidades de aquisição de unidades de participação;
Modalidades de resgate de unidades de participação;
Indicação das condições de transferência de unidades de participação entre compartimentos ou OICVM, incluindo as comissões aplicáveis;
Frequência e modalidades da distribuição de rendimentos;
Frequência de publicação e divulgação do valor da unidade de participação.
Informações adicionais:
Indicação de que o prospecto completo e os relatórios e contas anuais e semestrais podem ser obtidos gratuitamente, mediante simples pedido, antes ou após a subscrição;
Identificação da autoridade de supervisão;
Indicação de contacto para obtenção de esclarecimentos adicionais;
Data de publicação do prospecto.

ANEXO II **(a que se refere o artigo 64.º do regime jurídico dos organismos de investimento colectivo) — Prospecto completo**

Data do prospecto.
Informações relativas ao OICVM:
Indicação dos mercados onde as unidades de participação se encontram admitidas à negociação;
Data de encerramento das contas;
Identificação do auditor do OICVM;
Informação sucinta sobre o regime fiscal aplicável ao OICVM, se relevante, e aos participantes e existência ou não de retenção na fonte sobre mais-valias e rendimentos dos participantes;
Indicação do local onde podem ser obtidos os documentos de prestação de informação financeira;
Identificação dos consultores de investimento e dos elementos essenciais do respectivo contrato de prestação de serviços que possam interessar aos participantes;
Indicação dos locais de divulgação e frequência da publicação do valor da unidade de participação.
Informações relativas à entidade gestora:
Identificação de outros OICVM geridos pela entidade gestora;
Identificação dos membros dos órgãos de fiscalização e de administração da entidade gestora e indicação das principais actividades exercidas por estes últimos fora da entidade gestora, desde que sejam significativas e possam, de algum modo, interferir na actividade daquela.
Evolução histórica dos resultados do OICVM.
Perfil do investidor a que se dirige o OICVM.

6.3.5. FUNDOS DE INVESTIMENTO IMOBILIÁRIO

Decreto-Lei n.º 60/2002

de 20 de Março (*)

CAPÍTULO I — **Disposições gerais**

Secção I — **DOS FUNDOS DE INVESTIMENTO IMOBILIÁRIO**

ART. 1.º (Âmbito) — A constituição e o funcionamento dos fundos de investimento imobiliário e das sociedades de investimento imobiliário, bem como a comercialização das respectivas unidades de participação e

---

(*) Alterado pelo **DL n.º 252/2003**, de 17-10, que deu nova redacção aos arts. 6.º e 10.º do Regime Anexo, e pelo **DL n.º 13/ /2005**, de 7-1, que alterou os arts. 2.º, 4.º, 6.º, 8.º, 9.º, 10.º, 16.º, 17.º, 20.º, 25.º, 26.º, 31.º, 32.º, 33.º, 35.º, 38.º, 42.º, 45.º, 46.º, 48.º, 55.º, 57.º e 60.º, e aditou o art. 25.º-A, tendo republicado em anexo o texto integral consolidado, com a rectificação n.º 8/2005, de 22-2, posteriormente alterado pelo **DL n.º 357-A/2007**, de 31-10, que deu nova redacção aos arts. 12.º, 17.º, 18.º, 20.º, 22.º, 23.º, 29.º, 39.º, 42.º, 43.º e 48.º, e aditou o art. 21.º-A, pelo **DL n.º 211-A/2008**, de 3-11, que alterou o art. 59.º, e pelo **DL n.º 71/2010**, de 18- -6, o qual deu nova redacção aos arts. 1.º e 60.º, e aditou os arts. 58.º-A a 58.º-P, tendo republicado, em anexo, o texto integral actualizado, sendo este último o que aqui se adopta.

FUNDOS DE INVESTIMENTO IMOBILIÁRIO   [DL n.º 60/2002] 429

acções, obedecem ao disposto no presente diploma e, subsidiariamente, ao disposto no Código dos Valores Mobiliários.

ART. 2.º (Noção) — 1 — Os fundos de investimento imobiliário, adiante designados apenas por fundos de investimento, são instituições de investimento colectivo, cujo único objectivo consiste no investimento, nos termos previstos no presente diploma e na respectiva regulamentação, dos capitais obtidos junto dos investidores e cujo funcionamento se encontra sujeito a um princípio de repartição de riscos.

2 — Os fundos de investimento constituem patrimónios autónomos, pertencentes, no regime especial de comunhão regulado pelo presente diploma, a uma pluralidade de pessoas singulares ou colectivas designadas «participantes», sem prejuízo do disposto no artigo 48.º, que não respondem, em caso algum, pelas dívidas destes ou das entidades que, nos termos da lei, asseguram a sua gestão.

3 — A designação «fundo de investimento imobiliário» só pode ser utilizada relativamente aos fundos de investimento que se regem pelo presente diploma.

4 — As sociedades de investimento imobiliário regem-se por legislação especial.

ART. 3.º (Tipos) — 1 — Os fundos de investimento podem ser abertos, fechados ou mistos.

2 — São abertos os fundos de investimento cujas unidades de participação são em número variável.

3 — São fechados os fundos de investimento cujas unidades de participação são em número fixo.

4 — São mistos os fundos de investimento em que existem duas categorias de unidades de participação, sendo uma em número fixo e outra em número variável.

ART. 4.º (Unidades de participação) — 1 — Os fundos de investimento são divididos em partes de conteúdo idêntico, sem prejuízo do disposto no n.º 1 do artigo 50.º, denominadas «unidades de participação».

2 — As unidades de participação com o mesmo conteúdo constituem uma categoria.

3 — Sem prejuízo do disposto no artigo 51.º, podem ser previstas em regulamento da Comissão do Mercado de Valores Mobiliários (CMVM) unidades de participação com direitos ou características especiais, designadamente quanto ao grau de preferência no pagamento dos rendimentos periódicos, no reembolso do seu valor, ou no pagamento do saldo de liquidação do respectivo fundo.

ART. 5.º (Domicílio) — Consideram-se domiciliados em Portugal os fundos de investimento administrados por sociedade gestora cuja sede esteja situada em território português.

Secção II — **DA SOCIEDADE GESTORA**

ART. 6.º (Administração dos fundos) — 1 — Sem prejuízo do disposto no número seguinte, a administração dos fundos de investimento imobiliário é exercida por uma sociedade gestora de fundos de investimento imobiliário, adiante designada por sociedade gestora, com sede principal e efectiva da administração em Portugal.

2 — A administração dos fundos de investimento imobiliário pode também ser exercida por uma sociedade gestora de fundos de investimento mobiliário, sendo-lhe aplicáveis as regras definidas no presente diploma para as sociedades gestoras e para os fundos de investimento imobiliário que administrem.

3 — As sociedades gestoras de fundos de investimento imobiliário têm por objecto principal a administração, em representação dos participantes, de um ou mais fundos de investimento imobiliário, podendo ainda:

a) Prestar serviços de consultoria para investimento imobiliário, incluindo a realização de estudos e análises relativos ao mercado imobiliário;

b) Proceder à gestão individual de patrimónios imobiliários em conformidade com as disposições legais e regulamentares aplicáveis à gestão de carteiras por conta de outrem.

4 — As sociedades gestoras não podem transferir totalmente para terceiros os poderes de administração e gestão das carteiras, colectivas ou individuais, que lhe são conferidos por lei.

5 — A CMVM pode, em casos excepcionais, a requerimento da sociedade gestora, obtido o acordo do depositário e considerando o interesse dos participantes, autorizar a substituição da sociedade gestora.

ART. 7.º (Tipo de sociedade e capital) — As sociedades gestoras adoptam a forma de sociedade anónima, sendo o respectivo capital social representado por acções nominativas.

ART. 8.º (Administração e trabalhadores) — É vedado aos trabalhadores e aos membros dos órgãos de administração da entidade gestora que exerçam funções de decisão e execução de investimentos exercer quaisquer funções noutra sociedade gestora de fundos de investimento.

ART. 9.º (Funções) — 1 — As sociedades gestoras, no exercício das suas funções, devem actuar no interesse exclusivo dos participantes.

2 — Compete às sociedades gestoras, em geral, a prática de todos os actos e operações necessários ou convenientes à boa administração do fundo de investimento, de acordo com critérios de elevada diligência e competência profissional, e, em especial:

a) Seleccionar os valores que devem constituir o fundo de investimento, de acordo com a política de investimentos prevista no respectivo regulamento de gestão;

430 [DL n.º 60/2002]   INSTITUIÇÕES DE CRÉDITO E SOCIEDADES FINANCEIRAS

b) Celebrar os negócios jurídicos e realizar todas as operações necessárias à execução da política de investimentos prevista no regulamento de gestão e exercer os direitos directa ou indirectamente relacionados com os valores do fundo de investimento;
c) Efectuar as operações adequadas à execução da política de distribuição dos resultados prevista no regulamento de gestão do fundo de investimento;
d) Emitir, em ligação com o depositário, as unidades de participação e autorizar o seu reembolso;
e) Determinar o valor patrimonial das unidades de participação;
f) Manter em ordem a escrita do fundo de investimento;
g) Dar cumprimento aos deveres de informação estabelecidos por lei ou pelo regulamento de gestão;
h) Controlar e supervisionar as actividades inerentes à gestão dos activos do fundo de investimento, nomeadamente o desenvolvimento dos projectos objecto de promoção imobiliária nas suas respectivas fases.

ART. 10.º (Fundos próprios) — 1 — Sem prejuízo do disposto no número seguinte, os fundos próprios das sociedades gestoras não podem ser inferiores às seguintes percentagens do valor líquido global dos fundos de investimento que administrem:
a) Até 75 milhões de euros — 0,5%;
b) No excedente — 0,1%.
2 — As sociedades gestoras que exerçam a actividade referida na alínea *b)* do n.º 3 do artigo 6.º ficam ainda sujeitas, no que se refere à sua actividade, às normas prudenciais específicas aplicáveis às sociedades gestoras de patrimónios.

ART. 11.º (Operações vedadas) — Às sociedades gestoras é especialmente vedado:
a) Contrair empréstimos por conta própria;
b) Adquirir, por conta própria, unidades de participação de fundos de investimento imobiliário ou mobiliário, com excepção dos fundos de tesouraria;
c) Adquirir por conta própria outros valores mobiliários de qualquer natureza, com excepção dos de dívida pública, de títulos de participação e de obrigações admitidas à negociação em mercado regulamentado que tenham sido objecto de notação, correspondendo pelo menos à notação A ou equivalente, por uma empresa de *rating* registada na CMVM ou internacionalmente reconhecida;
d) Conceder crédito, incluindo prestação de garantias, por conta própria;
e) Adquirir, por conta própria, imóveis que não sejam indispensáveis à sua instalação e funcionamento ou à prossecução do seu objecto social;
f) Efectuar, por conta própria, vendas a descoberto sobre valores mobiliários.

Secção III — **DO DEPOSITÁRIO**

ART. 12.º (Requisitos) — 1 — Os valores mobiliários que constituam património do fundo de investimento devem ser confiados a um único depositário.
2 — Podem ser depositárias as instituições de crédito referidas nas alíneas *a)* a *f)* do artigo 3.º do Regime Geral das Instituições de Crédito e Sociedades Financeiras, aprovado pelo Decreto-Lei n.º 298/92, de 31 de Dezembro, que disponham de fundos próprios não inferiores a 7,5 milhões de euros.
3 — O depositário deve ter a sua sede em Portugal ou, se tiver sede noutro Estado membro da Comunidade Europeia, deve estar estabelecido em Portugal através de sucursal.
4 — A substituição do depositário é comunicada à CMVM e torna-se eficaz 15 dias após a sua efectiva recepção, podendo a CMVM, neste período, deduzir oposição.

ART. 13.º (Funções) — 1 — Compete, designadamente, ao depositário:
a) Assumir uma função de vigilância e garantir perante os participantes o cumprimento da lei e do regulamento de gestão do fundo de investimento, especialmente no que se refere à política de investimentos e ao cálculo do valor patrimonial das unidades de participação;
b) Pagar aos participantes a sua quota-parte dos resultados do fundo de investimento;
c) Executar as instruções da sociedade gestora, salvo se forem contrárias à lei ou ao regulamento de gestão;
d) Receber em depósito ou inscrever em registo os valores mobiliários do fundo de investimento;
e) Assegurar o reembolso aos participantes, dos pedidos de resgate das unidades de participação.
2 — Compete ainda ao depositário o registo das unidades de participação representativas do fundo de investimento não integradas em sistema centralizado.

Secção IV — **RELAÇÕES ENTRE A SOCIEDADE GESTORA E O DEPOSITÁRIO**

ART. 14.º (Separação e independência) — 1 — As funções de administração e de depositário são, relativamente ao mesmo fundo de investimento, exercidas por entidades diferentes.
2 — A sociedade gestora e o depositário, no exercício das suas funções, devem agir de modo independente e no exclusivo interesse dos participantes.

FUNDOS DE INVESTIMENTO IMOBILIÁRIO [DL n.º 60/2002] 431

3 — As relações entre a sociedade gestora e o depositário são regidas por contrato escrito, sendo enviada à CMVM uma cópia do mesmo e das suas alterações.

ART. 15.º (Responsabilidade) — 1 — A sociedade gestora e o depositário respondem solidariamente perante os participantes pelo cumprimento das obrigações contraídas nos termos da lei e do regulamento de gestão.

2 — A sociedade gestora e o depositário respondem, designadamente, pelos prejuízos causados aos participantes em consequência de erros e irregularidades na valorização do património do fundo de investimento e na distribuição dos resultados, definindo a CMVM, por regulamento, os termos de prestação das informações à CMVM e as condições em que os participantes devem ser compensados.

3 — O recurso por parte da sociedade gestora ou do depositário a serviços de terceiras entidades não afecta a responsabilidade prevista no n.º 1.

ART. 16.º (Remuneração) — 1 — As remunerações dos serviços prestados pela sociedade gestora e pelo depositário constam expressamente do regulamento de gestão do fundo de investimento, podendo a comissão de gestão incluir uma parcela calculada em função do desempenho do fundo de investimento.

2 — O regulamento de gestão pode ainda prever a existência de comissões de subscrição e de resgate.

3 — A CMVM pode regulamentar o disposto no presente artigo, designadamente quanto às condições em que são admitidas as comissões de desempenho e ao destino das receitas ou proveitos pagos à entidade gestora ou a entidades que com ela se encontrem em relação de domínio ou de grupo em consequência directa ou indirecta do exercício da sua actividade.

Secção V — DAS ENTIDADES COMERCIALIZADORAS E DA SUBCONTRATAÇÃO

ART. 17.º (Entidades comercializadoras) — 1 — As unidades de participação de fundos de investimento são colocadas pelas entidades comercializadoras.

2 — Podem ser entidades comercializadoras de unidades de participação:

a) As entidades gestoras;

b) Os depositários;

c) Os intermediários financeiros registados ou autorizados junto da CMVM para o exercício das actividades de colocação em ofertas públicas de distribuição ou de recepção e transmissão de ordens por conta de outrem;

d) Outras entidades como tal previstas em regulamento da CMVM.

3 — As relações entre a entidade gestora e as entidades comercializadoras regem -se por contrato escrito.

4 — As entidades comercializadoras respondem, solidariamente com a entidade gestora, perante os participantes, pelos danos causados no exercício da sua actividade.

ART. 18.º (Subcontratação) — As entidades gestoras podem recorrer a serviços de terceiras entidades idóneas e habilitadas para o efeito que se revelem convenientes para o exercício da sua actividade, designadamente os de prestação de conselhos especializados sobre as aplicações no âmbito da política de investimentos previamente definida e de execução das operações, sujeita às instruções e responsabilidade das sociedades gestoras, devendo as relações entre a sociedade gestora e estas entidades ser regidas por contrato escrito.

Secção VI — DA DIVULGAÇÃO DE INFORMAÇÕES

ART. 19.º (Meios de divulgação) — 1 — Salvo disposição em contrário, os deveres de informação consagrados no presente diploma são cumpridos, em alternativa, através de publicação num jornal de grande circulação em Portugal, através de publicação no boletim editado pela entidade gestora de mercado regulamentado que, em regulamento da CMVM, seja considerado mais representativo, ou através de divulgação no sistema de difusão de informações da CMVM.

2 — Nos casos em que se efectue a publicação através de jornal ou do boletim referidos no número anterior, devem as sociedades gestoras enviar à CMVM uma cópia da publicação realizada, no prazo de três dias a contar da data da mesma.

CAPÍTULO II — ACESSO E EXERCÍCIO DA ACTIVIDADE

Secção I — ACESSO À ACTIVIDADE

ART. 20.º (Autorização dos fundos) — 1 — A constituição de fundos de investimento imobiliário está sujeita a autorização simplificada da CMVM.

2 — A autorização prevista no número anterior não implica, por parte da CMVM, qualquer garantia quanto ao conteúdo e à informação constante do regulamento de gestão e do prospecto do fundo de investimento.

3 — O pedido de autorização, subscrito pela sociedade gestora, é instruído com os seguintes documentos:

432 [DL n.º 60/2002]   INSTITUIÇÕES DE CRÉDITO E SOCIEDADES FINANCEIRAS

a) Projecto do regulamento de gestão e do prospecto;

b) Projecto dos contratos a celebrar com o depositário, com as entidades comercializadoras e, sendo o caso, com as entidades referidas no artigo 18.º;

c) Documentos comprovativos de aceitação de funções de todas as entidades envolvidas na actividade do fundo de investimento imobiliário.

4 — A CMVM pode solicitar à sociedade gestora informações complementares ou sugerir as alterações aos documentos que considere necessárias.

5 — A decisão de autorização é notificada aos requerentes no prazo de 15 dias a contar da data da recepção do pedido ou, se for caso disso, das informações complementares, ou das alterações aos documentos referidas no número anterior.

6 — A ausência de notificação no prazo referido no número anterior implica o indeferimento tácito do pedido.

7 — A autorização caduca se a sociedade gestora a ela expressamente renunciar ou se o fundo de investimento não se constituir no prazo de 180 dias após a data de recepção da notificação da autorização.

8 — A CMVM pode revogar a autorização do fundo de investimento:

a) Em virtude da violação de normas legais, regulamentares ou constantes do regulamento de gestão ou do prospecto, pela entidade gestora, se o interesse dos participantes e a defesa do mercado o justificarem;

b) Se nos 12 meses subsequentes à data da constituição do fundo de investimento este não atingir um património de € 5 000 000 ou não obedecer aos critérios de dispersão definidos em regulamento da CMVM.

ART. 21.º (Constituição dos fundos) — O fundo de investimento considera-se constituído no momento em que a importância correspondente à primeira subscrição de unidades de participação for integrada no respectivo activo, devendo esta data ser comunicada à CMVM.

ART. 21.º-A (Eficácia das alterações aos contratos) — As alterações aos contratos celebrados pela entidade gestora com o depositário, as entidades comercializadoras e, sendo o caso, com as entidades referidas no artigo 18.º, tornam-se eficazes 15 dias úteis após a sua comunicação à CMVM.

Secção II — **DO EXERCÍCIO DA ACTIVIDADE EM GERAL**

ART. 22.º (Regulamento de gestão) — 1 — A sociedade gestora elabora e mantém actualizado, relativamente a cada fundo de investimento, um regulamento de gestão, que contém os elementos identificadores do fundo de investimento, da sociedade gestora e do depositário, e ainda os direitos e obrigações dos participantes, da sociedade gestora e do depositário, a política de investimentos do fundo de investimento e as condições da sua liquidação, devendo indicar, nomeadamente:

a) A denominação do fundo de investimento, que contém a expressão «Fundo de investimento imobiliário», ou a abreviatura «F. I. imobiliário», e a identificação do tipo não podendo aquela estar em desacordo com as políticas de investimentos e de distribuição dos resultados do fundo de investimento;

b) A duração do fundo de investimento;

c) O valor inicial das unidades de participação para efeitos de constituição do fundo de investimento;

d) Os direitos inerentes às unidades de participação;

e) A denominação e a sede da sociedade gestora;

f) A denominação e a sede do depositário;

g) As entidades colocadoras e os meios de comercialização das unidades de participação;

h) A política de investimentos, de forma a identificar o seu objectivo, as actividades a desenvolver, designadamente no que respeita à aquisição de imóveis para revenda ou para arrendamento e o desenvolvimento de projectos de construção de imóveis, e o nível de especialização sectorial ou geográfica dos valores que integram o fundo de investimento;

i) A política de distribuição dos resultados do fundo de investimento, definida objectivamente por forma, em especial, a permitir verificar se se trata de um fundo de investimento de capitalização ou de um fundo de investimento com distribuição, total ou parcial, dos resultados, e, neste caso, quais os critérios e periodicidade dessa distribuição;

j) A possibilidade de endividamento e, caso prevista, a finalidade e limites do mesmo;

l) O valor, modo de cálculo e as condições de cobrança das comissões referidas no artigo 16.º;

m) Todos os encargos que, para além da comissão de gestão e de depósito, são suportados pelo fundo de investimento, nas condições a definir por regulamento da CMVM;

n) O auditor do fundo de investimento;

o) Outros elementos exigidos pela CMVM que, tendo em conta as especificidades apresentadas pelo fundo de investimento, sejam considerados relevantes.

2 — O regulamento de gestão deve ser colocado à disposição dos interessados nas instalações da sociedade gestora e do depositário e em todos os locais e através dos meios previstos para a comercialização das unidades de participação do fundo de investimento.

FUNDOS DE INVESTIMENTO IMOBILIÁRIO
[DL n.º 60/2002] 433

3 — As alterações ao regulamento de gestão são comunicadas previamente à CMVM, podendo esta deduzir oposição no prazo de 15 dias a contar desta comunicação e, salvo as referidas no n.º 2 do artigo 39.º, tornam-se eficazes após o decurso daquele prazo.

4 — Excluem-se do disposto no número anterior, efectuando-se por mera comunicação à CMVM, e tornando-se eficazes no momento da comunicação, as alterações relativas às seguintes matérias:

a) Denominação e sede da entidade gestora, do depositário ou das entidades comercializadoras;

b) Órgãos sociais da entidade gestora;

c) Inclusão de novas entidades comercializadoras;

d) Redução dos montantes globais cobrados a título de comissões de gestão, depósito, subscrição, resgate e transferência;

e) Actualizações de elementos sujeitos a comunicação prévia à CMVM;

f) Actualização de dados quantitativos;

g) Meras adaptações a alterações legislativas ou regulamentares.

5 — O regulamento de gestão e as alterações correspondentes são objecto de publicação, nos termos previstos no presente diploma.

ART. 23.º (Prospecto) — 1 — A sociedade gestora elabora e mantém actualizado, relativamente a cada fundo de investimento, um prospecto, cujo conteúdo, definido por regulamento da CMVM, permita ao investidor tomar uma decisão esclarecida sobre o investimento que lhe é proposto.

2 — O prospecto deve conter menção esclarecendo que o mesmo inclui apenas a informação essencial sobre cada fundo de investimento e que informação mais detalhada, incluindo o regulamento de gestão e os documentos de prestação de contas do fundo de investimento, pode ser consultada pelos interessados nas instalações da sociedade gestora e do depositário e em todos os locais e através dos meios previstos para a comercialização das unidades de participação do fundo de investimento.

3 — Às alterações ao prospecto que não digam respeito ao conteúdo do regulamento de gestão é aplicável o disposto no n.º 4 do artigo anterior.

4 — Todas as acções publicitárias relativas ao fundo de investimento informam da existência do prospecto a que se refere este artigo, dos locais onde este pode ser obtido e dos meios da sua obtenção.

ART. 24.º (Subscrição de unidades de participação) — 1 — Previamente à subscrição das unidades de participação, junto da sociedade gestora ou através das entidades colocadoras, deverá ser entregue aos subscritores um exemplar actualizado do prospecto.

2 — A subscrição de unidades de participação implica a aceitação do regulamento de gestão e confere à sociedade gestora os poderes necessários para realizar os actos de administração do fundo de investimento.

3 — As unidades de participação de um fundo de investimento não podem ser emitidas sem que a importância correspondente ao preço de subscrição seja efectivamente integrada no activo do fundo de investimento, salvo se se tratar de desdobramento de unidades já existentes.

4 — A CMVM pode definir, por regulamento, regras adicionais sobre a comercialização de unidades de participação dos fundos de investimento, em especial no que respeita às medidas destinadas a assegurar a prestação de informação adequada aos investidores nas diferentes modalidades de subscrição, quer presencial, quer à distância, e quanto à comercialização das unidades de participação fora do território português.

ART. 25.º (Activo do fundo) — 1 — O activo de um fundo de investimento imobiliário pode ser constituído por imóveis e liquidez, sem prejuízo do disposto no n.º 3 e no artigo seguinte.

2 — Os imóveis podem integrar o activo de um fundo de investimento em direito de propriedade, de superfície, ou através de outros direitos com conteúdo equivalente, devendo encontrar-se livres de ónus ou encargos que dificultem excessivamente a sua alienação.

3 — Os imóveis detidos pelos fundos de investimento imobiliário correspondem a prédios urbanos ou fracções autónomas, podendo a CMVM definir em regulamento outros valores, designadamente prédios rústicos ou mistos, unidades de participação em fundos de investimento imobiliário e outros activos equiparáveis que possam integrar o activo de um fundo de investimento.

4 — Só podem ser constituídos os fundos de investimento imobiliário previstos no presente diploma ou em regulamento da CMVM desde que, neste caso, sejam asseguradas adequadas condições de transparência e prestação de informação, em função das suas características.

5 — Não podem ser adquiridos para os fundos de investimento imóveis em regime de compropriedade, excepto no que respeita à compropriedade de imóveis funcionalmente ligados à exploração de fracções autónomas do fundo de investimento e do disposto no número seguinte.

6 — Os fundos de investimento imobiliário podem adquirir imóveis em regime de compropriedade com outros fundos de investimento ou fundos de pensões, devendo existir, consoante seja aplicável, um acordo sobre a constituição da propriedade horizontal ou sobre a repartição dos rendimentos gerados pelo imóvel.

7 — Considera-se liquidez, para efeitos do disposto no n.º 1, numerário, depósitos bancários, certificados de depósito, unidades de participação de fundos de tesouraria e valores mobiliários emitidos ou garantidos por um Estado membro da Comunidade Europeia com prazo de vencimento residual inferior a 12 meses.

434 [DL n.º 60/2002]   INSTITUIÇÕES DE CRÉDITO E SOCIEDADES FINANCEIRAS

ART. 25.º-A (Participações em sociedades imobiliárias) — 1 — O activo de um fundo de investimento pode ainda ser constituído por participações em sociedades imobiliárias desde que:

a) O objecto social da sociedade imobiliária se enquadre exclusivamente numa das actividades que podem ser directamente desenvolvidas pelos fundos de investimento;

b) O activo da sociedade imobiliária seja composto por um mínimo de 75% de imóveis passíveis de integrar directamente a carteira do fundo de investimento;

c) A sociedade imobiliária não possua participações em quaisquer outras sociedades;

d) A sociedade imobiliária tenha sede estatutária e efectiva num dos Estados membros da União Europeia ou da OCDE no qual o respectivo fundo de investimento pode investir;

e) As contas da sociedade imobiliária sejam sujeitas a regime equivalente ao dos fundos de investimento em matéria de revisão independente, transparência e divulgação;

f) A sociedade imobiliária se comprometa contratualmente com a entidade gestora do fundo de investimento a prestar toda a informação que esta deva remeter à CMVM;

g) Aos imóveis e outros activos que integrem o património da sociedade imobiliária ou por esta adquiridos, explorados ou alienados, sejam aplicados princípios equiparáveis ao regime aplicável aos fundos de investimento, nomeadamente no que respeita a regras de avaliação, conflitos de interesse e prestação de informação.

2 — Sem prejuízo do disposto no número anterior, a CMVM pode, através de regulamento:

a) Definir os termos em que são valorizadas as participações das sociedades imobiliárias a adquirir e detidas pelos fundos de investimento;

b) Definir os termos em que o património das sociedades imobiliárias é considerado para efeitos do cumprimento dos limites de composição do património dos fundos de investimento imobiliário;

c) Impor condições adicionais de transparência para que as sociedades imobiliárias possam, em qualquer momento, integrar o activo dos fundos de investimento imobiliário.

3 — A sociedade gestora do fundo deve prevenir, bem como fazer cessar no prazo determinado pela CMVM, os incumprimentos das regras previstas nos números anteriores.

ART. 26.º (Actividades e operações permitidas) — 1 — Os fundos de investimento podem desenvolver as seguintes actividades:

a) Aquisição de imóveis para arrendamento ou destinados a outras formas de exploração onerosa;

b) Aquisição de imóveis para revenda;

c) Aquisição de outros direitos sobre imóveis, nos termos previstos em regulamento da CMVM, tendo em vista a respectiva exploração económica.

2 — Os fundos de investimento podem ainda desenvolver projectos de construção e de reabilitação de imóveis com uma das finalidades previstas nas alíneas *a)* e *b)* do número anterior e dentro dos limites definidos para cada tipo de fundo de investimento, podendo a CMVM definir, por regulamento, os termos e condições em que esta actividade pode ser desenvolvida.

3 — Os fundos de investimento podem adquirir imóveis cuja contraprestação seja diferida no tempo, considerando-se este tipo de operações para efeitos da determinação dos limites de endividamento definidos no presente diploma.

4 — A CMVM pode definir, por regulamento, as condições e limites em que os fundos de investimento podem utilizar instrumentos financeiros derivados.

ART. 27.º (Operações vedadas) — 1 — Aos fundos de investimento é especialmente vedado:

a) Onerar por qualquer forma os seus valores, excepto para a obtenção de financiamento, dentro dos limites estabelecidos no presente diploma;

b) Conceder crédito, incluindo a prestação de garantias;

c) Efectuar promessas de venda de imóveis que ainda não estejam na titularidade do fundo de investimento, exceptuando-se as promessas de venda de imóveis efectuadas no âmbito da actividade referida no n.º 2 do artigo anterior.

2 — As sociedades gestoras não podem efectuar quaisquer transacções entre diferentes fundos de investimento que administrem.

ART. 28.º (Conflito de interesses) — 1 — As sociedades gestoras devem actuar no exclusivo interesse dos participantes, relativamente à própria sociedade gestora e a entidades que com ela se encontrem em relação de domínio ou de grupo.

2 — Sempre que uma sociedade gestora administre mais de um fundo de investimento, deve considerar cada um deles como um cliente, tendo em vista a prevenção de conflitos de interesses e, quando inevitáveis, a sua resolução de acordo com princípios de equidade e não discriminação.

3 — Depende de autorização da CMVM, a requerimento da sociedade gestora, a aquisição e a alienação de imóveis às seguintes entidades:

a) Sociedade gestora e depositário;

b) Entidades que, directa ou indirectamente, detenham 10% ou mais dos direitos de voto da sociedade gestora;

FUNDOS DE INVESTIMENTO IMOBILIÁRIO   [DL n.º 60/2002]   435

c) Entidades cujos direitos de voto sejam pertencentes, em percentagem igual ou superior a 20, à sociedade gestora ou a uma entidade que, directa ou indirectamente, domine a sociedade gestora, ou por entidades dominadas, directa ou indirectamente, pela sociedade gestora;

d) Membros do órgão de administração ou de direcção ou do conselho geral da sociedade gestora ou de entidade que, directa ou indirectamente, a domine;

e) Entidades cujos direitos de voto sejam pertencentes, em percentagem igual ou superior a 20, a um ou mais membros do órgão de administração ou de direcção ou do conselho geral da sociedade gestora ou de entidade que, directa ou indirectamente, a domine;

f) Entidades de cujos órgãos de administração ou de direcção ou de cujo conselho geral façam parte um ou mais administradores ou directores ou membros do conselho geral da sociedade gestora.

4 — O requerimento apresentado pela sociedade gestora, mencionado no número anterior, deve ser devidamente justificado e acompanhado dos pareceres elaborados por dois peritos avaliadores independentes, em cumprimento do disposto na alínea *a)* do n.º 1 do artigo seguinte, podendo a CMVM, em caso de dúvida, ou caso considere o valor da aquisição ou alienação excessivo ou insuficiente, solicitar nova avaliação do imóvel por um terceiro perito avaliador, por ela designado.

5 — Os valores determinados pelos peritos avaliadores referidos no número anterior servem de referência ao preço da transacção proposta, não podendo este preço ser superior, no caso de aquisição do imóvel pelo fundo de investimento, ao menor dos valores determinados pelos peritos, nem inferior, no caso da alienação do imóvel pelo fundo de investimento, ao maior dos valores determinados pelos peritos.

6 — O arrendamento ou outras formas de exploração onerosa de imóveis do fundo de investimento que tenham como contraparte as entidades referidas no n.º 3 apenas se pode verificar dentro das condições e limites estabelecidos em regulamento da CMVM.

7 — A sociedade gestora deve conhecer as relações previstas no n.º 3.

ART. 29.º (Avaliação de imóveis e peritos avaliadores) — 1 — Os imóveis de fundos de investimento devem ser avaliados por, pelo menos, dois peritos avaliadores independentes, nas seguintes situações:

a) Previamente à sua aquisição e alienação, não podendo a data de referência da avaliação do imóvel ser superior a seis meses relativamente à data do contrato em que é fixado o preço da transacção;

b) Previamente ao desenvolvimento de projectos de construção, por forma, designadamente, a determinar o valor do imóvel a construir;

c) Sempre que ocorram circunstâncias susceptíveis de induzir alterações significativas no valor do imóvel;

d) Com uma periodicidade mínima de dois anos.

2 — São definidos por regulamento da CMVM os requisitos de competência e independência dos peritos avaliadores no âmbito da actividade desenvolvida para efeitos do presente diploma, os critérios e normas técnicas de avaliação dos imóveis, o conteúdo dos relatórios de avaliação e as condições de divulgação destes relatórios ou das informações neles contidas, bem como do seu envio à CMVM.

3 — A CMVM pode definir, por regulamento, outros requisitos a cumprir pelos peritos avaliadores independentes.

ART. 30.º (Cálculo e divulgação do valor patrimonial das unidades de participação) — 1 — O valor patrimonial das unidades de participação é calculado de acordo com a periodicidade estabelecida no respectivo regulamento de gestão, dentro dos limites e condições definidos por regulamento da CMVM, sendo este, no mínimo, calculado mensalmente, com referência ao último dia do mês respectivo.

2 — As regras de valorização do património dos fundos de investimento são definidas por regulamento da CMVM.

3 — O valor patrimonial das unidades de participação é divulgado no dia seguinte ao do seu apuramento através de publicação nos termos previstos no presente diploma, bem como nos locais e através dos meios previstos para a comercialização das unidades de participação do fundo de investimento.

4 — A CMVM pode definir, por regulamento, os termos e condições em que as sociedades gestoras podem publicitar, sob qualquer forma, medidas ou índices de rendibilidade e risco dos fundos de investimento e as regras a que obedecerá o cálculo dessas medidas ou índices.

SECÇÃO III — **REGIME FINANCEIRO**

ART. 31.º (Contas dos fundos) — 1 — A contabilidade dos fundos de investimento é organizada de harmonia com as normas emitidas pela CMVM.

2 — A entidade gestora elabora para cada fundo de investimento um relatório e contas anual relativo ao exercício findo em 31 de Dezembro anterior e um relatório e contas semestral referente ao 1.º semestre do exercício, que integram os seguintes documentos:

a) Relatório de gestão, incluindo, nomeadamente, a descrição da actividade e dos principais acontecimentos relativos ao fundo de investimento no período;

b) Balanço;

436 [DL n.º 60/2002] INSTITUIÇÕES DE CRÉDITO E SOCIEDADES FINANCEIRAS

c) Demonstração dos resultados;
d) Demonstração dos fluxos de caixa; e
e) Anexos aos documentos referidos nas alíneas b) a d).

3 — Os relatórios e contas dos fundos de investimento são objecto de relatório elaborado por auditor registado na CMVM.

4 — As sociedades gestoras devem igualmente elaborar relatório de gestão e contas semestrais dos fundos de investimento, com referência a 30 de Junho, que são objecto de parecer pelo auditor do fundo de investimento.

5 — O auditor do fundo de investimento deve comunicar à CMVM, com a maior brevidade, os factos de que tenha tido conhecimento no exercício das suas funções e que sejam susceptíveis de constituir infracção às normas legais ou regulamentares que regulam o exercício da actividade dos fundos de investimento ou que possam determinar a escusa de opinião ou a emissão de opinião adversa ou com reservas, designadamente no que respeita aos aspectos sobre os quais o auditor está obrigado a pronunciar-se no âmbito do disposto no número anterior.

ART. 32.º (Prestação de informações) — 1 — Os relatórios e contas dos fundos de investimento e os respectivos relatórios do auditor são publicados e enviados à CMVM no prazo de:
a) Três meses contados do termo do exercício anterior, para os relatórios anuais;
b) Dois meses contados do termo do semestre do exercício, para os relatórios semestrais.

2 — A publicação referida no número anterior pode ser substituída pela divulgação de um aviso com a menção de que os documentos se encontram à disposição do público nos locais indicados no prospecto e regulamento de gestão e que os mesmos podem ser enviados sem encargos aos participantes que o requeiram.

3 — Os relatórios e contas são facultados, sem qualquer encargo, aos investidores e aos participantes que os solicitem, estando disponíveis ao público nos termos indicados no prospecto e regulamento de gestão.

4 — As sociedades gestoras publicam a composição discriminada das aplicações de cada fundo de investimento que administrem e outros elementos de informação, nos termos definidos por regulamento da CMVM.

5 — As sociedades gestoras publicam, nos locais previstos para a comercialização de unidades de participação e através dos meios de divulgação previstos no artigo 19.º, um aviso da distribuição de resultados dos fundos de investimento.

6 — Os elementos indicados nos números anteriores, bem como outros previstos em regulamento, são enviados à CMVM nos prazos e condições que esta venha a definir.

7 — As sociedades gestoras são obrigadas a prestar à CMVM quaisquer elementos de informação relativos à sua situação, à dos fundos de investimento que administrem e às operações realizadas, que lhes sejam solicitados.

8 — Sem prejuízo de exigências legais ou regulamentares mais rigorosas, as sociedades gestoras conservarão em arquivo, pelo prazo mínimo de cinco anos, todos os documentos e registos relativos aos fundos de investimento que administrem.

Secção IV — **DAS VICISSITUDES DOS FUNDOS**

ART. 33.º (Fusão, cisão e transformação de fundos) — A CMVM define, por regulamento, as condições e o processo de fusão e cisão de fundos de investimento, bem como de transformação do respectivo tipo.

ART. 34.º (Liquidação) — 1 — A liquidação de um fundo de investimento realiza-se nos termos previstos no respectivo regulamento de gestão e de acordo com as condições definidas no presente diploma para cada tipo de fundo de investimento.

2 — Tomada a decisão de liquidação, fundada no interesse dos participantes, com salvaguarda da defesa do mercado, deve a mesma ser imediatamente comunicada à CMVM e publicada, contendo a indicação do prazo previsto para a conclusão do processo de liquidação.

3 — O reembolso das unidades de participação deve ocorrer no prazo máximo de um ano a contar da data de início da liquidação do fundo, podendo a CMVM, em casos excepcionais e a pedido da sociedade gestora, devidamente fundamentado, prorrogar este prazo.

4 — Durante o período de liquidação, mantêm-se as obrigações de prestação de informações referidas no artigo 32.º, devendo ser enviada mensalmente à CMVM uma memória explicativa da evolução do processo de liquidação do fundo.

5 — O valor final de liquidação do fundo de investimento é divulgado pela sociedade gestora, nos locais e através dos meios previstos para a comercialização das unidades de participação do fundo de investimento, no decurso dos cinco dias subsequentes ao seu apuramento definitivo, devendo as contas de liquidação do fundo de investimento ser enviadas à CMVM dentro do mesmo prazo.

ART. 35.º (Liquidação compulsiva) — 1 — Quando, em virtude da violação do regulamento de gestão ou das disposições legais e regulamentares que regem os fundos de investimento, os interesses dos participantes e da defesa do mercado o justifiquem, a CMVM pode determinar a liquidação de um fundo de investimento.

FUNDOS DE INVESTIMENTO IMOBILIÁRIO   [DL n.º 60/2002]   437

2 — O processo de liquidação inicia-se com a notificação da decisão à sociedade gestora, ao depositário e, quando for o caso, às entidades colocadoras, aplicando-se o disposto nos n.ᵒˢ 2 a 5 do artigo anterior, com as necessárias adaptações.

3 — A liquidação a que se refere o presente artigo pode ser entregue a liquidatário ou liquidatários designados pela CMVM, que fixará a respectiva remuneração, a qual constitui encargo da sociedade gestora, cabendo neste caso aos liquidatários os poderes que a lei atribui à sociedade gestora, mantendo-se, todavia, os deveres impostos ao depositário.

CAPÍTULO III — Dos fundos de investimento imobiliário abertos

ART. 36.º (Subscrições e resgates) — 1 — Sem prejuízo do disposto no artigo 24.º, a subscrição e o resgate das unidades de participação de um fundo de investimento aberto são realizados de acordo com as condições definidas no respectivo regulamento de gestão, dentro dos limites e condições definidos por regulamento da CMVM, devendo ser indicado, nomeadamente:

a) A periodicidade das subscrições e dos resgates das unidades de participação do fundo de investimento;

b) O número mínimo de unidades de participação exigidos em cada subscrição;

c) O valor das unidades de participação para efeitos de subscrição e de resgate;

d) O prazo máximo de reembolso dos pedidos de resgate;

e) A forma de determinação do preço de emissão e de resgate das unidades de participação;

f) O valor, modo de cálculo e condições de cobrança das comissões referidas no n.º 2 do artigo 16.º.

2 — Em casos excepcionais, devidamente fundamentados pela sociedade gestora, pode a CMVM permitir a prorrogação do prazo referido na alínea *d)* do número anterior.

3 — Os participantes podem exigir o resgate das unidades de participação de um fundo de investimento aberto mediante solicitação dirigida ao depositário.

ART. 37.º (Suspensão das subscrições ou dos resgates) — 1 — Quando os pedidos de resgate de unidades de participação excederem os de subscrição, num só dia, em 5% do activo total do fundo de investimento ou, num período não superior a cinco dias seguidos, em 10% do mesmo activo, a sociedade gestora poderá suspender as operações de resgate.

2 — A sociedade gestora deve suspender as operações de resgate ou de emissão quando, apesar de não se verificarem as circunstâncias previstas no número anterior, o interesse dos participantes o aconselhe.

3 — Decidida a suspensão, a sociedade gestora deve promover a afixação, bem visível, em todos os locais e através dos meios previstos para a comercialização das unidades de participação do fundo de investimento, de um aviso destinado a informar o público sobre a situação de suspensão e, logo que possível, a sua duração.

4 — As suspensões previstas nos n.ᵒˢ 1 e 2 e as razões que as determinarem devem ser imediatamente comunicadas pela sociedade gestora à CMVM.

5 — A suspensão do resgate não abrange os pedidos que tenham sido apresentados até ao fim do dia anterior ao do envio da comunicação à CMVM.

6 — A CMVM, por sua iniciativa ou a solicitação da sociedade gestora, pode, quando ocorram circunstâncias excepcionais susceptíveis de perturbarem a normal actividade do fundo de investimento ou de porem em risco os legítimos interesses dos investidores, determinar a suspensão da subscrição ou do resgate das unidades de participação do fundo de investimento, a qual produz efeitos imediatos relativamente a todos os pedidos de resgate que, no momento da notificação da suspensão, não tenham sido satisfeitos.

7 — A suspensão do resgate, nos termos do presente artigo, não determina a suspensão simultânea da subscrição, mas a subscrição de unidades de participação só pode efectuar-se mediante declaração escrita do participante de que tomou prévio conhecimento da suspensão do resgate.

ART. 38.º (Composição do património) — 1 — Aos fundos de investimento abertos são aplicáveis as seguintes regras:

a) O valor dos imóveis e de outros activos equiparáveis, definidos em regulamento da CMVM nos termos do disposto no n.º 3 do artigo 25.º, não pode representar menos de 75% do activo total do fundo de investimento;

b) O desenvolvimento de projectos de construção não pode representar, no seu conjunto, mais de 25% do activo total do fundo de investimento;

c) O valor de um imóvel ou de outro activo equiparável, definido em regulamento da CMVM nos termos do disposto no n.º 3 do artigo 25.º, não pode representar mais de 20% do activo total do fundo de investimento;

d) O valor dos imóveis arrendados, ou objecto de outras formas de exploração onerosa, a uma única entidade ou a um conjunto de entidades que, nos termos da lei, se encontrem em relação de domínio ou de grupo, ou que sejam dominadas, directa ou indirectamente, por uma mesma pessoa, singular ou colectiva, não pode superar 20% do activo total do fundo de investimento;

e) As participações em sociedades imobiliárias não podem representar mais de 25% do activo total do fundo de investimento;

438   [DL n.º 60/2002]   INSTITUIÇÕES DE CRÉDITO E SOCIEDADES FINANCEIRAS

f) Só podem investir em imóveis localizados em Estados membros da União Europeia ou da OCDE, não podendo os investimentos fora da União Europeia representar mais de 25% do activo total do fundo de investimento;

g) O endividamento não pode representar mais de 25% do activo total do fundo de investimento.

2 — Para efeitos de apuramento do limite definido na alínea *b)* do número anterior, são considerados os imóveis destinados ao desenvolvimento de projectos de construção, ainda que os referidos projectos não tenham sido iniciados.

3 — Para efeitos do disposto na alínea *c)* do n.º 1, constitui um imóvel o conjunto das fracções autónomas de um mesmo edifício submetido ao regime da propriedade horizontal e o conjunto de edifícios contíguos funcionalmente ligados entre si pela existência de partes comuns afectas ao uso de todas ou algumas unidades ou fracções que os compõem.

4 — A sociedade gestora deve conhecer as relações previstas na alínea *d)* do n.º 1.

5 — Os limites percentuais definidos nas alíneas *a)* a *f)* do n.º 1 são aferidos em relação à média dos valores verificados no final de cada um dos últimos seis meses, sendo respeitados no prazo de dois anos a contar da data de constituição do fundo de investimento.

6 — Em casos devidamente fundamentados pela sociedade gestora, poderá a CMVM autorizar que os fundos de investimento detenham transitoriamente uma estrutura patrimonial que não respeite algumas das alíneas do n.º 1.

7 — A CMVM pode fixar regras técnicas sobre a estrutura patrimonial dos fundos de investimento, designadamente quanto ao cálculo do valor de cada projecto para efeitos de determinação do limite referido na alínea *b)* do n.º 1.

ART. 39.º (Alterações ao regulamento de gestão) — 1 — Devem ser comunicadas individualmente a cada participante, no prazo máximo de 10 dias após o termo do prazo para a CMVM deduzir oposição ou da comunicação a esta, consoante aplicável, as alterações ao regulamento de gestão das quais resulte:

a) A substituição da sociedade gestora ou a alteração dos titulares da maioria do respectivo capital social;

b) A substituição do depositário;

c) Um aumento das comissões a suportar pelo fundo de investimento;

d) A modificação substancial da política de investimentos como tal considerada pela CMVM;

e) A modificação da política de distribuição dos resultados do fundo de investimento.

2 — As alterações referidas no número anterior tornam-se eficazes 45 dias após o termo do prazo para a CMVM deduzir oposição às mesmas.

3 — Nos casos em que se verifique um aumento global das comissões de gestão e de depósito a suportar pelo fundo de investimento ou uma modificação substancial da política de investimentos, os participantes podem proceder ao resgate das unidades de participação sem pagar a respectiva comissão, a partir da data da comunicação e até um mês após o início da sua produção de efeitos.

ART. 40.º (Liquidação) — 1 — Os participantes em fundos de investimento abertos não podem exigir a liquidação ou partilha do respectivo fundo de investimento.

2 — A decisão de liquidação deve ser comunicada individualmente a cada participante.

3 — A decisão de liquidação determina a imediata suspensão das operações de subscrição e de resgate das unidades de participação do fundo de investimento.

CAPÍTULO IV — **Dos fundos de investimento imobiliário fechados**

ART. 41.º (Administração) — 1 — Sem prejuízo do disposto no artigo 6.º, a administração dos fundos de investimento fechados pode ainda ser exercida por alguma das instituições de crédito referidas nas alíneas *a)* a *f)* do artigo 3.º do Regime Geral das Instituições de Crédito e Sociedades Financeiras, aprovado pelo Decreto-Lei n.º 298/92, de 31 de Dezembro, que disponham de fundos próprios não inferiores a € 7 500 000.

2 — Às entidades gestoras referidas no número anterior não é aplicável o disposto nos artigos 7.º, 10.º, 11.º e 14.º.

ART. 42.º (Oferta pública ou particular) — 1 — A oferta de distribuição de unidades de participação de fundos de investimento fechados pode ser pública ou particular.

2 — A natureza pública ou particular da oferta determina-se em conformidade com o disposto, respectivamente, nos artigos 109.º e 110.º do Código dos Valores Mobiliários.

3 — A aprovação do prospecto de oferta pública implica a autorização do fundo de investimento.

4 — Ao prazo da oferta aplica-se o disposto no artigo 125.º do Código dos Valores Mobiliários, ocorrendo a respectiva liquidação financeira no final do prazo fixado.

5 — Quando o interesse dos investidores o justifique, pode ser recusada a autorização para a constituição de novos fundos de investimento fechados enquanto não estiver integralmente realizado o capital de outros fundos de investimento fechados administrados pela mesma sociedade gestora.

FUNDOS DE INVESTIMENTO IMOBILIÁRIO [DL n.º 60/2002] 439

ART. 43.º (Duração do fundo) — 1 — Os fundos de investimento fechados podem ter duração determinada ou indeterminada.

2 — Nos fundos de investimento fechados de duração determinada esta não pode exceder 10 anos, sendo permitida a sua prorrogação uma ou mais vezes, por períodos não superiores ao inicial, desde que obtida deliberação favorável da assembleia de participantes e o regulamento de gestão permita o resgate das unidades de participação pelos participantes que, por escrito, tenham manifestado estar contra a prorrogação.

3 — Os participantes que votaram a favor da prorrogação não podem solicitar o resgate das respectivas unidades de participação.

4 — A entidade gestora comunica à CMVM a prorrogação da duração do fundo.

5 — Os fundos de investimento fechados com duração indeterminada só são autorizados se no regulamento de gestão estiver prevista a admissão à negociação das respectivas unidades de participação em mercado regulamentado.

ART. 44.º (Aumentos e reduções de capital) — 1 — Mediante autorização da CMVM, podem ser realizados aumentos e reduções de capital, desde que essa possibilidade se encontre prevista no regulamento de gestão.

2 — O aumento do capital deve respeitar as seguintes condições:

a) Terem decorrido pelo menos seis meses desde a data de constituição do fundo de investimento ou desde a data de realização do último aumento de capital;

b) Ser objecto de deliberação favorável em assembleia de participantes, nas condições definidas no regulamento de gestão, devendo a deliberação definir igualmente as condições do aumento, designadamente se a subscrição é reservada aos actuais participantes do fundo de investimento;

c) Ser precedido da elaboração de relatórios de avaliação dos imóveis do fundo de investimento, por dois peritos independentes, com uma antecedência não superior a seis meses, relativamente à data de realização do aumento;

d) O preço de subscrição deve ser definido pela sociedade gestora, com base em critérios objectivos e devidamente fundamentados no prospecto da oferta, tomando como referência o valor patrimonial das unidades de participação, e, para os fundos de investimento admitidos à negociação em mercado regulamentado, considerando ainda o valor de mercado das unidades de participação, devendo, em qualquer dos casos, o auditor do fundo de investimento emitir parecer sobre o preço assim fixado.

3 — A redução do capital apenas se pode verificar em caso de reembolso das unidades de participação dos participantes que se tenham manifestado contra a prorrogação da duração do fundo de investimento e em casos excepcionais, devidamente justificados pela sociedade gestora, devendo ser respeitadas, com as devidas adaptações, as condições previstas nas alíneas *b)*, *c)* e *d)* do número anterior.

4 — A CMVM pode definir, por regulamento, os termos de divulgação da informação contida no parecer do auditor, nos relatórios de avaliação considerados para efeitos dos aumentos e reduções do capital do fundo de investimento e noutros elementos de informação.

ART. 45.º (Assembleia de participantes) — 1 — Dependem de deliberação favorável da assembleia de participantes:

a) O aumento das comissões que constituem encargo do fundo de investimento;

b) A modificação substancial da política de investimentos do fundo de investimento;

c) A modificação da política de distribuição dos resultados do fundo de investimento;

d) O aumento e redução do capital do fundo de investimento;

e) A prorrogação da duração do fundo de investimento;

f) A substituição da entidade gestora, excepto quando se verifique, ao abrigo do disposto na alínea *b)* do n.º 6 do artigo 31.º do regime jurídico dos organismos de investimento colectivo, aprovado pelo Decreto-Lei n.º 252/2003, de 17 de Outubro, a transferência dos poderes de administração dos fundos de investimento imobiliário e da estrutura humana, material e técnica da sociedade gestora de fundos de investimento imobiliário para uma sociedade gestora de fundos de investimento mobiliário integrada no mesmo grupo financeiro;

g) A liquidação do fundo de investimento nos termos previstos no artigo 47.º.

2 — Em caso algum, a assembleia pode pronunciar-se sobre decisões concretas de investimento ou aprovar orientações ou recomendações sobre esta matéria que não se limitem ao exercício da competência referida na alínea *b)* do número anterior.

3 — O regulamento de gestão deve definir as regras de convocação e funcionamento e as competências da assembleia, aplicando-se, na sua falta ou insuficiência, o disposto na lei para as sociedades anónimas.

ART. 46.º (Composição do património) — 1 — Aos fundos de investimento fechados objecto de oferta pública de subscrição é aplicável o disposto no artigo 38.º, com as seguintes adaptações:

a) O desenvolvimento de projectos de construção não pode representar, no seu conjunto, mais de 50% do activo total do fundo de investimento, salvo se tais projectos se destinarem à reabilitação de imóveis, caso em que tal limite é de 60%;

b) O valor de um imóvel não pode representar mais de 25% do activo total do fundo de investimento;

440 [DL n.º 60/2002] INSTITUIÇÕES DE CRÉDITO E SOCIEDADES FINANCEIRAS

c) O valor dos imóveis arrendados, ou objecto de outras formas de exploração onerosa, a uma única entidade ou a um conjunto de entidades que, nos termos da lei, se encontrem em relação de domínio ou de grupo, ou que sejam dominadas, directa ou indirectamente, por uma mesma pessoa, singular ou colectiva, não pode superar 25% do activo total do fundo de investimento;

d) O endividamento não pode representar mais de 33% do activo total do fundo de investimento.

2 — Em caso de aumento de capital do fundo de investimento, os limites definidos na alínea *a)* do n.º 1 do artigo 38.º devem ser respeitados no prazo de um ano a contar da data do aumento de capital relativamente ao montante do aumento.

ART. 47.º (Liquidação) — Os participantes dos fundos de investimento fechados podem exigir a respectiva liquidação, desde que tal possibilidade esteja prevista no regulamento de gestão ou quando, prevendo este a admissão à negociação em mercado regulamentado das unidades de participação, esta se não verifique no prazo de 12 meses a contar da data de constituição do fundo.

ART. 48.º (Fundos de investimento fechados de subscrição particular) — 1 — Aos fundos de investimento fechados objecto de oferta particular cujo número de participantes seja superior a cinco, não sendo estes exclusivamente investidores institucionais, são aplicáveis:

a) As alíneas *a)* e *f)* do n.º 1 do artigo 38.º, sendo autorizado o investimento em imóveis localizados em Estados que não integram a União Europeia ou a OCDE até ao limite de 10% do activo total do fundo de investimento;

b) A alínea *d)* do n.º 1 do artigo 46.º.

2 — Aos fundos de investimento fechados objecto de oferta particular cujos participantes não reúnam as características referidas no proémio do número anterior não são aplicáveis:

a) Os limites de composição do património nele referidos, com excepção da alínea *a)* do n.º 1 do artigo 38.º;

b) O n.º 4 do artigo 42.º quando o regulamento de gestão fixe o prazo máximo da oferta até 90 dias e calendarize as respectivas liquidações financeiras.

3 — Aos fundos de investimento fechados objecto de oferta particular não é ainda aplicável:

a) O artigo 23.º;

b) O n.º 2 do artigo 31.º, na parte respeitante ao relatório semestral;

c) O n.º 2 do artigo 27.º e os n.ºˢ 3 e 6 do artigo 28.º, desde que obtido o acordo de, no mínimo, 75% dos participantes relativamente a cada operação;

d) A sujeição a autorização da CMVM prevista no n.º 1 do artigo 44.º, sendo o aumento ou a redução do capital do fundo de investimento comunicado à CMVM.

4 — A CMVM pode estabelecer, por regulamento, as condições e procedimentos mediante os quais um fundo de investimento objecto de oferta pública de distribuição pode ficar sujeito ao disposto no presente artigo.

CAPÍTULO V — **Dos fundos de investimento imobiliário mistos**

ART. 49.º (Regime aplicável) — Os fundos de investimento mistos regem-se, para além do disposto nos capítulos I e II, pelo disposto no presente capítulo e, subsidiariamente, no capítulo anterior, em tudo o que não for incompatível com a sua natureza.

ART. 50.º (Capital fixo e variável) — 1 — O capital dos fundos de investimento mistos é composto por uma parte fixa e por uma parte variável, representadas por duas categorias distintas de unidades de participação.

2 — A parte fixa do capital do fundo de investimento misto não pode ser inferior à parte variável do mesmo.

ART. 51.º (Categorias de unidades de participação) — 1 — As unidades de participação representativas da parte fixa do capital do fundo de investimento misto conferem o direito à participação em assembleia de participantes e à partilha do respectivo património líquido em caso de liquidação.

2 — As unidades de participação representativas da parte variável do capital do fundo de investimento misto conferem apenas direito:

a) À distribuição prioritária de uma quota-parte dos resultados do fundo de investimento;

b) Ao resgate das unidades de participação, nos termos definidos no presente diploma e no regulamento de gestão do fundo de investimento;

c) Ao reembolso prioritário do seu valor em caso de liquidação do fundo de investimento.

ART. 52.º (Distribuição dos resultados) — O regulamento de gestão define, de forma clara e objectiva, quanto à distribuição dos resultados referentes às unidades de participação representativas da parte variável do capital do fundo de investimento misto:

a) O modo de cálculo da percentagem dos resultados do fundo de investimento a distribuir;

b) A periodicidade e datas de distribuição.

ART. 53.º (Subscrições e resgates) — 1 — A comercialização de unidades de participação representativas da parte variável do capital do fundo de investimento misto só pode ter início após a integral subscrição das unida-

FUNDOS DE INVESTIMENTO IMOBILIÁRIO

[DL n.º 60/2002] 441

des de participação representativas da parte fixa do capital do mesmo fundo de investimento e nas condições definidas no respectivo regulamento de gestão.

2 — O preço de subscrição e de resgate das unidades de participação representativas da parte variável do capital do fundo de investimento corresponde ao valor fixado no respectivo regulamento de gestão, acrescido ou diminuído, respectivamente, de eventuais comissões de subscrição ou resgate, a suportar pelos participantes.

3 — Às subscrições e resgates das unidades de participação representativas da parte variável do capital do fundo de investimento misto é aplicável, com as devidas adaptações, o disposto no artigo 36.º.

4 — A CMVM pode determinar a transformação de um fundo de investimento misto em fechado, caso a subscrição das unidades de participação representativas da parte variável do capital do fundo não se verifique no prazo de dois anos a contar da respectiva data de constituição.

ART. 54.º (Suspensão das subscrições e resgates) — 1 — À suspensão das subscrições e resgates das unidades de participação representativas da parte variável do capital do fundo de investimento misto é aplicável, com as devidas adaptações, o disposto no artigo 37.º.

2 — Logo que a parte variável do capital do fundo de investimento misto iguale a parte fixa do mesmo, suspendem-se automaticamente as subscrições das unidades de participaçãorepresentativas daquela, devendo o regulamento de gestão do fundo de investimento estabelecer os critérios de rateio para os pedidos de subscrição que ainda não tenham sido satisfeitos.

3 — A suspensão referida no número anterior só pode ser levantada em caso de aumento da parte fixa do capital do fundo de investimento ou da ocorrência de resgates representativos de, pelo menos, 10% da mesma.

ART. 55.º (Composição do património dos fundos de investimento mistos) — Aos fundos de investimento mistos é aplicável o disposto no artigo 38.º, não lhes sendo porém autorizado, sem prejuízo do disposto no artigo 50.º, o recurso ao endividamento.

ART. 56.º (Outras disposições) — É aplicável aos fundos de investimento mistos o disposto nos artigos 39.º e 40.º, quanto aos titulares de unidades de participação representativas da parte variável do capital do fundo de investimento.

CAPÍTULO VI — Da comercialização em Portugal de participações em instituições de investimento colectivo em valores imobiliários, com sede ou que sejam administradas por entidades com sede no estrangeiro

ART. 57.º (Autorização) — 1 — A comercialização em Portugal de participações em instituições de investimento colectivo em valores imobiliários com sede no estrangeiro, ou administradas por entidade gestora aí sediada, está sujeita a autorização da CMVM, nos termos definidos em regulamento.

2 — A autorização referida no número anterior é concedida, nomeadamente, se as instituições de investimento colectivo e o modo previsto para a comercialização das respectivas participações conferirem aos participantes condições de segurança e protecção análogas às das instituições domiciliadas em Portugal, desde que verificada a existência de reciprocidade para a comercialização destas últimas no estrangeiro e de memorando de entendimento entre as autoridades de supervisão competentes.

ART. 58.º (Publicidade e informações) — 1 — As instituições de investimento colectivo podem fazer publicidade da comercialização das respectivas participações em território português, com observância das disposições nacionais sobre publicidade.

2 — As instituições de investimento colectivo abrangidas por este capítulo devem difundir, em língua portuguesa, nas modalidades aplicáveis aos fundos de investimento domiciliados em Portugal, os documentos e as informações que devam ser publicitados no Estado de origem.

3 — Caso os elementos referidos no número anterior não sejam suficientes para assegurar o cumprimento do disposto no n.º 3 do artigo anterior, a CMVM pode determinar a difusão de documentos e informações complementares.

CAPÍTULO VII — Sociedades de investimento imobiliário

Secção I — SOCIEDADES DE INVESTIMENTO IMOBILIÁRIO

ART. 58.º-A (Sociedades de investimento imobiliário) — 1 — A constituição e o funcionamento das sociedades de investimento imobiliário, ou abreviadamente SIIMO, regem-se pelo presente decreto-lei, com as especificidades constantes do presente título.

2 — As SIIMO regem-se ainda pelo disposto no Código das Sociedades Comerciais, salvo quando as respectivas normas se mostrem incompatíveis com a natureza e objecto específicos destas sociedades ou com o disposto no presente decreto-lei, designadamente no que respeita aos seguintes aspectos de regime:

442   [DL n.º 60/2002]   INSTITUIÇÕES DE CRÉDITO E SOCIEDADES FINANCEIRAS

a) Composição, aumento, redução e intangibilidade do capital social e amortização de acções;
b) Constituição de reservas;
c) Limitação de distribuição de resultados aos accionistas;
d) Regras relativas à celebração e prestação de contas;
e) Regime de fusão e cisão de sociedades; e
f) Regime de aquisição tendente ao domínio total.

3 — As SIIMO são intermediários financeiros, não lhes sendo todavia aplicável o regime consagrado no Código dos Valores Mobiliários para sociedades abertas.

ART. 58.º-B (Noção de SIIMO) — As SIIMO são instituições de investimento colectivo dotadas de personalidade jurídica, que assumem a forma de sociedade anónima de capital variável ou fixo, e cujos activos são por elas detidos em regime de propriedade e geridos a título fiduciário, pelas próprias ou por terceira entidade contratada, de modo independente e no exclusivo interesse dos accionistas.

ART. 58.º-C (Denominação e espécie) — 1 — As SIIMO adoptam na sua denominação a designação de SICAFI ou SICAVI, consoante se constituam como SIIMO de capital fixo ou de capital variável.

2 — Salvo disposição em contrário, as SICAFI observam o regime dos fundos de investimento fechados e as SICAVI o dos fundos de investimento abertos.

ART. 58.º-D (Acções) — 1 — As SIIMO são divididas em acções nominativas de conteúdo idêntico, representativas do seu capital social, sem valor nominal.

2 — Às acções das SIIMO é aplicável, salvo disposição em contrário, o regime jurídico das unidades de participação, nomeadamente no que respeita à sua emissão, avaliação e comercialização.

3 — Às acções das SIIMO é ainda aplicável, em tudo o que não se mostre incompatível com o regime das unidades de participação, o regime aplicável às acções previsto no Código das Sociedades Comerciais e demais legislação societária.

ART. 58.º-E (Capital social e património) — 1 — O capital inicial mínimo das SIIMO é de € 375 000.

2 — O capital social das SICAVI corresponde, em cada momento, ao valor líquido global do seu património, variando em função das subscrições e dos resgates, os quais, salvo as situações de suspensão, são livres e ocorrem a todo o tempo.

3 — O capital social das SICAFI é definido no momento da constituição da sociedade, nos termos do Código das Sociedades Comerciais, com as eventuais alterações decorrentes de aumento e de redução do capital.

4 — As SIIMO adoptam as medidas necessárias para que o valor líquido global do seu património não desça a valores inferiores a € 5 000 000.

5 — Sob pena de responsabilidade dos membros dos órgãos de administração, sempre que o património social apresente valores inferiores aos estabelecidos no número anterior, é o facto comunicado imediatamente à CMVM, devendo a sociedade adoptar as medidas necessárias à rápida regularização da situação, nomeadamente procedendo à redução do capital para o valor do património, e sujeitar-se às directrizes emitidas pela CMVM durante esse período.

6 — Se no prazo de seis meses a sociedade não regularizar a situação, deve proceder-se, caso isso viole o limite mínimo previsto nos n.ᵒˢ 1 e 2, à liquidação da sociedade.

ART. 58.º-F (Fundos próprios) — Às SIIMO autogeridas aplica-se, com as devidas adaptações, o disposto no artigo 10.º.

SECÇÃO II — **ACESSO E EXERCÍCIO DA ACTIVIDADE**

ART. 58.º-G (Autorização) — 1 — A constituição de SIIMO depende de autorização da CMVM nos termos previstos no artigo 20.º a 21.º-A.

2 — As SIIMO consideram-se constituídas na data do registo do respectivo contrato de sociedade.

ART. 58.º-H (Caducidade da autorização) — Sem prejuízo do disposto no n.º 7 do artigo 20.º, a autorização das SIIMO caduca se não for utilizada no prazo de 12 meses a contar da data da sua concessão.

ART. 58.º-I (Gestão) — 1 — As SIIMO podem ser heterogeridas ou autogeridas, consoante designem ou não uma terceira entidade para o exercício da respectiva gestão.

2 — Às SIIMO autogeridas é aplicável o disposto nos artigos 6.º a 11.º, ficando sujeitas, com as necessárias adaptações, aos requisitos de organização e os deveres da sociedade gestora em relação aos fundos de investimento imobiliários, aos activos por eles geridos e aos respectivos investidores, designadamente decorrentes das regras de conduta, dos deveres de informação e de delegação de funções.

3 — As SIIMO heterogeridas só podem designar para o exercício da respectiva gestão uma sociedade gestora de fundos de investimento imobiliário devidamente autorizada.

4 — A designação prevista no número anterior deve ser previamente comunicada ao Banco de Portugal.

FUNDOS DE INVESTIMENTO IMOBILIÁRIO [DL n.º 60/2002] 443

5 — As relações entre a SIIMO heterogerida e a entidade designada para o exercício da gestão regem-se por contrato escrito aprovado pela assembleia de accionistas, que deve conter, designadamente, os seguintes elementos:

a) A denominação e sede da sociedade;
b) As condições de substituição da entidade gestora;
c) A política de investimentos da sociedade e a política de distribuição de rendimentos;
d) A política de exercício dos direitos de voto inerentes às acções detidas;
e) A remuneração dos serviços prestados pelo depositário e pela entidade gestora designada;
f) O valor, modo de cálculo e condições de cobrança das comissões de subscrição e de resgate de acções, bem como, se for o caso, de gestão para remuneração do serviço prestado pela entidade gestora designada;
g) As regras de determinação do valor das acções e dos preços de subscrição e de resgate;
h) O momento do dia utilizado como referência para a determinação do valor das acções;
i) O critério de subscrição e resgate das acções pelo último valor conhecido e divulgado;
j) O número mínimo de acções que pode ser exigido em cada subscrição;
l) O prazo máximo em que se verifica o resgate; e
m) As condições para a suspensão das operações de subscrição e resgate de acções.

ART. 58.º-J (Deveres e responsabilidades dos membros dos órgãos de administração e de fiscalização das SIIMO e das respectivas entidades gestoras) — 1 — A gestão de uma SIIMO autogerida ou, no caso de uma SIIMO heterogerida, da entidade a quem a gestão haja sido confiada, é exercida no exclusivo interesse dos accionistas.

2 — Os membros dos órgãos de administração e fiscalização das SIIMO respondem solidariamente entre si, perante os accionistas e perante a sociedade pela violação ou cumprimento defeituoso dos deveres legais e regulamentares aplicáveis e das obrigações decorrentes dos documentos constitutivos da SIIMO.

3 — No caso de uma SIIMO total ou parcialmente heterogerida, a entidade a quem tenha sido confiada a gestão, bem como os membros dos respectivos órgãos de administração e fiscalização, respondem solidariamente com os membros dos órgãos de administração e fiscalização da sociedade de investimento pelos actos mencionados no número anterior.

ART. 58.º-L (Depositário) — 1 — A guarda dos activos de uma SIIMO deve ser confiada a um depositário, nos termos dos artigos 12.º e 13.º.

2 — Compete ao depositário:

a) Assegurar que a venda, a emissão, a reaquisição, o reembolso e a anulação das acções efectuadas pela sociedade ou por sua conta se efectuam de acordo com a lei ou com os documentos constitutivos da sociedade;
b) Assegurar que os rendimentos da sociedade são aplicados em conformidade com a lei e com os documentos constitutivos.

3 — Sem prejuízo do disposto no n.º 4 do artigo 12.º, os documentos constitutivos das SIIMO definem as regras aplicáveis à substituição do depositário, que devem assegurar a protecção dos accionistas.

ART. 58.º-M (Aquisições proibidas por conta das SIIMO) — As entidades gestoras que exerçam a gestão de uma SIIMO não podem, por conta das SIIMO que gerem, efectuar as seguintes aquisições:

a) De activos que integrem a carteira de SIIMO ou de um fundo de investimento imobiliário, consoante os casos, geridos pela mesma entidade gestora ou que a esta estejam ligados, nomeadamente, por uma relação de domínio ou de grupo;
b) De quaisquer bens objecto de garantias reais, penhoras ou procedimentos cautelares;
c) De acções da própria SIIMO.

ART. 58.º-N (Regulamento de gestão) — As SIIMO elaboram um regulamento de gestão, ao qual é aplicável, com as devidas adaptações, o disposto no artigo 22.º.

ART. 58.º-O (Assembleia de accionistas) — O disposto no artigo 45.º relativamente às assembleias de participantes de fundos fechados é aplicável às SICAFI, com as necessárias adaptações, sendo-lhes ainda aplicável o disposto no Código das Sociedades Comerciais no que respeita às competências da assembleia geral das sociedades anónimas, salvo quando tais regras se mostrem incompatíveis com a natureza das SIIMO ou com o disposto naqueles regimes jurídicos.

ART. 58.º-P (Liquidação e partilha) — À liquidação e partilha do património das SIIMO aplica-se o disposto nos artigos 33.º a 35.º e subsidiariamente as regras de liquidação previstas no Código das Sociedades Comerciais.

CAPÍTULO VIII — **Supervisão e regulamentação**

ART. 59.º (Supervisão) — 1 — Compete à CMVM a fiscalização do disposto no presente diploma, sem prejuízo da competência do Banco de Portugal em matéria de supervisão das instituições de crédito e das sociedades financeiras e do Instituto do Consumidor em matéria de publicidade.

444   [DL n.º 60/2002]   INSTITUIÇÕES DE CRÉDITO E SOCIEDADES FINANCEIRAS

2 — O disposto no número anterior não prejudica a competência da CMVM para, em circunstâncias excepcionais, susceptíveis de perturbar o normal funcionamento dos fundos de investimento, determinar aos mesmos, respectivas entidades gestoras, depositários ou entidades comercializadoras, o cumprimento de deveres adicionais aos previstos no presente decreto-lei, tendo em vista acautelar os legítimos interesses dos participantes.

3 — Sem prejuízo do disposto no número anterior, a CMVM pode igualmente, nos termos e com os fundamentos nele previstos, mediante requerimento fundamentado dos interessados, permitir a dispensa temporária do cumprimento dos deveres previstos no presente decreto-lei relativos às seguintes matérias:

a) Regime de composição das carteiras, seus limites, técnicas e instrumentos de gestão dos fundos de investimento;

b) Termos e condições de financiamento dos fundos de investimento;

c) Realização de operações com fundos e entidades relacionadas;

d) Vicissitudes a que estão sujeitos os fundos de investimento, em particular no que respeita à fusão, cisão, transformação, liquidação e partilha de fundos.

4 — A dispensa a que se refere o número anterior deve ser devidamente fundamentada, designadamente no que respeita ao seu carácter instrumental e necessário para a protecção dos interesses dos participantes, e prever a sua duração, até ao limite máximo de três meses, renovável por igual período, podendo ser acompanhada de deveres de informação acessórios à CMVM e aos participantes e ser revogada a todo o tempo.

ART. 60.º (Regulamentação) — Compete igualmente à CMVM a elaboração dos regulamentos necessários à concretização e ao desenvolvimento do disposto no presente diploma, nomeadamente no que respeita às seguintes matérias:

a) Critérios de dispersão das unidades de participação de cada fundo de investimento;

b) Condições de admissão de comissões de desempenho e encargos que, para além da comissão de gestão e de depósito, são susceptíveis de serem suportados pelo fundo de investimento;

c) Conteúdo do prospecto dos fundos de investimento abertos;

d) Condições de comercialização de unidades de participação, em especial no que respeita às subscrições e resgates, bem como as condições a observar pelas entidades colocadoras;

e) Valores susceptíveis de integrar o activo dos fundos de investimento, para além dos previstos no presente diploma;

f) Termos e condições de desenvolvimento pelos fundos de investimento de projectos de construção de imóveis;

g) Condições e limites de utilização de instrumentos financeiros derivados para fins de cobertura de riscos;

h) Condições e limites de arrendamento ou de outras formas de exploração onerosa de imóveis do fundo de investimento no âmbito de contratos celebrados com as entidades previstas no n.º 3 do artigo 28.º;

i) Condições de competência e independência dos peritos avaliadores e critérios e normas técnicas de avaliação dos imóveis;

j) Regras de valorização do património de cada fundo de investimento e periodicidade e condições de cálculo do valor patrimonial das unidades de participação;

l) Termos e condições em que as sociedades gestoras podem tornar público, sob qualquer forma, medidas ou índices de rendibilidade e risco dos fundos de investimento e as regras a que obedecerá o cálculo dessas medidas ou índices;

m) Regras menos exigentes em matéria de composição do património dos fundos de investimento, de deveres de informação e de prevenção de conflitos de interesse, nos casos em que o presente diploma o permita, nomeadamente quando estejam em causa imóveis para reabilitação;

n) Contabilidade dos fundos de investimento e conteúdo do relatório de gestão;

o) Informações, em geral, a prestar ao público e à CMVM, bem como os respectivos prazos e condições de divulgação;

p) Condições e processos de fusão, cisão e aumento de capital de fundos de investimento e de transformação do respectivo tipo;

q) Comercialização em Portugal de instituições de investimento colectivo em valores imobiliários domiciliadas no estrangeiro;

r) Dispensa do cumprimento de deveres por determinados tipos de fundos de investimento, em função das suas características, e imposição do cumprimento de outros, designadamente em matéria de diversificação de risco e prestação de informação;

s) Unidades de participação com direitos ou características especiais;

t) Subcontratação de funções compreendidas na actividade de administração e gestão das sociedades gestoras;

u) Afectação de receitas e proveitos pagos à entidade gestora ou a outras entidades em consequência do exercício da actividade daquela;

v) Aquisição e detenção pelos fundos de investimento de participações em sociedades imobiliárias para além das condições previstas neste diploma;

FUNDOS E SOCIEDADES DE INVESTIMENTO IMOBILIÁRIO [**Lei n.º 64-A/2008**] 445

x) Termos e condições em que os FII e as SIIMO podem tornar público, sob qualquer forma, medidas ou índices de rendibilidade e risco dos fundos ou sociedades de investimento e as regras a que obedece o cálculo dessas medidas ou índices;
    z) Critérios de dispersão das acções de cada SIIMO;
    aa) Conteúdo do contrato de sociedade das SIIMO.

6.3.6. FUNDOS E SOCIEDADES DE INVESTIMENTO IMOBILIÁRIO PARA ARRENDAMENTO HABITACIONAL

Lei n.º 64-A/2008

de 31 de Dezembro

(...)

ART. 102.º (Objecto) — É aprovado o regime especial aplicável aos fundos de investimento imobiliário para arrendamento habitacional (FIIAH) e às sociedades de investimento imobiliário para arrendamento habitacional (SIIAH), que faz parte integrante da presente lei, e que consta dos artigos seguintes.

ART. 103.º (Âmbito) — O regime constante da presente secção é aplicável a FIIAH ou SIIAH constituídos durante os cinco anos subsequentes à entrada em vigor da presente lei e aos imóveis por estes adquiridos no mesmo período.

ART. 104.º (Regime jurídico) — 1 — A constituição e o funcionamento dos FIIAH, bem como a comercialização das respectivas unidades de participação, regem-se pelo disposto no Regime Jurídico dos Fundos de Investimento Imobiliário, aprovado pelo Decreto-Lei n.º 60/2002, de 20 de Março, alterado pelos Decretos-Leis n.ºs 252/2003, de 17 de Outubro, 13/2005, de 7 de Janeiro, e 357-A/2007, de 31 de Outubro, e subsidiariamente, pelo disposto no Código dos Valores Mobiliários, aprovado pelo Decreto-Lei n.º 486/99, de 13 de Novembro, alterado pelos Decretos-Leis n.ºs 61/2002, de 20 de Março, 38/2003, de 8 de Março, 107/2003, de 4 de Junho, 183/2003, de 19 de Agosto, 66/2004, de 24 de Março, 52/2006, de 15 de Março, 219/2006, de 2 de Novembro, e 357-A/2007, de 31 de Outubro, com as especificidades constantes dos artigos seguintes:

«**ART. 1.º (Denominação e características)** — 1 — Os fundos de investimento imobiliário para arrendamento habitacional integram na sua denominação a expressão 'fundos de investimento imobiliário para arrendamento habitacional' ou a abreviatura FIIAH.
    2 — Só os FIIAH podem integrar na sua denominação as expressões referidas no número anterior.
    3 — São FIIAH os fundos que se constituam com as características mencionadas nos artigos 2.º a 6.º do presente regime jurídico e que adoptem essa denominação.

ART. 2.º (Tipos e forma de subscrição) — Os FIIAH são constituídos sob a forma de fundos fechados de subscrição pública ou de subscrição particular.

ART. 3.º (Valor do activo e dispersão) — 1 — Após o primeiro ano de actividade o valor do activo total do FIIAH deve atingir o montante mínimo de € 10 milhões e, quando constituído com o recurso a subscrição pública, ter, pelo menos, 100 participantes, cuja participação individual não pode exceder 20% do valor do activo total do fundo.
    2 — O incumprimento do limite de participação individual previsto no número anterior determina a suspensão imediata e automática do direito à distribuição de rendimentos do FIIAH no valor da participação que exceda aquele limite.
    3 — Sem prejuízo do disposto no número anterior, em caso de incumprimento do disposto no n.º 1 pode a Comissão do Mercado de Valores Mobiliários (CMVM) revogar a autorização do FIIAH.

ART. 4.º (Composição do património) — 1 — À composição do património do FIIAH é aplicável o disposto no artigo 46.º do Regime Jurídico dos Fundos de Investimento Imobiliário, sendo que, pelo menos, 75% do seu activo total é constituído por imóveis, situados em Portugal, destinados a arrendamento para habitação permanente.
    2 — O limite percentual definido no número anterior é aferido em relação à média dos valores verificados no final de cada um dos últimos seis meses, sendo respeitado no prazo de dois anos a contar da data de constituição do FIIAH, e de um ano a contar da data do aumento de capital, relativamente ao montante do aumento.

ART. 5.º (Opção de compra) — 1 — Os mutuários de contratos de crédito à habitação que procedam à alienação do imóvel objecto do contrato a um FIIAH podem celebrar com a entidade gestora do fundo um contrato de arrendamento.

446 [Lei n.º 64-A/2008]INSTITUIÇÕES DE CRÉDITO E SOCIEDADES FINANCEIRAS

2 — Previamente à celebração do contrato de transmissão da propriedade do imóvel para o FIIAH, a respectiva entidade gestora presta ao alienante, em papel ou noutro suporte duradouro, informação sobre os elementos essenciais do negócio, como seja o preço da transacção, incluindo, também, caso seja aplicável, o valor da renda, as respectivas condições de actualização e os critérios de fixação do preço e os termos gerais do exercício da opção de compra.

3 — O arrendamento nos termos previstos no n.º 1 constitui o arrendatário num direito de opção de compra do imóvel, ao fundo, susceptível de ser exercido até 31 de Dezembro de 2020.

4 — O direito de opção de compra do imóvel previsto no número anterior só é transmissível por morte do titular.

5 — O direito de opção de compra previsto no n.º 3 cessa se o arrendatário incumprir a obrigação de pagamento da renda ao FIIAH por um período superior a três meses.

6 — Os termos e condições de exercício da opção prevista nos números anteriores são regulamentados por portaria do membro do Governo responsável pela área das finanças, devendo assegurar o direito do alienante à recompra do imóvel ao FIIAH por referência ao valor actualizado da alienação, bem como, no caso de não exercício do direito de opção, o direito a receber a diferença entre o valor da alienação futura do imóvel e o valor actualizado da aquisição desse mesmo imóvel pelo FIIAH.

7 — A portaria prevista no número anterior determina, igualmente, os critérios de fixação e actualização dos valores nele referidos.

ART. 6.º (Distribuição de resultados) — Os resultados referentes às unidades de participação do FIIAH são distribuídos com uma periodicidade mínima anual e em montante não inferior a 85% dos resultados líquidos do fundo.

ART. 7.º (Comissão de acompanhamento) — 1 — Compete a uma comissão de acompanhamento a verificação do cumprimento do regime legal e regulamentar aplicável à actividade dos FIIAH e o controlo da observância de princípios de bom governo.

2 — A comissão de acompanhamento é constituída por três pessoas independentes designadas pelo membro do Governo responsável pela área das finanças, de acordo com critérios de competência, idoneidade e experiência profissional.

3 — As funções da comissão de acompanhamento são, designadamente, as seguintes:

a) Verificar a observância do regime jurídico e dos princípios de bom governo que devem reger a gestão do FIIAH, nomeadamente em matéria de implementação da política de investimento e de financiamento das responsabilidades, bem como o respeito, pela entidade gestora, dos direitos dos participantes e dos arrendatários, nomeadamente quanto ao cumprimento dos deveres de informação estabelecidos a favor dos mesmos;

b) Verificar, em especial, o cumprimento pelo FIIAH do regime de exercício da opção de compra pelo arrendatário;

c) Exercer as demais funções que lhe sejam atribuídas no regulamento de gestão do fundo.

4 — As deliberações da comissão de acompanhamento são registadas em acta, devendo as mesmas ser enviadas à CMVM.

5 — O funcionamento da comissão de acompanhamento é regulado, em tudo o que não se encontre definido na presente lei ou em regulamento da CMVM, pelo regulamento de gestão do fundo.

6 — Os membros da comissão de acompanhamento, nessa qualidade, exercem o seu mandato com independência, sendo o respectivo estatuto determinado por portaria do membro do Governo responsável pela área das finanças.

ART. 8.º (Regime tributário) — 1 — Ficam isentos de Imposto sobre o Rendimento das Pessoas Colectivas (IRC) os rendimentos de qualquer natureza obtidos por FIIAH constituídos entre 1 de Janeiro de 2009 e 31 de Dezembro de 2013, que operem de acordo com a legislação nacional e com observância das condições previstas nos artigos anteriores.

2 — Ficam isentos de Imposto sobre o Rendimento das Pessoas Singulares (IRS) e de IRC os rendimentos respeitantes a unidades de participação nos fundos de investimento referidos no número anterior, pagos ou colocados à disposição dos respectivos titulares, quer seja por distribuição ou reembolso, excluindo o saldo positivo entre as mais-valias e as menos-valias resultantes da alienação das unidades de participação.

3 — Ficam isentas de IRS as mais-valias resultantes da transmissão de imóveis destinados à habitação própria a favor dos fundos de investimento referidos no n.º 1, que ocorra por força da conversão do direito de propriedade desses imóveis num direito de arrendamento.

4 — As mais-valias referidas no número anterior passam a ser tributadas, nos termos gerais, caso o sujeito passivo cesse o contrato de arrendamento ou não exerça o direito de opção previsto no n.º 3 do artigo 5.º, suspendendo-se os prazos de caducidade e prescrição para efeitos de liquidação e cobrança do IRS, até final da relação contratual.

5 — São dedutíveis à colecta, nos termos e limites constantes da alínea *c)* do n.º 1 do artigo 85.º do Código do IRS, as importâncias suportadas pelos arrendatários dos imóveis dos fundos de investimento

REGIME JURÍDICO DOS IMÓVEIS   [Port. n.º 1553-A/2008]   447

referidos no n.º 1 em resultado da conversão de um direito de propriedade de um imóvel num direito de arrendamento.

6 — Ficam isentos de IMI, enquanto se mantiverem na carteira do FIIAH, os prédios urbanos destinados ao arrendamento para habitação permanente que integrem o património dos fundos de investimento referidos no n.º 1.

7 — Ficam isentos do IMT:

a) As aquisições de prédios urbanos ou de fracções autónomas de prédios urbanos destinados exclusivamente a arrendamento para habitação permanente, pelos fundos de investimento referidos no n.º 1;

b) As aquisições de prédios urbanos ou de fracções autónomas de prédios urbanos destinados a habitação própria e permanente, em resultado do exercício da opção de compra a que se refere o n.º 3 do artigo 5.º pelos arrendatários dos imóveis que integram o património dos fundos de investimento referidos no n.º 1.

8 — Ficam isentos de imposto do selo todos os actos praticados, desde que conexos com a transmissão dos prédios urbanos destinados a habitação permanente que ocorra por força da conversão do direito de propriedade desses imóveis num direito de arrendamento sobre os mesmos, bem como com o exercício da opção de compra previsto no n.º 3 do artigo 5.º.

9 — Ficam isentas de taxas de supervisão as entidades gestoras de FIIAH no que respeita exclusivamente à gestão de fundos desta natureza.

10 — Ficam excluídas das isenções constantes do presente artigo as entidades que sejam residentes em país, território ou região sujeito a um regime fiscal claramente mais favorável, constante de lista aprovada por portaria do Ministro das Finanças.

11 — As obrigações previstas no artigo 119.º e no n.º 1 do artigo 125.º do Código do IRS devem ser cumpridas pelas entidades gestoras ou registadoras.

12 — Caso os requisitos referidos no n.º 1 deixem de verificar-se, cessa a aplicação do regime previsto no presente artigo, passando a aplicar-se o regime previsto no artigo 22.º do Estatuto dos Benefícios Fiscais, devendo os rendimentos dos fundos de investimento referidos no n.º 1 que, à data, não tenham ainda sido pagos ou colocados à disposição dos respectivos titulares ser tributados autonomamente, às taxas previstas no artigo 22.º do mesmo diploma, acrescendo os juros compensatórios correspondentes.

13 — As entidades gestoras dos fundos de investimento referidos no n.º 1 são solidariamente responsáveis pelas dívidas de imposto dos fundos cuja gestão lhes caiba.

ART. 9.º (Regime transitório) — 1 — Nos seis meses seguintes à data de autorização do FIIAH e, no limite, até 31 de Dezembro de 2009, podem as entidades gestoras realizar transacções entre fundos de investimento imobiliário sob a sua gestão com a finalidade exclusiva de integrar na carteira do FIIAH imóveis destinados à habitação permanente, desde que observadas todas as garantias legais, nomeadamente, em matéria de protecção dos interesses dos investidores.

2 — As transacções realizadas ao abrigo do disposto no número anterior são comunicadas à CMVM no termo daquele prazo, com a identificação dos elementos essenciais das mesmas.»

2 — O regime constante da presente secção vigora até 31 de Dezembro de 2020, operando-se nessa data a conversão dos FIIAH em fundos de investimento imobiliário sujeitos na íntegra ao Regime Jurídico dos Fundos de Investimento Imobiliário.

ART. 105.º (Sociedades de investimento imobiliário) — O regime constante da presente secção é aplicável, com as devidas adaptações, às sociedades de investimento imobiliário que venham a constituir-se ao abrigo de lei especial e que observem o disposto nos artigos anteriores.

(...)

6.3.7. REGIME JURÍDICO DOS IMÓVEIS ADQUIRIDOS POR UM FUNDO DE INVESTIMENTO IMOBILIÁRIO PARA ARRENDAMENTO HABITACIONAL

Portaria n.º 1553-A/2008

de 31 de Dezembro

ART. 1.º (Preço de aquisição do imóvel) — A aquisição de imóveis por um fundo de investimento imobiliário para arrendamento habitacional (FIIAH) é realizada pelo preço acordado entre a entidade gestora e o respectivo proprietário, não podendo sê-lo por valor superior ao resultante da avaliação realizada por peritos avaliadores nos termos do artigo 29.º do Regime Jurídico dos Fundos de Investimento Imobiliário, aprovado pelo Decreto-Lei n.º 60/2002, de 20 de Março, com alterações introduzidas pelos Decretos-Leis n.ᵒˢ 252/2003, de 17 de Outubro, 13/2005, de 7 de Janeiro, e 357-A/2007, de 31 de Outubro.

448 [DL n.º 166/95]   INSTITUIÇÕES DE CRÉDITO E SOCIEDADES FINANCEIRAS

ART. 2.º (Valor da renda e coeficiente de actualização) — O valor da renda, no âmbito dos contratos de arrendamento que sejam celebrados pelos FIIAH, é fixado por acordo entre as partes, sendo susceptível de actualização anual de acordo com os coeficientes de actualização previstos na lei.

ART. 3.º (Exercício da opção de compra) — 1 — O arrendatário que, nos termos da lei, seja titular de uma opção de compra sobre um imóvel que integre a carteira de um FIIAH pode, a qualquer momento, exercer essa opção, mediante comunicação, por escrito, à respectiva entidade gestora com uma antecedência mínima de 90 dias.

2 — O exercício da opção de compra é realizado com base no valor, susceptível de actualização, da alienação do imóvel ao FIIAH.

3 — A actualização referida no número anterior é efectuada de acordo com a variação do índice harmonizado de preços no consumidor mensalmente publicado pelo Instituto Nacional de Estatística, não podendo ser superior ao valor resultante da variação mensal do índice.

4 — O valor referido no n.º 2 é acrescido dos encargos suportados pelo FIIAH, nomeadamente os custos de avaliação, de transmissão e de registo do imóvel, caso a opção de compra seja exercida nos dois anos imediatamente subsequentes à alienação do imóvel ao FIIAH.

ART. 4.º (Não exercício da opção de compra) — 1 — O arrendatário que, no termo do prazo do contrato de arrendamento ou na data de uma eventual cessação antecipada do contrato, não pretenda exercer a opção de compra sobre o imóvel, tem direito a receber o valor correspondente à diferença entre o valor da alienação futura do imóvel a terceiros e o valor actualizado, nos termos do n.º 3 do artigo anterior, da aquisição desse mesmo imóvel pelo FIIAH.

2 — O arrendatário deve comunicar, por escrito, à entidade gestora do FIIAH a sua intenção de não exercer o direito de opção, com uma antecedência mínima de 90 dias relativamente às datas referidas no número anterior.

3 — Ao valor apurado de acordo com o critério definido no n.º 1 são deduzidas as importâncias relativas aos custos de colocação do imóvel no mercado em condições normais de utilização e a eventuais rendas vencidas e não pagas.

4 — Quando o arrendatário manifeste a sua intenção de não exercer a opção de compra no âmbito da cessação antecipada do contrato de arrendamento, é, igualmente, deduzida ao valor apurado nos termos do n.º 1 a importância correspondente às rendas relativas ao período entre o momento da cessação antecipada do contrato e o momento da alienação do imóvel a terceiro, tendo como limite as rendas devidas até ao termo do contrato de arrendamento que havia sido acordado pelas partes.

5 — O valor que seja apurado por aplicação do disposto no presente artigo é devido ao arrendatário no momento em que o imóvel em causa seja alienado pela entidade gestora do FIIAH a terceiro.

6 — Em caso de dificuldade ou impossibilidade de alienação do imóvel por causa não imputável à entidade gestora do fundo, o pagamento devido ao arrendatário tem lugar no prazo máximo de dois anos após a cessação do contrato de arrendamento, sendo, neste último caso, o imóvel valorizado de acordo com a média simples do valor atribuído por dois peritos avaliadores, designados nos termos da lei.

ART. 5.º (Entrada em vigor) — A presente portaria entra em vigor no dia 1 de Janeiro de 2009.

6.3.8. SOCIEDADES EMITENTES OU GESTORAS DE CARTÕES DE CRÉDITO

Decreto-Lei n.º 166/95

de 15 de Julho

ART. 1.º (Sociedades emitentes ou gestoras de cartões de crédito) – 1 – As sociedades a que se refere a alínea e) do n.º 1 do artigo 6.º do Regime Geral das Instituições de Crédito e Sociedades Financeiras, aprovado pelo Decreto-Lei n.º 298/92, de 31 de Dezembro, têm por objecto exclusivo a emissão ou gestão de cartões de crédito.

2 – Para efeito do presente diploma, não se consideram cartões de crédito os cartões emitidos para pagamento de bens ou serviços fornecidos pela empresa emitente.

ART. 2.º (Entidades emitentes) – Podem emitir cartões de crédito:

a) As instituições de crédito e as instituições financeiras para o efeito autorizadas;

b) As sociedades financeiras que tenham por objecto a emissão desses cartões.

ART. 3.º (Condições gerais de utilização) – 1 – As entidades emitentes de cartões de crédito devem elaborar as respectivas condições gerais de utilização de acordo com as normas aplicáveis, nomeadamente o regime jurídico das cláusulas constratuais gerais, e ter em conta as recomendações emanadas dos orgãos competentes da União Europeia.

2 – Das condições gerais de utilização devcm constar os direitos e obrigações das entidades emitentes e dos titulares de cartões, designadamente a discriminação de todos os encargos a suportar por estes últimos.

SOCIEDADES GESTORAS DE PATRIMÓNIOS   [DL n.º 163/94]   449

ART. 4.º (Competência do Banco de Portugal) – Compete ao Banco de Portugal:

a) Definir, por aviso, as condições especiais a que ficam sujeitas as sociedades previstas no artigo 2.º, bem como a emissão e a utilização dos cartões de crédito;

b) Ordenar a suspensão de cartões de crédito cujas condições de utilização violem as referidas condições especiais e outras normas em vigor, ou conduzam a um desequilíbrio das prestações atentatório da boa fé.

ART. 5.º (Norma revogatória) – É revogada a Portaria n.º 360/73, de 23 de Maio.

6.3.9. SOCIEDADES GESTORAS DE PATRIMÓNIOS

Decreto-Lei n.º 163/94

de 4 de Junho (*)

ART. 1.º (Objecto) – 1 – As sociedades gestoras de património, adiante designadas abreviadamente por sociedades gestoras, são sociedades anónimas que têm por objecto exclusivo o exercício da actividade de administração de conjuntos de bens, que se designam por carteiras para os efeitos do presente diploma, pertencentes a terceiros.

2 – Para além da actividade referida no número anterior as sociedades gestoras poderão ainda prestar serviço de consultoria em matéria de investimentos.

3 – A gestão de carteiras é exercida com base em mandato escrito, celebrado entre as sociedades gestoras e os respectivos clientes, que deverá especificar as condições, os limites e o grau de discricionaridade dos actos na mesma compreendidos.

4 – As sociedades gestoras remeterão à Comissão do Mercado de Valores Mobiliários, previamente à sua utilização, os modelos de contratos tipo que pretendam utilizar no exercício da sua actividade.

ART. 2.º (Regime jurídico) – As sociedades gestoras regem-se pelas normas do presente diploma e pelas disposições aplicáveis do Regime Geral das Instituições de Crédito e Sociedades Financeiras.

O capital mínimo é de 50 000 contos (P. n.º 95/94, de 9-2).

ART. 3.º (Relação dos fundos próprios com o valor das carteiras) – 1 – O Banco de Portugal pode estabelecer, por aviso, que os fundos próprios da sociedade gestora sejam, em qualquer momento, superiores a uma percentagem certa do valor global das carteiras geridas.

2 – No mesmo aviso serão definidos os critérios de valorização das carteiras, devendo ser ouvida a Comissão do Mercado de Valores Mobiliários na parte respeitante aos valores mobiliários.

Vid. o Aviso do Banco de Portugal n.º 3/2004, de 9-7.

ART. 4.º (Deveres da sociedade gestora)   1 – As sociedades gestoras são obrigadas, designadamente:

a) A certificar-se da identidade e da capacidade legal para contratar das pessoas em cujos negócios intervierem;

b) A propor com exactidão e clareza os negócios de que forem encarregadas, procedendo de modo que não possam induzir em erro os contraentes;

c) A não revelar os nomes dos seus mandantes, excepto para permitir a contratação, entre estes, dos negócios jurídicos negociados por seu intermédio;

d) A comunicar imediatamente a cada mandante os pormenores dos negócios concluídos, expedindo no próprio dia a respectiva confirmação escrita, salvo se o cliente indicar outra coisa.

2 – A sociedade gestora a quem for conferido o mandato deverá, por todos os meios ao seu alcance, diligenciar pelo respectivo cumprimento.

ART. 5.º (Depósito bancário) – 1 – Todos os fundos e demais valores mobiliários pertencentes aos clientes das sociedades gestoras devem ser depositados em conta bancária.

2 – As contas a que se refere o número anterior poderão ser abertas em nome dos respectivos clientes ou em nome da sociedade gestora, por conta dos clientes, devendo neste caso indicar-se no boletim de abertura da conta que esta é constituída ao abrigo do presente preceito legal.

3 – A abertura das contas em nome da sociedade gestora, por conta dos clientes, deverá ser autorizada nos contratos referidos no n.º 4 do artigo 1.º, podendo, em função do que neste contratos se convencionar, respeitar:

a) A um único cliente;

b) A uma pluralidade de clientes.

(*) Alterado pelo art. único do **DL n.º 17/97**, de 21-1, que deu a actual redacção à alínea *c)* do art. 6.º, e pelo art. único do **DL n.º 99/98**, de 21-4, que revogou o art. 8.º.

450 [DL n.º 25/91]   INSTITUIÇÕES DE CRÉDITO E SOCIEDADES FINANCEIRAS

4 – No caso previsto na alínea *b)* do número anterior, a sociedade gestora obriga-se a desdobrar os movimentos da conta única, na sua contabilidade, em tantas subcontas quantos os clientes abrangidos.

5 – As sociedades gestoras só podem movimentar a débito as contas referidas quando se trate de liquidação de operações de aquisição de valores, do pagamento de remunerações devidas pelos clientes ou de transferências para outras contas abertas em nome destes.

ART. 6.º (Operações de conta alheia) – No desenvolvimento da sua actividade as sociedades gestoras podem realizar as seguintes operações:

a) Subscrição, aquisição ou alienação de quaisquer valores mobiliários, unidades de participação em fundos de investimento, certificados de depósito, bilhetes do Tesouro e títulos de dívida de curto prazo regulados pelo Decreto-Lei n.º 181/92, de 22 de Agosto, em moeda nacional ou estrangeira, com observância das disposições legais aplicáveis a cada uma destas operações;

b) Aquisição, oneração ou alienação de direitos reais sobre bens imóveis, metais preciosos e mercadorias transacionadas em bolsas de valores;

c) Celebração de contratos de opções, futuros e de outros instrumentos financeiros derivados, bem como a utilização de instrumentos do mercado monetário e cambial.

ART. 7.º (Operações vedadas) – 1 – Às sociedades gestoras é especialmente vedado:

a) Conceder crédito sob qualquer forma;

b) Prestar garantias;

c) Aceitar depósitos;

d) Adquirir por conta própria valores mobiliários de qualquer natureza, com excepção de títulos de dívida pública emitidos ou garantidos por Estados Membros da OCDE;

e) Fazer parte dos órgãos de administração ou fiscalização de outras sociedades;

f) Adquirir imóveis para além do limite dos seus fundos próprios;

g) Contrair empréstimos, excepto para aquisição de bens imóveis ou equipamentos necessários à sua instalação e funcionamento até ao limite máximo de 10% dos fundos próprios.

2 – As sociedades gestoras não podem adquirir para os seus clientes:

a) Valores emitidos ou detidos por entidades que pertençam aos órgãos sociais das sociedades gestoras ou que possuam mais de 10% do capital social destas;

b) Valores emitidos ou detidos por entidades em cujo capital social participem em percentagem superior a 10%, ou de cujos órgãos sociais façam parte um ou vários membros dos órgãos de administração das sociedades gestoras, em nome próprio ou em representação de outrem, e os seus cônjuges e parentes ou afins no 1.º grau.

3 – Os valores mencionados no número anterior poderão ser adquiridos pelas sociedades gestoras para os seus clientes desde que autorizados por escrito por estes últimos.

ART. 8.º (Sócios, gestores e empregados) *(Revogado.)*

ART. 9.º (Norma transitória) – Enquanto não for publicado o aviso a que se refere o artigo 3.º, mantém-se em vigor a Portaria n.º 422-C/88, de 4 de Julho.

A Portaria n.º 422-C/88, de 4-7, foi revogada e substituída pelo Aviso do Banco de Portugal n.º 3/2004, de 9-7.

ART. 10.º (Norma revogatória) – É revogado o Decreto-Lei n.º 229-E/88, de 4 de Julho.

6.3.10. SOCIEDADES DE DESENVOLVIMENTO REGIONAL

Decreto-Lei n.º 25/91

de 11 de Janeiro (*)

ART. 1.º (Noção) – As sociedades de desenvolvimento regional, abreviadamente designadas por SDR, são sociedades financeiras que, nos termos do presente diploma, têm por objecto a promoção do investimento produtivo na área da respectiva região e por finalidade o apoio ao desenvolvimento económico e social da mesma.

ART. 2.º (Forma e capital social) – 1 – As SDR constituem-se sob a forma de sociedade anónima.

2 – As acções representativas do capital social das SDR são nominativas ou ao portador registadas.

O capital mínimo das SDR foi fixado em 600 000 contos pela P. n.º 95/94, de 9-2, que assim manteve o anterior valor desse mesmo capital.

(*) Com as alterações introduzidas pelo **DL n.º 247/94**, de 7-10 (arts. 1.º, 2.º, 3.º, 7.º, 8.º, 9.º 11.º, 13.º, 15.º e 18.º), que também revogou os arts. 10.º e 16.º.

SOCIEDADES DE DESENVOLVIMENTO REGIONAL   [DL n.º 25/91] 451

ART. 3.º (Instrução do pedido de autorização) – Além dos elementos indicados na lei geral, o pedido de autorização para a constituição de uma SDR deve ser instruído com parecer das comissões de coordenação regional das áreas abangidas pela actividade da sociedade.

ART. 4.º (Âmbito territorial) – 1 – As SDR exercem a sua actividade na área geográfica definida nos respectivos estatutos, determinada em função das características económico-sociais da região em causa e abrangendo uma ou mais unidades de nível III da Nomenclatura das Unidades Territoriais para Fins Estatísticos (NUTS) previstas no artigo 1.º do Decreto-Lei n.º 46/89, de 15 de Fevereiro.

2 – Podem várias SDR cooperar na prossecução de certos objectivos comuns e na realização de empreendimentos que interessem às respectivas áreas de actuação, criando para o efeito, quando tal for considerado conveniente, serviços comuns de apoio e de coordenação de actividades.

ART. 5.º (Sede e agências) – As SDR estabelecerão a sua sede num dos principais centros económico-administrativos da respectiva área geográfica, podendo instalar agências em localidades situadas nessa área.

ART. 6.º (Objecto) – 1 – As SDR, através da realização de operações financeiras e da prestação de serviços complementares, promovem a dinamização do investimento e das relações empresariais, tendo em vista o aproveitamento dos recursos endógenos e das potencialidades da respectiva área geográfica de actuação, em conformidade com os objectivos da política de desenvolvimento regional.

2 – As SDR participam ainda, na medida dos meios técnicos e humanos disponíveis, com os órgãos competentes do Estado e das autarquias locais na prossecução dos objectivos de interesse regional, designadamente através das seguintes actividades:

a) Contribuição para a realização do desenvolvimento económico regional, em termos de preservação do equilíbrio ecológico e do património cultural e artístico da região, e da promoção de acções no âmbito do ordenamento do território, a par com a melhoria da qualidade de vida das populações e a criação de emprego;

b) Participação no lançamento de parques industriais e de pólos de desenvolvimento regional e no fomento da cooperação intermunicipal;

c) Divulgação de informações relevantes para o investimento e o desenvolvimento económico e social.

ART. 7.º (Operações gerais) – 1 – No desenvolvimento da sua actividade podem as SDR efectuar as seguintes operações activas, tendo como beneficiários entidades com sede, estabelecimento principal ou actividade relevante na sua área geográfica:

a) Participar no capital de sociedades constituídas ou a constituir;

b) Conceder a empresas crédito, a médio e a longo prazos, destinado ao financiamento do investimento em capital fixo, à recomposição do fundo de maneio ou à consolidação de passivos, neste último caso em conexão com as acções tendentes à reestruturação ou recuperação das empresas beneficiárias;

c) Conceder crédito, a médio e a longo prazos, a profissionais livres para instalação na área da SDR ou para modernização ou renovação de equipamentos, quando se trate de especialidades de marcado interesse para a região;

d) Adquirir créditos, por cessão ou sub-rogação que hajam sido concedidos para fins idênticos aos indicados na alínea *b)*;

e) Prestar garantias bancárias que assegurem o cumprimento de obrigações assumidas para fins idênticos aos indicados na mesma alínea *b)*;

f) Adquirir obrigações e outros títulos de dívida negociáveis.

2 – Na realização das operações a que se referem os números anteriores devem as SDR contribuir para a prossecução das orientações da política de desenvolvimento regional e ponderar as prioridades definidas no âmbito dessa política para a área geográfica em causa.

3 – No fim do terceiro exercício completo posterior à sua constituição, as SDR deverão ter um mínimo equivalente a 60% dos fundos próprios aplicados em participações de capital social e obrigações convertíveis em acções em prazo não superior a um ano.

4 – Nos casos de reforço do capital, realizado em dinheiro, prazo previsto no número anterior renova-se até ao fim do segundo exercício seguinte, quanto ao montante do aumento.

5 – Em cada momento, pelo menos, 75% das participações das SDR noutras sociedades não poderão ter estado na sua titularidade, seguida ou interpoladamente, por um período superior a 12 anos.

6 – O saldo das operações referidas nas alíneas *b)*, *c)*, *d)*, *e)* e *f)* do n.º 1 não poderá ultrapassar em qualquer momento o montante equivalente a duas vezes e meia os fundos próprios da SDR.

7 – Exceptuam-se do limite fixado no número anterior as obrigações convertíveis em acções.

8 – São aplicáveis às SDR os limites à concentração de riscos em uma só entidade estabelecidos para as instituições de crédito.

ART. 8.º (Prestação de serviços) – Com vista nomeadamente, à realização das atribuições indicadas no artigo 6.º, podem ainda as SDR prestar os serviços e efectuar as operações seguintes:

a) Apoiar o lançamento de novas empresas;

b) Participar em acções tendentes à recuperação de empresas em deficiente situação económica ou financeira;

c) Realizar estudos técnico-económicos de viabilidade de empresas ou novos projectos de investimento, incluindo os que visem o acesso a sistemas de incentivos, a reestruturação e reorganização de empresas exis-

452 [DL n.º 25/91]   INSTITUIÇÕES DE CRÉDITO E SOCIEDADES FINANCEIRAS

tentes, a promoção de mercados para escoamento de produções regionais, a melhoria de processos de produção e a introdução de novas tecnologias, em termos de um eficaz aproveitamento de recursos e factores produtivos locais;

d) Proceder ao estudo das modalidades de financiamento mais adequadas à natureza de empreendimentos referidos nas alíneas anteriores e promover a obtenção de crédito a médio e longo prazos junto de instituições de crédito ou estabelecimentos finaceiros nacionais ou estrangeiros;

e) Colaborar na procura dos parceiros mais convenientes para projectos de criação ou recuperação de empresas;

f) Desenvolver, em colaboração, designadamente, com as comissões de coordenação regional, associações ou núcleos empresariais, universidades e institutos politécnicos, estudos sectoriais e regionais, bem como a constituição de uma base de dados sobre as empresas e as oportunidades de negócio na região;

g) Apoiar as autarquias locais que explorem serviços de interesse público, local ou regional, no estudo dos modelos de financiamento mais adequados, tendo em vista o lançamento de infra-estruturas e outros empreendimentos que contribuam para o desenvolvimento económico da respectiva área de actuação;

h) Celebrar contratos de prestação de serviços com entidades promotoras de empreendimentos ou responsáveis pela implementação de programas de carácter regional;

i) Proceder à gestão técnica, administrativa e financeira das intervenções operacionais incluídas no quadro comunitário de apoio (QCA) para as intervenções estruturais comunitárias no território português, mediante a celebração de contratos-programa com o Estado, conforme o disposto no artigo 31.º do Decreto-Lei n.º 99/94, de 19 de Abril.

ART. 9.º (Recursos alheios) – 1 – Para complemento dos respectivos fundos próprios podem as SDR obter recursos alheios através de:

a) Emissão de obrigações, de prazo não inferior a dois anos, até ao limite fixado no Código das Sociedades Comerciais;

b) Financiamentos, por prazo não inferior a dois anos, concedidos por instituições de crédito ou sociedades financeiras, até ao dobro dos fundos próprios da SDR;

c) Crédito, na modalidade de conta-corrente, por prazo inferior a dois anos, concedido por instituições de crédito, até ao limite máximo de 15% dos fundos próprios da SDR;

d) Emissão de títulos de dívida de curto prazo regulados pelo Decreto-Lei n.º 181/92, de 22 de Agosto, com observância do limite fixado às sociedades comerciais.

2 – O montante de crédito não utilizado nos termos da alínea *c)* do número anterior poderá acrescer ao limite fixado na alínea *b)* do mesmo número.

ART. 10.º – *(Revogado.)*

ART. 11.º (Operações e actividades especialmente vedadas) – Ficam especialmente vedadas às SDR as seguintes operações e actividades:

a) O exercício directo de qualquer actividade agrícola, industrial ou comercial;

b) A participação no capital social, a concessão de crédito e a prestação de garantias a quaisquer instituições de crédito ou sociedades financeiras, bem como a sociedades cujo objecto compreenda a actividade de mediação sobre bens imóveis, a compra e venda, exploração ou administração de bens imóveis, exceptuada a exploração agrícola, turística, fiorestal ou cinegética;

c) A aquisição ou posse de bens imóveis para além dos necessários às suas instalações, salvo quando lhes advenham por efeito de cessão de bens, dação em cumprimento, arrematação ou qualquer outro meio legal de cumprimento de obrigações ou destinado a assegurar esse cumprimento, devendo, em tais situações, proceder à respectiva alienação em prazo que só pode exceder dois anos se, em casos excepcionais, o Banco de Portugal o autorizar.

ART. 12.º (Operações vedadas às sociedades em cujo capital participem SDR) – À sociedade em cujo capital participe uma SDR é vedado, sob pena de nulidade do respectivo negócio, adquirir acções ou obrigações desta última.

ART. 13.º (Operações cambiais) – As SDR podem realizar as operações cambiais necessárias ao exercício da sua actividade.

ART. 14.º (Conselho consultivo) – 1 – Para além dos órgãos previstos no Código das Sociedades Comerciais, existirá nas SDR um conselho consultivo, composto por:

a) O presidente do conselho de administração, que preside;

b) O presidente da mesa da assembleia geral;

c) O presidente do conselho fiscal;

AGÊNCIAS DE CÂMBIOS   [DL n.º 3/94]   453

d) Um representante do Ministério do Planeamento e da Administração do Território, nomeado pelo Ministro, ouvidas as comissões de coordenação regional da respectiva área, ou um representante do governo regional, nomeado pelo respectivo presidente, quando a SDR tiver sede numa das regiões autónomas;

e) Um representante das autarquias locais da área da actuação da SDR, nomeado pelo conselho da região da comissão de coordenação regional respectiva.

2 – Os vogais mencionados nas alíneas *d*) e *e*) do número anterior exercem as suas funções por períodos de três anos, renováveis.

3 – Sempre que o considere conveniente, o presidente do conselho consultivo pode convidar a fazerem-se representar, sem direito de voto, instituições ou sectores de actividade com relevância na economia regional.

4 – O conselho consultivo reúne, ordinariamente, uma vez por semestre e, em reuniões extraordinárias, sempre que convocado pelo respectivo presidente.

5 – Deve o conselho consultivo ser ouvido:

a) Aquando da apresentação dos relatórios da actividade da SDR e emitir parecer sobre a sua adequação às atribuições previstas no artigo 6.º do presente diploma;

b) Sobre as orientações de estratégia global da SDR e sobre os problemas que lhe forem expressamente cometidos pelo seu presidente.

ART. 15.º (Regiões Autónomas) – Nas Regiões Autónomas, as competências atribuídas pelo presente diploma às comissões de coordenação regional serão exercidas pelas entidades competentes dos respectivos Governos Regionais.

ART. 16.º – *(Revogado.)*

ART. 17.º (SDR existente) – 1 – A SDR actualmente existente deve adaptar progressivamente à estrutura dos seus activos e passivos ao disposto no presente diploma, sendo-lhe vedado realizar quaisquer operações, designadamente recepção ou renovação de depósitos, que contrariem o regime nele estabelecido.

2 – Os prazos fixados nos n.ᵒˢ 3 e 4 do artigo 7.º contam-se para a SDR em questão a partir da data da entrada em vigor deste diploma.

ART. 18.º (Regime jurídico) – As SDR regem-se pelas normas do presente diploma e pelas disposições aplicáveis do Regime Geral das Instituições de Crédito e Sociedades Financeiras, aprovado pelo Decreto-Lei n.º 298/82, de 31 de Dezembro.

ART. 19.º (Norma revogatória) – É revogado o Decreto-Lei n.º 499/80, de 20 de Outubro.

6.3.11. AGÊNCIAS DE CÂMBIOS

Decreto-Lei n.º 3/94

de 11 de Janeiro (*)

ART 1.º (Objecto) – 1 – As agências de câmbios têm por objecto principal a realização de operações de compra e venda de notas e moedas estrangeiras ou de cheques de viagem.

2 – Acessoriamente, podem as agências de câmbios comprar ouro e prata, em moeda ou noutra forma não trabalhada, bem como moedas para fins de numismática.

3 – Aplica-se às agências de câmbios, relativamente à compra e venda de ouro e prata, em moeda ou noutra forma não trabalhada, o regime definido para os bancos e outras instituições de crédito no n.º 3 do artigo 15.º do Regulamento das Contrastarias, aprovado pelo Decreto-Lei n.º 391/79, de 20 de Setembro.

4 – *(Revogado.)*

ART. 2.º (Forma, denominação e outros requisitos) – As agências de câmbios deverão satisfazer os seguintes requisitos:

a) Adoptar a forma de sociedade anónima ou de sociedade por quotas;

b) Inserir na denominação social a expressão «agência de câmbios»;

c) Preencher as demais condições de que depende a autorização e o exercício da actividade das sociedades financeiras.

ART 3.º (Operações com residentes e não residentes) – As operações a que se refere o artigo 1.º, realizadas com residentes ou com não residentes, só poderão ser efectuadas contra escudos.

(*) Alterado pelo **DL n.º 298/95**, de 18-11, que deu nova redacção ao art. 1.º, pelo **DL n.º 53/2001**, de 15-2, que aditou o n.º 4 do art. 1.º, e pelo art. 9.º do **DL n.º 317/2009**, de 30-10, que revogou o n.º 4 do art. 1.º.

454 [DL n.º 453/99]INSTITUIÇÕES DE CRÉDITO E SOCIEDADES FINANCEIRAS

6.3.12. TITULARIZAÇÃO DE CRÉDITOS

Decreto-Lei n.º 453/99

de 5 de Novembro (*)

CAPÍTULO I — **Titularização de créditos**

ART. 1.º (Âmbito) – 1 – O presente decreto-lei estabelece o regime das cessões de créditos para efeitos de titularização e regula a constituição e o funcionamento dos fundos de titularização de créditos, das sociedades de titularização de créditos e das sociedades gestoras daqueles fundos.

2 – Consideram-se realizadas para efeitos de titularização as cessões de créditos em que a entidade cessionária seja um fundo de titularização de créditos ou uma sociedade gestora de titularização de créditos.

3 – O disposto no presente decreto-lei é aplicável, com as devidas adaptações, às operações de titularização de outros activos, competindo à CMVM definir, por regulamento, as regras necessárias para a concretização do respectivo regime.

ART. 2.º (Entidades cedentes) – 1 – Podem ceder créditos para feitos de titularização o Estado e demais pessoas colectivas públicas, as instituições de crédito, as sociedades financeiras, as empresas de seguros, os fundos de pensões e as sociedades gestoras de fundos de pensões, bem como outras pessoas colectivas cujas contas dos três últimos exercícios tenham sido objecto de certificação legal por auditor registado na Comissão do Mercado de Valores Mobiliários (CMVM).

2 – Em casos devidamente justificados, designadamente por se tratar de pessoa colectiva cuja lei pessoal seja estrangeira, a CMVM pode autorizar a substituição da certificação referida no número anterior por documento equivalente, nomeadamente por relatório de auditoria realizada por auditor internacionalmente reconhecido, contanto que sejam devidamente acautelados os interesses dos investidores e adequadamente analisada a situação da pessoa colectiva.

ART. 3.º (Entidades cessionárias) – Só podem adquirir créditos para titularização:
a) Os fundos de titularização de créditos;
b) As sociedades de titularização de créditos.

ART. 4.º (Créditos susceptíveis de titularização) – 1 – Sem prejuízo do disposto no número seguinte, só podem ser objecto de cessão para titularização créditos em relação aos quais se verifiquem cumulativamente os seguintes requisitos:
a) A transmissibilidade não se encontrar sujeita a restrições legais ou convencionais;
b) Serem de natureza pecuniária;
c) Não se encontrarem sujeitos a condição;
d) Não serem litigiosos e não se encontrarem dados em garantia nem judicialmente penhorados ou apreendidos.

2 – Sem prejuízo do regime especial aplicável à titularização de créditos tributários, o Estado e a segurança social podem ceder créditos para efeitos de titularização, ainda que esses créditos se encontrem sujeitos a condição ou sejam litigiosos, podendo, neste caso, o cedente não garantir a existência e exigibilidade desses créditos.

3 – Podem ainda ser cedidos para titularização créditos futuros desde que emergentes de relações constituídas e de montante conhecido ou estimável.

4 – Podem igualmente ser cedidos para titularização créditos hipotecários que tenham sido concedidos ao abrigo de qualquer dos regimes previstos no Decreto-Lei n.º 348/98, de 11 de Novembro.

5 – Sem prejuízo do disposto nos números anteriores, as empresas de seguros, os fundos de pensões e as sociedades gestoras de fundos de pensões só podem ceder para titularização:
a) Créditos hipotecários;
b) Créditos sobre o Estado ou outras pessoas colectivas públicas;
c) Créditos de fundos de pensões relativos às contribuições dos respectivos participantes, sem prejuízo dos benefícios a atribuir a estes.

6 – A cessão deve ser plena, não pode ficar sujeita a condição nem a termo, salvo nos casos previstos no n.º 2 do artigo 28.º e nos de subscrição incompleta de unidades de titularização ou de obrigações titularizadas, não podendo o cedente, ou entidade que com este se encontre constituída em relação de grupo ou de domínio, conceder quaisquer garantias ou assumir responsabilidades pelo cumprimento, sem prejuízo, em relação aos créditos presentes, do disposto no n.º 1 do artigo 587.º do Código Civil, excepto nos casos previstos no n.º 2 do presente artigo.

(*) Alterado quer pelo **DL n.º 82/2002**, de 5-4 (rectificado pela DR n.º 21-B/2002, de 31-5), quer pelo **DL n.º 303/2003**, de 5-12, que publicou, em anexo, a versão consolidada, sendo esta que se reproduz, com a alteração introduzida pelo art. 9.º do **DL n.º 52//2006**, de 15-3, nos arts. 27.º, 34.º, 37.º e 60.º, e pelo **DL n.º 211-A/2008**, de 3-11, que alterou os arts. 6.º, 7.º, 11.º, 12.º e 45.º.

O DL n.º 303/2003 publicou, também em anexo, a versão consolidada do DL n.º 219/2001, de 4-8, que fixa o regime fiscal da titularização de créditos.

TITULARIZAÇÃO DE CRÉDITOS

[DL n.º 453/99] 455

7 – O disposto no número anterior não prejudica a possibilidade de os créditos serem garantidos por terceiro ou o risco de não cumprimento transferido para empresa de seguros.

8 – A entidade cedente fica obrigada a revelar ao cessionário os factos relevantes susceptíveis de afectar significativamente o valor global dos créditos que sejam do seu conhecimento à data da produção de efeitos da cessão.

ART 5.º (Gestão dos créditos) – 1 – Quando a entidade cedente seja instituição de crédito, sociedade financeira, empresa de seguros, fundo de pensões ou sociedade gestora de fundos de pensões, deve ser sempre celebrado, simultaneamente com a cessão, contrato pelo qual a entidade cedente ou, no caso dos fundos de pensões, a respectiva sociedade gestora fique obrigada a praticar, em nome e em representação da entidade cessionária, todos os actos que se revelem adequados à boa gestão dos créditos e, se for o caso, das respectivas garantias, a assegurar os serviços de cobrança, os serviços administrativos relativos aos créditos, todas as relações com os respectivos devedores e os actos conservatórios, modificativos e extintivos relativos às garantias, caso existam.

2 – Sem prejuízo do caso previsto no número seguinte, a gestão dos créditos pode, nas demais situações, ser assegurada pelo cessionário, pelo cedente ou por terceira entidade idónea.

3 – A gestão e cobrança dos créditos tributários objecto de cessão pelo Estado e pela segurança social para efeitos de titularização é assegurada, mediante retribuição, pelo cedente ou pelo Estado através da Direcção-Geral dos Impostos.

4 – Em casos devidamente justificados, pode a CMVM autorizar que, nas situações referidas no n.º 1, a gestão dos créditos seja assegurada por entidade diferente do cedente.

5 – Quando o gestor dos créditos não for o cessionário, a oneração e a alienação dos créditos são sempre expressa e individualmente autorizadas por aquele.

6 – Sem prejuízo da responsabilidade das partes, o contrato de gestão de créditos objecto de titularização só pode cessar com motivo justificado, devendo a substituição do gestor dos créditos, nesse caso, realizar-se com a observância do disposto nos números anteriores.

7 – Em caso de falência do gestor dos créditos, os montantes que estiverem na sua posse decorrentes de pagamentos relativos a créditos cedidos para titularização não integram a massa falida.

ART. 6.º (Efeitos da cessão) – 1 – Sem prejuízo do disposto no n.º 4, a eficácia da cessão para titularização em relação aos devedores fica dependente de notificação.

2 – A notificação prevista no número anterior é feita por carta registada enviada para o domicílio do devedor constante do contrato do qual emerge o crédito objecto da cessão, considerando-se, para todos os efeitos, a notificação realizada no 3.º dia útil posterior ao do registo da carta.

3 – A substituição do gestor dos créditos, de acordo com o n.º 6 do artigo 5.º, deve ser notificada aos devedores nos termos previstos no número anterior.

4 – Quando a entidade cedente seja o Estado, a segurança social, instituição de crédito, sociedade financeira, empresa de seguros, fundo de pensões ou sociedade gestora de fundo de pensões, a cessão de créditos para titularização produz efeitos em relação aos respectivos devedores no momento em que se tornar eficaz entre o cedente e o cessionário, não dependendo do conhecimento, aceitação ou notificação desses devedores.

5 – Em casos devidamente justificados, a CMVM pode autorizar que o disposto no número anterior seja igualmente aplicável quando a entidade que mantém as relações com os devedores, ainda que distinta do cedente, assegure a gestão dos créditos.

6 – Dos meios de defesa que lhes seria lícito invocar contra o cedente, os devedores dos créditos objecto de cessão só podem opor ao cessionário aqueles que provenham de facto anterior ao momento em que a cessão se torne eficaz entre o cedente e o cessionário.

7 – A cessão de créditos para titularização respeita sempre as situações jurídicas de que emergem os créditos objecto de cessão e todos os direitos e garantias dos devedores oponíveis ao cedente dos créditos ou o estipulado nos contratos celebrados com os devedores dos créditos, designadamente quanto ao exercício dos respectivos direitos em matéria de reembolso antecipado, de renegociação das condições do crédito, cessão da posição contratual e sub-rogação, mantendo estes todas as relações exclusivamente com o cedente, caso este seja uma das entidades referidas no n.º 4.

8 – No caso de cessão para titularização de quaisquer créditos hipotecários concedidos ao abrigo de qualquer dos regimes previstos no Decreto-Lei n.º 348/98, de 11 de Novembro, as entidades cessionárias passarão, por efeito da cessão, a ter também direito a receber quaisquer subsídios aplicáveis, não sendo os regimes de crédito previstos naquele decreto-lei de forma alguma afectados pela titularização dos créditos em causa.

ART. 7.º (Forma do contrato de cessão de créditos) – 1 – O contrato de cessão de créditos para titularização pode ser celebrado por documento particular, ainda que tenha por objecto créditos hipotecários.

2 – Para efeitos de averbamento no registo da transmissão dos créditos hipotecários, ou outras garantias sujeitas a registo, o documento particular referido no número anterior constitui título bastante desde que contenha o reconhecimento presencial das assinaturas nele apostas, efectuado por notário ou, se existirem, pelos secretários das sociedades intervenientes.

456   [DL n.º 453/99]   INSTITUIÇÕES DE CRÉDITO E SOCIEDADES FINANCEIRAS

3 – O disposto nos números anteriores aplica-se igualmente às transmissões efectuadas nos termos das alíneas *b*) e *c*) do artigo 11.º, do n.º 5 do artigo 38.º e do artigo 45.º.

ART. 8.º (Tutela dos créditos) – 1 – A cessão dos créditos para titularização:
a) Só pode ser objecto de impugnação pauliana no caso de os interessados provarem a verificação dos requisitos previstos nos artigos 610.º e 612.º do Código Civil, não sendo aplicáveis as presunções legalmente estabelecidas, designadamente no artigo 158.º do Código dos Processos Especiais de Recuperação da Empresa e de Falência;
b) Não pode ser resolvida em benefício da massa falida, excepto se os interessados provarem que as partes agiram de má fé.
2 – Não fazem parte da massa falida do cedente os montantes pagos no âmbito de créditos cedidos para titularização anteriormente à falência e que apenas se vençam depois dela.

CAPÍTULO II — Fundos de titularização de créditos

Secção I — FUNDOS DE TITULARIZAÇÃO DE CRÉDITOS

ART. 9.º (Noção) – 1 – Os fundos de titularização de créditos, adiante designados por fundos, são patrimónios autónomos pertencentes, no regime especial de comunhão regulado no presente decreto-lei, a uma pluralidade de pessoas, singulares ou colectivas, não respondendo, em caso algum, pelas dívidas destas pessoas, das entidades que, nos termos da lei, asseguram a sua gestão e das entidades às quais hajam sido adquiridos os créditos que os integrem.
2 – Os fundos são divididos em parcelas que revestem a forma de valores escriturais com o valor nominal que for previsto no regulamento de gestão do fundo e são designadas por unidades de titularização de créditos, adiante apenas unidades de titularização.
3 – O número de unidades de titularização de cada fundo é determinado no respectivo regulamento de gestão.
4 – A responsabilidade de cada titular de unidades de titularização pelas obrigações do fundo é limitada ao valor das unidades de titularização subscritas.

ART. 10.º (Modalidades de fundos) – 1 – Os fundos podem ser de património variável ou de património fixo.
2 – São de património variável os fundos cujo regulamento de gestão preveja, cumulativa ou exclusivamente:
a) A aquisição de novos créditos, quer quando o fundo detenha créditos de prazo inferior ao da sua duração, por substituição destes na data do respectivo vencimento, quer em adição aos créditos adquiridos no momento da constituição do fundo;
b) A realização de novas emissões de unidades de titularização.
3 – São de património fixo os fundos em relação aos quais não seja possível, nos termos do número anterior, modificar os respectivos activos ou passivos.

ART. 11.º (Modificação do activo dos fundos) – 1 – Os fundos de património fixo ou de património variável podem sempre adquirir novos créditos desde que o respectivo regulamento de gestão o preveja e se verifique alguma das seguintes situações:
a) Cumprimento antecipado dos créditos detidos pelo fundo;
b) Alteração das características dos créditos que determinaram a sua integração na carteira do fundo, nomeadamente no âmbito da renegociação das respectivas condições entre o devedor e a entidade cedente, caso em que pode o fundo proceder à retransmissão do crédito abrangido ao cedente;
c) Existência de vícios ocultos em relação a créditos detidos pelo fundo.
2 – A CMVM define, por regulamento, as condições e limites para a modificação do activo dos fundos ao abrigo do disposto na alínea *b*) do número anterior.

ART. 12.º (Composição do património dos fundos) – 1 – Os fundos devem aplicar os seus activos na aquisição inicial ou subsequente de créditos, nos termos do presente decreto-lei e do respectivo regulamento de gestão, os quais não podem representar menos de 75% do activo do fundo.
2 – Os fundos podem ainda, a título acessório, aplicar as respectivas reservas de liquidez na aquisição de valores mobiliários cotados em mercado regulamentado e de títulos de dívida, pública ou privada, de curto prazo, na medida adequada para assegurar uma gestão eficiente do fundo.
3 – Os activos adquiridos nos termos do número anterior devem revestir as características necessárias para que a sua detenção pelo fundo não altere a notação de risco que tenha sido atribuída às unidades de titularização, podendo a CMVM concretizar em regulamento os activos que para esse efeito não sejam elegíveis.
4 – O passivo dos fundos pode abranger as responsabilidades emergentes das unidades de titularização, referidas no n.º 1 do artigo 32.º, de contratos de empréstimo, de contratos destinados à cobertura de riscos e de remunerações devidas pelos serviços que lhes sejam prestados, designadamente pela sociedade gestora e pelo depositário.

TITULARIZAÇÃO DE CRÉDITOS

[DL n.º 453/99] 457

5 – Os créditos do fundo não podem ser objecto de oneração por qualquer forma ou de alienação, excepto nos casos previstos nas alíneas *b*) e *c*) do artigo 11.º, no artigo 13.º e no n.º 5 do artigo 38.º ou se se tratar de créditos vencidos.

6 – Os créditos cedidos pelo Estado e pela segurança social para efeitos de titularização não são susceptíveis de posterior cessão pela entidade cessionária a terceiros, salvo para fundos de titularização de créditos ou sociedades de titularização de créditos com o consentimento do Estado ou da segurança social, conforme aplicável.

ART. 13.º (Empréstimos) – 1 – Para dotar o fundo das necessárias reservas de liquidez, as sociedades gestoras podem contrair empréstimos por conta dos fundos que administrem desde que o regulamento de gestão o permita.

2 – A CMVM pode estabelecer, por regulamento, as condições e os limites em que, com finalidades distintas da prevista no n.º 1, as sociedades gestoras podem contrair empréstimos por conta dos fundos que administrem, incluindo junto de entidades que tenham transmitido créditos para os fundos, bem como dar em garantia créditos detidos pelos fundos, designadamente estabelecer limites em relação ao valor global do fundo, os quais poderão variar em função da forma de comercialização das unidades de titularização e da especial qualificação dos investidores que possam deter as referidas unidades de titularização.

ART. 14.º (Cobertura de riscos) – 1 – As sociedades gestoras podem recorrer, por conta dos fundos que administrem, nos termos e condições previstos no regulamento de gestão, a técnicas e instrumentos de cobertura de risco, designadamente contratos de swap de taxas de juro e de divisas.

2 – A CMVM pode estabelecer, por regulamento, as condições e limites em que as sociedades gestoras podem recorrer a técnicas e instrumentos de cobertura de risco.

Secção II — **SOCIEDADES GESTORAS**

ART. 15.º (Administração dos fundos) – 1 – A administração dos fundos deve ser exercida por uma sociedade gestora de fundos de titularização de créditos, adiante designada apenas por sociedade gestora.

2 – As sociedades gestoras devem ter a sua sede e a sua administração efectiva em Portugal.

ART. 16.º (Sociedades gestoras) – 1 – As sociedades gestoras devem ter por objecto exclusivo a administração, por conta dos detentores das unidades de titularização, de um ou mais fundos.

2 – As sociedades gestoras não podem transferir para terceiros, total ou parcialmente, os poderes de administração dos fundos que lhes são conferidos por lei, sem prejuízo da possibilidade de recorrerem aos serviços de terceiros que se mostrem convenientes para o exercício da sua actividade, designadamente para o efeito da gestão dos créditos detidos pelos fundos e das respectivas garantias, bem como da aplicação de reservas de liquidez.

ART. 17.º (Constituição) – 1 – As sociedades gestoras de fundos de titularização de créditos são sociedades financeiras que adoptam o tipo de sociedade anónima.

2 – O capital social das sociedades gestoras deve encontrar-se obrigatoriamente representado por acções nominativas.

3 – A firma das sociedades gestoras deve incluir a expressão «Sociedade gestora de fundos de titularização de créditos» ou a abreviatura SGFTC.

4 – É vedado aos membros dos órgãos de administração das sociedades gestoras e às pessoas que com a mesma mantiverem contrato de trabalho exercer quaisquer funções em outras sociedades gestoras.

ART. 18.º (Funções da sociedade gestora) – As sociedades gestoras actuam por conta e no interesse exclusivo dos detentores das unidades de titularização do fundo, competindo-lhes praticar todos os actos e operações necessários ou convenientes à boa administração do fundo, de acordo com critérios de elevada diligência e competência profissional, designadamente:

a) Aplicar os activos do fundo na aquisição de créditos, de acordo com a lei e o regulamento de gestão, proceder, no caso previsto no n.º 1 do artigo 6.º, à notificação da cessão aos respectivos devedores e, quando se trate de créditos hipotecários, promover o averbamento da transmissão no registo predial;

b) Praticar todos os actos e celebrar todos os contratos necessários ou convenientes para a emissão das unidades de titularização;

c) Contrair empréstimos por conta do fundo, nos termos do artigo 13.º, desde que o regulamento de gestão do fundo o permita;

d) Gerir os montantes pagos pelos devedores dos créditos que integrarem o fundo;

e) Calcular e mandar efectuar os pagamentos correspondentes aos rendimentos e reembolsos das unidades de titularização;

f) Pagar as despesas que, nos termos do regulamento de gestão, caiba ao fundo suportar;

g) Manter em ordem a escrita do fundo;

h) Dar cumprimento aos deveres de informação estabelecidos por lei ou pelo regulamento de gestão;

i) Informar a CMVM, sempre que esta o solicite, sobre as aplicações referidas no n.º 2 do artigo 12.º;

458 [DL n.º 453/99] INSTITUIÇÕES DE CRÉDITO E SOCIEDADES FINANCEIRAS

j) Praticar todos os actos adequados à boa gestão dos créditos e das respectivas garantias, caso a gestão não seja assegurada pelo cedente ou por terceiro;

l) Autorizar a alienação e a oneração de créditos do fundo, nos casos previstos nos n.ºs 5 e 6 do artigo 12.º.

ART. 19.º (Fundos próprios) – Os fundos próprios das sociedades gestoras não podem ser inferiores às seguintes percentagens do valor líquido global dos fundos que administrem:

a) Até € 75 000 000 – 0,5%;

b) No excedente – 1‰.

ART. 20.º (Acesso ao mercado interbancário) – As sociedades gestoras podem no exercício das respectivas funções ter acesso ao mercado interbancário, nas condições definidas pelo Banco de Portugal.

ART. 21.º (Operações vedadas) – Às sociedades gestoras é especialmente vedado:

a) Contrair empréstimos por conta própria;

b) Onerar, por qualquer forma, ou alienar os créditos que integrem o fundo, excepto nos casos previstos nos n.ºs 5 e 6 do artigo 12.º;

c) Adquirir, por conta própria, valores mobiliários de qualquer natureza, com excepção de fundos públicos, nacionais e estrangeiros, e de valores mobiliários aos mesmos equiparados;

d) Conceder crédito, incluindo prestação de garantias, por conta própria ou por conta dos fundos que administrem;

e) Adquirir, por conta própria, imóveis para além dos necessários às suas instalações e funcionamento.

ART. 22.º (Substituição da sociedade gestora) – 1 – Em casos excepcionais, a CMVM pode, a requerimento conjunto da sociedade gestora e do depositário e desde que sejam acautelados os interesses dos detentores de unidades de titularização do fundo, autorizar a substituição da sociedade gestora.

2 – Caso seja revogada pelo Banco de Portugal a autorização da sociedade gestora ou se verifique outra causa de dissolução da sociedade, a CMVM pode determinar a substituição da sociedade gestora.

Secção III — **DEPOSITÁRIO**

ART. 23.º (Depósito dos valores dos fundos) – 1 – Devem ser confiados a um único depositário os valores que integram o fundo, designadamente:

a) Os montantes recebidos a título de pagamento de juros ou de reembolso de capital respeitantes aos créditos que integram o fundo;

b) Os valores mobiliários adquiridos por conta do fundo, nos termos do n.º 2 do artigo 12.º;

c) Os montantes resultantes de empréstimos contraídos pela sociedade gestora por conta do fundo, de acordo com o artigo 13.º, desde que o regulamento de gestão o permita.

2 – Podem ser depositárias as instituições de crédito referidas nas alíneas *a)* a *f)* do artigo 13.º do Regime Geral das Instituições de Crédito e Sociedades Financeiras, aprovado pelo Decreto-Lei n.º 298/92, de 31 de Dezembro, que disponham de fundos próprios não inferiores a € 7 500 000.

3 – O depositário deve ter a sua sede efectiva em Portugal ou, se tiver a sua sede em outro Estado membro da Comunidade Europeia, deve estar estabelecido em Portugal através de sucursal.

4 – As relações entre a sociedade gestora e o depositário são regidas por contrato escrito.

ART. 24.º (Funções do depositário) – 1 – Compete, designadamente, ao depositário:

a) Receber, em depósito, os valores do fundo e guardar todos os documentos e outros meios probatórios relativos aos créditos que integrem o fundo e que não tenham sido conservados pelo respectivo cedente;

b) Receber em depósito ou inscrever em registo os valores mobiliários que, nos termos do n.º 2 do artigo 12.º, integrem o fundo;

c) Efectuar todas as aplicações dos activos do fundo de que a sociedade gestora o incumba, de acordo com as instruções desta;

d) Quando o regulamento de gestão o preveja, cobrar por conta do fundo, e de acordo com as instruções da sociedade gestora, os juros e o capital dos créditos que integrem o fundo, bem como praticar todos os demais actos que se revelem adequados à boa administração dos créditos;

e) Pagar aos detentores das unidades de titularização, nos termos das instruções transmitidas pela sociedade gestora, os rendimentos periódicos e proceder ao reembolso daquelas unidades de titularização;

f) Executar todas as demais instruções que lhe sejam transmitidas pela sociedade gestora;

g) No caso de, em relação à sociedade gestora, se verificar alguma das situações previstas no n.º 2 do artigo 22.º, propor à CMVM a sua substituição;

h) Assegurar que nas operações relativas aos valores que integram o fundo a contrapartida lhe seja entregue nos prazos conformes à prática do mercado;

i) Assegurar que os rendimentos do fundo sejam aplicados em conformidade com a lei e o regulamento de gestão;

j) Assumir uma função de vigilância e garantir perante os detentores de unidade de titularização o cumprimento do regulamento de gestão.

TITULARIZAÇÃO DE CRÉDITOS   [**DL n.º 453/99**]   459

2 – O depositário tem o dever de, previamente ao seu cumprimento, verificar a conformidade de todas as instruções recebidas da sociedade gestora com a lei e o regulamento de gestão.

3 – O depositário pode ainda celebrar com a sociedade gestora, actuando por conta do fundo e com observância do disposto no artigo 14.º, contratos de swap, contratos de garantia de taxa de juro ou quaisquer outros destinados a assegurar a cobertura dos riscos do fundo.

4 – O depositário pode adquirir unidades de titularização dos fundos em relação aos quais exerça essas funções.

5 – À substituição do depositário aplica-se o disposto no artigo 22.º, bastando que o pedido de substituição seja apresentado pela sociedade gestora.

ART. 25.º (Responsabilidade da sociedade gestora e do depositário) – 1 – A sociedade gestora e o depositário respondem solidariamente perante os detentores das unidades de titularização pelo cumprimento das obrigações contraídas nos termos da lei e do regulamento de gestão.

2 – A sociedade gestora e o depositário são ainda solidariamente responsáveis perante os detentores das unidades de titularização pela veracidade, actualidade, rigor e suficiência da informação contida no regulamento de gestão.

3 – A responsabilidade do depositário não é afectada pelo facto de a guarda dos valores do fundo ser por ele confiada, no todo ou em parte, a um terceiro.

ART. 26.º (Despesas do fundo) – O regulamento de gestão deve prever todas as despesas e encargos que devam ser suportados pelo fundo, designadamente as remunerações dos serviços a prestar pela sociedade gestora, pelo depositário ou, nos casos em que a lei o permite, por terceiros.

Secção IV — **CONSTITUIÇÃO DOS FUNDOS DE TITULARIZAÇÃO E REGULAMENTO DE GESTÃO**

ART. 27.º (Autorização) – 1 – A constituição de fundos depende de autorização da CMVM.

2 – O pedido de autorização a apresentar pela sociedade gestora deve ser instruído com os seguintes documentos:

a) Projecto do regulamento de gestão;

b) Projecto de contrato a celebrar com o depositário;

c) Contrato de aquisição dos créditos que irão integrar o fundo;

d) Se for caso disso, projecto dos contratos de gestão dos créditos, a celebrar nos termos do artigo 5.º;

e) Plano financeiro previsional do fundo, detalhando os fluxos financeiros que se prevêem para toda a sua duração e a respectiva afectação aos detentores das unidades de titularização.

3 – Caso as unidades de titularização se destinem a ser emitidas com recurso a subscrição pública, o pedido deve ainda ser instruído com os seguintes documentos:

a) Projecto de prospecto;

b) Contrato de colocação;

c) Relatório elaborado por uma sociedade de notação de risco registada na CMVM.

4 – O relatório de notação de risco a que alude a alínea *c)* do número anterior deve conter, pelo menos e sem prejuízo de outros que a CMVM, por regulamento, venha a estabelecer:

a) Apreciação sobre a qualidade dos créditos que integram o fundo e, se este detiver créditos de qualidade distinta, uma análise sobre a qualidade de cada categoria de créditos detidos;

b) Confirmação sobre os pressupostos e consistência das perspectivas de evolução patrimonial na base das quais foi financeiramente planeada a operação;

c) A adequação da estrutura da operação, incluindo os meios necessários para a gestão dos créditos;

d) A natureza e adequação das eventuais garantias de que beneficiem os detentores das unidades de titularização;

e) O risco de insolvência inerente a cada unidade de titularização.

5 – Se a entidade cedente dos créditos a adquirir pelo fundo for instituição de crédito, sociedade financeira, empresa de seguros, fundo de pensões ou sociedade gestora de fundos de pensões, a autorização depende de parecer favorável a emitir pelo Banco de Portugal ou pelo Instituto de Seguros de Portugal, consoante o caso.

6 – O prazo para a emissão dos pareceres referidos no número anterior é de 30 dias contados da data de recepção da cópia do processo que a CMVM enviará ao Banco de Portugal ou ao Instituto de Seguros de Portugal, consoante o caso.

7 – A CMVM pode solicitar à sociedade gestora os esclarecimentos e as informações complementares que repute adequados, bem como as alterações necessárias aos documentos que instruem o pedido.

8 – A decisão deve ser notificada pela CMVM à requerente no prazo de 30 dias a contar da data de recepção do pedido ou, se for o caso, da recepção dos pareceres previstos no n.º 5, das informações complementares ou dos documentos alterados a que se refere o número anterior, mas em caso nenhum depois de decorridos 90 dias sobre a data de apresentação do pedido.

9 – Quando a sociedade gestora requeira que a emissão das unidades de titularização se realize através de oferta pública, a concessão de autorização implica a aprovação do respectivo prospecto.

460 [DL n.º 453/99]   INSTITUIÇÕES DE CRÉDITO E SOCIEDADES FINANCEIRAS

ART. 28.º (Constituição) – 1 – O fundo considera-se constituído no momento da liquidação financeira da subscrição das unidades de titularização.

2 – O contrato de aquisição dos créditos e o contrato com a entidade depositária produzem efeitos na data de constituição do fundo.

3 – No prazo de três dias contados da data de constituição do fundo, a sociedade gestora informa o público sobre esse facto através da divulgação de anúncio em boletim de cotações de mercado regulamentado situado ou a funcionar em território nacional ou no sistema de difusão de informação previsto pelo artigo 367.º do Código dos Valores Mobiliários.

ART. 29.º (Regulamento de gestão) – 1 – A sociedade gestora deve elaborar um regulamento de gestão para cada fundo que administre.

2 – O regulamento de gestão deve conter, pelo menos, informação sobre os seguintes elementos:

a) Denominação e duração do fundo, bem como identificação da decisão que haja autorizado a sua constituição;

b) Identificação da sociedade gestora e do depositário;

c) As características dos créditos, ou das categorias homogéneas de créditos, que integram o fundo e o regime da sua gestão, designadamente se estes serviços são prestados pelo fundo, através da sociedade gestora ou do depositário, pelo cedente ou por terceira entidade idónea;

d) Os direitos inerentes a cada categoria de unidades de titularização a emitir pelo fundo, nomeadamente os referidos no artigo 32.º;

e) Regras relativas à ordem de prioridade dos pagamentos a efectuar pelo fundo;

f) Termos e condições de liquidação e partilha do fundo, designadamente sobre a transmissão dos créditos detidos pelo fundo à data de liquidação;

g) Os contratos a celebrar pela sociedade gestora, por conta do fundo, destinados à cobertura de riscos em que se preveja que este último possa vir a incorrer, designadamente o risco da insuficiência dos montantes recebidos dos devedores dos créditos do fundo para cumprir as obrigações de pagamento dos rendimentos periódicos e de reembolso das unidades de titularização;

h) Termos e condições dos empréstimos que a sociedade gestora pode contrair por conta do fundo;

i) Remuneração dos serviços da sociedade gestora e do depositário, respectivos modos de cálculo e condições de cobrança, bem como quaisquer outras despesas e encargos que devam ser suportados pelo fundo;

j) Deveres da sociedade gestora e do depositário;

l) Termos e condições em que seja admitida a alienação de créditos vencidos.

3 – No caso de fundos de património variável em relação aos quais se encontre prevista, nos termos da alínea *a)* do n.º 2 do artigo 10.º, a aquisição subsequente de créditos, o regulamento de gestão deve ainda conter informação relativa aos créditos a adquirir em momento posterior ao da constituição do fundo, designadamente sobre:

a) As características dos créditos;

b) O montante máximo dos créditos a adquirir;

c) A calendarização prevista para as aquisições e respectivos montantes;

d) Procedimentos a adoptar no caso de, por motivos excepcionais, não ser possível concretizar as aquisições previstas.

4 – No caso de fundos de património variável em que se encontre prevista, nos termos da alínea *b)* do n.º 2 do artigo 10.º, a realização de novas emissões de unidades de titularização, o regulamento de gestão deve ainda conter informação sobre os direitos inerentes às unidades de titularização a emitir, sobre os montantes das emissões, a calendarização prevista para as emissões e sobre as eventuais consequências das novas emissões em relação às unidades de titularização existentes.

5 – Na hipótese de o regulamento de gestão permitir a modificação do activo do fundo, de acordo com o previsto no artigo 11.º, deve estabelecer os termos e condições em que a mesma pode realizar-se.

6 – As informações a prestar sobre as características dos créditos nunca poderão permitir a identificação dos devedores.

7 – As alterações ao regulamento de gestão ficam dependentes de autorização da CMVM, com excepção das resultantes dos casos previstos na alínea *b)* do n.º 2 do artigo 10.º, as quais são objecto de mera comunicação à CMVM.

ART. 30.º (Domicílio) – Consideram-se domiciliados em Portugal os fundos administrados por sociedade gestora cuja sede esteja situada em território nacional.

Secção V — UNIDADES DE TITULARIZAÇÃO

ART. 31.º (Natureza e emissão das unidades de titularização) – 1 – As unidades de titularização são valores mobiliários, devendo assumir forma escritural.

2 – Ao registo e controlo das unidades de titularização é aplicável o regime dos valores mobiliários escriturais.

TITULARIZAÇÃO DE CRÉDITOS   [**DL n.º 453/99**]   461

3 – As unidades de titularização não podem ser emitidas sem que a importância correspondente ao preço de emissão seja efectivamente integrada no activo do fundo.

4 – Na data da constituição do fundo, as contas de subscrição das unidades de titularização convertem-se em contas de registo de valores mobiliários, nos termos do Código dos Valores Mobiliários.

5 – A subscrição das unidades de titularização implica a aceitação do regulamento de gestão e confere à sociedade gestora os poderes necessários para que esta administre com autonomia o fundo.

6 – As entidades cedentes podem adquirir unidades de titularização de fundos para os quais hajam transmitido créditos.

ART. 32.º (Direitos inerentes às unidades de titularização) – 1 – As unidades de titularização conferem aos respectivos detentores, cumulativa ou exclusivamente, os seguintes direitos, nos termos e condições estabelecidos no regulamento de gestão:

a) Direito ao pagamento de rendimentos periódicos;

b) Direito ao reembolso do valor nominal das unidades de titularização;

c) Direito, no termo do processo de liquidação e partilha do fundo, à parte que proporcionalmente lhes competir do montante que remanescer depois de pagos os rendimentos periódicos e todas as demais despesas e encargos do fundo.

2 – Sem prejuízo do direito de exigir o cumprimento do disposto na lei e no regulamento de gestão, os detentores das unidades de titularização não podem dar instruções à sociedade gestora relativamente à administração do fundo.

3 – Desde que o regulamento de gestão o preveja, os fundos podem emitir unidades de titularização de diferentes categorias que confiram direitos iguais entre si mas distintos dos das demais unidades de titularização, designadamente quanto ao grau de preferência no pagamento dos rendimentos periódicos, no reembolso do valor nominal ou no pagamento do saldo de liquidação.

4 – O risco de simples mora ou de incumprimento das obrigações correspondentes aos créditos que integrarem o fundo corre por conta dos titulares das unidades de titularização, não podendo a sociedade gestora ser responsabilizada pela mora e incumprimento das obrigações referidas no n.º 1 que sejam causados por aquelas circunstâncias, sem prejuízo do disposto nos n.ºˢ 1 e 2 do artigo 25.º.

ART. 33.º (Reembolso antecipado das unidades de titularização) – A sociedade gestora pode, desde que o regulamento de gestão o preveja, proceder, antes da liquidação e partilha do fundo, em uma ou mais vezes, a reembolsos parciais ou integrais das unidades de titularização, contanto que seja assegurada a igualdade de tratamento dos detentores de unidades da mesma categoria.

ART. 34.º (Oferta pública de subscrição de unidades de titularização) – 1 – A emissão de unidades de titularização pode efectuar-se com recurso a subscrição pública, sendo aplicável à oferta o disposto no Código dos Valores Mobiliários.

2 – O lançamento da oferta pública de subscrição é feito pela sociedade gestora, através da divulgação do prospecto nos termos do Regulamento (CE) n.º 809/2004, da Comissão, de 29 de Abril.

3 – A CMVM define, por regulamento, a informação a constar do prospecto de fundos de titularização de património variável, designadamente:

a) O conteúdo integral do regulamento de gestão;

b) As partes do relatório de notação de risco a que alude a alínea *c*) do n.º 3 do artigo 27.º que devem ser reproduzidas;

c) Súmula do plano financeiro previsional do fundo;

d) Relatório de auditoria sobre os pressupostos e a consistência do plano previsional do fundo.

ART. 35.º (Negociação em bolsa) – As unidades de titularização de fundos de titularização de créditos podem ser admitidas à negociação em bolsa.

Secção VI — **CONTAS DO FUNDO, INFORMAÇÃO E SUPERVISÃO**

ART. 36.º (Contas dos fundos) – 1 – A contabilidade dos fundos é organizada de harmonia com as normas emitidas pela CMVM.

2 – As contas dos fundos são encerradas anualmente com referência a 31 de Dezembro e devem ser certificadas por auditor registado na CMVM que não integre o conselho fiscal da sociedade gestora.

3 – Até 31 de Março de cada ano, a sociedade gestora deve colocar à disposição dos interessados, na sua sede e na sede do depositário, o balanço e a demonstração de resultados de cada fundo que administre, acompanhados de um relatório elaborado pela sociedade gestora e da certificação legal das contas referida no número anterior.

4 – O relatório da sociedade gestora a que alude o número anterior contém uma descrição das actividades do respectivo exercício e as informações relevantes que permitam aos detentores das unidades de titularização apreciar a evolução da actividade do fundo.

5 – As sociedades gestoras são obrigadas a remeter à CMVM, até 31 de Março de cada ano ou logo que sejam disponibilizados aos interessados, os documentos referidos no n.º 3.

462   [DL n.º 453/99]   INSTITUIÇÕES DE CRÉDITO E SOCIEDADES FINANCEIRAS

ART. 37.º (Supervisão e prestação de informação) – 1 – Compete à CMVM a fiscalização da actividade dos fundos, sem prejuízo das competências do Banco de Portugal em matéria de supervisão das sociedades gestoras.

2 – A CMVM pode, por regulamento:

a) Definir o conteúdo mínimo do relatório de notação de risco previsto na alínea *c)* do n.º 3 do artigo 27.º e os termos em que essa notação deva ser objecto de revisão;

b) Estabelecer as condições em que pode ser concedida a aprovação de prospecto preliminar de uma oferta pública de subscrição de unidades de titularização de fundo em constituição, com base no qual a sociedade gestora pode desenvolver acções de prospecção e sensibilização do mercado, tendo em vista aferir a viabilidade e verificar as condições em que o fundo pode ser constituído e a oferta lançada;

c) Definir a periodicidade e o conteúdo da informação a prestar pela sociedade gestora à CMVM e ao público;

d) Estabelecer regras relativas à liquidação e partilha dos fundos de titularização de créditos.

SECÇÃO VII — **LIQUIDAÇÃO E PARTILHA DOS FUNDOS**

ART. 38.º (Liquidação e partilha) – 1 – Os detentores das unidades de titularização não podem exigir a liquidação e partilha dos fundos.

2 – Os fundos devem ser liquidados e partilhados no termo do prazo da respectiva duração, só podendo ser liquidados e partilhados antes do termo daquele prazo se o respectivo regulamento de gestão o admitir, designadamente em caso de concentração da totalidade das unidades de titularização numa única entidade.

3 – Os fundos podem ainda ser liquidados e partilhados antes do termo do prazo de duração por determinação da CMVM, no caso de ser revogada a autorização da sociedade gestora ou de se verificar outra causa de dissolução da sociedade, não sendo esta substituída.

4 – A conta de liquidação do fundo e a aplicação dos montantes apurados deve ser objecto de apreciação por auditor registado na CMVM.

5 – Os créditos que integram o fundo à data da liquidação devem ser transmitidos nos termos e condições previstos no regulamento de gestão.

CAPÍTULO III — **Sociedades de titularização de créditos**

SECÇÃO I — **DAS SOCIEDADES DE TITULARIZAÇÃO DE CRÉDITOS**

SUBSECÇÃO I — **Requisitos gerais**

ART. 39.º (Tipo e objecto) – As sociedades de titularização de créditos adoptam o tipo de sociedade anónima e têm por objecto exclusivo a realização de operações de titularização de créditos, mediante as suas aquisição, gestão e transmissão e a emissão de obrigações titularizadas para pagamento dos créditos adquiridos.

ART. 40.º (Firma e capital social) – 1 – A firma das sociedades de titularização de créditos deve incluir a expressão «Sociedade de titularização de créditos» ou a abreviatura STC, as quais, ou outras que com elas se confundam, não podem ser usadas por outras entidades.

2 – O capital social das sociedades de titularização de créditos deve ser representado por acções nominativas.

3 – Compete ao Ministro das Finanças fixar, por portaria, o capital social mínimo das sociedades de titularização de créditos.

4 – As sociedades de titularização de créditos podem ser constituídas por um único accionista.

ART. 41.º (Idoneidade, disponibilidade e experiência profissional dos membros dos órgãos de administração e de fiscalização) – 1 – Os membros dos órgãos de administração e de fiscalização de sociedade de titularização de créditos devem ser pessoas cuja idoneidade e disponibilidade dêem garantias de gestão sã e prudente e possuir a experiência profissional adequada ao exercício das suas funções.

2 – Na apreciação da idoneidade dos membros dos órgãos de administração e de fiscalização deve atender-se ao modo como a pessoa gere habitualmente os negócios ou exerce a profissão, em especial nos aspectos que revelem incapacidade para decidir de forma ponderada e criteriosa, ou tendência para não cumprir pontualmente as suas obrigações ou para ter comportamentos incompatíveis com a preservação da confiança do mercado.

3 – De entre outras circunstâncias atendíveis, considera-se indiciador de falta de idoneidade o facto de a pessoa ter sido:

a) Condenada por crime de branqueamento de capitais, manipulação do mercado, abuso de informação, falsificação, furto, abuso de confiança, roubo, burla, extorsão, infidelidade, usura, frustração de créditos, falência dolosa ou não intencional, favorecimento de credores, receptação, apropriação ilegítima, corrupção ou emissão de cheques sem provisão;

TITULARIZAÇÃO DE CRÉDITOS   [DL n.º 453/99]   463

b) Declarada falida ou julgada responsável por falência de pessoa colectiva, nos termos previstos nos artigos 126.º-A e 126.º-B do Código dos Processos Especiais de Recuperação da Empresa e de Falência;

c) Condenada em processo de contra-ordenação iniciado pela CMVM, pelo Banco de Portugal ou pelo Instituto de Seguros de Portugal;

d) Afastada do exercício das suas funções por força de suspensão preventiva, total ou parcial, daquelas funções, nos termos da alínea *a)* do n.º 1 do artigo 412.º do Código dos Valores Mobiliários, e até que cesse essa suspensão.

ART. 42.º (Idoneidade dos titulares de participações qualificadas) – 1 – Os interessados em deter participação qualificada em sociedade de titularização de créditos devem reunir condições que garantam a gestão sã e prudente daquela sociedade.

2 – Para os efeitos deste diploma, o conceito de participação qualificada é o definido no Regime Geral das Instituições de Crédito e Sociedades Financeiras, aprovado pelo Decreto-Lei n.º 298/92, de 31 de Dezembro.

3 – Considera-se que as condições referidas no n.º 1 não existem quando se verifique alguma das seguintes circunstâncias:

a) Se o modo como a pessoa em causa gere habitualmente os seus negócios ou a natureza da sua actividade profissional revelarem propensão acentuada para a assunção de riscos excessivos;

b) Se a situação económico-financeira da pessoa em causa for inadequada, em função da participação que se propõe deter;

c) Se a CMVM tiver fundadas dúvidas sobre a licitude da proveniência dos fundos utilizados na aquisição da participação ou sobre a verdadeira identidade do titular desses fundos;

d) Tratando-se de pessoa singular, se se verificar relativamente a ela algum dos factos que indiciem falta de idoneidade nos termos do n.º 3 do artigo anterior.

ART. 43.º (Fundos próprios) – 1 – Os fundos próprios das sociedades de titularização de créditos não podem ser inferiores às seguintes percentagens do valor líquido das obrigações titularizadas por si emitidas que se encontrem em circulação:

a) Até € 75 000 000 – 0,5%;

b) No excedente – 1‰.

2 – A CMVM, por regulamento, fixará os elementos que podem integrar os fundos próprios das sociedades de titularização de créditos.

ART. 44.º (Recursos financeiros) – 1 – Salvo o disposto no número seguinte, as sociedades de titularização de créditos só podem financiar a sua actividade com fundos próprios e através da emissão de obrigações titularizadas, de acordo com os artigos 60.º e seguintes.

2 – Para satisfazer necessidades de liquidez para os efeitos de reembolso e de remuneração das obrigações titularizadas, as sociedades de titularização de créditos podem, por conta dos patrimónios a que se refere o artigo 62.º, recorrer a financiamentos junto de terceiros.

3 – Sem prejuízo da aquisição de novos créditos ou da amortização das obrigações titularizadas, nos termos do artigo 61.º, o produto do reembolso dos créditos titularizados e os respectivos rendimentos só podem ser aplicados em instrumentos de baixo risco e elevada liquidez, a definir em regulamento da CMVM.

ART. 45.º (Transmissão de créditos) – 1 – Sem prejuízo do disposto nos números seguintes, as sociedades de titularização de créditos só podem ceder créditos a fundos de titularização de créditos e a outras sociedades de titularização de créditos.

2 – As sociedades de titularização de créditos podem ainda transmitir os créditos de que sejam titulares nos seguintes casos:

a) Não cumprimento das obrigações correspondentes aos créditos;

b) Retransmissão ao cedente e aquisição de novos créditos em substituição, em caso de alteração das características dos créditos no âmbito da renegociação das respectivas condições entre o devedor e a entidade cedente;

c) Retransmissão ao cedente em caso de revelação de vícios ocultos;

d) Quando a alienação abranger todos os créditos que ainda integram o património autónomo afecto ao reembolso de uma emissão de obrigações titularizadas, não podendo esses créditos representar mais de 10% do valor inicial do mesmo património autónomo.

3 – A CMVM define, por regulamento, as condições e limites para a modificação do activo das sociedades de titularização de créditos ao abrigo do disposto na alínea *b)* do número anterior.

4 – Os créditos cedidos pelo Estado e pela segurança social para efeitos de titularização não são susceptíveis de posterior cessão pela entidade cessionária a terceiros, salvo para fundos de titularização de créditos ou sociedades de titularização de créditos com o consentimento do Estado ou da segurança social, conforme aplicável.

ART. 46.º (Actividade) – São aplicáveis, com as devidas adaptações, às sociedades de titularização de créditos, as normas constantes dos artigos 304.º, n.ᵒˢ 2 e 4, 305.º, 308.º, 309.º, 314.º, n.º 1, 316.º e 317.º do Código dos Valores Mobiliários.

464   [DL n.º 453/99]   INSTITUIÇÕES DE CRÉDITO E SOCIEDADES FINANCEIRAS

Subsecção II — **Autorização**

ART. 47.º (Autorização) – A constituição de sociedades de titularização de créditos depende de autorização a conceder pela CMVM.

ART. 48.º (Instrução do pedido) – 1 – O pedido de autorização é instruído com os seguintes elementos:
a) Projecto de contrato de sociedade;
b) Informação sobre o plano de negócios;
c) Identificação dos accionistas fundadores, com especificação do montante de capital a subscrever por cada um;
d) Identificação dos membros dos órgãos de administração e de fiscalização.
2 – São ainda apresentadas as seguintes informações relativas aos accionistas fundadores que sejam pessoas colectivas titulares de participações qualificadas na sociedade de titularização de créditos a constituir:
a) Cópia dos estatutos actualizados e identificação dos membros do órgão de administração;
b) Cópia dos relatórios de gestão e de contas, dos pareceres dos órgãos de fiscalização e da certificação legal de contas respeitantes aos últimos três anos, acompanhados dos respectivos relatórios de auditoria;
c) Identificação dos titulares de participações qualificadas;
d) Relação das sociedades em cujo capital a pessoa colectiva detenha participações qualificadas, bem como exposição ilustrativa da estrutura do grupo a que pertença.
3 – A CMVM estabelece, por regulamento, os elementos e informações necessários para a identificação dos accionistas fundadores que sejam pessoas individuais e dos membros dos órgãos de administração e de fiscalização e para a apreciação dos requisitos de idoneidade, disponibilidade e experiência profissional exigidos nos termos dos artigos 41.º e 42.º.
4 – A junção dos documentos pode ser substituída pela indicação de que os mesmos já se encontram, em termos actualizados, em poder da CMVM.
5 – A CMVM pode solicitar aos requerentes informações complementares que sejam necessárias para a apreciação do pedido de autorização.
6 – A CMVM, antes de decidir, solicita informações ao Banco de Portugal e ao Instituto de Seguros de Portugal respeitantes à idoneidade, à disponibilidade e à experiência profissional, se aplicável, dos membros dos órgãos de administração e de fiscalização e dos titulares de participações qualificadas, devendo aquelas entidades, se for caso disso, prestar as referidas informações no prazo de 10 dias.

ART. 49.º (Decisão) – 1 – A decisão deve ser notificada ao requerente no prazo de 15 dias a contar:
a) Do decurso do prazo referido no n.º 6 do artigo anterior; ou
b) Da recepção das informações complementares referidas no n.º 5 do artigo anterior, se a mesma ocorrer após a data prevista na alínea *a)*.
2 – A falta de notificação no prazo referido no número anterior constitui indeferimento tácito do pedido.

ART. 50.º (Recusa de autorização) – 1 – A autorização é recusada quando:
a) O pedido de autorização não estiver instruído com todas as informações e documentos necessários;
b) Algum dos documentos que instruem o respectivo pedido for falso ou não estiver em conformidade com os requisitos legais ou regulamentares;
c) A CMVM não considerar demonstrado que todos os titulares de participações qualificadas ou que todos os membros dos órgãos de administração e de fiscalização satisfazem os requisitos estabelecidos nos artigos 41.º e 42.º.
2 – Antes da recusa, a CMVM deve notificar o requerente para suprir, em prazo razoável, os vícios sanáveis.

ART. 51.º (Caducidade da autorização) – 1 – A autorização caduca se a sociedade de titularização de créditos não iniciar a actividade no prazo de nove meses a contar da sua notificação.
2 – A CMVM pode, a pedido dos interessados, prorrogar o prazo referido no número anterior por igual período.

ART. 52.º (Revogação da autorização) – 1 – A CMVM pode revogar a autorização da sociedade de titularização de créditos com os seguintes fundamentos:
a) Se tiver sido obtida por meio de falsas declarações ou outros expedientes ilícitos;
b) Se deixar de se verificar algum dos requisitos de que depende a concessão da autorização;
c) Se a actividade da sociedade de titularização de créditos não corresponder ao objecto legal;
d) Se se verificarem irregularidades graves na administração, na fiscalização ou na organização contabilística da sociedade de titularização de créditos;
e) Se a sociedade de titularização de créditos violar as leis e os regulamentos que disciplinam a sua actividade ou não observar as determinações da CMVM, por modo a pôr em risco os interesses dos titulares das obrigações titularizadas.
2 – A revogação da autorização implica a dissolução e liquidação da sociedade de titularização de créditos.

TITULARIZAÇÃO DE CRÉDITOS   [DL n.º 453/99]   465

Subsecção III — Registo

ART. 53.º (Registo) – O início da actividade das sociedades de titularização de créditos depende de registo prévio na CMVM.

ART. 54.º (Elementos sujeitos a registo) – O registo das sociedades de titularização de créditos contém os seguintes elementos:
 a) Firma;
 b) Objecto;
 c) Data da constituição;
 d) Sede;
 e) Capital social;
 f) Capital realizado;
 g) Identificação dos titulares de participações qualificadas;
 h) Percentagem do capital social detido pelos titulares de participações qualificadas;
 i) Identificação dos membros dos órgãos de administração e de fiscalização e da mesa da assembleia geral;
 j) Identificação dos mandatários da sociedade de titularização de créditos;
 l) Data do início de actividade;
 m) Acordos parassociais celebrados por titulares de participações qualificadas;
 n) Contratos celebrados com terceiros para gestão dos créditos e respectivas garantias e para a prática dos demais actos referidos no n.º 1 do artigo 5.º;
 o) Alterações que se verifiquem nos elementos constantes das alíneas anteriores.

ART. 55.º (Processo de registo) – 1 – O requerimento de registo deve mencionar os elementos a registar e ser instruído com os documentos necessários para o efeito.
 2 – O registo só pode ser efectuado após a concessão da autorização prevista no artigo 47.º.
 3 – A junção dos documentos pode ser substituída pela indicação de que os mesmos já se encontram, em termos actualizados, em poder da CMVM.
 4 – Os elementos sujeitos a registo são comunicados à CMVM, salvo disposição legal em contrário, no prazo de 30 dias após a sua verificação, tendo em vista o respectivo registo.
 5 – O registo considera-se efectuado se a CMVM não o recusar no prazo de 45 dias a contar da recepção do pedido ou das informações complementares que hajam sido solicitadas.

ART. 56.º (Recusa de registo ou de averbamento) – 1 – Além de outros fundamentos legalmente previstos, o registo será recusado quando:
 a) O pedido de registo não estiver instruído com todos os elementos, as informações e os documentos necessários;
 b) Algum dos documentos que instruem o respectivo pedido for falso ou estiver em desconformidade com os requisitos legais ou regulamentares.
 2 – Antes da recusa, a CMVM deve notificar o requerente para suprir, em prazo razoável, os vícios sanáveis.

ART. 57.º (Cancelamento do registo) – Além de outros fundamentos legalmente previstos, constituem fundamento de cancelamento de registo pela CMVM:
 a) A verificação de circunstância que obstaria ao registo, se essa circunstância não tiver sido sanada no prazo fixado pela CMVM;
 b) A revogação ou a caducidade da autorização.

ART. 58.º (Registo dos membros dos órgãos de administração e de fiscalização) – 1 – O registo dos membros dos órgãos de administração e de fiscalização deve ser solicitado, após a respectiva designação, mediante requerimento da sociedade de titularização de créditos.
 2 – A efectivação do registo é condição necessária para o exercício das funções referidas no número anterior.
 3 – Em caso de recondução, será esta averbada no registo, a requerimento da sociedade de titularização de créditos.
 4 – O requerimento referido no n.º 1 deve ser acompanhado dos elementos e informações estabelecidos por regulamento da CMVM, nos termos do n.º 3 do artigo 48.º.
 5 – A CMVM, antes de decidir, solicita informações ao Banco de Portugal e ao Instituto de Seguros de Portugal respeitantes à idoneidade, à disponibilidade e à experiência profissional dos membros dos órgãos de administração e de fiscalização, devendo aquelas entidades, se for caso disso, prestar as referidas informações no prazo de 10 dias.
 6 – A falta de idoneidade, de disponibilidade ou de experiência profissional adequada dos membros do órgão de administração ou de fiscalização é fundamento de recusa de registo.
 7 – A verificação superveniente da falta de idoneidade dos membros dos órgãos de administração ou de fiscalização determina o cancelamento do registo.

466   [DL n.º 453/99]   INSTITUIÇÕES DE CRÉDITO E SOCIEDADES FINANCEIRAS

8 – A recusa ou o cancelamento do registo com fundamento nos factos referidos nos n.ᵒˢ 6 e 7, respectivamente, são comunicados aos interessados e à sociedade de titularização de créditos, a qual deve tomar as medidas adequadas para que as pessoas a quem não tenham sido reconhecidas aquelas qualidades cessem imediatamente funções.

ART. 59.º (Comunicação e registo de participação qualificada) – 1 – Quem pretender deter, directa ou indirectamente, participação qualificada em sociedade de titularização de créditos deve comunicar previamente o respectivo projecto à CMVM para os efeitos de apreciação dos requisitos previstos no artigo 42.º.

2 – A comunicação referida no número anterior é acompanhada dos elementos e informações estabelecidos em regulamento da CMVM, nos termos do n.º 3 do artigo 48.º.

3 – A CMVM, antes de se pronunciar, solicita informações ao Banco de Portugal e ao Instituto de Seguros de Portugal respeitantes à idoneidade dos potenciais titulares de participações qualificadas, devendo aquelas entidades, se for caso disso, prestar as referidas informações no prazo de 10 dias.

4 – No prazo máximo de 15 dias após o decurso do prazo referido no número anterior, a CMVM opor-se-á ao projecto se não considerar demonstrado que a pessoa em causa satisfaz os requisitos estabelecidos no artigo 42.º.

5 – No prazo de 15 dias após a aquisição da participação qualificada, deve o respectivo titular solicitar o respectivo registo na CMVM.

Secção II — EMISSÃO DE OBRIGAÇÕES TITULARIZADAS

ART. 60.º (Requisitos gerais) – 1 – As obrigações titularizadas podem ser de diferentes categorias, designadamente quanto às garantias estabelecidas a favor dos seus titulares, às taxas de remuneração, que podem ser fixas ou variáveis, e ao seu grau de preferência, e devem ter datas de vencimento adequadas ao prazo dos créditos subjacentes.

2 – As emissões de obrigações titularizadas não estão sujeitas a registo comercial.

3 – A oferta pública e a oferta particular de obrigações titularizadas estão sujeitas ao disposto no título III do Código dos Valores Mobiliários e às disposições que o complementem.

4 – O pedido de aprovação de prospecto de oferta pública de distribuição de obrigações titularizadas deve ser instruído com relatório de notação de risco cujo conteúdo deve observar, com as devidas adaptações, o disposto no n.º 4 do artigo 27.º.

ART. 61.º (Reembolso das obrigações titularizadas e pagamento de despesas com a emissão) – O reembolso e a remuneração das obrigações titularizadas emitidas e o pagamento das despesas e encargos relacionados com a sua emissão são garantidos apenas pelos créditos que lhes estão exclusivamente afectos, pelo produto do seu reembolso, pelos respectivos rendimentos e por outras garantias ou instrumentos de cobertura de riscos eventualmente contratados no âmbito da sua emissão, por aquelas não respondendo o restante património da sociedade de titularização de créditos emitente das obrigações titularizadas.

ART. 62.º (Princípio da segregação) – 1 – Os créditos afectos ao reembolso de uma emissão de obrigações titularizadas, bem como o produto do reembolso daqueles e os respectivos rendimentos, constituem um património autónomo, não respondendo por quaisquer dívidas da sociedade de titularização de créditos até ao pagamento integral dos montantes devidos aos titulares das obrigações titularizadas que constituem aquela emissão e das despesas e encargos com esta relacionados.

2 – Os bens que em cada momento integrem o património autónomo afecto à respectiva emissão devem ser adequadamente descritos em contas segregadas da sociedade e identificados sob forma codificada nos documentos da emissão, salvo quando se trate de créditos tributários em que a forma de descrição e identificação daqueles bens é definida de modo a garantir a confidencialidade dos dados pessoais relativos aos contribuintes, mediante portaria conjunta do Ministro das Finanças e do ministro competente em função da titularidade dos créditos objecto de cessão para efeitos de titularização.

3 – Na falta de disposição legal ou convenção em contrário incluída em contrato respeitante à operação de titularização de créditos correspondente, a sociedade de titularização de créditos tem direito ao remanescente do património autónomo afecto ao pagamento de cada emissão de obrigações titularizadas, após o pagamento integral dos montantes devidos aos titulares das obrigações titularizadas que constituem aquela emissão e das despesas e encargos com esta relacionados.

4 – Na execução movida contra a sociedade de titularização de créditos, o credor apenas pode penhorar o direito ao remanescente de cada património separado se provar a insuficiência dos restantes bens da sociedade.

5 – A chave do código a que alude a primeira parte do n.º 2 fica depositada na CMVM, a qual estabelece, por regulamento, as condições em que os titulares de obrigações titularizadas, em caso de incumprimento, podem ter acesso à mesma.

ART. 63.º (Garantia dos credores obrigacionistas e demais credores da emissão) – 1 – Os titulares de obrigações titularizadas e as entidades que prestem serviços relacionados com a sua emissão gozam de privilégio

TITULARIZAÇÃO DE CRÉDITOS   [DL n.º 453/99]   467

creditório especial sobre os bens que em cada momento integrem o património autónomo afecto à respectiva emissão, com precedência sobre quaisquer outros credores.

2 – O privilégio referido no número anterior não está sujeito a inscrição em registo.

ART. 64.º (Requisitos e limites da emissão) – As emissões de obrigações titularizadas não estão sujeitas aos requisitos e limites estabelecidos no n.º 2 do artigo 348.º e no artigo 349.º do Código das Sociedades Comerciais.

ART. 65.º (Representante comum dos obrigacionistas) – 1 – Nas condições de cada emissão de obrigações titularizadas, pode ser identificado um representante comum dos obrigacionistas dessa emissão, devendo para este efeito ser designada uma das entidades indicadas no n.º 2 do artigo 357.º do Código das Sociedades Comerciais ou uma instituição de crédito ou outra entidade autorizada a prestar serviços de representação de investidores em algum Estado membro da União Europeia, as quais não podem encontrar-se constituídas em relação de domínio ou de grupo, conforme definida no artigo 21.º do Código dos Valores Mobiliários, com o cedente ou com a sociedade de titularização de créditos.

2 – Os termos da designação prevista no número anterior são estabelecidos nas condições da emissão de obrigações titularizadas, designadamente no que respeita à remuneração do representante comum, aos custos e encargos inerentes ao desenvolvimento das suas funções, às despesas de convocação e realização de assembleias de obrigacionistas, aos limites aplicáveis à responsabilidade do representante comum e aos termos das responsabilidades que perante ele são assumidas pela sociedade de titularização de créditos e demais intervenientes na emissão em causa.

3 – A assembleia de obrigacionistas delibera sobre a nomeação, remuneração e destituição do representante comum dos obrigacionistas, bem como sobre a alteração das condições iniciais da respectiva designação.

4 – A remuneração do representante comum, os demais custos e encargos inerentes ao desenvolvimento das suas funções, as despesas de convocação e realização de assembleias de obrigacionistas, quando incorridas com respeito pelas condições da emissão, são encargos do património autónomo correspondente a essa emissão, por elas não respondendo o restante património da sociedade de titularização de créditos, e beneficiam do privilégio creditório previsto no n.º 1 do artigo 63.º.

5 – As condições da emissão podem estabelecer os poderes de representação dos obrigacionistas conferidos ao representante comum e a forma da sua articulação com a assembleia de obrigacionistas, podendo ser atribuídos ao representante comum poderes para:

a) Executar as deliberações da assembleia de obrigacionistas que tenham decretado o vencimento antecipado das obrigações em causa;

b) Exercer, em nome e representação dos obrigacionistas, os direitos que lhe sejam conferidos pela presente lei ou pelas condições da emissão;

c) Representar os obrigacionistas em juízo, em qualquer tipo de acções.

6 – As condições da emissão podem limitar o exercício isolado de direitos dos obrigacionistas que seja contrário às deliberações da assembleia de obrigacionistas.

7 – São subsidiariamente aplicáveis as disposições respeitantes ao representante comum dos obrigacionistas previstas no Código das Sociedades Comerciais.

ART. 66.º (Supervisão e regulamentação) – 1 – Compete à CMVM a supervisão das sociedades de titularização de créditos.

2 – A CMVM pode estabelecer, por regulamento:

a) Regras prudenciais e de contabilidade das sociedades de titularização de crédito;

b) Deveres de informação à CMVM e ao público;

c) Regras relativas aos processos de autorização e de registo;

d) Requisitos relativos aos meios humanos, materiais e técnicos exigidos às sociedades de titularização de créditos;

e) Regras relativas a confiitos de interesses, designadamente sobre percentagens máximas de participação de entidades cedentes dos créditos em sociedade de titularização de créditos.

CAPÍTULO IV — Disposições finais

ART. 67.º (Actividade de intermediação em valores mobiliários) – A criação e administração de fundos de titularização de créditos considera-se actividade de intermediação financeira quando exercida a título profissional.

ART. 68.º (Ilícitos de mera ordenação social) – À violação das normas deste diploma e das da sua regulamentação compreendidas na área de competência da CMVM aplica-se o disposto no Código dos Valores Mobiliários para os ilícitos de mera ordenação social.

468 [DL n.º 237/91]   INSTITUIÇÕES DE CRÉDITO E SOCIEDADES FINANCEIRAS

6.4. EMPRESAS DE INVESTIMENTO

6.4.1. SOCIEDADES ADMINISTRADORAS DE COMPRAS EM GRUPO (SACEG)

Decreto-Lei n.º 237/91

de 2 de Julho (*)

ART. 1.º (Âmbito de aplicação) – O presente diploma disciplina o sistema de compras em grupo e as entidades que procedem à respectiva administração.

ART. 2.º (Noção) – Para efeitos deste diploma considera-se:
a) Compras em grupo – o sistema de aquisição de bens ou serviços pelo qual um cnjunto determinado de pessoas, designadas participantes, constitui um fundo comum, mediante a entrega periódica de prestações pecuniárias, com vista à aquisição, por cada participante, daqueles bens ou serviços ao longo de um período de tempo previamente estabelecido;
b) Fundos de grupo – o conjunto formado pelo fundo comum e por outros fundos previstos no contrato ou no regulamento interno, constituído por contribuições dos participantes ou por outros recursos a que o grupo tenha direito.

ART. 3.º (Objecto e prazo dos contratos) – Será objecto de portaria conjunta do Ministro das Finanças e do ministro responsável pela área do comércio a fixação do elenco de bens e serviços susceptíveis de serem adquiridos através do sistema de compras em grupo, bem como a da duração máxima dos grupos em função da natureza dos bens ou serviços.

ART. 4.º (Princípios fundamentais) – São princípios fundamentais do sistema de compras em grupo:
a) Que as prestações periódicas dos participantes para o fundo comum do grupo sejam equivalentes ao preço do bem ou serviço a adquirir dividido pelo número de períodos previstos no respectivo plano de pagamentos;
b) Que o conjunto das prestações dos participantes seja, em cada período considerado, pelo menos equivalente ao preço do bem ou serviço a adquirir;
c) Que, ocorrida alteração do preço dos bens ou serviços, as prestações periódicas de todos os participantes aos quais os mesmos respeitem sejam ajustadas na devida proporção, ainda que em relação a alguns dos participantes se tenha verificado a sua atribuição;
d) Que ao participante seja assegurada, com as garantias adequadas, a aquisição do bem ou serviço objecto do contrato;
e) Que a atribuição do bem ou serviço seja feita por sorteio ou por sorteio e licitação, nos termos previstos no respectivo regulamento.

ART. 5.º (Acesso à actividade) – *(Revogado.)*

ART. 6.º (Entidades administradoras) – 1 – A actividade de administração de compras em grupo só pode ser exercida por sociedades comerciais constituídas sob a forma de sociedade anónima e que tenham esta actividade como objecto exclusivo.
2 – ....
3 – As sociedades autorizadas a exercer a actividade de administração de compras em grupo tomam a designação de sociedades administradoras de compras em grupo, abreviadamente SACEG.

ART. 7.º (Autorização) – *(Revogado.)*

ART. 8.º (Capital social) – O capital social das SACEG será obrigatoriamente representado por acções nominativas ou ao portador registadas.

A P. n.º 95/94, de 9-2, fixou o capital social mínimo das SACEG em 100 000 ou 50 000 contos, consoante administrem ou não administrem grupos constituídos para aquisição de bens imóveis.

ART. 9.º (Operações vedadas) – 1 – É especialmente vedado às SACEG:
a) Contrair empréstimos;
b) Conceder crédito sob qualquer forma;
c) Onerar, por qualquer forma, os fundos dos grupos;
d) Ser participantes em grupos que administrem.

(*) Alterado pelo **DL n.º 22/94**, de 27-1, alterações que foram introduzidas no lugar próprio.

SOCIEDADES ADMINISTRADORAS DE COMPRAS EM GRUPO (SACEG) [DL n.º 237/91] 469

2 – A proibição prevista na alínea *d*) do número anterior é aplicável aos administradores e aos accionistas detentores de mais de 10% do capital das SACEG, às empresas por eles directa ou indirectamente controladas e aos cônjuges e parentes ou afins em 1.º grau.

ART. 10.º (Relações prudenciais) – Nos termos do artigo 196.º do Regime Geral das Instituições de Crédito e Sociedades Financeiras aprovado pelo Decreto-Lei n.º 298/92, de 31 de Dezembro, poderão ser impostos limites ao valor global dos contratos de compra em grupo celebrados por uma SACEG, nomeadamente em função dos fundos próprios respectivos.

ART. 11.º (Contas dos fundos) – 1 – As contas dos grupos administrados pelas SACEG devem ser submetidas ao exame a que se refere a alínea *a*) do n.º 1 do artigo 1.º do Decreto-Lei n.º 519-L2/79, de 29 de Dezembro.

2 – As SACEG deverão comunicar previamente ao Banco de Portugal qual a entidade responsável pelo exame referido no n.º 1, podendo o Banco de Portugal determinar a sua substituição nos casos em que não lhe reconheça adequada idoneidade.

ART. 12.º (Fundo de garantia do sistema de compras em grupo) – Poderá o Ministro das Finanças, ouvido o Banco de Portugal, decidir, por portaria, a criação de um fundo de garantia do sistema de compras em grupo, a qual definirá as respectivas condições de funcionamento, ou determinar quaisquer outras formas de garantia das suas responsabilidades.

ART. 13.º (Supervisão) – 1 – *(Revogado.)*
2 – *(Revogado.)*
3 – Sempre que o interesse dos participantes o justifique, o Banco de Portugal poderá decidir a transferência dos fundos a que se refere o artigo 27.º, fora das condições aí previstas.

ART. 14.º (Obrigações das SACEG) – 1 – Incumbe especialmente às SACEG:
a) Receber e manter em boa ordem os fundos que lhes são confiados, com observância do disposto no n.º 3 deste artigo;
b) Cumprir as obrigações decorrentes do regulamento geral de funcionamento dos grupos;
c) Efectuar todas as operações necessárias e adequadas ao recebimento dos bens e serviços pelos participantes contemplados nos prazos previstos, designadamente contratando tudo o que for apropriado com os fornecedores daqueles bens e serviços;
d) Certificar-se de que os planos de pagamento contratados com os participantes se harmonizam com o valor do bem ou do serviço objecto do contrato;
e) Contribuir para o Fundo de Garantia do Sistema de Compras em Grupo, nos termos que vierem a ser fixados na portaria prevista no artigo 12.º;
f) Manter permanentemente actualizada a contabilidade dos grupos;
g) Contratar, em nome dos participantes, um seguro contra o risco de incumprimento pelos mesmos das suas obrigações, uma vez que tenham sido contemplados com o respectivo bem ou serviço, se não tiverem sido constituídas outras garantias adequadas.
2 – Os grupos constituídos com vista à aquisição de bens ou serviços no sistema de compras em grupo não gozam de personalidade jurídica, incumbindo à SACEG representar os participantes no exercício dos seus direitos em relação a terceiros.
3 – Os fundos confiados às SACEG com vista à aquisição dos bens ou serviços deverão ser depositados em conta bancária aberta exclusivamente para esse fim.
4 – As SACEG só podem movimentar a débito as contas referidas no número precedente para pagamento dos respectivos bens ou serviços ou de outras despesas a suportar pelos grupos, nos termos do n.º 3 do artigo 17.º, ou para efeitos de liquidação dos mesmos, sem prejuízo do disposto no número seguinte.
5 – A conta referida nos números anteriores poderá ainda ser movimentada a débito para fins de aplicação de excedentes de tesouraria em títulos da dívida pública de liquidez compatível com o cumprimento das suas obrigações para com os participantes.
6 – Os títulos referidos no número anterior deverão ser depositados na conta a que se refere o n.º 3.
7 – Os proveitos das aplicações efectuadas nos termos dos n.ºs 3 e 5 deste artigo serão afectos aos fundos dos grupos em 75%, respeitada a proporção das contribuições dos participantes.

ART. 15.º (Menções em actos externos) – Sem prejuízo das outras menções exigidas pela lei comercial, as SACEG deverão, em todos os contratos, correspondência, publicações, anúncios e, de um modo geral, em toda a sua actividade externa, indicar claramente a existência de quaisquer contratos de seguro de responsabilidades relativamente aos fundos geridos, com identificação da entidade seguradora e da apólice de seguro.

ART. 16.º (Distribuição obrigatória de informação) – 1 – As SACEG deverão fazer entrega aos candidatos a participantes nos grupos de um prospecto de modelo a aprovar pelo Banco de Portugal e com o seguinte conteúdo:
a) Identificação do *Diário da República* e do jornal diário no qual foi feita a publicação do relatório e contas do último exercício;

470   [DL n.º 237/91]   INSTITUIÇÕES DE CRÉDITO E SOCIEDADES FINANCEIRAS

b) Versão integral do regulamento geral de funcionamento dos grupos aprovado por portaria ministerial;
c) Versão integral do regulamento interno de funcionamento dos grupos;
d) Modelo do contrato de adesão ao sistema a que alude o artigo 20.º;
e) Demonstrativo financeiro exemplificativo para um bem ou um serviço determinado, de acordo com um plano de pagamentos adequado à natureza do mesmo, do qual conste, explicitamente:
i) O custo total de aquisição a suportar pelo participante, discriminando o valor inicial, a preços de mercado, do bem ou do serviço, a quota de administração e os demais encargos;
ii) A diferença entre o preço inicial do bem ou serviço e o custo total de aquisição, em valor e em percentagem; e
iii) A tabela de encargos mensais para o período de duração do grupo.
2 – A falta de entrega do prospecto a que se refere o número anterior até um dia antes da assinatura do contrato de adesão determina a nulidade deste.
3 – A nulidade não é invocável pela SACEG.
4 – O prospecto a que se refere o n.º 1 deve estar disponível em todos os locais de actividade da SACEG.

ART. 17.º (Remuneração das SACEG) – 1 – Para remuneração da respectiva actividade, as SACEG podem, apenas, em relação a cada participante:
a) Cobrar uma quota de inscrição baseada no preço do bem a adquirir e percentualmente idêntica, dentro de cada grupo, para cada participante;
b) Cobrar uma quota de administração, em função do valor, a preços correntes, do bem ou serviço, até final do respectivo plano de pagamento.
2 – Ao fundo comum dos grupos não podem ser deduzidos quaisquer encargos.
3 – Ao fundo de reserva dos grupos, caso exista, só podem ser deduzidas as despesas que não respeitem às funções de administração a cargo da SACEG e que estejam expressamente previstas nos contratos de adesão.

ART. 18.º (Assembleias de participantes) – 1 – É aplicável aos participantes, com as devidas adaptações, o disposto nos artigos 355.º a 359.º do Código das Sociedades Comerciais.
2 – Compete, em especial, ao representante comum dos participantes de cada grupo fiscalizar, em relação a cada assembleia de grupo, o cumprimento das disposições legais e regulamentares aplicáveis, designadamente procedendo ao controlo dos participantes admitidos ao sorteio e à licitação através da consulta da respectiva listagem.

ART. 19.º (Direito de informação) – 1 – Qualquer participante poderá, sempre que o entenda, obter da sociedade administradora informação sobre a situação do grupo.
2 – Sem prejuízo do disposto no número anterior, deverá a SACEG antes de cada assembleia de grupo facultar a cada participante documento demonstrativo da situação financeira daquele.

ART. 20.º (Contratos) – 1 – O contrato de adesão a um grupo, bem como quaisquer outros, sejam ou não complementares daquele, celebrados entre as SACEG e cada um dos participantes ou proponentes, deverão, obrigatoriamente, ser reduzidos a escrito, sob pena de nulidade.
2 – A nulidade a que se refere o número anterior não é invocável pelas sociedades administradoras, sendo--lhes sempre imputável a falta de forma.

ART. 21.º (Modificação do contrato) – 1 – É permitido aos participantes e às sociedades administradoras ajustarem, por escrito, a modificação dos contratos, de modo que aqueles possam optar pela adjudicação de bem ou serviço diferente do inicialmente previsto.
2 – A cessão da posição contratual dos participantes é admitida nos termos legais.

ART. 22.º (Direito subsidiário) – Em tudo quanto não estiver previsto no presente diploma e no regulamento geral de funcionamento dos grupos rege, subsidiariamente:
a) Relativamente às SACEG, as disposições aplicáveis do Regime Geral das Instituições de Crédito e Sociedades Financeiras;
b) Relativamente às relações que se estabelecem entre a SACEG e os participantes, o disposto na lei civil sobre o mandato sem representação.

ART. 23.º (Remessa de elementos) – A Direcção-Geral de Inspecção Económica poderá, no desempenho das suas funções, solicitar a qualquer SACEG o envio de elementos de informação sobre a respectiva actividade.

ART. 24.º (Dissolução) – 1 – Em caso de dissolução voluntária de uma SACEG, o órgão dirigente desta, previamente ao início da liquidação, deverá empreender as diligências adequadas à transferência dos grupos por ela administrados para outra sociedade da mesma natureza, de reconhecida solidez, que aceite proceder à respectiva administração.
2 – A transferência a que alude o número anterior fica sujeita a prévia autorização do Banco de Portugal.
3 – No caso de a transferência a que se refere o n.º 1 não ser possível, por falta de autorização ou por razão diferente, a sociedade em liquidação assegurará a administração dos grupos existentes até final.

SOCIEDADES ADMINISTRADORAS DE COMPRAS EM GRUPO (SACEG)   **[DL n.º 237/91]**   471

4 – Se a dissolução tiver por causa a revogação da autorização para o exercício da actividade, observar-se-á o seguinte:

a) Caberá à comissão liquidatária nomeada propor a transferência dos grupos, nos termos dos n.ºs 1 e 2;

b) Se nenhuma sociedade aceitar a gestão dos grupos ou o Banco de Portugal não autorizar a transferência para as sociedades indicadas pela comissão liquidatária, os participantes dos grupos poderão constituir-se em associação, nos termos do artigo 158.º do Código Civil, para o efeito de assegurar o funcionamento dos mesmos até final, nos termos do artigo seguinte.

ART. 25.º (Constituição de associações de participantes) – 1 – A associação a que se refere alínea *b)* do n.º 4 do artigo anterior terá por objecto exclusivo a administração dos grupos existentes em que haja algum participante por contemplar e será constituída por todos os participantes não contemplados que dela queiram fazer parte.

2 – A associação prevista nos números anteriores não poderá iniciar a sua actividade sem autorização do Banco de Portugal.

3 – O pedido de autorização deve ser acompanhado dos seguintes elementos:

a) Parecer da comissão liquidatária;

b) Projecto de estatutos da associação;

c) Projecto de regulamento dos grupos;

d) Indicação do número de aderentes e da percentagem destes em relação ao total de participantes não contemplados dos grupos a administrar pela associação e, bem assim, em relação ao total dos participantes desses grupos;

e) Indicação do modo de financiamento dos custos de constituição e funcionamento da associação;

f) Indicação das entidades que apoiam o projecto, se for o caso.

4 – A associação a que se refere a alínea *b)* do n.º 4 do artigo anterior sucede à SACEG em todos os seus direitos, regalias e obrigações.

5 – O Banco de Portugal só concederá a autorização se os requerentes se comprometerem, estabelecendo os procedimentos necessários, a assegurar aos participantes não aderentes o reembolso das importâncias a que estes teriam direito se não ocorresse a transferência referida no n.º 4 deste artigo ou do montante que com eles hajam acordado.

6 – O Banco de Portugal poderá subordinar a sua autorização à satisfação de condições, designadamente à prestação de garantia adequada do cumprimento das obrigações a que se refere o número anterior.

ART. 26.º (Revogação da autorização) – Para além dos outros casos previstos na lei, poderá ser revogada a autorização para o exercício da actividade das SACEG que violem o disposto no presente diploma ou que, tendo registado prejuízos, não respeitem as recomendações do Banco de Portugal no sentido da reconstituição do seu capital inicial.

ART. 27.º (Liquidação) – 1 – A liquidação das SACEG obedece ao preceituado para a liquidação das institui-ções de crédito, com as adaptações decorrentes dos números seguintes.

2 – A revogação da autorização para o exercício da actividade de uma SACEG determina a transferência imediata para o Banco de Portugal da tutela dos fundos dos grupos à guarda dessa sociedade.

3 – O Banco de Portugal fará a entrega dos fundos a que se refere o número anterior à comissão liquidatária, logo que esta assuma as respectivas funções.

4 – Sempre que não seja possível reunir os valores correspondentes aos fundos dos grupos, os liquidatários, ao proceder à liquidação do passivo social, reconstituirão, em primeiro lugar, os fundos contabilizados.

ART. 28.º (Aplicação no tempo) – 1 – Sem prejuízo do disposto nos números seguintes, o presente diploma entra em vigor no dia seguinte ao da sua publicação.

2 – Relativamente às SACEG e respectivos fundos existentes à data da publicação do presente diploma e no tocante à respectiva adaptação às normas previstas no n.º 1 do artigo 6.º, na alínea *d)* do n.º 1 e no n.º 2 do artigo 9.º e no n.º 3 do artigo 14.º, salvo requerimento fundamentado deferido pelo Banco de Portugal, observar-se-ão os prazos seguintes:

a) Seis meses para a transformação em sociedade anónima;

b) 90 dias para se proceder à alienação ou regularização contabilística das posições cuja detenção não é permitida pelos n.ºs 1, alínea *d)*, e 2 do artigo 9.º;

c) 30 dias para adaptação ao regime do artigo 14.º, n.º 3, relativamente às importâncias já recebidas à data de entrada em vigor do presente diploma e que constituem responsabilidades das SACEG para com os grupos.

3 – Findos os prazos estabelecidos no número anterior sem ter sido promovida a adaptação devida, fica vedado às SACEG o exercício da respectiva actividade.

4 – O disposto no número anterior não obsta ao pontual cumprimento dos contratos celebrados.

5 – A proibição estabelecida no n.º 3 é aplicável às SACEG cujo requerimento dirigido ao Banco de Portugal venha a ser indeferido, a partir da data de conhecimento do respectivo despacho.

6 – As normas sobre dissolução e liquidação das SACEG aplicam-se às sociedades em liquidação à data de entrada em vigor do presente diploma.

ART. 29.º (Norma revogatória) – É revogado o Decreto-Lei n.º 393/87, de 31 de Dezembro.

472   [DL n.º 375/2007]   INSTITUIÇÕES DE CRÉDITO E SOCIEDADES FINANCEIRAS

6.4.2. CAPITAL DE RISCO

Decreto-Lei n.º 375/2007

de 8 de Novembro

CAPÍTULO I — Disposições gerais

ART. 1.º (Objecto) – O presente decreto-lei regula o exercício da actividade de investimento em capital de risco através de:

a) «Sociedades de capital de risco», ou abreviadamente SCR;
b) «Fundos de capital de risco», ou abreviadamente FCR;
c) «Investidores em capital de risco», ou abreviadamente ICR.

ART. 2.º (Actividade de investimento em capital de risco) – Considera-se investimento em capital de risco a aquisição, por período de tempo limitado, de instrumentos de capital próprio e de instrumentos de capital alheio em sociedades com elevado potencial de desenvolvimento, como forma de beneficiar da respectiva valorização.

ART. 3.º (Supervisão e regulamentação) – 1 – Compete à Comissão do Mercado dos Valores Mobiliários (CMVM) a supervisão do disposto no presente decreto-lei e a sua regulamentação, nomeadamente quanto às seguintes matérias relativas às SCR, aos FCR e aos ICR:

a) Avaliação dos activos e passivos de que sejam titulares;
b) Organização da contabilidade;
c) Deveres de prestação de informação;
d) Processo de registo;
e) Exigências de idoneidade dos membros de órgãos sociais e de titulares de participações qualificadas;
f) Exercício da actividade, designadamente dos FCR que invistam maioritariamente em outros FCR.

2 – Na regulamentação prevista no número anterior, deve ter-se em conta a natureza, a dimensão e a complexidade das actividades exercidas.

ART. 4.º (Registo prévio simplificado e comunicação prévia) – 1 – A constituição de FCR, assim como o início de actividade dos ICR e das SCR, dependem de registo prévio simplificado na CMVM.

2 – O registo referido no número anterior não implica, por parte da CMVM, qualquer garantia quanto ao conteúdo e à informação constante dos respectivos documentos constitutivos.

3 – O pedido de registo dos ICR e das SCR deve ser instruído com os seguintes elementos actualizados:

a) A firma ou denominação;
b) O objecto;
c) A data de constituição e de início da actividade;
d) Os estatutos;
e) O lugar da sede e identificação de sucursais, agências, delegações ou outras formas locais de representação;
f) O capital social e o capital realizado;
g) O número de identificação de pessoa colectiva e de matrícula na conservatória do registo comercial em que a sociedade se encontra registada;
h) A identificação do sócio único ou dos titulares de participações qualificadas;
i) Os membros dos órgãos sociais.

4 – O pedido de registo dos FCR deve ser instruído com os elementos referidas nas alíneas a) e c) do número anterior e incluir ainda:

a) Identificação da entidade gestora;
b) Regulamento de gestão do FCR.

5 – A decisão de registo é notificada aos requerentes no prazo de 15 dias a contar da data da recepção do pedido ou, se for caso disso, das informações complementares que tenham sido solicitadas pela CMVM.

6 – A falta de notificação no prazo referido no número anterior constitui indeferimento tácito do pedido.

7 – Sem prejuízo de outras disposições legais ou regulamentares aplicáveis, a CMVM deve recusar os registos referidos no n.º 1 se:

a) O pedido não tiver sido instruído com todos os documentos necessários;
b) Tiverem sido prestadas falsas declarações;
c) O facto a registar não estiver sujeito a registo.

8 – A CMVM pode recusar a concessão dos registos referidos no n.º 1 quando considere não estarem preenchidos os requisitos relativos à idoneidade dos membros dos órgãos sociais e dos titulares de participações qualificadas dos ICR e das SCR.

CAPITAL DE RISCO   [DL n.º 375/2007]   473

9 – Antes de recusar o registo, a CMVM deve notificar o requerente para, num prazo razoável, sanar as insu-ficiências ou irregularidades do processo.

10 – Constituem fundamento de cancelamento de registo pela CMVM:

a) A verificação de factos que obstariam ao registo, se esses factos não tiverem sido sanados no prazo fixado;

b) A cessação de actividade ou a desconformidade entre o objecto e a actividade efectivamente exercida pela entidade.

11 – As alterações aos elementos que integram os pedidos de registo devem ser comunicadas à CMVM no prazo de 15 dias.

12 – Para efeitos da instrução dos requerimentos de registo, assim como das comunicações supervenientes, não é exigível a apresentação de documentos que estejam actualizados em poder da CMVM ou que esta possa obter em publicações oficiais.

13 – O registo de ICR junto da CMVM não é público.

14 – Estão sujeitos a mera comunicação prévia à CMVM a constituição de FCR e o início de actividade de ICR e de SCR cujo capital não seja colocado junto do público e cujos detentores do capital sejam apenas inves-tidores qualificados ou, independentemente da sua natureza, quando o valor mínimo do capital por estes subs-crito seja igual ou superior a € 500 000 por cada investidor individualmente considerado.

15 – A comunicação referida no número anterior deve conter os elementos estabelecidos no n.º 3.

ART. 5.º (Idoneidade dos membros dos órgãos sociais e dos titulares de participações qualificadas dos ICR e das SCR) – 1 – O sócio único do ICR e os membros dos órgãos sociais e os titulares de participações qualificadas de SCR devem reunir condições que garantam a sua gestão sã e prudente.

2 – Na apreciação da idoneidade deve atender-se ao modo como a pessoa gere habitualmente os negócios ou exerce a profissão, em especial nos aspectos que revelem incapacidade para decidir de forma ponderada e criteriosa, ou tendência para não cumprir pontualmente as suas obrigações ou para ter comportamentos in-compatíveis com a preservação da confiança do mercado.

ART. 6.º (Objecto social e operações autorizadas) – 1 – As SCR e os ICR têm como objecto principal a reali-zação de investimentos em capital de risco e, no desenvolvimento da respectiva actividade, podem realizar as seguintes operações:

a) Investir em instrumentos de capital próprio, bem como em valores mobiliários ou direitos convertíveis, permutáveis ou que confiram o direito à sua aquisição;

b) Investir em instrumentos de capital alheio das sociedades em que participem ou em que se proponham participar;

c) Prestar garantias em benefício das sociedades em que participem;

d) Aplicar os seus excedentes de tesouraria em instrumentos financeiros;

e) Realizar as operações financeiras, nomeadamente de cobertura de risco, necessárias ao desenvolvimento da respectiva actividade.

2 – As SCR têm ainda como objecto principal a gestão de FCR, sendo-lhes permitido o investimento em unidades de participação de FCR, nos termos do artigo 22.º.

3 – As SCR e os ICR apenas podem ter por objecto acessório o desenvolvimento das actividades que se revelem necessárias à prossecução do seu objecto principal, em relação às sociedades por si participadas ou, no caso de SCR, a FCR que se encontrem sob sua gestão, nomeadamente:

a) Prestar serviços de assistência à gestão técnica, financeira, administrativa e comercial das sociedades participadas, incluindo os destinados à obtenção de financiamento por essas sociedades;

b) Realizar estudos de viabilidade, investimento, financiamento, política de dividendos, avaliação, reor-ganização, concentração ou qualquer outra forma de racionalização da actividade empresarial, incluindo a promoção de mercados, a melhoria dos processos de produção e a introdução de novas tecnologias, desde que tais serviços sejam prestados a essas sociedades ou em relação às quais desenvolvam projectos tendentes à aquisição de participações;

c) Prestar serviços de prospecção de interessados na realização de investimentos nessas participações.

4 – Os FCR podem realizar as operações referidas no n.º 1 e investir em unidades de participação de FCR.

5 – As actividades referidas nos números anteriores não constituem actividades de intermediação finan-ceira.

ART. 7.º (Operações proibidas) – 1 – Às SCR, aos ICR e aos FCR é vedado:

a) A realização de operações não relacionadas com a prossecução do seu objecto social ou com a respectiva política de investimentos;

b) O investimento em valores mobiliários admitidos à negociação em mercado regulamentado que exce-dam 50% do respectivo activo;

c) A detenção de instrumentos de capital próprio, bem como em valores mobiliários ou direitos convertí-veis, permutáveis ou que confiram o direito à sua aquisição, e instrumentos de capital alheio, por período de tempo, seguido ou interpolado, superior a 10 e 5 anos, respectivamente, no caso de SCR e de ICR.

2 – Às SCR e aos ICR é ainda vedada a aquisição de direitos sobre bens imóveis para além dos necessários às suas instalações próprias.

474   [DL n.º 375/2007]   INSTITUIÇÕES DE CRÉDITO E SOCIEDADES FINANCEIRAS

3 – Às SCR e aos FCR é igualmente vedado:

a) O investimento de mais de 33% dos seus activos numa sociedade ou grupo de sociedades, após decorridos mais de dois anos sobre a data desse investimento e até que faltem dois anos para a liquidação do FCR ou que tenha sido requerida a liquidação da SCR;

b) O investimento, no caso dos FCR, de mais de 33 %do seu activo em outros FCR ou, no caso das SCR, de mais de 33% do seu activo em FCR geridos por outras entidades;

c) O investimento, sob qualquer forma, em sociedades que dominem a SCR ou a entidade gestora do FCR ou que com estas mantenham uma relação de grupo prévia ao investimento em capital de risco;

d) A concessão de crédito ou a prestação de garantias, sob qualquer forma ou modalidade, com a finalidade de financiar a subscrição ou a aquisição de quaisquer valores mobiliários emitidos pela SCR, pelo FCR, pela respectiva entidade gestora ou pelas sociedades referidas na alínea anterior.

4 – As operações correntes de tesouraria realizadas com sociedades que dominem a SCR ou a entidade gestora do FCR ou que com estas mantenham uma relação de grupo prévia ao investimento em capital de risco não são consideradas como investimento.

5 – Caso a ultrapassagem dos limites previstos nos n.ͦˢ 1 a 3 resulte da cessão de bens, dação em cumprimento, arrematação ou qualquer outro meio legal de cumprimento de obrigações ou destinado a assegurar esse cumprimento, deve proceder-se à respectiva alienação em prazo não superior a dois anos.

6 – Excepcionalmente, a CMVM pode autorizar, mediante requerimento fundamentado, e caso não resultem prejuízos para o mercado e, nos casos previstos no n.º 14 do artigo 4.º, para os sócios e para os participantes, a ultrapassagem do limite referido na alínea *b*) do n.º 1, assim como a prorrogação do tempo limite do investimento referido na alínea *c*) do n.º 1.

7 – Não se aplica o disposto na alínea *c*) do n.º 1 a participações em sociedades que tenham por objecto o desenvolvimento das actividades referidas no n.º 3 do artigo anterior, até ao limite de 10% do activo das SCR e dos ICR.

8 – Os FCR e SCR que reúnam as características previstas no n.º 14 do artigo 4.º estão dispensados da observância do disposto na alínea *a*) do n.º 3.

9 – Quando não se encontrem expressamente previstos no regulamento de gestão do FCR, carecem da aprovação, através de deliberação tomada em assembleia de participantes por maioria dos votos, os negócios entre o FCR e as seguintes entidades:

a) A entidade gestora;

b) Outros fundos geridos pela entidade gestora;

c) As sociedades referidas na alínea *c*) do n.º 3;

d) Os membros dos órgãos sociais da entidade gestora e das sociedades referidas na alínea *c*) do n.º 3;

e) As que sejam integradas por membros dos órgãos sociais das entidades referidas nas alíneas *a*) e *c*), quando não constem da carteira do FCR.

10 – Não têm direito de voto, nas assembleias de participantes referidas no número anterior, as entidades aí mencionadas, excepto quando sejam as únicas titulares de unidades de participação do FCR.

11 – Aplica-se, com as devidas adaptações, o disposto nos n.ͦˢ 9 e 10 aos negócios efectuados pelas SCR.

12 – Compete à SCR e à entidade gestora do FCR conhecer as circunstâncias e relações previstas nas alíneas *a*) e *c*) do n.º 3 e no n.º 9.

13 – Para efeitos do presente decreto-lei, a existência de uma relação de domínio e de grupo determina-se nos termos do artigo 21.º do Código dos Valores Mobiliários.

CAPÍTULO II — **Sociedades de capital de risco**

ART 8.º (Forma jurídica, representação e capital social) – 1 – As SCR são sociedades comerciais constituídas segundo o tipo de sociedades anónimas.

2 – A firma das SCR inclui a expressão ou a abreviatura, respectivamente, «Sociedade de Capital de Risco» ou «SCR», as quais, ou outras que com elas se confundam, não podem ser usadas por outras entidades.

3 – O capital social mínimo das SCR, representado obrigatoriamente por acções nominativas, é de € 750 000, excepto se o seu objecto consistir exclusivamente na gestão de FCR, caso em que aquele valor é de € 250 000.

4 – O capital social das SCR só pode ser realizado através de entradas em dinheiro ou de alguma das classes de activos identificadas na alínea *a*) do n.º 1 do artigo 6.º, sem prejuízo da possibilidade de serem efectuados aumentos de capital na modalidade de incorporação de reservas, nos termos gerais.

5 – Por portaria conjunta dos membros do Governo responsáveis pelas áreas das finanças e da economia, sob proposta da CMVM, podem ser fixados níveis mínimos de fundos próprios para as SCR, proporcionais à composição da respectiva carteira própria e dos FCR que administrem.

6 – Os relatórios de gestão e as contas anuais das SCR devem ser objecto de certificação legal por auditor registado na CMVM.

7 – Além do disposto no presente decreto-lei e noutras disposições especificamente aplicáveis, as SCR regem-se pelos respectivos estatutos.

8 – São objecto de relatório elaborado por auditor registado na CMVM as entradas com alguma das classes de activos identificadas na alínea *a*) do n.º 1 do artigo 6.º para efeitos da realização do capital social das SCR.

CAPITAL DE RISCO[DL n.º 375/2007]475

CAPÍTULO III — Investidores em capital de risco

ART 9.º (Forma jurídica e firma) – 1 – Os ICR são sociedades de capital de risco especiais constituídas obrigatoriamente segundo o tipo de sociedade unipessoal por quotas.

2 – Apenas pessoas singulares podem ser o sócio único de ICR.

3 – A firma dos ICR inclui a expressão ou a abreviatura, respectivamente, «Investidor em Capital de Risco» ou «ICR», as quais, ou outras que com elas se confundam, não podem ser usadas por outras entidades.

4 – Além do disposto no presente decreto-lei e noutras disposições especificamente aplicáveis, os ICR regem-se pelos respectivos estatutos.

CAPÍTULO IV — Fundos de capital de risco

Secção I — DISPOSIÇÕES GERAIS

ART 10.º (Forma e regime jurídico) – 1 – Os FCR são patrimónios autónomos, sem personalidade jurídica, mas dotados de personalidade judiciária, pertencentes ao conjunto dos titulares das respectivas unidades de participação.

2 – Os FCR não respondem, em caso algum, pelas dívidas dos participantes, das entidades que assegurem as funções de gestão, depósito e comercialização, ou de outros FCR.

3 – Os FCR regem-se pelo previsto no presente decreto-lei e pelas normas constantes do respectivo regulamento de gestão.

ART 11.º (Denominação) – 1 – As denominações dos FCR contêm as expressões «Fundo de capital de risco», ou a abreviatura «FCR» ou outras que, através de regulamento da CMVM, estejam previstas para modalidades de FCR.

2 – Só os FCR podem integrar na sua denominação as expressões e abreviaturas referidas no número anterior.

Secção II — ENTIDADES GESTORAS E REGULAMENTO DE GESTÃO

ART 12.º (Gestão) – 1 – Cada FCR é administrado por uma entidade gestora.

2 – A gestão de FCR pode ser exercida por SCR, por sociedades de desenvolvimento regional e por entidades legalmente habilitadas a gerir fundos de investimento mobiliário fechados.

3 – A regulamentação a que se refere o n.º 1 do artigo 3.º aplica-se a outras entidades que, em virtude de lei especial, estejam habilitadas a gerir FCR, excepto se estiverem submetidas a regime equivalente.

4 – A entidade gestora, no exercício das suas funções, actua por conta dos participantes de modo independente e no interesse exclusivo destes, competindo-lhe praticar todos os actos e operações necessários à boa administração do FCR, de acordo com elevados níveis de diligência e de aptidão profissional, designadamente:

a) Promover a constituição do FCR, a subscrição das respectivas unidades de participação e o cumprimento das obrigações de entrada;

b) Elaborar o regulamento de gestão do FCR e eventuais propostas de alteração a este, bem como, quando seja o caso, elaborar o respectivo prospecto de oferta e anúncio de lançamento;

c) Seleccionar os activos que devem integrar o património do FCR de acordo com a política de investimentos constante do respectivo regulamento de gestão e praticar os actos necessários à boa execução dessa estratégia;

d) Adquirir e alienar os activos para o FCR, exercer os respectivos direitos e assegurar o pontual cumprimento das suas obrigações;

e) Gerir, alienar ou onerar os bens que integram o património do FCR;

f) Emitir e reembolsar as unidades de participação e fazê-las representar em conformidade com o previsto no regulamento de gestão;

g) Determinar o valor dos activos e passivos do FCR e o valor das respectivas unidades de participação;

h) Manter em ordem a documentação e contabilidade do FCR;

i) Elaborar o relatório de gestão e as contas do FCR e disponibilizar, aos titulares de unidades de participação, para apreciação, estes documentos, em conjunto com os documentos de revisão de contas;

j) Convocar as assembleias de participantes;

l) Prestar aos participantes, nomeadamente, nas respectivas assembleias, informações completas, verdadeiras, actuais, claras, objectivas e lícitas acerca dos assuntos sujeitos à apreciação ou deliberação destes, que lhes permitam formar opinião fundamentada sobre esses assuntos.

5 – As entidades gestoras podem ser eleitas ou designadas e nomear membros para os órgãos sociais das sociedades em que o FCR por si gerido participe ou podem disponibilizar colaboradores para nelas prestarem serviços.

ART 13.º (Deveres das entidades gestoras) – 1 – As entidades gestoras de FCR devem exercer a sua actividade no sentido da protecção dos legítimos interesses dos titulares de unidades de participação de FCR por si geridos.

476 [DL n.º 375/2007] INSTITUIÇÕES DE CRÉDITO E SOCIEDADES FINANCEIRAS

2 – As entidades gestoras devem abster-se de intervir em negócios que gerem confiitos de interesse com os titulares das unidades de participação dos FCR sob sua gestão.

ART 14.º (Regulamento de gestão) – 1 – Cada FCR dispõe de um regulamento de gestão, elaborado pela respectiva entidade gestora, do qual constam as normas contratuais que regem o seu funcionamento.

2 – A subscrição ou a aquisição de unidades de participação do FCR implica a sujeição ao respectivo regulamento de gestão.

3 – O regulamento de gestão contém, pelo menos, os seguintes elementos:
a) Identificação do FCR;
b) Identificação da entidade gestora;
c) Identificação do auditor responsável pela certificação legal das contas do FCR;
d) Identificação das instituições de crédito depositárias dos valores do FCR;
e) Duração do FCR;
f) Período do exercício económico anual quando diferente do correspondente ao ano civil;
g) Montante do capital subscrito do FCR e número de unidades de participação;
h) Condições em que o FCR pode proceder a aumentos e reduções do capital;
i) Identificação das categorias de unidades de participação e descrição dos respectivos direitos e obrigações;
j) Modo de representação das unidades de participação;
l) Período de subscrição inicial das unidades de participação, não podendo o mesmo ser superior a 25% do período de duração do FCR;
m) Preço de subscrição das unidades de participação e número mínimo de unidades de participação exigido em cada subscrição;
n) Regras sobre a subscrição das unidades de participação, incluindo critérios de alocação das unidades subscritas e sobre a realização do capital do FCR;
o) Regime aplicável em caso de subscrição incompleta;
p) Indicação das entidades encarregues de promover a subscrição das unidades de participação;
q) Política de investimento do FCR;
r) Limites ao endividamento do FCR;
s) Política de distribuição de rendimentos do FCR;
t) Critérios de valorização e forma de determinação do valor unitário de cada categoria de unidades de participação;
u) Forma e periodicidade de comunicação aos participantes da composição discriminada das aplicações do fundo e do valor unitário de cada categoria de unidades de participação;
v) Indicação das remunerações a pagar à entidade gestora e aos depositários, com discriminação dos respectivos modos de cálculo e condições de cobrança, bem como de outros encargos suportados pelo FCR;
x) Período de reembolso das unidades de participação, nomeadamente o respectivo início e condições para que ocorra, não podendo o mesmo sobrepor-se ao período de subscrição;
z) Termos e condições da liquidação, nomeadamente antecipada, da partilha, da dissolução e da extinção do FCR;
aa) Outros direitos e obrigações dos participantes, da entidade gestora e dos depositários.

4 – Sem prejuízo do disposto no n.º 1 do artigo 16.º, os FCR podem fixar no regulamento de gestão os critérios, a frequência ou a calendarização das subscrições a efectuar durante o período referido na alínea *l)* do número anterior.

ART 15.º (Alteração do regulamento de gestão) – 1 – É da competência exclusiva da entidade gestora do FCR a apresentação de propostas de alteração ao respectivo regulamento de gestão.

2 – As alterações ao regulamento de gestão que não decorram de disposição legal imperativa, dependem de aprovação mediante deliberação da assembleia de participantes, tomada por maioria de, pelo menos, dois terços dos votos emitidos, excepto quando se refiram à alteração da denominação da entidade gestora, da entidade depositária, do auditor ou ao disposto nas alíneas *d)*, *g)*, *o)*, *p)*, *t)* e *u)* do n.º 3 do artigo anterior, as quais não dependem de aprovação em assembleia de participantes, excepto se essa necessidade de aprovação constar do regulamento de gestão.

3 – Nos casos em que a alteração ao regulamento de gestão implique a modificação de direitos atribuídos a uma categoria de unidades de participação, a produção dos seus efeitos fica dependente de consentimento dos titulares das respectivas unidades de participação, o qual é prestado através de deliberação de assembleia especial desta categoria de participantes, aprovada por maioria de, pelo menos, dois terços dos votos emitidos.

SECÇÃO III — **PATRIMÓNIO DOS FCR**

ART 16.º (Capital) – 1 – Os FCR são fechados e têm um capital subscrito mínimo de € 1 000 000.

2 – O capital dos FCR pode ser aumentado por virtude de novas entradas e de acordo com os termos definidos no artigo 31.º.

CAPITAL DE RISCO   [DL n.º 375/2007] 477

ART 17.º (Unidades de participação) – 1 – O património dos FCR é representado por partes, sem valor nominal, designadas por unidades de participação.

2 – A subscrição de um FCR está sujeita a um mínimo de subscrição de € 50 000 por cada investidor, com excepção dos membros do órgão de administração da entidade gestora.

3 – Podem ser previstas unidades de participação, emitidas por um mesmo FCR, com direitos ou condições especiais, nomeadamente no que respeita à atribuição de rendimentos, à ordem pela qual são reembolsadas ou à partilha do património resultante do saldo de liquidação.

4 – As unidades de participação que confiram direitos e obrigações iguais aos respectivos titulares constituem uma categoria.

5 – A constituição de usufruto ou penhor sobre unidades de participação fica sujeita à forma exigida para a transmissão entre vivos das respectivas unidades de participação.

6 – As unidades de participação em FCR devem ser nominativas.

ART 18.º (Cálculo do valor das unidades de participação) – 1 – Sem prejuízo do regulamento de gestão estabelecer um prazo inferior, a entidade gestora determina o valor unitário das categorias de unidades de participação do FCR reportado ao último dia de cada semestre.

2 – O valor unitário das unidades de participação detidas e a composição da carteira do FCR são comunicados aos respectivos participantes, nos termos estabelecidos no regulamento de gestão, não podendo essa periodicidade exceder os 12 meses.

ART 19.º (Entradas para realização do capital) – 1 – Cada subscritor de unidades de participação é obrigado a contribuir para o FCR com dinheiro ou com alguma das classes de activos identificadas na alínea *a*) do n.º 1 do artigo 6.º.

2 – São objecto de relatório elaborado por auditor registado na CMVM as entradas com alguma das classes de activos referidas no número anterior, o qual deve ser designado pela entidade gestora do FCR especificamente para o efeito, não devendo ter quaisquer interesses relacionados com os subscritores em causa.

3 – O valor atribuído à participação de cada subscritor não pode ser superior ao da respectiva contribuição para o FCR, considerando-se para o efeito a respectiva contribuição em dinheiro ou o valor atribuído aos activos pelo auditor referido no número anterior.

4 – Verificada a existência de uma sobreavaliação do activo entregue pelo subscritor ao FCR, fica o subscritor responsável pela prestação a este da diferença apurada, dentro do prazo a que se referem os n.ᵒˢ 1 e 2 do artigo 21.º, findo o qual, não tendo aquele montante sido prestado, a entidade gestora deve proceder à redução, por anulação, do número de unidades de participação detidas pelo subscritor em causa até perfazer aquela diferença.

5 – Se o FCR for privado, por acto legítimo de terceiro, do activo prestado pelo subscritor ou se tornar impossível a sua prestação, este último deve realizar a sua participação em dinheiro, aplicando-se, no caso de incumprimento tempestivo dessa realização, o disposto na parte final do número anterior.

6 – São nulos os actos da entidade gestora ou as deliberações das assembleias de participantes que isentem, total ou parcialmente, os participantes da obrigação de efectuar as entradas estipuladas, salvo no caso de redução do capital.

7 – A CMVM deve participar ao Ministério Público os actos a que se refere o número anterior para efeitos de interposição, por este, das competentes acções de declaração de nulidade.

ART 20.º (Constituição e realização de entradas diferidas) – 1 – Os FCR consideram-se constituídos no momento em que os respectivos subscritores procedem à primeira contribuição para efeitos de realização do seu capital.

2 – A realização das entradas relativas a cada categoria de unidade de participação pode ser diferida pelo período de tempo que vier a ser estipulado no regulamento de gestão do FCR.

3 – As obrigações de realização de entradas transmitem-se com as respectivas unidades de participação.

ART 21.º (Mora na realização das entradas) – 1 – Não obstante os prazos fixados no regulamento de gestão do FCR para a realização de entradas, o titular de unidades de participação só entra em mora após ser notificado pela entidade gestora do FCR para o efeito.

2 – A notificação deve ser efectuada por comunicação individual dirigida ao titular e deve fixar um prazo entre 15 a 60 dias para o cumprimento, após o qual se inicia a mora.

3 – Aos titulares de unidades de participação que se encontrem em mora quanto à obrigação de realizar entradas não podem ser pagos rendimentos ou entregues outros activos do FCR, sendo tais valores utilizados, enquanto a mora se mantiver, para compensação da entrada em falta.

4 – Não podem participar nem votar nas assembleias de participantes, incluindo através de representante, os titulares de unidades de participação que se encontrem em mora quanto à obrigação de realizar entradas.

5 – A não realização das entradas em dívida nos 90 dias seguintes ao início da mora implica a perda, a favor do FCR, das unidades de participação em relação às quais a mora se verifique, bem como das quantias pagas por sua conta.

ART 22.º (Aquisição de unidades de participação pela entidade gestora) – As entidades gestoras podem adquirir unidades de participação dos FCR que administrem até ao limite de 50% das unidades emitidas por cada um dos referidos FCR.

478   [DL n.º 375/2007]   INSTITUIÇÕES DE CRÉDITO E SOCIEDADES FINANCEIRAS

ART 23.º (Aquisição de unidades de participação pelo FCR) – 1 – Um FCR não pode adquirir unidades de participação por si emitidas, excepto no caso previsto no n.º 5 do artigo 21.º ou como consequência de aquisição de um património a título universal.

2 – As unidades de participação adquiridas ao abrigo das excepções previstas no número anterior são, no prazo máximo de um ano contado a partir da data da aquisição, alienadas, sob pena de anulação no final desse prazo, com a consequente redução do capital do FCR.

ART 24.º (Depositários) – 1 – As relações entre a entidade gestora e os depositários dos valores do FCR regem-se por contrato escrito, do qual constam, nomeadamente, as funções destes últimos e a respectiva remuneração.

2 – As instituições de crédito depositárias dos valores do FCR não podem assumir as funções de entidade gestora desse FCR.

3 – Os depositários podem livremente subscrever ou adquirir unidades de participação de FCR relativamente aos quais exerçam as funções de depositários.

ART 25.º (Encargos) – Constituem encargos do FCR os custos associados à respectiva gestão, designadamente os seguintes:

a) Remuneração da entidade gestora;
b) Remuneração dos depositários;
c) Remuneração do auditor;
d) Custos com os investimentos e desinvestimentos nos activos, incluindo despesas associadas;
e) Custos associados às aplicações de excessos de tesouraria, incluindo comissões e taxas de intermediação;
f) Custos relacionados com a documentação a ser disponibilizada aos titulares de unidades de participação e com a convocação de assembleias de participantes;
g) Custos com consultores legais e fiscais do FCR.

ART 26.º (Remuneração da entidade gestora) – A remuneração da entidade gestora pelos serviços de gestão do FCR pode incluir:

a) Uma comissão de gestão fixa;
b) Uma comissão de gestão variável, dependente do desempenho do FCR.

ART 27.º (Contas) – 1 – As contas dos FCR são encerradas anualmente com referência a 31 de Dezembro ou nos termos do disposto no artigo 65.º-A do Código das Sociedades Comerciais e são objecto de relatório de auditor registado na CMVM.

2 – O relatório de gestão, o balanço e a demonstração dos resultados do FCR, em conjunto com o relatório do auditor, são disponibilizados aos participantes com, pelo menos, 15 dias de antecedência em relação à data da reunião anual da assembleia de participantes.

Secção IV — **ASSEMBLEIAS DE PARTICIPANTES**

ART 28.º (Assembleia de participantes) – 1 – A convocação e o funcionamento da assembleia de participantes regem-se pelo disposto na lei para as assembleias de accionistas, salvo o disposto em contrário no presente decreto-lei.

2 – As assembleias de participantes são convocadas pelo presidente da mesa da assembleia com, pelo menos, 20 dias de antecedência.

3 – A convocatória das assembleias de participantes pode ser efectuada por carta registada com aviso de recepção dirigida a cada um dos participantes, ou, em relação aos que comuniquem previamente o seu consentimento, por correio electrónico com recibo de leitura, ou ainda por anúncio publicado, pelo menos, num jornal de grande circulação no País ou por anúncio divulgado através do sistema de difusão de informação da CMVM.

4 – Têm direito a estar presentes nas assembleias de participantes os titulares de unidades de participação que disponham de, pelo menos, um voto.

5 – Os titulares de unidades de participação podem, mediante carta dirigida ao presidente da mesa da assembleia de participantes, fazer-se representar por terceiro.

6 – Pode haver assembleias especiais de participantes titulares de uma única categoria de unidades de participação.

7 – A mesa da assembleia é composta por um presidente e um secretário, designados pela entidade gestora do FCR, os quais não podem ser membros dos órgãos de administração ou quadros da entidade gestora ou de sociedades que, directa ou indirectamente, a dominem ou sejam por ela dominadas.

8 – A cada unidade de participação corresponde um voto, salvo disposição contrária do regulamento de gestão.

9 – Um titular de unidades de participação que tenha mais de um voto não pode fraccionar os seus votos para votar em sentidos diversos sobre a mesma proposta ou para deixar de votar com todos os seus votos.

10 – A assembleia delibera qualquer que seja o número de titulares de unidades de participação presentes ou representados e o capital que representem.

CAPITAL DE RISCO   [DL n.º 375/2007] 479

11 – A assembleia delibera por maioria dos votos emitidos, salvo em casos de agravamento desta maioria imposto por disposição legal ou pelo regulamento de gestão do FCR.

12 – As assembleias de participantes apenas podem deliberar sobre matérias que, nos termos do presente decreto-lei, sejam da sua competência, ou sobre aquelas para as quais sejam expressamente solicitadas pela entidade gestora e, unicamente, com base em propostas por ela apresentadas, não podendo, salvo acordo da entidade gestora, modificar ou substituir as propostas por esta submetidas a deliberação da assembleia.

13 – As deliberações das assembleias de participantes vinculam os titulares de unidades de participação que não estiveram presentes, bem como os que se abstiveram ou votaram vencidos.

ART 29.º (Assembleia anual de participantes) – A assembleia anual de participantes deve reunir no prazo de quatro meses a contar da data do encerramento do exercício económico anterior para:

a) Deliberar sobre o relatório de actividades e as contas do exercício;

b) A sociedade gestora esclarecer os participantes e proceder à apreciação geral da situação do FCR e da política de investimentos prosseguida durante esse exercício.

ART 30.º (Invalidade das deliberações) – 1 – As acções de declaração de nulidade ou de anulação de deliberações de assembleias de participantes são propostas contra o FCR.

2 – À invalidade das deliberações das assembleias de participantes aplica-se, em tudo o que não seja contrário com a respectiva natureza, o disposto quanto a invalidades de deliberações de sócios de sociedades comerciais.

SECÇÃO V — **VICISSITUDES DOS FCR**

ART 31.º (Aumento de capital) – 1 – Os aumentos de capital do FCR cujas condições não se encontrem previstas no respectivo regulamento de gestão dependem de deliberação da assembleia de participantes tomada, sob proposta da entidade gestora, por maioria de, pelo menos, dois terços dos votos emitidos.

2 – Os titulares de unidades de participação gozam de direito de preferência, proporcional ao montante da respectiva participação, nos aumentos de capital por novas entradas em numerário, salvo estipulação diversa do regulamento de gestão.

3 – Os titulares de unidades de participação são avisados com pelo menos 15 dias de antecedência, sobre o prazo e condições para o exercício do seu direito de preferência, nos termos previstos no n.º 3 do artigo 28.º.

4 – O direito de preferência referido no n.º 2 pode ser suprimido ou limitado por deliberação da assembleia de participantes tomada por maioria de, pelo menos, dois terços dos votos emitidos, sob proposta da entidade gestora, na qual não poderão votar os beneficiários da referida supressão ou limitação.

5 – À realização das entradas por virtude de aumento de capital aplica-se o disposto na segunda parte do n.º 3 do artigo 15.º e no artigo 20.º.

ART 32.º (Redução de capital) – 1 – O capital do FCR pode ser reduzido para libertar excesso de capital, para cobertura de perdas ou para anular unidades de participação em conformidade com o previsto no n.º 2 do artigo 23.º.

2 – Excepto no caso previsto no n.º 2 do artigo 23.º, que se processa por extinção total das unidades de participação, a redução de capital pode processar-se por reagrupamento de unidades de participação ou com extinção, total ou parcial, de todas ou de algumas delas.

3 – As reduções de capital do FCR cujas condições não decorram directamente da lei e que não se encontrem previstas no respectivo regulamento de gestão dependem de deliberação da assembleia de participantes tomada, sob proposta da entidade gestora, por maioria de, pelo menos, dois terços dos votos emitidos.

ART 33.º (Fusão e cisão) – 1 – A fusão ou a cisão dos FCR cujas condições não decorram directamente da lei e que não se encontrem previstas no respectivo regulamento de gestão dependem de deliberação da assembleia de participantes tomada, sob proposta da entidade gestora, por maioria de, pelo menos, dois terços dos votos emitidos.

2 – Os FCR resultantes da cisão ou da fusão de dois ou mais FCR mantêm os deveres legais que resultavam da carteira de investimentos dos FCR incorporados ou cindidos.

ART 34.º (Dissolução e liquidação) – 1 – A dissolução de um FCR realiza-se nos termos previstos no respectivo regulamento de gestão, devendo a decisão da mesma ser comunicada imediatamente à CMVM.

2 – Quando, em virtude da violação do regulamento de gestão ou das disposições legais e regulamentares que regem os FCR, os interesses dos participantes e a defesa do mercado o justifiquem, a CMVM pode determinar a dissolução de um FCR.

3 – O processo de dissolução referido no número anterior inicia-se com a notificação da decisão à entidade gestora e aos depositários.

4 – A liquidação decorrente da dissolução a que se refere o n.º 2 pode ser entregue a liquidatário ou liquidatários designados pela CMVM que fixa a respectiva remuneração a qual constitui encargo da entidade gestora, cabendo neste caso aos liquidatários os poderes que a lei atribui à entidade gestora, mantendo-se, todavia, os deveres impostos aos depositários.

5 – O liquidatário responde pelos prejuízos causados aos participantes em consequências de erros e irregularidades no processo de liquidação que lhe sejam imputáveis.

480   [DL n.º 187/2002]   INSTITUIÇÕES DE CRÉDITO E SOCIEDADES FINANCEIRAS

ART 35.º (Negociação em mercado) – 1 – As unidades de participação de FCR podem ser negociadas em mercados regulamentados ou em outras formas organizadas de negociação.

2 – À negociação em mercado das unidades de participação de FCR não se aplica o n.º 2 do artigo 17.º.

ART 36.º (Distribuição pública) – À oferta pública de distribuição de unidades de participação em FCR é aplicável o disposto no título iii do Código dos Valores Mobiliários e respectiva regulamentação, com as necessárias adaptações.

CAPÍTULO V — Disposições finais e transitórias

ART 37.º (Norma revogatória) – 1 – É revogado o Decreto-Lei n.º 319/2002, de 28 de Dezembro.

2 – As remissões feitas para preceitos revogados pelo presente decreto-lei entendem-se como substituídas por remissões feitas para as correspondentes disposições do presente decreto-lei.

ART 38.º (Entrada em vigor) – 1 – O presente decreto-lei entra em vigor no dia seguinte ao da sua publicação.

2 – As SCR e os FCR constituídos à data da entrada em vigor do presente decreto-lei devem adaptar-se ao regime nele disposto até ao dia 31 de Dezembro de 2007.

3 – Sem prejuízo do disposto no número anterior, com a entrada em vigor do presente decreto-lei, a denominação dos fundos para investidores qualificados (FIQ) é alterada para fundos de capital de risco (FCR), para todos os devidos efeitos.

4 – Os pedidos de constituição de SCR ou FCR sobre os quais ainda não tenha recaído decisão à data de entrada em vigor do presente decreto-lei devem adaptar-se ao regime nele disposto.

6.4.3. FUNDOS DE SINDICAÇÃO DE CAPITAL DE RISCO

Decreto-Lei n.º 187/2002

de 21 de Agosto (*)

CAPÍTULO I — Disposições gerais

ART. 1.º (Constituição, funcionamento e denominação dos fundos de sindicação de capital de risco) – 1 – A constituição e o funcionamento dos fundos de sindicação de capital de risco, adiante designados apenas por FSCR, regem-se pelo presente diploma e, subsidiariamente, com as devidas adaptações, pelo regime jurídico dos fundos de investimento de capital de risco, com exclusão das competências da Comissão do Mercado de Valores Mobiliários nessa matéria.

2 – A denominação dos FSCR deve conter a expressão «Fundo de Sindicação de Capital de Risco», seguida de uma menção que identifique a entidade gestora do fundo.

ART. 2.º (Noção e objecto) – 1 – Os FSCR são instrumentos de investimento que se traduzem num património autónomo com capital inicial fixo, mas susceptível de aumento ao longo do período de duração do fundo.

2 – Os FSCR têm por objecto a realização de operações combinadas na área do capital de risco, através do investimento em participações no capital de empresas, do financiamento de entidades especializadas naquele domínio, da prestação de garantias e da celebração de contratos de opções de compra e opções de venda de acções de empresas em que participem entidades especializadas de capital de risco (EECR), tendo em vista o reforço da capitalização das empresas.

CAPÍTULO II — Constituição e estrutura orgânica dos FSCR

ART. 3.º (Constituição dos FSCR) – A constituição dos FSCR depende de autorização a conceder mediante despacho conjunto dos Ministros das Finanças e da Economia, o qual definirá os elementos necessários ao funcionamento do FSCR a constituir, nomeadamente o capital inicial, a duração e, sem prejuízo do disposto no artigo seguinte, a entidade gestora do fundo.

ART. 4.º (Administração dos FSCR) – 1 – Os FSCR são administrados por uma entidade especializada, a entidade gestora, indicada pelo Instituto de Apoio às Pequenas e Médias Empresas e ao Investimento (IAPMEI), cujo capital social seja detido total ou maioritariamente pelo IAPMEI e ou pelo Instituto de Financiamento e Apoio ao Turismo (IFT).

(*) Com as alterações introduzidas pelo **DL n.º 13/2007**, de 19-1, nos arts. 2.º, 6.º, 7.º e 8.º, e a revogação do n.º 2 do art. 7.º.

FUNDOS DE SINDICAÇÃO DE CAPITAL DE RISCO   [DL n.º 187/2002]   481

2 – Enquanto a entidade gestora referida no número anterior não vier a ser constituída, ou indicada pelo IAPMEI nos termos referidos no número anterior, a gestão dos FSCR será assegurada por este Instituto.

3 – À entidade gestora compete, em nome e representação do fundo, praticar todos os actos necessários à sua boa administração, nos termos da lei e dos regulamentos aplicáveis.

4 – Cabe à entidade gestora assegurar os meios técnicos e administrativos indispensáveis ao adequado funcionamento dos FSCR que estejam sob a sua gestão, de acordo com critérios de elevada diligência e competência profissional.

ART. 5.º (Remuneração da entidade gestora) – A entidade gestora, pelo exercício das funções de gestão dos FSCR, cobrará uma comissão de gestão a fixar por despacho conjunto dos Ministros das Finanças e da Economia, sob proposta do conselho geral.

ART. 6.º (Conselho geral) – 1 – Os FSCR têm um conselho geral, composto por um número máximo de nove membros.

2 – O presidente do conselho geral é designado pelo ministro responsável pela área da economia, um dos vogais é designado pelo ministro responsável pela área das finanças, que substitui aquele nas suas faltas e impedimentos, o outro dos vogais é designado pela entidade gestora dos FSCR, sendo os restantes vogais designados pelos ministros que tutelam os recursos que venham a ser afectos àquele.

3 – Os membros do conselho geral exercem os seus mandatos por períodos renováveis de três anos, não auferindo quaisquer remunerações pelo exercício das suas funções.

4 – O conselho geral reúne ordinariamente pelo menos uma vez por trimestre, devendo reunir anualmente para aprovação das contas dos FSCR, sem prejuízo de reunir sempre que necessário, através de convocação do seu presidente, ou quando os seus membros estejam todos presentes e manifestem a vontade de efectuar a reunião e deliberar sobre determinado assunto.

5 – Compete ao conselho geral praticar, em nome e por conta dos FSCR, todos os actos necessários à realização do respectivo objecto, designadamente:

a) Aprovar, sob proposta da entidade gestora, os planos financeiros e orçamentos anuais, bem como as contas e relatórios de execução;

b) Deliberar sobre propostas de regulamentos relativos à configuração de instrumentos e à actividade dos FSCR;

c) Aprovar operações em que a entidade gestora intervenha como beneficiária.

CAPÍTULO III — Recursos, composição da carteira e contas dos FSCR

ART. 7.º (Recursos dos FSCR) – 1 – Os FSCR dispõem dos seguintes recursos:

a) Contribuições do Estado Português e ou da União Europeia, sujeitando-se as operações, neste caso, às orientações fixadas pelas correspondentes estruturas de gestão;

b) Rendimentos provenientes da aplicação dos seus recursos;

c) Quaisquer outros bens, rendimentos ou receitas que lhe sejam atribuídos.

2 – *(Revogado.)*

ART. 8.º (Composição da carteira dos FSCR) – 1 – Podem integrar a carteira dos FSCR os seguintes activos:

a) Partes representativas do capital social de sociedades comerciais, nomeadamente em acções e quotas, em particular das integradas no conceito de PME;

b) Obrigações emitidas por sociedades comerciais, designadamente pelas integradas no conceito de PME;

c) Créditos concedidos a entidades especializadas de capital de risco, em que se incluem, nomeadamente, as sociedades de capital de risco, as sociedades de investimento, as sociedades de desenvolvimento regional e os fundos de capital de risco;

d) Unidades de participação de fundos de investimento de capital de risco;

e) Títulos de dívida pública;

f) Liquidez, a título acessório.

2 – Para efeito do previsto nas alíneas *c)* e *d)* do número anterior, são consideradas entidades especializadas de capital de risco, para além das referidas na mesma alínea *c)*, as reconhecidas pelo conselho geral dos FSCR, desde que demonstrem preencher cumulativamente os seguintes requisitos:

a) Exerçam como actividade principal a do capital de risco, certificada pela associação nacional representativa do sector;

b) Possuam meios humanos com comprovada experiência no sector e detenham meios materiais adequados ao fim que prosseguem;

c) Possuam um valor mínimo de capitais próprios consolidados idêntico ao que é legalmente exigido para o capital social mínimo das sociedades de capital de risco;

d) Possuam contabilidade organizada nos termos da lei e as demonstrações financeiras que lhes sejam exigidas se apresentem certificadas e auditadas por revisor oficial de contas ou por este e por auditor externo.

3 – São abrangidos pelo conceito de liquidez mencionado na alínea *f)* do número anterior valores mobiliários cujo prazo de vencimento não exceda 12 meses, depósitos em instituições de créditos e certificados de depósitos.

482 [DL n.º 135/91]   INSTITUIÇÕES DE CRÉDITO E SOCIEDADES FINANCEIRAS

4 – Podem ainda integrar a carteira dos FSCR, na partilha dos riscos inerentes a operações de capital de risco, garantias por estes prestadas, sob qualquer forma ou modalidade, e contratos de opções.

ART. 9.º (Operações vedadas) – Está vedada à entidade gestora a realização de operações que envolvam a contracção de empréstimos em nome dos FSCR.

ART. 10.º (Acompanhamento) – Cabe ao IAPMEI e ao IFT, no âmbito das respectivas competências, o acompanhamento regular da actividade dos FSCR, designadamente no que respeita ao cumprimento das leis e regulamentos que lhes sejam aplicáveis.

ART. 11.º (Fiscalização) – A fiscalização dos FSCR é exercida pela Inspecção-Geral de Finanças, competindo-lhe velar pelo cumprimento das leis e regulamentos que lhe são aplicáveis e emitir parecer sobre as suas contas anuais, as quais lhe deverão ser enviadas até ao dia 1 de Março de cada ano, acompanhadas do relatório produzido pelo auditor externo.

ART. 12.º (Períodos de exercício) – O período de exercício dos FSCR corresponde ao ano civil.

ART. 13.º (Plano de contas) – O plano de contas dos FSCR é organizado de modo a permitir registar todas as operações realizadas pelo fundo e identificar claramente a sua estrutura patrimonial e de funcionamento.

ART. 14.º (Relatório e aprovação de contas) – 1 – A entidade gestora submeterá ao respectivo conselho geral, até 31 de Março de cada ano, os relatórios e contas da actividade dos FSCR relativos ao ano findo, acompanhados do parecer da Inspecção-Geral de Finanças e do relatório do auditor externo.

2 – A entidade gestora apresentará aos Ministros das Finanças e da Economia os relatórios e contas aprovados em conselho geral, no prazo máximo de 30 dias a contar da sua aprovação.

ART. 15.º (Aplicação de resultados) – Os lucros líquidos apurados pelos FSCR serão neles totalmente reinvestidos.

CAPÍTULO IV — Disposições finais

ART. 16.º (Extinção) – 1 – O produto da liquidação dos FSCR resultante da sua extinção reverterá para a cobertura das iniciativas apoiadas por aqueles e ainda não concluídas.

2 – No caso de o produto da liquidação não se esgotar, conforme o previsto no número anterior, o remanescente reverterá a favor de iniciativas nacionais de apoio às PME.

6.4.4. SOCIEDADES DE GESTÃO E INVESTIMENTO IMOBILIÁRIO

Decreto-Lei n.º 135/91

de 4 de Abril (*)

ART. 1.º (Objecto) – 1 – As sociedades de gestão e investimento imobiliário, abreviadamente designadas por SGII, têm por objecto principal o arrendamento de imóveis próprios, por elas adquiridos ou construídos, e a prestação de serviços conexos, incluindo o exercício de actividades de administração de imóveis alheios arrendados.

2 – Constitui actividade acessória das SGII a venda dos imóveis próprios mencionados no número anterior.

ART. 2.º (Forma, capital social e outros requisitos) – 1 – As SGII constituem-se sob a forma de sociedade anónima, têm a sua sede em território nacional e devem possuir um capital social mínimo, a fixar mediante portaria do Ministro das Finanças, em montante não inferior a 1 500 000 contos, valendo desde já este limite enquanto não for publicada a referida portaria.

2 – O capital social poderá, até ao limite de 85% do respectivo valor, ser realizado em espécie, através de bens imóveis, se aqueles estiverem a ser objecto de arrendamento para habitação ou tal fim manifestamente se destinarem, com exclusão dos imóveis para arrendamento unifamiliar, ou até ao limite de 25%, se estiverem a ser objecto ou manifestamente se destinarem a utilização diferente.

3 – As SGII só podem constituir-se depois de os accionistas fundadores fazerem prova de que uma fracção do capital social, não inferior a 15% do respectivo valor, foi realizada e se encontra depositada numa instituição de crédito à ordem da respectiva administração, com a indicação do valor subscrito por cada accionista.

ART. 3.º (Autorização) – 1 – A constituição das SGII depende de autorização, a conceder, caso a caso, por portaria do Ministro das Finanças, ouvida a Inspecção-Geral de Finanças.

(*) O texto inclui as alterações, por ratificação, introduzidas pela **Lei n.º 51/91**, de 3-8, nos arts. 8.º, 9.º, 15.º e 16.º, e pelo art. 39.º da **Lei n.º 2/92**, de 9-3, no art. 15.º.

SOCIEDADES DE GESTÃO E INVESTIMENTO IMOBILIÁRIO [DL n.º 135/91] 483

2 – O pedido de concessão de autorização deve ser apresentado na Inspecção-Geral de Finanças, acompanhado dos seguintes elementos:
a) Exposição fundamentada das razões de ordem económico-financeira justificativas da constituição da SGII;
b) Indicação do montante do capital social e modo da sua realização;
c) Identificação pessoal e profissional dos accionistas fundadores, com especificação do capital por cada um subscrito, e exposição fundamentada da adequação da estrutura accionista à estabilidade da instituição;
d) Projecto de contrato de sociedade;
e) Balanço e demonstração de resultados previsionais, devidamente fundamentados, para cada um dos três primeiros anos de actividade.
3 – A Inspecção-Geral de Finanças poderá solicitar aos requerentes as informações ou elementos complementares e efectuar as averiguações que considere necessárias ou úteis à instrução do processo.
4 – A autorização caduca se os requerentes a ela expressamente renunciarem, bem como se a SGII não se constituir formalmente no prazo de 6 meses ou não iniciar a sua actividade no prazo de 12 meses, podendo, todavia, tais prazos ser prorrogados por um novo prazo, até 6 meses, por despacho do Ministro das Finanças, em casos devidamente justificados.
5 – A autorização pode ser revogada quando se verifique alguma das seguintes situações:
a) Ter sido obtida por meio de falsas declarações ou outros meios ilícitos, sem prejuízo das sanções penais que ao caso couberem;
b) Na constituição da sociedade não tiverem sido observadas as condições constantes da autorização;
c) Deixar de verificar-se alguma das condições exigidas pelo artigo 2.º;
d) A sociedade exerça, de facto, uma actividade não compreendida no objecto contratual;
e) Ter havido violação do disposto nos artigos 5.º, 7.º e 8.º que, pela sua frequência ou pelos valores envolvidos, assuma especial gravidade.
6 – A revogação da autorização reveste a forma estabelecida no n.º 1.

ART. 4.º (Exclusividade de designação e menções em actos externos) – 1 – Apenas poderão usar a designação de sociedades de gestão e investimento imobiliário, e respectiva sigla SGII, as sociedades constituídas nos termos do presente diploma e as autorizadas até à entrada em vigor do mesmo.
2 – Às menções em actos externos exigidas pelo artigo 171.º do Código das Sociedades Comerciais acresce, para estas sociedades, a menção, por extenso, sociedades de gestão e investimento imobiliário, a não ser que ela já conste, também por extenso, das respectivas firmas.

ART. 5.º (Composição pratimonial e gestão) – 1 – O valor do património próprio não directamente afecto ao objecto principal das SGII, definido no artigo 1.º, não poderá exceder em cada momento 15% do respectivo valor total.
2 – No cômputo do rácio do número anterior excluir-se-á o património imobiliário afecto a uso próprio.

ART. 6.º (Terrenos para construção) – 1 – As SGII apenas poderão adquirir terrenos que se destinem directamente à execução de programas de construção, não podendo o valor total dos terrenos detidos, após os três primeiros anos de actividade, ultrapassar em cada momento 20% do valor global do respectivo património imobiliário.
2 – Não se consideram para efeitos do limite referido no número anterior os terrenos relativamente aos quais já tenha sido introduzido na respectiva câmara municipal pedido de aprovação e licenciamento de projectos de construção para habitação.
3 – As SGII ficam obrigadas a alienar os terrenos próprios destinados à execução de programas de construção caso os mesmos não tenham início dentro do prazo de três anos contados a partir da data da respectiva aquisição.
4 – A alienação deverá realizar-se durante os 180 dias imediatos ao termo do prazo referido no número anterior.

ART. 7.º (Contratos de arrendamento com opção de compra) – 1 – As SGII podem, no âmbito do seu objecto principal, celebrar contratos de arrendamento com opção de aquisição futura dos imóveis ou fracções arrendadas, com observância do disposto nos números seguintes.
2 – A área do património afecto a contratos de arrendamento para habitação com opção de compra conta para o cômputo do rácio referido no n.º 1 do artigo 8.º.
3 – O rácio entre o valor do património imobiliário afecto aos contratos referidos no n.º 1 e o património imobiliário da SGII não afecto a uso próprio não poderá exceder o limite a fixar por portaria do Ministro das Finanças, ouvida a Inspecção-Geral de Finanças, valendo desde já para o efeito o limite de 15% enquanto não for publicada a referida portaria.

ART. 8.º (Restrições a operações activas) – 1 – No desenvolvimento das suas operações activas, as SGII obedecerão aos seguintes requisitos:
a) Para as SGII que vierem a ser autorizadas a partir da entrada em vigor do presente diploma, um mínimo de 45% da área ou do valor correspondente ao seu património imobiliário não afecto a uso próprio será constituído por aplicações em imóveis destinados a arrendamento para habitação, a partir do 3.º ano contado do início da actividade;
b) Para as SGII já constituídas ou autorizadas até à entrada em vigor do presente diploma, nos casos em que as suas aplicações em imóveis não respeitem o limite de 45% referido na alínea anterior, haverá uma aproximação gradual, mediante acréscimos anuais mínimos de 11,25%, a partir do 2.º ano de vigência do presente diploma, até que o referido limite seja alcançado.
2 – Para efeitos do número anterior, considera-se área do património imobiliário a que corresponder à construção acima do solo e que não seja objecto de uso próprio e ainda a área dos projectos de construção para habitação referidos no n.º 3 do artigo 6.º, contando esta por metade.

484   [DL n.º 135/91]   INSTITUIÇÕES DE CRÉDITO E SOCIEDADES FINANCEIRAS

ART. 9.º (Perda de benefícios fiscais) – 1 – Sem prejuízo das sanções previstas no artigo 14.º, a infracção ao disposto nos artigos 1.º, 5.º, 7.º e 8.º determinará a perda de benefícios fiscais a que a SGII tiver direito se no prazo de 60 dias após notificação da Inspecção-Geral de Finanças a infracção não for completamente sanada.

2 – A perda dos benefícios fiscais referidos no número anterior verifica-se a partir da data da notificação mencionada nesse número.

3 – A revogação da autorização referida no artigo 3.º determina a perda de quaisquer benefícios concedidos à SGII, a partir da data em que ocorreu a situação que deu origem à citada revogação.

ART. 10.º (Aquisições vedadas) – 1 – Não podem ser adquiridos pela sociedade:

a) Imóveis da propriedade de entidades que sejam membros dos órgãos sociais da sociedade ou que possuam mais de 20% do capital social desta;

b) Imóveis da propriedade de empresas cujo capital social seja pertencente em percentagem superior a 20% a um ou mais administradores da sociedade, em nome próprio ou em representação de outrem, e aos seus cônjuges e parentes ou afins do 1.º grau;

c) Imóveis da propriedade de empresas de cujos órgãos façam parte um ou mais administradores da sociedade, em nome próprio ou em representação de outrem, seus cônjuges e parentes ou afins do 1.º grau.

2 – As disposições constantes do número anterior não são aplicáveis à transmissão de propriedade de imóveis para efeitos de realização do capital social.

ART. 11.º (Imóveis em compropriedade) – 1 – As SGII não podem adquirir imóveis em regime de compropriedade, excepto no que respeita às situações decorrentes do regime de propriedade horizontal e do disposto no número seguinte.

2 – As SGII poderão adquirir imóveis em compropriedade, desde que, no prazo de 36 meses, seja efectuada a construção, sendo caso disso, e aquele regime seja substituído pelo regime de propriedade horizontal.

3 – Para efeitos do disposto nos artigos 6.º e 8.º, o valor e a área dos imóveis referidos no número anterior são calculados na proporção dos direitos que a SGII detenha em tais imóveis.

ART. 12.º (Reavaliação do património) – 1 – As SGII poderão proceder à reavaliação do seu património imobiliário nos seguintes termos:

a) Com a periodicidade mínima de dois anos, pelo recurso a dois peritos independentes, nomeados com a concordância dos Ministros das Finanças e das Obras Públicas, Transportes e Comunicações;

b) Nos anos que medeiam entre duas avaliações consecutivas, pela aplicação de um coeficiente de correcção idêntico ao índice do custo da construção correspondente ao período de 12 meses terminado em Setembro do ano a que respeita a reavaliação.

2 – Não é permitida a distribuição de reservas de reavaliação.

ART. 13.º (Supervisão) – As SGII estão sujeitas à supervisão da Inspecção-Geral de Finanças, a quem devem, anualmente, até 30 de Abril, enviar o relatório e contas do ano anterior.

ART. 14.º (Regime sancionatório) – 1 – As infracções ao disposto nos artigos l.º, 2.º, 4.º, 5.º, 6.º, 7.º, 8.º, 10.º, 11.º, 12.º e 13.º constituem contra-ordenação punível com coima de 100 000$ a 6 000 000$.

2 – A negligência é punível.

3 – Compete à Inspecção-Geral de Finanças o processamento das contra-ordenações previstas neste artigo, bem como a aplicação das correspondentes sanções, revertendo o produto das coimas integralmente a favor do Estado.

4 – É subsidiariamente aplicável o regime geral das contra-ordenações.

ART. 15.º (SGII existentes) – 1 – As SGII constituídas ou autorizadas até ao dia 9 de Abril de 1991 podem deliberar, nos termos do disposto nos n.ºs 2 e 3 do artigo 383.º e n.ºs 3, 4 e 5 do artigo 386.º do Código das Sociedades Comerciais, renunciar ao seu estatuto de SGII, mediante alteração do contrato social, transformação, dissolução, fusão ou cisão, e comunicar o facto à Inspecção-Geral de Finanças no prazo máximo de 30 dias a contar daquela deliberação.

2 – O direito conferido pelo número anterior só pode ser exercido no prazo de 120 dias a contar da data da entrada em vigor do presente decreto-lei.

3 – Para as SGII que optarem pela renúncia ao seu estatuto, nos termos dos números anteriores, ter-se-ão por adquiridos todos os benefícios, designadamente os fiscais, que lhes forem conferidos pela legislação específica desta categoria de sociedades e que correspondam a actos ou ganhos realizados até à data da deliberação a que se refere o n.º 1, cessando todos os referidos benefícios a partir dessa data.

4 – As sociedades referidas no número anterior deixarão de poder usar a sigla SGII.

5 – Quaisquer transmissões de imóveis que integrem o património imobiliário das SGII à data da deliberação referida no n.º 1 ficam isentas de sisa, desde que resultem de actos celebrados em consequência dessa deliberação e os adquirentes de tais bens sejam os seus accionistas ou empresas por estes exclusivamente detidas ou ainda as sociedades novas ou incorporantes em caso de fusão ou cisão da sociedade.

6 – As SGII abrangidas pelo n.º 2.º da Portaria n.º 43/89, de 23 de Janeiro, continuarão a beneficiar do regime fixado nos n.ºs 2.º e 3.º da mesma portaria.

FUNDOS DE GESTÃO DE PATRIMÓNIO IMOBILIÁRIO   [DL n.º 316/93]   485

7 – Ficam isentas do imposto de selo e de emolumentos notariais e de registo comercial e predial as escrituras de alteração do contrato social, transformação, dissolução, fusão ou cisão das SGII existentes, celebradas nos termos do presente artigo.

8 – Não é englobado para efeitos de cálculo da base de tributação dos sócios que sejam pessoas colectivas o valor do património imobiliário que lhes seja atribuído em caso de dissolução das SGII, desde que aquele património se mantenha pelo prazo mínimo de cinco anos afecto à exploração das unidades económicas anteriormente tituladas por aquelas e tenham tal exploração por actividade principal.

9 – Se não for observado o prazo referido no número anterior, será aquele valor englobado no exercício em que foi posto à disposição dos sócios, contando-se ainda juros compensatórios desde a data em que o IRC deixou de ser pago até à data da liquidação.

ART. 16.º (Norma revogatória) – 1 – Salvo o disposto no número seguinte, são revogados os Decretos-Leis n.ºs 291/85, de 24 de Julho, com excepção do seu artigo 15.º, e 2/90, de 3 de Janeiro.

2 – A legislação referida no número anterior mantém-se, no entanto, em vigor para efeitos do previsto no n.º 2 do artigo 1.º do Decreto-Lei n.º 65/89, de 1 de Março.

ART. 17.º (Entrada em vigor) – O presente diploma produz efeitos desde 2 de Janeiro de 1991, com excepção dos artigos 14.º e 15.º.

6.4.5. FUNDOS DE GESTÃO DE PATRIMÓNIO IMOBILIÁRIO

Decreto-Lei n.º 316/93

de 21 de Setembro

ART. 1.º (Âmbito) – 1 – A constituição e o funcionamento de fundos de gestão de património imobiliário, adiante designados por FUNGEPI, ou Fundo, regem-se pelo presente diploma e, em tudo o que não o contrarie, pelo disposto no Decreto-Lei n.º 229-C/88, de 4 de Julho, e respectivos diplomas regulamentares.

2 – A denominação dos FUNGEPI deve conter obrigatoriamente a expressão «fundo de gestão de património imobiliário», seguida de indicação que identifique a entidade administradora.

ART. 2.º (Noção de objecto principal) – 1 – Os FUNGEPI são fundos abertos de investimento imobiliário, cujo património ser destina a ser aplicado na aquisição de bens imóveis de empresas que pretendam concretizar projectos de investimento de reestruturação, racionalização ou conversão, tecnológica ou financeira, ou de internacionalização.

2 – Nos FUNGEPI em que o Estado conceda a garantia prevista no artigo 7.º, os projectos de investimento referidos no número anterior deverão ser objecto de parecer favorável do IAPMEI, do ICEP ou do Fundo de Turismo, conforme os casos, e a lista de peritos avaliadores referida na alínea e) do n.º 5 do artigo 4.º deverá ser aprovada pelo Ministro das Finanças.

ART. 3.º (Subscrição e realização do capital) – 1 – O capital subscrito no acto da constituição de um FUNGEPI não pode ser inferior a 1 000 000 000$ e poderá ser aumentado ao longo da vida do Fundo, nos termos que vierem a ser definidos no respectivo regulamento de gestão.

2 – No acto da constituição do Fundo, 20% do capital subscrito encontrar-se-á obrigatoriamente realizado em numerário.

3 – O regulamento de gestão estabelecerá ainda a calendarização da realização do restante capital subscrito.

ART. 4.º (Conselho geral de participantes) – 1 – Nos 60 dias posteriores à constituição de um FUNGEPI, os participantes reunidos em assembleia geral elegerão o conselho geral de participantes.

2 – Para efeitos da eleição referida no número anterior, os direitos de voto dos participantes serão proporcionados ao montante subscrito em unidades de participação.

3 – Nos fundos que beneficiem da garantia prevista no artigo 7.º do presente diploma, um representante do Estado terá obrigatoriamente assento no conselho geral de participantes, independentemente de o Estado ser ou não subscritor do capital do Fundo.

4 – O conselho geral de participantes será eleito para o período que o regulamento de gestão fixar, sendo composto por um presidente e pelo número de vogais fixado nesse mesmo regulamento.

5 – Além das competências que o regulamento de gestão lhe cometer, cabe ao conselho geral de participantes:

a) Aprovar a política geral de aplicações do Fundo, bem como o respectivo plano estratégico;

b) Aprovar os planos e os orçamentos anuais e plurianuais;

486   [DL n.º 316/93]   INSTITUIÇÕES DE CRÉDITO E SOCIEDADES FINANCEIRAS

c) Fixar a comissão de gestão da sociedade gestora;
d) Definir a política de aplicação dos resultados obtidos;
e) Fixar a lista de peritos avaliadores para efeitos do disposto no artigo 28.º do Decreto-Lei n.º 229-C/88, de 4 de Julho;
f) Exercer a competência prevista no n.º 4 do artigo 5.º do presente diploma.

ART. 5.º (Composição do FUNGEPI) – 1 – No prazo de três anos, contados a partir da data da sua constituição, um mínimo de 60% do valor líquido global do Fundo deve ser constituído pelos activos referidos no n.º 1 do artigo 2.º.

2 – Nos casos de aumento do valor líquido global decorrente do reforço do capital inicial, o prazo previsto no número anterior renova-se por um período de um ano, contado da respectiva realização, quanto ao montante do aumento.

3 – Os FUNGEPI não poderão adquirir qualquer activo imobiliário que represente mais de 25% do capital realizado, não podendo igualmente alienar qualquer deste bens a um preço que dê origem a uma menos--valia superior a 25% do valor de aquisição do bem.

4 – A título excepcional, o conselho geral de participantes pode aprovar casuisticamente aquisições ou alienações que excedam os limites previstos no número anterior, desde que tal decisão mereça o acordo de representante do Estado no conselho geral.

ART. 6.º (Alienação de activos imobiliários) – Os activos imobiliários referidos no n.º 1 do artigo 2.º, para poderem beneficiar da garantia do Estado prevista no artigo 7.º, deverão ser alienados no prazo de cinco anos contados após a data da sua aquisição.

ART. 7.º (Garantia do Estado) – 1 – O Estado poderá suportar menos-valia sempre que o valor líquido global do FUNGEPI seja inferior a 75% do capital inicial, acrescido, se for o caso, dos aumentos de capital realizados em numerário e nos termos e condições referidos nos números seguintes.

2 – Para efeitos do previsto no número anterior, qualificam-se apenas as alienações referidas no artigo 6.º, suportando o Estado 50% do saldo negativo que resulte da soma das mais-valias e menos valias em cada exercício.

3 – A concessão desta garantia pressupõe a apresentação de declaração escrita dos promotores do FUNGEPI, dirigida ao Ministro das Finanças, afirmando o seu interesse em beneficiar daquela previamente ao acto de constituição do Fundo.

4 – A existência da garantia prevista neste artigo deverá constar expressamente do regulamento de gestão.

ART. 8.º (Valor da unidade de participação) – 1 – Dois anos após a integral realização do capital fixado no acto de constituição, a sociedade gestora calculará trimestralmente, no último dia útil dos meses de Março, Junho, Setembro e Dezembro, o valor de cada unidade de participação, dividindo o valor líquido global dos bens do Fundo pelo número de unidades de participação em circulação.

2 – O valor líquido global dos bens do Fundo é apurado deduzindo à soma dos valores que o integram a importância dos encargos efectivos ou pendentes.

3 – Os valores que integram o Fundo são avaliados de acordo quer com as normas legalmente estabelecidas, quer com as disposições específicas que constem do regulamento de gestão.

4 – O valor das unidades de participação e a composição discriminada da carteira de aplicações devem ser publicados trimestralmente nos boletins de cotação de cada uma das bolsas de valores.

ART. 9.º (Reembolso) – O reembolso das unidades de participação só se poderá efectuar a partir do 7.º ano da sua constituição, em data e nas condições a fixar pelo conselho geral de participantes.

ART. 10.º (Admissão à cotação) – 1 – Poderá o conselho geral de participantes aprovar o pedido de admissão à cotação do FUNGEPI, devendo nesse caso aprovar simultaneamente uma data de liquidação do Fundo e a impossibilidade de os participantes efectuarem resgates enquanto o Fundo estiver admitido à cotação.

2 – O conselho geral de participantes poderá, uma vez aprovada e concretizada a admissão à cotação, aprovar, por uma única vez, a possibilidade de os participantes recuperarem o direito a requerer reembolsos antecipados, o que provocará a imediata exclusão do Fundo da cotação nas bolsas de valores.

3 – As decisões referidas nos números anteriores terão de ser aprovadas por maioria qualificada de dois terços do conselho geral de participantes.

CAP. VII

OPERAÇÕES BANCÁRIAS E FINANCEIRAS

7.1. REGIME GERAL

7.1.1. ACESSO À ACTIVIDADE DAS INSTITUIÇÕES DE PAGAMENTO E À PRESTAÇÃO DE SERVIÇOS DE PAGAMENTO

Decreto-Lei n.º 317/2009
de 30 de Outubro

ART. 1.º (Objecto) — O presente decreto-lei transpõe para a ordem jurídica interna a Directiva n.º 2007/64/ /CE, do Parlamento Europeu e do Conselho, de 13 de Novembro, relativa aos serviços de pagamento no mercado interno, que altera as Directivas n.os 97/7/CE, 2002/65/CE, 2005/60/CE e 2006/48/CE e revoga a Directiva n.º 97/5/CE.

ART. 2.º (Regime jurídico aplicável às instituições de pagamento e aos serviços de pagamento) — 1 — É aprovado, no anexo I do presente decreto-lei, do qual faz parte integrante, o regime jurídico que regula o acesso à actividade das instituições de pagamento e a prestação de serviços de pagamento.

2 A determinação dos requisitos de fundos próprios das instituições de pagamento rege-se pelo disposto no regime jurídico mencionado no número anterior e no anexo II do presente decreto-lei, do qual faz parte integrante.

ANEXO I

(a que se refere o n.º 1 do artigo 2.º)

REGIME JURÍDICO QUE REGULA O ACESSO À ACTIVIDADE DAS INSTITUIÇÕES DE PAGAMENTO E A PRESTAÇÃO DE SERVIÇOS DE PAGAMENTO

TÍTULO I — **DISPOSIÇÕES GERAIS E INTRODUTÓRIAS**

ART. 1.º (Objecto) — O presente regime jurídico regula o acesso à actividade das instituições de pagamento e a prestação de serviços de pagamento.

ART. 2.º (Definições) — Para efeitos do presente regime jurídico, entende-se por:

a) «Estado membro de origem» um dos seguintes Estados:

i) O Estado membro em que está situada a sede social do prestador do serviço de pagamento; ou

ii) Se o prestador do serviço de pagamento não tiver, ao abrigo da sua lei nacional, qualquer sede social, o Estado membro em que se situa a sua administração central;

b) «Estado membro de acolhimento» o Estado membro, distinto do Estado membro de origem, em que um prestador de serviços de pagamento tem um agente, uma sucursal, ou onde presta serviços de pagamento;

488   [DL n.º 317/2009]   OPERAÇÕES BANCÁRIAS E FINANCEIRAS

c) «Serviços de pagamento» as actividades enumeradas no artigo 4.º;

d) «Instituições de pagamento» as pessoas colectivas a quem tenha sido concedida autorização, nos termos do artigo 10.º, para prestar e executar serviços de pagamento em toda a Comunidade;

e) «Operação de pagamento» o acto, praticado pelo ordenante ou pelo beneficiário, de depositar, transferir ou levantar fundos, independentemente de quaisquer obrigações subjacentes entre o ordenante e o beneficiário;

f) «Sistema de pagamentos» um sistema de transferência de fundos que se rege por disposições formais e normalizadas e por regras comuns relativas ao tratamento, compensação e liquidação de operações de pagamento;

g) «Ordenante» uma pessoa singular ou colectiva que detém uma conta de pagamento e que autoriza uma ordem de pagamento a partir dessa conta, ou, na ausência de conta de pagamento, a pessoa singular ou colectiva que emite uma ordem de pagamento;

h) «Beneficiário» uma pessoa singular ou colectiva que seja o destinatário previsto dos fundos que foram objecto de uma operação de pagamento;

i) «Prestador de serviços de pagamento» as entidades enumeradas no artigo 7.º;

j) «Utilizador de serviços de pagamento» uma pessoa singular ou colectiva que utiliza um serviço de pagamento a título de ordenante, de beneficiário ou em ambas as qualidades;

l) «Consumidor» uma pessoa singular que, nos contratos de serviços de pagamento abrangidos pelo presente regime jurídico, actua com objectivos alheios às suas actividades comerciais ou profissionais;

m) «Contrato quadro» um contrato de prestação de serviços de pagamento que rege a execução futura de operações de pagamento individuais e sucessivas e que pode enunciar as obrigações e condições para a abertura de uma conta de pagamento;

n) «Envio de fundos» um serviço de pagamento que envolve a recepção de fundos de um ordenante, sem a criação de quaisquer contas de pagamento em nome do ordenante ou do beneficiário, com a finalidade exclusiva de transferir o montante correspondente para um beneficiário ou para outro prestador de serviços de pagamento que actue por conta do beneficiário, e a recepção desses fundos por conta do beneficiário e a respectiva disponibilização a este último;

o) «Conta de pagamento» uma conta detida em nome de um ou mais utilizadores de serviços de pagamento, que seja utilizada para a execução de operações de pagamento;

p) «Fundos» notas de banco e moedas, moeda escritural e moeda electrónica conforme definida na alínea *b*) do n.º 3 do artigo 1.º da Directiva n.º 2000/46/CE, do Parlamento Europeu e do Conselho, de 18 de Setembro;

q) «Ordem de pagamento» qualquer instrução dada por um ordenante ou um beneficiário ao seu prestador de serviços de pagamento requerendo a execução de uma operação de pagamento;

r) «Data-valor» a data de referência utilizada por um prestador de serviços de pagamento para o cálculo de juros sobre os fundos debitados ou creditados numa conta de pagamento;

s) «Taxa de câmbio de referência» a taxa de câmbio utilizada como base de cálculo de qualquer operação cambial, a qual deve ser disponibilizada pelo prestador do serviço de pagamento ou emanar de uma fonte acessível ao público;

t) «Autenticação» um procedimento que permite ao prestador de serviços de pagamento verificar a utilização de um instrumento de pagamento específico, designadamente os dispositivos de segurança personalizados;

u) «Taxa de juro de referência» a taxa de juro utilizada como base de cálculo dos juros a imputar, que deve ser proveniente de uma fonte acessível ao público e que possa ser verificada por ambas as partes num contrato de serviço de pagamento;

v) «Identificador único» a combinação de letras, números ou símbolos especificada ao utilizador do serviço de pagamento pelo prestador do serviço de pagamento, que o utilizador do serviço de pagamento deve fornecer para identificar inequivocamente o outro utilizador do serviço de pagamento e a respectiva conta de pagamento, tendo em vista uma operação de pagamento;

x) «Agente» uma pessoa singular ou colectiva que presta serviços de pagamento em nome de uma instituição de pagamento;

z) «Instrumento de pagamento» qualquer dispositivo personalizado ou conjunto de procedimentos acordados entre o utilizador e o prestador do serviço de pagamento e a que o utilizador de serviços de pagamento recorra para emitir uma ordem de pagamento;

aa) «Meio de comunicação à distância» qualquer meio que possa ser utilizado para a celebração de um contrato de prestação de serviços de pagamento sem a presença física simultânea do prestador e do utilizador de serviços de pagamento;

ab) «Suporte duradouro» qualquer instrumento que permita ao utilizador de serviços de pagamento armazenar informações que lhe sejam pessoalmente dirigidas, por forma a que estas informações possam ser consultadas posteriormente, durante um período de tempo adequado para os fins das referidas informações e que permita a reprodução exacta das informações armazenadas;

ac) «Microempresa» uma empresa que, no momento da celebração do contrato de prestação de serviços de pagamento, seja uma empresa de acordo com a definição constante do artigo 1.º e dos n.ºs 1 e 3 do artigo 2.º do anexo à Recomendação n.º 2003/361/CE, da Comissão, de 6 de Maio;

ACESSO À ACTIVIDADE DAS INSTITUIÇÕES DE PAGAMENTO   [DL n.º 317/2009]   489

ad) «Dia útil» dia em que o prestador do serviço de pagamento do ordenante ou o prestador do serviço de pagamento do beneficiário envolvido na execução de uma operação de pagamento se encontra aberto para a execução de uma operação de pagamento;

ae) «Débito directo» um serviço de pagamento que consiste em debitar a conta de pagamento de um ordenante, sendo a operação de pagamento iniciada pelo beneficiário com base no consentimento dado pelo ordenante ao beneficiário, ao prestador de serviços de pagamento do beneficiário ou ao prestador de serviços de pagamento do próprio ordenante;

af) «Sucursal» um estabelecimento distinto da administração central que faz parte de uma instituição de pagamento, desprovido de personalidade jurídica e que executa directamente todas ou algumas das operações inerentes à actividade da instituição de pagamento, sendo que todos os estabelecimentos criados no país por uma instituição com sede noutro Estado membro são considerados uma única sucursal;

ag) «Grupo» sociedades coligadas entre si nos termos em que o Código das Sociedades Comerciais caracteriza este tipo de relação, independentemente de as respectivas sedes se situarem em Portugal ou no estrangeiro;

ah) «Função operacional relevante», a função cuja falha ou insucesso pode prejudicar gravemente o cumprimento, por parte de uma instituição de pagamento, das condições de autorização estabelecidas no presente regime jurídico, os seus resultados financeiros, a sua solidez ou a continuidade dos seus serviços de pagamento.

ART. 3.º (Âmbito de aplicação) — 1 — O presente regime jurídico é aplicável aos serviços de pagamento prestados em Portugal pelos prestadores de serviços com sede em Portugal e respectivos agentes, bem como pelos agentes e sucursais de prestadores de serviços sediados noutro Estado membro.

2 — O título III, com excepção do artigo 84.º, apenas é aplicável quando ambos os prestadores de serviços de pagamento, ou o prestador único, estejam situados em Portugal ou quando um dos prestadores esteja situado em Portugal e o outro noutro Estado membro da Comunidade.

3 — O título III é aplicável aos serviços de pagamento realizados em euros ou na moeda de um Estado membro não pertencente à zona euro.

ART. 4.º (Serviços de pagamento) — Constituem serviços de pagamento as seguintes actividades:

a) Serviços que permitam depositar numerário numa conta de pagamento, bem como todas as operações necessárias para a gestão dessa conta;

b) Serviços que permitam levantar numerário de uma conta de pagamento, bem como todas as operações necessárias para a gestão dessa conta;

c) Execução de operações de pagamento, incluindo a transferência de fundos depositados numa conta de pagamento aberta junto do prestador de serviços de pagamento do utilizador ou de outro prestador de serviços de pagamento e:

i) A execução de débitos directos, nomeadamente de carácter pontual;

ii) A execução de operações de pagamento através de um cartão de pagamento ou de um dispositivo semelhante;

iii) A execução de transferências bancárias, incluindo ordens de domiciliação;

d) Execução de operações de pagamento no âmbito das quais os fundos são cobertos por uma linha de crédito concedida a um utilizador de serviços de pagamento, tais como:

i) A execução de débitos directos, nomeadamente de carácter pontual;

ii) A execução de operações de pagamento através de um cartão de pagamento ou de um dispositivo semelhante;

iii) A execução de transferências bancárias, incluindo ordens de domiciliação;

e) Emissão ou aquisição de instrumentos de pagamento;

f) Envio de fundos;

g) Execução de operações de pagamento em que o consentimento do ordenante para a execução da operação de pagamento é comunicado através de quaisquer dispositivos de telecomunicações, digitais ou informáticos, e o pagamento é efectuado ao operador da rede ou do sistema de telecomunicações ou informático, agindo exclusivamente como intermediário entre o utilizador do serviço de pagamento e o fornecedor dos bens e serviços.

ART. 5.º (Exclusões) — O presente regime jurídico não é aplicável às seguintes operações:

a) Operações de pagamento realizadas exclusivamente em numerário directamente do ordenante para o beneficiário, sem qualquer intermediação;

b) Operações de pagamento do ordenante para o beneficiário através de um agente comercial autorizado a negociar ou a concluir a venda ou aquisição de bens ou serviços em nome do ordenante ou do beneficiário;

c) Transporte físico a título profissional de notas de banco e de moedas, incluindo a recolha, o tratamento e a entrega das mesmas e a recirculação de notas de banco e moedas;

d) Operações de pagamento que consistam na recolha e entrega de numerário a título não profissional, no quadro de uma actividade sem fins lucrativos ou de beneficência;

e) Serviços de fornecimento de numerário pelo beneficiário ao ordenante como parte de uma operação de pagamento, na sequência de um pedido expresso do utilizador do serviço de pagamento, imediatamente antes da execução da operação de pagamento, através de um pagamento destinado à aquisição de bens ou serviços;

490 [DL n.º 317/2009]   OPERAÇÕES BANCÁRIAS E FINANCEIRAS

f) Serviços de câmbio de moeda, isto é, operações de numerário contra numerário, quando os fundos não sejam detidos numa conta de pagamento;

g) Operações de pagamento baseadas em qualquer um dos seguintes documentos sacados sobre um prestador de serviços de pagamento, com vista a colocar fundos à disposição do beneficiário:

i) Cheques em suporte de papel, regidos pela Convenção de Genebra de 19 de Março de 1931, que institui a Lei Uniforme Relativa ao Cheque;

ii) Cheques em suporte de papel análogos aos referidos na subalínea *i)* e regidos pelas leis dos Estados membros que não sejam partes na Convenção de Genebra de 19 de Março de 1931, que institui a Lei Uniforme Relativa ao Cheque;

iii) Saques em suporte de papel regidos pela Convenção de Genebra de 7 de Junho de 1930, que estabelece uma Lei Uniforme Relativa às Letras e Livranças;

iv) Saques em suporte de papel análogos aos referidos na subalínea *iii)* e regidos pelas leis dos Estados membros que não sejam partes na Convenção de Genebra de 7 de Junho de 1930, que estabelece uma Lei Uniforme Relativa às Letras e Livranças;

v) Talões em suporte de papel;

vi) Cheques de viagem em suporte de papel;

vii) Ordens postais de pagamento em suporte de papel, conforme definidas pela União Postal Universal;

h) Operações de pagamento realizadas no âmbito de um sistema de pagamento ou de liquidação de operações sobre valores mobiliários entre agentes de liquidação, contrapartes centrais, câmaras de compensação ou bancos centrais e outros participantes no sistema, por um lado, e prestadores de serviços de pagamento, por outro, sem prejuízo do disposto no artigo 39.º;

i) Operações de pagamento relativas a serviços ligados a valores mobiliários, incluindo a distribuição de dividendos e de rendimentos ou outras distribuições, ou o reembolso ou venda de valores mobiliários efectuados por pessoas referidas na alínea *h)* ou por empresas de investimento, instituições de crédito, organismos de investimento colectivo ou sociedades de gestão de activos que prestem serviços de investimento e quaisquer outras entidades autorizadas a proceder à guarda de instrumentos financeiros;

j) Serviços prestados por prestadores de serviços técnicos, que apoiam a prestação de serviços de pagamento sem entrar na posse, em momento algum, dos fundos objecto da transferência, que consistam nomeadamente no tratamento e armazenamento de dados, nos serviços de protecção da confiança e da privacidade, na autenticação de dados e entidades, no fornecimento de redes de comunicação e informáticas ou no fornecimento e manutenção de terminais e dispositivos utilizados para os serviços de pagamento;

l) Serviços baseados em instrumentos que possam ser utilizados para adquirir bens ou serviços apenas nas instalações utilizadas pelo emitente ou ao abrigo de um acordo comercial celebrado com o emitente no âmbito de uma rede restrita de prestadores de serviços ou em relação a uma gama restrita de bens e serviços;

m) Operações de pagamento executadas através de quaisquer dispositivos de telecomunicações digitais ou informáticos, caso os bens ou serviços adquiridos sejam fornecidos a um dispositivo de telecomunicações, digital ou informático e se destinem a ser utilizados através desse dispositivo, desde que o operador do dispositivo de telecomunicações, digital ou informático, não aja exclusivamente na qualidade de intermediário entre o utilizador do serviço de pagamento e o fornecedor dos bens e serviços;

n) Operações de pagamento realizadas entre prestadores de serviços de pagamento, seus agentes ou sucursais por sua própria conta;

o) Operações de pagamento entre uma empresa-mãe e as suas filiais, ou entre filiais da mesma empresa mãe, sem qualquer intermediação de um prestador de serviços de pagamento que não seja uma empresa do mesmo grupo; e

p) Serviços de retirada de numerário oferecidos por prestadores através de caixas automáticas de pagamento, que actuem em nome de um ou de vários emitentes de cartões, e não sejam parte no contrato quadro com o cliente que retira dinheiro da conta de pagamento, na condição de esses prestadores não assegurarem outros serviços de pagamento enumerados no anexo I do presente decreto-lei.

ART. 6.º (Autoridade competente) — 1 — Compete ao Banco de Portugal exercer a supervisão prudencial e comportamental no âmbito do presente regime jurídico, cabendo-lhe, designadamente:

a) Conceder a autorização para a constituição de instituições de pagamento e revogá-la nos casos previstos na lei;

b) Fiscalizar o cumprimento do disposto no presente regime jurídico;

c) Emitir as normas regulamentares que se mostrem necessárias à aplicação das suas disposições;

d) Apreciar as reclamações apresentadas pelos utilizadores de serviços de pagamento;

e) Instaurar processos de contra-ordenação e aplicar as respectivas sanções.

2 — No exercício das suas competências de supervisão, pode o Banco de Portugal, em especial:

a) Exigir às instituições de pagamento a apresentação de quaisquer informações que considere necessárias à verificação do cumprimento das normas do presente regime jurídico;

b) Realizar inspecções aos estabelecimentos das instituições de pagamento, bem como aos de sucursais e agentes que prestem serviços de pagamento sob a sua responsabilidade e, ainda, aos estabelecimentos de terceiros a quem tenham sido cometidas funções operacionais relevantes relativas aos serviços de pagamento;

ACESSO À ACTIVIDADE DAS INSTITUIÇÕES DE PAGAMENTO   [DL n.º 317/2009]   491

c) Emitir recomendações e determinações específicas para que sejam sanadas as irregularidades detectadas.

3 — O Banco de Portugal exerce as suas competências de supervisão prudencial em relação às instituições de pagamento com sede em Portugal, incluindo as respectivas sucursais e agentes estabelecidos no estrangeiro.

4 — O Banco de Portugal supervisiona o cumprimento das normas do título III por parte dos prestadores de serviços de pagamento com sede em Portugal ou estabelecidos no País, incluindo as sucursais e os agentes de instituições de pagamento autorizadas em outros Estados membros.

5 — O artigo 12.º do Regime Geral das Instituições de Crédito e Sociedades Financeiras (RGICSF) é aplicável, com as necessárias adaptações, às decisões do Banco de Portugal tomadas no âmbito do presente regime jurídico.

6 — O artigo 12.º-A do RGICSF é aplicável aos prazos estabelecidos no presente regime jurídico.

7 — Na aplicação da legislação da defesa da concorrência aos prestadores de serviços de pagamento e suas associações empresariais, bem como aos sistemas de pagamentos, são também aplicáveis os artigos 87.º e 88.º do RGICSF, com as necessárias adaptações.

TÍTULO II — **PRESTADORES DE SERVIÇOS DE PAGAMENTO**

CAPÍTULO I — **Acesso e condições gerais da actividade**

ART. 7.º (Prestadores de serviços de pagamento. Princípio da exclusividade) — 1 — Só podem prestar os serviços de pagamento a que se refere o artigo 4.º as seguintes entidades:

a) As instituições de crédito, incluindo as instituições de moeda electrónica, com sede em Portugal;

b) As instituições de pagamento com sede em Portugal;

c) A entidade concessionária do serviço postal universal;

d) O Estado, as Regiões Autónomas e os serviços e organismos da administração directa e indirecta do Estado, quando actuem desprovidos de poderes de autoridade pública;

e) O Banco de Portugal, quando não exerça poderes públicos de autoridade;

f) As instituições de crédito, incluindo as instituições de moeda electrónica, e as instituições de pagamento com sede noutro Estado membro da Comunidade Europeia, nos termos do presente decreto-lei.

2 — As entidades a que se refere a alínea *f*) do número anterior apenas podem prestar os serviços de pagamento que estejam autorizados a prestar no seu país de origem.

3 — O uso da expressão «instituição de pagamento» fica exclusivamente reservado a estas entidades, que a poderão incluir na sua firma ou denominação ou usar no exercício da sua actividade.

4 — As instituições de pagamento com sede noutro Estado membro podem usar a firma ou denominação que utilizam no seu Estado membro de origem, de acordo com disposto no artigo 46.º do RGICSF, aplicável com as necessárias adaptações.

5 — O disposto no artigo 126.º do RGICSF é aplicável, com as necessárias adaptações, em caso de suspeita fundada de prestação de serviços de pagamento por entidade não habilitada.

ART. 8.º (Instituições de pagamento) — 1 — As instituições de pagamento são prestadores de serviços de pagamento, sujeitos ao presente regime jurídico, que têm por objecto a prestação de um ou de mais serviços de pagamento.

2 — As instituições de pagamento podem ainda exercer as seguintes actividades:

a) Serviços operacionais e auxiliares estreitamente conexos com serviços de pagamento, designadamente prestação de garantias de execução de operações de pagamento, serviços cambiais e serviços de guarda, armazenamento e tratamento de dados;

b) Exploração de sistemas de pagamentos, sem prejuízo do disposto no artigo 39.º;

c) Actividades profissionais diversas da prestação de serviços de pagamento, em conformidade com as disposições legais aplicáveis a essas actividades; e

d) Actividades incluídas no objecto legal das agências de câmbios, em conformidade com as disposições legais aplicáveis a essas instituições.

3 — Os fundos recebidos pelas instituições de pagamento e provenientes dos utilizadores de serviços de pagamento só podem ser utilizados para a execução de serviços de pagamento, não constituindo recepção de depósitos ou outros fundos reembolsáveis na acepção do n.º 1 do artigo 2.º do RGICSF.

4 — As contas de pagamento detidas junto de instituições de pagamento só podem ser utilizadas para a prestação de serviços de pagamento.

5 — São aplicáveis às instituições de pagamento, com as necessárias adaptações, as regras sobre publicidade previstas no artigo 77.º-C do RGICSF, bem como os poderes conferidos ao Banco de Portugal pelo artigo 77.º-D do mesmo regime geral.

6 — É aplicável às instituições de pagamento com sede em Portugal o regime de saneamento de instituições de crédito estabelecido no RGICSF, com as necessárias adaptações.

7 — A dissolução e a liquidação das instituições de pagamento com sede em Portugal, incluindo as sucursais estabelecidas noutros Estados membros, que tenham por objecto exclusivo a prestação de serviços de pa-

492　[DL n.º 317/2009]　　　　　　　　　　　　OPERAÇÕES BANCÁRIAS E FINANCEIRAS

gamento, ou ainda as actividades referidas nas alíneas *a*), *b*) e *d*) do n.º 2, ficam sujeitas, com as devidas adaptações, ao regime previsto no capítulo II do Decreto-Lei n.º 199/2006, de 25 de Outubro, relativo à liquidação de instituições de crédito e sociedades financeiras.

8 — As instituições de pagamento que exerçam simultaneamente as actividades a que se refere a alínea *c*) do n.º 2 ficam sujeitas às disposições do Código da Insolvência e Recuperação de Empresas, com as especialidades constantes dos números seguintes.

9 — O Banco de Portugal pode requerer a declaração de insolvência caso se verifique algum dos factos mencionados no n.º 1 do artigo 20.º do Código da Insolvência e Recuperação de Empresas.

10 — Sem prejuízo dos deveres de comunicação ao Banco de Portugal impostos pela lei às instituições de pagamento, o tribunal em que seja requerida a declaração de insolvência informa, de imediato, o Banco de Portugal desse facto para efeitos da eventual revogação da autorização para o exercício da actividade como instituição de pagamento.

11 — Se a autorização não for revogada pelo Banco de Portugal, a declaração de insolvência implica a caducidade dos efeitos da autorização, cabendo ao Banco de Portugal exercer, no processo de insolvência, as competências que lhe são conferidas pelos artigos 12.º e 14.º do Decreto-Lei n.º 199/2006, de 25 de Outubro.

ART. 9.º (Concessão de crédito) — 1 — As instituições de pagamento só podem conceder crédito no caso de este estar relacionado com os serviços de pagamento enumerados nos n.ᵒˢ 4, 5 e 7 do artigo 4.º e desde que se encontrem preenchidas as seguintes condições:

a) O crédito deve ser acessório e concedido exclusivamente no âmbito da execução da operação de pagamento;

b) O crédito concedido no âmbito do exercício do direito de estabelecimento e da liberdade de prestação de serviços, ao abrigo dos artigos 23.º e 24.º, deve ser reembolsado em prazo nunca superior a 12 meses, não obstante as disposições legais em matéria de concessão de crédito através de cartões de crédito;

c) O crédito não pode ser concedido a partir dos fundos recebidos ou detidos para execução de uma operação de pagamento;

d) A instituição de pagamento deve dispor, a todo o tempo, de fundos próprios adequados ao volume de crédito concedido, em conformidade com as determinações do Banco de Portugal.

2 — O disposto no presente regime jurídico não prejudica as disposições legais aplicáveis ao crédito ao consumo.

3 — As instituições de pagamento que concedam crédito ao abrigo do presente artigo devem comunicar à Central de Responsabilidades de Crédito, gerida pelo Banco de Portugal, os elementos de informação respeitantes às operações que efectuem, nos termos e para os efeitos previstos na legislação reguladora da centralização de responsabilidades de crédito.

CAPÍTULO II — Autorização e registo de instituições de pagamento

ART. 10.º (Autorização e requisitos gerais) — 1 — A constituição de instituições de pagamento, com vista à prestação de um ou de mais serviços de pagamento, depende de autorização a conceder, caso a caso, pelo Banco de Portugal.

2 — As instituições de pagamento com sede em Portugal devem satisfazer as seguintes condições:

a) Adoptar a forma de sociedade anónima ou por quotas;

b) Ter o capital mínimo correspondente aos serviços de pagamento a prestar, nos termos do artigo 29.º;

c) Ter a sede principal e efectiva da administração situada em Portugal;

d) Apresentar dispositivos sólidos em matéria de governo da sociedade, incluindo uma estrutura organizativa clara, com linhas de responsabilidade bem definidas, transparentes e coerentes;

e) Organizar processos eficazes de identificação, gestão, controlo e comunicação dos riscos a que está ou possa vir a estar exposta;

f) Dispor de mecanismos adequados de controlo interno, incluindo procedimentos administrativos e contabilísticos sólidos;

g) Dispor de mecanismos de controlo interno para dar cumprimento às obrigações em matéria de luta contra o branqueamento de capitais e o financiamento do terrorismo, incluindo as disposições relativas às informações sobre o ordenante que acompanham as transferências de fundos.

3 — Depende igualmente de autorização do Banco de Portugal a ampliação do elenco dos serviços de pagamento, de entre os enumerados no artigo 4.º, que instituições de pagamento já constituídas se proponham prestar.

ART. 11.º (Instrução do pedido) — 1 — O pedido de autorização é instruído com os seguintes elementos:

a) Projecto de contrato de sociedade ou de alteração ao contrato de sociedade, de onde conste uma referência expressa aos serviços de pagamento, de entre os enumerados no artigo 4.º, que a instituição de pagamento se propõe prestar;

ACESSO À ACTIVIDADE DAS INSTITUIÇÕES DE PAGAMENTO   [DL n.º 317/2009]   493

b) Programa de actividades, implantação geográfica, estrutura orgânica e meios humanos, técnicos e materiais que serão utilizados, incluindo, sendo caso disso, referência aos agentes e sucursais da instituição, bem como a terceiros a quem hajam sido cometidas funções operacionais, e as contas previsionais para cada um dos primeiros três anos de actividade;

c) Declaração de compromisso de que, no acto da constituição, e como condição dela, se mostrará depositado numa instituição de crédito o montante do capital mínimo exigido nos termos do artigo 29.º;

d) Identidade e respectivos elementos comprovativos das pessoas que detenham, directa ou indirectamente, participações qualificadas, na acepção do n.º 7 do artigo 13.º do RGICSF, bem como a dimensão das respectivas participações e prova da sua idoneidade, tendo em conta a necessidade de garantir uma gestão sã e prudente da instituição de pagamento;

e) Uma descrição dos procedimentos destinados a assegurar a protecção dos fundos dos utilizadores dos serviços de pagamento, nos termos do artigo 32.º;

f) Elementos comprovativos da existência de dispositivos sólidos em matéria de governo da sociedade, incluindo uma estrutura organizativa clara, com linhas de responsabilidade bem definidas, transparentes e coerentes, processos eficazes de identificação, gestão, controlo e comunicação dos riscos a que está ou possa vir a estar exposta, e mecanismos adequados de controlo interno, incluindo procedimentos administrativos e contabilísticos sólidos, devendo os dispositivos, procedimentos e mecanismos referidos ser completos e proporcionais à natureza, ao nível e à complexidade das actividades da instituição de pagamento;

g) Elementos comprovativos da existência de mecanismos de controlo interno para dar cumprimento às obrigações em matéria de luta contra o branqueamento de capitais e o financiamento do terrorismo, incluindo as disposições relativas às informações sobre o ordenante que acompanham as transferências de fundos;

h) Descrição da forma como estão organizadas as estruturas da instituição requerente, designadamente, se for caso disso, descrição da utilização prevista dos agentes e das sucursais e uma descrição das disposições em matéria de prestação de serviços por terceiros, bem como da respectiva participação em sistema de pagamentos nacional ou internacional;

i) Elementos comprovativos da identidade dos directores e das pessoas responsáveis pela gestão da instituição de pagamento e, se for caso disso, das pessoas responsáveis pela gestão das actividades de serviços de pagamento da instituição requerente, bem como prova de que são pessoas idóneas e possuem os conhecimentos e a experiência adequados exigidos pelo Estado membro de origem da instituição requerente para executar serviços de pagamento;

j) Se for caso disso, a identidade dos revisores oficiais de contas e das sociedades de revisores oficiais de contas, na acepção da Directiva n.º 2006/43/CE, do Parlamento Europeu e do Conselho, de 17 de Maio;

l) Endereço da administração central da instituição de pagamento.

2 — Para efeitos das alíneas *e*), *f*) e *h*) do número anterior, a instituição requerente deve apresentar uma descrição dos mecanismos que criou em termos de auditoria e organização com vista a tomar todas as medidas razoáveis para proteger os interesses dos seus utilizadores e garantir a continuidade e a fiabilidade da prestação dos serviços de pagamento.

3 — Aplica-se o disposto nos n.ºs 2 a 4 do artigo 17.º do RGICSF, com as necessárias adaptações, relativamente às informações a apresentar pelas pessoas colectivas que sejam detentoras de participações qualificadas na instituição a constituir.

ART. 12.º (Idoneidade e experiência profissional dos membros dos órgãos de gestão, administração e fiscalização) — 1 — Aplica-se o disposto nos artigos 30.º a 32.º do RGICSF, com as necessárias adaptações, no que respeita à idoneidade e experiência profissional dos membros dos órgãos de administração e de fiscalização das instituições de pagamento.

2 — No que respeita às instituições de pagamento que exerçam também as actividades referidas na alínea *c*) do n.º 2 do artigo 8.º, os requisitos relativos à experiência profissional apenas se aplicam às pessoas a quem caiba assegurar a gestão corrente da actividade de pagamentos.

ART. 13.º (Separação de actividades) — O Banco de Portugal pode determinar, como condição para conceder a autorização, a constituição de uma sociedade comercial que tenha por objecto exclusivo a prestação de serviços de pagamento enumerados no artigo 4.º, caso as actividades alheias aos serviços de pagamento exercidas ou a exercer pelo requerente prejudiquem ou possam prejudicar:

a) A solidez financeira da instituição de pagamento; ou

b) O exercício adequado das funções de supervisão pelo Banco de Portugal.

ART. 14.º (Decisão) — 1 — A decisão sobre o pedido de autorização deve ser notificada aos interessados no prazo de 3 meses a contar da recepção do pedido ou, se for o caso, a contar da recepção das informações complementares solicitadas aos requerentes, mas nunca depois de decorridos 12 meses sobre a data da entrega inicial do pedido.

2 — Aplica-se à recusa de autorização o disposto no artigo 20.º do RGICSF.

3 — A recusa de autorização deve ser fundamentada.

494   [DL n.º 317/2009]   OPERAÇÕES BANCÁRIAS E FINANCEIRAS

ART. 15.º (Alterações estatutárias) — 1 — Estão sujeitas a prévia autorização do Banco de Portugal as alterações dos contratos de sociedade relativas aos aspectos seguintes:
a) Firma ou denominação;
b) Objecto;
c) Local da sede, salvo se a mudança ocorrer dentro do mesmo concelho ou para concelho limítrofe;
d) Capital social, quando se trate de redução;
e) Criação de categorias de acções ou alteração das categorias existentes;
f) Estrutura da administração ou da fiscalização;
g) Limitação dos poderes dos órgãos de administração ou de fiscalização;
h) Dissolução.
2 — As restantes alterações ficam sujeitas a comunicação imediata ao Banco de Portugal.

ART. 16.º (Caducidade e revogação da autorização) — 1 — Aplica-se à caducidade da autorização das instituições de pagamento o disposto no artigo 21.º do RGICSF, constituindo igualmente motivo de caducidade a suspensão da actividade por período superior a seis meses.
2 — É aplicável à revogação da autorização das instituições de pagamento, com as necessárias adaptações, o disposto nos artigos 22.º e 23.º do RGICSF, considerando-se ainda fundamento de revogação da autorização a circunstância de a instituição constituir uma ameaça para a estabilidade do sistema de pagamentos pelo facto de prosseguir a actividade de prestação de serviços de pagamento.
3 — Constitui, de igual modo, fundamento de revogação da autorização, a violação grave dos deveres previstos na Lei n.º 25/2008, de 5 de Junho.

ART. 17.º (Fusão, cisão e dissolução voluntária) — Aplica-se o disposto no artigo 35.º e no n.º 1 do artigo 35.º-A do RGICSF, com as necessárias adaptações, à fusão, à cisão e à dissolução voluntária de instituições de pagamento.

ART. 18.º (Agentes) — 1 — As instituições de pagamento podem prestar serviços de pagamento por intermédio de agentes, assumindo a responsabilidade pela totalidade dos actos praticados por eles.
2 — Caso pretendam prestar serviços de pagamento por intermédio de agentes, as instituições de pagamento com sede em Portugal devem comunicar previamente ao Banco de Portugal as seguintes informações:
a) Nome e endereço do agente;
b) Descrição dos mecanismos de controlo interno utilizados pelo agente para dar cumprimento ao disposto na Lei n.º 25/2008, de 5 de Junho;
c) Identidade das pessoas responsáveis pela gestão da actividade dos agentes e provas da respectiva idoneidade e competência.
3 — Recebidas as informações enumeradas no número anterior, o Banco de Portugal procede à inscrição do agente no registo especial, nos termos dos artigos 20.º e 21.º, a menos que considere que as mesmas estão incorrectas, caso em que pode tomar medidas tendentes a verificar as informações.
4 — O Banco de Portugal recusa a inscrição do agente no registo se, depois de tomadas as medidas referidas no número anterior, considerar que a correcção das informações prestadas nos termos do n.º 2 não ficou suficientemente demonstrada.
5 — As instituições de pagamento devem assegurar que os agentes que ajam em seu nome informem desse facto os utilizadores de serviços de pagamento.

ART. 19.º (Prestação de serviços por terceiros) — 1 — As instituições de pagamento podem cometer a terceiros as funções operacionais relativas aos serviços de pagamento.
2 — O Banco de Portugal deve ser previamente informado da intenção de cometer a terceiros funções operacionais relativas aos serviços de pagamento.
3 — A instituição de pagamento que cometa a terceiros o desempenho de funções operacionais relevantes deve salvaguardar a qualidade do controlo interno e assegurar que o Banco de Portugal tem condições de verificar o cumprimento de todas as disposições legais aplicáveis.
4 — A comissão a terceiros de funções operacionais relevantes deve respeitar as seguintes condições:
a) As responsabilidades dos quadros superiores não podem ser cometidas a terceiros;
b) A instituição é responsável pelo cumprimento das disposições previstas no presente regime; e
c) A instituição continua obrigada a respeitar as condições de autorização.

ART. 20.º (Sujeição a registo) — 1 — As instituições de pagamentos não podem iniciar a sua actividade enquanto não se encontrarem inscritas em registo especial no Banco de Portugal.
2 — O registo abrange todas as instituições habilitadas a prestar serviços de pagamentos, bem como os respectivos agentes e sucursais.

ART. 21.º (Elementos sujeitos a registo e recusa do registo) — 1 — Aplica-se o disposto nos artigos 65.º e 72.º do RGICSF, com as necessárias adaptações, ao registo das instituições de pagamento com sede em Portugal e dos respectivos agentes e sucursais.

ACESSO À ACTIVIDADE DAS INSTITUIÇÕES DE PAGAMENTO [DL n.º 317/2009] 495

2 — O registo das instituições de pagamento deve ainda incluir elementos relativos aos serviços de pagamento que a instituição esteja autorizada a prestar.

3 — Estão publicamente acessíveis e regularmente actualizados no sítio na Internet do Banco de Portugal os seguintes elementos:

a) A identificação das instituições de pagamento autorizadas e dos respectivos agentes e sucursais; e

b) Os serviços de pagamento compreendidos na respectiva autorização.

ART. 22.º (Meios contenciosos) — Aos recursos das decisões do Banco de Portugal tomadas no âmbito do presente capítulo é aplicável, com as necessárias adaptações, o disposto no artigo 12.º do RGICSF.

CAPÍTULO III — **Direito de estabelecimento e liberdade de prestação de serviços**

ART. 23.º (Requisitos gerais) — 1 — A instituição de pagamento com sede em Portugal que pretenda prestar serviços de pagamento pela primeira vez noutro Estado membro, designadamente mediante o estabelecimento de sucursal ou a contratação de agente, deve notificar previamente desse facto o Banco de Portugal, especificando os seguintes elementos:

a) País onde se propõe estabelecer sucursal, contratar agente ou, em geral, prestar serviços de pagamento;

b) Nome e o endereço da instituição de pagamento;

c) Estrutura organizativa da sucursal ou do agente, quando este não for pessoa singular, e provável endereço dos mesmos no Estado membro de acolhimento;

d) Nomes das pessoas responsáveis pela gestão da sucursal ou do agente, nos termos da alínea anterior, e provas da sua idoneidade e competência;

e) Tipo de serviços de pagamento a prestar no território do Estado membro de acolhimento.

2 — No prazo de um mês a contar da recepção das informações referidas no número anterior, o Banco de Portugal deve comunicá-las às autoridades competentes do Estado membro de acolhimento.

3 — Em caso de modificação dos elementos previstos nas alíneas *b)* a *e)* do n.º 1, a instituição de pagamento comunicá-la-á, por escrito, ao Banco de Portugal e à autoridade competente do Estado membro de acolhimento.

4 — Para controlo dos requisitos estabelecidos no n.º 1, o Banco de Portugal pode realizar inspecções *in loco* no Estado membro de acolhimento, bem como delegar a sua realização, nos termos previstos no n.º 4 do artigo 34.º.

ART. 24.º (Registo) — Se nada se opuser à inscrição da sucursal ou do agente no registo de acordo com o disposto no artigo 21.º, o Banco de Portugal informa antecipadamente as autoridades competentes do Estado membro de acolhimento da sua intenção de registar a sucursal ou o agente e toma em consideração o parecer dessas entidades.

ART. 25.º (Recusa ou cancelamento de registo) — No caso de as autoridades competentes do Estado membro de acolhimento comunicarem ao Banco de Portugal que têm motivos suficientes para suspeitar de que foi, ou de que está a ser, efectuada uma operação ou uma tentativa de branqueamento de capitais ou de financiamento do terrorismo, na acepção da Directiva n.º 2005/60/CE, do Parlamento Europeu e do Conselho, de 26 de Outubro, relacionada com o projecto de contratação de um agente ou de abertura de uma sucursal, ou de que essa contratação ou abertura pode aumentar o risco de operações de branqueamento de capitais ou de financiamento do terrorismo, o Banco pode recusar o registo da sucursal ou do agente, ou anulá-lo se ele já tiver sido efectuado.

ART. 26.º (Actividade em Portugal de instituições de pagamento com sede noutros Estados membros) — 1 — As instituições de pagamento autorizadas noutro Estado membro da União Europeia, que não beneficiem da derrogação estabelecida no artigo 26.º da Directiva n.º 2007/64/CE, do Parlamento Europeu e do Conselho, de 13 de Novembro, podem prestar serviços de pagamento em Portugal, quer através da abertura de sucursais ou da contratação de agentes quer em regime de livre prestação de serviços, desde que tais serviços estejam abrangidos pela autorização.

2 — Caso o Banco de Portugal tenha motivos suficientes para suspeitar de que foi, ou de que está a ser, efectuada uma operação ou uma tentativa de branqueamento de capitais ou de financiamento do terrorismo, na acepção da Directiva n.º 2005/60/CE, do Parlamento Europeu e do Conselho, de 26 de Outubro, relacionada com o projecto de contratação de um agente ou de abertura de uma sucursal em território português, ou de que essa contratação ou abertura pode aumentar o risco de operações de branquea mento de capitais ou de financiamento do terrorismo, o Banco informa as autoridades competentes do Estado membro de origem.

3 — As instituições de pagamento autorizadas noutro Estado membro podem iniciar a sua actividade em Portugal logo que o Banco de Portugal receba da autoridade competente do Estado membro de origem as comunicações previstas no n.º 2 do artigo 23.º e no artigo 24.º, com a especificação dos elementos que no caso couberem.

4 — Em caso de modificação dos elementos previstos nas alíneas *b)* a *e)* do artigo 23.º, a instituição de pagamento comunicá-la-á, por escrito, ao Banco de Portugal e à autoridade competente do Estado membro de origem.

5 — Os agentes das instituições referidas no n.º 1 devem informar os seus clientes sobre a instituição em nome de quem actuam.

496   [DL n.º 317/2009]   OPERAÇÕES BANCÁRIAS E FINANCEIRAS

6 — No exercício da sua actividade em Portugal, as instituições mencionadas estão sujeitas às disposições ditadas por razões de interesse geral.

ART. 27.º (Filiais e sucursais em países terceiros) — Ao estabelecimento de sucursais e à constituição de filiais em países terceiros são aplicáveis, respectivamente, os artigos 42.º e 42.º-A do RGICSF, com as necessárias adaptações.

CAPÍTULO IV — **Supervisão das instituições de pagamento**

Secção I — **NORMAS PRUDENCIAIS**

ART. 28.º (Princípio geral) — As instituições de pagamento devem aplicar os fundos de que dispõem de modo a assegurar, a todo o tempo, níveis adequados de liquidez e solvabilidade.

ART. 29.º (Capital mínimo) — 1 — As instituições de pagamento com sede em Portugal devem, a todo o tempo, possuir capital não inferior a:

a) € 20 000, para as instituições que prestem apenas o serviço de pagamento indicado na alínea *f)* do artigo 4.º;

b) € 50 000, para as instituições que prestem o serviço de pagamento indicado na alínea *g)* do artigo 4.º ;

c) € 125 000, para as instituições que prestem qualquer dos serviços de pagamento indicados nas alíneas *a)* a *e)* do artigo 4.º.

2 — O capital mínimo a que se refere o número anterior é constituído pelos elementos definidos nas alíneas *a)* e *b)* do artigo 57.º da Directiva n.º 2006/48/CE, do Parlamento Europeu e do Conselho, de 14 de Junho.

3 — As instituições de pagamento devem constituir reservas especiais destinadas a reforçar a situação líquida ou a cobrir prejuízos que a conta de lucros e perdas não possa suportar.

ART. 30.º (Fundos próprios) — 1 — Os fundos próprios da instituição de pagamento não devem ser inferiores ao valor do capital mínimo exigido nos termos do artigo anterior ou ao montante que resultar da aplicação do artigo seguinte, consoante o que for mais elevado.

2 — As regras sobre a composição dos fundos próprios das instituições de pagamento são as fixadas por aviso do Banco de Portugal.

3 — Verificando-se a diminuição dos fundos próprios abaixo do limite definido no n.º 1, o Banco de Portugal pode, sempre que as circunstâncias o justifiquem, conceder à instituição um prazo limitado para que regularize a situação.

4 — Caso a instituição de pagamento pertença ao mesmo grupo de outra instituição de pagamento, instituição de crédito, sociedade financeira ou empresa de seguros, não é permitida a utilização múltipla de elementos elegíveis para os fundos próprios.

5 — A utilização múltipla dos elementos elegíveis para os fundos próprios também não é permitida em relação às instituições de pagamento que exerçam outras actividades distintas da prestação dos serviços de pagamento indicados no artigo 4.º.

6 — Quando uma instituição de pagamento exerça outras actividades distintas da prestação dos serviços de pagamento indicados no artigo 4.º, as quais estejam também sujeitas a requisitos de fundos próprios, a instituição de pagamento deve respeitar adicionalmente tais requisitos.

ART. 31.º (Requisitos de fundos próprios) — 1 — Os fundos próprios das instituições de pagamento devem, em permanência, ser iguais ou superiores ao montante que resultar da aplicação de um dos três métodos descritos no anexo II do decreto-lei que aprova o presente regime jurídico.

2 — Para efeitos do disposto no número anterior, compete ao Banco de Portugal definir o método a aplicar por cada instituição de pagamento.

3 — Com base numa avaliação dos procedimentos de gestão dos riscos, dos dados relativos aos riscos de perdas e dos mecanismos de controlo interno, o Banco de Portugal pode exigir ou permitir, respectivamente, que a instituição de pagamento detenha um montante de fundos próprios superior ou inferior em 20%, no máximo, ao montante que resultaria da aplicação do método definido nos termos do número anterior.

4 — Não obstante o disposto nos números anteriores e nos artigos 29.º e 30.º, o Banco de Portugal pode adoptar os procedimentos previstos no artigo 6.º, a fim de assegurar que as instituições de pagamento afectam à exploração da sua actividade de prestação de serviços de pagamento um nível suficiente de fundos próprios, designadamente quando as actividades referidas no n.º 2 do artigo 8.º prejudiquem ou possam prejudicar a solidez financeira da instituição de pagamento.

ART. 32.º (Requisitos de protecção dos fundos) — 1 — As instituições de pagamento devem assegurar a protecção dos fundos que tenham sido recebidos dos utilizadores de serviços de pagamento, ou através de outro prestador de serviços de pagamento, para a execução de operações de pagamento de acordo com um dos seguintes procedimentos:

a) Assegurando que os fundos:

i) Não sejam, em momento algum, agregados com os fundos de qualquer pessoa singular ou colectiva distinta dos utilizadores dos serviços de pagamento por conta dos quais os fundos são detidos; e

ACESSO À ACTIVIDADE DAS INSTITUIÇÕES DE PAGAMENTO [DL n.º 317/2009] 497

ii) Sejam depositados numa conta separada em instituição de crédito ou investidos em activos seguros, líquidos e de baixo risco, nos casos em que esses fundos se encontrem ainda detidos pela instituição de pagamento, sem terem sido entregues ao beneficiário ou transferidos para outro prestador de serviços de pagamento, até ao final do dia útil seguinte àquele em que tenham sido recebidos; e

iii) Sejam segregados nos termos do disposto no n.º 3, no interesse dos utilizadores do serviço de pagamento em causa, dos créditos de outros credores, em especial em caso de liquidação da instituição de pagamento;

b) Assegurando que os fundos sejam cobertos por uma apólice de seguro ou outra garantia equiparada, prestada por uma companhia de seguros ou instituição de crédito que não pertença ao mesmo grupo da própria instituição de pagamento, num montante pelo menos equivalente ao que seria separado na ausência da referida apólice de seguro ou outra garantia equiparada, a pagar no caso de a instituição de pagamento não poder cumprir as suas obrigações financeiras.

2 — Para efeitos do disposto na subalínea *iii*) da alínea *a*) do número anterior, em caso de liquidação da instituição de pagamento, os montantes entregues pelos utilizadores de serviços de pagamento não podem ser apreendidos para a massa em liquidação, assistindo aos respectivos titulares o direito de reclamar a sua separação ou restituição.

3 — Caso uma instituição de pagamento receba fundos em que uma fracção destes seja utilizada em operações de pagamento futuras, sendo o montante remanescente utilizado para serviços diversos dos serviços de pagamento, a parte dos fundos que seja utilizada em operações de pagamento futuras fica igualmente sujeita aos requisitos estabelecidos no n.º 1.

4 — Caso a fracção prevista no número anterior seja variável, ou não possa ser determinada com antecedência, a instituição de pagamento deve assegurar o cumprimento dos requisitos de protecção dos fundos com base numa fracção representativa que a instituição de pagamento presuma venha a ser utilizada para serviços de pagamento, desde que essa fracção representativa possa ser estimada razoavelmente com base em dados históricos.

5 — O Banco de Portugal avalia a adequação das estimativas realizadas e dos procedimentos implementados pela instituição de pagamento em cumprimento do disposto no presente artigo, podendo determinar as alterações ou ajustamentos que considerar necessários.

6 — O Banco de Portugal define, por aviso, as demais regras técnicas e procedimentos necessários à aplicação do presente artigo, designadamente o que se entende por activos seguros, líquidos e de baixo risco, para efeitos do disposto na subalínea *ii*) da alínea *a*) do n.º 2, bem como as condições essenciais da apólice de seguro ou da garantia equivalente e os termos e procedimentos do respectivo accionamento, para efeitos do disposto na alínea *b*) do n.º 2.

ART. 33.º (Contabilidade e revisão legal das contas) — 1 — Com excepção das instituições de pagamento que prestem qualquer dos serviços de pagamento enumerados no artigo 4.º e, ao mesmo tempo, exerçam outras actividades ao abrigo da alínea *c*) do n.º 2 do artigo 8.º, são aplicáveis às instituições de pagamento as normas de contabilidade fixadas no Aviso n.º 1/2005, do Banco de Portugal, para as instituições de crédito e sociedades financeiras.

2 — Para efeitos de supervisão, as instituições de pagamento devem fornecer ao Banco de Portugal, em termos a definir por instrução, informações contabilísticas separadas para os serviços de pagamento enumerados no artigo 4.º e para as actividades a que se refere o n.º 2 do artigo 8.º.

3 — As informações contabilísticas referidas no número anterior devem ser objecto de relatório de auditoria ou de certificação legal a elaborar por revisor oficial de contas ou por sociedade de revisores oficiais de contas.

4 — Aos revisores oficiais de contas ou sociedades de revisores oficiais de contas ao serviço de uma instituição de pagamento e aos auditores externos que, por exigência legal, prestem a uma instituição de pagamento serviços de auditoria, é aplicável o disposto no artigo 121.º do RGICSF.

5 — O Banco de Portugal pode exigir a realização de auditorias especiais por entidade independente, por si designada, a expensas da instituição de pagamento auditada.

Secção II — **SUPERVISÃO DO BANCO DE PORTUGAL**

ART. 34.º (Procedimentos de supervisão) — 1 — O Banco de Portugal vela pela observância das normas do presente título, exercendo as competências estabelecidas no artigo 6.º e adoptando as medidas especialmente previstas noutras disposições.

2 — Verificando-se alguma das circunstâncias a que se refere o artigo 13.º, o Banco de Portugal pode ainda determinar, em qualquer altura, que a instituição de pagamento sujeita à sua supervisão constitua uma sociedade comercial que tenha por objecto exclusivo a prestação dos serviços de pagamento enumerados no artigo 4.º, no prazo que para o efeito lhe for fixado.

3 — É subsidiariamente aplicável à actividade de supervisão das instituições de pagamento, com as necessárias adaptações, o disposto no RGICSF, nomeadamente as normas constantes dos artigos 120.º, 127.º e 128.º deste regime.

498 [DL n.º 317/2009]   OPERAÇÕES BANCÁRIAS E FINANCEIRAS

4 — O Banco de Portugal pode realizar inspecções *in loco* no território do Estado membro de acolhimento ou delegar essa incumbência nas autoridades competentes do referido Estado membro, num e noutro caso depois de notificar tais entidades.

5 — No exercício das suas funções de supervisão prudencial, o Banco de Portugal colabora com as autoridades competentes dos Estados membros de acolhimento e troca com elas todas as informações essenciais e relevantes, em especial no caso de infracções ou de suspeitas de infracção por parte de um agente, de uma sucursal ou de uma entidade a quem tenham sido cometidas funções operacionais, devendo para esse efeito comunicar, se tal lhe for solicitado, todas as informações relevantes e, por sua própria iniciativa, todas as informações essenciais.

ART. 35.º (Instituições de pagamento autorizadas noutros Estados membros) — 1 — As instituições de pagamento autorizadas noutros Estados membros e que prestem serviços em Portugal, desde que sujeitas à supervisão das autoridades competentes dos países de origem, não estão sujeitas à supervisão prudencial do Banco de Portugal.

2 — Compete ao Banco de Portugal colaborar com as autoridades competentes dos Estados membros de origem no que se refere à supervisão das sucursais, agentes e terceiros com funções operacionais, que prestem serviços em Portugal sob a responsabilidade das instituições de pagamento mencionadas no número anterior.

3 — Tendo em vista exercer as funções de supervisão prudencial que lhes incumbem, as autoridades competentes dos Estados membros de origem, após terem informado do facto o Banco de Portugal, podem realizar inspecções *in loco* em território português.

4 — A pedido das autoridades competentes dos Estados membros de origem, a realização das inspecções mencionadas no número anterior pode ser delegada no Banco de Portugal.

5 — O Banco de Portugal troca, com as autoridades competentes dos Estados membros de origem, todas as informações essenciais e relevantes, em especial no caso de infracções ou de suspeitas de infracção por parte de um agente, de uma sucursal ou de uma entidade a quem tenham sido cometidas funções operacionais, devendo para esse efeito comunicar, se tal lhe for solicitado, todas as informações relevantes e, por sua própria iniciativa, todas as informações essenciais.

6 — Em caso de revogação ou de caducidade da autorização de instituição de pagamento no Estado membro de origem, é aplicável o disposto no artigo 47.º do RGICSF, com as necessárias adaptações.

7 — O disposto nos números anteriores não prejudica as obrigações que incumbem ao Banco de Portugal e às demais autoridades portuguesas competentes, por força da Lei n.º 25/2008, de 5 de Junho, e do Decreto-Lei n.º 125/2008, de 21 de Julho, no que se refere à supervisão e controlo do cumprimento das normas estabelecidas nesses diplomas.

ART. 36.º (Arquivo) — Sem prejuízo de outras disposições legais aplicáveis, designadamente no âmbito da prevenção do branqueamento de capitais ou do financiamento do terrorismo, as instituições de pagamento devem manter em arquivo os registos de todas as operações de pagamento e demais documentação relativa à prestação de serviços de pagamento durante o prazo mínimo de cinco anos.

ART. 37.º (Segredo profissional e cooperação) — 1 — O regime de segredo profissional previsto nos artigos 78.º e 79.º do RGICSF é aplicável às instituições de pagamento, com as devidas adaptações.

2 — É aplicável ao Banco de Portugal o disposto nos artigos 80.º a 82.º do RGICSF, com as especificidades constantes dos números seguintes.

3 — Enquanto autoridade de supervisão competente para efeitos do presente regime jurídico, o Banco de Portugal coopera e troca informações com as autoridades de supervisão dos restantes Estados membros e, se for caso disso, com o Banco Central Europeu e os bancos centrais nacionais, bem como com outras autoridades competentes designadas nos termos da legislação comunitária ou nacional aplicável aos prestadores de serviços de pagamento.

4 — O Banco de Portugal pode também trocar informações com as seguintes entidades:

a) Autoridades públicas responsáveis pela supervisão dos sistemas de pagamento e de liquidação;

b) Outras autoridades relevantes designadas nos termos da Directiva n.º 95/46/CE, do Parlamento Europeu e do Conselho, de 24 de Outubro, da Directiva n.º 2005/60/CE, do Parlamento Europeu e do Conselho, de 26 de Outubro, e de outros diplomas nacionais ou comunitários aplicáveis aos prestadores de serviços de pagamento, tais como os aplicáveis à protecção das pessoas singulares no que diz respeito ao tratamento de dados pessoais, bem como ao branqueamento de capitais e ao financiamento do terrorismo.

ART. 38.º (Violação do dever de segredo) — Sem prejuízo de outras sanções aplicáveis, a violação do dever de segredo é punível nos termos do Código Penal.

CAPÍTULO V — **Disposição comum**

ART. 39.º (Regras sobre acesso a sistemas de pagamento) — 1 — As regras relativas ao acesso a sistemas de pagamentos por parte de prestadores de serviços de pagamento autorizados ou registados que sejam pessoas colectivas devem ser objectivas, não discriminatórias e proporcionadas, não devendo dificultar o acesso em medida que ultrapasse o necessário para prevenir riscos específicos, tais como o risco de liquidação, o risco

ACESSO À ACTIVIDADE DAS INSTITUIÇÕES DE PAGAMENTO [DL n.º 317/2009] 499

operacional e o risco comercial, e para salvaguardar a estabilidade financeira e operacional dos sistemas de pagamentos.

2 — As disposições referidas no número anterior não podem impor aos prestadores de serviços de pagamento, aos utilizadores de serviços de pagamento ou a outros sistemas de pagamento:

a) Restrições no que respeita à participação efectiva noutros sistemas de pagamento;

b) Discriminações entre prestadores de serviços de pagamento autorizados ou entre prestadores de serviços de pagamento registados, relativamente a direitos, obrigações ou vantagens atribuídas aos participantes; ou

c) Restrições baseadas na forma societária adoptada.

3 — O disposto nos números anteriores não é aplicável:

a) Aos sistemas de pagamento designados ao abrigo do Decreto-Lei n.º 221/2000, de 9 de Setembro;

b) Aos sistemas de pagamento constituídos exclusivamente por prestadores de serviços de pagamento pertencentes a um grupo composto por entidades que possuam ligações de capital que confiram a uma das entidades ligadas um controlo efectivo sobre as restantes;

c) Aos sistemas de pagamento em que um único prestador de serviços de pagamento (seja ele uma entidade singular ou um grupo):

i) Aja ou possa agir na qualidade de prestador de serviços de pagamento tanto para o ordenante como para o beneficiário e detenha a responsabilidade exclusiva pela gestão do sistema; e

ii) Licencie outros prestadores de serviços de pagamento a participar no sistema, não tendo estes últimos direito a negociar comissões entre si relativamente ao sistema de pagamento, embora possam estabelecer os respectivos preços relativamente a ordenantes e beneficiários.

4 — Compete ao Banco de Portugal, ao abrigo das atribuições que lhe são conferidas pela sua Lei Orgânica, velar pela aplicação do disposto no presente artigo, sem prejuízo das competências da Autoridade da Concorrência.

TÍTULO III — **PRESTAÇÃO E UTILIZAÇÃO DE SERVIÇOS DE PAGAMENTO**

CAPÍTULO I — **Transparência das condições e dos requisitos de informação aplicáveis aos serviços de pagamento**

Secção I — **REGRAS GERAIS**

ART. 40.º (Âmbito de aplicação) — 1 — O presente capítulo aplica-se às operações de pagamento de carácter isolado, aos contratos quadro e às operações de pagamento por estes abrangidas.

2 — As disposições do presente capítulo aplicam-se às microempresas do mesmo modo que aos consumidores.

3 — Quando o utilizador do serviço de pagamento não seja um consumidor, as partes podem afastar, no todo ou em parte, o disposto no presente capítulo.

4 — O presente capítulo aplica-se sem prejuízo do disposto no Decreto-Lei n.º 133/2009, de 2 de Junho.

5 — A demais legislação respeitante às condições de concessão de crédito ao consumo é aplicável na medida em que contenha disposições não previstas neste capítulo.

ART. 41.º (Outras disposições em matéria de informação pré-contratual) — 1 — O disposto no presente título não prejudica quaisquer disposições que contenham requisitos suplementares em matéria de informação pré-contratual.

2 — Nas situações abrangidas pelo Decreto-Lei n.º 95/2006, de 29 de Maio, os artigos 47.º, 48.º, 52.º e 53.º do presente regime jurídico prevalecem sobre o disposto nos artigos 9.º, 11.º, n.º 1, 13.º e 14.º, com excepção das alíneas *c)* a *h)*, no artigo 15.º, com excepção das alíneas *a)*, *b)* e *c)* do n.º 1 e do n.º 2, e ainda no artigo 16.º, com excepção da alínea *a)* do citado decreto-lei.

ART. 42.º (Idioma e transparência da informação) — Todas as informações e condições a prestar pelo prestador de serviços de pagamento ao utilizador de serviços de pagamento no âmbito deste regime jurídico devem:

a) Ser transmitidas em língua portuguesa, excepto quando seja acordada entre as partes a utilização de outro idioma;

b) Ser enunciadas em termos facilmente compreensíveis e de forma clara e inteligível; e

c) Permitir a leitura fácil por um leitor de acuidade visual média, nos casos em que sejam prestadas através de suporte de papel ou de outro suporte duradouro.

ART. 43.º (Encargos de informação) — 1 — O prestador do serviço de pagamento não pode cobrar ao utilizador do serviço de pagamento os encargos com a prestação de informações prevista no presente capítulo.

500   [DL n.º 317/2009]   OPERAÇÕES BANCÁRIAS E FINANCEIRAS

2 — O prestador e o utilizador do serviço de pagamento podem, no entanto, acordar na cobrança de encargos pela prestação de informações adicionais ou mais frequentes, ou pela transmissão de informação por vias de comunicação diferentes das especificadas no contrato quadro, desde que a prestação ou a transmissão ocorram a pedido do utilizador do serviço de pagamento.

3 — Nos casos previstos no n.º 2, os encargos devem ser adequados e corresponder aos custos efectivamente suportados pelo prestador do serviço de pagamento.

ART. 44.º (Ónus da prova no que se refere aos requisitos de informação) — Cabe ao prestador do serviço de pagamento provar que cumpriu os requisitos de informação estabelecidos no presente título.

ART. 45.º (Derrogação dos requisitos de informação para instrumentos de pagamento de baixo valor e moeda electrónica) — No caso dos instrumentos de pagamento que, de acordo com o contrato quadro, digam respeito apenas a operações de pagamento individuais que não excedam € 30, que tenham um limite de despesas de € 150 ou que permitam armazenar fundos cujo montante não exceda, em nenhuma situação, € 150:

a) Em derrogação do disposto nos artigos 52.º, 53.º e 57.º, o prestador do serviço de pagamento só está obrigado a prestar ao ordenante informações sobre as principais características do serviço, incluindo o modo como o instrumento de pagamento pode ser utilizado, a responsabilidade, os encargos facturados e outras informações significativas necessárias para tomar uma decisão informada, bem como a indicação das fontes onde, de uma forma facilmente acessível, possam ser obtidas quaisquer outras informações e condições especificadas no artigo 53.º;

b) Pode ser acordado que, em derrogação do disposto no artigo 55.º, o prestador de serviços de pagamento não tenha de propor eventuais alterações das condições do contrato quadro nos termos previstos no n.º 1 do artigo 55.º;

c) Pode ser acordado que, em derrogação do disposto nos artigos 58.º e 59.º, após a execução de uma operação de pagamento:

i) O prestador do serviço de pagamento forneça ou disponibilize apenas uma referência que permita ao utilizador do serviço identificar a operação de pagamento, o seu montante e os respectivos encargos ou, no caso de várias operações de pagamento do mesmo género efectuadas ao mesmo beneficiário, uma referência única de identificação do conjunto dessas operações de pagamento, respectivos montante e encargos totais;

ii) O prestador do serviço de pagamento não seja obrigado a prestar ou disponibilizar as informações referidas na subalínea anterior se o instrumento de pagamento for utilizado de forma anónima ou se, por qualquer outro motivo, o prestador do serviço de pagamento não estiver tecnicamente em condições de o fazer, sendo que, em qualquer caso, o prestador do serviço de pagamento deve dar ao ordenante a possibilidade de verificar o montante dos fundos acumulados.

Secção II — **OPERAÇÕES DE PAGAMENTO DE CARÁCTER ISOLADO**

ART. 46.º (Âmbito de aplicação) — 1 — O presente capítulo aplica-se às operações de pagamento de carácter isolado não abrangidas por um contrato quadro.

2 — Caso uma ordem de pagamento para uma operação de pagamento de carácter isolado seja transmitida através de um instrumento de pagamento abrangido por um contrato quadro, o prestador do serviço de pagamento não é obrigado a fornecer ou a disponibilizar informação que já tenha sido ou deva vir a ser comunicada ao utilizador do serviço de pagamento nos termos de um contrato quadro com outro prestador de serviços de pagamento.

ART. 47.º (Informações gerais pré-contratuais relativas a operações de pagamento de carácter isolado) — 1 — O prestador de serviços de pagamento deve comunicar as informações e condições especificadas no artigo 48.º ao utilizador de serviços de pagamento antes de este ficar vinculado por um contrato ou proposta de prestação de serviço de pagamento de carácter isolado.

2 — O prestador do serviço de pagamento deve informar o utilizador do serviço de pagamento de que, a pedido deste, a disponibilização das referidas informações e condições deve ser efectuada em suporte de papel ou em qualquer outro suporte duradouro.

3 — Se o contrato de serviço de pagamento de carácter isolado tiver sido celebrado, a pedido do utilizador do serviço de pagamento, através de um meio de comunicação à distância que não permita ao prestador do serviço de pagamento respeitar o disposto nos n.ºs 1 e 2, este último deve cumprir as obrigações aí estabelecidas imediatamente após a execução da operação de pagamento.

4 — As obrigações estabelecidas nos n.ºs 1 e 2 podem ser cumpridas mediante a entrega de uma cópia do projecto de contrato de prestação de serviço de pagamento de carácter isolado ou do projecto de ordem de pagamento que inclua as informações e condições especificadas no artigo 48.º.

ART. 48.º (Informações e condições relativas a operações de pagamento de carácter isolado) — 1 — Os prestadores de serviços de pagamento devem fornecer ou disponibilizar ao utilizador do serviço de pagamento as seguintes informações e condições:

ACESSO À ACTIVIDADE DAS INSTITUIÇÕES DE PAGAMENTO [DL n.º 317/2009] 501

a) As informações precisas ou o identificador único a fornecer pelo utilizador do serviço de pagamento para que uma ordem de pagamento possa ser executada de forma adequada;

b) O prazo máximo de execução aplicável à prestação do serviço de pagamento;

c) Todos os encargos a pagar pelo utilizador ao prestador do serviço de pagamento e, se for caso disso, a discriminação dos respectivos montantes;

d) Se for caso disso, a taxa de câmbio efectiva ou a taxa de câmbio de referência a aplicar à operação de pagamento.

2 — Se for caso disso, quaisquer outras informações e condições pertinentes especificadas no artigo 53.º devem ser disponibilizadas ao utilizador do serviço de pagamento de uma forma facilmente acessível.

ART. 49.º (Informação a prestar ao ordenante após a recepção da ordem de pagamento) — Imediatamente após a recepção da ordem de pagamento, o prestador de serviços de pagamento do ordenante deve prestar a este, ou pôr à sua disposição, nos termos do artigo 42.º e do n.º 2 do artigo 47.ºas seguintes informações:

a) Uma referência que permita ao ordenante identificar a operação de pagamento e, se for caso disso, informações respeitantes ao beneficiário;

b) O montante da operação de pagamento na moeda utilizada na ordem de pagamento;

c) O montante de eventuais encargos da operação de pagamento que o ordenante deva pagar e, se for caso disso, a respectiva discriminação;

d) Se for caso disso, a taxa de câmbio aplicada à operação de pagamento pelo prestador de serviços de pagamento do ordenante, ou uma referência à mesma, se for diferente da taxa resultante da alínea *d)* do n.º 1 do artigo 48.º, bem como o montante da operação de pagamento após essa conversão monetária; e

e) A data de recepção da ordem de pagamento.

ART. 50.º (Informações a prestar ao beneficiário após a execução da operação de pagamento) — Imediatamente após a execução da operação de pagamento, o prestador de serviços de pagamento do beneficiário deve prestar a este, ou pôr à sua disposição, nos termos do n.º 1 do artigo 47.º, as seguintes informações:

a) A referência que permita ao beneficiário identificar a operação de pagamento e, se for caso disso, o ordenante e eventuais informações transmitidas no âmbito da operação de pagamento;

b) O montante transferido na moeda em que os fundos são postos à disposição do beneficiário;

c) O montante de eventuais encargos da operação de pagamento que o beneficiário deva pagar e, se for caso disso, a respectiva discriminação;

d) Se for caso disso, a taxa de câmbio aplicada à operação de pagamento pelo prestador de serviços de pagamento do beneficiário, bem como o montante da operação de pagamento antes dessa conversão monetária; e

e) A data-valor do crédito.

Secção III — **CONTRATOS QUADRO**

ART. 51.º (Âmbito de aplicação) — A presente secção é aplicável às operações de pagamento abrangidas por um contrato quadro.

ART. 52.º (Informações gerais pré-contratuais) — 1 — O prestador de serviços de pagamento deve comunicar as informações e condições especificadas no artigo 53.º ao utilizador de serviços de pagamento antes de este ficar vinculado por um contrato quadro ou por uma proposta de contrato quadro.

2 — A comunicação deve ser efectuada em suporte de papel ou em qualquer outro suporte duradouro.

3 — Se o contrato quadro de pagamento tiver sido celebrado, a pedido do utilizador do serviço de pagamento, através de um meio de comunicação à distância que não permita ao prestador do serviço de pagamento respeitar o disposto no n.º 1, este último deve cumprir as obrigações estabelecidas no n.º 1 imediatamente após a celebração do contrato quadro.

4 — As obrigações estabelecidas no n.º 1 podem também ser cumpridas mediante a entrega de uma cópia do projecto de contrato quadro que inclua as informações e condições especificadas no artigo 53.º.

ART. 53.º (Informações e condições) — Devem ser fornecidas ao utilizador do serviço de pagamento as seguintes informações e condições:

a) Quanto ao prestador de serviços de pagamento:

i) O nome do prestador do serviço de pagamento, o endereço geográfico da sua administração central e, se for caso disso, o endereço geográfico do seu agente ou sucursal em Portugal, bem como quaisquer outros endereços, nomeadamente o de correio electrónico, úteis para a comunicação com o prestador do serviço de pagamento; e

ii) Os elementos de informação relativos às autoridades de supervisão competentes e ao registo previsto no artigo 20.º, ou a qualquer outro registo público pertinente de autorização do prestador do serviço de pagamento, bem como o número de registo ou outra forma de identificação equivalente nesse registo;

b) Quanto ao serviço de pagamento:

i) Uma descrição das principais características do serviço de pagamento a prestar;

ii) As informações precisas ou o identificador único a fornecer pelo utilizador do serviço de pagamento a fim de que uma ordem de pagamento possa ser convenientemente executada;

502   [DL n.º 317/2009]   OPERAÇÕES BANCÁRIAS E FINANCEIRAS

iii) A forma e os procedimentos de comunicação do consentimento para executar uma operação de pagamento e para a retirada desse consentimento nos termos dos artigos 65.º e 77.º;

iv) A referência ao momento de recepção de uma ordem de pagamento, na acepção do artigo 75.º, e, se existir, ao momento limite estabelecido pelo prestador de serviço de pagamento;

v) O prazo máximo de execução aplicável à prestação dos serviços de pagamento; e

vi) Se existe possibilidade de celebrar um acordo sobre limites de despesas para a utilização do instrumento de pagamento, nos termos do n.º 1 do artigo 66.º;

c) Quanto aos encargos, taxas de juro e de câmbio:

i) Todos os encargos a pagar pelo utilizador do serviço de pagamento ao respectivo prestador e, se for caso disso, a discriminação dos respectivos montantes;

ii) Se for caso disso, as taxas de juro e de câmbio a aplicar ou, caso devam ser utilizadas taxas de juro ou de câmbio de referência, o método de cálculo do juro efectivo, bem como a data relevante e o índice ou a base para determinação dessa taxa de juro ou de câmbio de referência; e

iii) Se tal for acordado, a aplicação imediata de alterações da taxa de juro ou de câmbio de referência e os requisitos de informação relativos às alterações nos termos do n.º 4 do artigo 55.º;

d) Quanto à comunicação:

i) Se for caso disso, os meios de comunicação, incluindo os requisitos técnicos do equipamento do utilizador do serviço de pagamento, acordados entre as partes para a transmissão das informações previstas no presente regime jurídico;

ii) As formas de prestação ou de disponibilização de informação nos termos do presente regime jurídico e a respectiva frequência;

iii) A língua ou as línguas em que deva ser celebrado o contrato quadro e em que devam processar-se as comunicações durante a relação contratual; e

iv) O direito do utilizador do serviço de pagamento de receber os termos do contrato quadro e as informações e condições nos termos do artigo 54.º;

e) Quanto às medidas preventivas e rectificativas:

i) Se for caso disso, uma descrição das medidas que o utilizador do serviço de pagamento deve tomar para preservar a segurança dos instrumentos de pagamento, bem como a forma de notificar o prestador do serviço de pagamento para efeitos da alínea *b)* do n.º 1 do artigo 67.º;

ii) Se tal for acordado, as condições nas quais o prestador do serviço de pagamento pode reservar-se o direito de bloquear um instrumento de pagamento ao abrigo do artigo 66.º;

iii) A responsabilidade do ordenante nos termos do artigo 72.º, designadamente as informações relativas ao montante em causa;

iv) As formas e o prazo de que dispõe o utilizador do serviço de pagamento para notificar o prestador do serviço de pagamento de qualquer operação não autorizada ou incorrectamente executada, nos termos do artigo 69.º, bem como a responsabilidade do prestador do serviço de pagamento por operações não autorizadas, nos termos do artigo 71.º;

v) A responsabilidade do prestador do serviço de pagamento pela execução das operações de pagamento nos termos dos artigos 86.º e 87.º; e

vi) As condições de reembolso nos termos dos artigos 73.º e 74.º;

f) Quanto às alterações e à denúncia do contrato quadro:

i) Se tal for acordado, a informação de que se considera que o utilizador do serviço de pagamento aceitou a alteração das condições nos termos do artigo 55.º, a menos que tenha notificado o prestador do serviço de pagamento de que não a aceita antes da data de entrada em vigor da proposta;

ii) A duração do contrato; e

iii) O direito que assiste ao utilizador do serviço de pagamento de denunciar o contrato quadro e eventuais acordos respeitantes à denúncia, nos termos do n.º 3 do artigo 55.º e do artigo 56.º;

g) Quanto à reparação:

i) Qualquer cláusula contratual relativa à legislação aplicável ao contrato quadro e ao tribunal competente; e

ii) Os procedimentos de reclamação e de reparação extrajudicial à disposição do utilizador do serviço de pagamento, nos termos dos artigos 92.º e 93.º.

ART. 54.º (Acesso à informação e às condições) — No decurso da relação contratual, o utilizador do serviço de pagamento tem o direito de receber, a seu pedido e em qualquer momento, os termos do contrato quadro, bem como as informações e condições especificadas no artigo 53.º, em suporte de papel ou em qualquer outro suporte duradouro.

ART. 55.º (Alteração das condições) — 1 — Qualquer alteração do contrato quadro ou das informações e condições especificadas no artigo 53.º deve ser proposta pelo prestador do serviço de pagamento, nos termos previstos no artigo 52.º, e o mais tardar dois meses antes da data proposta para a sua aplicação.

2 — Se tal for aplicável nos termos da subalínea *i)* da alínea *f)* do artigo 53.º, o prestador do serviço de pagamento deve informar o utilizador do serviço de pagamento de que considera que este último aceitou essas

ACESSO À ACTIVIDADE DAS INSTITUIÇÕES DE PAGAMENTO   [DL n.º 317/2009]   503

alterações se não tiver notificado o prestador do serviço de pagamento de que não as aceita antes da data proposta para a entrada em vigor das mesmas.

3 — No caso referido no número anterior, o prestador do serviço de pagamento deve também especificar que o utilizador do serviço de pagamento tem o direito de denunciar o contrato quadro, imediatamente e sem encargos, antes da data proposta para a aplicação das alterações.

4 — As alterações das taxas de juro ou de câmbio podem ser aplicadas imediatamente e sem pré-aviso, desde que esse direito tenha sido acordado no contrato quadro e que as alterações se baseiem nas taxas de juro ou de câmbio de referência acordadas nos termos das subalíneas *ii*) e *iii*) da alínea *c*) do artigo 53.º.

5 — O utilizador dos serviços de pagamento deve ser informado o mais rapidamente possível de qualquer alteração da taxa de juro nos termos previstos no artigo 52.º, salvo se as partes tiverem acordado numa periodicidade ou em formas específicas para a prestação ou disponibilização da informação.

6 — As alterações das taxas de juro ou de câmbio que sejam mais favoráveis aos utilizadores do serviço de pagamento podem ser aplicadas sem pré-aviso.

7 — As alterações das taxas de juro ou de câmbio utilizadas em operações de pagamento devem ser aplicadas e calculadas de forma neutra, a fim de não estabelecer discriminações entre os utilizadores do serviço de pagamento.

ART. 56.º (Denúncia) — 1 — O utilizador do serviço de pagamento pode denunciar o contrato quadro em qualquer momento, salvo se as partes tiverem acordado num período de pré-aviso, o qual não poderá ser superior a um mês.

2 — Quando o utilizador de serviços de pagamento seja um consumidor ou uma microempresa, a denúncia do contrato quadro é sempre isenta de encargos para o utilizador.

3 — Fora dos casos previstos no número anterior, a denúncia de contratos quadro de duração indeterminada ou celebrados por um período fixo superior a 12 meses é isenta de encargos para o utilizador de serviços de pagamento após o termo do período de 12 meses, sendo que, em todos os outros casos, os encargos da denúncia devem ser adequados e corresponder aos custos suportados.

4 — Se tal for acordado no contrato quadro, o prestador de serviços de pagamento pode denunciar um contrato quadro de duração indeterminada mediante um pré-aviso de, pelo menos, dois meses, nos termos previstos no artigo 52.º.

5 — Nos casos de alteração do contrato quadro ou das informações e condições especificadas no artigo 53.º, o utilizador do serviço de pagamento tem o direito de denunciar o contrato quadro imediatamente e sem encargos antes da data proposta para a aplicação das alterações.

6 — Os encargos regularmente facturados pela prestação de serviços de pagamento são apenas devidos pelo utilizador de serviços de pagamento na parte proporcional ao período decorrido até à data de resolução do contrato, sendo que, se tais encargos forem pagos antecipadamente, devem ser restituídos na parte proporcional ao período ainda não decorrido.

ART. 57.º (Informações a prestar antes da execução de operações de pagamento individuais) — No caso de uma operação de pagamento individual, realizada ao abrigo de um contrato quadro e iniciada pelo ordenante, o prestador de serviços de pagamento deve prestar, a pedido do ordenante e relativamente a essa operação, as seguintes informações específicas:

a) Prazo máximo de execução da operação de pagamento individual;

b) Encargos que o ordenante deva suportar e, se for caso disso, discriminação dos respectivos montantes.

ART. 58.º (Informações a prestar ao ordenante sobre operações de pagamento individuais) — 1 — Depois de o montante de uma operação de pagamento individual ter sido debitado na conta do ordenante, ou, se o ordenante não utilizar uma conta, após a recepção da ordem de pagamento, o prestador de serviços de pagamento do ordenante presta a este, imediatamente, salvo atraso justificado, e nos termos previstos no artigo 52.º, as seguintes informações:

a) Uma referência que permita ao ordenante identificar cada operação de pagamento e, se for caso disso, informações respeitantes ao beneficiário;

b) O montante da operação de pagamento na moeda em que é debitado na conta do ordenante ou na moeda utilizada na ordem de pagamento;

c) O montante de eventuais encargos da operação de pagamento e, se for caso disso, a respectiva discriminação, ou os juros que o ordenante deva pagar;

d) Se for caso disso, a taxa de câmbio aplicada à operação de pagamento pelo prestador de serviços de pagamento do ordenante, bem como o montante da operação de pagamento após essa conversão monetária; e

e) A data-valor do débito ou a data de recepção da ordem de pagamento.

2 — O contrato-quadro pode incluir uma cláusula estipulando que as informações referidas no número anterior devem ser prestadas ou disponibilizadas periodicamente pelo menos uma vez por mês e segundo uma forma acordada que permita ao ordenante armazenar e reproduzir informações inalteradas.

3 — O contrato-quadro deve incluir uma cláusula estipulando que, por solicitação expressa do utilizador de serviços de pagamento, o prestador de serviços de pagamento fica obrigado a prestar gratuitamente as informações referidas no n.º 1, em suporte de papel, uma vez por mês.

504   [DL n.º 317/2009]   OPERAÇÕES BANCÁRIAS E FINANCEIRAS

ART. 59.º (Informações a prestar ao beneficiário sobre operações de pagamento individuais) — 1 — Após a execução de uma operação de pagamento individual, o prestador de serviços de pagamento do beneficiário presta a este, sem atraso injustificado e nos termos previstos no artigo 52.º, as seguintes informações:

a) Uma referência que permita ao beneficiário identificar a operação de pagamento e, se for caso disso, o ordenante, e eventuais informações transmitidas no âmbito da operação de pagamento;

b) O montante da operação de pagamento, na moeda em que é creditado na conta do beneficiário;

c) O montante de eventuais encargos da operação de pagamento e, se for caso disso, a respectiva discriminação, ou os juros que o beneficiário deva pagar;

d) Se for caso disso, a taxa de câmbio aplicada à operação de pagamento pelo prestador de serviços de pagamento do beneficiário, bem como o montante da operação de pagamento antes dessa conversão monetária; e

e) A data-valor do crédito.

2 — O contrato quadro pode incluir uma cláusula estipulando que as informações referidas no n.º 1 devem ser prestadas ou disponibilizadas periodicamente pelo menos uma vez por mês e segundo uma forma acordada que permita ao beneficiário armazenar e reproduzir informações inalteradas.

3 — O contrato quadro deve incluir uma cláusula estipulando que, por solicitação expressa do utilizador de serviços de pagamento, o prestador de serviços de pagamento deve prestar gratuitamente as informações referidas no n.º 1, em suporte de papel, uma vez por mês.

Secção IV — **DISPOSIÇÕES COMUNS**

ART. 60.º (Moeda e conversão monetária) — 1 — Os pagamentos são efectuados na moeda acordada entre as partes.

2 — Caso um serviço de conversão monetária seja proposto antes do início da operação de pagamento, através de terminal de pagamento automático ou pelo beneficiário, a parte que propõe o serviço de conversão monetária ao ordenante deve prestar as seguintes informações:

a) Encargos que o ordenante deva suportar;

b) Taxa de câmbio a aplicar para efeitos da conversão na operação de pagamento.

ART. 61.º (Informações sobre encargos adicionais ou reduções) — 1 — Caso o beneficiário cobre encargos ou proponha uma redução pela utilização de um dado instrumento de pagamento, deve informar desse facto o ordenante, antes do início da operação de pagamento.

2 — Caso o prestador do serviço de pagamento, ou um terceiro, cobre encargos pela utilização de um dado instrumento de pagamento, deve informar desse facto o utilizador do serviço de pagamento antes do início da operação de pagamento.

CAPÍTULO II — Direitos e obrigações relativamente à prestação e utilização de serviços de pagamento

Secção I — **DISPOSIÇÕES COMUNS**

ART. 62.º (Âmbito de aplicação) — 1 — As disposições do presente capítulo aplicam-se às microempresas do mesmo modo que aos consumidores.

2 — Quando o utilizador do serviço de pagamento não seja um consumidor, as partes podem afastar a aplicação, no todo ou em parte, do disposto no n.º 3 do artigo 63.º, no n.º 3 do artigo 65.º e nos artigos 70.º, 72.º, 73.º, 74.º, 77.º e 86.º e, bem assim, acordar num prazo diferente do fixado no artigo 69.º.

3 — O presente capítulo aplica-se sem prejuízo do disposto no Decreto-Lei n.º 133/2009, de 2 de Junho.

4 — A demais legislação respeitante às condições de concessão de crédito ao consumo é aplicável na medida em que contenha disposições não previstas neste capítulo.

ART. 63.º (Encargos aplicáveis) — 1 — Ao ordenante e ao beneficiário só podem ser exigidos os encargos facturados pelo respectivo prestador de serviços de pagamento.

2 — No caso de a operação de pagamento envolver a realização de operações de conversão monetária, o ordenante e o beneficiário podem acordar numa repartição de encargos diferente da estabelecida no número anterior.

3 — O prestador do serviço de pagamento não pode cobrar ao utilizador do serviço de pagamento os encargos inerentes ao cumprimento das suas obrigações de informação ou das medidas correctivas e preventivas previstas no presente capítulo.

4 — Sem prejuízo do disposto no número anterior, o prestador e o utilizador do serviço de pagamento podem acordar na cobrança de encargos nas seguintes situações:

a) Notificação de recusa justificada de execução de uma ordem de pagamento, nos termos previstos no n.º 2 do artigo 76.º;

ACESSO À ACTIVIDADE DAS INSTITUIÇÕES DE PAGAMENTO [DL n.º 317/2009] 505

b) Revogação de uma ordem de pagamento, nos termos previstos no n.º 5 do artigo 77.º;

c) Recuperação de fundos, nos termos previstos no n.º 3 do artigo 85.º.

5 — Nos casos previstos no número anterior, os encargos devem ser adequados e corresponder aos custos efectivamente suportados pelo prestador do serviço de pagamento.

6 — O prestador de serviços de pagamento não deve impedir o beneficiário de, relativamente à utilização de um determinado instrumento de pagamento:

a) Oferecer uma redução pela sua utilização; ou,

b) Exigir um encargo pela sua utilização, salvo nos casos em que o beneficiário imponha ao ordenante a utilização de um instrumento de pagamento específico ou quando exista disposição legal que limite este direito no sentido de incentivar a concorrência ou de promover a utilização de instrumentos de pagamento eficazes.

ART. 64.º (Derrogação para instrumentos de pagamento de baixo valor e moeda electrónica) — 1 — No caso de instrumentos de pagamento que, de acordo com o contrato quadro, digam respeito apenas a operações de pagamento individuais que não excedam € 30, que tenham um limite de despesas de € 150, ou que permitam armazenar fundos cujo montante não exceda, em qualquer situação, € 150, os prestadores de serviços de pagamento podem acordar com os respectivos utilizadores que:

a) Não se apliquem a alínea *b)* do n.º 1 do artigo 67.º, as alíneas *c)* e *e)* do n.º 1 do artigo 68.º e os n.ᵒˢ 4 e 5 do artigo 72.º, caso o instrumento de pagamento não permita bloquear essas operações nem impeça a sua utilização subsequente;

b) Não se apliquem os artigos 70.º e 71.º e os n.ᵒˢ 1 e 2 do artigo 72.º, caso o instrumento de pagamento seja utilizado de forma anónima ou o prestador do serviço de pagamento não possa, por outros motivos intrínsecos ao instrumento de pagamento, fornecer prova de que a operação de pagamento foi autorizada;

c) Em derrogação do disposto nos n.ᵒˢ 2 a 4 do artigo 76.º, o prestador do serviço de pagamento não seja obrigado a notificar o utilizador desse serviço da recusa de uma ordem de pagamento, se a não execução se puder depreender do contexto;

d) Em derrogação do disposto no artigo 77.º, o ordenante não possa revogar a ordem de pagamento depois de ter comunicado essa ordem, ou o seu consentimento, ao beneficiário para executar a operação de pagamento;

e) Em derrogação do disposto nos artigos 80.º e 81.º, se apliquem outros prazos de execução.

2 — Os artigos 71.º e 72.º são igualmente aplicáveis à moeda electrónica na acepção do n.º 1 do artigo 4.º do Decreto-Lei n.º 42/2002, de 2 de Março.

Secção II — **AUTORIZAÇÃO DE OPERAÇÕES DE PAGAMENTO**

ART. 65.º (Consentimento e retirada do consentimento) — 1 — Uma operação de pagamento ou um conjunto de operações de pagamento só se consideram autorizados se o ordenante consentir na sua execução.

2 — O consentimento deve ser dado previamente à execução da operação, salvo se for acordado entre o ordenante e o respectivo prestador do serviço de pagamento que o mesmo seja prestado em momento posterior.

3 — O consentimento referido nos números anteriores deve ser dado na forma acordada entre o ordenante e o respectivo prestador do serviço de pagamento, sendo que, em caso de inobservância da forma acordada, se considera que a operação de pagamento não foi autorizada.

4 — O consentimento pode ser retirado pelo ordenante em qualquer momento, mas nunca depois do momento de irrevogabilidade estabelecido nos termos do artigo 77.º.

5 — O consentimento dado à execução de um conjunto de operações de pagamento pode igualmente ser retirado, daí resultando que qualquer operação de pagamento subsequente deva ser considerada não autorizada.

6 — Os procedimentos de comunicação e de retirada do consentimento são acordados entre o ordenante e o prestador do serviço de pagamento.

ART. 66.º (Limites da utilização do instrumento de pagamento) — 1 — Nos casos em que é utilizado um instrumento específico de pagamento, para efeitos de comunicação do consentimento, o ordenante e o respectivo prestador do serviço de pagamento podem acordar em limites de despesas para as operações de pagamento executadas através do instrumento de pagamento em questão.

2 — Mediante estipulação expressa no contrato quadro, o prestador de serviços de pagamento pode reservar-se o direito de bloquear um instrumento de pagamento por motivos objectivamente fundamentados, que se relacionem com:

a) A segurança do instrumento de pagamento;

b) A suspeita de utilização não autorizada ou fraudulenta desse instrumento; ou

c) O aumento significativo do risco de o ordenante não poder cumprir as suas responsabilidades de pagamento, caso se trate de um instrumento de pagamento com uma linha de crédito associada.

3 — Nos casos referidos no número anterior, o prestador do serviço de pagamento deve informar o ordenante do bloqueio do instrumento de pagamento e da respectiva justificação pela forma acordada, se possível antes de bloquear o instrumento de pagamento ou, o mais tardar, imediatamente após o bloqueio, salvo se tal informação não puder ser prestada por razões de segurança objectivamente fundamentadas ou se for proibida por outras disposições legais aplicáveis.

506 [DL n.º 317/2009]   OPERAÇÕES BANCÁRIAS E FINANCEIRAS

4 — Logo que deixem de se verificar os motivos que levaram ao bloqueio, o prestador do serviço de pagamento deve desbloquear o instrumento de pagamento ou substituí-lo por um novo.

ART. 67.º (Obrigações do utilizador de serviços de pagamento associadas aos instrumentos de pagamento) — 1 — O utilizador de serviços de pagamento com direito a utilizar um instrumento de pagamento tem as seguintes obrigações:

a) Utilizar o instrumento de pagamento de acordo com as condições que regem a sua emissão e utilização; e

b) Comunicar, sem atrasos injustificados, ao prestador de serviços de pagamento ou à entidade designada por este último, logo que deles tenha conhecimento, a perda, o roubo, a apropriação abusiva ou qualquer utilização não autorizada do instrumento de pagamento.

2 — Para efeitos da alínea *a)* do número anterior, o utilizador de serviços de pagamento deve tomar todas as medidas razoáveis, em especial ao receber um instrumento de pagamento, para preservar a eficácia dos seus dispositivos de segurança personalizados.

ART. 68.º (Obrigações do prestador de serviços de pagamento associadas aos instrumentos de pagamento) — 1 — O prestador de serviços de pagamento que emite um instrumento de pagamento tem as seguintes obrigações:

a) Assegurar que os dispositivos de segurança personalizados do instrumento de pagamento só sejam acessíveis ao utilizador de serviços de pagamento que tenha direito a utilizar o referido instrumento, sem prejuízo das obrigações do utilizador do serviço de pagamento estabelecidas no artigo anterior;

b) Abster-se de enviar instrumentos de pagamento não solicitados, salvo quando um instrumento deste tipo já entregue ao utilizador de serviços de pagamento deva ser substituído;

c) Garantir a disponibilidade, a todo o momento, de meios adequados para permitir ao utilizador de serviços de pagamento proceder à notificação prevista na alínea *b)* do n.º 1 do artigo anterior ou solicitar o desbloqueio nos termos do n.º 4 do artigo 66.º;

d) O prestador do serviço de pagamento deve facultar ao utilizador do serviço de pagamento, a pedido deste, os meios necessários para fazer prova, durante 18 meses após a notificação prevista na alínea *b)* do n.º 1 do artigo anterior, de que efectuou essa notificação; e

e) Impedir qualquer utilização do instrumento de pagamento logo que a notificação prevista na alínea *b)* do n.º 1 do artigo anterior tenha sido efectuada.

2 — O risco do envio ao ordenante de um instrumento de pagamento ou dos respectivos dispositivos de segurança personalizados corre por conta do prestador do serviço de pagamento.

ART. 69.º (Comunicação de operações de pagamento não autorizadas ou incorrectamente executadas e direito de rectificação) — 1 — O utilizador do serviço de pagamento tem o direito de obter rectificação, por parte do prestador do serviço de pagamento, se, após ter tomado conhecimento de uma operação de pagamento não autorizada ou incorrectamente executada susceptível de originar uma reclamação, nomeadamente ao abrigo dos artigos 86.º e 87.º, comunicar o facto ao respectivo prestador do serviço de pagamento sem atraso injustificado e dentro de um prazo nunca superior a 13 meses a contar da data do débito.

2 — Sempre que, relativamente à operação de pagamento em causa, o prestador do serviço de pagamento não tenha prestado ou disponibilizado as informações a que está obrigado nos termos do capítulo I do presente título III, não é aplicável a limitação de prazo referida no número anterior.

ART. 70.º (Prova de autenticação e execução das operações de pagamento) — 1 — Caso um utilizador de serviços de pagamento negue ter autorizado uma operação de pagamento executada, ou alegue que a operação não foi correctamente efectuada, incumbe ao respectivo prestador do serviço de pagamento fornecer prova de que a operação de pagamento foi autenticada, devidamente registada e contabilizada e que não foi afectada por avaria técnica ou qualquer outra deficiência.

2 — Caso um utilizador de serviços de pagamento negue ter autorizado uma operação de pagamento executada, a utilização do instrumento de pagamento registada pelo prestador de serviços de pagamento, por si só, não é necessariamente suficiente para provar que a operação de pagamento foi autorizada pelo ordenante, que este último agiu de forma fraudulenta ou que não cumpriu, deliberadamente ou por negligência grave, uma ou mais das suas obrigações decorrentes do artigo 67.º.

ART. 71.º (Responsabilidade do prestador do serviço de pagamento por operações de pagamento não autorizadas) — 1 — Sem prejuízo do disposto no artigo 69.º, em relação a uma operação de pagamento não autorizada, o prestador de serviços de pagamento do ordenante deve reembolsá-lo imediatamente do montante da operação de pagamento não autorizada e, se for caso disso, repor a conta de pagamento debitada na situação em que estaria se a operação de pagamento não autorizada não tivesse sido executada.

2 — Sempre que o ordenante não seja imediatamente reembolsado pelo respectivo prestador de serviços de pagamento nos termos do número anterior, são devidos juros moratórios, contados dia a dia desde a data em que o utilizador de serviços de pagamento haja negado ter autorizado a operação de pagamento executada, até à data do reembolso efectivo, calculados à taxa legal, fixada nos termos do Código Civil, acrescida de 10 pontos percentuais, sem prejuízo do direito à indemnização suplementar a que haja lugar.

ACESSO À ACTIVIDADE DAS INSTITUIÇÕES DE PAGAMENTO [DL n.º 317/2009] 507

ART. 72.º (Responsabilidade do ordenante por operações de pagamento não autorizadas) — 1 — No caso de operações de pagamento não autorizadas resultantes de perda, de roubo ou da apropriação abusiva de instrumento de pagamento, com quebra da confidencialidade dos dispositivos de segurança personalizados imputável ao ordenante, este suporta as perdas relativas a essas operações dentro do limite do saldo disponível ou da linha de crédito associada à conta ou ao instrumento de pagamento, até ao máximo de € 150.

2 — O ordenante suporta todas as perdas resultantes de operações de pagamento não autorizadas, se aquelas forem devidas a actuação fraudulenta ou ao incumprimento deliberado de uma ou mais das obrigações previstas no artigo 67.º, caso em que não são aplicáveis os limites referidos no n.º 1.

3 — Havendo negligência grave do ordenante, este suporta as perdas resultantes de operações de pagamento não autorizadas até ao limite do saldo disponível ou da linha de crédito associada à conta ou ao instrumento de pagamento, ainda que superiores a € 150, dependendo da natureza dos dispositivos de segurança personalizados do instrumento de pagamento e das circunstâncias da sua perda, roubo ou apropriação abusiva.

4 — Após ter procedido à notificação a que se refere a alínea b) do n.º 1 do artigo 67.º, o ordenante não suporta quaisquer consequências financeiras resultantes da utilização de um instrumento de pagamento perdido, roubado ou abusivamente apropriado, salvo em caso de actuação fraudulenta.

5 — Se o prestador de serviços de pagamento não fornecer meios apropriados que permitam a notificação, a qualquer momento, da perda, do roubo ou da apropriação abusiva de um instrumento de pagamento, conforme requerido pela alínea c) do n.º 1 do artigo 68.º, o ordenante não fica obrigado a suportar as consequências financeiras resultantes da utilização desse instrumento de pagamento, salvo nos casos em que tenha agido de modo fraudulento.

ART. 73.º (Reembolso de operações de pagamento iniciadas pelo beneficiário ou através deste) — 1 — O ordenante tem direito ao reembolso, por parte do respectivo prestador do serviço de pagamento, de uma operação de pagamento autorizada, iniciada pelo beneficiário ou através deste, que já tenha sido executada, caso estejam reunidas as seguintes condições:

a) A autorização não especificar o montante exacto da operação de pagamento no momento em que a autorização foi concedida; e

b) O montante da operação de pagamento exceder o montante que o ordenante poderia razoavelmente esperar com base no seu perfil de despesas anterior, nos termos do seu contrato quadro e nas circunstâncias específicas do caso.

2 — A pedido do prestador do serviço de pagamento, o ordenante fornece os elementos factuais referentes às condições especificadas no número anterior.

3 — O reembolso referido no n.º 1 corresponde ao montante integral da operação de pagamento executada.

4 — Em relação aos débitos directos, o ordenante e o respectivo prestador de serviços de pagamento podem acordar, no contrato quadro, que o ordenante tenha direito ao reembolso por parte do respectivo prestador de serviços de pagamento mesmo que não se encontrem reunidas as condições de reembolso constantes do n.º 1.

5 — Contudo, para efeitos da alínea b) do n.º 1, o ordenante não pode basear-se em razões relacionadas com a taxa de câmbio se tiver sido aplicada a taxa de câmbio de referência acordada com o respectivo prestador de serviços de pagamento, nos termos da alínea d) do n.º 1 do artigo 48.º e da alínea b) do n.º 3 do artigo 53.º.

6 — Pode ser acordado, no contrato quadro, entre o ordenante e o respectivo prestador de serviços de pagamento, que o ordenante não tenha direito a reembolso caso tenha comunicado directamente ao prestador do serviço de pagamento o seu consentimento à execução da operação de pagamento e, se for caso disso, que o referido prestador ou o beneficiário tenham prestado ou disponibilizado ao ordenante informações sobre a futura operação de pagamento, pela forma acordada, pelo menos, quatro semanas antes da data de execução.

ART. 74.º (Pedidos de reembolso de operações de pagamento iniciadas pelo beneficiário ou através deste) — 1 — O ordenante tem direito a apresentar o pedido de reembolso, referido no artigo 73.º, de uma operação de pagamento autorizada, iniciada pelo beneficiário ou através deste, durante um prazo de oito semanas a contar da data em que os fundos tenham sido debitados.

2 — No prazo de 10 dias úteis a contar da data da recepção de um pedido de reembolso, o prestador de serviços de pagamento reembolsa o montante integral da operação de pagamento, ou apresenta uma justificação para recusar o reembolso, indicando os organismos para os quais o ordenante pode remeter a questão, ao abrigo dos artigos 92.º e 93.º, se não aceitar a justificação apresentada.

3 — O direito do prestador do serviço de pagamento de recusar o reembolso nos termos do número anterior não é aplicável no caso a que se refere a n.º 4 do artigo 73.º.

Secção III — EXECUÇÃO DE OPERAÇÕES DE PAGAMENTO

Subsecção I — Ordens de pagamento e montantes transferidos

ART. 75.º (Recepção de ordens de pagamento) — 1 — O momento da recepção da ordem de pagamento deve coincidir com o momento em que a ordem de pagamento transmitida directamente pelo ordenante ou indirectamente pelo beneficiário ou através deste é recebida pelo prestador de serviços de pagamento do ordenante.

508   [DL n.º 317/2009]   OPERAÇÕES BANCÁRIAS E FINANCEIRAS

2 — Se o momento da recepção não for um dia útil para o prestador de serviços de pagamento do ordenante, considera-se que a ordem de pagamento foi recebida no dia útil seguinte.

3 — O prestador de serviços de pagamento pode estabelecer um momento limite no final do dia útil para além do qual as ordens de pagamento recebidas são consideradas como tendo sido recebidas no dia útil seguinte.

4 — O utilizador do serviço de pagamento que emite a ordem de pagamento e o respectivo prestador de serviços de pagamento podem acordar em que a ordem se tenha por recebida:

a) Numa data determinada;

b) Decorrido um certo prazo; ou

c) Na data em que o ordenante colocar fundos à disposição do respectivo prestador de serviços de pagamento.

5 — Se a data acordada nos termos do número anterior não for um dia útil para o prestador do serviço de pagamento, considera-se que a ordem de pagamento foi recebida no dia útil seguinte.

ART. 76.º (Recusa de ordens de pagamento) — 1 — No caso de estarem reunidas todas as condições previstas no contrato quadro celebrado com o ordenante, o prestador de serviços de pagamento do ordenante não pode recusar a execução de uma ordem de pagamento autorizada, independentemente de ter sido emitida pelo ordenante, pelo beneficiário, ou através dele, salvo disposição legal em contrário.

2 — Não estando reunidas todas as condições previstas no contrato quadro celebrado com o ordenante, a eventual recusa de uma ordem de pagamento e, se possível, as razões inerentes à mesma e o procedimento a seguir para rectificar eventuais erros factuais que tenham conduzido a essa recusa devem ser notificados, salvo disposição legal em contrário, ao utilizador do serviço de pagamento.

3 — O prestador do serviço de pagamento deve fornecer ou disponibilizar a notificação pela forma acordada e o mais rapidamente possível dentro dos prazos fixados no artigo 80.º.

4 — Mediante cláusula expressa do contrato quadro, o prestador do serviço de pagamento poderá cobrar os encargos inerentes à notificação no caso de a recusa ser objectivamente justificada.

5 — Para efeitos dos artigos 80.º, 86.º e 87.º, uma ordem de pagamento cuja execução tenha sido recusada é considerada não recebida.

ART. 77.º (Carácter irrevogável de uma ordem de pagamento) — 1 — Salvo o disposto nos números seguintes, uma ordem de pagamento não pode ser revogada pelo utilizador de serviços de pagamento após a sua recepção pelo prestador de serviços de pagamento do ordenante.

2 — Caso uma operação de pagamento seja iniciada pelo beneficiário ou através deste, o ordenante não pode revogar a ordem de pagamento depois de ter comunicado ao beneficiário essa ordem ou o seu consentimento à execução da operação de pagamento.

3 — Todavia, no caso de débito directo e sem prejuízo dos direitos de reembolso, o ordenante pode revogar a ordem de pagamento até ao final do dia útil anterior ao dia acordado para o débito dos fundos.

4 — No caso referido nos n.ᵒˢ 4 e 5 do artigo 75.º, o utilizador de serviços de pagamento pode revogar uma ordem de pagamento até ao final do dia útil anterior à data acordada.

5 — Decorridos os prazos especificados nos n.ᵒˢ 1 a 4, a ordem de pagamento só pode ser revogada se tal tiver sido acordado entre o utilizador e o respectivo prestador de serviços de pagamento.

6 — Nos casos das operações de pagamento indicadas nos n.ᵒˢ 2 e 3, para além do acordo referido no n.º 5, é também necessário o acordo do beneficiário.

7 — Mediante cláusula expressa do contrato quadro, o prestador do serviço de pagamento pode cobrar encargos pela revogação.

ART. 78.º (Montantes transferidos e recebidos) — 1 — O prestador de serviços de pagamento do ordenante, o prestador de serviços de pagamento do beneficiário, e os eventuais intermediários de ambos os prestadores de serviços de pagamento, estão obrigados a transferir o montante integral da operação de pagamento e a abster-se de deduzir quaisquer encargos do montante transferido.

2 — Todavia, o beneficiário e o respectivo prestador de serviços de pagamento podem acordar em que este último deduza os seus próprios encargos do montante objecto de transferência antes de o creditar ao beneficiário.

3 — No caso referido no número anterior, o montante integral da operação de pagamento e os encargos devem ser indicados separadamente nas informações a dar ao beneficiário.

4 — Se do montante transferido forem deduzidos quaisquer encargos não acordados nos termos do n.º 2:

a) O prestador do serviço de pagamento do ordenante deve assegurar que o beneficiário recebe o montante integral da operação de pagamento iniciada pelo ordenante;

b) O prestador de serviços de pagamento do beneficiário deve assegurar que este recebe o montante integral da operação, nas operações iniciadas pelo beneficiário ou através dele.

SUBSECÇÃO II — **Prazo de execução e data-valor**

ART. 79.º (Âmbito de aplicação) — 1 — A presente subsecção aplica-se às operações de pagamento em euros.

ACESSO À ACTIVIDADE DAS INSTITUIÇÕES DE PAGAMENTO   [**DL n.º 317/2009**]   509

2 — A presente subsecção é ainda aplicável às operações de pagamento realizadas nas moedas dos Estados membros não pertencentes à zona euro, salvo acordo em contrário entre o utilizador e o respectivo prestador de serviços de pagamento, sendo que as partes não podem, no entanto, afastar a aplicação do disposto no artigo 84.º.

3 — Quando o utilizador e o respectivo prestador de serviços de pagamento acordem num prazo mais longo do que os fixados no artigo 80.º para as operações de pagamento intracomunitárias, esse prazo não pode ser superior a quatro dias úteis a contar do momento da recepção nos termos do artigo 75.º.

ART. 80.º (Operações de pagamento para uma conta de pagamento) — 1 — O prestador de serviços de pagamento do ordenante deve garantir que, após o momento da recepção da ordem de pagamento nos termos do artigo 75.º, o montante objecto da operação seja creditado na conta do prestador de serviços de pagamento do beneficiário até ao final do 1.º dia útil seguinte.

2 — No caso das operações de pagamento transfronteiriças, até 1 de Janeiro de 2012, o ordenante e o respectivo prestador de serviços de pagamento podem convencionar um prazo mais longo, que não pode exceder três dias úteis.

3 — Os prazos referidos nos números anteriores podem ser prorrogados por mais um dia útil no caso das operações de pagamento emitidas em suporte de papel.

4 — O prestador de serviços de pagamento do beneficiário deve estabelecer a data-valor e disponibilizar o montante da operação de pagamento na conta de pagamento do beneficiário após receber os fundos nos termos do artigo 84.º.

5 — O prestador de serviços de pagamento do beneficiário deve transmitir as ordens de pagamento emitidas pelo beneficiário ou através deste ao prestador de serviços de pagamento do ordenante dentro dos prazos acordados entre o beneficiário e o respectivo prestador de serviços de pagamento, por forma a permitir a liquidação, em relação aos débitos directos, na data de execução acordada.

ART. 81.º (Inexistência de conta de pagamento do beneficiário junto do prestador de serviços de pagamento) — Caso o beneficiário não disponha de uma conta de pagamento junto do prestador de serviços de pagamento, os fundos são colocados à disposição do beneficiário pelo prestador de serviços de pagamento que recebe os fundos por conta do beneficiário no prazo fixado no artigo 80.º.

ART. 82.º (Depósitos em numerário numa conta de pagamento) — 1 — Caso um consumidor efectue um depósito em numerário numa conta de pagamento junto do prestador desse serviço de pagamento e na moeda dessa conta de pagamento, o prestador de serviços de pagamento deve assegurar que o montante seja disponibilizado imediatamente após o momento de recepção dos fundos e com data-valor coincidente com esse momento.

2 — Caso o utilizador do serviço de pagamento não seja um consumidor, o montante deve ser disponibilizado e ser-lhe atribuída data-valor o mais tardar no dia útil subsequente ao da recepção dos fundos.

ART. 83.º (Operações de pagamento nacionais) — 1 — Nas transferências internas, e na ausência de estipulação em contrário, as quantias em dinheiro devem ser creditadas na conta do beneficiário no próprio dia, se a transferência se efectuar entre contas sediadas no mesmo prestador de serviços de pagamento, sendo a data--valor e a data de disponibilização a do momento do crédito.

2 — Às transferências internas entre contas de pagamento sediadas em prestadores de serviços de pagamento diferentes não é aplicável o disposto no n.º 2 do artigo 80.º.

ART. 84.º (Data-valor e disponibilidade dos fundos) — 1 — A data-valor atribuída ao crédito na conta de pagamento do beneficiário deve ser, no máximo, o dia útil em que o montante da operação de pagamento é creditado na conta do prestador de serviços de pagamento do beneficiário.

2 — O prestador de serviços de pagamento do beneficiário deve garantir que o montante da operação de pagamento fique à disposição do beneficiário imediatamente após ter sido creditado na conta de pagamento do prestador de serviços de pagamento do beneficiário.

3 — A data-valor do débito na conta de pagamento do ordenante não pode ser anterior ao momento em que o montante da operação de pagamento é debitado nessa conta de pagamento.

SUBSECÇÃO III — **Responsabilidade**

ART. 85.º (Identificadores únicos incorrectos) — 1 — Se uma ordem de pagamento for executada em conformidade com o identificador único, considera-se que foi executada correctamente no que diz respeito ao beneficiário especificado no identificador único.

2 — Se o identificador único fornecido pelo utilizador de serviços de pagamento for incorrecto, o prestador de serviços de pagamento não é responsável, nos termos do artigo 86.º, pela não execução ou pela execução deficiente da operação de pagamento.

3 — No entanto, o prestador de serviços de pagamento do ordenante deve envidar esforços razoáveis para recuperar os fundos envolvidos na operação de pagamento, podendo cobrar ao utilizador do serviço de pagamento encargos por essa recuperação, caso tal seja acordado no contrato quadro.

510   [DL n.º 317/2009]   OPERAÇÕES BANCÁRIAS E FINANCEIRAS

4 — Não obstante o utilizador de serviços de pagamento poder fornecer informações adicionais às especificadas na alínea *a*) do n.º 1 do artigo 48.º ou na alínea *b*) do n.º 2 do artigo 53.º, o prestador de serviços de pagamento apenas é responsável pela execução das operações de pagamento em conformidade com o identificador único fornecido pelo utilizador de serviços de pagamento.

ART. 86.º (Não execução ou execução deficiente de ordens de pagamento emitidas pelo ordenante) — 1 — Caso uma ordem de pagamento seja emitida pelo ordenante, a responsabilidade pela execução correcta da operação de pagamento perante o ordenante cabe ao respectivo prestador de serviços de pagamento, sem prejuízo do artigo 69.º, dos n.ºs 2 e 3 do artigo 85.º e do artigo 90.º.

2 — Se o prestador de serviços de pagamento do ordenante puder provar ao ordenante e, se for caso disso, ao prestador de serviços de pagamento do beneficiário que este último recebeu o montante da operação de pagamento nos termos do n.º 1 do artigo 80.º, a responsabilidade pela execução correcta da operação de pagamento perante o beneficiário caberá ao prestador de serviços de pagamento do beneficiário.

3 — Caso a responsabilidade caiba ao prestador de serviços de pagamento do ordenante nos termos do n.º 1, este deve reembolsar o ordenante, sem atrasos injustificados, do montante da operação de pagamento não executada ou incorrectamente executada e, se for caso disso, repor a conta de pagamento debitada na situação em que estaria se não tivesse ocorrido a execução incorrecta da operação de pagamento.

4 — Caso a responsabilidade caiba ao prestador do serviço de pagamento do beneficiário nos termos do n.º 2, este deve, imediatamente, creditar o montante correspondente na conta de pagamento do beneficiário ou pôr à disposição do beneficiário o montante da operação de pagamento.

5 — No caso de uma operação de pagamento não executada ou incorrectamente executada em que a ordem de pagamento seja emitida pelo ordenante, o respectivo prestador de serviços de pagamento deve, independentemente da responsabilidade incorrida por força dos n.ºs 1 e 2, e se tal lhe for solicitado, envidar imediatamente esforços para rastrear a operação de pagamento e notificar o ordenante dos resultados obtidos.

6 — Para além da responsabilidade prevista nos números anteriores, os prestadores de serviços de pagamento são responsáveis perante os utilizadores dos respectivos serviços de pagamento por quaisquer encargos cuja responsabilidade lhes caiba e por quaisquer juros a que estejam sujeitos os utilizadores do serviço de pagamento em consequência da não execução ou da execução incorrecta da operação de pagamento.

ART. 87.º (Não execução ou execução deficiente de ordens de pagamento emitidas pelo beneficiário ou através deste) — 1 — Caso uma ordem de pagamento seja emitida pelo beneficiário ou através deste, cabe ao respectivo prestador de serviços de pagamento, sem prejuízo do disposto no artigo 69.º, nos n.ºs 2 e 3 do artigo 85.º e no artigo 90.º, a responsabilidade perante o beneficiário pela transmissão correcta da ordem de pagamento ao prestador de serviços de pagamento do ordenante, nos termos do n.º 5 do artigo 80.º.

2 — Nos casos do número anterior, o prestador de serviços de pagamento do beneficiário deve retransmitir imediatamente a ordem de pagamento em questão ao prestador de serviços de pagamento do ordenante.

3 — Não obstante o disposto no número anterior, cabe ao prestador de serviços de pagamento do beneficiário, sem prejuízo do disposto no artigo 69.º, nos n.ºs 2 e 3 do artigo 85.º e no artigo 90.º, a responsabilidade perante o beneficiário pelo tratamento da operação de pagamento nos termos das suas obrigações decorrentes do artigo 84.º.

4 — Caso o prestador de serviços de pagamento do beneficiário seja responsável nos termos do número anterior, deve garantir que o montante da operação de pagamento fique à disposição do beneficiário imediatamente após ter sido creditado na conta do prestador de serviços de pagamento do beneficiário.

5 — No caso de uma operação de pagamento não executada ou incorrectamente executada cuja responsabilidade não caiba ao prestador de serviços de pagamento do beneficiário nos termos dos números anteriores, cabe ao prestador de serviços de pagamento do ordenante a responsabilidade perante o ordenante.

6 — No caso referido no número anterior, o prestador de serviços de pagamento do ordenante deve, se for caso disso e sem atraso injustificado, reembolsar o ordenante do montante da operação de pagamento não executada ou incorrectamente executada e repor a conta de pagamento debitada na situação em que a mesma estaria se não tivesse ocorrido a execução incorrecta da operação de pagamento.

7 — No caso de uma operação de pagamento não executada ou incorrectamente executada em que a ordem de pagamento seja emitida pelo beneficiário ou através deste, o respectivo prestador de serviços de pagamento deve, independentemente da responsabilidade incorrida por força do presente artigo e se tal lhe for solicitado, envidar imediatamente esforços para rastrear a operação de pagamento e notificar o beneficiário dos resultados obtidos.

8 — Para além da responsabilidade prevista nos números anteriores, os prestadores de serviços de pagamento são responsáveis perante os utilizadores dos respectivos serviços de pagamento por quaisquer encargos cuja responsabilidade lhes caiba e por quaisquer juros a que estejam sujeitos os utilizadores do serviço de pagamento em consequência da não execução ou da execução incorrecta da operação de pagamento.

ART. 88.º (Indemnização suplementar) — O disposto nos artigos 85.º e 87.º não prejudica o direito a indemnização suplementar nos termos da legislação aplicável ao contrato.

ACESSO À ACTIVIDADE DAS INSTITUIÇÕES DE PAGAMENTO [DL n.º 317/2009] 511

ART. 89.º (Direito de regresso) — 1 — Caso a responsabilidade de um prestador de serviços de pagamento nos termos dos artigos 86.º e 87.º seja imputável a outro prestador de serviços de pagamento, ou a um intermediário, esse prestador de serviços de pagamento ou esse intermediário devem indemnizar o primeiro prestador de serviços de pagamento por quaisquer perdas sofridas ou montantes pagos por força dos artigos 86.º e 87.º.

2 — Pode ser fixada uma indemnização suplementar, nos termos de acordos celebrados entre prestadores de serviços de pagamento, ou entre estes e eventuais intermediários, bem como da legislação aplicável a tais acordos.

ART. 90.º (Força maior) — A responsabilidade prevista nos artigos 79.º a 89.º não é aplicável em caso de circunstâncias anormais e imprevisíveis alheias à vontade da parte que as invoca, se as respectivas consequências não tivessem podido ser evitadas apesar de todos os esforços desenvolvidos, ou caso o prestador de serviços de pagamento esteja vinculado por outras obrigações legais, nomeadamente as relacionadas com a prevenção do branqueamento de capitais e de financiamento do terrorismo.

Secção IV — **PROTECÇÃO DE DADOS**

ART. 91.º (Protecção de dados) — 1 — O tratamento de dados pessoais pelos sistemas de pagamento e pelos prestadores de serviços de pagamento é permitido apenas na medida necessária à salvaguarda da prevenção, da investigação e da detecção de fraudes em matéria de pagamentos, nos termos a definir em portaria do membro do Governo responsável pela área das finanças.

2 — O tratamento de dados pessoais a que se refere o número anterior deve ser realizado nos termos da Lei n.º 67/98, de 26 de Outubro.

TÍTULO IV — **RESOLUÇÃO EXTRAJUDICIAL DE LITÍGIOS E PROCEDIMENTO DE RECLAMAÇÃO**

ART. 92.º (Disponibilização de meios de resolução extrajudicial de litígios) — 1 — Sem prejuízo do acesso, pelos utilizadores de serviços de pagamento, aos meios judiciais competentes, os prestadores de serviços de pagamento devem oferecer aos respectivos utilizadores de serviços de pagamentos o acesso a meios extrajudiciais eficazes e adequados de reclamação e de reparação de litígios de valor igual ou inferior à alçada dos tribunais de 1.ª instância, respeitantes aos direitos e obrigações estabelecidos no título III do presente regime jurídico.

2 — A oferta referida no número anterior efectiva-se através da adesão dos prestadores de serviços de pagamento a pelo menos duas entidades autorizadas a realizar arbitragens ao abrigo do Decreto-Lei n.º 425/86, de 27 de Dezembro, ou a duas entidades registadas no sistema de registo voluntário de procedimentos de resolução extrajudicial de conflitos de consumo, instituído pelo Decreto-Lei n.º 146/99, de 4 de Maio.

3 — As entidades escolhidas pelos prestadores de serviços de pagamento devem observar os princípios aplicáveis aos organismos responsáveis pela resolução extrajudicial de conflitos de consumo estabelecidos na Recomendação, da Comissão das Comunidades Europeias, n.º 98/257/CE, de 30 de Março.

4 — Os prestadores de serviços podem, em complemento à oferta dos meios anteriormente referidos, submeter os litígios mencionados no n.º 1 à intervenção de um provedor do cliente ou de entidade análoga, designado de acordo com os princípios formulados na Recomendação n.º 98/257/CE, da Comissão das Comunidades Europeias, de 30 de Março.

5 — Os prestadores de serviços devem ainda assegurar que a resolução de litígios transfronteiras seja encaminhada para entidade signatária do protocolo de adesão à rede FIN-NET de cooperação na resolução extrajudicial de litígios transfronteiras no sector financeiro, podendo a escolha recair sobre uma das entidades mencionadas nos números anteriores.

6 — Os prestadores de serviços comunicam ao Banco de Portugal as entidades a que hajam aderido nos termos do n.º 2, no prazo de 15 dias após a adesão.

ART. 93.º (Reclamação para o Banco de Portugal) — 1 — Sem prejuízo do acesso aos meios judiciais competentes, os utilizadores de serviços de pagamento, ou as suas associações representativas, bem como os demais interessados, podem apresentar, directamente ao Banco de Portugal, reclamações fundadas no incumprimento de normas do título III do presente regime jurídico por parte dos prestadores de serviços de pagamento.

2 — Na sua resposta, o Banco de Portugal informa os reclamantes da existência de meios de resolução extrajudicial de litígios, sempre que as reclamações não possam ser resolvidas através das medidas que lhe caiba legalmente adoptar ou que a respectiva matéria não caiba nas suas competências legais.

3 — Às reclamações previstas neste artigo é aplicável, com as necessárias adaptações, o regime das reclamações dos clientes das instituições de crédito estabelecido no artigo 77.º-A do RGICSF.

512   [DL n.º 317/2009]   OPERAÇÕES BANCÁRIAS E FINANCEIRAS

TÍTULO V — REGIME CONTRA-ORDENACIONAL

ART. 94.º (Infracções) — 1 — São puníveis com coima de € 3 000 a € 1 500 000 ou de € 1 000 a € 500 000, consoante seja aplicada a ente colectivo ou a pessoa singular, as seguintes infracções:

a) A prestação de serviços de pagamentos por intermédio de agentes sem que tenha sido dado cumprimento ao disposto no n.º 2 do artigo 18.º;

b) A inobservância das condições estabelecidas no artigo 19.º, no que se refere à comissão a terceiros de funções operacionais de relevo;

c) A não constituição de sociedade comercial que tenha como objecto exclusivo a prestação de serviços de pagamento, quando determinada pelo Banco de Portugal nos termos do n.º 2 do artigo 34.º;

d) A inobservância do dever de arquivo previsto no artigo 36.º;

e) A violação das regras sobre alteração e denúncia de contratos quadro previstas nos n.ᵒˢ 4, 6 e 7 do artigo 55.º e no n.º 3 do artigo 56.º;

f) A realização de pagamentos em moeda diversa daquela que foi acordada entre as partes, em violação do disposto no n.º 1 do artigo 60.º;

g) A ausência de desbloqueamento ou de substituição de um instrumento de pagamento, em violação do disposto no n.º 4 do artigo 66.º;

h) A recusa de execução de ordens de pagamento, em violação do disposto no n.º 1 do artigo 76.º;

i) A inobservância dos prazos de execução, datas-valor e datas de disponibilização previstos nos artigos 79.º a 84.º;

j) A inobservância, pelos prestadores de serviços de pagamento, dos deveres relativos à disponibilização de meios extrajudiciais eficazes e adequados de reclamação e de reparação de litígios, nos termos previstos no artigo 92.º;

l) As condutas previstas e punidas nas alíneas *a)*, *b)*, *d)*, *f)* e *i)* do artigo 210.º do RGICSF, quando praticadas no âmbito da actividade das instituições de pagamento.

2 — A violação do dever de informação sobre encargos adicionais ou reduções, previsto no artigo 61.º, quando tal dever recaia sobre o beneficiário ou terceiro que não seja o prestador do serviço de pagamento, é punível nos termos do artigo 21.º do Decreto-Lei n.º 57/2008, de 26 de Março, competindo à Autoridade de Segurança Alimentar e Económica (ASAE) a instrução dos correspondentes processos de contra-ordenação.

ART. 95.º (Infracções especialmente graves) — São puníveis com coima de € 10 000 a € 5 000 000 ou de € 4 000 a € 2 000 000, consoante seja aplicada a ente colectivo ou a pessoa singular, as infracções adiante referidas:

a) A prestação de informações contabilísticas ao Banco de Portugal com inobservância do disposto no artigo 33.º;

b) A violação das regras sobre requisitos de informação e comunicações previstas nos artigos 42.º, 45.º, 47.º a 50.º, 52.º a 55.º, 57.º a 61.º, no n.º 3 do artigo 66.º, nos n.ᵒˢ 2 e 3 do artigo 76.º, no n.º 3 do artigo 78.º, no n.º 5 do artigo 86.º e no n.º 7 do artigo 87.º;

c) A violação das regras sobre cobrança de encargos previstas no artigo 43.º, nos n.ᵒˢ 2, 4 e 5 do artigo 56.º, no artigo 63.º, no n.º 4 do artigo 76.º, no n.º 7 do artigo 77.º, nos n.ᵒˢ 1 e 2 do artigo 78.º e no n.º 3 do artigo 85.º;

d) A realização de operações de pagamento não autorizadas pelo ordenante, por inexistência ou por retirada do seu consentimento para a execução das mesmas, em violação do disposto no artigo 65.º;

e) O incumprimento das obrigações associadas aos instrumentos de pagamento previstas no artigo 68.º;

f) O incumprimento das obrigações de reembolso e pagamento previstas no n.º 1 do artigo 71.º, no n.º 1 do artigo 73.º, nos n.ᵒˢ 2 e 3 do artigo 74.º, nos n.ᵒˢ 3 e 4 do artigo 86.º e nos n.ᵒˢ 4 e 6 do artigo 87.º;

g) A violação das normas limitadoras da responsabilidade do ordenante previstas no artigo 72.º;

h) O incumprimento da obrigação de pagamento do montante integral ao beneficiário prevista no n.º 4 do artigo 78.º;

i) O incumprimento das obrigações de recuperação dos fundos e de rastreamento das operações de pagamento previstas no n.º 3 do artigo 85.º, no n.º 5 do artigo 86.º e no n.º 7 do artigo 87.º;

j) As violações de preceitos imperativos contidos em regulamentos emitidos pelo Banco de Portugal ao abrigo da alínea *c)* do n.º 1 do artigo 6.º, não previstas no presente artigo ou no artigo seguinte;

l) A prática não autorizada, por quaisquer indivíduos ou entidades, da actividade de prestação de serviços de pagamento;

m) O exercício, pelas instituições de pagamento, de actividades não incluídas no seu objecto legal, ou a prestação de serviços de pagamento não incluídos na respectiva autorização;

n) A concessão de crédito, pelas instituições de pagamento, fora das condições e dos limites estabelecidos ao abrigo do artigo 9.º;

o) A utilização, pelas instituições de pagamento, dos fundos provenientes dos utilizadores dos serviços de pagamento para fins distintos da execução desses serviços;

p) A violação, pelas instituições de pagamento, do dever de utilizar as contas de pagamento de que sejam titulares exclusivamente para a realização de operações de pagamento;

q) A realização de alterações estatutárias previstas no artigo 15.º, quando não precedidas de autorização do Banco de Portugal;

ACESSO À ACTIVIDADE DAS INSTITUIÇÕES DE PAGAMENTO   [DL n.º 317/2009]   513

r) A inobservância das normas prudenciais constantes dos artigos 29.º, 30.º, sem prejuízo do n.º 3 do mesmo artigo, e 31.º, sem prejuízo do n.º 3 do mesmo artigo, quando dela resulte ou possa resultar grave prejuízo para o equilíbrio financeiro da entidade em causa;

s) A inobservância dos requisitos de protecção dos fundos definidos no artigo 32.º, incluindo o incumprimento de determinações emitidas pelo Banco de Portugal ao abrigo do n.º 6 daquele artigo;

t) As condutas previstas e punidas nas alíneas *c*), *e*), *f*), *g*), *l*), *m*), *o*), *p*), *q*) e *r*) do artigo 211.º do RGICSF, quando praticadas no âmbito da actividade das instituições de pagamento.

ART. 96.º (Sanções acessórias) — 1 — Conjuntamente com as coimas, podem ser aplicadas ao responsável por qualquer das contra-ordenações previstas nos artigos 94.º e 95.º as seguintes sanções acessórias, em função da gravidade da infracção e da culpa do agente:

a) Publicação da decisão condenatória;

b) Apreensão e perda do objecto da infracção, incluindo o produto económico desta, com observância do disposto nos artigos 22.º a 26.º do Decreto-Lei n.º 433/82, de 27 de Outubro;

c) Suspensão do exercício do direito de voto atribuído aos sócios das instituições de pagamento, por um período de 1 a 10 anos;

d) Inibição do exercício de cargos sociais e de funções de administração, direcção, gerência ou chefia em instituições de crédito, sociedades financeiras e instituições de pagamento, por um período de seis meses a três anos, no caso de infracções previstas no artigo 94.º, ou de 1 a 10 anos, no caso de infracções previstas no artigo 95.º;

e) Interdição, no todo ou em parte, por um período até três anos, do exercício da actividade de prestação dos serviços de pagamento enumerados no artigo 4.º.

2 — A publicação a que se refere a alínea *a*) do número anterior é efectuada:

a) No caso de decisões do Banco de Portugal que se tenham tornado já definitivas, na página na Internet do Banco de Portugal e, a expensas do infractor, num jornal de larga difusão na localidade da sede ou do estabelecimento permanente do mesmo ou, se este for uma pessoa singular, na localidade da sua residência;

b) No caso de decisões do Banco de Portugal que tenham sido objecto de impugnação judicial, na página na Internet do Banco de Portugal, com menção expressa do carácter não definitivo da decisão condenatória por interposição de recurso da mesma.

ART. 97.º (Agravamento da coima) — Sem prejuízo do disposto na alínea *b*) do n.º 1 do artigo anterior, se o dobro do benefício económico exceder o limite máximo da coima aplicável, este é elevado àquele valor.

ART. 98.º (Tentativa e negligência) — A tentativa e a negligência são sempre puníveis, sendo, nesse caso, reduzidos a metade os limites mínimo e máximo das coimas previstas nos artigos 94.º e 95.º.

ART. 99.º (Regime aplicável) — Em tudo o que não se encontre previsto nos artigos anteriores, é aplicável o regime respeitante ao ilícito de mera ordenação social estabelecido nos artigos 201.º e seguintes do RGICSF, com as necessárias adaptações.

TÍTULO VI — **DISPOSIÇÕES COMPLEMENTARES, TRANSITÓRIAS E FINAIS**

ART. 100.º (Débitos directos) — O regime estabelecido pelo presente regime jurídico não afecta a validade das autorizações de débito em conta existentes à data da sua entrada em vigor, valendo as mesmas como consentimento expresso do ordenante para a execução de débitos directos.

ART. 101.º (Adaptação dos contratos em vigor) — 1 — O regime constante do presente regime jurídico não prejudica a validade dos contratos em vigor relativos aos serviços de pagamento nele regulados, sendo-lhes desde logo aplicáveis as disposições do presente regime jurídico que se mostrem mais favoráveis aos utilizadores de serviços de pagamento.

2 — Sem prejuízo do disposto no número anterior, os prestadores de serviços de pagamento devem adaptar os contratos vigentes antes da entrada em vigor do presente regime jurídico, relativos aos serviços de pagamento que prestem aos utilizadores de serviços de pagamento que sejam seus clientes, às disposições constantes do presente regime, a partir da data da sua entrada em vigor e no prazo máximo de seis meses.

3 — Os prestadores de serviços de pagamento devem remeter aos utilizadores de serviços de pagamento que sejam seus clientes uma cópia integral das condições contratuais que resultem das adaptações efectuadas nos termos do n.º 1, pela forma que haja sido acordada com eles ou, caso não exista acordo, por carta, na qual esteja evidenciado o essencial das adaptações efectuadas, se informe em que condições as referidas adaptações se têm por tacitamente aceites pelos utilizadores, nos termos definidos no artigo 102.º, e se identifique a forma que o utilizador deve usar para comunicar a sua eventual não aceitação das adaptações efectuadas.

ART. 102.º (Consentimento) — As condições contratuais propostas pelos prestadores de serviços de pagamento nos termos do artigo 101.º consideram-se tacitamente aceites pelos utilizadores de serviços de pagamento se:

514 [DL n.º 317/2009] OPERAÇÕES BANCÁRIAS E FINANCEIRAS

a) Estes não manifestarem a sua oposição nos dois meses seguintes à recepção das aludidas condições; ou

b) Estes solicitarem ao prestador de serviços de pagamento quaisquer novos serviços ao abrigo dos contratos adaptados, conquanto o façam decorrido pelo menos um mês após a comunicação dessas adaptações.

ART. 103.º (Encargos) — Os prestadores de serviços de pagamento não podem debitar aos utilizadores de serviços de pagamento quaisquer quantias:

a) Pela adaptação dos contratos em cumprimento do disposto no artigo 101.º;

b) Pela comunicação efectuada nos termos do n.º 3 do mesmo artigo; e

c) Pela rescisão dos contratos decorrente da oposição expressa dos clientes, sem prejuízo de outras obrigações constituídas ao abrigo do contrato rescindido.

ANEXO II
(a que se refere o n.º 2 do artigo 2.º)

O cálculo dos requisitos de fundos próprios a que se refere o artigo 31.º do regime jurídico constante do anexo I realiza-se em conformidade com um dos métodos descritos no presente anexo.

I — Método das despesas gerais fixas:

1 — As instituições de pagamento devem possuir fundos próprios de montante pelo menos equivalente a 10% do valor das suas despesas gerais fixas do ano anterior.

2 — O Banco de Portugal pode ajustar este requisito nos casos em que ocorra uma alteração significativa na actividade da instituição de pagamento desde o ano anterior.

3 — Enquanto a instituição de pagamento não tiver completado um ano de actividade (na data do cálculo), e a partir do dia em que esta tenha início, o requisito de fundos próprios deve ser de 10% do valor das despesas gerais fixas previstas para o primeiro ano no seu plano de actividades previsional.

4 — O Banco de Portugal pode exigir um ajustamento desse plano, nomeadamente nos casos em que se tenha verificado uma divergência significativa face às previsões.

II — Método do volume de pagamentos:

1 — As instituições de pagamento devem possuir fundos próprios de montante pelo menos equivalente à soma dos seguintes elementos, multiplicada por um factor de escala k definido abaixo:

i) 4% da parte do volume de pagamentos até € 5 milhões; mais

ii) 2,5% da parte do volume de pagamentos acima de € 5 milhões e até € 10 milhões; mais

iii) 1% da parte do volume de pagamentos acima de € 10 milhões e até € 100 milhões; mais

iv) 0,5% da parte do volume de pagamentos acima de € 100 milhões e até € 250 milhões; mais

v) 0,25% da parte do volume de pagamentos acima de € 250 milhões.

O factor de escala k é de:

a) 0,5 caso a instituição de pagamento apenas preste o serviço de pagamento indicado na alínea *f)* do artigo 4.º do regime jurídico constante do anexo I;

b) 0,8 caso a instituição de pagamento preste o serviço de pagamento indicado na alínea *g)* do artigo 4.º do regime jurídico constante do anexo I;

c) 1,0 caso a instituição de pagamento preste qualquer dos serviços de pagamento enumerados nas alíneas *a)* a *e)* do artigo 4.º do regime jurídico constante do anexo I.

2 — O «volume de pagamentos» corresponde a um duodécimo do montante total das operações de pagamento executadas pela instituição de pagamento no ano anterior. Enquanto a instituição de pagamento não tiver completado um ano de actividade (na data do cálculo), e a partir do dia em que esta tenha início, o volume de pagamentos deve ter por base o valor do volume de pagamentos previsto para o primeiro ano no seu plano de actividades previsional. O Banco de Portugal pode exigir um ajustamento desse plano, nomeadamente nos casos em que se tenha verificado uma divergência significativa face às previsões.

III — Método do indicador relevante:

1 — As instituições de pagamento devem possuir fundos próprios de montante pelo menos equivalente à soma dos seguintes elementos, multiplicado por um factor de escala k definido abaixo:

i) 10% da parte do indicador relevante até € 2,5 milhões;

ii) 8% da parte do indicador relevante acima de € 2,5 milhões e até € 5 milhões;

iii) 6% da parte do indicador relevante acima de € 5 milhões e até € 25 milhões;

iv) 3% da parte do indicador relevante acima de € 25 milhões e até € 50 milhões;

v) 1,5% da parte do indicador relevante acima de € 50 milhões.

O factor de escala k é de:

a) 0,5 caso a instituição de pagamento apenas preste o serviço de pagamento indicado na alínea *f)* do artigo 4.º do regime jurídico constante do anexo I;

b) 0,8 caso a instituição de pagamento preste o serviço de pagamento indicado na alínea *g)* do artigo 4.º do regime jurídico constante do anexo I;

ACESSO A SERVIÇOS MÍNIMOS BANCÁRIOS [DL n.º 27-C/2000] 515

c) 1,0 caso a instituição de pagamento preste qualquer dos serviços de pagamento enumerados nas alíneas *a*) a *e*) do artigo 4.º do regime jurídico constante do anexo I.

2 — O «indicador relevante» consiste na soma dos seguintes elementos:

Receitas de juros;

Encargos com juros;

Comissões recebidas; e

Outros proveitos de exploração.

Os elementos definidos têm por base as categorias contabilísticas respeitantes à conta de ganhos e perdas das instituições de pagamento. Cada um dos elementos deve ser incluído na soma com o respectivo sinal positivo ou negativo.

As receitas extraordinárias ou irregulares não devem ser consideradas no cálculo do indicador relevante. As comissões pagas por serviços prestados por terceiros *(outsourcing)* podem contribuir para reduzir o indicador relevante se forem incorridas por uma instituição sujeita à supervisão do Banco de Portugal por força do disposto no regime jurídico constante do anexo I.

O indicador relevante é calculado com base nas observações anuais reportadas ao final do exercício financeiro imediatamente anterior.

Quando não se encontrarem disponíveis dados auditados, podem ser utilizadas estimativas.

3 — Sem prejuízo do disposto no n.º 1, para as instituições de pagamento sujeitas ao método do indicador relevante os seus fundos próprios não podem ser inferiores a 80% da média do indicador relevante para os três últimos exercícios financeiros.

7.1.2. ACESSO A SERVIÇOS MÍNIMOS BANCÁRIOS

Decreto-Lei n.º 27-C/2000

de 10 de Março

ART. 1.º (Âmbito) – 1 – É instituído o sistema de acesso, pelas pessoas singulares, aos serviços mínimos bancários, nos termos e condições deste diploma e dos constantes das bases dos protocolos a ele anexas, do qual são parte integrante, a celebrar com as instituições de crédito que pretendam aderir a este sistema.

2 – Para o efeito deste diploma, entende-se por:

a) Serviços mínimos bancários – os serviços relativos à constituição, manutenção e gestão de conta de depósito à ordem e ainda cartão de débito que permita a movimentação da referida conta mediante transferência ou recuperação electrónica dos fundos nela depositados, instrumentos, manuais ou mecanográficos, de depósito, levantamento e transferência interbancária desses fundos e emissão de extractos semestrais discriminativos dos movimentos da conta nesse período ou disponibilização de caderneta para o mesmo efeito;

b) Instituições de crédito – as empresas cuja actividade consiste em receber do público depósitos ou outros fundos reembolsáveis, a fim de os aplicarem por conta própria mediante a concessão de crédito, previstas nas alíneas *a*) a *e*) do artigo 3.º do Regime Geral das Instituições de Crédito e Sociedades Financeiras, aprovado pelo Decreto-Lei n.º 298/92, de 31 de Dezembro;

c) Conta de depósito à ordem – entregas em numerário ou equivalente a instituição de crédito, para sua guarda, sendo a respectiva restituição exigível a todo o tempo sem qualquer encargo para o titular da conta;

d) Cartão de débito – instrumento de movimentação ou transferência electrónica de fundos, por recurso a terminais automáticos de pagamento ou levantamento instalados nas instituições de crédito ou em estabelecimentos comerciais;

e) Titular da conta – a pessoa singular com quem as instituições de crédito celebrem contratos de depósito, nos termos deste diploma.

3 – O acesso aos serviços mínimos bancários definidos no presente diploma será garantido através de uma única conta bancária aberta pelo respectivo titular junto de uma instituição de crédito, à sua escolha de entre aquelas que tenham aderido ao sistema.

ART. 2.º (Objecto) – 1 – As instituições de crédito aderentes disponibilizam às pessoas singulares que o solicitem, mediante celebração de contrato de depósito, o acesso à titularidade e utilização de conta bancária de depósito à ordem, bem como a possibilidade da sua movimentação a débito e a crédito.

2 – No âmbito do contrato de depósito referido no número anterior, as instituições de crédito aderentes fornecem ainda ao respectivo titular um cartão de débito que lhe permita movimentar a referida conta mediante transferência ou recuperação electrónica dos fundos nela depositados, bem como instrumentos, manuais ou mecanográficos de depósito, levantamento e transferência interbancária desses fundos e extractos semestrais discriminativos dos movimentos da conta nesse período, salvo se a conta for servida de caderneta que permita o registo actualizado desses movimentos.

516 [DL n.º 27-C/2000]   OPERAÇÕES BANCÁRIAS E FINANCEIRAS

3 – As instituições de crédito aderentes utilizam, para efeitos de abertura da conta, impresso que classificam, no topo do documento, em lugar reservado à identificação do tipo de conta, com a expressão «Serviços mínimos bancários», e dele dá cópia ao titular da conta.

ART. 3.º (Custos, taxas, encargos ou despesas) – 1 – Sem prejuízo do disposto no n.º 2 deste artigo e no n.º 5 do artigo 4.º, pelos serviços referidos no artigo 2.º, quando prestados ao abrigo do presente diploma, não podem ser cobrados, pelas instituições de crédito, custos, taxas, encargos ou despesas que, anualmente, e no seu conjunto, representem valor superior ao equivalente a 1% do ordenado mínimo nacional.

2 – O titular da conta suporta os custos normalmente praticados pela respectiva instituição de crédito pela emissão do cartão de débito caso venha a solicitar a substituição deste cartão antes de decorridos 18 meses sobre a data da respectiva emissão, salvo se a sua validade for inferior a este prazo.

ART. 4.º (Abertura da conta, recusa legítima e resolução) – 1 – As instituições de crédito aderentes farão inserir nos impressos de abertura de conta, ou em documento a eles anexo, uma declaração emitida pelo candidato à conta e por este assinada, donde conste que não é titular de outra conta bancária, bem como autoriza a instituição de crédito a confirmar, através do respectivo número de identificação fiscal, junto das entidades gestoras dos sistemas de funcionamento dos cartões de crédito e débito, a inexistência de qualquer cartão daquela natureza a favor do declarante.

2 – A recusa da declaração ou da assinatura referidas no número anterior impede o acesso aos serviços mínimos bancários.

3 – As instituições de crédito aderentes, previamente à declaração e autorização referidas no n.º 1, informam o candidato à titularidade da conta do carácter facultativo das mesmas e as consequências enunciadas no número anterior.

4 – As instituições de crédito aderentes recusam a abertura da conta à ordem nos termos deste protocolo, sempre que a pessoa singular candidata à sua titularidade possua, à data do respectivo pedido de abertura, uma ou mais contas de depósito bancário, à ordem ou não, em instituição de crédito.

5 – As instituições de crédito aderentes podem resolver o contrato de depósito celebrado ao abrigo deste diploma caso o seu titular possua, durante a vigência daquele contrato, uma outra conta bancária em instituição de crédito, podendo ainda exigir do seu titular, se a ele houver lugar, o pagamento dos custos, taxas, encargos ou despesas, nas condições normalmente praticadas pela instituição de crédito para os serviços entretanto disponibilizados, desde que a instituição de crédito tenha advertido, previamente, o titular da conta desta possibilidade.

ART. 5.º (Cancelamento da conta) – As instituições de crédito aderentes podem denunciar o contrato de depósito decorrido pelo menos um ano após a sua abertura, devolvendo ao seu titular o eventual saldo depositado na conta, se nos seis meses anteriores à denúncia essa conta apresentar um saldo médio anual inferior a 7% do salário mínimo nacional.

ART. 6.º (Protecção de dados) – 1 – A consulta de dados junto das entidades gestoras dos sistemas de funcionamento dos cartões de crédito e débito, a que alude o n.º 1 do artigo 4.º, tem como finalidade exclusiva a confirmação da inexistência de qualquer cartão daquela natureza a favor do declarante e consequente direito de acesso aos serviços mínimos bancários, sendo apenas admitida quando realizada por instituição de crédito aderente ao sistema ora instituído.

2 – No âmbito da consulta referida no número anterior, autorizada pelo respectivo titular, encontra-se vedado às instituições de crédito aderentes o acesso a quaisquer outros dados para além da confirmação de inexistência de cartão de crédito ou débito a favor desse titular, designadamente os relativos às características ou identidade do cartão ou da conta à qual se encontre subordinado.

3 – As instituições de crédito aderentes garantem aos titulares das contas, nos impressos ou na declaração a que alude o n.º 1 do artigo 4.º, o direito à informação sobre a qualidade dos dados a consultar, a respectiva finalidade, bem como o direito dos titulares de acesso, rectificação e eliminação dos dados.

4 – A consulta referida no n.º 1 será realizada no momento da abertura da conta e durante a vigência do contrato de depósito à ordem celebrado no âmbito dos serviços mínimos bancários, tendo em vista a possibilidade de resolução prevista no n.º 5 do artigo 4.º, sendo o titular da conta informado desta faculdade em momento anterior à concessão da autorização.

5 – A declaração e confirmação a que se refere o n.º 1 do artigo 4.º não prejudica as demais limitações e obrigações impostas pela legislação relativa à protecção das pessoas singulares no que concerne ao tratamento de dados pessoais.

ART. 7.º (Adesão ao sistema) – O membro do Governo responsável pela área da defesa do consumidor, o Banco de Portugal e as instituições de crédito celebrarão protocolos nos termos das bases anexas a este diploma.

ART. 8.º (Entrada em vigor) – O presente diploma entra em vigor no dia seguinte ao da sua publicação.

ACESSO A SERVIÇOS MÍNIMOS BANCÁRIOS [DL n.º 27-C/2000] 517

BASES DE PROTOCOLO ANEXAS

Base I (Âmbito) – 1 – A instituição de crédito outorgante disponibiliza, às pessoas singulares que o solicitem, mediante celebração de contrato de depósito, o acesso à titularidade e utilização de conta bancária de depósito à ordem, bem como a possibilidade da sua movimentação a débito e a crédito.

2 – No âmbito do contrato de depósito referido no número anterior, a instituição de crédito outorgante fornece ainda ao respectivo titular um cartão de débito que lhe permita movimentar a referida conta mediante transferência ou recuperação electrónica dos fundos nela depositados, bem como instrumentos, manuais ou mecanográficos de depósito, levantamento e transferência interbancária desses fundos e extractos semestrais discriminativos dos movimentos da conta nesse período, salvo se a conta for servida de caderneta que permita o registo actualizado desses movimentos.

3 – A instituição de crédito outorgante utiliza, para efeitos de abertura da conta, impresso que classifica, no topo do documento, em lugar reservado à identificação do tipo de conta, com a expressão «Serviços mínimos bancários», e dele dá cópia ao titular da conta.

Base II (Definições) – Para o efeito deste protocolo, entende-se por:

a) Conta de depósito à ordem – entregas em numerário ou equivalente a instituição de crédito, para sua guarda, sendo a respectiva restituição exigível a todo o tempo sem qualquer encargo para o titular da conta;

b) Cartão de débito – instrumento de movimentação ou transferência electrónica de fundos, por recurso a terminais automáticos de pagamento ou levantamento instalados nas instituições de crédito ou em estabelecimentos comerciais;

c) Titular da conta – a pessoa singular com quem as instituições de crédito celebrem contratos de depósito, nos termos do Decreto-Lei n.º 27-C/2000, de 10 de Março, e do presente protocolo.

Base III (Custos, taxas, encargos ou despesas) – 1 – Sem prejuízo do disposto no n.º 2 desta base e no n.º 5 da base IV, pelos serviços referidos na base I, quando prestados ao abrigo do presente diploma, não podem ser cobrados, pela instituição de crédito, custos, taxas, encargos ou despesas que, anualmente, e no seu conjunto, representem valor superior ao equivalente a 1% do ordenado mínimo nacional.

2 – O titular da conta suporta os custos normalmente praticados pela instituição de crédito outorgante pela emissão do cartão de débito caso venha a solicitar a substituição deste cartão antes de decorridos 18 meses sobre a data da respectiva emissão, salvo se a sua validade for inferior a este prazo.

Base IV (Abertura da conta, recusa legítima e resolução) – 1 – A instituição de crédito outorgante fará inserir nos impressos de abertura de conta, ou em documento a eles anexo, uma declaração, emitida pelo candidato à conta bancária e por este assinada, donde conste que não é titular de outra conta bancária, bem como autoriza a instituição de crédito a confirmar, através do respectivo número de identificação fiscal, junto das entidades gestoras dos sistemas de funcionamento dos cartões de crédito e débito, a inexistência de qualquer cartão daquela natureza a favor do declarante.

2 – A recusa da declaração ou da assinatura referidas no número anterior impede o acesso aos serviços mínimos bancários.

3 – A instituição de crédito outorgante, previamente à declaração e autorização referidas no n.º 1, informa o candidato à titularidade da conta do carácter facultativo das mesmas e as consequências enunciadas no número anterior.

4 – A instituição de crédito outorgante recusa a abertura da conta à ordem nos termos deste protocolo, sempre que a pessoa singular candidata à sua titularidade possua, à data do respectivo pedido de abertura, uma ou mais contas de depósito bancário, à ordem ou não, em instituição de crédito.

5 – A instituição de crédito outorgante pode resolver o contrato de depósito celebrado ao abrigo deste protocolo caso o seu titular possua, durante a vigência daquele contrato, uma outra conta bancária em instituição de crédito, podendo ainda exigir do seu titular, se a ele houver lugar, o pagamento dos custos, taxas, encargos ou despesas, nas condições normalmente praticadas pela instituição de crédito para os serviços entretanto disponibilizados, desde que a instituição de crédito tenha advertido, previamente, o titular da conta desta possibilidade.

Base V (Cancelamento da conta) – A instituição de crédito outorgante pode denunciar o contrato de depósito decorrido pelo menos um ano após a sua abertura, devolvendo ao seu titular o eventual saldo depositado na conta, se nos seis meses anteriores à denúncia essa conta apresentar um saldo médio anual inferior a 7% do salário mínimo nacional.

Base VI (Protecção de dados) – 1 – A consulta de dados junto das entidades gestoras dos sistemas de funcionamento dos cartões de crédito e débito, a que alude o n.º 1 da base IV, tem como finalidade exclusiva a confirmação da inexistência de qualquer cartão daquela natureza a favor do declarante e consequente direito

518   [DL n.º 3/2010]   OPERAÇÕES BANCÁRIAS E FINANCEIRAS

de acesso aos serviços mínimos bancários, sendo apenas admitida quando realizada por instituição de crédito aderente ao sistema ora instituído.

2 – No âmbito da consulta referida no número anterior ao abrigo da autorização concedida pelo respectivo titular, encontra-se vedado às instituições de crédito aderentes o acesso a quaisquer outros dados para além da confirmação de inexistência de cartão de crédito ou débito a favor desse titular, designadamente os relativos às características ou identidade do cartão ou da conta à qual se encontre subordinado.

3 – As instituições de crédito aderentes garantem aos titulares das contas, nos impressos ou na declaração a que alude o n.º 1 da base IV, o direito à informação sobre a qualidade dos dados a consultar, a respectiva finalidade, bem como o direito dos titulares de acesso, rectificação e eliminação dos dados.

4 – A consulta referida no n.º 1 será realizada no momento da abertura da conta e durante a vigência do contrato de depósito à ordem celebrado no âmbito dos serviços mínimos bancários, tendo em vista a possibilidade de resolução prevista no n.º 5 da base IV, sendo o titular da conta informado desta faculdade em momento anterior à concessão da autorização.

5 – A declaração e confirmação a que se refere o n.º 1 da base IV não prejudica as demais limitações e obrigações impostas pela legislação relativa à protecção das pessoas singulares no que concerne ao tratamento de dados pessoais.

6 – A declaração e confirmação a que se refere o n.º 1 não prejudica as demais limitações e obrigações impostas pela legislação relativa à protecção das pessoas singulares no que concerne ao tratamento de dados pessoais.

Base VII (Entrada em vigor) – O presente protocolo produz efeitos após a sua assinatura.

7.1.3. ENCARGOS PELA PRESTAÇÃO DE SERVIÇOS DE PAGAMENTO E PELA REALIZAÇÃO DE OPERAÇÕES EM CAIXAS MULTIBANCO

Decreto-Lei n.º 3/2010

de 5 de Janeiro

ART. 1.º **(Objecto)** — O presente decreto-lei tem como objecto:

a) Proibir a cobrança de encargos pelas instituições de crédito nas operações, designadamente de levantamento, de depósito ou de pagamento de serviços, em caixas automáticas;

b) Proibir a cobrança de encargos pelos beneficiários de serviços de pagamento nas operações de pagamento através dos terminais de pagamento automáticos.

ART. 2.º **(Cobrança de encargos nas operações em caixas automáticas)** — Às instituições de crédito é vedado cobrar quaisquer encargos directos pela realização de operações bancárias em caixas automáticas, designadamente de levantamento, de depósito ou de pagamento de serviços.

ART. 3.º **(Cobrança de encargos por beneficiário dos serviços de pagamento)** — Ao beneficiário do serviço de pagamento é vedado exigir ao ordenante qualquer encargo pela utilização de um determinado instrumento de pagamento, para os efeitos do disposto na parte final da alínea *b)* do n.º 6 do artigo 63.º do Decreto-Lei n.º 317/2009, de 30 de Outubro, que criou o regime jurídico que regula o acesso à actividade das instituições de pagamento e a prestação de serviços de pagamento.

ART. 4.º **(Responsabilidade contra-ordenacional)** — 1 — A violação do disposto nos artigos 2.º e 3.º é punida com coima nos montantes e nos limites referidos nos n.ºˢ 1 e 2 do artigo 17.º do Decreto-Lei n.º 433/82, de 27 de Outubro, na sua redacção actual.

2 — A tentativa e a negligência são puníveis sendo, nesses casos, reduzidos a metade os limites mínimo e máximo das coimas previstas no número anterior.

ART. 5.º **(Fiscalização e aplicação das coimas)** — 1 — A fiscalização do disposto no presente decreto-lei, a instrução dos processos de contra-ordenação e a aplicação das respectivas coimas são da competência do Banco de Portugal.

2 — O valor das coimas reverte integralmente para o Estado, salvo quando sejam condenadas instituições de crédito, caso em que reverte integralmente para o Fundo de Garantia de Depósitos.

ART. 6.º **(Direito subsidiário)** — Em tudo o que não se encontre previsto no presente decreto-lei é aplicável o Decreto-Lei n.º 433/82, de 27 de Outubro, na sua redacção actual, que aprovou o regime geral das contra-ordenações.

CARTÕES DE PAGAMENTO   [ABdP n.º 11/2001]   519

7.1.4. CARTÕES DE PAGAMENTO

Aviso do Banco de Portugal n.º 11/2001

de 20 de Novembro

1.º Para efeitos deste aviso, considera-se:

a) «Cartão de crédito» qualquer instrumento de pagamento, para uso electrónico ou não, que seja emitido por uma instituição de crédito ou por uma sociedade financeira (adiante designadas por emitentes) que possibilite ao seu detentor (adiante designado por titular) a utilização de crédito outorgado pela emitente, em especial para a aquisição de bens ou de serviços;

b) «Cartão de débito» qualquer instrumento de pagamento, para uso electrónico, que possibilite ao seu detentor (adiante designado por titular) a utilização do saldo de uma conta de depósito junto da instituição de crédito que emite o cartão (a seguir designada por emitente), nomeadamente para efeitos de levantamento de numerário, aquisição de bens ou serviços e pagamentos, quer através de máquinas automáticas quer em estabelecimentos comerciais;

c) «Cartões» cartões de crédito ou de débito.

2.º Só podem emitir cartões de débito os bancos, as caixas económicas, a Caixa Central de Crédito Agrícola Mútuo e as caixas de crédito agrícola mútuo.

3.º As relações entre os emitentes e os titulares de cartões devem ser reguladas por contrato escrito (a seguir designado por contrato).

4.º O contrato pode assumir a forma de contrato de adesão, podendo, neste caso, o contrato ser constituído pelas condições gerais de utilização com carácter mais estável e por um anexo donde constem as condições susceptíveis de mais frequente modificação.

5.º Os contratos devem ser redigidos em língua portuguesa e em linguagem clara, facilmente compreensível por um declaratário normal, e devem dispor de uma apresentação gráfica que permita a sua leitura fácil por um leitor de acuidade visual média.

6.º Sem prejuízo de outras normas aplicáveis, nomeadamente quanto aos contratos que assumam a forma de contrato de adesão do regime jurídico aplicável às cláusulas contratuais gerais, os documentos contratuais devem estabelecer todos os direitos e obrigações das partes contratantes, designadamente:

1) Os encargos, nomeadamente as anuidades, comissões e taxas de juro, que para o titular resultem da celebração do contrato ou da utilização do cartão;

2) A taxa de juro moratória ou o método utilizado para a sua determinação;

3) O modo de determinação da taxa de câmbio aplicável, para efeitos do cálculo do custo, para o titular, das operações liquidadas em moeda estrangeira;

4) O período de validade do cartão;

5) A quem incumbe o ónus da prova em caso de diferendo entre as partes;

6) Sobre quem recai a responsabilidade pela não execução ou pela execução defeituosa de uma operação;

7) As condições em que ao emitente é facultado o direito de exigir a restituição do cartão;

8) As taxas de juro aplicáveis para as utilizações a descoberto de cartões de débito, se permitidas, ou o método utilizado para a sua determinação;

9) As situações, se existirem, em que o direito à utilização do cartão é susceptível de caducar;

10) As consequências da ultrapassagem do limite de crédito fixado;

11) As formas e os prazos de pagamento dos saldos em dívida;

12) As situações em que as partes podem resolver o contrato e os seus efeitos;

13) O período de reflexão outorgado ao titular durante o qual este pode, sem quaisquer consequências patrimoniais, resolver o contrato.

7.º Considera-se que não respeitam o disposto nos pontos 1) e 8) do n.º 6.º as cláusulas que definam encargos ou taxas de juro por mera remissão para preçário existente nos balcões ou em outros locais ou suportes.

8.º Os contratos devem, ainda, prever que:

1) O titular é obrigado a adoptar todas as medidas adequadas a garantir a segurança do cartão, de modo a não permitir a sua utilização por terceiros e a notificar o emitente da perda, furto, roubo ou falsificação do cartão logo que de tais factos tome conhecimento;

2) O titular não pode ser responsabilizado por utilizações do cartão devidas aos factos a que se refere o ponto anterior depois de efectuada a notificação ao emitente, no caso de utilização electrónica do cartão, ou para além de vinte e quatro horas depois da mesma notificação, noutros casos, salvo se, nestes últimos, forem devidas a dolo ou negligência grosseira do titular;

520   DL n.º [295/2003]   OPERAÇÕES BANCÁRIAS E FINANCEIRAS

3) O emitente não pode alterar as condições contratuais sem avisar o titular, com um pré-aviso mínimo de 15 dias, ficando este com o direito de reaver a anuidade paga, na parte proporcional ao período ainda não decorrido, se pretender resolver o contrato por motivo de discordância com as alterações introduzidas;

4) A utilização do cartão antes de decorrido o prazo referido no ponto anterior constitui presunção de aceitação das alterações contratuais em causa;

5) O titular pode contactar o emitente, ou um seu representante, vinte e quatro horas por dia, pelo menos através de um número de telefone ou de um telefax a indicar no contrato;

6) A responsabilidade global decorrente das utilizações do cartão devidas a furto, roubo, perda ou falsificação verificadas antes da notificação a que se referem os pontos 1) e 2) não pode ultrapassar, salvo nos casos de dolo ou de negligência grosseira, no caso dos cartões de crédito, o valor, à data da primeira operação considerada irregular, do saldo disponível face ao limite de crédito que seja do conhecimento do titular e, no caso de cartões de débito, o valor do saldo disponível, na conta associada ao cartão, também à data da primeira operação considerada irregular, incluindo o resultante de crédito outorgado que seja, igualmente, do conhecimento do titular;

7) No caso de cartões de débito, o titular pode acordar com o emitente um limite global diário à responsabilidade prevista no ponto anterior, a que corresponderá, em tal hipótese, salvo convenção em contrário, um saldo diário disponível da respectiva conta, para efeito da sua movimentação através do cartão em causa, nunca superior ao valor daquele limite diário.

9.º Um contrato só se considera celebrado quando o titular recebe o cartão e uma cópia das condições contratuais por ele aceites.

10.º Os emitentes não podem conceder cartões sem a aceitação expressa do titular.

11.º A entrega aos titulares quer do cartão quer do respectivo código, se for caso disso, deve ser rodeada de especial cuidado, devendo ser adoptadas adequadas regras de segurança que impeçam a utilização do cartão por terceiros.

12.º A denominação do emitente, ou a sua sigla, se esta tiver suficiente notoriedade, deve claramente constar de todos os cartões e de todas as acções publicitárias a eles relativas.

13.º Os extractos de conta e outras fórmulas de informação aos titulares, no caso de utilização de cartões que envolva moeda estrangeira, devem evidenciar o valor da operação em moeda estrangeira e o respectivo contravalor em escudos/euros e, se for caso disso, as comissões e outros encargos aplicados.

14.º Os emitentes devem adaptar os seus contratos ao disposto neste aviso no prazo de 180 dias a contar da sua entrada em vigor.

15.º São revogados o aviso n.º 4/95, publicado no *Diário da República*, 2.ª série, de 28 de Julho de 1995, e a instrução n.º 47/96, publicada no *Boletim de Normas e Informações do Banco de Portugal*, de 17 de Junho de 1996.

16.º Este aviso entra em vigor no dia imediato ao da sua publicação.

6 de Novembro de 2001. – O Governador, *Vítor Constâncio.*

7.1.5. COMÉRCIO DE CÂMBIOS E OPERAÇÕES COM O EXTERIOR

Decreto-Lei n.º 295/2003

de 21 de Novembro (*)

CAPÍTULO I — **Disposições gerais**

ART. l.º (Âmbito de aplicação) – 1 – O presente diploma regula a realização de operações económicas e financeiras com o exterior, bem como a realização de operações cambiais no território nacional, incluindo o exercício do comércio de câmbios e a realização de operações sobre ouro.

2 – Estão também sujeitas às disposições do presente diploma a importação, exportação e reexportação de:

a) Ouro amoedado, em barra ou noutras formas não trabalhadas;

b) Notas ou moedas metálicas em circulação, com curso legal nos respectivos países de emissão, e outros meios de pagamento;

(*) Rectificado pela Declaração de Rectificação n.º 9/2004, de 14-1, e alterado pelo **DL n.º 61/2007**, de 14-3 (arts. 1.º e 19.º, e revogação dos n.ºˢ 3 e 4 do art. 19.º e n.º 2 do art. 20.º).

COMÉRCIO DE CÂMBIOS E OPERAÇÕES COM O EXTERIOR [DL n.º 295/2003] 521

c) Valores mobiliários titulados, na acepção do Código dos Valores Mobiliários, bem como outros títulos de natureza análoga, emitidos por entidades nacionais ou estrangeiras;

d) Notas e moedas fora de circulação, enquanto não esteja extinta a responsabilidade dos respectivos bancos centrais nacionais pelo seu pagamento.

ART. 2.º (Operações económicas e financeiras com o exterior) – 1 – Consideram-se operações económicas e financeiras com o exterior os actos e negócios de qualquer natureza de cuja execução resultem ou possam resultar recebimentos ou pagamentos entre residentes e não residentes ou transferências de ou para o exterior.

2 – A lista das operações compreendidas no número anterior é publicada em instrução do Banco de Portugal.

ART. 3.º (Operações cambiais) – 1 – São consideradas operações cambiais:

a) A compra e venda de moeda estrangeira;

b) As transferências de ou para o exterior expressas em moeda estrangeira, para liquidação de operações económicas e financeiras com o exterior.

2 – São equiparadas a operações cambiais:

a) A abertura e a movimentação de contas em território nacional, nos livros das instituições autorizadas, em nome de não residentes;

b) A abertura e a movimentação de contas em território nacional, nos livros das instituições autorizadas, em nome de residentes, expressas em moeda estrangeira, bem como em unidades de conta utilizadas em pagamentos ou compensações internacionais;

c) A abertura e a movimentação no estrangeiro de contas de residentes.

ART. 4.º (Residentes e não residentes) – 1 – Para efeitos de aplicação do presente diploma, são considerados residentes em território nacional:

a) As pessoas singulares com residência habitual em Portugal, incluindo as que se desloquem ao estrangeiro por motivos de estudo ou de saúde, independentemente da duração da estada;

b) As pessoas singulares com residência habitual em Portugal relativamente à actividade desenvolvida em território estrangeiro de modo não ocasional, nomeadamente trabalhadores de fronteira ou sazonais e tripulantes de navios, aviões ou outros equipamentos móveis a operar total ou parcialmente no estrangeiro;

c) As pessoas singulares com residência habitual em Portugal contratadas por embaixadas, consulados e estabelecimentos militares estrangeiros situados em território nacional, assim como por organizações internacionais com representação em Portugal;

d) O pessoal diplomático e militar nacional a trabalhar nas representações diplomáticas e consulares do Estado Português e nos estabelecimentos militares portugueses situados no estrangeiro, assim como as pessoas singulares nacionais que prestem funções ou comissões de carácter público ao serviço do Estado Português no estrangeiro;

e) As pessoas colectivas de direito privado com sede em Portugal e as pessoas colectivas de direito privado com sede no estrangeiro que aqui possuam edifícios ou terrenos por um período de tempo não inferior a um ano, relativamente às transacções sobre os mesmos;

f) As sucursais, agências ou quaisquer outras formas de representação estável em território nacional de pessoas colectivas de direito privado ou de outras entidades com sede no estrangeiro;

g) As pessoas colectivas de direito público portuguesas, os fundos públicos dotados de autonomia administrativa e financeira, bem como as representações diplomáticas e consulares do Estado Português, os estabelecimentos militares e outras infra-estruturas portuguesas situadas no estrangeiro.

2 – Para efeitos da aplicação do presente diploma, são havidos como não residentes no território nacional:

a) As pessoas singulares com residência habitual em Portugal que se desloquem ao estrangeiro para desenvolver actividades de modo não ocasional e aí permaneçam por um período de tempo superior a 12 meses consecutivos;

b) O pessoal diplomático e militar estrangeiro a trabalhar nas representações diplomáticas e consulares estrangeiras e nos estabelecimentos militares estrangeiros situados em território nacional, assim como as pessoas singulares estrangeiras que prestem funções ou comissões de carácter público ao serviço do Estado estrangeiro em território nacional;

c) As pessoas colectivas de direito privado com sede em Portugal, mas que desenvolvam a sua principal actividade no estrangeiro, relativamente à actividade exercida fora do território nacional;

d) As sucursais, agências ou quaisquer outras formas de representação estável em território estrangeiro de pessoas colectivas de direito privado com sede em Portugal ou de outras entidades residentes;

e) As organizações internacionais com sede ou representações em Portugal;

f) Outras pessoas singulares ou colectivas que se encontrem em situações não abrangidas no número anterior.

3 – A residência presume-se habitual decorrido que seja um ano sobre o seu início, sem prejuízo da possibilidade de prova dessa habitualidade em momento anterior ao decurso daquele período de tempo.

4 – Em caso de alteração das qualidades de residente ou de não residente, os bens e direitos anteriormente adquiridos pela pessoa singular ou colectiva ou pela entidade em causa acompanham o seu novo estatuto.

522 DL n.º [295/2003]   OPERAÇÕES BANCÁRIAS E FINANCEIRAS

ART. 5.º (Moeda estrangeira) – 1 – Consideram-se moeda estrangeira as notas ou moedas metálicas com curso legal em países não participantes na zona do euro, bem como a moeda electrónica, na acepção do artigo 1.º da Directiva n.º 2000/46/CE, do Parlamento Europeu e do Conselho, de 18 de Setembro, denominada na unidade monetária desses países.

2 – Consideram-se também moeda estrangeira os créditos líquidos e exigíveis derivados de contas abertas em instituições autorizadas a receber os depósitos e os títulos de crédito que sirvam para efectuar pagamentos, expressos em moedas de países não participantes na zona do euro ou em unidades de conta utilizadas em pagamentos ou compensações internacionais.

ART. 6.º (Operações sobre ouro) – Para os efeitos do presente diploma, entende-se por operações sobre ouro aquelas que tenham por objecto ouro amoedado, em barra ou em qualquer outra forma não trabalhada.

ART. 7.º (Banco de Portugal) – A realização de operações cambiais e o exercício do comércio de câmbios pelo Banco de Portugal, bem como a realização de operações sobre ouro pelo mesmo Banco, regem-se pelo estatuído na respectiva lei orgânica, não lhes sendo aplicáveis as disposições do presente diploma.

CAPÍTULO II — **Operações económicas e financeiras com o exterior e operações cambiais**

Secção I — **OPERAÇÕES ECONÓMICAS E FINANCEIRAS COM O EXTERIOR**

ART. 8.º (Liberdade de contratação e liquidação) – 1 – A contratação e liquidação de operações económicas e financeiras com o exterior pode efectuar-se livremente, sem prejuízo do disposto no artigo 21.º.

2 – Entende-se por liquidação de operações económicas e financeiras com o exterior o pagamento ou outras formas de extinção dos vínculos contratuais ou de outras obrigações.

3 – O disposto no n.º 1 não prejudica a aplicação de legislação de outra natureza, nomeadamente no domínio aduaneiro e do investimento directo estrangeiro.

Secção II — **OPERAÇÕES CAMBIAIS E COMÉRCIO DE CÂMBIOS**

ART. 9.º (Exercício do comércio de câmbios) – Entende-se por exercício do comércio de câmbios a realização habitual e com intuito lucrativo, por conta própria ou alheia, de operações cambiais.

ART. 10.º (Entidades autorizadas) – 1 – Só estão autorizadas a exercer o comércio de câmbios em território nacional as instituições de crédito e as sociedades financeiras para tanto habilitadas, de acordo com as normas legais e regulamentares que regem a respectiva constituição e actividade, sem prejuízo do disposto nos artigos 11.º e 12.º.

2 – O exercício do comércio de câmbios pelas entidades autorizadas limita-se às operações expressamente previstas nas normas referidas no número anterior.

ART. 11.º (Vales postais internacionais) – É livre a emissão e o pagamento de vales postais internacionais, nos termos e condições fixados pela concessionária do serviço postal universal, tendo em consideração a regulamentação do serviço de vales postais, os acordos celebrados e as práticas internacionais.

ART. 12.º (Câmbio manual) – 1 – Entende-se por câmbio manual a compra e venda de notas e moedas metálicas estrangeiras e a compra de cheques de viagem.

2 – As instituições de crédito ou sociedades financeiras autorizadas a exercer o comércio de câmbios podem celebrar contratos com empresas não financeiras que operem nos sectores turístico e de viagens com vista à realização por estas de operações de câmbio manual, desde que sejam acessórias da sua actividade principal e restritas às pessoas singulares suas clientes.

3 – Os contratos referidos no n.º 2 são celebrados por escrito e estão sujeitos a inscrição em registo especial no Banco de Portugal, da qual depende a realização de operações de câmbio manual pelas instituições não financeiras contraentes.

4 – Compete ao Banco de Portugal fixar por aviso:

a) Os tipos de empresas não financeiras que podem celebrar os contratos referidos no número anterior;

b) Os limites e condições a observar na realização de operações de câmbio manual, nomeadamente quanto à identificação dos intervenientes e aos limites quantitativos máximos de cada operação;

c) Os principais direitos e obrigações contratuais das partes;

d) As condições em que se processa o registo do contrato no Banco de Portugal.

ART. 13.º (Princípio de intermediação) – Salvo nos casos previstos nos artigos seguintes, as operações cambiais devem ser realizadas por intermédio de uma entidade autorizada a exercer o comércio de câmbios, para o efeito legalmente habilitada, ou ainda, no caso de operações compreendidas na alínea *b)* do n.º 1 do artigo 3.º, pela concessionária do serviço postal universal, dentro dos limites fixados.

COMÉRCIO DE CÂMBIOS E OPERAÇÕES COM O EXTERIOR [DL n.º 295/2003] 523

ART. 14.º (Pagamentos entre residentes e não residentes) – Os pagamentos entre residentes e não residentes relativos a operações económicas e financeiras com o exterior em que intervenham podem ser realizados directamente através de qualquer meio de pagamento expresso em moeda estrangeira.

ART. 15.º (Compensação) – Os residentes podem extinguir por compensação, total ou parcial, as suas obrigações para com não residentes.

ART. 16.º (Assunção de dívidas e cessão de créditos) – Os residentes podem, entre si, assumir dívidas ou ceder créditos expressos em moeda estrangeira ou em unidades de conta utilizadas nos pagamentos e compensações internacionais.

ART. 17.º (Contas em território nacional) – É livre a abertura e movimentação de contas em território nacional, nos livros das instituições autorizadas:

a) Em nome de residentes, expressas em moeda estrangeira ou em ouro, bem como em unidades de conta utilizadas em pagamentos ou compensações internacionais;

b) Em nome de não residentes, expressas em euros, em moeda estrangeira ou em ouro, bem como em unidades de conta utilizadas em pagamentos ou compensações internacionais.

ART. 18.º (Disponibilidades no estrangeiro) – É livre a abertura e movimentação por residentes de contas junto de instituições não residentes.

Secção III — IMPORTAÇÃO, EXPORTAÇÃO E REEXPORTAÇÃO DE MEIOS DE PAGAMENTO E DE VALORES MOBILIÁRIOS

ART. 19.º (Importação, exportação e reexportação de meios de pagamento e de valores mobiliários titulados) – 1 – São livres a importação, a exportação e a reexportação de notas e moedas metálicas em circulação, com curso legal nos respectivos países de emissão, ou de outros meios de pagamento, expressos nestas moedas ou em unidades de conta utilizadas em pagamentos internacionais, bem como de notas e moedas fora de circulação enquanto não esteja extinta a responsabilidade dos respectivos bancos centrais nacionais pelo seu pagamento.

2 – São igualmente livres a importação, a exportação e a reexportação de valores mobiliários titulados, na acepção do Código de Valores Mobiliários, e de títulos de natureza análoga, sem prejuízo da legislação reguladora dos mercados de valores mobiliários.

3 – *(Revogado.)*

4 – *(Revogado.)*

Secção IV – OPERAÇÕES SOBRE OURO

ART. 20.º (Operações sobre ouro) – 1 – É livre a importação, exportação ou reexportação de ouro amoedado, em barra ou noutras formas não trabalhadas, sem prejuízo da observância de disposições de natureza não cambial aplicáveis.

2 – Os residentes ou não residentes que, nomeadamente à saída ou entrada em território nacional, transportem consigo ouro amoedado, em barra ou noutras formas não trabalhadas, cujo valor global atinja ou ultrapasse o equivalente a € 12 500 devem, quando solicitado, declarar esse facto às autoridades competentes.

3 – É livre a realização, em território nacional, de operações sobre ouro, sem prejuízo da observância de disposições de natureza não cambial aplicáveis.

Secção V — MEDIDAS DE EXCEPÇÃO

ART. 21.º (Restrições temporárias) – Por razões políticas graves e em situações de urgência, de acordo com as normas internacionais vinculativas do Estado Português, podem ser impostas restrições temporárias à realização por residentes de operações económicas e financeiras e cambiais com pessoas singulares ou colectivas nacionais ou residentes em Estados que não sejam membros da Comunidade Europeia.

Secção VI — ATRIBUIÇÕES E COMPETÊNCIAS DO BANCO DE PORTUGAL E DEVERES DE INFORMAÇÃO

ART. 22.º (Atribuições e competências do Banco de Portugal) – 1 – Para além das atribuições e competências expressamente previstas no presente diploma, cabe ao Banco de Portugal, no âmbito da sua participação no Sistema Europeu de Bancos Centrais, regular o funcionamento do mercado cambial e fiscalizar o exercício do comércio de câmbios e a realização de operações cambiais.

2 – Cabe ao Banco de Portugal regulamentar o presente diploma através de avisos ou de instruções.

524 DL n.º [295/2003]   OPERAÇÕES BANCÁRIAS E FINANCEIRAS

ART. 23.º (Deveres de informação) – 1 – As entidades autorizadas a exercer o comércio de câmbios e outras entidades designadas pelo Banco de Portugal devem enviar-lhe, em conformidade com os avisos e instruções que por este forem emitidos e nos prazos neles fixados, os elementos de informação, designadamente de natureza estatística, relativos às operações abrangidas pelo presente diploma em que intervenham, por conta própria ou por conta de clientes.

2 – As entidades a que se refere o número anterior devem conservar os elementos relativos às operações em que intervenham pelo prazo de cinco anos a contar da sua realização, sem prejuízo de prazos superiores fixados na lei.

CAPÍTULO III — Contra-ordenações cambiais

Secção I — DISPOSIÇÕES GERAIS

ART. 24.º (Legislação subsidiária) – Às contra-ordenações previstas no presente diploma é subsidiariamente aplicável o Regime Geral das Instituições de Crédito e das Sociedades Financeiras, em tudo o que não seja incompatível com o disposto neste capítulo.

ART. 25.º (Da responsabilidade pelas contra-ordenações e pelo pagamento das coimas) – 1 – Pela prática das infracções previstas no presente diploma podem ser responsabilizadas, conjuntamente ou não, pessoas singulares ou colectivas, ainda que irregularmente constituídas, associações sem personalidade jurídica e comissões especiais.

2 – As pessoas colectivas, ainda que irregularmente constituídas, e as associações sem personalidade jurídica e comissões especiais são responsáveis pelas contra-ordenações previstas no presente diploma quando cometidas pelos titulares dos respectivos órgãos ou pelos seus representantes em nome e no interesse do ente colectivo.

3 – A responsabilidade das entidades referidas no número anterior não exclui a responsabilidade individual dos respectivos agentes, que são puníveis mesmo quando o tipo legal de contra-ordenação exija determinados elementos pessoais e estes só se verifiquem na pessoa do representado ou que o agente pratique o acto no seu próprio interesse e o representante actue no interesse do representado.

4 – O disposto no número anterior para os casos de representação é aplicável ainda que seja inválido ou ineficaz o acto jurídico em que se funda a relação entre o agente individual e o ente colectivo.

5 – As entidades referidas no n.º 2 deste artigo respondem solidariamente, nos termos da lei civil, pelo pagamento das coimas e das custas em que forem condenados os agentes das contra-ordenações puníveis nos termos do presente diploma.

6 – Os representantes das entidades referidas no n.º 2 são responsáveis, individual e solidariamente, pelo pagamento das coimas e das custas em que aquelas sejam condenadas ainda que as mesmas, à data da condenação, tenham sido dissolvidas ou entrado em liquidação.

ART. 26.º (Cumprimento do dever omitido) – Sempre que a contra-ordenação resulte da omissão de um dever, o pagamento da coima não dispensa o infractor do seu cumprimento, se este ainda for possível.

ART. 27.º (Destino das coimas) – O produto das coimas reverte integralmente para o Estado.

ART. 28.º (Tentativa, negligência e favorecimento pessoal) – 1 – A tentativa, a negligência e o favorecimento pessoal são puníveis.

2 – Nos casos de tentativa, de negligência e de favorecimento pessoal, os limites mínimo e máximo das coimas previstas no correspondente tipo legal, bem como as quantias a depositar nos termos do artigo 41.º, são reduzidos a metade.

ART. 29.º (Graduação da sanção) – 1 – A determinação da medida da coima e das sanções acessórias faz-se em função da gravidade objectiva e subjectiva da infracção, tendo em conta a natureza individual ou colectiva do agente considerado.

2 – A gravidade da infracção cometida pelas pessoas colectivas ou equiparadas é avaliada, designadamente, pelas seguintes circunstâncias:

a) Carácter ocasional ou reiterado da infracção;

b) Prática de actos de ocultação, na medida em que dificultem a descoberta da infracção ou a eficácia da sanção aplicável;

c) Actos do arguido destinados a, por sua iniciativa, reparar os danos ou obviar aos perigos causados pela infracção.

3 – Na determinação da ilicitude concreta do facto e da culpa das pessoas singulares, além das circunstâncias referidas no número anterior, deve atender-se ainda, designadamente, às seguintes:

a) Nível de responsabilidade, âmbito das funções e esfera de acção da pessoa colectiva em causa;

b) Intenção de obter, para si ou para outrem, um benefício ilegítimo ou de causar danos;

c) Especial dever de não cometer a infracção.

4 – Na determinação da sanção aplicável são ainda tomadas em conta a situação económica e a conduta anterior do arguido.

COMÉRCIO DE CÂMBIOS E OPERAÇÕES COM O EXTERIOR   [DL n.º 295/2003]   525

5 – A coima deve, sempre que possível, exceder o benefício económico que o arguido ou a pessoa que este pretendesse beneficiar tenha retirado da prática da infracção.

ART. 30.º (Concurso de infracções) – Se o mesmo facto constituir simultaneamente crime e contra-ordenação, o arguido é responsabilizado por ambas as infracções, instaurando-se, para o efeito, processos distintos perante o tribunal competente e o Banco de Portugal, para o efeito da aplicação por este, se for caso disso, das sanções acessórias previstas no presente diploma.

ART. 31.º (Prescrição do procedimento) – O procedimento por contra-ordenação cambial extingue-se por efeito de prescrição, logo que sobre a prática da contra-ordenação hajam decorridos cinco anos.

ART. 32.º (Prescrição das coimas e das sanções acessórias) – As coimas e as sanções acessórias previstas neste diploma prescrevem no prazo de cinco anos, contados a partir da decisão condenatória definitiva.

SECÇÃO II — **DAS CONTRA-ORDENAÇÕES CAMBIAIS EM ESPECIAL**

ART. 33.º (Exercício de actividade não autorizada) – Quem, sem estar devidamente autorizado, realizar de forma habitual e com intuito lucrativo, por conta própria ou alheia, operações cambiais é punido com coima de € 5000 a €1 250 000 ou de € 2500 a € 625 000, consoante seja aplicada a pessoa colectiva ou equiparada ou a pessoa singular.

ART. 34.º (Outros ilícitos cambiais) – Quem, com infracção ao disposto nos artigos 12.º, 13.º e 21.º, realizar operações cambiais ou efectuar operações económicas e financeiras com o exterior é punido com coima de € 2500 a € 625 000 ou de € 1000 a € 312 500, consoante seja aplicada a pessoa colectiva ou equiparada ou a pessoa singular.

ART. 35.º (Violação do dever de informação) – Quem violar as disposições relativas à prestação de informações ou à remessa, apresentação ou exibição de quaisquer declarações ou outros documentos contidos no presente decreto-lei, diplomas regulamentares, avisos ou instruções do Banco de Portugal é punido com coima de € 5000 a € 25 000, sendo pessoa colectiva ou equiparada, ou de € 2000 a € 10 000, sendo pessoa singular, sem prejuízo de sanção mais grave penal ou contra-ordenacional que lhe seja aplicável.

ART. 36.º (Sanções acessórias) – 1 – Em função da gravidade da contra-ordenação, da culpa e da situação económica do agente, podem ainda ser aplicadas as seguintes sanções acessórias:
a) Perda de bens;
b) Publicação pelo Banco de Portugal da punição definitiva num dos jornais mais lidos na localidade da sede ou do estabelecimento permanente do arguido ou, se este for uma pessoa singular, na do seu domicílio profissional ou, na ausência deste, na da sua residência;
c) Inibição do exercício de cargos sociais e funções de administração, fiscalização, direcção ou chefia em entidades autorizadas a exercer o comércio de câmbios;
d) Interdição da realização de quaisquer operações cambiais, com ou sem suspensão da actividade económica exercida por período que não exceda o da interdição.
2 – A sanção accessória de perda a favor do Estado dos bens utilizados ou obtidos com actividade ilícita é sempre aplicada no caso de contra-ordenação prevista no artigo 33.º.
3 – As sanções referidas nas alíneas *c)* e *d)* do n.º 1 são aplicadas por um período de seis meses a três anos, contados a partir da decisão condenatória definitiva.
4 – A sanção acessória de inibição do exercício de cargos e funções pode ser aplicada aos membros dos órgãos de gestão e fiscalização, àqueles que exerçam funções equivalentes e aos empregados com funções de direcção ou chefia das entidades autorizadas a exercer o comércio de câmbios que ordenem, pratiquem ou colaborem na prática dos actos constitutivos das contra-ordenações que a estas sejam imputáveis.
5 – A sanção acessória de interdição da realização de operações cambiais pode ser aplicada a entidades não autorizadas a exercer o comércio de câmbios.

SECÇÃO III — **DO PROCESSO**

ART. 37.º (Averiguação e instrução) – 1 – Sem prejuízo do disposto nos artigos 48.º e 49.º e no n.º 3 do artigo 54.º do Decreto-Lei n.º 433/82, de 27 de Outubro, com a redacção do Decreto-Lei n.º 244/95, de 14 de Setembro, a averiguação das contra-ordenações a que se refere o presente diploma e a instrução dos respectivos processos são da competência do Banco de Portugal.
2 – A averiguação das contra-ordenações e a instrução dos respectivos processos são efectuadas pelos técnicos e pelos responsáveis superiores do Banco de Portugal, devidamente credenciados, aos quais é prestado pelas autoridades policiais, bem como por outras autoridades ou serviços públicos, o auxílio de que necessitem.
3 – Sem prejuízo do recurso às autoridades policiais e a outras autoridades ou serviços públicos, o Banco de Portugal pode, nomeadamente, efectuar inspecções a quaisquer entidades relativamente às quais haja razões para crer que detêm documentação relevante.

526 [DL n.º 295/2003] OPERAÇÕES BANCÁRIAS E FINANCEIRAS

ART. 38.º (Apreensão de valores) – 1 – Pode proceder-se à apreensão de notas, moedas, cheques ou outros títulos ou valores que constituam objecto da contra-ordenação quando tal apreensão seja necessária à averiguação ou à instrução ou no caso de se indiciar contra-ordenação susceptível de impor a sua perda a favor do Estado, a título de sanção acessória.

2 – Os valores apreendidos devem ser depositados em instituição de crédito devidamente autorizada à ordem do Banco de Portugal, e garantem o pagamento da coima e das custas em que vier a ser condenado o agente.

3 – Quando não for possível a aplicação da coima, por não ser conhecido o agente da contra-ordenação, os valores apreendidos são declarados perdidos a favor do Estado decorridos que sejam quatro anos sobre a data de apreensão, salvo se se provar que tais valores pertenciam a terceiros, alheios à prática do ilícito.

ART. 39.º (Notificações) – 1 – As notificações devem ser efectuadas por carta registada com aviso de recepção ou pessoalmente, se necessário através das autoridades policiais.

2 – Quando o arguido não seja encontrado ou se recuse a receber a notificação, as notificações devem ser efectuadas por anúncio publicado num dos jornais da localidade da última residência conhecida no País ou, caso seja pessoa colectiva, da sua sede ou, no caso de aí não haver jornal ou de não ter residência no País, num dos jornais diários de Lisboa.

ART. 40.º (Acusação e defesa) – 1 – Concluída a instrução, é deduzida pelos técnicos ou pelos responsáveis referidos no n.º 2 do artigo 37.º acusação em que se indiquem o infractor, os factos que lhe são imputados e as respectivas circunstâncias de tempo e lugar, bem como a lei que os proíbe e pune.

2 – A referida acusação é notificada ao agente para, no prazo de um mês:

a) Apresentar defesa por escrito, podendo juntar documentos probatórios e arrolar testemunhas, no máximo de cinco por cada infracção; ou

b) Comparecer, para ser ouvido, em dia e hora a determinar; ou, se for o caso

c) Fazer prova de que efectuou o depósito da quantia prevista no n.º 2 do artigo seguinte e declarar que se compromete a cumprir as obrigações acessórias a que haja lugar, previstas no mesmo artigo.

ART. 41.º (Solução conciliatória) – 1 – Relativamente às contra-ordenações previstas nos artigos 34.º e 35.º, as coimas e sanções acessórias não são aplicadas e o procedimento por contra-ordenação é extinto, sem prejuízo das custas que forem devidas, se o agente, no prazo previsto no n.º 2 do artigo anterior, depositar em instituição de crédito devidamente autorizada, à ordem do Banco de Portugal, a quantia prevista no número seguinte e, no prazo de três meses a contar da notificação da acusação, cumprir, relativamente aos bens objecto da infracção, as seguintes obrigações acessórias que forem aplicáveis:

a) Vender ao Banco de Portugal a moeda estrangeira ou o ouro amoedado, em barra ou noutras formas não trabalhadas, ao menor câmbio ou ao menor preço que se tiver verificado entre a data da acusação e da venda;

b) Cumprir quaisquer outros deveres cuja omissão se tenha verificado.

2 – A quantia a depositar nos termos do número anterior é fixada entre 50% e 75% do limite mínimo da moldura legal das coimas prevista nos artigos 34.º e 35.º.

3 – A falta de cumprimento das obrigações indicadas nos números anteriores determina o prosseguimento do processo com vista à respectiva decisão.

4 – As quantias depositadas nos termos dos números anteriores revertem a favor do Estado uma vez extinto o procedimento contra-ordenacional ou, no caso de não serem cumpridas as obrigações acessórias previstas no n.º 1, respondem pelo pagamento das coimas que eventualmente vierem a ser aplicadas.

ART. 42.º (Competência) – 1 – Cabe ao conselho de administração do Banco de Portugal a decisão do processo.

2 – A decisão proferida é notificada ao agente nos termos do artigo 39.º.

ART. 43.º (Recurso) – A decisão que aplicar uma coima é susceptível de impugnação judicial, mediante recurso a interpor para o Tribunal de Pequena Instância Criminal de Lisboa.

CAPÍTULO IV — Disposições finais e transitórias

ART. 44.º (Revogação) – São revogados os Decretos-Leis n.ºˢ 481/80, de 16 de Outubro, 13/90, de 8 de Janeiro, 64/91, de 8 de Fevereiro, 176/91, de 14 de Maio, e 170/93, de 11 de Maio, e o artigo 7.º do Decreto-Lei n.º 138//98, de 16 de Maio.

ART. 45.º (Autorização para o exercício do comércio de câmbios) – As entidades não financeiras que, ao abrigo de anterior legislação, se encontrem habilitadas a realizar operações de câmbio manual devem dar cumprimento ao disposto no artigo 12.º do presente diploma e respectivos diplomas de regulamentação no prazo de 90 dias a contar da publicação do aviso referido no n.º 4 da mencionada disposição.

ART. 46.º (Entrada em vigor) – O presente decreto-lei entra em vigor 60 dias após a sua publicação.

CONTROLO DO TRANSPORTE DE DINHEIRO LÍQUIDO   [DL n.º 61/2007]   527

7.1.6. CONTROLO DO TRANSPORTE DE DINHEIRO LÍQUIDO POR PESSOAS SINGULARES

Decreto-Lei n.º 61/2007

de 14 de Março

CAPÍTULO I — Disposições gerais

ART. 1.º (Objecto) – O presente decreto-lei tem por objecto o controlo dos montantes de dinheiro líquido que entram ou saem da Comunidade através do território nacional, dando execução ao disposto no Regulamento (CE) n.º 1889/2005, do Parlamento Europeu e do Conselho, de 26 de Outubro, bem como o controlo dos movimentos de dinheiro líquido com outros Estados membros.

ART. 2.º (Dinheiro líquido) – 1– Para efeitos do presente decreto-lei, entende-se por dinheiro líquido:

a) Os meios de pagamento ao portador, incluindo instrumentos monetários, tais como os cheques de viagem e títulos negociáveis, nomeadamente cheques, livranças e ordens de pagamento, quer ao portador quer endossados sem restrições, passados a um beneficiário real ou fictício, ou sob qualquer outra forma que permita a transferência do direito ao pagamento mediante simples entrega e instrumentos incompletos, incluindo cheques, livranças e ordens de pagamento, assinados, mas com omissão do nome do beneficiário;

b) O dinheiro:

i) Notas ou moedas metálicas em circulação, com curso legal nos respectivos países de emissão;

ii) Notas ou moedas metálicas fora de circulação, enquanto não esteja extinta a responsabilidade pelo seu pagamento.

2 – É ainda considerado como dinheiro líquido, para efeitos do presente decreto-lei, o ouro amoedado, o ouro em barra ou noutras formas não trabalhadas.

CAPÍTULO II — Procedimentos e intercâmbio de informações

ART. 3.º (Dever de declaração) – 1 – Qualquer pessoa singular que, à entrada ou à saída do território nacional, proveniente ou com destino a um território não pertencente à Comunidade Europeia, transporte um montante de dinheiro líquido igual ou superior a € 10 000 deve declarar esse montante às autoridades aduaneiras, através do preenchimento do modelo de declaração a aprovar por despacho do ministro responsável pela área das finanças.

2 – Sempre que os referidos movimentos de dinheiro líquido se processem com os Estados membros da União Europeia, deve o montante transportado ser declarado, quando tal seja solicitado pelas autoridades aduaneiras.

3 – Do modelo de declaração referido no n.º 1 constam, designadamente, elementos de identificação do declarante, do proprietário e do destinatário do montante de dinheiro líquido, bem como elementos relativos ao montante, natureza, proveniência e uso que se pretende dar ao dinheiro líquido, meio de transporte e respectivo itinerário.

4 – O disposto no n.º 1 não prejudica o cumprimento de outras formalidades exigidas pela legislação aduaneira.

ART. 4.º (Recolha e tratamento da informação) – 1 – Compete à Direcção-Geral das Alfândegas e dos Impostos Especiais sobre o Consumo (DGAIEC) a centralização, a recolha, o registo e o tratamento das informações constantes da declaração a que se refere o artigo anterior.

2 – Sempre que, dos controlos aduaneiros exercidos sobre as pessoas singulares, sobre as suas bagagens e sobre os meios de transporte utilizados, se verifique que essas pessoas transportam montantes de valor inferior ao limiar previsto no artigo anterior, com indícios de que esses movimentos de dinheiro líquido possam estar associados a actividades ilícitas, compete à DGAIEC registar, além dessa informação, o nome completo da pessoa, a data e o local de nascimento, a nacionalidade e os pormenores relativos aos meios de transporte utilizados, sem prejuízo do procedimento criminal legalmente aplicável.

3 – As informações recolhidas no âmbito do presente decreto -lei devem ser conservadas por um período de cinco anos a contar do momento em que são registadas.

4 – No caso dos registos relativos a indícios de actividades ilícitas, associadas aos movimentos de dinheiro líquido referidos no n.º 2, os dados devem ser eliminados, antes de decorrido o prazo limite mencionado no número anterior, logo que se conclua serem infundados os referidos indícios ou que seja proferida, sobre os mesmos, decisão absolutória com trânsito em julgado.

ART. 5.º (Troca de informações a nível nacional) – 1 – Os elementos obtidos nos termos dos artigos 3.º e 4.º devem ser enviados à Polícia Judiciária, para efeitos de tratamento e difusão de informações no âmbito da prevenção e da investigação criminais.

2 – São prestadas ao Banco de Portugal, quando solicitadas, quaisquer informações recolhidas no âmbito do presente decreto -lei, com vista ao exercício das suas atribuições, nomeadamente para fins estatísticos.

528   [ABdP n.º 11/2005]   OPERAÇÕES BANCÁRIAS E FINANCEIRAS

ART. 6.º (Troca de informações a nível internacional) – 1 – Quando existam indícios de que os montantes de dinheiro líquido transportados estão relacionados com actividades ilícitas associadas a movimentos de dinheiro, as informações obtidas nos termos do presente decreto -lei podem ser transmitidas às autoridades competentes de outros Estados membros da União Europeia, sendo aplicáveis, com as devidas adaptações, os mecanismos definidos no Regulamento (CE) n.º 515/97, do Conselho, de 13 de Março.

2 – As mesmas informações devem ser enviadas à Comissão Europeia sempre que existam indícios de que os montantes de dinheiro líquido transportados estão ligados ao produto de actividades ilícitas susceptíveis de prejudicar os interesses financeiros da Comunidade.

3 – As informações a que se refere o n.º 1 podem ainda ser enviadas a países terceiros, no quadro da assistência mútua administrativa, a pedido das respectivas autoridades competentes, no respeito pela legislação nacional e comunitária relativa à protecção de dados pessoais.

4 – Quando a transferência de informações prevista no número anterior envolver dados pessoais e constituir uma medida necessária à prevenção, investigação e repressão de infracções penais, devem ser também observados os acordos e convenções internacionais de que Portugal seja parte.

5 – As informações a que se referem os números anteriores apenas podem ser utilizadas para o estrito cumprimento das atribuições e competências das autoridades a quem sejam prestadas e, no caso do n.º 3, apenas para os fins consagrados no pedido.

CAPÍTULO III — Disposições finais

ART. 7.º (Direitos do titular dos dados) – Ao titular dos dados é reconhecido o direito de acesso, actualização e rectificação dos registos referentes a dados pessoais que lhe digam respeito, obtidos e tratados no âmbito do presente decreto-lei, nos termos da secção II da Lei n.º 67/98, de 26 de Outubro.

ART. 8.º (Dever de sigilo) – 1 – Os deveres decorrentes do segredo de justiça, bem como do sigilo fiscal e profissional, impendem sobre todos os funcionários e agentes das entidades que tenham acesso à informação recolhida nos moldes regulados no presente decreto-lei.

2 – É subsidiariamente aplicável, na consulta das informações recolhidas e na troca de informações subsequente, o disposto na legislação referida no artigo anterior.

ART. 9.º (Alteração ao Decreto -Lei n.º 295/2003, de 21 de Novembro) – Os artigos 1.º e 19.º do Decreto-Lei n.º 295/2003, de 21 de Novembro, passam a ter a seguinte redacção:

....

Alteração introduzida no lugar próprio.

ART. 10.º (Norma revogatória) – São revogados os n.ºs 3 e 4 do artigo 19.º e o n.º 2 do artigo 20.º do Decreto--Lei n.º 295/2003, de 21 de Novembro.

ART. 11.º (Entrada em vigor) – O presente decreto-lei entra em vigor no dia 15 de Junho de 2007.

7.2. DEPÓSITOS

7.2.1. CONDIÇÕES GERAIS DE ABERTURA DE CONTAS DE DEPÓSITO BANCÁRIO

Aviso do Banco de Portugal n.º 11/2005

de 21 de Julho (*)

CAPÍTULO I — Disposições gerais

ART. 1.º (Âmbito e destinatários) – O presente aviso regula as condições gerais de abertura de contas de depósito bancário nas seguintes instituições de crédito com sede ou sucursal em território nacional:

a) Bancos;
b) Caixas económicas;
c) Caixa Central de Crédito Agrícola Mútuo;
d) Caixas de crédito agrícola mútuo.

(*) Publicado no *DR*, I-B, de 21.7.2005, alterado pelo **Aviso do BdP n.º 2/2007**, de 8-2, que republicou na íntegra o respectivo texto consolidado, sendo este que se reproduz.

ABERTURA DE CONTAS DE DEPÓSITO BANCÁRIO   [ABdP n.º 11/2005]   529

ART. 2.º (Dever especial de cuidado) – Ao procederem à abertura de contas de depósito, as instituições de crédito devem actuar com elevado grau de cuidado, adoptando os procedimentos necessários:
a) À completa e comprovada identificação de cada um dos titulares das contas, dos seus representantes e das demais pessoas com poderes de movimentação;
b) À verificação da idoneidade e suficiência dos instrumentos que outorgam os poderes de representação e de movimentação das contas.

ART. 3.º (Condições gerais do contrato) – 1 – Previamente à abertura de qualquer conta de depósito e sem prejuízo do cumprimento de outros deveres de informação que se encontrem legalmente previstos, as instituições de crédito devem disponibilizar aos seus clientes um exemplar das condições gerais que regerão o contrato a celebrar, em papel ou, com a concordância daqueles, noutro suporte duradouro que permita um fácil acesso à informação nele armazenada e a sua reprodução integral e inalterada.
2 – Cumpre às instituições de crédito fazer prova da efectiva disponibilização aos titulares das contas ou aos seus representantes das condições gerais que regem o contrato de depósito, mesmo nos casos em que a abertura da conta se tenha processado sem o contacto directo e presencial entre a instituição de crédito e o seu cliente.

CAPÍTULO II — Procedimentos de identificação

Secção I — PRINCÍPIOS GERAIS

ART. 4.º (Requisitos e utilização dos comprovativos) – 1 – Sem prejuízo do disposto nos n.ᵒˢ 3 e 4 do artigo 10.º e na alínea *b)* do artigo 12.º do presente aviso, a abertura de uma conta de depósito exige sempre a apresentação de documento de identificação válido do qual constem a fotografia e a assinatura do titular do mesmo, emitido por autoridade pública competente.
2 – A comprovação documental pelo cliente de quaisquer elementos exigíveis para a abertura de conta só pode ser efectuada mediante originais ou cópia certificada dos mesmos.
3 – Sempre que os elementos documentais apresentados às instituições para efeitos de abertura de uma conta de depósito ofereçam dúvidas quanto ao seu teor, idoneidade, autenticidade, actualidade, exactidão ou suficiência devem aquelas promover as diligências adequadas à cabal comprovação dos elementos previstos no artigo 9.º.
4 – Os elementos de comprovação da identificação recolhidos pelas instituições de crédito podem ser utilizados na abertura posterior de outras contas pelo cliente, desde que se mantenham actualizados.

ART. 5.º (Recolha e conservação de documentos) – 1 – No momento da abertura da conta e nas posteriores actualizações dos dados a ela respeitantes, devem as instituições de crédito extrair cópias legíveis de todos os documentos que lhes sejam apresentados.
2 – A documentação recolhida pelas instituições de crédito para efeitos de abertura ou actualização das contas de depósito deve ser conservada, em papel ou noutro suporte duradouro que permita a reprodução integral e inalterada da informação, até ao termo do prazo de cinco anos após o encerramento daquelas.
3 – O disposto no número anterior não prejudica a observância pelas instituições de crédito de outras obrigações legais a que estejam sujeitas em matéria de recolha e conservação de documentos.

ART. 6.º (Dever de identificação do empregado) – Os empregados das instituições de crédito que procedam à abertura e a actualização das contas de depósito, bem como à verificação e conferência dos elementos exibidos, devem apor nos registos internos de suporte daqueles actos menção que claramente os identifique e a data em que os praticaram.

ART. 7.º (Identificação de entidades do sector financeiro) – 1 – As instituições de crédito estão dispensadas de observar os procedimentos de identificação previstos neste aviso relativamente à entidade titular da conta e a quem a represente quando procedam à abertura de contas cujos titulares sejam, actual e comprovadamente:
a) Entidades financeiras previstas no artigo 13.º da Lei n.º 11/2004, de 27 de Março;
b) Instituições de crédito, sociedades financeiras ou empresas seguradoras, na medida em que estas exerçam actividades no âmbito do ramo Vida, estabelecidas em outro Estado membro da União Europeia ou em país ou território constante do anexo n.º 1 da Instrução do Banco de Portugal n.º 26/2005, incluindo as sucursais estabelecidas nesses espaços geográficos.
2 – O disposto no número anterior não isenta as instituições de procederem à rigorosa conferência e à recolha dos elementos que legitimam a concessão e o exercício dos poderes de representação para a abertura das contas.

ART. 8.º (Requisitos de abertura e limites à movimentação de conta) – 1 – As instituições de crédito só podem abrir contas de depósito às entidades que lhes prestem informação sobre todos os elementos de identificação previstos no artigo 9.º, aplicáveis ao caso, e lhes facultem os documentos comprovativos dos elementos referidos nas alíneas *a)* e *c)* do n.º 1) e *a)* a *d)* do n.º 2) do mesmo artigo, sem prejuízo do disposto no número seguinte.

530   [ABdP n.º 11/2005]   OPERAÇÕES BANCÁRIAS E FINANCEIRAS

2 – As instituições de crédito não podem permitir a realização de quaisquer movimentos a débito ou a crédito na conta subsequentes ao depósito inicial, disponibilizar quaisquer instrumentos de pagamento sobre a conta ou efectuar quaisquer alterações na sua titularidade, enquanto se não mostrarem comprovados os restantes elementos de identificação, em conformidade com o disposto nos artigos 10.º a 12.º.

Secção II — **ABERTURA PRESENCIAL DE CONTAS DE DEPÓSITO**

ART. 9.º (Elementos de identificação) – Sempre que as instituições de crédito procedam à abertura presencial de comas de depósito, devem ser recolhidos nas respectivas fichas, pelo menos, os seguintes elementos referentes a cada um dos titulares das contas e aos seus representantes, bem como a outras pessoas com poderes para a movimentação das mesmas:

1) No caso de pessoas singulares:
a) Nome completo e assinatura;
b) Data de nascimento;
c) Nacionalidade;
d) Morada completa;
e) Profissão e entidade patronal, quando existam;
f) Cargos públicos que exerçam;
g) Tipo, número, data e entidade emitente do documento de identificação;
2) No caso de pessoas colectivas:
a) Denominação social;
b) Objecto;
c) Endereço da sede;
d) Número de identificação de pessoa colectiva;
e) Identidade dos titulares de participações no capital e nos direitos de voto da pessoa colectiva de valor igual ou superior a 25%;
f) Identidade dos titulares dos órgãos de gestão da pessoa colectiva;
3) No caso de contas tituladas por empresários em nome individual, a respectiva ficha de abertura deve conter o número de identificação de pessoa colectiva ou o número de identificação fiscal, a denominação, a sede e o objecto, para além dos elementos de identificação referidos no n º 1);
4) No caso de contas tituladas por estabelecimentos individuais de responsabilidade limitada ou por centros de interesses colectivos sem personalidade jurídica, designadamente condomínios de imóveis em regime de propriedade horizontal e patrimónios autónomos, contratadas nos termos da lei geral, é aplicável o regime previsto no n.º 2), com as necessárias adaptações;
5) Para efeitos do presente aviso, são considerados titulares de cargos públicos, designadamente, os membros dos órgãos de soberania e os membros dos órgãos de natureza executiva da administração central, regional e local e de entidades integradas na administração indirecta do Estado.

ART. 10.º (Meios de comprovação) – 1 – No que respeita às pessoas singulares:
a) Os elementos de identificação referidos nas alíneas *a)* a *c)* do n.º 1) do artigo 9.º devem ser comprovados:
Quanto aos residentes, mediante a apresentação do bilhete de identidade ou de documento que o substitua nos termos da lei portuguesa, do passaporte ou da autorização de residência em território nacional;
Quanto aos não residentes, mediante a apresentação do passaporte, do bilhete de identidade ou de documento equivalente que respeite os requisitos previstos no n.º 1 do artigo 4.º deste aviso;
b) A morada completa e a profissão e entidade patronal, quando existam, referidas nas alíneas *d)* e *e)* do n.º 1) do artigo 9.º, podem ser comprovadas através de qualquer documento, meio ou diligência considerado idóneo e suficiente para a demonstração das informações prestadas;
c) O elemento de identificação referido na alínea *f)* do n.º 1) do artigo 9.º não carece de comprovação documental, bastando informação do próprio quanto ao cargo público de que é titular.
2 – No que respeita às pessoas colectivas:
a) Os elementos de identificação previstos nas alíneas *a)* a *c)* do n.º 2) do artigo 9.º devem ser demonstrados mediante certidão do registo comercial ou outro documento público comprovativo;
b) O elemento de identificação previsto na alínea *d)* do n.º 2) do artigo 9.º pode ser comprovado mediante a apresentação de cartão de identificação emitido pelo Registo Nacional de Pessoas Colectivas ou por outro documento público que contenha esse elemento ou, ainda, no caso de não residentes, através de documento equivalente;
c) Os elementos de identificação previstos nas alíneas *e)* e *f)* do n.º 2) do artigo 9.º podem ser demonstrados mediante simples declaração escrita emitida pela própria pessoa colectiva, contendo o nome ou a denominação social dos titulares.
3 – Na abertura de contas de depósito em nome de menores que, em razão da sua idade, não sejam titulares de qualquer dos documentos referidos na alínea *a)* do n.º 1, a comprovação dos respectivos elementos de identificação deve ser efectuada mediante exibição de boletim de nascimento ou de certidão de nascimento ou, no

ABERTURA DE CONTAS DE DEPÓSITO BANCÁRIO   [ABdP n.º 11/2005]   531

caso de não nacionais, de documento público equivalente, a apresentar por quem demonstre legitimidade para contratar a abertura da conta.

4 – Quando a pessoa singular ou colectiva não seja residente em território nacional e não tenha comprovado algum dos elementos de identificação exigidos no artigo anterior, podem as instituições solicitar confirmação escrita da veracidade e actualidade das informações prestadas, a emitir por uma instituição de crédito onde a pessoa já seja titular de uma conta de depósito bancário aberta presencialmente e que esteja estabelecida:

Em Estado membro da União Europeia;

Em país ou território indicado no anexo n.º 1 da Instrução do Banco de Portugal n.º 26/2005;

Em qualquer outro país ou território, desde que se trate de uma instituição de crédito que a instituição onde a conta vai ser aberta repute de reconhecida e comprovada credibilidade.

§ único. – A confirmação dos elementos de identificação e o respectivo suporte documental devem ser enviados directamente pela instituição solicitada à instituição onde a conta vai ser aberta.

5 – Para os efeitos do presente aviso, os conceitos de residente e de não residente são os previstos no Decreto-Lei n.º 295/2003, de 21 de Novembro.

Secção III — **ABERTURA NÃO PRESENCIAL DE CONTAS DE DEPÓSITO**

ART. 11.º (Elementos de identificação) – Sempre que as instituições de crédito procedam à abertura de uma conta de depósito em que não haja lugar ao contacto directo e presencial com o respectivo titular ou o seu representante, devem observar integralmente os requisitos de identificação previstos no artigo 9.º.

ART. 12.º (Documentos comprovativos) – A comprovação dos elementos de identificação referidos no artigo anterior deve ser efectuada, pelo menos, por uma das seguintes formas:

a) Envio à instituição de crédito de cópia certificada da documentação comprovativa dos elementos de identificação exigidos em conformidade com o disposto no artigo 10.º;

b) Declaração escrita que ateste a veracidade e a actualidade das informações prestadas pelo interessado, emitida por uma instituição de crédito na qual o mesmo já seja titular de uma conta de depósito bancário aberta presencialmente, nos termos e condições previstos no n.º 4 do artigo 10.º.

CAPÍTULO III — **Disposições finais**

ART. 13.º (Informação de natureza fiscal) – No momento da abertura de conta e relativamente a cada um dos respectivos titulares, devem as instituições de crédito recolher o número fiscal de contribuinte exigível nos termos da legislação fiscal portuguesa, mediante a apresentação do original ou de cópia certificada do cartão de contribuinte ou de documento público onde conste o número fiscal de contribuinte.

ART. 14.º (Número de identificação de pessoa colectiva) – As instituições de crédito não podem celebrar convenção de cheque nem fornecer impressos de cheque a qualquer pessoa colectiva não residente e sem estabelecimento em território nacional ou a qualquer entidade sem personalidade jurídica que, nos termos da lei geral, seja titular de uma conta de depósito sem que lhes seja apresentado o respectivo número de identificação de pessoa colectiva, atribuído pelo Registo Nacional de Pessoas Colectivas.

ART. 15.º (Actualização de registos e ficheiros) – 1 – As instituições de crédito devem proceder a uma análise ponderada das contas de depósito existentes à data de entrada em vigor do presente regulamento, com base em critérios de materialidade e risco que, designadamente, tenham em consideração as características específicas de cada conta, do respectivo titular e da relação negocial, por forma a identificarem as contas que requerem a pronta actualização dos correspondentes registos em conformidade com o disposto neste aviso.

2 – As instituições devem estabelecer procedimentos regulares de confirmação da actualidade dos dados constantes dos seus registos, promovendo diligência periódica junto dos titulares de todas as contas e dos seus representantes, pelo menos de cinco em cinco anos, no sentido de estes, sendo o caso, procederem à actualização dos respectivos elementos de identificação e comprovação em conformidade com o presente aviso, sem prejuízo do disposto no parágrafo seguinte.

§ único. – A comprovação documental dos elementos de identificação a actualizar nos termos deste n.º 2 não carece de ser efectuada através de documento original ou de cópia certificada, devendo, contudo, as instituições de crédito solicitá-los sempre que os elementos fornecidos lhes ofereçam dúvidas ou quando tal se mostre justificado à luz dos critérios de materialidade e risco por si definidos.

3 – Em qualquer caso, as instituições de crédito devem proceder de imediato às necessárias diligências de actualização dos dados constantes dos seus registos sempre que tenham razões para duvidar da sua veracidade ou exactidão, podendo a comprovação documental a que houver lugar ser feita nos termos do parágrafo único do número anterior.

4 – Sem prejuízo do disposto nos n.ºs 2 e 3, as instituições de crédito devem ainda prever expressamente, nas condições gerais que regem os contratos de depósito, a obrigação de os seus clientes lhes comunicarem quaisquer alterações verificadas nos elementos de identificação previstos no artigo 9.º do presente aviso.

532   [DL n.º 430/91]   OPERAÇÕES BANCÁRIAS E FINANCEIRAS

ART. 16.º (Prestação de informações) – As instituições de crédito podem dirigir ao Departamento de Sistemas de Pagamentos do Banco de Portugal eventuais dúvidas respeitantes à aplicação do disposto neste aviso.

ART. 17.º (Norma revogatória) – É revogada a Instrução n.º 48/96, publicada no *Boletim de Normas e Informações do Banco de Portugal*, n.º 1, de 17 de Junho de 1996.

ART. 18.º (Entrada em vigor) – O presente aviso entra em vigor 90 dias após a sua publicação.

7.2.2. REGIME GERAL DO DEPÓSITO BANCÁRIO

Decreto-Lei n.º 430/91

de 2 de Novembro (*)

ART. 1.º – 1 – Os depósitos de disponibilidades monetárias nas instituições de crédito revestirão uma das seguintes modalidades:
a) Depósitos à ordem;
b) Depósitos com pré-aviso;
c) Depósitos a prazo;
d) Depósitos a prazo não mobilizáveis antecipadamente;
e) Depósitos constituídos em regime especial.
2 – Os depósitos à ordem são exigíveis a todo o tempo.
3 – Os depósitos com pré-aviso são apenas exigíveis depois de prevenido o depositário, por escrito, com a antecipação fixada na cláusula do pré-aviso, livremente acordada entre as partes.
4 – Os depósitos a prazo são exigíveis no fim do prazo por que foram constituídos, podendo, todavia as instituições de crédito conceder aos seus depositantes, nas condições acordadas, a sua mobilização antecipada.
5 – Os depósitos a prazo não mobilizáveis antecipadamente são apenas exigíveis no fim do prazo por que foram constituídos, não podendo ser reembolsados antes do decurso desse mesmo prazo.

ART. 2.º – 1 – São considerados depósitos em regime especial todos os depósitos não enquadráveis nas alíneas *c)* e *d)* do n.º 1 do artigo 1.º, ou previstos em normas legais ou regulamentares.
2 – A criação de depósitos em regime especial é livre, devendo, no entanto, ser dado conhecimento das suas características, com uma antecedência mínima de 30 dias, ao Banco de Portugal, o qual poderá nesse prazo formular as recomendações que entender necessárias.

ART. 3.º – 1 – Na data de constituição dos depósitos referidos nas alíneas *c)* e *d)* do n.º 1 do artigo 1.º, as instituições depositárias devem proceder à emissão de um título nominativo, representativo do depósito.
2 – O título referido no número anterior não pode ser transmitido por acto entre vivos, salvo a favor da instituição emitente em situações de mobilização antecipada, nos casos em que esta é admitida.
3 – Do título a que este artigo se refere devem constar os elementos essenciais da operação, designadamente:
a) O valor do depósito, em algarismos e por extenso;
b) O prazo por que foi constituído o depósito e a data de vencimento;
c) As condições em que o depósito pode ser mobilizado antes do vencimento, se for caso disso;
d) A taxa de juro convencionada, incluindo a taxa aplicável nas situações de reembolso antecipado, se for caso disso;
e) A forma e o calendário do pagamento dos juros;
f) As condições em que o depósito pode ser renovado, na ausência de declaração de depositante, se for caso disso.
4 – Nos depósitos abrangidos pelo disposto no presente decreto-lei, o cálculo dos juros deve adoptar a convenção de mercado actual/360, correspondente ao número de dias efectivamente decorridos no período a que se refere o cálculo do juro corrido do depósito e a um ano de 360 dias.

ART. 4.º – 1 – Ficam excluídos do âmbito de aplicação deste diploma os depósitos constituídos ao abrigo da legislação especial.
2 – No caso dos depósitos constituídos ao abrigo de legislação especial, é aplicável o disposto no n.º 4 do artigo anterior.

ART. 5.º – Os depósitos existentes à data de entrada em vigor deste diploma mantêm-se sujeitos, até ao seu vencimento, ao regime que lhes era aplicável.

ART. 6.º – São revogados os Decretos-Leis n.ºs 729-E/75, de 22 de Dezembro, e 75-B/77, de 28 de Fevereiro.

(*) Com as alterações introduzidas pelo art. 2.º do **DL n.º 88/2008**, de 29-5, nos arts. 3.º e 4.º.

DATA-VALOR DE MOVIMENTOS DE DEPÓSITOS À ORDEM   [DL n.º 18/2007]   533

7.2.3. DATA-VALOR DE MOVIMENTOS DE DEPÓSITOS À ORDEM E DE TRANSFERÊNCIAS

Decreto-Lei n.º 18/2007

de 22 de Janeiro (*)

ART. 1.º **(Objecto)** – O presente decreto-lei estabelece a data valor de qual quer movimento de depósitos à ordem e transferências efectuados em euros, determinando qual o seu efeito no prazo para a disponibilização de fundos ao bene ficiário.

ART. 2.º **(Âmbito)** – 1 – Estão abrangidos pelo disposto no presente decreto-lei, nomeadamente:
a) Os depósitos de numerário, de cheques e de outros valores;
b) As transferências intrabancárias e interbancárias.
2 – O presente decreto-lei aplica-se apenas aos depósitos à ordem e às transferências efectuados em euros em território português.

ART. 3.º **(Definições)** – Para efeitos de aplicação do presente decreto-lei, entende-se por:
a) «Transferência» a operação efectuada por inicia tiva de um ordenante, operada através de uma instituição e destinada a colocar quantias em dinheiro à disposição de um beneficiário, podendo a mesma pessoa reunir as qualidades de ordenante e beneficiário;
b) «Transferências intrabancárias» quando as trans ferências se realizam dentro da mesma instituição de crédito;
c) «Transferências interbancárias» quando as transferências envolvem duas instituições de crédito diferentes;
d) «Data valor» a data a partir da qual a transferência ou o depósito se tornam efectivos, passíveis de serem movimentados pelo beneficiário e se inicia a eventual contagem de juros decorrentes dos saldos credores ou devedores das contas de depósito;
e) «Data de disponibilização» o momento a partir do qual o titular pode livremente proceder à movimentação dos fundos depositados na sua conta de depósitos, sem estar sujeito ao pagamento de juros pela mobilização desses fundos;
f) «Dia útil» o período do dia em que a instituição se encontra aberta ao público em horário normal de funcionamento;
g) «Beneficiário» o destinatário final de uma transferência, cujas quantias em dinheiro são postas à sua disposição;
h) «Cheque normalizado» o instrumento de pagamento que obedece a um conjunto de normas que têm em vista a sua uniformização em termos de apresentação, formato e texto obrigatório de forma a facilitar o seu correcto preenchimento;
i) «Cheque visado» o instrumento de pagamento que certifica a existência de fundos suficientes na altura em que foi sujeito a visto;
j) «Outros valores» os instrumentos de pagamento objecto de depósito em conta bancária, com características distintas, mas uniformizados, em ordem a permitir celeridade no seu processamento, admitidos no sistema de compensação interbancária, nomeadamente vales de correio, títulos, ordens de pagamento realizadas por entidades dos sistemas de protecção social e do sistema tributário e ordens de pagamento da Santa Casa da Misericórdia.

ART. 4.º **(Depósitos em numerário)** – 1 – Os depósitos em numerário efectuados ao balcão implicam a disponibilização imediata do saldo credor, sendo-lhes atribuida a data valor do dia da sua realização.
2 – Os depósitos em numerário efectuados em terminais automáticos implicam a disponibilização do saldo credor no dia útil seguinte, sendo-lhes atribuída a data valor deste mesmo dia útil.
3 – Os depósitos em numerário efectuados em terminais automáticos que disponham da possibilidade de conferência de notas implicam:
a) Quando realizados em dias úteis, a disponibilização imediata do saldo credor, sendo-lhes atribuída a data valor do dia da sua realização;
b) Quando realizados aos sábados, domingos e feriados, a disponibilização do saldo credor no dia útil seguinte, sendo-lhes atribuída a data valor deste mesmo dia útil.

ART. 5.º **(Cheques)** – 1 – Aos depósitos em cheques normalizados e che ques visados efectuados ao balcão e sacados sobre a própria instituição de crédito, na qual são depositados, é atribuída a data valor do próprio dia da sua apresentação junto daquela instituição, ficando o respectivo saldo credor disponível nesse mesmo dia útil.

(*) Alterado pelo **DL n.º 317/2009**, de 30-10, que revogou o art. 7.º.

534 [ABdP n.º 3/2007]   OPERAÇÕES BANCÁRIAS E FINANCEIRAS

2 – Aos depósitos em cheques normalizados efectuados ao balcão e sacados sobre instituição de crédito distinta daquela em que são depositados é atribuída a data valor do 2.º dia útil seguinte ao da sua apresentação junto daquela instituição, ficando o respectivo saldo credor disponível nesse mesmo dia útil.

3 – Aos depósitos em cheques visados efectuados ao balcão, sacados sobre instituição de crédito distinta daquela em que são depositados, é atribuída a data valor do próprio dia da sua apresentação junto daquela instituição, ficando o respectivo saldo credor disponível nesse mesmo dia útil.

4 – Aos depósitos em cheques efectuados em terminais automáticos é atribuída a data valor do 2.º dia útil seguinte ao do depósito, ficando o respectivo saldo credor disponível nesse mesmo dia útil.

5 – Aos depósitos de outros valores aplica-se, com as necessárias adaptações, o disposto nos números anteriores.

ART. 6.º (Movimentação de fundos disponibilizados) – É proibido o débito de juros, ou de qualquer despesa correspondente, pela movimentação a débito dos fundos disponibilizados nos termos dos artigos anteriores.

ART. 7.º *(Revogado.)*

ART. 8.º (Garantia do cumprimento) – A verificação do cumprimento do disposto no presente decreto-lei é da competência do Banco de Portugal, nos termos da respectiva Lei Orgânica.

ART. 9.º (Contra-ordenações) – A violação do disposto no presente decreto-lei é punível nos termos da alínea *i)* do artigo 210.º e do artigo 212.º do Regime Geral das Instituições de Crédito e Sociedades Financeiras, aprovado pelo Decreto-Lei n.º 298/92, de 31 de Dezembro.

ART. 10.º (Avaliação da execução do diploma) – No final do primeiro ano a contar da data de entrada em vigor do presente decreto-lei, o Banco de Portugal elabora e divulga um relatório de avaliação do impacto da aplicação do mesmo.

ART. 11.º (Entrada em vigor) – O presente decreto-lei entra em vigor no dia 15 de Março de 2007.

7.2.4. PROCEDIMENTOS A ADOPTAR PELA BANCA NO CUMPRIMENTO DO DL N.º 18/2007

Aviso do Banco de Portugal n.º 3/2007

de 12 de Fevereiro (*)

ART. 1.º (Operações bancárias não consideradas depósitos bancários) – 1 – Não são consideradas depósitos bancários as seguintes operações bancárias:

a) O lançamento na conta de depósitos à ordem de valores resultantes de operação de concessão de crédito ou equiparada, de juros e de estorno de valores debitados;

b) A entrega de valores ao balcão, em terminais automáticos que não disponham de possibilidade de conferência imediata, ou em cofres nocturnos ou diurnos, com renúncia, por parte de quem entrega esses valores, à conferência imediata pelo depositário;

c) A recolha de valores junto dos clientes e outras entregas nas quais não se verifique a sua conferência imediata pelo depositário.

2 – As entregas e a recolha de valores a que se referem as alíneas *b)* e *c)* do número anterior passam a ser consideradas depósitos bancários após conferência e certificação pela instituição de crédito depositária ou seu representante.

3 – As instituições de crédito têm o dever de conferir e certificar as entregas e a recolha de valores a que se refere o número anterior no mais curto lapso de tempo, não superior a vinte e quatro horas contadas a partir da entrega ou recolha, salvo situações excepcionais ou de força maior.

4 – As operações bancárias mencionadas neste artigo estão igualmente sujeitas ao cumprimento dos deveres de transparência e informação enunciados no Aviso do Banco de Portugal n.º 1/95.

ART. 2.º (Horário normal de funcionamento) – Considera-se horário normal de funcionamento ao público, para efeitos de determinação do conceito de dia útil, o período do dia entre as 8 horas e 30 minutos e as 15 horas, de segunda-feira a sexta-feira, com excepção dos dias feriados.

ART. 3.º (Cheques visados) – 1 – Os cheques visados devem ser objecto de tratamento especial, designadamente quanto aos aspectos susceptíveis de viciação, e as importâncias pelos quais foram emitidos devem ser cativas por período não inferior ao prazo legal de apresentação a pagamento.

2 – Aos cheques visados aplica-se o regime geral de revogação dos demais cheques, devendo ainda os emitentes desses cheques, nos casos em que os mesmos não venham a ser introduzidos no circuito bancário e

---

(*) *DR*, 1.ª série, de 12.12.2007.

REMUNERAÇÃO DE DEPÓSITOS   [ABdP n.º 5/2000]   535

sempre que possível, proceder à sua destruição ou anulação junto da instituição sacada, impedindo o seu aproveitamento por terceiros de má fé.

ART. 4.º (Transferências entre contas sediadas na mesma instituição) – Os valores devem ser creditados na conta do beneficiário no mesmo momento em que for debitada a conta do ordenante, sendo temporalmente coincidentes as operações contabilísticas a realizar em ambas as contas.

ART. 5.º (Regime mais favorável) – As instituições de crédito são livres de oferecer aos seus clientes condições mais favoráveis do que as enunciadas no Decreto-Lei n.º 18/2007, de 22 de Janeiro, para a disponibilização de fundos depositados e datas-valor, mantendo-se a proibição de débito de juros, ou de qualquer despesa correspondente, pela movimentação dos fundos disponibilizados.

ART. 6.º (Encaminhamento dos clientes dos balcões para os terminais automáticos) – Os clientes que, pretendendo efectuar depósitos de numerário, de cheques e outros valores ou transferências bancárias, sejam encaminhados dos balcões de atendimento ao público para os terminais automáticos devem ser esclarecidos sobre as diferenças de tratamento a dar aos depósitos que pretendam efectuar, sobretudo nos prazos de disponibilização e datas-valor.

ART. 7.º – O presente aviso entra em vigor em 15 de Março de 2007.

7.2.5. REMUNERAÇÃO DE DEPÓSITOS

Aviso do Banco de Portugal n.º 5/2000

de 16 de Setembro (*)

1.º Quando a taxa de juro dos depósitos referidos nas alíneas *b*), *c*), *d*) e *e*) do n.º 1 do artigo 1.º do Decreto-Lei n.º 430/91, de 2 de Novembro, não for fixa, a sua variação deve estar relacionada com a evolução de variáveis económicas ou financeiras relevantes.

2.º A relacionação mencionada no número anterior deve referir-se sempre a uma mesma variável durante todo o período do depósito, não podendo existir cláusulas que anulem por qualquer forma essa ligação, sem prejuízo da faculdade de serem estabelecidos limites máximos e mínimos à taxa em causa.

3.º O montante a entregar ao depositante no vencimento do depósito não pode, em quaisquer circunstâncias, ser inferior ao montante depositado.

4.º As instituições de crédito poderão deixar de satisfazer as condições acima referidas quanto à remuneração dos depósitos, se o depositante manifestar a sua concordância, através de declaração separada e exclusiva para o efeito.

7.2.6. SISTEMA DE DÉBITOS DIRECTOS

Aviso do Banco de Portugal n.º 1/2002

de 13 de Março (**) (***)

ART. 1.º (Definições) – No âmbito do presente aviso, entende-se por:
a) «Sistema de débitos directos» (SDD) – conjunto de regras e infra-estruturas operacionais que permitem pagamentos por débito directo em conta, decorrentes de relação contratual e que envolvem credor, devedor e instituições de crédito respectivas;
b) «Débito directo» – débito, em conta bancária, com base numa autorização de débito em conta e numa instrução de cobrança transmitida pelo credor ou pelo seu representante processada através do SDD.
c) «Credor» – entidade autorizada pelo devedor a efectuar cobranças através do SDD;
d) «Devedor» – entidade que autoriza que lhe sejam efectuadas cobranças através do SDD;

(*) Publicado no *DR*, I-B, de 16.9.2000.
(**) Publicado no *DR*, I-B, de 13 de Março de 2002.
(***) A actual redacção das als. *b*) e *e*) do art. 1.º foi introduzida pelo art. 1.º do **Aviso do Banco de Portugal n.º 10/2005**.

536 [ABdP n.º 1/2002]   OPERAÇÕES BANCÁRIAS E FINANCEIRAS

e) «Autorização de débito em conta» – consentimento expresso do devedor transmitido a uma instituição de crédito pelo qual permite ao credor ou a um seu representante débitos directos, de montante fixo, variável ou até um valor e ou data previamente definidos, na conta de depósitos aberta em seu nome nessa instituição de crédito;

f) «Sistema Multibanco» – conjunto de infra-estruturas que viabiliza a realização de operações, composto por sistemas aplicacionais, de telecomunicações e centros de processamento de dados, bem como outros meios de responsabilidade da SIBS – Sociedade Interbancária de Serviços ou de terceiros, normalmente identificados por «ATM – automated teller machines», «caixas multibanco» e «caixas de pagamento automático».

ART. 2.º (Dos credores) – 1 – Os credores que pretendam efectuar as suas cobranças através do SDD, obtida a concordância dos devedores, estão obrigados a informá-los dos direitos e obrigações previstos neste aviso.

2 – Nos casos em que as cobranças sejam já efectuadas por débito em conta, estão os credores obrigados a notificar os devedores, com, pelo menos, 15 dias de antecedência relativamente à data a partir da qual passam a ser cobrados através do SDD, dos direitos e obrigações regulados neste aviso.

3 – Os credores estão obrigados a informar os devedores dos elementos identificadores das autorizações de débito em conta, designadamente os números atribuídos à autorização e à identificação do credor.

4 – Os credores não devem apresentar à cobrança quaisquer valores decorrentes da celebração, renúncia ou execução de contrato legalmente sujeito a período de reflexão antes de decorrido o referido período, excepto se os devedores a ele houverem expressamente renunciado, podendo, todavia, introduzir no sistema os elementos que permitam posteriormente aquela cobrança.

5 – Nos casos em que as referidas autorizações tenham sido introduzidas por estes no sistema, os credores estão obrigados a cancelar as autorizações relativas a contratos:

a) Cuja execução haja, por qualquer forma, cessado;

b) Revogados pelos devedores durante o período de refiexão.

6 – Os credores devem fornecer às suas instituições de crédito as autorizações de débito em conta que tenham processado, atento o disposto nos n.ºˢ 3, 4 e 5 do artigo 4.º.

ART. 3.º (Dos devedores) – 1 – Os devedores são livres de aceitar ou recusar que as cobranças sejam efectuadas através do SDD, podendo, a todo o tempo, cancelar a autorização de débito em conta concedida, quer junto das suas instituições de crédito depositárias, quer através do Sistema Multibanco.

2 – Os devedores podem anular, junto das suas instituições de crédito e nos cinco dias úteis subsequentes à sua efectivação, qualquer débito efectuado através do SDD.

3 – Os devedores têm o direito de acordar com os credores a antecedência com que são avisados dos montantes dos débitos e das datas a partir das quais vão ser cobrados, por forma que as contas possam ser devidamente aprovisionadas.

4 – Não se consideram processadas pelo credor as autorizações de débito em conta que tenham sido posteriormente modificadas através da definição de limites de prazo ou montante pelo devedor, nem aquelas cujas existência e regularidade tenham já sido comprovadas nos termos do n.º 3 do artigo 4.º.

5 – O simples cancelamento pelo devedor da autorização de débito em conta processada pelo credor não altera a natureza desta autorização.

ART. 4.º (Das instituições de crédito) – 1 – As instituições de crédito devem identificar nos extractos de conta dos devedores, clara e inequivocamente, os débitos efectuados através do SDD e os respectivos credores, bem como quaisquer outros movimentos ocorridos nas suas contas em virtude da utilização de tal sistema.

2 – As instituições de crédito não estão obrigadas a aceitar nem a manter as autorizações de débito em conta dos seus clientes devedores e não respondem pelo incumprimento das obrigações emergentes das relações contratuais estabelecidas entre credores e devedores.

3 – As instituições de crédito são obrigadas, a requerimento dos devedores, a comprovar a existência e a regularidade das autorizações de débito em conta, bem como, nos casos de estas autorizações terem sido processadas pelos credores, a creditar os valores indevidamente debitados, quando se comprove a sua inexistência ou irregularidade.

4 – As instituições de crédito devem obter dos seus clientes credores e entregar às instituições de crédito dos devedores daqueles clientes, a pedido destas e no prazo de quatro dias úteis, as autorizações de débito em conta processadas pelos mesmos.

5 – As instituições de crédito podem exigir a exibição das autorizações de débito em conta que os seus clientes credores hajam processado, com a finalidade de verificar a sua existência ou regularidade.

6 – Ao Banco de Portugal compete regulamentar as condições de adesão das instituições de crédito ao SDD e fixar as condições que estas devem observar no âmbito daquele sistema.

ART. 5.º (Entrada em vigor) – O presente aviso entra em vigor no dia da sua publicação.

ART. 6.º (Norma revogatória) – É revogado o Aviso n.º 3/2000.

COBRANÇAS POR DÉBITO EM CONTA   [ABdP n.º 10/2003]   537

7.2.7. COBRANÇAS POR DÉBITO EM CONTA

Aviso do Banco de Portugal n.º 10/2003

de 17 de Setembro (*)

ART. 1.º (Âmbito) – 1 – As cobranças que se efectuem por débito em conta, independentemente do sistema, meio ou processo utilizado pelos credores ou pelas instituições de crédito para tal efeito, com exclusão das efectuadas através do sistema de débitos directos (SDD), passam a regular-se pelo disposto no presente aviso.

2 – São excluídas do âmbito deste aviso e processadas através do SDD as cobranças que se efectuem por débito em conta sediada em instituição de crédito diferente da do credor.

ART. 2.º (Definições) – No âmbito do presente aviso, entende-se por:

a) «Devedor» – cliente bancário que autoriza uma instituição de crédito a efectuar, por débito na sua conta de depósitos, as cobranças apresentadas pelos credores que identificar;

b) «Credor» – entidade identificada e habilitada pelo devedor a apresentar à instituição de crédito deste cobranças de sua iniciativa;

c) «Autorização de débito em conta» – consentimento expresso do devedor a uma instituição de crédito pelo qual permite débitos em conta de montante fixo, variável ou até um valor máximo e ou data previamente definidos na conta de depósitos aberta em seu nome nessa instituição de crédito;

d) «Débito em conta» – débito, em conta de depósitos bancária, com base numa autorização de débito em conta do devedor e numa instrução de cobrança transmitida pelo credor.

ART. 3.º (Dos credores) – 1 – Os credores estão obrigados a atribuir um número identificativo, único e inequívoco, a cada autorização de débito em conta e a informá-lo aos respectivos devedores.

2 – No âmbito das operações reguladas pelo presente aviso, os credores não podem englobar na mesma cobrança débitos relativos a diferentes autorizações de débito em conta, salvaguardando-se, deste modo, os direitos dos devedores enunciados no n.º 1 do artigo seguinte.

3 – Aos credores é igualmente vedada a apresentação às instituições de crédito de quaisquer valores à cobrança:

a) Sem a indicação dos correspondentes números das autorizações de débito em conta;

b) Após a cessação do contrato que esteve na base da autorização de débito em conta concedida pelo devedor;

c) Decorrentes da celebração, renúncia ou execução de contrato legalmente sujeito a período de reflexão antes de decorrido o referido período, excepto se os devedores a ele houverem expressamente renunciado;

d) Nos casos em que o contrato que esteve na base da autorização de débito em conta concedida pelo devedor tiver sido revogado durante o período de reflexão.

4 – Os credores estão ainda obrigados a fornecer às instituições de crédito que o solicitem, no prazo de quatro dias úteis, as correspondentes autorizações de débito em conta que tenham na sua posse.

5 – Os credores podem utilizar as autorizações de débito em conta existentes, quer em seu poder quer em poder das instituições de crédito, para efectuar cobranças através do SDD, desde que informem previamente os devedores desse facto e cumpram as demais regras estabelecidas para o sistema de cobrança em causa.

ART. 4.º (Dos devedores) – 1 – Os devedores têm direito a, designadamente:

a) Estabelecer limites, tanto de prazo de validade da autorização de débito em conta, como de valor máximo de cobrança admitido;

b) Cancelar, em qualquer momento, as respectivas autorizações de débito em conta;

c) Anular, nos cinco dias úteis subsequentes à efectivação do débito nas suas contas, quaisquer cobranças efectuadas por iniciativa do credor;

d) Ser informados, através de extracto de conta, da identificação clara e inequívoca dos débitos em conta efectuados e das autorizações de débito em conta que lhes deram origem.

2 – Os devedores têm ainda o direito de exigir à sua instituição de crédito que:

a) Comprove a existência e ou validade de qualquer autorização de débito em conta que lhes esteja atribuída; e

b) Restitua todos os valores que hajam sido cobrados ao abrigo de autorização de débito em conta inexistente ou inválida.

ART. 5.º (Das instituições de crédito) – 1 – As instituições de crédito não poderão efectuar débitos em conta nos casos em que as instruções de cobrança dos credores não contenham o número identificativo da respectiva autorização de débito em conta.

(*) Publicado no *DR*, I-B, de 17 de Setembro de 2003.

538   [ABdP n.º 10/2005]   OPERAÇÕES BANCÁRIAS E FINANCEIRAS

2 – As instituições de crédito deverão, a requerimento do devedor, comprovar a existência e validade das autorizações de débito em conta correspondentes, no prazo definido no n.º 4 do artigo 3.º.

3 – O não fornecimento, pelo credor, da autorização de débito em conta requerida nos termos do n.º 2, ou a verificação da sua inexistência ou invalidade, obriga a instituição de crédito em causa, nos cinco dias úteis subsequentes ao prazo definido no n.º 4 do artigo 3.º, a creditar a totalidade dos valores debitados ao devedor ao abrigo dessa autorização.

4 – Os procedimentos instituídos no número anterior, no que respeita à obrigação de as instituições de crédito creditarem aos devedores a totalidade dos valores indevidamente debitados, são extensivos aos casos de cobranças que englobem débitos relativos a autorizações de débito em conta diferentes.

5 – As instituições de crédito estão ainda obrigadas a:

a) Disponibilizar aos seus clientes devedores, de entre outros, os meios que lhes permitam, de forma expedita, exercer os direitos que lhes estão conferidos nas alíneas *a*) e *b*) do n.º 1 do artigo 4.º;

b) Identificar nos extractos de conta dos devedores os débitos efectuados e a correspondente autorização de débito em conta;

c) Fornecer aos seus clientes credores os elementos necessários ao cumprimento das disposições do presente aviso, bem como informação automática e actualizada das autorizações de débito em conta dos respectivos devedores, designadamente nos casos em que as mesmas foram canceladas ou o seu valor máximo ou prazo de validade alterados.

ART. 6.º (Estatísticas) – Os elementos informativos necessários à elaboração de estatísticas referentes às cobranças reguladas por este aviso, bem como a periodicidade da respectiva remessa, serão definidos pelo Banco de Portugal, através de instrumento regulamentar próprio.

ART. 7.º (Do direito subsidiário) – Em tudo o que não for contrário ao presente aviso aplicar-se-ão subsidiariamente, no que respeita à fixação dos direitos e obrigações dos credores, dos devedores e das instituições de crédito, as normas reguladoras do SDD.

ART. 8.º (Entrada em vigor) – O presente aviso entra em vigor no dia 1 de Janeiro de 2004.

7.2.8. REGULAMENTO DAS COBRANÇAS POR DÉBITO EM CONTA

Aviso do Banco de Portugal n.º 10/2005

de 24 de Junho (*)

ART. 1.º (Alterações ao Aviso do Banco de Portugal n.º 1/2002) – 1 – A alínea *b*) do artigo 1.º do Aviso do Banco de Portugal n.º 1/2002, publicado no *Diário da República*, 1.ª série-B, n.º 61, de 13 de Março de 2002, passa a ter a seguinte redacção:

....

2 – A alínea *e*) do artigo 1.º do mencionado Aviso do Banco de Portugal n.º 1/2002 passa a ter a seguinte redacção:

....

Alterações introduzidas nos lugares próprios.

ART. 2.º (Anulação do débito) – 1 – O direito de anulação do débito, enunciado no n.º 2 do artigo 3.º do mencionado Aviso do Banco de Portugal n.º 1/2002 e na alínea *c*) do n.º 1 do artigo 4.º do Aviso do Banco de Portugal n.º 10/2003, publicado no *Diário da República*, 1.ª série-B, n.º 215, de 17 de Setembro de 2003, pode ser exercido no prazo de 30 dias após a efectivação do débito.

2 – Caso sejam agregadas várias cobranças na mesma autorização de débito em conta, a anulação do débito não presume discordância de todos os valores parcelarmente incluídos numa única instrução de débito, cabendo ao credor ou ao seu representante apurar qual a cobrança que esteve na origem da anulação.

3 – Não poderão ser aplicadas ao devedor quaisquer penalizações ou encargos de qualquer espécie, decorrentes do não pagamento de cobranças, nos casos em que o incumprimento resulte do exercício do direito de anulação do devedor mencionado no número anterior.

ART. 3.º (Cancelamento das autorizações de débito) – 1 – As instituições de crédito podem cancelar as autorizações de débito em conta dadas pelos seus clientes, devendo, nesse caso, informá-los por escrito e com a antecedência mínima de 30 dias da sua decisão e dos motivos que a justificaram.

2 – A não efectivação de quaisquer instruções de cobrança pelos credores durante 18 meses consecutivos, designadamente, constitui motivo justificativo de cancelamento da autorização de débito em conta.

(*) Publicado no *DR*, I-B, de 24 de Junho de 2005.

REGULAMENTO DAS COBRANÇAS POR DÉBITO EM CONTA [ABdP n.º 10/2005] 539

3 – Os credores ou os seus representantes devem ser informados do cancelamento das autorizações de débito em conta através da sua instituição de crédito.

ART. 4.º (Autorizações de débito e sua desmaterialização) – 1 – As autorizações de débito devem ser guardadas pelas instituições de crédito ou pelo credor que directamente as processar e exibidas quando solicitadas nos termos da regulamentação em vigor.

2 – A prova da existência e regularidade das autorizações de débito é da responsabilidade da instituição de crédito do devedor, através da exibição física da autorização ou do registo do procedimento electrónico de desmaterialização.

3 – Consideram-se desmaterializadas todas as autorizações de débito em conta:

a) Que tenham sido criadas, validadas ou conferidas pelos devedores directamente através de procedimentos electrónicos;

b) Sobre as quais o devedor tenha criado ou modificado os limites, através de procedimentos electrónicos, quanto ao prazo de validade da autorização ou ao valor máximo de cobrança;

c) Cuja existência e regularidade tenham sido anteriormente provadas, a pedido do devedor, nos termos da regulamentação em vigor.

4 – Presumem-se desmaterializadas todas as autorizações de débito em conta relativamente às quais tenham sido processadas pelo menos três instruções de débito no intervalo temporal mínimo de três anos entre a primeira e a última, sem que se tenha verificado qualquer incidente no circuito de cobrança.

5 – As instituições de crédito estão obrigadas a informar os seus clientes do dever de conferirem, através de procedimentos electrónicos, os elementos que compõem as autorizações de débito em conta que concederam, bem como da presunção de desmaterialização.

6 – Não se presumem desmaterializadas as autorizações de débito em conta relativamente às quais as instituições de crédito não tenham cumprido o dever de informação mencionado no número anterior.

7 – As autorizações de débito em conta processadas pelos credores depois da entrada em vigor deste aviso devem conter a indicação escrita de que os devedores estão informados do dever de conferirem, através de procedimentos electrónicos, os elementos que as compõem.

8 – Relativamente às autorizações de débito em conta processadas pelos credores antes da entrada em vigor deste aviso e que não contenham a indicação escrita referida no número anterior, os credores estão obrigados a informar os devedores, preferencialmente através da facturação e no prazo de seis meses, do dever de conferirem, através de procedimentos electrónicos, os respectivos elementos.

9 – Consideram-se irregulares todas as autorizações de débito em conta relativamente às quais os devedores não tenham sido informados pelos credores, nos termos referidos nos números anteriores, do dever de conferirem as autorizações concedidas.

10 – Os procedimentos electrónicos são disponibilizados através do sistema multibanco ou quaisquer outros colocados à disposição dos devedores pelas respectivas instituições de crédito, designadamente ATM privativos, portais bancários e atendimento telefónico certificado.

ART. 5.º (Agregação de cobranças) – 1 – Sem prejuízo do disposto no n.º 2 do artigo 2.º deste aviso, a agregação de cobranças numa mesma autorização de débito em conta está sujeita às regras enunciadas nos números seguintes.

2 – No caso de autorizações de débito em conta a que, por não terem ainda sido processadas, não foram atribuídos os respectivos números identificativos, referidos no n.º 3 do artigo 2.º do Aviso do Banco de Portugal n.º 1/2002 e no n.º 1 do artigo 3.º do Aviso do Banco de Portugal n.º 10/2003, a agregação de cobranças na mesma autorização presume-se consentida pelo devedor, excepto se este expressamente se opuser à agregação.

3 – No caso de autorizações de débito em conta às quais anteriormente tenham sido atribuídos números identificativos diferentes para cada uma delas, a agregação de cobranças na mesma autorização presume-se não consentida pelo devedor, excepto se este expressamente consentir a agregação.

4 – O devedor pode opor-se a todo o tempo à agregação, cancelando a autorização de débito em conta ou informando o credor desta sua pretensão.

5 – O credor ou o seu representante deve facultar ao devedor a informação e os instrumentos necessários para que este possa expressamente manifestar a sua vontade em todas as situações.

ART. 6.º (Prestador de cobranças) – 1 – Designa-se por prestador de cobranças a entidade que apresenta várias instruções de débito relativas a diferentes autorizações de débito em conta, na qualidade de representante de um ou vários credores, sem prejuízo de apresentar instruções de débito nas quais figure como credor.

2 – O exercício da actividade de prestador de cobranças não pode condicionar os direitos dos devedores, designadamente os de poderem individualmente validar, consultar, alterar os parâmetros temporais e pecuniários da autorização de débito, anular o débito e cancelar a autorização e, em especial, o de identificar as entidades credoras.

3 – O disposto no n.º 2 não é aplicável às cobranças agregadas nos termos do artigo anterior.

ART. 7.º (Entrada em vigor) – O presente aviso entra em vigor no dia 1 de Outubro de 2005, com excepção do disposto no n.º 1 do artigo 2.º, que entra em vigor no dia 1 de Julho de 2005.

540   [DL n.º 27/2001]   OPERAÇÕES BANCÁRIAS E FINANCEIRAS

7.2.9. CONTA "POUPANÇA-HABITAÇÃO"

Decreto-Lei n.º 27/2001

de 3 de Fevereiro 2001(*)

ART. 1.º (Instituições depositárias) – As instituições de crédito podem abrir contas de depósito a prazo com o regime estabelecido no presente diploma, denominadas «contas poupança-habitação».

ART. 2.º (Depositantes) – 1 – As contas poupança-habitação podem ser constituídas por pessoas singulares, quer em contas individuais quer em contas colectivas, solidárias ou conjuntas.

2 – As contas poupança-habitação podem ainda ser constituídas por menores, através dos seus representantes legais.

ART. 3.º (Prazo contratual mínimo e montantes) – 1 – A conta poupança-habitação constitui-se pelo prazo contratual mínimo de um ano, renovável por iguais períodos de tempo, podendo o seu titular efectuar entregas ao longo de cada prazo anual, nos termos que tiverem sido acordados com as instituições de crédito.

2 – As instituições de crédito podem, dentro dos limites e regras a fixar por portaria conjunta dos Ministros das Finanças a do Equipamento Social, estipular montantes mínimos ou máximos para abertura das contas poupança-habitação a para as entregas subsequentes, bem como a periodicidade destas últimas e a sua rigidez ou flexibilidade.

ART. 4.º (Regime de juros) – 1 – Os juros são liquidados, relativamente a cada conta de depósito:
a) No fim de cada prazo anual, por acumulação ao capital depositado;
b) No momento da mobilização do depósito, sendo então contados à taxa proporcional e devidos até essa data, sem qualquer penalização.

2 – Os juros produzidos pelas entregas ao longo de cada prazo anual são calculados à taxa proporcional.

ART. 5.º (Mobilização do saldo) – 1 – O saldo das contas poupança-habitação pode ser mobilizado pelos seus titulares, quando haja decorrido o primeiro prazo contratual, desde que os montantes mobilizados tenham respeitado o prazo contratual mínimo de um ano de imobilização, e para os seguintes fins:
a) Aquisição, construção, recuperação, beneficiação ou ampliação de prédio ou fracções de prédio para habitação própria e permanente ou para arrendamento;
b) Realização de entregas a cooperativas de habitação e construção para aquisição quer de terrenos destinados a construção, quer de fogos destinados a habitação própria permanente;
c) Amortizações extraordinárias de empréstimos, considerando-se como tais as amortizações antecipadas e não programadas, desde que contraídos e destinados aos fins referidos nas alíneas anteriores.

2 – A mobilização do saldo das contas deverá ser realizada por meio de cheque ou ordem de pagamento, emitidos a favor do vendedor, do construtor, da cooperativa de que o titular seja sócio, ou do credor do preço de venda dos materiais ou serviços no caso de construção de habitação própria por administração directa do titular da conta, devendo ser apresentados à instituição depositária, no prazo de 60 dias a contar da data de mobilização do saldo, os originais dos documentos comprovativos dos pagamentos efectuados, que serão devolvidos aos titulares das contas com a indicação da data, montante e número da conta utilizada.

3 – A todo o tempo é permitido ao titular de uma conta poupança-habitação comunicar à instituição depositária a alteração dos objectivos que se propôs com a abertura da conta.

ART. 6.º (Mobilização para outros fins) – 1 – Se o saldo da conta poupança-habitação for aplicado em qualquer finalidade diferente das previstas no n.º 1 do artigo anterior ou dele forem levantados fundos antes de decorridos os prazos ali previstos, aplicar-se-ão as regras vigentes na instituição depositária para depósitos a prazo superior a um ano, sendo anulado o montante dos juros vencidos e creditados que corresponda à diferença de taxas.

2 – Sem prejuízo do disposto no número anterior, desde que o remanescente, sem incluir os juros creditados, exceda os montantes mínimos fixados pela instituição depositária, o titular pode continuar com a conta poupança-habitação, mantendo-se a certeza do empréstimo.

3 – Se o saldo das contas poupança-habitação for levantado, parcial ou totalmente, por ter ocorrido a morte de qualquer titular ou de um dos progenitores dos menores mencionados no n.º 2 do artigo 2.º, não há lugar à perda dos benefícios a que se referem os artigos 4.º e 11.º.

4 – Poderão igualmente ser mantidos todos os benefícios no caso de o saldo de uma conta poupança-habitação ser integralmente transferido para outra conta da mesma natureza em instituição de crédito distinta, tendo em vista o definido no n.º 2 do artigo seguinte.

(*) Rectificado pela Declaração de Rectificação n.º 10-A/2001, de 30-4, e alterado pelo art. 43.º-2 da **Lei n.º 107-B/2003**, de 31-12, que deu nova redacção à al. *c)* do n.º 1 do art. 5.º, pelo art. 39.º da **Lei n.º 55-B/2004**, de 30-12 (ao revogar directamente o art. 18.º do EBF (revogou indirectamente a al. *a)* do art. 11.º), e pelo **DL n.º 263-A/2007**, de 23-7 (deu nova redacção ao art. 11.º).

CONTA "POUPANÇA-HABITAÇÃO"   [DL n.º 27/2001]   541

O DL n.º 54/2008, de 26-3, estabeleceu, no seu art. 1.º, que o disposto no n.º 1 deste art. 6.º "é aplicável, sem caracter imperativo, apenas à mobilização de saldos resultantes de depósitos efectuados após 1 de Janeiro de 2004" (n.º 1), e que, "nos restantes casos é proibida a aplicação de qualquer anulação de juros vencidos ou creditados" (n.º 2), DL este que foi, por seu turno, alterado pelo art. 1.º do DL n.º 199/2009, de 27-8.

ART. 7.º (Empréstimo pela instituição depositária) – 1 – Os titulares das contas poupança-habitação podem recorrer a crédito, junto da instituição depositária, para os fins previstos no n.º 1 do artigo 5.º, podendo a instituição depositária exigir declaração formal dessa intenção no momento da abertura da conta.

2 – Os empréstimos podem ser concedidos a um ou dois titulares de contas poupança-habitação, ainda que uma das contas tenha sido constituída em instituição de crédito distinta, desde que se processe a transferência referida no n.º 4 do artigo anterior com o acordo da instituição a quem é solicitado o empréstimo.

3 – Aos empréstimos solicitados, e sem prejuízo do especificamente previsto no presente diploma, aplicam-se as disposições do regime de crédito jovem bonificado e do crédito bonificado e do regime geral de crédito, conforme os casos.

ART. 8.º (Certeza de empréstimo para contas com mais de três anos) – 1 – Aos titulares de contas poupança--habitação constituídas há mais de três anos e que pretendam mobilizar o saldo da conta para fins de aquisição, construção ou beneficiação de habitação própria permanente é garantido o direito à concessão de um empréstimo.

2 – O montante dos empréstimos a conceder nos termos do número anterior:

a) Será determinado em função de regras estabelecidas no contrato de abertura da conta poupança-habitação, tendo em conta o ritmo, o valor e a regularidade das entregas do titular da conta;

b) Não poderá ser superior à diferença entre o valor da habitação a adquirir ou da obras projectadas, segundo avaliação das próprias instituições de crédito, ou o preço, se este for menor, e o saldo das contas poupança-habitação à data da concessão dos empréstimos;

c) Não poderá, no regime de crédito bonificado, implicar uma primeira prestação que corresponda a uma taxa de esforço superior a um terço do duodécimo do rendimento anual bruto do agregado familiar.

3 – O disposto no número anterior não pode prejudicar a correcta ponderação dos riscos de crédito para fins de decisão sobre as operações de empréstimo à habitação.

4 – Salvaguardado o disposto nos números anteriores, deve a instituição depositária conceder o financiamento, disponibilizando o dinheiro, no prazo máximo de um mês a partir do momento em que se encontrem cumpridas todas as formalidades legais para a realização do empréstimo.

5 – Se a instituição depositária, por motivos de insuficiência ocasional de meios financeiros disponibilizáveis para o efeito, não estiver em condições de o aprovar, pode esta conceder o empréstimo com contrapartida num financiamento intercalar do mesmo montante a conceder pelo Fundo de Estabilização Financeira da Segurança Social (FEFSS).

ART. 9.º (Condições de financiamento pelo FEFSS) – As condições do financiamento referido na parte final do n.º 5 do artigo anterior serão as seguintes:

a) Prazo de nove meses, ao longo dos quais a instituição de crédito terá de substituir o financiamento intercalar pelo empréstimo definitivo;

b) Taxa de juro igual à taxa contratual praticada pela instituição depositária nos empréstimos à habitação deduzida de meio ponto percentual.

ART. 10.º (Fixação e publicitação das condições) – As instituições de crédito devem fixar e tornar públicas as condições da conta poupança-habitação, designadamente os seguintes elementos:

a) Montantes mínimos ou máximos e periodicidades, rígidos ou fiexíveis, prefixados ou não;

b) Montante dos empréstimos em função do saldo da conta poupança-habitação;

c) Taxa efectiva de remuneração bruta anual da conta poupança-habitação, calculada como taxa equivalente e tendo em consideração a periodicidade das entregas, cujos pressupostos a instituição de crédito explicitará.

ART. 11.º (Benefícios fiscais e parafiscais) – Desde que o saldo da conta poupança-habitação seja mobilizado para os fins previstos no n.º 1 do artigo 5.º, às contas poupança-habitação aplicam-se os seguintes benefícios:

a) (*Revogado* pelo n.º 3 do art. 39.º da Lei n.º 55-B/2004, de 30-12);

b) Os encargos dos actos notariais e do registo predial respeitantes à aquisição de habitação própria permanente são reduzidos em:

i) um meio, beneficiando a prática de tais actos de um regime de prioridade ou urgência gratuita, quando não seja utilizado o procedimento especial de transmissão, oneração e registo de imóveis;

ii) € 200, quando seja utilizado o procedimento especial de transmissão, oneração e registo de imóveis, incluindo todos os registos, com excepção daqueles de que dependa a verificação dos pressupostos do procedimento;

iii) € 120, quando seja utilizado o procedimento especial de transmissão, oneração e registo de imóveis, se apenas for registado um facto, com excepção daqueles de que dependa a verificação dos pressupostos do procedimento.

542 [DL n.º 372/91]   OPERAÇÕES BANCÁRIAS E FINANCEIRAS

ART. 12.º (Legislação revogada e normas transitórias) – 1 – São revogados o Decreto-Lei n.º 382/89, de 6 de Novembro, e a Portaria n.º 214/94, de 12 de Abril.

2 – As contas poupança-habitação constituídas ao abrigo de legislação anterior passam a reger-se pelo presente diploma, sem prejuízo dos direitos adquiridos, de acordo com as seguintes disposições transitórias:

a) Para efeito do prazo a que se refere o n.º 1 do artigo 3.º considera-se a data de abertura da conta;

b) Para efeitos da certeza do empréstimo prevista no n.º 1 do artigo 8.º, o prazo aí definido é determinado através da consideração cumulativa dos seguintes períodos:

O período decorrido desde a data de abertura da conta até à data da publicação do presente diploma;

O período posterior ao acordo formal do titular da conta relativamente às entregas mínimas e sua periodicidade, estabelecidas pela instituição depositária, período este que não poderá nunca ser inferior a seis meses.

7.2.10. CERTIFICADOS DE DEPÓSITOS

Decreto-Lei n.º 372/91

de 8 de Outubro (*)

ART. 1.º (Noção) – As instituições de crédito legalmente autorizadas a receber depósitos podem emitir certificados de depósito, nos termos deste diploma, em representação de depósitos que, para o efeito, sejam nelas constituídos, em escudos ou em moeda estrangeira.

ART. 2.º (Transmissibilidade) – 1 – Os certificados de depósito são nominativos e transmissíveis por endosso, nos termos gerais, com eles se transferindo todos os direitos relativos aos depósitos que representam.

2 – Na transmissão dos certificados de depósito não é admitido o endosso em branco.

3 – As instituições de crédito deverão manter um registo actualizado das emissões de certificados de depósito, bem como das respectivas transmissões.

4 – Os direitos a que se refere o n.º 1 só são invocáveis pelo transmissário após comunicação da aquisição do certificado de depósito à instituição emitente do mesmo.

5 – As instituições de crédito podem adquirir os certificados por elas emitidos, os quais se consideram resgatados, liquidando o depósito correspondente.

ART. 3.º (Prazos) – Os certificados titulam depósitos cujos prazos serão estabelecidos pelas partes contratantes.

ART. 4.º (Juros) – 1 – Os juros dos depósitos representados por certificados podem ser liquidados:

a) Na data do vencimento do depósito representado pelo certificado ou à data da sua mobilização, caso esta se verifique antes do fim do prazo para o qual o depósito foi constituído;

b) A intervalos acordados entre as partes, devendo a última contagem de juros coincidir com o vencimento do depósito.

2 – Os juros são pagos:

a) Mediante a apresentação dos certificados de depósito, na modalidade prevista na alínea *a)* do número anterior;

b) Mediante a apresentação dos cupões respeitantes a cada período de contagem de juros, na modalidade prevista na alínea *b)* do mesmo número.

3 – Na hipótese prevista na alínea *b)* do n.º 1, os depósitos podem vencer juros a taxa fixa ou variável, sendo esta última indexada ao valor de uma ou mais taxas de referência fixadas no momento da emissão.

ART. 5.º (Depósitos) – Os depósitos cujos certificados, à data do vencimento, estejam depositados na instituição de crédito emitente poderão ser renovados nas mesmas condições, por acordo prévio entre as partes.

ART. 6.º (Elementos obrigatórios) – Os certificados de depósito devem conter, obrigatoriamente:

a) O nome e a sigla ou logotipo da instituição de crétido emitente;

b) O número do certificado;

c) O número de série, se adoptado pela instituição emitente;

d) O valor nominal do certificado de depósito, em algarismos e por extenso;

e) O prazo por que foi constituído o depósito representado pelo certificado e respectiva data de vencimento;

f) O regime de taxas de juro do certificado e a forma de pagamento dos respectivos juros;

g) A taxa de juro nominal do depósito que o certificado representa;

h) O nome do titular do certificado de depósito;

i) Elementos de controlo de autenticidade do certificado, entre os quais o selo branco da instituição emitente e assinaturas manuscritas de quem a represente.

(*) Alterado pelo **DL n.º 387/93**, de 20-11, que deu nova redacção ao art. 1.º.

PRAZOS DE VENCIMENTO DO CRÉDITO BANCÁRIO   [DL n.º 344/78]   543

ART. 7.º (Condições) – O Banco de Portugal pode, sem prejuízo de outras competências que em geral lhe sejam atribuídas, determinar às instituições de crédito deveres especiais de informação, tanto prévia como posteriormente à emissão de certificados de depósito.

ART. 8.º – 1 – É revogado o Decreto-Lei n.º 74/87, de 13 de Fevereiro, e o Aviso n.º 4/87, da mesma data.

2 – Os certificados de depósito existentes à data de entrada em vigor do presente diploma mantêm-se sujeitos, até ao seu vencimento, ao regime em que foram emitidos.

7.3. CONCESSÃO DE CRÉDITO/FINANCIAMENTOS

7.3.1. MÚTUOS BANCÁRIOS

Decreto-Lei n.º 32 765

de 29 de Abril de 1943

ART. ÚNICO – Os contratos de mútuo ou usura, seja qual for o seu valor, quando feitos por estabelecimentos bancários autorizados, podem provar-se por escrito particular, ainda mesmo que a outra parte contratante não seja comerciante.

7.3.2. PRAZOS DE VENCIMENTO DO CRÉDITO BANCÁRIO

Decreto-Lei n.º 344/78

de 17 de Novembro (*)

ART. 1.º (Âmbito) – As operações de concessão de crédito por instituições de crédito ou parabancárias são classificadas como créditos a curto, médio e longo prazos, de acordo com as disposições do presente diploma, para os efeitos dos condicionalismos legais reguladores dessas operações, qualquer que seja a natureza e forma de titulação de tais créditos.

ART. 2.º (Classificação segundo os prazos) – 1 – As operações referidas no artigo precedente são consideradas:

a) Créditos a curto prazo, quando o prazo de vencimento não exceder um ano;

b) Créditos a médio prazo, quando o prazo de vencimento for superior a um ano, mas não a cinco;

c) Créditos a longo prazo, quando o prazo de vencimento exceder cinco anos.

2 – O prazo das operações de crédito deve ser o adequado à natureza das operações reais que visem financiar.

ART. 3.º (Contagem dos prazos) – 1 – O prazo das operações, para efeito da sua classificação, nos termos do n.º 1 do artigo 2.º, deve contar-se a partir da data em que os fundos são colocados à disposição do respectivo beneficiário e termina na data prevista para a liquidação final e integral das operações em causa.

2 – O prazo das operações de desconto de letras, livranças, extractos de factura, *warrants* e outros efeitos comerciais é o que decorre entre a data da efectivação da operação e a do respectivo vencimento.   ·

3 – Nas operações de concessão de crédito é sempre obrigatória a fixação do respectivo vencimento.

ART. 4.º (Prorrogação de operações de crédito) – 1 – Nos casos em que se verifique prorrogação ou renovação dos prazos de qualquer operação de crédito, deve, com excepção da hipótese considerada no número seguinte, ser considerado o prazo global correspondente à totalidade do período transcorrido desde o início da operação até ao seu vencimento.

2 – A prorrogação ou renovação por circunstâncias imprevisíveis e insuperáveis pode ser considerada pelas instituições de crédito ou parabancárias uma operação autónoma, contando-se novo prazo.

3 – Presume-se a verificação do circunstancialismo descrito no número anterior quando o devedor exerça a sua actividade em sector declarado em situação de crise económica ou ainda quando se trate de empresas em situação económica difícil, nos termos do Decreto-Lei n.º 353-H/77, de 29 de Agosto, e de outras que venham a ser indicadas pelo Banco de Portugal.

4 – Não são abrangidas pelo disposto nos números anteriores deste artigo as aberturas de crédito documentário.

(*) A actual redacção do art. 7.º foi introduzida pelo art. 2.º do **DL n.º 83/86**, de 6-5, ao passo que a dos n.ᵒˢ 1, 3, 4, 5 e 6 do art. 5.º foi-lhe dada pelo art. 1.º do **DL n.º 204/87**, de 16-5; por seu turno, as alíneas *b*) e *c*) do art. 2.º têm a redacção dada pelo art. único do **DL n.º 429/78**, de 25-10.

544   [DL n.º 220/94]   OPERAÇÕES BANCÁRIAS E FINANCEIRAS

ART. 5.º (Juros) – 1 – Nas operações de desconto de letras, extractos de factura e *warrants*, as instituições de crédito poderão cobrar a importância dos juros antecipadamente, por dedução ao valor nominal dos efeitos.

2 – Os juros relativos às operações de abertura de crédito, empréstimos em conta corrente ou outras de natureza similar serão calculados em função dos períodos e montantes de utilização efectiva dos fundos pelo beneficiário, devendo a taxa a aplicar num período de renovação ou prorrogação ser a que corresponda ao prazo de tais operações, determinado pelos termos do art. 4.º.

3 – Nas restantes operações, o pagamento dos juros será efectuado no termo do respectivo prazo, podendo, no caso de operações a médio e longo prazos, ocorrer no termo de cada período anual ou outro acordado pelas partes.

4 – Os juros referentes às operações descritas no número anterior serão calculados sobre o montante em dívida no início de cada período convencionado para contagem de juros.

5 – Não é considerada cobrança antecipada de juros o desconto, ao valor nominal dos títulos, dos juros calculados segundo o estabelecido no n.º 4.

6 – Não podem ser capitalizados juros correspondentes a um período inferior a três meses.

ART. 6.º (Alteração de taxas) – Quando no decurso do prazo da operação ocorra alteração legal da taxa de juro, aplicar-se-á a nova taxa a partir da próxima contagem de juros, excepto quando as partes hajam convencionado diversamente por escrito.

ART. 7.º (Juros de mora) – 1 – As instituições de crédito e parabancárias poderão cobrar, em caso de mora do devedor, uma sobretaxa de 2%, a acrescer, em alternativa:

a) À taxa de juro que seria aplicada à operação de crédito se esta tivesse sido renovada;

b) À taxa de juro máxima permitida para as operações de crédito activas de prazo igual àquele por que durar a mora.

2 – A cláusula penal devida por virtude da mora não pode exceder o correspondente a quatro pontos percentuais acima das taxas de juros compensatórios referidas no número anterior, considerando-se reduzida a este limite máximo na parte em que o exceda, sem prejuízo da responsabilidade criminal respectiva.

3 – Os juros de mora incidem sobre o capital já vencido, podendo incluir-se neste os juros capitalizados correspondentes ao período mínimo de um ano.

4 – O disposto nos n.ºs 1 e 2 deste artigo não se aplica às operações activas e aos serviços relativamente aos quais sejam fixadas, legal ou administrativamente, taxas especiais de juros moratórios, nem às operações de locação financeira ou outras actividades parabancárias relativamente às quais o Banco de Portugal estabeleça taxas de mora específicas.

ART. 8.º (Aplicação) – O Banco de Portugal transmitirá às instituições de crédito e a quaisquer outras entidades que actuem nos mercados monetário e financeiro e se achem sujeitas à sua fiscalização e controlo as instruções que se mostrem necessárias à boa execução do disposto no presente decreto-lei.

ART. 9.º (Dúvidas e lacunas) – As dúvidas e lacunas que surjam na aplicação do presente diploma serão esclarecidas por despacho do Ministro das Finanças e do Plano.

ART. 10.º – São revogados os n.ºs 2 e 5 do artigo 1.º do Decreto-Lei n.º 353-J/77, de 29 de Agosto.

7.3.3. INFORMAÇÃO OBRIGATÓRIA RELATIVA A CUSTOS DE OPERAÇÕES DE CRÉDITO

Decreto-Lei n.º 220/94

de 23 de Agosto

ART. 1.º (Âmbito) – O presente diploma estabelece o regime aplicável à informação que, em matéria de taxas de juro e outros custos das operações de crédito, deverá ser prestada aos seus clientes pelas seguintes instituições de crédito:

a) Bancos;

b) Caixa Geral de Depósitos;

c) Caixas económicas;

d) Caixa Central de Crédito Agrícola Mútuo.

ART. 2.º (Definições) – Para efeitos do presente diploma entende-se:

a) «Operações de crédito»: todos os contratos de concessão de crédito, seja qual for a modalidade que revistam, incluindo os descobertos em conta, mas com exclusão da locação financeira, do *factoring* e da prestação de garantias;

b) «Instituição de crédito»: qualquer das instituições de crédito referidas no artigo anterior;

c) «Taxa nominal»: a taxa de juro que, sem incluir impostos nem outros encargos, para uma espécie de operações de crédito ou para uma determinada operação de crédito, resulta da aplicação da fórmula contida no anexo n.º 1 ao presente diploma, que dele faz parte integrante;

CUSTOS DE OPERAÇÕES DE CRÉDITO   **[DL n.º 220/94]** 545

d) «Taxa anual efectiva» (abreviadamente «TAE»): taxa de juro que, para uma espécie de operações de crédito ou para uma determinada operação de crédito, torna equivalentes, numa base anual, os valores actualizados do conjunto das prestações realizadas ou a realizar pela instituição de crédito e dos pagamentos realizados ou a realizar pelo cliente, calculada de acordo com as regras do artigo 4.º e com a fórmula constante do anexo n.º 2 ao presente diploma, que dele faz parte integrante;

e) «Taxas representativas»: as taxas de juro que, com maior frequência, as instituições de crédito pratiquem para determinadas espécies de operações de crédito definidas em função da sua natureza, finalidade e prazo;

f) «Taxa de juro variável»: a taxa de juro cuja modificação tenha sido previamente acordada entre a instituição de crédito e o cliente, qualquer que seja o mecanismo estabelecido para o efeito, sempre que não sejam deteminados, nesse acordo, os futuros valores da taxa de juro, mas não incluindo:

i) As taxas de juro das operações de prazo igual ou inferior a um ano cuja modificação esteja prevista, mediante comunicação do novo valor, com antecedência razoável, pela instituição de crédito ao cliente, como condição para a renovação da operação;

ii) As taxas de juro para operações de crédito de prazo superior a um ano em que a modificação da taxa de juro tenha sido acordada para produzir efeitos nos períodos subsequentes a certas datas previamente determinadas mediante, comunicação do novo valor, com antecedência razoável, pela instituição de crédito e desde que o cliente tenha a faculdade, em alternativa à manutenção da taxa de juro em vigor, de exigir o reembolso antecipado do crédito, sem qualquer penalização; *g*) «Indexante: índice de referência cuja evolução determina, através de uma relação previamente convencionada, as alterações periódicas das taxas de juro variáveis das operações de crédito;

h) «Taxa de juro preferencial» ou *prime rate*; a taxa de juro que as instituições de crédito, em cada momento, pratiquem para os seus clientes de menor risco em operações de crédito de curto prazo, em escudos.

ART. 3.º (Divulgação das taxas representativas) – 1 – As instituições de crédito deverão afixar em todos os balcões e locais de atendimento do público, em lugar bem visível, um quadro, organizado segundo modelo a aprovar por aviso do Banco de Portugal, contendo a indicação das taxas representativas das espécies de operações de crédito constantes desse modelo que habitualmente pratiquem, bem como da taxa de juro preferencial.

2 – No quadro a que se refere o número anterior as taxas representativas serão indicadas, em colunas separadas e relativamente a cada espécie de operações, nas modalidades de taxa nominal e de TAE.

3 – A taxa de juro preferencial será apenas indicada na modalidade de taxa nominal.

4 – Os quadros a que se refere o presente artigo deverão ainda conter:

a) Todos os indexantes utilizados habitualmente pela instituição de crédito, identificados individualmente por designações próprias;

b) A informação de que se encontram disponíveis nos balcões folhetos com a indicação de todos os encargos e despesas a cargo dos clientes, incluídos ou não no cálculo da TAE, relativamente a cada espécie de operações de crédito indicadas no mesmo quadro;

c) A indicação de que a informação é prestada ao abrigo do presente diploma, o qual deverá ser correctamente identificado;

d) A informação de que qualquer reclamação relacionada com as informações contidas no quadro poderá ser apresentada aos serviços competentes do Banco de Portugal e, caso exista, ao serviço criado para o efeito na instituição de crédito.

ART. 4.º (Cálculo da TAE) – 1 – Para cálculo da TAE, consideram-se como pagamentos efectuados ou a efectuar pelo cliente:

a) O reembolso do capital;

b) Os juros remuneratórios;

c) Os montantes de saldos em contas de depósito exigidos ao cliente como condição para a concessão do crédito;

d) Todas as comissões e outras prestações que devam ser pagas pelo cliente em conexão directa com a operação de crédito, quer se apresentem como condição para a celebração do respectivo contrato quer como consequência deste ou da sua execução, desde que constituam receitas da instituição de crédito ou de outras instituições financeiras, incluindo, nomeadamente, os prémios de seguros exigidos pela instituição de crédito e as comissões ou preparos relativos à análise de operação, à preparação do processo, à constituição de garantias, à abertura de contas de crédito e a cobranças.

2 – Excluem-se do cálculo da TAE todos os pagamentos a efectuar pelo cliente que sejam meramente eventuais, designadamente os resultados de incumprimento do contrato, bem como os resultantes de impostos, taxas ou emolumentos notariais ou de registo.

3 – O cálculo da TAE é efectuado no pressuposto de que a operação de crédito vigorará pelo período de tempo acordado e de que as respectivas obrigações serão cumpridas nos prazos e datas convencionados.

4 – Nas operações de crédito cujos contratos admitam a variação da taxa de juro ou o montante de outras despesas incluídas na TAE de acordo com critérios que não permitam a quantificação dessas modificações no momento do cálculo da TAE, esta será calculada no pressuposto de que a taxa de juro e as outras despesas em vigor se manterão inalteráveis até ao termo do contrato.

546   [DL n.º 220/94]   OPERAÇÕES BANCÁRIAS E FINANCEIRAS

5 – Nas operações de crédito em que não é contratualmente definido um montante fixo para o capital mutuado, mas apenas um limite máximo do crédito que o cliente poderá utilizar, a TAE será calculada no pressuposto da utilização total do crédito.

6 – Se não forem fixados prazos para o reembolso do crédito, considera-se que a duração do crédito é de um ano com um único reembolso no final do prazo.

7 – Sempre que for obrigatória a indicação da TAE, deverá acrescentar-se a informação de que se trata da taxa anual efectiva calculada nos termos do presente diploma.

ART. 5.º (Informação a incluir nos contratos) – 1 – Sempre que os contratos que titulem as operações de crédito revistam forma escrita, ainda que por simples troca de correspondência, o respectivo texto deverá conter:

a) A indicação da taxa nominal;

b) A indicação da TAE calculada nos termos do artigo 4.º;

c) O critério para a determinação da taxa de juro aplicável em situações de mora;

d) As condições aplicáveis no caso de reembolso antecipado do crédito.

2 – Nas operações de crédito com taxa de juro variável, deverá ainda constar o indexante utilizado, o qual deverá corresponder a um dos indexantes individualizados de acordo com o disposto na alínea *a)* do n.º 4 do artigo 3.º e a respectiva relação com a taxa de juro nominal a praticar.

3 – Em casos especiais, justificados por particulares interesses dos contraentes, poderão estes acordar na adopção de indexantes específicos, que devrão ser indicados no respectivo contrato, ficando excluídos da aplicação do n.º 4 do artigo 3.º, desde que a natureza e características dos mesmos permitam o conhecimento directo pelo cliente da sua evolução.

4 – A falta de indicação do indexante, nos termos previstos nos n.ºs 2 e 3, determina a nulidade da estipulação de juros, aplicando-se a taxa de desconto do Banco de Portugal, salvo se tiver sido estipulada uma taxa de juro inicial inferior, a qual será aplicável enquanto se mantiver inferior à taxa de desconto do Banco de Portugal.

5 – Os valores em vigor da taxa nominal da TAE e do indexante deverão ser indicados em toda a correspondência enviada pela instituição de crédito ao cliente, no âmbito da execução da operação de crédito, designadamente nos extractos de conta e notas de débito.

ART. 6.º (Taxas básicas) – A afixação e divulgação das taxas básicas para os efeitos do n.º 1 do artigo 1.º do Decreto-Lei n.º 32/89, de 25 de Janeiro, deverá ser efectuada nos termos do disposto na alínea *a)* do n.º 4 do artigo 3.º.

ART. 7.º (Publicidade) – 1 – Sem prejuízo das normas legais aplicáveis em geral à actividade publicitária, em todas as acções publicitárias promovidas pelas instituições de crédito relativamente a operações de crédito, seja qual for o meio utilizado, em que se faça referência à taxa de juro ou a outro valor relacionado com o custo do crédito, deverá indicar-se também a TAE correspondente.

2 – A TAE será indicada, se não for possível outro meio, através de um exemplo representativo.

ART. 8.º (Crédito ao consumo) – O disposto nos artigos 5.º e 7.º do presente diploma não se aplica às operações de crédito ao consumo sujeitas ao regime definido pelo Decreto-Lei n.º 359/91, de 21 de Setembro.

ART. 9.º (Condições gerais para outras operações e serviços) – Continua a reger se por aviso do Banco de Portugal a informação a prestar pela instituições de crédito e sociedades financeiras sobre as condições gerais das suas operações e serviços oferecidos ao público, em tudo o que se não encontrar regulado no presente diploma.

O dever de informação relativa ao "preçário", foi regulamentada pelo Aviso do BdP n.º 8/2009, publicado no *DR*, II série, n.º 197, Parte E, de 12.10.2009, que revogou o Aviso n.º 1/95, de 17-2.

ART. 10.º (Comunicações ao Banco de Portugal e fiscalização) – 1 – As instituições de crédito enviarão ao Banco de Portugal uma cópia do quadro a que se refere o n.º 1 do artigo 3.º do presente diploma e do folheto referido na alínea *b)* do n.º 4 do mesmo preceito, nos termos e no prazo que forem estabelecidos no aviso aí mencionado, o qual regulamentará igualmente as condições em que deverão ser remetidas ao Banco de Portugal as alterações que venham a ser introduzidas no mesmo quadro e no folheto.

2 – Compete ao Banco de Portugal a fiscalização do cumprimento do disposto no presente diploma e a emissão, por aviso, das normas necessárias à sua execução.

ART. 11.º (Fiscalização da informação sobre taxas representativas) – 1 – Sem prejuízo dos poderes gerais de fiscalização que lhe são conferidos pelo artigo precedente, o Banco de Portugal deverá proceder à comparação dos valores indicados nos quadros a que se se refere o artigo 3.º com a informação que periodicamente lhe é enviada pelas instituições de crédito sobre valores médios das taxas de juro, relativa às espécies de operações de crédito correspondentes às incluídas no referido quadro.

2 – No caso de verificar a existência de discrepâncias significativas entre os valores indicados no quadro informativo e os valores médios a que se refere o número anterior, o Banco de Portugal solicitará à instituição de crédito uma explicação para as mesmas.

3 – A verificação, de modo reiterado, da discrepância referida no número anterior, sem que exista para a mesma uma jutificação adequada, constitui violação do dever de informação, imposto pelo artigo 3.º, sobre as taxas representativas das operações de crédito, devendo o Banco de Portugal publicar, nos termos da alínea *b)*

CUSTOS DE OPERAÇÕES DE CRÉDITO   [DL n.º 220/94]   547

do n.º 1 do artigo 212.º do Regime Geral das Instituições de Crédito e Sociedades Financeiras, a punição definitiva que venha a ser aplicada à instituição de crédito.

ART. 12.º (Sanções) – As infracções às normas do presente diploma constituem contra-ordenação punível nos termos do Regime Geral das Instituições de Crédito e Sociedades Financeiras, aprovado pelo Decreto-Lei n.º 298/92, de 31 de Dezembro.

ANEXO N.º 1

DEFINIÇÃO DE TAXA NOMINAL

1 – As taxas nominais a utilizar para efeitos de divulgação das taxas representativas praticadas pela instituição devem ser consistentes com a aplicação da seguinte fórmula:

$$TN = \frac{J_k}{C_k} \times \frac{base}{n} \times 100$$

em que:
J_k = valor do pagamento de juros de ordem k;
k = número de ordem do pagamento de juros;
C_k = capital em dívida na data anterior ao cálculo dos juros de ordem k;
$base$ = total de dias por ano utilizados no cálculo do juro diário;
n = número de dias (em média) em que os juros são devidos aquando de cada pagamento, calculado de acordo com a base utilizada pelo banco.

2 – Nos casos em que sejam cobrados juros antecipados relativamente a operações onde haja lugar a uma única cobrança dos mesmos e um único reembolso do capital, em particular nas operações de desconto de letras, a taxa nominal a utilizar deverá estar de acordo com a fórmula seguinte:

$$TN = \frac{J}{C-J} \times \frac{base}{n} \times 100$$

em que:
C = capital mutuado.

3 – Nos restantes casos em que sejam praticados juros antecipados, a taxa nominal a utilizar será a que resulta da expressão anterior, passando C a representar o capital em dívida.

ANEXO N.º 2

DEFINIÇÃO DE TAXA ANUAL EFECTIVA

1 – A taxa anual efectiva corresponde à solução em r da equação seguinte:

$$\sum_{k=1}^{m} \frac{R_k}{(1+r)^{y_k}} = \sum_{q=1}^{p} \frac{D_q}{(1+r)^{x_q}}$$

onde:
m representa o número total de recebimentos por parte do cliente;
k representa o número de ordem do recebimento;
R_k é o valor do recebimento de ordem k pelo cliente;
Y_k resulta da divisão entre o número de dias decorridos entre o recebimento de ordem k e o primeiro recebimento ou pagamento efectuado pelo cliente (numerador) e o número total de dias do ano, devendo ambos ser determinados de acordo com a base anual utilizada pelo banco (360 ou 365 dias por ano);

548   [DL n.º 133/2009]   OPERAÇÕES BANCÁRIAS E FINANCEIRAS

p representa o número total de pagamentos efectuados pelo cliente;
q representa o número de ordem do pagamento;
D_q é o valor do pagamento de ordem q efectuado pelo cliente;
Y_q^q resulta da divisão entre o número de dias decorridos entre o pagamento de ordem q e o primeiro recebimento ou pagamento efectuado pelo cliente (numerador) e o número total de dias do ano, devendo ambos ser determinados de acordo com a base anual utilizada pelo banco (360 ou 365 dias por ano);
$r \lozenge 100$ é a taxa anual efectiva.

2 – Em operações onde o contrato não especifica um montante fixo de capital a emprestar ao mutuário, mas um limite máximo de crédito que este poderá utilizar, a taxa efectiva anual será calculada de acordo com os seguintes pressupostos:
a) Aplica-se a fórmula anterior, nos termos seguintes:
i) Considera-se $m = 1$;
ii) *R1* será o limite de crédito acordado;
iii) Considera-se existir um pagamento para cada data em que sejam calculados juros sobre o saldo em dívida, que deverá ser assumido como igual ao limite estabelecido no contrato;
iv) Todos os juros, comissões e demais encargos serão calculados assumindo que o mutuário faz uso da totalidade do limite de crédito que lhe é concedido;
v) Ao valor assim resultante para a variável $r \lozenge 100$ será dada a designação de TAE (mínima).

7.3.4. CONTRATOS DE CRÉDITO AOS CONSUMIDORES

Decreto-Lei n.º 133/2009

de 2 de Junho (*)

CAPÍTULO I — Objecto, âmbito de aplicação e definições

ART. 1.º (Objecto e âmbito) — 1 — O presente decreto-lei procede à transposição para a ordem jurídica interna da Directiva n.º 2008/48/CE, do Parlamento Europeu e do Conselho, de 23 de Abril, relativa a contratos de crédito aos consumidores.
2 — O presente decreto-lei aplica-se aos contratos de crédito a consumidores, sem prejuízo das exclusões previstas nos artigos 2.º e 3.º.

ART. 2.º (Operações excluídas) — 1 — O presente decreto-lei não é aplicável aos:
a) Contratos de crédito garantidos por hipoteca sobre coisa imóvel ou por outro direito sobre coisa imóvel;
b) Contratos de crédito cuja finalidade seja a de financiar a aquisição ou a manutenção de direitos de propriedade sobre terrenos ou edifícios existentes ou projectados;
c) Contratos de crédito cujo montante total de crédito seja inferior a € 200 ou superior a € 75 000;
d) Contratos de locação de bens móveis de consumo duradouro que não prevejam o direito ou a obrigação de compra da coisa locada, seja no próprio contrato, seja em contrato separado;
e) Contratos de crédito sob a forma de facilidades de descoberto que estabeleçam a obrigação de reembolso do crédito no prazo de um mês;
f) Contratos de crédito em que o crédito seja concedido sem juros e outros encargos;
g) Contratos de crédito em que o crédito deva ser reembolsado no prazo de três meses e pelo qual seja devido o pagamento de encargos insignificantes, com excepção dos casos em que o credor seja uma instituição de crédito ou uma sociedade financeira;
h) Contratos de crédito cujo crédito é concedido por um empregador aos seus empregados, a título subsidiário, sem juros ou com TAEG inferior às taxas praticadas no mercado, e que não sejam propostos ao público em geral;
i) Contratos de crédito celebrados com empresas de investimento, tal como definidas no n.º 1 do artigo 4.º da Directiva n.º 2004/39/CE, do Parlamento Europeu e do Conselho, de 21 de Abril, relativa aos mercados de instrumentos financeiros, ou com instituições de crédito, tal como definidas no artigo 4.º da Directiva n.º 2006/48/CE, do Parlamento Europeu e do Conselho, de 14 de Junho, que tenham por objecto autorizar um investidor a realizar uma transacção que incida sobre um ou mais dos instrumentos especificados na secção C do anexo I da Directiva n.º 2004/39/CE, sempre que a empresa de investimento ou a instituição de crédito que concede o crédito intervenha nessa transacção;
j) Contratos de crédito que resultem de transacção em tribunal ou perante outra autoridade pública;
l) Contratos de crédito que se limitem a estabelecer o pagamento diferido de uma dívida preexistente, sem quaisquer encargos;

(*) Com as rectificações constantes da Decl. de Rectificação n.º 55/2009, de 31-7, e as alterações introduzidas pelo **DL n.º 72-A/ /2010**, de 18-6 (arts. 10.º e 11.º).

CONTRATOS DE CRÉDITO AOS CONSUMIDORES [DL n.º 133/2009] 549

m) Contratos de crédito exclusivamente garantidos por penhor constituído pelo consumidor;

n) Contratos que digam respeito a empréstimos concedidos a um público restrito, ao abrigo de disposição legal de interesse geral, com taxas de juro inferiores às praticadas no mercado ou sem juros ou noutras condições mais favoráveis para os consumidores do que as praticadas no mercado e com taxas de juro não superiores às praticadas no mercado.

2 — No caso de contratos de crédito na modalidade de facilidade de descoberto que estabeleçam a obrigação de reembolso do crédito a pedido ou no prazo de três meses, são aplicáveis apenas os artigos 1.º a 4.º, o n.º 1 do artigo 5.º, o n.º 4 do artigo 5.º, as alíneas *a*) a *c*) do n.º 5 do artigo 5.º, o n.º 9 do artigo 6.º, os artigos 8.º a 11.º, o n.º 1 do artigo 12.º, o n.º 5 do artigo 12.º, os artigos 15.º, 18.º, 21.º e os artigos 24.º e seguintes.

3 — No caso de contratos de crédito na modalidade de ultrapassagem de crédito, apenas são aplicáveis os artigos 1.º a 4.º, o artigo 23.º e os artigos 26.º e seguintes.

ART. 3.º (Outras exclusões) — Salvo nos casos abrangidos pelo n.º 3 do artigo anterior, só se aplicam os artigos 1.º a 5.º, as alíneas *a*) a *h*) do n.º 3 do artigo 6.º, o n.º 9 do artigo 6.º, os artigos 8.º, 9.º, 11.º, o n.º 1 do artigo 12.º, as alíneas *d*) e *j*) do n.º 2 do artigo 12.º, os artigos 14.º, 16.º, 19.º e 23.º e seguintes aos contratos de crédito em que o credor e o consumidor acordem em cláusulas relativas ao pagamento diferido ou ao modo de reembolso pelo consumidor que esteja em situação de incumprimento quanto a obrigações decorrentes do contrato de crédito inicial, desde que:

a) Essas cláusulas sejam susceptíveis de evitar a acção judicial por incumprimento; e

b) O consumidor não fique sujeito a condições menos favoráveis do que as do contrato de crédito inicial.

ART. 4.º (Definições) — 1 — Para efeitos da aplicação do presente decreto-lei, entende-se por:

a) «Consumidor» a pessoa singular que, nos negócios jurídicos abrangidos pelo presente decreto-lei, actua com objectivos alheios à sua actividade comercial ou profissional;

b) «Credor» a pessoa, singular ou colectiva, que concede ou que promete conceder um crédito no exercício da sua actividade comercial ou profissional;

c) «Contrato de crédito» o contrato pelo qual um credor concede ou promete conceder a um consumidor um crédito sob a forma de diferimento de pagamento, mútuo, utilização de cartão de crédito, ou qualquer outro acordo de financiamento semelhante;

d) «Facilidade de descoberto» o contrato expresso pelo qual um credor permite a um consumidor dispor de fundos que excedem o saldo da sua conta corrente;

e) «Ultrapassagem de crédito» descoberto aceite tacitamente pelo credor permitindo a um consumidor dispor de fundos que excedem o saldo da sua conta corrente ou da facilidade de descoberto acordada;

f) «Mediador de crédito» a pessoa, singular ou colectiva, que não actue na qualidade de credor e que, no exercício da sua actividade comercial ou profissional e contra remuneração pecuniária ou outra vantagem económica acordada:

i) Apresenta ou propõe contratos de crédito a consumidores;

ii) Presta assistência a consumidores relativa a actos preparatórios de contratos de crédito diferentes dos referidos na subalínea anterior; ou

iii) Celebra contratos de crédito com consumidores em nome do credor;

g) «Custo total do crédito para o consumidor» todos os custos, incluindo juros, comissões, despesas, impostos e encargos de qualquer natureza ligados ao contrato de crédito que o consumidor deve pagar e que são conhecidos do credor, com excepção dos custos notariais. Os custos decorrentes de serviços acessórios relativos ao contrato de crédito, em especial os prémios de seguro, são igualmente incluídos se, além disso, esses serviços forem necessários para a obtenção de todo e qualquer crédito ou para a obtenção do crédito nos termos e nas condições de mercado;

h) «Montante total imputado ao consumidor», a soma do montante total do crédito e do custo total do crédito para o consumidor;

i) «TAEG — taxa anual de encargos efectiva global» o custo total do crédito para o consumidor expresso em percentagem anual do montante total do crédito, acrescido, se for o caso, dos custos previstos no n.º 4 do artigo 24.º;

j) «TAN — taxa nominal» a taxa de juro expressa numa percentagem fixa ou variável aplicada numa base anual ao montante do crédito utilizado;

l) «Taxa nominal fixa» a taxa de juro expressa como uma percentagem fixa acordada entre o credor e o consumidor para toda a duração do contrato de crédito ou as diferentes taxas de juro fixas acordadas para os períodos parciais respectivos, se estas não forem todas determinadas no contrato de crédito, considera-se que cada taxa de juro fixa vigora apenas no período parcial para o qual tal taxa foi definida;

m) «Montante total do crédito» o limite máximo ou total dos montantes disponibilizados pelo contrato de crédito;

n) «Suporte duradouro» qualquer instrumento que permita ao consumidor armazenar informações que lhe sejam pessoalmente dirigidas, de modo que, no futuro, possa ter acesso fácil às mesmas durante um período de tempo adequado aos fins a que as informações se destinam e que permita a reprodução inalterada das informações armazenadas;

550   [DL n.º 133/2009]   OPERAÇÕES BANCÁRIAS E FINANCEIRAS

o) «Contrato de crédito coligado» considera-se que o contrato de crédito está coligado a um contrato de compra e venda ou de prestação de serviços específico, se:

i) O crédito concedido servir exclusivamente para financiar o pagamento do preço do contrato de fornecimento de bens ou de prestação de serviços específicos; e

ii) Ambos os contratos constituírem objectivamente uma unidade económica, designadamente se o crédito ao consumidor for financiado pelo fornecedor ou pelo prestador de serviços ou, no caso de financiamento por terceiro, se o credor recorrer ao fornecedor ou ao prestador de serviços para preparar ou celebrar o contrato de crédito ou se o bem ou o serviço específico estiverem expressamente previstos no contrato de crédito.

2 — Não é considerado contrato de crédito o contrato de prestação continuada de serviços ou de fornecimento de bens de um mesmo tipo em que o consumidor tenha o direito de efectuar o pagamento dos serviços ou dos bens à medida que são fornecidos.

CAPÍTULO II — Informação e práticas anteriores à celebração do contrato de crédito

ART. 5.º (Publicidade) — 1 — Sem prejuízo das normas aplicáveis à actividade publicitária em geral e do disposto no Decreto-Lei n.º 57/2008, de 26 de Março, que transpõe para a ordem jurídica interna a Directiva n.º 2005/29/CE, do Parlamento Europeu e do Conselho, de 11 de Maio, relativa às práticas comerciais desleais das empresas nas relações com os consumidores no mercado interno, a publicidade ou qualquer comunicação comercial em que um credor se proponha conceder crédito ou se sirva de um mediador de crédito para a celebração de contratos de crédito deve indicar a TAEG para cada modalidade de crédito, mesmo que este seja apresentado como gratuito, sem juros ou utilize expressões equivalentes.

2 — Se, em função das condições concretas do crédito, houver lugar à aplicação de diferentes TAEG, todas devem ser indicadas.

3 — A indicação da TAEG que, pelo seu tratamento gráfico ou áudio-visual, não seja, em termos objectivos, legível ou perceptível pelo consumidor, não cumpre o disposto nos números anteriores.

4 — A publicidade a operações de crédito reguladas pelo presente decreto-lei em que se indique uma taxa de juro ou outros valores relativos ao custo do crédito para o consumidor deve incluir informações normalizadas nos termos do presente artigo.

5 — As informações normalizadas devem especificar, de modo claro, conciso, legível e destacado, por meio de exemplo representativo:

a) A taxa nominal, fixa ou variável ou ambas, juntamente com a indicação de quaisquer encargos aplicáveis incluídos no custo total do crédito para o consumidor;

b) O montante total do crédito;

c) A TAEG;

d) A duração do contrato de crédito, se for o caso;

e) O preço a pronto e o montante do eventual sinal, no caso de crédito sob a forma de pagamento diferido de bem ou de serviço específico; e

f) O montante total imputado ao consumidor e o montante das prestações, se for o caso.

6 — Se a celebração de contrato relativo a um serviço acessório ao contrato de crédito, nomeadamente o seguro, for necessária para a obtenção do crédito ou para a obtenção do crédito nos termos e nas condições de mercado, e o custo desse serviço acessório não puder ser antecipadamente determinado, deve igualmente ser mencionada, de modo claro, conciso e visível, a obrigação de celebrar esse contrato, bem como a TAEG.

ART. 6.º (Informações pré-contratuais) — 1 — Na data de apresentação de uma oferta de crédito ou previamente à celebração do contrato de crédito, o credor e, se for o caso, o mediador de crédito devem, com base nos termos e nas condições oferecidas pelo credor e, se for o caso, nas preferências expressas pelo consumidor e nos elementos por este fornecidos, prestar ao consumidor as informações necessárias para comparar diferentes ofertas, a fim de este tomar uma decisão esclarecida e informada.

2 — Tais informações devem ser prestadas, em papel ou noutro suporte duradouro, através da ficha sobre «Informação normalizada europeia em matéria de crédito a consumidores», constante do anexo II ao presente decreto-lei, que dele faz parte integrante.

3 — As informações em causa devem especificar:

a) O tipo de crédito;

b) A identificação e o endereço geográfico do credor, bem como, se for o caso, a identificação e o endereço geográfico do mediador de crédito envolvido;

c) O montante total do crédito e as condições de utilização;

d) A duração do contrato de crédito;

e) Nos créditos sob a forma de pagamento diferido de um bem ou de um serviço específico e nos contratos coligados, o bem ou o serviço em causa, assim como o respectivo preço a pronto;

f) A taxa nominal, as condições aplicáveis a esta taxa e, quando disponíveis, quaisquer índices ou taxas de juro de referência relativos à taxa nominal inicial, bem como os períodos, as condições e os procedimentos de

CONTRATOS DE CRÉDITO AOS CONSUMIDORES   [**DL n.º 133/2009**]   551

alteração da taxa de juro; em caso de aplicação de diferentes taxas nominais, em função das circunstâncias, as informações antes referidas sobre todas as taxas aplicáveis;

g) A TAEG e o montante total imputado ao consumidor, ilustrada através de exemplo representativo que indique todos os elementos utilizados no cálculo desta taxa; se o consumidor tiver comunicado ao credor um ou mais componentes do seu crédito preferido, tais como a duração do contrato de crédito e o montante total do crédito, o credor deve ter em conta esses componentes; se o contrato de crédito estipular diferentes formas de utilização com diferentes encargos ou taxas nominais, e o credor fizer uso dos pressupostos enunciados na alínea *b)* da parte II do anexo I ao presente decreto-lei, que dele faz parte integrante, deve indicar que o recurso a outros mecanismos de utilização para este tipo de acordo de crédito pode resultar numa TAEG mais elevada;

h) O tipo, o montante, o número e a periodicidade dos pagamentos a efectuar pelo consumidor e, se for o caso, a ordem pela qual os pagamentos devem ser imputados aos diferentes saldos devedores a que se aplicam taxas de juro diferenciadas para efeitos de reembolso;

i) Se for o caso, os encargos relativos à manutenção de uma ou mais contas para registar simultaneamente operações de pagamento e de utilização do crédito, a menos que a abertura de conta seja facultativa, bem como os encargos relativos à utilização de meios que permitam ao mesmo tempo operações de pagamento e de utilização do crédito, quaisquer outros encargos decorrentes do contrato de crédito e as condições em que esses encargos podem ser alterados;

j) Os custos notariais a pagar pelo consumidor pela celebração do contrato de crédito, se for o caso;

l) A eventual obrigação de celebrar um contrato acessório ligado ao contrato de crédito, nomeadamente um contrato de seguro, se a celebração de tal contrato for obrigatória para a obtenção do crédito ou para a obtenção do crédito nas condições oferecidas;

m) A taxa de juros de mora, bem como as regras para a respectiva adaptação e, se for caso disso, os encargos devidos em caso de incumprimento;

n) As consequências da falta de pagamento;

o) As garantias exigidas, se for o caso;

p) A existência do direito de livre revogação pelo consumidor;

q) O direito de reembolso antecipado e, se for o caso, as informações sobre o direito do credor a uma comissão de reembolso antecipado e a forma de a determinar, nos termos do artigo 19.º;

r) O direito de o consumidor ser informado, imediata, gratuita e justificadamente, nos termos do n.º 3 dos artigos 10.º e 11.º, do resultado da consulta de uma base de dados para verificação da sua solvabilidade;

s) O direito de o consumidor obter, por sua solicitação e gratuitamente, uma cópia da minuta de contrato de crédito, salvo se, no momento em que é feita a solicitação, o credor não estiver disposto a proceder à celebração do contrato de crédito com o consumidor; e

t) O período durante o qual o credor permanece vinculado pelas informações pré-contratuais, se for o caso.

4 — Todas as informações adicionais que o credor queira prestar ao consumidor devem ser entregues em documento separado, elaborado de forma clara, concisa e legível, podendo ser anexadas à ficha sobre «Informação normalizada europeia em matéria de crédito a consumidores».

5 — Considera-se que o credor cumpriu os requisitos de informação previstos no presente artigo e na legislação aplicável à contratação à distância de serviços financeiros se tiver fornecido a ficha sobre «Informação normalizada europeia em matéria de crédito a consumidores», devidamente preenchida.

6 — Nas comunicações por telefone, previstas em sede de contratação à distância de serviços financeiros, a descrição das principais características do serviço financeiro a fornecer deve incluir, pelo menos, os elementos referidos nas alíneas *c)*, *d)*, *e)*, *f)*, *g)* *h)* e *p)* do n.º 3 do presente artigo e na alínea *c)* do n.º 2 do artigo 8.º, bem como a TAEG ilustrada através de exemplo representativo e o custo total do crédito imputável ao consumidor.

7 — Se o contrato tiver sido celebrado, por solicitação do consumidor, através de um meio de comunicação à distância que não permita o fornecimento das informações nos termos do presente artigo, nomeadamente no caso referido no número anterior, o credor deve facultar ao consumidor, na íntegra e imediatamente após a celebração do contrato de crédito, as informações pré-contratuais devidas através da ficha da «Informação normalizada europeia em matéria de crédito a consumidores».

8 — Mediante solicitação, deve ser fornecida gratuitamente ao consumidor, para além da ficha sobre «Informação normalizada europeia em matéria de crédito a consumidores», uma cópia da minuta do contrato de crédito.

9 — Nos contratos de crédito em que os pagamentos efectuados pelo consumidor não importam amortização imediata do montante total do crédito, mas sejam utilizados para reconstituir o capital nos períodos e nas condições previstas no contrato de crédito ou em contrato acessório, as informações pré-contratuais previstas no presente artigo devem incluir uma declaração clara e concisa de que não é exigida garantia por parte de terceiros, no âmbito do contrato de crédito, para assegurar o reembolso do montante total do crédito utilizado ao abrigo desse contrato de crédito, salvo se tal garantia for antecipadamente prestada.

10 — A entidade reguladora competente pode, nos termos indicados no n.º 4 deste artigo, estabelecer outras informações adicionais que devam ser prestadas pelo credor ao consumidor.

11 — Compete ao credor e, se for o caso, ao mediador de crédito fazer prova do cumprimento das obrigações previstas neste artigo.

552 [DL n.º 133/2009] OPERAÇÕES BANCÁRIAS E FINANCEIRAS

ART. 7.º (Dever de assistência ao consumidor) — 1 — O credor e, se for o caso, o mediador de crédito devem esclarecer de modo adequado o consumidor, por forma a colocá-lo em posição que lhe permita avaliar se o contrato de crédito proposto se adapta às suas necessidades e à sua situação financeira, cabendo-lhes, designadamente, fornecer as informações pré-contratuais previstas no artigo anterior, explicitar as característi-cas essenciais dos produtos propostos, bem como descrever os efeitos específicos deles decorrentes para o consumidor, incluindo as consequências da respectiva falta de pagamento.

2 — Estes esclarecimentos devem ser fornecidos antes da celebração do contrato de crédito, devem ser entregues ao consumidor em suporte duradouro reprodutível e devem ser apresentados de forma clara, conci-sa e legível.

3 — Sendo a informação da responsabilidade do credor, os mediadores de crédito têm o dever de a transmi-tir integralmente ao consumidor.

4 — Compete ao credor e, se for o caso, ao mediador de crédito fazer prova do cumprimento das obrigações previstas neste artigo.

ART. 8.º (Informações pré-contratuais nos contratos de crédito sob a forma de facilidade de descoberto e noutros contratos de crédito especiais) — 1 — Na data de apresentação da proposta de crédito ou previamente à celebração do contrato de crédito nos termos do n.º 2 do artigo 2.º ou do artigo 3.º, o credor e, se for o caso, o mediador de crédito devem, com base nos termos oferecidos pelo credor e, se for o caso, nas preferências ex-pressas pelo consumidor e nas informações por si fornecidas, prestar as informações necessárias para compa-rar diferentes ofertas, a fim de o consumidor tomar uma decisão esclarecida e informada quanto à celebração do contrato de crédito.

2 — Além das menções constantes das alíneas *a*) a *d*), *f*), *r*) e *t*) do n.º 3 do artigo 6.º, as informações referidas no número anterior devem especificar:

a) A TAEG, ilustrada através de exemplos representativos que mencionem todos os pressupostos utilizados no cálculo desta taxa;

b) As condições e as modalidades de extinção do contrato de crédito;

c) Nos contratos de crédito do tipo referido no n.º 2 do artigo 2.º, a indicação, se for caso disso, de que, a pedido, pode ser exigido ao consumidor em qualquer momento o reembolso integral do montante do crédito;

d) A taxa de juros de mora, bem como as regras para a respectiva aplicação e, se for o caso, os encargos devidos em caso de incumprimento;

e) Nos contratos de crédito do tipo referido no n.º 2 do artigo 2.º, a indicação dos encargos aplicáveis a partir da celebração de tais contratos e, se for o caso, as condições em que estes podem ser alterados.

3 — Essas informações devem ser entregues em papel ou noutro suporte duradouro e devem igualmente ser legíveis, devendo ser prestadas através da ficha sobre «Informação normalizada europeia em matéria de crédito a consumidores» constante do anexo III ao presente decreto-lei, que dele faz parte integrante.

4 — Considera-se que o credor cumpriu os requisitos de informação previstos no presente artigo e nas regras da legislação aplicável à contratação à distância de serviços financeiros se tiver fornecido a ficha sobre «Informação normalizada europeia em matéria de crédito a consumidores», devidamente preenchida.

5 — No caso de contratos de crédito referidos no artigo 3.º, as informações fornecidas ao consumidor nos termos do n.º 1 do presente artigo devem incluir ainda:

a) O montante, o número e a periodicidade dos pagamentos a efectuar pelo consumidor e, se for o caso, a ordem pela qual os pagamentos devem ser imputados aos diferentes saldos devedores a que se aplicam taxas de juro diferenciadas para efeitos de reembolso; e

b) O direito de reembolso antecipado e, se for o caso, informações sobre o direito do credor a uma comissão de reembolso antecipado e a forma da sua determinação.

6 — Se o contrato de crédito for abrangido pelo n.º 2 do artigo 2.º, aplica-se apenas o disposto nos n.ᵒˢ 1, 2, 3 e 4 do presente artigo.

7 — No caso das comunicações por telefone e se o consumidor solicitar que a facilidade de descoberto seja disponibilizada com efeitos imediatos, a descrição das principais características do serviço financeiro deve in-cluir pelo menos os elementos referidos nas alíneas *c*) e *f*) do n.º 3 do artigo 6.º e das alíneas *a*) e *c*) do n.º 2 do presente artigo; além disso, no caso dos contratos de crédito do tipo referido no n.º 5, a descrição das principais características deve incluir a duração do contrato de crédito.

8 — Não obstante a exclusão prevista na alínea *e*) do n.º 1 do artigo 2.º, os requisitos a que se refere o primei-ro período do número anterior são aplicáveis aos contratos de crédito sob a forma de facilidade de descoberto cujo crédito deva ser reembolsado no prazo de um mês.

9 — A seu pedido, deve ser fornecida gratuitamente ao consumidor, para além das informações referidas nos n.ᵒˢ 1 a 7, uma cópia da minuta do contrato de crédito que inclua as informações contratuais estabelecidas no artigo 12.º, na medida em que esse artigo seja aplicável.

10 — Se o contrato tiver sido celebrado, a pedido do consumidor, por intermédio de meio de comunicação à distância que não permita o fornecimento das informações nos termos dos n.ᵒˢ 1, 2 e 5, nomeadamente nos casos referidos no n.º 7, o credor deve, imediatamente após a celebração do contrato de crédito, cumprir às suas

CONTRATOS DE CRÉDITO AOS CONSUMIDORES   [DL n.º 133/2009]   553

obrigações estabelecidas nos n.ºs 1, 2 e 5, facultando as informações contratuais nos termos do artigo 12.º, na medida em que esse artigo seja aplicável.

ART. 9.º (Isenção dos requisitos de informação pré-contratual) — 1 — Os artigos 6.º, 7.º e 8.º não são aplicáveis aos fornecedores ou aos prestadores de serviços que intervenham como mediadores de crédito, desde que a título acessório.

2 — Sem prejuízo do disposto no número anterior, o credor deve assegurar que o consumidor recebe e conhece as informações pré-contratuais mencionadas, designadamente através dos fornecedores ou dos prestadores de serviços a que se refere o número anterior.

3 — Compete ao credor fazer prova do cumprimento do disposto neste artigo.

ART. 10.º (Dever de avaliar a solvabilidade do consumidor) — 1 — Antes da celebração do contrato de crédito, o credor deve avaliar a solvabilidade do consumidor com base em informações que para tal sejam consideradas suficientes, se for caso disso obtidas junto do consumidor que solicita o crédito e, se necessário, através da consulta a bases de dados de responsabilidades de crédito, enquadradas pela legislação em vigor e com cobertura e detalhe informativo adequados para fundamentar essa avaliação.

2 — O credor pode, complementarmente, proceder à avaliação prevista no número anterior através da consulta da lista pública de execuções, a que se refere o Decreto-Lei n.º 201/2003, de 10 de Setembro, ou de outras bases de dados consideradas úteis para a avaliação da solvabilidade dos consumidores.

3 — Se o pedido de crédito for rejeitado com fundamento nas consultas a que se referem os números anteriores, o credor deve informar o consumidor imediata, gratuita e justificadamente desse facto, bem como dos elementos constantes das bases de dados consultadas, salvo se a prestação destas informações for proibida por disposição do direito comunitário ou nacional, ou se for contrária a objectivos de ordem pública ou de segurança pública.

4 — Se as partes, após a celebração do contrato, decidirem aumentar o montante total do crédito, o credor actualiza a informação financeira de que dispõe relativamente ao consumidor e avalia de novo a solvabilidade deste.

5 — Compete ao credor fazer prova do cumprimento do disposto neste artigo.

ART. 11.º (Acesso a bases de dados) — 1 — As entidades gestoras de bases de dados utilizadas em Portugal para avaliar a solvabilidade dos consumidores asseguram, em condições de reciprocidade, o acesso não discriminatório de credores que actuem noutros Estados membros a essas bases de dados.

2 — Em conformidade com o número anterior, o Banco de Portugal assegura o acesso de credores que actuem noutros Estados membros à base de dados da Central de Responsabilidades de Crédito, nos termos previstos no artigo 8.º do Decreto-Lei n.º 204/2008, de 14 de Outubro.

3 — Se o pedido de crédito for rejeitado com fundamento nos dados constantes da lista pública de execuções ou dos dados a que se referem os números anteriores, o credor deve informar o consumidor imediata, gratuita e justificadamente desse facto e dos elementos constantes da respectiva base de dados, salvo se a prestação destas informações for proibida por outras disposições do direito comunitário ou for contrária a objectivos de ordem pública ou de segurança pública.

4 — As informações prestadas pelas entidades gestoras de bases de dados, utilizadas em Portugal para avaliar a solvabilidade dos consumidores, destinam-se aos credores, sem prejuízo do mencionado no número anterior, devendo estes assegurar, de acordo com a Lei n.º 67/98, de 26 de Outubro, a protecção dos dados relativos às pessoas singulares, sendo-lhes vedada a sua transmissão a terceiros.

CAPÍTULO III — Informação e direitos relativos aos contratos de crédito

ART. 12.º (Requisitos do contrato de crédito) — 1 — Os contratos de crédito devem ser exarados em papel ou noutro suporte duradouro, em condições de inteira legibilidade.

2 — A todos os contraentes, incluindo os garantes, deve ser entregue, no momento da respectiva assinatura, um exemplar devidamente assinado do contrato de crédito.

3 — Além das menções constantes das alíneas *a*) a *g*), primeiro período, e *h*) do n.º 3 do artigo 6.º, o contrato de crédito deve especificar, de forma clara e concisa, os seguintes elementos:

a) No caso de amortização do capital em contrato de crédito com duração fixa, o direito do consumidor a receber, a seu pedido e sem qualquer encargo, a todo o tempo e ao longo do período de vigência do contrato, uma cópia do quadro da amortização;

b) Se houver lugar ao pagamento de despesas e de juros sem amortização do capital, um extracto dos períodos e das condições de pagamento dos juros devedores e das despesas recorrentes e não recorrentes associadas;

c) Se for o caso, os encargos relativos à manutenção de uma ou de mais contas para registar simultaneamente operações de pagamento e de utilização do crédito, a menos que a abertura de conta seja facultativa, bem como os encargos relativos à utilização de meios que permitam ao mesmo tempo operações de pagamen-

554 [DL n.º 133/2009]   OPERAÇÕES BANCÁRIAS E FINANCEIRAS

to e de utilização do crédito, e quaisquer outros encargos decorrentes do contrato de crédito e das condições em que esses encargos podem ser alterados;

d) A taxa de juros de mora aplicável à data da celebração do contrato de crédito, bem como as regras para a respectiva adaptação e, se for o caso, os encargos devidos em caso de incumprimento;

e) As consequências da falta de pagamento;

f) Se for o caso, a menção de que os custos notariais de celebração do contrato devem ser pagos pelo consumidor;

g) As eventuais garantias e os eventuais seguros exigidos;

h) A existência do direito de livre revogação pelo consumidor, o prazo, o procedimento previsto para o seu exercício, incluindo designadamente informações sobre a obrigação do consumidor pagar o capital utilizado e os juros, de acordo com o n.º 4 do artigo 17.º, bem como o montante dos juros diários;

i) As informações relativas aos direitos decorrentes do artigo 18.º, bem como as condições de exercício desses direitos;

j) O direito de reembolso antecipado, o procedimento a seguir nesse caso, o modo e a forma de cálculo da redução a que se refere o n.º 1 do artigo 19.º e, se for o caso, as informações sobre o direito do credor a uma comissão de reembolso antecipado e a forma da sua determinação;

l) O procedimento a adoptar para a extinção do contrato de crédito;

m) A existência ou a inexistência de procedimentos extrajudiciais de reclamação e de recurso acessíveis ao consumidor e, quando existam, o respectivo modo de acesso;

n) Outros termos e condições contratuais, se for o caso;

o) O nome e o endereço da autoridade de supervisão competente.

4 — O quadro de amortização a que se refere a alínea *a)* do número anterior deve indicar os pagamentos devidos, bem como as datas de vencimento e as condições de pagamento dos montantes, e deve incluir a composição de cada reembolso periódico em capital amortizado, os juros calculados com base na taxa nominal e, se for o caso, os custos adicionais; se a taxa de juro não for fixa ou se os custos adicionais puderem ser alterados nos termos do contrato de crédito, o quadro de amortização deve incluir a indicação, de forma clara e concisa, de que os dados constantes do quadro apenas são válidos até à alteração seguinte da taxa nominal ou dos custos adicionais nos termos do contrato de crédito.

5 — Além das menções constantes das alíneas *a)* a *d)* e *f)* do n.º 3 do artigo 6.º, os contratos de crédito sob a forma de facilidade de descoberto do tipo referido no n.º 2 do artigo 2.º devem especificar, de forma clara e concisa, os seguintes elementos:

a) A TAEG e o montante total do crédito ao consumidor, calculados no momento da celebração do contrato de crédito, devendo ser mencionados todos os pressupostos utilizados para calcular esta taxa nos termos dos n.os 2 a 4 do artigo 24.º em conjugação com as alíneas *g)* e *i)* do artigo 4.º;

b) A indicação de que, a seu pedido, pode ser exigido ao consumidor, em qualquer momento, o reembolso integral do montante do crédito;

c) O procedimento a adoptar para o consumidor exercer o direito de livre revogação do contrato de crédito; e

d) As informações sobre os encargos aplicáveis a partir da celebração do contrato de crédito e, se for o caso, as condições em que estes podem ser alterados.

ART. 13.º (Invalidade e inexigibilidade do contrato de crédito) — 1 — O contrato de crédito é nulo se não for observado o estabelecido no n.º 1 ou no n.º 2 do artigo anterior, ou se faltar algum dos elementos referidos no proémio do n.º 3, no proémio do n.º 5, ou nas alíneas *a)* e *d)* do n.º 5 do artigo anterior.

2 — A garantia prestada é nula se, em relação ao garante, não for observado o prescrito no n.º 2 do artigo anterior.

3 — O contrato de crédito é anulável, se faltar algum dos elementos referidos nas alíneas *a)* a *f)*, *h)* a *m)* e *o)* do n.º 3 do artigo anterior ou nas alíneas *b)* e *c)* do n.º 5 do artigo anterior.

4 — A não inclusão dos elementos referidos na alínea *g)* do n.º 3 do artigo anterior determina a respectiva inexigibilidade.

5 — A inobservância dos requisitos constantes do artigo anterior presume-se imputável ao credor e a invalidade do contrato só pode ser invocada pelo consumidor.

6 — O consumidor pode provar a existência do contrato por qualquer meio, desde que não tenha invocado a sua invalidade.

7 — Se o consumidor fizer uso da faculdade prevista no número anterior, é aplicável o disposto nas alíneas seguintes:

a) Tratando-se de contrato de crédito para financiamento da aquisição de bens ou serviços mediante pagamento a prestações, a obrigação do consumidor quanto ao pagamento é reduzida ao preço a contado e o consumidor mantém o direito de realizar tal pagamento nos prazos convencionados;

b) Nos restantes contratos, a obrigação do consumidor quanto ao pagamento é reduzida ao montante do crédito concedido e o consumidor mantém o direito a realizar o pagamento nas condições que tenham sido acordadas ou que resultem dos usos.

CONTRATOS DE CRÉDITO AOS CONSUMIDORES   [DL n.º 133/2009] 555

ART. 14.º (Informação sobre a taxa nominal) — 1 — Sem prejuízo da aplicação da alínea *a*) do n.º 2 do artigo 22.º do Decreto-Lei n.º 446/85, de 25 de Outubro, alterado pelo Decreto-Lei n.º 249/99, de 7 de Julho, o consumidor deve ser informado de quaisquer alterações da taxa nominal, em papel ou noutro suporte duradouro, antes da entrada em vigor dessas alterações.

2 — A informação deve incluir o montante dos pagamentos a efectuar após a entrada em vigor da nova taxa nominal e, se o número ou a frequência dos pagamentos forem alterados, os pormenores das alterações.

3 — As partes podem estipular no contrato de crédito que a informação referida no n.º 1 seja prestada periodicamente ao consumidor se a alteração da taxa nominal resultar da modificação da taxa de referência e a nova taxa de referência for publicada pelos meios adequados e estiver acessível nas instalações do credor.

ART. 15.º (Informação nos contratos de crédito sob a forma de facilidade de descoberto) — 1 — Celebrado um contrato de crédito sob a forma de facilidade de descoberto, o consumidor deve ser informado, mensalmente, através de extracto de conta, em papel ou noutro suporte duradouro, dos seguintes elementos:

a) O período exacto a que se refere o extracto de conta;
b) Os montantes utilizados e a data da utilização;
c) O saldo do extracto anterior e a respectiva data;
d) O novo saldo;
e) A data e o montante dos pagamentos efectuados pelo consumidor;
f) A taxa nominal aplicada;
g) Quaisquer encargos que tenham sido debitados;
h) O montante mínimo a pagar, se for o caso.

2 — A informação, em papel ou noutro suporte duradouro, deve conter as alterações da taxa nominal ou de quaisquer encargos a pagar antes da sua entrada em vigor.

3 — As partes podem estipular no contrato de crédito que a informação sobre as alterações da taxa nominal seja prestada segundo a modalidade prevista no n.º 1, se essa modificação ocorrer nos termos definidos no n.º 3 do artigo anterior.

ART. 16.º (Extinção dos contratos de crédito de duração indeterminada) — 1 — O consumidor pode denunciar o contrato de crédito de duração indeterminada, a todo o tempo, salvo seas partes tiverem estipulado um prazo de pré-aviso, sem indicação de motivo e gratuitamente.

2 — O prazo de pré-aviso a que se refere o número anterior não pode ser superior a um mês.

3 — Depende de expressa previsão contratual a faculdade de o credor denunciar o contrato de crédito de duração indeterminada mediante pré-aviso de, pelo menos, dois meses, devendo a denúncia ser exarada em papel ou noutro suporte duradouro.

4 — Depende de expressa previsão contratual a faculdade de o credor, por razões objectivamente justificadas, resolver o contrato de crédito de duração indeterminada.

5 — O credor deve comunicar ao consumidor as razões da cessação do contrato mencionado no número anterior, através de papel ou de outro suporte duradouro, sempre que possível antes da sua extinção ou, não sendo possível, imediatamente a seguir, salvo se a prestação destas informações for proibida por outras disposições de legislação comunitária ou nacional ou se for contrária à ordem pública ou à segurança pública.

6 — O desrespeito, pelo credor, das obrigações de forma previstas no presente artigo implica a sua não oponibilidade ao consumidor.

ART. 17.º (Direito de livre revogação) — 1 — O consumidor dispõe de um prazo de 14 dias de calendário para exercer o direito de revogação do contrato de crédito, sem necessidade de indicar qualquer motivo.

2 — O prazo para o exercício do direito de revogação começa a correr:

a) A partir da data da celebração do contrato de crédito; ou
b) A partir da data de recepção pelo consumidor do exemplar do contrato e das informações a que se refere o artigo 12.º, se essa data for posterior à referida na alínea anterior.

3 — Para que a revogação do contrato produza efeitos, o consumidor deve expedir a declaração no prazo referido no n.º 1, em papel ou noutro suporte duradouro à disposição do credor e ao qual este possa aceder, observando os requisitos a que se refere a alínea *h*) do n.º 3 do artigo 12.º.

4 — Exercido o direito de revogação, o consumidor deve pagar ao credor o capital e os juros vencidos a contar da data de utilização do crédito até à data de pagamento do capital, sem atrasos indevidos, em prazo não superior a 30 dias após a expedição da comunicação.

5 — Para os efeitos do número anterior, os juros são calculados com base na taxa nominal estipulada, nada mais sendo devido, com excepção da indemnização por eventuais despesas não reembolsáveis pagas pelo credor a qualquer entidade da Administração Pública.

6 — O exercício do direito de revogação a que se refere o presente artigo preclude o direito da mesma natureza previsto noutra legislação especial, designadamente a referente à contratação à distância ou no domicílio.

ART. 18.º (Contrato de crédito coligado) — 1 — A invalidade ou a ineficácia do contrato de crédito coligado repercute-se, na mesma medida, no contrato de compra e venda.

556 [DL n.º 133/2009]　　　　　　　　　OPERAÇÕES BANCÁRIAS E FINANCEIRAS

2 — A invalidade ou a revogação do contrato de compra e venda repercute-se, na mesma medida, no contrato de crédito coligado.

3 — No caso de incumprimento ou de desconformidade no cumprimento de contrato de compra e venda ou de prestação de serviços coligado com contrato de crédito, o consumidor que, após interpelação do vendedor, não tenha obtido deste a satisfação do seu direito ao exacto cumprimento do contrato, pode interpelar o credor para exercer qualquer uma das seguintes pretensões:

a) A excepção de não cumprimento do contrato;

b) A redução do montante do crédito em montante igual ao da redução do preço;

c) A resolução do contrato de crédito.

4 — Nos casos previstos nas alíneas *b*) ou *c*) do número anterior, o consumidor não está obrigado a pagar ao credor o montante correspondente àquele que foi recebido pelo vendedor.

5 — Se o credor ou um terceiro prestarem um serviço acessório conexo com o contrato de crédito, o consumidor deixa de estar vinculado ao contrato acessório se revogar o contrato de crédito nos termos do artigo 17.º ou se este se extinguir com outro fundamento.

6 — O disposto nos números anteriores é aplicável, com as necessárias adaptações, aos créditos concedidos para financiar o preço de um serviço prestado por terceiro.

ART. 19.º (Reembolso antecipado) — 1 — O consumidor tem o direito de, a todo o tempo, mediante pré-aviso ao credor, cumprir antecipadamente, parcial ou totalmente, o contrato de crédito, com correspondente redução do custo total do crédito, por via da redução dos juros e dos encargos do período remanescente do contrato.

2 — O prazo de pré-aviso a que se refere o número anterior não pode ser inferior a 30 dias de calendário e deve ser exercido através de comunicação ao credor, em papel ou noutro suporte duradouro.

3 — O credor tem direito a uma compensação, justa e objectivamente justificada, pelos custos directamente relacionados com o reembolso antecipado, desde que tal ocorra num período em que a taxa nominal aplicável seja fixa.

4 — A compensação a que se refere o número anterior traduz-se no pagamento, pelo consumidor, de uma comissão de reembolso antecipado que não pode exceder 0,5% do montante do capital reembolsado antecipadamente, se o período decorrido entre o reembolso antecipado e a data estipulada para o termo do contrato de crédito for superior a um ano, não podendo aquela comissão ser superior a 0,25% do montante do crédito reembolsado antecipadamente, se o mencionado período for inferior ou igual a um ano.

5 — O credor não pode exigir ao consumidor qualquer comissão de reembolso por efeito do reembolso antecipado do contrato de crédito:

a) Se o reembolso tiver sido efectuado em execução de contrato de seguro destinado a garantir o reembolso do crédito; ou

b) No caso de facilidade de descoberto; ou

c) Se o reembolso ocorrer num período em que a taxa nominal aplicável não seja fixa.

6 — Em nenhum caso a comissão referida nos números anteriores pode exceder o montante dos juros que o consumidor teria de pagar durante o período decorrido entre o reembolso antecipado e a data estipulada para o termo do período de taxa fixa do contrato de crédito.

ART. 20.º (Não cumprimento do contrato de crédito pelo consumidor) — 1 — Em caso de incumprimento do contrato de crédito pelo consumidor, o credor só pode invocar a perda do benefício do prazo ou a resolução do contrato se, cumulativamente, ocorrerem as circunstâncias seguintes:

a) A falta de pagamento de duas prestações sucessivas que exceda 10% do montante total do crédito;

b) Ter o credor, sem sucesso, concedido ao consumidor um prazo suplementar mínimo de 15 dias para proceder ao pagamento das prestações em atraso, acrescidas da eventual indemnização devida, com a expressa advertência dos efeitos da perda do benefício do prazo ou da resolução do contrato.

2 — A resolução do contrato de crédito pelo credor não obsta a que este possa exigir o pagamento de eventual sanção contratual ou a indemnização, nos termos gerais.

ART. 21.º (Cessão de crédito e cessão da posição contratual do credor) — À cessão do crédito ou da posição contratual do credor aplica-se o regime constante do Código Civil, podendo o consumidor opor ao cessionário todos os meios de defesa que lhe seria lícito invocar contra o cedente, incluindo o direito à compensação.

ART. 22.º (Utilização de títulos de crédito com função de garantia) — 1 — Se, em relação a um contrato de crédito, o consumidor subscrever letras ou livranças com função de garantia, deve ser aposta naqueles títulos a expressão «Não à ordem», ou outra equivalente, nos termos e com os efeitos previstos na legislação especial aplicável.

2 — A inobservância do disposto no número anterior presume-se imputável ao credor que, salvo no caso de culpa do consumidor, é responsável face a terceiros.

CONTRATOS DE CRÉDITO AOS CONSUMIDORES [DL n.º 133/2009] 557

ART. 23.º (Ultrapassagem do limite de crédito em contratos de crédito em conta corrente) — 1 — No caso de crédito em conta corrente que preveja a ultrapassagem do limite de crédito pelo consumidor, o contrato deve incluir também as informações referidas na alínea *f)* do n.º 3 do artigo 6.º e da alínea *e)* do n.º 2 do artigo 8.º.

2 — As informações referidas no número anterior devem ser prestadas pelo credor de forma periódica, através de suporte em papel ou outro meio duradouro, de modo claro, conciso e legível.

3 — Em caso de ultrapassagem de crédito significativa que se prolongue por um período superior a um mês, o credor informa imediatamente o consumidor, em papel ou noutro suporte duradouro:

a) Da ultrapassagem de crédito;

b) Do montante excedido;

c) Da taxa nominal aplicável;

d) De eventuais sanções, encargos ou juros de mora aplicáveis.

CAPÍTULO IV — **Taxa anual de encargos efectiva global**

ART. 24.º (Cálculo da TAEG) — 1 — A TAEG torna equivalentes, numa base anual, os valores actuais do conjunto das obrigações assumidas, considerando os créditos utilizados, os reembolsos e os encargos, actuais ou futuros, que tenham sido acordados entre o credor e o consumidor.

2 — A TAEG é calculada determinando-se o custo total do crédito para o consumidor de acordo com a fórmula matemática constante da parte I do anexo I ao presente decreto-lei, que dele faz parte integrante.

3 — No cálculo da TAEG não são incluídas:

a) As importâncias a pagar pelo consumidor em consequência do incumprimento de alguma das obrigações que lhe incumbam por força do contrato de crédito; e

b) As importâncias, diferentes do preço, que, independentemente de se tratar de negócio celebrado a pronto ou a crédito, sejam suportadas pelo consumidor aquando da aquisição de bens ou da prestação de serviços.

4 — São incluídos no cálculo da TAEG, excepto se a abertura da conta for facultativa e os custos da conta tiverem sido determinados de maneira clara e de forma separada no contrato de crédito ou em qualquer outro contrato celebrado com o consumidor:

a) Os custos relativos à manutenção de conta que registe simultaneamente operações de pagamento e de utilização do crédito;

b) Os custos relativos à utilização ou ao funcionamento de meio de pagamento que permita, ao mesmo tempo, operações de pagamento e de utilização do crédito; e

c) Outros custos relativos às operações de pagamento.

5 — O cálculo da TAEG é efectuado no pressuposto de que o contrato de crédito vigora pelo período de tempo acordado e de que as respectivas obrigações são cumpridas nas condições e nas datas especificadas no contrato.

6 — Sempre que os contratos de crédito contenham cláusulas que permitam alterar a taxa devedora e, se for caso disso, encargos incluídos na TAEG que não sejam quantificáveis no momento do respectivo cálculo, a TAEG é calculada no pressuposto de que a taxa nominal e os outros encargos se mantêm fixos em relação ao nível inicial e de que são aplicáveis até ao termo do contrato de crédito.

7 — Sempre que necessário, podem ser utilizados os pressupostos adicionais enumerados no anexo I ao presente decreto-lei para o cálculo da TAEG.

CAPÍTULO V — **Mediadores de crédito**

ART. 25.º (Actividade e obrigações dos mediadores de crédito) — 1 — Os mediadores de crédito estão obrigados a:

a) Indicar, tanto na publicidade como nos documentos destinados a consumidores, a extensão dos seus poderes, designadamente se actuam em exclusividade ou com mais do que um credor ou se actuam na qualidade de mediadores independentes;

b) Comunicar ao consumidor, em papel ou noutro suporte duradouro, antes da celebração do contrato de crédito, a eventual taxa a pagar pelo consumidor como remuneração dos seus serviços;

c) Comunicar esta taxa em devido tempo ao credor, para efeito do cálculo da TAEG.

2 — A actividade profissional dos mediadores de crédito será objecto de legislação especial.

CAPÍTULO VI — **Disposições finais**

ART. 26.º (Carácter imperativo) — 1 — O consumidor não pode renunciar aos direitos que lhe são conferidos por força das disposições do presente decreto-lei, sendo nula qualquer convenção que os exclua ou restrinja.

2 — O consumidor pode optar pela redução do contrato quando algumas das suas cláusulas for nula nos termos do número anterior.

558   [DL n.º 133/2009]   OPERAÇÕES BANCÁRIAS E FINANCEIRAS

ART. 27.º (Fraude à lei) — 1 — São nulas as situações criadas com o intuito fraudulento de evitar a aplicação do disposto no presente decreto-lei.

2 — Configuram, nomeadamente, casos de fraude à lei:

a) O fraccionamento do montante do crédito por contratos distintos;

b) A transformação de contratos de crédito sujeitos ao regime do presente decreto-lei em contratos de crédito excluídos do âmbito da aplicação do mesmo;

c) A escolha do direito de um país terceiro aplicável ao contrato de crédito, se esse contrato apresentar uma relação estreita com o território português ou de um outro Estado membro da União Europeia.

ART. 28.º (Usura) — 1 — É havido como usurário o contrato de crédito cuja TAEG, no momento da celebração do contrato, exceda em um terço a TAEG média praticada no mercado pelas instituições de crédito ou sociedades financeiras no trimestre anterior, para cada tipo de contrato de crédito ao consumo.

2 — A identificação dos tipos de contrato de crédito ao consumo relevantes, a TAEG média praticada para cada um destes tipos de contrato pelas instituições de crédito ou sociedades financeiras e o valor máximo resultante da aplicação do disposto no número anterior, são determinados e divulgados ao público trimestralmente pelo Banco de Portugal, sendo válidos para os contratos a celebrar no trimestre seguinte.

3 — Considera-se automaticamente reduzida ao limite máximo previsto no n.º 1, a TAEG que os ultrapasse, sem prejuízo de eventual responsabilidade criminal.

4 — Os efeitos decorrentes deste artigo não afectam os contratos já celebrados ou em vigor.

ART. 29.º (Vendas associadas) — Às instituições de crédito e sociedades financeiras está vedado fazer depender a celebração dos contratos abrangidos por este decreto-lei, bem como a respectiva renegociação, da aquisição de outros produtos ou serviços financeiros.

ART. 30.º (Contra -ordenações) — 1 — Constitui contra-ordenação a violação do disposto nos artigos 5.º, 6.º, 7.º e 8.º, no n.º 2 do artigo 9.º, no artigo 10.º, no n.º 2 do artigo 11.º, nos artigos 12.º, 14.º, 15.º, 19.º, 20.º, 22.º, 23.º, 24.º, no n.º 1 do 25.º, nos artigos 27.º, 28.º e 29.º punível, no caso de infracções cometidas pelas instituições de crédito e sociedades financeiras, ainda que através de mediador de crédito nos termos da alínea *j)* do artigo 210.º e do artigo 212.º do Regime Geral das Instituições de Crédito e Sociedades Financeiras, aprovado pelo Decreto-Lei n.º 298/92, de 31 de Dezembro, e, tratando-se dos demais credores, nos termos dos artigos 17.º e 21.º do Regime Geral das Contra-Ordenações, aprovado pelo Decreto-Lei n.º 433/82, de 27 de Outubro.

2 — Constitui contra-ordenação punível com coima de € 20 000 a € 44 000 a violação do disposto no artigo 5.º, no caso das contra-ordenações da competência da Direcção-Geral do Consumidor.

3 — A tentativa e a negligência são sempre puníveis, sendo os limites máximos e mínimos reduzidos a metade.

4 — A determinação da coima é feita em função da ilicitude concreta do facto, da culpa do agente, dos benefícios obtidos e das exigências de prevenção.

ART. 31.º (Fiscalização e instrução dos processos) — 1 — A fiscalização do disposto no presente decreto-lei e a instrução dos respectivos processos de contra-ordenação, bem como a aplicação das coimas e sanções acessórias, são da competência do Banco de Portugal nos termos do Regime Geral das Instituições de Crédito e Sociedades Financeiras, aprovado pelo Decreto-Lei n.º 298/92, de 31 de Dezembro.

2 — Sem prejuízo das competências cometidas ao Banco de Portugal no âmbito do Regime Geral das Instituições de Crédito e Sociedades Financeiras a fiscalização e a instrução dos processos de contra-ordenação relativos à violação do disposto no artigo 5.º competem à Direcção-Geral do Consumidor, cabendo à Comissão de Aplicação das Coimas em Matéria Económica e de Publicidade a aplicação das respectivas coimas.

3 — No caso dos processos instaurados pela Direcção-Geral do Consumidor, o produto das coimas decorrentes da violação do disposto no artigo 5.º reverte em:

a) 60% para o Estado;

b) 30% para a Direcção-Geral do Consumidor;

c) 10% para a Comissão de Aplicação de Coimas em Matéria Económica e de Publicidade.

ART. 32.º (Resolução extrajudicial de litígios) — 1 — A Direcção-Geral do Consumidor e o Banco de Portugal, em coordenação com o Ministério da Justiça, colaboram, no âmbito das respectivas competências, na implementação de mecanismos extrajudiciais adequados e eficazes para a resolução dos litígios de consumo relacionados com contratos de crédito e com o endividamento excessivo de consumidores.

2 — As instituições competentes para a resolução extrajudicial de litígios de consumo relacionados com contratos de crédito devem adoptar políticas de cooperação com as instituições congéneres dos restantes Estados Membros da União Europeia.

ART. 33.º (Norma revogatória) — 1 — Sem prejuízo do disposto no artigo seguinte, são revogados:

a) O Decreto-Lei n.º 359/91, de 21 de Setembro, que transpõe para a ordem jurídica interna as Directivas do Conselho e das Comunidades Europeias n.os 87/102/CEE, de 22 de Dezembro de 1986 e 90/88/CEE, de 22 de Fevereiro;

b) O Decreto-Lei n.º 101/2000, de 2 de Junho, que transpõe para a ordem jurídica interna a Directiva n.º 98/7/CE, do Parlamento Europeu e do Conselho, de 16 de Fevereiro;

CONTRATOS DE CRÉDITO AOS CONSUMIDORES   [DL n.º 133/2009]   559

c) O Decreto-Lei n.º 82/2006, de 3 de Maio, que altera os artigos 5.º e 17.º do Decreto-Lei n.º 359/91, de 21 de Setembro.

2 — As referências feitas aos decretos-leis revogados em legislação aplicável entendem-se como sendo feitas ao presente decreto-lei.

ART. 34.º (Regime transitório) — 1 — Aos contratos de crédito concluídos antes da data da entrada em vigor do presente decreto-lei aplica-se o regime jurídico vigente ao tempo da sua celebração, sem prejuízo do disposto no número seguinte.

2 — Os artigos 14.º, 15.º, 16.º, 19.º e 21.º, o segundo período do n.º 1 do artigo 23.º e o n.º 3 do artigo 23.º aplicam-se aos contratos de crédito por período indeterminado vigentes à data de entrada em vigor do presente decreto-lei.

ART. 35.º (Aplicação no espaço) — O disposto no presente decreto-lei aplica-se, seja qual for a lei reguladora do contrato, se o consumidor tiver a sua residência habitual em Portugal, desde que a celebração do contrato tenha sido precedida de uma oferta ou de publicidade feita na União Europeia e o consumidor tenha emitido a sua declaração negocial dentro deste espaço comunitário.

ART. 36.º (Avaliação da execução) — No final do primeiro ano a contar da data de entrada em vigor do presente decreto-lei, e bianualmente nos anos subsequentes, o Banco de Portugal elabora um relatório de avaliação do impacto da aplicação do mesmo, devendo utilizar todos os meios para que o documento se torne do conhecimento público.

ART. 37.º (Entrada em vigor) — O presente decreto-lei entra em vigor no dia 1 de Julho de 2009, com excepção do disposto no artigo 28.º, que entra em vigor no dia 1 de Outubro de 2009.

ANEXO I

Parte I

Equação de base que traduz a equivalência entre a utilização de crédito, por um lado, e os reembolsos e os encargos, por outro.

A equação de base, que define a taxa anual de encargos efectiva global (TAEG), exprime, numa base anual, a igualdade entre, por um lado, a soma dos valores actuais das utilizações de crédito e, por outro, a soma dos valores actuais dos montantes dos reembolsos e dos pagamentos, a saber:

$$\sum_{k=1}^{m} C_k (1+x)^{-t_k} = \sum_{l=1}^{m'} D_l (1+x)^{-s_l}$$

Significado das letras e dos símbolos:

X — taxa anual de encargos efectiva global (TAEG);

m — número de ordem da última utilização do crédito;

k — número de ordem de uma utilização do crédito, pelo que $1 \le k \le m$;

C_k — montante de utilização do crédito k;

t_k — intervalo de tempo expresso em anos e fracções de anos, entre a data da primeira utilização e a data de cada utilização sucessiva, com $t1 = 0$;

m' — número do último reembolso ou pagamento de encargos;

l — número de um reembolso ou pagamento de encargos;

D_l — montante de um reembolso ou pagamento de encargos;

s_l — intervalo, expresso em anos e fracções de um ano, entre a data da primeira utilização e a data de cada reembolso ou pagamento de encargos.

Observações

a) Os pagamentos efectuados por ambas as partes em diferentes momentos não são forçosamente idênticos nem forçosamente efectuados a intervalos iguais.

b) A data inicial corresponde à primeira utilização do crédito.

c) Os intervalos entre as datas utilizadas nos cálculos são expressos em anos ou fracções de um ano. Para esse efeito, presume-se que um ano tem 12 meses padrão e que cada mês padrão tem 30 dias, seja o ano bissexto ou não. O cálculo dos juros diários deve ser feito com base na convenção actual /360.

560 [DL n.º 133/2009]   OPERAÇÕES BANCÁRIAS E FINANCEIRAS

d) O resultado do cálculo é expresso com uma precisão de uma casa decimal. Se a décima sucessiva for superior ou igual a 5, a primeira décima é acrescida de 1.

e) É possível reescrever a equação utilizando apenas uma soma simples ou recorrendo à noção de fluxos (*Ak*) positivos ou negativos, por outras palavras, quer pagos quer recebidos nos períodos 1 a *k*, expressos em anos, a saber:

$$S = \sum_{k=1}^{n} A_k (1+x)^{-t_k}$$

S corresponde ao saldo dos fluxos actuais, sendo nulo se se pretender manter a equivalência dos fluxos.

Parte II

Pressupostos adicionais para o cálculo da taxa anual de encargos efectiva global

a) Se um contrato de crédito conceder ao consumidor liberdade de utilização do crédito, presume-se a utilização imediata e integral do montante total do crédito.

b) Se um contrato de crédito previr diferentes formas de utilização com diferentes encargos ou taxas nominais, presume-se que a utilização do montante total do crédito é efectuada com os encargos e a taxa nominal mais elevados aplicados à categoria da transacção mais frequentemente usada no âmbito desse tipo de contrato de crédito.

c) Se um contrato de crédito conceder ao consumidor liberdade de utilização do crédito em geral, mas impuser, entre as diferentes formas de utilização, uma limitação no que respeita ao montante e ao prazo, presume-se que a utilização do montante do crédito é efectuada na data mais próxima prevista no contrato e de acordo com essas limitações de utilização.

d) Se não for fixado um plano temporal de reembolso, presume-se que:

    i) O crédito é concedido pelo prazo de um ano; e

    ii) O crédito é reembolsado em 12 prestações mensais iguais.

e) Se for fixado um plano temporal de reembolso, mas o montante desse reembolso for flexível, presume-se que o montante de cada reembolso é o mais baixo previsto no contrato.

f) Salvo indicação em contrário, caso o contrato de crédito preveja várias datas de reembolso, o crédito é colocado à disposição e os reembolsos são efectuados na data mais próxima prevista no contrato.

g) Se o limite máximo do crédito ainda não tiver sido decidido, considera-se que esse limite é de € 1500.

h) Em caso de descoberto, presume-se que o montante total do crédito é integralmente utilizado e para toda a duração do contrato de crédito; se a duração do contrato de crédito não for conhecida, a taxa anual de encargos efectiva global é calculada com base no pressuposto de que a duração do contrato é de três meses.

i) Se forem propostas diferentes taxas de juro e encargos por um período ou montante limitado, presume-se que a taxa de juro e os encargos são os mais elevados para toda a duração do contrato de crédito.

j) No que se refere aos contratos de crédito a consumidores para os quais seja acordada uma taxa nominal fixa para o período inicial, no fim do qual uma nova taxa nominal é determinada e, posteriormente, ajustada periodicamente de acordo com um indicador acordado, o cálculo da TAEG baseia-se no pressuposto de que, no final do período com taxa nominal fixa, a taxa nominal (variável) que lhe sucede assume o valor que vigora no momento do cálculo da TAEG, com base no valor do indicador acordado no momento em que foi calculada.

ANEXO II

Informação normalizada europeia em matéria de crédito a consumidores

1 — Identificação e informações sobre o credor/mediador de crédito:

Quanto ao credor:	
Informação obrigatória................................	Identificação do credor. Endereço geográfico do credor a utilizar pelo consumidor.
Informação facultativa................................	Número de telefone. Endereço de correio electrónico. Número de fax. Endereço da internet.
Quanto ao mediador do crédito:	
Informação obrigatória...............................	Identificação do mediador do crédito. Endereço geográfico do intermediário do crédito a utilizar pelo consumidor.

CONTRATOS DE CRÉDITO AOS CONSUMIDORES [**DL n.º 133/2009**] 561

Informação facultativa	Número de telefone. Endereço de correio electrónico. Número de fax. Endereço da Internet.

2 — Descrição das principais características do crédito:

O tipo de crédito	
O montante total do crédito .... O limite máximo ou o total dos montantes disponibilizados nos termos de um contrato de crédito.	
As condições de utilização	
A duração do contrato de crédito	
As prestações e, se for o caso, a ordem pela qual serão pagas	O consumidor terá de pagar o seguinte: (O tipo, o montante, o número e a frequência dos pagamentos a efectuar pelo consumidor.) Os juros e ou encargos deverão ser pagos do seguinte modo:
O montante total imputado ao consumidor .... O montante do capital emprestado acrescido dos juros e eventuais custos relacionados com o crédito.	(O valor do montante total do crédito e do custo total do crédito.)
Se aplicável, O crédito é concedido sob a forma de pagamento diferido de um bem ou serviço, ou está ligado ao fornecimento de bens específicos ou à prestação de um serviço Nome do bem/serviço Preço a pronto	
Se aplicável, Garantias exigidas (tipo de garantias) Descrição da garantia a dar pelo consumidor em relação ao contrato de crédito.	
Se aplicável, Os reembolsos não dão origem a amortização imediata do capital.	

3 — Custos do crédito:

A taxa nominal ou, se aplicável, as diferentes taxas nominais aplicáveis ao contrato de crédito..	Percentagem fixa ou variável (com o índice ou a taxa de referência relativos à taxa nominal inicial). Prazos.
A taxa anual de encargos efectiva global (TAEG). Trata-se do custo total do crédito expresso em percentagem anual do montante total do crédito. É indicada a TAEG para ajudar o consumidor a comparar as diferentes ofertas.	Introduzir exemplos representativos que indiquem todos os pressuponhos utilizados no cálculo desta taxa.
Para a obtenção do crédito ou para a obtenção do crédito nos termos e condições de mercado, é obrigatório. Subscrever uma apólice de seguro para cobertura do crédito; ou	Sim/não (na afirmativa, especificar tipo de seguro).

562 [DL n.º 133/2009] OPERAÇÕES BANCÁRIAS E FINANCEIRAS

Recorrer a outro contrato de serviço acessório. Se o credor não tiver conhecimento dos custos desses serviços, não são incluídos na TAEG.	Sim/não (na afirmativa, especificar tipo de serviço acessório).
Custos conexos:	
Se aplicável, É requerida a manutenção de uma ou mais contas para registar simultaneamente as operações de pagamento e as utilizações de crédito.	
Se aplicável, Montante dos custos relativos à utilização de um meio de pagamento específico (por exemplo, cartão de crédito).	
Se aplicável, Quaisquer outros custos decorrentes do contrato de crédito.	
Se aplicável, Condições em que os custos acima mencionados relacionados com o contrato de crédito podem ser alterados.	
Se aplicável (não incluídos na TAEG). Obrigação de pagar custos notariais com a celebração do contrato.	
Custos em caso de pagamentos em atraso. A falta de pagamento pode ter consequências graves (por exemplo, a venda forçada) e dificultar a obtenção de crédito.	As faltas de pagamento acarretarão custos adicionais para o consumidor [... (taxas de juro aplicáveis e mecanismos para o seu ajustamento e, se for caso disso, encargos do incumprimento)].

4 — Outros aspectos jurídicos importantes:

O consumidor tem o direito de revogar o contrato de crédito no prazo de 14 dias de calendário.	
O consumidor tem o direito de cumprir antecipadamente o contrato de crédito, em qualquer momento, com um pré-aviso não inferior a 30 dias de calendário, integral ou parcialmente.	
Se aplicável, O credor tem direito a uma compensação em caso de reembolso antecipado.	(A determinação da comissão é feita de acordo com o artigo 19.º do Decreto-Lei n.º 133/2009, de 2 de Junho.)
O credor deve informar o consumidor imediata e gratuitamente do resultado da consulta de uma base de dados, se o pedido de crédito for rejeitado com fundamento nessa consulta. Tal não é aplicável se a comunicação dessas informações for proibida pelo direito comunitário ou se for contrária aos objectivos da ordem pública ou da segurança pública.	
O consumidor tem o direito de, a pedido, obter gratuitamente uma cópia da minuta de contrato de crédito. Esta disposição não é aplicável se, no momento em que é feito o pedido, o credor não estiver disposto a proceder à celebração do contrato de crédito com o consumidor.	
Se aplicável, O prazo durante o qual o credor se encontra vinculado pelas informações pré-contratuais.	Estas informações são válidas de... a....

CONTRATOS DE CRÉDITO AOS CONSUMIDORES

[DL n.º 133/2009] 563

5 — Informações adicionais em caso de contratação à distância de serviços financeiros:

Quanto ao credor: Se aplicável, Informação obrigatória	Identificação do representante do credor. Endereço geográfico a utilizar pelo consumidor.
Informação facultativa	Número de telefone. Endereço de correio electrónico. Número de fax. Endereço da Internet.
Se aplicável, Registo comercial em que o credor se encontra inscrito e respectivo número de registo ou forma de identificação equivalente nesse registo. Se aplicável, A autoridade de supervisão	
Quanto ao contrato de crédito: Se aplicável, Exercício do direito de revogação do contrato de crédito. Se aplicável, A lei indicada pelo credor aplicável às relações com o consumidor antes da celebração do contrato de crédito. Se aplicável, Cláusula que prevê a lei aplicável ao contrato de crédito e ou o foro competente. Se aplicável, Regime linguístico	(Especificar, designadamente, o prazo para o exercício do direito, o endereço para o qual deve ser enviada a comunicação; as consequências do não exercício do direito.) (Cláusula específica.) (As condições e as informações relativas ao contrato de crédito serão redigidas em português.)
Quanto aos recursos: Existência de processos extrajudiciais de reclamação e de recurso e o respectivo modo de acesso.	(A existência ou inexistência de processos extrajudiciais de reclamação e de recurso acessíveis ao consumidor que é parte no contrato à distância e, quando existam, o respectivo modo de acesso.)

ANEXO III

Informação normalizada europeia em matéria de crédito a consumidores relativa a descobertos e conversão de dívidas.

1 — Identificação e informações sobre o credor/mediador de crédito:

Quanto ao credor: Informação obrigatória	Identificação do credor. Endereço geográfico do credor a utilizar pelo consumidor.
Informação facultativa	Número de telefone. Endereço de correio electrónico. Número de fax. Endereço da Internet.
Quanto ao mediador do crédito: Informação obrigatória	Identificação do mediador do crédito. Endereço geográfico do mediador do crédito a utilizar pelo consumidor.
Informação facultativa	Número de telefone. Endereço de correio electrónico. Número de fax. Endereço da Internet.

564 [DL n.º 133/2009]   OPERAÇÕES BANCÁRIAS E FINANCEIRAS

2 — Descrição das principais características do crédito:

O tipo de crédito.	
O montante total do crédito . . . . . O limite máximo ou o total dos montantes disponibilizados nos termos de um contrato do crédito.	
A duração do contrato de crédito	
Se aplicável, A indicação de que, a todo o tempo, pode ser exigido ao consumidor o reembolso integral do crédito, a pedido do credor.	

3 — Custos do crédito:

A taxa nominal ou, se aplicável, as diferentes taxas nominais aplicáveis ao contrato de crédito.	Percentagem fixa ou variável (com o índice ou a taxa de referência relativos à taxa nominal inicial). Prazos.
A taxa anual de encargos efectiva global (TAEG). Trata-se do custo total do crédito expresso em percentagem anual do montante total do crédito. É indicada a TAEG para ajudar o consumidor a comparar as diferentes ofertas.	Introduzir exemplos representativos que indiquem todos os pressupostos utilizados no cálculo desta taxa.
Se aplicável, Custos Se aplicável, As condições em que esses custos podem ser alterados.	(Os custos aplicáveis a partir do momento em que é celebrado o contrato de crédito.)
Custos em caso de pagamentos em atraso.	As faltas de pagamento acarretarão encargos adicionais para o consumidor [... (taxas de juro aplicáveis e mecanismos para o seu ajustamento e, se for caso disso, encargos do incumprimento).]

4 — Outros aspectos jurídicos importantes:

Extinção do contrato de crédito	(As modalidades e as condições de extinção do contrato de crédito.)
Consulta de uma base de dados O credor deve informar o consumidor imediata e gratuitamente do resultado da consulta de uma base de dados, se o pedido de crédito for rejeitado com base nessa consulta. Tal não é aplicável se a comunicação dessas informações for proibida pelo direito comunitário ou se for contrária aos objectivos da ordem pública ou da segurança pública.	
Se aplicável, O prazo durante o qual o credor se encontra vinculado pelas informações pré-contratuais.	Estas informações são válidas de... a....

5 — Informações adicionais a prestar caso as informações pré-contratuais digam respeito a um crédito aos consumidores para conversão de dívidas:

As prestações e, se for o caso, a ordem pela qual devem ser pagas.	O consumidor terá de pagar ... (exemplo representativo de uma tabela de prestações que inclua o montante, o número e a frequência dos pagamentos a efectuar).
O montante total imputado ao consumidor.	
O consumidor tem o direito de cumprir antecipadamente o contrato de crédito, em qualquer momento, integral ou parcialmente.	
Se aplicável, O credor tem direito a uma compensação em caso de reembolso antecipado.	(A determinação da comissão é feita de acordo com o artigo 19.º do Decreto-Lei n.º 133/2009, de 2 de Junho.)

CONTRATOS À DISTÂNCIA RELATIVOS A SERVIÇOS FINANCEIROS [DL n.º 95/2006] 565

6 — Informações adicionais em caso de contratação à distância de serviços financeiros:

Quanto ao credor:	
Se aplicável, Informação obrigatória	Identificação do representante do credor. Endereço geográfico a utilizar pelo consumidor.
Informação facultativa	Número de telefone. Endereço de correio electrónico. Número de fax. Endereço Internet.
Se aplicável, Registo comercial em que o credor se encontra inscrito e respectivo número de registo. Se aplicável, Autoridade de supervisão	
Quanto ao contrato de crédito: Se aplicável, Exercício do direito de revogação do contrato de crédito. Se aplicável, A lei indicada pelo credor aplicável às relações com o consumidor antes da celebração do contrato de crédito. Se aplicável, Cláusula que prevê a lei aplicável ao contrato de crédito e ou o foro competente. Se aplicável, Regime linguístico	(Especificar, designadamente, o prazo para o exercício do direito, endereço para o qual deve ser dirigida comunicação; as consequências do não exercício do direito.) (Cláusula específica.) (As condições as informações relativas ao contrato de crédito serão redigidas em português.)
Quanto aos recursos Existência de processos extrajudiciais de reclamação e de recurso e o respectivo modo de acesso.	(A existência ou inexistência de processos extrajudiciais de reclamação e de recurso acessíveis ao consumidor que é parte no contrato à distância e, quando existam, o respectivo modo de acesso.)

7.3.5. CONTRATOS À DISTÂNCIA RELATIVOS A SERVIÇOS FINANCEIROS

Decreto-Lei n.º 95/2006

de 29 de Maio (*)

TÍTULO I — DISPOSIÇÕES GERAIS

CAPÍTULO I — Objecto e âmbito

ART. 1.º (Objecto) – 1 – O presente decreto-lei estabelece o regime aplicável à informação pré-contratual e aos contratos relativos a serviços financeiros prestados a consumidores através de meios de comunicação à distância pelos prestadores autorizados a exercer a sua actividade em Portugal.

2 – O presente decreto-lei transpõe para a ordem jurídica nacional a Directiva n.º 2002/65/CE, do Parlamento Europeu e do Conselho, de 23 de Setembro, relativa a comercialização à distância de serviços financeiros prestados a consumidores e que altera as Directivas n.ºs 90/619/CEE, do Conselho, de 8 de Novembro, 97/7/CE, do Parlamento Europeu e do Conselho, de 20 de Maio, e 98/27/CE, do Parlamento Europeu e do Conselho, de 19 de Maio, por sua vez alterada pela Directiva n.º 2005/29/CE, do Parlamento Europeu e do Conselho, de 11 de Maio, relativa às práticas comerciais desleais das empresas face aos consumidores no mercado interno.

ART. 2.º (Definições) – Para efeitos do presente decreto-lei, considera-se:

a) «Contrato à distância» qualquer contrato cuja formação e conclusão sejam efectuadas exclusivamente através de meios de comunicação à distância, que se integrem num sistema de venda ou prestação de serviços organizados, com esse objectivo, pelo prestador;

b) «Meio de comunicação à distância» qualquer meio de comunicação que possa ser utilizado sem a presença física e simultânea do prestador e do consumidor;

(*) Alterado pelo art. 7.º do **DL n.º 317/2009**, de 30-10 (arts. 2.º e 17.º).

566 [DL n.º 95/2006] OPERAÇÕES BANCÁRIAS E FINANCEIRAS

c) «Serviços financeiros» qualquer serviço bancário, de crédito, de seguros, de investimento ou de pagamento e os relacionados com a adesão individual a fundos de pensões abertos;

d) 'Prestador de serviços financeiros' as instituições de crédito e sociedades financeiras, as instituições de pagamento, os intermediários financeiros em valores mobiliários, as empresas de seguros e resseguros, os mediadores de seguros e as sociedades gestoras de fundos de pensões;

e) «Consumidor» qualquer pessoa singular que, nos contratos à distância, actue de acordo com objectivos que não se integrem no âmbito da sua actividade comercial ou profissional.

ART. 3.º (Intermediários de serviços financeiros) – As disposições do presente decreto-lei aplicáveis aos prestadores de serviços financeiros são extensíveis, com as devidas adaptações, aos intermediários que actuem por conta daqueles, independentemente do seu estatuto jurídico e de estarem, ou não, dotados de poderes de representação.

ART. 4.º (Contratos de execução continuada) – 1 – Nos contratos que compreendam um acordo inicial de prestação do serviço financeiro e a subsequente realização de operações de execução continuada, as disposições do presente decreto-lei aplicam-se apenas ao acordo inicial.

2 – Quando não exista um acordo inicial de prestação do serviço financeiro mas este se traduza na realização de operações de execução continuada, os artigos 13.º a 18.º aplicam-se apenas à primeira daquelas operações.

3 – Sempre que decorra um período superior a um ano entre as operações referidas no número anterior, os artigos 13.º a 18.º são aplicáveis à primeira operação realizada após tal intervalo de tempo.

ART. 5.º (Irrenunciabilidade) – O consumidor não pode renunciar aos direitos que lhe são conferidos pelo presente decreto-lei.

CAPÍTULO II — Utilização de meios de comunicação à distância

ART. 6.º (Alteração do meio de comunicação à distância) – O consumidor pode, em qualquer momento da relação contratual, alterar o meio de comunicação à distância utilizado, desde que essa alteração seja compatível com o contrato celebrado ou com a natureza do serviço financeiro prestado.

ART. 7.º (Serviços financeiros não solicitados) – 1 – É proibida a prestação de serviços financeiros à distância que incluam um pedido de pagamento, imediato ou diferido, ao consumidor que os não tenha prévia e expressamente solicitado.

2 – O consumidor a quem sejam prestados serviços financeiros não solicitados não fica sujeito a qualquer obrigação relativamente a esses serviços, nomeadamente de pagamento, considerando-se os serviços prestados a título gratuito.

3 – O silêncio do consumidor não vale como consentimento para efeitos do número anterior.

4 – O disposto nos números anteriores não prejudica o regime da renovação tácita dos contratos.

ART. 8.º (Comunicações não solicitadas) – 1 – O envio de mensagens relativas à prestação de serviços financeiros à distância cuja recepção seja independente da intervenção do destinatário, nomeadamente por via de sistemas automatizados de chamada, por telecópia ou por correio electrónico, carece do consentimento prévio do consumidor.

2 – O envio de mensagens mediante a utilização de outros meios de comunicação à distância que permitam uma comunicação individual apenas pode ter lugar quando não haja oposição do consumidor manifestada nos termos previstos em legislação ou regulamentação especiais.

3 – As comunicações a que se referem os números anteriores, bem como a emissão ou recusa de consentimento prévio, não podem gerar quaisquer custos para o consumidor.

ART. 9.º (Idioma) – 1 – Sempre que o consumidor seja português, a informação pré-contratual, os termos do contrato à distância e todas as demais comunicações relativas ao contrato são efectuadas em língua portuguesa, excepto quando o consumidor aceite a utilização de outro idioma.

2 – Nas demais situações, o prestador deve indicar ao consumidor o idioma ou idiomas em que é transmitida a informação pré-contratual, os termos do contrato à distância e as demais comunicações relativas ao contrato.

ART. 10.º (Ónus da prova) – 1 – A prova do cumprimento da obrigação de informação ao consumidor, assim como do consentimento deste em relação à celebração do contrato e, sendo caso disso, à sua execução, compete ao prestador.

2 – São proibidas as cláusulas que determinem que cabe ao consumidor o ónus da prova do cumprimento da totalidade ou de parte das obrigações do prestador referidas no número anterior.

TÍTULO II — INFORMAÇÃO PRÉ-CONTRATUAL

ART. 11.º (Forma e momento da prestação da informação) – 1 – A informação constante do presente título e os termos do contrato devem ser comunicados em papel ou noutro suporte duradouro disponível e acessível ao consumidor, em tempo útil e antes de este ficar vinculado por uma proposta ou por um contrato à distância.

2 – Considera-se suporte duradouro aquele que permita armazenar a informação dirigida pessoalmente ao consumidor, possibilitando no futuro, durante o período de tempo adequado aos fins a que a informação se destina, um acesso fácil à mesma e a sua reprodução inalterada.

CONTRATOS À DISTÂNCIA RELATIVOS A SERVIÇOS FINANCEIROS   [DL n.º 95/2006]   567

3 – Se a iniciativa da celebração do contrato partir do consumidor e o meio de comunicação à distância escolhido por este não permitir a transmissão da informação e dos termos do contrato de acordo com o n.º 1, o prestador deve cumprir estas obrigações imediatamente após a celebração do mesmo.

4 – O consumidor pode, a qualquer momento da relação contratual, exigir que lhe sejam fornecidos os termos do contrato em suporte de papel.

ART. 12.º (Clareza da informação) – A informação constante do presente título deve identificar, de modo inequívoco, os objectivos comerciais do prestador e ser prestada de modo claro e perceptível, de forma adaptada ao meio de comunicação à distância utilizado e com observância dos princípios da boa fé.

ART. 13.º (Informação relativa ao prestador de serviços) – Deve ser prestada ao consumidor a seguinte informação relativa ao prestador do serviço:

a) Identidade e actividade principal do prestador, sede ou domicílio profissional onde se encontra estabelecido e qualquer outro endereço geográfico relevante para as relações com o consumidor;

b) Identidade do eventual representante do prestador no Estado membro da União Europeia de residência do consumidor e endereço geográfico relevante para as relações do consumidor com o representante;

c) Identidade do profissional diferente do prestador com quem o consumidor tenha relações comerciais, se existir, a qualidade em que este se relaciona com o consumidor e o endereço geográfico relevante para as relações do consumidor com esse profissional;

d) Número de matrícula na conservatória do registo comercial ou outro registo público equivalente no qual o prestador se encontre inscrito com indicação do respectivo número de registo ou forma de identificação equivalente nesse registo;

e) Indicação da sujeição da actividade do prestador a um regime de autorização necessária e identificação da respectiva autoridade de supervisão.

ART. 14.º (Informação relativa ao serviço financeiro) – Deve ser prestada ao consumidor a seguinte informação sobre o serviço financeiro:

a) Descrição das principais características do serviço financeiro;

b) Preço total devido pelo consumidor ao prestador pelo serviço financeiro, incluindo o conjunto das comissões, encargos e despesas inerentes e todos os impostos pagos através do prestador ou, não podendo ser indicado um preço exacto, a base de cálculo do preço que permita a sua verificação pelo consumidor;

c) Indicação da eventual existência de outros impostos ou custos que não sejam pagos através do prestador ou por ele facturados;

d) Custos adicionais decorrentes, para o consumidor, da utilização de meios de comunicação à distância, quando estes custos adicionais sejam facturados;

e) Período de validade das informações prestadas;

f) Instruções relativas ao pagamento;

g) Indicação de que o serviço financeiro está associado a instrumentos que impliquem riscos especiais relacionados com as suas características ou com as operações a executar;

h) Indicação de que o preço depende de fiutuações dos mercados financeiros fora do controlo do prestador e que os resultados passados não são indicativos dos resultados futuros.

ART. 15.º (Informação relativa ao contrato) – 1 – Deve ser prestada ao consumidor a seguinte informação relativa ao contrato à distância:

a) A existência ou inexistência do direito de livre resolução previsto no artigo 19.º, com indicação da respectiva duração, das condições de exercício, do montante que pode ser exigido ao consumidor nos termos dos artigos 24.º e 25.º e das consequências do não exercício de tal direito;

b) As instruções sobre o exercício do direito de livre resolução, designadamente quanto ao endereço, geográfico ou electrónico, para onde deve ser enviada a notificação deste;

c) A indicação do Estado membro da União Europeia ao abrigo de cuja lei o prestador estabelece relações com o consumidor antes da celebração do contrato à distância;

d) A duração mínima do contrato à distância, tratando-se de contratos de execução permanente ou periódica;

e) Os direitos das partes em matéria de resolução antecipada ou unilateral do contrato à distância, incluindo as eventuais penalizações daí decorrentes;

f) A lei aplicável ao contrato à distância e o tribunal competente previstos nas cláusulas contratuais.

2 – A informação sobre obrigações contratuais a comunicar ao consumidor na fase pré-contratual deve ser conforme à lei presumivelmente aplicável ao contrato à distância.

ART. 16.º (Informação sobre mecanismos de protecção) – Deve ser prestada ao consumidor informação relativa aos seguintes mecanismos de protecção:

a) Sistemas de indemnização aos investidores e de garantia de depósitos;

b) Existência ou inexistência de meios extrajudiciais de resolução de litígios e respectivo modo de acesso.

ART. 17.º (Informação adicional) – 1 – O disposto no presente título não prejudica os requisitos de informação prévia adicional previstos na legislação reguladora dos serviços financeiros, a qual deve ser prestada nos termos do n.º 1 do artigo 11.º.

568 [DL n.º 95/2006]   OPERAÇÕES BANCÁRIAS E FINANCEIRAS

2 – Nos casos em que também seja aplicável o Decreto-Lei n.º 317/2009, de 30 de Outubro, os artigos 47.º, 48.º, 52.º e 53.º do citado decreto-lei prevalecem sobre as disposições em matéria de informação constantes do artigo 9.º, do n.º 1 do artigo 11.º, quanto às informações abrangidas pela presente excepção, do artigo 13.º, das alíneas *a)* e *b)* do artigo 14.º, das alíneas *d)* a *f)* do n.º 1 do artigo 15.º e da alínea *b)* do artigo 16.º do presente decreto-lei.

ART. 18.º (Comunicações por telefonia vocal) – 1 – Quando o contacto com o consumidor seja estabelecido por telefonia vocal, o prestador deve indicar inequivocamente, no início da comunicação, a sua identidade e o objectivo comercial do contacto.

2 – Perante o consentimento expresso do consumidor, o prestador apenas está obrigado à transmissão da seguinte informação:

a) Identidade da pessoa que contacta com o consumidor e a sua relação com o prestador;

b) Descrição das principais características do serviço financeiro;

c) Preço total a pagar ao prestador pelo serviço financeiro, incluindo todos os impostos pagos através do prestador, ou, quando não possa ser indicado um preço exacto, a base para o cálculo do preço que permita a sua verificação pelo consumidor;

d) Indicação da eventual existência de outros impostos ou custos que não sejam pagos através do prestador ou por ele facturados;

e) Existência ou inexistência do direito de livre resolução previsto no artigo 19.º, com indicação, quando o mesmo exista, da respectiva duração, das condições de exercício e do montante que pode ser exigido ao consumidor nos termos dos artigos 24.º e 25.º.

3 – O prestador deve ainda comunicar ao consumidor a existência de outras informações e respectiva natureza que, nesse momento, lhe podem ser prestadas, caso este o pretenda.

4 – O disposto nos números anteriores não prejudica o dever de o prestador transmitir posteriormente ao consumidor toda a informação prevista no presente título, nos termos do artigo 11.º.

TÍTULO III — **DIREITO DE LIVRE RESOLUÇÃO**

ART. 19.º (Livre resolução) – O consumidor tem o direito de resolver livremente o contrato à distância, sem necessidade de indicação do motivo e sem que possa haver lugar a qualquer pedido de indemnização ou penalização do consumidor.

ART. 20.º (Prazo) – 1 – O prazo de exercício do direito de livre resolução é de 14 dias, excepto para contratos de seguro de vida e relativos à adesão individual a fundos de pensões abertos, em que o prazo é de 30 dias.

2 – O prazo para o exercício do direito de livre resolução conta-se a partir da data da celebração do contrato à distância, ou da data da recepção, pelo consumidor, dos termos do mesmo e das informações, de acordo com o n.º 3 do artigo 11.º, se esta for posterior.

3 – No caso de contrato à distância relativo a seguro de vida, o prazo para a livre resolução conta-se a partir da data em que o tomador for informado da celebração do mesmo.

ART. 21.º (Exercício) – 1 – A livre resolução deve ser notificada ao prestador por meio susceptível de prova e de acordo com as instruções prestadas nos termos da alínea *b)* do n.º 1 do artigo 15.º.

2 – A notificação feita em suporte de papel ou outro meio duradouro disponível e acessível ao destinatário considera-se tempestivamente efectuada se for enviada até ao último dia do prazo, inclusive.

ART. 22.º (Excepções) – O direito de livre resolução previsto neste decreto-lei não é aplicável às seguintes situações:

a) Prestação de serviços financeiros que incidam sobre instrumentos cujo preço dependa de fiutuações do mercado, insusceptíveis de controlo pelo prestador e que possam ocorrer no período de livre resolução;

b) Seguros de viagem e de bagagem;

c) Seguros de curto prazo, de duração inferior a um mês;

d) Contratos de crédito destinados à aquisição, construção, conservação ou beneficiação de bens imóveis;

e) Contratos de crédito garantidos por direito real que onere bens imóveis;

f) Contratos de crédito para financiamento, total ou parcial, do custo de aquisição de um bem ou serviço cujo fornecedor tenha um acordo com o prestador do serviço financeiro, sempre que ocorra a resolução do contrato de crédito, nos termos do n.º 3 do artigo 8.º do Decreto-Lei n.º 143/2001, de 26 de Abril;

g) Contratos de crédito para financiamento, total ou parcial, do custo de aquisição de um direito de utilização a tempo parcial de bens imóveis, cujo vendedor tenha um acordo com o prestador do serviço financeiro, sempre que ocorra a resolução do contrato de crédito nos termos do n.º 6 do artigo 16.º e do n.º 2 do artigo 49.º do Decreto-Lei n.º 275/93, de 5 de Agosto.

ART. 23.º (Caducidade pelo não exercício) – O direito de livre resolução caduca quando o contrato tiver sido integralmente cumprido, a pedido expresso do consumidor, antes de esgotado o prazo para o respectivo exercício.

ART. 24.º (Efeitos do exercício do direito de livre resolução) – 1 – O exercício do direito de livre resolução extingue as obrigações e direitos decorrentes do contrato ou operação, com efeitos a partir da sua celebração.

CONTRATOS À DISTÂNCIA RELATIVOS A SERVIÇOS FINANCEIROS [DL n.º 95/2006] 569

2 – Nos casos em que o prestador tenha recebido quaisquer quantias a título de pagamento dos serviços, fica obrigado a restituí-las ao consumidor no prazo de 30 dias contados da recepção da notificação da livre resolução.

3 – O consumidor restitui ao prestador quaisquer quantias ou bens dele recebidos no prazo de 30 dias contados do envio da notificação da livre resolução.

4 – O disposto nos números anteriores e no artigo seguinte não prejudica o regime do direito de renúncia previsto para os contratos de seguros e de adesão individual a fundos de pensões abertos.

ART. 25.º (Início da execução do contrato no prazo de livre resolução) – 1 – O consumidor não está obrigado ao pagamento correspondente ao serviço efectivamente prestado antes do termo do prazo de livre resolução.

2 – Exceptuam-se os casos em que o consumidor tenha pedido o início da execução do contrato antes do termo do prazo de livre resolução, caso em que o consumidor está obrigado a pagar ao prestador, no mais curto prazo possível, o valor dos serviços efectivamente prestados em montante não superior ao valor proporcional dos mesmos no quadro das operações contratadas.

3 – O pagamento referido no número anterior só pode ser exigido caso o prestador prove que informou o consumidor do montante a pagar, nos termos da alínea a) do n.º 1 do artigo 15.º.

TÍTULO IV — FISCALIZAÇÃO

ART. 26.º (Entidades competentes) – 1 – O Banco de Portugal, a Comissão do Mercado de Valores Mobiliários e o Instituto de Seguros de Portugal são competentes, no âmbito das respectivas atribuições, para a fiscalização do cumprimento das normas do presente decreto-lei.

2 – O disposto no número anterior não prejudica as atribuições próprias do Instituto do Consumidor em matéria de publicidade.

ART. 27.º (Legitimidade activa) – Sem prejuízo das competências do Ministério Público no âmbito da acção inibitória, podem requerer a apreciação da conformidade da actuação de um prestador de serviços financeiros à distância com o presente decreto-lei, judicialmente ou perante a entidade competente, para além dos consumidores, as seguintes entidades:

a) Entidades públicas;

b) Organizações de defesa de consumidores, incluindo associações de defesa de investidores;

c) Organizações profissionais que tenham um interesse legítimo em agir.

ART. 28.º (Prestadores de meios de comunicação à distância) – 1 – Os prestadores de meios de comunicação à distância devem pôr termo às práticas declaradas desconformes com o presente decreto-lei pelos tribunais ou entidades competentes e que por estes lhes tenham sido notificadas.

2 – São prestadores de meios de comunicação à distância as pessoas singulares ou colectivas, privadas ou públicas, cuja actividade comercial ou profissional consiste em pôr à disposição dos prestadores de serviços financeiros à distância um ou mais meios de comunicação à distância.

ART. 29.º (Resolução extrajudicial de litígios) – 1 – Os litígios emergentes da prestação à distância de serviços financeiros a consumidores podem ser submetidos aos meios extrajudiciais de resolução de litígios que, para o efeito, venham a ser criados.

2 – A entidade responsável pela resolução extrajudicial dos litígios referidos no número anterior deve, sempre que o litígio tenha carácter transfronteiriço, cooperar com as entidades dos outros Estados membros da União Europeia que desempenhem funções análogas.

TÍTULO V — REGIME SANCIONATÓRIO

CAPÍTULO I — Disposições gerais

ART. 30.º (Responsabilidade) – 1 – Pela prática das contra-ordenações previstas no presente título podem ser responsabilizados, conjuntamente ou não, pessoas singulares ou colectivas, ainda que irregularmente constituídas.

2 – As pessoas colectivas são responsáveis pelas contra-ordenações previstas neste título quando os factos tenham sido praticados, no exercício das respectivas funções ou em seu nome ou por sua conta, pelos titulares dos seus órgãos sociais, mandatários, representantes ou trabalhadores.

3 – A responsabilidade da pessoa colectiva não preclude a responsabilidade individual dos respectivos agentes.

4 – Não obsta à responsabilidade individual dos agentes a circunstância de o tipo legal da infracção exigir determinados elementos pessoais e estes só se verificarem na pessoa colectiva, ou exigir que o agente pratique o facto no seu interesse, tendo aquele actuado no interesse de outrem.

5 – A invalidade e a ineficácia jurídicas dos actos em que se funde a relação entre o agente individual e a pessoa colectiva não obstam a que seja aplicado o disposto nos números anteriores.

570 [DL n.º 95/2006]   OPERAÇÕES BANCÁRIAS E FINANCEIRAS

ART. 31.º (Tentativa e negligência) – 1 – A tentativa e a negligência são sempre puníveis.

2 – A sanção da tentativa é a do ilícito consumado, especialmente atenuada.

3 – Em caso de negligência, os limites máximos e mínimos da coima são reduzidos a metade.

4 – A atenuação da responsabilidade do agente individual nos termos dos números anteriores comunica-se à pessoa colectiva.

ART. 32.º (Cumprimento do dever omitido) – 1 – Sempre que o ilícito de mera ordenação social resulte da omissão de um dever, a aplicação da sanção e o pagamento da coima não dispensam o infractor do seu cumprimento, se este ainda for possível.

2 – O infractor pode ser sujeito à injunção de cumprir o dever omitido.

ART. 33.º (Prescrição) – 1 – O procedimento pelos ilícitos de mera ordenação social previstos neste decreto-lei prescreve no prazo de cinco anos, nos termos do regime geral dos ilícitos de mera ordenação social.

2 – As sanções prescrevem no prazo de um ou três anos a contar do dia em que a decisão administrativa se tornar definitiva ou do dia em que a decisão judicial transitar em julgado, nos termos do regime geral dos ilícitos de mera ordenação social.

ART. 34.º (Direito subsidiário) – Em tudo o que não se encontrar especialmente previsto no presente título é subsidiariamente aplicável o disposto no regime sancionatório do sector financeiro em que o ilícito foi praticado e, quando tal se revelar necessário, no regime geral dos ilícitos de mera ordenação social.

CAPÍTULO II — Ilícitos de mera ordenação social

ART. 35.º (Contra-ordenações) – Constituem contra-ordenação, punível com coima de € 2500 a € 1 500 000, se praticada por pessoa colectiva, e de € 1250 a € 750 000, se praticada por pessoa singular, as seguintes condutas:

a) A prestação de serviços financeiros não solicitados, nos termos previstos no artigo 7.º;

b) O envio de comunicações não solicitadas, em infracção ao disposto no artigo 8.º;

c) A prestação de informação que não preencha os requisitos previstos nos artigos 11.º e 12.º;

d) O incumprimento dos deveres específicos de informação previstos nos artigos 9.º, 13.º a 16.º e 18.º;

e) A prática de actos que, por qualquer forma, dificultem ou impeçam o regular exercício do direito de resolução contratual previsto nos artigos 19.º e seguintes ou a imposição de quaisquer indemnizações ou penalizações ao consumidor que, nos termos do presente decreto-lei, tenha exercido tal direito;

f) A não restituição pelo prestador das quantias recebidas a título de pagamento de serviços dentro do prazo previsto no n.º 2 do artigo 24.º;

g) A cobrança de valores ao consumidor que exerça o direito de livre resolução, em violação do disposto no artigo 25.º;

h) O não cumprimento do dever de obediência dos prestadores de meios de comunicação à distância previsto no n.º 1 do artigo 28.º;

i) O não cumprimento da injunção prevista no n.º 2 do artigo 32.º;

j) (Revogada.)

ART. 36.º (Sanções acessórias) – Conjuntamente com as coimas, podem ser aplicadas ao responsável por qualquer das contra-ordenações previstas no artigo anterior as seguintes sanções acessórias em função da gravidade da infracção e da culpa do agente:

a) Apreensão e perda do objecto da infracção, incluindo o produto do benefício económico obtido pelo infractor através da sua prática;

b) Interdição do exercício da profissão ou da actividade a que a contra-ordenação respeita, por um período até três anos;

c) Inibição do exercício de cargos sociais e de funções de administração, direcção, chefia e fiscalização em pessoas colectivas que, nos termos do presente decreto-lei, sejam prestadoras de serviços financeiros, por um período até três anos;

d) Publicação da punição definitiva, a expensas do infractor, num jornal de larga difusão na localidade da sede ou do estabelecimento permanente do infractor ou, se este for uma pessoa singular, na da sua residência.

CAPÍTULO III — Disposições processuais

ART. 37.º (Competência das autoridades administrativas) – Sem prejuízo das competências específicas atribuídas por lei a outras entidades, a competência para o processamento das contra-ordenações previstas no presente título e para a aplicação das respectivas sanções é do Banco de Portugal, da Comissão do Mercado de Valores Mobiliários ou do Instituto de Seguros de Portugal, consoante o sector financeiro no âmbito do qual tenha sido praticada a infracção.

ART. 38.º (Competência judicial) – O tribunal competente para conhecer a impugnação judicial, a revisão e a execução das decisões proferidas em processo de contra-ordenação instaurado nos termos do presente título é o Tribunal de Pequena Instância Criminal de Lisboa.

CRÉDITO À HABITAÇÃO   [DL n.º 349/98]   571

TÍTULO VI — **DIREITO APLICÁVEL**

ART. 39.º (Direito subsidiário) – À informação pré-contratual e aos contratos de serviços financeiros prestados ou celebrados à distância são subsidiariamente aplicáveis, em tudo o que não estiver disposto no presente decreto-lei, os regimes legalmente previstos, designadamente nos seguintes diplomas:
a) Decreto-Lei n.º 7/2004, de 7 de Janeiro, relativo à prestação de serviços da sociedade da informação;
b) Código dos Valores Mobiliários, aprovado pelo Decreto-Lei n.º 486/99, de 13 de Novembro, e respectivas alterações, para os serviços financeiros nele regulados.

ART. 40.º (Aplicação imediata) – A escolha pelas partes da lei de um Estado não comunitário como lei aplicável ao contrato não priva o consumidor da protecção que lhe garantem as disposições do presente decreto-lei.

TÍTULO VII — **DISPOSIÇÕES FINAIS E TRANSITÓRIAS**

ART. 41.º – *(Revogado.)*

ART. 42.º (Regime transitório) – As normas do presente decreto-lei são aplicáveis aos prestadores estabelecidos em Estados membros da União Europeia que prestem serviços financeiros a consumidores residentes em Portugal, enquanto o direito interno daqueles Estados membros não previr obrigações correspondentes às constantes da Directiva n.º 2002/65/CE, do Parlamento Europeu e do Conselho, de 23 de Setembro.

ART. 43.º (Aplicação no tempo) – O disposto no presente decreto-lei não se aplica aos contratos à distância de serviços financeiros celebrados com consumidores antes da sua entrada em vigor.

ART. 44.º (Entrada em vigor) – O presente decreto-lei entra em vigor 30 dias após a data da sua publicação.

7.3.6. CRÉDITO À HABITAÇÃO

Decreto-Lei n.º 349/98

de 11 de Novembro (*) (**)

CAPÍTULO I — **Disposições comuns**

ART. 1.º (Âmbito) – O presente diploma regula a concessão de crédito à:
a) Aquisição, construção e realização de obras de conservação ordinária, extraordinária e de beneficiação de habitação própria permanente, secundária ou para arrendamento;
b) Aquisição de terreno para construção de habitação própria permanente.

ART. 2.º (Regime de crédito) – 1 – O sistema de crédito à aquisição, construção e realização de obras de conservação ordinária, extraordinária e de beneficiação de habitação própria é constituído pelos seguintes regimes:
a) Regime geral de crédito;
b) Regime de crédito bonificado;
c) Regime de crédito jovem bonificado.
2 – O sistema de poupança-habitação, regulado pelo Decreto-Lei n.º 382/89, de 6 de Novembro, com as alterações introduzidas pelos Decretos-Leis n.ºˢ 294/93, de 25 de Agosto, e 211/95, de 17 de Agosto, é articulável com qualquer dos regimes anteriores.

ART. 3.º (Prazo dos empréstimos e cálculo dos juros) – 1 – O prazo dos empréstimos é livremente acordado entre as partes, podendo ser alterado ao longo de toda a sua vigência.
2 – O mutuário poderá antecipar, total ou parcialmente, a amortização do empréstimo, sem quaisquer encargos, com excepção dos expressamente previstos em disposição contratual.
3 – As instituições de crédito calcularão os juros pelo método das taxas equivalentes.

ART. 4.º (Definições) – Para efeitos deste diploma considera-se:
a) "Interessado", toda a pessoa que pretenda adquirir, construir e realizar obras de conservação ordinária, extraordinária e de beneficiação para habitação permanente, secundária ou para arrendamento ou adquirir terreno para construção de habitação própria permanente;

(*) Alterado pelos DLs. **n.º 137-B/99**, de 22-4, **n.º 1-A/2000**, de 22-1, rectificado pela Decla. de Rectif. n.º 4-F/2000, de 31-1, **n.º 320/2000**, de 15-12, que republicou em anexo o respectivo texto integral consolidado, **n.º 231/2002**, de 2-11, art. 99.º da **Lei n.º 60-A/2005**, de 30-12, **DL n.º 107/2007**, de 10-4 (art. 13.º), e **DL n.º 222/2009**, de 11-9 (art. 23.º).

(**) Revogado, para futuro, quanto ao crédito bonificado e ao crédito jovem bonificado, pelo **DL n.º 305/2003**, de 9-12.

572 [DL n.º 349/98]   OPERAÇÕES BANCÁRIAS E FINANCEIRAS

b) "Agregado familiar", o conjunto de pessoas constituído pelos cônjuges ou por duas pessoas que vivam em condições análogas às dos cônjuges, nos termos do artigo 2020.º do Código Civil, e seus ascendentes e descendentes em 1.º grau ou afins, desde que com eles vivam em regime de comunhão de mesa e habitação;

c) Também como "agregado familiar",o conjunto constituído por pessoa solteira, viúva, divorciada ou separada judicialmente de pessoas e bens, seus ascendentes e descendentes do 1.º grau ou afins, desde que com ela vivam em comunhão de mesa e habitação;

d) "Fogo", todo o imóvel que, obedecendo aos requisitos legais exigidos, se destina a habitação segundo o condicionalismo expresso neste decreto-lei;

e) "Habitação própria permanente", aquela onde o mutuário ou este e o seu agregado familiar irão manter, estabilizado, o seu centro de vida familiar;

f) "Rendimento anual bruto do agregado familiar", o rendimento auferido, sem dedução de quaisquer encargos, durante o ano civil anterior;

g) "Rendimento anual bruto corrigido do agregado familiar", o valor que resulta da relação que se estabelece entre o rendimento anual bruto e a dimensão do agregado familiar;

h) "Salário mínimo nacional anual", o valor mais elevado da remuneração mínima mensal garantida para a generalidade dos trabalhadores no ano civil a que respeitam os rendimentos em causa e conhecido à data da apresentação do pedido de empréstimo, multiplicado por 14 meses;

i) "Taxa de esforço", a relação entre a prestação mensal relativa ao 1.º ano de vida do empréstimo correspondente à amortização do capital e juros em dívida a que fica sujeito o agregado familiar e um duodécimo do seu rendimento anual bruto;

j) "Partes comuns dos edifícios habitacionais", as enunciadas no artigo 1421.º do Código Civil;

l) "Obras de conservação ordinária, extraordinária ou de beneficiação", as como tal definidas no artigo 11.º do Regime do Arrendamento Urbano, aprovado pelo Decreto-Lei n.º 321-B/90, de 15 de Outubro, com as devidas adaptações.

CAPÍTULO II — **Regime geral de crédito**

ART. 5.º (Acesso) – Têm acesso ao regime geral de crédito os agregados familiares que afectem o produto dos empréstimos à aquisição, construção e realização de obras de conservação ordinária, extraordinária e de beneficiação em fogo ou em partes comuns de edifício destinado a habitação permanente, secundária ou para arrendamento.

ART. 6.º (Instituições de crédito competentes) – As instituições de crédito têm competência para conceder financiamentos de acordo com o presente regime geral de crédito à habitação e dentro dos limites fixados nos artigos 3.º e 4.º do Decreto-Lei n.º 34/86, de 3 de Março, para os bancos comerciais e de investimento.

ART. 7.º (Condições de empréstimo) – 1 – A taxa de juro contratual aplicável será livremente negociada entre as partes.

2 – Sem prejuízo de quaisquer outros sistemas de amortização dos empréstimos, devem as instituições de crédito competentes apresentar aos interessados o sistema de prestações constantes.

CAPÍTULO III — **Regime de crédito bonificado**

....

CAPÍTULO IV — **Regime de crédito jovem bonificado**

....

CAPÍTULO V — **Aquisição de terreno**

ART. 18.º (Acesso) – Têm acesso a financiamento intercalar para aquisição de terreno os agregados familiares que o destinem à construção de habitação própria permanente.

ART. 19.º (Instituições de crédito competentes) – As instituições de crédito referidas no artigo 6.º têm competência para conceder financiamentos à aquisição de terreno nas condições aí definidas.

ART. 20.º (Condições do empréstimo) – 1 – A taxa de juro é livremente negociada entre as partes.

2 – Os financiamentos para aquisição de terrenos serão amortizados por contrapartida do financiamento a conceder no momento da celebração do contrato de empréstimo à construção.

CRÉDITO À HABITAÇÃO   [DL n.º 349/98] 573

ART. 21.º (Instrução dos pedidos) – O pedido para a concessão do financiamento deverá ser acompanhado dos seguintes documentos:

a) Cópia autêntica do contrato-promessa de compra e venda;
b) Planta da localização;
c) Declaração, passada pela câmara municipal, sobre a viabilidade da construção, com a indicação das características fundamentais do fogo a construir;
d) Cópia autêntica do alvará de loteamento, se existir;
e) Declaração de compromisso de início da construção no prazo máximo de um ano.

CAPÍTULO VI — **Regras complementares**

ART. 22.º (Apreciação e decisão dos pedidos) – 1 – As instituições de crédito, uma vez concluída a instrução dos processos, procederão à apreciação e decisão sobre os mesmos em conformidade com as regras e condições fixadas no presente diploma.

2 – Os pedidos de empréstimo destinados à aquisição, construção, conservação ordinária, extraordinária e beneficiação de fogos para habitação própria ou de terrenos para a construção de habitação própria permanente serão apreciados pelas instituições de crédito, mediante avaliação, salvo se se tratar de fogos construídos ao abrigo de programas habitacionais da administração central ou local, caso em que aquelas instituições a poderão dispensar, aceitando o valor atribuído pelo organismo promotor.

3 – A aprovação de um empréstimo para aquisição de habitação própria permanente, secundária ou para arrendamento e, cumulativamente, para a sua conservação ordinária, extraordinária ou beneficiação, apenas pode ter lugar desde que a utilização da parte do empréstimo relativo às obras, bem como o início destas últimas, ocorra após a aquisição do imóvel, devendo a respectiva conclusão ser confirmada pela instituição de crédito mutuante.

4 – A aprovação dos empréstimos obedecerá ainda às indispensáveis regras de segurança da operação de crédito.

ART. 23.º (Garantia do empréstimo) – 1 – Os empréstimos serão garantidos por hipoteca da habitação adquirida, construída ou objecto das obras financiadas, incluindo o terreno.

2 – Em reforço da garantia prevista no número anterior, pode ser constituído seguro de vida do mutuário e cônjuge ou outras garantias consideradas adequadas ao risco do empréstimo pela instituição de crédito mutuante.

3 – No regime geral de crédito, a garantia hipotecária a que se refere o n.º 1 pode ser substituída, parcial ou totalmente, por hipoteca de outro prédio ou por penhor de títulos cotados na bolsa de valores e, em casos excepcionais, por qualquer outra garantia considerada adequada ao risco do empréstimo pela instituição de crédito mutuante.

4 – No caso do penhor dos títulos, observar-se-á o seguinte:

a) O valor dos títulos, dado pela sua cotação, não poderá ser inferior, em qualquer momento de vida do empréstimo, a 125% do respectivo saldo;
b) O penhor poderá, no caso de não ser satisfeito o limite definido na alínea precedente, ser reforçado por hipoteca ou por entrega de novos títulos.

ART. 24.º (Fixação e publicação das condições) – 1 – As instituições de crédito devem afixar e tornar públicas as condições dos empréstimos a conceder ao abrigo do presente decreto-lei, mencionando, designadamente, os seguintes elementos:

a) Regimes de crédito praticados;
b) Prazo dos empréstimos, regimes optativos de amortização e demais condições;
c) Preço dos serviços prestados, comissões e outros encargos a suportar pelos mutuários.

2 – As instituições de crédito devem dar conhecimento ao Banco de Portugal e à Direcção-Geral do Tesouro das condições a que se refere o número anterior e de quaisquer alterações.

3 – As instituições de crédito devem apresentar ao mutuário uma simulação do plano financeiro do empréstimo, a qual terá em conta as condições vigentes à data da aprovação do crédito.

ART. 25.º (Sistema poupança-habitação) – Os pedidos de empréstimo ao abrigo do sistema poupança—habitação previsto no Decreto-Lei n.º 382/89, de 6 de Novembro, com as alterações introduzidas pelos Decretos-Leis n.ºs 294/93, de 25 de Agosto, e 211/95, de 17 de Agosto, terão prioridade.

ART. 26.º (Pagamento das bonificações) – 1 – Para pagamento das bonificações fica o Ministro das Finanças autorizado a inscrever as correspondentes dotações no Orçamento do Estado.

2 – *(Revogado.)*

3 – As instituições de crédito só podem reclamar as bonificações a cargo do Estado se os mutuários tiverem as suas prestações devidamente regularizadas.

4 – A Direcção-Geral do Tesouro não procede ao pagamento das bonificações correspondentes a empréstimos que verifique não observarem os requisitos e condições fixados no presente diploma e respectiva regulamentação.

574   [DL n.º 349/98]   OPERAÇÕES BANCÁRIAS E FINANCEIRAS

5 – Em caso de dúvida quanto ao preenchimento dos requisitos e condições legais, a Direcção-Geral do Tesouro pode suspender o pagamento das bonificações dos empréstimos em causa até ao completo esclarecimento pela instituição de crédito mutuante.

6 – *(Revogado.)*

ART. 26.º-A (Acompanhamento, verificação e obrigações de informação) – 1 – Para efeitos do n.º 1 do artigo anterior, a Direcção-Geral do Tesouro acompanha e verifica o cumprimento pelas instituições de crédito mutuantes das obrigações subjacentes à atribuição de crédito bonificado no âmbito do presente diploma, em articulação com a Direcção-Geral dos Impostos.

2 – As instituições de crédito remeterão às Direcções-Gerais do Tesouro e dos Impostos todos os elementos por estas considerados necessários ao exercício da competência conferida nos termos do número anterior.

3 – A solicitação do Ministro das Finanças, a Inspecção-Geral de Finanças promoverá inspecções regulares e por amostragem para verificação do cumprimento do disposto no presente diploma e respectiva regulamentação.

4 – Por despacho normativo do Ministro das Finanças e do ministro responsável pela matéria relativa à habitação será fixado o modelo da informação a prestar pelas instituições de crédito, relativamente a cada um dos contratos celebrados.

5 – A Direcção-Geral do Tesouro promove a publicação na 2.ª série do *Diário da República* de relatórios trimestrais contendo informação estatística sobre as operações de crédito contratadas ao abrigo do presente diploma e respectiva análise detalhada.

ART. 27.º (Taxa de referência para o cálculo de bonificações) – O método de apuramento da 'taxa de referência para o cálculo de bonificações', a suportar pelo Orçamento do Estado ao abrigo do presente diploma, será fixado por portaria do Ministro das Finanças e do ministro responsável pela matéria relativa à habitação.

ART. 28.º (Mudança do regime de crédito e de instituição de crédito mutuante) – 1 – Na vigência de empréstimos à aquisição, construção, conservação ordinária, extraordinária ou beneficiação de habitação própria permanente regulados no presente diploma, os mutuários podem optar por:

a) Outro regime de crédito dentro da mesma instituição de crédito mutuante;

b) Outra instituição de crédito mutuante, ao abrigo do mesmo ou de outro regime de crédito.

2 – Nas situações previstas no número anterior, os montantes dos empréstimos não podem ser superiores ao capital em dívida na data da alteração.

3 – A apreciação e decisão dos pedidos de empréstimo pelas instituições de crédito processa-se em conformidade com as condições dos empréstimos e requisitos previstos para o acesso aos respectivos regimes, com as necessárias adaptações.

4 – Não é admitida a mudança de regime geral para um dos regimes de crédito bonificado se o valor da habitação adquirida ou construída ou o custo das obras realizadas ultrapassarem os valores máximos fixados na portaria a que se refere o n.º 1 do artigo 11.º.

5 – Para além do disposto nos números anteriores, no caso de mudança do regime geral de crédito para um dos regimes de crédito bonificado, o capital em dívida não pode ser superior a um valor do qual resulte uma prestação que seja superior àquela que corresponderia à aplicação da taxa de esforço fixada na portaria a que se refere o n.º 2 do artigo 11.º.

6 – Para efeitos do disposto no n.º 1, no caso de transição para um dos regimes de crédito bonificado, as taxas de bonificação têm em conta o período de tempo do empréstimo já decorrido, devendo a instituição de crédito mutuante:

a) Aplicar o sistema de amortização de prestações constantes com bonificação decrescente;

b) Aplicar a percentagem de bonificação correspondente à anuidade seguinte; e

c) Considerar um prazo de empréstimo que permita fazer coincidir o respectivo termo com o de uma anuidade.

7 – O estabelecido nos números anteriores não se aplica à mudança de instituição de crédito no âmbito do regime geral de crédito.

8 – Nos casos previstos na alínea *b)* do n.º 1 do presente artigo, a anterior instituição de crédito fornecerá à nova instituição de crédito todos os elementos necessários à verificação das condições decorrentes do presente artigo, designadamente o capital em dívida e o período de tempo do empréstimo já decorrido, bem como o montante das bonificações auferidas ao longo da vigência do empréstimo.

9 – O Ministro das Finanças e o ministro responsável pela matéria relativa à habitação, por portaria conjunta, poderão fixar outras condições a que devam obedecer as operações de crédito previstas neste artigo.

ART. 29.º (Amortização antecipada) – 1 – Nas operações de crédito bonificado já contratadas, em caso de amortização antecipada, total ou parcial, os mutuários suportarão apenas as comissões ou outros encargos da mesma natureza previstos contratualmente.

2 – Em caso de amortização antecipada, total ou parcial, de novos empréstimos contratados nos regimes de crédito bonificado, as comissões ou outros encargos da mesma natureza a suportar pelos mutuários não poderão ser superiores a 1% do capital a amortizar, desde que expressamente fixados no contrato.

ART. 29.º-A (Falsas declarações) – A prestação de falsas declarações atinentes às condições de acesso e permanência nos regimes bonificados determina a imediata integração dos mutuários nas condições do regi-

SEGURO DE VIDA ASSOCIADO AO CRÉDITO À HABITAÇÃO

me geral de crédito, para além da obrigatoriedade de reembolso ao Estado das bonificações auferidas ao longo da vigência do empréstimo, acrescidas de 25%.

ART. 29.º-B (Inscrição no registo predial) – 1 – Do registo predial de imóveis que sejam adquiridos, construídos, conservados ou beneficiados com recurso a crédito à habitação bonificado devem constar os ónus previstos nos artigos 8.º, n.º 3, e 12.º do presente diploma.

2 – A caducidade dos ónus pelo mero decurso do prazo determina o averbamento oficioso desse facto.

3 – A declaração de levantamento dos ónus é emitida pela instituição de crédito mutuante ou, na situação prevista no n.º 7 do artigo 12.º, pela Direcção-Geral do Tesouro.

4 – No caso de transmissão da propriedade do imóvel, a declaração do levantamento do ónus deve ser obrigatoriamente exibida perante o notário no acto de celebração da escritura.

5 – O cancelamento do ónus, devidamente comprovado pela declaração referida no n.º 3 do presente artigo, é registado a pedido dos interessados.

ART. 30.º – *(Revogado.)*

CAPÍTULO VII — Disposições finais e transitórias

ART. 31.º (Isenções emolumentares) – 1 – Até 31 de Dezembro de 2000, ficam isentos de quaisquer taxas ou emolumentos todos os actos notariais e registrais decorrentes, quer da mudança de regime de crédito, quer de instituição de crédito mutuante, quer ainda de mudança simultânea de regime e de instituição de crédito mutuante.

2 – A isenção emolumentar prevista no número anterior não abrange os emolumentos pessoais nem as importâncias afectas à participação emolumentar devida aos notários, conservadores e oficiais do registo e do notariado pela sua intervenção nos actos.

ART. 32.º (Transição de regime) – Os empréstimos contratados ao abrigo dos Decretos-Leis n.ᵒˢ 435/80, de 2 de Outubro, e 459/83, de 30 de Dezembro, poderão transitar, a solicitação dos mutuários, para o regime instituído pelo presente diploma, em condições a definir em portaria conjunta do Ministro das Finanças e do ministro responsável pela matéria relativa à habitação.

ART. 33.º – *(Revogado.)*

ART. 34.º (Norma revogatória) – 1 – São revogados os seguintes diplomas:
a) Decreto-Lei n.º 328-B/86, de 30 de Setembro,
b) Decreto-Lei n.º 224/89, de 5 de Julho;
c) Decreto-Lei n.º 292/90, de 21 de Setembro;
d) Decreto-Lei n.º 150-B/91, de 22 de Abril;
e) Decreto-Lei n.º 250/93, de 14 de Julho;
f) Decreto-Lei n.º 137/98, de l6 de Maio;
g) Portaria n.º 672/93, de 19 de Julho.

2 – As disposições constantes de outros diplomas que remetam para normas dos decretos-leis revogados nos termos do número anterior consideram-se feitas para as disposições correspondentes do presente diploma.

ART. 35.º – *(Revogado.)*

ART. 36.º (Entrada em vigor) – O presente diploma entra em vigor no dia imediato ao da sua publicação.

7.3.7. SEGURO DE VIDA ASSOCIADO AO CRÉDITO À HABITAÇÃO

Decreto-Lei n.º 222/2009

de 11 de Setembro (*)

ART. 1.º (Objecto) — O presente decreto-lei estabelece medidas de protecção do consumidor na celebração de contratos de seguro de vida associados ao crédito à habitação.

ART. 2.º (Âmbito de aplicação) — 1 — O presente decreto-lei aplica-se aos contratos de seguro de vida cuja contratação tenha por objectivo o reforço de garantia dos contratos de crédito à habitação, quer resultem de uma imposição das instituições de crédito como condição necessária à celebração destes últimos contratos quer resultem de uma opção do consumidor.

(*) Rectificado pela Decla. de Rectific. n.º 77/2009, de 15-10.

576 [DL n.º 222/2009] OPERAÇÕES BANCÁRIAS E FINANCEIRAS

2 — O presente decreto-lei tem como objectivo estabelecer medidas que visam proteger o consumidor de crédito à habitação na sua relação com a instituição de crédito e com a empresa de seguros, assegurando uma maior transparência no processo de formação desses contratos, uma maior adequação dos mesmos à finalidade de garantia do empréstimo e o reforço da informação ao consumidor.

ART. 3.º (União de contratos) — 1 — Sem prejuízo do disposto no artigo 4.º do Decreto-Lei n.º 171/2008, de 26 de Agosto, e na alínea *d*) do n.º 3 do artigo 4.º do presente decreto-lei, sempre que exista uma união entre o contrato de seguro de vida e o contrato de crédito à habitação, a validade e eficácia daquele contrato depende da validade e eficácia deste.

2 — Considera-se que existe união de contratos se ambos os contratos constituírem objectivamente uma unidade económica, designadamente se o contrato de seguro de vida for proposto pela instituição de crédito ou, no caso de o contrato de seguro de vida ser proposto por terceiro, se a seguradora tiver recorrido à instituição de crédito para preparar ou celebrar o contrato de seguro de vida ou se o contrato de seguro de vida estiver expressamente mencionado no contrato de concessão de crédito à habitação ou, ainda, se a instituição de crédito fizer depender a celebração do contrato de crédito à habitação da celebração de um contrato de seguro de vida.

3 — O disposto no presente artigo não prejudica a possibilidade de o tomador do seguro optar por um contrato de seguro com cobertura de dano morte superveniente à cessação do contrato de crédito, em benefício de pessoa distinta do credor hipotecário, nem a possibilidade de o prazo do contrato de seguro ser inferior ao do contrato de crédito.

ART. 4.º (Deveres de informação) — 1 — Aos deveres de informação a que está obrigada a empresa de seguros, nessa qualidade, e a instituição de crédito, nessa qualidade e ainda nas de mediador de seguros e de tomador de um seguro de grupo, estabelecidos no Decreto-Lei n.º 144/2006, de 31 de Julho, e no regime jurídico do contrato de seguro, aprovado pelo Decreto-Lei n.º 72/2008, de 16 de Abril, acrescem os deveres de informação específicos enunciados nos números seguintes.

2 — Cabe à instituição de crédito que se disponha a conceder crédito à habitação prestar aos interessados, na fase pré-contratual, todos os esclarecimentos exigíveis e os por estes solicitados sobre o contrato de seguro de vida cuja celebração lhes proponha ou aconselhe, nomeadamente a informação relativa às exclusões do contrato de seguro, com relevo para as doenças e patologias pré-existentes, à existência de períodos de carência, às consequências e implicações jurídicas da existência destas duas condições contratuais, às regras inerentes ao pagamento dos prémios de seguro e à obrigatoriedade de vinculação contratual à anuidade do contrato, salvo justa causa, nos termos do regime jurídico do contrato de seguro.

3 — Sempre que a celebração do contrato de crédito à habitação se encontre subordinada à condição de contratação de um seguro de vida, a instituição de crédito deve, na fase pré-contratual:

a) Declarar que a celebração do contrato de crédito à habitação se encontra subordinada à condição de contratação de um seguro de vida;

b) Esclarecer que, em caso de sinistro que se encontre abrangido pela cobertura da apólice de seguro contratada, o capital seguro é pago à instituição de crédito para antecipação total ou parcial da amortização do empréstimo;

c) Fornecer uma descrição das coberturas e demais requisitos mínimos a que um seguro de vida deve obedecer, de modo a ser aceite pela instituição de crédito;

d) Declarar que os interessados têm o direito de optar pela contratação de seguro de vida junto da empresa de seguros da sua preferência, ou de dar em garantia um ou mais seguros de vida de que já sejam titulares, desde que respeitem os requisitos mínimos a que se refere a alínea anterior;

e) Informar os interessados sobre o direito de, na vigência dos contratos, transferirem o empréstimo para outra instituição de crédito usando como garantia o mesmo contrato de seguro de vida, de acordo com o disposto no artigo 4.º do Decreto-Lei n.º 171/2008, de 26 de Agosto, ou de celebrarem novo contrato de seguro de vida em substituição do primeiro em garantia do mesmo crédito à habitação, e

f) Incluir o valor dos prémios de seguro que propõe na simulação dos custos associados à subscrição do crédito à habitação, considerando-os no cálculo da respectiva taxa anual efectiva.

4 — Havendo celebração do contrato de seguro, as instituições de crédito devem incluir o valor dos prémios de seguro entre os custos associados ao crédito à habitação, considerando-os no cálculo da respectiva taxa anual efectiva.

5 — Sem prejuízo de outras obrigações aplicáveis ou a fixar pelo regulador sectorial, quando os mutuários optem pela contratação do seguro proposto pela instituição de crédito, esta deve, na fase pré-contratual, fornecer uma cópia do contrato de seguro de vida e indicar ainda:

a) A identificação da seguradora;

b) A identificação e designação comercial do produto;

c) A forma de actualização do contrato;

d) O valor global do prémio e a periodicidade de pagamento do prémio;

e) Outros custos de contratação, designadamente custos administrativos.

SEGURO DE VIDA ASSOCIADO AO CRÉDITO À HABITAÇÃO [DL n.º 222/2009] 577

6 — O conteúdo integral do contrato de seguro de vida, ou, no caso dos seguros de grupo, a informação prevista no artigo 78.º do regime jurídico do contrato de seguro, deve constar de documento entregue juntamente com o contrato de crédito à habitação aos mutuários que optem pela contratação do seguro apresentado pela instituição de crédito, resultando clara a ligação entre ambos os contratos.

7 — Os requisitos de informação estabelecidos no presente artigo devem constar da ficha normalizada de informação para o crédito à habitação ou em documento autónomo.

8 — Incumbe à instituição de crédito a prova do cumprimento do disposto nos números anteriores.

ART. 5.º (Conteúdo mínimo das propostas de contrato de seguro de vida associadas ao crédito à habitação) — 1 — Quando a oferta do crédito à habitação se encontre subordinada à condição de contratação de um seguro de vida ou quando pretenda propor aos interessados a contratação, ainda que facultativa, de um seguro de vida, deve a instituição de crédito propor a contratação de um seguro de vida com o conteúdo mínimo estabelecido nos números seguintes.

2 — O contrato de seguro de vida a que se refere o número anterior não pode produzir efeitos em data anterior ao início de produção de efeitos do contrato de crédito à habitação e, salvo em caso de sinistro, cessa os seus efeitos na data de cessação do contrato de crédito à habitação, quer esta ocorra na data prevista quer resulte de amortização antecipada do empréstimo, sendo proibidas as cláusulas de penalização por resolução antecipada do contrato de seguro de vida em situações de amortização antecipada do contrato de crédito.

3 — O disposto no número anterior não se aplica em caso de cessação do contrato de crédito à habitação por mudança do regime de crédito ou por transferência do empréstimo para outra instituição de crédito, havendo declaração expressa do mutuário de que pretende usar o mesmo seguro de vida como garantia das obrigações para si decorrentes do novo contrato de crédito à habitação, conforme o disposto no artigo 4.º do regime jurídico do contrato de seguro.

4 — O contrato de seguro de vida tem um capital seguro igual ao capital em dívida ao abrigo do contrato de crédito à habitação, ao longo de toda a sua vigência.

5 — Em caso de pluralidade de mutuários, o contrato de seguro de vida pode determinar a antecipação total da amortização do empréstimo na eventualidade de morte ou invalidez de um deles ou a amortização antecipada da percentagem do montante em dívida por sinistro a acordar livremente pelas partes para cada um dos mutuários em caso de morte ou invalidez de qualquer deles.

6 — Na situação referida no número anterior, está vedado à instituição de crédito e à seguradora exigir a celebração de um contrato de seguro de vida por cada um dos mutuários, excepto na parte em que aqueles contratos não desonerem por inteiro os segurados da dívida do contrato de crédito.

ART. 6.º (Celebração e regime de outros contratos de seguro de vida) — 1 — O disposto no artigo anterior não prejudica a faculdade de a instituição de crédito propor quaisquer outros contratos de seguro de vida ao mutuário de crédito à habitação, aos quais é aplicável o previsto nos números seguintes.

2 — A opção do mutuário pela contratação de quaisquer outros contratos de seguro de vida, a que se refere o número anterior, em detrimento ou em acréscimo do subordinado ao regime constante do artigo anterior, deve constar de declaração assinada pelo mutuário.

3 — A opção do mutuário pela contratação de um seguro em que não haja identidade entre o capital seguro e o montante em dívida ao abrigo do contrato de crédito à habitação obriga à estipulação, no contrato de seguro, de um regime de determinação dos beneficiários subsidiários, no caso de o montante do capital seguro ser superior ao do capital mutuado.

ART. 7.º (Alteração do montante em dívida) — 1 — A instituição de crédito deve informar a empresa de seguros em tempo útil acerca da evolução do montante em dívida ao abrigo do contrato de crédito à habitação, devendo a empresa de seguros proceder de imediato à correspondente actualização do capital seguro, com efeitos reportados à data de cada alteração do montante em dívida ao abrigo do contrato de crédito à habitação, creditando ou restituindo ao segurado as quantias entretanto pagas no âmbito do contrato de seguro.

2 — O disposto no número anterior aplica-se quer o contrato de seguro tenha sido celebrado através da instituição de crédito quer tenha sido celebrado com uma companhia de seguros escolhida pelo consumidor.

3 — As seguradoras devem comunicar às instituições de crédito as alterações realizadas pelo consumidor aos contratos de seguro de vida utilizados como garantia do crédito à habitação.

ART. 8.º (Cálculo dos prémios) — 1 — Os prémios do seguro são adequados e proporcionados aos riscos a cobrir e calculados no respeito dos princípios da técnica seguradora, tomando em consideração a evolução do capital seguro.

2 — A empresa de seguros deve fazer reflectir no cálculo dos prémios todas as actualizações ao capital seguro, com efeitos reportados à data de cada uma das actualizações do capital.

ART. 9.º (Incumprimento) — 1 — O incumprimento dos deveres de informação e de esclarecimento da instituição de crédito estabelecidos no presente decreto-lei faz incorrer a instituição em responsabilidade civil, nos termos gerais.

2 — O incumprimento do dever de propor o seguro de vida com o conteúdo mínimo estabelecido no presente decreto-lei torna inoponíveis ao mutuário, pela instituição de crédito ou pela empresa de seguros com

578   [DL n.º 51/2007]   OPERAÇÕES BANCÁRIAS E FINANCEIRAS

quem aquele haja contratado o seguro de vida associado ao crédito à habitação, quaisquer cláusulas contratuais incompatíveis com aquele conteúdo mínimo.

3 — O incumprimento do dever de fazer reflectir no cálculo dos prémios todas as actualizações ao capital seguro, com efeitos reportados à data de cada uma das actualizações do capital seguro, por motivo imputável à empresa de seguros, faz incorrer esta empresa em responsabilidade civil, nos termos gerais, e confere ao mutuário os direitos de, a qualquer momento, exigir a sua correcção e de resolver o contrato de seguro, caso se trate de seguro individual, ou do vínculo resultante da sua adesão a um contrato de seguro de grupo.

4 — Quando o incumprimento previsto no número anterior for imputável à instituição de crédito é aplicável o previsto no n.º 1.

5 — O disposto nos números anteriores não prejudica a aplicação dos regimes sancionatórios aplicáveis às empresas de seguros, nessa qualidade, e às instituições de crédito, nessa qualidade e na de mediador de seguros.

ART. 10.º (Alteração ao Decreto-Lei n.º 349/98, de 11 de Novembro) — ....

Alteração introduzida no lugar próprio.

ART. 11.º (Sanções) — Sem prejuízo do disposto no artigo 9.º, ao incumprimento das obrigações das instituições de crédito e das empresas de seguros previstas no presente decreto-lei aplica-se o regime sancionatório previsto, respectivamente, no Regime Geral das Instituições de Crédito e Sociedades Financeiras e no Decreto-Lei n.º 94-B/98, de 17 de Abril.

ART. 12.º (Entrada em vigor) — O presente decreto-lei entra em vigor 90 dias após a data da sua publicação.

7.3.8. TRANSFERÊNCIA E REEMBOLSO DO CRÉDITO À HABITAÇÃO

Decreto-Lei n.º 51/2007

de 7 de Março (*)

ART. 1.º (Objecto) – 1 – O presente decreto-lei regula as práticas comerciais das instituições de crédito e assegura a transparência da informação por estas prestada no âmbito da celebração, da renegociação e da transferência dos contratos de crédito para aquisição, construção e realização de obras em habitação própria permanente, secundária ou para arrendamento, bem como para aquisição de terrenos para construção de habitação própria.

2 – As regras previstas neste decreto-lei aplicam-se, ainda, aos contratos de crédito cuja garantia hipotecária incida, total ou parcialmente, sobre um imóvel que simultaneamente garanta um contrato de crédito celebrado com a mesma instituição para os fins indicados no número anterior.

ART. 2.º (Âmbito) – O disposto no presente decreto-lei aplica-se aos con tratos de crédito referidos no artigo anterior que venham a ser celebrados após a sua entrada em vigor, bem como aos contratos que se encontrem em execução à mesma data, ressalvados, neste último caso, o cálculo da taxa anual efectiva (TAE), o cálculo de juros e os reembolsos antecipados já efectuados.

ART. 3.º (Taxa anual efectiva) – 1 – A TAE dos contratos previstos no artigo 1.º deste decreto-lei deve ser calculada nos termos previstos no Decreto-Lei n.º 220/94, de 23 de Agosto, a abranger, quando for o caso, todas as condições promocionais associadas ao contrato.

2 – Em caso de existência de condições promocio nais, a instituição de crédito, para além da TAE, cal culada nos termos do número anterior, informa clara e expressamente os seus clientes sobre:

a) A TAE aplicada, caso não existam quaisquer condições promocionais;

b) A duração das condições promocionais, bem como os seus efeitos a longo prazo no contrato, indicando a TAE que passará a vigorar após a cessação dessas condições.

ART. 4.º (Cálculo dos juros) – 1 – Nos contratos abrangidos pelo disposto no presente decreto-lei, o cálculo dos juros deve adoptar a convenção 30/360, correspondente a um mês de 30 dias e a um ano de 360 dias.

2 – O indexante subjacente à determinação da taxa de juro, em articulação com o disposto no número anterior, deve assumir também um ano de 360 dias, pelo que, sendo o indexante a EURIBOR, esta deve corresponder à sua cotação com referência a um ano de 360 dias.

ART. 5.º (Direito ao reembolso antecipado) – 1 – Os mutuários têm o direito de efectuar o reem bolso antecipado parcial em qualquer momento do contrato, independentemente do capital a reembolsar, desde que

_____

(*) Alterado pelo **DL n.º 88/2008**, de 29-5, cujo art. 1.º deu nova redacção aos arts. 4.º e 7.º, e pelo **DL n.º 192/2009**, de 17-8, que deu nova redacção aos arts. 1.º e 9.º, e aditou o art. 14.º-A.

TRANSFERÊNCIA E REEMBOLSO DO CRÉDITO À HABITAÇÃO [DL n.º 51/2007] 579

efectuado em data coincidente com os vencimentos das prestações e mediante pré-aviso de sete dias úteis à instituição de crédito mutuante.

2 – O reembolso antecipado total pode ser efectuado em qualquer momento da vigência do contrato mediante pré-aviso de 10 dias úteis à instituição de crédito mutuante.

ART. 6.º (Comissão por reembolso antecipado) – 1 – O valor da comissão a pagar pelo cliente nos casos de reembolso antecipado, parcial ou total, ou de transferência de crédito para outra instituição consta clara e expressamente do contrato e não pode ser superior a:

a) 0,5% a aplicar sobre o capital que é reembolsado no caso de contratos celebrados no regime de taxa variável;

b) 2% a aplicar sobre o capital que é reembolsado no caso de contratos celebrados no regime de taxa fixa.

2 – O disposto no número anterior não se aplica aos contratos em execução em que tenha sido convencionada entre as partes a isenção de pagamento de comissão.

3 – Em caso de reembolso por motivos de morte, desemprego ou deslocação profissional, não podem ser aplicadas comissões.

4 – Sem prejuízo do disposto no n.º 1, as partes podem convencionar entre si a isenção do pagamento da comissão de reembolso antecipado.

ART. 7.º (Transferência de crédito) – No caso de reembolso antecipado com vista à trans ferência do crédito, deve a instituição de crédito do mutuário facultar, no prazo de 10 dias úteis, à nova instituição de crédito mutuante todas as informações e elementos necessários à realização destas operações, designadamente o valor do capital em dívida e o período de tempo de empréstimo já decorrido.

ART. 8.º (Débito de encargos adicionais) – É proibido o débito de qualquer encargo ou despesa adicional pela realização das operações de reembolso antecipado parcial ou total do contrato de crédito ou de transferência do crédito para outra instituição.

ART. 9.º (Vendas associadas) – 1 – Às instituições de crédito está vedado fazer depender a celebração ou renegociação dos contratos referidos no artigo 1.º da aquisição de outros produtos ou serviços financeiros.

2 – Quando sejam propostos ao consumidor outros produtos ou serviços financeiros como forma de reduzir as comissões, e demais custos do empréstimo, nomeadamente o *spread* de taxa de juro, a instituição de crédito deve apresentar ao consumidor, clara e expressamente, a taxa anual efectiva (TAE) que reflecte aquela redução de comissões e demais custos e a taxa anual efectiva revista (TAER).

3 – A TAER é calculada nos termos do artigo 4.º do Decreto-Lei n.º 220/94, de 23 de Agosto, considerando:

a) A prestação revista em função da redução do *spread* e ou de outros custos como contrapartida da subscrição dos produtos e serviços propostos nos termos do número anterior;

b) Eventuais custos associados aos produtos e serviços propostos nos termos do número anterior.

4 – O direito de exigir o cumprimento de condição relativa à contratação de outros produtos ou serviços financeiros acordada nos termos do n.º 2 prescreve no prazo de um ano após a sua não verificação.

ART. 10.º (Dever de informação) – 1 – A instituição de crédito informa clara e expressamente os seus clientes sobre:

a) O cálculo da TAE com as condições não promo cionais, o período de validade das condições promocionais e as consequências destas, a longo prazo, no contrato;

b) O prazo para a contagem do cálculo de juros;

c) O modo e as condições de reembolso antecipado, parcial ou total, do contrato.

2 – A instituição de crédito deve colocar no seu sítio da Internet, de forma detalhada, as informações referidas no número anterior.

ART. 11.º (Publicidade) – Na publicidade ao crédito para aquisição, construção e realização de obras em habitação própria permanente, secundária ou para arrendamento, bem como para aquisição de terrenos para construção de habitação própria, e em todas as comunicações comerciais que tenham por objectivo, directo ou indirecto, a sua promoção com vista à comercialização, é feita referência clara e expressa ao período de validade das condições promocionais, à TAE e ao valor da comissão aplicável no reembolso parcial ou total do contrato de crédito.

ART. 12.º (Contra-ordenações) – 1 – Constitui contra-ordenação a violação do disposto nos artigos 3.º a 10.º, punível nos termos da alínea *i)* do artigo 210.º e do artigo 212.º do Regime Geral das Instituições de Crédito e Sociedades Financeiras, aprovado pelo Decreto-Lei n.º 298/92, de 31 de Dezembro, sem prejuízo da aplicação das demais disposições em matéria contra-ordenacional aí previstas.

2 – Constitui contra-ordenação a violação do disposto no artigo 11.º, punível com coima de € 20 000 a € 44 000.

3 – A tentativa e a negligência são sempre puníveis, sendo os limites das coimas aplicáveis reduzidos para metade.

ART. 13.º (Fiscalização) – 1 – A fiscalização do cumprimento do disposto nos artigos 3.º a 10.º do presente decreto-lei, bem como a aplicação das correspondentes coimas e sanções acessórias, é da competência do Banco de Portugal, sendo aplicável o Regime Geral das Instituições de Crédito e Sociedades Financeiras.

2 – Compete ao Instituto do Consumidor, nos termos do Código da Publicidade, aprovado pelo Decreto-Lei n.º 330/90, de 23 de Outubro, a fiscalização do disposto no artigo 11.º, bem como a instrução dos processos de

580   [DL n.º 240/2006]   OPERAÇÕES BANCÁRIAS E FINANCEIRAS

contra-ordenação resultantes da sua violação, cabendo à Comissão de Aplicação de Coimas em Matéria Económica e de Publicidade (CAGMEP) a aplicação das sanções devidas.

ART. 14.º (Produto das coimas) – O produto das coimas decorrentes da violação do disposto no artigo 11.º reverte em:

  a) 40% para o Instituto do Consumidor;

  b) 60% para o Estado.

ART. 14.º-A (Aplicação do Decreto-Lei n.º 171/2008, de 26 de Agosto) — Aos contratos objecto do presente decreto-lei aplica-se o disposto no Decreto-Lei n.º 171/2008, de 26 de Agosto.

ART. 15.º (Avaliação da execução do diploma) – No final do 1.º ano a contar da data de entrada em vigor do presente decreto-lei, o Banco de Portugal elabora e divulga um relatório de avaliação do impacte da aplicação do mesmo.

ART. 16.º (Entrada em vigor) – O presente decreto-lei entra em vigor 30 dias após a data da sua publicação.

7.3.9. ARREDONDAMENTO DAS TAXAS DE JURO NO CRÉDITO À HABITAÇÃO

Decreto-Lei n.º 240/2006

de 22 de Dezembro

ART. 1.º (Objecto) – O presente decreto-lei estabelece as regras a que deve obedecer o arredondamento da taxa de juro quando aplicado aos contratos de crédito para aquisição, construção e realização de obras em habitação própria permanente, secundária ou para arrendamento e para aquisição de terrenos para construção de habitação própria celebrados entre as instituições de crédito e os seus clientes.

ART. 2.º (Âmbito) – O disposto no presente decreto-lei aplica-se aos con tratos de crédito referidos no artigo anterior que venham a ser celebrados após a sua entrada em vigor e aos contratos em execução, a partir da refixação da taxa de juro, para efeitos de arredondamento, que deve ocorrer logo após o mencionado início de vigência.

ART. 3.º (Taxa de juro) – Quando a taxa de juro aplicada aos contratos de cré dito abrangidos pelo disposto no presente decreto-lei for indexada a um determinado índice de referência, deve a mesma resultar da média aritmética simples das cotações diárias do mês anterior ao período de contagem de juros.

ART. 4.º (Arredondamento da taxa de juro) – 1 – O arredondamento da taxa de juro deve obrigatoriamente ser feito à milésima da seguinte forma:

  a) Quando a 4.ª casa decimal é igual ou superior a cinco, o arredondamento é feito por excesso;

  b) Quando a 4.ª casa decimal é inferior a cinco, o arredondamento é feito por defeito.

2 – O arredondamento deve incidir apenas sobre a taxa de juro, sem adição da margem (*spread*) aplicada pela instituição de crédito sobre uma taxa de referência ou indexante.

ART. 5.º (Dever de informação) – 1 – A instituição de crédito deve informar clara e expressamente os seus clientes sobre o arredondamento a que se refere o artigo anterior, a taxa de juro aplicada e o respectivo indexante a que se refere o artigo 3.º.

2 – As simulações disponibilizadas pelas instituições de crédito no seu sítio da Internet devem mencionar de forma clara e expressa as informações referidas no número anterior.

ART. 6.º (Publicidade) – Na publicidade ao crédito para aquisição, construção e realização de obras em habitação própria permanente, secundária ou para arrendamento, bem como para aqui sição de terrenos para construção de habitação própria, e em todas as comunicações comerciais que tenham por objectivo, directo ou indirecto, a sua promoção com vista à comercialização deve ser feita referência expressa à taxa de juro aplicada e respectivo indexante e ao arredondamento.

ART. 7.º (Contra-ordenações) – 1 – A violação do disposto nos artigos 3.º a 5.º constitui contra-ordenação punível nos termos da alínea *i*) do artigo 210.º e do artigo 212.º do Regime Geral das Instituições de Crédito e Sociedades Financeiras, aprovado pelo Decreto-Lei n.º 298/92, de 31 de Dezembro, sem prejuízo da aplicação das demais disposições em matéria contra-ordenacional aí previstas.

2 – A violação do disposto no artigo 6.º constitui contra-ordenação punível com coima de € 20 000 a € 44 000.

3 – A tentativa e a negligência são sempre puníveis.

ART. 8.º (Fiscalização) – 1 – A fiscalização do cumprimento do disposto nos artigos 3.º a 5.º do presente decreto-lei, bem como a aplicação das correspondentes coimas e sanções acessórias, é da competência do Banco de Portugal, sendo aplicável o Regime Geral das Instituições de Crédito e Sociedades Financeiras.

MOBILIDADE NO CRÉDITO HIPOTECÁRIO À HABITAÇÃO   [DL n.º 171/2008]   581

2 – Compete ao Instituto do Consumidor, nos termos do Código da Publicidade, aprovado pelo Decreto-Lei n.º 330/90, de 23 de Outubro, a fiscalização do disposto no artigo 6.º, bem como a instrução dos processos de contra-ordenação resultantes da sua violação, cabendo à Comissão de Aplicação de Coimas em Matéria Económica e de Publicidade (CACMEP) a aplicação das sanções devidas.

ART. 9.º (Produto das coimas) – O produto das coimas decorrentes da violação do disposto no artigo 6.º reverte em:
a) 40% para o Instituto do Consumidor;
b) 60% para o Estado.

ART. 10.º (Avaliação da execução do diploma) – No final do l.º ano a contar da data de entrada em vigor do presente decreto-lei, o Banco de Portugal elabora e divulga um relatório de avaliação do impacte da aplicação do mesmo.

ART. 11.º (Entrada em vigor) – O presente decreto-lei entra em vigor 30 dias após a data da sua publicação.

7.3.10. MOBILIDADE NO CRÉDITO HIPOTECÁRIO À HABITAÇÃO

Decreto-Lei n.º 171/2008

de 26 de Agosto

ART. 1.º (Objecto) — O presente decreto-lei aprova medidas de tutela do mutuário no crédito à habitação respeitantes à renegociação das condições dos empréstimos e à respectiva mobilidade.

ART. 2.º (Âmbito) — 1 — O presente decreto-lei é aplicável às relações contratuais de crédito para aquisição, construção e realização de obras em habitação própria permanente, secundária, ou para arrendamento, bem como para a aquisição de terrenos para construção de habitação própria, quando ocorra renegociação do crédito ou transferência para instituição de crédito diversa.

2 — O presente decreto-lei é, ainda, aplicável às relações decorrentes do contrato de seguro celebrado para garantia da obrigação de pagamento do mútuo.

ART. 3.º (Garantias no âmbito da renegociação das condições do crédito) — 1 — Às instituições de crédito está vedada a cobrança de qualquer comissão pela análise da renegociação das condições do crédito, nomeadamente do *spread* ou do prazo da duração do contrato de mútuo.

2 — Às instituições de crédito está vedado fazer depender a renegociação do crédito da aquisição de outros produtos ou serviços financeiros.

ART. 4.º (Princípio da intangibilidade do contrato de seguro) — 1 — O reembolso antecipado total com vista à transferência do crédito para instituição de crédito diversa, em condições que não afectem os riscos abrangidos pelos contratos de seguro celebrados para garantia da obrigação de pagamento no âmbito do contrato de mútuo, não prejudica a validade dos contratos de seguro, sem prejuízo da substituição do beneficiário das apólices pela nova instituição mutuante.

2 — O disposto no número anterior prevalece sobre qualquer cláusula contratual em sentido contrário, ou que de alguma forma agrave a posição do segurado ou do mutuário em função da transferência do crédito.

ART. 5.º (Regime sancionatório) — 1 — Constitui contra-ordenação a violação do disposto nos artigos 3.º e 4.º, punível nos termos da alínea j) do artigo 210.º do Regime Geral das Instituições de Crédito e Sociedades Financeiras, aprovado pelo Decreto-Lei n.º 298/92, de 31 de Dezembro, com a última redacção dada pelo Decreto-Lei n.º 1/2008, de 3 de Janeiro, sem prejuízo da aplicação das demais disposições em matéria contra-ordenacional neste previstas.

2 — A tentativa e a negligência são sempre puníveis, sendo os limites das coimas aplicáveis reduzidos para metade.

3 — A fiscalização do cumprimento do disposto nos artigos 3.º e 4.º, bem como a aplicação das correspondentes coimas e sanções acessórias, é da competência do Banco de Portugal, sendo aplicável o Regime Geral das Instituições de Crédito e Sociedades Financeiras.

ART. 6.º (Avaliação da execução do diploma) — No final do 1.º ano a contar da data da entrada em vigor do presente decreto-lei, o Banco de Portugal elabora e divulga um relatório de avaliação do impacte da aplicação do mesmo.

ART. 7.º (Entrada em vigor) — O presente decreto-lei entra em vigor 30 dias após a sua publicação.

582   [DL n.º 103/2009]   OPERAÇÕES BANCÁRIAS E FINANCEIRAS

7.3.11. PROTECÇÃO DA HABITAÇÃO PRÓPRIA PERMANENTE DE MUTUÁRIOS DESEMPREGADOS

Decreto-Lei n.º 103/2009

de 12 de Maio (*)

ART. 1.º (Objecto) — 1 — É criada uma linha de crédito extraordinária destinada à protecção da habitação própria permanente em caso de desemprego de, pelo menos, um dos mutuários do crédito à habitação própria permanente, independentemente do tipo de crédito contraído ou do respectivo regime, assumindo, para todos os efeitos, a natureza de crédito à habitação própria permanente.

2 — A linha é disponibilizada pelo Estado, através da Direcção-Geral do Tesouro e Finanças (DGTF), aos mutuários abrangidos.

3 — A linha de crédito suporta a redução em 50% da prestação mensal de capital e juros a cargo do mutuário, durante um período máximo de 24 meses.

ART. 2.º (Acesso) — 1 — O acesso à linha de crédito criada pelo presente decreto-lei depende da verificação cumulativa das seguintes condições:

a) Os requerentes serem mutuários no âmbito de contratos de crédito à habitação destinado à aquisição, construção ou realização de obras de conservação ordinária, extraordinária e de beneficiação de habitação própria permanente, independentemente do regime de crédito;

b) O contrato de crédito à habitação referido na alínea anterior ter sido celebrado até 19 de Março de 2009;

c) O mutuário, ou pelo menos um dos mutuários, do empréstimo à habitação própria permanente encontrar-se na situação de desemprego.

2 — Para efeitos do disposto no presente decreto-lei, considera-se estar na situação de desemprego:

a) Quem, tendo sido trabalhador por conta de outrem, se encontre desempregado e inscrito como tal no centro de emprego há três ou mais meses;

b) Quem, tendo sido trabalhador por conta própria e se encontre inscrito no centro de emprego nas condições referidas na alínea anterior, prove ter tido e ter cessado actividade há três ou mais meses.

3 — A prova da situação de desemprego a que se refere o número anterior é efectuada pela instituição de crédito mutuante junto do Instituto do Emprego e Formação Profissional, I. P. (IEFP, I. P.), por via electrónica, nos termos da legislação aplicável.

4 — Os mutuários que, à data da entrada em vigor do presente decreto-lei, já se encontrem em situação de incumprimento das obrigações emergentes do empréstimo à habitação própria permanente podem ter acesso à linha de crédito, podendo esta abranger as prestações vencidas após a perda de emprego.

ART. 3.º (Formalização e apreciação do pedido) — 1 — Para efeitos de acesso à linha de crédito, os mutuários devem efectuar até 31 de Dezembro de 2010 o respectivo pedido junto da instituição de crédito mutuante, sem prejuízo do disposto no n.º 3 do artigo anterior.

2 — Apenas pode ser recusado o acesso à linha de crédito se resultar manifestamente evidente que o mutuário, independentemente do montante da redução da prestação, não tem condições para cumprir com o serviço da dívida.

ART. 4.º (Utilização da linha de crédito) — 1 — Em contrapartida do recurso à linha de crédito, na data de pagamento da prestação emergente do contrato de crédito à habitação própria permanente, o mutuário é financiado pelo montante correspondente a 50% daquela prestação, definida nos termos do respectivo contrato de crédito.

2 — O procedimento descrito no número anterior mantém-se desde o acesso do mutuário à linha de crédito, sem prejuízo da situação prevista no artigo 7.º, por um período máximo de 24 meses, contado desde o início de eventuais prestações vencidas.

3 — A utilização da linha de crédito depende do efectivo pagamento, por parte do mutuário, da parcela que é da sua responsabilidade, a qual corresponde a 50% da prestação vencida do crédito à habitação própria permanente.

4 — A utilização da linha de crédito está sujeita ao limite máximo de € 500 de redução mensal da prestação suportada pelo mutuário.

ART. 5.º (Juros e amortização) — 1 — O montante utilizado vence juros à taxa Euribor a seis meses deduzida de 0,5%, calculados nos termos do artigo 4.º do Decreto-Lei n.º 51/2007, de 7 de Março, na redacção introduzida pelo Decreto-Lei n.º 88/2008, de 29 de Maio.

2 — A amortização do montante utilizado, que inclui os juros vencidos nos termos do número anterior, deve iniciar-se, no limite, a partir do mês subsequente ao último mês de utilização da linha de crédito e deve estar concluída até ao termo do prazo do respectivo crédito à habitação própria permanente, sendo efectuada no regime de prestações constantes de capital e juros.

(*) Alterado pelo **DL n.º 14/2010**, de 9-3, que deu nova redacção ao art. 3.º.

ARREDONDAMENTO DAS TAXAS DE JURO NOS CONTRATOS DE CRÉDITO   [DL n.º 171/2007]   583

3 — A pedido do mutuário, o prazo de reembolso pode ser prolongado por um prazo até dois anos após o termo do prazo de reembolso do respectivo crédito à habitação própria permanente, independentemente da prorrogação deste.

4 — Em caso de atraso no pagamento das prestações devidas pela utilização da presente linha de crédito são devidos juros de mora à taxa prevista no n.º 1, acrescida de 1%.

ART. 6.º (Amortização antecipada e transferência de empréstimo) — 1 — Enquanto se encontrar em dívida qualquer montante emergente da linha de crédito, as importâncias entregues pelo mutuário à instituição de crédito destinadas a amortização antecipada do crédito são aplicadas, em primeiro lugar, na amortização daquele montante até à sua integral e efectiva extinção e só após esta ocorrer pode o mutuário amortizar antecipadamente o crédito para habitação própria permanente.

2 — Ao reembolso total para efeitos de transferência do crédito à habitação própria permanente para outra instituição de crédito não se aplica o disposto no número anterior, devendo, nesse caso, o reembolso antecipado total ter associada a transferência da linha de crédito, mantendo-se as mesmas condições e sem que desta possam resultar quaisquer encargos.

ART. 7.º (Vencimento antecipado) — O incumprimento pelo mutuário de qualquer obrigação emergente do contrato de crédito para habitação própria permanente, durante a vigência da presente linha de crédito, determina o automático e imediato vencimento antecipado de todas as obrigações do mutuário desta emergentes, ficando o mutuário obrigado a restituir ao Estado os respectivos créditos.

ART. 8.º (Garantias do Estado) — 1 — Os créditos concedidos pelo Estado ao abrigo da presente linha de crédito gozam de privilégio imobiliário geral, aplicando-se aos casos de incumprimento o processo de execução fiscal.

2 — Para efeitos do número anterior, a certidão de dívida emitida pela Direcção-Geral do Tesouro e Finanças constitui título executivo.

ART. 9.º (Seguros) — 1 — A aplicação do presente decreto-lei não prejudica a aplicação dos contratos de seguro que garantam o pagamento da prestação do crédito à habitação em situação de desemprego.

2 — No caso do número anterior, o recurso à linha de crédito tem lugar apenas após o termo do pagamento das prestações que sejam asseguradas ou cobertas por tais contratos.

ART. 10.º (Isenções) — As operações de crédito, bem como os pedidos de documentos ou certidões que se revelem necessários para acesso e utilização da linha de crédito estão isentos de taxas emolumentares, comissões e despesas.

ART. 11.º (Falsas declarações) — A prestação comprovada de falsas declarações com o intuito de aceder à presente linha de crédito determina, em consequência, a integral reposição do benefício auferido à taxa prevista no n.º 1 do artigo 5.º acrescida de 2%.

ART. 12.º (Fiscalização) — No âmbito das suas atribuições, compete à Inspecção-Geral de Finanças promover inspecções regulares para verificação do cumprimento do disposto no presente decreto-lei, designadamente por amostragem.

ART. 13.º (Prevalência) — As disposições constantes do presente decreto-lei prevalecem sobre as normas de cada um dos regimes de crédito à habitação própria permanente que se mostrem incompatíveis com o aqui disposto, relativamente aos mutuários abrangidos.

ART. 14.º (Regulamentação e procedimentos) — Os procedimentos a observar entre a DGTF e as instituições de crédito, relativos à disponibilização do financiamento a favor dos mutuários, e respectiva gestão, controlo, amortização e cobrança constam de protocolo a celebrar entre as mesmas.

ART. 15.º (Entrada em vigor) — O presente decreto-lei entra em vigor no dia seguinte ao da sua publicação.

7.3.12. ARREDONDAMENTO DAS TAXAS DE JURO NOS CONTRATOS DE CRÉDITO E DE FINANCIAMENTO

Decreto-Lei n.º 171/2007
de 8 de Maio (*)

ART. 1.º (Objecto) – 1 – O presente decreto-lei estabelece as regras a que deve obedecer o arredondamento da taxa de juro quando aplicado aos contratos de crédito e de financiamento celebrados por instituições de

---

(*) Com a alteração introduzida pelo art. 3.º do **DL n.º 88/2008**, de 29-5, que deu nova redacção ao art. 1.º.

584 [DL n.º 149/95]   OPERAÇÕES BANCÁRIAS E FINANCEIRAS

crédito e sociedades financeiras que não se encontrem abrangidos pelo disposto no Decreto-Lei n.º 240/2006, de 22 de Dezembro.

2 – Nos contratos de crédito e de financiamento celebrados por instituições de crédito ou sociedades financeiras com entidades que não sejam consumidores, na acepção prevista no n.º 1 do artigo 2.º da Lei n.º 24/96, de 31 de Julho, o disposto no artigo 3.º do Decreto-Lei n.º 240/2006, de 22 de Dezembro, será aplicado, salvo se as partes dispuserem expressamente de outro modo.

ART. 2.º (Âmbito) – 1 – Os contratos referidos no artigo anterior abrangem, designadamente, os contratos em que uma das partes se obriga, contra retribuição, a conceder à outra o gozo temporário de uma coisa móvel de consumo duradouro e o locatário tiver o direito de adquirir a coisa locada num prazo convencionado, eventualmente mediante o pagamento de um preço determinado ou determinável nos termos do próprio contrato.

2 – O presente decreto-lei aplica-se aos contratos de crédito e de financiamento referidos no artigo anterior que venham a ser celebrados após a sua entrada em vigor e aos contratos que se encontrem em execução, qualquer que seja o valor da quantia mutuada e o fim a que o crédito se destina.

3 – Aos contratos que se encontrem em execução o presente decreto-lei aplica-se a partir da refixação da taxa de juro, para efeitos de arredondamento, que deve ocorrer logo após o início da sua vigência.

ART. 3.º (Regime jurídico) – Às instituições de crédito e sociedades financeiras é aplicável, relativamente aos contratos referidos no artigo 1.º, bem como para efeitos de aplicação e fiscalização do cumprimento do presente decreto-lei, o disposto nos artigos 3.º a 10.º do Decreto-Lei n.º 240/2006, de 22 de Dezembro.

ART. 4.º (Entrada em vigor) – O presente decreto-lei entra em vigor 30 dias após a data da sua publicação.

7.3.13. CONTRATO DE LOCAÇÃO FINANCEIRA (*LEASING*)

Decreto-Lei n.º 149/95
de 24 de Junho (*)

ART. 1.º (Noção) – Locação financeira é o contrato pelo qual uma das partes se obriga, mediante retribuição, a ceder à outra o gozo temporário de uma coisa, móvel ou imóvel, adquirida ou construída por indicação desta, e que o locatário poderá comprar, decorrido o período acordado, por um preço nele determinado ou determinável mediante simples aplicação dos critérios nele fixados.

ART. 2.º (Objecto) – 1 – A locação financeira tem como objecto quaisquer bens susceptíveis de serem dados em locação.

2 – Quando o locador construa, em regime de direito de superfície, sobre terreno do locatário, este direito presume-se perpétuo, sem prejuízo da faculdade de aquisição pelo proprietário do solo, nos termos gerais.

ART. 3.º (Forma e publicidade) – 1 – Os contratos de locação financeira podem ser celebrados por documento particular.

2 – No caso de bens imóveis, as assinaturas das partes devem ser presencialmente reconhecidas, salvo se efectuadas na presença de funcionário dos serviços do registo, aquando da apresentação do pedido de registo.

3 – Nos casos referidos no número anterior, a existência de licença de utilização ou de construção do imóvel deve ser certificada pela entidade que efectua o reconhecimento ou verificada pelo funcionário dos serviços do registo.

4 – A assinatura das partes nos contratos de locação financeira de bens móveis sujeitos a registo deve conter a indicação, feita pelo respectivo signatário, do número, data e entidade emitente do bilhete de identidade ou documento equivalente emitido pela autoridade competente de um dos países da União Europeia ou do passaporte.

5 – A locação financeira de bens imóveis ou de móveis sujeitos a registo fica sujeita a inscrição no serviço de registo competente.

ART. 4.º (Rendas e valor residual) *(Revogado.)*

ART. 5.º (Redução das rendas) *(Revogado.)*

ART. 6.º (Prazo) – 1 – O prazo de locação financeira de coisas móveis não deve ultrapassar o que corresponde ao período presumível de utilização económica da coisa.

2 – O contrato de locação financeira não pode ter duração superior a 30 anos, considerando-se reduzido a este limite quando superior.

3 – Não havendo estipulação de prazo, o contrato de locação financeira considera-se celebrado pelo prazo de 18 meses ou de 7 anos, consoante se trate de bens móveis ou de bens imóveis.

4 – *(Eliminado.)*

(*) Com as alterações introduzidas pelo **DL n.º 265/97**, de 2-10 (arts. 3.º, 10.º, 11.º, 20.º e 21.º), que revogou o DL n.º 10/91, de 9-1, e foi rectificado através da Declaração de Rectificação n.º 17-B/97, de 31-10, pelo **DL n.º 285/2001**, de 3-11 (art. 6.º e revogação dos arts. 4.º, 5.º, 16.º e 20.º), e pelo **DL n.º 30/2008**, de 25-2, que deu nova redacção aos arts. 3.º, 17.º e 21.º.

CONTRATO DE LOCAÇÃO FINANCEIRA (*LEASING*)   [**DL n.º 149/95**]   585

ART. 7.º (Destino do bem findo o contrato) – Findo o contrato por qualquer motivo e não exercendo o locatário a faculdade de compra, o locador pode dispôr do bem, nomeadamente vendendo-o ou dando-o em locação ou locação financeira ao anterior locatário ou a terceiro.

ART. 8.º (Vigência) – 1 – O contrato de locação financeira produz efeitos a partir da data da sua celebração.

2 – As partes podem, no entanto, condicionar o início da sua vigência à efectiva aquisição ou construção, quando disso seja caso, dos bens locados, à sua tradição a favor do locatário ou a quaisquer outros factos.

ART. 9.º (Posição jurídica do locador) – 1 – São, nomeadamente, obrigações do locador:
a) Adquirir ou mandar construir o bem a locar;
b) Conceder o gozo do bem para os fins a que se destina;
c) Vender o bem ao locatário, caso este queira, findo o contrato.

2 – Para além dos direitos e deveres gerais previstos no regime da locação que não se mostrem incompatíveis com o presente diploma, assistem ao locador financeiro, em especial e para além do estabelecido no número anterior, os seguintes direitos:
a) Defender a integridade do bem, nos termos gerais de direito;
b) Examinar o bem, sem prejuízo da actividade normal do locatário;
c) Fazer suas, sem compensações, as peças ou outros elementos acessórios incorporados no bem pelo locatário.

ART. 10.º (Posição jurídica do locatário) – 1 – São, nomeadamente, obrigações do locatário:
a) Pagar as rendas;
b) Pagar, em caso de locação de fracção autónoma as despesas correntes necessárias à fruição das partes comuns de edifício e aos serviços de interesse comum;
c) Facultar ao locador o exame do bem locado;
d) Não aplicar o bem a fim diverso daquele a que ele se destina ou movê-lo para local diferente do contratualmente previsto, salvo autorização do locador;
e) Assegurar a conservação do bem e não fazer dele uma utilização imprudente;
f) Realizar as reparações, urgentes ou necessárias, bem como quaisquer obras ordenadas pela autoridade pública;
g) Não proporcionar a outrem o gozo total ou parcial do bem por meio da cessão onerosa ou gratuita da sua posição jurídica, sublocação ou comodato, excepto se a lei o permitir ou o locador a autorizar;
h) Comunicar ao locador, dentro de 15 dias, a cedência do gozo do bem, quando permitida ou autorizada nos termos da alínea anterior;
i) Avisar imediatamente o locador, sempre que tenha conhecimento de vícios no bem ou saiba que o ameaça algum perigo ou que terceiros se arrogam direitos em relação a ele, desde que o facto seja ignorado pelo locador;
j) Efectuar o seguro do bem locado, contra o risco da sua perda ou deterioração e dos danos por ela provocados;
k) Restituir o bem locado, findo o contrato, em bom estado, salvo as deteriorações inerentes a uma utilização normal, quando não opte pela sua aquisição.

2 – Para além dos direitos e deveres gerais previstos no regime da locação que não se mostrem incompatíveis com o presente diploma, assistem ao locatário financeiro, em especial, os seguintes direitos:
a) Usar e fruir o bem locado;
b) Defender a integridade do bem e o seu gozo, nos termos do seu direito;
c) Usar das acções possessórias, mesmo contra o locador;
d) Onerar, total ou parcialmente, o seu direito, mediante autorização expressa do locador;
e) Exercer, na locação de fracção autónoma, os direitos próprios do locador, com excepção dos que, pela sua natureza, somente por aquele possam ser exercidos;
f) Adquirir o bem locado, findo o contrato, pelo preço estipulado.

ART. 11.º (Transmissão das posições jurídicas) – 1 – Tratando-se de bens de equipamento, é permitida a transmissão entre vivos, da posição do locatário, nas condições previstas pelo artigo 115.º do Decreto-Lei n.º 321-B/90, de 15 de Outubro, e a transmissão por morte, a título de sucessão legal ou testamentária, quando o sucessor prossiga a actividade profissional do falecido.

2 – Não se tratando de bens de equipamento, a posição do locatário pode ser transmitida nos termos previstos para a locação.

3 – Em qualquer dos casos previstos nos números anteriores, o locador pode opor-se à transmissão da posição contratual, provando não oferecer o cessionário garantias bastantes à execução do contrato.

4 – O contrato de locação financeira subsiste para todos os efeitos nas transmissões da posição contratual do locador, ocupando o adquirente a mesma posição jurídica do seu antecessor.

ART. 12.º (Vícios do bem locado) – O locador não responde pelos vícios do bem locado ou pela sua inadequação face aos fins do contrato, salvo o disposto no artigo 1034.º do Código Civil.

586   [DL n.º 149/95]   OPERAÇÕES BANCÁRIAS E FINANCEIRAS

ART. 13.º (Relações entre o locatário e o vendedor ou o empreiteiro) – O locatário pode exercer contra o vendedor ou o empreiteiro, quando disso seja caso, todos os direitos relativos ao bem locado ou resultantes do contrato de compra e venda ou de empreitada.

ART. 14.º (Despesas) – Salvo estipulação em contrário, as despesas de transporte e respectivo seguro, montagem, instalação e reparação do bem locado, bem como as despesas necessárias para a sua devolução ao locador, incluindo as relativas aos seguros, se indispensáveis, ficam a cargo do locatário.

ART. 15.º (Risco) – Salvo estipulação em contrário, o risco de perda ou deterioração do bem corre por conta do locatário.

ART. 16.º (Mora no pagamento das rendas) *(Revogado.)*

ART. 17.º (Resolução do contrato por incumprimento e cancelamento do registo) – 1 – O contrato de locação financeira pode ser resolvido por qualquer das partes, nos termos gerais, com fundamento no incumprimento das obrigações da outra parte, não sendo aplicáveis as normas especiais, constantes de lei civil, relativas à locação.

2 – Para o cancelamento do registo de locação financeira com fundamento na resolução do contrato por incumprimento é documento bastante a prova da comunicação da resolução à outra parte nos termos gerais.

ART. 18.º (Casos específicos de resolução do contrato) – O contrato de locação financeira pode ainda serresolvido pelo locador nos casos seguintes:
a) Dissolução ou liquidação da sociedade locatária;
b) Verificação de qualquer dos fundamentos de declaração de falência do locatário.

ART. 19.º (Garantias) – Podem ser constituídas a favor do locador quaisquer garantias, pessoais ou reais, relativas aos créditos de rendas e dos outros encargos ou eventuais indemnizações devidas pelo locatário.

ART. 20.º (Antecipação das rendas) *(Revogado.)*

ART. 21.º (Providência cautelar de entrega judicial) – 1 – Se, findo o contrato por resolução ou pelo decurso do prazo sem ter sido exercido o direito de compra, o locatário não proceder à restituição do bem ao locador, pode este, após o pedido de cancelamento do registo da locação financeira, a efectuar por via electrónica sempre que as condições técnicas o permitam, requerer ao tribunal providência cautelar consistente na sua entrega imediata ao requerente.

2 – Com o requerimento, o locador oferece prova sumária dos requisitos previstos no número anterior, excepto a do pedido de cancelamento do registo, ficando o tribunal obrigado à consulta do registo, a efectuar, sempre que as condições técnicas o permitam, por via electrónica.

3 – O tribunal ouvirá o requerido sempre que a audiência não puser em risco sério o fim ou a eficácia da providência.

4 – O tribunal ordenará a providência requerida se a prova produzida revelar a probabilidade séria da verificação dos requisitos referidos no n.º 1, podendo, no entanto, exigir que o locador preste caução adequada.

5 – A caução pode consistir em depósito bancário à ordem do tribunal ou em qualquer outro meio legalmente admissível.

6 – Decretada a providência e independentemente da interposição de recurso pelo locatário, o locador pode dispor do bem, nos termos previstos no artigo 7.º.

7 – Decretada a providência cautelar, o tribunal ouve as partes e antecipa o juízo sobre a causa principal, excepto quando não tenham sido trazidos ao procedimento, nos termos do n.º 2, os elementos necessários à resolução definitiva do caso.

8 – São subsidiariamente aplicáveis a esta providência as disposições gerais sobre providências cautelares, previstas no Código de Processo Civil, em tudo o que não estiver especialmente regulado no presente diploma.

9 – O disposto nos números anteriores é aplicável a todos os contratos de locação financeira, qualquer que seja o seu objecto.

ART. 22.º (Operações anteriores ao contrato) – Quando, antes de celebrado um contrato de locação financeira, qualquer interessado tenha procedido à encomenda de bens, com vista a contrato futuro, entende-se que actua por sua conta e risco, não podendo o locador ser, de algum modo, responsabilizado por prejuízos eventuais decorrentes da não conclusão do contrato, sem prejuízo do disposto no artigo 227.º do Código Civil.

ART. 23.º (Operações de natureza similar) – Nenhuma entidade pode realizar, de forma habitual, operações de natureza similar ou com resultados económicos equivalentes aos dos contratos de locação financeira.

ART. 24.º (Disposições finais) – 1 – O disposto no artigo 21.º é imediatamente aplicável aos contratos celebrados antes da sua entrada em vigor e às acções já propostas em que não tenha sido decretada providência cautelar destinada a obter a entrega imediata do bem locado.

2 – Aos contratos de locação financeira celebrados nos termos do Decreto-Lei n.º 10/91, de 9 de Janeiro, não é aplicável o disposto no artigo 21.º.

ART. 25.º (Norma revogatória) – É revogado o Decreto-Lei n.º 171/79, de 6 de Junho.

COMPRAS EM GRUPO [Port. n.º 126/95] 587

7.3.14. COMPRAS EM GRUPO

Portaria n.º 126/95

de 4 de Fevereiro

1.º Só podem ser adquiridos pelo sistema de compras em grupo bens de equipamento, bens de consumo duradouro, viagens e imóveis.

2.º Os grupos não podem ter duração superior a 54 meses, com excepção dos constituídos para a aquisição de bens imóveis, cuja duração máxima é de 150 meses.

3.º A presente portaria aplica-se aos grupos constituídos a partir da data da sua entrada em vigor.

4.º É revogada a Portaria n.º 316/88, de 18 de Maio.

7.3.15. REGULAMENTO GERAL DO FUNCIONAMENTO DOS GRUPOS

Portaria n.º 942/92

de 28 de Setembro

CAPÍTULO I — Da proposta de adesão

ART. 1.º – Proposta de adesão é o instrumento pelo qual o proponente, após aprovação da sociedade administradora, formaliza o seu ingresso num grupo e passa a ser titular dos direitos e obrigações decorrentes do contrato.

ART. 2.º – Da proposta, individual para cada participante, redigida de modo legível, constarão obrigatoriamente os elementos essenciais do contrato e a expressa referência a este Regulamento, assim como a referência à aprovação do modelo pela Direcção-Geral do Comércio Interno.

ART. 3.º – 1 – No acto de inscrição pode ser cobrada ao proponente uma quota, calculada em função do preço do bem ou do serviço a adquirir, a qual será devolvida em singelo se não for constituído o grupo ou aceite a inscrição.

2 – Sem prejuízo do disposto no número anterior, o proponente pode exigir a devolução da referida quota se o grupo não for constituído no prazo de seis meses.

CAPÍTULO II — Da constituição dos grupos e prazos de duração

ART. 4.º – O grupo será constituído na data da primeira assembleia, que será convocada pela sociedade administradora para ter lugar na sua sede social ou em local previamente indicado.

ART. 5.º – Após a constituição, cada grupo terá identificação própria e será autónomo em relação aos demais que a sociedade administradora vier a organizar ou tenha organizado.

ART. 6.º – Sempre que não preenchido o número de participantes inicialmente previsto ou se veri fique desistência, exclusão ou falecimento de participantes não contemplados e não for possível à sociedade administradora substitui-los por outros, o grupo continuará em funcionamento com qualquer número de participantes sem prejuízo do prazo inicialmente fixado, ajustando-se o calendário de atribuições.

CAPÍTULO III — Do preço do bem ou serviço e das prestações dos participantes

ART. 7.º – 1 – Para efeitos de determinação do montante a débito do contemplado na data da atribuição e para determinação das quotas de amortização vincendas, a base de cálculo corresponderá ao preço do bem ou serviço atribuído e constante do contrato, corrigido por eventual alteração superveniente daquele preço.

2 – O adjudicatário suportará as alterações de preço do bem ou serviço que tenha sido atribuído até à liquidação da sua participação no grupo, devendo a correcção operar-se em relação ao próprio mês em que se verificar a alteração.

ART. 8.º – O participante deverá pagar as suas prestações até à data contratualmente estabelecida.

588 [Port. n.º 942/92]   OPERAÇÕES BANCÁRIAS E FINANCEIRAS

CAPÍTULO IV — Das assembleias de grupo

ART. 9.º – Nos prazos contratuais, em local, dia e hora previamente estabelecidos pela sociedade administradora, realizar-se-á uma assembleia de grupo, presidida por um representante daquela, destinada a informar os participantes sobre a situação do grupo e sobre os actos da administração e a atribuir os bens ou serviços objecto dos contratos.

ART. 10.º – 1 – A sociedade administradora elaborará e porá à disposição dos participantes nas suas instalações, até 10 dias antes da realização de cada assembleia, uma descrição completa da situação do grupo, que incluirá obrigatoriamente:

a) Número total de desistentes e excluídos do grupo;

b) Lista de todos os participantes admitidos ao sorteio e à licitação a efectuar na assembleia, com informação da respectiva situação face ao grupo, nomeadamente do número de mensalidades pagas.

2 – A lista a que se refere a alínea *b)* do número anterior pode ser actualizada até à véspera da realização da assembleia, devendo, neste caso, fazer-se notificação do facto ao representante comum do grupo.

ART. 11.º – As assembleias têm início à hora marcada na convocatória ou na que previamente tiver sido designada, funcionando com qualquer número de participantes presentes ou devidamente representados.

ART. 12.º – Compete à sociedade administradora a representação dos participantes ausentes e dos que se não fizerem representar.

ART. 13.º – 1 – O sorteio será efectuado mediante processo que permita tratamento equitativo de todos os participantes ainda não contemplados que se encontrem em pleno gozo dos seus direitos.

2 – Só podem ser admitidos ao sorteio os participantes cujas contribuições para o respectivo grupo estejam satisfeitas até ao dia anterior à realização da assembleia.

3 – O sorteio só pode realizar-se se os fundos de grupo forem suficiente para a aquisição do bem ou serviço a atribuir.

ART. 14.º – Após a realização do sorteio, no caso de existirem interessados e possibilidades de atribuição de mais bens ou serviços, proceder-se-á à licitação, a qual consiste na oferta, em sobrescritos fechados, devidamente identificados com nome e o número do partipante, de prestações vincendas, em montante não inferior a 10% do saldo devedor do licitante nem superior ao mínimo de prestações do seu plano de pagamento.

ART. 15.º – Será considerado vencedor o licitante que fizer a oferta representativa de maior valor percentual, independentemente do valor em dinheiro, desde que o montante daquela, somado ao saldo do fundo comum, seja suficiente para a aquisição de uma unidade de bem ou serviço da categoria em que se encontrar inscrito o licitante.

ART. 16.º – Caso o valor do maior lance oferecido em cada categoria, somado à disponibilidade do fundo comum, não seja suficiente para a aquisição, não haverá distribuição por licitação, passando o saldo do fundo comum para a assembleia seguinte.

ART. 17.º – Verificando-se empate entre os lances de maior valor percentual, o desempate, se necessário, será obtido por sorteio.

ART. 18.º – O lance vencedor, após afectação às diferentes rubricas, será destinado, em alternativa, a:

a) Cobrir quotas vincendas na ordem inversa a contar da última;

b) Cobrir quotas vencidas em caso de substituição ou preenchimento de vagas;

c) Cobrir parcialmente, em partes iguais, as mensalidades vincendas.

ART. 19.º – De cada assembleia de grupo será lavrada uma acta em livro apropriado, a qual é assinada, após o encerramento da sessão, pelos membros da mesa respectiva.

ART. 20.º – Dentro de 10 dias úteis após a realização da assembleia, a sociedade administradora comunica por escrito aos contemplados, por carta registada com aviso de recepção, o resultado do sorteio e da licitação, ainda que aqueles tivessem estado presentes ou nela representados.

CAPÍTULO V — Da entrega dos bens ou serviços e das garantias para a sua recepção

ART. 21.º – 1 – A entrega do bem ou serviço aos participantes contemplados, ou no termo de duração do grupo, é efectuada, salvo caso fortuito ou de força maior, devidamente comprovado, nos prazos máximos seguintes:

a) 45 dias para bens móveis;

b) 120 dias para bens imóveis.

2 – Em qualquer dos casos referidos no n.º 1, o prazo conta-se a partir da data da comunicação a que se refere o artigo anterior.

REGULAMENTO GERAL DO FUNCIONAMENTO DOS GRUPOS   [Port. n.º 942/92]   589

3 – O cumprimento dos prazos a que se referem os números anteriores deixa de ser vinculativo para a sociedade administradora:
a) Se o participante contemplado escolher bem ou serviço diferente do previsto no contrato que não se encontre disponível no momento;
b) Se não apresentar, dentro de sete dias úteis contados a partir da data do conhecimento da atribuição, as garantias previstas para a recepção.
4 – Para efeitos do disposto no n.º 1, a sociedade administradora deve emitir o necessário documento dirigido à empresa fornecedora do bem ou prestadora do serviço.

ART. 22.º – 1 – Verificando-se aumento de preço entre as duas datas da atribuição e da entrega do bem ou serviço, o pagamento da diferença dele resultante será suportado pelo fundo comum, salvo nos seguintes casos, em que será da responsabilidade do contemplado:
a) Se no prazo de sete dias úteis a contar do conhecimento da atribuição não forem apresentadas à sociedade administradora as garantias previstas no contrato para a recepção de bem ou serviço;
b) Se o bem disponível objecto do contrato não for aceite por exigência de mudança de caracteres de apresentação externos ou de acabamento;
c) Se for escolhido outro bem ou serviço diferente do atribuído.
2 – O contemplado pode optar, após atribuição, pela aquisição de outro bem ou serviço, de valor igual ou superior, desde que se obrigue a suportar a diferença de preço a que houver lugar e aquele exista disponível no mercado.
3 – Se o contemplado pretender adiar, para além do prazo previsto no artigo anterior, a recepção do bem ou a prestação do serviço e tal adiamento seja aceite pela sociedade administradora, ser-lhe á assegurado somente o crédito apurado no dia da atribuição, sendo sua responsabilidade o encargo decorrente de eventual aumento de preço até à data da efectiva entrega.
4 – Na hipótese de a diferença de preço ser resultante de caso fortuito ou de força maior, a diferença é suportada pelo fundo comum.

ART. 23.º – Na impossibilidade de entrega do bem por motivo de desinteresse ou recusa do contemplado ou por falta de prestação das garantias contratualmente exigidas, pode a sociedade administradora, decorridos 30 dias contados do conhecimento da atribuição pelo participante, considerar este desistente e excluí-lo por violação contratual.

ART. 24.º – 1 – Nenhum bem ou serviço pode ser entregue ou prestado a qualquer participante sem a constituição de uma garantia de pagamento das prestações vincendas, que pode consistir, designadamente, em hipoteca, fiança, garantia bancária, reserva de propriedade ou seguro-caução.
2 – Como garantia complementar, pode a sociedade administradora exigir, em seu benefício, o seguro de bens contra riscos, designadamente de colisão, incêndio, furto ou roubo, de valor não inferior ou do bem seguro, que deverá ser mantido até ao termo de permanência no seguro.
3 – Em caso de sinistro de que resulte perda ou dano irreparável para o bem atribuído e já entregue à sociedade administradora por conta da indemnização recebida, considerará o adjudicatário desobrigado, no todo ou em parte, das prestações vincendas, calculadas nos termos no n.º 1 do artigo 7.º, revertendo o remanescente, se o houver, para o participante.
4 – O custo da constituição das garantias a que se refere o presente artigo é suportado pelo participante.

CAPÍTULO VI — **Da desistência, cessão, incumprimento e exclusão**

ART. 25.º – O participante não adjudicatário pode renunciar à permanência no grupo desde que, estando no pleno gozo dos seus direitos e não se encontrando em mora, manifeste aquele propósito à sociedade administradora por carta registada com aviso de recepção ou por impresso normalizado entregue com a antecedência de, pelo menos, 15 dias em relação à data designada para a assembleia de grupo.

ART. 26.º – O participante que não se encontre em mora pode ceder a sua posição contratual a terceiro antes da liquidação do grupo, desde que obtenha aquiescência expressa da sociedade administradora, mediante simples averbamento no verso do título representativo do contrato ou formalidade adequada, assumindo o cessionário os direitos e obrigações decorrentes da posição de cedente.

ART. 27.º – Sem prejuízo de notificação pela sociedade administradora, por carta registada com aviso de recepção, pode aquela determinar a exclusão de qualquer participante nos seguintes casos:
a) Falta ou atraso de pagamento integral de duas ou mais prestações consecutivas ou de uma prestação por prazo superior a 60 dias;
b) Entrega, para pagamento, de cheque sem provisão ou com provisão insuficiente;
c) Insolvência ou falência;
d) Prática de actos que em assembleia de grupo se reconheça redundarem em grave prejuízo para o funcionamento e existência do mesmo grupo.

590   [Port. n.º 942/92]   OPERAÇÕES BANCÁRIAS E FINANCEIRAS

ART. 28.º – 1 – O renunciante ou excluído será reembolsado das quantias liquidadas sem acréscimo de juros, depois de deduzidas as importâncias correspondentes às quotas de inscrição e de administração já vencidas, ou outras contratualmente em dívida à data da comunicação da renúncia ou exclusão, dentro do prazo de 30 dias após a liquidação do grupo ou, depois da entrega de todos os bens ou serviços, logo que existam fundos suficientes paa o seu pagamento total ou parcial.

2 – Nos casos em que, após a renúncia ou exclusão, se verificar substituição, o reembolso a que se refere o número anterior será satisfeito dentro de 30 dias após a data do último pagamento efectuado pelo substituto, a título de substituição.

ART. 29.º – 1 – O participante que atrasar o pagamento de prestação por prazo superior a 10 dias pagará, a título de cláusula penal, 10% sobre a quantia em dívida, a favor da sociedade administradora, e juros moratórios, a favor do fundo de reserva, se existir, ou do fundo comum, sobre a quantia em dívida, calculados em função da taxa de juro praticada pela banca comercial para as operações activas.

2 – Se, por incumprimento do adjudicatário se tornar necessário o recurso da sociedade administradora a acção judicial, correrão por conta daqueles os encargos judiciais e o pagamento de honorários a mandatário forense.

ART. 30.º – Para obstar à exclusão do grupo pode o participante inadimplente não adjudicatário restabelecer os seus direitos e obrigações perante o grupo, desde que efectue o pagamento integral do montante em débito, acrescido dos juros moratórios que forem devidos e do cumprimento da cláusula penal aplicável nos termos do disposto no n.º 1 do artigo anterior.

CAPÍTULO VII — Do falecimento de participantes

ART. 31.º – Ocorrendo o falecimento de participante em relação ao qual tenha sido constituído seguro de vida, os seus herdeiros tomarão a posição dele no grupo, com efeitos a partir da data do decesso, não lhe sendo exigíveis quaisquer prestações supervenientes àquela data, e o beneficiário ou beneficiários receberão o remanescente do seguro, se o houver.

ART. 32.º – 1 – No caso de falecimento de participantes sem seguro de vida, os sucessores escolherão entre si um representante, que comunicará à administradora, no prazo de 60 dias a contar do decesso, a intenção de aqueles assumirem perante o grupo a posição detida pelo participante falecido ou a renúncia à mesma posição, salvo se verificada a necessidade de nomeação de tutor ou curador, caso em que aquele prazo se contará a partir dessa nomeação.

2 – Verificando-se o propósito de sucessão no grupo, a sociedade administradora fixará um prazo não inferior a 60 dias para que os sucessores, através do seu representante, comprovem a sua qualidade com a devida identificação e indiquem se a posição do falecido será doravante detida em compropriedade ou atribuída apenas a um deles, identificando devidamente uns e outro.

3 – No caso de sucessão na posição, os sucessores assumem a posição do participante falecido nos seus exactos termos, sem prejuízo da responsabilidade que lhes caiba por prestações vencidas.

4 – No caso de renúncia, observa-se o disposto no artigo 28.º.

5 – Presume-se a renúncia se os interessados não efectuarem a comunicação no prazo previsto no n.º 2.

CAPÍTULO VIII — Da susbtituição de participantes

ART. 33.º – Ocorrendo desistência ou exclusão de participantes, o grupo não se dissolve, podendo a sociedade administradora admitir novos participantes para preenchimento das vagas daquele modo ocorridas, sem prejuízo do prazo de duração do grupo.

ART. 34.º – 1 – No caso de substituição operada nos termos do artigo, o participante substituto assume plenamente, perante o grupo, a posição do substituído em todos do direitos e deveres que este detinha bem como os que lhe adviram se não se tivesse verificado desistência ou exclusão, desde que seja garantido ao grupo o pagamento das prestações vencidas à data da substituição.

2 – Pode a sociedade administradora permitir que o pagamento daquelas importâncias seja efectuado, escalonadamente, em acumulação com as prestações vincendas, até ao final do plano de pagamento previsto para o grupo.

CAPÍTULO IX — Da impossibilidade de atribuição

ART. 35.º – Verificando-se a impossibilidade objectiva de adjudicação de um bem ou serviço inicialmente objecto de contrato, por ter sido sustada a sua produção ou comercialização, a sociedade administradora deve proceder à substituição do bem ou serviço por outro de características semelhantes, nos termos seguintes:

VALOR GLOBAL DOS CONTRATOS DE COMPRA EM GRUPO [Port. n.º 357/92] 591

a) Escolher-se-á o bem ou serviço de características semelhantes e preço o mais aproximado possível dos bens ou serviços substituídos;

b) As actualizações de mensalidades passarão a fazer-se, a partir da última mensalidade praticada, de acordo com as percentagens das alterações que vierem a ocorrer sobre o valor do novo bem ou serviço.

ART. 36.º – O direito conferido às sociedades administradoras pelo artigo anterior será exercido sem prejuízo da possibilidade de os participantes não adjudicatários, e não concordantes com a susbtituição, optarem, pela renúncia, observando-se o disposto no artigo 28.º, ou por bem ou serviço de natureza diferente, desde que, neste caso, se obriguem a suportar a diferença de preço a que houver lugar.

CAPÍTULO X — Disposições gerais

ART. 37.º – Os descontos de pronto pagamento ou outros obtidos na aquisição dos bens ou serviços reverterão para a sociedade administradora.

ART. 38.º – Operada a liquidação de cada grupo, será o remanescente do fundo comum, bem como o de quaisquer outros fundos, se existentes, distribuído proporcionalmente pelos participantes, ainda que hajam antecipadamente amortizado a sua posição.

7.3.16. VALOR GLOBAL DOS CONTRATOS DE COMPRA EM GRUPO

Portaria n.º 357/92

de 22 de Abril (*)

1.º O valor global dos contratos de compra em grupo não pode exceder 70 vezes o montante dos fundos próprios das respectivas sociedades administradoras.

2.º Para efeitos do número anterior, o valor de cada contrato será o equivalente ao preço total actualizado dos bens e serviços a adquirir por força do contrato.

3.º O valor dos contratos destinados à aquisição de imóveis para habitação contará por um quarto, para efeitos do limite referido no n.º 1.

4.º Para efeitos do disposto na presente portaria, adopta-se o conceito de fundos próprios que conta do aviso do Banco de Portugal n.º 9/90, de 5 de Julho.

5.º As situações de desconformidade que resultem do disposto da presente portaria deverão ser regularizadas no prazo máximo de seis meses a contar da data da sua publicação.

6.º É revogada a Portaria n.º 234-A/89, de 28 de Março.

7.4. GARANTIAS DE OPERAÇÕES BANCÁRIAS

7.4.1. PENHOR BANCÁRIO

Decreto-Lei n.º 29 833

de 17 de Agosto de 1939

ART. 1.º – O penhor que for constituído em garantia de créditos de estabelecimentos bancários autorizados produzirá os seus efeitos, quer entre as partes, quer em relação a terceiros, sem necessidade de o dono do objecto empenhado fazer entrega dele ao credor ou a outrem.

§ 1.º – Se o objecto empenhado ficar em poder do dono, este será considerado, quanto ao direito pignoratício, possuidor em nome alheio; e as penas de furto ser-lhe-ão impostas se alienar, modificar, destruir ou

---

(*) Mantida em vigor pelo art. 3.º do DL n.º 22/94, de 27-1, até ser exercida a competência estatuída no art. 10.º do DL n.º 237/ /91, de 2-7, na redacção dada pelo citado DL n.º 22/94.

592 [DL n.º 32032]   OPERAÇÕES BANCÁRIAS E FINANCEIRAS

desencaminhar o objecto sem autorização escrita do credor, e bem assim se o empenhar novamente sem que no novo contrato se mencione, de modo expresso, a existência do penhor ou penhores anteriores que, em qualquer caso, preferem por ordem de datas.

§ 2.º – Tratando-se de objecto pertencente a uma pessoa colectiva, o disposto no parágrafo antecedente aplicar-se-á àqueles a quem incumbir a sua administração.

ART. 2.º – O contrato de penhor regulado neste decreto constará de documento autêntico ou de documento autenticado e os seus efeitos contar-se-ão da data do documento no primeiro caso e da data do reconhecimento autêntico no segundo.

§ único – No documento transcrever-se-ão obrigatoriamente as disposições dos §§ 1.º e 2.º do artigo 1.º, cumprindo ao notário assegurar a observância do presente preceito.

ART. 3.º – Ressalva-se o penhor de créditos, de títulos de crédito, de cotas e de cousas imateriais, que, mesmo quando dado em garantia de operações bancárias, continuará submetido ao regime até agora em vigor.

7.4.2. FORMALIDADES DO PENHOR BANCÁRIO

Decreto-Lei n.º 32 032

de 22 de Maio de 1942

ART. ÚNICO – Para que o penhor constituído em garantia de créditos de estabelecimentos bancários autorizados produza efeitos em relação a terceiros, basta que conste de documento particular, ainda que o dono do objecto empenhado não seja comerciante.

§ único – Ressalva-se o estabelecido na legislação anterior quanto ao penhor de créditos hipotecários e de cotas sociais, e bem assim o preceituado no artigo 2.º do Decreto-Lei n.º 29 833, de 17 de Agosto de 1939.

7.4.3. CONTRATOS DE GARANTIA FINANCEIRA

Decreto-Lei n.º 105/2004

de 8 de Maio

TÍTULO I — DISPOSIÇÕES GERAIS

ART. 1.º (Objecto) – O presente diploma transpõe para a ordem jurídica interna a Directiva n.º 2002/47/CE, do Parlamento Europeu e do Conselho, de 6 de Junho, relativa aos acordos de garantia financeira.

ART. 2.º (Noção e modalidades) – 1 – Para efeitos do presente diploma, são contratos de garantia financeira os que preencham os requisitos previstos nos artigos 3.º a 7.º.

2 – São modalidades de contratos de garantia financeira, designadamente, a alienação fiduciária em garantia e o penhor financeiro, que se distinguem consoante tenham, ou não, por efeito a transmissão da propriedade com função de garantia.

3 – É modalidade de contrato de alienação fiduciária em garantia o contrato de reporte.

ART. 3.º (Sujeitos) – 1 – O presente diploma é aplicável aos contratos de garantia financeira cujo prestador e beneficiário pertençam a uma das seguintes categorias:

a) Entidades públicas, incluindo os organismos do sector público do Estado responsáveis pela gestão da dívida pública ou que intervenham nesse domínio e os autorizados a deter contas de clientes;

b) Banco de Portugal, outros bancos centrais, Banco Central Europeu, Fundo Monetário Internacional, Banco de Pagamentos Internacionais, bancos multilaterais de desenvolvimento nos termos referidos no Aviso do Banco de Portugal n.º 1/93 e Banco Europeu de Investimento;

c) Instituições sujeitas a supervisão prudencial, incluindo:

i) Instituições de crédito, tal como definidas no n.º 1 do artigo 2.º do Regime Geral das Instituições de Crédito e Sociedades Financeiras, aprovado pelo Decreto-Lei n.º 298/92, de 31 de Dezembro;

ii) Empresas de investimento, tal como referidas no n.º 2 do artigo 293.º do Código dos Valores Mobiliários, aprovado pelo Decreto-Lei n.º 486/99, de 13 de Novembro;

iii) Instituições financeiras, tal como definidas no n.º 4 do artigo 13.º do Regime Geral das Instituições de Crédito e Sociedades Financeiras;

CONTRATOS DE GARANTIA FINANCEIRA [DL n.º 105/2004] 593

iv) Empresas de seguros, tal como definidas na alínea *b)* do artigo 2.º do Decreto-Lei n.º 94-B/98, de 17 de Abril;

v) Organismos de investimento colectivo, tal como definidas no artigo 1.º do Decreto-Lei n.º 252/2003, de 17 de Outubro;

vi) Entidades gestoras de organismos de investimento colectivo, tal como definidas no n.º 1 do artigo 29.º do Decreto-Lei n.º 252/2003, de 17 de Outubro;

d) Uma contraparte central, um agente de liquidação ou uma câmara de compensação, tal como definidos, respectivamente, nas alíneas *e)*, *f)* e *g)* do artigo 2.º do Decreto-Lei n.º 221/2000, de 9 de Setembro, no que aos sistemas de pagamento diz respeito, e no artigo 268.º do Código dos Valores Mobiliários, incluindo instituições similares regulamentadas no âmbito da legislação nacional que operem nos mercados de futuros e opções, nos mercados de instrumentos financeiros derivados não abrangidos pela referida legislação e nos mercados de natureza monetária;

e) Uma pessoa que não seja pessoa singular, que actue na qualidade de fiduciário ou de representante por conta de uma ou mais pessoas, incluindo quaisquer detentores de obrigações ou de outras formas de títulos de dívida, ou qualquer instituição tal como definida nas alíneas *a)* a *d)*;

f) Pessoas colectivas, desde que a outra parte no contrato pertença a uma das categorias referidas nas alíneas *a)* a *d)*.

2 – A capacidade para a celebração de contratos de garantia financeira é a que resulta das normas especialmente aplicáveis às entidades referidas no n.º 1.

ART. 4.º (Obrigações financeiras garantidas) – Para efeitos do presente diploma, entende-se por obrigações financeiras garantidas quaisquer obrigações abrangidas por um contrato de garantia financeira cuja prestação consista numa liquidação em numerário ou na entrega de instrumentos financeiros.

ART. 5.º (Objecto das garantias financeiras) – O presente diploma é aplicável às garantias financeiras que tenham por objecto:

a) «Numerário», entendido como o saldo disponível de uma conta bancária, denominada em qualquer moeda, ou créditos similares que confiram direito à restituição de dinheiro, tais como depósitos no mercado monetário;

b) «Instrumentos financeiros», entendidos como valores mobiliários, instrumentos do mercado monetário e créditos ou direitos relativos a quaisquer dos instrumentos financeiros referidos.

ART. 6.º (Desapossamento) – 1 – O presente diploma é aplicável às garantias financeiras cujo objecto seja efectivamente prestado.

2 – Considera-se prestada a garantia financeira cujo objecto tenha sido entregue, transferido, registado ou que de outro modo se encontre na posse ou sob o controlo do beneficiário da garantia ou de uma pessoa que actue em nome deste, incluindo a composse ou o controlo conjunto com o proprietário.

ART. 7.º (Prova) – 1 – O presente diploma é aplicável aos contratos de garantia financeira e às garantias financeiras cuja celebração e prestação sejam susceptíveis de prova por documento escrito.

2 – O registo em suporte electrónico ou em outro suporte duradouro equivalente cumpre a exigência de prova por documento escrito.

3 – A prova da prestação da garantia financeira deve permitir identificar o objecto correspondente.

4 – É suficiente para identificar o objecto da garantia financeira:

a) Nas garantias financeiras sobre numerário, para o penhor financeiro, o registo na conta do prestador e, para a alienação fiduciária em garantia, o registo do crédito na conta do beneficiário;

b) Nas garantias financeiras sobre valores mobiliários escriturais, para o penhor financeiro, o registo na conta do titular ou, nos termos da lei, na conta do beneficiário e, para a alienação fiduciária em garantia, o registo da aquisição fiduciária.

ART. 8.º (Formalidades) – 1 – Sem prejuízo do disposto nos artigos 6.º e 7.º, a validade, a eficácia ou a admissibilidade como prova de um contrato de garantia financeira e da prestação de uma garantia financeira não dependem da realização de qualquer acto formal.

2 – Sem prejuízo do acordado pelas partes, a execução da garantia pelo beneficiário não está sujeita a nenhum requisito, nomeadamente a notificação prévia ao prestador da garantia da intenção de proceder à execução.

TÍTULO II — **PENHOR FINANCEIRO**

ART. 9.º (Direito de disposição) – 1 – O contrato de penhor financeiro pode conferir ao beneficiário da garantia o direito de disposição sobre o objecto desta.

2 – O direito de disposição confere ao beneficiário da garantia financeira os poderes de alienar ou onerar o objecto da garantia prestada, nos termos previstos no contrato, como se fosse seu proprietário.

3 – O exercício do direito de disposição depende, relativamente aos valores mobiliários escriturais, de menção no respectivo registo em conta e, relativamente aos valores mobiliários titulados, de menção na conta de depósito.

594 [DL n.º 105/2004]
OPERAÇÕES BANCÁRIAS E FINANCEIRAS

ART. 10.º (Efeitos do exercício do direito de disposição) – 1 – Exercido o direito de disposição, deve o beneficiário da garantia, até à data convencionada para o cumprimento das obrigações financeiras garantidas:

a) Restituir ao prestador objecto equivalente ao objecto da garantia financeira original, em caso de cumprimento das obrigações financeiras garantidas por parte deste; ou

b) Quando o contrato de penhor financeiro o preveja e em caso de cumprimento pelo prestador da garantia, entregar-lhe quantia em dinheiro correspondente ao valor que o objecto da garantia tem no momento do vencimento da obrigação de restituição, nos termos acordados pelas partes e segundo critérios comerciais razoáveis; ou

c) Quando o contrato de penhor financeiro o preveja, livrar-se da sua obrigação de restituição por meio de compensação, sendo o crédito do prestador avaliado nos termos da alínea anterior.

2 – O disposto no número anterior não é prejudicado pelo cumprimento antecipado das obrigações financeiras garantidas.

3 – O objecto equivalente substitui, para todos os efeitos, a garantia financeira original e considera-se como tendo sido prestado no momento da prestação desta.

4 – Os direitos que o beneficiário tenha ao abrigo do penhor financeiro relativamente à garantia financeira original mantêm-se relativamente ao objecto equivalente.

ART. 11.º (Pacto comissório) – 1 – No penhor financeiro, o beneficiário da garantia pode proceder à sua execução, fazendo seus os instrumentos financeiros dados em garantia:

a) Se tal tiver sido convencionado pelas partes;

b) Se houver acordo das partes relativamente à avaliação dos instrumentos financeiros.

2 – O beneficiário da garantia fica obrigado a restituir ao prestador o montante correspondente à diferença entre o valor do objecto da garantia e o montante das obrigações financeiras garantidas.

3 – O disposto na alínea *b)* do n.º 1 não prejudica qualquer obrigação legal de proceder à realização ou avaliação da garantia financeira e ao cálculo das obrigações financeiras garantidas de acordo com critérios comerciais razoáveis.

ART. 12.º (Vencimento antecipado e compensação) – 1 – As partes podem convencionar o vencimento antecipado da obrigação de restituição do beneficiário da garantia e o cumprimento da mesma por compensação, caso ocorra um facto que desencadeie a execução.

2 – Entende-se por facto que desencadeia a execução o não cumprimento do contrato ou qualquer facto a que as partes atribuam efeito análogo.

ART. 13.º (Objecto equivalente) – Para efeitos do presente diploma, entende-se por objecto equivalente:

i) No caso de numerário, um pagamento do mesmo montante e na mesma moeda;

ii) No caso de instrumentos financeiros, instrumentos financeiros do mesmo emitente ou devedor, que façam parte da mesma emissão ou categoria e tenham o mesmo valor nominal, sejam expressos na mesma moeda e tenham a mesma denominação, ou outros instrumentos financeiros, quando o contrato de garantia financeira o preveja, na ocorrência de um facto respeitante ou relacionado com os instrumentos financeiros prestados enquanto garantia financeira original.

TÍTULO III — ALIENAÇÃO FIDUCIÁRIA EM GARANTIA

ART. 14.º (Deveres do beneficiário da garantia) – Nos contratos de alienação fiduciária em garantia, deve o beneficiário, até à data convencionada para o cumprimento das obrigações financeiras garantidas:

a) Restituir ao prestador a garantia financeira prestada ou objecto equivalente;

b) Entregar ao prestador quantia em dinheiro correspondente ao valor que o objecto da garantia tem no momento do vencimento da obrigação de restituição, nos termos acordados pelas partes e segundo critérios comerciais razoáveis;

c) Livrar-se da sua obrigação por meio de compensação, avaliando-se o crédito do prestador nos termos da alínea anterior.

ART. 15.º (Vencimento antecipado e compensação) – O disposto no artigo 12.º é aplicável aos contratos de alienação fiduciária em garantia.

TÍTULO IV — LIQUIDAÇÃO E SANEAMENTO

ART. 16.º (Processo de liquidação e medidas de saneamento) – Para efeitos do presente diploma e relativamente ao prestador ou ao beneficiário da garantia, entende-se por:

a) «Processo de liquidação» o processo colectivo que inclui a realização de activos e a repartição do produto dessa realização entre os credores, os accionistas ou os membros, consoante o caso, e que implica a intervenção de uma autoridade administrativa ou judicial, incluindo os casos em que esse processo é encerrado mediante uma concordata ou qualquer outra medida análoga, independentemente de se basear ou não numa insolvência e de ter carácter voluntário ou obrigatório;

CONTRATOS DE GARANTIA FINANCEIRA [DL n.º 105/2004] 595

b) «Medidas de saneamento» as medidas que implicam a intervenção de uma autoridade administrativa ou judicial e destinadas a preservar ou restabelecer a situação financeira e que afectam os direitos preexistentes de terceiros, incluindo, nomeadamente, as medidas que envolvem uma suspensão de pagamentos, uma suspensão das medidas de execução ou uma redução dos montantes dos créditos.

ART. 17.º (Validade dos contratos e das garantias financeiras) – 1 – Os contratos de garantia financeira celebrados e as garantias financeiras prestadas ao abrigo desses contratos não podem ser resolvidos pelo facto de o contrato ter sido celebrado ou a garantia financeira prestada:
a) No dia da abertura de um processo de liquidação ou da adopção de medidas de saneamento, desde que antes de proferido o despacho, a sentença ou decisão equivalente;
b) Num determinado período anterior definido por referência:
i) À abertura de um processo de liquidação ou à adopção de medidas de saneamento;
ii) À tomada de qualquer outra medida ou à ocorrência de qualquer outro facto no decurso desse processo ou dessas medidas.
2 – Não podem ser declarados nulos ou anulados os seguintes actos quando praticados no período referido no número anterior:
a) A prestação de nova garantia no caso de variação do montante das obrigações financeiras garantidas ou a prestação de garantia financeira adicional em situação de variação do valor da garantia financeira;
b) A substituição da garantia financeira por objecto equivalente.

ART. 18.º (Eficácia dos contratos) – 1 – Em situação de abertura ou prossecução de um processo de liquidação ou de adopção de medidas de saneamento relativas ao prestador ou ao beneficiário da garantia, os contratos de garantia financeira produzem efeitos nas condições e segundo os termos convencionados pelas partes.
2 – Os contratos de garantia financeira celebrados e as garantias financeiras prestadas após a abertura de processos de liquidação e a adopção de medidas de saneamento relativas ao prestador da garantia financeira são eficazes perante terceiros desde que o beneficiário da garantia prove que não tinha nem deveria ter conhecimento da abertura desse processo ou da adopção dessas medidas.

ART. 19.º (Actos fraudulentos) – A validade dos actos a que se referem os artigos 17.º e 18.º não é ressalvada sempre que os mesmos tenham sido praticados intencionalmente em detrimento de outros credores.

ART. 20.º (Vencimento antecipado e compensação) – O vencimento antecipado e a compensação previstos nos artigos 12.º e 15.º não são prejudicados:
a) Pela abertura ou prossecução de um processo de liquidação relativamente ao prestador ou ao beneficiário da garantia;
b) Pela adopção de medidas de saneamento relativamente ao prestador e ou beneficiário da garantia;
c) Pela cessão, apreensão judicial ou actos de outra natureza nem por qualquer alienação de direitos respeitante ao beneficiário ou ao prestador da garantia.

TÍTULO V — DISPOSIÇÕES FINAIS E TRANSITÓRIAS

ART. 21.º (Norma de conflitos) – São reguladas pela lei do país em que está localizada a conta na qual é feito o registo da garantia as seguintes matérias:
a) A qualificação e os efeitos patrimoniais da garantia que tenha por objecto valores mobiliários escriturais;
b) Os requisitos relativos à celebração de um contrato de garantia financeira que tenha por objecto valores mobiliários escriturais;
c) A prestação de uma garantia que tenha por objecto valores mobiliários escriturais ao abrigo de determinado contrato de garantia financeira;
d) As formalidades necessárias à oponibilidade a terceiros do contrato de garantia financeira e da prestação da garantia financeira;
e) A relação entre o direito de propriedade ou outro direito de determinada pessoa a uma garantia financeira que tenha por objecto valores mobiliários e outro direito de propriedade concorrente;
f) A qualificação de uma situação como de aquisição do objecto da garantia pela posse de terceiro de boa fé;
g) As formalidades necessárias à execução de uma garantia que tenha por objecto valores mobiliários escriturais.

ART. 22.º (Direito subsidiário) – Em tudo que não vier previsto no presente diploma aplicam-se os regimes comum ou especial estabelecidos para outras modalidades de penhor ou reporte.

ART. 23.º (Aplicação no tempo) – O presente diploma aplica-se aos contratos de garantia financeira celebrados após a sua entrada em vigor.

ART. 24.º (Entrada em vigor) – O presente diploma entra em vigor 30 dias após a sua publicação.

CAP. VIII
TÍTULOS DE CRÉDITO

8.1. LEI UNIFORME RELATIVA ÀS LETRAS E LIVRANÇAS (*) (**)

TÍTULO I — DAS LETRAS

CAPÍTULO I — Da emissão e forma da letra

ART. 1.º (Requisitos da letra) – A letra contém:
1. A palavra «letra» inserta no próprio texto do título e expressa na língua empregada para a redacção desse título;
2. O mandato puro e simples de pagar uma quantia determinada;
3. O nome daquele que deve pagar (sacado);
4. A época do pagamento;
5. A indicação do lugar em que se deve efectuar o pagamento;
6. O nome da pessoa a quem ou à ordem de quem deve ser paga;
7. A indicação da data em que, e do lugar onde a letra é passada;
8. A assinatura de quem passa a letra (sacador).

ART. 2.º (Falta de alguns dos requisitos) – O escrito em que faltar algum dos requisitos indicados no artigo anterior não produzirá efeito como letra, salvo nos casos determinados nas alíneas seguintes:

A letra em que se não indique a época do pagamento entende-se pagável à vista.

Na falta de indicação especial, o lugar designado ao lado do nome do sacado considera-se como sendo o lugar do pagamento, e, ao mesmo tempo, o lugar do domicílio do sacado.

A letra sem indicação do lugar onde foi passada considera-se como tendo-o sido no lugar designado, ao lado do nome do sacador.

ART. 3.º (Modalidades do saque) – A letra pode ser à ordem do próprio sacador.

Pode ser sacada sobre o próprio sacador.

Pode ser sacada por ordem e conta de terceiro.

ART. 4.º (Pagamento no domicílio de terceiro) – A letra pode ser pagável no domicílio de terceiro, quer na localidade onde o sacado tem o seu domicílio, quer noutra localidade.

ART. 5.º (Estipulação de juros) – Numa letra pagável à vista ou a um certo termo de vista, pode o sacador estipular que a sua importância vencerá juros. Em qualquer outra espécie de letra a estipulação de juros será considerada como não escrita.

(*) As três **convenções relativas a letras e livranças** – uma estabelecendo uma lei uniforme, em matéria de letras e livranças, outra destinada a regular certos confiitos de leis em matéria de letras e livranças e a terceira relativa ao imposto do selo em matéria de letras e livranças, foram **assinadas em Genebra em 7-6-1930** e aprovadas entre nós pelo **DL n.º 23 721**, de 29 de Março de 1934, posteriormente confirmadas e ratificadas pela **Carta de 10 de Maio de 1934**, publicada no Suplemento ao DG de 21 de Junho de 1934.

(**) As epígrafes dos artigos não constam do texto oficial.

LEI UNIFORME RELATIVA ÀS LETRAS E LIVRANÇAS [LULL] 597

A taxa de juro deve ser indicada na letra; na falta de indicação, a cláusula de juros é considerada como não escrita. Os juros contam-se da data da letra, se outra data não for indicada.

ART. 6.º (Divergências na indicação do montante) – Se na letra a indicação da quantia a satisfazer se achar feita por extenso e em algarismos, e houver divergência entre uma e outra, prevalece a que estiver feita por extenso.

Se na letra a indicação da quantia a satisfazer se achar feita por mais de uma vez, quer por extenso, quer em algarismos, e houver divergências entre as diversas indicações, prevalecerá a que se achar feita pela quantia inferior.

ART. 7.º (Independência das assinaturas válidas) – Se a letra contém assinaturas de pessoas incapazes de se obrigarem por letras, assinaturas falsas, assinaturas de pessoas fictícias, ou assinaturas que por qualquer outra razão não poderiam obrigar as pessoas que assinaram a letra, ou em nome das quais ela foi assinada, as obrigações dos outros signatários nem por isso deixam de ser válidas.

ART. 8.º (Representação sem poderes ou com excesso de poder) – Todo aquele que apuser a sua assinatura numa letra, como representante duma pessoa, para representar a qual não tinha de facto poderes, fica obrigado em virtude da letra e, se a pagar, tem os mesmos direitos que o pretendido representado. A mesma regra se aplica ao representante que tenha excedido os seus poderes.

ART. 9.º (Responsabilidade do sacador) – O sacador é garante tanto da aceitação como do pagamento da letra.

O sacador pode exonerar-se da garantia da aceitação; toda e qualquer cláusula pela qual ele se exonere da garantia do pagamento considera-se como não escrita.

ART. 10.º (Violação do pacto de preenchimento) – Se uma letra incompleta no momento de ser passada tiver sido completada contrariamente aos acordos realizados, não pode a inobservância desses acordos ser motivo de oposição ao portador, salvo se este tiver adquirido a letra de má fé ou, adquirindo-a, tenha cometido uma falta grave.

CAPÍTULO II — Do endosso

ART. 11.º (Formas de transmissão) – Toda a letra de câmbio, mesmo que não envolva expressamente a cláusula à ordem, é transmissível por via de endosso.

Quando o sacador tiver inserido na letra as palavras «não à ordem», ou uma expressão equivalente, a letra só é transmissível pela forma e com os efeitos de uma cessão ordinária de créditos.

O endosso pode ser feito mesmo a favor do sacado, aceitante ou não, do sacador, ou de qualquer outro co--obrigado. Estas pessoas podem endossar novamente a letra.

ART. 12.º (Modalidades do endosso) – O endosso deve ser puro e simples. Qualquer condição a que ele seja subordinado considera-se como não escrita.

O endosso parcial é nulo.

O endosso ao portador vale como endosso em branco.

ART. 13.º (Forma do endosso) – O endosso deve ser escrito na letra ou numa folha ligada a esta (anexo). Deve ser assinado pelo endossante.

O endosso pode não designar o beneficiário, ou consistir simplesmente na assinatura do endossante (endosso em branco). Neste último caso, o endosso para ser válido deve ser escrito no verso da letra ou na folha anexa.

ART. 14.º (Efeitos do endosso. Endosso em branco) – O endosso transmite todos os direitos emergentes da letra.

Se o endosso for em branco, o portador pode:

1.º Preencher o espaço em branco, quer com o seu nome, quer com o nome de outra pessoa;

2.º Endossar de novo a letra em branco ou a favor de outra pessoa;

3.º Remeter a letra a um terceiro, sem preencher o espaço em branco e sem a endossar.

ART. 15.º (Responsabilidade do endossante) – O endossante, salvo cláusula em contrário, é garante tanto da aceitação como do pagamento da letra.

O endossante pode proibir um novo endosso, e, neste caso, não garante o pagamento às pessoas a quem a letra for posteriormente endossada.

ART. 16.º (Requisitos da legitimidade do portador) – O detentor de uma letra é considerado portador legítimo se justifica o seu direito por uma série ininterrupta de endossos, mesmo se o último for em branco. Os endossos riscados consideram-se, para este efeito, como não escritos. Quando um endosso em branco é seguido de um outro endosso, presume-se que o signatário deste adquiriu a letra pelo endosso em branco.

Se uma pessoa foi por qualquer maneira desapossada de uma letra, o portador dela, desde que justifique o seu direito pela maneira indicada na alínea precedente, não é obrigada a restituí-la, salvo se a adquiriu de má fé ou se, adquirindo-a, cometeu uma falta grave.

598 [LULL]   TÍTULOS DE CRÉDITO

ART. 17.º (Excepções inoponíveis ao portador) – As pessoas accionadas em virtude de uma letra não podem opor ao portador as excepções fundadas sobre as relações pessoais delas com o sacador ou com os portadores anteriores, a menos que o portador, ao adquirir a letra, tenha procedido conscientemente em detrimento do devedor.

ART. 18.º (Endosso por procuração) – Quando o endosso contém a menção «valor a cobrar» (*valeur en recouvrement*), «para cobrança» (*pour encaissement*), «por procuração» (*par procuration*), ou qualquer outra menção que implique um simples mandato, o portador pode exercer todos os direitos emergentes da letra, mas só pode endossá-la na qualidade de procurador.

Os co-obrigados, neste caso, só podem invocar contra o portador as excepções que eram oponíveis ao endossante.

O mandato que resulta de um endosso por procuração não se extingue por morte ou sobrevinda incapacidade legal do mandatário.

ART. 19.º (Endosso em garantia) – Quando o endosso contém a menção «valor em garantia», «valor em penhor» ou qualquer outra menção que implique uma caução, o portador pode exercer todos os direitos emergentes da letra, mas um endosso feito por ele só vale como endosso a título de procuração.

Os co-obrigados não podem invocar contra o portador as excepções fundadas sobre as relações pessoais deles com o endossante, a menos que o portador, ao receber a letra, tenha procedido conscientemente em detrimento do devedor.

ART. 20.º (Endosso posterior ao vencimento) – O endosso posterior ao vencimento tem os mesmos efeitos que o endosso anterior. Todavia, o endosso posterior ao protesto por falta de pagamento, ou feito depois de expirado o prazo fixado para se fazer o protesto, produz apenas os efeitos de uma cessão ordinária de créditos.

Salvo prova em contrário, presume-se que um endosso sem data foi feito antes de expirado o prazo fixado para se fazer o protesto.

CAPÍTULO III — Do aceite

ART. 21.º (Apresentação ao aceite) – A letra pode ser apresentada, até ao vencimento, ao aceite do sacado, no seu domicílio, pelo portador ou até por um simples detentor.

ART. 22.º (Estipulações relativas ao aceite) – O sacador pode, em qualquer letra, estipular que ela será apresentada ao aceite, com ou sem fixação de prazo.

Pode proibir na própria letra a sua apresentação ao aceite, salvo se se tratar de uma letra pagável em domicílio de terceiro, ou de uma letra pagável em localidade diferente da do domicílio do sacado, ou de uma letra sacada a certo termo de vista.

O sacador pode também estipular que a apresentação ao aceite não poderá efectuar-se antes de determinada data.

Todo o endossante pode estipular que a letra deve ser apresentada ao aceite, com ou sem fixação de prazo, salvo se ela tiver sido declarada não aceitável pelo sacador.

ART. 23.º (Prazo para a apresentação ao aceite) – As letras a certo termo de vista devem ser apresentadas ao aceite dentro do prazo de um ano das suas datas.

O sacador pode reduzir este prazo ou estipular um prazo maior.

Esses prazos podem ser reduzidos pelos endossantes.

ART. 24.º (Segunda apresentação da letra) – O sacado pode pedir que a letra lhe seja apresentada uma segunda vez no dia seguinte ao da primeira apresentação. Os interessados somente podem ser admitidos a pretender que não foi dada satisfação a este pedido no caso de ele figurar no protesto.

O portador não é obrigado a deixar nas mãos do aceitante a letra apresentada ao aceite.

ART. 25.º (Como se exprime o aceite) – O aceite é escrito na própria letra. Exprime-se pela palavra «aceite» ou qualquer outra palavra equivalente; o aceite é assinado pelo sacado. Vale como aceite a simples assinatura do sacado aposta na parte anterior da letra.

Quando se trate de uma letra pagável a certo termo de vista, ou que deva ser apresentada ao aceite dentro de um prazo determinado por estipulação especial, o aceite deve ser datado do dia em que foi dado, salvo se o portador exigir que a data seja a da apresentação. À falta de data, o portador, para conservar os seus direitos de recurso contra os endossantes e contra o sacador, deve fazer constatar essa omissão por um protesto, feito em tempo útil.

ART. 26.º (Modalidades do aceite) – O aceite é puro e simples, mas o sacado pode limitá-lo a uma parte da importância sacada.

Qualquer outra modificação introduzida pelo aceite no enunciado da letra equivale a uma recusa de aceite. O aceitante fica, todavia, obrigado nos termos do seu aceite.

LEI UNIFORME RELATIVA ÀS LETRAS E LIVRANÇAS [LULL] 599

ART. 27.º (Lugar de pagamento) – Quando o sacador tiver indicado na letra um lugar de pagamento diverso do domicílio do sacado sem designar um terceiro em cujo domicílio o pagamento se deva efectuar, o sacado pode designar no acto do aceite a pessoa que deve pagar a letra. Na falta desta indicação, considera-se que o aceitante se obriga, ele próprio, a efectuar o pagamento no lugar indicado na letra.

Se a letra é pagável no domicílio do sacado, este pode, no acto do aceite, indicar, para ser efectuado o pagamento, um outro domicílio no mesmo lugar.

ART. 28.º (Obrigações do aceitante) – O sacado obriga-se pelo aceite a pagar a letra à data do vencimento.

Na falta de vencimento, o portador, mesmo no caso de ser ele o sacador, tem contra o aceitante um direito de acção resultante da letra, em relação a tudo o que pode ser exigido nos termos dos artigos 48.º e 49.º.

ART. 29.º (Anulação de aceite já dado) – Se o sacado, antes da restituição da letra, riscar o aceite que tiver dado, tal aceite é considerado como recusado. Salvo prova em contrário, a anulação do aceite considera-se feita antes da restituição da letra.

Se, porém, o sacado tiver informado por escrito o portador ou qualquer outro signatário da letra de que a aceita, fica obrigado para com estes, nos termos do seu aceite.

CAPÍTULO IV — Do aval

ART. 30.º (Função do aval) – O pagamento de uma letra pode ser no todo ou em parte garantido por aval. Esta garantia é dada por um terceiro ou mesmo por um signatário da letra.

ART. 31.º (Forma do aval) – O aval é escrito na própria letra ou numa folha anexa.

Exprime-se pelas palavras «bom para aval» ou por qualquer fórmula equivalente; é assinado pelo dador do aval.

O aval considera-se como resultando da simples assinatura do dador aposta na face anterior da letra, salvo se se trata das assinaturas do sacado ou do sacador.

O aval deve indicar a pessoa por quem se dá. Na falta de indicação, entender-se-á ser pelo sacador.

«Mesmo no domínio das relações imediatas o aval que não indique o avalizado é sempre prestado a favor do sacador». (Assento do STJ, de 1-2-1966: *BMJ*, 154.º-131).

ART. 32.º (Responsabilidade do dador de aval) – O dador de aval é responsável da mesma maneira que a pessoa por ele afiançada.

A sua obrigação mantém-se, mesmo no caso de a obrigação que ele garantiu ser nula por qualquer razão que não seja um vício de forma.

Se o dador de aval paga a letra, fica sub-rogado nos direitos emergentes da letra contra a pessoa a favor de quem foi dado o aval e contra os obrigados para com esta em virtude da letra.

CAPÍTULO V — Do vencimento

ART. 33.º (Modalidades do vencimento) – Uma letra pode ser sacada:

À vista;

A um certo termo de vista;

A um certo termo de data;

Pagável no dia fixado.

As letras, quer com vencimentos diferentes, quer com vencimentos sucessivos, são nulas.

ART. 34.º (Vencimento da letra à vista) – A letra à vista é pagável à apresentação. Deve ser apresentada a pagamento dentro do prazo de um ano, a contar da sua data. O sacador pode reduzir este prazo ou estipular um outro mais longo. Estes prazos podem ser encurtados pelos endossantes.

O sacador pode estipular que uma letra pagável à vista não deverá ser apresentada a pagamento antes de uma certa data. Nesse caso, o prazo para a apresentação conta-se dessa data.

ART. 35.º (Vencimentos de letra a certo termo de vista) – O vencimento de uma letra a certo termo de vista determina-se, quer pela data do aceite, quer pela do protesto.

Na falta de protesto, o aceite não datado entende-se, no que respeita ao aceitante, como tendo sido dado no último dia do prazo para a apresentação ao aceite.

ART. 36.º (Vencimentos noutros casos especiais) – O vencimento de uma letra sacada a um ou mais meses de data ou de vista será na data correspondente do mês em que o pagamento se deve efectuar. Na falta de data correspondente, o vencimento será no último dia desse mês.

Quando a letra é sacada a um ou mais meses e meio de data ou de vista contam-se primeiro os meses inteiros.

Se o vencimento for fixado para o princípio, meado ou fim do mês, entende-se que a letra será vencível no primeiro, no dia quinze ou no último dia desse mês.

600   [LULL]   TÍTULOS DE CRÉDITO

As expressões «oito dias» ou «quinze dias» entendem-se, não como uma ou duas semanas, mas como um prazo de oito ou quinze dias efectivos.

A expressão «meio mês» indica um prazo de quinze dias.

ART. 37.º (Vencimento no caso de divergências de calendários) – Quando uma letra é pagável num dia fixo num lugar em que o calendário é diferente do do lugar de emissão, a data do vencimento é considerada como fixada segundo o calendário do lugar do pagamento.

Quando uma letra sacada entre duas praças que têm calendários diferentes é pagável a certo termo de vista, o dia da emissão é referido ao dia correspondente do calendário do lugar de pagamento, para o efeito da determinação da data do vencimento.

Os prazos de apresentação das letras são calculados segundo as regras da alínea precedente.

Estas regras não se aplicam se uma cláusula da letra, ou até o simples enunciado do título, indicar que houve intenção de adoptar regras diferentes.

CAPÍTULO VI — Do pagamento

ART. 38.º (Prazo para a apresentação da letra a pagamento) – O portador de uma letra pagável em dia fixo ou a certo termo de data ou de vista deve apresentá-la a pagamento no dia em que ela é pagável ou num dos dois dias úteis seguintes.

A apresentação da letra a uma câmara de compensação equivale a apresentação a pagamento.

As câmaras de compensação foram extintas pelo DL n.º 381/77, de 9 de Setembro.

ART. 39.º (Direito do sacado que paga. Pagamento parcial) – O sacado que paga uma letra pode exigir que ela lhe seja entregue com a respectiva quitação.

O portador não pode recusar qualquer pagamento parcial.

No caso de pagamento parcial, o sacado pode exigir que desse pagamento se faça menção na letra e que dele lhe seja dada quitação.

ART. 40.º (Pagamento antes do vencimento e no vencimento) – O portador de uma letra não pode ser obrigado a receber o pagamento dela antes do vencimento.

O sacado que paga uma letra antes do vencimento fá-lo sob sua responsabilidade.

Aquele que paga uma letra no vencimento fica validamente desobrigado, salvo se da sua parte tiver havido fraude ou falta grave. É obrigado a verificar a regularidade da sucessão dos endossos, mas não a assinatura dos endossantes.

ART. 41.º (Moeda em que deve ser feito o pagamento) – Se numa letra se estipular o pagamento em moeda que não tenha curso legal no lugar do pagamento, pode a sua importância ser paga na moeda do país, segundo o seu valor no dia do vencimento. Se o devedor está em atraso, o portador pode, à sua escolha, pedir que o pagamento da importância da letra seja feito na moeda do país ao câmbio do dia do vencimento ou ao câmbio do dia do pagamento.

A determinação do valor da moeda estrangeira será feita segundo os usos do lugar de pagamento. O sacador pode, todavia, estipular que a soma a pagar seja calculada segundo um câmbio fixado na letra.

As regras acima indicadas não se aplicam ao caso em que o sacador tenha estipulado que o pagamento deverá ser efectuado numa certa moeda especificada (cláusula de pagamento efectivo numa moeda estrangeira).

Se a importância da letra for indicada numa moeda que tenha a mesma denominação mas valor diferente no país de emissão e no de pagamento, presume-se que fez referência à moeda do lugar de pagamento.

ART. 42.º (Consignação em depósito) – Se a letra não for apresentada a pagamento dentro do prazo fixado no artigo 38.º, qualquer devedor tem a faculdade de depositar a sua importância junto da autoridade competente, à custa do portador e sob a responsabilidade deste.

CAPÍTULO VII — Da acção por falta de aceite e falta de pagamento

ART. 43.º (Contra quem pode ser proposta a acção de pagamento) – O portador de uma letra pode exercer os seus direitos de acção contra os endossantes, sacador e outros co-obrigados:

No vencimento:

Se o pagamento não foi efectuado.

Mesmo antes do vencimento:

1.º Se houver recusa total ou parcial de aceite;

2.º Nos casos de falência do sacado, quer ele tenha aceite, quer não, de suspensão de pagamento do mesmo, ainda que não constatada por sentença, ou de ter sido promovida, sem resultado, execução dos seus bens;

3.º Nos casos de falência do sacador de uma letra não aceitável.

LEI UNIFORME RELATIVA ÀS LETRAS E LIVRANÇAS [LULL] 601

ART. 44.º (Protesto por falta de aceite ou de pagamento) – A recusa de aceite ou de pagamento deve ser comprovada por um acto formal (protesto por falta de aceite ou falta de pagamento).

O protesto por falta de aceite deve ser feito nos prazos fixados para a apresentação ao aceite. Se, no caso previsto na alínea 1.ª do artigo 24.º, a primeira apresentação da letra tiver sido feita no último dia do prazo, pode fazer-se ainda o protesto no dia seguinte.

O protesto por falta de pagamento de uma letra pagável em dia fixo ou a certo termo de data ou de vista deve ser feito num dos dois dias úteis seguintes àquele em que a letra é pagável. Se se trata de uma letra pagável à vista, o protesto deve ser feito nas condições indicadas na alínea precedente para o protesto por falta de aceite.

O protesto por falta de aceite dispensa a apresentação a pagamento e o protesto por falta de pagamento.

No caso de suspensão de pagamentos do sacado, quer seja aceitante, quer não, ou no caso de lhe ter sido promovida, sem resultado, execução dos bens, o portador da letra só pode exercer o seu direito de acção após a apresentação da mesma ao sacado para pagamento e depois de feito o protesto.

No caso de falência declarada do sacado, quer seja aceitante, quer não, bem como no caso de falência declarada do sacador de uma letra não aceitável, a apresentação da sentença de declaração de falência é suficiente para que o portador da letra possa exercer o seu direito de acção.

ART. 45.º (Aviso da falta de aceite ou de pagamento) – O portador deve avisar da falta de aceite ou de pagamento o seu endossante e o sacador dentro dos quatro dias úteis que se seguirem ao dia do protesto ou da apresentação, no caso de a letra conter a cláusula «sem despesa». Cada um dos endossantes deve, por sua vez, dentro dos dois dias úteis que se seguirem ao da recepção do aviso, informar o seu endossante do aviso que recebeu, indicando os nomes e endereços dos que enviarem os avisos precedentes, e assim sucessivamente até se chegar ao sacador. Os prazos acima indicados contam-se a partir da recepção do aviso precedente.

Quando, em conformidade com o disposto na alínea anterior, se avisou um signatário da letra, deve avisar-se também o seu avalista dentro do mesmo prazo de tempo.

No caso de um endossante não ter indicado o seu endereço, ou de o ter feito de maneira ilegível, basta que o aviso seja enviado ao endossante que o precede.

A pessoa que tenha de enviar um aviso pode fazê-lo por qualquer forma, mesmo pela simples devolução da letra.

Essa pessoa deverá provar que o aviso foi enviado dentro do prazo prescrito. O prazo considerar-se-á como tendo sido observado desde que a carta contendo o aviso tenha sido posta no correio dentro dele.

A pessoa que não der o aviso dentro do prazo acima indicado não perde os seus direitos; será responsável pelo prejuízo, se o houver, motivado pela sua negligência, sem que a responsabilidade possa exceder a importância da letra.

ART. 46.º (Cláusula que dispensa o protesto) – O sacador, um endossante ou um avalista pode, pela cláusula «sem despesas», «sem protesto», ou outra cláusula equivalente, dispensar o portador de fazer um protesto por falta de aceite ou falta de pagamento, para poder exercer os seus direitos de acção.

Essa cláusula não dispensa o portador da apresentação da letra dentro do prazo prescrito nem tão-pouco dos avisos a dar. A prova da inobservância do prazo incumbe àquele que dela se prevaleça contra o portador.

Se a cláusula foi escrita pelo sacador, produz os seus efeitos em relação a todos os signatários da letra; se for inserida por um endossante ou por um avalista, só produz efeito em relação a esse endossante ou avalista. Se, apesar da cláusula escrita pelo sacador, o portador faz o protesto, as respectivas despesas serão de conta dele. Quando a cláusula emanar de um endossante ou de um avalista, as despesas do protesto, se for feito, podem ser cobradas de todos os signatários da letra.

ART. 47.º (Responsabilidade solidária dos signatários) – Os sacadores, aceitantes, endossantes ou avalistas de uma letra são todos solidariamente responsáveis para com o portador.

O portador tem o direito de accionar todas estas pessoas, individualmente ou colectivamente, sem estar adstrito a observar a ordem por que elas se obrigaram.

O mesmo direito possui qualquer dos signatários de uma letra quando a tenha pago.

A acção intentada contra um dos co-obrigados não impede de accionar os outros, mesmo os posteriores àquele que foi accionado em primeiro lugar.

ART. 48.º (Direitos do portador contra o demandado) – O portador pode reclamar daquele contra quem exerce o seu direito de acção:

1.º O pagamento da letra não aceite ou não paga, com juros se assim foi estipulado;

2.º Os juros à taxa de 6 por cento desde a data do vencimento;

3.º As despesas do protesto, as dos avisos dados e as outras despesas.

Se a acção for interposta antes do vencimento da letra, a sua importância será reduzida de um desconto. Esse desconto será calculado de acordo com a taxa oficial de desconto (taxa do Banco) em vigor no lugar do domicílio do portador à data da acção.

ART. 49.º (Direito de quem pagou) – A pessoa que pagou uma letra pode reclamar dos seus garantes:

1.º A soma integral que pagou;

2.º Os juros da dita soma, calculados à taxa de 6 por cento, desde a data em que a pagou;

3.º As despesas que tiver feito.

602   [LULL]   TÍTULOS DE CRÉDITO

ART. 50.º (Entrega da letra e eliminação de endossos) – Qualquer dos co-obrigados, contra o qual se intentou ou pode ser intentada uma acção, pode exigir, desde que pague a letra, que ela lhe seja entregue com o protesto e um recibo.

Qualquer dos endossantes que tenha pago uma letra pode riscar o seu endosso e os dos endossantes subsequentes.

ART. 51.º (Pagamento total no caso de aceite parcial) – No caso de acção intentada depois de um aceite parcial, a pessoa que pagar a importância pela qual a letra não foi aceite pode exigir que esse pagamento seja mencionado na letra e que dele lhe seja dada quitação. O portador deve, além disso, entregar a essa pessoa uma cópia autêntica da letra e o protesto, de maneira a permitir o exercício de ulteriores direitos de acção.

ART. 52.º (Direito de ressaque) – Qualquer pessoa que goze do direito de acção pode, salvo estipulação em contrário, embolsar-se por meio de uma nova letra (ressaque) à vista, sacada sobre um dos co-obrigados e pagável no domicílio deste.

O ressaque inclui, além das importâncias indicadas nos artigos 48.º e 49.º, um direito de corretagem e a importância do selo de ressaque.

Se o ressaque é sacado pelo portador, a sua importância é fixada segundo a taxa para uma letra à vista, sacada do lugar onde a primitiva letra era pagável sobre o lugar do domicilio do co-obrigado. Se e o ressaque é sacado por um endossante, a sua importância é fixada segundo a taxa para uma letra à vista, sacada do lugar onde o sacador do ressaque tem o seu domicílio sobre o lugar do domicílio do co-obrigado.

ART. 53.º (Extinção do direito de acção contra signatários diversos do aceitante) – Depois de expirados os prazos fixados:

Para a apresentação de uma letra à vista ou a certo termo de vista;

Para se fazer o protesto por falta de aceite ou por falta de pagamento;

Para a apresentação a pagamento no caso da cláusula «sem despesas»;

O portador perdeu os seus direitos de acção contra os endossantes, contra o sacador e contra os outros co-obrigados, à excepção do aceitante.

Na falta de apresentação ao aceite no prazo estipulado pelo sacador, o portador perdeu os seus direitos de acção, tanto por falta de pagamento como por falta de aceite, a não ser que dos termos da estipulação se conclua que o sacador apenas teve em vista exonerar-se da garantia do aceite.

Se a estipulação de um prazo para a apresentação constar de um endosso, somente aproveita ao respectivo endossante.

ART. 54.º (Prorrogação dos prazos por motivo de força maior) – Quando a apresentação da letra ou o seu protesto não puder fazer-se dentro dos prazos indicados por motivo insuperável (prescrição legal declarada por um Estado qualquer ou outro caso de força maior), esses prazos serão prorrogados.

O portador deverá avisar imediatamente o seu endossante do caso de força maior e fazer menção desse aviso, datada e assinada, na letra ou numa folha anexa; para o demais são aplicáveis as disposições do artigo 45.º.

Desde que tenha cessado o caso de força maior, o portador deve apresentar sem demora a letra ao aceite ou a pagamento, e, caso haja motivo para tal, fazer o protesto.

Se o caso de força maior se prolongar além de trinta dias a contar da data do vencimento, podem promover-se acções sem que haja necessidade de apresentação ou protesto.

Para as letras à vista ou a certo termo de vista, o prazo de trinta dias conta-se da data em que o portador, mesmo antes de expirado o prazo para a apresentação, deu o aviso do caso de força maior ao seu endossante; para as letras a certo termo de vista, o prazo de trinta dias fica acrescido do prazo de vista indicado na letra.

Não são considerados casos de força maior os factos que sejam de interesse puramente pessoal do portador ou da pessoa por ele encarregada da apresentação da letra ou de fazer o protesto.

CAPÍTULO VIII — Da intervenção

1. – Disposições gerais

ART. 55.º (Modalidades da intervenção) – O sacador, um endossante ou um avalista podem indicar uma pessoa para em caso de necessidade aceitar ou pagar.

A letra pode, nas condições a seguir indicadas, ser aceita ou paga por uma pessoa intervindo por um devedor qualquer contra quem existe direito de acção.

O interveniente pode ser um terceiro, ou mesmo o sacado, ou uma pessoa já obrigada em virtude da letra, excepto o aceitante.

O interveniente é obrigado a participar, no prazo de dois dias úteis, a sua intervenção à pessoa por quem interveio. Em caso de inobservância deste prazo, o interveniente é responsável pelo prejuízo, se o houver, resultante da sua negligência, sem que as perdas e danos possam exceder a importância da letra.

LEI UNIFORME RELATIVA ÀS LETRAS E LIVRANÇAS [LULL] 603

2. – Aceite por intervenção

ART. 56.º (Casos de aceite por intervenção. Consequência da indicação de interveniente) – O aceite por intervenção pode realizar-se em todos os casos em que o portador de uma letra aceitável tem direito de acção antes do vencimento.

Quando na letra se indica um pessoa para em caso de necessidade a aceitar ou a pagar no lugar do pagamento, o portador não pode exercer o seu direito de acção antes do vencimento contra aquele que indicou essa pessoa e contra os signatários subsequentes, a não ser que tenha apresentado a letra à pessoa designada e que, tendo esta recusado o aceite, se tenha feito o protesto.

Nos outros casos de intervenção, o portador pode recusar o aceite por intervenção. Se, porém, o admitir, perde o direito de acção antes do vencimento contra aquele por quem a aceitação foi dada e contra os signatários subsequentes.

ART. 57.º (Como se faz o aceite por intervenção) – O aceite por intervenção será mencionado na letra e assinado pelo interveniente. Deverá indicar por honra de quem se fez a intervenção; na falta desta indicação, presume-se que interveio pelo sacador.

ART. 58.º (Posição do aceitante por intervenção) – O aceitante por intervenção fica obrigado para com o portador e para com os endossantes posteriores àquele por honra de quem interveio da mesma forma que este.

Não obstante o aceite por intervenção, aquele por honra de quem ele foi feito e os seus garantes podem exigir do portador, contra o pagamento da importância indicada no artigo 48.º, a entrega da letra, do instrumento do protesto e, havendo lugar, de uma conta com a respectiva quitação.

3. – Pagamento por intervenção

ART. 59.º (Casos de pagamento por intervenção) – O pagamento por intervenção pode realizar-se em todos os casos em que o portador de uma letra tem direito de acção à data do vencimento ou antes dessa data.

O pagamento deve abranger a totalidade da importância que teria a pagar aquele por honra de quem a intervenção se realizou.

O pagamento deve ser feito o mais tardar no dia seguinte ao último em que é permitido fazer o protesto por falta de pagamento.

ART. 60.º (Apresentação aos intervenientes e protesto) – Se a letra foi aceita por intervenientes tendo o seu domicílio no lugar do pagamento, ou se foram indicadas pessoas tendo o seu domicílio no mesmo lugar para, em caso de necessidade, pagarem a letra, o portador deve apresentá-la a todas essas pessoas e, se houver lugar, fazer o protesto por falta de pagamento o mais tardar no dia seguinte ao último em que era permitido fazer o protesto.

Na falta de protesto dentro deste prazo, aquele que tiver indicado pessoas para pagarem em caso de necessidade, ou por conta de quem a letra tiver sido aceita, bem como os endossantes posteriores, ficam desonerados.

ART. 61.º (Efeito da recusa do pagamento por intervenção) – O portador que recusar o pagamento por intervenção perde o seu direito de acção contra aqueles que teriam ficado desonerados.

ART. 62.º (Prova do pagamento por intervenção) – O pagamento por intervenção deve ficar constatado por um recibo passado na letra, contendo a indicação da pessoa por honra de quem foi feito. Na falta desta indicação presume-se que o pagamento foi feito por honra do sacador.

A letra e o instrumento do protesto, se o houve, devem ser entregues à pessoa que pagou por intervenção.

ART. 63.º (Direito do interveniente que paga. Preferência entre os intervenientes) – O que paga por intervenção fica sub-rogado nos direitos emergentes da letra contra aquele por honra de quem pagou e contra os que são obrigados para com este em virtude da letra. Não pode, todavia, endossar de novo a letra.

Os endossantes posteriores ao signatário por honra de quem foi feito o pagamento ficam desonerados.

Quando se apresentarem várias pessoas para pagar uma letra por intervenção, será preferida aquela que desonerar maior número de obrigados. Aquele que, com conhecimento de causa, intervier contrariamente a esta regra, perde os seus direitos de acção contra os que teriam sido desonerados.

CAPÍTULO IX — Da pluralidade de exemplares e das cópias

1. – Pluralidade de exemplares

ART. 64.º (Saque por várias vias) – A letra pode ser sacada por várias vias.

Essas vias devem ser numeradas no próprio texto, na falta do que, cada via será considerada como uma letra distinta.

O portador de uma letra que não contenha a indicação de ter sido sacada numa única via pode exigir à sua custa a entrega de várias vias. Para este efeito o portador deve dirigir-se ao seu endossante imediato, para que

604 [LULL]   TÍTULOS DE CRÉDITO

este o auxilie a proceder contra o seu próprio endossante e assim sucessivamente até se chegar ao sacador. Os endossantes são obrigados a reproduzir os endossos nas novas vias.

ART. 65.º (Efeito do pagamento duma das vias) – O pagamento de uma das vias é liberatório, mesmo que não esteja estipulado que esse pagamento anula o efeito das outras. O sacado fica, porém, responsável por cada uma das vias que tenham o seu aceite e lhe não hajam sido restituídas.

O endossante que transferiu vias da mesma letra a várias pessoas e os endossantes subsequentes são responsáveis por todas as vias que contenham as suas assinaturas e que não hajam sido restituídas.

ART. 66.º (Consequência do facto de se enviar ao aceite uma das vias) – Aquele que enviar ao aceite uma das vias da letra deve indicar nas outras o nome da pessoa em cujas mãos aquela se encontra. Essa pessoa é obrigada a entregar essa via ao portador legítimo doutro exemplar.

Se se recusar a fazê-lo, o portador só pode exercer o seu direito de acção depois de ter feito constar por um protesto:

1.º Que a via enviada ao aceite lhe não foi restituída a seu pedido;
2.º Que não foi possível conseguir o aceite ou o pagamento de uma outra via.

2. – Cópias

ART. 67.º (Direito de extrair cópias) – O portador de uma letra tem o direito de tirar cópias dela.

A cópia deve reproduzir exactamente o original, com os endossos e todas as outras menções que nela figurem. Deve mencionar onde acaba a cópia.

A cópia pode ser endossada e avalizada da mesma maneira e produzindo os mesmos efeitos que o original.

ART. 68.º (Regime jurídico da cópia) – A cópia deve indicar a pessoa em cuja posse se encontre o título original. Esta é obrigada a remeter o dito título ao portador legítimo da cópia.

Se se recusar a fazê-lo, o portador só pode exercer o seu direito de acção contra as pessoas que tenham endossado ou avalizado a cópia, depois de ter feito constar por um protesto que o original lhe não foi entregue a seu pedido.

Se o título original, em seguida ao último endosso feito antes de tirada a cópia, contiver a cláusula: «daqui em diante só é válido o endosso na cópia» ou qualquer outra fórmula equivalente, é nulo qualquer endosso assinado ulteriormente no original.

CAPÍTULO X — Das alterações

ART. 69.º (Consequência da alteração do texto duma letra) – No caso de alteração do texto de uma letra, os signatários posteriores a essa alteração ficam obrigados nos termos do texto alterado; os signatários anteriores são obrigados nos termos do texto original.

CAPÍTULO XI —Da prescrição

ART. 70.º (Prazos de prescrição) – Todas as acções contra o aceitante relativas a letras prescrevem em três anos a contar do seu vencimento.

As acções do portador contra os endossantes e contra o sacador prescrevem num ano, a contar da data do protesto feito em tempo útil, ou da data do vencimento, se se trata de letra contendo a cláusula «sem despesas».

As acções dos endossantes uns contra os outros e contra o sacador prescrevem em seis meses a contar do dia em que o endossante pagou a letra ou em que ele próprio foi accionado.

ART. 71.º (Interrupção da prescrição. Efeito) – A interrupção da prescrição só produz efeito em relação à pessoa para quem a interrupção foi feita.

CAPÍTULO XII — Disposições gerais

ART. 72.º (Prorrogação dos prazos que findam em dia feriado) – O pagamento de uma letra cujo vencimento recai em dia feriado legal só pode ser exigido no seguinte primeiro dia útil. Da mesma maneira, todos os actos respeitantes a letras, especialmente a apresentação ao aceite e o protesto, somente podem ser feitos em dia útil.

Quando um desses actos tem de ser realizado num determinado prazo, e o último dia desse prazo é feriado legal, fica o dito prazo prorrogado até ao primeiro dia útil que se seguir ao seu termo.

ART. 73.º (Contagem do prazo) – Os prazos legais ou convencionais não compreendem o dia que marca o seu início.

ART. 74.º (Inadmissibilidade de dias de perdão) – Não são admitidos dias de perdão, quer legal, quer judicial.

MODELO E CARACTERÍSTICAS DAS LETRAS E LIVRANÇAS [Port. n.º 28/2000] 605

TÍTULO II — DA LIVRANÇA

ART. 75.º (Requisitos da livrança) – A livrança contém:
1. A palavra «livrança» inserta no próprio texto do título e expressa na língua empregada para a redacção desse título;
2. A promessa pura e simples de pagar uma quantia determinada;
3. A época do pagamento;
4. A indicação do lugar em que se deve efectuar o pagamento;
5. O nome da pessoa a quem ou à ordem de quem deve ser paga;
6. A indicação da data em que e do lugar onde a livrança é passada;
7. A assinatura de quem passa a livrança (subscritor).

ART. 76.º (Consequência da falta dos requisitos) – O escrito em que faltar algum dos requisitos indicados no artigo anterior não produzirá efeito como livrança, salvo nos casos determinados nas alíneas seguintes.

A livrança em que se não indique a época do pagamento será considerada pagável à vista.

Na falta de indicação especial, o lugar onde o escrito foi passado considera-se como sendo o lugar do pagamento e, ao mesmo tempo, o lugar do domicílio do subscritor da livrança.

A livrança que não contenha indicação do lugar onde foi passada considera-se como tendo-o sido no lugar designado ao lado do nome do subscritor.

ART. 77.º (Aplicação das disposições relativas às letras) – São aplicáveis às livranças, na parte em que não sejam contrárias à natureza deste escrito, as disposições relativas às letras e respeitantes a:
Endosso (arts. 11.º a 20.º);
Vencimento (arts. 33.º a 37.º);
Pagamento (arts. 38.º a 42.º);
Direito de acção por falta de pagamento (arts. 43.º a 50.º e 52.º a 54.º);
Pagamento por intervenção (arts. 55.º e 59.º a 63.º);
Cópias (arts. 67.º e 68.º);
Alterações (art. 69.º);
Prescrição (arts. 70.º e 71.º);
Dias feriados, contagem de prazos e interdição de dias de perdão (arts. 72.º a 74.º).

São igualmente aplicáveis às livranças as disposições relativas às letras pagáveis no domicílio de terceiro ou numa localidade diversa da do domicílio do sacado (arts. 4.º e 27.º), a estipulação de juros (art. 5.º), as divergências nas indicações da quantia a pagar (art. 6.º), as consequências da aposição de uma assinatura nas condições indicadas no artigo 7.º, as da assinatura de uma pessoa que age sem poderes ou excedendo os seus poderes (art. 8.º) e a letra em branco (art. 10.º).

São também aplicáveis às livranças as disposições relativas ao aval (arts. 30.º a 32.º); no caso previsto na última alínea do artigo 31.º, se o aval não indicar a pessoa por quem é dado, entender-se-á ser pelo subscritor da livrança.

ART. 78.º (Responsabilidade do subscritor. Livranças a termo de vista) – O subscritor de uma livrança é responsável da mesma forma que o aceitante de uma letra.

As livranças pagáveis a certo termo de vista devem ser presentes ao visto dos subscritores nos prazos fixados no artigo 23.º. O termo de vista conta-se da data do visto dado pelo subscritor. A recusa do subscritor a dar o seu visto é comprovada por um protesto (art. 25.º), cuja data serve de início ao termo de vista.

Por força do disposto no artigo 71.º da Lei Uniforme sobre Letras e Livranças, aplicável por via do seu artigo 78.º, a interrupção da prescrição da obrigação cambiária contra o subscritor de uma livrança não produz efeito em relação ao respectivo avalista (Assento n.º 5/95 do STJ, de 28-3-1995: *DR*, I-A, de 20-5-1995).

8.2. MODELO E CARACTERÍSTICAS DAS LETRAS E LIVRANÇAS

Portaria n.º 28/2000

de 27 de Janeiro

Em consequência da entrada em vigor do Código do Imposto do Selo, aprovado pela Lei n.º 150/99, de 11 de Setembro, e respectiva Tabela Geral, resulta a abolição definitiva da forma de arrecadação do imposto do selo por meio de papel selado, ainda subsistente na espécie de papel para letras, e a sua substituição por meio de guia.

606 [Port. n.º 28/2000]   TÍTULOS DE CRÉDITO

Torna-se, pois, necessário adequar a esta realidade os modelos das letras e livranças.

Assim:

Manda o Governo, pelo Ministro das Finanças, em conformidade com o disposto no n.º 2 do artigo 30.º do Código do Imposto do Selo, aprovado pela Lei n.º 150/99, de 11 de Setembro, o seguinte:

1 – As letras serão dos modelos anexos a esta portaria, com as seguintes características técnicas:

1.1 – Formato – os modelos de letras têm o formato normalizado de 211 mm × 102 mm.

1.2 – Texto:

1.2.1 – Os modelos de letras têm um texto geral, disposto da forma indicada nos anexos I a IV, nos termos seguintes:

a) Num sector superior, com a área de 1 mm × 86 mm, as seguintes indicações:

Local e data de emissão (ano, mês, dia); importância, em escudos ou em euros, consoante o caso; saque n.º...; outras referências; vencimento (ano, mês, dia); valor; «No seu vencimento, pagará(ão) V. Ex.ª(s) por esta única via de letra a...»; local de pagamento/domiciliação, NIB (número de identificação bancária); assinatura do sacador; número de contribuinte do sacado; aceite n.º...; nome e morada do sacado; numeração sequencial, referida nos n.ᵒˢ 6 e 8 do artigo 30.º do Código do Imposto do Selo, descrita na alínea *d*), e, junto à margem esquerda, centrada e em posição vertical, a indicação «Aceite»;

b) No canto inferior direito, limitado entre o espaço reservado ao nome e morada do sacado e a margem direita:

A designação, em letra reduzida, sem o respectivo logótipo, da entidade fabricante dos impressos;

c) Num sector inferior, com a área de 211 mm × 16 mm, a indicação seguinte:

«Imposto do selo pago por meio de guia»; valor do imposto do selo correspondente ao valor da letra, da moeda em que este se encontra expresso, e da data em que o imposto é liquidado;

d) O número sequencial referido na alínea *a)* corresponde ao número com que a letra ficará registada na escrita da entidade liquidadora do imposto do selo, devendo obedecer à seguinte estrutura: 9 dígitos correspondentes ao número de identificação fiscal da tipografia produtora do impresso, 2 dígitos correspondentes aos 2 últimos dígitos do ano de produção do impresso, 6 dígitos correspondentes ao número sequencial no ano indicado nos 2 dígitos anteriores, 1 dígito de controlo (módulo 11) dos 8 dígitos imediatamente anteriores, num total de 18 dígitos numéricos.

1.2.2 – Nas letras oficialmente editadas, avulsas, os modelos têm, como adicional ao descrito no n.º 1.2.1 e disposto da forma indicada nos anexos I e III, o seguinte texto:

Nome e morada do sacador e respectivo número de contribuinte, cuja inserção poderá ser feita por qualquer tipo de impressão ou através de carimbo.

1.2.3 – Nas letras de emissão particular, privativa dos sacadores, para preenchimento, quer manual, quer por computador, os modelos têm, como adicional ao descrito no n.º 1.2.1 e disposto da forma indicada nos anexos II e IV, o seguinte texto:

Na área definida para o efeito, apresentada nos anexos II e IV, designada «Zona reservada ao emissor/ /sacador», em caracteres bem salientes:

O nome, designação social, iniciais e ou logótipo das pessoas, sociedades e ou entidades emissoras/ /sacadoras, a sua residência ou sede e o seu número de contribuinte.

1.3 – Impressão:

1.3.1 – Os modelos de letras, conforme os n.ᵒˢ 1.2.1, 1.2.2 e 1.2.3, têm o fundo geral de segurança, cobrindo o sector superior, com as dimensões de 211 mm × 86 mm, o texto geral, conforme o n.º 1.2.1, e o texto adicional, conforme os n.ᵒˢ 1.2.2 e 1.2.3, impressos em *offset*.

1.3.2 – Nos modelos de letras em euros, o símbolo desta moeda será impresso com as dimensões e localização apresentadas nos anexos III e IV.

1.4 – Cores:

1.4.1 – Os modelos de letras em escudos (anexos I e II) têm as seguintes cores:

a) Fundo geral de segurança, em azul;

b) Texto geral, segundo o n.º 1.2.1, e texto adicional, segundo o n.º 1.2.2, em preto;

c) Texto adicional, segundo o n.º 1.2.3, em cor de acordo com escolha da entidade emissora/sacadora.

1.4.2 – Os modelos de letras em euros (anexos III e IV) têm as seguintes cores:

a) Fundo geral de segurança, em azul;

b) Texto geral, segundo o n.º 1.2.1, e texto adicional, segundo o n.º 1.2.2, em preto;

c) Texto adicional, segundo o n.º 1.2.3, em cor de acordo com escolha da entidade emissora/sacadora;

d) Símbolo do euro, conforme o n.º 1.3.2, em cor azul-escura ou preta, contrastante com o fundo.

1.5 – Tintas – os modelos de letras, quer oficialmente editadas, conforme os n.ᵒˢ 1.2.1 e 1.2.2, quer de emissão particular, conforme os n.ᵒˢ 1.2.1 e 1.2.3, têm o fundo geral impresso em tinta litográfica de segurança anti-rasura, devendo a mesma ser compatível com a utilização de tecnologias de tratamento de imagem, nomeadamente o reconhecimento inteligente de caracteres.

1.6 – Papel – os modelos de letras, conforme o n.º 1.2, devem ser impressos em papel branco, liso, com gramagem contida entre 85 g/m2 e 95 g/m2.

MODELO E CARACTERÍSTICAS DAS LETRAS E LIVRANÇAS [Port. n.º 28/2000] 607

2 – As livranças para preenchimento, quer manual, quer por computador, serão dos modelos anexos a esta portaria, com as seguintes características técnicas:

2.1 – Formato – os modelos de livrança têm o formato normalizado de 211 mm × 102 mm.

2.2 – Texto – os modelos de livrança têm um texto geral e um texto adicional, dispostos da forma indicada nos anexos V e VI, contendo:

2.2.1 – Texto geral:

a) Num sector superior, com a área de 211 mm × 86 mm, as seguintes indicações:

Local e data de emissão (ano, mês, dia); importância, em escudos ou em euros, consoante o caso; valor; vencimento (ano, mês, dia); «No seu vencimento, pagarei(emos), por esta única via de livrança a … ou à sua ordem, a quantia de…»; livrança n.º…; assinatura(s) do(s) subscritor(es); local de pagamento/domiciliação (banco/localidade), NIB (número de identificação bancária); nome e morada do(s) subscritor(es) e numeração sequencial, descrita na alínea *c*);

b) Num sector inferior, com a área de 211 mm × 16 mm, a indicação seguinte:

«Imposto do selo pago por meio de guia»; valor do imposto do selo correspondente ao valor da livrança, da moeda em que este se encontra expresso, e da data em que o imposto é liquidado;

c) O número sequencial referido na alínea *a*) corresponde ao número com que a livrança ficará registada na escrita da instituição de crédito ou sociedade financeira liquidadora do imposto do selo, devendo obedecer à seguinte estrutura: 9 dígitos correspondentes ao número de identificação fiscal da tipografia produtora do impresso, 2 dígitos correspondentes aos 2 últimos dígitos do ano de produção do impresso, 6 dígitos correspondentes ao número sequencial no ano indicado nos 2 dígitos anteriores, 1 dígito de controlo (módulo 11) dos 8 dígitos imediatamente anteriores, num total de 18 dígitos numéricos.

2.2.2 – Texto adicional:

a) Num sector superior esquerdo:

A designação, iniciais e ou logótipo da entidade emissora/tomadora, cuja inserção poderá ser feita por qualquer tipo de impressão ou através de carimbo;

b) No canto inferior direito, limitado entre o espaço reservado ao nome e morada do subscritor e a margem direita:

A designação, em letra reduzida, sem o respectivo logótipo, da entidade fabricante dos impressos.

2.3 – Impressão:

2.3.1 – Os modelos de livranças têm o fundo geral de segurança, cobrindo o sector superior, com as dimensões de 211 mm × 86 mm, e o texto geral, conforme referido no n.º 2.2.1, ambos impressos em *offset*.

2.3.2 – No modelo de livrança em euros, o símbolo desta moeda será impresso com as dimensões e localização apresentadas no anexo VI.

2.4 – Cores:

2.4.1 – Os modelos de livranças (anexos V e VI) têm o fundo geral de segurança e texto, conforme o n.º 2.2, em cores diferentes entre livranças em euros e em escudos, de acordo com a escolha da entidade emissora ou tomadora.

2.4.2 – Símbolo do euro, conforme o n.º 2.3.2, em cor azul-escura ou preta, contrastante com o fundo.

2.5 – Tintas – os modelos de livranças têm o fundo geral impresso em tinta litográfica de segurança anti-rasura, devendo a mesma ser compatível com a utilização de tecnologias de tratamento de imagem, nomeadamente o reconhecimento inteligente de caracteres.

2.6 – Papel – os modelos de livranças devem ser impressos em papel branco, liso, com gramagem contida entre 85 g/m2 e 95 g/m2.

3 – A impressão de letras de emissão particular só poderá ser efectuada nas tipografias que forem autorizadas a imprimir documentos de transporte, nos termos do Decreto-Lei n.º 45/89, de 11 de Fevereiro, sendo-lhes consequentemente aplicáveis, com as necessárias adaptações, as normas e os procedimentos previstos no citado diploma.

4 – Salvo manifestação de vontade em contrário, ficam autorizadas a imprimir letras de emissão particular todas as tipografias que, até à data da publicação da presente portaria, já se encontravam autorizadas a imprimir documentos de transporte e ainda aquelas cuja autorização derivou de pedido formulado até à mesma data.

5 – É aprovado o modelo de requisição, de emissão particular, previsto no n.º 7 do artigo 30.º do Código do Imposto do Selo, que faz parte integrante da presente portaria, constituindo o anexo VII.

6 – A adopção dos novos modelos de letras e livranças ocorrerá na data da entrada em vigor do Código do Imposto do Selo. Os impressos de letras e livranças ainda existentes e que não obedeçam aos requisitos definidos na presente portaria, incluindo os modelos anteriores aos aprovados pela Portaria n.º 1042/98, de 19 de Dezembro, poderão ser utilizados até 30 de Junho de 2000 ou, neste último caso e relativamente às letras seladas, até à data da entrada em vigor do citado Código.

7 – Deverá a Direcção-Geral dos Impostos tomar todas as medidas de forma que as entidades autorizadas a revender valores selados possam, durante o mês seguinte à data da entrada em vigor do Código do Imposto do Selo, devolver as letras seladas não vendidas à tesouraria da Fazenda Pública onde as adquiriram, para serem pagas a dinheiro, desde que se encontrem em bom estado de conservação e não mostrem quaisquer sinais ou indícios susceptíveis de fundamentarem a presunção de terem sido falsificadas.

8 – Nos mesmos prazos e termos a definir conforme o disposto no número anterior e desde que as letras seladas se encontrem em bom estado de conservação e não mostrem quaisquer sinais ou indícios susceptíveis de fundamentarem a presunção de terem sido falsificadas, as restantes entidades que as possuam em seu poder poderão devolvê-las à tesouraria da Fazenda Pública onde foram adquiridas, para serem pagas a dinheiro, sendo prova suficiente da sua autenticidade a apresentação do recibo de aquisição.

9 – As letras seladas existentes à data da entrada em vigor do Código do Imposto do Selo, incluindo as referidas nos n.ºs 7 e 8, deverão ser devolvidas pelos tesoureiros da Fazenda Pública à Imprensa Nacional-Casa da Moeda, durante o 2.º mês seguinte àquela data.

10 – São revogadas, a partir da data da entrada em vigor do Código do Imposto do Selo, as Portarias n.ºs 709/ /81, de 20 de Agosto, e 1042/98, de 19 de Dezembro.

ANEXO I

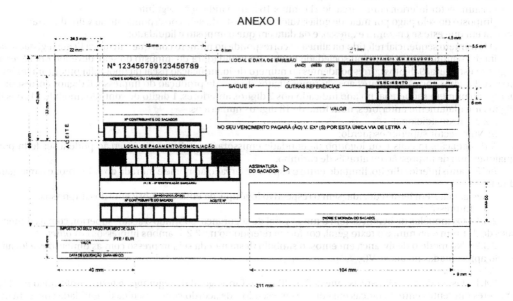

ANEXO II

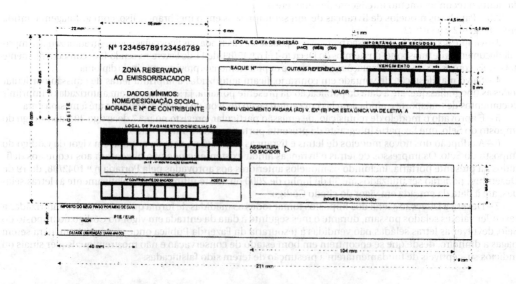

ANEXO III

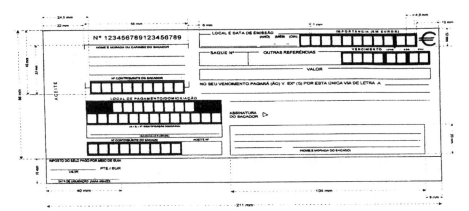

ANEXO IV

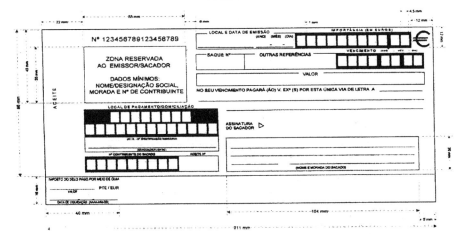

ANEXO V

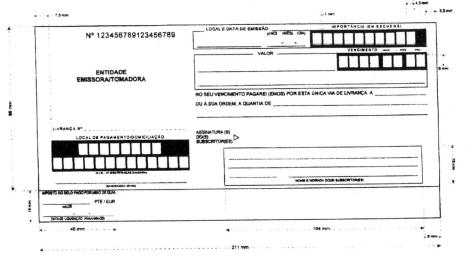

ANEXO VI

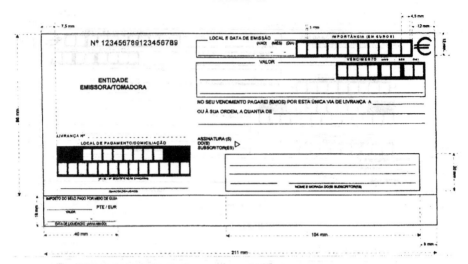

ANEXO VII

PROTESTO DE LETRAS E LIVRANÇAS [CÓD. NOT.] 611

8.3. PROTESTO DE LETRAS E LIVRANÇAS

CÓDIGO DO NOTARIADO (*)

ART. 119.º (Letras não admitidas a protesto) – 1 – Não são admitidas a protesto:

a) As letras a que falte algum dos requisitos do artigo 1.º da Lei Uniforme Relativa às Letras e Livranças, quando a falta não possa ser suprida nos termos do artigo 2.º do mesmo diploma;

b) As letras escritas em língua que o notário não domine, quando o apresentante não as fizer acompanhar de tradução.

2 – A tradução das letras deve ser devolvida ao apresentante, não se aplicando à mesma o disposto no n.º 3 do artigo 44.º.

ART. 120.º (Lugar de protesto) – 1 – A letra deve ser protestada no cartório notarial da área do domicílio nela indicado para o aceite ou pagamento ou, na falta dessa indicação, no cartório notarial do domicílio da pessoa que a deve aceitar ou pagar, incluindo a que for indicada para aceitar em caso de necessidade.

2 – Se for desconhecido o sacado ou o seu domicílio, a letra deve ser protestada no cartório a cuja área pertença o lugar onde se encontre o apresentante ou portador no momento em que devia ser efectuado o aceite ou o pagamento.

3 – Nos casos previstos nos artigos 66.º e 68.º da Lei Uniforme Relativa às Letras e Livranças, a letra deve ser protestada no cartório do domicílio da pessoa que for indicada como detentora do original.

ART. 121.º (Prazo) – 1 – A apresentação para protesto deve ser feita até uma hora antes do termo do último período regulamentar de serviço, nos prazos seguintes:

a) Por falta de aceite de letras pagáveis em dia fixo ou a certo termo da data, ou de letras sacadas a certo termo de vista, até ao dia em que podem ser apresentadas ao aceite;

b) Por falta de data no aceite de letras pagáveis a certo termo de vista ou que, por estipulação especial, devam ser apresentadas ao aceite no prazo determinado, até ao fim do prazo para a apresentação a protesto por falta de aceite;

c) Por falta de pagamento de letras nas condições da alínea *a)*, num dos dois dias úteis seguintes àquele ou ao último daqueles em que a letra é pagável;

d) Por falta de pagamento de letras pagáveis à vista, dentro do prazo em que podem ser apresentadas a pagamento;

e) Nos casos dos artigos 66.º e 68.º da Lei Uniforme Relativa às Letras e Livranças, quando o portador quiser.

2 – Os protestos produzem efeitos desde a data da apresentação.

ART. 122.º (Diferimento do prazo) – 1 – Nos casos previstos na primeira alínea do artigo 24.º e na parte final da terceira alínea do artigo 44.º da Lei Uniforme Relativa às Letras e Livranças, se a apresentação da letra para aceite ou pagamento tiver sido feita no último dia do prazo, a apresentação a protesto pode fazer-se ainda no dia imediato.

2 – O fim do prazo para apresentação e protesto é transferido para o dia útil imediato, sempre que coincida com dia em que estejam encerrados os cartórios notariais ou as instituições de crédito.

3 – O fim de todos os prazos a que se reportam o presente artigo e o artigo anterior é diferido, para os estabelecimentos bancários e respectivos correspondentes nacionais, até ao dia imediato.

ART. 123.º (Recusa de protesto) – A apresentação de letras depois de expirado o prazo legal não é fundamento de recusa de protesto.

ART. 124.º (Apresentação de letras) – 1 – O apresentante deve entregar a letra acompanhada das cartas-aviso necessárias às notificações a efectuar, devidamente preenchidas e estampilhadas.

2 – As cartas-aviso a que se refere o número anterior obedecem a modelo aprovado.

3 – A apresentação das letras é registada no livro próprio, segundo a ordem da sua entrega no cartório notarial.

4 – Apresentada a letra, nela devem ser anotados o número e a data da apresentação e aposta a rubrica do notário.

ART. 125.º (Notificações) – 1 – No dia da apresentação ou no 1.º dia útil imediato, o notário deve notificar o facto a quem deva aceitar ou pagar a letra, incluindo todos os responsáveis perante o portador.

2 – As notificações são feitas mediante a expedição, sob registo do correio, das cartas-aviso que tiverem sido entregues juntamente com a letra, sendo arquivados no maço próprio os talões dos registos.

(*) Aprovado pelo **DL n.º 207/95**, de 14-8, com alterações subsequentes, designadamente introduzidas pelo **DL n.º 380/98**, de 27-11, no que toca aos preceitos aqui transcritos, tendo aditado os arts. 129.º-A a 129.º-C.

612 [CÓD. NOT.]   TÍTULOS DE CRÉDITO

ART. 126.º (Prazo e ordem dos protestos) – 1 – Decorridos cinco dias sobre a expedição da carta para notificação, e até ao 10.º dia a contar da apresentação, devem ser lavrados, pela ordem da apresentação, os instrumentos de protesto das letras que não tenham sido retiradas pelos apresentantes.

2 – O notário deve lavrar o protesto contra todos os obrigados cambiários.

ART. 127.º (Instrumento de protesto) – 1 – O instrumento de protesto deve conter os seguintes elementos:

a) Identificação da letra mediante a menção da data de emissão, nome do sacador e montante;

b) Anotação das notificações a que se refere o artigo 125.º ou a menção das que não foram efectuadas por falta de cumprimento do disposto no n.º 1 do artigo 124.º;

c) Menção da presença ou da falta das pessoas notificadas e, bem assim, das razões que tenham dado para não aceitar ou não pagar;

d) Declaração do notário, relativamente ao fundamento do protesto, e indicação das pessoas a requerimento de quem e contra quem ele é feito;

e) Data da apresentação da letra;

f) Assinatura das pessoas notificadas que tenham comparecido, ou declaração de que não assinam por não saberem, não poderem ou não quererem fazê-lo.

2 – As razões da falta de aceite ou de pagamento podem ser indicadas em declaração escrita, que os notificados devem remeter ao notário, ficando arquivada.

3 – Os declarantes podem requerer pública-forma do instrumento de protesto, sendo igual faculdade conferida aos notificados que tenham declarado verbalmente as razões da falta de aceite ou de pagamento.

4 – O instrumento de protesto deve ser expedido mediante o preenchimento de impresso de modelo aprovado por despacho do director-geral dos Registos e do Notariado, podendo ser submetido a tratamento informático, mediante despacho da mesma entidade.

ART. 128.º (Letras retiradas) – Se a letra for retirada pelo apresentante antes de protestada deve mencionar-se o levantamento e a respectiva data, ao lado do registo da apresentação.

ART. 129.º (Recibo de entrega e devolução de letras) – 1 – Da entrega das letras apresentadas a protesto deve ser entregue um recibo ao apresentante, em impresso de modelo aprovado, por ele preenchido.

2 – A restituição das letras é feita contra a devolução do recibo de entrega, que é inutilizado.

3 – No caso de extravio do recibo entregue, a devolução da letra deve fazer-se contra recibo do apresentante, que fica arquivado.

ART. 129.º-A (Estabelecimento bancário) – 1 – Quando a apresentação para protesto seja efectuada por estabelecimento bancário em cartório privativo do protesto de letras, deve ser entregue uma relação dos títulos a protestar, elaborada em duplicado, da qual conste o nome e a residência ou sede do apresentante, do aceitante ou sacado e do sacador, bem como a indicação da espécie do título, do respectivo montante e do fundamento do protesto.

2 – A relação referida no número anterior pode ser elaborada por processo informático e deve conter espaços reservados para a anotação do número de ordem e da data da apresentação, da data do protesto ou do levantamento da letra e da respectiva data.

3 – O original da relação, que se destina a ser arquivado no cartório privativo, substitui, para todos os efeitos, o registo da apresentação dos títulos a protesto.

4 – O duplicado da relação é devolvido ao apresentante, após nele ter sido aposta nota do recebimento do original, e substitui o recibo referido no n.º 1 do artigo 129.º.

ART. 129.º-B (Notificações a efectuar pelos estabelecimentos bancários) – 1 – Incumbe ao estabelecimento bancário promover a notificação de quem deva aceitar ou pagar a letra, incluindo todos os responsáveis perante o portador, no dia em que a letra foi apresentada ou no 1.º dia útil imediato.

2 – As notificações são efectuadas mediante expedição, sob registo do correio, de cartas-aviso contendo os elementos essenciais do modelo referido no n.º 2 do artigo 124.º.

3 – No prazo de três dias a contar da expedição das cartas-aviso, o estabelecimento bancário deve apresentar no cartório privativo cópias das mesmas, acompanhadas dos respectivos talões de registo.

4 – Sempre que tal se justifique, pode ser efectuado registo colectivo das cartas-aviso referidas no n.º 2.

ART. 129.º-C (Urgência) – Em caso de urgência fundamentada, o instrumento de protesto pode ser lavrado sem subordinação à ordem referida no n.º 1 do artigo 126.º.

ART. 130.º (Protesto de outros títulos) – Ao protesto de livranças, cheques, extractos de factura, ou de outros títulos que a lei sujeite a protesto, é aplicável o disposto nos artigos anteriores, em tudo o que não seja contrário à natureza desses títulos e à disciplina especial a que estão sujeitos.

PROTESTO DE LETRAS E LIVRANÇAS   [Instrução n.º 12/2005, do BdP]   613

8.4. PROTESTOS DE EFEITOS

Instrução n.º 12/2005 do Banco de Portugal (*)
de 16 de Maio de 2005

1. Objecto – O Banco de Portugal assegura, através da Central de Protestos de Efeitos, os serviços de centralização da recolha e a divulgação periódica de informação relativa:
– Protestos de efeitos (nomeadamente: letras aceites, livranças, extractos de factura, aceites bancários e "*warrants*"), apresentados nos Cartórios Notariais do País pelas entidades participantes na Central de Protestos de Efeitos;
– Justificações e relevações de efeitos protestados, que lhe sejam comunicadas pelas entidades participantes na Central de Protestos de Efeitos.

2. Entidades participantes e âmbito de aplicação – Todas as entidades sujeitas à supervisão do Banco de Portugal, doravante designadas por entidades participantes na Central de Protestos de Efeitos, potenciais apresentantes de efeitos para protesto nos Cartórios Notariais do País, estão obrigadas a observar as disposições da presente Instrução e, ainda, do Manual de Procedimentos da Central de Protestos de Efeitos, em anexo a esta.

3.Finalidade da Central de Protestos de Efeitos – A centralização da recolha e a divulgação dos actos de protesto de efeitos e das respectivas justificações e relevações tem em vista proporcionar informação às entidades participantes na Central de Protestos de Efeitos, no quadro da avaliação do risco inerente às suas operações activas.

4. Local de funcionamento da Central de Protestos de Efeitos – A Central de Protestos de Efeitos funciona nas instalações do Banco de Portugal, sitas no Porto.

5. Comunicação de informação à Central de Protestos de Efeitos – 5.1. Cada entidade participante fica obrigada a comunicar directamente à Central de Protestos de Efeitos, todos os efeitos por ela apresentados para protesto nos Cartórios Notariais, nos termos definidos no Manual de Procedimentos da Central de Protestos de Efeitos.
5.2. As comunicações serão enviadas, com a máxima brevidade, à medida que for sendo conhecida a situação final do efeito, em conformidade com o disposto no n.º 12.

6. Centralização e divulgação de Protestos de Efeitos – O Banco de Portugal, através da Central de Protestos de Efeitos, procederá ao tratamento das comunicações recebidas sobre protestos de efeitos, com vista à sua divulgação pelas entidades participantes, nos termos definidos no Manual de Procedimentos da Central de Protestos de Efeitos.

7. Acesso dos intervenientes à informação – Os intervenientes nos efeitos têm o direito de tomar conhecimento do que a seu respeito constar na Central de Protestos de Efeitos e, sendo caso disso, podem solicitar a sua rectificação e/ou actualização junto da entidade responsável pela informação transmitida à Central.

8. Justificação e relevação de Protestos de Efeitos – 8.1. Cabe à entidade participante tomadora do efeito, em termos exclusivos, analisar e decidir sobre as razões que lhe forem comunicadas para justificação de qualquer protesto de efeito, podendo solicitar às demais os esclarecimentos que, para tal, considere necessários.
8.2. Cabe ainda à entidade participante tomadora a prestação de informação ao interveniente no efeito sobre as decisões proferidas nos termos do ponto anterior.
8.3. Todas as justificações procedentes deverão ser comunicadas à Central de Protestos de Efeitos pela entidade participante tomadora, para divulgação.
8.4. Se o protesto tiver sido comunicado devido a erro dos serviços da entidade participante tomadora ou da entidade que tenha sido encarregada da respectiva cobrança, cabe à entidade responsável pelo erro remeter à Central de Protestos de Efeitos a correspondente comunicação de relevação.

9. Centralização e divulgação de justificações e de relevações de Protestos de Efeitos – O Banco de Portugal, através da Central de Protestos de Efeitos, divulgará por todas as entidades participantes as comunicações referentes a:
– Justificações julgadas procedentes pela entidade participante tomadora do efeito;
– Relevações de protestos de efeitos devidas a erro dos serviços da entidade participante tomadora ou da entidade cobradora, quando diferente daquela.

10. Consulta à informação sobre Protestos de Efeitos – 10.1. As entidades participantes que necessitem de qualquer informação sobre protestos de efeitos, para além da que periodicamente recebem, deverão fazer a

---

(*) *Boletim Oficial do Banco de Portugal*, n.º 5/2005, de 16-5.

614　[LUC]　　　　　　　　　　　　　　　　　　　　　　　　TÍTULOS DE CRÉDITO

consulta directa ao Banco de Portugal, nos termos definidos no Manual de Procedimentos da Central de Protestos de Efeitos.

10.2. As companhias seguradoras que, nos termos legais e regulamentares em vigor, se encontrem autorizadas a explorar os seguros de crédito e caução previstos no Decreto-Lei nº 183/88, de 24 de Maio, poderão ter acesso à informação constante da Central de Protestos de Efeitos, ao abrigo do disposto no artigo 21.º daquele diploma.

11. Identificação dos intervenientes nos Efeitos – 11.1. As pessoas colectivas e entidades equiparadas, intervenientes nos efeitos, quer como sacadores ou endossantes, quer como sacados, aceitantes ou subscritores e demais co-obrigados pelos efeitos protestados, deverão ser identificados pelo nome, conforme consta no Registo Nacional de Pessoas Colectivas (RNPC), do Ministério da Justiça, domicílio e Número de Identificação de Pessoa Colectiva (NIPC) inscrito no cartão de identificação emitido pelo Ministério das Finanças.

11.2. As pessoas singulares serão identificadas pelo nome completo, morada e Número de Identificação Fiscal (NIF).

11.3. Os intervenientes não residentes serão ainda identificados pelo País da sua morada/domicílio.

12. Prazo – No sentido de evitar atrasos na divulgação de protestos de efeitos, as entidades participantes deverão providenciar para que as comunicações ocorram logo que seja conhecida a situação final do efeito e sempre no decurso dos 20 dias subsequentes ao da sua apresentação a protesto.

13. Sigilo – Os elementos informativos da Central de Protestos de Efeitos destinam-se, exclusivamente, às entidades participantes e, bem assim, às entidades mencionadas no ponto 10.2., nas condições aí referidas, não devendo, em qualquer circunstância, ser utilizados senão no âmbito da sua exploração normal.

14. Sanções – 14.1. A violação do dever de sigilo, relativamente aos elementos informativos da Central de Protestos de Efeitos, para quem o viole ou disso se aproveite, é punível nos termos do Código Penal.

14.2. A infracção ao disposto na presente Instrução ou no Manual de Procedimentos da Central de Protestos de Efeitos, constitui transgressão punível nos termos do Regime Geral das Instituições de Crédito e Sociedades Financeiras, aprovado pelo Decreto-Lei n.º 298/92, de 31 de Dezembro.

15. Disposições finais – 15.1. A presente Instrução entra em vigor na data da sua publicação, sendo revogadas as Instruções n.ᵒˢ 67/96 e 3/99.

15.2. O Banco de Portugal, através do Serviço de Informações e Apoio Geral localizado no Porto [Praça da Liberdade, 92 – CP 4000-322], prestará todos os esclarecimentos, quer sobre o presente Regulamento, quer sobre o Manual de Procedimentos da Central de Protestos de Efeitos, que se divulga como anexo a esta Instrução.

15.3. O Manual de Procedimentos da Central de Protestos de Efeitos destina-se a facilitar o entendimento dos preceitos constantes desta Instrução, bem como a definir aspectos operacionais, designadamente, os relacionados com a transmissão e o acesso à informação.

15.4. Alterações ao Manual de Procedimentos da Central de Protestos de Efeitos, que não impliquem alterações à presente Instrução, serão comunicadas por Carta-Circular.

8.5. LEI UNIFORME RELATIVA AO CHEQUE (*)

CAPÍTULO I — Da emissão e forma do cheque

ART. 1.º (Requisitos do cheque) – O cheque contém:

1.º A palavra «cheque» inserta no próprio texto do título e expressa na língua empregada para a redacção desse título;

2.º O mandato puro e simples de pagar uma quantia determinada;

3.º O nome de quem deve pagar (sacado);

4.º A indicação do lugar em que o pagamento se deve efectuar;

5.º A indicação da data em que e do lugar onde o cheque é passado;

6.º A assinatura de quem passa o cheque (sacador).

ART. 2.º (Falta de algum dos requisitos) – O título a que faltar qualquer dos requisitos enumerados no artigo precedente não produz efeito como cheque, salvo nos casos determinados nas alíneas seguintes.

(*) A presente Lei Uniforme, estabelecida pela **Convenção assinada em Genebra em 19 de Março de 1931**, foi aprovada pelo **DL n.º 23 721**, de 29 de Março de 1934, e confirmada e ratificada pela **Carta de 10 de Maio de 1934**, publicado no Suplemento ao *DG* de 21 de Junho de 1934.

LEI UNIFORME RELATIVA AO CHEQUE [LUC] 615

Na falta de indicação especial, o lugar designado ao lado do nome do sacado considera-se como sendo o lugar de pagamento. Se forem indicados vários lugares ao lado do nome do sacado, o cheque é pagável no lugar primeiro indicado.

Na ausência destas indicações ou de qualquer outra indicação, o cheque é pagável no lugar em que o sacado tem o seu estabelecimento principal.

O cheque sem indicação do lugar da sua emissão considera-se passado no lugar designado ao lado do nome do sacador.

ART. 3.º (Provisão) – O cheque é sacado sobre um banqueiro que tenha fundos à disposição do sacador e em harmonia com uma convenção expressa ou tácita, segundo a qual o sacador tem o direito de dispor desses fundos por meio de cheque. A validade do título como cheque não fica, todavia, prejudicada no caso de inobservância destas prescrições.

ART. 4.º (Proibição de aceite) – O cheque não pode ser aceite. A menção de aceite lançada no cheque considera-se como não escrita.

ART. 5.º (Modalidades quanto ao benefício) – O cheque pode ser feito pagável:
A uma determinada pessoa, com ou sem cláusula expressa «à ordem»;
A uma determinada pessoa, com a cláusula «não à ordem», ou outra equivalente;
Ao portador.

O cheque passado a favor duma determinada pessoa, mas que contenha a menção «ou ao portador», ou outra equivalente, é considerado como cheque ao portador.

O cheque sem indicação do beneficiário é considerado como cheque ao portador.

ART. 6.º (Modalidades do saque) – O cheque pode ser passado à ordem do próprio sacador.
O cheque pode ser sacado por conta de terceiro.

O cheque não pode ser passado sobre o próprio sacado, salvo no caso em que se trate dum cheque sacado por um estabelecimento sobre outro estabelecimento, ambos pertencentes ao mesmo sacador.

ART. 7.º (Nulidade da estipulação de juros) – Considera-se como não escrita qualquer estipulação de juros inserta no cheque.

ART. 8.º (Cheque a pagar no domicílio de terceiro) – O cheque pode ser pagável no domicílio de terceiro, quer na localidade onde o sacado tem o seu domicílio, quer numa outra localidade, sob a condição no entanto de que o terceiro seja banqueiro.

ART. 9.º (Divergências sobre o montante) – O cheque cuja importância for expressa por extenso e em algarismos, vale, em caso de divergência, pela quantia designada por extenso.

O cheque cuja importância for expressa várias vezes, quer por extenso, quer em algarismo, vale, em caso de divergência, pela menor quantia indicada.

ART. 10.º (Independência das assinaturas válidas) – Se o cheque contém assinaturas de pessoas incapazes de se obrigarem por cheque, assinaturas falsas, assinaturas de pessoas fictícias, ou assinaturas que por qualquer outra razão não poderiam obrigar as pessoas que assinaram o cheque, ou em nome das quais ele foi assinado, as obrigações dos outros signatários não deixam por esse facto de ser válidas.

ART. 11.º (Representação sem poderes ou com excesso de poder) – Todo aquele que apuser a sua assinatura num cheque, como representante duma pessoa, para representar a qual não tinha de facto poderes, fica obrigado em virtude do cheque, e, se o pagar, tem os mesmos direitos que o pretendido representado. A mesma regra se aplica ao representante que tenha excedido os seus poderes.

ART. 12.º (Responsabilidade do sacador) – O sacador garante o pagamento. Considera-se como não escrita qualquer declaração pela qual o sacador se exima a esta garantia.

ART. 13.º (Violação do pacto de preenchimento) – Se um cheque incompleto no momento de ser passado tiver sido completado contrariamente aos acordos realizados, não pode a inobservância desses acordos ser motivo de oposição ao portador, salvo se este tiver adquirido o cheque de má fé, ou, adquirindo-o, tenha cometido uma falta grave.

CAPÍTULO II — Da transmissão

ART. 14.º (Formas de transmissão) – O cheque estipulado pagável a favor duma determinada pessoa, com ou sem cláusula expressa «à ordem», é transmissível por via de endosso.

O cheque estipulado pagável a favor duma determinada pessoa, com a cláusula «não à ordem» ou outra equivalente, só é transmissível pela forma e com os efeitos duma cessão ordinária.

O endosso pode ser feito mesmo a favor do sacador ou de qualquer outro co-obrigado.

Essas pessoas podem endossar novamente o cheque.

616   [LUC]   TÍTULOS DE CRÉDITO

ART. 15.º (Modalidades do endosso) – O endosso deve ser puro e simples. Considera-se como não escrita qualquer condição a que ele esteja subordinado.

É nulo o endosso parcial.

É nulo igualmente o endosso feito pelo sacado.

O endosso ao portador vale como endosso em branco.

O endosso ao sacado só vale como quitação, salvo no caso de o sacado ter vários estabelecimentos e de o endosso ser feito em benefício de um estabelecimento diferente daquele sobre o qual o cheque foi sacado.

ART. 16.º (Forma de endosso) – O endosso deve ser escrito no cheque ou numa folha ligada a este (anexo). Deve ser assinado pelo endossante.

O endosso pode não designar o beneficiário ou consistir simplesmente na assinatura do endossante (endosso em branco). Neste último caso o endosso, para ser válido, deve ser escrito no verso do cheque ou na folha anexa.

ART. 17.º (Efeitos do endosso. Endosso em branco) – O endosso transmite todos os direitos resultantes do cheque.

Se o endosso é em branco, o portador pode:

1.º Preencher o espaço em branco, quer com o seu nome, quer com o nome de outra pessoa;

2.º Endossar o cheque de novo em branco ou a outra pessoa;

3.º Transferir o cheque a um terceiro sem preencher o espaço em branco nem o endossar.

ART. 18.º (Responsabilidade do endossante) – Salvo estipulação em contrário, o endossante garante o pagamento.

O endossante pode proibir um novo endosso, e neste caso não garante o pagamento às pessoas a quem o cheque for posteriormente endossado.

ART. 19.º (Requisitos da legitimidade do portador) – O detentor de um cheque endossável é considerado portador legítimo se justifica o seu direito por uma série ininterrupta de endossos, mesmo se o último for em branco. Os endossos riscados são, para este efeito, considerados como não escritos. Quando o endosso em branco é seguido de um outro endosso, presume-se que o signatário deste adquiriu o cheque pelo endosso em branco.

ART. 20.º (Endosso ao portador) – Um endosso num cheque passado ao portador torna o endossante responsável nos termos das disposições que regulam o direito de acção, mas nem por isso converte o título num cheque à ordem.

ART. 21.º (Inoponibilidade ao portador legítimo do desapossamento) – Quando uma pessoa foi por qualquer maneira desapossada de um cheque, o detentor a cujas mãos ele foi parar – quer se trate de um cheque ao portador, quer se trate de um cheque endossável em relação ao qual o detentor justifique o seu direito pela forma indicada no artigo 19.º – não é obrigado a restituí-lo, a não ser que o tenha adquirido de má fé, ou que, adquirindo-o, tenha cometido uma falta grave.

ART. 22.º (Excepções inoponíveis ao portador) – As pessoas accionadas em virtude de um cheque não podem opor ao portador as excepções fundadas sobre as relações pessoais delas com o sacador, ou com os portadores anteriores, salvo se o portador ao adquirir o cheque tiver procedido conscientemente em detrimento do devedor.

ART. 23.º (Endosso por procuração) – Quando um endosso contém a menção «valor a cobrar» (*valeur en recouvrement*), «para cobrança» (*por encaussement*), «por procuração» (*par procuration*), ou qualquer outra menção que implique um simples mandato, o portador pode exercer todos os direitos resultantes do cheque, mas só pode endossá-lo na qualidade de procurador.

Os co-obrigados neste caso só podem invocar contra o portador as excepções que eram oponíveis ao endossante.

O mandato que resulta de um endosso por procuração não se extingue por morte ou sobrevinda incapacidade legal do mandatário.

ART. 24.º (Endosso tardio) – O endosso feito depois de protesto ou duma declaração equivalente, ou depois de determinado prazo para apresentação, produz apenas os efeitos de uma cessão ordinária.

Salvo prova em contrário, presume-se que um endosso sem data haja sido feito antes do protesto ou das declarações equivalentes, ou antes de findo o prazo indicado na alínea precedente.

CAPÍTULO III — Do aval

ART. 25.º (Função do aval) – O pagamento dum cheque pode ser garantido no todo ou em parte do seu valor por um aval.

Esta garantia pode ser dada por um terceiro, exceptuado o sacado, ou mesmo por um signatário do cheque.

ART. 26.º (Forma do aval) – O aval é dado sobre o cheque ou sobre a folha anexa.

Exprime-se pelas palavras «bom para aval», ou por qualquer outra forma equivalente; é assinado pelo avalista.

Considera-se como resultando da simples aposição da assinatura do avalista na face do cheque, excepto quando se trate da asinatura do sacador.

O aval deve indicar a quem é prestado. Na falta desta indicação considera-se prestado ao sacador.

ART. 27.º (Responsabilidade do dador de aval) – O avalista é obrigado da mesma forma que a pessoa que ele garante.

LEI UNIFORME RELATIVA AO CHEQUE   [LUC]   617

A sua responsabilidade subsiste ainda mesmo que a obrigação que ele garantiu fosse nula por qualquer razão que não seja um vício de forma.

Pagando o cheque, o avalista adquire os direitos resultantes dele contra o garantido e contra os obrigados para com este em virtude do cheque.

CAPÍTULO IV — Da apresentação e do pagamento

ART. 28.º (Pagamento à vista) – O cheque é pagável à vista. Considera-se como não escrita qualquer menção em contrário.

O cheque apresentado a pagamento antes do dia indicado como data da emissão é pagável no dia da apresentação.

ART. 29.º (Prazo para apresentação a pagamento) – O cheque pagável no país onde foi passado deve ser apresentado a pagamento no prazo de oito dias.

O cheque passado num país diferente daquele em que é pagável deve ser apresentado respectivamente num prazo de vinte dias ou de setenta dias, conforme o lugar de emissão e o lugar do pagamento se encontrem situados na mesma ou em diferentes partes do mundo.

Para este efeito os cheques passados num país europeu e pagáveis num país à beira do Mediterrâneo, ou vice-versa, são considerados como passados e pagáveis na mesma parte do mundo.

Os prazos acima indicados começam a contar-se do dia indicado no cheque como data da emissão.

ART. 30.º (Data da emissão no caso de divergência de calendários) – Quando o cheque for passado num lugar e pagável noutro em que se adopte um calendário diferente, a data da emissão será o dia correspondente no calendário do lugar do pagamento.

ART. 31.º (Apresentação à câmara de compensação) – A apresentação do cheque a uma câmara de compensação equivale à apresentação a pagamento.

As câmaras de compensação foram extintas pelo DL n.º 381/77, de 9 de Setembro.

ART. 32.º (Revogação do cheque) – A revogação do cheque só produz efeito depois de findo o prazo de apresentação.

Se o cheque não tiver sido revogado, o sacado pode pagá-lo mesmo depois de findo o prazo.

"Uma instituição de credito sacada que recusa o pagamento de cheque, apresentado dentro do prazo estabelecido no artigo 29.º da LULL, com fundamento em ordem de revogação do sacador, comete violação do disposto na primeira parte do artigo 32.º do mesmo diploma respondendo por perdas e danos perante o legítimo portador do cheque nos termos previstos nos artigos 4.º, segunda parte, do Decreto n.º 13 004 e 483.º, n.º 1, do Código Civil" (Ac. Unif. de Jur. do STJ n.º 4/2008: *DR*, I, de 4.4.2008, p. 2058).

ART. 33.º (Morte ou incapacidade do sacador) – A morte do sacador ou a sua incapacidade posterior à emissão do cheque não invalidam os efeitos deste.

ART. 34.º (Direito à entrega no caso de pagamento) – O sacado pode exigir, ao pagar o cheque, que este lhe seja entregue munido de recibo passado pelo portador.

O portador não pode recusar um pagamento parcial.

No caso de pagamento parcial, o sacado pode exigir que desse pagamento se faça menção no cheque e que lhe seja entregue o respectivo recibo.

ART. 35.º (Obrigação de verificar a regularidade da sucessão dos endossos) – O sacado que paga um cheque endossável é obrigado a verificar a regularidade da sucessão dos endossos, mas não a assinatura dos endossantes.

ART. 36.º (Moeda em que deve ser feito o pagamento) – Quando um cheque é pagável numa moeda que não tem curso no lugar do pagamento, a sua importância pode ser paga dentro do prazo da apresentação do cheque na moeda do país em que é apresentado, segundo o seu valor no dia do pagamento. Se o pagamento não foi efectuado à apresentação, o portador pode, à sua escolha, pedir que o pagamento da importância do cheque na moeda do país em que é apresentado seja efectuado ao câmbio, quer no dia da apresentação, quer no dia do pagamento.

A determinação do valor da moeda estrangeira será feita segundo os usos do lugar de pagamento. O sacador pode, todavia, estipular que a soma a pagar seja calculada segundo uma taxa indicada no cheque.

As regras acima indicadas não se aplicam ao caso em que o sacador tenha estipulado que o pagamento deverá ser efectuado numa certa moeda especificada (cláusula de pagamento efectivo numa moeda estrangeira).

Se a importância do cheque for indicada numa moeda que tenha a mesma denominação mas valor diferente no país de emissão e no de pagamento, presume-se que se fez referência à moeda do lugar de pagamento.

618 [LUC]   TÍTULOS DE CRÉDITO

CAPÍTULO V — Dos cheques cruzados e cheques a levar em conta

ART. 37.º (Cheque cruzado. Modalidades do cruzamento) – O sacador ou o portador dum cheque podem cruzá-lo, produzindo assim os efeitos indicados no artigo seguinte.

O cruzamento efectua-se por meio de duas linhas paralelas traçadas na face do cheque e pode ser geral ou especial.

O cruzamento é geral quando consiste apenas nos dois traços paralelos, ou se entre eles está escrita a palavra «banqueiro» ou outra equivalente; é especial quando tem escrito entre os dois traços o nome dum banqueiro.

O cruzamento geral pode ser convertido em cruzamento especial, mas este não pode ser convertido em cruzamento geral.

A inutilização do cruzamento ou do nome do banqueiro indicado considera-se como não feito.

ART. 38.º (Pagamento do cheque cruzado) – Um cheque com cruzamento geral só pode ser pago pelo sacado a um banqueiro ou a um cliente do sacado.

Um cheque com cruzamento especial só pode ser pago pelo sacado ao banqueiro designado, ou, se este é o sacado, ao seu cliente. O banqueiro designado pode, contudo, recorrer a outro banqueiro para liquidar o cheque.

Um banqueiro só pode adquirir um cheque cruzado a um dos seus clientes ou a outro banqueiro. Não pode cobrá-lo por conta doutras pessoas que não sejam as acima indicadas.

Um cheque que contenha vários cruzamentos especiais só poderá ser pago pelo sacado no caso de se tratar de dois cruzamentos, dos quais um para liquidação por uma câmara de compensação.

O sacado ou o banqueiro que deixar de observar as disposições acima referidas é responsável pelo prejuízo que daí possa resultar até uma importância igual ao valor do cheque.

ART. 39.º (Regime do cheque a levar em conta) – O sacador ou o portador dum cheque podem proibir o seu pagamento em numerário, inserindo na face do cheque transversalmente a menção «para levar em conta», ou outra equivalente.

Neste caso o sacado só pode fazer a liquidação do cheque por lançamento de escrita (crédito em conta, transferência duma conta para a outra ou compensação). A liquidação por lançamento de escrita vale como pagamento.

A inutilização da menção «para levar em conta» considera-se como não feita.

O sacado ou o banqueiro que deixar de observar as disposições acima referidas é responsável pelo prejuízo que daí possa resultar até uma importância igual ao valor do cheque.

CAPÍTULO VI — Da acção por falta de pagamento

ART. 40.º (Recusa de pagamento. Acção por falta de pagamento) – O portador pode exercer os seus direitos de acção contra os endossantes, sacador e outros co-obrigados, se o cheque, apresentado em tempo útil, não for pago e se a recusa de pagamento for verificada:

1.º Quer por um facto formal (protesto);

2.º Quer por uma declaração do sacado, datada e escrita sobre o cheque, com a indicação do dia em que este foi apresentado;

3.º Quer por uma declaração datada duma câmara de compensação, constando que o cheque foi apresentado em tempo útil e não foi pago.

ART. 41.º (Protesto por falta de pagamento) – O protesto ou a declaração equivalente deve ser feito antes de expirar o prazo para a apresentação.

Se o cheque for apresentado no último dia do prazo, o protesto ou a declaração equivalente pode ser feito no primeiro dia útil seguinte.

ART. 42.º (Aviso da falta de pagamento) – O portador deve avisar da falta de pagamento o seu endossante e o sacador, dentro dos quatro dias úteis que se seguirem ao dia do protesto, ou da declaração equivalente, ou ao dia da apresentação se o cheque contiver a cláusula «sem despesas». Cada um dos endossantes deve por sua vez, dentro dos dois dias úteis que se seguirem ao da recepção do aviso, informar o seu endossante do aviso que recebeu, indicando os nomes e endereços dos que enviaram os avisos precedentes, e assim sucessivamente até se chegar ao sacador. Os prazos acima indicados contam-se a partir da recepção do aviso precedente.

Quando, em conformidade com o disposto na alínea anterior, se avisou um signatário do cheque, deve avisar-se igualmente o seu avalista dentro do mesmo prazo de tempo.

No caso de um endossante não ter indicado o seu endereço, ou de o ter feito de maneira ilegível, basta que o aviso seja enviado ao endossante que o precede.

A pessoa que tenha de enviar um aviso pode fazê-lo por qualquer forma, mesmo pela simples devolução do cheque.

Essa pessoa deverá provar que o aviso foi enviado dentro do prazo prescrito. O prazo considerar-se-á como tendo sido observado desde que a carta contendo o aviso tenha sido posta no correio dentro dele.

A pessoa que não der o aviso dentro do prazo acima indicado, não perde os seus direitos. Será responsável pelo prejuízo, se o houver, motivado pela sua negligência, sem que a responsabilidade possa exceder o valor do cheque.

LEI UNIFORME RELATIVA AO CHEQUE [LUC] 619

ART. 43.º (Cláusula que dispensa o protesto) – O sacador, um endossante ou um avalista pode, pela cláusula «sem despesas», «sem protesto», ou outra cláusula equivalente, dispensar o portador de estabelecer um protesto ou outra declaração equivalente para exercer os seus direitos de acção.

Essa cláusula não dispensa o portador da apresentação do cheque dentro do prazo prescrito nem tão-pouco dos avisos a dar. A prova da inobservância do prazo incumbe àquele que dela se prevaleça contra o portador.

Se a cláusula for escrita pelo sacador, produz os seus efeitos em relação a todos os signatários do cheque; se for inserida por um endossante ou por um avalista, só produz efeito em relação a esse endossante ou avalista. Se, apesar da cláusula escrita pelo sacador, o portador faz o protesto ou a declaração equivalente, as respectivas despesas serão de conta dele. Quando a cláusula emanar de um endossante ou de um avalista, as despesas do protesto, ou de declaração equivalente, se for feito, podem ser cobradas de todos os signatários do cheque.

ART. 44.º (Responsabilidade solidária dos signatários) – Todas as pessoas obrigadas em virtude de um cheque são solidariamente responsáveis para com o portador.

O portador tem o direito de proceder contra essas pessoas, individual ou colectivamente, sem necessidade de observar a ordem segundo a qual elas se obrigaram.

O mesmo direito tem todo o signatário dum cheque que o tenha pago.

A acção intentada contra um dos co-obrigados não obsta ao procedimento contra os outros, embora esses se tivessem obrigado posteriormente àquele que foi accionado em primeiro lugar.

ART. 45.º (Direitos do portador contra o demandado) – O portador pode reclamar daquele contra o qual exerceu o seu direito de acção:

1.º A importância do cheque não pago;
2.º Os juros à taxa de 6 por cento desde o dia da apresentação;
3.º As despesas do protesto ou da declaração equivalente, as dos avisos feitos e as outras despesas.

ART. 46.º (Direitos de quem pagou) – A pessoa que tenha pago o cheque pode reclamar daqueles que são responsáveis para com ele:

1.º A importância integral que pagou;
2.º Os juros da mesma importância, à taxa de 6 por cento, desde o dia em que a pagou;
3.º As despesas por ele feitas.

ART. 47.º (Direito à entrega do cheque pago) – Qualquer dos co-obrigados, contra o qual se intentou ou pode ser intentada uma acção, pode exigir, desde que reembolse o cheque, a sua entrega com o protesto ou declaração equivalente e um recibo.

Qualquer endossante que tenha pago o cheque pode inutilizar o seu endosso e os endossos dos endossantes subsequentes.

ART. 48.º (Prorrogação dos prazos no caso de força maior) – Quando a apresentação do cheque, o seu protesto ou a declaração equivalente não puder efectuar-se dentro dos prazos indicados por motivo de obstáculo insuperável (prescrição legal declarada por um Estado qualquer ou outro caso de força maior), esses prazos serão prorrogados.

O portador deverá avisar imediatamente do caso de força maior o seu endossante e fazer menção datada e assinada desse aviso no cheque ou na folha anexa; para o demais aplicar-se-ão as disposições do artigo 42.º.

Desde que tenha cessado o caso de força maior, o portador deve apresentar imediatamente o cheque a pagamento e, caso haja motivo para tal, fazer o protesto ou uma declaração equivalente.

Se o caso de força maior se prolongar além de quinze dias a contar da data em que o portador, mesmo antes de expirado o prazo para a apresentação, avisou o endossante do dito caso de força maior, podem promover-se acções sem que haja necessidade de apresentação de protesto ou de declaração equivalente.

Não são considerados casos de força maior os factos que sejam de interesse puramente pessoal do portador ou da pessoa por ele encarregada da apresentação do cheque ou de efectivar o protesto ou a declaração equivalente.

CAPÍTULO VII — Da pluralidade dos exemplares

ART. 49.º (Admissibilidade de vários exemplares) – Exceptuado o cheque ao portador, qualquer outro cheque emitido num país e pagável noutro país ou numa possessão ultramarina desse país, e vice-versa, ou ainda emitido e pagável na mesma possessão ou em diversas possessões ultramarinas do mesmo país, pode ser passado em vários exemplares idênticos. Quando um cheque é passado em vários exemplares, esses exemplares devem ser numerados no texto do próprio título, pois de contrário cada um será considerado como sendo um cheque distinto.

ART. 50.º (Efeito do pagamento dum dos exemplares) – O pagamento efectuado contra um dos exemplares é liberatório, mesmo quando não esteja estipulado que este pagamento anula o efeito dos outros.

O endossante que transmitiu os exemplares do cheque a várias pessoas, bem como os endossantes subsequentes, são responsáveis por todos os exemplares por eles assinados que não forem restituídos.

620 [DL n.º 454/91]   TÍTULOS DE CRÉDITO

CAPÍTULO VIII — Das alterações

ART. 51.º (Consequência da alteração do texto) – No caso de alteração do texto dum cheque, os signatários posteriores a essa alteração ficam obrigados nos termos do texto alterado; os signatários anteriores são obrigados nos termos do texto original.

CAPÍTULO IX — Da prescrição

ART. 52.º (Prazo de prescrição) – Toda a acção do portador contra os endossantes, contra o sacador ou contra os demais co-obrigados prescreve decorridos que sejam seis meses, contados do termo do prazo de apresentação.

Toda a acção de um dos co-obrigados no pagamento de um cheque contra os demais prescreve no prazo de seis meses, contados do dia em que ele tenha pago o cheque ou do dia em que ele próprio foi accionado.

ART. 53.º (Efeito da interrupção da prescrição) – A interrupção da prescrição só produz efeito em relação à pessoa para a qual a interrupção foi feita.

CAPÍTULO X — Disposições gerais

ART. 54.º (Significação da palavra banqueiro) – Na presente lei a palavra «banqueiro» compreende também as pessoas ou instituições assimiladas por lei aos banqueiros.

ART. 55.º (Prorrogação do prazo que finde em dia feriado) – A apresentação e o protesto dum cheque só podem efectuar-se em dia útil.

Quando o último dia do prazo prescrito na lei para a realização dos actos relativos ao cheque, e principalmente para a sua apresentação ou estabelecimento do protesto ou dum acto equivalente, for feriado legal, esse prazo é prorrogado até ao primeiro dia útil que se seguir ao termo do mesmo. Os dias feriados intermédios são compreendidos na contagem do prazo.

ART. 56.º (Contagem do prazo) – Os prazos previstos na presente lei não compreendem o dia que marca o seu início.

ART. 57.º (Inadmissibilidade de dias de perdão) – Não são admitidos dias de perdão, quer legal quer judicial.

8.6. REGIME JURÍDICO DO CHEQUE SEM PROVISÃO

Decreto-Lei n.º 454/91

de 28 de Dezembro (*)

CAPÍTULO I — Das restrições ao uso de cheque

ART. 1.º (Rescisão da convenção de cheque) – 1 – As instituições de crédito devem rescindir qualquer convenção que atribua o direito de emissão de cheques, quer em nome próprio quer em representação de outrem, por quem, pela respectiva utilização indevida, revele pôr em causa o espírito de confiança que deve presidir à sua circulação.

2 – Para efeitos do disposto no número anterior, presume-se que põe em causa o espírito de confiança que deve presidir à circulação do cheque quem, agindo em nome próprio ou em representação de outrem, verificada a falta de pagamento do cheque apresentado para esse efeito, não proceder à regularização da situação, nos termos previstos no artigo 1.º-A.

3 – No caso de contas com mais de um titular, a rescisão da convenção do cheque é extensiva a todos os co-titulares, devendo, porém, ser anulada relativamente aos que demonstrem ser alheios aos actos que motivaram a rescisão.

4 – A decisão de rescisão da convenção de cheque ordenará a devolução, no prazo de 10 dias úteis, dos módulos de cheque fornecidos e não utilizados e será notificada, nos termos do artigo 5.º, pela instituição de crédito a todas as entidades abrangidas com tal decisão.

(*) Com as alterações introduzidas pelo **DL n.º 316/97**, de 19-11, correspondendo o texto publicado ao fixado em anexo àquele DL, rectificado através da Declaração de Rectificação n.º 1-C/98, de 31-1, alterado pelo **DL n.º 323/2001**, de 17-12 (arts. 2.º, 8.º, 11.º e 14.º) e pelo **DL n.º 83/2003**, de 24-4 (art. 3.º), e ainda pela **Lei n.º 48/2005**, de 29-8 (arts. 2.º, 8.º, 11.º e 11.º-A).

REGIME JURÍDICO DO CHEQUE SEM PROVISÃO

[DL n.º 454/91] 621

5 – As entidades referidas no número anterior deixam de poder emitir ou subscrever cheques sobre a instituição autora da decisão a partir da data em que a notificação se considere efectuada.

6 – A instituição de crédito que haja rescindido a convenção de cheque não pode celebrar nova convenção dessa natureza com a mesma entidade antes de decorridos dois anos a contar da data da decisão de rescisão da convenção, salvo autorização do Banco de Portugal.

7 – O Banco de Portugal pode autorizar a celebração de uma nova convenção de cheque antes de decorrido o prazo estabelecido no número anterior, quando circunstâncias especialmente ponderosas o justifiquem e mediante prova da regularização das situações que determinaram a rescisão da convenção.

ART. 1.º-A (Falta de pagamento de cheque) – 1 – Verificada a falta de pagamento do cheque apresentado para esse efeito, nos termos e prazos a que se refere a Lei Uniforme Relativa ao Cheque, a instituição de crédito notifica o sacador para, no prazo de 30 dias consecutivos, proceder à regularização da situação.

2 – A notificação a que se refere o número anterior deve, obrigatoriamente, conter:

a) A indicação do termo do prazo e do local para a regularização da situação;

b) A advertência de que a falta de regularização da situação implica a rescisão da convenção de cheque e, consequentemente, a proibição de emitir novos cheques sobre a instituição sacada, a proibição de celebrar ou manter convenção de cheque com outras instituições de crédito, nos termos do disposto no artigo 3.º, e a inclusão na listagem de utilizadores de cheque que oferecem risco.

3 – A regularização prevista no n.º 1 faz-se mediante depósito na instituição de crédito sacada, à ordem do portador do cheque, ou pagamento directamente a este, comprovado perante a instituição de crédito sacada, do valor do cheque e dos juros moratórios calculados à taxa legal, fixada nos termos do Código Civil, acrescida de 10 pontos percentuais.

ART. 2.º (Comunicações) – As instituições de crédito são obrigadas a comunicar ao Banco de Portugal, no prazo e pela forma que este lhes determinar, todos os casos de:

a) Rescisão da convenção de cheque;

b) Apresentação a pagamento, nos termos e prazos da Lei Uniforme Relativa ao Cheque, de cheque que não seja integralmente pago por falta de provisão ou por qualquer dos factos previstos no artigo 11.º, n.º 1, sem que tenha sido rescindida a convenção de cheque;

c) Emissão de cheque sobre elas sacado, em data posterior à notificação a que se refere o artigo 1.º, n.º 4, pelas entidades com quem hajam rescindido a convenção de cheque;

d) Não pagamento de cheque de valor não superior a €150, emitido através de módulo por elas fornecido;

e) Recusa de pagamento de cheques com inobservância do disposto no artigo 9.º, n.º 1.

ART. 3.º (Listagem) – 1 – As entidades que tenham sido objecto de rescisão de convenção de cheque ou que hajam violado o disposto no n.º 5 do artigo 1.º são incluídas numa listagem de utilizadores de cheque quer oferecem risco a comunicar pelo Banco de Portugal a todas as instituições de crédito.

2 – A inclusão na listagem a que se refere o número anterior determina para qualquer outra instituição de crédito a imediata rescisão de convenção de idêntica natureza, bem como a proibição de celebrar nova convenção de cheque, durante os dois anos seguintes, contados a partir da data da decisão de rescisão da convenção.

3 – É correspondentemente aplicável o disposto no artigo 1.º, n.º 6.

4 – É expressamente autorizado o acesso de todas as instituições de crédito indicadas como tal no artigo 3.º do Regime Geral das Instituições de Crédito e Sociedades Financeiras, aprovado pelo Decreto-Lei n.º 298/92, de 31 de Dezembro, a todas as informações disponibilizadas pelo Banco de Portugal relativas aos utilizadores de Cheque que oferecem risco de crédito de pessoas singulares e colectivas.

5 – Compete ao Banco de Portugal regulamentar a forma e termos de acesso às informações quando estas se destinem à finalidade do número naterior, com base em parecer previamente emitido pela Comissão Nacional de Protecção de Dados.

6 – Todas as informações fornecidas pelo Banco de Portugal devem ser eliminadas, bem como quaisquer referências ou indicadores de efeito equivalente, logo que cesse o período de permanência de dois nãos, haja decisão de remoção da listagem ou se verifique o termo de decisão judicial, excepto se o titular nisso expressamente comsentir.

ART. 4.º (Remoção da listagem) – As entidades que integrem a listagem referida no artigo anterior não poderão, nos dois anos imediatamente posteriores à rescisão da convenção de cheques, celebrar nova convenção, excepto se, sob proposta de qualquer instituição de crédito ou a seu requerimento, o Banco de Portugal, face à existência de circunstâncias ponderosas, venha a decidir a remoção de nomes da aludida listagem.

ART. 5.º (Notificações) – 1 – As notificações a que se referem os artigos 1.º, 1.º-A e 2.º efectuam-se por meio de carta registada expedida para o último domicílio declarado às instituições de crédito sacadas e presumem-se feitas, salvo prova em contrário, no terceiro dia posterior ao do registo ou no primeiro dia útil seguinte, se aquele o não for.

2 – A notificação tem-se por efectuada mesmo que o notificando recuse receber a carta ou não se encontre no domicílio indicado.

622 [DL n.º 454/91]   TÍTULOS DE CRÉDITO

ART. 6.º (Movimentação de contas de depósito) – 1 – A rescisão da convenção de cheque não impede a movimentação de contas de depósito através de cheques avulsos, visados ou não, consoante se destinem a pagamentos ou a simples levantamentos, ainda que o sacador figure na listagem distribuída pelo Banco de Portugal, devendo ser facultados os impressos necessários para o efeito.

2 – Sem prejuízo do disposto neste capítulo, não poderá ser recusado o pagamento de cheques com fundamento na rescisão de convenção de cheque ou no facto de o sacador figurar na listagem difundida pelo Banco de Portugal, quando a conta sacada disponha de provisão para o efeito.

ART. 7.º (Competência do Banco de Portugal) – Compete ao Banco de Portugal fixar os requisitos a observar pelas instituições de crédito na abertura de contas de depósito e no fornecimento de módulos de cheques, designadamente quanto à identificação dos respectivos titulares e representantes e, ainda, transmitir às instituições de crédito instruções tendentes à aplicação uniforme do disposto neste diploma.

CAPÍTULO II — Obrigatoriedade de pagamento

ART. 8.º (Obrigatoriedade de pagamento pelo sacado) – 1 – A instituição de crédito sacada é obrigada a pagar, não obstante a falta ou insuficiência de provisão, qualquer cheque, emitido através de módulo por ela fornecido, de montante não superior a € 150.

2 – O disposto neste artigo não se aplica quando a instituição sacada recusar justificadamente o pagamento do cheque por motivo diferente da falta ou insuficiência de provisão.

3 – Para efeitos do previsto no número anterior, constitui, nomeadamente, justificação de recusa de pagamento a existência de sérios indícios de falsificação, furto, abuso de confiança ou apropriação ilegítima do cheque.

ART. 9.º (Outros casos de obrigatoriedade de pagamento pelo sacado) – 1 – Sem prejuízo do disposto no artigo 8.º, as instituições de crédito são ainda obrigadas a pagar qualquer cheque emitido através de módulo por elas fornecido:

a) Em violação do dever de rescisão a que se refere o artigo 1.º, n.ᵒˢ 1 a 4;

b) Após a rescisão da convenção de cheque, com violação do dever a que se refere o artigo 1.º, n.º 6;

c) A entidades que integrem a listagem referida no artigo 3.º;

d) Em violação do disposto no artigo 12.º, n.º 5.

2 – Em caso de recusa de pagamento, a instituição sacada deve provar que observou as normas relativas ao fornecimento de módulos de cheque e à obrigação de rescisão da convenção de cheque.

ART. 10.º (Sub-rogação) – A instituição de crédito sacada que pagar um cheque em observância do disposto neste capítulo fica sub-rogada nos direitos do portador até ao limite da quantia paga.

CAPÍTULO III — Regime penal do cheque

ART. 11.º (Crime de emissão de cheque sem provisão) – 1 – Quem, causando prejuízo patrimonial ao tomador do cheque ou a terceiro:

a) Emitir e entregar a outrem cheque para pagamento de quantia superior a € 150 que não seja integralmente pago por falta de provisão ou por irregularidade do saque;

b) Antes ou após a entrega a outrem de cheque sacado pelo próprio ou por terceiro, nos termos e para os fins da alínea anterior, levantar os fundos necessários ao seu pagamento, proibir à instituição sacada o pagamento desse cheque, encerrar a conta sacada ou, por qualquer modo, alterar as condições da sua movimentação, assim impedindo o pagamento do cheque; ou

c) Endossar cheque que recebeu, conhecendo as causas de não pagamento integral referidas nas alíneas anteriores; se o cheque for apresentado a pagamento nos termos e prazos estabelecidos pela Lei Uniforme Relativa ao Cheque, é punido com pena de prisão até 3 anos ou com pena de multa ou, se o cheque for de valor elevado, com a pena de prisão até 5 anos ou com pena de multa até 600 dias.

2 – Para efeitos do disposto no número anterior, considera-se valor elevado o montante constante de cheque não pago que exceda o valor previsto no artigo 202.º, alínea *a)*, do Código Penal.

3 – O disposto no n.º 1 não é aplicável quando o cheque seja emitido com data posterior à da sua entrega ao tomador.

4 – Os mandantes, ainda que pessoas colectivas, sociedades ou meras associações de facto, são civil e solidariamente responsáveis pelo pagamento de multas e de indemnizações em que forem condenados os seus representantes pela prática do crime previsto no n.º 1, contanto que estes tenham agido nessa qualidade e no interesse dos representados.

5 – A responsabilidade criminal extingue-se pela regularização da situação, nos termos e prazo previstos no artigo 1.º-A.

6 – Se o montante do cheque for pago, com reparação do dano causado, já depois de decorrido o prazo referido no n.º 5, mas até ao início da audiência de julgamento em 1.ª instância, a pena pode ser especialmente atenuada.

1. O Assento n.º 4/99 do STJ, de 4-2-1999, publicado no *DR*, I-A, de 30-3-1999, fixou, com efeitos obrigatórios para os tribunais nacionais, a seguinte jurisprudência: «No domínio do Código Penal de 1982, o crime de emissão de cheque sem provisão,

REGIME JURÍDICO DO CHEQUE SEM PROVISÃO [DL n.º 454/91] 623

previsto e punido pelo artigo 11.º, n.º 1, do Decreto-Lei n.º 454/91, de 28 de Dezembro, tinha a natureza pública, sendo ineficaz a desistência de queixa pelo ofendido, sem prejuízo do disposto nos artigos 313.º, n.º 2, e 303.º do mesmo Código».

2. O Ac. Unif. de Jurisp. n.º 9/2008 do STJ (*DR*, 1.ª série, de 27.10.2008, p. 7548), fixou a seguinte jurisprudência: "Verificados que sejam todos os restantes elementos constitutivos do tipo objectivo e subjectivo do ilícito, integra o crime de emissão de cheque sem provisão previsto na alínea *b*) do n.º 1 do art. 11.º do DL n.º 454/91, de 28-12, na redacção introduzida pelo DL n.º 316/97, de 19-11, a conduta do sacador de um cheque que, após a emissão deste, falsamente comunica ao banco sacado que o cheque se extraviou, assim o determinando a recusar o seu pagamento com esse fundamento".

ART. 11.º-A (Queixa) – 1 – O procedimento criminal pelo crime previsto no artigo anterior depende de queixa.

2 – A queixa deve conter a indicação dos factos constitutivos da obrigação subjacente à emissão, da data de entrega do cheque ao tomador e dos respectivos elementos de prova.

3 – Sem prejuízo de se considerar apresentada a queixa para todos os efeitos legais, designadamente o previsto no artigo 115.º do Código Penal, o Ministério Público, quando falte algum dos elementos referidos no número anterior, notificará o queixoso para, no prazo de 15 dias, proceder à sua indicação.

4 – Compete ao Procurador-Geral da República, ouvido o departamento respectivo, autorizar a desistência da queixa nos casos em que o Estado seja ofendido.

5 – A competência prevista no número anterior é delegável nos termos gerais.

ART. 12.º (Sanções acessórias) – 1 – O tribunal pode aplicar, isolada ou cumulativamente, conforme os casos, as seguintes sanções acessórias a quem for condenado por crime de emissão de cheque sem provisão, previsto no artigo 11.º:

a) Interdição do uso de cheque;

b) Publicidade da decisão condenatória.

2 – A interdição do uso de cheque terá a duração mínima de seis meses e a duração máxima de seis anos.

3 – A publicidade da decisão condenatória faz-se a expensas do condenado, em publicação de divulgação corrente na área do domicílio do agente e do ofendido, bem como através da afixação de edital, por período não inferior a um mês, nos lugares destinados para o efeito pela junta de freguesia do agente e do mandante ou do representado.

4 – A publicidade é feita por extracto de que constem os elementos da infracção e as sanções aplicadas, bem como a identificação do agente.

5 – A sentença que condenar em interdição do uso de cheque é comunicada ao Banco de Portugal, que informa todas as instituições de crédito de que devem abster-se de fornecer ao agente e aos seus mandatários módulos de cheque para movimentação das suas contas de depósito, salvo no caso previsto no artigo 6.º.

6 – A sentença que condenar em interdição do uso de cheque deve ordenar ao condenado que restitua às instituições de crédito que lhos forneceram todos os módulos de cheques que tiver em seu poder ou em poder dos seus mandatários.

7 – Incorre na pena do crime de desobediência quem não respeitar a injunção a que se refere o número anterior e na do crime de desobediência qualificada quem emitir cheques enquanto durar a interdição fixada na sentença.

8 – O condenado em interdição do uso de cheque poderá ser reabilitado judicialmente se, pelo menos por um período de dois anos depois de cumprida a pena principal, se tiver comportado por forma que torne razoável supor que não cometerá novos crimes da mesma natureza.

9 – A sentença que conceder a reabilitação é igualmente comunicada ao Banco de Portugal para informação a todas as instituições de crédito.

ART. 13.º (Tribunal competente) – É competente para conhecer do crime previsto neste diploma o tribunal da comarca onde se situa o estabelecimento da instituição de crédito em que o cheque for inicialmente entregue para pagamento.

ART. 13.º-A (Dever de colaboração na investigação) – 1 – As instituições de crédito devem fornecer às autoridades judiciárias competentes todos os elementos necessários para a prova do motivo do não pagamento do cheque que lhes for apresentado para pagamento nos termos e prazos da Lei Uniforme Relativa ao Cheque, através da emissão de declaração de insuficiência de saldo com indicação do valor deste, a indicação dos elementos de identificação do sacador e do envio de cópia da respectiva ficha bancária de assinaturas.

2 – As instituições de crédito têm o dever de informar as entidades com quem celebrarem convenção de cheque da obrigação referida no número anterior, quanto às informações que a essas entidades digam respeito.

CAPÍTULO IV — Contra-ordenações

ART. 14.º (Contra-ordenações) – 1 – Constitui contra-ordenação, punível com coima de € 748,20 a € 12 469,95:

a) A omissão do dever de comunicação ao Banco de Portugal a que se refere o artigo 2.º;

b) A inobservância dos requisitos a que se refere o artigo 7.º.

2 – Constitui contra-ordenação, punível com coima de € 1496,39 a € 24 939,89:

a) A não rescisão da convenção que atribua o direito de emissão de cheques, a celebração de nova convenção ou o fornecimento de módulos de cheques com infracção do disposto neste diploma;

b) A omissão, no prazo de 30 dias úteis após a ocorrência dos factos que a determinam, da notificação a que se refere o artigo 1.º-A, n.ºs 1 e 2;

624 [ABP n.º 1741-C/98]   TÍTULOS DE CRÉDITO

c) A violação do disposto nos artigos 8.º, n.º 1, e 9.º, n.º 1;

d) A recusa, considerada injustificada, de pagamento de cheque, nos termos do artigo 8.º, n.º 2.

3 – As contra-ordenações previstas nos números anteriores são sempre puníveis a título de negligência.

4 – Se os factos referidos nos números anteriores forem praticados pelos órgãos de pessoa colectiva ou equiparada, no exercício das suas funções, o montante mínimo das coimas aplicadas é, respectivamente, de € 1995,19 e de € 399 038, em caso de dolo, e de € 997,60 e € 1995,19, em caso de negligência.

5 – A instrução do processo de contra-ordenação e a aplicação da coima competem ao Banco de Portugal.

6 – O produto das coimas aplicadas é distribuído da seguinte forma:

a) 40% para o Banco de Portugal;

b) 60% para o Estado.

CAPÍTULO V — **Disposições finais**

ART. 15.º (Norma revogatória) – São revogados:

a) O Decreto-Lei n.º 182/74, de 2 de Maio, com as modificações introduzidas pelos Decretos-Leis n.ᵒˢ 184/ /74, de 4 de Maio, 218/74, de 18 de Maio, e 519-XI/79, de 29 de Dezembro;

b) O Decreto-Lei n.º 14/84, de 11 de Janeiro.

8.7. REGULAMENTO DA CIRCULAÇÃO DO CHEQUE

Aviso do Banco de Portugal n.º 1741-C/98 (2.ª série)

de 4 de Fevereiro (*)

I – Disposições gerais

1 – Este aviso aplica-se aos bancos, à Caixa Geral de Depósitos, às caixas económicas, à Caixa Central de Crédito Agrícola Mútuo e às caixas de crédito agrícola mútuo.

II – Fornecimento de impressos de cheque

2 – As instituições de crédito não podem confiar módulos de cheque às entidades:

a) Que tenham sido objecto de rescisão da convenção do seu uso há menos de dois anos;

b) Que integrem a lista de utilizadores de cheque que oferecem risco divulgada pelo Banco de Portugal;

c) Que estejam judicialmente interditas do uso de cheque, logo que de tal facto sejam informadas;

d) Em cuja ficha de abertura de conta não conste a indicação de conferência dos elementos com base no bilhete de identidade civil, ou outro que legalmente o substitua para todos os efeitos, no caso de residentes, e documento equivalente ou passaporte, no caso de não residentes.

3 – As entidades abrangidas pelo disposto no número anterior podem movimentar as contas respectivas através de cheques avulsos, visados ou não, consoante se destinem a pagamentos ou a simples levantamentos, devendo as instituições de crédito facultar os impressos necessários para o efeito, sem prejuízo da utilização de outros instrumentos de movimentação da conta que estas instituições entendam colocar à sua disposição.

4 – Os primeiros módulos de cheque devem ser entregues ao titular ou representante com poderes para movimentar a conta a que respeitam, mediante a apresentação de carta registada expedida para o domicílio indicado na ficha de abertura de conta e a exibição do respectivo bilhete de identidade ou documento que legalmente o substitua.

5 – Os titulares ou representantes com poderes para movimentar a conta são obrigados a comunicar imediatamente às instituições de crédito qualquer alteração nos elementos constantes na ficha de abertura de conta, designadamente a morada e o regime de movimentação, devendo as requisições de módulos de cheque ou os extractos de conta mencionar esta obrigação.

6 – As instituições de crédito têm o dever de informar as entidades com quem celebrarem convenção de cheque, no momento da entrega dos módulos respectivos, de que estão obrigadas a fornecer às autoridades judiciárias competentes, quanto às informações que a essas entidades digam respeito, declaração de insuficiência de saldo com indicação do valor deste, elementos de indicação do sacador e cópia da ficha de assinantes.

III – Rescisão da convenção de cheque

7 – As instituições de crédito devem rescindir qualquer convenção que atribua o direito de emissão de cheque com quem, em nome próprio ou em representação de outrem, pela respectiva utilização indevida, revele pôr em causa o espírito de confiança que deve presidir à sua circulação. Considerar-se-ão, entre outras, as circunstâncias seguintes:

(*) Publicado no *DR*, II, de 4-2-1998, 2.º Supl., págs. 1600-(70) e seg.

REGULAMENTO DA CIRCULAÇÃO DO CHEQUE   [ABP n.º 1741-C/98] 625

a) O sacador não comprovar no prazo legal, perante a instituição de crédito, que procedeu à regularização de cheque que havia sido devolvido por falta ou insuficiência de provisão, conta encerrada, saque irregular ou por conta bloqueada ou conta suspensa, se a data de emissão de cheque for posterior à data de bloqueamento ou suspensão;

b) O sacador não regularizar cheque pago pela instituição de crédito sacada em cumprimento da obrigação referida nos artigos 8.º e 9.º do Decreto-Lei n.º 454/91.

8 – As instituições de crédito devem ainda rescindir qualquer convenção que atribua o direito de emissão de cheque a quem integre a listagem de utilizadores de cheque que oferecem risco.

9 – A rescisão de convenção que resulte de acto praticado por representante de pessoa singular ou colectiva repercute-se no titular da conta a que respeite, se o representante tiver agido no âmbito dessa representação.

10 – Um cheque devolvido deve considerar-se regularizado se, na instituição de crédito sacada e no prazo de 30 dias consecutivos:

a) O portador o reapresentar e receber o montante nele indicado;

b) O sacador proceder a depósito, à ordem do portador, de fundos suficientes e imediatamente disponíveis ou cobertos por garantia;

c) O sacador exibir prova do seu pagamento ao portador.

11 – Nos casos referidos nas alíneas *b)* e *c)* do número anterior, além da importância indicada no cheque, são devidos juros moratórios calculados à taxa legal, fixada nos termos do Código Civil, acrescida de 10 pontos percentuais.

12 – Para efeitos de cálculo dos juros moratórios referidos no artigo 1.º-A do Decreto-Lei n.º 454/91, são devidos juros a partir da apresentação do cheque a pagamento e até à data em que for efectuado o depósito à ordem do portador ou até à data em que for efectuado o pagamento.

13 – A importância depositada para consignação fica cativa, pelo período máximo de seis meses, até à apresentação do portador do cheque a que respeita em qualquer balcão da instituição de crédito sacada para levantamento daquela importância.

14 – O portador do cheque não pago poderá, querendo, desonerar o sacador do pagamento dos juros moratórios, do capital ou de ambos.

15 – A reapresentação de cheque a pagamento em qualquer instituição diferente da sacada não obriga a instituição sacada, no momento do pagamento, a liquidar também os juros consignados em depósito.

16 – O sacador que emita cheque a favor de si próprio não põe em causa o espírito de confiança que deve presidir à circulação do cheque, excepto se este tiver sido endossado.

17 – Um cheque pago pela instituição de crédito em cumprimento da obrigação enunciada nos artigos 8.º e 9.º do Decreto-Lei n.º 454/91, considera-se regularizado se, no prazo de 30 dias contados a partir de notificação para o efeito, o sacador proceder ao depósito da quantia nele indicada na sua conta ou em conta designada pela instituição de crédito.

18 – As instituições de crédito não poderão devolver cheques com fundamento na rescisão da convenção do seu uso ou no facto de o nome do sacador figurar na listagem de utilizadores de cheque que oferecem risco.

IV – Extensão da rescisão de convenção a co-titulares

19 – A rescisão de convenção é extensiva a todos os co-titulares da conta sobre a qual foi emitido o cheque que lhe deu causa; não é extensiva a co-titulares de outras contas nas quais também aqueles figurem.

20 – As instituições de crédito deverão anular a rescisão de convenção relativamente aos co-titulares que demonstrem ser alheios aos actos que a motivaram.

21 – Consideram-se indiciadores de que os co-titulares são alheios aos actos que motivaram a rescisão, entre outras, as circunstâncias seguintes:

a) O titular emitente declarar assumir a responsabilidade exclusiva pela emissão do cheque não regularizado;

b) Os titulares estarem divorciados ou separados judicialmente;

c) O titular não emitente ter cedido a sua quota ou renunciado à gerência em sociedade comercial;

d) O titular não emitente ter renunciado à titularidade ou representação na conta de depósitos em causa;

e) O cheque não regularizado ser de montante anormal relativamente aos demais movimentos a débito na conta;

f) Os titulares terem dissolvido sociedade civil.

22 – As circunstâncias referidas nas alíneas *b)*, *c)*, *d)* e *f)* do número anterior só poderão ser consideradas se tiverem ocorrido em momento anterior à emissão do cheque que deu causa à rescisão.

23 – A devolução dos módulos de cheque pelos co-titulares não poderá ser exigida se, no prazo de 10 dias úteis contados a partir da notificação de rescisão, estes tiverem demonstrado o seu alheamento.

V – Informação divulgada pelo Banco de Portugal

24 – Logo que tome conhecimento de que uma entidade foi objecto de rescisão de convenção de cheque, o Banco de Portugal inclui-la-á na listagem de utilizadores de cheque que oferecem risco, comunicando essa inclusão às instituições de crédito, com indicação da data de entrada respectiva.

626 [ABP n.º 1741-C/98] TÍTULOS DE CRÉDITO

25 – As comunicações judiciais relativas a sentença de interdição do uso de cheque ou a despacho que aplique medida de coacção de suspensão do exercício de emissão de cheque, bem como a cessação e reabilitação respectivas, são igualmente difundidas pelo Banco de Portugal às instituições de crédito, após comunicação do tribunal que contenha os elementos de identificação da entidade a que respeitam (nome completo, bilhete de identidade ou equivalente, data de nascimento e filiação).

26 – Se o Banco de Portugal não determinar a remoção, o período de permanência na listagem de utilizadores de cheque que oferecem risco é de dois anos, contados a partir da data de entrada, findo o qual as instituições de crédito deverão considerar que aqueles utilizadores deixaram de nela constar.

27 – Todas as entidades têm o direito de ser informadas sobre o que a seu respeito conste nas bases de dados do Banco de Portugal podendo, para o efeito, dirigir-se pessoalmente ou através de quem tenha poderes para a representar, por escrito ou presencialmente, aos locais de funcionamento do Banco de Portugal em Braga, Castelo Branco, Coimbra, Évora, Faro, Funchal, Lisboa, Ponta Delgada, Porto, Vila Real e Viseu.

VI – Pedido de remoção ou de celebração de nova convenção

28 – Qualquer entidade poderá requerer ao Banco de Portugal a remoção do seu nome ou denominação da listagem de utilizadores de cheque que oferecem risco, após ter demonstrado junto das instituições de crédito sacadas que estão regularizados todos os cheques que emitiu e ter devolvido os módulos em seu poder, invocando, ainda, razões que justifiquem a necessidade de movimentar as suas contas de depósitos através de cheque.

29 – Qualquer instituição de crédito pode requerer ao Banco de Portugal a remoção da listagem de utilizadores de cheque que oferecem risco ou a autorização para celebrar nova convenção de cheque, relativamente a entidades com quem tenha rescindido a convenção de cheque ou que, por iniciativa sua, tenham sido incluídas em tal listagem, desde que se encontrem preenchidos os requisitos previstos no número anterior.

30 – A decisão de remoção ou de autorização de celebração de convenção do Banco de Portugal será difundida por todas as instituições de crédito.

31 – As entidades que integrem a listagem de cheque que oferecem risco, bem como as instituições de crédito que não tinham com aquelas convenção de cheque à data da entrada na listagem não poderão solicitar ao Banco de Portugal autorização para celebrar nova convenção.

VII – Obrigatoriedade de pagamento de cheques

32 – Constituem recusa justificada de pagamento de cheque de montante não superior a 12 500$ o furto, o roubo, o extravio, o abuso de confiança, o endosso irregular, a rasura no extenso para caber no montante atingido pela obrigatoriedade de pagamento, a apropriação ilegítima do cheque e a existência de sérios indícios de falsificação.

33 – A revogação por justa causa, consubstanciada em documento assinado pelo sacador, e a apresentação fora do prazo, previsto na Lei Uniforme Relativa ao Cheque, também constituem recusa justificada de pagamento de cheque de montante não superior a 12 500$.

34 – O fornecimento de módulos de cheque em violação do dever de se abster de o fazer obriga a instituição de crédito a pagar qualquer cheque emitido através daqueles, independentemente do montante nele inscrito.

VIII – Disposições finais

35 – Este aviso entra em vigor em 4 de Fevereiro de 1998.

8.8. RESTRIÇÃO AO USO DE CHEQUE

Instrução n.º 1/98 do Banco de Portugal

de 4 de Fevereiro de 1998 (*)

I – Âmbito de aplicação

1. São destinatários das presentes Instruções:
a) Os bancos;
b) A Caixa Geral de Depósitos;

(*) *Boletim Oficial do Banco de Portugal*, n.º 2/98.

RESTRIÇÃO AO USO DE CHEQUE   [Instr. n.º 1/98, do BdP]   627

c) As caixas económicas;
d) A Caixa Central de Crédito Agrícola Mútuo;
e) As caixas de crédito agrícola mútuo.

II – Notificações

A – Prazos

2. A notificação para regularização, prevista no artigo 1.º-A do Decreto-Lei n.º 454/91, deve ser feita pela instituição sacada até ao fim do 5.º dia útil após:
a) a devolução de cheque não truncado;
b) a recepção da fotocópia de cheque truncado remetida pela instituição tomadora.
3. A notificação de rescisão, prevista no n.º 4 do artigo 1.º do Decreto-Lei n.º 454/91, deve ser feita até ao fim do 5.º dia útil após o termo do prazo previsto no n.º 1 do artigo 1.º-A do diploma mencionado.
4. A rescisão prevista no n.º 2 do artigo 3.º do Decreto-Lei n.º 454/91 deve ser notificada nos termos indicados no artigo 5.º do mesmo diploma e até ao fim do 5.º dia útil após a recepção da listagem de utilizadores de risco divulgada pelo Banco de Portugal.

B – Conteúdo

5. Na notificação para regularização de cheque não pago, as instituições de crédito devem fazer constar obrigatoriamente:
a) A identificação do balcão, o número de conta sacada, o número do cheque e o valor respectivo;
b) As modalidades de regularização admitidas, a indicação do prazo concedido para o fazer e os locais onde poderão proceder à demonstração da referida regularização;
c) As consequências da não regularização do cheque devolvido, designadamente a rescisão da convenção de cheque, a proibição de emitir cheques, de celebrar ou manter convenção deste tipo com qualquer instituição de crédito, a inclusão na listagem de utilizadores de cheque que oferecem risco e, ainda, a impossibilidade de extinção da responsabilidade criminal nos casos em que tal responsabilidade possa existir.
6. Na notificação de rescisão da convenção de cheque, as instituições de crédito devem mencionar obrigatoriamente:
a) As razões que a fundamentam (a não regularização de cheque no prazo indicado, a inclusão do nome ou denominação da entidade notificada na listagem de utilizadores de cheque que oferecem risco ou outra);
b) A exigência da devolução, no prazo de dez dias úteis, dos módulos de cheque fornecidos e não utilizados em poder da entidade notificada;
c) O dever desta se abster de emitir cheques sobre a instituição notificante ou qualquer outra;
d) A possibilidade de movimentação da conta através dos instrumentos que a instituição de crédito entenda colocar ou manter à disposição da entidade notificada e, ainda, através de cheques avulsos, visados ou não, consoante se destinem a pagamentos ou simples levantamentos.
7. Na notificação de rescisão da convenção de cheque aos co-titulares abrangidos pela extensão referida no n.º 3 do artigo 1.º do Decreto-Lei n.º 454/91, além dos elementos indicados no número anterior, as instituições de crédito devem mencionar obrigatoriamente:
a) A possibilidade de demonstração de alheamento aos actos que motivaram a rescisão, através da apresentação dos meios de prova convenientes;
b) O dever que impende sobre a instituição sacada de anular a rescisão se os co-titulares tiverem demonstrado o seu alheamento aos actos que motivaram a rescisão e informar que, se tal demonstração suceder no prazo de dez dias úteis, a rescisão não será comunicada ao Banco de Portugal.

III – Comunicações

8. As instituições de crédito devem comunicar ao Banco de Portugal a celebração de nova convenção com entidades abrangidas pela rescisão e todos os casos previstos no artigo 2.º do Decreto-Lei n.º 454/91, até ao fim do 3.º dia útil seguinte à sua verificação.
9. Para o envio das comunicações previstas no número anterior, as instituições de crédito devem utilizar a rede de teleprocessamento de dados da SIBS – Sociedade Interbancária de Serviços (*File Transfer System*) e observar as definições, tabelas e procedimentos operacionais da aplicação informática que gere a informação processada, constantes no Manual de Descrição de Ficheiros, cuja divulgação e modificações são transmitidas através de Carta-Circular.
10. Para efeitos de contagem do prazo fixado no n.º 8 desta Instrução, os acontecimentos consideram-se verificados nas datas indicadas no manual referido no número anterior.

628   [Instr. n.º 1/98, do BdP]   TÍTULOS DE CRÉDITO

IV – Cheques truncados apresentados na compensação

11.A instituição de crédito sacada tem o dever de verificar a data de emissão e a identificação do sacador antes de desencadear os mecanismos de notificação e comunicação a que está obrigada.

12. A instituição tomadora de cheque truncado não pago deve entregar à instituição sacada, com protocolo e no prazo de 5 dias úteis após o conhecimento da devolução, fotocópia bem legível e em tamanho não inferior ao natural do cheque devolvido.

13. As instituições sacadas devem solicitar às instituições tomadoras a fotocópia de cheque pago em observância do preceituado nos artigos 8.º e 9.º do Decreto-Lei nº 454/91, aplicando-se, neste caso, o disposto no número anterior a partir do conhecimento do pedido.

14. No caso de a instituição sacada não poder cumprir as suas obrigações de notificação e comunicação por não ter recebido a fotocópia de cheque truncado deverá, logo que possível, informar o Banco de Portugal, com conhecimento à instituição tomadora, da impossibilidade de o fazer indicando os elementos que permitam identificar o cheque e a instituição tomadora inadimplente.

V – Listagem de utilizadores de cheque que oferecem risco

15. A difusão da identificação das entidades consideradas utilizadores de cheque que oferecem risco destina-se exclusivamente a informar as instituições de crédito, em cumprimento da lei, de que devem rescindir-lhes a convenção de cheque que esteja em vigor e de que não podem fornecer-lhes módulos de cheque, sob pena de serem responsáveis pelo pagamento dos montantes pelos quais sejam preenchidos e de incorrerem em procedimento contra-ordenacional.

16. As instituições de crédito que requeiram a remoção do nome ou denominação de entidades que constem na listagem de utilizadores de cheque que oferecem risco, devem:

a) possuir prova de regularização dos cheques emitidos;

b) confirmar a devolução dos módulos de cheque não emitidos; e

c) invocar razões que justifiquem a necessidade de utilização de cheque.

17. Os pedidos de remoção da listagem de utilizadores de cheque que oferecem risco só serão admitidos se referirem todas as condições mencionadas no número anterior e se se acharem autenticados pelas assinaturas que, para o efeito, vinculem a instituição de crédito requerente.

VI – Pedido de autorização de celebração de convenção com entidades que integrem a listagem de risco

18. Os pedidos de autorização de celebração de convenção apenas poderão ser apresentados junto do Banco de Portugal pelas instituições de crédito que rescindiram a convenção do uso de cheque, devendo observar as condições referidas no n.º 16 desta Instrução.

19. A decisão de autorização de celebração de convenção produz efeitos em relação a todas as instituições de crédito e será divulgada pelo mesmo meio de comunicação utilizado para informar da inclusão na listagem de utilizadores que oferecem risco.

VII – Disposições gerais

20. As instituições de crédito devem comunicar ao Banco de Portugal a unidade de estrutura que funcionará como CENTRO DE CONTACTO (denominação, morada, telefone e telefax), interlocutor das dúvidas e esclarecimentos, de e para a sua rede de balcões, relacionados com a aplicação uniforme do Decreto-Lei n.º 454/91.

21. As instituições de crédito devem, ainda, fornecer ao Banco de Portugal a lista de assinaturas que as vinculem nos pedidos, requerimentos ou outros actos relacionados com a matéria da presente Instrução.

22. Quaisquer alterações nos elementos fornecidos ao abrigo dos n.ºs 20 e 21 devem ser comunicados ao Banco de Portugal no prazo de 15 dias.

23. A violação de preceitos desta Instrução constitui a contra-ordenação a que se refere a alínea *b*) do n.º 1 do artigo 14.º do Decreto-Lei n.º 454/91.

24. Toda a correspondência e demais documentação relacionada com a matéria em apreço, bem como as dúvidas suscitadas na aplicação destas normas, deve ser dirigida ao

    Departamento de Operações de Crédito e Mercados (DOC)

    Rua Francisco Ribeiro, n.º 2 – 3.º

    1150 LISBOA

25. A presente Instrução entra em vigor em 4 de Fevereiro de 1998, e não dispensa a consulta do Decreto-Lei n.º 454/91 e do Aviso do Banco de Portugal que respeita a esta matéria.

8.9. EXTRACTO DE FACTURA

Decreto n.º 19 490
de 21 de Março de 1931

ART. 1.º – Nos contratos de compra e venda mercantil a prazo celebrados entre comerciantes domiciliados no continente e ilhas adjacentes, sempre que o preço não seja representado por letras deve, no acto da entrega real, presumida ou simbólica da mercadoria, passar-se uma factura ou conta, que será acompanhada de um extracto, nos termos do artigo 3.º.

§ 1.º O comprador ficará com a factura e o vendedor com o extracto, depois de por aquele conferido e aceite.

§ 2.º Não sabendo o comprador escrever, o extracto será assinado a seu rogo, com intervenção de duas testemunhas; estas e a pessoa que assinar o rogo indicarão em seguida às assinaturas o respectivo estado, profissão e morada.

§ 3.º Com respeito às compras e vendas parcelarmente realizadas entre os mesmos comerciantes, dentro de um período semanal, decendial, quinzenal ou mensal, poderão passar-se simples notas de remessa em dois exemplares, dos quais um ficará em poder do comprador e o outro será devolvido ao vendedor, com a assinatura ou rubrica ou carimbo daquele. O vendedor deverá passar no último dia do respectivo período uma factura geral, que mencionará apenas os números das notas de remessa e as importâncias totais de cada uma, e será acompanhada do competente extracto.

§ 4.º Na hipótese do parágrafo anterior, as compras e vendas realizadas a contar do dia 20 de cada mês poderão se incluídas na primeira factura do mês imediato. Neste caso a nota de remessa respectiva conterá, com referência a este mês a declaração: «valor para o dia 1 de...».

ART. 2.º – Quando o preço haja de ser pago em prestações, deverá o vendedor passar, em vez de um só extracto relativo à importância global da venda, tantos quantas forem as prestações ajustadas, e indicará em cada um o número da prestação a que corresponde.

ART. 3.º – O extracto passado na conformidade do presente decreto ou instrumento do protesto nos termos do artigo 11.º é a base indispensável de qualquer procedimento judicial destinado a tornar efectivos os direitos do vendedor, e deve contar:

a) O número de ordem da factura;
b) A data da emissão;
c) O nome e domicílio do vendedor;
d) O nome e domicílio do comprador;
e) O saldo líquido da factura original, em algarismos e por extenso, ou na hipótese do artigo 2.º, a importância da prestação a que corresponde;
f) O número do copiador e respectivos fólios;
g) A época do pagamento;
h) O lugar onde este deva ser efectuado;
i) A assinatura do vendedor.

§ 1.º Todo o extracto passado nos termos deste decreto envolve necessariamente a cláusula à ordem.

§ 2.º Se o extracto não indicar o lugar do pagamento, será pagável no domicílio do vendedor.

ART. 4.º – Nos oito dias seguintes àquele em que o extracto deva ter sido passado nos termos do artigo 1.º e seus §§ 3.º e 4.º deverá o vendedor enviá-lo ao comprador em carta registada ou por emissário.

§ 1.º Quando enviado por emissário, será o extracto acompanhado de um verbete, que o comprador assinará, com a declaração do dia em que tenha recebido o mesmo extracto.

§ 2.º Para o efeito do disposto neste artigo são considerados emissários do vendedor o portador do extracto, seus agentes, representantes e empregados.

ART. 5.º – O extracto aceito pelo comprador será devolvido de modo que esteja em poder do vendedor ou do portador dentro:

a) De oito dias, quando o comprador e vendedor sejam estabelecidos no continente ou na mesma ilha;
b) De vinte e cinco dias em qualquer outro caso.

§ 1.º Estes prazos contam-se do dia em que o comprador haja recebido o extracto.

§ 2.º A devolução do extracto será feita por carta registada ou por emissário.

§ 3.º Sob pena de responderem por perdas e danos, o vendedor ou o portador acusarão o recebimento do extracto aceito pelo comprador:

a) No prazo de cinco dias, quando lhes tenha sido devolvido em carta registada;
b) Imediatamente, mediante declaração entregue ao emissário do comprador, quando a devolução tenha sido feita por emissário.

630   [Decreto n.º 19 490]   TÍTULOS DE CRÉDITO

ART. 6.º – Quando o comprador entender que tem motivos legítimos para não assinar o extracto, deverá, não obstante, devolvê-lo nos prazos marcados no artigo antecedente. Nesse caso será o extracto acompanhado da exposição dos motivos invocados, feita em carta registada.

ART. 7.º – O legítimo possuidor do extracto devidamente aceite deve apresentá-lo a pagamento no dia do vencimento ou no seguinte primeiro dia útil, se aquele for feriado.

§ único. O portador é obrigado a fazer ao vendedor, em tempo oportuno, as comunicações relativas ao aceite ou devolução do extracto ou à falta de pagamento da importância respectiva, sob pena de responder pelas perdas e danos a que der causa.

ART. 8.º – O comprador pode, nos prazos designados no artigo 5.º, pagar a importância constante do extracto. Neste caso devolvê-lo-á independentemente de assinatura ao portador, que dará a competente quitação no próprio extracto.

ART. 9.º – O extracto não é reformável. Deixando de ser pago, pode, porém, por acordo dos interessados, ser substituído por uma ou mais letras com os vencimentos e mais condições em que se acordar.

ART. 10.º – O extracto pode ser protestado:
a) Por falta de aceite ou devolução;
b) Por falta de pagamento.
§ 1.º O protesto por falta de aceite ou devolução far-se-á nos vinte dias subsequentes aos prazos marcados no artigo 5.º.
§ 2.º O protesto por falta de pagamento realizar-se-á nos cinco dias subsequentes ao vencimento.
§ 3.º Não depende do protesto a responsabilidade dos aceitantes do extracto, nem a dos respectivos dadores de aval.

ART. 11.º – O protesto por falta de aceite ou de pagamento será lavrado mediante apresentação do extracto; o protesto por falta de devolução, mediante a apresentação de uma segunda via passada pelo vendedor, e que conterá a seguinte declaração: «2.ª via emitida para efeito do protesto por falta de devolução da 1.ª».
§ único. O protesto poderá ser feito no lugar designado para o aceite ou pagamento, e ainda no domicílio do comprador, do vendedor ou do portador, à escolha deste.

ART. 12.º – As acções fundadas em extractos começarão por penhora como a acção executiva do artigo 615.º do Código de Processo Civil. Feita a penhora, será o réu citado e observar-se-ão os termos do processo ordinário ou sumário, conforme o valor. Quando o réu não deduza oposição, ou esta seja julgada improcedente, seguir-se-ão no mesmo processo os termos da execução posteriores à penhora.

ART. 13.º – A acção a que se refere o artigo anterior caduca passados cinco anos a contar da data do vencimento ou do último acto judicial, sem prejuízo do recurso aos meios ordinários.

ART. 14.º – Contra o comprador que não tenha devolvido o extracto, ou que o tenha devolvido sem a sua assinatura, tem o portador legítimo acção ordinária ou sumária, conforme o valor do crédito.
§ 1.º O comprador que não tenha devolvido o extracto nos prazos designados no artigo 5.º, ou que o tenha devolvido sem a sua assinatura, fora dos termos do artigo 6.º, será sempre condenado, salvo prova de força maior, em multa, como litigante de má fé, e numa indemnização de perdas e danos a favor do autor. Esta indemnização será de 10 000$ se a dívida for igual ou superior à mesma quantia; no caso contrário, será igual à importância em dívida.
§ 2.º Presume-se a má fé do comprador quando a sua recusa de assinar o extracto não seja havida pelo tribunal como justificada. Sendo havido o comprador como litigante de má fé, observar-se-á o disposto no parágrafo precedente.
§ 3.º Quando o comprador seja condenado como litigante de má fé nos termos dos parágrafos anteriores, e for declarado em quebra antes de terem passado dois anos sobre o trânsito em julgado da sentença, presumir-se-á fraudulenta a falência.

ART. 15.º – Aos comerciantes que façam vendas ou por grosso ou a revendedores são indispensáveis, além dos livros mencionados no artigo 31.º do Código Comercial:
Um copiador de facturas relativas a vendas a prazo;
Um registo de extractos.
§ 1.º Estes livros ficam respectivamente sujeitos a um quarto da taxa do selo dos artigos 115.º e 114.º da tabela aprovada pelo Decreto n.º 16 304, de 28 de Dezembro de 1928.
§ 2.º Ao registo dos extractos é aplicável o disposto no artigo 32.º do Código Comercial.

ART. 16.º – O copiador de facturas a que se refere o artigo anterior servirá para nele se trasladarem na íntegra, cronologicamente, as facturas respeitantes a mercadorias vendidas a prazo a comerciantes.

ART. 17.º – O livro de registo de extractos servirá para nele se registarem cronologicamente todos os extractos passados, com o número de ordem, a data e o valor da factura originária ou da prestação a que corresponda, a data da sua expedição, a data do aceite do extracto e a do protesto por falta de aceite ou de devolução (modelo n.º 1).

ART. 18.º – Sempre que se verifique que o falido não tinha regularmente escriturado os livros a que se referem os artigos anteriores, será a falência havida como culposa.

EXTRACTO DE FACTURA
[Decreto n.º 19 490] 631

ART. 19.º – O extracto será conforme ao modelo n.º 2 anexo a este decreto e deve ser selado com o selo de tinta de óleo da taxa de $50 na Casa da Moeda e Valores Selados.

§ 1.º As taxas dos extractos, calculados sobre a importância da factura original, são as seguintes:

Até 500$00 .... 3$00

De mais de 500$00 .... 6‰

§ 2.º Estas taxas serão completadas com o selo fiscal de estampilha, que será inutilizado pelo vendedor no acto da emissão.

ART. 20.º – São aplicáveis aos extractos selados de facturas todas as disposições do Código Comercial relativas a letras e não contrárias ao preceituado no presente decreto.

ART. 21.º – Este decreto começará a vigorar em 15 de Abril de 1931.

Determina-se portanto a todas as autoridades a quem o conhecimento e execução do presente decreto com força de lei pertencer o cumpram e façam cumprir e guardar tão inteiramente como nele se contém.

MODELO N.º 1

Número de Ordem	Data de factura original	Valor	Data da Expedição	Data do aceite	Data do Protesto		Observações
					Por falta do aceite	Por falta de devolução	

MODELO N.º 2
MERCADORIAS VENDIDAS A PRAZO

Extracto de factura n.º ....   Escudos ....$......

.... de ......, de 19...

Vendedor (*a*) ...

Lugar
do selo
a tinta
de óleo

Comprador (*a*) ...

Valor de factura desta data .... a fl ... do copiador n.º ... (*b*) ...

Pagável em ... a (*c*) ...

(*a*) Nome e domicílio.

(*b*) Quantia por extenso.

(*c*) Data do prazo do vencimento.

CAP. IX
MERCADO DE VALORES MOBILIÁRIOS

9.1. CÓDIGO DOS VALORES MOBILIÁRIOS

Decreto-Lei n.º 486/99

de 13 de Novembro (*)

ART. 1.º (Aprovação do Código dos Valores Mobiliários) – É aprovado o Código dos Valores Mobiliários, que faz parte do presente decreto-lei.

ART. 2.º (Entrada em vigor) – O Código dos Valores Mobiliários entra em vigor no dia 1 de Março de 2000, com ressalva do disposto nos artigos seguintes.

ART. 3.º (Regulação) – O disposto no artigo anterior não prejudica:
a) A aprovação e publicação, em data anterior, das portarias, dos avisos e de outros regulamentos necessários à execução do Código dos Valores Mobiliários;
b) A elaboração e aprovação, pelas entidades habilitadas, das regras e cláusulas contratuais gerais exigidas ou permitidas por lei e o seu registo ou a sua aprovação pela Comissão do Mercado de Valores Mobiliários (CMVM).

ART. 4.º (Central de Valores Mobiliários) – A aplicação das regras relativas aos sistemas centralizados de valores mobiliários à entidade que no Código do Mercado de Valores Mobiliários revogado é designada por Central de Valores Mobiliários verificar-se-á à medida da entrada em vigor dos regulamentos operacionais do sistema, que devem ser registados na CMVM até seis meses após a entrada em vigor do Código dos Valores Mobiliários.

ART. 5.º (Ofertas públicas) – 1 – Os artigos 187.º a 193.º, as alíneas *g)*, *h)* e *i)* do n.º 2 do artigo 393.º e, na medida em que para estes preceitos seja relevante, os artigos 13.º, 16.º, 17.º, 20.º e 21.º entram em vigor 45 dias após a publicação do Código dos Valores Mobiliários.
2 – O disposto no Código do Mercado de Valores Mobiliários é aplicável às ofertas públicas de aquisição cujo anúncio preliminar tenha sido publicado:
a) Até à data referida no número anterior, em caso de oferta pública de aquisição obrigatória;
b) Até ao dia 1 de Março de 2000, nos restantes casos de oferta pública de aquisição.
3 – O regime das ofertas públicas de aquisição obrigatórias previsto no Código dos Valores Mobiliários não é aplicável à aquisição de valores mobiliários emitidos por sociedades cujo processo de privatização já tenha sido iniciado mas não se encontre ainda concluído, desde que as aquisições sejam feitas no âmbito de operações previstas nos diplomas que regulem o respectivo processo de privatização.

(*) Com as rectificações constantes da Decl. de Rectif. n.º 23-F/99, de 31-12, e da Decl. de Rectif. n.º 1-A/2000, de 10-1, e as alterações introduzidas pelos **DL n.º 61/2002**, de 20-3, **DL n.º 38/2003**, de 8-3, **DL n.º 107/2003**, de 4-6, **DL n.º 183/2003**, de 19-8, **DL n.º 66/2004**, de 24-3, **DL n.º 52/2006**, de 15-3, **DL n.º 219/2006**, de 2-11, e pelo **DL n.º 357-A/2007**, de 31-10, que republicou o texto integral actualizado, sendo este que aqui se adopta, com as rectificações constantes da DR n.º 117-A/2007, de 28-12, com as alterações do **DL n.º 211-A/2008**, de 3-11, da **Lei n.º 28/2009**, de 19-6, **DL n.º 185/2009**, de 12-8, **DL n.º 49/2010**, de 19-5, **DL n.º 52/2010**, de 26-5, e **DL n.º 71/2010**, de 18-6.

CÓDIGO DOS VALORES MOBILIÁRIOS [DL n.º 486/99] 633

ART. 6.º (Membros das bolsas e sistemas de liquidação) – 1 – A partir do dia 1 de Janeiro de 2000 as instituições de crédito autorizadas a receber valores mobiliários para registo e depósito e a executar ordens de bolsa podem ser membros de qualquer bolsa, não sendo aplicável o disposto na alínea *b)* do n.º 1 do artigo 206.º do Código do Mercado de Valores Mobiliários.

2 – Os capítulos I e III do título V do Código dos Valores Mobiliários entram em vigor no dia 11 de Dezembro de 1999.

3 – O capítulo II do mesmo título entra em vigor após a aprovação dos regulamentos operacionais dos sistemas de liquidação, que devem ser registados na CMVM até seis meses após a entrada em vigor do Código dos Valores Mobiliários.

ART. 7.º (Sociedades abertas) – As expressões «sociedade de subscrição pública» e «sociedade com subscrição pública», utilizadas em qualquer lei ou regulamento, consideram-se substituídas pela expressão «sociedade com o capital aberto ao investimento do público» com o sentido que lhe atribui o artigo 13.º do Código dos Valores Mobiliários.

ART. 8.º (Participações qualificadas e acordos parassociais) – 1 – Quem, nos termos do artigo 16.º, seja detentor de participação qualificada que anteriormente não tinha essa natureza fica obrigado a cumprir os deveres de comunicação referidos no mesmo preceito até três meses após a entrada em vigor do Código dos Valores Mobiliários, independentemente da data e das circunstâncias determinantes da detenção da participação.

2 – Ao mesmo prazo fica sujeita a comunicação à CMVM dos acordos parassociais a que se refere o artigo 19.º, celebrados antes da entrada em vigor do Código dos Valores Mobiliários.

ART. 9.º (Fundos de garantia) – 1 – Os fundos de garantia a que se referem os artigos 35.º a 38.º do Código dos Valores Mobiliários devem ser constituídos ou, quando já existentes, reorganizados, no prazo de um ano a contar da entrada em vigor do referido Código.

2 – Ficam isentos do imposto sobre o rendimento das pessoas colectivas os rendimentos dos fundos de garantia e do sistema de garantia dos investidores em valores mobiliários e outros instrumentos financeiros, com excepção dos rendimentos provenientes de aplicações que os mesmos façam das suas disponibilidades financeiras.

ART. 10.º (Títulos ao portador registados) – 1 – Se a lei exigir que os títulos representativos de valores mobiliários assumam a modalidade de títulos nominativos ou ao portador registados ou apenas esta, tal exigência considera-se limitada ou substituída pela modalidade de títulos nominativos.

2 – Os valores mobiliários ao portador que estejam em regime de registo por força de lei ou do estatuto da sociedade devem ser convertidos em valores mobiliários nominativos no prazo de dois anos a contar da entrada em vigor do Código dos Valores Mobiliários.

3 – Pelos actos exigidos pela conversão a que se refere o n.º 1 ou dela resultantes não são devidos quaisquer emolumentos.

4 – Se a sujeição a registo de títulos ao portador resultar apenas do estatuto da sociedade, o emitente pode decidir a manutenção daqueles valores mobiliários como valores ao portador, sem registo.

5 – Se a sujeição a registo de títulos ao portador resultar de opção do seu titular, aqueles deixam de estar sujeitos ao regime de registo.

ART. 11.º (Processos em curso) – Aos processos relativos a contra-ordenações que estejam em curso ou pendentes de decisão judicial são aplicáveis as normas do Código Penal e do Código de Processo Penal sobre a aplicação no tempo, com as devidas adaptações.

ART. 12.º (Alterações ao Código do IRS) – 1 – O artigo 117.º do Código do Imposto sobre o Rendimento das Pessoas Singulares passa a ter a seguinte redacção:

....

2 – O artigo 129.º do Código do Imposto sobre o Rendimento das Pessoas Singulares passa a ter a seguinte redacção:

....

ART. 13.º (Alterações ao Código das Sociedades Comerciais) – 1 – O n.º 2 do artigo 167.º do Código das Sociedades Comerciais passa a ter a seguinte redacção:

....

2 – O n.º 4 do artigo 328.º do Código das Sociedades Comerciais passa a ter a seguinte redacção:

....

3 – O n.º 5 do artigo 346.º do Código das Sociedades Comerciais passa a ter a seguinte redacção:

....

4 – O n.º 1 do artigo 371.º do Código das Sociedades Comerciais passa a ter a seguinte redacção:

....

634   [DL n.º 486/99]   MERCADO DE VALORES MOBILIÁRIOS

5 – Ao artigo 490.º do Código das Sociedades Comerciais é aditado um n.º 7, com a seguinte redacção:

....

ART. 14.º (Remissão para disposições revogadas) – Quando disposições legais ou contratuais remeterem para preceitos revogados por este decreto-lei, entende-se que a remissão vale para as correspondentes disposições do Código dos Valores Mobiliários, salvo se do contexto resultar interpretação diferente.

ART. 15.º (Revogação) – 1 – Com a entrada em vigor do Código dos Valores Mobiliários são revogados os seguintes diplomas e preceitos legais:

a) Código do Mercado dos Valores Mobiliários, aprovado pelo Decreto-Lei n.º 142-A/91, de 10 de Abril, e alterado pelos Decretos-Leis n.ºs 89/94, de 2 de Abril, 186/94, de 5 de Junho, 204/94, de 2 de Agosto, 196/95, de 29 de Julho, 261/95, de 3 de Outubro, 232/96, de 5 de Dezembro (rectificado pela Declaração de Rectificação n.º 4-E/97, de 31 de Janeiro), 178/97, de 24 de Julho, e 343/98, de 6 de Novembro, com excepção dos artigos 190.º, 192.º, 194.º a 263.º e 481.º a 498.º;

b) Decreto-Lei n.º 408/82, de 29 de Setembro, alterado pelos Decretos-Leis n.ºs 198/86, de 19 de Julho, 243/89, de 5 de Agosto, e 116/91, de 21 de Março;

c) Artigo 5.º do Decreto-Lei n.º 262/86, de 2 de Setembro;

d) N.º 9 do artigo 279.º, artigos 284.º, 300.º, 305.º, 326.º, 327.º e 330.º a 340.º, e n.º 4 do artigo 528.º, todos do Código das Sociedades Comerciais;

e) Decreto-Lei n.º 73/95, de 19 de Abril;

f) Artigo 34.º-A aditado ao Estatuto dos Benefícios Fiscais pelo artigo 1.º do Decreto-Lei n.º 142-B/91, de 10 de Abril.

2 – Com a entrada em vigor do Código dos Valores Mobiliários são revogados todos os regulamentos aprovados ao abrigo da legislação revogada nos termos do número anterior, nomeadamente as seguintes portarias:

a) Portaria n.º 834-A/91, de 14 de Agosto;

b) Portaria n.º 935/91, de 16 de Setembro;

c) Portaria n.º 181-A/92, de 8 de Junho;

d) Portaria n.º 647/93, de 7 de Julho;

e) Portaria n.º 219/93, de 27 de Novembro;

f) Portaria n.º 710/94, de 8 de Agosto;

g) Portaria n.º 377-C/94, de 15 de Junho, alterada pela Portaria n.º 291/96, de 23 de Dezembro;

h) Portaria n.º 904/95, de 18 de Junho;

i) Portaria n.º 905/95, de 18 de Julho, alterada pela Portaria n.º 710/96, de 9 de Dezembro;

j) Portaria n.º 222/96, de 24 de Junho;

l) Portaria n.º 291/96, de 23 de Dezembro.

Código dos Valores Mobiliários

TÍTULO I — **DISPOSIÇÕES GERAIS**

CAPÍTULO I — **Âmbito de aplicação**

ART 1.º (Valores mobiliários) – São valores mobiliários, além de outros que a lei como tal qualifique:

a) As acções;

b) As obrigações;

c) Os títulos de participação;

d) As unidades de participação em instituições de investimento colectivo;

e) Os warrants autónomos;

f) Os direitos destacados dos valores mobiliários referidos nas alíneas *a)* a *d)*, desde que o destaque abranja toda a emissão ou série ou esteja previsto no acto de emissão;

g) Outros documentos representativos de situações jurídicas homogéneas, desde que sejam susceptíveis de transmissão em mercado.

ART 2.º (Âmbito de aplicação material) – 1 – O presente Código regula:

a) Os valores mobiliários e as ofertas públicas a estes respeitantes;

b) Os instrumentos do mercado monetário, com excepção dos meios de pagamento;

c) Os instrumentos derivados para a transferência do risco de crédito;

d) Os contratos diferenciais;

e) As opções, os futuros, os swaps, os contratos a prazo e quaisquer outros contratos derivados relativos a:

i) Valores mobiliários, divisas, taxas de juro ou de rendibilidades ou relativos a outros instrumentos derivados, índices financeiros ou indicadores financeiros, com liquidação física ou financeira;

ii) Mercadorias, variáveis climáticas, tarifas de fretes, licenças de emissão, taxas de infiação ou quaisquer outras estatísticas económicas oficiais, com liquidação financeira ainda que por opção de uma das partes;

CÓDIGO DOS VALORES MOBILIÁRIOS [DL n.º 486/99] 635

iii) Mercadorias, com liquidação física, desde que sejam transaccionados em mercado regulamentado ou em sistema de negociação multilateral ou, não se destinando a finalidade comercial, tenham características análogas às de outros instrumentos financeiros derivados nos termos do artigo 38.º do Regulamento (CE) n.º 1287/2006, da Comissão, de 10 de Agosto;

f) Quaisquer outros contratos derivados, nomeadamente os relativos a qualquer dos elementos indicados no artigo 39.º do Regulamento (CE) n.º 1287/2006, da Comissão, de 10 de Agosto, desde que tenham características análogas às de outros instrumentos financeiros derivados nos termos do artigo 38.º do mesmo diploma;

g) As formas organizadas de negociação de instrumentos financeiros referidos nas alíneas anteriores, a liquidação e a compensação de operações àqueles respeitantes e as actividades de intermediação financeira;

h) O regime de supervisão e sancionatório relativo aos instrumentos e às actividades mencionadas nas alíneas anteriores.

2 – As referências feitas no presente Código a instrumentos financeiros devem ser entendidas de modo a abranger os instrumentos mencionados nas alíneas *a)* a *f)* do número anterior.

3 – As disposições dos títulos i, vii e viii aplicam-se igualmente a contratos de seguro ligados a fundos de investimento e a contratos de adesão individual a fundos de pensões abertos.

4 – Sempre que estejam em causa unidades de participação, as referências feitas no presente Código ao emitente devem considerar-se feitas à entidade gestora da instituição de investimento colectivo.

5 – *(Revogado.)*

6 – *(Revogado.)*

ART 3.º (Normas de aplicação imediata) – 1 – Independentemente do direito que a outro título seja aplicável, as normas imperativas do presente Código aplicam-se se, e na medida em que, as situações, as actividades e os actos a que se referem tenham conexão relevante com o território português.

2 – Considera-se que têm conexão relevante com o território português, designadamente:

a) As ordens dirigidas a membros de mercados regulamentados ou de sistemas de negociação multilateral registados na Comissão de Mercado de Valores Mobiliários (CMVM) e as operações realizadas nesses mercados ou sistemas;

b) As actividades desenvolvidas e os actos realizados em Portugal;

c) A difusão de informações acessíveis em Portugal que digam respeito a situações, a actividades ou a actos regulados pelo direito português.

CAPÍTULO II — Forma

ART 4.º (Forma escrita) – A exigência ou a previsão de forma escrita, de documento escrito ou de redução a escrito, feita no presente Código em relação a qualquer acto jurídico praticado no âmbito da autonomia negocial ou do procedimento administrativo, considera-se cumprida ou verificada ainda que o suporte em papel ou a assinatura sejam substituídos por outro suporte ou por outro meio de identificação que assegurem níveis equivalentes de inteligibilidade, de durabilidade e de autenticidade.

ART 5.º (Publicações) – 1 – Na falta de disposição legal em sentido diferente, as publicações obrigatórias são feitas através de meio de comunicação de grande difusão em Portugal que seja acessível aos destinatários da informação.

2 – A CMVM estabelece em regulamento os meios de comunicação adequados a cada tipo de publicação.

ART 6.º (Idioma) – 1 – Deve ser redigida em português ou acompanhada de tradução para português devidamente legalizada a informação divulgada em Portugal que seja susceptível de influenciar as decisões dos investidores, nomeadamente quando respeite a ofertas públicas, a mercados regulamentados, a actividades de intermediação financeira e a emitentes.

2 – A CMVM pode dispensar, no todo ou em parte, a tradução quando considere acautelados os interesses dos investidores.

3 – A CMVM e as entidades gestoras de mercados regulamentados, de sistemas de liquidação, de câmara de compensação, de contraparte central e de sistemas centralizados de valores mobiliários podem exigir a tradução para português de documentos redigidos em língua estrangeira que lhes sejam remetidos no âmbito das suas funções.

CAPÍTULO III — Informação

ART 7.º (Qualidade da informação) – 1 – A informação respeitante a instrumentos financeiros, a formas organizadas de negociação, às actividades de intermediação financeira, à liquidação e à compensação de operações, a ofertas públicas de valores mobiliários e a emitentes deve ser completa, verdadeira, actual, clara, objectiva e lícita.

2 – O disposto no número anterior aplica-se seja qual for o meio de divulgação e ainda que a informação seja inserida em conselho, recomendação, mensagem publicitária ou relatório de notação de risco.

636   [DL n.º 486/99]   MERCADO DE VALORES MOBILIÁRIOS

3 – O requisito da completude da informação é aferido em função do meio utilizado, podendo, nas mensagens publicitárias, ser substituído por remissão para documento acessível aos destinatários.

4 – À publicidade relativa a instrumentos financeiros e a actividades reguladas no presente Código é aplicável o regime geral da publicidade.

ART 8.º (Informação auditada) – 1 – Deve ser objecto de relatório elaborado por auditor registado na CMVM a informação financeira anual contida em documento de prestação de contas ou em prospectos que:

a) Devam ser submetidos à CMVM;

b) Devam ser publicados no âmbito de pedido de admissão à negociação em mercado regulamentado; ou

c) Respeitem a instituições de investimento colectivo.

2 – Se os documentos referidos no número anterior incluírem previsões sobre a evolução dos negócios ou da situação económica e financeira da entidade a que respeitam, o relatório do auditor deve pronunciar-se expressamente sobre os respectivos pressupostos, critérios e coerência.

3 – No caso de a informação intercalar ou as informações financeiras trimestrais ou semestrais terem sido sujeitas a auditoria ou a revisão limitada, é incluído o relatório de auditoria ou de revisão; caso não o tenham sido, é declarado tal facto.

ART 9.º (Registo de auditores) – 1 – Só podem ser registados como auditores as sociedades de revisores oficiais de contas e outros auditores habilitados a exercer a sua actividade em Portugal que sejam dotados dos meios humanos, materiais e financeiros necessários para assegurar a sua idoneidade, independência e competência técnica.

2 – Desde que apresentem garantias equivalentes de confiança, de acordo com padrões internacionalmente reconhecidos, a CMVM pode reconhecer relatório ou parecer elaborados por auditor não registado que esteja sujeito a controlo de qualificação no Estado de origem.

ART 10.º (Responsabilidade dos auditores) – 1 – Pelos danos causados aos emitentes ou a terceiros por deficiência do relatório ou do parecer elaborados por auditor respondem solidária e ilimitadamente:

a) Os revisores oficiais de contas e outras pessoas que tenham assinado o relatório ou o parecer;

b) As sociedades de revisores oficiais de contas e outras sociedades de auditoria, desde que os documentos auditados tenham sido assinados por um dos seus sócios.

2 – Os auditores devem manter seguro de responsabilidade civil adequado a garantir o cumprimento das suas obrigações.

ART 11.º (Normalização de informação) – 1 – Ouvida a Comissão de Normalização Contabilística e a Ordem dos Revisores Oficiais de Contas, a CMVM pode, através de regulamento, definir regras, harmonizadas com padrões internacionais, sobre o conteúdo, a organização e a apresentação da informação económica, financeira e estatística utilizada em documentos de prestação de contas, bem como as respectivas regras de auditoria.

2 – A CMVM deve estabelecer com o Banco de Portugal e com o Instituto de Seguros de Portugal regras destinadas a assegurar a compatibilização da informação a prestar, nos termos do número anterior, por intermediários financeiros sujeitos também à supervisão de alguma daquelas autoridades.

ART 12.º (Notação de risco) – 1 – As sociedades de notação de risco estão sujeitas a registo na CMVM.

2 – Só podem ser registadas as sociedades de notação de risco dotadas dos meios humanos, materiais e financeiros necessários para assegurar a sua idoneidade, independência e competência técnica.

3 – Os serviços de notação de risco devem ser prestados de modo imparcial e obedecer às classificações dominantes segundo os usos internacionais.

ART 12.º-A (Recomendações de investimento) – 1 – Constituem recomendações de investimento os relatórios de análise financeira ou qualquer outra informação emitida por analistas independentes, empresas de investimento, instituições de crédito, entidades cuja actividade principal seja formular recomendações e pessoas que neles exerçam a sua actividade profissional, em que se formule, directa ou indirectamente, uma recomendação ou sugestão de investimento ou desinvestimento sobre um emitente de valores mobiliários, valores mobiliários ou outros instrumentos financeiros e que se destinem a canais de distribuição ou ao público.

2 – Relativamente a outras pessoas singulares ou colectivas constitui recomendação de investimento qualquer informação por elas elaborada, no exercício da sua profissão ou no quadro da sua actividade, na qual seja directamente recomendada uma decisão de investimento ou desinvestimento específica num valor mobiliário ou em outro instrumento financeiro e que se destine a canais de distribuição ou ao público.

ART 12.º-B (Conteúdo das recomendações de investimento) – 1 – Nas recomendações de investimento, as pessoas referidas no artigo anterior:

a) Indicam de forma clara e visível a sua identidade, designadamente o nome e a função da pessoa singular que preparou a recomendação e a denominação da pessoa colectiva autora da recomendação;

b) Distinguem claramente a matéria factual das interpretações, estimativas, pareceres e outro tipo de informação não factual;

CÓDIGO DOS VALORES MOBILIÁRIOS   [DL n.º 486/99]   637

c) Asseguram a fidedignidade das fontes ou, em caso de dúvida, referem-no expressamente;

d) Identificam como tal o conjunto das projecções, das previsões e dos preços alvo, com menção expressa dos pressupostos utilizados para os determinar;

e) Têm disponíveis todos os elementos necessários para demonstrar a coerência da recomendação com os pressupostos que lhe estão subjacentes, a pedido das autoridades competentes.

2 – Quando o autor da recomendação for uma das pessoas previstas no n.º 1 do artigo anterior, inclui ainda na recomendação:

a) A identidade da autoridade de supervisão da empresa de investimento ou da instituição de crédito;

b) As fontes de informação, o conhecimento pelo emitente da recomendação e a sua eventual correcção por este antes da divulgação;

c) A base de cálculo ou o método usado para avaliar o emitente e o instrumento financeiro ou para fixar o respectivo preço alvo;

d) O significado da recomendação de «comprar», «manter», «vender» ou expressões equivalentes, incluindo o prazo do investimento para que é feita, bem como advertências relacionadas com o risco envolvido e uma análise de sensibilidade aos pressupostos utilizados;

e) A periodicidade na divulgação da recomendação, bem como a respectiva actualização e modificação das políticas de cobertura previstas;

f) A data em que a recomendação foi divulgada pela primeira vez, bem como a data e hora a que se referem os preços utilizados para os instrumentos financeiros analisados, em termos claros e destacados;

g) As divergências da recomendação relativamente a uma recomendação sobre o mesmo emitente ou instrumento financeiro, emitida nos 12 meses anteriores, bem como a data em que aquela foi divulgada, em termos claros e destacados.

ART 12.º-C (Recomendações de investimento e divulgação de confiito de interesses) – 1 – Em conjunto com a recomendação, as pessoas previstas no artigo 12.º-A divulgam todas as relações e circunstâncias susceptíveis de prejudicar a objectividade da recomendação, em especial nos casos em que tenham um interesse no instrumento financeiro, directo ou indirecto, ou estejam numa situação de confiito de interesses relativamente ao emitente dos valores mobiliários a que respeita a recomendação.

2 – Quando o autor da recomendação for uma pessoa colectiva, o disposto no número anterior aplica-se às pessoas singulares ou colectivas que lhe prestem serviços, designadamente ao abrigo de contrato de trabalho, e tenham estado envolvidas na sua elaboração, incluindo, pelo menos, o seguinte:

a) A identificação de quaisquer interesses ou confiito de interesses do autor da recomendação ou das pessoas colectivas com ele relacionadas de que as pessoas envolvidas na elaboração da recomendação tivessem ou pudessem ter conhecimento;

b) A identificação de quaisquer interesses ou confiito de interesses do autor da recomendação ou das pessoas colectivas com ele relacionadas que, não estando envolvidas na elaboração das recomendações, tenham ou possam ter tido acesso à recomendação antes da sua divulgação aos clientes ou ao público.

3 – Quando o autor da recomendação for uma das pessoas previstas no n.º 1 do artigo 12.º-A, inclui ainda na recomendação as seguintes informações:

a) Participações qualificadas que o autor da recomendação ou qualquer pessoa colectiva com ele relacionada detenha no emitente ou que este detenha naqueles;

b) Outros interesses financeiros do autor da recomendação ou de qualquer pessoa colectiva com ele relacionada que, pela sua conexão com o emitente, sejam relevantes para avaliar a objectividade da recomendação;

c) Operações de fomento de mercado ou de estabilização de preços com os instrumentos financeiros objecto da recomendação em que o seu autor ou qualquer pessoa colectiva com ele relacionada tenham participado;

d) Contratos de consórcio para assistência ou colocação dos valores mobiliários do emitente em que o autor da recomendação tenha participado como líder do consórcio, nos 12 meses anteriores à elaboração da recomendação;

e) Acordos entre o emitente e o autor da recomendação ou com qualquer pessoa colectiva com aquele relacionada relativos à prestação de serviços bancários de investimento, que tenham estado em vigor nos 12 meses anteriores à elaboração da recomendação ou originado uma remuneração ou promessa de remuneração durante o mesmo período, desde que a divulgação não implique a revelação de informações comerciais confidenciais;

f) Acordos relativos à elaboração da recomendação estabelecidos entre o emitente e o autor da recomendação;

g) Informação relativa ao nexo entre a remuneração das pessoas envolvidas na preparação ou elaboração da recomendação e operações bancárias de investimento realizadas pela empresa de investimento ou instituição de crédito autora da recomendação ou por qualquer pessoa colectiva com elas relacionada a favor do emitente dos valores mobiliários analisados.

4 – As pessoas singulares envolvidas na preparação ou elaboração de uma recomendação que prestem serviço à empresa de investimento ou à instituição de crédito autora da recomendação e que adquiram, a título oneroso ou gratuito, acções do emitente antes da realização de uma oferta pública de distribuição informam a

638 [DL n.º 486/99]   MERCADO DE VALORES MOBILIÁRIOS

entidade que seja autora ou divulgadora da recomendação sobre o preço e a data da respectiva aquisição, para que tais elementos sejam também tornados públicos, sem prejuízo da aplicação do regime legal de responsabilidade por tais factos.

5 – No final de cada trimestre do ano civil, as empresas de investimento e as instituições de crédito divulgam no seu sítio na Internet:

a) A percentagem das recomendações de «comprar», «manter», ou «vender», ou expressões equivalentes, no conjunto das suas recomendações;

b) A percentagem de recomendações relativas a emitentes aos quais aquelas entidades prestaram serviços bancários de investimento significativos nos 12 meses anteriores à elaboração da recomendação.

ART 12.º-D (Divulgação de recomendações de investimento elaboradas por terceiros) – 1 – A divulgação de recomendações de investimento elaboradas por terceiros é acompanhada de forma clara e destacada da identificação da pessoa ou da entidade responsável pela divulgação.

2 – Qualquer alteração substancial a uma recomendação elaborada por um terceiro é claramente identificada e explicada na própria recomendação, sendo dado aos destinatários da informação acesso à identidade do autor da recomendação, ao conteúdo original da mesma e à divulgação dos confiitos de interesses do seu autor, desde que estes elementos sejam públicos.

3 – Quando a alteração substancial consistir numa mudança de sentido da recomendação, os deveres de informação consagrados nos artigos 12.º-B e 12.º-C aplicam-se também a quem divulgar a informação alterada, na medida da alteração introduzida.

4 – Quem divulgue resumo de recomendações de investimento produzidas por terceiros assegura a sua clareza, actualidade e que não contém informação enganosa, mencionando ainda o documento que constitui a sua fonte e o local onde as informações com ele relacionadas podem ser consultadas, caso as mesmas sejam publicamente acessíveis.

5 – Quando a recomendação for divulgada por uma empresa de investimento, instituição de crédito ou pessoa singular que para elas trabalhe, independentemente do vínculo a que esteja sujeita, para além do cumprimento dos deveres previstos nos números anteriores, identifica a entidade de supervisão da empresa de investimento ou da instituição de crédito e, caso o autor da recomendação ainda não a tenha divulgado, o divulgador cumpre, em relação ao autor da recomendação, o disposto no artigo 12.º-C.

6 – O disposto no presente artigo não se aplica à reprodução por jornalistas, em meios de comunicação social, de opiniões orais de terceiros sobre valores mobiliários, outros instrumentos financeiros ou entidades emitentes.

ART 12.º-E (Divulgação através de remissão) – 1 – O cumprimento do estabelecido nas alíneas *a)*, *b)* e *c)* do n.º 2 do artigo 12.º-B e no artigo 12.º-C pode ser substituído por uma referência clara ao local onde a informação requerida pode ser directa e facilmente consultada pelo público, quando se trate de recomendação não escrita ou quando a inclusão de tal informação numa recomendação escrita se mostre notoriamente desproporcionada em relação à sua extensão.

2 – No caso de recomendações não escritas, o disposto no número anterior aplica-se também ao cumprimento do estabelecido nas alíneas *e)*, *f)* e *g)* do n.º 2 do artigo 12.º-B.

CAPÍTULO IV — Sociedades abertas

Secção I — DISPOSIÇÕES GERAIS

ART 13.º (Critérios) – 1 – Considera-se sociedade com o capital aberto ao investimento do público, abreviadamente designada neste Código «sociedade aberta»:

a) A sociedade que se tenha constituído através de oferta pública de subscrição dirigida especificamente a pessoas com residência ou estabelecimento em Portugal;

b) A sociedade emitente de acções ou de outros valores mobiliários que confiram direito à subscrição ou à aquisição de acções que tenham sido objecto de oferta pública de subscrição dirigida especificamente a pessoas com residência ou estabelecimento em Portugal;

c) A sociedade emitente de acções ou de outros valores mobiliários que confiram direito à sua subscrição ou aquisição, que estejam ou tenham estado admitidas à negociação em mercado regulamentado situado ou a funcionar em Portugal;

d) A sociedade emitente de acções que tenham sido alienadas em oferta pública de venda ou de troca em quantidade superior a 10% do capital social dirigida especificamente a pessoas com residência ou estabelecimento em Portugal;

e) A sociedade resultante de cisão de uma sociedade aberta ou que incorpore, por fusão, a totalidade ou parte do seu património.

2 – Os estatutos das sociedades podem fazer depender de deliberação da assembleia geral o lançamento de oferta pública de venda ou de troca de acções nominativas de que resulte a abertura do capital social nos termos da alínea *d)* do número anterior.

CÓDIGO DOS VALORES MOBILIÁRIOS   [DL n.º 486/99]   639

ART 14.º (Menção em actos externos) – A qualidade de sociedade aberta deve ser mencionada nos actos qualificados como externos pelo artigo 171.º do Código das Sociedades Comerciais.

ART 15.º (Igualdade de tratamento) – A sociedade aberta deve assegurar tratamento igual aos titulares dos valores mobiliários por ela emitidos que pertençam à mesma categoria.

Secção II — PARTICIPAÇÕES QUALIFICADAS

ART 16.º (Deveres de comunicação) – 1 – Quem atinja ou ultrapasse participação de 10%, 20%, um terço, metade, dois terços e 90% dos direitos de voto correspondentes ao capital social de uma sociedade aberta, sujeita a lei pessoal portuguesa, e quem reduza a sua participação para valor inferior a qualquer daqueles limites deve, no prazo de quatro dias de negociação após o dia da ocorrência do facto ou do seu conhecimento:

a) Informar desse facto a CMVM e a sociedade participada;

b) Dar conhecimento às entidades referidas na alínea anterior das situações que determinam a imputação ao participante de direitos de voto inerentes a valores mobiliários pertencentes a terceiros, nos termos do n.º 1 do artigo 20.º.

2 – Fica igualmente sujeito aos deveres referidos no número anterior:

a) Quem atinja ou ultrapasse participação de 5%, 15% e 25% dos direitos de voto correspondentes ao capital social e quem reduza a sua participação para valor inferior a qualquer daqueles limites, relativamente a:

i) Sociedade aberta, sujeita a lei pessoal portuguesa, emitente de acções ou de outros valores mobiliários que confiram direito à sua subscrição ou aquisição, admitidos à negociação em mercado regulamentado situado ou a funcionar em Estado membro da União Europeia;

ii) Sociedade, com sede estatutária noutro Estado membro, emitente de acções ou de outros valores mobiliários que confiram direito à sua subscrição ou aquisição, exclusivamente admitidos à negociação em mercado regulamentado situado ou a funcionar em Portugal;

iii) Sociedade cuja sede social se situe fora da União Europeia, emitente de acções ou de outros valores mobiliários que confiram direito à sua subscrição ou aquisição, admitidos à negociação em mercado regulamentado situado ou a funcionar em Portugal, em relação à qual a CMVM seja autoridade competente nos termos do artigo 244.º-A; e

b) Quem atinja ou ultrapasse participação de 2% e quem reduza a sua participação para valor inferior àquela percentagem dos direitos de voto correspondentes ao capital social de sociedade aberta prevista na subalínea *i)* da alínea anterior.

3 – Para efeitos dos números anteriores:

a) Presume-se que o participante tem conhecimento do facto determinante do dever de comunicação no prazo máximo de dois dias de negociação após a ocorrência daquele;

b) Os direitos de voto são calculados com base na totalidade das acções com direitos de voto, não relevando para o cálculo a suspensão do respectivo exercício.

4 – A comunicação efectuada nos termos dos números anteriores inclui:

a) A identificação de toda a cadeia de entidades a quem a participação qualificada é imputada nos termos do n.º 1 do artigo 20.º, independentemente da lei a que se encontrem sujeitas;

b) A percentagem de direitos de voto imputáveis ao titular de participação qualificada, a percentagem de capital social e o número de acções correspondentes, bem como, quando aplicável, a discriminação da participação por categoria de acções;

c) A data em que a participação atingiu, ultrapassou ou foi reduzida aos limiares previstos nos n.ºs 1 e 2.

5 – Caso o dever de comunicação incumba a mais de um participante, pode ser feita uma única comunicação, que exonera os participantes do dever de comunicar na medida em que a comunicação se considere feita.

6 – Quando a ultrapassagem dos limiares relevantes resultar, nos termos da alínea *c)* do n.º 1 do artigo 20.º, da detenção de instrumentos financeiros que confiram ao participante o direito à aquisição, exclusivamente por sua iniciativa, por força de acordo, de acções com direitos de voto, já emitidas por emitente cujas acções estejam admitidas à negociação em mercado regulamentado, o participante deve:

a) Agregar, na comunicação, todos os instrumentos que tenham o mesmo activo subjacente;

b) Fazer tantas comunicações quantos os emitentes dos activos subjacentes de um mesmo instrumento financeiro;

c) Incluir na comunicação referida no número anterior, a indicação da data ou período em que os direitos de aquisição que o instrumento confere podem ser exercidos, e da data em que o instrumento expira.

7 – Quando a redução ou ultrapassagem dos limiares relevantes resultar, nos termos da alínea *g)* do n.º 1 do artigo 20.º, da atribuição de poderes discricionários para uma única assembleia geral:

a) Quem confere poderes discricionários pode, nesse momento, fazer uma comunicação única, desde que explicite a informação exigida no n.º 4 referente ao início e ao termo da atribuição de poderes discricionários para o exercício do direito de voto;

b) Aquele a quem são imputados os direitos de voto pode fazer uma comunicação única, no momento em que lhe são conferidos poderes discricionários, desde que explicite a informação exigida no n.º 4 referente ao início e ao termo dos poderes discricionários para o exercício do direito de voto.

640   [DL n.º 486/99]   MERCADO DE VALORES MOBILIÁRIOS

8 – Os deveres estabelecidos no presente artigo não se aplicam a participações resultantes de transacções envolvendo membros do Sistema Europeu de Bancos Centrais, actuando na qualidade de autoridades monetárias, no âmbito de uma garantia, de um acordo de recompra ou de um acordo similar de liquidez autorizado por razões de política monetária ou no âmbito de um sistema de pagamentos, desde que as transacções se realizem dentro de um período de tempo curto e desde que não sejam exercidos os direitos de voto inerentes às acções em causa.

9 – Os titulares de participação qualificada em sociedade referida na subalínea *i)* da alínea *a)* do n.º 2 devem prestar à CMVM, a pedido desta, informação sobre a origem dos fundos utilizados na aquisição ou no reforço daquela participação.

ART 16.º-A (Liquidação e criação de mercado) – 1 – À excepção do dever de comunicação à CMVM, o disposto nos n.ºs 1 e 2 do artigo anterior não se aplica no que respeita a acções transaccionadas exclusivamente para efeitos de operações de compensação e de liquidação no âmbito do ciclo curto e habitual de liquidação.

2 – Para efeitos do número anterior, o ciclo curto e habitual de negociação é de três dias de negociação contados a partir da operação.

3 – À excepção do dever de comunicação à CMVM, o disposto nos n.ºs 1 e 2 do artigo anterior não se aplica às participações de intermediário financeiro actuando como criador de mercado que atinjam, ultrapassem ou se tornem inferiores a 5% dos direitos de voto correspondentes ao capital social, desde que aquele não intervenha na gestão do emitente em causa, nem o influencie a adquirir essas acções ou a apoiar o seu preço.

4 – Para efeitos do número anterior, o intermediário financeiro deve:

a) Comunicar à CMVM, no prazo previsto no n.º 1 do artigo 16.º, que actua ou pretende actuar como criador de mercado relativamente ao emitente em causa;

b) Informar a CMVM da cessação da actuação como criador de mercado, logo que tomar essa decisão;

c) Identificar, a pedido da CMVM, as acções detidas no âmbito da actividade de criação de mercado, podendo fazê-lo por qualquer meio verificável excepto se não conseguir identificar esses instrumentos financeiros, caso em que os mantém em conta separada;

d) Apresentar à CMVM, a pedido desta, o contrato de criação de mercado quando exigível.

ART 16.º-B (Participação qualificada não transparente) – 1 – Na ausência da comunicação prevista no artigo 16.º, se esta não respeitar o disposto na alínea *a)* do n.º 4 do artigo anterior ou se, em qualquer caso, existirem fundadas dúvidas sobre a identidade das pessoas a quem possam ser imputados os direitos de voto respeitantes a uma participação qualificada, nos termos do n.º 1 do artigo 20.º, ou sobre o cumprimento cabal dos deveres de comunicação, a CMVM notifica deste facto os interessados, os órgãos de administração e fiscalização e o presidente da mesa da assembleia geral da sociedade aberta em causa.

2 – Até 30 dias após a notificação, podem os interessados apresentar prova destinada a esclarecer os aspectos suscitados na notificação da CMVM, ou tomar medidas com vista a assegurar a transparência da titularidade das participações qualificadas.

3 – Se os elementos aduzidos ou as medidas tomadas pelos interessados não puserem fim à situação, a CMVM informa o mercado da falta de transparência quanto à titularidade das participações qualificadas em causa.

4 – A partir da comunicação ao mercado feita pela CMVM nos termos do número anterior, fica imediata e automaticamente suspenso o exercício do direito de voto e dos direitos de natureza patrimonial, com excepção do direito de preferência na subscrição em aumentos de capital, inerentes à participação qualificada em causa, até que a CMVM informe o mercado e as entidades referidas no n.º 1 de que a titularidade da participação qualificada é considerada transparente.

5 – Os direitos patrimoniais referidos no número anterior que caibam à participação afectada são depositados em conta especial aberta junto de instituição de crédito habilitada a receber depósitos em Portugal, sendo proibida a sua movimentação a débito enquanto durar a suspensão.

6 – Antes de tomar as medidas estabelecidas nos n.ºs 1, 3 e 4, a CMVM dá conhecimento das mesmas ao Banco de Portugal e ao Instituto de Seguros de Portugal sempre que nelas estejam envolvidas entidades sujeitas à respectiva supervisão.

ART. 16.º-C (Participações de sociedades abertas) — As sociedades abertas comunicam, nos termos do artigo 16.º, as participasções detidas em sociedades sedeadas em Estado que não seja membro da União Europeia.

ART 17.º (Divulgação) – 1 – A sociedade participada deve divulgar, pelos meios referidos no n.º 4 do artigo 244.º, toda a informação recebida nos termos do artigo 16.º, o mais rapidamente possível e no prazo de três dias de negociação após recepção da comunicação.

2 – A sociedade participada e os titulares dos seus órgãos sociais, bem como as entidades gestoras de mercados regulamentados em que estejam admitidos à negociação acções ou outros valores mobiliários que confiram o direito à sua subscrição ou aquisição por aquela emitidos, devem informar a CMVM quando tiverem conhecimento ou fundados indícios de incumprimento dos deveres de informação previstos no artigo 16.º.

3 – O dever de divulgação pode ser cumprido por sociedade com a qual a sociedade participada se encontre em relação de domínio ou de grupo.

CÓDIGO DOS VALORES MOBILIÁRIOS   [DL n.º 486/99]   641

4 – A divulgação a que se refere o presente artigo pode ser efectuada numa língua de uso corrente nos mercados financeiros internacionais se essa tiver sido utilizada na comunicação que lhe deu origem.

ART 18.º (Dias de negociação) – 1 – Para efeitos da presente secção, consideram-se dias de negociação aqueles em que esteja aberto para negociação o mercado regulamentado no qual as acções ou os outros valores mobiliários que confiram direito à sua subscrição ou aquisição estejam admitidos.

2 – A CMVM deve divulgar no seu sistema de difusão de informação o calendário de dias de negociação dos mercados regulamentados situados ou a funcionar em Portugal.

ART 19.º (Acordos parassociais) – 1 – Os acordos parassociais que visem adquirir, manter ou reforçar uma participação qualificada em sociedade aberta ou assegurar ou frustrar o êxito de oferta pública de aquisição devem ser comunicados à CMVM por qualquer dos contraentes no prazo de três dias após a sua celebração.

2 – A CMVM determina a publicação, integral ou parcial, do acordo, na medida em que este seja relevante para o domínio sobre a sociedade.

3 – São anuláveis as deliberações sociais tomadas com base em votos expressos em execução dos acordos não comunicados ou não publicados nos termos dos números anteriores, salvo se se prov ar que a deliberação teria sido adoptada sem aqueles votos.

ART 20.º (Imputação de direitos de voto) – 1 – No cômputo das participações qualificadas consideram-se, além dos inerentes às acções de que o participante tenha a titularidade ou o usufruto, os direitos de voto:

a) Detidos por terceiros em nome próprio, mas por conta do participante;

b) Detidos por sociedade que com o participante se encontre em relação de domínio ou de grupo;

c) Detidos por titulares do direito de voto com os quais o participante tenha celebrado acordo para o seu exercício, salvo se, pelo mesmo acordo, estiver vinculado a seguir instruções de terceiro;

d) Detidos, se o participante for uma sociedade, pelos membros dos seus órgãos de administração e de fiscalização;

e) Que o participante possa adquirir em virtude de acordo celebrado com os respectivos titulares;

f) Inerentes a acções detidas em garantia pelo participante ou por este administradas ou depositadas junto dele, se os direitos de voto lhe tiverem sido atribuídos;

g) Detidos por titulares do direito de voto que tenham conferido ao participante poderes discricionários para o seu exercício;

h) Detidos por pessoas que tenham celebrado algum acordo com o participante que vise adquirir o domínio da sociedade ou frustrar a alteração de domínio ou que, de outro modo, constitua um instrumento de exercício concertado de influência sobre a sociedade participada;

i) Imputáveis a qualquer das pessoas referidas numa das alíneas anteriores por aplicação, com as devidas adaptações, de critério constante de alguma das outras alíneas.

2 – Os titulares dos valores mobiliários a que são inerentes os direitos de voto imputáveis ao detentor de participação qualificada devem prestar a este as informações necessárias para efeitos do artigo 16.º.

3 – Não se consideram imputáveis à sociedade que exerça domínio sobre entidade gestora de fundo de investimento, sobre entidade gestora de fundo de pensões, sobre entidade gestora de fundo de capital de risco ou sobre intermediário financeiro autorizado a prestar o serviço de gestão de carteiras por conta de outrem e às sociedades associadas de fundos de pensões os direitos de voto inerentes a acções integrantes de fundos ou carteiras geridas, desde que a entidade gestora ou o intermediário financeiro exerça os direitos de voto de modo independente da sociedade dominante ou das sociedades associadas.

4 – Para efeitos da alínea *h)* do n.º 1, presume-se serem instrumento de exercício concertado de influência os acordos relativos à transmissibilidade das acções representativas do capital social da sociedade participada.

5 – A presunção referida no número anterior pode ser ilidida perante a CMVM, mediante prova de que a relação estabelecida com o participante é independente da influência, efectiva ou potencial, sobre a sociedade participada.

ART 20.º-A (Imputação de direitos de voto relativos a acções integrantes de organismos de investimento colectivo, de fundos de pensões ou de carteiras) – 1 – Para efeitos do n.º 3 do artigo anterior, a sociedade que exerça domínio sobre a entidade gestora ou sobre o intermediário financeiro e as sociedades associadas de fundos de pensões beneficiam da derrogação de imputação agregada de direitos de voto se:

a) Não interferirem através de instruções, directas ou indirectas, sobre o exercício dos direitos de voto inerentes às acções integrantes do fundo de investimento, do fundo de pensões, do fundo de capital de risco ou da carteira;

b) A entidade gestora ou o intermediário financeiro revelar autonomia dos processos de decisão no exercício do direito de voto.

2 – Para beneficiar da derrogação de imputação agregada de direitos de voto, a sociedade que exerça domínio sobre a entidade gestora ou sobre o intermediário financeiro deve:

a) Enviar à CMVM a lista actualizada de todas as entidades gestoras e intermediários financeiros sob relação de domínio e, no caso de entidades sujeitas a lei pessoal estrangeira, indicar as respectivas autoridades de supervisão;

b) Enviar à CMVM uma declaração fundamentada, referente a cada entidade gestora ou intermediário financeiro, de que cumpre o disposto no número anterior;

642   [DL n.º 486/99]   MERCADO DE VALORES MOBILIÁRIOS

c) Demonstrar à CMVM, a seu pedido, que:

i) As estruturas organizacionais das entidades relevantes asseguram o exercício independente dos direitos de voto;

ii) As pessoas que exercem os direitos de voto agem independentemente; e

iii) Existe um mandato escrito e claro que, nos casos em que a sociedade dominante recebe serviços prestados pela entidade dominada ou detém participações directas em activos por esta geridos, fixa a relação contratual das partes em consonância com as condições normais de mercado para situações similares.

3 – Para efeitos da alínea *c)* do número anterior, as entidades relevantes devem adoptar, no mínimo, políticas e procedimentos escritos que impeçam, em termos adequados, o acesso a informação relativa ao exercício dos direitos de voto.

4 – Para beneficiar da derrogação de imputação agregada de direitos de voto, as sociedades associadas de fundos de pensões devem enviar à CMVM uma declaração fundamentada de que cumprem o disposto no n.º 1.

5 – Caso a imputação fique a dever-se à detenção de instrumentos financeiros que confiram ao participante o direito à aquisição, exclusivamente por sua iniciativa, por força de acordo, de acções com direitos de voto, já emitidas por emitente cujas acções estejam admitidas à negociação em mercado regulamentado, basta, para efeitos do n.º 2, que a sociedade aí referida envie à CMVM a informação prevista na alínea *a)* desse número.

6 – Para efeitos do n.º 1:

a) Consideram-se instruções directas as dadas pela sociedade dominante ou outra entidade por esta dominada que precise o modo como são exercidos os direitos de voto em casos concretos;

b) Consideram-se instruções indirectas as que, em geral ou particular, independentemente da sua forma, são transmitidas pela sociedade dominante ou qualquer entidade por esta dominada, e limitam a margem de discricionariedade da entidade gestora, intermediário financeiro e sociedade associada de fundos de pensões relativamente ao exercício dos direitos de voto de modo a servir interesses empresariais específicos da sociedade dominante ou de outra entidade por esta dominada.

7 – Logo que, nos termos do n.º 1, considere não provada a independência da entidade gestora ou do intermediário financeiro que envolva uma participação qualificada em sociedade aberta, e sem prejuízo das consequências sancionatórias que ao caso caibam, a CMVM informa o mercado e notifica deste facto o presidente da mesa da assembleia geral, o órgão de administração e o órgão de fiscalização da sociedade participada.

8 – A declaração da CMVM implica a imediata imputação de todos os direitos de voto inerentes às acções que integrem o fundo de investimento, o fundo de pensões, o fundo de capital de risco ou a carteira, enquanto não seja demonstrada a independência da entidade gestora ou do intermediário financeiro, com as respecti-vas consequências, devendo ainda ser comunicada aos participantes ou aos clientes da entidade gestora ou do intermediário financeiro.

9 – A adopção das medidas referidas no n.º 7 é precedida de consulta prévia:

a) Ao Banco de Portugal ou ao Instituto de Seguros de Portugal, sempre que a participação qualificada se refira a sociedades abertas sujeitas à supervisão de uma destas autoridades;

b) Ao Instituto de Seguros de Portugal, sempre que a participação qualificada se refira a direitos de voto inerentes a acções integrantes de fundos de pensões.

ART 21.º (Relações de domínio e de grupo) – 1 – Para efeitos deste Código, considera-se relação de domínio a relação existente entre uma pessoa singular ou colectiva e uma sociedade quando, independentemente de o domicílio ou a sede se situar em Portugal ou no estrangeiro, aquela possa exercer sobre esta, directa ou indirectamente, uma infiuência dominante.

2 – Existe, em qualquer caso, relação de domínio quando uma pessoa singular ou colectiva:

a) Disponha da maioria dos direitos de voto;

b) Possa exercer a maioria dos direitos de voto, nos termos de acordo parassocial;

c) Possa nomear ou destituir a maioria dos titulares dos órgãos de administração ou de fiscalização.

3 – Para efeitos deste Código consideram-se em relação de grupo as sociedades como tal qualificadas pelo Código das Sociedades Comerciais, independentemente de as respectivas sedes se situarem em Portugal ou no estrangeiro.

ART 21.º-A (Equivalência) – 1 – Relativamente a emitentes com sede estatutária fora da União Europeia não são aplicáveis os deveres previstos:

a) Nos artigos 16.º e 17.º, se, nos termos da lei aplicável, a informação sobre participações qualificadas for divulgada no prazo máximo de sete dias de negociação;

b) No n.º 3 do artigo 20.º e no n.º 1 do artigo 20.º-A, se a lei aplicável obrigar as entidades gestoras de fundo de investimento ou os intermediários financeiros autorizados a prestar o serviço de gestão de carteiras a manter, em todas as circunstâncias, a independência no exercício do direito de voto face a sociedade dominante e a não ter em conta os interesses da sociedade dominante ou de qualquer outra entidade por esta controlada sempre que surjam confiitos de interesses.

2 – Para efeitos da alínea *b)* do número anterior, a sociedade dominante deve:

a) Cumprir os deveres de informação constantes dos n.os 2 e 5 do artigo 20.º-A;

b) Declarar, em relação a cada uma das entidades referidas na alínea *b)* do número anterior, que satisfaz os requisitos exigidos no n.º 1 do artigo 20.º-A;

c) Demonstrar, a pedido da CMVM, que cumpre os requisitos estabelecidos na alínea *c)* do n.º 2 e no n.º 3 do artigo 20.º-A.

CÓDIGO DOS VALORES MOBILIÁRIOS   [DL n.º 486/99]   643

ART. 21.º-B (Convocatória) – 1 – O período mínimo que pode mediar entre a divulgação da convocatória e da data da reunião da assembleia geral de sociedade aberta é de 21 dias.

2 – Além dos elementos previstos no n.º 5 do artigo 377.º do Código das Sociedades Comerciais, a convocatória para reunião de assembleia geral de sociedade aberta deve conter, pelo menos:

a) No caso de sociedade emitente de acções admitidas à negociação em mercado regulamentado, informação sobre os procedimentos de participação na assembleia geral, incluindo a data de registo e a menção de que apenas quem seja accionista nessa data tem o direito de participar e votar na assembleia geral;

b) Informação sobre o procedimento a respeitar pelos accionistas para o exercício dos direitos de inclusão de assuntos na ordem do dia, de apresentação de propostas de deliberação e de informação em assembleia geral, incluindo os prazos para o respectivo exercício;

c) Informação sobre o procedimento a respeitar pelos accionistas para a sua representação em assembleia geral, mencionando a existência e o local onde é disponibilizado o formulário do documento de representação, ou incluindo esse formulário;

d) O local e a forma como pode ser obtido o texto integral dos documentos e propostas de deliberação a apresentar à assembleia geral.

3 – A informação prevista nas alíneas *b)* e *c)* do número anterior pode ser substituída por informação sobre os prazos de exercício dos direitos em causa, acompanhada de remissão para o sítio na Internet da sociedade no qual seja disponibilizada informação sobre o respectivo conteúdo e modo de exercício.

ART. 21.º-C (Informação prévia à assembleia geral) – 1 – Além dos elementos previstos no n.º 1 do artigo 289.º do Código das Sociedades Comerciais, as sociedades emitentes de acções admitidas à negociação em mercado regulamentado devem facultar aos seus accionistas, na sede da sociedade e no respectivo sítio na Internet, os seguintes elementos:

a) A convocatória para a reunião da assembleia geral;

b) Número total de acções e dos direitos de voto na data da divulgação da convocatória, incluindo os totais separados para cada categoria de acções, caso aplicável;

c) Formulários de documento de representação e de voto por correspondência, caso este não seja proibido pelo contrato de sociedade;

d) Outros documentos a apresentar à assembleia geral.

2 – As sociedades emitentes de acções admitidas à negociação em mercado regulamentado facultam a informação prevista no número anterior, incluindo a referida no n.º 1 do artigo 289.º do Código das Sociedades Comerciais, na data da divulgação da convocatória, devendo manter a informação no sítio na Internet durante, pelo menos, um ano.

3 – No caso de o sítio na Internet da sociedade não disponibilizar os formulários previstos na alínea *c)* do n.º 1 por motivos técnicos, a sociedade envia-os, gratuitamente, em tempo útil, aos accionistas que o requeiram.

SECÇÃO III — **DELIBERAÇÕES SOCIAIS**

ART 22.º (Voto por correspondência) – 1 – Nas assembleias gerais das sociedades abertas, o direito de voto sobre matérias que constem da convocatória pode ser exercido por correspondência.

2 – O disposto no número anterior pode ser afastado pelos estatutos da sociedade, salvo quanto à alteração destes e à eleição de titulares dos órgãos sociais.

3 – Para efeitos do n.º 1, a convocatória da assembleia geral deve incluir:

a) Indicação de que o direito de voto pode ser exercido por correspondência;

b) Descrição do modo por que se processa o voto por correspondência, incluindo o endereço e o prazo para a recepção das declarações de voto.

4 – A sociedade deve verificar a autenticidade do voto e assegurar, até ao momento da votação, a sua confidencialidade.

ART 23.º (Procuração) – 1 – Sem prejuízo do disposto no artigo 385.º do Código das Sociedades Comerciais, um accionista de uma sociedade aberta pode, para cada assembleia geral, nomear diferentes representantes relativamente às acções detidas em diferentes contas de valores mobiliários.

2 – Nas sociedades emitentes de acções admitidas à negociação em mercado regulamentado, os estatutos não podem impedir a representação dos accionistas que entreguem ao presidente da mesa da assembleia geral o documento de representação no prazo referido no n.º 3 do artigo 23.º-B, podendo, para o efeito, utilizar o correio electrónico.

3 – O pedido de documento de representação em assembleia geral de sociedade aberta, que seja feito a mais de cinco accionistas ou que utilize um dos meios de contacto com o público referidos no n.º 2 e na alínea *b)* do n.º 3 do artigo 109.º, deve conter, além dos elementos referidos na alínea *c)* do n.º 1 do artigo 381.º do Código das Sociedades Comerciais, os seguintes:

a) Os direitos de voto que são imputáveis ao solicitante nos termos do n.º 1 do artigo 20.º;

b) O fundamento do sentido de voto a exercer pelo solicitante.

644   [DL n.º 486/99]   MERCADO DE VALORES MOBILIÁRIOS

4 – O formulário utilizado na solicitação de documento de representação é enviado à CMVM dois dias antes do envio aos titulares do direito de voto.

5 – O solicitante deve prestar aos titulares do direito de voto toda a informação para o efeito relevante que por eles lhe seja pedida.

ART. 23.º-A (Direito a requerer a convocatória) – 1 – O accionista ou accionistas de sociedade emitente de acções admitidas à negociação em mercado regulamentado que possuam acções correspondentes a, pelo menos, 2% do capital social podem exercer o direito de requerer a convocatória de assembleia geral, de acordo com os demais termos previstos no artigo 375.º do Código das Sociedades Comerciais.

2 – Nas sociedades emitentes de acções admitidas à negociação em mercado regulamentado, o exercício do direito de inclusão de assuntos na ordem do dia, previsto no artigo 378.º do Código das Sociedades Comerciais, respeita ainda as seguintes condições:

a) O requerimento de inclusão de assuntos na ordem do dia pode ser apresentado por accionista ou accionistas que satisfaçam as condições exigidas no n.º 1;

b) O requerimento é acompanhado de uma proposta de deliberação para cada assunto cuja inclusão se requeira;

c) Os assuntos incluídos na ordem do dia, assim como as propostas de deliberação que os acompanham, são divulgados aos accionistas pela mesma forma usada para a divulgação da convocatória logo que possível e, em todo o caso, até à data de registo referida no n.º 1 do artigo 23.º-C.

ART. 23.º-B (Inclusão de assuntos na ordem do dia e apresentação de propostas de deliberação) – 1 – Nas sociedades emitentes de acções admitidas à negociação em mercado regulamentado, o accionista ou accionistas que satisfaçam as condições exigidas no n.º 1 do artigo anterior podem requerer a inclusão de propostas de deliberação relativas a assuntos referidos na convocatória ou a esta aditados.

2 – O requerimento referido no número anterior deve ser dirigido, por escrito, ao presidente da mesa da assembleia geral nos cinco dias seguintes à publicação da convocatória, juntamente com a informação que deva acompanhar a proposta de deliberação, sendo aplicável o n.º 4 do artigo 378.º do Código das Sociedades Comerciais.

3 – As propostas de deliberação admitidas nos termos do número anterior, bem como a informação que a deva acompanhar, são divulgadas logo que possível, no prazo máximo previsto no n.º 3 do artigo 378.º do Código das Sociedades Comerciais, aos accionistas pela mesma forma usada para a divulgação da convocatória.

ART. 23.º-C (Participação e votação na assembleia geral) – 1 – Nas sociedades emitentes de acções admitidas à negociação em mercado regulamentado, tem direito a participar na assembleia geral e aí discutir e votar quem, na data de registo, correspondente às 0 horas (GMT) do 5.º dia de negociação anterior ao da realização da assembleia, for titular de acções que lhe confiram, segundo a lei e o contrato de sociedade, pelo menos um voto.

2 – O exercício dos direitos referidos no número anterior não é prejudicado pela transmissão das acções em momento posterior à data de registo, nem depende do bloqueio das mesmas entre aquela data e data da assembleia geral.

3 – Quem pretenda participar em assembleia geral de sociedade emitente de acções admitidas à negociação em mercado regulamentado declara-o, por escrito, ao presidente da mesa da assembleia geral e ao intermediário financeiro onde a conta de registo individualizado esteja aberta, o mais tardar, até ao dia anterior ao dia referido no n.º 1, podendo, para o efeito, utilizar o correio electrónico.

4 – O intermediário financeiro que, nos termos do número anterior, seja informado da intenção do seu cliente em participar em assembleia geral de sociedade emitente de acções admitidas à negociação em mercado regulamentado, envia ao presidente da mesa da assembleia geral desta, até ao fim do dia referido no n.º 1, informação sobre o número de acções registadas em nome do seu cliente, com referência à data de registo, podendo, para o efeito, utilizar o correio electrónico.

5 – A CMVM pode definir, através de regulamento, o conteúdo da informação referida no número anterior.

6 – Os accionistas de sociedades emitentes de acções admitidas à negociação em mercado regulamentado que, a título profissional, detenham as acções em nome próprio mas por conta de clientes, podem votar em sentido diverso com as suas acções, desde que, em adição ao exigido nos n.ᵒˢ 3 e 4 apresentem ao presidente da mesa da assembleia geral, no mesmo prazo, com recurso a meios de prova suficientes e proporcionais:

a) A identificação de cada cliente e o número de acções a votar por sua conta;

b) As instruções de voto, específicas para cada ponto da ordem de trabalhos, dadas por cada cliente.

7 – Quem, nos termos do n.º 3, tenha declarado a intenção de participar em assembleia geral e transmita a titularidade de acções entre a data de registo referida no n.º 1 e o fim da assembleia geral, deve comunicá-lo imediatamente ao presidente da mesa da assembleia geral e à CMVM.

ART. 23.º-D (Acta da assembleia geral) — 1 — Sem prejuízo do disposto no n.º 2 do artigo 63.º do Código das Sociedades Comerciais, a acta da assembleia geral das sociedades abertas deve ainda conter, em relação a cada deliberação:

CÓDIGO DOS VALORES MOBILIÁRIOS   [DL n.º 486/99]   645

a) O número total de votos emitidos;
b) A percentagem de capital social representado correspondente ao número total de votos emitidos;
c) O número de acções correspondente ao número total de votos emitidos.
2 – A informação constante das alíneas *a*), *b*), *d*) a *g*) do n.º 2 do artigo 63.º do Código das Sociedades Comerciais e do número anterior é obrigatoriamente divulgada aos accionistas e a quem teve o direito de participar e votar na assembleia em causa, no sítio na Internet da sociedade, no prazo de 15 dias após o encerramento da assembleia ou, nos casos previstos na alínea *b*) do n.º 9 do artigo 384.º do Código das Sociedades Comerciais, do cômputo definitivo da votação.

ART 24.º (Suspensão de deliberação social) – 1 – A providência cautelar de suspensão de deliberação social tomada por sociedade aberta só pode ser requerida por sócios que, isolada ou conjuntamente, possuam acções correspondentes, pelo menos, a 0,5% do capital social.
2 – Qualquer accionista pode, porém, instar, por escrito, o órgão de administração a abster-se de executar deliberação social que considere inválida, explicitando os respectivos vícios.
3 – Se a deliberação vier a ser declarada nula ou anulada, os titulares do órgão de administração que procedam à sua execução sem tomar em consideração o requerimento apresentado nos termos do número anterior são responsáveis pelos prejuízos causados, sem que a responsabilidade para com a sociedade seja excluída pelo disposto no n.º 4 do artigo 72.º do Código das Sociedades Comerciais.

ART 25.º (Aumento de capital social) – As acções emitidas por sociedade aberta constituem uma categoria autónoma:
a) Pelo prazo de 30 dias contados da deliberação de aumento de capital; ou
b) Até ao trânsito em julgado de decisão judicial sobre acção de anulação ou de declaração de nulidade de deliberação social proposta dentro daquele prazo.

ART 26.º (Anulação da deliberação de aumento de capital social) – 1 – A anulação de uma deliberação de aumento de capital social de sociedade aberta determina a amortização das novas acções, se estas tiverem sido objecto de admissão à negociação em mercado regulamentado.
2 – Como contrapartida da amortização é devido montante correspondente ao valor real das acções, determinado, a expensas da sociedade, por perito qualificado e independente designado pela CMVM.
3 – Os credores cujos direitos se tenham constituído em momento anterior ao do registo da anulação podem, no prazo de seis meses contados desse registo, exigir, por escrito, à sociedade a prestação de garantias adequadas ao cumprimento das obrigações não vencidas.
4 – O pagamento da contrapartida da amortização só pode efectuar-se depois de, decorrido o prazo referido na parte final do número anterior, estarem pagos ou garantidos os credores que dentro do mesmo prazo se tenham dirigido à sociedade.

Secção IV — **PERDA DA QUALIDADE DE SOCIEDADE ABERTA**

ART 27.º (Requisitos) – 1 – A sociedade aberta pode perder essa qualidade quando:
a) Um accionista passe a deter, em consequência de oferta pública de aquisição, mais de 90% dos direitos de voto calculados nos termos do n.º 1 do artigo 20.º;
b) A perda da referida qualidade seja deliberada em assembleia geral da sociedade por uma maioria não inferior a 90% do capital social e em assembleias dos titulares de acções especiais e de outros valores mobiliários que confiram direito à subscrição ou aquisição de acções por maioria não inferior a 90% dos valores mobiliários em causa;
c) Tenha decorrido um ano sobre a exclusão da negociação das acções em mercado regulamentado, fundada na falta de dispersão pelo público.
2 – A perda de qualidade de sociedade aberta pode ser requerida à CMVM pela sociedade e, no caso da alínea *a*) do número anterior, também pelo oferente.
3 – No caso da alínea *b*) do n.º 1, a sociedade deve indicar um accionista que se obrigue:
a) A adquirir, no prazo de três meses após o deferimento pela CMVM, os valores mobiliários pertencentes, nesta data, às pessoas que não tenham votado favoravelmente alguma das deliberações em assembleia;
b) A caucionar a obrigação referida na alínea anterior por garantia bancária ou depósito em dinheiro efectuado em instituição de crédito.
4 – A contrapartida da aquisição referida no n.º 3 calcula-se nos termos do artigo 188.º.

ART 28.º (Publicações) – 1 – A decisão da CMVM é publicada, por iniciativa e a expensas da sociedade, no boletim do mercado regulamentado onde os valores mobiliários estavam admitidos à negociação e por um dos meios referidos no artigo 5.º.
2 – No caso da alínea *b*) do n.º 1 do artigo anterior, a publicação deve mencionar os termos da aquisição dos valores mobiliários e deve ser repetida no fim do 1.º e do 2.º meses do prazo para exercício do direito de alienação.

ART 29.º (Efeitos) – 1 – A perda de qualidade de sociedade aberta é eficaz a partir da publicação da decisão favorável da CMVM.

646 [DL n.º 486/99]   MERCADO DE VALORES MOBILIÁRIOS

2 – A declaração de perda de qualidade de sociedade aberta implica a imediata exclusão da negociação em mercado regulamentado das acções da sociedade e dos valores mobiliários que dão direito à sua subscrição ou aquisição, ficando vedada a readmissão no prazo de um ano.

CAPÍTULO V — Investidores

ART 30.º (Investidores qualificados) – 1 – Sem prejuízo do disposto nos números subsequentes, consideram-se investidores qualificados as seguintes entidades:
a) Instituições de crédito;
b) Empresas de investimento;
c) Empresas de seguros;
d) Instituições de investimento colectivo e respectivas sociedades gestoras;
e) Fundos de pensões e respectivas sociedades gestoras;
f) Outras instituições financeiras autorizadas ou reguladas, designadamente fundos de titularização de créditos, respectivas sociedades gestoras e demais sociedades financeiras previstas na lei, sociedades de titularização de créditos, sociedades de capital de risco, fundos de capital de risco e respectivas sociedades gestoras;
g) Instituições financeiras de Estados que não sejam membros da União Europeia que exerçam actividades semelhantes às referidas nas alíneas anteriores;
h) Entidades que negoceiem em instrumentos financeiros sobre mercadorias;
i) Governos de âmbito nacional e regional, bancos centrais e organismos públicos que administram a dívida pública, instituições supranacionais ou internacionais, designadamente o Banco Central Europeu, o Banco Europeu de Investimento, o Fundo Monetário Internacional e o Banco Mundial.
2 – Para os efeitos do disposto na alínea *c)* do n.º 3 do artigo 109.º, no n.º 3 do artigo 112.º, na alínea *a)* do n.º 2 do artigo 134.º e na alínea *d)* do n.º 1 do artigo 237.º-A, as seguintes entidades são também consideradas investidores qualificados:
a) Outras entidades que tenham por objecto principal o investimento em valores mobiliários;
b) Empresas que, de acordo com as suas últimas contas individuais ou consolidadas, preencham dois dos seguintes critérios:
i) Número médio de trabalhadores, ao longo do exercício financeiro, igual ou superior a 250;
ii) Activo total superior a 43 milhões de euros;
iii) Volume de negócios líquido superior a 50 milhões de euros.
3 – Para efeitos do título vi, são também considerados investidores qualificados:
a) As pessoas referidas na alínea *f)* do n.º 3 do artigo 289.º;
b) As pessoas colectivas, cuja dimensão, de acordo com as suas últimas contas individuais, satisfaça dois dos seguintes critérios:
i) Situação líquida de 2 milhões de euros;
ii) Activo total de 20 milhões de euros;
iii) Volume de negócios líquido de 40 milhões de euros.
c) As pessoas que tenham solicitado o tratamento como tal, nos termos previstos na secção IV do capítulo I daquele título.
4 – A CMVM pode, por regulamento, qualificar como investidores qualificados outras entidades dotadas de uma especial competência e experiência relativas a instrumentos financeiros, nomeadamente emitentes de valores mobiliários, definindo os indicadores económico-financeiros que permitem essa qualificação.

ART 31.º (Acção popular) – 1 – Gozam do direito de acção popular para a protecção de interesses individuais homogéneos ou colectivos dos investidores não qualificados em instrumentos financeiros:
a) Os investidores não qualificados;
b) As associações de defesa dos investidores que reúnam os requisitos previstos no artigo seguinte;
c) As fundações que tenham por fim a protecção dos investidores em instrumentos financeiros.
2 – A sentença condenatória deve indicar a entidade encarregada da recepção e gestão das indemnizações devidas a titulares não individualmente identificados, recaindo a designação, conforme as circunstâncias, em fundo de garantia, associação de defesa dos investidores ou um ou vários titulares de indemnização identificados na acção.
3 – As indemnizações que não sejam pagas em consequência de prescrição ou de impossibilidade de identificação dos respectivos titulares revertem para:
a) O fundo de garantia relacionado com a actividade em que se insere o facto gerador de indemnização;
b) Não existindo o fundo de garantia referido na alínea anterior, o sistema de indemnização dos investidores.

ART 32.º (Associações de defesa dos investidores) – Sem prejuízo da liberdade de associação, só beneficiam dos direitos conferidos por este Código e legislação complementar às associações de defesa dos investidores as associações sem fim lucrativo, legalmente constituídas, que reúnam os seguintes requisitos, verificados por registo na CMVM:
a) Tenham como principal objecto estatutário a protecção dos interesses dos investidores em instrumentos financeiros;

CÓDIGO DOS VALORES MOBILIÁRIOS [DL n.º 486/99] 647

b) Contem entre os seus associados pelo menos 100 pessoas singulares que não sejam investidores qualificados;
c) Exerçam actividade efectiva há mais de um ano.

ART 33.º (Mediação de conflitos) – 1 – A CMVM organiza um serviço destinado à mediação voluntária de conflitos entre investidores não qualificados, por uma parte, e intermediários financeiros, consultores para investimento, entidades gestoras de mercados regulamentados ou de sistemas de negociação multilateral ou emitentes, por outra.

2 – Os mediadores são designados pelo conselho directivo da CMVM, podendo a escolha recair em pessoas pertencentes aos seus quadros ou noutras personalidades de reconhecida idoneidade e competência.

ART 34.º (Procedimentos de mediação) – 1 – Os procedimentos de mediação são estabelecidos em regulamento da CMVM e devem obedecer a princípios de imparcialidade, celeridade e gratuitidade.

2 – Quando o conflito incida sobre interesses individuais homogéneos ou colectivos dos investidores, podem as associações de defesa dos investidores tomar a iniciativa da mediação e nela participar, a título principal ou acessório.

3 – O procedimento de mediação é confidencial, ficando o mediador sujeito a segredo em relação a todas as informações que obtenha no decurso da mediação e não podendo a CMVM usar, em qualquer processo, elementos cujo conhecimento lhe advenha exclusivamente do procedimento de mediação.

4 – O mediador pode tentar a conciliação ou propor às partes a solução que lhe pareça mais adequada.

5 – O acordo resultante da mediação, quando escrito, tem a natureza de transacção extrajudicial.

ART 35.º (Constituição de fundos de garantia) – 1 – As entidades gestoras de mercados regulamentados, de sistemas de negociação multilateral, de sistemas de liquidação, de câmara de compensação ou de contraparte central podem constituir ou promover a constituição de fundos de garantia.

2 – Os fundos de garantia visam ressarcir os investidores não qualificados pelos danos sofridos em consequência da actuação de qualquer intermediário financeiro membro do mercado ou sistema, ou autorizado a receber e transmitir ordens para execução, e dos participantes naqueles sistemas.

3 – A participação no fundo de garantia é facultativa, sem prejuízo do disposto no número seguinte.

4 – As entidades gestoras referidas no n.º 1 podem deliberar que a participação no fundo por si constituído ou promovido seja obrigatória para os membros autorizados a executar ordens por conta de outrem e para os participantes nos sistemas.

ART 36.º (Gestão de fundos de garantia) – 1 – Os fundos de garantia são geridos:
a) Por sociedade que tenha essa gestão como objecto exclusivo e em que participem como sócios uma ou mais de uma das entidades gestoras referidas no n.º 1 do artigo anterior; ou
b) Pela entidade gestora do mercado ou do sistema de liquidação a que o fundo está afecto.

2 – No caso da alínea *b)* do número anterior, o fundo de garantia constitui património autónomo.

3 – Compete, nomeadamente, ao conselho de administração da sociedade gestora do fundo de garantia:
a) Elaborar o regulamento do fundo;
b) [Revogada];
c) Executar as decisões de indemnização a suportar pelo fundo de garantia;
d) Decidir sobre a liquidação do fundo de garantia, nos termos do respectivo regulamento.

4 – O regulamento do fundo é aprovado pela CMVM e define, designadamente:
a) O montante mínimo do património do fundo;
b) O processo de reclamação e decisão;
c) O limite máximo das indemnizações;
d) As receitas dos fundos.

5 – A sociedade gestora do fundo e os titulares dos respectivos órgãos estão sujeitos a registo na CMVM.

ART 37.º (Receitas dos fundos de garantia) – (*Revogado.*)

ART 38.º (Pagamento de indemnização pelo fundo de garantia) – (*Revogado.*)

TÍTULO II — VALORES MOBILIÁRIOS

CAPÍTULO I — Disposições gerais

Secção I — DIREITO APLICÁVEL

ART 39.º (Capacidade e forma) – A capacidade para a emissão e a forma de representação dos valores mobiliários regem-se pela lei pessoal do emitente.

ART 40.º (Conteúdo) – 1 – A lei pessoal do emitente regula o conteúdo dos valores mobiliários, salvo se, em relação a obrigações e a outros valores mobiliários representativos de dívida, constar do registo da emissão que é outro o direito aplicável.

648 [DL n.º 486/99]   MERCADO DE VALORES MOBILIÁRIOS

2 – Ao conteúdo dos valores mobiliários que confiram direito à subscrição, à aquisição ou à alienação de outros valores mobiliários aplica-se também a lei pessoal do emitente destes.

ART 41.º (Transmissão e garantias) – A transmissão de direitos e a constituição de garantias sobre valores mobiliários regem-se:

a) Em relação a valores mobiliários integrados em sistema centralizado, pelo direito do Estado onde se situa o estabelecimento da entidade gestora desse sistema;

b) Em relação a valores mobiliários registados ou depositados não integrados em sistema centralizado, pelo direito do Estado em que se situa o estabelecimento onde estão registados ou depositados os valores mobiliários;

c) Em relação a valores mobiliários não abrangidos nas alíneas anteriores, pela lei pessoal do emitente.

ART 42.º (Referência material) – A designação de um direito estrangeiro por efeito das normas da presente secção não inclui as normas de direito internacional privado do direito designado.

Secção II —EMISSÃO

ART 43.º (Registo da emissão) – 1 – A emissão de valores mobiliários que não tenham sido destacados de outros valores mobiliários está sujeita a registo junto do emitente.

2 – As disposições sobre o registo de emissão de valores mobiliários aplicam-se aos valores mobiliários emitidos por entidade cuja lei pessoal seja a lei portuguesa.

ART 44.º (Menções do registo da emissão) – 1 – Do registo da emissão constam:

a) A identificação do emitente, nomeadamente a firma ou denominação, a sede, o número de identificação de pessoa colectiva, a conservatória do registo comercial onde se encontra matriculada e o número de matrícula;

b) As características completas do valor mobiliário, designadamente o tipo, os direitos que, em relação ao tipo, estão especialmente incluídos ou excluídos, a forma de representação e o valor nominal ou percentual;

c) A quantidade de valores mobiliários que integram a emissão e a série a que respeitam e, tratando-se de emissão contínua, a quantidade actualizada dos valores mobiliários emitidos;

d) O montante e a data dos pagamentos para liberação previstos e efectuados;

e) As alterações que se verifiquem em qualquer das menções referidas nas alíneas anteriores;

f) A data da primeira inscrição registral de titularidade ou da entrega dos títulos e a identificação do primeiro titular, bem como, se for o caso, do intermediário financeiro com quem o titular celebrou contrato para registo dos valores mobiliários;

g) O número de ordem dos valores mobiliários titulados.

2 – O registo das alterações a que se refere a alínea *e)* do número anterior deve ser feito no prazo de 30 dias.

3 – O registo da emissão é reproduzido, quanto aos elementos referidos nas alíneas *a)*, *b)* e *c)* do número anterior e suas alterações:

a) Em conta aberta pelo emitente junto da entidade gestora do sistema centralizado, quando os valores mobiliários sejam integrados nesse sistema;

b) Em conta aberta pelo emitente no intermediário financeiro que presta o serviço de registo dos valores mobiliários escriturais nos termos do artigo 63.º.

ART 45.º (Categoria) – Os valores mobiliários que sejam emitidos pela mesma entidade e apresentem o mesmo conteúdo constituem uma categoria, ainda que pertençam a emissões ou séries diferentes.

Secção III — REPRESENTAÇÃO

ART 46.º (Formas de representação) – 1 – Os valores mobiliários são escriturais ou titulados, consoante sejam representados por registos em conta ou por documentos em papel; estes são, neste Código, designados também por títulos.

2 – Os valores mobiliários que integram a mesma emissão, ainda que realizada por séries, obedecem à mesma forma de representação, salvo para efeitos de negociação no estrangeiro.

3 – Os valores mobiliários destacados de valores mobiliários escriturais e de valores mobiliários titulados integrados em sistema centralizado são representados por registo em conta autónoma.

4 – Os valores mobiliários destacados de outros valores mobiliários titulados são representados por cupões fisicamente separados do título a partir do qual se constituíram.

ART 47.º (Formalidades prévias) – A inscrição dos valores mobiliários em contas individualizadas ou a entrega dos títulos exige o prévio cumprimento das formalidades próprias para a criação de cada tipo de valor mobiliário, incluindo as relativas ao registo comercial.

ART 48.º (Decisão de conversão) – 1 – Salvo proibição legal ou estatutária, o emitente pode decidir a conversão dos valores mobiliários quanto à sua forma de representação, estabelecendo para o efeito um prazo razoável, não superior a um ano.

2 – A decisão de conversão é objecto de publicação.

3 – Os custos da conversão são suportados pelo emitente.

CÓDIGO DOS VALORES MOBILIÁRIOS [DL n.º 486/99] 649

ART 49.º (Conversão de valores mobiliários escriturais em titulados) – 1 – Os valores mobiliários escriturais consideram-se convertidos em titulados no momento em que os títulos ficam disponíveis para entrega.

2 – Os registos dos valores mobiliários convertidos devem ser inutilizados ou cancelados com menção da data da conversão.

ART 50.º (Conversão de valores mobiliários titulados em escriturais) – 1 – Os valores mobiliários titulados são convertidos em escriturais através de inscrição em conta, após o decurso do prazo fixado pelo emitente para a entrega dos títulos a converter.

2 – Os valores mobiliários titulados a converter devem ser entregues ao emitente ou depositados junto da entidade que prestará o serviço de registo após a conversão.

3 – Os títulos relativos a valores mobiliários não entregues no prazo fixado pelo emitente apenas legitimam os titulares para solicitar o registo a seu favor.

4 – O emitente deve promover a inutilização dos valores mobiliários convertidos, através da sua destruição ou por qualquer outra forma que assinale a conversão.

5 – A conversão dos valores mobiliários titulados em depósito centralizado em valores mobiliários escriturais faz-se por mera comunicação do emitente à entidade gestora do sistema centralizado, que promove a inutilização dos títulos.

ART 51.º (Reconstituição e reforma judicial) – 1 – Os valores mobiliários escriturais e titulados depositados podem, em caso de destruição ou perda, ser reconstituídos a partir dos documentos e registos de segurança disponíveis.

2 – A reconstituição é efectuada pela entidade que tem a seu cargo o registo ou o depósito, com a colaboração do emitente.

3 – O projecto de reconstituição deve ser publicado e comunicado a cada presumível titular e a reconstituição apenas pode ser efectuada decorridos pelo menos 45 dias após a publicação e a comunicação.

4 – Qualquer interessado pode, após a publicação e a comunicação, opor-se à reconstituição, requerendo a reforma judicial dos valores mobiliários perdidos ou destruídos.

5 – Quando todos os títulos em depósito centralizado sejam destruídos, sem que os correspondentes registos tenham sido afectados, consideram-se os mesmos convertidos em valores mobiliários escriturais, salvo se o emitente, no prazo de 90 dias após a comunicação da entidade gestora do sistema de depósito centralizado, requerer a reforma judicial.

6 – O processo de reforma de documentos regulado pelos artigos 1069.º e seguintes do Código de Processo Civil aplica-se à reforma de valores mobiliários escriturais, com as devidas adaptações.

Secção IV — MODALIDADES

ART 52.º (Valores mobiliários nominativos e ao portador) – 1 – Os valores mobiliários são nominativos ou ao portador, conforme o emitente tenha ou não a faculdade de conhecer a todo o tempo a identidade dos titulares.

2 – Na falta de cláusula estatutária ou de decisão do emitente, os valores mobiliários consideram-se nominativos.

ART 53.º (Convertibilidade) – Salvo disposição legal, estatutária ou resultante das condições especiais fixadas para cada emissão, os valores mobiliários ao portador podem, por iniciativa e a expensas do titular, ser convertidos em nominativos e estes naqueles.

ART 54.º (Modos de conversão) – A conversão efectua-se:

a) Através de anotação na conta de registo individualizado dos valores mobiliários escriturais ou dos valores mobiliários titulados integrados em sistema centralizado;

b) Por substituição dos títulos ou por alteração no seu texto, realizadas pelo emitente.

Secção V — LEGITIMAÇÃO

ART 55.º (Legitimação activa) – 1 – Quem, em conformidade com o registo ou com o título, for titular de direitos relativos a valores mobiliários está legitimado para o exercício dos direitos que lhes são inerentes.

2 – A legitimidade para exercer os direitos que tenham sido destacados, por inscrição em conta autónoma ou por separação de cupões, pertence a quem seja titular em conformidade com o registo ou com o título.

3 – São direitos inerentes aos valores mobiliários, além de outros que resultem do regime jurídico de cada tipo:

a) Os dividendos, os juros e outros rendimentos;

b) Os direitos de voto;

c) Os direitos à subscrição ou aquisição de valores mobiliários do mesmo ou de diferente tipo.

ART 56.º (Legitimação passiva) – O emitente que, de boa fé, realize qualquer prestação a favor do titular legitimado pelo registo ou pelo título ou lhe reconheça qualquer direito fica liberado e isento de responsabilidade.

ART 57.º (Contitularidade) – Os contitulares de um valor mobiliário exercem os direitos a eles inerentes por meio de representante comum, nos termos previstos para as acções no artigo 303.º do Código das Sociedades Comerciais.

650   [DL n.º 486/99]   MERCADO DE VALORES MOBILIÁRIOS

ART 58.º (Aquisição a pessoa não legitimada) – 1 – Ao adquirente de um valor mobiliário que tenha procedido de boa fé não é oponível a falta de legitimidade do alienante, desde que a aquisição tenha sido efectuada de acordo com as regras de transmissão aplicáveis.

2 – O disposto no número anterior é aplicável ao titular de quaisquer direitos de garantia sobre valores mobiliários.

SECÇÃO VI — **REGULAMENTAÇÃO**

ART 59.º (Regulamentação do registo no emitente e em intermediário financeiro) – 1 – Através de portaria, o Ministro das Finanças regulamenta:

a) O registo da emissão de valores mobiliários no emitente, nomeadamente quanto ao seu conteúdo e ao seu suporte;

b) O registo dos valores mobiliários escriturais no emitente nos termos do artigo 64.º, nomeadamente quanto aos deveres dessa entidade, ao modo de conversão dos valores mobiliários e à sua reconstituição.

2 – Cabe à CMVM a regulamentação do registo dos valores mobiliários escriturais que sigam o regime do artigo 63.º.

ART 60.º (Regulamentação do sistema centralizado de valores mobiliários) – A CMVM elabora os regulamentos necessários à concretização e ao desenvolvimento das disposições relativas aos valores mobiliários escriturais e titulados integrados em sistema centralizado, ouvidas as entidades gestoras, nomeadamente quanto aos seguintes aspectos:

a) Sistema de contas e regras a que deve obedecer;

b) Exercício dos direitos inerentes aos valores mobiliários;

c) Informações a prestar pelas entidades que integram o sistema;

d) Integração dos valores mobiliários no sistema e sua exclusão;

e) Conversão da forma de representação;

f) Ligação com sistemas de liquidação;

g) Medidas de segurança a adoptar quanto ao registo de valores mobiliários registados em suporte informático;

h) Prestação do serviço de registo ou de depósito de valores mobiliários por entidades com estabelecimento no estrangeiro;

i) Procedimentos a adoptar nas relações operacionais entre sistemas centralizados a funcionar em Portugal ou no estrangeiro;

j) Termos em que pode ser ilidida a presunção a que se refere o n.º 3 do artigo 74.º.

CAPÍTULO II — **Valores mobiliários escriturais**

SECÇÃO I — **DISPOSIÇÕES GERAIS**

SUBSECÇÃO I — **Modalidades de registo**

ART 61.º (Entidades registadoras) – O registo individualizado de valores mobiliários escriturais consta de:

a) Conta aberta junto de intermediário financeiro, integrada em sistema centralizado; ou

b) Conta aberta junto de um único intermediário financeiro indicado pelo emitente; ou

c) Conta aberta junto do emitente ou de intermediário financeiro que o representa.

ART 62.º (Integração em sistema centralizado) – São obrigatoriamente integrados em sistema centralizado os valores mobiliários escriturais admitidos à negociação em mercado regulamentado.

ART 63.º (Registo num único intermediário financeiro) – 1 – São obrigatoriamente registados num único intermediário financeiro, quando não estejam integrados em sistema centralizado:

a) Os valores mobiliários escriturais ao portador;

b) Os valores mobiliários distribuídos através de oferta pública e outros que pertençam à mesma categoria;

c) Os valores mobiliários emitidos conjuntamente por mais de uma entidade;

d) As unidades de participação em instituição de investimento colectivo.

2 – O intermediário financeiro registador é indicado pelo emitente ou pela entidade gestora da instituição de investimento colectivo, que suportam os custos da eventual mudança de entidade registadora.

3 – Se o emitente for um intermediário financeiro, o registo a que se refere o presente artigo é feito noutro intermediário financeiro.

4 – O intermediário financeiro adopta todas as medidas necessárias para prevenir e, com a colaboração do emitente, corrigir qualquer divergência entre a quantidade, total e por categorias, de valores mobiliários emitidos e a quantidade dos que se encontram em circulação.

ART 64.º (Registo no emitente) – 1 – Os valores mobiliários escriturais nominativos não integrados em sistema centralizado nem registados num único intermediário financeiro são registados junto do emitente.

CÓDIGO DOS VALORES MOBILIÁRIOS   [DL n.º 486/99]   651

2 – O registo junto do emitente pode ser substituído por registo com igual valor a cargo de intermediário financeiro actuando na qualidade de representante do emitente.

SUBSECÇÃO II — **Processo de registo**

ART 65.º (Suporte do registo) – 1 – Os registos integrados em sistema centralizado são feitos em suporte informático, podendo consistir em referências codificadas.

2 – As entidades que efectuem os registos em suporte informático devem utilizar meios de segurança adequados para esse tipo de suporte, em particular cópias de segurança guardadas em local distinto dos registos.

ART 66.º (Oficiosidade e instância) – 1 – São lavrados oficiosamente os registos relativos a actos em que a entidade registadora, de alguma forma, tenha tido intervenção, a actos que lhe sejam comunicados pela entidade gestora do sistema centralizado e a actos de apreensão judicial que lhe sejam comunicados pela entidade competente.

2 – Têm legitimidade para requerer o registo:
   a) O titular da conta onde se deva proceder ao registo ou para onde devam ser transferidos os valores mobiliários;
   b) O usufrutuário, o credor pignoratício e o titular de outras situações jurídicas que onerem os valores mobiliários, quanto ao registo das respectivas situações jurídicas.

ART 67.º (Base documental dos registos) – 1 – As inscrições e os averbamentos nas contas de registo são feitos com base em ordem escrita do disponente ou em documento bastante para a prova do facto a registar.

2 – Quando o requerente não entregue qualquer documento escrito e este não seja exigível para a validade ou a prova do facto a registar, deve a entidade registadora elaborar uma nota escrita justificativa do registo.

ART 68.º (Menções nas contas de registo individualizado) – 1 – Em relação a cada titular são abertas, em separado, contas por categoria de valor mobiliário que, além das menções actualizadas dos elementos constantes das alíneas *a)* e *b)* do n.º 1 do artigo 44.º, contêm:
   a) A identificação do titular e, em caso de contitularidade, do representante comum;
   b) Os lançamentos a crédito e a débito das quantidades adquiridas e alienadas, com identificação da conta onde se fizeram, respectivamente, os lançamentos a débito e a crédito;
   c) O saldo de valores mobiliários existente em cada momento;
   d) A atribuição e o pagamento de dividendos, juros e outros rendimentos;
   e) A subscrição e a aquisição de valores mobiliários, do mesmo ou de diferente tipo, a que os valores mobiliários registados confiram direito;
   f) O destaque de direitos inerentes ou de valores mobiliários e, neste caso, a conta onde passaram a estar registados;
   g) A constituição, a modificação e a extinção de usufruto, penhor, arresto, penhora ou qualquer outra situação jurídica que onere os valores mobiliários registados;
   h) Os bloqueios e o seu cancelamento;
   i) A propositura de acções judiciais relativas aos valores mobiliários registados ou ao próprio registo e as respectivas decisões;
   j) Outras referências que sejam exigidas pela natureza ou pelas características dos valores mobiliários registados.

2 – As menções referidas no número anterior devem incluir a data da inscrição e a referência abreviada aos documentos que lhes serviram de base.

3 – Se os valores mobiliários tiverem sido emitidos por entidade que tenha como lei pessoal uma lei estrangeira, o registo é efectuado, no que respeita às menções equivalentes às referidas nas alíneas *a)* e *b)* do n.º 1 do artigo 44.º, com base em declaração do requerente, acompanhada do parecer jurídico previsto no n.º 1 do artigo 231.º, quando exigido nos termos deste artigo.

ART 69.º (Data e prioridade dos registos) – 1 – Os registos oficiosos são lavrados com a data do facto registado.

2 – Os registos requeridos pelos interessados são lavrados com a data de apresentação do requerimento de registo.

3 – Se mais de um registo se reportar à mesma data, a prioridade do registo é decidida pelo momento de verificação do facto ou da apresentação, conforme o registo seja oficioso ou dependente de apresentação.

4 – Os registos relativos a valores mobiliários escriturais bloqueados reportam-se à data da cessação do bloqueio.

5 – O registo provisório convertido em definitivo conserva a data que tinha como provisório.

6 – Em caso de recusa, o registo feito na sequência de reclamação para a entidade registadora ou de recurso julgado procedente é feito com a data correspondente ao acto recusado.

ART 70.º (Sucessão de registos) – A inscrição da aquisição de valores mobiliários, bem como da constituição, modificação ou extinção de usufruto, penhor ou de outras situações jurídicas que onerem os valores mobiliários registados, exige a prévia inscrição a favor do disponente.

652   [DL n.º 486/99]   MERCADO DE VALORES MOBILIÁRIOS

ART 71.º (Transferência de valores mobiliários escriturais entre contas) – 1 – A transferência dos valores mobiliários escriturais entre contas do mesmo ou de distintos titulares opera-se pelo lançamento a débito na conta de origem e a crédito na conta de destino.

2 – As transferências entre contas integradas em sistema centralizado são feitas em conformidade com os valores globais a transferir, comunicados pela entidade gestora do sistema centralizado de valores mobiliários.

ART 72.º (Bloqueio) – 1 – Estão obrigatoriamente sujeitos a bloqueio os valores mobiliários escriturais:

a) Em relação aos quais tenham sido passados certificados para exercício de direitos a eles inerentes, durante o prazo de vigência indicado no certificado, quando o exercício daqueles direitos dependa da manutenção da titularidade até à data desse exercício;

b) Em relação aos quais tenha sido passado certificado para valer como título executivo, devendo o bloqueio manter-se até à devolução do original do certificado ou até à apresentação de certidão da decisão final do processo executivo;

c) Que sejam objecto de penhora ou de outros actos de apreensão judicial, enquanto esta se mantiver;

d) Que sejam objecto de oferta pública de venda ou, quando já tenham sido emitidos, que integrem a contrapartida em oferta pública de troca, devendo o bloqueio manter-se até à liquidação da operação ou até à cessação da oferta em momento anterior.

2 – O bloqueio pode também ser efectuado:

a) Por iniciativa do titular, em qualquer caso;

b) Por iniciativa de intermediário financeiro, quanto aos valores mobiliários em relação aos quais lhe tenha sido dada ou transmitida ordem de venda em mercado registado.

3 – O bloqueio consiste num registo em conta, com indicação do seu fundamento, do prazo de vigência e da quantidade de valores mobiliários abrangidos.

4 – Durante o prazo de vigência do bloqueio, a entidade registadora fica proibida de transferir os valores mobiliários bloqueados.

SUBSECÇÃO III — **Valor e vícios do registo**

ART 73.º (Primeira inscrição) – 1 – Os valores mobiliários escriturais constituem-se por registo em contas individualizadas abertas junto das entidades registadoras.

2 – O primeiro registo é efectuado com base nos elementos relevantes do registo de emissão comunicados pelo emitente.

3 – Se a entidade registadora tiver aberto contas de subscrição, o registo efectua-se por conversão dessas contas em contas de registo individualizado.

ART 74.º (Valor do registo) – 1 – O registo em conta individualizada de valores mobiliários escriturais faz presumir que o direito existe e que pertence ao titular da conta, nos precisos termos dos respectivos registos.

2 – Salvo indicação diversa constante da respectiva conta, as quotas dos contitulares de uma mesma conta de valores mobiliários escriturais presumem-se iguais.

3 – Quando esteja em causa o cumprimento de deveres de informação, de publicidade ou de lançamento de oferta pública de aquisição, a presunção de titularidade resultante do registo pode ser ilidida, para esse efeito, perante a autoridade de supervisão ou por iniciativa desta.

ART 75.º (Prioridade de direitos) – Os direitos registados sobre os mesmos valores mobiliários prevalecem uns sobre os outros pela ordem de prioridade dos respectivos registos.

ART 76.º (Extinção dos efeitos do registo) – 1 – Os efeitos do registo extinguem-se por caducidade ou por cancelamento.

2 – O cancelamento é lavrado oficiosamente ou a requerimento do interessado.

ART 77.º (Recusa do registo) – 1 – O registo é recusado nos seguintes casos:

a) Não estar o facto sujeito a registo;

b) Não ser competente a entidade registadora;

c) Não ter o requerente legitimidade;

d) Ser manifesta a nulidade do facto a registar;

e) Ser manifesta a inadequação dos documentos apresentados;

f) Ter o registo sido lavrado como provisório por dúvidas e estas não se mostrem removidas.

2 – Quando não deva ser recusado, o registo pode ser lavrado como provisório por insuficiência documental.

3 – O registo lavrado como provisório caduca se a causa da provisoriedade não for removida no prazo de 30 dias.

ART 78.º (Prova do registo) – 1 – O registo prova-se por certificado emitido pela entidade registadora.

2 – O certificado prova a existência do registo da titularidade dos valores mobiliários a que respeita e dos direitos de usufruto, de penhor e de quaisquer outras situações jurídicas que especifique, com referência à data em que foi emitido ou pelo prazo nele mencionado.

CÓDIGO DOS VALORES MOBILIÁRIOS [DL n.º 486/99] 653

3 – O certificado pode ser pedido por quem tenha legitimidade para requerer o registo.

4 – Os credores, judicialmente reconhecidos, do titular dos valores mobiliários podem requerer certidão afirmativa ou negativa da existência de quaisquer situações que onerem esses valores mobiliários.

ART 79.º (Rectificação e impugnação dos actos de registo) – 1 – Os registos podem ser rectificados pela entidade registadora, oficiosamente ou por iniciativa dos interessados.

2 – A rectificação retroage à data do registo rectificado, sem prejuízo dos direitos de terceiros de boa fé.

3 – Os actos de registo ou a sua recusa são impugnáveis junto dos tribunais comuns até 90 dias após o conhecimento do facto pelo impugnante, desde que ainda não tenham decorrido três anos após a data do registo.

SUBSECÇÃO IV — **Transmissão, constituição e exercício de direitos**

ART 80.º (Transmissão) – 1 – Os valores mobiliários escriturais transmitem-se pelo registo na conta do adquirente.

2 – A compra em mercado regulamentado de valores mobiliários escriturais confere ao comprador, independentemente do registo e a partir da realização da operação, legitimidade para a sua venda nesse mercado.

ART 81.º (Penhor) – 1 – O penhor de valores mobiliários constitui-se pelo registo na conta do titular dos valores mobiliários, com indicação da quantidade de valores mobiliários dados em penhor, da obrigação garantida e da identificação do beneficiário.

2 – O penhor pode ser constituído por registo em conta do credor pignoratício, quando o direito de voto lhe tiver sido atribuído.

3 – A entidade registadora onde está aberta a conta dos valores mobiliários empenhados não pode efectuar a transferência desses valores para conta aberta em outra entidade registadora, sem prévia comunicação ao credor pignoratício.

4 – Salvo convenção em contrário, os direitos inerentes aos valores mobiliários empenhados são exercidos pelo titular dos valores mobiliários empenhados.

5 – O disposto nos n.os 1 a 3 é aplicável, com as devidas adaptações, à constituição do usufruto e de quaisquer outras situações jurídicas que onerem os valores mobiliários.

ART 82.º (Penhora) – A penhora e outros actos de apreensão judicial de valores mobiliários escriturais realizam-se preferencialmente mediante comunicação electrónica à entidade registadora, pelo agente de execução, de que os valores mobiliários ficam à ordem deste.

ART 83.º (Exercício de direitos) – Se os direitos inerentes a valores mobiliários não forem exercidos através da entidade registadora, podem sê-lo pela apresentação dos certificados a que se refere o artigo 78.º.

ART 84.º (Título executivo) – Os certificados passados pelas entidades registadoras relativos a valores mobiliários escriturais valem como título executivo, se mencionarem o fim a que se destinam, se forem emitidos por prazo indeterminado e se a assinatura do representante da entidade registadora e os seus poderes estiverem reconhecidos por notário.

SUBSECÇÃO V — **Deveres das entidades registadoras**

ART 85.º (Prestação de informações) – 1 – As entidades registadoras de valores mobiliários escriturais devem prestar, pela forma que em cada situação se mostre mais adequada, as informações que lhe sejam solicitadas:

a) Pelos titulares dos valores mobiliários, em relação aos elementos constantes das contas abertas em seu nome;

b) Pelos titulares de direitos de usufruto, de penhor e de outras situações jurídicas que onerem valores mobiliários registados, em relação aos respectivos direitos;

c) Pelos emitentes, em relação a elementos constantes das contas de valores mobiliários nominativos.

2 – O dever de informação abrange os elementos constantes dos documentos que serviram de base aos registos.

3 – Se os valores mobiliários estiverem integrados em sistema centralizado, os pedidos de informação pelos emitentes podem ser dirigidos à entidade gestora desse sistema, que os transmite a cada uma das entidades registadoras.

4 – A entidade registadora deve tomar a iniciativa de enviar a cada um dos titulares de valores mobiliários registados:

a) O extracto previsto no artigo 323.º-C;

b) Os elementos necessários para o atempado cumprimento das obrigações fiscais.

ART 86.º (Acesso à informação) – Além das pessoas referidas na lei ou expressamente autorizadas pelo titular, têm acesso à informação sobre os factos e as situações jurídicas constantes dos registos e dos documentos que lhes servem de base:

a) A CMVM e o Banco de Portugal, no exercício das suas funções;

b) Através da CMVM as autoridades de supervisão de outros Estados, nos termos previstos no estatuto daquela entidade;

c) Os intermediários financeiros a quem tenha sido dada ordem de alienação dos valores mobiliários registados.

654　[DL n.º 486/99]　　　　　　　　　　　　　　　　　　　　MERCADO DE VALORES MOBILIÁRIOS

ART 87.º (Responsabilidade civil) – 1 – As entidades registadoras de valores mobiliários escriturais respondem pelos danos causados aos titulares de direitos sobre esses valores ou a terceiros, em consequência de omissão, irregularidade, erro, insuficiência ou demora na realização dos registos ou destruição destes, salvo se provarem que houve culpa dos lesados.

2 – As entidades registadoras têm direito de regresso contra a entidade gestora do sistema centralizado pela indemnização devida nos termos do número anterior, sempre que os factos em que a responsabilidade se baseia lhe sejam imputáveis.

3 – Sempre que possível, a indemnização é fixada em valores mobiliários da mesma categoria daqueles a que o registo se refere.

Secção II — **SISTEMA CENTRALIZADO**

ART 88.º (Estrutura e funções do sistema centralizado) – 1 – Os sistemas centralizados de valores mobiliários são formados por conjuntos interligados de contas, através das quais se processa a constituição e a transferência dos valores mobiliários nele integrados e se assegura o controlo de quantidade dos valores mobiliários em circulação e dos direitos sobre eles constituídos.

2 – Os sistemas centralizados de valores mobiliários só podem ser geridos por entidades que preencham os requisitos fixados em lei especial.

3 – O disposto na presente secção não é aplicável aos sistemas centralizados directamente geridos pelo Banco de Portugal.

ART 89.º (Regras operacionais) – 1 – As regras operacionais necessárias ao funcionamento de sistema centralizado são estabelecidas pela respectiva entidade gestora, estando sujeitas a registo.

2 – A CMVM recusa o registo ou impõe modificações sempre que as considere insuficientes ou contrárias a disposição legal ou regulamentar.

ART 90.º (Integração e exclusão de valores mobiliários) – 1 – A integração em sistema centralizado abrange todos os valores mobiliários da mesma categoria, depende de solicitação do emitente e realiza-se através de registo em conta aberta no sistema centralizado.

2 – Os valores mobiliários que não estejam obrigatoriamente integrados em sistema centralizado podem dele ser excluídos por solicitação do emitente.

ART 91.º (Contas integrantes do sistema centralizado) – 1 – O sistema centralizado é constituído, pelo menos, pelas seguintes contas:

a) Contas de emissão, abertas no emitente, nos termos do n.º 1 do artigo 44.º;

b) Contas de registo individualizado, abertas junto dos intermediários financeiros para o efeito autorizados;

c) Contas de controlo da emissão, abertas por cada um dos emitentes na entidade gestora do sistema, nos termos da alínea *a)* do n.º 3 do artigo 44.º;

d) Contas de controlo das contas de registo individualizado, abertas pelos intermediários financeiros na entidade gestora do sistema.

2 – Se os valores mobiliários tiverem sido emitidos por entidade que tenha como lei pessoal uma lei estrangeira, a conta de emissão a que se refere a alínea *a)* do n.º 1 pode ser aberta em intermediário financeiro autorizado a actuar em Portugal ou ser substituída por elementos fornecidos por outro sistema centralizado com o qual exista coordenação adequada.

3 – As contas de registo individualizado podem também ser abertas junto de intermediários financeiros reconhecidos pela entidade gestora do sistema centralizado, desde que estejam organizadas em condições de eficiência, segurança e controlo equivalentes às exigidas aos intermediários financeiros autorizados a exercer a sua actividade em Portugal.

4 – As contas a que se refere a alínea *d)* do n.º 1 são contas globais abertas em nome de cada uma das entidades autorizadas a movimentar contas de registo individualizado, devendo, em relação a cada categoria de valores mobiliários, o somatório dos respectivos saldos ser igual ao somatório dos saldos apurados em cada uma das contas de registo individualizado.

5 – As contas a que se refere a alínea *d)* do n.º 1 devem revelar em separado as quantidades de valores mobiliários de que cada intermediário financeiro registador é titular.

6 – Nos casos previstos em regulamento da CMVM, podem ser abertas directamente junto da entidade gestora do sistema centralizado contas de registo individualizado, às quais se aplica o regime jurídico das contas da mesma natureza junto dos intermediários financeiros.

7 – Devem ser abertas junto da entidade gestora do sistema centralizado subcontas específicas relativas a valores mobiliários empenhados ou que não possam ser transferidos ou que, por outras circunstâncias, não satisfaçam os requisitos de negociabilidade em mercado regulamentado.

ART 92.º (Controlo dos valores mobiliários em circulação) – 1 – A entidade gestora do sistema centralizado deve adoptar as medidas necessárias para prevenir e corrigir qualquer divergência entre a quantidade, total e por categorias, de valores mobiliários emitidos e a quantidade dos que se encontram em circulação.

CÓDIGO DOS VALORES MOBILIÁRIOS   [DL n.º 486/99]   655

2 – Se as contas a que se refere o n.º 1 do artigo anterior respeitarem apenas a uma parte da categoria, o controlo da totalidade da categoria é assegurado através de coordenação adequada com outros sistemas centralizados.

ART 93.º (Informações a prestar ao emitente) – A entidade gestora do sistema centralizado deve fornecer ao emitente informação sobre:
a) A conversão de valores mobiliários escriturais em titulados ou destes em escriturais;
b) Os elementos necessários para o exercício dos direitos patrimoniais inerentes aos valores mobiliários registados e para o controlo desse exercício pelo emitente.

ART 94.º (Responsabilidade civil) – 1 – A entidade gestora do sistema centralizado responde pelos danos causados aos intermediários financeiros e aos emitentes em consequência de omissão, irregularidade, erro, insuficiência ou demora na realização dos registos que lhe compete efectuar e na transmissão das informações que deve fornecer, salvo se provar que houve culpa dos lesados.
2 – A entidade gestora do sistema centralizado tem direito de regresso contra os intermediários financeiros pelas indemnizações pagas aos emitentes, e contra estes, pelas indemnizações que tenha de pagar àqueles, sempre que os factos em que a responsabilidade se baseia sejam imputáveis, conforme os casos, aos intermediários financeiros ou aos emitentes.

CAPÍTULO III — Valores mobiliários titulados

Secção I — TÍTULOS

ART 95.º (Emissão e entrega dos títulos) – A emissão e entrega dos títulos ao primeiro titular constitui dever do emitente, que suporta os respectivos encargos.

ART 96.º (Cautelas) – Enquanto não forem emitidos os títulos, a posição jurídica do titular pode ser provada através de cautelas passadas pelo emitente ou pelo intermediário financeiro colocador da emissão.

ART 97.º (Menções nos títulos) – 1 – Dos títulos devem constar, além das menções referidas nas alíneas *a)* e *b)* do n.º 1 do artigo 44.º, os seguintes elementos:
a) Número de ordem, excepto os títulos ao portador;
b) Quantidade de direitos representados no título e, se for o caso, valor nominal global;
c) Identificação do titular, nos títulos nominativos.
2 – Os títulos são assinados, ainda que através de chancela, por um titular do órgão de administração do emitente.
3 – A alteração de qualquer dos elementos constantes do título pode ser feita por substituição do título ou, desde que subscrita nos termos do número anterior, no respectivo texto.

ART 98.º (Divisão e concentração de títulos) – Os títulos representam uma ou mais unidades da mesma categoria de valores mobiliários, podendo o titular solicitar a divisão ou concentração de títulos, suportando os respectivos encargos.

Secção II — DEPÓSITO

ART 99.º (Modalidades de depósito) – 1 – O depósito de valores mobiliários titulados efectua-se:
a) Em intermediário financeiro autorizado, por iniciativa do seu titular;
b) Em sistema centralizado, nos casos em que a lei o imponha ou por iniciativa do emitente.
2 – Os valores mobiliários titulados são obrigatoriamente depositados:
a) Em sistema centralizado, quando estejam admitidos à negociação em mercado regulamentado;
b) Em intermediário financeiro ou em sistema centralizado, quando toda a emissão ou série seja representada por um só título.
3 – A entidade depositária deve manter contas de registo separadas por titular.
4 – Os títulos nominativos depositados em intermediário financeiro mantêm o seu número de ordem.
5 – Aos valores mobiliários a que se refere a alínea *b)* do n.º 2, quando não estejam integrados em sistema centralizado, aplica-se o regime dos valores mobiliários escriturais registados num único intermediário financeiro.

ART 100.º (Titularidade dos valores mobiliários depositados) – 1 – A titularidade sobre os valores mobiliários titulados depositados não se transmite para a entidade depositária, nem esta pode utilizá-los para fins diferentes dos que resultem do contrato de depósito.
2 – Em caso de falência da entidade depositária, os valores mobiliários não podem ser apreendidos para a massa falida, assistindo aos titulares o direito de reclamar a sua separação e restituição.

656 [DL n.º 486/99]   MERCADO DE VALORES MOBILIÁRIOS

Secção III — **TRANSMISSÃO, CONSTITUIÇÃO E EXERCÍCIO DE DIREITOS**

ART 101.º (Transmissão de valores mobiliários titulados ao portador) – 1 – Os valores mobiliários titulados ao portador transmitem-se por entrega do título ao adquirente ou ao depositário por ele indicado.

2 – Se os títulos já estiverem depositados junto do depositário indicado pelo adquirente, a transmissão efectua-se por registo na conta deste, com efeitos a partir da data do requerimento do registo.

3 – Em caso de transmissão por morte, o registo referido no número anterior é feito com base nos documentos comprovativos do direito à sucessão.

ART 102.º (Transmissão de valores mobiliários titulados nominativos) – 1 – Os valores mobiliários titulados nominativos transmitem-se por declaração de transmissão, escrita no título, a favor do transmissário, seguida de registo junto do emitente ou junto de intermediário financeiro que o represente.

2 – A declaração de transmissão entre vivos é efectuada:

a) Pelo depositário, nos valores mobiliários em depósito não centralizado, que lavra igualmente o respectivo registo na conta do transmissário;

b) Pelo funcionário judicial competente, quando a transmissão dos valores mobiliários resulte de sentença ou de venda judicial;

c) Pelo transmitente, em qualquer outra situação.

3 – A declaração de transmissão por morte do titular é efectuada:

a) Havendo partilha judicial, nos termos da alínea *b)* do número anterior;

b) Nos restantes casos, pelo cabeça-de-casal ou pelo notário que lavrou a escritura de partilha.

4 – Tem legitimidade para requerer o registo junto do emitente qualquer das entidades referidas nos n.ºs 2 e 3.

5 – A transmissão produz efeitos a partir da data do requerimento de registo junto do emitente.

6 – Os registos junto do emitente, relativos aos títulos nominativos, são gratuitos.

7 – O emitente não pode, para qualquer efeito, opor ao interessado a falta de realização de um registo que devesse ter efectuado nos termos dos números anteriores.

ART 103.º (Usufruto e penhor) – A constituição, modificação ou extinção de usufruto, de penhor ou de quaisquer situações jurídicas que onerem os valores mobiliários titulados é feita nos termos correspondentes aos estabelecidos para a transmissão da titularidade dos valores mobiliários.

ART 104.º (Exercício de direitos) – 1 – O exercício de direitos inerentes aos valores mobiliários titulados ao portador depende da posse do título ou de certificado passado pelo depositário, nos termos do n.º 2 do artigo 78.º.

2 – Os direitos inerentes aos valores mobiliários titulados nominativos não integrados em sistema centralizado são exercidos de acordo com o que constar no registo do emitente.

3 – Os títulos podem ter cupões destinados ao exercício de direitos inerentes aos valores mobiliários.

Secção IV — **VALORES MOBILIÁRIOS TITULADOS EM SISTEMA CENTRALIZADO**

ART 105.º (Regime aplicável) – Aos valores mobiliários titulados integrados em sistema centralizado é aplicável o disposto para os valores mobiliários escriturais integrados em sistema centralizado.

ART 106.º (Integração em sistema centralizado) – 1 – Após o depósito dos títulos no sistema centralizado, os valores mobiliários são registados em conta, devendo mencionar-se nos títulos a integração em sistema centralizado e respectiva data.

2 – A entidade gestora do sistema centralizado pode entregar os títulos junto dela depositados à guarda de intermediário financeiro autorizado a recebê-los, mantendo aquela entidade a totalidade dos seus deveres e a responsabilidade para com o depositante.

ART 107.º (Exclusão de sistema centralizado) – A exclusão dos valores mobiliários titulados do sistema centralizado só pode realizar-se após a entidade gestora desse sistema se ter assegurado de que os títulos reproduzem os elementos constantes do registo, deles fazendo constar a menção e a data da exclusão.

TÍTULO III — **OFERTAS PÚBLICAS**

CAPÍTULO I — **Disposições comuns**

Secção I — **PRINCÍPIOS GERAIS**

ART 108.º (Direito aplicável) – 1 – Sem prejuízo do disposto nos n.ºs 2 e 3 do artigo 145.º, as disposições deste título e os regulamentos que as complementam aplicam-se às ofertas públicas dirigidas especificamente a pessoas com residência ou estabelecimento em Portugal, seja qual for a lei pessoal do oferente ou do emitente e o direito aplicável aos valores mobiliários que são objecto da oferta.

2 – Às ofertas públicas de aquisição previstas no artigo 145.º-A:

CÓDIGO DOS VALORES MOBILIÁRIOS [DL n.º 486/99] 657

a) No que respeita à contrapartida proposta, ao processamento da oferta, ao conteúdo do prospecto da oferta e à divulgação da oferta, aplica-se a lei do Estado membro cuja autoridade supervisora seja competente para a supervisão da oferta;

b) No que respeita à informação aos trabalhadores da sociedade visada, à percentagem de direitos de voto que constitui domínio, às derrogações ou dispensas ao dever de lançamento de oferta pública de aquisição e às limitações de poderes do órgão de administração da sociedade visada, aplica-se a lei pessoal da sociedade emitente dos valores mobiliários objecto da oferta.

ART 109.º (Oferta pública) – 1 – Considera-se pública a oferta relativa a valores mobiliários dirigida, no todo ou em parte, a destinatários indeterminados.

2 – A indeterminação dos destinatários não é prejudicada pela circunstância de a oferta se realizar através de múltiplas comunicações padronizadas, ainda que endereçadas a destinatários individualmente identificados.

3 – Considera-se também pública:

a) A oferta dirigida à generalidade dos accionistas de sociedade aberta, ainda que o respectivo capital social esteja representado por acções nominativas;

b) A oferta que, no todo ou em parte, seja precedida ou acompanhada de prospecção ou de recolha de intenções de investimento junto de destinatários indeterminados ou de promoção publicitária;

c) A oferta dirigida a, pelo menos, 100 pessoas que sejam investidores não qualificados com residência ou estabelecimento em Portugal.

ART 110.º (Ofertas particulares) – 1 – São sempre havidas como particulares:

a) As ofertas relativas a valores mobiliários dirigidas apenas a investidores qualificados;

b) As ofertas de subscrição dirigidas por sociedades com o capital fechado ao investimento do público à generalidade dos seus accionistas, fora do caso previsto na alínea *b*) do n.º 3 do artigo anterior.

2 – As ofertas particulares dirigidas por sociedades abertas e por sociedades emitentes de valores mobiliários negociados em mercado ficam sujeitas a comunicação subsequente à CMVM para efeitos estatísticos.

ART 110.º-A (Qualificação facultativa) – 1 – Para efeitos do disposto na alínea *c*) do n.º 3 do artigo 109.º, no n.º 3 do artigo 112.º e no n.º 2 do artigo 134.º, as seguintes entidades são consideradas investidores qualificados se, para o efeito, se inscreverem em registo junto da CMVM:

a) Pequenas e médias empresas, com sede estatutária em Portugal, que, de acordo com as suas últimas contas individuais ou consolidadas, preencham apenas um dos critérios enunciados na alínea *b*) do n.º 2 do artigo 30.º;

b) Pessoas singulares residentes em Portugal que preencham, pelo menos, dois dos seguintes requisitos:

i) Tenham realizado operações de volume significativo nos mercados de valores mobiliários com uma frequência média de, pelo menos, 10 operações por trimestre ao longo dos últimos quatro trimestres;

ii) Tenham uma carteira de valores mobiliários de montante superior a € 500 000;

iii) Prestem ou tenham prestado funções, pelo menos durante um ano, no sector financeiro, numa posição profissional em que seja exigível um conhecimento do investimento em valores mobiliários.

2 – As entidades registadas devem comunicar à CMVM qualquer alteração relativa aos elementos referidos no número anterior que afecte a sua qualificação.

3 – As entidades registadas nos termos do presente artigo podem, a todo o tempo, cancelar a respectiva inscrição.

4 – A CMVM define, através de regulamento, o modo de organização e funcionamento do registo, designadamente quanto aos elementos exigíveis para a concretização e a prova dos requisitos mencionados no n.º 1, bem como aos procedimentos a observar aquando da inscrição, rectificação e cancelamento do mesmo.

ART 111.º (Âmbito) – 1 – Exceptuam-se do âmbito de aplicação do presente título:

a) As ofertas públicas de distribuição de valores mobiliários não representativos de capital social emitidos por um Estado membro ou por uma das suas autoridades regionais ou locais e as ofertas públicas de distribuição de valores mobiliários que gozem de garantia incondicional e irrevogável por um daqueles Estados ou por uma destas autoridades regionais ou locais;

b) As ofertas públicas de valores mobiliários emitidos pelo Banco Central Europeu ou pelo banco central de um dos Estados membros;

c) As ofertas relativas a valores mobiliários emitidos por uma instituição de investimento colectivo de tipo aberto realizadas pelo emitente ou por sua conta;

d) As ofertas em mercado regulamentado ou sistema de negociação multilateral registado na CMVM que sejam apresentadas exclusivamente através dos meios de comunicação próprios desse mercado ou sistema e que não sejam precedidas ou acompanhadas de prospecção ou de recolha de intenções de investimento junto de destinatários indeterminados ou de promoção publicitária;

e) As ofertas públicas de distribuição de valores mobiliários cujo valor nominal unitário seja igual ou superior a € 50 000 ou cujo preço de subscrição ou de venda por destinatário seja igual ou superior àquele montante;

658 [DL n.º 486/99]   MERCADO DE VALORES MOBILIÁRIOS

f) As ofertas públicas de distribuição de valores mobiliários não representativos de capital social emitidos por organismos públicos internacionais de que façam parte um ou vários Estados membros;

g) As ofertas públicas de distribuição de valores mobiliários emitidos por associações regularmente constituídas ou por entidades sem fins lucrativos, reconhecidas por um Estado membro, com o objectivo de obterem os meios necessários para consecução dos seus objectivos não lucrativos;

h) As ofertas públicas de distribuição de valores mobiliários não representativos de capital social emitidos de forma contínua ou repetida por instituições de crédito, na condição de esses valores mobiliários:

i) Não serem subordinados, convertíveis ou passíveis de troca;

ii) Não conferirem o direito de aquisição de outros tipos de valores mobiliários e não estarem associados a um instrumento derivado;

iii) Certificarem a recepção de depósitos reembolsáveis;

iv) Serem abrangidos pelo Fundo de Garantia de Depósitos previsto no Regime Geral das Instituições de Crédito e de Sociedades Financeiras ou por outro regime de garantia de depósitos ao abrigo da Directiva n.º 94/ /19/CE, do Parlamento Europeu e do Conselho, de 30 de Maio, relativa aos sistemas de garantia de depósitos;

i) As ofertas públicas de distribuição de valores mobiliários cujo valor total seja inferior a € 2 500 000, limite esse que é calculado em função das ofertas realizadas ao longo de um período de 12 meses;

j) As ofertas públicas de distribuição de valores mobiliários não representativos de capital social emitidos de maneira contínua ou repetida por instituições de crédito quando o valor total da oferta for inferior a € 50 000 000, limite esse que é calculado em função das ofertas realizadas ao longo de um período de 12 meses, desde que tais valores mobiliários:

i) Não sejam subordinados, convertíveis ou passíveis de troca;

ii) Não confiram o direito de aquisição de outros tipos de valores mobiliários e não estejam ligados a um instrumento derivado;

l) As ofertas públicas de subscrição de acções emitidas em substituição de acções já emitidas da mesma categoria, se a emissão dessas novas acções não implicar um aumento do capital emitido.

m) As ofertas públicas de aquisição de valores mobiliários emitidos por organismos de investimento colectivo sob a forma societária;

n) As ofertas públicas de valores mobiliários representativos de dívida emitidos por prazo inferior a um ano.

2 – Para efeitos das alíneas *h)* e *j)* do número anterior, entende-se por emissão de maneira contínua ou repetida o conjunto de emissões que envolva pelo menos duas emissões distintas de valores mobiliários de tipo e ou categoria semelhante ao longo de um período de 12 meses.

3 – Nos casos das alíneas *a)*, *b)*, *i)* e *j)* do n.º 1, o emitente tem o direito de elaborar um prospecto, ficando este sujeito às regras do presente Código e dos diplomas que o complementem.

4 – *(Revogado.)*

ART 112.º (Igualdade de tratamento) – 1 – As ofertas públicas devem ser realizadas em condições que assegurem tratamento igual aos destinatários, sem prejuízo da possibilidade prevista no n.º 2 do artigo 124.º.

2 – Se a quantidade total dos valores mobiliários que são objecto das declarações de aceitação pelos destinatários for superior à quantidade dos valores mobiliários oferecidos, procede-se a rateio na proporção dos valores mobiliários cuja alienação ou aquisição for pretendida pelos destinatários, salvo se critério diverso resultar de disposição legal ou não merecer oposição da CMVM na aprovação do prospecto.

3 – Quando, nos termos do presente Código, não for exigível a elaboração de um prospecto, as informações de importância significativa fornecidas por um emitente ou oferente e dirigidas a investidores qualificados ou a categorias especiais de investidores, incluindo as informações divulgadas no contexto de reuniões relacionadas com ofertas de valores mobiliários, devem ser divulgadas a todos os investidores qualificados ou a todas as categorias especiais de investidores a que a oferta exclusivamente se dirija.

4 – Quando deva ser publicado um prospecto, as informações a que se refere o número anterior devem ser incluídas nesse prospecto ou numa adenda ao prospecto.

ART 113.º (Intermediação obrigatória) – 1 – As ofertas públicas relativas a valores mobiliários em que seja exigível prospecto devem ser realizadas com intervenção de intermediário financeiro, que presta pelo menos os seguintes serviços:

a) Assistência e colocação, nas ofertas públicas de distribuição;

b) Assistência a partir do anúncio preliminar e recepção das declarações de aceitação, nas ofertas públicas de aquisição.

2 – As funções correspondentes às referidas no número anterior podem ser desempenhadas pelo oferente, quando este seja intermediário financeiro autorizado a exercê-las.

SECÇÃO II — **APROVAÇÃO DE PROSPECTO, REGISTO E PUBLICIDADE**

ART 114.º (Aprovação de prospecto e registo prévio) – 1 – Os prospectos de oferta pública de distribuição estão sujeitos a aprovação pela CMVM.

2 – A realização de oferta pública de aquisição está sujeita a registo prévio na CMVM.

CÓDIGO DOS VALORES MOBILIÁRIOS   [DL n.º 486/99]   659

ART 115.º (Instrução do pedido) – 1 – O pedido de registo ou de aprovação de prospecto é instruído com os seguintes documentos:

a) Cópia da deliberação de lançamento tomada pelos órgãos competentes do oferente e das decisões administrativas exigíveis;

b) Cópia dos estatutos do emitente dos valores mobiliários sobre que incide a oferta;

c) Cópia dos estatutos do oferente;

d) Certidão actualizada do registo comercial do emitente;

e) Certidão actualizada do registo comercial do oferente;

f) Cópia dos relatórios de gestão e de contas, dos pareceres dos órgãos de fiscalização e da certificação legal de contas do emitente respeitante aos períodos exigíveis nos termos do Regulamento (CE) n.º 809/2004, da Comissão, de 29 de Abril;

g) Relatório ou parecer de auditor elaborado nos termos dos artigos 8.º e 9.º;

h) Código de identificação dos valores mobiliários que são objecto da oferta;

i) Cópia do contrato celebrado com o intermediário financeiro encarregado da assistência;

j) Cópia do contrato de colocação e do contrato de consórcio de colocação, se existir;

l) Cópia do contrato de fomento de mercado, do contrato de estabilização e do contrato de opção de distribuição de lote suplementar, se existirem;

m) Projecto de prospecto;

n) Informação financeira pró-reforma, quando exigível;

o) Projecto de anúncio de lançamento, quando exigível;

p) Relatórios periciais, quando exigíveis.

2 – A junção de documentos pode ser substituída pela indicação de que os mesmos já se encontram, em termos actualizados, em poder da CMVM.

3 – A CMVM pode solicitar ao oferente, ao emitente ou a qualquer pessoa que com estes se encontre em alguma das situações previstas do n.º 1 do artigo 20.º as informações complementares que sejam necessárias para a apreciação da oferta.

ART 116.º (Relatórios e contas especiais) – *(Revogado.)*

ART 117.º (Legalidade da oferta) – O oferente assegura que a oferta cumpre as normas legais e regulamentares aplicáveis, nomeadamente as relativas à licitude do seu objecto, à transmissibilidade dos valores mobiliários e, quando for o caso, à sua emissão.

ART 118.º (Decisão) – 1 – A aprovação do prospecto, o registo ou a sua recusa devem ser comunicados ao oferente:

a) No prazo de oito dias, em oferta pública de aquisição;

b) No prazo de 10 dias úteis, em ofertas públicas de distribuição, salvo se respeitantes a emitentes que não tenham previamente realizado qualquer oferta pública de distribuição ou admissão à negociação em mercado regulamentado, caso em que o prazo é de 20 dias úteis.

2 – Os prazos referidos no número anterior contam-se a partir da recepção do pedido ou das informações complementares solicitadas ao oferente ou a terceiros.

3 – A necessidade de prestação de informações complementares é comunicada, em termos fundamentados, ao oferente no prazo de 10 dias úteis a partir da recepção do pedido de registo.

4 – A ausência de decisão no prazo referido no n.º 1 implica o indeferimento tácito do pedido.

5 – A aprovação do prospecto é o acto que implica a verificação da sua conformidade com as exigências de completude, veracidade, actualidade, clareza, objectividade e licitude da informação.

6 – O registo de oferta pública de aquisição implica a aprovação do respectivo prospecto e baseia-se em critérios de legalidade.

7 – A aprovação do prospecto e o registo não envolvem qualquer garantia quanto ao conteúdo da informação, à situação económica ou financeira do oferente, do emitente ou do garante, à viabilidade da oferta ou à qualidade dos valores mobiliários.

8 – As decisões da CMVM de aprovação de prospecto e de concessão de registo de oferta pública de aquisição são divulgadas através do seu sistema de difusão de informação.

ART 119.º (Recusa de aprovação de prospecto e de registo) – 1 – O registo da oferta é recusado apenas quando:

a) Algum dos documentos que instruem o pedido for falso ou desconforme com os requisitos legais ou regulamentares;

b) A oferta for ilegal ou envolver fraude à lei.

2 – A aprovação do prospecto é recusada apenas quando se verificar a situação prevista na alínea *a)* do número anterior.

3 – Antes da recusa, a CMVM deve notificar o oferente para suprir, em prazo razoável, os vícios sanáveis.

ART 120.º (Caducidade do registo) – *(Revogado.)*

660 [DL n.º 486/99]   MERCADO DE VALORES MOBILIÁRIOS

ART 121.º (Publicidade) – 1 – A publicidade relativa a ofertas públicas deve:
a) Obedecer aos princípios enunciados no artigo 7.º;
b) Referir a existência ou a disponibilidade futura de prospecto e indicar as modalidades de acesso ao mesmo;
c) Harmonizar-se com o conteúdo do prospecto.
2 – Todo o material publicitário relacionado com a oferta pública está sujeito a aprovação prévia pela CMVM.
3 – À responsabilidade civil pelo conteúdo da informação divulgada em acções publicitárias aplica-se, com as devidas adaptações, o disposto nos artigos 149.º e seguintes.

ART 122.º (Publicidade prévia) – Quando a CMVM, após exame preliminar do pedido, considere que a aprovação do prospecto ou o registo da oferta é viável, pode autorizar publicidade anterior à aprovação do prospecto ou à concessão do registo, desde que daí não resulte perturbação para os destinatários ou para o mercado.

Secção III — **LANÇAMENTO E EXECUÇÃO**

ART 123.º (Anúncio de lançamento) – *(Revogado.)*

ART 124.º (Conteúdo da oferta) – 1 – O conteúdo da oferta só pode ser modificado nos casos previstos nos artigos 128.º, 172.º e 184.º.
2 – O preço da oferta é único, salvo a possibilidade de preços diversos consoante as categorias de valores mobiliários ou de destinatários, fixados em termos objectivos e em função de interesses legítimos do oferente.
3 – A oferta só pode ser sujeita a condições que correspondam a um interesse legítimo do oferente e que não afectem o funcionamento normal do mercado.
4 – A oferta não pode estar sujeita a condições cuja verificação dependa do oferente.

ART 125.º (Prazo da oferta) – O prazo de vigência da oferta deve ser fixado em conformidade com as suas características, com a defesa dos interesses dos destinatários e do emitente e com as exigências de funcionamento do mercado.

ART 126.º (Declarações de aceitação) – 1 – A declaração de aceitação dos destinatários da oferta consta de ordem dirigida a intermediário financeiro.
2 – A aceitação pode ser revogada através de comunicação ao intermediário financeiro que a recebeu até cinco dias antes de findar o prazo da oferta ou em prazo inferior constante dos documentos da oferta.

ART 127.º (Apuramento e publicação do resultado da oferta) – 1 – Terminado o prazo da oferta, o resultado desta é imediatamente apurado e publicado:
a) Por um intermediário financeiro que concentre as declarações de aceitação; ou
b) Em sessão especial de mercado regulamentado.
2 – Em caso de oferta pública de distribuição, paralelamente à divulgação do resultado, o intermediário financeiro ou a entidade gestora do mercado regulamentado devem informar se foi requerida a admissão à negociação dos valores mobiliários que dela são objecto.
3 – A modificação deve ser divulgada imediatamente, através de meios iguais aos utilizados para a divulgação do prospecto ou, no caso de este não ser exigível, de meio de divulgação fixado pela CMVM, através de regulamento.

Secção IV — **VICISSITUDES**

ART 128.º (Alteração das circunstâncias) – Em caso de alteração imprevisível e substancial das circunstâncias que, de modo cognoscível pelos destinatários, hajam fundado a decisão de lançamento da oferta, excedendo os riscos a esta inerentes, pode o oferente, em prazo razoável e mediante autorização da CMVM, modificar a oferta ou revogá-la.

ART 129.º (Modificação da oferta) – 1 – A modificação da oferta constitui fundamento de prorrogação do respectivo prazo, decidida pela CMVM por sua iniciativa ou a requerimento do oferente.
2 – As declarações de aceitação da oferta anteriores à modificação consideram-se eficazes para a oferta modificada.
3 – A modificação deve ser divulgada imediatamente, através de meios iguais aos utilizados para a divulgação do anúncio de lançamento.

ART 130.º (Revogação da oferta) – 1 – A oferta pública só é revogável nos termos do artigo 128.º.
2 – A revogação deve ser divulgada imediatamente, através de meios iguais aos utilizados para a divulgação do prospecto ou, no caso de este não ser exigível, de meio de divulgação fixado pela CMVM, através de regulamento.

ART 131.º (Retirada e proibição da oferta) – 1 – A CMVM deve, consoante o caso, ordenar a retirada da oferta ou proibir o seu lançamento, se verificar que esta enferma de alguma ilegalidade ou violação de regulamento insanáveis.

CÓDIGO DOS VALORES MOBILIÁRIOS   [DL n.º 486/99]   661

2 – As decisões de retirada e de proibição são publicadas, a expensas do oferente, através de meios iguais aos utilizados para a divulgação do prospecto ou, no caso de este não ser exigível, de meio de divulgação fixado pela CMVM, através de regulamento.

ART 132.º (Efeitos da revogação e da retirada) – A revogação e a retirada da oferta determinam a ineficácia desta e dos actos de aceitação anteriores ou posteriores à revogação ou à retirada, devendo ser restituído tudo o que foi entregue.

ART 133.º (Suspensão da oferta) – 1 – A CMVM deve proceder à suspensão da oferta quando verifique alguma ilegalidade ou violação de regulamento sanáveis.

2 – Quando se verifiquem as circunstâncias referidas no artigo 142.º, o oferente deve suspender a oferta até publicação de adenda ou de rectificação do prospecto.

3 – A suspensão da oferta faculta aos destinatários a possibilidade de revogar a sua declaração até ao 5.º dia posterior ao termo da suspensão, com direito à restituição do que tenha sido entregue.

4 – Cada período de suspensão da oferta não pode ser superior a 10 dias úteis.

5 – Findo o prazo referido no número anterior sem que tenham sido sanados os vícios que determinaram a suspensão, a CMVM deve ordenar a retirada da oferta.

Secção V — **PROSPECTO**

Subsecção I — **Exigibilidade, formato e conteúdo**

ART 134.º (Exigibilidade de prospecto) – 1 – A realização de qualquer oferta pública relativa a valores mobiliários deve ser precedida de divulgação de um prospecto.

2 – Exceptuam-se do disposto no número anterior:

a) As ofertas de valores mobiliários a atribuir, por ocasião de uma fusão, a pelo menos 100 accionistas que não sejam investidores qualificados, desde que esteja disponível, com pelo menos 15 dias de antecedência em relação à data da assembleia geral, um documento com informações consideradas pela CMVM equivalentes às de um prospecto;

b) O pagamento de dividendos sob a forma de acções da mesma categoria das acções em relação às quais são pagos os dividendos, desde que esteja disponível um documento com informações sobre o número e a natureza das acções, bem como sobre as razões e características da oferta;

c) As ofertas de distribuição de valores mobiliários a membros dos órgãos de administração ou trabalhadores, existentes ou antigos, pelo respectivo empregador quando este tenha valores mobiliários admitidos à negociação num mercado regulamentado ou por uma sociedade dominada pelo mesmo, desde que esteja disponível um documento com informações sobre o número e a natureza dos valores mobiliários, bem como sobre as razões e características da oferta;

d) (Revogada.)

e) (Revogada.)

f) (Revogada.)

g) (Revogada.)

3   Nos casos referidos no número anterior e nas alíneas *a)*, *b)*, *f)*, *i)* e *j)* do n.º 1 do artigo 111.º, o oferente tem o direito de elaborar um prospecto, ficando este sujeito às regras do presente Código e dos diplomas que o complementem.

4 – Salvo o disposto no número anterior, em ofertas públicas em que o prospecto não seja exigível, a informação referida no n.º 2 deve ser enviada à CMVM antes do respectivo lançamento ou da ocorrência dos factos nele previstos.

ART 135.º (Princípios gerais) – 1 – O prospecto deve conter informação completa, verdadeira, actual, clara, objectiva e lícita, que permita aos destinatários formar juízos fundados sobre a oferta, os valores mobiliários que dela são objecto e os direitos que lhe são inerentes, sobre as características específicas, a situação patrimonial, económica e financeira e as previsões relativas à evolução da actividade e dos resultados do emitente e de um eventual garante.

2 – As previsões relativas à evolução da actividade e dos resultados do emitente bem como à evolução dos preços dos valores mobiliários que são objecto da oferta devem:

a) Ser claras e objectivas;

b) Obedecer ao disposto no Regulamento (CE) n.º 809/2004, da Comissão, de 29 de Abril;

c) (Revogada.)

ART 135.º-A (Sumário do prospecto de oferta pública de distribuição) – 1 – Independentemente do formato em que o mesmo seja elaborado, o prospecto de oferta pública de distribuição deve incluir um sumário que apresente, de forma concisa e numa linguagem não técnica, as características essenciais e os riscos associados ao emitente, ao eventual garante e aos valores mobiliários objecto da oferta.

2 – O sumário deve fazer referência ao regime consagrado no n.º 4 do artigo 149.º e conter a advertência de que:

a) Constitui uma introdução ao prospecto;

b) Qualquer decisão de investimento nos valores mobiliários deve basear-se na informação do prospecto no seu conjunto.

662   [DL n.º 486/99]   MERCADO DE VALORES MOBILIÁRIOS

ART 135.º-B (Formato do prospecto de oferta pública de distribuição) – 1 – O prospecto de oferta pública de distribuição pode ser elaborado sob a forma de um documento único ou de documentos separados.

2 – O prospecto composto por documentos separados é constituído por um documento de registo, uma nota sobre os valores mobiliários e um sumário.

3 – O documento de registo deve conter as informações referentes ao emitente e deve ser submetido previamente à CMVM, para aprovação ou para conhecimento.

4 – A nota sobre os valores mobiliários deve conter informações respeitantes aos valores mobiliários objecto de oferta pública.

5 – O emitente que dispuser de um documento de registo aprovado e válido só tem de elaborar a nota sobre os valores mobiliários e o sumário aquando de uma oferta pública de valores mobiliários.

6 – No caso referido no número anterior, a nota sobre os valores mobiliários deve fornecer informações normalmente apresentadas no documento de registo, caso se tenha verificado uma alteração significativa ou tenham ocorrido factos novos que possam afectar a apreciação dos investidores desde a aprovação do último documento de registo actualizado ou de qualquer adenda.

7 – Se o documento de registo tiver sido previamente aprovado e for válido, a nota sobre os valores mobiliários e o sumário são aprovados no âmbito do processo de aprovação do prospecto.

8 – Se o documento de registo tiver apenas sido previamente comunicado à CMVM sem aprovação, os três documentos estão sujeitos a aprovação no âmbito do processo de aprovação do prospecto.

ART 135.º-C (Prospecto de base) – 1 – Pode ser utilizado um prospecto de base, contendo informação sobre o emitente e os valores mobiliários, em ofertas públicas de distribuição de:

a) Valores mobiliários não representativos de capital social, incluindo warrants, emitidos no âmbito de um programa de oferta;

b) Valores mobiliários não representativos de capital social emitidos de forma contínua ou repetida por instituição de crédito se:

i) Os montantes resultantes da emissão desses valores mobiliários forem investidos em activos que assegurem uma cobertura suficiente das responsabilidades resultantes dos valores mobiliários até à respectiva data de vencimento; e

ii) Em caso de falência da respectiva instituição de crédito, os referidos montantes se destinarem, a título prioritário, a reembolsar o capital e os juros vincendos.

2 – Para efeitos do disposto na alínea *a)* do número anterior, considera-se programa de oferta as ofertas de distribuição de valores mobiliários de categorias semelhantes realizadas de forma contínua ou repetida ao abrigo de um plano comum envolvendo, pelo menos, duas emissões durante 12 meses.

3 – O prospecto de base deve ser complementado, se necessário, com informação actualizada sobre o emitente e sobre os valores mobiliários que são objecto de oferta pública, através de adenda.

4 – Quando as condições finais da oferta não estiverem incluídas no prospecto de base ou numa adenda, devem as mesmas ser divulgadas aos investidores e comunicadas à CMVM logo que tal seja viável e, se possível, antes do início da oferta.

5 – O conteúdo do prospecto de base e das respectivas condições finais e a divulgação destas obedecem ao disposto no Regulamento (CE) n.º 809/2004, da Comissão, de 29 de Abril.

ART 136.º (Conteúdo comum do prospecto) – O prospecto deve, nomeadamente, incluir informações sobre:

a) As pessoas que, nos termos do artigo 149.º, são responsáveis pelo seu conteúdo;

b) Os objectivos da oferta;

c) O emitente e a actividade por este desenvolvida;

d) O oferente e a actividade por este desenvolvida;

e) A estrutura de administração e fiscalização do emitente;

f) A composição dos órgãos do emitente e do oferente;

g) Os intermediários financeiros que integram o consórcio de colocação, quando exista.

ART 136.º-A (Inserção por remissão) – 1 – É permitida a inserção de informações no prospecto por remissão para documentos publicados prévia ou simultaneamente e que pela CMVM tenham sido aprovados ou a ela tenham sido comunicados no âmbito dos deveres de informação de emitentes e de titulares de participações qualificadas em sociedades abertas.

2 – O prospecto deve incluir uma lista de remissões quando contenha informações por remissão.

3 – O sumário do prospecto não pode conter informação inserida por remissão.

4 – A inserção por remissão obedece ao disposto no Regulamento (CE) n.º 809/2004, da Comissão, de 29 de Abril.

ART 137.º (Conteúdo do prospecto de oferta pública de distribuição) – 1 – O conteúdo do prospecto de oferta pública de distribuição obedece ao disposto no Regulamento (CE) n.º 809/2004, da Comissão, de 29 de Abril.

2 – O prospecto de oferta pública de distribuição deve incluir também declarações efectuadas pelas pessoas que, nos termos do artigo 149.º, são responsáveis pelo seu conteúdo que atestem que, tanto quanto é do seu conhecimento, a informação constante do prospecto está de acordo com os factos e de que não existem omissões susceptíveis de alterar o seu alcance.

CÓDIGO DOS VALORES MOBILIÁRIOS [DL n.º 486/99] 663

3 – Se a oferta incidir sobre valores mobiliários admitidos ou que se prevê que venham a ser admitidos à negociação em mercado regulamentado situado ou a funcionar em Portugal ou noutro Estado membro da Comunidade Europeia, pode ser aprovado e utilizado um único prospecto que satisfaça os requisitos exigidos para ambos os efeitos.

4 – *(Revogada.)*

ART 138.º (Conteúdo do prospecto de oferta pública de aquisição) – 1 – Além da prevista no n.º 1 do artigo 183.º-A, o prospecto de oferta pública de aquisição deve incluir informação sobre:

a) A contrapartida oferecida e sua justificação;

b) As quantidades mínima e máxima de valores mobiliários que o oferente se propõe adquirir;

c) A percentagem de direitos de voto que, nos termos do n.º 1 do artigo 20.º, pode ser exercida pelo oferente na sociedade visada;

d) A percentagem de direitos de voto que, nos termos do n.º 1 do artigo 20.º, pode ser exercida pela sociedade visada na sociedade oferente;

e) As pessoas que, segundo o seu conhecimento, estejam com o oferente ou com a sociedade visada em alguma das relações previstas no n.º 1 do artigo 20.º;

f) Os valores mobiliários da mesma categoria dos que são objecto da oferta que tenham sido adquiridos nos seis meses anteriores pelo oferente ou por alguma das pessoas que com este estejam em alguma das relações previstas do n.º 1 do artigo 20.º, com indicação das datas de aquisição, da quantidade e das contrapartidas;

g) As intenções do oferente quanto à continuidade ou modificação da actividade empresarial da sociedade visada, do oferente, na medida em que seja afectado pela oferta, e, nos mesmos termos, por sociedades que com estes estejam em relação de domínio ou de grupo, quanto à manutenção e condições do emprego dos trabalhadores e dirigentes das entidades referidas, designadamente eventuais repercussões sobre os locais em que são exercidas as actividades, quanto à manutenção da qualidade de sociedade aberta da sociedade visada e quanto à manutenção da negociação em mercado regulamentado dos valores mobiliários que são objecto da oferta;

h) As possíveis implicações do sucesso da oferta sobre a situação financeira do oferente e eventuais financiamentos da oferta;

i) Os acordos parassociais, celebrados pelo oferente ou por qualquer das pessoas referidas no n.º 1 do artigo 20.º, com infiuência significativa na sociedade visada;

j) Os acordos celebrados entre o oferente ou qualquer das pessoas referidas do n.º 1 do artigo 20.º e os titulares dos órgãos sociais da sociedade visada, incluindo as vantagens especiais eventualmente estipuladas a favor destes;

l) O modo de pagamento da contrapartida quando os valores mobiliários que são objecto da oferta estejam igualmente admitidos à negociação em mercado regulamentado situado ou a funcionar no estrangeiro;

m) A indemnização proposta em caso de supressão dos direitos por força das regras previstas no artigo 182.º-A, indicando a forma de pagamento e o método empregue para determinar o seu valor;

n) A legislação nacional que será aplicável aos contratos celebrados entre o oferente e os titulares de valores mobiliários da sociedade visada, na sequência da aceitação da oferta, bem como os tribunais competentes para dirimir os litígios daqueles emergentes;

o) Quaisquer encargos a suportar pelos destinatários da oferta.

2 – Se a contrapartida consistir em valores mobiliários, emitidos ou a emitir, o prospecto deve incluir todas as informações que seriam exigíveis se os valores mobiliários fossem objecto de oferta pública de venda ou de subscrição.

ART 139.º (Adaptação do prospecto em casos especiais) – Sem prejuízo da informação adequada dos investidores, quando, excepcionalmente, determinadas informações exigidas, nomeadamente pelo Regulamento (CE) n.º 809/2004, da Comissão, de 29 de Abril, para serem incluídas no prospecto forem inadequadas à esfera de actividade ou à forma jurídica do emitente ou ainda aos valores mobiliários a que se refere o prospecto, o prospecto deve conter, quando possível, informações equivalentes à informação exigida.

ART 140.º (Divulgação) – 1 – O prospecto só pode ser divulgado após aprovação pela CMVM, devendo o respectivo texto e formato a divulgar ser idênticos à versão original aprovada.

2 – Após aprovação, a versão final do prospecto, já com a indicação da data de aprovação ou do número de registo, deve ser enviada à CMVM e colocada à disposição do público pelo oferente com uma antecedência razoável em função das características da oferta e dos investidores a que se destina.

3 – O prospecto deve ser divulgado:

a) Em caso de oferta pública de distribuição precedida de negociação de direitos, até ao dia útil anterior ao da data de destaque dos direitos;

b) Nas restantes ofertas públicas de distribuição, o mais tardar até ao início da oferta pública a que respeita.

4 – Tratando-se de oferta pública de uma categoria de acções ainda não admitida à negociação num mercado regulamentado e que se destina a ser admitida à negociação em mercado regulamentado pela primeira vez, o prospecto deve estar disponível pelo menos seis dias úteis antes do termo do prazo da oferta.

664 [DL n.º 486/99]

MERCADO DE VALORES MOBILIÁRIOS

5 – Considera-se colocado à disposição do público o prospecto que tenha sido divulgado:
a) Através de publicação num ou mais jornais de difusão nacional ou de grande difusão; ou
b) Sob forma impressa, colocado gratuitamente à disposição do público nas instalações do mercado em que é solicitada a admissão à negociação dos valores mobiliários, ou na sede estatutária do emitente e nas agências dos intermediários financeiros responsáveis pela sua colocação, incluindo os responsáveis pelo serviço financeiro do emitente; ou
c) Sob forma electrónica no sítio da Internet do emitente e, se for caso disso, no sítio da Internet dos intermediários financeiros responsáveis pela colocação ou venda dos valores mobiliários, incluindo os responsáveis pelo serviço financeiro do emitente; ou
d) Sob forma electrónica no sítio da Internet do mercado regulamentado em que se solicita a admissão à negociação; ou
e) Sob forma electrónica no sítio da Internet da CMVM.
6 – Se o oferente optar pela divulgação do prospecto através das formas previstas nas alíneas *a)* ou *b)* do número anterior, deve também divulgar o prospecto sob forma electrónica de acordo com a alínea *c)* do número anterior.
7 – Se o prospecto for constituído por vários documentos e ou contiver informação mediante remissão, os documentos e a informação que o compõem podem ser publicados e divulgados de forma separada, desde que os referidos documentos sejam colocados gratuitamente à disposição do público de acordo com o disposto nos números anteriores.
8 – Para efeitos do número anterior, cada documento deve indicar onde podem ser obtidos os restantes documentos constitutivos do prospecto completo.
9 – Se o prospecto for disponibilizado sob forma electrónica, o emitente, o oferente ou intermediários financeiros responsáveis pela colocação dos valores devem disponibilizar ao investidor, gratuitamente, uma versão em suporte de papel, sempre que este o solicite.
10 – A divulgação do prospecto obedece ao disposto no Regulamento (CE) n.º 809/2004, da Comissão, de 29 de Abril.

ART 140.º-A (Aviso sobre disponibilidade do prospecto) – 1 – Em ofertas públicas cujo prospecto seja divulgado apenas sob forma electrónica, nos termos das alíneas *c)*, *d)* e *e)* do n.º 5 do artigo anterior, deve ser divulgado um aviso sobre a disponibilidade do prospecto.
2 – O conteúdo e a divulgação do aviso sobre a disponibilidade do prospecto obedecem ao disposto no Regulamento (CE) n.º 809/2004, da Comissão, de 29 de Abril.

ART 141.º (Dispensa de inclusão de matérias no prospecto) – A requerimento do emitente ou do oferente, a CMVM pode dispensar a inclusão de informações no prospecto se:
a) A divulgação de tais informações for contrária ao interesse público;
b) A divulgação de tais informações for muito prejudicial para o emitente, desde que a omissão não seja susceptível de induzir o público em erro no que respeita a factos e circunstâncias essenciais para uma avaliação informada do emitente, oferente ou eventual garante, bem como dos direitos inerentes aos valores mobiliários a que se refere o prospecto; ou
c) Essas informações forem de importância menor para a oferta e não forem susceptíveis de influenciar a apreciação da posição financeira e das perspectivas do emitente, oferente ou eventual garante.

ART 142.º (Adenda ao prospecto e rectificação do prospecto) – 1 – Se, entre a data de aprovação do prospecto e o fim do prazo da oferta, for detectada alguma deficiência no prospecto ou ocorrer qualquer facto novo ou se tome conhecimento de qualquer facto anterior não considerado no prospecto, que sejam relevantes para a decisão a tomar pelos destinatários, deve ser imediatamente requerida à CMVM a aprovação de adenda ou de rectificação do prospecto.
2 – A adenda ou a rectificação ao prospecto deve ser aprovada no prazo de sete dias úteis desde o requerimento e deve ser divulgada nos termos do artigo 140.º.
3 – O sumário e as suas traduções devem ser completados ou rectificados, se necessário, para ter em conta as informações incluídas na adenda ou na rectificação.
4 – Os investidores que já tenham transmitido ordens de aceitação da oferta antes de ser publicada a adenda ou a rectificação têm o direito de revogar a sua aceitação durante um prazo não inferior a dois dias úteis após a colocação à disposição do público da adenda ou da rectificação.

ART 143.º (Validade do prospecto) – 1 – O prospecto de oferta pública de distribuição e o prospecto base são válidos por um prazo de 12 meses a contar da data da sua colocação à disposição do público, devendo ser completados por eventuais adendas exigidas nos termos do artigo 142.º.
2 – Quando se tratar de oferta pública de valores mobiliários não representativos de capital social referidos na alínea *b)* do n.º 1 do artigo 135.º-C, o prospecto é válido até que aqueles deixem de ser emitidos de forma contínua ou repetida.
3 – O documento de registo é válido por um prazo de 12 meses a contar da data de aprovação das contas anuais em que o mesmo se baseie.

ART 144.º (Prospecto de referência) – *(Revogado.)*

CÓDIGO DOS VALORES MOBILIÁRIOS   [DL n.º 486/99]   665

SUBSECÇÃO II — Prospecto de oferta internacional

ART 145.º (Autoridade competente) – 1 – A CMVM é competente para a aprovação de prospectos de ofertas públicas de distribuição, cujos emitentes tenham sede estatutária em Portugal, relativamente a emissões de acções, de valores mobiliários que dêem direito à sua aquisição, desde que o emitente dos valores mobiliários seja o emitente dos valores mobiliários subjacentes ou uma entidade pertencente ao grupo deste último emitente, e de outros valores mobiliários com valor nominal inferior € 1000.

2 – O Estado membro em que o emitente tem a sua sede estatutária ou em que os valores mobiliários foram ou serão admitidos à negociação num mercado regulamentado ou oferecidos ao público, à escolha do emitente ou do oferente, é competente para a aprovação do prospecto de oferta pública de distribuição:

a) De valores mobiliários não representativos de capital social cujo valor nominal unitário se eleve a pelo menos € 1000;

b) De valores mobiliários não representativos de capital social que dêem direito a adquirir valores mobiliários ou a receber um montante em numerário, em consequência da sua conversão ou do exercício de direitos por eles conferidos, desde que o emitente dos valores mobiliários não representativos de capital social não seja o emitente dos valores mobiliários subjacentes ou uma entidade pertencente ao grupo deste último.

3 – Para a aprovação do prospecto de oferta pública de distribuição, cujo emitente tenha sido constituído num país que não pertença à União Europeia, de valores mobiliários que não sejam referidos no número anterior, é competente o Estado membro em que esses valores mobiliários se destinam a ser objecto de oferta ao público pela primeira vez ou em que é apresentado o primeiro pedido de admissão à negociação num mercado regulamentado, à escolha do emitente ou do oferente, consoante o caso, sob reserva de escolha subsequente pelos emitentes constituídos num país terceiro se o Estado membro de origem não tiver sido determinado por escolha destes.

4 – A CMVM pode decidir delegar a aprovação do prospecto de oferta pública de distribuição na autoridade competente de outro Estado membro, obtido o prévio acordo desta.

5 – A delegação de competência prevista no número anterior deve ser notificada ao emitente ou ao oferente no prazo de três dias úteis a contar da data da decisão pela CMVM.

ART 145.º-A (Autoridade competente em ofertas públicas de aquisição) – 1 – A CMVM é competente para a supervisão de ofertas públicas de aquisição que tenham por objecto valores mobiliários emitidos por sociedades sujeitas a lei pessoal portuguesa, desde que os valores objecto da oferta:

a) Estejam admitidos à negociação em mercado regulamentado situado ou a funcionar em Portugal;

b) Não estejam admitidos à negociação em mercado regulamentado.

2 – A CMVM é igualmente competente para a supervisão de ofertas públicas de aquisição de valores mobiliários em que seja visada sociedade sujeita a lei pessoal estrangeira, desde que os valores mobiliários objecto da oferta:

a) Estejam exclusivamente admitidos à negociação em mercado regulamentado situado ou a funcionar em Portugal; ou

b) Não estando admitidos à negociação no Estado membro onde se situa a sede da sociedade emitente, tenham sido admitidos à negociação em mercado regulamentado situado ou a funcionar em Portugal em primeiro lugar.

3 – Se a admissão à negociação dos valores mobiliários objecto da oferta for simultânea em mais de um mercado regulamentado de diversos Estados membros, não incluindo o Estado membro onde se situa a sede da sociedade emitente, a sociedade emitente escolhe, no primeiro dia de negociação, a autoridade competente para a supervisão da oferta de entre as autoridades desses Estados membros e comunica essa decisão aos mercados regulamentados em causa e às respectivas autoridades de supervisão.

4 – Quando a CMVM seja competente nos termos do número anterior, a decisão da sociedade é divulgada no sistema de difusão de informação da CMVM.

ART 146.º (Âmbito comunitário do prospecto) – 1 – O prospecto aprovado por autoridade competente de Estado membro da União Europeia relativo a uma oferta pública de distribuição a realizar em Portugal e noutro Estado membro é eficaz em Portugal, desde que a CMVM receba da autoridade competente:

a) Um certificado de aprovação que ateste que o prospecto foi elaborado em conformidade com a Directiva n.º 2003/71/CE, do Parlamento Europeu e do Conselho, de 4 de Novembro, e que justifique, se for o caso, a dispensa de inclusão de informação no prospecto;

b) Uma cópia do referido prospecto e, quando aplicável, uma tradução do respectivo sumário.

2 – Se se verificarem factos novos significativos, erros ou inexactidões importantes no prospecto, a CMVM pode alertar a autoridade competente que aprovou o prospecto para a necessidade de eventuais informações novas e de consequente publicação de uma adenda.

3 – Para efeitos de utilização internacional de prospecto aprovado pela CMVM, os documentos referidos no n.º 1 são fornecidos pela CMVM à autoridade competente dos outros Estados membros em que a oferta também se realize, no prazo de três dias úteis a contar da data do pedido que para o efeito lhe tiver sido dirigido pelo oferente ou pelo intermediário financeiro encarregado da assistência, ou no prazo de um dia útil a contar da data de aprovação do prospecto, se aquele pedido for apresentado juntamente com o pedido de registo da oferta.

4 – A tradução do sumário é da responsabilidade do oferente.

5 – O disposto nos números anteriores aplica-se igualmente às adendas e às rectificações ao prospecto.

666   [DL n.º 486/99]   MERCADO DE VALORES MOBILIÁRIOS

ART 147.º (Emitentes não comunitários) – 1 – A CMVM pode aprovar um prospecto relativo a oferta pública de distribuição de valores mobiliários de emitente que tenha sede estatutária num Estado não membro da União Europeia elaborado em conformidade com a legislação de um Estado não membro da União Europeia desde que:

a) O prospecto tenha sido elaborado de acordo com as normas internacionais estabelecidas por organizações internacionais de supervisores de valores mobiliários, incluindo as normas da Organização Internacional de Comissões de Valores Mobiliários; e

b) O prospecto contenha informação, nomeadamente de natureza financeira, equivalente à prevista neste Código e no Regulamento (CE) n.º 809/2004, da Comissão, de 29 de Abril.

2 – Aos prospectos a que se refere o presente artigo aplica-se também o artigo 146.º .

ART 147.º-A (Reconhecimento mútuo) – 1 – O prospecto de oferta pública de aquisição de valores mobiliários admitidos à negociação em mercado regulamentado situado ou a funcionar em Portugal, aprovado por autoridade competente de outro Estado membro é reconhecido pela CMVM, desde que:

a) Esteja traduzido para português, sem prejuízo do disposto no n.º 2 do artigo 6.º;

b) Seja disponibilizado à CMVM um certificado, emitido pela autoridade competente responsável pela aprovação do prospecto, em como este cumpre as disposições comunitárias e nacionais relevantes, acompanhado pelo prospecto aprovado.

2 – A CMVM pode exigir a introdução de informação suplementar que decorra de especificidades do regime português e respeite a formalidades relativas ao pagamento da contrapartida, à aceitação da oferta e ao regime fiscal a que esta fica sujeita.

ART 148.º (Cooperação) – A CMVM deve estabelecer formas de cooperação com as autoridades competentes estrangeiras quanto à troca de informações necessárias à supervisão de ofertas realizadas em Portugal e no estrangeiro, em especial, quando um emitente com sede noutro Estado membro tiver mais de uma autoridade competente de origem devido às suas diversas categorias de valores mobiliários, ou quando a aprovação do prospecto tiver sido delegada na autoridade competente de outro Estado membro.

SUBSECÇÃO III — **Responsabilidade pelo prospecto**

ART 149.º (Âmbito) – 1 – São responsáveis pelos danos causados pela desconformidade do conteúdo do prospecto com o disposto no artigo 135.º, salvo se provarem que agiram sem culpa:

a) O oferente;

b) Os titulares do órgão de administração do oferente;

c) O emitente;

d) Os titulares do órgão de administração do emitente;

e) Os promotores, no caso de oferta de subscrição para a constituição de sociedade;

f) Os titulares do órgão de fiscalização, as sociedades de revisores oficiais de contas, os revisores oficiais de contas e outras pessoas que tenham certificado ou, de qualquer outro modo, apreciado os documentos de prestação de contas em que o prospecto se baseia;

g) Os intermediários financeiros encarregados da assistência à oferta;

h) As demais pessoas que aceitem ser nomeadas no prospecto como responsáveis por qualquer informação, previsão ou estudo que nele se inclua.

2 – A culpa é apreciada de acordo com elevados padrões de diligência profissional.

3 – A responsabilidade é excluída se alguma das pessoas referidas no n.º 1 provar que o destinatário tinha ou devia ter conhecimento da deficiência de conteúdo do prospecto à data da emissão da sua declaração contratual ou em momento em que a respectiva revogação ainda era possível.

4 – A responsabilidade é ainda excluída se os danos previstos no n.º 1 resultarem apenas do sumário de prospecto, ou de qualquer das suas traduções, salvo se o mesmo contiver menções enganosas, inexactas ou incoerentes quando lido em conjunto com os outros documentos que compõem o prospecto.

ART 150.º (Responsabilidade objectiva) – Respondem independentemente de culpa:

a) O oferente, se for responsável alguma das pessoas referidas nas alíneas *b)*, *g)* e *h)* do n.º 1 do artigo anterior;

b) O emitente, se for responsável alguma das pessoas referidas nas alíneas *d)*, *e)* e *f)* do n.º 1 do artigo anterior;

c) O chefe do consórcio de colocação, se for responsável um dos membros do consórcio, nos termos da alínea *g)* do n.º 1 do artigo anterior.

ART 151.º (Responsabilidade solidária) – Se forem várias as pessoas responsáveis pelos danos causados, é solidária a sua responsabilidade.

ART 152.º (Dano indemnizável) – 1 – A indemnização deve colocar o lesado na exacta situação em que estaria se, no momento da aquisição ou da alienação dos valores mobiliários, o conteúdo do prospecto estivesse conforme com o disposto no artigo 135.º.

CÓDIGO DOS VALORES MOBILIÁRIOS   [DL n.º 486/99] 667

2 – O montante do dano indemnizável reduz-se na medida em que os responsáveis provem que o dano se deve também a causas diversas dos vícios da informação ou da previsão constantes do prospecto.

ART 153.º (Cessação do direito à indemnização) – O direito de indemnização fundado nos artigos precedentes deve ser exercido no prazo de seis meses após o conhecimento da deficiência do conteúdo do prospecto e cessa, em qualquer caso, decorridos dois anos contados desde a data da divulgação do resultado da oferta.

ART 154.º (Injuntividade) – As regras previstas nesta subsecção não podem ser afastadas ou modificadas por negócio jurídico.

Secção VI — REGULAMENTAÇÃO

ART 155.º (Matérias a regulamentar) – A CMVM elabora os regulamentos necessários à concretização do disposto no presente título, nomeadamente sobre as seguintes matérias:
a) Regime de comunicação subsequente das ofertas particulares relativas a valores mobiliários;
b) Modelo a que obedece a estrutura dos prospectos de oferta pública de aquisição;
c) Quantidade mínima de valores mobiliários que pode ser objecto de oferta pública;
d) Local de publicação do resultado das ofertas públicas;
e) Opção de distribuição de lote suplementar;
f) Recolha de intenções de investimento, designadamente quanto ao conteúdo e à divulgação do anúncio e do prospecto preliminares;
g) Requisitos a que devem obedecer os valores mobiliários que integram a contrapartida de oferta pública de aquisição;
h) Deveres de informação a cargo das pessoas que beneficiam de derrogação quanto à obrigatoriedade de lançamento de oferta pública de aquisição;
i) Taxas devidas à CMVM pela aprovação do prospecto de oferta pública de distribuição, pela aprovação do prospecto preliminar de recolha de intenções de investimento, pelo registo de oferta pública de aquisição e pela aprovação de publicidade;
j) Deveres de informação para a distribuição através de oferta pública dos valores mobiliários a que se refere a alínea *g)* do artigo 1.º.
l) Conteúdo e modo de divulgação da informação referida no n.º 2 do artigo 134.º.

CAPÍTULO II — Ofertas públicas de distribuição

Secção I — DISPOSIÇÕES GERAIS

ART 156.º (Estudo de viabilidade) – *(Revogado.)*

ART 157.º (Registo provisório) – *(Revogado.)*

ART 158.º (Distribuição de lote suplementar) – *(Revogado.)*

ART 159.º (Omissão de informação) – 1 – Sempre que o preço definitivo da oferta e o número de valores mobiliários que são oferecidos ao público não possam ser incluídos, o prospecto pode omitir essa informação se:
a) Os critérios e ou as condições segundo os quais o preço e o número de valores mobiliários são determinados ou, no caso do preço, o preço máximo forem indicados no prospecto; ou
b) A aceitação da aquisição ou subscrição de valores mobiliários possa ser revogada durante um prazo não inferior a dois dias úteis após a notificação do preço definitivo da oferta e do número de valores mobiliários objecto da oferta ao público.
2 – Logo que sejam apurados, o preço definitivo da oferta e o número dos valores mobiliários devem ser comunicados à CMVM e divulgados nos termos do artigo 140.º.

ART 160.º (Estabilização de preços) – *(Revogado.)*

ART 161.º (Distribuição incompleta) – Se a quantidade total dos valores mobiliários que são objecto das declarações de aceitação for inferior à quantidade dos que foram oferecidos, a oferta é eficaz em relação aos valores mobiliários efectivamente distribuídos, salvo se o contrário resultar de disposição legal ou dos termos da oferta.

ART 162.º (Divulgação de informação) – 1 – O emitente, o oferente, os intermediários financeiros intervenientes em oferta pública de distribuição, decidida ou projectada, e as pessoas que com estes estejam em alguma das situações previstas do n.º 1 do artigo 20.º devem, até que a informação relativa à oferta seja tornada pública:
a) Limitar a revelação de informação relativa à oferta ao que for necessário para os objectivos da oferta, advertindo os destinatários sobre o carácter reservado da informação transmitida;

668   [DL n.º 486/99]   MERCADO DE VALORES MOBILIÁRIOS

b) Limitar a utilização da informação reservada aos fins relacionados com a preparação da oferta.

2 – As entidades referidas no número anterior que, a partir do momento em que a oferta se torne pública, divulguem informação relacionada com o emitente ou com a oferta devem:

a) Observar os princípios a que deve obedecer a qualidade da informação;

b) Assegurar que a informação prestada é coerente com a contida no prospecto;

c) Esclarecer as suas ligações com o emitente ou o seu interesse na oferta.

ART 163.º (Frustração de admissão à negociação) – 1 – Quando uma oferta pública de distribuição for acompanhada da informação de que os valores mobiliários que dela são objecto se destinam a ser admitidos à negociação em mercado regulamentado, os destinatários da oferta podem resolver os negócios de aquisição, se:

a) A admissão à negociação não tiver sido requerida até ao apuramento do resultado da oferta; ou

b) A admissão for recusada com fundamento em facto imputável ao emitente, ao oferente, ao intermediário financeiro ou a pessoas que com estes estejam em alguma das situações previstas do n.º 1 do artigo 20.º.

2 – A resolução deve ser comunicada ao emitente até 60 dias após o acto de recusa de admissão a mercado regulamentado ou após a divulgação do resultado da oferta, se nesse prazo não tiver sido apresentado pedido de admissão.

3 – O emitente deve restituir os montantes recebidos até 30 dias após a recepção da declaração de resolução.

ART 163.º-A (Idioma) – 1 – O prospecto de oferta pública de distribuição pode ser, no todo ou em parte, redigido numa língua de uso corrente nos mercados financeiros internacionais:

a) Se a sua apresentação não resultar de exigência legal;

b) Se tiver sido elaborado no âmbito de uma oferta dirigida a vários Estados; ou

c) Se a lei pessoal do emitente for estrangeira.

2 – Nos casos previstos na alínea *b*) e *c*) do número anterior, a CMVM pode exigir que o sumário seja divulgado também em português.

Secção II — RECOLHA DE INTENÇÕES DE INVESTIMENTO

ART 164.º (Admissibilidade) – 1 – É permitida a recolha de intenções de investimento para apurar a viabilidade de uma eventual oferta pública de distribuição.

2 – A recolha de intenções de investimento só pode iniciar-se após divulgação de prospecto preliminar.

3 – As intenções de investimento não podem servir como meio de formação de contratos, mas podem conferir às pessoas consultadas condições mais favoráveis em oferta futura.

ART 165.º (Prospecto preliminar) – 1 – O prospecto preliminar de recolha de intenções de investimento deve ser aprovado pela CMVM.

2 – O pedido de aprovação de prospecto preliminar é instruído com os documentos referidos nas alíneas *a*) a *g*) do n.º 1 do artigo 115.º, acompanhado de projecto de prospecto preliminar.

3 – O prospecto preliminar obedece ao Regulamento (CE) n.º 809/2004, da Comissão, de 29 de Abril, com as necessárias adaptações.

ART 166.º (Responsabilidade pelo prospecto) – À responsabilidade pelo conteúdo do prospecto preliminar aplica-se, com as necessárias adaptações, o disposto nos artigos 149.º e seguintes.

ART 167.º (Publicidade) – É permitida a realização de acções publicitárias, observando-se o disposto nos artigos 121.º e 122.º.

Secção III — OFERTA PÚBLICA DE SUBSCRIÇÃO

ART 168.º (Oferta pública de subscrição para constituição de sociedade) – Além dos documentos exigidos nas alíneas *j*) a *n*) do n.º 1 do artigo 115.º, o pedido de aprovação de prospecto de oferta pública de subscrição para constituição de sociedade deve ser instruído com os seguintes elementos:

a) Identificação dos promotores;

b) Documento comprovativo da subscrição do capital social mínimo pelos promotores;

c) Cópia do projecto do contrato de sociedade;

d) Certidão comprovativa do registo comercial provisório.

ART 169.º (Sucessão de ofertas e ofertas em séries) – O lançamento pela mesma entidade de nova oferta de subscrição de valores mobiliários do mesmo tipo dos que foram objecto de oferta anterior ou o lançamento de nova série depende do pagamento prévio da totalidade do preço de subscrição ou da colocação em mora dos subscritores remissos e do cumprimento das formalidades associadas à emissão ou à série anteriores.

Secção IV — OFERTA PÚBLICA DE VENDA

ART 170.º (Bloqueio dos valores mobiliários) – O pedido de aprovação de prospecto de oferta pública de venda é instruído com certificado comprovativo do bloqueio dos valores mobiliários oferecidos.

CÓDIGO DOS VALORES MOBILIÁRIOS [DL n.º 486/99] 669

ART 171.º (Dever de cooperação do emitente) – O emitente de valores mobiliários distribuídos em oferta pública de venda deve fornecer ao oferente, a expensas deste, as informações e os documentos necessários para a elaboração do prospecto.

ART 172.º (Revisão da oferta) – 1 – O oferente pode reduzir em pelo menos 2 % o preço inicialmente anunciado.
2 – À revisão da oferta é aplicável o disposto no artigo 129.º.

CAPÍTULO III — Ofertas públicas de aquisição

SECÇÃO I — DISPOSIÇÕES COMUNS

ART 173.º (Objecto da oferta) – 1 – A oferta pública de aquisição é dirigida a todos os titulares dos valores mobiliários que dela são objecto.
2 – Se a oferta pública não visar a aquisição da totalidade das acções da sociedade visada e dos valores mobiliários que conferem direito à sua subscrição ou aquisição, emitidos pela sociedade visada, não é permitida a aceitação pelo oferente ou por pessoas que com este estejam em alguma das situações previstas no n.º 1 do artigo 20.º.
3 – À oferta pública de aquisição lançada apenas sobre valores mobiliários que não sejam acções ou valores mobiliários que conferem direito à sua subscrição ou aquisição não se aplicam as regras relativas ao anúncio preliminar, aos deveres de informação sobre transacções efectuadas, aos deveres do emitente, à oferta concorrente e à oferta pública de aquisição obrigatória.

ART 174.º (Segredo) – O oferente, a sociedade visada, os seus accionistas e os titulares de órgãos sociais e, bem assim, todos os que lhes prestem serviços a título permanente ou ocasional devem guardar segredo sobre a preparação da oferta até à publicação do anúncio preliminar.

ART 175.º (Publicação do anúncio preliminar) – 1 – Logo que tome a decisão de lançamento de oferta pública de aquisição, o oferente deve enviar anúncio preliminar à CMVM, à sociedade visada e às entidades gestoras dos mercados regulamentados em que os valores mobiliários que são objecto da oferta ou que integrem a contrapartida a propor estejam admitidos à negociação, procedendo de imediato à respectiva publicação.
2 – A publicação do anúncio preliminar obriga o oferente a:
a) Lançar a oferta em termos não menos favoráveis para os destinatários do que as constantes desse anúncio;
b) Requerer o registo da oferta no prazo de 20 dias, prorrogável pela CMVM até 60 dias nas ofertas públicas de troca;
c) Informar os representantes dos seus trabalhadores ou, na sua falta, os trabalhadores sobre o conteúdo dos documentos da oferta, assim que estes sejam tornados públicos.

ART 176.º (Conteúdo do anúncio preliminar) – 1 – O anúncio preliminar deve indicar:
a) O nome, a denominação ou a firma do oferente e o seu domicílio ou sede;
b) A firma e a sede da sociedade visada;
c) Os valores mobiliários que são objecto da oferta;
d) A contrapartida oferecida;
e) O intermediário financeiro encarregado da assistência à oferta, se já tiver sido designado;
f) A percentagem de direitos de voto na sociedade visada detidos pelo oferente e por pessoas que com este estejam em alguma das situações previstas no artigo 20.º, calculada, com as necessárias adaptações, nos termos desse artigo;
g) A enunciação sumária dos objectivos do oferente, designadamente quanto à continuidade ou modificação da actividade empresarial da sociedade visada, do oferente, na medida em que seja afectado pela oferta, e, nos mesmos termos, por sociedades que com estes estejam em relação de domínio ou de grupo;
h) O estatuto do oferente quanto às matérias a que se refere o artigo 182.º e o n.º 1 do artigo 182.º-A.
2 – A fixação de limite mínimo ou máximo da quantidade dos valores mobiliários a adquirir e a sujeição da oferta a qualquer condição só são eficazes se constarem do anúncio preliminar.

ART 177.º (Contrapartida) – 1 – A contrapartida pode consistir em dinheiro, em valores mobiliários, emitidos ou a emitir, ou ser mista.
2 – Se a contrapartida consistir em dinheiro, o oferente deve, previamente ao registo da oferta, depositar o montante total em instituição de crédito ou apresentar garantia bancária adequada.
3 – Se a contrapartida consistir em valores mobiliários, estes devem ter adequada liquidez e ser de fácil avaliação.

ART 178.º (Oferta pública de troca) – 1 – Os valores mobiliários oferecidos como contrapartida, que já tenham sido emitidos, devem ser registados ou depositados à ordem do oferente em sistema centralizado ou junto de intermediário financeiro, procedendo-se ao seu bloqueio.
2 – O anúncio preliminar e o anúncio de lançamento de oferta pública de aquisição cuja contrapartida consista em valores mobiliários que não sejam emitidos pelo oferente devem também indicar os elementos res-

670   [DL n.º 486/99]   MERCADO DE VALORES MOBILIÁRIOS

peitantes ao emitente e aos valores mobiliários por este emitidos ou a emitir, que são referidos no artigo 176.º e no n.º 1 do artigo 183.º-A.

ART 179.º (Registo da oferta pública de aquisição) – Além dos referidos no artigo 115.º, o pedido de registo de oferta pública de aquisição apresentado na CMVM é instruído com os documentos comprovativos dos seguintes factos:

a) Entrega do anúncio preliminar, do projecto de anúncio de lançamento e de projecto de prospecto à sociedade visada e às entidades gestoras de mercados regulamentados em que os valores mobiliários estão admitidos à negociação;

b) Depósito da contrapartida em dinheiro ou emissão da garantia bancária que cauciona o seu pagamento;

c) Bloqueio dos valores mobiliários já emitidos que sejam objecto da contrapartida e dos referidos no n.º 2 do artigo 173.º.

ART 180.º (Transacções na pendência da oferta) – 1 – A partir da publicação do anúncio preliminar e até ao apuramento do resultado da oferta, o oferente e as pessoas que com este estejam em alguma das situações previstas no artigo 20.º:

a) Não podem negociar fora de mercado regulamentado valores mobiliários da categoria dos que são objecto da oferta ou dos que integram a contrapartida, excepto se forem autorizados pela CMVM, com parecer prévio da sociedade visada;

b) Devem informar diariamente a CMVM sobre as transacções realizadas por cada uma delas sobre valores mobiliários emitidos pela sociedade visada ou da categoria dos que integram a contrapartida.

2 – As aquisições de valores mobiliários da categoria daqueles que são objecto da oferta ou dos que integram a contrapartida, feitas depois da publicação do anúncio preliminar, são imputadas no cálculo da quantidade mínima que o adquirente se propõe adquirir.

3 – Caso ocorram as aquisições referidas no número anterior:

a) No âmbito de ofertas públicas de aquisição voluntárias, a CMVM pode determinar a revisão da contrapartida se, por efeito dessas aquisições, a contrapartida não se mostrar equitativa;

b) No âmbito de ofertas públicas de aquisição obrigatórias, o oferente é obrigado a aumentar a contrapartida para um preço não inferior ao preço mais alto pago pelos valores mobiliários assim adquiridos.

ART 181.º (Deveres da sociedade visada) – 1 – O órgão de administração da sociedade visada deve, no prazo de oito dias a contar da recepção dos projectos de prospecto e de anúncio de lançamento e no prazo de cinco dias após a divulgação de adenda aos documentos da oferta, enviar ao oferente e à CMVM e divulgar ao público um relatório elaborado nos termos do artigo 7.º sobre a oportunidade e as condições da oferta.

2 – O relatório referido no número anterior deve conter um parecer autónomo e fundamentado sobre, pelo menos:

a) O tipo e o montante da contrapartida oferecida;

b) Os planos estratégicos do oferente para a sociedade visada;

c) As repercussões da oferta nos interesses da sociedade visada, em geral, e, em particular, nos interesses do seus trabalhadores e nas suas condições de trabalho e nos locais em que a sociedade exerça a sua actividade;

d) A intenção dos membros do órgão de administração que simultaneamente sejam accionistas da sociedade visada, quanto à aceitação da oferta.

3 – O relatório deve conter informação sobre eventuais votos negativos expressos na deliberação do órgão de administração que procedeu à sua aprovação.

4 – Se, até ao início da oferta, o órgão de administração receber dos trabalhadores, directamente ou através dos seus representantes, um parecer quanto às repercussões da oferta a nível do emprego, deve proceder à sua divulgação em apenso ao relatório por si elaborado.

5 – O órgão de administração da sociedade visada deve, a partir da publicação do anúncio preliminar e até ao apuramento do resultado da oferta:

a) Informar diariamente a CMVM acerca das transacções realizadas pelos seus titulares sobre valores mobiliários emitidos pela sociedade visada ou por pessoas que com esta estejam em alguma das situações previstas do n.º 1 do artigo 20.º;

b) Prestar todas as informações que lhe venham a ser solicitadas pela CMVM no âmbito das suas funções de supervisão;

c) Informar os representantes dos seus trabalhadores ou, na sua falta, os trabalhadores sobre o conteúdo dos documentos da oferta e do relatório por si elaborado, assim que estes sejam tornados públicos;

d) Agir de boa fé, designadamente quanto à correcção da informação e quanto à lealdade do comportamento.

ART 182.º (Limitação dos poderes da sociedade visada) – 1 – A partir do momento em que tome conhecimento da decisão de lançamento de oferta pública de aquisição que incida sobre mais de um terço dos valores mobiliários da respectiva categoria e até ao apuramento do resultado ou até à cessação, em momento anterior, do respectivo processo, o órgão de administração da sociedade visada não pode praticar actos susceptíveis de alterar de modo relevante a situação patrimonial da sociedade visada que não se reconduzam à gestão normal da sociedade e que possam afectar de modo significativo os objectivos anunciados pelo oferente.

CÓDIGO DOS VALORES MOBILIÁRIOS [DL n.º 486/99] 671

2 – Para efeitos do número anterior:
a) Equipara-se ao conhecimento do lançamento da oferta a recepção pela sociedade visada do anúncio preliminar;
b) Consideram-se alterações relevantes da situação patrimonial da sociedade visada, nomeadamente, a emissão de acções ou de outros valores mobiliários que confiram direito à sua subscrição ou aquisição e a celebração de contratos que visem a alienação de parcelas importantes do activo social;
c) A limitação estende-se aos actos de execução de decisões tomadas antes do período ali referido e que ainda não tenham sido parcial ou totalmente executados.
3 – Exceptuam-se do disposto nos números anteriores:
a) Os actos que resultem do cumprimento de obrigações assumidas antes do conhecimento do lançamento da oferta;
b) Os actos autorizados por força de assembleia geral convocada exclusivamente para o efeito durante o período mencionado no n.º 1;
c) Os actos destinados à procura de oferentes concorrentes.
4 – Durante o período referido no n.º 1:
a) A antecedência do prazo de divulgação de convocatória de assembleia geral é reduzida para 15 dias;
b) As deliberações da assembleia geral prevista na alínea *b*) do número anterior, bem como as relativas à distribuição antecipada de dividendos e de outros rendimentos, apenas podem ser tomadas pela maioria exigida para a alteração dos estatutos.
5 – O oferente é responsável pelos danos causados por decisão de lançamento de oferta pública de aquisição tomada com o objectivo principal de colocar a sociedade visada na situação prevista neste artigo.
6 – O regime previsto neste artigo não é aplicável a ofertas públicas de aquisição dirigidas por sociedades oferentes que não estejam sujeitas às mesmas regras ou que sejam dominadas por sociedade que não se sujeite às mesmas regras.
7 – Nas sociedades que adoptem o modelo referido na alínea *c*) do n.º 1 do artigo 278.º do Código das Sociedades Comerciais, os n.ᵒˢ 1 a 6 aplicam-se, com as necessárias adaptações, ao conselho de administração executivo e ao conselho geral e de supervisão.

ART 182.º-A (Suspensão voluntária de eficácia de restrições transmissivas e de direito de voto) – 1 – As sociedades sujeitas a lei pessoal portuguesa podem prever estatutariamente que:
a) As restrições, previstas nos estatutos ou em acordos parassociais, referentes à transmissão de acções ou de outros valores mobiliários que dêem direito à sua aquisição ficam suspensas, não produzindo efeitos em relação à transmissão decorrente da aceitação da oferta;
b) As restrições, previstas nos estatutos ou em acordos parassociais, referentes ao exercício do direito de voto ficam suspensas, não produzindo efeitos na assembleia geral convocada nos termos da alínea *b*) do n.º 3 do artigo anterior;
c) Quando, na sequência de oferta pública de aquisição, seja atingido pelo menos 75% do capital social com direito de voto, ao oferente não são aplicáveis as restrições relativas à transmissão e ao direito de voto referidas nas anteriores alíneas, nem podem ser exercidos direitos especiais de designação ou de destituição de membros do órgão de administração da sociedade visada.
2 – Os estatutos das sociedades abertas sujeitas a lei pessoal portuguesa que não exerçam integralmente a opção mencionada no número anterior não podem fazer depender a alteração ou a eliminação das restrições referentes à transmissão ou ao exercício do direito de voto de quórum deliberativo mais agravado do que o respeitante a 75% dos votos emitidos.
3 – Os estatutos das sociedades abertas sujeitas a lei pessoal portuguesa que exerçam a opção mencionada no n.º 1 podem prever que o regime previsto não seja aplicável a ofertas públicas de aquisição dirigidas por sociedades oferentes que não estejam sujeitas às mesmas regras ou que sejam dominadas por uma sociedade que não se sujeite às mesmas regras.
4 – O oferente é responsável pelos danos causados pela suspensão de eficácia de acordos parassociais integralmente divulgados até à data da publicação do anúncio preliminar.
5 – O oferente não é responsável pelos danos causados aos accionistas que tenham votado favoravelmente as alterações estatutárias para efeitos do n.º 1 e as pessoas que com eles se encontrem em alguma das relações previstas no artigo 20.º.
6 – A aprovação de alterações estatutárias para efeitos do n.º 1 por sociedades sujeitas a lei pessoal portuguesa e por sociedades emitentes de valores mobiliários admitidos à negociação em mercado regulamentado nacional deve ser divulgada à CMVM e, nos termos do artigo 248.º, ao público.
7 – As cláusulas estatutárias referentes à suspensão de eficácia das restrições relativas à transmissão e ao direito de voto referidas no n.º 1 apenas podem vigorar por um prazo máximo de 18 meses, sendo renováveis através de nova deliberação da assembleia geral, aprovada nos termos legalmente previstos para a alteração dos estatutos.
8 – O disposto no presente artigo não se aplica no caso de um Estado membro ser titular de valores mobiliários da sociedade visada que lhe confira direitos especiais.

ART 183.º (Prazo da oferta) – 1 – O prazo da oferta pode variar entre 2 e 10 semanas.

672   [DL n.º 486/99]   MERCADO DE VALORES MOBILIÁRIOS

2 – A CMVM, por sua própria iniciativa ou a pedido do oferente, pode prorrogar a oferta em caso de revisão, lançamento de oferta concorrente ou quando a protecção dos interesses dos destinatários o justifique.

ART 183.º-A (Anúncio de lançamento) – 1 – Em ofertas públicas de aquisição deve ser divulgado um anúncio de lançamento que descreva os elementos essenciais para a formação dos contratos a que se refere, incluindo designadamente os seguintes:

a) Identificação e sede social do oferente, do emitente e dos intermediários financeiros encarregados da assistência e da colocação da oferta;

b) Características e quantidade dos valores mobiliários que são objecto da oferta;

c) Tipo de oferta;

d) Qualidade em que os intermediários financeiros intervêm na oferta;

e) Preço e montante global da oferta, natureza e condições de pagamento;

f) Prazo da oferta;

g) Critério de rateio;

h) Condições de eficácia a que a oferta fica sujeita;

i) Percentagem de direitos de voto na sociedade detidos pelo oferente e por pessoas que com este estejam em alguma das situações previstas no artigo 20.º, calculadas nos termos desse artigo;

j) Locais de divulgação do prospecto;

l) Entidade responsável pelo apuramento e pela divulgação do resultado da oferta.

2 – O anúncio de lançamento deve ser publicado, em simultâneo com a divulgação do prospecto, em meio de comunicação com grande difusão no País e em meio de divulgação de informação indicado pela entidade gestora do mercado regulamentado em que os valores mobiliários estejam admitidos à negociação.

ART 184.º (Revisão da oferta) – 1 – Até cinco dias antes do fim do prazo da oferta, o oferente pode rever a contrapartida quanto à sua natureza e montante.

2 – A oferta revista não pode conter condições que a tornem menos favorável e a sua contrapartida deve ser superior à antecedente em, pelo menos, 2% do seu valor.

3 – Aplica-se à revisão da oferta o artigo 129.º.

ART 185.º (Oferta concorrente) – 1 – A partir da publicação do anúncio preliminar de oferta pública de aquisição de valores mobiliários admitidos à negociação em mercado regulamentado, qualquer outra oferta pública de aquisição de valores mobiliários da mesma categoria só pode ser realizada através de oferta concorrente lançada nos termos do presente artigo.

2 – As ofertas concorrentes estão sujeitas às regras gerais aplicáveis às ofertas públicas de aquisição, com as alterações constantes deste artigo e dos artigos 185.º-A e 185.º-B.

3 – Não podem lançar uma oferta concorrente as pessoas que estejam com o oferente inicial ou com oferente concorrente anterior em alguma das situações previstas no n.º 1 do artigo 20.º, salvo autorização da CMVM a conceder caso a situação que determina a imputação de direitos de voto cesse antes do registo da oferta.

4 – As ofertas concorrentes não podem incidir sobre quantidade de valores mobiliários inferior àquela que é objecto da oferta inicial.

5 – A contrapartida da oferta concorrente deve ser superior à antecedente em pelo menos 2% do seu valor e não pode conter condições que a tornem menos favorável.

6 – A oferta concorrente não pode fazer depender a sua eficácia de uma percentagem de aceitações por titulares de valores mobiliários ou de direitos de voto em quantidade superior ao constante da oferta inicial ou de oferta concorrente anterior, salvo se, para efeitos do número anterior, essa percentagem se justificar em função dos direitos de voto na sociedade visada já detidos pelo oferente e por pessoas que com este estejam em alguma das situações previstas no n.º 1 do artigo 20.º.

7 – A sociedade visada deve assegurar igualdade de tratamento entre oferentes quanto à informação que lhes seja prestada.

ART 185.º-A (Processo das ofertas concorrentes) – 1 – A oferta concorrente deve ser lançada até ao 5.º dia anterior àquele em que termine o prazo da oferta inicial.

2 – É proibida a publicação de anúncio preliminar em momento que não permita o cumprimento do prazo referido no número anterior.

3 – Com o lançamento tempestivo de oferta concorrente, o prazo das ofertas deve ser coincidente, devendo cada OPA concorrente respeitar o prazo mínimo previsto no n.º 1 do artigo 183.º.

4 – O pedido de registo de oferta concorrente é indeferido pela CMVM se esta entidade concluir, em função da data da apresentação do pedido de registo da oferta e do exame deste último, pela impossibilidade de decisão em tempo que permita o lançamento tempestivo da oferta, de acordo com o estabelecido no n.º 1.

5 – Quando o anúncio preliminar da oferta concorrente seja publicado após o registo da oferta inicial ou de ofertas concorrentes anteriores, são reduzidos para oito dias e quatro dias, respectivamente, os prazos fixados na alínea *b)* do n.º 2 do artigo 175.º e no n.º 1 do artigo 181.º.

6 – Em caso de ofertas concorrentes, as aceitações podem ser revogadas até ao último dia do período de aceitações.

CÓDIGO DOS VALORES MOBILIÁRIOS [DL n.º 486/99] 673

ART 185.º-B (Direitos dos oferentes anteriores) – 1 – O lançamento de oferta concorrente e a revisão de qualquer oferta em concorrência conferem a qualquer oferente o direito de proceder à revisão dos termos da sua oferta, independentemente de o ter ou não feito ao abrigo do artigo 184.º.

2 – Caso pretenda exercer o direito referido no número anterior, o oferente comunica a sua decisão à CMVM e publica um anúncio no prazo de quatro dias úteis a contar do lançamento da oferta concorrente ou da revisão da oferta, considerando-se para todos os efeitos, na falta dessa publicação, que mantém os termos da sua oferta.

3 – À revisão da oferta em concorrência é aplicável o disposto no n.º 5 do artigo 185.º.

4 – O lançamento de oferta concorrente constitui fundamento de revogação de ofertas voluntárias nos termos do artigo 128.º.

5 – A decisão de revogação é publicada logo que seja tomada, devendo sê-lo até quatro dias a contar do lançamento da oferta concorrente.

ART 186.º (Sucessão de ofertas) – Salvo autorização concedida pela CMVM para protecção dos interesses da sociedade visada ou dos destinatários da oferta, nem o oferente nem qualquer das pessoas que com este estejam em alguma das situações previstas no n.º 1 do artigo 20.º podem, nos 12 meses seguintes à publicação do apuramento do resultado da oferta, lançar, directamente, por intermédio de terceiro ou por conta de terceiro, qualquer oferta pública de aquisição sobre os valores mobiliários pertencentes à mesma categoria dos que foram objecto da oferta ou que confiram direito à sua subscrição ou aquisição.

SECÇÃO II — **OFERTA PÚBLICA DE AQUISIÇÃO OBRIGATÓRIA**

ART 187.º (Dever de lançamento de oferta pública de aquisição) – 1 – Aquele cuja participação em sociedade aberta ultrapasse, directamente ou nos termos do n.º 1 do artigo 20.º, um terço ou metade dos direitos de voto correspondentes ao capital social tem o dever de lançar oferta pública de aquisição sobre a totalidade das acções e de outros valores mobiliários emitidos por essa sociedade que confiram direito à sua subscrição ou aquisição.

2 – Não é exigível o lançamento da oferta quando, ultrapassado o limite de um terço, a pessoa que a ela estaria obrigada prove perante a CMVM não ter o domínio da sociedade visada nem estar com esta em relação de grupo.

3 – Quem fizer a prova a que se refere o número anterior fica obrigado:

a) A comunicar à CMVM qualquer alteração da percentagem de direitos de voto de que resulte aumento superior a 1% em relação à situação anteriormente comunicada; e

b) A lançar oferta pública de aquisição geral logo que adquira uma posição que lhe permita exercer influência dominante sobre a sociedade visada.

4 – O limite de um terço referido no n.º 1 pode ser suprimido pelos estatutos das sociedades abertas que não tenham acções ou valores mobiliários que confiram direito à sua subscrição ou aquisição admitidos à negociação em mercado regulamentado.

5 – Para efeitos do presente artigo é irrelevante a inibição de direitos de voto prevista no artigo 192.º.

ART 188.º (Contrapartida) – 1 – A contrapartida de oferta pública de aquisição obrigatória não pode ser inferior ao mais elevado dos seguintes montantes:

a) O maior preço pago pelo oferente ou por qualquer das pessoas que, em relação a ele, estejam em alguma das situações previstas no n.º 1 do artigo 20.º pela aquisição de valores mobiliários da mesma categoria, nos seis meses imediatamente anteriores à data da publicação do anúncio preliminar da oferta;

b) O preço médio ponderado desses valores mobiliários apurado em mercado regulamentado durante o mesmo período.

2 – Se a contrapartida não puder ser determinada por recurso aos critérios referidos no n.º 1 ou se a CMVM entender que a contrapartida, em dinheiro ou em valores mobiliários, proposta pelo oferente não se encontra devidamente justificada ou não é equitativa, por ser insuficiente ou excessiva, a contrapartida mínima será fixada a expensas do oferente por auditor independente designado pela CMVM.

3 – A contrapartida, em dinheiro ou em valores mobiliários, proposta pelo oferente, presume-se não equitativa nas seguintes situações:

a) Se o preço mais elevado tiver sido fixado mediante acordo entre o adquirente e o alienante através de negociação particular;

b) Se os valores mobiliários em causa apresentarem liquidez reduzida por referência ao mercado regulamentado em que estejam admitidos à negociação;

c) Se tiver sido fixada com base no preço de mercado dos valores mobiliários em causa e aquele ou o mercado regulamentado em que estes estejam admitidos tiverem sido afectados por acontecimentos excepcionais.

4 – A decisão da CMVM relativa à designação de auditor independente para a fixação da contrapartida mínima, bem como o valor da contrapartida assim que fixado por aquele, são imediatamente divulgados ao público.

5 – A contrapartida pode consistir em valores mobiliários, se estes forem do mesmo tipo do que os visados na oferta e estiverem admitidos ou forem da mesma categoria de valores mobiliários de comprovada liquidez admitidos à negociação em mercado regulamentado, desde que o oferente e pessoas que com ele estejam em

674   [DL n.º 486/99]   MERCADO DE VALORES MOBILIÁRIOS

alguma das situações do n.º 1 do artigo 20.º não tenham, nos seis meses anteriores ao anúncio preliminar e até ao encerramento da oferta, adquirido quaisquer acções representativas do capital social da sociedade visada com pagamento em dinheiro, caso em que deve ser apresentada contrapartida equivalente em dinheiro.

ART 189.º (Derrogações) – 1 – O disposto no artigo 187.º não se aplica quando a ultrapassagem do limite de direitos de voto relevantes nos termos dessa disposição resultar:

a) Da aquisição de valores mobiliários por efeito de oferta pública de aquisição lançada sobre a totalidade dos valores mobiliários referidos no artigo 187.º emitidos pela sociedade visada, sem nenhuma restrição quanto à quantidade ou percentagem máximas de valores mobiliários a adquirir e com respeito dos requisitos estipulados no artigo anterior;

b) Da execução de plano de saneamento financeiro no âmbito de uma das modalidades de recuperação ou saneamento previstas na lei;

c) Da fusão de sociedades, se da deliberação da assembleia geral da sociedade emitente dos valores mobiliários em relação aos quais a oferta seria dirigida constar expressamente que da operação resultaria o dever de lançamento de oferta pública de aquisição.

2 – A derrogação do dever de lançamento de oferta é objecto de declaração pela CMVM, requerida e imediatamente publicada pelo interessado.

ART 190.º (Suspensão do dever) – 1 – O dever de lançamento de oferta pública de aquisição fica suspenso se a pessoa a ele obrigada, em comunicação escrita dirigida à CMVM, imediatamente após a ocorrência do facto constitutivo do dever de lançamento, se obrigar a pôr termo à situação nos 120 dias subsequentes.

2 – Neste prazo deve o interessado alienar a pessoas que, em relação a ele, não estejam em alguma das situações previstas no n.º 1 do artigo 20.º os valores mobiliários bastantes para que os seus direitos de voto se situem abaixo dos limites a que se refere o artigo 187.º.

3 – Durante o período de suspensão os direitos de voto ficam inibidos nos termos dos n.ᵒˢ 1, 3 e 4 do artigo 192.º.

ART 191.º (Cumprimento) – 1 – A publicação do anúncio preliminar da oferta deve ocorrer imediatamente após a verificação do facto constitutivo do dever de lançamento.

2 – A pessoa obrigada pode fazer-se substituir por outra no cumprimento do seu dever.

ART 192.º (Inibição de direitos) – 1 – O incumprimento do dever de lançamento de oferta pública de aquisição determina a imediata inibição dos direitos de voto e a dividendos inerentes às acções:

a) Que excedam o limite a partir do qual o lançamento seria devido;

b) Que tenham sido adquiridas por exercício de direitos inerentes às acções referidas na alínea anterior ou a outros valores mobiliários que confiram direito à sua subscrição ou aquisição.

2 – A inibição vigora durante cinco anos, cessando:

a) Na totalidade, com a publicação de anúncio preliminar de oferta pública de aquisição mediante contrapartida não inferior à que seria exigida se o dever tivesse sido cumprido atempadamente;

b) Em relação a cada uma das acções referidas no número anterior, à medida da sua alienação a pessoas que não estejam em nenhuma das situações previstas no n.º 1 do artigo 20.º.

3 – A inibição abrange, em primeiro lugar, as acções de que a pessoa obrigada ao lançamento é titular directo e, sucessivamente, na medida do necessário, aquelas de que são titulares as pessoas indicadas no n.º 1 do artigo 20.º, segundo a ordem das respectivas alíneas, e, em relação a pessoas referidas na mesma alínea, na proporção das acções detidas por cada uma delas.

4 – São anuláveis as deliberações dos sócios que, sem os votos inibidos, não teriam sido aprovadas.

5 – Os dividendos que tenham sido objecto de inibição revertem para a sociedade.

ART 193.º (Responsabilidade civil) – O infractor é responsável pelos danos causados aos titulares dos valores mobiliários sobre os quais deveria ter incidido oferta pública de aquisição.

Secção III — AQUISIÇÃO TENDENTE AO DOMÍNIO TOTAL

ART 194.º (Aquisição potestativa) – 1 – Quem, na sequência do lançamento de oferta pública de aquisição geral em que seja visada sociedade aberta que tenha como lei pessoal a lei portuguesa, atinja ou ultrapasse, directamente ou nos termos do n.º 1 do artigo 20.º, 90% dos direitos de voto correspondentes ao capital social até ao apuramento dos resultados da oferta e 90% dos direitos de voto abrangidos pela oferta pode, nos três meses subsequentes, adquirir as acções remanescentes mediante contrapartida justa, em dinheiro, calculada nos termos do artigo 188.º

2 – Se o oferente, em resultado da aceitação de oferta pública de aquisição geral e voluntária, adquirir pelo menos 90% das acções representativas de capital social com direitos de voto abrangidas pela oferta, presume-se que a contrapartida da oferta corresponde a uma contrapartida justa da aquisição das acções remanescentes.

3 – O sócio dominante que tome a decisão de aquisição potestativa deve publicar de imediato anúncio preliminar e enviá-lo à CMVM para efeitos de registo.

4 – Ao conteúdo do anúncio preliminar aplica-se, com as devidas adaptações, o disposto nas alíneas *a)* a *e)* do n.º 1 do artigo 176.º.

CÓDIGO DOS VALORES MOBILIÁRIOS   [DL n.º 486/99]   675

5 – A publicação do anúncio preliminar obriga o sócio dominante a consignar a contrapartida em depósito junto de instituição de crédito, à ordem dos titulares das acções remanescentes.

ART 195.º (Efeitos) – 1 – A aquisição torna-se eficaz a partir da publicação, pelo interessado, do registo na CMVM.

2 – A CMVM envia à entidade gestora do sistema centralizado ou à entidade registadora das acções as informações necessárias para a transferência entre contas.

3 – Se as acções forem tituladas e não estiverem integradas em sistema centralizado, a sociedade procede à emissão de novos títulos representativos das acções adquiridas, servindo os títulos antigos apenas para legitimar o recebimento da contrapartida.

4 – A aquisição implica, em termos imediatos, a perda da qualidade de sociedade aberta da sociedade e a exclusão da negociação em mercado regulamentado das acções da sociedade e dos valores mobiliários que a elas dão direito, ficando vedada a readmissão durante um ano.

ART 196.º (Alienação potestativa) – 1 – Cada um dos titulares das acções remanescentes, nos três meses subsequentes ao apuramento dos resultados da oferta pública de aquisição referida no n.º 1 do artigo 194.º, exercer o direito de alienação potestativa, devendo antes, para o efeito, dirigir por escrito ao sócio dominante convite para que, no prazo de oito dias, lhe faça proposta de aquisição das suas acções.

2 – Na falta da proposta a que se refere o número anterior ou se esta não for considerada satisfatória, qualquer titular de acções remanescentes pode tomar a decisão de alienação potestativa, mediante declaração perante a CMVM acompanhada de:

a) Documento comprovativo de consignação em depósito ou de bloqueio das acções a alienar;

b) Indicação da contrapartida calculada nos termos dos n.ºs 1 e 2 do artigo 194.º.

3 – Verificados pela CMVM os requisitos da alienação, esta torna-se eficaz a partir da notificação por aquela autoridade ao sócio dominante.

4 – A certidão comprovativa da notificação constitui título executivo.

ART 197.º (Igualdade de tratamento) – Nos processos de aquisição tendente ao domínio total, deve ser assegurado, nomeadamente quanto à fixação da contrapartida, tratamento igual aos titulares de acções da mesma categoria.

TÍTULO IV — **NEGOCIAÇÃO**

CAPÍTULO I — **Âmbito**

ART 198.º (Formas organizadas de negociação) – 1 – É permitido o funcionamento em Portugal, sem prejuízo de outras que a CMVM determine por regulamento, das seguintes formas organizadas de negociação de instrumentos financeiros:

a) Mercados regulamentados;

b) Sistemas de negociação multilateral;

c) Internalização sistemática.

2 – *(Revogado.)*

ART 199.º (Mercados regulamentados) – 1 – São mercados regulamentados os sistemas que, tendo sido autorizados como tal por qualquer Estado membro da União Europeia, são multilaterais e funcionam regularmente a fim de possibilitar o encontro de interesses relativos a instrumentos financeiros com vista à celebração de contratos sobre tais instrumentos.

2 – Os mercados regulamentados autorizados nos termos do artigo 217.º obedecem aos requisitos fixados no capítulo ii do presente título.

ART 200.º (Sistemas de negociação multilateral) – 1 – São sistemas de negociação multilateral os sistemas que têm essa qualidade e possibilitam o encontro de interesses relativos a instrumentos financeiros com vista à celebração de contratos sobre tais instrumentos.

2 – Os sistemas de negociação multilateral obedecem aos requisitos fixados na secção I do capítulo II do presente título e nos n.ºs 1 a 9 do artigo 221.º.

3 – O disposto nos n.ºs 1 a 4 do artigo 224.º e 1 e 2 do artigo 225.º é aplicável aos sistemas de negociação multilateral.

ART 201.º (Internalização sistemática) – 1 – É internalização sistemática a negociação, por intermediário financeiro, de instrumentos financeiros por conta própria em execução de ordens de clientes fora de mercado regulamentado e de sistema de negociação multilateral, de modo organizado, frequente e sistemático.

2 – A internalização sistemática em acções admitidas à negociação em mercado regulamentado obedece aos requisitos fixados no capítulo iii do presente título.

3 – *(Revogado.)*

4 – *(Revogado.)*

676 [DL n.º 486/99]   MERCADO DE VALORES MOBILIÁRIOS

CAPÍTULO II — **Mercados regulamentados e sistemas de negociação multilateral**

Secção I — **DISPOSIÇÕES COMUNS**

ART 202.º (Registo na CMVM) – 1 – Os mercados regulamentados e os sistemas de negociação multilateral estão sujeitos a registo na CMVM, bem assim como as regras aos mesmos subjacentes.
2 – *(Revogado.)*
3 – *(Revogado.)*

ART 203.º (Entidade gestora) – 1 – Os mercados regulamentados e os sistemas de negociação multilateral são geridos por entidade gestora que preencha os requisitos fixados em lei especial e, no que respeita apenas a sistemas de negociação multilateral, também por intermediário financeiro, de acordo com o seu regime.
2 – *(Revogado.)*
3 – *(Revogado.)*
4 – *(Revogado.)*
5 – *(Revogado.)*
6 – *(Revogado.)*
7 – *(Revogado.)*

ART 204.º (Objecto de negociação) – 1 – Podem ser objecto de negociação organizada:
a) Valores mobiliários fungíveis, livremente transmissíveis, integralmente liberados e que não estejam sujeitos a penhor ou a qualquer outra situação jurídica que os onere, salvo se respeitados os requisitos previstos nos artigos 35.º e 36.º do Regulamento (CE) n.º 1287/2006, da Comissão, de 10 de Agosto;
b) Outros instrumentos financeiros, nomeadamente instrumentos financeiros derivados, cuja configuração permita a formação ordenada de preços.
2 – São fungíveis, para efeitos de negociação organizada, os valores mobiliários que pertençam à mesma categoria, obedeçam à mesma forma de representação, estejam objectivamente sujeitos ao mesmo regime fiscal e dos quais não tenham sido destacados direitos diferenciados.
3 – *(Revogado.)*

ART 205.º (Admissão e selecção para negociação) – 1 – A admissão à negociação em mercado regulamentado e a selecção para negociação em sistema de negociação multilateral depende de decisão da respectiva entidade gestora.
2 – Os valores mobiliários admitidos à negociação em mercado regulamentado podem ser subsequentemente negociados noutros mercados regulamentados e em sistemas de negociação multilateral sem o consentimento do emitente.
3 – Ocorrendo a negociação subsequente referida no número anterior, o emitente não é obrigado a prestar qualquer informação adicional por virtude da negociação nesses outros mercados ou sistemas de negociação multilateral.
4 – *(Revogado.)*
5 – *(Revogado.)*
6 – *(Revogado.)*

ART 206.º (Membros) – 1 – A negociação dos instrumentos financeiros efectua-se em mercado regulamentado e em sistema de negociação multilateral através dos respectivos membros.
2 – Podem ser admitidos como membros intermediários financeiros e outras pessoas que:
a) Sejam idóneas e profissionalmente aptas;
b) Tenham um nível suficiente de capacidade e competência de negociação;
c) Tenham, quando aplicável, mecanismos organizativos adequados; e
d) Tenham recursos suficientes para as funções a exercer.
3 – A admissão de membros compete à respectiva entidade gestora, de acordo com princípios de legalidade, igualdade e de respeito pelas regras de sã e leal concorrência.
4 – A intervenção dos membros pode consistir no mero registo de operações.

ART 207.º (Operações) – 1 – O elenco das operações a realizar em cada mercado regulamentado e sistema de negociação multilateral é o definido pela respectiva entidade gestora.
2 – As operações sobre os instrumentos financeiros referidos nas alíneas *e)* e *f)* do n.º 1 do artigo 2.º realizam-se nos termos das cláusulas contratuais gerais, em que são padronizados o objecto, a quantidade, o prazo da operação, a periodicidade dos ajustes de perdas e ganhos e a modalidade de liquidação, elaboradas pela entidade gestora e sujeitas a:
a) Comunicação prévia à CMVM; e
b) Aprovação do Banco de Portugal, se tiverem como activo subjacente instrumentos do mercado monetário e cambial.
3 – A realização de operações em mercado regulamentado ou sistema de negociação multilateral sobre os instrumentos financeiros previstos nas subalíneas *ii)* e *iii)* da alínea *e)* e na alínea *f)* do n.º 1 do artigo 2.º depen-

CÓDIGO DOS VALORES MOBILIÁRIOS   [DL n.º 486/99] 677

de de autorização nos termos a fixar em portaria conjunta do Ministro responsável pela área das finanças e do ministro responsável pela área do respectivo sector, precedendo parecer da CMVM e do Banco de Portugal.

4 – A entidade gestora adopta procedimentos eficazes para permitir a compensação e a liquidação eficientes e atempadas das operações efectuadas através dos seus sistemas e informa claramente os membros dos mesmos sobre as respectivas responsabilidades pela liquidação das operações.

5 – Os membros de mercado regulamentado e sistema de negociação multilateral podem designar o sistema de liquidação de operações por si realizadas nesse mercado ou sistema se:

a) Existirem ligações e acordos entre o sistema de liquidação designado e todos os sistemas ou infra-estruturas necessários para assegurar a liquidação eficiente e económica da operação em causa; e

b) A CMVM não se opuser por considerar que as condições técnicas para a liquidação de operações realizadas no mercado ou sistema, através de um sistema de liquidação diferente do designado pela entidade gestora desse mercado ou sistema, permitem o funcionamento harmonioso e ordenado do mercado de instrumentos financeiros.

ART 208.º (Sistemas de negociação) – 1 – As operações de mercado regulamentado e de sistemas de negociação multilateral realizam-se através de sistemas de negociação adequados à correcta formação dos preços dos instrumentos financeiros neles negociados e à liquidez do mercado, assegurando designadamente a transparência das operações.

2 – Para boa execução das ordens por si aceites, os membros de mercado regulamentado ou de sistema de negociação multilateral introduzem ofertas no sistema de negociação, segundo a modalidade mais adequada e no tempo mais oportuno.

3 – Os negócios sobre instrumentos financeiros celebrados directamente entre os interessados que sejam registados no sistema através de um dos seus membros podem ser equiparados a operações de mercado regulamentado, nos termos das regras aprovadas pela entidade gestora.

ART 209.º (Regras) – 1 – Para cada mercado regulamentado ou sistema de negociação multilateral, a entidade gestora deve aprovar regras transparentes e não discriminatórias, baseadas em critérios objectivos, que assegurem o bom funcionamento daquele, designadamente relativas a:

a) Requisitos de admissão à negociação ou de selecção para negociação e respectivo processo;

b) Acesso à qualidade de membro;

c) Operações e ofertas;

d) Negociação e execução de ordens; e

e) Obrigações aplicáveis aos respectivos membros.

2 – As regras referidas no número anterior são objecto de registo na CMVM, o qual visa a verificação da sua suficiência, adequação e legalidade.

3 – A aprovação ou a alteração de regras que não imponham a verificação prevista no número anterior deve ser comunicada à CMVM.

4 – Após o registo na CMVM, a entidade gestora divulga as regras adoptadas, as quais entram em vigor na data de divulgação ou noutra nelas prevista.

5 – *(Revogado.)*

ART 210.º (Direitos inerentes) – 1 – Os direitos patrimoniais inerentes aos valores mobiliários vendidos pertencem ao comprador desde a data da operação.

2 – O comprador paga ao vendedor, além do preço formado, os juros e outras remunerações certas correspondentes ao tempo decorrido após o último vencimento até à data da liquidação da operação.

3 – O disposto nos números anteriores não exclui diferente regime de atribuição de direitos inerentes aos valores mobiliários transaccionados, desde que tal regime seja prévia e claramente publicado nos termos previstos nas regras do mercado regulamentado ou do sistema de negociação multilateral.

ART 211.º (Fiscalização de operações) – 1 – A entidade gestora deve adoptar mecanismos e procedimentos eficazes para fiscalizar o cumprimento, pelos respectivos membros, das regras daqueles sistemas e para o controlo das operações efectuadas nos mesmos, por forma a identificar violações a essas regras, condições anormais de negociação ou comportamentos susceptíveis de pôr em risco a regularidade de funcionamento, a transparência e a credibilidade do mercado.

2 – A entidade gestora deve comunicar imediatamente à CMVM a ocorrência de alguma das situações referidas no número anterior, fornecendo todas as informações relevantes para a respectiva investigação, bem como as situações de incumprimento relevante de regras relativas ao funcionamento do mercado ou sistema.

ART 212.º (Informação ao público) – 1 – Para cada mercado regulamentado ou sistema de negociação multilateral, a entidade gestora deve prestar ao público informação sobre:

a) Os instrumentos financeiros admitidos à negociação ou seleccionados para negociação;

b) As operações realizadas e respectivos preços.

2 – No caso de sistema de negociação multilateral, considera-se cumprido o dever estabelecido na alínea *a)* do número anterior se a entidade gestora se certificar de que existe acesso à informação em causa.

678 [DL n.º 486/99]

MERCADO DE VALORES MOBILIÁRIOS

3 – O conteúdo, os meios e a periodicidade da informação a prestar ao público devem ser os adequados às características de cada sistema, ao nível de conhecimentos e à natureza dos investidores e à composição dos vários interesses envolvidos.

4 – A CMVM pode exigir a alteração das regras relativas à informação quando verifique que não são suficientes para a protecção dos investidores.

5 – A entidade gestora deve divulgar por escrito:

a) Um boletim nos dias em que tenham lugar sessões normais;

b) Informação estatística relativa aos mercados ou sistemas por si geridos, sem prejuízo do disposto em matéria de segredo;

c) O texto actualizado das regras por que se regem a entidade gestora, os mercados ou sistemas por si geridos e as operações nestes realizadas.

ART 213.º (Suspensão e exclusão da negociação em mercado regulamentado) – 1 – A entidade gestora de mercado regulamentado pode, a menos que tal medida seja susceptível de causar prejuízos significativos aos interesses dos investidores e ao funcionamento regular do mercado, suspender ou excluir instrumentos financeiros da negociação.

2 – A suspensão da negociação justifica-se quando:

a) Deixem de se verificar os requisitos de admissão ou o incumprimento relevante de outras regras do mercado, desde que a falta seja sanável;

b) Ocorram circunstâncias susceptíveis de, com razoável grau de probabilidade, perturbar o regular desenvolvimento da negociação;

c) A situação do emitente implique que a negociação seja prejudicial para os interesses dos investidores.

3 – A exclusão da negociação justifica-se quando:

a) Deixem de se verificar os requisitos de admissão ou o incumprimento relevante de outras regras do mercado, se a falta não for sanável;

b) Não tenham sido sanadas as faltas que justificaram a suspensão.

4 – A exclusão de instrumentos financeiros cuja negociação seja condição para a admissão de outros implica a exclusão destes.

5 – A entidade gestora de mercado regulamentado torna pública a decisão final de suspensão ou de exclusão da negociação e comunica à CMVM a informação relevante, sem prejuízo da possibilidade de comunicar directamente ao emitente e à entidade gestora de outros mercados onde os instrumentos financeiros são negociados ou constituam o activo subjacente de instrumentos financeiros derivados.

6 – A CMVM informa as autoridades competentes dos outros Estados membros após a comunicação de entidade gestora de mercado regulamentado referida no número anterior.

7 – Relativamente às operações referidas no n.º 2 do artigo 207.º:

a) A decisão de suspensão da negociação deve ser imediatamente comunicada à CMVM, que informa o Banco de Portugal se as operações se incluírem nas referidas na alínea *b)* do n.º 2 do artigo 207.º;

b) A decisão de exclusão é precedida de comunicação à CMVM, que informa o Banco de Portugal se as operações se incluírem nas referidas na alínea *b)* do n.º 2 do artigo 207.º.

ART 214.º (Poderes da CMVM) – 1 – A CMVM pode:

a) Ordenar à entidade gestora de mercado regulamentado ou de sistema de negociação multilateral que proceda à suspensão de instrumentos financeiros da negociação, quando a situação do emitente implique que a negociação seja prejudicial para os interesses dos investidores ou, no caso de entidade gestora de mercado regulamentado, esta não o tenha feito em tempo oportuno;

b) Ordenar à entidade gestora de mercado regulamentado ou de sistema de negociação multilateral que proceda à exclusão de instrumentos financeiros da negociação quando comprovar a violação das leis ou regulamentos aplicáveis;

c) Estender a suspensão ou a exclusão a todos os mercados regulamentados e sistemas de negociação multilateral onde instrumentos financeiros da mesma categoria são negociados.

2 – Imediatamente após ordem de suspensão ou exclusão da negociação em mercado regulamentado, ao abrigo do número anterior, a CMVM torna pública a respectiva decisão e informa as autoridades competentes dos outros Estados membros da União Europeia.

3 – *(Revogado.)*

4 – *(Revogado.)*

ART 215.º (Efeitos da suspensão e da exclusão) – 1 – A decisão de suspensão ou de exclusão produz efeitos imediatos.

2 – A suspensão mantém-se pelo tempo estritamente necessário à regularização da situação que lhe deu origem, não podendo cada período de suspensão ser superior a 10 dias úteis.

3 – A suspensão da negociação não exonera o emitente do cumprimento das obrigações de informação a que esteja sujeito.

4 – Se a tal não obstar a urgência da decisão, a entidade gestora de mercado regulamentado notifica o emitente para se pronunciar sobre a suspensão ou a exclusão no prazo que para o efeito lhe fixar.

CÓDIGO DOS VALORES MOBILIÁRIOS   [DL n.º 486/99] 679

5 – Quando seja informada pela autoridade competente de outro Estado membro da União Europeia da respectiva decisão de suspensão ou exclusão de um instrumento financeiro da negociação em mercado regulamentado desse Estado membro, a CMVM ordena a suspensão ou exclusão da negociação desse instrumento financeiro em mercado regulamentado ou em sistema de negociação multilateral registado em Portugal, excepto quando tal puder causar prejuízos significativos aos interesses dos investidores ou ao bom funcionamento dos mercados.

ART 216.º (Regulamentação) – 1 – A CMVM elabora os regulamentos necessários à concretização do disposto no presente título, nomeadamente sobre as seguintes matérias:
a) Processo de registo dos mercados regulamentados e sistemas de negociação multilateral e das regras aos mesmos subjacentes;
b) Processo de comunicação de regras que não imponham a verificação da sua legalidade, suficiência e adequação;
c) Informações a prestar à CMVM pelas entidades gestoras de mercados regulamentados e de sistemas de negociação multilateral;
d) Informações a prestar ao público pelas entidades gestoras de mercados regulamentados e de sistemas de negociação multilateral e pelos emitentes de valores mobiliários admitidos à negociação, designadamente quanto ao conteúdo da informação, aos meios e aos prazos em que deve ser prestada ou publicada;
e) Divulgações obrigatórias no boletim do mercado regulamentado e do sistema de negociação multilateral.
2 – *(Revogado.)*
3 – *(Revogado.)*
4 – *(Revogado.)*

SECÇÃO II — **MERCADOS REGULAMENTADOS**

SUBSECÇÃO I — **Disposições gerais**

ART 217.º (Autorização) – 1 – A constituição e extinção dos mercados regulamentados depende de autorização requerida pela respectiva entidade gestora e concedida pelo Ministro das Finanças, mediante portaria e ouvida a CMVM.
2 – A CMVM comunica à Comissão Europeia e aos Estados membros a lista dos mercados regulamentados registados nos termos do disposto no artigo 202.º.

ART 218.º (Acordos entre entidades gestoras) – 1 – As entidades gestoras de mercados regulamentados situados ou a funcionar em Portugal podem acordar, entre si, sistemas de conexão informativa ou operativa se o bom funcionamento dos mercados por elas geridos e os interesses dos investidores o aconselharem.
2 – As entidades gestoras de mercados regulamentados situados ou a funcionar em Portugal podem celebrar acordos com entidades congéneres de outros Estados, prevendo nomeadamente:
a) Que em cada um deles sejam negociados instrumentos financeiros admitidos à negociação no outro;
b) Que os membros de cada um dos mercados regulamentados possam intervir no outro.
3 – Os acordos a que se referem os números anteriores são previamente comunicados à CMVM, a qual, nos 15 dias após a comunicação, pode deduzir oposição, no caso do n.º 2, se o mercado regulamentado situado ou a funcionar em Estado não membro da União Europeia não impuser níveis de exigência similares aos do mercado regulamentado situado ou a funcionar em Portugal quanto à admissão dos instrumentos financeiros à negociação e à informação a prestar ao público e não forem assegurados outros requisitos de protecção dos investidores.

ART 219.º (Estrutura do mercado regulamentado) – 1 – Em cada mercado regulamentado podem ser criados os segmentos que se revelem necessários tendo em conta, nomeadamente, as características das operações, dos instrumentos financeiros negociados, das entidades que os emitem, do sistema de negociação e as quantidades a transaccionar.
2 – *(Revogado.)*
3 – *(Revogado.)*
4 – *(Revogado.)*

ART 220.º (Sessões do mercado regulamentado) – 1 – Os mercados regulamentados funcionam em sessões públicas, que podem ser normais ou especiais.
2 – As sessões normais de mercado regulamentado funcionam no horário e nos dias definidos pela entidade gestora do mercado regulamentado, para negociação corrente dos instrumentos financeiros admitidos à negociação.
3 – As sessões especiais realizam-se em cumprimento de decisão judicial ou por decisão da entidade gestora do mercado regulamentado a pedido dos interessados.
4 – As sessões especiais decorrem de acordo com as regras fixadas pela entidade gestora do mercado regulamentado, podendo as operações ter por objecto instrumentos financeiros admitidos ou não à negociação em sessões normais.

680   [DL n.º 486/99]   MERCADO DE VALORES MOBILIÁRIOS

ART 221.º (Informação sobre ofertas e operações em mercado regulamentado) – 1 – A entidade gestora do mercado regulamentado deve divulgar ao público, de forma contínua durante o horário normal de negociação, os preços de compra e de venda de acções e a quantidade das ofertas pendentes relativas a acções.

2 – A CMVM pode dispensar o cumprimento do dever de divulgação referido no número anterior, atendendo ao modelo de mercado ou ao tipo e à quantidade das ofertas em causa.

3 – A entidade gestora do mercado regulamentado deve divulgar ao público as seguintes informações:

a) O preço, a quantidade, o momento e outras informações pormenorizadas relativas a cada operação em acções;

b) A quantidade total de acções negociadas.

4 – A CMVM pode autorizar a divulgação diferida das informações referidas na alínea *a)* do número anterior atendendo ao tipo e à quantidade das operações em causa.

5 – As informações referidas nos n.ºs 1 e 3 são disponibilizadas em condições comerciais razoáveis.

6 – São definidos nos artigos 17.º a 20.º, 27.º a 30.º e 32.º do Regulamento (CE) n.º 1287/2006, da Comissão, de 10 de Agosto:

a) A concreta informação cuja divulgação é exigida nos termos dos n.ºs 1 e 3;

b) Os prazos, condições e meios de divulgação da informação prevista nos n.ºs 1 e 3;

c) As condições de dispensa ou deferimento do cumprimento do dever de divulgação referidas, respectivamente, nos n.ºs 2 e 4.

7 – A entidade gestora do mercado regulamentado divulga aos membros do mercado e aos investidores em geral os mecanismos a utilizar para a divulgação diferida referida no n.º 4, depois de obtida autorização da CMVM quanto à utilização dos mesmos.

8 – Se os preços não forem expressos em moeda com curso legal em Portugal, deve ser clara a informação quanto à moeda utilizada.

9 – A CMVM define, através de regulamento, o conteúdo, os meios e a periodicidade da informação a prestar ao público relativamente a outros instrumentos financeiros negociados em mercado regulamentado.

10 – A entidade gestora do mercado regulamentado pode facultar o acesso, em condições comerciais razoáveis e numa base não discriminatória, aos mecanismos que utiliza para a divulgação das informações previstas no presente artigo a entidades gestoras de sistemas de negociação multilateral e a intermediários financeiros.

ART 222.º (Cotação) – 1 – Sempre que na lei ou em contrato se refira a cotação numa certa data, considera-se como tal o preço de referência definido pela entidade gestora do mercado regulamentado a contado.

2 – Em relação às operações efectuadas em cada sessão, a entidade gestora do mercado regulamentado divulga o preço de referência, calculado nos termos das regras de mercado.

3 – Se os instrumentos financeiros estiverem admitidos à negociação em mais de um mercado regulamentado situado ou a funcionar em Portugal, é tido em conta, para os efeitos do n.º 1, o preço efectuado no mercado regulamentado situado ou a funcionar em Portugal que, nos termos a fixar em regulamento da CMVM, seja considerado mais representativo.

ART 223.º (Admissão de membros) – 1 – A admissão como membro de mercado regulamentado e a manutenção dessa qualidade dependem, além dos requisitos definidos no artigo 206.º, da observância dos requisitos fixados pela respectiva entidade gestora, decorrentes:

a) Da constituição e administração do mercado regulamentado;

b) Das regras relativas às operações nesse mercado;

c) Das normas profissionais impostas aos colaboradores das entidades que operam no mercado;

d) Das normas e procedimentos para a compensação e liquidação das operações realizadas nesse mercado.

2 – Os membros dos mercados regulamentados que apenas exerçam funções de negociação só podem ser admitidos após terem celebrado contrato com um ou mais membros que assegurem a liquidação das operações por eles negociadas.

3 – A entidade gestora de um mercado regulamentado não pode limitar o número máximo dos seus membros.

4 – A qualidade de membro do mercado regulamentado não depende da titularidade de qualquer parcela do capital social da entidade gestora.

5 – A entidade gestora de mercado regulamentado deve comunicar à CMVM a lista dos respectivos membros, sendo a periodicidade desta comunicação estabelecida por regulamento da CMVM.

Subsecção II — Membros

ART 224.º (Acesso remoto a mercados autorizados em Portugal) – 1 – As regras relativas à qualidade de membro de mercado regulamentado possibilitam o acesso remoto ao mesmo por empresas de investimento e instituições de crédito autorizadas em outros Estados membros da União Europeia, salvo se os procedimentos e sistemas de negociação do mercado em causa exigirem uma presença física para a conclusão das operações no mesmo.

2 – A entidade gestora de mercado regulamentado registado em Portugal pode disponibilizar, no território de outros Estados membros, mecanismos adequados a facilitar o acesso àquele mercado e a negociação no mesmo por parte de membros remotos estabelecidos no território daqueles outros Estados membros devendo, para o efeito, comunicar à CMVM o Estado membro em que tenciona disponibilizar esses mecanismos.

CÓDIGO DOS VALORES MOBILIÁRIOS   [DL n.º 486/99] 681

3 – No prazo de um mês, contado da data da comunicação referida no número anterior, a CMVM comunica aquela intenção à autoridade competente do Estado membro em que a entidade gestora tenciona disponibilizar tais mecanismos.

4 – A pedido da autoridade competente referida no número anterior, a CMVM informa-a, em prazo razoável, da identidade dos membros remotos do mercado autorizado em Portugal estabelecidos nesse Estado membro.

5 – Nas circunstâncias previstas no artigo 16.º do Regulamento (CE) n.º 1287/2006, de 10 de Agosto, a CMVM estabelece com a autoridade competente do Estado membro em que o mecanismo foi disponibilizado acordo de cooperação visando a adequada supervisão do mercado regulamentado em causa.

ART 225.º (Acesso remoto a mercados autorizados no estrangeiro) – 1 – A disponibilização, em território nacional, de mecanismos adequados a facilitar o acesso e a negociação a mercado regulamentado autorizado noutro Estado membro da União Europeia, por membros remotos estabelecidos em Portugal, depende de comunicação à CMVM, pela autoridade competente do Estado em que o mercado regulamentado foi autorizado:

a) Da intenção da entidade gestora disponibilizar esses mecanismos em Portugal; e

b) Da identidade dos membros desse mercado que se encontrem estabelecidos em Portugal, a pedido da CMVM.

2 – A CMVM pode autorizar a disponibilização, em território nacional, de mecanismos adequados a facilitar o acesso e a negociação a mercado autorizado em Estado que não seja membro da União Europeia desde que aqueles se encontrem sujeitos a requisitos legais e de supervisão equivalentes.

3 – Nas circunstâncias previstas no artigo 16.º do Regulamento (CE) n.º 1287/2006, de 10 de Agosto, a CMVM estabelece com a autoridade competente do Estado membro em que o mercado regulamentado foi autorizado acordo de cooperação visando a adequada supervisão do mesmo.

ART 226.º (Deveres dos membros) – 1 – Os membros de mercado regulamentado devem:

a) Acatar as decisões dos órgãos da entidade gestora do mercado regulamentado que sejam tomadas no âmbito das disposições legais e regulamentares aplicáveis no mercado onde actuam; e

b) Prestar à entidade gestora do mercado regulamentado as informações necessárias à boa gestão dos mercados, ainda que tais informações estejam sujeitas a segredo profissional.

2 – Cada um dos membros do mercado regulamentado designa um titular do seu órgão de administração, ou um representante com poderes bastantes, como interlocutor directo perante a entidade gestora do mercado regulamentado e a CMVM.

3 – *(Revogado.)*

SUBSECÇÃO III — **Admissão à negociação**

ART 227.º (Admissão à negociação em mercado regulamentado) – 1 – Só podem ser admitidos à negociação valores mobiliários cujo conteúdo e forma de representação sejam conformes ao direito que lhes é aplicável e que tenham sido, em tudo o mais, emitidos em harmonia com a lei pessoal do emitente.

2 – São definidas nos artigos 35.º a 37.º do Regulamento (CE) n.º 1287/2006, da Comissão, de 10 de Agosto, as características dos diferentes tipos de instrumentos financeiros que devem ser tidas em consideração pela entidade gestora do mercado regulamentado ao avaliar se o mesmo foi emitido em termos que permitam a sua admissão à negociação.

3 – O emitente deve satisfazer os seguintes requisitos:

a) Ter sido constituído e estar a funcionar em conformidade com a respectiva lei pessoal;

b) Comprovar que possui situação económica e financeira compatível com a natureza dos valores mobiliários a admitir e com o mercado onde é solicitada a admissão.

4 – No requerimento de admissão devem ser indicados:

a) Os meios a utilizar pelo emitente para a prestação da informação ao público;

b) A identificação do participante em sistema de liquidação aceite pela entidade gestora através do qual se assegure o pagamento dos direitos patrimoniais inerentes aos valores mobiliários a admitir e de outras prestações devidas.

5 – O emitente tem o dever de, no prazo de 90 dias após a sua emissão, solicitar a admissão das acções que pertençam à categoria das já admitidas.

6 – As acções podem ser admitidas à negociação após inscrição definitiva do acto constitutivo da sociedade ou do aumento de capital no registo comercial, ainda que não esteja efectuada a respectiva publicação.

7 – A entidade gestora do mercado regulamentado estabelece e mantém mecanismos eficazes para:

a) Verificar se os emitentes de valores mobiliários admitidos à negociação no mercado regulamentado cumprem as obrigações de informação aplicáveis;

b) Facilitar aos membros do mercado regulamentado o acesso às informações que tenham sido divulgadas ao público por parte dos emitentes;

c) Verificar regularmente se os valores mobiliários que estão admitidos à negociação no mercado regulamentado continuam a cumprir os requisitos de admissão.

682   [DL n.º 486/99]   MERCADO DE VALORES MOBILIÁRIOS

ART 228.º (Admissão a mercado de cotações oficiais) – 1 – Além dos previstos no n.º 3 do artigo anterior, o emitente de valores mobiliários a negociar em mercado que forme cotação oficial deve satisfazer os seguintes requisitos:

a) Desenvolver a sua actividade há pelo menos três anos;

b) Ter divulgado, nos termos da lei, os seus relatórios de gestão e contas anuais relativos aos três anos anteriores àquele em que a admissão é solicitada.

2 – Se a sociedade emitente tiver resultado de fusão ou cisão, os requisitos referidos no número anterior consideram-se satisfeitos se se verificarem numa das sociedades fundidas ou na sociedade cindida.

3 – A CMVM pode dispensar os requisitos referidos no n.º 1 quando os interesses do emitente e dos investidores o aconselhem e o requisito da alínea *b)* do n.º 3 no artigo anterior, por si só, permita aos investidores formar um juízo esclarecido sobre o emitente e os valores mobiliários.

4 – *(Revogado.)*

5 – *(Revogado.)*

6 – *(Revogado.)*

7 – *(Revogado.)*

ART 229.º (Admissão de acções à negociação em mercado de cotações oficiais) – 1 – Só podem ser admitidas à negociação em mercado que forme cotação oficial acções em relação às quais:

a) Se verifique, até ao momento da admissão, um grau adequado de dispersão pelo público;

b) Se preveja capitalização bolsista de, pelo menos, um milhão de euros, ou, se a capitalização bolsista não puder ser determinada, os capitais próprios da sociedade, incluindo os resultados do último exercício, sejam de pelo menos um milhão de euros.

2 – Presume-se que existe um grau adequado de dispersão quando as acções que são objecto do pedido de admissão à negociação se encontram dispersas pelo público numa proporção de, pelo menos, 25% do capital social subscrito representado por essa categoria de acções, ou, quando, devido ao elevado número de acções da mesma categoria e devido à amplitude da sua dispersão entre o público, esteja assegurado um funcionamento regular do mercado com uma percentagem mais baixa.

3 – No caso de pedido de admissão de acções da mesma categoria de acções já admitidas, a adequação da dispersão pelo público deve ser analisada em relação à totalidade das acções admitidas.

4 – Não se aplica o disposto na alínea *b)* do n.º 1 em casos de admissão à negociação de acções da mesma categoria das já admitidas.

5 – A entidade gestora do mercado regulamentado pode exigir uma capitalização bolsista superior à prevista na alínea *b)* do n.º 1 se existir um outro mercado regulamentado nacional para o qual as exigências nessa matéria sejam iguais às referidas na mesma alínea.

6 – *(Revogado.)*

7 – *(Revogado.)*

8 – *(Revogado.)*

ART 230.º (Admissão de obrigações à negociação em mercado de cotações oficiais) – 1 – Só podem ser admitidas à negociação em mercado que forme cotação oficial obrigações representativas de empréstimo obrigacionista ou de alguma das suas séries cujo montante seja igual ou superior a € 200 000.

2 – A admissão de obrigações convertíveis em acções ou com direito de subscrição de acções a mercado que forme cotação oficial depende de prévia ou simultânea admissão das acções a que conferem direito ou de acções pertencentes à mesma categoria.

3 – A exigência do número anterior pode ser dispensada pela CMVM se tal for permitido pela lei pessoal do emitente e este demonstrar que os titulares das obrigações dispõem da informação necessária para formarem um juízo fundado quanto ao valor das acções em que as obrigações são convertíveis.

4 – A admissão de obrigações convertíveis em acções ou com direito de subscrição de acções já admitidas à negociação em mercado regulamentado situado ou a funcionar num Estado membro da União Europeia onde o emitente tenha a sua sede depende de consulta prévia às autoridades desse Estado membro.

5 – Não se aplica o disposto na alínea *b)* do n.º 3 do artigo 227.º e no n.º 1 do artigo 228.º à admissão de obrigações:

a) Representativas de dívida pública nacional ou estrangeira;

b) Emitidas pelas Regiões Autónomas e pelas autarquias locais nacionais;

c) Emitidas por institutos públicos e fundos públicos nacionais;

d) Garantidas, solidária e incondicionalmente, pelo Estado Português ou por Estado estrangeiro;

e) Emitidas por pessoas colectivas internacionais de carácter público e por instituições financeiras internacionais.

ART 231.º (Disposições especiais sobre a admissão de valores mobiliários sujeitos a direito estrangeiro) – 1 – Salvo nos casos em que os valores mobiliários estejam admitidos à negociação em mercado regulamentado situado ou a funcionar em Estado membro da União Europeia, a CMVM pode exigir ao emitente a apresentação de parecer jurídico que ateste os requisitos do n.ºˢ 1 e 2 e da alínea *a)* do n.º 3 do artigo 227.º.

CÓDIGO DOS VALORES MOBILIÁRIOS   [DL n.º 486/99]   683

2 – A admissão de valores mobiliários sujeitos ao direito de um Estado membro da Comunidade Europeia não pode ser subordinada à admissão prévia em mercado regulamentado situado ou a funcionar nesse Estado.

3 – Quando o direito do Estado a que estão sujeitos os valores mobiliários a admitir não permita a sua admissão directa em mercado situado ou a funcionar fora desse Estado, ou a admissão desses valores mobiliários se mostre de difícil execução operacional, podem ser admitidos à negociação em mercado regulamentado situado ou a funcionar em Portugal certificados representativos de registo ou de depósito desses valores mobiliários.

ART 232.º (Efeitos da admissão à negociação) – 1 – A admissão de valores mobiliários que tenham sido objecto de uma oferta pública só produz efeitos após o encerramento da oferta.

2 – A entidade gestora pode autorizar a celebração de negócios sobre valores mobiliários, emitidos ou a emitir, objecto de oferta pública de distribuição sobre que incida pedido de admissão, em período temporal curto anterior à admissão em mercado desde que sujeitos à condição de a admissão se tornar eficaz.

3 – A admissão à negociação abrange todos os valores mobiliários da mesma categoria.

4 – Exceptuam-se do disposto no número anterior as acções da mesma categoria das acções cuja admissão à negociação é solicitada que façam parte de lotes destinados a manter o controlo da sociedade, se isso não prejudicar os restantes titulares das acções cuja admissão à negociação é solicitada e o requerente prestar informação ao mercado sobre a razão para a não admissão e o número de acções abrangidas.

SUBSECÇÃO IV — **Processo de admissão**

ART 233.º (Pedido de admissão) – 1 – O pedido de admissão à negociação, instruído com os elementos necessários para a prova dos requisitos exigidos, é apresentado à entidade gestora de mercado regulamentado em cujo mercado os valores mobiliários serão negociados:

a) Pelo emitente;

b) Por titulares de, pelo menos, 10% dos valores mobiliários emitidos, pertencentes à mesma categoria, se o emitente já for uma sociedade aberta;

c) Pelo Instituto de Gestão do Crédito Público, se se tratar de obrigações emitidas pelo Estado Português.

2 – A entidade gestora do mercado regulamentado envia à CMVM cópia do pedido de admissão com os documentos necessários para a aprovação do prospecto.

3 – O pedido de admissão à negociação pode ser apresentado antes de se encontrarem reunidos todos os requisitos exigidos, desde que o emitente indique como, e em que prazos, vão ser preenchidos.

4 – O emitente de valores mobiliários admitidos à negociação em mercado regulamentado deve, no momento em que solicita a admissão, nomear um representante com poderes bastantes para as relações com o mercado e com a CMVM.

ART 234.º (Decisão de admissão) – 1 – A entidade gestora decide a admissão dos valores mobiliários à negociação ou a sua recusa até 90 dias após a apresentação do pedido, devendo a decisão ser notificada imediatamente ao requerente.

2 – A decisão de admissão à negociação não envolve qualquer garantia quanto ao conteúdo da informação, à situação económica e financeira do emitente, à viabilidade deste e à qualidade dos valores mobiliários admitidos.

3 – A entidade gestora do mercado regulamentado divulga a sua decisão de admissão e comunica-a à CMVM, identificando os valores mobiliários admitidos, descrevendo as suas características e o modo de acesso ao prospecto.

4 – Quando a entidade gestora do mercado regulamentado admita valores mobiliários à negociação sem consentimento do respectivo emitente, nos termos previstos no n.º 2 do artigo 205.º, deve informar este desse facto.

ART 235.º (Recusa de admissão) – 1 – A admissão à negociação só pode ser recusada se:

a) Não estiverem preenchidos os requisitos exigidos na lei, em regulamento ou nas regras do respectivo mercado;

b) O emitente não tiver cumprido os deveres a que está sujeito noutros mercados, situados ou a funcionar em Portugal ou no estrangeiro, onde os valores mobiliários se encontrem admitidos à negociação;

c) O interesse dos investidores desaconselhar a admissão à negociação, atenta a situação do emitente.

2 – A entidade gestora deve notificar o requerente para suprir os vícios sanáveis em prazo razoável, que lhe fixará.

3 – A admissão considera-se recusada se a decisão não for notificada ao requerente nos 90 dias posteriores ao pedido de admissão.

SUBSECÇÃO V — **Prospecto**

ART 236.º (Exigibilidade) – 1 – Previamente à admissão de valores mobiliários à negociação, o requerente deve divulgar, nos termos do artigo 140.º, um prospecto aprovado:

684 [DL n.º 486/99]   MERCADO DE VALORES MOBILIÁRIOS

a) Pela CMVM, em caso de admissão de valores mobiliários referidos no n.º 1 do artigo 145.º;

b) Pela autoridade competente, por aplicação dos critérios mencionados nos n.ᵒˢ 2 e 3 do artigo 145.º, com as necessárias adaptações.

2 – O prospecto não é exigido para a admissão de:

a) Valores mobiliários referidos nas alíneas *a)*, *b)*, *c)*, *d)*, *f)*, *g)*, *h)*, *i)*, *j)*, *l)* e *n)* do n.º 1 do artigo 111.º e na alínea *a)* do n.º 2 do artigo 134.º, nas condições ali previstas;

b) Acções oferecidas, atribuídas ou a atribuir gratuitamente a accionistas existentes e dividendos pagos sob a forma de acções da mesma categoria das acções em relação às quais são pagos os dividendos, desde que as referidas acções sejam da mesma categoria que as acções já admitidas à negociação no mesmo mercado regulamentado e esteja disponível um documento com informações sobre o número e a natureza das acções, bem como sobre as razões e características da oferta;

c) Valores mobiliários oferecidos, atribuídos ou a atribuir a membros dos órgãos de administração ou a trabalhadores, actuais ou antigos, pelo empregador ou por uma sociedade dominada por este, desde que os referidos valores mobiliários sejam da mesma categoria que os valores mobiliários já admitidos à negociação no mesmo mercado regulamentado e esteja disponível um documento com informações sobre o número e a natureza dos valores mobiliários, bem como sobre as razões e características da oferta;

d) Acções que representem, ao longo de um período de 12 meses, menos de 10% do número de acções da mesma categoria já admitidas à negociação no mesmo mercado regulamentado;

e) Acções resultantes da conversão ou troca de outros valores mobiliários ou do exercício dos direitos conferidos por outros valores mobiliários, desde que aquelas sejam da categoria de acções já admitidas à negociação no mesmo mercado regulamentado;

f) Valores mobiliários já admitidos à negociação noutro mercado regulamentado nas seguintes condições:

i) Esses valores mobiliários, ou valores da mesma categoria, terem sido admitidos à negociação nesse outro mercado regulamentado há mais de 18 meses;

ii) Para os valores mobiliários admitidos pela primeira vez à negociação num mercado regulamentado, a admissão à negociação nesse outro mercado regulamentado ter sido acompanhada da divulgação de um prospecto através dos meios mencionados no artigo 140.º;

iii) Excepto quando seja aplicável o disposto na subalínea anterior, para os valores mobiliários admitidos pela primeira vez à negociação depois de 30 de Junho de 1983, o prospecto ter sido aprovado em conformidade com os requisitos da Directiva n.º 80/390/CEE, do Conselho, de 27 de Março, ou da Directiva n.º 2001/34/CE, do Conselho, de 28 de Maio;

iv) Terem sido preenchidos os requisitos a observar para negociação nesse outro mercado regulamentado;

v) A pessoa que solicite a admissão nos termos desta excepção tenha elaborado um sumário disponibilizado ao público numa língua que seja aceite pela CMVM;

vi) O sumário referido na subalínea anterior seja disponibilizado ao público; e

vii) O conteúdo do sumário cumpra o disposto no artigo 135.º-A e que, bem assim, refira onde pode ser obtido o prospecto mais recente e onde está disponível a informação financeira publicada pelo emitente de acordo com as suas obrigações de divulgação.

3 – Nos casos das alíneas *a)*, *b)*, *i)* e *j)* do artigo 111.º, o requerente de pedido de admissão tem o direito de elaborar um prospecto, ficando este sujeito às regras do presente Código e dos diplomas que o complementem.

ART 237.º (Reconhecimento mútuo e cooperação) – *(Revogado.)*

ART 237.º-A (Idioma) – 1 – O prospecto de admissão pode ser, no todo ou em parte, redigido numa língua de uso corrente nos mercados financeiros internacionais:

a) Se os valores mobiliários a admitir tiverem um valor nominal igual ou superior a € 50 000, ou, em caso de valores mobiliários sem valor nominal, se o valor inicial previsto de admissão for igual ou superior àquele montante.

b) Se tiver sido elaborado no âmbito de um pedido de admissão dirigido a mercados de vários Estados;

c) Se a lei pessoal do emitente for estrangeira;

d) Se se destinar a mercado ou segmento de mercado que, pelas suas características, apenas seja acessível a investidores qualificados.

2 – Aos casos previstos nas alíneas *b)* e *c)* do número anterior é aplicável o n.º 2 do artigo 163.º-A.

3 – A informação periódica relativa a emitentes de valores mobiliários admitidos à negociação nas situações previstas no artigo 163.º-A pode ser redigida numa língua de uso corrente nos mercados financeiros internacionais.

ART 238.º (Conteúdo do prospecto) – 1 – Ao prospecto de admissão de valores mobiliários em mercado regulamentado são aplicáveis, com as necessárias adaptações, o artigo 110.º-A, os n.ᵒˢ 1 a 4 do artigo 118.º, o n.º 3 do artigo 134.º, os artigos 135.º, 135.º-A, 135.º-B, 135.º-C, as alíneas *a)*, *c)*, *e)*, *f)* e *g)* do artigo 136.º e os artigos 136.º-A, 137.º, 139.º, 140.º, 141.º, 142.º, 145.º, 146.º e 147.º.

2 – Em prospecto de admissão à negociação em mercado regulamentado de valores mobiliários não representativos de capital social com um valor nominal de, pelo menos, € 50 000 não é obrigatório apresentar um sumário.

CÓDIGO DOS VALORES MOBILIÁRIOS   [DL n.º 486/99]   685

ART 239.º (Critérios gerais de dispensa do prospecto) – *(Revogado.)*

ART 240.º (Dispensa total ou parcial de prospecto) – *(Revogado.)*

ART 241.º (Dispensa parcial de prospecto) – *(Revogado.)*

ART 242.º (Regulamentação) – *(Revogado.)*

ART 243.º (Responsabilidade pelo conteúdo do prospecto) – À responsabilidade pelo conteúdo do prospecto aplica-se o disposto nos artigos 149.º a 154.º, com as devidas adaptações e as seguintes especialidades:
a) São responsáveis as pessoas referidas nas alíneas *c)*, *d)*, *f)* e *h)* do n.º 1 do artigo 149.º;
b) O direito à indemnização deve ser exercido no prazo de seis meses após o conhecimento da deficiência do prospecto ou da sua alteração e cessa, em qualquer caso, decorridos dois anos a contar da divulgação do prospecto de admissão ou da alteração que contém a informação ou previsão desconforme.

SUBSECÇÃO VI — **Informação relativa a valores mobiliários admitidos à negociação**

ART 244.º (Regras gerais) – 1 – As seguintes entidades enviam à CMVM os documentos e as informações a que se referem os artigos seguintes, até ao momento da sua divulgação, se outro prazo não estiver especialmente previsto:
a) Os emitentes, sujeitos a lei pessoal portuguesa, de acções e de valores mobiliários representativos de dívida com valor nominal inferior a € 1000 admitidos à negociação em mercado regulamentado situado ou a funcionar em Portugal ou noutro Estado membro;
b) Os emitentes, com sede estatutária noutro Estado membro da União Europeia, dos valores referidos na alínea anterior exclusivamente admitidos à negociação em mercado regulamentado situado ou a funcionar em Portugal;
c) Os emitentes, cuja sede estatutária se situe fora da União Europeia, dos valores mobiliários referidos na alínea *a)* admitidos à negociação em mercado regulamentado situado ou a funcionar em Portugal ou noutro Estado membro, desde que, neste último caso, a CMVM seja a respectiva autoridade competente;
d) Os emitentes de valores mobiliários não abrangidos pelas alíneas anteriores admitidos à negociação em mercado regulamentado situado ou a funcionar em Portugal ou noutro Estado membro, desde que a CMVM seja a respectiva autoridade competente.
2 – As pessoas que tenham solicitado a admissão à negociação dos valores mobiliários referidos nas alíneas anteriores sem o consentimento do respectivo emitente sempre que divulgarem a informação a que se refere os artigos seguintes enviam-na simultaneamente à CMVM.
3 – Os emitentes de valores mobiliários admitidos à negociação em mercado regulamentado situado ou a funcionar em Portugal e em mercado regulamentado situado ou a funcionar em Estado não pertencente à União Europeia enviam à CMVM as informações adicionais que, sendo relevantes para a avaliação dos valores mobiliários, estejam obrigados a prestar às autoridades daquele Estado no prazo fixado na legislação aplicável.
4 – As informações exigidas nos artigos seguintes são:
a) Divulgadas de forma a permitir aos investidores de toda a Comunidade Europeia o acesso rápido, dentro dos prazos especialmente previstos, e sem custos específicos a essas informações numa base não discriminatória; e
b) Enviadas para o sistema previsto no artigo 367.º.
5 – Para efeitos da alínea *a)* do número anterior, as entidades referidas no n.º 1 devem:
a) Transmitir a informação em texto integral não editado, podendo, no que respeita às informações referidas nos artigos 245.º, 246.º e 246.º-A, limitar-se a divulgar um comunicado informando da disponibilização dessa informação e indicando os sítios da Internet, além do mecanismo previsto no artigo 367.º, onde a informação pode ser obtida;
b) Assegurar que a transmissão da informação é feita por um meio seguro, que minimiza os riscos de corrupção dos dados e de acesso não autorizado e que assegura a autenticidade da fonte da informação;
c) Garantir a segurança da recepção mediante a correcção imediata de qualquer falha ou interrupção na transmissão da informação;
d) Assegurar que a informação transmitida é identificável como informação exigida por lei e que permite a identificação clara do emitente, do objecto da informação e da data e hora da transmissão;
e) Comunicar à CMVM, a pedido, o nome da pessoa que transmitiu a informação, dados relativos à validação dos mecanismos de segurança empregues, data, hora e meio em que a informação foi transmitida e, caso aplicável, dados relativos a embargo imposto à divulgação da informação.
6 – A CMVM, no que respeita à informação cuja divulgação seja obrigatória, pode:
a) Fazê-la divulgar a expensas das entidades a tal obrigadas, caso estas se recusem a acatar as ordens que, nos termos da lei, por ela lhes sejam dadas;
b) Decidir torná-la pública através do sistema previsto no artigo 367.º.
7 – Os emitentes de valores mobiliários admitidos à negociação em mercado regulamentado colocam e mantêm no seu sítio Internet durante um ano, salvo outros prazos especialmente previstos, todas as informa-

686   [DL n.º 486/99]   MERCADO DE VALORES MOBILIÁRIOS

ções que sejam obrigados a tornar públicas ao abrigo do presente Código, da sua regulamentação e da legislação materialmente conexa.

8 – A informação referida no número anterior deve ser autonomamente acessível em relação a informação não obrigatória, designadamente de natureza publicitária.

ART 244.º-A (Escolha da autoridade competente) – 1 – Para os efeitos referidos nas alíneas *c*) e *d*) do n.º 1 do artigo anterior, a competência da CMVM resulta, respectivamente:

a) Da admissão à negociação exclusiva em mercado regulamentado situado ou a funcionar em Portugal ou do facto de neste ter sido apresentado o primeiro pedido de admissão na União Europeia;

b) Da escolha de Portugal como Estado competente de entre aquele em que o emitente tem a sua sede social e aqueles em cujos territórios se situem ou funcionem mercados regulamentados em que estejam admitidos à negociação os valores mobiliários em causa.

2 – A escolha prevista na alínea *b*) do número anterior é feita pelo emitente e é vinculativa por, pelo menos, por três anos.

3 – A escolha feita por força do número anterior deve ser divulgada nos termos previstos no n.º 3 do artigo 244.º.

ART 245.º (Relatório e contas anuais) – 1 – As entidades referidas no n.º 1 do artigo 244.º divulgam, no prazo de quatro meses a contar da data de encerramento do exercício e mantêm à disposição do público por cinco anos:

a) O relatório de gestão, as contas anuais, a certificação legal de contas e demais documentos de prestação de contas exigidos por lei ou regulamento, ainda que não tenham sido submetidos a aprovação em assembleia geral;

b) Relatório elaborado por auditor registado na CMVM;

c) Declarações de cada uma das pessoas responsáveis do emitente, cujos nomes e funções devem ser claramente indicados, onde afirmem que, tanto quanto é do seu conhecimento, a informação prevista na alínea *a*) foi elaborada em conformidade com as normas contabilísticas aplicáveis, dando uma imagem verdadeira e apropriada do activo e do passivo, da situação financeira e dos resultados do emitente e das empresas incluídas no perímetro da consolidação, quando for o caso, e que o relatório de gestão expõe fielmente a evolução dos negócios, do desempenho e da posição do emitente e das empresas incluídas no perímetro da consolidação, contém uma descrição dos principais riscos e incertezas com que se defrontam.

2 – O relatório referido na alínea *b*) do número anterior é divulgado na íntegra, incluindo:

a) Opinião relativa às previsões sobre a evolução dos negócios e da situação económica e financeira contidas nos documentos a que se refere a alínea *a*) do n.º 1;

b) Elementos correspondentes à certificação legal de contas, se esta não for exigida por outra norma legal ou se não tiver sido elaborada por auditor registado na CMVM.

3 – Os emitentes obrigados a elaborar contas consolidadas divulgam a informação referida no n.º 1 sob a forma individual, elaborada de acordo com a legislação nacional, e sob forma consolidada, elaborada de acordo com o Regulamento (CE) n.º 1606/2002, do Parlamento Europeu e do Conselho, de 19 de Julho.

4 – Os emitentes não obrigados a elaborar contas consolidadas divulgam a informação referida no n.º 1 sob a forma individual, elaborada de acordo com a legislação nacional.

5 – Se o relatório e contas anuais não derem uma imagem exacta do património, da situação financeira e dos resultados da sociedade, pode a CMVM ordenar a publicação de informações complementares.

6 – Os documentos que integram o relatório e as contas anuais são enviados à CMVM logo que sejam colocados à disposição dos accionistas.

ART 245.º-A (Relatório anual sobre governo das sociedades) – 1 – Os emitentes de acções admitidas à negociação em mercado regulamentado situado ou a funcionar em Portugal divulgam, em capítulo do relatório anual de gestão especialmente elaborado para o efeito ou em anexo a este, um relatório detalhado sobre a estrutura e as práticas de governo societário, contendo, pelo menos, os seguintes elementos:

a) Estrutura de capital, incluindo indicação das acções não admitidas à negociação, diferentes categorias de acções, direitos e deveres inerentes às mesmas e percentagem de capital que cada categoria representa;

b) Eventuais restrições à transmissibilidade das acções, tais como cláusulas de consentimento para a alienação, ou limitações à titularidade de acções;

c) Participações qualificadas no capital social da sociedade;

d) Identificação de accionistas titulares de direitos especiais e descrição desses direitos;

e) Mecanismos de controlo previstos num eventual sistema de participação dos trabalhadores no capital na medida em que os direitos de voto não sejam exercidos directamente por estes;

f) Eventuais restrições em matéria de direito de voto, tais como limitações ao exercício do voto dependente da titularidade de um número ou percentagem de acções, prazos impostos para o exercício do direito de voto ou sistemas de destaque de direitos de conteúdo patrimonial;

g) Acordos parassociais que sejam do conhecimento da sociedade e possam conduzir a restrições em matéria de transmissão de valores mobiliários ou de direitos de voto;

CÓDIGO DOS VALORES MOBILIÁRIOS												[DL n.º 486/99] 687

h) Regras aplicáveis à nomeação e substituição dos membros do órgão de administração e à alteração dos estatutos da sociedade;

i) Poderes do órgão de administração, nomeadamente no que respeita a deliberações de aumento do capital;

j) Acordos significativos de que a sociedade seja parte e que entrem em vigor, sejam alterados ou cessem em caso de mudança de controlo da sociedade na sequência de uma oferta pública de aquisição, bem como os efeitos respectivos, salvo se, pela sua natureza, a divulgação dos mesmos for seriamente prejudicial para a sociedade, excepto se a sociedade for especificamente obrigada a divulgar essas informações por força de outros imperativos legais;

l) Acordos entre a sociedade e os titulares do órgão de administração ou trabalhadores que prevejam indemnizações em caso de pedido de demissão do trabalhador, despedimento sem justa causa ou cessação da relação de trabalho na sequência de uma oferta pública de aquisição;

m) Principais elementos dos sistemas de controlo interno e de gestão de risco implementados na sociedade relativamente ao processo de divulgação de informação financeira;

n) Declaração sobre o acolhimento do código de governo das sociedades ao qual o emitente se encontre sujeito por força de disposição legal ou regulamentar, especificando as eventuais partes desse código de que diverge e as razões da divergência;

o) Declaração sobre o acolhimento do código de governo das sociedades ao qual o emitente voluntariamente se sujeite, especificando as eventuais partes desse código de que diverge e as razões da divergência;

p) Local onde se encontram disponíveis ao público os textos dos códigos de governo das sociedades aos quais o emitente se encontre sujeito nos termos das alíneas anteriores;

q) Composição e descrição do modo de funcionamento dos órgãos sociais do emitente, bem como das comissões que sejam criadas no seu seio.

2 – Os emitentes de acções admitidas à negociação em mercado regulamentado sujeitos a lei pessoal portuguesa divulgam a informação sobre a estrutura e práticas de governo societário nos termos definidos em regulamento da CMVM, onde se integra a informação exigida no número anterior.

3 – O órgão de administração de sociedades emitentes de acções admitidas à negociação em mercado regulamentado sujeitas a lei pessoal portuguesa apresenta anualmente à assembleia geral um relatório explicativo das matérias a que se refere o n.º 1.

4 – As sociedades cujos valores mobiliários, distintos de acções, se encontrem admitidos à negociação em mercado regulamentado situado ou a funcionar em Portugal devem divulgar anualmente a informação referida nas alíneas *c*), *d*), *f*), *h*), *i*) e *m*) do n.º 1, salvo se as respectivas acções forem negociadas num sistema de negociação multilateral, caso em que devem divulgar todas as informações referidas no n.º 1.

5 – O relatório detalhado sobre a estrutura e as práticas de governo societário não pode conter remissões, excepto para o relatório anual de gestão.

ART 246.º (Informação semestral) – 1 – Os emitentes de acções e de valores mobiliários representativos de dívida referidos no n.º 1 do artigo 244.º divulgam, até dois meses após o termo do 1.º semestre do exercício, relativamente à actividade desse período, e mantêm à disposição do público por cinco anos:

a) As demonstrações financeiras condensadas;

b) Um relatorio de gestão intercalar;

c) Declarações de cada uma das pessoas responsáveis do emitente, cujos nomes e funções devem ser claramente indicados, onde afirmem que, tanto quanto é do seu conhecimento, a informação prevista na alínea *a*) foi elaborada em conformidade com as normas contabilísticas aplicáveis, dando uma imagem verdadeira e apropriada do activo e do passivo, da situação financeira e dos resultados do emitente e das empresas incluídas no perímetro da consolidação, quando for o caso, e que o relatório de gestão intercalar expõe fielmente as informações exigidas nos termos do n.º 2.

2 – O relatório de gestão intercalar deve conter, pelo menos, uma indicação dos acontecimentos importantes que tenham ocorrido no período a que se refere e o impacto nas respectivas demonstrações financeiras, bem como uma descrição dos principais riscos e incertezas para os seis meses seguintes.

3 – Os emitentes obrigados a elaborar contas consolidadas:

a) Devem elaborar as demonstrações financeiras de acordo com as normas internacionais de contabilidade aplicáveis aos relatórios financeiros intercalares adoptadas nos termos do Regulamento (CE) n.º 1606/2002 do Parlamento Europeu e do Conselho, de 19 de Julho;

b) A informação referida na alínea anterior é apenas divulgada sob forma consolidada, salvo se as contas em base individual contiverem informação significativa;

c) Os emitentes de acções devem incluir ainda informação sobre as principais transacções relevantes entre partes relacionadas realizadas nos seis primeiros meses do exercício que tenham afectado significativamente a sua situação financeira ou o desempenho bem como quaisquer alterações à informação incluída no relatório anual precedente susceptíveis de ter um efeito significativo na sua posição financeira ou desempenho nos primeiros seis meses do exercício corrente.

4 – Se o emitente não estiver obrigado a elaborar contas consolidadas, as demonstrações financeiras condensadas incluem, pelo menos, um balanço e uma demonstração de resultados condensados, elaborados de

688 [DL n.º 486/99]   MERCADO DE VALORES MOBILIÁRIOS

acordo com os princípios de reconhecimentos e mensuração aplicáveis à elaboração dos relatórios financeiros anuais, e notas explicativas àquelas contas.

5 – Nos casos previstos no número anterior:

a) O balanço condensado e a demonstração de resultados condensada devem apresentar todas as rubricas e subtotais incluídos nas últimas demonstrações financeiras anuais do emitente, sendo acrescentadas as rubricas adicionais necessárias se, devido a omissões, as demonstrações financeiras semestrais refiectirem uma imagem enganosa do activo, do passivo, da posição financeira e dos resultados do emitente;

b) O balanço deve incluir informação comparativa referida ao final do exercício imediatamente precedente;

c) A demonstração de resultados deve incluir informação comparativa relativa ao período homólogo do exercício precedente;

d) As notas explicativas devem incluir informação suficiente para assegurar a comparabilidade das demonstrações financeiras semestrais condensadas com as demonstrações financeiras anuais e a correcta apreensão, por parte dos utilizadores, de qualquer alteração significativa de montantes e da evolução no período semestral em causa refiectidos no balanço e na demonstração de resultados;

e) Os emitentes de acções devem incluir, no mínimo, informações sobre as principais transacções relevantes entre partes relacionadas realizadas nos seis primeiros meses do exercício referindo nomeadamente o montante de tais transacções, a natureza da relação relevante e outra informação necessária à compreensão da posição financeira do emitente se tais transacções forem relevantes e não tiverem sido concluídas em condições normais de mercado.

6 – Para efeitos da alínea *e)* do número anterior, as transacções entre partes relacionadas podem ser agregadas de acordo com a sua natureza, excepto se a informação separada for necessária para a compreensão dos efeitos da transacção na posição financeira do emitente.

ART 246.º-A (Informação trimestral e informação intercalar da administração) – 1 – Estão obrigados à prestação de informação trimestral os emitentes, sujeitos a lei pessoal portuguesa, de acções admitidas à negociação em mercado regulamentado que, durante dois anos consecutivos, ultrapassem dois dos seguintes limites:

a) Total do balanço: € 100 000 000;

b) Total das vendas líquidas e outros proveitos: € 150 000 000;

c) Número de trabalhadores empregados em média durante o exercício: 150.

2 – Os emitentes de acções referidos no n.º 1 do artigo 244.º que não estejam obrigados a prestar a informação prevista no número anterior divulgam, durante o primeiro e o segundo semestres do exercício financeiro, uma declaração do órgão de administração relativa ao período compreendido entre o início do semestre e a data da declaração contendo os seguintes elementos:

a) Uma descrição explicativa das ocorrências relevantes e das transacções feitas durante o período relevante e a sua incidência sobre a posição financeira do emitente e das empresas por si dominadas; e

b) Uma descrição geral da posição financeira e do desempenho do emitente e das empresas por si dominadas durante o período relevante.

3 – A declaração referida no número anterior é feita entre o fim das primeiras 10 semanas e as últimas 6 semanas do semestre a que respeite.

4 – A divulgação de informação trimestral substitui o dever de divulgação de informação intercalar da administração.

ART 247.º (Regulamentação) – A CMVM, através de regulamento, estabelece:

a) Os termos das informações referidas nos artigos anteriores quando os emitentes de valores mobiliários admitidos à negociação não sejam sociedades comerciais;

b) Os documentos a apresentar para cumprimento do disposto nos n.ºs 1 a 4 do artigo 245.º e no artigo 246.º;

c) As adaptações necessárias quando as exigências das alíneas *a)* e *b)* do n.º 1 do artigo 246.º se revelem desajustadas à actividade da sociedade;

d) A informação semestral a prestar quando o primeiro exercício económico das sociedades que adoptem um exercício anual diferente do correspondente ao ano civil tenha uma duração superior a 12 meses;

e) O conteúdo e o prazo de divulgação da informação trimestral e o conteúdo da informação intercalar da administração;

f) A organização, pelas entidades gestoras dos mercados, de sistemas de informação acessíveis ao público, contendo dados actualizados relativamente a cada um dos emitentes de valores mobiliários admitidos à negociação;

g) Deveres de informação para a admissão à negociação dos valores mobiliários a que se refere a alínea *g)* do artigo 1.º;

h) Os termos e condições em que é comunicada e tornada acessível a informação relativa às transacções previstas no artigo 248.º-B, nomeadamente a possibilidade de tal comunicação ser realizada de forma agregada, em função de um determinado montante e de um período de tempo específico;

i) A informação que deve ser tornada acessível através do sítio do emitente na Internet, previsto nos n.ºs 7 e 8 do artigo 244.º.

CÓDIGO DOS VALORES MOBILIÁRIOS [DL n.º 486/99] 689

ART 248.º (Informação privilegiada relativa a emitentes) – 1 – Os emitentes que tenham valores mobiliários admitidos à negociação em mercado regulamentado ou requerido a respectiva admissão a um mercado dessa natureza divulgam imediatamente:

a) Toda a informação que lhes diga directamente respeito ou aos valores mobiliários por si emitidos, que tenha carácter preciso, que não tenha sido tornada pública e que, se lhe fosse dada publicidade, seria idónea para infiuenciar de maneira sensível o preço desses valores mobiliários ou dos instrumentos subjacentes ou derivados com estes relacionados;

b) Qualquer alteração à informação tornada pública nos termos da alínea anterior, utilizando para o efeito o mesmo meio de divulgação.

2 – Para efeitos da presente lei, a informação privilegiada abrange os factos ocorridos, existentes ou razoavelmente previsíveis, independentemente do seu grau de formalização, que, por serem susceptíveis de infiuir na formação dos preços dos valores mobiliários ou dos instrumentos financeiros, qualquer investidor razoável poderia normalmente utilizar, se os conhecesse, para basear, no todo ou em parte, as suas decisões de investimento.

3 – Os emitentes asseguram que a divulgação de informação privilegiada é realizada de forma simultânea junto das várias categorias de investidores e nos mercados regulamentados dos Estados membros da União Europeia, em que os seus valores estejam admitidos à negociação ou que tenham sido objecto de um pedido nesse sentido.

4 – Sem prejuízo de eventual responsabilidade criminal, qualquer pessoa ou entidade que detenha informação com as características referidas nos n.ºs 1 e 2 não pode, por qualquer modo, transmiti-la para além do âmbito normal das suas funções ou utilizá-la antes de a mesma ser tornada pública.

5 – A proibição prevista no número anterior não se aplica quando se trate de transacções sobre acções próprias efectuadas no âmbito de programas de recompra realizados nas condições legalmente permitidas.

6 – Os emitentes e as pessoas que actuem em seu nome ou por sua conta elaboram e mantêm rigorosamente actualizada uma lista dos seus trabalhadores ou colaboradores, ao abrigo de contrato de trabalho ou de qualquer outro vínculo, que têm acesso, regular ou ocasional, a informação privilegiada, comunicando a essas pessoas a inclusão dos seus nomes na lista e as consequências legais decorrentes da divulgação ou utilização abusiva de informação privilegiada.

7 – A lista prevista no número anterior contém a identidade das pessoas, os motivos pelos quais constam da lista, a data da mesma e qualquer actualização relevante, sendo conservada em arquivo pelos emitentes pelo prazo de cinco anos desde a última actualização e imediatamente remetida à CMVM, sempre que esta o solicitar.

ART 248.º-A (Diferimento da divulgação de informação) – 1 – Os emitentes referidos no n.º 1 do artigo anterior podem decidir diferir a divulgação pública da informação aí referida, desde que, cumulativamente:

a) A divulgação imediata seja susceptível de prejudicar os seus legítimos interesses;

b) O diferimento não seja susceptível de induzir o público em erro;

c) O emitente demonstre que assegura a confidencialidade da informação.

2 – É susceptível de prejudicar os legítimos interesses do emitente a divulgação de informação privilegiada nomeadamente nas seguintes situações:

a) Decisões tomadas ou contratos celebrados pelo órgão de direcção de um emitente, cuja eficácia dependa da aprovação de outro órgão do emitente, desde que a sua divulgação antes da aprovação, mesmo acompanhada do anúncio da pendência de aprovação, comprometa a correcta apreensão da informação pelo público;

b) Processos negociais em curso ou elementos com eles relacionados, desde que a respectiva divulgação pública possa afectar os resultados ou o curso normal dessas negociações.

3 – Em caso de risco para a viabilidade financeira do emitente e desde que este não se encontre em situação de insolvência, a divulgação dessa informação pode ser diferida durante um período limitado e apenas se for susceptível de colocar seriamente em risco os interesses dos accionistas actuais e potenciais, por prejudicar a conclusão de negociações destinadas a garantir a recuperação financeira do emitente.

4 – Para assegurar a confidencialidade da informação cuja divulgação é diferida e obstar à sua utilização indevida, o emitente adopta, pelo menos, as seguintes medidas:

a) Restringe o acesso à informação às pessoas que dela necessitem para o exercício das suas funções;

b) Garante que as pessoas com acesso a essa informação tenham conhecimento da natureza privilegiada da informação, dos deveres e proibições que decorrem desse conhecimento e das sanções a que podem estar sujeitas pela divulgação ou utilização abusiva dessa informação;

c) Adopta os mecanismos necessários à divulgação pública imediata da informação quando haja quebra da confidencialidade.

5 – Se um emitente ou uma pessoa que actue em seu nome ou por sua conta comunicarem, no âmbito do exercício normal da sua actividade, da sua profissão ou das suas funções, informação privilegiada a um terceiro que não esteja sujeito a dever de segredo, tal informação é tornada pública simultaneamente, se a comunicação for intencional, ou imediatamente, se a comunicação for não intencional.

ART 248.º-B (Comunicação de transacções) – 1 – Os dirigentes de um emitente de valores mobiliários admitidos à negociação em mercado regulamentado ou de sociedade que o domine, bem como as pessoas com

690 [DL n.º 486/99]   MERCADO DE VALORES MOBILIÁRIOS

aqueles estreitamente relacionadas, informam a CMVM, no prazo de cinco dias úteis, sobre todas as transacções efectuadas por conta própria, de terceiros ou por estes por conta daqueles, relativas às acções daquele emitente ou aos instrumentos financeiros com estas relacionados.

2 – A comunicação prevista no número anterior identifica relativamente à transacção:

a) A natureza;
b) A data;
c) O local;
d) O preço;
e) O volume;
f) O emitente;
g) O instrumento financeiro que dela é objecto;
h) O motivo da obrigação de comunicação;
i) O número de acções do emitente de que o dirigente passou a ser titular após a transacção.

3 – Para efeito do disposto no n.º 1, consideram-se dirigentes os membros dos órgãos de administração e de fiscalização do emitente e os responsáveis que, não sendo membros daqueles órgãos, possuem um acesso regular a informação privilegiada e participam nas decisões sobre a gestão e estratégia negocial do emitente.

4 – Para efeito do disposto no n.º 1, consideram-se pessoas estreitamente relacionadas com os dirigentes as seguintes:

a) O cônjuge do dirigente ou pessoa que com ele viva em união de facto, descendentes a seu cargo e outros familiares que com ele coabitem há mais de um ano;

b) Qualquer entidade que seja directa ou indirectamente dominada pelo dirigente, constituída em seu benefício ou de que este seja também dirigente.

5 – As normas previstas nos números anteriores aplicam-se aos dirigentes de emitentes que tenham sede em Portugal ou que, não tendo sede num Estado membro da União Europeia, estejam obrigados a prestar à CMVM a informação relativa às contas anuais.

ART 248.º-C (Documento de consolidação da informação anual) – 1 – Os emitentes de valores mobiliários admitidos à negociação em mercado regulamentado divulgam pelo menos uma vez por ano um documento que contenha ou faça referência à informação publicada ou disponibilizada ao público pelo emitente, no período de 12 meses antecedente, na sua situação de emitente de valores mobiliários admitidos à negociação.

2 – O documento referido no número anterior deve conter menção pelo menos à informação divulgada em cumprimento dos deveres de informação:

a) Impostos pelo presente Código e quaisquer regulamentos da CMVM;
b) Decorrentes do Código das Sociedades Comerciais e do Código do Registo Comercial;
c) Decorrentes do Regulamento n.º 1606/2002, do Parlamento Europeu e do Conselho, de 19 de Julho.

3 – O documento referido no n.º 1 obedece ao disposto no Regulamento (CE) n.º 809/2004, da Comissão, de 29 de Abril.

4 – O presente artigo não se aplica aos emitentes de valores mobiliários não representativos de capital social cujo valor nominal unitário ascenda a pelo menos € 50 000.

ART 249.º (Outras informações) – 1 – As entidades referidas no n.º 1 do artigo 244.º enviam à CMVM e à entidade gestora de mercado regulamentado:

a) Projecto de alteração dos estatutos, até à data da convocação do órgão competente para aprovar as alterações;

b) Extracto da acta contendo a deliberação sobre a alteração dos estatutos, nos 15 dias posteriores à deliberação.

2 – As entidades referidas no n.º 1 do artigo 244.º informam imediatamente o público sobre:

a) Convocação das assembleias dos titulares de valores mobiliários admitidos à negociação, bem como a inclusão de assuntos na ordem do dia e apresentação de propostas de deliberação;

b) Alteração, atribuição e pagamento ou exercício de quaisquer direitos inerentes aos valores mobiliários admitidos à negociação ou às acções a que estes dão direito, incluindo indicação dos procedimentos aplicáveis e da instituição financeira através da qual os accionistas podem exercer os respectivos direitos patrimoniais;

c) Alteração dos direitos dos obrigacionistas que resultem, nomeadamente, de modificação das condições do empréstimo ou da taxa de juro;

d) Emissão de acções e obrigações, com indicação dos privilégios e garantias de que beneficiam, incluindo informações sobre quaisquer procedimentos de atribuição, subscrição, cancelamento, conversão, troca ou reembolso;

e) Alterações aos elementos que tenham sido exigidos para a admissão dos valores mobiliários à negociação;

f) A aquisição e alienação de acções próprias, sempre que em resultado da mesma a percentagem das mesmas exceda ou se torne inferior aos limites de 5% e 10%;

g) A deliberação da assembleia geral relativa aos documentos de prestação de contas.

3 – Os emitentes de acções referidos no n.º 1 do artigo 244.º divulgam o número total de direitos de voto e o capital social no final de cada mês civil em que ocorra um aumento ou uma diminuição desse número total.

4 – A convocatória para a assembleia de titulares de valores mobiliários representativos de dívida admitidos à negociação em mercado regulamentado deve respeitar o disposto no n.º 1 do artigo 23.º.

CÓDIGO DOS VALORES MOBILIÁRIOS   [DL n.º 486/99]   691

ART 250.º (Dispensa de divulgação da informação) – 1 – Com excepção do disposto nos artigos 245.º a 246.º-A, nas alíneas *a*) do n.º 1 do artigo 249.º, *a*) a *d*) e *f*) do n.º 2 do artigo 249.º e no n.º 3 do artigo 249.º, a CMVM pode dispensar a divulgação da informação exigida nos artigos anteriores quando seja contrária ao interesse público e possa causar prejuízo grave para o emitente, desde que a ausência de divulgação não induza o público em erro sobre factos e circunstâncias essenciais para a avaliação dos valores mobiliários.

2 – A dispensa considera-se concedida se a CMVM não comunicar qualquer decisão até 15 dias após a recepção do pedido de dispensa.

3 – *(Revogado.)*

ART 250.º-A (Âmbito) – 1 – O disposto nos artigos 245.º, 246.º e 246.º-A não se aplica a:

a) Estados, autoridades regionais, autoridades locais, organismos públicos internacionais de que faça parte pelo menos um Estado membro, Banco Central Europeu, bancos centrais nacionais dos Estados membros;

b) Emitentes de valores mobiliários representativos de dívida admitidos à negociação num mercado regulamentado, cujo valor nominal unitário seja, pelo menos, de 50 000 € ou de valor equivalente na data da emissão.

2 – O disposto nas alíneas *b*) e *d*) do n.º 2 e no n.º 4 do artigo 249.º não se aplica ao Estado e suas autoridade regionais e locais.

3 – A presente subsecção não é aplicável a valores mobiliários representativos de dívida emitidos por prazo inferior a um ano.

ART 250.º-B (Equivalência) – 1 – Sem prejuízo do dever de envio à CMVM e do disposto nos n.ᵒˢ 3 e 4 do artigo 244.º, os emitentes com sede estatutária fora da União Europeia estão dispensados do cumprimento dos deveres de prestação de informação previstos:

a) No que respeita à alínea *a*) do n.º 1 do artigo 245.º, relativamente ao relatório de gestão, se a lei aplicável obrigar o emitente a incluir no relatório de gestão anual, no mínimo, uma análise apropriada da evolução dos negócios, do desempenho e da situação do emitente, uma descrição dos principais riscos e incertezas com que se defronta para que o relatório apresente uma visão equilibrada e completa do desenvolvimento e desempenho dos negócios do emitente e da sua posição, coerente com a dimensão e complexidade da actividade exercida, uma indicação dos acontecimentos importantes ocorridos após o encerramento do exercício e indicações sobre a provável evolução futura do emitente;

b) No que respeita à alínea *c*) do n.º 1 do artigo 245.º e alínea *c*) do n.º 1 do artigo 246.º, se a lei aplicável obrigar o emitente a dispor de uma ou mais pessoas responsáveis pela informação financeira e em particular, pela conformidade das demonstrações financeiras com o conjunto das normas contabilísticas aplicáveis e a adequação do relatório de gestão;

c) No que respeita ao n.º 3 do artigo 245.º, se a lei aplicável, embora não obrigando à divulgação de informação sob a forma individual, obrigar o emitente a incluir nas contas consolidadas informação sobre o capital social mínimo, requisitos de capital próprio e necessidades de liquidez e, adicionalmente, para emitentes de acções, cálculo dos dividendos e indicação da capacidade de proceder ao seu pagamento;

d) No que respeita ao n.º 4 do artigo 245.º, se a lei aplicável, embora não obrigando à divulgação de informação sob a forma consolidada, obrigar o emitente a elaborar as contas individuais de acordo com as Normas Internacionais de Contabilidade reconhecidas nos termos do artigo 3.º do Regulamento (CE) n.º 1606/2002, do Parlamento Europeu e do Conselho, de 19 de Julho, aplicáveis na União Europeia, ou com as normas nacionais de contabilidade de um país terceiro consideradas equivalentes àquelas normas;

e) No que respeita ao n.º 2 do artigo 246.º, se a lei aplicável obrigar o emitente a divulgar um conjunto de demonstrações financeiras condensadas que inclua, no mínimo, um relatório de gestão intercalar contendo a análise do período em causa, indicações sobre a evolução do emitente nos seis meses restantes do exercício e, adicionalmente para emitentes de acções, as principais transacções entre partes relacionadas, caso não sejam divulgadas em base contínua;

f) No que respeita ao artigo 246.º-A, se a lei aplicável obrigar o emitente a divulgar relatórios financeiros trimestrais;

g) No que respeita à alínea *a*) do n.º 2 do artigo 249.º, se a lei aplicável obrigar o emitente a prestar, no mínimo, informação sobre o local, calendário e ordem de trabalhos da assembleia;

h) No que respeita à alínea *f*) do n.º 2 do artigo 249.º, se a lei aplicável obrigar o emitente autorizado a deter até 5%, no máximo, de acções próprias a informar o público sempre que for alcançado ou superado esse limiar e, para emitentes autorizados a deter entre 5% e 10%, no máximo, de acções próprias, a informar o público sempre que forem alcançados ou superados esses limiares;

i) No n.º 3 do artigo 249.º, se a lei aplicável obrigar o emitente a divulgar o número total de direitos de voto e capital no prazo de 30 dias após a ocorrência de um aumento ou diminuição destes.

2 – Para efeitos da alínea *a*) do número anterior a análise aí referida inclui, na medida do necessário para assegurar a compreensão da evolução, do desempenho ou da posição do emitente, indicadores do desempenho financeiro e, caso necessário, não financeiro, pertinentes para a actividade desenvolvida.

3 – Para efeitos da alínea *c*) do n.º 1, o emitente deve apresentar à CMVM, a pedido, informação suplementar auditada sobre as contas individuais pertinente para enquadrar a informação aí requerida, podendo elaborar essa informação de acordo com as normas contabilísticas de um país terceiro.

692 [DL n.º 486/99]   MERCADO DE VALORES MOBILIÁRIOS

4 – Para efeitos da alínea *d)* do n.º 1, as contas individuais devem ser objecto de auditoria e se não forem elaboradas de acordo com as normas aí referidas, são apresentadas sob a forma de informação financeira reformulada.

ART 251.º (Responsabilidade civil) – À responsabilidade pelo conteúdo da informação que os emitentes publiquem nos termos dos artigos anteriores aplica-se, com as devidas adaptações, o disposto no artigo 243.º

CAPÍTULO III — Internalização sistemática

ART 252.º (Internalizadores sistemáticos) – 1 – São regulados no artigo 21.º do Regulamento (CE) n.º 1287/ /2006, da Comissão, de 10 de Agosto:
a) Os requisitos para um intermediário financeiro ser considerado internalizador sistemático;
b) O procedimento para a perda da qualidade de internalizador sistemático.
2 – O intermediário financeiro deve comunicar previamente à CMVM os instrumentos financeiros relativamente aos quais exerce a actividade de internalização sistemática.

ART 253.º (Informação sobre ofertas) – 1 – Os internalizadores sistemáticos devem divulgar os preços firmes a que se propõem negociar acções admitidas à negociação em mercado regulamentado para as quais exista um mercado líquido, sempre que a quantidade da oferta não seja superior ao volume normal de mercado.
2 – Relativamente às acções para as quais não exista um mercado líquido, os internalizadores sistemáticos devem divulgar ofertas de preços aos seus clientes a pedido destes.
3 – As acções devem ser agrupadas em classes com base na média aritmética do valor das ordens executadas no mercado.
4 – Cada oferta de venda e de compra deve incluir o preço firme para uma ou mais quantidades até ao volume normal de mercado para a classe de acções a que pertence a acção objecto da oferta.
5 – O preço oferecido deve reflectir as condições de mercado prevalecentes para essa acção.
6 – A divulgação ao público prevista no n.º 1 deve realizar-se de forma facilmente acessível, de modo regular e contínuo, durante o horário normal da negociação, e numa base comercial razoável.
7 – São definidos nos artigos 22.º, 23.º, 24.º e 29.º a 32.º do Regulamento (CE) n.º 1287/2006, da Comissão, de 10 de Agosto, e em regulamento da CMVM:
a) O conceito de mercado líquido;
b) O volume normal de mercado para cada classe de acções;
c) As condições em que os preços oferecidos cumprem o disposto no n.º 4;
d) O prazo e meios de divulgação das ofertas.
8 – A CMVM pode definir, através de regulamento, o conteúdo, os meios e a periodicidade da informação a prestar à CMVM e ao público relativamente à internalização de instrumentos financeiros além do referido no n.º 1.

ART 254.º (Classes de acções) – 1 – Nos casos em que o mercado português seja considerado, para uma determinada acção, o mercado mais relevante em termos de liquidez, a CMVM, anualmente, deve determinar e divulgar a classe de acções a que a mesma pertence, tal como definida no n.º 3 do artigo anterior.
2 – A determinação prevista no número anterior deve ter por base:
a) O conceito de mercado mais relevante em termos de liquidez definido no artigo 9.º do Regulamento (CE) n.º 1287/2006, da Comissão, de 10 de Agosto;
b) Os indicadores de liquidez previstos no artigo 9.º do Regulamento (CE) n.º 1287/2006, da Comissão, de 10 de Agosto.

ART 255.º (Actualização e retirada das ofertas) – Os internalizadores sistemáticos podem, a qualquer momento, actualizar as suas ofertas de preço, só as podendo retirar em condições de mercado excepcionais.

ART 256.º (Acesso às ofertas) – 1 – Os internalizadores sistemáticos devem elaborar regras claras, baseadas na sua política comercial e em critérios objectivos e não discriminatórios, relativas aos investidores a quem facultam o acesso às suas ofertas de preços.
2 – Sem prejuízo do disposto no artigo 328.º, os internalizadores sistemáticos podem:
a) Recusar-se a iniciar ou pôr termo a relações comerciais com investidores por motivos de ordem comercial, tais como a situação financeira do investidor, o risco de contraparte e a liquidação final da operação;
b) Limitar, de forma não discriminatória, o número de ordens de um cliente que se comprometem a executar nas condições divulgadas, a fim de reduzirem o risco de exposição a múltiplas operações do mesmo cliente;
c) Limitar, de forma não discriminatória, o número total de operações simultâneas de clientes diferentes, quando o número ou a quantidade das ordens dos clientes os exponham a um grau indevido de risco, de acordo com o disposto no artigo 25.º do Regulamento (CE) n.º 1287/2006, da Comissão, de 10 de Agosto.
3 – Os mecanismos destinados a garantir um tratamento não discriminatório regem-se pelo n.º 3 do artigo 25.º do Regulamento (CE) n.º 1287/2006, da Comissão, de 10 de Agosto.

ART 257.º (Execução das ordens e alteração do preço oferecido) – 1 – Os internalizadores sistemáticos devem executar as ordens que recebem dos seus clientes, em relação às acções para as quais sejam internalizadores sistemáticos, aos preços por si divulgados no momento da recepção da ordem.

CÓDIGO DOS VALORES MOBILIÁRIOS   [DL n.º 486/99]   693

2 – Os internalizadores sistemáticos podem executar ordens recebidas de um cliente que seja investidor qualificado a um preço melhor, desde que:

a) O novo preço se situe dentro de um intervalo de variação, divulgado ao público e próximo das condições do mercado; e

b) A quantidade da ordem recebida seja mais elevada do que o volume das ordens dadas habitualmente por um investidor não qualificado, conforme definido no artigo 26.º do Regulamento (CE) n.º 1287/2006, da Comissão, de 10 de Agosto.

3 – Os internalizadores sistemáticos podem executar ordens recebidas dos seus clientes que sejam investidores qualificados a preços diferentes dos oferecidos e sem observância das condições enunciadas no número anterior, quando se trate de operações resultantes de execuções parciais ou de ordens sujeitas a condições diferentes do preço corrente de mercado, conforme enunciadas no artigo 25.º do Regulamento (CE) n.º 1287/2006, da Comissão, de 10 de Agosto.

4 – Um internalizador sistemático que faça ofertas de preços para uma única quantidade, ou cuja maior quantidade seja inferior ao volume normal de mercado, e receba uma ordem de um cliente com dimensão superior à quantidade da sua oferta mas inferior ao volume normal de mercado, pode decidir executar a parte da ordem em que esta excede a quantidade da sua oferta, desde que a execute ao preço indicado ou a outro preço, neste último caso se permitido ao abrigo dos n.ᵒˢ 2 e 3.

5 – Sempre que o internalizador sistemático faça ofertas de preços para quantidades diferentes e receba uma ordem entre essas mesmas quantidades que decida executar, deve executar a ordem a um dos preços divulgados ou a outro preço, neste último caso se permitido ao abrigo dos n.ᵒˢ 2 e 3.

TÍTULO IV — **CONTRAPARTE CENTRAL, COMPENSAÇÃO E LIQUIDAÇÃO**

CAPÍTULO I — **Contraparte central**

ART 258.º (Âmbito) – 1 – O disposto no presente capítulo é aplicável a todas as operações em que uma entidade tenha assumido a posição de contraparte central.

2 – Quando uma entidade assuma a posição de contraparte central nas operações, estas só são eficazes perante aquela após o seu registo.

3 – A realização de operações em mercado regulamentado ou em sistema de negociação multilateral sobre os instrumentos financeiros referidos nas alíneas *e)* e *f)* do n.º 1 do artigo 2.º exige a interposição de contraparte central.

ART 259.º (Gestão de operações) – 1 – A contraparte central deve assegurar a boa gestão das operações, em particular:

a) O registo das posições;

b) A gestão das garantias prestadas, incluindo a constituição, o reforço, a redução e a liberação;

c) Os ajustes de ganhos e perdas emergentes de operações registadas.

2 – Quando a defesa do mercado o exija, a contraparte central pode, designadamente:

a) Determinar a adopção das medidas necessárias para diminuir a exposição ao risco de um membro compensador, designadamente encerrando posições;

b) Promover a transferência de posições para outros membros compensadores;

c) Determinar os preços de referência de forma distinta da prevista nas regras.

3 – As posições abertas nos instrumentos referidos nas alíneas *e)* e *f)* do n.º 1 do artigo 2.º podem ser encerradas, antes da data de vencimento do contrato, através da abertura de posições de sentido inverso.

4 – Os membros compensadores são responsáveis perante a contraparte central pelo cumprimento das obrigações resultantes de operações por si assumidas, por sua conta ou por conta dos membros negociadores perante quem tenham assumido a função de compensação das operações.

ART 260.º (Minimização dos riscos) – 1 – Cabe à contraparte central a tomada de medidas adequadas à minimização dos riscos e à protecção do sistema de compensação e dos mercados, devendo avaliar com uma periodicidade, no mínimo anual, o seu nível de exposição.

2 – Para os efeitos do número anterior, a contraparte central:

a) Deve adoptar sistemas seguros de gestão e monitorização do risco;

b) Deve estabelecer procedimentos adequados a fazer face a falhas e incumprimentos dos seus membros;

c) Pode criar fundos destinados, em última instância, à distribuição das perdas entre todos os membros compensadores.

3 – A contraparte central deve identificar as respectivas fontes de risco operacional e minimizá-las através do estabelecimento de sistemas, controlos e procedimentos adequados, nomeadamente desenvolvendo planos de contingência.

4 – *(Revogado.)*

5 – *(Revogado.)*

6 – *(Revogado.)*

7 – *(Revogado.)*

694 [DL n.º 486/99] MERCADO DE VALORES MOBILIÁRIOS

ART 261.º (Margens e outras garantias) – 1 – A exposição ao risco da contraparte central e dos seus membros deve ser coberta por cauções, designadas margens, e outras garantias, salvo quando, em função da natureza da operação, sejam dispensadas nos casos e nos termos a estabelecer em regulamento da CMVM.

2 – A contraparte central deve definir as margens e outras garantias a prestar pelos seus membros com base em parâmetros de risco que devem ser sujeitos a revisão regular.

3 – Os membros compensadores são responsáveis pela constituição, pelo reforço ou pela substituição da caução.

4 – A caução deve ser prestada através de:

a) Contrato de garantia financeira previsto no Decreto-Lei n.º 105/2004, de 8 de Maio, sobre instrumentos financeiros de baixo risco e elevada liquidez, livres de quaisquer ónus, ou sobre depósito de dinheiro em instituição autorizada;

b) Garantia bancária.

5 – Sobre os valores dados em caução não podem ser constituídas outras garantias.

6 – Os membros compensadores devem adoptar procedimentos e medidas para cobrir de forma adequada a exposição ao risco, devendo exigir aos seus clientes ou aos membros negociadores perante os quais tenham assumido funções de compensação a entrega de margens e outras garantias, nos termos definidos por contrato com eles celebrado.

ART 262.º (Execução extrajudicial das garantias) – 1 – Os instrumentos financeiros recebidos em caução podem ser vendidos extrajudicialmente para satisfação das obrigações emergentes das operações caucionadas ou como consequência do encerramento de posições dos membros que tenham prestado a caução.

2 – A execução extrajudicial das cauções deve ser efectuada pela contraparte central, através de intermediário financeiro, sempre que aquela não revista esta natureza.

ART 263.º (Segregação patrimonial) – 1 – A contraparte central deve adoptar uma estrutura de contas que permita uma adequada segregação patrimonial entre os instrumentos financeiros próprios dos seus membros e os pertencentes aos clientes destes últimos.

2 – *(Revogado.)*

3 – *(Revogado.)*

ART 264.º (Participantes) – 1 – A contraparte central deve definir as condições de acesso dos membros compensadores e as obrigações que sobre eles impendem, de modo a garantir níveis elevados de solvabilidade e limitação dos riscos, nomeadamente impondo-lhes que reúnam recursos financeiros suficientes e que sejam dotados de uma capacidade operacional robusta.

2 – A contraparte central fiscaliza, numa base regular, o cumprimento dos requisitos de acesso dos membros, adoptando os procedimentos necessários para o efeito.

ART 265.º (Regras da contraparte central) – 1 – A contraparte central deve aprovar regras transparentes e não discriminatórias, baseadas em critérios objectivos, que assegurem o adequado desempenho das suas funções, relativas, designadamente, às matérias referidas nos artigos 259.º, 260.º, 261.º, 263.º e 264.º.

2 – As regras referidas no número anterior são objecto de registo na CMVM, o qual visa a verificação da sua suficiência, adequação e legalidade.

3 – Após o registo na CMVM, a contraparte central deve divulgar as regras adoptadas, as quais entram em vigor na data de divulgação ou noutra nelas prevista.

4 – *(Revogado.)*

CAPÍTULO II — Sistemas de liquidação

Secção I — DISPOSIÇÕES GERAIS

ART 266.º (Âmbito) – 1 – Os sistemas de liquidação de instrumentos financeiros são criados por acordo escrito pelo qual se estabelecem regras comuns e procedimentos padronizados para a execução de ordens de transferência, entre os participantes, de instrumentos financeiros ou de direitos deles destacados.

2 – O acordo deve ser subscrito por três ou mais participantes, sem contar com os participantes especiais.

3 – As transferências de dinheiro associadas às transferências de instrumentos financeiros ou a direitos a eles inerentes e as garantias relativas a operações sobre instrumentos financeiros fazem parte integrante dos sistemas de liquidação.

ART 267.º (Participantes) – Podem ser participantes num sistema de liquidação, independentemente de serem sócios da entidade gestora do mesmo:

a) As instituições de crédito, as empresas de investimento e as instituições com funções correspondentes que estejam habilitadas a exercer actividade em Portugal;

b) As entidades públicas e as empresas que beneficiem de garantia do Estado.

ART 268.º (Participantes especiais) – 1 – Consideram-se também participantes em sistemas de liquidação:

a) Câmaras de compensação, que têm como função o cálculo das posições líquidas dos participantes no sistema;

b) Contrapartes centrais, que actuam como contraparte exclusiva dos participantes do sistema, relativamente às ordens de transferência dadas por estes;

CÓDIGO DOS VALORES MOBILIÁRIOS [DL n.º 486/99] 695

c) Agentes de liquidação, que asseguram aos participantes e à contraparte central ou apenas a esta contas de liquidação através das quais são executadas ordens de transferência emitidas no âmbito do sistema, podendo conceder crédito para efeitos de liquidação.

2 – Podem actuar como câmara de compensação:
a) Instituições de crédito autorizadas a exercer actividade em Portugal;
b) Entidades gestoras de mercados regulamentados, de sistemas de negociação multilateral e de sistemas de liquidação;
c) Entidades gestoras de câmaras de compensação e contraparte central.

3 – Podem actuar como contraparte central:
a) Instituições de crédito autorizadas a exercer actividade em Portugal;
b) Entidades gestoras de sistemas de liquidação;
c) Entidades gestoras de câmaras de compensação e de contraparte central.

4 – Podem desempenhar as funções de agentes de liquidação:
a) Instituições de crédito autorizadas a exercer actividade em Portugal;
b) Sistemas centralizados de valores mobiliários.

5 – De acordo com as regras do sistema, o mesmo participante pode actuar apenas como contraparte central, agente de liquidação ou câmara de compensação, ou exercer uma parte ou a totalidade dessas funções.

6 – O Banco de Portugal pode desempenhar as funções referidas nos números anteriores.

ART 269.º (Regras do sistema) – 1 – A organização, o funcionamento e os procedimentos operacionais relativos a cada sistema de liquidação constam:
a) Do acordo constitutivo e das alterações aprovadas por todos os participantes; e
b) De regras aprovadas pela entidade gestora.

2 – As regras referidas no número anterior são objecto de registo na CMVM, o qual visa a verificação da sua suficiência, adequação e legalidade.

3 – Após o registo na CMVM, a entidade gestora do sistema de liquidação deve divulgar as regras adoptadas, as quais entram em vigor na data de divulgação ou noutra nelas prevista.

ART 270.º (Direito à informação) – Qualquer pessoa com interesse legítimo pode requerer a cada um dos participantes referidos no artigo 267.º que a informe sobre os sistemas de liquidação em que participa e sobre as regras essenciais de funcionamento desses sistemas.

ART 271.º (Reconhecimento) – 1 – Os sistemas de liquidação de instrumentos financeiros, com excepção dos que forem geridos pelo Banco de Portugal, são reconhecidos através de registo na CMVM.

2 – A CMVM é a autoridade competente para notificar a Comissão Europeia dos sistemas por ela reconhecidos, dos quais dará conhecimento ao Banco de Portugal.

3 – O Banco de Portugal, por aviso, designa os sistemas de liquidação de valores mobiliários que são por si geridos, notificando a Comissão Europeia dessa designação e dando conhecimento à CMVM.

ART 272.º (Registo) – 1 – Só podem ser registados na CMVM os sistemas de liquidação que satisfaçam cumulativamente os seguintes requisitos:
a) Integrem pelo menos um participante com sede em Portugal;
b) Cuja sociedade gestora, quando exista, tenha sede efectiva em Portugal;
c) A que se aplique o direito português por força de cláusula expressa do respectivo acordo constitutivo;
d) Tenham adoptado regras compatíveis com este Código, os regulamentos da CMVM e do Banco de Portugal.

2 – Do registo constam os seguintes elementos actualizados:
a) O acordo celebrado entre os participantes;
b) A identificação dos participantes no sistema;
c) Elementos de identificação da entidade gestora, quando exista, incluindo os respectivos estatutos e a identificação dos titulares dos órgãos sociais e dos accionistas detentores de participações qualificadas;
d) As regras aprovadas pela entidade gestora.

3 – Ao processo de registo, incluindo a sua recusa e o seu cancelamento, aplica-se, com as devidas adaptações, o disposto para o registo de entidades gestoras de mercados regulamentados e de sistemas de negociação multilateral.

ART 273.º (Regulamentação) – 1 – A CMVM elabora os regulamentos necessários à concretização das seguintes matérias:
a) Reconhecimento e registo de sistemas de liquidação;
b) Regras de segurança a adoptar pelo sistema;
c) Garantias a prestar a favor da contraparte central;
d) Regras de gestão, prudenciais e de contabilidade, necessárias para garantir a separação patrimonial.

2 – Em relação aos sistemas utilizados na liquidação de operações de mercado regulamentado ou de sistema de negociação multilateral, a CMVM, sob proposta ou com audiência prévia da entidade gestora dos sistemas em causa, define ou concretiza, através de regulamento:
a) Os prazos em que deve processar-se a liquidação;

696   [DL n.º 486/99]   MERCADO DE VALORES MOBILIÁRIOS

b) Os procedimentos a adoptar em caso de incumprimento pelos participantes;

c) A ordenação das operações a compensar e a liquidar;

d) O registo das operações realizadas através do sistema e sua contabilidade.

3 – O Banco de Portugal regulamenta os sistemas por si geridos.

Secção II — OPERAÇÕES

Subsecção I — Disposições gerais

ART 274.º (Ordens de transferência) – 1 – As ordens de transferência são introduzidas no sistema pelos participantes ou, por delegação destes, pela entidade gestora do mercado regulamentado ou do sistema de negociação multilateral onde os instrumentos financeiros foram transaccionados ou pela entidade que assuma as funções de câmara de compensação e contraparte central relativamente às operações realizadas nesse mercado ou sistema.

2 – As ordens de transferência são irrevogáveis, produzem efeitos entre os participantes e são oponíveis a terceiros a partir do momento em que tenham sido introduzidas no sistema.

3 – O momento e o modo de introdução das ordens no sistema determinam-se de acordo com as regras do sistema.

ART 275.º (Modalidades de execução) – A execução das ordens de transferência consiste em colocar à disposição do beneficiário, em conta aberta por este junto de um agente de liquidação:

a) O montante bruto indicado em cada uma das ordens de transferência; ou

b) O saldo líquido apurado por efeito de compensação bilateral ou multilateral.

ART 276.º (Compensação) – A compensação efectuada no âmbito do sistema de liquidação tem carácter definitivo e é efectuada pelo próprio sistema ou por entidade que assuma funções de câmara de compensação participante deste.

ART 277.º (Invalidade dos negócios subjacentes) – A invalidade ou a ineficácia dos negócios jurídicos subjacentes às ordens de transferência e às obrigações compensadas não afectam a irrevogabilidade das ordens nem o carácter definitivo da compensação.

Subsecção II — Liquidação de operações de mercado regulamentado

ART 278.º (Princípios) – 1 – A liquidação das operações de mercado regulamentado ou de sistema de negociação multilateral deve ser organizada de acordo com princípios de eficiência, de redução do risco sistémico e de simultaneidade dos créditos em instrumentos financeiros e em dinheiro.

2 – *(Revogado.)*

ART 279.º (Obrigações dos participantes) – 1 – Os participantes colocam à disposição do sistema de liquidação, no prazo indicado nas regras do sistema, os valores mobiliários ou o dinheiro necessários à boa liquidação das operações.

2 – A obrigação a que se refere o número anterior incumbe ao participante que introduziu no sistema a ordem de transferência ou que tenha sido indicado pela entidade gestora do mercado regulamentado ou do sistema de negociação multilateral onde se efectuaram as operações a liquidar ou pela entidade que assuma as funções de câmara de compensação e contraparte central relativamente a essas operações.

3 – O participante indicado para liquidação de uma operação pode, por sua vez, indicar outro participante no sistema para a efectuar, mas não se libera se este recusar a indicação.

4 – A recusa de indicação é ineficaz se estiver excluída por contrato celebrado entre os participantes e revelado perante o sistema.

ART 280.º (Incumprimento) – 1 – A inobservância, no prazo previsto, das obrigações referidas no artigo anterior constitui incumprimento definitivo.

2 – Verificado o incumprimento, a entidade gestora do sistema deve accionar imediatamente os procedimentos de substituição necessários a assegurar a boa liquidação da operação.

3 – Os procedimentos de substituição são descritos nas regras do sistema, devendo estar previstos pelo menos os seguintes:

a) Empréstimo dos valores mobiliários a liquidar;

b) Recompra dos valores mobiliários que não tenham sido entregues;

c) Revenda dos valores mobiliários que não tenham sido pagos.

4 – Nos casos em que exista contraparte central:

a) É a contraparte central que acciona os procedimentos de substituição necessários;

b) Os procedimentos de substituição são descritos nas regras da contraparte central, não sendo obrigatória a existência dos referidos nas alíneas *a)* a *c)* do número anterior.

CÓDIGO DOS VALORES MOBILIÁRIOS   [DL n.º 486/99]   697

5 – Os procedimentos de substituição não são accionados quando o credor declarar, em tempo útil, que perdeu o interesse na liquidação, salvo disposição em contrário constante de regra aprovada pela entidade gestora do sistema ou, se aplicável, pela contraparte central.

6 – As regras referidas no número anterior asseguram que os mecanismos de substituição adoptados possibilitam a entrega dos instrumentos financeiros ao credor num prazo razoável.

ART 281.º (Conexão com outros sistemas e instituições) – 1 – Os sistemas utilizados na liquidação de operações de mercado regulamentado ou de sistema de negociação multilateral devem estabelecer as ligações necessárias à boa liquidação das operações, constituindo uma rede de conexões, nomeadamente com:

a) Entidades gestoras dos mercados regulamentados ou dos sistemas de negociação multilateral onde se realizem as operações a liquidar;

b) Entidades que assumam as funções de câmara de compensação e contraparte central;

c) Entidades gestoras de sistemas centralizados de valores mobiliários;

d) O Banco de Portugal ou instituições de crédito, se a entidade gestora do sistema não estiver autorizada a receber depósitos em dinheiro;

e) Outros sistemas de liquidação.

2 – Os acordos de conexão devem ser previamente comunicados à CMVM.

ART 282.º (Responsabilidade civil) – Salvo caso de força maior, cada um dos participantes responde pelos danos causados pelo incumprimento das suas obrigações, incluindo o custo dos procedimentos de substituição.

Secção III — **INSOLVÊNCIA DOS PARTICIPANTES**

ART 283.º (Ordens de transferência e compensação) – 1 – A abertura de processo de insolvência, de recuperação de empresa ou de saneamento de qualquer participante não tem efeitos retroactivos sobre os direitos e obrigações decorrentes da sua participação no sistema ou a ela associados.

2 – A abertura dos processos a que se refere o número anterior não afecta a irrevogabilidade das ordens de transferência nem a sua oponibilidade a terceiros nem o carácter definitivo da compensação, desde que as ordens tenham sido introduzidas no sistema:

a) Antes da abertura do processo; ou

b) Após a abertura do processo, se as ordens tiverem sido executadas no dia em que foram introduzidas e se a câmara de compensação, o agente de liquidação ou a contraparte central provarem que não tinham nem deviam ter conhecimento da abertura do processo.

3 – O momento de abertura dos processos a que se refere o presente capítulo é aquele em que a autoridade competente profere a decisão de declaração de insolvência, de prosseguimento da acção de recuperação de empresa ou decisão equivalente.

ART 284.º (Garantias) – 1 – Sem prejuízo do disposto no Decreto-Lei n.º 105/2004, de 8 de Maio, as garantias de obrigações decorrentes do funcionamento de um sistema de liquidação não são afectadas pela abertura de processo de insolvência, de recuperação de empresa ou de saneamento da entidade garante, revertendo apenas para a massa falida ou para a empresa em recuperação ou saneamento o saldo que eventualmente se apure após o cumprimento das obrigações garantidas.

2 – O disposto no número anterior aplica-se às garantias prestadas a favor de bancos centrais de Estados membros da Comunidade Europeia e do Banco Central Europeu, actuando nessa qualidade.

3 – Para os efeitos do presente artigo consideram-se garantias o penhor e os direitos decorrentes de reporte e de outros contratos similares.

4 – Se os instrumentos financeiros objecto de garantia nos termos do presente artigo estiverem registados ou depositados em sistema centralizado situado ou a funcionar num Estado membro da Comunidade Europeia, a determinação dos direitos dos beneficiários da garantia rege-se pela legislação desse Estado membro, desde que a garantia tenha sido registada no mesmo sistema centralizado.

ART 285.º (Direito aplicável) – Aberto um processo de falência, de recuperação de empresa ou de saneamento de um participante, os direitos e obrigações decorrentes dessa participação ou a ela associados regem-se pelo direito aplicável ao sistema.

ART 286.º (Notificações) – 1 – A decisão de abertura de processo de falência, de recuperação de empresa ou de saneamento de qualquer participante é imediatamente notificada à CMVM e ao Banco de Portugal pelo tribunal ou pela autoridade administrativa que a proferir.

2 – A CMVM ou o Banco de Portugal, em relação aos sistemas por ele geridos, notificam imediatamente os restantes Estados membros da Comunidade Europeia da decisão a que se refere o n.º 1.

3 – A CMVM é a autoridade competente para receber a notificação das decisões a que se refere o n.º 1, quando tomadas por autoridade judicial ou administrativa de outro Estado membro da Comunidade Europeia.

4 – A CMVM e o Banco de Portugal notificam imediatamente as entidades gestoras dos sistemas de liquidação junto delas registados das decisões a que se refere o n.º 1 e de qualquer notificação recebida de um Estado estrangeiro relativa à falência de um participante.

698   [DL n.º 486/99]   MERCADO DE VALORES MOBILIÁRIOS

Secção IV — GESTÃO

ART 287.º (Regime) – 1 – Os sistemas utilizados na liquidação de operações de mercado regulamentado ou de sistema de negociação multilateral só podem ser geridos por sociedade que preencha os requisitos fixados em lei especial.

2 – Os restantes sistemas de liquidação, com excepção dos que forem geridos pelo Banco de Portugal, podem também ser geridos pelo conjunto dos participantes.

ART 288.º (Responsabilidade civil) – 1 – A entidade gestora do sistema de liquidação responde perante os participantes tal como, nos termos do artigo 94.º, a entidade gestora de um sistema centralizado de valores mobiliários responde perante os intermediários financeiros.

2 – Se o sistema for gerido directamente pelos participantes, estes respondem solidária e ilimitadamente pelos danos por que teria de responder a entidade gestora.

TÍTULO VI — INTERMEDIAÇÃO

CAPÍTULO I — Disposições gerais

Secção I — ACTIVIDADES

ART 289.º (Noção) – 1 – São actividades de intermediação financeira:
a) Os serviços e actividades de investimento em instrumentos financeiros;
b) Os serviços auxiliares dos serviços e actividades de investimento;
c) A gestão de instituições de investimento colectivo e o exercício das funções de depositário dos valores mobiliários que integram o património dessas instituições.

2 – Só os intermediários financeiros podem exercer, a título profissional, actividades de intermediação financeira.

3 – O disposto no número anterior não é aplicável:
a) Aos membros do Sistema Europeu de Bancos Centrais, no exercício das suas funções, e ao Estado e outras entidades públicas no âmbito da gestão da dívida pública e das reservas do Estado;
b) Às pessoas que prestam serviços de investimento exclusivamente à sua sociedade dominante, a filial desta, ou à sua própria filial;
c) Às pessoas que prestem conselhos de investimento como complemento normal e não especificamente remunerado de profissão de fim diverso da prestação de serviços de investimento;
d) Às pessoas que tenham por única actividade de investimento a negociação por conta própria desde que não sejam criadores de mercado ou entidades que negoceiem por conta própria, fora de um mercado regulamentado ou de um sistema de negociação multilateral, de modo organizado, frequente e sistemático, facultando um sistema acessível a terceiros com o fim de com eles negociar;
e) Às pessoas que prestam, exclusivamente ou em cumulação com a actividade descrita na alínea *b*), serviços de investimento relativos à gestão de sistemas de participação de trabalhadores;
f) Às pessoas que prestem serviços de investimento, ou exerçam actividades de investimento, que consistam, exclusivamente, na negociação por conta própria nos mercados a prazo ou a contado, neste caso com a única finalidade de cobrir posições nos mercados de derivados, ou na negociação ou participação na formação de preços por conta de outros membros dos referidos mercados, e que sejam garantidas por um membro compensador que nos mesmos actue, quando a responsabilidade pela execução dos contratos celebrados for assumida por um desses membros;
g) Às pessoas cuja actividade principal consista em negociar por conta própria em mercadorias, em instrumentos derivados sobre mercadorias, ou em ambos, desde que não actuem no âmbito de um grupo cuja actividade principal consista na prestação de outros serviços de investimento ou de natureza bancária;
h) Às pessoas que negoceiem instrumentos financeiros por conta própria ou que prestem serviços de investimento em instrumentos derivados sobre mercadorias ou contratos de derivados referidos nas subalíneas *ii)* e *iii)* da alínea *e)* e na alínea *f)* do n.º 1 do artigo 2.º, desde que tais actividades sejam exercidas de forma acessória no contexto de um grupo cuja actividade principal não consista na prestação de serviços de investimento ou de natureza bancária;
i) Às pessoas que exercem, a título principal, algum dos serviços enumerados nas alíneas *c)*, *d)* e *g)* do artigo 291.º, desde que não actuem no âmbito de um grupo cuja actividade principal consista na prestação de serviços de investimento ou de natureza bancária.

4 – O disposto nos artigos 294.º-A a 294.º-D, 306.º a 306.º-D, 308.º a 308.º-C, 309.º-D, 313.º, 314.º a 314.º-D, 317.º a 317.º-D não é aplicável à actividade de gestão de instituições de investimento colectivo.

ART 290.º (Serviços e actividades de investimento) – 1 – São serviços e actividades de investimento em instrumentos financeiros:

CÓDIGO DOS VALORES MOBILIÁRIOS   [**DL n.º 486/99**]   699

a) A recepção e a transmissão de ordens por conta de outrem;
b) A execução de ordens por conta de outrem;
c) A gestão de carteiras por conta de outrem;
d) A tomada firme e a colocação com ou sem garantia em oferta pública de distribuição;
e) A negociação por conta própria;
f) A consultoria para investimento;
g) A gestão de sistema de negociação multilateral.
2 – A recepção e transmissão de ordens por conta de outrem inclui a colocação em contacto de dois ou mais investidores com vista à realização de uma operação.
3 – *(Revogado.)*

ART 291.º (Serviços auxiliares) – São serviços auxiliares dos serviços e actividades de investimento:
a) O registo e o depósito de instrumentos financeiros, bem como os serviços relacionados com a sua guarda, como a gestão de tesouraria ou de garantias;
b) A concessão de crédito, incluindo o empréstimo de valores mobiliários, para a realização de operações sobre instrumentos financeiros em que intervém a entidade concedente de crédito;
c) A elaboração de estudos de investimento, análise financeira ou outras recomendações genéricas relacionadas com operações em instrumentos financeiros;
d) A consultoria sobre a estrutura de capital, a estratégia industrial e questões conexas, bem como sobre a fusão e a aquisição de empresas;
e) A assistência em oferta pública relativa a valores mobiliários;
f) Os serviços de câmbios e o aluguer de cofres-fortes ligados à prestação de serviços de investimento;
g) Os serviços e actividades enunciados no n.º 1 do artigo 290.º, quando se relacionem com os activos subjacentes aos instrumentos financeiros mencionados nas subalíneas *ii)* e *iii)* da alínea *e)* e na alínea *f)* do n.º 1 do artigo 2.º.

ART 292.º (Publicidade e prospecção) – A publicidade e a prospecção dirigidas à celebração de contratos de intermediação financeira ou à recolha de elementos sobre clientes actuais ou potenciais só podem ser realizadas:
a) Por intermediário financeiro autorizado a exercer a actividade em causa;
b) Por agente vinculado, nos termos previstos nos artigos 294.º-A a 294.º-D.

ART 293.º (Intermediários financeiros) – 1 – São intermediários financeiros em instrumentos financeiros:
a) As instituições de crédito e as empresas de investimento que estejam autorizadas a exercer actividades de intermediação financeira em Portugal;
b) As entidades gestoras de instituições de investimento colectivo autorizadas a exercer essa actividade em Portugal;
c) As instituições com funções correspondentes às referidas nas alíneas anteriores que estejam autorizadas a exercer em Portugal qualquer actividade de intermediação financeira;
d) As sociedades de investimento mobiliário e as sociedades de investimento imobiliário.
2 – São empresas de investimento em instrumentos financeiros:
a) As sociedades corretoras;
b) As sociedades financeiras de corretagem;
c) As sociedades gestoras de patrimónios;
d) As sociedades mediadoras dos mercados monetário e de câmbios;
e) As sociedades de consultoria para investimento;
f) As sociedades gestoras de sistemas de negociação multilateral;
g) Outras que como tal sejam qualificadas por lei, ou que, não sendo instituições de crédito, sejam pessoas cuja actividade, habitual e profissionalmente exercida, consista na prestação, a terceiros, de serviços de investimento, ou no exercício de actividades de investimento.

ART 294.º (Consultoria para investimento) – 1 – Entende-se por consultoria para investimento a prestação de um aconselhamento personalizado a um cliente, na sua qualidade de investidor efectivo ou potencial, quer a pedido deste quer por iniciativa do consultor relativamente a transacções respeitantes a valores mobiliários ou a outros instrumentos financeiros.
2 – Para efeitos do número anterior, existe aconselhamento personalizado quando é feita uma recomendação a uma pessoa, na sua qualidade de investidor efectivo ou potencial, que seja apresentada como sendo adequada para essa pessoa ou baseada na ponderação das circunstâncias relativas a essa pessoa, com vista à tomada de uma decisão de investimento.
3 – Uma recomendação não constitui um aconselhamento personalizado, caso seja emitida exclusivamente através dos canais de distribuição ou ao público.
4 – A consultoria para investimento pode ser exercida:
a) Por intermediário financeiro autorizado a exercer essa actividade, relativamente a quaisquer instrumentos financeiros;
b) Por consultores para investimento, relativamente a valores mobiliários.

700 [DL n.º 486/99]   MERCADO DE VALORES MOBILIÁRIOS

5 – Os consultores para investimento podem ainda prestar o serviço de recepção e transmissão de ordens em valores mobiliários desde que:

a) A transmissão de ordens se dirija a intermediários financeiros referidos no n.º 1 do artigo 293.º;

b) Não detenham fundos ou valores mobiliários pertencentes a clientes.

6 – Aos consultores para investimento aplicam-se as regras gerais previstas para as actividades de intermediação financeira, com as devidas adaptações.

ART 294.º-A (Actividade do agente vinculado e respectivos limites) – 1 – O intermediário financeiro pode ser representado por agente vinculado na prestação dos seguintes serviços:

a) Prospecção de investidores, exercida a título profissional, sem solicitação prévia destes, fora do estabelecimento do intermediário financeiro, com o objectivo de captação de clientes para quaisquer actividades de intermediação financeira; e

b) Recepção e transmissão de ordens, colocação e consultoria sobre instrumentos financeiros ou sobre os serviços prestados pelo intermediário financeiro.

2 – A actividade é efectuada fora do estabelecimento, nomeadamente, quando:

a) Exista comunicação à distância, feita directamente para a residência ou local de trabalho de quaisquer pessoas, designadamente por correspondência, telefone, correio electrónico ou fax;

b) Exista contacto directo entre o agente vinculado e o investidor em quaisquer locais, fora das instalações do intermediário financeiro.

3 – No exercício da sua actividade é vedado ao agente vinculado:

a) Actuar em nome e por conta de mais do que um intermediário financeiro, excepto quando entre estes exista relação de domínio ou de grupo;

b) Delegar noutras pessoas os poderes que lhe foram conferidos pelo intermediário financeiro;

c) Sem prejuízo do disposto na alínea *b)* do n.º 1, celebrar quaisquer contratos em nome do intermediário financeiro;

d) Receber ou entregar dinheiro, salvo se o intermediário financeiro o autorizar;

e) Actuar ou tomar decisões de investimento em nome ou por conta dos investidores;

f) Receber dos investidores qualquer tipo de remuneração.

4 – Na sua relação com os investidores, o agente vinculado deve:

a) Proceder à sua identificação perante aqueles, bem como à do intermediário financeiro em nome e por conta de quem exerce a actividade;

b) Entregar documento escrito contendo informação completa, designadamente sobre os limites a que está sujeito no exercício da sua actividade.

ART 294.º-B (Exercício da actividade) – 1 – O exercício da actividade do agente vinculado depende de contrato escrito, celebrado entre aquele e o intermediário financeiro, que estabeleça expressamente as funções que lhe são atribuídas, designadamente as previstas na alínea *b)* do n.º 1 do artigo anterior.

2 – Sem prejuízo do disposto no artigo 294.º-D, a actividade do agente vinculado é exercida:

a) Por pessoas singulares, estabelecidas em Portugal, não integradas na estrutura organizativa do intermediário financeiro;

b) Por sociedades comerciais, com sede estatutária em Portugal, que não se encontrem em relação de domínio ou de grupo com o intermediário financeiro.

3 – O agente vinculado deve ser idóneo e possuir formação e experiência profissional adequadas.

4 – O intermediário financeiro é responsável pela verificação dos requisitos previstos no número anterior.

5 – No caso previsto na alínea *b)* do n.º 2:

a) A idoneidade é aferida relativamente à sociedade, aos titulares do órgão de administração e às pessoas singulares que exercem a actividade de agente vinculado;

b) A adequação da formação e da experiência profissional é aferida relativamente às pessoas singulares que exercem a actividade de agente vinculado.

6 – O exercício da actividade de agente vinculado só pode iniciar-se após comunicação do intermediário à CMVM, para divulgação pública, da identidade daquele.

7 – A cessação do contrato estabelecido entre o intermediário financeiro e o agente vinculado deve ser comunicada à CMVM no prazo de cinco dias.

ART 294.º-C (Responsabilidade e deveres do intermediário financeiro) – 1 – O intermediário financeiro:

a) Responde por quaisquer actos ou omissões do agente vinculado no exercício das funções que lhe foram confiadas;

b) Deve controlar e fiscalizar a actividade desenvolvida pelo agente vinculado, encontrando-se este sujeito aos procedimentos internos daquele;

c) Deve adoptar as medidas necessárias para evitar que o exercício pelo agente vinculado de actividade distinta da prevista no n.º 1 do artigo 294.º-A possa ter nesta qualquer impacto negativo.

2 – Caso o intermediário financeiro permita aos agentes vinculados a recepção de ordens, deve comunicar previamente à CMVM:

CÓDIGO DOS VALORES MOBILIÁRIOS   **[DL n.º 486/99]** 701

a) Os procedimentos adoptados para garantir a observância das normas aplicáveis a esse serviço;
b) A informação escrita a prestar aos investidores sobre as condições de recepção de ordens pelos agentes vinculados.

ART 294.º-D (Agentes vinculados não estabelecidos em Portugal) – O disposto nos artigos 294.º-A a 294.º--C é aplicável às pessoas estabelecidas em Estado membro da União Europeia que não permita a nomeação de agentes vinculados e que pretendam exercer, nesse Estado membro, a actividade de agente vinculado em nome e por conta de intermediário financeiro com sede em Portugal.

Secção II — REGISTO

ART 295.º (Requisitos de exercício) – 1 – O exercício profissional de qualquer actividade de intermediação financeira depende:
a) De autorização concedida pela autoridade competente;
b) De registo prévio na CMVM.
2 – O registo de intermediários financeiros cuja actividade consista exclusivamente na gestão de sistemas de negociação multilateral rege-se pelo disposto no Decreto-Lei n.º 357-C/2007, de 31 de Outubro.
3 – A CMVM organiza uma lista das instituições de crédito e das empresas de investimento que exerçam actividades de intermediação financeira em Portugal em regime de livre prestação de serviços.

ART 296.º (Função do registo) – O registo na CMVM tem como função assegurar o controlo prévio dos requisitos para o exercício de cada uma das actividades de intermediação financeira e permitir a organização da supervisão.

ART 297.º (Elementos sujeitos a registo) – 1 – O registo dos intermediários financeiros contém cada uma das actividades de intermediação financeira que o intermediário financeiro pretende exercer.
2 – A CMVM organiza e divulga uma lista contendo os elementos identificativos dos intermediários financeiros registados nos termos dos artigos 66.º e 67.º do Regime Geral das Instituições de Crédito e Sociedades Financeiras e as actividades de intermediação financeira registadas nos termos do número anterior.

ART 298.º (Processo de registo) – 1 – O pedido de registo deve ser acompanhado dos documentos necessários para demonstrar que o intermediário financeiro possui os meios humanos, materiais e técnicos indispensáveis para o exercício da actividade em causa.
2 – A CMVM, através de inspecção, pode verificar a existência dos meios a que se refere o número anterior.
3 – O registo só pode ser efectuado após comunicação pela autoridade competente, certificando que o intermediário financeiro está autorizado a exercer as actividades requeridas.
4 – Não é exigível a apresentação dos documentos que já estejam em poder da CMVM ou que esta possa obter em publicações oficiais ou junto da autoridade nacional que concedeu a autorização ou a quem a autorização foi comunicada.
5 – As insuficiências e as irregularidades verificadas no requerimento ou na documentação podem ser sanadas no prazo fixado pela CMVM.

ART 299.º (Indeferimento tácito) – O registo considera-se recusado se a CMVM não o efectuar no prazo de 30 dias a contar:
a) Da comunicação da autorização; e
b) Da data da recepção do pedido ou de informações complementares que hajam sido solicitadas.

ART 300.º (Recusa de registo) – 1 – O registo é recusado se o intermediário financeiro:
a) Nao estiver autorizado a exercer a actividade de intermediação a registar;
b) Não demonstrar que possui as aptidões e os meios indispensáveis para garantir a prestação das actividades em causa em condições de eficiência e segurança;
c) Tiver prestado falsas declarações;
d) Não sanar insuficiências e irregularidades do processo no prazo fixado pela CMVM.
2 – A recusa de registo pode ser total ou parcial.

ART 301.º (Consultores para investimento) – 1 – O exercício da actividade dos consultores para investimento depende de registo na CMVM.
2 – O registo só é concedido a pessoas singulares idóneas que demonstrem possuir qualificação e aptidão profissional, de acordo com elevados padrões de exigência, adequadas ao exercício da actividade e meios materiais suficientes, incluindo um seguro de responsabilidade civil, ou a pessoas colectivas que demonstrem respeitar exigências equivalentes.
3 – Quando o registo for concedido a pessoas colectivas:
a) A idoneidade e os meios materiais são aferidos relativamente à pessoa colectiva, aos titulares do órgão de administração e aos colaboradores que exercem a actividade;
b) A adequação da qualificação e da aptidão profissional é aferida relativamente aos colaboradores que exercem a actividade;

702 [DL n.º 486/99] MERCADO DE VALORES MOBILIÁRIOS

c) O seguro de responsabilidade civil é exigido para cada colaborador que exerce a actividade.

4 – As condições mínimas do seguro de responsabilidade civil previsto nos números anteriores são fixadas por norma regulamentar do Instituto de Seguros de Portugal, ouvida a CMVM.

ART 302.º (Suspensão do registo) – Quando o intermediário financeiro deixe de reunir os meios indispensáveis para garantir a prestação de alguma das actividades de intermediação em condições de eficiência e segurança, pode a CMVM proceder à suspensão do registo por um prazo não superior a 60 dias.

ART 303.º (Cancelamento do registo) – 1 – Constituem fundamento de cancelamento de registo pela CMVM:

a) A verificação de circunstância que obstaria ao registo, se essa circunstância não tiver sido sanada no prazo fixado pela CMVM;

b) A revogação ou a caducidade da autorização;

c) A cessação de actividade ou a desconformidade entre o objecto e a actividade efectivamente exercida.

2 – A decisão de cancelamento que não seja fundamentada na revogação ou caducidade da autorização deve ser precedida de parecer favorável do Banco de Portugal, a emitir no prazo de 15 dias, salvo no que respeita às sociedades de consultoria para investimento.

3 – A decisão de cancelamento deve ser comunicada ao Banco de Portugal e às autoridades competentes dos Estados membros da União Europeia onde o intermediário financeiro tenha sucursais ou preste serviços.

Secção III — **ORGANIZAÇÃO E EXERCÍCIO**

Subsecção I — **Disposições gerais**

ART 304.º (Princípios) – 1 – Os intermediários financeiros devem orientar a sua actividade no sentido da protecção dos legítimos interesses dos seus clientes e da eficiência do mercado.

2 – Nas relações com todos os intervenientes no mercado, os intermediários financeiros devem observar os ditames da boa fé, de acordo com elevados padrões de diligência, lealdade e transparência.

3 – Na medida do necessário para o cumprimento dos seus deveres na prestação do serviço, o intermediário financeiro deve informar-se junto do cliente sobre os seus conhecimentos e experiência no que respeita ao tipo específico de instrumento financeiro ou serviço oferecido ou procurado, bem como, se aplicável, sobre a situação financeira e os objectivos de investimento do cliente.

4 – Os intermediários financeiros estão sujeitos ao dever de segredo profissional nos termos previstos para o segredo bancário, sem prejuízo das excepções previstas na lei, nomeadamente o cumprimento do disposto no artigo 382.º.

5 – Estes princípios e os deveres referidos nos artigos seguintes são aplicáveis aos titulares do órgão de administração e às pessoas que dirigem efectivamente a actividade do intermediário financeiro ou do agente vinculado e aos colaboradores do intermediário financeiro, do agente vinculado ou de entidades subcontratadas, envolvidos no exercício ou fiscalização de actividades de intermediação financeira ou de funções operacionais que sejam essenciais à prestação de serviços de forma contínua e em condições de qualidade e eficiência.

ART 304.º-A (Responsabilidade civil) – 1 – Os intermediários financeiros são obrigados a indemnizar os danos causados a qualquer pessoa em consequência da violação dos deveres respeitantes à organização e ao exercício da sua actividade, que lhes sejam impostos por lei ou por regulamento emanado de autoridade pública.

2 – A culpa do intermediário financeiro presume-se quando o dano seja causado no âmbito de relações contratuais ou pré-contratuais e, em qualquer caso, quando seja originado pela violação de deveres de informação.

ART 304.º-B (Códigos deontológicos) – Os códigos de conduta que venham a ser aprovados pelas associações profissionais de intermediários financeiros devem ser comunicados à CMVM no prazo de 15 dias.

ART 304.º-C (Dever de comunicação pelos auditores) – 1 – Os auditores que prestem serviço a intermediário financeiro ou a empresa que com ele esteja em relação de domínio ou de grupo ou que nele detenha, directa ou indirectamente, pelo menos 20% dos direitos de voto ou do capital social, devem comunicar imediatamente à CMVM os factos respeitantes a esse intermediário financeiro ou a essa empresa de que tenham conhecimento no exercício das suas funções, quando tais factos sejam susceptíveis de:

a) Constituir crime ou ilícito de mera ordenação social que estabeleça as condições de autorização ou que regule, de modo específico, actividades de intermediação financeira; ou

b) Afectar a continuidade do exercício da actividade do intermediário financeiro; ou

c) Justificar a recusa da certificação das contas ou a emissão de reservas.

2 – O dever de comunicação imposto pelo presente artigo prevalece sobre quaisquer restrições à divulgação de informações, legal ou contratualmente previstas, e o seu cumprimento de boa fé não envolve qualquer responsabilidade para os respectivos sujeitos.

CÓDIGO DOS VALORES MOBILIÁRIOS   [**DL n.º 486/99**]   703

3 – Se os factos referidos no n.º 1 constituírem informação privilegiada nos termos do artigo 248.º, a CMVM e o Banco de Portugal devem coordenar as respectivas acções, tendo em vista uma adequada conjugação dos objectivos de supervisão prosseguidos por cada uma dessas autoridades.

4 – Os auditores referidos no n.º 1 devem apresentar, anualmente, à CMVM um relatório que ateste o carácter adequado dos procedimentos e medidas, adoptados pelo intermediário financeiro por força das disposições da subsecção iii da presente secção.

SUBSECÇÃO II — **Organização interna**

ART 305.º (Requisitos gerais) – 1 – O intermediário financeiro deve manter a sua organização empresarial equipada com os meios humanos, materiais e técnicos necessários para prestar os seus serviços em condições adequadas de qualidade, profissionalismo e de eficiência e por forma a evitar procedimentos errados, devendo, designadamente:

a) Adoptar uma estrutura organizativa e procedimentos decisórios que especifiquem os canais de comunicação e atribuam funções e responsabilidades;

b) Assegurar que as pessoas referidas no n.º 5 do artigo 304.º estejam ao corrente dos procedimentos a seguir para a correcta execução das suas responsabilidades;

c) Assegurar o cumprimento dos procedimentos adoptados e das medidas tomadas;

d) Contratar colaboradores com as qualificações, conhecimentos e capacidade técnica necessários para a execução das responsabilidades que lhes são atribuídas;

e) Adoptar meios eficazes de reporte e comunicação da informação interna;

f) Manter registos das suas actividades e organização interna;

g) Assegurar que a realização de diversas funções por pessoas referidas no n.º 5 do artigo 304.º não as impede de executar qualquer função específica de modo eficiente, honesto e profissional;

h) Adoptar sistemas e procedimentos adequados a salvaguardar a segurança, a integridade e a confidencialidade da informação;

i) Adoptar uma política de continuidade das suas actividades, destinada a garantir, no caso de uma interrupção dos seus sistemas e procedimentos, a preservação de dados e funções essenciais e a prossecução das suas actividades de intermediação financeira ou, se tal não for possível, a recuperação rápida desses dados e funções e o reatamento rápido dessas actividades;

j) Adoptar uma organização contabilística que lhe permita, a todo o momento e de modo imediato, efectuar a apresentação atempada de relatórios financeiros que reflictam uma imagem verdadeira e apropriada da sua situação financeira e que respeitem todas as normas e regras contabilísticas aplicáveis, designadamente em matéria de segregação patrimonial.

2 – Para efeitos do disposto nas alíneas *a)* a *g)* do número anterior, o intermediário financeiro deve ter em conta a natureza, a dimensão e a complexidade das suas actividades, bem como o tipo de actividades de intermediação financeira prestadas.

3 – O intermediário financeiro deve acompanhar e avaliar regularmente a adequação e a eficácia dos sistemas e procedimentos, estabelecidos para efeitos do n.º 1, e tomar as medidas adequadas para corrigir eventuais deficiências.

ART 305.º-A (Sistema de controlo do cumprimento) – 1 – O intermediário financeiro deve adoptar políticas e procedimentos adequados a detectar qualquer risco de incumprimento dos deveres a que se encontra sujeito, aplicando medidas para os minimizar ou corrigir, evitando ocorrências futuras, e que permitam às autoridades competentes exercer as suas funções.

2 – O intermediário financeiro dever estabelecer e manter um sistema de controlo do cumprimento independente que abranja, pelo menos:

a) O acompanhamento e a avaliação regular da adequação e da eficácia das medidas e procedimentos adoptados para detectar qualquer risco de incumprimento dos deveres a que o intermediário financeiro se encontra sujeito, bem como das medidas tomadas para corrigir eventuais deficiências no cumprimento destes;

b) A prestação de aconselhamento às pessoas referidas no n.º 5 do artigo 304.º responsáveis pelo exercício de actividades de intermediação financeira, para efeitos do cumprimento dos deveres previstos no presente Código;

c) A identificação das operações sobre instrumentos financeiros suspeitas de branqueamento de capitais, de financiamento de terrorismo e as analisadas nos termos do n.º 3 do artigo 311.º;

d) A prestação imediata ao órgão de administração de informação sobre quaisquer indícios de violação de deveres consagrados em norma referida no n.º 2 do artigo 388.º que possam fazer incorrer o intermediário financeiro ou as pessoas referidas no n.º 5 do artigo 304.º num ilícito de natureza contra-ordenacional grave ou muito grave;

e) A manutenção de um registo dos incumprimentos e das medidas propostas e adoptadas nos termos da alínea anterior;

f) A elaboração e apresentação ao órgão de administração e ao órgão de fiscalização de um relatório, de periodicidade pelo menos anual, sobre o sistema de controlo do cumprimento, identificando os incumprimentos verificados e as medidas adoptadas para corrigir eventuais deficiências;

3 – Para garantir a adequação e a independência do sistema de controlo do cumprimento, o intermediário financeiro deve:

704 [DL n.º 486/99]   MERCADO DE VALORES MOBILIÁRIOS

a) Nomear um responsável pelo mesmo e por qualquer prestação de informação relativa àquele e conferir-lhe os poderes necessários ao desempenho das suas funções de modo independente, designadamente quanto ao acesso a informação relevante;

b) Dotá-lo de meios e capacidade técnica adequados;

c) Assegurar que as pessoas referidas no n.º 5 do artigo 304.º envolvidas no sistema de controlo do cumprimento não estejam envolvidas na prestação de serviços ou exercício de actividades por si controlados;

d) Assegurar que o método de determinação da remuneração das as pessoas referidas no n.º 5 do artigo 304.º envolvidas no sistema de controlo do cumprimento não seja susceptível de comprometer a sua objectividade.

4 – Os deveres previstos nas alíneas *c*) e *d*) do número anterior não são exigíveis se o intermediário financeiro demonstrar que o seu cumprimento não é necessário para garantir a adequação e a independência deste sistema, tendo em conta a natureza, a dimensão e a complexidade das actividades do intermediário financeiro, bem como o tipo de actividades de intermediação financeira prestadas.

ART 305.º-B (Gestão de riscos) – 1 – O intermediário financeiro deve adoptar políticas e procedimentos para identificar e gerir os riscos relacionados com as suas actividades, procedimentos e sistemas, considerando o nível de risco tolerado.

2 – O intermediário financeiro deve acompanhar a adequação e a eficácia das políticas e procedimentos adoptados nos termos do n.º 1, o cumprimento destes por parte das pessoas referidas no n.º 5 do artigo 304.º e a adequação e a eficácia das medidas tomadas para corrigir eventuais deficiências naqueles.

3 – O intermediário financeiro deve estabelecer um serviço de gestão de risco independente e responsável por:

a) Assegurar a aplicação da política e dos procedimentos referidos no n.º 1; e

b) Prestar aconselhamento ao órgão de administração e elaborar e apresentar a este e ao órgão de fiscalização um relatório, de periodicidade pelo menos anual, relativo à gestão de riscos, indicando se foram tomadas as medidas adequadas para corrigir eventuais deficiências.

4 – O dever previsto no número anterior é aplicável sempre que adequado e proporcional, tendo em conta a natureza, a dimensão e a complexidade das actividades, bem como o tipo de actividades de intermediação financeira prestadas.

5 – O intermediário financeiro que, em função dos critérios previstos no número anterior, não adopte um serviço de gestão de riscos independente deve garantir que as políticas e os procedimentos adoptados satisfazem os requisitos constantes dos n.ᵒˢ 1 e 2.

ART 305.º-C (Auditoria interna) – 1 – O intermediário financeiro deve estabelecer um serviço de auditoria interna, que actue com independência, responsável por:

a) Adoptar e manter um plano de auditoria para examinar e avaliar a adequação e a eficácia dos sistemas, procedimentos e normas que suportam o sistema de controlo interno do intermediário financeiro;

b) Emitir recomendações baseadas nos resultados das avaliações realizadas e verificar a sua observância; e

c) Elaborar e apresentar ao órgão de administração e ao órgão de fiscalização um relatório, de periodicidade pelo menos anual, sobre questões de auditoria, indicando e identificando as recomendações que foram seguidas.

2 – O dever previsto no número anterior é aplicável sempre que adequado e proporcional, tendo em conta a natureza, a dimensão e a complexidade das actividades, bem como o tipo de actividades de intermediação financeira prestadas.

ART 305.º-D (Responsabilidades dos titulares do órgão de administração) – 1 – Sem prejuízo das funções do órgão de fiscalização, os titulares do órgão de administração do intermediário financeiro são responsáveis por garantir o cumprimento dos deveres previstos no presente Código.

2 – Os titulares do órgão de administração devem avaliar periodicamente a eficácia das políticas, procedimentos e normas internas adoptados para cumprimento dos deveres referidos nos artigos 305.º-A a 305.º-C e tomar as medidas adequadas para corrigir eventuais deficiências detectadas e prevenir a sua ocorrência futura.

ART 305.º-E (Reclamações de investidores) – 1 – O intermediário financeiro deve manter um procedimento eficaz e transparente para o tratamento adequado e rápido de reclamações recebidas de investidores não qualificados, que preveja, pelo menos:

a) A recepção, encaminhamento e tratamento da reclamação por colaborador diferente do que praticou o acto de que se reclama;

b) Procedimentos concretos a adoptar para a apreciação das reclamações;

c) Prazo máximo de resposta.

2 – O intermediário financeiro deve manter, por um prazo de cinco anos, registos de todas as reclamações que incluam:

a) A reclamação, a identificação do reclamante e a data de entrada daquela;

b) A identificação da actividade de intermediação financeira em causa e a data da ocorrência dos factos;

c) A identificação do colaborador que praticou o acto reclamado;

d) A apreciação efectuada pelo intermediário financeiro, as medidas tomadas para resolver a questão e a data da sua comunicação ao reclamante.

CÓDIGO DOS VALORES MOBILIÁRIOS   [DL n.º 486/99]   705

Subsecção III — **Salvaguarda dos bens de clientes**

ART 306.º (Princípios gerais) – 1 – Em todos os actos que pratique, assim como nos registos contabilísticos e de operações, o intermediário financeiro deve assegurar uma clara distinção entre os bens pertencentes ao seu património e os bens pertencentes ao património de cada um dos clientes.

2 – A abertura de processo de insolvência, de recuperação de empresa ou de saneamento do intermediário financeiro não tem efeitos sobre os actos praticados pelo intermediário financeiro por conta dos seus clientes.

3 – O intermediário financeiro não pode, no seu interesse ou no interesse de terceiros, dispor de instrumentos financeiros dos seus clientes ou exercer os direitos a eles inerentes, salvo acordo dos titulares.

4 – As empresas de investimento não podem utilizar no seu interesse ou no interesse de terceiros o dinheiro recebido de clientes.

5 – Para efeitos dos números anteriores, o intermediário financeiro deve:

a) Conservar os registos e as contas que sejam necessários para lhe permitir, em qualquer momento e de modo imediato, distinguir os bens pertencentes ao património de um cliente dos pertencentes ao património de qualquer outro cliente, bem como dos bens pertencentes ao seu próprio património;

b) Manter os registos e contas organizados de modo a garantir a sua exactidão e, em especial, a sua correspondência com os instrumentos financeiros e o dinheiro de clientes;

c) Realizar, com a frequência necessária e, no mínimo, com uma periodicidade mensal, reconciliações entre os registos das suas contas internas de clientes e as contas abertas junto de terceiros, para depósito ou registo de bens desses clientes;

d) Tomar as medidas necessárias para garantir que quaisquer instrumentos financeiros dos clientes, depositados ou registados junto de um terceiro, sejam identificáveis separadamente dos instrumentos financeiros pertencentes ao intermediário financeiro, através de contas abertas em nome dos clientes ou em nome do intermediário financeiro com menção de serem contas de clientes, ou através de medidas equivalentes que garantam o mesmo nível de protecção;

e) Tomar as medidas necessárias para garantir que o dinheiro dos clientes seja detido numa conta ou em contas identificadas separadamente face a quaisquer contas utilizadas para deter dinheiro do intermediário financeiro; e

f) Adoptar disposições organizativas para minimizar o risco de perda ou de diminuição de valor dos activos dos clientes ou de direitos relativos a esses activos, como consequência de utilização abusiva dos activos, de fraude, de má gestão, de manutenção de registos inadequada ou de negligência.

6 – Caso, devido ao direito aplicável, incluindo em especial a legislação relativa à propriedade ou à insolvência, as medidas tomadas pelo intermediário financeiro em cumprimento do disposto no n.º 5, não sejam suficientes para satisfazer os requisitos constantes dos n.ºˢ 1 e 2, a CMVM determina as medidas que devem ser adoptadas, a fim de respeitar estas obrigações.

7 – Caso o direito aplicável no país em que são detidos os bens dos clientes impeça o intermediário financeiro de respeitar o disposto nas alíneas *d)* ou *e)* do n.º 5, a CMVM estabelece os requisitos com um efeito equivalente em termos de salvaguarda dos direitos dos clientes.

8 – Sempre que, nos termos da alínea *c)* do n.º 5, se detectem divergências, estas devem ser regularizadas o mais rapidamente possível.

9 – Se as divergências referidas no número anterior persistirem por prazo superior a um mês, o intermediário financeiro deve informar imediatamente a CMVM da ocorrência.

10 – O intermediário financeiro comunica à CMVM, imediatamente, quaisquer factos susceptíveis de afectar a segurança dos bens pertencentes ao património dos clientes ou de gerar risco para os demais intermediários financeiros ou para o mercado.

ART 306.º-A (Registo e depósito de instrumentos financeiros de clientes) – 1 – O intermediário financeiro que pretenda registar ou depositar instrumentos financeiros de clientes, numa ou mais contas abertas junto de um terceiro deve:

a) Observar deveres de cuidado e empregar elevados padrões de diligência profissional na selecção, na nomeação e na avaliação periódica do terceiro, considerando a sua capacidade técnica e a sua reputação no mercado; e

b) Ponderar os requisitos legais ou regulamentares e as práticas de mercado, relativos à detenção, ao registo e ao depósito de instrumentos financeiros por esses terceiros, susceptíveis de afectar negativamente os direitos dos clientes.

2 – Sempre que o registo e depósito de instrumentos financeiros estiver sujeito a regulamentação e a supervisão no Estado em que o intermediário financeiro se proponha proceder ao seu registo e depósito junto de um terceiro, o intermediário financeiro não pode proceder a esse registo ou depósito junto de entidade não sujeita a essa regulamentação ou supervisão.

3 – O intermediário financeiro não pode registar ou depositar instrumentos financeiros de clientes junto de uma entidade estabelecida num Estado que não regulamenta o registo e o depósito de instrumentos financeiros por conta de outrem, salvo se:

a) A natureza dos instrumentos financeiros ou dos serviços de investimento associados a esses instrumentos financeiros o exijam; ou

706   [DL n.º 486/99]   MERCADO DE VALORES MOBILIÁRIOS

b) Os instrumentos financeiros devam ser registados ou depositados por conta de um investidor qualificado que o tenha requerido por escrito.

ART 306.º-B (Utilização de instrumentos financeiros de clientes) – 1 – Caso pretenda dispor de instrumentos financeiros registados ou depositados em nome de um cliente, o intermediário financeiro deve solicitar autorização prévia e expressa daquele, comprovada, no caso de investidor não qualificado, pela sua assinatura ou por um mecanismo alternativo equivalente.

2 – Se os instrumentos financeiros se encontrarem registados ou depositados numa conta global, o intermediário financeiro que pretenda dispor dos mesmos deve:

a) Solicitar autorização prévia e expressa de todos os clientes cujos instrumentos financeiros estejam registados ou depositados conjuntamente na conta global; ou

b) Dispor de sistemas e controlos que assegurem que apenas são utilizados os instrumentos financeiros de clientes que tenham dado previamente a sua autorização expressa, nos termos do n.º 1.

3 – Os registos do intermediário financeiro devem incluir informação sobre o cliente que autorizou a utilização dos instrumentos financeiros, as condições dessa utilização e a quantidade de instrumentos financeiros utilizados de cada cliente, de modo a permitir a atribuição de eventuais perdas.

ART 306.º-C (Depósito de dinheiro de clientes) – 1 – O dinheiro entregue pelos clientes a empresas de investimento é imediatamente:

a) Depositado numa ou mais contas abertas junto de um banco central, de instituição de crédito autorizada na União Europeia a receber depósitos ou de banco autorizado num país terceiro; ou

b) Aplicado num fundo do mercado monetário elegível, se o cliente, tendo conhecimento ainda que em termos genéricos desta possibilidade, não manifestar a sua oposição.

2 – As contas mencionadas no número anterior são abertas em nome da empresa de investimento por conta dos seus clientes, podendo respeitar a um único cliente ou a uma pluralidade destes.

3 – Sempre que não deposite o dinheiro de clientes junto de um banco central, a empresa de investimento deve:

a) Actuar com especial cuidado e diligência na selecção, na nomeação e na avaliação periódica da entidade depositária, considerando a sua capacidade técnica e a sua reputação no mercado; e

b) Ponderar os requisitos legais ou regulamentares e as práticas de mercado relativas à detenção de dinheiro de clientes por essas entidades susceptíveis de afectar negativamente os direitos daqueles.

4 – As empresas de investimento devem estabelecer procedimentos escritos aplicáveis à recepção de dinheiro de clientes, nos quais se definem, designadamente:

a) Os meios de pagamento aceites para provisionamento das contas;

b) O departamento ou os colaboradores autorizados a receber dinheiro;

c) O tipo de comprovativo que é entregue ao cliente;

d) Regras relativas ao local onde o mesmo é guardado até ser depositado ou aplicado e ao arquivo de documentos;

e) Os procedimentos para prevenção de branqueamento de capitais e financiamento de terrorismo.

5 – Para efeitos da alínea *b)* do n.º 1, entende-se por «fundo do mercado monetário elegível», um organismo de investimento colectivo harmonizado ou que esteja sujeito à supervisão e, se aplicável, seja autorizado por uma autoridade de um Estado membro da União Europeia, desde que:

a) O seu objectivo principal de investimento seja a manutenção constante do valor líquido dos activos do organismo de investimento colectivo ao par ou ao valor do capital inicial adicionado dos ganhos;

b) Com vista à realização do objectivo principal de investimento, invista exclusivamente em instrumentos do mercado monetário de elevada qualidade, com vencimento ou vencimento residual não superior a 397 dias ou com ajustamentos da rendibilidade efectuados em conformidade com aquele vencimento, e cujo vencimento médio ponderado seja de 60 dias, podendo aquele objectivo ser igualmente atingido através do investimento, com carácter acessório, em depósitos bancários; e

c) Proporcione liquidez através da liquidação no próprio dia ou no dia seguinte.

6 – Um instrumento do mercado monetário é de elevada qualidade se tiver sido objecto de notação de risco por uma sociedade de notação de risco competente e receber a notação de risco disponível mais elevada por parte de todas as sociedades de notação de risco competentes que tenham sujeitado esse instrumento a notação.

7 – Para efeitos do número anterior, uma sociedade de notação de risco é competente, se:

a) Emitir notações de risco relativas a fundos do mercado monetário numa base regular e profissional;

b) For uma sociedade de notação de risco elegível na acepção do n.º 1 do artigo 81.º da Directiva n.º 2006/ /48/CE, do Parlamento Europeu e do Conselho, de 14 de Junho, relativa ao acesso à actividade das instituições de crédito e ao seu exercício.

ART 306.º-D (Movimentação de contas) – 1 – O intermediário financeiro deve disponibilizar aos clientes os instrumentos financeiros ou o dinheiro devidos por quaisquer operações relativas a instrumentos financeiros, incluindo a percepção de juros, dividendos e outros rendimentos:

a) No próprio dia em que os instrumentos financeiros ou montantes em causa estejam disponíveis na conta do intermediário financeiro;

b) Até ao dia útil seguinte, se as regras do sistema de liquidação das operações forem incompatíveis com o disposto na alínea anterior.

CÓDIGO DOS VALORES MOBILIÁRIOS [DL n.º 486/99] 707

2 – As empresas de investimento podem movimentar a débito as contas referidas no n.º 1 do artigo anterior para:
a) Pagamento do preço de subscrição ou aquisição de instrumentos financeiros para os clientes;
b) Pagamento de comissões ou outros custos pelos clientes; ou
c) Transferência ordenada pelos clientes.

SUBSECÇÃO IV — **Registo e conservação de documentos**

ART 307.º (Contabilidade e registos) – 1 – A contabilidade do intermediário financeiro deve reflectir diariamente, em relação a cada cliente, o saldo credor ou devedor em dinheiro e em instrumentos financeiros.
2 – O intermediário mantém um registo diário e sequencial das operações por si realizadas, por conta própria e por conta de cada um dos clientes, com indicação dos movimentos de instrumentos financeiros e de dinheiro.
3 – O registo de cada movimento contém ou permite identificar:
a) O cliente e a conta a que diz respeito;
b) A data do movimento e a respectiva data valor;
c) A natureza do movimento, a débito ou a crédito;
d) A descrição do movimento ou da operação que lhe deu origem;
e) A quantidade ou o montante;
f) O saldo inicial e após cada movimento.
4 – As ordens e decisões de negociar são registadas nos termos previstos no artigo 7.º do Regulamento (CE) n.º 1287/2006, da Comissão, de 10 de Agosto.
5 – Os elementos que devem ser registados pelo intermediário financeiro após a execução ou recepção da confirmação da execução de uma ordem constam do artigo 8.º do Regulamento (CE) n.º 1287/2006, da Comissão, de 10 de Agosto.

ART 307.º-A (Registo do cliente) – O intermediário financeiro deve manter um registo do cliente, contendo, designadamente, informação actualizada relativa aos direitos e às obrigações de ambas as partes em contratos de intermediação financeira, o qual assenta nos respectivos documentos de suporte.

ART 307.º-B (Prazo e suporte de conservação) – 1 – Sem prejuízo de exigências legais ou regulamentares mais rigorosas, os intermediários financeiros conservam em arquivo os documentos e registos relativos a:
a) Operações sobre instrumentos financeiros, pelo prazo de cinco anos após a realização da operação;
b) Contratos de prestação de serviço celebrados com os clientes ou os documentos de onde constam as condições com base nas quais o intermediário financeiro presta serviços ao cliente, até que tenham decorrido cinco anos após o termo da relação de clientela.
2 – A pedido das autoridades competentes ou dos seus clientes, os intermediários financeiros devem emitir certificados dos registos respeitantes às operações em que intervieram.
3 – Os registos devem ser conservados num suporte que permita o armazenamento de informação de forma acessível para futura referência pela CMVM e de modo que:
a) Seja possível reconstituir cada uma das fases essenciais do tratamento de todas as operações;
b) Quaisquer correcções ou outras alterações, bem como o conteúdo dos registos antes dessas correcções ou alterações, possam ser facilmente verificados; e
c) Não seja possível manipular ou alterar, por qualquer forma, os registos.
4 – O intermediário financeiro deve fixar as ordens transmitidas telefonicamente em suporte fonográfico, devendo informar previamente o cliente desse registo.

SUBSECÇÃO V — **Subcontratação**

ART 308.º (Âmbito) – 1 – A subcontratação com terceiros de actividades de intermediação financeira ou destinada à execução de funções operacionais, que sejam essenciais à prestação de serviços de forma contínua e em condições de qualidade e eficiência, pressupõe a adopção, pelo intermediário financeiro, das medidas necessárias para evitar riscos operacionais adicionais decorrentes da mesma e só pode ser realizada se não prejudicar o controlo interno a realizar pelo intermediário financeiro nem a capacidade de a autoridade competente controlar o cumprimento por este dos deveres que lhes sejam impostos por lei ou por regulamento emanado de autoridade pública.
2 – Uma função operacional é considerada essencial à prestação de serviços de investimento e à execução de actividades de investimento de forma contínua e em condições de qualidade e eficiência, se uma falha no seu exercício prejudicar significativamente o cumprimento, por parte do intermediário financeiro subcontratante, dos deveres a que se encontra sujeito, os seus resultados financeiros ou a continuidade dos seus serviços e actividades de investimento.
3 – Excluem-se, designadamente, do número anterior:
a) A prestação ao intermediário financeiro de serviços de consultoria ou de outros serviços que não façam parte das actividades de intermediação financeira, designadamente os serviços de consultoria jurídica, de formação de colaboradores, de facturação, de publicidade e de segurança;

708 [DL n.º 486/99]   MERCADO DE VALORES MOBILIÁRIOS

b) A aquisição de serviços padronizados, nomeadamente serviços de informação sobre mercados e a disponibilização de informação relativa a preços efectivos.

ART 308.º-A (Princípios aplicáveis à subcontratação) – 1 – A subcontratação obedece aos seguintes princípios:

a) Não deve resultar na delegação das responsabilidades do órgão de administração;

b) Manutenção, pelo intermediário financeiro subcontratante, do controlo das actividades e funções subcontratadas e da responsabilidade perante os seus clientes, nomeadamente dos deveres de informação;

c) Não esvaziamento da actividade do intermediário financeiro subcontratante;

d) Manutenção da relação e dos deveres do intermediário financeiro subcontratante relativamente aos seus clientes, nomeadamente dos deveres de informação;

e) Manutenção dos requisitos de que dependem a autorização e o registo do intermediário financeiro subcontratante.

2 – O disposto na alínea *d)* do número anterior implica que o intermediário financeiro subcontratante:

a) Defina a política de gestão e tome as principais decisões, se os serviços, as actividades ou as funções subcontratados implicarem poderes de gestão de qualquer natureza;

b) Mantenha o exclusivo das relações com o cliente, aí incluídos os pagamentos que devam ser feito pelo ou ao cliente.

ART 308.º-B (Requisitos da subcontratação) – 1 – O intermediário financeiro subcontratante deve observar deveres de cuidado e empregar elevados padrões de diligência profissional na conclusão, na gestão ou na cessação de qualquer subcontrato.

2 – O intermediário financeiro subcontratante deve assegurar que a entidade subcontratada:

a) Tem as qualificações, a capacidade e a autorização, se requerida por lei, para realizar de forma confiável e profissional as actividades ou funções subcontratadas;

b) Presta eficazmente as actividades ou funções subcontratadas;

c) Controla a realização das actividades ou funções subcontratadas e gere os riscos associados à subcontratação;

d) Dispõe de toda a informação necessária ao cumprimento do subcontrato;

e) Informa o intermediário financeiro subcontratante de factos susceptíveis de influenciar a sua capacidade para exercer, em cumprimento dos requisitos legislativos e regulamentares aplicáveis, as actividades ou funções subcontratadas;

f) Coopera com as autoridades de supervisão relativamente às actividades ou funções subcontratadas;

g) Permite o acesso do intermediário financeiro subcontratante, dos respectivos auditores e das autoridades de supervisão à informação relativa às actividades ou funções subcontratadas, bem como às suas instalações comerciais;

h) Diligencia no sentido de proteger quaisquer informações confidenciais relativas ao intermediário financeiro subcontratante ou aos seus clientes.

3 – Além dos deveres previstos no número anterior, o intermediário financeiro subcontratante deve:

a) Ter a capacidade técnica necessária para supervisionar as actividades ou funções subcontratadas e para gerir os riscos associados à subcontratação;

b) Estabelecer métodos de avaliação do nível de desempenho da entidade subcontratada;

c) Tomar medidas adequadas, caso suspeite que a entidade subcontratada possa não estar a prestar as actividades ou funções subcontratadas de modo eficaz e em cumprimento dos requisitos legais e regulamentares aplicáveis;

d) Poder cessar o subcontrato, sempre que necessário, sem prejuízo da continuidade e da qualidade dos serviços prestados aos clientes;

e) Incluir nos seus relatórios anuais os elementos essenciais das actividades ou funções subcontratadas e os termos em que decorreram.

4 – Sempre que necessário, tendo em conta as actividades ou funções subcontratadas, o intermediário financeiro subcontratante e a entidade subcontratada devem adoptar um plano de contingência e realizar ensaios periódicos dos sistemas de cópias de segurança.

5 – Se o intermediário financeiro subcontratante e a entidade subcontratada integrarem o mesmo grupo de sociedades, o primeiro pode, para efeitos dos números anteriores e do artigo 308.º-C, ter em conta a medida em que controla a entidade subcontratada ou influencia as suas acções e em que esta está incluída na supervisão consolidada do grupo.

6 – A subcontratação é formalizada por contrato escrito, do qual constam os direitos e deveres que decorrem para ambas as partes do disposto nos artigos e nos números anteriores.

7 – O subcontrato deve ser enviado à CMVM no prazo de cinco dias, a contar da respectiva celebração.

ART 308.º-C (Subcontratação de serviços de gestão de carteiras em entidades localizadas em países terceiros) – 1 – Além do cumprimento dos requisitos previstos nos artigos 308.º-A e 308.º-B, um intermediário financeiro pode subcontratar o serviço de gestão de carteiras de investidores não qualificados a entidade localizada num país não pertencente à União Europeia, desde que:

CÓDIGO DOS VALORES MOBILIÁRIOS   [DL n.º 486/99]   709

a) No seu país de origem, a entidade subcontratada esteja autorizada a prestar esse serviço e esteja sujeita a supervisão prudencial; e

b) Exista um acordo de cooperação entre a CMVM e a autoridade de supervisão daquela entidade.

2 – Quando não se verificar qualquer das condições previstas no número anterior, um intermediário financeiro pode proceder à subcontratação junto de uma entidade localizada num país não pertencente à União Europeia, se a CMVM, no prazo de 30 dias após ter sido notificada da celebração do subcontrato, não levantar objecções ao mesmo.

3 – A CMVM divulga, nos termos do artigo 367.º:

a) A lista das autoridades de supervisão dos países não pertencente à União Europeia com as quais tenha acordos de cooperação para efeitos da alínea *a)* do n.º 1;

b) Uma declaração de princípios que inclua exemplos de situações em que, ainda que não se verificasse uma das condições previstas no n.º 1, a CMVM não levantaria objecções à subcontratação, incluindo uma explicação clara sobre as razões pelas quais, nesses casos, a esta não colocaria em risco o cumprimento das requisitos previstos nos artigos 308.º-A e 308.º-B.

SUBSECÇÃO VI — **Conflitos de interesses e realização de operações pessoais**

ART 309.º (Princípios gerais) – 1 – O intermediário financeiro deve organizar-se por forma a identificar possíveis conflitos de interesses e actuar de modo a evitar ou a reduzir ao mínimo o risco da sua ocorrência.

2 – Em situação de conflito de interesses, o intermediário financeiro deve agir por forma a assegurar aos seus clientes um tratamento transparente e equitativo.

3 – O intermediário financeiro deve dar prevalência aos interesses do cliente, tanto em relação aos seus próprios interesses ou de sociedades com as quais se encontra em relação de domínio ou de grupo, como em relação aos interesses dos titulares dos seus órgãos sociais ou dos de agente vinculado e dos colaboradores de ambos.

4 – Sempre que o intermediário financeiro realize operações para satisfazer ordens de clientes deve pôr à disposição destes os instrumentos financeiros pelo mesmo preço por que os adquiriu.

ART 309.º-A (Política em matéria de conflitos de interesses) – 1 – O intermediário financeiro deve adoptar uma política em matéria de conflitos de interesses, reduzida a escrito, e adequada às suas dimensão e organização e à natureza, à dimensão e à complexidade das suas actividades.

2 – Sempre que o intermediário financeiro faça parte de um grupo de sociedades, a política deve ter igualmente em conta quaisquer circunstâncias que são, ou deveriam ser, do conhecimento daquele susceptíveis de originar um conflito de interesses decorrente da estrutura e actividades comerciais de outras sociedades do grupo.

3 – A política em matéria de conflitos de interesses deve, designadamente:

a) Identificar, relativamente a actividades de intermediação financeira específicas prestadas por ou em nome do intermediário financeiro, as circunstâncias que constituem ou podem dar origem a um conflito de interesses;

b) Especificar os procedimentos a seguir e as medidas a tomar, a fim de gerir esses conflitos.

4 – Os procedimentos e as medidas previstos na alínea *b)* do número anterior devem ser concebidos de forma a assegurar que as pessoas referidas no n.º 5 do artigo 304.º envolvidas em diferentes actividades, implicando uma situação de conflito de interesses do tipo especificado na alínea *a)* do número anterior, desenvolvam as referidas actividades com um grau adequado de independência face à dimensão e às actividades do intermediário financeiro e do grupo a que pertence e a importância do risco de prejuízo para os interesses dos clientes.

5 – Na medida do necessário para assegurar o nível de independência requerido, devem ser incluídos:

a) Procedimentos eficazes para impedir ou controlar a troca de informação entre pessoas referidas no n.º 5 do artigo 304.º envolvidas em actividades que impliquem um risco de conflito de interesses, sempre que aquela possa prejudicar os interesses de um ou mais clientes;

b) Uma fiscalização distinta das pessoas referidas no n.º 5 do artigo 304.º cujas principais funções envolvam a realização de actividades por conta de clientes, ou a prestação de serviços a estes, quando os seus interesses possam estar em conflito ou quando representem interesses diferentes, susceptíveis de estar em conflito, inclusive com os do intermediário financeiro;

c) A eliminação de qualquer relação directa entre a remuneração de pessoas referidas no n.º 5 do artigo 304.º envolvidas numa actividade e a remuneração ou as receitas geradas por outras pessoas referidas no n.º 5 do artigo 304.º, envolvidas numa outra actividade, na medida em que possa surgir um conflito de interesses entre essas actividades;

d) A adopção de medidas destinadas a impedir ou a limitar qualquer pessoa de exercer uma influência inadequada sobre o modo como uma pessoa referida no n.º 5 do artigo 304.º presta actividades de intermediação financeira;

e) A adopção de medidas destinadas a impedir ou controlar o envolvimento simultâneo ou sequencial de uma pessoa referida no n.º 5 do artigo 304.º em diferentes actividades de intermediação financeira, quando esse envolvimento possa entravar a gestão adequada dos conflitos de interesses.

710 [DL n.º 486/99]   MERCADO DE VALORES MOBILIÁRIOS

6 – Caso a adopção de algum dos procedimentos e medidas previstos no número anterior não assegure o nível requerido de independência, a CMVM pode exigir que o intermediário financeiro adopte as medidas alternativas ou adicionais que se revelem necessárias e adequadas para o efeito.

ART 309.º-B (Conflitos de interesses potencialmente prejudiciais para um cliente) – A identificação dos conflitos de interesses, designadamente para efeitos da política em matéria de conflitos de interesses, deve contemplar obrigatoriamente as situações em que, em resultado da prestação de actividades de intermediação financeira ou por outra circunstância, o intermediário financeiro, uma pessoa em relação de domínio com este ou uma pessoa referida no n.º 5 do artigo 304.º:

a) Seja susceptível de obter um ganho financeiro ou evitar uma perda financeira, em detrimento do cliente;

b) Tenha interesse nos resultados decorrentes de um serviço prestado ao cliente ou de uma operação realizada por conta do cliente, que seja conflituante com o interesse do cliente nesses resultados;

c) Receba um benefício financeiro ou de outra natureza para privilegiar os interesses de outro cliente face aos interesses do cliente em causa;

d) Desenvolva as mesmas actividades que o cliente;

e) Receba ou venha a receber, de uma pessoa que não o cliente, um benefício relativo a um serviço prestado ao cliente, sob forma de dinheiro, bens ou serviços, que não a comissão ou os honorários normais desse serviço.

ART 309.º-C (Registo de actividades que originam conflitos de interesses) – 1 – O intermediário financeiro deve manter e actualizar regularmente registos de todos os tipos de actividades de intermediação financeira, realizadas directamente por si ou em seu nome, que originaram um conflito de interesses com risco relevante de afectação dos interesses de um ou mais clientes ou, no caso de actividades em curso, susceptíveis de o originar.

2 – Quando preste serviços relacionados com ofertas públicas ou outros de que resulte o conhecimento de informação privilegiada, o intermediário deve elaborar listas das pessoas que tiveram acesso à informação.

ART 309.º-D (Recomendações de investimento) – 1 – O intermediário financeiro que, fora do âmbito do exercício da actividade de consultoria para investimento, elabora recomendações de investimento, tal como definidas no artigo 12.º-A, destinadas ou susceptíveis de serem divulgadas, sob a sua responsabilidade ou de sociedade pertencente ao mesmo grupo, como recomendações de investimento aos seus clientes ou ao público, deve cumprir o disposto no n.º 5 do artigo 309.º-A relativamente às pessoas envolvidas na elaboração das recomendações.

2 – As pessoas envolvidas na elaboração da recomendação não podem realizar operações pessoais, em sentido contrário ao que nela se recomenda, sobre os instrumentos financeiros abrangidos pela recomendação ou instrumentos financeiros com eles relacionados, salvo se ocorrerem circunstâncias excepcionais e forem para tal autorizados pelo serviço competente do intermediário financeiro.

3 – Os analistas e outras pessoas referidas no n.º 5 do artigo 304.º que conheçam o momento provável de divulgação da recomendação ou o seu conteúdo não podem realizar operações, nem por sua conta, nem por conta de outrem, sobre os instrumentos financeiros abrangidos pela recomendação ou instrumentos financeiros com eles relacionados antes de os destinatários da recomendação a ela terem tido acesso e a oportunidade de tomar decisões de investimento em função do seu conteúdo, excepto se no âmbito do exercício normal da função de criador de mercado ou em execução de uma ordem de cliente não solicitada.

4 – Para efeito do disposto nos números anteriores considera-se instrumento financeiro relacionado com outro instrumento financeiro qualquer instrumento financeiro cujo preço é susceptível de ser influenciado por oscilações de preço de outro instrumento financeiro.

5 – O intermediário financeiro, os analistas e outras pessoas referidas no n.º 5 do artigo 304.º envolvidas na elaboração de recomendações não podem:

a) Aceitar, de quem tem um interesse significativo na matéria objecto das recomendações benefícios ilegítimos, tal como definidos no artigo 313.º;

b) Prometer uma avaliação favorável aos emitentes a que a recomendação se refere.

6 – Até à sua comunicação aos destinatários, o intermediário financeiro deve limitar o acesso ao conteúdo da recomendação aos analistas envolvidos na sua elaboração.

7 – O intermediário financeiro deve adoptar os procedimentos destinados a assegurar o cumprimento do disposto nos n.ºs 2 a 6.

8 – O intermediário financeiro pode divulgar, junto do público ou de clientes, recomendações de investimento elaboradas por terceiros desde que, para além do cumprimento do disposto no artigo 12.º-D, verifique que quem as elabora está sujeito a requisitos equivalentes aos previstos no presente Código relativamente à elaboração de recomendações ou estabeleceu uma política interna que os prevê.

ART 309.º-E (Operações realizadas por pessoas relevantes) – 1 – O intermediário financeiro deve adoptar procedimentos destinados a evitar que qualquer pessoa referida no n.º 5 do artigo 304.º envolvida em actividades susceptíveis de originar um conflito de interesses ou que tenha acesso a informação privilegiada ou a outras informações confidenciais realize uma operação pessoal ou aconselhe ou solicite a outrem a realização de uma operação em instrumentos financeiros:

CÓDIGO DOS VALORES MOBILIÁRIOS   [DL n.º 486/99]   711

a) Em violação do n.º 4 do artigo 248.º e do artigo 378.º;
b) Que implique a utilização ilícita ou a divulgação indevida das informações confidenciais;
c) Em violação de qualquer dever do intermediário financeiro previsto no presente Código.
2 – Os procedimentos adoptados pelo intermediário financeiro devem assegurar, em especial, que:
a) Todas as pessoas referidas no n.º 5 do artigo 304.º abrangidas pelo n.º 1 estejam informadas das restrições e dos procedimentos relativos a operações pessoais;
b) O intermediário financeiro seja imediatamente informado de todas as operações pessoais realizadas; e
c) Seja mantido um registo de cada operação pessoal, incluindo indicação de qualquer autorização ou proibição relativa à mesma.

ART 309.º-F (Operação pessoal) – Para efeitos dos artigos 309.º-D e 309.º-E, entende-se por operação pessoal, uma operação sobre um instrumento financeiro concluída por uma pessoa referida no n.º 5 do artigo 304.º ou em seu nome, desde que:
a) A pessoa referida no n.º 5 do artigo 304.º actue fora do âmbito das funções que realiza nessa qualidade; ou
b) A operação seja realizada por conta:
i) Da pessoa referida no n.º 5 do artigo 304.º;
ii) De pessoas que com a pessoa referida no n.º 5 do artigo 304.º tenham uma relação nos termos do n.º 4 do artigo 248.º-B;
iii) De sociedade na qual a pessoa referida no n.º 5 do artigo 304.º detenha, directa ou indirectamente, pelo menos 20% dos direitos de voto ou do capital social;
iv) De sociedade em relação de grupo com sociedade dominada pela pessoa referida no n.º 5 do artigo 304.º; ou
v) De pessoa cuja relação com a pessoa referida no n.º 5 do artigo 304.º seja tal que esta tenha um interesse material, directo ou indirecto, no resultado da operação, além da remuneração ou comissão cobrada pela execução da mesma.

SUBSECÇÃO VII — **Defesa do mercado**

ART 310.º (Intermediação excessiva) – 1 – O intermediário financeiro deve abster-se de incitar os seus clientes a efectuar operações repetidas sobre instrumentos financeiros ou de as realizar por conta deles, quando tais operações tenham como fim principal a cobrança de comissões ou outro objectivo estranho aos interesses do cliente.
2 – Nas operações a que se refere o número anterior inclui-se a concessão de crédito para a realização de operações.
3 – Além da responsabilidade civil e contra-ordenacional que ao caso caiba, pela realização das operações referidas nos números anteriores não são devidas comissões, juros ou outras remunerações.

ART 311.º (Defesa do mercado) – 1 – Os intermediários financeiros e os demais membros de mercado devem comportar-se com a maior probidade comercial, abstendo-se de participar em operações ou de praticar outros actos susceptíveis de pôr em risco a regularidade de funcionamento, a transparência e a credibilidade do mercado.
2 – São, nomeadamente, susceptíveis de pôr em risco a regularidade de funcionamento, a transparência e a credibilidade do mercado:
a) A realização de operações imputadas a uma mesma carteira tanto na compra como na venda;
b) A transferência aparente, simulada ou artificial de instrumentos financeiros entre diferentes carteiras;
c) A execução de ordens destinadas a defraudar ou a limitar significativamente os efeitos de leilão, rateio ou outra forma de atribuição de instrumentos financeiros;
d) A realização de operações de fomento não previamente comunicadas à CMVM ou de operações de estabilização que não sejam efectuadas nas condições legalmente permitidas.
3 – As entidades referidas no n.º 1 analisam ainda com especial cuidado e diligência as ordens e as transacções, nomeadamente as que se possam reconduzir às seguintes situações:
a) A execução de ordens ou a realização de transacções por comitentes com uma posição considerável de compra ou de venda ou que representem uma percentagem considerável do volume diário transaccionado sobre determinado instrumento financeiro e que, em função de tais factos, sejam idóneas para produzir alterações significativas no preço desse instrumento financeiro ou de instrumento subjacente ou derivado com ele relacionado;
b) A execução de ordens ou a realização de transacções concentradas num curto período da sessão de negociação, idóneas para produzir alterações significativas de preços de instrumentos financeiros ou de instrumentos subjacentes ou derivados com eles relacionados, que sejam posteriormente invertidas;
c) A execução de ordens ou a realização de transacções em momentos sensíveis de formação de preços de referência, de liquidação ou outros preços calculados em momentos determinantes de avaliação e que sejam idóneas para produzir alterações desses preços ou avaliações;
d) A execução de ordens que alterem as características normais do livro de ofertas para determinado instrumento financeiro e o cancelamento dessas ofertas antes da sua execução;

712   [DL n.º 486/99]   MERCADO DE VALORES MOBILIÁRIOS

e) A execução de ordens ou a realização de transacções antecedidas ou seguidas de divulgação de informação falsa, incompleta, exagerada, tendenciosa ou enganosa pelos comitentes, pelos beneficiários económicos das transacções ou por pessoas com eles relacionadas;

f) A execução de ordens ou a realização de transacções antecedidas ou seguidas da elaboração ou divulgação de estudos ou recomendações de investimento contendo informação falsa, incompleta, exagerada, tendenciosa, enganosa ou manifestamente influenciada por um interesse significativo, quando os comitentes, os beneficiários económicos das transacções ou pessoas com eles relacionadas tenham participado na elaboração ou divulgação de tais estudos ou recomendações.

SUBSECÇÃO VIII — **Informação a investidores**

DIVISÃO I — **Princípios gerais**

ART 312.º (Deveres de informação) – 1 – O intermediário financeiro deve prestar, relativamente aos serviços que ofereça, que lhe sejam solicitados ou que efectivamente preste, todas as informações necessárias para uma tomada de decisão esclarecida e fundamentada, incluindo nomeadamente as respeitantes:

a) Ao intermediário financeiro e aos serviços por si prestados;

b) À natureza de investidor não qualificado, investidor qualificado ou contraparte elegível do cliente, ao seu eventual direito de requerer um tratamento diferente e a qualquer limitação ao nível do grau de protecção que tal implica;

c) À origem e à natureza de qualquer interesse que o intermediário financeiro ou as pessoas que em nome dele agem tenham no serviço a prestar, sempre que as medidas organizativas adoptadas pelo intermediário nos termos dos artigos 309.º e seguintes não sejam suficientes para garantir, com um grau de certeza razoável, que serão evitados o risco de os interesses dos clientes serem prejudicados;

d) Aos instrumentos financeiros e às estratégias de investimento propostas;

e) Aos riscos especiais envolvidos nas operações a realizar;

f) À sua política de execução de ordens e, se for o caso, à possibilidade de execução de ordens de clientes fora de mercado regulamentado ou de sistema de negociação multilateral;

g) À existência ou inexistência de qualquer fundo de garantia ou de protecção equivalente que abranja os serviços a prestar;

h) Ao custo do serviço a prestar.

2 – A extensão e a profundidade da informação devem ser tanto maiores quanto menor for o grau de conhecimentos e de experiência do cliente.

3 – A circunstância de os elementos informativos serem inseridos na prestação de conselho, dado a qualquer título, ou em mensagem promocional ou publicitária não exime o intermediário financeiro da observância dos requisitos e do regime aplicáveis à informação em geral.

4 – A informação prevista no n.º 1 deve ser prestada por escrito ainda que sob forma padronizada.

5 – Sempre que, na presente Subsecção, se estabelece que a informação deve ser prestada por escrito, a informação deve ser prestada em papel salvo se:

a) A prestação da informação noutro suporte seja adequada no contexto da relação, actual ou futura, entre o intermediário financeiro e o investidor; e

b) O investidor tenha expressamente escolhido a prestação da informação em suporte diferente do papel.

6 – Presume-se que a prestação de informação através de comunicação electrónica é adequada ao contexto da relação entre o intermediário financeiro e o investidor quando este tenha indicado um endereço de correio electrónico para a realização de contactos no âmbito daquela.

7 – A informação prevista nos artigos 312.º-C a 312.º-G pode ser prestada através de um sítio da Internet, se o investidor o tiver expressamente consentido e desde que:

a) A sua prestação nesse suporte seja adequada no contexto da relação, actual ou futura, entre o intermediário financeiro e o investidor;

b) O investidor tenha sido notificado, por via electrónica, do endereço do sítio da Internet e do local no mesmo de acesso à informação;

c) Esteja continuamente acessível, por um período razoável para que o investidor a possa consultar.

ART 312.º-A (Qualidade da informação) – 1 – A informação divulgada pelo intermediário financeiro a investidores não qualificados deve:

a) Incluir a sua denominação social;

b) Não dar ênfase a quaisquer benefícios potenciais de uma actividade de intermediação financeira ou de um instrumento financeiro, sem dar igualmente uma indicação correcta e clara de quaisquer riscos relevantes;

c) Ser apresentada de modo a ser compreendida pelo destinatário médio;

d) Ser apresentada de modo a não ocultar ou subestimar elementos, declarações ou avisos importantes.

2 – A comparação de actividades de intermediação financeira, instrumentos financeiros ou intermediários financeiros deve incidir sobre aspectos relevantes e especificar os factos e pressupostos de que depende e as fontes em que se baseia.

CÓDIGO DOS VALORES MOBILIÁRIOS   [DL n.º 486/99]   713

3 – As indicações de resultados registados no passado de um instrumento financeiro, de um índice financeiro ou de uma actividade de intermediação financeira devem:
a) Não constituir o aspecto mais visível da comunicação;
b) Incluir informação adequada relativa aos resultados que abranja os cinco anos imediatamente anteriores, ou a totalidade do período para o qual o instrumento financeiro foi oferecido, se inferior a cinco anos, mas não inferior a um ano, ou por um período mais longo que o intermediário financeiro tenha decidido e que se baseie, em qualquer caso, em períodos completos de 12 meses;
c) Referir o período de referência e a fonte da informação;
d) Conter um aviso bem visível de que os dados se referem ao passado e que os resultados registados no passado não constituem um indicador confiável dos resultados futuros;
e) Sempre que se basearem em dados denominados numa moeda diferente da do Estado em que reside um investidor não qualificado, indicar a moeda e incluir um aviso de que os ganhos para o investidor podem aumentar ou diminuir como consequência de oscilações cambiais; e
f) Sempre que se basearem em resultados brutos, indicar os efeitos das comissões, remunerações ou outros encargos.
4 – A simulação de resultados passados deve referir-se apenas a instrumentos financeiros e índices financeiros e:
a) Basear-se nos resultados efectivos verificados no passado de um ou mais instrumentos financeiros ou índices financeiros que sejam idênticos ou estejam subjacentes ao instrumento financeiro em causa;
b) Respeitar as condições previstas nas alíneas *a)* a *c)*, *e)* e *f)* do número anterior, em relação aos resultados verificados no passado; e
c) Conter um aviso bem visível de que os dados se referem a resultados simulados do passado e que os resultados registados no passado não constituem um indicador confiável dos resultados futuros.
5 – A indicação de resultados futuros:
a) Não se pode basear em simulação de resultados passados;
b) Deve basear-se em pressupostos razoáveis, apoiados por dados objectivos;
c) Se se basear em resultados brutos, deve indicar os efeitos das comissões, remunerações e outros encargos; e
d) Deve conter um aviso bem visível de que não constitui um indicador confiável dos resultados futuros.
6 – A referência a um tratamento fiscal específico deve indicar, de modo destacado, que este depende das circunstâncias individuais de cada cliente e que está sujeito a alterações.
7 – É proibida a referência a qualquer autoridade competente de modo que sugira qualquer apoio ou aprovação por parte desta aos instrumentos financeiros ou serviços do intermediário financeiro.

ART 312.º-B (Momento da prestação de informação) – 1 – O intermediário financeiro deve prestar a investidor não qualificado, com antecedência suficiente à vinculação a qualquer contrato de intermediação financeira ou, na pendência de uma relação de clientela, antes da prestação da actividade de intermediação financeira proposta ou solicitada, a seguinte informação:
a) O conteúdo do contrato;
b) A informação requerida nos artigos 312.º-C a 312.º-G relacionada com o contrato ou com a actividade de intermediação financeira.
2 – O intermediário financeiro pode prestar a informação requerida no número anterior imediatamente após o início da prestação do serviço, se:
a) A pedido do cliente, o contrato tiver sido celebrado utilizando um meio de comunicação à distância que o impediu de prestar a informação de acordo com o n.º 1; ou
b) Prestar a informação prevista no artigo 15.º do Decreto-Lei n.º 95/2006, de 29 de Maio, como se o investidor fosse um "consumidor" e o intermediário financeiro um «prestador de serviços financeiros» na acepção deste diploma.
3 – O intermediário deve prestar ao investidor qualificado a informação prevista no n.º 2 do artigo 312.º-F com suficiente antecedência antes da prestação do serviço em causa.
4 – O intermediário financeiro notifica o cliente, independentemente da natureza deste, com antecedência suficiente, de qualquer alteração significativa na informação prestada ao abrigo dos artigos 312.º-C a 312.º-G, através do mesmo suporte com que foi prestada inicialmente.

DIVISÃO II — Informação mínima

ART 312.º-C (Informação relativa ao intermediário financeiro e aos serviços por si prestados) – 1 – O intermediário financeiro deve prestar a seguinte informação a investidores não qualificados:
a) A denominação, a natureza e o endereço do intermediário financeiro e os elementos de contacto necessários para que o cliente possa comunicar efectivamente com este;
b) Os idiomas em que o cliente pode comunicar com o intermediário financeiro e receber deste documentos e outra informação;
c) Os canais de comunicação a utilizar entre o intermediário financeiro e o cliente, incluindo, se for caso disso, para efeitos de envio e recepção de ordens;

714 [DL n.º 486/99]   MERCADO DE VALORES MOBILIÁRIOS

d) Declaração que ateste que o intermediário financeiro está autorizado para a prestação da actividade de intermediação financeira, indicação da data da autorização, com referência à autoridade de supervisão que a concedeu e respectivo endereço de contacto;

e) Sempre que o intermediário financeiro actue através de um agente vinculado, uma declaração nesse sentido, especificando o Estado membro da União Europeia em que o agente consta de listagem pública;

f) A natureza, a frequência e a periodicidade dos relatórios sobre o desempenho do serviço a prestar pelo intermediário financeiro ao cliente;

g) Caso o intermediário financeiro detenha instrumentos financeiros ou dinheiro dos clientes, uma descrição sumária das medidas tomadas para assegurar a sua protecção, nomeadamente informação sintética sobre os sistemas de indemnização aos investidores e de garantia dos depósitos aplicáveis ao intermediário financeiro por força das suas actividades num Estado membro da União Europeia;

h) Uma descrição, ainda que apresentada sinteticamente, da política em matéria de conflitos de interesses seguida pelo intermediário financeiro, de acordo com o artigo 309.º-A e, se o cliente o solicitar, informação adicional sobre essa política;

i) A existência e o modo de funcionamento do serviço do intermediário financeiro destinado a receber e a analisar as reclamações dos investidores, bem como indicação da possibilidade de reclamação junto da autoridade de supervisão;

j) A natureza, os riscos gerais e específicos, designadamente de liquidez, de crédito ou de mercado, e as implicações subjacentes ao serviço que visa prestar, cujo conhecimento seja necessário para a tomada de decisão do investidor, tendo em conta a natureza do serviço a prestar, o conhecimento e a experiência manifestadas, entregando-lhe um documento que refiicta essas informações.

2 – Quando o cliente seja um investidor qualificado, o disposto no número anterior apenas se aplica se este solicitar expressamente as informações nele referidas, devendo o intermediário financeiro informar expressamente o cliente desse direito.

ART 312.º-D (Informação adicional relativa à gestão de carteiras) - 1 – Além da informação exigida no artigo anterior, o intermediário financeiro que ofereça ou efectivamente preste o serviço de gestão de carteiras a um investidor não qualificado, deve informá-lo sobre:

a) O método e a frequência de avaliação dos instrumentos financeiros da carteira do cliente;

b) Qualquer subcontratação da gestão discricionária da totalidade, ou de uma parte, dos instrumentos financeiros ou do dinheiro da carteira do cliente;

c) A especificação do valor de referência face ao qual são comparados os resultados da carteira do cliente ou de outro método de avaliação que seja adoptado nos termos do n.º 2;

d) Os tipos de instrumentos financeiros susceptíveis de serem incluídos na carteira do cliente e os tipos de operações susceptíveis de serem realizadas sobre esses instrumentos financeiros, incluindo eventuais limites;

e) Os objectivos de gestão, o nível de risco reflectido no exercício de discricionariedade do gestor e quaisquer limitações específicas dessa discricionariedade.

2 – Para permitir a avaliação pelo cliente do desempenho da carteira, o intermediário financeiro deve estabelecer um método adequado de avaliação, designadamente através da fixação de um valor de referência, baseando-se nos objectivos de investimento do cliente e nos tipos de instrumentos financeiros incluídos na carteira.

ART 312.º-E (Informação relativa aos instrumentos financeiros) – 1 – O intermediário financeiro deve informar os investidores da natureza e dos riscos dos instrumentos financeiros, explicitando, com um grau suficiente de pormenorização, a natureza e os riscos do tipo de instrumento financeiro em causa.

2 – A descrição dos riscos deve incluir:

a) Os riscos associados ao instrumento financeiro, incluindo uma explicação do impacto do efeito de alavancagem e do risco de perda da totalidade do investimento;

b) A volatilidade do preço do instrumento financeiro e as eventuais limitações existentes no mercado em que o mesmo é negociado;

c) O facto de o investidor poder assumir, em resultado de operações sobre o instrumento financeiro, compromissos financeiros e outras obrigações adicionais, além do custo de aquisição do mesmo;

d) Quaisquer requisitos em matéria de margens ou obrigações análogas, aplicáveis aos instrumentos financeiros desse tipo.

3 – A informação, prestada a um investidor não qualificado sobre um valor mobiliário objecto de uma oferta pública, deve incluir a informação sobre o local onde pode ser consultado o respectivo prospecto.

4 – Sempre que os riscos associados a um instrumento financeiro composto de dois ou mais instrumentos ou serviços financeiros forem susceptíveis de ser superiores aos riscos associados a cada um dos instrumentos ou dos serviços financeiros que o compõem, o intermediário financeiro deve apresentar uma descrição do modo como a sua interacção aumenta o risco.

5 – No caso de instrumentos financeiros que incluem uma garantia de um terceiro, a informação sobre a garantia deve incluir elementos suficientes sobre o garante e a garantia, a fim de permitir uma avaliação correcta por parte de um investidor não qualificado.

6 – Um prospecto simplificado relativo a unidades de participação num organismo de investimento colectivo harmonizado e que respeite o artigo 28.º da Directiva n.º 85/611/CEE, do Conselho, de 20 de Dezembro, é considerado adequado para efeitos do disposto na alínea *d)* do n.º 1 do artigo 312.º.

CÓDIGO DOS VALORES MOBILIÁRIOS   [DL n.º 486/99]   715

ART 312.º-F (Informação relativa à protecção do património de clientes) – 1 – O intermediário financeiro, sempre que detenha, ou possa vir a deter, instrumentos financeiros ou dinheiro que pertençam a investidores não qualificados, deve informá-los sobre:

a) A possibilidade de os instrumentos financeiros ou o dinheiro poderem vir a ser detidos por um terceiro em nome do intermediário financeiro e a responsabilidade assumida por este, por força do direito aplicável, relativamente a quaisquer actos ou omissões do terceiro, e as consequências para o cliente da insolvência do terceiro;

b) A possibilidade de os instrumentos financeiros poderem vir a ser detidos por um terceiro numa conta global, caso tal seja permitido pelo direito aplicável, apresentando um aviso bem visível sobre os riscos daí resultantes;

c) A impossibilidade, por força do direito aplicável, de identificar separadamente os instrumentos financeiros dos clientes, detidos por um terceiro, face aos instrumentos financeiros propriedade desse terceiro ou do intermediário financeiro, apresentando um aviso bem visível dos riscos daí resultantes;

d) O facto de as contas que contenham instrumentos financeiros ou dinheiro do cliente estarem, ou poderem vir a estar, sujeitas a lei estrangeira, indicando que os direitos do cliente podem ser afectados;

e) A existência e o conteúdo de direitos decorrentes de garantias que um terceiro tenha, ou possa vir a ter, relativamente aos instrumentos financeiros ou ao dinheiro do cliente ou de direitos de compensação que tenha face a esses instrumentos financeiros ou dinheiro.

2 – O intermediário financeiro deve prestar a investidores qualificados a informação referida nas alíneas *d)* e *e)* do número anterior.

3 – Um intermediário financeiro, antes de concluir operações de financiamento de instrumentos financeiros, tal como definidas no artigo 2.º do Regulamento (CE) n.º 1287/2006, da Comissão, de 10 de Agosto, relativamente a instrumentos financeiros pertencentes a um investidor não qualificado ou de os utilizar a outro título, por sua conta ou por conta de outrem, deve informar o cliente, por escrito, com suficiente antecedência em relação à utilização desses instrumentos financeiros, sobre as obrigações e as responsabilidades que sobre si recaem pelo facto de utilizar esses instrumentos financeiros, as condições da sua restituição e os riscos envolvidos por tal utilização.

ART 312.º-G (Informação sobre custos) – 1 – O intermediário financeiro deve prestar a investidores não qualificados, informação relativa ao custo dos serviços, incluindo, sempre que relevante:

a) O preço total a pagar pelo investidor relativamente ao instrumento financeiro ou à actividade de intermediação financeira, incluindo todas as remunerações, comissões discriminadas, encargos e despesas conexos e todos os impostos a pagar através do intermediário financeiro ou, caso não possa ser indicado um preço exacto, a base de cálculo do preço total, de modo que o investidor o possa verificar;

b) A indicação da moeda envolvida e das taxas e custos de conversão cambial aplicáveis, sempre que qualquer parte do preço total deva ser paga ou represente um montante em moeda estrangeira;

c) Comunicação da cobrança ao cliente de outros custos, incluindo impostos relacionados com operações referentes ao instrumento financeiro ou à actividade de intermediação financeira, que não sejam pagos através do intermediário financeiro;

d) Modalidades de pagamento ou outras eventuais formalidades.

2 – A informação que contenha os custos referidos no número anterior é divulgada, de forma bem visível, em todos os canais de contacto com o público e deve ser entregue ao investidor no momento da abertura de conta e sempre que no mesmo se introduzam alterações desfavoráveis a este, antes destas entrarem em vigor.

3 – Um prospecto simplificado relativo a unidades de participação num organismo de investimento colectivo harmonizado e que respeite o artigo 28.º da Directiva n.º 85/611/CEE, do Conselho, de 20 de Dezembro, é considerado adequado para os efeitos do disposto na alínea *h)* do n.º 1 do artigo 312.º, no que respeita aos custos relacionados com o organismo de investimento colectivo, incluindo as comissões de subscrição e de resgate.

SUBSECÇÃO IX — **Benefícios ilegítimos**

ART 313.º (Proibição geral e dever de divulgação) – 1 – O intermediário financeiro não pode, relativamente à prestação de uma actividade de intermediação financeira ao cliente, oferecer a terceiros ou deles receber qualquer remuneração, comissão ou benefício não pecuniário, excepto se:

a) A existência, a natureza e o montante da remuneração, comissão ou benefício não pecuniário, ou, se o montante não puder ser determinado, o seu método de cálculo, forem divulgados ao cliente de modo completo, verdadeiro e claro, antes da prestação da actividade de intermediação financeira em causa; e

b) O pagamento da remuneração ou comissão ou a concessão do benefício não pecuniário reforçarem a qualidade da actividade prestada ao cliente e não prejudicarem o respeito do dever de actuar no sentido da protecção dos legítimos interesses do cliente;

c) O pagamento de remunerações adequadas, tais como custos de custódia, comissões de compensação e troca, taxas obrigatórias ou despesas de contencioso, possibilite ou seja necessário para a prestação da actividade de intermediação financeira.

2 – O intermediário financeiro pode, para efeitos da alínea *a)* do número anterior, divulgar a informação sobre remunerações, comissões ou benefícios não pecuniários em termos resumidos, devendo contudo divulgar a informação adicional que for solicitada pelo cliente.

716   [DL n.º 486/99]   MERCADO DE VALORES MOBILIÁRIOS

3 – *(Revogado.)*
4 – *(Revogado.)*
5 – *(Revogado.)*
6 – *(Revogado.)*
7 – *(Revogado.)*

Subsecção X — Avaliação do carácter adequado da operação

ART 314.º (Princípio geral) – 1 – O intermediário financeiro deve solicitar ao cliente informação relativa aos seus conhecimentos e experiência em matéria de investimento no que respeita ao tipo de instrumento financeiro ou ao serviço considerado, que lhe permita avaliar se o cliente compreende os riscos envolvidos.

2 – Se, com base na informação recebida ao abrigo do número anterior, o intermediário financeiro julgar que a operação considerada não é adequada àquele cliente deve adverti-lo, por escrito, para esse facto.

3 – No caso do cliente se recusar a fornecer a informação referida no n.º 1 ou não fornecer informação suficiente, o intermediário financeiro deve adverti-lo, por escrito, para o facto de que essa decisão não lhe permite determinar a adequação da operação considerada às suas circunstâncias.

4 – As advertências referidas nos n.ᵒˢ 2 e 3 podem ser feitas de forma padronizada.

ART 314.º-A (Gestão de carteiras e consultoria para investimento) – 1 – No âmbito da prestação dos serviços de gestão de carteiras ou de consultoria para investimento, o intermediário financeiro deve obter do investidor, além da informação referida no n.º 1 do artigo anterior, informação relativa à sua situação financeira e aos seus objectivos de investimento.

2 – O intermediário financeiro deve obter a informação necessária para que possa compreender os factos essenciais relacionados com o cliente e para que, tendo em conta a natureza e o âmbito do serviço prestado, possa considerar que:

a) A operação específica a recomendar ou a iniciar corresponde aos objectivos de investimento do cliente em questão;

b) O cliente pode suportar financeiramente quaisquer riscos de investimento conexos, em coerência com os seus objectivos de investimento; e

c) A natureza do cliente assegura que este dispõe da experiência e dos conhecimentos necessários para compreender os riscos envolvidos na operação ou na gestão da sua carteira.

3 – Se o intermediário financeiro não obtiver a informação necessária para a operação em causa, não a pode recomendar ao cliente.

4 – Na prestação de consultoria para investimento a um investidor qualificado, o intermediário financeiro pode presumir, para efeitos da alínea *b)* do n.º 2, que aquele consegue suportar financeiramente o risco de qualquer eventual prejuízo causado pelo investimento.

5 – O disposto no número anterior não se aplica a clientes cujo tratamento como investidores qualificados resulte de um seu pedido.

ART 314.º-B (Conteúdo da informação necessária) – 1 – A informação relativa ao conhecimento e à experiência de um cliente deve incluir:

a) Os tipos de serviços, operações e instrumentos financeiros com que o cliente está familiarizado;

b) A natureza, o volume e a frequência das operações do cliente em instrumentos financeiros e o período durante o qual foram realizadas;

c) O nível de habilitações, a profissão ou a anterior profissão relevante do cliente.

2 – A informação referida no número anterior tem em consideração a natureza do investidor, a natureza e o âmbito do serviço a prestar e o tipo de instrumento financeiro ou operação previstos, incluindo a complexidade e os riscos inerentes aos mesmos.

3 – Sempre que o intermediário financeiro preste um serviço de investimento a um investidor qualificado presume-se que, em relação aos instrumentos financeiros, operações e serviços para os quais é tratado como tal, esse cliente tem o nível necessário de experiência e de conhecimentos, designadamente para efeitos da alínea *c)* do n.º 2 do artigo anterior.

4 – A informação relativa à situação financeira do cliente inclui, sempre que for relevante, a fonte e o montante dos seus rendimentos regulares, os seus activos, incluindo os activos líquidos, os investimentos e os activos imobiliários e os seus compromissos financeiros regulares.

5 – A informação relativa aos objectivos de investimento do cliente inclui, sempre que for relevante, o período durante o qual aquele pretende deter o investimento, as suas preferências relativamente à assunção de risco, o seu perfil de risco e os seus objectivos de investimento.

ART 314.º-C (Prestação de informação) – 1 – O intermediário financeiro não pode incentivar um cliente a não prestar a informação requerida no artigo anterior.

2 – O intermediário financeiro pode basear-se na informação prestada pelos clientes, salvo se tiver conhecimento ou estiver em condições de saber que a informação se encontra desactualizada, inexacta ou incompleta.

CÓDIGO DOS VALORES MOBILIÁRIOS   [DL n.º 486/99] 717

3 – O intermediário financeiro que recebe de outro intermediário financeiro instruções para prestar serviços de investimento em nome de um cliente deste último pode basear-se:

a) Na informação sobre o cliente que lhe tenha sido transmitida pelo intermediário financeiro que o contratou;

b) Nas recomendações relativas ao serviço ou operação que tenham sido transmitidas ao cliente pelo outro intermediário financeiro.

4 – O intermediário financeiro que transmita instruções a outro intermediário financeiro deve assegurar a suficiência e a veracidade da informação transmitida sobre o cliente e a adequação das recomendações ou dos conselhos relativos ao serviço ou operação que tenham sido por si prestados a este.

ART 314.º-D (Recepção e transmissão ou execução de ordens) – 1 – Na prestação exclusiva dos serviços de recepção e transmissão ou execução de ordens do cliente, ainda que acompanhada pela prestação de serviços auxiliares, não é aplicável o disposto no artigo 314.º, desde que:

a) O objecto da operação seja acções admitidas à negociação num mercado regulamentado ou em mercado equivalente, obrigações, excluindo as que incorporam derivados, unidades de participação em organismos de investimento colectivo em valores mobiliários harmonizados, instrumentos do mercado monetário e outros instrumentos financeiros não complexos;

b) O serviço seja prestado por iniciativa do cliente;

c) O cliente tenha sido advertido, por escrito, ainda que de forma padronizada, de que, na prestação deste serviço, o intermediário financeiro não é obrigado a determinar a adequação da operação considerada às circunstâncias do cliente; e

d) O intermediário financeiro cumpra os deveres relativos a confiitos de interesses previstos no presente Código.

2 – Para efeitos da alínea *a)* do número anterior, um instrumento financeiro é não complexo, desde que:

a) Não esteja abrangido nas alíneas *c)*, *e)*, *f)* e *g)* do artigo 1.º e nas alíneas *c)* a *f)* do n.º 1 do artigo 2.º;

b) Se verifiquem frequentes oportunidades para o alienar, resgatar ou realizar a preços que sejam públicos e que se encontrem à disposição dos participantes no mercado, correspondendo a preços de mercado ou a preços disponibilizados por sistemas de avaliação independentes do emitente;

c) Não implique a assunção de responsabilidades pelo cliente que excedam o custo de aquisição do instrumento financeiro;

d) Esteja disponível publicamente informação adequada sobre as suas características, que permita a um investidor não qualificado médio avaliar, de forma informada, a oportunidade de realizar uma operação sobre esse instrumento financeiro.

SUBSECÇÃO XI — **Reporte de operações**

ART 315.º (Informação à CMVM) – 1 – Os intermediários financeiros com sede em território nacional e os intermediários financeiros com sede em outros Estados membros da União Europeia estabelecidos em Portugal através de uma sucursal, neste caso relativamente a operações realizadas a partir desta, comunicam à CMVM as operações realizadas que tenham como objecto instrumentos financeiros admitidos à negociação num mercado regulamentado situado ou a funcionar em Estado membro da União Europeia, tão rapidamente quanto possível e nunca após o dia útil seguinte ao da realização da operação.

2 – A comunicação a que se refere o número anterior deve ser feita nos termos do disposto nos artigos 12.º e 13.º do Regulamento (CE) n.º 1287/2006, da Comissão, de 10 de Agosto, e em regulamento da CMVM.

3 – O intermediário financeiro pode cumprir o dever de comunicação previsto no n.º 1 através de terceiro agindo em seu nome ou através de um sistema de notificações de operações aprovado pela CMVM.

4 – A CMVM pode, por regulamento, determinar que a informação prevista nos números anteriores seja comunicada à CMVM pela entidade gestora do mercado regulamentado ou do sistema de negociação multilateral através do qual a operação tenha sido concluída.

5 – No caso referido no número anterior, o intermediário financeiro fica dispensado do dever de comunicação previsto no n.º 1.

6 – Quando a CMVM receba de uma sucursal as informações previstas no presente artigo, transmite-as à autoridade competente do Estado membro da União Europeia que tenha autorizado a empresa de investimento a que a sucursal pertence, salvo se esta declarar não desejar recebê-las.

7 – A informação recebida nos termos do presente artigo é transmitida pela CMVM à autoridade competente do mercado mais relevante em termos de liquidez para os instrumentos financeiros objecto da operação comunicada, conforme definido no artigo 9.º do Regulamento (CE) n.º 1287/2006, da Comissão, de 10 de Agosto.

8 – A CMVM deve elaborar os regulamentos necessários à concretização do disposto no presente artigo.

SUBSECÇÃO XII — **Informação relativa a operações sobre acções
admitidas à negociação em mercado regulamentado**

ART 316.º (Informação sobre operações realizadas fora de mercado regulamentado ou de sistema de negociação multilateral) – 1 – O disposto nos n.ᵒˢ 3 a 6 do artigo 221.º aplica-se aos intermediários financeiros relativamente a operações que executem, por conta própria ou em nome de clientes, fora de mercado regulamentado ou de sistema de negociação multilateral, sobre acções admitidas à negociação em mercado regulamentado.

2 – *(Revogado.)*

718 [DL n.º 486/99]

MERCADO DE VALORES MOBILIÁRIOS

Secção IV — **CATEGORIZAÇÃO DE INVESTIDORES**

ART 317.º (Disposições gerais) – 1 – O intermediário financeiro deve estabelecer, por escrito, uma política interna que lhe permita, a todo o tempo, conhecer a natureza de cada cliente, como investidor não qualificado, qualificado ou contraparte elegível, e adoptar os procedimentos necessários à concretização da mesma.

2 – O intermediário financeiro pode, por sua própria iniciativa, tratar:

a) Qualquer investidor qualificado como investidor não qualificado;

b) Uma contraparte elegível, assim qualificada nos termos do n.º 1 do artigo 317.º-D como investidor qualificado ou como investidor não qualificado.

3 – *(Revogado.)*

ART 317.º-A (Procedimentos para a solicitação de tratamento como investidor não qualificado) – 1 – O tratamento como investidor não qualificado a conferir a um investidor qualificado nos termos do artigo 30.º depende de acordo escrito, a celebrar entre o intermediário financeiro e o cliente que o haja requerido, o qual deve precisar, por forma clara, o seu âmbito, especificando os serviços, instrumentos financeiros e operações a que se aplica.

2 – Na falta das estipulações previstas no número anterior, presume-se que o referido acordo produz efeitos sobre todos os serviços, instrumentos financeiros e operações contratados.

3 – Mediante declaração escrita, o cliente pode denunciar o acordo referido no n.º 1, a todo o tempo.

ART 317.º-B (Requisitos e procedimentos para a solicitação de tratamento como investidor qualificado) – 1 – O investidor não qualificado pode solicitar ao intermediário financeiro tratamento como investidor qualificado.

2 – A satisfação da solicitação formulada nos termos do número anterior depende de avaliação prévia, a realizar pelo intermediário financeiro, dos conhecimentos e experiência do cliente, pela qual se garanta que este tem capacidade para tomar as suas próprias decisões de investimento e que compreende os riscos que as mesmas envolvem, ponderada a natureza dos serviços, instrumentos financeiros e operações contratados.

3 – Para efeitos da avaliação prevista no número anterior, o cliente deve, no mínimo, respeitar dois dos seguintes requisitos:

a) Ter efectuado operações com um volume significativo no mercado relevante, com uma frequência média de 10 operações por trimestre, durante os últimos quatro trimestres;

b) Dispor de uma carteira de instrumentos financeiros, incluindo também depósitos em numerário, que exceda € 500 000;

c) Prestar ou ter prestado funções no sector financeiro, durante, pelo menos, um ano, em cargo que exija conhecimento dos serviços ou operações em causa.

4 – Nos casos em que a solicitação tenha sido apresentada por pessoa colectiva, a avaliação prevista no n.º 2 e a relativa ao requisito mencionado na alínea *c)* do número anterior são feitas relativamente ao responsável pelas actividades de investimento da requerente.

5 – A solicitação de tratamento como investidor qualificado observa os seguintes procedimentos:

a) O cliente solicita ao intermediário financeiro, por escrito, tratamento como investidor qualificado, devendo precisar os serviços, instrumentos financeiros e operações em que pretende tal tratamento;

b) Após realizada a avaliação prevista no artigo anterior, o intermediário financeiro deve informar o cliente, por escrito, do deferimento do pedido e das consequências resultantes da satisfação da solicitação formulada, explicitando que tal opção importa uma redução da protecção que lhe é conferida por lei ou regulamento;

c) Recebida tal informação, o cliente deve declarar, por escrito, em documento autónomo, que está ciente das consequências da sua opção.

ART 317.º-C (Responsabilidade e adequação da qualificação) – 1 – Compete ao cliente que tenha solicitado tratamento como investidor qualificado manter o intermediário financeiro informado sobre qualquer alteração susceptível de afectar os pressupostos que conduziram à sua qualificação.

2 – O intermediário financeiro que tome conhecimento que um cliente deixou de satisfazer os requisitos previstos no artigo anterior deve informar o cliente que, se não comprovar a manutenção dos requisitos, dentro do prazo por aquele determinado, é tratado como investidor não qualificado.

ART 317.º-D (Contrapartes elegíveis) – 1 – São contrapartes elegíveis do intermediário financeiro com o qual se relacionam as entidades enunciadas nas alíneas *a)* a *i)*, com excepção dos governos de âmbito regional, do n.º 1 do artigo 30.º.

2 – O tratamento como contraparte elegível pode ser afastado, em relação a qualquer tipo de operação ou a operações específicas, mediante acordo escrito celebrado entre o intermediário financeiro e o cliente que o haja solicitado.

3 – Se, na solicitação referida no número anterior, a contraparte elegível:

a) Não solicitar expressamente o tratamento como investidor não qualificado, é a mesma tratada como investidor qualificado;

b) Solicitar expressamente o tratamento como investidor qualificado, pode, a todo o tempo, solicitar o tratamento como investidor não qualificado nos termos do artigo 317.º-A.

4 – O intermediário financeiro pode também tratar como contrapartes elegíveis as pessoas colectivas mencionadas na alínea *b)* do n.º 3 do artigo 30.º, desde que tal tratamento tenha sido por estas expressamente aceite, por escrito, em relação a um tipo de operação ou a operações específicas.

CÓDIGO DOS VALORES MOBILIÁRIOS   [DL n.º 486/99]   719

5 – O reconhecimento do estatuto de contraparte elegível por intermediário financeiro relativamente a pessoa colectiva referida no número anterior, cuja sede se situe noutro Estado, depende da consagração de tal estatuto no respectivo ordenamento.

6 – O cumprimento dos deveres previstos nos artigos 312.º a 314.º-D, 321.º a 323.º-C e 328.º a 333.º não é exigível ao intermediário financeiro na execução de um ou vários dos serviços e actividades previstos nas alíneas *a*), *b*) e *e*) do n.º 1 do artigo 290.º sempre que esteja em causa a realização de operações entre o intermediário financeiro e uma contraparte elegível, ou a prestação de serviços auxiliares com aquelas relacionados.

Secção V — REGULAMENTAÇÃO

ART 318.º (Organização dos intermediários financeiros) – 1 – A CMVM elabora os regulamentos necessários à concretização do disposto no presente título sobre a organização dos intermediários financeiros, nomeadamente quanto às seguintes matérias:

a) Processo de registo das actividades de intermediação financeira;

b) Comunicação à CMVM do responsável pelo sistema de controlo do cumprimento;

c) Requisitos relativos aos meios humanos, materiais e técnicos exigidos para a prestação de cada uma das actividades de intermediação;

d) Registo das operações e prestação de informações à CMVM, tendo em vista o controlo e a fiscalização das várias actividades;

e) Os deveres mínimos em matéria de conservação de registos;

f) Medidas de organização a adoptar pelo intermediário financeiro que exerça mais de uma actividade de intermediação, tendo em conta a sua natureza, dimensão e risco;

g) Funções que devem ser objecto de segregação, em particular aquelas que, sendo dirigidas ou efectuadas pela mesma pessoa, possam dar origem a erros de difícil detecção ou que possam expor a risco excessivo o intermediário financeiro ou os seus clientes;

h) As políticas e procedimentos internos dos intermediários financeiros relativos à categorização de investidores e os critérios de avaliação para efeitos de qualificação;

i) Circunstâncias que devem ser consideradas para efeito de aplicação dos deveres relativos aos sistemas de controlo do cumprimento, de gestão de riscos e de auditoria interna, tendo em conta a natureza, a dimensão e a complexidade das actividades do intermediário financeiro, bem como o tipo de actividades de intermediação financeira prestadas;

j) Conteúdo do relatório a elaborar pelo auditor relativo à salvaguarda dos bens de clientes;

l) Termos em que os intermediários financeiros devem disponibilizar à CMVM informação sobre as políticas e procedimentos adoptados para cumprimento dos deveres relativos à organização interna e ao exercício da actividade.

2 – O Banco de Portugal deve ser ouvido na elaboração dos regulamentos a que se referem as alíneas *c*), *f*), *g*), *i*) e *j*) do número anterior.

ART 319.º (Actividades de intermediação) – A CMVM elabora os regulamentos necessários à concretização do disposto no presente título sobre o exercício de actividades de intermediação, nomeadamente quanto às seguintes matérias:

a) Abertura, movimentação, utilização e controlo das contas de depósito do dinheiro entregue a empresas de investimento pelos seus clientes ou por terceiros de conta deles;

b) O exercício da actividade de agente vinculado, designadamente em relação à informação exigida ao intermediário financeiro, aos critérios de avaliação da idoneidade e da adequação da formação e da experiência profissional, ao conteúdo do contrato para o exercício da actividade e aos procedimentos relativos à recepção ou entrega de dinheiro de clientes.

ART 320.º (Consultores para investimento) – A CMVM elabora os regulamentos necessários à concretização do disposto no presente título sobre o exercício da actividade dos consultores para investimento, nomeadamente quanto às seguintes matérias:

a) Elementos exigíveis para a prova dos requisitos necessários ao registo para o exercício da actividade;

b) Organização interna;

c) Periodicidade e conteúdo da informação a prestar pelos consultores para investimento à CMVM.

CAPÍTULO II — Contratos de intermediação

Secção I — REGRAS GERAIS

Subsecção I — Celebração de contratos de intermediação

ART 321.º (Contratos com investidores não qualificados) – 1 – Os contratos de intermediação financeira relativos aos serviços previstos nas alíneas *a*) a *d*) do n.º 1 do artigo 290.º e *a*) e *b*) do artigo 291.º e celebrados com investidores não qualificados revestem a forma escrita e só estes podem invocar a nulidade resultante da inobservância de forma.

720   [DL n.º 486/99]   MERCADO DE VALORES MOBILIÁRIOS

2 – Os contratos de intermediação financeira podem ser celebrados com base em cláusulas gerais.

3 – Aos contratos de intermediação financeira é aplicável o regime das cláusulas contratuais gerais, sendo para esse efeito os investidores não qualificados equiparados a consumidores.

4 – As cláusulas gerais relativas aos serviços previstos na alínea c) do n.º 1 do artigo 290.º e nas alíneas a) e b) do artigo 291.º são previamente comunicadas à CMVM.

5 – Nos contratos de intermediação celebrados com investidores não qualificados residentes em Portugal, para a execução de operações em Portugal, a aplicação do direito competente não pode ter como consequência privar o investidor da protecção assegurada pelas disposições do presente capítulo e da secção III do capítulo I sobre informação, conflito de interesses e segregação patrimonial.

ART 321.º-A (Conteúdo mínimo dos contratos) – 1 – Os contratos de intermediação financeira celebrados com investidores não qualificados devem, pelo menos, conter:

a) Identificação completa das partes, morada e números de telefone de contacto;

b) Indicação de que o intermediário financeiro está autorizado para a prestação da actividade de intermediação financeira, bem como do respectivo número de registo na autoridade de supervisão;

c) Descrição geral dos serviços a prestar, bem como a identificação dos instrumentos financeiros objecto dos serviços a prestar;

d) Indicação dos direitos e deveres das partes, nomeadamente os de natureza legal e respectiva forma de cumprimento, bem como consequências resultantes do incumprimento contratual imputável a qualquer uma das partes;

e) Indicação da lei aplicável ao contrato;

f) Informação sobre a existência e o modo de funcionamento do serviço do intermediário financeiro destinado a receber as reclamações dos investidores bem como da possibilidade de reclamação junto da entidade de supervisão.

2 – Os elementos referidos na alínea *a)* do número anterior podem ser recebidos de outros intermediários financeiros que prestem serviços ao cliente, mediante autorização prévia deste e sem prejuízo do dever de segredo profissional previsto no n.º 4 do artigo 304.º.

ART 322.º (Contratos celebrados fora do estabelecimento) – 1 – As ordens para execução de operações e os contratos de gestão de carteira cuja emissão ou conclusão por um investidor não qualificado tenha tido lugar fora do estabelecimento do intermediário financeiro, sem anterior relação de clientela e sem solicitação do investidor, só produzem efeito três dias úteis após a declaração negocial do investidor.

2 – Neste prazo, pode o investidor comunicar o seu arrependimento ao intermediário financeiro.

3 – Considera-se que existe anterior relação de clientela quando:

a) Entre o intermediário financeiro e o investidor tenha sido celebrado contrato de gestão de carteira; ou

b) O intermediário financeiro seja destinatário frequente de ordens dadas pelo investidor; ou

c) O intermediário financeiro tenha a seu cargo o registo ou o depósito de instrumentos financeiros pertencentes ao investidor.

4 – Presume-se que o contacto efectuado pelo intermediário financeiro não foi solicitado quando não exista anterior relação de clientela entre o intermediário financeiro e o investidor.

5 – O consultor para investimento não pode efectuar contactos com investidores não qualificados que por estes não tenham sido solicitados.

SUBSECÇÃO II — **Informação contratual**

ART 323.º (Deveres de informação no âmbito da execução de ordens) – 1 – O intermediário financeiro que receba uma ordem de cliente deve:

a) Informar o cliente prontamente e por escrito sobre a execução da mesma;

b) No caso de um investidor não qualificado, enviar uma nota de execução da operação, confirmando a execução da ordem, logo que possível e o mais tardar no primeiro dia útil seguinte à execução ou, caso a confirmação seja recebida de um terceiro, o mais tardar no primeiro dia útil seguinte à recepção, pelo intermediário financeiro, dessa confirmação.

2 – No caso de ordem sobre obrigações emitidas no âmbito de empréstimos hipotecários concedidos aos clientes que emitiram a ordem, a informação sobre a sua execução deve ser transmitida em conjunto com o extracto relativo ao empréstimo hipotecário, no máximo até um mês após a execução da ordem.

3 – A pedido do cliente, o intermediário deve prestar-lhe informação acerca do estado da ordem.

4 – No caso de ordens de um investidor não qualificado, que incidam sobre unidades de participação ou títulos de capital de organismos de investimento colectivo e sejam executadas periodicamente, o intermediário financeiro deve enviar a comunicação referida na alínea *b)* do n.º 1 ou prestar ao cliente, pelo menos semestralmente, a informação indicada no número seguinte.

5 – A nota de execução da operação referida na alínea *b)* do n.º 1 inclui, se aplicável:

a) A identificação do intermediário financeiro que apresenta a informação;

b) A identificação do cliente;

c) O dia de negociação;

d) A hora de negociação;

CÓDIGO DOS VALORES MOBILIÁRIOS [DL n.º 486/99] 721

e) O tipo da ordem;
f) A identificação da estrutura de realização da operação;
g) A identificação do instrumento financeiro;
h) O indicador de venda/compra;
i) A natureza da ordem, quando não for uma ordem de compra/venda;
j) A quantidade;
l) O preço unitário, incluindo juro;
m) A contrapartida pecuniária global;
n) O montante total das comissões e despesas facturadas e, a pedido de um investidor não qualificado, uma repartição por rubrica;
o) As responsabilidades do cliente relativamente à liquidação da operação, incluindo o prazo de pagamento ou de entrega e a informação adequada sobre a conta, no caso de não lhe terem sido comunicadas previamente;
p) No caso de a contraparte do cliente ser o próprio intermediário financeiro ou qualquer entidade do mesmo grupo ou outro cliente do mesmo, a menção desse facto, salvo se a ordem tiver sido executada através de um sistema de negociação que facilite a negociação anónima.
6 – Para efeitos da alínea *l*), sempre que a ordem for executada por parcelas, o intermediário financeiro pode prestar informação sobre o preço de cada parcela ou o respectivo preço médio, neste último caso sem prejuízo do direito do cliente solicitar informação sobre o preço de cada parcela.
7 – O intermediário financeiro pode prestar ao cliente a informação referida no n.º 5 através de códigos harmonizados, se apresentar igualmente uma explicação dos códigos utilizados.
8 – Cada nota de execução reporta-se a um único dia e é feita em duplicado, destinando-se o original ao ordenador e um duplicado, ao arquivo obrigatório do intermediário financeiro.

ART 323.º-A (Deveres de informação no âmbito da gestão de carteiras) – 1 – O intermediário financeiro deve remeter a cada cliente um extracto periódico, por escrito, sobre as actividades de gestão de carteiras realizadas por conta desse cliente.
2 – O extracto periódico dirigido a investidores não qualificados deve incluir:
a) A designação do intermediário financeiro;
b) A identificação da conta do cliente;
c) O conteúdo e o valor da carteira, incluindo informação sobre todos os instrumentos financeiros detidos, o respectivo valor de mercado ou o justo valor, caso o valor de mercado não se encontre disponível, o saldo em termos de liquidez no início e no final do período em causa e os resultados da carteira durante o mesmo;
d) O montante total das comissões e encargos incorridos durante o período em causa, repartindo por rubricas, pelo menos, as comissões totais de gestão e os custos totais associados à execução, e incluindo informação de que será remetida uma repartição pormenorizada, mediante apresentação de pedido;
e) Uma comparação dos resultados registados durante o período em causa face ao valor de referência dos resultados de investimento acordado entre o intermediário financeiro e o cliente;
f) O montante total de dividendos, juros e outros pagamentos recebidos durante o período em causa relativamente à carteira do cliente;
g) Informação sobre outras actividades do intermediário financeiro que lhe confiram direitos relativamente a instrumentos financeiros detidos na carteira;
h) Relativamente a todas as operações executadas durante o período em causa, a informação referida nas alíneas *c*) a *m*) do n.º 5 do artigo 323.º, salvo se o cliente optar por receber a informação sobre as operações executadas numa base operação a operação, sendo então aplicável o n.º 5.
3 – No caso de investidores não qualificados, o extracto periódico deve ser enviado semestralmente, excepto quando:
a) For apresentado trimestralmente, a pedido do cliente;
b) For aplicável o n.º 5, sendo apresentado, pelo menos, anualmente, excepto em relação a operações em instrumentos financeiros abrangidos nas alíneas *c*), *e*) e *f*) do artigo 1.º e nas alíneas *c*) a *f*) do n.º 1 do artigo 2.º;
c) For apresentado, pelo menos, mensalmente, sempre que o cliente tenha autorizado a realização de operações com recurso a empréstimos.
4 – O intermediário financeiro deve informar os investidores não qualificados do seu direito de solicitar o envio do extracto com uma periodicidade trimestral.
5 – Se o cliente optar por receber a informação sobre as operações executadas numa base operação a operação, após a execução de cada operação, o intermediário financeiro deve prestar imediatamente ao cliente, por escrito, a informação essencial relativa àquela.
6 – Se dirigida a um investidor não qualificado, a comunicação referida no número anterior deve conter a informação prevista no n.º 5 do artigo 323.º e ser enviada, o mais tardar, no primeiro dia útil seguinte à execução da operação ou, caso a confirmação seja recebida de um terceiro, o mais tardar no primeiro dia útil seguinte à recepção dessa confirmação.
7 – O disposto no número anterior não é aplicável sempre que a informação a prestar seja idêntica à que deva ser prestada ao cliente por outro intermediário.

722 [DL n.º 486/99]   MERCADO DE VALORES MOBILIÁRIOS

ART 323.º-B (Deveres de informação adicionais) – 1 – O intermediário financeiro que realiza operações de gestão de carteiras ou opera contas de clientes que incluam uma posição cujo risco não se encontre coberto deve comunicar a investidores não qualificados eventuais perdas que ultrapassem o limite pré-estabelecido, acordados entre aquele e cada cliente.

2 – A comunicação referida no número anterior deve ser feita o mais tardar até ao final do dia útil em que o limite foi ultrapassado ou, no caso deste ter sido ultrapassado num dia não útil, no final do dia útil seguinte.

ART 323.º-C (Extracto relativo ao património de clientes) – 1 – O intermediário financeiro deve enviar ao cliente, por escrito, um extracto periódico relativo aos bens pertencentes ao seu património.

2 – O extracto referido no número anterior deve incluir:

a) O montante de instrumentos financeiros e dinheiro detidos pelo cliente, no final do período abrangido pelo extracto, indicando os movimentos efectuados e as respectivas datas;

b) O montante de instrumentos financeiros e dinheiro do cliente que tenha sido objecto de operações de financiamento de instrumentos financeiros;

c) O montante de eventuais ganhos que revertem a favor do cliente, por força da participação em operações de financiamento de instrumentos financeiros, e os factos que lhes deram causa.

3 – Nos casos em que a carteira de um cliente inclui as receitas de uma ou mais operações não liquidadas, a informação referida na alínea *a)* do número anterior pode basear-se na data de negociação ou na data de liquidação, desde que se aplique coerentemente a mesma base a todas a informação constantes do extracto.

4 – O extracto referido no n.º 1 deve ser enviado:

a) A investidores não qualificados, mensalmente ou, se consentido, por escrito, pelo cliente, trimestral ou semestralmente, neste último caso quando não se verificarem movimentos;

b) A investidores qualificados, anualmente.

5 – O intermediário financeiro que preste o serviço de gestão de carteiras a um cliente pode incluir o extracto referido no n.º 1 no extracto periódico enviado a esse cliente por força do n.º 1 do artigo 323.º-A.

6 – O dever previsto no n.º 1 é aplicável a instituições de crédito apenas relativamente a extractos relativos a instrumentos financeiros.

ART 324.º (Responsabilidade contratual) – 1 – São nulas quaisquer cláusulas que excluam a responsabilidade do intermediário financeiro por actos praticados por seu representante ou auxiliar.

2 – Salvo dolo ou culpa grave, a responsabilidade do intermediário financeiro por negócio em que haja intervindo nessa qualidade prescreve decorridos dois anos a partir da data em que o cliente tenha conhecimento da conclusão do negócio e dos respectivos termos.

Secção II — ORDENS

ART 325.º (Recepção) – Logo que recebam uma ordem para a realização de operações sobre instrumentos financeiros, os intermediários financeiros devem:

a) Verificar a legitimidade do ordenador;

b) Adoptar as providências que permitam, sem qualquer dúvida, estabelecer o momento da recepção da ordem.

ART 326.º (Aceitação e recusa) – 1 – O intermediário financeiro deve recusar uma ordem quando:

a) O ordenador não lhe forneça todos os elementos necessários à sua boa execução;

b) Seja evidente que a operação contraria os interesses do ordenador, salvo se este confirmar a ordem por escrito;

c) O intermediário financeiro não esteja em condições de fornecer ao ordenador toda a informação exigida para a execução da ordem;

d) O ordenador não preste a caução exigida por lei para a realização da operação;

e) Não seja permitido ao ordenador a aceitação de oferta pública.

2 – O intermediário financeiro pode recusar-se a aceitar uma ordem quando o ordenador:

a) Não faça prova da disponibilidade dos instrumentos financeiros a alienar;

b) Não tenha promovido o bloqueio dos instrumentos financeiros a alienar, quando exigido pelo intermediário financeiro;

c) Não ponha à sua disposição o montante necessário à liquidação da operação;

d) Não confirme a ordem por escrito, se tal lhe for exigido;

e) *(Revogado.)*

3 – Salvo nos casos referidos nos números anteriores, o intermediário financeiro não pode recusar ordem dada por pessoa com quem tenha anterior relação de clientela.

4 – A recusa de aceitação de uma ordem deve ser imediatamente transmitida ao ordenador.

5 – *(Revogado).*

ART 327.º (Forma) – 1 – As ordens podem ser dadas oralmente ou por escrito.

2 – As ordens dadas oralmente devem ser reduzidas a escrito pelo receptor e, se presenciais, subscritas pelo ordenador.

CÓDIGO DOS VALORES MOBILIÁRIOS [DL n.º 486/99] 723

3 – O intermediário financeiro pode substituir a redução a escrito das ordens pelo mapa de inserção das ofertas no sistema de negociação, desde que fique garantido o registo dos elementos mencionados no artigo 7.º do Regulamento (CE) n.º 1287/2006, da Comissão, de 10 de Agosto.

ART 327.º-A (Prazo de validade) – 1 – As ordens são válidas pelo prazo definido pelo ordenador, não podendo exceder um ano, contado do dia seguinte à data de recepção da ordem pelo intermediário financeiro.

2 – O intermediário financeiro pode definir prazos inferiores ao prazo máximo previsto no número anterior, informando os clientes sobre os prazos de validade que pratique, os quais podem variar em função das estruturas de negociação onde a ordem possa ser executada ou da natureza dos instrumentos financeiros.

3 – Se o ordenador não definir o prazo de validade, as ordens são válidas até ao fim do dia em que sejam dadas.

ART 328.º (Tratamento de ordens de clientes) – 1 – Quando o intermediário financeiro não possa executar uma ordem, deve transmiti-la a outro intermediário financeiro que a possa executar.

2 – A transmissão deve ser imediata e respeitar a prioridade da recepção, salvo diferente indicação dada pelo ordenador.

3 – Os intermediários devem assegurar a possibilidade de reconstituição do circuito interno que as ordens tenham seguido até à sua transmissão ou execução.

4 – Na execução de ordens, o intermediário financeiro deve:

a) Registar as ordens e proceder à sua execução de modo sequencial e com celeridade, salvo se as características da ordem ou as condições prevalecentes no mercado o impossibilitarem ou se tal não permitir salvaguardar os interesses do cliente;

b) Informar imediatamente os investidores não qualificados sobre qualquer dificuldade especial na execução adequada das suas ordens.

5 – Salvo instrução expressa em contrário do ordenador, as ordens com um preço limite especificado ou mais favorável e para um volume determinado, relativas a acções admitidas à negociação em mercado regulamentado, que não sejam imediatamente executáveis, devem ser divulgadas nos termos previstos no artigo 30.º do Regulamento (CE) n.º 1287/2006, da Comissão, de 10 de Agosto.

6 – A CMVM pode dispensar o cumprimento do dever de divulgação previsto no número anterior no caso de ordens cujo volume seja elevado relativamente ao volume normal de mercado tal como definido no artigo 20.º do Regulamento (CE) n.º 1287/2006, da Comissão, de 10 de Agosto.

ART 328.º-A (Agregação de ordens e afectação de operações) – 1 – O intermediário financeiro que pretenda proceder à agregação, numa única ordem, de ordens de vários clientes ou de decisões de negociar por conta própria, deve:

a) Assegurar que a agregação não seja, em termos globais, prejudicial a qualquer ordenador;

b) Informar previamente os clientes cujas ordens devam ser agregadas da eventualidade de o efeito da agregação ser prejudicial relativamente a uma sua ordem específica.

2 – O ordenador pode opor-se à agregação da sua ordem.

3 – O intermediário deve adoptar uma política de afectação de ordens de clientes e de decisões de negociar por conta própria que proporcione uma afectação equitativa e indique, em especial:

a) A forma como o volume e o preço das ordens e decisões de negociar por conta própria se relacionam com a forma de afectação;

b) Procedimentos destinados a evitar a reafectação, de modo prejudicial para os clientes, de decisões de negociar por conta própria, executadas em combinação com ordens dos clientes.

4 – A política de afectação de ordens é aplicável ainda que a ordem agregada seja executada apenas parcialmente.

ART 328.º-B (Afectação de operações realizadas por conta própria) – 1 – O intermediário financeiro que tenha procedido à agregação de decisões de negociar por conta própria com uma ou mais ordens de clientes, não pode afectar as operações correspondentes de modo prejudicial para os clientes.

2 – Sem prejuízo do disposto no número seguinte, sempre que o intermediário financeiro proceda à agregação de uma ordem de um cliente com uma decisão de negociar por conta própria e a ordem agregada seja executada parcialmente, deve afectar as operações correspondentes prioritariamente ao cliente.

3 – O intermediário financeiro pode afectar a operação de modo proporcional se demonstrar fundamentadamente que, sem a combinação, não teria podido executar a ordem do cliente ou não a teria podido executar em condições tão vantajosas.

ART 329.º (Revogação e modificação) – 1 – As ordens podem ser revogadas ou modificadas desde que a revogação ou a modificação cheguem ao poder de quem as deva executar antes da execução.

2 – A modificação de uma ordem para executar em mercado regulamentado ou sistema de negociação multilateral constitui uma nova ordem.

ART 330.º (Execução nas melhores condições) – 1 – As ordens devem ser executadas nas condições e no momento indicados pelo ordenador.

2 – Na falta de indicações específicas do ordenador, o intermediário financeiro deve, na execução de ordens, empregar todos os esforços razoáveis para obter o melhor resultado possível para os seus clientes, tendo em atenção o preço, os custos, a rapidez, a probabilidade de execução e liquidação, o volume, a natureza ou qualquer outro factor relevante.

724   [DL n.º 486/99]   MERCADO DE VALORES MOBILIÁRIOS

3 – O disposto no número anterior abrange a execução de decisões de negociar por conta de clientes.

4 – O intermediário financeiro deve adoptar uma política de execução de ordens que:

a) Permita obter o melhor resultado possível e inclua, no mínimo, as estruturas de negociação que permitam obter, de forma reiterada, aquele resultado;

b) Em relação a cada tipo de instrumento financeiro, inclua informações sobre as diferentes estruturas de negociação e os factores determinantes da sua escolha.

5 – O intermediário deve informar o cliente sobre a sua política de execução, não podendo iniciar a prestação de serviços antes de este ter dado o seu consentimento.

6 – As alterações relevantes na política de execução de ordens devem ser comunicadas ao cliente.

7 – A execução de ordens de clientes fora de mercado regulamentado ou de sistema de negociação multilateral depende de consentimento expresso do cliente, o qual pode ser dado sob a forma de um acordo geral ou em relação a cada operação.

8 – O intermediário financeiro demonstra, a pedido do cliente, que as suas ordens foram executadas de acordo com a política de execução que lhe foi transmitida.

9 – O intermediário financeiro deve avaliar a política de execução, designadamente em relação às estruturas de negociação previstas:

a) Anualmente, por forma a identificar e, se necessário, corrigir eventuais deficiências;

b) Sempre que ocorra uma alteração relevante, susceptível de afectar a sua capacidade de continuar a obter o melhor resultado possível, em termos consistentes, utilizando as estruturas de negociação incluídas na política de execução.

10 – As ordens podem ser executadas parcialmente, salvo indicação em contrário do ordenador.

ART 331.º (Critérios da execução nas melhores condições) – 1 – Para efeitos de determinação da importância relativa dos factores enunciados no n.º 2 do artigo anterior, o intermediário financeiro deve considerar as características:

a) Do cliente, incluindo a sua natureza de investidor não qualificado ou de investidor qualificado;

b) Da ordem do cliente;

c) Dos instrumentos financeiros objecto da ordem;

d) Das estruturas de negociação para os quais a ordem pode ser dirigida.

2 – Entende-se por estrutura de negociação as formas organizadas de negociação previstas no artigo 198.º ou um criador de mercado ou outro prestador de liquidez ou uma entidade que desempenhe num país terceiro funções semelhantes às desempenhadas por qualquer das entidades referidas.

3 – Sempre que um intermediário financeiro executa uma ordem por conta de um investidor não qualificado, presume-se que as melhores condições são representadas pela contrapartida pecuniária global, determinada pelo preço do instrumento financeiro e pelos custos relativos à sua execução, incluindo todas as despesas incorridas pelo cliente e directamente relacionadas com a execução da ordem, como as comissões da estrutura de negociação, as comissões de liquidação ou de compensação e quaisquer outras comissões pagas a terceiros envolvidos na execução da ordem.

4 – Nos casos em que a ordem possa ser executada em mais do que uma estrutura de negociação, o intermediário, para avaliar as melhores condições, deve considerar as comissões por si cobradas ao cliente e os demais custos de execução em cada estrutura de negociação.

5 – O intermediário financeiro não pode estruturar ou alterar as suas comissões de modo a introduzir uma discriminação injustificada entre estruturas de negociação.

ART 332.º (Informação a investidores não qualificados sobre a política de execução) – 1 – Relativamente à sua política de execução, o intermediário financeiro deve apresentar aos clientes, que sejam investidores não qualificados, com suficiente antecedência em relação à prestação do serviço:

a) Uma descrição da importância relativa que o intermediário financeiro atribui, de acordo com os critérios especificados no n.º 1 do artigo anterior, aos factores citados no n.º 2 do artigo 330.º ou ao processo com base no qual o intermediário financeiro determina a importância relativa desses factores;

b) Uma lista das estruturas de negociação que o intermediário financeiro considera que permitem obter, numa base regular, o melhor resultado possível relativamente à execução das ordens dos clientes;

c) Um aviso bem visível de que quaisquer instruções específicas de um cliente podem impedir o intermediário financeiro de obter o melhor resultado possível, de acordo com a sua política de execução, no que diz respeito aos elementos cobertos por essas instruções.

2 – À prestação da informação prevista no número anterior é aplicável o disposto no n.º 7 do artigo 312.º.

ART 333.º (Transmissão para execução nas melhores condições) – 1 – O intermediário financeiro deve, na prestação dos serviços de gestão de carteiras ou de recepção e transmissão de ordens, tomar as medidas necessárias para obter o melhor resultado possível para os clientes, considerando os factores referidos no n.º 2 do artigo 330.º e os critérios referidos no artigo 331.º.

2 – O dever previsto no número anterior não é aplicável quando o intermediário financeiro siga as instruções específicas dadas pelo cliente.

CÓDIGO DOS VALORES MOBILIÁRIOS [DL n.º 486/99] 725

3 – Para assegurar o cumprimento do dever previsto n.º 1, o intermediário financeiro deve:
a) Adoptar uma política que identifique, em relação a cada tipo de instrumentos financeiros, os intermediários financeiros a quem as ordens são transmitidas, os quais devem dispor de meios que permitam ao transmitente cumprir aquele dever;
b) Prestar aos seus clientes informação sobre a política adoptada nos termos da alínea anterior;
c) Avaliar a eficácia da política adoptada nos termos da alínea *a)* e, em particular, a qualidade da execução de ordens realizada pelos intermediários financeiros naquela identificados, alterando aquela política se verificada alguma deficiência que ponha em causa o cumprimento do dever previsto no n.º 1.
4 – O intermediário financeiro deve avaliar a política referida na alínea *a)* do número anterior anualmente e sempre que ocorra qualquer alteração relevante susceptível de afectar a capacidade do intermediário financeiro de obter o melhor resultado possível.

ART 334.º (Responsabilidade perante os ordenadores) – 1 – Os intermediários financeiros respondem perante os seus ordenadores:
a) Pela entrega dos instrumentos financeiros adquiridos e pelo pagamento do preço dos instrumentos financeiros alienados;
b) Pela autenticidade, validade e regularidade dos instrumentos financeiros adquiridos;
c) Pela inexistência de quaisquer vícios ou situações jurídicas que onerem os instrumentos financeiros adquiridos.
2 – É nula qualquer cláusula contratual contrária ao disposto no número anterior, quando a ordem deva ser executada em mercado regulamentado ou sistema de negociação multilateral.

SECÇÃO III — **GESTÃO DE CARTEIRA**

ART 335.º (Âmbito) – 1 – Pelo contrato de gestão de uma carteira individualizada de instrumentos financeiros, o intermediário financeiro obriga-se:
a) A realizar todos os actos tendentes à valorização da carteira;
b) A exercer os direitos inerentes aos instrumentos financeiros que integram a carteira.
2 – O disposto no presente título aplica-se à gestão de instrumentos financeiros, ainda que a carteira integre bens de outra natureza.

ART 336.º (Ordens vinculativas) – 1 – Mesmo que tal não esteja previsto no contrato, o cliente pode dar ordens vinculativas ao gestor quanto às operações a realizar.
2 – O disposto no número anterior não se aplica aos contratos que garantam uma rendibilidade mínima da carteira.

SECÇÃO IV — **ASSISTÊNCIA E COLOCAÇÃO**

ART 337.º (Assistência) – 1 – Os contratos de assistência técnica, económica e financeira em oferta pública abrangem a prestação dos serviços necessários à preparação, ao lançamento e à execução da oferta.
2 – São obrigatoriamente prestados por intermediário financeiro os seguintes serviços de assistência:
a) Elaboração do prospecto e do anúncio de lançamento;
b) Preparação e apresentação do pedido de aprovação de prospecto ou de registo prévio na CMVM;
c) Apuramento das declarações de aceitação, salvo nos casos a que se refere a alínea *b)* do n.º 1 do artigo 127.º.
3 – O intermediário financeiro incumbido da assistência em oferta pública deve aconselhar o oferente sobre os termos da oferta, nomeadamente no que se refere ao calendário e ao preço, e assegurar o respeito pelos preceitos legais e regulamentares, em especial quanto à qualidade da informação transmitida.

ART 338.º (Colocação) – 1 – Pelo contrato de colocação, o intermediário financeiro obriga-se a desenvolver os melhores esforços em ordem à distribuição dos valores mobiliários que são objecto de oferta pública, incluindo a recepção das ordens de subscrição ou de aquisição.
2 – O contrato de colocação pode ser celebrado com intermediário financeiro diferente daquele que presta os serviços de assistência na oferta.

ART 339.º (Tomada firme) – 1 – Pelo contrato de tomada firme o intermediário financeiro adquire os valores mobiliários que são objecto de oferta pública de distribuição e obriga-se a colocá-los por sua conta e risco nos termos e nos prazos acordados com o emitente ou o alienante.
2 – O tomador deve transferir para os adquirentes finais todos os direitos de conteúdo patrimonial inerentes aos valores mobiliários que se tenham constituído após a data da tomada firme.
3 – A tomada firme não afecta os direitos de preferência na subscrição ou na aquisição dos valores mobiliários, devendo o tomador avisar os respectivos titulares para o seu exercício em termos equivalentes aos que seriam aplicáveis se não tivesse havido tomada firme.

ART 340.º (Garantia de colocação) – No contrato de colocação o intermediário financeiro pode também obrigar-se a adquirir, no todo ou em parte, para si ou para outrem, os valores mobiliários que não tenham sido subscritos ou adquiridos pelos destinatários da oferta.

726　[DL n.º 486/99]　　　　　　　　　　　　　　　　MERCADO DE VALORES MOBILIÁRIOS

ART 341.º (Consórcio para assistência ou colocação) – 1 – O contrato de consórcio celebrado entre intermediários financeiros para assistência ou colocação deve ter o acordo do oferente e indicar expressamente o chefe do consórcio, a quantidade de valores mobiliários a colocar por cada intermediário financeiro e as regras por que se regem as relações entre os membros.

2 – Cabe ao chefe do consórcio organizar a sua constituição e estrutura e representar os membros do consórcio perante o oferente.

ART 342.º (Recolha de intenções de investimento) – Os contratos celebrados para recolha de intenções de investimento a que se referem os artigos 164.º e seguintes regem-se pelos artigos 337.º e 338.º, com as devidas adaptações.

Secção V — **REGISTO E DEPÓSITO**

ART 343.º (Conteúdo) – 1 – O contrato deve determinar o regime relativo ao exercício de direitos inerentes aos instrumentos financeiros registados ou depositados.

2 – *(Revogado.)*
3 – *(Revogado.)*
4 – *(Revogado.)*

ART 344.º (Forma e padronização) – *(Revogado.)*

ART 345.º (Deveres do consultor) – *(Revogado.)*

CAPÍTULO III — Negociação por conta própria

ART 346.º (Actuação como contraparte do cliente) – 1 – O intermediário financeiro autorizado a actuar por conta própria pode celebrar contratos como contraparte do cliente, desde que este, por escrito, tenha autorizado ou confirmado o negócio.

2 – A autorização ou a confirmação referida no número anterior não é exigida quando a outra parte seja um investidor qualificado ou as operações devam ser executadas em mercado regulamentado, através de sistemas centralizados de negociação.

ART 347.º (Conflito de interesses) – 1 – O intermediário financeiro deve abster-se de:
a) Adquirir para si mesmo quaisquer instrumentos financeiros quando haja clientes que os tenham solicitado ao mesmo preço ou a preço mais alto;
b) Alienar instrumentos financeiros de que seja titular em vez de instrumentos financeiros cuja alienação lhes tenha sido ordenada pelos seus clientes a preço igual ou mais baixo.
c) *(Revogada.)*

2 – As operações realizadas contra o disposto no número anterior são ineficazes em relação ao cliente se não forem por este ratificadas nos oito dias posteriores à notificação pelo intermediário financeiro.

ART 348.º (Fomento de mercado) – 1 – As operações de fomento de mercado visam a criação de condições para a comercialização regular num mercado de uma determinada categoria de valores mobiliários ou de instrumentos financeiros, nomeadamente o incremento da liquidez.

2 – As operações de fomento devem ser precedidas de contrato celebrado entre a entidade gestora do mercado e o intermediário financeiro.

3 – Quando as actividades de fomento respeitem a valores mobiliários e tal se encontre previsto na lei, em regulamento ou nas regras do mercado em causa, o contrato referido no número anterior tem como parte o emitente dos valores mobiliários cuja negociação se pretende fomentar.

4 – Devem ser previamente comunicados à CMVM os contratos a que se referem os n.ᵒˢ 2 e 3 ou as cláusulas contratuais desses contratos, quando existam.

ART 349.º (Estabilização de preços) – As operações susceptíveis de provocar efeitos estabilizadores nos preços de uma determinada categoria de valores mobiliários apenas são permitidas quando realizadas nas condições estabelecidas no Regulamento (CE) n.º 2273/2003, da Comissão, de 22 de Dezembro.

ART 350.º (Empréstimo de valores mobiliários) – 1 – Os valores mobiliários emprestados transferem-se para a titularidade do mutuário, salvo disposição contratual em contrário.

2 – O empréstimo de valores mobiliários para liquidação de operações de mercado regulamentado não se considera como actividade de intermediação financeira quando efectuado pela entidade gestora de mercado ou de sistema de liquidação ou pela contraparte central por esta acolhida.

ART. 350.º-A (Informação à CMVM) — O intermediário financeiro autorizado a actuar por conta própria comunica à CMVM os activos por si detidos, ou por sociedade por si dominada, que se encontram domiciliados ou sejam geridos por entidade sedeada em Estado que não seja membro da União Europeia.

CÓDIGO DOS VALORES MOBILIÁRIOS   [DL n.º 486/99]   727

ART 351.º (Regulamentação) – 1 – Relativamente a operações de fomento de mercado, a CMVM define, através de regulamento, a informação que lhe deva ser prestada, bem como aquela que deve ser divulgada ao mercado pelas entidades referidas no n.º 2 do artigo 348.º.

2 – Relativamente aos empréstimos de valores mobiliários, a CMVM, através de regulamento, com parecer prévio do Banco de Portugal, define, nomeadamente:

a) Os limites de prazo e de quantidade dos valores mobiliários emprestados;

b) A exigibilidade de caução em operações realizadas fora de mercado regulamentado;

c) As regras de registo dos valores mobiliários emprestados e de contabilidade das operações;

d) A informação a prestar pelos intermediários financeiros à CMVM e ao mercado.

3 — A CMVM define, através de regulamento, o conteúdo e o modo como deve ser prestada a informação prevista nos termos do artigo 350.º-A.

4 – *(Revogado.)*

TÍTULO VII — **SUPERVISÃO E REGULAÇÃO**

CAPÍTULO I — **Disposições gerais**

ART 352.º (Atribuições do Governo) – 1 – Através do Ministro das Finanças, o Governo pode:

a) Estabelecer políticas relativas ao mercado de instrumentos financeiros e, em geral, às matérias reguladas no presente Código e em legislação complementar;

b) Exercer, em relação à CMVM, os poderes de tutela conferidos pelo estatuto desta entidade;

c) Coordenar a supervisão e a regulação relativas a instrumentos financeiros, quando a competência pertença a mais de uma entidade pública.

2 – Quando no mercado de instrumentos financeiros se verifique perturbação que ponha em grave risco a economia nacional, pode o Governo, por portaria conjunta do Primeiro-Ministro e do Ministro das Finanças, ordenar as medidas apropriadas, nomeadamente a suspensão temporária de mercados regulamentados ou sistemas de negociação multilateral, de certas categorias de operações ou da actividade de entidades gestoras de mercados regulamentados, de sistemas de negociação multilateral, de entidades gestoras de sistemas de liquidação, de entidades gestoras de câmaras de compensação ou de contraparte central e de entidades gestoras de sistemas centralizados de valores mobiliários.

ART 353.º (Atribuições da CMVM) – 1 – São atribuições da CMVM, além de outras constantes do seu estatuto:

a) A supervisão das formas organizadas de negociação de instrumentos financeiros, das ofertas públicas relativas a valores mobiliários, da compensação e da liquidação de operações àqueles respeitantes, dos sistemas centralizados de valores mobiliários e das entidades referidas no artigo 359.º;

b) A regulação do mercado de instrumentos financeiros, das ofertas públicas relativas a valores mobiliários, das actividades exercidas pelas entidades sujeitas à sua supervisão e de outras matérias previstas no presente Código e em legislação complementar;

c) A supervisão e a regulação dos deveres de conduta das entidades que se proponham a celebrar ou mediar contratos de seguro ligados a fundos de investimento ou a comercializar contratos de adesão individual a fundos de pensões abertos.

2 – No exercício e no âmbito das suas atribuições a CMVM coopera com outras autoridades nacionais e estrangeiras que exerçam funções de supervisão e de regulação do sistema financeiro e com organizações internacionais de que seja membro.

3 – Relativamente aos contratos previstos na alínea *c)* do n.º 1, a CMVM deve:

a) Adoptar os regulamentos necessários sobre prestação de Informação, consultoria, publicidade, prospecção, comercialização e mediação, incluindo sobre o processamento e conservação de registos destas, ouvido o Instituto de Seguros de Portugal;

b) Estabelecer com o Instituto de Seguros de Portugal regras destinadas a articular procedimentos de supervisão e a assegurar a compatibilização de regras aplicáveis a entidades sujeitas a supervisão de ambas as autoridades.

ART 354.º (Dever de segredo) – 1 – Os órgãos da CMVM, os seus titulares, os trabalhadores da CMVM e as pessoas que lhe prestem, directa ou indirectamente, a título permanente ou ocasional, quaisquer serviços ficam sujeitos a segredo profissional sobre os factos e os elementos cujo conhecimento lhes advenha do exercício das suas funções ou da prestação de serviços, não podendo revelar nem utilizar em proveito próprio ou alheio, directamente ou por interposta pessoa, as informações que tenham sobre esses factos ou elementos.

2 – O dever de segredo mantém-se após a cessação das funções ou da prestação de serviços pelas pessoas a ele sujeitas.

3 – Os factos ou elementos sujeitos a segredo só podem ser revelados mediante autorização do interessado, transmitida à CMVM, ou noutras circunstâncias previstas na lei.

4 – O dever de segredo não abrange factos ou elementos cuja divulgação pela CMVM seja imposta ou permitida por lei.

728   [DL n.º 486/99]   MERCADO DE VALORES MOBILIÁRIOS

ART 355.º (Troca de informações) – 1 – Quando seja necessário para o exercício das respectivas funções, a CMVM pode trocar informações sobre factos e elementos sujeitos a segredo com as seguintes entidades, que ficam igualmente sujeitas ao dever de segredo:

a) Banco de Portugal e Instituto de Seguros de Portugal;

b) Entidades gestoras de mercados regulamentados e de sistemas de negociação multilateral;

c) Entidades gestoras de sistemas de liquidação, de câmara de compensação, de contraparte central e de sistemas centralizados de valores mobiliários;

d) Autoridades intervenientes em processos de falência, de recuperação de empresa ou de saneamento das entidades referidas nas alíneas *a)* e *b)* do n.º 1 do artigo 359.º;

e) Entidades gestoras de fundos de garantia e de sistemas de indemnização dos investidores;

f) Auditores e autoridades com competência para a sua supervisão.

2 – A CMVM pode também trocar informações, ainda que sujeitas a segredo, com o Banco Central Europeu, com as autoridades de supervisão do Estados membros da União Europeia ou com as entidades que aí exerçam funções equivalentes às referidas no n.º 1.

3 – A CMVM pode ainda trocar informações com as autoridades de supervisão de Estados que não sejam membros da Comunidade Europeia e com as entidades que aí exerçam funções equivalentes às referidas no n.º 1, se, e na medida em que, for necessário para a supervisão dos mercados de instrumentos financeiros e para a supervisão, em base individual ou consolidada, de intermediários financeiros.

ART 356.º (Tratamento da informação) – 1 – As informações recebidas pela CMVM nos termos do artigo anterior só podem ser utilizadas:

a) Para exame das condições de acesso à actividade dos intermediários financeiros;

b) Para supervisão, em base individual ou consolidada, da actividade dos intermediários financeiros e para supervisão dos mercados de instrumentos financeiros;

c) Para instrução de processos e para aplicação de sanções;

d) No âmbito de recursos interpostos de decisões do Ministro das Finanças, da CMVM, do Banco de Portugal ou do Instituto de Seguros de Portugal, tomadas nos termos das disposições aplicáveis às entidades sujeitas à respectiva supervisão;

e) Para dar cumprimento a deveres legais de colaboração com outras entidades ou para o desenvolvimento de acções de cooperação;

f) No âmbito do procedimento de mediação de confiitos previsto nos artigos 33.º e 34.º.

2 – A CMVM só pode comunicar a outras entidades informações que tenha recebido das entidades referidas no n.º 2 do artigo anterior com o consentimento expresso dessas entidades.

3 – As entidades que nos termos do número anterior recebam informações da CMVM ficam sujeitas a dever de segredo com o conteúdo previsto no artigo 354.º

4 – É lícita a divulgação de informações em forma sumária ou agregada que não permita identificação individual.

ART 357.º (Boletim da CMVM) – A CMVM edita periodicamente um boletim, onde são publicados, nomeadamente:

a) Os seus regulamentos e instruções;

b) As recomendações e os pareceres genéricos;

c) As decisões de autorização;

d) As decisões de registo, se o registo for público.

CAPÍTULO II — **Supervisão**

ART 358.º (Princípios) – A supervisão desenvolvida pela CMVM obedece aos seguintes princípios:

a) Protecção dos investidores;

b) Eficiência e regularidade de funcionamento dos mercados de instrumentos financeiros;

c) Controlo da informação;

d) Prevenção do risco sistémico;

e) Prevenção e repressão das actuações contrárias a lei ou a regulamento;

f) Independência perante quaisquer entidades sujeitas ou não à sua supervisão.

ART 359.º (Entidades sujeitas à supervisão da CMVM) – 1 – No âmbito das actividades relativas a instrumentos financeiros, estão sujeitas à supervisão da CMVM, sem prejuízo das competências atribuídas a outras autoridades, as seguintes entidades:

a) Entidades gestoras de mercados regulamentados, de sistemas de negociação multilateral, de sistemas de liquidação, de câmara de compensação ou contraparte central e de sistemas centralizados de valores mobiliários;

b) Intermediários financeiros e consultores para investimento;

c) Emitentes de valores mobiliários;

CÓDIGO DOS VALORES MOBILIÁRIOS   [DL n.º 486/99]   729

d) Investidores qualificados referidos nas alíneas *a*) a *f*) do n.º 1 do artigo 30.º e titulares de participações qualificadas;
    e) Fundos de garantia e sistemas de indemnização dos investidores e respectivas entidades gestoras;
    f) Auditores e sociedades de notação de risco, registados na CMVM;
    g) Sociedades de titularização de créditos;
    h) Sociedades de capital de risco;
    i) Entidades que se proponham a celebrar ou mediar contratos de seguro ligados a fundos de investimento ou a comercializar contratos de adesão individual a fundos de pensões abertos, no âmbito destas actividades;
    j) Outras pessoas que exerçam, a título principal ou acessório, actividades relacionadas com a emissão, a distribuição, a negociação, o registo ou o depósito de instrumentos financeiros ou, em geral, com a organização e o funcionamento dos mercados de instrumentos financeiros.
    2 – As pessoas ou entidades que exerçam actividades de carácter transnacional ficam sujeitas à supervisão da CMVM sempre que essas actividades tenham alguma conexão relevante com mercados regulamentados, sistemas de negociação multilateral, operações ou instrumentos financeiros sujeitos à lei portuguesa.
    3 – As entidades sujeitas à supervisão da CMVM devem prestar-lhe toda a colaboração solicitada.

    ART 360.º (Procedimentos de supervisão) – 1 – No âmbito das suas atribuições de supervisão, a CMVM pode adoptar, além de outros previstos na lei, os seguintes procedimentos:
    a) Acompanhar a actividade das entidades sujeitas à sua supervisão e o funcionamento dos mercados de instrumentos financeiros, dos sistemas de liquidação de instrumentos financeiros, de câmara de compensação, de contraparte central e dos sistemas centralizados de valores mobiliários;
    b) Fiscalizar o cumprimento da lei e dos regulamentos;
    c) Aprovar os actos e conceder as autorizações previstas na lei;
    d) Efectuar os registos previstos na lei;
    e) Instruir os processos e punir as infracções que sejam da sua competência;
    f) Dar ordens e formular recomendações concretas;
    g) Difundir informações;
    h) Publicar estudos.
    i) Avaliar e divulgar regularmente, após consulta aos interessados, as práticas de mercado que podem ou não ser aceites, reapreciando-as quando necessário, bem como as suas características, termos e condições de conformidade com os princípios consagrados no artigo 358.º e com o restante quadro legal e regulamentar aplicável, comunicando a respectiva decisão ao Comité das Autoridades de Regulamentação dos Mercados Europeus de Valores Mobiliários.
    2 – Os poderes referidos na alínea *e*) do n.º 1 são exercidos em relação a quaisquer pessoas, ainda que não incluídas no âmbito do n.º 1 do artigo 359.º.
    3 – Para efeito do disposto na alínea *i*) do n.º 1, a CMVM deve ter em conta, nomeadamente, os princípios constantes do artigo 358.º, os possíveis efeitos das práticas em causa sobre a liquidez e eficiência do mercado, a sua transparência e adequação à natureza dos mercados e aos processos de negociação adoptados, a interacção entre diferentes mercados, a nível nacional e internacional, e os diversos riscos que podem estar associados às mesmas.

    ART 361.º (Exercício da supervisão) – 1 – No exercício da supervisão, a CMVM pratica os actos necessários para assegurar a efectividade dos princípios referidos no artigo 358.º, salvaguardando tanto quanto possível a autonomia das entidades sujeitas à sua supervisão.
    2 – No exercício da supervisão, a CMVM dispõe das seguintes prerrogativas:
    a) Exigir quaisquer elementos e informações e examinar livros, registos e documentos, não podendo as entidades supervisionadas invocar o segredo profissional;
    b) Ouvir quaisquer pessoas, intimando-as para o efeito, quando necessário;
    c) Determinar que as pessoas responsáveis pelos locais onde se proceda à instrução de qualquer processo ou a outras diligências coloquem à sua disposição as instalações de que os seus agentes careçam para a execução dessas tarefas, em condições adequadas de dignidade e eficiência;
    d) Requerer a colaboração de outras pessoas ou entidades, incluindo autoridades policiais, quando tal se mostre necessário ou conveniente ao exercício das suas funções, designadamente em caso de resistência a esse exercício ou em razão da especialidade técnica das matérias em causa;
    e) Substituir-se às entidades gestoras de mercados regulamentados, de sistemas de negociação multilateral, de sistemas de liquidação, de câmara de compensação, de contraparte central e de sistemas centralizados de valores mobiliários quando estas não adoptem as medidas necessárias à regularização de situações anómalas que ponham em causa o regular funcionamento do mercado, da actividade exercida ou os interesses dos investidores;
    f) Substituir-se às entidades supervisionadas no cumprimento de deveres de informação;
    g) Divulgar publicamente o facto de um emitente não estar a observar os seus deveres.
    3 – Nas situações previstas no n.º 1 e nas alíneas *a*), *b*) e *c*) do n.º 2, as pessoas singulares ou colectivas em causa ficam sujeitas ao dever de não revelar a clientes ou a terceiros o teor ou a ocorrência do acto praticado.
    4 – Nos recursos das decisões tomadas pela CMVM, no exercício dos poderes de supervisão, presume-se, até prova em contrário, que a suspensão da eficácia determina grave lesão do interesse público.

730   [DL n.º 486/99]   MERCADO DE VALORES MOBILIÁRIOS

ART 362.º (Supervisão contínua) – A CMVM acompanha de modo contínuo a actividade das entidades sujeitas à sua supervisão, ainda que não exista qualquer suspeita de irregularidade.

ART 363.º (Supervisão prudencial) – 1 – Estão sujeitas à supervisão prudencial da CMVM:

a) As entidades gestoras de mercados regulamentados, de sistemas de negociação multilateral, de sistemas de liquidação, de câmara de compensação, de contraparte central e de sistemas centralizados de valores mobiliários;

b) As instituições de investimento colectivo;

c) As entidades gestoras de fundos de garantia e de sistemas de indemnização dos investidores.

2 – A supervisão prudencial é orientada pelos seguintes princípios:

a) Preservação da solvabilidade e da liquidez das instituições e prevenção de riscos próprios;

b) Prevenção de riscos sistémicos;

c) Controlo da idoneidade dos titulares dos órgãos de gestão, das pessoas que dirigem efectivamente a actividade e dos titulares de participações qualificadas, de acordo com os critérios definidos no artigo 30.º do Regime Geral das Instituições de Crédito e das Sociedades Financeiras, com as devidas adaptações.

3 — Para efeitos do disposto no número anterior, as entidades referidas no n.º 1 são obrigadas a prestar à CMVM as informações que esta considere necessárias à verificação, nomeadamente, do seu grau de liquidez e de solvabilidade, dos riscos em que incorrem, incluindo o nível de exposição a diferentes tipos de instrumentos financeiros, das práticas de gestão e controlo dos riscos a que estão ou possam vir a estar sujeitas e das metodologias adoptadas na avaliação dos seus activos, em particular daqueles que não sejam transaccionados em mercados de elevada liquidez e transparência.

4 — A CMVM, através de regulamento, concretiza o disposto nos números anteriores.

ART 364.º (Fiscalização) – 1 – No exercício de poderes de fiscalização, a CMVM:

a) Efectua as inspecções que entenda necessárias às entidades sujeitas à sua supervisão;

b) Realiza inquéritos para averiguação de infracções de qualquer natureza cometidas no âmbito do mercado de instrumentos financeiros ou que afectem o seu normal funcionamento;

c) Executa as diligências necessárias ao cumprimento dos princípios referidos no artigo 358.º, nomeadamente perante as operações descritas no artigo 311.º.

2 – A CMVM participa às entidades competentes as infracções de que tome conhecimento e cuja instrução e sanção não se enquadrem na sua competência.

ART 365.º (Registos) – 1 – Os registos efectuados pela CMVM visam o controlo de legalidade e de conformidade com os regulamentos dos factos ou elementos sujeitos a registo e a organização da supervisão.

2 – Os registos efectuados pela CMVM são públicos, salvo quando da lei resulte o contrário.

3 – Os documentos que tenham servido de base aos registos são públicos, salvo quando contenham dados pessoais que não constem do registo ou este tenha sido efectuado no âmbito de processo de contra-ordenação ou de averiguações ainda em curso ou que, por qualquer outra causa, estejam sujeitos a segredo.

4 – A CMVM define, através de regulamento, os termos do acesso público aos registos e documentos a que se referem os números anteriores.

5 – A CMVM mantém um registo das sanções principais e acessórias aplicadas em processos de contra-ordenação, que não é acessível ao público.

6 – Os registos efectuados pela CMVM podem ser integrados e tratados em aplicações informáticas, nos termos e com os limites da lei sobre protecção de dados pessoais.

ART 366.º (Supervisão relativa a publicidade e cláusulas contratuais gerais) – 1 – Compete à CMVM fiscalizar a aplicação da legislação sobre publicidade e cláusulas contratuais gerais relativamente às matérias reguladas no presente Código, instruindo os processos de contra-ordenação e aplicando as respectivas sanções.

2 – Em relação a material publicitário ilegal a CMVM pode ordenar:

a) As modificações necessárias para pôr termo à ilegalidade;

b) A suspensão da acção publicitária;

c) A imediata publicação pelo responsável de rectificação apropriada.

3 – Cada período de suspensão da acção publicitária não pode ser superior a 10 dias úteis.

4 – Verificado o incumprimento da ordem a que se refere a alínea *c)* do n.º 2, pode a CMVM, sem prejuízo das sanções aplicáveis, substituir-se ao infractor na prática do acto.

ART 367.º (Difusão de informações) – 1 – A CMVM organiza um sistema informático de difusão de informação acessível ao público que pode integrar, entre outros aspectos, elementos constantes dos seus registos, decisões com interesse público e outra informação que lhe seja comunicada ou por si aprovada, designadamente informação privilegiada nos termos do artigo 248.º, participações qualificadas, documentos de prestação de contas e prospectos.

2 – Os prospectos referidos no número anterior devem ser mantidos acessíveis, pelo menos, durante um ano.

ART 368.º (Despesas de publicação) – Constitui título executivo a declaração do conselho directivo da CMVM atestando a realização de despesas com publicações que, segundo a lei, possam por ela ser promovidas a expensas de entidades sujeitas à sua supervisão.

CÓDIGO DOS VALORES MOBILIÁRIOS   [DL n.º 486/99]   731

CAPÍTULO III — **Regulação**

ART 369.º (Regulamentos da CMVM) – 1 – A CMVM elabora regulamentos sobre as matérias integradas nas suas atribuições e competências.

2 – Os regulamentos da CMVM devem observar os princípios da legalidade, da necessidade, da clareza e da publicidade.

3 – Os regulamentos da CMVM são publicados na 2.ª série do *Diário da República*, entrando em vigor na data neles referida ou cinco dias após a sua publicação.

4 – Os regulamentos da CMVM que incluam matérias relativas a um determinado mercado regulamentado ou sistema de negociação multilateral ou aos instrumentos financeiros nele negociados são também divulgados no boletim desse mercado ou sistema.

5 – Os regulamentos da CMVM que apenas visem regular procedimentos de carácter interno de uma ou mais categorias de entidades denominam-se instruções, não são publicados nos termos dos números anteriores, são notificados aos respectivos destinatários e entram em vigor cinco dias após a notificação ou na data nelas referida.

ART 370.º (Recomendações e pareceres genéricos) – 1 – A CMVM pode emitir recomendações genéricas dirigidas a uma ou mais categorias de entidades sujeitas à sua supervisão.

2 – A CMVM pode formular e publicar pareceres genéricos sobre questões relevantes que lhe sejam colocadas por escrito por qualquer das entidades sujeitas à sua supervisão ou pelas respectivas associações.

ART 371.º (Publicação consolidada de normas) – A CMVM publica anualmente o texto actualizado das normas legais e regulamentares respeitantes às matérias reguladas neste Código e em legislação complementar.

ART 372.º (Auto-regulação) – 1 – Nos limites da lei e dos regulamentos, as entidades gestoras dos mercados regulamentados, dos sistemas de negociação multilateral, dos sistemas de liquidação, de contraparte central ou de compensação e dos sistemas centralizados de valores mobiliários podem regular autonomamente as actividades por si geridas.

2 – As regras estabelecidas nos termos do número anterior que não sejam sujeitas a registo, assim como aquelas que constam de códigos deontológicos aprovados por entidades gestoras e por associações profissionais de intermediários financeiros, devem ser comunicadas à CMVM.

CAPÍTULO IV — **Cooperação**

ART 373.º (Princípios) – Além daqueles que são referidos no artigo 358.º, a cooperação desenvolvida pela CMVM deve obedecer aos princípios de reciprocidade, de respeito pelo segredo profissional e de utilização restrita da informação para fins de supervisão.

ART 374.º (Cooperação com outras autoridades nacionais) – 1 – Em relação a entidades que estejam também sujeitas à supervisão por outras autoridades, designadamente o Banco de Portugal e o Instituto de Seguros de Portugal, a CMVM e essas autoridades cooperam entre si para o exercício coordenado dos respectivos poderes de supervisão e de regulação.

2 – A cooperação referida no número anterior tem carácter regular e pode traduzir-se:

a) Na elaboração e aprovação de regulamentos, quando a lei lhes atribua competência conjunta;

b) Na realização de consultas mútuas;

c) Na troca de informações, mesmo quando sujeitas a segredo profissional;

d) Na realização de actos de fiscalização conjunta;

e) No estabelecimento de acordos e de procedimentos comuns.

ART 375.º (Cooperação com outras instituições nacionais) – 1 – As entidades públicas ou privadas que tenham poderes de intervenção sobre qualquer das entidades referidas no artigo 359.º devem cooperar com a CMVM para o exercício, por esta, dos seus poderes de supervisão.

2 – Os acordos que sejam celebrados ao abrigo do disposto no número anterior são publicados no boletim da CMVM.

ART 376.º (Cooperação com instituições congéneres estrangeiras) – 1 – No exercício das suas atribuições, a CMVM coopera com as instituições congéneres ou equiparadas de outros Estados.

2 – A CMVM pode celebrar com as referidas instituições acordos bilaterais ou multilaterais de cooperação, tendo nomeadamente em vista:

a) Recolha de elementos relativos a infracções contra o mercado de instrumentos financeiros e de outras cuja investigação caiba no âmbito das atribuições da CMVM;

b) Troca das informações necessárias ao exercício das respectivas funções de supervisão ou de regulação;

c) Consultas sobre problemas suscitados pelas respectivas atribuições;

d) Formação de quadros e troca de experiências no âmbito das respectivas atribuições.

732 [DL n.º 486/99]   MERCADO DE VALORES MOBILIÁRIOS

3 – Os acordos a que se refere o número anterior podem abranger a participação subordinada de representantes de instituições congéneres de Estado estrangeiro em actos da competência da CMVM, quando haja suspeita de violação de lei daquele Estado.

4 – A cooperação a que se refere o presente artigo deve ser desenvolvida nos termos da lei, do direito comunitário e das convenções internacionais que vinculam o Estado Português.

5 – O disposto no presente artigo é aplicável, com as necessárias adaptações, às relações decorrentes da participação da CMVM em organizações internacionais.

ART 377.º (Cooperação e assistência no quadro da União Europeia) – 1 – Sem prejuízo da aplicação do disposto no artigo anterior, a CMVM coopera ainda com as instituições congéneres dos Estados membros da União Europeia e presta-lhes assistência para o efeito do exercício das respectivas funções de supervisão e investigação.

2 – A pedido da instituição congénere, a CMVM comunica imediatamente qualquer informação solicitada para efeito do disposto no número anterior e, caso tal não seja possível, comunica os motivos desse facto, adoptando, se necessário, as medidas adequadas para recolher as informações solicitadas.

3 – A CMVM pode recusar dar seguimento a um pedido de informações se a comunicação dessas informações for susceptível de prejudicar a soberania, a segurança ou a ordem pública nacionais ou se estiver em curso um processo judicial ou existir sentença transitada em julgado relativamente aos mesmos factos e às mesmas pessoas perante os tribunais portugueses.

4 – No caso da recusa prevista no número anterior, a CMVM notifica a instituição requerente, fornecendo-lhe informações tão pormenorizadas quanto possível sobre os referidos processos ou sentenças.

5 – A solicitação da instituição congénere prevista no n.º 1 e no âmbito das funções aí previstas, a CMVM promove no território nacional e sob a sua direcção as averiguações e diligências necessárias para apurar factos que constituam um ilícito nesse Estado membro, podendo autorizar representantes da instituição requerente, auditores ou outros peritos a acompanhar ou a efectuar as diligências.

6 – A CMVM pode recusar dar seguimento a um pedido de realização de uma diligência ou do seu acompanhamento por representantes da instituição requerente nos casos previstos no n.º 3.

7 – Se a CMVM tiver conhecimento de actos que possam constituir um dos ilícitos previstos no n.º 1 que estejam a ser ou tenham sido praticados no território de outro Estado membro, ou que afectem instrumentos financeiros negociados no território de outro Estado membro, notifica a instituição congénere desse Estado membro, sem prejuízo dos seus poderes de investigação e perseguição dos ilícitos em causa.

8 – Se a CMVM receber da instituição congénere de outro Estado membro notificação análoga à prevista no número anterior, comunica à instituição notificante os resultados das diligências efectuadas na sequência da notificação e outros desenvolvimentos relevantes.

9 – Nos casos previstos nos n.ºs 7 e 8, a CMVM e as instituições congéneres que sejam competentes para a investigação e perseguição dos ilícitos em causa consultam-se mutuamente acerca das medidas a adoptar.

10 – A CMVM estabelece com as entidades congéneres os mecanismos de consulta e de articulação necessários ao cumprimento do disposto na alínea *i)* do n.º 1 e no n.º 3 do artigo 360.º.

ART 377.º-A (Medidas cautelares na cooperação internacional) – 1 – Quando a CMVM verificar que os deveres relativos à comunicação e à divulgação de participações qualificadas, à elaboração de um prospecto de oferta pública ou de admissão, à divulgação de informação periódica e à actuação de um mercado regulamentado ou de um sistema de negociação multilateral foram violados dá conhecimento dos referidos factos à autoridade do Estado membro de origem do emitente ou, no caso de infracção cometida por mercado regulamentado ou sistema de negociação multilateral, à autoridade do Estado que lhe tenha concedido autorização.

2 – Se a autoridade competente não tomar as providências solicitadas ou estas forem inadequadas e o titular de participação qualificada, o emitente, o intermediário financeiro responsável pela oferta pública, o mercado regulamentado ou o sistema de negociação multilateral persistir na infracção das normas aplicáveis, a CMVM, após informar desse facto a autoridade competente, toma as providências que entenda convenientes no intuito de proteger os investidores e o bom funcionamento dos mercados.

3 – Para efeitos do disposto no número anterior, a CMVM pode impedir que o mercado regulamentado ou o sistema de negociação em causa continuem a disponibilizar, no território português, mecanismos de acesso e negociação por membros estabelecidos em Portugal.

4 – As providências tomadas pela CMVM ao abrigo do n.º 2 são comunicadas à Comissão Europeia com a brevidade possível.

TÍTULO VIII — CRIMES E ILÍCITOS DE MERA ORDENAÇÃO SOCIAL

CAPÍTULO I — Crimes

Secção I — CRIMES CONTRA O MERCADO

ART 378.º (Abuso de informação) – 1 – Quem disponha de informação privilegiada:

a) Devido à sua qualidade de titular de um órgão de administração ou de fiscalização de um emitente ou de titular de uma participação no respectivo capital; ou

CÓDIGO DOS VALORES MOBILIÁRIOS

[DL n.º 486/99]   733

b) Em razão do trabalho ou do serviço que preste, com carácter permanente ou ocasional, a um emitente ou a outra entidade; ou

c) Em virtude de profissão ou função pública que exerça; ou

d) Que, por qualquer forma, tenha sido obtida através de um facto ilícito ou que suponha a prática de um facto ilícito;

e a transmita a alguém fora do âmbito normal das suas funções ou, com base nessa informação, negoceie ou aconselhe alguém a negociar em valores mobiliários ou outros instrumentos financeiros ou ordene a sua subscrição, aquisição, venda ou troca, directa ou indirectamente, para si ou para outrem, é punido com pena de prisão até 5 anos ou com pena de multa.

2 — Qualquer pessoa não abrangida pelo número anterior que, tendo conhecimento de uma informação privilegiada, a transmita a outrem ou, com base nessa informação, negoceie ou aconselhe alguém a negociar em valores mobiliários ou outros instrumentos financeiros ou ordene a sua subscrição, aquisição, venda ou troca, directa ou indirectamente, para si ou para outrem, é punida com pena de prisão até 4 anos ou com pena de multa até 240 dias.

3 – Entende-se por informação privilegiada toda a informação não tornada pública que, sendo precisa e dizendo respeito, directa ou indirectamente, a qualquer emitente ou a valores mobiliários ou outros instrumentos financeiros, seria idónea, se lhe fosse dada publicidade, para influenciar de maneira sensível o seu preço no mercado.

4 – Em relação aos instrumentos derivados sobre mercadorias, entende-se por informação privilegiada toda a informação com carácter preciso que não tenha sido tornada pública e respeite, directa ou indirectamente, a um ou mais desses instrumentos derivados e que os utilizadores dos mercados em que aqueles são negociados esperariam receber ou teriam direito a receber em conformidade, respectivamente, com as práticas de mercado aceites ou com o regime de divulgação de informação nesses mercados.

5 – O disposto neste artigo não se aplica quando as operações sejam efectuadas pelo Banco Central Europeu, por um Estado, pelo seu banco central ou por qualquer outro organismo designado pelo Estado, por razões de política monetária, cambial ou de gestão da dívida pública, nem às transacções sobre acções próprias efectuadas no âmbito de programas de recompra realizados nas condições legalmente permitidas.

6 – *(Revogado.)*

7 – Se as transacções referidas nos n.ᵒˢ 1 e 2 envolverem a carteira de uma terceira pessoa, singular ou colectiva, que não seja constituída arguida, esta pode ser demandada no processo crime como parte civil, nos termos previstos no Código de Processo Penal, para efeito da apreensão das vantagens do crime ou da reparação de danos.

ART 379.º (Manipulação do mercado) – 1 – Quem divulgue informações falsas, incompletas, exageradas ou tendenciosas, realize operações de natureza fictícia ou execute outras práticas fraudulentas que sejam idóneas para alterar artificialmente o regular funcionamento do mercado de valores mobiliários ou de outros instrumentos financeiros é punido com prisão até 5 anos ou com pena de multa.

2 – Consideram-se idóneos para alterar artificialmente o regular funcionamento do mercado, nomeadamente, os actos que sejam susceptíveis de modificar as condições de formação dos preços, as condições normais da oferta ou da procura de valores mobiliários ou de outros instrumentos financeiros ou as condições normais de lançamento e de aceitação de uma oferta pública.

3 – Os titulares do órgão de administração e as pessoas responsáveis pela direcção ou pela fiscalização de áreas de actividade de um intermediário financeiro que, tendo conhecimento de factos descritos no n.º 1, praticados por pessoas directamente sujeitas à sua direcção ou fiscalização e no exercício das suas funções, não lhes ponham imediatamente termo são punidos com pena de prisão até 4 anos ou pena de multa até 240 dias, se pena mais grave não lhes couber por força de outra disposição legal.

4 – *(Revogado.)*

5 – Se os factos descritos nos n.ᵒˢ 1 e 3 envolverem a carteira de uma terceira pessoa, singular ou colectiva, que não seja constituída arguida, esta pode ser demandada no processo crime como parte civil, nos termos previstos no Código de Processo Penal, para efeito da apreensão das vantagens do crime ou da reparação de danos.

6 – O disposto neste artigo não se aplica às operações efectuadas pelo Banco Central Europeu, por um Estado, pelo seu banco central ou por qualquer outro organismo designado pelo Estado, por razões de política monetária, cambial ou de gestão de dívida pública, nem às operações de estabilização de preços, quando sejam efectuadas nas condições legalmente permitidas.

ART 380.º (Penas acessórias) – Aos crimes previstos nos artigos antecedentes podem ser aplicadas, além das referidas no Código Penal, as seguintes penas acessórias:

a) Interdição, por prazo não superior a cinco anos, do exercício pelo agente da profissão ou actividade que com o crime se relaciona, incluindo inibição do exercício de funções de administração, direcção, chefia ou fiscalização e, em geral, de representação de quaisquer intermediários financeiros, no âmbito de alguma ou de todas as actividade de intermediação em valores mobiliários ou em outros instrumentos financeiros;

b) Publicação da sentença condenatória a expensas do arguido em locais idóneos para o cumprimento das finalidades de prevenção geral do sistema jurídico e da protecção do mercado de valores mobiliários ou de outros instrumentos financeiros.

734 [DL n.º 486/99]   MERCADO DE VALORES MOBILIÁRIOS

ART 380.º-A (Apreensão e perda das vantagens do crime) – 1 – Sempre que o facto ilícito gerar para o arguido ou para terceiro por conta de quem o arguido negoceie vantagens patrimoniais, transitórias ou permanentes, incluindo juros, lucros ou outros benefícios de natureza patrimonial, esses valores são apreendidos durante o processo ou, pelo menos, declarados perdidos na sentença condenatória, nos termos previstos nos números seguintes.

2 – As vantagens patrimoniais geradas pelo facto ilícito típico abrangem as mais-valias efectivas obtidas e as despesas e os prejuízos evitados com a prática do facto, independentemente do destino final que o arguido lhes tenha dado e ainda que as tenha posteriormente perdido.

3 – O valor apreendido nos termos dos números anteriores é afecto à reparação dos lesados que tenham feito valer a sua pretensão no processo crime, sendo 60% do remanescente declarado perdido a favor do Estado e 40% a favor do sistema de indemnização dos investidores.

4 – Nos processos por crimes de abuso de informação e manipulação de mercado são aplicáveis as medidas de garantia patrimonial previstas no Código de Processo Penal, sem prejuízo do recurso às medidas de combate à criminalidade organizada e económico-financeira previstas em legislação avulsa.

Secção II — CRIME DE DESOBEDIÊNCIA

ART 381.º (Desobediência) – 1 – Quem se recusar a acatar as ordens ou os mandados legítimos da CMVM, emanados no âmbito das suas funções de supervisão, ou criar, por qualquer forma, obstáculos à sua execução incorre na pena prevista para o crime de desobediência qualificada.

2 – Na mesma pena incorre quem não cumprir, quem dificultar e quem defraudar a execução das sanções acessórias ou das medidas cautelares aplicadas em processo de contra-ordenação.

Secção III — DISPOSIÇÕES PROCESSUAIS

ART 382.º (Aquisição da notícia do crime) – 1 – A notícia dos crimes contra o mercado de valores mobiliários ou de outros instrumentos financeiros adquire-se por conhecimento próprio da CMVM, por intermédio dos órgãos de polícia criminal ou mediante denúncia.

2 – Os intermediários financeiros com sede estatutária, administração central ou sucursal em Portugal e as autoridades judiciárias, entidades policiais ou funcionários que, no exercício da sua actividade ou função, tenham conhecimento de factos que possam vir a ser qualificados como crime contra o mercado de valores mobiliários ou de outros instrumentos financeiros informam imediatamente o conselho directivo da CMVM.

3 – A denúncia descrita no número anterior pode ser apresentada por qualquer meio idóneo para o efeito, sendo confirmada por escrito, a pedido da CMVM, sempre que este não seja o meio adoptado inicialmente.

4 – A denúncia apresentada por intermediários financeiros descreve as razões da suspeita, identifica pormenorizadamente e com rigor as operações em causa, as ordens dadas, os comitentes e quaisquer outras pessoas envolvidas, as modalidades de negociação, as carteiras envolvidas, os beneficiários económicos das operações, os mercados em causa e qualquer outra informação relevante para o efeito, bem como a qualidade de quem subscreve a denúncia e a sua relação com o intermediário financeiro.

5 – A pessoa ou entidade que apresente à CMVM uma denúncia nos termos deste artigo fica impedida de revelar tal facto ou qualquer outra informação sobre a mesma a clientes ou a terceiros, não podendo ser responsabilizada pelo cumprimento desse dever de sigilo e pela denúncia que não seja feita de má fé.

6 – Não pode ser revelada a identidade de quem subscreve a denúncia ou fornece as informações previstas neste artigo, nem a identificação da entidade para quem essa pessoa trabalha, excepto se a quebra desse regime de segredo for determinada por juiz, nos termos previstos no Código de Processo Penal.

ART 383.º (Averiguações preliminares) – 1 – Obtido o conhecimento de factos que possam vir a ser qualificados como crime contra o mercado de valores mobiliários ou de outros instrumentos financeiros, pode o conselho directivo da CMVM determinar a abertura de um processo de averiguações preliminares.

2 – As averiguações preliminares compreendem o conjunto de diligências necessárias para apurar a possível existência da notícia de um crime contra o mercado de valores mobiliários ou outros instrumentos financeiros.

3 – As averiguações preliminares são desenvolvidas sem prejuízo dos poderes de supervisão da CMVM.

ART 384.º (Competência) – O processo de averiguações é iniciado e dirigido pelo conselho directivo da CMVM, sem prejuízo das regras internas de distribuição de competências e das delegações genéricas de competência nos respectivos serviços.

ART 385.º (Prerrogativas da CMVM) – 1 – Para efeito do disposto nos artigos anteriores, a CMVM pode:

a) Solicitar a quaisquer pessoas e entidades todos os esclarecimentos, informações, documentos, independentemente da natureza do seu suporte, objectos e elementos necessários para confirmar ou negar a suspeita de crime contra o mercado de valores mobiliários ou outros instrumentos financeiros;

b) Proceder à apreensão, congelamento e inspecção de quaisquer documentos, independentemente da natureza do seu suporte, valores, objectos relacionados com a possível prática de crimes contra o mercado de valores

CÓDIGO DOS VALORES MOBILIÁRIOS [DL n.º 486/99] 735

mobiliários ou outros instrumentos financeiros ou proceder à selagem de objectos não apreendidos nas instalações das pessoas e entidades sujeitas à sua supervisão, na medida em que se revelem necessários à averiguação da possível existência da notícia de crime contra o mercado de valores mobiliários ou outros instrumentos financeiros;

c) Requerer de modo devidamente fundamentado à autoridade judiciária competente que autorize a solicitação a entidades prestadoras de serviços de telecomunicações, de rede fixa ou de rede móvel, ou a operadores de serviços de Internet registos de contactos telefónicos e de transmissão de dados existentes;

d) Solicitar a entidades prestadoras de serviços de telecomunicações, de rede fixa ou de rede móvel, ou a operadores de serviços de Internet registos de contactos telefónicos e de transmissão de dados existentes.

2 – A CMVM pode, para efeito do disposto no número anterior, requerer a colaboração de outras autoridades, entidades policiais e órgãos de polícia criminal.

3 – Em caso de urgência ou perigo pela demora, ainda que antes de iniciadas as averiguações preliminares para os efeitos descritos na presente secção, a CMVM pode proceder à prática dos actos referidos na alínea *b)* do n.º 1, incluindo a apreensão e congelamento de valores, independentemente do local ou da instituição em que os mesmos se encontrem.

4 – As medidas referidas no n.º 4 do artigo 380.º-A podem ser também requeridas pela CMVM às autoridades judiciárias competentes, no âmbito das averiguações preliminares que tenham lugar.

5 – Aos actos praticados ao abrigo da alínea *b)* do n.º 1 aplica-se o regime previsto no Código de Processo Penal.

6 – A autorização para a obtenção dos registos referidos na alínea *c)* do n.º 1 é concedida no prazo de quarenta e oito horas pelo magistrado do Ministério Público competente, sendo a decisão deste obrigatoriamente comunicada ao juiz de instrução para efeitos de homologação.

7 – Considera-se validada a obtenção de registos referida no número anterior se não for proferido despacho de recusa de homologação pelo juiz de instrução nas quarenta e oito horas seguintes.

8 – Nos casos referidos na alínea *c)* do n.º 1 em que seja invocável um regime de protecção de segredo profissional, deve a autorização prévia ser directamente promovida pelo competente magistrado do Ministério Público junto do juiz de instrução, a qual é ponderada com dispensa de quaisquer outras formalidades, considerando-se concedida se não for proferido despacho de recusa no prazo de quarenta e oito horas.

ART 386.º (Encerramento do processo de averiguações) – Concluído o processo de averiguações preliminares e obtida a notícia de um crime, o conselho directivo da CMVM remete os elementos relevantes à autoridade judiciária competente.

ART 387.º (Dever de notificar) – As decisões tomadas ao longo dos processos por crimes contra o mercado de valores mobiliários ou outros instrumentos financeiros são notificadas ao conselho directivo da CMVM.

CAPÍTULO II — Ilícitos de mera ordenação social

Secção I — ILÍCITOS EM ESPECIAL

ART 388.º (Disposições comuns) – 1 – Às contra-ordenações previstas nesta secção são aplicáveis as seguintes coimas:

a) Entre € 25 000 e € 5 000 000, quando sejam qualificadas como muito graves;

b) Entre € 12 500 e € 2 500 000, quando sejam qualificadas como graves;

c) Entre € 2500 e € 500 000, quando sejam qualificadas como menos graves.

2 — Sem prejuízo do disposto na alínea *a)* do n.º 1 do artigo 404.º, se o dobro do benefício económico exceder o limite máximo da coima aplicável, este é elevado àquele valor.

3 – As contra-ordenações previstas nos artigos seguintes respeitam tanto à violação de deveres consagrados neste Código e sua regulamentação como à violação de deveres consagrados em outras leis, quer nacionais, quer comunitárias, e sua regulamentação, que digam respeito às seguintes matérias:

a) Instrumentos financeiros, ofertas públicas relativas a valores mobiliários, formas organizadas de negociação de instrumentos financeiros, sistemas de liquidação e compensação, contraparte central, intermediação financeira, sociedades de titularização de créditos, sociedades de capital de risco, fundos de capital de risco ou entidades legalmente habilitadas a administrar fundos de capital de risco, contratos de seguro ligados a fundos de investimento, contratos de adesão individual a fundos de pensões abertos e regime da informação e de publicidade relativa a qualquer destas matérias;

b) Entidades gestoras de mercados regulamentados, de sistemas de negociação multilateral, de sistemas de liquidação, de câmara de compensação, de contraparte central, de sistemas centralizados de valores mobiliários ou sociedades gestoras de participações sociais nestas entidades.

4 – Se a lei ou o regulamento exigirem que dever seja cumprido num determinado prazo considera-se que existe incumprimento logo que o prazo fixado tenha sido ultrapassado.

5 – Considera-se como não divulgada a informação cuja divulgação não tenha sido efectuada através dos meios adequados.

6 – Sempre que uma lei ou um regulamento da CMVM alterar as condições ou termos de cumprimento de um dever constante de lei ou regulamento anterior, aplica-se a lei antiga aos factos ocorridos no âmbito da sua vigência e a lei nova aos factos posteriores, salvo se perante a identidade do facto houver lugar à aplicação do regime concretamente mais favorável.

736   [DL n.º 486/99]   MERCADO DE VALORES MOBILIÁRIOS

ART 389.º (Informação) – 1 – Constitui contra-ordenação muito grave:
a) A comunicação ou divulgação, por qualquer pessoa ou entidade, e através de qualquer meio, de informação que não seja completa, verdadeira, actual, clara, objectiva e lícita;
b) A falta de envio de informação para o sistema de difusão de informação organizado pela CMVM;
c) A prestação de informação à CMVM que não seja completa, verdadeira, actual, clara, objectiva e lícita ou a omissão dessa prestação.
2 – Inclui-se na alínea *a)* do número anterior a prestação de informação aos seus clientes por qualquer entidade que exerça actividades de intermediação.
3 – Constitui contra-ordenação grave qualquer dos seguintes comportamentos:
a) Prática de factos referidos nos números anteriores, se os valores mobiliários ou os instrumentos financeiros a que a informação respeita não forem negociados em mercado regulamentado e se a operação tiver valor igual ou inferior ao limite máximo da coima prevista para as contra-ordenações graves;
b) Envio às entidades gestoras de mercados regulamentados, de sistemas de negociação unilateral, de sistemas de liquidação, de câmara de compensação, de contraparte central e de sistemas centralizados de valores mobiliários de informação que não seja completa, verdadeira, actual, clara, objectiva e lícita;
c) Falta de envio, total ou parcial, de documentos ou de informações às entidades gestoras de mercados regulamentados;
d) Publicação ou divulgação de informação não acompanhada de relatório ou parecer elaborados por auditor registado na CMVM ou a omissão de declaração de que a informação não foi sujeita a auditoria, quando a lei o exija;
e) A violação dos regimes da informação que contenha recomendações de investimento e dos confiitos de interesses com aquela relacionados.
4 – Constitui contra-ordenação menos grave a divulgação de informação não redigida em português ou não acompanhada de tradução para português, quando exigível.
5 – Constitui contra-ordenação menos grave a divulgação de mensagem publicitária que não satisfaça algum dos seguintes requisitos:
a) Identificação inequívoca como tal;
b) Aprovação pela CMVM, quando exigida;
c) Referência ao prospecto;
d) Divulgação prévia de prospecto preliminar, em caso de recolha de intenções de investimento.

ART 390.º (Sociedades abertas) – 1 – Constitui contra-ordenação muito grave a omissão de comunicação ou divulgação de participação qualificada em sociedade aberta ou de participação detida por sociedade aberta em sociedade sediada em Estado ou jurisdição que não seja membro da União Europeia.
2 – Constitui contra-ordenação grave a omissão de:
a) *(Revogada)*;
b) Comunicação à CMVM de acordos parassociais relativos ao exercício de direitos sociais em sociedade aberta;
c) Verificação da autenticidade do voto por correspondência e de garantia da sua confidencialidade.
3 – Constitui contra-ordenação menos grave a omissão de:
a) Menção da qualidade de sociedade aberta nos actos externos;
b) Comunicação à CMVM de indícios de incumprimento do dever de informação sobre participações qualificadas em sociedade aberta;
c) Prestação de informação ao detentor de participação qualificada em sociedade aberta pelos titulares de valores mobiliários a que são inerentes direitos de voto imputáveis àquele;
d) Não disponibilização aos titulares de direito de voto de formulário de procuração para o exercício desse direito;
e) Menção, em convocatória de assembleia geral, da disponibilidade de formulário de procuração ou da indicação de como o solicitar;
f) Menção dos elementos exigidos no pedido de procuração para participação em assembleia geral de sociedade aberta;
g) Envio à CMVM de documento tipo utilizado na solicitação de procuração para participação em assembleia geral de sociedade aberta;
h) Prestação de informação aos titulares de direito de voto pelo solicitante de procuração para participação em assembleia geral de sociedade aberta;
i) Cumprimento dos deveres decorrentes da perda da qualidade de sociedade aberta.

ART 391.º (Fundos de garantia) – Constitui contra-ordenação muito grave a falta de constituição de fundos de garantia obrigatórios e o incumprimento do dever de contribuição para os mesmos.

ART 392.º (Valores mobiliários) – 1 – Constitui contra-ordenação muito grave a violação de qualquer dos seguintes deveres:
a) De inutilização dos títulos de valores mobiliários convertidos em escriturais;
b) De adopção de medidas para prevenir ou corrigir divergências entre a quantidade dos valores mobiliários emitidos e a quantidade dos que se encontram em circulação;

CÓDIGO DOS VALORES MOBILIÁRIOS [DL n.º 486/99] 737

c) De adopção pelas entidades registadoras dos meios adequados à segurança dos registos e à segregação de contas de valores mobiliários;

d) De realização de registo individualizado de valores mobiliários escriturais ou de valores mobiliários titulados integrados em sistema centralizado sem as menções devidas ou sem base documental bastante;

e) De bloqueio exigido por lei ou pelo titular dos valores mobiliários;

f) De menção nos títulos da sua integração em sistema centralizado ou da sua exclusão sem a actualização devida.

2 – Constitui contra-ordenação muito grave:

a) A transferência de valores mobiliários bloqueados;

b) O cancelamento de registos ou a destruição de títulos em depósito fora dos casos previstos na lei;

c) A criação, a manutenção, a gestão, a suspensão ou o encerramento de sistema centralizado de valores mobiliários fora dos casos e termos previstos em lei ou regulamento.

3 – *(Revogado.)*

4 – Constitui contra-ordenação grave:

a) O registo de valores mobiliários escriturais ou o depósito de valores mobiliários titulados junto de entidade ou em sistema centralizado distintos dos permitidos ou exigidos por lei;

b) A recusa de informação por entidade registadora ou depositária ou por entidade gestora de sistema centralizado às pessoas com legitimidade para a solicitar ou a omissão de envio de informações dentro dos prazos exigidos por lei ou acordados com o interessado.

5 – Constituem contra-ordenação menos grave os factos referidos nos número anteriores quando relativos a valores mobiliários emitidos por sociedades fechadas ou não admitidos à negociação em mercado regulamentado.

ART 393.º (Ofertas públicas) – 1 – Constitui contra-ordenação muito grave:

a) A realização de oferta pública sem aprovação de prospecto ou sem registo na CMVM;

b) A divulgação de oferta pública de distribuição decidida ou projectada e a aceitação de ordens de subscrição ou de aquisição, antes da divulgação do prospecto ou, no caso de oferta pública de aquisição, antes da publicação do anúncio de lançamento;

c) A divulgação de prospecto, respectivas adendas e rectificação do prospecto de base, sem prévia aprovação pela autoridade competente;

d) A revelação de informação reservada sobre oferta pública de distribuição, decidida ou projectada;

e) A criação ou a modificação de contas, de registos ou de documentos fictícios que sejam susceptíveis de alterar as regras de atribuição de valores mobiliários;

f) A omissão de divulgação da aprovação de alterações estatutárias para efeitos da suspensão voluntária de eficácia de restrições transmissivas, de direito de voto e de direitos de designação e de destituição de titulares de órgãos sociais.

2 – Constitui contra-ordenação muito grave a violação de qualquer dos seguintes deveres:

a) De igualdade de tratamento e de observância das regras de rateio;

b) De divulgação do resultado da oferta ou do requerimento de admissão à negociação dos valores mobiliários que são objecto da oferta;

c) De divulgação do prospecto, do prospecto de base, respectivas adendas e rectificação, ou das condições finais da oferta;

d) De inclusão de informação no prospecto, no prospecto de base, nas respectivas adendas e rectificação, ou nas condições finais da oferta, que seja completa, verdadeira, actual, clara, objectiva e lícita segundo os modelos previstos no Regulamento (CE) n.º 809/2004, da Comissão, de 29 de Abril;

e) De segredo sobre a preparação de oferta pública de aquisição;

f) De publicação do anúncio preliminar de oferta pública de aquisição;

g) De requerimento do registo de oferta pública de aquisição, bem como do seu lançamento, após a publicação do anúncio preliminar;

h) De lançamento de oferta pública de aquisição obrigatória;

i) De comunicação à CMVM de aumento de direitos de voto em percentagem superior a 1% por quem, tendo ultrapassado mais de um terço dos direitos de voto em sociedade aberta, tenha provado que não domina e que não está em relação de grupo com essa sociedade;

j) Relativos à realização de transacções na pendência de oferta pública de aquisição;

l) Do dever de aumentar a contrapartida para um preço não inferior ao preço mais alto pago pelos valores mobiliários adquiridos em transacção realizada na pendência de oferta pública de aquisição obrigatória.

3 – Constitui contra-ordenação grave a realização de oferta pública:

a) Sem a intervenção de intermediário financeiro, nos casos em que esta seja obrigatória;

b) Com violação das regras relativas à sua modificação, revisão, suspensão, retirada ou revogação.

4 – Constitui contra-ordenação grave:

a) A recolha de intenções de investimento sem aprovação do prospecto preliminar pela CMVM ou antes da divulgação do mesmo;

b) A violação do dever de cooperação do emitente em oferta pública de venda;

738   [DL n.º 486/99]   MERCADO DE VALORES MOBILIÁRIOS

c) A falta de envio de anúncio preliminar à CMVM, à sociedade visada ou às entidades gestoras de mercados regulamentados;

d) A violação, por parte da sociedade visada em oferta pública de aquisição, do dever de publicar relatório sobre a oferta e de o enviar à CMVM e ao oferente, do dever de informar a CMVM sobre as transacções realizadas sobre valores mobiliários que são objecto da oferta, do dever de informar os representantes dos trabalhadores ou, na sua falta, os próprios trabalhadores sobre o conteúdo dos documentos da oferta e do relatório por si elaborado e do dever de divulgar o parecer quanto às repercussões da oferta a nível do emprego que seja preparado pelos trabalhadores;

e) A violação do dever de prévia comunicação do documento de registo à CMVM;

f) A violação do dever de inclusão de lista de remissões no prospecto quando contenha informações por remissão;

g) A violação do dever de envio à CMVM do documento de consolidação da informação anual;

h) A violação, pelo oferente ou por pessoas que com este estejam em alguma das situações previstas no artigo 20.º, da proibição de negociação fora de mercado regulamentado de valores mobiliários da categoria dos que são objecto da oferta ou dos que integram a contrapartida sem autorização prévia da CMVM;

i) A violação, pelo oferente ou por pessoas que com este estejam em alguma das situações previstas no artigo 20.º, do dever de comunicação à CMVM de transacções realizadas na pendência de oferta pública de aquisição;

j) A violação, por parte da sociedade oferente, do dever de informar os representantes dos trabalhadores ou, na falta destes, os trabalhadores sobre o conteúdo dos documentos da oferta.

5 – Constitui contra-ordenação menos grave a omissão de comunicação à CMVM de oferta particular de distribuição.

ART 394.º (Formas organizadas de negociação) – 1 – Constitui contra-ordenação muito grave:

a) A criação, a manutenção em funcionamento ou a gestão de uma forma organizada de negociação, a suspensão ou o encerramento da sua actividade fora dos casos e termos previstos em lei ou regulamento;

b) O funcionamento de mercado regulamentado ou de sistema negociação multilateral de acordo com regras não registadas na CMVM ou não publicadas;

c) A falta de prestação ao público, pelas entidades gestoras de mercados regulamentados e de sistemas de negociação multilateral, da informação a que estão obrigadas;

d) A admissão de membros de um mercado regulamentado ou de um sistema de negociação multilateral pela respectiva entidade gestora, sem os requisitos exigidos por lei ou regulamento;

e) A falta de publicidade das sessões de mercados regulamentados;

f) A admissão de instrumentos financeiros à negociação em mercado regulamentado com violação das regras legais e regulamentares;

g) A falta de divulgação do prospecto de admissão, das respectivas adenda e rectificações, ou de informações necessárias à sua actualização, ou a sua divulgação sem aprovação prévia pela entidade competente;

h) A falta de divulgação da informação exigida pelos emitentes de valores mobiliários negociados em mercado regulamentado;

i) A violação do regime da informação privilegiada, excepto no caso em que tal facto constitua crime.

2 – Constitui contra-ordenação grave a violação de qualquer dos seguintes deveres:

a) De envio à entidade gestora de mercado regulamentado, pelos emitentes de valores mobiliários admitidos à negociação, dos elementos necessários para informação ao público;

b) De conexão informativa com outros mercados regulamentados;

c) De prestação à entidade gestora do mercado regulamentado ou do sistema de negociação multilateral, pelos membros desta, das informações necessárias à boa gestão do mercado ou do sistema;

d) De pedido de admissão à negociação em mercado regulamentado de valores mobiliários da mesma categoria dos já admitidos;

e) De envio à CMVM, pelos emitentes de valores mobiliários admitidos à negociação em mercado regulamentado ou por quem tenha solicitado a admissão à negociação em mercado regulamentado de valores mobiliários sem o consentimento do emitente, das informações exigidas por lei;

f) De divulgação do documento de consolidação de informação anual;

g) De divulgação de informação exigida no n.º 2 do artigo 134.º;

h) De manter informação à disposição do público por tempo determinado, quando exigido por lei.

3 – Constitui contra-ordenação menos grave a falta de nomeação:

a) De representante para as relações com o mercado e com a CMVM, por entidade com valores admitidos à negociação em mercado regulamentado;

b) De interlocutor perante a entidade gestora desse mercado e a CMVM, por membro do mercado regulamentado.

ART 395.º (Operações) – 1 – Constitui contra-ordenação muito grave a realização de operações:

a) Num dado mercado regulamentado ou sistema de negociação multilateral, sobre instrumentos financeiros, não admitidos à negociação nesse mercado ou não seleccionados para a negociação nesse sistema ou suspensos ou excluídos da negociação;

CÓDIGO DOS VALORES MOBILIÁRIOS [DL n.º 486/99] 739

b) Não permitidas ou em condições não permitidas;
c) Sem a prestação das garantias devidas.
2 – Constitui contra-ordenação grave:
a) A realização de operações sem a intervenção de intermediário financeiro, quando exigida;
b) A negociação em mercado regulamentado de operações com base em cláusulas gerais não aprovadas ou não previamente comunicadas, quando exigível;
c) A realização de operações por titulares de órgãos de administração, direcção e fiscalização de intermediários financeiros ou de entidades gestoras de mercados regulamentados, de sistemas de negociação multilateral, de sistemas de liquidação, de câmara de compensação, de contraparte central e de sistemas centralizados de valores mobiliários, bem como pelos respectivos trabalhadores, se tais operações lhes estiverem vedadas;
d) A violação do dever de comunicação à CMVM de operações sobre instrumentos financeiros admitidos à negociação em mercado regulamentado.
3 – *(Revogado.)*

ART 396.º (Contraparte central e sistemas de liquidação) – 1 – Constitui contra-ordenação muito grave:
a) O exercício das funções de câmara de compensação, contraparte central e sistema de liquidação fora dos casos e termos previstos em lei ou regulamento, em particular o exercício por entidade não autorizada para o efeito;
b) O funcionamento de câmara de compensação, de contraparte central ou de sistema de liquidação de acordo com regras não registadas na CMVM ou não publicadas;
c) A realização de operações sobre os instrumentos financeiros referidos nas alíneas *e)* e *f)* do n.º 1 do artigo 2.º sem a interposição de contraparte central;
d) A falta de disponibilização atempada de instrumentos financeiros ou de dinheiro para liquidação de operações;
e) A violação, por entidade que assuma as funções de câmara de compensação e de contraparte central, do dever de adoptar as medidas necessárias à defesa de mercado, à minimização dos riscos e à protecção do sistema de compensação.
2 – Constitui contra-ordenação grave a violação pela entidade que assuma as funções de câmara de compensação e contraparte central dos seguintes deveres:
a) De identificar e minimizar fontes de risco operacional;
b) De fiscalizar os requisitos de acesso dos membros compensadores;
c) De adoptar uma estrutura de contas que assegure a segregação patrimonial entre os valores próprios dos membros compensadores e os pertencentes aos clientes dos últimos.

ART 397.º (Actividades de intermediação) – 1 – Constitui contra-ordenação muito grave a realização de actos ou o exercício de actividades de intermediação sem a autorização ou sem o registo devidos ou fora do âmbito que resulta da autorização ou do registo.
2 – Constitui contra-ordenação muito grave a violação por entidades autorizadas a exercer actividades de intermediação financeira de qualquer dos seguintes deveres:
a) De efectuar e de manter actualizado o registo diário das operações;
b) De respeitar as regras sobre confiitos de interesses;
c) De não efectuar operações que constituam intermediação excessiva;
d) De verificar a legitimidade dos ordenadores e de adoptar as providências que permitam estabelecer o momento de recepção das ordens;
e) De reduzir a escrito ou fixar em suporte fonográfico as ordens recebidas oralmente;
f) De respeitar as regras de prioridade na transmissão e na execução de ordens em mercado;
g) De prestar aos clientes a informação devida;
h) De não celebrar, sem autorização ou confirmação do cliente, contratos em que seja contraparte;
i) De divulgar ordens que não sejam imediatamente executáveis;
j) De respeitar as regras relativas à agregação de ordens e à afectação de operações;
l) De não executar ordens, sem o consentimento do cliente, fora de mercado regulamentado ou de sistema de negociação multilateral;
m) De adoptar uma política de execução de ordens ou de a avaliar com a frequência exigida por lei;
n) De respeitar a exigência de forma escrita nos contratos de intermediação financeira, quando exigível;
o) De respeitar as regras relativas à apreciação do carácter adequado da operação em função do perfil do cliente.
3 – *(Revogado.)*
4 – Constitui contra-ordenação grave a violação por entidades autorizadas a exercer actividades de intermediação financeira de qualquer dos seguintes deveres:
a) De conservar os documentos pelo prazo legalmente exigido;
b) *(Revogada.)*
c) De aceitar ordens;
d) De recusar ordens;
e) De comunicar à CMVM as cláusulas contratuais gerais que utilize na contratação, quando exigível;

740 [DL n.º 486/99]   MERCADO DE VALORES MOBILIÁRIOS

f) De respeitar as regras sobre subcontratação;
g) De manter o registo do cliente;
h) De respeitar as regras sobre categorização de investidores.

ART 398.º (Deveres profissionais) – Constitui contra-ordenação muito grave a violação de qualquer dos seguintes deveres:
a) De segredo profissional;
b) De segregação patrimonial;
c) De não utilização de valores mobiliários, de outros instrumentos financeiros ou de dinheiro fora dos casos previstos em lei ou regulamento;
d) De defesa do mercado.

ART 399.º (Ordens da CMVM) – 1 – Constitui contra-ordenação grave o incumprimento de ordens ou mandados legítimos da CMVM transmitidos por escrito aos seus destinatários.

2 – Se, verificado o incumprimento a que se refere o n.º 1, a CMVM notificar o destinatário para cumprir a ordem ou o mandado e aquele continuar a não cumprir, é aplicável a coima correspondente às contra-ordenações muito graves, desde que a notificação da CMVM contenha a indicação expressa de que ao incumprimento se aplica esta sanção.

ART 400.º (Outras contra-ordenações) – A violação de deveres não referidos nos artigos anteriores mas previstos neste Código ou noutros diplomas a que se refere o n.º 2 do artigo 388.º constitui:
a) Contra-ordenação menos grave; ou
b) Contra-ordenação grave, quando o agente seja intermediário financeiro ou qualquer das entidades gestoras a que se refere a alínea *b)* do n.º 2 do artigo 388.º, no exercício das respectivas actividades.
c) Contra-ordenação muito grave, quando se trate de violação do dever de segredo sobre a actividade de supervisão da CMVM.

Secção II — **DISPOSIÇÕES GERAIS**

ART 401.º (Responsabilidade pelas contra-ordenações) – 1 – Pela prática das contra-ordenações previstas neste Código podem ser responsabilizadas pessoas singulares, pessoas colectivas, independentemente da regularidade da sua constituição, sociedades e associações sem personalidade jurídica.

2 – As pessoas colectivas e as entidades que lhes são equiparadas no número anterior são responsáveis pelas contra-ordenações previstas neste Código quando os factos tiverem sido praticados, no exercício das respectivas funções ou em seu nome ou por sua conta, pelos titulares dos seus órgãos sociais, mandatários, representantes ou trabalhadores.

3 — A responsabilidade da pessoa colectiva é excluída quando o agente actue contra ordens ou instruções expressas daquela.

4 – Os titulares do órgão de administração das pessoas colectivas e entidades equiparadas, bem como os responsáveis pela direcção ou fiscalização de áreas de actividade em que seja praticada alguma contra-ordenação, incorrem na sanção prevista para o autor, especialmente atenuada, quando, conhecendo ou devendo conhecer a prática da infracção, não adoptem as medidas adequadas para lhe pôr termo imediatamente, a não ser que sanção mais grave lhe caiba por força de outra disposição legal.

5 – A responsabilidade das pessoas colectivas e entidades equiparadas não exclui a responsabilidade individual dos respectivos agentes.

ART 402.º (Formas da infracção) – 1 – Os ilícitos de mera ordenação social previstos neste Código são imputados a título de dolo ou de negligência.

2 – A tentativa de qualquer dos ilícitos de mera ordenação social descritos neste Código é punível.

ART 403.º (Cumprimento do dever violado) – 1 – Sempre que o ilícito de mera ordenação social resulte da omissão de um dever, o pagamento da coima ou o cumprimento da sanção acessória não dispensam o infractor do cumprimento do dever, se este ainda for possível.

2 – O infractor pode ser sujeito pela CMVM à injunção de cumprir o dever em causa.

3 – Se a injunção não for cumprida no prazo fixado, o agente incorre na sanção prevista para as contra-ordenações muito graves.

ART 404.º (Sanções acessórias) – 1 – Cumulativamente com as coimas, podem ser aplicadas aos responsáveis por qualquer contra-ordenação, além das previstas no regime geral dos ilícitos de mera ordenação social, as seguintes sanções acessórias:
a) Apreensão e perda do objecto da infracção, incluindo o produto do benefício obtido pelo infractor através da prática da contra-ordenação;
b) Interdição temporária do exercício pelo infractor da profissão ou da actividade a que a contra-ordenação respeita;

CÓDIGO DOS VALORES MOBILIÁRIOS [DL n.º 486/99] 741

c) Inibição do exercício de funções de administração, direcção, chefia ou fiscalização e, em geral, de representação de quaisquer intermediários financeiros no âmbito de alguma ou de todas as actividades de intermediação em valores mobiliários ou outros instrumentos financeiros;

d) Publicação pela CMVM, a expensas do infractor e em locais idóneos para o cumprimento das finalidades de prevenção geral do sistema jurídico e da protecção dos mercados de valores mobiliários ou de outros instrumentos financeiros, da sanção aplicada pela prática da contra-ordenação;

e) Revogação da autorização ou cancelamento do registo necessários para o exercício de actividades de intermediação em valores mobiliários ou outros instrumentos financeiros.

2 – As sanções referidas nas alíneas *b*) e *c*) do número anterior não podem ter duração superior a cinco anos, contados da decisão condenatória definitiva.

3 – A publicação referida na alínea *d*) do n.º 1 pode ser feita na íntegra ou por extracto, conforme for decidido pela CMVM.

ART 405.º (Determinação da sanção aplicável) – 1 – A determinação da coima concreta e das sanções acessórias faz-se em função da ilicitude concreta do facto, da culpa do agente, dos benefícios obtidos e das exigências de prevenção, tendo ainda em conta a natureza singular ou colectiva do agente.

2 – Na determinação da ilicitude concreta do facto e da culpa das pessoas colectivas e entidades equiparadas, atende-se, entre outras, às seguintes circunstâncias:

a) O perigo ou o dano causados aos investidores ou ao mercado de valores mobiliários ou de outros instrumentos financeiros;

b) O carácter ocasional ou reiterado da infracção;

c) A existência de actos de ocultação tendentes a dificultar a descoberta da infracção;

d) A existência de actos do agente destinados a, por sua iniciativa, reparar os danos ou obviar aos perigos causados pela infracção.

3 – Na determinação da ilicitude concreta do facto e da culpa das pessoas singulares, atende-se, além das referidas no número anterior, às seguintes circunstâncias:

a) Nível de responsabilidade, âmbito das funções e esfera de acção na pessoa colectiva em causa;

b) Intenção de obter, para si ou para outrem, um benefício ilegítimo ou de causar danos;

c) Especial dever de não cometer a infracção.

4 – Na determinação da sanção aplicável são ainda tomadas em conta a situação económica e a conduta anterior do agente.

ART 406.º (Coimas, custas e benefício económico) – 1 – Quando as infracções forem também imputáveis às entidades referidas no n.º 2 do artigo 401.º, estas respondem solidariamente pelo pagamento das coimas, das custas ou de outro encargo associado às sanções aplicadas no processo de contra-ordenação que sejam da responsabilidade dos agentes individuais mencionados no mesmo preceito.

2 – O produto das coimas e do benefício económico apreendido nos processos de contra-ordenação reverte integralmente para o Sistema de Indemnização dos Investidores, independentemente da fase em que se torne definitiva ou transite em julgado a decisão condenatória.

ART 407.º (Direito subsidiário) – Salvo quando de outro modo se estabeleça neste Código, aplica-se às contra-ordenações nele previstas e aos processos às mesmas respeitantes o regime geral dos ilícitos de mera ordenação social.

Secção III — **DISPOSIÇÕES PROCESSUAIS**

ART 408.º (Competência) 1 A competência para o processamento das contra-ordenações, aplicação das coimas e sanções acessórias, bem como das medidas de natureza cautelar previstas neste Código, pertence ao conselho directivo da CMVM, sem prejuízo da possibilidade de delegação nos termos da lei.

2 — A CMVM pode solicitar a entrega ou proceder à apreensão, congelamento ou inspecção de quaisquer documentos, valores ou objectos relacionados com a prática de factos ilícitos, independentemente da natureza do seu suporte, proceder à selagem de objectos não apreendidos nas instalações das pessoas ou entidades sujeitas à sua supervisão, bem como solicitar a quaisquer pessoas e entidades todos os esclarecimentos e informações, na medida em que os mesmos se revelem necessários às averiguações ou à instrução de processos da sua competência.

ART 409.º (Comparência de testemunhas e peritos) – 1 – Às testemunhas e aos peritos que não comparecerem no dia, hora e local designados para a diligência do processo, nem justificarem a falta no acto ou nos cinco dias úteis imediatos, é aplicada pela CMVM uma sanção pecuniária até 10 unidades de conta.

2 – O pagamento é efectuado no prazo de 10 dias úteis a contar da notificação, sob pena de se proceder a cobrança coerciva.

ART 410.º (Ausência do arguido) – A falta de comparência do arguido não obsta a que o processo de contra-ordenação siga os seus termos.

742 [DL n.º 486/99]   MERCADO DE VALORES MOBILIÁRIOS

ART 411.º (Notificações) – 1 – As notificações em processo de contra-ordenação são feitas por carta registada com aviso de recepção, dirigida para a sede ou para o domicílio dos destinatários e dos seus mandatários judiciais, ou pessoalmente, se necessário através das autoridades policiais.

2 – A notificação ao arguido do acto processual que lhe impute a prática de contra-ordenação, bem como da decisão que lhe aplique coima, sanção acessória ou alguma medida cautelar, é feita nos termos do número anterior ou, quando o arguido não seja encontrado ou se recuse a receber a notificação, por anúncio publicado num dos jornais da localidade da sua sede ou da última residência conhecida no País ou, no caso de aí não haver jornal ou de o arguido não ter sede ou residência no País, num dos jornais diários de Lisboa.

ART 412.º (Medidas cautelares) – 1 – Quando se revele necessário para a instrução do processo, para a defesa do mercado de valores mobiliários ou de outros instrumentos financeiros ou para a tutela dos interesses dos investidores, a CMVM pode determinar uma das seguintes medidas:

a) Suspensão preventiva de alguma ou algumas actividades ou funções exercidas pelo arguido;

b) Sujeição do exercício de funções ou actividades a determinadas condições, necessárias para esse exercício, nomeadamente o cumprimento de deveres de informação.

c) Apreensão e congelamento de valores, independentemente do local ou instituição em que os mesmos se encontrem.

2 – A determinação referida no número anterior vigora, consoante os casos:

a) Até à sua revogação pela CMVM ou por decisão judicial;

b) Até ao início do cumprimento de sanção acessória de efeito equivalente às medidas previstas no número anterior.

3 – A determinação de suspensão preventiva pode ser publicada pela CMVM.

4 – Quando, nos termos do n.º 1, seja determinada a suspensão total das actividades ou das funções exercidas pelo arguido e este venha a ser condenado, no mesmo processo, em sanção acessória que consista em interdição ou inibição do exercício das mesmas actividades ou funções, será descontado por inteiro no cumprimento da sanção acessória o tempo de duração da suspensão preventiva.

ART 413.º (Procedimento de advertência) – 1 – Quando a contra-ordenação consistir em irregularidade sanável da qual não tenham resultado prejuízos para os investidores ou para o mercado de valores mobiliários ou de outros instrumentos financeiros, a CMVM pode advertir o infractor, notificando-o para sanar a irregularidade.

2 – Se o infractor não sanar a irregularidade no prazo que lhe for fixado, o processo de contra-ordenação continua a sua tramitação normal.

3 – Sanada a irregularidade, o processo é arquivado e a advertência torna-se definitiva, como decisão condenatória, não podendo o mesmo facto voltar a ser apreciado como contra-ordenação.

ART 414.º (Processo sumaríssimo) – 1 – Quando a reduzida gravidade da infracção e da culpa do agente o justifiquem, pode a CMVM, antes de acusar formalmente o arguido, comunicar-lhe a decisão de proferir uma admoestação ou de aplicar uma coima cuja medida concreta não exceda o triplo do limite mínimo da moldura abstractamente prevista para a infracção.

2 – Pode, ainda, ser determinado ao arguido que adopte o comportamento legalmente exigido, dentro do prazo que a CMVM para o efeito lhe fixe.

3 – A decisão prevista no n.º 1 é escrita e contém a identificação do arguido, a descrição sumária dos factos imputados, a menção das disposições legais violadas e termina com a admoestação ou a indicação da coima concretamente aplicada.

4 – O arguido é notificado da decisão e informado de que lhe assiste o direito de a recusar, no prazo de cinco dias, e da consequência prevista no número seguinte.

5 – A recusa ou o silêncio do arguido neste prazo, o requerimento de qualquer diligência complementar, o incumprimento do disposto no n.º 2 ou o não pagamento da coima no prazo de 10 dias após a notificação referida no número anterior determinam o imediato prosseguimento do processo de contra-ordenação, ficando sem efeito a decisão referida nos n.ºs 1 a 3.

6 – Tendo o arguido procedido ao cumprimento do disposto no n.º 2 e ao pagamento da coima que lhe tenha sido aplicada, a decisão torna-se definitiva, como decisão condenatória, não podendo o facto voltar a ser apreciado como contra-ordenação.

7 – As decisões proferidas em processo sumaríssimo são irrecorríveis.

ART 415.º (Suspensão da sanção) – 1 – A CMVM pode suspender, total ou parcialmente, a execução da sanção.

2 – A suspensão pode ficar condicionada ao cumprimento de certas obrigações, designadamente as consideradas necessárias para a regularização de situações ilegais, à reparação de danos ou à prevenção de perigos para o mercado de valores mobiliários ou de outros instrumentos financeiros ou para os investidores.

3 – O tempo de suspensão da sanção é fixado entre dois e cinco anos, contando-se o seu início a partir da data em que se esgotar o prazo da impugnação judicial da decisão condenatória.

4 – A suspensão não abrange custas.

CÓDIGO DOS VALORES MOBILIÁRIOS [DL n.º 486/99] 743

5 – Decorrido o tempo de suspensão sem que o arguido tenha praticado qualquer ilícito criminal ou de mera ordenação social previsto neste Código, e sem que tenha violado as obrigações que lhe hajam sido impostas, fica a condenação sem efeito, procedendo-se, no caso contrário, à execução da sanção aplicada.

ART 416.º (Impugnação judicial) – 1 – Recebida a impugnação de uma decisão da CMVM, esta remete os autos ao Ministério Público no prazo de 20 dias úteis, podendo juntar alegações.
2 – Sem prejuízo do disposto no artigo 70.º do Decreto-Lei n.º 433/82, de 27 de Outubro, a CMVM pode ainda juntar outros elementos ou informações que considere relevantes para a decisão da causa, bem como oferecer meios de prova.
3 – O tribunal pode decidir sem audiência de julgamento, se não existir oposição do arguido, do Ministério Público ou da CMVM.
4 – Se houver lugar a audiência de julgamento, o tribunal decide com base na prova realizada na audiência, bem como na prova produzida na fase administrativa do processo de contra-ordenação.
5 – A CMVM pode participar na audiência de julgamento através de representante indicado para o efeito.
6 – A desistência da acusação pelo Ministério Público depende da concordância da CMVM.
7 – A CMVM tem legitimidade para recorrer autonomamente das decisões proferidas no processo de impugnação que admitem recurso, bem como para responder a recursos interpostos.
8 – Não é aplicável aos processos de contra-ordenação instaurados e decididos nos termos deste Código a proibição de reformatio in pejus, devendo essa informação constar de todas as decisões finais que admitam impugnação ou recurso.

ART 417.º (Competência para conhecer a impugnação judicial) – É competente para conhecer a impugnação judicial, a revisão e a execução das decisões da CMVM em processo de contra-ordenação, ou quaisquer outras medidas da CMVM tomadas no âmbito do mesmo processo que sejam legalmente susceptíveis de impugnação, o Juízo de Pequena Instância Criminal de Lisboa.

ART 418.º (Prescrição) – 1 – O procedimento pelas contra-ordenações prescreve no prazo de cinco anos.
2 – O prazo de prescrição das sanções é de cinco anos a contar do dia em que se torna definitiva ou transita em julgado a decisão que determinou a sua aplicação.

CAPÍTULO III — Disposições comuns aos crimes e aos ilícitos de mera ordenação social

ART 419.º (Elementos pessoais) – 1 – Não obsta à responsabilidade individual dos agentes a circunstância de o tipo legal da infracção exigir determinados elementos pessoais e estes só se verificarem na pessoa colectiva, na entidade equiparada ou num dos agentes envolvidos, nem a circunstância de, sendo exigido que o agente pratique o facto no seu interesse, ter o agente actuado no interesse de outrem.
2 – A invalidade ou ineficácia do acto que serve de fundamento à actuação do agente em nome de outrem não impede a aplicação do disposto no número anterior.

ART 420.º (Concurso de infracções) – 1 – Se o mesmo facto constituir simultaneamente crime e contra-ordenaçao, o arguido é responsabilizado por ambas as infracções, instaurando-se processos distintos a decidir pelas autoridades competentes, sem prejuízo do disposto no número seguinte.
2 – Nas situações previstas na alínea i) do n.º 1 do artigo 394.º, quando o facto que pode constituir simultaneamente crime e contra-ordenação seja imputável ao mesmo agente pelo mesmo título de imputação subjectiva, há lugar apenas ao procedimento de natureza criminal.

ART 421.º (Dever de notificar) – A autoridade competente para a aplicação das sanções acessórias de revogação da autorização ou de cancelamento do registo, se não for também a entidade competente para a prática desses actos, deverá comunicar a esta última o crime ou contra-ordenação em causa, as suas circunstâncias específicas, as sanções aplicadas e o estado do processo.

ART 422.º (Divulgação de decisões) – 1 – Decorrido o prazo de impugnação judicial, a decisão da CMVM que condene o agente pela prática de uma ou mais contra-ordenações graves ou muito graves é divulgada através do sistema de difusão de informação referido no artigo 367.º, por extracto elaborado pela CMVM ou na íntegra, mesmo que tenha sido requerida a sua impugnação judicial, sendo, neste caso, feita expressa menção desse facto.
2 – A decisão judicial que confirme, altere ou revogue a decisão condenatória da CMVM ou do tribunal de 1.ª instância é comunicada de imediato à CMVM e obrigatoriamente divulgada nos termos do número anterior.
3 – O disposto nos números anteriores pode não ser aplicado nos processos sumaríssimos, quando tenha lugar a suspensão da sanção, a ilicitude do facto e a culpa do agente sejam diminutas ou quando a CMVM considere que a divulgação da decisão pode ser contrária aos interesses dos investidores, afectar gravemente os mercados financeiros ou causar danos concretos, a pessoas ou entidades envolvidas, manifestamente desproporcionados em relação à gravidade dos factos imputados.
4 – Independentemente do trânsito em julgado, as decisões judiciais relativas a crimes contra o mercado são divulgadas pela CMVM nos termos dos n.ºs 1 e 2.

744 [DL n.º 408/91]

MERCADO DE VALORES MOBILIÁRIOS

9.2. OBRIGAÇÕES DE CAIXA

Decreto-Lei n.º 408/91

de 17 de Outubro (*)

ART. 1.º (Noção) – As obrigações de caixa são valores mobiliários que incorporam a obrigação de a entidade emitente pagar ao seu titular uma certa importância, em prazo não inferior a dois anos, e os correspondentes juros.

ART. 2.º (Entidades emitentes) – Podem emitir obrigações de caixa as instituições de crédito com fundos próprios não inferiores a 2 500 000 euros.

O *Aviso do Banco de Portugal n.º 4/2000*, de 29-8, estabeleceu o seguinte:

Ao abrigo do disposto no n.º 2 do artigo 3.º do Decreto-Lei n.º 408/91, de 17 de Outubro, com a redacção que lhe foi dada pelo Decreto-Lei n.º 181/2000, de 10 de Agosto, o Banco de Portugal estabelece o seguinte, relativamente à remuneração das obrigações de caixa de valor nominal inferior a € 50 000 que sejam objecto de oferta pública de subscrição:

a) Quando a taxa de juro não for fixa, a sua variação deve estar relacionada com a evolução de variáveis económicas ou financeiras relevantes;

b) A relacionação mencionada na alínea anterior deve ser feita sempre com uma mesma variável durante todo o período de vida das obrigações, não podendo existir cláusulas que anulem por qualquer forma essa ligação, sem prejuízo da faculdade de serem estabelecidos limites máximos e mínimos à taxa em causa;

c) A importância a reembolsar ao titular de obrigações de caixa não pode, em quaisquer circunstâncias, ser inferior ao preço de emissão das mesmas.

ART. 3.º (Disciplina legal) – A realização de ofertas públicas de distribuição de obrigações de caixa rege-se pelo Regulamento (CE) n.º 809/2004, da Comissão, de 29 de Abril, e pelo Código dos Valores Mobiliários e respectivos diplomas complementares.

ART. 4.º *(Revogado.)*

ART. 5.º (Formalidades) – 1 – As instituições referidas no artigo 2.º, antes da realização das operações referidas no artigo 4.º, devem publicar um prospecto de acordo com o Código dos Valores Mobiliários e com o Regulamento (CE) n.º 809/2004, da Comissão, de 29 de Abril.

2 – O prospecto referido no número anterior deve ser enviado ao Banco de Portugal, antes de iniciada a colocação das obrigações.

3 – A emissão de obrigações de caixa não está sujeita ao registo a que se refere a alínea *l)* do artigo 3.º do Código do Registo Comercial.

ART. 6.º (Valor nominal e representação) – 1 – As obrigações de caixa têm o valor nominal de 50 euros ou de múltiplos desse valor e podem ser representadas por títulos nominativos ou ao portador.

2 – Podem também ser emitidas obrigações de caixa sob a forma escritural, registando-se a sua colocação e movimentação em contas abertas em nome dos respectivos titulares nos livros da instituição emitente.

3 – A produção dos efeitos de transmissão dos títulos nominativos ou das obrigações emitidas sob a forma escritural só se opera relativamente à entidade emitente após comunicação a esta, efectuada pelo transmissário.

ART. 7.º (Amortização e reembolso antecipados) – 1 – As obrigações de caixa são emitidas a prazo fixo, podendo, no entanto, as instituições emitentes conceder aos seus titulares a faculdade de solicitarem o reembolso antecipado, o qual não poderá efectuar-se antes de decorridos 12 meses após a data da emissão das obrigações e implicará a amortização das mesmas.

2 – Sem prejuízo do disposto no número anterior quanto ao reembolso antecipado, as obrigações de caixa não podem ser adquiridas pela instituição emitente antes de decorrido o prazo de dois anos sobre a data de emissão.

ART. 8.º (Menção dos títulos) – Dos títulos representativos das obrigações de caixa constarão sempre:

a) A entidade emitente;

b) O nome do subscritor, quando se trate de título nominativo;

c) A data de emissão;

d) O número de ordem;

e) O valor nominal;

f) O prazo;

(*) Com as alterações introduzidas pelo **DL n.º 343/98**, de 6-11 (art. 6.º, n.º 1), pelo **DL n.º 181/2000**, de 10-8 (arts. 2.º, 3.º, 5.º, 6.º, 10.º e 11.º), e pelo art. 7.º do **DL n.º 52/2006**, de 15-3, (arts. 3.º e 5.º, e revogação do art. 4.º).

OBRIGAÇÕES COM TAXAS DE JURO INDEXADAS   [DL n.º 311-A/85]   745

g) A taxa ou taxas de juro a aplicar;
h) As datas de vencimento semestral ou anual dos juros a liquidar;
i) A data ou período em que poderá ser efectuada a amortização e respectivas condições;
j) As assinaturas que obriguem a sociedade.

ART. 9.º (Formas de emissão) – A emissão de obrigações de caixa pode ser efectuada de forma contínua ou por séries, de acordo com as necessidades financeiras da instituição emitente e com a procura dos aforradores.

ART. 10.º (Admissão à negociação) – A admissão das obrigações de caixa à negociação em mercado regulamentado rege-se pelo disposto no Código dos Valores Mobiliários.

ART. 11.º (Regime de contabilidade) – A contabilidade das entidades emitentes deve expressar os valores das obrigações emitidas, amortizadas e em circulação.

ART. 12.º (Revogações e remissões) – 1 – É revogado o Decreto-Lei n.º 117/83, de 25 de Fevereiro, e o aviso n.º 12/86, publicado no *Diário da República*, 1.ª série, de 24 de Julho de 1986.

2 – Sempre que instrumentos normativos em vigor remetam para o Decreto-Lei n.º 117/83, devem considerar-se as remissões como referidas ao presente diploma.

9.3. OBRIGAÇÕES COM TAXAS DE JURO INDEXADAS

Decreto-Lei n.º 311-A/85

de 30 de Julho

ART. 1.º – A autorização para emissão de obrigações poderá estabelecer que a taxa de juro nominal seja indexada a uma taxa de referência fixada pelo Banco de Portugal tendo em conta a dos depósitos a prazo superior a 180 dias e até 1 ano e o sentido da sua variação e divulgada por aviso.

O DL n.º 1/94, de 4-1, extinguiu a taxa de referência fixada pelo Banco de Portugal ao abrigo deste DL n.º 311-A/85, de-30-7.

ART. 2.º – 1 – As taxas de juro nominais das obrigações em circulação que se encontrem indexadas à designada taxa de referência para os depósitos a mais de 180 dias e até 1 ano passam a considerar-se indexadas à taxa de referência a que alude o artigo 1.º, desde que esta seja igual ou superior àquela.

2 – As taxas de juro nominais das obrigações em circulação, originalmente indexadas à taxa máxima dos depósitos a prazo superior a 180 dias e até 1 ano e que, por esta ter deixado de ser fixada administrativamente, foram, pela Portaria n.º 101-A/85, de 15 de Fevereiro, indexadas à taxa de desconto do Banco de Portugal, acrescida de dois pontos percentuais, passam a considerar-se indexadas à taxa de referência a que alude o artigo 1.º, desde que esta seja igual ou superior à taxa de referência para os depósitos do mencionado prazo.

ART. 3.º – Para efeitos de determinação da taxa de juro nominal das obrigações indexadas à taxa de referência, esta aplicar-se-á a partir da data de entrada em vigor do aviso que a fixar, para as novas emissões, e a partir do primeiro vencimento subsequente àquela data, para as obrigações que então estejam em circulação.

ART. 4.º – 1 – As obrigações a que se refere o artigo 2.º manterão, até ao primeiro vencimento posterior à data de entrada em vigor do presente diploma, a taxa de juro nominal que, até essa data, ofereciam.

2 – Quando o início do período de contagem de juros destas obrigações ocorrer entre as datas de entrada em vigor do presente diploma e do aviso que fixar a taxa de referência, considerar-se-á como taxa de referência a taxa de desconto do Banco de Portugal, acrescida de dois pontos percentuais.

ART. 5.º – Fica revogada a Portaria n.º 101-A/85, de 15 de Fevereiro.

9.4. EMISSÃO DE OBRIGAÇÕES POR SOCIEDADES POR QUOTAS

Decreto-Lei n.º 160/87

de 3 de Abril

ART. ÚNICO – As sociedades por quotas podem emitir obrigações, devendo observar-se, na parte aplicável, as disposições legais relativas às emissões de obrigações das sociedades anónimas.

746 [DL n.º 59/2006]　　　　　　　　　　　　　　　　　MERCADO DE VALORES MOBILIÁRIOS

9.5. EMISSÃO DE OBRIGAÇÕES POR ENTIDADES AUTORIZADAS

Decreto-Lei n.º 320/89

de 25 de Setembro

ART. ÚNICO – Sem prejuízo do disposto na legislação em vigor sobre a emissão de obrigações por parte de sociedades por quotas, o Ministro das Finanças poderá, por despacho, autorizar outras entidades a emitir a referida espécie de títulos, em circunstâncias especiais devidamente justificadas.

9.6. OBRIGAÇÕES HIPOTECÁRIAS

Decreto-Lei n.º 59/2006

de 20 de Março (*)

CAPÍTULO I — Disposições gerais

ART. 1.º (Âmbito) – 1 – O presente decreto-lei estabelece o regime aplicável às obrigações hipotecárias e às instituições de crédito hipotecário.

2 – O presente decreto-lei estabelece ainda, nos termos do artigo 32.º, o regime aplicável às obrigações sobre o sector público.

3 – A designação de «obrigações hipotecárias» ou de «obrigações sobre o sector público» só pode ser utilizada relativamente às obrigações reguladas nos termos previstos no presente decreto-lei.

ART. 2.º (Entidades emitentes) – Apenas podem emitir obrigações hipotecárias as instituições de crédito legalmente autorizadas a conceder créditos garantidos por hipoteca que disponham de fundos próprios não inferiores a € 7 500 000.

ART. 3.º (Privilégio creditório) – 1 – Os titulares de obrigações hipotecárias gozam de privilégio creditório especial sobre os créditos hipotecários que lhes subjazem, bem como sobre os outros activos previstos no artigo 17.º, com precedência sobre quaisquer outros credores, para efeitos de reembolso do capital e recebimento dos juros correspondentes às obrigações hipotecárias.

2 – As hipotecas que garantam os créditos referidos no número anterior prevalecem sobre quaisquer privilégios creditórios imobiliários.

3 – O privilégio referido no n.º 1 não está sujeito a registo.

ART. 4.º (Afectação e segregação patrimonial) – 1 – Para garantia das obrigações hipotecárias, são afectos os créditos hipotecários que lhes subjazem, incluindo o produto de juros e reembolsos, bem como os outros activos previstos no artigo 17.º.

2 – Os créditos hipotecários e outros activos afectos às obrigações hipotecárias, incluindo o produto dos respectivos juros e reembolsos, constituem património autónomo e não respondem por quaisquer dívidas da entidade emitente até ao pagamento integral dos montantes devidos aos titulares das obrigações hipotecárias.

3 – Os créditos hipotecários e outros activos que em cada momento integrem o património autónomo afecto às obrigações hipotecárias devem ser adequadamente registados em contas segregadas da entidade emitente e identificados sob forma codificada nos documentos das emissões.

4 – Do registo referido no número anterior devem constar, em relação a cada crédito, designadamente, as seguintes indicações:

a) Montante ainda em dívida;

b) Taxa de juro;

c) Prazo de amortização;

d) Cartório notarial onde foi celebrada a respectiva escritura de hipoteca, quando aplicável;

e) Referências relativas à inscrição definitiva das hipotecas na conservatória do registo predial.

(*) Vid., complementando esta regulação, os Avisos do Banco de Portugal n.ºˢ 5/2006, 6/2006, 7/2006 e 8/2006, todos de 11.10.2006.

OBRIGAÇÕES HIPOTECÁRIAS [DL n.º 59/2006] 747

5 – A chave do código a que alude o n.º 3 fica depositada no Banco de Portugal, o qual estabelece, por aviso, as condições em que os titulares de obrigações hipotecárias, em caso de incumprimento, podem ter acesso à mesma.

ART. 5.º (Continuidade das emissões) – 1 – Em caso de dissolução e liquidação da entidade emitente, os créditos e os activos a que se refere o artigo anterior são separados da massa insolvente, tendo em vista a sua gestão autónoma, nos termos de procedimento a fixar por aviso do Banco de Portugal, até pagamento integral dos montantes devidos aos titulares das obrigações hipotecárias.

2 – Em caso de dissolução e liquidação da entidade emitente é igualmente separado da massa insolvente o produto dos juros e reembolsos dos créditos hipotecários e dos outros activos afectos às obrigações hipotecárias.

3 – Na situação a que se referem os números anteriores, e sem prejuízo do disposto nas condições de emissão, a assembleia de obrigacionistas referida no artigo 14.º pode deliberar, por maioria não inferior a dois terços dos votos dos titulares das obrigações hipotecárias, o vencimento antecipado destas obrigações, caso em que a entidade designada para a gestão dos créditos deve proceder à liquidação do património afecto às obrigações hipotecárias, nos termos previstos no aviso do Banco de Portugal referido no n.º 1.

4 – O disposto no presente artigo não produz quaisquer efeitos sobre o pontual cumprimento da obrigação de pagamento de juros e reembolsos por parte dos devedores dos créditos hipotecários e dos outros activos afectos às obrigações hipotecárias.

CAPÍTULO II — Instituições de crédito hipotecário

ART. 6.º (Instituições de crédito hipotecário) – 1 – As instituições de crédito hipotecário são instituições de crédito que têm por objecto social a concessão, aquisição e alienação de créditos garantidos por hipoteca sobre bens imóveis a fim de emitir obrigações hipotecárias.

2 – As instituições de crédito hipotecário podem também conceder, adquirir e alienar créditos sobre administrações centrais ou autoridades regionais e locais de um dos Estados membros da União Europeia e créditos com garantia expressa e juridicamente vinculativa das mesmas entidades, tendo em vista a emissão de obrigações sobre o sector público.

3 – As instituições de crédito hipotecário podem, acessoriamente, efectuar os actos de administração dos bens que lhes hajam sido restituídos em reembolso de créditos, bem como realizar as restantes actividades necessárias à prossecução do seu objecto.

ART. 7.º (Outros recursos financeiros das instituições de crédito hipotecário) – Para financiamento da sua actividade, as instituições de crédito hipotecário podem ainda:

a) Emitir papel comercial e obrigações de qualquer espécie nas condições previstas na lei e sem obediência aos limites fixados no Código das Sociedades Comerciais;

b) Obter financiamentos concedidos por outras instituições de crédito ou por instituições financeiras internacionais;

c) Contrair os financiamentos previstos nas alíneas *a)* e *d)* do n.º 2 do artigo 9.º do Regime Geral das Instituições de Crédito e Sociedades Financeiras.

ART. 8.º (Direito subsidiário) – Às instituições de crédito hipotecário é aplicável, em tudo o que não esteja disposto no presente capítulo, o Regime Geral das Instituições de Crédito e Sociedades Financeiras e legislação complementar.

CAPÍTULO III — Emissão de obrigações hipotecárias

ART. 9.º (Formalidades da emissão) – 1 – A emissão de obrigações hipotecárias deve ser objecto de deliberação expressa do órgão de administração da entidade emitente, da qual constam as características das obrigações a emitir e as condições da emissão.

2 – A deliberação referida no número anterior pode incluir um programa que preveja várias emissões, desde que constem os elementos referidos no número anterior e o prazo máximo no qual serão emitidas as obrigações.

ART. 10.º (Regime) – 1 – À oferta pública ou particular de obrigações hipotecárias é aplicável o disposto no Código dos Valores Mobiliários com as devidas adaptações.

2 – Não são aplicáveis à emissão de obrigações hipotecárias:

a) Sem prejuízo do disposto no artigo 14.º, o capítulo IV do título IV do Código das Sociedades Comerciais;

b) A alínea *l)* do artigo 3.º do Código do Registo Comercial.

ART. 11.º (Modalidades de emissão) – 1 – A emissão de obrigações hipotecárias pode ser efectuada de forma contínua ou por séries.

2 – À emissão de obrigações hipotecárias não é aplicável o disposto no artigo 169.º do Código dos Valores Mobiliários.

ART. 12.º (Prazo) – As obrigações hipotecárias não podem ser emitidas com um prazo de reembolso inferior a 2 anos nem superior a 50 anos.

748 [DL n.º 59/2006]   MERCADO DE VALORES MOBILIÁRIOS

ART. 13.º (Mercado secundário) – 1 – As obrigações hipotecárias podem ser admitidas à negociação em mercado nos termos da legislação e regulamentação em vigor.

2 – As obrigações hipotecárias são equiparadas a títulos cotados em bolsas de valores nacionais para efeitos de composição das reservas das instituições de segurança social.

ART. 14.º (Assembleia de obrigacionistas e representante comum) – 1 – É aplicável às emissões de obrigações hipotecárias ou obrigações sobre o sector público o disposto nos artigos 355.º a 359.º do Código das Sociedades Comerciais, com as especificidades constantes dos números seguintes.

2 – O representante comum dos obrigacionistas é inicialmente designado pelo órgão de administração da entidade emitente e é único para todas as emissões de obrigações hipotecárias ou sobre o sector público emitidas pela mesma entidade.

3 – Para além das entidades referidas no n.º 2 do artigo 357.º do Código das Sociedades Comerciais, pode ser representante comum dos obrigacionistas uma instituição de crédito ou outra entidade autorizada a prestar serviços de representação de investidores em algum Estado membro da União Europeia, desde que não se encontre em relação de domínio ou de grupo com a entidade emitente ou com a entidade cedente dos créditos.

4 – Os termos da designação prevista nos números anteriores são estabelecidos nas condições da emissão, designadamente no que respeita à remuneração do representante comum, aos custos e encargos inerentes ao desenvolvimento das suas funções, às despesas de convocação e realização de assembleias de obrigacionistas, aos limites aplicáveis à responsabilidade do representante comum e aos termos das responsabilidades que perante ele são assumidas pela entidade emitente de obrigações hipotecárias e demais intervenientes na emissão em causa.

5 – A assembleia de obrigacionistas delibera sobre a nomeação, remuneração e destituição do representante comum dos obrigacionistas, bem como sobre a alteração das condições iniciais da respectiva designação.

6 – A remuneração do representante comum, os demais custos e encargos inerentes ao desenvolvimento das suas funções e as despesas de convocação e realização de assembleias de obrigacionistas, quando incorridas com respeito pelas condições da emissão, são encargos do património autónomo correspondente às emissões de obrigações hipotecárias e beneficiam do privilégio creditório previsto no n.º 1 do artigo 3.º.

7 – As condições da emissão podem estabelecer os poderes de representação dos obrigacionistas conferidos ao representante comum e a forma da sua articulação com a assembleia de obrigacionistas, podendo ser atribuídos ao representante comum poderes para:

a) Executar as deliberações da assembleia de obrigacionistas que tenham decretado o vencimento antecipado das obrigações em causa;

b) Exercer, em nome e representação dos obrigacionistas, os direitos que lhes sejam conferidos pelo presente decreto-lei ou pelas condições da emissão;

c) Representar os obrigacionistas em juízo, em qualquer tipo de acções.

ART. 15.º (Deveres de informação sobre as emissões) – O Banco de Portugal pode definir, por aviso ou instrução, os termos em que lhe deve ser prestada informação sobre as emissões de obrigações hipotecárias, nomeadamente para fins estatísticos, sobre activos subjacentes e sobre a respectiva gestão dos riscos.

CAPÍTULO IV — Activos subjacentes e regime prudencial

ART. 16.º (Activos subjacentes) – 1 – Apenas podem ser afectos à garantia de obrigações hipotecárias:

a) Créditos pecuniários vincendos e não sujeitos a condição, que não se encontrem dados em garantia nem judicialmente penhorados ou apreendidos e de que sejam sujeitos activos as entidades emitentes, garantidos por primeiras hipotecas constituídas sobre bens imóveis destinados à habitação ou para fins comerciais e situados num Estado membro da União Europeia;

b) Os activos referidos no artigo seguinte.

2 – O disposto na alínea *a)* do número anterior não obsta à afectação de créditos garantidos por hipotecas de grau inferior desde que todos os créditos que beneficiem de hipoteca de grau superior sobre o mesmo imóvel sejam da titularidade do emitente e afectos à garantia da mesma emissão.

3 – Consideram-se ainda abrangidos na alínea *a)* do n.º 1 os créditos garantidos por fiança de uma instituição de crédito ou por adequado contrato de seguro, com contragarantia por hipoteca que reúna as condições indicadas nos números anteriores.

4 – O montante de um crédito hipotecário afecto à garantia de obrigações hipotecárias não pode exceder o valor das hipotecas, nem 80% do valor do bem hipotecado, no caso de imóveis destinados à habitação, nem 60% do valor do bem hipotecado, nos imóveis para fins comerciais.

ART. 17.º (Outros activos) – 1 – Para além dos créditos pecuniários referidos na alínea *a)* do n.º 1 do artigo anterior, podem ainda ser afectos à garantia de obrigações hipotecárias os seguintes activos:

a) Depósitos, no Banco de Portugal, de moeda ou títulos elegíveis no âmbito das operações de crédito do Eurosistema;

b) Depósitos à ordem ou a prazo constituídos junto de instituições de crédito com notação de risco igual ou superior a «A-» ou equivalente;

OBRIGAÇÕES HIPOTECÁRIAS [DL n.º 59/2006] 749

c) Outros activos que preencham simultaneamente requisitos de baixo risco e elevada liquidez, a definir por aviso do Banco de Portugal.

2 – As instituições de crédito referidas na alínea *b)* do número anterior não podem encontrar-se em relação de domínio ou de grupo com a entidade emitente.

3 – A soma do valor dos outros activos referidos no n.º 1 não pode exceder 20% do valor total dos créditos hipotecários e dos outros activos afectos à garantia das obrigações hipotecárias.

4 – Sem prejuízo da aquisição de novos créditos ou da amortização das obrigações hipotecárias, o produto do reembolso dos créditos e os respectivos rendimentos apenas podem ser aplicados nos outros activos referidos no presente artigo.

ART. 18.º (Facilidades de crédito) – 1 – Para fazer face a necessidades temporárias de liquidez, podem ser contratadas linhas de crédito irrevogáveis que, em caso de necessidade, podem ser activadas, sendo estes fundos utilizados exclusivamente para pagamento de reembolsos e juros devidos no âmbito das emissões de obrigações hipotecárias.

2 – As facilidades de crédito referidas no número anterior apenas podem ser contratadas com instituições de crédito com notação de risco igual ou superior a «A-», ou equivalente.

ART. 19.º (Limites prudenciais) – 1 – O valor nominal global das obrigações hipotecárias em circulação não pode ultrapassar 95% do valor nominal global dos créditos hipotecários e dos outros activos afectos às referidas obrigações.

2 – O vencimento médio das obrigações hipotecárias em circulação não pode ultrapassar, em cada momento, o vencimento médio dos créditos hipotecários e dos outros activos que lhes estão afectos.

3 – O montante global dos juros a pagar em consequência de obrigações hipotecárias não deve exceder, em cada momento, o montante dos juros a receber referentes aos créditos hipotecários e aos outros activos afectos às obrigações hipotecárias.

4 – O Banco de Portugal pode estabelecer, por aviso, os termos para o cálculo dos limites referidos nos números anteriores, bem como outros limites ou condições e respectivo métodos de cálculo, nomeadamente em matéria de cobertura e gestão dos riscos.

5 – O Banco de Portugal estabelece ainda, por aviso, a ponderação a aplicar, para efeitos de cálculo do rácio de solvabilidade, aos elementos do activo representados por obrigações emitidas nos termos definidos no presente decreto-lei.

ART. 20.º (Utilização de instrumentos financeiros derivados) – 1 – Exclusivamente para efeitos de cobertura de riscos, nomeadamente risco de taxa de juro, cambial ou de liquidez, podem ser realizadas operações sobre instrumentos financeiros derivados, os quais fazem parte integrante do acervo patrimonial afecto às respectivas obrigações hipotecárias e devem ser considerados para efeitos do apuramento dos limites e do registo referido no artigo 4.º.

2 – As operações previstas no número anterior devem ser realizadas num mercado regulamentado de um Estado membro da União Europeia, num mercado reconhecido de um membro de pleno direito da Organização para a Cooperação e Desenvolvimento Económico (OCDE), ou ter por contraparte instituições de crédito com notação de risco igual ou superior a «A-» ou equivalente.

3 – O privilégio creditório referido no n.º 1 do artigo 3.º é extensível às contrapartes das operações sobre instrumentos financeiros derivados previstas no n.º 1, relativamente aos créditos emergentes dessas operações.

4 – O Banco de Portugal pode definir, por aviso, os termos em que os instrumentos financeiros derivados são considerados para efeitos do apuramento dos limites estabelecidos no artigo anterior ou impor outras condições à utilização de instrumentos financeiros derivados.

5 – Do registo referido no n.º 3 do artigo 4.º devem também constar, em relação a cada instrumento financeiro derivado, designadamente, as seguintes condições:

a) Obrigações hipotecárias objecto de cobertura por esse instrumento;
b) Activo ou activos subjacentes a essas obrigações hipotecárias;
c) Montante da operação;
d) Identificação da contraparte;
e) Data de início e data de vencimento.

ART. 21.º (Regularização de incumprimentos) – 1 – Se, por qualquer causa, os limites referidos no n.º 4 do artigo 16.º e nos n.ºˢ 1 a 3 do artigo 19.º sejam, ou seja expectável que venham a ser, ultrapassados, a entidade emitente deve, de imediato, regularizar a situação, através de um ou mais dos seguintes procedimentos:

a) Afectação de novos créditos hipotecários, com ou sem substituição dos créditos hipotecários afectos às obrigações hipotecárias;
b) Aquisição no mercado secundário das obrigações hipotecárias;
c) Afectação de outros activos previstos no artigo 17.º, respeitando os limites estabelecidos.

2 – As obrigações hipotecárias, enquanto estiverem na posse da entidade que as emitiu, não gozam do regime previsto nos artigos 3.º e 4.º do presente decreto-lei.

750 [DL n.º 59/2006]   MERCADO DE VALORES MOBILIÁRIOS

3 – Podem permanecer afectos às obrigações hipotecárias créditos hipotecários que entrem em incumprimento em momento posterior à respectiva afectação enquanto esse incumprimento não for igual ou superior a 90 dias.

4 – Os créditos hipotecários afectos às obrigações hipotecárias só podem ser alienados ou onerados na medida em que a entidade emitente proceda à afectação de novos créditos hipotecários às obrigações em questão, nos termos do presente decreto-lei.

ART. 22.º (Valor dos bens hipotecados) – 1 – A determinação do valor dos bens hipotecados a que se refere o n.º 4 do artigo 16.º e o n.º 3 do presente artigo é da exclusiva responsabilidade da entidade emitente, devendo a avaliação dos bens hipotecados ser efectuada nos termos a definir por aviso do Banco de Portugal.

2 – Na ausência de contrato de seguro adequado aos riscos inerentes à natureza do bem hipotecado efectuado pelo proprietário do mesmo, devem as entidades emitentes proceder à sua celebração, suportando, nesse caso, os respectivos encargos.

3 – O contrato de seguro a que se refere o número anterior deverá garantir, em caso de perda total, um capital que permita a reconstrução do bem hipotecado.

4 – A indemnização que eventualmente venha a ter lugar é directamente paga pela entidade seguradora ao credor hipotecário, até ao limite do capital do crédito hipotecário.

ART. 23.º (Avaliação) – O Banco de Portugal define, por aviso ou instrução, os métodos de avaliação dos créditos hipotecários, dos activos previstos no artigo 17.º, dos instrumentos financeiros derivados previstos no artigo 20.º e das obrigações hipotecárias, bem como a periodicidade da sua avaliação e o conteúdo e a sua forma de divulgação.

CAPÍTULO V — Cessão de créditos hipotecários

ART. 24.º (Entidades cedentes) – Para os efeitos previstos neste decreto-lei, só as instituições de crédito legalmente autorizadas a conceder créditos garantidos por hipoteca podem ceder créditos.

ART. 25.º (Créditos susceptíveis de cessão) – Só podem ser objecto de cessão os créditos cuja transmissibilidade não esteja sujeita a restrições legais ou convencionais.

ART. 26.º (Deliberação de cessão) – 1 – As cessões de créditos devem ser objecto de deliberação expressa do órgão de administração da entidade cedente.

2 – As deliberações previstas no número anterior têm a validade de seis meses, caducando no termo desse prazo.

ART. 27.º (Efeitos da cessão) – 1 – A cessão de créditos produz efeitos em relação aos respectivos devedores no momento em que se tornar eficaz entre o cedente e o cessionário, não dependendo do conhecimento, aceitação ou notificação desses devedores.

2 – Dos meios de defesa que lhes seria lícito invocar contra o cedente, os devedores dos créditos objecto de cessão só podem opor ao cessionário aqueles que provenham de facto anterior ao momento em que a cessão se torne eficaz entre o cedente e o cessionário.

3 – Para os efeitos previstos no presente decreto-lei, a cessão de créditos respeita sempre as situações jurídicas de que emergem os créditos objecto de cessão e todos os direitos e garantias dos devedores oponíveis ao cedente dos créditos ou o estipulado nos contratos celebrados com os devedores dos créditos, designadamente quanto ao exercício dos respectivos direitos em matéria de reembolso antecipado, cessão da posição contratual e sub-rogação, mantendo estes todas as relações exclusivamente com o cedente.

4 – No caso de cessão de quaisquer créditos hipotecários concedidos ao abrigo de qualquer dos regimes previstos no Decreto-Lei n.º 349/98, de 11 de Novembro, as entidades cessionárias passam, por efeito da cessão, a ter também direito a receber quaisquer subsídios aplicáveis, não sendo os regimes de crédito previstos naquele decreto-lei de forma alguma afectados pela cessão dos créditos em causa.

ART. 28.º (Forma do contrato de cessão de créditos) – 1 – O contrato de cessão dos créditos pode ser celebrado por documento particular.

2 – Para efeitos de averbamento ao registo da transmissão dos créditos hipotecários, o documento particular referido no número anterior constitui título bastante desde que contenha o reconhecimento presencial das assinaturas nele apostas, efectuado por notário ou, se existirem, pelos secretários das sociedades intervenientes.

ART. 29.º (Gestão dos créditos) – 1 – Simultaneamente com a cessão de créditos, pode ser celebrado contrato pelo qual a entidade cedente fique obrigada, em nome e em representação da entidade cessionária, a praticar todos os actos que se revelem adequados à boa gestão dos créditos e das respectivas garantias, a assegurar os serviços de cobrança, os serviços administrativos relativos aos créditos, todas as relações com os respectivos devedores e os actos conservatórios, modificativos e extintivos relativos às garantias.

OBRIGAÇÕES HIPOTECÁRIAS
[DL n.º 59/2006] 751

2 – Os montantes que estejam na posse da instituição de crédito gestora dos créditos afectos às obrigações hipotecárias não podem em caso algum ser penhorados ou de qualquer forma apreendidos, mesmo em caso de liquidação dessa instituição de crédito.

3 – Em caso de revogação da autorização da instituição de crédito gestora dos créditos, bem como no caso de saneamento ou de liquidação da mesma, o Banco de Portugal determina a sua substituição na gestão dos créditos, mediante contrato a celebrar pela instituição de crédito e entidade habilitada para o efeito, o qual deve ser notificado aos respectivos devedores.

ART. 30.º (Tutela dos créditos) – 1 – A cessão dos créditos hipotecários:

a) Só pode ser objecto de impugnação pauliana no caso de os interessados provarem a verificação dos requisitos previstos nos artigos 610.º e 612.º do Código Civil, não sendo aplicáveis as presunções legalmente estabelecidas, designadamente no Código da Insolvência e da Recuperação de Empresas;

b) Não pode ser resolvida em benefício da massa falida, excepto se os interessados provarem que as partes agiram de má fé.

2 – Não fazem parte da massa falida da entidade cedente os montantes pagos no âmbito de créditos hipotecários cedidos anteriormente à falência e que apenas se vençam depois dela.

ART. 31.º (Substituição de créditos) – Desde que essa possibilidade conste da deliberação referida no n.º 1 do artigo 26.º, o contrato de cessão de créditos pode prever a obrigação de a entidade cedente substituir os créditos relativamente aos quais se verifique incumprimento por prazo superior ou igual a 90 dias ou relativamente aos quais as demais condições previstas neste decreto-lei não sejam cumpridas, até ao limite estabelecido na deliberação.

CAPÍTULO VI — Obrigações sobre o sector público

ART. 32.º (Obrigações sobre o sector público) – 1 – Salvo disposição em contrário, às obrigações sobre o sector público, a que se refere o n.º 2 do artigo 1.º, é aplicável o regime das obrigações hipotecárias previsto no presente decreto-lei, com as devidas adaptações, sem prejuízo das especificidades constantes dos números seguintes.

2 – Em substituição dos créditos hipotecários referidos na alínea *a*) do n.º 1 do artigo 16.º, apenas podem ser afectos à garantia de obrigações sobre o sector público os créditos sobre administrações centrais ou autoridades regionais e locais de um dos Estados membros da União Europeia e créditos com garantia expressa e juridicamente vinculativa das mesmas entidades.

3 – O limite a que se refere o n.º 1 do artigo 19.º corresponde a 100% do valor global dos activos afectos às obrigações sobre o sector público.

4 – O registo referido no artigo 4.º deve ser realizado por forma a assegurar a segregação entre os activos afectos às obrigações hipotecárias e os activos afectos às obrigações sobre o sector público.

CAPÍTULO VII — Supervisão e auditor independente

ART. 33.º (Supervisão) – Sem prejuízo das competências da Comissão do Mercado de Valores Mobiliários quanto ao disposto no capítulo III, compete ao Banco de Portugal supervisionar o disposto no presente decreto-lei.

ART. 34.º (Auditor independente) – 1 – O órgão de administração da entidade emitente designa um auditor independente que, na defesa dos interesses dos titulares das obrigações, verifica o cumprimento dos requisitos legais e regulamentares aplicáveis às obrigações hipotecárias e às obrigações sobre o sector público.

2 – Este auditor independente está sujeito a registo junto da Comissão do Mercado de Valores Mobiliários.

3 – Para efeitos do disposto no n.º 1, é considerado independente o auditor que não esteja associado a qualquer grupo de interesses específicos na entidade emitente nem se encontre em alguma circunstância susceptível de afectar a sua isenção de análise ou de decisão, nomeadamente em virtude de:

a) Ser titular ou actuar em nome ou por conta de titulares de participação qualificada igual ou superior a 2% do capital social da entidade emitente;

b) Ter sido reeleito por mais de dois mandatos, de forma contínua ou intercalada.

4 – O auditor independente elabora um relatório anual sobre o cumprimento pela entidade emitente dos requisitos legais e regulamentares a que se refere o n.º 1.

5 – O Banco de Portugal pode estabelecer, por aviso, ouvida a Comissão do Mercado de Valores Mobiliários e a Ordem dos Revisores Oficiais de Contas, o conteúdo e as formas de divulgação do relatório do auditor.

CAPÍTULO VIII — Disposições finais e transitórias

ART. 35.º (Cancelamento de ónus) – O cancelamento dos ónus registados ao abrigo da legislação anterior é efectuado com base em declaração da instituição de crédito credora.

ART. 36.º (Norma revogatória) – É revogado o Decreto-Lei n.º 125/90, de 16 de Abril, com as alterações introduzidas pelos Decretos-Leis n.ºs 17/95, de 27 de Janeiro, e 52/2006, de 15 de Março.

752   [DL n.º 69/2004]   MERCADO DE VALORES MOBILIÁRIOS

9.7. «PAPEL COMERCIAL»

Decreto-Lei n.º 69/2004
de 25 de Março (*)

TÍTULO I — DISPOSIÇÕES GERAIS

ART. 1.º (Objecto e âmbito) – 1 – O presente diploma regula a disciplina aplicável aos valores mobiliários de natureza monetária designados por papel comercial.

2 – São papel comercial os valores mobiliários representativos de dívida emitidos pelas entidades referidas no n.º 1 do artigo seguinte por prazo inferior a um ano.

ART. 2.º (Capacidade) – 1 – Têm capacidade para emitir papel comercial as sociedades comerciais ou civis sob a forma comercial, as cooperativas, as empresas públicas e as demais pessoas colectivas de direito público ou privado.

2 – As entidades emitentes de papel comercial, com excepção das instituições de crédito, das sociedades financeiras, das empresas de seguros e das sociedades gestoras de fundos de pensões, não podem obter, com a emissão deste tipo de valor mobiliário, recursos financeiros superiores ao triplo dos seus capitais próprios ou, no caso de entidades que não estejam sujeitas à adopção do plano oficial de contabilidade, ao triplo do seu património líquido.

ART. 3.º (Capital próprio, património líquido e fundos próprios) – Para efeitos do presente diploma, entende-se por:

a) «Capitais próprios» o somatório do capital realizado, deduzidas as acções próprias, com as reservas, os resultados transitados e os ajustamentos de partes de capital em filiais e associadas;

b) «Património líquido» a diferença entre o montante total líquido dos bens activos detidos e o total das responsabilidades assumidas e não liquidadas;

c) «Fundos próprios» os montantes indicados no Aviso do Banco de Portugal n.º 12/92, de 29 de Dezembro, calculados nas condições aí estabelecidas.

TÍTULO II — EMISSÃO

ART. 4.º (Requisitos de emissão) – 1 – Para a emissão de papel comercial, devem as entidades emitentes preencher um dos seguintes requisitos:

a) Evidenciar no último balanço aprovado e sujeito a certificação legal de contas ou a auditoria efectuada por revisor oficial de contas, consoante o caso, capitais próprios ou património líquido não inferior a 5 milhões de euros ou o seu contravalor em euros, caso esses capitais ou património sejam expressos em moeda diferente do euro; ou

b) Apresentar notação de risco da emissão do programa de emissão a que se refere o n.º 1 do artigo 7.º ou notação de risco de curto prazo do emitente, atribuída por sociedade de notação de risco registada na Comissão do Mercado de Valores Mobiliários; ou

c) Obter, a favor dos detentores, garantia autónoma à primeira interpelação que assegure o cumprimento das obrigações de pagamento decorrentes da emissão ou do programa a que se refere o n.º 1 do artigo 7.º.

2 – A exigência dos requisitos a que se refere o número anterior não se aplica ao papel comercial cujo valor nominal unitário seja igual ou superior a € 50 000 ou o seu contravalor em euros, caso seja expresso em moeda diferente do euro.

ART. 5.º (Garantias) – A garantia a que se refere a alínea *c)* do n.º 1 do artigo anterior só pode ser prestada por instituição de crédito:

a) Cujo objecto abranja a prestação de garantias; e

b) Cujos fundos próprios não sejam inferiores a 5 milhões de euros, ou o seu contravalor em euros, se aqueles forem expressos numa outra moeda.

ART. 6.º (Tipicidade) – Salvo disposição legal em contrário, é proibida a emissão de valores mobiliários de natureza monetária de prazo inferior a um ano que não cumpram o disposto no presente diploma.

ART. 7.º (Modalidades de emissão) – 1 – O papel comercial pode ser objecto de emissão simples ou, de acordo com o programa de emissão, contínua ou por séries.

2 – À emissão de papel comercial não é aplicável o disposto no artigo 169.º do Código dos Valores Mobiliários e no artigo 349.º do Código das Sociedades Comerciais.

(*) Alterado pelo art. 11.º do **DL n.º 52/2006**, de 15-3, que deu nova redacção aos arts. 12.º, 13.º e 21.º.

«PAPEL COMERCIAL» [DL n.º 69/2004] 753

ART. 8.º (Registo da emissão) – 1 – A emissão de papel comercial deve ser registada junto da respectiva entidade emitente ou em conta aberta junto de intermediário financeiro que, para o efeito, a represente.

2 – Do registo de emissão de papel comercial constam, com as devidas adaptações, as menções a que se refere o artigo 44.º do Código dos Valores Mobiliários.

3 – A emissão de papel comercial não está sujeita a registo comercial.

ART. 9.º (Reembolso) – 1 – O papel comercial pode ser reembolsado antes do fim do prazo de emissão, nos termos previstos nas condições de emissão ou do programa de emissão.

2 – A aquisição de papel comercial pela respectiva entidade emitente equivale ao seu reembolso.

ART. 10.º (Forma de representação) – O papel comercial pode ser nominativo ou ao portador registado e deve observar a forma escritural.

ART. 11.º (Registo de titularidade) – A titularidade do papel comercial é registada nos termos dos artigos 61.º e seguintes do Código dos Valores Mobiliários.

TÍTULO III — OFERTAS E ADMISSÃO

ART. 12.º (Modalidades e aprovação de nota informativa) – 1 – À qualificação da oferta de papel comercial como pública ou particular é aplicável, com as devidas adaptações, o disposto nos artigos 109.º e 110.º do Código dos Valores Mobiliários, sendo sempre havida como particular a oferta cujo valor nominal unitário seja o previsto no n.º 2 do artigo 4.º.

2 – A nota informativa de oferta pública de papel comercial dirigida especificamente a pessoas com residência ou estabelecimento em Portugal está sujeita a aprovação na Comissão do Mercado de Valores Mobiliários, podendo essa respeitar à emissão ou ao programa de emissão a que se refere o n.º 1 do artigo 7.º.

3 – A aprovação da nota informativa ou a sua recusa devem ser comunicados ao emitente no prazo de três dias úteis.

4 – O lançamento de ofertas públicas de distribuição de papel comercial exige a emissão de certificação legal de contas ou de auditoria às contas do emitente efectuada por um revisor oficial de contas ou por uma sociedade revisora oficial de contas, pelo menos no que respeita ao exercício imediatamente anterior, e o cumprimento de um dos requisitos previstos nas alíneas *b*) e *c*) do n.º 1 do artigo 4.º.

5 – À publicidade da oferta é aplicável, com as devidas adaptações, o disposto nos artigos 121.º e 122.º do Código dos Valores Mobiliários.

ART. 13.º (Instrução do pedido) – O pedido de aprovação é instruído com cópia da nota informativa a elaborar nos termos do artigo 17.º.

ART. 14.º (Retirada da oferta) – 1 – A Comissão do Mercado de Valores Mobiliários deve ordenar a retirada da oferta se verificar que esta enferma de alguma ilegalidade ou violação de regulamento insanáveis.

2 – A decisão de retirada é divulgada pela Comissão do Mercado de Valores Mobiliários, a expensas do oferente, nos mesmos termos em que foi divulgada a nota informativa.

ART. 15.º (Assistência e colocação) – 1 – As ofertas públicas de papel comercial devem ser realizadas com intervenção de intermediário financeiro, legalmente habilitado para o efeito, que presta, pelo menos, os seguintes serviços:

a) Assistência e colocação nas ofertas públicas de distribuição;

b) Pagamento, por conta e ordem da entidade emitente, dos direitos patrimoniais decorrentes da emissão.

2 – As ofertas particulares de papel comercial emitido por entidade sem certificação legal de contas ou auditoria às contas efectuada por um revisor oficial de contas ou por uma sociedade revisora oficial de contas exigem a intervenção de um intermediário financeiro que, em qualquer caso e independentemente de outros deveres impostos por lei, deve proceder à prévia verificação da observância do limite estabelecido no n.º 2 do artigo 2.º.

ART. 16.º (Admissão à negociação) – 1 – O papel comercial pode ser admitido à negociação em mercado de valores mobiliários.

2 – A Comissão do Mercado de Valores Mobiliários pode definir por regulamento, sob proposta da entidade gestora do mercado, a informação a prestar pela entidade emitente, em complemento da constante da nota informativa a que se refere o artigo 17.º, que se revele necessária para a negociação em mercado.

TÍTULO IV — DEVERES DE INFORMAÇÃO

ART. 17.º (Nota informativa) – 1 – As entidades que emitam papel comercial devem elaborar uma nota informativa que tem por objecto a emissão ou o programa de emissão, contendo informação sobre a sua situação patrimonial, económica e financeira, da qual devem constar obrigatoriamente:

a) Os elementos a que se refere o artigo 171.º do Código das Sociedades Comerciais;

b) A identificação das pessoas responsáveis pela qualidade da informação contida na nota informativa;

754   [DL n.º 69/2004]   MERCADO DE VALORES MOBILIÁRIOS

c) As características genéricas do programa de emissão, nomeadamente no respeitante a montantes, prazos, denominação e cadência da emissão do papel comercial;

d) O modo de determinação dos juros e, nas ofertas públicas, os termos da sua divulgação;

e) A natureza e âmbito de eventuais garantias prestadas à emissão;

f) Informação sobre a notação de risco atribuída por empresa de notação de risco registada na Comissão do Mercado de Valores Mobiliários, caso exista;

g) O código de identificação do papel comercial objecto da oferta, caso exista;

h) O regime fiscal aplicável;

i) O balanço, a demonstração de resultados e a demonstração da origem e da aplicação de fundos da entidade emitente relativos aos três últimos exercícios anteriores ao do programa da emissão ou apenas aos exercícios decorridos desde a constituição do emitente com contas aprovadas;

j) A indicação sumária da dependência da entidade emitente relativamente a quaisquer factos que tenham importância significativa para a sua actividade e sejam susceptíveis de afectar a rentabilidade do emitente no prazo abrangido pelo programa de emissão até à data do último reembolso, designadamente alvarás, patentes, contratos ou novos processos de fabrico.

2 – A nota informativa de oferta pública de papel comercial deve ainda incluir, na sua capa, uma descrição dos factores de risco inerentes à oferta, ao emitente ou às suas actividades e uma descrição das limitações relevantes do investimento proposto, bem como, caso exista, a notação de risco atribuída à emissão ou ao programa de emissão.

3 – Respeitando a nota informativa a um programa de emissão, a entidade emitente deve elaborar, previamente a cada emissão, uma informação complementar na medida do necessário para a individualização da mesma.

4 – Sempre que a entidade emitente seja uma sociedade em relação de domínio, as informações referidas nas alíneas *i*) e *j*) do n.º 1 devem ser facultadas autonomamente no que respeita à sociedade e, de forma consolidada, ao grupo.

5 – Deve ser elaborada nova nota informativa, de que constem todos os elementos previstos nos números anteriores, sempre que ocorra qualquer circunstância susceptível de infuir de maneira relevante na avaliação da capacidade financeira da entidade emitente ou do garante.

6 – O disposto nos artigos 116.º e 156.º do Código dos Valores Mobiliários não se aplica às entidades emitentes de papel comercial.

ART. 18.º (Idioma) – 1 – A nota informativa de oferta particular não está sujeita ao disposto no artigo 6.º do Código dos Valores Mobiliários.

2 – À nota informativa de ofertas públicas de papel comercial é aplicável o disposto nos artigos 163.º-A e 237.º-A do Código dos Valores Mobiliários.

ART. 19.º (Divulgação) – A nota informativa é divulgada gratuitamente aos investidores:

a) Nas ofertas públicas de papel comercial até ao início da oferta através de disponibilização junto do emitente e das entidades colocadoras e por meio do sistema de difusão de informação da Comissão do Mercado de Valores Mobiliários;

b) Nas ofertas particulares de papel comercial, junto do emitente, antes do início do período de subscrição da emissão.

ART. 20.º (Responsabilidade pelo conteúdo da informação) – Aplica-se à informação incluída na nota informativa de ofertas públicas de papel comercial o disposto nos artigos 149.º e seguintes do Código dos Valores Mobiliários.

TÍTULO V — **DISPOSIÇÕES FINAIS E TRANSITÓRIAS**

ART. 21.º (Regulamentação) – Compete à Comissão do Mercado de Valores Mobiliários elaborar os regulamentos necessários à concretização do disposto no presente diploma e aos demais aspectos relacionados com o papel comercial, nomeadamente sobre as seguintes matérias:

a) Instrução do pedido de aprovação de nota informativa;

b) Forma de liquidação dos juros relativos à emissão de papel comercial;

c) Condições de rateio;

d) Caducidade da aprovação da nota informativa;

e) Adaptação do conteúdo da nota informativa às entidades emitentes de papel comercial que se encontrem, com outras sociedades, em relação de domínio;

f) Termos em que deve ser divulgada a oferta pública de papel comercial;

g) Termos em que devem ser divulgados os factos relevantes respeitantes aos emitentes.

Vid. o Regulamento da CMVM n.º 1/2004 (DR, II, de 25-5-2004, págs. 7970 e ss.)

ART. 22.º (Supervisão) – Compete à Comissão do Mercado de Valores Mobiliários fiscalizar o cumprimento do presente diploma e a supervisão dos mercados onde seja negociado papel comercial.

ART. 23.º (Informação estatística) – A informação estatística relativa à emissão de papel comercial é prestada ao Banco de Portugal nos termos a definir por este.

TÍTULO DE PARTICIPAÇÃO   [**DL n.º 321/85**] 755

ART. 24.º (Direito transitório) – O presente diploma é aplicável às emissões de papel comercial deliberadas em data posterior à da sua entrada em vigor e, bem assim, às emissões de papel comercial efectuadas ao abrigo de novos programas ou de programas renovados em data posterior à da sua entrada em vigor.

ART. 25.º (Revogação) – São revogados o Decreto-Lei n.º 181/92, de 22 de Agosto, com as alterações introduzidas pelos Decretos-Leis n.ºs 231/94, de 14 de Setembro, 343/98, de 6 de Novembro, e 26/2000, de 3 de Março, e a Portaria n.º 815-A/94, de 14 de Setembro.

ART. 26.º (Entrada em vigor) – O presente diploma entra em vigor 30 dias após a sua publicação.

9.8. TÍTULOS DE PARTICIPAÇÃO

Decreto-Lei n.º 321/85

de 5 de Agosto (*)

ART. 1.º (Emissão de títulos de participação) – 1 – As empresas públicas e as sociedades anónimas pertencentes maioritariamente ao Estado, directa ou indirectamente, podem, de acordo com o disposto no presente diploma, emitir títulos de crédito denominados «títulos de participação», representativos de empréstimos por elas contraídos.

2 – A emissão de autorização do Ministro das Finanças e do Plano.

3 – O valor nominal global de cada emissão, adicionado ao valor nominal global dos títulos vivos de anteriores emissões, realizadas nos termos do presente diploma, não pode exceder duas vezes a soma do capital realizado, das reservas constituídas e dos resultados transitados.

4 – O preço de emissão dos títulos de participação pode ser o seu valor nominal ou, este último adicionado de um prémio de emissão.

5 – Os títulos de participação podem ser nominativos ou ao portador e ser admitidos à cotação nas bolsas de valores.

6 – Podem ser emitidos títulos representativos de mais de um título de participação.

ART. 2.º (Designações) – Nas disposições seguintes deste diploma as designações «empresa», «títulos» e «participantes» correspondem, respectivamente, à entidade emitente dos títulos de participação, a estes e aos seus titulares.

ART. 3.º (Remuneração) – 1 – Os títulos conferem o direito a uma remuneração anual composta de duas partes, uma independente e outra dependente da actividade ou dos resultados da empresa, denominadas, respectivamente, «parte fixa» e «parte variável»

2 – A primeira remuneração pode, no entanto, ser reportada a um período superior ou inferior a um ano, contando-se os períodos anuais seguintes a partir da data do seu vencimento.

3 – A parte fixa é calculada aplicando a uma fracção do valor nominal do título uma taxa predeterminada, invariável ou reportada a um indicador de referência.

4 – A parte variável é calculada em função dos resultados, do volume de negócios ou de qualquer outro elemento da actividade da empresa e com referência a uma fracção do valor nominal do título compreendida entre 20% e 40%.

5 – Os resultados da empresa a atender para o cálculo da parte variável incluem as importâncias que, por força da lei ou dos estatutos, constituem remuneração obrigatória dos capitais próprios, não podendo ser considerados como custos as amortizações e provisões efectuadas para além dos máximos legalmente admitidos para efeitos de contribuição industrial.

6 – O cálculo da parte variável é efectuado uma vez por ano com base em elementos constantes das contas aprovadas do exercício anterior ou, se existirem, das contas consolidadas, estas apuradas segundo critérios a constar das condições de emissão.

7 – Em todos os casos, incluindo os previstos no n.º 2, o elemento da actividade da empresa e quaisquer outros a atender, bem como os critérios do seu apuramento e de cálculo da remuneração, devem constar das condições de emissão e não podem ser alterados sem o acordo dos participantes.

8 – O apuramento feito pela empresa dos elementos a atender para a determinação da remuneração e, bem assim, o cálculo desta devem ser submetidos a parecer de revisor oficial de contas a nomear pelos participantes.

(*) O texto inclui as alterações introduzidas pelos: *a)* **DL n.º 407/86**, de 6-12, que deu nova redacção ao n.º 4 do art. 1.º; *b)* **DL n.º 229-A/88**, de 4-7, que deu nova redacção ao n.º 3 do art. 1.º; *c)* **DL n.º 311/89**, de 21-9, que aditou os n.ºs 3 a 6 do art. 4.º; *d)* **DL n.º 213/91**, de 17-6, que aditou ao art. 4.º os n.ºs 7 e 8.

756 [DL n.º 321/85]   MERCADO DE VALORES MOBILIÁRIOS

ART. 4.º (Reembolso) – 1 – Os títulos são reembolsados apenas em caso de liquidação da empresa ou, se esta assim o decidir, após terem decorrido pelo menos 10 anos sobre a sua liberação, nas condições definidas aquando da emissão.

2 – No caso de liquidação, os títulos são reembolsados somente depois do pagamento de todos os outros credores da empresa.

3 – O disposto nos números anteriores não prejudica, no caso de a emissão ter sido totalmente subscrita pelo Estado, a possibilidade de conversão de títulos de participação em capital afecto a empresas públicas ou em capital social de sociedades anónimas de capitais maioritariamente públicos.

4 – A conversão em capital dos títulos de participação referida no número anterior será deliberada nos termos do n.º 1 do artigo 6.º, podendo esta deliberação, no caso das sociedades anónimas, ter lugar na mesma assembleia geral que decida sobre o aumento de capital social.

5 – A conversão em capital referida no n.º 3, far-se-á na base do valor nominal dos títulos.

6 – A empresa procederá ao averbamento da conversão, considerando-se, para todos os efeitos legais, anulados os títulos convertidos.

7 – No caso de a emissão ter sido destinada ao público em geral, a assembleia geral pode autorizar o reembolso dos títulos antes de decorrido o período de 10 anos, desde que os mesmos sejam utilizados para a subscrição de acções em aumentos de capital da sociedade, sendo sempre facultativa a sua mobilização.

8 – A deliberação de reembolso antecipado deverá respeitar o processo estabelecido na alínea *b*) do n.º 1 do artigo 6.º.

ART. 5.º (Equiparação de juro a capitais próprios) – Os fundos obtidos em resultado da emissão de títulos são equiparados a capitais próprios nos termos e para os efeitos a definir em portaria do Ministro das Finanças e do Plano.

A portaria referida neste artigo é a P. n.º 37/86, de 27-1, cujo teor é o seguinte:

Manda o Governo da República Portuguesa, pelo Secretário de Estado Adjunto do Ministro das Finanças e do Tesouro, ao abrigo do artigo 5.º do referido Decreto-Lei n.º 321/85, que, para os efeitos das disposições legais a seguir indicadas, os fundos obtidos por instituições de crédito, por sociedades de investimento ou por sociedades de locação financeira em resultado da emissão de títulos de participação sejam equiparados, na sua totalidade, ao capital realizado:

a) Artigos 21.º, 65.º, 67.º, 68.º e 70.º do Decreto-Lei n.º 42 641, de 12 de Novembro de 1959;

b) Artigos 8.º, n.º 1, 10.º, n.º 1, 11.º, n.º 1, alínea *e*), e 12.º, n.ᵒˢ 1 e 2, do Decreto-Lei n.º 342/80, de 2 de Setembro;

c) Artigos 7.º, n.ᵒˢ 1 e 3, do Decreto-Lei n.º 135/79, de 18 de Maio, e 2.º do Decreto-Lei n.º 286/85, de 22 de Junho;

d) Limites legais de emissão de obrigações e de obrigações de caixa.

ART. 6.º (Deliberação da emissão e do reembolso) – 1 – A emissão e o reembolso dos títulos são deliberados:

a) Tratando-se de empresas públicas, por quem tiver competência para deliberar a emissão de obrigações;

b) Nas sociedades anónimas, pela assembleia geral de accionistas, sobre proposta do conselho de administração, acompanhada de parecer do conselho fiscal devendo a deliberação ser tomada pela maioria exigida para alteração do contrato de sociedade.

2 – Pode ser deliberado que os títulos a emitir sejam reservados, no todo ou em parte, aos participantes de emissões anteriores, aos accionistas, aos obrigacionistas ou ao pessoal da empresa.

ART. 7.º (Menções de títulos) – Os títulos devem mencionar:

a) A firma ou denominação, o tipo e a sede da empresa, o seu capital e a importância que se encontra realizada, a conservatória do registo comercial onde se encontra matriculada e o número de matrícula;

b) A data de extinção da empresa, se tiver duração limitada;

c) A data da deliberação ou, tendo tido lugar, da escritura da emissão;

d) A data e a origem das autorizações que no caso tenham sido necessárias;

e) A data do registo definitivo da emissão;

f) O seu valor nominal, o número e o valor nominal total dos títulos dessa emissão, a forma, data de vencimento, montante e critérios de cálculos da remuneração, as condições de reembolso e de compra pela empresa e quaisquer outras características particulares da emissão;

g) O seu número de ordem;

h) A sua forma, nominativa ou ao portador;

i) O valor nominal total, na data da emissão, dos títulos vivos anteriormente emitidos;

j) Que, no caso, de liquidação da empresa, só são reembolsados depois do pagamento de todos os outros credores.

ART. 8.º (Prospecto) – O prospecto, que tem de ser publicado no caso de emissão de títulos destinados no todo ou em parte a subscrição pública, deve, além das demais indicações constantes da lei, conter os balanços dos três últimos exercícios e a evidenciação, a título de exemplo, dos elementos que neles seriam considerados para calcular a parte variável da remuneração, e bem assim, do montante desta e indicar:

a) A forma, data de vencimento, montante e critérios de cálculo da remuneração;

b) As condições de reembolso dos títulos;

c) As condições de compra dos títulos pela empresa;

d) O montante dos títulos vivos anteriormente emitidos;

TÍTULOS DE PARTICIPAÇÃO [DL n.º 321/85] 757

e) O conteúdo resumido das disposições legais relativas à assembleia de participantes, ao representante comum destes, ao direito de conhecer documentos da empresa e ao revisor oficial de contas referido no artigo 29.º;

f) Que, no caso de liquidação da empresa, os participantes são reembolsados somente após o pagamento de todos os outros credores.

ART. 9.º (Títulos próprios) – 1 – Uma empresa não pode subscrever e, salvo o caso de reembolso, só pode adquirir títulos próprios por compra em bolsa.

2 – Os títulos adquiridos devem ser vendidos, também em bolsa, dentro do prazo de um ano a seguir à aquisição ou ser anulados o mais tardar logo após a expiração desse prazo.

3 – Os direitos dos títulos adquiridos ficam suspensos enquanto estes pertencerem à empresa.

4 – Os estatutos da empresa podem proibir total ou parcialmente a aquisição de títulos próprios.

5 – Uma empresa não pode conceder empréstimos, por qualquer outra forma fornecer fundos ou prestar garantias para que um terceiro subscreva ou por outro meio adquira títulos por ela emitidos.

ART. 10.º (Actos vedados) – A empresa não pode amortizar o seu capital ou reduzi-lo mediante reembolso enquanto houver títulos vivos por ela emitidos.

ART. 11.º (Regime fiscal) – O regime fiscal dos títulos é o das obrigações, podendo o Ministro das Finanças e do Plano, por despacho, isentar total ou parcialmente a sua remuneração do imposto de capitais e do imposto complementar.

ART. 12.º (Direito de tomar conhecimento de documentos) – Os participantes têm o direito de tomar conhe-cimento dos documentos da empresa em condições idênticas às dos accionistas das sociedades anónimas.

ART. 13.º (Assembleia de participantes) – 1 – Os participantes de uma mesma emissão reúnem-se e deliberam em assembleia.

2 – A assembleia reúne quando for convocada e apenas pode deliberar sobre assuntos constantes da ordem do dia indicado no aviso de convocação.

3 – A assembleia é presidida pelo representante comum dos participantes, quando tenha sido por ele convocada, ou, nos outros casos, por quem a própria assembleia escolher de entre ela, os substitutos, se os houver, e os participantes presentes.

4 – Os participantes podem fazer-se representar na assembleia por cônjuge, ascendente, descendente ou outro participante.

5 – Os comproprietários de títulos indivisos devem fazer-se representar por um deles ou por um mandatário único a escolher de entre as pessoas indicadas no número anterior.

6 – O direito de participar na assembleia pode ser subordinado ao depósito dos títulos, em local a indicar no aviso de convocação, ou ao seu registo em nome do participante, nos livros da empresa, consoante sejam ao portador ou nominativos.

7 – Os requisitos referidos no número anterior têm de ser cumpridos até uma data a indicar no aviso de convocação, que não pode distar mais de 5 dias da prevista para a assembleia.

8 – Salvo deliberação em contrário da própria assembleia, podem estar presentes os membros do conselho de administração e do órgão de fiscalização da empresa e os representantes comuns dos participantes de outras emissões.

9 – As despesas ocasionadas pela convocação e pelas reuniões da assembleia e, bem assim, as de publicidade das suas decisões constituem encargo da empresa.

10 – Não são permitidas assembleias de participantes de emissões diferentes, salvo nos casos previstos no artigo 25.º.

ART. 14.º (Deliberações da assembleia) – 1 – A assembleia delibera sobre todos os assuntos indicados por lei ou que sejam de interesse comum dos participantes, nomeadamente:

a) Modificação das condições dos créditos dos participantes;

b) Propostas de concordata e de acordo de credores;

c) Reclamação de créditos em acções executivas, salvo o caso de urgência;

d) Constituição de um fundo para as despesas necessárias à tutela dos interesses comuns e prestação das respectivas contas;

e) Autorização do representante comum para a propositura de acções judiciais.

2 – A assembleia não pode deliberar o aumento de encargos dos participantes ou quaisquer medidas que impliquem o tratamento desigual destes.

3 – As deliberações são tomadas por maioria dos votos emitidos, devendo, porém, as modificações das condições dos créditos dos participantes ser aprovadas, em primeira convocação, por metade dos votos correspondentes a todos os títulos e, em segunda convocação, por dois terços dos votos emitidos.

4 – As deliberações tomadas pela assembleia vinculam os participantes ausentes ou discordantes.

758 [DL n.º 321/85] MERCADO DE VALORES MOBILIÁRIOS

ART. 15.º (Deliberações inválidas) – 1 – A acção declarativa de nulidade e a acção de anulação de deliberações de assembleia devem ser propostas contra o conjunto de participantes que tenham aprovado a deliberação na pessoa do representante comum.

2 – Na falta de representante comum ou não tendo ele aprovado a deliberação, o autor requererá ao tribunal, na petição, que seja nomeado um representante especial de entre os participantes cujos votos fizeram vencimento.

3 – Aplicam-se subsidiariamente as normas aplicáveis à invalidade de deliberações de accionistas.

ART. 16.º (Convocação da assembleia) – 1 – A assembleia é convocada quando o representante comum dos participantes, a empresa ou o revisor referido no artigo 29.º entendam conveniente ou quando o requeiram participante ou participantes com um total de títulos correspondentes a, pelo menos, 2,5% do montante da emissão.

2 – A assembleia é convocada por quem a lei o indicar e, na falta de indicação, pelo representante comum dos participantes ou pelo conselho de administração da empresa; estando esta em liquidação, a convocação é feita, em vez do conselho de administração, pelos liquidatários.

ART. 17.º (Convocação da assembleia a requerimento de participantes) – 1 – O requerimento previsto no n.º 1 do artigo 16.º deve ser dirigido por escrito ao representante comum ou ao conselho de administração, indicando com precisão os assuntos a incluir na ordem do dia e justificando a necessidade de reunião da assembleia.

2 – A não ser que o requerimento seja considerado abusivo e por isso indeferido, a convocação deve ser promovida nos 15 dias seguintes à recepção do requerimento e a assembleia deve ser convocada para reunir antes de decorridos 60 dias sobre a mesma data.

3 – O representante comum ou o conselho de administração, quando indefiram o requerimento ou não convoquem a assembleia nos termos previstos no número anterior, devem justificar por escrito a sua decisão, dentro do referido prazo de 15 dias.

4 – Os autores de requerimento que não for atendido nos termos do n.º 3 podem requerer ao tribunal a convocação da assembleia.

5 – Quando o requerimento referido no n.º 1 tenha sido dirigido ao conselho de administração, constituem encargo da empresa as despesas ocasionadas pela acção judicial prevista no n.º 4 julgada procedente.

ART. 18.º (Aviso de convocação da assembleia) – 1 – O aviso de convocação deve ser publicado em termos idênticos aos estabelecidos para a convocação das assembleias gerais de accionistas de sociedades anónimas, podendo a publicação ser substituída por cartas registadas se todos os títulos forem nominativos.

2 – Entre a última publicação ou a expedição das cartas registadas e a data de reunião da assembleia devem mediar pelo menos 30 e 21 dias, respectivamente.

3 – O aviso de convocação deve mencionar, pelo menos:

a) A firma ou denominação, o tipo e a sede da empresa, o seu capital e a importância que se encontra realizada, a conservatória do registo comercial onde se encontra matriculada e o número de matrícula e, sendo o caso, que se encontra em liquidação;

b) O lugar, o dia e a hora da reunião;

c) Os requisitos a que porventura esteja subordinada a participação na assembleia;

d) A emissão de títulos de que se trata;

e) A ordem do dia.

ART. 19.º (Inclusão de assuntos na ordem do dia) – 1 – O participante ou participantes que satisfaçam a condição exigida na parte final do n.º 1 do artigo 16.º podem requerer que na ordem do dia de uma assembleia já convocada ou a convocar sejam incluídos determinados assuntos.

2 – Se a assembleia já tiver sido convocada, o requerimento deve ser dirigido por escrito ao autor da convocação até, respectivamente, 10 ou 5 dias depois da última publicação do aviso de convocação ou da recepção da carta registada que o contém.

3 – Se a assembleia não tiver ainda sido convocada, o requerimento deve ser dirigido por escrito ao representante comum ou ao conselho de administração.

4 – Os assuntos incluídos na ordem do dia devido ao disposto nos números anteriores devem ser comunicados aos participantes pela forma usada para a convocação até 10 ou 5 dias antes da data da assembleia, conforme se trate de publicação ou de carta registada.

5 – Não sendo satisfeito o requerimento, podem os seus autores pedir ao tribunal a convocação de nova assembleia para deliberar sobre os assuntos em causa.

6 – O disposto nos números anteriores não é aplicável nos casos de segunda convocação.

7 – Quando os requerimentos referidos nos n.ᵒˢ 2 e 3 tenham sido dirigidos ao conselho de administração, constituem encargo da empresa as despesas ocasionadas pela acção judicial prevista no n.º 5 julgada procedente.

ART. 20.º (Quórum e local de reunião da assembleia) – 1 – A assembleia só pode reunir em primeira convocação se estiverem presentes ou representados participantes que, em conjunto, detenham pelo menos um quarto dos títulos com direito de voto.

TÍTULOS DE PARTICIPAÇÃO   [**DL n.º 321/85**] 759

2 – Em segunda convocação, a assembleia pode reunir com qualquer número de participantes.

3 – Salvo cláusula em contrário do contrato de emissão, a assembleia deve reunir na sede da empresa, podendo, todavia, ser por esta escolhido ou aprovado outro local, dentro da mesma comarca judicial, se as instalações da sede não permitirem a reunião em condições satisfatórias.

ART. 21.º (Votos em assembleia) – 1 – A cada título corresponde um voto, salvo o disposto no número seguinte.

2 – Não têm direito de voto em assunto que tenha a ver também com a empresa:

a) A sociedade dominada pela empresa ou em cujo capital esta tenha participação superior a 10%;

b) A sociedade ou empresa pública que domine a empresa ou tenha mais de 10% do capital desta;

c) O titular de mais de 10% do capital da empresa.

3 – O participante que disponha de mais de um voto não pode fraccionar os seus votos para votar em sentidos diversos sobre a mesma proposta ou para deixar de votar com alguns dos seus votos.

4 – O participante que represente outros pode votar em sentidos diversos com os seus títulos e com os dos representados e, bem assim, deixar de votar com os seus títulos ou com os dos representantes.

ART. 22.º (Listas de presenças) – 1 – Em cada assembleia deve ser organizada a lista dos participantes que estiverem presentes ou representados.

2 – A lista de presenças deve indicar:

a) O nome, firma ou denominação e o domicílio ou sede de cada um dos participantes presentes ou representados e dos representantes destes;

b) O número de votos de que dispõe cada um dos participantes presentes ou representados.

3 – A lista de presenças deve ser assinada pelo presidente da assembleia e rubricada pelos participantes presentes e pelos representantes de participantes.

4 – As listas de presenças devem ficar arquivadas no local que a assembleia determinar, podendo ser consultadas e delas sendo facultadas cópias a qualquer participante que o solicite.

5 – A fidelidade das cópias entregues a qualquer participante é certificada, a pedido deste, pelo representante comum.

ART. 23.º (Actas das reuniões) – 1 – Devem ser elaboradas actas das reuniões da assembleia.

2 – As actas devem permitir conhecer o sentido do voto de cada um dos participantes presentes ou representados.

3 – As actas devem ser assinadas pelo presidente da assembleia e por quem as tenha redigido, se for outra pessoa.

4 – A assembleia pode deliberar que a acta seja por si convocada antes de ser assinada.

5 – As actas devem ficar arquivadas no local que a assembleia determinar, podendo ser consultadas e delas sendo facultadas cópias a qualquer participante que o solicite.

6 – A fidelidade das cópias entregues a qualquer participante é certificada, a pedido deste, pelo representante comum.

ART. 24.º (Reunião anual) – 1 – A assembleia de participantes deve reunir dentro dos 4 primeiros meses de cada ano para ouvir uma exposição do conselho de administração da empresa sobre a situação e a actividade desta durante o exercício anterior e para tomar conhecimento das contas respectivas, do parecer sobre elas emitido pelo órgão de fiscalização e do relatório e do parecer referidos no n.º 1 do artigo 31.º.

2 – O conselho de administração tem o dever de convocar a assembleia referida no número anterior.

3 – Devem estar presentes a maioria dos membros do conselho de administração, incluindo o seu presidente ou outrem com poderes de representação da empresa e a maioria dos membros do órgão de fiscalização, incluindo o revisor oficial de contas que o integre.

ART. 25.º (Assembleia conjunta de participantes) – 1 – Os participantes das várias emissões de títulos efectuadas por uma empresa reúnem-se em assembleia conjunta para os fins indicados nos n.ᵒˢ 1, 2 e 9 do artigo 30.º.

2 – A assembleia conjunta é convocada pelo conselho de administração da empresa por dever de ofício, se se tratar da nomeação do revisor, e a requerimento de participante ou participantes com um total de títulos correspondente a, pelo menos, 2,5% do montante total das emissões, se se tratar da sua destituição.

3 – A assembleia conjunta é presidida por quem ela própria escolher de entre os representantes comuns e participantes presentes.

4 – O número de votos correspondente a cada título é proporcional à quota-parte que ele representa no montante total das várias emissões, sendo no mínimo um voto.

5 – São ainda aplicáveis à assembleia conjunta, com as necessárias adaptações, as disposições relativas à assembleia de participantes que não forem incompatíveis com ela.

ART. 26.º (Representante comum dos participantes) – 1 – Para cada emissão deve haver um representante comum dos respectivos participantes.

2 – O representante comum pode ser ou não participante, mas deve ser uma pessoa singular dotada de capacidade jurídica plena, uma sociedade de advogados ou uma sociedade de revisores oficiais de contas.

3 – Pode haver um ou mais representantes comuns substituto.

760   [DL n.º 321/85]   MERCADO DE VALORES MOBILIÁRIOS

4 – Não podem ser representantes comuns:

a) Os beneficiários de vantagens particulares e os administradores, membros do órgão de fiscalização e membros da mesa da assembleia geral de accionistas, da empresa;

b) Os gerentes, administradores, membros do órgão de fiscalização e membros da mesa da assembleia geral de accionistas de sociedade dominada pela empresa ou em cujo capital esta detenha participação superior a 10% ou de sociedade ou empresa pública que domine a empresa ou detenha mais de 10% do capital desta;

c) O sócio de sociedade em nome colectivo que tenha com a empresa ligação prevista na alínea anterior;

d) Os que prestem serviços remunerados à empresa ou a sociedades ou empresa pública que com ela tenha ligação prevista na alínea *b)*;

e) Que exerçam funções numa concorrente;

f) Os cônjuges, os parentes e afins na linha recta e até ao terceiro grau na linha colateral de pessoas abrangidas pelas alíneas *a)*, *b)*, *c)* e *e)* e os cônjuges de pessoas abrangidas pela alínea *d)*.

5 – É nula a nomeação de pessoa que não possua a capacidade exigida pelo n.º 2 ou relativamente à qual se verifique alguma das circunstâncias referidas no n.º 4.

6 – A superveniência de alguma das circunstâncias referidas no n.º 4 importa caducidade da nomeação.

ART. 27.º (Nomeação, destituição e remuneração do representante comum) – 1 – O representante comum e os substitutos são nomeados e destituídos pela assembleia de participantes, sendo a duração das suas funções definida por ela.

2 – A nomeação do representante comum deve ser feita dentro dos 90 dias seguintes ao encerramento da subscrição ou dos 60 dias seguintes à vacatura do cargo.

3 – A assembleia para a nomeação prevista na primeira parte do n.º 2 é convocada pelo conselho de administração da empresa por dever de ofício.

4 – Na falta de nomeação, qualquer participante ou, quando o seu conselho de administração tiver sem resultado convocado a assembleia para esse fim, a empresa pode requerer ao tribunal a designação do representante comum, o qual se mantém em funções até ser nomeado novo representante.

5 – Qualquer participante pode também requerer ao tribunal a destituição do representante comum com fundamento em justa causa.

6 – A nomeação e a destituição do representante comum e, bem assim, a cessação de funções por outro motivo devem ser comunicadas à empresa por escrito e, por iniciativa desta, ser inscritas no registo comercial.

7 – A remuneração do representante comum é fixada pela assembleia de participantes ou, no caso previsto no n.º 3, pelo tribunal, constituindo encargo da empresa.

8 – Cabe ainda ao tribunal decidir, a requerimento do representante comum ou da empresa, se a assembleia não fixar a remuneração ou se a empresa discordar da que for por ela fixado.

ART. 28.º (Atribuições, competência e responsabilidade do representante comum) – 1 – O representante comum deve praticar, em nome de todos os participantes e com as restrições porventura deliberadas pela respectiva assembleia, os actos de gestão destinados à defesa dos interesses comuns daqueles, sendo da sua competência, além do mais, representar o conjunto dos participantes nas suas relações com a empresa e em juízo, nomeadamente em processos de execução ou de liquidação do património desta.

2 – O representante comum tem o direito de tomar conhecimento dos documentos da empresa em condições idênticas às dos accionistas das sociedades anónimas.

3 – Se a empresa tiver assembleia geral de accionistas, o representante comum tem ainda o direito de assistir às respectivas reuniões, embora sem direito de voto, sendo aí ouvido e podendo intervir sobre os assuntos inscritos na ordem do dia, à excepção da nomeação ou destituição dos membros da mesa da referida assembleia geral, do conselho de administração e do conselho fiscal.

4 – O representante comum deve prestar aos participantes as informações que lhe forem solicitadas sobre factos relevantes para os interesses comuns.

5 – O representante comum responde, nos termos gerais, pelos actos ou omissões que violem a lei ou as deliberações da assembleia de participantes.

6 – As funções dos representantes comuns substitutos devem ser definidas pela assembleia de participantes.

ART. 29.º (Revisor oficial de contas) – 1 – Com o fim de dar o parecer referido no n.º 8 do artigo 3.º, deve haver em cada momento, independentemente do número de emissões, apenas um revisor oficial de contas.

2 – O revisor não tem quaisquer obrigações para com a empresa que não sejam as que resultam do seu estatuto profissional.

3 – O revisor não pode ser accionista da empresa nem ter cônjuge ou parente em linha recta que o seja, sendo-lhe também aplicáveis as incompatibilidades estabelecidas no n.º 4 do artigo 26.º e outras que estejam previstas para os revisores oficiais de contas.

4 – É nula a nomeação de revisor relativamente ao qual se verifique alguma das circunstâncias previstas no número anterior.

5 – A superveniência de alguma das circunstâncias previstas no n.º 3 importa caducidade da nomeação.

WARRANTS AUTÓNOMOS   [DL n.º 172/99]   761

ART. 30.º (Nomeação, destituição e remuneração do revisor) – 1 – O revisor é nomeado e, ocorrendo justa causa, destituído pela assembleia de participantes ou por assembleia conjunta dos participantes das várias emissões, consoante tenha havido antes da nomeação ou da destituição uma só ou várias emissões.

2 – A duração das funções do revisor é definida pela assembleia que o nomear, não podendo, porém, exceder 4 anos.

3 – O revisor não cessa funções pelo facto de a empresa proceder a novas emissões.

4 – A nomeação do revisor deve ser feita dentro dos 90 dias seguintes ao encerramento da subscrição dos títulos da primeira emissão ou dos 60 dias seguintes à vacatura do cargo.

5 – A assembleia para nomeação do revisor é convocada pelo conselho de administração da empresa, por dever de ofício.

6 – Na falta de nomeação, qualquer participante ou, quando o seu conselho de administração tiver sem resultado convocado a assembleia para esse fim, a empresa pode requerer ao tribunal a designação do revisor, o qual se mantém em funções por um período máximo de 4 anos, até ser nomeado novo revisor.

7 – Qualquer participante pode também requerer ao tribunal a destituição do revisor com fundamento em justa causa.

8 – A nomeação e a destituição do revisor e, bem assim, a cessação de funções por outro motivo devem ser comunicadas à empresa por escrito e, por iniciativa desta, ser inscritas no registo comercial.

9 – A remuneração do revisor é fixada pela assembleia ou pelo tribunal que o nomeou, constituindo encargo da empresa.

10 – Cabe ainda ao tribunal decidir, a requerimento do revisor ou da empresa, se a assembleia não fixar a remuneração ou se a empresa discordar da que for por ela fixada.

ART. 31.º (Atribuições, competência e responsabilidade do revisor) – 1 – O revisor deve, anualmente, em separado para cada uma das emissões, dar parecer sobre o apuramento feito pela empresa dos elementos a atender para a determinação da remuneração e sobre o cálculo desta e elaborar relatório sobre a acção por si desenvolvida para esse efeito.

2 – O revisor tem os poderes de exame, de inspecção, de verificação e de obtenção de informações legalmente atribuídos por lei quer ao órgão de fiscalização da empresa quer aos revisores oficiais de contas no exercício da revisão legal.

3 – O revisor pode convocar a assembleia de participantes quando tenha sem resultado solicitado a convocação ao representante comum ou ao conselho de administração.

4 – O revisor deve estar presente na assembleia anual referida no artigo 24.º e ainda em todas as outras para que for convocado, devendo prestar os esclarecimentos que nelas lhe forem solicitados sobre os factos relevantes para os interesses comuns dos participantes.

5 – O revisor responde, nos termos gerais, pelos actos ou omissões que violem a lei.

ART. 32.º (Despesas em processo) – As despesas ocasionadas pela representação dos participantes nos processos de falência e de liquidação judicial da empresa constituem encargo desta.

ART. 33.º (Lei subsidiária) – São aplicáveis subsidiariamente, com as necessárias adaptações, as disposições legais respeitantes a obrigações em geral.

9.9. *WARRANTS* AUTÓNOMOS

Decreto-Lei n.º 172/99

de 20 de Maio (*)

ART. 1.º (Âmbito de aplicação) – O presente decreto-lei aplica-se aos *warrants* autónomos emitidos, negociados ou comercializados em Portugal.

ART. 2.º (Noção) – 1 – «*Warrants* autónomos» são valores mobiliários que, em relação a um activo subjacente, conferem algum dos seguintes direitos:

a) Direito a subscrever, a adquirir ou a alienar o activo subjacente, mediante um preço, no prazo e demais condições estabelecidas na deliberação de emissão;

b) Direito a exigir a diferença entre um valor do activo subjacente fixado na deliberação de emissão e o preço desse activo no momento do exercício.

(*) Com as alterações introduzidas pelo **DL n.º 70/2004**, de 25-3, que republicou, em anexo, o texto consolidado, que se adopta.

762   [DL n.º 172/99]   MERCADO DE VALORES MOBILIÁRIOS

2 – Em condições estabelecidas em regulamento, a Comissão do Mercado de Valores Mobiliários (CMVM) pode permitir que o preço de exercício seja fixado em momento posterior ao determinado no número anterior.

ART. 3.º (Activos subjacentes) – Compete à CMVM, através de regulamento, determinar que activos podem ser utilizados como activos subjacentes a warrants autónomos.

ART. 4.º (Entidades emitentes) – 1 – Podem emitir *warrants* autónomos:
a) Os bancos;
b) A Caixa Económica Montepio Geral;
c) A Caixa Central de Crédito Agrícola Mútuo;
d) As sociedades de investimento;
e) Outras instituições de crédito e as sociedades financeiras de corretagem, sem prejuízo das normas legais e regulamentares que regem as respectivas actividades, desde que previamente autorizadas pelo Banco de Portugal;
f) O Estado;
g) As sociedades anónimas, se se tratar de warrants sobre valores mobiliários próprios.
2 – Sem prejuízo do disposto no número seguinte, o Banco de Portugal estabelece, por aviso, as condições em que a autorização referida na alínea *e)* do n.º 1 pode ser concedida.
3 – A CMVM pode, por regulamento, permitir que sejam emitidos *warrants* autónomos por entidades que não se integrem em qualquer das categorias indicadas no n.º 1, desde que seja prestada garantia adequada por entidade idónea.

ART. 5.º (Deliberação de emissão) – 1 – Se o contrato de sociedade não a impedir ou se não dispuser de modo diferente, a emissão de warrants autónomos pode ser deliberada pelo órgão de administração.
2 – Só podem ser emitidos warrants autónomos sobre valores mobiliários próprios se o contrato de sociedade o autorizar.
3 – A deliberação deve conter as seguintes menções:
a) Identificação do activo subjacente;
b) Número de *warrants* a emitir;
c) Preço de subscrição;
d) Preço de exercício;
e) Condições temporais de exercício;
f) Natureza pública ou particular da emissão;
g) Critérios de rateio.

ART. 6.º (Limite de emissão) – 1 – À emissão de *warrants* autónomos sobre valores mobiliários próprios por sociedades anónimas que não revistam a natureza de instituições de crédito nem de sociedades financeiras aplica-se, com as necessárias adaptações, o disposto no artigo 349.º do Código das Sociedades Comerciais.
2 – A CMVM pode, por regulamento, fixar outros limites para a emissão de *warrants* autónomos.

ART. 7.º (Vicissitudes dos activos subjacentes) – *(Revogado.)*

ART. 8.º (Menções obrigatórias) – *(Revogado.)*

ART. 9.º (Exercício de direitos) – *(Revogado.)*

ART. 10.º (Admissão à negociação em mercado a contado) – *(Revogado.)*

ART. 11.º (*Warrants* autónomos sobre valores mobiliários próprios) – 1 – São *warrants* autónomos sobre valores mobiliários próprios aqueles que tenham como activo subjacente valores mobiliários emitidos pela própria entidade emitente do *warrant* ou por sociedade que, nos termos do Código das Sociedades Comerciais, consigo se encontre em relação de domínio ou de grupo.
2 – Aos *warrants* sobre acções próprias ou sobre valores mobiliários que confiram direito à sua subscrição, aquisição ou alienação aplicam-se, com as necessárias adaptações, os artigos 325.º-A, 366.º, 367.º, 368.º, 369.º, n.º 2, 370.º, 371.º, 372.º e 487.º do Código das Sociedades Comerciais.

ART. 12.º (Qualificação da oferta) – *(Revogado.)*

ART. 13.º (*Warrants* autónomos sobre valores mobiliários alheios) – 1 – A entidade emitente de *warrants* autónomos sobre valores mobiliários alheios informa a emitente do activo subjacente da deliberação de emissão de *warrants* no mais curto espaço de tempo possível.
2 – Os *warrants* autónomos sobre valores mobiliários alheios conferem sempre ao respectivo emitente a faculdade de se exonerar através de liquidação financeira, nos termos da alínea *b)* do n.º 1 do artigo 2.º.

ART. 14.º (Emissão de *warrant*s autónomos pelo Estado) – O regime dos *warrants* autónomos a emitir pelo Estado será estabelecido nos termos da Lei n.º 7/98, de 3 de Fevereiro.

REGISTO DE VALORES MOBILIÁRIOS ESCRITURAIS JUNTO DO EMITENTE   [Port. n.º 289/2000]   763

ART. 14.º-A (Aplicação a valores mobiliários análogos) – Os artigos 3.º e 4.º, com excepção das alíneas *d*), *e*), *f*) e *g*) do n.º 1, aplicam-se a valores mobiliários análogos a *warrants* autónomos, com as devidas adaptações.

ART. 15.º (Direito subsidiário) – Aos *warrants* autónomos aplica-se subsidiariamente:
a) O Código dos Valores Mobiliários;
b) Com as necessárias adaptações, os artigos 355.º a 359.º do Código das Sociedades Comerciais.

ART. 16.º (Isenção de taxas e emolumentos) – Ficam isentas de quaisquer taxas e emolumentos todas as escrituras públicas e registos de alteração de contrato de sociedade que tenham por objecto, exclusivamente, introduzir a proibição ou as restrições previstas no n.º 1 do artigo 5.º ou a autorização prevista no n.º 2 do mesmo artigo e sejam efectuadas no prazo de cinco anos contados da data de entrada em vigor do presente decreto-lei.

ART. 17.º (Alteração ao Código do Mercado de Valores Mobiliários) – *(Revogado.)*

9.10. REGISTO DE VALORES MOBILIÁRIOS ESCRITURAIS JUNTO DO EMITENTE

Portaria n.º 289/2000

de 25 de Maio

CAPÍTULO I — Disposições gerais

ART. 1.º (Âmbito e regime) – 1 – A presente portaria aplica-se aos sistemas de valores mobiliários previstos na alínea *c*) do artigo 61.º e no artigo 64.º, ambos do Código dos Valores Mobiliários.

2 – Ao registo de valores mobiliários nos termos do n.º 2 do artigo 64.º do Código dos Valores Mobiliários aplica-se o disposto na regulamentação da CMVM sobre registo de valores mobiliários num único interme-diário financeiro.

3 – A transferência de e para qualquer dos sistemas de valores mobiliários regulados na presente portaria rege-se pela regulamentação da CMVM sobre transferência de sistemas de valores mobiliários.

4 – O registo de valores mobiliários no emitente, previsto no n.º 1 do artigo 64.º do Código dos Valores Mobiliários, rege-se pelo disposto nos artigos seguintes do presente capítulo.

5 – Se os valores mobiliários referidos no número anterior estiverem admitidos em mercado não regula-mentado ou forem objecto de serviços de liquidação, é também aplicável o disposto no capítulo II.

ART. 2.º (Deveres do emitente) – 1 – Ao emitente incumbe:
a) A abertura e movimentação de uma conta de emissão por cada categoria de valores mobiliários;
b) A abertura e movimentação das contas individualizadas;
c) A prevenção, controlo e correcção de irregularidades dos valores mobiliários;
d) A emissão dos certificados previstos no artigo 78.º do Código dos Valores Mobiliários, contendo, pelo menos, a identificação completa dos valores mobiliários e dos seus titulares.

2 – No exercício das funções previstas no número anterior os emitentes orientam a sua actividade no sen-tido da protecção dos legítimos interesses dos titulares dos valores mobiliários:
a) De acordo com padrões de diligência e mantendo os necessários meios humanos, materiais e técnicos;
b) Assegurando aos titulares dos valores mobiliários um tratamento equitativo;
c) Não revelando quaisquer informações sobre as contas junto de si inscritas, excepto nos casos previstos na lei;
d) Não podendo, no seu interesse ou de terceiros, utilizar os valores mobiliários pertencentes aos titulares para fins diferentes dos que resultem do contrato de registo;
e) Mantendo um registo das transferências realizadas sobre os valores mobiliários registados permanente-mente actualizado;
f) Mantendo as contas individualizadas permanentemente actualizadas.

ART 3.º (Tipos de contas) – 1 – São contas comuns as contas de emissão e as contas individualizadas.
2 – O regime consagrado na presente portaria para as contas de valores mobiliários é aplicável às contas de direitos deles destacados.

764 [Port. n.º 289/2000]   MERCADO DE VALORES MOBILIÁRIOS

ART. 4.º (Contas de emissão) – 1 – As contas de emissão inscrevem o total de valores mobiliários emitidos, pertencentes à mesma categoria.

2 – Entre a abertura das contas de subscrição e a sua conversão em contas individualizadas é aberta uma conta de emissão provisória, distinguindo os valores subscritos e os por subscrever.

ART. 5.º (Contas individualizadas) – 1 – As contas individualizadas contêm, para além das menções do artigo 68.º do Código dos Valores Mobiliários:

a) A descrição da conversão dos valores mobiliários inscritos noutros de diferente natureza, indicando a data de conversão;

b) A indicação da conta ou contas bancárias que devem ser creditadas, salvo quando o método de percepção de quantias escolhido pelo titular for outro, caso em que se menciona este último.

2 – São cancelados os registos dos valores mobiliários que se extinguem pelo exercício ou pelo reembolso desde o momento da prova dessa extinção.

3 – As contas individualizadas indicam o número de arquivo da documentação que lhe sirva de suporte.

4 – Os registos provisórios indicam a sua natureza e o fundamento da provisoriedade.

5 – Quando o registo for recusado, a recusa é imediatamente comunicada ao titular da conta e, se for diferente, ao requerente do registo.

ART. 6.º (Contas de subscrição) – 1 – As contas de subscrição previstas no n.º 3 do artigo 73.º do Código dos Valores Mobiliários contêm as seguintes menções:

a) Identificação do subscritor e, em caso de contitularidade, do representante comum, com a indicação das quotas de cada subscritor, sem o que se presume que as quotas são iguais;

b) A identificação do valor mobiliário e da quantidade subscrita;

c) A data de abertura e encerramento da conta.

2 – Às contas de subscrição é aplicável o disposto nos n.ºs 3 a 5 do artigo anterior.

ART. 7.º (Contas e subcontas) – 1 – As contas de emissão e as contas individualizadas contêm subcontas para a mesma categoria de valores mobiliários em que são distinguidos, nomeadamente:

a) Os regimes fiscais dos valores mobiliários;

b) A categoria dos titulares, quando existam limites legais ou estatutários à titularidade desses valores.

2 – Os saldos das contas de emissão são sempre iguais ao somatório dos saldos das contas individualizadas.

3 – Se houver conversão de alguns valores mobiliários em titulados para os efeitos do n.º 2 do artigo 46.º do Código dos Valores Mobiliários, distingue-se na conta de emissão uma subconta de valores mobiliários convertidos indicando a quantidade.

ART. 8.º (Transferências em conta) – 1 – O emitente recusa o pedido de transferência sobre o qual o requerente não forneça os elementos necessários à sua realização ou em que esses elementos sejam contraditórios com o pedido.

2 – As transferências que visem a regularização de erros ou outros vícios regem-se pelo disposto no artigo 71.º do Código dos Valores Mobiliários e no número anterior.

3 – Nas transferências que tenham por causa empréstimos, cauções e factos que não tenham por efeito a transmissão definitiva da titularidade dos valores mobiliários:

a) As contas individualizadas debitadas mantêm inscritos os valores mobiliários objecto daqueles factos com a menção do facto que deu origem ao débito e identificação da conta creditada;

b) As contas individualizadas creditadas mencionam o fundamento do crédito em conta.

ART. 9.º (Dever de conservadoria) – 1 – As informações constantes das contas e demais documentos devem ser conservados durante cinco anos a contar do seu cancelamento definitivo.

2 – O emitente guarda os documentos legalmente bastantes para a descrição da emissão.

3 – Sempre que ocorra qualquer alteração nos documentos mencionados no número anterior, o emitente guarda versão actualizada dos mesmos.

ART. 10.º (Integração no sistema) – 1 – São oficiosamente inscritos:

a) A emissão de valores mobiliários resultantes do exercício de direitos inerentes a valores mobiliários integrantes de emissões já inscritas, se os primeiros forem da mesma categoria dos segundos;

b) Os direitos destacados de valores mobiliários registados junto do emitente.

2 – A inscrição é efectuada antes do início do período de subscrição dos valores mobiliários ou do exercício dos direitos.

ART. 11.º (Exclusão da emissão do sistema) – 1 – O cancelamento da inscrição da emissão só pode ter lugar nos seguintes casos:

a) Extinção de uma categoria de valores mobiliários;

b) Transferência de sistema;

c) Conversão dos valores mobiliários em titulados.

REGISTO DE VALORES MOBILIÁRIOS ESCRITURAIS JUNTO DO EMITENTE   **[Port. n.º 289/2000]**   765

2 – O cancelamento mencionado no número anterior apenas pode ocorrer:

a) No caso da alínea *b)*, depois de regularmente extintas as contas individualizadas pelo emitente e a sua comunicação ao intermediário financeiro único ou à entidade gestora do sistema centralizado de valores para que foram transferidos;

b) No caso da alínea *c)*, depois de verificada pelo emitente a regular entrega dos títulos aos seus titulares ou, se se tratar de um título único, depois de verificada a transferência para um intermediário financeiro ou um sistema centralizado.

CAPÍTULO II — **Valores mobiliários em mercado não regulamentado e serviços de liquidação**

ART. 12.º (Conexão com sistemas de liquidação) – Se os valores mobiliários registados no emitente estiverem admitidos em mercado não regulamentado, os emitentes estabelecem conexões com os sistemas de liquidação de operações com base em contrato previamente registado na CMVM.

ART. 13.º (Contas de garantias) – 1 – Se os valores mobiliários registados no emitente estiverem admitidos em mercado não regulamentado ou forem objecto de serviços de liquidação, os emitentes inscrevem junto de si contas de garantias se estas forem exigidas pelas regras do mercado ou dos serviços de liquidação.

2 – Quando as vinculações dos valores mobiliários forem inscritas em favor de entidades mencionadas no n.º 1, nessa qualidade:

a) Ficam integrados em subcontas das contas individualizadas por cada tipo de vinculação a que estão sujeitos e por cada beneficiário;

b) O somatório das subcontas de vinculações é sempre igual ao saldo de uma conta de garantias, aberta em nome do beneficiário e que representa o conjunto de posições activas que este detém por força dessas mesmas vinculações.

3 – As contas de garantias identificam:

a) A categoria dos valores mobiliários dados em garantia e a sua quantidade;

b) A natureza da garantia;

c) A identificação das subcontas mencionadas no n.º 2.

4 – É fornecida às entidades mencionadas no n.º 1 informação permanentemente actualizada das suas contas de garantias.

ART. 14.º (Transferências em conta) – Os registos em conta individualizada que resultem de transferências em consequência de operações em mercado não regulamentado devem ser feitos no prazo máximo estabelecido para a liquidação física das mesmas operações.

ART. 15.º (Interrupções técnicas) – Sempre que se preveja uma interrupção técnica do sistema são aplicáveis as seguintes normas:

a) Não pode ser registado qualquer pedido de transferência de valores mobiliários;

b) Os pedidos de transferência pendentes são cancelados se não puderem ser confirmados no prazo determinado pela entidade de controlo;

c) Apenas são permitidas as transferências que sejam a finalidade da interrupção.

ART. 16.º (Transferência de direitos inerentes) – Até ao fim do último dia útil anterior ao início do período de pagamentos em dinheiro ou da entrega de valores mobiliários decorrente do exercício de direitos procede-se à interrupção técnica do sistema quanto a estes mesmos direitos.

ART. 17.º (Exercício de direitos financeiros) – No exercício de direitos a atribuições em dinheiro o emitente comunica com a devida antecedência à instituição de crédito responsável pelo respectivo pagamento as contas bancárias que devem ser movimentadas, bem como os montantes a liquidar, salvo em relação aos clientes cujo método de percepção de quantias seja outro.

ART. 18.º (Exercício de direitos a novos valores mobiliários) – 1 – Após o período de exercício o emitente procede ao lançamento, nas contas individualizadas, dos valores mobiliários resultantes do exercício de direitos e, em subconta da conta de emissão, dos valores mobiliários que corresponderiam aos direitos não exercidos, salvo se outra solução resultar das condições de emissão.

2 – Se for devida pelo emitente indemnização pelo não exercício de direitos, esta indica, findo o período de exercício e com a devida antecedência, à instituição de crédito responsável pelo respectivo pagamento as contas bancárias que devem ser movimentadas, bem como os montantes a liquidar.

3 – Caso o emitente tenha um crédito sobre os titulares em virtude do exercício de direitos a novos valores mobiliários, comunica-o a estes, bem como o prazo no qual terão de colocar à sua disposição o montante devido.

ART. 19.º (Entrada em vigor) – A presente portaria entra em vigor no dia 1 de Março de 2000.

9.11. MODELO DO REGISTO DA EMISSÃO DE VALORES MOBILIÁRIOS JUNTO DO EMITENTE

Portaria n.º 290/2000

de 25 de Maio

1.º (Âmbito) – A presente portaria aprova o modelo do registo da emissão de valores mobiliários junto do emitente, previsto no artigo 43.º do Código dos Valores Mobiliários.

2.º (Suporte) – 1 – O registo da emissão de valores mobiliários junto do emitente pode ser feito em suporte de papel ou em suporte informático.

2 – Se o emitente optar pelo registo em suporte informático:

a) Uma cópia de segurança do registo é guardada em local distinto;

b) A utilização do ficheiro do registo depende de código de acesso (*password*) reservado a pessoas previamente determinadas;

c) Existem planos de contingência para a protecção do registo em casos de força maior;

d) São assegurados níveis de inteligibilidade, de durabilidade e de autenticidade equivalentes aos verificados no registo em suporte de papel;

e) Aplicam-se as regras legais e regulamentares relativas à certificação de documentos electrónicos, nomeadamente no que respeita à intervenção de autoridades credenciadoras e certificadoras, à emissão de chaves e certificados, bem como à aposição de assinatura digital.

3.º (Termos de abertura e encerramento) – 1 – Os termos de abertura e encerramento do registo são assinados por quem vincule o emitente e por um titular do órgão de fiscalização.

2 – Do termo de abertura do registo consta a identificação do emitente e a data das assinaturas.

3 – Do termo de encerramento do registo consta a referência ao número de páginas que compõem o registo e a data das assinaturas.

4.º (Inscrições) – 1 – O registo é dividido em três partes, reproduzidas, respectivamente, nos anexos I, II e III da presente portaria, que dela fazem parte integrante.

2 – As instruções de preenchimento constam do anexo IV, que faz parte integrante da presente portaria.

3 – O preenchimento da parte II pode ser substituído pela junção das listagens dos subscritores dos valores mobiliários, a fornecer pelos intermediários financeiros colocadores.

4 – As inscrições na parte III referem-se às mudanças de titularidade de valores mobiliários titulados nominativos, da mesma categoria, quando a emissão ou série:

a) Não seja representada por um só título; ou

b) Não esteja integrada num sistema centralizado de valores mobiliários.

5 – As mudanças de titularidade dos valores mobiliários titulados nominativos cuja emissão ou série esteja integrada em sistema centralizado, quanto aos títulos em que essa integração não seja efectiva por não se encontrarem depositados em intermediário financeiro participante nesse sistema, são igualmente inscritas nos termos do número anterior.

5.º (Disposições transitórias) – 1 – A adopção do modelo previsto na presente portaria é obrigatória para a realização do registo das emissões realizadas após a sua entrada em vigor.

2 – A adopção voluntária do modelo aprovado pela presente portaria é irreversível.

6.º (Entrada em vigor) – A presente portaria entra em vigor no dia 1 de Março de 2000.

ANEXO II

PARTE I — **Vicissitudes da emissão**

Números		Tipo de valor mobiliário	Quantidade de valores	Série	Quantidade (emissão contínua)	Valor nominal ou percentual
Da ordem de registo	Dos valores mobiliários					
(1)	(2)	(3)	(4)	(5)	(6)	(7)

Forma de representação				Data de entrega	Categoria
Titulada		Escritural			
Nominativa	Portador	Nominativa	Portador		
(8)	(9)	(10)	(11)	(12)	(13)

MODELO DO REGISTO DA EMISSÃO DE VALORES MOBILIÁRIOS [Port. n.º 290/2000] 767

Pagamento para liberação				Conversão					
Previsto		Efectuado		Forma de representação		Modalidade		Conteúdo	
Montante	Data	Montante	Data	Forma	Data	Modalidade	Data	Descrição	Data
(14)	(15)	(16)	(17)	(18)	(19)	(20)	(21)	(22)	(23)

Integração em sistema	Exclusão do sistema	Extinção			Observações
		Fundamento	Montante	Data	
(24)	(25)	(26)	(27)	(28)	(29)

ANEXO II

PARTE II — **Primeiras inscrições**

(artigo 44.º, n.º 1, do Código dos Valores Mobiliários)

Data da primeira inscrição de titularidade ou da entrega dos títulos	Identificação do primeiro titular	Identificação do intermediário financeiro
(30)	(31)	(32)

ANEXO III

PARTE III — **Inscrições de titularidade**

(artigo 102.º do Código dos Valores Mobiliários)

		Transmissão		
Número da ordem de registo	Transmitente	Transmissário	Data	
			Apresentação da declaração	Cancelamento
(33)	(34)	(35)	(36)	(37)

ANEXO IV

INSTRUÇÕES DE PREENCHIMENTO

1 – Número sequencial de inscrições registrais.

2 – Número de ordem dos valores mobiliários titulados

6 – Tratando-se de emissão contínua, a quantidade actualizada dos valores mobiliários emitidos.

12 – Relativo aos valores mobiliários titulados, no momento da emissão, e em relação aos valores mobiliários escriturais, no momento da sua conversão em titulados.

13 – Especificação dos direitos que, em relação ao tipo de valor mobiliário, estão especialmente incluídos ou excluídos. Devem ser mencionados, designadamente, os ónus e encargos que estejam previstos nas condições da emissão (por exemplo, limitações à transmissibilidade dos valores mobiliários).

18 – Especificar se a conversão é de valores mobiliários titulados em escriturais, ou vice-versa. No caso de se tratar de conversão de valores mobiliários titulados em escriturais, deve também constar a menção do número de conta prevista no n.º 1 do artigo 50.º do Código dos Valores Mobiliários.

20 – Especificar se a conversão é de valores mobiliários ao portador em nominativos, ou vice-versa.

22 – Especificar a alteração do conteúdo dos valores mobiliários, nomeadamente quando estejam em causa obrigações convertíveis em acções ou outros valores mobiliários, conversão de acções de fruição em acções de capital ou de acções ordinárias em acções preferenciais sem voto.

24 e 25 – A integração e a exclusão aqui previstas dizem respeito à integração dos valores mobiliários em causa em um dos sistemas previstos nos artigos 62.º e 63.º, no n.º 2 do artigo 64.º, no artigo 88.º, na alínea *b)* do n.º 1 e no n.º 2 do artigo 99.º, todos do Código dos Valores Mobiliários.

32 – Identificação do intermediário financeiro a que se refere a alínea *f)* do n.º 1 do artigo 44.º do Código dos Valores Mobiliários.

9.12. INVESTIMENTO EM BENS CORPÓREOS

Decreto-Lei n.º 357-D/2007
de 31 de Outubro

ART. 1.º (Objecto) – 1 – O presente decreto-lei disciplina a comercialização junto do público, dirigida especificamente a pessoas com residência ou estabelecimento em Portugal, de contratos relativos ao investimento em bens corpóreos.

2 – Os bens corpóreos a que se referem os números anteriores são quaisquer bens móveis ou imóveis, nomeadamente, selos, pedras preciosas, obras de arte e antiguidades.

ART. 2.º (Âmbito) – 1 – Consideram-se contratos relativos ao investimento em bens corpóreos, aqueles em que, independentemente da modalidade contratual utilizada, a entidade comercializadora:

a) Recebe do cliente qualquer quantia em contrapartida ou com vista à aquisição de bens corpóreos determinados ou de direitos sobre eles; e

b) Assume a obrigação de celebrar quaisquer outros negócios relativos aos bens corpóreos ou aos direitos adquiridos, tendo em vista a restituição total ou parcial, de uma só vez ou em prestações, do preço pago ou a sua rentabilização ou valorização.

2 – O presente decreto-lei não se aplica à comercialização de instrumentos financeiros derivados que tenham como activo subjacente bens corpóreos ou direitos sobre eles, pelas entidades legalmente habilitadas para o efeito.

3 – Os fundos de investimento imobiliário, os organismos especiais de investimento, as sociedades de capital de risco, os fundos de titularização de activos, as sociedades de titularização de activos, as sociedades emitentes de obrigações hipotecárias e as sociedades gestoras de patrimónios regem-se por legislação especial.

ART. 3.º (Tipo societário) – Apenas as sociedades comerciais constituídas segundo o tipo de sociedade anónima com o capital social representado por acções nominativas podem comercializar contratos relativos ao investimento em bens corpóreos.

ART. 4.º (Operações e menções vedadas) – Quem exercer a actividade referida no n.º 1 do artigo 2.º não pode:

a) Efectuar quaisquer actividades ou operações reservadas às instituições de crédito, sociedades financeiras, empresas de investimento, organismos de investimento colectivo, empresas de seguros e resseguros ou a quaisquer outras entidades sujeitas à supervisão do Banco de Portugal, da Comissão do Mercado de Valores Mobiliários (CMVM) ou do Instituto de Seguros de Portugal;

b) Incluir na sua denominação, na publicidade das suas actividades ou em qualquer outra informação que preste ao público ou aos seus clientes qualquer referência a actividade financeira ou a investimento colectivo ou qualquer outra susceptível de provocar confusão com as actividades reservadas às entidades referidas na alínea anterior ou com instrumentos financeiros.

ART. 5.º (Informações prévias) – Antes da celebração de qualquer contrato relativo ao investimento em bens corpóreos, o cliente deve ser informado, por escrito, sobre:

a) Identificação da entidade comercializadora;

b) Natureza, características, riscos, custos e outros encargos subjacentes aos contratos propostos;

c) Métodos de valorização dos bens corpóreos afectos aos contratos comercializados e formas de acesso aos mesmos;

d) Regras respeitantes à segurança e segregação dos bens dos clientes;

e) Valor mínimo garantido e garantias de cumprimento das obrigações assumidas pela entidade comercializadora;

f) Lei aplicável ao contrato;

g) Regras e procedimentos utilizados relativos a reclamações;

h) Não cobertura por sistemas de indemnização a investidores;

i) Existência, condições e modalidades de exercício do direito de resolução do contrato, indicando o endereço, geográfico ou electrónico, para notificação do exercício desse direito.

ART. 6.º (Forma e conteúdo do contrato) – 1 – Os contratos concluídos com os clientes no exercício da actividade regulada no presente decreto-lei devem, sob pena de nulidade, ser reduzidos a escrito e conter todos os elementos referidos no artigo anterior.

2 – O enunciado do contrato deve ser redigido de forma explícita e clara.

3 – O cliente deve datar e assinar o documento a que se refere o n.º 1, sendo igualmente obrigatória a entrega ao cliente de um exemplar do contrato devidamente assinado pela entidade comercializadora.

4 – A nulidade prevista no n.º 1 é invocável a todo o tempo, mas apenas pelo cliente.

ART. 7.º (Direito de resolução) – 1 – O cliente pode resolver o contrato no prazo de 14 dias contados a partir da data da sua assinatura, sem necessidade de indicação do motivo e sem que possa haver lugar a qualquer indemnização ou penalização do cliente.

INVESTIMENTO EM BENS CORPÓREOS [DL n.º 357-D/2007] 769

2 – O prazo referido no número anterior pode ser alargado por acordo entre as partes.

3 – Têm-se por não escritas as cláusulas que estabeleçam a renúncia ao direito previsto nos números anteriores, assim como as que estipulem uma indemnização ou penalização de qualquer tipo em caso de exercício daquele direito.

4 – Para salvaguarda do direito de resolução previsto nos números anteriores, até ao final do prazo estabelecido para o efeito acrescido de três dias, a entidade comercializadora deve abster-se da prática de quaisquer actos de execução do contrato celebrado, incluindo de receber do cliente quaisquer quantias.

5 – A livre resolução deve ser notificada à entidade comercializadora por meio susceptível de prova e de acordo com o contrato e com as informações prévias previstas no artigo 5.º.

6 – A notificação feita em suporte de papel ou através de outro meio duradouro disponível e acessível ao destinatário considera-se tempestivamente efectuada se for enviada até ao último dia do prazo, inclusive.

7 – O exercício do direito de resolução extingue as obrigações e direitos decorrentes do contrato, com efeitos a partir da sua assinatura pelo cliente.

8 – O cliente deve restituir à entidade comercializadora quaisquer quantias ou bens dela recebidos no prazo de 30 dias contados do envio da notificação da resolução.

9 – Sempre que o preço do contrato relativo ao investimento em bens corpóreos for total ou parcialmente coberto por um crédito concedido por terceiro com base num acordo celebrado entre este e a entidade comercializadora, o contrato de crédito é automática e simultaneamente tido por resolvido com efeitos a partir da data da respectiva celebração, sem direito a indemnização, se o cliente exercer o seu direito de resolução em conformidade com os números anteriores.

ART. 8.º (Segregação) – 1 – No exercício da actividade a que se refere o presente decreto-lei, a entidade comercializadora deve adoptar as regras previstas no presente artigo, bem como outras a que se vincule contratualmente com os seus clientes relativas à segurança e segregação dos bens que lhes pertencem.

2 – Em todos os actos que pratique, assim como nos respectivos registos contabilísticos e de operações, a entidade comercializadora deve assegurar uma clara distinção entre os bens pertencentes ao seu património e os bens pertencentes ao património de cada um dos seus clientes.

3 – A abertura de processo de insolvência ou de recuperação de empresa não tem efeitos sobre os actos praticados pela entidade comercializadora por conta dos seus clientes.

4 – A entidade comercializadora não pode, no seu interesse ou no interesse de terceiros, dispor dos bens ou direitos pertencentes aos seus clientes, salvo acordo escrito dos mesmos.

5 – O dinheiro recebido dos clientes ou a seu favor deve ser depositado em conta bancária aberta em nome destes.

ART. 9.º (Documentos de prestação de contas e fiscalização) – 1 – Os documentos de prestação de contas da entidade comercializadora devem ser objecto de certificação legal de contas, por auditor registado na CMVM.

2 – A entidade comercializadora deve sujeitar-se ao regime de fiscalização mencionado na alínea *b*) do n.º 1 do artigo 413.º ou nas alíneas *b*) ou *c*) do n.º 1 do artigo 278.º do Código das Sociedades Comerciais.

3 – Quem exerça as funções de fiscalização previstas nos números anteriores deve comunicar imediatamente à CMVM os factos respeitantes à entidade em causa de que tenha conhecimento no exercício das suas funções, quando tais factos sejam susceptíveis de:

a) Constituir infracção a qualquer norma legal ou regulamentar que discipline a actividade referida no presente decreto-lei;

b) Afectar a continuidade do exercício da actividade da entidade em causa;

c) Justificar a recusa da certificação das contas ou a emissão de reservas.

4 – O dever de comunicação imposto pelo número anterior prevalece sobre quaisquer restrições à divulgação de informações, legal ou contratualmente previstas, e o seu cumprimento de boa fé não envolve qualquer responsabilidade para os respectivos sujeitos.

5 – A CMVM pode estabelecer, através de regulamento, deveres de comunicação e divulgação atinentes aos documentos de prestação de contas e à certificação legal de contas a cargo das entidades comercializadoras.

ART. 10.º (Comunicações) – 1 – Quem pretenda desenvolver a actividade referida no presente decreto-lei deve comunicar à CMVM essa intenção, com, pelo menos, 15 dias de antecedência em relação à data de início da actividade.

2 – A comunicação referida no número anterior deve conter os elementos estabelecidos através de regulamento da CMVM.

3 – São igualmente comunicadas à CMVM quaisquer alterações aos elementos objecto de comunicação prévia, incluindo a cessação da actividade.

ART. 11.º (Deveres de informação) – As entidades comercializadoras comunicam à CMVM, com a periodicidade e nos termos que por esta sejam estabelecidos através de regulamento, o número dos seus clientes e o montante das suas responsabilidades perante os mesmos no âmbito da mencionada actividade.

ART. 12.º (Divulgação) – A CMVM divulga, através do seu sistema de difusão de informação, a lista das entidades que procedam às comunicações referidas no artigo 10.º, bem como outros elementos com elas relacionados, estabelecidos através de regulamento.

770 [DL n.º 357-D/2007]   MERCADO DE VALORES MOBILIÁRIOS

ART. 13.º (**Supervisão e poderes da CMVM**) – 1 – Compete à CMVM a supervisão da actividade regulada pelo presente decreto-lei.

2 – Em relação às entidades comercializadoras, a CMVM pode:

a) Aprovar normas regulamentares relativas ao exercício da actividade, podendo nomeadamente fixar requisitos organizacionais, prudenciais e relativos à idoneidade dos titulares de participações qualificadas e dos membros de órgãos sociais;

b) Ordenar a divulgação de informação adicional sobre o contrato, a suspensão do contrato ou a revogação do contrato, quando assim o exija a tutela dos legítimos interesses ou direitos dos clientes ou do público em geral;

c) Proibir ou suspender a comercialização de contratos relativos ao investimento em bens corpóreos, quando as regras fixadas no presente decreto-lei e legislação e regulamentação complementar não se encontrem cumpridas;

d) Exercer, relativamente a quem exerce a actividade, todos os poderes que lhe são conferidos pelo respectivo Estatuto, aprovado pelo Decreto-Lei n.º 473/99, de 8 de Novembro, e pelo Código dos Valores Mobiliários, aprovado pelo Decreto-Lei n.º 486/99, de 13 de Novembro.

ART. 14.º (**Ilícitos de mera ordenação social**) – 1 – Constitui contra-ordenação punível com coima entre € 2500 e € 25 000 a prática dos seguintes actos ou omissões praticados por quem exerça a actividade de comercialização de contratos relativos ao investimento em bens corpóreos regulada no presente decreto-lei:

a) A realização, em simultâneo com aquela actividade, de actividades ou operações reservadas às instituições de crédito, sociedades financeiras, empresas de investimento, organismos de investimento colectivo, empresas de seguros e resseguros ou a quaisquer outras entidades sujeitas à supervisão do Banco de Portugal, da CMVM ou do Instituto de Seguros de Portugal;

b) A inclusão na sua denominação, na designação dos contratos comercializados ou em informação, ainda que publicitária, prestada ao público ou ao cliente, de referência a actividade financeira, investimento colectivo ou qualquer outra susceptível de provocar confusão com as actividades reservadas às entidades referidas na alínea anterior ou com instrumentos financeiros;

c) A violação do dever de respeitar a exigência de forma escrita do contrato relativo ao investimento em bens corpóreos;

d) A violação do dever de entregar ao participante ou aderente um exemplar do contrato devidamente assinado;

e) A falta de prestação ao cliente da informação prévia exigida por lei;

f) O recebimento dos clientes de quaisquer quantias relacionadas com o contrato durante o período vedado por lei;

g) A violação do dever de sujeitar os documentos de prestação de contas a certificação legal de contas por revisor oficial de contas registado na CMVM;

h) O desenvolvimento da actividade não precedido de notificação à CMVM;

i) A falta de notificação à CMVM de alterações ao teor de informação previamente transmitida relativa à actividade prestada;

j) A falta de comunicação à CMVM do número dos seus clientes e do montante das suas responsabilidades perante estes;

l) A violação dos deveres que venham a ser estabelecidos em regulamento da CMVM;

m) A adopção, por sociedades que exerçam a actividade de comercialização de contratos relativos ao investimento em bens corpóreos:

 i) De tipo societário diferente de sociedade anónima;

 ii) De regime de fiscalização diferente do exigido por lei.

2 – Constitui contra-ordenação punível com coima entre € 25 000 e € 250 000 a violação:

a) por quem exerça a actividade de comercialização de contratos relativos ao investimento em bens corpóreos, do dever de adoptar os procedimentos relativos à segurança dos bens e à segregação patrimonial legalmente previstos ou acordados com o cliente;

b) por membros do órgão de fiscalização e pelo revisor oficial de contas de sociedade que desenvolva a actividade regulada no presente decreto-lei, do dever de comunicação à CMVM dos factos respeitantes àquela sociedade, de que tenham conhecimento no exercício das suas funções, que sejam susceptíveis de constituir infracção a qualquer norma legal ou regulamentar que discipline aquela actividade, afectar a continuidade do exercício da actividade ou justificar a recusa da certificação das contas ou a emissão de reservas.

3 – Aplica-se às contra-ordenações previstas no presente diploma o disposto no Código dos Valores Mobiliários quanto às seguintes matérias:

a) Sanções acessórias;

b) Medidas cautelares;

c) Processo, tanto na fase administrativa como judicial, incluindo o disposto no artigo 422..º do mesmo Código.

4 – É igualmente aplicável o disposto nos artigos 401.º, 403.º, 405.º, 406.º, 419.º e 420.º do Código dos Valores Mobiliários.

5 – As medidas cautelares previstas na alínea *b)* do n.º 3, bem como as previstas no regime geral dos ilícitos de mera ordenação social, aplicam-se quando tal se revele necessário para a instrução do processo ou para a tutela dos interesses do público ou dos clientes.

6 – Os ilícitos de mera ordenação social previstos no presente decreto-lei são imputados a título de dolo ou de negligência.

7 – A tentativa de qualquer dos ilícitos de mera ordenação social descritos no presente decreto-lei é punível.

ART. 15.º (**Disposição transitória**) – As entidades que se encontrem a exercer a actividade a que refere o presente decreto-lei na data da respectiva entrada em vigor efectuam a comunicação prevista no artigo 10.º nos 30 dias subsequentes àquela data.

CAP. X

SEGUROS E FUNDOS DE PENSÕES

10.1. ACESSO E EXERCÍCIO DA ACTIVIDADE SEGURADORA

Decreto-Lei n.º 94-B/98

de 17 de Abril (*)

TÍTULO I — DISPOSIÇÕES GERAIS

ART. 1.º (Âmbito do diploma) — 1 — O presente diploma regula as condições de acesso e de exercício da actividade seguradora e resseguradora no território da União Europeia, incluindo a exercida no âmbito institucional das zonas francas, com excepção do seguro de crédito por conta ou com a garantia do Estado, por empresas de seguros ou de resseguros com sede social em Portugal, bem como as condições de acesso e de exercício da actividade seguradora e resseguradora em território português, por empresas de seguros ou de resseguros sediadas em outros Estados membros.

2 — As regras do presente diploma referentes a empresas de seguros ou de resseguros sediadas em outros Estados membros aplicam-se às empresas de seguros ou de resseguros sediadas em Estados que tenham celebrado acordos de associação com a União Europeia, regularmente ratificados ou aprovados pelo Estado Português, nos precisos termos desses acordos.

3 — O presente diploma regula ainda as condições de acesso e de exercício da actividade seguradora e resseguradora em território português por sucursais de empresas de seguros ou de resseguros com sede social fora do território da União Europeia.

4 — O presente diploma aplica-se ainda ao acesso e exercício da actividade seguradora e resseguradora no território de Estados não membros da União Europeia por sucursais de empresas de seguros ou de resseguros com sede em Portugal.

ART. 2.º (Definições) — 1 — Para efeitos do presente diploma, considera-se:

a) «Estado membro» qualquer Estado que seja membro da União Europeia, bem como os Estados que são partes contratantes em acordos de associação com a União Europeia, regularmente ratificados ou aprovados pelo Estado Português, nos precisos termos desses acordos;

b) «Empresa de seguros», adiante também designada por seguradora, qualquer empresa que tenha recebido uma autorização administrativa para o exercício da actividade seguradora e resseguradora;

(*) Alterado e republicado pelo **DL n.º 8-C/2002**, de 11-1, rectificada a numeração pela Declaração de Rectificação n.º 3/2002, de 26-1, e alterado ainda pelos Decretos-Leis n.ᵒˢ **169/2002**, de 25-7, **72-A/2003**, de 14-4, **90/2003**, de 30-4, **251/2003**, de 14-10, do **DL n.º 76-A/2006**, de 29-3 (art. 22.º), do **DL n.º 145/2006**, de 31-7, do **DL n.º 291/2007**, de 21-8, cujo art. 94.º-1-*f)* revogou o n.º 3 do art. 66.º, do **DL n.º 357-A/2007**, de 31-10, que deu nova redacção aos arts. 6.º, 20.º, 131.º-A, 131.º-B, 156.º e 243.º, do **DL n.º 72/2008**, de 16-4, que revogou os arts. 132.º a 142.º e 176.º a 193.º, do **DL n.º 211-A/2008**, de 3-11, que alterou os arts. 157.º e 206.º, e do **DL n.º 2/2009**, de 5-1, que introduziu múltiplas alterações, tendo republicado em anexo o texto integral consolidado, sendo este último que se adopta, com as rectificações constantes da Decla. de Rectif. n.º 17/2009, de 3-3, com as alterações introduzidas pelos arts. 8.º e 9.º da **Lei n.º 28/2009**, de 19-6, e pelos arts. 4.º e 5.º do **DL n.º 52/2010**, de 26-5.

772   [DL n.º 94-B/98]   SEGUROS E FUNDOS DE PENSÕES

c) «Empresa de resseguros», adiante também designada por resseguradora, qualquer empresa que tenha recebido uma autorização administrativa para o exercício da actividade resseguradora;

d) «Sucursal» qualquer agência, sucursal, delegação ou outra forma local de representação de uma empresa de seguros ou de resseguros, sendo como tal considerada qualquer presença permanente de uma empresa em território da União Europeia, mesmo que essa presença, não tendo assumido a forma de uma sucursal ou agência, se exerça através de um simples escritório gerido por pessoal da própria empresa, ou de uma pessoa independente mas mandatada para agir permanentemente em nome da empresa como o faria uma agência;

e) «Compromisso» qualquer compromisso que se concretize em alguma das formas de seguros ou de operações previstas no artigo 124.º;

f) «Estado membro de origem» o Estado membro onde se situa a sede social da empresa de seguros que cobre o risco ou que assume o compromisso ou a sede social da empresa de resseguros;

g) «Estado membro da sucursal» o Estado membro onde se situa a sucursal da empresa de seguros que cobre o risco ou que assume o compromisso ou a sucursal da empresa de resseguros;

h) «Estado membro da prestação de serviços» o Estado membro em que se situa o risco ou o Estado membro do compromisso, sempre que o risco seja coberto ou o compromisso assumido por uma empresa de seguros ou uma sucursal situada noutro Estado membro;

i) «Estado membro de acolhimento» o Estado membro em que uma empresa de resseguros dispõe de uma sucursal ou presta serviços;

j) «Estado membro onde o risco se situa»:

i) O Estado membro onde se encontrem os bens, sempre que o seguro respeite quer a imóveis quer a imóveis e seu conteúdo, na medida em que este último estiver coberto pela mesma apólice de seguro;

ii) O Estado membro em que o veículo se encontra matriculado, sempre que o seguro respeite a veículos de qualquer tipo;

iii) O Estado membro em que o tomador tiver subscrito o contrato, no caso de um contrato de duração igual ou inferior a quatro meses relativo a riscos ocorridos durante uma viagem ou fora do seu domicílio habitual, qualquer que seja o ramo em questão;

iv) O Estado membro onde o tomador tenha a sua residência habitual ou, se este for uma pessoa colectiva, o Estado membro onde se situa o respectivo estabelecimento a que o contrato se refere, nos casos não referidos nos números anteriores;

l) «Estado membro do compromisso» o Estado membro onde o tomador reside habitualmente ou, caso se trate de uma pessoa colectiva, o Estado membro onde está situado o estabelecimento da pessoa colectiva a que o contrato ou operação respeitam;

m) «Livre prestação de serviços» a operação pela qual uma empresa de seguros cobre ou assume, a partir da sua sede social ou de um estabelecimento situado no território de um Estado membro, um risco ou um compromisso situado ou assumido no território de um outro Estado membro;

n) «Autoridades competentes» as autoridades nacionais que exercem, por força da lei ou regulamentação, a supervisão das empresas de seguros ou de resseguros;

o) «Mercado regulamentado» um mercado financeiro nacional funcionando regularmente e nas condições legalmente definidas ou um mercado situado noutro Estado membro ou num país terceiro, desde que satisfaça essas mesmas exigências e tenha sido reconhecido como tal pela entidade competente do Estado membro de origem, e os instrumentos financeiros nele negociados sejam de qualidade comparável à dos instrumentos negociados num mercado regulamentado nacional;

p) «Resseguro» a actividade que consiste na aceitação de riscos cedidos por uma empresa de seguros ou de resseguros;

q) «Empresa de resseguros cativa» uma empresa de resseguros, propriedade de uma instituição não financeira ou de instituição do sector financeiro que não seja uma empresa de seguros ou de resseguros ou um grupo de empresas de seguros ou de resseguros ao qual se aplique o regime de supervisão complementar, cujo objecto consiste em fornecer uma cobertura através de resseguro exclusivamente aos riscos da empresa ou empresas a que pertence ou da empresa ou empresas do grupo em que se integra;

r) «Entidade com objecto específico de titularização de riscos de seguros (*special purpose vehicle*)», uma entidade colectiva, com ou sem personalidade jurídica, que não seja uma empresa de seguros ou de resseguros, que assume riscos de empresas de seguros ou de resseguros e financia integralmente os riscos das posições assumidas através do produto da emissão de dívida ou de outro mecanismo de financiamento em que os direitos de reembolso dos emissores dessa dívida ou mecanismo de financiamento estão subordinados às obrigações de resseguro da entidade colectiva;

s) «Resseguro finito», o resseguro em que o potencial explícito de perda máxima, expresso em risco económico máximo transferido, decorrente da transferência de um risco de subscrição e de um risco temporal significativos, excede, num montante limitado mas significativo, o prémio devido durante a vigência do contrato, juntamente com, pelo menos, uma das seguintes características:

i) Consideração explícita e substancial do valor temporal do dinheiro;

ii) Disposições contratuais destinadas a moderar no tempo o equilíbrio da experiência económica entre as partes, a fim de atingir as transferências de risco pretendidas.

ACESSO E EXERCÍCIO DA ACTIVIDADE SEGURADORA [DL n.º 94-B/98] 773

2 — Para efeitos do disposto na alínea *o*) do número anterior, consideram-se condições legalmente definidas:
a) As condições de funcionamento;
b) As condições de acesso;
c) As condições de admissão à cotação oficial de valores mobiliários numa bolsa de valores, quando for caso disso;
d) As condições exigíveis para que os instrumentos financeiros possam ser efectivamente transaccionados nesse mercado, noutras circunstâncias que não as previstas na alínea anterior.
3 — Para os efeitos do presente diploma, são considerados grandes riscos:
a) Os riscos que respeitem aos ramos de seguro referidos nos n.ºs 4), 5), 6), 7), 11) e 12) do artigo 123.º;
b) Os riscos que respeitem aos ramos de seguro referidos nos n.ºs 14) e 15) do artigo 123.º, sempre que o tomador exerça a título profissional uma actividade industrial, comercial ou liberal e o risco, se reporte a essa actividade;
c) Os riscos que respeitem aos ramos de seguro referidos nos n.ºs 3), 8), 9), 10), 13) e 16) do artigo 123.º, de acordo com o critério referido no número seguinte.
4 — Os riscos referidos na alínea *c*) do número anterior só são considerados grandes riscos desde que, relativamente ao tomador, sejam excedidos dois dos seguintes valores:
a) Total do balanço — 6,2 milhões de euros;
b) Montante líquido do volume de negócios — 12,8 milhões de euros;
c) Número médio de empregados durante o último exercício — 250.
5 — No caso de o tomador estar integrado num conjunto de empresas para o qual sejam elaboradas contas consolidadas, os valores referidos no número anterior são aplicados com base nessas contas.
6 — São considerados riscos de massa os riscos não abrangidos pelos n.ºs 3 e 4 do presente artigo.

ART. 3.º (Outras definições) — Para efeitos do presente diploma, considera-se ainda:
1) «Relação de controlo ou de domínio» a relação que se dá entre uma pessoa singular ou colectiva e uma sociedade quando:
a) Se verifique alguma das seguintes situações:
i) Deter a pessoa singular ou colectiva em causa a maioria dos direitos de voto;
ii) Ser sócio da sociedade e ter o direito de designar ou de destituir mais de metade dos membros do órgão de administração ou do órgão de fiscalização;
iii) Poder exercer influência dominante sobre a sociedade, por força de contrato ou de cláusula dos estatutos desta;
iv) Ser sócio da sociedade e controlar por si só, em virtude de acordo concluído com outros sócios desta, a maioria dos direitos de voto;
v) Poder exercer ou exercer efectivamente, influência dominante ou controlo sobre a sociedade;
vi) No caso de pessoa colectiva, gerir a sociedade como se ambas constituíssem uma única entidade;
b) Se considere, para efeitos da aplicação das subalíneas *i*), *ii*) e *iv*) da alínea anterior, que:
i) Aos direitos de voto, de designação ou de destituição do participante equiparam-se os direitos de qualquer outra sociedade dependente do dominante ou que com este se encontre numa relação de grupo, bem como os de qualquer pessoa que actue em nome próprio mas por conta do dominante ou de qualquer outra das referidas sociedades;
ii) Dos direitos indicados na subalínea anterior deduzem-se os direitos relativos às acções detidas por conta de pessoa que não seja o dominante ou outra das referidas sociedades, ou relativos às acções detidas em garantia, desde que, neste último caso, tais direitos sejam exercidos em conformidade com as instruções recebidas, ou a posse das acções seja operação corrente da empresa detentora em matéria de empréstimos e os direitos de voto sejam exercidos no interesse do prestador da garantia;
c) Para efeitos da aplicação das subalíneas *i*) e *iv*) da alínea *a*), deverão ser deduzidos à totalidade dos direitos de voto correspondentes ao capital da sociedade dependente os direitos de voto relativos à participação detida por esta sociedade, por uma sua filial ou por uma pessoa em nome próprio mas por conta de qualquer destas sociedades;
2) 'Participação qualificada' a participação directa ou indirecta que represente percentagem não inferior a 10% do capital ou dos direitos de voto da instituição participada ou que, por qualquer motivo, possibilite exercer influência significativa na gestão da instituição participada, sendo aplicável ao cômputo dos direitos de voto o disposto nos artigos 3.º-A e 3.º-B.
3) 'Empresa mãe' a pessoa colectiva que se encontra relativamente a outra pessoa colectiva numa relação de controlo ou de domínio prevista no n.º 1);
4) 'Filial' a pessoa colectiva relativamente à qual outra pessoa colectiva, designada por empresa mãe, se encontra numa relação de controlo ou de domínio prevista no n.º 1), considerando-se que a filial de uma filial é igualmente filial de uma empresa mãe de que ambas dependem;
5) «Relação de proximidade», também designada por grupo, situação em que duas ou mais pessoas singulares ou colectivas se encontrem ligadas através de:
a) Uma participação, ou seja, o facto de uma deter na outra, directamente ou através de uma relação de controlo, 20% ou mais dos direitos de voto ou do capital; ou

774   [DL n.º 94-B/98]   SEGUROS E FUNDOS DE PENSÕES

b) Uma relação de controlo, ou seja, a relação existente entre uma empresa mãe e uma filial, tal como prevista nos n.ᵒˢ 3) e 4) do presente artigo, ou uma relação da mesma natureza entre qualquer pessoa singular ou colectiva e uma empresa;

6) Constitui também relação de proximidade entre duas ou mais pessoas singulares ou colectivas a situação em que essas pessoas se encontrem ligadas de modo duradouro a uma mesma entidade através de uma relação de controlo.

ART. 3.º-A (Imputação de direitos de voto) — 1 — Para efeitos do disposto no n.º 2 do artigo 3.º, no cômputo das participações qualificadas consideram-se, além dos inerentes às acções de que o participante tenha a titularidade ou o usufruto, os direitos de voto:

a) Detidos por terceiros em nome próprio, mas por conta do participante;

b) Detidos por sociedade que com o participante se encontre em relação de domínio ou de grupo;

c) Detidos por titulares do direito de voto com os quais o participante tenha celebrado acordo para o seu exercício, salvo se, pelo mesmo acordo, estiver vinculado a seguir instruções de terceiro;

d) Detidos, se o participante for uma sociedade, pelos membros dos seus órgãos de administração e de fiscalização;

e) Que o participante possa adquirir em virtude de acordo celebrado com os respectivos titulares;

f) Inerentes a acções detidas em garantia pelo participante ou por este administradas ou depositadas junto dele, se os direitos de voto lhe tiverem sido atribuídos;

g) Detidos por titulares do direito de voto que tenham conferido ao participante poderes discricionários para o seu exercício;

h) Detidos por pessoas que tenham celebrado algum acordo com o participante que vise adquirir o domínio da sociedade ou frustrar a alteração de domínio ou que, de outro modo, constitua um instrumento de exercício concertado de influência sobre a sociedade participada;

i) Imputáveis a qualquer das pessoas referidas numa das alíneas anteriores por aplicação, com as devidas adaptações, de critério constante de alguma das outras alíneas.

2 — Para efeitos do disposto na alínea *b*) do número anterior, não se consideram imputáveis à sociedade que exerça domínio sobre entidade gestora de fundo de investimento, sobre entidade gestora de fundo de pensões, sobre entidade gestora de fundo de capital de risco ou sobre intermediário financeiro autorizado a prestar o serviço de gestão de carteiras por conta de outrem e às sociedades associadas de fundos de pensões os direitos de voto inerentes a acções de empresas de seguros ou resseguros integrantes de fundos ou carteiras geridas, desde que a entidade gestora ou o intermediário financeiro exerça os direitos de voto de modo independente da sociedade dominante ou das sociedades associadas.

3 — Para efeitos da alínea *h*) do n.º 1, presume-se serem instrumento de exercício concertado de influência os acordos relativos à transmissibilidade das acções representativas do capital social da sociedade participada.

4 — A presunção referida no número anterior pode ser ilidida perante o Instituto de Seguros de Portugal, mediante prova de que a relação estabelecida com o participante é independente da influência, efectiva ou potencial, sobre a sociedade participada.

5 — Para efeitos do disposto no n.º 1, os direitos de voto são calculados com base na totalidade das acções com direitos de voto, não relevando para o cálculo a suspensão do respectivo exercício.

6 — No cômputo das participações qualificadas não são considerados:

a) Os direitos de voto detidos por empresas de investimento ou instituições de crédito em resultado da tomada firme ou da colocação com garantia de instrumentos financeiros, desde que os direitos de voto não sejam exercidos ou de outra forma utilizados para intervir na gestão da sociedade e sejam cedidos no prazo de um ano a contar da aquisição;

b) As acções transaccionadas exclusivamente para efeitos de operações de compensação e de liquidação no âmbito do ciclo curto e habitual de liquidação, aplicando-se para este efeito o disposto no n.º 2 do artigo 16.º-A e no n.º 1 do artigo 18.º, ambos do Código dos Valores Mobiliários;

c) As acções detidas por entidades de custódia, actuando nessa qualidade, desde que estas entidades apenas possam exercer os direitos de voto associados às acções sob instruções comunicadas por escrito ou por meios electrónicos;

d) As participações de intermediário financeiro actuando como criador de mercado que atinjam ou ultrapassem 5% dos direitos de voto correspondentes ao capital social, desde que aquele não intervenha na gestão da instituição participada, nem o influencie a adquirir essas acções ou a apoiar o seu preço.

ART. 3.º-B (Imputação de direitos de voto relativos a acções integrantes de organismos de investimento colectivo, de fundos de pensões ou de carteiras) — 1 — Para efeitos do disposto no n.º 2 do artigo anterior, a sociedade que exerça domínio sobre a entidade gestora ou sobre o intermediário financeiro e as sociedades associadas de fundos de pensões beneficiam da derrogação de imputação agregada de direitos de voto se:

a) Não interferirem através de instruções, directas ou indirectas, sobre o exercício dos direitos de voto inerentes às acções integrantes do fundo de investimento, do fundo de pensões, do fundo de capital de risco ou da carteira;

ACESSO E EXERCÍCIO DA ACTIVIDADE SEGURADORA   [DL n.º 94-B/98]   775

b) A entidade gestora ou o intermediário revelar autonomia dos processos de decisão no exercício do direito de voto.

2 — Para beneficiar da derrogação de imputação agregada de direitos de voto, a sociedade que exerça domínio sobre a entidade gestora ou sobre o intermediário financeiro deve:

a) Enviar ao Instituto de Seguros de Portugal a lista actualizada de todas as entidades gestoras e intermediários financeiros sob relação de domínio e, no caso de entidades sujeitas a lei pessoal estrangeira, indicar as respectivas autoridades de supervisão;

b) Enviar ao Instituto de Seguros de Portugal uma declaração fundamentada, referente a cada entidade gestora ou intermediário financeiro, de que cumpre o disposto no número anterior;

c) Demonstrar ao Instituto de Seguros de Portugal, a seu pedido, que as estruturas organizacionais das entidades relevantes asseguram o exercício independente do direito de voto, que as pessoas que exercem os direitos de voto agem independentemente e que existe um mandato escrito e claro que, nos casos em que a sociedade dominante recebe serviços prestados pela entidade dominada ou detém participações directas em activos por esta geridos, fixa a relação contratual das partes em consonância com as condições normais de mercado para situações similares.

3 — Para efeitos da alínea *c)* do número anterior, as entidades relevantes devem adoptar, no mínimo, políticas e procedimentos escritos que impeçam, em termos adequados, o acesso a informação relativa ao exercício dos direitos de voto.

4 — Para beneficiar da derrogação de imputação agregada de direitos de voto, as sociedades associadas de fundos de pensões devem enviar ao Instituto de Seguros de Portugal uma declaração fundamentada de que cumprem o disposto no n.º 1.

5 — Caso a imputação fique a dever-se à detenção de instrumentos financeiros que confiram ao participante o direito à aquisição, exclusivamente por sua iniciativa, por força de acordo, de acções com direitos de voto, já emitidas por emitente cujas acções estejam admitidas à negociação em mercado regulamentado, basta, para efeitos do n.º 2, que a sociedade aí referida envie ao Instituto de Seguros de Portugal a informação prevista na alínea *a)* desse número.

6 — Para efeitos do disposto no n.º 1:

a) Consideram-se instruções directas as dadas pela sociedade dominante ou outra entidade por esta dominada que precise o modo como são exercidos os direitos de voto em casos concretos;

b) Consideram-se instruções indirectas as que, em geral ou particular, independentemente da sua forma, são transmitidas pela sociedade dominante ou qualquer entidade por esta dominada e limitam a margem de discricionariedade da entidade gestora, intermediário financeiro e sociedade associada de fundos de pensões relativamente ao exercício dos direitos de voto de modo a servir interesses empresariais específicos da sociedade dominante ou de outra entidade por esta dominada.

7 — Logo que, nos termos do n.º 1, considere não provada a independência da entidade gestora ou do intermediário financeiro que envolva uma participação qualificada em empresa de seguros ou resseguros, e sem prejuízo das consequências sancionatórias que ao caso caibam, o Instituto de Seguros de Portugal notifica deste facto a sociedade que exerça domínio sobre a entidade gestora ou sobre o intermediário financeiro e as sociedades associadas de fundos de pensões e, ainda, o órgão de administração da sociedade participada.

8 — A declaração do Instituto de Seguros de Portugal prevista no número anterior implica a imputação à sociedade dominante de todos os direitos de voto inerentes às acções que integrem o fundo de investimento, o fundo de pensões, o fundo de capital de risco ou a carteira, com as respectivas consequências, enquanto não seja demonstrada a independência da entidade gestora ou do intermediário financeiro.

9 — A emissão da notificação prevista no n.º 7 pelo Instituto de Seguros de Portugal é precedida de consulta prévia à Comissão do Mercado de Valores Mobiliários sempre que se refira a direitos de voto inerentes a acções de sociedades abertas ou detidas por organismos de investimento colectivo, ou ainda integradas em carteiras de instrumentos financeiros, no âmbito de contrato de gestão de carteiras.

ART. 4.º (Exclusões) — 1 — O presente diploma não se aplica às mútuas de seguros de gado que apresentem, cumulativamente, as seguintes características:

a) Estatuto que preveja a possibilidade de proceder a reforços de quotizações ou à redução das suas prestações;

b) Actividade que apenas respeite à cobertura de riscos inerentes ao seguro pecuário;

c) Montante anual de quotizações e ou prémios não superior a € 5 000 000.

2 — O presente diploma não é igualmente aplicável às sociedades de assistência que apresentem, cumulativamente, as seguintes características:

a) Exercício da actividade restrito ao ramo de seguro referido no n.º 18) do artigo 123.º, com carácter puramente local e limitado a prestações em espécie;

b) Montante anual das receitas processadas não superior a € 200 000.

3 — O presente diploma não é ainda aplicável à actividade de resseguro exercida ou integralmente garantida pelo Governo Português ou pelo Governo de outro Estado membro quando actue, por razões de interesse público relevante, na qualidade de segurador de último recurso, designadamente quando tal intervenção é exigida face a uma situação do mercado em que é inviável a obtenção de uma cobertura comercial adequada.

776 [DL n.º 94-B/98] SEGUROS E FUNDOS DE PENSÕES

ART. 5.º (Exercício do resseguro e entidades com objecto específico de titularização de riscos de seguros) —
1 — Sem prejuízo do disposto no artigo 7.º, a actividade de resseguro em Portugal pode ser exercida por empresas de seguros ou de resseguros com sede em território fora da União Europeia que não se encontrando estabelecidas em Portugal, estejam, no respectivo país de origem, autorizadas a exercer a actividade de resseguro.

2 — A actividade de resseguro em Portugal exercida por empresas de seguros ou de resseguros com sede em território fora da União Europeia com o qual não tenha sido concluído acordo pela União Europeia sobre o exercício de supervisão, está sujeita à constituição de garantias, nos termos a fixar por norma regulamentar do Instituto de Seguros de Portugal.

3 — Às empresas de resseguros com sede em Portugal e às sucursais de empresas de resseguros com sede fora do território da União Europeia é aplicável o título I, as secções I e XI do capítulo I e a secção III do capítulo II do título II, o capítulo II, a secção II do capítulo V e as secções I, I-A, II, IV e V do capítulo VI do título III, e os títulos VI e VII do presente diploma.

4 — O regime aplicável à actividade de resseguro é extensivo à actividade de prestação de garantia de cobertura de riscos, por empresa de resseguros, a um fundo de pensões, não se aplicando à actividade de resseguro a fundos de pensões que não configurem uma instituição de realização de planos de pensões profissionais as regras referentes ao exercício de actividade transfronteiras.

5 — O Instituto de Seguros de Portugal pode estabelecer, através de norma regulamentar:
a) Um conjunto de condições mínimas a incluir nos contratos de resseguro finito;
b) Requisitos em matéria de contabilidade e informação relativa a actividades de resseguro finito.

6 — As condições de acesso e de exercício de uma entidade com objecto específico de titularização de riscos de seguros que se pretenda estabelecer em Portugal são estabelecidas em regime especial.

ART. 6.º (Supervisão) — 1 — O exercício da actividade seguradora e resseguradora pelas empresas de seguros ou de resseguros referidas no artigo 1.º e equiparadas fica sujeito à supervisão do Instituto de Seguros de Portugal, nos termos legal e regulamentares fixados.

2 — O disposto no número anterior não prejudica os poderes de supervisão relativos a contratos de seguro ligados a fundos de investimento atribuídos à Comissão do Mercado de Valores Mobiliários.

TÍTULO II — CONDIÇÕES DE ACESSO À ACTIVIDADE SEGURADORA E RESSEGURADORA

CAPÍTULO I — Do estabelecimento

Secção I — DISPOSIÇÕES GERAIS

ART. 7.º (Entidades que podem exercer a actividade seguradora ou resseguradora) — 1 — Sem prejuízo do artigo 5.º, a actividade seguradora ou resseguradora em Portugal só pode ser exercida por:
a) Sociedades anónimas, autorizadas nos termos do presente diploma;
b) Mútuas de seguros ou de resseguros, autorizadas nos termos do presente diploma;
c) Sucursais de empresas de seguros com sede no território de outros Estados membros, desde que devidamente cumpridos os requisitos exigidos ou sucursais de empresas de resseguros com sede no território de outros Estados membros;
d) Sucursais de empresas de seguros ou de resseguros com sede fora do território da União Europeia, autorizadas nos termos do presente diploma;
e) Empresas de seguros ou empresas de resseguros públicas ou de capitais públicos, criadas nos termos da lei portuguesa, desde que tenham por objecto a realização de operações de seguro ou de resseguro em condições equivalentes às das empresas de direito privado.

2 — A actividade seguradora ou resseguradora pode também ser exercida por empresas de seguros ou de resseguros que adoptem a forma de sociedade europeia, nos termos da legislação que lhes for aplicável.

3 — As sociedades de assistência que sejam, nos termos do presente diploma, assimiladas a empresas de seguros devem revestir a forma de sociedade anónima.

ART. 8.º (Objecto) — 1 — As empresas de seguros referidas nos n.ᵒˢ 1 e 2 do artigo anterior são instituições financeiras que têm por objecto exclusivo o exercício da actividade de seguro directo e de resseguro, podendo ainda exercer actividades conexas ou complementares da de seguro ou resseguro, nomeadamente no que respeita a actos e contratos relativos a salvados, à reedificação e reparação de prédios, à reparação de veículos, à manutenção de postos clínicos e à aplicação de provisões, reservas e capitais.

2 — As empresas de seguros devidamente autorizadas para a exploração, de entre outros, do ramo previsto no n.º 18) do artigo 123.º podem ainda apresentar e ou subscrever contratos de seguro relativos a produtos de assistência que são geridos por sociedades de assistência.

3 — Sem prejuízo do disposto no n.º 2 do artigo 4.º, são equiparadas, para todos os efeitos, a empresas de seguros as sociedades de assistência que tenham por objecto a assunção da responsabilidade financeira e ou

ACESSO E EXERCÍCIO DA ACTIVIDADE SEGURADORA [DL n.º 94-B/98] 777

gestão do risco de assistência, quer os respectivos contratos que garantem esse risco sejam subscritos pela própria sociedade de assistência, quer sejam subscritos por intermédio de uma ou mais empresas de seguros.

4 — As empresas de resseguros referidas nos n.ºs 1 e 2 do artigo anterior são instituições financeiras que têm por objecto exclusivo o exercício da actividade de resseguro e actividades conexas, nomeadamente a prestação aos clientes de serviços de consultoria em matéria estatística ou actuarial, a análise ou pesquisa de riscos, o exercício de funções de gestão de participações sociais e actividades relacionadas com actividades do sector financeiro.

ART. 9.º (Exploração cumulativa dos ramos «Vida» e «Não vida») — 1 — A actividade de seguro directo e de resseguro do ramo «Vida» pode ser exercida cumulativamente apenas com a de seguro directo e resseguro dos ramos «Não vida» referidos nos n.ºs 1) e 2) do artigo 123.º.

2 — As empresas de seguros autorizadas a exercer cumulativamente as actividades referidas no número anterior, bem como as empresas referidas no artigo 240.º, devem adoptar uma gestão distinta para cada uma dessas actividades.

3 — A gestão distinta prevista no número anterior deve ser organizada de modo que a actividade de seguro do ramo «Vida» e a de seguro dos ramos «Não vida» fiquem separadas, a fim de que:

a) Não possam ser causados, directa ou indirectamente, quaisquer prejuízos aos interesses respectivos dos tomadores de seguro, segurados e beneficiários de «Vida» e «Não vida»;

b) Os lucros resultantes da exploração do ramo «Vida» revertam a favor dos segurados e beneficiários do «Vida», como se a empresa apenas explorasse o ramo «Vida»;

c) As garantias financeiras exigidas e correspondentes a cada uma actividades não sejam suportadas pela outra actividade.

4 — As empresas de seguros podem, depois de satisfeitas as garantias financeiras, nos termos da alínea *c)* do número anterior, e mediante comunicação prévia ao Instituto de Seguros de Portugal, utilizar, para qualquer das duas actividades, os elementos referidos nos n.ºs 1 e 2 dos artigos 96.º e 98.º que, realizadas as competentes deduções, se encontrem ainda disponíveis.

5 — Em caso de insuficiência de uma das margens de solvência, aplicar-se-ão à actividade deficitária as medidas previstas para tal situação, independentemente da situação da outra actividade, podendo essas medidas incluir a autorização para uma transferência de elementos da margem de solvência disponível de uma actividade para a outra.

6 — A contabilidade deve ser organizada de modo que os resultados decorrentes do exercício de cada uma das actividades se apresentem inequívoca e completamente separados.

ART. 10.º (Âmbito da autorização) — 1 — A autorização para o exercício da actividade seguradora e resseguradora é concedida, em relação às empresas referidas nas alíneas *a)*, *b)* e *e)* do n.º 1 do artigo 7.º, para todo o território da União Europeia.

2 — A autorização inicial das empresas de seguros é concedida ramo a ramo, abrangendo, salvo se a requerente apenas pretender cobrir alguns riscos ou modalidades, a totalidade do ramo, tanto para o seguro directo como para o resseguro, admitindo-se, no entanto, a sua concessão para um grupo de ramos, desde que devidamente identificados nos termos do artigo 128.º.

3 — A autorização inicial das empresas de resseguros é concedida para actividades de resseguro dos ramos «Não vida», actividades de resseguro do ramo «Vida», ou todos os tipos de actividades de resseguro.

4 — A autorização posterior para a exploração de novos ramos ou modalidades far-se-á nos termos legais e regulamentares em vigor.

5 — As sociedades de assistência apenas podem explorar o ramo previsto no n.º 18) do artigo 123.º.

ART. 10.º-A (Registo no Instituto de Seguros de Portugal) — 1 — Nos termos de norma a emitir pelo Instituto de Seguros de Portugal, este manterá em registo a identificação e a indicação das vicissitudes ocorridas relativamente às entidades previstas no artigo 7.º.

2 — A norma prevista no número anterior, para lá de determinar os elementos a registar, bem como os respectivos moldes, deve ainda prever, designadamente:

a) Os termos da obrigação de envio, pelas entidades em causa, dos documentos que suportam os elementos a registar;

b) As formas de publicidade dos dados registados.

Secção II — SOCIEDADES ANÓNIMAS DE SEGUROS

ART. 11.º (Constituição, denominação e legislação aplicável) — 1 — O disposto na presente secção aplica-se à constituição de empresas de seguros ou equiparadas que revistam a natureza de sociedades anónimas.

2 — Da denominação da sociedade deve constar uma expressão da qual resulte inequivocamente que o seu objecto é o exercício da actividade seguradora ou da actividade de assistência, consoante os casos.

3 — As sociedades anónimas referidas no n.º 1 regem-se pelo presente diploma e, subsidiariamente, pelo Código das Sociedades Comerciais e demais legislação complementar em tudo o que não contrarie este decreto-lei ou quaisquer outras disposições legais específicas da actividade seguradora.

778 [DL n.º 94-B/98]

SEGUROS E FUNDOS DE PENSÕES

ART. 12.º (Autorização específica e prévia) — 1 — A constituição das sociedades referidas no n.º 1 do artigo anterior depende de autorização do Instituto de Seguros de Portugal.

2 — A autorização é sempre precedida de parecer do respectivo Governo Regional, quando se trate da constituição de sociedade com sede numa Região Autónoma.

ART. 13.º (Condições e critérios para a concessão da autorização) — 1 — Sem prejuízo do disposto no número seguinte, a autorização só pode ser concedida desde que todos os accionistas iniciais da sociedade se obriguem a:

a) Adoptar a forma de sociedade anónima;

b) Dotar a sociedade com capital social não inferior ao mínimo estabelecido no artigo 40.º, devendo, na data do acto da constituição, encontrar-se realizado o referido montante mínimo sendo o restante, se o houver, realizado no prazo de seis meses a contar daquela data.

2 — A concessão de autorização depende ainda da verificação dos seguintes requisitos:

a) Aptidão dos accionistas detentores de uma participação qualificada para garantir a gestão sã e prudente da sociedade, directa ou indirectamente, nos termos do artigo 50.º;

b) Adequação e suficiência de meios humanos aos objectivos a atingir;

c) Adequação e suficiência de meios técnicos e recursos financeiros relativamente aos ramos de seguro que se pretende explorar;

d) Localização em Portugal da administração central da empresa de seguros;

e) Sempre que existam relações de proximidade entre a empresa e outras pessoas singulares ou colectivas:

i) Inexistência de entraves, resultantes das referidas relações de proximidade, ao exercício das funções de supervisão;

ii) Inexistência de entraves ao exercício das funções de supervisão fundadas em disposições legislativas, regulamentares ou administrativas de um país terceiro a que estejam sujeitas uma ou mais pessoas singulares ou colectivas com as quais a empresa tenha relações de proximidade;

f) Relativamente às empresas de seguros que pretendam cobrir riscos do ramo 'Responsabilidade civil de veículos terrestres a motor com excepção da responsabilidade do transportador', designação, em cada um dos demais Estados membros, de um representante para o tratamento e a regularização, no país de residência da vítima, dos sinistros ocorridos num Estado distinto do da residência desta ('representante para sinistros').

ART. 14.º (Instrução do requerimento) — 1 — O requerimento de autorização é dirigido ao Instituto de Seguros de Portugal e instruído com os seguintes elementos:

a) Acta da reunião em que foi deliberada a constituição da sociedade;

b) Projecto de contrato de sociedade ou de estatutos;

c) Identificação dos accionistas iniciais, titulares de participação directa ou indirecta, sejam pessoas singulares ou colectivas, com especificação do capital social e dos direitos de voto correspondentes a cada participação;

d) Acta do órgão social competente dos accionistas que revistam a natureza de pessoas colectivas deliberando a participação na empresa de seguros;

e) Certificado do registo criminal dos accionistas iniciais, quando pessoas singulares, e dos respectivos administradores, directores ou gerentes, quando pessoas colectivas;

f) Declaração de que nem os accionistas iniciais nem as sociedades ou empresas cuja gestão tenham assegurado ou de que tenham sido administradores, directores ou gerentes foram declarados em estado de insolvência ou falência, tendo nas mesmas sociedades ou empresas exercido sempre uma gestão sã e prudente;

g) Informações detalhadas relativas à estrutura do grupo que permitam verificar os requisitos previstos na alínea *e)* do n.º 2 do artigo anterior.

2 — O certificado referido na alínea *e)* pode ser, em relação a cidadãos estrangeiros, substituído por documento equivalente emitido há menos de 90 dias.

3 — O requerimento de autorização é ainda instruído com um programa de actividades, que incluirá, pelo menos, os seguintes elementos:

a) Natureza dos riscos a cobrir ou dos compromissos a assumir, com a indicação do ramo ou ramos, modalidades, seguros ou operações a explorar;

b) No caso de se pretender explorar o ramo «Vida» e para supervisionar a observância das disposições aplicáveis em matéria de princípios actuariais, as bases técnicas e elementos a utilizar no cálculo das tarifas, das prestações, das contribuições e das provisões técnicas, tendo em atenção as normas regulamentares sobre a matéria, ainda que esta comunicação não constitua condição prévia de autorização para o exercício da actividade da empresa;

c) Princípios orientadores do resseguro que se propõe seguir;

d) Elementos que constituem o fundo mínimo de garantia;

e) Estrutura orgânica da empresa, com especificação dos meios técnicos, financeiros, bem como dos meios directos e indirectos de pessoal e material a utilizar, nomeadamente no que concerne à qualificação das equipas médicas e à qualidade de equipamentos de que dispõem;

f) Estrutura médico-hospitalar a utilizar;

g) Previsão das despesas de instalação dos serviços administrativos e da rede comercial, bem como dos meios financeiros necessários;

ACESSO E EXERCÍCIO DA ACTIVIDADE SEGURADORA [DL n.º 94-B/98] 779

h) Para cada um dos três primeiros exercícios sociais:

I) Balanço e conta de ganhos e perdas previsionais, com informação separada, pelo menos, para as seguintes rubricas:

i) Capital social subscrito e realizado, despesas de constituição e instalação, investimentos e provisões técnicas de seguro directo, resseguro aceite e resseguro cedido;

ii) Prémios, proveitos dos investimentos, custos com sinistros e variações das provisões técnicas, tanto para o seguro directo como para o resseguro aceite e cedido;

iii) Custos de aquisição, explicitando as comissões, e custos administrativos;

II) Previsão do número de trabalhadores e respectiva massa salarial;

III) Previsão da demonstração dos fluxos de caixa;

IV) Previsão dos meios financeiros necessários à representação das provisões técnicas;

V) Previsão da margem de solvência e dos meios financeiros necessários à sua cobertura, em conformidade com as disposições legais em vigor;

i) Nome e endereço do representante para sinistros previsto na alínea *f)* do n.º 2 do artigo anterior, o qual deve preencher os requisitos previstos na lei do seguro de responsabilidade civil automóvel.

4 — As hipóteses e os pressupostos em que se baseia a elaboração das projecções incluídas no programa previsto no número anterior serão devida e especificamente fundamentadas.

5 — Quando no capital da empresa de seguros participem pessoas, singulares ou colectivas, nacionais de países não pertencentes à União Europeia, o requerimento de autorização é ainda instruído, relativamente aos accionistas iniciais que sejam pessoas colectivas, com uma memória explicativa da actividade no âmbito internacional e, nomeadamente, nas relações seguradoras, resseguradoras ou de outro tipo mantidas com empresas ou entidades portuguesas.

6 — Todos os documentos destinados a instruir o pedido de autorização devem ser apresentados nos termos do Decreto-Lei n.º 135/99, de 22 de Abril, e redigidos em português ou devidamente traduzidos e legalizados, salvo dispensa expressa do Instituto de Seguros de Portugal.

7 — Os requerentes devem designar quem os representa perante as autoridades encarregadas de apreciar o processo de autorização e indicar os técnicos, nomeadamente o actuário, o financeiro e o jurista, responsáveis, respectivamente, pelas partes técnica, financeira e jurídica do processo.

8 — Relativamente aos técnicos referidos no número anterior, devem os requerentes apresentar os respectivos currículos profissionais.

9 — A instrução do processo deve incluir ainda um parecer de um actuário, que cumpra os requisitos aplicáveis ao actuário responsável, sobre a adequação das tarifas, das provisões técnicas e do resseguro.

ART. 15.º (Apreciação do processo de autorização) — 1 — Caso o requerimento não se encontre em conformidade com o disposto nos artigos anteriores, o Instituto de Seguros de Portugal deve informar o representante dos requerentes das irregularidades detectadas, o qual dispõe de um prazo de 30 dias para as suprir, sob pena de caducidade e arquivamento do pedido findo esse prazo.

2 — O Instituto de Seguros de Portugal pode solicitar quaisquer esclarecimentos ou elementos adicionais que considere úteis ou necessários para a análise do processo, nomeadamente os que carecer para verificar a aptidão dos accionistas referida na alínea *a)* do n.º 2 do artigo 13.º, bem como levar a efeito as averiguações que considere necessárias.

3 — Na decisão da conformidade do requerimento com o disposto no presente diploma, a efectuar no prazo máximo de 90 dias a contar da data em que, nos termos dos números anteriores, aquele se encontre correcta e completamente instruído, o Instituto de Seguros de Portugal deve pronunciar-se, nomeadamente, sobre a adequação dos elementos de informação nele constantes com a actividade que a empresa se propõe realizar.

4 — O Instituto de Seguros de Portugal consulta a autoridade de supervisão do Estado membro envolvido responsável pela supervisão da empresa de seguros, empresa de resseguros, instituição de crédito ou empresa de investimento previamente à concessão de uma autorização a uma empresa de seguros que seja:

a) Uma filial de uma empresa de seguros, de uma empresa de resseguros, de uma instituição de crédito ou de uma empresa de investimento autorizada noutro Estado membro; ou

b) Uma filial da empresa-mãe de uma empresa de seguros, de uma empresa de resseguros, de uma instituição de crédito ou de uma empresa de investimento autorizada noutro Estado membro; ou

c) Controlada pela mesma pessoa singular ou colectiva que controla uma empresa de seguros, uma empresa de resseguros, uma instituição de crédito ou uma empresa de investimento autorizada noutro Estado membro.

5 — O Instituto de Seguros de Portugal consulta o Banco de Portugal previamente à concessão de uma autorização a uma empresa de seguros que seja:

a) Uma filial de uma instituição de crédito ou de uma empresa de investimento autorizada em Portugal; ou

b) Uma filial da empresa -mãe de uma instituição de crédito ou de uma empresa de investimento autorizada em Portugal; ou

c) Controlada pela mesma pessoa singular ou colectiva que controla uma instituição de crédito ou uma empresa de investimento autorizada em Portugal.

6 — O Banco de Portugal dispõe de um prazo de dois meses para efeitos da consulta prevista no número anterior.

780 [DL n.º 94-B/98]   SEGUROS E FUNDOS DE PENSÕES

7 — Nos termos dos n.ºs 4 e 5, o Instituto de Seguros de Portugal consulta as autoridades de supervisão, designadamente para efeitos de avaliação da adequação dos accionistas para garantir a gestão sã e prudente da empresa e quanto a matérias que sejam de interesse para a concessão da autorização.

8 — Nos casos previstos no n.º 2 do artigo 12.º, o processo será submetido a parecer do respectivo Governo Regional, que terá um prazo de 30 dias para o enviar ao Instituto de Seguros de Portugal, findo o qual se considera favorável o parecer.

ART. 16.º (Notificação da decisão) — 1 — A decisão deve ser notificada aos interessados no prazo de 6 meses a contar da recepção do requerimento ou, se for o caso, a contar da recepção das informações complementares solicitadas aos requerentes, mas nunca depois de decorridos 12 meses sobre a data da entrega inicial do pedido.

2 — A falta de notificação nos prazos referidos no número anterior constitui presunção de indeferimento tácito.

ART. 17.º (Caducidade da autorização) — 1 — A autorização caduca se os requerentes a ela expressamente renunciarem, bem como se a empresa de seguros não se constituir formalmente no prazo de 6 meses ou não der início à sua actividade no prazo de 12 meses contados a partir da data da publicação da autorização.

2 — Compete ao Instituto de Seguros de Portugal a verificação da constituição formal e do início da actividade dentro dos prazos referidos no número anterior.

ART. 18.º (Cumprimento do programa de actividade) — 1 — Durante os três exercícios sociais que são objecto das previsões referidas na alínea *h*) do n.º 3 do artigo 14.º, a empresa de seguros deve apresentar, anualmente, ao Instituto de Seguros de Portugal, um relatório circunstanciado sobre a execução do programa de actividades.

2 — Se se verificar desequilíbrio na situação financeira da empresa, o Instituto de Seguros de Portugal imporá medidas de reforço das respectivas garantias financeiras, cujo incumprimento pode determinar a revogação da autorização.

3 — Estão sujeitos a autorização prévia do Instituto de Seguros de Portugal os projectos de alteração do programa de actividades referido no n.º 3 do artigo 14.º, sendo-lhes igualmente aplicáveis, com as devidas adaptações, as demais condições que impendem sobre o programa.

4 — Nos casos previstos no número anterior, o Instituto de Seguros de Portugal pronunciar-se-á no prazo de 15 dias após a comunicação.

ART. 19.º (Revogação da autorização) — 1 — A autorização pode ser revogada, no todo ou em parte, sem prejuízo do disposto sobre as sanções aplicáveis às infracções da actividade seguradora ou sobre a inexistência ou insuficiência de garantias financeiras mínimas, quando se verifique alguma das seguintes situações:

a) Ter sido obtida por meio de falsas declarações ou outros meios ilícitos, independentemente das sanções penais que ao caso couberem;

b) A empresa de seguros cessar ou reduzir significativamente a actividade por período superior a seis meses;

c) Deixar de se verificar alguma das condições de acesso e de exercício da actividade seguradora exigidas no presente diploma;

d) Irregularidades graves na administração, organização contabilística ou fiscalização interna da empresa, por modo a pôr em risco os interesses dos segurados ou as condições normais de funcionamento do mercado segurador;

e) Os capitais próprios da empresa atingirem, na sua totalidade, um valor inferior a metade dos valores indicados no artigo 40.º para o capital social e, simultaneamente, não cobrirem a margem de solvência exigida à empresa;

f) Não ser efectuada a comunicação ou ser recusada a designação de qualquer membro da administração ou fiscalização, nos termos do artigo 54.º;

g) Não ser requerida ou não ser concedida a autorização prevista no n.º 3 do artigo 18.º ou ser retirada a aprovação do programa de actividades, nos termos do mesmo preceito;

h) A empresa violar as leis ou os regulamentos que disciplinam a sua actividade, por modo a pôr em risco os interesses dos segurados ou as condições normais de funcionamento do mercado segurador.

2 — Ocorre redução significativa da actividade, para efeitos da alínea *b*) do número anterior, sempre que se verifique uma diminuição de pelo menos 50% do volume de prémios, que não esteja estrategicamente programada nem tenha sido imposta pela autoridade competente, e que ponha em risco os interesses dos segurados e terceiros.

3 — Os factos previstos na alínea *f*) do n.º 1 não constituem fundamento de revogação se, no prazo estabelecido pelo Instituto de Seguros de Portugal, a empresa tiver procedido à comunicação ou à designação de outro administrador que seja aceite.

ART. 20.º (Competência e forma de revogação) — 1 — A revogação da autorização, ouvida, se for o caso, a entidade referida no n.º 2 do artigo 12.º, é da competência do Instituto de Seguros de Portugal.

2 — A decisão de revogação deve ser fundamentada e notificada à empresa de seguros.

3 — Quando a empresa se dedique à comercialização de contratos de seguro ligados a fundos de investimento, a decisão de revogação é precedida de parecer da Comissão do Mercado de Valores Mobiliários.

ACESSO E EXERCÍCIO DA ACTIVIDADE SEGURADORA

[DL n.º 94-B/98]   781

4 — O Instituto de Seguros de Portugal tomará as providências necessárias para o encerramento dos estabelecimentos da empresa.

5 — A revogação total da autorização implica dissolução e liquidação da sociedade.

6 — No recurso interposto da decisão de revogação presume-se, até prova em contrário, que a suspensão da eficácia determina grave lesão do interesse público.

ART. 21.º (Abertura de representações fora do território da União Europeia) — 1 — A abertura de agências, sucursais ou quaisquer outras formas de representação fora do território da União Europeia por empresas de seguros constituídas nos termos da presente secção depende de autorização prévia do Instituto de Seguros de Portugal.

2 — É aplicável, com as devidas adaptações, o disposto nos artigos 24.º e 29.º.

Secção III — MÚTUAS DE SEGUROS

ART. 22.º (Constituição, forma, objecto e legislação aplicável) — As mútuas de seguros revestem a forma de sociedade cooperativa de responsabilidade limitada, constituída por documento particular, salvo se forma mais solene for exigida para a transmissão dos bens que representam o seu capital inicial, regendo-se pelo disposto no presente decreto-lei e, subsidiariamente, pelo disposto no Código Cooperativo e demais legislação complementar em tudo o que não contrarie o presente decreto-lei ou outras disposições específicas da actividade seguradora.

ART. 23.º (Normas aplicáveis) — 1 — À constituição das mútuas de seguros aplica-se, sem prejuízo do disposto no número seguinte, o previsto no n.º 2 do artigo 11.º, no artigo 12.º, na alínea *b*) do n.º 1 e no n.º 2 do artigo 13.º e nos artigos 14.º a 20.º, com as necessárias adaptações.

2 — Para efeito de constituição de mútuas de seguros, o disposto nas alíneas *c*) a *f*) do n.º 1 do artigo 14.º apenas é obrigatório em relação aos 10 membros fundadores que irão subscrever o maior número de títulos de capital.

Secção IV — ESTABELECIMENTO NO TERRITÓRIO DE OUTROS ESTADOS MEMBROS DE SUCURSAIS DE EMPRESAS DE SEGUROS COM SEDE EM PORTUGAL

ART. 24.º (Notificação) — As empresas de seguros com sede em Portugal que pretendam estabelecer uma sucursal no território de um outro Estado membro da União Europeia devem notificar esse facto ao Instituto de Seguros de Portugal, especificando os seguintes elementos:

a) Estado membro em cujo território pretendam estabelecer a sucursal;

b) Programa de actividades, nos termos dos n.ᵒˢ 3 e 4 do artigo 14.º, com as devidas adaptações;

c) Endereço, no Estado membro da sucursal, onde os documentos lhes podem ser reclamados e entregues, entendendo-se que para o mencionado endereço deverão ser enviadas todas as comunicações dirigidas ao mandatário geral da sucursal;

d) Nome e endereço do mandatário geral da sucursal, que deve ter poderes bastantes para obrigar a empresa de seguros perante terceiros e para a representar perante as autoridades e os tribunais do Estado membro da sucursal;

e) Declaração comprovativa de que a empresa se tornou membro do gabinete nacional e do fundo nacional de garantia do Estado membro da sucursal, caso pretenda cobrir por intermédio da sua sucursal os riscos referidos no n.º 10) do artigo 123.º, excluindo a responsabilidade do transportador.

ART. 25.º (Comunicação) — 1 — O Instituto de Seguros de Portugal comunica os elementos referidos no artigo anterior à autoridade competente do Estado membro da sucursal no prazo de três meses a contar da recepção dos mesmos, certificando igualmente que a empresa de seguros dispõe do mínimo da margem de solvência, calculada nos termos do presente diploma.

2 — O Instituto de Seguros de Portugal informará simultaneamente a empresa interessada da comunicação referida no número anterior.

ART. 26.º (Recusa de comunicação) — 1 — O Instituto de Seguros de Portugal não procede à comunicação referida no artigo anterior sempre que tenha dúvidas fundadas sobre:

a) A adequação das estruturas administrativas da empresa de seguros;

b) A situação financeira da empresa de seguros, designadamente nos casos em que tenha sido solicitado um plano de reequilíbrio da situação financeira em conformidade com o disposto no artigo 108.º-A e enquanto entender que os direitos dos segurados e beneficiários dos contratos de seguro se encontram em risco;

c) A idoneidade e qualificações ou experiência profissionais dos dirigentes responsáveis e do mandatário geral.

2 — O Instituto de Seguros de Portugal notifica a empresa interessada da recusa de comunicação, no prazo de três meses após a recepção dos elementos referidos no artigo 24.º, fundamentando a recusa.

ART. 27.º (Recurso) — Da recusa de comunicação ou da falta de resposta do Instituto de Seguros de Portugal cabe, no prazo de 10 dias a contar do termo do prazo de três meses previsto no n.º 1 do artigo 25.º ou da notificação de recusa prevista no n.º 2 do artigo 26.º, recurso para o Ministro das Finanças, cuja decisão admite recurso contencioso, nos termos gerais.

782 [DL n.º 94-B/98]   SEGUROS E FUNDOS DE PENSÕES

ART. 28.º (Início de actividade) — As sucursais referidas na presente secção podem estabelecer-se e iniciar as suas actividades a partir da recepção da comunicação para o efeito emitida pela autoridade competente do Estado membro da sucursal ou, em caso de silêncio desta, decorrido um prazo de dois meses contado a partir da data da recepção da informação referida no n.º 2 do artigo 25.º.

ART. 29.º (Alterações) — Em caso de alteração do conteúdo dos elementos referidos nas alíneas *b)* a *e)* do artigo 24.º, a empresa de seguros, pelo menos um mês antes de proceder a essa alteração, deverá notificá-la ao Instituto de Seguros de Portugal e às autoridades competentes do Estado membro da sucursal, para efeitos do disposto nos artigos 25.º a 27.º e 28.º, respectivamente.

Secção V — **ESTABELECIMENTO EM PORTUGAL DE SUCURSAIS DE EMPRESAS DE SEGUROS COM SEDE NO TERRITÓRIO DE OUTROS ESTADOS MEMBROS**

ART. 30.º (Comunicação) — 1 — A actividade, em território português, de empresas de seguros com sede em outro Estado membro deve obedecer às condições de exercício da actividade seguradora e resseguradora estabelecidas para as empresas com sede em Portugal.

2 — Após a comunicação pela autoridade competente do Estado membro da sede social de uma empresa de seguros de que esta pretende exercer o direito de estabelecimento em território português mediante a criação de uma sucursal, o Instituto de Seguros de Portugal informa aquela autoridade, se for caso disso, no prazo de dois meses a contar da data da recepção daquela comunicação, das condições fundadas em razões de interesse geral a que deve obedecer o exercício da actividade seguradora por essa sucursal.

ART. 31.º (Início de actividade) — 1 — Dentro do prazo a que se refere o artigo anterior, o Instituto de Seguros de Portugal poderá comunicar à empresa interessada que esta se encontra em condições de iniciar as suas actividades.

2 — Decorrido o mesmo prazo, em caso de silêncio do Instituto de Seguros de Portugal, a empresa poderá iniciar as suas actividades.

ART. 32.º (Alteração das condições) — Em caso de alteração das condições comunicadas ao abrigo do artigo 30.º, a empresa de seguros, pelo menos 30 dias antes de proceder a essa alteração, deverá notificá-la ao Instituto de Seguros de Portugal, para efeitos do disposto no artigo anterior.

ART. 33.º (Contribuição obrigatória) — As empresas de seguros estabelecidas em Portugal, nos termos da presente secção, devem filiar-se e contribuir, nas mesmas condições das empresas autorizadas ao abrigo deste diploma, para qualquer regime destinado a assegurar o pagamento de indemnizações a segurados e terceiros lesados, nomeadamente quanto aos riscos referidos na alínea *a)* do n.º 1) e no n.º 10) do artigo 123.º, excluindo a responsabilidade do transportador, assegurando as contribuições legalmente previstas para o Fundo de Acidentes de Trabalho (FAT) e para o Fundo de Garantia Automóvel (FGA).

Secção VI — **ESTABELECIMENTO EM PORTUGAL DE SUCURSAIS DE EMPRESAS DE SEGUROS COM SEDE FORA DO TERRITÓRIO DA UNIÃO EUROPEIA**

ART. 34.º (Autorização específica e prévia) — 1 — O estabelecimento em Portugal de sucursais de empresas de seguros com sede fora do território da União Europeia depende de autorização a conceder caso a caso por despacho do Ministro das Finanças.

2 — O Ministro das Finanças pode delegar no conselho directivo do Instituto de Seguros de Portugal, por portaria, a competência a que se refere o número anterior.

3 — A autorização referida no n.º 1, concedida para todo o território português, é sempre precedida de parecer do Instituto de Seguros de Portugal, sendo-lhe aplicável o n.º 2 do artigo 12.º.

4 — As empresas de seguros que no país da sua sede social pratiquem cumulativamente a actividade de seguros dos ramos «Não vida» e «Vida» apenas podem ser autorizadas a estabelecer em Portugal sucursais para a exploração de seguros dos ramos «Não vida».

5 — As sucursais apenas podem ser autorizadas a explorar os ramos e modalidades para os quais a empresa se encontra autorizada no país onde tem a sua sede social.

6 — A autorização para a abertura de sucursais das empresas de seguros referidas no n.º 1 só pode ser concedida em relação a empresas de seguros que se encontrem constituídas há mais de cinco anos.

ART. 35.º (Instrução do requerimento) — 1 — As empresas de seguros com sede fora do território da União Europeia que pretendam autorização para a abertura em Portugal de uma sucursal devem apresentar ao Instituto de Seguros de Portugal, e dirigido ao Ministro das Finanças, um requerimento instruído com os seguintes elementos:

a) Exposição fundamentada das razões justificativas do estabelecimento da empresa de seguros em Portugal;

b) Memória explicativa da actividade da requerente no âmbito internacional e, nomeadamente, nas relações com o mercado segurador português;

ACESSO E EXERCÍCIO DA ACTIVIDADE SEGURADORA [DL n.º 94-B/98] 783

c) Estatutos;

d) Lista dos seus administradores, devidamente identificados;

e) Balanços e contas de exploração e de ganhos e perdas relativamente aos três últimos exercícios;

f) Certificado, emitido há menos de 90 dias pela autoridade competente do país da sede, atestando que se encontra legalmente constituída e funciona de acordo com as disposições legais em vigor, bem como atestando os ramos e modalidades que se encontra autorizada a explorar.

2 — O requerimento de autorização será ainda instruído com um programa de actividades, que incluira, pelo menos, os seguintes elementos:

a) Natureza dos riscos a cobrir ou dos compromissos a assumir, com a indicação do ramo ou ramos, modalidades, seguros ou operações a explorar;

b) No caso de se pretender explorar o ramo «Vida», e para supervisionar a observância das disposições aplicáveis em matéria de princípios actuariais, as bases técnicas e elementos a utilizar no cálculo das tarifas, das prestações, das contribuições e das provisões técnicas, tendo em atenção as normas regulamentares sobre a matéria, ainda que esta comunicação não constitua condição de autorização para o exercício da actividade seguradora;

c) Princípios orientadores do resseguro que se propõe seguir;

d) Elementos que constituem o fundo mínimo de garantia;

e) Especificação dos meios técnicos, financeiros e, ainda, dos meios directos e indirectos de pessoal e material a utilizar, nomeadamente no que concerne à qualificação das equipas médicas e à qualidade de equipamentos de que dispõem, quando seja o caso;

f) Estrutura médico-hospitalar a utilizar;

g) Previsão das despesas de instalação dos serviços administrativos e da rede comercial, bem como dos meios financeiros necessários;

h) Para cada um dos três primeiros exercícios sociais:

I) Balanço e conta de ganhos e perdas previsionais, com informação separada, pelo menos, para as seguintes rubricas:

i) Capital social subscrito e realizado, despesas de constituição e instalação, investimentos e provisões técnicas de seguro directo, resseguro aceite e resseguro cedido;

ii) Prémios, proveitos dos investimentos, custos com sinistros e variações das provisões técnicas, tanto para o seguro directo como para o resseguro aceite e cedido;

iii) Custos de aquisição, explicitando as comissões, e custos administrativos;

II) Previsão do número de trabalhadores ao seu serviço em Portugal e respectiva massa salarial;

III) Previsão da demonstração de fluxos de caixa;

IV) Previsão dos meios financeiros necessários à representação das provisões técnicas;

V) Previsão da margem de solvência e dos meios financeiros necessários à sua cobertura, em conformidade com as disposições legais em vigor;

VI) Previsão de outros meios financeiros destinados a garantir os compromissos assumidos em Portugal;

i) Declaração de compromisso de que, no momento da abertura, a sucursal satisfará os seguintes requisitos:

I) Existência de um escritório em Portugal;

II) Nomeação de um mandatário geral, em conformidade com o disposto no artigo 37.º;

III) Disponibilidade em Portugal de activos de valor pelo menos igual ao mínimo do fundo de garantia legalmente estabelecido para as sucursais de empresas de seguros estrangeiras;

IV) Depósito, a título de caucionamento, de uma importância correspondente a metade do valor mínimo do fundo de garantia legalmente estabelecido para as sucursais de empresas de seguros estrangeiras;

j) No caso de se pretender cobrir riscos do ramo «Responsabilidade civil de veículos terrestres a motor com excepção da responsabilidade do transportador», nome e endereço do representante designado em cada um dos demais Estados membros para o tratamento e a regularização no país de residência da vítima dos sinistros ocorridos num Estado distinto do da residência desta.

3 — O disposto nas alíneas *h)* e *i)* do n.º 2 não prejudica a possibilidade de a empresa de seguros, logo no momento do pedido de autorização para a abertura da sucursal, poder solicitar a concessão dos benefícios previstos no artigo 108.º.

4 — À instrução do pedido de autorização é aplicável, com as necessárias adaptações, o disposto nos n.ºs 4 e 6 a 9 do artigo 14.º.

ART. 36.º (Apreciação do processo de autorização) — 1 — Caso o requerimento não se encontre em conformidade com o disposto no artigo anterior, o Instituto de Seguros de Portugal deve informar o representante da requerente das irregularidades detectadas, o qual dispõe de um prazo de 30 dias para as suprir, sob pena de caducidade e arquivamento do pedido findo esse prazo.

2 — O Instituto de Seguros de Portugal pode solicitar quaisquer esclarecimentos ou elementos adicionais que considere úteis ou necessários para a análise do processo.

3 — O Instituto de Seguros de Portugal deve apresentar o seu parecer final sobre a conformidade do requerimento com o disposto no presente diploma, pronunciando-se, nomeadamente, sobre a adequação dos elementos de informação nele constantes com a actividade que a empresa se propõe realizar, no prazo máxi-

784   [DL n.º 94-B/98]   SEGUROS E FUNDOS DE PENSÕES

mo de 90 dias a contar da data em que, nos termos dos números anteriores, o requerimento se encontre correcta e completamente instruído.

4 — Nos casos previstos no n.º 2 do artigo 12.º, o processo, acompanhado do parecer referido no número anterior, é enviado pelo Instituto de Seguros de Portugal ao respectivo Governo Regional, que lho devolverá, juntamente com o seu parecer, no prazo máximo de 30 dias, findo o qual se considera favorável o parecer.

ART. 37.º (Mandatário geral) — 1 — Quando o mandatário geral for uma pessoa singular, a empresa de seguros designará também o respectivo substituto, devendo ambos preencher os seguintes requisitos:

a) Terem residência habitual em Portugal;
b) Satisfazerem o disposto nos artigos 51.º e 54.º;
c) [Revogada]

2 — Quando o mandatário geral for uma pessoa colectiva, esta deve:

a) Ser constituída nos termos da lei portuguesa;
b) Ter por objecto social exclusivo a representação de seguradoras estrangeiras;
c) Ter sede principal e efectiva da administração em Portugal;
d) Designar uma pessoa singular para a representar e o respectivo substituto, devendo ambos preencher os requisitos estabelecidos no n.º 1.

3 — O mandatário geral e, quando este for uma pessoa singular, o respectivo substituto devem dispor dos poderes necessários para, em representação e por conta da empresa de seguros, celebrarem contratos de seguro, resseguro e contratos de trabalho, assumindo os compromissos deles decorrentes, bem como para a representarem judicial e extrajudicialmente.

4 — A empresa de seguros não pode revogar o mandato sem designar simultaneamente novo mandatário.

5 — Em caso de falência do mandatário geral ou de morte da pessoa que o representa ou do mandatário geral pessoa singular ou dos respectivos substitutos, a regularização da situação deve ocorrer no prazo máximo de 15 dias.

ART. 38.º (Caducidade da autorização e cumprimento do programa de actividades) — Às sucursais a que se refere a presente secção aplica-se, com as necessárias adaptações, o disposto nos artigos 17.º e 18.º.

ART. 38.º-A (Regime especial aplicável às empresas de seguros com sede na Suíça) — 1 — O estabelecimento em Portugal de sucursais de empresas de seguros com sede na Suíça, para a exploração de seguros dos ramos "Não vida" depende de autorização a conceder pelo Instituto de Seguros de Portugal.

2 — As empresas de seguros referidas no número anterior que pretendam autorização para a abertura em Portugal de uma sucursal devem apresentar ao Instituto de Seguros de Portugal um requerimento instruído com os elementos referidos nas alíneas *c)* a *e)* do n.º 1, alíneas *a)*, *c)*, *e)* a *g)*, e dos pontos *ii)* e *iii)* da subalínea *a)* e das subalíneas *b)* a *d)* da alínea *h)*, das subalíneas *a)* e *b)* da alínea *i)* e da alínea *j)* do n.º 2 e do n.º 4 do artigo 35.º.

3 — As empresas de seguros devem, ainda, apresentar um certificado emitido pela autoridade competente do país da sede atestando que:

a) Se encontra legalmente constituída, tendo por objecto social exclusivo o exercício da actividade de seguro directo e de resseguro, e actividades conexas ou complementares;
b) Os ramos que se encontra autorizada a explorar e os riscos que efectivamente cobre;
c) Dispõe, em relação aos ramos que pretende explorar em Portugal, do fundo de garantia mínimo e da margem de solvência adequada;
d) Dispõe dos meios financeiros para fazer face às despesas de instalação de serviços administrativos e da rede de produção.

4 — O programa de actividades apresentado nos termos do n.º 2 é remetido pelo Instituto de Seguros de Portugal, acompanhado das observações que resultem da sua análise, à autoridade competente do país da sede, que se pronuncia no prazo máximo de 3 meses, findo o qual se considera favorável o respectivo parecer.

5 — Às sucursais previstas no presente artigo não se aplicam os requisitos relativos à margem de solvência e fundo de garantia estabelecidas no presente diploma, aplicando-se o regime estabelecido no país da sede para as respectivas garantias financeiras.

6 — A revogação da autorização das sucursais previstas no presente artigo é da competência do Instituto de Seguros de Portugal, ouvida a autoridade competente do país da sede.

7 — No que não estiver regulado especialmente é aplicável o regime geral, com exclusão do disposto no n.º 6 do artigo 34.º.

ART. 39.º (Revogação da autorização) — 1 — A autorização pode ser revogada, no todo ou em parte, pelo Ministro das Finanças, ou, existindo delegação, pelo Instituto de Seguros de Portugal, sem prejuízo do disposto no presente diploma em matéria de sanções aplicáveis a infracções ou às consequências da insuficiência de garantias financeiras mínimas, nas seguintes circunstâncias:

a) Nos termos das alíneas *a)*, *b)* e *c)* do n.º 1 do artigo 19.º;
b) No caso de inobservância do disposto no artigo 37.º;
c) Não ser requerida ou não ser concedida a autorização prevista no n.º 3 do artigo 18.º ou ser retirada a aprovação do programa de actividades nos termos do mesmo preceito;

ACESSO E EXERCÍCIO DA ACTIVIDADE SEGURADORA

[DL n.º 94-B/98] 785

d) Ocorrerem irregularidades graves na gestão, organização contabilística ou fiscalização interna da sucursal, por modo a pôr em risco os interesses dos segurados ou as condições normais de funcionamento do mercado segurador;

e) Ser revogada pelas autoridades do país da sede da empresa a autorização de que depende o exercício da actividade;

f) A sucursal violar as leis ou os regulamentos que disciplinam a sua actividade, por modo a pôr em risco os interesses dos segurados ou as condições normais de funcionamento do mercado segurador.

2 — À revogação da autorização das sucursais a que se refere a presente secção aplica-se, com as devidas adaptações, o previsto para a revogação da autorização das empresas de seguros com sede em Portugal.

Secção VII — CAPITAL E RESERVAS

ART. 40.º (Capitais mínimos) — 1 — O capital social mínimo, inteiramente realizado, para constituição de sociedades anónimas de seguros é de:

a) € 2 500 000, no caso de explorar apenas um dos seguintes ramos: «Doença», «Protecção jurídica» ou «Assistência»;

b) € 7 500 000, no caso de explorar mais de um dos ramos referidos na alínea anterior ou qualquer outro ou outros ramos de seguros «Não vida»;

c) € 7 500 000, no caso de explorar o ramo «Vida»;

d) € 15 000 000, no caso de explorar cumulativamente o ramo «Vida» com um ramo ou ramos «Não vida».

2 — O capital social mínimo, inteiramente realizado, para constituição de sociedades de assistência é de € 2 500 000.

3 — O capital mínimo, inteiramente realizado, para constituição de mútuas de seguros é de € 3 750 000.

ART. 41.º (Acções) — São obrigatoriamente nominativas ou ao portador registadas as acções representativas do capital social das sociedades anónimas de seguros.

ART. 42.º (Reserva legal) — Um montante não inferior a 10% dos lucros líquidos apurados em cada exercício pelas sociedades anónimas e mútuas de seguros deve ser destinado à formação da reserva legal, até à concorrência do capital social.

Secção VIII — CONTROLO DOS DETENTORES DE PARTICIPAÇÕES QUALIFICADAS EM EMPRESAS DE SEGUROS

ART. 43.º (Comunicação prévia) — 1 — Qualquer pessoa, singular ou colectiva, ou entidade legalmente equiparada que, directa ou indirectamente, pretenda deter participação qualificada em empresa de seguros, ou que pretenda aumentar participação qualificada por si já detida, de tal modo que a percentagem de direitos de voto ou de capital atinja ou ultrapasse qualquer dos limiares de 20%, um terço ou 50%, ou de tal modo que a empresa se transforme em sua filial, deve comunicar previamente ao Instituto de Seguros de Portugal o seu projecto de aquisição.

2 — A comunicação deve ser feita sempre que da iniciativa ou do conjunto de iniciativas projectadas pela pessoa em causa possa resultar qualquer das situações previstas no número anterior, ainda que o resultado não se encontre previamente garantido.

3 — O Instituto de Seguros de Portugal estabelece, por norma regulamentar, os elementos e informações que devem acompanhar a comunicação referida no n.º 1.

4 — O Instituto de Seguros de Portugal notifica ao requerente, por escrito, da recepção da comunicação prevista no n.º 1 e a data do termo do prazo de apreciação, no prazo de dois dias úteis a contar da data de recepção da referida comunicação.

5 — Se a comunicação prevista no n.º 1 não estiver instruída com os elementos e informações que a devem acompanhar, o Instituto de Seguros de Portugal notifica por escrito o requerente dos elementos em falta, no prazo de dois dias úteis a contar da data de recepção da referida comunicação.

ART. 44.º (Apreciação) — 1 — O Instituto de Seguros de Portugal poderá:

a) Opor-se ao projecto, se não considerar demonstrado que a pessoa em causa reúne condições que garantam uma gestão sã e prudente da empresa de seguros ou se a informação prestada for incompleta;

b) Não se opor ao projecto, se considerar demonstrado que a pessoa em causa reúne condições que garantam uma gestão sã e prudente da empresa de seguros.

2 — Quando não deduza oposição, o Instituto de Seguros de Portugal pode fixar um prazo razoável para a realização do projecto comunicado.

3 — O Instituto de Seguros de Portugal pode solicitar ao requerente elementos e informações complementares, bem como realizar as averiguações que considere necessárias.

4 — A decisão de oposição ou de não oposição é notificada ao requerente no prazo de 60 dias úteis a contar da notificação prevista no n.º 4 do artigo anterior.

5 — O pedido de elementos ou informações complementares apresentado pelo Instituto de Seguros de Portugal por escrito e até ao 50.º dia útil do prazo previsto no número anterior suspende o prazo de apreciação entre a data do pedido e a data de recepção da resposta do requerente.

786 [DL n.º 94-B/98]   SEGUROS E FUNDOS DE PENSÕES

6 — A suspensão do prazo de apreciação prevista no número anterior não pode exceder:

a) 30 dias úteis, no caso de o requerente ter domicílio ou sede fora do território da União Europeia ou estar sujeito a regulamentação não comunitária, bem como no caso de o requerente não estar sujeito a supervisão ao abrigo da Directiva n.º 85/611/CEE, do Conselho, de 20 de Dezembro, da Directiva n.º 92/49/CEE, do Conselho, de 18 de Junho, da Directiva n.º 2002/83/CE, do Parlamento Europeu e do Conselho, de 5 de Novembro, da Directiva n.º 2004/39/CE, do Parlamento Europeu e do Conselho, de 21 de Abril, da Directiva n.º 2005/68/CE, do Parlamento Europeu e do Conselho, de 16 de Novembro, e da Directiva n.º 2006/48/CE, do Parlamento Europeu e do Conselho, de 14 de Junho; ou

b) 20 dias úteis, nos restantes casos.

7 — No prazo de dois dias úteis a contar da respectiva recepção, o Instituto de Seguros de Portugal notifica o requerente da recepção dos elementos e informações solicitados ao abrigo do n.º 5 e da nova data do termo do prazo de apreciação.

8 — Caso decida opor-se ao projecto, o Instituto de Seguros de Portugal:

a) Notifica o requerente por escrito da sua decisão e das razões que a fundamentam, no prazo de dois dias úteis a contar da data da decisão e antes do termo do prazo previsto no n.º 4;

b) Pode divulgar ao público as razões que fundamentam a oposição, por sua iniciativa ou a pedido do requerente.

9 — Sem prejuízo do disposto nos n.ᵒˢ 5 e 6, considera-se que o Instituto de Seguros de Portugal não se opõe ao projecto caso não se pronuncie no prazo previsto no n.º 4.

10 — Na decisão do Instituto de Seguros de Portugal devem ser indicadas as eventuais observações ou reservas expressas pela autoridade competente no âmbito do processo de cooperação previsto no artigo seguinte.

ART. 44.º-A (Cooperação) — 1 — O Instituto de Seguros de Portugal solicita o parecer da autoridade competente do Estado membro de origem, caso o requerente corresponda a um dos seguintes tipos de entidades:

a) Instituição de crédito, empresa de seguros, empresa de resseguros, empresa de investimento ou entidade gestora de organismos de investimento colectivo em valores mobiliários na acepção do n.º 2 do artigo 1.º-A da Directiva n.º 85/611/CEE, do Conselho, de 20 de Dezembro, autorizada noutro Estado membro;

b) Empresa mãe de uma entidade referida na alínea anterior;

c) Pessoa singular ou colectiva, que controla uma entidade referida na alínea *a)*.

2 — A decisão do Instituto de Seguros de Portugal é precedida de parecer do Banco de Portugal ou da Comissão do Mercado de Valores Mobiliários, caso o requerente corresponda a um dos tipos de entidades previstas no número anterior, autorizadas em Portugal pelo Banco de Portugal ou pela Comissão do Mercado de Valores Mobiliários, respectivamente.

3 — A pedido das autoridades competentes de outros Estados membros, o Instituto de Seguros de Portugal comunica as informações essenciais à apreciação de projectos de aquisição e, caso sejam solicitadas, outras informações relevantes.

ART. 45.º (Comunicação subsequente) — Sem prejuízo da comunicação prevista no n.º 1 do artigo 43.º, os factos de que resulte, directa ou indirectamente, a detenção de uma participação qualificada numa empresa de seguros, ou o seu aumento nos termos do disposto no n.º 1 do artigo 43.º, devem ser notificados pelo interessado, no prazo de 15 dias a contar da data em que os mesmos factos se verificarem, ao Instituto de Seguros de Portugal e à empresa de seguros em causa.

ART. 46.º (Inibição do exercício de direitos de voto) — 1 — Sem prejuízo de outras sanções aplicáveis, a aquisição ou o aumento de participação qualificada determina a inibição do exercício dos direitos de voto que, nos termos da alínea 2) do artigo 3.º, se devam considerar como integrando a participação qualificada, na quantidade necessária para que não seja atingido ou ultrapassado o mais baixo dos limiares estabelecidos no n.º 1 do artigo 43.º que haja sido atingido ou ultrapassado por força da aquisição ou aumento, desde que se verifique alguma das seguintes situações:

a) Não ter o interessado cumprido a obrigação de comunicação prevista no n.º 1 do artigo 43.º;

b) Ter o interessado adquirido ou aumentado participação qualificada depois de ter procedido à comunicação referida no n.º 1 do artigo 43.º, mas antes de o Instituto de Seguros de Portugal se ter pronunciado nos termos do n.º 1 do artigo 44.º;

c) Ter-se o Instituto de Seguros de Portugal oposto ao projecto de aquisição ou de aumento de participação comunicado.

2 — Quando tenha conhecimento de algum dos factos referidos no número anterior, o Instituto de Seguros de Portugal dará conhecimento deles e da consequente inibição ao órgão de administração da empresa de seguros.

3 — O órgão de administração da empresa de seguros que haja recebido a comunicação referida no número anterior deve transmiti-la a todas as assembleias gerais de accionistas que reúnam enquanto se mantiver a inibição.

4 — Se forem exercidos direitos de voto que se encontrem inibidos, serão registados em acta, no sentido em que os mesmos sejam exercidos.

5 — A deliberação em que sejam exercidos direitos de voto que se encontrem inibidos, nos termos do n.º 1, é anulável, salvo se se demonstrar que a deliberação teria sido tomada e teria sido idêntica ainda que os direitos não tivessem sido exercidos.

6 — A anulabilidade pode ser arguida nos termos gerais ou ainda pelo Instituto de Seguros de Portugal.

ACESSO E EXERCÍCIO DA ACTIVIDADE SEGURADORA   [DL n.º 94-B/98]   787

ART. 47.º (Cessação da inibição) — Em caso de não cumprimento da obrigação de comunicação prevista no n.º 1 do artigo 43.º, cessa a inibição se o interessado proceder posteriormente à comunicação em falta e o Instituto de Seguros de Portugal não deduzir oposição.

ART. 48.º (Diminuição da participação) — 1 — Qualquer pessoa, singular ou colectiva, ou entidade legalmente equiparada, que pretenda deixar de deter, directa ou indirectamente, uma participação qualificada numa empresa de seguros ou que pretenda diminuir essa participação de tal modo que a percentagem de direitos de voto ou de partes de capital por ela detida desça de um nível inferior aos limiares de 20%, um terço ou 50%, ou que a empresa deixe de ser sua filial, deve informar previamente desses factos o Instituto de Seguros de Portugal e comunicar-lhe o novo montante da sua participação.

2 — É aplicável, com as devidas adaptações, o disposto no artigo 43.º.

ART. 49.º (Comunicação pelas empresas de seguros) — 1 — As empresas de seguros comunicam ao Instituto de Seguros de Portugal, logo que delas tenham conhecimento, as alterações a que se referem os artigos 43.º e 48.º.

2 — Uma vez por ano, até ao final do mês em que se realizar a reunião ordinária da assembleia geral, as empresas de seguros comunicam igualmente ao Instituto de Seguros de Portugal a identidade dos detentores de participações qualificadas, com especificação do capital social e dos direitos de voto correspondentes a cada participação.

ART. 50.º (Gestão sã e prudente) — Para efeitos do disposto no n.º 1 do artigo 44.º, na apreciação das condições que garantam uma gestão sã e prudente da empresa de seguros, o Instituto de Seguros de Portugal tem em conta a adequação e influência provável do requerente na instituição em causa e a solidez financeira do projecto de aquisição em função dos seguintes critérios:

a) Idoneidade do requerente, tendo especialmente em consideração o disposto no n.º 2 do artigo 51.º, se se tratar de uma pessoa singular;

b) Idoneidade e qualificação profissional dos membros dos órgãos de administração da empresa de seguros, a designar em resultado da aquisição, nos termos dos artigos 51.º e 51.º-A;

c) Solidez financeira do requerente, designadamente em função do tipo de actividade exercida ou a exercer na empresa de seguros;

d) Capacidade da empresa de seguros para cumprir de forma continuada os requisitos prudenciais aplicáveis, tendo especialmente em consideração, caso integre um grupo, a existência de uma estrutura que permita o exercício de uma supervisão efectiva, a troca eficaz de informações entre as autoridades competentes e a determinação da repartição de responsabilidades entre as mesmas;

e) Existência de razões suficientes para suspeitar que teve lugar, está em curso ou foi tentada uma operação susceptível de configurar a prática de actos de branqueamento de capitais ou de financiamento do terrorismo, na acepção do artigo 1.º da Directiva n.º 2005/60/CE, do Parlamento e do Conselho, de 26 de Outubro, relacionada com a aquisição projectada ou que a aquisição projectada pode aumentar o respectivo risco de ocorrência;

f) *(Revogada.)*

SECÇÃO IX — **ADMINISTRAÇÃO E FISCALIZAÇÃO**

ART. 51.º (Composição dos órgãos sociais) — 1 — Os membros dos órgãos de administração e fiscalização das sociedades anónimas e das mútuas de seguros, incluindo os que integrem o conselho geral e de supervisão e os administradores não executivos, devem preencher os seguintes requisitos:

a) Qualificação adequada, nomeadamente através de experiência profissional ou de habilitação académica;

b) Idoneidade.

2 — Entre outras circunstâncias atendíveis, considera-se indiciador de falta de idoneidade:

a) A condenação, em Portugal ou no estrangeiro, por crime de furto, abuso de confiança, roubo, burla, extorsão, infidelidade, abuso de cartão de garantia ou de crédito, emissão de cheques sem provisão, usura, insolvência dolosa, insolvência negligente, frustração de créditos, favorecimento de credores, apropriação ilegítima de bens do sector público ou cooperativo, administração danosa em unidade económica do sector público ou cooperativo, falsificação, falsidade, suborno, corrupção, branqueamento de capitais, recepção não autorizada de depósitos ou outros fundos reembolsáveis, prática ilícita de actos ou operações de seguros, de resseguros ou de gestão de fundos de pensões, abuso de informação, manipulação do mercado de valores mobiliários ou pelos crimes previstos no Código das Sociedades Comerciais;

b) A declaração de insolvência do membro do órgão social ou a declaração de insolvência de empresa por ele dominada ou de que tenha sido administrador, director, ou gerente, num e noutro caso, por sentença nacional ou estrangeira;

c) A condenação, em Portugal ou no estrangeiro, pela prática de infracções às regras legais ou regulamentares que regem a actividade das instituições de crédito, sociedades financeiras ou instituições financeiras, das

788 [DL n.º 94-B/98]   SEGUROS E FUNDOS DE PENSÕES

entidades gestoras de fundos de pensões e do mercado de valores mobiliários, bem como a actividade seguradora ou resseguradora e a actividade de mediação de seguros ou de resseguros.

3 — Para efeitos do presente artigo, considera-se verificada a idoneidade dos membros dos órgãos de administração e fiscalização que se encontrem registados junto do Banco de Portugal ou da Comissão do Mercado de Valores Mobiliários, quando esse registo esteja sujeito a condições de idoneidade, a menos que factos supervenientes à data do referido registo conduzam o Instituto de Seguros de Portugal a pronunciar-se em sentido contrário.

4 — Presume-se existir qualificação adequada através de experiência profissional quando a pessoa em causa tenha previamente exercido, com competência, funções de responsabilidade no domínio financeiro e técnico, devendo a duração dessa experiência, bem como a natureza e grau de responsabilidade das funções antes exercidas, estar em consonância com as características e dimensão da empresa de seguros.

5 — O Instituto de Seguros de Portugal, para efeitos da verificação dos requisitos previstos no presente artigo, consulta as autoridades de supervisão competentes nos casos previstos nos n.ᵒˢ 4 e 5 do artigo 15.º e o Banco de Portugal ou a Comissão do Mercado de Valores Mobiliários sempre que a pessoa em causa esteja registada junto dessas autoridades.

6 — [Revogado]

7 — [Revogado]

8 — No caso de serem eleitos ou designados para os órgãos de administração ou de fiscalização pessoas colectivas, as pessoas por estas designadas para o exercício da função devem cumprir o disposto no presente artigo.

ART. 51.º-A (Acumulação de cargos) — 1 — O Instituto de Seguros de Portugal pode opor-se a que os membros dos órgãos de administração das sociedades anónimas e das mútuas de seguros exerçam funções de administração noutras sociedades, caso entenda que a acumulação é susceptível de prejudicar o exercício das funções que o interessado já desempenhe, nomeadamente por existirem riscos graves de conflito de interesses, ou, tratando-se de pessoas que exerçam funções executivas, por não se verificar disponibilidade suficiente para o exercício do cargo.

2 — O disposto no número anterior não se aplica ao exercício cumulativo de funções de administração em sociedades que se encontrem em relação de domínio ou de grupo.

Secção X — **DISPOSIÇÕES DIVERSAS**

ART. 52.º (Alteração dos estatutos de empresas de seguros) — 1 — As seguintes alterações aos estatutos das empresas de seguros carecem de autorização prévia do Instituto de Seguros de Portugal, aplicando-se, com as necessárias adaptações, o estabelecido no artigo 15.º:

a) Firma ou denominação;

b) Objecto;

c) Capital social, quando se trate de redução;

d) Criação de categorias de acções ou alteração das categorias existentes;

e) Estrutura da administração ou de fiscalização;

f) Limitação dos poderes dos órgãos de administração ou de fiscalização;

g) Dissolução.

2 — As restantes alterações estatutárias não carecem de autorização prévia, devendo, porém, ser comunicadas ao Instituto de Seguros de Portugal no prazo de cinco dias, após a respectiva aprovação.

ART. 53.º (Alterações aos estatutos ou nos órgãos de administração de empresas de seguros estrangeiras) — As modificações que se verifiquem nos estatutos ou no órgão de administração de uma empresa de seguros estrangeira que, nos termos da secção VI do capítulo I do título II do presente diploma, tenha obtido autorização para a instalação em Portugal de uma sucursal devem, no prazo máximo de 60 dias a partir do momento em que tiverem ocorrido, ser comunicadas ao Instituto de Seguros de Portugal, aplicando-se o disposto no n.º 6 do artigo 14.º.

ART. 54.º (Comunicação da composição dos órgãos sociais) — 1 — O registo dos membros dos órgãos de administração e fiscalização, incluindo os que integrem o conselho geral e de supervisão e os administradores não executivos, deve ser solicitado ao Instituto de Seguros de Portugal, no prazo de 15 dias após a designação, mediante requerimento da sociedade ou dos interessados, juntamente com as provas de que se encontram preenchidos os requisitos definidos no artigo 51.º e, caso aplicável, no artigo 51.º-A.

2 — Poderão a sociedade ou os interessados solicitar o registo provisório antes da designação, devendo a conversão do registo em definitivo ser requerida no prazo de 30 dias a contar da designação, sob pena de caducidade.

3 — Em caso de recondução, será esta averbada no registo, a requerimento da sociedade ou dos interessados.

4 — A recusa do registo com fundamento em falta de algum dos requisitos definidos no artigo 51.º e, caso aplicável, no artigo 51.º-A, é comunicada aos interessados e à sociedade, a qual adopta as medidas adequadas para que aqueles cessem imediatamente funções.

5 — A recusa de registo atingirá apenas as pessoas a quem não tenham sido reconhecidas as qualidades necessárias, a menos que tal circunstância respeite à maioria dos membros do órgão em causa, ou que, por

ACESSO E EXERCÍCIO DA ACTIVIDADE SEGURADORA [DL n.º 94-B/98] 789

outro modo, deixem de estar preenchidas as exigências legais ou estatutárias para o normal funcionamento do órgão, caso em que o Instituto de Seguros de Portugal fixará prazo para que seja regularizada a situação.

6 — Não sendo regularizada a situação no prazo fixado, poderá ser revogada a autorização, nos termos do artigo 19.º, n.º 1, alínea *f*).

7 — O Instituto de Seguros de Portugal deve, no prazo de 15 dias, após a recepção das respostas às consultas que deve realizar, analisar os documentos recebidos em cumprimento do disposto nos números anteriores.

8 — Sem prejuízo do que resulte de outras disposições legais aplicáveis, a falta de registo não determina, por si só, invalidade dos actos praticados pela pessoa em causa no exercício das suas funções.

9 — O disposto no presente artigo aplica-se, com as necessárias adaptações, aos mandatários gerais, tendo em atenção os requisitos definidos no artigo 37.º e, bem assim, o previsto no n.º 1 do artigo 39.º.

10 — A falta superveniente de preenchimento de um dos requisitos definidos nos artigos 51.º e 51.º-A constitui fundamento de cancelamento do registo.

ART. 55.º (Registo de acordos parassociais) — 1 — Os acordos parassociais entre accionistas de empresas de seguros sujeitas à supervisão do Instituto de Seguros de Portugal, relativos ao exercício do direito de voto, devem ser registados no Instituto de Seguros de Portugal, sob pena de ineficácia.

2 — O registo referido no número anterior pode ser requerido por qualquer das partes do acordo até 15 dias antes da assembleia em que se pretenda exercer os direitos de voto que são objecto do acordo.

ART. 56.º (Mudança de sede ou de escritório) — As alterações, incluindo o encerramento, dos locais dos escritórios das sucursais autorizadas nos termos da secção VI do presente capítulo devem ser previamente comunicadas ao Instituto de Seguros de Portugal, salvo se a mudança se realizar dentro do mesmo concelho ou para concelho limítrofe, caso em que poderá ser comunicada no prazo de cinco dias após a ocorrência.

ART. 57.º (Abertura de representações em Portugal) — A abertura em Portugal de sucursais, delegações, agências ou escritórios pelas empresas de seguros autorizadas nos termos das secções II, III e VI do presente capítulo depende da existência de garantias financeiras suficientes, nos termos legais e regulamentares em vigor.

ART. 58.º (Uso ilegal de denominação) — 1 — É vedado a qualquer entidade não autorizada para o exercício da actividade seguradora, quer a inclusão na respectiva denominação, quer o simples uso no exercício da sua actividade, do título ou das palavras «empresa de seguros», «seguradora», «segurador», «companhia de seguros», «sociedade de seguros» ou outros que sugiram a ideia do exercício da actividade seguradora.

2 — O uso das referidas expressões, ou equivalentes, por qualquer das entidades autorizadas não deve induzir em erro quanto ao âmbito da actividade que podem exercer.

Secção XI — CONDIÇÕES DE ACESSO DE EMPRESAS DE RESSEGUROS

ART. 58.º-A (Estabelecimento de empresas de resseguros) — 1 — Ao estabelecimento em território português de empresas de resseguros com sede em Portugal é aplicável, com as devidas adaptações e com as especificidade dos n.ºs 2 a 5, o regime previsto nos artigos 11.º e 12.º, nos n.º 1 e alíneas *a*) a *e*) do n.º 2 do artigo 13.º, nos n.ºs 1, 2, e 5 a 9 do artigo 14.º, nos artigos 15.º a 23.º e nos artigos 41.º e 42.º.

2 — O capital mínimo a que se refere a alínea *b*) do n.º 1 do artigo 13.º corresponde, no que se refere à autorização para a constituição de uma empresa de resseguros a:

a) € 7 500 000, no caso de sociedades anónimas que pretendem exercer actividades de resseguro do ramo «Não vida» ou actividades de resseguro do ramo «Vida»;

b) € 15 000 000, no caso de sociedades anónimas que pretendem exercer todos os tipos de actividades de resseguro;

c) € 3 750 000, no caso de mútuas de resseguros, independentemente do tipo de actividade do resseguro que pretendem exercer.

3 — O requerimento de autorização é instruído com um programa de actividades que inclui, pelo menos, os seguintes elementos:

a) Indicação do ramo ou ramos dos riscos que a empresa se propõe cobrir;

b) Tipos de acordos em matéria de resseguros que a empresa tenciona concluir com empresas cedentes;

c) Os princípios orientadores da retrocessão que se propõe seguir;

d) Elementos que constituem o fundo mínimo de garantia;

e) Estrutura orgânica da empresa, com especificação dos meios técnicos e financeiros;

f) Previsão das despesas de instalação dos serviços administrativos e da rede comercial, bem como dos meios financeiros necessários.

4 — O programa de actividades referido no número anterior inclui ainda para cada um dos três primeiros exercícios sociais:

a) Balanço e conta de ganhos e perdas previsionais, com informação separada, pelo menos, para as seguintes rubricas:

i) Capital social subscrito e realizado, despesas de constituição e instalação, investimentos e provisões técnicas de resseguro aceite e resseguro cedido;

790 [DL n.º 94-B/98]   SEGUROS E FUNDOS DE PENSÕES

ii) Prémios, proveitos dos investimentos, custos com sinistros e variações das provisões técnicas para o resseguro aceite e cedido;

iii) Custos de aquisição, explicitando as comissões, e custos administrativos;

b) Previsão do número de trabalhadores e respectiva massa salarial;

c) Previsão da demonstração dos fluxos de caixa;

d) Previsão dos meios financeiros necessários à representação das provisões técnicas;

e) Previsão da margem de solvência e dos meios financeiros necessários à sua cobertura, em conformidade com as disposições legais em vigor.

5 — As hipóteses e os pressupostos em que se baseia a elaboração das projecções incluídas no programa previsto nos n.ᵒˢ 3 e 4 são devida e especificamente fundamentadas.

6 — Ao estabelecimento no território de outros Estados membros de sucursais de empresas de resseguros com sede em Portugal é aplicável, com as devidas adaptações, o regime previsto nas alíneas *a*), *c*) e *d*) do artigo 24.º, bem como nos n.ᵒˢ 3 a 5.

7 — Ao estabelecimento no território português de sucursais de empresas de resseguros com sede fora do território da União Europeia é aplicável, com as devidas adaptações, o regime previsto nos n.ᵒˢ 1 a 3, 5 e 6 do artigo 34.º, no n.º 1, na alínea *i*) do n.º 2 e no n.º 4 do artigo 35.º, nos artigos 36.º a 39.º, bem como nos n.ᵒˢ 3 a 5.

ART. 58.º-B (Controlo dos detentores de participações qualificadas em empresas de resseguros) — Ao controlo dos detentores de participações qualificadas em empresas de resseguros é aplicável, com as devidas adaptações, o regime previsto nos artigos 43.º a 50.º.

ART. 58.º-C (Administração e fiscalização de empresas de resseguros) — Aos membros dos órgãos de administração e fiscalização de empresas de resseguros é aplicável, com as devidas adaptações, o regime previsto no artigo 51.º e 51.º-A.

ART. 58.º-D (Comunicações subsequentes e registo) — São aplicáveis às empresas de resseguros, com as devidas adaptações, as disposições sobre comunicações subsequentes e registo previstas nos artigos 52.º a 57.º.

ART. 58.º-E (Uso ilegal de denominação no âmbito da actividade resseguradora) — 1 — É vedado a qualquer entidade não autorizada para o exercício exclusivo da actividade resseguradora, quer a inclusão na respectiva denominação, quer o simples uso no exercício da sua actividade, do título ou das palavras «empresa de resseguros», «resseguradora», «ressegurador», «companhia de resseguros», «sociedade de resseguros» ou outros que sugiram a ideia do exercício da actividade resseguradora.

2 — É aplicável o disposto no n.º 2 do artigo 58.º.

CAPÍTULO II — **Da livre prestação de serviços**

Secção I — **LIVRE PRESTAÇÃO DE SERVIÇOS NO TERRITÓRIO DE OUTROS ESTADOS MEMBROS POR EMPRESAS DE SEGUROS COM SEDE EM PORTUGAL**

ART. 59.º (Notificação) — As empresas de seguros com sede em Portugal que pretendam exercer, pela primeira vez, as suas actividades em livre prestação de serviços no território de outro ou outros Estados membros devem notificar previamente o Instituto de Seguros de Portugal, indicando a natureza dos riscos ou compromissos que se propõem cobrir ou assumir.

ART. 60.º (Comunicação) — 1 — O Instituto de Seguros de Portugal comunica e envia, no prazo de um mês a contar da data da notificação referida no artigo anterior, às autoridades competentes do Estado membro ou dos Estados membros em cujo território a empresa pretende exercer as suas actividades em livre prestação de serviços as seguintes informações e elementos:

a) Uma declaração certificando que a empresa dispõe do mínimo da margem de solvência, calculada nos termos do presente diploma;

b) Os ramos que a empresa está autorizada a explorar;

c) A natureza dos riscos ou compromissos que a empresa se propõe cobrir ou assumir no Estado membro da prestação de serviços.

2 — A comunicação referida no número anterior é notificada pelo Instituto de Seguros de Portugal, em simultâneo, à empresa interessada.

3 — O Instituto de Seguros de Portugal não procede à comunicação referida no n.º 1 sempre que tenha dúvidas fundadas sobre a situação financeira da empresa de seguros, designadamente nos casos em que tenha sido solicitado um plano de reequilíbrio da situação financeira em conformidade com o disposto no artigo 108.º-A e enquanto entender que os direitos dos segurados e beneficiários dos contratos de seguro se encontram em risco.

ART. 61.º (Recusa de comunicação) — No caso de o Instituto de Seguros de Portugal não efectuar a comunicação referida no n.º 1 do artigo anterior, deverá, no prazo ali referido, notificar a empresa interessada, fundamentando a recusa de comunicação.

ACESSO E EXERCÍCIO DA ACTIVIDADE SEGURADORA [DL n.º 94-B/98] 791

ART. 62.º (Recurso) — Da recusa de comunicação a que se refere o artigo anterior cabe, no prazo de 10 dias, recurso para o Ministro das Finanças, cuja decisão admite recurso contencioso, nos termos gerais.

ART. 63.º (Início de actividade) — A empresa de seguros pode iniciar a sua actividade em livre prestação de serviços a partir da data em que for comprovadamente notificada, nos termos do n.º 2 do artigo 60.º.

ART. 64.º (Alterações) — As alterações do conteúdo da notificação referida no artigo 59.º regulam-se pelas disposições aplicáveis da presente secção.

Secção II — **LIVRE PRESTAÇÃO DE SERVIÇOS EM PORTUGAL POR EMPRESAS DE SEGUROS COM SEDE NO TERRITÓRIO DE OUTROS ESTADOS MEMBROS**

ART. 65.º (Contribuição obrigatória) — As empresas de seguros que operem em Portugal emlivre prestação de serviços devem vincular-se e contribuir nas mesmas condições das empresas autorizadas, ao abrigo deste diploma, para qualquer regime destinado a assegurar o pagamento de indemnizações a segurados e terceiros lesados, nomeadamente quanto aos riscos referidos nos n.º 1), alínea *a*), e 10), excluindo a responsabilidade do transportador, do artigo 123.º, assegurando as contribuições legalmente previstas para o FAT e para o FGA.

ART. 66.º (Representante) — 1 — As empresas de seguros que pretendam cobrir, em livre prestação de serviços, no território português, riscos cuja cobertura seja obrigatória, nos termos da lei, deverão comunicar ao Instituto de Seguros de Portugal o nome e a morada de um representante residente habitualmente em Portugal que reúna todas as informações necessárias relacionadas com os processos de indemnização e a quem devem ser conferidos poderes suficientes para representar a empresa junto dos sinistrados que possam reclamar uma indemnização, incluindo o respectivo pagamento, e para a representar ou, se necessário, para a fazer representar perante os tribunais e autoridades portuguesas no que respeita aos mencionados pedidos de indemnização.

2 — O representante referido no número anterior deve ainda dispor de poderes para representar a empresa, perante o Instituto de Seguros de Portugal, no que se refere ao controlo da existência e validade das apólices de seguro.

3 — *(Revogado.)*

4 — Se a empresa de seguros não tiver designado o representante referido nos números anteriores, as suas funções são assumidas pelo representante designado em Portugal pela empresa de seguros para o tratamento e a regularização no país de residência da vítima dos sinistros ocorridos num Estado distinto do da residência desta.

ART. 67.º (Declaração) — As empresas de seguros referidas no artigo anterior que pretendam cobrir o risco referido na alínea *a*) do n.º 10) do artigo 123.º devem apresentar ao Instituto de Seguros de Portugal uma declaração, devidamente redigida em língua portuguesa, comprovativa de que a empresa se tornou membro do Gabinete Português da Carta Verde e que assegurará as contribuições para o FGA, bem como um compromisso de que fornecerá os elementos necessários que permitam ao organismo competente conhecer, no prazo de 10 dias, o nome da seguradora de um veículo implicado num acidente.

Secção III — **LIVRE PRESTAÇÃO DE SERVIÇOS NO TERRITÓRIO DE OUTROS ESTADOS MEMBROS POR EMPRESAS DE RESSEGUROS COM SEDE EM PORTUGAL**

ART. 67.º-A (Notificação de livre prestação de serviços por empresas de resseguros) — As empresas de resseguros com sede em Portugal que pretendam iniciar o exercício das suas actividades em livre prestação de serviços no território de outro ou outros Estados membros é aplicável, com as devidas adaptações, o regime previsto no artigo 59.º.

TÍTULO III — **CONDIÇÕES DE EXERCÍCIO DA ACTIVIDADE SEGURADORA E RESSEGURADORA**

CAPÍTULO I — **Garantias prudenciais das empresas de seguros**

Secção I — **GARANTIAS FINANCEIRAS**

ART. 68.º (Disposição geral) — 1 — As empresas de seguros devem dispor, nos termos do presente diploma, das seguintes garantias financeiras: provisões técnicas, margem de solvência e fundo de garantia.

2 — As empresas de seguros que explorem o ramo «Assistência» devem, sem prejuízo do disposto no número anterior, provar, de acordo com o que for estabelecido por norma do Instituto de Seguros de Portugal, que

792   [DL n.º 94-B/98]   SEGUROS E FUNDOS DE PENSÕES

dispõem dos meios técnicos adequados para a efectivação das operações de assistência que se comprometam a garantir.

3 — Os prémios dos novos contratos do ramo «Vida» devem ser suficientes, segundo critérios actuariais razoáveis, para permitir a empresa de seguros satisfazer o conjunto dos seus compromissos e, nomeadamente, constituir as provisões técnicas adequadas.

4 — Para efeitos do referido no número anterior, podem ser tidos em conta todos os aspectos da situação financeira da empresa, sem que a inclusão de recursos alheios a esses prémios e seus proveitos tenha carácter sistemático e permanente, susceptível de pôr em causa, a prazo, a solvência da empresa.

5 — Para efeitos da supervisão das respectivas garantias financeiras, não pode ser recusado um contrato de resseguro celebrado por uma empresa de seguros sediada em Portugal com uma empresa de seguros referida na alínea *b*) do n.º 1 do artigo 2.º ou com uma empresa de resseguros referida na alínea *c*) do n.º 1 do artigo 2.º, por razões directamente relacionadas com a solidez financeira dessa empresa de seguros ou de resseguros.

SECÇÃO II — **PROVISÕES TÉCNICAS**

SUBSECÇÃO I — **Caracterização e descrição**

ART. 69.º (Caracterização) — 1 — O montante das provisões técnicas deve, em qualquer momento, ser suficiente para permitir à empresa de seguros cumprir, na medida do razoavelmente previsível, os compromissos decorrentes dos contratos de seguro.

2 — As empresas de seguros com sede em Portugal devem, para o conjunto da sua actividade, constituir e manter provisões técnicas suficientes, incluindo provisões matemáticas, calculadas:

a) Em relação às responsabilidades decorrentes do exercício da sua actividade no território da União Europeia, incluindo as resultantes dos contratos celebrados em livre prestação de serviços, se for caso disso, nos termos dos artigos seguintes;

b) Em relação às responsabilidades decorrentes do exercício da actividade fora do território da União Europeia, no caso de, pelas disposições legais em vigor em território português, não ser obrigatória a constituição de provisões técnicas de valor superior, nos termos das normas legislativas e regulamentares dos respectivos Estados.

3 — As sucursais de empresas de seguros com sede fora do território da União Europeia devem constituir e manter provisões técnicas suficieAAntes, incluindo provisões matemáticas, calculadas nos termos dos artigos seguintes, em relação às responsabilidades decorrentes do exercício da sua actividade em Portugal.

ART. 70.º (Tipos de provisões técnicas) — 1 — Sem prejuízo do disposto no número seguinte, as provisões técnicas, a serem constituídas e mantidas pelas empresas de seguros, são:

a) Provisão para prémios não adquiridos;

b) Provisão para riscos em curso;

c) Provisão para sinistros;

d) Provisão para participação nos resultados;

e) Provisão de seguros e operações do ramo «Vida»;

f) Provisão para envelhecimento;

g) Provisão para desvios de sinistralidade.

2 — Podem ser criadas outras provisões técnicas por portaria do Ministro das Finanças, sob proposta do Instituto de Seguros de Portugal.

ART. 71.º (Provisão para prémios não adquiridos) — A provisão para prémios não adquiridos deve incluir a parte dos prémios brutos emitidos, relativamente a cada um dos contratos de seguro em vigor, a imputar a um ou vários dos exercícios seguintes.

ART. 72.º (Provisão para riscos em curso) — A provisão para riscos em curso corresponde ao montante necessário para fazer face a prováveis indemnizações e encargos a suportar após o termo do exercício e que excedam o valor dos prémios não adquiridos e dos prémios exigíveis relativos aos contratos em vigor.

ART. 73.º (Provisão para sinistros) — A provisão para sinistros corresponde ao custo total estimado que a empresa de seguros suportará para regularizar todos os sinistros que tenham ocorrido até ao final do exercício, quer tenham sido comunicados ou não, após dedução dos montantes já pagos respeitantes a esses sinistros.

ART. 74.º (Provisão para participação nos resultados) — A provisão para participação nos resultados inclui os montantes destinados aos segurados ou aos beneficiários dos contratos, sob a forma de participação nos resultados, desde que tais montantes não tenham sido já distribuídos, nomeadamente mediante inclusão nas provisões matemáticas.

ART. 75.º (Provisão de seguros e operações do ramo «Vida») — 1 — A provisão de seguros e operações do ramo «Vida» deve representar o valor das responsabilidades da empresa de seguros líquido das responsabilidades do tomador do seguro, em relação a todos os seguros e operações do ramo «Vida», compreendendo:

ACESSO E EXERCÍCIO DA ACTIVIDADE SEGURADORA   **[DL n.º 94-B/98]**   793

a) A provisão matemática;
b) A provisão de seguros e operações do ramo «Vida» em que o risco de investimento é suportado pelo tomador do seguro;
c) A provisão para compromissos de taxa;
d) A provisão de estabilização de carteira.
2 — Sem prejuízo do disposto no artigo 81.º, a provisão matemática corresponde ao valor actuarial estimado dos compromissos da empresa de seguros, incluindo as participações nos resultados já distribuídas e após dedução do valor actuarial dos prémios futuros.
3 — O cálculo desta provisão é efectuado com base em métodos actuariais reconhecidos.
4 — A provisão de seguros e operações do ramo «Vida» em que o risco de investimento é suportado pelo tomador do seguro será determinada em função dos activos afectos ou dos índices ou activos que tenham sido fixados como referência, para determinar o valor das importâncias seguras.
5 — Sempre que nos seguros e operações referidos no número anterior existam riscos que não sejam efectivamente assumidos pelo tomador do seguro, deverá ser constituída para esses riscos a respectiva provisão matemática e, se for caso disso, a provisão para compromissos de taxa.
6 — A provisão matemática referida no número anterior deverá ser constituída, nomeadamente, para cobrir os riscos de mortalidade, as despesas administrativas, as prestações garantidas na data de vencimento ou os valores de resgate garantidos.
7 — A provisão para compromissos de taxa deve ser constituída relativamente a todos os seguros e operações do ramo «Vida» em que exista uma garantia de taxa de juro, sempre que se verifique uma das situações previstas nos n.ºs 7 e 8 do artigo 82.º.
8 — A provisão de estabilização de carteira deve ser constituída relativamente aos contratos de seguro de grupo, anuais renováveis, garantindo como cobertura principal o risco de morte, com vista a fazer face ao agravamento do risco inerente à progressão da média etária do grupo seguro, sempre que aqueles sejam tarifados com base numa taxa única, a qual, por compromisso contratual, se deva manter por um certo prazo.
9 — A provisão referida no número anterior é igualmente constituída relativamente aos riscos complementares em idênticas circunstâncias.

ART. 75.º-A (Outras provisões a constituir para os seguros e operações do ramo «Vida») — No que diz respeito aos seguros e operações do ramo «Vida», as empresas de seguros devem ainda constituir:
a) A provisão para prémios não adquiridos e a provisão para riscos em curso, no caso dos seguros e operações cujo período de cobertura seja igual ou inferior a um ano;
b) A provisão para sinistros, incluindo a provisão para sinistros ocorridos mas não declarados;
c) A provisão para participação nos resultados.

ART. 76.º (Provisão para envelhecimento) — A provisão para envelhecimento deve ser constituída para o seguro de doença praticado segundo a técnica do seguro de vida, sendo-lhe aplicáveis, com as necessárias adaptações, as disposições dos n.ºs 2 e 3 do artigo 75.º.

ART. 77.º (Provisão para desvios de sinistralidade) — 1 — A provisão para desvios de sinistralidade destina-se a fazer face a sinistralidade excepcionalmente elevada nos ramos de seguros em que, pela sua natureza, se preveja que aquela tenha maiores oscilações.
2 — Esta provisão deve ser constituída para o seguro de crédito, seguro de caução, seguro de colheitas, risco de fenómenos sísmicos e resseguro aceite — risco atómico.
3 — Por portaria do Ministro das Finanças, sob proposta do Instituto de Seguros de Portugal, a provisão para desvios de sinistralidade pode ser alargada a outros ramos de seguro.

SUBSECÇÃO II — **Método de cálculo**

ART. 78.º (Cálculo das provisões técnicas) — As provisões técnicas serão calculadas nos termos do presente diploma e de acordo com os métodos, regras e princípios que vierem a ser fixados por norma do Instituto de Seguros de Portugal.

ART. 79.º (Cálculo da provisão para prémios não adquiridos) — 1 — A provisão para prémios não adquiridos deve, sem prejuízo do disposto nos números seguintes, ser calculada contrato a contrato *pro rata temporis*.
2 — Nos ramos ou modalidades de seguros nos quais o ciclo do risco não permita aplicar o método *pro rata temporis* deverão aplicar-se métodos de cálculo que tenham em conta a diversidade da evolução do risco no tempo.
3 — As empresas de seguros, mediante comunicação ao Instituto de Seguros de Portugal, poderão utilizar métodos estatísticos, e, em particular, métodos proporcionais ou globais, no pressuposto de que estes métodos conduzam aproximadamente a resultados idênticos aos dos cálculos individuais.

ART. 79.º-A (Cálculo da provisão para riscos em curso) — A provisão para riscos em curso deve ser calculada, nos termos estabelecidos por norma do Instituto de Seguros de Portugal, com base nos sinistros e nos cus-

794 [DL n.º 94-B/98]   SEGUROS E FUNDOS DE PENSÕES

tos administrativos susceptíveis de ocorrer após o final do exercício e cobertos por contratos celebrados antes daquela data, desde que o montante estimado exceda a provisão para prémios não adquiridos e os prémios exigíveis relativos a esses contratos.

ART. 80.º (Cálculo da provisão para sinistros) — 1 — O montante da provisão em relação aos sinistros comunicados deve, sem prejuízo do disposto no número seguinte, ser calculado sinistro a sinistro.

2 — As empresas de seguros, mediante comunicação ao Instituto de Seguros de Portugal, podem, em relação aos sinistros já comunicados mas ainda não regularizados e relativamente aos ramos ou modalidades em que tal se considere tecnicamente aconselhável, utilizar métodos estatísticos, desde que a provisão constituída seja suficiente, atendendo à natureza dos riscos.

3 — O montante da provisão correspondente aos sinistros não comunicados à data do encerramento do exercício deve ser calculado tendo em conta a experiência do passado, no que se refere ao número e montante dos sinistros declarados após o encerramento do exercício.

4 — As empresas de seguros devem comunicar ao Instituto de Seguros de Portugal o sistema de cálculo e formas de actualização da provisão referida no número anterior.

5 — Quando, a título de um sinistro, tiverem de ser pagas indemnizações sob a forma de renda, os montantes a provisionar para este fim devem ser calculados com base em métodos actuariais reconhecidos, aplicando-se, com as necessárias adaptações, os princípios específicos do ramo «Vida».

Subsecção III — **Princípios específicos do ramo «Vida»**

ART. 81.º (Métodos de cálculo) — 1 — As provisões técnicas do ramo «Vida» devem ser calculadas segundo um método actuarial prospectivo suficientemente prudente que, tendo em atenção os prémios futuros a receber, tome em conta todas as obrigações futuras de acordo com as condições fixadas para cada contrato em curso e, nomeadamente:

a) Todas as prestações garantidas, incluindo os valores de resgate garantidos;

b) As participações nos resultados a que os beneficiários e os segurados já têm colectiva ou individualmente direito, qualquer que seja a qualificação dessas participações adquiridas, declaradas ou concedidas;

c) Todas as opções a que o segurado ou beneficiário tem direito de acordo com as condições do contrato;

d) Os encargos da empresa, incluindo as comissões.

2 — Pode ser utilizado um método retrospectivo caso seja possível demonstrar que as provisões técnicas resultantes deste método não são inferiores às resultantes de um método prospectivo suficientemente prudente ou caso não seja possível aplicar para o tipo de contrato em causa o método prospectivo.

3 — Uma avaliação prudente tem de tomar em conta uma margem razoável para variações desfavoráveis dos diferentes factores, não podendo basear-se exclusivamente nas hipóteses consideradas mais prováveis.

4 — O método de avaliação das provisões técnicas deve ser prudente e tomar em consideração o método de avaliação dos activos representativos dessas provisões.

5 — As provisões técnicas devem ser calculadas separadamente para cada contrato, sem prejuízo da possibilidade de utilização de aproximações razoáveis ou de generalizações, quando as mesmas conduzam, aproximadamente, a resultados equivalentes aos cálculos individuais.

6 — O princípio do cálculo individual mencionado no número anterior não obsta à constituição de provisões suplementares para os riscos gerais que não sejam individualizados.

7 — Sempre que o valor de resgate de um contrato esteja garantido, o montante das provisões matemáticas para esse contrato deve ser sempre, pelo menos, igual ao valor garantido nesse momento.

ART. 82.º (Taxa técnica de juro) — 1 — A taxa técnica de juro a utilizar no cálculo da provisão matemática do ramo «Vida» deve ser escolhida de forma prudente, tendo em consideração a natureza e a maturidade dos compromissos assumidos, bem como os activos em que a empresa de seguros se propõe investir os valores correspondentes àquela provisão.

2 — Sem prejuízo do disposto nos n.ᵒˢ 3, 4 e 5, para os contratos que incluem uma garantia de taxa de juro, o Instituto de Seguros de Portugal fixará, por norma regulamentar, uma taxa de juro máxima que pode variar consoante a divisa em que o contrato estiver expresso.

3 — A fixação de uma taxa de juro máxima não impede que a empresa de seguros utilize uma taxa mais baixa.

4 — Nas situações em que a empresa de seguros efectue o investimento autónomo das provisões matemáticas, afectando aplicações a determinados contratos de seguro, a taxa técnica de juro a utilizar no cálculo da provisão matemática do ramo «Vida» pode ser determinada em função da rendibilidade dessas aplicações, desde que sejam cumpridas as margens e os requisitos estabelecidos por norma regulamentar do Instituto de Seguros de Portugal.

5 — A taxa máxima referida no n.º 2 pode, nos termos regulamentares, não se aplicar ainda às seguintes categorias de contratos:

a) Contratos de seguros e operações ligados a fundos de investimento;

b) Contratos de prémio único com uma duração máxima de oito anos;

ACESSO E EXERCÍCIO DA ACTIVIDADE SEGURADORA [DL n.º 94-B/98] 795

c) Contratos sem participação nos resultados.

Nos casos referidos nas últimas duas alíneas, ao escolher uma taxa de juro prudente, pode tomar-se em conta a moeda em que o contrato está expresso e os activos correspondentes em carteira nessa data, bem como o rendimento previsível dos activos futuros.

A taxa de juro utilizada nunca pode ser superior ao rendimento dos activos, calculado segundo as regras de contabilidade para a actividade seguradora, após dedução adequada.

6 — A taxa máxima fixada nos termos do n.º 2 será notificada à Comissão Europeia e às autoridades competentes dos Estados membros que o solicitarem.

7 — Se, num determinado exercício, a taxa de rendibilidade efectiva das aplicações que se encontram a representar as provisões matemáticas do ramo «Vida», com excepção daquelas que estão especificamente afectas a determinados contratos de seguro, for inferior à taxa técnica de juro média ponderada utilizada na determinação das provisões matemáticas dos produtos sem a citada afectação específica, a empresa de seguros deve constituir nas suas contas uma provisão técnica adicional, nos termos a definir por norma regulamentar do Instituto de Seguros de Portugal.

8 — De igual modo, se uma empresa de seguros não cumprir as margens e os requisitos que permitem a aplicação do disposto no n.º 4, haverá lugar à constituição de uma provisão técnica adicional, nos termos a definir por norma regulamentar do Instituto de Seguros de Portugal.

9 — A provisão técnica adicional referida nos n.ᵒˢ 7 e 8, denominada provisão para compromissos de taxa, deve ser incluída na provisão de seguros e operações do ramo «Vida», sendo globalmente calculada para os seguros e operações do ramo «Vida» a que diga respeito.

10 — O disposto nos n.ᵒˢ 7 e 8 não se aplicará se a empresa de seguros demonstrar, com base em critérios razoáveis e prudentes e na situação real da sua carteira de activos e responsabilidades, que a rendibilidade a obter no exercício em curso e nos seguintes será suficiente para garantir os compromissos assumidos.

11 — Os princípios constantes dos números anteriores aplicam-se, com as devidas adaptações, a todos os seguros relativamente aos quais sejam constituídas provisões matemáticas, nos termos da lei em vigor.

ART. 83.º (Elementos estatísticos e encargos) — Os elementos estatísticos de avaliação e, bem assim, os correspondentes aos encargos devem ser escolhidos de forma prudente, tendo em atenção o Estado membro do compromisso, o tipo de apólice, bem como os encargos administrativos e as comissões previstas.

ART. 84.º (Participação nos resultados) — Relativamente aos contratos com participação nos resultados, o método de avaliação das provisões técnicas pode tomar em consideração, de forma implícita ou explícita, todos os tipos de participações futuras nos resultados, de modo coerente com as outras hipóteses sobre a evolução futura e com o método actual de participação nos resultados.

ART. 85.º (Encargos futuros) — A provisão para encargos futuros pode ser implícita, tomando em consideração, nomeadamente, os prémios futuros líquidos dos encargos de gestão, não devendo, porém, a provisão total implícita ou explícita ser inferior à provisão que uma avaliação prudente teria determinado.

ART. 86.º (Continuidade do método) — O método de cálculo das provisões técnicas não deve ser alterado anualmente, de maneira descontínua, na sequência de alterações arbitrárias no método ou nos elementos de cálculo e deve permitir que a participação nos resultados seja calculada de maneira razoável durante o prazo de validade do contrato.

ART. 87.º (Transparência) — As empresas de seguros devem pôr à disposição do público as bases e os métodos utilizados no cálculo das provisões técnicas, incluindo das provisões constituídas para participação nos resultados.

SUBSECÇÃO IV — **Representação e caucionamento**

ART. 88.º (Representação das provisões técnicas) — 1 — As provisões técnicas, incluindo as provisões matemáticas, devem, a qualquer momento, ser representadas na sua totalidade por activos equivalentes, móveis ou imóveis, e congruentes.

2 — Os activos referidos no número anterior devem estar obrigatoriamente localizados:

a) Em qualquer parte do território da União Europeia, no que respeita às actividades aí exercidas pelas empresas de seguros com sede em Portugal;

b) Em qualquer parte do território da União Europeia ou no território do Estado não membro da União Europeia em que estiverem estabelecidas, no que respeita às actividades neste exercidas pelas empresas de seguros com sede em Portugal;

c) Em território português, no que respeita às actividades aí exercidas pelas sucursais das empresas de seguros com sede fora do território da União Europeia.

3 — Os activos representativos das provisões técnicas constituem um património especial que garante especialmente os créditos emergentes dos contratos de seguro, não podendo ser penhorados ou arrestados, salvo para pagamento desses mesmos créditos.

4 — Os activos referidos no número anterior não podem, em caso algum, ser oferecidos a terceiros, para garantia, qualquer que seja a forma jurídica a assumir por essa garantia.

796 [DL n.º 94-B/98]   SEGUROS E FUNDOS DE PENSÕES

5 — Em caso de liquidação, os créditos referidos no n.º 3 gozam de um privilégio mobiliário especial sobre os bens móveis ou imóveis que representem as provisões técnicas, sendo graduados em primeiro lugar.

6 — Os activos referidos no n.º 3 serão avaliados líquidos das dívidas contraídas para a sua aquisição.

7 — As empresas de seguros devem efectuar o inventário permanente dos activos representativos das provisões técnicas.

8 — Devem ser depositados em contas próprias junto de estabelecimentos de crédito os activos representativos das provisões técnicas susceptíveis de depósito.

ART. 89.º (Valorimetria dos activos) — Os critérios de valorimetria dos activos representativos das provisões técnicas são fixados pelo Instituto de Seguros de Portugal.

ART. 90.º (Constituição dos activos) — 1 — A natureza dos activos representativos das provisões técnicas, os respectivos limites percentuais, bem como os princípios gerais da congruência e da avaliação desses activos, são fixados por norma do Instituto de Seguros de Portugal.

2 — As empresas de seguros, na constituição dos activos representativos das suas provisões técnicas, devem ter em conta o tipo de operações que efectuam de modo a garantir a segurança, o rendimento e a liquidez dos respectivos investimentos, assegurando uma diversificação e dispersão prudentes dessas aplicações.

ART. 91.º (Comunicação ao Instituto de Seguros de Portugal) — *(Revogado.)*

ART. 92.º (Caucionamento das provisões técnicas) — 1 — As sucursais de empresas de seguros com sede fora do território da União Europeia devem caucionar à ordem do Instituto de Seguros de Portugal as provisões técnicas constituídas, calculadas e representadas de harmonia com o disposto na presente secção.

2 — As sucursais referidas no número anterior que tenham as provisões técnicas, calculadas nos termos da presente secção, insuficientemente representadas podem efectuar depósitos em numerário na Caixa Geral de Depósitos, à ordem do Instituto de Seguros de Portugal.

Secção III — **MARGEM DE SOLVÊNCIA**

ART. 93.º (Empresas de seguros com sede em Portugal) — 1 — As empresas de seguros com sede em Portugal devem ter, em permanência, uma margem de solvência disponível suficiente em relação ao conjunto das suas actividades.

2 — A margem de solvência disponível de uma empresa de seguros consiste no seu património, correspondente aos elementos referidos no n.º 1 do artigo 96.º e no n.º 1 do artigo 98.º, livre de toda e qualquer obrigação previsível e deduzido dos elementos incorpóreos.

3 — A margem de solvência disponível pode igualmente ser constituída pelos elementos referidos no n.º 2 do artigo 96.º e no n.º 2 do artigo 98.º e, mediante autorização prévia do Instituto de Seguros de Portugal, pelos elementos referidos no n.º 3 do artigo 96.º e no n.º 3 do artigo 98.º.

4 — Para as actividades de resseguro aceite do ramo «Vida», a margem de solvência é determinada de acordo com o regime fixado nos n.ᵒˢ 1 a 3 do artigo 122.º-H e no artigo 122.º-I, desde que a empresa de seguros preencha uma das seguintes condições:

a) Os prémios de resseguro aceite serem superiores a 10% dos prémios totais;

b) Os prémios de resseguro aceite serem superiores a € 50 000 000;

c) As provisões técnicas resultantes do resseguro aceite serem superiores a 10% das provisões técnicas totais.

ART. 94.º (Sucursais de empresas de seguros com sede fora da União Europeia) — 1 — As sucursais de empresas de seguros com sede fora do território da União Europeia devem ter, em permanência, uma margem de solvência disponível suficiente em relação ao conjunto da sua actividade em Portugal.

2 — A margem de solvência disponível das sucursais referidas no número anterior é constituída por activos livres de toda e qualquer obrigação previsível e deduzidos dos elementos incorpóreos.

3 — Os activos correspondentes à margem de solvência disponível devem estar localizados em Portugal até à concorrência do fundo de garantia e, na parte excedente, no território da União Europeia.

4 — Para as actividades de resseguro aceite do ramo «Vida», a margem de solvência é determinada de acordo com o regime fixado nos n.ᵒˢ 4 a 6 do artigo 122.º-H e no artigo 122.º-I, desde que a sucursal preencha uma das condições previstas no n.º 4 do artigo anterior.

ART. 95.º (Valorimetria) — 1 — Os critérios de valorimetria dos activos correspondentes à margem de solvência disponível são fixados pelo Instituto de Seguros de Portugal.

2 — O Instituto de Seguros de Portugal pode, em casos devidamente justificados, reavaliar para valores inferiores todos os elementos elegíveis para efeitos da margem de solvência disponível, em especial, se se verificar uma alteração significativa do valor de mercado destes elementos desde o final do último exercício.

ART. 96.º (Margem de solvência disponível relativa aos ramos «Não vida») — 1 — Para efeitos da margem de solvência disponível, no que respeita a todos os ramos de seguros «Não vida», o património das empresas de seguros com sede em Portugal compreende:

ACESSO E EXERCÍCIO DA ACTIVIDADE SEGURADORA [DL n.º 94-B/98] 797

a) O capital social realizado ou, nas mútuas de seguros, o fundo inicial ou capital de garantia efectivamente realizado, acrescido das contas dos associados que satisfaçam cumulativamente os seguintes critérios:

i) Estipulação nos estatutos que o pagamento aos associados a partir dessas contas só pode ser efectuado desde que tal pagamento não origine a descida da margem de solvência disponível abaixo do nível exigido ou, após a dissolução da empresa, se todas as outras dívidas da empresa tiverem sido liquidadas;

ii) Estipulação nos estatutos que os pagamentos referidos na alínea anterior, efectuados por outras razões além da rescisão individual de filiação, são notificados ao Instituto de Seguros de Portugal com a antecedência mínima de um mês e podem, durante esse período, ser proibidos;

iii) Estipulação nos estatutos que as respectivas disposições sobre esta matéria, só podem ser alteradas se não houver objecções do Instituto de Seguros de Portugal, sem prejuízo dos critérios referidos.

b) Os prémios de emissão, as reservas de reavaliação e quaisquer outras reservas, legais ou livres, não representativas de qualquer compromisso;

c) O saldo de ganhos e perdas, deduzido de eventuais distribuições.

2 — A margem de solvência disponível pode igualmente ser constituída pelos seguintes elementos:

a) Acções preferenciais e empréstimos subordinados, até ao limite de 50% da margem de solvência disponível ou da margem de solvência exigida, consoante a que for menor, admitindo-se, até ao limite de 25% desta margem, empréstimos subordinados com prazo fixo ou acções preferenciais com duração determinada, desde que:

i) Em caso de falência ou liquidação da empresa, existam acordos vinculativos nos termos dos quais os empréstimos subordinados ou as acções preferenciais ocupem uma categoria inferior em relação aos créditos de todos os outros credores e só sejam reembolsados após a liquidação de todas as outras dívidas da empresa;

ii) Um exemplar dos contratos de empréstimos subordinados seja entregue ao Instituto de Seguros de Portugal previamente à sua assinatura;

iii) Os empréstimos subordinados preencham ainda as seguintes condições:

(*1*) Consideração, apenas dos fundos efectivamente recebidos;

(*2*) Fixação do prazo inicial para os empréstimos a prazo fixo em, pelo menos, cinco anos, devendo a empresa de seguros apresentar ao Instituto de Seguros de Portugal, para aprovação, o mais tardar um ano antes do termo do prazo, um plano indicando a forma como a margem de solvência disponível será mantida ou colocada ao nível desejado no termo do prazo, a menos que o montante até ao qual o empréstimo pode ser incluído nos elementos da mencionada margem seja progressivamente reduzido durante, pelo menos, os cinco últimos anos anteriores à data do vencimento, podendo o Instituto de Seguros de Portugal autorizar o reembolso antecipado desses fundos, desde que o pedido tenha sido feito pela empresa de seguros emitente e que a sua margem de solvência disponível não desça abaixo do nível exigido;

(*3*) Reembolso, não estando fixada data de vencimento da dívida para os empréstimos, mediante um pré-aviso de cinco anos, a menos que tenham deixado de ser considerados elementos da margem de solvência disponível ou que haja acordo prévio do Instituto de Seguros de Portugal para o reembolso antecipado, caso em que a empresa de seguros informará este Instituto, pelo menos seis meses antes da data do reembolso, indicando a margem de solvência disponível e a margem de solvência exigida antes e depois do reembolso, só devendo o referido Instituto autorizá-lo se a margem de solvência disponível não descer abaixo do nível exigido;

(*4*) Não inclusão, no contrato de empréstimo, de cláusulas que estabeleçam, em circunstâncias determinadas, o reembolso da dívida antes da data acordada para o seu vencimento, excepto em caso de liquidação da empresa de seguros;

(*5*) Alteração do contrato de empréstimo apenas com autorização do Instituto de Seguros de Portugal.

b) Títulos de duração indeterminada e outros instrumentos, incluindo as acções preferenciais não abrangidas pela alínea anterior, num máximo de 50% da margem de solvência disponível ou da margem de solvência exigida, consoante a que for menor, para o total desses títulos e dos empréstimos subordinados também referidos na alínea anterior, desde que preencham as seguintes condições:

i) Não serem reembolsáveis por iniciativa do portador ou sem autorização prévia do Instituto de Seguros de Portugal;

ii) Permitirem o diferimento do pagamento dos juros do empréstimo conferido à empresa de seguros pelo contrato de emissão;

iii) Preverem a total subordinação dos créditos do mutuante sobre a empresa de seguros aos créditos de todos os credores não subordinados;

iv) Conterem, nos documentos que regulam a emissão dos títulos, a previsão da capacidade da dívida e dos juros não pagos para absorver os prejuízos, permitindo, em simultâneo, a continuação da actividade da empresa de seguros;

v) Preverem a relevância exclusiva, para este efeito, dos montantes efectivamente pagos.

3 — Mediante pedido devidamente fundamentado da empresa de seguros, o Instituto de Seguros de Portugal pode autorizar que a margem de solvência disponível inclua igualmente:

a) Metade da parte do capital social ou, nas mútuas de seguros, do fundo inicial ou capital de garantia, ainda não realizado, desde que a parte realizada atinja, pelo menos, 25% do valor do capital social, ou do fundo

798   **[DL n.º 94-B/98]**   SEGUROS E FUNDOS DE PENSÕES

inicial ou capital de garantia, até ao limite de 50% da margem de solvência disponível ou da margem de solvência exigida, consoante a que for menor;

b) Os reforços de quotizações que as mútuas de seguros e as empresas sob a forma mútua de quotizações variáveis podem exigir aos seus associados no decurso do exercício, até ao limite máximo de metade da diferença entre as quotizações máximas e as quotizações efectivamente exigidas, desde que esses reforços não representem mais de 50% da margem de solvência disponível ou da margem de solvência exigida, consoante a que for menor;

c) As mais-valias, não incluídas na reserva de reavaliação, que não tenham carácter excepcional e que resultem da avaliação de elementos do activo.

4 — Para efeitos da determinação da margem de solvência disponível devem ser deduzidos aos elementos referidos nos números anteriores os montantes referentes a:

a) Acções próprias directamente detidas pela empresa de seguros;

b) Imobilizado incorpóreo;

c) Menos-valias, não incluídas na reserva de reavaliação, que não tenham carácter excepcional e que resultem da avaliação de elementos do activo;

d) Participações, na acepção da alínea *g)* do artigo 172.º-A, detidas pela empresa de seguros:

   i) Em empresas de seguros na acepção das alíneas *a)* e *b)* do artigo 172.º-A;

   ii) Em empresas de resseguros na acepção das alíneas *c)* e *d)* do artigo 172.º-A;

   iii) Em sociedades gestoras de participações no sector dos seguros na acepção da alínea *j)* do artigo 172.º-A;

   iv) Em instituições de crédito, sociedades financeiras e instituições financeiras na acepção, respectivamente, dos artigos 2.º, 5.º e 13.º, n.º 4, do Regime Geral das Instituições de Crédito e Sociedades Financeiras;

   v) Em empresas de investimento na acepção do n.º 4 do artigo 199.º-A do referido Regime Geral das Instituições de Crédito e Sociedades Financeiras;

e) Os instrumentos referidos no n.º 2 que a empresa de seguros detenha relativamente às entidades definidas na alínea anterior em que detém uma participação;

f) Os empréstimos subordinados e os instrumentos referidos nos n.ᵒˢ 8), 9), 11), 12) e 13) do n.º 3 do aviso do Banco de Portugal n.º 12/92, publicado no *Diário da República*, 2.ª série, n.º 299, de 29 de Dezembro de 1992, que a empresa de seguros detenha relativamente às entidades definidas na alínea *d)* em que detém uma participação;

g) Responsabilidades previsíveis que, nos termos de norma regulamentar, o Instituto de Seguros de Portugal considere que não se encontram, para esse efeito, adequadamente reflectidas nas contas da empresa de seguros.

5 — Sempre que haja detenção temporária de acções de uma outra instituição de crédito, empresa de investimento, sociedade financeira, instituição financeira, empresa de seguros ou de resseguros ou sociedade gestora de participações no sector dos seguros para efeitos de uma operação de assistência financeira destinada a sanear e recuperar essa entidade, o Instituto de Seguros de Portugal pode autorizar derrogações às disposições em matéria de dedução a que se referem as alíneas *d)* a *f)* do número anterior.

6 — Em alternativa à dedução dos elementos previstos nas alíneas *d)* a *f)* do n.º 4, o Instituto de Seguros de Portugal pode autorizar que a empresa de seguros efectue, com as devidas adaptações, o cálculo da adequação de fundos próprios previsto no artigo 11.º do decreto-lei que transpõe a Directiva n.º 2002/87/CE, do Parlamento Europeu e do Conselho, de 16 de Dezembro, relativa à supervisão complementar de instituições de crédito, empresas de seguros e empresas de investimento de um conglomerado financeiro.

7 — A opção prevista no número anterior, assim como a forma de cálculo da adequação de fundos próprios, deve ser aplicada de modo consistente ao longo do tempo.

8 — A dedução dos elementos previstos nas alíneas *d)* a *f)* do n.º 4 não tem de ser efectuada sempre que a empresa de seguros esteja sujeita à supervisão complementar ao nível do grupo de seguros ou à supervisão complementar ao nível do conglomerado financeiro.

9 — Para efeitos de determinação da margem de solvência disponível o Instituto de Seguros de Portugal pode ainda deduzir aos elementos referidos nos n.ᵒˢ 1 a 3 os montantes referentes a subavaliações de elementos do passivo, decorrentes de uma aplicação inadequada da regulamentação em vigor.

10 — Para as sucursais com sede fora do território da União Europeia, a margem de solvência disponível relativa aos ramos «Não vida» compreende:

a) As reservas, legais e livres, incluindo as reservas de reavaliação, não representativas de qualquer compromisso;

b) O saldo de ganhos e perdas, deduzido de eventuais transferências;

c) Os empréstimos subordinados, nos termos e condições referidos na alínea *a)* do n.º 2;

d) Os títulos de duração indeterminada e outros instrumentos, com exclusão de todas e quaisquer acções preferenciais, nos termos e condições da alínea *b)* do n.º 2;

e) Mediante autorização prévia do Instituto de Seguros de Portugal, as mais-valias, não incluídas na reserva de reavaliação, que não tenham carácter excepcional e que resultem da avaliação de elementos do activo, desde que devidamente fundamentadas pela sucursal.

11 — Para efeitos da determinação da margem de solvência disponível das sucursais com sede fora do território da União Europeia devem ser deduzidos aos elementos referidos no número anterior os montantes mencionados nas alíneas *b)* a *g)* do n.º 4 e no n.º 5, aplicando-se igualmente o disposto nos n.ᵒˢ 6 a 9.

ACESSO E EXERCÍCIO DA ACTIVIDADE SEGURADORA   [DL n.º 94-B/98]   799

ART. 97.º (Determinação da margem de solvência exigida para os ramos «Não vida») — 1 — A margem de solvência exigida, no que respeita a todos os ramos de seguros «Não vida», é calculada em relação ao montante anual dos prémios ou ao valor médio anual dos custos com sinistros nos três últimos exercícios, devendo o seu valor ser igual ao mais elevado dos resultados obtidos pela aplicação de dois métodos distintos descritos nos números seguintes.

2 — O primeiro método referido no número anterior baseia-se no montante anual dos prémios e corresponde ao valor mais elevado entre os prémios brutos emitidos e os prémios adquiridos e traduz-se na aplicação da seguinte fórmula de cálculo:

a) Ao volume global dos prémios de seguro directo e de resseguro aceite do último exercício, deduz-se o valor dos impostos e demais taxas que incidiram sobre esses prémios e que foram considerados nas contas de ganhos e perdas da empresa de seguros;

b) Divide-se o montante assim obtido em duas parcelas, em que a primeira vai até € 50 000 000 e a segunda abrange o excedente, adicionando-se 18% do valor da primeira parcela e 16% do valor da segunda;

c) Multiplica-se o valor obtido nos termos da alínea anterior pela relação existente, relativamente à soma dos três últimos exercícios, entre o montante dos custos com sinistros a cargo da empresa de seguros após a cessão em resseguro e o montante total dos custos com sinistros, não podendo, no entanto, essa relação ser inferior a 50%.

3 — O segundo dos métodos referidos no n.º 1 baseia-se na média dos valores dos custos com sinistros dos três últimos exercícios e traduz-se na aplicação da seguinte fórmula de cálculo:

a) Adicionam-se o valor global dos sinistros pagos em seguro directo (sem dedução do valor suportado pelos cessionários ou retrocessionários) e o valor global dos sinistros pagos em resseguro aceite ou em retrocessão referentes aos três últimos exercícios;

b) Soma-se o montante global das provisões para sinistros em seguro directo e em resseguro aceite, constituídas no último exercício;

c) Deduz-se o valor global dos reembolsos efectivamente recebidos nos três últimos exercícios;

d) Deduz-se o valor global das provisões para sinistros em seguro directo e em resseguro aceite, constituídas no início do segundo exercício anterior ao último exercício encerrado;

e) Divide-se um terço do montante obtido em duas parcelas, em que a primeira vai até € 35 000 000 e a segunda abrange o excedente, adicionando-se 26% do valor da primeira parcela e 23% do valor da segunda;

f) Multiplica-se o valor obtido nos termos da alínea anterior pela relação existente, relativamente à soma dos três últimos exercícios, entre o montante dos custos com sinistros a cargo da empresa de seguros após a cessão em resseguro e o montante total dos custos com sinistros, não podendo, no entanto, essa relação ser inferior a 50%.

4 — Quando uma empresa de seguros explore, primordialmente, apenas um ou vários dos riscos de crédito, tempestade, granizo ou geada, o período de referência para o valor médio anual dos custos com sinistros, referido na alínea *c)* do n.º 2 e no n.º 3, é reportado aos sete últimos exercícios.

5 — Na aplicação dos métodos descritos nos n.ºs 2 e 3 os prémios e a média dos valores dos custos com sinistros dos três últimos exercícios relativos aos ramos referidos nos n.ºs 11, 12 e 13 do artigo 123.º serão majorados em 50%.

6 — O factor de redução por efeito do resseguro, referido nas alíneas *c)* do n.º 2 e *f)* do n.º 3, pode ser diminuído por determinação do Instituto de Seguros de Portugal, quando se verificar que uma empresa de seguros alterou, de modo significativo e desde o último exercício, a natureza e fiabilidade dos contratos de resseguro, ou for insignificante ou mesmo inexistente, ao abrigo dos contratos de resseguro estabelecidos, a transferência de risco para os resseguradores.

7 — Mediante pedido devidamente fundamentado da empresa de seguros, o Instituto de Seguros de Portugal pode autorizar que os montantes recuperáveis das entidades com objecto específico de titularização de riscos de seguros sejam deduzidos a título de resseguro para efeitos do cálculo referido nas alíneas *c)* do n.º 2 e *f)* do n.º 3.

8 — As percentagens aplicáveis às parcelas referidas na alínea *b)* do n.º 2 e na alínea *e)* do n.º 3 serão reduzidas para um terço no que se respeita ao seguro de doença praticado segundo a técnica do seguro de vida se, cumulativamente:

a) Os prémios recebidos forem calculados com base em tabelas de morbidez;

b) For constituída uma provisão para envelhecimento;

c) For cobrado um prémio adicional para constituir uma margem de segurança de montante apropriado;

d) A empresa puder, o mais tardar até ao final do terceiro ano de vigência do contrato, proceder à sua denúncia;

e) O contrato prever a possibilidade de aumentar os prémios ou reduzir as prestações, mesmo para os contratos em curso.

9 — Quando a margem de solvência exigida, calculada de acordo com o disposto nos números anteriores, for inferior à margem de solvência exigida do ano precedente, a exigência de margem a considerar deverá corresponder, pelo menos, ao montante resultante da multiplicação da margem de solvência exigida do ano precedente pela relação existente entre o montante das provisões para sinistros, líquidas de resseguro, no final e no início do último exercício, não podendo, no entanto, esse rácio ser superior a um.

800 [DL n.º 94-B/98]   SEGUROS E FUNDOS DE PENSÕES

10 — Os limiares previstos nas alíneas *b*) do n.º 2 e *e*) do n.º 3 são revistos anualmente tendo por base a evolução verificada no índice geral de preços no consumidor para todos os Estados membros publicado pelo Eurostat, e arredondados para um valor múltiplo de € 100 000, sempre que a taxa de variação verificada desde a última revisão seja igual ou superior a 5%, competindo ao Instituto de Seguros de Portugal proceder à sua divulgação.

ART. 98.º (Margem de solvência disponível relativa ao ramo «Vida») — 1 — Para efeitos da margem de solvência disponível, no que respeita ao ramo "Vida", o património das empresas de seguros com sede em Portugal compreende:

a) O capital social realizado ou, nas mútuas de seguros, o fundo inicial ou capital de garantia efectivamente realizado, acrescido das contas dos associados que satisfaçam cumulativamente os critérios referidos na alínea *a*) do n.º 1 do artigo 96.º;

b) As reservas, legais e livres, incluindo as reservas de reavaliação, não representativas de qualquer compromisso;

c) O saldo de ganhos e perdas, deduzido de eventuais distribuições.

2 — A margem de solvência disponível pode igualmente ser constituída pelos seguintes elementos:

a) As acções preferenciais e os empréstimos subordinados, nos termos e condições referidos na alínea *a*) do n.º 2 do artigo 96.º;

b) Os títulos de duração indeterminada e outros instrumentos, nos termos e condições referidos na alínea *b*) do n.º 2 do artigo 96.º.

3 — Mediante pedido devidamente fundamentado da empresa de seguros, o Instituto de Seguros de Portugal pode autorizar que a margem de solvência disponível inclua igualmente:

a) Até 31 de Dezembro de 2009, um montante correspondente a 50% dos lucros futuros da empresa, mas não superior a 10% da margem de solvência exigida ou da margem de solvência disponível, consoante a que for menor, desde que sejam respeitadas as seguintes condições:

i) Montante dos lucros futuros determinado pela multiplicação do lucro anual previsível, estimado em valor não superior à média aritmética dos lucros obtidos nos últimos cinco exercícios com referência ao ramo "Vida", por um factor, não superior a 6, representativo da duração residual média dos contratos, sendo as bases de cálculo para a determinação do factor multiplicador e do lucro efectivamente obtido estabelecidas por norma regulamentar do Instituto de Seguros de Portugal;

ii) Apresentação ao Instituto de Seguros de Portugal, para efeitos de autorização, do parecer do actuário responsável sobre a probabilidade de realização dos lucros no futuro, de acordo com o estabelecido por norma regulamentar do Instituto de Seguros de Portugal;

b) As mais-valias, não incluídas na reserva de reavaliação, que não tenham carácter excepcional e que resultem da avaliação de elementos do activo;

c) A diferença entre a provisão matemática não zillmerizada ou a parcialmente zillmerizada e uma provisão matemática zillmerizada, a uma taxa de zillmerização definida pelo Instituto de seguros de Portugal;

d) Metade da parte do capital social ou, nas mútuas de seguros, do fundo inicial ou capital de garantia, ainda não realizado, desde que a parte realizada atinja, pelo menos, 25% do valor do capital social, ou do fundo inicial ou capital de garantia, até ao limite de 50% da margem de solvência disponível ou da margem de solvência exigida, consoante a que for menor.

4 — Para efeitos da determinação da margem de solvência disponível devem ser deduzidos aos elementos referidos nos números anteriores os montantes referentes a:

a) Acções próprias directamente detidas pela empresa de seguros;

b) Imobilizado incorpóreo;

c) Menos-valias, não incluídas na reserva de reavaliação, que não tenham carácter excepcional e que resultem da avaliação de elementos do activo;

d) Participações, na acepção da alínea *g*) do artigo 172.º-A, detidas pela empresa de seguros:

i) Em empresas de seguros na acepção das alíneas *a*) e *b*) do artigo 172.º-A;

ii) Em empresas de resseguros na acepção das alíneas *c*) e *d*) do artigo 172.º-A;

iii) Em sociedades gestoras de participações no sector dos seguros na acepção da alínea *j*) do artigo 172.º-A;

iv) Em instituições de crédito, sociedades financeiras e instituições financeiras na acepção, respectivamente, dos artigos 2.º, 5.º e 13.º, n.º 4, do Regime Geral das Instituições de Crédito e Sociedades Financeiras, aprovado pelo Decreto-Lei n.º 298/92, de 31 de Dezembro;

v) Em empresas de investimento na acepção do n.º 4 do artigo 199.º-A do referido Regime Geral das Instituições de Crédito e Sociedades Financeiras;

e) Os instrumentos referidos no n.º 2 que a empresa de seguros detenha relativamente às entidades definidas na alínea anterior em que detém uma participação;

f) Os empréstimos subordinados e os instrumentos referidos nos n.ᵒˢ 8), 9), 11), 12) e 13) do n.º 3 do aviso do Banco de Portugal n.º 12/92, publicado no *Diário da República*, 2.ª série, n.º 299, de 29 de Dezembro de 1992, que a empresa de seguros detenha relativamente às entidades definidas na alínea *d*) em que detém uma participação;

ACESSO E EXERCÍCIO DA ACTIVIDADE SEGURADORA [DL n.º 94-B/98] 801

g) Responsabilidades previsíveis que, nos termos de norma regulamentar, o Instituto de Seguros de Portugal considere que não se encontram, para esse efeito, adequadamente reflectidas nas contas da empresa de seguros.

5 — Sempre que haja detenção temporária de acções de uma outra instituição de crédito, empresa de investimento, sociedade financeira, instituição financeira, empresa de seguros ou de resseguros ou sociedade gestora de participações no sector dos seguros para efeitos de uma operação de assistência financeira destinada a sanear e recuperar essa entidade, o Instituto de Seguros de Portugal pode autorizar derrogações às disposições em matéria de dedução a que se referem as alíneas *d)* a *f)* do número anterior.

6 — Em alternativa à dedução dos elementos previstos nas alíneas *d)* a *f)* do n.º 4, o Instituto de Seguros de Portugal pode autorizar que a empresa de seguros efectue, com as devidas adaptações, o cálculo da adequação de fundos próprios previsto no artigo 11.º do Decreto-Lei n.º 145/2006, de 31 de Julho.

7 — A opção prevista no número anterior, assim como a forma de cálculo da adequação de fundos próprios, deve ser aplicada de modo consistente ao longo do tempo.

8 — A dedução dos elementos previstos nas alíneas *d)* a *f)* do n.º 4 não tem de ser efectuada sempre que a empresa de seguros esteja sujeita à supervisão complementar ao nível do grupo de seguros ou à supervisão complementar ao nível do conglomerado financeiro.

9 — Para efeitos de determinação da margem de solvência disponível o Instituto de Seguros de Portugal pode ainda deduzir aos elementos referidos nos n.ºs 1 a 3 os montantes referentes a subavaliações de elementos do passivo, decorrentes de uma aplicação inadequada da regulamentação em vigor.

10 — Para as sucursais com sede fora do território da União Europeia, a margem de solvência disponível relativa ao ramo "Vida" compreende os elementos referidos nas alíneas *b)* e *c)* do n.º 1, no n.º 2, com exclusão das acções preferenciais e, mediante autorização do Instituto de Seguros de Portugal, os mencionados nas alíneas *a)* a *c)* do n.º 3.

11 — Para efeitos da determinação da margem de solvência disponível das sucursais com sede fora do território da União Europeia devem ser deduzidos aos elementos referidos no número anterior os montantes mencionados nas alíneas *b)* a *g)* do n.º 4 e no n.º 5, aplicando-se igualmente o disposto nos n.ºs 6 a 9.

ART. 99.º (Determinação da margem de solvência exigida para o ramo «Vida») — 1 — O montante da margem de solvência exigida no que respeita ao ramo «Vida» para os seguros referidos nas alíneas *a)* e *b)* do n.º 1 e no n.º 2 do artigo 124.º, corresponde à soma dos dois resultados obtidos nos termos seguintes:

a) O primeiro corresponde ao valor resultante da multiplicação de 4% do valor da provisão de seguros e operações do ramo «Vida» relativa ao seguro directo e ao resseguro aceite, sem dedução do resseguro cedido, pela relação existente, no último exercício, entre o montante da provisão de seguros e operações do ramo «Vida», deduzida das cessões em resseguro, e o montante total da provisão de seguros e operações do ramo «Vida», não podendo, no entanto, essa relação ser inferior a 85%;

b) O segundo, respeitante aos contratos cujos capitais em risco não sejam negativos, corresponde ao valor resultante da multiplicação de 0,3% dos capitais em risco pela relação existente, no último exercício, entre o montante dos capitais em risco que, após a cessão em resseguro ou retrocessão, ficaram a cargo da empresa de seguros, e o montante dos capitais em risco, sem dedução do resseguro, não podendo, no entanto, essa relação ser inferior a 50%;

c) A percentagem de 0,3% referida na alínea anterior é reduzida para 0,1% nos seguros temporários em caso de morte com a duração máxima de três anos e para 0,15% naqueles cuja duração seja superior a três mas inferior a cinco anos;

d) Para efeitos da alínea *b)*, entende-se por capital em risco o capital seguro em caso de morte após a dedução da provisão de seguros e operações do ramo «Vida» da cobertura principal.

2 — Para as operações de capitalização referidas no n.º 4 do artigo 124.º, o montante da margem de solvência exigida corresponde ao valor resultante da multiplicação de 4% do valor da provisão de seguros e operações do ramo "Vida", calculado nas condições estabelecidas na alínea *a)* do número anterior.

3 — Para os seguros referidos no n.º 3 do artigo 124.º e para as operações referidas nos n.ºs 5 e 6 do artigo 124.º, o montante da margem de solvência exigida corresponde à soma dos seguintes elementos:

a) O valor correspondente a 4% da provisão de seguros e operações do ramo "Vida", calculado nas condições previstas para o primeiro resultado da alínea *a)* do n.º 1, quando a empresa de seguros assuma um risco de investimento;

b) O valor correspondente a 1% da provisão de seguros e operações do ramo "Vida", calculado nas condições previstas para o primeiro resultado da alínea *a)* do n.º 1, quando a empresa de seguros não assuma um risco de investimento e o montante destinado a cobrir as despesas de gestão esteja fixado para um período superior a cinco anos;

c) O valor correspondente a 25% dos custos administrativos do último exercício imputáveis a essas actividades, calculado nas condições previstas para o primeiro resultado da alínea *a)* do n.º 1, quando a empresa de seguros não assuma um risco de investimento e o montante destinado a cobrir as despesas de gestão não esteja fixado para um período superior a cinco anos;

802 [DL n.º 94-B/98]   SEGUROS E FUNDOS DE PENSÕES

d) O valor correspondente a 0,3% dos capitais em risco, calculado nas condições previstas para o segundo resultado da alínea *b*) do n.º 1, quando a empresa de seguros cubra um risco de mortalidade.

4 — Os factores de redução por efeito do resseguro, referidos nas alíneas dos números anteriores, podem ser diminuídos por determinação do Instituto de Seguros de Portugal, quando se verificar que uma empresa de seguros alterou, de modo significativo e desde o último exercício, a natureza e fiabilidade dos contratos de resseguro, ou for insignificante ou mesmo inexistente, ao abrigo dos contratos de resseguro estabelecidos, a transferência de risco para os resseguradores.

5 — Mediante pedido fundamentado da empresa de seguros, o Instituto de Seguros de Portugal pode autorizar que os montantes recuperáveis de entidades com objecto específico de titularização de riscos de seguros sejam igualmente deduzidos a título de resseguro para efeitos dos cálculos previstos nas alíneas *a*) e *b*) do n.º 1.

ART. 100.º (Determinação da margem de solvência exigida relativamente aos seguros complementares do ramo «Vida») — O montante da margem de solvência exigida, no que respeita aos seguros complementares do ramo «Vida», referidos na alínea *c*) do n.º 1 do artigo 124.º, corresponde ao valor mais elevado que resultar da aplicação aos prémios brutos emitidos ou ao valor médio anual dos custos com sinistros dos três últimos exercícios relativos a esses seguros, dos métodos referidos no artigo 97.º.

ART. 101.º (Exploração cumulativa dos ramos «Não vida» e «Vida») — As empresas de seguros que exploram, cumulativamente, a actividade de seguros dos ramos «Não vida» e a actividade de seguros do ramo «Vida» devem dispor de uma margem de solvência para cada uma dessas duas actividades.

Secção IV — **FUNDO DE GARANTIA**

ART. 102.º (Valores mínimos) — 1 — As empresas de seguros com sede em Portugal e as sucursais de empresas de seguros com sede fora do território da União Europeia devem, desde o momento em que são autorizadas, dispor e manter um fundo de garantia, que faz parte integrante da margem de solvência e que corresponde a um terço do valor da margem de solvência exigida, não podendo, no entanto, ser inferior aos limites fixados nos termos dos números seguintes.

2 — Relativamente ao ramo «Vida», o fundo de garantia tem como limite mínimo € 3 000 000, € 2 250 000 ou € 1 500 000, consoante se trate, respectivamente, de uma empresa pública ou de uma sociedade anónima com sede em Portugal, de uma mútua de seguros ou de uma sucursal de empresa de seguros com sede fora do território da União Europeia.

3 — Relativamente aos ramos «Não vida», o fundo de garantia tem como limite mínimo:

a) Para as empresas de seguros que exploram um ou vários dos ramos referidos nos n.os 10), 11), 12), 13), 14) e 15) do artigo 123.º, € 3 000 000, € 2 250 000 ou € 1 500 000, consoante se trate, respectivamente, de uma empresa pública ou de uma sociedade anónima com sede em Portugal, de uma mútua de seguros ou de uma sucursal de empresa de seguros com sede fora do território da União Europeia;

b) Para as empresas de seguros que não se encontrem na situação referida na alínea anterior, € 2 000 000, € 1 500 000 ou € 1 000 000, consoante se trate, respectivamente, de uma empresa pública ou de uma sociedade anónima com sede em Portugal, de uma mútua de seguros ou de uma sucursal de empresa de seguros com sede fora do território da União Europeia.

4 — Os montantes mínimos previstos nos números anteriores são revistos anualmente tendo por base a evolução verificada no índice geral de preços no consumidor para todos os Estados membros publicado pelo Eurostat, e arredondados para um valor múltiplo de € 100 000, sempre que a taxa de variação verificada desde a última revisão seja igual ou superior a 5%, competindo ao Instituto de Seguros de Portugal proceder à sua divulgação.

5 — Relativamente aos ramos «Não vida», se estiver preenchida uma das condições previstas no n.º 4 do artigo 93.º, o limite mínimo do fundo de garantia de empresas de seguros com sede em Portugal e de sucursais de empresas de seguros com sede fora do território da União Europeia, em relação ao conjunto das suas actividades, corresponde ao fixado no n.º 1 do artigo 122.º-J.

ART. 103.º (Elementos constitutivos do fundo de garantia) — 1 — Para efeitos de constituição do fundo de garantia mínimo das empresas de seguros com sede em Portugal, relativamente à actividade de seguros «Não vida» e «Vida», consideram-se, respectivamente, os elementos previstos no artigo 96.º, com excepção do n.º 3, e no artigo 98.º, com excepção do n.º 3.

2 — Para efeitos de constituição do fundo de garantia mínimo das sucursais de empresas de seguros com sede fora do território da União Europeia, relativamente à actividade de seguros «Não vida» e «Vida», consideram-se, respectivamente, os elementos previstos no n.º 10 do artigo 96.º, com excepção da alínea *e*), e no n.º 10 do artigo 98.º, com excepção da remissão para o n.º 3 do mesmo artigo, aplicando-se igualmente as deduções previstas no n.º 11 do artigo 96.º e no n.º 11 do artigo 98.º.

ART. 104.º (Caucionamento do fundo de garantia) — As sucursais de empresas de seguros com sede fora do território da União Europeia encontram-se obrigadas a caucionar, à ordem do Instituto de Seguros de Portugal, metade dos valores mínimos do fundo de garantia exigidos nos termos do artigo 102.º.

ACESSO E EXERCÍCIO DA ACTIVIDADE SEGURADORA   [DL n.º 94-B/98]   803

Secção V — **FISCALIZAÇÃO DAS GARANTIAS FINANCEIRAS**

ART. 105.º (Empresas de seguros com sede em Portugal) — 1 — Compete ao Instituto de Seguros de Portugal verificar, em relação às empresas com sede em Portugal e para o conjunto das suas actividades, a existência, nos termos do presente decreto-lei e demais legislação e regulamentação aplicáveis, das garantias financeiras exigíveis e dos meios de que dispõem para fazerem face aos compromissos assumidos.

2 — As empresas de seguros com sede em Portugal devem apresentar todos os anos ao Instituto de Seguros de Portugal, em relação ao conjunto de toda a actividade exercida no ano imediatamente anterior, o relatório e contas anuais, o parecer do conselho fiscal e o documento de certificação legal de contas emitido pelo revisor oficial de contas, bem como as contas consolidadas e todos os demais elementos definidos por norma do mesmo Instituto, de modo que seja possível conhecer da sua situação e solvência global.

3 — Os documentos referidos no número anterior devem ser remetidos ao Instituto de Seguros de Portugal até 15 dias após a realização da assembleia geral anual para a aprovação de contas.

4 — Sem prejuízo do disposto no número anterior e no n.º 5 do artigo 65.º do Código das Sociedades Comerciais, os documentos referidos no n.º 2 devem ser remetidos ao Instituto de Seguros de Portugal, o mais tardar até 15 de Abril, ainda que o relatório e contas não se encontrem aprovados.

5 — As contas e os elementos a definir nos termos do n.º 2 devem ser presentes ao Instituto de Seguros de Portugal certificados por um revisor oficial de contas.

6 — As empresas de seguros com sede em Portugal devem ainda, trimestralmente, elaborar o balanço e a conta de ganhos e perdas, bem como efectuar o apuramento da situação da margem de solvência e da representação das provisões técnicas.

7 — As informações a prestar pelos revisores oficiais de contas referentes à certificação dos elementos relativos ao encerramento do exercício são elaboradas em conformidade com o estabelecido por norma regulamentar do Instituto de Seguros de Portugal, ouvida a Ordem dos Revisores Oficiais de Contas.

ART. 105.º-A (Elementos relativos à situação da margem de solvência e à representação das provisões técnicas) — 1 — Os elementos relativos à situação da margem de solvência e à representação das provisões técnicas devem ser comunicados ao Instituto de Seguros de Portugal nas datas e nos termos a definir por norma regulamentar:

a) Pelas empresas de seguros com sede em Portugal relativamente ao conjunto da sua actividade;

b) Pelas sucursais de empresas de seguros com sede fora do território da União Europeia relativamente à actividade exercida em Portugal.

2 — A informação relativa à situação a 31 de Dezembro deve ser certificada por um revisor oficial de contas.

ART. 106.º (Empresas de seguros com sede no território de outros Estados membros) — 1 — O Instituto de Seguros de Portugal, caso tenha conhecimento de elementos que permitam considerar que as actividades em Portugal de uma empresa de seguros com sede no território de outro Estado membro colocam em risco a solidez financeira da empresa, deve comunicar esse facto às autoridades competentes do Estado membro de origem, para que estas verifiquem se a referida empresa cumpre as regras prudenciais aplicáveis.

2 — As autoridades competentes do Estado membro de origem, depois de prévia informação ao Instituto de Seguros de Portugal, podem proceder, directamente ou por intermédio de entidades mandatadas para o efeito, à verificação de informações que, sendo relativas às sucursais de empresas de seguros com sede no seu território e estabelecidas em Portugal, são necessárias para garantir a fiscalização financeira da empresa.

3 — O Instituto de Seguros de Portugal poderá participar na verificação referida no número anterior.

ART. 107.º (Sucursais de empresas de seguros com sede fora da União Europeia) — 1 — Compete ao Instituto de Seguros de Portugal, sem prejuízo do disposto no artigo seguinte, verificar, em relação às sucursais de empresas de seguros cuja sede se situe fora do território da União Europeia, a existência, nos termos do presente decreto-lei e demais legislação e regulamentação aplicáveis, das garantias financeiras exigíveis e dos meios de que dispõem para fazerem face aos compromissos assumidos.

2 — Para os efeitos previstos no número anterior, as sucursais devem apresentar todos os anos ao Instituto de Seguros de Portugal, em relação à actividade desenvolvida em Portugal no ano imediatamente anterior, as contas e o documento de certificação legal das mesmas emitido pelo revisor oficial de contas, bem como os demais elementos definidos por norma do mesmo Instituto, de modo que seja possível conhecer-se da sua situação de solvência em Portugal bem como apresentar periodicamente a documentação necessária ao exercício da supervisão e os documentos estatísticos que lhe sejam solicitados.

3 — Às sucursais referidas no presente artigo são aplicáveis, com as devidas adaptações, os n.ᵒˢ 3 a 7 do artigo 105.º.

ART. 108.º (Benefícios a sucursais de empresas de seguros com sede fora da União Europeia) — 1 — Qualquer empresa de seguros com sede fora do território da União Europeia que se encontre autorizada a exercer a actividade em Portugal e noutro ou noutros Estados membros pode solicitar ao Ministro das Finanças, através do Instituto de Seguros de Portugal e mediante parecer deste, a concessão dos seguintes benefícios:

a) Cálculo da margem de solvência exigida em função da actividade global exercida em Portugal e nos outros Estados membros;

804 [DL n.º 94-B/98]   SEGUROS E FUNDOS DE PENSÕES

b) Dispensa da obrigação de caucionamento prevista no artigo 92.º, desde que apresentada a prova de realização noutro Estado membro de um caucionamento igual a metade do fundo de garantia que lhe é exigível em função da actividade global exercida em Portugal e nos outros Estados membros;

c) Localização dos activos representativos do fundo de garantia, calculado em função da actividade global exercida em Portugal e nos outros Estados membros, no território português ou de um outro Estado membro, em derrogação do disposto no n.º 3 do artigo 94.º.

2 — Os benefícios previstos no número anterior não podem ser solicitados conjuntamente para o ramo «Vida» e ramos «Não vida», se a empresa de seguros exercer, nos termos legais em vigor, cumulativamente estas duas actividades em Portugal.

3 — O pedido referido no n.º 1 deve ser acompanhado de prova de que requerimento análogo foi apresentado a todas as entidades competentes dos Estados membros onde está autorizada a explorar ramos de seguros idênticos àqueles para que tem autorização em Portugal, devendo no mesmo pedido ser indicada a autoridade competente encarregada de verificar a sua solvência global nos termos do número seguinte, bem como os motivos desta indicação.

4 — A empresa de seguros que obtenha, por acordo de todos Estados membros onde exerça a sua actividade, os benefícios previstos no n.º 1 fica submetida a uma fiscalização da sua solvência global para o conjunto das actividades exercidas em Portugal e nos outros Estados membros que concederam esses benefícios.

5 — A fiscalização referida no número anterior é exercida pelo Instituto de Seguros de Portugal, quando for esta a autoridade de supervisão indicada pela empresa de seguros.

6 — Quando a verificação da solvência global da empresa de seguros, para o conjunto da actividade exercida no território da União Europeia, for exercida pelo Instituto de Seguros de Portugal, este deve utilizar todas as informações que obtiver junto das autoridades de supervisão dos restantes Estados membros onde a empresa de seguros exerça a sua actividade.

7 — Quando a verificação da solvência global da empresa de seguros não competir ao Instituto de Seguros de Portugal, este deve fornecer à autoridade de supervisão competente todas as informações úteis de que disponha sobre a sucursal situada em Portugal.

8 — Quando a verificação da solvência de uma empresa de seguros cuja sede social se situe fora do território da União Europeia não competir ao Instituto de Seguros de Portugal, a sucursal estabelecida em território português deve apresentar a este Instituto a documentação necessária ao exercício da fiscalização, bem como os documentos estatísticos que lhe sejam solicitados.

9 — Os benefícios referidos no n.º 1 podem ser retirados, desde que o sejam simultaneamente em todos os Estados membros do exercício da actividade, por iniciativa de um ou de vários desses Estados membros.

Secção VI — INSUFICIÊNCIA DE GARANTIAS FINANCEIRAS

ART. 108.º-A (Risco de insuficiência) — 1 — Quando o Instituto de Seguros de Portugal verificar que uma empresa de seguros se encontra em risco de ficar numa situação financeira insuficiente, colocando em causa os direitos dos segurados e beneficiários dos contratos de seguro, deve esta empresa, a solicitação e no prazo que lhe vier a ser fixado, submeter à apreciação desse Instituto um plano de reequilíbrio da situação financeira, fundado num adequado plano de actividades.

2 — O plano de actividades referido no número anterior, fundamentado nos termos do n.º 4 do artigo 14.º, deve, pelo menos, incluir, em relação aos três exercícios subsequentes, os seguintes elementos:

a) Balanço e conta de ganhos e perdas previsionais, com informação separada, pelo menos, para as seguintes rubricas:

i) Capital social subscrito e realizado, investimentos e provisões técnicas de seguro directo, resseguro aceite e resseguro cedido;

ii) Prémios, proveitos dos investimentos, custos com sinistros e variações das provisões técnicas, tanto para o seguro directo como para o resseguro aceite e cedido;

iii) Custos de aquisição, explicitando as comissões, e custos administrativos;

b) Previsão dos meios financeiros necessários à representação das provisões técnicas;

c) Previsão da margem de solvência e dos meios financeiros necessários à sua cobertura;

d) A política geral de resseguro.

3 — Sempre que os direitos dos segurados e beneficiários dos contratos de seguro estiverem em risco em virtude da deterioração da situação financeira de uma empresa de seguros, o Instituto de Seguros de Portugal pode determinar que essa empresa de seguros tenha uma margem de solvência exigida superior à que resultaria da aplicação dos artigos 97.º e 99.º, e cujo nível é estabelecido em articulação com o plano de reequilíbrio.

ART. 109.º (Situação financeira insuficiente e providências de recuperação e saneamento) — 1 — Uma empresa de seguros é considerada em situação financeira insuficiente quando não apresente, nos termos do presente diploma e demais legislação e regulamentação em vigor, garantias financeiras suficientes.

2 — Quando uma empresa de seguros se encontre em situação financeira insuficiente, o Instituto de Seguros de Portugal, tendo em vista a protecção dos interesses dos segurados e beneficiários e a salvaguarda das condições normais de funcionamento do mercado segurador, poderá determinar, por prazo que fixará e no

ACESSO E EXERCÍCIO DA ACTIVIDADE SEGURADORA

[DL n.º 94-B/98] 805

respeito pelo princípio da proporcionalidade, a aplicação de alguma ou de todas as seguintes providências de recuperação e saneamento:

a) Rectificação das provisões técnicas ou apresentação de plano de financiamento ou de recuperação, nos termos dos artigos 110.º, 111.º e 112.º;

b) Restrições ao exercício da actividade, designadamente à exploração de determinados ramos ou modalidades de seguros ou tipos de operações;

c) Restrições à tomada de créditos e à aplicação de fundos em determinadas espécies de activos, em especial no que respeite a operações realizadas com filiais, com entidade que seja empresa mãe da empresa ou com filiais desta;

d) Proibição ou limitação da distribuição de dividendos;

e) Sujeição de certas operações ou de certos actos à aprovação prévia do Instituto de Seguros de Portugal;

f) Imposição da suspensão ou da destituição de titulares de órgãos sociais da empresa;

g) Encerramento e selagem de estabelecimentos.

3 — Verificando-se que, com as providências de recuperação e saneamento adoptadas, não é possível recuperar a empresa, será revogada a autorização para o exercício da respectiva actividade, nos termos do artigo 20.º.

4 — No decurso do saneamento, o Instituto de Seguros de Portugal poderá, a todo o tempo, convocar a assembleia geral dos accionistas e nela intervir com apresentação de propostas.

ART. 110.º (Insuficiência de provisões técnicas) — 1 — Se o Instituto de Seguros de Portugal verificar que as provisões técnicas são insuficientes ou se encontram incorrectamente constituídas, a empresa de seguros deve proceder imediatamente à sua rectificação, de acordo com as instruções que lhe forem dadas por este Instituto.

2 — Se o Instituto de Seguros de Portugal verificar que as provisões técnicas não se encontram total ou correctamente representadas, a empresa de seguros deve, no prazo que lhe vier a ser fixado por este Instituto, submeter à sua aprovação um plano de financiamento a curto prazo, fundado num adequado plano de actividades, elaborado nos termos do disposto no artigo 108.º-A.

3 — O Instituto de Seguros de Portugal definirá, caso a caso, as condições específicas a que deve obedecer o plano de financiamento referido no número anterior, bem como o seu acompanhamento, podendo, nomeadamente e no respeito pelo princípio da proporcionalidade determinar a prestação de garantias adequadas, a alienação de participações sociais e outros activos e aesmo circunstancial ou previsivelmente temporária, da margem de solvência de uma empresa de seguros, esta deve, no prazo que lhe vier a ser fixado por este Instituto, submeter à sua aprovação um plano de recuperação com vista ao restabelecimento da sua situação financeira, sendo-lhe aplicável, com as devidas adaptações, o disposto nos n.ᵒˢ 2 e 3 do artigo anterior.

ART. 111.º (Insuficiência de margem de solvência) — Se o Instituto de Seguros de Portugal verificar a insuficiência, mesmo circunstancial ou previsivelmente temporária, da margem de solvência de uma empresa de seguros, esta deve, no prazo que lhe vier a ser fixado por este Instituto, submeter à sua aprovação um plano de recuperação com vista ao restabelecimento da sua situação financeira, sendo-lhe aplicável, com as devidas adaptações, o disposto nos n.ᵒˢ 2 e 3 do artigo anterior.

ART. 112.º (Insuficiência do fundo de garantia) — Se o Instituto de Seguros de Portugal verificar que o fundo de garantia não atinge, mesmo circunstancial ou temporariamente, o limite mínimo fixado, a empresa de seguros deve, no prazo que lhe vier a ser fixado por este Instituto, submeter à sua aprovação um plano de financiamento a curto prazo, sendo-lhe aplicável, com as devidas adaptações, o disposto nos n.os 2 e 3 do artigo 110.º.

ART. 113.º (Incumprimento) — 1 — O incumprimento das instruções referidas no n.º 1 do artigo 110.º, a não apresentação de planos de financiamento ou de recuperação de acordo com o disposto no n.º 2 do artigo 110.º e nos artigos 111.º e 112.º e a não aceitação, por duas vezes consecutivas, ou o não cumprimento destes planos pode originar, por decisão do Instituto de Seguros de Portugal, a suspensão da autorização para a celebração de novos contratos e ou a aplicação de qualquer outra das medidas previstas na presente secção, bem como, nos termos do n.º 3, a revogação, total ou parcial, da autorização para o exercício da actividade seguradora, consoante a gravidade da situação financeira da empresa.

2 — A gravidade da situação financeira da empresa referida no número anterior afere-se, nomeadamente, pela viabilidade económico-financeira da mesma, pela fiabilidade das garantias de que dispõe, pela evolução da sua situação líquida, bem como pelas disponibilidades necessárias ao exercício da sua actividade corrente.

3 — À revogação da autorização prevista no n.º 1 aplica-se, nomeadamente, o disposto no artigo 20.º.

ART. 114.º (Indisponibilidade dos activos) — 1 — Às empresas de seguros que se encontrem em qualquer das situações previstas nos artigos 109.º a 113.º pode, também, ser restringida ou vedada, por decisão do Instituto de Seguros de Portugal, a livre disponibilidade dos seus activos.

2 — Os activos abrangidos pela restrição ou indisponibilidade referidas no número anterior:

a) Sendo constituídos por bens móveis, devem ser colocados à ordem do Instituto de Seguros de Portugal;

b) Sendo bens imóveis, só poderão ser onerados ou alienados com expressa autorização do Instituto de Seguros de Portugal, não devendo proceder-se ao acto do registo correspondente sem a mencionada autorização.

806   [DL n.º 94-B/98]   SEGUROS E FUNDOS DE PENSÕES

3 — O Instituto de Seguros de Portugal informa das medidas tomadas ao abrigo do presente artigo as autoridades competentes dos Estados membros da União Europeia em cujo território a empresa exerça a sua actividade, solicitando-lhes, se for caso disso, a adopção de idênticas medidas relativamente aos bens situados nos respectivos territórios, indicando quais os que deverão ser objecto das mesmas.

4 — Os activos localizados em Portugal pertencentes a empresas de seguros com sede no território de outros Estados membros podem ser restringidos ou vedados, nos termos previstos nos números anteriores, desde que as autoridades competentes do Estado membro de origem o solicitem ao Instituto de Seguros de Portugal, indicando quais os que deverão ser objecto de tais medidas.

ART. 115.º (Suspensão ou cancelamento da autorização a empresas com sede no território de outros Estados membros) — O Instituto de Seguros de Portugal deve tomar todas as medidas adequadas para impedir que as empresas de seguros com sede no território de outros Estados membros iniciem em Portugal novas operações de seguros, quer em regime de estabelecimento quer em regime de livre prestação de serviços, sempre que as autoridades competentes do Estado membro de origem lhe comunicarem a suspensão ou o cancelamento da autorização para a empresa exercer a actividade seguradora.

ART. 116.º (Comercialização de novos produtos de seguros) — O Instituto de Seguros de Portugal pode impedir a comercialização de novos produtos a uma empresa de seguros em situação financeira insuficiente ou que já esteja em fase de execução de um plano de recuperação ou de um plano de financiamento, enquanto a empresa não lhe fizer prova de que dispõe de uma margem de solvência disponível suficiente, de um fundo de garantia, pelo menos, igual ao limite mínimo exigido e que as respectivas provisões técnicas são suficientes e estão correctamente constituídas e representadas.

ART. 117.º (Designação de administradores provisórios) — 1 — O Instituto de Seguros de Portugal poderá ainda, isolada ou cumulativamente com qualquer das medidas previstas na presente secção, designar para a empresa de seguros um ou mais administradores provisórios, nos seguintes casos:

a) Quando a empresa se encontre em risco de cessar pagamentos;

b) Quando a empresa se encontre em situação de desequilíbrio financeiro que, pela sua dimensão, constitua ameaça grave para a solvabilidade;

c) Quando, por quaisquer razões, a administração não ofereça garantias de actividade prudente, colocando em sério risco os interesses dos segurados e credores em geral, designadamente nos casos referidos no n.º 1 do artigo 113.º;

d) Quando a organização contabilística ou os procedimentos de controlo interno apresentem insuficiências graves que não permitam avaliar devidamente a situação patrimonial da empresa.

2 — Os administradores designados pelo Instituto de Seguros de Portugal terão os poderes e deveres conferidos pela lei e pelos estatutos aos membros de órgão de administração e ainda os seguintes:

a) Vetar as deliberações da assembleia geral e, sendo caso disso, dos órgãos referidos no n.º 3 do presente artigo;

b) Convocar a assembleia geral;

c) Elaborar, com a maior brevidade, um relatório sobre a situação patrimonial da empresa e as suas causas e submetê-lo ao Instituto de Seguros de Portugal, acompanhado do parecer da comissão de fiscalização, se esta tiver sido nomeada.

3 — O Instituto de Seguros de Portugal poderá suspender, no todo ou em parte, o órgão de administração, o conselho geral e quaisquer outros órgãos com funções análogas, simultaneamente ou não com a designação de administradores provisórios.

4 — Os administradores provisórios exercerão as suas funções pelo prazo que o Instituto de Seguros de Portugal determinar, no máximo de dois anos, podendo o Instituto, em qualquer momento, renovar o mandato ou substituí-los por outros administradores provisórios, desde que observado aquele limite.

5 — A remuneração dos administradores provisórios será fixada pelo Instituto de Seguros de Portugal e constitui encargo da empresa de seguros em causa.

ART. 118.º (Outras providências de saneamento) — 1 — Caso sejam ou tenham sido adoptadas as providências referidas no artigo anterior ou no artigo 120.º, o Instituto de Seguros de Portugal poderá ainda, em ligação ou não com os accionistas da empresa de seguros em dificuldades, aprovar outras medidas necessárias ao respectivo saneamento, designadamente, nos termos dos subsequentes números, o aumento do capital social e a cedência a terceiros de participações no mesmo.

2 — Quando tal se mostre indispensável à recuperação da empresa, o Instituto de Seguros de Portugal poderá impor aos accionistas o reforço do capital social, com dispensa, sujeita a autorização do Ministro das Finanças, dos requisitos legais ou estatutários relativos ao número de accionistas que deverão estar representados ou presentes na assembleia geral e maiorias qualificadas.

3 — A alienação de participações qualificadas no capital da empresa de seguros só deve ser aprovada quando, ouvidos os titulares das participações a alienar, o Instituto de Seguros de Portugal concluir que a manutenção da titularidade delas constitui impedimento ponderoso à execução das restantes medidas de recuperação.

ART. 119.º (Redução do capital social) — O Instituto de Seguros de Portugal poderá autorizar ou impor a redução do capital de uma empresa de seguros, aplicando-se, com as necessárias adaptações, o regime constante do

ACESSO E EXERCÍCIO DA ACTIVIDADE SEGURADORA [DL n.º 94-B/98] 807

Código de Processo Civil, sempre que, por razões prudenciais, a situação financeira da empresa torne aconselhável a redução do seu capital.

ART. 120.º (Designação de comissão de fiscalização) — 1 — O Instituto de Seguros de Portugal poderá ainda, juntamente ou não com a designação de administradores provisórios, nomear uma comissão de fiscalização.

2 — A comissão de fiscalização será composta por:

a) Um revisor oficial de contas designado pelo Instituto de Seguros de Portugal, que presidirá;

b) Um elemento designado pela assembleia geral;

c) Um revisor oficial de contas designado pela respectiva câmara.

3 — A falta de designação do elemento referido na alínea *b)* do número anterior não obsta ao exercício das funções da comissão de fiscalização.

4 — A comissão de fiscalização terá os poderes e deveres conferidos por lei ou pelos estatutos do conselho fiscal ou do revisor oficial de contas, consoante a estrutura da sociedade, os quais ficarão suspensos pelo período da sua actividade.

5 — A comissão de fiscalização exercerá as suas funções pelo prazo que o Instituto de Seguros de Portugal determinar, no máximo de um ano, prorrogável por igual período.

6 — A remuneração dos membros da comissão de fiscalização será fixada pelo Instituto de Seguros de Portugal e constitui encargo da instituição em causa.

ART. 120.º-A (Publicidade) — 1 — O Instituto de Seguros de Portugal noticiará em dois jornais diários de ampla difusão as suas decisões previstas na presente secção que sejam susceptíveis de afectar os direitos preexistentes de terceiros que não a própria empresa de seguros.

2 — As decisões do Instituto de Seguros de Portugal previstas na presente secção são aplicáveis independentemente da sua publicação e produzem todos os seus efeitos em relação aos credores.

3 — Em derrogação do previsto no n.º 1, quando as decisões do Instituto de Seguros de Portugal afectem exclusivamente os direitos dos accionistas, sócios ou empregados da empresa de seguros considerados enquanto tal, o Instituto notifica-os das mesmas por carta registada a enviar para o respectivo último domicílio conhecido.

Subsecção I — Dimensão transfronteiras

ART. 120.º-B (Âmbito) — A presente subsecção é aplicável às decisões do Instituto de Seguros de Portugal relativas ao saneamento previstas na presente secção que sejam susceptíveis de afectar os direitos preexistentes de terceiros que não a própria empresa de seguros.

ART. 120.º-C (Lei aplicável) — Salvo disposição em contrário do previsto na subsecção I da secção II do capítulo II do regime transfronteiras do saneamento e da liquidação de empresas de seguros, o processo de saneamento nos termos previstos na presente secção é regulado pela lei portuguesa.

ART. 120.º-D (Produção de efeitos) — 1 — As decisões do Instituto de Seguros de Portugal relativas ao saneamento previstas na presente secção produzem todos os seus efeitos de acordo com a lei portuguesa em toda a União Europeia, sem nenhuma outra formalidade, inclusivamente em relaçao a terceiros nos demais Estados membros.

2 — Os efeitos dessas decisões produzem-se nos demais Estados membros logo que se produzam em Portugal.

ART. 120.º-E (Delimitação da decisão administrativa relativa ao saneamento) — As decisões do Instituto de Seguros de Portugal relativas ao saneamento tomadas nos termos da presente secção indicam, quando for caso disso, se e de que modo abrangem as sucursais da empresa de seguros estabelecidas noutros Estados membros.

ART. 120.º-F (Informação às autoridades de supervisão dos demais Estados membros) — O Instituto de Seguros de Portugal informa com urgência as autoridades de supervisão de seguros dos demais Estados membros das decisões relativas ao saneamento tomadas nos termos da presente secção, incluindo os possíveis efeitos práticos dessas decisões.

ART. 120.º-G (Publicação) — 1 — Quando o Instituto de Seguros de Portugal deva tornar pública a decisão tomada nos termos da presente secção, promove a publicação no Jornal Oficial da União Europeia, o mais rapidamente possível, e em português, de um extracto do documento que fixa a decisão relativa ao saneamento.

2 — A publicação prevista no número anterior identifica o Instituto de Seguros de Portugal como a autoridade competente em Portugal para a supervisão do saneamento e recuperação das empresas de seguros e, bem assim, qual a lei aplicável às matérias envolvidas na decisão, designadamente nos termos do artigo 120.º-C.

3 — As decisões do Instituto de Seguros de Portugal previstas na presente secção são aplicáveis independentemente da publicação prevista no n.º 1 e produzem todos os seus efeitos em relação aos credores.

ART. 120.º-H (Empresas de seguros com sede nos demais Estados membros) — 1 — As medidas de saneamento de empresas de seguros com sede nos demais Estados membros determinadas pelas autoridades do Estado membro da respectiva sede com competência para o efeito produzem os seus efeitos em Portugal de

808   [DL n.º 94-B/98]   SEGUROS E FUNDOS DE PENSÕES

acordo com a legislação desse Estado membro, sem requisito de formalidade específica à lei portuguesa, e ainda que a lei portuguesa não preveja tais medidas de saneamento ou as sujeite a condições que não se encontrem preenchidas.

2 — Os efeitos das medidas previstas no número anterior produzem-se em Portugal logo que se produzam no Estado membro da sede da empresa de seguros delas objecto.

3 — O Instituto de Seguros de Portugal, quando informado da decisão de aplicação de uma medida das previstas no n.º 1, pode assegurar a sua publicação em Portugal da forma que entenda adequada.

ART. 120.º-I (Informação relativa ao saneamento de empresa de seguros com sede noutro Estado membro) — Ao Instituto de Seguros de Portugal é aplicável a secção II do capítulo VI do título III do presente diploma relativamente à informação que receba das autoridades de supervisão de seguros dos demais Estados membros sobre o saneamento de empresas de seguros com sede nos respectivos Estados.

ART. 120.º-J (Remissão) — Ao previsto na presente secção é aplicável, com as devidas adaptações, a subsecção I da secção II do capítulo II do regime da dimensão transfronteiras do saneamento e da liquidação de empresas de seguros.

SUBSECÇÃO II — **Sucursais em Portugal de empresas de seguros
com sede fora do território da União Europeia**

ART. 120.º-L (Regime) — 1 — A presente subsecção é aplicável, com as devidas adaptações, às sucursais em Portugal de empresas de seguros com sede fora do território da União Europeia.

2 — A aplicação prevista no número anterior não abrange as sucursais da mesma empresa de seguros noutros Estados membros.

3 — Caso, em simultâneo com a aplicação prevista no n.º 1, ocorra saneamento de sucursal da mesma empresa de seguros noutro Estado membro, o Instituto de Seguros de Portugal esforçar-se-á por coordenar a sua acção nos termos do n.º 1 com a acção relativa a este segundo saneamento prosseguida pela respectiva autoridade de supervisão de seguros e, caso as haja, pelas demais entidades competentes para o efeito.

ART. 121.º (Regimes gerais de recuperação de empresas e falência) — 1 — Não se aplicam às empresas de seguros os regimes gerais relativos aos meios preventivos da declaração de falência e aos meios de recuperação de empresas e protecção de credores.

2 — A dissolução voluntária, bem como a liquidação, judicial ou extrajudicial, de uma empresa de seguros depende da não oposição do Instituto de Seguros de Portugal, o qual tem legitimidade para requerer a liquidação judicial em benefício dos sócios e ainda a legitimidade exclusiva para requerer a dissolução judicial e falência e para requerer, sem prejuízo da legitimidade atribuída a outras entidades, a dissolução e liquidação judicial de uma sociedade ou de outra pessoa colectiva que, sem a autorização exigida por lei, pratique operações reservadas às empresas de seguros.

3 — Sem prejuízo do disposto nos números anteriores e no número seguinte, são aplicáveis, com as necessárias adaptações, à dissolução judicial, à liquidação judicial em benefício dos sócios e à falência de empresas de seguros as normas gerais constantes, designadamente, do Código de Processo Civil e do Código dos Processos Especiais de Recuperação da Empresa e de Falência.

4 — Compete ao Instituto de Seguros de Portugal a nomeação dos liquidatários judiciais ou extrajudiciais de empresas de seguros.

5 — A manifesta insuficiência do activo para satisfação do passivo constitui fundamento de declaração de falência das empresas de seguros.

ART. 122.º (Aplicação de sanções) — A adopção das providências previstas na presente secção não obsta a que, em caso de infracção, sejam aplicadas as sanções previstas na lei.

SECÇÃO VII — **SISTEMA DE GOVERNO**

ART. 122.º-A (Organização e controlo interno) — As empresas de seguros com sede em Portugal e as sucursais de empresas de seguros com sede fora do território da União Europeia devem possuir uma boa organização administrativa e contabilística, procedimentos adequados de controlo interno, bem como assegurar elevados níveis de aptidão profissional, cumprindo requisitos mínimos a fixar em norma pelo Instituto de Seguros de Portugal.

ART. 122.º-B (Actuário responsável) — 1 — As empresas de seguros com sede em Portugal devem nomear um actuário responsável, nas condições e com as funções, em matéria de garantias financeiras e outras, poderes e obrigações a fixar em norma pelo Instituto de Seguros de Portugal.

2 — A administração da empresa de seguros deve disponibilizar tempestivamente ao actuário responsável toda a informação necessária para o exercício das suas funções.

ACESSO E EXERCÍCIO DA ACTIVIDADE SEGURADORA [DL n.º 94-B/98] 809

3 — O actuário responsável deve apresentar à administração da empresa de seguros os relatórios referidos na regulamentação em vigor, devendo, sempre que detecte situações de incumprimento ou inexactidão materialmente relevantes, propor à administração medidas que permitam ultrapassar tais situações, devendo então o actuário responsável ser informado das medidas tomadas na sequência da sua proposta.

4 — Os relatórios referidos no número anterior devem ser presentes ao Instituto de Seguros de Portugal nos termos e com a periodicidade estabelecidos por norma do mesmo.

5 — O presente artigo será aplicado, com as devidas adaptações, às sucursais de empresas de seguros com sede fora do território da União Europeia.

ART. 122.º-C (Gestão sã e prudente) — As condições em que decorre a actividade de uma empresa de seguros devem respeitar as regras de uma gestão sã e prudente, e designadamente provendo a que a mesma seja efectuada por pessoas suficientes e com conhecimentos adequados à natureza da actividade, e segundo estratégias que levem em conta cenários razoáveis e, sempre que adequado, a eventualidade da ocorrência de circunstâncias desfavoráveis.

ART. 122.º-D (Directores de topo) — 1 — As empresas de seguros devem assegurar que os respectivos directores de topo preenchem os requisitos previstos nos n.ºs 1, 2 e 4 do artigo 51.º.

2 — Para efeitos deste artigo, entende-se por directores de topo, os dirigentes que, não fazendo parte do órgão de administração, constituem a primeira linha hierárquica responsável pela gestão da empresa de seguros.

3 — Caso o Instituto de Seguros de Portugal verifique que o disposto no n.º 1 não se encontra cumprido pode recomendar à empresa de seguros a substituição do director de topo em causa.

ART. 122.º-E (Códigos de conduta) — 1 — As empresas de seguros devem estabelecer e monitorizar o cumprimento de códigos de conduta que estabeleçam linhas de orientação em matéria de ética profissional, incluindo princípios para a gestão de conflitos de interesses, aplicáveis aos membros dos órgãos de administração e aos respectivos trabalhadores e colaboradores.

2 — As empresas de seguros devem divulgar os códigos de conduta que venham a adoptar, designadamente através dos respectivos sítios na Internet.

3 — As empresas de seguros podem elaborar ou adoptar, por adesão, os códigos de conduta elaborados pelas respectivas associações representativas.

CAPÍTULO II — Garantias prudenciais das empresas de resseguros

ART. 122.º-F (Garantias financeiras das empresas de resseguros) — 1 — As empresas de resseguros e as sucursais de empresas de resseguros com sede fora do território da União Europeia devem dispor, nos termos dos artigos seguintes, de provisões técnicas, margem de solvência e fundo de garantia.

2 — Para efeitos da supervisão das respectivas garantias financeiras, não pode ser recusado um contrato de retrocessão celebrado por uma empresa de resseguros sediada em Portugal ou por uma sucursal de empresa de resseguros com sede fora do território da União Europeia com uma empresa de seguros referida na alínea *b*) do n.º 1 do artigo 2.º ou com uma empresa de resseguros referida na alínea *c*) do n.º 1 do artigo 2.º, por razões directamente relacionadas com a solidez financeira dessa empresa de seguros ou de resseguros.

ART. 122.º-G (Provisões técnicas das empresas de resseguros) — 1 — Às provisões técnicas das empresas de resseguros com sede em Portugal e das sucursais de empresas de resseguros com sede fora do território da União Europeia é aplicável, com as devidas adaptações, o regime previsto nos artigos 69.º a 86.º.

2 — As provisões técnicas das empresas de resseguros com sede em Portugal e das sucursais de empresas de resseguros com sede fora do território da União Europeia devem ser representadas por activos que respeitem os seguintes princípios:

a) Ter em conta o tipo de operações efectuadas, em especial a natureza, o montante e a duração dos pagamentos de sinistros previstos, de forma a garantir a suficiência, a liquidez, a segurança, a qualidade, a rentabilidade e a congruência dos investimentos;

b) Garantir a diversificação e dispersão adequadas, de forma a possibilitar uma resposta apropriada às alterações das circunstâncias económicas, em especial à evolução dos mercados financeiros e imobiliários, ou a acontecimentos catastróficos de grande impacto;

c) Manter em níveis prudentes do investimento em activos não admitidos à negociação num mercado regulamentado;

d) O investimento em produtos derivados contribuir para a redução dos riscos de investimento ou para facilitar uma gestão eficiente da carteira, devendo ser evitada uma excessiva exposição a riscos relativamente a uma única contraparte e a outras operações de derivados e os produtos ser avaliados de forma prudente, tendo em conta os activos subjacentes, e incluídos na avaliação dos activos das empresas;

e) Serem suficientemente diversificados, de forma a evitar a dependência excessiva de qualquer activo, emitente ou grupo de empresas e a acumulação de riscos ou concentração excessiva de riscos no conjunto da carteira.

3 — Por norma regulamentar do Instituto de Seguros de Portugal:

810   [DL n.º 94-B/98]   SEGUROS E FUNDOS DE PENSÕES

a) Pode ser excluída a aplicação do princípio previsto na alínea *e*) do número anterior no que se refere a investimentos em algumas categorias de títulos de dívida pública;

b) Podem ser fixadas regras quantitativas para os activos representativos das provisões técnicas;

c) São fixados os critérios de valorimetria dos activos representativos das provisões técnicas, bem como as condições de utilização dos créditos não liquidados de entidades com objecto específico de titularização de riscos de seguros como activos representativos de provisões técnicas das empresas de resseguros com sede em Portugal e das sucursais de empresas de resseguros com sede fora do território da União Europeia.

4 — É aplicável às sucursais de empresas de resseguros com sede fora do território da União Europeia o disposto no artigo 92.º.

ART. 122.º-H (Margem de solvência disponível das empresas de resseguros) — 1 — As empresas de resseguros com sede em Portugal devem dispor, em permanência, de uma margem de solvência disponível suficiente em relação ao conjunto das suas actividades, correspondente ao património da empresa livre de qualquer obrigação previsível e deduzido dos elementos incorpóreos incluindo, com as devidas adaptações, os elementos previstos nas alíneas *a*) a *c*) do n.º 1 e no n.º 2 do artigo 96.º, e, mediante pedido devidamente fundamentado da empresa de resseguros e autorização do Instituto de Seguros de Portugal os elementos referidos no n.º 3 do mesmo artigo, sendo aplicáveis as deduções previstas nos termos dos n.ᵒˢ 4 a 9 do artigo 96.º.

2 — As sucursais de empresas de resseguros com sede fora do território da União Europeia devem dispor, em permanência, de uma margem de solvência disponível suficiente em relação ao conjunto da sua actividade em Portugal, constituída por activos livres de qualquer obrigação previsível e deduzidos dos elementos incorpóreos, incluindo, com as devidas adaptações, os elementos previstos nas alíneas *a*) a *d*) do n.º 10 do artigo 96.º, e, mediante pedido devidamente fundamentado da sucursal e autorização do Instituto de Seguros de Portugal, os elementos referidos na alínea *e*) do n.º 10 do mesmo artigo, sendo aplicáveis as deduções previstas nos termos do n.º 11 do artigo 96.º.

3 — A margem de solvência disponível no que diz respeito a actividades de resseguro do ramo «Vida» pode ainda incluir, com as devidas adaptações e, mediante pedido devidamente fundamentado da empresa de resseguros com sede em Portugal ou da sucursal de empresa de resseguros com sede fora do território da União Europeia e autorização do Instituto de Seguros de Portugal os elementos referidos nas alíneas *a*) e *c*) do n.º 3 do artigo 98.º.

4 — À localização dos activos correspondentes à margem de solvência disponível das sucursais de empresas de resseguros com sede fora do território da União Europeia é aplicável o n.º 3 do artigo 94.º.

5 — O Instituto de Seguros de Portugal fixa, por norma regulamentar, os critérios de valorimetria dos activos correspondentes à margem de solvência disponível.

6 — É aplicável à avaliação dos elementos elegíveis para efeitos de margem de solvência disponível o disposto no n.º 2 do artigo 95.º.

ART. 122.º-I (Margem de solvência exigida das empresas de resseguros) — 1 — A margem de solvência exigida das empresas de resseguros com sede em Portugal e das sucursais de empresas de resseguros com sede fora do território da União Europeia é calculada mediante aplicação, com as devidas adaptações, do regime previsto nos n.ᵒˢ 1 a 9 do artigo 97.º, sem prejuízo do disposto nos número seguintes.

2 — A margem de solvência exigida para a actividade de resseguro referente aos seguros previstos na alínea *a*) do n.º 1 e no n.º 2 do artigo 124.º, com participação nos resultados ou quando ligados a fundos de investimento nos termos do n.º 3 do mesmo artigo e aos seguros e operações previstos na alínea *b*) do n.º 1 e nos n.ᵒˢ 4 a 6 do mesmo artigo, é calculada mediante aplicação, com as devidas adaptações, do regime previsto no artigo 99.º.

3 — Para efeitos das deduções previstas na alínea *c*) do n.º 2, na alínea *f*) do n.º 3 e nos n.ᵒˢ 6 e 9 do artigo 97.º, bem como nas alíneas *a*) e *b*) do n.º 1 do artigo 99.º, deve considerar-se a cessão a título de retrocessão.

4 — No caso de exercício simultâneo de actividades de resseguro de «Vida» e «Não vida», a margem de solvência disponível deve cobrir o montante total das margens de solvências exigidas determinadas nos termos dos números anteriores.

ART. 122.º-J (Fundo de garantia das empresas de resseguros) — 1 — As empresas de resseguros com sede em Portugal e as sucursais de empresas de resseguros com sede fora do território da União Europeia devem, desde o momento em que são autorizadas, dispor e manter um fundo de garantia, que faz parte integrante da margem de solvência e que corresponde a um terço da margem de solvência exigida, com o limite mínimo de € 3 000 000.

2 — Tratando-se de empresa de resseguros cativa o limite mínimo do fundo de garantia é de € 1 000 000.

3 — O fundo de garantia mínimo das empresas de resseguros com sede em Portugal deve ser constituído pelos elementos constantes das alíneas *a*) a *c*) do n.º 1 e no n.º 2 do artigo 96.º, com as deduções previstas nos n.ᵒˢ 4 a 9 do artigo 96.º.

4 — O fundo de garantia mínimo das sucursais de empresas de resseguros com sede fora do território da União Europeia deve ser constituído pelos elementos constantes das alíneas *a*) a *d*) do n.º 10 do artigo 96.º, com as deduções previstas no n.º 11 do artigo 96.º, sendo aplicável o disposto no artigo 104.º.

5 — Aos montantes previstos nos n.ᵒˢ 1 e 2 é aplicável o disposto no n.º 4 do artigo 102.º.

ACESSO E EXERCÍCIO DA ACTIVIDADE SEGURADORA [DL n.º 94-B/98] 811

ART. 122.º-L (Fiscalização das garantias financeiras das empresas de resseguros) — 1 — Às empresas de resseguros com sede em Portugal é aplicável, com as devidas adaptações, o regime previsto nos artigos 105.º e 105.º-A.

2 — Às sucursais de empresas de resseguros com sede no território de outro Estado membro da União Europeia é aplicável, com as devidas adaptações, o regime previsto no artigo 106.º.

3 — Às sucursais de empresas de resseguros com sede fora do território da União Europeia é aplicável, com as devidas adaptações, o regime previsto no artigo 107.º.

ART. 122.º-M (Risco de insuficiência das garantias financeiras das empresas de resseguros) — 1 — Quando o Instituto de Seguros de Portugal verificar que uma empresa de resseguros se encontra em risco de ficar numa situação financeira insuficiente, colocando em causa as obrigações decorrentes dos contratos de resseguro, deve esta empresa, a solicitação e no prazo que lhe vier a ser fixado, submeter à apreciação desse Instituto um plano de reequilíbrio da situação financeira, fundado num adequado plano de actividades.

2 — Ao plano de actividades referido no número anterior é aplicável, com as devidas adaptações, o regime previsto no n.º 2 do artigo 108.º-A, devendo considerar-se para efeitos da respectiva alínea *d)* a política geral de retrocessão.

3 — Sempre que as obrigações decorrentes dos contratos de resseguro estiverem em risco em virtude da deterioração da situação financeira de uma empresa de resseguros, o Instituto de Seguros de Portugal pode determinar que essa empresa de resseguros tenha uma margem de solvência exigida superior à que resultaria da aplicação do artigo 122.º-I, e cujo nível é estabelecido em articulação com o plano de reequilíbrio.

ART. 122.º-N (Insuficiência das garantias financeiras das empresas de resseguros) — 1 — Se a empresa de resseguros não apresentar garantias financeiras suficientes nos termos legais e regulamentares, é aplicável, com as devidas adaptações, o regime previsto nos artigos 109.º a 120.º.

2 — No caso de liquidação de uma empresa de resseguros, as obrigações decorrentes dos contratos celebrados através de sucursais ou em regime de livre prestação de serviços são cumpridas do mesmo modo que as obrigações decorrentes de outros contratos de resseguro da mesma empresa, sendo aplicável, com as devidas adaptações, o regime previsto para as empresas de seguros que não dependa de procedimentos comunitários harmonizados.

ART. 122.º-O (Sistema de governo das empresas de resseguros) — As empresas de resseguros com sede em Portugal e as sucursais de empresas de resseguros com sede fora do território da União Europeia devem dispor das estruturas e mecanismos de governo constantes dos artigos 122.º-A a 122.º-E.

CAPÍTULO III — Ramos de seguros, supervisão de contratos e tarifas e conduta de mercado

Secção I — RAMOS DE SEGUROS

ART. 123.º (Ramos «Não vida») — Os seguros «Não vida» incluem os seguintes ramos:

1) «Acidentes», que compreende as seguintes modalidades:
a) Acidentes de trabalho;
b) Acidentes pessoais, nas seguintes submodalidades:
   i) Prestações convencionadas;
   ii) Prestações indemnizatórias;
   iii) Combinações de ambas;
c) Pessoas transportadas;
2) «Doença», que compreende as seguintes modalidades:
a) Prestações convencionadas;
b) Prestações indemnizatórias;
c) Combinações de ambas;
3) «Veículos terrestres», com exclusão dos veículos ferroviários, que abrange os danos sofridos por veículos terrestres propulsionados a motor e por veículos terrestres sem motor;
4) «Veículos ferroviários», que abrange os danos sofridos por veículos ferroviários;
5) «Aeronaves», que abrange os danos sofridos por aeronaves;
6) «Embarcações marítimas, lacustres e fluviais», que abrange os danos sofridos por toda e qualquer espécie de embarcação marítima, lacustre ou fluvial;
7) «Mercadorias transportadas», que abrange os danos sofridos por mercadorias, bagagens ou outros bens, qualquer que seja o meio de transporte utilizado;
8) «Incêndio e elementos da natureza», que abrange os danos sofridos por outros bens que não os referidos nos ramos a que se referem os n.ᵒˢ 3) a 7), causados pela verificação de qualquer dos seguintes riscos:
a) Incêndio, raio ou explosão;
b) Tempestades;
c) Outros elementos da natureza;
d) Energia nuclear;

812 [DL n.º 94-B/98]   SEGUROS E FUNDOS DE PENSÕES

e) Aluimento de terras;
9) «Outros danos em coisas», que abrange os danos sofridos por outros bens que não os referidos nos ramos a que se referem os n.ᵒˢ 3) a 7), e compreende as seguintes modalidades:
a) Riscos agrícolas;
b) Riscos pecuários;
c) Outros riscos, como o roubo, desde que não incluídos no ramo referido no n.º 8);
10) «Responsabilidade civil de veículos terrestres a motor», que abrange a responsabilidade resultante da utilização de veículos terrestres propulsionados a motor, incluindo a responsabilidade do transportador, e compreende as seguintes modalidades:
a) Seguro obrigatório;
b) Seguro facultativo;
11) «Responsabilidade civil de aeronaves», que abrange a responsabilidade resultante da utilização de aeronaves, incluindo a responsabilidade do transportador;
12) «Responsabilidade civil de embarcações marítimas, lacustres e fluviais», que abrange a responsabilidade resultante da utilização de embarcações marítimas, lacustres e fluviais», incluindo a responsabilidade do transportador;
13) «Responsabilidade civil geral», que abrange qualquer tipo de responsabilidade que não as referidas nos ramos a que se referem os n.ᵒˢ 10) a 12), e compreende as seguintes modalidades:
a) Energia nuclear;
b) Outras;
14) «Crédito», que abrange os seguintes riscos:
a) Insolvência geral, declarada ou presumida;
b) Crédito à exportação;
c) Vendas a prestações;
d) Crédito hipotecário;
e) Crédito agrícola;
15) «Caução», que abrange os seguintes riscos:
a) Caução directa;
b) Caução indirecta;
16) «Perdas pecuniárias diversas», que abrange os seguintes riscos:
a) Emprego;
b) Insuficiência de receitas;
c) Perda de lucros;
d) Persistência de despesas gerais;
e) Despesas comerciais imprevisíveis;
f) Perda de valor venal;
g) Perda de rendas ou de rendimentos;
h) Outras perdas comerciais indirectas;
i) Perdas pecuniárias não comerciais;
j) Outras perdas pecuniárias;
17) «Protecção jurídica», que abrange a cobertura de despesas decorrentes de um processo judicial, bem como formas de cobertura de defesa e representação jurídica dos interesses do segurado;
18) «Assistência», que compreende as seguintes modalidades:
a) Assistência a pessoas em dificuldades no decurso de deslocações ou ausências do domicílio ou do local de residência permanente;
b) Assistência a pessoas em dificuldades noutras circunstâncias que não as referidas na alínea anterior.

ART. 124.º (Ramo «Vida») — O ramo «Vida» inclui os seguintes seguros e operações:
1) Seguro de vida:
a) Em caso de morte, em caso de vida, misto e em caso de vida com contra-seguro;
b) Renda;
c) Seguros complementares dos seguros de vida, nomeadamente, os relativos a danos corporais, incluindo-se nestes a incapacidade para o trabalho profissional, a morte por acidente ou a invalidez em consequência de acidente ou doença;
2) Seguro de nupcialidade e seguro de natalidade;
3) Seguros ligados a fundos de investimento, que abrangem todos os seguros previstos nas alíneas *a)* e *b)* do n.º 1, e ligados a um fundo de investimento;
4) Operações de capitalização, que abrangem toda a operação de poupança, baseada numa técnica actuarial, que se traduza na assunção de compromissos determinados quanto à sua duração e ao seu montante, como contrapartida de uma prestação única ou de prestações periódicas previamente fixadas;
5) Operações de gestão de fundos colectivos de reforma, que abrangem toda a operação que consiste na gestão, por uma empresa de seguros, de investimentos e, nomeadamente, dos activos representativos das reser-

ACESSO E EXERCÍCIO DA ACTIVIDADE SEGURADORA   [DL n.º 94-B/98]   813

vas ou provisões de organismos que liquidam prestações em caso de morte, em caso de vida, ou em caso de cessação ou redução de actividade;

6) Operações de gestão de fundos colectivos de reforma, quando conjugadas com uma garantia de seguro respeitante quer à manutenção do capital quer à obtenção de um juro mínimo.

ART. 125.º (Exclusividade) — Sem prejuízo do disposto no artigo 127.º, os riscos compreendidos em cada um dos ramos referidos nos artigos anteriores não podem ser classificados num outro ramo nem cobertos através de apólices destinadas a outro ramo.

ART. 126.º (Âmbito da exploração) — 1 — A exploração de qualquer dos ramos «Não vida» previstos no artigo 123.º abrange a totalidade do ramo, salvo se a empresa de seguros limitar expressamente essa exploração a parte dos riscos ou das modalidades.

2 — A exploração do ramo «Vida» previsto no artigo 124.º abrange a totalidade de cada um dos grupos de seguros ou operações aí referidos, salvo se a empresa de seguros limitar expressamente essa exploração a uma parte dos seguros ou operações incluídas nesse grupo.

ART. 127.º (Riscos acessórios) — 1 — As empresas de seguros que explorem qualquer ramo ou modalidade podem também, através da mesma apólice, cobrir outros riscos acessórios.

2 — Para efeitos do número anterior, entende-se por riscos acessórios os que estejam ligados ao risco principal, digam respeito ao objecto.coberto contra o risco principal e sejam garantidos através do contrato que cobre o risco principal.

3 — Não podem ser considerados riscos acessórios de outros ramos os compreendidos nos ramos referidos nos n.ᵒˢ 14), 15) e 17) do artigo 123.º, sem prejuízo do disposto no número seguinte.

4 — A restrição prevista no número anterior relativamente ao ramo referido no n.º 17) do artigo 123.º não se aplica quando o risco compreendido neste ramo seja acessório do ramo referido no n.º 6) do mesmo artigo, em relação a litígios ou riscos resultantes da utilização de embarcações marítimas ou relacionadas com essa utilização, ou acessório do ramo referido no n.º 18) também do mencionado artigo, quando se relacione com a assistência prestada a pessoas em dificuldades durante deslocações ou ausência do seu domicílio ou local de residência permanente.

ART. 128.º (Grupos de ramos ou modalidades) — Às empresas de seguros é admitida a exploração dos seguintes grupos de ramos ou modalidades previstos no artigo 123.º:

a) Ramos referidos nos n.ᵒˢ 1) e 2), sob a denominação «Seguro de acidentes e doença»;

b) Modalidade da alínea *c)* do ramo referido no n.º 1) e ramos referidos nos n.ᵒˢ 3), 7) e 10), sob a denominação «Seguro automóvel»;

c) Modalidade da alínea *c)* do ramo referido no n.º 1) e ramos referidos nos n.ᵒˢ 4), 6), 7) e 12), sob a denominação «Seguro marítimo e transportes»;

d) Modalidade da alínea *c)* do ramo referido no n.º 1) e ramos referidos nos n.ᵒˢ 5), 7) e 11), sob a denominação «Seguro aéreo»;

e) Ramos referidos nos n.ᵒˢ 8) e 9), sob a denominação «Seguro de incêndio e outros danos».

SECÇÃO II — **SUPERVISÃO DE CONTRATOS E TARIFAS**

ART. 129.º (Supervisão de seguros obrigatórios) — 1 — As empresas de seguros que pretendam explorar ramos ou modalidades de seguros obrigatórios devem, para o efeito, proceder ao registo, no Instituto de Seguros de Portugal, das condições gerais e especiais das respectivas apólices, bem como das correspondentes alterações.

2 — O Instituto de Seguros de Portugal deve verificar a conformidade legal das apólices registadas nos termos do número anterior, podendo, fundamentadamente, fixar um prazo para a alteração das cláusulas que entenda necessárias.

3 — O não cumprimento pelas empresas de seguros, dentro do prazo que para o efeito lhes for concedido, das alterações referidas no número anterior implica o cancelamento do respectivo registo da apólice, sem prejuízo da manutenção em vigor, até ao vencimento dos contratos correspondentes.

4 — Das decisões referidas nos números anteriores cabe, no prazo de 30 dias, recurso para o Ministro das Finanças, cuja decisão admite recurso contencioso, nos termos gerais.

5 — O Instituto de Seguros de Portugal pode, no exercício das suas atribuições, impor o uso de cláusulas ou apólices uniformes para os ramos ou modalidades de seguros obrigatórios.

ART. 130.º (Supervisão dos restantes seguros) — 1 — O Instituto de Seguros de Portugal, a fim de supervisionar o cumprimento das disposições aplicáveis aos contratos de seguro, pode exigir às empresas de seguros com sede em território português ou às sucursais neste estabelecidas de empresas de seguros com sede fora do território da União Europeia a comunicação não sistemática das condições gerais e especiais das apólices, das tarifas, das bases técnicas e dos formulários e outros impressos que aquelas empresas se proponham utilizar

814   [DL n.º 94-B/98]   SEGUROS E FUNDOS DE PENSÕES

nas suas relações com os tomadores de seguros, não constituindo, em qualquer caso, esta comunicação condição para o exercício da actividade da empresa.

2 — O Instituto de Seguros de Portugal, a fim de supervisionar o cumprimento das disposições aplicáveis em matéria de princípios actuariais, pode exigir das empresas referidas no número anterior a comunicação sistemática das bases técnicas utilizadas para o cálculo das tarifas, das prestações, das contribuições e das provisões técnicas do ramo «Vida», não constituindo, em qualquer caso, esta comunicação condição para o exercício da actividade da empresa.

3 — O Instituto de Seguros de Portugal, a fim de supervisionar o cumprimento das disposições aplicáveis aos contratos de seguro e em matéria de princípios actuariais, pode exigir das empresas de seguros com sede no território de outros Estados membros que operem em Portugal em regime de estabelecimento ou em regime de livre prestação de serviços a comunicação não sistemática dos elementos referidos nos números anteriores, não constituindo, em qualquer caso, esta comunicação condição para o exercício da actividade da empresa.

ART. 131.º (Registo de apólices) — 1 — As empresas de seguros devem manter actualizado o registo das suas apólices, o qual pode ser efectuado em suporte magnético próprio para tratamento informático.

2 — Do registo referido no número anterior devem constar todas as apólices emitidas ou renovadas durante o ano, com, pelo menos, as seguintes indicações:
a) Número e data da apólice;
b) Nome, firma ou denominação do tomador de seguro;
c) Ramo e modalidade do seguro;
d) Capital seguro.

3 — No que respeita ao ramo «Vida», o registo deve ainda especificar as seguintes indicações:
a) Nome e idade da pessoa cuja vida se segura;
b) Prazo do contrato.

4 — O disposto nos números anteriores é aplicável, com as devidas adaptações, às operações de capitalização.

Secção III — **CONDUTA DE MERCADO**

ART. 131.º-A (Publicidade) — 1 — A publicidade efectuada pelas empresas de seguros e pelas suas associações empresariais está sujeita à lei geral, sem prejuízo do que for fixado em norma do Instituto de Seguros de Portugal e, no caso de contratos de seguro ligados a fundos de investimento, em regulamento da Comissão do Mercado de Valores Mobiliários, ouvido o Instituto de Seguros de Portugal.

2 — Os regulamentos previstos no número anterior, que garantirão a protecção dos credores específicos de seguros, podem abranger os intermediários de seguro e devem prever nomeadamente os termos da divulgação das condições tarifárias nos seguros destinados a pessoas singulares.

ART. 131.º-B (Intervenção do Instituto de Seguros de Portugal) — 1 — Sem prejuízo das atribuições da Comissão do Mercado de Valores Mobiliários no que respeita aos contratos de seguro ligados a fundos de investimento, e de atribuições que relevem especificamente da tutela dos consumidores cometidas a outras instituições e do estabelecimento de formas de cooperação com as mesmas, a fiscalização do cumprimento das normas aplicáveis em matéria de publicidade das empresas de seguros e das suas associações empresariais compete ao Instituto de Seguros de Portugal.

2 — O Instituto de Seguros de Portugal, relativamente à publicidade que não respeite as disposições previstas no artigo anterior, e sem prejuízo das sanções aplicáveis, pode:
a) Ordenar as modificações necessárias para pôr termo às irregularidades;
b) Ordenar a suspensão das acções publicitárias em causa;
c) Determinar a imediata publicação pelo responsável de rectificação apropriada.

3 — Em caso de incumprimento das determinações previstas na alínea *c)* do número anterior, pode o Instituto de Seguros de Portugal, sem prejuízo das sanções aplicáveis, substituir-se aos infractores na prática do acto.

ART. 131.º-C (Princípios gerais de conduta de mercado) — 1 — As empresas de seguros devem actuar de forma diligente, equitativa e transparente no seu relacionamento com os tomadores de seguros, segurados, beneficiários ou terceiros lesados.

2 — As empresas de seguros devem definir uma política de tratamento dos tomadores de seguros, segurados, beneficiários ou terceiros lesados, assegurando que a mesma é difundida na empresa e divulgada ao público, adequadamente implementada e o respectivo cumprimento monitorizado.

3 — O Instituto de Seguros de Portugal pode estabelecer, por norma regulamentar, princípios gerais a respeitar pelas empresas de seguros no cumprimento dos deveres previstos nos números anteriores.

ART. 131.º-D (Gestão de reclamações) — 1 — As empresas de seguros devem instituir uma função autónoma responsável pela gestão das reclamações dos tomadores de seguros, segurados, beneficiários ou terceiros lesados relativas aos respectivos actos ou omissões, que seja desempenhada por pessoas idóneas que detenham qualificação profissional adequada.

ACESSO E EXERCÍCIO DA ACTIVIDADE SEGURADORA   [DL n.º 94-B/98] 815

2 — A função responsável pela gestão das reclamações pode ser instituída por uma empresa de seguros ou por empresas de seguros que se encontrem em relação de domínio ou de grupo, desde que, em qualquer caso, lhe sejam garantidas as condições necessárias a evitar conflitos de interesses.

3 — Compete à função prevista no n.º 1 gerir a recepção e resposta às reclamações que lhe sejam apresentadas pelos tomadores de seguros, segurados, beneficiários ou terceiros lesados, de acordo com os critérios e procedimentos fixados no respectivo regulamento de funcionamento, sem prejuízo de o tratamento e apreciação das mesmas poder ser efectuado pelas unidades orgânicas relevantes.

4 — O Instituto de Seguros de Portugal estabelece, por norma regulamentar, princípios gerais a respeitar no cumprimento dos deveres previstos nos números anteriores.

ART. 131.º-E (Provedor do cliente) — 1 — As empresas de seguros designam, de entre entidades ou peritos independentes de reconhecido prestígio e idoneidade, o provedor dos clientes, ao qual os tomadores de seguros, segurados, beneficiários ou terceiros lesados podem apresentar reclamações relativas a actos ou omissões daquelas empresas, desde que as mesmas não tenham sido resolvidas no âmbito da gestão das reclamações prevista no artigo anterior.

2 — O provedor pode ser designado por empresa de seguros ou por um conjunto de empresas de seguros, ou, ainda, por associação de empresas de seguros.

3 — Compete ao provedor apreciar as reclamações que lhe sejam apresentadas pelos tomadores de seguros, segurados, beneficiários ou terceiros lesados, de acordo com os critérios e procedimentos fixados no respectivo regulamento de funcionamento, elaborado pelas entidades que o designaram.

4 — O provedor tem poderes consultivos e pode apresentar recomendações às empresas de seguros em resultado da apreciação das reclamações.

5 — A intervenção do provedor em nada afecta o direito de recurso aos tribunais ou a mecanismos de resolução extrajudicial de litígios.

6 — O provedor deve divulgar, anualmente, as recomendações feitas, bem como a menção da sua adopção pelos destinatários.

7 — As despesas de designação e funcionamento do provedor são da responsabilidade da entidade que o designou nos termos do n.º 2, não podendo ser imputadas ao reclamante.

8 — A designação do provedor é dispensada quanto às reclamações que possam ser resolvidas no âmbito de mecanismo de resolução extrajudicial de litígios ao qual a empresas de seguros tenha aderido.

9 — O Instituto de Seguros de Portugal estabelece, por norma regulamentar, princípios gerais a respeitar no cumprimento dos deveres previstos nos números anteriores.

ART. 131.º-F (Política antifraude) — 1 — As empresas de seguros devem definir uma política de prevenção, detecção e reporte de situações de fraude nos seguros.

2 — O Instituto de Seguros de Portugal estabelece, por norma regulamentar, princípios gerais a respeitar pelas empresas de seguros no cumprimento do dever previsto no número anterior.

CAPÍTULO IV — Co-seguro

Secção I — DISPOSIÇÕES GERAIS

ART. 132.º (Co-seguro) — *(Revogado.)*

ART. 133.º (Apólice única) — *(Revogado.)*

ART. 134.º (Âmbito da responsabilidade de cada co-seguradora) — *(Revogado.)*

ART. 135.º (Funções da co-seguradora líder) — *(Revogado.)*

ART. 136.º (Acordo entre as co-seguradoras) — *(Revogado.)*

ART. 137.º (Responsabilidade civil da líder) — *(Revogado.)*

ART. 138.º (Liquidação de sinistros) — *(Revogado.)*

ART. 139.º (Propositura de acções judiciais) — *(Revogado.)*

ART. 140.º (Abandono por uma co-seguradora) — *(Revogado.)*

Secção II — CO-SEGURO COMUNITÁRIO

ART. 141.º (Co-seguro comunitário) — *(Revogado.)*

ART. 142.º (Requisitos) — *(Revogado.)*

816   [DL n.º 94-B/98]   SEGUROS E FUNDOS DE PENSÕES

ART. 143.º (Condições de acesso) — Para a celebração de contratos em regime de co-seguro comunitário, são aplicáveis à co-seguradora líder as disposições dos artigos 59.º a 67.º do presente diploma.

ART. 144.º (Provisões técnicas) — 1 — O cálculo e representação das provisões técnicas relativas aos contratos em co-seguro comunitário rege-se, em relação a cada co-seguradora, pelas regras do respectivo Estado membro de origem, sem prejuízo do disposto no número seguinte.

2 — A provisão para sinistros deve, em relação a cada co-seguradora, ser calculada e representada de acordo com as regras que se encontrem, para o efeito, em vigor no Estado membro de origem da co-seguradora líder.

3 — As provisões técnicas constituídas pelas diferentes co-seguradoras serão representadas por activos, móveis ou imóveis, e congruentes, localizados em qualquer parte do território da União Europeia.

ART. 145.º (Mediação) — Ao contrato de co-seguro comunitário, na parte respeitante ao risco situado em Portugal, são aplicáveis as normas legais e regulamentares em vigor no território português em matéria de mediação de seguros.

ART. 146.º (Regime fiscal) — O regime fiscal do contrato de co-seguro comunitário, na parte respeitante ao risco ou parte do risco situado em território português, rege -se pelo disposto nos artigos 173.º a 175.º, devendo a co-seguradora líder dar cumprimento às respectivas disposições, nomeadamente à estatuição do artigo 175.º.

ART. 147.º (Sanções) — A co-seguradora líder que não cumpra as disposições do presente capítulo fica sujeita à aplicação das sanções legalmente previstas.

CAPÍTULO V — Transferências de carteira

SECÇÃO I — TRANSFERÊNCIA DE CARTEIRA DE SEGUROS

ART. 148.º (Cedente com sede em Portugal e cessionária estabelecida na União Europeia) — 1 — As empresas de seguros com sede em território português podem, nos termos legais e regulamentares em vigor, transferir a totalidade ou parte dos contratos da respectiva carteira, subscritos em regime de estabelecimento ou em regime de livre prestação de serviços, para uma cessionária estabelecida na União Europeia.

2 — A transferência referida no número anterior pode ser autorizada desde que, cumulativamente:

a) As autoridades competentes do Estado membro de origem da cessionária, se for o caso, atestem que esta possui, atendendo a essa mesma transferência, a margem de solvência disponível necessária para o efeito;

b) As autoridades competentes do Estado membro onde se situam os riscos ou do Estado membro do compromisso dêem o seu acordo à mencionada transferência.

3 — Se a transferência a que se refere o n.º 1 do presente artigo se reportar à totalidade ou parte dos contratos da carteira da sucursal de uma empresa de seguros com sede em Portugal, o Estado membro da sucursal deve também ser consultado.

ART. 149.º (Sucursal de cedente com sede fora da União Europeia e cessionária estabelecida em Portugal) — 1 — As sucursais de empresas de seguros cuja sede se situe fora do território da União Europeia e estabelecidas em território português podem, nos termos legais e regulamentares em vigor, transferir a totalidade ou parte dos contratos da respectiva carteira para uma cessionária também estabelecida em Portugal.

2 — A transferência referida no número anterior pode ser autorizada desde que, cumulativamente:

a) O Instituto de Seguros de Portugal ou, eventualmente, as autoridades competentes do Estado membro da cessionária, nos termos do artigo 108.º, se for o caso, atestem que esta possui, atendendo a essa mesma transferência, a margem de solvência disponível necessária para o efeito;

b) As autoridades competentes do Estado membro onde se situam os riscos ou do Estado membro do compromisso, quando estes não forem os mesmos em que se situa a sucursal cedente, dêem o seu acordo à mencionada transferência.

3 — O Instituto de Seguros de Portugal não procede à certificação referida na alínea *a)* do n.º 2 sempre que tenha dúvidas fundadas sobre a situação financeira da empresa de seguros cessionária, designadamente nos casos em que tenha sido solicitado um plano de reequilíbrio da situação financeira em conformidade com o disposto no artigo 108.º-A e enquanto entender que os direitos dos segurados e beneficiários dos contratos de seguro se encontram em risco.

ART. 150.º (Sucursal de cedente com sede fora da União Europeia e estabelecida em Portugal e cessionária com sede em outro Estado membro) — 1 — As sucursais de empresas de seguros cuja sede se situe fora do território da União Europeia e estabelecidas em território português podem, nos termos legais e regulamentares em vigor, transferir a totalidade ou parte dos contratos da respectiva carteira para uma empresa de seguros com sede num outro Estado membro.

2 — A transferência referida no número anterior pode ser autorizada desde que, cumulativamente:

a) As autoridades competentes do Estado membro de origem da cessionária, se for o caso, atestem que esta possui, atendendo a essa mesma transferência, a margem de solvência disponível necessária para o efeito;

ACESSO E EXERCÍCIO DA ACTIVIDADE SEGURADORA [**DL n.º 94-B/98**] 817

b) As autoridades competentes do Estado membro onde se situam os riscos ou do Estado membro do compromisso, quando estes não forem os mesmos em que se situa a sucursal cedente, dêem o seu acordo à mencionada transferência.

ART. 151.º (Sucursal de cedente com sede fora da União Europeia estabelecida em Portugal e de cessionária com sede fora da União Europeia e estabelecida em outro Estado membro) — 1 — As sucursais de empresas de seguros cuja sede se situe fora do território da União Europeia e estabelecidas em território português podem, nos termos legais e regulamentares em vigor, transferir a totalidade ou parte dos contratos da respectiva carteira para uma sucursal de uma empresa cuja sede se situe também fora do território da União Europeia mas estabelecida no território de outro Estado membro.

2 — A transferência referida no número anterior pode ser autorizada desde que, cumulativamente:

a) As autoridades competentes do Estado membro do estabelecimento da cessionária ou, eventualmente, as autoridades competentes da cessionária, nos termos do artigo 108.º, se for o caso, atestem não só que esta possui, atendendo a essa mesma transferência, a margem de solvência disponível necessária para o efeito, como certifiquem também que a legislação do Estado membro da cessionária prevê a possibilidade desta transferência e a respectiva concordância para a mesma transferência;

b) As autoridades competentes do Estado membro onde se situam os riscos ou do Estado membro do compromisso, quando estes não forem os mesmos em que se situa a sucursal cedente, dêem o seu acordo à mencionada transferência.

ART. 151.º-A (Cedente com sede em Portugal ou sucursal com sede fora da União Europeia e cessionária sucursal com sede na Suíça) — As empresas de seguros com sede em território português e as sucursais de empresas de seguros cuja sede se situe fora do território da União Europeia e estabelecidas em território português podem, mediante autorização do Instituto de Seguros de Portugal, transferir a totalidade ou parte dos contratos da respectiva carteira para sucursais de empresas de seguros que explorem seguros dos ramos «Não vida» cuja sede se situe na Suíça e estabelecidas em território português, desde que a autoridade competente do país da empresa cessionária ateste que esta possui, atendendo a essa mesma transferência, a margem de solvência necessária para o efeito.

ART. 152.º (Parecer ou acordo das autoridades competentes) — Se as autoridades competentes consultadas para os efeitos previstos neste capítulo não comunicarem ao Instituto de Seguros de Portugal o seu parecer ou o seu acordo no prazo de três meses contados a partir da data da recepção do pedido, decorrido o mesmo prazo considerar-se-á ter havido parecer favorável ou acordo tácito das mencionadas autoridades.

ART. 153.º (Publicidade da transferência) — 1 — As transferências de carteira previstas no presente capítulo serão autorizadas pelo Instituto de Seguros de Portugal.

2 — As autorizações para transferências de carteira concedidas pelas autoridades competentes dos Estados membros de origem e que abranjam contratos cobrindo riscos situados em território português ou em que Portugal seja o Estado membro do compromisso devem ser devidamente redigidas e publicadas em língua portuguesa no sítio na *Internet* do Instituto de Seguros de Portugal e em dois jornais diários de ampla difusão.

ART. 154.º (Oponibilidade da transferência e resolução dos contratos) — 1 — Sem prejuízo do disposto no número seguinte, as transferências de carteiras autorizadas pelo Instituto de Seguros de Portugal ou pelas restantes autoridades competentes dos Estados membros de origem são oponíveis aos tomadores, segurados e a quaisquer outras pessoas titulares de direitos ou obrigações emergentes dos correspondentes contratos de seguro, a partir da respectiva autorização.

2 — Quando as transferências de carteira abranjam contratos cobrindo riscos situados em território português ou em que Portugal seja o Estado membro do compromisso, os segurados e tomadores dispõem de um prazo de 30 dias contados a partir da publicação no sítio na Internet do Instituto de Seguros de Portugal, referida no n.º 2 do artigo anterior, para a resolução dos respectivos contratos, prazo durante o qual a transferência não lhes é oponível.

ART. 155.º (Ramo «Vida») — 1 — Não poderá ser autorizada qualquer transferência de carteira de contratos de seguro do ramo «Vida» quando se lhe oponham, pelo menos, 20% dos segurados dos contratos da carteira a transferir.

2 — Requerida a autorização para a transferência da carteira e para os efeitos referidos no número anterior, o Instituto de Seguros de Portugal notifica, por carta registada a enviar para o último domicílio constante do contrato, todos os respectivos segurados, que disporão de um prazo de 60 dias, contados a partir da recepção da mesma, para se oporem à transferência.

3 — O disposto nos números anteriores é igualmente aplicável sempre que o Instituto de Seguros de Portugal for consultado enquanto autoridade competente do Estado membro do compromisso, ficando o parecer ou acordo que lhe for solicitado para o efeito pela autoridade competente do Estado membro de origem da empresa de seguros cedente condicionado ao disposto no n.º 1 do presente artigo, sendo a percentagem aí referida aplicável à parte da carteira em que Portugal é o Estado membro do compromisso.

818   [DL n.º 94-B/98]   SEGUROS E FUNDOS DE PENSÕES

4 — As despesas inerentes à notificação referida no n.º 2 correrão por conta da empresa de seguros cedente.

5 — O disposto no presente artigo não é aplicável se for reconhecido pelo Instituto de Seguros de Portugal que a transferência de carteira se insere num processo de saneamento de uma situação de insuficiência financeira, de fusão ou de dissolução de uma empresa de seguros.

Secção II — TRANSFERÊNCIA DE CARTEIRA DE RESSEGUROS

ART. 155.º-A (Transferências de carteira de resseguros) — 1 — À transferência, total ou parcial, de carteira de resseguros, subscritos em regime de estabelecimento ou em regime de livre prestação de serviços, entre cedente com sede em Portugal e cessionária estabelecida na União Europeia é aplicável, com as devidas adaptações, o regime previsto no n.º 1 e na alínea *a*) do n.º 2 do artigo 148.º.

2 — À transferência, total ou parcial, de carteira de resseguros entre sucursal de cedente com sede fora do território da União Europeia estabelecida em Portugal e cessionária estabelecida em Portugal é aplicável, com as devidas adaptações, o regime previsto no n.º 1 do artigo 149.º, dependendo a autorização do Instituto de Seguros de Portugal da verificação da detenção pela cessionária da margem de solvência disponível necessária face à transferência.

3 — O Instituto de Seguros de Portugal não autoriza as transferências de carteiras previstas nos números anteriores nos casos em que tenha sido solicitado um plano de reequilíbrio da situação financeira em conformidade com o disposto no artigo 108.º-A e enquanto entender que as obrigações decorrentes dos contratos de resseguro se encontram em risco.

CAPÍTULO VI — Supervisão

Secção I — DISPOSIÇÕES GERAIS

ART. 156.º (Supervisão pelo Instituto de Seguros de Portugal) — 1 — O Instituto de Seguros de Portugal é, nos termos legais e regulamentares, a autoridade competente para o exercício da supervisão não só das actividades das empresas de seguros e de resseguros com sede em Portugal, incluindo a actividade exercida no território de outros Estados membros pelas respectivas sucursais ou a aí exercida em livre prestação de serviços, como também das actividades exercidas em território português por sucursais de empresas de seguros ou de resseguros com sede fora da União Europeia.

2 — O disposto no número anterior não prejudica as atribuições da Comissão do Mercado de Valores Mobiliários relativamente a contratos de seguro ligados a fundos de investimento.

3 — O Instituto de Seguros de Portugal é igualmente a autoridade competente para o exercício da supervisão complementar de empresas de seguros ou de resseguros com sede em Portugal, nos termos da secção seguinte.

4 — Caso a empresa de seguros ou de resseguros sujeita à supervisão prevista no número anterior tenha como empresa mãe uma sociedade gestora de participações no sector dos seguros, uma empresa de seguros ou de resseguros de um país terceiro ou uma sociedade gestora de participações mista de seguros, que seja também empresa mãe de outra empresa de seguros ou de resseguros autorizada noutro Estado membro da União Europeia, o Instituto de Seguros de Portugal deve chegar a acordo com a autoridade de supervisão congénere do Estado membro em questão para a designação daquela a quem cabe a responsabilidade pelo exercício da supervisão complementar.

ART. 157.º (Poderes de supervisão) — 1 — No exercício das funções de supervisão referidas no artigo anterior, o Instituto de Seguros de Portugal dispõe de poderes e meios para:

a) Verificar a conformidade técnica, financeira, legal e fiscal da actividade das empresas de seguros e resseguros sob a sua supervisão;

b) Obter informações pormenorizadas sobre a situação das empresas de seguros ou de resseguros e o conjunto das suas actividades através, nomeadamente, da recolha de dados, da exigência de documentos relativos ao exercício da actividade seguradora, resseguradora ou de retrocessão ou de inspecções a efectuar nas instalações da empresa;

c) Adoptar, em relação às empresas de seguros ou de resseguros, seus dirigentes responsáveis ou pessoas que as controlam, todas as medidas adequadas e necessárias não só para garantir que as suas actividades observam as disposições legais e regulamentares que lhes são aplicáveis e, nomeadamente, o programa de actividades como também para evitar ou eliminar qualquer irregularidade que possa prejudicar os interesses dos segurados e beneficiários;

d) Garantir a aplicação efectiva das medidas referidas na alínea anterior, se necessário mediante recurso às instâncias judiciais;

e) Obter todas as informações de que careça sobre contratos que estejam na posse de mediadores;

f) Exercer as demais funções e atribuições previstas no presente diploma e legislação e regulamentação complementares.

2 — Para efeitos do disposto na alínea *b*) do número anterior, as entidades aí referidas são obrigadas a prestar ao Instituto de Seguros de Portugal as informações que este considere necessárias à verificação, no-

ACESSO E EXERCÍCIO DA ACTIVIDADE SEGURADORA   [DL n.º 94-B/98]   819

meadamente, do seu grau de liquidez e de solvabilidade, dos riscos em que incorrem, incluindo o nível de exposição a diferentes tipos de instrumentos financeiros, das práticas de gestão e controlo dos riscos a que estão ou possam vir a estar sujeitas e das metodologias adoptadas na avaliação dos seus activos, em particular daqueles que não sejam transaccionados em mercados de elevada liquidez e transparência.

3 — O Instituto de Seguros de Portugal concretiza, através de norma regulamentar, o disposto nos números anteriores.

4 — Para os efeitos previstos no n.º 1, o Instituto de Seguros de Portugal exige das empresas de seguros ou de resseguros a documentação necessária, incluindo os documentos estatísticos.

5 — Caso uma empresa de seguros ou de resseguros pertença a um grupo, o Instituto de Seguros de Portugal deve certificar-se de que a estrutura do grupo e, em especial, as relações propostas entre a empresa e outras entidades do grupo permitem uma supervisão eficaz.

6 — Para efeitos do disposto no número anterior, as empresas de seguros ou de resseguros devem comunicar ao Instituto de Seguros de Portugal a sua integração num grupo ou a alteração da estrutura do grupo a que pertencem, devendo também fornecer -lhe informações relativas à estrutura organizativa do grupo, que incluam elementos suficientes sobre a referida estrutura e as relações propostas entre a empresa e as outras entidades do grupo, de forma que seja possível verificar a existência dos requisitos referidos na alínea *e)* do n.º 2 do artigo 13.º.

7 — As informações referidas no número anterior podem ser solicitadas a qualquer entidade ou grupo.

8 — No exercício das suas funções de supervisão, o Instituto de Seguros de Portugal emitirá instruções e recomendações para que sejam sanadas as irregularidades detectadas.

ART. 157.º-A (Colaboração para o exercício da supervisão) — 1 — Caso uma empresa de seguros ou de resseguros e quer uma instituição de crédito ou uma empresa de investimento, quer ambas, se encontrem em relação de participação, ou tenham uma empresa participante comum, o Banco de Portugal e a Comissão do Mercado de Valores Mobiliários fornecem ao Instituto de Seguros de Portugal todas as informações necessárias ao exercício por este das suas funções de supervisão.

2 — Às informações recebidas e às trocas de informação nos termos do número anterior aplica-se o disposto na secção II do presente capítulo.

ART. 157.º-B (Outras empresas) — 1 — As sociedades gestoras de participações sociais ficam sujeitas à supervisão do Instituto de Seguros de Portugal sempre que o valor total, directa ou indirectamente detido, das suas participações em empresas de seguros ou de resseguros, em sociedades gestoras de fundos de pensões e em sociedades de mediação de seguros ou de resseguros, represente pelo menos 50% do montante global das participações que detiverem e, bem assim, sempre que se encontrem, em relação a uma ou mais empresas de seguros ou de resseguros, sociedades gestoras de fundos de pensões e sociedades de mediação de seguros ou de resseguros, em alguma das situações previstas no n.º 1) do artigo 3.º, exceptuando-se, porém, as que estiverem sujeitas por outra legislação à supervisão do Banco de Portugal.

2 — Às sociedades gestoras de participações sociais sujeitas à supervisão do Instituto de Seguros de Portugal nos termos do número anterior é aplicável o disposto no capítulo II do título VI deste diploma.

3 — Quando o Instituto de Seguros de Portugal seja a autoridade de supervisão responsável pelo exercício da supervisão complementar a nível de um conglomerado financeiro, a companhia financeira mista que lidere o conglomerado financeiro fica sujeita ao disposto no capítulo II do título VI pelas infracções às disposições legais ou regulamentares aplicáveis à supervisão complementar no âmbito de um conglomerado financeiro.

4 — Se duas ou mais sociedades gestoras de participações sociais estiverem entre si em relação de grupo, ou por outro qualquer modo actuarem concertadamente, são consideradas como uma única sociedade para os efeitos do n.º 1.

5 — A Inspecção Geral de Finanças informa o Instituto de Seguros de Portugal das situações referidas no n.º 1 e que sejam do seu conhecimento.

6 — Para determinação dos termos da relação com a empresa de seguros ou de resseguros sujeita à supervisão do Instituto de Seguros de Portugal, estão sujeitas à inspecção por este as empresas do respectivo grupo que não estejam sujeitas à supervisão de outra autoridade comunitária competente ou do Banco de Portugal.

7 — Sempre que as empresas referidas no número anterior estejam sujeitas à supervisão de uma outra entidade competente, o Instituto de Seguros de Portugal solicitará a essa autoridade que verifique as informações sobre essas empresas ou que autorize que tal verificação seja efectuada pelo Instituto de Seguros de Portugal, quer directamente quer através de pessoa ou entidade mandatada para o efeito.

Secção I-A — **DA SUPERVISÃO COMPLEMENTAR EM ESPECIAL**

ART. 157.º-C (Acesso à informação relevante para a supervisão complementar) — 1 — Sem prejuízo da aplicação do artigo 157.º à supervisão complementar, no respeitante às informações relativas às empresas participadas, às empresas participantes e às empresas participadas de uma empresa participante de uma empresa de seguros ou de resseguros, o Instituto de Seguros de Portugal solicita-as directamente a estas empresas no caso de a empresa de seguros ou de resseguros sujeita à supervisão complementar as não ter prestado.

820   [DL n.º 94-B/98]   SEGUROS E FUNDOS DE PENSÕES

2 — A verificação *in loco* das informações necessárias ao exercício da supervisão complementar será feita, pelo Instituto de Seguros de Portugal, directamente ou por intermédio de pessoas que tenha mandatado para o efeito, na empresa de seguros ou de resseguros sujeita a essa supervisão e nas respectivas empresas filiais, empresas mãe e empresas filiais das empresas mãe.

3 — Se, no âmbito do exercício da supervisão complementar, o Instituto de Seguros de Portugal carecer de verificar informação importante relativa a empresa cuja sede se situe noutro Estado membro da União Europeia e que seja uma empresa de seguros ou de resseguros participada, uma empresa filial, uma empresa mãe ou uma empresa filial de uma empresa mãe da empresa de seguros ou de resseguros sujeita à supervisão complementar, solicitá-lo-á à autoridade congénere desse outro Estado membro.

4 — No caso de pedido de teor idêntico ao do previsto no número anterior recebido de autoridade congénere de outro Estado membro, o Instituto de Seguros de Portugal dar-lhe-á seguimento, quer procedendo ele à verificação solicitada quer permitindo que a mesma seja efectuada pela requerente ou por revisor ou perito mandatado para o efeito.

5 — Ainda que a verificação seja efectuada pelo Instituto de Seguros de Portugal, a autoridade de supervisão que apresentou o pedido pode, se o desejar, participar na verificação.

ART. 157.º-D (Cooperação internacional para o exercício da supervisão complementar) — 1 — No caso de uma empresa de seguros ou de resseguros estabelecida em Portugal estar em relação de participação com uma empresa de seguros ou de resseguros estabelecida noutro Estado membro da União Europeia, ou de ambas as empresas terem uma empresa participante comum, o Instituto de Seguros de Portugal comunica à autoridade de supervisão congénere, a pedido, as informações úteis susceptíveis de permitir ou facilitar o exercício da supervisão complementar, bem como, por iniciativa própria, as informações que entenda essenciais para as autoridades congéneres.

2 — No caso de uma empresa de seguros ou de resseguros estabelecida em Portugal estar em relação de participação com uma empresa de seguros ou de resseguros estabelecida num país terceiro e seja pela União Europeia negociado um acordo com esse país relativamente às modalidades de exercício da supervisão complementar, o Instituto de Seguros de Portugal pode trocar com as autoridades de supervisão desse país informações necessárias à supervisão complementar.

SECÇÃO II — **SIGILO PROFISSIONAL**

ART. 158.º (Sigilo profissional) — 1 — Os membros dos órgãos do Instituto de Seguros de Portugal, bem como todas as pessoas que nele exerçam ou tenham exercido uma actividade profissional, estão sujeitos ao dever de guardar sigilo dos factos cujo conhecimento lhes advenha exclusivamente pelo exercício das suas funções.

2 — O dever de sigilo profissional referido no número anterior implica que qualquer informação confidencial recebida no exercício da actividade profissional não pode ser comunicada a nenhuma pessoa ou autoridade, excepto de forma sumária ou agregada, e de modo que as empresas de seguros ou de resseguros não possam ser individualmente identificadas.

3 — Sempre que uma empresa de seguros ou de resseguros seja declarada em estado de insolvência ou que tenha sido decidida judicialmente a sua liquidação, as informações confidenciais que não digam respeito a terceiros implicados nas tentativas de recuperação da seguradora ou resseguradora podem ser divulgadas no âmbito do processo.

ART. 159.º (Troca de informações entre autoridades competentes) — 1 — O dever de sigilo profissional não impede que o Instituto de Seguros de Portugal proceda à troca de informações necessárias ao exercício da supervisão da actividade seguradora ou resseguradora com as autoridades competentes dos outros Estados membros, sem prejuízo da sujeição dessas informações ao dever de sigilo profissional.

2 — O disposto no número anterior é aplicável à troca de informações entre o Instituto de Seguros de Portugal e as seguintes entidades nacionais ou de outros Estados membros:

a) Autoridades investidas da atribuição pública de fiscalização das instituições de crédito e outras instituições financeiras, bem como autoridades encarregadas da supervisão dos mercados financeiros;

b) Órgãos intervenientes na liquidação e no processo de insolvência de empresas de seguros ou de resseguros e outros processos similares, bem como autoridades competentes para a supervisão desses órgãos;

c) Entidades responsáveis pela detecção e investigação de violações do direito das sociedades;

d) Entidades incumbidas da gestão de processos de liquidação ou de fundos de garantia;

e) Bancos centrais, outras entidades de vocação semelhante enquanto autoridades monetárias e outras autoridades encarregadas da supervisão dos sistemas de pagamento;

f) Pessoas encarregadas da revisão legal das contas ou auditoria às contas das empresas de seguros, das empresas de resseguros, das instituições de crédito, das empresas de investimento e de outras instituições financeiras, bem como as autoridades competentes para a supervisão dessas pessoas;

g) Actuários responsáveis que exerçam, nos termos da lei, uma função de controlo sobre as empresas de seguros ou de resseguros, bem como entidades com competência para a supervisão desses actuários.

3 — *(Revogado.)*

ACESSO E EXERCÍCIO DA ACTIVIDADE SEGURADORA   [DL n.º 94-B/98]   821

4 — Sem prejuízo do disposto no n.º 1, se as informações referidas no n.º 2 forem provenientes de outro Estado membro, só poderão ser divulgadas com o acordo explícito das autoridades competentes que tiverem procedido à respectiva comunicação e, se for caso disso, exclusivamente para os fins relativamente aos quais as referidas autoridades tiverem dado o seu acordo, devendo ser-lhes comunicada a identidade e o mandato preciso das entidades a quem devem ser transmitidas essas informações.

5 — A troca de informações necessárias ao exercício da supervisão da actividade seguradora ou resseguradora com autoridades competentes de países não membros da União Europeia ou com autoridades ou organismos destes países, definidos nas alíneas *a*), *b*), *d*), *f*) e *g*) do n.º 2, está sujeita às garantias de sigilo profissional previstas na presente secção, estabelecidas e aceites reciprocamente, sendo-lhes aplicável o previsto no número anterior.

ART. 160.º (Informações confidenciais) — O Instituto de Seguros de Portugal só pode utilizar as informações confidenciais recebidas nos termos dos artigos anteriores no exercício das suas funções e com as seguintes finalidades:

a) Para análise das condições de acesso à actividade seguradora ou resseguradora e para a supervisão das condições de exercício da mesma, especialmente em matéria de fiscalização das provisões técnicas, da margem de solvência, da organização administrativa e contabilística e do controlo interno;

b) Para a aplicação de sanções;

c) No âmbito de um recurso administrativo ou jurisdicional interposto de decisões tomadas no âmbito do presente diploma e respectiva legislação complementar.

ART. 161.º (Informações para supervisão prudencial) — 1 — O Instituto de Seguros de Portugal pode, se tal se justificar por razões de supervisão prudencial, comunicar as informações para o efeito necessárias às entidades nacionais responsáveis pela legislação em matéria de supervisão das instituições de crédito, serviços de investimento, empresas de seguros ou de resseguros e demais instituições financeiras, bem como aos inspectores mandatados por estas entidades.

2 — A comunicação referida no número anterior não abrange as informações recebidas ao abrigo dos n.ºs 1 e 2 do artigo 159.º nem as obtidas através das inspecções a efectuar nas instalações da empresa previstas na alínea *b*) do n.º 1 do artigo 157.º, salvo acordo explícito da autoridade competente que tenha comunicado as informações ou da autoridade competente do Estado membro em que tenha sido efectuada a inspecção.

3 — Os revisores oficiais de contas incumbidos da revisão legal das contas das empresas de seguros ou de resseguros ou que, por exigência legal, prestem às mesmas empresas serviços de auditoria devem comunicar imediatamente ao Instituto de Seguros de Portugal qualquer facto ou decisão de que tomem conhecimento no desempenho das suas funções e que seja susceptível de:

a) Constituir violação das normas legais, regulamentares e administrativas reguladoras do acesso e exercício da actividade seguradora ou resseguradora;

b) Afectar a continuidade da exploração da empresa de seguros ou de resseguros;

c) Acarretar a recusa da certificação das contas ou a emissão de quaisquer reservas às mesmas contas.

4 — O disposto no número anterior é igualmente aplicável ao exercício pelas entidades referidas de funções idênticas em empresa que tenha uma relação de proximidade decorrente de uma relação de controlo com uma empresa de seguros ou de resseguros.

5 — As comunicações ao Instituto de Seguros de Portugal efectuadas de boa-fé em cumprimento dos n.ºs 3 e 4 não constituem violação de qualquer restrição à divulgação de informações imposta por contrato ou por disposições legais, regulamentares ou administrativas, não acarretando qualquer tipo de responsabilidade.

ART. 162.º (Excepções ao dever de sigilo profissional) — Fora dos casos previstos na presente secção, os factos e elementos abrangidos pelo dever de sigilo profissional só podem ser revelados:

a) Nos termos previstos na lei penal e de processo penal;

b) Quando exista outra disposição legal que expressamente limite o dever de sigilo profissional.

Secção III — EMPRESAS DE SEGUROS COM SEDE EM PORTUGAL

ART. 163.º (Comunicação do montante dos prémios) — 1 — As empresas de seguros com sede em território português, sem prejuízo de outros elementos contabilísticos e estatísticos necessários ao exercício da supervisão fixados por norma do Instituto de Seguros de Portugal, devem comunicar a este Instituto, separadamente para as operações efectuadas em regime de estabelecimento e em regime de livre prestação de serviços, o montante dos prémios, sem dedução do ressseguro, por grupos de ramos «Não vida» e por cada um dos seguros e operações do ramo «Vida», emitidos por Estado membro.

2 — A comunicação referida no número anterior, no que respeita aos grupos de ramos «Não vida», abrangerá também o montante dos sinistros e das comissões, bem como, no caso do ramo referido no n.º 10) do artigo 123.º, excluindo a responsabilidade do transportador, a frequência e custo médio dos sinistros.

822 [DL n.º 94-B/98]   SEGUROS E FUNDOS DE PENSÕES

3 — O Instituto de Seguros de Portugal comunicará as indicações referidas no presente artigo, de uma forma agregada, às autoridades competentes de cada um dos Estados membros interessados que lhas tenham solicitado.

ART. 164.º (Grupos de ramos) — Os grupos de ramos «Não vida» referidos no artigo anterior são, relativamente aos respectivos números constantes do artigo 123.º, os seguintes:

a) Ramos referidos nos n.ᵒˢ 1) e 2);

b) Ramos referidos nos n.ᵒˢ 3), 7) e 10), especificando-se os valores relativos a este último, com exclusão da responsabilidade do transportador;

c) Ramos referidos nos n.ᵒˢ 8) e 9);

d) Ramos referidos nos n.ᵒˢ 4), 5), 6), 7), 11) e 12);

e) Ramo referido no n.º 13);

f) Ramos referidos nos n.ᵒˢ 14) e 15);

g) Ramos referidos nos n.ᵒˢ 16), 17) e 18).

ART. 165.º (Mediação) — As empresas de seguros com sede em Portugal não estão sujeitas às normas legais e regulamentares em vigor no território português em matéria de mediação na celebração de contratos pelas respectivas sucursais ou em regime de livre prestação de serviços cobrindo riscos situados no território de outros Estados membros.

Secção IV — EMPRESAS DE SEGUROS OU DE RESSEGUROS COM SEDE NO TERRITÓRIO DE OUTROS ESTADOS MEMBROS

ART. 166.º (Sucursais e livre prestação de serviços) — As empresas de seguros ou de resseguros com sede no território de outros Estados membros que operem em Portugal através de sucursais ou em livre prestação de serviços devem, no âmbito dessa actividade, apresentar ao Instituto de Seguros de Portugal os documentos que por este lhes forem solicitados no exercício dos seus poderes de supervisão.

ART. 167.º (Solicitação do montante dos prémios) — O Instituto de Seguros de Portugal, relativamente à actividade exercida em território português, solicitará às autoridades competentes do Estado membro de origem das empresas de seguros a que se refere a presente secção a comunicação das indicações previstas no artigo 163.º.

ART. 168.º (Seguro obrigatório de acidentes de trabalho) — As empresas de seguros com sede no território de outros Estados membros que explorem em território português o seguro obrigatório de acidentes de trabalho devem respeitar todas as disposições legais e regulamentares previstas para a respectiva exploração, ficando, nessa medida, sujeitas à supervisão do Instituto de Seguros de Portugal, sem prejuízo da supervisão financeira, que será da exclusiva competência das autoridades competentes do Estado membro de origem.

ART. 169.º (Mediação) — As empresas de seguros com sede no território de outros Estados membros que operem em Portugal através de sucursais ou em livre prestação de serviços estão sujeitas às normas legais e regulamentares em vigor no território português, em matéria de mediação, na celebração de contratos cobrindo riscos situados em Portugal.

ART. 170.º (Situações irregulares) — 1 — Se o Instituto de Seguros de Portugal verificar que uma empresa de seguros ou de resseguros com sede no território de outro Estado membro que opera em Portugal através de uma sucursal ou em livre prestação de serviços não respeita as normas legais e regulamentares em vigor que lhe são aplicáveis, notificá-la-á para que ponha fim a essa situação irregular.

2 — Simultaneamente com a notificação prevista no número anterior, no caso de se tratar de uma empresa de resseguros ou, no caso de empresa de seguros se a mesma não regularizar a situação, o Instituto de Seguros de Portugal informa as autoridades competentes do Estado membro de origem, solicitando-lhes as medidas adequadas para que a empresa ponha fim à situação irregular.

3 — Se, apesar das medidas tomadas ao abrigo do número anterior, a empresa persistir na situação irregular, o Instituto de Seguros de Portugal, após ter informado as autoridades competentes do Estado membro de origem, adoptará as medidas legalmente previstas para evitar ou reprimir as irregularidades cometidas ou novas situações irregulares, podendo, se necessário, impedir a empresa de continuar a celebrar novos contratos de seguro ou de resseguro em território português.

ART. 171.º (Sanções) — 1 — Sem prejuízo do disposto no artigo anterior, as empresas no mesmo referidas ficam sujeitas à aplicação das sanções previstas no presente diploma.

2 — O Instituto de Seguros de Portugal comunicará às autoridades competentes do Estado membro de origem a aplicação das sanções a que se refere o número anterior.

ART. 172.º (Recurso) — As sanções ou restrições ao exercício da actividade seguradora ou resseguradora previstas nos artigos anteriores devem ser devidamente fundamentadas e notificadas à empresa interessada, delas cabendo recurso nos termos gerais.

ACESSO E EXERCÍCIO DA ACTIVIDADE SEGURADORA   [DL n.º 94-B/98]   823

SECÇÃO V — **SUPERVISÃO COMPLEMENTAR DE EMPRESAS DE SEGUROS OU DE RESSEGUROS COM SEDE EM PORTUGAL**

ART. 172.º-A (Definições) — Para os efeitos da supervisão complementar de empresas de seguros e de resseguros que fazem parte de um grupo segurador, considera-se:

a) «Empresa de seguros» a empresa prevista na alínea *b)* do n.º 1 do artigo 2.º;

b) «Empresa de seguros de um país terceiro, uma empresa que, se a sua sede estivesse situada na União Europeia, seria obrigada a dispor de uma autorização nos termos das secções II e III do capítulo I do título II, ou de disposições congéneres dos demais Estados membros;

c) «Empresa de resseguros» a empresa prevista na alínea *c)* do n.º 1 do artigo 2.º;

d) «Empresa de resseguros de um país terceiro» uma empresa que, se a sua sede estivesse situada na União Europeia, seria obrigada a dispor de uma autorização nos termos das secções I e XI do capítulo I do título II, ou de disposições congéneres dos demais Estados membros;

e) «Empresa mãe» a empresa prevista no n.º 3) do artigo 3.º, bem como a que, no parecer das autoridades competentes, exerça efectivamente uma influência dominante sobre outra empresa;

f) «Filial» a empresa prevista no n.º 4) do artigo 3.º, bem como qualquer empresa sobre a qual, no parecer das autoridades competentes, uma empresa mãe exerça efectivamente uma influência dominante, havendo lugar, também neste segundo caso, à consideração da parte final daquele n.º 4);

g) «Participação» os direitos no capital de outras empresas, materializados ou não por títulos, que, criando uma ligação duradoura com estas, se destinam a contribuir para a actividade da empresa, seja a titularidade, directa ou indirecta, de 20% ou mais dos direitos de voto ou do capital de uma empresa;

h) «Empresa participante» uma empresa mãe, uma empresa que detenha uma participação ou uma empresa ligada a outra empresa por uma relação tal como previsto nas subalíneas *ii)* e *iii)* da alínea *j)* do artigo 2.º do Decreto-Lei n.º 145/2006, de 31 de Julho;

i) Empresa participada, uma empresa que seja uma filial, qualquer outra empresa na qual se detenha uma participação ou uma empresa ligada a outra empresa por uma relação tal como previsto nas subalíneas *ii)* e *iii)* da alínea *j)* do artigo 2.º do Decreto-Lei n.º 145/2006, de 31 de Julho;

j) «Sociedade gestora de participações no sector dos seguros» uma empresa mãe cuja actividade principal consista na aquisição e detenção de participações em empresas filiais, quando essas empresas sejam exclusiva ou principalmente empresas de seguros, empresas de resseguros ou empresas de seguros ou de resseguros de um país terceiro, sendo pelo menos uma destas filiais uma empresa de seguros ou uma empresa de resseguros e que não seja uma companhia financeira mista na acepção da alínea *l)* do artigo 2.º do Decreto-Lei n.º 145/2006, de 31 de Julho;

l) «Sociedade gestora de participações mista de seguros» uma empresa mãe que não seja uma empresa de seguros, uma empresa de resseguros, uma empresa de seguros ou de resseguros de um país terceiro, uma sociedade gestora de participações no sector dos seguros ou uma companhia financeira mista na acepção da alínea *l)* do artigo 2.º do Decreto-Lei n.º 145/2006, de 31 de Julho, sendo pelo menos uma das suas filiais uma empresa de seguros ou uma empresa de resseguros.

ART. 172.º-B (Âmbito positivo) — 1 — Sem prejuízo da respectiva supervisão individual, estão sujeitas à supervisão complementar prevista na presente secção as empresas de seguros e as empresas de resseguros com sede em Portugal:

a) Que sejam empresas participantes de pelo menos uma empresa de seguros, uma empresa de resseguros ou uma empresa de seguros ou de resseguros de um país terceiro;

b) Cuja empresa mãe seja uma sociedade gestora de participações no sector dos seguros, ou uma empresa de seguros ou de resseguros de um país terceiro;

c) Cuja empresa mãe seja uma sociedade gestora de participações mista de seguros.

2 — A supervisão complementar tem em conta:

a) As empresas participadas da empresa de seguros ou da empresa de resseguros;

b) As empresas participantes da empresa de seguros ou da empresa de resseguros;

c) As empresas participadas de uma empresa participante da empresa de seguros ou da empresa de resseguros.

3 — O exercício da supervisão complementar não implica que o Instituto de Seguros de Portugal supervisione as empresas de seguros ou de resseguros de um país terceiro, as sociedades gestoras de participações no sector dos seguros ou as sociedades gestoras de participações mistas de seguros, individualmente consideradas.

ART. 172.º-C (Âmbito negativo) — 1 — O Instituto de Seguros de Portugal pode não ter em conta, na supervisão complementar, empresas cuja sede se situe num país terceiro em que existam obstáculos jurídicos à transferência da informação necessária.

2 — O previsto no número anterior não prejudica o regime a fixar para o efeito em norma pelo Instituto de Seguros de Portugal, nomeadamente em matéria do cálculo de solvência corrigida.

3 — O Instituto de Seguros de Portugal pode decidir, caso a caso, não ter em conta uma empresa na supervisão complementar:

a) Quando a empresa a incluir apresentar um interesse pouco significativo, atendendo aos objectivos da supervisão complementar das empresas de seguros ou de resseguros;

824 [DL n.º 94-B/98]   SEGUROS E FUNDOS DE PENSÕES

b) Quando a inclusão da situação financeira da empresa for inadequada ou susceptível de induzir em erro, atendendo aos objectivos da supervisão complementar das empresas de seguros ou de resseguros.

ART. 172.º-D (Disponibilidade e qualidade da informação) — 1 — As empresas de seguros ou de resseguros sujeitas à supervisão complementar devem dispor de procedimentos de controlo interno adequados à produção de dados e informação úteis ao exercício dessa supervisão, nos termos a fixar por norma regulamentar do Instituto de Seguros de Portugal.

2 — As empresas de seguros ou de resseguros sujeitas à supervisão complementar e as respectivas empresas participantes ou participadas devem trocar entre si todas as informações consideradas úteis para efeitos do exercício dessa supervisão.

ART. 172.º-E (Operações intragrupo) — 1 — O Instituto de Seguros de Portugal exercerá uma supervisão geral das operações entre:

a) Uma empresa de seguros ou de resseguros e ou uma sua empresa participada, ou uma sua empresa participante, ou uma empresa participada de uma sua empresa participante;

b) Uma empresa de seguros ou de resseguros e uma pessoa singular detentora de uma participação ou na empresa de seguros ou de resseguros ou numa das suas empresas participadas, ou numa empresa participante da empresa de seguros ou de resseguros, ou numa empresa participada de uma empresa participante da empresa de seguros ou de resseguros.

2 — As operações mencionadas no número anterior dizem respeito, nomeadamente, a empréstimos, garantias e operações extra-patrimoniais, elementos a considerar na margem de solvência disponível, investimentos, operações de resseguro e de retrocessão e acordos de repartição de custos.

3 — As empresas de seguros ou de resseguros devem possuir processos de gestão dos riscos e mecanismos de controlo interno adequados, incluindo procedimentos de prestação de informações e contabilísticos sólidos que lhes permitam identificar, medir, acompanhar e controlar, de modo adequado, as operações referidas no presente artigo.

4 — Para efeitos da supervisão referida no n.º 1, as empresas de seguros ou de resseguros devem comunicar ao Instituto de Seguros de Portugal, anualmente, as operações intragrupo significativas, nos termos de norma regulamentar a emitir por aquele.

5 — Se, com base nas informações prestadas pela empresa de seguros ou de resseguros, o Instituto de Seguros de Portugal entender que a sua solvência está ou pode vir a estar em risco, cabe-lhe determinar o que for adequado à correcção dessa situação ao nível da empresa de seguros ou de resseguros.

ART. 172.º-F (Requisito de solvência corrigido) — 1 — No caso previsto na alínea *a)* do n.º 1 do artigo 72.º-B será efectuado um cálculo de solvência corrigida, nos termos de norma do Instituto de Seguros de Portugal, a qual proverá nomeadamente à eliminação, quer da dupla utilização dos elementos da margem de solvência disponível, quer da criação intragrupo de capital.

2 — As empresas participadas, as empresas participantes e empresas participadas de uma empresa participante serão incluídas no cálculo previsto no número anterior.

3 — O Instituto de Seguros de Portugal pode estabelecer por norma regulamentar os casos em que uma empresa de seguros ou de resseguros sujeita à supervisão complementar não é obrigada ao cálculo de solvência corrigida, designadamente quando ocorra idêntica obrigação relativamente a outra empresa participante de seguros do grupo, ou quando a autoridade competente para o exercício da supervisão complementar resulte ser a autoridade congénere de outro Estado membro.

4 — Se o cálculo previsto no n.º 1 revelar que a solvência corrigida é negativa, o Instituto de Seguros de Portugal determinará o que for adequado à correcção dessa situação.

ART. 172.º-G (Supervisão complementar de empresas de seguros ou de resseguros que sejam filiais de uma sociedade gestora de participações no sector dos seguros ou de uma empresa de seguros ou de resseguros de um país terceiro) — 1 — No caso previsto na alínea *b)* do n.º 1 do artigo 172.º-B, é efectuado um cálculo de solvência corrigida ao nível da sociedade gestora de participações no sector dos seguros, da empresa de seguros ou de resseguros de um país terceiro, nos termos de norma regulamentar do Instituto de Seguros de Portugal.

2 — As empresas participadas da sociedade gestora de participações no sector dos seguros, da empresa de seguros ou de resseguros de um país terceiro são incluídas no cálculo previsto no número anterior.

3 — Se o cálculo previsto no n.º 1 revelar que a solvência da empresa de seguros ou de resseguros filial da sociedade gestora de participações no sector dos seguros, da empresa de seguros ou de resseguros de país terceiro está ou pode vir a estar em risco, o Instituto de Seguros de Portugal determina o que for adequado à correcção dessa situação ao nível da empresa de seguros ou de resseguros.

ART. 172.º-H (Órgãos de administração e de fiscalização das sociedades gestoras de participações no sector dos seguros) — Aos membros dos órgãos de administração e de fiscalização de uma sociedade gestora de participações no sector dos seguros são aplicáveis os requisitos de qualificação e idoneidade previstos no artigo 51.º e o regime previsto no artigo 54.º.

ART. 172.º-I (Supervisão complementar de empresas de seguros que sejam filiais de uma companhia financeira mista) — Sem prejuízo da aplicação das disposições relativas à supervisão complementar ao nível do con-

ACESSO E EXERCÍCIO DA ACTIVIDADE SEGURADORA [DL n.º 94-B/98] 825

glomerado financeiro, nos casos em que a empresa-mãe de uma empresa de seguros seja uma companhia financeira mista, o Instituto de Seguros de Portugal pode continuar a aplicar as disposições relativas à supervisão complementar ao nível do grupo de seguros na mesma medida em que tais disposições seriam aplicadas caso não existisse a supervisão complementar ao nível do conglomerado financeiro.

CAPÍTULO VII — **Regime fiscal**

ART. 173.º (Regime fiscal) — 1 — Os prémios dos contratos de seguro que cubram riscos situados em território português na acepçío da alínea *j)* do n.º 1 do artigo 2.º ou em que Portugal seja o Estado membro do compromisso na acepção da alínea *l)* do n.º 1 do mesmo artigo estão sujeitos aos impostos indirectos e taxas previstos na lei portuguesa, independentemente da lei que vier a ser aplicada ao contrato e sem prejuízo da legislação especial aplicável ao exercício da actividade seguradora no âmbito institucional das zonas francas.

2 — Para efeitos do presente artigo e sem prejuízo do disposto na alínea *j)* do n.º 1 do artigo 2.º, os bens móveis contidos num imóvel situado em território português, com excepção dos bens em trânsito comercial, constituem um risco situado em Portugal, mesmo se o imóvel e o seu conteúdo não estiverem cobertos pela mesma apólice de seguro.

3 — Os prémios dos contratos de seguro celebrados por empresas de seguros com sede em Portugal, através das respectivas sucursais ou em regime de livre prestação de serviços, e que cubram riscos situados no território de outros Estados membros não estão sujeitos aos impostos indirectos e taxas que, na lei portuguesa, oneram os prémios de seguros.

4 — O estabelecido nos n.ºs 1 e 2 é aplicável sem prejuízo do disposto no Código do Imposto sobre o Valor Acrescentado e legislação complementar.

ART. 174.º (Cobrança) — As sucursais estabelecidas em Portugal são responsáveis pelo pagamento dos impostos indirectos e taxas que incidam sobre os prémios dos contratos que celebrarem nas condições previstas no presente diploma.

ART. 175.º (Representante fiscal) — 1 — As empresas de seguros que operem em Portugal, em livre prestação de serviços, devem, antes do início da sua actividade, designar um representante, munido de procuração com poderes bastantes, residente habitualmente em território português, solidariamente responsável pelo pagamento dos impostos indirectos e taxas que incidam sobre os prémios dos contratos que a empresa celebrar nas condições previstas no presente diploma.

2 — Para efeitos de controlo do cumprimento das obrigações previstas neste artigo, o representante deve dispor, por cada empresa que represente, de um registo relacionando todos os contratos cobrindo riscos ou compromissos situados em Portugal, com a expressa indicação dos seguintes elementos relativamente a cada um:

a) Ramo ou modalidade de seguro ou operação;
b) Identificação e residência do tomador de seguro;
c) Duração do contrato;
d) Montante do prémio devido pelo tomador de seguro e sobre o qual incidem os impostos e taxas;
e) Discriminação dos impostos indirectos e taxas pagos pela empresa.

CAPÍTULO VIII — **Concorrência**

ART. 175.º-A (Defesa da concorrência) — 1 — A actividade das empresas de seguros, bem como a das suas associações empresariais, está sujeita à legislação da defesa da concorrência.

2 — Não se consideram restritivos da concorrência os acordos legítimos entre empresas de seguros e as práticas concertadas que tenham por objecto as operações seguintes:

a) Cobertura em comum de certos tipos de riscos;
b) Estabelecimento de condições tipo de apólices.

3 — Na aplicação da legislação de defesa da concorrência às empresas de seguros e suas associações empresariais ter-se-ão sempre em conta os bons usos da respectiva actividade, nomeadamente no que respeite às circunstâncias de risco ou solvabilidade.

ART. 175.º-B (Colaboração do Instituto de Seguros de Portugal) — Nos processos instaurados por práticas restritivas da concorrência imputáveis a empresas de seguros ou suas associações empresariais será obrigatoriamente solicitado e enviado ao Conselho da Concorrência o parecer do Instituto de Seguros de Portugal, sem prejuízo de outras formas de cooperação, nas matérias relevantes, com as autoridades nacionais de concorrência.

TÍTULO IV — **DISPOSIÇÕES APLICÁVEIS AO CONTRATO DE SEGURO**

CAPÍTULO I – **Ramos «Não vida»**

ART. 176.º (Dever de informação) — *(Revogado.)*

ART. 177.º (Informação ao tomador do seguro sobre a lei aplicável ao contrato e reclamações) — *(Revogado.)*

ART. 178.º (Menções especiais) — *(Revogado.)*

826   [DL n.º 94-B/98]   SEGUROS E FUNDOS DE PENSÕES

CAPÍTULO II — Ramo «Vida»

Secção I — TRANSPARÊNCIA

ART. 179.º (Dever de informação antes da celebração do contrato de seguro ou operação) — *(Revogado.)*

ART. 180.º (Dever de informação durante a vigência do contrato ou operação) — *(Revogado.)*

ART. 181.º (Informações suplementares) — *(Revogado.)*

Secção II — DIREITO DE RENÚNCIA

ART. 182.º (Direito de renúncia) — *(Revogado.)*

ART. 183.º (Efeitos) — *(Revogado.)*

ART. 184.º (Exclusões) — *(Revogado.)*

Secção III — SEGUROS E OPERAÇÕES DO RAMO «VIDA» EM MOEDA ESTRANGEIRA

ART. 185.º (Objecto) — *(Revogado.)*

ART. 186.º (Produção anual) — *(Revogado.)*

ART. 187.º (Princípio da congruência) — *(Revogado.)*

CAPÍTULO III — Lei aplicável ao contrato

ART. 188.º (Tomador do seguro residente) — *(Revogado.)*

ART. 189.º (Tomador de seguro não residente) — *(Revogado.)*

ART. 190.º (Pluralidade de riscos) — *(Revogado.)*

ART. 191.º (Declaração expressa) — *(Revogado.)*

ART. 192.º (Ordem pública) — *(Revogado.)*

ART. 193.º (Seguros obrigatórios) — *(Revogado.)*

TÍTULO V — ENDIVIDAMENTO

ART. 194.º (Princípio) — As empresas de seguros estão autorizadas a contrair ou emitir empréstimos nos termos do presente diploma.

ART. 195.º (Regime geral) — 1 — O montante dos empréstimos contraídos ou emitidos por uma empresa de seguros, independentemente da sua forma, mas com exclusão dos empréstimos subordinados aceites para constituição da margem de solvência disponível, não pode ultrapassar 50% do seu património livre líquido.

2 — Para efeitos do presente título, considera-se que:

a) O património de uma empresa de seguros compreende os seguintes elementos:

i) O capital social realizado, com exclusão das acções próprias;

ii) Os prémios de emissão;

iii) As reservas de reavaliação;

iv) As outras reservas;

v) Os resultado transitados;

vi) O resultado do exercício, deduzido de eventuais distribuições;

b) O património livre líquido corresponde ao património, deduzido de toda e qualquer obrigação previsível nos termos legais e regulamentares, das imobilizações incorpóreas e do montante da margem de solvência exigida a constituir.

3 — Para efeitos do presente título, são equiparados a empréstimos todos os financiamentos obtidos pela empresa de seguros, incluindo os descobertos bancários, que não decorram da sua actividade corrente e que, em substância, tenham a função de empréstimo.

4 — Apenas podem contrair ou emitir empréstimos, nos termos do n.º 1, as empresas em que o património livre líquido não seja inferior a 30% do capital social mínimo obrigatório.

5 — A empresa que, após a contracção ou a emissão de um empréstimo, deixe de dar cumprimento ao disposto nos números anteriores, deve, no prazo máximo de 12 meses a contar da data da verificação do

ACESSO E EXERCÍCIO DA ACTIVIDADE SEGURADORA   [DL n.º 94-B/98]   827

incumprimento, executar integralmente o necessário aumento de capital social, sob pena de se constituir em situação financeira insuficiente para os efeitos dos artigos 109.º e seguintes.

6 — É proibida a distribuição de dividendos enquanto não estiverem integralmente liquidadas todas as obrigações resultantes do aumento do capital social previsto no número anterior.

7 — Ao aumento de capital social por novas entradas efectuado nos termos do n.º 5 não é aplicável a faculdade constante do n.º 2 do artigo 277.º do Código das Sociedades Comerciais.

ART. 196.º (Regime especial) — 1 — Para ultrapassar o limite fixado no n.º 1 do artigo anterior, mas só até 75% do património livre líquido, a deliberação social de endividamento deverá ser tomada pela assembleia geral nos termos dos artigos 383.º, n.º 2, e 386.º, n.º 3, do Código das Sociedades Comerciais.

2 — No caso previsto no número anterior, a empresa de seguros, quando for convocada a assembleia geral, ou, caso esta não careça de convocação, pelo menos 30 dias antes da celebração ou emissão do empréstimo, deve comunicar os termos do empréstimo ao Instituto de Seguros de Portugal.

3 — À empresa que, após a contracção ou a emissão de um empréstimo, exceda a percentagem fixada no n.º 1 do presente artigo, é aplicável o regime previsto nos n.ᵒˢ 5 a 7 do artigo anterior.

ART. 197.º (Elementos documentais) — O Instituto de Seguros de Portugal fixará por norma quais os elementos documentais das empresas de seguros, e respectivos termos, relevantes para aferir do cumprimento dos limites fixados nos n.ᵒˢ 1 e 4 do artigo 195.º e no n.º 1 do artigo anterior.

ART. 198.º (Empresas em situação financeira insuficiente) — 1 — Às empresas de seguros em situação financeira insuficiente, nos termos dos artigos 109.º e seguintes, é vedada a contracção ou emissão de empréstimos até que se mostrem acauteladas as suas responsabilidades para com os credores específicos de seguros, salvo se autorizadas previamente pelo Instituto de Seguros de Portugal.

2 — O Instituto de Seguros de Portugal, quando tal se mostre indispensável para acautelar as responsabilidades para com os credores específicos de seguros de empresas na situação prevista no número anterior, poderá determinar a suspensão do cumprimento das obrigações dessas empresas decorrentes de quaisquer seus empréstimos, sem prejuízo das responsabilidades destas empresas para com os seus mutuantes.

ART. 199.º (Fundo de amortização) — O Instituto de Seguros de Portugal pode, se o considerar necessário, determinar a constituição de um fundo para amortização do empréstimo contraído ou emitido.

ART. 200.º (Publicidade) — Nos prospectos, anúncios, títulos dos empréstimos e todos os documentos em geral relativos a quaisquer empréstimos contraídos ou emitidos pelas empresas de seguros, deve constar, de forma explícita, a preferência de que os credores específicos de seguros gozam sobre o seu património em caso de liquidação ou falência, assim como os poderes do Instituto de Seguros de Portugal decorrentes do n.º 2 do artigo 198.º.

ART. 201.º (Títulos de dívida de curto prazo) — 1 — Sem prejuízo do presente diploma e respectivas normas de execução, a emissão de títulos de dívida a curto prazo pelas empresas de seguros regula-se pelo disposto no Decreto-Lei n.º 69/2004, de 25 de Março.

2 — (Revogado.)

ART. 201.º-A (Aquisição de acções próprias) — Sem prejuízo do regime geral, só podem adquirir acções próprias as empresas de seguros em que o património livre líquido não seja inferior nem a metade do capital social mínimo obrigatório nem ao valor necessário para a constituição da margem de solvência exigida.

ART. 201.º-B (Nulidade) — 1 — Sem prejuízo da aplicação do regime geral sancionatório da actividade seguradora, são nulos a aquisição de acções próprias e os empréstimos contraídos ou emitidos com violação do disposto no presente diploma.

2 — O Instituto de Seguros de Portugal tem legitimidade para requerer a declaração de nulidade dessas aquisições e empréstimos, bem como as providências cautelares necessárias à garantia da sua eficácia.

ART. 201.º-C (Empresas com sede fora do território da União Europeia) — 1 — Às dívidas resultantes de empréstimos contraídos ou emitidos por empresas de seguros com sede fora do território da União Europeia cujo produto seja imputável à actividade das respectivas sucursais estabelecidas em Portugal, aplica-se, com as devidas adaptações e sem prejuízo do fixado nos números seguintes, o disposto nos artigos 195.º a 200.º.

2 — A sucursal em Portugal de empresa de seguros com sede fora do território da União Europeia que, após a imputação do serviço da dívida resultante dos empréstimos contraídos ou emitidos nos termos do número anterior, deixe de dar cumprimento ao disposto no n.º 1 do artigo 195.º, ou no n.º 1 do artigo 196.º, está obrigada a repor a situação num prazo de seis meses, sob pena de se constituir em situação financeira insuficiente para os efeitos dos artigos 109.º e seguintes.

3 — Enquanto a situação não for reposta nos termos do número anterior, a sucursal não pode efectuar transferências de fundos para a sede social ou para qualquer sucursal ou filial localizada fora do território nacional, salvo se autorizada previamente pelo Instituto de Seguros de Portugal.

828 [DL n.º 94-B/98]   SEGUROS E FUNDOS DE PENSÕES

TÍTULO VI — SANÇÕES

CAPÍTULO I — Ilícito penal

ART. 202.º (Prática ilícita de actos ou operações de seguros, de resseguros ou de gestão de fundos de pensões) — Quem praticar actos ou operações de seguros, de resseguros ou de gestão de fundos de pensões, por conta própria ou alheia, sem que para tal exista a necessária autorização é punido com pena de prisão até 5 anos.

ART. 203.º (Dever de colaboração) — As entidades suspeitas da prática de actos ou operações não autorizados devem facultar ao Instituto de Seguros de Portugal todos os documentos e informações que lhes sejam solicitados, no prazo para o efeito estabelecido.

CAPÍTULO II — Contra-ordenações

Secção I — DISPOSIÇÕES GERAIS

ART. 204.º (Definições) — Para os efeitos do presente capítulo, consideram-se entidades sujeitas à supervisão do Instituto de Seguros de Portugal as entidades autorizadas a exercer actividade sujeita à supervisão daquele Instituto, designadamente as empresas de seguros e de resseguros com sede em Portugal, as sucursais de empresas de seguros com sede na União Europeia, as sucursais de empresas de seguros com sede fora da União Europeia e as sociedades gestoras de fundos de pensões.

ART. 205.º (Aplicação no espaço) — 1 — O disposto no presente capítulo é aplicável, salvo tratado ou convenção em contrário, independentemente da nacionalidade do agente, aos factos praticados:
a) Em território português;
b) Em território estrangeiro, desde que sujeitos à supervisão do Instituto de Seguros de Portugal;
c) A bordo de navios ou aeronaves portugueses.
2 — A aplicabilidade do disposto no presente capítulo aos factos praticados em território estrangeiro deverá respeitar, com as necessárias adaptações, os princípios enunciados nos n.ºs 1 e 2 do artigo 6.º do Código Penal.

ART. 206.º (Responsabilidade) — 1 — Pela prática das infracções a que se refere o presente capítulo, podem ser responsabilizadas, conjuntamente ou não, pessoas singulares ou colectivas, ainda que irregularmente constituídas, e associações sem personalidade jurídica.
2 — As pessoas colectivas, ainda que irregularmente constituídas, e as associações sem personalidade jurídica são responsáveis pelas infracções cometidas pelos seus mandatários, representantes ou trabalhadores, actuando em seu nome e no seu interesse e no âmbito dos poderes e funções em que haja sido investido.
3 — A responsabilidade da pessoa colectiva é excluída quando o agente actue contra ordens ou instruções expressas daquela.
4 — As pessoas singulares que sejam membros de órgãos sociais da pessoa colectiva ou exerçam funções de administração ou de mandatário geral são responsáveis pelas infracções que lhes sejam imputáveis.
5 — A invalidade e a ineficácia jurídicas dos actos em que se funde a relação entre o agente individual e a pessoa colectiva não obstam a que seja aplicado o disposto no número anterior.
6 — A responsabilidade da pessoa colectiva não preclude a responsabilidade individual dos agentes referidos no n.º 2.
7 — Não obsta à responsabilidade dos agentes individuais que representem outrem a circunstância de a ilicitude ou o grau de ilicitude depender de certas qualidades ou relações especiais do agente e estas só se verificarem na pessoa do representado, ou de requerer que o agente pratique o acto no seu próprio interesse, tendo o representante actuado no interesse do representado.

ART. 207.º (Graduação da sanção) — 1 — A medida da coima e as sanções acessórias aplicáveis serão determinadas em função da culpa, da situação económica do agente e da sua conduta anterior.
2 — A gravidade da infracção cometida pelas pessoas colectivas será avaliada, designadamente, pelas seguintes circunstâncias:
a) Perigo criado ou dano causado às condições de actuação no mercado segurador, à economia nacional ou, em especial, aos contratantes ou beneficiários dos produtos comercializados;
b) Carácter ocasional ou reiterado da infracção;
c) Actos de ocultação, na medida em que dificultem a descoberta da infracção ou a adequação e eficácia das sanções aplicáveis;
d) Actos da pessoa colectiva destinados a, por sua iniciativa, reparar os danos ou obviar aos perigos causados pela infracção.
3 — Para os agentes individuais, além das circunstâncias correspondentes às enumeradas no número anterior, atender-se-á ainda, designadamente, às seguintes:
a) Nível de responsabilidade e esfera de acção na pessoa colectiva em causa que implique um dever especial de não cometer a infracção;

ACESSO E EXERCÍCIO DA ACTIVIDADE SEGURADORA [DL n.º 94-B/98] 829

b) Benefício, ou intenção de o obter, do próprio, do cônjuge, de parente ou de afim até ao 3.º grau, directo ou por intermédio de empresas em que, directa ou indirectamente, detenham uma participação.

4 — A atenuação decorrente da reparação do dano ou da redução do perigo, quando realizadas pelo ente colectivo, comunica-se a todos os agentes individuais, ainda que não tenham pessoalmente contribuído para elas.

5 — A coima deve, sempre que possível, exceder o benefício económico que o agente ou a pessoa que fosse seu propósito beneficiar tenham retirado da prática da infracção.

ART. 208.º (Reincidência) — 1 — Será punido como reincidente quem praticar contra-ordenação prevista no presente diploma depois de ter sido condenado por decisão definitiva ou transitada em julgado pela prática anterior de contra-ordenação nele igualmente prevista, desde que não se tenham completado três anos sobre essa sua prática.

2 — Em caso de reincidência, os limites mínimo e máximo da coima aplicável são elevados em um terço.

ART. 209.º (Cumprimento do dever omitido) — 1 — Sempre que a contra-ordenação resulte de omissão de um dever, a aplicação das sanções e o pagamento da coima não dispensam o infractor do seu cumprimento, se este ainda for possível.

2 — No caso previsto no número anterior, o tribunal poderá ordenar ao agente que adopte as providências legalmente exigidas.

ART. 210.º (Concurso de infracções) — 1 — Se o mesmo facto constituir simultaneamente crime e contra-ordenação, será o agente sempre punível por ambas as infracções, instaurando-se, para o efeito, processos distintos, a decidir pelas respectivas entidades competentes, sem prejuízo de, no processo contra-ordenacional, se o agente for o mesmo, apenas ficar sujeito às sanções acessórias eventualmente aplicáveis.

2 — Quem tiver praticado várias contra-ordenações antes da aplicação da sanção por qualquer deles, a coima a aplicar será única e terá por limite superior o dobro do valor máximo aplicável, sem prejuízo do disposto no artigo 208.º.

ART. 211.º (Prescrição) — 1 — O procedimento pelas contra-ordenações previstas neste diploma prescreve em dois anos contados nos termos previstos no artigo 119.º do Código Penal.

2 — O prazo de prescrição das coimas e sanções acessórias é de dois anos a contar do dia em que a decisão administrativa se tornar definitiva ou do dia em que a decisão judicial transitar em julgado.

Secção II — ILÍCITOS EM ESPECIAL

ART. 212.º (Contra-ordenações simples) — São puníveis com coima de € 2500 a € 100 000 ou de € 7500 a € 500 000, consoante seja aplicada a pessoa singular ou colectiva, as infracções adiante referidas:

a) (Revogada.)

b) O incumprimento do dever de envio, dentro dos prazos fixados, de documentação requerida pelo Instituto de Seguros de Portugal;

c) (Revogada.)

d) (Revogada.)

e) A inobservância de regras contabilísticas aplicáveis, determinadas por lei ou por normas emitidas pelo Instituto de Seguros de Portugal;

f) O desrespeito pela inibição do exercício de direitos de voto;

g) A violação de preceitos imperativos da legislação aplicável às entidades sujeitas à supervisão do Instituto de Seguros de Portugal ou de normas emitidas em seu cumprimento e para sua execução que não seja considerada contra-ordenação grave ou muito grave;

h) A exploração de ramos sujeitos, nos termos da lei, a autorização, sempre que não for precedida desta.

ART. 213.º (Contra-ordenações graves) — São puníveis com coima de € 7500 a € 300 000 ou de € 15 000 a € 1 500 000, consoante seja aplicada a pessoa singular ou colectiva, as infracções adiante referidas:

a) O incumprimento, pelas entidades sujeitas à supervisão do Instituto de Seguros de Portugal, do dever de lhe comunicarem a composição dos órgãos de administração e de fiscalização, a designação dos mandatários gerais, as respectivas alterações e as modificações da estrutura accionista;

b) A omissão de indicação ao Instituto de Seguros de Portugal dos factos relativos aos requisitos legais exigíveis aos membros dos órgãos de administração e fiscalização, ou aos mandatários gerais, que ocorram em data posterior à da comunicação da sua composição ou identidade;

c) A inobservância das disposições relativas à representação do capital social das empresas de seguros por acções nominativas ou ao portador registadas;

d) A inobservância das normas legais e regulamentares relativas à remição do capital ou à transformação de pensão devida nos termos dos planos de pensões;

e) O incumprimento, pela entidade gestora de fundos de pensões, do dever de compra de seguro celebrado em nome e por conta do beneficiário, para garantia das pensões resultantes de planos de pensões de contribuição definida;

830   [DL n.º 94-B/98]   SEGUROS E FUNDOS DE PENSÕES

f) O impedimento ou obstrução ao exercício da supervisão pelo Instituto de Seguros de Portugal, designadamente por incumprimento, nos prazos fixados, das instruções ditadas no caso individual considerado, para cumprimento da lei e respectiva regulamentação;

g) A omissão de entrega de documentação ou de prestação de informações requeridas pelo Instituto de Seguros de Portugal para o caso individualmente considerado;

h) O fornecimento ao Instituto de Seguros de Portugal de informações inexactas susceptíveis de induzir em conclusões erróneas de efeito idêntico ou semelhante ao que teriam informações falsas sobre o mesmo objecto;

i) O incumprimento dos deveres de informação para com os tomadores, segurados ou beneficiários de apólices de seguros, para com os associados, participantes ou beneficiários de planos de pensões, ou para com o público em geral, susceptível de induzir em conclusões erróneas acerca da situação da empresa ou dos fundos por ela geridos;

j) A inexistência de contabilidade organizada, bem como a inobservância das regras contabilísticas aplicáveis, determinadas por lei ou pelo Instituto de Seguros de Portugal, quando essa inobservância prejudique gravemente o conhecimento da situação patrimonial e financeira da empresa em causa ou dos fundos de pensões por ela geridos;

l) O incumprimento do dever de utilização de cláusulas ou apólices uniformes;

m) O incumprimento dos deveres que à entidade gestora de fundos de pensões incumbem relativamente à extinção dos fundos que gere;

n) A utilização de interpostas pessoas com a finalidade de atingir um resultado cuja obtenção directa implicaria a prática de contra-ordenação.

ART. 214.º (Contra-ordenações muito graves) — São puníveis com coima de € 15 000 a € 1 000 000 ou de € 30 000 a € 5 000 000, consoante seja aplicada a pessoa singular ou colectiva, as infracções adiante referidas, sem prejuízo da aplicação de sanções mais graves previstas na lei:

a) A prática de actos ou operações de seguros, resseguros ou de gestão de fundos de pensões, por conta própria ou alheia, sem que para tal exista a necessária autorização;

b) O exercício, pelas entidades sujeitas à supervisão do Instituto de Seguros de Portugal, de actividades que não integrem o seu objecto legal;

c) A realização fraudulenta do capital social;

d) A ocultação da situação de insuficiência financeira;

e) Os actos de intencional gestão ruinosa, praticados pelos membros dos órgãos sociais ou pelos mandatários gerais, com prejuízo para os tomadores, segurados e beneficiários das apólices de seguros, associados, participantes e beneficiários dos fundos de pensões e demais credores;

f) A prática, pelos detentores de participações qualificadas, de actos que impeçam ou dificultem, de forma grave, uma gestão sã e prudente da entidade participada ou dos fundos de pensões por ela geridos;

g) A utilização, pelas entidades gestoras dos fundos de pensões, dos bens dos fundos confiados à sua gestão para despesas ou operações não legalmente autorizadas ou especialmente vedadas;

h) O incumprimento dos deveres de informação para com os tomadores, segurados ou beneficiários de apólices de seguros, para com os associados, participantes ou beneficiários de planos de pensões, ou para com o público em geral;

i) O incumprimento de deveres de informação, comunicação ou esclarecimento para com o Ministro das Finanças e para com o Instituto de Seguros de Portugal;

j) O fornecimento de informações incompletas ou inexactas ao Instituto de Seguros de Portugal.

ART. 214.º-A (Agravamento da coima) — Sem prejuízo do disposto na alínea *a)* do n.º 1 do artigo 216.º, se o dobro do benefício económico exceder o limite máximo da coima aplicável, este é elevado àquele valor.

ART. 215.º (Punibilidade da negligência e da tentativa) — 1 — É punível a prática com negligência das infracções previstas nos artigos 213.º e 214.º.

2 — É punível a prática sob a forma tentada das infracções previstas no artigo 214.º.

3 — A tentativa é punível com a sanção aplicável ao ilícito consumado, especialmente atenuada.

4 — A atenuação da responsabilidade do agente individual comunica-se à pessoa colectiva.

5 — Em caso de negligência, os limites máximo e mínimo da coima são reduzidos a metade.

ART. 216.º (Sanções acessórias) — 1 — Conjuntamente com as coimas previstas nos artigos anteriores, poderão ser aplicadas as seguintes sanções acessórias:

a) Apreensão e perda do objecto da infracção e do benefício económico obtido pelo infractor através da sua prática, com observância, na parte aplicável, do disposto nos artigos 22.º a 26.º do Decreto-Lei n.º 433/82, de 27 de Outubro, alterado pelos Decretos-Lei n.ºs 356/89, de 17 de Outubro, e 244/95, de 14 de Setembro;

b) Quando o agente seja pessoa singular, inibição do exercício de cargos sociais nas entidades sujeitas à supervisão do Instituto de Seguros de Portugal, por um período até um ano, nos casos previstos nos artigos 212.º e 213.º, ou de seis meses a três anos, nos casos previstos no artigo 214.º;

c) Interdição total ou parcial de celebração de contratos com novos tomadores de seguros ou segurados do ramo, modalidade, produto ou operação a que a contra-ordenação respeita por um período até três anos;

ACESSO E EXERCÍCIO DA ACTIVIDADE SEGURADORA   [DL n.º 94-B/98]   831

d) Interdição total ou parcial de celebração de novos contratos do ramo, modalidade, produto ou operação a que o ilícito de mera ordenação social respeita por um período de seis meses a três anos;

e) Interdição de admissão de novos aderentes, quando a contra-ordenação respeite a um fundo de pensões aberto, por um período até três anos;

f) Suspensão da concessão de autorizações para a gestão de novos fundos de pensões, por um período de seis meses a três anos;

g) Suspensão do exercício do direito de voto atribuído aos sócios das entidades sujeitas à supervisão do Instituto de Seguros de Portugal por um período de seis meses a três anos;

h) Publicação pelo Instituto de Seguros de Portugal da punição definitiva, nos termos do número seguinte.

2 — As publicações referidas na alínea *g)* do número anterior serão feitas no *Diário da República*, 2.ª série, e num jornal de larga difusão na localidade da sede ou do estabelecimento permanente do agente ou, se este for uma pessoa singular, na da sua residência e, sempre que se justifique, no boletim de cotações das bolsas de valores, a expensas dos sancionados.

Secção III — **PROCESSO**

ART. 217.º (Competência) — 1 — O processamento das contra-ordenações e a aplicação das coimas e das sanções acessórias, salvo o disposto no n.º 3, competem ao Instituto de Seguros de Portugal.

2 — Cabe ao conselho directivo do Instituto de Seguros de Portugal a decisão do processo.

3 — A aplicação das sanções acessórias previstas nas alíneas *c)* a *f)* do artigo 216.º compete, sob proposta do Instituto de Seguros de Portugal, ao Ministro das Finanças.

4 — O Instituto de Seguros de Portugal, enquanto entidade competente para instruir os processos de contra--ordenação, pode, quando necessário às averiguações ou à instrução do processo, proceder à apreensão de documentos e valores e proceder à selagem de objectos não apreendidos, bem como solicitar a quaisquer pessoas e entidades todos os esclarecimentos e informações que se revelem necessários para o efeito.

5 — No decurso da averiguação ou da instrução, o Instituto de Seguros de Portugal poderá ainda solicitar às entidades policiais e a quaisquer outros serviços públicos ou autoridades toda a colaboração ou auxílio necessários para a realização das finalidades do processo.

6 — É correspondentemente aplicável o disposto no artigo 203.º.

ART. 218.º (Suspensão do processo) — 1 — Quando a infracção constitua irregularidade sanável, não lese significativamente nem ponha em perigo iminente e grave os interesses dos tomadores, segurados ou beneficiários das apólices, ou dos associados, participantes ou beneficiários de fundos de pensões, e nem cause prejuízos importantes ao sistema financeiro ou à economia nacional, o conselho directivo do Instituto de Seguros de Portugal poderá suspender o processo, notificando o infractor para, no prazo que lhe fixar, sanar a irregularidade em que incorreu.

2 — A falta de sanação no prazo fixado determina o prosseguimento do processo.

ART. 219.º (Notificações) — 1 — As notificações serão feitas por carta registada com aviso de recepção, endereçada à sede ou ao domicílio dos interessados ou, se necessário, através das autoridades policiais.

2 — A notificação da acusação e da decisão condenatória é feita, na impossibilidade de se cumprir o número anterior, por anúncio publicado em jornal da localidade da sede ou da última residência conhecida no País ou, no caso de aí não haver jornal ou de não ser conhecida sede ou residência no País, em jornal diário de larga difusão nacional.

ART. 220.º (Dever de comparência) — 1 — Às testemunhas e aos peritos que não comparecerem no dia, hora e local designados para uma diligência do processo nem justificarem a falta nos cinco dias úteis imediatos, será aplicada, pelo Instituto de Seguros de Portugal, uma sanção pecuniária graduada entre um quinto e o salário mínimo nacional mensal mais elevado em vigor à data da prática do facto.

2 — O pagamento será efectuado no prazo de 15 dias a contar da notificação, sob pena de execução.

ART. 221.º (Acusação e defesa) — 1 — Concluída a instrução, será deduzida acusação ou, se não tiverem sido recolhidos indícios suficientes de ter sido cometida contra-ordenação, serão arquivados os autos.

2 — Na acusação serão indicados o infractor, os factos que lhe são imputados e as respectivas circunstâncias de tempo e lugar, bem como a lei que os proíbe e pune.

3 — A acusação será notificada ao agente e às entidades que, nos termos do artigo 227.º, podem responder solidária ou subsidiariamente pelo pagamento da coima, sendo-lhes designado um prazo razoável, entre 10 e 30 dias, tendo em atenção o lugar da residência, sede ou estabelecimento permanente do agente e a complexidade do processo, para, querendo, identificarem o seu defensor, apresentarem, por escrito, a sua defesa e oferecerem ou requererem meios de prova.

4 — Cada uma das entidades referidas no número anterior não poderá arrolar mais de cinco testemunhas por cada infracção.

ART. 222.º (Revelia) — A falta de comparência do agente não obsta, em fase alguma do processo, a que este siga os seus termos e seja proferida decisão final.

832 [DL n.º 94-B/98]   SEGUROS E FUNDOS DE PENSÕES

ART. 223.º (Decisão) — 1 — Realizadas, oficiosamente ou a requerimento, as diligências pertinentes em consequência da apresentação da defesa, o processo, acompanhado de parecer sobre a matéria de facto e de direito, é apresentado à entidade competente para a decisão.

2 — A decisão é notificada ao agente e demais interessados, nos termos do artigo 219.º.

ART. 224.º (Requisitos da decisão condenatória) — 1 — A decisão condenatória conterá:

a) A identificação do agente e dos eventuais comparticipantes;

b) A descrição do facto imputado e das provas obtidas, bem como das normas segundo as quais se pune e a fundamentação da decisão;

c) A sanção ou sanções aplicadas, com indicação dos elementos que contribuíram para a sua determinação;

d) A indicação dos termos em que a condenação pode ser impugnada judicialmente e se torna exequível;

e) A indicação de que, em caso de impugnação judicial, o juiz pode decidir mediante audiência ou, se o agente, o Ministério Público e o Instituto de Seguros de Portugal não se opuserem, mediante simples despacho;

f) A indicação de que vigora o princípio da proibição da *reformado in pejus*, sem prejuízo da atendibilidade das alterações verificadas na situação económica e financeira do agente.

2 — A notificação conterá, além dos termos da decisão, a advertência de que a coima deverá ser paga no prazo de 15 dias após o termo do prazo para a impugnação judicial, sob pena de se proceder à sua execução.

ART. 225.º (Suspensão da execução da sanção) — 1 — A autoridade administrativa pode, fundadamente, suspender, total ou parcialmente, a execução da sanção.

2 — A suspensão, a fixar entre dois e cinco anos a contar da data em que se esgotar o prazo da impugnação judicial da decisão condenatória, pode ser sujeita a injunções, designadamente as necessárias à regularização de situações ilegais, à reparação de danos ou à prevenção de perigos.

3 — Se decorrer o tempo de suspensão sem que o agente tenha praticado infracção criminal ou ilícito de mera ordenação social previsto no presente diploma e sem ter violado as obrigações que lhe tenham sido impostas, ficará a condenação sem efeito, procedendo -se, no caso contrário, à execução imediata da sanção aplicada.

ART. 226.º (Pagamento das coimas) — 1 — O pagamento da coima e das custas será efectuado no prazo de 15 dias, nos termos do regime geral do ilícito de mera ordenação social.

2 — O montante das coimas reverte integralmente para o Estado.

ART. 227.º (Responsabilidade pelo pagamento) — 1 — As pessoas colectivas, ainda que irregularmente constituídas, e as associações sem personalidade jurídica respondem solidariamente pelo pagamento da coima e das custas em que forem condenados os seus dirigentes, empregados ou representantes pela prática de infracções puníveis nos termos do presente diploma.

2 — Os titulares dos órgãos de administração das pessoas colectivas, ainda que irregularmente constituí-das, e das associações sem personalidade jurídica, que, podendo fazê-lo, não se tenham oposto à prática da infracção respondem individual e subsidiariamente pelo pagamento da coima e das custas em que aquelas sejam condenadas, ainda que à data da condenação tenham sido dissolvidas ou entrado em liquidação, salvo se provarem que não foi por culpa sua que o património da pessoa colectiva ou equiparada se tomou insuficiente para a satisfação de tais créditos.

ART. 228.º (Exequibilidade da decisão) — 1 — Sem prejuízo do disposto no número seguinte, a decisão torna-se exequível se não for judicialmente impugnada.

2 — A decisão que aplique alguma das sanções previstas nas alíneas *b)* a *f)* do artigo 216.º torna-se, quanto a ela, imediatamente exequível, sem prejuízo da suspensão jurisdicional da sua eficácia, nos termos aplicáveis da Lei de Processo nos Tribunais Administrativos.

ART. 229.º (Comunicação das sanções) — As sanções aplicadas a empresas de seguros, ao abrigo do presente diploma devem ser comunicadas às autoridades de supervisão dos restantes Estados membros da União Europeia.

ART. 229.º-A (Processo sumaríssimo) — 1 — Quando a natureza da infracção, a intensidade da culpa e as demais circunstâncias o justifiquem, pode o Instituto de Seguros de Portugal, antes da acusação e com base nos factos indiciados, notificar o arguido da possibilidade de aplicação de uma sanção reduzida, nos termos e con-dições constantes dos números seguintes.

2 — A sanção aplicável é uma admoestação, nos termos do regime geral dos ilícitos de mera ordenação social, ou uma coima cuja medida concreta não exceda o triplo do limite mínimo da moldura abstractamente prevista para a infracção, podendo em qualquer caso ser também aplicada a sanção acessória de publicação da decisão condenatória.

3 — A notificação prevista no n.º 1 é feita mediante comunicação escrita da qual devem constar:

a) A descrição dos factos imputados;

b) A especificação das normas violadas e dos ilícitos contra-ordenacionais praticados;

c) A sanção ou sanções a aplicar, com indicação dos elementos que contribuíram para a sua determinação;

d) A indicação, se for caso disso, do comportamento que o arguido deve adoptar em cumprimento do dever violado e do prazo de que dispõe para o efeito;

ACESSO E EXERCÍCIO DA ACTIVIDADE SEGURADORA   [DL n.º 94-B/98]   833

e) A informação sobre as consequências respectivas da aceitação e da recusa da sanção.

4 — Recebida a notificação prevista no n.º 1, o arguido dispõe do prazo de 15 dias para remeter ao Instituto de Seguros de Portugal declaração escrita de aceitação da sanção nos termos notificados ou requerimento de pagamento da coima aplicada.

5 — Se o arguido aceitar a sanção ou proceder ao pagamento da coima aplicada e se adoptar o comportamento que lhe tenha sido eventualmente notificado, a decisão do Instituto de Seguros de Portugal torna-se definitiva, como decisão condenatória e preclude a possibilidade de nova apreciação dos factos imputados como contra-ordenação.

6 — Se o arguido recusar a aplicação da sanção nos termos notificados ou não se pronunciar no prazo estabelecido, ou se, tendo sido aplicada uma coima, esta não tiver sido paga no prazo devido, ou ainda se requerer qualquer diligência complementar ou não adoptar o comportamento devido, a notificação feita nos termos do n.º 3 fica sem efeito e o processo de contra-ordenação continua sob a forma comum, cabendo ao Instituto de Seguros de Portugal realizar as demais diligências instrutórias e deduzir acusação, sem que esta seja limitada pelo conteúdo da referida notificação.

ART. 229.º-B (Divulgação da decisão) — 1 — Decorrido o prazo de impugnação judicial, a decisão do Instituto de Seguros de Portugal que condene o agente pela prática de uma ou mais contra-ordenações grave e muito graves é divulgada no sítio da Internet do Instituto de Seguros de Portugal, por extracto elaborado pelo Instituto de Seguros de Portugal ou na íntegra, mesmo que tenha sido requerida a sua impugnação judicial, sendo, neste caso, feita expressa menção desse facto.

2 — A decisão judicial que confirme, altere ou revogue a decisão condenatória do Instituto de Seguros de Portugal ou do tribunal de 1.ª instância é comunicada de imediato ao Instituto de Seguros de Portugal e obrigatoriamente divulgada nos termos do número anterior.

3 — O disposto nos números anteriores pode não ser aplicado nos processos sumaríssimos quando tenha lugar a suspensão da sanção, a ilicitude do facto e a culpa do agente sejam diminutas ou quando o Instituto de Seguros de Portugal considere que a divulgação da decisão pode ser contrária aos interesses dos tomadores, segurados ou beneficiários de apólices de seguros, bem como dos associados, participantes ou beneficiários de planos de pensões, afectar gravemente os mercados segurador, ressegurador ou de fundos de pensões, ou causar danos concretos, a pessoas ou entidades envolvidas, manifestamente desproporcionados em relação à gravidade dos factos imputados.

4 — Independentemente do trânsito em julgado, as decisões judiciais relativas ao crime de prática ilícita de actos ou operações de seguros, de resseguros ou de gestão de fundos de pensões são divulgadas pelo Instituto de Seguros de Portugal nos termos dos n.ºs 1 e 2.

SECÇÃO IV — **IMPUGNAÇÃO JUDICIAL**

ART. 230.º (Impugnação judicial) — 1 — Recebido o requerimento de interposição de recurso da decisão que tenha aplicado uma sanção, o Instituto de Seguros de Portugal remete os autos, no prazo de 15 dias, ao magistrado do Ministério Público junto do tribunal referido no artigo seguinte.

2   O Instituto de Seguros de Portugal ou o Ministro das Finanças, quando for o caso, pode juntar alegações ou informações que considere relevantes para a decisão da causa.

ART. 231.º (Tribunal competente) — O Tribunal de Pequena Instância Criminal de Lisboa é o tribunal competente para conhecer do recurso das decisões, despachos e demais medidas tomadas pelas autoridades administrativas no decurso do processo, bem como para proceder à execução das decisões definitivas.

ART. 232.º (Decisão judicial por despacho) — O juiz pode decidir por despacho quando não considere necessária a audiência de julgamento e o agente, o Ministério Público e o Instituto de Seguros de Portugal ou o Ministro das Finanças, quando for o caso, não se oponham a esta forma de decisão.

ART. 233.º (Intervenção do Instituto de Seguros de Portugal na fase contenciosa) — 1 — O Instituto de Seguros de Portugal ou o Ministro das Finanças, quando for o caso, poderá participar, através de um representante, na audiência de julgamento, para a qual será notificado.

2 — A desistência da acusação pelo Ministério Público depende da concordância do Instituto de Seguros de Portugal ou do Ministro das Finanças, quando for o caso.

3 — O Instituto de Seguros de Portugal ou o Ministro das Finanças, quando for o caso, tem legitimidade para recorrer das decisões proferidas no processo de impugnação e que admitam recurso.

SECÇÃO V — **DISPOSIÇÕES FINAIS E TRANSITÓRIAS**

ART. 234.º (Direito subsidiário) — Em tudo o que não estiver especialmente previsto no presente capítulo, aplicar-se-á o regime geral do ilícito de mera ordenação social.

ART. 235.º (Disposições transitórias) — 1 — Aos factos previstos nos artigos 212.º a 214.º praticados antes da entrada em vigor do presente diploma e puníveis como transgressões, contravenções ou ilícitos de mera

834 [DL n.º 94-B/98]   SEGUROS E FUNDOS DE PENSÕES

ordenação social nos termos da legislação agora revogada, em relação aos quais ainda não tenha sido instaurado qualquer processo, é aplicável o disposto no presente diploma, sem prejuízo da aplicação da lei mais favorável.

2 — Nos processos pendentes na data referida no número anterior continuará a ser aplicada aos factos neles constantes a legislação substantiva e processual anterior, sem prejuízo da aplicação da lei mais favorável.

TÍTULO VII — DISPOSIÇÕES FINAIS E TRANSITÓRIAS

ART. 236.º (Comunicações relativas ao acesso de empresas de países terceiros) — O Instituto de Seguros de Portugal informa a Comissão Europeia e as autoridades competentes dos outros Estados membros das seguintes situações:

a) De qualquer autorização concedida para a constituição de uma filial de uma empresa mãe sujeita à lei nacional de um país terceiro, comunicando também a estrutura do respectivo grupo empresarial;

b) De qualquer tomada de participação de uma empresa mãe sujeita à lei nacional de um país terceiro numa empresa de seguros ou de resseguros com sede em Portugal e que tenha por efeito transformar esta última numa filial da referida empresa-mãe.

ART. 237.º (Dificuldades em países terceiros) — 1 — O Instituto de Seguros de Portugal informa a Comissão Europeia sobre quaisquer dificuldades de ordem geral com que as empresas de seguros ou de resseguros com sede em Portugal deparem para se estabelecerem ou exercerem as suas actividades em países terceiros.

2 — No que se refere às empresas de seguros, as autoridades nacionais legalmente competentes para o efeito devem limitar ou suspender, por um período máximo de três meses, prorrogável, as suas decisões sobre as situações referidas nas alíneas *a)* e *b)* do artigo anterior, sempre que tal lhes for comunicado pela Comissão Europeia, na sequência do respectivo processo desencadeado em virtude do tratamento conferido às empresas comunitárias em países terceiros.

3 — A limitação ou suspensão referida no número anterior não é aplicável à criação de filiais por empresas de seguros ou suas filiais devidamente autorizadas na União Europeia nem à tomada de participações, por parte de tais empresas ou filiais, numa empresa de seguros da União Europeia.

4 — Sempre que a União Europeia verificar que um país terceiro não concede às empresas de seguros da União Europeia um acesso efectivo ao respectivo mercado comparável ao concedido pela União Europeia às empresas de seguros desse país terceiro, ou que as empresas de seguros da União Europeia não beneficiam num país terceiro de um tratamento nacional que lhes proporcione oportunidades de concorrência idênticas às das suas empresas de seguros nacionais e que as condições de acesso efectivo ao mercado não se encontram preenchidas, o Instituto de Seguros de Portugal informará a Comissão, a seu pedido, das seguintes situações:

a) De qualquer pedido de autorização para a constituição de uma filial directa ou indirecta de uma empresa mãe sujeita à lei nacional de um país terceiro;

b) De qualquer projecto de tomada de participação de uma empresa mãe sujeita à lei nacional de um país terceiro numa empresa de seguros com sede em Portugal e que tenha por efeito transformar esta última numa filial da referida empresa mãe.

ART. 238.º (Fusão ou cisão de empresas de seguros ou de resseguros) — Pode ser autorizada pelo Instituto de Seguros de Portugal, em casos devidamente justificados, a fusão ou cisão de empresas de seguros ou de resseguros.

ART. 239.º (Liquidação de empresas de seguros) — 1 — Em caso de liquidação de uma empresa de seguros sediada em Portugal, os compromissos emergentes dos contratos celebrados através das respectivas sucursais ou em regime de livre prestação de serviços serão executados do mesmo modo que os compromissos emergentes de quaisquer outros contratos de seguros da mesma empresa, sem distinção de nacionalidade dos segurados e dos beneficiários.

2 — Em caso de liquidação de uma empresa de seguros com sede em Portugal e que explore cumulativamente o ramo «Vida» e os ramos «Não vida» referidos nos n.ᵒˢ 1) e 2) do artigo 123.º, as actividades relativas a estes ramos regem-se pelas regras de liquidação aplicáveis às actividades do ramo «Vida».

ART. 240.º (Exploração cumulativa dos ramos «Vida» e «Não vida») — As empresas de seguros que, à data da publicação do presente diploma, se encontram autorizadas a explorar cumulativamente em Portugal a actividade de seguros dos ramos «Não vida» e a actividade de seguros do ramo «Vida» podem continuar essa exploração cumulativa, sem prejuízo do disposto no artigo 101.º.

ART. 241.º (Livre prestação de serviços) — O regime previsto no presente diploma para o exercício da actividade seguradora em regime de livre prestação de serviços não prejudica os direitos adquiridos pelas empresas de seguros ao abrigo de legislação anteriormente em vigor para o efeito.

ART. 242.º (Normas de contabilidade) — Compete ao Instituto de Seguros de Portugal, sem prejuízo das atribuições da Comissão de Normalização Contabilística, estabelecer as regras de contabilidade aplicáveis às empresas de seguros ou de resseguros sujeitas à sua supervisão, bem como definir os elementos que as referidas empre-

LIQUIDAÇÃO DE EMPRESAS DE SEGUROS   [DL n.º 90/2003]   835

sas lhe devem remeter e os que devem obrigatoriamente publicar, mantendo-se em vigor, até à sua publicação, as regras actu.:!mente existentes em matéria de contabilidade, apresentação e publicação de contas.

ART. 243.º (Instruções) — 1 — Compete ao Instituto de Seguros de Portugal emitir as instruções que considere necessárias para o cumprimento do disposto no presente diploma.

2 — O disposto no número anterior não prejudica os poderes de regulação da Comissão do Mercado de Valores Mobiliários relativamente a contratos de seguro ligados a fundos de investimento.

ART. 244.º (Requerimentos de autorização pendentes) — *(Revogado.)*

ART. 245.º (Contravalor do ecu em escudos) — *(Revogado.)*

ART. 246.º (Remissões) — As remissões constantes do Decreto-Lei n.º 176/95, de 26 de Julho, e de outros actos de conteúdo normativo ou regulamentar, para o Decreto-Lei n.º 102/94, de 20 de Abril, consideram-se feitas para as correspondentes disposições do presente diploma.

ART. 247.º (Legislação revogada) — São revogados os seguintes diplomas:
a) Decreto-Lei n.º 91/82, de 22 de Março;
b) Decreto-Lei n.º 133/86, de 12 de Junho;
c) Decreto-Lei n.º 107/88, de 31 de Março;
d) Decreto-Lei n.º 102/94, de 20 de Abril.

10.2. LIQUIDAÇÃO DE EMPRESAS DE SEGUROS

Decreto-Lei n.º 90/2003

de 30 de Abril

ART. 1.º (Objecto) – O presente diploma procede à transposição para a ordem jurídica nacional da Directiva n.º 2001/17/CE, do Parlamento Europeu e do Conselho, de 19 de Março.

CAPÍTULO I — Saneamento e recuperação financeira de empresas de seguros

ART. 2.º (Alterações ao Decreto-Lei n.º 94-B/98, de 17 de Abril) – Os artigos 20.º, 39.º e 113.º do Decreto-Lei n.º 94-B/98, de 17 de Abril, passam a ter a seguinte redacção:

....

Alterações introduzidas nos lugares próprios.

ART. 3.º (Aditamentos ao Decreto-Lei n.º 94-B/98, de 17 de Abril) – Ao Decreto-Lei n.º 94-B/98, de 17 de Abril, são aditados os artigos 120.º-A a 120.º-L, com a seguinte redacção:

....

Alterações introduzidas nos lugares próprios.

CAPÍTULO II — Liquidação de empresas de seguros

ART. 4.º (Âmbito) – O presente capítulo é aplicável a todos os processos de liquidação de empresas de seguros, independentemente da sua forma ou modalidade.

Secção I — ASPECTOS DO REGIME GERAL

ART. 5.º (Créditos de seguros) – 1 – Para efeitos do regime de liquidação de empresas de seguros, consideram-se créditos de seguros quaisquer quantias que representem uma dívida de uma empresa de seguros para com os tomadores de seguros, segurados, beneficiários ou qualquer terceiro lesado que tenha direito de acção directa contra a empresa de seguros decorrente de um contrato da actividade seguradora, nos termos dos artigos 123.º e 124.º do Decreto-Lei n.º 94-B/98, de 17 de Abril, incluindo as quantias provisionadas a favor das pessoas acima mencionadas enquanto não são conhecidos alguns elementos da dívida.

2 – São também consideradas créditos de seguros as prestações devidas por uma empresa de seguros em resultado do exercício pelo tomador de seguro, subscritor de operação de capitalização ou participante de fundo de pensões, do direito de renúncia ao contrato.

836 [DL n.º 90/2003]   SEGUROS E FUNDOS DE PENSÕES

Subsecção I — **Regime material**

ART. 6.º (Registo dos activos representativos das provisões técnicas em função da liquidação) – 1 – As empresas de seguros sediadas em Portugal devem manter na sede um registo especial actualizado dos activos representativos das provisões técnicas em função da hipótese de liquidação.

2 – No caso das empresas de seguros que explorem cumulativamente os ramos «Vida» e «Não vida», o registo previsto no número anterior é separado para cada uma dessas actividades.

3 – No caso de exploração cumulativa previsto no n.º 1 do artigo 9.º do Decreto-Lei n.º 94-B/98, de 17 de Abril, as empresas devem manter um registo único para o conjunto das suas actividades.

4 – O montante total dos activos inscritos, avaliados nos termos da lei, deve ser, em qualquer momento, pelo menos igual ao montante das provisões técnicas.

5 – Sempre que um activo inscrito no registo seja onerado com um direito real constituído a favor de um credor ou de um terceiro, tornando indisponível para a cobertura das responsabilidades seguradoras uma parte do montante desse activo, essa situação é inscrita no registo e o montante não disponível não é tido em conta no total referido no número anterior.

6 – A composição dos activos inscritos no registo nos termos dos números anteriores e do artigo 23.º, no momento da abertura da liquidação, não pode ser posteriormente modificada, nem pode ser introduzida alteração nos registos, excepto para efeitos de correcção de erros puramente materiais, salvo autorização do Instituto de Seguros de Portugal.

7 – Em derrogação do disposto no número anterior, os liquidatários devem acrescentar aos activos aí referidos os respectivos rendimentos financeiros, bem como o montante dos prémios puros cobrados na actividade em causa desde a abertura da liquidação até à satisfação dos créditos de seguros ou até à transferência de carteira.

8 – Se o produto da realização dos activos for inferior ao valor pelo qual se encontravam avaliados nos registos, os liquidatários devem justificar o facto perante o Instituto de Seguros de Portugal.

9 – Cabe ao Instituto de Seguros de Portugal aprovar a regulamentação que assegure a plena aplicação do fixado no presente artigo, nomeadamente coordenando-o com as exigências às empresas de seguros em matéria de constituição e manutenção das garantias financeiras.

ART. 7.º (Prelacção sobre os créditos de seguros) – 1 – A preferência dos créditos de seguros sobre o demais activo social necessário para perfazer o seu montante não satisfeito nos termos da preferência sobre os activos representativos das provisões técnicas é primada apenas pelos créditos dos trabalhadores da empresa decorrentes da relação de trabalho e, relativamente ao ramo «Não vida», também pelos créditos referentes a activos onerados com direitos reais.

2 – Os créditos que nos termos do número anterior têm preferência sobre os créditos de seguros devem ser, em qualquer momento e independentemente de uma possível liquidação, inscritos nas contas da empresa de seguros na qualidade de prevalência aí prevista e representados por activos nos termos previstos na subsecção IV da secção II do capítulo I do título III do Decreto-Lei n.º 94-B/98, de 17 de Abril, alterado pelo Decreto-Lei n.º 8-C/2002, de 11 de Janeiro, e respectiva regulamentação.

3 – As despesas do processo de liquidação prevalecem sobre todos os créditos.

Subsecção II — **Regime processual**

ART. 8.º (Revogação da autorização) – 1 – A entrada da empresa de seguros em liquidação determina a revogação da autorização para o exercício da actividade seguradora, observando-se o fixado no artigo 20.º do Decreto-Lei n.º 94-B/98, de 17 de Abril, caso a autorização não tenha sido revogada anteriormente.

2 – A revogação da autorização não prejudica a prossecução da actividade da empresa de seguros necessária ou adequada aos efeitos da liquidação.

ART. 9.º (Publicidade) – 1 – Cabe ao Instituto de Seguros de Portugal dar publicidade à decisão de revogação no *Diário da República* e em dois jornais diários de ampla difusão.

2 – Cabe ao liquidatário, nos 30 dias seguintes à abertura da liquidação, promover a publicação, em dois jornais diários de ampla difusão, do que for relevante que os credores da empresa de seguros conheçam para o decurso da liquidação e, nomeadamente, os prazos a observar, as sanções previstas relativamente a esses prazos, a entidade habilitada a receber a reclamação dos créditos ou as observações relativas aos mesmos e outras medidas que tenham sido determinadas.

3 – Da publicação prevista no número anterior consta igualmente se os credores cujos créditos gozem de preferência ou de uma garantia real devem reclamar esses créditos.

4 – No caso dos créditos de seguros, da publicação prevista no n.º 2 constam os efeitos gerais da liquidação sobre os contratos e operações de seguros, nomeadamente a data de cessação dos seus efeitos e os direitos e deveres advenientes para as partes.

ART. 10.º (Informação e relação de credores) – 1 – Os titulares de créditos de seguros em razão de ocorrência do evento previsto na cobertura que um mês após a publicação prevista no n.º 2 do artigo anterior não tenham enviado reclamação do crédito, e respectiva documentação de sustentação, quando necessária, são avisados da revogação da autorização pelo liquidatário por carta registada a enviar para o último domicílio constante do contrato, e convidados ao envio daqueles documentos.

LIQUIDAÇÃO DE EMPRESAS DE SEGUROS   [DL n.º 90/2003]   837

2 – Passados 30 dias da publicação prevista no n.º 2 do artigo anterior, o liquidatário deve elaborar, dentro dos 14 dias seguintes, uma relação dos credores reclamantes e uma outra dos credores que, embora não reclamantes, saiba existirem.

3 – O liquidatário pode aplicar o previsto no n.º 1 aos créditos que, nos termos do previsto no n.º 1 do artigo 7.º, têm preferência sobre os créditos de seguros.

ART. 11.º (Dissolução voluntária solvente) – O Instituto de Seguros de Portugal, no âmbito do parecer relativo à dissolução voluntária solvente de uma empresa de seguros prevista no n.º 2 do artigo 121.º do Decreto-Lei n.º 94-B/98, de 17 de Abril, pode autorizar o liquidatário ao não cumprimento integral justificado do regime constante dos dois artigos anteriores.

ART. 12.º (Informação regular dos credores) – 1 – Os liquidatários devem informar regularmente os credores, de um modo adequado, em especial sobre o andamento da liquidação.

2 – Compete ao Instituto de Seguros de Portugal responder às solicitações de informação sobre a evolução da liquidação efectuadas pelas autoridades de supervisão dos demais Estados membros.

Secção II — **DIMENSÃO TRANSFRONTEIRAS**

ART. 13.º (Abertura da liquidação) – 1 – A competência para a abertura da liquidação das empresas de seguros com sede em Portugal, inclusivamente em relação às sucursais estabelecidas noutros Estados membros, é da lei portuguesa, enquanto lei do Estado membro de origem da empresa.

2 – A decisão de abertura da liquidação nos termos previstos no número anterior produz todos os seus efeitos de acordo com a lei portuguesa, em todos os demais Estados membros da Comunidade, sem nenhuma outra formalidade, logo que produza os seus efeitos em Portugal.

3 – O Instituto de Seguros de Portugal informa com urgência as autoridades de supervisão de seguros dos demais Estados membros da abertura da liquidação, incluindo os efeitos concretos que esse processo pode acarretar.

ART. 14.º (Publicação) – 1 – Cabe ao Instituto de Seguros de Portugal, quando torne pública a abertura da liquidação, promover a publicação, em português, de um extracto da respectiva decisão no *Jornal Oficial da União Europeia*.

2 – A publicação prevista no número anterior identifica a autoridade portuguesa competente e a lei aplicável, bem como o liquidatário designado.

ART. 15.º (Informação aos credores conhecidos) – 1 – Aberta a liquidação, o liquidatário informa rapidamente desse facto por carta registada os credores conhecidos que tenham a sua residência habitual, o seu domicílio ou a sua sede noutro Estado membro.

2 – Essa informação incide, nomeadamente, sobre os prazos a observar, as sanções previstas relativamente a esses prazos, a entidade habilitada a receber a reclamação dos créditos e outras medidas que tenham sido determinadas.

3 – Da informação consta igualmente se os credores cujos créditos gozem de preferência ou de uma garantia real devem reclamar esses créditos.

4 – No caso dos créditos de seguros, da informação constam os efeitos gerais da liquidação sobre os mesmos, nomeadamente a data de cessação dos seus efeitos e os direitos e deveres advenientes para as partes.

5 – A informação prevista no presente artigo é prestada em português, e relativamente aos titulares de créditos de seguros na língua ou numa das línguas oficiais do Estado membro em que o credor tenha a sua residência habitual, domicílio ou sede.

6 – Para o efeito do presente artigo, é utilizado um formulário intitulado, em todas as línguas oficiais da União Europeia: «Aviso de reclamação de créditos. Prazos legais a observar.»

ART. 16.º (Direito à reclamação de créditos) – 1 – Os credores que tenham a sua residência habitual, o seu domicílio ou a sua sede num outro Estado membro, incluindo as respectivas autoridades públicas, têm o direito de proceder à reclamação dos seus créditos ou de apresentar por escrito observações relativas a esses créditos.

2 – Os créditos previstos no número anterior beneficiam do mesmo tratamento e graduação que os créditos de natureza equivalente susceptíveis de serem reclamados por credores com residência habitual, domicílio ou sede em Portugal.

3 – Os credores previstos no n.º 1 devem enviar cópia dos documentos comprovativos dos seus créditos, caso existam, indicar a natureza dos créditos, a data da sua constituição e o seu montante e, ainda, informar se reivindicam uma preferência, uma garantia real ou uma reserva de propriedade em relação a esses créditos, e quais os bens sobre que incide essa garantia.

4 – A reclamação de créditos prevista no n.º 1 não necessita indicar a preferência conferida aos créditos de seguros pela lei portuguesa.

5 – A reclamação de créditos prevista no n.º 1 pode ser efectuada na língua ou numa das línguas oficiais do Estado membro onde o credor tenha a sua residência habitual, domicílio ou sede.

6 – Em caso de exercício da faculdade prevista no número anterior, a reclamação dos créditos será intitulada «Reclamação de créditos», em língua portuguesa.

838 [DL n.º 90/2003]   SEGUROS E FUNDOS DE PENSÕES

ART. 17.º (Abertura de liquidação de empresa de seguros com sede noutro Estado membro) – O Instituto de Seguros de Portugal, tendo sido informado por autoridade de supervisão congénere de outro Estado membro da abertura da liquidação de uma empresa de seguros com sede nesse Estado membro, pode assegurar a publicação dessa decisão em Portugal sob a forma que considerar adequada.

SUBSECÇÃO I — **Lei aplicável**

ART. 18.º (Princípio) – 1 – Além do fixado no n.º 1 do artigo 13.º, a lei portuguesa, enquanto lei do Estado membro de origem da empresa de seguros, determina ainda o processo de liquidação e os seus efeitos, com as excepções previstas nos artigos seguintes.

2 – A lei portuguesa determina, designadamente:

a) Os bens do património a liquidar e o regime dos bens adquiridos pela empresa de seguros, ou a devolver--lhe, após a abertura da liquidação;

b) Os poderes respectivos da empresa de seguros e do liquidatário;

c) As condições de oponibilidade de uma compensação;

d) Os efeitos da liquidação sobre os contratos em que a empresa de seguros seja parte;

e) Os efeitos da liquidação sobre as acções individuais, com excepção dos processos pendentes, nos termos do artigo 27.º;

f) Os créditos a reclamar contra o património da empresa de seguros e o destino dos créditos nascidos após a abertura da liquidação;

g) O regime da reclamação, verificação e aprovação dos créditos;

h) As regras de pagamento aos credores, a graduação de créditos e os direitos dos credores que, após a abertura da liquidação, tenham sido parcialmente satisfeitos em razão de um direito real ou por efeito de compensação;

i) As condições e os efeitos do encerramento da liquidação, nomeadamente por concordata;

j) Os direitos dos credores após o encerramento da liquidação;

l) A imputação das custas e despesas da liquidação;

m) O regime de nulidade, anulação ou não execução dos actos prejudiciais em detrimento dos credores.

ART. 19.º (Efeitos sobre determinados contratos e direitos) – Os efeitos da abertura da liquidação de uma empresa de seguros:

a) Sobre os contratos de trabalho e as relações de trabalho regem-se unicamente pela lei do Estado membro aplicável ao contrato de trabalho;

b) Sobre os contratos que conferem o direito ao usufruto ou à aquisição de imóveis regem-se unicamente pela lei do Estado membro em cujo território os imóveis se encontrem situados;

c) Sobre os direitos da empresa de seguros relativos a imóveis, navios ou aeronaves sujeitos a inscrição em registo público regem-se pela lei do Estado membro sob cuja a autoridade é mantido o registo.

ART. 20.º (Direitos reais de terceiros) – 1 – A abertura da liquidação de uma empresa de seguros não afecta os direitos reais de credores ou terceiros sobre bens pertencentes à empresa de seguros situados no território de outro Estado membro no momento da abertura do processo.

2 – Os bens referidos no número anterior são todos os bens corpóreos ou incorpóreos, móveis ou imóveis, específicos ou massas de activos indeterminados, considerados como um todo e susceptíveis de se alterarem de quando em quando.

3 – Os direitos referidos no n.º 1 são, nomeadamente:

a) O direito de dispor ou de ordenar a disposição de bens e de obter o pagamento a partir dos produtos ou rendimentos deles, em particular em virtude de penhor ou hipoteca;

b) O direito exclusivo de cobrar um crédito, nomeadamente quando garantido por penhor ou pela cessão desse crédito a título de garantia;

c) O direito de reinvindicar o bem e ou de exigir a sua restituição a quem o detiver ou usufruir contra a vontade do titular;

d) O direito real de percepção dos frutos do bem.

4 – É considerado um direito real o direito inscrito num registo público e oponível a terceiros, nos termos do qual pode ser obtido um direito real.

5 – O previsto no n.º 1 não prejudica as acções de nulidade, anulação ou não execução dos actos prejudiciais em detrimento dos credores.

ART. 21.º (Reserva de propriedade) – 1 – A abertura da liquidação de uma empresa de seguros compradora de um bem que nesse momento se encontre no território de um outro Estado membro não afecta os direitos do vendedor fundados numa reserva de propriedade.

2 – A abertura da liquidação de uma empresa de seguros vendedora de um bem, após a entrega desse bem, não constitui fundamento de resolução da venda, nem obsta à aquisição da propriedade do bem vendido pelo comprador, desde que, no momento da abertura do processo, o bem se encontre no território de um outro Estado membro.

3 – O previsto nos números anteriores não prejudica as acções de nulidade, anulação ou não execução dos actos prejudiciais em detrimento dos credores.

LIQUIDAÇÃO DE EMPRESAS DE SEGUROS   [**DL n.º 90/2003**]   839

ART. 22.º (Compensação) – 1 – A abertura da liquidação de uma empresa de seguros não afecta o direito dos credores de pedir a compensação dos seus créditos com os créditos daquela quando a compensação seja permitida pela lei aplicável ao crédito da empresa de seguros.

2 – O previsto no número anterior não prejudica as acções de nulidade, anulação ou não execução dos actos prejudiciais em detrimento dos credores.

ART. 23.º (Oneração a favor de terceiro dos activos representativos das provisões técnicas inscritos no registo especial) – Em caso de liquidação da empresa de seguros, o funcionamento da preferência dos titulares de créditos de seguros sobre os activos representativos das provisões técnicas relativamente ao activo onerado com um direito real constituído a favor de um credor ou de um terceiro que, em incumprimento do fixado no n.º 5 do artigo 6.º, tenha sido utilizado para cobrir provisões técnicas, bem como ao activo sujeito a uma reserva de propriedade a favor de um credor ou de um terceiro, ou em relação ao qual um credor esteja habilitado a requerer a compensação do seu crédito com o crédito da empresa de seguros, será determinado pela lei portuguesa, enquanto lei do Estado membro de origem, sem prejuízo da aplicação a esse activo do fixado nos três artigos anteriores.

ART. 24.º (Mercados regulamentados) – 1 – Sem prejuízo do fixado no artigo 20.º, os efeitos da abertura da liquidação de uma empresa de seguros sobre os direitos e obrigações dos participantes num mercado regulamentado regem-se pela lei aplicável a esse mercado.

2 – O previsto no número anterior não prejudica as acções de nulidade, anulação ou não execução dos pagamentos ou transacções nos termos da lei aplicável a esse mercado.

ART. 25.º (Actos prejudiciais) – O previsto na alínea *l*) do n.º 2 do artigo 18.º não é aplicável no caso de a pessoa que beneficiar de um acto prejudicial a todos os credores provar que o acto se rege pela lei de um outro Estado membro que, no caso, não permite a impugnação do acto por nenhum meio.

ART. 26.º (Protecção de terceiros compradores) – A validade do acto de disposição pela empresa de seguros, após a abertura da liquidação e a título oneroso de um imóvel, de um navio ou uma aeronave sujeitos a inscrição em registo público, ou de valores mobiliários ou outros títulos cuja existência ou transferência pressuponha a sua inscrição num registo ou numa conta previstos na lei ou que se encontrem colocados num sistema de depósitos central regulado pela lei de um Estado membro rege-se pela lei do Estado membro em cujo território está situado o imóvel, ou sob cuja autoridade são mantidos esse registo, conta ou sistema.

ART. 27.º (Acções pendentes) – Os efeitos da liquidação sobre as acções pendentes relativas a bem ou direito de cuja administração ou disposição o devedor está inibido regem-se pela lei do Estado membro em que se encontra pendente a acção.

ART. 28.º (Liquidatário) – 1 – No que depender da lei portuguesa, o liquidatário de uma empresa de seguros está habilitado a exercer, nos demais Estados membros, os poderes para cujo exercício está habilitado em Portugal.

2 – O liquidatário, no exercício dos seus poderes, observará a lei dos Estados membros em cujo território pretende agir, em particular no respeitante às modalidades de realização do activo e à informação dos trabalhadores assalariados.

3 – A prova da nomeação do liquidatário é efectuada por meio de certificado emitido pelo Instituto de Seguros de Portugal, autenticado com o respectivo selo branco.

4 – No decurso da liquidação, o Instituto de Seguros de Portugal pode nomear, a pedido do liquidatário, pessoas para o coadjuvar ou representar, nomeadamente nos demais Estados membros onde a empresa de seguros tenha uma sucursal, e, em especial, para ajudar na superação de dificuldades que se deparem aos credores naqueles Estados membros.

5 – No acto de nomeação do liquidatário, ou posteriormente, o Instituto de Seguros de Portugal pode conferir ao liquidatário o poder de nomeação de representantes para a prática de actos no âmbito dos fins previstos no número anterior.

6 – O n.º 3 é aplicável, com as devidas adaptações, ao previsto nos dois números anteriores.

ART. 29.º (Inscrição em registo público) – 1 – O liquidatário ou a pessoa habilitada nos termos dos n.ᵒˢ 4 a 6 do artigo anterior deve solicitar a inscrição do processo de liquidação no registo predial, no registo comercial ou em qualquer outro registo público existente nos demais Estados membros onde tal inscrição seja obrigatória e seja justificável, em razão, nomeadamente, da situação activa e passiva conhecida ou eventual da empresa objecto da liquidação.

2 – Os encargos da inscrição prevista no número anterior são custas da liquidação.

ART. 30.º (Liquidatário de empresa de seguros com sede noutro Estado membro) – 1 – O liquidatário de uma empresa de seguros com sede noutro Estado membro está habilitado a exercer em Portugal os poderes para cujo exercício se encontra habilitado no Estado membro de origem.

2 – Em Portugal, no exercício dos seus poderes nos termos da lei do Estado membro da origem, o liquidatário previsto no número anterior observa a lei portuguesa, em particular no que respeita às modalidades de realização dos bens e à informação dos trabalhadores assalariados, bem como à proibição do uso da força e do poder de dirimir litígios ou diferendos.

840   [DL n.º 72/2008]   SEGUROS E FUNDOS DE PENSÕES

3 – Para o efeito do exercício em Portugal dos poderes do liquidatário de empresa de seguros com sede noutro Estado membro, além de cópia autenticada da decisão da sua nomeação, ou certificado equivalente, pode apenas ser-lhe exigida a respectiva tradução para português.

4 – O previsto no número anterior é aplicável, com as devidas adaptações, às pessoas nomeadas para coadjuvar ou representar em Portugal o liquidatário previsto no n.º 1.

5 – O liquidatário previsto no n.º 1 bem como as pessoas nomeadas para o coadjuvar ou representar em Portugal podem solicitar a inscrição do processo de liquidação no registo predial, no registo comercial ou em qualquer outro registo público existente em Portugal.

ART. 31.º (Informação relativa à liquidação de empresa de seguros com sede noutro Estado membro) – Ao Instituto de Seguros de Portugal é aplicável a secção II do capítulo V do título III do Decreto-Lei n.º 94-B/98, de 17 de Abril, relativamente à informação que receba das autoridades de supervisão de seguros dos demais Estados membros sobre a liquidação de empresas de seguros com sede nos respectivos Estados.

Secção III — **SUCURSAIS EM PORTUGAL DE EMPRESAS DE SEGUROS COM SEDE FORA DO TERRITÓRIO DA COMUNIDADE EUROPEIA**

ART. 32.º (Regime) – 1 – O presente capítulo é aplicável, com as devidas adaptações, às sucursais em Portugal de empresas de seguros com sede fora do território da Comunidade Europeia.

2 – A aplicação prevista no número anterior não abrange as sucursais da mesma empresa de seguros noutros Estados membros.

3 – Caso, em simultâneo com a aplicação prevista no n.º 1, ocorra liquidação de sucursal da mesma empresa de seguros noutro Estado membro, o Instituto de Seguros de Portugal, as demais entidades responsáveis pela supervisão da liquidação e o liquidatário esforçar-se-ão por coordenar a sua acção nos termos do n.º 1 com a acção relativa a esta segunda liquidação prosseguida pelos respectivos autoridade de supervisão de seguros, liquidatário e demais entidades competentes para o efeito.

CAPÍTULO III — **Disposição final**

ART. 33.º (Produção de efeitos) – 1 – O presente diploma produz efeitos desde 20 de Abril de 2003, aplicando-se às medidas de saneamento e recuperação financeira e aos processos de liquidação de empresas de seguros adoptadas e abertos a partir dessa data.

2 – As medidas de saneamento e recuperação financeira e os processos de liquidação de empresas de seguros anteriores a essa data continuam a regular-se pela lei que lhes era aplicável na data da sua adopção ou abertura.

10.3. REGIME JURÍDICO DO CONTRATO DE SEGURO

Decreto-Lei n.º 72/2008

de 16 de Abril (*)

ART. 1.º (Objecto) – É aprovado o regime jurídico do contrato de seguro, constante do anexo ao presente decreto-lei e que dele faz parte integrante.

ART. 2.º (Aplicação no tempo) – 1 – O disposto no regime jurídico do contrato de seguro aplica-se aos contratos de seguro celebrados após a entrada em vigor do presente decreto-lei, assim como ao conteúdo de contratos de seguro celebrados anteriormente que subsistam à data da sua entrada em vigor, com as especificidades constantes dos artigos seguintes.

2 – O regime referido no número anterior não se aplica aos sinistros ocorridos entre a data da entrada em vigor do presente decreto-lei e a data da sua aplicação ao contrato de seguro em causa.

ART. 3.º (Contratos renováveis) – 1 – Nos contratos de seguro com renovação periódica, o regime jurídico do contrato de seguro aplica-se a partir da primeira renovação posterior à data de entrada em vigor do presente decreto-lei, com excepção das regras respeitantes à formação do contrato, nomeadamente as constantes dos artigos 18.º a 26.º, 27.º, 32.º a 37.º, 78.º, 87.º, 88.º, 89.º, 151.º, 154.º, 158.º, 178.º, 179.º, 185.º e 187.º do regime jurídico do contrato de seguro.

2 – As disposições de natureza supletiva previstas no regime jurídico do contrato de seguro aplicam-se aos contratos de seguro com renovação periódica celebrados anteriormente à data de entrada em vigor do presente decreto-lei,

---

(*) Com as rectificações constantes da Decl. de Recti. n.º 32-A/2008, de 13-6, também ela rectificada pela Decl. de Recti. n.º 39/2008, de 23-7.

REGIME JURÍDICO DO CONTRATO DE SEGURO   [**DL n.º 72/2008**]   841

desde que o segurador informe o tomador do seguro, com a antecedência mínima de 60 dias em relação à data da respectiva renovação, do conteúdo das cláusulas alteradas em função da adopção do novo regime.

ART. 4.º (Contratos não sujeitos a renovação) – 1 – Nos seguros de danos não sujeitos a renovação, aplica-se o regime vigente à data da celebração do contrato.

2 – Nos seguros de pessoas não sujeitos a renovação, as partes têm de proceder à adaptação dos contratos de seguro celebrados antes da entrada em vigor do presente decreto-lei, de molde a que o regime jurídico do contrato de seguro se lhes aplique no prazo de dois anos após a sua entrada em vigor.

3 – A adaptação a que se refere o número anterior pode ser feita na data aniversária do contrato, sem ultrapassar o prazo limite indicado.

ART. 5.º (Supervisão) – O regime jurídico do contrato de seguro constante do anexo ao presente decreto-lei não prejudica a aplicação do disposto na legislação em vigor em matéria de competências de supervisão.

ART. 6.º (Norma revogatória) – 1 – É revogado o Decreto-Lei n.º 142/2000, de 15 de Julho, alterado pelos Decretos--Leis n.ᵒˢ 248-B/2000, de 12 de Outubro, 150/2004, de 29 de Junho, 122/2005, de 29 de Julho, e 199/2005, de 10 de Novembro.

2 – São ainda revogados:

a) Os artigos 425.º a 462.º do Código Comercial aprovado por Carta de Lei de 28 de Junho de 1888;

b) Os artigos 11.º, 30.º, 33.º e 53.º, corpo, 1.ª parte, do Decreto de 21 de Outubro de 1907;

c) A base XVIII, n.º 1, alíneas *c)* e *d)*, e n.º 2, e base XIX da Lei n.º 2/71, de 12 de Abril;

d) Os artigos 132.º a 142.º e 176.º a 193.º-A do Decreto-Lei n.º 94-B/98, de 17 de Abril, alterado pelos Decretos-Leis n.ᵒˢ 8-C/2002, de 11 de Janeiro, 169/2002, de 25 de Julho, 72-A/2003, de 14 de Abril, 90/2003, de 30 de Abril, 251/2003, de 14 de Outubro, 76-A/2006, de 29 de Março, 145/2006, de 31 de Julho, 291/2007, de 21 de Agosto, e 357-A/2007, de 31 de Outubro;

e) Os artigos 1.º a 5.º e 8.º a 25.º do Decreto-Lei n.º 176/95, de 26 de Julho, alterado pelos Decretos-Leis n.ᵒˢ 60/2004, de 22 de Março, e 357-A/2007, de 31 de Outubro.

ART. 7.º (Entrada em vigor) – O presente decreto-lei entra em vigor no dia 1 de Janeiro de 2009.

ANEXO

REGIME JURÍDICO DO CONTRATO DE SEGURO

TÍTULO I — REGIME COMUM

CAPÍTULO I — Disposições preliminares

Secção I — ÂMBITO DE APLICAÇÃO

ART. 1.º (Conteúdo típico) – Por efeito do contrato de seguro, o segurador cobre um risco determinado do tomador do seguro ou de outrem, obrigando-se a realizar a prestação convencionada em caso de ocorrência do evento aleatório previsto no contrato, e o tomador do seguro obriga-se a pagar o prémio correspondente.

ART. 2.º (Regimes especiais) – As normas estabelecidas no presente regime aplicam-se aos contratos de seguro com regimes especiais constantes de outros diplomas, desde que não sejam incompatíveis com esses regimes.

ART. 3.º (Remissão para diplomas de aplicação geral) – O disposto no presente regime não prejudica a aplicação ao contrato de seguro do disposto na legislação sobre cláusulas contratuais gerais, sobre defesa do consumidor e sobre contratos celebrados à distância, nos termos do disposto nos referidos diplomas.

ART. 4.º (Direito subsidiário) – Às questões sobre contratos de seguro não reguladas no presente regime nem em diplomas especiais aplicam-se, subsidiariamente, as correspondentes disposições da lei comercial e da lei civil, sem prejuízo do disposto no regime jurídico de acesso e exercício da actividade seguradora.

ART. 5.º (Lei aplicável ao contrato de seguro) – Ao contrato de seguro aplicam-se as normas gerais de direito internacional privado em matéria de obrigações contratuais, nomeadamente as decorrentes de convenções internacionais e de actos comunitários que vinculem o Estado Português, com as especificidades constantes dos artigos seguintes.

ART. 6.º (Liberdade de escolha) – 1 – Sem prejuízo do disposto nos artigos seguintes e do regime geral de liberdade contratual, as partes contratantes podem escolher a lei aplicável ao contrato de seguro que cubra riscos situados em território português ou em que o tomador do seguro, nos seguros de pessoas, tenha em Portugal a sua residência habitual ou o estabelecimento a que o contrato respeita, consoante se trate de pessoa singular ou colectiva.

842   [DL n.º 72/2008]   SEGUROS E FUNDOS DE PENSÕES

2 – A localização do risco é determinada pelo regime jurídico de acesso e exercício da actividade seguradora.

3 – A escolha da lei aplicável deve ser expressa ou resultar de modo inequívoco das cláusulas do contrato.

4 – As partes podem designar a lei aplicável à totalidade ou apenas a uma parte do contrato, assim como alterar, em qualquer momento, a lei aplicável, sujeitando o contrato a uma lei diferente.

ART. 7.º (Limites) – A escolha da lei aplicável referida no artigo anterior só pode recair sobre leis cuja aplicabilidade corresponda a um interesse sério dos declarantes ou esteja em conexão com alguns dos elementos do contrato de seguro atendíveis no domínio do direito internacional privado.

ART. 8.º (Conexões subsidiárias) – 1 – Se as partes contratantes não tiverem escolhido a lei aplicável ou a escolha for inoperante nos termos dos artigos anteriores, o contrato de seguro rege-se pela lei do Estado com o qual esteja em mais estreita conexão.

2 – Na falta de escolha de outra lei pelas partes, o contrato de seguro que cubra riscos situados em território português ou em que o tomador do seguro, nos seguros de pessoas, tenha a sua residência habitual ou o estabelecimento a que o contrato respeita em Portugal é regulado pela lei portuguesa.

3 – Presume-se que o contrato de seguro apresenta conexão mais estreita com a ordem jurídica do Estado onde o risco se situa, enquanto nos seguros de pessoas, a conexão mais estreita decorre da residência habitual do tomador do seguro ou do estabelecimento a que o contrato respeita, consoante se trate de pessoa singular ou colectiva.

4 – Na falta de escolha das partes contratantes, nos termos previstos nos artigos anteriores, o contrato de seguro que cubra dois ou mais riscos situados em Portugal e noutro Estado, relativos às actividades do tomador do seguro e quando este exerça uma actividade comercial, industrial ou liberal, é regulado pela lei de qualquer dos Estados em que os riscos se situam ou, no caso de seguro de pessoas, pela lei do Estado onde o tomador do seguro tiver a sua residência habitual, sendo pessoa singular, ou a sua administração principal, tratando-se de pessoa colectiva.

ART. 9.º (Normas de aplicação imediata) – 1 – As disposições imperativas em matéria de contrato de seguro que tutelem interesses públicos, designadamente de consumidores ou de terceiros, regem imperativamente a situação contratual, qualquer que seja a lei aplicável, mesmo quando a sua aplicabilidade resulte de escolha das partes.

2 – O disposto no número anterior aplica-se quando o contrato de seguro cobre riscos situados em território português ou tendo o tomador do seguro, nos seguros de pessoas, a sua residência habitual ou o estabelecimento a que o contrato respeita em Portugal.

3 – Para os efeitos do número anterior, sempre que o contrato de seguro cubra riscos situados em mais de um Estado, considera-se constituído por diversos contratos, cada um dizendo respeito a um único Estado.

4 – Não é válido em Portugal o contrato de seguro, sujeito a lei estrangeira, que cubra os riscos identificados no artigo 14.º.

ART. 10.º (Seguros obrigatórios) – Os contratos de seguro obrigatórios na ordem jurídica portuguesa regem-se pela lei portuguesa, sem prejuízo do disposto no n.º 3 do artigo anterior.

Secção II — **IMPERATIVIDADE**

ART. 11.º (Princípio geral) – O contrato de seguro rege-se pelo princípio da liberdade contratual, tendo carácter supletivo as regras constantes do presente regime, com os limites indicados na presente secção e os decorrentes da lei geral.

ART. 12.º (Imperatividade absoluta) – 1 – São absolutamente imperativas, não admitindo convenção em sentido diverso, as disposições constantes da presente secção e dos artigos 16.º, 32.º, 34.º, 36.º, 43.º, 44.º, 54.º, n.º 1, 59.º, 61.º, 80.º, n.ᵒˢ 2 e 3, 117.º, n.º 3, e 119.º.

2 – Nos seguros de grandes riscos admite-se convenção em sentido diverso relativamente às disposições constantes dos artigos 59.º e 61.º

ART. 13.º (Imperatividade relativa) – 1 – São imperativas, podendo ser estabelecido um regime mais favorável ao tomador do seguro, ao segurado ou ao beneficiário da prestação de seguro, as disposições constantes dos artigos 17.º a 26.º, 27.º, 33.º, 35.º, 37.º, 46.º, 60.º, 78.º, 79.º, 86.º, 87.º a 90.º, 91.º, 92.º, n.º 1, 93.º, 94.º, 100.º a 104.º, 107.º n.ᵒˢ 1, 4 e 5, 111.º, n.º 2, 112.º, 114.º, 115.º, 118.º, 126.º, 127.º, 132.º, 133.º, 139.º, n.º 3, 146.º, 147.º, 170.º, 178.º, 185.º, 186.º, 188.º, n.º 1, 189.º, 202.º e 217.º

2 – Nos seguros de grandes riscos não são imperativas as disposições referidas no número anterior.

ART. 14.º (Seguros proibidos) – 1 – Sem prejuízo das regras gerais sobre licitude do conteúdo negocial, é proibida a celebração de contrato de seguro que cubra os seguintes riscos:

a) Responsabilidade criminal, contra-ordenacional ou disciplinar;

b) Rapto, sequestro e outros crimes contra a liberdade pessoal;

c) Posse ou transporte de estupefacientes ou drogas cujo consumo seja interdito;

d) Morte de crianças com idade inferior a 14 anos ou daqueles que por anomalia psíquica ou outra causa se mostrem incapazes de governar a sua pessoa.

REGIME JURÍDICO DO CONTRATO DE SEGURO

[DL n.º 72/2008] 843

2 – A proibição referida da alínea *a*) do número anterior não é extensiva à responsabilidade civil eventualmente associada.

3 – A proibição referida nas alíneas *b*) e *d*) do n.º 1 não abrange o pagamento de prestações estritamente indemnizatórias.

4 – Não é proibida a cobertura do risco de morte por acidente de crianças com idade inferior a 14 anos, desde que contratada por instituições escolares, desportivas ou de natureza análoga que dela não sejam beneficiárias.

ART. 15.º (Proibição de práticas discriminatórias) – 1 – Na celebração, na execução e na cessação do contrato de seguro são proibidas as práticas discriminatórias em violação do princípio da igualdade nos termos previstos no artigo 13.º da Constituição.

2 – São consideradas práticas discriminatórias, em razão da deficiência ou de risco agravado de saúde, as acções ou omissões, dolosas ou negligentes, que violem o princípio da igualdade, implicando para as pessoas naquela situação um tratamento menos favorável do que aquele que seja dado a outra pessoa em situação comparável.

3 – No caso previsto no número anterior, não são proibidas, para efeito de celebração, execução e cessação do contrato de seguro, as práticas e técnicas de avaliação, selecção e aceitação de riscos próprias do segurador que sejam objectivamente fundamentadas, tendo por base dados estatísticos e actuariais rigorosos considerados relevantes nos termos dos princípios da técnica seguradora.

4 – Em caso de recusa de celebração de um contrato de seguro ou de agravamento do respectivo prémio em razão de deficiência ou de risco agravado de saúde, o segurador deve, com base nos dados obtidos nos termos do número anterior, prestar ao proponente informação sobre o rácio entre os factores de risco específicos e os factores de risco de pessoa em situação comparável mas não afectada por aquela deficiência ou risco agravado de saúde, nos termos dos n.ºs 3 a 6 do artigo 178.º.

5 – Para dirimir eventuais divergências resultantes da decisão de recusa ou de agravamento, pode o proponente solicitar a uma comissão tripartida que emita parecer sobre o rácio entre os seus factores de risco específicos e os factores de risco de pessoa em situação comparável mas não afectada por aquela deficiência ou risco agravado de saúde.

6 – O referido parecer é elaborado por uma comissão composta por um representante do Instituto Nacional para a Reabilitação, I. P., um representante do segurador e um representante do Instituto Nacional de Medicina Legal, I. P.

7 – O segurador, através do seu representante na comissão referida nos n.ºs 5 e 6, tem o dever de prestar todas as informações necessárias com vista à elaboração do parecer, nomeadamente, indicando as fontes estatísticas e actuariais consideradas relevantes nos termos do n.º 3, encontrando-se a comissão vinculada ao cumprimento do dever de confidencialidade.

8 – O parecer emitido pela comissão, nos termos do n.º 6, não é vinculativo.

9 – A proibição de discriminação em função do sexo é regulada por legislação especial.

CAPÍTULO II — **Formação do contrato**

Secção I — **SUJEITOS**

ART. 16.º (Autorização legal do segurador) – 1 – O segurador deve estar legalmente autorizado a exercer a actividade seguradora em Portugal, no âmbito do ramo em que actua, nos termos do regime jurídico de acesso e exercício da actividade seguradora.

2 – Sem prejuízo de outras sanções aplicáveis, a violação do disposto no número anterior gera nulidade do contrato, mas não exime aquele que aceitou cobrir o risco de outrem do cumprimento das obrigações que para ele decorreriam do contrato ou da lei caso o negócio fosse válido, salvo havendo má fé da contraparte.

ART. 17.º (Representação do tomador do seguro) – 1 – Sendo o contrato de seguro celebrado por representante do tomador do seguro, são oponíveis a este não só os seus próprios conhecimentos mas também os do representante.

2 – Se o contrato for celebrado por representante sem poderes, o tomador do seguro ou o seu representante com poderes pode ratificá-lo mesmo depois de ocorrido o sinistro, salvo havendo dolo do tomador do seguro, do representante, do segurado ou do beneficiário, ou quando tenha já decorrido um prazo para a ratificação, não inferior a cinco dias, determinado pelo segurador antes da verificação do sinistro.

3 – Quando o segurador desconheça a falta de poderes de representação, o representante fica obrigado ao pagamento do prémio calculado pro rata temporis até ao momento em que o segurador receba ou tenha conhecimento da recusa de ratificação.

Secção II — **INFORMAÇÕES**

Subsecção I — **Deveres de informação do segurador**

ART. 18.º (Regime comum) – Sem prejuízo das menções obrigatórias a incluir na apólice, cabe ao segurador prestar todos os esclarecimentos exigíveis e informar o tomador do seguro das condições do contrato, nomeadamente:

844 [DL n.º 72/2008]   SEGUROS E FUNDOS DE PENSÕES

a) Da sua denominação e do seu estatuto legal;

b) Do âmbito do risco que se propõe cobrir;

c) Das exclusões e limitações de cobertura;

d) Do valor total do prémio, ou, não sendo possível, do seu método de cálculo, assim como das modalidades de pagamento do prémio e das consequências da falta de pagamento;

e) Dos agravamentos ou bónus que possam ser aplicados no contrato, enunciando o respectivo regime de cálculo;

f) Do montante mínimo do capital nos seguros obrigatórios;

g) Do montante máximo a que o segurador se obriga em cada período de vigência do contrato;

h) Da duração do contrato e do respectivo regime de renovação, de denúncia e de livre resolução;

i) Do regime de transmissão do contrato;

j) Do modo de efectuar reclamações, dos correspondentes mecanismos de protecção jurídica e da autoridade de supervisão;

l) Do regime relativo à lei aplicável, nos termos estabelecidos nos artigos 5.º a 10.º, com indicação da lei que o segurador propõe que seja escolhida.

ART. 19.º (Remissão) – 1 – Sendo o contrato de seguro celebrado à distância, às informações referidas no artigo anterior acrescem as previstas em regime especial.

2 – Sendo o tomador do seguro considerado consumidor nos termos legalmente previstos, às informações indicadas no artigo anterior acrescem as previstas noutros diplomas, nomeadamente no regime de defesa do consumidor.

ART. 20.º (Estabelecimento) – Sem prejuízo das obrigações constantes do artigo 18.º, o segurador deve informar o tomador do seguro do local e do nome do Estado em que se situa a sede social e o respectivo endereço, bem como, se for caso disso, da sucursal através da qual o contrato é celebrado e do respectivo endereço.

ART. 21.º (Modo de prestar informações) – 1 – As informações referidas nos artigos anteriores devem ser prestadas de forma clara, por escrito e em língua portuguesa, antes de o tomador do seguro se vincular.

2 – As autoridades de supervisão competentes podem fixar, por regulamento, regras quanto ao suporte das informações a prestar ao tomador do seguro.

3 – No contrato de seguro à distância, o modo de prestação de informações rege-se pela legislação sobre comercialização de contratos financeiros celebrados à distância.

4 – Nas situações previstas no n.º 2 do artigo 36.º, as informações a que se refere o n.º 1 podem ser prestadas noutro idioma.

5 – A proposta de seguro deve conter uma menção comprovativa de que as informações que o segurador tem de prestar foram dadas a conhecer ao tomador do seguro antes de este se vincular.

ART. 22.º (Dever especial de esclarecimento) – 1 – Na medida em que a complexidade da cobertura e o montante do prémio a pagar ou do capital seguro o justifiquem e, bem assim, o meio de contratação o permita, o segurador, antes da celebração do contrato, deve esclarecer o tomador do seguro acerca de que modalidades de seguro, entre as que ofereça, são convenientes para a concreta cobertura pretendida.

2 – No cumprimento do dever referido no número anterior, cabe ao segurador não só responder a todos os pedidos de esclarecimento efectuados pelo tomador do seguro, como chamar a atenção deste para o âmbito da cobertura proposta, nomeadamente exclusões, períodos de carência e regime da cessação do contrato por vontade do segurador, e ainda, nos casos de sucessão ou modificação de contratos, para os riscos de ruptura de garantia.

3 – No seguro em que haja proposta de cobertura de diferentes tipos de risco, o segurador deve prestar esclarecimentos pormenorizados sobre a relação entre as diferentes coberturas.

4 – O dever especial de esclarecimento previsto no presente artigo não é aplicável aos contratos relativos a grandes riscos ou em cuja negociação ou celebração intervenha mediador de seguros, sem prejuízo dos deveres específicos que sobre este impendem nos termos do regime jurídico de acesso e de exercício da actividade de mediação de seguros.

ART. 23.º (Incumprimento) – 1 – O incumprimento dos deveres de informação e de esclarecimento previstos no presente regime faz incorrer o segurador em responsabilidade civil, nos termos gerais.

2 – O incumprimento dos deveres de informação previstos na presente subsecção confere ainda ao tomador do seguro o direito de resolução do contrato, salvo quando a falta do segurador não tenha razoavelmente afectado a decisão de contratar da contraparte ou haja sido accionada a cobertura por terceiro.

3 – O direito de resolução previsto no número anterior deve ser exercido no prazo de 30 dias a contar da recepção da apólice, tendo a cessação efeito retroactivo e o tomador do seguro direito à devolução da totalidade do prémio pago.

4 – O disposto nos números anteriores é aplicável quando as condições da apólice não estejam em conformidade com as informações prestadas antes da celebração do contrato.

REGIME JURÍDICO DO CONTRATO DE SEGURO [DL n.º 72/2008] 845

SUBSECÇÃO II — **Deveres de informação do tomador do seguro ou do segurado**

ART. 24.º (Declaração inicial do risco) – 1 – O tomador do seguro ou o segurado está obrigado, antes da celebração do contrato, a declarar com exactidão todas as circunstâncias que conheça e razoavelmente deva ter por significativas para a apreciação do risco pelo segurador.

2 – O disposto no número anterior é igualmente aplicável a circunstâncias cuja menção não seja solicitada em questionário eventualmente fornecido pelo segurador para o efeito.

3 – O segurador que tenha aceitado o contrato, salvo havendo dolo do tomador do seguro ou do segurado com o propósito de obter uma vantagem, não pode prevalecer-se:

a) Da omissão de resposta a pergunta do questionário;

b) De resposta imprecisa a questão formulada em termos demasiado genéricos;

c) De incoerência ou contradição evidente nas respostas ao questionário;

d) De facto que o seu representante, aquando da celebração do contrato, saiba ser inexacto ou, tendo sido omitido, conheça;

e) De circunstâncias conhecidas do segurador, em especial quando são públicas e notórias.

4 – O segurador, antes da celebração do contrato, deve esclarecer o eventual tomador do seguro ou o segurado acerca do dever referido no n.º 1, bem como do regime do seu incumprimento, sob pena de incorrer em responsabilidade civil, nos termos gerais.

ART. 25.º (Omissões ou inexactidões dolosas) – 1 – Em caso de incumprimento doloso do dever referido no n.º 1 do artigo anterior, o contrato é anulável mediante declaração enviada pelo segurador ao tomador do seguro.

2 – Não tendo ocorrido sinistro, a declaração referida no número anterior deve ser enviada no prazo de três meses a contar do conhecimento daquele incumprimento.

3 – O segurador não está obrigado a cobrir o sinistro que ocorra antes de ter tido conhecimento do incumprimento doloso referido no n.º 1 ou no decurso do prazo previsto no número anterior, seguindo-se o regime geral da anulabilidade.

4 – O segurador tem direito ao prémio devido até ao final do prazo referido no n.º 2, salvo se tiver concorrido dolo ou negligência grosseira do segurador ou do seu representante.

5 – Em caso de dolo do tomador do seguro ou do segurado com o propósito de obter uma vantagem, o prémio é devido até ao termo do contrato.

ART. 26.º (Omissões ou inexactidões negligentes) – 1 – Em caso de incumprimento com negligência do dever referido no n.º 1 do artigo 24.º, o segurador pode, mediante declaração a enviar ao tomador do seguro, no prazo de três meses a contar do seu conhecimento:

a) Propor uma alteração do contrato, fixando um prazo, não inferior a 14 dias, para o envio da aceitação ou, caso a admita, da contraproposta;

b) Fazer cessar o contrato, demonstrando que, em caso algum, celebra contratos para a cobertura de riscos relacionados com o facto omitido ou declarado inexactamente.

2 – O contrato cessa os seus efeitos 30 dias após o envio da declaração de cessação ou 20 dias após a recepção pelo tomador do seguro da proposta de alteração, caso este nada responda ou a rejeite.

3 – No caso referido no número anterior, o prémio é devolvido pro rata temporis atendendo à cobertura havida.

4 – Se, antes da cessação ou da alteração do contrato, ocorrer um sinistro cuja verificação ou consequências tenham sido influenciadas por facto relativamente ao qual tenha havido omissões ou inexactidões negligentes:

a) O segurador cobre o sinistro na proporção da diferença entre o prémio pago e o prémio que seria devido, caso, aquando da celebração do contrato, tivesse conhecido o facto omitido ou declarado inexactamente;

b) O segurador, demonstrando que, em caso algum, teria celebrado o contrato se tivesse conhecido o facto omitido ou declarado inexactamente, não cobre o sinistro e fica apenas vinculado à devolução do prémio.

SECÇÃO III — **CELEBRAÇÃO DO CONTRATO**

ART. 27.º (Valor do silêncio do segurador) – 1 – O contrato de seguro individual em que o tomador do seguro seja uma pessoa singular tem-se por concluído nos termos propostos em caso de silêncio do segurador durante 14 dias contados da recepção de proposta do tomador do seguro feita em impresso do próprio segurador, devidamente preenchido, acompanhado dos documentos que o segurador tenha indicado como necessários e entregado ou recebido no local indicado pelo segurador.

2 – O disposto no número anterior aplica-se ainda quando o segurador tenha autorizado a proposta feita de outro modo e indicado as informações e os documentos necessários à sua completude, se o tomador do seguro tiver seguido as instruções do segurador.

3 – O contrato celebrado nos termos dos números anteriores rege-se pelas condições contratuais e pela tarifa do segurador em vigor na data da celebração.

4 – Sem prejuízo de eventual responsabilidade civil, não é aplicável o disposto nos números anteriores quando o segurador demonstre que, em caso algum, celebra contratos com as características constantes da proposta.

846   [DL n.º 72/2008]   SEGUROS E FUNDOS DE PENSÕES

Secção IV — **MEDIAÇÃO**

ART. 28.º (Regime comum) – Sem prejuízo da aplicação das regras contidas no presente regime, ao contrato de seguro celebrado com a intervenção de um mediador de seguros é aplicável o regime jurídico de acesso e de exercício da actividade de mediação de seguros.

ART. 29.º (Deveres de informação específicos) – Quando o contrato de seguro seja celebrado com intervenção de um mediador de seguros, aos deveres de informação constantes da secção ii do presente capítulo acrescem os deveres de informação específicos estabelecidos no regime jurídico de acesso e de exercício da actividade de mediação de seguros.

ART. 30.º (Representação aparente) – 1 – O contrato de seguro que o mediador de seguros, agindo em nome do segurador, celebre sem poderes específicos para o efeito é ineficaz em relação a este, se não for por ele ratificado, sem prejuízo do disposto no n.º 3.

2 – Considera-se o contrato de seguro ratificado se o segurador, logo que tenha conhecimento da sua celebração e do conteúdo do mesmo, não manifestar ao tomador do seguro de boa fé, no prazo de cinco dias a contar daquele conhecimento, a respectiva oposição.

3 – O contrato de seguro que o mediador de seguros, agindo em nome do segurador, celebre sem poderes específicos para o efeito é eficaz em relação a este se tiverem existido razões ponderosas, objectivamente apreciadas, tendo em conta as circunstâncias do caso, que justifiquem a confiança do tomador do seguro de boa fé na legitimidade do mediador de seguros, desde que o segurador tenha igualmente contribuído para fundar a confiança do tomador do seguro.

ART. 31.º (Comunicações através de mediador de seguros) – 1 – Quando o mediador de seguros actue em nome e com poderes de representação do tomador do seguro, as comunicações, a prestação de informações e a entrega de documentos ao segurador, ou pelo segurador ao mediador, produzem efeitos como se fossem realizadas pelo tomador do seguro ou perante este, salvo indicação sua em contrário.

2 – Quando o mediador de seguros actue em nome e com poderes de representação do segurador, os mesmos actos realizados pelo tomador do seguro, ou a ele dirigidos pelo mediador, produzem efeitos relativamente ao segurador como se fossem por si ou perante si directamente realizados.

Secção V — **FORMA DO CONTRATO E APÓLICE DE SEGURO**

ART. 32.º (Forma) – 1 – A validade do contrato de seguro não depende da observância de forma especial.

2 – O segurador é obrigado a formalizar o contrato num instrumento escrito, que se designa por apólice de seguro, e a entregá-lo ao tomador do seguro.

3 – A apólice deve ser datada e assinada pelo segurador.

ART. 33.º (Mensagens publicitárias) – 1 – O contrato de seguro integra as mensagens publicitárias concretas e objectivas que lhe respeitem, ficando excluídas do contrato as cláusulas que as contrariem, salvo se mais favoráveis ao tomador do seguro ou ao beneficiário.

2 – Não se aplica o disposto no número anterior quando tenha decorrido um ano entre o fim da emissão dessas mensagens publicitárias e a celebração do contrato, ou quando as próprias mensagens fixem um período de vigência e o contrato tenha sido celebrado fora desse período.

ART. 34.º (Entrega da apólice) – 1 – A apólice deve ser entregue ao tomador do seguro aquando da celebração do contrato ou ser-lhe enviada no prazo de 14 dias nos seguros de riscos de massa, salvo se houver motivo justificado, ou no prazo que seja acordado nos seguros de grandes riscos.

2 – Quando convencionado, pode o segurador entregar a apólice ao tomador do seguro em suporte electrónico duradouro.

3 – Entregue a apólice de seguro, não são oponíveis pelo segurador cláusulas que dela não constem, sem prejuízo do regime do erro negocial.

4 – Havendo atraso na entrega da apólice, não são oponíveis pelo segurador cláusulas que não constem de documento escrito assinado pelo tomador do seguro ou a ele anteriormente entregue.

5 – O tomador do seguro pode a qualquer momento exigir a entrega da apólice de seguro, mesmo após a cessação do contrato.

6 – Decorrido o prazo referido no n.º 1 e enquanto a apólice não for entregue, o tomador do seguro pode resolver o contrato, tendo a cessação efeito retroactivo e o tomador do seguro direito à devolução da totalidade do prémio pago.

ART. 35.º (Consolidação do contrato) – Decorridos 30 dias sobre a data da entrega da apólice sem que o tomador do seguro haja invocado qualquer desconformidade entre o acordado e o conteúdo da apólice, só são invocáveis divergências que resultem de documento escrito ou de outro suporte duradouro.

ART. 36.º (Redacção e língua da apólice) – 1 – A apólice de seguro é redigida de modo compreensível, conciso e rigoroso, e em caracteres bem legíveis, usando palavras e expressões da linguagem corrente sempre que não seja imprescindível o uso de termos legais ou técnicos.

REGIME JURÍDICO DO CONTRATO DE SEGURO [DL n.º 72/2008] 847

2 – A apólice de seguro é redigida em língua portuguesa, salvo no caso de o tomador do seguro solicitar que seja redigida noutro idioma, na sequência de acordo das partes anterior à emissão da apólice.

3 – No caso de seguro obrigatório é entregue a versão da apólice em português, que prevalece sobre a versão redigida noutro idioma.

ART. 37.º (Texto da apólice) – 1 – A apólice inclui todo o conteúdo do acordado pelas partes, nomeadamente as condições gerais, especiais e particulares aplicáveis.

2 – Da apólice devem constar, no mínimo, os seguintes elementos:

a) A designação de «apólice» e a identificação completa dos documentos que a compõem;

b) A identificação, incluindo o número de identificação fiscal, e o domicílio das partes, bem como, justificando-se, os dados do segurado, do beneficiário e do representante do segurador para efeito de sinistros;

c) A natureza do seguro;

d) Os riscos cobertos;

e) O âmbito territorial e temporal do contrato;

f) Os direitos e obrigações das partes, assim como do segurado e do beneficiário;

g) O capital seguro ou o modo da sua determinação;

h) O prémio ou a fórmula do respectivo cálculo;

i) O início de vigência do contrato, com indicação de dia e hora, e a sua duração;

j) O conteúdo da prestação do segurador em caso de sinistro ou o modo de o determinar;

l) A lei aplicável ao contrato e as condições de arbitragem.

3 – A apólice deve incluir, ainda, escritas em caracteres destacados e de maior dimensão do que os restantes:

a) As cláusulas que estabeleçam causas de invalidade, de prorrogação, de suspensão ou de cessação do contrato por iniciativa de qualquer das partes;

b) As cláusulas que estabeleçam o âmbito das coberturas, designadamente a sua exclusão ou limitação;

c) As cláusulas que imponham ao tomador do seguro ou ao beneficiário deveres de aviso dependentes de prazo.

4 – Sem prejuízo do disposto quanto ao dever de entregar a apólice e da responsabilidade a que haja lugar, a violação do disposto nos números anteriores dá ao tomador do seguro o direito de resolver o contrato nos termos previstos nos n.ºs 2 e 3 do artigo 23.º e, a qualquer momento, de exigir a correcção da apólice.

ART. 38.º (Apólice nominativa, à ordem e ao portador) – 1 – A apólice de seguro pode ser nominativa, à ordem ou ao portador, sendo nominativa na falta de estipulação das partes quanto à respectiva modalidade.

2 – O endosso da apólice à ordem transfere os direitos contratuais do endossante tomador do seguro ou segurado, sem prejuízo de o contrato de seguro poder autorizar um endosso parcial.

3 – A entrega da apólice ao portador transfere os direitos contratuais do portador que seja tomador do seguro ou segurado, salvo convenção em contrário.

4 – A apólice nominativa deve ser entregue pelo tomador do seguro a quem lhe suceda em caso de cessão da posição contratual, sendo que, em caso de cessão de crédito, o tomador do seguro deve entregar cópia da apólice.

CAPÍTULO III — Vigência do contrato

ART. 39.º (Produção de efeitos) – Sem prejuízo do disposto nos artigos seguintes e salvo convenção em contrário, o contrato de seguro produz efeitos a partir das 0 horas do dia seguinte ao da sua celebração.

ART. 40.º (Duração) – Na falta de estipulação das partes, o contrato de seguro vigora pelo período de um ano.

ART. 41.º (Prorrogação) – 1 – Salvo convenção em contrário, o contrato de seguro celebrado pelo período inicial de um ano prorroga-se sucessivamente, no final do termo estipulado, por novos períodos de um ano.

2 – Salvo convenção em contrário, o contrato de seguro celebrado por um período inicial inferior ou superior a um ano não se prorroga no final do termo estipulado.

3 – Considera-se como único contrato aquele que seja objecto de prorrogação.

ART. 42.º (Cobertura do risco) – 1 – A data de início da cobertura do seguro pode ser fixada pelas partes no contrato, sem prejuízo do disposto no artigo 59.º.

2 – As partes podem convencionar que a cobertura abranja riscos anteriores à data da celebração do contrato, sem prejuízo do disposto no artigo 44.º.

CAPÍTULO IV — Conteúdo do contrato

Secção I — INTERESSE E RISCO

ART. 43.º (Interesse) – 1 – O segurado deve ter um interesse digno de protecção legal relativamente ao risco coberto, sob pena de nulidade do contrato.

848 [DL n.º 72/2008]   SEGUROS E FUNDOS DE PENSÕES

2 – No seguro de danos, o interesse respeita à conservação ou à integridade de coisa, direito ou património seguros.

3 – No seguro de vida, a pessoa segura que não seja beneficiária tem ainda de dar o seu consentimento para a cobertura do risco, salvo quando o contrato resulta do cumprimento de disposição legal ou de instrumento de regulamentação colectiva de trabalho.

ART. 44.º (Inexistência do risco) – 1 – Salvo nos casos legalmente previstos, o contrato de seguro é nulo se, aquando da celebração, o segurador, o tomador do seguro ou o segurado tiver conhecimento de que o risco cessou.

2 – O segurador não cobre sinistros anteriores à data da celebração do contrato quando o tomador do seguro ou o segurado deles tivesse conhecimento nessa data.

3 – O contrato de seguro não produz efeitos relativamente a um risco futuro que não chegue a existir.

4 – Nos casos previstos nos números anteriores, o tomador do seguro tem direito à devolução do prémio pago, deduzido das despesas necessárias à celebração do contrato suportadas pelo segurador de boa fé.

5 – Em caso de má fé do tomador do seguro, o segurador de boa fé tem direito a reter o prémio pago.

6 – Presume-se a má fé do tomador do seguro se o segurado tiver conhecimento, aquando da celebração do contrato de seguro, de que ocorreu o sinistro.

ART. 45.º (Conteúdo) – 1 – As condições especiais e particulares não podem modificar a natureza dos riscos cobertos tendo em conta o tipo de contrato de seguro celebrado.

2 – O contrato de seguro pode excluir a cobertura, entre outros, dos riscos derivados de guerra, insurreição ou terrorismo.

ART. 46.º (Actos dolosos) – 1 – Salvo disposição legal ou regulamentar em sentido diverso, assim como convenção em contrário não ofensiva da ordem pública quando a natureza da cobertura o permita, o segurador não é obrigado a efectuar a prestação convencionada em caso de sinistro causado dolosamente pelo tomador do seguro ou pelo segurado.

2 – O beneficiário que tenha causado dolosamente o dano não tem direito à prestação.

SECÇÃO II — **SEGURO POR CONTA PRÓPRIA E DE OUTREM**

ART. 47.º (Seguro por conta própria) – 1 – No seguro por conta própria, o contrato tutela o interesse próprio do tomador do seguro.

2 – Se o contrário não resultar do contrato ou do conjunto de circunstâncias atendíveis, o seguro considera-se contratado por conta própria.

3 – Se o interesse do tomador do seguro for parcial, sendo o seguro efectuado na sua totalidade por conta própria, o contrato considera-se feito por conta de todos os interessados, salvo disposição legal ou contratual em contrário.

ART. 48.º (Seguro por conta de outrem) – 1 – No seguro por conta de outrem, o tomador do seguro actua por conta do segurado, determinado ou indeterminado.

2 – O tomador do seguro cumpre as obrigações resultantes do contrato, com excepção das que só possam ser cumpridas pelo segurado.

3 – Salvo estipulação em contrário em conformidade com o disposto no artigo 43.º, o segurado é o titular dos direitos emergentes do contrato, e o tomador do seguro, mesmo na posse da apólice, não os pode exercer sem o consentimento daquele.

4 – Salvo estipulação em contrário, o tomador do seguro pode opor-se à prorrogação automática do contrato, denunciando-o, mesmo contra a vontade do segurado.

5 – Na falta de disposição legal ou contratual em contrário, são oponíveis ao segurado os meios de defesa derivados do contrato de seguro, mas não aqueles que advenham de outras relações entre o segurador e o tomador do seguro.

6 – No seguro por conta de quem pertencer e nos casos em que o contrato tutele indiferentemente um interesse próprio ou alheio, os n.ᵒˢ 2 a 5 são aplicáveis quando se conclua tratar-se de um seguro de interesse alheio.

SECÇÃO III — **CLÁUSULAS ESPECÍFICAS**

ART. 49.º (Capital seguro) – 1 – O capital seguro representa o valor máximo da prestação a pagar pelo segurador por sinistro ou anuidade de seguro, consoante o que esteja estabelecido no contrato.

2 – Salvo quando seja determinado por lei, cabe ao tomador do seguro indicar ao segurador, quer no início, quer durante a vigência do contrato, o valor da coisa, direito ou património a que respeita o contrato, para efeito da determinação do capital seguro.

3 – As partes podem fixar franquias, escalões de indemnização e outras previsões contratuais que condicionem o valor da prestação a realizar pelo segurador.

ART. 50.º (Perícia arbitral) – 1 – Em caso de divergência na determinação das causas, circunstâncias e consequências do sinistro, esse apuramento pode ser cometido a peritos árbitros nomeados pelas partes, nos termos previstos no contrato ou em convenção posterior.

REGIME JURÍDICO DO CONTRATO DE SEGURO

[DL n.º 72/2008] 849

2 – Salvo convenção em contrário, a determinação pelos peritos árbitros das causas, circunstâncias e consequências do sinistro é vinculativa para o segurador, para o tomador do seguro e para o segurado.

Secção IV — **PRÉMIO**

Subsecção I — **Disposições comuns**

ART. 51.º (Noção) – 1 – O prémio é a contrapartida da cobertura acordada e inclui tudo o que seja contratualmente devido pelo tomador do seguro, nomeadamente os custos da cobertura do risco, os custos de aquisição, de gestão e de cobrança e os encargos relacionados com a emissão da apólice.

2 – Ao prémio acrescem os encargos fiscais e parafiscais a suportar pelo tomador do seguro.

ART. 52.º (Características) – 1 – Salvo disposição legal em sentido contrário, o montante do prémio e as regras sobre o seu cálculo e determinação são estipulados no contrato de seguro, ao abrigo da liberdade contratual.

2 – Na falta ou insuficiência de determinação do prémio pelas partes, atende-se a que o prémio deve ser adequado e proporcionado aos riscos a cobrir pelo segurador e calculado no respeito dos princípios da técnica seguradora, sem prejuízo de eventuais especificidades de certas categorias de seguros e de circunstâncias concretas dos riscos assumidos.

3 – O prémio corresponde ao período de duração do contrato, sendo, salvo disposição em contrário, devido por inteiro.

4 – Por acordo das partes, o pagamento do prémio pode ser fraccionado.

ART. 53.º (Vencimento) – 1 – Salvo convenção em contrário, o prémio inicial, ou a primeira fracção deste, é devido na data da celebração do contrato.

2 – As fracções seguintes do prémio inicial, o prémio de anuidades subsequentes e as sucessivas fracções deste são devidos nas datas estabelecidas no contrato.

3 – A parte do prémio de montante variável relativa a acerto do valor e, quando seja o caso, a parte do prémio correspondente a alterações ao contrato são devidas nas datas indicadas nos respectivos avisos.

ART. 54.º (Modo de efectuar o pagamento) – 1 – O prémio de seguro só pode ser pago em numerário, por cheque bancário, transferência bancária ou vale postal, cartão de crédito ou de débito ou outro meio electrónico de pagamento.

2 – O pagamento do prémio por cheque fica subordinado à condição da sua boa cobrança e, verificada esta, considera-se feito na data da recepção daquele.

3 – O pagamento por débito em conta fica subordinado à condição da não anulação posterior do débito por retractação do autor do pagamento no quadro de legislação especial que a permita.

4 – A falta de cobrança do cheque ou a anulação do débito equivale à falta de pagamento do prémio, sem prejuízo do disposto no n.º 4 do artigo 57.º.

5 – A dívida de prémio pode ainda ser extinta por compensação com crédito reconhecido, exigível e líquido até ao montante a compensar, mediante declaração de uma das partes à outra, desde que se verifiquem os demais requisitos da compensação.

6 – Nos seguros de pessoas, é lícito às partes convencionar outros meios e modalidades de pagamento do prémio, desde que respeitem as disposições legais e regulamentares em vigor.

ART. 55.º (Pagamento por terceiro) – 1 – O prémio pode ser pago, nos termos previstos na lei ou no contrato, por terceiro, interessado ou não no cumprimento da obrigação, sem que o segurador possa recusar o recebimento.

2 – Do contrato de seguro pode resultar que ao terceiro interessado, titular de direitos ressalvados no contrato, seja conferido o direito de proceder ao pagamento do prémio já vencido, desde que esse pagamento seja efectuado num período não superior a 30 dias subsequentes à data de vencimento.

3 – O pagamento do prémio ao abrigo do disposto no número anterior determina a reposição em vigor do contrato, podendo dispor-se que o pagamento implique a cobertura do risco entre a data do vencimento e a data do pagamento do prémio.

4 – O segurador não cobre sinistro ocorrido entre a data do vencimento e a data do pagamento do prémio de que o beneficiário tivesse conhecimento.

ART. 56.º (Recibo e declaração de existência do seguro) – 1 – Recebido o prémio, o segurador emite o correspondente recibo, podendo, se necessário, emitir um recibo provisório.

2 – O recibo de prémio pago por cheque ou por débito em conta, bem como a declaração ou o certificado relativo à prova da existência do contrato de seguro comprovam o efectivo pagamento do prémio, se a quantia for percebida pelo segurador.

ART. 57.º (Mora) – 1 – A falta de pagamento do prémio na data do vencimento constitui o tomador do seguro em mora.

850 [DL n.º 72/2008]   SEGUROS E FUNDOS DE PENSÕES

2 – Sem prejuízo das regras gerais, os efeitos da falta de pagamento do prémio são:
a) Para a generalidade dos seguros, os que decorrem do disposto nos artigos 59.º e 61.º;
b) Para os seguros indicados no artigo 58.º, os que sejam estipulados nas condições contratuais.
3 – A cessação do contrato de seguro por efeito do não pagamento do prémio, ou de parte ou fracção deste, não exonera o tomador do seguro da obrigação de pagamento do prémio correspondente ao período em que o contrato haja vigorado, acrescido dos juros de mora devidos.
4 – Em caso de mora do segurador relativamente à percepção do prémio, considera-se o pagamento efectuado na data em que foi disponibilizado o meio para a sua realização.

SUBSECÇÃO II — **Regime especial**

ART. 58.º (Âmbito de aplicação) – O disposto nos artigos 59.º a 61.º não se aplica aos seguros e operações regulados no capítulo respeitante ao seguro de vida, aos seguros de colheitas e pecuário, aos seguros mútuos em que o prémio seja pago com o produto de receitas e aos seguros de cobertura de grandes riscos, salvo na medida em que essa aplicação decorra de estipulação das partes e não se oponha à natureza do vínculo.

ART. 59.º (Cobertura) – A cobertura dos riscos depende do prévio pagamento do prémio.

ART. 60.º (Aviso de pagamento) – 1 – Na vigência do contrato, o segurador deve avisar por escrito o tomador do seguro do montante a pagar, assim como da forma e do lugar de pagamento, com uma antecedência mínima de 30 dias em relação à data em que se vence o prémio, ou fracções deste.
2 – Do aviso devem constar, de modo legível, as consequências da falta de pagamento do prémio ou de sua fracção.
3 – Nos contratos de seguro em que seja convencionado o pagamento do prémio em fracções de periodicidade igual ou inferior a três meses e em cuja documentação contratual se indiquem as datas de vencimento das sucessivas fracções do prémio e os respectivos valores a pagar, bem como as consequências do seu não pagamento, o segurador pode optar por não enviar o aviso referido no n.º 1, cabendo-lhe, nesse caso, a prova da emissão, da aceitação e do envio ao tomador do seguro da documentação contratual referida neste número.

ART. 61.º (Falta de pagamento) – 1 – A falta de pagamento do prémio inicial, ou da primeira fracção deste, na data do vencimento, determina a resolução automática do contrato a partir da data da sua celebração.
2 – A falta de pagamento do prémio de anuidades subsequentes, ou da primeira fracção deste, na data do vencimento, impede a prorrogação do contrato.
3 – A falta de pagamento determina a resolução automática do contrato na data do vencimento de:
a) Uma fracção do prémio no decurso de uma anuidade;
b) Um prémio de acerto ou parte de um prémio de montante variável;
c) Um prémio adicional resultante de uma modificação do contrato fundada num agravamento superveniente do risco.
4 – O não pagamento, até à data do vencimento, de um prémio adicional resultante de uma modificação contratual determina a ineficácia da alteração, subsistindo o contrato com o âmbito e nas condições que vigoravam antes da pretendida modificação, a menos que a subsistência do contrato se revele impossível, caso em que se considera resolvido na data do vencimento do prémio não pago.

CAPÍTULO V — **Co-seguro**

SECÇÃO I — **DISPOSIÇÕES COMUNS**

ART. 62.º (Noção) – No co-seguro verifica-se a cobertura conjunta de um risco por vários seguradores, denominados co-seguradores, de entre os quais um é o líder, sem solidariedade entre eles, através de um contrato de seguro único, com as mesmas garantias e idêntico período de duração e com um prémio global.

ART. 63.º (Apólice única) – O contrato de co-seguro é titulado por uma apólice única, emitida pelo líder na qual deve figurar a quota-parte do risco ou a parte percentual do capital assumida por cada co-segurador.

ART. 64.º (Âmbito da responsabilidade de cada co-segurador) – No contrato de co-seguro, cada co-segurador responde apenas pela quota-parte do risco garantido ou pela parte percentual do capital seguro assumido.

ART. 65.º (Funções do co-segurador líder) – 1 – Cabe ao líder do co-seguro exercer, em seu próprio nome e em nome dos restantes co-seguradores, as seguintes funções em relação à globalidade do contrato:
a) Receber do tomador do seguro a declaração do risco a segurar, bem como as declarações posteriores de agravamento ou de diminuição desse mesmo risco;
b) Fazer a análise do risco e estabelecer as condições do seguro e a respectiva tarifação;
c) Emitir a apólice, sem prejuízo de esta dever ser assinada por todos os co-seguradores;
d) Proceder à cobrança dos prémios, emitindo os respectivos recibos;
e) Desenvolver, se for caso disso, as acções previstas nas disposições legais aplicáveis em caso de falta de pagamento de um prémio ou de uma fracção de prémio;

REGIME JURÍDICO DO CONTRATO DE SEGURO [DL n.º 72/2008] 851

f) Receber as participações de sinistros e proceder à sua regularização;

g) Aceitar e propor a cessação do contrato.

2 – Podem ainda, mediante acordo entre os co-seguradores, ser atribuídas ao líder outras funções para além das referidas no número anterior.

3 – Estando previsto que o líder deve proceder, em seu próprio nome e em nome dos restantes co-seguradores, à liquidação global do sinistro, em derrogação do disposto na alínea *c)* do n.º 1, a apólice pode ser assinada apenas pelo co-segurador líder, em nome de todos os co-seguradores, mediante acordo escrito entre todos, que deve ser mencionado na apólice.

ART. 66.º (Acordo entre os co-seguradores) – Relativamente a cada contrato de co-seguro deve ser estabelecido entre os respectivos co-seguradores um acordo expresso relativo às relações entre todos e entre cada um e o líder, do qual devem, sem prejuízo do disposto no n.º 1 do artigo anterior, constar, pelo menos, os seguintes aspectos:

a) Valor da taxa de gestão, no caso de as funções exercidas pelo líder serem remuneradas;

b) Forma de transmissão de informações e de prestação de contas pelo líder a cada um dos co-seguradores;

c) Sistema de liquidação de sinistros.

ART. 67.º (Responsabilidade civil do líder) – O líder é civilmente responsável perante os restantes co-seguradores pelos danos decorrentes do não cumprimento das funções que lhe sejam atribuídas.

ART. 68.º (Liquidação de sinistros) – Os sinistros decorrentes de um contrato de co-seguro podem ser liquidados através de qualquer das seguintes modalidades, a constar expressamente da respectiva apólice:

a) O líder procede, em seu próprio nome e em nome dos restantes co-seguradores, à liquidação global do sinistro;

b) Cada um dos co-seguradores procede à liquidação da parte do sinistro proporcional à quota-parte do risco que garantiu ou à parte percentual do capital que assumiu.

ART. 69.º (Proposição de acções judiciais) – 1 – A acção judicial decorrente de um contrato de co-seguro deve ser intentada contra todos os co-seguradores, salvo se o litígio se relacionar com a liquidação de um sinistro e tiver sido adoptada, na apólice respectiva, a modalidade referida na alínea *b)* do artigo anterior.

2 – O contrato de co-seguro pode estipular que a acção judicial seja intentada contra o líder em substituição processual dos restantes co-seguradores.

Secção II — CO-SEGURO COMUNITÁRIO

ART. 70.º (Noção) – No co-seguro comunitário verifica-se a cobertura conjunta de um risco por vários seguradores estabelecidos em diferentes Estados membros da União Europeia, denominados co-seguradores, de entre os quais um é o líder, sem solidariedade entre eles, através de um contrato de seguro único, com as mesmas garantias e idêntico período de duração e com um prémio global.

ART. 71.º (Requisito) – O co-seguro comunitário apenas é admitido em relação aos contratos cujo objecto se destine a cobrir grandes riscos.

CAPÍTULO VI — Resseguro

ART. 72.º (Noção) – O resseguro é o contrato mediante o qual uma das partes, o ressegurador, cobre riscos de um segurador ou de outro ressegurador.

ART 73.º (Regime subsidiário) – A relação entre o ressegurador e o ressegurado é regulada pelo contrato de resseguro, aplicando-se subsidiariamente as normas do regime jurídico do contrato de seguro com ele compatíveis.

ART. 74.º (Forma) – Sem prejuízo do disposto no n.º 1 do artigo 32.º, o contrato de resseguro é formalizado num instrumento escrito, identificando os riscos cobertos.

ART. 75.º (Efeitos em relação a terceiros) – 1 – Salvo previsão legal ou estipulação no contrato de resseguro, deste contrato não decorrem quaisquer relações entre os tomadores do seguro e o ressegurador.

2 – O disposto no número anterior não obsta à eficácia da atribuição a terceiros, pelo segurador, da titularidade ou do exercício de direitos que lhe advenham do contrato de resseguro, quando permitida pela lei geral.

CAPÍTULO VII — Seguro de grupo

Secção I — DISPOSIÇÕES COMUNS

ART. 76.º (Noção) – O contrato de seguro de grupo cobre riscos de um conjunto de pessoas ligadas ao tomador do seguro por um vínculo que não seja o de segurar.

852   [DL n.º 72/2008]   SEGUROS E FUNDOS DE PENSÕES

ART. 77.º **(Modalidades)** – 1 – O seguro de grupo pode ser contributivo ou não contributivo.

2 – O seguro de grupo diz-se contributivo quando do contrato de seguro resulta que os segurados suportam, no todo ou em parte, o pagamento do montante correspondente ao prémio devido pelo tomador do seguro.

3 – No seguro contributivo pode ser acordado que os segurados paguem directamente ao segurador a respectiva parte do prémio.

ART. 78.º **(Dever de informar)** – 1 – Sem prejuízo do disposto nos artigos 18.º a 21.º, que são aplicáveis com as necessárias adaptações, o tomador do seguro deve informar os segurados sobre as coberturas contratadas e as suas exclusões, as obrigações e os direitos em caso de sinistro, bem como sobre as alterações ao contrato, em conformidade com um espécimen elaborado pelo segurador.

2 – No seguro de pessoas, o tomador do seguro deve ainda informar as pessoas seguras do regime de designação e alteração do beneficiário.

3 – Compete ao tomador do seguro provar que forneceu as informações referidas nos números anteriores.

4 – O segurador deve facultar, a pedido dos segurados, todas as informações necessárias para a efectiva compreensão do contrato.

5 – O contrato de seguro pode prever que o dever de informar referido nos n.ºs 1 e 2 seja assumido pelo segurador.

ART. 79.º **(Incumprimento do dever de informar)** – O incumprimento do dever de informar faz incorrer aquele sobre quem o dever impende em responsabilidade civil nos termos gerais.

ART. 80.º **(Pagamento do prémio)** – 1 – Salvo quando tenha sido acordado que o segurado pague directamente o prémio ao segurador, a obrigação de pagamento do prémio impende sobre o tomador do seguro.

2 – A falta de pagamento do prémio por parte do tomador do seguro tem as consequências previstas nos artigos 59.º e 61.º.

3 – No seguro contributivo em que o segurado deva pagar o prémio directamente ao segurador, o disposto nos artigos 59.º e 61.º aplica-se apenas à cobertura do segurado.

ART. 81.º **(Designação beneficiária)** – Salvo convenção em contrário, no seguro de pessoas a pessoa segura designa o beneficiário, aplicando-se no demais o regime geral da designação beneficiária.

ART. 82.º **(Denúncia pelo segurado)** – 1 – Após a comunicação de alterações ao contrato de seguro de grupo, qualquer segurado pode denunciar o vínculo resultante da adesão, salvo nos casos de adesão obrigatória em virtude de relação estabelecida com o tomador do seguro.

2 – A denúncia prevista no número anterior respeita ao segurado que a invoque, não afectando a eficácia do contrato nem a cobertura dos restantes segurados.

3 – A denúncia é feita por declaração escrita enviada com uma antecedência de 30 dias ao tomador do seguro ou, quando o contrato o determine, ao segurador.

ART. 83.º **(Exclusão do segurado)** – 1 – O segurado pode ser excluído do seguro de grupo em caso de cessação do vínculo com o tomador do seguro ou, no seguro contributivo, quando não entregue ao tomador do seguro a quantia destinada ao pagamento do prémio.

2 – O segurado pode ainda ser excluído quando ele ou o beneficiário, com o conhecimento daquele, pratique actos fraudulentos em prejuízo do segurador ou do tomador do seguro.

3 – O contrato de seguro de grupo deve definir o procedimento de exclusão do segurado e os termos em que a exclusão produz efeitos.

ART. 84.º **(Cessação do contrato)** – 1 – O tomador do seguro pode fazer cessar o contrato por revogação, denúncia ou resolução, nos termos gerais.

2 – O tomador do seguro deve comunicar ao segurado a extinção da cobertura decorrente da cessação do contrato de seguro.

3 – A comunicação prevista no número anterior é feita com a antecedência de 30 dias em caso de revogação ou denúncia do contrato.

4 – Não sendo respeitada a antecedência por facto a este imputável, o tomador do seguro responde pelos danos a que der origem.

ART. 85.º **(Manutenção da cobertura)** – Em caso de exclusão do segurado ou de cessação do contrato de seguro de grupo, o segurado tem direito à manutenção da cobertura de que beneficiava, quando e nas condições em que o contrato o preveja.

Secção II — **SEGURO DE GRUPO CONTRIBUTIVO**

ART. 86.º **(Âmbito)** – Ao seguro de grupo contributivo é ainda aplicável o regime especial previsto nesta secção.

REGIME JURÍDICO DO CONTRATO DE SEGURO [DL n.º 72/2008] 853

ART. 87.º (Dever adicional de informar) – 1 – Adicionalmente à informação prestada nos termos do artigo 78.º, o tomador de um seguro de grupo contributivo, que seja simultaneamente beneficiário do mesmo, deve informar os segurados do montante das remunerações que lhe sejam atribuídas em função da sua intervenção no contrato, independentemente da forma e natureza que assumam, bem como da dimensão relativa que tais remunerações representam em proporção do valor total do prémio do referido contrato.

2 – Na vigência de um contrato de seguro de grupo contributivo, o tomador do seguro deve fornecer aos segurados todas as informações a que um tomador de um seguro individual teria direito em circunstâncias análogas.

3 – O incumprimento dos deveres previstos nos números anteriores determina a obrigação de o tomador do seguro suportar a parte do prémio correspondente ao segurado, sem perda das respectivas garantias, até à data de renovação do contrato ou respectiva data aniversária.

ART. 88.º (Adesão ao contrato) – 1 – A adesão a um seguro de grupo contributivo em que o segurado seja pessoa singular considera-se efectuada nos termos propostos se, decorridos 30 dias após a recepção da proposta de adesão pelo tomador do seguro que seja simultaneamente mediador de seguros com poderes de representação, o segurador não tiver notificado o proponente da recusa ou da necessidade de recolher informações essenciais à avaliação do risco.

2 – O disposto no número anterior é igualmente aplicável no caso em que, tendo sido solicitadas informações essenciais à avaliação do risco, o segurador não notifique o proponente da recusa no prazo de 30 dias após a prestação dessas informações, independentemente de estas lhe serem prestadas directamente ou através do tomador do seguro que seja simultaneamente mediador de seguros com poderes de representação.

3 – Para efeitos do disposto nos números anteriores, o segurador ou o tomador do seguro de grupo contributivo deve fornecer ao proponente cópia da respectiva proposta ou dos documentos em que sejam prestadas informações essenciais à avaliação do risco, nos quais esteja averbada indicação da data em que foram recebidos.

4 – O tomador do seguro de grupo contributivo responde perante o segurador pelos danos decorrentes da falta de entrega da proposta ou dos documentos em que sejam prestadas informações essenciais à avaliação do risco ou da respectiva entrega tardia.

ART. 89.º (Condições da declaração de adesão) – Da declaração de adesão a um seguro de grupo contributivo, sem prejuízo das condições específicas da adesão, devem constar todas as condições que, em circunstâncias análogas, deveriam constar de um seguro individual.

ART. 90.º (Participação nos resultados) – 1 – No seguro de grupo contributivo, o segurado é o titular do direito à participação nos resultados contratualmente definido na apólice.

2 – No seguro de grupo contributivo em que o segurado suporta parte do pagamento correspondente ao prémio, o direito à participação do segurado nos resultados é reconhecido na proporção do respectivo contributo para o pagamento do prémio.

CAPÍTULO VIII — Vicissitudes

Secção I — ALTERAÇÃO DO RISCO

ART. 91.º (Dever de informação) – 1 – Durante a vigência do contrato, o segurador e o tomador do seguro ou o segurado devem comunicar reciprocamente as alterações do risco respeitantes ao objecto das informações prestadas nos termos dos artigos 18.º a 21.º e 24.º.

2 – O segurador deve comunicar aos terceiros, com direitos ressalvados no contrato e beneficiários do seguro com designação irrevogável, que se encontrem identificados na apólice, as alterações contratuais que os possam prejudicar, se a natureza do contrato ou a modificação não se opuser.

3 – O disposto no número anterior não se aplica no caso de ter sido estipulado no contrato de seguro o dever de confidencialidade.

4 – Em caso de seguro de grupo, a comunicação a que se refere o n.º 2 pode ser prestada pelo segurador, pelo tomador do seguro ou pelo segurado, consoante o que seja estipulado.

ART. 92.º (Diminuição do risco) – 1 – Ocorrendo uma diminuição inequívoca e duradoura do risco com reflexo nas condições do contrato, o segurador deve, a partir do momento em que tenha conhecimento das novas circunstâncias, reflecti-la no prémio do contrato.

2 – Na falta de acordo relativamente ao novo prémio, assiste ao tomador do seguro o direito de resolver o contrato.

ART. 93.º (Comunicação do agravamento do risco) – 1 – O tomador do seguro ou o segurado tem o dever de, durante a execução do contrato, no prazo de 14 dias a contar do conhecimento do facto, comunicar ao segurador todas as circunstâncias que agravem o risco, desde que estas, caso fossem conhecidas pelo segurador aquando da celebração do contrato, tivessem podido influir na decisão de contratar ou nas condições do contrato.

854   [DL n.º 72/2008]   SEGUROS E FUNDOS DE PENSÕES

2 – No prazo de 30 dias a contar do momento em que tenha conhecimento do agravamento do risco, o segurador pode:

a) Apresentar ao tomador do seguro proposta de modificação do contrato, que este deve aceitar ou recusar em igual prazo, findo o qual se entende aprovada a modificação proposta;

b) Resolver o contrato, demonstrando que, em caso algum, celebra contratos que cubram riscos com as características resultantes desse agravamento do risco.

ART. 94.º (Sinistro e agravamento do risco) – 1 – Se antes da cessação ou da alteração do contrato nos termos previstos no artigo anterior ocorrer o sinistro cuja verificação ou consequência tenha sido influenciada pelo agravamento do risco, o segurador:

a) Cobre o risco, efectuando a prestação convencionada, se o agravamento tiver sido correcta e tempestivamente comunicado antes do sinistro ou antes de decorrido o prazo previsto no n.º 1 do artigo anterior;

b) Cobre parcialmente o risco, reduzindo-se a sua prestação na proporção entre o prémio efectivamente cobrado e aquele que seria devido em função das reais circunstâncias do risco, se o agravamento não tiver sido correcta e tempestivamente comunicado antes do sinistro;

c) Pode recusar a cobertura em caso de comportamento doloso do tomador do seguro ou do segurado com o propósito de obter uma vantagem, mantendo direito aos prémios vencidos.

2 – Na situação prevista nas alíneas *a)* e *b)* do número anterior, sendo o agravamento do risco resultante de facto do tomador do seguro ou do segurado, o segurador não está obrigado ao pagamento da prestação se demonstrar que, em caso algum, celebra contratos que cubram riscos com as características resultantes desse agravamento do risco.

SECÇÃO II — **TRANSMISSÃO DO SEGURO**

ART. 95.º (Regime comum) – 1 – Sem prejuízo do disposto em matéria de seguro de vida, o tomador do seguro tem a faculdade de transmitir a sua posição contratual nos termos gerais, sem necessidade de consentimento do segurado.

2 – Salvo disposição legal ou convenção em contrário, em caso de transmissão do bem seguro, sendo segurado o tomador do seguro, o contrato de seguro transmite-se para o adquirente, mas a transferência só produz efeito depois de notificada ao segurador.

3 – Salvo disposição legal ou convenção em contrário, em caso de transmissão do bem seguro por parte de segurado determinado transmite-se a posição de segurado para o adquirente, sem prejuízo do regime de agravamento do risco.

4 – Verificada a transmissão da posição do tomador do seguro, o adquirente e o segurador podem fazer cessar o contrato nos termos gerais.

5 – A transmissão da empresa ou do estabelecimento determina a transferência para o adquirente dos seguros associados a essa unidade económica, nos termos previstos nos n.ᵒˢ 2 e 3.

ART. 96.º (Morte do tomador do seguro) – 1 – Do contrato pode resultar que, em caso de morte do tomador do seguro, a posição contratual se transmita para o segurado ou para terceiro interessado.

2 – O disposto no número anterior não se aplica aos contratos titulados por apólices à ordem ou ao portador, nem aos contratos concluídos em razão da pessoa do tomador do seguro.

ART. 97.º (Seguro em garantia) – 1 – Se o seguro foi constituído em garantia, o tomador do seguro pode celebrar novo contrato de seguro com outro segurador, mantendo as mesmas condições de garantia, sem consentimento do credor.

2 – Quando exista garantia real sobre o bem seguro, a transferência do seguro em resultado da transmissão do bem não depende do consentimento do credor, mas deve ser-lhe notificada pelo segurador, desde que aquele esteja devidamente identificado na apólice.

SECÇÃO III — **INSOLVÊNCIA**

ART. 98.º (Insolvência do tomador do seguro ou do segurado) – 1 – Salvo convenção em contrário, o seguro subsiste após a declaração de insolvência do tomador do seguro ou do segurado.

2 – Salvo nos seguros de crédito e caução, presume-se que a declaração de insolvência constitui um factor de agravamento do risco.

CAPÍTULO IX — Sinistro

SECÇÃO I — **NOÇÃO E PARTICIPAÇÃO**

ART. 99.º (Noção) – O sinistro corresponde à verificação, total ou parcial, do evento que desencadeia o accionamento da cobertura do risco prevista no contrato.

REGIME JURÍDICO DO CONTRATO DE SEGURO [DL n.º 72/2008] 855

ART. 100.º (Participação do sinistro) – 1 – A verificação do sinistro deve ser comunicada ao segurador pelo tomador do seguro, pelo segurado ou pelo beneficiário, no prazo fixado no contrato ou, na falta deste, nos oito dias imediatos àquele em que tenha conhecimento.

2 – Na participação devem ser explicitadas as circunstâncias da verificação do sinistro, as eventuais causas da sua ocorrência e respectivas consequências.

3 – O tomador do seguro, o segurado ou o beneficiário deve igualmente prestar ao segurador todas as informações relevantes que este solicite relativas ao sinistro e às suas consequências.

ART. 101.º (Falta de participação do sinistro) – 1 – O contrato pode prever a redução da prestação do segurador atendendo ao dano que o incumprimento dos deveres fixados no artigo anterior lhe cause.

2 – O contrato pode igualmente prever a perda da cobertura se a falta de cumprimento ou o cumprimento incorrecto dos deveres enunciados no artigo anterior for doloso e tiver determinado dano significativo para o segurador.

3 – O disposto nos números anteriores não é aplicável quando o segurador tenha tido conhecimento do sinistro por outro meio durante o prazo previsto no n.º 1 do artigo anterior, ou o obrigado prove que não poderia razoavelmente ter procedido à comunicação devida em momento anterior àquele em que o fez.

4 – O disposto nos n.ᵒˢ 1 e 2 não é oponível aos lesados em caso de seguro obrigatório de responsabilidade civil, ficando o segurador com direito de regresso contra o incumpridor relativamente às prestações que efectuar, com os limites referidos naqueles números.

Secção II — **PAGAMENTO**

ART. 102.º (Realização da prestação do segurador) – 1 – O segurador obriga-se a satisfazer a prestação contratual a quem for devida, após a confirmação da ocorrência do sinistro e das suas causas, circunstâncias e consequências.

2 – Para efeito do disposto no número anterior, dependendo das circunstâncias, pode ser necessária a prévia quantificação das consequências do sinistro.

3 – A prestação devida pelo segurador pode ser pecuniária ou não pecuniária.

ART. 103.º (Direitos de terceiros) – O pagamento efectuado em prejuízo de direitos de terceiros de que o segurador tenha conhecimento, designadamente credores preferentes, não o libera do cumprimento da sua obrigação.

ART. 104.º (Vencimento) – A obrigação do segurador vence-se decorridos 30 dias sobre o apuramento dos factos a que se refere o artigo 102.º.

CAPÍTULO X — **Cessação do contrato**

Secção I — **REGIME COMUM**

ART. 105.º (Modos de cessação) – O contrato de seguro cessa nos termos gerais, nomeadamente por caducidade, revogação, denúncia e resolução.

ART. 106.º (Efeitos da cessação) – 1 – Sem prejuízo de disposições que estatuam a eficácia de deveres contratuais depois do termo do vínculo, a cessação do contrato determina a extinção das obrigações do segurador e do tomador do seguro enunciadas no artigo 1.º.

2 – A cessação do contrato não prejudica a obrigação do segurador de efectuar a prestação decorrente da cobertura do risco, desde que o sinistro seja anterior ou concomitante com a cessação e ainda que este tenha sido a causa da cessação do contrato.

3 – Nos seguros com provisões matemáticas, em relação aos quais o resgate seja permitido, a cessação do contrato que não dê lugar à realização da prestação determina a obrigação de o segurador prestar o montante dessa provisão, deduzindo os custos de aquisição ainda não amortizados, adicionando-se, se a ela houver lugar, o montante da participação nos resultados calculado *pro rata temporis*.

ART. 107.º (Estorno do prémio por cessação antecipada) – 1 – Salvo disposição legal em contrário, sempre que o contrato cesse antes do período de vigência estipulado há lugar ao estorno do prémio, excepto quando tenha havido pagamento da prestação decorrente de sinistro ou nas situações previstas no n.º 3 do artigo anterior.

2 – O estorno do prémio é calculado *pro rata temporis*.

3 – O disposto no número anterior pode ser afastado por estipulação das partes em sentido contrário, desde que tal acordo tenha uma razão atendível, como seja a garantia de separação técnica entre a tarifação dos seguros anuais e a dos seguros temporários.

4 – Salvo disposição legal em contrário, as partes não podem estipular sanção aplicável ao tomador do seguro sempre que este exerça um direito que determine a cessação antecipada do contrato.

5 – O disposto no presente artigo não é aplicável aos seguros de vida, às operações de capitalização e aos seguros de doença de longa duração.

856 [DL n.º 72/2008]   SEGUROS E FUNDOS DE PENSÕES

ART. 108.º (Efeitos em relação a terceiros) – 1 – A cessação do contrato de seguro não prejudica os direitos adquiridos por terceiros durante a vigência do contrato.

2 – Da natureza e das condições do seguro pode resultar que terceiros beneficiem da cobertura de sinistro reclamado depois da cessação do contrato.

3 – O segurador deve comunicar a cessação do contrato aos terceiros com direitos ressalvados no contrato e aos beneficiários com designação irrevogável, desde que identificados na apólice.

4 – O dever de comunicação previsto no número anterior impende igualmente sobre o segurador em relação ao segurado que seja distinto do tomador do seguro.

Secção II — CADUCIDADE

ART. 109.º (Regime regra) – O contrato de seguro caduca nos termos gerais, nomeadamente no termo do período de vigência estipulado.

ART. 110.º (Causas específicas) – 1 – O contrato de seguro caduca na eventualidade de superveniente perda do interesse ou de extinção do risco e sempre que se verifique o pagamento da totalidade do capital seguro para o período de vigência do contrato sem que se encontre prevista a reposição desse capital.

2 – Entende-se que há extinção do risco, nomeadamente em caso de morte da pessoa segura, de perda total do bem seguro e de cessação da actividade objecto do seguro.

Secção III — REVOGAÇÃO

ART. 111.º (Cessação por acordo) – 1 – O segurador e o tomador do seguro podem, por acordo, a todo o tempo, fazer cessar o contrato de seguro.

2 – Com excepção do seguro de grupo e das especificidades previstas em sede de seguro de vida, não coincidindo o tomador do seguro com o segurado identificado na apólice, a revogação carece do consentimento deste.

Secção IV — DENÚNCIA

ART. 112.º (Regime comum) – 1 – O contrato de seguro celebrado por período determinado e com prorrogação automática pode ser livremente denunciado por qualquer das partes para obviar à sua prorrogação.

2 – O contrato de seguro celebrado sem duração determinada pode ser denunciado a todo o tempo, por qualquer das partes.

3 – As partes podem estabelecer a liberdade de denúncia do tomador do seguro em termos mais amplos do que os previstos nos números anteriores.

4 – Nos seguros de grandes riscos, a liberdade de denúncia pode ser livremente ajustada.

ART. 113.º (Contrato de duração inferior a cinco anos) – No contrato de seguro celebrado com um período de vigência inicial inferior a cinco anos e prorrogação automática, a liberdade de denúncia não é afectada pelas limitações indicadas no artigo seguinte.

ART. 114.º (Limitações à denúncia) – 1 – O contrato de seguro celebrado sem duração determinada não pode ser denunciado sempre que a livre desvinculação se oponha à natureza do vínculo ou à finalidade prosseguida pelo contrato e ainda quando corresponda a uma atitude abusiva.

2 – A natureza do vínculo opõe-se à liberdade de denúncia, nomeadamente quando o contrato de seguro for celebrado para perdurar até à verificação de determinado facto.

3 – A finalidade prosseguida pelo contrato inviabiliza a denúncia, nomeadamente nos seguros em que o decurso do tempo agrava o risco.

4 – Presume-se abusiva a denúncia feita na iminência da verificação do sinistro ou após a verificação de um facto que possa desencadear uma ou mais situações de responsabilidade do segurador.

5 – O disposto nos números anteriores observa-se igualmente em relação à denúncia para obviar à prorrogação do contrato de seguro celebrado com um período de vigência inicial igual ou superior a cinco anos.

ART. 115.º (Aviso prévio) – 1 – A denúncia deve ser feita por declaração escrita enviada ao destinatário com uma antecedência mínima de 30 dias relativamente à data da prorrogação do contrato.

2 – No contrato de seguro sem duração determinada ou com um período inicial de duração igual ou superior a cinco anos, sem prejuízo do disposto no número anterior, a denúncia deve ser feita com uma antecedência mínima de 90 dias relativamente à data de termo do contrato.

3 – No caso previsto no número anterior, salvo convenção em contrário, o contrato cessa decorrido o prazo do aviso prévio ou, tendo havido um pagamento antecipado do prémio relativo a certo período, no termo desse período.

Secção V — RESOLUÇÃO

ART. 116.º (Justa causa) – O contrato de seguro pode ser resolvido por qualquer das partes a todo o tempo, havendo justa causa, nos termos gerais.

REGIME JURÍDICO DO CONTRATO DE SEGURO   [DL n.º 72/2008]   857

ART. 117.º (Resolução após sinistro) – 1 – Pode ser acordada a possibilidade de as partes resolverem o contrato após uma sucessão de sinistros.

2 – Para efeito do número anterior, presume-se que há sucessão de sinistros quando ocorram dois sinistros num período de 12 meses ou, sendo o contrato anual, no decurso da anuidade, podendo ser estipulado regime especial que, atendendo à modalidade de seguro, permita preencher o conceito de sucessão de sinistros de modo diverso.

3 – Salvo disposição legal em contrário, a resolução após sinistro, a exercer pelo segurador, não pode ser convencionada nos seguros de vida, de saúde, de crédito e caução, nem nos seguros obrigatórios de responsabilidade civil.

4 – A resolução prevista no n.º 1 não tem eficácia retroactiva e deve ser exercida, por declaração escrita, no prazo de 30 dias após o pagamento ou a recusa de pagamento do sinistro.

5 – As limitações previstas no presente artigo não se aplicam aos seguros de grandes riscos.

ART. 118.º (Livre resolução) – 1 – O tomador do seguro, sendo pessoa singular, pode resolver o contrato sem invocar justa causa nas seguintes situações:

a) Nos contratos de seguro de vida, de acidentes pessoais e de saúde com uma duração igual ou superior a seis meses, nos 30 dias imediatos à data da recepção da apólice;

b) Nos seguros qualificados como instrumentos de captação de aforro estruturados, nos 30 dias imediatos à data da recepção da apólice;

c) Nos contratos de seguro celebrados à distância, não previstos nas alíneas anteriores, nos 14 dias imediatos à data da recepção da apólice.

2 – Os prazos previstos no número anterior contam-se a partir da data da celebração do contrato, desde que o tomador do seguro, nessa data, disponha, em papel ou noutro suporte duradouro, de todas as informações relevantes sobre o seguro que tenham de constar da apólice.

3 – A livre resolução disposta na alínea *a)* do n.º 1 não se aplica aos segurados nos seguros de grupo.

4 – A livre resolução de contrato de seguro celebrado à distância não se aplica a seguros com prazo de duração inferior a um mês, nem aos seguros de viagem ou de bagagem.

5 – A resolução do contrato deve ser comunicada ao segurador por escrito, em suporte de papel ou outro meio duradouro disponível e acessível ao segurador.

6 – A resolução tem efeito retroactivo, podendo o segurador ter direito às seguintes prestações:

a) Ao valor do prémio calculado pro rata temporis, na medida em que tenha suportado o risco até à resolução do contrato;

b) Ao montante das despesas razoáveis que tenha efectuado com exames médicos sempre que esse valor seja imputado contratualmente ao tomador do seguro;

c) Aos custos de desinvestimento que comprovadamente tenha suportado.

7 – O segurador não tem direito às prestações indicadas no número anterior em caso de livre resolução de contrato de seguro celebrado à distância, excepto no caso de início de cobertura do seguro antes do termo do prazo de livre resolução do contrato a pedido do tomador do seguro.

CAPÍTULO XI — Disposições complementares

ART. 119.º (Dever de sigilo) – 1 – O segurador deve guardar segredo de todas as informações de que tenha tomado conhecimento no âmbito da celebração ou da execução de um contrato de seguro, ainda que o contrato não se tenha celebrado, seja inválido ou tenha cessado.

2 – O dever de sigilo impende também sobre os administradores, trabalhadores, agentes e demais auxiliares do segurador, não cessando com o termo das respectivas funções.

ART. 120.º (Comunicações) – 1 – As comunicações previstas no presente regime devem revestir forma escrita ou ser prestadas por outro meio de que fique registo duradouro.

2 – O segurador só está obrigado a enviar as comunicações previstas no presente regime se o destinatário das mesmas estiver devidamente identificado no contrato, considerando-se validamente efectuadas se remetidas para o respectivo endereço constante da apólice.

ART. 121.º (Prescrição) – 1 – O direito do segurador ao prémio prescreve no prazo de dois anos a contar da data do seu vencimento.

2 – Os restantes direitos emergentes do contrato de seguro prescrevem no prazo de cinco anos a contar da data em que o titular teve conhecimento do direito, sem prejuízo da prescrição ordinária a contar do facto que lhe deu causa.

ART. 122.º (Arbitragem) – 1 – Sem prejuízo do disposto no artigo 50.º sobre perícia arbitral, os litígios emergentes de validade, interpretação, execução e incumprimento do contrato de seguro podem ser dirimidos por via arbitral, ainda que a questão respeite a seguros obrigatórios ou à aplicação de normas imperativas do presente regime.

2 – A arbitragem prevista no número anterior segue o regime geral da lei de arbitragem.

858   [DL n.º 72/2008]   SEGUROS E FUNDOS DE PENSÕES

TÍTULO II — SEGURO DE DANOS

CAPÍTULO I — Parte geral

Secção I — IDENTIFICAÇÃO

ART. 123.º (Objecto) – O seguro de danos pode respeitar a coisas, bens imateriais, créditos e quaisquer outros direitos patrimoniais.

ART. 124.º (Vícios próprios da coisa segura) – 1 – Salvo disposição legal ou convenção em contrário, em caso de danos causados por vício próprio da coisa segura existente ao tempo do contrato de que o tomador do seguro devesse ter conhecimento e que não tenha sido declarado ao segurador, aplica-se o regime de declaração inicial ou de agravamento do risco, previstos, respectivamente, nos artigos 24.º a 26.º e no artigo 94.º do presente regime.

2 – Se o vício próprio da coisa segura tiver agravado o dano, as limitações decorrentes do número anterior aplicam-se apenas à parcela do dano resultante do vício.

ART. 125.º (Seguro de um conjunto de coisas) – 1 – Ocorrendo o sinistro, cabe ao segurado provar que uma coisa perecida ou danificada pertence ao conjunto de coisas objecto do seguro.

2 – No seguro de um conjunto de coisas, e salvo convenção em contrário, o seguro estende-se às coisas das pessoas que vivam com o segurado em economia comum no momento do sinistro, bem como às dos trabalhadores do segurado, desde que por outro motivo não estejam excluídas do conjunto de coisas seguras.

3 – No caso do número anterior, tem direito à prestação o proprietário ou o titular de direitos equiparáveis sobre as coisas.

Secção II — AFASTAMENTO E MITIGAÇÃO DO SINISTRO

ART. 126.º (Salvamento) – 1 – Em caso de sinistro, o tomador do seguro ou o segurado deve empregar os meios ao seu alcance para prevenir ou limitar os danos.

2 – O disposto no número anterior aplica-se a quem tenha conhecimento do seguro na qualidade de beneficiário.

3 – Em caso de incumprimento do dever fixado nos números anteriores, aplica-se o disposto nos n.os 1, 2 e 4 do artigo 101.º.

ART. 127.º (Obrigação de reembolso) – 1 – O segurador paga ao tomador do seguro, segurado ou beneficiário as despesas efectuadas em cumprimento do dever fixado nos n.os 1 e 2 do artigo anterior, desde que razoáveis e proporcionadas, ainda que os meios empregados se revelem ineficazes.

2 – As despesas indicadas no número anterior devem ser pagas pelo segurador antecipadamente à data da regularização do sinistro, quando o tomador do seguro, o segurado ou o beneficiário exija o reembolso, as circunstâncias o não impeçam e o sinistro esteja coberto pelo seguro.

3 – O valor devido pelo segurador nos termos do n.º 1 é deduzido ao montante do capital seguro disponível, salvo se corresponder a despesas efectuadas em cumprimento de determinações concretas do segurador ou a sua cobertura autónoma resultar do contrato.

4 – Em caso de seguro por valor inferior ao do interesse seguro ao tempo do sinistro, o segurador paga as despesas efectuadas em cumprimento do dever fixado nos n.os 1 e 2 do artigo anterior na proporção do interesse coberto e dos interesses em risco, excepto se as mesmas decorrerem do cumprimento de determinações concretas do segurador ou a sua cobertura autónoma resultar do contrato.

Secção III — PRINCÍPIO INDEMNIZATÓRIO

ART. 128.º (Prestação do segurador) – A prestação devida pelo segurador está limitada ao dano decorrente do sinistro até ao montante do capital seguro.

ART. 129.º (Salvado) – O objecto salvo do sinistro só pode ser abandonado a favor do segurador se o contrato assim o estabelecer.

ART. 130.º (Seguro de coisas) – 1 – No seguro de coisas, o dano a atender para determinar a prestação devida pelo segurador é o do valor do interesse seguro ao tempo do sinistro.

2 – No seguro de coisas, o segurador apenas responde pelos lucros cessantes resultantes do sinistro se assim for convencionado.

3 – O disposto no número anterior aplica-se igualmente quanto ao valor de privação de uso do bem.

ART. 131.º (Regime convencional) – 1 – Sem prejuízo do disposto no artigo 128.º e no n.º 1 do artigo anterior, podem as partes acordar no valor do interesse seguro atendível para o cálculo da indemnização, não devendo esse valor ser manifestamente infundado.

2 – As partes podem acordar, nomeadamente, na fixação de um valor de reconstrução ou de substituição do bem ou em não considerar a depreciação do valor do interesse seguro em função da vetustez ou do uso do bem.

REGIME JURÍDICO DO CONTRATO DE SEGURO

[DL n.º 72/2008] 859

3 – Os acordos previstos nos números anteriores não prejudicam a aplicação do regime da alteração do risco previsto nos artigos 91.º a 94.º.

ART. 132.º (Sobresseguro) – 1 – Se o capital seguro exceder o valor do interesse seguro, é aplicável o disposto no artigo 128.º, podendo as partes pedir a redução do contrato.

2 – Estando o tomador do seguro ou o segurado de boa fé, o segurador deve proceder à restituição dos sobreprémios que tenham sido pagos nos dois anos anteriores ao pedido de redução do contrato, deduzidos os custos de aquisição calculados proporcionalmente.

ART. 133.º (Pluralidade de seguros) – 1 – Quando um mesmo risco relativo ao mesmo interesse e por idêntico período esteja seguro por vários seguradores, o tomador do seguro ou o segurado deve informar dessa circunstância todos os seguradores, logo que tome conhecimento da sua verificação, bem como aquando da participação do sinistro.

2 – A omissão fraudulenta da informação referida no número anterior exonera os seguradores das respectivas prestações.

3 – O sinistro verificado no âmbito dos contratos referidos no n.º 1 é indemnizado por qualquer dos seguradores, à escolha do segurado, dentro dos limites da respectiva obrigação.

4 – Salvo convenção em contrário, os seguradores envolvidos no ressarcimento do dano coberto pelos contratos referidos no n.º 1 respondem entre si na proporção da quantia que cada um teria de pagar se existisse um único contrato de seguro.

5 – Em caso de insolvência de um dos seguradores, os demais respondem pela quota-parte daquele nos termos previstos no número anterior.

6 – O disposto no presente artigo é aplicável ao direito de o lesado exigir o pagamento da indemnização directamente ao segurador nos seguros de responsabilidade civil, à excepção do previsto no n.º 2, que não pode ser invocado contra o lesado.

ART. 134.º (Subseguro) – Salvo convenção em contrário, se o capital seguro for inferior ao valor do objecto seguro, o segurador só responde pelo dano na respectiva proporção.

ART. 135.º (Actualização) – 1 – Salvo estipulação em contrário, no seguro de riscos relativos à habitação, o valor do imóvel seguro ou a proporção segura do mesmo é automaticamente actualizado de acordo com os índices publicados para o efeito pelo Instituto de Seguros de Portugal.

2 – O segurador, sem prejuízo das informações previstas nos artigos 18.º a 21.º, deve informar o tomador do seguro, aquando da celebração do contrato e por altura das respectivas prorrogações, do teor do disposto no número anterior, bem como do valor seguro do imóvel, a considerar para efeito de indemnização em caso de perda total, e dos critérios da sua actualização.

3 – O incumprimento dos deveres previstos no número anterior determina a não aplicação do disposto no artigo anterior, na medida do incumprimento.

ART. 136.º (Sub-rogação pelo segurador) – 1 – O segurador que tiver pago a indemnização fica sub-rogado, na medida do montante pago, nos direitos do segurado contra o terceiro responsável pelo sinistro.

2 – O tomador do seguro ou o segurado responde, até ao limite da indemnização paga pelo segurador, por acto ou omissão que prejudique os direitos previstos no número anterior.

3 – A sub-rogação parcial não prejudica o direito do segurado relativo à parcela do risco não coberto, quando concorra com o segurador contra o terceiro responsável, salvo convenção em contrário em contratos de grandes riscos.

4 – O disposto no n.º 1 não é aplicável:

a) Contra o segurado se este responde pelo terceiro responsável, nos termos da lei;

b) Contra o cônjuge, pessoa que viva em união de facto, ascendentes e descendentes do segurado que com ele vivam em economia comum, salvo se a responsabilidade destes terceiros for dolosa ou se encontrar coberta por contrato de seguro.

CAPÍTULO II — **Parte especial**

Secção I — **SEGURO DE RESPONSABILIDADE CIVIL**

Subsecção I — **Regime comum**

ART. 137.º (Noção) – No seguro de responsabilidade civil, o segurador cobre o risco de constituição, no património do segurado, de uma obrigação de indemnizar terceiros.

ART. 138.º (Âmbito) – 1 – O seguro de responsabilidade civil garante a obrigação de indemnizar, nos termos acordados, até ao montante do capital seguro por sinistro, por período de vigência do contrato ou por lesado.

2 – Salvo convenção em contrário, o dano a atender para efeito do princípio indemnizatório é o disposto na lei geral.

3 – O disposto na presente secção aplica-se ao seguro de acidentes de trabalho sempre que as disposições especiais consagradas neste regime não se lhe oponham.

860   [DL n.º 72/2008]   SEGUROS E FUNDOS DE PENSÕES

ART. 139.º (Período de cobertura) – 1 – Salvo convenção em contrário, a garantia cobre a responsabilidade civil do segurado por factos geradores de responsabilidade civil ocorridos no período de vigência do contrato, abrangendo os pedidos de indemnização apresentados após o termo do seguro.

2 – São válidas as cláusulas que delimitem o período de cobertura, tendo em conta, nomeadamente, o facto gerador do dano, a manifestação do dano ou a sua reclamação.

3 – Sendo ajustada uma cláusula de delimitação temporal da cobertura atendendo à data da reclamação, sem prejuízo do disposto em lei ou regulamento especial e não estando o risco coberto por um contrato de seguro posterior, o seguro de responsabilidade civil garante o pagamento de indemnizações resultantes de eventos danosos desconhecidos das partes e ocorridos durante o período de vigência do contrato, ainda que a reclamação seja apresentada no ano seguinte ao termo do contrato.

ART. 140.º (Defesa jurídica) – 1 – O segurador de responsabilidade civil pode intervir em qualquer processo judicial ou administrativo em que se discuta a obrigação de indemnizar cujo risco ele tenha assumido, suportando os custos daí decorrentes.

2 – O contrato de seguro pode prever o direito de o lesado demandar directamente o segurador, isoladamente ou em conjunto com o segurado.

3 – O direito de o lesado demandar directamente o segurador verifica-se ainda quando o segurado o tenha informado da existência de um contrato de seguro com o consequente início de negociações directas entre o lesado e o segurador.

4 – Quando o segurado e o lesado tiverem contratado um seguro com o mesmo segurador ou existindo qualquer outro confiito de interesses, o segurador deve dar a conhecer aos interessados tal circunstância.

5 – No caso previsto no número anterior, o segurado, frustrada a resolução do litígio por acordo, pode confiar a sua defesa a quem entender, assumindo o segurador, salvo convenção em contrário, os custos daí decorrentes proporcionais à diferença entre o valor proposto pelo segurador e aquele que o segurado obtenha.

6 – O segurado deve prestar ao segurador toda a informação que razoavelmente lhe seja exigida e abster-se de agravar a posição substantiva ou processual do segurador.

7 – São inoponíveis ao segurador que não tenha dado o seu consentimento tanto o reconhecimento, por parte do segurado, do direito do lesado como o pagamento da indemnização que a este seja efectuado.

ART. 141.º (Dolo) – Sem prejuízo do disposto no artigo 46.º, não se considera dolosa a produção do dano quando o agente beneficie de uma causa de exclusão da ilicitude ou da culpa.

ART. 142.º (Pluralidade de lesados) – 1 – Se o segurado responder perante vários lesados e o valor total das indemnizações ultrapassar o capital seguro, as pretensões destes são proporcionalmente reduzidas até à concorrência desse capital.

2 – O segurador que, de boa fé e por desconhecimento de outras pretensões, efectuar o pagamento de indemnizações de valor superior ao que resultar do disposto no número anterior, fica liberado para com os outros lesados pelo que exceder o capital seguro.

ART. 143.º (Bónus) – Para efeito de aplicação do regime de bónus ou de agravamento, só é considerado o sinistro que tenha dado lugar ao pagamento de indemnização ou à constituição de uma provisão e, neste último mo caso, desde que o segurador tenha assumido a correspondente responsabilidade.

ART. 144.º (Direito de regresso do segurador) – 1 – Sem prejuízo de regime diverso previsto em legislação especial, satisfeita a indemnização, o segurador tem direito de regresso, relativamente à quantia despendida, contra o tomador do seguro ou o segurado que tenha causado dolosamente o dano ou tenha de outra forma lesado dolosamente o segurador após o sinistro.

2 – Sem prejuízo do disposto em legislação especial ou convenção das partes, não tendo havido dolo do tomador do seguro ou do segurado, a obrigação de regresso só existe na medida em que o sinistro tenha sido causado ou agravado pelo facto que é invocado para exercer o direito de regresso.

ART. 145.º (Prescrição) – Aos direitos do lesado contra o segurador aplicam-se os prazos de prescrição regulados no Código Civil.

Subsecção II — Disposições especiais de seguro obrigatório

ART. 146.º (Direito do lesado) – 1 – O lesado tem o direito de exigir o pagamento da indemnização directamente ao segurador.

2 – A indemnização é paga com exclusão dos demais credores do segurado.

3 – Salvo disposição legal ou regulamentar em sentido diverso, não pode ser convencionada solução diversa da prevista no n.º 2 do artigo 138.º.

4 – Enquanto um seguro obrigatório não seja objecto de regulamentação, podem as partes convencionar o âmbito da cobertura, desde que o contrato de seguro cumpra a obrigação legal e não contenha exclusões contrárias à natureza dessa obrigação, o que não impede a cobertura, ainda que parcelar, dos mesmos riscos com carácter facultativo.

REGIME JURÍDICO DO CONTRATO DE SEGURO   [DL n.º 72/2008]   861

5 – Sendo celebrado um contrato de seguro com carácter facultativo, que não cumpra a obrigação legal ou contenha exclusões contrárias à natureza do seguro obrigatório, não se considera cumprido o dever de cobrir os riscos por via de um seguro obrigatório.

ART. 147.º (Meios de defesa) – 1 – O segurador apenas pode opor ao lesado os meios de defesa derivados do contrato de seguro ou de facto do tomador do seguro ou do segurado ocorrido anteriormente ao sinistro.

2 – Para efeito do número anterior, são nomeadamente oponíveis ao lesado, como meios de defesa do segurador, a invalidade do contrato, as condições contratuais e a cessação do contrato.

ART. 148.º (Dolo) – 1 – No seguro obrigatório de responsabilidade civil, a cobertura de actos ou omissões dolosos depende do regime estabelecido em lei ou regulamento.

2 – Caso a lei e o regulamento sejam omissos na definição do regime, há cobertura de actos ou omissões dolosos do segurado.

Secção II — SEGURO DE INCÊNDIO

ART. 149.º (Noção) – O seguro de incêndio tem por objecto a cobertura dos danos causados pela ocorrência de incêndio no bem identificado no contrato.

ART. 150.º (Âmbito) – 1 – A cobertura do risco de incêndio compreende os danos causados por acção do incêndio, ainda que tenha havido negligência do segurado ou de pessoa por quem este seja responsável.

2 – O seguro de incêndio garante igualmente os danos causados no bem seguro em consequência dos meios empregados para combater o incêndio, assim como os danos derivados de calor, fumo, vapor ou explosão em consequência do incêndio e ainda remoções ou destruições executadas por ordem da autoridade competente ou praticadas com o fim de salvamento, se o forem em razão do incêndio ou de qualquer dos factos anteriormente previstos.

3 – Salvo convenção em contrário, o seguro de incêndio compreende ainda os danos causados por acção de raio, explosão ou outro acidente semelhante, mesmo que não seja acompanhado de incêndio.

ART. 151.º (Apólice) – Além do disposto no artigo 37.º, a apólice de seguro de incêndio deve precisar:
a) O tipo de bem, o material de construção e o estado em que se encontra, assim como a localização do prédio e o respectivo nome ou a numeração identificativa;
b) O destino e o uso do bem;
c) A natureza e o uso dos edifícios adjacentes, sempre que estas circunstâncias puderem infiuir no risco;
d) O lugar em que os objectos mobiliários segurados contra o incêndio se acharem colocados ou armazenados.

Secção III — SEGUROS DE COLHEITAS E PECUÁRIO

ART. 152.º (Seguro de colheitas) – 1 – O seguro de colheitas garante uma indemnização calculada sobre o montante de danos verificados em culturas.

2 – A indemnização prevista no número anterior é determinada em função do valor que os frutos de uma produção regular teriam ao tempo em que deviam ser colhidos se não tivesse sucedido o sinistro, deduzido dos custos em que não haja incorrido e demais poupanças e vantagens do segurado em razão do sinistro.

ART. 153.º (Seguro pecuário) – 1 – O seguro pecuário garante uma indemnização calculada sobre o montante de danos verificados em determinado tipo de animais.

2 – Salvo convenção em contrário, se o seguro pecuário cobrir o risco de doença ou morte das crias de certo tipo de animais, a indemnização prevista no número anterior é determinada em função do valor que os animais teriam ao tempo em que, presumivelmente, seriam vendidos ou abatidos se não tivesse sucedido o sinistro, deduzido dos custos em que não haja incorrido e das demais poupanças e vantagens do segurado em razão do sinistro.

ART. 154.º (Apólice) – 1 – Além do disposto no artigo 37.º, a apólice de seguro de colheitas deve precisar:
a) A situação, a extensão e a identificação do prédio cujo produto se segura;
b) A natureza do produto e a época normal da colheita;
c) A identificação da sementeira ou da plantação, na eventualidade de já existir à data da celebração do contrato;
d) O local do depósito ou armazenamento, no caso de o seguro abranger produtos já colhidos;
e) O valor médio da colheita segura.

2 – Além do disposto no artigo 37.º, a apólice de seguro pecuário deve precisar:
a) A identificação do prédio onde se encontra a exploração pecuária ou do prédio onde normalmente os animais se encontram ou pernoitam;
b) O tipo de animal, eventualmente a respectiva raça, o número de animais seguros e o destino da exploração;
c) O valor dos animais seguros.

862 [DL n.º 72/2008]   SEGUROS E FUNDOS DE PENSÕES

Secção IV — **SEGURO DE TRANSPORTE DE COISAS**

ART. 155.º (Âmbito do seguro) – 1 – O seguro de transporte cobre riscos relativos ao transporte de coisas por via terrestre, fiuvial, lacustre ou aérea, nos termos previstos no contrato.

2 – O seguro de transporte marítimo e o seguro de envios postais são regulados por lei especial e pelas disposições constantes do presente regime não incompatíveis com a sua natureza.

ART. 156.º (Legitimidade) – 1 – Sendo o seguro de transporte celebrado pelo tomador do seguro por conta do segurado, observa-se o disposto no artigo 48.º.

2 – No caso previsto no número anterior, o contrato discrimina a qualidade em que o tomador do seguro faz segurar a coisa.

ART. 157.º (Período da cobertura) – 1 – Salvo convenção em contrário, o segurador assume o risco desde o recebimento das mercadorias pelo transportador até à respectiva entrega no termo do transporte.

2 – O contrato pode, nomeadamente, fixar o início da cobertura dos riscos de transporte na saída das mercadorias do armazém ou do domicílio do carregador e o respectivo termo na entrega no armazém ou no domicílio do destinatário.

ART. 158.º (Apólice) – Além do disposto no artigo 37.º, a apólice do seguro de transporte deve precisar:

a) O modo de transporte utilizado e a sua natureza pública ou particular;

b) A modalidade de seguro contratado, nomeadamente se corresponde a uma apólice «avulso», a uma apólice «aberta» ou «fiutuante» ou a uma apólice «a viagem» ou «a tempo»;

c) A data da recepção da coisa e a data esperada da sua entrega;

d) Sendo caso disso, a identificação do transportador ou transportadores ou, em alternativa, a entidade a quem caiba a sua determinação;

e) Os locais onde devam ser recebidas e entregues as coisas seguras.

ART. 159.º (Capital seguro) – 1 – Na falta de acordo, o seguro compreende o valor da coisa transportada no lugar e na data do carregamento acrescido do custo do transporte até ao local do destino.

2 – Quando avaliado separadamente no contrato, o seguro cobre ainda o lucro cessante.

ART. 160.º (Pluralidade de meios de transporte) – Salvo convenção em contrário, o disposto na presente secção aplica-se ainda que as coisas sejam transportadas predominantemente por meio marítimo.

Secção V — **SEGURO FINANCEIRO**

ART. 161.º (Seguro de crédito) – 1 – Por efeito do seguro de crédito, o segurador obriga-se a indemnizar o segurado, nas condições e com os limites constantes da lei e do contrato de seguro, em caso de perdas causadas nomeadamente por:

a) Falta ou atraso no pagamento de obrigações pecuniárias;

b) Riscos políticos, naturais ou contratuais, que obstem ao cumprimento de tais obrigações;

c) Não amortização de despesas suportadas com vista à constituição desses créditos;

d) Variações de taxa de câmbio de moedas de referência no pagamento;

e) Alteração anormal e imprevisível dos custos de produção;

f) Suspensão ou revogação da encomenda ou resolução arbitrária do contrato pelo devedor na fase anterior à constituição do crédito.

2 – O seguro de crédito pode cobrir riscos de crédito inerentes a contratos destinados a produzir os seus efeitos em Portugal ou no estrangeiro, podendo abranger a fase de fabrico e a fase de crédito e, nos termos indicados na lei ou no contrato, a fase anterior à tomada firme.

ART. 162.º (Seguro-caução) – Por efeito do seguro-caução, o segurador obriga-se a indemnizar o segurado pelos danos patrimoniais sofridos, em caso de falta de cumprimento ou de mora do tomador do seguro, em obrigações cujo cumprimento possa ser assegurado por garantia pessoal.

ART. 163.º (Cobrança) – No seguro financeiro podem ser conferidos ao segurador poderes para reclamar créditos do tomador do seguro ou do segurado em valor superior ao do montante do capital seguro, devendo todavia aquele, salvo convenção em contrário, entregar as somas recuperadas ao tomador do seguro ou ao segurado na proporção dos respectivos créditos.

ART. 164.º (Comunicação ao segurado) – 1 – Sem prejuízo do disposto no n.º 2 do artigo 91.º e nos n.ᵒˢ 3 e 4 do artigo 108.º, no seguro-caução, não havendo cláusula de inoponibilidade, o segurador deve comunicar ao segurado a falta de pagamento do prémio ou da fracção devido pelo tomador do seguro para, querendo evitar a resolução do contrato, pagar a quantia em dívida num prazo não superior a 30 dias relativamente à data de vencimento.

2 – Entende-se por cláusula de inoponibilidade a cláusula contratual que impede o segurador, durante determinado prazo, de opor ao segurado, beneficiário do contrato, a invalidade ou a resolução do contrato de seguro.

REGIME JURÍDICO DO CONTRATO DE SEGURO [DL n.º 72/2008] 863

ART. 165.º (Reembolso) – 1 – No seguro de crédito, o segurador fica sub-rogado na medida do montante pago nos termos previstos no artigo 136.º, mas, em caso de sub-rogação parcial, o segurador e o segurado concorrem no exercício dos respectivos direitos na proporção que a cada um for devida.

2 – No seguro-caução, além da sub-rogação nos termos do número anterior, o contrato pode prever o direito de regresso do segurador contra o tomador do seguro, não podendo, na conjugação das duas pretensões, o segurador exigir mais do que o valor total despendido.

ART. 166.º (Remissão) – Os seguros de crédito e caução são regulados por lei especial e pelas disposições constantes da parte geral que não sejam incompatíveis com a sua natureza.

Secção VI — SEGURO DE PROTECÇÃO JURÍDICA

ART. 167.º (Noção) – O seguro de protecção jurídica cobre os custos de prestação de serviços jurídicos, nomeadamente de defesa e representação dos interesses do segurado, assim como as despesas decorrentes de um processo judicial ou administrativo.

ART. 168.º (Âmbito) – O seguro de protecção jurídica pode ser ajustado num dos seguintes sistemas alternativos:

a) Gestão de sinistros por pessoal distinto;

b) Gestão de sinistros por empresa juridicamente distinta;

c) Livre escolha de advogado.

ART. 169.º (Contrato) – A garantia de protecção jurídica deve constar de um contrato distinto do estabelecido para os outros ramos ou modalidades ou de um capítulo autónomo de uma única apólice, com a indicação do conteúdo da garantia de protecção jurídica.

ART. 170.º (Menções especiais) – 1 – O contrato de seguro de protecção jurídica deve mencionar expressamente que o segurado tem direito a:

a) Escolher livremente um advogado ou, se preferir, outra pessoa com a necessária habilitação legal para defender, representar ou servir os seus interesses em processo judicial ou administrativo e em qualquer outro caso de conflito de interesses;

b) Recorrer ao processo de arbitragem estabelecido no artigo seguinte em caso de diferendo entre o segurado e o seu segurador, sem prejuízo de aquele intentar acção ou interpor recurso, desaconselhado pelo segurador, a expensas suas, sendo reembolsado das despesas efectuadas na medida em que a decisão arbitral ou a sentença lhe seja mais favorável do que a proposta de solução apresentada pelo segurador;

c) Ser informado atempadamente pelo segurador, sempre que surja um conflito de interesses ou que exista desacordo quanto à resolução do litígio, dos direitos referidos nas alíneas anteriores.

2 – O contrato de seguro de protecção jurídica pode não incluir a menção referida na alínea *a)* do número anterior se estiverem preenchidas cumulativamente as seguintes condições:

a) O seguro for limitado a processos resultantes da utilização de veículos rodoviários no território nacional;

b) O seguro for associado a um contrato de assistência a fornecer em caso de acidente ou avaria que implique um veículo rodoviário;

c) Nem o segurador de protecção jurídica, nem o segurador de assistência cobrirem ramos de responsabilidade civil;

d) Das cláusulas do contrato resultar que a assessoria jurídica e a representação de cada uma das partes de um litígio vão ser exercidas por advogado que não tenha representado nenhum dos interessados no último ano, quando as referidas partes estiverem seguradas em protecção jurídica junto do mesmo segurador ou em seguradores que se encontrem entre si em relação de grupo.

ART. 171.º (Arbitragem) – Sem prejuízo do direito de acção ou recurso, o contrato de seguro de protecção jurídica deve conter uma cláusula que preveja o recurso ao processo de arbitragem, sujeito às regras da legislação em vigor e que permita determinar o regime de arbitragem a adoptar em caso de diferendo entre o segurador e o segurado.

ART. 172.º (Limitação) – O disposto nos artigos anteriores não se aplica:

a) Ao seguro de protecção jurídica, sempre que diga respeito a litígios ou riscos resultantes da utilização de embarcações marítimas ou relacionados com essa utilização;

b) À actividade exercida pelo segurador de responsabilidade civil na defesa ou na representação do seu segurado em qualquer processo judicial ou administrativo, na medida em que essa actividade se exerça em simultâneo e no seu interesse ao abrigo dessa cobertura;

c) À actividade de protecção jurídica desenvolvida pelo segurador de assistência, quando essa actividade seja exercida fora do Estado da residência habitual do segurado e faça parte de um contrato que apenas vise a assistência prestada às pessoas em dificuldades durante deslocações ou ausências do seu domicílio ou local de residência permanente, e desde que constem expressamente do contrato tanto essas circunstâncias como a de que a cobertura de protecção jurídica é acessória da cobertura de assistência.

864   [DL n.º 72/2008]   SEGUROS E FUNDOS DE PENSÕES

SECÇÃO VII — **SEGURO DE ASSISTÊNCIA**

ART. 173.º (Noção) – No seguro de assistência o segurador compromete-se, nos termos estipulados, a prestar ou proporcionar auxílio ao segurado no caso de este se encontrar em dificuldades em consequência de um evento aleatório.

ART. 174.º (Exclusões) – Não se entendem compreendidas no seguro de assistência a actividade de prestação de serviços de manutenção ou de conservação, nem os serviços de pós-venda e a mera indicação ou disponibilização, na qualidade de intermediário, de meios de auxílio.

TÍTULO III — SEGURO DE PESSOAS

CAPÍTULO I — Disposições comuns

ART. 175.º (Objecto) – 1 – O contrato de seguro de pessoas compreende a cobertura de riscos relativos à vida, à saúde e à integridade física de uma pessoa ou de um grupo de pessoas nele identificadas.

2 – O contrato de seguro de pessoas pode garantir prestações de valor predeterminado não dependente do efectivo montante do dano e prestações de natureza indemnizatória.

ART. 176.º (Seguro de várias pessoas) – 1 – O seguro de pessoas pode ser contratado como seguro individual ou seguro de grupo.

2 – O seguro que respeite a um agregado familiar ou a um conjunto de pessoas vivendo em economia comum é havido como seguro individual.

ART. 177.º (Declaração e exames médicos) – 1 – Sem prejuízo dos deveres de informação a cumprir pelo segurado, a celebração do contrato pode depender de declaração sobre o estado de saúde e de exames médicos a realizar à pessoa segura que tenham em vista a avaliação do risco.

2 – A realização de testes genéticos ou a utilização de informação genética é regulada em legislação especial.

ART. 178.º (Informação sobre exames médicos) – 1 – Quando haja lugar à realização de exames médicos, o segurador deve entregar ao candidato, antes da realização dos referidos exames:

a) Discriminação exaustiva dos exames, testes e análises a realizar;

b) Informação sobre entidades junto das quais os referidos actos podem ser realizados;

c) Informação sobre o regime de custeamento das despesas com a realização dos exames e, se for o caso, sobre a forma como o respectivo custo vai ser reembolsado a quem o financie;

d) Identificação da pessoa, ou entidade, à qual devam ser enviados os resultados dos exames ou relatórios dos actos realizados.

2 – Cabe ao segurador a prova do cumprimento do disposto no número anterior.

3 – O resultado dos exames médicos deve ser comunicado, quando solicitado, à pessoa segura ou a quem esta expressamente indique.

4 – A comunicação a que se refere o número anterior deve ser feita por um médico, salvo se as circunstâncias forem já do conhecimento da pessoa segura ou se puder supor, à luz da experiência comum, que já as conhecia.

5 – O disposto no n.º 3 aplica-se igualmente à comunicação ao tomador do seguro ou segurado quanto ao efeito do resultado dos exames médicos na decisão do segurador, designadamente no que respeite à não aceitação do seguro ou à sua aceitação em condições especiais.

6 – O segurador não pode recusar-se a fornecer à pessoa segura todas as informações de que disponha sobre a sua saúde, devendo, quando instado, disponibilizar tal informação por meios adequados do ponto de vista ético e humano.

ART. 179.º (Apólice) – Nos contratos de seguro de acidentes pessoais e de saúde de longa duração, além das menções obrigatórias e das menções em caracteres destacados a que se refere o artigo 37.º, a apólice deve, em especial, quando seja o caso, precisar, em caracteres destacados:

a) A extinção do direito às garantias;

b) A eventual extensão da garantia para além do termo do contrato;

c) O regime de evolução e adaptação dos prémios na vigência do contrato.

ART. 180.º (Pluralidade de seguros) – 1 – Salvo convenção em contrário, as prestações de valor predeterminado são cumuláveis com outras da mesma natureza ou com prestações de natureza indemnizatória, ainda que dependentes da verificação de um mesmo evento.

2 – Ao seguro de pessoas, na medida em que garanta prestações indemnizatórias relativas ao mesmo risco, aplicam-se as regras comuns do seguro de danos prescritas no artigo 133.º.

3 – O tomador do seguro ou o segurado deve informar o segurador da existência ou da contratação de seguros relativos ao mesmo risco, ainda que garantindo apenas prestações de valor predeterminado.

REGIME JURÍDICO DO CONTRATO DE SEGURO

[DL n.º 72/2008]   865

ART. 181.º (Sub-rogação) – Salvo convenção em contrário, o segurador que realize prestações de valor predeterminado no contrato não fica, após a satisfação destas, sub-rogado nos direitos do tomador do seguro ou do beneficiário contra um terceiro que dê causa ao sinistro.

ART. 182.º (Apólice nominativa) – A apólice no seguro de pessoas não pode ser emitida à ordem nem ao portador.

CAPÍTULO II — Seguro de vida

Secção I — **REGIME COMUM**

Subsecção I — **Disposições preliminares**

ART. 183.º (Noção) – No seguro de vida, o segurador cobre um risco relacionado com a morte ou a sobrevivência da pessoa segura.

ART. 184.º (Âmbito) – 1 – O disposto relativamente ao seguro de vida aplica-se aos seguintes contratos:
a) Seguros complementares dos seguros de vida relativos a danos corporais, incluindo, nomeadamente, a incapacidade para o trabalho e a morte por acidente ou invalidez em consequência de acidente ou doença;
b) Seguros de renda;
c) Seguro de nupcialidade;
d) Seguro de natalidade.
2 – O disposto nesta secção aplica-se ainda aos seguros ligados a fundos de investimento, com excepção dos artigos 185.º e 186.º.

ART. 185.º (Informações pré-contratuais) – 1 – No seguro de vida, às informações previstas nos artigos 18.º a 21.º acrescem, quando seja o caso, ainda as seguintes:
a) A forma de cálculo e atribuição da participação nos resultados;
b) A definição de cada cobertura e opção;
c) A indicação dos valores de resgate e de redução, assim como a natureza das respectivas coberturas e penalizações em caso de resgate, redução ou transferência do contrato;
d) A indicação dos prémios relativos a cada cobertura, principal ou complementar;
e) O rendimento mínimo garantido, incluindo informação relativa à taxa de juro mínima garantida e à duração desta cobertura;
f) A indicação dos valores de referência utilizados nos contratos de capital variável, bem como do número das unidades de participação;
g) A indicação da natureza dos activos representativos dos contratos de capital variável;
h) A indicação relativa ao regime fiscal;
i) Nos contratos com componente de capitalização, a quantificação dos encargos, sua forma de incidência e momento em que são cobrados;
j) A possibilidade de a pessoa segura aceder aos dados médicos de exames realizados.
2 – As informações adicionais constantes do número anterior são também exigíveis nas operações de gestão de fundos colectivos de reforma.
3 – Aos deveres de informação previstos no n.º 1 podem acrescer, caso se revelem necessários para a compreensão efectiva pelo tomador do seguro dos elementos essenciais do contrato, deveres de informação e de publicidade ajustados às características específicas do seguro, nos termos a regulamentar pela autoridade de supervisão competente.
4 – Se as características específicas do seguro o justificarem, pode ser exigido que a informação seja disponibilizada através de um prospecto informativo, cujos conteúdo e suporte são regulamentados pela autoridade de supervisão competente.

ART. 186.º (Informações na vigência do contrato) – 1 – O segurador, na vigência do contrato, deve informar o tomador do seguro de alterações relativamente a informações prestadas aquando da celebração do contrato, que possam ter infuência na sua execução.
2 – Aquando do termo de vigência do contrato, o segurador deve informar o tomador do seguro acerca das quantias a que este tenha direito com a cessação do contrato, bem como das diligências ou documentos necessários para o seu recebimento.

ART. 187.º (Apólice) – 1 – Além do disposto no artigo 37.º, a apólice de seguro de vida, quando seja o caso, deve indicar as seguintes informações:
a) As condições, o prazo e a periodicidade do pagamento dos prémios;
b) A cláusula de incontestabilidade;
c) As informações prestadas nos termos do artigo 185.º;

866 [DL n.º 72/2008]   SEGUROS E FUNDOS DE PENSÕES

d) O período máximo em que o tomador do seguro pode exercer a faculdade de repor em vigor o contrato de seguro após a respectiva resolução ou redução;

e) As condições de manutenção do contrato pelos beneficiários em caso de morte, ou pelos herdeiros;

f) Se o contrato dá ou não lugar a participação nos resultados e, no primeiro caso, qual a forma de cálculo e de distribuição desses resultados;

g) Se o contrato dá ou não lugar a investimento autónomo dos activos representativos das provisões matemáticas e, no primeiro caso, indicação da natureza e regras para a formação da carteira de investimento desses activos.

2 – Das condições gerais ou especiais dos contratos de seguro de grupo devem constar, além dos elementos referidos no número anterior, os seguintes:

a) As obrigações e os direitos das pessoas seguras;

b) A transferência do eventual direito ao valor de resgate para a pessoa segura, no mínimo na parte correspondente à sua contribuição para o prémio, caso se trate de um seguro contributivo;

c) A entrada em vigor das coberturas para cada pessoa segura;

d) As condições de elegibilidade, enunciando os requisitos, para que o candidato a pessoa segura possa integrar o grupo.

Subsecção II — **Risco**

ART. 188.º (Incontestabilidade) – 1 – O segurador não se pode prevalecer de omissões ou inexactidões negligentes na declaração inicial do risco decorridos dois anos sobre a celebração do contrato, salvo convenção de prazo mais curto.

2 – O disposto no número anterior não é aplicável às coberturas de acidente e de invalidez complementares de um seguro de vida, salvo previsão contratual em contrário.

ART. 189.º (Erro sobre a idade da pessoa segura) – 1 – O erro sobre a idade da pessoa segura é causa de anulabilidade do contrato se a idade verdadeira divergir dos limites mínimo e máximo estabelecidos pelo segurador para a celebração deste tipo de contrato de seguro.

2 – Não sendo causa de anulabilidade, em caso de divergência, para mais ou para menos, entre a idade declarada e a verdadeira, a prestação do segurador reduz-se na proporção do prémio pago ou o segurador devolve o prémio em excesso, consoante o caso.

ART. 190.º (Agravamento do risco) – O regime do agravamento do risco previsto nos artigos 93.º e 94.º não é aplicável aos seguros de vida, nem, resultando o agravamento do estado de saúde da pessoa segura, às coberturas de acidente e de invalidez por acidente ou doença complementares de um seguro de vida.

ART. 191.º (Exclusão do suicídio) – 1 – Está excluída a cobertura por morte em caso de suicídio ocorrido até um ano após a celebração do contrato, salvo convenção em contrário.

2 – O disposto no número anterior aplica-se em caso de aumento do capital seguro por morte, bem como na eventualidade de o contrato ser reposto em vigor, mas, em qualquer caso, a exclusão respeita somente ao acréscimo de cobertura relacionado com essas circunstâncias.

ART. 192.º (Homicídio) – O autor, cúmplice, instigador ou encobridor do homicídio doloso da pessoa segura, ainda que não consumado, perde o direito à prestação, aplicando-se, salvo convenção em contrário, o regime da designação beneficiária.

ART. 193.º (Danos corporais provocados) – Sem prejuízo do disposto no artigo 46.º e nos artigos da presente subsecção, se o dano corporal na pessoa segura foi provocado dolosamente pelo beneficiário, a prestação reverte para a pessoa segura.

Subsecção III — **Direitos e deveres das partes**

ART. 194.º (Redução e resgate) – 1 – O contrato deve regular os eventuais direitos de redução e de resgate de modo a que o respectivo titular se encontre apto, a todo o momento, a conhecer o respectivo valor.

2 – No seguro de grupo contributivo, o contrato deve igualmente regular a titularidade do resgate tendo em conta a contribuição do segurado.

3 – O segurador deve anexar à apólice uma tabela de valores de resgate e de redução calculados com referência às datas de renovação do contrato, sempre que existam valores mínimos garantidos.

4 – Caso a tabela seja anexada à apólice, o segurador deve referi-lo expressamente no clausulado.

5 – No caso de designação irrevogável de beneficiário, o contrato fixa as condições de exercício do direito de resgate.

ART. 195.º (Adiantamentos) – O segurador pode, nos termos do contrato, conceder adiantamentos sobre o capital seguro, nos limites da provisão matemática.

REGIME JURÍDICO DO CONTRATO DE SEGURO   [DL n.º 72/2008]   867

ART. 196.º (Cessão ou oneração de direitos) – O direito de resgate ou qualquer outro direito de que goze o tomador do seguro, o segurado ou o beneficiário pode ser cedido ou onerado, nos termos gerais, devendo tal facto ser comunicado ao segurador.

ART. 197.º (Cessão da posição contratual) – 1 – Salvo convenção em contrário, o tomador do seguro, não sendo pessoa segura, pode transmitir a sua posição contratual a um terceiro, que assim fica investido em todos os direitos e deveres que correspondiam àquele perante o segurador.

2 – A cessão da posição contratual depende do consentimento do segurador, nos termos gerais, devendo ser comunicada à pessoa segura e constar de acta adicional à apólice.

ART. 198.º (Designação beneficiária) – 1 – Salvo o disposto no artigo 81.º, o tomador do seguro, ou quem este indique, designa o beneficiário, podendo a designação ser feita na apólice, em declaração escrita posterior recebida pelo segurador ou em testamento.

2 – Salvo estipulação em contrário, por falecimento da pessoa segura, o capital seguro é prestado:

a) Na falta de designação do beneficiário, aos herdeiros da pessoa segura;

b) Em caso de premoriência do beneficiário relativamente à pessoa segura, aos herdeiros desta;

c) Em caso de premoriência do beneficiário relativamente à pessoa segura, tendo havido renúncia à revogação da designação beneficiária, aos herdeiros daquele;

d) Em caso de comoriência da pessoa segura e do beneficiário, aos herdeiros deste.

3 – Salvo estipulação em contrário, no seguro de sobrevivência, o capital seguro é prestado à pessoa segura, tanto na falta de designação do beneficiário como no caso de premoriência do beneficiário relativamente à pessoa segura.

ART. 199.º (Alteração e revogação da cláusula beneficiária) – 1 – A pessoa que designa o beneficiário pode a qualquer momento revogar ou alterar a designação, excepto quando tenha expressamente renunciado a esse direito ou, no seguro de sobrevivência, tenha havido adesão do beneficiário.

2 – Em caso de renúncia à faculdade de revogação ou, no seguro de sobrevivência, tendo havido adesão do beneficiário, o tomador do seguro, salvo convenção em contrário, não tem os direitos de resgate, de adiantamento e de redução.

3 – O poder de alterar a designação beneficiária cessa no momento em que o beneficiário adquira o direito ao pagamento das importâncias seguras.

4 – No caso de a pessoa segura ter assinado, juntamente com o tomador do seguro, a proposta de seguro de que conste a designação beneficiária ou tendo a pessoa segura designado o beneficiário, a alteração da designação beneficiária pelo tomador do seguro carece do acordo da pessoa segura, sem prejuízo do disposto quanto ao seguro de grupo.

5 – A alteração da designação beneficiária feita por pessoa diversa da pessoa segura ou sem o acordo desta deve ser comunicada pelo segurador à pessoa segura, sem prejuízo do disposto quanto ao seguro de grupo.

ART. 200.º (Pessoas estranhas ao benefício) – As relações do tomador do seguro com pessoas estranhas ao benefício não afectam a designação beneficiária, sendo aplicáveis as disposições relativas à colação, à imputação e à redução de liberalidades, assim como à impugnação pauliana, só no que corresponde às quantias prestadas pelo tomador do seguro ao segurador.

ART. 201.º (Interpretação da cláusula beneficiária) – 1 – A designação genérica dos filhos de determinada pessoa como beneficiários, em caso de dúvida, entende-se referida a todos os filhos que lhe sobreviverem, assim como aos descendentes dos filhos em representação daqueles.

2 – Quando a designação genérica se refira aos herdeiros ou ao cônjuge, em caso de dúvida, considera-se como tais os herdeiros legais que o sejam à data do falecimento.

3 – Sendo a designação feita a favor de vários beneficiários, o segurador realiza a prestação em partes iguais, excepto:

a) No caso de os beneficiários serem todos os herdeiros da pessoa segura, em que se observam os princípios prescritos para a sucessão legítima;

b) No caso de premoriência de um dos beneficiários, em que a sua parte cabe aos respectivos descendentes.

4 – O disposto no número anterior não se aplica quando haja estipulação em contrário.

ART. 202.º (Pagamento do prémio) – 1 – O tomador do seguro deve pagar o prémio nas datas e condições estipuladas no contrato.

2 – O segurador deve avisar o tomador do seguro com uma antecedência mínima de 30 dias da data em que se vence o prémio, ou fracção deste, do montante a pagar assim como da forma e do lugar de pagamento.

ART. 203.º (Falta de pagamento do prémio) – 1 – A falta de pagamento do prémio na data de vencimento confere ao segurador, consoante a situação e o convencionado, o direito à resolução do contrato, com o consequente resgate obrigatório, o direito à redução do contrato ou o direito à transformação do seguro num contrato sem prémio.

868 [DL n.º 72/2008]   SEGUROS E FUNDOS DE PENSÕES

2 – O período máximo em que o tomador do seguro pode exercer a faculdade de repor em vigor, nas condições originais e sem novo exame médico, o contrato de seguro reduzido ou resolvido deve constar das condições da apólice e ser fixado a contar da data de redução ou de resolução.

ART. 204.º (Estipulação beneficiária irrevogável) – 1 – Em caso de não pagamento do prémio na data de vencimento, se o contrato estabelecer um benefício irrevogável a favor de terceiro, deve o segurador interpelá-lo, no prazo de 30 dias, para, querendo, substituir-se ao tomador do seguro no referido pagamento.

2 – O segurador, que não tenha interpelado o beneficiário nos termos do número anterior, não lhe pode opor as consequências convencionadas para a falta de pagamento do prémio.

ART. 205.º (Participação nos resultados) – 1 – A participação nos resultados corresponde ao direito, contratualmente definido, de o tomador do seguro, de o segurado ou de o beneficiário auferir parte dos resultados técnicos, financeiros ou ambos gerados pelo contrato de seguro ou pelo conjunto de contratos em que aquele se insere.

2 – Durante a vigência do contrato, o segurador deve informar o tomador do seguro, anualmente, sobre o montante da participação nos resultados distribuídos.

3 – No caso de cessação do contrato, o tomador do seguro, o segurado ou o beneficiário, consoante a situação, mantém o direito à participação nos resultados, atribuída mas ainda não distribuída, bem como, quando ainda não atribuída, o direito à participação nos resultados calculado pro rata temporis desde a data da última atribuição até à cessação do contrato.

ART. 206.º (Instrumentos de captação de aforro estruturados) – 1 – Os instrumentos de captação de aforro estruturados correspondem a instrumentos financeiros que, embora assumam a forma jurídica de um instrumento original já existente, têm características que não são directamente identificáveis com as do instrumento original, em virtude de terem associados outros instrumentos de cuja evolução depende, total ou parcialmente, a sua rendibilidade, sendo o risco do investimento assumido, ainda que só em parte, pelo tomador do seguro.

2 – São qualificados como instrumentos de captação de aforro estruturados os seguros ligados a fundos de investimento, podendo, por norma regulamentar da autoridade de supervisão competente, ser qualificados como instrumentos de captação de aforro estruturados outros contratos ou operações que reúnam as características identificadas no número anterior.

3 – Sem prejuízo do disposto no n.º 1 do artigo 187.º, a apólice de seguros ligados a fundos de investimento deve estabelecer:

a) A constituição de um valor de referência;

b) Os direitos do tomador do seguro, quando da eventual liquidação de um fundo de investimento ou da eliminação de uma unidade de conta, antes do termo do contrato;

c) A forma de informação sobre a evolução do valor de referência, bem como a regularidade da mesma;

d) As condições de liquidação do valor de resgate e das importâncias seguras, quer seja efectuada em numerário quer nos títulos que resultam do funcionamento do contrato;

e) A periodicidade da informação a prestar ao tomador do seguro sobre a composição da carteira de investimentos.

Secção II — OPERAÇÕES DE CAPITALIZAÇÃO

ART. 207.º (Extensão) – O regime comum do contrato de seguro e o regime especial do seguro de vida são aplicáveis subsidiariamente às operações de capitalização, desde que compatíveis com a respectiva natureza.

ART. 208.º (Documento escrito) – 1 – Das condições gerais e especiais das operações de capitalização devem constar os seguintes elementos:

a) A identificação das partes;

b) O capital garantido e os respectivos valores de resgate nas datas aniversárias do contrato;

c) As prestações a satisfazer pelo subscritor ou portador do título;

d) Os encargos, sua forma de incidência e o momento em que são cobrados;

e) A indicação de que o contrato confere ou não confere o direito à participação nos resultados e, no primeiro caso, de qual a forma de cálculo e de distribuição desses resultados;

f) A indicação de que o subscritor ou portador do título pode requerer, a qualquer momento, as seguintes informações:

i) Em contratos de prestação única com participação nos resultados, o valor da participação nos resultados distribuída até ao momento referido no pedido de informação;

ii) Em contratos de prestações periódicas, a situação relativa ao pagamento das prestações e, caso se tenha verificado falta de pagamento, o valor de resgate contratualmente garantido, se a ele houver lugar, bem como a participação nos resultados distribuídos, se for caso disso;

g) O início e a duração do contrato;

h) As condições de resgate;

i) A forma de transmissão do título;

j) A indicação do regime aplicável em caso de destruição, perda ou extravio do título;

REGIME JURÍDICO DO CONTRATO DE SEGURO [DL n.º 72/2008] 869

l) As condições de cessação do contrato por iniciativa de uma das partes;
m) A lei aplicável ao contrato e as condições de arbitragem.

2 – Sem prejuízo do disposto no número anterior, os contratos de capitalização expressos em unidades de conta devem incluir as cláusulas estabelecidas no n.º 3 do artigo 206.º.

3 – Tratando-se de títulos ao portador, as condições gerais ou especiais do contrato devem prever a obrigatoriedade de o seu legítimo detentor, em caso de extravio, avisar imediatamente o segurador.

4 – Nas condições particulares, os títulos devem referir:
a) O número respectivo;
b) O capital contratado;
c) As datas de início e de termo do contrato;
d) O montante das prestações e as datas da sua exigibilidade, quando periódicas;
e) A taxa técnica de juro garantido;
f) A participação nos resultados, se for caso disso;
g) O subscritor ou o detentor, no caso de títulos nominativos.

5 – As condições gerais e especiais dos contratos de capitalização devem ser identificadas no título emitido no momento da celebração de cada contrato.

6 – O título a que se refere o número anterior pode revestir a forma escritural, nos termos regulamentados pelas autoridades de supervisão competentes.

ART. 209.º (Manutenção do contrato) – A posição do subscritor no contrato transmite-se, em caso de morte, para os sucessores, mantendo-se o contrato até ao prazo do vencimento.

CAPÍTULO III — Seguros de acidente e de saúde

Secção I — SEGURO DE ACIDENTES PESSOAIS

ART. 210.º (Noção) – No seguro de acidentes pessoais, o segurador cobre o risco da verificação de lesão corporal, invalidez, temporária ou permanente, ou morte da pessoa segura, por causa súbita, externa e imprevisível.

ART. 211.º (Remissão) – 1 – As regras constantes dos artigos 192.º, 193.º, 198.º, 199.º, n.ᵒˢ 1 a 3, 200.º e 201.º são aplicáveis, com as necessárias adaptações, aos seguros de acidentes pessoais.

2 – O disposto sobre salvamento e mitigação do sinistro nos artigos 126.º e 127.º aplica-se aos seguros de acidentes pessoais com as necessárias adaptações.

ART. 212.º (Regra especial) – 1 – Se o contrato respeitar a terceiro, em caso de dúvida, é este o beneficiário do seguro.

2 – Se o tomador do seguro for designado como beneficiário e não sendo aquele a pessoa segura, para a celebração do contrato é necessário o consentimento desta, desde que a pessoa segura seja identificada individualmente no contrato.

Secção II — SEGURO DE SAÚDE

ART. 213.º (Noção) – No seguro de saúde, o segurador cobre riscos relacionados com a prestação de cuidados de saúde.

ART. 214.º (Cláusulas contratuais) – Do contrato de seguro de saúde anual renovável deve constar de forma bem visível e destacada que:
a) O segurador apenas cobre o pagamento das prestações convencionadas ou das despesas efectuadas em cada ano de vigência do contrato;
b) As condições de indemnização em caso de não renovação do contrato ou da cobertura da pessoa segura respeitam ao risco coberto no contrato, de acordo com o disposto no artigo 217.º.

ART. 215.º (Regime aplicável) – Não é aplicável ao seguro de saúde:
a) O regime do agravamento do risco, previsto nos artigos 93.º e 94.º, relativamente às alterações do estado de saúde da pessoa segura;
b) A obrigação de informação da pluralidade de seguros, prevista nos n.ᵒˢ 2 e 3 do artigo 180.º.

ART. 216.º (Doenças preexistentes) – 1 – As doenças preexistentes, conhecidas da pessoa segura à data da realização do contrato, consideram-se abrangidas na cobertura convencionada pelo segurador, podendo ser excluídas por acordo em contrário, de modo genérico ou especificadamente.

2 – O contrato pode ainda prever um período de carência não superior a um ano para a cobertura de doenças preexistentes.

ART. 217.º (Cessação do contrato) – 1 – Em caso de não renovação do contrato ou da cobertura e não estando o risco coberto por um contrato de seguro posterior, o segurador não pode, nos dois anos

870 [DL n.º 384/2007]   SEGUROS E FUNDOS DE PENSÕES

subsequentes e até que se mostre esgotado o capital seguro no último período de vigência do contrato, recusar as prestações resultantes de doença manifestada ou outro facto ocorrido na vigência do contrato, desde que cobertos pelo seguro.

2 – Para efeito do disposto no número anterior, o segurador deve ser informado da doença nos 30 dias imediatos ao termo do contrato, salvo justo impedimento.

10.4. INFORMAÇÃO NOS SEGUROS DE VIDA E DE ACIDENTES PESSOAIS

Decreto-Lei n.º 384/2007

de 19 de Novembro

CAPÍTULO I — Disposições gerais

ART. 1.º (Objecto) – O presente decreto-lei visa reforçar a posição do beneficiário de contratos de seguro de vida, de acidentes pessoais e das operações de capitalização, bem como prever a criação de um registo central desses contratos e operações com beneficiários em caso de morte do segurado ou do subscritor e, ainda, estabelecer o direito de acesso à informação nele constante.

ART. 2.º (Âmbito) – 1 – Estão abrangidos pelo presente decreto-lei os contratos de seguro de vida, de acidentes pessoais e as operações de capitalização, com beneficiários em caso de morte do segurado ou do subscritor, que se encontrem a produzir efeitos à data da sua entrada em vigor, ou que venham a ser celebrados após esta data.

2 – Ficam excluídos do âmbito do presente decreto-lei os contratos de seguro de vida celebrados por prazos iguais ou inferiores a dois meses.

CAPÍTULO II — Protecção de beneficiários em caso de morte do segurado ou do subscritor

ART. 3.º (Identificação do beneficiário) – 1 – Para além do estabelecido no Decreto-Lei n.º 176/95, de 26 de Julho, a apólice deve ainda conter os elementos que permitam identificar o beneficiário, caso não seja o ou os herdeiros legais, designadamente o nome ou a designação completos, a sede ou o domicílio, os números de identificação civil e fiscal, sem prejuízo do disposto nos n.ºs 1 e 2 do artigo seguinte.

2 – No caso de o tomador do seguro querer alterar o beneficiário durante a vigência do contrato, deve comunicar por escrito ao segurador essa sua vontade, bem como os elementos referidos no número anterior relativamente ao novo beneficiário.

ART. 4.º (Dever de informação ao tomador do seguro, ao segurado e ao subscritor) – 1 – Sem prejuízo do disposto no artigo 10.º da Lei n.º 67/98, de 26 de Outubro, o segurador deve informar clara e expressamente o tomador do seguro e o segurado, no caso de não coincidirem na mesma pessoa, sobre os efeitos da falta de indicação do beneficiário e da incorrecção dos elementos de identificação deste.

2 – O segurador está obrigado a disponibilizar no seu sítio da Internet toda a informação referida no número anterior.

3 – O segurador deve comunicar ao tomador do seguro e ao segurado, no caso de não coincidirem na mesma pessoa, as consequências da falta de pagamento do prémio, bem como o termo do contrato e o prazo para o resgate ou para o reembolso.

4 – O segurador deve contactar o tomador do seguro e o segurado, no caso de não coincidirem na mesma pessoa, ou o subscritor, quando não tenha sido paga a prestação resultante do contrato de seguro ou da operação de capitalização.

ART. 5.º (Dever de informação ao beneficiário) – 1 – O segurador tem o dever de informar o beneficiário, por escrito, da existência do contrato de seguro ou da operação de capitalização, da sua qualidade de beneficiário e do seu direito às importâncias devidas pelo contrato de seguro ou pela operação de capitalização, sempre que tenha conhecimento da morte do segurado ou do subscritor, no prazo de 30 dias após a data do conhecimento.

2 – No caso de impossibilidade comprovada de contacto durante um ano seguido com o tomador do seguro e com o segurado, no caso de não coincidirem na mesma pessoa, ou com o subscritor, o segurador deve informar o beneficiário, no prazo de 30 dias após a última comunicação dirigida àqueles, desde que qualquer deles tenha autorizado expressamente a prestação dessa informação.

3 – O dever de informação previsto no número anterior é igualmente aplicável nas situações em que, decorrido um ano após a data do termo do contrato de seguro ou da operação de capitalização, o tomador do seguro ou o segurado, no caso de não coincidirem na mesma pessoa, ou o subscritor, não exerçam o direito de resgate ou de reembolso do montante que lhes é devido.

INFORMAÇÃO NOS SEGUROS DE VIDA E DE ACIDENTES PESSOAIS   [DL n.º 384/2007]   871

4 – O disposto no número anterior não se aplica às situações de denúncia ou de renúncia do contrato.

5 – A comunicação a que o segurador está obrigado nos termos do n.ᵒˢ 1, 2 e 3 destina-se a alertar o beneficiário para os factos aí referidos, bem como para solicitar a fundamentação dos pressupostos da ocorrência do risco coberto pelo seguro.

6 – Após o beneficiário ter comprovado a respectiva qualidade e a ocorrência do risco coberto pelo seguro, o segurador deve diligenciar de imediato todos os procedimentos necessários para o pagamento das importâncias devidas.

CAPÍTULO III — Registo central de contratos de seguro de vida, de acidentes pessoais e de operações de capitalização

ART. 6.º (Criação, natureza e finalidade) – 1 – É criado o registo central de contratos de seguro de vida, de acidentes pessoais e de operações de capitalização com beneficiários em caso de morte do segurado ou do subscritor.

2 – O registo central previsto no número anterior tem a natureza de registo electrónico e tem por finalidade possibilitar a obtenção de informação sobre a existência de contrato de seguro de vida, de contrato de acidentes pessoais ou de operação de capitalização com beneficiários em caso de morte, e sobre a identificação do respectivo segurado ou subscritor, bem como identificação do segurador e do beneficiário, sem prejuízo do disposto no artigo 9.º.

3 – O registo central a que se refere o presente artigo está sujeito a notificação à Comissão Nacional de Protecção de Dados, nos termos do disposto no artigo 27.º da Lei n.º 67/98, de 26 de Outubro.

ART. 7.º (Responsável pelo registo central) – O Instituto de Seguros de Portugal é a entidade responsável pela criação, manutenção e actualização do registo central previsto no artigo anterior.

ART. 8.º (Informações para efeitos do registo central) – Os seguradores que celebrem contratos de seguro de vida, de acidentes pessoais ou operações de capitalização com beneficiários em caso de morte do segurado ou do subscritor, em que Portugal seja o Estado membro do compromisso, devem transmitir ao Instituto de Seguros de Portugal as seguintes informações relativas a cada contrato:

a) Identificação do segurado:
   i) Nome;
   ii) Número de identificação civil ou de outro documento de identificação, se distinto;
   iii) Número de identificação fiscal;
b) Identificação do segurador:
   i) Denominação social;
   ii) Código estatístico do segurador;
   iii) Estado membro a partir do qual foi celebrado;
c) Identificação do contrato de seguro ou da operação de capitalização:
   i) Tipo de contrato;
   ii) Número ou código de identificação do contrato.
d) Identificação do beneficiário:
   i) Os elementos que permitam identificar o beneficiário, designadamente o nome ou a designação completos, a sede ou o domicílio e os números de identificação civil e fiscal.

ART. 9.º (Acesso e divulgação da informação constante do registo central) – 1 – Qualquer interessado pode obter informação constante do registo central quanto à existência de contrato de seguro ou de operação de capitalização em que seja segurado ou subscritor uma pessoa determinada, sobre o segurador com o qual foi contratado e se o próprio consta como presumível beneficiário do seguro ou da operação de capitalização.

2 – Sem prejuízo do direito de acesso do titular aos seus dados pessoais, sem indicação da qualidade em que estes figuram na base de dados, nos termos da Lei n.º 67/98, de 26 de Outubro, o acesso por terceiro à informação referida no número anterior só pode efectuar-se através de pedido devidamente fundamentado e documentado, em caso de morte ou de declaração de morte presumida do segurado ou do subscritor, comprovada mediante apresentação da correspondente certidão.

3 – A informação sobre o beneficiário só pode ser dada ao próprio, ou ao seu representante legal tratando-se de menor ou de outras pessoas incapazes nos termos da lei, e não prejudica a efectiva confirmação da sua veracidade e actualização junto do respectivo segurador.

4 – A informação referida no n.º 1 está disponível durante a vigência do contrato de seguro ou da operação da capitalização e até um prazo de 10 anos após a data do seu termo, ou da morte do segurado ou do subscritor, ou da declaração de morte presumida destes, consoante a que ocorra posteriormente.

5 – Na sequência do pedido de informação, o Instituto de Seguros de Portugal emite certificado de teor tendo por objecto os dados constantes do registo.

6 – As disposições contratuais prevalecem sobre a informação constante do registo central.

872 [DL n.º 176/95]   SEGUROS E FUNDOS DE PENSÕES

ART. 10.º (Dever de informação dos serviços e entidades) – Os serviços e entidades que celebrem actos de partilha ou de adjudicação de bens adquiridos por sucessão devem aceder, por meios informáticos e nos termos que venham a ser regulamentados por portaria dos membros do Governo responsáveis pelas áreas das finanças e da justiça, ao registo central de contratos de seguro de vida, de acidentes pessoais e de operações de capitalização com beneficiários em caso de morte, devendo fazer menção do resultado da referida consulta no acto público celebrado.

CAPÍTULO IV — Regime contra-ordenacional e fiscalização

ART. 11.º (Contra-ordenações) – O incumprimento dos deveres de informação previstos no artigo 4.º, nos n.ᵒˢ 1, 2 e 3 do artigo 5.º e no artigo 8.º constitui contra-ordenação punível nos termos do capítulo II do título VI do Decreto-Lei n.º 94-B/98, de 17 de Abril.

ART. 12.º (Fiscalização) – A fiscalização do disposto no presente decreto-lei e a instrução dos respectivos processos de contra-ordenação é da competência do Instituto de Seguros de Portugal.

CAPÍTULO V — Disposições finais e transitórias

ART. 13.º (Contratos de seguro e operações de capitalização vigentes) – 1 – No que se refere aos contratos de seguro e às operações de capitalização referidos no artigo 2.º, os seguradores dispõem de um prazo de 90 dias após a publicação da norma regulamentar referida no artigo 15.º para darem cumprimento ao disposto no artigo 8.º.

2 – Em relação aos contratos de seguro que se encontrem a produzir efeitos, e para obtenção do consentimento expresso previsto no n.º 2 do artigo 5.º, devem os seguradores solicitar esse consentimento, por escrito, em sistema de resposta gratuita (RSF), aos tomadores dos seguros, no prazo de 90 dias a partir da data da sua entrada em vigor.

ART. 14.º (Avaliação da execução) – No final do primeiro ano após a data de entrada em vigor do presente decreto-lei, e anualmente nos anos subsequentes, o Instituto de Seguros de Portugal elabora e divulga um relatório de avaliação do impacte da sua aplicação, devendo remetê-lo aos membros do Governo responsáveis pelas áreas das finanças e da defesa do consumidor.

ART. 15.º (Regulamentação) – 1 – Cabe ao Instituto de Seguros de Portugal estabelecer por norma regulamentar:

a) A periodicidade, a forma e os termos exigidos a cada segurador para a transmissão das informações previstas no artigo 8.º;

b) As regras para actualizar a informação constante do registo central;

c) O modelo do certificado previsto no n.º 5 do artigo 9.º;

d) A forma e os termos do cumprimento do disposto no n.º 2 do artigo 13.º, exigíveis a cada segurador;

e) A forma, os termos e os custos de acesso à informação prevista no artigo 9.º.

2 – Na regulamentação referida no número anterior deve, sempre que adequado e sem prejuízo do disposto no n.º 2 do artigo 9.º, ser privilegiado o recurso às tecnologias de informação e a utilização de documentos electrónicos.

ART. 16.º (Entrada em vigor) – 1 – O presente decreto-lei entra em vigor 180 dias após a data da sua publicação.

2 – O artigo anterior entra em vigor no dia seguinte ao da publicação do presente decreto-lei.

10.5. DEVERES DE INFORMAÇÃO E REGIME DO CONTRATO DE SEGURO

Decreto-Lei n.º 176/95

de 26 de Julho (*)

CAPÍTULO I — Disposições gerais

ART. 1.º (Definições) (*Revogado.*)

(*) Rectificado pela Declaração de Rectificação n.º 118/95, de 30-9, e alterado pelo **DL n.º 60/2004**, de 22-3 (arts. 1.º e 2.º e aditamento do art. 5.º-A), pelo **DL n.º 357-A/2007** de 31-10, cujo art. 14.º deu nova redacção aos arts. 2.º e 5.º-A, e pelo **DL n.º 72/2008**, de 16-4, que revogou os arts. 1.º a 5.º e 8.º a 25.º.

DEVERES DE INFORMAÇÃO E REGIME DO CONTRATO DE SEGURO   [DL n.º 176/95]   873

CAPÍTULO II — Deveres de informação

ART. 2.º (Ramo «Vida») (*Revogado.*)

ART. 3.º (Ramos «Não vida») (*Revogado.*)

ART. 4.º (Seguros de grupo) (*Revogado.*)

ART. 5.º (Seguros com exame médico) (*Revogado.*)

ART. 5.º-A (Instrumentos de captação de aforro estruturados) – 1 – Para efeitos do presente diploma, são qualificados como ICAE os seguros ligados a fundos de investimento.

2 – Por norma do Instituto de Seguros de Portugal podem ser qualificados como ICAE outros contratos de seguro ou operações do ramo 'Vida' que reúnam as características previstas na alínea *j*) do artigo 1.º.

3 – Aos deveres pré-contratuais previstos no n.º 1 do artigo 179.º do Decreto-Lei n.º 94-B/98, de 17 de Abril, acrescem deveres específicos de informação e publicidade a definir pelo Instituto de Seguros de Portugal ou, no caso de contratos de seguro ligados a fundos de investimento, pela Comissão do Mercado de Valores Mobiliários, ouvido o Instituto de Seguros de Portugal.

4 – Sem prejuízo do cumprimento de outros deveres de informação pré-contratual, as empresas de seguros devem disponibilizar a informação prevista no número anterior através de prospecto informativo cujo conteúdo e suporte são definidos pelo Instituto de Seguros de Portugal ou, no caso de contratos de seguro ligados a fundos de investimento, pela Comissão do Mercado de Valores Mobiliários, ouvido o Instituto de Seguros de Portugal.

5 – A proposta do contrato de seguro ou operação do ramo 'Vida' qualificado como ICAE deve conter uma menção comprovativa de que foi entregue ao tomador o documento referido no número anterior, presumindo--se, na sua falta, que o mesmo não o recebeu, assistindo-lhe, neste caso, o direito de resolver o contrato no prazo de 30 dias a contar da recepção da apólice, e de ser reembolsado da totalidade das importâncias pagas.

6 – O tomador de um contrato de seguro ou operação do ramo 'Vida' qualificado como ICAE dispõe do prazo de 30 dias a contar da recepção da apólice para renunciar aos efeitos do contrato ou operação, sempre que as condições dos mesmos não estejam em conformidade com as informações referidas no n.º 3, sendo reembolsado da totalidade das importâncias pagas.

7 – O tomador de um contrato de seguro ou operação do ramo 'Vida' qualificado como ICAE dispõe do prazo de 30 dias a contar da data de recepção da apólice para renunciar aos efeitos do contrato ou operação, sendo aplicável o regime previsto no artigo 183.º do Decreto-Lei n.º 94-B/98, de 17 de Abril.

8 – Sob pena de ineficácia, a comunicação da resolução e da renúncia referidas nos n.ᵒˢ 5, 6 e 7 deve ser notificada por carta registada expedida para o endereço da sede social ou da sucursal da empresa de seguros que celebrou o contrato.

ART. 6.º (Divulgação das condições tarifárias) – 1 – As empresas de seguros devem afixar em todos os balcões e locais de atendimento ao público, em local bem visível, um quadro, organizado segundo modelo a aprovar pelo Instituto de Seguros de Portugal, que conterá as condições tarifárias das principais categorias de veículos do seguro obrigatório de responsabilidade civil automóvel destinado a pessoas singulares.

2 – Por portaria do Ministro das Finanças, a obrigação prevista no número anterior poderá ser estendida a outras modalidades de seguros de massa.

3 – As informações prestadas pelas empresas de seguros sobre condições tarifárias aplicáveis a contratos de seguro devem ser feitas por escrito.

4 – O dever constante do número anterior impende também sobre os intermediários.

ART. 7.º (Publicidade) – 1 – Nos documentos destinados ao público em geral, aos tomadores de seguros ou aos mediadores, sempre que se mencione a taxa de participação nos resultados, é obrigatória a indicação da base de incidência de tal taxa.

2 – É proibida a publicidade que quantifique resultados futuros baseados em estimativas da empresa de seguros, salvo se contiver em realce, relativamente a todos os outros caracteres tipográficos, a indicação de que se trata de um «exemplo».

3 – Nos documentos destinados ao público e nos suportes publicitários deve indicar-se, claramente, que as importâncias seguras por contratos de seguros ou operações em «unidades de conta» variam de acordo com a evolução do «valor de referência» indicado na apólice, podendo não existir a garantia de pagamento de um capital mínimo.

CAPÍTULO II — Contrato

ARTS. 8.º a 25.º (*Revogados.*)

CAPÍTULO IV — Disposições finais

ART. 26.º (Correspondência de conceitos) – Os conceitos de prémio referidos nos diplomas a seguir indicados tem a seguinte correspondência no presente diploma:

a) No Decreto n.º 17 555, de 5 de Novembro de 1929, com a alteração que lhe foi introduzida pelo Decreto-Lei n.º 156//83, de 14 de Maio, ao conceito de «receita processada relativa aos prémios de seguros» corresponde o de prémios brutos;

b) No Decreto n.º 21 916, de 28 de Novembro de 1932, com as alterações que lhe foram posteriormente introduzidas, ao conceito de «soma do prémio do seguro, do custo de apólice e de quaisquer outras importân-

874 [DL n.º 291/2007]   SEGUROS E FUNDOS DE PENSÕES

cias que constituam receita das empresas seguradoras, cobrada juntamente com esse prémio ou em documento separado» corresponde o de prémio bruto;

c) No Decreto-Lei n.º 388/78, de 9 de Dezembro, com as alterações que lhe foram posteriormente introduzidas, ao conceito de «prémios de seguros» corresponde o de prémios brutos;

d) No Decreto-Lei n.º 240/79, de 25 de Julho, com as alterações que lhe foram posteriormente introduzidas, ao conceito de «prémios de seguro incluindo encargos» corresponde o de prémio comercial;

e) No Decreto-Lei n.º 234/81, de 3 de Agosto, com as alterações que lhe foram posteriormente introduzidas, ao conceito de «prémios de seguros» corresponde o de prémios brutos;

f) No Decreto Legislativo Regional n.º 2/83/M, de 7 de Março, e nos Decretos Regulamentares Regionais n.ᵒˢ 2/84/M, de 17 de Março, e 22/87/M, de 10 de Outubro, aos conceitos de «prémios e respectivos adicionais» e de «prémios e os seus adicionais» corresponde o de prémio comercial e ao conceito de «valor dos prémios» corresponde o prémio comercial dividido por 1,2;

g) No Decreto-Lei n.º 522/858, de 31 de Dezembro, com as alterações que lhe foram posteriormente introduzidas, ao conceito de «prémio simples (líquido de adicionais)» corresponde o prémio comercial dividido por 1,2;

h) No Decreto-Lei n.º 283/90, de 18 de Setembro, ao conceito de «prémio simples» corresponde o prémio comercial dividido por 1,2;

i) No Decreto-Lei n.º 388/91, de 10 de Outubro, ao conceito de «prémios líquidos de encargos e adicionais» corresponde o prémio comercial dividido por 1,2;

j) No Decreto Legislativo Regional n.º 25/94/A, de 30 de Novembro, aos conceitos de «prémios simples do seguro» e «valor do prémio» corresponde o prémio comercial dividido por 1,2.

ART. 27.º (Entrada em vigor) – As disposições constantes do presente diploma entram em vigor 90 dias após a data da publicação, aplicando-se a todos os contratos novos e aos renovados a partir dessa data, com excepção dos artigos 7.º a 9.º, 19.º, 20.º e 23.º, que entram em vigor no dia imediato ao da sua publicação.

10.6. SEGURO OBRIGATÓRIO DE RESPONSABILIDADE CIVIL AUTOMÓVEL

Decreto-Lei n.º 291/2007

de 21 de Agosto (*)

TÍTULO I — OBJECTO E ALTERAÇÕES LEGISLATIVAS

CAPÍTULO I — Objecto

ART. 1.º (Objecto) – O presente Decreto-Lei aprova o regime do sistema do seguro obrigatório de responsabilidade civil automóvel e transpõe parcialmente para a ordem jurídica interna a Directiva n.º 2005/14/CE, do Parlamento Europeu e do Conselho, de 11 de Maio, que altera Directivas n.ᵒˢ 72/166/CEE, 84/5/CEE, 88/357/ /CEE e 90/232/CEE, do Conselho, e a Directiva n.º 2000/26/CE, relativas ao seguro de responsabilidade civil resultante da circulação de veículos automóveis.

CAPÍTULO II — Alterações legislativas

ART. 2.º (Alteração ao Decreto-Lei n.º 142/2000, de 15 de Julho) – O artigo 9.º-A do Decreto-Lei n.º 142/ /2000, de 15 de Julho, aditado pelo artigo 3.º do Decreto-Lei n.º 122/2005, de 29 de Julho, passa a ter a seguinte redacção:

....

Alteração introduzida no lugar próprio.

TÍTULO II — DO SEGURO OBRIGATÓRIO

CAPÍTULO I — Do âmbito do seguro obrigatório

ART. 3.º (Definições) – 1 – Para efeitos do presente Decreto-Lei, entende-se por:

a) «Empresa de seguros» as empresas tal como definidas na alínea *a*) do artigo 5.º do Decreto-Lei n.º 144/ /2006, de 31 de Julho, que regula as condições de acesso e de exercício da actividade de mediação de seguros ou resseguros;

(*) Rectificado pela Decl. Rectif. n.º 96/2007, de 19-10, e alterado pelo **DL n.º 153/2008**, de 6-8, que deu nova redacção ao art. 64.º.

SEGURO OBRIGATÓRIO DE RESPONSABILIDADE CIVIL AUTOMÓVEL [DL n.º 291/2007] 875

b) «Estabelecimento» a sede social ou a sucursal, na acepção da alínea *c*) do n.º 1 do artigo 2.º do Decreto--Lei n.º 94-B/98, de 17 de Abril;

c) «Estado membro onde o veículo tem o seu estacionamento habitual»:

i) O Estado membro emissor da chapa de matrícula, definitiva ou temporária, ostentada pelo veículo; ou

ii) No caso dos veículos não sujeitos a matrícula, o Estado membro emissor do sinal identificativo semelhante à chapa de matrícula, definitivo ou temporário; ou

iii) No caso dos veículos não sujeitos a matrícula nem a sinal identificativo semelhante, o Estado membro onde o detentor do veículo tenha residência habitual;

d) «Estado membro» os Estados subscritores do Acordo sobre o Espaço Económico Europeu, de 2 de Maio de 1992;

e) «Acordo entre os serviços nacionais de seguros» o acordo entre os serviços nacionais de seguros dos Estados membros do espaço económico europeu e outros Estados associados, assinado em Rethymno (Creta), em 30 de Maio de 2002, e publicado em anexo à Decisão da Comissão Europeia de 28 de Julho de 2003, no *Jornal Oficial da União Europeia*, L 192, de 31 de Julho de 2003.

2 – Para efeitos do presente Decreto-Lei, a morte integra o conceito de dano corporal.

ART. 4.º (Obrigação de seguro) – 1 – Toda a pessoa que possa ser civilmente responsável pela reparação de danos corporais ou materiais causados a terceiros por um veículo terrestre a motor para cuja condução seja necessário um título específico e seus reboques, com estacionamento habitual em Portugal, deve, para que esses veículos possam circular, encontrar-se coberta por um seguro que garanta tal responsabilidade, nos termos do presente Decreto-Lei.

2 – A obrigação referida no número anterior não se aplica aos responsáveis pela circulação dos veículos de caminhos-de-ferro, com excepção, seja dos carros eléctricos circulando sobre carris, seja da responsabilidade por acidentes ocorridos na intersecção dos carris com a via pública, e, bem assim, das máquinas agrícolas não sujeitas a matrícula.

3 – Os veículos ao serviço dos sistemas de Metro são equiparados aos veículos de caminhos de ferro para os efeitos do número anterior.

4 – A obrigação referida no número um não se aplica às situações em que os veículos são utilizados em funções meramente agrícolas ou industriais.

ART. 5.º (Local do risco relativamente a veículos para exportação, ou importados, no âmbito do espaço económico europeu) – 1 – Para efeitos de cumprimento da obrigação de seguro junto de empresa de seguros autorizada, em derrogação do previsto na alínea *h*), subalínea *ii*), do artigo 2.º do Decreto-Lei n.º 94-B/98, de 17 de Abril, sempre que um veículo cuja circulação esteja sujeita à obrigação de seguro seja enviado para um Estado membro, considera-se que o Estado membro em que se situa o risco é o Estado membro de destino num prazo de 30 dias a contar da data da aceitação da entrega pelo adquirente, mesmo que o veículo não tenha sido formalmente registado no Estado membro de destino.

2 – O regime previsto no número anterior é igualmente aplicável em relação a veículo que provenha de um Estado membro, devendo a identificação do veículo no contrato de seguro, caso não tenha ainda sido objecto de registo em Portugal, efectuar-se com base nos documentos estrangeiros nos termos que vierem a ser aprovados por portaria conjunta dos ministros responsáveis pelos serviços de matrícula do veículo e dos Registos e do Notariado e pela tutela do Instituto de Seguros de Portugal.

3 – Compete ao Fundo de Garantia Automóvel satisfazer, nos termos da subsecção I da secção I do capítulo IV, as indemnizações decorrentes dos acidentes causados pelos veículos previstos no número anterior, durante o prazo referido no n.º 1 e quando a respectiva circulação não esteja coberta por seguro.

A previsão do n.º 2 deste artigo concretizou-se através da Portaria n.º 290/2008, de 15-4.

ART. 6.º (Sujeitos da obrigação de segurar) – 1 – A obrigação de segurar impende sobre o proprietário do veículo, exceptuando-se os casos de usufruto, venda com reserva de propriedade e regime de locação financeira, em que a obrigação recai, respectivamente, sobre o usufrutuário, adquirente ou locatário.

2 – Se qualquer outra pessoa celebrar, relativamente ao veículo, contrato de seguro que satisfaça o disposto no presente Decreto-Lei, fica suprida, enquanto o contrato produzir efeitos, a obrigação das pessoas referidas no número anterior.

3 – Estão ainda obrigados os garagistas, bem como quaisquer pessoas ou entidades que habitualmente exercem a actividade de fabrico, montagem ou transformação, de compra e ou venda, de reparação, de desempanagem ou de controlo do bom funcionamento de veículos, a segurar a responsabilidade civil em que incorrem quando utilizem, por virtude das suas funções, os referidos veículos no âmbito da sua actividade profissional.

4 – Podem ainda, nos termos que vierem ser aprovados por norma do Instituto de Seguros de Portugal, ser celebrados seguros de automobilista com os efeitos previstos no presente Decreto-Lei.

5 – Quaisquer provas desportivas de veículos terrestres a motor e respectivos treinos oficiais só podem ser autorizadas mediante a celebração prévia de um seguro, feito caso a caso, que garanta a responsabilidade civil dos organizadores, dos proprietários dos veículos e dos seus detentores e condutores em virtude de acidentes causados por esses veículos.

876   [DL n.º 291/2007]   SEGUROS E FUNDOS DE PENSÕES

ART. 7.º (Seguro de garagista) – 1 – Relativamente ao seguro previsto no n.º 3 do artigo anterior, é inoponível ao lesado o facto de o acidente causado pelo respectivo segurado ter sido causado pela utilização do veículo fora do âmbito da sua actividade profissional, sem prejuízo do correspondente direito de regresso.

2 – O previsto no número anterior é igualmente aplicável, quando a guarda do veículo caiba ao garagista, seja no caso de acidente causado pelos autores de furto, roubo ou furto de uso do veículo, sem prejuízo do previsto no n.º 3 do artigo 15.º e dos direitos de regresso aplicáveis, seja no caso de o acidente ser imputável ao risco do veículo alheio à sua utilização no âmbito da actividade profissional prevista no n.º 3 do artigo anterior.

ART. 8.º (Seguro de provas desportivas) – 1 – Sem prejuízo do disposto no artigo 14.º, excluem-se da garantia do seguro previsto no n.º 5 do artigo 6.º os danos causados aos participantes e respectivas equipas de apoio e aos veículos por aqueles utilizados, bem como os causados à entidade organizadora e pessoal ao seu serviço ou a quaisquer seus colaboradores.

2 – Quando se verifiquem dificuldades especiais na celebração de contratos de seguro de provas desportivas, o Instituto de Seguros de Portugal, através de norma regulamentar, define os critérios de aceitação e realização de tais seguros.

ART. 9.º (Sujeitos isentos da obrigação de segurar) – 1 – Ficam isentos da obrigação de segurar os Estados estrangeiros, de acordo com o princípio da reciprocidade, e as organizações internacionais de que seja membro o Estado Português.

2 – O Estado Português fica também isento da referida obrigação, sem prejuízo da sujeição à obrigação de segurar dos departamentos e serviços oficiais, se e na medida em que tal for decidido por despacho do ministro respectivo ou dos membros competentes dos Governos Regionais.

3 – As pessoas isentas da obrigação de segurar respondem nos termos em que responde o segurador e gozam, no que for aplicável, dos direitos que a este assistem.

4 – Os Estados estrangeiros e as organizações internacionais referidas no n.º 1 devem fazer prova dessa isenção através de um certificado de modelo a aprovar por despacho conjunto dos membros do Governo responsáveis pelas áreas das finanças e da administração interna e a ser emitido pelo Instituto de Seguros de Portugal, do qual consta obrigatoriamente o nome da entidade responsável pela indemnização em caso de acidente.

5 – O Estado Português deve fazer prova da isenção referida no n.º 2 através de um certificado emitido pelo ministério respectivo ou pelas secretarias regionais competentes.

ART. 10.º (Âmbito territorial do seguro) – 1 – O seguro obrigatório previsto no artigo 4.º abrange, com base num prémio único e durante todo o período de vigência do contrato de seguro:

a) A totalidade dos territórios dos países cujos serviços nacionais de seguros tenham aderido ao Acordo entre os serviços nacionais de seguros, incluindo as estadias do veículo nalgum deles durante o período de vigência contratual;

b) O trajecto que ligue directamente dois territórios onde o Acordo do Espaço Económico Europeu é aplicável, quando nele não exista serviço nacional de seguros.

2 – O seguro obrigatório previsto no artigo 4.º pode ainda abranger a responsabilidade civil decorrente da circulação de veículos em outros territórios para além dos mencionados no número anterior, concretamente nos de Estados onde exista uma organização profissional, criada em conformidade com a Recomendação n.º 5 adoptada em 25 de Janeiro de 1949, pelo Subcomité de Transportes Rodoviários do Comité de Transportes Internos da Comissão Económica para a Europa da Organização das Nações Unidas, desde que seja garantida por um certificado internacional de seguro («carta verde»).

3 – O Instituto de Seguros de Portugal disponibiliza no respectivo sítio na Internet a lista actualizada dos países aderentes ao Acordo referido na alínea *a)* do n.º 1.

ART. 11.º (Âmbito material) – 1 – O seguro de responsabilidade civil previsto no artigo 4.º abrange:

a) Relativamente aos acidentes ocorridos no território de Portugal a obrigação de indemnizar estabelecida na lei civil;

b) Relativamente aos acidentes ocorridos nos demais territórios dos países cujos serviços nacionais de seguros tenham aderido ao Acordo entre os serviços nacionais de seguros, a obrigação de indemnizar estabelecida na lei aplicável ao acidente, a qual, nos acidentes ocorridos nos territórios onde seja aplicado o Acordo do Espaço Económico Europeu, é substituída pela lei portuguesa sempre que esta estabeleça uma cobertura superior;

c) Relativamente aos acidentes ocorridos no trajecto previsto na alínea *b)* do n.º 1 do artigo anterior, apenas os danos de residentes em Estados membros e países cujos serviços nacionais de seguros tenham aderido ao Acordo entre os serviços nacionais de seguros e nos termos da lei portuguesa.

2 – O seguro de responsabilidade civil previsto no artigo 4.º abrange os danos sofridos por peões, ciclistas e outros utilizadores não motorizados das estradas quando e na medida em que a lei aplicável à responsabilidade civil decorrente do acidente automóvel determine o ressarcimento desses danos.

ART. 12.º (Capital seguro para os contratos em geral) – 1 – O capital mínimo obrigatoriamente seguro, nos termos e para os efeitos das alíneas *a)* e *c)* do n.º 1 do artigo anterior é de € 1 200 000 por acidente para os danos corporais e de € 600 000 por acidente para os danos materiais.

SEGURO OBRIGATÓRIO DE RESPONSABILIDADE CIVIL AUTOMÓVEL [DL n.º 291/2007] 877

2 – Para todos os efeitos, nomeadamente os indemnizatório e de determinação do prémio do contrato, a partir de 1 de Dezembro de 2009, os montantes previstos no número anterior são, respectivamente, de € 2 500 000 por acidente e de € 750 000 por acidente, e a partir de 1 de Junho de 2012 são, respectivamente, € 5 000 000 por acidente e € 1 000 000 por acidente.

3 – A partir de 1 de Junho de 2012, os montantes previstos na parte final do número anterior são revistos de cinco em cinco anos, sob proposta da Comissão Europeia, em função do índice europeu de preços no consumidor, nos termos do Regulamento (CE) n.º 2494/95, do Conselho da União Europeia, de 23 de Outubro, relativo aos índices harmonizados de preços no consumidor.

4 – Os montantes revistos nos termos do número anterior são publicados no *Jornal Oficial da União Europeia* e entram imediatamente em vigor.

ART. 13.º (Capital seguro para os contratos relativos a transportes colectivos e a provas desportivas) – O capital mínimo obrigatoriamente seguro para os contratos relativos a transportes colectivos e para os relativos a provas desportivas é de, respectivamente, duas e oito vezes os montantes previstos no artigo anterior, com o limite, por lesado, dos mesmos montantes simples.

ART. 14.º (Exclusões) – 1 – Excluem-se da garantia do seguro os danos corporais sofridos pelo condutor do veículo seguro responsável pelo acidente assim como os danos decorrentes daqueles.

2 – Excluem-se também da garantia do seguro quaisquer danos materiais causados às seguintes pessoas:

a) Condutor do veículo responsável pelo acidente;

b) Tomador do seguro;

c) Todos aqueles cuja responsabilidade é garantida, nos termos do n.º 1 do artigo seguinte, nomeadamente em consequência da compropriedade do veículo seguro;

d) Sociedades ou representantes legais das pessoas colectivas responsáveis pelo acidente, quando no exercício das suas funções;

e) Cônjuge, ascendentes, descendentes ou adoptados das pessoas referidas nas alíneas *a)* a *c)*, assim como outros parentes ou afins até ao 3.º grau das mesmas pessoas, mas, neste último caso, só quando elas coabitem ou vivam a seu cargo;

f) Aqueles que, nos termos dos artigos 495.º, 496.º e 499.º do Código Civil, beneficiem de uma pretensão indemnizatória decorrente de vínculos com alguma das pessoas referidas nas alíneas anteriores;

g) A passageiros, quando transportados em contravenção às regras relativas ao transporte de passageiros constantes do Código da Estrada.

3 – No caso de falecimento, em consequência do acidente, de qualquer das pessoas referidas nas alíneas *e)* e *f)* do número anterior, é excluída qualquer indemnização ao responsável do acidente.

4 – Excluem-se igualmente da garantia do seguro:

a) Os danos causados no próprio veículo seguro;

b) Os danos causados nos bens transportados no veículo seguro, quer se verifiquem durante o transporte quer em operações de carga e descarga;

c) Quaisquer danos causados a terceiros em consequência de operações de carga e descarga;

d) Os danos devidos, directa ou indirectamente, a explosão, libertação de calor ou radiação, provenientes de desintegração ou fusão de átomos, aceleração artificial de partículas ou radioactividade;

e) Quaisquer danos ocorridos durante provas desportivas e respectivos treinos oficiais, salvo tratando-se de seguro celebrados ao abrigo do artigo 8.º.

ART. 15.º (Pessoas cuja responsabilidade é garantida) – 1 – O contrato garante a responsabilidade civil do tomador do seguro, dos sujeitos da obrigação de segurar previstos no artigo 4.º e dos legítimos detentores e condutores do veículo.

2 – O seguro garante ainda a satisfação das indemnizações devidas pelos autores de furto, roubo, furto de uso do veículo ou de acidentes de viação dolosamente provocados, sem prejuízo do disposto no número seguinte.

3 – Nos casos de roubo, furto ou furto de uso de veículos e acidentes de viação dolosamente provocados o seguro não garante a satisfação das indemnizações devidas pelos respectivos autores e cúmplices para com o proprietário, usufrutuário, adquirente com reserva de propriedade ou locatário em regime de locação financeira, nem para com os autores ou cúmplices, ou os passageiros transportados que tivessem conhecimento da detenção ilegítima do veículo e de livre vontade nele fossem transportados.

CAPÍTULO II — Do contrato de seguro e da prova

ART. 16.º (Contratação do seguro obrigatório) – 1 – As empresas de seguros legalmente autorizadas a explorar o ramo «Responsabilidade civil de veículos terrestres a motor» só poderão contratar os seguros nos precisos termos previstos no presente Decreto-Lei e nas condições contratuais estabelecidas pelo Instituto de Seguros de Portugal.

878 [DL n.º 291/2007]   SEGUROS E FUNDOS DE PENSÕES

2 – A convenção expressa no contrato de seguro da oneração do tomador do seguro com uma parte da indemnização devida a terceiros não é oponível aos lesados ou aos seus herdeiros e depende do prévio esclarecimento do tomador pela empresa de seguros sobre o seu conteúdo e extensão, sob pena de ineficácia.

ART. 17.º (Situação relativa às inspecções periódicas do veículo a segurar) – 1 – No momento da celebração do contrato e da sua alteração por substituição do veículo deve ser apresentado às empresas de seguros o documento comprovativo da realização da inspecção periódica prevista no artigo 116.º do Código da Estrada.

2 – Aceitando o contrato apesar de não lhe ter sido exibido o comprovativo previsto no número anterior, a empresa de seguros não pode invocar o incumprimento da obrigação de inspecção periódica para efeitos de direito de regresso, nos termos previstos na alínea *i*) do artigo 27.º, ainda que o incumprimento dessa obrigação de inspecção periódica se refira a anuidade seguinte do contrato.

ART. 18.º (Condições especiais de aceitação dos contratos) – 1 – Sempre que a aceitação do seguro seja recusada, pelo menos por três empresas de seguros, o proponente de seguro pode recorrer ao Instituto de Seguros de Portugal para que este defina as condições especiais de aceitação.

2 – A empresa de seguros indicada pelo Instituto de Seguros de Portugal, nos casos previstos no número anterior, fica obrigada a aceitar o referido seguro nas condições definidas pelo Instituto de Seguros de Portugal, sob pena de lhe ser suspensa a exploração do ramo «Responsabilidade civil de veículos terrestres a motor» durante um período de seis meses a três anos.

3 – Nos contratos celebrados de acordo com as condições estabelecidas neste artigo não pode haver intervenção de mediador, não conferindo os mesmos direito a qualquer tipo de comissões.

ART. 19.º (Pagamento do prémio) – Ao pagamento do prémio do contrato de seguro e consequências pelo seu não pagamento aplicam-se as disposições legais em vigor.

ART. 20.º (Certificado de tarifação) – 1 – A empresa de seguros deve entregar ao tomador de seguro um certificado relativo aos acidentes que envolvam responsabilidade civil provocados pelo veículo ou veículos cobertos pelo contrato de seguro durante os cinco anos anteriores à relação contratual ou, na ausência desses acidentes:

a) Sempre que aquele lho solicite, e no prazo de 15 dias a contar do pedido;

b) Sempre que a resolução do contrato seja da sua iniciativa, com a antecedência de 30 dias em relação à data daquela.

2 – O Instituto de Seguros de Portugal fixa por meio de norma o indispensável à execução do previsto no presente artigo, nomeadamente o conteúdo obrigatório mínimo do certificado e a informação específica a prestar pela empresa de seguros para o efeito da sua entrega.

ART. 21.º (Alienação do veículo) – 1 – O contrato de seguro não se transmite em caso de alienação do veículo, cessando os seus efeitos às 24 horas do próprio dia da alienação, salvo se for utilizado pelo tomador do seguro inicial para segurar novo veículo.

2 – O titular da apólice avisa a empresa de seguros por escrito, no prazo de vinte e quatro horas, da alienação do veículo.

3 – Na falta de cumprimento da obrigação prevista no número anterior, a empresa de seguros tem direito a uma indemnização de valor igual ao montante do prémio correspondente ao período de tempo que decorre entre o momento da alienação do veículo e o termo da anuidade do seguro em que esta se verifique, sem prejuízo de o contrato ter cessado os seus efeitos nos termos do disposto no n.º 1.

4 – O aviso referido no n.º 2 deve ser acompanhado do certificado provisório do seguro, do certificado de responsabilidade civil ou do aviso-recibo e do certificado internacional («carta verde»).

ART. 22.º (Oponibilidade de excepções aos lesados) – Para além das exclusões ou anulabilidades que sejam estabelecidas no presente Decreto-Lei, a empresa de seguros apenas pode opor aos lesados a cessação do contrato nos termos do n.º 1 do artigo anterior, ou a sua resolução ou nulidade, nos termos legais e regulamentares em vigor, desde que anteriores à data do acidente.

ART. 23.º (Pluralidade de seguros) – No caso de, relativamente ao mesmo veículo, existirem vários seguros, efectuados ao abrigo do artigo 6.º, responde, para todos os efeitos legais, o seguro referido no n.º 5, ou, em caso de inexistência deste, o referido no n.º 3, ou, em caso de inexistência destes dois, o referido no n.º 4, ou, em caso de inexistência destes três, o referido no n.º 2 do mesmo artigo, ou, em caso de inexistência destes quatro, o referido no n.º 1 do mesmo artigo.

ART. 24.º (Insuficiência do capital) – 1 – Se existirem vários lesados com direito a indemnizações que, na sua globalidade, excedam o montante do capital seguro, os direitos dos lesados contra a empresa de seguros ou contra o Fundo de Garantia Automóvel reduzir-se-ão proporcionalmente até à concorrência daquele montante.

2 – A empresa de seguros ou o Fundo de Garantia Automóvel que, de boa fé e por desconhecimento da existência de outras pretensões, liquidar a um lesado uma indemnização de valor superior à que lhe competiria nos termos do número anterior não fica obrigada para com os outros lesados senão até à concorrência da parte restante do capital seguro.

SEGURO OBRIGATÓRIO DE RESPONSABILIDADE CIVIL AUTOMÓVEL [DL n.º 291/2007] 879

ART. 25.º (Indemnizações sob a forma de renda) – Quando a indemnização ao lesado consistir numa renda que, em valor actual, e de acordo com as bases técnicas utilizadas pela empresa de seguros, ultrapasse o capital seguro, a responsabilidade desta é limitada a este valor, devendo a renda ser calculada de acordo com as bases técnicas das rendas vitalícias imediatas em vigor no mercado, se da aplicação destas resultar uma renda de valor mais elevado.

ART. 26.º (Acidentes de viação e de trabalho) – 1 – Quando o acidente for simultaneamente de viação e de trabalho, aplicar-se-ão as disposições deste Decreto-Lei, tendo em atenção as constantes da legislação especial de acidentes de trabalho.

2 – O disposto no número anterior é aplicável, com as devidas adaptações, quando o acidente possa qualificar-se como acidente em serviço, nos termos do Decreto-Lei n.º 503/99, de 20 de Novembro.

ART. 27.º (Direito de regresso da empresa de seguros) – 1 – Satisfeita a indemnização, a empresa de seguros apenas tem direito de regresso:

a) Contra o causador do acidente que o tenha provocado dolosamente;

b) Contra os autores e cúmplices de roubo, furto ou furto de uso do veículo causador do acidente, bem como, subsidiariamente, o condutor do veículo objecto de tais crimes que os devesse conhecer e causador do acidente;

c) Contra o condutor, quando este tenha dado causa ao acidente e conduzir com uma taxa de alcoolemia superior à legalmente admitida, ou acusar consumo de estupefacientes ou outras drogas ou produtos tóxicos;

d) Contra o condutor, se não estiver legalmente habilitado, ou quando haja abandonado o sinistrado;

e) Contra o responsável civil por danos causados a terceiros em virtude de queda de carga decorrente de deficiência de acondicionamento;

f) Contra o incumpridor da obrigação prevista no n.º 3 do artigo 6.º;

g) Contra o responsável civil pelos danos causados nos termos do n.º 1 do artigo 7.º e, subsidiariamente à responsabilidade prevista na alínea *b)*, a pessoa responsável pela guarda do veículo cuja negligência tenha ocasionado o crime previsto na primeira parte do n.º 2 do mesmo artigo;

h) Contra o responsável civil por danos causados a terceiros em virtude de utilização ou condução de veículos que não cumpram as obrigações legais de carácter técnico relativamente ao estado e condições de segurança do veículo, na medida em que o acidente tenha sido provocado ou agravado pelo mau funcionamento do veículo;

i) Em especial relativamente ao previsto na alínea anterior, contra o responsável pela apresentação do veículo a inspecção periódica que, na pendência do contrato de seguro, tenha incumprido a obrigação de renovação periódica dessa apresentação, na medida em que o acidente tenha sido provocado ou agravado pelo mau funcionamento do veículo.

2 – A empresa de seguros, antes da celebração de um contrato de seguro de responsabilidade automóvel, deve esclarecer especial e devidamente o eventual cliente acerca do teor do presente artigo.

ART. 28.º (Documentos comprovativos do seguro) – 1 – Constitui documento comprovativo de seguro válido e eficaz em Portugal:

a) Relativamente a veículos com estacionamento habitual em Portugal, o certificado internacional de seguro («carta verde»), o certificado provisório, o aviso-recibo ou o certificado de responsabilidade civil, quando válidos;

b) Relativamente a veículos com estacionamento habitual em país cujo serviço nacional de seguros tenha aderido ao Acordo entre os serviços nacionais de seguros, o certificado internacional de seguro («carta verde»), quando válido, ou os demais documentos comprovativos de subscrição, nesse país, de um seguro obrigatório de responsabilidade civil automóvel, emitidos nos termos da lei nacional respectiva e susceptíveis de, por si, dar a conhecer a validade e eficácia do seguro;

c) Relativamente a veículos matriculados em países cujos serviços nacionais de seguros não tenham aderido ao Acordo entre os serviços nacionais de seguros, o certificado internacional de seguro («carta verde»), quando válido e emitido por serviço nacional de seguros ao abrigo de relação contratual entre serviços regulada pela secção II do Regulamento Geral do Conselho dos Serviços Nacionais de Seguros anexo àquele Acordo;

d) Relativamente a veículos matriculados em países que não tenham serviço nacional de seguros, ou cujo serviço não tenha aderido ao Acordo entre os serviços nacionais de seguros, mas provenientes de um país aderente a esse Acordo, um documento justificativo da subscrição, em país aderente ao Acordo, de um seguro de fronteira, quando válido para o período de circulação no território nacional e garantindo o capital obrigatoriamente seguro;

e) Relativamente a veículos matriculados em países que não tenham serviço nacional de seguros, ou cujo serviço não tenha aderido ao Acordo entre os serviços nacionais de seguros, e provenientes de país em idênticas circunstâncias, o certificado de seguro de fronteira celebrado em Portugal e cumprindo as condições previstas na parte final da alínea anterior.

2 – No caso objecto da alínea *c)* do número anterior, o Gabinete Português da Carta Verde, na qualidade prevista no artigo 90.º, pode opor aos lesados a cessação da validade de um certificado internacional de seguro nos termos previstos na secção II ali mencionada.

880   [DL n.º 291/2007]   SEGUROS E FUNDOS DE PENSÕES

ART. 29.º (Emissão dos documentos comprovativos do seguro) – 1 – O certificado internacional de seguro referido na alínea *a*) do n.º 1 do artigo anterior é emitido pela empresa de seguros, mediante o pagamento do prémio ou fracção correspondente ao contrato de seguro, no prazo máximo de 60 dias a contar da data da celebração do contrato e renovado no momento do pagamento do prémio ou fracção seguinte.

2 – Do certificado internacional de seguro constam obrigatoriamente a designação da empresa de seguros, o nome e morada do tomador de seguro, o número de apólice, o período de validade, a marca do veículo e o número de matrícula ou de châssis ou de motor.

3 – Quando a empresa de seguros não emitir o certificado internacional de seguro no momento da aceitação do contrato ou de qualquer alteração que obrigue à emissão de novo certificado, deve, após o pagamento do prémio pelo tomador do seguro, entregar a este um certificado provisório, que é válido até ao final do prazo referido no n.º 1.

4 – O aviso-recibo referido na alínea *a*) do n.º 1 do artigo anterior deve encontrar -se devidamente validado através da aposição da vinheta dos CTT ou da empresa de seguros, segundo modelo aprovado pelo n.º 3.º da Portaria n.º 805/84, de 13 de Outubro.

5 – Os certificados de seguro de fronteira a que se refere a alínea *e*) do n.º 1 do artigo anterior devem ter o âmbito territorial do Acordo entre os serviços nacionais de seguros, competindo a respectiva emissão e efectivação das responsabilidades a qualquer empresa de seguros que esteja autorizada a explorar o ramo «Responsabilidade civil de veículos terrestres a motor».

6 – Relativamente aos contratos de seguro de que sejam titulares as pessoas referidas nos n.ºs 3 e 4 do artigo 6.º, constituem documentos comprovativos do seguro o certificado de responsabilidade civil, o certificado provisório ou o aviso-recibo, o qual deve encontrar-se validado nos termos do n.º 5 do presente artigo.

7 – Os certificados de responsabilidade civil e os certificados provisórios referidos no número anterior devem ser emitidos pelas empresas de seguros, nos termos, respectivamente, dos n.ºs 1 e 3 do presente artigo.

8 – O Instituto de Seguros de Portugal emite norma regulamentar fixadora do conteúdo, e eventuais demais condições de genuidade, dos certificado provisório, aviso-recibo e certificado de responsabilidade civil objecto do presente artigo, bem como do demais necessário à aplicação do presente artigo.

9 – A empresa de seguros pode optar por, relativamente a todos os contratos em carteira, emitir o certificado internacional de seguro apenas após o pagamento de fracções de prémio iguais ou superiores ao quadrimestre, caso em que:

a) O certificado provisório tem a validade máxima de 90 dias;

b) A empresa de seguros emite o certificado internacional de seguro a pedido do tomador, em cinco dias úteis a contar do pedido e sem encargos adicionais;

c) A empresa de seguros esclarece adequadamente o tomador do previsto no presente número, nomeadamente no aviso para pagamento da fracção do prémio por tempo igual ou inferior ao quadrimestre;

d) O dístico previsto no artigo seguinte acompanha o envio do certificado provisório, devendo respeitar o modelo geral.

10 – Qualquer documento que comprove a eficácia do contrato de seguro só pode ser emitido após o pagamento do prémio pelo tomador do seguro, ficando a entidade emitente, quando não seja a empresa de seguros, responsável perante esta pela entrega da quantia correspondente ao prémio.

ART. 30.º (Dístico) – 1 – Nos veículos cuja utilização esteja sujeita ao seguro e com estacionamento habitual em Portugal, com excepção dos motociclos, ciclomotores, triciclos, quadriciclos e máquinas industriais, deve ser aposto um dístico, em local bem visível do exterior, que identifique, nomeadamente, a empresa de seguros, o número da apólice, a matrícula do veículo e a validade do seguro.

2 – Os sujeitos isentos da obrigação de segurar a que se refere o artigo 9.º devem igualmente apor um dístico, em local bem visível do exterior do veículo, que identifique, nomeadamente, a matrícula, a situação de isenção, a validade e a entidade responsável pela indemnização em caso de acidente.

3 – A aplicação do disposto nos números anteriores fica dependente de regulamentação a aprovar por portaria conjunta dos Ministros da Administração Interna e das Finanças, que pode prever regime especial para o dístico ou placa relativos quer ao seguro de garagista quer ao seguro de automobilista, sem prejuízo do previsto no n.º 4 do artigo 6.º.

CAPÍTULO III — **Da regularização dos sinistros**

ART. 31.º (Objecto) – O presente capítulo fixa as regras e os procedimentos a observar pelas empresas de seguros com vista a garantir, de forma pronta e diligente, a assunção da sua responsabilidade e o pagamento das indemnizações devidas em caso de sinistro no âmbito do seguro de responsabilidade civil automóvel.

ART. 32.º (Âmbito) – 1 – O regime previsto no presente capítulo não se aplica a sinistros cujos danos indemnizáveis totais excedam o capital mínimo legalmente estabelecido para o seguro obrigatório de responsabilidade civil automóvel.

2 – Relativamente aos danos em mercadorias ou em outros bens transportados nos veículos intervenientes nos sinistros, bem como a sinistros relativamente aos quais se formulem pedidos indemnizatórios de lucros

SEGURO OBRIGATÓRIO DE RESPONSABILIDADE CIVIL AUTOMÓVEL   [DL n.º 291/2007]   881

cessantes decorrentes da imobilização desses veículos, é apenas aplicável o previsto nos artigos 38.º e 40.º, sendo que, para o efeito, o prazo previsto na alínea *e*) do n.º 1 do artigo 36.º é de 60 dias.

3 – Nos casos em que, sendo aplicável a lei portuguesa, a regularização do sinistro deva efectuar-se fora do território português, os prazos previstos no presente capítulo podem ser ultrapassados em situação devidamente fundamentada.

4 – Os procedimentos previstos no presente capítulo aplicam-se, com as devidas adaptações, aos sinistros cuja regularização deva ser efectuada pelo Fundo de Garantia Automóvel, ou pelo Gabinete Português da Carta Verde, na qualidade prevista no artigo 90.º, e neste caso sem prejuízo das obrigações internacionais decorrentes da subscrição do Acordo entre os serviços nacionais de seguros.

5 – Para o efeito previsto no número anterior, as referências às empresas de seguros devem ser tidas como sendo efectuadas ao Gabinete Português de Carta Verde ou ao Fundo de Garantia Automóvel.

6 – Para a aplicação do regime previsto no presente capítulo não é necessário que os interessados tenham chegado a acordo sobre os factos ocorridos aquando do sinistro.

ART. 33.º (Princípios base da gestão de sinistros) – 1 – Aquando da celebração de um contrato de seguro de responsabilidade civil automóvel, a empresa de seguros deve prestar informação relevante relativamente aos procedimentos que adopta em caso de sinistro.

2 – Para os efeitos do disposto no número anterior, a empresa de seguros deve disponibilizar informação escrita de forma legível, simples e objectiva quanto aos prazos a que se compromete, tendo em conta a tipologia dos sinistros.

3 – A informação prevista no número anterior deve estar disponível para consulta pelo público.

4 – Os procedimentos a adoptar pela empresa de seguros devem constar de um manual interno de regularização de sinistros, cuja implementação e actualização é assegurada por pessoal com adequada qualificação técnica.

5 – A empresa de seguros deve levar regularmente a cabo auditorias internas que permitam avaliar a qualidade nas diversas fases do processo de regularização dos sinistros abrangidos por este capítulo, com especial incidência naqueles cuja responsabilidade foi, ainda que parcialmente, declinada.

6 – Os métodos de avaliação dos danos materiais decorrentes de um sinistro utilizados pela empresa de seguros devem ser razoáveis, adequados e coerentes.

7 – A empresa de seguros deve dispor de um sistema, cujos princípios de funcionamento devem estar consignados em documento escrito e devem estar disponíveis para consulta pelos seus clientes, que garanta um adequado tratamento das queixas e reclamações apresentadas por aqueles ou por terceiros lesados em sede de regularização de sinistros.

8 – A empresa de seguros deve garantir que o serviço ou a unidade orgânica responsável pela aceitação e regularização de sinistros abrangidos pelo presente capítulo esteja acessível, em condições efectivas, aos seus clientes e a eventuais terceiros lesados.

9 – A empresa de seguros deve disponibilizar a qualquer interessado informação relativa aos tempos médios de regularização dos sinistros.

ART. 34.º (Obrigações do tomador do seguro e do segurado em caso de sinistro) – 1 – Em caso de sinistro, o tomador do seguro ou o segurado, sob pena de responder por perdas e danos, obriga-se a:

a) Comunicar tal facto à empresa de seguros no mais curto prazo de tempo possível, nunca superior a oito dias a contar do dia da ocorrência ou do dia em que tenha conhecimento da mesma, fornecendo todas as indicações e provas documentais e ou testemunhais relevantes para uma correcta determinação das responsabilidades;

b) Tomar as medidas ao seu alcance no sentido de evitar ou limitar as consequências do sinistro.

2 – O tomador do seguro e o segurado não podem, também, sob pena de responder por perdas e danos:

a) Abonar extrajudicialmente a indemnização reclamada ou adiantar dinheiro, por conta, em nome ou sob a responsabilidade da empresa de seguros, sem a sua expressa autorização;

b) Dar ocasião, ainda que por omissão ou negligência, a sentença favorável a terceiro ou, quando não der imediato conhecimento à empresa de seguros, a qualquer procedimento judicial intentado contra ele por motivo de sinistro a coberto da respectiva apólice.

3 – Em caso de reclamação por terceiro lesado, se o tomador do seguro ou o segurado não efectuar a participação decorridos oito dias após ter sido notificado para o efeito pela empresa de seguros, e sem prejuízo da regularização do sinistro com base na prova apresentada pelo terceiro lesado, bem como nas averiguações e nas peritagens que se revelem necessárias, constitui-se imediatamente, salvo impossibilidade absoluta que não lhe seja imputável, na obrigação de pagar à empresa de seguros uma penalidade correspondente ao prémio comercial do seguro obrigatório da anuidade em que ocorreu o sinistro.

ART. 35.º (Forma de participação do sinistro) – 1 – A participação do sinistro deve ser feita em impresso próprio fornecido pela empresa de seguros ou disponível no seu sítio na Internet, de acordo com o modelo aprovado por norma do Instituto de Seguros de Portugal, ou por qualquer outro meio de comunicação que possa ser utilizado sem a presença física e simultânea das partes, desde que dela fique registo escrito ou gravado.

882   [DL n.º 291/2007]   SEGUROS E FUNDOS DE PENSÕES

2 – A norma prevista no número anterior prevê os elementos específicos da participação do sinistro que envolva danos corporais.

3 – Quando a participação do sinistro seja assinada conjuntamente por ambos os condutores envolvidos no sinistro, presume-se que o sinistro se verificou nas circunstâncias, nos moldes e com as consequências constantes da mesma, salvo prova em contrário por parte da empresa de seguros.

4 – A participação do sinistro prevista no n.º 1 identifica os campos cujo preenchimento é indispensável para os efeitos previstos no presente decreto-lei.

ART. 36.º (Diligência e prontidão da empresa de seguros) – 1 – Sempre que lhe seja comunicada pelo tomador do seguro, pelo segurado ou pelo terceiro lesado a ocorrência de um sinistro automóvel coberto por um contrato de seguro, a empresa de seguros deve:

a) Proceder ao primeiro contacto com o tomador do seguro, com o segurado ou com o terceiro lesado no prazo de dois dias úteis, marcando as peritagens que devam ter lugar;

b) Concluir as peritagens no prazo dos oito dias úteis seguintes ao fim do prazo mencionado na alínea anterior;

c) Em caso de necessidade de desmontagem, o tomador do seguro e o segurado ou o terceiro lesado devem ser notificados da data da conclusão das peritagens, as quais devem ser concluídas no prazo máximo dos 12 dias úteis seguintes ao fim do prazo mencionado na alínea *a)*;

d) Disponibilizar os relatórios das peritagens no prazo dos quatro dias úteis após a conclusão destas, bem como dos relatórios de averiguação indispensáveis à sua compreensão;

e) Comunicar a assunção, ou a não assunção, da responsabilidade no prazo de 30 dias úteis, a contar do termo do prazo fixado na alínea *a)*, informando desse facto o tomador do seguro ou o segurado e o terceiro lesado, por escrito ou por documento electrónico;

f) Na comunicação referida na alínea anterior, a empresa de seguros deve mencionar, ainda, que o proprietário do veículo tem a possibilidade de dar ordem de reparação, caso esta deva ter lugar, assumindo este o custo da reparação até ao apuramento das responsabilidades pela empresa de seguros e na medida desse apuramento.

2 – Se a empresa de seguros não detiver a direcção efectiva da reparação, os prazos previstos nas alíneas *b)* e *c)* do número anterior contam-se a partir do dia em que existe disponibilidade da oficina e autorização do proprietário do veículo.

3 – Existe direcção efectiva da reparação por parte da empresa de seguros quando a oficina onde é realizada a peritagem é indicada pela empresa de seguros e é aceite pelo lesado.

4 – Nos casos em que a empresa de seguros entenda dever assumir a responsabilidade, contrariando a declaração da participação de sinistro na qual o tomador do seguro ou o segurado não se considera responsável pelo mesmo, estes podem apresentar, no prazo de cinco dias úteis a contar a partir da comunicação a que se refere a alínea *e)* do n.º 1, as informações que entenderem convenientes para uma melhor apreciação do sinistro.

5 – A decisão final da empresa de seguros relativa à situação descrita no número anterior deve ser comunicada, por escrito ou por documento electrónico, ao tomador do seguro ou ao segurado, no prazo de dois dias úteis após a apresentação por estes das informações aí mencionadas.

6 – Os prazos referidos nas alíneas *b)* a *e)* do n.º 1:

a) São reduzidos a metade havendo declaração amigável de acidente automóvel;

b) Duplicam aquando da ocorrência de factores climatéricos excepcionais ou da ocorrência de um número de acidentes excepcionalmente elevado em simultâneo.

7 – Sem prejuízo do disposto nos números anteriores, a empresa de seguros deve proporcionar ao tomador do seguro ou ao segurado e ao terceiro lesado informação regular sobre o andamento do processo de regularização do sinistro.

8 – Os prazos previstos no presente artigo suspendem-se nas situações em que a empresa de seguros se encontre a levar a cabo uma investigação por suspeita fundamentada de fraude.

ART. 37.º (Diligência e prontidão da empresa de seguros na regularização dos sinistros que envolvam danos corporais) – 1 – Sempre que lhe seja comunicada pelo tomador do seguro, pelo segurado ou pelo terceiro lesado a ocorrência de um sinistro automóvel coberto por um contrato de seguro e que envolva danos corporais, a empresa de seguros deve, relativamente à regularização dos danos corporais:

a) Informar o lesado se entende necessário proceder a exame de avaliação do dano corporal por perito médico designado pela empresa de seguros, num prazo não superior a 20 dias a contar do pedido de indemnização por ele efectuado, ou no prazo de 60 dias a contar da data da comunicação do sinistro, caso o pedido indemnizatório não tenha ainda sido efectuado;

b) Disponibilizar ao lesado o exame de avaliação do dano corporal previsto na alínea anterior no prazo máximo de 10 dias a contar da data da sua recepção, bem como dos relatórios de averiguação indispensáveis à sua compreensão;

c) Comunicar a assunção, ou a não assunção, da responsabilidade no prazo de 45 dias, a contar da data do pedido de indemnização, caso tenha entretanto sido emitido o relatório de alta clínica e o dano seja totalmente

SEGURO OBRIGATÓRIO DE RESPONSABILIDADE CIVIL AUTOMÓVEL [DL n.º 291/2007] 883

quantificável, informando daquele facto o tomador do seguro ou o segurado e o terceiro lesado, por escrito ou por documento electrónico.

2 – Sempre que, no prazo previsto na alínea *c*) do número anterior, não seja emitido o relatório de alta clínica ou o dano não seja totalmente quantificável:

a) A assunção da responsabilidade aí prevista assume a forma de «proposta provisória», em que nomeia especificamente os montantes relativos a despesas já havidas e ao prejuízo resultante de períodos de incapacidade temporária já decorridos;

b) Se a proposta prevista na alínea anterior tiver sido aceite, a empresa de seguros deve efectuar a assunção da responsabilidade consolidada no prazo de 15 dias a contar da data do conhecimento pela empresa de seguros do relatório de alta clínica, ou da data a partir da qual o dano deva considerar-se como totalmente quantificável, se posterior.

3 – À regularização dos danos corporais é aplicável o previsto no artigo anterior no que não se encontre fixado no presente artigo, contando-se os prazos aí previstos a partir da data da apresentação do pedido de indemnização pelo terceiro lesado, sem prejuízo da aplicação da alínea *b*) do n.º 6 desse artigo ter como limite máximo 90 dias.

4 – Relativamente à regularização dos danos materiais sofridos por lesado a quem o sinistro haja igualmente causado danos corporais, a aplicação do previsto no artigo anterior nos prazos aí previstos requer a sua autorização, que lhe deve ser devidamente enquadrada e solicitada pela empresa de seguros.

5 – Não ocorrendo a autorização prevista no número anterior, a empresa de seguros diligencia de novo no sentido aí previsto passados 30 dias de ter tomado conhecimento do sinistro sem que entretanto lhe tenha sido apresentado pedido de indemnização pelo lesado, podendo todavia este opor-se de novo à aplicação então dos prazos em causa.

ART. 38.º (Proposta razoável) – 1 – A posição prevista na alínea *e*) do n.º 1 ou no n.º 5 do artigo 36.º consubstancia-se numa proposta razoável de indemnização, no caso de a responsabilidade não ser contestada e de o dano sofrido ser quantificável, no todo ou em parte.

2 – Em caso de incumprimento dos deveres fixados nas disposições identificadas no número anterior, quando revistam a forma dele constante, são devidos juros no dobro da taxa legal prevista na lei aplicável ao caso sobre o montante da indemnização fixado pelo tribunal ou, em alternativa, sobre o montante da indemnização proposto para além do prazo pela empresa de seguros, que seja aceite pelo lesado, e a partir do fim desse prazo.

3 – Se o montante proposto nos termos da proposta razoável for manifestamente insuficiente, são devidos juros no dobro da taxa prevista na lei aplicável ao caso, sobre a diferença entre o montante oferecido e o montante fixado na decisão judicial, contados a partir do dia seguinte ao final dos prazos previstos nas disposições identificadas no n.º 1 até à data da decisão judicial ou até à data estabelecida na decisão judicial.

4 – Para efeitos do disposto no presente artigo, entende-se por proposta razoável aquela que não gere um desequilíbrio significativo em desfavor do lesado.

ART. 39.º (Proposta razoável para regularização dos sinistros que envolvam danos corporais) – 1 – A posição prevista na alínea *c*) do n.º 1 ou na alínea *b*) do n.º 2 do artigo 37.º consubstancia-se numa proposta razoável de indemnização, no caso de a responsabilidade não ser contestada e de o dano sofrido ser quantificável, no todo ou em parte.

2 – Em caso de incumprimento dos deveres fixados nas disposições identificadas no número anterior, quando revistam a forma dele constante, é aplicável o previsto nos n.ºs 2 e 3 do artigo anterior.

3 – Todavia, quando a proposta da empresa de seguros tiver sido efectuada nos termos substanciais e procedimentais previstos no sistema de avaliação e valorização dos danos corporais por utilização da Tabela Indicativa para Avaliação de Incapacidades Permanentes em Direito Civil, os juros nos termos do número anterior são devidos apenas à taxa legal prevista na lei aplicável ao caso e sobre a diferença entre o montante oferecido e o montante fixado na decisão judicial, e, relativamente aos danos não patrimoniais, a partir da data da decisão judicial que torne líquidos os montantes devidos.

4 – Relativamente aos prejuízos futuros, a proposta prevista no n.º 1 pode ser limitada ao prejuízo mais provável para os três meses seguintes à data de apresentação dessa proposta, excepto se já for conhecido o quadro médico e clínico do lesado, e sem prejuízo da sua futura adaptação razoável.

5 – Para os efeitos previstos no n.º 3, na ausência, na Tabela nele mencionada, dos critérios e valores de determinação do montante da indemnização correspectiva a cada lesão nela prevista, são aplicáveis os critérios e valores orientadores constantes de portaria aprovada pelos Ministros das Finanças e da Justiça, sob proposta do Instituto de Seguros de Portugal.

6 – É aplicável ao presente artigo o disposto no n.º 4 do artigo anterior.

ART. 40.º (Resposta fundamentada) – 1 – A comunicação da não assunção da responsabilidade, nos termos previstos nas disposições identificadas nos n.ºs 1 dos artigos 38.º e 39.º, consubstancia-se numa resposta fundamentada em todos os pontos invocados no pedido nos seguintes casos:

a) A responsabilidade tenha sido rejeitada;

b) A responsabilidade não tenha sido claramente determinada;

c) Os danos sofridos não sejam totalmente quantificáveis.

884 [DL n.º 291/2007]   SEGUROS E FUNDOS DE PENSÕES

2 – Em caso de atraso no cumprimento dos deveres fixados nas disposições identificadas nos n.ºs 1 dos artigos 38.º e 39.º, quando revistam a forma constante do número anterior, para além dos juros devidos a partir do 1.º dia de atraso sobre o montante previsto no n.º 2 do artigo anterior, esta constitui-se devedora para com o lesado e para com o Instituto de Seguros de Portugal, em partes iguais, de uma quantia de € 200 por cada dia de atraso.

ART. 41.º (Perda total) – 1 – Entende-se que um veículo interveniente num acidente se considera em situação de perda total, na qual a obrigação de indemnização é cumprida em dinheiro e não através da reparação do veículo, quando se verifique uma das seguintes hipóteses:

a) Tenha ocorrido o seu desaparecimento ou a sua destruição total;

b) Se constate que a reparação é materialmente impossível ou tecnicamente não aconselhável, por terem sido gravemente afectadas as suas condições de segurança;

c) Se constate que o valor estimado para a reparação dos danos sofridos, adicionado do valor do salvado, ultrapassa 100% ou 120% do valor venal do veículo consoante se trate respectivamente de um veículo com menos ou mais de dois anos.

2 – O valor venal do veículo antes do sinistro corresponde ao seu valor de substituição no momento anterior ao acidente.

3 – O valor da indemnização por perda total corresponde ao valor venal do veículo antes do sinistro calculado nos termos do número anterior, deduzido do valor do respectivo salvado caso este permaneça na posse do seu proprietário, de forma a reconstituir a situação que existiria se não se tivesse verificado o evento que obriga à indemnização.

4 – Ao propor o pagamento de uma indemnização com base no conceito de perda total, a empresa de seguros está obrigada a prestar, cumulativamente, as seguintes informações ao lesado:

a) A identificação da entidade que efectuou a quantificação do valor estimado da reparação e a apreciação da sua exequibilidade;

b) O valor venal do veículo no momento anterior ao acidente;

c) A estimativa do valor do respectivo salvado e a identificação de quem se compromete a adquiri-lo com base nessa avaliação.

5 – Nos casos de perda total do veículo a matrícula é cancelada nos termos do artigo 119.º do Código da Estrada.

ART. 42.º (Veículo de substituição) – 1 – Verificando-se a imobilização do veículo sinistrado, o lesado tem direito a um veículo de substituição de características semelhantes a partir da data em que a empresa de seguros assuma a responsabilidade exclusiva pelo ressarcimento dos danos resultantes do acidente, nos termos previstos nos artigos anteriores.

2 – No caso de perda total do veículo imobilizado, nos termos e condições do artigo anterior, a obrigação mencionada no número anterior cessa no momento em que a empresa de seguros coloque à disposição do lesado o pagamento da indemnização.

3 – A empresa de seguros responsável comunica ao lesado a identificação do local onde o veículo de substituição deve ser levantado e a descrição das condições da sua utilização.

4 – O veículo de substituição deve estar coberto por um seguro de cobertura igual ao seguro existente para o veículo imobilizado, cujo custo fica a cargo da empresa de seguros responsável.

5 – O disposto neste artigo não prejudica o direito de o lesado ser indemnizado, nos termos gerais, no excesso de despesas em que incorreu com transporte em consequência da imobilização do veículo durante o período em que não dispôs do veículo de substituição.

6 – Sempre que a reparação seja efectuada em oficina indicada pelo lesado, a empresa de seguros disponibiliza o veículo de substituição pelo período estritamente necessário à reparação, tal como indicado no relatório da peritagem.

ART. 43.º (Pagamento da indemnização) – 1 – Salvo acordo em contrário, a empresa de seguros responsável deve proceder ao pagamento ao lesado da indemnização decorrente do sinistro no prazo de oito dias úteis a contar da data da assunção da responsabilidade, nos termos das disposições identificadas nos n.ºs 1 dos artigos 38.º e 39.º, e mediante a apresentação dos documentos necessários ao pagamento.

2 – O disposto no número anterior não prejudica o pagamento aos terceiros prestadores de serviços em prazos mais dilatados, desde que tal tenha sido com eles convencionado e daí não decorra um agravamento das condições de ressarcimento dos danos sofridos pelo lesado.

3 – No caso em que a empresa de seguros não proceda ao pagamento da indemnização que por ela seja devida no prazo fixado no n.º 1, esta deve pagar ao lesado juros de mora, no dobro da taxa legal, sobre o montante devido e não pago, desde a data em que tal quantia deveria ter sido paga, nos termos deste artigo, até à data em que esse pagamento venha a concretizar-se.

4 – Verificando -se uma situação de perda total, em que a empresa de seguros adquira o salvado, o pagamento da indemnização fica dependente da entrega àquela do documento único automóvel ou do título de registo de propriedade e do livrete do veículo.

SEGURO OBRIGATÓRIO DE RESPONSABILIDADE CIVIL AUTOMÓVEL   [DL n.º 291/2007]   885

ART. 44.º (Reclamações e arbitragem) – 1 – Sem prejuízo de outras competências fixadas na lei, compete ao Instituto de Seguros de Portugal a recepção das reclamações e a prestação de informações relativas à aplicação do disposto no presente capítulo.

2 – As empresas de seguros devem, nas suas comunicações com os tomadores de seguros, com os segurados ou com os terceiros lesados, prestar informação sobre a sua adesão à arbitragem voluntária, indicando as entidades que procedem a essa arbitragem.

3 – Se o tomador do seguro, o segurado ou o terceiro lesado não concordar com a decisão comunicada nos termos das disposições identificadas nos n.ᵒˢ 1 dos artigos 38.º e 39.º, e não aceitar o recurso à arbitragem, a empresa de seguros fica dispensada do cumprimento dos prazos previstos no artigo anterior.

ART. 45.º (Códigos de conduta, convenções ou acordos) – 1 – Sem prejuízo do disposto no presente capítulo, as empresas de seguros ou as suas associações podem aprovar códigos de conduta, convenções ou acordos que assegurem procedimentos mais céleres, sem diminuir a protecção dos consumidores assegurada pela lei.

2 – As empresas de seguros devem, nas suas comunicações com os tomadores de seguros, com os segurados e com os terceiros lesados, prestar informação sobre a sua adesão a códigos de conduta, convenções ou acordos, a identificação dos seus subscritores e as regras atinentes à sua aplicação.

3 – Quando, nos termos dos códigos de conduta, convenções ou acordos e com o enquadramento neles previsto, a regularização e o acompanhamento do sinistro sejam feitos por uma empresa de seguros por conta de outrem, as obrigações previstas no presente capítulo impendem sobre aquela.

ART. 46.º (Comunicações e notificações) – As comunicações ou notificações previstas no presente capítulo consideram-se válidas e plenamente eficazes caso sejam efectuadas por correio registado, transmissão por telecópia, correio electrónico ou por outro meio do qual fique um registo escrito ou gravado, desde que a empresa de seguros esteja a autorizada a fazê-lo nos termos da lei.

CAPÍTULO IV — **Garantia da reparação de danos na falta de seguro obrigatório**

ART. 47.º (Fundo de Garantia Automóvel) – 1 – A reparação dos danos causados por responsável desconhecido ou isento da obrigação de seguro em razão do veículo em si mesmo, ou por responsável incumpridor da obrigação de seguro de responsabilidade civil automóvel, é garantida pelo Fundo de Garantia Automóvel nos termos da secção seguinte.

2 – O Fundo de Garantia Automóvel é dotado de autonomia administrativa e financeira.

3 – Os órgãos do Instituto de Seguros de Portugal asseguram a gestão do Fundo de Garantia Automóvel.

4 – O Fundo de Garantia Automóvel, existente nos termos do Decreto-Lei n.º 522/85, de 31 de Dezembro, mantém todos os seus direitos e obrigações.

5 – O Fundo de Garantia Automóvel pode efectuar o resseguro das suas responsabilidades.

Secção I — **ATRIBUIÇÕES DO FUNDO DE GARANTIA AUTOMÓVEL**

Subsecção I — **Pagamento de indemnizações**

ART. 48.º (Âmbito geográfico e veículos relevantes) – 1 – Sem prejuízo do previsto no n.º 3 do artigo 5.º, o Fundo de Garantia Automóvel satisfaz, nos termos da presente secção, as indemnizações decorrentes de acidentes rodoviários ocorridos em Portugal e originados:

a) Por veículo cujo responsável pela circulação está sujeito ao seguro obrigatório e, seja com estacionamento habitual em Portugal, seja matriculados em países que não tenham serviço nacional de seguros, ou cujo serviço não tenha aderido ao Acordo entre os serviços nacionais de seguros;

b) Por veículo cujo responsável pela circulação está sujeito ao seguro obrigatório sem chapa de matrícula ou com uma chapa de matrícula que não corresponde ou deixou de corresponder ao veículo, independentemente desta ser a portuguesa;

c) Por veículo cujo responsável pela circulação está isento da obrigação de seguro em razão do veículo em si mesmo, ainda que com estacionamento habitual no estrangeiro.

2 – No caso previsto na alínea *c)* do número anterior, é aplicável o previsto no artigo 54.º relativamente ao responsável civil.

ART. 49.º (Âmbito material) – 1 – O Fundo de Garantia Automóvel garante, nos termos do n.º 1 do artigo anterior, e até ao valor do capital mínimo do seguro obrigatório de responsabilidade civil automóvel, a satisfação das indemnizações por:

a) Danos corporais, quando o responsável seja desconhecido ou não beneficie de seguro válido e eficaz, ou for declarada a insolvência da empresa de seguros;

b) Danos materiais, quando o responsável, sendo conhecido, não beneficie de seguro válido e eficaz;

c) Danos materiais, quando, sendo o responsável desconhecido, deva o Fundo satisfazer uma indemnização por danos corporais significativos, ou tenha o veículo causador do acidente sido abandonado no local do

886 [DL n.º 291/2007]   SEGUROS E FUNDOS DE PENSÕES

acidente, não beneficiando de seguro válido e eficaz, e a autoridade policial haja efectuado o respectivo auto de notícia, confirmando a presença do veículo no local do acidente.

2 – Para os efeitos previstos na primeira parte da alínea *c*) do número anterior, consideram-se danos corporais significativos a lesão corporal que determine morte ou internamento hospitalar igual ou superior a sete dias, ou incapacidade temporária absoluta por período igual ou superior a 60 dias, ou incapacidade parcial permanente igual ou superior a 15%.

3 – Para os efeitos previstos na segunda parte da alínea *c*) do n.º 1, considera-se aplicável ao veículo abandonado a exclusão prevista na alínea *a*) do n.º 4 do artigo 14.º.

ART. 50.º (Fundado confito) – 1 – Ocorrendo um fundado confito entre o Fundo de Garantia Automóvel e uma empresa de seguros sobre qual deles recai o dever de indemnizar, deve o Fundo reparar os danos sofridos pelo lesado que caiba indemnizar, sem prejuízo de vir a ser reembolsado pela empresa de seguros, se sobre esta vier a final a impender essa responsabilidade, e em termos correspondentes aos previstos no n.º 1 do artigo 54.º, adicionados dos juros de mora à taxa legal, devidos desde a data do pagamento da indemnização pelo Fundo, e incrementados estes últimos em 25%.

2 – O Fundo comunica a situação de confito à empresa de seguros e aos lesados reclamantes em prazo até 20 dias úteis a contar da data em que tenha conhecimento da ocorrência do acidente.

3 – O incremento previsto na parte final do n.º 1 não é devido caso a empresa de seguros assuma, sem recurso à via judicial, o dever de reembolsar o Fundo de Garantia Automóvel.

ART. 51.º (Limites especiais à responsabilidade do Fundo) – 1 – Caso o acidente previsto nos artigos 48.º e 49.º seja também de trabalho ou de serviço, o Fundo só responde por danos materiais e, relativamente ao dano corporal, pelos danos não patrimoniais e os danos patrimoniais não abrangidos pela lei da reparação daqueles acidentes, incumbindo, conforme os casos, às empresas de seguros, ao empregador ou ao Fundo de Acidentes de Trabalho as demais prestações devidas aos lesados nos termos da lei específica de acidentes de trabalho ou de serviço, salvo inexistência do seguro de acidentes de trabalho, caso em que o FGA apenas não responde pelas prestações devidas a título de invalidez permanente.

2 – Se o lesado por acidente previsto nos artigos 48.º e 49.º beneficiar da cobertura de um contrato de seguro automóvel de danos próprios, a reparação dos danos do acidente que sejam subsumíveis nos respectivos contratos incumbe às empresas de seguros, ficando a responsabilidade do Fundo limitada ao pagamento do valor excedente.

3 – Quando, por virtude de acidente previsto nos artigos 48.º e 49.º, o lesado tenha direito a prestações ao abrigo do sistema de protecção da segurança social, o Fundo só garante a reparação dos danos na parte em que estes ultrapassem aquelas prestações.

4 – As entidades que satisfaçam os pagamentos previstos nos números anteriores têm direito de regresso contra o responsável civil do acidente e sobre quem impenda a obrigação de segurar, que respondem solidariamente.

5 – O lesado pelo acidente previsto nos artigos 48.º e 49.º não pode cumular as indemnizações a que tenha direito a título de responsabilidade civil automóvel e de beneficiário de prestações indemnizatórias ao abrigo de seguro de pessoas transportadas.

6 – O pagamento pela empresa de seguros da indemnização prevista no n.º 2 não dá, em si, lugar a alteração de prémio do respectivo seguro quando o dano reparado for da exclusiva responsabilidade do interveniente sem seguro.

ART. 52.º (Exclusões) – 1 – São aplicáveis ao Fundo de Garantia Automóvel as exclusões previstas para o seguro obrigatório de responsabilidade civil automóvel.

2 – Estão também excluídos da garantia do Fundo de Garantia Automóvel:

a) Os danos materiais causados aos incumpridores da obrigação de seguro de responsabilidade civil automóvel;

b) Os danos causados aos passageiros que voluntariamente se encontrassem no veículo causador do acidente, sempre que o Fundo prove que tinham conhecimento de que o veículo não estava seguro;

c) Os danos sofridos pelo causador doloso do acidente, pelos autor, cúmplice, encobridor e receptador de roubo, furto ou furto de uso de veículo que intervenha no acidente, bem como pelo passageiro nele transportado que conhecesse a posse ilegítima do veículo, e de livre vontade nele fosse transportado.

ART. 53.º (Competências no âmbito do título II) – No âmbito da protecção objecto do título II, compete ao Fundo de Garantia Automóvel, enquanto organismo de indemnização, satisfazer as indemnizações e reembolsar os organismos de indemnização dos demais Estados membros nos termos aí previstos.

SUBSECÇÃO II — **Reembolsos**

ART. 54.º (Sub-rogação do Fundo) – 1 – Satisfeita a indemnização, o Fundo Garantia Automóvel fica sub-rogado nos direitos do lesado, tendo ainda direito ao juro de mora legal e ao reembolso das despesas que houver feito com a instrução e regularização dos processos de sinistro e de reembolso.

SEGURO OBRIGATÓRIO DE RESPONSABILIDADE CIVIL AUTOMÓVEL [DL n.º 291/2007] 887

2 – No caso de insolvência, o Fundo de Garantia Automóvel fica sub-rogado apenas contra a empresa de seguros insolvente.

3 – São solidariamente responsáveis pelo pagamento ao Fundo de Garantia Automóvel, nos termos do n.º 1, o detentor, o proprietário e o condutor do veículo cuja utilização causou o acidente, independentemente de sobre qual deles recaia a obrigação de seguro.

4 – São subsidiariamente responsáveis pelo pagamento ao Fundo de Garantia Automóvel, nos termos do n.º 1, os que tenham contribuído para o erro ou vício determinante da anulabilidade ou nulidade do contrato de seguro e ainda o comerciante de veículos automóveis que não cumpra as formalidades de venda relativas à obrigação de seguro de responsabilidade civil automóvel.

5 – As entidades que reembolsem o Fundo nos termos dos n.ᵒˢ 3 e 4 beneficiam de direito de regresso contra outros responsáveis, se os houver, relativamente ao que tiverem pago.

6 – Aos direitos do Fundo de Garantia Automóvel previstos nos números anteriores é aplicável o n.º 2 do artigo 498.º do Código Civil, sendo relevante para o efeito, em caso de pagamentos fraccionados por lesado ou a mais do que um lesado, a data do último pagamento efectuado pelo Fundo de Garantia Automóvel.

ART. 55.º (Outros reembolsos) – 1 – O Fundo de Garantia Automóvel reembolsa o Gabinete Português da Carta Verde pelo montante despendido por este, ao abrigo do Acordo entre os serviços nacionais de seguros, em consequência das indemnizações devidas por acidentes causados por veículos matriculados em Portugal e sujeitos ao seguro obrigatório previsto neste Decreto-Lei, desde que:

a) O acidente ocorra no território de outro país cujo serviço nacional de seguros tenha aderido àquele Acordo, ou ainda no trajecto que ligue directamente dois territórios onde o Acordo do Espaço Económico Europeu é aplicável, quando no território atravessado não exista serviço nacional de seguros;

b) O responsável pela circulação do veículo não seja titular de um seguro de responsabilidade civil automóvel;

c) As indemnizações tenham sido atribuídas nas condições previstas para o seguro de responsabilidade civil automóvel na legislação nacional do país onde ocorreu o acidente, ou nos termos da alínea *b)* do n.º 1 do artigo 10.º, quando o acidente ocorreu no trajecto que liga directamente dois territórios onde o Acordo do Espaço Económico Europeu é aplicável.

2 – Para os efeitos do disposto no número anterior, o Gabinete Português da Carta Verde deve transmitir ao Fundo todas as indicações relativas à identificação e circunstâncias do acidente, do responsável, do veículo e das vítimas, para além de dever justificar o pagamento efectuado ao serviço nacional de seguros do país onde ocorreu o acidente.

3 – O Fundo reembolsa e é reembolsado, nos termos dos acordos celebrados com entidades congéneres de outros Estados membros ou de outros países que tenham relações preferenciais baseados em acordos celebrados com a União Europeia no campo específico da actividade seguradora «Não vida», dos montantes resultantes da regularização de sinistros cobertos por empresas de seguros declaradas em insolvência ou causados pela condução de veículo não sujeito à obrigação de seguro com estacionamento habitual num desses Estados.

4 – Satisfeito o reembolso, o Fundo fica sub-rogado nos termos do artigo 54.º.

ART. 56.º (Dever de colaboração) – 1 – Todas as entidades públicas ou privadas de cuja colaboração o Fundo de Garantia Automóvel careça para efectuar, nos termos da presente secção, a cobrança dos reembolsos, devem prestar, de forma célere e eficaz, as informações e o demais solicitado, sem prejuízo do sigilo a que estejam obrigadas por lei.

2 – As informações e os dados conhecidos nos termos do número anterior não podem ser transmitidos a terceiros.

ART. 57.º (Sub-rogação e reembolsos do Fundo no âmbito do título II) – No âmbito da protecção objecto do título II, o Fundo de Garantia Automóvel, enquanto organismo de indemnização, procede aos reembolsos e goza dos direitos de reembolso e de sub-rogação aí previstos.

Secção II — GESTÃO FINANCEIRA

ART. 58.º (Receitas do Fundo) – 1 – Constituem receitas do Fundo de Garantia Automóvel:

a) A contribuição resultante da aplicação de uma percentagem sobre o montante total dos prémios comerciais da cobertura obrigatória do seguro de responsabilidade civil automóvel processados no ano anterior, líquidos de estornos e anulações;

b) A contribuição resultante da aplicação de uma percentagem sobre o montante total dos prémios comerciais de todos os contratos de «Seguro automóvel» processados no ano anterior, líquidos de estornos e anulações, destinada à prevenção rodoviária;

c) O resultado dos reembolsos efectuados para o Fundo ao abrigo da sub-rogação nos direitos do lesado e dos acordos celebrados com entidades congéneres previstos na presente lei;

d) As taxas de gestão cobradas aos organismos de indemnização dos demais Estados membros aquando da percepção dos reembolsos previstos no título II;

888 [DL n.º 291/2007]   SEGUROS E FUNDOS DE PENSÕES

e) A remuneração de aplicações financeiras, bem como os rendimentos dos imóveis da propriedade do Fundo;

f) As doações, heranças ou legados;

g) Os valores recebidos decorrentes de contratos de resseguro celebrados ao abrigo do n.º 5 do artigo 47.º;

h) Quaisquer outras receitas que lhe venham a ser atribuídas.

2 – A percentagem referida na alínea *a)* do número anterior é fixada em 2,5% ao ano, podendo, quando se revelar necessário, ser alterada por portaria do Ministro de Estado e das Finanças, sob proposta do Instituto de Seguros de Portugal.

3 – A percentagem referida na alínea *b)* do n.º 1 é fixada em 0,21% ao ano, podendo, quando se revelar necessário, ser alterada por despacho conjunto dos Ministros de Estado e das Finanças e da Administração Interna, sob proposta do Instituto de Seguros de Portugal.

4 – As empresas de seguros devem cobrar as contribuições previstas nas alíneas *a)* e *b)* do n.º 1 conjuntamente com o prémio do seguro, sendo responsáveis por essas cobranças perante o Fundo e devendo as mesmas, bem como as respectivas bases de incidência, ser mencionadas especificamente no recibo emitido pela empresa de seguros.

5 – Em caso de estorno do prémio de seguro em razão da extinção do respectivo contrato, o estorno das contribuições cobradas pela empresa de seguros para o Fundo, nos termos do número anterior, é efectuado nas mesmas percentagens previstas nos n.ᵒˢ 2 e 3.

6 – As contribuições cobradas pelas empresas de seguros nos termos do n.º 4 são entregues ao Fundo no mês seguinte a cada trimestre civil de cobrança.

7 – Em situações excepcionais, devidamente comprovadas, o Estado pode assegurar uma dotação correspondente ao montante dos encargos que excedam as receitas arrecadadas pelo Fundo.

8 – O previsto nas alíneas *a)* e *b)* do n.º 1 só entra em vigor relativamente às contribuições cobradas a partir de 1 de Janeiro de 2008.

ART. 59.º (Despesas do Fundo) – Constituem despesas do Fundo de Garantia Automóvel:

a) Os encargos decorrentes da regularização dos sinistros participados e os custos inerentes à instrução e gestão dos processos de sinistro e de reembolso;

b) Reembolsos efectuados ao Gabinete Português de Carta Verde e aos fundos de garantia congéneres nos termos da presente lei;

c) Os custos de campanhas, que entenda patrocinar, destinadas a promover e esclarecer o seguro obrigatório de responsabilidade civil automóvel e motivar o cumprimento da respectiva obrigação;

d) A entrega às entidades fixadas para o efeito por despacho do Ministro da Administração Interna do montante anual previsto na alínea *b)* do n.º 1 e no n.º 3 do artigo anterior;

e) Os valores despendidos por força dos contratos de resseguro celebrados nos termos do n.º 5 do artigo 47.º;

f) Outros encargos relacionados com a gestão do Fundo, nomeadamente avisos e publicidade.

ART. 60.º (Pagamentos antecipados ao Fundo) – 1 – A fim de habilitar o Fundo de Garantia Automóvel a solver eventuais compromissos superiores às suas disponibilidades de tesouraria, pode este recorrer às empresas de seguros, até ao limite de 10% do montante cobrado aos tomadores de seguro, nos termos da alínea *a)* do n.º 1 do artigo 58.º, no ano civil anterior àquele em que o pedido é efectuado.

2 – As importâncias arrecadadas nos termos do número anterior são compensáveis durante o exercício seguinte.

Secção III — **DISPOSIÇÕES PROCESSUAIS**

ART. 61.º (Jurisdição) – Dos actos e decisões do Fundo de Garantia Automóvel cabe recurso para os tribunais comuns.

ART. 62.º (Legitimidade) – 1 – As acções destinadas à efectivação da responsabilidade civil decorrente de acidente de viação, quando o responsável seja conhecido e não beneficie de seguro válido e eficaz, são propostas contra o Fundo de Garantia Automóvel e o responsável civil, sob pena de ilegitimidade.

2 – Quando o responsável civil por acidentes de viação for desconhecido, o lesado demanda directamente o Fundo de Garantia Automóvel.

3 – Se nos casos previstos nos números anteriores o acidente de viação for, nos termos do n.º 2 do artigo 51.º, subsumível em contrato de seguro automóvel de danos próprios, a acção deve ser proposta também contra a respectiva empresas de seguros.

ART. 63.º (Isenções) – 1 – O Fundo de Garantia Automóvel, no exercício do direito de sub-rogação previsto no presente Decreto-Lei, está isento de custas.

2 – Estão isentos de tributação emolumentar os actos de registo de apreensão de veículos promovidos pelo Fundo de Garantia Automóvel.

SEGURO OBRIGATÓRIO DE RESPONSABILIDADE CIVIL AUTOMÓVEL [DL n.º 291/2007] 889

CAPÍTULO V — Disposições processuais

ART. 64.º (Legitimidade das partes e outras regras) – 1 – As acções destinadas à efectivação da responsabilidade civil decorrente de acidente de viação, quer sejam exercidas em processo civil quer o sejam em processo penal, e em caso de existência de seguro, devem ser deduzidas obrigatoriamente:

a) Só contra a empresa de seguros, quando o pedido formulado se contiver dentro do capital mínimo obrigatório do seguro obrigatório;

b) Contra a empresa de seguros e o civilmente responsável, quando o pedido formulado ultrapassar o limite referido na alínea anterior.

2 – Nas acções referidas na alínea *a)* do número anterior pode a empresa de seguros, se assim o entender, fazer intervir o tomador do seguro.

3 – Quando, por razão não imputável ao lesado, não for possível determinar qual a empresa de seguros, aquele tem a faculdade de demandar directamente o civilmente responsável, devendo o tribunal notificar oficiosamente este último para indicar ou apresentar documento que identifique a empresa de seguros do veículo interveniente no acidente.

4 – O demandado pode exonerar-se da obrigação referida no número anterior se justificar que é outro o possuidor ou detentor e o identificar, caso em que este é notificado para os mesmos efeitos.

5 – Constitui contra-ordenação, punida com coima de € 200 a € 2000 o incumprimento do dever de indicar ou de apresentar documento que identifique a empresa de seguros que cobre a responsabilidade civil relativa à circulação do veículo interveniente no acidente no prazo fixado pelo tribunal.

6 – Nas acções referidas no n.º 1, que sejam exercidas em processo cível, é permitida a reconvenção contra o autor e a sua empresa de seguros.

7 – Para efeitos de apuramento do rendimento mensal do lesado no âmbito da determinação do montante da indemnização por danos patrimoniais a atribuir ao lesado, o tribunal deve basear-se nos rendimentos líquidos auferidos à data do acidente que se encontrem fiscalmente comprovados, uma vez cumpridas as obrigações declarativas àquele período, constantes de legislação fiscal.

8 – Para os efeitos do número anterior, o tribunal deve basear-se no montante da retribuição mínima mensal garantida (RMMG) à data da ocorrência, relativamente a lesados que não apresentem declaração de rendimentos, não tenham profissão certa ou cujos rendimentos sejam inferiores à RMMG.

9 – Para os efeitos do n.º 7, no caso de o lesado estar em idade laboral e ter profissão, mas encontrar-se numa situação de desemprego, o tribunal deve considerar, consoante o que for mais favorável ao lesado:

a) A média dos últimos três anos de rendimentos líquidos declarados fiscalmente, majorada de acordo com a variação do índice de preços no consumidor, considerando o seu total nacional, excepto habitação, nos anos em que não houve rendimento; ou

b) O montante mensal recebido a título de subsídio de desemprego.

TÍTULO III — DA PROTECÇÃO EM CASO DE ACIDENTE NO ESTRANGEIRO

CAPÍTULO I — Disposições gerais

ART. 65.º (Âmbito da protecção) – 1 – São protegidos nos termos do presente título os lesados residentes em Portugal com direito a indemnização por dano sofrido em resultado de acidente causado pela circulação de veículo terrestre a motor habitualmente estacionado e segurado num Estado membro e ocorrido, ou em Estado-membro que não Portugal, ou, sem prejuízo do fixado no n.º 1 do artigo 74.º, em país terceiro aderente ao sistema da «carta verde».

2 – O disposto no capítulo II e na secção I do capítulo IV do presente título não é todavia aplicável aos danos resultantes de acidente causado pela utilização de veículo habitualmente estacionado em Portugal e segurado em estabelecimento situado em Portugal.

ART. 66.º (Colaboração) – Todas as entidades de cujo concurso o Instituto de Seguros de Portugal e o Fundo de Garantia Automóvel careçam para o cumprimento das funções que lhe estão atribuídas nos termos do presente título devem colaborar com estes de forma célere e eficaz.

CAPÍTULO II — Empresas de seguros

ART. 67.º (Representante para sinistros) – 1 – As empresas de seguros sediadas em Portugal, bem como as sucursais em Portugal de empresas com sede fora do território do espaço económico europeu, autorizadas para a cobertura de riscos do ramo «Responsabilidade civil de veículos terrestres a motor», com excepção da responsabilidade do transportador, têm liberdade de escolha do representante, em cada um dos demais Estados membros, para o tratamento e a regularização, no país de residência da vítima, dos sinistros ocorridos num Estado distinto do da residência desta («representante para sinistros»).

890   [DL n.º 291/2007]   SEGUROS E FUNDOS DE PENSÕES

2 – O representante para sinistros, que deve residir ou encontrar-se estabelecido no Estado membro para que for designado, pode agir por conta de uma ou várias empresas de seguros.

3 – O representante para sinistros deve ainda dispor de poderes suficientes para representar a empresa de seguros junto das pessoas lesadas nos casos referidos no n.º 1 e satisfazer plenamente os seus pedidos de indemnização e, bem assim, estar habilitado a examinar o caso na língua ou línguas oficiais do Estado membro de residência da pessoa lesada.

4 – O representante para sinistros deve reunir todas as informações necessárias relacionadas com a regularização dos sinistros em causa e, bem assim, tomar as medidas necessárias para negociar a sua regularização.

5 – A designação do representante para sinistros previsto no presente artigo não prejudica o disposto no artigo 64.º, relativamente aos acidentes em que seja devida a aplicação da lei portuguesa.

6 – As empresas de seguros previstas no n.º 1 devem comunicar aos centros de informação de todos os Estados membros o nome e o endereço do representante para sinistros por si designados nos termos do n.º 1.

7 – A designação do representante para sinistros não equivale, por si, à abertura de uma sucursal, não devendo o representante para sinistros ser considerado um estabelecimento para efeitos de determinação de foro, nomeadamente para a regularização judicial de sinistros.

ART. 68.º (Procedimento de proposta razoável) – Para os efeitos da aplicação do regime previsto no capítulo II do título I aos acidentes objecto do presente título, o lesado pode apresentar o seu pedido de indemnização ao representante para sinistros.

CAPÍTULO III — Organismo de indemnização

ART. 69.º (Instituição) – O Fundo de Garantia Automóvel garante a indemnização dos lesados referidos no artigo 65.º, nos termos do presente capítulo.

SECÇÃO I — REGIME GERAL

ART. 70.º (Legitimidade para o pedido de indemnização) – 1 – Os lesados residentes em Portugal podem apresentar um pedido de indemnização ao Fundo de Garantia Automóvel se, não constando tal pedido de acção judicial interposta directamente contra a empresa de seguros:

a) Nos prazos previstos na alínea *e)* do n.º 1 e do n.º 6 do artigo 36.º, e na alínea *c)* do n.º 1 e na alínea *b)* do n.º 2 do artigo 37.º, nem empresa de seguros do veículo cuja utilização causou o acidente nem o respectivo representante para sinistros tiver apresentado uma resposta fundamentada aos argumentos aduzidos no pedido de indemnização;

b) A empresa de seguros não tiver designado um representante para sinistros em Portugal.

2 – Carecem da legitimidade prevista na alínea *b)* do número anterior os lesados que tenham apresentado o pedido de indemnização directamente à empresa de seguros do veículo cuja utilização causou o acidente e tenham recebido uma resposta fundamentada nos prazos mencionados na alínea *a)* do número anterior.

ART. 71.º (Resposta ao pedido de indemnização) – 1 – O Fundo de Garantia Automóvel dá resposta ao pedido de indemnização no prazo de dois meses a contar da data da sua apresentação pelo lesado, sem prejuízo da possibilidade de pôr termo à sua intervenção se a empresa de seguros ou o seu representante para sinistros tiver entretanto apresentado uma resposta fundamentada ao pedido.

2 – Assim que receba um pedido de indemnização, o Fundo de Garantia Automóvel informa imediatamente do mesmo, bem como de que vai responder-lhe no prazo previsto no número anterior, a empresa de seguros do veículo cuja utilização causou o acidente ou o seu representante para sinistros, o organismo de indemnização do Estado membro do estabelecimento da empresa de seguros que efectuou o contrato de seguro e, bem assim, caso seja conhecida, a pessoa que causou o acidente.

3 – O Fundo de Garantia Automóvel não pode subordinar o pagamento da indemnização a condições diferentes das estabelecidas no presente título, nomeadamente à de a vítima provar, por qualquer meio, que a pessoa responsável não pode ou não quer pagar.

4 – A intervenção do Fundo de Garantia Automóvel nos termos do presente artigo é subsidiária da obrigação da empresa de seguros, pelo que, designadamente, depende do não cumprimento pela empresa de seguros ou pelo civilmente responsável.

5 – Nos casos em que os lesados tenham apresentado pedido judicial de indemnização ao civilmente responsável, o pagamento pelo Fundo de Garantia Automóvel é por este comunicado ao respectivo tribunal.

ART. 72.º (Reembolso) – Tendo procedido ao pagamento nos termos do artigo anterior, o Fundo de Garantia Automóvel tem o direito de pedir ao organismo de indemnização do Estado membro do estabelecimento da empresa de seguros do veículo cuja utilização causou o acidente o reembolso do montante pago.

ART. 73.º (Sub-rogação) – 1 – O Fundo de Garantia Automóvel, na qualidade de organismo de indemnização do Estado membro do estabelecimento da empresa de seguros do veículo cuja utilização causou o aci-

SEGURO OBRIGATÓRIO DE RESPONSABILIDADE CIVIL AUTOMÓVEL [DL n.º 291/2007] 891

dente, deve reembolsar o organismo de indemnização de outro Estado membro que assim lho solicite após indemnizar o lesado aí residente, nos termos do artigo 6.º da Directiva n.º 2000/26/CE, do Parlamento Europeu e do Conselho, de 16 de Maio.

2 – O Fundo de Garantia Automóvel fica sub-rogado nos direitos do lesado face à pessoa causadora do accidente e à respectiva empresa de seguros na medida em que tenha procedido ao reembolso previsto no número anterior.

SECÇÃO II — **REGIME ESPECIAL**

ART. 74.º (Intervenção em caso de não identificação de veículo ou de empresa de seguros) – 1 – Relativamente a acidentes ocorridos noutros Estados membros, os lesados residentes em Portugal podem também apresentar um pedido de indemnização ao Fundo de Garantia Automóvel quando não for possível identificar o veículo cuja utilização causou o acidente, ou se, no prazo de dois meses após o acidente, não for possível identificar a empresa de seguros daquele.

2 – O presente artigo é também aplicável aos acidentes causados por veículos de um país terceiro aderente ao sistema da «carta verde».

3 – A indemnização é paga nos termos e limites em que tenha ocorrido a transposição do artigo 1.º da Directiva n.º 84/5/CEE, do Conselho, de 30 de Dezembro de 1983, pelo Estado membro onde ocorreu o acidente.

4 – O Fundo de Garantia Automóvel tem então o direito de apresentar um pedido de reembolso, nas condições previstas no artigo 72.º:

a) Se não for possível identificar a empresa de seguros, junto do Fundo de Garantia criado ao abrigo do n.º 4 do artigo 1.º da Directiva n.º 84/5/CEE, do Conselho, de 30 de Dezembro de 1983, do Estado membro onde o veículo tem o seu estacionamento habitual;

b) Se não for possível identificar o veículo, ou no caso de veículos de países terceiros, junto de idêntico Fundo de Garantia do Estado membro onde ocorreu o acidente.

ART. 75.º (Reembolso a organismo de indemnização de outro Estado membro) – O Fundo de Garantia Automóvel, na qualidade de organismo de indemnização do Estado membro onde o veículo tem o seu estacionamento habitual ou onde ocorreu o acidente, deve reembolsar o organismo de indemnização de outro Estado membro que assim lho solicite após indemnizar o lesado aí residente nos termos do artigo anterior.

TÍTULO IV — INFORMAÇÃO PARA A REGULARIZAÇÃO DE SINISTROS AUTOMÓVEL

ART. 76.º (Dados informativos de base) – 1 – Para efeitos do disposto no presente Decreto-Lei, o Instituto de Seguros de Portugal é responsável pela manutenção de um registo com as seguintes informações relativas aos veículos terrestres a motor habitualmente estacionados em Portugal:

a) Números de matrícula;

b) Número das apólices de seguro que cobrem o risco de responsabilidade civil decorrente da sua utilização, com excepção da responsabilidade do transportador e, no caso do respectivo prazo de validade ter caducado, o termo da cobertura do seguro;

c) Empresas de seguros que cubram o risco de responsabilidade civil decorrente da sua utilização, com excepção da responsabilidade do transportador, e respectivos representantes para sinistros, designados nos termos do artigo 67.º;

d) Lista dos veículos cujos responsáveis pela circulação, em cada Estado membro, estão isentos da obrigação de seguro de responsabilidade civil automóvel seja em razão das suas pessoas seja dos veículos em si;

e) Nome da entidade responsável pela indemnização em caso de acidente causado por veículos cujos responsáveis estão isentos da obrigação de seguro de responsabilidade civil automóvel em razão da pessoa;

f) Nome do organismo que garante a cobertura do veículo no Estado membro onde este tem o seu estacionamento habitual, se o veículo beneficiar de isenção da obrigação de seguro de responsabilidade civil automóvel em razão do veículo.

2 – O Instituto de Seguros de Portugal é igualmente responsável pela coordenação da recolha e divulgação dessas informações, bem como pelo auxílio às pessoas com poderes para tal na obtenção das informações referidas no número anterior.

3 – As informações referidas nas alíneas *a)* a *c)* do n.º 1 devem ser conservadas por um prazo de sete anos a contar da data de caducidade do registo do veículo ou do termo do contrato de seguro.

4 – O Instituto de Seguros de Portugal coopera com os centros de informação congéneres dos demais Estados membros, designadamente os instituídos nos termos do artigo 5.º da Directiva n.º 2000/26/CE, do Parlamento Europeu e do Conselho, de 16 de Maio, para o cumprimento recíproco das respectivas funções.

892   [DL n.º 291/2007]   SEGUROS E FUNDOS DE PENSÕES

ART. 77.º (Disponibilização dos dados de base) – 1 – O lesado por acidente suscitador de responsabilidade civil automóvel coberta por seguro obrigatório tem o direito de, no prazo de sete anos após o acidente, obter sem demora do Instituto de Seguros de Portugal o nome e endereço da empresa de seguros do veículo cuja utilização causou o acidente, bem como o número da respectiva apólice de seguro e, bem assim, o nome e endereço do representante para sinistros da empresa de seguros no seu Estado de residência.

2 – O Instituto de Seguros de Portugal deve fornecer ao lesado o nome e o endereço do proprietário, do condutor habitual ou da pessoa em cujo nome o veículo está registado, caso aquele tenha um interesse legítimo na obtenção de tal informação.

3 – Para o efeito do disposto no número anterior, o Instituto de Seguros de Portugal deve dirigir-se, designadamente, à empresa de seguros ou ao serviço de registo do veículo.

4 – Se o veículo cuja utilização causou o acidente estiver isento da obrigação de seguro de responsabilidade civil automóvel em razão da pessoa responsável pela sua circulação, o Instituto de Seguros de Portugal comunica ao lesado o nome da entidade responsável pela indemnização.

5 – Se o veículo cuja utilização causou o acidente estiver isento da obrigação de seguro de responsabilidade civil automóvel em razão de si mesmo, o Instituto de Seguros de Portugal comunica ao lesado o nome da entidade que garante a cobertura do veículo no país do seu estacionamento habitual.

ART. 78.º (Disponibilização dos dados informativos relativos à regularização de sinistros suscitadores de responsabilidade civil automóvel) – 1 – O regime de disponibilização da informação relativa à regularização de sinistros suscitadores de responsabilidade civil automóvel na titularidade das empresas de seguros, Fundo de Garantia Automóvel, ou Gabinete Português da Carta Verde é o previsto no capítulo III do título II.

2 – A entidade fiscalizadora de trânsito que tome conhecimento da ocorrência de acidente de viação deve recolher todos os elementos necessários ao preenchimento da participação de acidente constante de modelo aprovado pela Autoridade Nacional de Segurança Rodoviária.

3 – Os dados referidos no número anterior podem ser tratados nos sistemas informáticos da GNR e da PSP e enviados por via electrónica para os sistemas de informação das entidades competentes em razão da matéria.

4 – A participação de acidente é enviada, por via electrónica, ao tribunal quando tal seja legalmente exigido, mantendo-se cópia em arquivo.

5 – A entidade prevista no n.º 2 remete cópia do auto de notícia por si elaborado:

a) Ao Fundo de Garantia Automóvel, sendo o responsável do acidente desconhecido, ou isento da obrigação de seguro em razão do veículo em si mesmo, ou se um dos intervenientes no acidente não se fizer acompanhar de documento comprovativo de seguro válido e eficaz;

b) Às empresas de seguros emitentes das apólices de seguro obrigatório de responsabilidade civil automóvel correspondentes aos veículos intervenientes, tratando-se de acidente de que resulte dano corporal.

6 – Nos casos não previstos no número anterior, o auto de notícia é colocado à disposição dos intervenientes nos acidentes de viação suscitadores de responsabilidade civil automóvel, suas empresas de seguros ou representantes, sendo-lhes facilitada a consulta e, se requeridas, fornecidas certidões e informações.

7 – Consideram-se representantes, para efeitos do número anterior, os mandatários forenses dos interessados ou os seus funcionários credenciados, bem como os funcionários credenciados pelas empresas de seguros, pelo Fundo de Garantia Automóvel ou pelo Gabinete Português da Carta Verde.

ART. 79.º (Tratamento de dados pessoais) – Ao tratamento de dados pessoais decorrente da aplicação dos artigos anteriores é aplicável o disposto na Lei n.º 67/98, de 26 de Outubro.

TÍTULO V — **GARANTIA E DISPOSIÇÕES FINAIS**

CAPÍTULO I — **Fiscalização e sanções em matéria de circulação automóvel**

ART. 80.º (Admissão à circulação) – 1 – Os veículos terrestres a motor e seus reboques só podem circular em território nacional se cumprirem a obrigação de seguro fixada no presente Decreto-Lei e no artigo 150.º do Código da Estrada.

2 – A não renovação ou cessação dos contratos de seguro previstos no presente Decreto-Lei por motivo distinto do não pagamento do prémio é comunicada pela empresa de seguros ao Instituto da Mobilidade e dos Transportes Terrestres no prazo de 30 dias a contar do início dos efeitos respectivos, com a indicação da matrícula do veículo seguro e da entidade obrigada ao seguro.

3 – Em caso de cessação do contrato de seguro por alienação do veículo, a empresa de seguros, quando não conheça a identidade da pessoa obrigada ao seguro, comunica, no mesmo prazo, às entidades referidas no número anterior a identificação do anterior proprietário.

4 – O Instituto da Mobilidade e dos Transportes Terrestres notifica as entidades responsáveis pelo seguro dos veículos cujo contrato cessou para, no prazo de 15 dias, fazerem a entrega do certificado de matrícula, ou do livrete e do título de registo de propriedade, em qualquer dos serviços do Instituto da Mobilidade e dos Transportes Terrestres, ou procederem à sua devolução por via postal.

SEGURO OBRIGATÓRIO DE RESPONSABILIDADE CIVIL AUTOMÓVEL [DL n.º 291/2007] 893

5 – O cancelamento da matrícula não se efectua sempre que, no prazo de 15 dias previsto no número anterior, for feita a prova da celebração do contrato de seguro do veículo perante o Instituto da Mobilidade e dos Transportes Terrestres, nos termos do artigo 6.º, ou de que se trata de veículo temporária ou definitivamente não destinado à circulação.

6 – O cancelamento da matrícula por falta de cumprimento da obrigação referida no n.º 4 determina a apreensão do veículo nos termos previstos no Código da Estrada.

7 – As licenças dos veículos pesados de transporte colectivo de passageiros ou de mercadorias, de quaisquer veículos de aluguer, de automóveis ligeiros de táxi e de carros eléctricos circulando sobre carris não poderão ser entregues sem que o respectivo interessado apresente contrato de seguro que abranja as coberturas obrigatórias.

8 – Os comerciantes dos veículos automóveis abrangidos pelo presente Decreto-Lei farão depender a entrega do veículo ao adquirente da apresentação prévia de documento comprovativo da realização do seguro obrigatório.

ART. 81.º (Controlo da obrigação de seguro) – 1 – A obrigação de seguro é controlada nos termos previstos no artigo 85.º do Código da Estrada, sem prejuízo da apreensão do veículo prevista na alínea *f)* do n.º 1 do artigo 162.º do mesmo Código.

2 – A fiscalização prevista no número anterior que incida sobre veículos com estacionamento habitual no território ou de país cujo serviço nacional de seguros tenha aderido ao Acordo entre os serviços nacionais de seguros, ou de país terceiro em relação aos aderentes ao Acordo e que entre em Portugal a partir do território de país cujo serviço nacional de seguros tenha aderido ao Acordo, deve ser não sistemática, não discriminatória e efectuada no âmbito de um controlo que não tenha por objectivo exclusivo a verificação do seguro.

ART. 82.º (Entidades fiscalizadoras) – O cumprimento das obrigações estabelecidas no presente Decreto--Lei é fiscalizado pelas autoridades com poderes de fiscalização referidas no n.º 1 do artigo 5.º do Decreto-Lei n.º 44/2005, de 23 de Fevereiro, e ainda pela Direcção-Geral das Alfândegas e dos Impostos Especiais sobre o Consumo relativamente a veículos entrados por via marítima ou aérea que se encontrem matriculados em país terceiro sem gabinete nacional de seguros, ou cujo gabinete nacional de seguros não tenha aderido ao Acordo entre os serviços nacionais de seguros, e não provenientes de país em idênticas circunstâncias.

ART. 83.º (Documentos autênticos) – 1 – O certificado provisório de seguro, o aviso-recibo e o certificado de responsabilidade civil, bem como o certificado internacional («carta verde») ou o documento justificativo da subscrição de um seguro de fronteira, são considerados documentos autênticos, pelo que a sua falsificação ou a utilização dolosa desses documentos falsificados serão punidas nos termos da lei penal.

2 – Os documentos referidos no número anterior emitidos no território nacional serão considerados documentos autênticos desde que, nos termos a regulamentar por portaria conjunta dos Ministros das Finanças e da Administração Interna, sejam exarados em registo próprio, pela autoridade pública competente, os números de apólice dos contratos de seguro obrigatório de responsabilidade civil automóvel a que aqueles documentos se reportem.

CAPÍTULO II — Fiscalização e sanções das empresas de seguros

ART. 84.º (Regime geral) – O cumprimento pelas empresas de seguros do previsto no presente Decreto-Lei, bem como nos respectivos regulamentos, é fiscalizado pelo Instituto de Seguros de Portugal, e o correspondente incumprimento é punível nos termos do regime sancionatório da actividade seguradora, com ressalva do previsto na secção seguinte.

ART. 85.º (Garantia da responsabilidade civil e da situação registal do veículo) – 1 – A sanção da circulação do veículo sem seguro obrigatório de responsabilidade civil automóvel, bem como o respectivo processo de aplicação, encontram-se fixados no Código da Estrada, com ressalva do previsto nos números seguintes.

2 – Constitui contra-ordenação, punida com coima de € 250 a € 1250, a circulação do veículo sem o dístico previsto no artigo 30.º, sendo aqueles montantes reduzidos para metade caso no acto de fiscalização seja todavia feita prova da existência do correspondente seguro obrigatório de responsabilidade civil automóvel.

3 – Constitui contra-ordenação, punida com coima de € 500 a € 2500, se o veículo for um motociclo ou um automóvel, ou de € 250 a € 1250, se for outro veículo a motor, a não entrega do certificado de matrícula, ou do livrete e do título de registo de propriedade, nos termos e para os efeitos do n.º 4 do artigo 80.º, salvo se for feita prova da alienação do veículo ou da existência de seguro válido no prazo referido no n.º 5 do mesmo.

Secção I — GARANTIA DO REGIME DE REGULARIZAÇÃO DE SINISTROS

ART. 86.º (Contra-ordenações) – 1 – A infracção ao disposto nos n.ºs 1, 5 e 6 do artigo 36.º, nos n.ºs 1 a 3 e 6 do artigo 37.º, nos artigos 38.º a 40.º e nos n.ºs 1 e 5 do artigo 42.º constitui contra-ordenação punível com coima de € 3000 a € 44 890, quando não exista sanção civil aplicável.

2 – A infracção ao disposto no artigo 33.º, no n.º 7 do artigo 36.º, no artigo 41.º, no n.º 2 do artigo 44.º e no n.º 2 do artigo 45.º constitui contra-ordenação punível com coima de € 750 a € 24 940.

3 – A negligência é sempre punível, sendo os montantes das coimas referidos nos números anteriores reduzidos a metade.

894   [DL n.º 291/2007]   SEGUROS E FUNDOS DE PENSÕES

ART. 87.º (Registo dos prazos de regularização dos sinistros) – 1 – Para o efeito da fiscalização do cumprimento pelas empresas de seguros do previsto no capítulo III do título I, as empresas de seguros obrigam-se a implementar e manter actualizado um registo dos prazos efectivos e circunstanciados de regularização dos sinistros que lhes sejam participados no âmbito desse capítulo.

2 – O Instituto de Seguros de Portugal fixa, por norma regulamentar, a estrutura do registo referido no número anterior, bem como a periodicidade e os moldes nos quais aquela informação lhe deve ser prestada pelas empresas de seguros.

ART. 88.º (Distribuição do produto das coimas) – O produto das coimas aplicadas é distribuído da seguinte forma:
a) 60% para o Estado;
b) 40% para o Instituto de Seguros de Portugal.

ART. 89.º (Divulgação das infracções) – 1 – O Instituto de Seguros de Portugal disponibiliza, para consulta pública, a identificação das empresas de seguros que tenham sido objecto de aplicação de coimas no âmbito previsto na presente secção por decisões transitadas em julgado.

2 – A informação referida no número anterior identifica a empresa de seguros, bem como o número de coimas aplicadas e as disposições efectivamente infringidas.

3 – Sem prejuízo da utilização de outros meios, estas informações são disponibilizadas no sítio da Internet do Instituto de Seguros de Portugal.

CAPÍTULO III — Disposições finais e transitórias

ART. 90.º (Serviço nacional de seguros português) – Compete ao Gabinete Português de Carta Verde, organização profissional criada em conformidade com a Recomendação n.º 5 adoptada em 25 de Janeiro de 1949, pelo Subcomité de Transportes Rodoviários do Comité de Transportes Internos da Comissão Económica para a Europa da Organização das Nações Unidas e que agrupa as empresas de seguros autorizadas a explorar o ramo «Responsabilidade civil – Veículos terrestres automóveis» («Serviço nacional de seguros»), e subscritor do Acordo entre os serviços nacionais de seguros, a satisfação, ao abrigo desse Acordo, das indemnizações devidas nos termos da presente lei aos lesados por acidentes ocorridos em Portugal e causados:

a) Por veículos portadores do documento previsto nas alíneas *b)* a *e)* do n.º 1 do artigo 28.º e com estacionamento habitual em país cujo serviço nacional de seguros tenha aderido a esse Acordo, ou matriculados em país terceiro que não tenha serviço nacional de seguros, ou cujo serviço não tenha aderido seja ao Acordo, seja à secção II do Regulamento anexo ao Acordo, mas que, não obstante, sejam portadores de um documento válido justificativo da subscrição em país aderente ao Acordo de um seguro de fronteira válido para o período de circulação no território nacional e garantindo o capital obrigatoriamente seguro;

b) Ou por veículos com estacionamento habitual em país cujo serviço nacional de seguros tenha aderido a esse Acordo e sem qualquer documento comprovativo do seguro.

ART. 91.º (Regulamentação) – Compete ao Instituto de Seguros de Portugal aprovar as condições da apólice uniforme do seguro obrigatório de responsabilidade civil automóvel.

ART. 92.º (Danos próprios) – O regime previsto nos artigos 32.º, 33.º, 35.º a 40.º, 43.º a 46.º e 86.º a 89.º aplica-se aos contratos de seguro automóvel que incluam coberturas facultativas relativas aos danos próprios sofridos pelos veículos seguros, desde que os sinistros tenham ocorrido em virtude de choque, colisão ou capotamento.

ART. 93.º (Relatório sobre a aplicação de algumas soluções) – O Instituto de Seguros de Portugal elabora um relatório de avaliação do impacte da aplicação deste decreto-lei, no prazo de três anos após a entrada em vigor do presente decreto-lei, bem como o relatório sobre a execução e aplicação prática da regularização de acidentes causados pela condução de veículo isento da obrigação de seguro, para os efeitos previstos no terceiro parágrafo da alínea *b)* da Directiva n.º 72/166/CEE, do Conselho, de 24 de Abril, aditada pela alínea *b)* do n.º 3 do artigo 1.º da directiva transposta pelo presente decreto-lei, para o que conta com a colaboração das demais entidades envolvidas, devendo remetê-los ao Ministro das Finanças.

ART. 94.º (Norma revogatória) – 1 – São revogados:
a) O Decreto-Lei n.º 522/85, de 31 de Dezembro;
b) O Decreto-Lei n.º 122-A/86, de 30 de Maio;
c) O Decreto-Lei n.º 102/88, de 29 de Março;
d) O Decreto-Lei n.º 130/94, de 19 de Maio;
e) O Decreto-Lei n.º 83/2006, de 3 de Maio;
f) O n.º 3 do artigo 66.º do Decreto-Lei n.º 94-B/98, de 17 de Abril.

2 – Até à entrada em vigor dos regulamentos necessários para a execução do presente Decreto-Lei são aplicáveis os regulamentos vigentes, na medida em que não contrariem o presente regime.

ART. 95.º (Entrada em vigor) – O presente Decreto-Lei entra em vigor 60 dias após a sua publicação.

CRITÉRIOS PARA INDEMNIZAÇÃO DO DANO CORPORAL   [Port. n.º 377/2008]   895

10.7. CRITÉRIOS E VALORES ATENDÍVEIS NUMA PROPOSTA RAZOÁVEL PARA INDEMNIZAÇÃO DO DANO CORPORAL

Portaria n.º 377/2008
de 26 de Maio (*)

ART. 1.º (Objecto da portaria) – 1 – Pela presente portaria fixam-se os critérios e valores orientadores para efeitos de apresentação aos lesados por acidente automóvel, de proposta razoável para indemnização do dano corporal, nos termos do disposto no capítulo III do título II do Decreto-Lei n.º 291/2007, de 21 de Agosto.

2 – As disposições constantes da presente portaria não afastam o direito à indemnização de outros danos, nos termos da lei, nem a fixação de valores superiores aos propostos.

ART. 2.º (Danos indemnizáveis em caso de morte) – São indemnizáveis, em caso de morte:

a) A violação do direito à vida e os danos morais dela decorrentes, nos termos do artigo 496.º do Código Civil;

b) Os danos patrimoniais futuros daqueles que, nos termos do Código Civil, podiam exigir alimentos à vítima, ou aqueles a quem esta os prestava no cumprimento de uma obrigação natural;

c) As perdas salariais da vítima decorrentes de incapacidade temporária havida entre a data do acidente e a data do óbito;

d) As despesas feitas para assistir e tratar a vítima bem como as de funeral, luto ou transladação, contra apresentação dos originais dos comprovativos.

ART. 3.º (Danos indemnizáveis em caso de outros danos corporais) – São indemnizáveis ao lesado, em caso de outro tipo de dano corporal:

a) Os danos patrimoniais futuros nas situações de incapacidade permanente absoluta, ou de incapacidade para a profissão habitual, ainda que possa haver reconversão profissional;

b) O dano pela ofensa à integridade física e psíquica (dano biológico), de que resulte ou não perda da capacidade de ganho, determinado segundo a Tabela Nacional para Avaliação de Incapacidades Permanentes em Direito Civil;

c) As perdas salariais decorrentes de incapacidade temporária havida entre a data do acidente e a data da fixação da incapacidade;

d) As despesas comprovadamente suportadas pelo lesado em consequência das lesões sofridas no acidente.

ART. 4.º (Danos morais complementares) – Além dos direitos indemnizatórios previstos no artigo anterior, o lesado tem ainda direito a ser indemnizado por danos morais complementares, autonomamente, nos termos previstos no anexo I da presente portaria, nas seguintes situações:

a) Por cada dia de internamento hospitalar;

b) Pelo dano estético;

c) Pelo *quantum doloris*;

d) Quando resulte para o lesado uma incapacidade permanente absoluta para a prática de toda e qualquer profissão ou da sua profissão habitual;

e) Quando resulte para o lesado uma incapacidade permanente que lhe exija esforços acrescidos no desempenho da actividade habitual;

f) Quando resulte uma incapacidade permanente absoluta para o lesado que, pela sua idade, ainda não tenha ingressado no mercado de trabalho e por isso não tenha direito à indemnização prevista na alínea *a)* do artigo anterior.

ART. 5.º (Proposta razoável para danos não patrimoniais em caso de morte) – Para efeitos de proposta razoável, as indemnizações pela violação do direito à vida, bem como as compensações devidas aos herdeiros da vítima, nos termos do Código Civil, a título de danos morais, e previstos na alínea *a)* do artigo 2.º, são calculadas nos termos previstos no quadro constante do anexo II da presente portaria.

ART. 6.º (Proposta razoável para danos patrimoniais futuros em caso de morte) – 1 – A proposta razoável para a indemnização prevista na alínea *b)* do artigo 2.º obedece às seguintes regras e critérios:

a) O dano patrimonial futuro é calculado de acordo com as regras constantes do anexo III da presente portaria;

b) Para cálculo do tempo durante o qual a prestação se considera devida ao cônjuge sobrevivo ou a filho dependente por anomalia física ou psíquica, presume-se que a vítima se reformaria aos 70 anos de idade.

2 – Para efeitos de apuramento do rendimento mensal da vítima, são considerados os rendimentos líquidos auferidos à data do acidente fiscalmente comprovados.

(*) Com as alterações introduzidas pela **P.ª n.º 679/2009**, de 25-6, que deu nova redacção à al. *e)* do art. 4.º e aos anexos I a IV.

896 [Port. n.º 377/2008]   SEGUROS E FUNDOS DE PENSÕES

3 – É considerada a retribuição mínima mensal garantida (RMMG) à data da ocorrência, relativamente a vítimas que não apresentem declaração de rendimentos, não tenham profissão certa ou cujos rendimentos sejam inferiores à RMMG.

4 – No caso de a vítima estar em idade laboral, ter profissão, mas encontrar-se numa situação de desemprego, é considerada a média dos últimos três anos de rendimentos líquidos declarados fiscalmente, majorada de acordo com a variação do índice de preços no consumidor (total nacional, excepto habitação), nos anos em que não houve rendimento, ou o montante mensal recebido a título de subsídio de desemprego, consoante o que for mais favorável ao beneficiário.

ART. 7.º (Proposta razoável para danos patrimoniais futuros em caso de dano corporal) – 1 – A proposta razoável para a indemnização dos danos patrimoniais futuros nas situações de incapacidade permanente absoluta obedece às seguintes regras e critérios:

a) O dano patrimonial futuro é calculado de acordo com a fórmula constante do anexo iii da presente portaria;

b) Para cálculo do tempo durante o qual a prestação se considera devida, presume-se que o lesado se reformaria aos 70 anos de idade;

c) Para apuramento do rendimento mensal do lesado, aplicam-se as regras e critérios constantes dos n.ᵒˢ 2 a 4 do artigo anterior.

2 – Nas situações em que se verifique incapacidade permanente absoluta para a prática da profissão habitual, sem possibilidade de reconversão para outras profissões dentro da sua área de formação técnico profissional, a proposta indemnizatória corresponde a dois terços do capital calculado nos modos previstos na alínea *a)* do n.º 1.

3 – Sem prejuízo do disposto no número seguinte, nas situações em que se verifique incapacidade permanente absoluta para a prática da profissão habitual, embora com possibilidade da reconversão prevista no número anterior, a proposta indemnizatória corresponde a quatro anos de rendimentos líquidos.

4 – Para os lesados com idade igual ou superior a 65 anos com incapacidade permanente absoluta para a prática da profissão habitual, ainda que tenham a possibilidade de se reconverterem profissionalmente, a proposta indemnizatória é calculada de acordo com o disposto no n.º 2.

ART. 8.º (Proposta razoável para o dano biológico) – A compensação prevista na alínea *b)* do artigo 3.º é calculada de acordo com o quadro constante do anexo iv da presente portaria.

ART. 9.º (Acidentes simultaneamente de viação e de trabalho) – 1 – Sem prejuízo do disposto no artigo 51.º do Decreto-Lei n.º 291/2007, de 21 de Agosto, quanto ao Fundo de Garantia Automóvel, se o acidente que originou o direito à indemnização for simultaneamente de viação e de trabalho, o lesado pode optar entre a indemnização a título de acidente de trabalho ou a indemnização devida ao abrigo da responsabilidade civil automóvel, mantendo-se a actual complementaridade entre os dois regimes.

2 – Sendo o lesado indemnizado ao abrigo do regime específico de acidentes de trabalho, as indemnizações que se mostrem devidas a título de perdas salariais ou dano patrimonial futuro são sempre inacumuláveis.

3 – Nos casos em que não haja lugar à indemnização pelos danos previstos na alínea *a)* do artigo 3.º, é também inacumulável a indemnização por dano biológico com a indemnização por acidente de trabalho.

ART. 10.º (Proposta razoável para danos patrimoniais emergentes) – 1 – A proposta razoável relativamente aos danos patrimoniais emergentes deve contemplar o pagamento integral dos rendimentos perdidos, decorrentes da incapacidade temporária do lesado e que sejam fiscalmente documentáveis, bem como das despesas médicas e medicamentosas, refeições, estadas e transportes, desde que sejam apresentados os originais dos respectivos comprovativos.

2 – Nos casos de auxílio de terceira pessoa, adaptação de veículo ou de residência, consideram-se como valores de referência os constantes do anexo v da presente portaria.

ART. 11.º (Indemnização sob a forma de renda) – A proposta razoável para ressarcimento dos danos a que se refere o artigo 7.º, em especial relativamente aos lesados com idade inferior a 25 anos e ou de incapacidades iguais ou superiores a 60%, deve preferencialmente ser efectuada através do oferecimento de uma renda ou de um sistema misto de renda e capital que reserve para o pagamento em renda, salvo em situações especialmente fundamentadas, verba não inferior a dois terços da indemnização.

ART. 12.º (Idades a considerar) – Para todos os efeitos desta portaria, as idades a considerar, quer da vítima, quer dos beneficiários, reportam-se à data da ocorrência do acidente.

ART. 13.º (Actualizações) – Anualmente, até ao final do mês de Março, são revistos todos os critérios e valores constantes na presente portaria, sendo os valores automaticamente actualizados de acordo com o índice de preços no consumidor (total nacional, excepto habitação).

ART. 14.º (Entrada em vigor) – A presente portaria entra em vigor no dia imediato ao da sua publicação. Em 29 de Abril de 2008.

ANEXO I
Compensações devidas por danos morais complementares

ANEXO II
Compensações devidas em caso de morte e a título de danos morais aos herdeiros

ANEXO III
Método de cálculo do dano patrimonial futuro

898 [Port. n.º 377/2008] SEGUROS E FUNDOS DE PENSÕES

ANEXO IV

Compensação devida pela violação do direito à integridade física e psíquica — Dano biológico

NOTAS:

(1) Ponto determinado com base no RMMG 2007.

(2) Valores em EUR, definidos por ponto.

(3) Deverão considerar-se os pontos mínimos e máximos do intervalo em função da proximidade do caso concreto aos limites por os quais cada intervalo foi construído; (i) o limite máximo corresponde à menor idade e à maior pontuação, (ii) o limite mínimo corresponde a maior idade e à menor pontuação.

ANEXO V

Tabela indicativa de valores para proposta razoável em caso de despesas incorridas e rendimentos perdidos por incapacidade

1. Rendimentos perdidos por incapacidade temporária absoluta (ITA)

Todos os comprovados e declarados fiscalmente, determinados com a seguinte fórmula, excepto se a produção de rendimentos tiver diferente período temporal.

RENDIMENTOS PERDIDOS = RENDIMENTO ANUAL / 365 X NÚMERO DE DIAS ITA

2. Despesas Emergentes

Refeições, estadias, transportes ou outras despesas emergentes	comprovadas (1)
Médicas, medicamentosas e assistência	comprovadas (1)
Ajuda doméstica temporária	até 6,16 € / hora
Adaptação de veículo	até 7.695,00 €
Adaptação de casa	até 30.780,00 €

3. Despesas Futuras

Médicas, medicamentosas e assistência, desde que clinicamente previsíveis	Valor actual (2)

NOTAS:

(1) São apenas aceites facturas originais, não sendo admissíveis segundas vias.

(2) Determinação do valor actual com a fórmula de cálculo do Dano Patrimonial Futuro

10.8. REDUÇÃO DO VALOR SEGURO NO SEGURO AUTOMÓVEL FACULTATIVO

Decreto-Lei n.º 214/97

de 16 de Agosto

ART. 1.º (Âmbito) – O presente diploma institui regras destinadas a assegurar uma maior transparência nos contratos de seguro automóvel que incluam coberturas facultativas relativas aos danos próprios sofridos pelos veículos seguros.

ART. 2.º (Alteração automática) – O valor seguro dos veículos deverá ser automaticamente alterado de acordo com a tabela referida no artigo 4.º, sendo o respectivo prémio ajustado à desvalorização do valor seguro.

ART. 3.º (Incumprimento) – A cobrança de prémios por valor que exceda o que resultar da aplicação do disposto no número anterior constitui, salvo o disposto no artigo 5.º, as seguradoras na obrigação de responder, em caso de sinistro, com base no valor seguro apurado à data do vencimento do prémio imediatamente anterior à ocorrência do sinistro, sem direito a qualquer acréscimo de prémio e sem prejuízo de outras sanções previstas na lei.

ART. 4.º (Tabela de desvalorização) – 1 – As empresas de seguros que contratem as coberturas previstas no artigo 1.º devem elaborar a tabela de desvalorizações periódicas automáticas a que se refere o artigo 2.º para determinação do valor da indemnização em caso de perda total, incluindo, necessariamente, como referências, o ano ou o valor da aquisição em novo, ou ambos, sem prejuízo do disposto no número seguinte.

2 – O Instituto de Seguros de Portugal, ouvido o respectivo conselho consultivo, emitirá as normas necessárias relativas aos critérios a adoptar na elaboração da tabela referida no número anterior.

3 – Na falta de clareza ou de inteligibilidade da redacção das tabelas e cláusulas das apólices a que se referem os números anteriores é aplicável o n.º 2 do artigo 11.º do Decreto-Lei n.º 446/85, de 25 de Outubro, com a redacção dada pelo Decreto-Lei n.º 220/95, de 31 de Agosto.

ART. 5.º (Estipulação por acordo) – O disposto nos artigos 2.º e 3.º não impede as partes contratantes de estipularem, por acordo expresso em sede de cláusulas particulares, qualquer outro valor segurável.

ART. 6.º (Devolução de prémios) – 1 – Em caso de perda total ou venda do veículo sinystrado por facto originado em responsabilidade de terceiros, com resolução do contrato e anulação do valor seguro, as empresas de seguros são obrigadas a devolver aos segurados a parte do prémio cobrado proporcional ao tempo que medeia entre as referidas perda ou venda e o termo do período de vigência do contrato.

2 – O disposto no número anterior não se aplica caso a empresa de seguros tenha efectuado qualquer pagamento em consequência do sinistro.

ART. 7.º (Deveres de informação pré-contratual) – A empresa de seguros, antes da celebração dos contratos a que se refere o artigo 1.º e sem prejuizo do disposto na legislação aplicável em matéria de cláusulas contratuais gerais e das demais regras sobre informação pré-contratual previstas no Decreto-Lei n.º 176/95, de 26 de Julho, deve fornecer ao tomador do seguro, por escrito e em língua portuguesa, de forma clara, as seguintes informações:

a) Os critérios de actualização anual do valor do veículo seguro e respectiva tabela de desvalorização;

b) O valor a considerar para efeitos de indemnização em caso de perda total;

c) A existência da obrigação de a empresa de seguros de anualmente, até 30 dias antes da data de vencimento do contrato, comunicar por escrito ao tomador os valores previstos nas alíneas anteriores para o próximo período contratual.

ART. 8.º (Deveres de informação contratual) – 1 – Sem prejuízo das demais regras sobre informação contratual previstas no Decreto-Lei n.º 176/95, de 26 de Junho, nos contratos a que se refere o artigo 1.º devem constar os seguintes elementos:

a) O valor do veículo seguro, a considerar para efeitos de indemnização em caso de perda total, bem como os critérios da sua actualização anual e a respectiva tabela de desvalorização;

b) O prémio devido.

2 – A empresa de seguros deve anualmente, até 30 dias antes da data de vencimento do contrato, comunicar por escrito ao tomador os seguintes elementos relativos ao próximo período contratual:

a) O valor do veículo seguro, a considerar para efeitos de indemnização em caso de perda total;

b) O prémio devido;

c) Os agravamentos e bonificações a que o prémio foi sujeito.

ART. 9.º (Violação dos deveres de informação) – O incumprimento, total ou parcial, pela empresa de seguros dos deveres de informação a que se referem os artigos 7.º e 8.º implica a sua responsabilização por perdas e danos, sem prejuízo do direito de resolução do contrato que assiste ao tomador do seguro.

900   [DL n.º 295/2001]   SEGUROS E FUNDOS DE PENSÕES

ART. 10.º (Danos parciais) – A reparação por danos parciais a suportar pelas empresas de seguros deverá ser efectuada com peças novas, até ao limite da indemnização prevista para o caso de perda total.

ART. 11.º (Disposição transitória) – As normas a que se refere o n.º 2 do artigo 4.º serão emitidas pelo Instituto de Seguros de Portugal, ouvido o respectivo conselho consultivo, no prazo de 60 dias a contar da data da publicação do presente diploma.

ART. 12.º (Entrada em vigor) – O presente diploma entra em vigor em 1 de Março de 1998, aplicando-se a todos os contratos celebrados a partir desse momento, bem como aos contratos anteriormente celebrados a pariir da data dos respectivos vencimentos.

10.9. SEGURO DE INVESTIMENTO DIRECTO NO ESTRANGEIRO

Decreto-Lei n.º 295/2001

de 21 de Novembro (*)

ART. 1.º (Regime legal) – O seguro, com garantia do Estado, de riscos de investimento português no estrangeiro contra factos geradores de sinistro de natureza política, adiante designado «seguro de investimento», rege-se pelas disposições do presente diploma e, supletiva e sucessivamente, pelo regime jurídico do seguro de créditos e dos seguros, em geral, desde que os mesmos se não revelem incompatíveis com a natureza especial deste seguro.

ART. 2.º (Investimento segurável) – 1 – É susceptível de seguro de investimento a operação de aplicação de valores efectuada num país estrangeiro, o país de destino, por pessoa colectiva sediada em Portugal, constituída e funcionando de acordo com a lei portuguesa, e por pessoa singular de nacionalidade portuguesa a ela associada, adiante designadas como investidor, que tenha como objectivo a constituição de empresa, a aquisição total ou parcial de empresa já constituída, a modernização, a expansão e ou a reconversão da actividade de empresa, ou a abertura de sucursal, agência, escritório de representação ou estabelecimento, contabilisticamente autonomizáveis, desde que, cumulativamente, o investimento:
a) Seja novo, isto é, cuja execução não tenha sido iniciada antes da sua apresentação ao seguro;
b) Tenha carácter de continuidade; e
c) Seja objecto de enquadramento legal adequado no país de destino.
2 – O investimento pode ser realizado:
a) Em numerário;
b) Em espécie, incluindo a prestação de serviços, se susceptível de avaliação pecuniária;
c) Mediante conversão em capital social de dívidas do país de destino;
d) Através de reinvestimento de rendimentos de investimento que estejam em condições para serem repatriados;
e) Por reavaliação de activos, constituição ou incorporação de reservas ou conversão de dívidas da empresa ao investidor, nos casos de aumento do valor do investimento.
3 – O seguro de investimento poderá ainda abranger:
a) O empréstimo concedido pelo investidor à empresa objecto do investimento seguro, e a este associado, desde que a respectiva utilização não tenha sido iniciada antes da sua apresentação ao seguro e o reembolso seja a médio ou longo prazo;
b) Os rendimentos do investimento e os juros do empréstimo referido na alínea anterior destinados a repatriamento ou reinvestimento;
c) O produto resultante do desinvestimento.

ART. 3.º (Empréstimo segurável) – 1 – Pode ainda ser objecto de seguro de investimento o empréstimo concedido por instituição de crédito com sede em Portugal, desde que:
a) A respectiva utilização não tenha sido iniciada antes da sua apresentação ao seguro;
b) O reembolso seja a médio ou a longo prazo;
c) Esteja associado ao investimento, a realizar pelo investidor na empresa estrangeira destinatária do empréstimo, apresentado para seguro de investimento;
d) Seja objecto de enquadramento legal adequado no país de destino.
2 – O seguro de investimento relativo ao empréstimo pode abranger os juros destinados a repatriamento.
3 – O seguro de investimento poderá ainda estender-se ao produto da alienação onerosa dos direitos da instituição de crédito decorrentes do empréstimo.

(*) Com as alterações introduzidas pelo **DL n.º 31/2007**, de 14-2, que republicou o texto integral, sendo este que aqui se insere.

SEGURO DE INVESTIMENTO DIRECTO NO ESTRANGEIRO [DL n.º 295/2001] 901

ART. 4.º (Risco de investimento) – 1 – O seguro de investimento cobre os prejuízos causados pelo risco de investimento, por ocorrência de um dos factos geradores de sinistro previstos no artigo seguinte, de acordo com o estipulado no contrato de seguro, designadamente no que respeita à verificação do sinistro.

2 – Para os efeitos do disposto neste diploma, considera-se risco de investimento:

a) A privação total ou parcial da titularidade ou da possibilidade do segurado exercer os seus direitos relativos ao investimento seguro;

b) A perda, pelo segurado, do controlo que, em função da sua participação, detenha efectivamente na empresa estrangeira ou a privação da capacidade do segurado para controlar ou operar o projecto ou partes essenciais do mesmo;

c) A destruição, total ou parcial, ou o desaparecimento dos activos corpóreos da empresa estrangeira, bem como a impossibilidade de a empresa estrangeira exercer a sua actividade;

d) O incumprimento, pela empresa estrangeira, das obrigações decorrentes do empréstimo seguro;

e) A impossibilidade de transferir montantes destinados ao repatriamento de rendimentos ou de outras quantias seguras ligadas ao investimento ou ao reembolso do empréstimo;

f) A impossibilidade de obter a conversão, à taxa de câmbio de referência definida na apólice, da moeda local para repatriar rendimentos ou outras quantias seguras ligadas ao investimento ou ao reembolso do empréstimo.

ART. 5.º (Factos geradores de sinistro) – São factos geradores de sinistro do risco de investimento e de empréstimo associado:

a) A nacionalização, a requisição, o confisco ou a expropriação, ou outras medidas legislativas ou administrativas de efeitos equivalentes, por parte do Governo ou entidade pública do país de destino, incluindo alteração da legislação reguladora do investimento estrangeiro, sem indemnização adequada;

b) Guerra, revolução ou motim;

c) Suspensão ou dificuldades de conversão e ou de transferência por motivos não imputáveis ao investidor ou à empresa estrangeira, incluindo a moratória geral decretada pelo governo ou por entidade pública do país de destino;

d) A resolução infundada ou o incumprimento pelo governo do país de destino de contrato celebrado com o investidor, quando este não possa obter decisão judicial ou arbitral no tribunal competente, ou não consiga executá-la, dentro dos prazos fixados no contrato de seguro para o efeito.

ART. 6.º (Garantia do Estado) – 1 – Pode beneficiar da garantia do Estado para o seguro dos riscos de investimento português no estrangeiro, nos termos estabelecidos neste decreto-lei, qualquer seguradora autorizada a exercer a actividade em Portugal nos ramos «Crédito» e «Caução», estando o acesso dependente de um procedimento prévio de selecção e contratualização com o Estado.

2 – A autorização de garantias e promessas de garantia do Estado é da Competência do Ministro das Finanças.

3 – As garantias e promessas de garantia do Estado são apresentada pela seguradora ao Conselho de Garantias Financeiras e à Exportação e ao Investimento para análise e proposta de decisão a submeter ao Ministro das Finanças.

4 – A emissão de garantias e promessas de garantia é da competência da Direcção-Geral do Tesouro que, para o efeito, emite o respectivo documento, no qual consta, designadamente, a entidade que autorizou a garantia ou a promessa, o número da garantia ou a promessa, a identificação da seguradora, do segurado, da empresa estrangeira a que se destina o investimento, do país de destino onde se realiza o Investimento, o montante garantido em termos de investimento inicial e o tipo de seguro garantido.

5 – A promessa de seguro que beneficie de garantia do Estado não pode ser emitida por prazo superior a um ano.

6 – Compete à Direcção-Geral do Tesouro informar previamente sobre o cabimento de cada operação de garantia e promessa de garantia no limite máximo fixado, para cada ano, na lei do orçamento.

7 – Compete a cada seguradora remeter à Direcção-Geral do Tesouro, a pedido desta última, a previsão, para o ano seguinte, das garantias do Estado a conceder e dos montantes das indemnizações decorrentes das operações garantidas.

ART. 7.º (Apólices e prémios) – 1 – As condições gerais e especiais das apólices dos contratos de seguro de investimento a celebrar com a garantia dó Estado, bem como o respectivo tarifário, são aprovadas por despacho conjunto dos ministros responsáveis pelas áreas das finanças, dos negócios estrangeiros e da economia, mediante proposta da seguradora e parecer do Conselho de Garantias Financeiras à Exportação a ao Investimento.

2 – Nos termos do artigo 7.º do Decreto-Lei n.º 51/2006, de 14 de Março, a Direcção-Geral do Tesouro cobra à seguradora uma percentagem do prémio estabelecido nos termos do tarifário em vigor.

3 – Mediante contrato a celebrar entre o Estado, através da Direcção-Geral do Tesouro, e a seguradora, após consulta ao Conselho de Garantias Financeiras à Exportação a ao Investimento, são definidos, designadamente:

a) A percentagem do prémio a cobrar pela Direcção-Geral do Tesouro à seguradora;

b) Os termos e condições da recuperação de créditos garantidos.

4 – Os eventuais encargos que resultem do contrato celebrado ao abrigo do número anterior são suportados pela Direcção-Geral do Tesouro.

ART. 8.º (Indemnizações e recuperações) – 1 – Após admissão e regulação de sinistro efectuada pela seguradora, os montantes das indemnizações decorrentes dos contratos de seguro, com a garantia do Estado, são entregues mediante solicitação da seguradora, pela Direcção-Geral do Tesouro ao beneficiário do seguro.

902   [DL n.º 183/88]   SEGUROS E FUNDOS DE PENSÕES

2 – A Direcção-Geral do Tesouro deve informar o Conselho de Garantias Financeiras à Exportação e ao Investimento e a seguradora sobre as indemnizações pagas, nos termos referidos no número anterior.

3 – Na situação prevista na alínea *b*) do n.º 3 do artigo 7.º, a seguradora intervém como mandatária do Estado, no âmbito da recuperação de créditos garantidos, devendo articular a sua actuação com a Direcção--Geral do Tesouro.

4 – *(Revogado.)*

ART. 9.º (Disposição final) – 1 – *(Revogado).*

2 – São revogados o Decreto-Lei n.º 273/86, de 4 de Setembro, e a Portaria n.º 181/91, de 4 de Março.

3 – O presente diploma entra em vigor passados 60 dias da data da sua publicação.

10.10. SEGURO DE CRÉDITO E DE CAUÇÃO

Decreto-Lei n.º 183/88

de 24 de Maio (*)

CAPÍTULO I — Âmbito

ART. 1.º (Âmbito de aplicação) – 1 – Os seguros dos ramos «Crédito» e «Caução» regem-se pelas disposições do presente diploma e, subsidiariamente, pelas normas sobre seguros em geral que não sejam incompatíveis com a natureza destes ramos.

2 – O seguro de créditos à exportação de bens e serviços visa as operações de exportação na fase anterior à encomenda firme, na fase de fabrico e na fase de crédito.

3 – O seguro de créditos no mercado interno abrange tanto a fase de fabrico como a fase de crédito.

4 – No seguro de créditos financeiros incluem-se os créditos concedidos por instituições financeiras ou equiparadas, por sociedades de locação financeira e por sociedades de *factoring*.

5 – No seguro de caução compreende-se o seguro de caução directa e indirecta e ainda o seguro de fiança e o seguro de aval.

ART. 2.º (Âmbito do seguro) – Os seguros previstos no artigo anterior podem reportar-se a contratos celebrados e destinados a produzir os seus efeitos quer em Portugal quer no estrangeiro.

CAPÍTULO II — Dos seguros de crédito

ART 3.º (Riscos seguráveis) – 1 – Através do seguro de crédito podem ser cobertos os riscos seguintes:

a) Não amortização das despesas suportadas com operações de prospecção de mercados, participação em feiras no estrangeiro e constituição de existências em países estrangeiros;

b) Suspensão ou revogação da encomenda ou resolução arbitrária do contrato pelo devedor na fase anterior à constituição do crédito;

c) Falta ou atraso no pagamento dos montantes devidos ao credor;

d) Variações cambiais relativamente a contratos cujo pagamento seja estipulado em moeda estrangeira;

e) Elevação anormal e imprevisível dos custos de produção resultante da alteração das condições económicas que afectem o fabrico dos bens, a execução dos trabalhos ou a prestação dos serviços.

2 – Os ministros das Finanças e da Economia podem definir, mediante portaria conjunta, outros riscos susceptíveis de cobertura no âmbito do seguro de créditos.

ART. 4.º (Factos geradores de sinistro) – 1 – Constituem factos geradores de sinistro, relativamente ao seguro de créditos:

a) A insolvência declarada judicialmente;

b) A insolvência de facto;

c) A concordata judicial;

d) A concordata extrajudicial, desde que celebrada com a generalidade dos credores do devedor e oponível a cada um deles;

(*) Alterado pelo **DL n.º 127/91**, de 22-3 (arts. 15.º, 16.º, 17.º e 18.º), e pelo **DL n.º 214/99**, de 15-6, que não só modificou a redacção dos arts. 3.º, 4.º, 5.º, 6.º, 8.º, 11.º 15.º e 16.º, como, além disso, republicou o texto integral actualizado, com as alterações introduzidas pelo **DL n.º 31/2007**, de 14-2, que voltou a republicar o texto integral consolidado, sendo este último que se insere.

SEGURO DE CRÉDITO E DE CAUÇÃO [DL n.º 183/88] 903

e) O incumprimento, ou mora, que prevaleça pelo prazo constitutivo de sinistro indicado na apólice;

f) A rescisão ou suspensão arbitrária do contrato comercial por parte do devedor;

g) A recusa arbitrária do devedor em aceitar os bens ou serviços encomendados;

h) Acto ou decisão do Governo ou de autoridades públicas do país do devedor ou de um país terceiro que obstem ao cumprimento do contrato;

i) Moratória geral decretada pelo governo do país do devedor ou de um país terceiro interveniente no pagamento;

j) Acontecimentos políticos, dificuldades económicas ou medidas legislativas ou administrativas que ocorram ou sejam adoptadas fora de Portugal e que impeçam ou atrasem a transferência de fundos pagos ao abrigo do contrato seguro;

l) Disposições legais adoptadas no país do devedor declarando liberatórios os pagamentos por ele efectuados na divisa local quando, em resultado das fiutuações cambiais, tais pagamentos, quando convertidos na divisa do contrato seguro, não atinjam, no momento da transferência, o montante do crédito em dívida;

m) Qualquer medida ou decisão das autoridades portuguesas ou do país do titular da apólice visando especificamente o comércio externo, incluindo as medidas e decisões da Comunidade Europeia relativas ao comércio entre um Estado membro e países terceiros, e que impossibilite a execução do contrato, a entrega dos bens ou a prestação dos serviços contratada, desde que os efeitos de tal medida não sejam compensados de outro modo;

n) Ocorrência, fora de Portugal, de guerras, ainda que não declaradas, revoluções, revoltas, perturbação da ordem pública, anexações ou factos de efeitos análogos;

o) Eventos catastróficos, tais como terramotos, maremotos, erupções vulcânicas, tufões, ciclones ou inundações ou acidentes nucleares, verificados fora de Portugal, sempre que os seus efeitos não sejam de outro modo cobertos.

2 – Para efeitos do disposto no número anterior, entende-se por «país terceiro» país que não seja o do devedor nem o da seguradora ou o do titular da apólice.

ART. 5.º (Limites de cobertura) – 1 – A cobertura é limitada a uma percentagem do crédito seguro, a estabelecer pela seguradora, salvo no caso de seguros celebrados com a garantia do Estado, em que caberá a este aprovar tal percentagem ou dela prescindir.

2 – O valor da indemnização é calculado com aplicação aos prejuízos apurados, dentro dos limites do crédito seguro e da percentagem de cobertura estabelecida.

3 – A seguradora pode fixar na apólice limites para os montantes indemnizáveis.

CAPÍTULO III — **Dos seguros de caução**

ART. 6.º (Riscos seguráveis) – 1 – O seguro de caução cobre, directa ou indirectamente, o risco de incumprimento ou atraso no cumprimento das obrigações que, por lei ou convenção, sejam susceptíveis de caução, fiança ou aval.

2 – O Estado, seus estabelecimentos, organismos e serviços civis ou militares, ainda que personalizados, os tribunais, os institutos e empresas públicas, as autarquias locais, suas federações e uniões e as pessoas colectivas de utilidade pública administrativa não podem recusar apólices de seguro de caução nos casos em que, por disposição legal, despacho genérico ou deliberação de órgãos de gestão ou de corpos administrativos ou sociais de entidades dos sectores público ou empresarial do Estado, exista a obrigação de caucionar ou afiançar e seja devido, designadamente, o depósito de numerário, títulos ou outros valores, garantias bancárias ou fiança para assegurar o cumprimento de obrigações legais ou contratuais.

3 – Para efeito do disposto no número anterior, devem as respectivas apólices salvaguardar os direitos dos segurados nos precisos termos da garantia substituída.

4 – Exceptua-se do referido no n.º 2 a obrigação de caucionar o pagamento de pensões de acidente de trabalho.

ART. 7.º (Quantia segura) – 1 – Os contratos de seguro de caução são, salvo casos excepcionais, celebrados sem estipulação de uma percentagem de descoberto obrigatório a deduzir à quantia segura.

2 – A obrigação de indemnizar, neste tipo de seguro, limita-se à quantia segura.

CAPÍTULO IV — **Disposições comuns**

ART. 8.º (Contrato de seguro) – 1 – Dos contratos de seguro a que se referem os capítulos anteriores deve constar, além do estabelecido no Código Comercial e, bem assim, no n.º 1 do artigo 178.º do Decreto-Lei n.º 94--B/98, de 17 de Abril, e no artigo 13.º do Decreto-Lei n.º 176/95, de 26 de Julho, o seguinte:

a) Identificação do tomador do seguro e do segurado, no caso de as duas figuras não coincidirem na mesma pessoa;

b) Obrigação a que se reporta o contrato de seguro;

c) Percentagem ou quantitativo do crédito seguro;

d) Prazos de participação do sinistro e de pagamento das indemnizações.

904 [DL n.º 183/88]   SEGUROS E FUNDOS DE PENSÕES

2 – A seguradora tem a faculdade de, na apólice, subordinar a eficácia do seguro a condição, bem como estabelecer prazos constitutivos de sinistro.

ART. 9.º **(Outorgantes)** – 1 – O seguro de créditos é celebrado com o credor da obrigação segura.

2 – O seguro de caução é celebrado com o devedor da obrigação a garantir ou com o contragarante a favor do respectivo credor.

3 – O segurado pode ceder o direito à indemnização ou transmitir a sua posição contratual a terceiro, nos termos gerais de direito e nas condições previstas na apólice.

ART. 10.º **(Análise e agravamento do risco)** – O tomador do seguro e o segurado, no caso de as duas figuras não coincidirem na mesma pessoa, estão obrigados a fornecer à seguradora todos os elementos de informação relativos à operação a segurar e a autorizarem o acesso desta à escrituração e demais elementos contabilísticos conexos com a referida operação.

ART. 11.º **(Prémios)** – 1 – Salvo convenção em contrário, são aplicáveis as disposições do regime geral do pagamento dos prémios de seguro não contrariadas pelo presente decreto-lei.

2 – A convenção prevista no número anterior não pode diminuir as garantias previstas no regime geral do pagamento dos prémios de seguro relativas ao aviso para pagamento do prémio.

3 – Nas apólices de seguro de caução em que não haja cláusula de inoponibilidade, as partes não podem afastar a aplicabilidade das disposições do regime legal do pagamento dos prémios não contrariadas pelo presente decreto-lei.

4 – Para efeitos do número anterior, entende-se por «cláusula de inoponibilidade» a cláusula contratual que impede a seguradora de opor aos segurados, beneficiários do contrato, quaisquer nulidades, anulabilidades ou fundamentos de resolução.

5 – Quando, por facto imprevisível e alheio ao segurado ou ao tomador de seguro, se verifique redução do montante em risco ou da duração deste, pode a seguradora, no termo da vigência da apólice, proceder ao estorno de parte do prémio simples cobrado.

ART. 12.º **(Danos não indemnizáveis)** – No âmbito dos contratos de seguro previstos neste diploma, não são indemnizáveis os lucros cessantes nem os danos não patrimoniais.

ART. 13.º **(Promessa de seguro)** – 1 – É lícita a promessa dos seguros previstos neste decreto-lei, desde que celebrada pelo prazo máximo de seis meses, em documento assinado pelos outorgantes e de que constem todos os elementos da apólice do seguro prometido.

2 – A promessa do seguro que deva ser garantido pelo Estado só é válida depois de obtida a correspondente promessa daquela garantia.

3 – Sempre que, durante a vigência do contrato-promessa de seguro, se verifique a alteração anormal e substancial das circunstâncias que fundamentaram a sua celebração, com efectivo agravamento do risco, pode a seguradora alterar as condições de cobertura, designadamente no que respeita ao quantitativo do prémio previsto.

ART. 14.º **(Mediação)** – É vedado aos angariadores de seguros a mediação relativamente aos seguros previstos nos capítulos anteriores.

CAPÍTULO V — **Da garantia do Estado**

ART. 15.º **(Garantia do Estado)** – 1 – As seguradoras autorizadas a exercer a actividade em Portugal nos ramos «Crédito» e «Caução» podem beneficiar da garantia do Estado para o seguro dos riscos previstos nos n.ᵒˢ 1 e 2 do artigo 3.º e no n.º 1 do artigo 6.º, quando estejam em causa factos geradores de sinistro de natureza política, monetária ou catastrófica dependendo o acesso de um procedimento prévio de selecção e de contratualização com o Estado.

2 – A autorização de garantias e promessas de garantia do Estado é da competência do Ministro das Finanças.

3 – As garantias e promessas de garantia do Estado são apresentadas pela seguradora ao Conselho de Garantias Financeiras à Exportação e ao Investimento para análise e proposta de decisão a submeter ao Ministro das Finanças.

4 – A emissão de garantias e promessas de garantia é da competência da Direcção-Geral do Tesouro, que, para o efeito, emite o respectivo documento, no qual consta, designadamente, a entidade que autorizou a garantia ou a promessa, o número da garantia ou da promessa, a identificação da seguradora, do segurado e do devedor, o montante garantido e o tipo de seguro garantido.

5 – Compete à Direcção-Geral do Tesouro informar previamente sobre o cabimento de cada operação de garantia e promessa de garantia no limite máximo fixado, para cada ano, na lei do orçamento.

6 – Compete a cada seguradora remeter à Direcção-Geral do Tesouro, a pedido desta última, a previsão, para o ano seguinte, das garantias do Estado a conceder e dos montantes das indemnizações decorrentes das operações garantidas.

7 – Dentro dos limites impostos por lei ou por convenção internacional vigente na ordem interna portuguesa, o Estado pode igualmente garantir, total ou parcialmente, o seguro dos riscos de caução e de crédito decorrentes de factos geradores de sinistro não mencionados no n.º 1 do presente artigo.

SEGURO DE CRÉDITO E DE CAUÇÃO   [DL n.º 183/88]   905

ART. 16.º (Apólices e prémios) – 1 – As condições gerais e especiais das apólices, bem como as tarifas de prémios dos contratos de seguro, a celebrar com a garantia do Estado, são aprovadas por despacho conjunto dos ministros responsáveis pela área das finanças e da economia, mediante proposta da seguradora e parecer do Conselho de Garantias Financeiras à Exportação e ao Investimento.

2 – Os prémios dos contratos de seguro a celebrar com a garantia do Estado, de acordo com as regras internacionais sobre a matéria, quando aplicáveis, devem ser calculados, designadamente, com base no capital seguro e ter em consideração o prazo total em risco, a avaliação do risco coberto, quanto ao devedor e ao respectivo país, e a qualidade da cobertura.

3 – Nos termos do artigo 7.º do Decreto-Lei n.º 51/2006, de 14 de Março, a Direcção-Geral do Tesouro cobra à seguradora uma percentagem do prémio definido nos termos do número anterior.

4 – Mediante contrato a celebrar entre o Estado, através da Direcção-Geral do Tesouro, e a seguradora, após consulta ao Conselho de Garantias Financeiras à Exportação e ao Investimento, são definidos, designadamente:

a) A percentagem do prémio a cobrar pela Direcção-Geral do Tesouro à seguradora;

b) Os termos e condições da recuperação de créditos garantidos;

c) Os termos e condições do acompanhamento das matérias internacionais, incluindo as notificações às operações de crédito à exportação.

5 – Os eventuais encargos que resultem do contrato celebrado ao abrigo do número anterior são suportados pela Direcção-Geral do Tesouro.

ART. 17.º (Indemnizações e recuperações) – 1 – Após admissão e regulação de sinistro efectuada pela seguradora, os montantes das indemnizações decorrentes dos contratos de seguro, com a garantia do Estado, são entregues, mediante solicitação da seguradora, pela Direcção-Geral do Tesouro ao beneficiário do seguro.

2 – A Direcção-Geral do Tesouro deve informar o Conselho de Garantias Financeiras à Exportação e ao Investimento e a seguradora sobre as indemnizações pagas, nos termos referidos no número anterior.

3 – Na situação prevista na alínea *b)* do n.º 4 do artigo 16.º, a seguradora intervém como mandatária do Estado, no âmbito da recuperação de créditos garantidos, devendo articular a sua actuação com a Direcção-Geral do Tesouro.

4 – Os créditos do Estado resultantes do pagamento de sinistros gozam de privilégio mobiliário geral sobre os bens do devedor pelas quantias que o Estado tenha efectivamente despendido, a qualquer título, em razão da garantia concedida.

5 – (*Revogado.*)

6 – O privilégio creditório referido no número anterior é graduado conjuntamente com os créditos do Estado previstos na alínea *a)* do n.º 1 do artigo 747.º do Código Civil.

ART. 18.º (Conselho de Garantias Financeiras à Exportação e ao Investimento) – O Conselho de Garantias Financeiras à Exportação e ao Investimento, que funciona nas instalações da Direcção-Geral do Tesouro, tem a composição, as competências e o sistema de funcionamento estabelecidos em diploma legal específico.

O Conselho de Garantias Financeias à Exportação e ao Financiamento rege-se pelo DL n.º 51/2006, de 14-3.

ART. 19.º (Mediação) – É vedada a mediação nos seguros que, nos termos do presente capítulo, sejam celebrados com a garantia do Estado.

CAPÍTULO VI — Das seguradoras

ART. 20.º (Seguradoras) – Os seguros previstos no presente decreto-lei podem ser explorados por qualquer seguradora que, nos termos legais e regulamentares em vigor, se encontre autorizada a exercer em Portugal a actividade nos ramos «Crédito» e «Caução».

ART. 21.º (Direito à informação) – Para exploração dos seguros previstos no presente diploma, podem as seguradoras:

a) Obter de quaisquer serviços públicos as informações e elementos necessários à celebração dos respectivos contratos e à gestão dos riscos e sinistros dos mesmos decorrentes;

b) Ter acesso ao serviço de centralização dos riscos de crédito do Banco de Portugal, nos termos por este definidos e fornecendo as informações igualmente por este solicitadas, desde que se prendam com os riscos previstos neste diploma;

c) Estabelecer com as instituições de crédito acordos de permuta de informações abrangidas pelo regime legal do segredo bancário.

ART. 22.º (Regime bancário) – 1 – Nos casos em que seja constituído penhor para garantia dos seguros previstos neste diploma, a seguradora beneficia do regime especial para igual garantia dos créditos de estabelecimentos bancários.

906 [DL n.º 12/2006]   SEGUROS E FUNDOS DE PENSÕES

2 – No âmbito da exploração dos seguros previstos neste diploma, são aplicáveis às seguradoras, aos titulares dos seus órgãos sociais e aos trabalhadores as disposições legais relativas ao segredo bancário.

CAPÍTULO VII — **Disposição final**

ART. 23.º (Disposição revogatória) – São revogados os Decretos-Leis n.ᵒˢ 729-L/75, de 22 de Dezembro, e 169/81, de 20 de Junho.

10.11. FUNDOS DE PENSÕES

Decreto-Lei n.º 12/2006

de 20 de Janeiro (*)

TÍTULO I — **DISPOSIÇÕES GERAIS**

ART. 1.º (Objecto) – 1 – O presente decreto-lei regula a constituição e o funcionamento dos fundos de pensões e das entidades gestoras de fundos de pensões.

2 – O presente decreto-lei transpõe para a ordem jurídica nacional a Directiva n.º 2003/41/CE, do Parlamento Europeu e do Conselho, de 3 de Junho, relativa às actividades e à supervisão das instituições de realização de planos de pensões profissionais.

ART. 2.º (Definições) – Para os efeitos deste decreto-lei, considera-se:

a) «Plano de pensões» o programa que define as condições em que se constitui o direito ao recebimento de uma pensão a título de reforma por invalidez, por velhice ou ainda em caso de sobrevivência ou de qualquer outra contingência equiparável, de acordo com as disposições do presente diploma;

b) «Plano de benefícios de saúde» o programa estabelecido por uma pessoa colectiva que define as condições em que se constitui o direito ao pagamento ou reembolso de despesas de saúde da responsabilidade da pessoa colectiva decorrentes da alteração involuntária do estado de saúde do beneficiário do plano e havidas após a data da reforma por velhice ou invalidez, sobrevivência, pré-reforma ou reforma antecipada;

c) «Fundo de pensões» o património autónomo exclusivamente afecto à realização de um ou mais planos de pensões e ou planos de benefícios de saúde;

d) «Associado» a pessoa colectiva cujos planos de pensões ou de benefícios de saúde são objecto de financiamento por um fundo de pensões;

e) «Participante» a pessoa singular em função de cujas circunstâncias pessoais e profissionais se definem os direitos consignados no plano de pensões ou no plano de benefícios de saúde, independentemente de contribuir ou não para o seu financiamento;

f) «Contribuinte» a pessoa singular que contribui para o fundo ou a pessoa colectiva que efectua contribuições em nome e a favor do participante;

g) «Beneficiário» a pessoa singular com direito aos benefícios estabelecidos no plano de pensões ou no plano de benefícios de saúde, tenha ou não sido participante;

h) «Aderente» a pessoa singular ou colectiva que adere a um fundo de pensões aberto.

ART. 3.º (Gestão e depósito dos fundos de pensões) – Os fundos de pensões são geridos por uma ou várias entidades gestoras, e os valores a eles adstritos são depositados em um ou mais depositários, de acordo com as disposições do presente decreto-lei.

ART. 4.º (Supervisão) – 1 – O exercício da actividade de gestão de fundos de pensões fica sujeito à supervisão do Instituto de Seguros de Portugal, nos termos definidos no título VIII do presente decreto-lei.

2 – No exercício das suas funções de supervisão, o Instituto de Seguros de Portugal emite as normas regulamentares necessárias ao regular funcionamento do sector dos fundos de pensões e procede à fiscalização do seu cumprimento.

ART. 5.º (Autonomia e regime dos fundos de pensões que financiam planos de benefícios de saúde) – 1 – Os planos de benefícios de saúde só podem ser financiados através de fundos de pensões fechados e de adesões colectivas a fundos de pensões abertos.

(*) Alterado pelo **DL n.º 180/2007**, de 9-5 (arts. 53.º e 61.º), e plo **DL n.º 357-A/2007**, de 31-10 (arts. 14.º, 23.º, 26.º, 29.º, 30.º, 42.º, 63.º, 64.º, 65 e 92.º)

FUNDOS DE PENSÕES   [DL n.º 12/2006] 907

2 – Ao fundo de pensões que financie planos de benefícios de saúde é aplicável, com as devidas adaptações, o fixado no presente decreto-lei para os fundos de pensões fechados e para as adesões colectivas a fundos de pensões abertos, bem como para os planos de pensões de benefício definido ou mistos, sem prejuízo do previsto nos números seguintes.

3 – As responsabilidades inerentes aos planos de benefícios de saúde são calculadas e financiadas de forma autónoma em relação às responsabilidades dos planos de pensões, sendo objecto de certificação actuarial distinta.

4 – Se o património de um fundo de pensões que financie simultaneamente planos de pensões e planos de benefícios de saúde for gerido de forma conjunta, deve existir uma clara identificação da quota-parte do património afecto a cada plano.

5 – Os fundos de pensões que financiem planos de benefícios de saúde podem celebrar contratos de seguro com empresas de seguros para a garantia do pagamento ou do reembolso das despesas de saúde previstas no plano.

6 – Em caso de extinção da quota-parte do fundo de pensões afecta ao financiamento de planos de benefícios de saúde, e na impossibilidade de aquisição de contratos de seguro ou de transferência para outro fundo de pensões ou adesão colectiva, a entidade gestora assegura a gestão do plano até à liquidação do respectivo património.

7 – Em excepção à autonomia fixada no n.º 3, a devolução prevista no artigo 81.º está sujeita:

a) Relativamente a um fundo de pensões fechado ou a uma adesão colectiva a um fundo de pensões aberto, à verificação do cumprimento das regras desse artigo pelo fundo de pensões financiador de planos de benefícios de saúde do mesmo associado;

b) Relativamente a um fundo de pensões financiador de planos de benefícios de saúde, à verificação do cumprimento das regras desse artigo pelo fundo de pensões fechado do mesmo associado ou pela adesão colectiva a um fundo de pensões aberto pelo mesmo associado.

8 – O Instituto de Seguros de Portugal emite a regulamentação de execução do previsto no presente artigo, de forma a garantir a autonomia aí fixada e contemplar as especificidades do financiamento dos planos de benefícios de saúde.

TÍTULO II — **PLANOS DE PENSÕES**

ART. 6.º (Regras gerais) – 1 – Sem prejuízo do disposto no n.º 4 do artigo 8.º, as contingências que podem conferir direito ao recebimento de uma pensão são a pré-reforma, a reforma antecipada, a reforma por velhice, a reforma por invalidez e a sobrevivência, entendendo-se estes conceitos nos termos em que eles se encontrem definidos no respectivo plano de pensões.

2 – Quando complementares e acessórios das prestações referidas no número anterior, os planos de pensões podem prever ainda a atribuição de subsídios por morte.

3 – Os planos de pensões podem revestir a natureza de regimes profissionais complementares desde que cumpram igualmente o disposto na legislação respectiva.

4 – Os planos de pensões podem prever, desde que o façam expressamente, a possibilidade de garantia dos encargos inerentes ao pagamento das pensões, nomeadamente os devidos a título de contribuições para a segurança social e os decorrentes de contratação colectiva.

ART. 7.º (Tipos de planos) – 1 – Os planos de pensões podem, com base no tipo de garantias estabelecidas, classificar-se em:

a) «Planos de benefício definido», quando os benefícios se encontram previamente definidos e as contribuições são calculadas de forma a garantir o pagamento daqueles benefícios;

b) «Planos de contribuição definida», quando as contribuições são previamente definidas e os benefícios são os determinados em função do montante das contribuições entregues e dos respectivos rendimentos acumulados;

c) «Planos mistos», quando se conjugam as características dos planos de benefício definido e de contribuição definida.

2 – Os planos de pensões podem, com base na forma de financiamento, classificar-se em:

a) «Planos contributivos», quando existem contribuições dos participantes;

b) «Planos não contributivos», quando o plano é financiado exclusivamente pelo associado.

3 – Salvo disposição em contrário estabelecida no plano de pensões, os planos de pensões de benefício definido em que as contribuições efectuadas pelos participantes tenham carácter obrigatório estabelecido por lei ou por instrumento de regulação colectiva de trabalho seguem o regime aplicável aos planos não contributivos.

ART. 8.º (Forma de pagamento dos benefícios) – 1 – No momento em que se inicia o pagamento da pensão estabelecida, pode ser concedida a sua remição parcial, em capital, ou a sua transformação noutro tipo de renda, desde que se verifiquem cumulativamente as seguintes condições:

a) Essa possibilidade esteja prevista no plano de pensões;

b) Tenha sido apresentado à entidade gestora um pedido formulado por escrito pelo futuro beneficiário.

2 – O montante do capital de remição, bem como o valor actual da renda proveniente da transformação, não pode ser superior a um terço do valor actual da pensão estabelecida, calculado de acordo com as bases técnicas utilizadas para a determinação do mínimo de solvência.

3 – Mediante acordo entre a entidade gestora, o associado e o beneficiário, é ainda possível a remição total da pensão, desde que o montante da prestação periódica mensal seja inferior à décima parte da retribuição mínima mensal garantida para a generalidade dos trabalhadores em vigor à data da remição.

908 [DL n.º 12/2006] SEGUROS E FUNDOS DE PENSÕES

4 – No caso de fundos de pensões que financiam planos contributivos, os beneficiários têm direito ao reembolso do montante determinado em função das contribuições efectuadas pelos participantes, em qualquer das contingências previstas no n.º 1 do artigo 6.º e, ainda, em caso de desemprego de longa duração, doença grave ou incapacidade permanente para o trabalho, entendidos estes conceitos nos termos da legislação aplicável aos planos poupança-reforma/educação (PPR/E).

5 – O reembolso previsto no número anterior pode ser efectuado sob a forma de renda, capital ou qualquer combinação destes, aplicando-se as condições referidas no n.º 2 apenas ao valor que não resulte das contribuições do participante.

6 – Sem prejuízo da possibilidade de remição da pensão em capital, as pensões resultantes de planos de pensões de contribuição definida são garantidas através de um seguro celebrado em nome e por conta do beneficiário.

7 – As pensões referidas no número anterior podem ser pagas directamente pelo fundo se os associados assumirem o pagamento de eventuais contribuições extraordinárias para garantia da manutenção do seu valor e se forem cumpridos os requisitos de ordem prudencial que para o efeito sejam estabelecidos em norma regulamentar do Instituto de Seguros de Portugal.

ART. 9.º (Direitos adquiridos e portabilidade dos benefícios) – 1 – Considera-se que existem direitos adquiridos sempre que os participantes mantenham o direito aos benefícios consignados no plano de pensões de acordo com as regras neste definidas, independentemente da manutenção ou da cessação do vínculo existente com o associado.

2 – Nos planos contributivos, relativamente às contribuições próprias, e nos planos com direitos adquiridos, é facultada aos participantes que cessem o vínculo com o associado a possibilidade de transferirem o valor a que têm direito para outro fundo de pensões.

ART. 10.º (Contas individuais) – No caso de fundos que financiam planos mistos ou de contribuição definida, é obrigatória a existência de contas individuais para cada participante, na parte correspondente às contribuições definidas, salvo em situações excepcionais, fundamentadas nas características do plano e aceites pelo Instituto de Seguros de Portugal.

TÍTULO III — FUNDOS DE PENSÕES

CAPÍTULO I — Disposições gerais

ART. 11.º (Autonomia patrimonial) – 1 – Sem prejuízo do disposto no artigo 81.º, o património dos fundos de pensões está exclusivamente afecto ao cumprimento dos planos de pensões, ao pagamento das remunerações de gestão e de depósito que envolva, e ao pagamento dos prémios dos seguros referidos no artigo 17.º, não respondendo por quaisquer outras obrigações, designadamente as de associados, participantes, contribuintes, entidades gestoras e depositários.

2 – Pela realização dos planos de pensões constantes do respectivo contrato constitutivo, regulamento de gestão ou contrato de adesão responde única e exclusivamente o património do fundo ou a respectiva quota-parte, cujo valor constitui o montante máximo disponível, sem prejuízo da responsabilidade dos associados, participantes e contribuintes pelo pagamento das contribuições e da entidade gestora pelo rendimento mínimo eventualmente garantido.

3 – Sempre que as condições legais de reembolso se restrinjam às previstas no presente decreto-lei, o valor patrimonial de eventuais direitos de um participante sobre um fundo de pensões está exclusivamente afecto ao cumprimento das obrigações previstas no respectivo plano de pensões, não respondendo por quaisquer outras obrigações, designadamente para com os seus credores.

4 – Se o património de um fundo de pensões que financie simultaneamente distintos planos de pensões for gerido de forma conjunta, deve existir uma clara identificação da quota-parte do património afecto a cada plano.

ART. 12.º (Regime de capitalização) – 1 – O património, as contribuições e os planos de pensões devem estar em cada momento equilibrados de acordo com sistemas actuariais de capitalização que permitam estabelecer uma equivalência entre, por um lado, o património e as receitas previstas para o fundo de pensões e, por outro, as pensões futuras devidas aos beneficiários e as remunerações de gestão e depósito futuras.

2 – Não é permitido o financiamento do fundo através do método de repartição dos capitais de cobertura.

ART. 13.º (Tipos de fundos de pensões) – 1 – Os fundos de pensões podem revestir a forma de fundos fechados ou abertos:

a) Considera-se que um fundo de pensões é fechado quando disser respeito apenas a um associado ou, existindo vários associados, quando existir um vínculo de natureza empresarial, associativo, profissional ou social entre os mesmos e seja necessário o assentimento destes para a inclusão de novos associados no fundo;

b) Considera-se que um fundo de pensões é aberto quando não se exigir a existência de qualquer vínculo entre os diferentes aderentes ao fundo, dependendo a adesão ao fundo unicamente de aceitação pela entidade gestora.

FUNDOS DE PENSÕES

[DL n.º 12/2006] 909

2 – Os fundos de pensões fechados podem ser constituídos por iniciativa de uma empresa ou grupos de empresas, de associações, designadamente de âmbito sócio-profissional, ou por acordo entre associações patronais e sindicais.

3 – Os fundos de pensões abertos podem ser constituídos por iniciativa de qualquer entidade autorizada a gerir fundos de pensões, sendo o seu valor líquido global dividido em unidades de participação, inteiras ou fraccionadas, que podem ser representadas por certificados.

4 – A adesão aos fundos de pensões abertos pode ser efectuada de forma colectiva ou individual.

5 – Os fundos de pensões PPR/E, previstos no Decreto-Lei n.º 158/2002, de 2 de Julho, e os fundos de pensões que financiem planos de poupança em acções (PPA), previstos no Decreto-Lei n.º 204/95, de 5 de Agosto, são classificados como fundos de pensões abertos aos quais só é permitida a adesão individual.

ART. 14.º (Comercialização conjunta de fundos de pensões abertos) – 1 – Dois ou mais fundos de pensões abertos, geridos pela mesma entidade gestora, cada um com uma política de investimento própria e diferenciada dos restantes, podem ser comercializados de forma conjunta, de modo a facilitar aos contribuintes a escolha entre diversas opções de investimento.

2 – A adesão ao conjunto de fundos previsto no número anterior efectua-se mediante a celebração de um único contrato de adesão, o qual deve indicar, nomeadamente, as condições especiais de transferência das unidades de participação entre os fundos comercializados conjuntamente, nos termos a definir por norma regulamentar do Instituto de Seguros de Portugal ou, no caso de adesões individuais a fundos de pensões abertos, por regulamento da Comissão do Mercado de Valores Mobiliários, ouvido o Instituto de Seguros de Portugal.

ART. 15.º (Garantias) – 1 – Os planos de pensões a financiar através de fundos de pensões fechados ou de adesões colectivas a fundos de pensões abertos podem ser de benefício definido, de contribuição definida ou mistos.

2 – Os planos de pensões a financiar através da adesão individual a um fundo de pensões aberto só podem ser de contribuição definida.

ART. 16.º (Transferência de riscos) – Os fundos de pensões podem celebrar com empresas de seguros ou resseguradoras contratos para a garantia da cobertura dos riscos de morte e invalidez permanente, eventualmente previstos no plano de pensões, bem como contratos de seguro de rendas vitalícias.

ART. 17.º (Co-gestão) – 1 – Sem prejuízo dos direitos dos participantes e beneficiários, os fundos de pensões fechados, que envolvam montantes consideravelmente elevados, podem ser geridos por mais de uma entidade gestora, nos casos e nas condições estabelecidas por norma regulamentar do Instituto de Seguros de Portugal.

2 – Quando um fundo de pensões fechado for gerido por mais de uma entidade gestora, o associado deve nomear a que assume a responsabilidade pelas funções globais de gestão administrativa, nomeadamente a função de consolidação contabilística, e de gestão actuarial do plano de pensões.

ART. 18.º (Registo) – 1 – O Instituto de Seguros de Portugal mantém em registo a identificação e a indicação das vicissitudes ocorridas relativamente aos fundos de pensões e respectivas entidades gestoras, nos termos de norma regulamentar.

2 – A norma regulamentar prevista no número anterior, além de determinar os elementos a registar, bem como os respectivos termos, deve ainda prever, designadamente:

a) Os termos da obrigação de envio, pelas entidades gestoras de fundos de pensões, dos documentos que suportam os elementos a registar;

b) As formas de publicidade dos dados registados.

ART. 19.º (Publicações obrigatórias) – 1 – A publicação obrigatória de actos previstos previstos neste título é efectuada através de um dos seguintes meios:

a) Sítio na Internet do Instituto de Seguros de Portugal;

b) Meio de comunicação de grande divulgação no território nacional;

c) Diário da República;

d) Sítio na Internet previsto no n.º 2 do artigo 70.º do Código do Registo Comercial, na redacção do Decreto-Lei n.º 11/2005, de 8 de Julho.

2 – Nos casos em que a publicação se efectue através dos meios referidos nas alíneas *b)* a *d)* do número anterior, a entidade gestora envia ao Instituto de Seguros de Portugal cópia no prazo de três dias após a mesma, com vista à respectiva publicação oficiosa no sítio na Internet desse Instituto.

CAPÍTULO II — **Vicissitudes**

Secção I — **CONSTITUIÇÃO**

ART. 20.º (Autorização) – 1 – Compete ao Instituto de Seguros de Portugal a autorização para constituição de fundos de pensões.

2 – No caso dos fundos de pensões fechados, a autorização é concedida a requerimento conjunto das entidades gestoras e dos associados fundadores, acompanhado do projecto de contrato constitutivo e do plano técnico-actuarial, no caso de planos de benefício definido ou mistos.

910   [DL n.º 12/2006]   SEGUROS E FUNDOS DE PENSÕES

3 – No caso dos fundos de pensões abertos, a autorização é concedida a requerimento da entidade gestora, acompanhado do projecto de regulamento de gestão.

4 – Se o Instituto de Seguros de Portugal não se pronunciar num prazo de 90 dias a contar a partir do recebimento dos requerimentos a que se referem os números anteriores ou das respectivas alterações ou documentos complementares, considera-se autorizada a constituição dos fundos de pensões nos termos requeridos.

5 – Da decisão de indeferimento do Instituto de Seguros de Portugal cabe recurso para o Ministro das Finanças.

ART. 21.º (Contrato constitutivo de fundos de pensões fechados) – 1 – Os fundos de pensões fechados constituem-se por contrato escrito celebrado entre as entidades gestoras e os associados fundadores, o qual fica sujeito a publicação obrigatória.

2 – Do contrato escrito devem constar obrigatoriamente os seguintes elementos:

a) Identificação das partes contratantes;

b) Denominação do fundo de pensões;

c) Denominação, capital social e sede da entidade gestora ou entidades gestoras;

d) Identificação dos associados;

e) Indicação das pessoas que podem ser participantes, contribuintes e beneficiárias do fundo;

f) Valor do património inicial do fundo, discriminando os bens que a este ficam adstritos;

g) Objectivo do fundo e respectivo plano ou planos de pensões a financiar;

h) Regras de administração do fundo e representação dos associados;

i) Sem prejuízo do previsto no artigo 53.º, no caso de fundos que financiam planos contributivos, a forma de representação dos participantes e beneficiários, a qual não pode ser delegada no associado;

j) Condições em que se opera a transferência de gestão do fundo para outra entidade gestora ou do depósito dos títulos e outros documentos do fundo para outro depositário;

l) Direitos dos participantes quando deixem de estar abrangidos pelo fundo e destes e dos beneficiários quando o fundo se extinguir ou quando qualquer dos associados se extinguir ou abandonar o fundo, sem prejuízo do disposto no artigo 30.º;

m) Se podem ser concedidos empréstimos aos participantes e sob que forma;

n) Condições em que as entidades gestoras e os associados se reservam o direito de modificar as cláusulas acordadas;

o) Causas de extinção do fundo, sem prejuízo do disposto no artigo 30.º.

ART. 22.º (Contrato de gestão de fundos de pensões fechados) – 1 – Entre os associados e a entidade gestora ou entidades gestoras de um fundo de pensões fechado deve ser celebrado um contrato de gestão.

2 – Do contrato de gestão devem constar obrigatoriamente os seguintes elementos:

a) Denominação do fundo de pensões;

b) Denominação, capital social e sede da entidade gestora ou entidades gestoras do fundo;

c) Nome e sede dos depositários;

d) Remuneração das entidades gestoras;

e) Remuneração dos depositários, desde que não se preveja o acordo prévio do associado para a fixação daquela remuneração;

f) Política de investimento do fundo;

g) Condições em que são concedidas as pensões, se directamente pelo fundo ou se através de contratos de seguro;

h) Regulamento que estabeleça as condições em que podem ser concedidos empréstimos aos participantes, no caso de estar prevista tal concessão;

i) Condições em que as partes contratantes se reservam o direito de modificar o contrato de gestão inicialmente celebrado;

j) Estabelecimento do rendimento mínimo garantido e duração desta garantia, caso a entidade gestora assuma o risco de investimento;

l) Penalidades em caso de descontinuidade da gestão do fundo;

m) Direitos, obrigações e funções da entidade gestora ou das entidades gestoras, nos termos das normas legais e regulamentares;

n) Mecanismo de articulação e consolidação de informação entre as entidades gestoras, quando aplicável;

o) Indicação do eventual estabelecimento de contratos de mandato da gestão de investimentos, actuarial ou administrativa;

p) Regras de designação e representação dos associados, participantes e beneficiários na comissão de acompanhamento e funções da comissão.

3 – O contrato de gestão não pode derrogar ou alterar disposições contidas no contrato constitutivo.

4 – Nos casos em que um fundo de pensões fechado seja gerido por mais de uma entidade gestora, nos termos do artigo 17.º, as disposições constantes das alíneas *c)*, *d)*, *e)*, *f)*, *j)*, *l)* e *o)* do n.º 2 podem constar de contrato a estabelecer individualmente entre o(s) associado(s) e cada entidade gestora do fundo.

5 – Deve ser remetido ao Instituto de Seguros de Portugal um exemplar do contrato de gestão e, subsequentemente, das suas alterações.

ART. 23.º (Regulamento de gestão de fundos de pensões abertos) – 1 – Os fundos de pensões abertos consideram-se constituídos no dia da entrega da primeira contribuição, efectuada nos termos do respectivo regulamento de gestão, o qual fica sujeito a publicação obrigatória.

FUNDOS DE PENSÕES   [DL n.º 12/2006] 911

2 – Do regulamento de gestão devem constar obrigatoriamente os seguintes elementos:
a) Denominação do fundo de pensões;
b) Denominação, capital social e sede da entidade gestora;
c) Tipo de adesão admitida;
d) Nome e sede dos depositários;
e) Denominação e sede das entidades comercializadoras;
f) Definição dos conceitos necessários ao conveniente esclarecimento das condições contratuais;
g) Valor da unidade de participação na data de início do fundo;
h) Forma de cálculo do valor da unidade de participação;
i) Dias fixados para o cálculo do valor da unidade de participação;
j) Política de investimento do fundo;
l) Remuneração máxima da entidade gestora;
m) Limites máximo e mínimo das comissões de emissão e de reembolso das unidades de participação, explicitando-se claramente a sua forma de incidência;
n) Remuneração máxima dos depositários;
o) Condições em que se opera a transferência da gestão do fundo para outra entidade gestora ou do depósito dos títulos e outros documentos do fundo para outro depositário;
p) Estabelecimento do rendimento mínimo garantido e duração desta garantia, explicitando-se a forma como a política de investimento prossegue este objectivo, caso a entidade gestora assuma o risco de investimento;
q) Condições em que a entidade gestora se reserva o direito de modificar as cláusulas do regulamento de gestão;
r) Causas de extinção do fundo, sem prejuízo do disposto no artigo 30.º;
s) Processo a adoptar no caso de extinção do fundo;
t) Direitos, obrigações e funções da entidade gestora, nos termos das normas legais e regulamentares;
u) Indicação do eventual estabelecimento de contratos de mandato da gestão de investimentos, actuarial ou administrativa;
v) Sumária caracterização funcional do provedor dos participantes e beneficiários para as adesões individuais e referência ao respectivo regulamento de procedimentos.

3 – Sem prejuízo do disposto no número seguinte, o valor das unidades de participação, a composição discriminada das aplicações do fundo e o número de unidades de participação devem ser publicados com periodicidade mínima mensal em meio adequado de divulgação, nos termos estabelecidos por norma regulamentar do Instituto de Seguros de Portugal, ouvida, no caso de fundos de pensões abertos com adesão individual, a Comissão do Mercado de Valores Mobiliários.

4 – O valor das unidades de participação dos fundos de pensões abertos é divulgado diariamente nos locais e meios de comercialização das mesmas, excepto no caso de fundos que apenas admitam adesões colectivas, em que é divulgado com periodicidade mínima mensal.

5 – O regime de responsabilidade por erros de valorização é estabelecido por norma regulamentar do Instituto de Seguros de Portugal, ouvida a Comissão do Mercado de Valores Mobiliários.

Secção II — ALTERAÇÕES

ART. 24.º (Alterações e transferência de gestão) – 1 – As alterações dos contratos constitutivos e dos regulamentos de gestão, bem como a transferência de gestão de fundos de pensões entre entidades gestoras, dependem de autorização do Instituto de Seguros de Portugal e ficam sujeitas a publicação obrigatória.

2 – As alterações não podem reduzir as pensões que se encontrem em pagamento nem os direitos adquiridos à data da alteração, se existirem.

3 – Sempre que as alterações a introduzir no contrato constitutivo tenham incidência sobre o montante das responsabilidades, o respectivo pedido de autorização deve incluir, além do projecto do novo texto, o respectivo plano técnico-actuarial, tendo em conta o disposto no artigo 75.º.

4 – As alterações ao regulamento de gestão de que resulte um aumento das comissões, uma alteração substancial à política de investimento ou a transferência da gestão do fundo para outra entidade gestora devem ser notificadas individualmente aos aderentes, sendo-lhes conferida a possibilidade de transferirem, sem encargos, as suas unidades de participação para outro fundo de pensões.

5 – O disposto no n.º 4 do artigo 20.º é aplicável, com as necessárias adaptações, à autorização para alteração de contratos constitutivos, de regulamentos de gestão, ou para transferência de gestão de fundos de pensões.

Secção III — ADESÃO A FUNDOS DE PENSÕES ABERTOS

ART. 25.º (Adesão colectiva a fundos de pensões abertos) – 1 – A adesão colectiva a um fundo de pensões aberto efectua-se através da subscrição inicial de unidades de participação pelos associados que pretendam aderir a este.

2 – Numa única adesão colectiva podem coexistir vários associados, desde que exista um vínculo de natureza empresarial, associativo, profissional ou social entre os mesmos e seja necessário o consentimento destes para a inclusão de novos associados na adesão colectiva.

912   [DL n.º 12/2006]   SEGUROS E FUNDOS DE PENSÕES

3 – Sempre que um plano de pensões seja financiado através de mais de uma adesão colectiva, deve ser nomeada pelo associado a entidade gestora a quem incumbem as funções globais de gestão administrativa e actuarial do plano de pensões, nos termos fixados por norma regulamentar do Instituto de Seguros de Portugal.

4 – No momento da aquisição das primeiras unidades de participação, deve ser celebrado um contrato de adesão ao fundo de pensões entre cada associado, ou grupo de associados, e a entidade gestora, do qual conste obrigatoriamente:

a) Denominação do fundo de pensões;

b) Identificação do(s) associado(s);

c) Indicação das pessoas que podem ser participantes, contribuintes e beneficiárias do fundo;

d) Plano ou planos de pensões a financiar;

e) Indicação, se for caso disso, de que o plano de pensões é financiado por mais de uma adesão colectiva, identificando-se a entidade gestora responsável pelas funções globais de gestão administrativa e actuarial;

f) Condições em que são concedidas as pensões, se directamente pelo fundo ou se através de contratos de seguro;

g) Direitos dos participantes quando deixem de estar abrangidos pelo fundo;

h) Direitos dos participantes e dos beneficiários, quando a respectiva adesão colectiva ao fundo se extinguir ou qualquer associado ou qualquer dos associados se extinguir ou abandonar o fundo, sem prejuízo do disposto no artigo 30.º;

i) Número de unidades de participação adquiridas;

j) Condições em que as partes contratantes se reservam o direito de modificar o contrato de adesão;

l) Condições de transferência da quota-parte de um associado para outro fundo de pensões, especificando eventuais penalizações que lhe sejam aplicáveis;

m) Quantificação das remunerações ou comissões que serão cobradas;

n) Regras de designação e representação dos associados, dos participantes e dos beneficiários na comissão de acompanhamento e funções da comissão;

o) Sem prejuízo do previsto no artigo 53.º, no caso de adesões que financiam planos contributivos, forma de representação dos participantes e beneficiários, a qual não pode ser delegada no associado;

p) Em anexo cópia do regulamento de gestão.

5 – É dispensada a inclusão dos elementos mencionados nas alíneas *c)*, *d)*, *f)*, *g)*, *h)*, *j)* e *l)* do número anterior desde que estes constem do regulamento de gestão.

6 – Os associados devem expressar o seu acordo escrito relativamente ao regulamento de gestão do fundo.

7 – É vedada a concessão de empréstimos aos participantes com base nas unidades de participação detidas.

8 – Os contratos de adesão colectiva, bem como as respectivas alterações, e os contratos de extinção decorrentes de transferências de adesões colectivas entre fundos de pensões devem ser enviados ao Instituto de Seguros de Portugal, devendo ser igualmente enviados os planos técnico-actuariais no caso de as adesões financiarem planos de benefício definido ou mistos.

ART. 26.º (Adesão individual a fundos de pensões abertos) – 1 – A adesão individual a um fundo de pensões aberto efectua-se através da subscrição inicial de unidades de participação por contribuintes.

2 – Em caso de adesão individual a um fundo de pensões aberto, as unidades de participação são pertença dos participantes.

3 – No momento da aquisição das primeiras unidades de participação, deve ser celebrado um contrato de adesão individual ao fundo de pensões, entre o contribuinte e a entidade gestora, do qual devem constar:

a) Denominação do fundo de pensões;

b) Condições em que serão devidos os benefícios;

c) Condições de transferência das unidades de participação de um participante para outro fundo de pensões, especificando eventuais penalizações que lhe sejam aplicáveis;

d) Quantificação das remunerações e comissões que serão cobradas;

e) Informação dos termos e condições de exercício dos direitos de resolução e renúncia previstos no n.º 4 e no artigo 27.º;

f) Disposições relativas ao exame das reclamações respeitantes ao contrato, incluindo a referência à possibilidade de intervenção do provedor dos participantes e beneficiários, sua identificação e respectivos contactos, sem prejuízo do recurso aos tribunais;

g) Referência ao Instituto de Seguros de Portugal e à Comissão do Mercado de Valores Mobiliários, como sendo as autoridades de supervisão competentes;

h) Discriminação da informação enviada pela entidade gestora ao participante na vigência do contrato, e respectiva periodicidade;

i) Em anexo, cópia do regulamento de gestão.

4 – Os contribuintes pessoas singulares devem dar o seu acordo escrito ao regulamento de gestão do fundo, presumindo-se, na sua falta, que os mesmos não tomaram conhecimento daquele, assistindo-lhes, neste caso, o direito de resolução da adesão individual no prazo definido no artigo 27.º e de serem reembolsados nos termos previstos no artigo 28.º.

5 – É vedada a concessão de empréstimos aos participantes com base nas unidades de participação detidas.

ART. 27.º (Direito de renúncia) – 1 – O contribuinte, desde que não seja pessoa colectiva, dispõe de um prazo de 30 dias a contar da data da adesão individual a um fundo de pensões aberto para expedir carta em que renuncie aos efeitos do contrato.

FUNDOS DE PENSÕES   [DL n.º 12/2006]   913

2 – Sob pena de ineficácia, a comunicação da renúncia deve ser notificada por carta registada enviada para o endereço da sede social da entidade gestora que celebrou o contrato de adesão individual ao fundo de pensões.

ART. 28.º (Efeitos do exercício do direito de renúncia) – 1 – O exercício do direito de renúncia determina a resolução do contrato de adesão individual, extinguindo todas as obrigações dele decorrentes, com efeitos a partir da celebração do mesmo, havendo lugar à devolução do valor das unidades de participação à data da devolução ou, nos casos em que a entidade gestora assuma o risco de investimento, do valor das contribuições pagas.

2 – A entidade gestora tem direito a um montante igual à comissão de emissão, revertendo para o fundo a parte dos custos de desinvestimento que esta comprovadamente tenha suportado e que excedam aquela comissão de emissão, ou a sua totalidade, se esta não tiver sido cobrada.

3 – O exercício do direito de renúncia não dá lugar a qualquer indemnização para além do que é estabelecido no número anterior.

ART. 29.º (Suspensão de subscrição ou transferência de unidades de participação) – 1 – Em circunstâncias excepcionais e sempre que o interesse dos participantes e beneficiários o aconselhe, as operações de subscrição ou transferência de unidades de participação em fundos de pensões abertos podem ser suspensas por decisão da entidade gestora, do Instituto de Seguros de Portugal ou, no caso de fundos de pensões abertos com adesão individual, da Comissão do Mercado de Valores Mobiliários, neste último caso, sendo previamente ouvida a outra autoridade.

2 – A entidade gestora comunica a suspensão referida no número anterior e a respectiva fundamentação previamente ao Instituto de Seguros de Portugal, que no caso de fundos de pensões abertos com adesão individual informa a Comissão do Mercado de Valores Mobiliários.

Secção IV — **EXTINÇÃO E LIQUIDAÇÃO**

ART. 30.º (Duração e extinção) – 1 – Os fundos de pensões têm duração ilimitada.

2 – A extinção de qualquer das entidades gestoras ou dos associados não determina a extinção do fundo se se proceder à respectiva substituição, devendo observar-se nesse caso o disposto no contrato constitutivo ou no regulamento de gestão.

3 – A entidade gestora do fundo não pode dissolver-se sem primeiro ter garantido a continuidade da gestão efectiva do mesmo fundo por outra entidade habilitada.

4 – Sem prejuízo do disposto no artigo 78.º, a entidade gestora deve proceder à extinção do fundo ou da adesão colectiva se o associado não proceder ao pagamento das contribuições necessárias ao cumprimento dos montantes mínimos de financiamento exigidos pelo normativo em vigor.

5 – Os fundos de pensões extinguem-se necessariamente quando não existirem participantes nem beneficiários e quando, por qualquer causa, se esgotar o seu objecto, devendo proceder-se à liquidação do respectivo património.

6 – A extinção de um fundo de pensões fechado ou de uma quota-parte deste ou, ainda, de um fundo de pensões aberto é efectuada, após autorização prévia do Instituto de Seguros de Portugal, mediante negócio jurídico de extinção escrito.

7 – Excepto no caso a que se refere o n.º 8 do artigo 25.º, a cessação de uma adesão colectiva a um fundo de pensões aberto é efectuada mediante a celebração de um contrato de extinção entre o associado e a entidade gestora, cujo projecto deve ser comunicado previamente ao Instituto de Seguros de Portugal, e que pode ser celebrado 45 dias após essa comunicação caso o Instituto nada determine.

8 – Sem prejuízo da autorização prévia do Instituto de Seguros de Portugal, quando se verificar uma insuficiência de financiamento do plano de pensões face às regras estabelecidas e se se concluir, com base em elementos documentais, que não foi possível obter acordo do associado, ou nos casos previstos no n.º 5, a entidade gestora deve resolver unilateralmente o contrato constitutivo ou de adesão colectiva.

9 – O negócio jurídico de extinçao de um fundo de pensões fechado, ou de uma quota-parte deste, ou de um fundo de pensões aberto, bem como a resolução unilateral ficam sujeitos a publicação obrigatória.

10 – Sempre que o pedido de autorização prévia de extinção for relativo a um fundo de pensões aberto com adesão individual, o Instituto de Seguros de Portugal, antes de decidir, ouve a Comissão do Mercado de Valores Mobiliários.

ART. 31.º (Liquidação) – 1 – A entidade gestora deve proceder à liquidação do património de um fundo de pensões ou de uma quota-parte deste nos termos fixados no negócio jurídico de extinção ou na resolução unilateral prevista no n.º 8 do artigo anterior.

2 – Na liquidação do património de um fundo de pensões ou de uma quota-parte deste, o respectivo património responde, até ao limite da sua capacidade financeira, por:

a) Despesas que lhe sejam imputáveis nos termos das alíneas *d)*, *e)*, *f)* e *j)* do artigo 67.º;

b) Montante da conta individual de cada participante, no caso de fundos de pensões que financiem planos de pensões contributivos, que deve ser aplicado de acordo com as regras estabelecidas no contrato constitutivo ou regulamento de gestão;

c) Prémios únicos de rendas vitalícias que assegurem as pensões em pagamento de acordo com o montante da pensão à data da extinção;

d) Prémios únicos de rendas vitalícias que assegurem o pagamento das pensões relativas aos participantes com idade superior ou igual à idade normal de reforma estabelecida no plano de pensões;

914   [DL n.º 12/2006]   SEGUROS E FUNDOS DE PENSÕES

e) Montante que garanta os direitos adquiridos dos participantes existentes à data da extinção, que deve ser aplicado de acordo com as regras estabelecidas no contrato constitutivo ou regulamento de gestão;

f) Garantia das pensões em formação, para os participantes que não tenham sido abrangidos no âmbito da alínea anterior;

g) Montantes que garantam a actualização das pensões em pagamento, desde que esta esteja contratualmente estipulada.

3 – Em caso de insuficiência financeira, o património do fundo ou da respectiva quota-parte responde preferencialmente pelas responsabilidades enunciadas e pela ordem das alíneas do número anterior, com recurso a rateio proporcional ao valor das responsabilidades naquela em que for necessário.

4 – O saldo final líquido positivo que eventualmente seja apurado durante a operação de liquidação tem o destino que for decidido conjuntamente pelas entidades gestoras e pelos associados, mediante prévia aprovação do Instituto de Seguros de Portugal, de acordo com os critérios previstos no n.º 3 do artigo 81.º.

5 – Salvo em casos devidamente justificados, sempre que o saldo líquido positivo referido no número anterior resulte de uma redução drástica do número de participantes em planos de pensões sem direitos adquiridos, aquele saldo deve ser utilizado prioritariamente para garantia das pensões que se encontravam em formação, relativamente aos participantes abrangidos por aquela redução.

6 – Não se consideram devidamente justificados, para os efeitos do disposto no número anterior, os casos em que a redução drástica do número de participantes se tenha operado mediante acordos de cessação do contrato de trabalho, a não ser que dos mesmos resulte a renúncia expressa ao direito previsto naquele número.

TÍTULO IV — ESTRUTURAS DE GOVERNAÇÃO DOS FUNDOS DE PENSÕES

CAPÍTULO I — Entidades gestoras

Secção I — DISPOSIÇÕES GERAIS

ART. 32.º (Entidades gestoras) – 1 – Os fundos de pensões podem ser geridos quer por sociedades constituídas exclusivamente para esse fim, designadas no presente decreto-lei por sociedades gestoras, quer por empresas de seguros que explorem legalmente o ramo «Vida» e possuam estabelecimento em Portugal.

2 – Sem prejuízo do disposto nas alíneas *f)*, *g)* e *h)* do n.º 1 do artigo 42.º e no artigo 46.º, às empresas de seguros que pretendam exercer a actividade de gestão de fundos de pensões aplica-se, quanto às respectivas condições de acesso e exercício, o disposto no Decreto-Lei n.º 94-B/98, de 17 de Abril.

3 – As entidades gestoras exercem as funções que lhes sejam atribuídas por lei, podendo também exercer, de forma autónoma, actividades necessárias ou complementares da gestão de fundos de pensões, nomeadamente no âmbito da gestão de planos de pensões.

4 – As entidades gestoras realizam todos os seus actos em nome e por conta comum dos associados, participantes, contribuintes e beneficiários e, na qualidade de administradoras dos fundos, podem negociar valores mobiliários ou imobiliários, fazer depósitos bancários na titularidade do fundo e exercer todos os direitos ou praticar todos os actos que directa ou indirectamente estejam relacionados com o património do fundo.

ART. 33.º (Funções das entidades gestoras) – Na qualidade de administradora e gestora do fundo e de sua legal representante, compete à entidade gestora a prática de todos os actos e operações necessários ou convenientes à boa administração e gestão do fundo, nomeadamente:

a) Proceder à avaliação das responsabilidades do fundo;

b) Seleccionar e negociar os valores, mobiliários ou imobiliários, que devem constituir o fundo, de acordo com a política de investimento;

c) Representar, independentemente de mandato, os associados, participantes, contribuintes e beneficiários do fundo no exercício dos direitos decorrentes das respectivas participações;

d) Proceder à cobrança das contribuições previstas e garantir, directa ou indirectamente, os pagamentos devidos aos beneficiários;

e) Proceder, com o acordo do beneficiário, ao pagamento directo dos encargos devidos por aquele e correspondentes aos referidos no n.º 4 do artigo 6.º, através da dedução do montante respectivo à pensão em pagamento;

f) Inscrever no registo predial, em nome do fundo, os imóveis que o integrem;

g) Manter em ordem a sua escrita e a dos fundos por ela geridos.

ART. 34.º (Deveres gerais das entidades gestoras) – 1 – A entidade gestora, no exercício das suas funções, age de modo independente e no exclusivo interesse dos associados, participantes e beneficiários.

2 – A entidade gestora deve exercer as funções que lhe competem segundo critérios de elevada diligência e competência profissional, bem como actuar de forma célere e eficaz na colaboração com as demais estruturas de governação dos fundos de pensões e na prestação da informação exigida nos termos da lei.

ART. 35.º (Conflito de interesses) – 1 – A entidade gestora deve evitar as situações de conflito de interesses com o fundo, devendo dar prevalência aos interesses deste em relação seja aos seus próprios interesses ou de

FUNDOS DE PENSÕES   [DL n.º 12/2006]   915

empresas com as quais se encontre em relação de domínio ou de grupo seja aos interesses dos titulares dos seus órgãos sociais, bem como assegurar a transparência do processamento da situação.

2 – A entidade gestora, assim como os titulares dos seus órgãos sociais e as empresas com as quais se encontre em relação de domínio ou de grupo, não pode comprar ou vender para si elementos dos activos dos fundos por si geridos, directamente ou por interposta pessoa.

3 – É vedado aos órgãos de administração e aos trabalhadores da entidade gestora que exerçam funções de decisão e execução de investimentos exercer quaisquer funções noutra entidade gestora de fundos de pensões, salvo se pertencentes ao mesmo grupo económico.

4 – Sempre que sejam emitidas ordens de compra de activos conjuntas para vários fundos de pensões, a entidade gestora efectua a distribuição dos custos de forma proporcional aos activos adquiridos para cada fundo de pensões.

ART. 36.º (Actos vedados ou condicionados) – 1 – À entidade gestora é especialmente vedado, quando actue por conta própria:

a) Adquirir acções próprias;

b) Conceder crédito, com excepção de crédito hipotecário, aos seus trabalhadores.

2 – À entidade gestora é especialmente vedado, quando actue como gestora do fundo de pensões:

a) Contrair empréstimos, excepto com fins de liquidez, ou oferecer a terceiros os activos dos fundos de pensões para garantia, qualquer que seja a forma jurídica a assumir por essa garantia, excepto no âmbito de contratos de reporte ou de empréstimo, ou outros, com o objectivo de uma gestão eficaz de carteira, nos termos a definir por norma regulamentar do Instituto de Seguros de Portugal;

b) Adquirir acções próprias;

c) Conceder crédito, salvo se se tratar de crédito hipotecário ou de crédito aos participantes nos termos previstos no contrato constitutivo do fundo.

ART. 37.º (Subcontratação) – 1 – As entidades gestoras não podem transferir global ou parcialmente para terceiros os poderes que lhes são conferidos por lei, sem prejuízo da possibilidade de recorrerem a serviços de terceiros que se mostrem convenientes para o exercício da sua actividade, designadamente os de prestação de conselhos especializados sobre aspectos actuariais e de investimentos e, ainda, de execução, sob a sua orientação e responsabilidade, dos actos e operações que lhes competem.

2 – Sem prejuízo da manutenção da sua responsabilidade para com os fundos de pensões, associados, participantes e beneficiários, as entidades gestoras podem mandatar a gestão de parte ou da totalidade dos activos de um fundo de pensões a instituições de crédito, empresas de investimento, sociedades gestoras de fundos de investimento mobiliário, empresas de seguro «Vida», desde que legalmente autorizadas a gerir activos na União Europeia e ou nos países membros da OCDE, e a sociedades gestoras de fundos de pensões.

3 – A prestação de serviços referida nos números anteriores deve ser formalizada através de contrato escrito celebrado entre a entidade gestora e o prestador de serviços e respeitar as seguintes condições:

a) Manutenção da responsabilidade da entidade gestora pelo cumprimento das disposições que regem a actividade de gestão de fundos de pensoes;

b) Detenção pelos prestadores de serviços das qualificações e capacidades necessárias ao desempenho das funções subcontratadas;

c) Dever de controlo do desempenho das funções subcontratadas pela entidade gestora, através, designadamente, do poder de esta emitir instruções adicionais e de resolver o contrato sempre que tal for do interesse dos associados, participantes e beneficiários;

d) Cumprimento do enquadramento legal e regulamentar a que a actividade de gestão de fundos de pensões está sujeita, do exercício da gestão no exclusivo interesse dos associados, participantes e beneficiários e da inexistência de prejuízo para a eficácia da supervisão.

4 – Deve ser remetido ao Instituto de Seguros de Portugal um exemplar do contrato previsto no número anterior sempre que solicitado, redigido em português ou devidamente traduzido e legalizado.

SECÇÃO II — **CONDIÇÕES DE ACESSO E EXERCÍCIO DAS SOCIEDADES GESTORAS**

ART. 38.º (Constituição, objecto, participações sociais e órgãos sociais) – 1 – As sociedades gestoras de fundos de pensões devem constituir-se sob a forma de sociedades anónimas e satisfazer os seguintes requisitos:

a) Ter a sede social, e a principal e efectiva da administração, em Portugal;

b) Ter um capital social de, pelo menos, € 1 000 000, realizado na data da constituição e integralmente representado por acções nominativas;

c) Adoptar na respectiva denominação a expressão «Sociedade Gestora de Fundos de Pensões»;

d) Ter por objecto exclusivo a gestão de fundos de pensões.

2 – São aplicáveis às sociedades gestoras de fundos de pensões as disposições dos artigos 43.º a 50.º, quanto ao controlo dos detentores de participações qualificadas, dos artigos 51.º, 54.º e 55.º, quanto aos respectivos órgãos sociais, e do artigo 58.º, sobre o uso ilegal de denominação, todos do Decreto-Lei n.º 94-B/98, de 17 de Abril.

916 [DL n.º 12/2006]   SEGUROS E FUNDOS DE PENSÕES

ART. 39.º (Autorização) – 1 – A constituição de sociedades gestoras de fundos de pensões depende de autorização a conceder pelo Instituto de Seguros de Portugal, estando esta autorização sujeita a publicação obrigatória, nos termos do artigo 19.º.

2 – O requerimento para a constituição da sociedade deve referir o respectivo capital social, identificar os accionistas fundadores e as suas participações e ser acompanhado dos seguintes elementos:

a) Projecto de estatutos;

b) Certificado do registo criminal dos accionistas iniciais, quando pessoas singulares, e dos respectivos administradores, directores ou gerentes, quando pessoas colectivas;

c) Declaração de que nem os accionistas iniciais nem as sociedades ou empresas cuja gestão tenham assegurado ou de que tenham sido administradores, directores ou gerentes foram declarados em estado de insolvência ou falência;

d) Documentos comprovativos da inexistência de dívidas tributárias ou à segurança social por parte dos accionistas iniciais;

e) Informações detalhadas sobre a estrutura do grupo que permitam, sempre que existam relações de proximidade entre a empresa e outras pessoas singulares ou colectivas, verificar a inexistência de entraves ao exercício das funções de supervisão;

f) Programa de actividades, o qual deve incluir, pelo menos, os seguintes elementos:

i) Elementos que constituem o fundo mínimo de garantia;

ii) Estrutura orgânica da empresa, com especificação dos meios técnicos e financeiros, bem como dos meios directos e indirectos de pessoal e material a utilizar;

iii) Previsão das despesas de instalação dos serviços administrativos, bem como dos meios financeiros necessários;

iv) Indicação do tipo de fundos de pensões a gerir, forma de comercialização e comissões aplicáveis;

v) Para cada um dos três primeiros exercícios sociais:

I) Balanço e demonstração de resultados previsionais, indicando o capital subscrito e realizado;

II) Previsão do número de trabalhadores e respectiva massa salarial;

III) Previsão da demonstração dos fiuxos de caixa;

IV) Previsão da margem de solvência e dos meios financeiros necessários à sua cobertura, em conformidade com as disposições legais em vigor.

3 – As hipóteses e os pressupostos em que se baseia a elaboração das projecções incluídas no programa previsto no número anterior são devida e especificamente fundamentados.

4 – Ao processo de autorização aplica-se, com as necessárias adaptações, o disposto nos artigos 15.º e 16.º do Decreto-Lei n.º 94-B/98, de 17 de Abril.

5 – O cumprimento do programa de actividades é verificado nos termos previstos no artigo 18.º do Decreto-Lei n.º 94-B/98, de 17 de Abril.

ART. 40.º (Modificações) – 1 – As seguintes alterações dos estatutos das sociedades gestoras carecem de autorização prévia do Instituto de Seguros de Portugal, aplicando-se, com as necessárias adaptações, o disposto no n.º 4 do artigo anterior:

a) Firma ou denominação;

b) Objecto;

c) Capital social, quando se trate de redução;

d) Criação de categorias de acções ou alteração das categorias existentes;

e) Estrutura da administração ou de fiscalização;

f) Dissolução.

2 – As restantes alterações estatutárias não carecem de autorização prévia, devendo, porém, ser comunicadas ao Instituto de Seguros de Portugal no prazo de cinco dias.

3 – A fusão e a cisão de sociedades gestoras de fundos de pensões carecem igualmente de autorização prévia do Instituto de Seguros de Portugal, aplicando-se, com as necessárias adaptações, o disposto no n.º 4 do artigo anterior.

ART. 41.º (Caducidade da autorização) – 1 – A autorização caduca se os requerentes a ela expressamente renunciarem, bem como se a sociedade gestora não se constituir formalmente no prazo de 6 meses ou não der início à sua actividade no prazo de 12 meses, contados a partir da data da publicação da autorização nos termos referidos no n.º 1 do artigo 39.º.

2 – Compete ao Instituto de Seguros de Portugal a verificação da constituição formal e do início da actividade dentro dos prazos referidos no número anterior.

ART. 42.º (Revogação da autorização) – 1 – A autorização pode ser revogada, sem prejuízo do disposto sobre a inexistência ou insuficiência de garantias financeiras mínimas, quando se verifique alguma das seguintes situações:

a) Ter sido obtida por meio de falsas declarações ou outros meios ilícitos, independentemente das sanções penais que ao caso couberem;

b) A sociedade gestora cessar a actividade por período ininterrupto superior a 12 meses;

FUNDOS DE PENSÕES   [DL n.º 12/2006] 917

c) Os capitais próprios da sociedade atingirem, na sua totalidade, um valor inferior a metade do valor indicado na alínea *b)* do n.º 1 do artigo 38.º para o capital social e, simultaneamente, não cobrirem a margem de solvência da sociedade;

d) Não ser efectuada a comunicação ou ser recusada a designação de qualquer membro da administração ou fiscalização nos termos previstos no n.º 2 do artigo 38.º;

e) Ser retirada a aprovação do programa de actividades ou não ser concedida, ou requerida, a autorização para alteração do programa de actividades;

f) Irregularidades graves na administração, organização contabilística ou no controlo interno da sociedade, de modo a pôr em risco os interesses dos participantes ou beneficiários ou as condições normais de funcionamento do mercado;

g) Deixar de se verificar alguma das condições de acesso e de exercício da actividade de gestão de fundos de pensões;

h) A sociedade violar as leis ou os regulamentos que disciplinam a sua actividade, de modo a pôr em risco os interesses dos participantes ou beneficiários ou as condições normais de funcionamento do mercado.

2 – Os factos previstos na alínea *d)* do número anterior não constituem fundamento de revogação se, no prazo estabelecido pelo Instituto de Seguros de Portugal, a sociedade tiver procedido à comunicação ou à designação de outro administrador que seja aceite.

3 – Quando a sociedade gestora se dedique à comercialização de contratos de adesão individual a fundos de pensões abertos, a decisão de revogação é precedida de parecer da Comissão do Mercado de Valores Mobiliários.

ART. 43.º (Competência e forma da revogação) – 1 – A revogação da autorização compete ao Instituto de Seguros de Portugal.

2 – A decisão de revogação deve ser fundamentada e notificada à sociedade gestora.

3 – Após a revogação da autorização, proceder-se-á à liquidação da sociedade gestora, nos termos legais em vigor.

ART. 44.º (Margem de solvência e fundo mínimo de garantia) – 1 – A sociedade gestora deve dispor de adequada margem de solvência e de fundo de garantia compatível.

2 – A margem de solvência de uma sociedade gestora corresponde ao seu património, livre de toda e qualquer obrigação previsível e deduzido dos elementos incorpóreos.

3 – As sociedades gestoras devem, desde o momento em que são autorizadas, dispor e manter um fundo de garantia que faz parte integrante da margem de solvência e que corresponde a um terço do seu valor, não podendo, no entanto, ser inferior a e 800 000.

ART. 45.º (Constituição da margem de solvência) – 1 – A margem de solvência é constituída pelos elementos definidos nos termos do disposto nos n.ºˢ 1 e 2 do artigo 98.º do Decreto-Lei n.º 94-B/98, de 17 de Abril, e, mediante autorização prévia do Instituto de Seguros de Portugal, pode igualmente incluir os elementos constantes do disposto nas alíneas *b)* e *d)* do n.º 3 do mesmo artigo.

2 – Os elementos constitutivos do fundo de garantia são os definidos nos termos do disposto no artigo 103.º do decreto-lei referido no número anterior, relativamente à actividade de seguros «Vida».

3 – Os critérios de valorimetria dos activos correspondentes à margem de solvência são fixados pelo Instituto de Seguros de Portugal.

ART. 46.º (Determinação da margem de solvência) – 1 – Sem prejuízo do estabelecido no n.º 3, o montante da margem de solvência é determinado da seguinte forma:

a) Se a sociedade gestora assume o risco de investimento, o valor correspondente a 4% do montante dos respectivos fundos de pensões;

b) Se a sociedade gestora não assume o risco de investimento, o valor correspondente a 1% do montante dos respectivos fundos de pensões, desde que a duração do contrato de gestão seja superior a cinco anos e que o montante destinado a cobrir as despesas de gestão previstas naquele contrato seja fixado por prazo superior a cinco anos.

2 – O valor da margem de solvência, no que respeita às adesões individuais a fundos de pensões abertos, a fundos de pensões PPR/E e a fundos de pensões PPA, se a sociedade gestora não assume o risco de investimento, é o correspondente a 1% do montante da quota-parte do fundo relativa a essas adesões e do montante dos fundos de pensões PPR/E e PPA.

3 – O montante da margem de solvência não pode, no entanto, ser inferior às seguintes percentagens do montante dos fundos de pensões geridos:

a) Até € 75 milhões – 1%;

b) No excedente – 1 (por mil).

ART. 47.º (Insuficiência de margem de solvência) – 1 – Sem prejuízo do disposto no n.º 1 do artigo 94.º, sempre que se verifique, mesmo circunstancial ou temporariamente, a insuficiência da margem de solvência de uma sociedade gestora ou sempre que o fundo de garantia não atinja o limite mínimo fixado, a sociedade gestora deve, no prazo que lhe vier a ser fixado pelo Instituto de Seguros de Portugal, submeter à aprovação deste um plano de financiamento a curto prazo, nos termos dos números seguintes.

918   [DL n.º 12/2006]   SEGUROS E FUNDOS DE PENSÕES

2 – O plano de financiamento a curto prazo a apresentar deve ser fundamentado num adequado plano de actividades, e que inclui contas previsionais.

3 – O Instituto de Seguros de Portugal define, caso a caso, as condições específicas a que deve obedecer o plano de financiamento referido no número anterior, bem como o seu acompanhamento.

CAPÍTULO II — Depositários

ART. 48.º (Depósito) – Os títulos e os outros documentos representativos dos valores mobiliários que integram o fundo de pensões devem ser depositados numa ou várias instituições de crédito autorizadas à recepção de depósitos ou outros fundos reembolsáveis ou em empresas de investimento autorizadas à custódia de instrumentos financeiros por conta de clientes, desde que estabelecidas na União Europeia.

ART. 49.º (Funções e deveres dos depositários) – 1 – Aos depositários compete:
a) Receber em depósito ou inscrever em registo os títulos e documentos representativos dos valores que integram os fundos;
b) Manter actualizada a relação cronológica de todas as operações realizadas e estabelecer, trimestralmente, um inventário discriminado dos valores que lhe estejam confiados.
2 – Os depositários podem ainda, nomeadamente, ser encarregados de:
a) Realizar operações de compra e venda de títulos e exercer direitos de subscrição e de opção;
b) Efectuar a cobrança dos rendimentos produzidos pelos valores dos fundos e colaborar com a entidade gestora na realização de operações sobre aqueles bens;
c) Proceder aos pagamentos das pensões aos beneficiários, conforme as instruções da entidade gestora.
3 – Os depositários estão sujeitos aos deveres e proibições previstos nos n.ºs 1 e 2 do artigo 35.º, com as devidas adaptações, devendo efectuar apenas as operações solicitadas pelas entidades gestoras de fundos de pensões conformes às disposições legais e regulamentares.

ART. 50.º (Formalização das relações entre as entidades gestoras e os depositários) – 1 – O regime das relações estabelecidas entre as entidades gestoras e os depositários, inclusivamente no tocante às comissões a cobrar por estes últimos, deve constar de contrato escrito.
2 – Deve ser remetido ao Instituto de Seguros de Portugal um exemplar dos contratos referidos no número anterior, bem como das suas posteriores alterações.

ART. 51.º (Subcontratação) – A guarda dos valores do fundo de pensões pode ser confiada pelo depositário a um terceiro, sem que, contudo, esse facto afecte a responsabilidade do depositário perante a entidade gestora, sendo aplicável o disposto nos n.ºs 3 e 4 do artigo 37.º, com as devidas adaptações.

CAPÍTULO III — Outras entidades

ART. 52.º (Entidades comercializadoras) – 1 – As unidades de participação dos fundos de pensões abertos apenas podem ser comercializadas pelas respectivas entidades gestoras e por mediadores de seguros registados no Instituto de Seguros de Portugal no âmbito do ramo «Vida».
2 – À actividade de mediação de fundos de pensões aplica-se, com as devidas adaptações, o regime constante da legislação que regula as condições de acesso e de exercício da actividade de mediação de seguros, podendo o Instituto de Seguros de Portugal definir, por norma regulamentar, regras complementares às previstas nesse acto legislativo, tendo em atenção a natureza específica dos fundos de pensões.

ART. 53.º (Comissão de acompanhamento do plano de pensões) – 1 – O cumprimento do plano de pensões e a gestão do respectivo fundo de pensões, no caso de fundos de pensões fechados e de adesões colectivas aos fundos de pensões abertos que abranjam mais de 100 participantes, beneficiários ou ambos, são verificados por uma comissão de acompanhamento do plano de pensões, adiante designada por comissão de acompanhamento.
2 – A comissão de acompanhamento é constituída por representantes do associado e dos participantes e beneficiários, devendo estes últimos ter assegurada uma representação não inferior a um terço dos membros da comissão.
3 – Os representantes dos participantes e beneficiários são designados pela comissão de trabalhadores ou, caso esta não exista, por eleição organizada para o efeito entre aqueles, pela entidade gestora ou pelo associado, nos termos fixados no contrato de gestão do fundo de pensões fechado ou no contrato de adesão colectiva ao fundo de pensões aberto, sem prejuízo do disposto no número seguinte.
4 – Sempre que o plano de pensões resulte de negociação colectiva, os representantes dos participantes e beneficiários são designados pelo sindicato subscritor da convenção colectiva ou, no caso de a convenção colectiva ser subscrita por mais de um sindicato, pelos diferentes sindicatos nos termos entre si acordados, ou, na ausência de acordo, por eleição directa para o efeito entre aqueles.
5 – Caso a comissão de trabalhadores ou os sindicatos, depois de devidamente instados para o efeito pela entidade gestora, não designem, no prazo máximo de 20 dias, os representantes em causa, são os mesmos

FUNDOS DE PENSÕES

[DL n.º 12/2006] 919

designados por eleição organizada para o efeito entre os participantes e beneficiários, pela entidade gestora ou pelo associado, nos termos fixados no contrato de gestão do fundo de pensões fechado ou no contrato de adesão colectiva ao fundo de pensões aberto.

6 – As funções da comissão de acompanhamento são, designadamente, as seguintes:

a) Verificar a observância das disposições aplicáveis ao plano de pensões e à gestão do respectivo fundo de pensões, nomeadamente em matéria de implementação da política de investimento e de financiamento das responsabilidades, bem como o cumprimento, pela entidade gestora e pelo associado, dos deveres de informação aos participantes e beneficiários;

b) Pronunciar-se sobre propostas de transferência da gestão e de outras alterações relevantes aos contratos constitutivo e de gestão de fundos de pensões fechados ou ao contrato de adesão colectiva aos fundos de pensões abertos, bem como sobre a extinção do fundo de pensões ou de uma quota-parte do mesmo e, ainda, sobre pedidos de devolução ao associado de excessos de financiamento;

c) Formular propostas sobre as matérias referidas na alínea anterior ou outras, sempre que o considere oportuno;

d) Pronunciar-se sobre as nomeações do actuário responsável pelo plano de pensões e, nos fundos de pensões fechados, do revisor oficial de contas, propostos pela entidade gestora;

e) Exercer as demais funções que lhe sejam atribuídas no contrato de gestão do fundo de pensões fechado ou no contrato de adesão colectiva ao fundo de pensões aberto.

7 – As deliberações da comissão de acompanhamento são registadas em acta, com menção de eventuais votos contra e respectiva fundamentação.

8 – Os pareceres previstos na alínea *b)* do n.º 5, com menção dos respectivos votos contra, integram os documentos a enviar ao Instituto de Seguros de Portugal pela entidade gestora no âmbito dos respectivos processos de autorização ou de notificação.

9 – A entidade gestora e a entidade depositária facultam à comissão de acompanhamento toda a documentação que esta solicite, necessária ao exercício das suas funções.

10 – Em especial, a entidade gestora faculta anualmente à comissão de acompanhamento cópia do relatório e contas anuais do fundo de pensões, bem como dos relatórios do actuário responsável e do revisor oficial de contas elaborados no âmbito das respectivas funções.

11 – O funcionamento da comissão de acompanhamento é regulado, em tudo o que não se encontre fixado no presente decreto-lei ou em norma regulamentar do Instituto de Seguros de Portugal, pelo contrato de gestão do fundo de pensões fechado ou pelo contrato de adesão colectiva ao fundo de pensões aberto.

12 – As despesas de designação dos membros da comissão de acompanhamento e do respectivo funcionamento não podem ser imputadas ao fundo de pensões.

13 – O Instituto de Seguros de Portugal, na norma regulamentar referida no n.º 11, pode prever as situações em que, mediante acordo entre o associado ou associados e os representantes dos participantes e beneficiários, pode ser constituída uma única comissão de acompanhamento para vários planos de pensões e ou fundos de pensões.

ART. 54.º (Provedor dos participantes e beneficiários) – 1 – As entidades gestoras designam de entre entidades ou peritos independentes de reconhecido prestígio e idoneidade o provedor dos participantes e beneficiários para as adesões individuais aos fundos de pensões abertos, ao qual os participantes e beneficiários, ou os seus representantes, podem apresentar reclamações de actos daquelas.

2 – O provedor pode ser designado por fundo de pensões ou por entidade gestora, ou por associação de entidades gestoras, e receber reclamações relativas a mais de um fundo de pensões ou entidade gestora, mas as reclamações relativas a cada fundo de pensões são apresentadas a um único provedor.

3 – Compete ao provedor apreciar as reclamações que lhe sejam apresentadas pelos participantes e beneficiários do fundo ou fundos de pensões, de acordo com os critérios e procedimentos fixados no respectivo regulamento de procedimentos, elaborado pela entidade gestora, sem prejuízo do disposto nos números seguintes.

4 – O provedor tem poderes consultivos e pode apresentar recomendações às entidades gestoras em resultado da apreciação feita às reclamações dos participantes e beneficiários do fundo.

5 – A entidade gestora pode acatar as recomendações do provedor ou recorrer aos tribunais ou a instrumentos de resolução extrajudicial de litígios.

6 – O provedor deve publicitar, anualmente, em meio de divulgação adequado, as recomendações feitas, bem como a menção da sua adopção pelos destinatários, nos termos a estabelecer em norma regulamentar do Instituto de Seguros de Portugal.

7 – As despesas de designação e funcionamento do provedor são da responsabilidade das entidades gestoras que hajam procedido à sua designação nos termos do n.º 2, não podendo ser imputados ao fundo de pensões nem ao reclamante.

8 – Os procedimentos que regulam a actividade do provedor são comunicados ao Instituto de Seguros de Portugal pela entidade gestora, e colocados à disposição de participantes e beneficiários a pedido.

ART. 55.º (Actuário responsável) – 1 – Deve ser nomeado, pela entidade gestora, um actuário responsável para cada plano de pensões de benefício definido ou misto.

2 – São funções do actuário responsável certificar:

a) As avaliações actuariais e os métodos e pressupostos usados para efeito da determinação das contribuições;

920 [DL n.º 12/2006]   SEGUROS E FUNDOS DE PENSÕES

b) O nível de financiamento do fundo de pensões e o cumprimento das disposições vigentes em matéria de solvência dos fundos de pensões;

c) A adequação dos activos que constituem o património do fundo de pensões às responsabilidades previstas no plano de pensões;

d) O valor actual das responsabilidades totais para efeitos de determinação da existência de um excesso de financiamento, nos termos do artigo 81.º.

3 – Compete ainda ao actuário responsável elaborar um relatório actuarial anual sobre a situação de financiamento de cada plano de pensões de benefício definido ou misto, cujo conteúdo é estabelecido por norma regulamentar do Instituto de Seguros de Portugal.

4 – As entidades gestoras de fundos de pensões devem disponibilizar tempestivamente ao actuário responsável toda a informação necessária para o exercício das suas funções.

5 – O actuário responsável deve, sempre que detecte situações de incumprimento ou inexactidão materialmente relevantes, propor à entidade gestora medidas que permitam ultrapassar tais situações, devendo ainda o actuário responsável ser informado das medidas tomadas na sequência da sua proposta.

6 – O actuário responsável deve comunicar ao Instituto de Seguros de Portugal qualquer facto ou decisão de que tome conhecimento no desempenho das suas funções e que seja susceptível de:

a) Constituir violação das normas legais ou regulamentares que regem a actividade dos fundos de pensões;

b) Afectar materialmente a situação financeira do fundo de pensões ou o financiamento do plano de pensões.

7 – A substituição de um actuário responsável deve ser efectuada no prazo máximo de 45 dias a contar da data da verificação do facto que determinou a necessidade de substituição e comunicada ao Instituto de Seguros de Portugal nos 15 dias seguintes à data em que o novo responsável entrou em funções.

8 – As condições a preencher pelo actuário responsável são as estabelecidas por norma regulamentar do Instituto de Seguros de Portugal.

ART. 56.º (Auditor) – 1 – Deve ser nomeado pela entidade gestora um revisor oficial de contas para cada fundo de pensões.

2 – Compete ao revisor oficial de contas certificar o relatório e contas e demais documentação de encerramento de exercício relativa ao fundo de pensões.

3 – O revisor oficial de contas deve comunicar ao Instituto de Seguros de Portugal qualquer facto ou decisão de que tome conhecimento no desempenho das suas funções e que seja susceptível de:

a) Constituir violação das normas legais ou regulamentares que regem a actividade dos fundos de pensões;

b) Acarretar a recusa de certificação ou a emissão de uma opinião com reservas.

4 – As condições a preencher pelos revisores oficiais de contas que prestem as funções de auditoria referidas no n.º 1 são estabelecidas nos termos de norma regulamentar do Instituto de Seguros de Portugal.

TÍTULO V — MECANISMOS DE GOVERNAÇÃO DOS FUNDOS DE PENSÕES

CAPÍTULO I — Gestão de riscos e controlo interno

ART. 57.º (Estrutura organizacional) – 1 – As entidades gestoras de fundos de pensões devem possuir uma estrutura organizacional adequada à dimensão e complexidade do seu negócio, bem como às características dos planos e fundos de pensões geridos.

2 – Deve existir uma definição objectiva da cadeia de responsabilidades pelas diferentes funções, uma segregação racional das mesmas e a garantia que os colaboradores têm a aptidão e a experiência requeridas para o desempenho das suas funções.

ART. 58.º (Identificação, avaliação e gestão de riscos) – 1 – As entidades gestoras de fundos de pensões devem implementar e manter políticas e procedimentos que lhe permitam identificar, avaliar e gerir continuamente todos os riscos internos e externos que sejam significativos.

2 – As políticas e os procedimentos devem ter em consideração todo o tipo de riscos significativos da actividade da entidade gestora, nomeadamente os riscos operacionais e financeiros, nos termos a definir por norma regulamentar do Instituto de Seguros de Portugal.

ART. 59.º (Controlo interno) – 1 – As entidades gestoras de fundos de pensões devem implementar procedimentos de controlo interno adequados à dimensão e complexidade do seu negócio, à sua estrutura organizacional, bem como às características dos planos e fundos de pensões por si geridos, de acordo com a norma regulamentar que, para o efeito, for estabelecida pelo Instituto de Seguros de Portugal.

2 – Os procedimentos de controlo interno têm como objectivo assegurar que a gestão da actividade de fundos de pensões seja efectuada de forma sã e prudente no melhor interesse dos participantes e beneficiários dos fundos de pensões, e de acordo com as orientações, princípios e estratégias estabelecidos.

3 – Os procedimentos de controlo interno devem ser revistos em função das evoluções do mercado em que opera a entidade gestora, dos seus objectivos e da estrutura organizacional.

FUNDOS DE PENSÕES

[DL n.º 12/2006] 921

CAPÍTULO II — Informação aos participantes e beneficiários

SECÇÃO I — FUNDOS FECHADOS E ADESÕES COLECTIVAS A FUNDOS ABERTOS

ART. 60.º (Informação inicial aos participantes) – 1 – Nos fundos de pensões fechados e nas adesões colectivas aos fundos de pensões abertos, a entidade gestora deve entregar aos respectivos participantes um documento sobre o fundo de pensões do qual constem:

a) A denominação do fundo de pensões;

b) As principais características do plano financiado pelo fundo, nomeadamente:

    i) Condições em que serão devidos os benefícios;

    ii) Informação sobre existência ou não de direitos adquiridos, respectiva portabilidade e custos associados;

    iii) Direitos e obrigações das partes;

    iv) Riscos financeiros, técnicos ou outros, associados ao plano de pensões, sua natureza e repartição;

c) Em anexo, cópia do plano de pensões e de documento com a política de investimento, se se tratar de um fundo de pensões fechado, ou do regulamento de gestão e do plano de pensões, no caso de fundos de pensões abertos, ou, não sendo fornecida cópia dos documentos referidos, informação da forma e local onde os mesmos estão à disposição dos participantes;

d) Discriminação da informação enviada pela entidade gestora aos participantes e à comissão de acompanhamento, e respectiva periodicidade.

2 – Relativamente aos fundos e adesões que financiem planos contributivos, do documento previsto no número anterior deve constar ainda a quantificação das comissões eventualmente cobradas aos participantes contribuintes.

3 – Mediante acordo prévio entre o associado e a entidade gestora, pode estipular-se, no contrato de gestão do fundo de pensões ou no contrato de adesão colectiva, que a obrigação de informação prevista neste artigo seja cumprida pelo associado ou pela comissão de acompanhamento, sem prejuízo da manutenção da responsabilidade da entidade gestora pelo seu cumprimento.

ART. 61.º (Informação na vigência do contrato) – 1 – A entidade gestora faculta aos participantes de fundos de pensões fechados e de adesões colectivas a fundos de pensões abertos, quando solicitadas, todas as informações adequadas à efectiva compreensão do plano de pensões, bem como dos documentos referidos na alínea *c)* do n.º 1 do artigo anterior.

2 – Os participantes referidos no número anterior têm ainda direito a receber, a pedido, informação sobre o montante a que eventualmente tenham direito em caso de cessação do vínculo laboral, modalidades de transferência do mesmo, e, nos planos de contribuição definida, sobre o montante previsto das suas pensões de reforma, bem como cópia do relatório e contas anuais referente ao fundo de pensões.

3 – Em caso de alteração das regras do plano de pensões e, nos planos contributivos, em caso de aumento das comissões e de alteração substancial da política de investimento, bem como quando haja transferência da gestão do fundo de pensões ou da adesão colectiva, a entidade gestora informa os participantes dessas alterações no prazo máximo de 45 dias a contar das mesmas.

4 – A entidade gestora envia anualmente aos participantes de fundos de pensões fechados e de adesões colectivas a fundos de pensões abertos informação sobre:

a) A situação actual dos direitos em formação dos participantes, considerando o tipo de plano;

b) A situação financeira do fundo, rendibilidade obtida e eventuais situações de subfinanciamento;

c) A forma e local onde o relatório e contas anuais referente ao fundo de pensões está disponível;

d) A forma e local onde está disponível uma nota informativa sobre as alterações relevantes ao quadro normativo aplicável e aos documentos referidos na alínea *c)* do n.º 1 do artigo anterior.

5 – Mediante acordo prévio entre o associado e a entidade gestora, pode estipular-se, no contrato de gestão do fundo de pensões ou no contrato de adesão colectiva, que as obrigações de informação previstas neste artigo sejam cumpridas pelo associado ou pela comissão de acompanhamento, sem prejuízo da manutenção da responsabilidade da entidade gestora pelo seu cumprimento.

ART. 62.º (Informação aos beneficiários) – 1 – Preenchidas as condições em que são devidos os benefícios, a entidade gestora informa adequadamente os beneficiários de fundos de pensões fechados e de adesões colectivas a fundos de pensões abertos sobre os benefícios a que têm direito e correspondentes opções em matéria de pagamento, designadamente as referidas no artigo 8.º, de acordo com o definido no respectivo plano de pensões.

2 – A entidade gestora informa os beneficiários que recebam a pensão directamente do fundo das alterações relevantes ocorridas no plano de pensões, bem como da transferência da gestão do fundo ou da adesão colectiva, no prazo máximo de 30 dias a contar das mesmas.

3 – A entidade gestora faculta aos beneficiários referidos no número anterior, a seu pedido, a política de investimento do fundo, bem como o relatório e contas anuais referentes ao fundo de pensões.

922 [DL n.º 12/2006]   SEGUROS E FUNDOS DE PENSÕES

Secção II — **ADESÕES INDIVIDUAIS A FUNDOS ABERTOS**

ART. 63.º (Informação aos participantes) – 1 – Tendo em vista uma melhor compreensão, pelos contribuintes, das características do fundo, dos riscos financeiros inerentes à adesão e do regime fiscal aplicável, a Comissão do Mercado de Valores Mobiliários, ouvido o Instituto de Seguros de Portugal, pode exigir que, previamente à celebração do contrato de adesão individual, a informação relevante constante do regulamento de gestão e do contrato de adesão seja disponibilizada através de um prospecto informativo, cujo conteúdo e suporte são fixados por regulamento.

2 – A entidade gestora faculta aos participantes de adesões individuais a fundos de pensões abertos, a seu pedido, todas as informações adequadas à efectiva compreensão do contrato de adesão individual ao fundo de pensões, bem como do respectivo regulamento de gestão.

3 – Sem prejuízo do disposto no n.º 4 do artigo 24.º, a entidade gestora informa anualmente os participantes de adesões individuais a fundos de pensões abertos sobre:

a) A evolução e situação actual da conta individual do participante;

b) A taxa de rendibilidade anual do fundo;

c) A forma e local onde o relatório e contas anuais referente ao fundo de pensões se encontra disponível;

d) As alterações relevantes ao quadro normativo aplicável e ao regulamento de gestão, bem como as alterações relativas à identificação e contactos do provedor.

4 – Aos deveres de informação previstos no número anterior podem acrescer, caso se revelem necessários a uma melhor e efectiva compreensão das características do fundo e do contrato de adesão celebrado, deveres específicos de informação, a fixar, bem como a respectiva periodicidade, por regulamento da Comissão do Mercado de Valores Mobiliários, ouvido o Instituto de Seguros de Portugal.

CAPÍTULO III — **Demais informação e publicidade**

ART. 64.º (Normas de contabilidade e demais informação) – 1 – A entidade gestora deve elaborar um relatório e contas anuais para cada fundo de pensões, reportado a 31 de Dezembro de cada exercício, devendo o mesmo ser apresentado ao Instituto de Seguros de Portugal.

2 – As sociedades gestoras de fundos de pensões devem apresentar anualmente ao Instituto de Seguros de Portugal, em relação ao conjunto de toda a actividade exercida no ano imediatamente anterior, o relatório de gestão, o balanço, a demonstração de resultados e os demais documentos de prestação de contas, certificados por um revisor oficial de contas, aplicando-se, com as devidas adaptações, para este efeito, o disposto no artigo 105.º do Decreto-Lei n.º 94-B/98, de 17 de Abril, sem prejuízo do disposto no presente artigo.

3 – Compete ao Instituto de Seguros de Portugal, sem prejuízo das atribuições da Comissão de Normalização Contabilística, estabelecer, por norma regulamentar, as regras de contabilidade aplicáveis aos fundos de pensões e às sociedades gestoras, bem como definir os elementos que as entidades gestoras devem obrigatoriamente publicar.

4 – Os relatórios e contas e demais elementos de informação elaborados pelas entidades gestoras de fundos de pensões devem reflectir de forma verdadeira e apropriada o activo, as responsabilidades e a situação financeira, seja do fundo, seja da sociedade gestora, devendo o respectivo conteúdo ser coerente, global e apresentado de forma imparcial.

5 – Os relatórios e contas referentes aos fundos de pensões abertos e às sociedades gestoras são disponibilizados ao público de forma contínua e por meio que possibilite o acesso fácil e gratuito à informação, nos termos a definir por norma regulamentar do Instituto de Seguros de Portugal, ouvida, no caso de fundos de pensões abertos com adesão individual, a Comissão do Mercado de Valores Mobiliários.

ART. 65.º (Publicidade) – 1 – A publicidade efectuada pelas entidades gestoras está sujeita à lei geral, sem prejuízo do que for fixado em norma regulamentar do Instituto de Seguros de Portugal e, no caso de fundos de pensões abertos com adesão individual, em regulamento da Comissão do Mercado de Valores Mobiliários, tendo em atenção a protecção dos interesses dos contribuintes, participantes e beneficiários.

2 – É proibida a publicidade que quantifique resultados futuros baseados em estimativas da entidade gestora, salvo se contiver em realce, relativamente a todos os outros caracteres tipográficos, a indicação de que se trata de uma simulação.

3 – Nos documentos destinados ao público e nos suportes publicitários relativos a fundos de pensões abertos deve indicar-se, claramente, que o valor das unidades de participação detidas varia de acordo com a evolução do valor dos activos que constituem o património do fundo de pensões, especificando ainda se existe a garantia de pagamento de um rendimento mínimo.

TÍTULO VI — **REGIME PRUDENCIAL DOS FUNDOS DE PENSÕES**

CAPÍTULO I — **Património**

ART. 66.º (Receitas) - Constituem receitas de um fundo de pensões:

a) As contribuições em dinheiro, valores mobiliários ou património imobiliário efectuadas pelos associados e pelos contribuintes;

FUNDOS DE PENSÕES   [DL n.º 12/2006] 923

b) Os rendimentos das aplicações que integram o património do fundo;
c) O produto da alienação e reembolso de aplicações do património do fundo;
d) A participação nos resultados dos contratos de seguro emitidos em nome do fundo;
e) As indemnizações resultantes de seguros contratados pelo fundo nos termos do artigo 16.º;
f) Outras receitas decorrentes da gestão do fundo de pensões.

ART. 67.º (Despesas) – Constituem despesas de um fundo de pensões:
a) As pensões e os capitais pagos aos beneficiários do fundo e ou os prémios únicos das rendas vitalícias pagos às empresas de seguros;
b) Os capitais de remição e as rendas previstos no artigo 8.º;
c) Os prémios dos seguros de risco pagos pelo fundo;
d) As remunerações de gestão, de depósito e de guarda de activos;
e) Os valores despendidos na compra de aplicações para o fundo;
f) Os encargos despendidos na compra, venda e gestão dos activos do fundo;
g) Os encargos sociais previstos no n.º 4 do artigo 6.º;
h) A devolução aos associados do excesso de património do fundo nos casos em que tal seja permitido;
i) As despesas com a transferência de direitos de participantes ou de associados entre fundos;
j) Outras despesas, desde que relacionadas com o fundo e previstas no contrato ou regulamento de gestão.

ART. 68.º (Liquidez) – As entidades gestoras devem garantir que os fundos de pensões dispõem em cada momento dos meios líquidos necessários para efectuar o pagamento pontual das pensões e capitais de remição aos beneficiários ou o pagamento de prémios de seguros destinados à satisfação das garantias previstas no plano de pensões estabelecido.

ART. 69.º (Composição dos activos) – 1 – A natureza dos activos que constituem o património dos fundos de pensões, os respectivos limites percentuais, bem como os princípios gerais da congruência desses activos, são fixados por norma regulamentar do Instituto de Seguros de Portugal.
2 – Na composição do património dos fundos de pensões, as entidades gestoras devem ter em conta o tipo de responsabilidades que aqueles se encontram a financiar de modo a garantir a segurança, o rendimento, a qualidade e a liquidez dos respectivos investimentos, assegurando uma diversificação e dispersão prudente dessas aplicações, sempre no melhor interesse dos participantes e beneficiários.
3 – Tendo em atenção o estabelecido no número anterior, e sem prejuízo dos limites fixados nos termos do n.º 1, os activos dos fundos de pensões devem ser:
a) Investidos predominantemente em mercados regulamentados;
b) Geridos através de técnicas e instrumentos adequados, admitindo-se a utilização de instrumentos financeiros derivados, na medida em que contribuam para a redução dos riscos de investimento ou facilitem a gestão eficiente da carteira;
c) Suficientemente diversificados de modo a evitar a acumulação de riscos, bem como a concentração excessiva em qualquer activo, emitente ou grupo de empresas, incluindo a concentração no que se refere ao investimento no associado ou na entidade gestora.

ART. 70.º (Avaliação dos activos) – Os critérios de avaliação dos activos que constituem o património dos fundos de pensões são fixados por norma regulamentar do Instituto de Seguros de Portugal.

ART. 71.º (Cálculo do valor das unidades de participação) – 1 – O valor das unidades de participação dos fundos de pensões abertos é calculado diariamente, excepto no caso de fundos que apenas admitam adesões colectivas, em que é calculado com periodicidade mínima mensal.
2 – O valor de cada unidade de participação determina-se dividindo o valor líquido global do fundo pelo número de unidades de participação em circulação.
3 – O valor líquido global do fundo é o valor dos activos que o integram, valorizados de acordo com as disposições legais, líquido do valor das eventuais responsabilidades já vencidas e não pagas.

ART. 72.º (Política de investimento) – 1 – A entidade gestora formula por escrito, de acordo com o disposto em norma regulamentar do Instituto de Seguros de Portugal, a política de investimento de cada fundo de pensões, especificando os princípios aplicáveis em matéria de definição, implementação e controlo da mesma.
2 – A política de investimento deve ser revista, pelo menos, trienalmente, sem prejuízo da necessária revisão sempre que ocorram eventuais alterações significativas nos mercados financeiros que afectem a política de investimento.
3 – A regulamentação prevista no n.º 1 deve prever, pelo menos, que a política de investimento identifique os métodos de avaliação do risco de investimento, as técnicas aplicáveis à gestão do risco e a estratégia seguida em matéria de afectação de activos, atendendo à natureza e duração das responsabilidades relativas a pensões.

ART. 73.º (Adequação entre os activos e as responsabilidades) – 1 – A entidade gestora deve assegurar que os activos que integram o património de cada fundo de pensões são adequados às responsabilidades decorrentes do plano de pensões, devendo para o efeito ter em conta, nomeadamente:

924   [DL n.º 12/2006]   SEGUROS E FUNDOS DE PENSÕES

a) A natureza dos benefícios previstos;
b) O horizonte temporal das responsabilidades;
c) A política de investimento estabelecida e os riscos a que os activos financeiros estão sujeitos;
d) O nível de financiamento das responsabilidades.

2 – Para aferir da adequação prevista no número anterior, a entidade gestora deve utilizar os métodos ou técnicas que considerar mais consentâneos com o objectivo de garantir, com elevado nível de razoabilidade, que oscilações desfavoráveis no valor do património não põem em causa o pagamento das responsabilidades assumidas, especialmente as relativas a pensões em pagamento.

CAPÍTULO II — **Responsabilidades e solvência**

ART. 74.º (Regime de solvência) – 1 – O regime de solvência dos fundos de pensões deve reflectir os riscos incorridos e basear-se em critérios quantitativos e em aspectos qualitativos adequados à especificidade de cada plano e fundo de pensões.

2 – O regime pode prever a existência de diferentes níveis de controlo da solvência e conjugar métodos estandardizados com abordagens baseadas em modelos internos adequados à experiência de cada fundo de pensões, nos termos que, para o efeito, sejam definidos por norma regulamentar do Instituto de Seguros de Portugal.

ART. 75.º (Plano técnico-actuarial) – 1 – No caso de planos de pensões de benefício definido ou mistos deve ser elaborado um plano técnico-actuarial que sirva de base para o cálculo das contribuições a fazer pelos associados e contribuintes, tendo em atenção os benefícios a financiar e os participantes e beneficiários abrangidos, nos termos a definir por norma regulamentar do Instituto de Seguros de Portugal.

2 – O plano técnico-actuarial deve ser revisto, pelo menos, trienalmente e remetido ao Instituto de Seguros de Portugal sempre que revisto.

ART. 76.º (Princípios de cálculo das responsabilidades) – Sem prejuízo do disposto no artigo seguinte, o cálculo das responsabilidades a financiar nos planos de pensões de benefício definido ou mistos é efectuado com base nos seguintes princípios:

a) Métodos actuariais reconhecidos que assegurem que o montante do fundo seja adequado aos compromissos assumidos no plano de pensões e às contribuições previstas;
b) Pressupostos de avaliação prudentes, nomeadamente, taxas de juro e tabelas de mortalidade e de invalidez prudentes e adequadas que contenham, caso se justifique, uma margem razoável para variações desfavoráveis;
c) Método e pressupostos de cálculo consistentes entre exercícios financeiros, salvo alterações jurídicas, demográficas ou económicas subjacentes relevantes.

ART. 77.º (Montante mínimo de solvência) – Os pressupostos e os métodos a utilizar no cálculo do valor actual das responsabilidades nos planos de benefício definido ou mistos não podem conduzir a que o valor do fundo de pensões fechado ou da adesão colectiva seja inferior ao montante mínimo de solvência calculado de acordo com as regras estabelecidas por norma regulamentar do Instituto de Seguros de Portugal.

ART. 78.º (Insuficiência de financiamento do plano de pensões) – 1 – Se o associado não proceder ao pagamento das contribuições necessárias ao cumprimento do montante mínimo exigido pelo normativo em vigor, cabe à entidade gestora, sem prejuízo do dever de comunicar a situação à comissão de acompanhamento e do estabelecido nos números seguintes, tomar a iniciativa de propor ao associado a regularização da situação.

2 – Se, no prazo de um ano a contar da data de verificação da situação de insuficiência referida no número anterior, não for estabelecido um adequado plano de financiamento que tenha em conta a situação específica do fundo, nomeadamente o seu perfil de risco e o perfil etário dos participantes e beneficiários, e que seja aceite pelo Instituto de Seguros de Portugal, deve a entidade gestora proceder à extinção do fundo ou da adesão colectiva.

3 – O plano de financiamento previsto no número anterior deve ser comunicado à comissão de acompanhamento previamente à sua aprovação pelo Instituto de Seguros de Portugal, o qual define, caso a caso, as condições e periodicidade com que a entidade gestora lhe dá conhecimento, bem como à comissão de acompanhamento, do cumprimento do plano, procedendo-se à extinção do fundo de pensões ou da adesão colectiva em caso de incumprimento do plano.

4 – No prazo de 15 dias a contar da data de verificação de uma situação de insuficiência de financiamento do valor actual das pensões em pagamento, a entidade gestora deve avisar o associado para efectuar as contribuições que se mostrem necessárias no prazo de 180 dias seguintes àquela comunicação e dar conhecimento da mesma ao Instituto de Seguros de Portugal e à comissão de acompanhamento, devendo proceder à extinção do fundo ou da adesão colectiva, se as contribuições não forem efectuadas.

5 – Sempre que da aplicação dos prazos estabelecidos nos n.ᵒˢ 2 e 4 possa resultar prejuízo para os participantes e beneficiários, o Instituto de Seguros de Portugal pode aceitar uma dilatação daqueles prazos, até ao máximo de três e de um ano, respectivamente, mediante pedido devidamente fundamentado apresentado pela entidade gestora e pelo associado.

ART. 79.º (Pagamento de novas pensões) – A entidade gestora só pode iniciar o pagamento de novas pensões nos termos do plano se o montante do fundo exceder ou igualar o valor actual das pensões em pagamento

FUNDOS DE PENSÕES [DL n.º 12/2006] 925

e das novas pensões devidas, calculado de acordo com os pressupostos fixados pelo normativo em vigor para a determinação do montante mínimo de solvência, excepto se já existir um plano de financiamento aprovado pelo Instituto de Seguros de Portugal.

ART. 80.º (Indisponibilidade dos activos) – Sem prejuízo do fixado nos artigos 78.º e 79.º, quando ocorra uma situação, actual ou previsível, de insuficiência de financiamento do valor das responsabilidades do fundo de pensões, o Instituto de Seguros de Portugal pode, caso necessário ou adequado à salvaguarda dos interesses dos participantes ou beneficiários, e isolada ou cumulativamente com outras medidas, restringir ou proibir a livre utilização dos activos do fundo, sendo aplicável, com as devidas adaptações, o previsto no artigo 114.º do Decreto-Lei n.º 94-B/98, de 17 de Abril.

ART. 81.º (Excesso de financiamento) – 1 – Se se verificar que, durante cinco anos consecutivos e por razões estruturais, o valor da quota-parte do fundo de pensões, correspondente ao financiamento de um plano de pensões de benefício definido ou, na parte aplicável aos planos de benefício definido, ao financiamento de um plano de pensões misto, excede anualmente uma percentagem do valor actual das responsabilidades totais, o montante do excesso pode ser devolvido ao associado, desde que se mantenha uma percentagem mínima de financiamento, nos termos que para o efeito sejam estabelecidos em norma regulamentar do Instituto de Seguros de Portugal.

2 – A devolução ao associado do montante em excesso está sujeita a aprovação prévia do Instituto de Seguros de Portugal, requerida conjuntamente, de forma fundamentada, pela entidade gestora e pelo associado, devendo o requerimento ser acompanhado de um relatório do actuário responsável do plano de pensões envolvido.

3 – Na decisão, o Instituto de Seguros de Portugal atende às circunstâncias concretas que em cada caso originaram o excesso de financiamento, tendo em consideração o interesse dos participantes e beneficiários, e não autoriza a devolução, quando tiver resultado, directa ou indirectamente, de uma mudança nos pressupostos ou métodos de cálculo do valor actual das responsabilidades, de uma alteração do plano de pensões ou de uma redução drástica do número de participantes em planos de pensões sem direitos adquiridos.

TÍTULO VII — SERVIÇOS TRANSFRONTEIRIÇOS DE GESTÃO DE PLANOS DE PENSÕES PROFISSIONAIS

CAPÍTULO I — Disposições gerais

ART. 82.º (Definições) – Para os efeitos do previsto no presente título, considera-se:

a) «Estado membro» qualquer Estado que seja membro da União Europeia, bem como os Estados que são partes contratantes em acordos de associação com a União Europeia, regularmente ratificados ou aprovados pelo Estado Português, nos precisos termos desses acordos;

b) «Estado membro de acolhimento» o Estado membro cuja legislação social e laboral é a aplicável ao plano de pensões profissional;

c) «Estado membro de origem» o Estado membro ao abrigo de cuja legislação a instituição de realização de planos de pensões profissionais se constituiu e exerce a sua actividade;

d) «Plano de pensões profissional» um acordo ou contrato no qual se definem as prestações de reforma concedidas no contexto de uma actividade profissional e as respectivas condições de concessão, estabelecido:

i) Entre a(s) entidade(s) patronal(ais) e o(s) trabalhador(es) por conta de outrem ou entre os respectivos representantes; ou

ii) Com trabalhadores por conta própria, segundo a legislação do Estado membro de acolhimento;

e) «Instituição de realização de planos de pensões profissionais» uma instituição, independentemente da sua forma jurídica, que funcione em regime de capitalização, distinta de qualquer entidade promotora ou de um ramo de actividade, e que tenha por objecto assegurar prestações de reforma no contexto de uma actividade profissional com base num plano de pensões profissional;

f) «Entidade promotora» qualquer empresa ou organismo, independentemente de incluir ou de ser composto por uma ou várias pessoas singulares ou colectivas, que actue na qualidade de entidade patronal ou em qualidade independente, ou numa combinação destas duas qualidades, e que contribua para uma instituição de realização de planos de pensões profissionais;

g) «Prestações de reforma» as prestações que tomam como referência o momento em que é atingida ou se prevê que seja atingida a reforma ou, quando complementares e acessórias das referidas prestações, que assumem a forma de pagamentos por morte, invalidez ou cessação de emprego ou de pagamentos ou de serviços a título de assistência em caso de doença, indigência ou morte.

ART. 83.º (Gestão de planos de pensões profissionais noutros Estados membros) – A aceitação, por uma entidade gestora de fundos de pensões, de contribuições de entidades promotoras cujos planos de pensões profissionais sejam constituídos ao abrigo da legislação de outro Estado membro está sujeita ao processo de autorização previsto no capítulo seguinte.

ART. 84.º (Gestão de planos de pensões profissionais nacionais) – A gestão de planos de pensões profissionais nacionais por instituições de realização de planos de pensões profissionais de outros Estados membros depende do processo de informação previsto no capítulo III.

926 [DL n.º 12/2006]

SEGUROS E FUNDOS DE PENSÕES

CAPÍTULO II — Autorização da gestão de planos de pensões profissionais noutros Estados membros

ART. 85.º (Autorização pelo Instituto de Seguros de Portugal) – 1 – Compete ao Instituto de Seguros de Portugal a autorização prévia da faculdade de as entidades gestoras de fundos de pensões aceitarem contribuições de entidades promotoras cujos planos de pensões profissionais sejam constituídos ao abrigo da legislação de outro Estado membro.

2 – Para a aquisição da faculdade prevista no número anterior, a entidade gestora interessada deve notificar o Instituto de Seguros de Portugal da sua intenção, informando-o de qual o Estado membro de acolhimento, da designação da entidade promotora e das principais características do plano de pensões a gerir.

3 – Quando o Instituto de Seguros de Portugal seja notificado nos termos do número anterior, comunica à autoridade competente do Estado membro de acolhimento, no prazo de três meses a contar da recepção daquela notificação, as informações previstas no mesmo número, salvo se considerar que a estrutura administrativa ou a situação financeira da entidade gestora ou a idoneidade e competência e experiência profissionais dos respectivos gestores não sejam compatíveis com as operações propostas.

4 – O Instituto de Seguros de Portugal informa a entidade gestora da comunicação ou da decisão de não aptidão prevista no número anterior no prazo de 15 dias a contar das mesmas.

ART. 86.º (Início da gestão do plano de pensões) – 1 – A entidade gestora de fundos de pensões só pode iniciar a gestão do plano de pensões após ter recebido do Instituto de Seguros de Portugal a informação comunicada pela autoridade competente do Estado membro de acolhimento sobre:

a) As disposições da legislação social e laboral relevantes em matéria de pensões profissionais nos termos das quais deve ser gerido o plano de pensões;

b) Os requisitos e procedimentos de informação aplicáveis; e

c) Se for caso disso, os limites ao investimento do fundo de pensões, de acordo com o disposto no n.º 7 do artigo 18.º da Directiva n.º 2003/41/CE, do Parlamento Europeu e do Conselho, de 3 de Junho, podendo, para este efeito, a autoridade competente do Estado membro de acolhimento solicitar ao Instituto de Seguros de Portugal a autonomização dos activos e responsabilidades adstritos ao cumprimento do plano de pensões.

2 – Após a recepção da informação referida no número anterior, ou na falta dela no prazo de dois meses a contar da recepção da comunicação prevista no n.º 4 do artigo anterior, a entidade gestora encontra-se autorizada a iniciar a gestão do plano de pensões no Estado membro de acolhimento, de acordo com as disposições e regras referidas no número anterior.

3 – O Instituto de Seguros de Portugal comunica à entidade gestora as alterações à informação inicialmente prestada que venha a receber da autoridade competente do Estado membro de acolhimento.

ART. 87.º (Cumprimento do ordenamento jurídico relevante do Estado membro de acolhimento) – 1 – A gestão de planos de pensões profissionais prevista no presente capítulo cumpre as disposições legais e as regras de informação previstas nas alíneas *a)* e *b)* do n.º 1 e no n.º 3 do artigo anterior, estando sujeita, nessa medida, à supervisão da autoridade competente do Estado membro de acolhimento.

2 – Quando, em resultado da supervisão prevista no número anterior, a autoridade competente do Estado membro de acolhimento dê conhecimento ao Instituto de Seguros de Portugal da existência de irregularidades no cumprimento das disposições da legislação social e laboral e dos requisitos de informação previstos nos n.º 1 do artigo anterior, este, em coordenação com aquela, toma as medidas necessárias para assegurar que a entidade gestora de fundos de pensões lhes ponha cobro, podendo, se necessário, restringir ou proibir a entidade gestora de gerir o plano de pensões em causa.

3 – Se, não obstante as medidas tomadas nos termos do número anterior, ou na sua falta, o incumprimento das disposições da legislação social e laboral persistir, a autoridade competente do Estado membro de acolhimento, após informar o Instituto de Seguros de Portugal, e, sem prejuízo dos poderes que a este caibam no caso, pode tomar as medidas adequadas para prevenir ou sancionar novas irregularidades, incluindo, na medida do estritamente necessário, a proibição de a entidade gestora gerir o plano de pensões em causa.

ART. 88.º (Cobertura das responsabilidades) – 1 – A gestão de um plano de pensões profissional noutro Estado membro implica que seja assegurada a cobertura integral e a todo o momento das responsabilidades respectivas, podendo o Instituto de Seguros de Portugal, nomeadamente a pedido da autoridade competente do Estado membro de acolhimento, exigir, para esse efeito, a autonomização dos activos e responsabilidades adstritos ao cumprimento do plano de pensões.

2 – Se, nomeadamente na sequência da autonomização prevista no número anterior, se verificar que o fundo, relativamente ao plano de pensões do outro Estado membro, não assegura a cobertura integral e a todo o momento das responsabilidades respectivas, são aplicáveis ao fundo as medidas de saneamento previstas no presente diploma, com excepção da possibilidade de apresentação de um plano de financiamento.

3 – O Instituto de Seguros de Portugal comunica à autoridade competente do Estado membro de acolhimento a aplicação de qualquer medida tomada nos termos do número anterior.

4 – Caso a situação de subfinanciamento não seja resolvida, o Instituto de Seguros de Portugal revoga a autorização concedida para a gestão do plano de pensões profissional.

FUNDOS DE PENSÕES [DL n.º 12/2006] 927

CAPÍTULO III — Informação das disposições relevantes nacionais para a gestão de planos de pensões profissionais nacionais

ART. 89.º (Procedimento de informação) – 1 – Quando o Instituto de Seguros de Portugal seja notificado devidamente da intenção de uma instituição de realização de planos de pensões profissionais de outro Estado membro gerir planos de pensões profissionais nacionais, informa a respectiva autoridade competente, no prazo de dois meses a contar da recepção daquela notificação, sobre os elementos referidos no n.º 1 do artigo 86.º.

2 – O Instituto de Seguros de Portugal comunica à autoridade competente do Estado membro de origem qualquer alteração relevante à informação inicialmente prestada nos termos do número anterior.

ART. 90.º (Procedimento de supervisão) – 1 – O Instituto de Seguros de Portugal supervisiona o cumprimento, pela instituição de realização de planos de pensões profissionais, das regras referidas nas alíneas *a)* e *b)* do n.º 1 do artigo 86.º.

2 – Se, no âmbito da supervisão prevista no número anterior, o Instituto de Seguros de Portugal detectar irregularidades no cumprimento, pela instituição de realização de planos de pensões profissionais, quer das disposições sociais e laborais nacionais em matéria de planos de pensões profissionais quer das regras e procedimentos de informação aplicáveis à gestão de planos de pensões nacionais, deve delas dar conhecimento à autoridade competente do Estado membro de origem, podendo sugerir a aplicação das medidas que considere necessárias para pôr cobro às irregularidades detectadas.

3 – Se, não obstante o previsto no número anterior, o incumprimento das disposições sociais e laborais nacionais em matéria de planos de pensões profissionais persistir, o Instituto de Seguros de Portugal pode, após informar a autoridade competente do Estado membro de origem, tomar medidas adequadas para prevenir ou sancionar novas irregularidades, incluindo, na medida do estritamente necessário, a proibição da gestão do plano de pensões profissional em causa pela instituição de realização de planos de pensões profissionais.

ART. 91.º (Autonomização) – O Instituto de Seguros de Portugal pode solicitar à autoridade competente do Estado membro de origem a autonomização dos activos e responsabilidades da instituição de realização de planos de pensões profissionais relativos à gestão do plano de pensões nacional, para efeitos da verificação, seja da cobertura integral e a todo o momento das responsabilidades respectivas, de acordo com o mínimo de solvência estabelecido nos termos do presente decreto-lei, seja do cumprimento das regras de investimento referidas no n.º 1 do artigo 86.º.

TÍTULO VIII — SUPERVISÃO

ART. 92.º (Supervisão pelo Instituto de Seguros de Portugal) – 1 – Compete ao Instituto de Seguros de Portugal a supervisão dos fundos de pensões constituídos ao abrigo do presente decreto-lei, bem como das respectivas entidades gestoras, incluindo a actividade transfronteiriça.

2 – O disposto no número anterior não prejudica os poderes de supervisão atribuídos à Comissão do Mercado de Valores Mobiliários em matéria de comercialização de contratos de adesão individual a fundos de pensões.

– As entidades para as quais sejam transferidas, nos termos do presente decreto-lei, funções que influenciem a situação financeira dos fundos de pensões referidos no número anterior, ou sejam, de alguma forma, relevantes para a sua supervisão eficaz, ficam sujeitas à supervisão do Instituto de Seguros de Portugal, na medida dessa relevância, sendo-lhes aplicável, com as devidas adaptações, o previsto nos artigos seguintes, incluindo o disposto em matéria de inspecções.

– Os depositários dos activos dos fundos de pensões ficam igualmente sujeitos à supervisão do Instituto de Seguros de Portugal no que respeita ao cumprimento do disposto no presente diploma, podendo o Instituto de Seguros de Portugal, quando necessário à salvaguarda dos interesses dos participantes e beneficiários, restringir ou vedar-lhes a livre disponibilidade dos activos dos fundos de pensões depositados nas suas instituições.

– Caso as entidades previstas nos números anteriores se encontrem sujeitas genericamente à supervisão do Banco de Portugal ou da Comissão do Mercado de Valores Mobiliários, estas autoridades fornecem ao Instituto de Seguros de Portugal toda a colaboração e informação necessárias ao exercício por este das suas funções de supervisão.

– O Instituto de Seguros de Portugal é ainda a autoridade competente para o exercício da supervisão das sociedades gestoras de participações sociais que detenham participações em sociedades gestoras de fundos de pensões, nos termos previstos no artigo 157.º-B do Decreto-Lei n.º 94-B/98, de 17 de Abril.

– Ao Instituto de Seguros de Portugal é conferida legitimidade processual para requerer judicialmente a declaração de nulidade ou anulação dos negócios nulos ou anuláveis celebrados pelas entidades gestoras com prejuízo dos participantes e ou beneficiários dos fundos de pensões.

ART. 93.º (Poderes de supervisão) – 1 – No exercício das funções de supervisão referidas no artigo anterior, o Instituto de Seguros de Portugal dispõe de poderes e meios para:

a) Verificar a conformidade técnica, financeira e legal da actividade dos fundos de pensões e das respectivas entidades gestoras sob sua supervisão;

b) Obter informações pormenorizadas sobre a situação dos fundos de pensões e das respectivas entidades gestoras e o conjunto das suas actividades, através, nomeadamente, da recolha de dados, da exigência de docu-

928 [DL n.º 12/2006]   SEGUROS E FUNDOS DE PENSÕES

mentos relativos ao exercício das actividades relacionadas com os fundos de pensões ou de inspecções a efectuar nas instalações das empresas;

c) Adoptar, em relação às entidades gestoras de fundos de pensões, seus dirigentes responsáveis ou pessoas
que as controlam, todas as medidas adequadas e necessárias não só para garantir que as suas actividades observam as disposições legais e regulamentares que lhes são aplicáveis, como também para evitar ou eliminar
qualquer irregularidade que possa prejudicar os interesses dos participantes e beneficiários;

d) Garantir a aplicação efectiva das medidas referidas na alínea anterior, se necessário mediante recurso às
instâncias judiciais;

e) Exercer as demais funções e atribuições previstas no presente decreto-lei e legislação e regulamentação
complementares.

2 – Nos termos de regulamentação a emitir pelo Instituto de Seguros de Portugal, as entidades gestoras de
fundos de pensões enviam-lhe periodicamente a documentação necessária para efeitos de supervisão, incluindo os documentos estatísticos.

3 – No exercício das suas funções de supervisão, o Instituto de Seguros de Portugal emite instruções e recomendações para que sejam sanadas as irregularidades detectadas.

4 – Sempre que as entidades gestoras de fundos de pensões não cumpram, em prejuízo dos interesses dos
participantes e beneficiários, as instruções e recomendações referidas no número anterior, o Instituto de Seguros de Portugal pode, consoante a gravidade da situação, restringir ou proibir-lhes o exercício da actividade de
gestão de fundos de pensões.

ART. 94.º (Medidas de saneamento das entidades gestoras) – 1 – Sem prejuízo do disposto no artigo 47.º,
quando verificada uma situação de insuficiência da margem de solvência das sociedades gestoras de fundos de
pensões, o Instituto de Seguros de Portugal, caso necessário ou adequado à salvaguarda dos interesses dos
participantes ou beneficiários, pode, isolada ou cumulativamente:

a) Restringir ou proibir a livre utilização dos activos da sociedade gestora, sendo aplicável, com as devidas
adaptações, o previsto no artigo 114.º do Decreto-Lei n.º 94-B/98, de 17 de Abril;

b) Designar gestores provisórios da sociedade gestora, nos termos, com as devidas adaptações, do previsto
no artigo 117.º do Decreto-Lei n.º 94-B/98, de 17 de Abril.

2 – Para além das medidas referidas no número anterior, e isolada ou cumulativamente com qualquer dessas medidas, o Instituto de Seguros de Portugal pode, nomeadamente nos casos em que a gestão do fundo ou
fundos de pensões não ofereça garantias de actividade prudente, e tendo em vista a protecção dos interesses
dos participantes ou beneficiários e a salvaguarda das condições normais do funcionamento do mercado, determinar, no prazo que fixar e no respeito pelo princípio da proporcionalidade, a aplicação às entidades gestoras de fundos de pensões de alguma ou de todas as seguintes providências de saneamento:

a) Restrições ao exercício da actividade de gestão de fundos de pensões, designadamente a constituição de
novos ou de determinados fundos de pensões;

b) Proibição ou limitação da distribuição de dividendos e ou de resultados;

c) Sujeição de certas operações ou actos à aprovação prévia do Instituto de Seguros de Portugal;

d) Suspensão ou destituição de titulares de órgãos sociais da empresa;

e) Encerramento e selagem de estabelecimentos.

3 – Verificando-se que, com as providências de recuperação e saneamento adoptadas, não é possível recuperar a empresa, deve ser revogada a autorização para o exercício da actividade de gestão de fundos de pensões.

ART. 95.º (Publicidade das decisões do Instituto de Seguros de Portugal) – 1 – O Instituto de Seguros de
Portugal noticia em dois jornais diários de ampla difusão as decisões previstas nos artigos anteriores que sejam
susceptíveis de afectar os direitos preexistentes de terceiros que não o próprio fundo ou a entidade gestora de
fundos de pensões.

2 – As decisões do Instituto de Seguros de Portugal previstas nos artigos anteriores são aplicáveis independentemente da sua publicação e produzem todos os seus efeitos em relação aos credores.

3 – Em derrogação do previsto no n.º 1, quando as decisões do Instituto de Seguros de Portugal afectem
exclusivamente os direitos dos accionistas ou dos empregados das entidades gestoras enquanto empresas, o
Instituto notifica-os das mesmas por carta registada a enviar para o respectivo último domicílio conhecido.

ART. 96.º (Sanções) – 1 – As contra-ordenações previstas e punidas nos termos das alíneas *a)* a *g)* do artigo
212.º, *a)* a *j)*, *m)* e *n)* do artigo 213.º e *a)* a *g)* do artigo 214.º do Decreto-Lei n.º 94-B/98, de 17 de Abril, são
aplicáveis à actividade de gestão de fundos de pensões.

2 – É igualmente aplicável à actividade de gestão de fundos de pensões o regime contra-ordenacional do
Decreto-Lei n.º 94-B/98, de 17 de Abril.

TÍTULO IX — **DISPOSIÇÕES FINAIS E TRANSITÓRIAS**

ART. 97.º (Direito subsidiário) – Os fundos de pensões e respectivas entidades gestoras regulam-se, nos
aspectos não previstos no presente decreto-lei, pelas normas aplicáveis à actividade seguradora.

FUNDOS DE PENSÕES [DL n.º 12/2006] 929

ART. 98.º (Norma revogatória) – 1 – É revogado o Decreto-Lei n.º 475/99, de 9 de Novembro, alterado pelo Decreto-Lei n.º 292/2001, de 20 de Novembro, e pelo artigo 4.º do Decreto-Lei n.º 251/2003, de 14 de Outubro.

2 – Mantêm-se em vigor, enquanto não forem substituídas, as disposições das normas regulamentares já emitidas pelo Instituto de Seguros de Portugal.

ART. 99.º (Disposições transitórias) – 1 – Relativamente aos fundos de pensões já constituídos, as entidades gestoras devem, no prazo máximo de nove meses a contar da data fixada no n.º 1 do artigo seguinte:

a) Prover ao início de funções da comissão de acompanhamento do plano de pensões e do provedor dos participantes e beneficiários, previstos, respectivamente, nos artigos 53.º e 54.º, disso dando conhecimento aos respectivos participantes e beneficiários, bem como ao Instituto de Seguros de Portugal;

b) Alterar os contratos de gestão de fundos de pensões fechados, os regulamentos de gestão dos fundos de pensões abertos e as respectivas adesões, de modo a dar cumprimento às disposições do presente decreto-lei;

c) Informar os participantes de fundos de pensões fechados e de adesões colectivas a fundos de pensões abertos sobre os elementos referidos no n.º 1 do artigo 60.º, aquando do cumprimento, pela primeira vez, do disposto no n.º 4 do artigo 61.º.

2 – Até que esteja concluída a transposição para o direito português da Directiva n.º 2002/92/CE, do Parlamento Europeu e do Conselho, de 9 de Dezembro, relativa à mediação de seguros, e sem prejuízo do que de tal transposição resultar, as entidades legalmente autorizadas a comercializar produtos do ramo «Vida» podem comercializar unidades de participação de fundos de pensões abertos.

ART. 100.º (Entrada em vigor) – 1 – O presente decreto-lei entra em vigor no dia seguinte ao da sua publicação.

2 – Sem prejuízo do disposto no artigo anterior, o presente decreto-lei aplica-se aos fundos de pensões que venham a constituir-se após a sua entrada em vigor, bem como àqueles que nessa data já se encontrem constituídos, salvo na medida em que da sua aplicação resulte diminuição ou extinção de direitos ou expectativas adquiridas ao abrigo da legislação anterior.

3 – O financiamento de planos de benefícios de saúde nos termos do presente decreto-lei depende da entrada em vigor da regulamentação do Instituto de Seguros de Portugal prevista no n.º 8 do artigo 5.º, a qual, para as entidades gestoras que o requeiram, pode fazer depender do cumprimento de requisitos específicos adequados a extensão aos fundos de pensões financiadores de planos de benefícios de saúde da autorização para a gestão de fundos de pensões.

CAP. XI
CLASSIFICAÇÃO DAS ACTIVIDADES ECONÓMICAS E DAS EMPRESAS

11.1. CLASSIFICAÇÃO DE ACTIVIDADES ECONÓMICAS – Rev. 3

Decreto-Lei n.º 381/2007
de 14 de Novembro

ART. 1.º (Objecto) – O presente decreto-lei estabelece a Classificação Portuguesa de Actividades Económicas, Revisão 3, adiante designada por CAE – Rev. 3, que constitui o quadro comum de classificação de actividades económicas a adoptar a nível nacional.

ART. 2.º (Estrutura) – A CAE – Rev. 3, constante do anexo do presente decreto-lei, que dele faz parte integrante, apresenta a seguinte estrutura:

a) Secções (primeiro nível), que identificam as rubricas através de um código alfabético;
b) Divisões (segundo nível), que identificam as rubricas através de um código de dois dígitos;
c) Grupos (terceiro nível), que identificam as rubricas através de um código de três dígitos;
d) Classes (quarto nível), que identificam as rubricas através de um código de quatro dígitos;
e) Subclasses (quinto nível), que identificam as rubricas através de um código de cinco dígitos.

Na presente edição omite-se a publicação do *Anexo* a que se refere este artigo, porquanto o Instituto dos Registos e do Notariado disponibiliza-a no seu *site*, em www.irn.mj.pt.

ART. 3.º (Aplicação) – 1 – A CAE – Rev. 3 é adoptada de acordo com o programa geral de aplicação, aprovado pelo Conselho Superior de Estatística (CSE).

2 – O Instituto Nacional de Estatística (INE) promove, imediatamente após a entrada em vigor do presente decreto-lei, a divulgação do programa geral de aplicação e assegura as acções necessárias à transição para a CAE – Rev. 3.

ART. 4.º (Tabelas de equivalência) – 1 – O CSE aprova as tabelas de equivalência entre a CAE – Rev. 2.1 e a CAE – Rev. 3 e entre a CAE – Rev. 3 e a CAE – Rev. 2.1, elaboradas pelo INE.

2 – O INE assegura a disponibilização de tabelas de equivalência entre a CAE – Rev. 3 e as classificações de actividades económicas das organizações internacionais, em especial da União Europeia e das Nações Unidas.

3 – O INE promove a difusão e a divulgação das tabelas de equivalência e assegura a sua aplicação coordenada.

ART. 5.º (Gestão e coordenação) – 1 – O CSE assegura, dentro do âmbito das suas competências, a gestão e a coordenação da CAE – Rev. 3.

2 – O INE assegura a difusão e a divulgação da CAE – Rev. 3 e dinamiza as orientações aprovadas pelo CSE sobre esta classificação.

ART. 6.º (Norma revogatória) – É revogado o Decreto-Lei n.º 197/2003, de 27 de Agosto.

ART. 7.º (Entrada em vigor) – A CAE – Rev. 3 entra em vigor em 1 de Janeiro de 2008.

CERTIFICAÇÃO DE PMEs   [DL n.º 372/2007]   931

11.2. CERTIFICAÇÃO DE PMEs

Decreto-Lei n.º 372/2007

de 6 de Novembro (*)

ART. 1.º (Objecto) – 1 – É criada a certificação por via electrónica de micro, pequena e média empresas, adiante designadas por PME.

2 – A certificação referida no número anterior permite aferir o estatuto de PME de qualquer empresa interessada em obter tal qualidade.

3 – A certificação é efectuada exclusivamente através do formulário electrónico transmitido através da Internet, não sendo admissível a submissão dos dados necessários ao seu preenchimento por outra via.

ART. 2.º (Definição de PME) – Para efeitos do presente decreto-lei, a definição de PME, bem como os conceitos e critérios a utilizar para aferir o respectivo estatuto, constam do seu anexo, que dele faz parte integrante, e correspondem aos previstos na Recomendação n.º 2003/361/CE, da Comissão Europeia, de 6 de Maio.

A classificação por dimensão das empresas baseia-se em critérios internacionais:

– Até 2004, a classificação tem por base a Recomendação da Comissão Europeia de 3 de Abril de 1996 relativa à definição de pequenas e médias empresas, que estabelece que as empresas a incluir neste conceito terão menos de 250 trabalhadores e um volume de negócios que não excede 40 milhões de euros ou um activo que não excede 27 milhões de euros. São, por sua vez, classificadas como grandes empresas, as que não verificam as condições anteriores.

– A partir de 2005 (inclusive), a classificação baseia-se na Recomendação da Comissão Europeia de 6 de Maio de 2003 relativa à definição de micro, pequenas e médias empresas (que substituiu a anterior). Com base nesta Recomendação, são classificadas como pequenas e médias empresas as que tiverem menos de 250 trabalhadores e um volume de negócios que não exceda 50 milhões de euros ou um activo que não exceda 43 milhões de euros. Complementarmente, são classificadas como grandes empresas as que não verificam as condições anteriores.

ART. 3.º (Âmbito) – 1 – A certificação de PME, nos termos do presente decreto-lei, é aplicável às empresas que exerçam a sua actividade nas áreas sob tutela do Ministério da Economia e da Inovação (MEI) e que necessitem de apresentar e comprovar o estatuto de PME no âmbito dos procedimentos administrativos para cuja instrução ou decisão final seja legalmente ou regulamentarmente exigido.

2 – Decorrido o prazo de um ano a contar da entrada em vigor do presente decreto-lei, a certificação de PME é igualmente aplicável às empresas interessadas, que exerçam a sua actividade em áreas não tuteladas pelo MEI.

3 – A utilização da certificação de PME prevista no presente decreto-lei é obrigatória para todas as entidades envolvidas em procedimentos que exijam o estatuto de PME, designadamente as seguintes:

a) Os serviços da administração directa do Estado;

b) Os organismos da administração indirecta do Estado;

c) Sector empresarial do Estado;

d) Entidades administrativas independentes e da administração autónoma do Estado;

e) As entidades de direito privado que celebraram contratos ou protocolos com serviços e organismos do Estado neste âmbito.

ART. 4.º (Competência) – A certificação prevista no presente decreto-lei compete ao IAPMEI, I. P., o qual disponibiliza os formulários electrónicos no seu portal na Internet – www.iapmei.pt, garantindo a sua fiabilidade e segurança.

ART. 5.º (Objectivos da certificação) – A certificação prevista no presente decreto-lei visa, designadamente:

a) Simplificar e acelerar o tratamento administrativo dos processos nos quais se requer o estatuto de micro, pequena e média empresa;

b) Permitir maior transparência na aplicação da definição PME no âmbito dos diferentes apoios concedidos pelas entidades públicas;

c) Permitir a participação das PME nos diferentes programas comunitários e garantir uma informação adequada às entidades interessadas no que respeita à aplicação da definição PME;

d) Garantir que as medidas e apoios destinados às PME se apliquem apenas às empresas que comprovem esta qualidade;

e) Permitir uma certificação multiuso, durante o seu prazo de validade, em diferentes serviços e com distintas finalidades.

ART. 6.º (Procedimento para a certificação) – 1 – Os interessados na certificação PME formulam o seu pedido através do formulário disponibilizado electronicamente pelo IAPMEI, I. P., devendo para o efeito fornecer toda a informação solicitada para o seu preenchimento, designadamente:

(*) Alterado pelo **DL n.º 143/2009**, de 16-6 (arts. 6.º e 9.º).

932   [DL n.º 372/2007]   CLASSIFICAÇÃO DAS ACTIVIDADES ECONÓMICAS E DAS EMPRESAS

a) A identificação da empresa, com os seguintes dados:
 i) Nome ou designação social;
 ii) Endereço da sede social;
 iii) Número de contribuinte;
 iv) Número de identificação da segurança social;
 v) Actividade classificada de acordo com a Classificação Portuguesa das Actividades Económicas;
 vi) Nome e título do responsável pelo preenchimento do formulário e pelo fornecimento dos dados;

b) Tipo de empresa: empresa autónoma, empresa parceira ou empresa associada, nos termos definidos no anexo ao presente decreto-lei, com indicação de eventual alteração de dados relativamente ao exercício contabilístico anterior, susceptível de implicar mudança de categoria da empresa requerente;

c) Dados para determinar a categoria da empresa, com informação, relativa ao período de referência, referente aos efectivos, ao volume de negócios e ao balanço total, nos termos definidos no anexo ao presente decreto-lei;

d) Dados relativos às empresas, investidores e outras entidades relacionadas directa ou indirectamente com a empresa, nos termos definidos no anexo ao presente decreto-lei.

2 – No caso das empresas constituídas recentemente ou cujo pedido de certificação foi efectuado dentro do período legalmente previsto para encerramento das contas do exercício, os valores a considerar no pedido serão objecto de uma estimativa de boa fé baseada no respectivo exercício.

3 – A estimativa efectuada nos termos do número anterior deve ser confirmada ou alterada com a introdução no formulário electrónico dos valores definitivos, 20 dias úteis após o prazo legalmente previsto para o encerramento das contas do exercício.

4 – No caso das empresas que se encontrem legalmente obrigadas a elaborar contas consolidadas são considerados os dados que resultam da consolidação.

5 — No caso de uma empresa verificar, na data de encerramento das respectivas contas, que ficou aquém ou que superou, pela primeira vez e numa base anual, o limiar de efectivos ou os limiares financeiros previstos para a sua categoria, e desde que, com base numa estimativa de boa fé, preveja que, no exercício seguinte, se vai verificar situação idêntica, pode essa empresa apresentar uma declaração com vista à determinação imediata da aquisição ou da perda da qualidade de micro, pequena ou média empresa.

6 — Nas situações previstas no número anterior é aplicável o disposto no n.º 3.

ART. 7.º (Decisão) – 1 – A decisão sobre o pedido de certificação, ou da sua renovação, é disponibilizada aos interessados, via electrónica, através da Internet, imediatamente após a conclusão do preenchimento integral do formulário electrónico.

2 – A decisão de certificação conferida com recurso a estimativas cujos dados definitivos não se confirmem implica a alteração da decisão proferida anteriormente, a qual é disponibilizada imediatamente, via electrónica, após introdução da informação definitiva.

3 – A entidade certificadora pode solicitar aos requerentes informações complementares e proceder, por si ou por quem para o efeito designe, às averiguações e inquirições que se mostrem necessárias e adequadas para confirmar o estatuto atribuído.

4 – A entidade certificadora pode incluir na certificação condições adicionais desde que necessárias para assegurar o cumprimento das disposições legais aplicáveis.

5 – A certificação tem o prazo de validade de um ano após a data de encerramento das contas do exercício, considerando o limite legal para o respectivo encerramento.

ART. 8.º (Recusa de certificação) – A certificação é objecto de recusa, com informação imediata prestada por via electrónica, sempre que:

a) O pedido não esteja instruído com todas as informações solicitadas no formulário electrónico disponibilizado;

b) A instrução do pedido enferme de inexactidões ou falsidades;

c) A entidade certificadora não considere demonstrados alguns dos dados fornecidos pelo requerente.

ART. 9.º (Revogação e caducidade da certificação) – 1 – A certificação caduca quando, findo o prazo de validade, não tenha sido objecto de renovação.

2 – A certificação é revogada, sem prejuízo de outras sanções aplicáveis nos termos da lei, quando se verifique alguma das seguintes situações:

a) Verificação da existência de falsas declarações ou outros expedientes ilícitos na sua obtenção;

b) Cessação da actividade da empresa;

c) Verificação de irregularidades graves na administração, organização ou gestão da requerente ou de prática de actos ilícitos que lesem ou ponham em perigo a confiança do público na certificação;

d) Declaração, por sentença judicial, de empresa insolvente ou julgada responsável por insolvência de empresa por ela dominada ou de empresa de cujos órgãos de administração ou fiscalização tenha sido membro;

e) Verificação de alterações nas empresas certificadas, nomeadamente as previstas no artigo 13.º deste decreto-lei, caso as mesmas não sejam comunicadas à entidade certificadora, no prazo de 30 dias úteis.

f) Verificação da não introdução dos valores definitivos no prazo previsto, ou total discrepância entre os valores introduzidos e os valores definitivos, em caso de certificação efectuada com recurso a estimativas;

CERTIFICAÇÃO DE PMEs   [DL n.º 372/2007] 933

g) Ausência de resposta do interessado, no prazo de 30 dias úteis, ao pedido de informações complementares realizado pela entidade certificadora;

h) Ausência de resposta do interessado, no prazo de 30 dias úteis, às questões colocadas pela entidade certificadora na sequência de averiguação ou de inquirição.

3 – A revogação da certificação compete à entidade certificadora, em decisão fundamentada que é notificada, por via electrónica, à empresa requerente e a todas as entidades que procederam à consulta daquele registo, no prazo de oito dias úteis.

4 – A revogação da certificação é inscrita no registo a que se refere o n.º 1 do artigo 10.º.

5 – A revogação da certificação pelo motivo referido na alínea *a)* do n.º 2 determina a impossibilidade, pelo período de um ano, de a empresa requerente obter nova certificação nos termos do presente decreto-lei.

ART. 10.º (Consulta da certificação pelo titular e por entidades autorizadas) – 1 – A certificação PME é inscrita num registo electrónico a efectuar pelo IAPMEI, I. P., através da Internet.

2 – A comprovação da certificação é prestada aos titulares dos dados fornecidos, bem como a quaisquer entidades, no âmbito de procedimentos administrativos para cuja instrução ou decisão final seja legalmente ou regulamentarmente exigida a apresentação e comprovação do estatuto PME, designadamente as referidas no n.º 3 do artigo 3.º.

3 – A disponibilização de dados às entidades indicadas no número anterior contempla toda a informação prestada pelo titular dos dados fornecidos sem necessidade do seu consentimento para o efeito.

4 – Para comprovar a certificação PME, as entidades referidas devem requerer ao IAPMEI, I. P., uma senha de utilização.

5 – O IAPMEI, I. P., deve assegurar a existência de um registo das consultas efectuadas nos termos do presente artigo, que identifique a data e a entidade que a efectuou.

6 – É conferido ao titular dos dados o direito de acesso ao registo das consultas realizadas nos termos do presente artigo.

ART. 11.º (Consulta da certificação por outras entidades) – 1 – A consulta simples da certificação de PME, em que é apenas prestada informação respeitante a esta qualidade, estando vedada a divulgação de qualquer outra informação relativa aos titulares dos dados, é disponibilizada pelo IAPMEI, I. P., através da Internet, a todos os interessados nessa informação, mediante identificação prévia.

2 – A consulta prevista no número anterior depende do consentimento prestado, de forma expressa e inequívoca, pelo titular dos dados no sítio da Internet da certificação PME.

3 – O consentimento prestado nos termos do número anterior pode ser revogado a todo o tempo pelo titular dos dados através dos meios disponibilizados no sítio da Internet referido.

4 – À consulta prevista no presente artigo são aplicáveis as disposições constantes dos n.ᵒˢ 5 e 6 do artigo anterior.

ART. 12.º (Anomalias no processo de certificação) – Se por qualquer motivo deixarem de estar preenchidas as condições necessárias ao normal funcionamento do processo de certificação, este mantém-se suspenso por prazo a fixar pela entidade certificadora.

ART. 13.º (Comunicação de alterações) – As empresas certificadas devem comunicar, através do formulário electrónico, à entidade certificadora, no prazo de 30 dias úteis, as alterações à sua situação relativas a:

a) Elementos de identificação da empresa, nomeadamente designação social, objecto e local da sede;

b) Relações relevantes da empresa com outras empresas, parceiras ou associadas, quando se trate de uma alteração susceptível de modificar o estatuto de PME;

c) Aquisições ou alienações de capital ou participações sociais;

d) Estrutura de gestão ou de administração e dos poderes dos respectivos órgãos;

e) Cisão, fusão ou dissolução.

ART. 14.º (Protecção de dados) – 1 – A entidade certificadora só pode coligir dados pessoais necessários ao exercício das suas actividades e obtê-los directamente dos interessados na titularidade da certificação PME, ou de terceiros junto dos quais aqueles autorizem a sua colecta.

2 – Os dados fornecidos pelos interessados e coligidos pela entidade certificadora não poderão ser utilizados para outra finalidade que não sejam as indicadas no artigo 5.º do presente decreto-lei, salvo se outro uso for consentido expressamente por lei ou pelo interessado.

3 – A entidade certificadora respeitará as normas legais vigentes sobre a protecção de dados pessoais e sobre a protecção da privacidade no sector das telecomunicações, bem como assegurará a salvaguarda da confidencialidade das informações obtidas.

ART. 15.º (Norma revogatória) – São revogados os Despachos Normativos n.ᵒˢ 52/87, de 24 de Junho, e 38/88, de 16 de Maio.

ANEXO

ART. 1.º (Empresa) – Entende-se por empresa qualquer entidade que, independentemente da sua forma jurídica, exerce uma actividade económica. São, nomeadamente, consideradas como tal as entidades que exer-

934 [DL n.º 372/2007]   CLASSIFICAÇÃO DAS ACTIVIDADES ECONÓMICAS E DAS EMPRESAS

cem uma actividade artesanal ou outras actividades a título individual ou familiar, as sociedades de pessoas ou as associações que exercem regularmente uma actividade económica.

ART. 2.º **(Efectivos e limiares financeiros que definem as categorias de empresas)** – 1 – A categoria das micro, pequenas e médias empresas (PME) é constituída por empresas que empregam menos de 250 pessoas e cujo volume de negócios anual não excede 50 milhões de euros ou cujo balanço total anual não excede 43 milhões de euros.

2 – Na categoria das PME, uma pequena empresa é definida como uma empresa que emprega menos de 50 pessoas e cujo volume de negócios anual ou balanço total anual não excede 10 milhões de euros.

3 – Na categoria das PME, uma micro empresa é definida como uma empresa que emprega menos de 10 pessoas e cujo volume de negócios anual ou balanço total anual não excede 2 milhões de euros.

ART. 3.º **(Tipos de empresas tomadas em consideração no que se refere ao cálculo dos efectivos e dos montantes financeiros)** – 1 – Entende-se por «empresa autónoma» qualquer empresa que não é qualificada como empresa parceira na acepção do n.º 2 ou como empresa associada na acepção do n.º 3.

2 – Entende-se por «empresas parceiras» todas as empresas que não são qualificadas como empresas associadas na acepção do n.º 3, e entre as quais existe a seguinte relação: uma empresa (empresa a montante) detém, sozinha ou em conjunto com uma ou várias empresas associadas na acepção do n.º 3, 25 % ou mais do capital ou dos direitos de voto de outra empresa (empresa a jusante).

No entanto, uma empresa pode ser qualificada como autónoma, não tendo, portanto, empresas parceiras, ainda que o limiar de 25% seja atingido ou ultrapassado, quando se estiver em presença dos seguintes investidores, desde que estes não estejam, a título individual ou em conjunto, associados, na acepção do n.º 3, à empresa em causa:

a) Sociedades públicas de participação, sociedades de capital de risco, pessoas singulares ou grupos de pessoas singulares que tenham uma actividade regular de investimento em capital de risco (business angels) e que invistam fundos próprios em empresas não cotadas na bolsa, desde que o total do investimento dos ditos business angels numa mesma empresa não exceda € 1 250 000;

b) Universidades ou centros de investigação sem fins lucrativos;

c) Investidores institucionais, incluindo fundos de desenvolvimento regional;

d) Autoridades locais e autónomas com um orçamento anual inferior a 10 milhões de euros e com menos de 5000 habitantes.

3 – Entende-se por «empresas associadas» as empresas que mantêm entre si uma das seguintes relações:

a) Uma empresa detém a maioria dos direitos de voto dos accionistas ou sócios de outra empresa;

b) Uma empresa tem o direito de nomear ou exonerar a maioria dos membros do órgão de administração, de direcção ou de controlo de outra empresa;

c) Uma empresa tem o direito de exercer influência dominante sobre outra empresa por força de um contrato com ela celebrado ou por força de uma cláusula dos estatutos desta última empresa;

d) Uma empresa accionista ou associada de outra empresa controla sozinha, por força de um acordo celebrado com outros accionistas ou sócios dessa outra empresa, a maioria dos direitos de voto dos accionistas ou sócios desta última.

Presume-se que não há influência dominante no caso de os investidores indicados no segundo parágrafo do n.º 2 não se imiscuírem directa ou indirectamente na gestão da empresa em causa, sem prejuízo dos direitos que detêm na qualidade de accionistas ou sócios.

As empresas que mantenham uma das relações referidas no primeiro parágrafo por intermédio de uma ou várias outras empresas, ou com os investidores visados no n.º 2, são igualmente consideradas associadas.

As empresas que mantenham uma das relações acima descritas por intermédio de uma pessoa singular ou de um grupo de pessoas singulares que actuem concertadamente são igualmente consideradas empresas associadas desde que essas empresas exerçam as suas actividades, ou parte delas, no mesmo mercado ou em mercados contíguos.

Entende-se por mercado contíguo o mercado de um produto ou serviço situado directamente a montante ou a jusante do mercado relevante.

4 – Excepto nos casos referidos no segundo parágrafo do n.º 2, uma empresa não pode ser considerada PME se 25% ou mais do seu capital ou dos seus direitos de voto forem controlados, directa ou indirectamente, por uma ou várias colectividades públicas ou organismos públicos, a título individual ou conjuntamente.

5 – As empresas podem formular uma declaração sobre a respectiva qualificação como empresa autónoma, parceira ou associada, assim como sobre os dados relativos aos limiares enunciados no artigo 2.º. Esta declaração pode ser elaborada mesmo se a dispersão do capital não permitir determinar precisamente quem o detém, contanto que a empresa declare, de boa fé, que pode legitimamente presumir que não é propriedade, em 25% ou mais, de uma empresa, ou propriedade conjunta de empresas associadas entre si ou por intermédio de pessoas singulares ou de um grupo de pessoas singulares. As declarações deste tipo são efectuadas sem prejuízo dos controlos ou verificações previstos.

ART. 4.º **(Dados a considerar para o cálculo dos efectivos e dos montantes financeiros e período de referência)** – 1 – Os dados considerados para o cálculo dos efectivos e dos montantes financeiros são os do último exercício contabilístico encerrado, calculados numa base anual. Os dados são tidos em conta a partir da data de

CERTIFICAÇÃO DE PMEs

[DL n.º 372/2007] 935

encerramento das contas. O montante do volume de negócios considerado é calculado com exclusão do imposto sobre o valor acrescentado (IVA) e de outros impostos indirectos.

2 – Se uma empresa verificar, na data de encerramento das contas, que superou ou ficou aquém, numa base anual, do limiar de efectivos ou dos limiares financeiros indicados no artigo 2.º, esta circunstância não a faz adquirir ou perder a qualidade de média, pequena ou micro empresa, salvo se tal se repetir durante dois exercícios consecutivos.

3 – No caso de uma empresa constituída recentemente, cujas contas ainda não tenham sido encerradas, os dados a considerar serão objecto de uma estimativa de boa fé no decorrer do exercício.

ART. 5.º (Efectivos) – Os efectivos correspondem ao número de unidades trabalho-ano (UTA), isto é, ao número de pessoas que tenham trabalhado na empresa em questão ou por conta dela a tempo inteiro durante todo o ano considerado. O trabalho das pessoas que não tenham trabalhado todo o ano, ou que tenham trabalhado a tempo parcial, independentemente da sua duração, ou o trabalho sazonal, é contabilizado em fracções de UTA. Os efectivos são compostos:

a) Pelos assalariados;

b) Pelas pessoas que trabalham para essa empresa, com um nexo de subordinação com ela e equiparados a assalariados à luz do direito nacional;

c) Pelos proprietários-gestores;

d) Pelos sócios que exerçam uma actividade regular na empresa e beneficiem das vantagens financeiras da mesma.

Os aprendizes ou estudantes em formação profissional titulares de um contrato de aprendizagem ou de formação profissional não são contabilizados nos efectivos. A duração das licenças de maternidade ou parentais não é contabilizada.

ART. 6.º (Determinação dos dados da empresa) – 1 – No caso de uma empresa autónoma, a determinação dos dados, incluindo os efectivos, efectua-se unicamente com base nas contas desta empresa.

2 – Os dados, incluindo os efectivos, de uma empresa que tenha empresas parceiras ou associadas são determinados com base nas contas e em outros dados da empresa, ou – caso existam – das contas consolidadas da empresa, ou das contas consolidadas nas quais a empresa for retomada por consolidação.

Aos dados referidos no primeiro parágrafo devem agregar-se os dados das eventuais empresas parceiras da empresa considerada, situadas imediatamente a montante ou a jusante da mesma. A agregação é proporcional à percentagem de participação no capital ou de direitos de voto (a mais alta destas duas percentagens). Em caso de participação cruzada, é aplicável a mais alta destas percentagens.

Aos dados referidos no primeiro e segundo parágrafos devem juntar-se 100% dos dados das eventuais empresas directa ou indirectamente associadas à empresa considerada, que não tenham sido retomados por consolidação nas contas.

3 – Para efeitos da aplicação do n.º 2, os dados das empresas parceiras da empresa considerada resultam das contas e de outros dados, consolidados caso existam, aos quais se juntam 100% dos dados das empresas associadas a estas empresas parceiras, a não ser que os respectivos dados já tenham sido retomados por consolidação.

Para efeitos da aplicação do n.º 2, os dados das empresas associadas à empresa considerada resultam das respectivas contas e de outros dados, consolidados, caso existam. A estes se agregam, proporcionalmente, os dados das eventuais empresas parceiras destas empresas associadas, situadas imediatamente a montante ou a jusante destas últimas, a não ser que já tenham sido retomados nas contas consolidadas, numa proporção pelo menos equivalente à percentagem definida no segundo parágrafo do n.º 2.

4 – Quando os efectivos de uma determinada empresa não constem das contas consolidadas, o seu cálculo efectua-se mediante a agregação, de forma proporcional, dos dados relativos às empresas das quais esta empresa for parceira e a adição dos dados relativos às empresas com as quais esta empresa for associada.

CAP. XII

ACTIVIDADES COMERCIAIS

12.1. ACESSO À ACTIVIDADE COMERCIAL

Decreto-Lei n.º 339/85

de 21 de Agosto

ART. 1.º – 1 – Para efeitos de aplicação das disposições legais relativas ao exercício do comércio, são consideradas as seguintes actividades:

a) De comércio por grosso. – Entende-se que exerce a actividade de comércio por grosso toda a pessoa física ou colectiva que, a título habitual e profissional, compra mercadorias em seu próprio nome e por sua própria conta e as revende, quer a transformadores, quer ainda a utilizadores profissionais ou grandes utilizadores;

b) De comércio a retalho. – Entende-se que exerce a actividade de comércio a retalho toda a pessoa física ou colectiva que, a título habitual e profissional, compra mercadorias em seu próprio nome e por sua própria conta e as revende directamente ao consumidor final.

2 – A actividade do comércio por grosso pode ser exercida pelos seguintes agentes:

a) Exportador. – O que vende directamente para o mercado externo produtos de origem nacional ou nacionalizada;

b) Importador. – O que adquire directamente nos mercados externos os produtos destinados a serem comercializados no território nacional ou para ulterior reexportação;

c) Grossista. – O que adquire no mercado interno produtos nacionais ou estrangeiros e os comercialize por grosso no mercado interno.

3 – A actividade de comércio a retalho pode ser exercida pelos seguintes agentes:

a) Retalhista. – O que exerce aquele comércio de forma sedentária, em estabelecimentos, lojas ou instalações fixas ao solo de maneira estável em mercados cobertos;

b) Vendedor ambulante. – O que exerce aquele comércio de forma não sedentária, pelos lugares do seu trânsito ou em zonas que lhe sejam especialmente destinadas;

c) Feirante. – O que exerce aquele comércio de forma não sedentária em mercados descobertos ou em instalações não fixas ao solo de maneira estável em mercados cobertos.

4 – Considera-se incluída na modalidade de retalhista a exploração de venda automática e de venda ao consumidor final através de catálogo, por correspondência ou ao domicílio.

5 – Entende-se que exerce a actividade de agente de comércio toda a pessoa física ou colectiva que, não se integrando em qualquer das categorias anteriormente definidas mas possuindo organização comercial, pratica, a título habitual e profissional, actos de comércio.

ART. 2.º – A classificação de produtos a comercializar pelas pessoas físicas ou colectivas que exerçam as actividades indicadas no artigo anterior deve corresponder à classificação das actividades económicas (CAE) a seis dígitos.

ART. 3.º – São condições para a obtenção do cartão de identificação de empresário individual que se proponha exercer uma actividade comercial, a emitir pelo Registo Nacional de Pessoas Colectivas:

a) Ter capacidade comercial nos termos da legislação comercial;

b) Não estar inibido do exercício do comércio por falência ou insolvência, nos termos da lei processual civil;

CADASTRO DOS ESTABELECIMENTOS COMERCIAIS   [DL n.º 462/99]   937

c) Não estar inibido do exercício do comércio por sentença penal transitada em julgado ou por decisão proferida em processo de contra-ordenação, nos termos e limites que estas determinarem;
d) Ter como habilitações mínimas a escolaridade obrigatória, de acordo com a idade do requerente.

ART. 4.º – 1 – É condição para a inscrição de pessoa colectiva no Registo Nacional de Pessoas Colectivas, quando exerça uma actividade comercial, o preenchimento, por parte das pessoas singulares que a podem obrigar, de todos os requisitos exigidos no artigo anterior.
2 – A alteração do elenco das pessoas singulares que podem obrigar a pessoa colectiva que exerça uma actividade comercial implica actualização da inscrição desta no Registo Nacional de Pessoas Colectivas.

ART. 5.º – 1 – As decisões que imponham a interdição do exercício da actividade comercial serão notificadas ao Registo Nacional de Pessoas Colectivas e à Direcção-Geral de Inspecção Económica, sendo interdita a inscrição dos candidatos ou promovida a apreensão do correspondente cartão de identificação de pessoa colectiva ou de empresário individual, consoante os casos.
2 – A Direcção-Geral de Inspecção Económica pode solicitar ao Registo Nacional de Pessoas Colectivas fotocópia autenticada ou microfilme do pedido do cartão de identificação de pessoa colectiva ou de empresário individual sempre que suspeite terem sido prestadas falsas declarações para obtenção do mesmo.
3 – A Direcção-Geral de Inspecção Económica promoverá o procedimento criminal adequado sempre que verifique o exercício da actividade comercial em infracção ao disposto no artigo 97.º do Código Penal ou no artigo 12.º do Decreto-Lei n.º 28/84, de 20 de Janeiro.

ART. 6.º – Os pedidos de cartão de identificação de empresário individual ou de pessoa colectiva poderão ser apresentados nas respectivas associações comerciais, que promoverão a sua entrega no Registo Nacional de Pessoas Colectivas.

12.2. CADASTRO DOS ESTABELECIMENTOS COMERCIAIS

Decreto-Lei n.º 462/99

de 5 de Novembro

ART. 1.º (Âmbito do diploma) – 1 – O presente diploma estabelece o regime de inscrição no cadastro dos estabelecimentos comerciais, tal como são definidos no n.º 1 do artigo 3.º.
2 – A obrigação de inscrição no cadastro a que se refere este diploma recai sobre os titulares dos estabelecimentos comerciais, sem prejuízo do disposto no artigo 8.º.
3 – Com as devidas adaptações, a obrigação de inscrição no cadastro dos estabelecimentos comerciais recai, ainda, sobre as empresas que se dediquem às actividades de venda ao domicílio ou equiparadas e por correspondência, a que se refere o Decreto-Lei n.º 272/87, de 3 de Julho.

ART. 2.º (Objectivos do cadastro) – 1 – O cadastro a que se refere o presente diploma tem como objectivo identificar e caracterizar os estabelecimentos comerciais, tal como são definidos no n.º 1 do artigo 3.º, com vista à constituição de uma base de informação capaz de permitir a realização de estudos sobre o sector comercial.
2 – O Ministério da Economia, através da Direcção-Geral do Comércio e da Concorrência, promove a organização e gestão do cadastro previsto no presente diploma.

ART. 3.º (Definições) – 1 – Para efeitos do disposto no presente diploma, entende-se por estabelecimento comercial toda a instalação, de carácter fixo e permanente, onde seja exercida, exclusiva ou principalmente, de modo habitual e profissional, uma ou mais actividades de comércio, por grosso ou a retalho, tal como são definidas, respectivamente, nas alíneas *a*) e *b*) do n.º 1 do artigo 1.º do Decreto-Lei n.º 339/85, de 21 de Agosto, incluídas na secção G da Classificação das Actividades Económicas (CAE/Rev. 2), ficando abrangidos nesta definição os lugares de venda em mercados municipais e abastecedores.
2 – Para os efeitos previstos no n.º 3 do artigo 1.º do presente diploma, é objecto de inscrição no cadastro a sede social da empresa em causa ou, quando aquela se situe no estrangeiro, toda a sucursal, filial, agência ou outra espécie de representação que a mesma detenha em território nacional.

ART. 4.º (Factos sujeitos a inscrição no cadastro) – São objecto de inscrição obrigatória no cadastro os seguintes factos:
a) A abertura do estabelecimento comercial;
b) O encerramento do estabelecimento comercial;
c) A alteração da actividade exercida no estabelecimento comercial;
d) A mudança de titular do estabelecimento comercial;
e) A mudança de nome ou de insígnia do estabelecimento comercial.

938 [DL n.º 462/99]   ACTIVIDADES COMERCIAIS

ART. 5.º (Procedimento) – 1 – A inscrição no cadastro deve ser efectuada mediante requerimento do interessado, apresentado através de impresso próprio, em duplicado, na Direcção-Geral do Comércio e da Concorrência ou na direcção regional do Ministério da Economia da respectiva área, no prazo de 30 dias contados da data da ocorrência de qualquer dos factos previstos no artigo 4.º do presente diploma.

2 – Os referidos requerimentos podem ainda ser apresentados, nos termos e prazo definidos no número anterior, nas respectivas associações empresariais do sector.

3 – A direcção regional do Ministério da Economia ou a associação empresarial do sector onde o requerimento tenha sido apresentado deve promover a remessa do original e respectivo duplicado à Direcção-Geral do Comércio e da Concorrência, no prazo de cinco dias após a recepção do mesmo.

4 – O requerimento para inscrição deve ser acompanhado de fotocópia do cartão de identificação do interessado, emitido pelo Registo Nacional de Pessoas Colectivas.

5 – O duplicado do requerimento, depois de devidamente anotado, é devolvido ao interessado pela Direcção-Geral do Comércio e da Concorrência, no prazo de 30 dias a contar da data da respectiva recepção naquela.

ART. 6.º (Formulários electrónicos) – Os requerimentos para inscrição no cadastro podem também ser apresentados através de adequado formulário electrónico, nos termos da legislação aplicável.

ART. 7.º (Modelos do impresso e do formulário electrónico) – O modelo do impresso do requerimento para inscrição no cadastro é aprovado por portaria do Ministro da Economia.

O modelo de impresso foi criado pela Portaria n.º 1024-A/99, de 18-11.

ART. 8.º (Informação a remeter pelas câmaras municipais) – 1 – Para efeitos de inscrição no cadastro previsto no presente diploma, as câmaras municipais ficam obrigadas a remeter à Direcção-Geral do Comércio e da Concorrência e à direcção regional do Ministério da Economia da respectiva área, até 31 de Março de cada ano, uma lista dos operadores em exercício nos mercados municipais da área do respectivo município, reportada a 31 de Dezembro do ano anterior.

2 – A lista a que se refere o número anterior pode ser substituída por suporte informático, devendo, em qualquer dos casos, conter os seguintes elementos: firma ou denominação social, endereço postal, número de inscrição no Registo Nacional de Pessoas Colectivas, número de pessoas ao serviço, área ou frente de venda e ramo de comércio.

3 – Nos casos de simples renovação da ocupação dos locais de venda, sem que tenha ocorrido qualquer alteração dos elementos a que se reporta o n.º 2 do presente artigo, as câmaras municipais devem remeter apenas uma relação nominal dos operadores que tiverem procedido a tal renovação.

ART. 9.º (Legislação específica) – 1 – As unidades comerciais de dimensão relevante, cujo regime de autorização prévia se acha definido no Decreto-Lei n.º 218/97, de 20 de Agosto, ficam dispensadas dos procedimentos previstos no presente diploma.

2 – O disposto no presente diploma não se aplica, ainda, aos vendedores ambulantes, feirantes e feirantes grossistas, ficando os mesmos, contudo, sujeitos ao registo próprio, nos termos da respectiva legislação.

ART. 10.º (Acesso à informação) – 1 – A Direcção-Geral do Comércio e da Concorrência promove, periodicamente, uma ampla divulgação dos dados do cadastro, adoptando os suportes de informação mais adequados, e deve utilizar os elementos estatísticos recolhidos na realização de inquéritos e estudos sobre matérias ou sectores da actividade comercial, visando um melhor conhecimento desta realidade.

2 – As entidades interessadas, designadamente as estruturas representativas do sector, os centros de estudo e investigação e os agentes económicos, têm acesso, nos termos da lei, à informação constante do cadastro dos estabelecimentos comerciais, mediante pedido, o qual deve especificar os fins a que a mesma se destina.

ART. 11.º (Actuação das direcções regionais do Ministério da Economia) – As direcções regionais do Ministério da Economia devem promover, nas suas áreas geográficas de intervenção, as acções necessárias visando assegurar o cumprimento do disposto no artigo 4.º do presente diploma, podendo, para o efeito, estabelecer as formas de colaboração consideradas mais adequadas com as associações empresariais do sector e com as câmaras municipais.

ART. 12.º (Inscrições anteriormente efectuadas) – As inscrições efectuadas ao abrigo do Decreto-Lei n.º 277/86, de 4 de Setembro, mantêm-se válidas, passando a ficar sujeitas ao regime do presente diploma.

ART. 13.º (Regime sancionatório) – 1 – As infracções ao disposto no artigo 4.º do presente diploma constituem contra-ordenações puníveis com as seguintes coimas:

a) De 50 000$00 a 100 000$00, quando cometidas por pessoa singular;

b) De 200 000$00 a 500 000$00, quando cometidas por pessoa colectiva.

2 – A instrução dos processos compete à Direcção-Geral do Comércio e da Concorrência e a competência para aplicar as respectivas coimas cabe ao director-geral do Comércio e da Concorrência.

3 – O produto das coimas aplicadas no âmbito do presente diploma reverte em 60% para os cofres do Estado, 20% para a Direcção-Geral do Comércio e da Concorrência e 20% para a Inspecção-Geral das Actividades Económicas.

ART. 14.º (Fiscalização e instrução) – A fiscalização do cumprimento do disposto no presente diploma compete à Inspecção-Geral das Actividades Económicas.

INSTALAÇÃO DE ESTABELECIMENTOS COMERCIAIS DE PRODUTOS [DL n.º 259/2007] 939

ART. 15.º (Norma revogatória) – Sem prejuízo do disposto no artigo 12.º do presente diploma, é revogado o Decreto-Lei n.º 277/86, de 4 de Setembro.

ART. 16.º (Entrada em vigor) – O presente diploma entra em vigor 30 dias após a data da sua publicação.

12.3. INSTALAÇÃO DE ESTABELECIMENTOS COMERCIAIS DE PRODUTOS ALIMENTARES, NÃO ALIMENTARES E DE PRESTAÇÃO DE SERVIÇOS

Decreto-Lei n.º 259/2007

de 17 de Julho (*)

ART. 1.º (Âmbito) – 1 – O presente decreto-lei estabelece o regime a que está sujeita a instalação e modificação dos estabelecimentos de comércio ou de armazenagem de produtos alimentares, bem como dos estabelecimentos de comércio de produtos não alimentares e de prestação de serviços cujo funcionamento pode envolver riscos para a saúde e segurança das pessoas.

2 – Para efeitos do presente decreto-lei, entende-se por «instalação» a acção desenvolvida tendo em vista a abertura de um estabelecimento ou armazém com o objectivo de nele ser exercida uma actividade ou ramo de comércio e por «modificação» a alteração do tipo de actividade ou do ramo de comércio, incluindo a sua ampliação ou redução, bem como a alteração da entidade titular da exploração.

ART. 2.º (Estabelecimentos abrangidos) – 1 – A identificação dos estabelecimentos e armazéns a que se refere o n.º 1 do artigo anterior consta de portaria dos membros do Governo responsáveis pelas áreas da economia, da agricultura, do ambiente e da saúde.

2 — Ficam exclusivamente abrangidos pelo regime do presente decreto-lei, no que respeita à instalação e modificação:

a) Os estabelecimentos de comércio a retalho que disponham de secções acessórias destinadas ao fabrico próprio de pastelaria, panificação e gelados, correspondentes às CAE 10520 (Fabricação de gelados e sorvetes), 10711 (Panificação) e 10712 (Pastelaria) e enquadradas no tipo 3 do Decreto-Lei n.º 209/2008, de 29 de Outubro;

b) Os estabelecimentos de comércio a retalho que disponham de secções acessórias de restauração e de bebidas;

c) A realização de operações industriais em estabelecimentos comerciais especializados, ou em secções acessórias de estabelecimentos comerciais, de talho, peixaria e de produtos hortofrutícolas, correspondentes às CAE 10130 (Fabricação de produtos à base de carne), 10201 (Preparação de produtos da pesca e da aquicultura), 10203 (Conservação de produtos da pesca), 10320 (Fabricação de sumos de frutos e de produtos hortícolas), 10720 (Fabricação de bolachas, biscoitos, tostas e pastelaria de conservação), 10393 (Fabricação de doces, compotas, geleias e marmeladas), 10395 (Preparação e conservação de frutos e de produtos hortícolas por outros processos), 35302 (Produção de Gelo) e enquadradas no tipo 3 do Decreto-Lei n.º 209/2008, de 29 de Outubro.

Os estabelecimentos abrangidos por este regime constam da lista anexa à Portaria n.º 791/2007, de 23-7.

ART. 3.º (Regime aplicável) – 1 – A instalação e modificação dos estabelecimentos e armazéns abrangidos pelo presente decreto-lei estão sujeitas ao regime de declaração prévia previsto no artigo 4.º.

2 – A sujeição ao regime de declaração prévia não dispensa os procedimentos previstos no regime jurídico da urbanização e da edificação, aprovado pelo Decreto-Lei n.º 555/99, de 16 de Dezembro, com a redacção que lhe foi dada pelo Decreto-Lei n.º 177/2001, de 4 de Junho.

3 – Sempre que se realizem obras abrangidas pelo regime jurídico da urbanização e da edificação ou se altere a utilização do espaço afecto ao estabelecimento nos termos desse regime, a licença ou autorização de utilização e a licença ou autorização de alteração de utilização prevista no Decreto-Lei n.º 555/99, de 16 de Dezembro, com a redacção que lhe foi dada pelo Decreto-Lei n.º 177/2001, de 4 de Junho, só podem ser deferidas após o cumprimento das obrigações previstas no presente decreto-lei.

4 – O disposto no presente decreto-lei não prejudica a aplicação da Lei n.º 12/2004, de 30 de Março, que estabelece o regime jurídico de autorização a que estão sujeitas a instalação e a modificação de estabelecimentos de comércio a retalho e de comércio por grosso em livre serviço e a instalação de conjuntos comerciais, bem como o regime especial do licenciamento dos produtos fitofarmacêuticos previsto no Decreto-Lei n.º 173/ /2005, de 21 de Outubro, com as alterações introduzidas pelo Decreto-Lei n.º 187/2006, de 19 de Setembro.

5 – Aos estabelecimentos grossistas de comércio ou de armazenagem de géneros alimentícios de origem animal abrangidos pelo disposto na alínea *b)* do n.º 3 do artigo 6.º do Regulamento (CE) n.º 852/2004, do Parlamento Europeu e do Conselho, de 29 de Abril, e pelos artigos 1.º e 4.º do Regulamento (CE) n.º 853/2004, do

---

(*) Com a alteração introduzida pelo art. 81.º do **DL n.º 209/2008**, de 29-10, que deu nova redacção ao n.º 2 do art. 2.º.

940   [DL n.º 259/2007]   ACTIVIDADES COMERCIAIS

Parlamento Europeu e do Conselho, de 29 de Abril, é aplicável o regime de aprovação prévia que for definido pelas normas nacionais de aplicação daquelas disposições do Regulamento (CE) n.º 853/2004.

6 – Aos estabelecimentos e armazéns de comércio por grosso e retalho de alimentos para animais abrangidos pelo disposto no Regulamento (CE) n.º 183/2005, do Parlamento Europeu e do Conselho, de 12 de Janeiro, é aplicável o regime de aprovação prévia que for definido pelas normas nacionais de aplicação daquele Regulamento.

ART. 4.º (Regime de declaração prévia) – 1 – O titular da exploração dos estabelecimentos e armazéns abrangidos pelo presente decreto-lei deve, até 20 dias úteis antes da sua abertura ou modificação, apresentar uma declaração na respectiva câmara municipal e cópia na Direcção-Geral da Empresa (DGE), na qual se responsabiliza que o estabelecimento cumpre todos requisitos adequados ao exercício da actividade ou do ramo de comércio.

2 – A declaração a que se refere o n.º 1 é efectuada através de um modelo próprio, a aprovar por portaria dos membros do Governo responsáveis pelas áreas da economia, da agricultura, do ambiente e da saúde, e disponibilizado, electronicamente ou em papel, pelas câmaras municipais e pela DGE.

3 – As câmaras municipais e a DGE devem emitir um comprovativo da apresentação da declaração.

4 – Na posse dos comprovativos o titular da exploração do estabelecimento ou armazém pode proceder à sua abertura ou modificação a partir da data prevista na respectiva declaração.

5 – Nos casos referidos no n.º 3 do artigo 3.º, a abertura ou modificação só pode ocorrer após o deferimento da licença ou autorização de utilização e da licença ou autorização de alteração da utilização.

O modelo de declaração a que se refere o n.º 2 deste artigo consta da Portaria n.º 790/2007, de 23-7.

ART. 5.º (Requisitos dos estabelecimentos) – 1 – Os diplomas legais que fixam os requisitos específicos a que deve obedecer a instalação e o funcionamento dos estabelecimentos constam de portaria dos membros do Governo responsáveis pelas áreas da economia, da agricultura, do ambiente e da saúde.

2 – É proibida a instalação de estabelecimentos onde se vendam bebidas alcoólicas, para consumo no próprio estabelecimento ou fora dele, junto de estabelecimentos escolares dos ensinos básico e secundário.

3 – As áreas relativas à proibição referida no número anterior são delimitadas por cada município em colaboração com a direcção regional de educação.

A Portaria n.º 789/2007, de 23-7, fixou os requisitos a que devem obedecer estes estabelecimentos.

ART. 6.º (Registo de estabelecimentos) – 1 – A declaração prévia serve de base para o registo dos estabelecimentos do sector alimentar a que se refere o artigo 6.º do Regulamento (CE) n.º 852/2004, do Parlamento Europeu e do Conselho, de 29 de Abril, quando estes estejam abrangidos pelo presente decreto-lei.

2 – O registo de estabelecimentos referido no número anterior é organizado pela DGE, sendo considerado para os efeitos do disposto no Decreto-Lei n.º 462/99, de 5 de Novembro, que estabelece o regime de inscrição no cadastro dos estabelecimentos comerciais.

ART. 7.º (Comunicação de encerramento) – O encerramento dos estabelecimentos e armazéns abrangidos pelo presente decreto-lei deve ser comunicado pelo titular da exploração à câmara municipal e à DGE, até 20 dias úteis após a sua ocorrência, através do modelo de declaração previsto no n.º 2 do artigo 4.º.

ART. 8.º (Competência para a fiscalização) – 1 – A competência para a fiscalização do cumprimento das obrigações previstas no presente decreto-lei pertence à Autoridade de Segurança Alimentar e Económica (ASAE), sem prejuízo das competências que são atribuídas às câmaras municipais no âmbito do regime jurídico da urbanização e da edificação, aprovado pelo Decreto-Lei n.º 555/99, de 16 de Dezembro, com a redacção que lhe foi dada pelo Decreto-Lei n.º 177/2001, de 4 de Junho, das competências das autoridades de saúde no âmbito da defesa da saúde pública previstas no Decreto-Lei n.º 336/93, de 29 de Setembro, bem como das competências das entidades que intervêm no âmbito dos requisitos específicos aplicáveis.

2 – Para efeitos do disposto no número anterior, a DGE disponibiliza no seu sítio da Internet uma relação dos estabelecimentos objecto das declarações de instalação, modificação ou encerramento, actualizada semanalmente, na qual conste a firma ou denominação social e o nome ou insígnia do estabelecimento, endereço, CAE e data prevista para abertura ou modificação ou data de encerramento.

ART. 9.º (Regime sancionatório) – 1 – Sem prejuízo da responsabilidade civil e criminal nos termos da lei geral, constituem contra-ordenações as infracções ao disposto nos n.ºs 1 e 4 do artigo 4.º, no n.º 2 do artigo 5.º e no artigo 7.º, puníveis com coima de € 300 a € 3000 ou de € 1250 a € 25 000 consoante o agente seja pessoa singular ou colectiva.

2 – A negligência é sempre punível nos termos gerais.

3 – A instrução dos processos compete à ASAE e a competência para aplicar as respectivas coimas cabe à Comissão de Aplicação de Coimas em Matéria Económica e de Publicidade.

4 – O produto da coima é distribuído da seguinte forma:

a) 40% para a ASAE;

b) 60% para o Estado.

ART. 10.º (Sanções acessórias) – 1 – Em função da gravidade das infracções e da culpa do agente pode ser aplicada a sanção acessória de encerramento do estabelecimento por um período até dois anos.

HORÁRIO DE FUNCIONAMENTO DOS ESTABELECIMENTOS COMERCIAIS   [DL n.º 48/96] 941

2 – Pode ser determinada a publicidade da aplicação da sanção por contra-ordenação mediante a afixação de cópia da decisão no próprio estabelecimento e em lugar bem visível pelo período de 30 dias.

ART. 11.º (Processos pendentes) – Os titulares dos processos de licenciamento dos estabelecimentos e armazéns que à data de entrada em vigor do presente decreto-lei estejam a decorrer nas câmaras municipais, ao abrigo do Decreto-Lei n.º 370/99, de 18 de Setembro, podem optar pelo regime previsto no presente decreto-lei, devendo o titular da exploração proceder ao envio da declaração prévia a que se refere o artigo 4.º.

ART. 12.º (Norma revogatória) – É revogado o Decreto-Lei n.º 370/99, de 18 de Setembro, com a redacção dada pelo Decreto-Lei n.º 9/2002, de 24 de Janeiro, bem como as Portarias n.os 33/2000, de 28 de Janeiro, e 1061/2000, de 31 de Outubro, sem prejuízo do disposto no artigo seguinte.

ART. 13.º (Disposições transitórias) – 1 – Até à publicação da legislação nacional de aplicação das disposições do Regulamento CE n.º 853/2004, a que se refere o n.º 5 do artigo 3.º, o regime de licenciamento previsto no Decreto-Lei n.º 370/99, de 18 de Setembro, continua a ser aplicável aos estabelecimentos grossistas de géneros alimentícios de origem animal abrangidos pelo n.º 2 do artigo 4.º do Regulamento (CE) n.º 853/2004, do Parlamento Europeu e do Conselho, de 29 de Abril.

2 – Até à publicação da legislação nacional de aplicação das disposições do Regulamento CE n.º 183/2005, do Parlamento Europeu e do Conselho, de 12 de Janeiro de 2005, continua a ser aplicável aos estabelecimentos de alimentos para animais abrangidos por aquele Regulamento o regime de licenciamento previsto no Decreto--Lei n.º 370/99, de 18 de Setembro.

3 – Até à publicação do regime jurídico do licenciamento e fiscalização do exercício da actividade dos centros de atendimento médico veterinários, continua a ser aplicável às clínicas veterinárias o regime de licenciamento previsto no Decreto-Lei n.º 370/99, de 18 de Setembro.

ART. 14.º (Regiões Autónomas) – O regime previsto no presente decreto-lei é aplicável nas Regiões Autónomas dos Açores e da Madeira após as adaptações decorrentes da estrutura da administração regional, a introduzir por diploma legislativo próprio.

ART. 15.º (Entrada em vigor) – O presente decreto-lei entra em vigor 30 dias após a data da sua publicação.

12.4. HORÁRIO DE FUNCIONAMENTO DOS ESTABELECIMENTOS COMERCIAIS

Decreto-Lei n.º 48/96

de 15 de Maio (*)

ART. 1.º – 1 – Sem prejuízo do regime especial em vigor para actividades não especificadas no presente diploma, os estabelecimentos de venda ao público e de prestação de serviços, incluindo os localizados em centros comerciais, podem estar abertos entre as 6 e as 24 horas de todos os dias da semana.

2 – Os cafés, cervejarias, casas de chá, restaurantes, snack-bars e self-services poderão estar abertos até às 2 horas de todos os dias da semana.

3 – As lojas de conveniência poderão estar abertas até às 2 horas de todos os dias da semana.

4 – Os clubes, cabarets, boîtes, dancings, casas de fado e estabelecimentos análogos poderão estar abertos até às 4 horas de todos os dias da semana.

5 – São exceptuados dos limites fixados nos n.os 1 e 2 os estabelecimentos situados em estações e terminais rodoviários, ferroviários, aéreos ou marítimos, bem como em postos abastecedores de combustível de funcionamento permanente.

6 – O horário de funcionamento das grandes superfícies comerciais contínuas, tal como definidas no Decreto-Lei n.º 258/92, de 20 de Novembro, com a redacção dada pelo Decreto-Lei n.º 83/95, de 26 de Abril, será regulamentado através de portaria do Ministro da Economia.

7 – No caso de estabelecimentos situados em centros comerciais, aplicar-se-á o horário de funcionamento previsto e estatuído no n.º 1, salvo se os mesmos atingirem áreas de venda contínua, tal como definidas no mencionado Decreto-Lei n.º 258/92, de 20 de Novembro, com a redacção dada pelo Decreto-Lei n.º 83/95, de 26 de Abril, caso em que terão de observar o horário a estabelecer na portaria de regulamentação mencionada no número anterior.

ART. 2.º – A duração semanal e diária do trabalho estabelecida na lei, em instrumento de regulamentação colectiva de trabalho ou no contrato individual de trabalho será observada, sem prejuízo do período de abertura dos estabelecimentos.

(*) Com as alterações introduzidas pelo **DL n.º 126/96**, de 10-8 (arts. 4.º, n.º 2, e 5.º, n.º 4), e pelo **DL n.º 216/96**, de 20-11, que prorrogou, em 90 dias, o prazo previsto no n.º 1 do art. 4.º.

942 [Port. n.º 153/96] ACTIVIDADES COMERCIAIS

ART. 3.º – Com excepção dos limites horários a fixar para as grandes superfícies comerciais contínuas, através de portaria do Ministro da Economia, nos termos do n.º 6 do artigo 1.º, podem as câmaras municipais, ouvidos os sindicatos, as associações patronais e as associações de consumidores, restringir ou alargar os limites fixados no citado artigo 1.º, a vigorar em todas as épocas do ano ou apenas em épocas determinadas, nos termos seguintes:

a) As restrições aos limites fixados no artigo 1.º apenas poderão ocorrer em casos devidamente justificados e que se prendam com razões de segurança ou de protecção da qualidade de vida dos cidadãos;

b) Os alargamentos aos limites fixados no artigo 1.º apenas poderão ter lugar em localidades em que os interesses de certas actividades profissionais, nomeadamente ligadas ao turismo, o justifiquem.

ART. 4.º – 1 – No prazo máximo de 120 dias a contar da data de entrada em vigor do presente diploma, deverão os órgãos autárquicos municipais elaborar ou rever os regulamentos municipais sobre horários de funcionamento dos estabelecimentos comerciais, de acordo com os critérios estabelecidos no artigo 1.º.

2 – Após a entrada em vigor do presente diploma, e até que se verifique o disposto no número anterior, devem os titulares dos estabelecimentos comerciais adaptar os respectivos períodos de abertura aos previstos no artigo 1.º ou manter o período de abertura que vinha sendo praticado com base no regulamento municipal existente para o efeito, com excepção dos previstos nos n.ᵒˢ 6 e 7 do artigo 1.º, comunicando esse facto à câmara municipal da área em que se situa o estabelecimento.

3 – O disposto no número anterior não prejudica a competência dos órgãos autárquicos municipais para, nos termos do disposto no artigo 3.º, restringirem ou alargarem os limites fixados no artigo 1.º.

O prazo do n.º 1 foi prorrogado por mais 90 dias (DL n.º 216/96, de 20-11).

ART. 5.º – 1 – O mapa de horário de funcionamento de cada estabelecimento deve ser afixado em lugar bem visível do exterior.

2 – Constitui contra-ordenação, punível com coima:

a) De 30 000$ a 90 000$, para pessoas singulares, e de 90 000$ a 300 000$, para pessoas colectivas, a infracção do disposto no número anterior;

b) De 50 000$ a 750 000$, para pessoas singulares, e de 500 000$ a 5 000 000$, para pessoas colectivas, o funcionamento fora do horário estabelecido.

3 – A grande superfície comercial continua que funcione, durante seis domingos e feriados, seguidos ou interpolados, fora do horário estabelecido para os domingos e feriados na portaria de regulamentação do Ministro da Economia, nos termos do n.º 6 do artigo 1.º, pode ainda ser sujeita à aplicação de uma sanção acessória, que consiste no encerramento do estabelecimento durante um período não inferior a três meses e não superior a dois anos.

4 – A aplicação das coimas e da sanção acessória a que se referem os números anteriores, nos termos da legislação respectiva, compete ao presidente da câmara municipal da área em que se situa o estabelecimento, revertendo as receitas provenientes da sua aplicação para a respectiva câmara municipal.

ART. 6.º – O conceito relativo ao estabelecimento designado como loja de conveniência, no âmbito do n.º 3 do artigo 1.º, será definido, para todos os efeitos legais, por portaria do Ministro da Economia.

ART. 7.º – É revogado o Decreto-Lei n.º 417/83, de 25 de Novembro, com as alterações introduzidas pelos Decretos-Leis n.ᵒˢ 72/94, de 3 de Março, e 86/95, de 28 de Abril.

ART. 8.º – O presente diploma entra em vigor com a publicação da portaria a que se refere o n.º 6 do artigo 1.º.

Este diploma entrou em vigor em 31-5-1996 (cfr. P. n.º 153/96, de 15-5).

12.5. HORÁRIO DE FUNCIONAMENTO DAS GRANDES SUPERFÍCIES COMERCIAIS CONTÍNUAS

Portaria n.º 153/96

de 15 de Maio

1.º As grandes superfícies comerciais contínuas, tal como definidas no Decreto-Lei n.º 258/92, de 20 de Novembro, com as alterações operadas pelo Decreto-Lei n.º 83/95, de 26 de Abril, poderão estar abertas entre as 6 e as 24 horas, todos os dias da semana, excepto entre os meses de Janeiro a Outubro, aos domingos e feriados, em que só poderão abrir entre as 8 e as 13 horas.

2.º Este regime aplica-se igualmente aos estabelecimentos situados dentro dos centros comerciais, desde que atinjam áreas de venda contínua, tal como definidas no Decreto-Lei n.º 258/92, de 20 de Novembro, com as alterações operadas pelo Decreto-Lei n.º 83/95, de 26 de Abril.

3.º A presente portaria entra em vigor no dia 31 de Maio de 1996.

ESTABELECIMENTOS DE COMÉRCIO A RETALHO E CONJUNTOS COMERCIAIS   [DL n.º 21/2009]   943

12.6. LOJAS DE CONVENIÊNCIA

Portaria n.º 154/96

de 15 de Maio

Manda o Governo, pelo Ministro da Economia, que se entenda por loja de conveniência o estabelecimento de venda ao público que reúna, conjuntamente, os seguintes requisitos:

a) Possua uma área útil igual ou inferior a 250 m^2;

b) Tenha um horário de funcionamento de pelo menos dezoito horas por dia;

c) Distribua a sua oferta de forma equilibrada, entre produtos de alimentação e utilidades domésticas, livros, jornais, revistas, discos, vídeos, brinquedos, presentes e artigos vários.

12.7. ESTABELECIMENTOS DE COMÉRCIO A RETALHO E CONJUNTOS COMERCIAIS

Decreto-Lei n.º 21/2009

de 19 de Janeiro

CAPÍTULO I — Disposições gerais

ART. 1.º (Objecto) — O presente decreto-lei estabelece o regime jurídico da instalação e da modificação dos estabelecimentos de comércio a retalho e dos conjuntos comerciais.

ART. 2.º (Âmbito) — 1 — Estão abrangidos pelo presente decreto-lei os seguintes estabelecimentos e conjuntos comerciais:

a) Estabelecimentos de comércio a retalho, isoladamente considerados ou inseridos em conjuntos comerciais, que tenham uma área de venda igual ou superior a 2000 m^2;

b) Estabelecimentos de comércio a retalho, isoladamente considerados ou inseridos em conjuntos comerciais, independentemente da respectiva área de venda, que pertençam a uma empresa que utilize uma ou mais insígnias ou estejam integrados num grupo, que disponham, a nível nacional, de uma área de venda acumulada igual ou superior a 30 000 m^2;

c) Conjuntos comerciais que tenham uma área bruta locável igual ou superior a 8000 m^2;

d) Estabelecimentos e conjuntos comerciais referidos nas alíneas anteriores e que se encontrem desactivados há mais de 12 meses, caso os respectivos titulares pretendam reiniciar o seu funcionamento.

2 — O disposto no presente decreto-lei não é aplicável:

a) Aos estabelecimentos de comércio a retalho pertencentes a micro empresas juridicamente distintas mas que utilizem uma insígnia comum;

b) Aos estabelecimentos pertencentes a sociedades cujo capital seja subscrito maioritariamente por micro empresas;

c) Aos estabelecimentos especializados de comércio a retalho de armas e munições, de combustíveis para veículos a motor e às farmácias.

ART. 3.º (Regime aplicável) — 1 — Está sujeita ao regime de autorização a instalação dos estabelecimentos e conjuntos comerciais referidos no n.º 1 do artigo anterior.

2 — Estão, ainda, sujeitas ao regime de autorização as modificações dos estabelecimentos e conjuntos comerciais referidos no n.º 1 do artigo anterior que configurem:

a) Alteração de localização dos estabelecimentos com excepção das referidas na alínea *a)* do número seguinte;

b) Alteração da tipologia dos estabelecimentos;

c) Aumento da área de venda dos estabelecimentos;

d) Alteração de insígnia ou do titular de exploração dos estabelecimentos, que não ocorra dentro do mesmo grupo;

e) Alteração de localização dos conjuntos comerciais;

f) Alteração da tipologia dos conjuntos comerciais;

g) Aumento da área bruta locável dos conjuntos comerciais.

3 — Estão sujeitas a comunicação as modificações dos estabelecimentos e conjuntos comerciais referidos no n.º 1 do artigo anterior que configurem:

944 [DL n.º 21/2009]   ACTIVIDADES COMERCIAIS

a) Alteração de localização de estabelecimentos comerciais no interior de conjuntos comerciais, que não se traduza em aumento de áreas de venda;

b) Diminuição da área de venda dos estabelecimentos comerciais;

c) Alteração de insígnia ou do titular de exploração dos estabelecimentos, dentro do mesmo grupo;

d) Diminuição da área bruta locável dos conjuntos comerciais;

e) Alteração do titular de exploração dos conjuntos comerciais.

4 — As modificações referidas no número anterior são comunicadas à entidade coordenadora referida no artigo 6.º, pelo titular do empreendimento, até 20 dias antes da sua realização.

5 — A comunicação é efectuada electronicamente através de modelo disponibilizado no sistema de informação referido no artigo 7.º.

ART. 4.º (Definições) — Para efeitos do presente decreto-lei, entende-se por:

a) «Área de venda acumulada», compreende o somatório da área de venda em funcionamento, da área de venda autorizada no âmbito da Lei n.º 12/2004, de 30 de Março, mas que ainda não entrou em funcionamento e da área de venda autorizada ao abrigo do regime jurídico da urbanização e da edificação;

b) «Área bruta locável (ABL) do conjunto comercial» a área que produz rendimento no conjunto comercial, quer seja uma área arrendada ou vendida, e que inclui os espaços de armazenagem e escritórios afectos a todos os estabelecimentos;

c) «Área de influência» a freguesia ou o conjunto de freguesias que se integrem na área geográfica definida em função de um limite máximo de tempo de deslocação do consumidor ao estabelecimento ou conjunto comercial em causa, contado a partir deste, o qual pode variar, nomeadamente, em função da respectiva dimensão e tipo de comércio exercido, das estruturas de lazer e de serviços que lhe possam estar associadas, da sua inserção em meio urbano ou rural, ou da qualidade das infra-estruturas que lhe servem de acesso;

d) «Área de venda do estabelecimento» toda a área destinada a venda, onde compradores têm acesso ou os produtos se encontram expostos ou são preparados para entrega imediata, nela se incluindo a zona ocupada pelas caixas de saída e as zonas de circulação dos consumidores internas ao estabelecimento, nomeadamente as escadas de ligação entre os vários pisos;

e) «Centro urbano» o núcleo urbano consolidado conforme previsto nos instrumentos de planeamento territorial em vigor ou, não estando aí definido, a zona urbana consolidada nos termos do disposto na alínea *o)* do artigo 2.º do Decreto-Lei n.º 555/99, de 16 de Dezembro, com a redacção que lhe foi dada pela Lei n.º 60/ /2007, de 4 de Setembro;

f) «Conjunto comercial» o empreendimento planeado e integrado, composto por um ou mais edifícios nos quais se encontra instalado um conjunto diversificado de estabelecimentos de comércio a retalho e ou de prestação de serviços, quer sejam ou não propriedade ou explorados pela mesma entidade, que preencha cumulativamente os seguintes requisitos:

i) Disponha de um conjunto de facilidades concebidas para permitir a uma mesma clientela o acesso aos diversos estabelecimentos;

ii) Seja objecto de uma gestão comum, responsável, designadamente, pela disponibilização de serviços colectivos, pela instituição de práticas comuns e pela política de comunicação e animação do empreendimento;

Adoptando uma das seguintes tipologias:

iii) Centro comercial tradicional — compreende estabelecimentos indiferenciados ou especializados integrados em empreendimento fechado ou «a céu aberto»;

iv) Centro comercial especializado — compreende, nomeadamente, os denominados *retail park*, os *outlet centre* ou os temáticos. Incluem quer estabelecimentos especializados, geralmente de maior dimensão, com acesso directo ao parque de estacionamento ou a áreas pedonais, quer estabelecimentos, de pequena e média dimensão, onde produtores e retalhistas vendem os seus produtos com desconto no preço provenientes de excedentes, bem como artigos com pequenos defeitos, ou outros desenvolvidos em torno de uma categoria específica de comércio especializado;

g) «Empresa», qualquer entidade abrangida pelo n.º 1 do artigo 2.º da Lei n.º 18/2003, de 11 de Junho;

h) «Estabelecimento de comércio a retalho» o local no qual se exerce a actividade de comércio a retalho, tal como é definida na alínea *b)* do n.º 1 do artigo 1.º do Decreto-Lei n.º 339/85, de 21 de Agosto;

i) «Estabelecimento de comércio alimentar» o local no qual se exerce exclusivamente uma actividade de comércio alimentar ou onde esta representa uma percentagem igual ou superior a 90% do respectivo volume total de vendas;

j) «Estabelecimento de comércio não alimentar» o local no qual se exerce exclusivamente uma actividade de comércio não alimentar ou onde esta representa uma percentagem igual ou superior a 90% do respectivo volume total de vendas;

l) «Estabelecimento de comércio misto» o local no qual se exercem, em simultâneo, actividades de comércio alimentar e não alimentar e a que não seja aplicável o disposto nas alíneas *i)* e *j)*;

ESTABELECIMENTOS DE COMÉRCIO A RETALHO E CONJUNTOS COMERCIAIS   **[DL n.º 21/2009]**   945

m) «Formato de estabelecimento do ramo alimentar ou misto» a dimensão da sua da área de venda. Para a determinação do formato do estabelecimento do ramo alimentar ou misto são consideradas as seguintes áreas de venda:

i) Área de venda < 400 m² — minimercado ou pequeno supermercado;
ii) Área de venda ≥ 400 m² e < 2000 m² — supermercado;
iii) Área de venda ≥ 2000 m² — hipermercado;

n) «Gestor do procedimento» o técnico designado pela entidade coordenadora para efeitos de verificação da instrução do pedido de autorização e acompanhamento das várias etapas do processo, constituindo-se como interlocutor privilegiado do requerente;

o) «Grupo» o conjunto de empresas que, embora juridicamente distintas, mantêm entre si laços de interdependência ou subordinação decorrentes da utilização da mesma insígnia ou os direitos ou poderes enumerados n.º 1 do artigo 10.º da Lei n.º 18/2003, de 11 de Junho;

p) «Instalação» a criação de um estabelecimento de comércio a retalho ou conjunto comercial, quer tal se traduza em novas edificações, quer resulte de obras em edificações já existentes;

q) «Interlocutor responsável pelo projecto» a pessoa ou entidade designada pelo requerente para efeitos de demonstração de que o projecto se encontra em conformidade com a legislação aplicável e para o relacionamento com a entidade coordenadora e as demais entidades intervenientes no processo de autorização;

r) «Responsabilidade social da empresa» a integração voluntária, por parte da empresa, de preocupações sociais na prossecução da sua actividade e interligação da mesma com as comunidades locais e outras partes interessadas;

s) «Tipologia de estabelecimentos comerciais» os estabelecimentos de comércio a retalho alimentar e misto e não alimentar;

t) «Tipologia de conjuntos comerciais» o centro comercial tradicional e o especializado.

CAPÍTULO II — **Autorização de instalação e de modificação**

ART. 5.º (Informação prévia de localização e declaração de impacte ambiental) — 1 — Para efeitos de instrução do processo de autorização de instalação e de modificação dos estabelecimentos e conjuntos comerciais, e desde que o mesmo implique uma operação urbanística sujeita a controlo prévio, os interessados devem solicitar à câmara municipal pedido de informação prévia sobre a conformidade do empreendimento na localização pretendida com os instrumentos de gestão territorial vigentes, nos termos dos artigos 14.º e seguintes do Decreto-Lei n.º 555/99, de 16 de Dezembro, com a redacção que lhe foi dada pela Lei n.º 60/2007, de 4 de Setembro.

2 — No caso dos estabelecimentos e conjuntos comerciais abrangidos pelo regime jurídico de avaliação de impacte ambiental (AIA), para além do disposto no número anterior, os interessados devem instruir o processo com declaração de impacte ambiental (DIA) favorável ou condicionalmente favorável e, no caso do procedimento de AIA ter decorrido em fase de estudo prévio, com o parecer relativo à conformidade do projecto de execução com a DIA.

3 — Caso a instalação ou modificação dos estabelecimentos ou conjuntos comerciais ocorra em instalações anteriormente afectas ao uso comercial e desde que o pedido não implique alteração de parâmetros urbanísticos, a informação prévia de localização pode ser substituída pelo alvará de licença de construção ou documento comprovativo da admissão da comunicação prévia que admitam aquele fim ou utilização no referido lote ou prédio ou pelo alvará de autorização de utilização para fins comerciais.

4 — No caso de estabelecimentos de comércio inseridos em conjuntos comerciais, a informação prévia de localização é substituída pelo alvará de autorização de utilização do conjunto comercial ou pela autorização de instalação do conjunto comercial, caso exista.

ART. 6.º (Entidade coordenadora) — 1 — A coordenação do processo de autorização de instalação e de modificação, incluindo o apoio técnico e administrativo à entidade decisora, cabe à Direcção-Geral das Actividades Económicas (DGAE), designada por entidade coordenadora, a qual é considerada, para o efeito, o interlocutor único do requerente.

2 — A DGAE pode delegar a competência referida no número anterior na direcção regional de economia (DRE) territorialmente competente.

ART. 7.º (Sistema de informação) — 1 — A tramitação dos procedimentos previstos no presente decreto-lei é realizada de forma desmaterializada logo que estejam em funcionamento os respectivos sistemas de informação, os quais, de forma integrada, entre outras funcionalidades, permitem:

a) A entrega de pedidos de autorização, comunicações e documentos;
b) A consulta pelos interessados do estado do respectivo processo;
c) O envio e recepção do relatório final;
d) A emissão da decisão.

2 — A prestação de informação às diferentes entidades com competência no âmbito do presente decreto-lei é realizada de forma desmaterializada, por meio da integração e garantia de interoperacionalidade entre os respectivos sistemas de informação.

946 [DL n.º 21/2009]   ACTIVIDADES COMERCIAIS

3 — É atribuído um número de referência a cada processo no início da tramitação que é mantido em todos os documentos em que se traduzem os actos e formalidades da competência da entidade coordenadora ou da competência de qualquer das entidades intervenientes.

4 — As funcionalidades do sistema de informação incluem a rejeição de operações de cuja execução resultariam vícios ou deficiências de instrução, designadamente recusando o recebimento dos pedidos que não estejam devidamente instruídos.

5 — Os sistemas de informação produzem notificações automáticas para as entidades envolvidas sempre que novos elementos sejam adicionados ao processo.

ART. 8.º (Tramitação) — 1 — Os procedimentos previstos no presente decreto-lei iniciam-se através de requerimento ou comunicação apresentados com recurso a meios electrónicos e através do sistema previsto no artigo anterior, dirigidos à entidade coordenadora, acompanhados dos elementos instrutórios referidos no anexo ao presente decreto-lei e que dele faz parte integrante.

2 — Com a apresentação do requerimento ou comunicação por via electrónica, é emitido recibo de recepção entregue pela mesma forma.

3 — O requerente deve identificar um interlocutor responsável pelo processo e a entidade coordenadora designa um gestor do procedimento, a quem compete assegurar o desenvolvimento da tramitação processual, acompanhando, nomeadamente, a instrução, o cumprimento dos prazos e a prestação de informação e esclarecimentos aos requerentes.

4 — Quando na verificação dos documentos instrutórios do processo se constatar que estes não se encontram em conformidade com o disposto no n.º 1, a entidade coordenadora rejeita liminarmente o pedido de autorização, sem prejuízo do disposto nos n.ºs 3 e 4 do artigo 9.º.

5 — O processo só se encontra devidamente instruído na data da recepção do último dos elementos em falta.

ART. 9.º (Instrução técnica do processo e relatório final) — 1 — A DGAE efectua a instrução técnica do processo e elabora um relatório final no qual formula uma proposta de decisão para a COMAC no prazo de 30 dias contados da data da recepção do processo devidamente instruído nos termos do artigo anterior.

2 — O relatório referido no número anterior é efectuado com base nos parâmetros referidos no artigo 10.º.

3 — A DGAE pode solicitar, nos primeiros 10 dias do prazo, esclarecimentos ou informações complementares, considerando-se suspenso o prazo para elaboração do respectivo relatório até à recepção dos elementos solicitados.

4 — Os requerentes dispõem de um prazo de 10 dias a contar da data da recepção do respectivo pedido para efeitos de resposta.

ART. 10.º (Parâmetros para a elaboração do relatório final) — 1 — Para efeito da elaboração do relatório final, a DGAE procede à pontuação dos processos em função da valia do projecto (VP), de acordo com os seguintes parâmetros definidos para as diferentes tipologias comerciais:

a) Contribuição do estabelecimento para a multiplicidade da oferta comercial, tanto em formatos, no retalho alimentar e misto, como em insígnias, no retalho não alimentar, de forma a promover a concorrência efectiva entre empresas e grupos na área de influência, atendendo-se, nos conjuntos comerciais, à diversidade das suas actividades;

b) Avaliação dos serviços prestados ao consumidor, nomeadamente os que promovam o conforto na compra, uma melhor integração das pessoas com deficiências e incapacidades e a adesão a processos de resolução de conflitos de consumo;

c) Avaliação da qualidade do emprego no estabelecimento e da responsabilidade social da empresa;

d) Avaliação da integração do estabelecimento ou conjunto comercial no ambiente urbano, fortalecendo a capacidade de atracção do centro urbano como destino comercial e de lazer e contribuindo para a diminuição das deslocações pendulares;

e) Contribuição do estabelecimento ou conjunto comercial para a eficiência energética ou utilização de energias renováveis, utilização de materiais recicláveis e ou degradáveis e reciclagem de resíduos.

2 — A forma de cálculo da VP resulta do somatório das pontuações obtidas em cada um dos parâmetros referidos no número anterior, sendo positiva quando o processo obtenha uma VP superior a 50% da pontuação global.

3 — Os compromissos assumidos nas alíneas *b)*, *c)* e *e)* do n.º 1 devem ser apresentados de forma quantificada e podem ser objecto de verificação anual pela entidade fiscalizadora, durante um período de cinco anos, contado da data de entrada em funcionamento do estabelecimento ou conjunto comercial.

4 — A metodologia para a determinação da VP, a sua aplicação aos estabelecimentos de retalho alimentar e misto, não alimentar e conjuntos comerciais, bem como as restantes regras técnicas necessárias à execução dos parâmetros para a elaboração do relatório, são fixadas por portaria do membro do Governo responsável pela área do comércio.

A P.ª n.º 418/2009, de 16-4, contém a regulamentação prevista no n.º 4 deste artigo.

ART. 11.º (Comissão de autorização comercial) — 1 — A competência para conceder a autorização de instalação e modificação referida nos n.ºs 1 e 2 do artigo 3.º cabe à comissão de autorização comercial (COMAC) territorialmente competente.

ESTABELECIMENTOS DE COMÉRCIO A RETALHO E CONJUNTOS COMERCIAIS **[DL n.º 21/2009]** 947

2 — As COMAC têm a seguinte composição:

a) Um autarca indicado pelo conjunto de municípios organizados territorialmente com base nas unidades de nível III das NUTS em que se pretende instalar ou modificar o estabelecimento de comércio a retalho ou o conjunto comercial, que preside;

b) O presidente da câmara municipal respectiva;

c) O presidente da comissão de coordenação e desenvolvimento regional (CCDR) territorialmente competente;

d) O director-geral das Actividades Económicas;

e) O director regional de economia territorialmente competente.

3 — As entidades referidas no número anterior podem fazer-se representar por um elemento por si designado.

ART. 12.º (Funcionamento da COMAC) — 1 — As COMAC reúnem, mensalmente, para apreciação de todos os processos que lhe tenham sido submetidos pela entidade coordenadora.

2 — As regras de funcionamento da COMAC são fixadas por portaria do membro do Governo responsável pela área do comércio.

3 — Os membros da COMAC ficam sujeitos às regras de confidencialidade aplicáveis aos funcionários do Estado, relativamente aos factos de que tomem conhecimento no exercício das suas funções.

A P.ª n.º 417/2009, de 16-4, deu cumprimento à previsão do n.º 2 deste artigo.

ART. 13.º (Critérios de decisão da COMAC) — 1 — As decisões da COMAC são emitidas após análise do relatório final efectuado pela DGAE, a que se refere o n.º 1 do artigo 9.º, sendo a apreciação dos processos efectuada com base nos seguintes critérios:

a) Respeito pelas normas de ordenamento do território em vigor, bem como adequação a planos sectoriais ou outras normas orientadoras definidas nos diversos instrumentos de planeamento territorial;

b) Contribuição positiva em matéria de protecção ambiental, valorizando projectos energeticamente mais eficientes e com menor impacte na envolvente, avaliada de acordo com a alínea *e)* do n.º 1 do artigo 10.º;

c) Avaliação da articulação funcional do estabelecimento ou conjunto comercial com o centro urbano, como forma de qualificar as centralidades existentes, promover a atractividade urbana, diminuir as deslocações pendulares e reduzir o congestionamento das infra-estruturas, avaliada de acordo com a alínea *d)* do n.º 1 do artigo 10.º;

d) Contribuição para o desenvolvimento da qualidade do emprego, valorizando-se a responsabilidade social, avaliada de acordo com a alínea *c)* do n.º 1 do artigo 10.º;

e) Contribuição para a multiplicidade da oferta comercial, avaliada de acordo com a alínea *a)* do n.º 1 do artigo 10.º;

f) Contribuição para a diversificação e qualificação dos serviços ao consumidor, avaliada de acordo com a alínea *b)* do n.º 1 do artigo 10.º.

2 — Nos casos em que a VP não atinja a pontuação global positiva referida no n.º 2 do artigo 10.º, a decisão da COMAC é desfavorável.

ART. 14.º (Decisão) — 1 — A entidade coordenadora envia aos membros da COMAC competente para efeitos de decisão, cópia do processo e do relatório da DGAE referido no n.º 1 do artigo 9.º.

2 — Na falta de emissão do relatório referido no número anterior, é emitido, pela entidade coordenadora, documento comprovativo de se encontrar decorrido o prazo necessário para a sua emissão.

3 — Para efeitos de decisão, a COMAC analisa, em cada reunião, todos os processos que lhe tenham sido remetidos até cinco dias antes pela entidade coordenadora.

4 — Podem ser solicitados, através da entidade coordenadora, e de uma só vez, esclarecimentos ou informações complementares à entidade que emitiu o relatório e ao requerente, os quais dispoem de um prazo máximo de 15 dias para efeitos de resposta, sendo o processo submetido a decisão na reunião seguinte.

5 — A decisão tomada é acompanhada da imposição de obrigações destinadas a garantir o cumprimento de compromissos assumidos pelo requerente e que tenham constituído pressupostos da autorização.

6 — A entidade coordenadora notifica o requerente da decisão, só podendo o documento comprovativo da autorização concedida ser emitido após o pagamento da taxa devida, nos termos do artigo 25.º do presente decreto-lei.

7 — O documento comprovativo referido no número anterior é considerado para efeitos do disposto no artigo 37.º do Decreto-Lei n.º 555/99, de 16 de Dezembro, com a redacção que lhe foi dada pela Lei n.º 60/2007, de 4 de Setembro.

ART. 15.º (Impugnação) — Da decisão da COMAC cabe impugnação para os tribunais administrativos de círculo, cabendo à secretaria-geral do ministério responsável pela área do comércio, com a colaboração das entidades intervenientes no processo de autorização, prestar o necessário apoio jurídico.

ART. 16.º (Caducidade da autorização) — 1 — A autorização concedida caduca se, no prazo de três ou quatro anos a contar da data da sua emissão, não se verificar a entrada em funcionamento, respectivamente, do estabelecimento de comércio ou do conjunto comercial a que a mesma respeita.

948 [DL n.º 21/2009]   ACTIVIDADES COMERCIAIS

2 — No caso dos estabelecimentos comerciais inseridos em conjuntos comerciais, a autorização caduca na data da caducidade da autorização do conjunto comercial.

3 — A título excepcional, a COMAC pode prorrogar a autorização concedida até ao máximo de um ano, quando se trate de estabelecimento de comércio, ou até ao máximo de dois anos, no caso de conjunto comercial, com base em requerimento do interessado, devidamente fundamentado e apresentado, com a antecedência mínima de 45 dias da data da caducidade da autorização, à entidade coordenadora, que emite um parecer sobre o mesmo.

4 — O prazo de caducidade previsto nos números anteriores não se interrompe nem se suspende.

ART. 17.º (Alterações posteriores à autorização) — 1 — As alterações que o requerente pretenda introduzir no processo entre a data de emissão da autorização e a entrada em funcionamento do estabelecimento ou do conjunto comercial, susceptíveis de alterar os pressupostos em que aquela se baseou e que digam respeito, nomeadamente, ao aumento da área de venda ou da área bruta locável, à tipologia ou à entidade exploradora se configurar alteração de grupo, são obrigatoriamente comunicadas à entidade coordenadora até 45 dias antes da data prevista de entrada em funcionamento do estabelecimento ou do conjunto comercial.

2 — No prazo de três dias contados da data da sua recepção, a entidade coordenadora remete o pedido de alteração às entidades que intervieram no processo de autorização, para efeitos de apreciação.

3 — A instrução técnica do processo e a elaboração do relatório final previsto no n.º 1 do artigo 9.º são efectuadas no prazo de 10 dias contado da data da recepção do pedido.

4 — A COMAC decide na reunião seguinte à data da recepção do relatório referido no número anterior ou do fim do prazo para a respectiva emissão, decorrido o qual, sem que a decisão seja tomada, se considera que o pedido de alteração foi deferido.

CAPÍTULO III — **Funcionamento**

ART. 18.º (Comunicação de abertura) — 1 — Sem prejuízo da obtenção do alvará de autorização de utilização, previsto no regime jurídico da urbanização e da edificação, o titular do empreendimento, até 20 dias antes da abertura do estabelecimento ou conjunto comercial, comunica tal facto à entidade coordenadora e à câmara municipal respectiva, acompanhado de termo de responsabilidade segundo o qual o estabelecimento ou conjunto comercial cumpre os compromissos que fundamentaram a autorização de instalação ou de modificação.

2 — A comunicação referida no número anterior é considerada para efeitos do disposto no Decreto-Lei n.º 259/ /2007, de 17 de Julho.

3 — A comunicação é efectuada através do modelo referido no n.º 5 do artigo 3.º.

ART. 19.º (Comunicação do encerramento) — O encerramento dos estabelecimentos e conjuntos comerciais abrangidos pelo presente decreto-lei deve ser comunicado à entidade coordenadora, até 20 dias após a sua ocorrência, através do modelo referido no n.º 5 do artigo 3.º.

ART. 20.º (Registo) — 1 — A abertura, as modificações e o encerramento dos estabelecimentos e conjuntos comerciais abrangidos pelo presente decreto-lei são objecto de registo, efectuado pela DGAE, o qual é considerado para efeitos do disposto no Decreto-Lei n.º 462/99, de 5 de Novembro, e do artigo 6.º do Decreto-Lei n.º 259/2007, de 17 de Julho.

2 — O registo é efectuado com base nas comunicações efectuadas ao abrigo do n.º 4 do artigo 3.º, do n.º 1 do artigo 18.º e do artigo 19.º.

CAPÍTULO IV — **Pedidos de informação, fiscalização e sanções**

ART. 21.º (Prestação de informações) — A DGAE, no exercício das competências que lhes são conferidas pelo presente decreto-lei, pode solicitar a prestação de informações aos promotores e a associações de empresas, fixando, para o efeito, os prazos que entenda razoáveis.

ART. 22.º (Fiscalização) — A fiscalização do cumprimento do disposto no presente decreto-lei, incluindo a verificação regular do cumprimento das condições e dos compromissos assumidos pelos promotores, que condicionaram a emissão da autorização, compete à Autoridade de Segurança Alimentar e Económica (ASAE), sem prejuízo das competências legalmente atribuídas a outras entidades.

ART. 23.º (Infracções) — 1 — Constituem contra-ordenações puníveis com as seguintes coimas, quando cometidas por pessoa singular:

a) De € 5000 a € 25 000, a instalação ou modificação de um estabelecimento ou conjunto comercial sem a autorização legalmente exigida e o incumprimento das obrigações que fundamentaram a decisão de autorização emitida pela COMAC;

b) De € 2500 a € 12 500, a falta de comunicação atempada à entidade coordenadora de quaisquer alterações posteriores à emissão da autorização e anteriores à entrada de funcionamento do estabelecimento ou conjunto comercial, susceptíveis de alterar os pressupostos da decisão de autorização;

ESTABELECIMENTOS DE COMÉRCIO A RETALHO E CONJUNTOS COMERCIAIS   [DL n.º 21/2009]   949

c) De € 500 a € 2500, a falta de comunicação atempada das modificações previstas no n.º 4 do artigo 3.º, a abertura do estabelecimento ou conjunto comercial sem comunicar atempadamente à entidade coordenadora e à câmara municipal respectiva e o encerramento do estabelecimento ou conjunto comercial sem comunicar atempadamente à entidade coordenadora;

d) De € 250 a € 1250, a falta de envio de informações à DGAE pelos promotores.

2 — Constituem contra-ordenações puníveis com as seguintes coimas, quando cometidas por pessoa colectiva:

a) De € 100 000 a € 500 000, a instalação ou modificação de um estabelecimento ou conjunto comercial sem a autorização legalmente exigida e o incumprimento das obrigações que fundamentaram a decisão de autorização emitida pela COMAC;

b) De € 30 000 a € 150 000, a falta de comunicação atempada à entidade coordenadora de quaisquer alterações posteriores à emissão da autorização e anteriores à entrada de funcionamento do estabelecimento ou conjunto comercial, susceptíveis de alterar os pressupostos da decisão de autorização;

c) De € 5000 a € 25 000, a falta de comunicação atempada das modificações previstas no n.º 4 do artigo 3.º, a abertura do estabelecimento ou conjunto comercial sem comunicar atempadamente à entidade coordenadora e à câmara municipal respectiva e o encerramento do estabelecimento ou conjunto comercial sem comunicar atempadamente à entidade coordenadora;

d) De € 2500 a € 15 000, a falta de envio de informações à DGAE pelos promotores ou associações de empresas.

3 — A negligência é punível, sendo os limites mínimo e máximo das coimas aplicáveis reduzidos a metade.

4 — A ASAE pode solicitar a colaboração de quaisquer outras entidades sempre que o julgue necessário ao exercício das suas funções.

5 — A instrução dos processos de contra-ordenação compete à ASAE.

6 — A aplicação das coimas e sanções acessórias previstas no presente decreto-lei compete à Comissão de Aplicação de Coimas em Matéria Económica e de Publicidade (CACMEP).

7 — O produto das coimas aplicadas no âmbito da presente lei reverte:

a) 60% para o Estado;

b) 30% para a ASAE;

c) 10% para a CACMEP.

8 — A CACMEP procede ao pagamento, até ao dia 10 de cada mês, através de transferência bancária ou cheque, às entidades referidas nas alíneas *a)* e *b)* do número anterior, acompanhado da relação dos processos a que se referem.

ART. 24.º (Sanção acessória) — No caso das contra-ordenações previstas nas alíneas *a)* e *b)* dos n.ºs 1 e 2 do artigo anterior, simultaneamente com a coima, pode ser aplicada, por período não superior a dois anos, a sanção acessória prevista na alínea *f)* do n.º 1 do artigo 21.º do Decreto-Lei n.º 433/82, de 27 de Outubro, na redacção que lhe foi dada pelo Decreto-Lei n.º 244/95, de 14 de Setembro, ficando o reinício de actividade dependente da concessão de autorização a emitir pela entidade competente nos termos do presente decreto-lei.

ART. 25.º (Taxas) — 1 — Os actos relativos à autorização dos processos de instalação e de modificação dos estabelecimentos de comércio e conjuntos comerciais, incluindo as prorrogações, estão sujeitos ao pagamento da respectiva taxa, cujo montante varia em função da área de venda ou area bruta locável objecto de autorização.

2 — As taxas referidas no número anterior são as seguintes:

a) A taxa de autorização dos pedidos de instalação ou de modificação dos estabelecimentos de comércio a retalho é de € 30 por metro quadrado de área de venda autorizada;

b) No caso de estabelecimentos integrados em conjuntos comerciais, o montante da taxa referida na alínea anterior é reduzido a metade;

c) A taxa de autorização de instalação ou de modificação de conjuntos comerciais é de € 20 por metro quadrado de área bruta locável autorizada, com um limite máximo de € 1 000 000;

d) As taxas relativas aos processos de modificação de estabelecimentos de comércio a retalho decorrentes de operações de concentração de empresas sujeitas a notificação prévia, nos termos da legislação de concorrência nacional ou comunitária, sofrem uma redução de dois terços em relação aos valores referidos nas alíneas anteriores;

e) As taxas relativas à prorrogação das autorizações de instalação ou modificação de estabelecimentos ou conjuntos comerciais são de:

i) € 300, para os estabelecimentos;

ii) € 1500, para os conjuntos comerciais.

3 — As taxas referidas no número anterior são pagas à entidade coordenadora no prazo de 30 dias após a data da recepção pelo promotor da notificação da decisão referida no artigo 14.º.

4 — A autorização de instalação e modificação caduca se as taxas não forem liquidadas no prazo indicado no número anterior.

5 — As receitas resultantes da cobrança das taxas de autorização dos processos e das prorrogações revertem em 1% a favor da entidade coordenadora, em 0,5% a favor da entidade que efectua a instrução técnica do processo e elabora o relatório final previsto no artigo 9.º e o restante a favor do Fundo de Modernização do Comércio, criado pelo Decreto-Lei n.º 178/2004, de 27 de Julho, alterado pelo Decreto-Lei n.º 143/2005, de 26 de Agos-

950   [DL n.º 21/2009]   ACTIVIDADES COMERCIAIS

to, bem como do fundo de apoio aos empresários comerciais a que se refere o despacho conjunto n.º 324/2002, de 8 de Março, publicado no *Diário da República*, 2.ª série, n.º 94, de 22 de Abril de 2002, sem prejuízo das dotações previstas no mesmo despacho conjunto.

6 — A liquidação e a cobrança das taxas são da competência da entidade coordenadora, a qual procede ao pagamento, até ao dia 10 de cada mês, através de transferência bancária ou cheque, às demais entidades, acompanhado da relação dos processos a que se referem.

CAPÍTULO V — **Disposições finais e transitórias**

ART. 26.º (Processos pendentes) — 1 — Os processos relativos a estabelecimentos e conjuntos comerciais que, por força da alteração do âmbito de aplicação do presente decreto-lei, deixam de estar abrangidos pelo regime de autorização, são considerados extintos.

2 — Os processos que, à data da entrada em vigor do presente decreto-lei, não tenham ainda obtido a decisão referida no artigo 17.º da Lei n.º 12/2004, de 30 de Março, são decididos de acordo com o disposto no presente decreto--lei, podendo a entidade coordenadora solicitar os elementos necessários à sua avaliação, de acordo com os novos parâmetros e critérios de apreciação.

3 — O presente decreto-lei aplica-se aos pedidos de modificação previstos no artigo 21.º da Lei n.º 12/2004, de 30 de Março, bem como às prorrogações das autorizações, referidas no seu artigo 20.º.

4 — O disposto no presente decreto-lei não se aplica às modificações de conjuntos comerciais referidos no n.º 2 do artigo 3.º, relativamente aos quais, à data da entrada em vigor deste decreto-lei, já tenha sido emitida informação prévia favorável ou licença de construção, nos termos do regime jurídico da urbanização e da edificação.

5 — As autorizações de instalação ou modificação cujos prazos de caducidade foram suspensos, caducam definitivamente se no prazo de 180 dias após a data da entrada em vigor do presente decreto-lei não se verificar a entrada em funcionamento do estabelecimento ou conjunto comercial a que as mesmas respeitam.

ART. 27.º (Norma revogatória) — 1 — É revogada a Lei n.º 12/2004, de 30 de Março, e as Portarias n.os 518/2004, 519/2004 e 520/2004, todas de 20 de Maio, e 620/2004, de 7 de Junho.

2 — A revogação prevista no número anterior não prejudica a remissão operada por diplomas legais em vigor para:

a) A definição de «grandes superfícies comerciais», estabelecida na alínea *a*) do n.º 1 do artigo 2.º do Decreto-Lei n.º 258/92, de 20 de Novembro;

b) A definição de «estabelecimento de comércio por grosso», estabelecida na alínea *a*) do artigo 3.º da Lei n.º 12//2004, de 30 de Março.

3 — Para efeitos de sujeição a procedimento de AIA, a remissão operada pela alínea *b*) do n.º 10 do anexo II do Decreto-Lei n.º 69/2000, de 3 de Maio, com a redacção que lhe foi dada pelo Decreto-Lei n.º 197/2005, de 8 de Novembro, para a definição de estabelecimento de comércio ou conjunto comercial, considera-se efectuada para as alíneas *f*) e *h*) a *l*) do artigo 4.º do presente decreto-lei, sem prejuízo do disposto na alínea *b*) do número anterior.

ART. 28.º (Avaliação da aplicação do regime de autorização) — A entidade coordenadora está obrigada a elaborar relatórios anuais com indicação dos elementos estatísticos relevantes relativos à tramitação dos procedimentos previstos no presente decreto-lei, bem como eventuais constrangimentos identificados, designadamente, no sistema de informação e nas regras aplicáveis.

ART. 29.º (Entrada em vigor) — O presente decreto-lei entra em vigor 90 dias após a sua publicação.

ANEXO

(a que se refere o n.º 1 do artigo 8.º)

Elementos que devem acompanhar o pedido de instalação ou modificação dos estabelecimentos a retalho e dos conjuntos comerciais, de acordo com o previsto no n.º 1 do artigo 8.º do presente decreto-lei.

A — Elementos aplicáveis aos estabelecimentos

Quando estejam em causa estabelecimentos de comércio a retalho referidos nas alíneas *a*) e *b*) do n.º 1 do artigo 2.º do presente decreto-lei, os pedidos de autorização devem ser acompanhados dos seguintes elementos:

I — Informação geral:

a) Legitimidade para apresentação do pedido — título de propriedade, contrato-promessa ou qualquer outro documento bastante, de que resulte ou possa vir a resultar a legitimidade do requerente para construir o estabelecimento em causa ou, caso estes já existam, para os explorar comercialmente;

b) Número e localização de estabelecimentos que preencham os requisitos previstos no n.º 1 do artigo 2.º do presente decreto-lei que, eventualmente, já detenha, referindo os respectivos anos de abertura, áreas de venda e número de trabalhadores;

c) Informação prévia de localização favorável ou documento que a substitua nos termos do previsto no artigo 5.º do presente decreto-lei;

ESTABELECIMENTOS DE COMÉRCIO A RETALHO E CONJUNTOS COMERCIAIS   [DL n.º 21/2009]   951

d) No caso de estabelecimentos comerciais abrangidos pelo regime jurídico de avaliação de impacte ambiental, declaração de impacte ambiental favorável ou documento que a substitua, nos termos do previsto no artigo 5.º do presente decreto-lei.

II — Caracterização — características do estabelecimento de comércio:

Localização;
Nome/insígnia/designação;
Tipologia de comércio (alimentar, não alimentar — com indicação do respectivo ramo de actividade — ou misto);
Número de pisos;
Área de venda/áreas de armazenagem, de serviços de apoio e de escritórios;
Número de lugares de estacionamento e de cargas e descargas previstos e respectivas áreas;
Prazo previsível de construção e de abertura ao público.

III — Área de influência:

a) Definição da área de influência — identificação, fundamentação e caracterização da área de influência a que se reporta o pedido e apresentação da metodologia subjacente;
b) Descrição da diversidade comercial que se verifica na área de influência a que se reporta o pedido — número e características dos estabelecimentos existentes e que estejam abrangidos pelo n.º 1 do artigo 2.º do presente decreto-lei, especificando, designadamente, as respectivas localizações, especificando a freguesia, áreas de venda, insígnias, ramos de comércio e métodos de venda.

IV — Apreciação:

a) Cumprimento dos parâmetros de apreciação — demonstração do cumprimento dos parâmetros de apreciação referidos no n.º 1 do artigo 10.º do presente decreto-lei, incluindo apresentação de documento do qual constem os compromissos a que se refere o n.º 3 do artigo 10.º do presente decreto-lei;
b) Para efeito da avaliação prevista na alínea *b*) do n.º 1 do artigo 10.º do presente decreto-lei — serviços prestados ao consumidor — deve indicar de forma quantificada e discriminada:
    i) Quais os serviços de apoio às pessoas com deficiências e incapacidades;
    ii) Existência de cartão de desconto ao cliente;
    iii) Existência de serviço de entrega ao domicílio, se aplicável;
    iv) Existência de assistência de pós-venda, se aplicável;
    v) Existência de vendas à distância, se aplicável;
    vi) Adesão ao centro de arbitragem de conflitos de consumo;
c) Para efeito da avaliação prevista na alínea *c*) do n.º 1 do artigo 10.º do presente decreto-lei — qualidade do emprego e responsabilidade social — deve indicar de forma quantificada e discriminada:
    i) Número de pessoas ao serviço;
    ii) Número de trabalhadores contratados por tipo de vínculo contratual e categoria profissional;
    iii) Número de contratos celebrados com pessoas com deficiências e incapacidades,
    iv) Existência de plano de formação contínua para todos os trabalhadores;
d) Para efeito da avaliação prevista na alínea *d*) do n.º 1 do artigo 10.º do presente decreto-lei — localização do estabelecimento no centro urbano — deve apresentar declaração da câmara municipal indicando se o estabelecimento se situa dentro ou fora do centro urbano conforme definido na alínea *e*) do artigo 4.º do presente decreto-lei;
e) Para efeito da avaliação prevista na alínea *e*) do n.º 1 do artigo 10.º do presente decreto-lei — eco eficiência — deve indicar de forma discriminada:
    i) Existência de certificação energética conforme referido no anexo XI do Decreto-Lei n.º 79/2006, de 4 de Abril;
    ii) Adopção de medidas tendentes à melhoria da qualidade ambiental através da utilização de materiais recicláveis e ou degradáveis, nomeadamente, em sacos de compras e embalagens, existência de pontos de recolha de embalagens e outros bens reutilizáveis, produtos poluentes, etc.;
    iii) Existência de reciclagem de resíduos e qual a percentagem.
Ou, em sua substituição, a existência de Certificação Ambiental conforme Norma NP EN ISO 14001:2004.
Todos os elementos que, à data da apresentação do pedido de instalação, não possam ser objecto de comprovação, são substituídos por declaração sob compromisso de honra.

B — Elementos aplicáveis aos conjuntos comerciais

Quando estejam em causa conjuntos comerciais referidos nas alíneas *c*) e *d*) do n.º 1 do artigo 2.º do presente decreto-lei, os pedidos de autorização devem ser acompanhados dos seguintes elementos:

I — Informação geral:

a) Legitimidade para apresentação do pedido — título de propriedade, contrato-promessa ou qualquer outro documento bastante, de que resulte ou possa vir a resultar a legitimidade do requerente para construir o conjunto comercial em causa ou, caso este já exista, para o explorar comercialmente;

952 **[DL n.º 21/2009]**   ACTIVIDADES COMERCIAIS

b) Número e localização dos conjuntos comerciais que preencham os requisitos previstos no n.º 1 do artigo 2.º do presente decreto-lei que, eventualmente, já detenha, referindo os respectivos anos de abertura, áreas brutas locáveis, estabelecimentos que os constituem, *mix* comercial e número de estabelecimentos em funcionamento, número de trabalhadores próprios e das lojas;

c) Informação prévia de localização favorável ou documento que a substitua nos termos do previsto no artigo 5.º do presente decreto-lei;

d) No caso de conjuntos comerciais abrangidos pelo regime jurídico de avaliação de impacte ambiental, declaração de impacte ambiental favorável ou documento que a substitua, nos termos do previsto no artigo 5.º do presente decreto-lei.

II — Caracterização — características do conjunto comercial:

Localização;
Nome/designação;
Número de pisos;
Área bruta locável;
Áreas de armazenagem, de serviços de apoio e de escritórios;
Número de lugares de estacionamento e de cargas e descargas previstos e respectivas áreas;
Número dos estabelecimentos de comércio que integram o conjunto comercial e *mix* comercial previsto;
Distribuição das lojas por grupos de actividades;
Número de postos de trabalho estimados das lojas e do CC;
Prazo previsível de construção e de abertura ao público.

III — Área de influência:

a) Definição da área de influência — identificação e caracterização da área de influência a que se reporta o pedido e apresentação da metodologia subjacente;

b) Descrição da diversidade comercial que se verifica na área de influência a que se reporta o pedido — número e características dos conjuntos comerciais que preencham os requisitos previstos no n.º 1 do artigo 2.º do presente decreto-lei, especificando, designadamente, a respectiva localização, especificando a freguesia, e áreas brutas locáveis.

IV — Apreciação:

a) Cumprimento dos parâmetros de apreciação — demonstração do cumprimento dos parâmetros de apreciação referidos no n.º 1 do artigo 10.º do presente decreto-lei, incluindo apresentação de documento do qual constem os compromissos a que se refere o n.º 3 do artigo 10.º do presente decreto-lei;

b) Para efeito da avaliação prevista na alínea *a)* do n.º 1 do artigo 10.º do presente decreto-lei — diversidade de actividades — deve indicar de forma quantificada e discriminada as actividades que definem o seu *mix*;

c) Para efeito da avaliação prevista na alínea *b)* do n.º 1 do artigo 10.º do presente decreto-lei — serviços prestados ao consumidor — deve indicar de forma quantificada e discriminada:

i) Quais os serviços de apoio ao idoso e à pessoa com deficiência e incapacidade;
ii) Existência de serviços de guarda e acompanhamento de crianças e qual o seu custo para o cliente;
iii) Existência de estacionamento e qual o seu custo para o cliente;
iv) Existência de cartão de desconto para o cliente;
v) Existência de carta de compra com ponto único de entrega das compras;
vi) Adesão ao centro de arbitragem de conflitos de consumo;

d) Para efeito da avaliação prevista na alínea *c)* do n.º 1 do artigo 10.º do presente decreto-lei — responsabilidade social da empresa — deve indicar de forma quantificada e discriminada:

i) Existência de espaços de lazer e tomada de refeições para os trabalhadores dos estabelecimentos inseridos no conjunto comercial;
ii) Existência de creche para os filhos dos trabalhadores dos estabelecimentos inseridos no conjunto comercial;

e) Para efeito da avaliação prevista na alínea *d)* do n.º 1 do artigo 10.º do presente decreto-lei — localização do conjunto comercial no centro urbano — deve apresentar declaração da câmara municipal indicando se o estabelecimento se situa dentro ou fora do centro urbano conforme definido na alínea *e)* do artigo 4.º do presente decreto-lei;

f) Para efeito da avaliação prevista na alínea *e)* do n.º 1 do artigo 10.º do presente decreto-lei — eco eficiência — deve indicar de forma discriminada:

i) Existência de certificação energética conforme referido no anexo XI do Decreto-Lei n.º 79/2006, de 4 de Abril;
ii) Adopção de medidas tendentes à melhoria da qualidade ambiental através da utilização de materiais recicláveis e ou degradáveis, nomeadamente, em sacos de compras e embalagens, existência de pontos de recolha de embalagens e outros bens reutilizáveis, produtos poluentes, etc.;
iii) Existência de reciclagem de resíduos e qual a percentagem.

MERCADOS MUNICIPAIS   [DL n.º 340/82]   953

Ou, em sua substituição, a existência de Certificação Ambiental conforme Norma NP EN ISO 14001:2004.
Todos os elementos que, à data da apresentação do pedido de instalação, não possam ser objecto de comprovação, são substituídos por declaração sob compromisso de honra.

12.8. MERCADOS MUNICIPAIS

Decreto-Lei n.º 340/82

de 25 de Agosto

ART. 1.º – Compete à assembleia municipal definir, em regulamento próprio e sem prejuízo do disposto no presente diploma, as condições gerais sanitárias dos mercados municipais, bem como as de efectiva ocupação dos locais neles existentes para exploração do comércio autorizado.

ART. 2.º – As câmaras municipais poderão conceder a pessoas singulares e colectivas o título de ocupante dos locais a que se refere o artigo anterior.

ART. 3.º – A direcção efectiva desses locais e da venda aí realizada compete aos titulares da ocupação, salvo nos casos de autorização especial a conceder pela câmara municipal, após pedido fundamentado, a pessoas julgadas idóneas para o efeito e enquanto se verificarem as circunstâncias que fundamentaram o deferimento do pedido.

ART. 4.º – Cada pessoa singular ou colectiva apenas pode ser titular de, no máximo, 2 lugares no mesmo mercado municipal.

ART. 5.º – Aos detentores dos títulos de ocupação poderá ser autorizada pela respectiva câmara municipal a cedência a terceiros dos respectivos lugares, desde que ocorra um dos seguintes factos:
a) Invalidez do titular;
b) Redução a menos de 50% da capacidade física normal do mesmo;
c) Outros motivos ponderosos e justificados, verificados caso a caso.

ART. 6.º – Por morte do ocupante preferem na ocupação dos mesmos locais o cônjuge sobrevido não separado judicialmente de pessoas e bens e, na sua falta ou desinteresse, os descendentes, se aquele ou estes ou os seus legais representantes assim o requererem nos 60 dias subsequentes ao decesso.

ART. 7.º – 1 – Em caso de concurso de interessados, a preferência defere-se pela ordem prevista no artigo anterior.
2 – Concorrendo apenas descendentes, observam-se as seguintes regras:
a) Entre descendentes de grau diferente, preferem os mais próximos em grau;
b) Entre descendentes do mesmo grau, abrir-se-á licitação.

ART. 8.º – Depende de prévia autorização camarária a realização de obras no interior dos lugares ocupados.

ART. 9.º – As taxas de ocupação, na sua fixação e evolução, estão sujeitas aos termos previstos na Lei das Finanças Locais.

ART. 10.º – As dúvidas que se suscitarem na aplicação do presente diploma serão resolvidas por despacho do Ministro da Administração Interna.

ART. 11.º É revogado o Decreto Lei n.º 220/76, de 29 de Março.

12.9. ESTATUTO DO VENDEDOR AMBULANTE

Decreto-Lei n.º 122/79

de 8 de Maio (*)

ART. 1.º – 1 – A venda ambulante passa a reger-se pelo presente diploma e legislação complementar.
2 – São considerados vendedores ambulantes os que:
a) Transportando as mercadorias do seu comércio, por si ou por qualquer meio adequado, as vendam ao público consumidor pelos lugares do seu trânsito;

(*) Com as alterações introduzidas pelo **DL n.º 282/85**, de 22-7 (art. 22.º-1), pelo **DL n.º 283/86**, de 5-9 (arts. 18.º e 19.º), pelo **DL n.º 399/91**, de 16-10 (arts. 10.º e 18.º), pelo **DL n.º 252/93**, de 14-7 (arts. 2.º, 19.º e 22.º), e pelo **DL n.º 9/2002**, de 24-1 (arts. 4.º e 22.º).

954 [DL n.º 122/79]   ACTIVIDADES COMERCIAIS

b) Fora dos mercados municipais e em locais fixos demarcados pelas câmaras municipais, vendam as mercadorias que transportem, utilizando na venda os seus meios próprios ou outros que à sua disposição sejam postos pelas referidas câmaras;

c) Transportando a sua mercadoria em veículos, neles efectuem a respectiva venda, quer pelos lugares do seu trânsito, quer em locais fixos, demarcados pelas câmaras competentes fora dos mercados municipais;

d) Utilizando veículos automóveis ou reboques, neles confeccionem, na via pública ou em locais para o efeito determinados pelas câmaras municipais, refeições ligeiras ou outros produtos comestíveis preparados de forma tradicional.

ART. 2.º – 1 – Sem prejuízo do estabelecimento em legislação especial, o exercício da venda ambulante é vedado às sociedades, aos mandatários e aos que exerçam outra actividade profissional, não podendo ainda ser praticado por interposta pessoa.

2 – É proibido no exercício da venda ambulante a actividade de comércio por grosso.

3 – Exceptuam-se do âmbito de aplicação do presente diploma a distribuição domiciliária efectuada por conta de comerciantes com estabelecimento fixo, a venda de lotarias, jornais e outras publicações periódicas.

ART. 3.º – 1 – Na exposição e venda dos produtos do seu comércio, deverão os vendedores ambulantes utilizar individualmente tabuleiros de dimensões não superiores a 1 m × 1,20 m e colocado a uma altura mínima de 0,40 m do solo, salvo nos casos em que os meios para o efeito postos à disposição pelas câmaras municipais ou o transporte utilizado justifiquem a dispensa do seu uso.

2 – Compete às câmaras municipais dispensar o cumprimento do estabelecido no número anterior relativamente à venda ambulante que se revista de características especiais.

ART. 4.º – 1 – É interdito aos vendedores ambulantes:

a) Impedir ou dificultar por qualquer forma o trânsito nos locais destinados à circulação de veículos e peões;

b) Impedir ou dificultar o acesso aos meios de transporte público e às paragens dos respectivos veículos;

c) Impedir ou dificultar o acesso a monumentos e a edifícios públicos ou privados, bem como o acesso ou exposição dos estabelecimentos comerciais ou lojas de venda ao público;

d) Lançar no solo quaisquer desperdícios susceptíveis de pejarem ou conspurcarem a via pública;

e) Exercer a sua actividade junto de estabelecimentos escolares dos ensinos básico e secundário, sempre que a respectiva actividade se relacione com a venda de bebidas alcoólicas.

2 – As áreas relativas à proibição referida no número anterior são delimitadas, caso a caso, pelos municípios, em colaboração com a direcção regional de educação.

ART. 5.º – 1 – Os tabuleiros, bancadas, pavilhões, veículos, reboques ou quaisquer outros meios utilizados na venda deverão conter afixada, em local bem visível ao público, a indicação do nome, morada e número do cartão do respectivo vendedor.

2 – Os tabuleiros, balcões ou bancadas utilizados para a exposição, venda ou arrumação de produtos alimentares deverão ser construídos de material resistente a traços ou sulcos e facilmente laváveis.

3 – Todo o material de exposição, venda, arrumação ou depósito deverá ser mantido em rigoroso estado de asseio e higiene.

ART. 6.º – 1 – Os indivíduos que intervenham no acondicionamento, transporte ou venda de produtos alimentares serão, obrigatoriamente, portadores de boletim de sanidade, nos termos da legislação em vigor.

2 – Sempre que se suscitarem dúvidas sobre o estado de sanidade do vendedor ou qualquer dos indivíduos referidos no número anterior, serão estes intimados a apresentar-se à autoridade sanitária competente, para inspecção.

3 – Os vendedores ambulantes deverão comportar-se com civismo nas suas relações com o público.

ART. 7.º – Fica proibido o comércio ambulante dos produtos referidos na lista anexa a este diploma, a qual poderá ser alterada por portaria do Secretário de Estado do Comércio Interno.

ART. 8.º – 1 – No transporte, arrumação, exposição e arrecadação dos produtos é obrigatório separar os alimentos dos de natureza diferente, bem como, de entre cada um deles, os que de algum modo possam ser afectados pela proximidade dos outros.

2 – Quando não estejam expostos para venda, os produtos alimentares devem ser guardados em lugares adequados a preservação do seu estado e, bem assim, em condições hígio-sanitárias que os protejam de poeiras, contaminações ou contactos que de qualquer modo possam afectar a saúde dos consumidores.

3 – O vendedor, sempre que lhe seja exigido, terá de indicar às entidades competentes para a fiscalização o lugar onde guarda a sua mercadoria, facultando o acesso ao mesmo.

4 – Na embalagem ou acondicionamento de produtos alimentares só pode ser usado papel ou outro material que ainda não tenha sido utilizado e que não contenha desenhos, pinturas ou dizeres impressos ou escritos na parte interior.

ART. 9.º – Não são permitidas, como meio de sugestionar aquisições pelo público, falsas descrições ou informações sobre a identidade, origem, natureza, composição, qualidade, propriedades ou utilidade dos produtos expostos à venda.

ESTATUTO DO VENDEDOR AMBULANTE

[DL n.º 122/79] 955

ART. 10.º – 1 – Os preços terão de ser praticados em conformidade com a legislação em vigor.

2 – É obrigatória a afixação, por forma bem visível para o público, de letreiros, etiquetas ou listas indicando o preço dos produtos, géneros e artigos expostos.

ART. 11.º – O período de exercício da actividade da venda ambulante será fixado, nos termos da legislação em vigor, sobre o período de abertura dos estabelecimentos comerciais.

ART. 12.º – 1 – O vendedor ambulante deverá fazer-se acompanhar, para apresentação imediata às entidades competentes para a fiscalização, do cartão de vendedor ambulante devidamente actualizado.

2 – O vendedor ambulante deverá fazer-se acompanhar ainda das facturas ou documentos equivalentes comprovativos da aquisição dos produtos para venda ao público, contendo os seguintes elementos:

a) O nome e domicílio do comprador;

b) O nome ou denominação social e a sede ou domicílio do produtor, grossista, retalhista, leiloeiro, serviço alfandegário ou outro fornecedor aos quais haja sido feita a aquisição e, bem assim, a data em que esta foi efectuada;

c) A especificação das mercadorias adquiridas, com indicação das respectivas quantidades, preços e valores ilíquidos, descontos abatimentos ou bónus concedidos e ainda, quando for caso disso, das correspondentes marcas, referências e número de série.

ART. 13.º – A venda ambulante de artigos de artesanato, frutas, produtos hortícolas ou quaisquer outros de fabrico ou produção próprios fica sujeita às disposições do presente diploma, com excepção do preceituado no n.º 2 do artigo anterior.

ART. 14.º – 1 – O Secretário de Estado do Comércio Interno poderá, por portaria, estabelecer as normas que se mostrem necessárias à execução do disposto neste diploma em matéria da sua competência.

2 – Quando as normas a estabelecer abrangerem matéria que caiba igualmente na competência de outras Secretarias de Estado ou Ministérios, deverá a correspondente portaria ser emitida conjuntamente com esses departamentos.

ART. 15.º – Compete à Direcção-Geral de Coordenação Comercial assegurar o expediente e conceder a autorização para o exercício do comércio exigida no Decreto-Lei n.º 247/78, de 22 de Agosto.

ART. 16.º – Ao abrigo deste diploma e legislação complementar, podem as câmaras municipais:

a) Restringir, condicionar ou proibir a venda ambulante, tendo em atenção os aspectos hígio-sanitários, estéticos e de comodidade para o público;

b) Interditar zonas ao exercício do comércio ambulante, atendendo às necessidades de segurança e de trânsito de peões e veículos;

c) Estabelecer zonas e locais fixos para neles ser exercida, com meios próprios ou fornecidos pelas mesmas câmaras municipais, a actividade de vendedor ambulante;

d) Delimitar locais ou zonas a que terão acesso os veículos ou reboques utilizados na venda ambulante;

e) Estabelecer zonas e locais especialmente destinados ao comércio ambulante de certas categorias de produtos.

ART. 17.º – 1 – Nas localidades dotadas de mercados com instalações próprias só será permitido o exercício da actividade de vendedor ambulante de produtos que se vendam nesses mercados quando neles não existirem lugares vagos para a venda fixa desses produtos.

2 – Havendo lugares vagos nos mercados referidos no número anterior, mas verificando-se em determinadas áreas insuficiente abastecimento do público, poderão as câmaras municipais fixar lugares ou zonas, dentro das mesmas áreas, para o exercício do comércio ambulante limitado no número anterior.

ART. 18.º – 1 – Compete às câmaras municipais emitir e renovar o cartão para o exercício da venda ambulante, o qual será válido apenas para a área dos respectivos municípios e para o período de um ano, a contar da data da emissão ou renovação.

2 – O cartão de vendedor ambulante será obrigatoriamente do modelo anexo a este diploma.

3 – Para a concessão e renovação do cartão deverão os interessados apresentar na câmara municipal requerimento, elaborado em impresso próprio, no qual será aposto o selo fiscal correspondente à taxa do papel selado e, bem assim, a autorização prévia para o exercício da actividade e, quando se trate da venda de produtos alimentares, o boletim de sanidade.

4 – Compete ao Ministro da Administração Interna aprovar, por despacho publicado no *Diário da República*, 1.ª Série, os modelos do impresso de requerimento referido no número anterior.

5 – Do requerimento constará, para além da conveniente identificação dos interessados, a indicação da situação pessoal destes no que concerne à sua profissão actual ou anterior, habilitações, emprego ou desemprego, invalidez ou assistência e composição, rendimentos e encargos do respectivo agregado familiar.

6 – A indicação da situação pessoal dos interessados poderá ser dispensada em relação aos que tenham exercido, de modo continuado, durante os últimos três anos, a actividade de vendedor ambulante.

956 [DL n.º 122/79]   ACTIVIDADES COMERCIAIS

7 – A renovação anual do cartão de vendedor ambulante, se os interessados desejarem continuar a exercer essa actividade, deverá ser requerida até trinta dias antes de caducar a respectiva validade.

8 – O pedido de concessão do cartão deverá ser deferido ou indeferido pela câmara municipal competente no prazo máximo de trinta dias, contado a partir da data da entrega do correspondente requerimento, de que será passado o respectivo recibo.

9 – O prazo fixado no número anterior é interrompido pela notificação do requerente para suprir eventuais deficiências do requerimento ou da documentação junta, começando a correr novo prazo a partir da data da recepção, na câmara municipal, dos elementos pedidos.

10 – Para além do impresso a que se refere o n.º 3 deste artigo, os interessados deverão preencher o impresso destinado ao registo na Direcção-Geral do Comércio Interno, para efeitos de cadastro comercial, cujo modelo será aprovado por despacho conjunto dos Ministros do Plano e da Administração do Território e da Indústria e Comércio.

11 – No caso de os interessados serem menores de 18 anos, o requerimento a que se refere o n.º 3 deste artigo deverá ser acompanhado de atestado médico comprovativo de que foram sujeitos a prévio exame médico que ateste a sua aptidão para o trabalho.

12 – Os centros de saúde executarão, gratuitamente, os exames médicos previstos no número anterior.

O modelo de requerimento a que se refere o n.º 4 deste artigo foi aprovado pelo Despacho Normativo n.º 288/79, publicado no *DR*, I, de 8-9-1979, pág. 2251.

ART. 19.º – 1 – O cartão de vendedor ambulante será pessoal e intransmissível.

2 – As câmaras municipais deverão organizar um registo dos vendedores ambulantes que se encontrem autorizados a exercer a sua actividade na área do respectivo município.

3 – As câmaras municipais ficam obrigadas a enviar o duplicado do impresso a que se refere o n.º 10 do artigo anterior à Direcção-Geral do Comércio, no caso de primeira inscrição, devendo nos casos de renovação sem alterações, remeter uma relação de onde constem tais renovações no prazo de 30 dias contado a partir da data da inscrição ou renovação.

ART. 20.º – 1 – A prevenção e acção correctiva sobre as infracções às normas constantes no presente diploma, bem como à respectiva regulamentação e legislação conexa, são da competência da Direcção-Geral da Inspecção Económica, da Inspecção Geral do Trabalho, da Polícia de Segurança Pública, da Guarda Nacional Republicana, da Guarda Fiscal, das autoridades sanitárias e das demais entidades policiais, administrativas e fiscais, no âmbito das respectivas atribuições.

2 – Sempre que, no exercício das funções referidas no número anterior o agente fiscalizador tome conhecimento de infracções cuja fiscalização seja da competência específica de outra autoridade, deverá participar a esta a respectiva ocorrência.

ART. 21.º – 1 – Cabe às entidades referidas no artigo anterior exercer uma acção educativa e esclarecedora dos interessados, podendo, para a regularização de situações anómalas, fixar prazo não superior a trinta dias, sem prejuízo do disposto em legislação especial.

2 – Considera-se regularizada a situação anómala quando, dentro do prazo fixado pela autoridade fiscalizadora, o interessado se apresente na sede ou posto indicado na intimação com os documentos ou objectos em conformidade com a norma violada.

ART. 22.º – 1 – As infracções ao disposto no presente diploma e nos regulamentos municipais no mesmo previstos constituem contra-ordenações punidas com coima de 5000$ a 500 000$, em caso de dolo, e de 2500$ a 250 000$ em caso de negligência.

2 – Para além das sanções acessórias que venham a ser previstas, nos termos do Decreto-Lei n.º 433/82, de 27 de Outubro, nos regulamentos municipais a que se refere o número anterior, poderá ainda ser aplicada a sanção acessória da apreensão de bens a favor do município nas seguintes situações:

a) Exercício da actividade de venda ambulante sem a necessária autorização ou fora dos locais autorizados para o efeito;

b) Venda, exposição ou simples detenção para venda de mercadorias proibidas neste tipo de comércio;

c) Exercício da actividade junto de estabelecimentos escolares do ensino básico e secundário, sempre que a respectiva actividade se relacione com a venda de bebidas alcoólicas.

ART. 23.º – As dúvidas que se suscitarem na aplicação das disposições deste diploma serão resolvidas por despacho conjunto dos Ministros da Administração Interna e do Comércio e Turismo e de outros Ministros, quando as matérias respeitem à sua competência.

ART. 24.º – 1 – Este diploma entra em vigor no prazo de sessenta dias, salvo o disposto nos restantes números deste preceito e no artigo seguinte.

2 – As câmaras municipais deverão elaborar os regulamentos que se contenham no âmbito da competência que lhes é conferida pelo presente decreto-lei, no prazo de trinta dias a contar da data da sua publicação.

3 – Os cartões de vendedor ambulante emitidos ao abrigo do Decreto-Lei n.º 383/74, de 24 de Agosto, serão substituídos de acordo com o preceituado no n.º 7 do artigo 18.º, ficando, no entanto, a actividade a que respeitem sujeita ao disposto neste diploma.

ACTIVIDADE DE FEIRANTE   [DL n.º 42/2008]   957

ART. 25.º – Na data da publicação do presente diploma fica revogado o Decreto-Lei n.º-289/78, de 16 de Setembro; com a sua entrada em vigor fica revogado o Decreto-Lei n.º-383/74, de 24 de Agosto, que vigorará, transitoriamente, desde a publicação até à entrada em vigor deste decreto-lei.

ANEXO I

Lista a que se refere o artigo 7.º

1 – Carnes verdes, salgadas e em salmoura, ensacadas, fumadas e enlatadas e miudezas comestíveis (*).

2 – Bebidas, com excepção de refrigerantes e águas minerais quando nas suas embalagens de origem, da água e dos preparados com água à base de xaropes e do referido na alínea *d*) do n.º 2 do artigo 1.º.

3 – Medicamentos e especialidades farmacêuticas.

4 – Desinfectantes, insecticidas, fungicidas, herbicidas, parasiticidas, raticidas e semelhantes.

5 – Sementes, plantas e ervas medicinais e respectivos preparados.

6 – Móveis, artigos de mobiliário, colchoaria e antiguidades.

7 – Tapeçarias, alcatifas, carpetes, passadeiras, tapetes, oleados e artigos de estofador.

8 – Aparelhagem radioeléctrica, máquinas e utensílios eléctricos ou a gás, candeeiros, lustres, seus acessórios ou partes separadas, e material para instalações eléctricas.

9 – Instrumentos musicais, discos e afins, outros artigos musicais, seus acessórios e partes separadas.

10 – Materiais de construção, metais e ferragens.

11 – Veículos automóveis, reboques, velocípedes com ou sem motor e acessórios.

12 – Combustíveis líquidos, sólidos e gasosos, com excepção do petróleo, álcool desnaturado, carvão e lenha.

13 – Instrumentos profissionais e científicos e aparelhos de medida e verificação com excepção das ferramentas e utensílios semelhantes de uso doméstico ou artesanal.

14 – Material para fotografia e cinema e artigos de óptica, oculistas, relojoaria e respectivas peças separadas ou acessórios.

15 – Borracha e plásticos em folha ou tubo ou acessórios.

16 – Armas e munições, pólvora e quaisquer outros materiais explosivos ou detonantes.

17 – Moedas e notas de banco.

ANEXO II

Modelo do cartão, plastificado, a que se refere o n.º 2 do artigo 18.º

(Face)   (Verso)

CÂMARA MUNICIPAL	PERÍODO DE VALIDADE
D	
VENDEDOR AMBULANTE	
N.º .... Local	
Nome	
.... B.I.	
Venda de	
Morada	
Em / /	
O Presidente da Câmara Municipal.	Observações
	Nos termos da lei em vigor, o presente cartão é pessoal, intransmissível e válido apenas para a área deste concelho.

12.10. ACTIVIDADE DE FEIRANTE

Decreto-Lei n.º 42/2008

de 10 de Março

ART. 1.º (Objecto) – O presente decreto-lei estabelece o regime jurídico a que fica sujeita a actividade de comércio a retalho não sedentária exercida por feirantes, bem como o regime aplicável às feiras e aos recintos onde as mesmas se realizam.

(*) A redacção do n.º 1 foi introduzida pela **P. n.º 1059/81**, de 15-12.

958 [DL n.º 42/2008]   ACTIVIDADES COMERCIAIS

ART. 2.º (Âmbito) – 1 – O presente decreto-lei aplica-se à actividade de comércio a retalho não sedentária exercida por feirantes, em recintos públicos ou privados, onde se realizem feiras.

2 – Estão excluídos do âmbito de aplicação do presente decreto-lei:
a) Os eventos de exposição e amostra, ainda que nos mesmos se realizem vendas a título acessório;
b) Os eventos exclusiva ou predominantemente destinados à participação de agentes económicos titulares de estabelecimentos, que procedem a vendas ocasionais e esporádicas fora dos seus estabelecimentos;
c) Os mercados municipais regulados pelo Decreto-Lei n.º 340/82, de 25 de Agosto.

ART. 3.º (Definições) – Para efeitos do presente decreto-lei, entende-se por:
a) «Feira» o evento autorizado pela respectiva autarquia, que congrega periodicamente no mesmo espaço vários agentes de comércio a retalho que exercem a actividade de feirante;
b) Feirante» a pessoa singular ou colectiva, portadora do cartão de feirante, que exerce de forma habitual a actividade de comércio a retalho não sedentária em espaços, datas e frequência determinados pelas respectivas autarquias;
c) «Recinto» o espaço público ou privado, ao ar livre ou no interior, destinado à realização de feiras, que preenche os requisitos estipulados no artigo 20.º.

ART. 4.º (Produção própria) – A venda em feiras de artigos de fabrico ou produção próprios, designadamente artesanato e produtos agro-pecuários, fica sujeita às disposições do presente decreto-lei, com excepção do preceituado na alínea b) do artigo 14.º.

ART. 5.º (Venda de bebidas alcoólicas) – 1 – É proibida a actividade de comércio a retalho não sedentária exercida por feirantes quando esta actividade consista na venda de bebidas alcoólicas junto de estabelecimentos escolares do ensino básico e secundário.

2 – As áreas relativas à proibição referida no número anterior são delimitadas por cada município em colaboração com a direcção regional de educação.

ART. 6.º (Exercício da actividade) – O exercício da actividade de comércio a retalho de forma não sedentária regulada pelo presente decreto-lei só é permitido:
a) Aos portadores do cartão de feirante actualizado ou do título a que se refere o artigo 10.º; e
b) Nos recintos e datas previamente autorizados nos termos do presente decreto-lei.

ART. 7.º (Autorização para a realização das feiras) – 1 – Compete às câmaras municipais autorizar a realização das feiras em espaços públicos ou privados e determinar a periodicidade e os locais onde as mesmas se realizam, depois de recolhidos os pareceres das entidades representativas dos interesses em causa, nomeadamente de associações representativas dos feirantes e dos consumidores.

2 – As câmaras municipais devem, até ao início de cada ano civil, aprovar e publicar o seu plano anual de feiras e os locais, públicos ou privados, autorizados a acolher estes eventos.

3 – Sem prejuízo do disposto no número anterior as câmaras municipais podem autorizar, no decurso de cada ano civil, eventos pontuais ou imprevistos.

ART. 8.º (Cartão de feirante) – 1 – Compete à Direcção-Geral das Actividades Económicas (DGAE), ou à entidade que esta expressamente vier a designar, emitir e renovar o cartão de feirante.

2 – O cartão de feirante deve ser solicitado junto da DGAE, das direcções regionais da economia ou das câmaras municipais através de carta, fax, correio electrónico ou directamente no sítio da DGAE na Internet, acompanhado do impresso destinado ao cadastro comercial dos feirantes devidamente preenchido.

3 – O cartão de feirante é válido por três anos a contar da data da sua emissão ou renovação.

4 – A renovação do cartão de feirante deve ser requerida até 30 dias antes de caducar a respectiva validade ou sempre que a alteração dos dados o justifique.

5 – O cartão de feirante é obrigatoriamente renovado sempre que o feirante altere o ramo de actividade ou a natureza jurídica.

6 – O pedido de renovação do cartão de feirante é apresentado nos locais e através dos meios previstos no n.º 2, apenas havendo lugar à apresentação do impresso destinado ao cadastro comercial dos feirantes quando haja alteração do ramo de actividade ou da forma de sociedade.

7 – Os modelos do cartão de feirante e de impresso para efeitos do cadastro comercial dos feirantes bem como o custo da emissão e da renovação do cartão são aprovados por portaria do membro do Governo que tutela a área do comércio, no prazo de 30 dias após a data da entrada em vigor do presente decreto-lei.

O cadrasto comercial do feirante e o respectivo cartão estão regulados na P.ª n.º 378/2008, de 26-5, rectificada pela Decla. de Rectif. n.º 37/2008, de 23-7.

ART. 9.º (Cadastro comercial dos feirantes) – 1 – A DGAE organiza e mantém actualizado o cadastro comercial dos feirantes, disponibilizando no seu sítio na Internet a relação dos cartões emitidos, da qual consta o nome do titular e o número do cartão, sendo os restantes dados pessoais de acesso restrito nos termos do artigo 11.º.

2 – Os feirantes que cessam a actividade devem comunicar esse facto à DGAE ou às direcções regionais da economia até 30 dias após essa ocorrência, apenas estando dispensados de proceder a essa comunicação no caso de a cessação da actividade coincidir com a data de caducidade do cartão de feirante.

ACTIVIDADE DE FEIRANTE   [DL n.º 42/2008]   959

3 – Os feirantes que não procedam à renovação do respectivo cartão até 30 dias após a expiração da data de validade são eliminados do cadastro comercial dos feirantes.

4 – Quando a renovação do cartão for solicitada após expirado o prazo referido no número anterior, o requerente deve preencher novamente o impresso do cadastro comercial dos feirantes.

ART. 10.º (Feirantes estabelecidos noutros Estados membros da União Europeia) – O feirante que tenha cumprido noutro Estado membro da União Europeia formalidades de registo equivalentes às previstas nos artigos 8.º e 9.º do presente decreto-lei pode participar em feiras no território nacional mediante a apresentação à câmara municipal ou entidade gestora do recinto, consoante o caso, com a antecedência mínima de 10 dias, de documento equivalente ao previsto no n.º 1 artigo 8.º, probatório do registo noutro Estado membro, emitido pela autoridade competente desse Estado membro.

ART. 11.º (Dados pessoais) – 1 – A DGAE é a entidade responsável, nos termos e para os efeitos previstos na Lei n.º 67/98, de 26 de Outubro, pelo tratamento e protecção dos dados pessoais recolhidos para os fins previstos nos artigos 8.º e 9.º.

2 – Actua por conta da entidade responsável a entidade a quem a DGAE designar nos termos do n.º 1 do artigo 8.º.

3 – São objecto de tratamento, para efeitos do cadastro comercial dos feirantes, os dados pessoais constantes do respectivo impresso, os quais podem ser transmitidos às autoridades fiscalizadoras, quando solicitados.

4 – O titular do cartão de feirante tem o direito de, a todo o tempo, verificar os seus dados pessoais na posse da DGAE e solicitar a sua rectificação quando os mesmos estejam incompletos ou inexactos.

ART. 12.º (Segurança da informação) – A DGAE adopta as medidas técnicas e organizativas adequadas para proteger os dados contra a destruição, acidental ou ilícita, a perda acidental, a alteração, a difusão ou o acesso não autorizados, nos termos da Lei de Protecção de Dados Pessoais.

ART. 13.º (Identificação do feirante) – 1 – Nos locais de venda, tabuleiros, bancadas, pavilhões, veículos, reboques ou quaisquer outros meios utilizados na venda dos produtos devem os feirantes afixar, de forma bem visível e facilmente legível pelo público, um letreiro do qual consta o seu nome e o número do cartão de feirante.

2 – O modelo de letreiro a que se refere o número anterior é aprovado pela portaria identificada no n.º 7 do artigo 8.º.

ART. 14.º (Documentos) – O feirante deve ser portador, para apresentação imediata às entidades fiscalizadoras, dos seguintes documentos:

a) Cartão de feirante actualizado ou título a que se refere o artigo 10.º; e

b) Facturas ou documentos equivalentes, comprovativos da aquisição de produtos para venda ao público, os quais devem ser datados, numerados sequencialmente e conter os elementos previstos no n.º 5 do artigo 35.º do Código do Imposto sobre o Valor Acrescentado.

ART. 15.º (Comercialização de géneros alimentícios) – 1 – Os feirantes que comercializem produtos alimentares estão obrigados, nos termos do Decreto-Lei n.º 113/2006, de 12 de Junho, ao cumprimento das disposições dos Regulamentos (CE) n.ºs 852/2004 e 853/2004, do Parlamento Europeu e do Conselho, de 29 de Abril, relativo à higiene dos géneros alimentícios, sem prejuízo do cumprimentos de outros requisitos impostos por legislação específica aplicável a determinadas categorias de produtos.

2 – A DGAE disponibiliza no seu sítio na Internet as disposições dos Regulamentos (CE) n.os 852/2004 e 853/2004 aplicáveis aos feirantes, devidamente actualizadas.

3 – Às instalações móveis ou amovíveis de restauração e bebidas localizadas nas feiras reguladas pelo presente decreto-lei aplica-se o procedimento previsto no artigo 19.º do Decreto-Lei n.º 234/2007, de 19 de Junho.

ART. 16.º (Comercialização de animais) – Os feirantes que comercializem animais das espécies bovina, ovina, caprina, suína e equídeos estão obrigados ao cumprimento das disposições do Decreto-Lei n.º 142/2006, de 27 de Julho.

ART. 17.º (Práticas comerciais desleais e venda de bens com defeito) – 1 – São proibidas as práticas comerciais desleais, enganosas ou agressivas, nos termos da legislação em vigor.

2 – Os bens com defeito devem estar devidamente identificados e separados dos restantes bens de modo a serem facilmente identificados pelos consumidores.

ART. 18.º (Afixação de preços) – É obrigatória a afixação dos preços nos termos do Decreto-Lei n.º 138/90, de 26 de Abril, com as alterações introduzidas pelo Decreto-Lei n.º 162/99, de 13 de Maio, designadamente:

a) O preço deve ser exibido em dígitos de modo visível, inequívoco, fácil e perfeitamente legível, através da utilização de letreiros, etiquetas ou listas;

b) Os produtos pré-embalados devem conter o preço de venda e o preço por unidade de medida;

c) Nos produtos vendido a granel deve ser indicado o preço por unidade de medida;

d) Nos produtos comercializados à peça deve ser indicado o preço de venda;

e) O preço de venda e o preço por unidade de medida devem referir-se ao preço total, devendo incluir todos os impostos, taxas ou outros encargos.

960   [DL n.º 42/2008]   ACTIVIDADES COMERCIAIS

ART. 19.º (Venda proibida) – É proibida a venda em feiras dos seguintes produtos:
a) Produtos fitofarmacêuticos abrangidos pelo Decreto-Lei n.º 173/2005, de 21 de Outubro, com as alterações introduzidas pelo Decreto-Lei n.º 187/2006, de 19 de Junho;
b) Medicamentos e especialidades farmacêuticas;
c) Aditivos para alimentos para animais, pré-misturas preparadas com aditivos para alimentos para animais e alimentos compostos para animais que contenham aditivos a que se refere o n.º 1 do artigo 10.º do Regulamento (CE) n.º 183/2005 , do Parlamento Europeu e do Conselho, de 12 de Janeiro;
d) Armas e munições, pólvora e quaisquer outros materiais explosivos ou detonantes;
e) Combustíveis líquidos, sólidos ou gasosos, com excepção do álcool desnaturado;
f) Moedas e notas de banco, excepto quando o ramo de actividade do lugar de venda corresponda à venda desse produto estritamente direccionado ao coleccionismo.

ART. 20.º (Recintos) – 1 – As feiras podem realizar-se em recintos públicos ou privados, ao ar livre ou no interior, desde que:
a) O recinto esteja devidamente delimitado, acautelando o livre acesso às residências e estabelecimentos envolventes;
b) O recinto esteja organizado por sectores, de forma a haver perfeita destrinça das diversas actividades e espécies de produtos comercializados;
c) Os lugares de venda se encontrem devidamente demarcados;
d) As regras de funcionamento estejam afixadas;
e) Existam infra-estruturas de conforto, nomeadamente instalações sanitárias, rede pública ou privada de água, rede eléctrica e pavimentação do espaço adequadas ao evento;
f) Possuam, na proximidade, parques ou zonas de estacionamento adequados à sua dimensão.
2 – Os recintos com espaços de venda destinados à comercialização de géneros alimentícios ou de animais das espécies bovina, ovina, caprina, suína e equídeos devem igualmente cumprir os requisitos impostos pela legislação específica aplicável a cada uma das categorias de produtos, no que concerne às infra-estruturas.

ART. 21.º (Regulamentos de funcionamento das feiras) – 1 – As câmaras municipais devem aprovar o regulamento de funcionamento das feiras do concelho, do qual consta nomeadamente:
a) As condições de admissão dos feirantes e de adjudicação do espaço;
b) As normas de funcionamento, incluindo normas para uma limpeza célere dos espaços de venda aquando do levantamento da feira;
c) O horário de funcionamento.
2 – Sem prejuízo do disposto no artigo 19.º, os regulamentos municipais devem ainda identificar de forma clara os direitos e obrigações dos feirantes e a listagem dos produtos proibidos ou cuja comercialização depende de condições específicas de venda.
3 – A aprovação dos regulamentos carece de parecer prévio das entidades representativas dos interesses em causa, nomeadamente de associações representativas dos feirantes e dos consumidores.

ART. 22.º (Realização de feiras por entidades privadas) – 1 – Qualquer entidade privada, singular ou colectiva, designadamente as estruturas associativas representativas de feirantes, pode realizar feiras em recintos cuja propriedade é privada ou em recintos cuja exploração tenha sido cedida pelas câmaras municipais por contrato administrativo de concessão de uso privativo do domínio público, nos termos do Código do Procedimento Administrativo.
2 – A realização das feiras pelas entidades referidas no artigo anterior está sujeita à autorização das câmaras municipais nos termos do artigo 7.º.
3 – Os recintos a que se refere o n.º 1 devem preencher os requisitos previstos no artigo 20.º.
4 – A entidade privada a quem seja autorizada a realização de feiras deve elaborar proposta de regulamento, nos termos e condições estabelecidas no artigo 21.º, e submetê-lo à aprovação da respectiva câmara municipal.
5 – A atribuição do espaço de venda nos recintos referidos no n.º 1 deve respeitar o disposto no artigo 23.º.

ART. 23.º (Atribuição do espaço de venda) – 1 – Cada espaço de venda numa determinada feira é atribuído mediante sorteio, por acto público, após manifestação de interesse do feirante por esse espaço de venda, podendo ficar sujeito ao pagamento de uma taxa a fixar pela câmara municipal em regulamento, nos termos da Lei n.º 53--E/2006, de 29 de Dezembro, ou de um preço, a fixar pela entidade gestora do recinto, consoante os casos.
2 – O montante da taxa ou preço a que se refere o número anterior é determinado em função da fixação de um preço por metro quadrado e da existência dos seguintes factores considerados fundamentais para o exercício da actividade:
a) Tipo de estacionamento (coberto ou não coberto);
b) Localização e acessibilidades;
c) Infra-estruturas de conforto, nomeadamente instalações sanitárias, rede pública ou privada de água, rede eléctrica, rede de telecomunicações, pavimentação do espaço; e
d) Proximidade do serviço público de transportes, de parques ou zonas de estacionamento.
3 – As câmaras municipais ou as entidades gestoras dos recintos podem prever, nos regulamentos a aprovar, condições de atribuição de espaço de venda a título ocasional e de transferência de titularidade do mesmo.

ACTIVIDADE DE FEIRANTE   [DL n.º 42/2008]   961

4 – Para o exercício da actividade de feirante é proibida a cobrança de qualquer outra taxa ou preço para além dos referidos no n.º 1 do presente artigo e no n.º 7 do artigo 8.º.

ART. 24.º (Registo) – 1 – As câmaras municipais ou as entidades gestoras devem organizar um registo dos lugares de venda atribuídos nos termos do artigo anterior.

2 – A câmara municipal ou as entidades gestoras ficam obrigadas a remeter à DGAE, por via electrónica, anualmente e até 60 dias após o fim de cada ano civil, a relação dos feirantes a operar no respectivos recintos, com indicação do respectivo número do cartão de feirante.

ART. 25.º (Competência para a fiscalização) – Sem prejuízo das competências atribuídas por lei a outras entidades, a competência para a fiscalização do cumprimento das obrigações previstas no presente decreto-lei pertence:

a) À Autoridade de Segurança Alimentar e Económica (ASAE), no que respeita ao exercício da actividade económica;

b) Às câmaras municipais, no que respeita ao cumprimento do disposto no artigo 22.º e nos regulamentos de funcionamento das feiras.

ART. 26.º (Regime sancionatório) – 1 – Sem prejuízo da responsabilidade civil e criminal nos termos da lei geral, constituem contra-ordenações:

a) As infracções ao disposto no artigo 6.º, nos n.ºs 2, 4 e 5 do artigo 8.º, no n.º 2 do artigo 9.º, na alínea *b)* do artigo 14.º e nos n.ºs 2 a 5 do artigo 22.º, puníveis com coima de € 500 a € 3000 ou de € 1750 a € 20 000, consoante o agente seja pessoa singular ou colectiva;

b) As infracções ao disposto no n.º 1 dos artigos 5.º e 13.º e no artigo 24.º, neste último caso no que se refere às entidades gestoras dos recintos, puníveis com coima de € 250 a € 3000 ou de € 1250 a € 20 000, consoante o agente seja pessoa singular ou colectiva;

c) As infracções ao disposto no n.º 6 do artigo 8.º, puníveis com coima de € 250 a € 500 ou de € 1000 a € 2500, consoante o agente seja pessoa singular ou colectiva;

d) As infracções ao disposto no n.º 2 do artigo 17.º, puníveis com coima de € 150 a € 300, ou de € 300 a € 500, consoante o agente seja pessoa singular ou colectiva.

2 – A infracção ao disposto na alínea *a)* do artigo 6.º não implica a imediata cessação da actividade na feira onde o feirante participa.

3 – Não há lugar à abertura do processo de contra-ordenação por violação do disposto na alínea *a)* do artigo 6.º se, no prazo de oito dias úteis, o feirante apresentar, presencialmente ou através de envio por via postal registada ou telecópia, o respectivo cartão junto da ASAE.

4 – Em razão da matéria, a instrução dos processos de contra-ordenação compete à ASAE ou às câmaras municipais, cabendo, respectivamente, à Comissão de Aplicação das Coimas em Matéria Económica e de Publicidade ou ao presidente da câmara municipal aplicar as respectivas coimas.

5 – O produto da coima é distribuído da seguinte forma:

a) 60% para o Estado;

b) 20% para a entidade instrutora;

c) 10% para a entidade que aplica a coima;

d) 10% para a DGAE.

ART. 27.º (Sanções acessórias) – 1 – Em função da gravidade das infracções e da culpa do agente podem ser aplicadas as seguintes sanções acessórias:

a) Apreensão de objectos pertencentes ao agente;

b) Privação do direito de participar em feiras por um período até dois anos;

c) Suspensão de autorizações por um período até dois anos.

2 – Da aplicação das sanções acessórias pode dar-se publicidade a expensas do infractor num jornal de expansão local ou nacional.

ART. 28.º (Aplicação às Regiões Autónomas) – Sem prejuízo da legislação regional, o presente decreto-lei aplica-se às Regiões Autónomas, cabendo a execução administrativa, incluindo a fiscalização do cumprimento do disposto no presente decreto-lei, aos serviços competentes das respectivas administrações regionais.

ART. 29.º (Disposição transitória) – 1 – As câmaras municipais dispõem do prazo de 180 dias e de um ano a contar da data da entrada em vigor do presente diploma para adaptar, respectivamente, os regulamentos e os recintos existentes ao disposto no presente decreto-lei.

2 – As câmaras municipais aprovam o primeiro plano anual de feiras a que se refere o n.º 2 do artigo 7.º até 60 dias após a entrada em vigor do presente decreto-lei.

3 – Os cartões de feirante já emitidos pelas câmaras municipais permanecem válidos, pelo período neles indicado, até à emissão do cartão de feirante pela DGAE.

4 – Os feirantes devem solicitar o cartão de feirante previsto no artigo 8.º até 30 dias antes da primeira caducidade que ocorrer nos cartões de que são portadores.

5 – Durante o prazo de um ano a contar da data de publicação do presente decreto-lei, não há lugar à abertura do processo contra-ordenação por violação do disposto na alínea *a)* do artigo 6.º se, no prazo de oito dias

962   [DL n.º 259/95]   ACTIVIDADES COMERCIAIS

úteis, o feirante apresentar à ASAE, presencialmente ou através de envio por via postal registada ou telecópia, comprovativo de que o cartão previsto no artigo 8.º foi solicitado junto da DGAE.

ART. 30.º (Norma revogatória) – É revogado o Decreto-Lei n.º 252/86, de 25 de Agosto, com a redacção dada pelos Decretos-Leis n.ºˢ 251/93, de 14 de Julho, 259/95, de 30 de Setembro, e 9/2002, de 24 de Janeiro.

ART. 31.º (Entrada em vigor) – O presente decreto-lei entra em vigor 60 dias após a data da sua publicação.

12.11. COMÉRCIO POR GROSSO NÃO SEDENTÁRIO

Decreto-Lei n.º 259/95

de 30 de Setembro (*)

ART. 1.º (Âmbito e noção) – 1 – A actividade de comércio por grosso, tal como é definida na alínea *a*) do n.º 1 do artigo 1.º do Decreto-Lei n.º 339/85, de 21 de Agosto, quando exercida de forma não sedentária, rege-se pelo disposto no presente diploma.

2 – Para efeitos do presente diploma, entende-se por comércio não sedentário aquele em que a presença do comerciante nos locais de venda não reveste um carácter fixo e permanente.

3 – A actividade de comércio por grosso, exercida de forma não sedentária, só pode realizar-se nos seguintes locais:

a) Em feiras e mercados exclusivamente grossistas;

b) Em armazéns ou instalações cobertas, licenciadas para o exercício de comércio, nos termos do artigo 8.º;

c) Em locais não afectos permanentemente ao exercício do comércio, nomeadamente em salões e feiras de exposição, nos termos do artigo 9.º.

ART. 2.º (Feiras e mercados grossistas) – 1 – Compete às câmaras municipais autorizar a instalação e funcionamento de feiras e mercados grossistas, quando os interesses económicos locais o aconselhem e tendo em conta os equipamentos comerciais existentes, depois de recolhidos os pareceres dos sindicatos e das associações representativas dos comerciantes.

2 – Nas feiras e mercados apenas podem exercer a actividade os comerciantes grossistas que estejam devidamente autorizados pela câmara municipal respectiva.

3 – Só podem ter acesso às feiras e mercados grossistas os comerciantes que sejam titulares de cartão de identificação de empresário individual ou do cartão de identidade de pessoa colectiva, emitido pelo Registo Nacional de Pessoas Colectivas.

ART. 3.º (Documentação) – 1 – Os vendedores devem ser portadores, para apresentação imediata às autoridades competentes para a fiscalização, do documento emitido pela câmara municipal que comprove a autorização para exercer o comércio grossista na feira em causa.

2 – Os comerciantes devem ainda fazer-se acompanhar dos documentos de transporte ou factura de aquisição dos bens, nos termos do Decreto-Lei n.º 45/89, de 11 de Fevereiro, com as alterações introduzidas pelos Decretos-Leis n.ºˢ 166/94, de 9 de Junho, e 25/97, de 23 de Janeiro.

ART. 4.º (Registo) – 1 – As câmaras municipais devem organizar um registo dos comerciantes que tenham sido autorizados a exercer a actividade de venda por grosso em feiras e mercados, na área do respectivo município.

2 – As câmaras municipais devem enviar anualmente à Direcção-Geral do Comércio, até 31 de Março do ano seguinte, uma lista de todos os comerciantes que tenham sido autorizados a exercer a actividade referida no número anterior.

3 – A lista referida no número anterior pode ser substituída por suporte informático adequado e deverá conter: nome, firma ou denominação social, domicílio ou sede, número de inscrição no Registo Nacional de Pessoas Colectivas, ramo de comércio e local de venda.

ART. 5.º (Proibições) – 1 – Nas feiras e mercados grossistas só podem realizar-se operações comerciais por grosso, devendo as câmaras municipais definir um controlo rigoroso de entradas, que impeça o acesso do público em geral.

2 – No mesmo recinto ou em locais contíguos não podem realizar-se, em simultâneo, feiras grossistas e retalhistas.

3 – Quando se realizem mercados grossistas nas instalações de mercados municipais, devem as câmaras municipais tomar as medidas necessárias para controlar as entradas e impedir o acesso dos consumidores.

(*) Com as alterações introduzidas pelo **DL n.º 101/98**, de 21-4, nos arts. 1.º, 2.º, 3.º, 5.º, 6.º, 8.º e 11.º, e o aditamento do art. 11.º-A.

COMÉRCIO POR GROSSO NÃO SEDENTÁRIO   [DL n.º 259/95]   963

ART. 6.º (Condições das feiras) – 1 – Os locais em que se realizam as feiras e mercados grossistas devem:
a) Estar vedados, de forma a permitir o controlo das entradas;
b) Dispor das infra-estruturas necessárias, nomeadamente a nível hígio-sanitário;
c) Ser amplos, de forma a permitir o fácil acesso e trânsito dos comerciantes e a realização de operações de carga e descarga de mercadorias;
d) Facultar a cada comerciame um espaço de venda, delimitado dos restantes, com as dimensões adequadas ao seu volume de negócios e à natureza das transacções efectuadas;
e) O espaço de venda referido na alínea anterior deverá ter afixada de forma visível, no período de funcionamento da feira, a identificação do comerciante.
2 – As feiras e mercados actualmente existentes dispõem do prazo de 270 dias, contados a partir da data de entrada em vigor do presente diploma, para se adaptarem às condições previstas no número anterior.
3 – Após o prazo estabelecido no número anterior e no que se refere à alínea *e*) do n.º 1, podem as câmaras municipais, fundamentadamente, em casos excepcionais após consulta ao Ministério do Comércio e Turismo e ouvidas as associações patronais, sindicais e de consumidores, autorizar provisoriamente o funcionamento de feiras e mercados que não disponham de cobertura adequada.
4 – A deliberação autárquica que autorizar o funcionamento previsto no número anterior fixará a data a partir da qual a feira deve dotar-se de cobertura permanente.

ART. 7.º (Regulamento interno) – 1 – Cada feira grossista disporá obrigatoriamente de um regulamento interno, onde se contenham as normas relativas à sua organização e funcionamento.
2 – Do regulamento interno devem constar:
a) As condições de admissão dos comerciantes e o modo de processamento das respectivas autorizações de instalação;
b) Os direitos e obrigações dos utentes, compradores e vendedores;
c) O regime jurídico da adjudicação e transmissão dos locais de venda;
d) As cauções ou outras formas de garantia exigidas aos titulares de locais de venda;
e) As principais normas de funcionamento, nomeadamente as que se referem a horários, condições de acesso, documentação exigida para a entrada e saída das mercadorias e sua comercialização, taxas a pagar pelos utentes, operações de carga, descarga, circulação e estacionamento;
f) O respectivo regime disciplinar.
3 – As entidades responsáveis pela instalação e o funcionamento das feiras actualmente existentes dispõem do prazo de 270 dias, contados a partir da data da entrada em vigor do presente diploma, para aprovação dos respectivos regulamentos internos.
4 – Os regulamentos internos devem ser objecto de divulgação pública adequada, nomeadamenle através dos orgãos de comunicação social local.

ART. 8.º (Venda em armazéns ou instalações cobertas) – 1 – A actividade de comércio por grosso, de forma não sedentária, pode ainda ser exercida em armazéns ou outras instalações cobertas que tenham sido devidamente licenciados pelas câmaras municipais para essa finalidade.
2 – A entidade responsável pela gestão dos locais referidos no presente artigo deve promover a aprovação de um regulamento interno, que obedecerá, com as necessárias adaptações, ao disposto no artigo anterior.

ART. 9.º (Venda em salões ou feiras de exposição) – 1 – A título excepcional, podem as câmaras municipais autorizar o exercício do comércio por grosso, com carácter não sedentário, em outros locais não afectos permanentemente ao exercício do comércio, nomeadamente salões ou feiras de exposição, desde que o comuniquem previamente à Direcção-Geral do Comércio.
2 – A entidade responsável pela gestão dos locais referidos no número anterior deve promover a aprovação de um regulamento interno, que obedecerá, com as necessárias adaptações, ao disposto no artigo 7.º.

ART. 10.º (Fiscalização) – 1 – A fiscalização do cumprimento das disposições do presente diploma compete à Inspecção-Geral das Actividades Económicas e às câmaras municipais, sem prejuízo das competências das autoridades policiais.
2 – A instrução dos processos e a aplicação das coimas e respectivas sanções acessórias são da competência das câmaras municipais.

ART. 11.º (Sanções) – 1 – Constituem contra-ordenações puníveis com coima:
a) O exercício do comércio em feiras e mercados grossistas por vendedores não autorizados pelas câmaras municipais;
b) A compra de produtos pelo consumidor final;
c) A venda de produtos ao consumidor final;
d) A violação do disposto nos n.ºs 1 e 2 do artigo 8.º e no n.º 1 do artigo 9.º.
2 – As contra-ordenações previstas nas alíneas *a*) e *d*) são puníveis com a coima de 50 000$ a 500 000$, no caso de se tratar de uma pessoa singular, e de 150 000$ a 1 500 000$, no caso de se tratar de uma pessoa colectiva.
3 – As contra-ordenações previstas nas alíneas *b*) e *c*) são puníveis com a coima de 10 000$ a 100 000$; no caso da alínea *c*), quando o infractor for uma pessoa colectiva, a coima é de 100 000$ a 1 000 000$.

964 [DL n.º 259/95]   ACTIVIDADES COMERCIAIS

4 – Quando haja violação do disposto no n.º 1 do artigo 8.º e no n.º 1 do artigo 9.º, podem ainda as câmaras municipais determinar, a título de sanção acessória, o encerramento dos locais que estejam a funcionar sem autorização.

5 – Os objectos apreendidos, nos termos do artigo 74.º do Decreto-Lei n.º 28/84, de 20 de Janeiro, que venham a ser declarados perdidos a título de sanção acessória revertem para o respectivo município.

ART. 11.º-A (Comissão de acompanhamento e avaliação) – 1 – É constituída uma comissão de acompanhamento da execução do presente diploma, com vista à avaliação do seu impacte, competindo-lhe, nomeadamente, acompanhar a evolução da localização, periodicidade e características das feiras, número de comerciantes instalados e sectores de actividade representados.

2 – A comissão é constituída por um representante da Direcção-Geral do Comércio e da Concorrência, um representante da Associação Nacional de Municípios Portugueses e um representante de associações representativas dos comerciantes grossistas.

3 – A comissão reúne semestralmente ou a pedido da maioria dos seus membros.

ART. 12.º (Norma revogatória) – É revogado o artigo 17.º do Decreto-Lei n.º 252/86, de 25 de Agosto, com a redacção que lhe foi dada pelo Decreto-Lei n.º 251/93, de 14 de Julho.

CAP. XIII

CONTRATOS MERCANTIS

13.1. CLÁUSULAS CONTRATUAIS GERAIS

Decreto-Lei n.º 446/85

de 25 de Outubro (*)

CAPÍTULO I — Disposições gerais

ART. 1.º (Cláusulas contratuais gerais) – 1 – As cláusulas contratuais gerais elaboradas sem prévia negociação individua, que proponentes ou destinatários indeterminados se limitem, respectivamente, a subscrever ou aceitar, regem-se pelo presente diploma.

2 – O presente diploma aplica-se igualmente às cláusulas inseridas em contratos individualizados, mas cujo conteúdo previamente elaborado o destinatário não pode influenciar.

3 – O ónus da prova de que uma cláusula contratual resultou de negociação prévia entre as partes recai sobre quem pretenda prevalecer-se do seu conteúdo.

ART. 2.º (Forma, extensão, conteúdo e autoria) – O artigo anterior abrange, salvo disposição em contrário, todas as cláusulas contratuais gerais, independentemente da forma da sua comunicação ao público, da extensão que assumam ou que venham a apresentar nos contratos a que se destinem, do conteúdo que as informe ou de terem sido elaboradas pelo proponente, pelo destinatário ou por terceiro.

ART. 3.º (Excepções) – O presente diploma não se aplica:
a) A cláusulas típicas aprovadas pelo legislador;
b) A cláusulas que resultem de tratados ou convenções internacionais vigentes em Portugal;
c) A contratos submetidos a normas de direito público;
d) A actos do direito da família ou do direito das sucessões;
e) A cláusulas de instrumentos de regulamentação colectiva de trabalho.

CAPÍTULO II — Inclusão de cláusulas contratuais gerais em contratos singulares

ART. 4.º (Inclusão em contratos singulares) – As cláusulas contratuais gerais inseridas em propostas de contratos singulares incluem-se nos mesmos, para todos os efeitos, pela aceitação, com observância do disposto neste capítulo.

ART. 5.º (Comunicação) – 1 – As cláusulas contratuais gerais devem ser comunicadas na íntegra aos aderentes que se limitem a subscrevê-las ou a aceitá-las.

2 – A comunicação deve ser realizada de modo adequado e com a antecedência necessária para que, tendo em conta a importância do contrato e a extensão e complexidade das cláusulas, se torne possível o seu conhecimento completo e efectivo por quem use de comum diligência.

(*) Alterado pelo **DL n.º 220/95**, de 31-8, que, em anexo, republicou o texto integral, sendo este o aqui incluído, com a rectificação constante do *DR* n.º 114-B/95, de 31-8, e com as alterações introduzidas pelo **DL n.º 249/99**, de 7-7 (arts. 1.º, 11.º e 23.º), e pelo **DL n.º 323/2001**, de 17-12 (arts. 29.º e 33.º).

966   [DL n.º 446/85]   CONTRATOS MERCANTIS

3 – O ónus da prova da comunicação adequada e efectiva cabe ao contratante determinado que submeta a outrem as cláusulas contratuais gerais.

ART. 6.º (Dever de informação) – 1 – O contratante que recorra a cláusulas contratuais gerais deve informar, de acordo com as circunstâncias, a outra parte dos aspectos nelas compreendidos cuja aclaração se justifique.

2 – Devem ainda ser prestados todos os esclarecimentos razoáveis solicitados.

ART. 7.º (Cláusulas prevalentes) – As cláusulas especificamente acordadas prevalecem sobre quaisquer cláusulas contratuais gerais, mesmo quando constantes de formulários assinados pelas partes.

ART. 8.º (Cláusulas excluídas dos contratos singulares) – Consideram-se excluídas dos contratos singulares:
a) As cláusulas que não tenham sido comunicadas nos termos do artigo 5.º;
b) As cláusulas comunicadas com violação do dever de informação, de molde que não seja de esperar o seu conhecimento efectivo;
c) As cláusulas que, pelo contexto em que surjam, pela epígrafe que as precede ou pela sua apresentação gráfica, passem despercebidas a um contratante normal, colocado na posição do contratante real;
d) As cláusulas inseridas em formulários, depois da assinatura de algum dos contratantes.

ART. 9.º (Subsistência dos contratos singulares) – 1 – Nos casos previstos no artigo anterior os contratos singulares mantêm-se, vigorando na parte afectada as normas supletivas aplicáveis, com recurso, se necessário, às regras de integração dos negócios jurídicos.

2 – Os referidos contratos são, todavia, nulos quando, não obstante a utilização dos elementos indicados no número anterior, ocorra uma indeterminação insuprível de aspectos essenciais ou um desequilíbrio nas prestações gravemente atentatório da boa fé.

CAPÍTULO III — Interpretação e integração das cláusulas contratuais gerais

ART. 10.º (Princípio geral) – As cláusulas contratuais gerais são interpretadas e integradas de harmonia com as regras relativas à interpretação e integração dos negócios jurídicos, mas sempre dentro do contexto de cada contrato singular em que se incluam.

ART. 11.º (Cláusulas ambíguas) – 1 – As cláusulas contratuais gerais ambíguas têm o sentido que lhes daria o contratante indeterminado normal que se limitasse a subscrevê-las ou a aceitá-las, quando colocado na posição de aderente real.

2 – Na dúvida, prevalece o sentido mais favorável ao aderente.

3 – O disposto no número anterior não se aplica no âmbito das acções inibitórias.

CAPÍTULO IV — Nulidade das cláusulas contratuais gerais

ART. 12.º (Cláusulas proibidas) – As cláusulas contratuais gerais proibidas por disposição deste diploma são nulas nos termos nele previstos.

ART. 13.º (Subsistência dos contratos singulares) – 1 – O aderente que subscreva ou aceite cláusulas contratuais gerais pode optar pela manutenção dos contratos singulares, quando algumas dessas cláusulas sejam nulas.

2 – A manutenção de tais contratos implica a vigência, na parte afectada, das normas supletivas aplicáveis, com recurso, se necessário, às regras de integração dos negócios jurídicos.

ART. 14.º (Redução) – Se a faculdade prevista no artigo anterior não for exercida ou, sendo-o, conduzir a um desequilíbrio de prestações gravemente atentatório da boa fé, vigora o regime da redução dos negócios jurídicos.

CAPÍTULO V — Cláusulas contratuais gerais proibidas

Secção I — DISPOSIÇÕES COMUNS POR NATUREZA

ART. 15.º (Princípio geral) – São proibidas as cláusulas contratuais gerais contrárias à boa fé.

ART. 16.º (Concretização) – Na aplicação da norma anterior devem ponderar-se os valores fundamentais do direito, relevantes em face da situação considerada, e, especialmente:
a) A confiança suscitada, nas partes, pelo sentido global das cláusulas contratuais em causa, pelo processo de formação do contrato singular celebrado, pelo teor deste e ainda por quaisquer outros elementos atendíveis;
b) O objectivo que as partes visam atingir negocialmente, procurando-se a sua efectivação à luz do tipo de contrato utilizado.

Secção II — RELAÇÕES ENTRE EMPRESÁRIOS OU ENTIDADES EQUIPARADAS

ART. 17.º (Âmbito das proibições) – Nas relações entre empresários ou os que exerçam profissões liberais, singulares ou colectivos, ou entre uns e outros, quando intervenham apenas nessa qualidade e no âmbito da sua actividade específica, aplicam-se as proibições constantes desta secção e da anterior.

CLÁUSULAS CONTRATUAIS GERAIS   [DL n.º 446/85]   967

ART. 18.º (Cláusulas absolutamente proibidas) – São em absoluto proibidas, designadamente, as cláusulas contratuais gerais que:

a) Excluam ou limitem, de modo directo ou indirecto, a responsabilidade por danos causados à vida, à integridade moral ou física ou à saúde das pessoas;

b) Excluam ou limitem, de modo directo ou indirecto, a responsabilidade por danos patrimoniais extracontratuais, causados na esfera da contraparte ou de terceiros;

c) Excluam ou limitem, de modo directo ou indirecto, a responsabilidade por não cumprimento definitivo, mora ou cumprimento defeituoso, em caso de dolo ou de culpa grave;

d) Excluam ou limitem, de modo directo ou indirecto, a responsabilidade por actos de representantes ou auxiliares, em caso de dolo ou de culpa grave;

e) Confiram, de modo directo ou indirecto, a quem as predisponha, a faculdade exclusiva de interpretar qualquer cláusula do contrato;

f) Excluam a excepção de não cumprimento do contrato ou a resolução por incumprimento;

g) Excluam ou limitem o direito de retenção;

h) Excluam a faculdade de compensação, quando admitida na lei;

i) Limitem, a qualquer título, a faculdade de consignação em depósito, nos casos e condições legalmente previstos;

j) Estabeleçam obrigações duradouras perpétuas ou cujo tempo de vigência dependa, apenas, da vontade de quem as predisponha;

l) Consagrem, a favor de quem as predisponha, a possibilidade de cessão da posição contratual, de transmissão de dívidas ou de subcontratar, sem o acordo da contraparte, salvo se a identidade do terceiro constar do contrato inicial.

ART. 19.º (Cláusulas relativamente proibidas) – São proibidas, consoante o quadro negocial padronizado, designadamente, as cláusulas contratuais gerais que:

a) Estabeleçam, a favor de quem as predisponha, prazos excessivos para a aceitação ou rejeição de propostas;

b) Estabeleçam a favor de quem as predisponha, prazos excessivos para o cumprimento, sem mora, das obrigações assumidas;

c) Consagrem cláusulas penais desproporcionadas aos danos a ressarcir;

d) Imponham ficções de recepção, de aceitação ou de outras manifestações de vontade com base em factos para tal insuficientes;

e) Façam depender a garantia das qualidades da coisa cedida ou dos serviços prestados, injustificadamente, do não recurso a terceiros;

f) Coloquem na disponibilidade de uma das partes a possibilidade de denúncia, imediata ou com pré-aviso insuficiente, sem compensação adequada, do contrato quando este tenha exigido à contraparte investimentos ou outros dispêndios consideráveis;

g) Estabeleçam um foro competente que envolva graves inconvenientes para uma das partes, sem que os interesses da outra o justifiquem;

h) Consagrem, a favor de quem as predisponha, a faculdade de modificar as prestações, sem compensação correspondente às alterações de valor verificadas;

i) Limitem, sem justificação, a faculdade de interpelar.

Secção III — RELAÇÕES COM OS CONSUMIDORES FINAIS

ART. 20.º (Âmbito das proibições) – Nas relações com consumidores finais e, genericamente, em todas as não abrangidas pelo artigo 17.º aplicam-se as proibições das secções anteriores e as constantes desta secção.

ART. 21.º (Cláusulas absolutamente proibidas) – São em absoluto proibidas, designadamente, as cláusulas contratuais gerais que:

a) Limitem ou de qualquer modo alterem obrigações assumidas, na contratação, directamente por quem as predisponha ou pelo seu representante;

b) Confiram, de modo directo ou indirecto, a quem as predisponha, a faculdade exclusiva de verificar e estabelecer a qualidade das coisas ou serviços fornecidos;

c) Permitam a não correspondência entre as prestações a efectuar e as indicações, especificações ou amostras feitas ou exibidas na contratação;

d) Excluam os deveres que recaem sobre o predisponente, em resultado de vícios da prestação, ou estabeleçam, nesse âmbito, reparações ou indemnizações pecuniárias predeterminadas;

e) Atestem conhecimentos das partes relativos ao contrato, quer em aspectos jurídicos, quer em questões materiais;

f) Alterem as regras respeitantes à distribuição do risco;

g) Modifiquem os critérios de repartição do ónus da prova ou restrinjam a utilização de meios probatórios legalmente admitidos;

h) Excluam ou limitem de antemão a possibilidade de requerer tutela judicial para situações litigiosas que surjam entre os contratantes ou prevejam modalidades de arbitragem que não assegurem as garantias de procedimento estabelecidas na lei.

968 [DL n.º 446/85] CONTRATOS MERCANTIS

ART. 22.º (Cláusulas relativamente proibidas) – 1 – São proibidas, consoante o quadro negocial padronizado, designadamente, as cláusulas contratuais gerais que:

a) Prevejam prazos excessivos para a vigência do contrato ou para a sua denúncia;

b) Permitam, a quem as predisponha, denunciar livremente o contrato, sem pré-aviso adequado, ou resolvê-lo sem motivo justificativo, fundado na lei ou em convenção;

c) Atribuam a quem as predisponha o direito de alterar unilateralmente os termos do contrato, excepto se existir razão atendível que as partes tenham convencionado;

d) Estipulem a fixação do preço de bens na data da entrega, sem que se dê à contraparte o direito de resolver o contrato, se o preço final for excessivamente elevado em relação ao valor subjacente às negociações;

e) Permitam elevações de preços, em contratos de prestações sucessivas, dentro de prazos manifestamente curtos, ou, para além desse limite, elevações exageradas, sem prejuízo do que dispõe o artigo 437.º do Código Civil;

f) Impeçam a denúncia imediata do contrato quando as elevações dos preços a justifiquem;

g) Afastem, injustificadamente, as regras relativas ao cumprimento defeituoso ou aos prazos para o exercício de direitos emergentes dos vícios da prestação;

h) Imponham a renovação automática de contratos através do silêncio da contraparte, sempre que a data limite fixada para a manifestação de vontade contrária a essa renovação se encontre excessivamente distante do termo do contrato;

i) Confiram a uma das partes o direito de pôr termo a um contrato de duração indeterminada, sem pré-aviso razoável, excepto nos casos em que estejam presentes razões sérias capazes de justificar semelhante atitude;

j) Impeçam, injustificadamente, reparações ou fornecimentos por terceiros;

l) Imponham antecipações de cumprimento exageradas;

m) Estabeleçam garantias demasiado elevadas ou excessivamente onerosas em face do valor a assegurar;

n) Fixem locais, horários ou modos de cumprimento despropositados ou inconvenientes;

o) Exijam, para a prática de actos na vigência do contrato, formalidades que a lei não prevê ou vinculem as partes a comportamentos supérfluos, para o exercício dos seus direitos contratuais.

2 – O disposto na alínea *c)* do número anterior não determina a proibição de cláusulas contratuais gerais que:

a) Concedam ao fornecedor de serviços financeiros o direito de alterar a taxa de juro ou o montante de quaisquer outros encargos aplicáveis, desde que correspondam a variações do mercado e sejam comunicadas de imediato, por escrito, à contraparte, podendo esta resolver o contrato com fundamento na mencionada alteração;

b) Atribuam a quem as predisponha o direito de alterar unilateralmente o conteúdo de um contrato de duração indeterminada, contanto que se preveja o dever de informar a contraparte com pré-aviso razoável e se lhe dê a faculdade de resolver o contrato.

3 – As proibições constantes das alíneas *c)* e *d)* do n.º 1 não se aplicam:

a) Às transacções referentes a valores mobiliários ou a produtos e serviços cujo preço dependa da flutuação de taxas formadas no mercado financeiro;

b) Aos contratos de compra e venda de divisas, de cheques de viagem ou de vales postais internacionais expressos em divisas.

4 – As alíneas *c)* e *d)* do n.º 1 não implicam a proibição das cláusulas de indexação, quando o seu emprego se mostre compatível com o tipo contratual onde se encontram inseridas e o mecanismo de variação do preço esteja explicitamente descrito.

ART. 23.º (Direito aplicável) – 1 – Independentemente da lei escolhida pelas partes para regular o contrato, as normas desta secção aplicam-se sempre que o mesmo apresente uma conexão estreita com o território português.

2 – No caso de o contrato apresentar uma conexão estreita com o território de outro Estado membro da Comunidade Europeia aplicam-se as disposições correspondentes desse país na medida em que este determine a sua aplicação.

CAPÍTULO VI — **Disposições processuais**

ART. 24.º (Declaração de nulidade) – As nulidades previstas neste diploma são invocáveis nos termos gerais.

ART. 25.º (Acção inibitória) – As cláusulas contratuais gerais, elaboradas para utilização futura, quando contrariem o disposto nos artigos 15.º, 16.º, 18.º, 19.º, 21.º e 22.º podem ser proibidas por decisão judicial, independentemente da sua inclusão efectiva em contratos singulares.

ART. 26.º (Legitimidade activa) – 1 – A acção destinada a obter a condenação na abstenção do uso ou da recomendação de cláusulas contratuais gerais só pode ser intentada:

a) Por associações de defesa do consumidor dotadas de representatividade, no âmbito previsto na legislação respectiva;

b) Por associações sindicais, profissionais ou de interesses económicos legalmente constituídas, actuando no âmbito das suas atribuições;

c) Pelo Ministério Público, oficiosamente, por indicação do Provedor de Justiça ou quando entenda fundamentada a solicitação de qualquer interessado.

CLÁUSULAS CONTRATUAIS GERAIS [DL n.º 446/85] 969

2 – As entidades referidas no número anterior actuam no processo em nome próprio, embora façam valer um direito alheio pertencente, em conjunto, aos consumidores susceptíveis de virem a ser atingidos pelas cláusulas cuja proibição é solicitada.

ART. 27.º (Legitimidade passiva) – 1 – A acção referida no artigo anterior pode ser intentada:
a) Contra quem, predispondo cláusulas contratuais gerais, proponha contratos que as incluam ou aceite propostas feitas nos seus termos;
b) Contra quem, independentemente da sua predisposição e utilização em concreto, as recomende a terceiros.
2 – A acção pode ser intentada, em conjunto, contra várias entidades que predisponham e utilizem ou recomendem as mesmas cláusulas contratuais gerais, ou cláusulas substancialmente idênticas, ainda que a coligação importe ofensa do disposto no artigo seguinte.

ART. 28.º (Tribunal competente) – Para a acção inibitória é competente o tribunal da comarca onde se localiza o centro da actividade principal do demandado ou, não se situando ele em território nacional, o da comarca da sua residência ou sede; se estas se localizarem no estrangeiro, será competente o tribunal do lugar em que as cláusulas contratuais gerais foram propostas ou recomendadas.

ART. 29.º (Forma de processo e isenções) – 1 – A acção destinada a proibir o uso ou a recomendação de cláusulas contratuais gerais que se considerem abusivas segue os termos do processo sumário de declaração e está isenta de custas.
2 – O valor da acção excede € 0,01 ao fixado para a alçada da Relação.

ART. 30.º (Parte decisória da sentença) – 1 – A decisão que proíba as cláusulas contratuais gerais especificará o âmbito da proibição, designadamente através da referência concreta do seu teor e a indicação do tipo de contratos a que a proibição se reporta.
2 – A pedido do autor, pode ainda o vencido ser condenado a dar publicidade à proibição, pelo modo e durante o tempo que o tribunal determine.

ART. 31.º (Proibição provisória) – 1 – Quando haja receio fundado de virem a ser incluídas em contratos singulares cláusulas gerais incompatíveis com o disposto no presente diploma, podem as entidades referidas no artigo 26.º requerer provisoriamente a sua proibição.
2 – A proibição provisória segue, com as devidas adaptações, os termos fixados pela lei processual para os procedimentos cautelares não especificados.

ART. 32.º (Consequências da proibição definitiva) – 1 – As cláusulas contratuais gerais objecto de proibição definitiva por decisão transitada em julgado, ou outras cláusulas que se lhes equiparem substancialmente, não podem ser incluídas em contratos que o demandado venha a celebrar, nem continuar a ser recomendadas.
2 – Aquele que seja parte, juntamente com o demandado vencido na acção inibitória, em contratos onde se incluam cláusulas gerais proibidas, nos termos referidos no número anterior, pode invocar a todo o tempo, em seu benefício, a declaração incidental de nulidade contida na decisão inibitória.
3 – A inobservância do preceituado no n.º 1 tem como consequência a aplicação do artigo 9.º.

ART. 33.º (Sanção pecuniária compulsória) – 1 – Se o demandado, vencido na acção inibitória, infringir a obrigação de se abster de utilizar ou de recomendar cláusulas contratuais gerais que foram objecto de proibição definitiva por decisão transitada em julgado, incorre numa sanção pecuniária compulsória que não pode ultrapassar o dobro do valor de € 4987,98 por cada infracção.
2 – A sanção prevista no número anterior é aplicada pelo tribunal que apreciar a causa em 1.ª instância, a requerimento de quem possa prevalecer-se da decisão proferida, devendo facultar se ao infractor a oportunidade de ser previamente ouvido.
3 – O montante da sanção pecuniária compulsória destina-se, em partes iguais, ao requerente e ao Estado.

ART. 34.º (Comunicação das decisões judiciais para o efeito de registo) – Os tribunais devem remeter, no prazo de 30 dias, ao serviço previsto no artigo seguinte, cópia das decisões transitadas em julgado que, por aplicação dos princípios e das normas constantes do presente diploma, tenham proibido o uso ou a recomendação de cláusulas contratuais gerais ou declarem a nulidade de cláusulas inseridas em contratos singulares.

O serviço a que se refere este artigo é o Gabinete de Direito Europeu, nos termos da P. n.º 1093/95, de 6-9.

CAPÍTULO VII — Disposições finais e transitórias

ART. 35.º (Serviço de registo) – 1 – Mediante portaria do Ministério da Justiça, a publicar dentro dos seis meses subsequentes à entrada em vigor do presente diploma, será designado o serviço que fica incumbido de organizar e manter actualizado o registo das cláusulas contratuais abusivas que lhe sejam comunicadas, nos termos do artigo anterior.
2 – O serviço referido no número precedente deve criar condições que facilitem o conhecimento das cláusulas consideradas abusivas por decisão judicial e prestar os esclarecimentos que lhe sejam solicitados dentro do âmbito das respectivas atribuições.

A P. n.º 1093/95, de 6-9, designou o Gabinete de Direito Europeu para os efeitos deste artigo.

970   [DL n.º 57/2008]   CONTRATOS MERCANTIS

ART. 36.º (Aplicação no tempo) – O presente diploma aplica-se também às cláusulas contratuais gerais existentes à data da sua entrada em vigor, exceptuando-se, todavia, os contratos singulares já celebrados com base nelas.

ART. 37.º (Direito ressalvado) – Ficam ressalvadas todas as disposições legais que, em concreto, se mostrem mais favoráveis ao aderente que subscreva ou aceite propostas que contenham cláusulas não negociadas individualmente.

13.2. PRÁTICAS COMERCIAIS DESLEAIS DAS EMPRESAS

Decreto-Lei n.º 57/2008

de 26 de Março

CAPÍTULO I — Práticas comerciais desleais

ART. 1.º (Objecto) – O presente decreto-lei estabelece o regime jurídico aplicável às práticas comerciais desleais das empresas nas relações com os consumidores, ocorridas antes, durante ou após uma transacção comercial relativa a um bem ou serviço, transpondo para a ordem jurídica interna a Directiva n.º 2005/29/CE, do Parlamento Europeu e do Conselho, de 11 de Maio, relativa às práticas comerciais desleais das empresas nas relações com os consumidores no mercado interno, e que altera as Directivas n.os 84/450/CEE, do Conselho, de 10 de Setembro, 97/7/CE, do Parlamento Europeu e do Conselho, de 20 de Maio, 98/27/CE, do Parlamento Europeu e do Conselho, de 19 de Maio, e 2002/65/CE, do Parlamento Europeu e do Conselho, de 23 de Setembro, e o Regulamento (CE) n.º 2006/2004, do Parlamento Europeu e do Conselho, de 27 de Outubro.

ART. 2.º (Âmbito de aplicação) – 1 – O presente decreto-lei não prejudica a aplicação de disposições nacionais decorrentes de regras comunitárias que regulem aspectos específicos das práticas comerciais desleais, tais como requisitos de informação e regras relativas ao modo como as informações são apresentadas ao consumidor.

2 – Sem prejuízo do disposto no artigo 14.º, o presente decreto-lei não afecta as disposições relativas à formação, validade ou efeitos dos contratos.

3 – O regime do presente decreto-lei não prejudica a aplicação de regimes mais exigentes relativos à protecção da saúde e da segurança dos bens ou serviços, aos serviços financeiros ou a bens imóveis.

ART. 3.º (Definições) – Para efeitos do disposto no presente decreto-lei, entende-se por:

a) «Consumidor» qualquer pessoa singular que, nas práticas comerciais abrangidas pelo presente decreto-lei, actue com fins que não se incluam no âmbito da sua actividade comercial, industrial, artesanal ou profissional;

b) «Profissional» qualquer pessoa singular ou colectiva que, no que respeita às práticas comerciais abrangidas pelo presente decreto-lei, actue no âmbito da sua actividade comercial, industrial, artesanal ou profissional e quem actue em nome ou por conta desse profissional;

c) «Produto» qualquer bem ou serviço, incluindo bens imóveis, direitos e obrigações;

d) «Prática comercial da empresa nas relações com os consumidores, ou, abreviadamente, prática comercial» qualquer acção, omissão, conduta ou afirmação de um profissional, incluindo a publicidade e a promoção comercial, em relação directa com a promoção, a venda ou o fornecimento de um bem ou serviço ao consumidor;

e) «Distorcer substancialmente o comportamento económico dos consumidores» a realização de uma prática comercial que prejudique sensivelmente a aptidão do consumidor para tomar uma decisão esclarecida, conduzindo-o, por conseguinte, a tomar uma decisão de transacção que não teria tomado de outro modo;

f) «Código de conduta» o acordo ou conjunto de normas, não impostas por disposições legislativas, regulamentares ou administrativas, que define o comportamento de profissionais que se comprometem a ficar vinculados por este código no que diz respeito a uma ou várias práticas comerciais ou sectores de actividade específicos;

g) «Titular de um código» qualquer entidade, incluindo um profissional ou grupo de profissionais, responsável pela elaboração e a revisão de um código de conduta e ou o controlo do cumprimento deste código por aqueles que se comprometeram a ficar vinculados por ele;

h) «Diligência profissional» o padrão de competência especializada e de cuidado que se pode razoavelmente esperar de um profissional nas suas relações com os consumidores, avaliado de acordo com a prática honesta de mercado e ou com o princípio geral de boa fé no âmbito da actividade profissional;

i) «Convite a contratar» uma comunicação comercial que indica as características e o preço do produto de uma forma adequada aos meios utilizados pela comunicação comercial, permitindo assim que o consumidor efectue uma aquisição;

j) «Influência indevida» a utilização pelo profissional de uma posição de poder para pressionar o consumidor, mesmo sem recurso ou ameaça de recurso à força física, de forma que limita significativamente a capacidade de o consumidor tomar uma decisão esclarecida;

PRÁTICAS COMERCIAIS DESLEAIS   [DL n.º 57/2008]   971

l) «Decisão de transacção» a decisão tomada por um consumidor sobre a questão de saber se, como e em que condições adquirir, pagar integral ou parcialmente, conservar ou alienar um produto ou exercer outro direito contratual em relação ao produto, independentemente de o consumidor decidir agir ou abster-se de agir;

m) «Profissão regulamentada» a actividade ou o conjunto de actividades profissionais cujo acesso, exercício ou modalidade de exercício se encontram directa ou indirectamente subordinados, por disposições legislativas, regulamentares ou administrativas, à posse de determinadas qualificações profissionais.

ART. 4.º (Proibição) – São proibidas as práticas comercias desleais.

ART. 5.º (Práticas comerciais desleais em geral) – 1 – É desleal qualquer prática comercial desconforme à diligência profissional, que distorça ou seja susceptível de distorcer de maneira substancial o comportamento económico do consumidor seu destinatário ou que afecte este relativamente a certo bem ou serviço.

2 – O carácter leal ou desleal da prática comercial é aferido utilizando-se como referência o consumidor médio, ou o membro médio de um grupo, quando a prática comercial for destinada a um determinado grupo de consumidores.

ART. 6.º (Práticas comerciais desleais em especial) – São desleais em especial:

a) As práticas comerciais susceptíveis de distorcer substancialmente o comportamento económico de um único grupo, claramente identificável, de consumidores particularmente vulneráveis, em razão da sua doença mental ou física, idade ou credulidade, à prática comercial ou ao bem ou serviço subjacentes, se o profissional pudesse razoavelmente ter previsto que a sua conduta era susceptível de provocar essa distorção;

b) As práticas comerciais enganosas e as práticas comerciais agressivas referidas nos artigos 7.º, 9.º e 11.º;

c) As práticas comerciais enganosas e as práticas comerciais agressivas referidas, respectivamente, nos artigos 8.º e 12.º, consideradas como tal em qualquer circunstância.

ART. 7.º (Acções enganosas) – 1 – É enganosa a prática comercial que contenha informações falsas ou que, mesmo sendo factualmente correctas, por qualquer razão, nomeadamente a sua apresentação geral, induza ou seja susceptível de induzir em erro o consumidor em relação a um ou mais dos elementos a seguir enumerados e que, em ambos os casos, conduz ou é susceptível de conduzir o consumidor a tomar uma decisão de transacção que este não teria tomado de outro modo:

a) A existência ou a natureza do bem ou serviço;

b) As características principais do bem ou serviço, tais como a sua disponibilidade, as suas vantagens, os riscos que apresenta, a sua execução, a sua composição, os seus acessórios, a prestação de assistência pós--venda e o tratamento das reclamações, o modo e a data de fabrico ou de fornecimento, a entrega, a adequação ao fim a que se destina e as garantias de conformidade, as utilizações, a quantidade, as especificações, a origem geográfica ou comercial ou os resultados que podem ser esperados da sua utilização, ou os resultados e as características substanciais dos testes ou controlos efectuados ao bem ou serviço;

c) O conteúdo e a extensão dos compromissos assumidos pelo profissional, a motivação da prática comercial e a natureza do processo de venda, bem como a utilização de qualquer afirmação ou símbolo indicativos de que o profissional, o bem ou o serviço beneficiam, directa ou indirectamente, de patrocínio ou de apoio;

d) O preço, a forma de cálculo do preço ou a existência de uma vantagem específica relativamente ao preço;

e) A necessidade de prestação de um serviço, de uma peça, da substituição ou da reparação do bem;

f) A natureza, os atributos e os direitos do profissional ou do seu agente, como a sua identidade e o seu património, as suas qualificações, o preenchimento dos requisitos de acesso ao exercício da actividade, o seu estatuto, ou as suas relações, e os seus direitos de propriedade industrial, comercial ou intelectual, ou os prémios e distinções que tenha recebido;

g) Os direitos do consumidor, em particular os direitos de substituição, de reparação, de redução do preço ou de resolução do contrato nos termos do disposto no regime aplicável à conformidade dos bens de consumo, e os riscos a que o consumidor pode estar sujeito.

2 – Atendendo a todas as características e circunstâncias do caso concreto, é enganosa a prática comercial que envolva:

a) Qualquer actividade de promoção comercial relativa a um bem ou serviço, incluindo a publicidade comparativa, que crie confusão com quaisquer bens ou serviços, marcas, designações comerciais e outros sinais distintivos de um concorrente;

b) O incumprimento pelo profissional de compromisso efectivo decorrente do código de conduta a que está vinculado no caso de ter informado, na prática comercial, de que se encontrava vinculado àquele código.

ART. 8.º (Acções consideradas enganosas em qualquer circunstância) – São consideradas enganosas, em qualquer circunstância, as seguintes práticas comerciais:

a) Afirmar ser signatário de um código de conduta, quando não o seja;

b) Exibir uma marca de certificação, uma marca de qualidade ou equivalente sem ter obtido a autorização necessária;

c) Afirmar que um código de conduta foi aprovado por um organismo público ou outra entidade quando tal não corresponda à verdade;

d) Afirmar que um profissional, incluindo as suas práticas comerciais, ou um bem ou serviço foram aprovados, reconhecidos ou autorizados por um organismo público ou privado quando tal não corresponde à verdade ou fazer tal afirmação sem respeitar os termos da aprovação, do reconhecimento ou da autorização;

[DL n.º 57/2008]

CONTRATOS MERCANTIS

e) Propor a aquisição de um bem ou serviço por um preço inferior àquele praticado no mercado por outros fornecedores ou prestadores de serviços sabendo ou não podendo desconhecer que não tem condições para o cumprir, não dispondo, ou não indicando quem disponha, nas mesmas condições e em igual grau de acessibilidade para o consumidor, de existências em quantidade suficiente, por um período de tempo compatível com a procura previsível face ao volume e meios de publicidade realizada ao bem ou serviço em causa, e o preço indicado;

f) Propor a aquisição de bens ou de serviços a um determinado preço e, com a intenção de promover um bem ou serviço diferente, recusar posteriormente o fornecimento aos consumidores do bem ou do serviço publicitado;

g) Recusar as encomendas relativas a este bem ou serviço ou a sua entrega ou o fornecimento num prazo razoável; ou

h) Apresentar amostra defeituosa ou demonstração insuficiente;

i) Declarar falsamente que o bem ou serviço está disponível apenas durante um período muito limitado ou que só está disponível em condições especiais por um período muito limitado a fim de obter uma decisão imediata e privar os consumidores da oportunidade ou do tempo suficientes para tomarem uma decisão esclarecida;

j) Comprometer-se a fornecer o serviço de assistência pós-venda numa língua, usada para comunicar antes da decisão negocial, que não seja uma das línguas oficiais do Estado membro em que o profissional se encontra estabelecido e posteriormente assegurar este serviço apenas em língua diversa, quando o profissional não anunciou de forma clara esta alteração ao consumidor antes de este se ter vinculado;

l) Declarar que a compra ou venda de um bem ou a prestação de um serviço é lícita ou transmitir essa impressão quando tal não corresponda à verdade;

m) Apresentar como característica distintiva da oferta do profissional direitos do consumidor previstos na lei;

n) Utilizar um conteúdo editado nos meios de comunicação social para promover um bem ou serviço tendo sido o próprio profissional a financiar essa promoção quando tal não for indicado claramente no conteúdo ou resultar de imagens ou sons que o consumidor possa identificar com clareza;

o) Fazer afirmações substancialmente inexactas relativas à natureza e à amplitude do risco para a segurança pessoal do consumidor ou da sua família se o consumidor não adquirir o bem ou assentir na prestação do serviço;

p) Promover um bem ou serviço análogo ao produzido ou oferecido por um fabricante específico de maneira a levar deliberadamente o consumidor a pensar que, embora não seja esse o caso, o bem ou serviço provêm desse mesmo fabricante;

q) Sem prejuízo do disposto nos Decretos-Leis n.ᵒˢ 240/2006, de 22 de Dezembro, 172/2007, de 8 de Maio, e 81/ /2006, de 20 de Abril, fazer o arredondamento em alta do preço, da duração temporal ou de outro factor, directa ou indirectamente, relacionado com o fornecimento do bem ou com a prestação do serviço que não tenha uma correspondência exacta e directa no gasto ou utilização efectivos realizados pelo consumidor e que conduza ao aumento do preço a pagar por este;

r) Criar, explorar ou promover um sistema de promoção em pirâmide em que o consumidor dá a sua própria contribuição em troca da possibilidade de receber uma contrapartida que decorra essencialmente da entrada de outros consumidores no sistema;

s) Alegar que o profissional está prestes a cessar a sua actividade ou a mudar de instalações quando tal não corresponde à verdade;

t) Alegar que o bem ou serviço pode aumentar as possibilidades de ganhar nos jogos de fortuna ou azar;

u) Alegar falsamente que o bem ou serviço é capaz de curar doenças, disfunções e malformações;

v) Transmitir informações inexactas sobre as condições de mercado ou sobre a possibilidade de encontrar o bem ou serviço com a intenção de induzir o consumidor a adquirir o bem ou a contratar a prestação do serviço em condições menos favoráveis do que as condições normais de mercado;

x) Declarar que se organiza um concurso ou uma promoção com prémio sem entregar os prémios descritos ou um equivalente razoável;

z) Descrever o bem ou serviço como «grátis», «gratuito», «sem encargos» ou equivalente se o consumidor tiver de pagar mais do que o custo indispensável para responder à prática comercial e para ir buscar o bem ou pagar pela sua entrega;

aa) Incluir no material de promoção comercial factura ou documento equiparado solicitando o pagamento, dando ao consumidor a impressão de já ter encomendado o bem ou serviço comercializado, quando tal não aconteceu;

ab) Alegar falsamente ou dar a impressão de que o profissional não está a agir para fins relacionados com a sua actividade comercial, industrial, artesanal ou profissional ou apresentar-se falsamente como consumidor;

ac) Dar a impressão falsa de que o serviço pós-venda relativo ao bem ou serviço está disponível em Estado membro distinto daquele em que o bem ou serviço é vendido.

ART. 9.º (Omissões enganosas) – 1 – Tendo em conta todas as suas características e circunstâncias e as limitações do meio de comunicação, é enganosa, e portanto conduz ou é susceptível de conduzir o consumidor a tomar uma decisão de transacção que não teria tomado de outro modo, a prática comercial:

a) Que omite uma informação com requisitos substanciais para uma decisão negocial esclarecida do consumidor;

b) Em que o profissional oculte ou apresente de modo pouco claro, ininteligível ou tardio a informação referida na alínea anterior;

c) Em que o profissional não refere a intenção comercial da prática, se tal não se puder depreender do contexto.

PRÁTICAS COMERCIAIS DESLEAIS   [DL n.º 57/2008]   973

2 – Quando o meio de comunicação utilizado para a prática comercial impuser limitações de espaço ou de tempo, essas limitações e quaisquer medidas tomadas pelo profissional para disponibilizar a informação aos consumidores por outros meios devem ser tomadas em conta para decidir se foi omitida informação.

3 – São considerados substanciais os requisitos de informação exigidos para as comunicações comerciais na legislação nacional decorrentes de regras comunitárias.

4 – Para efeitos do número anterior, consideram-se, nomeadamente, os seguintes diplomas:

a) Decreto-Lei n.º 138/90, de 26 de Abril, que aprova o regime jurídico relativo à obrigação de exibição dos preços dos bens ou serviços;

b) Decreto-Lei n.º 359/91, de 21 de Setembro, que aprova o regime jurídico do crédito ao consumo;

c) Decreto-Lei n.º 275/93, de 5 de Agosto, que aprova o regime jurídico relativo ao direito real de habitação periódica sobre as unidades de alojamento integradas em hotéis-apartamentos, aldeamentos turísticos e apartamentos turísticos;

d) Decreto-Lei n.º 94-B/95, de 17 de Abril, que aprova o regime jurídico das condições de acesso e de exercício da actividade seguradora e resseguradora no território da Comunidade Europeia;

e) Decreto-Lei n.º 209/97, de 13 de Agosto, que aprova o regime jurídico do acesso e o exercício da actividade das agências de viagens e turismo;

f) Decreto-Lei n.º 486/99, de 13 de Novembro, que aprova o Código dos Valores Mobiliários;

g) Decreto-Lei n.º 143/2001, de 26 de Abril, que aprova o regime jurídico das vendas à distância;

h) Decreto-Lei n.º 252/2003, de 17 de Outubro, que aprova o regime jurídico das sociedades de gestão e prospectos simplificados no âmbito de investimento colectivo em valores mobiliários;

i) Decreto-Lei n.º 7/2004, de 7 de Janeiro, que aprova o regime jurídico do comércio electrónico;

j) Decreto-Lei n.º 52/2006, de 15 de Março, que aprova o regime jurídico relativa ao abuso de informação privilegiada e à manipulação de mercado da publicação e admissão à negociação do prospecto de oferta pública de valores mobiliários;

l) Decreto-Lei n.º 95/2006, de 29 de Maio, que aprova o regime jurídico da comercialização à distância dos serviços financeiros prestados ao consumidor;

m) Decreto-Lei n.º 144/2006, de 31 de Julho, que aprova o regime jurídico da mediação de seguros;

n) Decreto-Lei n.º 176/2006, de 30 de Agosto, que aprova o regime jurídico relativo aos medicamentos para uso humano; e

o) Decreto-Lei n.º 357-A/2007, de 31 de Outubro, que transpõe para a ordem jurídica interna a Directiva n.º 2004/39/CE, do Parlamento Europeu e do Conselho, de 21 de Abril, relativa aos mercados de instrumentos financeiros.

ART. 10.º (Proposta contratual ou convite a contratar) – No caso de proposta contratual ou de convite a contratar, são consideradas substanciais para efeitos do artigo anterior, se não se puderem depreender do contexto, as informações seguintes:

a) As características principais do bem ou serviço, na medida adequada ao meio e ao bem ou serviço;

b) O endereço geográfico, a identidade do profissional e a sua designação comercial e, se for caso disso, o endereço geográfico, a identidade e a designação comercial do profissional por conta de quem actua;

c) O preço, incluindo impostos e taxas, ou quando, devido à natureza do bem ou serviço, o preço não puder ser razoavelmente calculado de forma antecipada, o modo como o preço é calculado, bem como, se for caso disso, todos os custos suplementares de transporte, de expedição, de entrega e de serviços postais ou, quando estas despesas não puderem ser razoavelmente calculadas de forma antecipada, a indicação de que esses custos suplementares ficam a cargo do consumidor;

d) As modalidades de pagamento, de expedição ou de execução e o mecanismo de tratamento das reclamações, na medida em que se afastem das obrigações de diligência profissional;

e) A existência dos direitos de resolução ou de anulação, qualquer que seja a denominação utilizada, sempre que resultem da lei ou de contrato.

ART. 11.º (Práticas comerciais agressivas) – 1 – É agressiva a prática comercial que, devido a assédio, coacção ou influência indevida, limite ou seja susceptível de limitar significativamente a liberdade de escolha ou o comportamento do consumidor em relação a um bem ou serviço e, por conseguinte, conduz ou é susceptível de conduzir o consumidor a tomar uma decisão de transacção que não teria tomado de outro modo.

2 – Para efeito do disposto no número anterior, atende-se ao caso concreto e a todas as suas características e circunstâncias, devendo ser considerados os seguintes aspectos:

a) Momento, local, natureza e persistência da prática comercial;

b) Recurso a linguagem ou comportamento ameaçadores ou injuriosos;

c) Aproveitamento consciente pelo profissional de qualquer infortúnio ou circunstância específica que pela sua gravidade prejudique a capacidade de decisão do consumidor, com o objectivo de influenciar a decisão deste em relação ao bem ou serviço;

d) Qualquer entrave não contratual oneroso ou desproporcionado imposto pelo profissional, quando o consumidor pretenda exercer os seus direitos contratuais, incluindo a resolução do contrato, a troca do bem ou serviço ou a mudança de profissional;

e) Qualquer ameaça de exercício de uma acção judicial que não seja legalmente possível.

974   [DL n.º 57/2008]   CONTRATOS MERCANTIS

ART. 12.º (Práticas comerciais consideradas agressivas em qualquer circunstância) – São consideradas agressivas, em qualquer circunstância, as seguintes práticas comerciais:

a) Criar a impressão de que o consumidor não pode deixar o estabelecimento sem que antes tenha sido celebrado um contrato;

b) Contactar o consumidor através de visitas ao seu domicílio, ignorando o pedido daquele para que o profissional parta ou não volte, excepto em circunstâncias e na medida em que tal se justifique para o cumprimento de obrigação contratual;

c) Fazer solicitações persistentes e não solicitadas, por telefone, fax, e-mail ou qualquer outro meio de comunicação à distância, excepto em circunstâncias e na medida em que tal se justifique para o cumprimento de obrigação contratual;

d) Obrigar o consumidor, que pretenda solicitar indemnização ao abrigo de uma apólice de seguro, a apresentar documentos que, de acordo com os critérios de razoabilidade, não possam ser considerados relevantes para estabelecer a validade do pedido, ou deixar sistematicamente sem resposta a correspondência pertinente, com o objectivo de dissuadir o consumidor do exercício dos seus direitos contratuais;

e) Incluir em anúncio publicitário uma exortação directa às crianças no sentido de comprarem ou convencerem os pais ou outros adultos a comprar-lhes os bens ou serviços anunciados;

f) Exigir o pagamento imediato ou diferido de bens e serviços ou a devolução ou a guarda de bens fornecidos pelo profissional que o consumidor não tenha solicitado, sem prejuízo do disposto no regime dos contratos celebrados à distância acerca da possibilidade de fornecer o bem ou o serviço de qualidade e preço equivalentes;

g) Informar explicitamente o consumidor de que a sua recusa em comprar o bem ou contratar a prestação do serviço põe em perigo o emprego ou a subsistência do profissional;

h) Transmitir a impressão falsa de que o consumidor já ganhou, vai ganhar ou, mediante a prática de um determinado acto, ganha um prémio ou outra vantagem quando não existe qualquer prémio ou vantagem ou quando a prática de actos para reclamar o prémio ou a vantagem implica, para o consumidor, pagar um montante em dinheiro ou incorrer num custo.

ART. 13.º (Envio de bens ou serviços não solicitados) – 1 – No caso de envio de bens ou serviços não encomendados ou solicitados, que não constitua o cumprimento de qualquer contrato válido, o destinatário desses bens ou serviços não fica obrigado à sua devolução ou pagamento, podendo conservá-los a título gratuito.

2 – A ausência de resposta do destinatário, nos termos do número anterior, não vale como consentimento.

3 – Se, não obstante o disposto nos números anteriores, o destinatário efectuar a devolução do bem, tem direito a ser reembolsado das despesas desta decorrentes no prazo de 30 dias a contar da data em que a tenha efectuado.

ART. 14.º (Invalidade dos contratos) – 1 – Os contratos celebrados sob a influência de alguma prática comercial desleal são anuláveis a pedido do consumidor, nos termos do artigo 287.º do Código Civil.

2 – Em vez da anulação, pode o consumidor requerer a modificação do contrato segundo juízos de equidade.

3 – Se a invalidade afectar apenas uma ou mais cláusulas do contrato, pode o consumidor optar pela manutenção deste, reduzido ao seu conteúdo válido.

ART. 15.º (Responsabilidade civil) – O consumidor lesado por efeito de alguma prática comercial desleal proibida nos termos do presente decreto-lei é ressarcido nos termos gerais.

ART. 16.º (Direito de acção) – Qualquer pessoa, incluindo os concorrentes que tenham interesse legítimo em opor-se a práticas comerciais desleais proibidas nos termos do presente decreto-lei, pode intentar a acção inibitória prevista na Lei n.º 24/96, de 31 de Julho, com vista a prevenir, corrigir ou fazer cessar tais práticas.

CAPÍTULO II — Códigos de conduta

ART. 17.º (Controlo por titulares de códigos de conduta) – 1 – Os titulares de códigos de conduta que assegurem uma protecção do consumidor superior à prevista no presente decreto-lei podem controlar as práticas comerciais desleais neste identificadas.

2 – O recurso ao controlo pelos titulares dos códigos não implica nunca a renúncia à acção judicial ou ao controlo administrativo.

ART. 18.º (Código de conduta ilegal) – O titular de um código de conduta de cujo teor decorra o não cumprimento das disposições do presente decreto-lei está sujeito ao disposto nos artigos 15.º, 16.º, 20.º e 21.º.

CAPÍTULO III — Regime sancionatório

ART. 19.º (Autoridades administrativas competentes) – 1 – A autoridade administrativa competente para ordenar as medidas previstas no artigo seguinte é a Autoridade de Segurança Alimentar e Económica (ASAE) ou a entidade reguladora do sector no qual ocorra a prática comercial desleal.

2 – O Banco de Portugal, a Comissão do Mercado de Valores Mobiliários e o Instituto de Seguros de Portugal são considerados autoridades administrativas competentes para a aplicação do disposto neste artigo às práticas comerciais desleais que ocorram no âmbito dos respectivos sectores financeiros.

PRÁTICAS COMERCIAIS DESLEAIS   [DL n.º 57/2008] 975

3 – Tratando-se de uma prática comercial desleal em matéria de publicidade, a autoridade administrativa competente para aplicar as medidas previstas no artigo seguinte é a Direcção-Geral do Consumidor (DGC), que pode solicitar a intervenção da ASAE para a efectiva execução da sua acção.

4 – As autoridades e serviços competentes têm o dever de cooperar com as autoridades administrativas referidas nos números anteriores em tudo o que for necessário para o desempenho das funções resultantes da aplicação do presente decreto-lei.

5 – Os profissionais devem prestar às autoridades administrativas competentes toda a cooperação necessária ao desempenho das suas funções.

ART. 20.º (Determinação das medidas cautelares) – 1 – Sem prejuízo do disposto no artigo 16.º, qualquer pessoa, incluindo os profissionais concorrentes, que detenha um interesse legítimo em opor-se às práticas comerciais desleais proibidas nos termos do presente decreto-lei pode submeter a questão, por qualquer meio ao seu dispor, à autoridade administrativa competente.

2 – A autoridade administrativa pode ordenar medidas cautelares de cessação temporária da prática comercial desleal ou determinar a proibição prévia de uma prática comercial desleal iminente independentemente de culpa ou da prova da ocorrência de um prejuízo real.

3 – A aplicação das medidas cautelares, a que se refere o número anterior, está sujeita a um juízo prévio de previsibilidade da existência dos pressupostos da ocorrência de uma prática comercial desleal.

4 – A adopção das medidas cautelares, a que se refere o n.º 2, deve, sempre que possível, ser precedida da audição do profissional, o qual dispõe, para o efeito, de três dias úteis após ter sido notificado por qualquer meio pela autoridade administrativa competente.

5 – Não há lugar à audição prevista no número anterior quando:
a) A decisão seja urgente;
b) Seja razoavelmente de prever que a diligência possa comprometer a execução ou a utilidade da decisão;
c) O número de interessados a ouvir seja de tal forma elevado que a audiência se torne impraticável, devendo nesse caso proceder-se a consulta pública, quando possível, pela forma mais adequada.

6 – A medida ordenada nos termos do n.º 2 extingue-se no termo do prazo nesta estipulado, caso seja anterior à decisão final proferida pela autoridade administrativa competente no âmbito do respectivo processo de contra-ordenação, ou pelo tribunal competente em sede de recurso.

7 – Da medida adoptada pela autoridade administrativa cabe sempre recurso para o tribunal judicial da área onde ocorreu a prática comercial desleal.

ART. 21.º (Contra-ordenações) – 1 – A violação do disposto nos artigos 4.º a 12.º constitui contra-ordenação punível com coima de € 250 a € 3740,98, se o infractor for pessoa singular, e de € 3000 a € 44 891,81, se o infractor for pessoa colectiva.

2 – São, ainda, aplicáveis, em função da gravidade da infracção e da culpa do agente, as seguintes sanções acessórias:
a) Perda de objectos pertencentes ao agente;
b) Interdição do exercício de profissões ou actividades cujo exercício dependa de título público ou de autorização ou homologação de autoridade pública;
c) Encerramento de estabelecimento cujo funcionamento esteja sujeito a autorização ou licença de autoridade administrativa;
d) Publicidade da aplicação das coimas e das sanções acessórias, a expensas do infractor.

3 – As sanções referidas nas alíneas *a)* a *c)* do número anterior têm a duração máxima de dois anos contados a partir da decisão condenatória final.

4 – A negligência é sempre punível, sendo os limites máximos e mínimos das coimas reduzidos a metade.

5 – A fiscalização do cumprimento do disposto no presente decreto-lei, bem como a instrução dos respectivos processos de contra-ordenação, compete à ASAE ou à autoridade administrativa competente em razão da matéria, conforme o disposto no artigo 19.º.

6 – A aplicação das coimas compete à entidade prevista no respectivo regime regulador sectorial ou, caso não exista, à Comissão de Aplicação das Coimas em Matéria Económica e de Publicidade (CACMEP).

7 – O montante das coimas aplicadas é distribuído nos termos previstos no respectivo regime regulador sectorial ou, caso não exista, da seguinte forma:
a) 60% para o Estado;
b) 30% para a entidade que realiza a instrução;
c) 10% para a entidade prevista no respectivo regime regulador sectorial ou, caso não exista, para a CACMEP.

ART. 22.º (Prova) – 1 – Os tribunais e as autoridades administrativas competentes podem exigir aos profissionais provas de exactidão material dos dados de facto contidos nas práticas comerciais reguladas no presente decreto-lei se, atendendo aos interesses legítimos do profissional e de qualquer outra parte no processo, tal exigência for adequada às circunstâncias do caso.

2 – Os dados consideram-se inexactos se as provas exigidas nos termos do número anterior não forem apresentadas ou se forem consideradas insuficientes pelo tribunal ou pela autoridade administrativa.

976 [Lei n.º 14/2008]   CONTRATOS MERCANTIS

CAPÍTULO IV — **Disposições finais**

ART. 23.º (Alteração ao Código da Publicidade) – Os artigos 11.º e 16.º do Código da Publicidade, aprovado pelo Decreto-Lei n.º 330/90, de 23 de Outubro, passam a ter a seguinte redacção:

....

Alterações introduzidas no lugar próprio.

ART. 24.º (Aditamento ao Código da Publicidade) – São aditados ao Código da Publicidade, aprovado pelo Decreto-Lei n.º 330/90, de 23 de Outubro, os artigos 42.º e 43.º, com a seguinte redacção:

....

Alterações introduzidas no lugar próprio.

ART. 25.º (Avaliação da execução do decreto-lei) – No final do 3.º ano a contar da data da entrada em vigor do presente decreto-lei e bianualmente nos anos subsequentes, a DGC, com base nos dados fornecidos pela ASAE e pelas restantes autoridades administrativas competentes bem como naqueles decorrentes da sua actividade, elabora e apresenta um relatório de avaliação sobre a aplicação e execução do mesmo, devendo remetê-lo ao membro do Governo que tutela a política de defesa do consumidor.

ART. 26.º (Regiões Autónomas) – O disposto no presente decreto-lei aplica-se às Regiões Autónomas dos Açores e da Madeira, sem prejuízo de as competências cometidas a serviços ou organismos da Administração do Estado serem exercidas pelos correspondentes serviços e organismos das administrações regionais com idênticas atribuições e competências.

ART. 27.º (Norma revogatória) – São revogados:
a) Os n.ºⁱ 4 e 5 do artigo 11.º e o artigo 22.º-B do Código da Publicidade, aprovado pelo Decreto-Lei n.º 330/90, de 23 de Outubro;
b) Os artigos 26.º, 27.º, 28.º e 29.º do Decreto-Lei n.º 143/2001, de 26 de Abril.

ART. 28.º (Entrada em vigor) – O presente decreto-lei entra em vigor no 1.º dia útil do mês seguinte ao da sua publicação.

13.3. DISCRIMINAÇÃO EM FUNÇÃO DO SEXO NO ACESSO A BENS E SERVIÇOS E SEU FORNECIMENTO

Lei n.º 14/2008

de 12 de Março (*)

ART. 1.º (Objecto) – A presente lei tem por objecto prevenir e proibir a discriminação, directa e indirecta, em função do sexo, no acesso a bens e serviços e seu fornecimento e sancionar a prática de actos que se traduzam na violação do princípio da igualdade de tratamento entre homens e mulheres.

ART. 2.º (Âmbito) – 1 – A presente lei aplica-se às entidades públicas e privadas que forneçam bens e prestem serviços disponíveis ao público a título gratuito ou oneroso.
2 – Estão excluídos:
a) Os bens e serviços oferecidos no quadro da vida privada e familiar, bem como as transacções efectuadas nesse contexto;
b) O conteúdo dos meios de comunicação e publicidade;
c) O sector da educação;
d) As questões de emprego e profissão, incluindo o trabalho não assalariado.

ART. 3.º (Definições) – Para efeito desta lei, consideram-se:
a) «Discriminação directa» todas as situações em que, em função do sexo, uma pessoa seja sujeita a tratamento menos favorável do que aquele que é, tenha sido ou possa vir a ser dado a outra pessoa em situação comparável;
b) «Discriminação indirecta» sempre que uma disposição, critério ou prática aparentemente neutra coloque pessoas de um dado sexo numa situação de desvantagem comparativamente com pessoas do outro sexo, a não ser que essa disposição, critério ou prática objectivamente se justifique por um fim legítimo e que os meios para o alcançar sejam adequados e necessários;

(*) Esta lei transpôs para a ordem jurídica interna a Directiva n.º 2004/113/CE, do Conselho, de 13 de Dezembro.

DISCRIMINAÇÃO EM FUNÇÃO DO SEXO NO ACESSO A BENS E SERVIÇOS [Lei n.º 14/2008] 977

c) «Assédio» todas as situações em que ocorra um comportamento indesejado, relacionado com o sexo de uma dada pessoa, com o objectivo ou o efeito de violar a sua dignidade e de criar um ambiente intimidativo, hostil, degradante, humilhante ou ofensivo;

d) «Assédio sexual» todas as situações em que ocorra um comportamento indesejado de carácter sexual, sob forma física, verbal ou não verbal, com o objectivo ou o efeito de violar a dignidade da pessoa, em especial quando criar um ambiente intimidativo, hostil, degradante, humilhante ou ofensivo.

ART. 4.º (Princípio da igualdade e proibição da discriminação em função do sexo) – 1 – É proibida a discriminação, directa ou indirecta, tal como definida na presente lei, assente em acções, omissões ou cláusulas contratuais no âmbito do acesso a bens e serviços e seu fornecimento.

2 – Consideram-se discriminatórias, designadamente, as práticas ou cláusulas contratuais de que resulte:

a) A recusa de fornecimento ou o impedimento da fruição de bens ou serviços;

b) O fornecimento ou a fruição desfavoráveis de bens ou serviços;

c) A recusa ou o condicionamento de compra, arrendamento ou subarrendamento de imóveis;

d) A recusa ou o acesso desfavorável a cuidados de saúde prestados em estabelecimentos públicos ou privados.

3 – São também discriminatórias quaisquer instruções ou ordens com vista à discriminação directa ou indirecta.

4 – O assédio e o assédio sexual são considerados discriminação para efeitos da presente lei, não sendo relevada a rejeição ou aceitação deste tipo de comportamentos pelas pessoas em causa enquanto fundamento de decisões que as afectem.

5 – Os actos e as cláusulas discriminatórios consideram-se nulos dando lugar a responsabilidade civil de acordo com os prejuízos causados.

6 – Não constitui discriminação a aplicação de disposições mais favoráveis tendo em vista a protecção das mulheres em matéria de gravidez, puerpério e amamentação.

7 – A garantia da plena igualdade entre homens e mulheres não prejudica a manutenção ou aprovação de medidas de acção positiva específicas destinadas a prevenir ou compensar situações factuais de desigualdade ou desvantagem relacionadas com o sexo.

ART. 5.º (Protecção em situação de gravidez) – É proibido o pedido de informação relativamente à situação de gravidez de uma mulher demandante de bens e serviços, salvo por razões de protecção da sua saúde.

ART. 6.º (Regime geral dos contratos de seguro e outros serviços financeiros) – 1 – A consideração do sexo como factor de cálculo dos prémios e prestações de seguros e outros serviços financeiros não pode resultar em diferenciações nos prémios e prestações.

2 – Sem prejuízo do número anterior, são todavia admitidas diferenciações nos prémios e prestações individuais de seguros e outros serviços financeiros desde que proporcionadas e decorrentes de uma avaliação do risco baseada em dados actuariais e estatísticos relevantes e rigorosos.

3 – Os dados actuariais e estatísticos consideram-se relevantes e rigorosos para o efeito previsto no número anterior quando obtidos e elaborados nos termos de norma regulamentar emitida para o efeito pelo Instituto de Seguros de Portugal.

4 – A admissibilidade do regime previsto no n.º 2 é objecto de revisão cinco anos após a entrada em vigor da presente lei.

ART. 7.º (Coberturas de gravidez e maternidade) – Os custos relacionados com a gravidez e a maternidade não podem resultar numa diferenciação de prémios e prestações dos contratos de seguro e outros serviços financeiros.

ART. 8.º (Meios de defesa) – Sem prejuízo do recurso à via judicial, as partes podem submeter a resolução dos litígios emergentes da presente lei a estruturas de resolução alternativa de litígios.

ART. 9.º (Ónus da prova) – 1 – Cabe a quem alegar ter sido lesado por um acto de discriminação directa ou indirecta apresentar os factos constitutivos do mesmo, incumbindo à parte demandada provar que não houve violação do princípio da igualdade de tratamento.

2 – Em caso de acto de retaliação, o lesado apenas tem de apresentar os factos constitutivos da forma de tratamento ou da consequência desfavorável bem como indicar qual a queixa ou o procedimento judicial que levou a cabo para exigir o cumprimento do princípio da igualdade, incumbindo à parte demandada provar que não existe nexo de causalidade entre uns e outros.

3 – O disposto nos números anteriores não se aplica aos processos penais.

ART. 10.º (Responsabilidade) – 1 – A prática de qualquer acto discriminatório, por acção ou omissão, confere ao lesado o direito a uma indemnização, por danos patrimoniais e não patrimoniais, a título de responsabilidade civil extracontratual, nos termos gerais.

2 – Na fixação da indemnização o tribunal deve atender ao grau de violação dos interesses em causa, ao poder económico dos autores do ilícito e às condições da pessoa alvo da prática discriminatória.

3 – Nos contratos que contenham cláusulas discriminatórias, o contraente lesado tem o direito à alteração do contrato de modo que os direitos e obrigações contratuais sejam equivalentes aos do sexo mais beneficiado.

978 [Lei n.º 14/2008]   CONTRATOS MERCANTIS

4 – A efectiva alteração do contrato prevista no número anterior não preclude a indemnização por responsabilidade extracontratual.

5 – As sentenças condenatórias proferidas em sede de responsabilidade civil são publicadas, após trânsito em julgado, a expensas dos responsáveis, numa das publicações diárias de maior circulação do País, por extracto, do qual devem constar apenas os factos comprovativos da prática discriminatória, a identidade dos ofendidos e dos condenados e as indemnizações fixadas.

6 – A publicação da identidade dos ofendidos depende do consentimento expresso destes manifestado até ao final da audiência de julgamento.

7 – A publicação tem lugar no prazo de cinco dias a contar da notificação judicial.

ART. 11.º (Direitos processuais das associações e organizações não governamentais) – 1 – É reconhecida às associações e organizações não governamentais cujo objecto estatutário se destine essencialmente à promoção dos valores da cidadania, da defesa dos direitos humanos, dos direitos das mulheres, da igualdade de género e de defesa dos direitos dos consumidores legitimidade processual para a defesa dos direitos e interesses colectivos e para a defesa colectiva dos direitos e interesses individuais legalmente protegidos dos seus associados, bem como para a defesa dos valores protegidos pela presente lei.

2 – Em caso de assédio, só a pessoa assediada dispõe de legitimidade processual nos termos desta lei.

3 – A defesa colectiva dos direitos e interesses individuais legalmente protegidos prevista no n.º 1 não pode implicar limitação da autonomia individual dos associados.

ART. 12.º (Contra-ordenações) – 1 – A prática de qualquer acto discriminatório por pessoa singular, tal como proibido pelos n.ᵒˢ 1 a 4 do artigo 4.º, bem como a violação do disposto nos artigos 5.º e 6.º, constitui contra-ordenação punível com coima graduada entre 5 e 10 vezes o valor da retribuição mínima mensal garantida, sem prejuízo da responsabilidade civil e de outra sanção que ao caso couber.

2 – A prática de qualquer acto discriminatório por pessoa colectiva de direito público ou privado, tal como proibido pelos n.ᵒˢ 1 a 4 do artigo 4.º, bem como a violação do disposto nos artigos 5.º e 6.º, constitui contra-ordenação punível com coima graduada entre 20 e 30 vezes o valor da retribuição mínima mensal garantida, sem prejuízo da responsabilidade civil e de outra sanção que ao caso couber.

3 – Em caso de reincidência ou de retaliação os limites mínimo e máximo da coima são elevados para o dobro.

4 – A tentativa e a negligência são puníveis, sendo os limites mínimo e máximo das coimas aplicadas reduzidos a metade.

5 – Sempre que a contra-ordenação resulte da omissão de um dever, a aplicação da sanção e o pagamento da coima não dispensam o infractor do seu cumprimento, se este ainda for possível.

ART. 13.º (Sanções acessórias) – 1 – Em função da gravidade do acto de discriminação e da culpa do agente, podem ser aplicadas, simultaneamente com as coimas, as seguintes sanções acessórias:

a) Perda de objectos pertencentes ao agente;

b) Interdição do exercício de profissões ou actividades que dependa de título público ou de autorização ou homologação de autoridade pública;

c) Privação do direito a subsídio ou benefício outorgado por entidades ou serviços públicos;

d) Privação do direito a participar em arrematações ou concursos públicos que tenham por objecto o fornecimento de bens ou serviços públicos e a atribuição de licenças ou alvarás;

e) Suspensão de autorizações, licenças ou alvarás;

f) Encerramento de estabelecimento cujo funcionamento esteja sujeito a autorização ou licença de autoridade administrativa;

g) Publicidade da decisão sancionatória;

h) Advertência ou censura pública aos autores do acto discriminatório.

2 – As sanções referidas nas alíneas *b)* a *f)* do número anterior têm a duração máxima de dois anos contados a partir da decisão sancionatória definitiva.

ART. 14.º (Instrução do processo) – 1 – A instrução do processo de contra-ordenação pelas condutas ou omissões a que se refere o artigo 12.º compete às entidades administrativas cujas atribuições incidam sobre a matéria objecto da infracção.

2 – Sem prejuízo do n.º 2 do artigo 20.º, é enviada cópia do processo já instruído à Comissão para a Cidadania e a Igualdade de Género (CIG), acompanhada do respectivo relatório final.

ART. 15.º (Aplicação das coimas) – A definição da medida e a aplicação das coimas e sanções acessórias, no âmbito dos processos contra-ordenacionais referidos no artigo anterior, incumbem às entidades administrativas cujas atribuições incidam sobre a matéria objecto da infracção.

ART. 16.º (Produto das coimas) – O produto das coimas é afecto nos seguintes termos:

a) 60% para o Estado;

b) 30% para a entidade administrativa que instrui o processo contra-ordenacional e aplica a respectiva coima;

c) 10% para a CIG.

ATRASOS DE PAGAMENTO NAS TRANSACÇÕES COMERCIAIS   [DL n.º 32/2003]   979

ART. 17.º (Registo) – 1 – As entidades administrativas com competência para aplicar coimas no âmbito da presente lei e os tribunais comunicam todas as decisões comprovativas das práticas discriminatórias à CIG, que organiza um registo das mesmas.

2 – A criação e a manutenção do registo previsto no número anterior terá de observar as normas procedimentais e de protecção de dados e está sujeita a prévio parecer da Comissão Nacional da Protecção de Dados.

3 – As entidades referidas no n.º 1 podem solicitar, no decurso de qualquer processo baseado na violação da proibição de discriminação nos termos da presente lei, informação à CIG sobre a existência de qualquer decisão já transitada em julgado relativa à entidade em causa.

4 – A prestação da informação referida no número anterior às entidades requerentes deve ter lugar no prazo de 10 dias.

ART. 18.º (Concurso de infracções) – 1 – Se o mesmo facto constituir, simultaneamente, ilícito penal e contra-ordenação, o agente é punido sempre a título penal.

2 – As sanções aplicadas às contra-ordenações em concurso são sempre cumuladas materialmente.

ART. 19.º (Conflitos de competência) – Os conflitos positivos ou negativos de competência são decididos pelo membro do Governo que tenha a seu cargo a área da igualdade e pelos demais sob cujo poder de direcção, superintendência ou tutela se encontrem as entidades envolvidas na situação geradora do conflito de competência.

ART. 20.º (Acompanhamento) – 1 – Compete à CIG acompanhar a aplicação da presente lei.

2 – A CIG emite parecer sobre os processos instaurados ao abrigo da presente lei sempre que solicitado.

3 – Compete ainda à CIG elaborar um relatório anual no qual seja mencionada a informação recolhida sobre a prática de actos discriminatórios e as sanções aplicadas.

4 – O relatório anual, referido no número anterior, é divulgado no sítio oficial da CIG.

ART. 21.º (Direito subsidiário) – Ao disposto na presente lei é aplicável, subsidiariamente, o regime geral das contra-ordenações.

ART. 22.º (Regulamentação) – No prazo de 90 dias, o Governo procederá à aprovação das normas regulamentares necessárias à boa execução da presente lei.

ART. 23.º (Entrada em vigor) – O disposto no artigo 7.º entra em vigor a 1 de Dezembro de 2009.

13.4. ATRASOS DE PAGAMENTO NAS TRANSACÇÕES COMERCIAIS

Decreto-Lei n.º 32/2003

de 17 de Fevereiro (*)

ART. 1.º (Objecto) – O presente diploma transpõe para a ordem jurídica interna a Directiva n.º 2000/35/CE, do Parlamento Europeu e do Conselho, de 29 de Junho, a qual estabelece medidas de luta contra os atrasos de pagamento nas transacções comerciais.

ART. 2.º (Ambito de aplicação) – 1 – O presente diploma aplica-se a todos os pagamentos efectuados como remunerações de transacções comerciais.

2 – São excluídos da sua aplicação:

a) Os contratos celebrados com consumidores;

b) Os juros relativos a outros pagamentos que não os efectuados para remunerar transacções comerciais;

c) Os pagamentos efectuados a título de indemnização por responsabilidade civil, incluindo os efectuados por companhias de seguros.

ART. 3.º (Definições) – Para efeitos do presente diploma, entende-se por:

a) «Transacção comercial» qualquer transacção entre empresas ou entre empresas e entidades públicas, qualquer que seja a respectiva natureza, forma ou designação, que dê origem ao fornecimento de mercadorias ou à prestação de serviços contra uma remuneração;

b) «Empresa» qualquer organização que desenvolva uma actividade económica ou profissional autónoma, mesmo que exercida por pessoa singular;

(*) Alterado pelo art. 5.º do **DL n.º 107/2005**, de 1-7, que deu nova redacção ao art. 7.º, e pelo art. 2.º da **Lei n.º 3/2010**, de 27-4, que deu nova redacção à al. *d)* do n.º 2 do art. 4.º.

980   [DL n.º 32/2003]   CONTRATOS MERCANTIS

c) «Taxa de juro da principal facilidade de refinanciamento do Banco Central Europeu» a taxa de juro aplicável a estas operações no caso de leilões a taxa fixa. Quando uma operação principal de refinanciamento for efectuada segundo o processo de leilão a taxa variável, a taxa de juro reporta-se à taxa de juro marginal resultante do leilão em causa.

ART. 4.º (Juros e indemnização) – 1 – Os juros aplicáveis aos atrasos de pagamento das transacções previstas no presente diploma são os estabelecidos no Código Comercial.

2 – Sempre que do contrato não conste a data ou o prazo de pagamento, são devidos juros, os quais se vencem automaticamente, sem necessidade de novo aviso:

a) 30 dias após a data em que o devedor tiver recebido a factura ou documento equivalente;

b) 30 dias após a data de recepção efectiva dos bens ou da prestação dos serviços quando a data de recepção da factura ou de documento equivalente seja incerta;

c) 30 dias após a data de recepção efectiva dos bens ou da prestação dos serviços quando o devedor receba a factura ou documento equivalente antes do fornecimento dos bens ou da prestação dos serviços;

d) 30 dias após a data de aceitação ou verificação quando esteja previsto um processo mediante o qual deva ser determinada a conformidade dos bens ou serviços e o devedor receba a factura ou documento equivalente em data anterior.

3 – O credor pode provar que a mora lhe causou dano superior aos juros referidos no n.º 1 e exigir a indemnização suplementar correspondente.

ART. 5.º (Cláusulas nulas) – 1 – Nas transacções comerciais previstas no presente diploma são nulas as cláusulas contratuais que, sem motivo atendível e justificado face às circunstâncias concretas:

a) Estabeleçam prazos excessivos para o pagamento;

b) Excluam ou limitem, de modo directo ou indirecto, a responsabilidade pela mora.

2 – Nos casos previstos no número anterior, os contratos mantêm-se, vigorando na parte afectada as normas supletivas aplicáveis, com recurso, se necessário, às regras de integração dos negócios jurídicos.

3 – Quando a nulidade afecte a cláusula que prevê o prazo de pagamento, aplicam-se os prazos previstos no n.º 2 do artigo anterior, salvo se o juiz, atendendo às circunstâncias do caso, estabelecer prazo diverso.

4 – A invocação da nulidade pode ser feita judicial ou extrajudicialmente, devendo, neste caso, ser efectuada por escrito, com a devida fundamentação.

5 – As cláusulas nulas referidas neste artigo, sendo cláusulas contratuais gerais, podem ser objecto da acção inibitória prevista no Decreto-Lei n.º 446/85, de 25 de Outubro, o qual estabelece o regime das cláusulas contratuais gerais, aplicando-se os respectivos artigos 25.º a 34.º, com as necessárias adaptações.

ART. 6.º (Alteração ao Código Comercial) – O artigo 102.º do Código Comercial passa a ter a seguinte redacção:

....

Alteração inserida no lugar próprio.

ART. 7.º (Aplicação do regime da injunção) – 1 – O atraso de pagamento em transacções comerciais, nos termos previstos no presente diploma, confere ao credor o direito a recorrer à injunção, independentemente do valor da dívida.

2 – Para valores superiores à alçada da Relação, a dedução de oposição e a frustração da notificação no procedimento de injunção determinam a remessa dos autos para o tribunal competente, aplicando-se a forma de processo comum.

3 – Recebidos os autos, o juiz pode convidar as partes a aperfeiçoar as peças processuais.

4 – As acções destinadas a exigir o cumprimento das obrigações pecuniárias emergentes de transacções comerciais, nos termos previstos no presente diploma, de valor não superior à alçada da Relação seguem os termos da acção declarativa especial para cumprimento de obrigações pecuniárias emergentes de contratos.

ART. 8.º (Alteração ao Decreto-Lei n.º 269/98, de 1 de Setembro) – Os artigos 7.º, 10.º, 11.º, 12.º, 12.º-A e 19.º do anexo ao Decreto-Lei n.º 269/98, de 1 de Setembro, com a redacção dada pela Declaração de Rectificação n.º 16-A/98 e pelos Decretos-Leis n.ºs 383/99, de 23 de Setembro, 183/2000, de 10 de Agosto, e 323/2001, de 17 de Dezembro, passam a ter a seguinte redacção:

....

Dado tratar-se de matéria processual, omite-se esta parte.

ART. 9.º (Aplicação no tempo) – O presente diploma aplica-se às prestações de contratos de execução continuada ou reiterada que se vençam a partir da data da sua entrada em vigor.

ART. 10.º (Disposições finais) – 1 – O presente diploma entra em vigor no dia seguinte ao da sua publicação, sem prejuízo do disposto no número seguinte.

2 – Os artigos 7.º e 8.º do presente diploma entram em vigor no 30.º dia posterior à sua publicação.

13.5. CONTRATO DE AGÊNCIA

Decreto-Lei n.º 178/86

de 3 de Julho (*)

CAPÍTULO I — Disposições gerais

ART. 1.º (Noção e forma) – 1 – Agência é o contrato pelo qual uma das partes se obriga a promover por conta da outra a celebração de contratos, de modo autónomo e estável e mediante retribuição, podendo ser-lhe atribuída certa zona ou determinado círculo de clientes.

2 – Qualquer das partes tem o direito, a que não pode renunciar, de exigir da outra um documento assinado que indique o conteúdo do contrato e de posteriores aditamentos ou modificações.

ART. 2.º (Agente com representação) – 1 – Sem prejuízo do disposto nos números seguintes, o agente só pode celebrar contratos em nome da outra parte se esta lhe tiver conferido, por escrito, os necessários poderes.

2 – Podem ser apresentadas ao agente, porém, as reclamações ou outras declarações respeitantes aos negócios concluídos por seu intermédio.

3 – O agente tem legitimidade para requerer as providências urgentes que se mostrem indispensáveis em ordem a acautelar os direitos da outra parte.

ART. 3.º (Cobrança de créditos) – 1 – O agente só pode efectuar a cobrança de créditos se a outra parte a tanto o autorizar por escrito.

2 – Presume-se autorizado a cobrar os créditos resultantes dos contratos por si celebrados o agente a quem tenham sido conferidos poderes de representação.

3 – Se o agente cobrar créditos sem a necessária autorização, aplica-se o disposto no artigo 770.º do Código Civil, sem prejuízo do regime consagrado no artigo 23.º do presente diploma.

ART. 4.º (Agente exclusivo) – Depende de acordo escrito das partes a concessão do direito de exclusivo a favor do agente, nos termos do qual a outra parte fique impedida de utilizar, dentro da mesma zona ou do mesmo círculo de clientes, outros agentes para o exercício de actividades que estejam em concorrência com as do agente exclusivo.

ART. 5.º (Subagência) – 1 – Salvo convenção em contrário, é permitido o recurso a subagentes.

2 – À relação de subagência aplicam-se, com as necessárias adaptações, as normas do presente diploma.

CAPÍTULO II — Direitos e obrigações das partes

Secção I — OBRIGAÇÕES DO AGENTE

ART. 6.º (Princípio geral) – No cumprimento da obrigação de promover a celebração de contratos, e em todas as demais, o agente deve proceder de boa fé, competindo-lhe zelar pelos interesses da outra parte e desenvolver as actividades adequadas à realização plena do fim contratual.

ART. 7.º (Enumeração) – O agente é obrigado, designadamente:

a) A respeitar as instruções da outra parte que não ponham em causa a sua autonomia;

b) A fornecer as informações que lhe forem pedidas ou que se mostrem necessárias a uma boa gestão, mormente as respeitantes à solvabilidade dos clientes;

c) A esclarecer a outra parte sobre a situação do mercado e perspectivas de evolução;

d) A prestar contas, nos termos acordados, ou sempre que isso se justifique.

ART. 8.º (Obrigação de segredo) – O agente não pode, mesmo após a cessação do contrato, utilizar ou revelar a terceiros segredos da outra parte que lhe sejam sido confiados ou de que ele tenha tomado conhecimento no exercício da sua actividade, salvo na medida em que as regras da deontologia profissional o permitam.

ART. 9.º (Obrigação de não concorrência) – 1 – Deve constar de documento escrito o acordo pelo qual se estabelece a obrigação de o agente não exercer, após a cessação do contrato, actividades que estejam em concorrência com as da outra parte.

2 – A obrigação de não concorrência só pode ser convencionada por um período máximo de dois anos e circunscreve-se à zona ou ao círculo de clientes confiado ao agente.

(*) O **DL n.º 118/93**, de 13-4, deu nova redacção aos arts. 1.º, 4.º, 13.º, 16.º, 17.º, 18.º, 22.º, 27.º, 28.º, 33.º e 34.º, a qual vai inserida nos lugares próprios, aplicando-se o novo regime aos contratros celebrados antes da entrada em vigor daquele DL a partir de 1 de Janeiro de 1994 (art. 2.º).

982 [DL n.º 178/86]   CONTRATOS MERCANTIS

ART. 10.º (Convenção «del credere») – 1 – O agente pode garantir, através de convenção reduzida a escrito, o cumprimento das obrigações de terceiro, desde que respeitantes a contrato por si negociado ou concluído.

2 – A convenção «del credere» só é válida quando se especifique o contrato ou se individualizem as pessoas garantidas.

ART. 11.º (Impossibilidade temporária) – O agente que esteja temporariamente impossibilitado de cumprir o contrato, no todo ou em parte, deve avisar, de imediato, o outro contraente.

Secção II — DIREITOS DO AGENTE

ART. 12.º (Princípio geral) – O agente tem o direito de exigir da outra parte um comportamento segundo a boa fé, em ordem à realização plena do fim contratual.

ART. 13.º (Enumeração) – O agente tem direito, designadamente:

a) A obter da outra parte os elementos que, tendo em conta as circunstâncias, se mostrem necessários ao exercício da sua actividade;

b) A ser informado, sem demora, da aceitação ou recusa dos contratos negociados e dos que haja concluído sem os necessários poderes;

c) A receber, periodicamente, uma relação dos contratos celebrados e das comissões devidas, o mais tardar até ao último dia do mês seguinte ao trimestre em que o direito à comissão tiver sido adquirido;

d) A exigir que lhe sejam fornecidas todas as informações, nomeadamente um extracto dos livros de contabilidade da outra parte, que sejam necessárias para verificar o montante das comissões que lhe serão devidas;

e) Ao pagamento da retribuição, nos termos acordados;

f) A receber comissões especiais, que podem cumular-se, relativas ao encargo de cobrança de créditos e à convenção «del credere»;

g) A uma compensação, pela obrigação de não concorrência após a cessação do contrato.

ART. 14.º (Direito a aviso) – O agente tem o direito de ser avisado, de imediato, de que a outra parte só está em condições de concluir um número de contratos consideravelmente inferior ao que fora convencionado ou àquele que era de esperar, segundo as circunstâncias.

ART. 15.º (Retribuição) – Na ausência de convenção das partes, a retribuição do agente será calculada segundo os usos ou, na falta destes, de acordo com a equidade.

ART. 16.º (Direito à comissão) – 1 – O agente tem direito a uma comissão pelos contratos que promoveu e, bem assim, pelos contratos concluídos com clientes por si angariados, desde que concluídos antes do termo da relação de agência.

2 – O agente tem igualmente direito à comissão por actos concluídos durante a vigência do contrato se gozar de um direito de exclusivo para uma zona geográfica ou um círculo de clientes e os mesmos tenham sido concluídos com um cliente pertencente a essa zona ou círculo de clientes.

3 – O agente só tem direito à comissão pelos contratos celebrados após o termo da relação de agência provando ter sido ele a negociá-los ou, tendo-os preparado, ficar a sua conclusão a dever se, principalmente, à actividade por si desenvolvida, contanto que em ambos os casos sejam celebrados num prazo razoável subsequente ao termo da agência.

ART. 17.º (Sucessão de agentes no tempo) – O agente não tem direito à comissão na vigência do contrato se a mesma for devida, por força do n.º 3 do artigo anterior, ao agente que o anteceder, sem prejuízo de a comissão poder ser repartida equitativamente entre ambos, quando se verifiquem circunstâncias que o justifiquem.

ART. 18.º (Aquisição do direito à comissão) – 1 – O agente adquire o direito à comissão logo e na medida em que se verifique uma das seguintes circunstâncias:

a) O principal haja cumprido o contrato ou devesse tê-lo cumprido por força do acordo concluído com o terceiro;

b) O terceiro haja cumprido o contrato.

2 – Qualquer acordo das partes sobre o direito à comissão não pode obstar que este se adquira pelo menos quando o terceiro cumpra o contrato ou devesse tê-lo cumprido, caso o principal tenha já cumprido a sua obrigação.

3 – A comissão referida nos números anteriores deve ser paga até ao último dia do mês seguinte ao trimestre em que o direito tiver sido adquirido.

4 – Existindo convenção del credere, pode, porém, o agente exigir as comissões devidas uma vez celebrado o contrato.

ART. 19.º (Falta de cumprimento) – Se o não cumprimento do contrato ficar a dever-se a causa imputável ao principal, o agente não perde o direito de exigir a comissão.

ART. 20.º (Despesas) – Na falta de convenção em contrário, o agente não tem direito de reembolso das despesas pelo exercício normal da sua actividade.

CONTRATO DE AGÊNCIA [DL n.º 178/86] 983

CAPÍTULO III — **Protecção de terceiros**

ART. 21.º (Dever de informação) – O agente deve informar os interessados sobre os poderes que possui, designadamente através de letreiros afixados nos seus locais de trabalho e em todos os documentos em que se identifica como agente de outrem, deles devendo sempre constar se tem ou não poderes representativos e se pode ou não efectuar a cobrança de créditos.

ART. 22.º (Representação sem poderes) – 1 – Sem prejuízo do disposto no artigo seguinte, o negócio que o agente sem poderes de representação celebre em nome da outra parte tem os efeitos previstos no artigo 268.º, n.º 1, do Código Civil.

2 – Considera-se o negócio ratificado se a outra parte, logo que tenha conhecimento da sua celebração e do conteúdo essencial do mesmo, não manifestar ao terceiro de boa fé, no prazo de cinco dias a contar daquele conhecimento, a sua oposição ao negócio.

ART. 23.º (Representação aparente) – 1 – O negócio celebrado por um agente sem poderes de representação é eficaz perante o principal se tiverem existido razões ponderosas, objectivamente apreciadas, tendo em conta as circunstâncias do caso que justifiquem a confiança do terceiro de boa fé na legitimidade do agente, desde que o principal tenha igualmente contribuído para fundar a confiança do terceiro.

2 – À cobrança de créditos por agente não autorizado aplica-se, com as necessárias adaptações, o disposto no número anterior.

CAPÍTULO IV — **Cessação do contrato**

ART. 24.º (Formas de cessação) – O contrato de agência pode cessar por:
a) Acordo das partes;
b) Caducidade;
c) Denúncia;
d) Resolução.

ART. 25.º (Mútuo acordo) – O acordo pelo qual as partes decidem pôr termo à relação contratual deve constar de documento escrito.

ART. 26.º (Caducidade) – O contrato de agência caduca, especialmente:
a) Findo o prazo estipulado;
b) Verificando-se a condição a que as partes o subordinaram ou tornando-se certo que não pode verificar-se, conforme a condição seja resolutiva ou suspensiva;
c) Por morte do agente ou, tratando-se de pessoa colectiva, pela extinção desta.

ART. 27.º (Duração do contrato) – 1 – Se as partes não tiverem convencionado prazo, o contrato presume-se celebrado por tempo indeterminado.

2 – Considera-se transformado em contrato de agência por tempo indeterminado o contrato por prazo determinado cujo conteúdo continue a ser executado pelas partes, não obstante o decurso do respectivo prazo.

ART. 28.º (Denúncia) – 1 – A denúncia só é permitida nos contratos celebrados por tempo indeterminado e desde que comunicada ao outro contraente, por escrito, com a antecedência mínima seguinte:
a) Um mês, se o contrato durar há menos de um ano;
b) Dois meses, se o contrato já tiver iniciado o 2.º ano de vigência;
c) Três meses, nos restantes casos.

2 – Salvo convenção em contrário, o termo do prazo a que se refere o número anterior deve coincidir com o último dia do mês.

3 – Se as partes estipularem prazos mais longos do que os consagrados no n.º 1, o prazo a observar pelo principal não pode ser inferior ao do agente.

4 – No caso previsto no n.º 2 do artigo 27.º, ter-se-á igualmente em conta, para determinar a antecedência com que a denúncia deve ser comunicada, o tempo anterior ao decurso do prazo.

ART. 29.º (Falta de pré-aviso) – 1 – Quem denunciar o contrato sem respeitar os prazos referidos no artigo anterior é obrigado a indemnizar o outro contraente pelos danos causados pela falta de pré-aviso.

2 – O agente poderá exigir, em vez desta indemnização uma quantia calculada com base na remuneração média mensal auferida no decurso do ano precedente, multiplicada pelo tempo em falta; se o contrato durar há menos de um ano, atender-se-á à remuneração média mensal auferida na vigência do contrato.

ART. 30.º (Resolução) – O contrato de agência pode ser resolvido por qualquer das partes:
a) Se a outra parte faltar ao cumprimento das suas obrigações, quando, pela sua gravidade ou reiteração, não seja exigível a subsistência do vínculo contratual;
b) Se ocorrerem circunstâncias que tornem impossível ou prejudiquem gravemente a realização do fim contratual, em termos de não ser exigível que o contrato se mantenha até expirar o prazo convencionado ou imposto em caso de denúncia.

984 [DL n.º 178/86] CONTRATOS MERCANTIS

ART. 31.º (Declaração de resolução) – A resolução é feita através de declaração escrita, no prazo de um mês após o conhecimento dos factos que a justificam, devendo indicar as razões em que se fundamenta.

ART. 32.º (Indemnização) – 1 – Independentemente do direito de resolver o contrato, qualquer das partes tem o direito de ser indemnizada, nos termos gerais, pelos danos resultantes do não cumprimento das obrigações da outra.

2 – A resolução do contrato com base na alínea *b*) do artigo 30.º confere o direito a uma indemnização segundo a equidade.

ART. 33.º (Indemnização de clientela) – 1 – Sem prejuízo de qualquer outra indemnização a que haja lugar, nos termos das disposições anteriores, o agente tem direito, após a cessação do contrato, a uma indemnização de clientela, desde que sejam preenchidos, cumulativamente, os requisitos seguintes:

a) O agente tenha angariado novos clientes para a outra parte ou aumentado substancialmente o volume de negócios com a clientela já existente;

b) A outra parte venha a beneficiar consideravelmente, após a cessação do contrato, da actividade desenvolvida pelo agente;

c) O agente deixe de receber qualquer retribuição por contratos negociados ou concluídos, após a cessação do contrato, com os clientes referidos na alínea *a*).

2 – Em caso de morte do agente, a indemnização de clientela pode ser exigida pelos herdeiros.

3 – Não é devida indemnização de clientela se o contrato tiver cessado por razões imputáveis ao agente ou se este, por acordo com a outra parte, houver cedido a terceiro a sua posição contratual.

4 – Extingue-se o direito à indemnização se o agente ou seus herdeiros não comunicarem ao principal, no prazo de uma ano a contar da cessação do contrato, que pretendem recebê-la, devendo a acção judicial ser proposta dentro do ano subsequente a esta comunicação.

ART. 34.º (Cálculo da indemnização de clientela) – A indemnização de clientela é fixada em termos equitativos, mas não pode exceder um valor equivalente a uma indemnização anual, calculada a partir da média anual das remunerações recebidas pelo agente durante os últimos cinco anos; tendo o contrato durado menos tempo, atender-se-á à média do período em que esteve em vigor.

ART. 35.º (Direito de retenção) – Pelos créditos resultantes da sua actividade, o agente goza do direito de retenção sobre os objectos e valores que detém em virtude do contrato.

ART. 36.º (Obrigação de restituir) – Sem prejuízo do disposto no artigo anterior, cada contraente tem a obrigação de restituir, no termo do contrato, os objectos, valores e demais elementos pertencentes ao outro.

CAPÍTULO V — Normas de conflitos

ART. 37.º (Aplicação no tempo) – 1 – O disposto no presente diploma aplica-se aos contratos em curso à data da sua entrada em vigor, sem prejuízo das disposições, legais ou convencionais, que, em concreto, se mostrem mais favoráveis ao agente.

2 – Os contraentes dispõem de 60 dias, após a entrada em vigor do presente diploma, para reduzir a escrito quaisquer acordos anteriormente concluídos, se for essa a forma exigida pelo presente diploma.

3 – O agente dispõe de igual prazo para dar cumprimento ao dever de informação imposto no artigo 21.º.

ART. 38.º (Aplicação no espaço) – Aos contratos regulados por este diploma que se desenvolvam exclusiva ou preponderantemente em território nacional só será aplicável legislação diversa da portuguesa, no que respeita ao regime da cessação, se a mesma se revelar mais vantajosa para o agente.

CAPÍTULO VI — Disposição final

ART. 39.º (Vigência) – Este diploma entra em vigor 30 dias após a sua publicação.

CAP. XIV
COMÉRCIO ELECTRÓNICO

14.1. REGIME JURÍDICO DOS DOCUMENTOS ELECTRÓNICOS E DA ASSINATURA ELECTRÓNICA

Decreto-Lei n.º 290-D/99
de 2 de Agosto (*)

CAPÍTULO I — Documentos e actos jurídicos electrónicos

ART. 1.º (Objecto) — O presente diploma regula a validade, eficácia e valor probatório dos documentos electrónicos, a assinatura electrónica e a actividade de certificação de entidades certificadoras estabelecidas em Portugal.

ART. 2.º (Definições) — Para os fins do presente diploma, entende-se por:

a) «Documento electrónico» o documento elaborado mediante processamento electrónico de dados;

b) «Assinatura electrónica» o resultado de um processamento electrónico de dados susceptível de constituir objecto de direito individual e exclusivo e de ser utilizado para dar a conhecer a autoria de um documento electrónico;

c) «Assinatura electrónica avançada» a assinatura electrónica que preenche os seguintes requisitos:

i) Identifica de forma unívoca o titular como autor do documento;

ii) A sua aposição ao documento depende apenas da vontade do titular;

iii) É criada com meios que o titular pode manter sob seu controlo exclusivo;

iv) A sua conexão com o documento permite detectar toda e qualquer alteração superveniente do conteúdo deste;

d) «Assinatura digital» a modalidade de assinatura electrónica avançada baseada em sistema criptográfico assimétrico composto de um algoritmo ou série de algoritmos, mediante o qual é gerado um par de chaves assimétricas exclusivas e interdependentes, uma das quais privada e outra pública, e que permite ao titular usar a chave privada para declarar a autoria do documento electrónico ao qual a assinatura é aposta e concordância com o seu conteúdo e ao destinatário usar a chave pública para verificar se a assinatura foi criada mediante o uso da correspondente chave privada e se o documento electrónico foi alterado depois de aposta a assinatura;

e) «Chave privada» o elemento do par de chaves assimétricas destinado a ser conhecido apenas pelo seu titular, mediante o qual se apõe a assinatura digital no documento electrónico, ou se decifra um documento electrónico previamente cifrado com a correspondente chave pública;

f) «Chave pública» o elemento do par de chaves assimétricas destinado a ser divulgado, com o qual se verifica a assinatura digital aposta no documento electrónico pelo titular do par de chaves assimétricas, ou se cifra um documento electrónico a transmitir ao titular do mesmo par de chaves;

(*) Com as alterações introduzidas pelo **DL n.º 62/2003**, de 3-4, que republicou em anexo o texto integral consolidado pelo **DL n.º 165/2004**, de 6-7, que deu nova redacção à al. *b)* do n.º 1 do art. 29.º, pelo **DL n.º 116-A/2006**, de 16-6, que alterou o art. 9.º e aditou o art. 40.º-A, e pelo **DL n.º 88/2009**, de 9-4, que alterou os arts. 5.º, 28.º, 29.º, 38.º e 40.º, e aditou os arts. 36.º-A, 36.º-B e 36.º-C, tendo republicado em anexo o texto integral, com a redacção actual, sendo este o aqui adoptado.

986　[DL n.º 290-D/99]　　　　　　　　　　　　　　　　　　　　　　　　　COMÉRCIO ELECTRÓNICO

g) «Assinatura electrónica qualificada» a assinatura digital ou outra modalidade de assinatura electrónica avançada que satisfaça exigências de segurança idênticas às da assinatura digital baseadas num certificado qualificado e criadas através de um dispositivo seguro de criação de assinatura;

h) «Dados de criação de assinatura» o conjunto único de dados, como chaves privadas, utilizado pelo titular para a criação de uma assinatura electrónica;

i) «Dispositivo de criação de assinatura» o suporte lógico ou dispositivo de equipamento utilizado para possibilitar o tratamento dos dados de criação de assinatura;

j) «Dispositivo seguro de criação de assinatura» o dispositivo de criação de assinatura que assegure, através de meios técnicos e processuais adequados, que:

i) Os dados necessários à criação de uma assinatura utilizados na geração de uma assinatura só possam ocorrer uma única vez e que a confidencialidade desses dados se encontre assegurada;

ii) Os dados necessários à criação de uma assinatura utilizados na geração de uma assinatura não possam, com um grau razoável de segurança, ser deduzidos de outros dados e que a assinatura esteja protegida contra falsificações realizadas através das tecnologias disponíveis;

iii) Os dados necessários à criação de uma assinatura utilizados na geração de uma assinatura possam ser eficazmente protegidos pelo titular contra a utilização ilegítima por terceiros;

iv) Os dados que careçam de assinatura não sejam modificados e possam ser apresentados ao titular antes do processo de assinatura;

l) «Dados de verificação de assinatura» o conjunto de dados, como chaves públicas, utilizado para verificar uma assinatura electrónica;

m) «Credenciação» o acto pelo qual é reconhecido a uma entidade que o solicite e que exerça a actividade de entidade certificadora o preenchimento dos requisitos definidos no presente diploma para os efeitos nele previstos;

n) «Autoridade credenciadora» a entidade competente para a credenciação e fiscalização das entidades certificadoras;

o) «Entidade certificadora» a entidade ou pessoa singular ou colectiva que cria ou fornece meios para a criação e verificação das assinaturas, emite os certificados, assegura a respectiva publicidade e presta outros serviços relativos a assinaturas electrónicas;

p) «Certificado» o documento electrónico que liga os dados de verificação de assinatura ao seu titular e confirma a identidade desse titular;

q) «Certificado qualificado» o certificado que contém os elementos referidos no artigo 29.º e é emitido por entidade certificadora que reúne os requisitos definidos no artigo 24.º;

r) «Titular» a pessoa singular ou colectiva identificada num certificado como a detentora de um dispositivo de criação de assinatura;

s) «Produto de assinatura electrónica» o suporte lógico, dispositivo de equipamento ou seus componentes específicos, destinados a ser utilizados na prestação de serviços de assinatura electrónica qualificada por uma entidade certificadora ou na criação e verificação de assinatura electrónica qualificada;

t) «Organismo de certificação» a entidade pública ou privada competente para a avaliação e certificação da conformidade dos processos, sistemas e produtos de assinatura electrónica com os requisitos a que se refere a alínea *c)* do n.º 1 do artigo 12.º;

u) «Validação cronológica» a declaração de entidade certificadora que atesta a data e hora da criação, expedição ou recepção de um documento electrónico;

v) «Endereço electrónico» a identificação de um equipamento informático adequado para receber e arquivar documentos electrónicos.

ART. 3.º (Forma e força probatória) — 1 — O documento electrónico satisfaz o requisito legal de forma escrita quando o seu conteúdo seja susceptível de representação como declaração escrita.

2 — Quando lhe seja aposta uma assinatura electrónica qualificada certificada por uma entidade certificadora credenciada, o documento electrónico com o conteúdo referido no número anterior tem a força probatória de documento particular assinado, nos termos do artigo 376.º do Código Civil.

3 — Quando lhe seja aposta uma assinatura electrónica qualificada certificada por uma entidade certificadora credenciada, o documento electrónico cujo conteúdo não seja susceptível de representação como declaração escrita tem a força probatória prevista nos artigos 368.º do Código Civil e 167.º do Código de Processo Penal.

4 — O disposto nos números anteriores não obsta à utilização de outro meio de comprovação da autoria e integridade de documentos electrónicos, incluindo outras modalidades de assinatura electrónica, desde que tal meio seja adoptado pelas partes ao abrigo de válida convenção sobre prova ou seja aceite pela pessoa a quem for oposto o documento.

5 — Sem prejuízo do disposto no número anterior, o valor probatório dos documentos electrónicos aos quais não seja aposta uma assinatura electrónica qualificada certificada por entidade certificadora credenciada é apreciado nos termos gerais de direito.

ART. 4.º (Cópias de documentos) — As cópias de documentos electrónicos, sobre idêntico ou diferente tipo de suporte, são válidas e eficazes nos termos gerais de direito e têm a força probatória atribuída às cópias fotográficas pelo n.º 2 do artigo 387.º do Código Civil e pelo artigo 168.º do Código de Processo Penal, se forem observados os requisitos aí previstos.

REG. JUR. DOS DOCS. ELECTRÓNICOS E DA ASSINATURA ELECTRÓNICA   [DL n.º 290-D/99]   987

ART. 5.º (Documentos electrónicos das entidades públicas) — 1 — As entidades públicas podem emitir documentos electrónicos com assinatura electrónica qualificada aposta em conformidade com as normas do presente decreto-lei e com o disposto no Decreto-Lei n.º 116-A/2006, de 16 de Junho.

2 — Nas operações relativas à criação, emissão, arquivo, reprodução, cópia e transmissão de documentos electrónicos que formalizem actos administrativos através de sistemas informáticos, incluindo a sua transmissão por meios de telecomunicações, os dados relativos à entidade interessada e à pessoa que tenha praticado cada acto administrativo podem ser indicados de forma a torná-los facilmente identificáveis e a comprovar a função ou cargo desempenhado pela pessoa signatária de cada documento.

ART. 6.º (Comunicação de documentos electrónicos) — 1 — O documento electrónico comunicado por um meio de telecomunicações considera-se enviado e recebido pelo destinatário se for transmitido para o endereço electrónico definido por acordo das partes e neste for recebido.

2 — São oponíveis entre as partes e a terceiros a data e a hora da criação, da expedição ou da recepção de um documento electrónico que contenha uma validação cronológica emitida por uma entidade certificadora.

3 — A comunicação do documento electrónico, ao qual seja aposta assinatura electrónica qualificada, por meio de telecomunicações que assegure a efectiva recepção equivale à remessa por via postal registada e, se a recepção for comprovada por mensagem de confirmação dirigida ao remetente pelo destinatário que revista idêntica forma, equivale à remessa por via postal registada com aviso de recepção.

4 — Os dados e documentos comunicados por meio de telecomunicações consideram-se em poder do remetente até à recepção pelo destinatário.

5 — Os operadores que assegurem a comunicação de documentos electrónicos por meio de telecomunicações não podem tomar conhecimento do seu conteúdo, nem duplicá-los por qualquer meio ou ceder a terceiros qualquer informação, ainda que resumida ou por extracto, sobre a existência ou sobre o conteúdo desses documentos, salvo quando se trate de informação que, pela sua natureza ou por indicação expressa do seu remetente, se destine a ser tornada pública.

CAPÍTULO II — Assinaturas electrónicas qualificadas

ART. 7.º (Assinatura electrónica qualificada) — 1 — A aposição de uma assinatura electrónica qualificada a um documento electrónico equivale à assinatura autógrafa dos documentos com forma escrita sobre suporte de papel e cria a presunção de que:

a) A pessoa que apôs a assinatura electrónica qualificada é o titular desta ou é representante, com poderes bastantes, da pessoa colectiva titular da assinatura electrónica qualificada;

b) A assinatura electrónica qualificada foi aposta com a intenção de assinar o documento electrónico;

c) O documento electrónico não sofreu alteração desde que lhe foi aposta a assinatura electrónica qualificada.

2 — A assinatura electrónica qualificada deve referir-se inequivocamente a uma só pessoa singular ou colectiva e ao documento ao qual é aposta.

3 — A aposição de assinatura electrónica qualificada substitui, para todos os efeitos legais, a aposição de selos, carimbos, marcas ou outros sinais identificadores do seu titular.

4 — A aposição de assinatura electrónica qualificada que conste de certificado que esteja revogado, caduco ou suspenso na data da aposição ou não respeite as condições dele constantes equivale à falta de assinatura.

ART. 8.º (Obtenção dos dados de assinatura e certificado) — Quem pretenda utilizar uma assinatura electrónica qualificada deve, nos termos do n.º 1 do artigo 28.º, gerar ou obter os dados de criação e verificação de assinatura, bem como obter o respectivo certificado emitido por entidade certificadora nos termos deste diploma.

CAPÍTULO III — Certificação

Secção I — ACESSO À ACTIVIDADE DE CERTIFICAÇÃO

ART. 9.º (Livre acesso à actividade de certificação) — 1 — É livre o exercício da actividade de entidade certificadora, sendo facultativa a solicitação da credenciação regulada nos artigos 11.º e seguintes.

2 — Sem prejuízo do disposto no número anterior, as entidades certificadoras que emitam certificados qualificados devem proceder ao seu registo junto da autoridade credenciadora, nos termos a fixar por portaria do membro do Governo responsável pela autoridade credenciadora.

3 — A credenciação e o registo estão sujeitos ao pagamento de taxas em função dos custos associados às tarefas administrativas, técnicas, operacionais e de fiscalização correspondentes, nos termos a fixar por despacho conjunto do membro do Governo responsável pela autoridade credenciadora e do Ministro das Finanças, que constituem receita da autoridade credenciadora.

A portaria a que se refere o n.º 2 deste artigo é a P.ª n.º 597/2009, de 4-6.

ART. 10.º (Livre escolha da entidade certificadora) — 1 — É livre a escolha da entidade certificadora.

2 — A escolha de entidade determinada não pode constituir condição de oferta ou de celebração de qualquer negócio jurídico.

988 [DL n.º 290-D/99]   COMÉRCIO ELECTRÓNICO

ART. 11.º (Entidade competente para a credenciação) — A credenciação de entidades certificadoras para efeitos do presente diploma compete à autoridade credenciadora.

ART. 12.º (Credenciação da entidade certificadora) — 1 — É concedida a credenciação a entidades certificadoras de assinaturas electrónicas qualificadas, mediante pedido apresentado à autoridade credenciadora, que satisfaçam os seguintes requisitos:

a) Estejam dotadas de capital e meios financeiros adequados;

b) Dêem garantias de absoluta integridade e independência no exercício da actividade de certificação e assinaturas electrónicas qualificadas;

c) Disponham de recursos técnicos e humanos que satisfaçam os padrões de segurança e de eficácia que sejam previstos na regulamentação a que se refere o artigo 39.º;

d) Mantenham contrato de seguro válido para cobertura adequada da responsabilidade civil emergente da actividade de certificação.

2 — A credenciação é válida pelo período de três anos, podendo ser objecto de renovação por períodos de igual duração.

ART. 13.º (Pedido de credenciação) — 1 — O pedido de credenciação de entidade certificadora deve ser instruído com os seguintes documentos:

a) Estatutos da pessoa colectiva e, tratando-se de sociedade, contrato de sociedade ou, tratando-se de pessoa singular, a respectiva identificação e domicílio;

b) Tratando-se de sociedade, relação de todos os sócios, com especificação das respectivas participações, bem como dos membros dos órgãos de administração e de fiscalização, e, tratando-se de sociedade anónima, relação de todos os accionistas com participações significativas, directas ou indirectas;

c) Declarações subscritas por todas as pessoas singulares e colectivas referidas no n.º 1 do artigo 15.º de que não se encontram em nenhuma das situações indiciadoras de inidoneidade referidas no respectivo n.º 2;

d) Prova do substrato patrimonial e dos meios financeiros disponíveis e, designadamente, tratando-se de sociedade, da realização integral do capital social;

e) Descrição da organização interna e plano de segurança;

f) Demonstração dos meios técnicos e humanos exigidos nos termos do diploma regulamentar a que se refere a alínea *c)* do n.º 1 do artigo 12.º, incluindo certificados de conformidade dos produtos de assinatura electrónica emitidos por organismo reconhecido de certificação acreditado nos termos previstos no artigo 37.º;

g) Designação do auditor de segurança;

h) Programa geral da actividade prevista para os primeiros três anos;

i) Descrição geral das actividades exercidas nos últimos três anos ou no tempo decorrido desde a constituição, se for inferior, e balanço e contas dos exercícios correspondentes;

j) Comprovação de contrato de seguro válido para cobertura adequada da responsabilidade civil emergente da actividade de certificação.

2 — Se à data do pedido a pessoa colectiva não estiver constituída, o pedido será instruído, em substituição do previsto na alínea *a)* do número anterior, com os seguintes documentos:

a) Acta da reunião em que foi deliberada a constituição;

b) Projecto de estatutos ou contrato de sociedade;

c) Declaração de compromisso, subscrita por todos os fundadores, de que no acto de constituição, e como condição dela, estará integralmente realizado o substrato patrimonial exigido por lei.

3 — As declarações previstas na alínea *c)* do n.º 1 poderão ser entregues em momento posterior ao pedido, nos termos e prazo que a autoridade credenciadora fixar.

4 — Consideram-se como participações significativas, para os efeitos do presente diploma, as que igualem ou excedam 10% do capital da sociedade anónima.

5 — O pedido de renovação de credenciação deve ser instruído com os seguintes documentos:

a) Programa geral da actividade prevista para os próximos três anos;

b) Descrição geral das actividades exercidas nos últimos três anos e balanço e contas dos exercícios correspondentes;

c) Declaração que todos os elementos referidos no n.º 1 deste artigo e nos n.ºs 2 e 3 do artigo 32.º não sofreram alteração desde a sua apresentação à autoridade credenciadora.

ART. 14.º (Requisitos patrimoniais) — 1 — As entidades certificadoras privadas, que sejam pessoas colectivas, devem estar dotadas de capital social no valor mínimo de € 200 000 ou, não sendo sociedades, do substrato patrimonial equivalente.

2 — O substrato patrimonial, e designadamente o capital social mínimo de sociedade, encontrar-se-á sempre integralmente realizado à data da credenciação, se a pessoa colectiva estiver já constituída, ou será sempre integralmente realizado com a constituição da pessoa colectiva, se esta ocorrer posteriormente.

3 — As entidades certificadoras que sejam pessoas singulares devem ter e manter durante toda a sua actividade um património, livre de quaisquer ónus, de valor equivalente ao previsto no n.º 1.

ART. 15.º (Requisitos de idoneidade) — 1 — A pessoa singular e, no caso de pessoa colectiva, os membros dos órgãos de administração e fiscalização, os empregados, comitidos e representantes das entidades certificadoras

REG. JUR. DOS DOCS. ELECTRÓNICOS E DA ASSINATURA ELECTRÓNICA   [DL n.º 290-D/99]   989

com acesso aos actos e instrumentos de certificação, os sócios da sociedade e, tratando-se de sociedade anónima, os accionistas com participações significativas serão sempre pessoas de reconhecida idoneidade.

2 — Entre outras circunstâncias atendíveis, considera-se indiciador de falta de idoneidade o facto de a pessoa ter sido:

a) Condenada, no País ou no estrangeiro, por crime de furto, roubo, burla, burla informática e nas comunicações, extorsão, abuso de confiança, infidelidade, falsificação, falsas declarações, insolvência dolosa, insolvência negligente, favorecimento de credores, emissão de cheques sem provisão, abuso de cartão de garantia ou de crédito, apropriação ilegítima de bens do sector público ou cooperativo, administração danosa em unidade económica do sector público ou cooperativo, usura, suborno, corrupção, recepção não autorizada de depósitos ou outros fundos reembolsáveis, prática ilícita de actos ou operações inerentes à actividade seguradora ou dos fundos de pensões, branqueamento de capitais, abuso de informação, manipulação do mercado de valores mobiliários ou crime previsto no Código das Sociedades Comerciais;

b) Declarada, por sentença nacional ou estrangeira, falida ou insolvente ou julgada responsável por falência ou insolvência de empresa por ela dominada ou de cujos órgãos de administração ou fiscalização tenha sido membro;

c) Sujeita a sanções, no País ou no estrangeiro, pela prática de infracções às normas legais ou regulamentares que regem as actividades de produção, autenticação, registo e conservação de documentos, e designadamente as do notariado, dos registos públicos, do funcionalismo judicial, das bibliotecas públicas, e da certificação de assinaturas electrónicas qualificadas.

3 — A falta dos requisitos de idoneidade previstos no presente artigo constitui fundamento de recusa e de revogação da credenciação, nos termos da alínea *c)* do n.º 1 do artigo 18.º e da alínea *f)* do n.º 1 do artigo 20.º.

ART. 16.º (Seguro obrigatório de responsabilidade civil) — O Ministro das Finanças definirá, por portaria, as características do contrato de seguro de responsabilidade civil a que se refere a alínea *d)* do artigo 12.º.

ART. 17.º (Decisão) — 1 — A autoridade credenciadora poderá solicitar dos requerentes informações complementares e proceder, por si ou por quem para o efeito designar, às averiguações, inquirições e inspecções que entenda necessárias para a apreciação do pedido.

2 — A decisão sobre o pedido de credenciação ou sua renovação deve ser notificada aos interessados no prazo de três meses a contar da recepção do pedido ou, se for o caso, a contar da recepção das informações complementares solicitadas ou da conclusão das diligências que entenda necessárias, não podendo no entanto exceder o prazo de seis meses sobre a data da recepção daquele.

3 — A autoridade credenciadora poderá incluir na credenciação condições adicionais desde que necessárias para assegurar o cumprimento das disposições legais e regulamentares aplicáveis ao exercício da actividade pela entidade certificadora.

4 — A credenciação é inscrita no registo a que se refere o n.º 2 do artigo 9.º e publicada na 2.ª série do *Diário da República*.

5 — A decisão de credenciação é comunicada à Comissão Europeia e aos outros Estados membros da União Europeia.

ART. 18.º (Recusa de credenciação) — 1 — A credenciação é recusada sempre que:

a) O pedido não estiver instruído com todas as informações e documentos necessários;

b) A instrução do pedido enfermar de inexactidões ou falsidades;

c) A autoridade credenciadora não considerar demonstrado algum dos requisitos enumerados nos artigos 12.º e seguintes.

2 — Se o pedido estiver deficientemente instruído, a autoridade credenciadora, antes de recusar a credenciação, notificará o requerente, dando-lhe prazo razoável para suprir a deficiência.   .

ART. 19.º (Caducidade da credenciação) — 1 — A credenciação caduca nos seguintes casos:

a) Quando a actividade de certificação não seja iniciada no prazo de 12 meses após a recepção da notificação da credenciação;

b) Quando, tratando-se de pessoa colectiva, esta seja dissolvida, sem prejuízo dos actos necessários à respectiva liquidação;

c) Quando, tratando-se de pessoa singular, esta faleça ou seja declarada interdita ou inabilitada;

d) Quando, findo o prazo de validade, a credenciação não tenha sido objecto de renovação.

2 — A caducidade da credenciação é inscrita no registo a que se refere o n.º 2 do artigo 9.º e publicada na 2.ª série do *Diário da República*.

3 — A caducidade da credenciação é comunicada à Comissão Europeia e aos outros Estados membros da União Europeia.

ART. 20.º (Revogação da credenciação) — 1 — A credenciação é revogada, sem prejuízo de outras sanções aplicáveis nos termos da lei, quando se verifique alguma das seguintes situações:

a) Se tiver sido obtida por meio de falsas declarações ou outros expedientes ilícitos;

b) Se deixar de se verificar algum dos requisitos enumerados no artigo 12.º;

c) Se a entidade cessar a actividade de certificação ou a reduzir para nível insignificante por período superior a 12 meses;

990 [DL n.º 290-D/99]   COMÉRCIO ELECTRÓNICO

d) Se ocorrerem irregularidades graves na administração, organização ou fiscalização interna da entidade;
e) Se no exercício da actividade de certificação ou de outra actividade social forem praticados actos ilícitos que lesem ou ponham em perigo a confiança do público na certificação;
f) Se supervenientemente se verificar alguma das circunstâncias de inidoneidade referidas no artigo 15.º em relação a qualquer das pessoas a que alude o seu n.º 1;
g) Se os certificados do organismo de certificação referidos na alínea *f)* do n.º 1 do artigo 13.º tiverem sido revogados.

2 — A revogação da credenciação compete à autoridade credenciadora, em decisão fundamentada, que será notificada à entidade no prazo de oito dias úteis.

3 — A decisão de revogação é inscrita no registo a que se refere o n.º 2 do artigo 9.º e publicada na 2.ª série do *Diário da República*.

4 — A decisão de revogação é comunicada à Comissão Europeia e aos outros Estados membros da União Europeia.

ART. 21.º (Anomalias nos órgãos de administração e fiscalização) — 1 — Se por qualquer motivo deixarem de estar preenchidos os requisitos legais e estatutários do normal funcionamento dos órgãos de administração ou fiscalização, a autoridade credenciadora fixará prazo para ser regularizada a situação.

2 — Não sendo regularizada a situação no prazo fixado, será revogada a credenciação nos termos do artigo anterior.

ART. 22.º (Comunicação de alterações) — Devem ser comunicadas à autoridade credenciadora, no prazo de 30 dias, as alterações das entidades certificadoras que emitem certificados qualificados relativas a:
a) Firma ou denominação;
b) Objecto;
c) Local da sede, salvo se a mudança ocorrer dentro do mesmo concelho ou para concelho limítrofe;
d) Substrato patrimonial ou património, desde que se trate de uma alteração significativa;
e) Estrutura de administração e de fiscalização;
f) Limitação dos poderes dos órgãos de administração e fiscalização;
g) Cisão, fusão e dissolução.

ART. 23.º (Registo de alterações) — 1 — O registo das pessoas referidas no n.º 1 do artigo 15.º deve ser solicitado à autoridade credenciadora no prazo de 15 dias após assumirem qualquer das qualidades nele referidas, mediante pedido da entidade certificadora ou dos interessados, juntamente com as provas de que se encontram preenchidos os requisitos definidos no mesmo artigo, e sob pena de a credenciação ser revogada.

2 — Poderão a entidade certificadora ou os interessados solicitar o registo provisório, antes da assunção por estes de qualquer das qualidades referidas no n.º 1 do artigo 15.º, devendo a conversão em definitivo ser requerida no prazo de 30 dias a contar da designação, sob pena de caducidade.

3 — Em caso de recondução, será esta averbada no registo, a pedido da entidade certificadora ou dos interessados.

4 — O registo é recusado em caso de inidoneidade, nos termos do artigo 15.º, e a recusa é comunicada aos interessados e à entidade certificadora, a qual deve tomar as medidas adequadas para que aqueles cessem imediatamente funções ou deixem de estar para com a pessoa colectiva na relação prevista no mesmo artigo, seguindo-se-lhe aplicável o disposto no artigo 21.º.

5 — Sem prejuízo do que resulte de outras disposições legais aplicáveis, a falta de registo não determina por si só invalidade dos actos jurídicos praticados pela pessoa em causa no exercício das suas funções.

Secção II — **EXERCÍCIO DA ACTIVIDADE**

ART. 24.º (Deveres da entidade certificadora que emite certificados qualificados) — Compete à entidade certificadora que emite certificados qualificados:
a) Estar dotada dos requisitos patrimoniais estabelecidos no artigo 14.º;
b) Oferecer garantias de absoluta integridade e independência no exercício da actividade de certificação;
c) Demonstrar a fiabilidade necessária para o exercício da actividade de certificação;
d) Manter um contrato de seguro válido para a cobertura adequada da responsabilidade civil emergente da actividade de certificação, nos termos previstos no artigo 16.º;
e) Dispor de recursos técnicos e humanos que satisfaçam os padrões de segurança e eficácia, nos termos do diploma regulamentar;
f) Utilizar sistemas e produtos fiáveis protegidos contra qualquer modificação e que garantam a segurança técnica dos processos para os quais estejam previstos;
g) Adoptar medidas adequadas para impedir a falsificação ou alteração dos dados constantes dos certificados e, nos casos em que a entidade certificadora gere dados de criação de assinaturas, garantir a sua confidencialidade durante o processo de criação;
h) Utilizar sistemas fiáveis de conservação dos certificados, de forma que:
i) Os certificados só possam ser consultados pelo público nos casos em que tenha sido obtido o consentimento do seu titular;

REG. JUR. DOS DOCS. ELECTRÓNICOS E DA ASSINATURA ELECTRÓNICA [DL n.º 290-D/99] 991

ii) Apenas as pessoas autorizadas possam inserir dados e alterações aos certificados;

iii) A autenticidade das informações possa ser verificada; e

iv) Quaisquer alterações de carácter técnico susceptíveis de afectar os requisitos de segurança sejam imediatamente detectáveis;

i) Verificar rigorosamente a identidade dos requerentes titulares dos certificados e, tratando-se de representantes de pessoas colectivas, os respectivos poderes de representação, bem como, quando aplicável, as qualidades específicas a que se refere a alínea *i)* do n.º 1 do artigo 29.º;

j) Conservar os elementos que comprovem a verdadeira identidade dos requerentes titulares de certificados com pseudónimo;

l) Informar os requerentes, por forma escrita, de modo completo e claro, sobre o processo de emissão de certificados qualificados e os termos e condições exactos de utilização do certificado qualificado, incluindo eventuais restrições à sua utilização;

m) Cumprir as regras de segurança para tratamento de dados pessoais estabelecidas na legislação respectiva;

n) Não armazenar ou copiar dados de criação de assinaturas do titular a quem a entidade certificadora tenha oferecido serviços de gestão de chaves;

o) Assegurar o funcionamento de um serviço que:

i) Permita a consulta, de forma célere e segura, do registo informático dos certificados emitidos, revogados, suspensos ou caducados; e

ii) Garanta, de forma imediata e segura, a revogação, suspensão ou caducidade dos certificados;

p) Proceder à publicação imediata da revogação ou suspensão dos certificados, nos casos previstos no presente diploma;

q) Assegurar que a data e a hora da emissão, suspensão e revogação dos certificados possam ser determinadas através de validação cronológica;

r) Conservar os certificados que emitir, por um período não inferior a 20 anos.

ART. 25.º (Protecção de dados) — 1 — As entidades certificadoras só podem coligir dados pessoais necessários ao exercício das suas actividades e obtê-los directamente das pessoas interessadas na titularidade dos dados de criação e verificação de assinatura e respectivos certificados, ou de terceiros junto dos quais aquelas pessoas autorizem a sua colecta.

2 — Os dados pessoais coligidos pela entidade certificadora não poderão ser utilizados para outra finalidade que não seja a de certificação, salvo se outro uso for consentido expressamente por lei ou pela pessoa interessada.

3 — As entidades certificadoras e a autoridade credenciadora respeitarão as normas legais vigentes sobre a protecção, tratamento e circulação dos dados pessoais e sobre a protecção da privacidade no sector das telecomunicações.

4 — As entidades certificadoras comunicarão à autoridade judiciária, sempre que esta o ordenar nos termos legalmente previstos, os dados relativos à identidade dos titulares de certificados que sejam emitidos com pseudónimo, seguindo-se, no aplicável, o regime do artigo 182.º do Código de Processo Penal.

ART. 26.º (Responsabilidade civil) — 1 — A entidade certificadora é civilmente responsável pelos danos sofridos pelos titulares dos certificados e por terceiros, em consequência do incumprimento dos deveres que lhe incumbem por força do presente diploma e da sua regulamentação, excepto se provar que não actuou de forma dolosa ou negligente.

2 — São nulas as convenções de exoneração e limitação da responsabilidade prevista no n.º 1.

ART. 27.º (Cessação da actividade) — 1 — No caso de pretender cessar voluntariamente a sua actividade, a entidade certificadora que emite certificados qualificados deve comunicar essa intenção à autoridade credenciadora e às pessoas a quem tenha emitido certificados que permaneçam em vigor, com a antecipação mínima de três meses, indicando também qual a entidade certificadora à qual é transmitida a sua documentação ou a revogação dos certificados no termo daquele prazo, devendo neste último caso, quando seja credenciada, colocar a sua documentação à guarda da autoridade credenciadora.

2 — A entidade certificadora que emite certificados qualificados que se encontre em risco de decretação de falência, de processo de recuperação de empresa ou de cessação da actividade por qualquer outro motivo alheio à sua vontade deve informar imediatamente a autoridade credenciadora.

3 — No caso previsto no número anterior, se a entidade certificadora vier a cessar a sua actividade, a autoridade credenciadora promoverá a transmissão da documentação daquela para outra entidade certificadora ou, se tal transmissão for impossível, a revogação dos certificados emitidos e a conservação dos elementos de tais certificados pelo prazo em que deveria fazê-lo a entidade certificadora.

4 — A cessação da actividade de entidade certificadora que emite certificados qualificados é inscrita no registo a que se refere o n.º 2 do artigo 9.º e publicada na 2.ª série do *Diário da República.*

5 — A cessação da actividade de entidade certificadora é comunicada à Comissão Europeia e aos outros Estados membros da União Europeia.

SECÇÃO III — CERTIFICADOS

ART. 28.º (Emissão dos certificados qualificados) — 1 — A entidade certificadora emite, a pedido de uma pessoa singular ou colectiva interessada e a favor desta, os dados de criação e de verificação de assinatura ou, se

992 [DL n.º 290-D/99]   COMÉRCIO ELECTRÓNICO

tal for solicitado, coloca à disposição os meios técnicos necessários para que esta os crie, devendo sempre verificar, por meio legalmente idóneo e seguro, a identidade e, quando existam, os poderes de representação da requerente.

2 — A entidade certificadora emite, a pedido do titular, uma ou mais vias do certificado e do certificado complementar.

3 — A entidade certificadora deve tomar medidas adequadas para impedir a falsificação ou alteração dos dados constantes dos certificados e assegurar o cumprimento das normas legais e regulamentares aplicáveis, recorrendo a pessoal devidamente habilitado.

4 — A entidade certificadora fornece aos titulares dos certificados as informações necessárias para a utilização correcta e segura das assinaturas, nomeadamente as respeitantes:

a) Às obrigações do titular do certificado e da entidade certificadora;

b) Ao procedimento de aposição e verificação de assinatura;

c) À conveniência de os documentos aos quais foi aposta uma assinatura serem novamente assinados quando ocorrerem circunstâncias técnicas que o justifiquem;

d) À força probatória dos documentos aos quais seja aposta uma assinatura electrónica.

5 — A entidade certificadora organizará e manterá permanentemente actualizado um registo informático dos certificados emitidos, suspensos ou revogados, o qual estará acessível a qualquer pessoa para consulta, inclusivamente por meio de telecomunicações, e será protegido contra alterações não autorizadas.

ART. 29.º (Conteúdo dos certificados qualificados) — 1 — O certificado qualificado deve conter, pelo menos, as seguintes informações:

a) Nome ou denominação do titular da assinatura e outros elementos necessários para uma identificação inequívoca e, quando existam poderes de representação, o nome do seu representante ou representantes habilitados, ou um pseudónimo do titular, claramente identificado como tal;

b) Nome e assinatura electrónica avançada da entidade certificadora, bem como a indicação do país onde se encontra estabelecida;

c) Dados de verificação de assinatura correspondentes aos dados de criação de assinatura detidos pelo titular;

d) Número de série do certificado;

e) Início e termo de validade do certificado;

f) Identificadores de algoritmos utilizados na verificação de assinaturas do titular e da entidade certificadora;

g) Indicação de o uso do certificado ser ou não restrito a determinados tipos de utilização, bem como eventuais limites do valor das transacções para as quais o certificado é válido;

h) Limitações convencionais da responsabilidade da entidade certificadora, sem prejuízo do disposto no n.º 2 do artigo 26.º;

i) Eventual referência a uma qualidade específica do titular da assinatura, em função da utilização a que o certificado estiver destinado;

j) Indicação de que é emitido como certificado qualificado;

l) Indicação sempre que a chave privada do titular esteja armazenada num dispositivo seguro de criação de assinatura.

2 — A pedido do titular podem ser incluídas no certificado ou em certificado complementar informações relativas a poderes de representação conferidos ao titular por terceiro, à sua qualificação profissional ou a outros atributos, mediante fornecimento da respectiva prova, ou com a menção de se tratar de informações não confirmadas.

ART. 30.º (Suspensão e revogação dos certificados qualificados) — 1 — A entidade certificadora suspende o certificado:

a) A pedido do titular, devidamente identificado para o efeito;

b) Quando existam fundadas razões para crer que o certificado foi emitido com base em informações erróneas ou falsas, que as informações nele contidas deixaram de ser conformes com a realidade ou que a confidencialidade dos dados de criação de assinatura não está assegurada.

2 — A suspensão com um dos fundamentos previstos na alínea *b)* do número anterior será sempre motivada e comunicada prontamente ao titular, bem como imediatamente inscrita no registo do certificado, podendo ser levantada quando se verifique que tal fundamento não corresponde à realidade.

3 — A entidade certificadora revogará o certificado:

a) A pedido do titular, devidamente identificado para o efeito;

b) Quando, após suspensão do certificado, se confirme que o certificado foi emitido com base em informações erróneas ou falsas, que as informações nele contidas deixaram de ser conformes com a realidade, ou que a confidencialidade dos dados de criação de assinatura não está assegurada;

c) Quando a entidade certificadora cesse as suas actividades sem ter transmitido a sua documentação a outra entidade certificadora;

d) Quando a autoridade credenciadora ordene a revogação do certificado por motivo legalmente fundado;

e) Quando tomar conhecimento do falecimento, interdição ou inabilitação da pessoa singular ou da extinção da pessoa colectiva.

REG. JUR. DOS DOCS. ELECTRÓNICOS E DA ASSINATURA ELECTRÓNICA   [**DL n.º 290-D/99**] 993

4 — A decisão de revogação do certificado com um dos fundamentos previstos nas alíneas *b)*, *c)* e *d)* do n.º 3 será sempre fundamentada e comunicada ao titular, bem como imediatamente inscrita.

5 — A suspensão e a revogação do certificado são oponíveis a terceiros a partir da inscrição no registo respectivo, salvo se for provado que o seu motivo já era do conhecimento do terceiro.

6 — A entidade certificadora conservará as informações referentes aos certificados durante um prazo não inferior a 20 anos a contar da suspensão ou revogação de cada certificado e facultá-las-á a qualquer interessado.

7 — A revogação ou suspensão do certificado indicará a data e a hora a partir das quais produzem efeitos, não podendo essa data e hora ser anterior àquela em que essa informação for divulgada publicamente.

8 — A partir da suspensão ou revogação de um certificado ou do termo do seu prazo de validade é proibida a emissão de certificado referente aos mesmos dados de criação de assinatura pela mesma ou outra entidade certificadora.

ART. 31.º (Obrigações do titular) — 1 — O titular do certificado deve tomar todas as medidas de organização e técnica que sejam necessárias para evitar danos a terceiros e preservar a confidencialidade da informação transmitida.

2 — Em caso de dúvida quanto à perda de confidencialidade dos dados de criação de assinatura, o titular deve pedir a suspensão do certificado e, se a perda for confirmada, a sua revogação.

3 — A partir da suspensão ou revogação de um certificado ou do termo do seu prazo de validade é proibida ao titular a utilização dos respectivos dados de criação de assinatura para gerar uma assinatura electrónica.

4 — Sempre que se verifiquem motivos que justifiquem a revogação ou suspensão do certificado, deve o respectivo titular efectuar, com a necessária celeridade e diligência, o correspondente pedido de suspensão ou revogação à entidade certificadora.

CAPÍTULO IV — **Fiscalização e regime sancionatório**

ART. 32.º (Deveres de informação das entidades certificadoras) — 1 — As entidades certificadoras fornecem à autoridade credenciadora, de modo pronto e exaustivo, todas as informações que ela lhes solicite para fins de fiscalização da sua actividade e facultam-lhe para os mesmos fins a inspecção dos seus estabelecimentos e o exame local de documentos, objectos, equipamentos de *hardware* e *software* e procedimentos operacionais, no decorrer dos quais a autoridade credenciadora poderá fazer as cópias e registos que sejam necessários.

2 — As entidades certificadoras credenciadas devem comunicar sempre à autoridade credenciadora, no mais breve prazo possível, todas as alterações relevantes que sobrevenham nos requisitos e elementos referidos nos artigos 13.º e 15.º.

3 — Até ao último dia útil de cada semestre, as entidades certificadoras credenciadas devem enviar à autoridade credenciadora uma versão actualizada das relações referidas na alínea *b)* do n.º 1 do artigo 13.º.

ART. 33.º (Auditor de segurança) — 1 — As entidades certificadoras que emitam certificados qualificados devem ser auditadas por um auditor de segurança que cumpra os requisitos especificados na regulamentação a que se refere o artigo 39.º.

2 — O auditor de segurança elabora um relatório anual de segurança que envia à autoridade credenciadora, até 31 de Março de cada ano civil.

ART. 34.º (Revisores oficiais de contas e auditores externos) — Os revisores oficiais de contas ao serviço das entidades certificadoras e os auditores externos que, por imposição legal, prestem às mesmas entidades serviços de auditoria devem comunicar à autoridade credenciadora as infracções graves às normas legais ou regulamentares relevantes para a fiscalização e que detectem no exercício das suas funções.

ART. 35.º (Recursos) — Nos recursos interpostos das decisões tomadas pela autoridade credenciadora no exercício dos seus poderes de credenciação e fiscalização, presume-se, até prova em contrário, que a suspensão da eficácia determina grave lesão do interesse público.

ART. 36.º (Colaboração das autoridades) — A autoridade credenciadora poderá solicitar às autoridades policiais e judiciárias e a quaisquer outras autoridades e serviços públicos toda a colaboração ou auxílio que julgue necessários para a credenciação e fiscalização da actividade de certificação.

ART. 36.º-A (Contra-ordenações) — 1 — Constitui contra-ordenação:

a) A emissão por entidades certificadoras de certificados qualificados sem o prévio registo junto da autoridade credenciadora;

b) A violação pela entidade certificadora dos deveres previstos nas alíneas *d)*, *f)*, *g)*, *h)*, *i)*, *j)*, *n)*, *q)* e *r)* do artigo 24.º;

c) A falta de fornecimento pela entidade certificadora aos utilizadores das informações previstas na alínea *l)* do artigo 24.º e no n.º 4 do artigo 28.º;

994 [DL n.º 290-D/99]   COMÉRCIO ELECTRÓNICO

d) A prestação de falsas informações quanto à força probatória dos certificados;

e) A violação pela entidade certificadora de qualquer dos deveres previstos no artigo 25.º;

f) A violação pela entidade certificadora dos deveres de comunicação previstos nos n.ᵒˢ 1 e 2 do artigo 27.º;

g) A violação dos deveres previstos no n.º 3 do artigo 28.º;

h) A falta de organização e manutenção do registo a que se refere o n.º 5 do artigo 28.º, bem com a respectiva actualização;

i) A falta de uma ou mais das informações previstas no n.º 1 do artigo 29.º;

j) A não suspensão de um certificado pela entidade certificadora sempre que se verifique algumas das situações previstas no n.º 1 do artigo 30.º;

l) A não revogação de um certificado pela entidade certificadora sempre que se verifique algumas das situações previstas no n.º 3 do artigo 30.º;

m) A violação do dever de conservação previsto no n.º 6 do artigo 30.º;

n) O condicionamento da comercialização ou prestação de um determinado bem ou serviço, nele se incluindo a venda exclusivamente em conjunto, à escolha de determinada entidade certificadora;

o) A prestação de declarações e informações falsas ou incompletas no âmbito do processo de credenciação previsto nos artigos 12.º e seguintes;

p) A violação dos deveres previstos nos n.ᵒˢ 7 e 8 do artigo 30.º;

q) A violação dos deveres de informação previstos no n.º 1 do artigo 32.º.

2 — Constitui ainda contra-ordenação:

a) O incumprimento dos prazos previstos no n.º 3 do artigo 13.º;

b) A falta de comunicação pelas entidades certificadoras, dentro do prazo, das alterações previstas no artigo 22.º;

c) A violação pela entidade certificadora dos deveres previstos nas alíneas *o)* e *p)* do artigo 24.º;

d) A falta de comunicação ao respectivo titular da decisão de suspensão e revogação de certificados qualificados prevista, respectivamente, nos n.ᵒˢ 2 e 4 do artigo 30.º;

e) A violação dos deveres de informação previstos nos n.ᵒˢ 2 e 3 do artigo 32.º;

f) O não cumprimento do disposto no artigo 33.º;

g) A violação do dever de comunicação previsto no artigo 34.º.

ART. 36.º-B (Sanções) — 1 — Às contra-ordenações previstas no n.º 1 do artigo anterior são aplicáveis coimas entre € 1500 e € 3740,98, no caso de se tratar de pessoas singulares, e entre € 15 000 e € 44 891,81, no caso de se tratar de pessoas colectivas.

2 — Às contra-ordenações previstas no n.º 2 do artigo anterior são aplicáveis coimas entre € 500 e € 2500, no caso de se tratar de pessoas singulares, e entre € 6000 e € 30 000, no caso de se tratar de pessoas colectivas.

3 — A negligência é punível, sendo os limites mínimos e máximos das coimas aplicáveis reduzidos a metade.

4 — Conjuntamente com as coimas previstas nos números anteriores e sem prejuízo de outras sanções previstas no presente decreto-lei, pode ainda ser aplicada, em função da gravidade da infracção e da culpa do agente, a sanção acessória de interdição do exercício da actividade de entidade certificadora que emite certificados qualificados até ao período máximo de dois anos.

5 — Sempre que seja cometida alguma das contra-ordenações a que se refere o n.º 1 do artigo anterior, deva dela dar-se publicidade no sítio na Internet da autoridade credenciadora, bem como no registo a que se refere o n.º 2 do artigo 9.º.

ART. 36.º-C (Processo contra-ordenacional) — 1 — Compete à autoridade credenciadora proceder à instrução dos processos de contra-ordenação e sanção acessória, sendo o seu director-geral competente para a aplicação das coimas.

2 — O produto resultante da aplicação das coimas reverte em 60% para o Estado e em 40% para a autoridade credenciadora.

3 — Em tudo o que não estiver previsto no presente capítulo, é aplicável subsidiariamente o regime geral do ilícito de mera ordenação social.

CAPÍTULO V — **Disposições finais**

ART. 37.º (Organismos de certificação) — A conformidade dos produtos de assinatura electrónica com os requisitos técnicos a que se refere a alínea *c)* do n.º 1 do artigo 12.º é verificada e certificada por:

a) Organismo de certificação acreditado no âmbito do Sistema Português de Qualidade;

b) Organismo de certificação acreditado no âmbito da EA (European Co-Operation for Accreditation), sendo o respectivo reconhecimento comprovado pela entidade competente do Sistema Português de Qualidade para a acreditação;

c) Organismo de certificação designado por outros Estados membros e notificado à Comissão Europeia nos termos da alínea *b)* do n.º 1 do artigo 11.º da Directiva n.º 1999/93/CE, do Parlamento Europeu e do Conselho, de 13 de Dezembro.

ART. 38.º (Certificados de outros Estado) — 1 — As assinaturas electrónicas qualificadas certificadas por entidade certificadora credenciada em outro Estado membro da União Europeia são equiparadas às assina-

REGULAMENTO DOS DOCS. ELECTRÓNICOS E DA ASSINATURA DIGITAL   [DR n.º 25/2004]   995

turas electrónicas qualificadas certificadas por entidade certificadora credenciada nos termos deste diploma.

2 — Os certificados qualificados emitidos por entidade certificadora sujeita a sistema de fiscalização de outro Estado membro da União Europeia são equiparados aos certificados qualificados emitidos por entidade certificadora estabelecida em Portugal.

3 — Os certificados qualificados emitidos por entidades certificadoras estabelecidas em Estados terceiros são equiparados aos certificados qualificados emitidos por entidade certificadora estabelecida em Portugal desde que se verifique alguma das seguintes circunstâncias:

a) A entidade certificadora preencha os requisitos estabelecidos pela Directiva n.º 1999/93/CE, do Parlamento Europeu e do Conselho, de 13 de Dezembro, e tenha sido credenciada num Estado membro da União Europeia;

b) O certificado esteja garantido por uma entidade certificadora estabelecida na União Europeia que cumpra os requisitos estabelecidos na directiva referida na alínea anterior;

c) O certificado ou a entidade certificadora seja reconhecida com base num acordo internacional que vincule o Estado Português.

4 — A autoridade credenciadora divulgará, sempre que possível e pelos meios de publicidade que considerar adequados, e facultará aos interessados, a pedido, as informações de que dispuser acerca das entidades certificadoras credenciadas em Estados estrangeiros.

5 — É igualmente aplicável às entidades referidas nos n.ᵒˢ 1, 2 e 3 que exerçam actividade em Portugal a obrigação de registo a que se refere o n.º 2 do artigo 9.º, por forma a garantir a demonstração de que estas se encontram plenamente equiparadas às entidades certificadoras credenciadas nos termos do presente decreto-lei.

6 — A obrigação de registo referida no número anterior é extensível às entidades nacionais que prestem serviços de certificação electrónica com recurso a certificados qualificados emitidos pelas entidades referidas nos n.ᵒˢ 1, 2 e 3.

ART. 39.º (Normas regulamentares) — 1 — A regulamentação do presente diploma, nomeadamente no que se refere às normas de carácter técnico e de segurança, constará de decreto regulamentar, a adoptar no prazo de 150 dias.

2 — Os serviços e organismos da Administração Pública poderão emitir normas regulamentares relativas aos requisitos a que devem obedecer os documentos que recebam por via electrónica.

ART. 40.º (Designação da autoridade credenciadora) — A autoridade credenciadora competente para o registo, credenciação e fiscalização das entidades certificadoras que emitam certificados qualificados é a Autoridade Nacional de Segurança.

ART. 40.º-A (Credenciação de entidades certificadoras públicas) — 1 — As disposições constantes dos capítulos III e IV só são aplicáveis à actividade das entidades certificadoras públicas na estrita medida da sua adequação à natureza e às atribuições de tais entidades.

2 — Compete à autoridade credenciadora estabelecer os critérios de adequaçao da aplicaçao do disposto no número anterior, para efeitos da emissão de certificados de credenciação a entidades certificadoras públicas a quem tal atribuição esteja legalmente cometida.

3 — Os certificados de credenciação podem ser emitidos, a título provisório, por períodos anuais renováveis até um máximo de três anos, sempre que a autoridade credenciadora considere necessário determinar procedimentos de melhor cumprimento dos requisitos técnicos aplicáveis.

ART. 41.º (Entrada em vigor) — O presente diploma entra em vigor no dia imediato ao da sua publicação.

14.2. REGULAMENTO DOS DOCUMENTOS ELECTRÓNICOS E DA ASSINATURA DIGITAL

Decreto Regulamentar n.º 25/2004

de 15 de Julho

CAPÍTULO I — Disposições gerais

ART. 1.º (Objecto e âmbito) – 1 – O presente diploma regulamenta o Decreto-Lei n.º 290-D/99, de 2 de Agosto, com a redacção que lhe foi dada pelo Decreto-Lei n.º 62/2003, de 3 de Abril.

2 – Do presente diploma constam, designadamente, as regras técnicas e de segurança aplicáveis às entidades certificadoras estabelecidas em Portugal na emissão de certificados qualificados destinados ao público.

996 [DR n.º 25/2004]   COMÉRCIO ELECTRÓNICO

ART. 2.º (Normas técnicas) – 1 – A entidade certificadora utiliza obrigatoriamente, no exercício da sua actividade, processos, sistemas e produtos relacionados com as assinaturas electrónicas em conformidade com o disposto no presente diploma e com normas, especificações e outra documentação técnica, aplicáveis consoante o seu âmbito, tais como:

a) As constantes das listas publicadas no *Jornal Oficial das Comunidades Europeias* nos termos previstos no n.º 5 do artigo 3.º da Directiva n.º 1999/93/CE, do Parlamento Europeu e do Conselho, de 13 de Dezembro, quando existentes;

b) As desenvolvidas no âmbito da Iniciativa Europeia de Normalização da Assinatura Electrónica (European Electronic Signature Standardisation Initiative, ou EESSI), para suporte da implementação da Directiva n.º 1999/93/CE, do Parlamento Europeu e do Conselho, de 13 de Dezembro, publicadas pelo Instituto Europeu de Normalização para as Telecomunicações (European Telecommunications Standards Institute, ou ETSI), ou pelo Comité Europeu de Normalização (Comité Européen de Normalisation, ou CEN), em matérias sobre as quais não existam as normas, especificações e outra documentação técnica previstas na alínea anterior;

c) Outras largamente reconhecidas como aplicáveis a produtos de assinatura electrónica.

2 – A autoridade credenciadora publica, em aviso, na 2.ª série do *Diário da República*, as listas de referências publicadas no *Jornal Oficial das Comunidades Europeias* das normas a que se refere a alínea *a)* do número anterior.

3 – As normas a que se referem as alíneas *b)* e *c)* do n.º 1 são as aprovadas pela autoridade credenciadora, que publica na 2.ª série do *Diário da República* as respectivas referências.

4 – As normas previstas no n.º 1, relativas a processos, sistemas e produtos, aplicam-se a:

a) Serviços e processos das entidades certificadoras respeitantes à gestão da infra-estrutura de chave pública, à gestão da segurança da informação e à gestão do ciclo de vida dos certificados qualificados;

b) Sistemas de informação utilizados na emissão e gestão dos certificados qualificados;

c) Módulos criptográficos para operações de assinatura;

d) Aplicações de criação e de verificação de assinaturas;

e) Dispositivos seguros de criação de assinatura;

f) Serviços de validação cronológica.

5 – Sempre que estejam envolvidas matérias classificadas, aplicam-se as regras de credenciação de segurança de matérias classificadas e respectiva credenciação, da competência da Autoridade Nacional de Segurança.

ART. 3.º (Avaliação da conformidade) – 1 – A conformidade com o disposto no artigo anterior dos processos, sistemas e produtos relacionados com as assinaturas electrónicas qualificadas é certificada, quando exigido nos termos do presente diploma, por organismos de certificação acreditados de acordo com o disposto no artigo 37.º do Decreto-Lei n.º 290-D/99, de 2 de Agosto.

2 – A avaliação da conformidade dos produtos de assinatura electrónica qualificada é efectuada segundo os critérios comuns para a verificação e avaliação da segurança nas tecnologias da informação (Common Criteria for Information Technology Security Evaluation), ISO/IEC 15408, para os níveis de avaliação de segurança e grau de robustez exigidos nas normas, especificações e outra documentação técnica aplicável nos termos do artigo 2.º.

3 – Do certificado de conformidade referente à segurança dos produtos constam, obrigatoriamente:

a) Os requisitos a que a certificação se aplica e em que plataforma foram testados;

b) Os algoritmos e parâmetros utilizados e respectivo prazo de validade;

c) O nível para que os produtos foram testados e o respectivo grau de robustez.

4 – A conformidade das aplicações de criação e verificação de assinaturas e de validação cronológica pode ainda ser demonstrada através de declaração do respectivo fabricante do produto.

5 – A declaração a que se refere o número anterior é emitida de acordo com os documentos orientadores de avaliação de conformidade (EESSI Conformity Assessment Guidance) do CEN, para o produto em causa, e contém a identificação do fabricante, do produto, dos requisitos com os quais garante a conformidade e das disposições da norma relativamente às quais esta se verifica.

ART. 4.º (Subcontratação) – 1 – A entidade certificadora é responsável por todos os serviços de certificação prestados por terceiros por ela subcontratados, designadamente os de registo, emissão, distribuição, gestão de revogação, fornecimento de dispositivos seguros de criação de assinaturas e validação cronológica.

2 – A entidade certificadora pode subcontratar a prestação de serviços de certificação e o fornecimento dos respectivos componentes, incluindo o serviço de emissão de certificados, desde que a chave utilizada para gerar os certificados seja sempre identificada como pertencendo à entidade certificadora e que esta assuma e mantenha a inteira responsabilidade pelo cumprimento de todos os requisitos exigidos no presente diploma.

3 – É obrigatoriamente reduzido a escrito o contrato celebrado entre a entidade certificadora e qualquer prestador de serviços, onde se estabelecem as obrigações das partes e se identificam as funções da entidade certificadora prestadas pelo subcontratado.

CAPÍTULO II — **Actividade da entidade certificadora**

Secção I — **DECLARAÇÃO DE PRÁTICAS E POLÍTICA DE CERTIFICADO**

ART. 5.º (Declaração de práticas de certificação) – 1 – A entidade certificadora emite uma declaração de práticas de certificação em que constam os procedimentos utilizados para cumprimento dos requisitos identi-

REGULAMENTO DOS DOCS. ELECTRÓNICOS E DA ASSINATURA DIGITAL   [DR n.º 25/2004]   997

ficados nas políticas de certificado, com a qual todos os serviços de certificação prestados terão de estar conformes, contendo, entre outros, os seguintes elementos:
    a) Descrição da estrutura de certificação;
    b) Descrição da infra-estrutura operacional;
    c) Procedimentos de validação da identidade e de outros dados pessoais e profissionais de requerentes e
titulares;
    d) Procedimentos operacionais;
    e) Controlos de segurança física, de processos e de pessoal;
    f) Disposições sobre a emissão, utilização, actualização, renovação, suspensão e revogação dos certificados;
    g) Responsabilidades e obrigações do requerente, do titular, da entidade certificadora e dos destinatários;
    h) Disposições relativas à cessação de actividade;
    i) Método de validação cronológica utilizado;
    j) Período de validade da declaração de práticas de certificação.
    2 – A declaração de práticas de certificação é revista periodicamente, pelo menos uma vez por ano, e está
permanentemente disponível, por via electrónica, para consulta dos requerentes, titulares e destinatários.

    ART. 6.º (Política de certificado) – 1 – A entidade certificadora indica em cada certificado, através de um
identificador único, a política que estabelece os termos, condições e âmbito de utilização do certificado e os
requisitos que a declaração de práticas de certificação está obrigada a conter.
    2 – A política de certificado está permanentemente disponível, por via electrónica, para consulta dos reque-
rentes, titulares e destinatários.

SECÇÃO II — **EMISSÃO E GESTÃO DAS CHAVES**

    ART. 7.º (Emissão das chaves da entidade certificadora) – Os pares de chaves utilizados pela entidade cer-
tificadora na prestação de serviços de certificação são gerados:
    a) Num ambiente fisicamente seguro de acordo com as exigências estabelecidas no plano de segurança pre-
visto no artigo 27.º e por pessoal que cumpra os requisitos estabelecidos no artigo 29.º;
    b) Recorrendo a um algoritmo e comprimento de chave apropriado, de acordo com o disposto no artigo 11.º;
    c) Recorrendo a um dispositivo seguro de criação de assinatura certificado nos termos do artigo 3.º;
    d) Por um mínimo de dois trabalhadores presentes física e conjuntamente no local.

    ART. 8.º (Gestão das chaves da entidade certificadora) – 1 – As chaves privadas da entidade certificadora são:
    a) Mantidas num dispositivo seguro de criação de assinatura certificado nos termos do artigo 3.º;
    b) Objecto de cópia de segurança, armazenada e reposta por pessoal autorizado e em ambiente físico segu-
ro, de acordo com procedimento descrito no plano de segurança, em condições de protecção igual ou superior
às chaves em utilização;
    c) Únicas e confidenciais durante a geração e a transmissão para um dispositivo seguro de criação de assi-
natura, não podendo ser armazenadas fora desse dispositivo;
    d) Utilizadas dentro de áreas físicas seguras de acordo com o estabelecido no plano de segurança;
    e) Utilizadas dentro do seu período de validade.
    2 – A entidade certificadora não pode usar as chaves privadas utilizadas na emissão de certificados e listas
de revogação para outra finalidade.
    3 – No termo do seu período de validade, a cópia da chave privada é destruída de modo irreversível ou
arquivada de forma a não poder ser reutilizada.
    4 – Na gestão das suas chaves, é da responsabilidade da entidade certificadora:
    a) Assegurar a integridade e autenticidade das chaves públicas e de qualquer parâmetro a elas associado
durante a distribuição, assim como estabelecer um processo que permita autenticar a sua origem;
    b) Manter organizado um arquivo das chaves públicas, após o termo do seu período de validade;
    c) Garantir a segurança e integridade do equipamento criptográfico durante a sua vida útil e assegurar que
o mesmo não é acedido ou alterado por pessoal não autorizado;
    d) Garantir que as chaves privadas armazenadas no equipamento criptográfico são destruídas quando da
sua retirada de funcionamento;
    e) Assegurar que as operações de gestão das chaves privadas, de manipulação de dispositivos criptográficos
e de informação do estado de suspensão e ou revogação são efectuadas por um mínimo de dois trabalhadores
em simultâneo.

    ART. 9.º (Emissão das chaves de titulares) – A entidade certificadora, na emissão das chaves para titulares,
assegura que:
    a) O par de chaves do titular é gerado recorrendo a um algoritmo criptográfico apropriado, de acordo com
o disposto no artigo 11.º;
    b) A chave privada entregue ao titular para criação de assinaturas é armazenada de forma segura antes da
sua entrega, assegurando-se que a sua integridade não é comprometida;
    c) A chave privada entregue ao titular para criação de assinaturas é distinta da chave entregue para utiliza-
ção em outras funções;

998 [DR n.º 25/2004] COMÉRCIO ELECTRÓNICO

d) Não é efectuada cópia de segurança nem de arquivo da chave privada do titular para criação de assinaturas.

ART. 10.º (Dispositivos seguros de criação de assinaturas) – A entidade certificadora, sempre que forneça dispositivos seguros de criação de assinaturas, assegura que:
a) O dispositivo é preparado, armazenado e distribuído de forma segura e está certificado em conformidade com o disposto no artigo 3.º;
b) No caso de o dispositivo ter associados dados de activação, estes são fornecidos de forma separada.

ART. 11.º (Algoritmos criptográficos) – Os algoritmos criptográficos utilizados na prestação de serviços de certificação e respectivos parâmetros associados são:
a) Os constantes das listas publicadas no Jornal Oficial das Comunidades Europeias nos termos previstos no n.º 5 do artigo 3.º da Directiva n.º 1999/93/CE, do Parlamento Europeu e do Conselho, de 13 de Dezembro, quando existentes;
b) Os constantes em especificações técnicas emitidas para algoritmos e parâmetros, de acordo com a alínea *b*) do n.º 1 do artigo 2.º, quando não tenha sido publicada a lista a que se refere a alínea anterior.

SECÇÃO III — **VALIDAÇÃO CRONOLÓGICA**

ART. 12.º (Serviço de validação cronológica) – 1 – A entidade certificadora assegura que a data e a hora da emissão, suspensão e revogação dos certificados possam ser determinadas através de serviços de validação cronológica, que ligam criptograficamente os dados com valores de tempo.
2 – Nos serviços de validação cronológica, garante-se que:
a) A origem e a validade de cada pedido de validação cronológica são determinadas;
b) O pedido utiliza um algoritmo criptográfico reconhecido nos termos do artigo 11.º;
c) A hora utilizada é definida a partir do tempo universal coordenado (UTC) e certificada por um instituto nacional de medida, com incerteza inferior a 100 milissegundos (ms);
d) Os dados incluídos no pedido são devolvidos sem alteração;
e) A chave privada utilizada na assinatura da prova de validação cronológica:
  i) Não é utilizada para outra finalidade;
  ii) É gerada recorrendo a um algoritmo e comprimento de chave apropriado, reconhecido nos termos do artigo 11.º;
  iii) É gerada e armazenada num módulo criptográfico, certificado de acordo com o disposto no artigo 3.º;
f) Em cada prova de validação cronológica são incluídos:
  i) O valor tempo certificado;
  ii) Um identificador único;
  iii) Um indicador único da política de certificação cronológica adoptada;
  iv) O grau de exactidão do valor tempo utilizado sempre que aquele seja superior ao indicado na política adoptada;
g) A prova de validação cronológica é assinada criptograficamente antes da devolução da resposta ao pedido;
h) Não está incluída, na prova de validação cronológica, a identificação da entidade que a solicitou.
3 – Os dados relacionados com a geração e a gestão das chaves utilizadas na validação cronológica, incluindo os dados associados à certificação da hora por um instituto nacional de medida, são registados e arquivados por um período mínimo de 20 anos.

SECÇÃO IV — **CERTIFICADOS QUALIFICADOS**

ART. 13.º (Pedido) – 1 – A entidade certificadora assegura que o pedido de emissão de certificado é efectuado por documento electrónico ao qual é aposta uma assinatura electrónica qualificada ou por documento escrito sobre suporte de papel, com assinatura autógrafa, e que o mesmo é requerido em obediência ao disposto nos artigos 14.º e 15.º.
2 – A entidade certificadora verifica a identidade do requerente, por meio legalmente reconhecido, verificando, no caso de o pedido ser subscrito para outrem, os poderes bastantes do requerente para a referida subscrição.

ART. 14.º (Pedido de emissão de certificado para pessoa singular) – 1 – O pedido de emissão, quando requerido pela pessoa singular a constar como titular do certificado, contém, entre outros, os seguintes elementos:
a) Nome completo;
b) Indicação de eventual pseudónimo a constar como titular;
c) Número do bilhete de identidade, data e entidade emitente ou qualquer outro elemento que permita a identificação inequívoca;
d) Endereço e outras formas de contacto;

REGULAMENTO DOS DOCS. ELECTRÓNICOS E DA ASSINATURA DIGITAL   [DR n.º 25/2004]   999

e) Eventual indicação de uma qualidade específica em função da utilização a que este se destinar;

f) Indicação quanto ao uso do certificado ser ou não restrito a determinados tipos de utilização, bem como eventuais limites do valor das transacções para as quais o certificado é válido;

g) Outras informações relativas a poderes de representação, à qualificação profissional ou a outros atributos.

2 – No caso de o pedido de emissão ser requerido por outrem que não a pessoa singular a constar como titular do certificado, o mesmo, para além dos elementos referidos no número anterior, contém, consoante seja requerido por pessoa singular ou colectiva, os seguintes elementos referentes ao requerente:

a) Nome ou denominação legal;

b) Número do bilhete de identidade, data e entidade emitente, ou qualquer outro elemento que permita a identificação inequívoca, ou número de pessoa colectiva;

c) Residência ou sede;

d) Objecto social, nome dos titulares dos corpos sociais e de outras pessoas com poderes para a obrigarem e número de matrícula na conservatória do registo comercial;

e) Endereço e outras formas de contacto.

3 – O pedido de inclusão no certificado de dados pessoais da pessoa singular a constar como seu titular terá de ser expressamente autorizado pela própria.

4 – Na situação prevista no n.º 2 do presente artigo, o pedido é ainda acompanhado da declaração da pessoa singular a constar como titular do certificado de que se obriga ao cumprimento das obrigações enquanto titular.

ART. 15.º (Pedido de emissão de certificado para pessoa colectiva) – 1 – O pedido de emissão, quando requerido pela pessoa colectiva a constar como titular do certificado, é subscrito pelos seus representantes legais e contém, entre outros, os seguintes elementos:

a) Denominação legal;

b) Número de pessoa colectiva, sede, objecto social, nome dos titulares dos corpos sociais e de outras pessoas com poderes para a obrigarem e número de matrícula na conservatória do registo comercial;

c) Nome completo, número do bilhete de identidade ou qualquer outro elemento que permita a identificação inequívoca das pessoas singulares que estatutária ou legalmente a representam;

d) Endereço e outras formas de contacto;

e) Indicação quanto ao uso do certificado ser ou não restrito a determinados tipos de utilização, bem como eventuais limites do valor das transacções para as quais o certificado é válido;

f) Eventual referência a uma qualidade específica, em função da utilização a que o certificado estiver destinado;

g) Outras informações relativas a poderes de representação, à qualificação profissional ou a outros atributos.

2 – No caso de o pedido de emissão ser requerido por outrem que não a pessoa colectiva a constar como titular do certificado, ao mesmo, para além do disposto no número anterior, aplica-se, com as devidas adaptações, o previsto nas alíneas *a)* a *e)* do n.º 2 e no n.º 4 do artigo 14.º.

ART. 16.º (Registo) – 1 – A entidade certificadora recebe o pedido, valida os seus dados e procede ao registo.

2 – Do registo constam:

a) A identificação da entidade que recebeu o pedido;

b) Os dados constantes do pedido;

c) Os documentos de prova que acompanham o pedido;

d) A descrição dos métodos utilizados na verificação do pedido;

e) A identificação do contrato referido no artigo 25.º;

f) Outra informação útil à utilização do certificado.

3 – Os dados do registo não podem ser utilizados para outros fins diferentes dos necessários à utilização do certificado.

4 – A entidade certificadora mantém em arquivo, pelo prazo mínimo de 20 anos, os dados constantes do registo, os documentos que os comprovam e um exemplar do contrato.

ART. 17.º (Emissão) – 1 – A entidade certificadora garante que, durante o processo de emissão, os dados de registo do titular são tratados de forma segura e que a chave pública constante do certificado está relacionada com a correspondente chave privada do titular.

2 – A entidade certificadora atribui um identificador único para cada titular, para utilização no certificado.

3 – A entidade certificadora assegura a protecção da confidencialidade e integridade dos dados de registo em todos os procedimentos de emissão.

4 – O termo de validade do certificado não pode ultrapassar o termo de validade dos algoritmos utilizados e respectivos parâmetros.

5 – O termo de validade do certificado complementar não pode ultrapassar o termo de validade do certificado com que esteja relacionado.

6 – A entidade certificadora mantém o registo dos certificados emitidos, desde a data da respectiva emissão e durante o seu período de validade, e conserva-os por um período não inferior a 20 anos a partir da data em que termina aquele prazo.

7 – A entidade certificadora só emite certificado para pessoa colectiva quando está em condições de garantir que a criação da assinatura, através de dispositivo de criação de assinatura, exige a intervenção de pessoas singulares que, estatutária ou legalmente, representam a pessoa colectiva titular desse certificado.

1000   [DR n.º 25/2004]   COMÉRCIO ELECTRÓNICO

ART. 18.º (Conteúdo e formato) – 1 – O certificado qualificado contém, entre outras, as seguintes informações:

a) Nome ou denominação do titular da assinatura e outros elementos necessários para uma identificação inequívoca, ou um pseudónimo claramente identificado como tal;

b) Nome e outros elementos necessários para uma identificação inequívoca das pessoas singulares que estatutária ou legalmente representam o titular, quando este é uma pessoa colectiva;

c) Nome e assinatura electrónica avançada da entidade certificadora, bem como a indicação do país onde se encontra estabelecida;

d) Dados de verificação de assinatura correspondentes aos dados de criação de assinatura do titular;

e) Número de série;

f) Início e termo de validade;

g) Identificadores de algoritmos utilizados na verificação de assinaturas do titular e da entidade certificadora;

h) Indicação de o uso do certificado ser ou não restrito a determinados tipos de utilização, bem como eventuais limites do valor das transacções para as quais o certificado é válido;

i) Eventual referência a uma qualidade específica do titular da assinatura, em função da utilização a que o certificado estiver destinado;

j) Indicação de que é emitido como certificado qualificado;

l) Outras informações relativas a poderes de representação, à qualificação profissional ou a outros atributos, com a menção de se tratar de informações não confirmadas, se for o caso.

2 – No caso de existir um certificado complementar, é assegurada a sua ligação ao certificado com o qual se relaciona, constando obrigatoriamente do certificado complementar as seguintes informações:

a) Indicação de que se trata de um certificado complementar;

b) Referência ao certificado no qual se baseia;

c) Designação dos algoritmos utilizados na verificação da assinatura da entidade certificadora;

d) Número de série do certificado complementar;

e) Identificação da entidade certificadora e país onde se encontra estabelecida;

f) Outras informações relativas a poderes de representação, à qualificação profissional ou a outros atributos, com a menção de se tratar de informações não confirmadas, se for o caso;

g) Assinatura electrónica avançada da entidade certificadora.

3 – O formato dos certificados obedece às especificações técnicas emitidas pelo ETSI ou outras equivalentes reconhecidas nos termos do artigo 2.º.

4 – A entidade certificadora assegura os mecanismos necessários para que a hierarquia de certificação seja estabelecida e os certificados emitidos possam ser reconhecidos.

ART. 19.º (Distribuição) – A entidade certificadora, na distribuição de certificados, deve utilizar sistemas seguros que permitam a sua conservação e disponibilização para efeitos de verificação, assegurando que:

a) O certificado é disponibilizado, integralmente, ao titular para quem foi emitido;

b) O certificado só é publicamente disponibilizado com o consentimento do titular;

c) São transmitidas ao destinatário as condições a que este se obriga, designadamente de:

  i) Verificar em cada comunicação ou transacção a validade, suspensão ou revogação do certificado;

  ii) Verificar se o certificado é utilizado de acordo com as condições emitidas pela entidade certificadora.

ART. 20.º (Renovação e actualização) – Na renovação de certificados ou actualização devida a mudança de atributos do titular, a entidade certificadora deve:

a) Verificar se toda a informação utilizada para comprovar a identidade e atributos do titular ainda se mantém válida;

b) Comunicar antecipadamente ao titular todas as alterações dos termos e condições de emissão do certificado;

c) Assegurar que as chaves de assinatura serão actualizadas antes do fim do seu período de validade e que as chaves públicas com elas relacionadas garantem, pelo menos, o mesmo nível de segurança que ofereciam no certificado inicial;

d) Garantir que a emissão de um novo certificado, que faça uso da chave pública previamente certificada, só é efectuada se for garantida a segurança criptográfica dessa chave durante o prazo de validade do novo certificado.

ART. 21.º (Revogação e suspensão) – A entidade certificadora utiliza os procedimentos de revogação e suspensão de certificados de acordo com o disposto no artigo 30.º do Decreto-Lei n.º 290-D/99, de 2 de Agosto, e com a sua declaração de práticas de certificação, e assegura:

a) Que os pedidos e informações relativos a suspensão ou revogação são processados assim que recebidos, não podendo ser superior a vinte e quatro horas o período entre a recepção e a publicitação do seu novo estado;

b) Que o certificado só é suspenso durante o período de tempo definido no plano de segurança, que não poderá ultrapassar três dias úteis, e que, findo esse período, se a suspensão não for levantada, o certificado é revogado com efeitos a partir da data da suspensão;

c) Que as alterações no estado de validade de certificados são transmitidas ao titular;

d) Que um certificado revogado não pode ser reutilizado;

e) Um serviço permanentemente disponível de actualização do estado de suspensão e revogação de certificados.

REGULAMENTO DOS DOCS. ELECTRÓNICOS E DA ASSINATURA DIGITAL [DR n.º 25/2004] 1001

Secção V — DOS DIREITOS E OBRIGAÇÕES

ART. 22.º (Obrigação de informação) – No exercício da sua actividade, a entidade certificadora divulga a seguinte informação:

a) Preço dos serviços a prestar;

b) Declaração de práticas de certificação;

c) Termos, condições e âmbito de utilização dos seus certificados;

d) Um meio de comunicação, permanentemente disponível, através do qual se procede ao pedido de suspensão e ou revogação do certificado;

e) Indicação de que a informação registada, necessária à utilização do certificado, não é utilizada para outro fim;

f) Período de tempo durante o qual mantém em arquivo a informação prestada pelo requerente e a referente à utilização dos respectivos certificados;

g) Indicação de que, em caso de cessação da actividade, a informação referida na alínea anterior é transmitida, nos termos da lei, para outra entidade;

h) Os meios utilizados para resolução de conflitos;

i) Legislação aplicável à actividade de certificação;

j) Número do registo de entidades certificadoras atribuído pela autoridade credenciadora;

l) Data e número da credenciação, se credenciada.

ART. 23.º (Obrigações do titular) – O titular do certificado toma as medidas necessárias a evitar danos a terceiros e a preservar a confidencialidade da informação transmitida e é obrigado a:

a) Utilizar as chaves criptográficas dentro das limitações impostas pela respectiva política de certificado;

b) Garantir o sigilo da chave privada;

c) Utilizar algoritmo e comprimento de chave de acordo com o artigo 11.º, no caso de gerar as suas próprias chaves;

d) Usar um dispositivo seguro de criação de assinatura, se a política de certificado assim o exigir;

e) Gerar as chaves no interior do dispositivo seguro de criação de assinatura, se a política de certificado assim o exigir;

f) Informar de imediato a entidade certificadora em caso de perda de controlo da chave privada, ou de incorrecção ou alteração da informação constante do certificado, durante o período de validade deste.

ART. 24.º (Obrigações do requerente) – 1 – As obrigações do requerente em nome próprio são as obrigações do titular referidas no artigo anterior.

2 – Aquele que requer um certificado para outrem é responsável por informar o titular dos termos e condições de utilização dos certificados, bem como das consequências do respectivo incumprimento.

ART. 25.º (Contrato) – 1 – O contrato celebrado entre a entidade certificadora e o requerente deve ser reduzido a escrito, em linguagem clara e acessível, num suporte físico duradouro, e subscrito pelas partes com assinatura electrónica qualificada, quando em documento electrónico, ou com assinatura autógrafa, quando em suporte de papel.

2 – As cláusulas do contrato celebrado entre a entidade certificadora e o requerente contêm:

a) As obrigações da entidade certificadora resultantes do disposto nas alíneas *a)*, *c)*, *h)* e *i)* do artigo 22.º;

b) As obrigações do requerente referidas no artigo anterior.

3 – O contrato celebrado entre a entidade certificadora e o requerente deve ser registado e arquivado pela entidade certificadora pelo prazo mínimo de 20 anos.

CAPÍTULO III — Requisitos operacionais e de gestão

ART. 26.º (Implementação da segurança) – 1 – A entidade certificadora assegura que as instalações, procedimentos, pessoal, equipamentos e produtos obedecem a todas as normas de segurança aplicáveis ao exercício da sua actividade, devendo, designadamente:

a) Ter um plano de segurança implementado de acordo com a norma internacional ISO/IEC 17799;

b) Utilizar sistemas e produtos fiáveis, protegidos contra modificações;

c) Ter um auditor de segurança;

d) Elaborar relatórios de incidentes causados por falhas de segurança ou operação e desencadear atempadamente as respectivas medidas correctivas.

2 – A entidade certificadora assegura que os procedimentos utilizados para garantir os níveis de segurança operacional, física e dos sistemas, de acordo com as normas adoptadas, se encontram documentados, implementados e actualizados, e mantém um inventário de bens com a respectiva classificação, de forma a caracterizar as suas necessidades de protecção.

3 – A Autoridade Nacional de Segurança procede a uma avaliação de segurança da entidade certificadora, antes do início de actividade, sempre que estiverem envolvidas matérias classificadas.

ART. 27.º (Plano de segurança) – 1 – O plano de segurança contém, no mínimo:

a) Descrição da estrutura organizacional e funcional e da actividade de certificação;

1002 [DR n.º 25/2004]   COMÉRCIO ELECTRÓNICO

b) Especificação dos processos de avaliação e de garantia da idoneidade e capacidade técnica do pessoal em funções;

c) Especificação dos requisitos de segurança física, lógica e operacional;

d) Requisitos de disponibilidade da informação, incluindo redundância de sistemas e planos de contingência;

e) Indicação do período de tempo máximo para actualização do estado de revogação e ou suspensão de certificados;

f) Indicação do período de tempo máximo em que um certificado se pode manter no estado de suspensão;

g) Requisitos de protecção da informação, incluindo distinção dos vários níveis de segurança e perfis de acesso implementados;

h) Definição das funções que conferem acesso aos actos e instrumentos de certificação, respectivos requisitos de segurança e perfis de acesso;

i) Descrição dos produtos de assinatura electrónica utilizados e identificação das respectivas certificações de conformidade;

j) Descrição e avaliação de outros riscos de segurança;

l) Indicação dos responsáveis pela sua implementação;

m) Indicação do processo de revisão periódica estabelecido.

2 – No caso de estarem envolvidas matérias classificadas, o plano de segurança deve obter a aprovação da Autoridade Nacional de Segurança.

ART. 28.º (Plano de contingência) – 1 – A entidade certificadora, para fazer face à eventual ocorrência de desastres ou incidentes que ponham em causa o funcionamento normal de prestação de serviços de certificação, implementa um plano de contingência que contemple:

a) A possibilidade de adulteração ou acesso não autorizado às chaves privadas da entidade certificadora;

b) Um planeamento que assegure a retoma das operações num espaço de tempo previamente definido;

c) A forma como requerentes, titulares, destinatários e outras entidades certificadoras com as quais exista acordo são informados de qualquer acontecimento que ponha em causa a utilização segura de certificados e do estado de revogação;

d) A manutenção da integridade e autenticidade da informação relativa ao estado de revogação.

2 – A entidade certificadora assegura que os serviços de distribuição, revogação e estado de revogação de certificados se mantêm permanentemente disponíveis em caso de acidente, bem como procedimentos que permitam a continuação dos serviços em sistemas de recuperação alternativos, e garante que a migração dos sistemas primários para os sistemas de recuperação não põe em risco a segurança dos sistemas.

3 – No caso de estarem envolvidas matérias classificadas, o plano de contingência deve obter a aprovação da Autoridade Nacional de Segurança.

ART. 29.º (Política de pessoal) – 1 – A entidade certificadora adopta regras de selecção e contratação do seu pessoal que reforçam e respeitam as disposições de segurança exigidas para o exercício da sua actividade, nomeadamente que:

a) Para funções de gestão de infra-estruturas de chave pública, emprega pessoal especializado com conhecimentos específicos em tecnologia de assinatura electrónica e com conhecimentos de comportamentos de segurança;

b) Todo o pessoal que desempenha funções relacionadas com os processos de certificação está livre de conflitos de interesse que possam prejudicar a sua imparcialidade;

c) As funções relacionadas com os processos de certificação não são desempenhadas por pessoas que se encontram em situação indicadora de inidoneidade;

d) No âmbito da sua estrutura organizativa contempla, pelo menos, os seguintes cargos e funções necessários à operação dos sistemas:

i) Administrador de sistemas: autorizado a instalar, configurar e manter os sistemas, tendo acesso controlado a configurações relacionadas com a segurança;

ii) Operador de sistemas: responsável por operar diariamente os sistemas, autorizado a realizar cópias de segurança e reposição de informação;

iii) Administrador de segurança: responsável pela gestão e implementação das regras e práticas de segurança;

iv) Administrador de registo: responsável pela aprovação da emissão, suspensão e revogação de certificados;

v) Auditor de sistemas: autorizado a monitorizar os arquivos de actividade dos sistemas.

2 – Os postos de trabalho ou funções referidos nas subalíneas *i*), *iii*) e *v*) da alínea *d*) do número anterior não podem ser assegurados pela mesma pessoa.

3 – No caso de conter matéria classificada, a política de pessoal deve obter aprovação por parte da Autoridade Nacional de Segurança.

ART. 30.º (Auditorias) – 1 – O auditor de segurança é uma pessoa singular ou colectiva, independente da entidade certificadora, de reconhecida idoneidade, experiência e qualificações comprovadas na área da segu-

REGULAMENTO DOS DOCS. ELECTRÓNICOS E DA ASSINATURA DIGITAL   [DR n.º 25/2004]   1003

rança de informação, na execução de auditorias de segurança e na utilização da norma ISO/IEC 17799, devidamente credenciada pela Autoridade Nacional de Segurança.

2 – A entidade certificadora comprova através do relatório anual de auditoria de segurança, efectuada por auditor de segurança acreditado, que realizou uma avaliação de riscos e identificou e implementou os controlos necessários à segurança da informação.

3 – As auditorias de segurança são efectuadas tendo por base a norma ISO/IEC 17799, devendo o respectivo relatório de auditoria ser enviado à autoridade credenciadora até 31 de Março de cada ano civil.

4 – O auditor de segurança garante que os membros da sua equipa não actuam de forma parcial ou discriminatória e não prestaram serviços de consultoria à entidade certificadora nos últimos três anos nem mantêm com esta qualquer outro acordo ou vínculo contratual.

5 – Em caso de subcontratação, o auditor deve:

a) Informar previamente a entidade certificadora e obter a concordância desta para a subcontratação;

b) Garantir a existência de contrato reduzido a escrito no qual estão claramente identificadas as funções subcontratadas e em que se estabelecem as obrigações entre as partes, nomeadamente no que respeita à confidencialidade e à independência de interesses comerciais ou outros, assim como à inexistência de qualquer tipo de vínculo com a entidade certificadora a ser auditada;

c) Garantir que está apto a comprovar a competência técnica, idoneidade e isenção da entidade subcontratada, bem como a sua credenciação de segurança pela Autoridade Nacional de Segurança, nos casos legalmente exigíveis, e que esta cumpre o disposto no número anterior;

d) Assumir a completa responsabilidade pelo trabalho subcontratado e pelo relatório final da auditoria.

ART. 31.º (Cessação da actividade) – 1 – Em caso de cessação de actividade, a entidade certificadora garante a continuidade da informação relativa a processos de certificação e, em particular, a manutenção do arquivo da informação necessária ao fornecimento de meios de prova em processos judiciais, nos termos do artigo seguinte.

2 – Antes de cessar a sua actividade, a entidade certificadora deve:

a) Comunicar a cessação de actividade nos termos do disposto no n.ᵒˢ 1 e 2 do artigo 27.º do Decreto-Lei n.º 290-D/99, de 2 de Agosto;

b) Comunicar a cessação da actividade à Autoridade Nacional de Segurança para efeitos do cancelamento das credenciações de segurança;

c) Cessar todas as relações contratuais com terceiros autorizados a actuarem em seu nome na execução de funções relativas à emissão de certificados;

d) Destruir ou impedir a utilização, de modo definitivo, das chaves privadas;

e) Garantir que a entidade a quem é transmitida toda a documentação se obriga à sua manutenção durante o período de tempo legalmente exigido.

ART. 32.º (Arquivo de informação) – 1 – A documentação referente ao funcionamento dos serviços de certificação, incluindo avarias, situações operacionais especiais e a informação respeitante ao registo, é mantida em ficheiro electrónico e conservada pelo período mínimo de 20 anos.

2 – Para efeitos do disposto no número anterior, a entidade certificadora assegura:

a) A confidencialidade e integridade da informação conservada em arquivo, relativa a certificados qualificados;

b) Que a data e hora precisa de eventos relacionados com a gestão de chaves e de certificados é registada;

c) Que todos os eventos documentados na declaração de práticas de certificação são registados de forma que não permita a sua alteração ou destruição;

d) O arquivo da informação dos eventos relativos a:

i) Registo, incluindo alterações;

ii) Ciclo de vida do par de chaves da entidade certificadora e de todas as chaves de titulares que são geridas pela entidade certificadora;

iii) Ciclo de vida dos certificados qualificados;

iv) Ciclo de vida de chaves geradas por dispositivos seguros fornecidos;

v) Fornecimento de dispositivos seguros de criação de assinatura;

vi) Pedidos relacionados com a revogação de certificados.

3 – A documentação constante do ficheiro electrónico é certificada por meio de assinatura electrónica qualificada com validação cronológica.

4 – A entidade certificadora conserva em ficheiro manual todos os documentos relativos às relações contratuais estabelecidas com os requerentes, comprovativos de identidade e poderes de representação e relações contratuais estabelecidas com subcontratados e os documentos relativos à idoneidade e habilitações profissionais das pessoas que exercem funções relacionadas com serviços de certificação.

5 – A documentação referida no número anterior é guardada, no mínimo, pelo período de 20 anos.

CAPÍTULO IV — **Credenciação**

ART. 33.º (Credenciação de entidades certificadoras) – 1 – As entidades certificadoras que apresentam garantias do cumprimento de todos os requisitos técnicos e de segurança referidos no presente diploma e no Decreto-

1004 [DL n.º 7/2004]   COMÉRCIO ELECTRÓNICO

-Lei n.º 290-D/99, de 2 de Agosto, assim como da utilização nas suas operações de certificação de assinaturas electrónicas qualificadas, de processos, sistemas e produtos avaliados e certificados nos termos do artigo 3.º, podem solicitar credenciação, ou a sua renovação, em formulário próprio, disponibilizado pela autoridade credenciadora, instruído com os documentos referidos no artigo 13.º do Decreto-Lei n.º 290-D/99, de 2 de Agosto.

2 – O pedido, quando apresentado em suporte de papel, é entregue directamente ou remetido pelo correio, sob registo, caso o mesmo seja apresentado por via electrónica, em documento electrónico com aposição de assinatura electrónica qualificada. Os documentos destinados à instrução do mesmo são remetidos à autoridade credenciadora no prazo de três dias subsequentes ao envio.

3 – Os documentos referidos no n.º 1 que já tiverem sido apresentados à autoridade credenciadora para efeitos de inscrição no registo das entidades certificadoras e se encontrem dentro do seu prazo de validade poderão ser substituídos por declaração da entidade certificadora onde se declare que os mesmos não sofreram alteração desde a sua apresentação.

4 – O pedido de credenciação, ou de renovação, é ainda instruído com cópias autenticadas, redigidas em português ou acompanhadas de tradução legalizada, dos certificados e relatórios de avaliação de conformidade a que se refere o n.º 1.

ART. 34.º (Entidades certificadoras credenciadas) – As entidades certificadoras credenciadas, além do cumprimento de todas as disposições aplicáveis às entidades certificadoras que emitem certificados qualificados, devem:

a) Informar os requerentes dos efeitos legais conferidos a uma assinatura electrónica qualificada e da força probatória dos documentos aos quais a mesma tenha sido aposta, assim como sobre a necessidade de voltar a assinar os documentos nos casos em que estes sejam necessários, na forma assinada, por um período de tempo superior à validade dos algoritmos e parâmetros associados utilizados na geração e verificação da assinatura;

b) Garantir que a referência à credenciação é incluída nos certificados qualificados que emite ou comunicada de outra forma adequada;

c) Assegurar, dentro do horário de serviço, um prazo máximo de três horas para a actualização das listas de revogação a partir da entrada da respectiva informação, garantindo que fora do horário de serviço são tomadas as medidas adequadas para que um pedido de revogação de um certificado qualificado seja registado por meio de um dispositivo automático que possibilite a suspensão automática e imediata do certificado;

d) Assegurar que uma interrupção contínua dos serviços de revogação superior a trinta minutos durante o período normal de funcionamento é documentada como avaria.

ART. 35.º (Segurança dos documentos a longo prazo) – A nova assinatura referida na alínea *a)* do artigo anterior deve ser gerada com os algoritmos e parâmetros associados adequados e incluir as assinaturas anteriores, assim como validação cronológica.

ART. 36.º (Publicitação) – A autoridade credenciadora assegura que se encontra disponível para acesso geral, a qualquer momento, por via electrónica, a informação relativa à identificação das entidades certificadoras credenciadas.

14.3. COMÉRCIO ELECTRÓNICO

Decreto-Lei n.º 7/2004

de 7 de Janeiro (*)

CAPÍTULO I — Objecto e âmbito

ART. 1.º (Objecto) – O presente diploma transpõe para a ordem jurídica interna a Directiva n.º 2000/31/CE, do Parlamento Europeu e do Conselho, de 8 de Junho de 2000, relativa a certos aspectos legais dos serviços da sociedade de informação, em especial do comércio electrónico, no mercado interno (Directiva sobre Comércio Electrónico) bem como o artigo 13.º da Directiva n.º 2002/58/CE, de 12 de Julho de 2002, relativa ao tratamento de dados pessoais e a protecção da privacidade no sector das comunicações electrónicas (Directiva relativa à Privacidade e às Comunicações Electrónicas).

ART. 2.º (Âmbito) – 1 – Estão fora do âmbito do presente diploma:

a) A matéria fiscal;
b) A disciplina da concorrência;
c) O regime do tratamento de dados pessoais e da protecção da privacidade;
d) O patrocínio judiciário;

(*) Alterado pelo **DL n.º 62/2009**, de 10-3, que deu nova redacção ao art. 22.º.

COMÉRCIO ELECTRÓNICO   [DL n.º 7/2004]   1005

e) Os jogos de fortuna, incluindo lotarias e apostas, em que é feita uma aposta em dinheiro;

f) A actividade notarial ou equiparadas, enquanto caracterizadas pela fé pública ou por outras manifestações de poderes públicos.

2 – O presente diploma não afecta as medidas tomadas a nível comunitário ou nacional na observância do direito comunitário para fomentar a diversidade cultural e linguística e para assegurar o pluralismo.

CAPÍTULO II — Prestadores de serviços da sociedade da informação

ART. 3.º (Princípio da liberdade de exercício) – 1 – Entende-se por «serviço da sociedade da informação» qualquer serviço prestado a distância por via electrónica, mediante remuneração ou pelo menos no âmbito de uma actividade económica na sequência de pedido individual do destinatário.

2 – Não são serviços da sociedade da informação os enumerados no anexo ao Decreto-Lei n.º 58/2000, de 18 de Abril, salvo no que respeita aos serviços contemplados nas alíneas *c*), *d*) e *e*) do n.º 1 daquele anexo.

3 – A actividade de prestador de serviços da sociedade da informação não depende de autorização prévia.

4 – Exceptua-se o disposto no domínio das telecomunicações, bem como todo o regime de autorização que não vise especial e exclusivamente os serviços da sociedade da informação.

5 – O disposto no presente diploma não exclui a aplicação da legislação vigente que com ele seja compatível, nomeadamente no que respeita ao regime dos contratos celebrados a distância e não prejudica o nível de protecção dos consumidores, incluindo investidores, resultante da restante legislação nacional.

ART. 4.º (Prestadores de serviços estabelecidos em Portugal) – 1 – Os prestadores de serviços da sociedade da informação estabelecidos em Portugal ficam integralmente sujeitos à lei portuguesa relativa à actividade que exercem, mesmo no que concerne a serviços da sociedade da informação prestados noutro país comunitário.

2 – Um prestador de serviços que exerça uma actividade económica no país mediante um estabelecimento efectivo considera-se estabelecido em Portugal seja qual for a localização da sua sede, não configurando a mera disponibilidade de meios técnicos adequados à prestação do serviço, só por si, um estabelecimento efectivo.

3 – O prestador estabelecido em vários locais considera-se estabelecido, para efeitos do n.º 1, no local em que tenha o centro das suas actividades relacionadas com o serviço da sociedade da informação.

4 – Os prestadores intermediários de serviços em rede que pretendam exercer estavelmente a actividade em Portugal devem previamente proceder à inscrição junto da entidade de supervisão central.

5 – «Prestadores intermediários de serviços em rede» são os que prestam serviços técnicos para o acesso, disponibilização e utilização de informações ou serviços em linha independentes da geração da própria informação ou serviço.

ART. 5.º (Livre prestação de serviços) – 1 – Aos prestadores de serviços da sociedade da informação não estabelecidos em Portugal mas estabelecidos noutro Estado membro da União Europeia é aplicável, exclusivamente no que respeita a actividades em linha, a lei do lugar do estabelecimento:

a) Aos próprios prestadores, nomeadamente no que respeita a habilitações, autorizações e notificações, à identificação e à responsabilidade;

b) Ao exercício, nomeadamente no que respeita à qualidade e conteúdo dos serviços, à publicidade e aos contratos.

2 – É livre a prestação dos serviços referidos no número anterior, com as limitações constantes dos artigos seguintes.

3 – Os serviços de origem extra-comunitária estão sujeitos à aplicação geral da lei portuguesa, ficando também sujeitos a este diploma em tudo o que não for justificado pela especificidade das relações intra-comunitárias.

ART. 6.º (Exclusões) – Estão fora do âmbito de aplicação dos artigos 4.º, n.º 1, e 5.º, n.º 1:

a) A propriedade intelectual, incluindo a protecção das bases de dados e das topografias dos produtos semicondutores;

b) A emissão de moeda electrónica, por efeito de derrogação prevista no n.º 1 do artigo 8.º da Directiva n.º 2000/46/CE;

c) A publicidade realizada por um organismo de investimento colectivo em valores mobiliários, nos termos do n.º 2 do artigo 44.º da Directiva n.º 85/611/CEE;

d) A actividade seguradora, quanto a seguros obrigatórios, alcance e condições da autorização da entidade seguradora e empresas em dificuldades ou em situação irregular;

e) A matéria disciplinada por legislação escolhida pelas partes no uso da autonomia privada;

f) Os contratos celebrados com consumidores, no que respeita às obrigações deles emergentes;

g) A validade dos contratos em função da observância de requisitos legais de forma, em contratos relativos a direitos reais sobre imóveis;

h) A permissibilidade do envio de mensagens publicitárias não solicitadas por correio electrónico.

ART. 7.º (Providências restritivas) – 1 – Os tribunais e outras entidades competentes, nomeadamente as entidades de supervisão, podem restringir a circulação de um determinado serviço da sociedade da informação proveniente de outro Estado membro da União Europeia se lesar ou ameaçar gravemente:

1006 [DL n.º 7/2004] COMÉRCIO ELECTRÓNICO

a) A dignidade humana ou a ordem pública, incluindo a protecção de menores e a repressão do incitamento ao ódio fundado na raça, no sexo, na religião ou na nacionalidade, nomeadamente por razões de prevenção ou repressão de crimes ou de ilícitos de mera ordenação social;

b) A saúde pública;

c) A segurança pública, nomeadamente na vertente da segurança e defesa nacionais;

d) Os consumidores, incluindo os investidores.

2 – As providências restritivas devem ser precedidas:

a) Da solicitação ao Estado membro de origem do prestador do serviço que ponha cobro à situação;

b) Caso este o não tenha feito, ou as providências que tome se revelem inadequadas, da notificação à Comissão e ao Estado membro de origem da intenção de tomar providências restritivas.

3 – O disposto no número anterior não prejudica a realização de diligências judiciais, incluindo a instrução e demais actos praticados no âmbito de uma investigação criminal ou de um ilícito de mera ordenação social.

4 – As providências tomadas devem ser proporcionais aos objectivos a tutelar.

ART. 8.º (Actuação em caso de urgência) – Em caso de urgência, as entidades competentes podem tomar providências restritivas não precedidas das notificações à Comissão e aos outros Estados membros de origem previstas no artigo anterior.

ART. 9.º (Comunicação à entidade de supervisão central) – 1 – As entidades competentes que desejem promover a solicitação ao Estado membro de origem que ponha cobro a uma situação violadora devem comunicálo à entidade de supervisão central, a fim de ser notificada ao Estado membro de origem.

2 – As entidades competentes que tenham a intenção de tomar providências restritivas, ou as tomem efectivamente, devem comunicá-lo imediatamente à autoridade de supervisão central, a fim de serem logo notificadas à Comissão e aos Estados membros de origem.

3 – Tratando-se de providências restritivas de urgência devem ser também indicadas as razões da urgência na sua adopção.

ART. 10.º (Disponibilização permanente de informações) – 1 – Os prestadores de serviços devem disponibilizar permanentemente em linha, em condições que permitam um acesso fácil e directo, elementos completos de identificação que incluam, nomeadamente:

a) Nome ou denominação social;

b) Endereço geográfico em que se encontra estabelecido e endereço electrónico, em termos de permitir uma comunicação directa;

c) Inscrições do prestador em registos públicos e respectivos números de registo;

d) Número de identificação fiscal.

2 – Se o prestador exercer uma actividade sujeita a um regime de autorização prévia, deve disponibilizar a informação relativa à entidade que a concedeu.

3 – Se o prestador exercer uma profissão regulamentada deve também indicar o título profissional e o Estado membro em que foi concedido, a entidade profissional em que se encontra inscrito, bem como referenciar as regras profissionais que disciplinam o acesso e o exercício dessa profissão.

4 – Se os serviços prestados implicarem custos para os destinatários além dos custos dos serviços de telecomunicações, incluindo ónus fiscais ou despesas de entrega, estes devem ser objecto de informação clara anterior à utilização dos serviços.

CAPÍTULO III — Responsabilidade dos prestadores de serviços em rede

ART. 11.º (Princípio da equiparação) – A responsabilidade dos prestadores de serviços em rede está sujeita ao regime comum, nomeadamente em caso de associação de conteúdos, com as especificações constantes dos artigos seguintes.

ART. 12.º (Ausência de um dever geral de vigilância dos prestadores intermediários de serviços) – Os prestadores intermediários de serviços em rede não estão sujeitos a uma obrigação geral de vigilância sobre as informações que transmitem ou armazenam ou de investigação de eventuais ilícitos praticados no seu âmbito.

ART. 13.º (Deveres comuns dos prestadores intermediários dos serviços) – Cabe aos prestadores intermediários de serviços a obrigação para com as entidades competentes:

a) De informar de imediato quando tiverem conhecimento de actividades ilícitas que se desenvolvam por via dos serviços que prestam;

b) De satisfazer os pedidos de identificar os destinatários dos serviços com quem tenham acordos de armazenagem;

c) De cumprir prontamente as determinações destinadas a prevenir ou pôr termo a uma infracção, nomeadamente no sentido de remover ou impossibilitar o acesso a uma informação;

d) De fornecer listas de titulares de sítios que alberguem, quando lhes for pedido.

ART. 14.º (Simples transporte) – 1 – O prestador intermediário de serviços que prossiga apenas a actividade de transmissão de informações em rede, ou de facultar o acesso a uma rede de comunicações, sem estar na

COMÉRCIO ELECTRÓNICO   [DL n.º 7/2004]   1007

origem da transmissão nem ter intervenção no conteúdo das mensagens transmitidas nem na selecção destas ou dos destinatários, é isento de toda a responsabilidade pelas informações transmitidas.

2 – A irresponsabilidade mantém-se ainda que o prestador realize a armazenagem meramente tecnológica das informações no decurso do processo de transmissão, exclusivamente para as finalidades de transmissão e durante o tempo necessário para esta.

ART. 15.º (Armazenagem intermediária) – 1 – O prestador intermediário de serviços de transmissão de comunicações em rede que não tenha intervenção no conteúdo das mensagens transmitidas nem na selecção destas ou dos destinatários e respeite as condições de acesso à informação é isento de toda a responsabilidade pela armazenagem temporária e automática, exclusivamente para tornar mais eficaz e económica a transmissão posterior a nova solicitação de destinatários do serviço.

2 – Passa, porém, a aplicar-se o regime comum de responsabilidade se o prestador não proceder segundo as regras usuais do sector:

a) Na actualização da informação;

b) No uso da tecnologia, aproveitando-a para obter dados sobre a utilização da informação.

3 – As regras comuns passam também a ser aplicáveis se chegar ao conhecimento do prestador que a informação foi retirada da fonte originária ou o acesso tornado impossível ou ainda que um tribunal ou entidade administrativa com competência sobre o prestador que está na origem da informação ordenou essa remoção ou impossibilidade de acesso com exequibilidade imediata e o prestador não a retirar ou impossibilitar imediatamente o acesso.

ART. 16.º (Armazenagem principal) – 1 – O prestador intermediário do serviço de armazenagem em servidor só é responsável, nos termos comuns, pela informação que armazena se tiver conhecimento de actividade ou informação cuja ilicitude for manifesta e não retirar ou impossibilitar logo o acesso a essa informação.

2 – Há responsabilidade civil sempre que, perante as circunstâncias que conhece, o prestador do serviço tenha ou deva ter consciência do carácter ilícito da informação.

3 – Aplicam-se as regras comuns de responsabilidade sempre que o destinatário do serviço actuar subordinado ao prestador ou for por ele controlado.

ART. 17.º (Responsabilidade dos prestadores intermediários de serviços de associação de conteúdos) – Os prestadores intermediários de serviços de associação de conteúdos em rede, por meio de instrumentos de busca, hiperconexões ou processos análogos que permitam o acesso a conteúdos ilícitos estão sujeitos a regime de responsabilidade correspondente ao estabelecido no artigo anterior.

ART. 18.º (Solução provisória de litígios) – 1 – Nos casos contemplados nos artigos 16.º e 17.º, o prestador intermediário de serviços, se a ilicitude não for manifesta, não é obrigado a remover o conteúdo contestado ou a impossibilitar o acesso à informação só pelo facto de um interessado arguir uma violação.

2 – Nos casos previstos no número anterior, qualquer interessado pode recorrer à entidade de supervisão respectiva, que deve dar uma solução provisória em quarenta e oito horas e logo a comunica electronicamente aos intervenientes.

3 – Quem tiver interesse jurídico na manutenção daquele conteúdo em linha pode nos mesmos termos recorrer à entidade de supervisão contra uma decisão do prestador de remover ou impossibilitar o acesso a esse conteúdo, para obter a solução provisória do litígio.

4 – O procedimento perante a entidade de supervisão será especialmente regulamentado.

5 – A entidade de supervisão pode a qualquer tempo alterar a composição provisória do litígio estabelecida.

6 – Qualquer que venha a ser a decisão, nenhuma responsabilidade recai sobre a entidade de supervisão e tão-pouco recai sobre o prestador intermediário de serviços por ter ou não retirado o conteúdo ou impossibilitado o acesso a mera solicitação, quando não for manifesto se há ou não ilicitude.

7 – A solução definitiva do litígio é realizada nos termos e pelas vias comuns.

8 – O recurso a estes meios não prejudica a utilização pelos interessados, mesmo simultânea, dos meios judiciais comuns.

ART. 19.º (Relação com o direito à informação) – 1 – A associação de conteúdos não é considerada irregular unicamente por haver conteúdos ilícitos no sítio de destino, ainda que o prestador tenha consciência do facto.

2 – A remissão é lícita se for realizada com objectividade e distanciamento, representando o exercício do direito à informação, sendo, pelo contrário, ilícita se representar uma maneira de tomar como próprio o conteúdo ilícito para que se remete.

3 – A avaliação é realizada perante as circunstâncias do caso, nomeadamente:

a) A confusão eventual dos conteúdos do sítio de origem com os de destino;

b) O carácter automatizado ou intencional da remissão;

c) A área do sítio de destino para onde a remissão é efectuada.

CAPÍTULO IV — **Comunicações publicitárias em rede e *marketing* directo**

ART. 20.º (Âmbito) – 1 – Não constituem comunicação publicitária em rede:

1008 [DL n.º 7/2004]   COMÉRCIO ELECTRÓNICO

a) Mensagens que se limitem a identificar ou permitir o acesso a um operador económico ou identifiquem objectivamente bens, serviços ou a imagem de um operador, em colectâneas ou listas, particularmente quando não tiverem implicações financeiras, embora se integrem em serviços da sociedade da informação;

b) Mensagens destinadas a promover ideias, princípios, iniciativas ou instituições.

2 – A comunicação publicitária pode ter somente por fim promover a imagem de um operador comercial, industrial, artesanal ou integrante de uma profissão regulamentada.

ART. 21.º (Identificação e informação) – Nas comunicações publicitárias prestadas à distância, por via electrónica, devem ser claramente identificados de modo a serem apreendidos com facilidade por um destinatário comum:

a) A natureza publicitária, logo que a mensagem seja apresentada no terminal e de forma ostensiva;

b) O anunciante;

c) As ofertas promocionais, como descontos, prémios ou brindes, e os concursos ou jogos promocionais, bem como os condicionalismos a que ficam submetidos.

ART. 22.º (Comunicações não solicitadas) – 1 – O envio de mensagens para fins de marketing directo, cuja recepção seja independente de intervenção do destinatário, nomeadamente por via de aparelhos de chamada automática, aparelhos de telecópia ou por correio electrónico, carece de consentimento prévio do destinatário.

2 – Exceptuam-se as mensagens enviadas a pessoas colectivas, ficando, no entanto, aberto aos destinatários o recurso ao sistema de opção negativa.

3 – É também permitido ao fornecedor de um produto ou serviço, no que respeita aos mesmos ou a produtos ou serviços análogos, enviar publicidade não solicitada aos clientes com quem celebrou anteriormente transacções, se ao cliente tiver sido explicitamente oferecida a possibilidade de o recusar por ocasião da transacção realizada e se não implicar para o destinatário dispêndio adicional ao custo do serviço de telecomunicações.

4 – Nos casos previstos nos números anteriores, o destinatário deve ter acesso a meios que lhe permitam a qualquer momento recusar, sem ónus e independentemente de justa causa, o envio dessa publicidade para futuro.

5 – É proibido o envio de correio electrónico para fins de *marketing* directo, ocultando ou dissimulando a identidade da pessoa em nome de quem é efectuada a comunicação.

6 – Cada comunicação não solicitada deve indicar um endereço e um meio técnico electrónico, de fácil identificação e utilização, que permita ao destinatário do serviço recusar futuras comunicações.

7 – Às entidades que promovam o envio de comunicações publicitárias não solicitadas cuja recepção seja independente da intervenção do destinatário cabe manter, por si ou por organismos que as representem, uma lista actualizada de pessoas que manifestaram o desejo de não receber aquele tipo de comunicações.

8 – Sem prejuízo do disposto no número anterior, compete à Direcção-Geral do Consumidor (DGC) manter actualizada uma lista de âmbito nacional de pessoas que manifestem o desejo genérico de não receber quaisquer comunicações publicitárias.

9 – A inserção na lista referida no número anterior depende do preenchimento de formulário electrónico disponibilizado através da página electrónica da DGC.

10 — As entidades que promovam o envio de mensagens para fins de *marketing* directo são obrigadas a consultar a lista, actualizada trimestralmente pela DGC, que a disponibiliza a seu pedido.

11 — É proibido o envio de comunicações publicitárias por via electrónica às pessoas constantes das listas prescritas nos n.ᵒˢ 7 e 8.

ART. 23.º (Profissões regulamentadas) – 1 – As comunicações publicitárias à distância por via electrónica em profissões regulamentadas são permitidas mediante o estrito cumprimento das regras deontológicas de cada profissão, nomeadamente as relativas à independência e honra e ao sigilo profissionais, bem como à lealdade para com o público e dos membros da profissão entre si.

2 – «Profissão regulamentada» é entendido no sentido constante dos diplomas relativos ao reconhecimento, na União Europeia, de formações profissionais.

CAPÍTULO V — **Contratação electrónica**

ART. 24.º (Âmbito) – As disposições deste capítulo são aplicáveis a todo o tipo de contratos celebrados por via electrónica ou informática, sejam ou não qualificáveis como comerciais.

ART. 25.º (Liberdade de celebração) – 1 – É livre a celebração de contratos por via electrónica, sem que a validade ou eficácia destes seja prejudicada pela utilização deste meio.

2 – São excluídos do princípio da admissibilidade os negócios jurídicos:

a) Familiares e sucessórios;

b) Que exijam a intervenção de tribunais, entes públicos ou outros entes que exerçam poderes públicos, nomeadamente quando aquela intervenção condicione a produção de efeitos em relação a terceiros e ainda os negócios legalmente sujeitos a reconhecimento ou autenticação notariais;

c) Reais imobiliários, com excepção do arrendamento;

d) De caução e de garantia, quando não se integrarem na actividade profissional de quem as presta.

3 – Só tem de aceitar a via electrónica para a celebração de um contrato quem se tiver vinculado a proceder dessa forma.

COMÉRCIO ELECTRÓNICO   [DL n.º 7/2004]   1009

4 – São proibidas cláusulas contratuais gerais que imponham a celebração por via electrónica dos contratos com consumidores.

ART. 26.º (Forma) – 1 – As declarações emitidas por via electrónica satisfazem a exigência legal de forma escrita quando contidas em suporte que ofereça as mesmas garantias de fidedignidade, inteligibilidade e conservação.

2 – O documento electrónico vale como documento assinado quando satisfizer os requisitos da legislação sobre assinatura electrónica e certificação.

ART. 27.º (Dispositivos de identificação e correcção de erros) – O prestador de serviços em rede que celebre contratos por via electrónica deve disponibilizar aos destinatários dos serviços, salvo acordo em contrário das partes que não sejam consumidores, meios técnicos eficazes que lhes permitam identificar e corrigir erros de introdução, antes de formular uma ordem de encomenda.

ART. 28.º (Informações prévias) – 1 – O prestador de serviços em rede que celebre contratos em linha deve facultar aos destinatários, antes de ser dada a ordem de encomenda, informação mínima inequívoca que inclua:

a) O processo de celebração do contrato;

b) O arquivamento ou não do contrato pelo prestador de serviço e a acessibilidade àquele pelo destinatário;

c) A língua ou línguas em que o contrato pode ser celebrado;

d) Os meios técnicos que o prestador disponibiliza para poderem ser identificados e corrigidos erros de introdução que possam estar contidos na ordem de encomenda;

e) Os termos contratuais e as cláusulas gerais do contrato a celebrar;

f) Os códigos de conduta de que seja subscritor e a forma de os consultar electronicamente.

2 – O disposto no número anterior é derrogável por acordo em contrário das partes que não sejam consumidores.

ART. 29.º (Ordem de encomenda e aviso de recepção) – 1 – Logo que receba uma ordem de encomenda por via exclusivamente electrónica, o prestador de serviços deve acusar a recepção igualmente por meios electrónicos, salvo acordo em contrário com a parte que não seja consumidora.

2 – É dispensado o aviso de recepção da encomenda nos casos em que há a imediata prestação em linha do produto ou serviço.

3 – O aviso de recepção deve conter a identificação fundamental do contrato a que se refere.

4 – O prestador satisfaz o dever de acusar a recepção se enviar a comunicação para o endereço electrónico que foi indicado ou utilizado pelo destinatário do serviço.

5 – A encomenda torna-se definitiva com a confirmação do destinatário, dada na sequência do aviso de recepção, reiterando a ordem emitida.

ART. 30.º (Contratos celebrados por meio de comunicação individual) – Os artigos 27.º a 29.º não são aplicáveis aos contratos celebrados exclusivamente por correio electrónico ou outro meio de comunicação individual equivalente.

ART. 31.º (Apresentação dos termos contratuais e cláusulas gerais) – 1 – Os termos contratuais e as cláusulas gerais, bem como o aviso de recepção, devem ser sempre comunicados de maneira que permita ao destinatário armazená-los e reproduzi-los.

2 – A ordem de encomenda, o aviso de recepção e a confirmação da encomenda consideram-se recebidos logo que os destinatários têm a possibilidade de aceder a eles.

ART. 32.º (Proposta contratual e convite a contratar) – 1 – A oferta de produtos ou serviços em linha representa uma proposta contratual quando contiver todos os elementos necessários para que o contrato fique concluído com a simples aceitação do destinatário, representando, caso contrário, um convite a contratar.

2 – O mero aviso de recepção da ordem de encomenda não tem significado para a determinação do momento da conclusão do contrato.

ART. 33.º (Contratação sem intervenção humana) – 1 – À contratação celebrada exclusivamente por meio de computadores, sem intervenção humana, é aplicável o regime comum, salvo quando este pressupuser uma actuação.

2 – São aplicáveis as disposições sobre erro:

a) Na formação da vontade, se houver erro de programação;

b) Na declaração, se houver defeito de funcionamento da máquina;

c) Na transmissão, se a mensagem chegar deformada ao seu destino.

3 – A outra parte não pode opor-se à impugnação por erro sempre que lhe fosse exigível que dele se apercebesse, nomeadamente pelo uso de dispositivos de detecção de erros de introdução.

ART. 34.º (Solução de litígios por via electrónica) – É permitido o funcionamento em rede de formas de solução extrajudicial de litígios entre prestadores e destinatários de serviços da sociedade da informação, com observância das disposições concernentes à validade e eficácia dos documentos referidas no presente capítulo.

1010   [DL n.º 7/2004]   COMÉRCIO ELECTRÓNICO

CAPÍTULO VI — Entidades de supervisão e regime sancionatório

ART. 35.º (Entidade de supervisão central) – 1 – É instituída uma entidade de supervisão central com atribuições em todos os domínios regulados pelo presente diploma, salvo nas matérias em que lei especial atribua competência sectorial a outra entidade.

2 – As funções de entidade de supervisão central serão exercidas pela ICP – Autoridade Nacional de Comunicações (ICP-ANACOM).

ART. 36.º (Atribuições e competência) – 1 – As entidades de supervisão funcionam como organismos de referência para os contactos que se estabeleçam no seu domínio, fornecendo, quando requeridas, informações aos destinatários, aos prestadores de serviços e ao público em geral.

2 – Cabe às entidades de supervisão, além das atribuições gerais já assinaladas e das que lhes forem especificamente atribuídas:

a) Adoptar as providências restritivas previstas nos artigos 7.º e 8.º;

b) Elaborar regulamentos e dar instruções sobre práticas a ser seguidas para cumprimento do disposto no presente diploma;

c) Fiscalizar o cumprimento do preceituado sobre o comércio electrónico;

d) Instaurar e instruir processos contra-ordenacionais e, bem assim, aplicar as sanções previstas;

e) Determinar a suspensão da actividade dos prestadores de serviços em face de graves irregularidades e por razões de urgência.

3 – A entidade de supervisão central tem competência em todas as matérias que a lei atribua a um órgão administrativo sem mais especificação e nas que lhe forem particularmente cometidas.

4 – Cabe designadamente à entidade de supervisão central, além das atribuições gerais já assinaladas, quando não couberem a outro órgão:

a) Publicitar em rede os códigos de conduta mais significativos de que tenha conhecimento;

b) Publicitar outras informações, nomeadamente decisões judiciais neste domínio;

c) Promover as comunicações à Comissão Europeia e ao Estado membro de origem previstas no artigo 9.º;

d) Em geral, desempenhar a função de entidade permanente de contacto com os outros Estados membros e com a Comissão Europeia, sem prejuízo das competências que forem atribuídas a entidades sectoriais de supervisão.

ART. 37.º (Contra-ordenação) – 1 – Constitui contra-ordenação sancionável com coima de € 2500 a € 50 000 a prática dos seguintes actos pelos prestadores de serviços:

a) A não disponibilização ou a prestação de informação aos destinatários regulada nos artigos 10.º, 13.º, 21.º, 22.º, n.º 6, e 28.º, n.º 1, do presente diploma;

b) O envio de comunicações não solicitadas, com inobservância dos requisitos legais previstos no artigo 22.º;

c) A não disponibilização aos destinatários, quando devido, de dispositivos de identificação e correcção de erros de introdução, tal como previsto no artigo 27.º;

d) A omissão de pronto envio do aviso de recepção da ordem de encomenda previsto no artigo 29.º;

e) A não comunicação dos termos contratuais, cláusulas gerais e avisos de recepção previstos no artigo 31.º, de modo que permita aos destinatários armazená-los e reproduzi-los;

f) A não prestação de informações solicitadas pela entidade de supervisão.

2 – Constitui contra-ordenação sancionável com coima de € 5000 a € 100 000 a prática dos seguintes actos pelos prestadores de serviços:

a) A desobediência a determinação da entidade de supervisão ou de outra entidade competente de identificar os destinatários dos serviços com quem tenham acordos de transmissão ou de armazenagem, tal como previsto na alínea *b)* do artigo 13.º;

b) O não cumprimento de determinação do tribunal ou da autoridade competente de prevenir ou pôr termo a uma infracção nos termos da alínea *c)* do artigo 13.º;

c) A omissão de informação à autoridade competente sobre actividades ilícitas de que tenham conhecimento, praticadas por via dos serviços que prestam, tal como previsto na alínea *a)* do artigo 13.º;

d) A não remoção ou impedimento do acesso a informação que armazenem e cuja ilicitude manifesta seja do seu conhecimento, tal como previsto nos artigos 16.º e 17.º;

e) A não remoção ou impedimento do acesso a informação que armazenem, se, nos termos do artigo 15.º, n.º 3, tiverem conhecimento que foi retirada da fonte, ou o acesso tornado impossível, ou ainda que um tribunal ou autoridade administrativa da origem ordenou essa remoção ou impossibilidade de acesso para ter exequibilidade imediata;

f) A prática com reincidência das infracções previstas no n.º 1.

3 – Constitui contra-ordenação sancionável com coima de € 2500 a € 100 000 a prestação de serviços de associação de conteúdos, nas condições da alínea *e)* do n.º 2, quando os prestadores de serviços não impossibilitem a localização ou o acesso a informação ilícita.

4 – A negligência é sancionável nos limites da coima aplicável às infracções previstas no n.º 1.

5 – A prática da infracção por pessoa colectiva agrava em um terço os limites máximo e mínimo da coima.

ART. 38.º (Sanções acessórias) – 1 – Às contra-ordenações acima previstas pode ser aplicada a sanção acessória de perda a favor do Estado dos bens usados para a prática das infracções.

FACTURA ELECTRÓNICA   [DL n.º 196/2007]   1011

2 – Em função da gravidade da infracção, da culpa do agente ou da prática reincidente das infracções, pode ser aplicada, simultaneamente com as coimas previstas no n.º 2 do artigo anterior, a sanção acessória de interdição do exercício da actividade pelo período máximo de seis anos e, tratando-se de pessoas singulares, da inibição do exercício de cargos sociais em empresas prestadoras de serviços da sociedade da informação durante o mesmo período.

3 – A aplicação de medidas acessórias de interdição do exercício da actividade e, tratando-se de pessoas singulares, da inibição do exercício de cargos sociais em empresas prestadoras de serviços da sociedade da informação por prazo superior a dois anos será obrigatoriamente decidida judicialmente por iniciativa oficiosa da própria entidade de supervisão.

4 – Pode dar-se adequada publicidade à punição por contra-ordenação, bem como às sanções acessórias aplicadas nos termos do presente diploma.

ART. 39.º (Providências provisórias) – 1 – A entidade de supervisão a quem caiba a aplicação da coima pode determinar, desde que se revelem imediatamente necessárias, as seguintes providências provisórias:

a) A suspensão da actividade e o encerramento do estabelecimento que é suporte daqueles serviços da sociedade da informação, enquanto decorre o procedimento e até à decisão definitiva;

b) A apreensão de bens que sejam veículo da prática da infracção.

2 – Estas providências podem ser determinadas, modificadas ou levantadas em qualquer momento pela própria entidade de supervisão, por sua iniciativa ou a requerimento dos interessados e a sua legalidade pode ser impugnada em juízo.

ART. 40.º (Destino das coimas) – O montante das coimas cobradas reverte para o Estado e para a entidade que as aplicou na proporção de 60% e 40%, respectivamente.

ART. 41.º (Regras aplicáveis) – 1 – O regime sancionatório estabelecido não prejudica os regimes sancionatórios especiais vigentes.

2 – A entidade competente para a instauração, instrução e aplicação das sanções é a entidade de supervisão central ou as sectoriais, consoante a natureza das matérias.

3 – É aplicável subsidiariamente o regime geral das contra-ordenações.

CAPÍTULO VII — Disposições finais

ART. 42.º (Códigos de conduta) – 1 – As entidades de supervisão estimularão a criação de códigos de conduta pelos interessados e sua difusão por estes por via electrónica.

2 – Será incentivada a participação das associações e organismos que têm a seu cargo os interesses dos consumidores na formulação e aplicação de códigos de conduta, sempre que estiverem em causa os interesses destes. Quando houver que considerar necessidades específicas de associações representativas de deficientes visuais ou outros, estas deverão ser consultadas.

3 – Os códigos de conduta devem ser publicitados em rede pelas próprias entidades de supervisão.

ART. 43.º (Impugnação) – As entidades de supervisão e o Ministério Público têm legitimidade para impugnar em juízo os códigos de conduta aprovados em domínio abrangido por este diploma que extravasem das finalidades da entidade que os emitiu ou tenham conteúdo contrário a princípios gerais ou regras vigentes.

14.4. FACTURA ELECTRÓNICA

Decreto-Lei n.º 196/2007

de 15 de Maio

ART. 1.º (Objecto) – O presente decreto-lei regula as condições técnicas para a emissão, conservação e arquivamento das facturas ou documentos equivalentes emitidos por via electrónica, nos termos do Código do Imposto sobre o Valor Acrescentado, aprovado pelo Decreto-Lei n.º 394-B/84, de 26 de Dezembro.

ART. 2.º (Sistemas informáticos de facturação por via electrónica) – 1 – Os sistemas informáticos de emissão, de recepção e de arquivamento de facturas ou documentos equivalentes em formato electrónico devem garantir as seguintes funcionalidades:

a) A autenticidade da origem de cada factura electrónica ou documento equivalente;

b) A integridade do conteúdo da factura electrónica ou documento equivalente;

c) A integridade da sequência das facturas electrónicas ou documentos equivalentes;

d) A validação cronológica das mensagens emitidas como facturas electrónicas ou documentos equivalentes;

e) O arquivamento, em suporte informático, das facturas ou documentos equivalentes emitidos e recebidos por via electrónica;

1012   [DL n.º 196/2007]   COMÉRCIO ELECTRÓNICO

f) A manutenção, durante o período previsto no artigo 52.º do Código do IVA, da autenticidade, integridade e disponibilidade do conteúdo original das facturas e documentos equivalentes emitidos e recebidos por via electrónica;

g) O não repúdio da origem e recepção das mensagens;

h) A não duplicação das facturas ou documentos equivalentes emitidos e recebidos por via electrónica;

i) Mecanismos que permitam verificar que o certificado utilizado pelo emissor da factura electrónica ou documento equivalente não se encontra revogado, caduco ou suspenso na respectiva data de emissão.

2 – As funcionalidades dos sistemas informáticos de emissão, de recepção e de arquivamento de facturas ou documentos equivalentes em formato electrónico podem ser asseguradas, no todo ou em parte, por terceiros em nome e por conta do sujeito passivo.

ART. 3.º (Emissão de factura através de meios electrónicos) – As facturas ou documentos equivalentes podem, sob reserva de aceitação pelo destinatário, ser emitidos por via electrónica, desde que seja garantida a autenticidade da sua origem e a integridade do seu conteúdo e adoptado um dos seguintes procedimentos:

a) Aposição de uma assinatura electrónica avançada nos termos do Decreto-Lei n.º 290-D/99, de 2 de Agosto, na redacção que lhe foi dada pelos Decretos-Leis n.ºⁱ 62/2003, de 3 de Abril, 165/2004, de 6 de Julho, e 116-A/2006, de 16 de Junho;

b) Utilização de um sistema de intercâmbio electrónico de dados, desde que os respectivos emitentes e destinatários outorguem um acordo que siga as condições jurídicas do «Acordo tipo EDI europeu», aprovado pela Recomendação n.º 1994/820/CE, da Comissão, de 19 de Outubro.

ART. 4.º (Conservação) – 1 – As facturas e documentos equivalentes emitidos e recebidos por via electrónica devem ser conservados, sem alterações, por ordem cronológica de emissão e recepção.

2 – O processamento automático efectuado pelos sistemas informáticos de facturação por via electrónica deve incluir o registo dos dados relativos aos documentos mencionados no número anterior de forma a garantir uma transferência exacta e completa dos dados para os suportes de arquivamento.

3 – Para garantia do acesso sem restrições, por parte da administração tributária, às facturas e documentos equivalentes emitidos e recebidos por via electrónica, a documentação respeitante à arquitectura, às análises funcional e orgânica e exploração do sistema informático, bem como os dispositivos de arquivamento, software e algoritmos integrados no sistema de facturação electrónica são mantidos acessíveis durante o prazo previsto na lei para a conservação da documentação.

ART. 5.º (Requisitos do arquivamento) – O arquivamento das facturas e documentos equivalentes emitidos e recebidos por via electrónica é efectuado de forma a assegurar:

a) A execução de controlos que assegurem a integridade, exactidão e fiabilidade do arquivamento;

b) A execução de funcionalidades destinadas a prevenir a criação indevida e a detectar qualquer alteração, destruição ou deterioração dos registos arquivados;

c) A recuperação dos dados em caso de incidente;

d) A reprodução de cópias legíveis e inteligíveis dos dados registados.

ART. 6.º (Fiscalização) – 1 – A administração tributária pode comprovar nas instalações dos sujeitos passivos, bem como nas de outras entidades que prestem serviços de facturação electrónica ou de recepção, registo e arquivamento de facturas ou documentos equivalentes emitidos e recebidos por via electrónica, a conformidade do sistema utilizado com os requisitos legalmente exigidos, nos termos estabelecidos no Regime Complementar do Procedimento da Inspecção Tributária, aprovado pelo Decreto-Lei n.º 413/98, de 31 de Dezembro, com a redacção que lhe foi dada pela Lei n.º 50/2005, de 30 de Agosto.

2 – Para efeitos do número anterior, as acções da administração tributária podem revestir a seguinte forma:

a) Acesso directo ao sistema informático de apoio à facturação para consulta dos dados com relevância fiscal, utilizando o seu próprio *hardware* e *software*, o do sujeito passivo ou o de entidade terceira;

b) Solicitação ao sujeito passivo para que forneça os dados relevantes num suporte digital em formato *standard*;

c) Cópia dos dados para suporte lógico de arquivamento.

3 – No caso de a exploração do sistema informático ou o arquivamento dos dados se efectuar fora do País, o sujeito passivo inspeccionado é obrigado a facultar o acesso previsto no número anterior a partir do território nacional.

4 – Em qualquer das acções mencionadas no número anterior, o sujeito passivo apoia a administração tributária no exercício do direito de acesso à informação, designadamente através da instrução sobre os procedimentos a adoptar para aceder ao sistema informático de apoio à facturação e para consultar os dados arquivados.

5 – Nos casos em que se mostre exigível, para efeitos do cumprimento do regime de bens em circulação objecto de transacções entre sujeitos passivos de IVA, aprovado pelo Decreto-Lei n.º 147/2003, de 11 de Julho, alterado pelo Decreto-Lei n.º 238/2000, de 20 de Dezembro, deve ser garantida a reprodução em suporte de papel das facturas ou documentos equivalentes emitidos por via electrónica.

ART. 7.º (Acordos e documentação técnica) – Os acordos celebrados entre os emitentes e os destinatários de facturas ou documentos equivalentes emitidos por via electrónica, bem como a documentação técnica de apoio ao utilizador dos sistemas informáticos de facturação por via electrónica, devem estar actualizados e disponíveis para consulta pela administração tributária.

CAP. XV

EMPRESAS PRESTADORAS DE SERVIÇOS

15.1. MEDIAÇÃO E ANGARIAÇÃO IMOBILIÁRIA

Decreto-Lei n.º 211/2004
de 20 de Agosto

CAPÍTULO I — **Disposições gerais**

ART. 1.º (Âmbito) – 1 – O exercício das actividades de mediação imobiliária e de angariação imobiliária fica sujeito ao regime estabelecido no presente diploma.

2 – O exercício das actividades de mediação imobiliária e angariação imobiliária por entidades com sede ou domicílio efectivo noutro Estado da União Europeia está igualmente sujeito ao presente diploma, sempre que a actividade incida sobre imóveis situados em Portugal.

ART. 2.º (Objecto da actividade de mediação imobiliária) – 1 – A actividade de mediação imobiliária é aquela em que, por contrato, uma empresa se obriga a diligenciar no sentido de conseguir interessado na realização de negócio que vise a constituição ou aquisição de direitos reais sobre bens imóveis, a permuta, o trespasse ou o arrendamento dos mesmos ou a cessão de posição em contratos cujo objecto seja um bem imóvel.

2 – A actividade de mediação imobiliária consubstancia-se no desenvolvimento de:

a) Acções de prospecção e recolha de informações que visem encontrar o bem imóvel pretendido pelo cliente;

b) Acções de promoção dos bens imóveis sobre os quais o cliente pretenda realizar negócio jurídico, designadamente através da sua divulgação, publicitação ou da realização de leilões.

3 – As empresas podem ainda prestar serviços de obtenção de documentação e de informação necessários à concretização dos negócios objecto do contrato de mediação imobiliária, que não estejam legalmente atribuídos, em exclusivo, a outras profissões.

4 – Para efeitos do disposto no presente artigo, considera-se:

a) «Interessado» o terceiro angariado pela empresa de mediação, desde que esse terceiro venha a concretizar o negócio visado pelo contrato de mediação;

b) «Cliente» a pessoa singular ou colectiva que celebra o contrato de mediação imobiliária com a empresa.

5 – No âmbito da preparação e do cumprimento dos contratos de mediação imobiliária celebrados, as empresas de mediação imobiliária podem ser coadjuvadas por angariadores imobiliários.

6 – É expressamente vedado às empresas de mediação celebrar contratos de prestação de serviços com angariadores imobiliários não inscritos no Instituto dos Mercados de Obras Públicas e Particulares e do Imobiliário, doravante designado por IMOPPI.

ART. 3.º (Empresa de mediação imobiliária) – 1 – Considera-se empresa de mediação imobiliária aquela que tenha por actividade principal a definida no artigo 2.º.

2 – Sem prejuízo do disposto em legislação especial, as empresas de mediação imobiliária podem ainda exercer, como actividade secundária, a administração de imóveis por conta de outrem.

3 – Sem prejuízo do disposto no n.º 2, é expressamente vedado às empresas de mediação imobiliária o exercício de outras actividades comerciais.

1014 **[DL n.º 211/2004]** EMPRESAS PRESTADORAS DE SERVIÇOS

ART. 4.º **(Angariação imobiliária)** – 1 – A actividade de angariação imobiliária é aquela em que, por contrato de prestação de serviços, uma pessoa singular se obriga a desenvolver as acções e a prestar os serviços previstos, respectivamente, nos n.ºs 2 e 3 do artigo 2.º, necessários à preparação e ao cumprimento dos contratos de mediação imobiliária, celebrados pelas empresas de mediação imobiliária.

2 – É expressamente vedado aos angariadores imobiliários o exercício de outras actividades comerciais ou profissionais.

3 – O contrato mencionado no n.º 1 pode estabelecer que o angariador, numa área geográfica determinada, preste serviços, em exclusivo, para uma empresa de mediação imobiliária.

4 – O contrato mencionado no n.º 1 está sujeito à forma escrita.

CAPÍTULO II — **Actividade de mediação imobiliária**

Secção I — **LICENCIAMENTO**

ART. 5.º **(Licença)** – 1 – O exercício da actividade de mediação imobiliária depende de licença a conceder pelo IMOPPI.

2 – O IMOPPI emitirá cartões de identificação aos administradores, gerentes ou directores das empresas licenciadas, que os deverão exibir em todos os actos em que intervenham.

3 – As licenças concedidas e os cartões de identificação são válidos por três anos e revalidados por idênticos períodos.

ART. 6.º **(Requisitos de ingresso e manutenção na actividade)** – 1 – A concessão e manutenção da licença dependem do preenchimento cumulativo, pelos requerentes, dos seguintes requisitos:

a) Revestir a forma de sociedade comercial ou outra forma de agrupamento de sociedades, com sede efectiva num Estado membro da União Europeia, que tenha a denominação de acordo com o estipulado no n.º 1 do artigo 8.º;

b) Ter por objecto e actividade principal o exercício da actividade de mediação imobiliária, com exclusão de quaisquer outras actividades para além da prevista no n.º 2 do artigo 3.º;

c) Apresentar a respectiva situação regularizada perante a administração fiscal e a segurança social;

d) Possuir capacidade profissional, nos termos do disposto no artigo 7.º;

e) Possuir seguro de responsabilidade civil, nos termos do disposto no artigo 23.º;

f) Deter capital próprio positivo, nos termos do disposto no n.º 2;

g) Possuírem, a sociedade requerente bem como os respectivos administradores, gerentes ou directores, idoneidade comercial.

2 – O capital próprio é determinado nos termos estabelecidos pelo Plano Oficial de Contabilidade (POC).

3 – Para efeitos do disposto na alínea *g)* do n.º 1, não são consideradas comercialmente idóneas as pessoas relativamente às quais se verifique uma das seguintes situações:

a) Proibição legal do exercício do comércio;

b) Inibição do exercício do comércio, declarada em processo de falência ou insolvência, enquanto não for levantada a inibição e decretada a reabilitação.

4 – Para efeitos do disposto na alínea *g)* do n.º 1, considera-se indiciada a falta de idoneidade comercial sempre que se verifique, entre outras, qualquer das seguintes situações:

a) Declaração de falência ou insolvência;

b) Terem sido punidas, pelo menos três vezes, com coima pela prática dolosa dos ilícitos de mera ordenação social consubstanciados na violação do disposto nas alíneas *c)* e *e)* do n.º 1 do artigo 32.º;

c) Terem sido punidas, pelo menos duas vezes, com coima pela prática dolosa dos ilícitos de mera ordenação social consubstanciados na violação do disposto no n.º 2 do artigo 4.º, nas alíneas *a)*, *b)*, *f)* e *g)* do n.º 1 do artigo 32.º, no artigo 33.º e no n.º 3 do artigo 34.º;

d) Terem sido punidas com coima pela prática dolosa dos ilícitos de mera ordenação social consubstanciados na violação do disposto no n.º 1 do artigo 24.º e no n.º 4 do artigo 30.º, desde que fique demonstrada a violação repetida dos deveres previstos no artigo 33.º e no n.º 3 do artigo 34.º, no exercício ilegal da actividade de angariação imobiliária;

e) Terem sido administradores, gerentes ou directores de uma empresa de mediação imobiliária punida, pelo menos três vezes, com coima pela prática dolosa dos ilícitos de mera ordenação social consubstanciados na violação do disposto no n.º 6 do artigo 2.º, nos n.ºs 1, 2, 3 e 4 do artigo 14.º e nos n.ºs 1, 2, 3, 4 e 5 do artigo 20.º;

f) Terem sido administradores, gerentes ou directores de uma empresa de mediação imobiliária punida, pelo menos duas vezes, com coima pela prática dolosa dos ilícitos de mera ordenação social previstos na alínea *b)* do n.º 1 do artigo 44.º;

g) Terem sido punidas ou terem sido administradores, gerentes ou directores de uma empresa de mediação imobiliária punida com coima pela prática dolosa do ilícito de mera ordenação social previsto na alínea *a)* do n.º 1 do artigo 44.º, desde que fique demonstrada a violação repetida de um dos deveres estipulados no artigo 16.º, nos n.ºs 2, 3 e 4 do artigo 17.º e nos n.ºs 3, 4 e 5 do artigo 18.º, no exercício ilegal da actividade de mediação imobiliária;

h) Terem sido punidas, no âmbito do exercício da actividade de angariação imobiliária, com a sanção acessória de interdição do exercício da actividade, nos termos da alínea *b)* do n.º 1 do artigo 45.º, durante o período desta interdição;

MEDIAÇÃO E ANGARIAÇÃO IMOBILIÁRIA
[DL n.º 211/2004] 1015

i) Terem sido administradores, gerentes ou directores de uma empresa de mediação imobiliária punida com a sanção acessória de interdição do exercício da actividade, nos termos da alínea *b)* do n.º 1 do artigo 45.º, durante o período desta interdição;

j) Terem sido punidas ou terem sido administradores, gerentes ou directores de uma empresa punida, com coima, pela prática das contra-ordenações previstas no Código da Propriedade Industrial;

l) Terem sido condenadas, por decisão transitada em julgado, pela prática dos crimes previstos no Código da Propriedade Industrial, em pena de prisão efectiva;

m) Terem sido condenadas, por decisão transitada em julgado, por crime doloso contra o património, em pena de prisão efectiva;

n) Terem sido condenadas, por decisão transitada em julgado, por crime de falsificação de documento, quando praticado no âmbito do exercício das actividades de mediação imobiliária ou de angariação imobiliária, em pena de prisão efectiva;

o) Terem sido condenadas, por decisão transitada em julgado, pela prática de crimes relativos ao branqueamento de capitais, em pena de prisão efectiva;

p) Terem sido condenadas, por decisão transitada em julgado, por crimes de corrupção activa ou passiva, em pena de prisão efectiva;

q) Terem sido condenadas, por decisão transitada em julgado, por crimes tributários, em pena de prisão efectiva;

r) Terem sido condenadas, por decisão transitada em julgado, por crime de desobediência, quando praticado no âmbito do exercício das actividades de mediação imobiliária ou de angariação imobiliária, em pena de prisão efectiva;

s) Terem sido condenadas, por decisão transitada em julgado, por crime de quebra de marcas ou de selos, quando praticado no âmbito do exercício das actividades de mediação imobiliária ou de angariação imobiliária, em pena de prisão efectiva;

t) Terem sido condenadas, por decisão transitada em julgado, por crime de arrancamento, destruição ou alteração de editais, quando praticado no âmbito do exercício das actividades de mediação imobiliária ou de angariação imobiliária, em pena de prisão efectiva.

5 – As condenações referidas nas alíneas *b)* a *g)* e *j)* do número anterior não relevam após o decurso do prazo de dois anos contados do cumprimento integral das obrigações decorrentes da aplicação da última sanção.

6 – A verificação da ocorrência dos factos descritos no n.º 4 não impede o IMOPPI de considerar, de forma justificada, que estão reunidas as condições de idoneidade para o exercício da actividade de mediação imobiliária, tendo em conta, nomeadamente, o tempo decorrido desde a prática dos factos.

ART. 7.º (Capacidade profissional) – 1 – Para efeitos do disposto na alínea *d)* do n.º 1 do artigo 6.º, a capacidade profissional consiste na posse, por um dos administradores, gerentes ou directores, de ensino secundário completo ou equivalente e formação inicial e contínua adequadas.

2 – Ficam dispensados de comprovar formação inicial os administradores, gerentes ou directores que possuam grau de bacharel ou de licenciado em curso cujo plano curricular integre, como vertente dominante, formação nas áreas definidas por portaria conjunta dos ministros que tutelam o IMOPPI, o ensino superior e a formação profissional.

3 – A capacidade profissional pode igualmente ser comprovada por técnico, vinculado à empresa por contrato de trabalho a tempo completo, que possua as habilitações literárias previstas no número anterior e formação contínua.

4 – O administrador, gerente ou director só pode conferir capacidade profissional a uma empresa de mediação imobiliária.

5 – O técnico que confere capacidade profissional à empresa, nos termos do n.º 3, não pode exercer a actividade de angariação imobiliária, nem fazer parte do quadro de pessoal de outras empresas de mediação imobiliária.

6 – A avaliação da capacidade profissional bem como os critérios de adequação da formação profissional são definidos pela portaria prevista no n.º 2.

7 – Em caso de sociedades que não tenham a sua sede em Portugal, a capacidade profissional é conferida pelos mandatários ou por técnico das respectivas representações.

ART. 8.º (Denominação e obrigação de identificação) – 1 – Da denominação das empresas de mediação imobiliária consta, obrigatoriamente, a expressão «Mediação Imobiliária», sendo o seu uso vedado a quaisquer outras entidades.

2 – As empresas de mediação estão obrigadas à sua clara identificação, com indicação da denominação, do número da licença e do prazo de validade da mesma, em todos os estabelecimentos de que disponham, incluindo os postos provisórios.

3 – Em todos os contratos, correspondência, publicações, publicidade e, de um modo geral, em toda a sua actividade externa as empresas devem indicar a sua denominação e o número da respectiva licença.

4 – No âmbito da respectiva actividade externa, os trabalhadores das empresas de mediação devem estar identificados através de cartões de identificação fornecidos pelas mesmas, dos quais deverá constar o seu nome e fotografia actualizada, bem como a identificação da empresa, nos termos do n.º 2.

5 – Todas as empresas de mediação que desenvolvam a sua actividade no âmbito de contratos de concessão ou uso de marcas, incluindo os contratos de franquia, estão sujeitas ao disposto no presente artigo.

1016 [DL n.º 211/2004] EMPRESAS PRESTADORAS DE SERVIÇOS

ART. 9.º (Pedido de licenciamento) – 1 – O pedido de licenciamento é formulado em requerimento dirigido ao presidente do conselho de administração do IMOPPI, do qual deve constar a identificação do requerente, dos respectivos administradores, gerentes e directores e a localização dos estabelecimentos, devendo ainda ser acompanhado dos documentos comprovativos do preenchimento dos requisitos exigidos no n.º 1 do artigo 6.º.

2 – O pedido de licenciamento só é deferido quando a empresa reúna os requisitos estabelecidos no presente diploma e tenha procedido ao pagamento da taxa aplicável.

3 – O licenciamento depende ainda da comprovação do pagamento das coimas aplicadas por decisão tornada definitiva, nos termos do artigo 44.º.

4 – Em caso de extinção do procedimento por falta de pagamento da taxa aplicável, um novo pedido de licenciamento, efectuado antes de decorrido um ano sobre a data da extinção, implica um agravamento da respectiva taxa, estabelecido pela portaria referida no n.º 2 do artigo 36.º.

5 – Qualquer pedido só será processado após o levantamento da sanção de interdição de exercício da actividade aplicada por decisão tornada definitiva, nos termos do artigo 45.º.

ART. 10.º (Revalidação das licenças) – 1 – A revalidação da licença deve ser requerida no decurso dos últimos seis meses da respectiva validade e até três meses antes da data do seu termo, sem prejuízo do disposto no n.º 5.

2 – O pedido de revalidação só é deferido quando a empresa reúna os requisitos necessários à obtenção da licença e tenha procedido ao pagamento da taxa aplicável.

3 – A revalidação depende ainda do pagamento das coimas aplicadas por decisão tornada definitiva, nos termos do artigo 44.º, bem como do pagamento das taxas devidas pelos registos de alteração de sede, alteração de denominação social e abertura de estabelecimentos, cujo pagamento não haja sido efectuado.

4 – O pedido de revalidação efectuado antes do prazo estabelecido no n.º 1 implica o não processamento do mesmo e a devolução ao requerente de toda a documentação entregue.

5 – O pedido de revalidação efectuado após o prazo estabelecido no n.º 1 e até à data do termo de validade da licença implica um agravamento da respectiva taxa, estabelecido pela portaria referida no n.º 2 do artigo 36.º.

6 – O pedido de revalidação efectuado após a data do termo da licença implica o não processamento do mesmo e a devolução ao requerente de toda a documentação entregue.

7 – Em caso de extinção por falta de pagamento da taxa aplicável, um novo pedido de revalidação ou de licenciamento, efectuado antes de decorrido um ano sobre a data da extinção, implica um agravamento da respectiva taxa, estabelecido pela portaria referida no n.º 2 do artigo 36.º.

ART. 11.º (Suspensão de licenças) – 1 – São suspensas as licenças:

a) Às empresas que o requeiram;

b) Às empresas que deixem de reunir qualquer dos requisitos necessários à respectiva concessão e manutenção, referidos no artigo 6.º, sem prejuízo do disposto na alínea *f)* do artigo seguinte.

2 – O período de suspensão da licença não pode ser superior a um ano e, em caso algum, ultrapassar a data limite da sua validade.

3 – Nos casos previstos na alínea *a)* do n.º 1, a suspensão das licenças só será levantada, a solicitação das empresas, após comprovação dos requisitos de ingresso na actividade.

4 – Nos casos previstos na alínea *b)* do n.º 1, a suspensão é levantada após comprovação dos requisitos de ingresso na actividade.

ART. 12.º (Cancelamento das licenças) – São canceladas as licenças:

a) Às empresas que o requeiram;

b) Às empresas que se encontrem nas situações previstas no artigo anterior e não regularizem a situação, nos termos dos n.ᵒˢ 3 e 4 do artigo anterior;

c) Às empresas a que tenha sido aplicada a sanção de interdição do exercício de actividade, prevista no artigo 45.º;

d) Quando ocorra a extinção das empresas titulares ou a cessação da actividade de mediação imobiliária, sem prejuízo, neste último caso, do disposto na alínea *a)* do n.º 1 do artigo anterior;

e) Às empresas que não procedam ao pagamento voluntário das coimas aplicadas por decisão tornada definitiva, nos termos do artigo 44.º;

f) Às empresas que tenham deixado de ser idóneas, nos termos do disposto no n.º 3 do artigo 6.º.

ART. 13.º (Condições e efeitos da suspensão e do cancelamento das licenças) – 1 – A suspensão ou cancelamento das licenças implica a entrega ao IMOPPI da licença e dos cartões de identificação dos respectivos administradores, gerentes ou directores no prazo máximo de oito dias, contados a partir da data da sua notificação, sob pena de apreensão imediata pelas autoridades competentes.

2 – Em caso de cancelamento da licença as empresas devem ainda remeter ao IMOPPI cópia da declaração de alteração ou cessação de actividade, conforme tenha sido entregue junto da administração fiscal.

3 – A suspensão e o cancelamento das licenças determinam o encerramento dos estabelecimentos e postos provisórios, sob pena de encerramento coercivo pelas autoridades competentes, sendo-lhes vedado o exercício da actividade a partir da data da recepção da respectiva notificação.

4 – A suspensão e o cancelamento das licenças determinam ainda a caducidade dos contratos de mediação imobiliária.

MEDIAÇÃO E ANGARIAÇÃO IMOBILIÁRIA [DL n.º 211/2004] 1017

Secção II — **EXERCÍCIO DA ACTIVIDADE**

ART. 14.º (Estabelecimentos) – 1 – As empresas de mediação imobiliária só podem efectuar atendimento do público em instalações autónomas, designadas por estabelecimentos, separadas de quaisquer outros estabelecimentos comerciais ou industriais e de residências.

2 – A abertura ou a alteração da localização dos estabelecimentos referidos no número anterior só pode ser efectuada após comunicação ao IMOPPI e cumpridas as obrigações estabelecidas no artigo 20.º.

3 – O encerramento dos estabelecimentos referidos nos números anteriores só pode ser efectuado após comunicação ao IMOPPI.

4 – As empresas podem ainda instalar postos provisórios junto a imóveis ou em empreendimentos de cuja mediação estejam encarregadas, desde que exclusivamente destinados a acolher o representante da empresa, para aí prestar informações e facultar a visita aos imóveis.

5 – A infracção ao disposto no n.º 2 mantém-se enquanto não for efectuada a comunicação ao IMOPPI, sendo exigível o cumprimento das obrigações aí previstas até ao efectivo encerramento dos estabelecimentos em causa.

ART. 15.º (Negócios sobre estabelecimentos comerciais) – O trespasse e a cessão de exploração de estabelecimentos comerciais, pertencentes a sociedades licenciadas nos termos do presente diploma e afectos ao exercício da actividade de mediação imobiliária, dependem da titularidade da licença para o exercício dessa actividade pela adquirente que ali pretenda continuar a exercê-la.

ART. 16.º (Deveres para com os interessados) – 1 – A empresa de mediação é obrigada a:

a) Certificar-se, no momento da celebração do contrato de mediação, da capacidade e legitimidade para contratar das pessoas intervenientes nos negócios que irão promover;

b) Certificar-se, no momento da celebração do mesmo contrato, por todos os meios ao seu alcance, da correspondência entre as características do imóvel objecto do contrato de mediação e as fornecidas pelos interessados contratantes, bem como se sobre o mesmo recaem quaisquer ónus ou encargos;

c) Obter informação junto de quem as contratou e fornecê-la aos interessados de forma clara, objectiva e adequada, nomeadamente sobre as características, composição, preço e condições de pagamento do bem em causa;

d) Propor com exactidão e clareza os negócios de que forem encarregadas, procedendo de modo a não induzir em erro os interessados;

e) Comunicar imediatamente aos interessados qualquer facto que ponha em causa a concretização do negócio visado.

2 – Está expressamente vedado à empresa de mediação:

a) Receber remuneração de ambos os interessados no mesmo negócio, sem prejuízo do disposto no n.º 6 do artigo 18.º;

b) Intervir como parte interessada em negócio cujo objecto coincida com o objecto material do contrato de mediação do qual seja parte, nomeadamente comprar ou constituir outros directos reais, arrendar e tomar de trespasse, para si ou para sociedade de que sejam sócios, bem como para os seus sócios, administradores ou gerentes e seus cônjuges e descendentes e ascendentes do 1.º grau;

c) Celebrar contratos de mediação imobiliária quando as circunstâncias do caso permitirem, razoavelmente, duvidar da licitude do negócio que irão promover.

ART. 17.º (Recebimento de quantias) – 1 – Consideram-se depositadas à guarda da empresa de mediação quaisquer quantias que lhe sejam confiadas, nessa qualidade, antes da celebração do negócio ou da promessa do negócio visado com o exercício da mediação.

2 – As empresas de mediação são obrigadas, até à celebração da promessa do negócio ou, não havendo lugar a esta, do negócio objecto do contrato de mediação imobiliária, a restituir, a quem as prestou, as quantias mencionadas no número anterior.

3 – As empresas de mediação estão obrigadas a entregar de imediato aos interessados quaisquer quantias prestadas por conta do preço do negócio visado com o exercício da mediação que, na qualidade de mediador, lhes sejam confiadas.

4 – É expressamente vedado às empresas de mediação utilizar em proveito próprio as quantias referidas nos números anteriores.

5 – O depósito efectuado nos termos do n.º 1 é gratuito, aplicando-se, com as necessárias adaptações, as disposições previstas no Código Civil para o contrato de depósito.

ART. 18.º (Remuneração) – 1 – A remuneração só é devida com a conclusão e perfeição do negócio visado pelo exercício da mediação.

2 – Exceptuam-se do disposto no número anterior:

a) Os casos em que o negócio visado, no âmbito de um contrato de mediação celebrado, em regime de exclusividade, com o proprietário do bem imóvel, não se concretiza por causa imputável ao cliente da empresa mediadora, tendo esta direito a remuneração;

b) Os casos em que tenha sido celebrado contrato-promessa relativo ao negócio visado pelo contrato de mediação, nos quais as partes podem prever o pagamento da remuneração após a sua celebração.

1018 [DL n.º 211/2004] EMPRESAS PRESTADORAS DE SERVIÇOS

3 – Sem prejuízo do disposto no n.º 4, é vedado às empresas de mediação receber quaisquer quantias a título de remuneração ou de adiantamento por conta da mesma, previamente ao momento em que esta é devida nos termos dos n.ᵒˢ 1 e 2.

4 – Quando o contrato de mediação é celebrado com o comprador ou arrendatário, a empresa, desde que tal resulte expressamente do contrato, pode cobrar quantias a título de adiantamento por conta da remuneração acordada, devendo as mesmas ser devolvidas ao cliente no caso de não concretização do negócio objecto do contrato de mediação imobiliária.

5 – Nos casos previstos no número anterior, os adiantamentos não poderão exceder, no total, 10% da remuneração acordada e só poderão ser cobradas após a efectiva angariação de imóvel que satisfaça a pretensão do cliente e corresponda às características mencionadas no contrato de mediação imobiliária.

6 – Caso a empresa de mediação tenha celebrado contratos de mediação com ambas as partes no mesmo negócio, cujo objecto material seja o mesmo bem imóvel, a remuneração só é devida por quem primeiro a contratou, excepto se houver acordo expresso de todas as partes na respectiva divisão.

7 – A alteração subjectiva numa das partes do negócio visado, por exercício do direito legal de preferência, não afasta o direito à remuneração da empresa de mediação.

ART. 19.º (Contrato de mediação imobiliária) – 1 – O contrato de mediação imobiliária está sujeito à forma escrita.

2 – Do contrato constam, obrigatoriamente, os seguintes elementos:

a) A identificação das características do bem imóvel que constitui objecto material do contrato, com especificação de todos os ónus e encargos que sobre ele recaiam;

b) A identificação do negócio visado pelo exercício de mediação;

c) As condições de remuneração, nomeadamente montante ou percentagem e forma de pagamento, com indicação da taxa de IVA aplicável;

d) A identificação do seguro de responsabilidade civil previsto na alínea *e)* do n.º 1 do artigo 6.º, nomeadamente indicação da apólice, capital contratado e entidade seguradora através da qual foi celebrado.

3 – Quando o contrato é omisso relativamente ao respectivo prazo de duração, considera-se o mesmo celebrado por um período de seis meses.

4 – Quando a empresa de mediação é contratada em regime de exclusividade, só ela tem o direito de promover o negócio objecto do contrato de mediação durante o respectivo período de vigência.

5 – A consagração do regime de exclusividade, quando exista, terá de constar expressamente do contrato de mediação imobiliária.

6 – Os serviços previstos no n.º 3 do artigo 2.º prestados pelas empresas no âmbito de um contrato de mediação devem constar expressamente do mesmo, bem como a menção dos correspondentes elementos a que se refere a alínea *c)* do n.º 2 do presente artigo, ficando as empresas, nestes casos, investidas na qualidade de mandatárias sem representação.

7 – Tratando-se de contratos com uso de cláusulas contratuais gerais, a empresa de mediação deve enviar a cópia dos respectivos projectos ao Instituto do Consumidor.

8 – O incumprimento do disposto nos n.ᵒˢ 1, 2 e 7 do presente artigo gera a nulidade do contrato, não podendo esta, contudo, ser invocada pela empresa de mediação.

ART. 20.º (Livro de reclamações) – 1 – Em cada estabelecimento deve existir um livro de reclamações destinado aos utentes, para que estes possam formular reclamações sobre a qualidade dos serviços e o modo como foram prestados.

2 – O livro de reclamações deve encontrar-se sempre disponível e ser imediatamente facultado ao utente que o solicite, devendo ser-lhe entregue um duplicado das observações ou reclamações exaradas no mesmo, podendo este remetê-lo ao IMOPPI, acompanhado dos documentos e meios de prova necessários à apreciação das mesmas.

3 – As empresas de mediação são obrigadas a enviar ao IMOPPI um duplicado das reclamações escritas no livro, no prazo máximo de cinco dias a contar da sua ocorrência.

4 – Em todos os estabelecimentos deve ser publicitada de forma bem visível a existência do respectivo livro de reclamações.

5 – Nos postos provisórios devem ser devidamente publicitados os estabelecimentos onde se encontram os livros de reclamações.

6 – O livro de reclamações é editado e fornecido pelo IMOPPI ou pelas entidades que ele encarregar para o efeito, sendo o modelo, o preço e as condições de distribuição e utilização aprovados pelo conselho de administração do IMOPPI.

ART. 21.º (Deveres para com o IMOPPI) – 1 – As empresas são obrigadas a:

a) Comunicar ao IMOPPI qualquer alteração verificada nos requisitos previstos no n.º 1 do artigo 6.º, no prazo de 15 dias a contar da respectiva ocorrência;

b) Comunicar previamente ao IMOPPI o uso de marcas ou nomes de estabelecimentos comerciais;

c) Sem prejuízo do disposto nos n.ᵒˢ 2 e 3 do artigo 14.º, comunicar ao IMOPPI todas as alterações que impliquem actualização do registo referido no n.º 1 do artigo 37.º, bem como quaisquer outras modificações introduzidas no contrato de sociedade das empresas, no prazo de 30 dias a contar da respectiva ocorrência;

MEDIAÇÃO E ANGARIAÇÃO IMOBILIÁRIA   [DL n.º 211/2004]   1019

d) Enviar ao IMOPPI, no prazo por este determinado, os elementos relacionados com o exercício da actividade que lhe sejam solicitados;
e) Organizar e conservar actualizado um registo de todos os contratos de mediação celebrados no exercício da respectiva actividade;
f) Conservar actualizado um arquivo de todos os contratos de mediação celebrados no exercício da respectiva actividade;
g) Conservar actualizado um arquivo de todos os contratos de prestação de serviços celebrados com os angariadores imobiliários;
h) Dispor de contabilidade organizada;
i) Enviar ao IMOPPI cópia das sentenças ou decisões que ponham termo a processos em que tenham sido parte;
j) Prestar ao IMOPPI, no exercício da sua competência de fiscalização, ou a qualquer entidade com competências de fiscalização, todas as informações relacionadas com a sua actividade, bem como facultar-lhe o acesso às instalações, aos livros de registo e de reclamações, aos arquivos previstos nas alíneas *f)* e *g)* e à demais documentação relacionada com a actividade de mediação;
l) Comunicar ao IMOPPI a cessação da respectiva actividade.
2 – Os contratos arquivados nos termos das alíneas *f)* e *g)* do n.º 1 devem ser conservados durante os cinco anos civis subsequentes ao da respectiva celebração.

Secção III — **RESPONSABILIDADE CIVIL E SEGURO DE RESPONSABILIDADE CIVIL**

ART. 22.º (Responsabilidade civil) – 1 – As empresas de mediação são responsáveis pelo pontual cumprimento das obrigações resultantes do exercício da sua actividade.
2 – As empresas de mediação são responsáveis, nos termos do artigo 500.º do Código Civil, pelos danos causados por factos praticados por angariadores no âmbito dos contratos de prestação de serviços entre eles celebrados.
3 – São, ainda, solidariamente responsáveis pelos danos causados a terceiros, para além das situações já previstas na lei, quando se demonstre que actuaram, aquando da celebração ou execução do contrato de mediação imobiliária, em violação do disposto nas alíneas *a)* a *e)* do n.º 1 e nas alíneas *b)* e *c)* do n.º 2 do artigo 16.º.
4 – Consideram-se terceiros, para efeitos da presente secção, todos os que, em resultado de um acto de mediação, venham a sofrer danos patrimoniais, ainda que não tenham sido parte no contrato de mediação imobiliária.

ART. 23.º (Seguro de responsabilidade civil) – 1 – Para garantia da responsabilidade emergente da sua actividade, as empresas devem realizar um contrato de seguro de responsabilidade civil, de montante e condições mínimos a fixar por portaria conjunta dos ministros que tutelam o IMOPPI, o Instituto de Seguros de Portugal e a defesa do consumidor.
2 – O seguro de responsabilidade civil destina-se ao ressarcimento dos danos patrimoniais causados a terceiros, decorrentes de acções ou omissões das empresas, seus representantes, ou do incumprimento de outras obrigações resultantes do exercício da actividade, bem como dos danos previstos no n.º 2 do artigo 22.º.
3 – Nenhuma empresa pode iniciar a sua actividade sem fazer prova, junto do IMOPPI, da celebração de contrato de seguro de responsabilidade civil e de que o mesmo se encontra em vigor.

O seguro a contratar obedece ao disposto na Portaria n.º 66/2005, de 25-1.

CAPÍTULO III — **Actividade de angariação imobiliária**

Secção I — **INSCRIÇÃO**

ART. 24.º (Inscrição) – 1 – O exercício da actividade de angariação imobiliária depende de inscrição no IMOPPI em vigor e da celebração de contrato de prestação de serviços com empresa de mediação imobiliária detentora de licença válida.
2 – O IMOPPI emite cartões de identificação aos angariadores imobiliários inscritos, que os deverão exibir em todos os actos em que intervenham.
3 – A inscrição dos angariadores imobiliários e os respectivos cartões de identificação são válidos por um período de três anos e revalidados por idênticos períodos.

ART. 25.º (Requisitos de ingresso e manutenção na actividade) – 1 – A inscrição na actividade e sua manutenção dependem do preenchimento cumulativo, pelos requerentes, dos seguintes requisitos:
a) Ser empresário em nome individual, com firma de acordo com o estipulado no n.º 1 do artigo 27.º e domicílio efectivo num Estado membro da União Europeia;
b) Ter a situação regularizada perante a administração fiscal e a segurança social;
c) Possuir capacidade profissional nos termos do disposto no artigo 26.º;
d) Possuir idoneidade comercial.
2 – Para efeitos do disposto na alínea *d)* do número anterior, considera-se indiciada a falta de idoneidade comercial sempre que se verifique, entre outras, qualquer das seguintes situações:

1020 [DL n.º 211/2004]   EMPRESAS PRESTADORAS DE SERVIÇOS

a) Ter sido punido, pelo menos três vezes, com coima pela prática dolosa dos ilícitos de mera ordenação social consubstanciados na violação do disposto nas alíneas *c*) e *e*) do n.º 1 do artigo 32.º;

b) Ter sido punido, pelo menos duas vezes, com coima pela prática dolosa dos ilícitos de mera ordenação social consubstanciados na violação do disposto no n.º 2 do artigo 4.º, nas alíneas *a*), *b*), *f*) e *g*) do n.º 1 do artigo 32.º, no artigo 33.º e no n.º 3 do artigo 34.º;

c) Ter sido punido com coima pela prática dolosa dos ilícitos de mera ordenação social consubstanciados na violação do disposto no n.º 1 do artigo 24.º e no n.º 4 do artigo 30.º, desde que fique demonstrada a violação repetida dos deveres previstos no artigo 33.º e no n.º 3 do artigo 34.º, no exercício ilegal da actividade de angariação imobiliária;

d) Ter sido administrador, gerente ou director de uma empresa de mediação imobiliária punida, pelo menos três vezes, com coima pela prática dolosa dos ilícitos de mera ordenação social consubstanciados na violação do disposto no n.º 6 do artigo 2.º, nos n.ᵒˢ 1, 2, 3 e 4 do artigo 14.º e nos n.ᵒˢ 1, 2, 3, 4 e 5 do artigo 20.º;

e) Ter sido administrador, gerente ou director de uma empresa de mediação imobiliária punida, pelo menos duas vezes, com coima pela prática dolosa dos ilícitos de mera ordenação social previstos na alínea *b*) do n.º 1 do artigo 44.º;

f) Ter sido punido ou ter sido administrador, gerente ou director de uma empresa de mediação imobiliária punida com coima pela prática dolosa do ilícito de mera ordenação social previsto na alínea *a*) do n.º 1 do artigo 44.º, desde que fique demonstrada a violação repetida de um dos deveres estipulados no artigo 16.º, nos n.ᵒˢ 2, 3 e 4 do artigo 17.º e nos n.ᵒˢ 3, 4 e 5 do artigo 18.º, no exercício ilegal da actividade de mediação imobiliária;

g) Ter sido punido, no âmbito do exercício da actividade de mediação imobiliária, com a sanção acessória de interdição do exercício da actividade, nos termos da alínea *b*) do n.º 1 do artigo 45.º, durante o período desta interdição;

h) Ter sido administrador, gerente ou director de uma empresa de mediação imobiliária punida com a sanção acessória de interdição do exercício da actividade, nos termos da alínea *b*) do n.º 1 do artigo 45.º, durante o período desta interdição;

i) Ter sido punido ou ter sido administrador, gerente ou director de uma empresa punida, com coima, pela prática das contra-ordenações previstas no Código da Propriedade Industrial;

j) Ter sido condenado, por decisão transitada em julgado, pela prática dos crimes previstos no Código da Propriedade Industrial, em pena de prisão efectiva;

l) Ter sido condenado, por decisão transitada em julgado, por crime doloso contra o património, em pena de prisão efectiva;

m) Ter sido condenado, por decisão transitada em julgado, por crime de falsificação de documento, quando praticado no âmbito do exercício das actividades de mediação imobiliária ou de angariação imobiliária, em pena de prisão efectiva;

n) Ter sido condenado, por decisão transitada em julgado, pela prática de crimes relativos ao branqueamento de capitais, em pena de prisão efectiva;

o) Ter sido condenado, por decisão transitada em julgado, por crimes de corrupção activa ou passiva, em pena de prisão efectiva;

p) Ter sido condenado, por decisão transitada em julgado, por crimes tributários, em pena de prisão efectiva;

q) Ter sido condenado, por decisão transitada em julgado, por crime de desobediência, quando praticado no âmbito do exercício das actividades de mediação imobiliária ou de angariação imobiliária, em pena de prisão efectiva;

r) Ter sido condenado, por decisão transitada em julgado, por crime de quebra de marcas ou de selos, quando praticado no âmbito do exercício das actividades de mediação imobiliária ou de angariação imobiliária, em pena de prisão efectiva;

s) Ter sido condenado, por decisão transitada em julgado, por crime de arrancamento, destruição ou alteração de editais, quando praticado no âmbito do exercício das actividades de mediação imobiliária ou de angariação imobiliária, em pena de prisão efectiva.

3 – As condenações referidas nas alíneas *a*) a *f*) e *i*) do número anterior não relevam após o decurso do prazo de dois anos, contados do cumprimento integral das obrigações decorrentes da aplicação da última sanção.

4 – A verificação da ocorrência dos factos descritos no n.º 2 não impede o IMOPPI de considerar, de forma justificada, que estão reunidas as condições de idoneidade para o exercício da actividade de angariador imobiliário, tendo em conta, nomeadamente, o tempo decorrido desde a prática dos factos.

ART. 26.º (Capacidade profissional) – 1 – Para efeitos do disposto na alínea *c*) do n.º 1 do artigo 25.º, a capacidade profissional consiste na posse de escolaridade mínima obrigatória e formação inicial e contínua adequadas, sem prejuízo do disposto no n.º 3.

2 – Ficam dispensados de comprovar formação inicial os interessados que possuam grau de bacharel ou de licenciado em curso cujo plano curricular integre, como vertente dominante, formação nas áreas definidas pela portaria prevista no artigo 7.º.

3 – Quando a escolaridade mínima obrigatória for inferior a nove anos de escolaridade, deve ainda o interessado fazer prova da posse de três anos de experiência profissional adequada.

MEDIAÇÃO E ANGARIAÇÃO IMOBILIÁRIA

[DL n.º 211/2004] 1021

4 – A avaliação da capacidade profissional bem como os critérios de adequação da experiência e da formação profissional são definidos pela portaria prevista no artigo 7.º.

Os requisitos da capacidade profissional estão fixados na Portaria n.º 1326/2004, de 19-10, complementada pelo Despacho Conjunto n.º 707/2004 (2.ª série), de 3.12.2004.

ART. 27.º (Firma e obrigação de identificação) – 1 – Da firma dos angariadores imobiliários consta, obrigatoriamente, a expressão «Angariador Imobiliário», sendo o seu uso vedado a quaisquer outras entidades.

2 – Em todos os actos em que intervenham, no âmbito dos serviços prestados às empresas de mediação, os angariadores imobiliários devem indicar a sua firma e o número da respectiva inscrição.

3 – Nas situações previstas no número anterior, os angariadores devem ainda identificar a empresa de mediação a quem prestem serviço, através da indicação da denominação e do respectivo número da licença.

4 – No âmbito da respectiva actividade externa, os trabalhadores dos angariadores imobiliários devem estar identificados através de cartões de identificação fornecidos pelos mesmos, dos quais deverá constar o seu nome e fotografia actualizada, bem como a identificação do angariador, nos termos do n.º 2.

ART. 28.º (Pedido de inscrição) – 1 – O pedido de inscrição é formulado em requerimento dirigido ao presidente do conselho de administração do IMOPPI, devendo ser acompanhado dos documentos comprovativos do preenchimento dos requisitos exigidos no artigo 25.º.

2 – O pedido de inscrição só é deferido quando o requerente reúna os requisitos estabelecidos no presente diploma e tenha procedido ao pagamento da taxa aplicável.

3 – A inscrição depende ainda da comprovação do pagamento das coimas aplicadas por decisão tornada definitiva, nos termos do artigo 44.º.

4 – Em caso de extinção do procedimento por falta de pagamento da taxa aplicável, um novo pedido de inscrição, efectuado antes de decorrido um ano sobre a data da extinção, implica um agravamento da respectiva taxa, estabelecido pela portaria referida no n.º 2 do artigo 36.º.

5 – Qualquer pedido só será processado após o levantamento da sanção de interdição de exercício da actividade aplicada por decisão tornada definitiva, nos termos do artigo 45.º.

ART. 29.º (Revalidação da inscrição) – 1 – A revalidação da inscrição deve ser requerida no decurso dos últimos seis meses da respectiva validade e até três meses antes da data do seu termo, sem prejuízo do disposto no n.º 5.

2 – O pedido de revalidação só é deferido quando o requerente reúna os requisitos necessários à inscrição e tenha procedido ao pagamento da taxa aplicável.

3 – A revalidação da inscrição depende ainda do pagamento das coimas aplicadas por decisão tornada definitiva, nos termos do artigo 44.º, bem como do pagamento das taxas devidas pelos registos de alteração de firma e de domicílio, cujo pagamento não haja sido efectuado.

4 – O pedido de revalidação efectuado antes do prazo estabelecido no n.º 1 implica o não processamento do mesmo e a devolução ao requerente de toda a documentação entregue.

5 – O pedido de revalidação efectuado após o prazo estabelecido no n.º 1 do presente artigo e até à data do termo de validade da inscrição implica um agravamento da respectiva taxa, estabelecido pela portaria referida no n.º 2 do artigo 36.º.

6 – O pedido de revalidação efectuado após a data do termo da inscrição implica o não processamento do mesmo e a devolução ao requerente de toda a documentação entregue, podendo efectuar novo pedido nos termos do artigo 28.º.

7 – Em caso de extinção por falta de pagamento da taxa aplicável, um novo pedido de revalidação ou de inscrição, efectuado antes de decorrido um ano sobre a data da extinção, implica um agravamento da respectiva taxa, estabelecido pela portaria referida no n.º 2 do artigo 36.º.

ART. 30.º (Cancelamento da inscrição) – 1 – São canceladas as inscrições:

a) Aos angariadores imobiliários que o requeiram;

b) Aos angariadores imobiliários que deixem de reunir qualquer dos requisitos de acesso e manutenção na actividade, previstos no artigo 25.º;

c) Aos angariadores imobiliários aos quais tenha sido aplicada a sanção de interdição do exercício da actividade, prevista no artigo 45.º;

d) Em caso de cessação da actividade dos angariadores imobiliários;

e) Aos angariadores imobiliários que não procedam ao pagamento voluntário das coimas aplicadas por decisão tornada definitiva, nos termos do artigo 44.º.

2 – O cancelamento da inscrição implica a entrega do cartão de identificação, no prazo máximo de oito dias contados a partir da data da sua notificação, sob pena de apreensão imediata do mesmo pelas autoridades competentes.

3 – Em caso de cancelamento da inscrição, os angariadores imobiliários devem ainda remeter ao IMOPPI cópia da declaração de alteração ou cessação de actividade, conforme entregue junto da administração fiscal.

4 – A partir da data da recepção da notificação de cancelamento da inscrição é expressamente vedado o exercício da actividade de angariação imobiliária.

1022 **[DL n.º 211/2004]**   EMPRESAS PRESTADORAS DE SERVIÇOS

SECÇÃO II — **CONDIÇÕES DE EXERCÍCIO DA ACTIVIDADE**

ART. 31.º (Dever de colaboração) – No exercício da respectiva actividade, os angariadores imobiliários devem colaborar com as empresas de mediação no cumprimento dos deveres estabelecidos nas alíneas *a)* a *e)* do n.º 1 do artigo 16.º.

ART. 32.º (Incompatibilidades) – 1 – É expressamente vedado ao angariador imobiliário:

a) Celebrar contratos de prestação de serviços com empresas de mediação imobiliária que não possuam licença para o exercício da actividade;

b) Ser sócio ou exercer funções de gerente, administrador ou director em empresa de mediação imobiliária;

c) Exercer a sua actividade por interposta pessoa, salvo no que se refere aos seus trabalhadores;

d) Intervir como parte, no âmbito da respectiva actividade, em contrato de mediação imobiliária;

e) Celebrar contratos de mediação imobiliária em nome e por conta da empresa de mediação imobiliária;

f) Intervir como parte interessada em negócio ou promessa de negócio para cuja mediação tenha sido contratada empresa de mediação a quem preste serviços;

g) Efectuar atendimento do público em estabelecimento próprio.

2 – Para efeitos do previsto na alínea *f)* do n.º 1, considera-se que o angariador também intervém como parte interessada quando o negócio ou promessa de negócio seja celebrado entre terceiro que haja contratado a empresa de mediação a quem preste serviços e sociedade de que o angariador seja sócio, bem como o seu cônjuge, descendentes ou ascendentes do 1.º grau.

ART. 33.º (Recebimento e retenção de quantias) – Os angariadores imobiliários estão obrigados a entregar de imediato às empresas de mediação todas as quantias que, naquela qualidade, lhes sejam confiadas pelos interessados na realização dos negócios objecto dos contratos de mediação.

ART. 34.º (Retribuição) – 1 – Pela prestação de serviços de angariação imobiliária é devida retribuição, nos termos acordados no contrato de prestação de serviços celebrado com a empresa de mediação imobiliária.

2 – A retribuição prevista no número anterior será prestada pela empresa de mediação imobiliária.

3 – É expressamente vedado aos angariadores imobiliários cobrar e receber dos interessados na realização do negócio visado com o contrato de mediação quaisquer quantias a título de retribuição.

ART. 35.º (Deveres para com o IMOPPI) – 1 – Os angariadores imobiliários são obrigados a:

a) Comunicar ao IMOPPI qualquer alteração verificada nos requisitos previstos no n.º 1 do artigo 25.º, no prazo de 15 dias a contar da respectiva ocorrência;

b) Comunicar previamente ao IMOPPI o uso de marcas;

c) Comunicar ao IMOPPI todas as alterações que impliquem actualização do registo referido no n.º 2 do artigo 37.º, no prazo de 30 dias a contar da respectiva ocorrência;

d) Enviar ao IMOPPI, no prazo por este determinado, os elementos relacionados com o exercício da actividade que lhe sejam solicitados;

e) Conservar actualizado um arquivo de todos os contratos de prestação de serviços celebrados com as empresas de mediação imobiliária;

f) Prestar ao IMOPPI, no exercício da sua competência de fiscalização, ou a qualquer entidade com competências de fiscalização, todas as informações, bem como facultar-lhe o acesso às instalações, ao arquivo previsto na alínea *e)* e à demais documentação relacionada com a sua actividade;

g) Comunicar ao IMOPPI a cessação da respectiva actividade.

2 – Os contratos arquivados nos termos da alínea *e)* do n.º 1 do presente artigo devem ser conservados durante os cinco anos civis subsequentes ao da respectiva celebração.

CAPÍTULO IV — **Taxas e registo**

ART. 36.º (Taxas) – 1 – Os procedimentos administrativos previstos no presente diploma, bem como os demais tendentes à sua boa execução, estão sujeitos ao pagamento de taxas destinadas a cobrir os encargos com a gestão do sistema de ingresso e permanência nas actividades de mediação imobiliária e de angariação imobiliária, bem como com a fiscalização destas actividades.

2 – As taxas constituem receita do IMOPPI e são fixadas, bem como os procedimentos administrativos previstos no n.º 1, por portaria do ministro que tutela o IMOPPI.

Os procedimentos administrativos constam da Portaria n.º 1327/2004, de 19-10, e as taxas devidas da Portaria n.º 1328/2004, da mesma data.

ART. 37.º (Registo) – 1 – O IMOPPI deve organizar e manter um registo das empresas de mediação, do qual conste:

a) A denominação social, a sede, o número de identificação de pessoa colectiva e o número de matrícula na conservatória do registo comercial;

b) As marcas e os nomes dos estabelecimentos comerciais das empresas;

c) A identificação dos gerentes, administradores ou directores;

d) A localização dos estabelecimentos;

MEDIAÇÃO E ANGARIAÇÃO IMOBILIÁRIA

e) A forma de prestação do seguro de responsabilidade civil e respectivos elementos de identificação;

f) A identificação das pessoas que detenham a capacidade profissional exigida no artigo 7.º.

2 – O IMOPPI deve ainda organizar e manter um registo dos angariadores imobiliários, do qual conste a firma, o domicílio, o número do bilhete de identidade e o número de identificação fiscal, bem como as marcas que usem no exercício da respectiva actividade.

3 – Devem ainda ser inscritos no registo os seguintes factos:

a) A alteração de qualquer dos elementos integrantes do pedido de licenciamento ou de inscrição;

b) A verificação de qualquer outro facto sujeito a comunicação ao IMOPPI;

c) A suspensão da licença;

d) As denúncias apresentadas;

e) As sanções aplicadas.

4 – O IMOPPI deve ainda manter um registo dos pedidos indeferidos e das licenças e das inscrições canceladas.

5 – A organização e manutenção dos registos referidos nos números anteriores ficam condicionadas à observância das normas procedimentais e de protecção de dados, de acordo com a Lei n.º 67/98, de 26 de Outubro, a prever no diploma legal de alteração dos Estatutos do IMOPPI.

CAPÍTULO V — Fiscalização e sanções

Secção I — RESPONSABILIDADE CONTRA-ORDENACIONAL

ART. 38.º (Competências de inspecção e fiscalização do IMOPPI) – 1 – O IMOPPI, no âmbito das suas competências, inspecciona e fiscaliza as actividades de mediação imobiliária e de angariação imobiliária.

2 – No exercício das suas competências de inspecção e fiscalização, o IMOPPI pode solicitar a quaisquer serviços públicos ou autoridades toda a colaboração ou auxílio que julgue necessários.

3 – O IMOPPI pode confiar às autoridades policiais a apreensão das licenças e cartões de identificação, prevista nos termos do n.º 1 do artigo 13.º e do n.º 2 do artigo 30.º.

4 – Todas as autoridades e seus agentes devem participar ao IMOPPI quaisquer infracções contra-ordenacionais ao presente diploma e respectivas disposições regulamentares.

ART. 39.º (Responsabilidade pelas infracções) – 1 – Pela prática das contra-ordenações a que se refere o presente diploma podem ser responsabilizadas pessoas singulares ou colectivas, ainda que irregularmente constituídas, e associações sem personalidade jurídica.

2 – As sociedades, as demais pessoas colectivas e as associações sem personalidade jurídica são responsáveis pelas contra-ordenações previstas no presente diploma quando os factos tiverem sido praticados, no exercício das suas funções, pelos membros dos respectivos órgãos ou pelos titulares de cargos de administração, gerência ou direcção, bem como pelos seus mandatários, trabalhadores ou prestadores de serviços, agindo no exercício das funções que lhes foram confiadas.

3 – Os empresários em nome individual são responsáveis pelas contra-ordenações previstas no presente diploma quando os factos tiverem sido por si praticados ou pelos seus mandatários, trabalhadores ou prestadores de serviços, agindo no exercício das funções que lhes foram confiadas.

4 – Os administradores, gerentes ou directores das pessoas colectivas, ainda que irregularmente constituídas, e das associações sem personalidade jurídica respondem solidariamente pelo pagamento das coimas e das custas em que aquelas forem condenadas ainda que, à data da condenação, hajam sido dissolvidas ou entrado em liquidação, excepto quando comprovem ter-se oposto à prática da contra-ordenação.

ART. 40.º (Procedimento de advertência) – 1 – Quando a infracção, praticada no âmbito do exercício da actividade de mediação imobiliária, for punível com coima até € 5000 ou, praticada no âmbito da actividade de angariação imobiliária, for punível com coima até € 2500, pode o IMOPPI advertir o infractor, notificando-o para sanar a irregularidade.

2 – Da notificação devem constar a identificação da infracção, as medidas necessárias para a sua regularização, o prazo para o cumprimento das mesmas e a advertência de que o seu não cumprimento dá lugar à instauração de processo de contra-ordenação.

3 – Se o infractor não comprovar ter sanado a irregularidade no prazo fixado, o processo de contra-ordenação é instaurado.

4 – O disposto no presente artigo só é aplicável se o infractor não tiver sido advertido, no decurso dos últimos dois anos, pela prática da mesma infracção.

ART. 41.º (Auto de notícia e de denúncia) – 1 – Quando o IMOPPI, no exercício das suas competências de inspecção e fiscalização, presenciar contra-ordenação levanta ou manda levantar auto de notícia, que deve mencionar os factos que constituem infracção, o dia, a hora, o local e as circunstâncias em que foi cometida, o nome e a qualidade do agente que a presenciou e tudo o que puder averiguar acerca da identificação dos infractores e, quando possível, a indicação de, pelo menos, uma testemunha que possa depor sobre os factos.

2 – O auto de notícia é assinado pelo agente que o levantou e pelas testemunhas, quando for possível.

1024   [DL n.º 211/2004]   EMPRESAS PRESTADORAS DE SERVIÇOS

3 – A autoridade ou agente da autoridade que tiver notícia, por denúncia ou conhecimento próprio, de infracção ao presente diploma, levanta auto a que é correspondentemente aplicável o disposto nos n.ᵒˢ 1 e 2, com as necessárias adaptações.

4 – O auto de notícia levantado nos termos dos n.ᵒˢ 1 e 2 faz fé, até prova em contrário, sobre os factos presenciados pelo autuante.

ART. 42.º (Notificações) – 1 – As notificações efectuam-se:

a) Por contacto pessoal com o notificando no lugar em que for encontrado;

b) Mediante carta registada expedida para a sede, o domicílio ou o estabelecimento do notificando;

c) Mediante carta simples expedida para a sede, o domicílio ou o estabelecimento do notificando.

2 – A notificação por contacto pessoal deve ser efectuada, sempre que possível, no acto de autuação, podendo ainda ser praticada quando o notificando for encontrado pela entidade competente.

3 – Se não for possível, no acto de autuação, proceder nos termos do número anterior ou se estiver em causa qualquer outro acto, a notificação é efectuada através de carta registada expedida para a sede, o domicílio ou o estabelecimento do notificando.

4 – Se, por qualquer motivo, a carta prevista no número anterior for devolvida à entidade remetente, a notificação é reenviada ao notificando para a sua sede, o seu domicílio ou o seu estabelecimento, através de carta simples.

5 – A notificação prevista no n.º 3 considera-se efectuada no 3.º dia útil posterior ao do envio, cominação que deve constar da notificação.

6 – No caso previsto no n.º 4, é lavrada uma cota no processo com a indicação da data de expedição da carta e da morada para a qual foi enviada, considerando-se a notificação efectuada no 5.º dia posterior à data indicada, cominação que deve constar da notificação.

7 – Se o notificando se recusar a receber ou a assinar a notificação, o agente ou o distribuidor do serviço postal certifica a recusa, considerando-se efectuada a notificação.

ART. 43.º (Medidas cautelares) – 1 – Quando existam fortes indícios da prática de contra-ordenação punível com coima cujo limite máximo seja igual ou superior a € 15 000 ou quando se verifique a existência de perigo de destruição de meios de prova necessários à instrução do processo de contra-ordenação ou de continuação da prática da infracção, o IMOPPI pode determinar a aplicação das seguintes medidas, considerando a gravidade da infracção e da culpa do agente:

a) Encerramento preventivo de estabelecimento, no caso de violação do disposto no n.º 1 do artigo 5.º ou de contra-ordenação relacionada com o funcionamento do estabelecimento;

b) Suspensão da apreciação de pedido de licenciamento, inscrição ou revalidação formulado, pelo infractor, junto do IMOPPI.

2 – As medidas determinadas nos termos do número anterior vigoram, consoante os casos:

a) Até ao seu levantamento pelo presidente do conselho de administração do IMOPPI ou por decisão judicial;

b) Até ao início da aplicação da sanção acessória de interdição do exercício da actividade ou de encerramento de estabelecimento.

3 – Não obstante o disposto no número anterior, as medidas cautelares referidas no n.º 1 têm a duração máxima de um ano, contado a partir da data da decisão que as imponha.

4 – É competente para conhecer a impugnação judicial das medidas cautelares determinadas pelo IMOPPI o tribunal competente para decidir do recurso da decisão proferida em processo de contra-ordenação.

ART. 44.º (Contra-ordenações) – 1 – Sem prejuízo de outras sanções que se mostrem aplicáveis, constituem contra-ordenações, puníveis com aplicação das seguintes coimas:

a) De € 5000 a € 30 000, a violação do disposto no n.º 1 do artigo 5.º, no n.º 3 do artigo 13.º e na alínea *d)* do n.º 1 do artigo 32.º;

b) De € 2500 a € 25 000, a violação do disposto no n.º 3 do artigo 3.º, no artigo 16.º, nos n.ᵒˢ 2, 3 e 4 do artigo 17.º e nos n.ᵒˢ 3, 4 e 5 do artigo 18.º;

c) De € 1500 a € 15 000, a violação do disposto no n.º 6 do artigo 2.º, no n.º 1 do artigo 24.º, no n.º 4 do artigo 30.º e na alínea *a)* do n.º 1 do artigo 32.º;

d) De € 1000 a € 10 000, a violação do disposto no n.º 2 do artigo 4.º, nos n.ᵒˢ 1, 2, 3 e 4 do artigo 14.º, nos n.ᵒˢ 1, 2, 3, 4 e 5 do artigo 20.º, nas alíneas *b)* e *f)* do n.º 1 do artigo 32.º, no artigo 33.º e no n.º 3 do artigo 34.º;

e) De € 750 a € 5000, a violação do disposto no n.º 2 do artigo 5.º, no artigo 8.º, nas alíneas *a)*, *d)*, *e)*, *f)*, *g)*, *h)* e *j)* do n.º 1 do artigo 21.º e nas alíneas *c)*, *e)* e *g)* do n.º 1 do artigo 32.º;

f) De € 500 a € 2500, a violação do disposto nos n.ᵒˢ 1 e 2 do artigo 13.º, nas alíneas *b)*, *c)*, *i)* e *l)* do n.º 1 do artigo 21.º, no n.º 2 do artigo 24.º, no artigo 27.º e nas alíneas *a)*, *d)*, *e)* e *f)* do n.º 1 do artigo 35.º;

g) De € 250 a € 1000, a violação dos n.ᵒˢ 2 e 3 do artigo 30.º e das alíneas *b)*, *c)* e *g)* do n.º 1 do artigo 35.º.

2 – A tentativa e a negligência são puníveis, sendo, nestes casos, os limites máximo e mínimo da coima reduzidos a metade.

ART. 45.º (Sanções acessórias) – 1 – Quando a gravidade da infracção o justifique, podem ser aplicadas às empresas de mediação imobiliária e aos angariadores imobiliários as seguintes sanções acessórias, nos termos do regime geral das contra-ordenações e coimas:

MEDIAÇÃO E ANGARIAÇÃO IMOBILIÁRIA [DL n.º 211/2004] 1025

a) Encerramento de estabelecimentos;
b) Interdição do exercício da actividade;
c) Privação do direito de participar em feiras ou mercados.

2 – As sanções referidas no número anterior têm duração máxima de dois anos, contados a partir da data da decisão condenatória definitiva.

ART. 46.º (Competência para aplicação de medidas cautelares e sanções) – 1 – A instrução e a decisão dos processos de contra-ordenação são da competência do IMOPPI.

2 – Compete ao presidente do conselho de administração do IMOPPI a aplicação das medidas cautelares, das coimas e das sanções acessórias previstas no presente diploma.

3 – O presidente do conselho de administração do IMOPPI pode determinar a publicidade da aplicação da medida cautelar de encerramento preventivo de estabelecimento ou da sanção acessória de encerramento de estabelecimento, através da afixação de edital no estabelecimento objecto de encerramento, pelo período de duração da mesma.

ART. 47.º (Competência para execução de medidas cautelares e sanções) – 1 – As coimas aplicadas em processo de contra-ordenação são cobradas coercivamente em processo de execução fiscal.

2 – Compete ao IMOPPI a execução das medidas cautelares previstas no artigo 43.º, bem como das sanções acessórias previstas no artigo 45.º.

3 – Sem prejuízo do disposto no número anterior, pode o IMOPPI confiar a execução de medidas cautelares e sanções acessórias às autoridades policiais.

ART. 48.º (Produto das coimas) – O produto das coimas recebidas por infracção ao disposto no presente diploma reverte em 60% para os cofres do Estado e em 40% para o IMOPPI.

Secção II — **RESPONSABILIDADE CRIMINAL**

ART. 49.º (Responsabilidade por ilícitos criminais) – 1 – O não cumprimento da medida cautelar ou de sanção acessória previstas, respectivamente, na alínea *a*) do n.º 1 do artigo 43.º e no artigo 45.º, quando regular-mente determinadas e comunicadas pelo IMOPPI, integra o crime de desobediência, previsto no artigo 348.º do Código Penal.

2 – A prestação de falsas declarações ou falsas informações escritas, no âmbito dos procedimentos administrativos previstos no presente diploma, por empresário em nome individual, administrador, gerente ou director de sociedade comercial, integra o crime de falsificação de documento, previsto no artigo 256.º do Código Penal.

ART. 50.º (Menções especiais) – 1 – A escritura pública ou documento particular que titule negócio sobre bem imóvel deve mencionar se o mesmo foi objecto de intervenção de mediador imobiliário, com indicação, em caso afirmativo, da respectiva denominação social e número de licença, bem como a advertência das consequências penais previstas no n.º 2 a que os outorgantes ficam sujeitos, devendo o notário, para o efeito, exarar o que aqueles houverem declarado.

2 – Quem, depois de ter sido advertido das consequências penais a que se expõe, recusar prestar, omitir ou falsear as informações previstas no n.º 1, perante notário ou funcionário nomeado para sua substituição, incorre na pena prevista para o crime de falsidade de depoimento ou declaração.

3 – Quando haja indícios da intervenção, na mediação de negócios sobre bens imóveis de pessoa singular ou colectiva que não seja titular de licença para o exercício da actividade de mediação imobiliária, o notário deve enviar ao IMOPPI, até ao dia 15 de cada mês, cópia das respectivas escrituras notariais para efeitos de averiguação da prática de contra-ordenação.

CAPÍTULO VI — **Disposições finais e transitórias**

ART. 51.º (Idioma dos documentos) – Os requerimentos e demais documentos referidos no presente diploma devem ser redigidos em língua portuguesa ou, quando for utilizado outro idioma, acompanhados de tradução legal, nos termos previstos no Código do Notariado.

ART. 52.º (Actos sujeitos a publicação) – 1 – O IMOPPI promoverá a publicação na 2.ª série do *Diário da República* das licenças emitidas e canceladas, das inscrições em vigor e canceladas e das sanções aplicadas.

2 – As sanções previstas nos artigos 44.º e 45.º do presente diploma devem ser publicitadas pelo IMOPPI em jornal de difusão nacional, regional ou local, de acordo com a área de actividade da empresa ou do angariador imobiliário.

3 – As sanções previstas nos artigos 44.º e 45.º bem como as licenças suspensas e canceladas e as inscrições canceladas são ainda publicitadas no sítio oficial do IMOPPI, na Internet.

ART. 53.º (Disposição transitória) – 1 – As empresas licenciadas à data da entrada em vigor do presente diploma que não cumpram o disposto na alínea *b*) do n.º 1 do artigo 6.º dispõem do período máximo de 180 dias, contados a partir da data de entrada em vigor das portarias previstas nos artigos 7.º, 23.º e 36.º, para procederem à alteração do objecto social e, quando necessário, da respectiva denominação.

1026　[DL n.º 255/99]　　　　　　　　　　　　　　　EMPRESAS PRESTADORAS DE SERVIÇOS

2 – Sem prejuízo do cumprimento de outras obrigações legais, as modificações estatutárias mencionadas no número anterior e efectuadas até ao termo do período aí fixado ficam dispensadas da escritura pública prevista no n.º 3 do artigo 85.º do Código das Sociedades Comerciais, sendo prova bastante das mesmas, para efeitos de registo comercial, a apresentação da acta da assembleia geral de que conste a respectiva deliberação.

3 – O incumprimento do disposto no n.º 1 determina a caducidade do direito ao exercício da actividade de mediação imobiliária, bem como da respectiva licença, aplicando-se, com as necessárias adaptações, o disposto no artigo 13.º.

4 – As entidades que, à data de entrada em vigor do presente diploma, pretendam continuar a exercer a actividade definida no artigo 4.º, devem requerer ao IMOPPI a inscrição nessa qualidade, no prazo máximo de 90 dias contados a partir da data de entrada em vigor das portarias previstas nos artigos 7.º, 23.º e 36.º.

5 – Até ao termo do procedimento de inscrição previsto no número anterior, o requerimento, acompanhado dos documentos comprovativos do preenchimento dos requisitos constantes das alíneas *a*), *b*) e *d*) do n.º 1 do artigo 25.º, constitui título bastante para o exercício da actividade de angariação imobiliária.

ART. 54.º (Regime transitório da capacidade profissional) – 1 – Sem prejuízo do disposto nos números seguintes, às empresas titulares de licença emitida em data anterior à entrada em vigor do presente diploma, bem como às empresas que hajam requerido o licenciamento e o respectivo procedimento não tenha sido objecto de decisão final, é aplicável o regime de comprovação de capacidade profissional previsto no Decreto-Lei n.º 77/99, de 16 de Março, regulado pela Portaria n.º 204/2000, de 5 de Abril, sem prejuízo da obrigação de formação contínua, conforme estabelecido na portaria prevista no artigo 7.º.

2 – A requerimento do interessado, pode o IMOPPI autorizar que aos procedimentos em curso se aplique o regime de comprovação da capacidade profissional constante do presente diploma.

3 – Em caso de substituição dos administradores, gerentes ou directores que assegurem a capacidade profissional das empresas mencionadas no n.º 1 devem as entidades aí referidas cumprir o preceituado no artigo 7.º.

ART. 55.º (Caução) – 1 – A caução prestada nos termos do disposto no Decreto-Lei n.º 77/99, de 16 de Março, será devolvida a requerimento das empresas, uma vez verificados, cumulativamente:

a) O decurso do prazo de um ano sobre a data de entrada em vigor do presente diploma ou sobre a data da cessação da respectiva actividade, se esta ocorrer em momento anterior;

b) A conclusão de todos os processos de accionamento de caução pendentes na data prevista na alínea anterior, caso existam.

2 – Até à devolução da caução compete ao IMOPPI decidir o accionamento da mesma a requerimento dos interessados, nos termos do disposto no artigo 27.º do Decreto-Lei n.º 77/99, de 16 de Março.

3 – Para efeitos de accionamento da caução relevam, apenas, os factos ocorridos até à data de entrada em vigor do presente diploma.

4 – Sem prejuízo do disposto nos números anteriores, é extinta a obrigação de prestação de caução.

ART. 56.º (Modelos e impressos) – Os modelos e impressos a utilizar em cumprimento do disposto no presente diploma, bem como os respectivos preços, serão aprovados pelo conselho de administração do IMOPPI.

ART. 57.º (Revogação) – 1 – Sem prejuízo do disposto no artigo 54.º e no n.º 2 do artigo 55.º, é revogado o Decreto--Lei n.º 77/99, de 16 de Março.

2 – Sem prejuízo do disposto no número seguinte, após a entrada em vigor das portarias previstas no presente diploma, são revogadas as Portarias n.ᵒˢ 952/99, de 29 de Outubro, 957/99, de 30 de Outubro, e 1120/2001, de 24 de Setembro.

3 – Para efeitos de aplicação do disposto no artigo 54.º, mantém-se em vigor a Portaria n.º 204/2000, de 5 de Abril.

ART. 58.º (Entrada em vigor) – O presente diploma entra em vigor 30 dias após a sua publicação.

15.2. ACTIVIDADE TRANSITÁRIA

Decreto-Lei n.º 255/99

de 7 de Julho

CAPÍTULO I — Disposições gerais

ART. 1.º (Âmbito) – 1 – O presente diploma aplica-se ao acesso e exercício da actividade transitária.

2 – A actividade transitária consiste na prestação de serviços de natureza logística e operacional que inclui o planeamento, o controlo, a coordenação e a direcção das operações relacionadas com a expedição, recepção, armazenamento e circulação de bens ou mercadorias, desenvolvendo-se nos seguintes domínios de intervenção:

ACTIVIDADE TRANSITÁRIA [DL n.º 255/99] 1027

a) Gestão dos fluxos de bens ou mercadorias;

b) Mediação entre expedidores e destinatários, nomeadamente através de transportadores com quem celebre os respectivos contratos de transporte;

c) Execução dos trâmites ou formalidades legalmente exigidos, inclusive no que se refere à emissão do documento de transporte unimodal ou multimodal.

CAPÍTULO II — **Acesso à actividade**

ART. 2.º (Licenciamento da actividade) – 1 – A actividade transitária só pode ser exercida por empresas titulares de alvará emitido pela Direcção-Geral de Transportes Terrestres (DGTT).

2 – Os alvarás são intransmissíveis e emitidos por prazo não superior a cinco anos, renovável mediante comprovação de que se mantêm os requisitos de acesso à actividade.

3 – A DGTT procederá ao registo de todas as empresas licenciadas para o exercício desta actividade, nos termos da lei em vigor.

ART. 3.º (Requisitos de acesso à actividade) – Podem ter acesso à actividade transitária as sociedades comerciais que reúnam os requisitos de idoneidade, capacidade técnica e profissional e de capacidade financeira.

ART. 4.º (Idoneidade) – 1 – A idoneidade é aferida pela inexistência de impedimentos legais, nomeadamente a condenação pelos ilícitos praticados pelos administradores, gerentes ou pelo director técnico da empresa, a seguir discriminados:

a) Proibição legal para o exercício do comércio;

b) Condenação, com trânsito em julgado, por crimes de falência fraudulenta, falência intencional, favorecimento de credores, apropriação ilegítima e administração danosa;

c) Condenação, com trânsito em julgado, pela prática de concorrência ilícita ou desleal;

d) Condenação, com trânsito em julgado, em pena não inferior a seis meses de prisão, por crime contra a saúde pública ou economia nacional;

e) Condenação, com pena não suspensa, com trânsito em julgado. por crime doloso contra a propriedade, por tráfico de estupefacientes, por branqueamento de capitais e por fraude fiscal ou aduaneira, em pena de prisão não inferior a dois anos;

f) Condenação, em pena não suspensa, com trânsito em julgado, por crime de danos contra a natureza ou poluição e poluição com perigo comum, em pena de prisão não inferior a um ano;

g) Condenação, com trânsito em julgado, por crime de corrupção e tráfico de influência;

h) Condenação, com trânsito em julgado, por infracção à legislação de segurança, higiene e saúde no trabalho, da qual resulte morte ou incapacidade física, total e permanente de trabalhador ou de terceiro.

2 – Deixam de preencher o requisito da idoneidade as sociedades comerciais cujos administradores, gerentes ou directores técnicos venham a encontrar-se em qualquer das situações indicadas no número anterior.

ART. 5.º (Capacidade técnica e profissional) – 1 – A capacidade técnica e profissional consiste na posse dos conhecimentos necessários para o exercício da actividade transitária, os quais são aferidos por exame ou avaliação curricular, em condições a definir por portaria do Ministro do Equipamento, do Planeamento e da Administração do Território.

2 – O requisito de capacidade técnica e profissional deve ser preenchido por um director técnico que assegure a gestão corrente da empresa e exerça o cargo em regime de exclusividade.

3 – O director técnico deve integrar a gerência ou administração da empresa ou estar mandatado com poderes gerais para, isolada ou conjuntamente, a representar.

4 – Será emitido pela DGTT um certificado de capacidade profissional às pessoas que tiverem obtido aproveitamento no exame referido no n.º 1 e às que, tendo experiência de pelo menos cinco anos na direcção de uma empresa transitária, a comprovem nos termos que vierem a ser definidos por portaria do Ministro do Equipamento, do Planeamento e da Administração do Território.

ART. 6.º (Capacidade financeira) – 1 – A capacidade financeira consiste na posse dos recursos financeiros necessários para garantir a boa gestão da empresa, em termos a definir por portaria do Ministro do Equipamento, do Planeamento e da Administração do Território.

2 – Para efeitos do disposto no número anterior, a empresa deverá dispor, no início da sua actividade, de um capital social não inferior a 10 milhões de escudos.

ART. 7.º (Seguro obrigatório) – As empresas transitárias devem possuir um seguro destinado a garantir a responsabilidade civil por danos causados no exercício da actividade a clientes ou a terceiros, cujo montante não pode ser inferior a 20 milhões de escudos.

As condições mínimas a que deve obedecer o seguro previsto neste artigo estão fixadas na Norma Regulamentar n.º 2/2007-R do ISP, de 18-1 (Regulamento n.º 26/2007), publicada no *DR*, II, n.º 42, de 28.2.2007, págs. 5267 e s.

1028   [DL n.º 255/99]   EMPRESAS PRESTADORAS DE SERVIÇOS

ART. 8.º (Pedidos de licenciamento) – 1 – Os pedidos de licenciamento da actividade a que se refere o artigo 2.º deverão ser dirigidos ao director-geral dos Transportes Terrestres e deles deverá constar:

a) Identificação da sociedade requerente;

b) Identificação dos administradores, directores ou gerentes da sociedade;

c) Identificação do director técnico;

d) Capital social e sua realização.

2 – Os pedidos deverão ser instruídos com os seguintes documentos:

a) Certidão da escritura de constituição da sociedade;

b) Certidão de matrícula da sociedade na conservatória do registo comercial;

c) Certidão da apólice do seguro de responsabilidade civil.

3 – Os pedidos deverão também conter, relativamente aos administradores, directores ou gerentes, certificados de registo criminal.

ART. 9.º (Dever de informação) – 1 – Os requisitos de acesso à actividade são de verificação permanente, devendo as empresas comprovar o seu preenchimento sempre que lhes for solicitado.

2 – As empresas têm o dever de comunicar à DGTT as alterações ao pacto social, designadamente modificações na administração, direcção ou gerência, mudanças de sede, bem como a substituição do director técnico, no prazo de 30 dias a contar da data da sua ocorrência.

ART. 10.º (Supressão da falta de requisitos) – 1 – A falta superveniente dos requisitos de acesso à actividade deve ser suprida no prazo de um ano a contar da data da sua ocorrência.

2 – A falta superveniente do requisito da idoneidade pode ser suprido se a condenação pelos ilícitos a que se refere o artigo 4.º incidir apenas nos administradores, gerentes ou director técnico da empresa, através da substituição destes.

3 – Decorrido o prazo previsto no n.º 1 sem que a falta seja suprida, caduca a respectiva licença para o exercício da actividade.

ART. 11.º (Taxas) – 1 – São devidas taxas pela emissão de alvarás e de certificados e pela inscrição em exame ou avaliação curricular, nas situações previstas no presente diploma.

2 – Os montantes das taxas serão fixados e actualizados por portaria dos Ministros das Finanças e do Equipamento, do Planeamento e da Administração do Território.

CAPÍTULO III — **Organização do mercado**

ART. 12.º (Obrigação de identificação) – As empresas transitárias são obrigadas, na sua identificação, a mencionar o número do alvará a que se refere o artigo 2.º, designadamente nas suas instalações, na publicidade que desenvolvam, nos actos formais em que intervenham e em toda a documentação respeitante à sua actividade externa.

ART. 13.º (Intervenção no comércio jurídico) – 1 – As empresas transitárias podem praticar todos os actos necessários ou convenientes à prestação de serviços, bem como assumir em nome próprio ou em nome do cliente ou do destinatário dos bens, toda e qualquer forma legítima de defesa dos interesses correspondentes.

2 – De acordo com o disposto no número anterior, podem ainda celebrar contratos com terceiros em nome próprio, por conta do expedidor ou do dono da mercadoria, bem como receber em nome próprio ou por conta do seu cliente, as mercadorias que lhe são entregues pelo transportador e actuar como gestor de negócios.

3 – A legitimidade da intervenção do transitário perante terceiros, entidades públicas ou privadas, aferir-se-á pelo título ou declaração que exiba.

4 – Quando intervenha como gestor de negócios a empresa transitária será havido como dona dos bens ou mercadorias e responderá como tal perante terceiros.

ART. 14.º (Direito de retenção) – As empresas transitárias podem exercer o direito de retenção sobre mercadorias que lhes tenham sido confiadas em consequência dos respectivos contratos, pelos créditos deles resultantes, salvo estipulação expressa em contrário.

ART. 15.º (Responsabilidade das empresas transitárias) – 1 – As empresas transitárias respondem perante o seu cliente pelo incumprimento das suas obrigações, bem como pelas obrigações contraídas por terceiros com quem hajam contratado, sem prejuízo do direito de regresso.

2 – À responsabilidade emergente dos contratos celebrados no âmbito deste diploma aplicam-se os limites estabelecidos, por lei ou convenção, para o transportador a quem seja confiada a execução material do transporte, salvo se outro limite for convencionado pelas partes.

ART. 16.º (Prescrição do direito de indemnização) – O direito de indemnização resultante da responsabilidade do transitário prescreve no prazo de 10 meses a contar da data da conclusão da prestação de serviço contratada.

ACTIVIDADE TRANSITÁRIA   [DL n.º 255/99] 1029

ART. 17.º (Cláusulas contratuais) – As empresas transitárias e a parte ou partes a que respeita a relação jurídica de prestação de serviços podem contratar por instrumento negocial específico ou por adesão às condições gerais de prestação de serviços das empresas transitárias, sem prejuízo do estabelecido na legislação que regulamenta a validade e eficácia das cláusulas contratuais gerais.

CAPÍTULO IV — Fiscalização e regime sancionatório

ART. 18.º (Fiscalização) – 1 – A fiscalização do cumprimento do disposto no presente diploma compete à DGTT.

2 – Os funcionários da DGTT com competência na área da fiscalização e no exercício dessas funções, desde que devidamente credenciados, têm livre acesso a todos os locais onde se realizam operações relacionadas com o exercício da actividade transitária.

3 – A DGIT pode proceder no âmbito das respectivas competências a todas as investigações e verificações necessárias ao exercício das suas funções de fiscalização.

ART. 19.º (Contra-ordenações) – 1 – As infracções ao disposto no presente diploma constituem contra-ordenações, nos termos seguintes:

a) O exercício da actividade transitária por entidade não licenciada é punido com coima de 250 000$ a 750 000$, no caso de pessoas singulares, e de 1 000 000$ a 3 000 000$, no caso de pessoas colectivas;

b) A falta do seguro obrigatório nos termos do artigo 7.º é punível com coima de 750 000$ a 2 500 000$;

c) O não cumprimento do dever de comunicação previsto no n.º 2 do artigo 9.º é punível com coima de 50 000$ a 150 000$;

d) A falta de identificação nos termos definidos no artigo 12.º é punível com coima de 50 000$ a 150 000$.

2 – A tentativa e a negligência são puníveis.

ART. 20.º (Processamento das contra-ordenações) – 1 – O processamento das contra-ordenações previstas neste diploma compete à DGTT.

2 – A aplicação das coimas é da competência do director-geral de Transportes Terrestres.

3 – A DGTT organizará o registo das sanções aplicadas nos termos da legislação em vigor.

ART. 21.º (Sanção acessória) – 1 – Com a aplicação da coima pode ser decretada a sanção acessória de interdição de exercício da actividade, se a empresa tiver praticado três infracções às normas do presente diploma durante o prazo de um ano, a contar da data da primeira decisão condenatória, quando definitiva e exequível, ou do pagamento voluntário da coima.

2 – A interdição do exercício da actividade referida no número anterior terá a duração máxima de dois anos.

3 – A aplicação da sanção acessória implica o depósito da licença na DGTT.

ART. 22.º (Produto das coimas) – O produto das coimas é distribuído da seguinte forma:

a) 40% para a DGTT, constituindo receita própria;

b) 60% para o Estado.

CAPÍTULO V — Disposições finais e transitórias

ART. 23.º (Afectação de receitas) – Os montantes das taxas previstas no artigo 11.º constituem receita própria da DGTT.

ART. 24.º (Caducidade das licenças emitidas ao abrigo da legislação revogada) – As licenças emitidas ao abrigo do Decreto-Lei n.º 43/83, de 25 de Janeiro, caducarão ao fim do prazo de um ano a contar da data da entrada em vigor do presente diploma, sendo emitido um novo título àquelas empresas que, entretanto, façam prova, perante a DGTT, do preenchimento dos requisitos de acesso à actividade, bem como da posse do seguro obrigatório.

ART. 25.º (Regime transitório) – 1 – Será emitido certificado de capacidade profissional aos directores técnicos que estejam em exercício de funções à data da entrada em vigor do presente diploma, ou que as tenham cessado há menos de um ano.

2 – Até à publicação da portaria a que se refere o n.º 4 do artigo 5.º serão emitidos certificados de capacidade profissional às pessoas que, tendo experiência prática de, pelo menos, cinco anos na direcção de uma empresa transitária, a comprovem por meio de currículo devidamente documentado.

ART. 26.º (Revogação) – São revogados os seguintes diplomas:

a) Decreto-Lei n.º 43/83, de 25 de Janeiro;

b) Portaria n.º 561/83, de 11 de Maio;

c) Portaria n.º 161/87, de 7 de Março.

15.3. CONDIÇÕES GERAIS DE PRESTAÇÃO DE SERVIÇOS PELAS EMPRESAS TRANSITÁRIAS (*)

ART. 1.º (Definições) – Para efeitos do disposto nas presentes condições gerais, considera-se:

a) Cliente/contratante – qualquer pessoa com direitos ou obrigações relativas às mercadorias ao abrigo de um contrato de prestação de serviços de transitário, celebrado com um transitário, ou como resultado da actividade deste em relação a tais serviços;

b) Mercadorias – quaisquer bens, incluindo animais vivos, bem como contentores, paletas ou equipamentos de transporte, ou de embalagem, não fornecidos pelo transitário;

c) Mercadorias perigosas – mercadorias oficialmente classificadas como tal, bem como mercadorias que são ou podem tornar-se ou assumir uma natureza perigosa, inflamável, radioactiva, tóxica ou prejudicial;

d) Escrito – qualquer modo visualmente expresso de representar ou reproduzir palavras de forma permanente, nomeadamente cartas, telefax, telex, telegrama, e-mail ou qualquer outro registo por meios electrónicos;

e) Serviços de transitário – serviços de qualquer tipo relativos ao transporte, consolidação, desconsolidação, armazenagem, manuseamento, embalagem, logística e ou distribuição de mercadorias, bem como serviços acessórios e consultivos relacionados com a expedição de mercadorias, incluindo a contratação de seguros e cobrança de reembolsos;

f) Transitário – pessoa que efectua um contrato de prestação de serviços de transitário com um cliente;

g) Transportador – pessoa que efectua o transporte das mercadorias pelos seus próprios meios de transporte (transportador efectivo) ou qualquer pessoa sujeita à responsabilidade de transportador por ter assumido essa responsabilidade expressa ou tacitamente (transportador contratante).

ART. 2.º (Âmbito) – Toda e qualquer prestação de serviços pelo transitário, que tenha lugar no âmbito da actividade e do regime definido no respectivo estatuto jurídico, aprovado pelo Decreto-Lei n.º 255/99, de 7 de Julho, reger-se-á, salvo convenção em contrário, pelas presentes cláusulas contratuais gerais.

ART. 3.º (Aplicabilidade) – O transitário deverá prestar os seus serviços de harmonia com a instruções do cliente, conforme acordado. Na falta de estipulação escrita de condições contratuais diferentes, o cliente, quer intervenha ou actue na qualidade de possuidor dos bens ou mercadorias, quer o faça, ou não, na qualidade de agente ou representante de outrem, fica constituído perante o transitário nos direitos e obrigações que as presentes condições gerais estabelecem.

ART. 4.º (Apresentação dos preços) – 1 – Salvo expressa estipulação em contrário, os preços propostos pelo transitário não abrangem direitos, emolumentos, impostos ou taxas que as administrações fiscais, alfandegárias, ou outras, de natureza oficial cobrem, e apenas se aplicam a cargas cuja natureza, peso e dimensões sejam consideradas normais para transporte, de acordo com a respectiva regulamentação vigente.

2 – Os preços a que se refere o número anterior não incluem em si as despesas e encargos de paralisação, armazenamento, reparação ou outros de carácter acessório, salvo se constarem expressamente das condições da proposta e não tiverem sido, oportuna e formalmente, excluídos pelo cliente.

ART. 5.º (Alteração dos preços) – Os preços estabelecidos podem ser alterados, desde que sobrevenham circunstâncias que modifiquem o condicionalismo em que se tiverem baseado as propostas, designadamente:

a) Inexactidão ou alteração posterior das indicações do cliente quanto ao conteúdo, pesos, volumes e valores das coisas objecto do serviço, ou quanto às condições de compra e venda;

b) Encaminhamento por transporte de modo diverso do proposto pelo transitário ou interrupções de tráfego nos percursos previstos, impondo a utilização de meios ou percursos mais onerosos;

c) Demoras ou atrasos na execução dos serviços resultantes de fenómenos naturais, políticos ou de qualquer outra natureza não imputáveis ao transitário;

d) Modificação de regulamentos, convenções, taxas, horários ou tarifas;

e) Alterações cambiais.

ART. 6.º (Revisão de preços e condições) – As despesas imprevistas que o transitário tenha de efectuar por motivo de força maior, ou caso fortuito, em cumprimento e no exercício das suas atribuições, bem como para garantir a conservação ou preservação dos bens ou mercadorias que sejam objecto do contrato, tornam legítima e exigível a correspondente revisão adequada das condições estipuladas.

ART. 7.º (Validade das propostas) – Para os efeitos de aplicação e execução das cláusulas contratuais, as propostas serão válidas pelo período de tempo que o transitário tiver indicado, ficando expressamente entendido que, na falta de tal indicação, as mesmas caducam decorridos que sejam 15 dias sobre a data da respectiva apresentação ao cliente.

(*) Aprovadas pela APAT — Associação Portuguesa dos Agentes Transitários, em 22-10-2000, e publicadas no *DR*, III, n.º 51, de 1-3-2001, págs. 4579 e s.

CONDIÇÕES GERAIS DE PRESTAÇÃO DE SERVIÇOS PELAS EMPRESAS TRANSITÁRIAS 1031

ART. 8.º (Instruções escritas) – 1 – O cliente é obrigado a enunciar, por escrito, e de modo claro, preciso e completo, as instruções e as especificações das mercadorias respeitantes ao objecto de cada contrato.

2 – O transitário, à data da recepção das instruções, deve proceder à sua análise com o fim de verificar a sua conformidade com os serviços que se tenha comprometido prestar.

ART. 9.º (Conferência das instruções) – À recepção dos documentos emitidos pelo transitário, o cliente deve examiná-los cuidadosamente e assinalar imediatamente os eventuais erros ou divergências, por forma a que o transitário possa efectuar, em tempo, as necessárias rectificações.

ART. 10.º (Instruções inadequadas ou insuficientes) – 1 – Caso se verifiquem nos documentos ou declarações do cliente erros, inexactidões, insuficiências ou falta de indicações necessárias à boa execução do contrato, nomeadamente quanto à natureza, valor, peso, medida ou conteúdo das coisas objecto do contrato, recairá sobre o cliente toda a responsabilidade pelas consequências resultantes de tais anomalias.

2 – Se o transitário se aperceber da existência de quaisquer anomalias ou irregularidades a que se refere o número anterior, das quais possam resultar responsabilidades e ou prejuízos para qualquer dos contratantes ou para terceiros, deve de imediato informar o cliente, de modo a que essas anomalias ou irregularidades possam ser sanadas em tempo oportuno.

3 – Se as anomalias ou irregularidades previstas nos números anteriores não forem sanadas em tempo que permita ao transitário dar execução aos serviços que integram as suas atribuições, fica o mesmo legitimado a rescindir o contrato, ou a dar-lhe execução de acordo com o teor dos documentos e declarações do cliente, caso em que correm, por conta deste, todos os danos e responsabilidades que directa ou indirectamente resultem das referidas anomalias ou irregularidades.

4 – No caso de mercadorias objecto de contrato de compra e venda, a não conformidade das instruções do cliente com as condições inerentes ao referido contrato será da responsabilidade do cliente.

ART. 11.º (Embalagem insuficiente ou não apropriada) – 1 – São da responsabilidade do cliente os prejuízos resultantes de embalagem insuficiente ou não apropriada.

2 – A todo o momento em que, durante a execução do serviço, se verificar que as embalagens se mostram avariadas, pode o transitário proceder às reparações necessárias de conta do cliente, dando-lhe disso conhecimento prévio, salvo se a urgência da reparação o não permitir.

3 – Desta urgência deverá fazer-se a necessária justificação.

ART. 12.º (Mercadorias perigosas) – 1 – Salvo aceitação expressa por escrito, para cada caso, o transitário não tratará nem fará transportar mercadorias perigosas ou consideradas como tal, ou quaisquer outras que possam causar prejuízos a terceiros.

2 – Se algum cliente entregar mercadorias daquela natureza~ sem expressa aceitação do transitário, será responsável por todas as perdas ou prejuízos causados ao transitário e ou a terceiros e terá de indemnizar todos os danos, despesas, multas ou reclamações a que tais mercadorias derem origem, podendo as mesmas ser destruídas ou negociadas sob o controlo da autoridade competente, quando isso for julgado conveniente.

ART. 13.º (Condições especiais de entrega) – O transitário só está obrigado ao cumprimento de condições especiais de entrega das mercadorias e ou de cobrança de valores se, tendo recebido do cliente instruções expressas e por escrito nesse sentido, as aceitar.

ART. 14.º (Instruções na movimentação de bens ou mercadorias) – 1 – O transitário poderá promover outras operações igualmente por conta do contratante, nomeadamente a recolha ou armazenagem dos bens ou mercadorias, quer em obediência a instruções recebidas deste, quer pelo período em que dele aguarda instruções, quer ainda em consequência de interrupções ou adiamentos do transporte, devendo, em qualquer caso, informar, de imediato, o mesmo contratante.

2 – Na falta de instruções especiais do contratante, o transitário utilizará as vias e meios que julgar convenientes ou possíveis para o encaminhamento dos bens ou mercadorias objecto do serviço que lhe tenham sido confiados.

ART. 15.º (Outras obrigações do transitário) – O transitário só se obriga a promover trâmites ou formalidades junto das entidades competentes que expressamente lhe sejam solicitadas pelo cliente; em qualquer caso o transitário não responderá pelos prejuízos que possam resultar do indeferimento ou de demoras daquelas entidades ou de insuficiências nos elementos que, para o efeito, lhe tenham sido fornecidos pelo cliente.

ART. 16.º (Grupagem de mercadorias) – Salvo indicação expressa em contrário, o transitário pode fazer transportar as mercadorias no sistema de grupagem, ainda que em conjunto com mercadorias de diferentes clientes, podendo utilizar as rotas e meios que melhor se coadunem com os interesses da carga e do cliente.

ART. 17.º (Seguro da mercadoria) – Não compete ao transitário a celebração de qualquer contrato de seguro destinado a cobrir o risco de eventuais prejuízos sofridos pelos bens ou mercadorias no decurso do transporte cuja organização e gestão lhe haja sido contratualmente confiada, salvo se for expressa, oportuna e devidamente mandatado para o efeito, nomeadamente quanto à natureza dos riscos e valores a segurar.

1032 [DL n.º 209/97]   EMPRESAS PRESTADORAS DE SERVIÇOS

ART. 18.º (Recusa ou falta da recepção) – Se, por qualquer motivo, o destinatário se recusar a receber as coisas objecto do serviço ou haver cessado a sua actividade, ficarão as mesmas por conta e responsabilidade do contratante ou de quem o tiver substituído perante o transitário, as quais continuarão a responder, para com este, por todos os encargos do serviço e da eventual devolução da mercadoria.

ART. 19.º (Pagamento das facturas) – 1 – A falta de pagamento da factura emitida pelo transitário no prazo máximo de 15 dias a contar da data da sua apresentação, salvo acordo expresso em contrário, constitui o devedor em mora na obrigação do pagamento de juros à taxa legal.

2 – No caso de não ter havido entrega de provisão e as facturas envolverem desembolsos em moeda estrangeira, ficam aquelas sujeitas às correcções resultantes das alterações cambiais que eventualmente se verificarem até à data do pagamento, bem como aos encargos bancários emergentes da respectiva operação.

ART. 20.º (Reclamações contra a factura) – Sem prejuízo da obrigação de pagamento nos termos anteriormente referidos, ao cliente é reconhecido o direito a formular reclamações contra as facturas ou notas de débito do transitário, desde que o faça, fundamentadamente, dentro do prazo de 15 dias a contar da data da respectiva apresentação.

ART. 21.º (Provisão) – O transitário poderá pedir provisão ao cliente sempre que haja lugar ao pagamento de fretes, direitos aduaneiros e outros desembolsos devidamente justificados, por conta do cliente.

ART. 22.º (Limitação da responsabilidade) – 1 – O transitário responde perante o seu cliente pelo incumprimento das suas obrigações, bem como pelas obrigações contraídas por terceiros com quem hajam contratado.

2 – A responsabilidade do transitário resultante dos contratos celebrados é limitada pelos montantes estabelecidos, por lei ou convenção, para o transportador a quem seja confiada a execução material do transporte, salvo se for convencionado pelas partes outro limite.

3 – Em qualquer caso a responsabilidade do transitário não será superior ao valor real do prejuízo ou ao valor dos bens ou mercadorias, se este for inferior.

ART. 23.º (Falta de levantamento ou de remoção da mercadoria) – 1 – Sem prejuízo do direito a uma adequada taxa de armazenagem ou de uma justa indemnização pelos prejuízos causados, constitui fundamento para a resolução do contrato a falta de levantamento ou a não remoção em tempo oportuno da mercadoria que se ache confiada ao transitário.

2 – Para efeitos do disposto no número anterior a empresa transitária procederá à notificação do interessado na mercadoria, informando-o de todas as condições e do prazo para proceder ao respectivo levantamento.

ART. 24.º (Direito de retenção) – Salvo estipulação expressa em contrário, as empresas transitárias podem exercer o direito de retenção sobre mercadorias que lhes tenham sido confiadas em consequência dos respectivos contratos, pelos créditos deles resultantes.

ART. 25.º (Prescrição do direito de indemnização) – O direito de indemnização resultante da responsabilidade da empresa transitária prescreve no prazo de 10 meses a contar da data da conclusão da prestação do serviço contratado.

ART. 26.º (Foro competente) – 1 – No caso de recurso aos tribunais, o foro escolhido será o da sede do transitário, com expressa renúncia a qualquer outro.

2 – Contudo, quando a questão ou a prestação dos serviços ocorra na delegação ou filial da empresa, será competente o foro do correspondente estabelecimento.

15.4. AGÊNCIAS DE VIAGENS E TURISMO

Decreto-Lei n.º 209/97

de 13 de Agosto (*)

CAPÍTULO I — **Disposições gerais**

ART. 1.º (Noção) – 1 – São agências de viagens e turismo as empresas cujo objecto compreenda o exercício das actividades previstas no n.º 1 do artigo 2.º do presente diploma e se encontrem licenciadas como tal.

(*) Rectificado através da Declaração de Rectificação n.º 21-D/97, de 29-11, e alterado pelo **DL n.º 12/99**, de 11-1, que deu nova redacção aos arts. 1.º a 3.º, 5.º, 6.º, 8.º, 14.º, 23.º, 30.º, 39.º, 40.º, 54.º, 57.º a 59.º, 60.º e 61.º pelo **DL n.º 76-A/2006**, de 29-3, que deu nova redacção ao art. 6.º, e pelo **DL n.º 263/2007**, de 20-7, o qual republicou em anexo o texto integral consolidado, sendo este último que aqui se adopta.

AGÊNCIAS DE VIAGENS E TURISMO

[DL n.º 209/97] 1033

2 – Para os efeitos do presente diploma, a noção de empresa compreende o estabelecimento individual de responsabilidade limitada, a cooperativa e a sociedade comercial que tenham por objecto o exercício das actividades referidas no número anterior.

ART. 2.º (Actividades próprias e acessórias) – 1 – São actividades próprias das agências de viagens e turismo:

a) A organização e venda de viagens turísticas;

b) A reserva de serviços em empreendimentos turísticos, em empreendimentos de turismo no espaço rural e nas casas de natureza;

c) A bilheteria e reserva de lugares em qualquer meio de transporte;

d) A representação de outras agências de viagens e turismo, nacionais ou estrangeiras, ou de operadores turísticos estrangeiros, bem como a intermediação na venda dos respectivos produtos;

e) A recepção, transferência e assistência a turistas.

2 – São actividades acessórias das agências de viagens e turismo:

a) A obtenção de certificados colectivos de identidade, vistos ou outros documentos necessários à realização de uma viagem;

b) A organização de congressos e eventos semelhantes;

c) A reserva e venda de bilhetes para espectáculos e outras manifestações públicas;

d) A realização de operações cambiais para uso exclusivo dos clientes, de acordo com as normas reguladoras da actividade cambial;

e) A intermediação na celebração de contratos de aluguer de veículos de passageiros sem condutor;

f) A comercialização de seguros de viagem e de bagagem em conjugação e no âmbito de outros serviços por si prestados;

g) A venda de guias turísticos e publicações semelhantes;

h) O transporte turístico efectuado no âmbito de uma viagem turística, nos termos do definido no artigo 14.º;

i) A prestação de serviços ligados ao acolhimento turístico, nomeadamente a organização de visitas a museus, monumentos históricos e outros locais de relevante interesse turístico;

j) O exercício de actividades de animação turística, nos termos previstos no artigo 53.º-A.

ART. 3.º (Exclusividade e limites) – 1 – Apenas as empresas licenciadas como agências de viagens e turismo podem exercer as actividades previstas no n.º 1 do artigo 2.º, sem prejuízo do disposto nos números seguintes.

2 – Não estão abrangidos pelo exclusivo reservado às agências de viagens e turismo:

a) A comercialização directa dos seus serviços pelos empreendimentos turísticos, pelos empreendimentos de turismo no espaço rural, pelas casas de natureza, pelas empresas de animação turística e pelas empresas transportadoras;

b) O transporte de clientes pelos empreendimentos turísticos, empreendimentos de turismo no espaço rural, casas de natureza, empresas de animação turística e operadores marítimo-turísticos, com meios de transporte próprios;

c) A venda de serviços de empresas transportadoras feita pelos seus agentes ou por outras empresas transportadoras com as quais tenham serviços combinados.

3 – Não está abrangida pelo n.º 1 do artigo 2.º a comercialização de serviços por empreendimentos turísticos, empreendimentos de turismo no espaço rural, casas de natureza ou empresas transportadoras, estabelecimentos, iniciativas ou projectos declarados de interesse para o turismo que não constituam viagens organizadas, quando feita através de meios telemáticos.

4 – Entende-se por meios de transporte próprios aqueles que são propriedade da empresa, bem como aqueles que são objecto de contrato de locação financeira, ou de aluguer de longa duração, desde que a empresa utilizadora seja a locatária.

5 – (*Revogado.*)

ART. 4.º (Denominação, nome dos estabelecimentos e menções em actos externos) – 1 – Somente as empresas licenciadas como agências de viagens e turismo podem usar tal denominação ou outras semelhantes, nomeadamente «agente de viagens» ou «agência de viagens».

2 – As agências de viagens e turismo não podem utilizar nomes de estabelecimentos iguais ou semelhantes às de outros já existentes, salvo se comprovarem estarem devidamente autorizadas para o efeito pelas respectivas detentoras originais e sem prejuízo dos direitos resultantes da propriedade industrial.

3 – O Turismo de Portugal, I. P., não deverá autorizar o licenciamento de agências cuja denominação infrinja o disposto no número anterior, sem prejuízo dos direitos resultantes da propriedade industrial.

4 – Todos os estabelecimentos das agências de viagens e turismo devem exibir, de forma visível, a denominação da agência titular do alvará.

5 – Em todos os contratos, correspondência, publicações, publicidade e, de um modo geral, em toda a sua actividade comercial as agências de viagens e turismo devem indicar a denominação e número do seu alvará, bem como a localização da sua sede, sem prejuízo das referências obrigatórias nos termos do Código das Sociedades Comerciais.

6 – A utilização de marcas pelas agências de viagens e turismo carece de prévia comunicação ao Turismo de Portugal, I. P.

CAPÍTULO II — Do licenciamento

ART. 5.º (Licença) – 1 – O exercício da actividade de agências de viagens e turismo depende de licença, constante de alvará, a conceder pelo Turismo de Portugal, I. P.

1034   [DL n.º 209/97]   EMPRESAS PRESTADORAS DE SERVIÇOS

2 – A concessão da licença depende da observância, pela requerente, dos seguintes requisitos:

a) Ser uma cooperativa, estabelecimento individual de responsabilidade limitada ou sociedade comercial que tenha por objecto o exercício daquela actividade e um capital social mínimo realizado de € 100 000;

b) Prestação das garantias exigidas por este diploma;

c) Comprovação da idoneidade comercial do titular do estabelecimento em nome individual de responsabilidade limitada, dos directores ou gerentes da cooperativa e dos administradores ou gerentes da sociedade requerente.

3 – Para efeitos do disposto na alínea *c)* do número anterior, não serão consideradas comercialmente idóneas as pessoas relativamente às quais se verifique:

a) A proibição legal do exercício do comércio;

b) A inibição do exercício do comércio por ter sido declarada a sua falência ou insolvência enquanto não for levantada a inibição e decretada a sua reabilitação;

c) Terem sido titulares, gerentes ou administradores de uma agência de viagens e turismo falida, a menos que se comprove terem os mesmos actuado diligentemente no exercício dos seus cargos nos termos estabelecidos por lei;

d) Terem sido titulares, gerentes ou administradores de uma agência de viagens e turismo punida com três ou mais coimas, desde que lhe tenha sido também aplicada a sanção de interdição do exercício da profissão ou a sanção de suspensão do exercício da actividade.

4 – A licença não pode ser objecto de negócios jurídicos.

ART. 6.º (Pedido) – 1 – Do pedido de licença deverão constar:

a) A identificação do requerente;

b) A identificação dos titulares, administradores ou gerentes;

c) A localização dos estabelecimentos.

2 – O pedido deve ser instruído com os seguintes elementos:

a) Certidão do acto constitutivo da empresa ou a respectiva cópia simples;

b) Código de acesso à certidão permanente ou, em alternativa, certidão do registo comercial actualizada e em vigor ou a respectiva cópia simples;

c) Indicação do nome adoptado para o estabelecimento e de marcas que a agência pretenda utilizar, acompanhados de cópia simples do registo no Instituto Nacional da Propriedade Industrial, I. P., caso exista;

d) Cópia simples ou depósito no Turismo de Portugal, I. P., consoante os casos, dos contratos de prestação de garantias e comprovativo do pagamento do prémio ou fracção inicial;

e) Declaração em como o titular do estabelecimento em nome individual de responsabilidade limitada, os directores ou gerentes da cooperativa e os administradores ou gerentes da sociedade requerente, consoante o caso, não se encontrem em alguma das circunstâncias previstas no n.º 3 do artigo anterior.

3 – Na falta de decisão do Turismo de Portugal, I. P., no prazo de 10 dias úteis a contar da entrega do pedido devidamente instruído, desde que se mostrem pagas as taxas devidas nos termos do disposto no artigo 62.º, entende-se que a licença é concedida, pelo que o requerente pode iniciar a actividade, devendo ser emitido o respectivo alvará.

4 – (*Revogado.*)

5 – Quando os elementos a que se referem as alíneas *a)* e *c)* do n.º 2 se encontrem disponíveis na Internet, a respectiva apresentação pode ser substituída por uma declaração do interessado a indicar o endereço do sítio onde aqueles documentos podem ser consultados e a autorizar, se for caso disso, essa consulta.

ART. 7.º (Obrigação de comunicação) – 1 – A transmissão da propriedade e a cessão de exploração de estabelecimentos, bem como a alteração de qualquer elemento integrante do pedido de licença, devem ser comunicadas ao Turismo de Portugal, I. P., no prazo de 30 dias após a respectiva verificação.

2 – A comunicação prevista no número anterior deverá ser acompanhada dos documentos comprovativos dos factos invocados.

ART. 8.º (Sucursais de agências estabelecidas na União Europeia) – 1 – As agências de viagens e turismo estabelecidas noutro Estado membro da União Europeia podem abrir sucursais em Portugal, sendo dispensadas as formalidades exigidas pelo direito nacional para a constituição de empresas previstas no artigo 1.º.

2 – Sem prejuízo das obrigações internacionais do Estado Português, são aplicáveis à abertura das sucursais referidas no número anterior as normas sobre licenciamento de agências de viagens e turismo.

3 – Para os efeitos do disposto no número anterior, o pedido deve ser instruído com um certificado emitido pela entidade competente do país onde se encontra situada a sede da sociedade comprovando que esta se encontra habilitada ao exercício da actividade de agência de viagens e turismo, bem como os elementos referidos nas alíneas *c)* a *e)* do n.º 2 do artigo 6.º, e código de acesso à certidão permanente ou, em alternativa, certidão do registo comercial actualizada e em vigor, ou respectiva cópia simples, comprovando a constituição da representação permanente em Portugal.

ART. 9.º (Revogação da licença) – 1 – A licença para o exercício da actividade de agência de viagens e turismo pode ser revogada nos seguintes casos:

a) Se a agência não iniciar a actividade no prazo de 90 dias após a emissão do alvará;

b) Havendo falência;

AGÊNCIAS DE VIAGENS E TURISMO

[DL n.º 209/97] 1035

c) Se a agência cessar a actividade por um período superior a 90 dias sem justificação atendível;
d) Se deixar de se verificar algum dos requisitos legais para a concessão da licença;
e) Se a agência não entregar no Turismo de Portugal, I. P., o comprovativo de que as garantias exigidas se encontram em vigor.

2 – A revogação da licença será determinada por despacho do presidente do Turismo de Portugal, I. P., e acarreta a cassação do alvará da agência.

ART. 10.º (Registo) – 1 – O Turismo de Portugal, I. P., deve organizar e manter actualizado um registo das agências licenciadas, o qual será disponibilizado e acessível ao público no sítio da Internet deste instituto público.

2 – O registo das agências deve conter:
a) A identificação do requerente;
b) A firma ou denominação social, a sede, o objecto social, o número de matrícula e a conservatória do registo comercial em que a sociedade se encontra matriculada;
c) A identificação dos administradores, gerentes e directores;
d) A localização dos estabelecimentos;
e) O nome comercial;
f) As marcas próprias da agência;
g) A forma de prestação das garantias exigidas e o montante garantido.

3 – Devem ainda ser inscritos no registo, por averbamento, os seguintes factos:
a) A alteração de qualquer dos elementos integrantes do pedido de licenciamento;
b) A verificação de qualquer facto sujeito a comunicação ao Turismo de Portugal, I. P.;
c) (*Revogada.*)
d) Reclamações apresentadas;
e) Sanções aplicadas;
f) Louvores concedidos.
4 – (*Revogado.*)

CAPÍTULO III — Do exercício da actividade das agências de viagens e turismo

ART. 11.º Estabelecimentos) – 1 – As agências de viagens e turismo devem dispor, no mínimo, de um estabelecimento para atendimento dos clientes.
2 – (*Revogado.*)
3 – (*Revogado.*)

ART. 12.º (Abertura e mudança de localização) – 1 – A abertura ou mudança de localização dos estabelecimentos ou de quaisquer formas de representação só pode ser efectuada após comunicação ao Turismo de Portugal, I. P.
2 – As comunicações referidas no número anterior devem ser acompanhadas dos elementos constantes das alíneas *a*) e *c*) do n.º 1 do artigo 6.º e, no caso de representações temporárias, do período em que estarão em funcionamento no local.
3 – (*Revogado.*)
4 – (*Revogado.*)

ART. 13.º (Negócios sobre os estabelecimentos) – A transmissão da propriedade e a cessão de exploração dos estabelecimentos dependem da titularidade de licença de agência de viagens pela empresa adquirente.

ART. 14.º (Utilização de meios próprios) – 1 – Na realização de viagens turísticas e na recepção, transferência e assistência de turistas, as agências de viagens podem utilizar os meios de transporte que lhes pertençam, devendo, quando se tratar de veículos automóveis com lotação superior a nove lugares, cumprir os requisitos de acesso à profissão de transportador público rodoviário interno ou internacional de passageiros que nos termos da legislação respectiva lhes sejam aplicáveis, sem prejuízo do disposto nos números seguintes.
2 – Para efeitos de comprovação da capacidade financeira exigida para o acesso à profissão de transportador público rodoviário, internacional e interno de passageiros, regulado pelo Decreto-Lei n.º 3/2001, de 10 de Janeiro, o valor do capital social é, no caso das agências de viagens e turismo, reduzido para € 100 000.
3 – Para efeitos de comprovação da capacidade profissional exigida para o acesso à profissão de transportador público rodoviário, internacional e interno de passageiros, aplica-se às agências de viagens e turismo que exerçam a actividade prevista na alínea *h*) do n.º 2 do artigo 2.º, com as necessárias adaptações, o disposto na alínea *b*) do n.º 1 do artigo 7.º do Decreto-Lei n.º 3/2001, de 10 de Janeiro.
4 – As agências de viagens e turismo previstas no n.º 1 podem alugar os meios de transporte a outras agências.
5 – As agências de viagens e turismo que acedam à profissão de transportador público rodoviário, interno ou internacional de passageiros, podem efectuar todo o tipo de transporte ocasional com veículos automóveis pesados de passageiros.
6 – Os veículos automóveis utilizados no exercício das actividades previstas no n.º 1 com lotação superior a nove lugares devem ser sujeitos a prévio licenciamento pela Direcção-Geral de Transportes Terrestres, nos termos

1036 [DL n.º 209/97] EMPRESAS PRESTADORAS DE SERVIÇOS

a definir em portaria conjunta dos membros do Governo responsáveis pelas áreas do turismo e dos transportes, a qual fixará igualmente os requisitos mínimos a que devem obedecer tais veículos.

ART. 15.º (Representantes das agências) – Aos representantes das agências, quando devidamente identificados e em serviço, é permitido o acesso às delegações das alfândegas, aos cais de embarque e aos recintos destinados aos passageiros nos aeroportos ou gares, desde que tal acesso seja possível em função dos regulamentos de segurança adoptados pelas respectivas entidades gestoras.

ART. 16.º (Livro de reclamações) – 1 – Em todos os estabelecimentos das agências de viagens e turismo deve existir um livro de reclamações, aplicando-se à sua utilização, edição e venda, o regime previsto no Decreto-Lei n.º 156/2005, de 15 de Setembro.

2 – O original da reclamação deve ser enviado pelo responsável da agência de viagens e turismo ao Turismo de Portugal, I. P.

3 – (*Revogado.*)

4 – (*Revogado.*)

5 – (*Revogado.*)

CAPÍTULO IV — Das viagens turísticas

Secção I — NOÇÃO E ESPÉCIES

ART. 17.º (Noção e espécies) – 1 – São viagens turísticas as que combinem dois dos serviços seguintes:

a) Transporte;

b) Alojamento;

c) Serviços turísticos não subsidiários do transporte e do alojamento.

2 – São viagens organizadas as viagens turísticas que, combinando previamente dois dos serviços seguintes, sejam vendidas ou propostas para venda a um preço com tudo incluído, quando excedam vinte e quatro horas ou incluam uma dormida:

a) Transporte;

b) Alojamento;

c) Serviços turísticos não subsidiários do transporte e do alojamento, nomeadamente os relacionados com eventos desportivos, religiosos e culturais, desde que representem uma parte significativa da viagem.

3 – São viagens por medida as viagens turísticas preparadas a pedido do cliente para satisfação das solicitações por este definidas.

4 – Não são havidas como viagens turísticas aquelas em que a agência se limita a intervir como mera intermediária em vendas ou reservas de serviços avulsos solicitados pelo cliente.

5 – A eventual facturação separada dos diversos elementos de uma viagem organizada não prejudica a sua qualificação legal nem a aplicação do respectivo regime.

Secção II — DISPOSIÇÕES COMUNS

ART. 18.º (Obrigação de informação prévia) – 1 – Antes da venda de uma viagem turística, a agência deve informar, por escrito ou por qualquer outra forma adequada, os clientes que se desloquem ao estrangeiro sobre a necessidade de documento de identificação civil, passaportes e vistos, prazos legais para a respectiva obtenção e formalidades sanitárias e, caso a viagem se realize no território de Estados membros da União Europeia, a documentação exigida para a obtenção de assistência médica ou hospitalar em caso de acidente ou doença.

2 – Quando seja obrigatório contrato escrito, a agência deve, ainda, informar o cliente de todas as cláusulas a incluir no mesmo.

3 – Considera-se forma adequada de informação ao cliente a entrega do programa de viagem que inclua os elementos referidos nos números anteriores.

4 – Qualquer descrição de uma viagem bem como o respectivo preço e as restantes condições do contrato não devem conter elementos enganadores nem induzir o consumidor em erro.

ART. 19.º (Obrigações acessórias) – 1 – As agências devem entregar aos clientes todos os documentos necessários para a obtenção do serviço vendido.

2 – Aquando da venda de qualquer serviço, as agências devem entregar aos clientes documentação que mencione o objecto e características do serviço, data da prestação, preço e pagamentos já efectuados, excepto quando tais elementos figurem nos documentos referidos no número anterior e não tenham sofrido alteração.

Secção III — VIAGENS ORGANIZADAS

ART. 20.º (Programas de viagem) – 1 – As agências que anunciarem a realização de viagens organizadas deverão dispor de programas para entregar a quem os solicite.

AGÊNCIAS DE VIAGENS E TURISMO   [DL n.º 209/97]   1037

2 – Os programas de viagem deverão informar, de forma clara, precisa e com caracteres legíveis, sobre os elementos referidos nas alíneas *a*) a *l*) do n.º 1 do artigo 22.º e ainda sobre:

a) A exigência de documento de identificação civil, passaportes, vistos e formalidades sanitárias para a viagem e estada;

b) Quaisquer outras características especiais da viagem.

ART. 21.º (Carácter vinculativo do programa) – A agência fica vinculada ao cumprimento pontual do programa, salvo se:

a) Estando prevista no próprio programa a possibilidade de alteração das condições, tal alteração tenha sido expressamente comunicada ao cliente antes da celebração do contrato, cabendo o ónus da prova à agência de viagens;

b) Existir acordo das partes em contrário, cabendo o ónus da prova à agência de viagens.

ART. 22.º (Contrato) – 1 – Os contratos de venda de viagens organizadas deverão conter, de forma clara, precisa e com caracteres legíveis, as seguintes menções:

a) Nome, endereço e número do alvará da agência vendedora e da agência organizadora da viagem;

b) Identificação das entidades que garantem a responsabilidade da agência, bem como indicação do número da apólice de seguro de responsabilidade civil obrigatório, nos termos do disposto no artigo 50.º;

c) Preço da viagem organizada, termos e prazos em que é legalmente admitida a sua alteração e impostos ou taxas devidos em função da viagem, que não estejam incluídos no preço;

d) Montante ou percentagem do preço a pagar, a título de princípio de pagamento, data de liquidação do remanescente e consequências da falta de pagamento;

e) Origem, itinerário e destino da viagem, períodos e datas de estada;

f) Número mínimo de participantes de que dependa a realização da viagem e data limite para a notificação do cancelamento ao cliente, caso não se tenha atingido aquele número;

g) Meios, categorias e características de transporte utilizados, datas, locais de partida e regresso e, quando possível, as horas;

h) Grupo e classificação do alojamento utilizado, de acordo com a regulamentação do Estado de acolhimento, sua localização, bem como o nível de conforto e demais características principais, número e regime ou plano de refeições fornecidas;

i) Montantes máximos exigíveis à agência, nos termos do artigo 40.º;

j) Termos a observar pelo cliente em caso de reclamação pelo não cumprimento pontual dos serviços acordados, incluindo prazos e trâmites para accionamento da caução;

l) Visitas, excursões ou outros serviços incluídos no preço;

m) Serviços facultativamente pagos pelo cliente;

n) Todas as exigências específicas que o cliente comunique à agência e esta aceite.

2 – Sem prejuízo do disposto no número seguinte, considera-se celebrado o contrato com a entrega ao cliente do documento de reserva e do programa, desde que se tenha verificado o pagamento, ainda que parcial, da viagem, devendo a viagem ser identificada através da designação que constar do programa.

3 – Sempre que o cliente o solicite ou a agência o determine, o contrato constará de documento autónomo, devendo a agência entregar ao cliente cópia integral do mesmo, assinado por ambas as partes.

4 – O contrato deve conter a indicação de que o grupo e a classificação do alojamento utilizado são determinados pela legislação do Estado de acolhimento.

5 – O contrato deve ser acompanhado de cópia da ou das apólices de seguro vendidas pela agência de viagens no quadro desse contrato, nos termos da alínea *f*) do n.º 2 do artigo 2.º.

ART. 23.º (Informação sobre a viagem) – Antes do início de qualquer viagem organizada, a agência deve prestar ao cliente, em tempo útil, por escrito ou por outra forma adequada, as seguintes informações:

a) Os horários e os locais de escalas e correspondências, bem como a indicação do lugar atribuído ao cliente, quando possível;

b) O nome, endereço e número de telefone da representação local da agência ou, não existindo uma tal representação local, o nome, endereço e número de telefone das entidades locais que possam assistir o cliente em caso de dificuldade;

c) Quando as representações e organismos previstos na alínea anterior não existirem, o cliente deve em todos os casos dispor de um número telefónico de urgência ou de qualquer outra informação que lhe permita estabelecer contacto com a agência;

d) No caso de viagens e estadas de menores no País ou no estrangeiro, o modo de contactar directamente com esses menores ou com o responsável local pela sua estada;

e) A possibilidade de celebração de um contrato de seguro que cubra as despesas resultantes da rescisão pelo cliente e de um contrato de assistência que cubra as despesas de repatriamento em caso de acidente ou de doença;

f) Sem prejuízo do disposto na alínea anterior, no caso de a viagem se realizar no território de Estados membros da União Europeia, a documentação de que o cliente se deve munir para beneficiar de assistência médica e hospitalar em caso de acidente ou doença;

g) O modo de proceder no caso específico de doença ou acidente;

1038   [DL n.º 209/97]   EMPRESAS PRESTADORAS DE SERVIÇOS

h) A ocorrência de catástrofes naturais, epidemias, revoluções e situações análogas que se verifiquem no local de destino da viagem e de que a agência tenha conhecimento ou que lhe tenham sido comunicadas.

ART. 24.º (Cessão da posição contratual) – 1 – O cliente pode ceder a sua posição, fazendo-se substituir por outra pessoa que preencha todas as condições requeridas para a viagem organizada, desde que informe a agência, por forma escrita, até sete dias antes da data prevista para a partida e que tal cessão seja possível nos termos dos regulamentos de transportes aplicáveis à situação.

2 – Quando se trate de cruzeiros e de viagens aéreas de longo curso, o prazo previsto no número anterior é alargado para 15 dias.

3 – O cedente e o cessionário são solidariamente responsáveis pelo pagamento do preço e pelos encargos adicionais originados pela cessão.

4 – A cessão vincula também os terceiros prestadores de serviços, devendo a agência comunicar-lhes tal facto no prazo de quarenta e oito horas.

5 – Caso não seja possível a cessão da posição contratual prevista no n.º 1 por força dos regulamentos de transportes aplicáveis, deve tal informação ser prestada, por escrito, ao cliente, no momento da reserva.

ART. 25.º (Acompanhamento dos turistas por profissionais de informação turística) – Nas visitas a centros históricos, museus, monumentos nacionais ou sítios classificados, incluídas em viagens turísticas, à excepção das viagens previstas no n.º 3 do artigo 17.º, os turistas devem ser acompanhados por guias-intérpretes.

ART. 26.º (Alteração do preço nas viagens organizadas) – 1 – Nas viagens organizadas o preço não é susceptível de revisão, excepto o disposto no número seguinte.

2 – A agência só pode alterar o preço até 20 dias antes da data prevista para a partida e se, cumulativamente:

a) O contrato o previr expressamente e determinar as regras precisas de cálculo da alteração;

b) A alteração resultar unicamente de variações no custo dos transportes ou do combustível, dos direitos, impostos ou taxas cobráveis ou de flutuações cambiais.

3 – A alteração do preço não permitida pelo n.º 1 confere ao cliente o direito de rescindir o contrato nos termos dos n.ºs 2 e 3 do artigo 27.º.

4 – O cliente não é obrigado ao pagamento de acréscimos de preço determinados nos 20 dias que precedem a data prevista para a partida.

ART. 27.º (Impossibilidade de cumprimento) – 1 – A agência deve notificar imediatamente o cliente quando, por factos que não lhe sejam imputáveis, não puder cumprir obrigações resultantes do contrato.

2 – Se a impossibilidade respeitar a alguma obrigação essencial, o cliente pode rescindir o contrato sem qualquer penalização ou aceitar por escrito uma alteração ao contrato e eventual variação de preço.

3 – O cliente deve comunicar à agência a sua decisão no prazo de quatro dias úteis após a recepção da notificação prevista no n.º 1.

ART. 28.º (Rescisão ou cancelamento não imputável ao cliente) – Se o cliente rescindir o contrato ao abrigo do disposto nos artigos 26.º ou 27.º ou se, por facto não imputável ao cliente, a agência cancelar a viagem organizada antes da data da partida, tem aquele direito, sem prejuízo da responsabilidade civil da agência, a:

a) Ser imediatamente reembolsado de todas as quantias pagas;

b) Em alternativa, optar por participar numa outra viagem organizada, devendo ser reembolsada ao cliente a eventual diferença de preço.

ART. 29.º (Direito de rescisão pelo cliente) – O cliente pode sempre rescindir o contrato a todo o tempo, devendo a agência reembolsá-lo do montante antecipadamente pago, deduzindo os encargos a que, justificadamente, o início do cumprimento do contrato e a rescisão tenham dado lugar e uma percentagem do preço do serviço não superior a 15.

ART. 30.º (Incumprimento) – 1 – Quando, após a partida, não seja fornecida uma parte significativa dos serviços previstos no contrato, a agência deve assegurar, sem aumento de preço para o cliente, a prestação de serviços equivalentes aos contratados.

2 – Quando se mostre impossível a continuação da viagem ou as condições para a continuação não sejam justificadamente aceites pelo cliente, a agência deve fornecer, sem aumento de preço, um meio de transporte equivalente que possibilite o regresso ao local de partida ou a outro local acordado.

3 – Nas situações previstas nos números anteriores, o cliente tem direito à restituição da diferença entre o preço das prestações previstas e o das efectivamente fornecidas, bem como a ser indemnizado nos termos gerais.

4 – Qualquer deficiência na execução do contrato relativamente às prestações fornecidas por terceiros prestadores de serviços deve ser comunicada à agência por escrito ou de outra forma adequada, no prazo máximo de 20 dias úteis após o termo da viagem ou no prazo previsto no contrato, se superior.

5 – Caso se verifique alguma deficiência na execução do contrato relativamente a serviços de alojamento e transporte, o cliente deve, sempre que possível, contactar a agência de viagens, através dos meios previstos nas alíneas *b*) e *c*) do artigo 23.º, por forma que esta possa assegurar, em tempo útil, a prestação de serviços equivalentes aos contratados.

AGÊNCIAS DE VIAGENS E TURISMO [DL n.º 209/97] 1039

6 – Quando não seja possível contactar a agência de viagens nos termos previstos no número anterior ou quando esta não assegure, em tempo útil, a prestação de serviços equivalentes aos contratados, o cliente pode contratar com terceiros serviços de alojamento e transporte não incluídos no contrato, a expensas da agência de viagens.

ART. 31.º (Assistência a clientes) – 1 – Quando, por razões que não lhe forem imputáveis, o cliente não possa terminar a viagem organizada, a agência é obrigada a dar-lhe assistência até ao ponto de partida ou de chegada, devendo efectuar todas as diligências necessárias.

2 – Em caso de reclamação dos clientes, cabe à agência ou ao seu representante local provar ter actuado diligentemente no sentido de encontrar a solução adequada.

CAPÍTULO V — Das relações das agências entre si e com empreendimentos turísticos

ART. 32.º (Identidade de prestações) – 1 – Sendo proibidos os acordos ou as práticas concertadas entre empreendimentos turísticos ou entre estes e as agências de viagens que tenham por efeito restringir, impedir ou falsear a concorrência no mercado, não podem os empreendimentos turísticos vender os seus serviços directamente a preços inferiores aos preços que recebam das agências que comercializam os seus serviços, sem prévio aviso à agência ou agências contratantes.

2 – Independentemente da diversidade de preços praticados directamente e dos acordos com as agências, os serviços prestados pelos empreendimentos turísticos devem ser iguais, designadamente em qualidade e características, quer sejam vendidos directamente a clientes quer por meio de agências de viagens.

ART. 33.º (Reservas) – 1 – A reserva de serviços em empreendimentos turísticos deve ser pedida por escrito, mencionando os serviços pretendidos e as respectivas datas.

2 – A aceitação do pedido de reserva deve ser feita por escrito, especificando os serviços, datas, respectivos preços e condições de pagamento.

3 – Na falta de estipulação em contrário, o pagamento deve ser feito até 30 dias após a prestação dos serviços.

ART. 34.º (Cancelamento de reservas) – 1 – O cancelamento de reservas deve ser requerido por escrito, salvo acordo em contrário, não sendo devida qualquer indemnização quando forem respeitados os prazos seguintes:

a) 15 dias de antecedência, se forem canceladas mais de 50% das reservas;
b) 10 dias de antecedência, se forem canceladas mais de 25% das reservas;
c) 5 dias de antecedência, nos demais casos e para o cancelamento de reservas individuais.

2 – Sendo cancelada a reserva com respeito pelos prazos estabelecidos no número anterior, o empreendimento turístico é obrigado a reembolsar o montante pago antecipadamente pela agência.

ART. 35.º (Inobservância do prazo) – Se as agências cancelarem reservas em desrespeito dos prazos estabelecidos no artigo anterior, o empreendimento turístico tem direito a uma indemnização correspondente ao montante pago antecipadamente por cada reserva cancelada, sem prejuízo de estipulação em contrário.

ART. 36.º (Incumprimento das reservas aceites) – 1 – Se os empreendimentos turísticos não cumprirem as reservas aceites, as agências têm direito ao reembolso dos montantes pagos antecipadamente e a uma indemnização do mesmo valor.

2 – Os empreendimentos turísticos são ainda responsáveis por todas as indemnizações que sejam exigidas às agências pelos clientes em virtude do incumprimento a que se refere o presente artigo.

ART. 37.º (Indemnização) – Na falta de pagamento antecipado e de acordo em contrário, o montante de indemnização devido por inobservância do previsto nos artigos 35.º e 36.º é de 20% do preço acordado por cada unidade de alojamento reservada.

ART. 38.º (Relações entre agências de viagens) – Às relações entre agências são aplicáveis, com as necessárias adaptações, as normas constantes deste capítulo.

CAPÍTULO VI — Da responsabilidade e garantias

Secção I – DA RESPONSABILIDADE

ART. 39.º (Princípios gerais) – 1 – As agências são responsáveis perante os seus clientes pelo pontual cumprimento das obrigações resultantes da venda de viagens turísticas, sem prejuízo do disposto nos números seguintes.

2 – Quando se tratar de viagens organizadas, as agências são responsáveis perante os seus clientes, ainda que os serviços devam ser executados por terceiros e sem prejuízo do direito de regresso.

3 – No caso de viagens organizadas, as agências organizadoras respondem solidariamente com as agências vendedoras.

1040   [DL n.º 209/97]   EMPRESAS PRESTADORAS DE SERVIÇOS

4 – Quando se trate de viagens organizadas, a agência não pode ser responsabilizada se:

a) O cancelamento se baseie no facto de o número de participantes na viagem organizada ser inferior ao mínimo exigido e o cliente for informado por escrito do cancelamento no prazo previsto no programa;

b) O incumprimento não resulte de excesso de reservas e seja devido a situações de força maior ou caso fortuito, motivado por circunstâncias anormais e imprevisíveis, alheias àquele que as invoca, cujas consequências não possam ter sido evitadas apesar de todas as diligências feitas;

c) For demonstrado que o incumprimento se deve à conduta do próprio cliente ou à actuação imprevisível de um terceiro alheio ao fornecimento das prestações devidas pelo contrato;

d) Legalmente não puder accionar o direito de regresso relativamente a terceiros prestadores dos serviços previstos no contrato, nos termos da legislação aplicável;

e) O prestador de serviços de alojamento não puder ser responsabilizado pela deterioração, destruição ou subtracção de bagagens ou outros artigos.

5 – No domínio das restantes viagens turísticas, as agências respondem pela correcta emissão dos títulos de alojamento e de transporte e ainda pela escolha culposa dos prestadores de serviços, caso estes não tenham sido sugeridos pelo cliente.

6 – Quando as agências intervierem como meras intermediárias em vendas ou reservas de serviços avulsos solicitados pelo cliente, apenas serão responsáveis pela correcta emissão dos títulos de alojamento e de transporte.

7 – Consideram-se clientes, para os efeitos previstos para o presente artigo, todos os beneficiários da prestação de serviços, ainda que não tenham sido partes no contrato.

ART. 40.º (Limites) – 1 – A responsabilidade da agência terá como limite o montante máximo exigível às entidades prestadoras dos serviços, nos termos da Convenção de Montreal, de 28 de Maio de 1999, sobre Transporte Aéreo Internacional, e da Convenção de Berna, de 1961, sobre Transporte Ferroviário.

2 – No que concerne aos transportes marítimos, a responsabilidade das agências de viagens, relativamente aos seus clientes, pela prestação de serviços de transporte, ou alojamento, quando for caso disso, por empresas de transportes marítimos, no caso de danos resultantes de dolo ou negligência destas, terá como limites os seguintes montantes:

a) € 441 436, em caso de morte ou danos corporais;

b) € 7881, em caso de perda total ou parcial de bagagem ou da sua danificação;

c) € 31 424, em caso de perda de veículo automóvel, incluindo a bagagem nele contida;

d) € 10 375, em caso de perda de bagagem, acompanhada ou não, contida em veículo automóvel;

e) € 1097, por danos na bagagem, em resultado da danificação do veículo automóvel.

3 – Quando exista, a responsabilidade das agências de viagens e turismo pela deterioração, destruição e subtracção de bagagens ou outros artigos, em estabelecimentos de alojamento turístico, enquanto o cliente aí se encontrar alojado, tem como limites:

a) € 1397, globalmente;

b) € 449 por artigo;

c) O valor declarado pelo cliente, quanto aos artigos depositados à guarda do estabelecimento de alojamento turístico.

4 – As agências terão direito de regresso sobre os fornecedores de bens e serviços relativamente às quantias pagas no cumprimento da obrigação de indemnizar prevista nos números anteriores.

5 – A responsabilidade da agência por danos não corporais poderá ser contratualmente limitada ao valor correspondente a cinco vezes o preço do serviço vendido.

Secção II — **DAS GARANTIAS**

ART. 41.º (Garantias exigidas) – 1 – Para garantia da responsabilidade perante os clientes emergente das actividades previstas no artigo 2.º, as agências de viagens e turismo devem prestar uma caução e efectuar um seguro de responsabilidade civil.

2 – São obrigatoriamente garantidos:

a) O reembolso dos montantes entregues pelos clientes;

b) O reembolso das despesas suplementares suportadas pelos clientes em consequência da não prestação dos serviços ou da sua prestação defeituosa;

c) O ressarcimento dos danos patrimoniais e não patrimoniais causados a clientes ou a terceiros por acções ou omissões da agência ou seus representantes;

d) O repatriamento dos clientes e a sua assistência nos termos do artigo 31.º;

e) A assistência médica e medicamentos necessários em caso de acidente ou doença ocorridos durante a viagem, incluindo aqueles que se revelem necessários após a conclusão da viagem.

ART. 42.º (Formalidades) – Nenhuma agência pode iniciar ou exercer a sua actividade sem fazer prova junto do Turismo de Portugal, I. P., de que as garantias exigidas foram regularmente contratadas e se encontram em vigor.

AGÊNCIAS DE VIAGENS E TURISMO   [DL n.º 209/97] 1041

ART. 43.º (Caução) – 1 – Para garantia do cumprimento das obrigações emergentes do exercício da sua actividade, as agências devem prestar uma caução que garanta, pelo menos, a observância dos deveres previstos nas alíneas *a*) e *b*) do n.º 2 do artigo 41.º.

2 – A garantia referida no número anterior pode ser prestada mediante cauções de grupo cujos termos serão aprovados por portaria conjunta dos Ministros das Finanças e da Economia.

3 – O título da prestação de caução deve ser depositado no Turismo de Portugal, I. P.

ART. 44.º (Forma de prestação da caução) – 1 – Sem prejuízo do disposto no número seguinte, a caução pode ser prestada por seguro-caução, garantia bancária, depósito bancário ou títulos da dívida pública portuguesa, depositados à ordem do Turismo de Portugal, I. P.

2 – O título da caução não pode condicionar o accionamento desta a prazos ou ao cumprimento de obrigações por parte da agência ou de terceiros.

ART. 45.º (Montante) – 1 – O montante garantido através da caução é de 5% do valor das vendas de viagens organizadas efectuadas pela agência no ano anterior, devendo o respectivo quantitativo ser comunicado ao Turismo de Portugal, I. P., pelo representante legal da empresa, com base em declaração emitida por técnico oficial de contas.

2 – Caso a declaração referida no número anterior não seja entregue, o montante garantido através da caução deve corresponder a 5% do valor da prestação de serviços declarado pela agência no ano anterior, devidamente comprovado mediante a apresentação de cópia da declaração anual de rendimentos, apresentada pelo representante legal da empresa para efeitos fiscais.

3 – Quando a agência invoque a circunstância de não ter praticado no ano anterior viagens organizadas, tal deve igualmente ser comunicado ao Turismo de Portugal, I. P., pelo representante legal da empresa, com base em declaração emitida por técnico oficial de contas.

4 – Sem prejuízo do disposto nos números anteriores, o montante garantido por cada agência não pode, em caso algum, ser inferior a € 25 000 nem superior a € 250 000.

5 – As agências devem enviar ao Turismo de Portugal, I. P., até 15 de Julho de cada ano, os documentos exigidos nos números anteriores.

6 – Quando os elementos a que se referem os números anteriores se encontrem disponíveis na Internet, a respectiva apresentação pode ser substituída por uma declaração do interessado a indicar o endereço do sítio onde aqueles documentos podem ser consultados e a autorizar, se for caso disso, essa consulta.

ART. 46.º (Actualização) – 1 – As agências de viagens estão obrigadas a promover anualmente a actualização da caução prestada, nos termos e condições referidos no artigo anterior, e a comunicar ao Turismo de Portugal, I. P., o montante actualizado de cobertura.

2 – Se a caução for accionada, deve ser reposto o montante de cobertura exigido.

ART. 47.º (Funcionamento da caução) – 1 – Os clientes interessados em accionar a caução devem requerer ao Turismo de Portugal, I. P., que demande a entidade garante, apresentando:

a) Sentença judicial transitada em julgado, da qual conste o montante da dívida exigível, certa e líquida;

b) Decisão arbitral;

c) Requerimento solicitando intervenção da comissão arbitral, nos termos do artigo seguinte, instruído com os elementos comprovativos dos factos alegados.

2 – Podem ser objecto de accionamento as cauções prestadas pela agência com quem o cliente contratou directamente ou pela agência que organizou a viagem, sem prejuízo do direito de regresso.

3 – O requerimento referido na alínea *c*) do n.º 1 é apresentado no prazo de 20 dias úteis após o termo da viagem ou no prazo previsto no contrato, se superior.

ART. 48.º (Comissão arbitral) – 1 – O requerimento previsto no artigo anterior será apreciado por uma comissão arbitral, convocada pelo presidente do Turismo de Portugal, I. P., no prazo de 10 dias após a entrega do pedido, e constituída por um representante desta, que preside, um representante do Instituto do Consumidor, um representante da Associação Portuguesa das Agências de Viagens e Turismo, um representante das associações de defesa do consumidor, a designar pelo cliente, e um representante da agência, designado por esta, sem prejuízo de recurso para os tribunais, nos termos da lei da arbitragem voluntária.

2 – A comissão arbitral delibera no prazo máximo de 20 dias úteis após a sua convocação, sendo a deliberação tomada por maioria dos membros presentes, tendo o presidente voto de qualidade.

3 – Da decisão da comissão arbitral cabe recurso para o presidente do Turismo de Portugal, I. P., a interpor no prazo de cinco dias úteis.

4 – O presidente do Turismo de Portugal, I. P., deve apreciar o recurso no prazo máximo de 20 dias úteis, findo o qual, e na ausência de decisão, se presumirá o indeferimento do mesmo.

5 – Na falta de deliberação no prazo previsto no n.º 2, o requerimento será apreciado pelos serviços competentes do Turismo de Portugal, I. P., e submetido a decisão do presidente.

ART. 49.º (Obrigação das entidades garantes) – Caso haja lugar a pagamento por parte da agência de viagens e turismo, o Turismo de Portugal, I. P., notifica a agência de viagens e a entidade garante para pagarem, no prazo de 20 dias úteis, a quantia fixada.

1042 [DL n.º 209/97] EMPRESAS PRESTADORAS DE SERVIÇOS

ART. 50.º (Seguro de responsabilidade civil) – 1 – As agências devem celebrar um seguro de responsabilidade civil que cubra os riscos decorrentes da sua actividade, garantindo o cumprimento da obrigação prevista na alínea *c*) do n.º 2 do artigo 41.º e sempre, como risco acessório, as obrigações previstas nas alíneas *d*) e *e*) do mesmo número desse artigo.

2 – O montante mínimo coberto pelo seguro é de € 74 819,68.

3 – A apólice uniforme do seguro é aprovada pelo Instituto de Seguros de Portugal.

4 – O seguro de responsabilidade civil pode ser substituído por caução de igual montante, prestada nos termos do artigo 43.º e do n.º 1 do artigo 44.º.

ART. 51.º (Âmbito de cobertura) – 1 – São excluídos do seguro referido no artigo anterior:

a) Os danos causados aos agentes ou representantes legais das agências;

b) Os danos provocados pelo cliente ou por terceiro alheio ao fornecimento das prestações.

2 – Podem ser excluídos do seguro:

a) Os danos causados por acidentes ocorridos com meios de transporte que não pertençam à agência, desde que o transportador tenha o seguro exigido para aquele meio de transporte;

b) As perdas, deteriorações, furtos ou roubos de bagagens ou valores entregues pelo cliente à guarda da agência.

CAPÍTULO VII — **Regimes especiais**

ART. 52.º (Instituições de economia social) – 1 – Podem organizar viagens as associações, misericórdias, instituições privadas de solidariedade social, institutos públicos, cooperativas e entidades análogas, estando dispensados do licenciamento como agências de viagens e turismo, desde que se verifiquem cumulativamente os seguintes requisitos:

a) Que a organização da viagem não tenha fim lucrativo;

b) Que se dirijam única e exclusivamente aos seus membros e não ao público em geral;

c) Que se realizem de forma ocasional ou esporádica;

d) Que não utilizem meios publicitários para a sua promoção dirigidos ao público em geral.

2 – As entidades referidas no número anterior devem celebrar um seguro de responsabilidade civil que cubra os riscos decorrentes da viagem a realizar.

3 – O INATEL pode realizar viagens organizadas para os seus associados, estando dispensado do licenciamento como agência de viagens e turismo, aplicando-se com as necessárias adaptações o disposto nos artigos 17.º a 51.º.

4 – A entidade referida no número anterior deve prestar uma caução, nos termos do artigo 41.º e seguintes, cujo montante mínimo é reduzido a € 5000 e deve celebrar um seguro de responsabilidade civil, nos termos previstos para as agências de viagens e turismo.

ART. 53.º (*Revogado.*)

ART. 53.º-A (Exercício de actividades de animação turística) – 1 – O exercício de actividades de animação turística por parte das agências de viagens e turismo carece de prévia autorização pelo Turismo de Portugal, I.P., constante de um documento complementar ao alvará da agência.

2 – A concessão da autorização depende da prestação das garantias exigidas pela legislação que regula a actividade de animação turística, sem prejuízo do cumprimento dos requisitos exigidos para cada tipo de actividade.

3 – O pedido de autorização deve ser instruído com os seguintes documentos:

a) Programa detalhado das actividades a desenvolver, com indicação dos equipamentos a utilizar e locais onde as actividades vão decorrer;

b) Declaração em como os equipamentos e instalações, se for o caso, satisfazem os requisitos legais, acompanhada das licenças e autorizações emitidas pelas entidades competentes, quando previstas na legislação aplicável;

c) Cópia simples dos contratos de prestação de garantias e comprovativo do pagamento do prémio ou fracção inicial.

4 – Ao pedido previsto nos números anteriores é aplicável o disposto no n.º 3 do artigo 6.º, com as necessárias adaptações.

5 – A alteração do documento complementar emitido pelo Turismo de Portugal, I. P., com vista à autorização do exercício de novas actividades de animação turística é efectuada por averbamento, aplicando-se o disposto nos números anteriores.

ART. 54.º (*Revogado.*)

CAPÍTULO VIII — **Da fiscalização e sanções**

ART. 55.º (Competências de fiscalização e instrução de processos) – 1 – Compete à Autoridade de Segurança Alimentar e Económica:

a) Fiscalizar a observância do disposto no presente diploma;

b) Conhecer das reclamações apresentadas;

AGÊNCIAS DE VIAGENS E TURISMO   [DL n.º 209/97]   1043

c) Instruir os processos por infracções ao estabelecido neste diploma.

2 – As autoridades administrativas e policiais prestarão auxílio aos funcionários da Autoridade de Seguran-ça Alimentar e Económica no exercício das funções de fiscalização.

3 – Aos funcionários em serviço de inspecção devem ser facultados os elementos justificadamente solici-tados.

ART. 56.º (Obrigação de participação) – 1 – Todas as autoridades e seus agentes devem participar à Autori-dade de Segurança Alimentar e Económica quaisquer infracções ao presente diploma e respectivas disposições regulamentares.

2 – Quando se tratar de infracção ao disposto no n.º 6 do artigo 14.º, a participação será feita à Direcção--Geral de Transportes Terrestres.

ART. 57.º (Contra-ordenações) – 1 – Constituem contra-ordenações os seguintes comportamentos:
a) A infracção ao disposto no n.º 1 do artigo 3.º;
b) A infracção ao disposto nos n.ᵒˢ 1 e 2 do artigo 4.º;
c) A infracção ao disposto nos n.ᵒˢ 4, 5 e 6 do artigo 4.º e no artigo 7.º;
d) A violação do disposto no n.º 1 do artigo 11.º;
e) Incumprimento do estipulado no n.º 1 do artigo 12.º;
f) A infracção ao disposto no artigo 16.º;
g) Incumprimento das obrigações previstas nos artigos 18.º, 19.º, 20.º, 22.º e 23.º;
h) A infracção ao disposto no artigo 25.º;
i) A alteração do preço de uma viagem organizada em violação do disposto no artigo 26.º;
j) O incumprimento das obrigações previstas nos n.ᵒˢ 1 e 2 do artigo 30.º e 1 do artigo 31.º;
l) A infracção ao disposto no artigo 32.º;
m) A não prestação das garantias exigidas pelo artigo 41.º, pelo n.º 1 do artigo 43.º e pelos artigos 45.º, 50.º e 52.º;
n) O incumprimento do disposto no artigo 42.º, no n.º 5 do artigo 45.º e no artigo 46.º;
o) A oferta e reserva de serviços em empreendimentos turísticos, em empreendimentos de turismo no espaço rural e em casas de natureza não licenciados ou sem título válido de abertura, bem como a intermediação na venda dos produtos das empresas de animação turística, não licenciadas;
p) A oposição à realização de inspecções e vistorias pelas entidades competentes e a recusa de prestação, a estas entidades, dos elementos solicitados;
q) A realização de transportes em veículos automóveis não licenciados, nos termos do n.º 6 do artigo 14.º;
r) A violação do disposto no n.º 3 do artigo 59.º;
s) O incumprimento do estipulado nos n.ᵒˢ 1 e 5 do artigo 53.º-A.

2 – São punidos com coimas de € 15 000 a € 30 000 os comportamentos previstos nas alíneas *a*) e *m*) do número anterior.

3 – São punidos com coima de € 5000 a € 20 000 os comportamentos referidos nas alíneas *n*) e o) do n.º 1.

4 – São punidos com coima de € 1000 a € 10 000 os comportamentos descritos nas alíneas *b*), *d*) a *h*), *j*), *l*), *p*), *q*) e *s*) do n.º 1.

5 – São punidos com coima de € 500 a € 5000 os comportamentos previstos na alínea *i*) do n.º 1.

6 – São punidos com coima de € 250 a € 2500 os comportamentos referenciados na alínea *c*) do n.º 1.

7 – É punido com coima de € 500 a € 2500 o não cumprimento da obrigação prevista na alínea *r*) do n.º 1.

8 – A infracção prevista na alínea *f*) do n.º 1 é punida nos termos previstos na lei geral relativa ao livro de reclama-ções.

ART. 58.º (Tentativa e negligência) – A tentativa e a negligência são puníveis, sendo os limites máximo e mínimo da coima, nesses casos, reduzidos a metade.

ART. 59.º (Sanções acessórias) – 1 – Quando a gravidade da infracção o justifique, podem ser aplicadas as se-guintes sanções acessórias, nos termos do regime geral das contra-ordenações:
a) Interdição do exercício de profissão ou actividades directamente relacionadas com a infracção praticada;
b) Suspensão da autorização para o exercício da actividade e encerramento dos estabelecimentos;
c) Suspensão do alvará da agência, quando se trate de comportamentos referidos nas alíneas *m*), *n*) e *o*) do n.º 1 do artigo 57.º.

2 – A decisão de aplicação de qualquer sanção poderá ser publicada, a expensas do infractor, pela Comissão de Aplicação de Coimas em Matéria Económica e de Publicidade, em jornal de difusão nacional, regional ou local, de acordo com o local, a importância e os efeitos da infracção.

3 – A agência deve afixar cópia da decisão sancionatória, pelo período de 30 dias, no próprio estabelecimento, em lugar e por forma bem visível.

ART. 60.º (Competência para aplicação das sanções) – 1 – É da competência da Comissão de Aplicação de Coimas em Matéria Económica e de Publicidade a aplicação das coimas previstas no presente diploma, à excepção das resultantes da violação do n.º 6 do artigo 14.º, cuja competência é do director-geral de Transportes Terrestres.

2 – É da competência do membro do Governo responsável pela área do turismo a cassação do alvará da agência de viagens e turismo.

1044   [DL n.º 209/97]   EMPRESAS PRESTADORAS DE SERVIÇOS

3 – É competente para a aplicação das restantes sanções acessórias a entidade com competência para aplicação das coimas, nos termos dos números anteriores.

4 – A aplicação das coimas é comunicada ao Turismo de Portugal, I. P., para efeitos de averbamento ao registo.

ART. 61.º (Produto das coimas) – O produto das coimas recebidas por infracção ao disposto no presente diploma reverte em 60% para os cofres do Estado, em 30% para a Autoridade de Segurança Alimentar e Económica e em 10% para a Comissão de Aplicação de Coimas em Matéria Económica e de Publicidade, excepto o que resultar das coimas previstas por infracção ao disposto no n.º 6 do artigo 14.º, que reverterá em 60% para os cofres do Estado, em 20% para a Direcção-Geral de Transportes Terrestres e em 20% para a entidade fiscalizadora.

CAPÍTULO IX — Disposições finais e transitórias

ART. 62.º (Taxas) – 1 – Os montantes das taxas devidas pela concessão de licenças e de autorizações constituem receitas do Turismo de Portugal, I. P., e são fixadas por portaria dos membros do Governo responsáveis pelas áreas das finanças e do turismo, a aprovar no prazo de 90 dias.

2 – A forma de pagamento é fixada na portaria referida no número anterior.

3 – O requerente deverá juntar ao processo documento comprovativo do pagamento no prazo máximo de 15 dias, sob pena de ser devolvida toda a documentação entregue.

4 – As empresas de animação turística que pretendam constituir-se como agências de viagens e turismo e reúnam os requisitos previstos neste diploma para o efeito pagam o diferencial da taxa de licenciamento entre a respectiva licença e o valor da taxa prevista para as agências de viagens e turismo.

ART. 63.º (*Revogado.*)

ART. 64.º (*Revogado.*)

ART. 64.º-A (Meios de comunicação) – As comunicações e requerimentos previstos no presente diploma são efectuados por via informática, nos termos a definir por portaria do membro do Governo com tutela na área do turismo.

ART. 65.º (Intimação judicial para um comportamento) – 1 – Nos casos de deferimento, expresso ou tácito, de pedidos de licenciamento previstos no artigo 6.º, perante recusa injustificada ou falta de emissão do alvará respectivo no prazo devido, pode o interessado requerer ao tribunal administrativo competente a intimação da autoridade competente para proceder à referida emissão.

2 – É condição do conhecimento do pedido de intimação referido no número anterior o pagamento ou o depósito das taxas devidas nos termos do disposto no artigo 62.º.

3 – O requerimento de intimação deve ser instruído com os seguintes documentos:

a) Cópia do requerimento para a prática do acto devido;

b) Cópia da notificação do deferimento expresso quando ele tenha tido lugar;

c) Cópia do pedido de licenciamento e dos elementos referidos nos n.ᵒˢ 2 e 3 do artigo 5.º e 1 e 2 do artigo 6.º, no caso de deferimento tácito.

4 – Ao pedido de intimação referido no n.º 1 aplica-se o disposto no Código de Processo nos Tribunais Administrativos.

5 – O recurso da decisão que haja intimado à emissão de alvará tem efeito suspensivo.

6 – O efeito meramente devolutivo do recurso pode, porém, ser requerido pelo recorrido ou concedido oficiosamente pelo tribunal, caso do recurso resultem indícios da ilegalidade da sua interposição ou da improcedência do mesmo, devendo o juiz relator decidir esta questão, quando a ela houver lugar, no prazo de 10 dias.

7 – A certidão da sentença transitada em julgado que haja intimado à emissão do alvará substitui, para todos os efeitos previstos no presente diploma, o alvará não emitido.

8 – A Associação Portuguesa de Agências de Viagens e Turismo tem legitimidade processual para intentar, em nome dos seus associados, os pedidos de intimação previstos no presente artigo.

9 – Os pedidos de intimação previstos no presente artigo devem ser propostos no prazo de três meses a contar do conhecimento do facto que lhes serve de fundamento, sob pena de caducidade.

ART. 66.º (Regiões Autónomas) – O regime previsto no presente diploma é aplicável às Regiões Autónomas dos Açores e da Madeira, sem prejuízo das adaptações decorrentes da estrutura própria da administração regional autónoma, a introduzir por diploma regional adequado.

ART. 67.º (Revogação) – 1 – São revogados o Decreto-Lei n.º 198/93, de 27 de Maio, e o Decreto Regulamentar n.º 24/93, de 19 de Julho.

2 – A Portaria n.º 784/93, de 6 de Setembro, manter-se-á em vigor até à publicação da portaria prevista no n.º 1 do artigo 62.º.

3 – (*Revogado.*)

ART. 68.º (Entrada em vigor) – O presente diploma entra em vigor no dia seguinte ao da sua publicação.

SEGURANÇA PRIVADA   [DL n.º 35/2004]   1045

15.5. SEGURANÇA PRIVADA

Decreto-Lei n.º 35/2004

de 21 de Fevereiro (*)

CAPÍTULO I — Disposições gerais

ART. 1.º (Objecto) – 1 – O presente diploma regula o exercício da actividade de segurança privada.

2 – A actividade de segurança privada só pode ser exercida nos termos do presente diploma e de regulamentação complementar e tem uma função subsidiária e complementar da actividade das forças e dos serviços de segurança pública do Estado.

3 – Para efeitos do presente diploma, considera-se actividade de segurança privada:

a) A prestação de serviços a terceiros por entidades privadas com vista à protecção de pessoas e bens, bem como à prevenção da prática de crimes;

b) A organização, por quaisquer entidades e em proveito próprio, de serviços de autoprotecção, com vista à protecção de pessoas e bens, bem como à prevenção da prática de crimes.

ART. 2.º (Serviços de segurança privada) – 1 – A actividade de segurança privada compreende os seguintes serviços:

a) A vigilância de bens móveis e imóveis e o controlo de entrada, presença e saída de pessoas, bem como a prevenção da entrada de armas, substâncias e artigos de uso e porte proibidos ou susceptíveis de provocar actos de violência no interior de edifícios ou locais de acesso vedado ou condicionado ao público, designadamente estabelecimentos, certames, espectáculos e convenções;

b) A protecção pessoal, sem prejuízo das competências exclusivas atribuídas às forças de segurança;

c) A exploração e a gestão de centrais de recepção e monitorização de alarmes;

d) O transporte, a guarda, o tratamento e a distribuição de valores.

2 – A prestação dos serviços previstos no número anterior obriga as entidades de segurança privada a possuírem instalações e meios materiais e humanos adequados ao exercício da sua actividade, cujos requisitos mínimos e regime sancionatório são definidos por portaria do Ministro da Administração Interna, sem prejuízo do estabelecido no presente diploma.

A portaria prevista no n.º 2 deste artigo é, presentemente, a P.ª n.º 1085/2009, de 21-9.

ART. 3.º (Organização de serviços de autoprotecção) – 1 – Os serviços de autoprotecção referidos na alínea *b)* do n.º 3 do artigo 1.º devem ser organizados com recurso exclusivo a trabalhadores vinculados por contrato individual de trabalho com entidade titular da respectiva licença.

2 – Os serviços de autoprotecção previstos no número anterior podem ser complementados com o recurso à prestação de serviços de entidades titulares de alvará adequado para o efeito.

ART. 4.º (Obrigatoriedade de adopção de sistema de segurança privada) – 1 – O Banco de Portugal, as instituições de crédito e as sociedades financeiras são obrigados a adoptar um sistema de segurança em conformidade com o disposto no presente diploma.

2 – As instituições de crédito e as sociedades financeiras podem ser obrigadas a adoptar meios de segurança específicos estabelecidos em portaria do Ministro da Administração Interna.

3 – Os estabelecimentos de restauração e de bebidas que disponham de salas ou de espaços destinados a dança ou onde habitualmente se dance, nomeadamente os recintos de diversão, bares, discotecas e boites, são obrigados a dispor de um sistema de segurança no espaço físico onde é exercida a actividade nos termos e condições fixados em legislação própria.

4 – A realização de espectáculos em recintos desportivos depende, nos termos e condições fixados por portaria conjunta do Ministro da Administração Interna e do membro do Governo que tutela a área do desporto, do cumprimento da obrigação de disporem de um sistema de segurança que inclua assistentes de recinto desportivo e demais meios de vigilância previstos no presente diploma.

5 – Os responsáveis pelos espaços de acesso condicionado ao público que, pelas suas características, possam ser considerados de elevado risco de segurança podem ser obrigados a adoptar um sistema de segurança nos termos e condições a aprovar por despacho do Ministro da Administração Interna.

6 – Os sistemas de segurança a adoptar nos termos dos números anteriores, sem prejuízo de outras disposições legais e regulamentares aplicáveis, obedecem às normas do presente diploma, designadamente quanto ao regime fiscalizador e sancionatório.

(*) Com as alterações introduzidas pelo **DL n.º 198/2005**, de 10-11 (arts. 10.º e 23.º), e pela **Lei n.º 38/2008**, de 8-8 (arts. 6.º, 12.º, 14.º, 16.º, 20.º, 21.º, 28.º, 31.º e 33.º, e aditamento dos arts. 32.º-A e 32.º-B).

1046   [DL n.º 35/2004]   EMPRESAS PRESTADORAS DE SERVIÇOS

ART. 5.º (Proibições) – É proibido, no exercício da actividade de segurança privada:

a) A prática de actividades que tenham por objecto a prossecução de objectivos ou o desempenho de funções correspondentes a competências exclusivas das autoridades judiciárias ou policiais;

b) Ameaçar, inibir ou restringir o exercício de direitos, liberdades e garantias ou outros direitos fundamentais, sem prejuízo do estabelecido nos n.ᵒˢ 5 e 6 do artigo seguinte;

c) A protecção de bens, serviços ou pessoas envolvidas em actividades ilícitas.

CAPÍTULO II — **Pessoal e meios de segurança privada**

Secção I — **PESSOAL DE SEGURANÇA PRIVADA**

ART. 6.º (Pessoal e funções de vigilância) – 1 – Para os efeitos do presente diploma, considera-se pessoal de vigilância os indivíduos vinculados por contrato de trabalho às entidades titulares de alvará ou de licença habilitados a exercerem funções de vigilante, de protecção pessoal ou de assistente de recinto desportivo.

2 – Os vigilantes de segurança privada exercem, entre outras, as seguintes funções:

a) Vigiar e proteger pessoas e bens em locais de acesso vedado ou condicionado ao público, bem como prevenir a prática de crimes;

b) Controlar a entrada, presença e saída de pessoas nos locais de acesso vedado ou condicionado ao público;

c) Efectuar o transporte, o tratamento e a distribuição de valores;

d) Operar as centrais de recepção e monitorização de alarme.

3 — As diversas categorias de vigilantes de segurança privada, designadamente coordenador de segurança, segurança, porteiro, entre outros, o seu modelo de cartão identificativo, funções, meios, formação e outros requisitos necessários, bem como as taxas respectivas, são definidas por portaria do membro do Governo responsável pela área da administração interna.

4 – A função de protecção pessoal é desempenhada por vigilantes especializados e compreende o acompanhamento de pessoas para a sua defesa e protecção.

5 – Os assistentes de recinto desportivo são vigilantes especializados que desempenham funções de segurança e protecção de pessoas e bens em recintos desportivos e anéis de segurança, nos termos previstos em portaria do Ministro da Administração Interna e do membro do Governo que tutela a área do desporto.

6 — Os assistentes de recinto desportivo, no controlo de acesso aos recintos desportivos, podem efectuar revistas pessoais de prevenção e segurança com o estrito objectivo de impedir a entrada de objectos e substâncias proibidas ou susceptíveis de gerar ou possibilitar actos de violência, podendo, para o efeito, recorrer ao uso de raquetes de detecção de metais e de explosivos.

7 — Mediante autorização expressa do membro do Governo responsável pela área da administração interna e por um período delimitado no tempo, o pessoal de vigilância devidamente qualificado para o exercício de funções de controlo de acesso a instalações aeroportuárias e portuárias, bem como a outros locais de acesso vedado ou condicionado ao público que justifiquem protecção reforçada, podem efectuar revistas pessoais e buscas de prevenção e segurança, utilizando meios técnicos adequados, designadamente raquetes de detecção de metais e de explosivos, bem como equipamentos de inspecção não intrusiva de bagagem, com o estrito objectivo de detectar e impedir a entrada de pessoas ou objectos proibidos e substâncias proibidas ou susceptíveis de gerar ou possibilitar actos que ponham em causa a segurança de pessoas e bens.

O n.º 3 deste artigo foi regulado pela P.ª n.º 1084/2009, de 21-9, e, quanto a taxas, pela P.ª n.º 1124/2009, de 1-10.

ART. 7.º (Director de segurança) – 1 – As entidades que prestem serviços de segurança ou organizem serviços de autoprotecção podem ser obrigadas a dispor de um director de segurança, nas condições previstas em portaria do Ministro da Administração Interna.

2 – O director de segurança tem como funções ser responsável pela preparação, treino e actuação do pessoal de vigilância.

ART. 8.º (Requisitos e incompatibilidades para o exercício da actividade de segurança privada) – 1 – Os administradores ou gerentes de sociedades que exerçam a actividade de segurança privada devem preencher permanente e cumulativamente os seguintes requisitos:

a) Ser cidadão português, de um Estado membro da União Europeia, de um Estado parte do Acordo sobre o Espaço Económico Europeu ou, em condições de reciprocidade, de um Estado de língua oficial portuguesa;

b) Possuir a escolaridade obrigatória;

c) Possuir plena capacidade civil;

d) Não ter sido condenado, por sentença transitada em julgado, pela prática de crime doloso contra a vida, a integridade física ou a reserva da vida privada, contra o património, de falsificação, contra a segurança das telecomunicações, contra a ordem e tranquilidade públicas, de resistência ou desobediência à autoridade pública, de detenção ilegal de armas ou por qualquer outro crime doloso punível com pena de prisão superior a 3 anos, sem prejuízo da reabilitação judicial;

e) Não exercer, nem ter exercido, as funções de gerente ou administrador de sociedade de segurança privada condenada, por decisão transitada em julgado, pela prática de três contra-ordenações muito graves no exercício dessa actividade nos três anos precedentes;

SEGURANÇA PRIVADA   [DL n.º 35/2004] 1047

f) Não exercer, nem ter exercido, a qualquer título, cargo ou função de fiscalização do exercício da actividade de segurança privada nos três anos precedentes;

g) Não ter sido sancionado, por decisão transitada em julgado, com a pena de separação de serviço ou pena de natureza expulsiva das Forças Armadas, dos serviços que integram o Sistema de Informações da República ou das forças e serviços de segurança.

2 – O responsável pelos serviços de autoprotecção e o pessoal de vigilância devem preencher permanente e cumulativamente os requisitos previstos nas alíneas *a)* a *d)*, *f)* e *g)* do número anterior.

3 – O director de segurança deve preencher permanente e cumulativamente os requisitos previstos nas alíneas *a)*, *c)*, *d)*, *f)* e *g)* do n.º 1, bem como ter concluído o ensino secundário.

4 – Os formadores de segurança privada devem preencher permanente e cumulativamente os requisitos previstos nas alíneas *c)* e *e)* do n.º 1, bem como terem concluído o ensino secundário.

5 – São requisitos específicos de admissão e permanência na profissão do pessoal de vigilância:

a) Possuir a robustez física e o perfil psicológico necessários para o exercício das suas funções, comprovados por ficha de aptidão, acompanhada de exame psicológico obrigatório, emitida por médico do trabalho, nos termos da legislação em vigor, ou comprovados por ficha de aptidão ou exame equivalente efectuado noutro Estado membro da União Europeia;

b) Ter frequentado, com aproveitamento, cursos de formação nos termos estabelecidos no artigo 9.º, ou cursos idênticos ministrados e reconhecidos noutro Estado membro da União Europeia.

6 – Os nacionais de outro Estado membro da União Europeia legalmente habilitados e autorizados a exercer a actividade de segurança privada nesse Estado podem desempenhar essas funções em Portugal nos termos estabelecidos no presente diploma desde que demonstrem que foram cumpridos os seguintes requisitos:

a) Para desempenhar as funções de director de segurança, os requisitos previstos nos n.ºˢ 3 e 7;

b) Para desempenhar as funções de responsável pela autoprotecção, o requisito previsto no n.º 2;

c) Para desempenhar as funções de vigilância, de protecção pessoal ou de assistente de recinto, os requisitos previstos nos n.ºˢ 2 e 5.

7 – É requisito específico de admissão e permanência na profissão de director de segurança a frequência, com aproveitamento, de cursos de conteúdo programático e duração fixados em portaria do Ministro da Administração Interna ou de cursos equivalentes ministrados e reconhecidos noutro Estado membro da União Europeia.

ART. 9.º (Formação profissional) – 1 – A formação profissional do pessoal de vigilância bem como as respectivas especialidades e cursos de actualização podem ser ministrados por entidades que sejam titulares de alvará ou por entidades especializadas, autorizadas nos termos do presente diploma e em regulamentação especial.

2 – A definição do conteúdo e duração dos cursos referidos no número anterior, assim como os requisitos do respectivo corpo docente, consta de portaria conjunta dos Ministros da Administração Interna e da Segurança Social e do Trabalho e, no caso dos assistentes de recinto desportivo, de portaria conjunta dos Ministros da Administração Interna e da Segurança Social e do Trabalho e do membro do Governo que tutela a área do desporto.

3 – As entidades não inseridas no sistema nacional de ensino que pretendam ministrar a formação prevista nos números anteriores devem, para o efeito, ser autorizadas nos termos a definir em portaria própria a aprovar pelo Ministro da Administração Interna.

4 – A elaboração, a realização e a fiscalização de exames, bem como a respectiva avaliação dos candidatos à protecção pessoal, competem às forças de segurança, nos termos de portaria a aprovar pelo Ministro da Administração Interna na qual se prevê o pagamento a efectuar a essas forças.

5 – Os formadores de segurança privada devem frequentar, com aproveitamento, um curso de conteúdo programático e duração fixados em portaria do Ministro da Administração Interna ou cursos equivalentes ministrados e reconhecidos noutro Estado membro da União Europeia.

ART. 10.º (Cartão profissional) – 1 – Para o exercício das suas funções, o pessoal de vigilância deve ser titular de cartão profissional emitido pela Secretaria-Geral do Ministério da Administração Interna, válido pelo prazo de cinco anos e susceptível de renovação por iguais períodos de tempo.

2 – O cartão profissional é emitido, nos termos do número anterior, a nacionais de outro Estado membro da União Europeia que possuam os requisitos enunciados no artigo 8.º ou comprovem reunir tais requisitos, de acordo com os controlos e verificações efectuados no Estado de origem.

3 – A renovação do cartão profissional implica a frequência de um curso de actualização ministrado nos termos e pelas entidades referidas no artigo anterior, ou de um curso equivalente ministrado e reconhecido noutro Estado membro da União Europeia, bem como a comprovação do requisito previsto na alínea *d)* do n.º 1 do artigo 8.º.

4 – Os modelos dos cartões profissionais do pessoal de vigilância referidos no n.º 1 são aprovados por portaria do Ministro da Administração Interna.

ART. 11.º (Elementos de uso obrigatório) – 1 – O pessoal de vigilância, quando no exercício das funções previstas nas alíneas *a)*, *c)* e *d)* do artigo 2.º, deve obrigatoriamente usar:

a) Uniforme;

b) Cartão profissional aposto visivelmente.

2 – O pessoal de vigilância, quando exerça funções de assistente de recinto desportivo, deve obrigatoriamente usar sobreveste de identificação onde conste de forma perfeitamente visível a palavra «Assistente», com

1048 [DL n.º 35/2004]   EMPRESAS PRESTADORAS DE SERVIÇOS

as características fixadas em portaria do Ministro da Administração Interna, sendo, neste caso, dispensável a aposição visível do cartão profissional, de que obrigatoriamente é portador.

3 – A entidade patronal deve desenvolver todos os esforços para que os seus trabalhadores cumpram integralmente os requisitos previstos no n.º 1.

> Vid., em execução do n.º 4 do art. 10.º e da al. *a*) do n.º 1 deste art. 11.º, a Portaria n.º 734/2004, de 28-6.

Secção II — MEIOS DE SEGURANÇA

ART. 12.º (Contacto permanente) – As entidades titulares de alvará devem assegurar a presença permanente nas suas instalações de pessoal que garanta o contacto, a todo o tempo, através de rádio ou outro meio de comunicação idóneo, com o pessoal de vigilância, os utilizadores dos serviços e as forças de segurança.

ART. 13.º (Meios de vigilância electrónica) – 1 – As entidades titulares de alvará ou de licença para o exercício dos serviços estabelecidos nas alíneas *a*), *c*) e *d*) do artigo 2.º podem utilizar equipamentos electrónicos de vigilância com o objectivo de proteger pessoas e bens desde que sejam ressalvados os direitos e interesses constitucionalmente protegidos.

2 – A gravação de imagens e som feita por entidades de segurança privada ou serviços de autoprotecção, no exercício da sua actividade, através de equipamentos electrónicos de vigilância deve ser conservada pelo prazo de 30 dias, findo o qual será destruída, só podendo ser utilizada nos termos da legislação processual penal.

3 – Nos lugares objecto de vigilância com recurso aos meios previstos nos números anteriores é obrigatória a afixação em local bem visível de um aviso com os seguintes dizeres, consoante o caso, «Para sua protecção, este lugar encontra-se sob vigilância de um circuito fechado de televisão» ou «Para sua protecção, este lugar encontra-se sob vigilância de um circuito fechado de televisão, procedendo-se à gravação de imagem e som», seguido de símbolo identificativo.

4 – A autorização para a utilização dos meios de vigilância electrónica nos termos do presente diploma não prejudica a aplicação do regime geral em matéria de protecção de dados previsto na Lei n.º 67/98, de 26 de Outubro, designadamente em matéria de direito de acesso, informação, oposição de titulares e regime sancionatório.

ART. 14.º (Porte de arma) – 1 — O pessoal de vigilância está sujeito ao regime geral de uso e porte de arma, podendo recorrer, designadamente, a aerossóis e armas eléctricas, meios de defesa não letais da classe E, nos termos da Lei n.º 5/2006, de 23 de Fevereiro.

2 – Em serviço, o porte de arma só é permitido se autorizado por escrito pela entidade patronal, podendo a autorização ser revogada a todo o tempo.

3 – A autorização prevista no número anterior é anual e expressamente renovável.

4 — A autorização prevista no n.º 2 é comunicada no mais curto prazo, que não pode exceder vinte e quatro horas, à entidade competente para a fiscalização da actividade de segurança privada.

ART. 15.º (Canídeos) – 1 – As entidades titulares de alvará ou de licença podem utilizar canídeos, acompanhados de pessoal de vigilância devidamente habilitado pela entidade competente.

2 – A utilização de canídeos está sujeita ao respectivo regime geral de identificação, registo e licenciamento.

3 – Em serviço, a utilização de canídeos só é permitida desde que autorizada por escrito pela entidade patronal, podendo a autorização ser revogada a todo o tempo.

ART. 16.º (Outros meios técnicos de segurança) – 1 — As entidades titulares de alvará ou de licença devem assegurar a distribuição e uso pelo seu pessoal de vigilância de coletes de protecção balística, sempre que o risco das actividades a desenvolver o justifique.

2 — Pode ser autorizada a utilização de meios técnicos de segurança não previstos no presente diploma, por despacho do membro do Governo responsável pela área da administração interna, ouvido o Conselho de Segurança Privada.

Secção III — DEVERES

ART. 17.º (Dever de colaboração) – 1 – As entidades titulares de alvará ou de licença, bem como o respectivo pessoal, devem prestar às autoridades públicas toda a colaboração que lhes for solicitada.

2 – Em caso de intervenção das forças ou serviços de segurança em locais onde também actuem entidades de segurança privada, estas devem colocar os seus meios humanos e materiais à disposição e sob a direcção do comando daquelas forças.

ART. 18.º (Deveres especiais) – 1 – Constituem deveres especiais das entidades titulares de alvará ou de licença:

a) Comunicar de imediato à autoridade judiciária ou policial competente a prática de qualquer crime de que tenham conhecimento no exercício das suas actividades;

b) Diligenciar para que a actuação do pessoal de vigilância privada não induza o público a confundi-lo com as forças e serviços de segurança;

SEGURANÇA PRIVADA   [DL n.º 35/2004]   1049

c) Organizar e manter actualizado um registo de actividades permanentemente disponível para consulta das entidades fiscalizadoras;

d) Fazer prova, até ao dia 31 de Março de cada ano, junto da Secretaria-Geral do Ministério da Administração Interna, da existência e manutenção dos seguros e da caução respeitantes ao ano anterior exigidos nos termos do presente diploma, da inexistência de dívidas ao Estado e à segurança social, ou de que o seu pagamento se encontra assegurado, e de que foram cumpridas as obrigações fiscais relativas ao ano a que respeita a comprovação;

e) Comunicar à Secretaria-Geral do Ministério da Administração Interna, até ao dia 15 do mês seguinte em que tiverem ocorrido, as alterações ao pacto social e de administradores, gerentes ou responsáveis pelos serviços de autoprotecção, fazendo prova do cumprimento dos requisitos estabelecidos no artigo 8.º, bem como a abertura ou encerramento de filiais e instalações operacionais;

f) Verificar, a todo o tempo, o cumprimento dos requisitos previstos no artigo 8.º, comunicando à Secretaria-Geral do Ministério da Administração Interna todas as ocorrências que impliquem perda de capacidade para o exercício de funções;

g) Organizar e manter actualizados ficheiros individuais do pessoal de vigilância ao seu serviço, incluindo cópia do cartão de identificação e do certificado do registo criminal, número do cartão profissional de que é titular e data de admissão ao serviço;

h) Comunicar à Secretaria-Geral do Ministério da Administração Interna as admissões e cessações contratuais do pessoal de vigilância e do director de segurança até ao dia 15 do mês seguinte em que tiverem ocorrido;

i) Comunicar à Secretaria-Geral do Ministério da Administração Interna, no prazo de oito dias, a cessação da actividade, para efeitos de cancelamento do alvará ou da licença concedida.

2 – Constitui ainda dever especial das entidades titulares de alvará mencionar o respectivo número na facturação, correspondência e publicidade.

ART. 19.º (Segredo profissional) – 1 – As entidades titulares de alvará ou de licença e o respectivo pessoal ficam obrigados a segredo profissional.

2 – A quebra do segredo profissional apenas pode ser determinada nos termos da legislação penal e processual penal.

CAPÍTULO III — **Conselho de Segurança Privada**

ART. 20.º (Natureza e composição) – 1 – O Conselho de Segurança Privada (CSP) é um órgão de consulta do Ministro da Administração Interna.

2 – São membros permanentes do CSP:

a) O Ministro da Administração Interna, que preside;

b) O inspector-geral da Administração Interna;

c) O comandante-geral da Guarda Nacional Republicana;

d) O director nacional da Polícia de Segurança Pública;

e) O director nacional da Polícia Judiciária;

f) O secretário-geral do Ministério da Administração Interna;

g) Dois representantes das associações de empresas de segurança privada;

h) Dois representantes das associações representativas do pessoal de vigilância.

3 – Atendendo à matéria objecto de consulta, podem ainda ser convocados, como membros não permanentes:

a) Um representante do Conselho para a Ética e Segurança no Desporto;

b) Um representante do Banco de Portugal;

c) Um representante das entidades previstas no n.º 3 do artigo 4.º.

4 – As entidades referidas nas alíneas *a)* a *f)* do n.º 2 podem designar representantes.

5 – Os membros do CSP referidos nas alíneas *g)* e *h)* do n.º 2 e na alínea *c)* do n.º 3 são designados pelo Ministro da Administração Interna, mediante proposta das entidades nele representadas.

6 – A Secretaria-Geral do Ministério da Administração Interna presta o apoio técnico e administrativo necessário ao funcionamento do CSP.

ART. 21.º (Competência) – Compete ao CSP:

a) Elaborar o regulamento de funcionamento interno;

b) Elaborar um relatório anual sobre a actividade de segurança privada;

c) Pronunciar-se sobre a concessão e cancelamento de alvarás e licenças, sempre que solicitado pelo membro do Governo responsável pela área da administração interna;

d) Pronunciar-se sobre a admissibilidade de novos meios de segurança;

e) Pronunciar-se e propor iniciativas legislativas em matéria de segurança privada;

f) Propor ao Ministro da Administração Interna orientações a adoptar pelas entidades competentes na fiscalização da actividade de segurança privada;

g) Emitir recomendações, no âmbito da actividade da segurança privada.

1050   [DL n.º 35/2004]   EMPRESAS PRESTADORAS DE SERVIÇOS

CAPÍTULO IV — Emissão de alvará e de licença

ART. 22.º (Alvará e licença) – 1 – A actividade de segurança privada a que se refere a alínea *a*) do n.º 3 do artigo 1.º só pode ser exercida com a autorização do Ministro da Administração Interna, titulada por alvará e após cumpridos todos os requisitos e condições estabelecidos no presente diploma e em regulamentação complementar.

2 – A actividade de segurança privada a que se refere a alínea *b*) do n.º 3 do artigo 1.º só pode ser exercida com a autorização do Ministro da Administração Interna, titulada por licença e após cumpridos todos os requisitos e condições estabelecidos no presente diploma e em regulamentação complementar.

ART. 23.º (Requisitos das entidades de segurança privada) – 1 – As sociedades que pretendam exercer a actividade de segurança privada prevista na alínea *a*) do n.º 3 do artigo 1.º devem constituir-se de acordo com a legislação de um Estado membro da União Europeia ou de um Estado parte do Acordo sobre o Espaço Económico Europeu e possuir sede ou delegação em Portugal.

2 – O capital social das entidades referidas no número anterior não pode ser inferior a:

a) € 50 000, se prestarem algum dos serviços previstos na alínea *c*) do n.º 1 do artigo 2.º;

b) € 125 000, se prestarem algum dos serviços previstos nas alíneas *a*) e *b*) do n.º 1 do artigo 2.º;

c) € 250 000, se prestarem algum dos serviços previstos na alínea *d*) do n.º 1 do artigo 2.º.

3 – O disposto nos números anteriores não se aplica:

a) Às entidades, pessoas singulares ou colectivas, estabelecidas noutro Estado membro da União Europeia, legalmente autorizadas e habilitadas para exercer a actividade de segurança privada nesse Estado, que pretendam exercer a sua actividade em Portugal de forma contínua e duradoura e que detenham neste país delegação, sucursal ou qualquer outra forma de estabelecimento secundário;

b) Às entidades, pessoas singulares ou colectivas, estabelecidas noutro Estado membro da União Europeia, legalmente autorizadas e habilitadas para exercer a actividade de segurança privada nesse Estado, que pretendam exercer a sua actividade em Portugal de forma temporária e não duradoura ao abrigo da liberdade de prestação de serviços.

ART. 24.º (Instrução do processo) – Compete à Secretaria-Geral do Ministério da Administração Interna a instrução dos processos de autorização para o exercício da actividade de segurança privada, bem como a emissão de alvarás, licenças e respectivos averbamentos.

ART. 25.º (Elementos que instruem o requerimento) – 1 – O pedido de autorização para o exercício da actividade de segurança privada é formulado em requerimento dirigido ao Ministro da Administração Interna, acompanhado dos seguintes elementos:

a) Certidão de teor da descrição e de todas as inscrições em vigor emitida pela Conservatória do Registo Comercial;

b) Identificação dos administradores, gerentes ou responsável pelos serviços de autoprotecção, consoante o caso, e documentos comprovativos de que satisfazem os requisitos exigidos nos n.ºs 1 e 2 do artigo 8.º;

c) Identificação das instalações a afectar ao serviço para o qual é requerido o alvará ou a licença;

d) Certidão comprovativa da inexistência de dívidas ao Estado e à segurança social, ou de que o seu pagamento se encontra assegurado, e do cumprimento das obrigações fiscais respeitantes ao ano em que o requerimento é apresentado;

e) Modelo de uniforme a utilizar pelo pessoal de vigilância, no caso de pedido de autorização para aprestação dos serviços de segurança enunciados nas alíneas *a*), *c*) e *d*) do n.º 1 do artigo 2.º.

2 – O disposto no número anterior aplica-se, com as necessárias adaptações, às situações previstas no n.º 3 do artigo 23.º, sendo tidos em conta os elementos, justificações e garantias já exigidos no Estado membro de origem.

3 – Os documentos referidos nos números anteriores são arquivados em processo individual organizado pela Secretaria-Geral do Ministério da Administração Interna.

4 – É dispensada a apresentação de documentos que já constem do processo individual da entidade requerente, quando solicitar autorização para prestar novos tipos de serviços de segurança privada.

5 – A Secretaria-Geral do Ministério da Administração Interna pode, no prazo de 30 dias a contar da data de entrada dos requerimentos, solicitar as informações e os documentos complementares necessários ao esclarecimento dos seus elementos instrutórios.

ART. 26.º (Requisitos de emissão de alvará) – 1 – Concluída a instrução, o processo será submetido ao Ministro da Administração Interna para decisão, a proferir no prazo máximo de 30 dias.

2 – Após o despacho referido no número anterior, o início do exercício da actividade de segurança privada fica condicionado à comprovação, pelo requerente e no prazo de 90 dias a contar da notificação, da existência de:

a) Instalações e meios humanos e materiais adequados;

b) Caução a favor do Estado, prestada mediante depósito em instituição bancária, seguro-caução à primeira solicitação ou garantia bancária à primeira solicitação, de montante, não superior a € 40 000, a fixar por despacho do Ministro da Administração Interna;

c) Director de segurança, quando obrigatório;

d) Quinze trabalhadores a ele vinculados por contrato de trabalho e inscritos num regime de protecção social, quando os serviços de segurança privada requeridos se inserem nas alíneas *a*) ou *d*) do n.º 1 do artigo 2.º;

SEGURANÇA PRIVADA   [DL n.º 35/2004] 1051

e) Seguro de responsabilidade civil no valor mínimo de € 250 000 e demais condições a aprovar por portaria conjunta dos Ministros das Finanças e da Administração Interna;

f) Seguro contra roubo e furto no valor mínimo de € 2 000 000 e demais condições a aprovar por portaria conjunta dos Ministros das Finanças e da Administração Interna, no caso da prestação dos serviços de segurança previstos na alínea *d*) do n.º 1 do artigo 2.º;

g) Pagamento da taxa de emissão de alvará.

3 – O prazo para entrega dos elementos referidos no número anterior pode ser prorrogado por igual período mediante pedido devidamente fundamentado.

4 – A não emissão de alvará no prazo previsto nos números anteriores por causa imputável ao requerente determina a caducidade da autorização concedida nos termos do n.º 1.

5 – Nos casos previstos no n.º 3 do artigo 23.º, são tidos em conta os elementos, justificações e garantias já exigidos no Estado membro de origem e que sejam apresentados pelo requerente.

ART. 27.º (Requisitos para a emissão de licença) – 1 – Concluída a instrução, o processo será submetido ao Ministro da Administração Interna para decisão, a proferir no prazo máximo de 30 dias.

2 – Após o despacho referido no número anterior, o início do exercício da actividade de segurança privada fica condicionado à comprovação, pelo requerente, no prazo de 90 dias, da existência de:

a) Instalações e meios materiais e humanos adequados;

b) Caução a favor do Estado, prestada mediante depósito em instituição bancária, seguro-caução à primeira solicitação ou garantia bancária à primeira solicitação, de montante, não superior a € 40 000, a fixar por despacho do Ministro da Administração Interna;

c) Director de segurança, quando obrigatório;

d) Pagamento da taxa de emissão da licença.

3 – O prazo para entrega dos elementos referidos no número anterior pode ser prorrogado por igual período mediante pedido devidamente fundamentado.

4 – A não emissão da licença no prazo previsto nos números anteriores por causa imputável ao requerente determina a caducidade da autorização concedida nos termos do n.º 1.

5 – Nos casos previstos no n.º 3 do artigo 23.º, são tidos em conta os elementos, justificações e garantias já exigidos no Estado membro de origem e que sejam apresentados pelo requerente.

ART. 28.º (Especificações do alvará e da licença) – 1 – Do alvará e da licença constam os seguintes elementos:

a) Denominação da entidade autorizada;

b) Sede social, filiais, delegações, estabelecimentos secundários e instalações operacionais;

c) Indicação do despacho que aprovou o modelo de uniforme, se aplicável;

d) Discriminação dos serviços de segurança autorizados.

2 – As alterações aos elementos constantes do respectivo alvará ou licença fazem-se por meio de averbamento.

3 — A Direcção Nacional da Polícia de Segurança Pública emite o alvará, a licença e respectivos averbamentos e comunica os seus termos ao Comando-Geral da Guarda Nacional Republicana, à Direcção Nacional da Polícia Judiciária, à Inspecção Geral da Administração Interna e ao Governo Civil.

4 – Não é admitida a transmissão ou a cedência, a qualquer título, do alvará emitido.

ART. 29.º (Suspensão e cancelamento de alvará e de licença) – 1 – Verifica-se a suspensão imediata do alvará ou da licença logo que haja conhecimento de que algum dos requisitos ou condições necessários ao exercício da actividade de segurança privada, estabelecidos no presente diploma ou em regulamentação complementar, deixaram de se verificar.

2 – No caso de incumprimento reiterado das normas previstas no presente diploma ou em regulamentação complementar, por despacho do Ministro da Administração Interna e sob proposta do secretário-geral do Ministério da Administração Interna, pode ser cancelado o alvará ou a licença emitido.

3 – Para efeitos do número anterior, considera-se incumprimento reiterado, designadamente:

a) O não cumprimento, durante dois anos seguidos, dos deveres especiais previstos na alínea *d*) do n.º 1 do artigo 18.º;

b) A inexistência ou insuficiência de meios humanos ou materiais ou de instalações operacionais, definidos na portaria aprovada nos termos do n.º 2 do artigo 2.º, por um período superior a seis meses;

c) A suspensão do alvará ou da licença prevista no n.º 1 por um período superior a seis meses.

4 – As decisões de suspensão e cancelamento de alvarás ou licenças são notificadas aos membros permanentes do Conselho de Segurança Privada.

ART. 30.º (Taxas) – 1 – A emissão do alvará e da licença e os respectivos averbamentos estão sujeitos ao pagamento de uma taxa que constitui receita do Estado, revertendo 20% para a Secretaria-Geral do Ministério da Administração Interna.

2 – O valor da taxa referida no número anterior é fixado por portaria conjunta dos Ministros das Finanças e da Administração Interna, podendo ser objecto de revisão anual.

A portaria prevista no n.º 2 deste artigo é a Portaria n.º 786/2004, de 9-7.

1052   [DL n.º 35/2004]   EMPRESAS PRESTADORAS DE SERVIÇOS

CAPÍTULO V — Fiscalização

ART. 31.º (Entidades competentes) – A fiscalização da actividade de segurança privada e respectiva formação é assegurada pela Direcção Nacional da Polícia de Segurança Pública, com a colaboração da Guarda Nacional Republicana, sem prejuízo das competências das forças e serviços de segurança e da Inspecção-Geral da Administração Interna.

ART. 32.º (Organização de ficheiros) – A Secretaria-Geral do Ministério da Administração Interna organiza e mantém actualizado um ficheiro das entidades que exerçam a actividade de segurança privada, dos administradores, dos gerentes, dos responsáveis pelos serviços de autoprotecção, dos directores de segurança e do pessoal de vigilância.

CAPÍTULO VI — Disposições sancionatórias

Secção I — CRIMES

ART. 32.º-A (Exercício ilícito da actividade de segurança privada) — 1 — Quem prestar serviços de segurança sem o necessário alvará ou licença ou exercer funções de vigilância não sendo titular do cartão profissional é punido com pena de prisão até 2 anos ou com pena de multa até 240 dias, se pena mais grave lhe não couber por força de outra disposição legal.

2 — Na mesma pena incorre quem utilizar os serviços da pessoa referida no número anterior, sabendo que a prestação de serviços de segurança se realiza sem o necessário alvará ou licença ou que as funções de vigilância não são exercidas por titular de cartão profissional.

ART. 32.º-B (Responsabilidade criminal das pessoas colectivas e equiparadas) — As pessoas colectivas e entidades equiparadas são responsáveis, nos termos gerais, pelo crime previsto no n.º 1 do artigo anterior.

Secção II — CONTRA-ORDENAÇÕES

ART. 33.º (Contra-ordenações e coimas) – 1 – De acordo com o disposto no presente diploma, constituem contra-ordenações muito graves:

a) O exercício das actividades proibidas previstas no artigo 5.º;
b) A não existência de director de segurança, quando obrigatório;
c) O não cumprimento do preceituado no artigo 12.º;
d) O não cumprimento dos deveres previstos no artigo 17.º e na alínea *a)* do n.º 1 do artigo 18.º;
e) O porte de arma em serviço sem autorização da entidade patronal;
f) A utilização de meios materiais ou técnicos susceptíveis de causar danos à vida ou à integridade física;
g) O não cumprimento do preceituado no n.º 2 do artigo 13.º;
h) Manter ao serviço pessoal de vigilância que não satisfaça os requisitos previstos no artigo 8.º;
i) O incumprimento dos requisitos exigidos aos veículos afectos ao transporte de valores;
j) O incumprimento dos requisitos exigidos para o transporte de valores igual ou superior a € 10 000.

2 – São graves as seguintes contra-ordenações:

a) Não comunicar, ou comunicar fora do prazo previsto, ao Ministério da Administração Interna as admissões ou rescisões contratuais do pessoal de vigilância;
b) O não cumprimento dos deveres especiais previstos nas alíneas *b)* a *g)* e *i)* do n.º 1 do artigo 18.º;
c) O não cumprimento do preceituado no n.º 3 do artigo 13.º;
d) A utilização de canídeos em infracção ao preceituado no artigo 15.º;
e) O incumprimento dos requisitos exigidos para o transporte de valores inferior a € 10 000.

3 – São contra-ordenações leves:

a) O não cumprimento do estabelecido na alínea *b)* do n.º 1 do artigo 11.º e no n.º 2 do artigo 18.º;
b) O não uso de uniforme, quando obrigatório;
c) O não cumprimento das obrigações, formalidades e requisitos estabelecidos no presente diploma, quando não constituam contra-ordenações graves ou muito graves.

4 – Quando cometidas por pessoas colectivas, as contra-ordenações previstas nos números anteriores são punidas com as seguintes coimas:

a) De € 1000 a € 5000, no caso das contra-ordenações leves;
b) De € 5000 a € 25 000, no caso das contra-ordenações graves;
c) De € 10 000 a € 40 000, no caso das contra-ordenações muito graves.

5 – Quando cometidas por pessoas singulares, as contra-ordenações previstas nos n.ºs 1 a 3 são punidas com as seguintes coimas:

a) De € 100 a € 500, no caso das contra-ordenações leves;
b) De € 200 a € 1000, no caso das contra-ordenações graves;
c) De € 400 a € 2000, no caso das contra-ordenações muito graves.

SEGURANÇA PRIVADA   [DL n.º 35/2004] 1053

6 – Se a contra-ordenação tiver sido cometida por um órgão de pessoa colectiva ou de associação sem personalidade jurídica, no exercício das suas funções e no interesse do representado, é aplicada a este a coima correspondente, sem prejuízo da responsabilidade individual do agente da contra-ordenação.

7 – Se o agente retirou da infracção um benefício económico calculável superior ao limite máximo da coima, e não existirem outros meios de o eliminar, pode esta elevar-se até ao montante do benefício, não devendo, todavia, a elevação exceder o limite máximo estabelecido no regime geral das contra-ordenações.

8 – A tentativa e a negligência são puníveis.

9 – Nos casos de cumplicidade e de tentativa, bem como nas demais situações em que houver lugar à atenuação especial da sanção, os limites máximo e mínimo da coima são reduzidos para metade.

ART. 34.º (Sanções acessórias) – 1 – Em processo de contra-ordenação, podem ser aplicadas simultaneamente com a coima as seguintes sanções acessórias:

a) A apreensão de objectos que tenham servido para a prática da contra-ordenação;

b) O encerramento do estabelecimento por um período não superior a dois anos;

c) A suspensão, por um período não superior a dois anos, do alvará ou da licença concedido para o exercício da actividade de segurança privada ou da autorização para a utilização de meios de segurança;

d) A interdição do exercício de funções ou de prestação de serviços de segurança por período não superior a dois anos.

2 – Se o facto constituir simultaneamente crime, o agente é punido por este, sem prejuízo das sanções acessórias previstas para a contra-ordenação.

ART. 35.º (Competência) – 1 – São competentes para o levantamento dos autos de contra-ordenação previstos no presente diploma as entidades referidas no artigo 31.º.

2 – É competente para a instrução dos processos de contra-ordenação o secretário-geral do Ministério da Administração Interna, o qual pode delegar aquela competência nos termos da lei e sem prejuízo das competências próprias das forças de segurança.

3 – A aplicação das coimas e sanções acessórias previstas no presente diploma compete ao Ministro da Administração Interna.

4 – O produto das coimas referidas no número anterior reverte para o Estado, sendo 40% para a Secretaria-Geral do Ministério da Administração Interna.

5 – Na execução para a cobrança da coima, responde por esta a caução prestada nos termos previstos no presente diploma.

6 – Na Secretaria-Geral do Ministério da Administração Interna, é mantido, em registo próprio, o cadastro de cada entidade a que foram aplicadas sanções previstas no presente diploma.

ART. 36.º (Legislação aplicável) – Às contra-ordenações previstas no presente diploma é aplicado o regime geral que regula o processo contra-ordenacional, nos termos da respectiva lei geral, com as adaptações constantes dos artigos 31.º a 35.º.

CAPÍTULO VII — **Disposições finais e transitórias**

ART. 37.º (Norma revogatória) – São revogados os Decretos-Leis n.ºs 298/79, de 17 de Agosto, e 231/98, de 22 de Julho, com a redacção que lhe foi dada pelo Decreto-Lei n.º 94/2002, de 12 de Abril.

ART. 38.º (Norma transitória) – 1 – Os alvarás e licenças emitidos ao abrigo do Decreto-Lei n.º 231/98, de 22 de Julho, passam a valer, independentemente de quaisquer formalidades, como os alvarás e licenças emitidos ao abrigo do presente diploma, nos seguintes termos:

a) Os alvarás e licenças emitidos ao abrigo das alíneas *b)* e *c)* do n.º 1 do artigo 2.º do Decreto-Lei n.º 231/98, de 22 de Julho, autorizam o exercício das actividades previstas na alínea *a)* do n.º 1 do artigo 2.º do presente diploma;

b) O alvará e a licença emitidos ao abrigo da alínea d)do n.º 1 do artigo 2.º do Decreto-Lei n.º 231/98, de 22 de Julho, autorizam o exercício das actividades previstas na alínea *b)* do n.º 1 do artigo 2.º do presente diploma;

c) O alvará e a licença emitidos ao abrigo da alínea *a)* do n.º 1 do artigo 2.º do Decreto-Lei n.º 231/98, de 22 de Julho, autorizam o exercício das actividades previstas na alínea *c)* do n.º 1 do artigo 2.º do presente diploma;

d) O alvará e a licença emitidos ao abrigo da alínea *e)* do n.º 1 do artigo 2.º do Decreto-Lei n.º 231/98, de 22 de Julho, autorizam o exercício das actividades previstas na alínea *d)* do n.º 1 do artigo 2.º do presente diploma.

2 – Sem prejuízo do disposto no número anterior, as entidades já detentoras de alvará ou licença emitido ao abrigo do Decreto-Lei n.º 231/98, de 22 de Julho, devem adaptar-se às condições impostas nas alíneas *b)*, *d)* e *e)* do n.º 2 do artigo 26.º e na alínea *b)* do n.º 2 do artigo 27.º, respectivamente, no prazo de um ano a contar da data da entrada em vigor do presente diploma.

3 – Sem prejuízo do disposto no n.º 1, as entidades já detentoras de alvará ou licença emitido ao abrigo do Decreto-Lei n.º 231/98, de 22 de Julho, devem adaptar-se à condição imposta na alínea *c)* do n.º 2 dos artigos 26.º e 27.º, respectivamente, no prazo de um ano a contar da data da entrada em vigor da portaria prevista no n.º 1 do artigo 7.º do presente diploma.

4 – Os cartões emitidos ao abrigo do artigo 9.º do Decreto-Lei n.º 231/98, de 22 de Julho, e regulamentação complementar mantêm-se em vigor até ao termo da respectiva validade, sendo substituídos nos termos e condições previstos no n.º 3 do artigo 10.º do presente diploma.

1054   [DL n.º 316/95]   EMPRESAS PRESTADORAS DE SERVIÇOS

5 – Enquanto não forem aprovadas as portarias previstas nas alíneas *e*) e *f*) do n.º 2 do artigo 26.º, é apenas exigível a cobertura dos riscos aí previstos nos montantes aí indicados.

6 – Mantêm-se em vigor as Portarias n.ᵒˢ 969/98, de 16 de Novembro, 1325/2001, de 4 de Dezembro, 971/98, de 16 de Novembro, alterada pela Portaria n.º 485/2003, de 17 de Junho, 135/99, de 26 de Fevereiro, 25/99, de 16 de Janeiro, 972/98, de 16 de Novembro, e 1522-B/2002 e 1522-C/2002, ambas de 20 de Dezembro, publicadas ao abrigo do Decreto-Lei n.º 231/98, de 22 de Julho, na parte em que não forem materialmente incompatíveis com o presente diploma, até serem substituídas.

ART. 39.º (Entrada em vigor) – O presente diploma entra em vigor no 30.º dia após o da respectiva publicação.

15.6. ACTIVIDADES SECUNDÁRIAS SUJEITAS A LICENCIAMENTO

Decreto-Lei n.º 316/95

de 28 de Novembro

ART. 1.º (Objecto) – É aprovado, em anexo ao presente diploma, que dele faz parte integrante, o regime jurídico do licenciamento do exercício das seguintes actividades:

a) Guarda-nocturno;

b) Venda ambulante de lotarias;

c) Arrumador de automóveis;

d) Realização de acampamentos ocasionais;

e) Exploração de máquinas automáticas, mecânicas, eléctricas e electrónicas de diversão;

f) Realização de espectáculos desportivos e de divertimentos públicos nas vias, jardins e demais lugares públicos ao ar livre;

g) Venda de bilhetes para espectáculos ou divertimentos públicos em agências ou postos de venda;

h) Realização de fogueiras e queimadas;

i) Realização de leilões.

ART. 2.º (Estatuto dos governadores civis) – Os artigos 2.º, 4.º, 7.º e 24.º do Decreto-Lei n.º 252/92, de 19 de Novembro, passam a ter a seguinte redacção:

....

ART. 3.º (Norma revogatória) – São revogados:

a) O Decreto-Lei n.º 103/84, de 30 de Março;

b) O Decreto-Lei n.º 21/85, de 17 de Janeiro.

ART. 4.º (Regiões Autónomas) – 1 – Nas Regiões Autónomas dos Açores e da Madeira compete aos Ministros da República tomar, em articulação com o Ministro da Administração Interna, as providências necessárias para manter ou repor a ordem e a segurança públicas, bem como exercer as competências estabelecidas na secção I do capítulo I do regime anexo ao presente diploma.

2 – Salvo o disposto no número anterior, e sem prejuízo da competência da Inspecção-Geral de Jogos, a aplicação nas Regiões Autónomas do regime anexo ao presente diploma compete às respectivas administrações regionais.

ART. 5.º (Entrada em vigor) – O presente diploma entra em vigor a 1 de Outubro de 1995.

ANEXO

CAPÍTULO I — Licenciamento do exercício de actividades

Secção I — GUARDAS-NOCTURNOS

ART. 1.º (Criação e extinção) – A criação e a extinção do serviço de guardas-nocturnos em cada localidade e a fixação e modificação das áreas de actuação de cada guarda são feitas por despacho do governador civil, ouvida a câmara municipal respectiva e os comandantes de brigada da GNR ou de polícia da PSP, conforme a localização da área a vigiar.

ART. 2.º (Licença) – 1 – É da competência do governador civil a atribuição da licença para o exercício da actividade de guarda-nocturno.

2 – A licença é intransmissível e tem validade anual.

ART. 3.º (Pedido de licenciamento) – 1 – O pedido de licenciamento é dirigido, sob a forma de requerimento, ao governador civil e nele devem constar o nome e o domicílio do requerente.

ACTIVIDADES SECUNDÁRIAS SUJEITAS A LICENCIAMENTO [DL n.º 316/95] 1055

2 – O requerimento deve ser instruído com cópia do bilhete de identidade e do cartão de contribuinte, certificado do registo criminal, documento comprovativo das habilitações literárias e demais documentos a fixar por portaria do Ministro da Administração Interna.

ART. 4.º (Indeferimento) – O pedido de licenciamento deve ser indeferido quando o interessado não for considerado pessoa idónea para o exercício da actividade de guarda-nocturno.

ART. 5.º (Deveres) – O guarda-nocturno deve:
a) Apresentar-se pontualmente no posto ou esquadra no início e termo do serviço;
b) Permanecer na área em que exerce a sua actividade durante o período de prestação de serviço e informar os seus clientes do modo mais expedito para ser contactado ou localizado;
c) Prestar o auxílio que lhe for solicitado pelas forças e serviços de segurança e protecção civil;
d) Frequentar anualmente um curso ou instrução de adestramento e reciclagem que for organizado pelas forças de segurança com competência na respectiva área;
e) Usar, em serviço, o uniforme e o distintivo próprios;
f) Usar de urbanidade e aprumo no exercício das suas funções;
g) Tratar com respeito e prestar auxílio a todas as pessoas que se lhe dirijam ou careçam de auxílio;
h) Fazer anualmente, no mês de Fevereiro, prova de que tem regularizada a sua situação contributiva para com a segurança social;
i) Não faltar ao serviço sem motivo sério, devendo, sempre que possível, solicitar a sua substituição com cinco dias úteis de antecedência.

ART. 6.º (Regime) – 1 – O regime da actividade de guarda-nocturno é objecto de portaria do Ministro da Administração Interna.
2 – Fica a cargo dos governos civis a atribuição de um subsídio mensal de fardamento equivalente ao atribuído às forças de segurança.

Secção II — **VENDEDOR AMBULANTE DE LOTARIAS**

ART. 7.º (Licenciamento) – A actividade de venda ambulante de lotaria da Santa Casa da Misericórdia de Lisboa está sujeita a licença gratuita, a emitir pelo governador civil do distrito.

ART. 8.º (Identificação do vendedor) – 1 – Cada vendedor ambulante será portador de um cartão de identificação, com a fotografia actualizada do seu titular e válido por cinco anos, de modelo a aprovar por despacho do Ministro da Administração Interna.
2 – As licenças são registadas em livro especial, com termos de abertura e encerramento, por ordem cronológica e sob o número de ordem em que são transcritos os elementos de identificação constantes do requerimento, tendo anexada uma fotografia do vendedor.
3 – O exercício da actividade de vendedor ambulante de lotaria em município diferente daquele para que haja sido passada a licença depende da apresentação do cartão de identidade ao visto da respectiva autoridade policial.

ART. 9.º (Validade das licenças) – As licenças são válidas até 31 de Dezembro de cada ano e a sua renovação será feita durante o mês de Janeiro, por simples averbamento requerido pelo interessado, a efectuar no livro de registo e no cartão de identidade.

ART. 10.º (Regras de conduta) – 1 – Os vendedores ambulantes de lotaria são obrigados:
a) A exibir o cartão de identificação referido no artigo 26.º, usando-o no lado direito do peito;
b) A restituir o cartão de identificação, quando a licença tiver caducado.
2 – É proibido aos referidos vendedores:
a) Vender jogo depois da hora fixada para o início da extracção da lotaria;
b) Anunciar jogo por forma contrária às restrições legais em matéria de publicidade.

Secção III — **ARRUMADOR DE AUTOMÓVEIS**

ART. 11.º (Sujeição a licenciamento) – A actividade de arrumador de automóveis está sujeita a licença gratuita, a emitir pelo governador civil do distrito.

ART. 12.º (Licenciamento) – 1 – A concessão da licença, de validade anual, será acompanhada da emissão de um cartão identificativo, de modelo a aprovar por despacho do Ministro da Administração Interna, plastificado e com dispositivo de fixação que permita a sua exibição permanente, que será obrigatória durante o exercício da actividade.
2 – As licenças apenas podem ser concedidas a maiores de 18 anos.

ART. 13.º (Regras de actividade) – 1 – A actividade de arrumador é licenciada para as zonas indicadas para o efeito pela autarquia local.

1056   [DL n.º 316/95]   EMPRESAS PRESTADORAS DE SERVIÇOS

2 – Na área atribuída a cada arrumador, que constará da licença e do cartão de identificação do respectivo titular, deverá este zelar pela integridade das viaturas estacionadas e alertar as autoridades em caso de ocorrência que a ponha em risco.

3 – É expressamente proibido solicitar qualquer pagamento como contrapartida pela actividade, apenas podendo ser aceites as contribuições voluntárias com que os automobilistas, espontaneamente, desejem gratificar o arrumador.

4 – É também proibido ao arrumador importunar os automobilistas, designadamente oferecendo artigos para venda ou procedendo à prestação de serviços não solicitados, como a lavagem dos automóveis estacionados.

ART. 14.º (Normas subsidiárias) – À actividade de arrumador de automóveis são ainda aplicáveis, com as necessárias adaptações, as regras previstas para a actividade dos vendedores ambulantes de lotaria.

Secção IV — **ACAMPAMENTOS OCASIONAIS**

ART. 15.º (Licença) – 1 – A realização de acampamentos ocasionais fora dos locais adequados à prática do campismo e caravanismo fica sujeita à obtenção de licença gratuita emitida pelo governador civil, devendo ser requerida pelo responsável do acampamento e dependendo a sua concessão da autorização expressa do proprietário do prédio.

2 – A realização de qualquer acampamento ocasional fica sujeita à emissão de parecer favorável das seguintes entidades:
   a) Delegado de saúde;
   b) Câmara municipal;
   c) Comandante da PSP ou da GNR, consoante os casos.

3 – A licença é concedida por um período de tempo determinado, nunca superior ao período de tempo autorizado expressamente pelo proprietário do prédio, podendo ser revogada a qualquer momento, quando ocorram situações de alteração da ordem e tranquilidade públicas.

Secção V — **EXPLORAÇÃO DE MÁQUINAS DE DIVERSÃO**

ART. 16.º (Âmbito) – 1 – Para efeitos da presente secção, consideram-se máquinas de diversão:
   a) Aquelas que, não pagando prémios em dinheiro, fichas ou coisas com valor económico, desenvolvem jogos cujos resultados dependem exclusiva ou fundamentalmente da perícia do utilizador, sendo permitido que ao utilizador seja concedido o prolongamento da utilização gratuita da máquina face à pontuação obtida;
   b) Aquelas que, tendo as características definidas na alínea anterior, permitem a preensão de objectos cujo valor económico não exceda três vezes a importância despendida pelo utilizador.

2 – As máquinas que, não pagando directamente prémios em fichas ou moedas, desenvolvam temas próprios dos jogos de fortuna ou azar ou apresentem como resultado pontuações dependentes exclusiva ou fundamentalmente da sorte são reguladas pelo Decreto-Lei n.º 422/89, de 2 de Dezembro, e diplomas regulamentares.

ART. 17.º (Registo) – 1 – Nenhuma máquina submetida ao regime desta secção pode ser posta em exploração sem que se encontre registada e licenciada nos termos do artigo 20.º.

2 – O registo é requerido pelo proprietário da máquina ao governador civil do distrito onde se encontra ou em que se presume irá ser colocada em exploração.

3 – O requerimento do registo é formulado, em relação a cada máquina, através de impresso próprio.

4 – O registo é titulado por documento próprio, assinado e autenticado, que acompanhará obrigatoriamente a máquina a que respeitar.

5 – As alterações de propriedade da máquina obrigam o adquirente a efectuar o averbamento respectivo, a requerer com base no título de registo e em documentação de venda ou cedência, com assinatura do transmitente reconhecida pelos meios consentidos por lei.

ART. 18.º (Instrução do pedido de registo) – O requerimento para o registo de cada máquina é instruído com os seguintes documentos:
   1) Máquinas importadas:
   a) Documento comprovativo da apresentação da declaração de rendimentos do requerente, respeitante ao ano anterior, ou de que não está sujeito ao cumprimento dessa obrigação, em conformidade com o Código do Imposto sobre o Rendimento das Pessoas Singulares ou com o Código do Imposto sobre o Rendimento das Pessoas Colectivas, conforme o caso;
   b) Documento comprovativo de que o adquirente é sujeito passivo do imposto sobre o valor acrescentado;
   c) No caso de importação de países exteriores à União Europeia, cópia autenticada dos documentos que fazem parte integrante do despacho de importação, contendo dados identificativos da máquina que se pretende registar, com indicação das referências relativas ao mesmo despacho e BRI respectivo;
   d) Factura ou documento equivalente, emitida de acordo com os requisitos previstos no Código do Imposto sobre o Valor Acrescentado;
   e) Documento emitido pela Inspecção-Geral de Jogos comprovativo de que o jogo que a máquina possa desenvolver está abrangido pela disciplina da presente subsecção.

ACTIVIDADES SECUNDÁRIAS SUJEITAS A LICENCIAMENTO   **[DL n.º 316/95]** 1057

2) Máquinas produzidas ou montadas no País:
a) Os documentos referidos nas alíneas *a)*, *b)* e *e)* do número anterior;
b) Factura ou documento equivalente que contenha os elementos identificativos da máquina, nomeadamente número de fábrica, modelo e fabricante.

ART. 19.º (Temas dos jogos) – 1 – A importação, fabrico, montagem e venda de máquinas de diversão obrigam à classificação dos respectivos temas de jogo.

2 – A classificação dos temas de jogo é requerida pelo interessado à Inspecção-Geral de Jogos, devendo o requerimento ser acompanhando da memória descritiva do respectivo jogo em duplicado.

3 – A Inspecção-Geral de Jogos pode solicitar aos interessados a apresentação de outros elementos que considere necessários para apreciação do requerimento ou fazer depender a sua classificação de exame directo à máquina.

4 – O documento que classifica os temas de jogo e a cópia autenticada da memória descritiva do jogo devem acompanhar a máquina respectiva.

5 – O proprietário de qualquer máquina pode substituir o tema ou temas de jogo autorizados por qualquer outro, desde que previamente classificado pela Inspecção-Geral de Jogos.

6 – O documento que classifica o novo tema de jogo autorizado e a respectiva memória descritiva devem acompanhar a máquina de diversão.

7 – A substituição referida no n.º 5 deve ser precedida de comunicação ao governo civil respectivo.

ART. 20.º (Licença de exploração) – 1 – A máquina só pode ser posta em exploração desde que disponha da correspondente licença de exploração emitida pelo governador civil do distrito onde se encontra colocada e seja acompanhada desse documento.

2 – A licença de exploração é requerida por períodos anuais ou semestrais pelo proprietário da máquina, devendo o pedido ser instruído com os seguintes documentos:
a) Título de registo da máquina, que será devolvido;
b) Documento comprovativo do pagamento do imposto sobre o rendimento respeitante ao ano anterior;
c) Documento comprovativo do pagamento dos encargos devidos a instituições de segurança social;
d) Licença de recinto, emitida pela Direcção-Geral dos Espectáculos, quando devida.

3 – O governador civil pode recusar, em despacho fundamentado, a concessão ou a renovação de licença de exploração, sempre que tal medida de polícia se justifique para a protecção à infância e juventude, prevenção da criminalidade e manutenção ou reposição da segurança, da ordem ou da tranquilidade públicas.

4 – A transferência de máquinas para outro distrito deve ser comunicada pelo governo civil respectivo àquele onde a máquina se encontrava em exploração.

5 – A transferência de máquinas de diversão, dentro do distrito, para local diferente do constante da licença de exploração deve ser precedida de comunicação ao governo civil respectivo.

ART. 21.º (Condições de exploração) – 1 – Salvo tratando-se de estabelecimentos licenciados para a exploração exclusiva de jogos, não podem ser colocadas em exploração simultânea mais de três máquinas, quer as mesmas sejam exploradas na sala principal do estabelecimento, quer nas suas dependências ou anexos, com intercomunicação interna, vertical ou horizontal.

2 – As máquinas só podem ser exploradas no interior de recinto ou estabelecimento previamente licenciado para a prática de jogos lícitos com máquinas de diversão, o qual não pode situar-se nas proximidades de estabelecimentos de ensino.

3 – Nos estabelecimentos licenciados para a exploração exclusiva de máquinas de diversão é permitida a instalação de aparelhos destinados à venda de produtos ou bebidas não alcoólicas, nas condições do n.º 2 do artigo 162.º do Decreto-Lei n.º 422/89, de 2 de Dezembro.

ART. 22.º (Condicionamentos) – 1 – A prática de jogos em máquinas reguladas pela presente secção é interdita a menores de 16 anos, salvo quando, tendo mais de 12 anos, sejam acompanhados por quem exerce o poder paternal.

2 – É obrigatória a afixação, na própria máquina, em lugar bem visível, de inscrição ou dístico contendo os seguintes elementos:
a) Número de registo;
b) Nome do proprietário;
c) Prazo limite da validade da licença de exploração concedida;
d) Idade exigida para a sua utilização;
e) Nome do fabricante;
f) Tema de jogo;
g) Tipo de máquina;
h) Número de fábrica.

ART. 23.º (Taxas) – 1 – O deferimento dos actos requeridos nos termos da presente secção obriga ao pagamento das taxas fixadas por portaria conjunta dos Ministros da Administração Interna e do Comércio e Turismo, as quais revertem:

1058 [DL n.º 316/95]   EMPRESAS PRESTADORAS DE SERVIÇOS

a) Em 40% para a Inspecção-Geral de Jogos;

b) Em 60% para o governo civil do distrito onde a máquina está ou se presume que venha a estar em exploração, sem prejuízo do disposto no número seguinte.

2 – Das taxas cobradas pela concessão de licenças de exploração, 5% constituem receita dos Serviços Sociais da GNR e 5% constituem receita dos Serviços Sociais da PSP.

ART. 24.º (Responsabilidade contra-ordenacional) – 1 – Para efeitos da presente secção consideram-se responsáveis, relativamente às contra-ordenações verificadas:

a) O proprietário da máquina, nos casos punidos pelas alíneas *a)* e *d)* do n.º 1 do artigo 46.º;

b) O proprietário ou explorador do estabelecimento, nas demais situações.

2 – Quando, por qualquer circunstância, se mostre impossível a identificação do proprietário de máquinas em exploração, considera-se responsável pelas contra-ordenações o proprietário ou explorador do estabelecimento onde as mesmas se encontrem.

ART. 25.º (Fiscalização) – A fiscalização da observância do disposto na presente secção, bem como a instrução dos respectivos processos contra-ordenacionais, compete às autoridades policiais, sendo a Inspecção-Geral de Jogos o serviço técnico consultivo e pericial dos governadores civis e daquelas autoridades nesta matéria.

ART. 26.º (Modelos) – Os impressos próprios referidos na presente secção são aprovados por portaria do Ministro da Administração Interna.

Secção VI — **REALIZAÇÃO DE ESPECTÁCULOS DE NATUREZA DESPORTIVA E DE DIVERTIMENTOS PÚBLICOS**

ART. 27.º (Festividades e outros divertimentos) – 1 – Os arraiais, romarias, bailes, provas desportivas e outros divertimentos públicos organizados nas vias, jardins e demais lugares públicos ao ar livre dependem de licença do governador civil, salvo quando tais actividades decorram em recintos já licenciados pela Direcção- -Geral dos Espectáculos ou pela câmara municipal para a realização de espectáculos e divertimentos públicos.

2 – As festas promovidas por entidades oficiais, civis ou militares não carecem da licença prevista no número anterior, mas das mesmas deve ser feita uma participação prévia ao governador civil.

ART. 28.º (Espectáculos e actividades ruidosas) – 1 – As bandas de música, grupos filarmónicos, tunas e outros agrupamentos musicais não podem actuar nas vias e demais lugares públicos dos aglomerados urbanos desde as 0 horas até às 9 horas, salvo quando tal seja autorizado nos termos do artigo 30.º.

2 – O funcionamento de emissores, amplificadores e outros aparelhos sonoros que projectem sons para as vias e demais lugares públicos, incluindo sinais horários, só poderá ocorrer entre as 9 e as 22 horas e mediante a autorização referida no artigo 30.º.

3 – O funcionamento a que se refere o número anterior, e sem prejuízo do disposto nos respectivos regulamentos camarários, fica sujeito às seguintes restrições:

a) Só pode ser consentido por ocasião de festas tradicionais, espectáculos ao ar livre ou em outros casos análogos devidamente justificados;

b) São proibidas as emissões desproporcionalmente ruidosas, atenta a audiência efectiva ou previsível, e aquelas que sejam susceptíveis de ofender a moral pública.

ART. 29.º (Tramitação) – 1 – As licenças devem ser requeridas com a antecedência mínima de 15 dias úteis ao governador civil.

2 – Os pedidos são instruídos com os documentos necessários.

3 – A autorização para a realização de provas desportivas na via pública deve ser requerida com antecedência nunca inferior a 30 dias ou 60 dias, conforme se desenrole num ou em mais distritos, e está sujeita ao parecer favorável das entidades legalmente competentes, de acordo com o artigo 4.º do Decreto-Lei n.º 190/94, de 18 de Julho.

ART. 30.º (Condicionamentos) – 1 – A realização de festividades, de divertimentos públicos e de espectáculos ruidosos nas vias e demais lugares públicos só pode ser permitida nas proximidades de edifícios de habitação, escolares e hospitalares ou similares, bem como de estabelecimentos hoteleiros e meios complementares de alojamento, desde que, respeitando os limites fixados no regime aplicável ao ruído, se verifique a sua suspensão entre as 22 e as 8 horas, de domingo a quinta-feira, e entre as 24 e as 8 horas, à sexta-feira e ao sábado, bem como nas vésperas dos dias feriados, se outros mais restritivos não resultarem da lei.

2 – Quando circunstâncias excepcionais o justifiquem, pode o governador civil permitir o funcionamento ou o exercício contínuo dos espectáculos ou actividades ruidosas proibidas nesta secção, salvo na proximidade de edifícios hospitalares ou similares.

3 – Das licenças emitidas nos termos da presente secção deve constar a referência ao seu objecto, a fixação dos respectivos limites horários e as demais condições julgadas necessárias para preservar a tranquilidade das populações.

ACTIVIDADES SECUNDÁRIAS SUJEITAS A LICENCIAMENTO   [DL n.º 316/95]   1059

ART. 31.º (Festas tradicionais) – 1 – Por ocasião dos festejos tradicionais das localidades pode, excepcionalmente, ser permitido o funcionamento ou o exercício contínuo dos espectáculos ou actividades referidos nos artigos anteriores, salvo nas proximidades de edifícios hospitalares ou similares.

2 – Os espectáculos ou actividades que não estejam licenciados ou se não contenham nos limites da respectiva licença podem ser imediatamente suspensos pela autoridade policial, oficiosamente ou a pedido de qualquer interessado.

ART. 32.º (Diversões carnavalescas proibidas) – 1 – Nas diversões carnavalescas é proibido:

a) O uso de quaisquer objectos de arremesso susceptíveis de pôr em perigo a integridade física de terceiros;

b) A apresentação da bandeira nacional ou imitação;

c) A utilização de gases, líquidos ou de outros produtos inebriantes, anestesiantes, esternutatórios ou que possam inflamar-se, seja qual for o seu acondicionamento.

2 – A venda ou exposição para venda de produtos de uso proibido pelo número anterior é punida como tentativa de comparticipação na infracção.

Secção VII — **AGÊNCIAS DE VENDA DE BILHETES PARA ESPECTÁCULOS PÚBLICOS**

ART. 33.º (Licenciamento) – 1 – A venda de bilhetes para espectáculos ou divertimentos públicos em agências ou postos de venda está sujeita à obtenção de licença a emitir pelo governador civil do distrito.

2 – Para obtenção da licença devem os interessados apresentar requerimento em que indiquem o nome, a idade, o estado civil, a residência, o número de identificação fiscal e a localização da agência ou posto, juntando cópia do bilhete de identidade.

ART. 34.º (Requisitos) – 1 – As licenças só podem ser concedidas quando a instalação da agência ou posto de venda tenha lugar em estabelecimento privativo, com boas condições de apresentação e de higiene e ao qual o público tenha acesso, ou em secções de estabelecimentos de qualquer ramo de comércio que satisfaçam aqueles requisitos.

2 – Não podem funcionar agências ou postos de venda a menos de 100 m das bilheteiras de qualquer casa ou recinto de espectáculos ou divertimentos públicos.

3 – É obrigatória a afixação nas agências ou postos de venda, em lugar bem visível, das tabelas de preços de cada casa ou recinto cujos bilhetes comercializem, autenticadas com o carimbo das respectivas empresas.

ART. 35.º (Requerimentos) – 1 – Os requerimentos das licenças são entregues acompanhados de:

a) Certificado do registo criminal, quando se trate do primeiro requerimento e, posteriormente, sempre que for exigido;

b) Documento comprovativo da autorização concedida pelo respectivo proprietário, no caso de a instalação ter lugar em estabelecimento de outro ramo de actividade não pertencente ao requerente.

2 – Tratando-se de pedido de licenciamento a favor de sociedades comerciais, os elementos de identificação mencionados no n.º 2 do artigo 33.º devem respeitar aos titulares da gerência ou administração das mesmas.

3 – A licença para instalar postos de venda só pode ser concedida às agências.

4 – A licença é intransmissível e tem validade anual, não sendo devida qualquer taxa pela respectiva concessão.

5 – A apresentação do requerimento e o seu deferimento obedecem ao disposto no artigo 29.º.

ART. 36.º (Proibições) – Nas agências e postos de venda é proibido:

a) Cobrar quantia superior em 10% à do preço de venda ao público dos bilhetes;

b) Cobrar importância superior em 20% à do preço de venda ao público dos bilhetes, no caso de entrega ao domicílio;

c) Fazer propaganda em viva voz em qualquer lugar e, por qualquer meio, dentro de um raio de 100 m em torno das bilheteiras;

d) Recusar a venda de qualquer bilhete em seu poder.

Secção VIII — **FOGUEIRAS E QUEIMADAS**

ART. 37.º (Fogueiras) – 1 – É proibido acender fogueiras nas ruas, praças e mais lugares públicos das povoações, bem como a menos de 30 m de quaisquer construções e a menos de 300 m de bosques, matas, lenhas, searas, palhas, depósitos de substâncias susceptíveis de arder e, independentemente da distância, sempre que deva prever-se risco de incêndio.

2 – Pode o governador civil licenciar as tradicionais fogueiras de Natal e dos santos populares, estabelecendo as condições para a sua efectivação e tendo em conta as precauções necessárias à segurança das pessoas e bens.

3 – São permitidos os lumes que os trabalhadores acendam para fazerem os seus cozinhados e se aquecerem, desde que sejam tomadas as convenientes precauções contra a propagação do fogo.

ART. 38.º (Queimadas) – 1 – É proibido fazer queimadas que de algum modo possam originar danos em quaisquer culturas ou bens pertencentes a outrem.

2 – O governador civil pode autorizar a realização de queimadas, mediante audição prévia dos bombeiros da área, que determinarão as datas e os condicionamentos a observar na sua realização.

1060   [DL n.º 316/95]   EMPRESAS PRESTADORAS DE SERVIÇOS

Secção IX — **REALIZAÇÃO DE LEILÕES**

ART. 39.º (Licenciamento) – 1 – A realização de leilões em lugares públicos carece de licença a emitir pelo governador civil.

2 – Para os efeitos previstos no número anterior, são considerados lugares públicos os estabelecimentos comerciais e quaisquer recintos a que o público tenha acesso livre e gratuito.

3 – Estão isentos de licença os leilões realizados directamente pelos serviços da Caixa Geral de Depósitos, dos tribunais e serviços da Administração Pública, em conformidade com a legislação aplicável.

4 – A realização de leilões sem licença será imediatamente suspensa pelas autoridades policiais, sem prejuízo da instauração do processo de contra-ordenação.

CAPÍTULO II — **Protecção de pessoas e bens**

ART. 40.º (Protecção contra quedas em resguardos, coberturas de poços, fossas, fendas e outras irregularidades no solo) – 1 – É obrigatório o resguardo ou a cobertura eficaz de poços, fendas e outras irregularidades existentes em quaisquer terrenos e susceptíveis de originar quedas desastrosas a pessoas e animais.

2 – A obrigação prevista no número anterior mantém-se durante a realização de obras e reparações de poços, fossas, fendas e outras irregularidades, salvo no momento em que, em virtude daqueles trabalhos, seja feita prevenção contra quedas.

ART. 41.º (Máquinas e engrenagens) – É igualmente obrigatório o resguardo eficaz dos maquinismos e engrenagens quando colocados à borda de poços, fendas e outras irregularidades no solo ou de fácil acesso.

ART. 42.º (Eficácia da cobertura ou resguardo) – 1 – Considera-se cobertura ou resguardo eficaz, para efeitos do presente diploma, qualquer placa que, obstruindo completamente a escavação, ofereça resistência a uma sobrecarga de 100 kg/m².

2 – O resguardo deve ser constituído pelo levantamento das paredes do poço ou cavidade até à altura mínima de 80 cm de superfície do solo ou por outra construção que, circundando a escavação, obedeça àquele requisito, contanto que, em qualquer caso, suporte uma força de 100 kg.

3 – Se o sistema de escavação exigir na cobertura ou resguardo qualquer abertura, esta será tapada com tampa ou cancela que dê a devida protecção e só permanecerá aberta pelo tempo estritamente indispensável.

ART. 43.º (Notificação para execução da cobertura ou resguardo) – 1 – Detectada qualquer infracção pela qual se considere responsável aquele que explora ou utiliza, seja a que título for, o prédio onde se encontra o poço, fosso, fenda ou irregularidade no solo, devem as autoridades policiais, independentemente da aplicação da respectiva coima, notificar o responsável para cumprir o disposto na presente secção, fixando o prazo máximo de vinte e quatro horas para a conclusão dos trabalhos de cobertura e resguardo.

2 – O montante da coima estabelecida nos termos da alínea a) do n.º 1 do artigo 45.º é elevado ao triplo sempre que os notificados não executarem as obras no prazo concedido, sendo o responsável notificado para o cumprimento dentro do novo prazo fixado para o efeito, não superior a doze horas.

ART. 44.º (Propriedades muradas ou vedadas) – O disposto na presente secção não abrange as propriedades muradas ou eficazmente vedadas.

CAPÍTULO III — **Sanções**

ART. 45.º (Contra-ordenações) – 1 – Constituem contra-ordenações:

a) A violação dos deveres a que se referem as alíneas *b)*, *c)*, *d)*, *e)* e *i)* do artigo 5.º, punida com coima de 5000$00 a 30000$00;

b) A violação dos deveres a que se referem as alíneas *a)*, *f)* e *g)* do artigo 5.º, punida com coima de 2500$00 a 20000$00;

c) O não cumprimento do disposto na alínea *h)* do artigo 5.º, punida com coima de 5000$00 a 20000$00;

d) A venda ambulante de lotaria sem licença, punida com coima de 10000$00 a 30000$00;

e) A falta de cumprimento dos deveres de vendedor ambulante de lotaria, punida com coima de 10000$00 a 50000$00;

f) O exercício da actividade de arrumador de automóveis sem licença ou fora do local nela indicado, bem como a falta de cumprimento das regras da actividade, punidos com coima de 10000$00 a 50000$00;

g) A realização de acampamentos ocasionais sem licença, punida com coima de 30000$00 a 100000$00;

h) A realização, sem licença, das actividades referidas no artigo 27.º, punida com coima de 25000$00 a 100000$00;

i) A realização, sem licença, das actividades previstas no artigo 28.º, punida com coima de 30000$00 a 115000$00;

j) A venda de bilhetes para espectáculos públicos sem licença, punida com coima de 20000$00 a 50000$00;

l) A venda de bilhetes por preço superior ao permitido ou fora dos locais autorizados, punida com coima de 10000$00 a 50000$00;

ACTIVIDADES SECUNDÁRIAS SUJEITAS A LICENCIAMENTO   [DL n.º 316/95]   1061

m) A realização, sem licença, das actividades previstas nos artigos 37.º e 38.º, punida com coima de 50000$00 a 200000$00, quando da actividade proibida resulta o perigo de incêndio, e de 10000$00 a 50000$00, nos demais casos;

n) A realização de leilões sem licença, punida com coima de 30000$00 a 100000$00;

o) O não cumprimento dos deveres resultantes do capítulo II, punida com coima de 10000$00 a 50000$00.

2 – A coima aplicada nos termos da alínea *f)* do número anterior pode ser substituída, a requerimento do condenado, pela prestação de trabalho a favor da comunidade, nos termos previstos no regime geral sobre ilícito de mera ordenação social.

3 – A falta de exibição das licenças às entidades fiscalizadoras constitui contra-ordenação punida com coima de 10000$00 a 30000$00, salvo se estiverem temporariamente indisponíveis, por motivo atendível, e vierem a ser apresentadas ou for justificada a impossibilidade de apresentação no prazo de quarenta e oito horas.

4 – A negligência e a tentativa são punidas.

ART. 46.º (Máquinas de diversão) – 1 – As infracções à secção V do capítulo I do presente diploma constituem contra-ordenação punida nos termos seguintes:

a) Exploração de máquinas sem registo, com coima de 250000$00 a 500000$00, por cada máquina;

b) Falsificação do título de registo ou do título de licenciamento, com coima de 250000$00 a 500000$00;

c) Exploração de máquinas sem que sejam acompanhadas do original ou fotocópia autenticada do título de registo, do título de licenciamento ou dos documentos previstos nos n.ᵒˢ 4 e 6 do artigo 19.º, com coima de 20000$00 a 100000$00 por cada máquina;

d) Desconformidade com os elementos constantes do título de registo por falta de averbamento de novo proprietário, com coima de 20000$00 a 100000$00 por cada máquina;

e) Exploração de máquinas sem que o respectivo tema ou circuito de jogo tenha sido classificado pela Inspecção--Geral de Jogos, com coima de 100000$00 a 250000$00 por cada máquina;

f) Exploração de máquinas sem licença ou com licença de exploração caducada, com coima de 250000$00 a 500000$00 por cada máquina;

g) Exploração de máquinas de diversão em recinto ou estabelecimento diferente daquele para que foram licenciadas ou fora dos locais autorizados, com coima de 50000$00 a 200000$00 por cada máquina;

h) Exploração de máquinas em número superior ao permitido, com coima de 50000$00 a 200000$00 por cada máquina, e acessoriamente, atenta a gravidade e frequência da infracção, apreensão e perda das mesmas a favor do Estado;

i) Falta da comunicação prevista no n.º 5 do artigo 20.º, com coima de 50000$00 a 200000$00 por cada máquina;

j) Utilização de máquinas de diversão por pessoas com idade inferior à estabelecida, com coima de 100000$00 a 500000$00;

l) Falta ou afixação indevida da inscrição ou dístico referido no n.º 2 do artigo 22.º, bem como a omissão de qualquer dos seus elementos, com coima de 50000$00 a 200000$00 por cada máquina.

2 – A negligência e a tentativa são punidas.

3 – O produto das coimas aplicadas nos termos do n.º 1 é distribuído:

a) Em 60% para o governo civil;

b) Em 40% para a Inspecção-Geral de Jogos.

ART. 47.º (Sanções acessórias) – Nos processos de contra-ordenação podem ser aplicadas as sanções acessórias previstas na lei geral.

ART. 48.º (Medidas de polícia) – 1 – O governador civil pode aplicar a medida de polícia de encerramento de salas de dança e estabelecimentos de bebidas, bem como a de redução do seu horário de funcionamento, quando esse funcionamento se revele susceptível de violar a ordem, a segurança ou a tranquilidade públicas.

2 – O despacho que ordenar o encerramento deve conter, para além da sua fundamentação concreta, a indicação dos condicionamentos a satisfazer para que a reabertura seja permitida.

3 – As licenças concedidas nos termos do presente diploma podem ser revogadas a qualquer momento com fundamento na infracção das regras estabelecidas para a respectiva actividade, na inaptidão do seu titular para o respectivo exercício, bem como sempre que tal medida de polícia se justifique para manutenção ou reposição da segurança, da ordem ou da tranquilidade públicas.

4 – O governador civil pode delegar no todo ou em parte a competência para aplicar as medidas de polícia previstas nos números anteriores nos comandantes do comando de polícia, de divisão, de secção ou de esquadra da PSP ou de brigada, de grupo, de destacamento territorial ou de posto da GNR.

CAPÍTULO IV — Disposições finais e transitórias

ART. 49.º (Taxas) – As taxas devidas pelas licenças não gratuitas concedidas pelo governador civil são fixadas por portaria do Ministro da Administração Interna.

ART. 50.º (Fiscalização) – A fiscalização das disposições do presente diploma compete às autoridades administrativas, à Polícia de Segurança Pública e à Guarda Nacional Republicana.

1062   [DL n.º 365/99]   EMPRESAS PRESTADORAS DE SERVIÇOS

15.7. ACTIVIDADE PRESTAMISTA

Decreto-Lei n.º 365/99

de 17 de Setembro

CAPÍTULO I — Disposições gerais

ART. 1.º (Âmbito) – 1 – O presente diploma regula o acesso, o exercício e a fiscalização da actividade prestamista.

2 – Considera-se actividade prestamista o exercício por pessoa singular ou colectiva da actividade de mútuo garantido por penhor.

ART. 2.º (Acesso) – 1 – Podem exercer a actividade a que se refere o presente diploma as pessoas singulares ou colectivas sob qualquer forma, sediadas ou com estabelecimento estável em Portugal, desde que devidamente licenciadas.

2 – Estão dispensadas do licenciamento a que se refere o número anterior:

a) As instituições de crédito;

b) As associações de socorros mútuos, quando a prossecução de tal fim esteja prevista nos seus estatutos.

ART. 3.º (Licenciamento) – 1 – O licenciamento é efectuado pela Direcção-Geral do Comércio e da Concorrência, sendo intransmissível e titulado por alvará, de modelo aprovado por portaria conjunta dos Ministros das Finanças e da Economia, sem prejuízo do disposto no número seguinte.

2 – Tratando-se de licença atribuída a pessoa singular, em caso de falecimento desta o cabeça-de-casal da respectiva herança deve, nos 30 dias subsequentes ao óbito, solicitar à Direcção-Geral do Comércio e da Concorrência uma autorização provisória para continuação do exercício da actividade, fazendo prova de que estão preenchidos os requisitos de acesso.

3 – A licença provisória referida no número anterior é renovada no caso de estar em curso um processo judicial de partilha.

4 – Nos casos previstos nos n.ºs 2 e 3, a Direcção-Geral do Comércio e da Concorrência pode, a todo o tempo, solicitar ao cabeça-de-casal a demonstração do preenchimento do requisito previsto no artigo 4.º.

ART. 4.º (Idoneidade) – 1 – A idoneidade dos requerentes é aferida pela inexistência de impedimentos legais, de condenação por determinados ilícitos praticados pelos requerentes, bem como pelos respectivos administradores, directores ou gerentes, no caso de se tratar de pessoa colectiva.

2 – São consideradas idóneas as pessoas relativamente às quais não se verifique algum dos seguintes impedimentos:

a) Condenação, com trânsito em julgado, em pena de prisão efectiva igual ou superior a dois anos, por crime contra o património, por tráfico de estupefacientes, por branqueamento de capitais, por fraude fiscal ou aduaneira;

b) Condenação, com trânsito em julgado, por crimes de insolvência dolosa, insolvência negligente, favorecimento de credores, apropriação ilegítima, administração danosa e corrupção activa;

c) Condenação, com trânsito em julgado, pela prática de concorrência ilícita ou desleal;

d) Condenação, com trânsito em julgado, pela prática de infracções às regras legais ou regulamentares que regem a actividade das instituições de crédito;

e) Condenação, com trânsito em julgado, por crime de emissão de cheque sem provisão;

f) Condenação, com trânsito em julgado, por crime de falsificação, suborno e tráfico de influência;

g) Inibição para o exercício do comércio, seja qual for a causa que o determine.

ART. 5.º (Instrução do processo) – 1 – O pedido de licenciamento deve ser efectuado através de requerimento acompanhado dos seguintes documentos:

a) Certificado do registo criminal dos requerentes, ou dos respectivos administradores, directores ou gerentes no caso de se tratar de pessoa colectiva;

b) Certidão do registo comercial;

c) Fotocópia do contrato de sociedade e dos respectivos estatutos;

d) Licença de utilização, passada pela autoridade municipal competente, comprovativa de aptidão do espaço para o exercício da actividade.

2 – A emissão do alvará fica dependente de o interessado, no prazo de 15 dias após a notificação do licenciamento, fazer prova da constituição do seguro a que se refere o artigo 33.º.

ART. 6.º (Dever de informação) – 1 – Os requisitos de acesso e exercício da actividade são de verificação permanente, devendo os prestamistas comprovar o seu preenchimento sempre que tal lhes for solicitado.

2 – Sem prejuízo do disposto no número anterior, os prestamistas têm o dever de fazer prova, junto da Direcção-Geral do Comércio e da Concorrência:

a) Anualmente, da renovação do seguro e do pagamento do respectivo prémio de seguro nos termos do artigo 33.º, bem como das suas alterações, se as houver;

ACTIVIDADE PRESTAMISTA [DL n.º 365/99] 1063

b) Do preenchimento do requisito de idoneidade em caso de alteração dos administradores, directores ou gerentes, quando o prestamista revista a forma de pessoa colectiva;

c) Das alterações ao pacto social no prazo de 30 dias após a celebração da escritura.

3 – As alterações ao pacto social referidas na alínea *c*) do número anterior são objecto de averbamento ao respectivo licenciamento, devendo, para tanto, o prestamista apresentar a correspondente certidão do registo comercial.

4 – A Direcção-Geral do Comércio e da Concorrência centraliza toda a informação relevante desta actividade dando conhecimento à Inspecção-Geral das Actividades Económicas das alterações ocorridas, nomeadamente a falta superveniente de requisitos e a caducidade do licenciamento.

ART. 7.º (A não verificação superveniente de requisitos) – 1 – A não verificação superveniente de requisitos de acesso e exercício da actividade deve ser suprida no prazo de três meses a contar da data da sua ocorrência.

2 – O decurso do prazo previsto no número anterior sem que a falta seja suprida determina a caducidade do licenciamento.

ART. 8.º (Sucursais, filiais, estabelecimentos e outras formas locais de representação) – 1 – A abertura de sucursais, filiais, estabelecimentos e outras formas locais de representação depende de autorização prévia da Direcção-Geral do Comércio e da Concorrência, devendo o pedido ser acompanhado dos seguintes documentos:

a) Acta da assembleia geral contendo a deliberação de abertura de sucursal, filial, estabelecimento e outra forma local de representação, caso necessário;

b) Licença de utilização, passada pela autoridade municipal competente, comprovativa de aptidão do espaço para o exercício da actividade na sucursal, filial, estabelecimento e outra forma local de representação.

2 – No prazo de 15 dias após a notificação da autorização de abertura da sucursal, filial, estabelecimento e outra forma local de representação, deve o interessado fazer prova da actualização do valor do seguro a que se refere o artigo 33.º, determinada nos termos do n.º 3 desse artigo, sob pena de ineficácia da autorização.

ART. 9.º (Afixações obrigatórias) – São obrigatoriamente afixadas em lugar visível do estabelecimento:

a) Cópia do alvará referido no artigo 3.º;

b) Indicação das taxas referidas nos artigos 12.º e 13.º.

CAPÍTULO II — **Dos contratos**

ART. 10.º (Objecto do penhor) – Podem ser dadas em penhor todas as coisas móveis livremente transaccionáveis, com excepção das seguintes:

a) Artigos militares ou de fardamento das Forças Armadas ou de segurança;

b) Armas de fogo;

c) Matérias inflamáveis, explosivas ou tóxicas;

d) Objectos ofensivos dos bons costumes;

e) Objectos especialmente destinados ao exercício do culto público;

f) Coisas móveis sujeitas a registo.

ART. 11.º (Contrato) – 1 – O contrato de mútuo garantido por penhor é obrigatoriamente reduzido a escrito, feito em dois exemplares e assinado por ambas as partes, ficando um deles na posse do mutuante, que se designará «termo de penhor», e o outro, denominado «cautela de penhor», destinar-se-á ao mutuário.

2 – No contrato são identificadas as partes contratantes, com menção do nome do mutuário, filiação, naturalidade, residência, número do bilhete de identidade e número fiscal de contribuinte, bem como a descrição pormenorizada das coisas dadas em penhor.

3 – Constarão ainda do contrato:

a) O valor da avaliação;

b) Montante mutuado;

c) Taxa de avaliação e montante cobrado;

d) Taxa de juro;

e) Data de início e termo do contrato;

f) Regras indemnizatórias previstas no n.º 2 do artigo 32.º;

g) Condições de amortização do empréstimo;

h) Condições de resgate das coisas dadas em garantia.

ART. 12.º (Taxa de avaliação) – 1 – No momento da celebração do contrato de mútuo garantido por penhor o prestamista pode cobrar, a título de avaliação da coisa, a importância que resultar da aplicação de uma taxa única não superior a 1% sobre o valor da avaliação.

2 – A taxa referida no número anterior é obrigatoriamente revelada ao interessado antes da avaliação da coisa.

ART. 13.º (Taxas de juro) – 1 – Os montantes máximos das taxas de juro remuneratório a cobrar para os mútuos garantidos, quer por ouro, prata e jóias, quer por outras coisas, são estabelecidos por portaria conjunta dos Ministros das Finanças e da Economia.

2 – As taxas referidas no número anterior são obrigatoriamente reveladas ao interessado antes da celebração do contrato de penhor.

1064 [DL n.º 365/99]   EMPRESAS PRESTADORAS DE SERVIÇOS

ART. 14.º (Prazo e renovação do contrato) – 1 – O contrato de mútuo garantido por penhor é celebrado pelo prazo de um mês, sendo renovável por períodos iguais e sucessivos, até ao máximo de dois anos.

2 – O contrato considera-se automaticamente renovado com o pagamento dos juros relativos ao mês anterior, bem como os moratórios, se a eles houver lugar.

3 – Pela renovação do contrato referido no número anterior não são cobradas quaisquer taxas ou comissões, designadamente a taxa de avaliação.

ART. 15.º (Vencimento de juros) – 1 – Os juros vencem-se com a celebração do contrato, sendo exigíveis a partir do 25.º dia da data da celebração ou da sua renovação, salvo se o mutuário proceder à amortização antecipada.

2 – Sem prejuízo do disposto no número anterior, a amortização de toda a dívida e o resgate das coisas dadas em penhor podem ser feitos antes do termo do contrato de mútuo garantido por penhor ou da sua renovação.

ART. 16.º (Mora) – 1 – Em caso de mora do mutuário é aplicada a taxa de juro supletiva legal para dívidas civis, salvo se esta for inferior à taxa de juro remuneratório vigente à data da celebração do contrato.

2 – Os juros de mora são calculados ao dia e incidirão apenas sobre o capital em dívida.

3 – Nos contratos de mútuo garantido por penhor não é permitida a capitalização de juros.

ART. 17.º (Condições de amortização do empréstimo) – 1 – O mútuo pode ser amortizado a qualquer tempo mediante o pagamento do capital e juros devidos.

2 – São permitidas amortizações parciais do empréstimo, a efectuar no momento da renovação do contrato, de valor não inferior a 10% do capital em dívida.

3 – Em caso de amortização parcial os juros vincendos incidem apenas sobre o capital em dívida.

4 – Os valores das amortizações parciais e os juros pagos são apensos ao contrato de penhor.

ART. 18.º (Resgate) – 1 – O resgate das coisas dadas em penhor depende do prévio pagamento do capital, juros e comissões legais devidas.

2 – O resgate referido no número anterior pode ficar condicionado ao pré-aviso de cinco dias úteis, devendo, nesse caso, ficar convencionado no respectivo contrato.

CAPÍTULO III — **Da venda**

ART. 19.º (Anúncios) – 1 – As vendas, quer por proposta em carta fechada, quer em leilão, são publicitadas mediante a afixação de editais na porta do estabelecimento do prestamista e a publicação de anúncio num dos jornais mais lidos da localidade, com a antecedência mínima de 10 dias em relação ao dia da venda e com a indicação do local, dia, hora e modalidade da mesma, bem como do local e data em que estarão expostas ou poderão ser examinadas as coisas dadas em penhor.

2 – Os anúncios devem conter a indicação de que são vendidas as coisas que garantam empréstimos e que à data tiverem juros vencidos e não pagos há mais de três meses.

ART. 20.º (Venda das coisas dadas em penhor) – 1 – Em caso de mora por período superior a três meses, pode a coisa dada em penhor ser vendida por meio de proposta em carta fechada, em leilão ou por venda directa a entidades que, por determinação legal, tenham direito a adquirir determinados bens.

2 – O valor base de licitação das coisas em venda não pode ser inferior ao valor da avaliação.

ART. 21.º (Venda por meio de proposta em carta fechada) – 1 – As propostas referidas no artigo anterior são numeradas e registadas num livro próprio e contêm a indicação do número do lote e a identificação completa do interessado, sob pena de ineficácia.

2 – Por cada proposta entregue o prestamista emite recibo comprovativo, donde conste a referência ao lote objecto de oferta.

ART. 22.º (Abertura das propostas e depósito do preço) – 1 – As propostas são abertas na data e hora designadas nos anúncios da venda, na presença de um representante do governo civil.

2 – As coisas dadas em penhor são adjudicadas ao interessado que tiver feito a maior oferta e ser-lhe-ão entregues após o pagamento do preço.

3 – Se o preço mais elevado for oferecido por mais de um proponente, será logo aberta licitação entre eles, sendo adjudicada ao que fizer maior oferta.

4 – Estando presente só um dos proponentes da maior oferta, ser-lhe-á adjudicada a coisa dada em penhor com o pagamento do preço.

ART. 23.º (Leilões) – 1 – A venda em leilão é efectuada no dia e hora designados nos anúncios da venda, na presença de representante do governo civil.

2 – As coisas dadas em penhor são adjudicadas ao interessado que tiver feito o maior lance e mediante o depósito do respectivo valor.

3 – A inexistência de qualquer proposta aquisitiva determina que as coisas em causa sejam relegadas para outra venda em leilão ou por meio de propostas em carta fechada.

ART. 24.º (Exposição dos objectos) – 1 – Na venda por proposta em carta fechada as coisas dadas em penhor são previamente expostas em montra ou em outro local adequado quando a natureza e dimensão das

ACTIVIDADE PRESTAMISTA   [DL n.º 365/99]   1065

mesmas o exija, durante um período mínimo de cinco dias úteis, referenciadas por lotes, com indicação da natureza, peso, valor base de licitação e outras características essenciais à aquisição.

2 – Deve ser facultado ao público o exame da coisa a leiloar durante as duas horas que antecedem o leilão.

3 – No caso de coisas de metal precioso, deve estar devidamente identificado o metal, bem como o respectivo toque.

ART. 25.º (Taxa de venda) – Sobre o preço de adjudicação incide uma taxa de 11% a título de comissão sobre a venda, a qual reverte a favor do prestamista.

ART. 26.º (Resgate na fase da venda) – Até ao momento da adjudicação de qualquer coisa dada em penhor, podem os mutuários resgatá-la mediante o pagamento imediato do capital e dos juros em dívida e da comissão a que se refere o artigo anterior, e que, neste caso, incide sobre o valor base de licitação.

ART. 27.º (Admissão à venda) – 1 – A venda é pública, podendo licitar todos os interessados, incluindo o prestamista.

2 – O prestamista que licitar na venda quaisquer coisas dadas em penhor fica sujeito a observar todas as condições da venda, excepto quanto ao depósito do preço, do qual fica isento.

ART. 28.º (Mapa resumo da venda) – 1 – Concluído qualquer processo de venda, o prestamista fica obrigado, no prazo de 30 dias subsequentes, a elaborar um mapa resumo da mesma, no qual constem, relativamente às coisas vendidas, os seguintes elementos:

a) Número do contrato;
b) Identificação do mutuário;
c) Descrição das coisas;
d) Valor da avaliação;
e) Montante inicial mutuado;
f) Montante em dívida à data da venda, com discriminação do capital, juros e taxa de venda;
g) Valor obtido na venda;
h) Valor dos remanescentes, se os houver;
i) Valor por cobrar, caso exista;
j) Identificação do adquirente.

2 – O mapa referido no número anterior é feito em duplicado, destinando-se um exemplar à Inspecção--Geral das Actividades Económicas e o outro ao prestamista, para que o possa exibir aos interessados.

ART. 29.º (Remanescentes) – 1 – Deduzidos os valores em dívida à data da venda ao produto obtido na mesma, o remanescente, se o houver, é entregue ao mutuário respectivo desde que o reclame no prazo de seis meses a contar daquela data.

2 – Quando o valor do remanescente seja superior a 5000$00, o prestamista fica obrigado, nos oito dias subsequentes à elaboração do mapa resumo da venda, a avisar o mutuário, por escrito, que poderá proceder ao seu levantamento até ao limite do prazo referido no número anterior, podendo o prestamista debitar as correspondentes despesas no respectivo contrato.

3 – O pagamento do remanescente dará lugar à entrega da cautela e de recibo assinado pelo mutuário.

4 – Os valores dos remanescentes não reclamados pelos mutuários no prazo mencionado no n.º 1 revertem para o Estado e para o mutuante em partes iguais.

5 – O disposto no número anterior não se aplica às associações de socorros mútuos.

ART. 30.º (Encerramento do processo de venda) – Decorrido que seja o prazo de seis meses a que alude o artigo anterior, o prestamista fica obrigado a encerrar o processo da venda, entregando, no prazo de oito dias, numa caixa do Tesouro a importância que eventualmente resultar dos remanescentes não reclamados após dedução do produto da soma dos valores não cobrados na venda.

ART. 31.º (Registos específicos da actividade) – 1 – Os prestamistas são obrigados a ter um registo de contratos de mútuo garantidos por penhor e outro de mapa da venda.

2 – Os modelos de registo a que se refere o número anterior são aprovados por portaria conjunta dos Ministros das Finanças e da Economia.

CAPÍTULO IV — **Dos seguros**

ART. 32.º (Obrigação específica de indemnizar) – 1 – Em caso de perda, extravio, furto, roubo ou incêndio das coisas dadas em penhor, fica o prestamista obrigado a indemnizar o mutuário.

2 – A indemnização referida no número anterior é a que resultar do valor da avaliação do objecto, deduzida do valor em dívida à data da ocorrência e acrescida de metade do valor da avaliação.

ART. 33.º (Seguro obrigatório) – 1 – A responsabilidade de indemnizar prevista no artigo anterior é obrigatoriamente transferida para uma companhia seguradora.

2 – O valor do seguro a que se refere o número anterior é no mínimo o que resultar da média das avaliações efectuadas no ano anterior.

1066   [DL n.º 365/99]   EMPRESAS PRESTADORAS DE SERVIÇOS

3 – O valor a que se refere o número anterior durante o 1.º ano de actividade é fixado por indicação do prestamista.

4 – Anualmente deve ser feita prova da renovação do seguro e do pagamento do respectivo prémio junto da Direcção-Geral do Comércio e da Concorrência.

5 – A entidade seguradora comunica à Direcção-Geral do Comércio e da Concorrência a rescisão do contrato de seguro.

CAPÍTULO V — Da cessação, encerramento e liquidação

ART. 34.º (Cessação da actividade) – 1 – Em caso de cessação da actividade por iniciativa do prestamista, deve este publicitar tal facto, através da publicação de anúncio e afixação de edital nos termos regulados no artigo 24.º do presente diploma, não podendo ser realizado o leilão de liquidação ou a venda por proposta em carta fechada com o mesmo fim antes de decorridos 30 dias sobre essa publicação.

2 – Sem prejuízo do disposto no número anterior, fica o prestamista obrigado a avisar por escrito todos os mutuários.

3 – O disposto nos números anteriores é igualmente aplicável no caso de caducidade do licenciamento.

4 – No caso previsto neste artigo, deve o prestamista comunicar o facto às entidades licenciadora e fiscalizadora.

CAPÍTULO VI — Fiscalização e sanções

ART. 35.º (Contra-ordenações) – 1 – Constitui contra-ordenação:

a) A violação do disposto no n.º 1 do artigo 2.º;

b) A violação do disposto no n.º 2 do artigo 6.º, no artigo 9.º e no n.º 4 do artigo 17.º;

c) A falta de pagamento do prémio de seguro a que se refere o artigo 33.º, quando determine a resolução do respectivo contrato;

d) A violação do disposto no artigo 10.º e no n.º 3 do artigo 14.º;

e) A venda por meio de proposta em carta fechada ou a realização de leilão em violação do disposto nos artigos 19.º a 24.º;

f) A violação do disposto no artigo 28.º e no n.º 2 do artigo 29.º;

g) A violação do disposto no artigo 31.º;

h) A violação do disposto no artigo 34.º;

i) A celebração de contrato de mútuo garantido por penhor com incapaz.

2 – As contra-ordenações previstas no número anterior são punidas com coimas:

a) De 250 000$00 a 750 000$00 ou de 2 000 000$00 a 6 000 000$00, consoante seja praticada por pessoa singular ou colectiva, no caso previsto na alínea *a)*;

b) De 200 000$00 a 600 000$00 ou de 1 000 000$00 a 4 600 000$00, consoante sejam praticadas por pessoa singular ou colectiva, nos casos previstos nas alíneas *c)*, *d)*, *e)*, *h)* e *i)*;

c) De 100 000$00 a 370 000$00 ou de 300 000$00 a 1 200 000$00, consoante sejam praticadas por pessoa singular ou colectiva, nos casos previstos nas alíneas *b)*, *f)* e *g)*.

3 – A tentativa e a negligência são puníveis.

ART. 36.º (Sanções acessórias) – 1 – No caso das contra-ordenações previstas no artigo anterior, em função da gravidade da infracção e da culpa do agente, podem, em simultâneo com a coima, ser aplicadas as seguintes sanções acessórias:

a) Perda de objectos pertencentes ao agente;

b) Interdição, até dois anos, do exercício da actividade;

c) Encerramento, até dois anos, do estabelecimento;

d) Suspensão, até dois anos, da licença.

2 – Pode ainda ser determinada a publicação de extracto da decisão condenatória em jornal de difusão nacional, regional ou local, consoante as circunstâncias da infracção, e a afixação daquele extracto no estabelecimento, pelo período de 30 dias, em lugar e por forma bem visível.

3 – As despesas resultantes da publicidade a que se refere o número anterior são suportadas pelo infractor.

ART. 37.º (Fiscalização) – Sem prejuízo dos poderes de fiscalização cometidos a outras entidades públicas, cabe em especial à Inspecção-Geral das Actividades Económicas a fiscalização da actividade de mútuo garantido por penhor.

ART. 38.º (Instrução dos processos e aplicação das coimas) – 1 – A instrução dos processos das contra-ordenações previstas no presente diploma compete à Inspecção-Geral das Actividades Económicas.

2 – Cabe à Comissão de Aplicação de Coimas em Matéria Económica a aplicação das coimas e respectivas sanções acessórias.

ART. 39.º (Produto das coimas) – O montante das coimas aplicadas pela prática das contra-ordenações previstas no presente diploma reverte em 60% para o Estado e em 40% para a Inspecção-Geral das Actividades Económicas.

AGÊNCIAS FUNERÁRIAS   [DL n.º 206/2001] 1067

CAPÍTULO VII — **Disposições finais e transitórias**

ART. 40.º (Regiões Autónomas) – Nas Regiões Autónomas dos Açores e da Madeira as competências conferidas no presente diploma à Direcção-Geral do Comércio e da Concorrência, à Inspecção-Geral das Actividades Económicas e à Comissão de Aplicação de Coimas em Matéria Económica são exercidas pelos serviços de administração regional autónoma que exerçam competências análogas.

ART. 41.º (Venda ao público de artefactos de metal precioso) – O disposto no presente diploma não prejudica a aplicação do disposto no Regulamento das Contrastarias, aprovado pelo Decreto-Lei n.º 391/79, de 20 de Setembro, e legislação complementar, às entidades que, para além da actividade mutuária, exponham e vendam ao público artefactos de metal precioso adquiridos nos termos previstos no n.º 2 do artigo 27.º.

ART. 42.º (Norma transitória) – As entidades actualmente licenciadas ao abrigo da legislação revogada nos termos do artigo seguinte devem, no prazo de 90 dias a contar da data da entrada em vigor deste diploma, requerer novo licenciamento nos termos previstos no presente diploma.

ART. 43.º (Norma revogatória) – São revogados o Decreto n.º 17 766, de 17 de Dezembro de 1929, o Decreto--Lei n.º 225/80, de 12 de Julho, o Decreto-Lei n.º 341/85, de 22 de Agosto, o Decreto-Lei n.º 29 640, de 30 de Maio de 1939, o Decreto-Lei n.º 32 428, de 24 de Novembro de 1942, a Portaria n.º 10 471, de 19 de Agosto de 1943, e o n.º 2 do artigo 31.º do Regulamento das Contrastarias, aprovado pelo Decreto-Lei n.º 391/79, de 20 de Setembro.

ART. 44.º (Entrada em vigor) – O presente diploma entra em vigor 60 dias após a sua publicação.

15.8. AGÊNCIAS FUNERÁRIAS

Decreto-Lei n.º 206/2001

de 27 de Julho (*)

CAPÍTULO I — **Disposições gerais**

ART. 1.º (Âmbito) – O exercício da actividade das agências funerárias fica sujeito ao regime estabelecido no presente diploma, sem prejuízo da aplicação das normas legais e regulamentares disciplinadoras de aspectos específicos desta actividade já actualmente em vigor, bem como das disposições gerais sobre remoção, transporte, inumação, exumação e trasladação de cadáveres, ossadas, cinzas, fetos mortos e peças anatómicas.

ART. 2.º *(Revogado.)*

ART. 3.º (Noção de agência funerária) – Considera-se agência funerária a empresa que tenha por actividade principal a definida no n.º 1 do artigo 4.º do presente diploma.

ART 4.º (Objecto da actividade) – 1 – A actividade das agências funerárias consiste na prestação de serviços relativos à organização e realização de funerais, transporte de cadáveres para exéquias fúnebres, inumação, cremação ou expatriamento e trasladação de restos mortais já inumados.

2 – As agências funerárias podem proceder à remoção de cadáveres, nos termos previstos no disposto no artigo 5.º do Decreto-Lei n.º 411/98, de 30 de Dezembro, na redacção introduzida pelo Decreto-Lei n.º 5/2000, de 29 de Janeiro.

3 – As agências funerárias podem ainda, em complemento da sua actividade principal, exercer as seguintes actividades:

a) Obtenção da documentação necessária à prestação dos serviços referidos no n.º 1 deste artigo;

b) Venda ao público de artigos funerários e religiosos;

c) Aluguer ou cedência a outras agências funerárias de veículos destinados à realização de funerais;

d) Ornamentação, armação e decoração de actos fúnebres.

4 – Para além das actividades definidas nos números anteriores, as agências funerárias podem apenas exercer outras actividades que por lei lhes venham a ser especificamente atribuídas.

ART. 5.º (Reserva de actividade) – O exercício das actividades mencionadas no n.º 1 do artigo anterior compete exclusivamente às agências funerárias.

_____

(*) Com as alterações introduzidas pelo **DL n.º 41/2005**, de 18-2, que deu nova redacção aos arts. 4.º, 6.º a 8.º, 10.º, 11.º, 13.º, 14.º e 16.º, e revogou o art. 2.º.

1068 [DL n.º 206/2001]   EMPRESAS PRESTADORAS DE SERVIÇOS

ART. 6.º (Requisitos para o exercício da actividade) – 1 – Para o exercício da actividade referida no n.º 1 do artigo 4.º, deve cada agência funerária:

a) Constituir-se sob qualquer das formas societárias legalmente permitidas;

b) Possuir pelo menos um estabelecimento comercial aberto ao público, dotado de instalações autónomas e exclusivamente afectas à actividade da agência;

c) Dispor de mostruário diversificado de artigos fúnebres, de modo a garantir ao cliente mais de uma alternativa de escolha;

d) Possuir, por cada estabelecimento aberto ao público, um veículo destinado à realização de funerais em bom estado de conservação e homologado pela Direcção-Geral de Viação;

e) Manter ao serviço um agente funerário com, pelo menos, três anos de experiência profissional na actividade, comprovada através de certificado de trabalho, emitido nos termos do n.º 1 do artigo 385.º do Código do Trabalho, enquanto responsável técnico pela agência.

2 – Não obsta ao cumprimento do disposto na alínea *d)* do número anterior o facto de a propriedade do veículo destinado à realização de funerais pertencer à sociedade na qual a agência ou os seus sócios sejam detentores de participações sociais, desde que se encontre assegurada a afectação de pelo menos um veículo dessa natureza a cada estabelecimento aberto ao público.

3 – Para prova do cumprimento do disposto na alínea *d)* do n.º 1, deverá ser exibido, sempre que solicitado pelos competentes serviços de fiscalização, o título de propriedade ou qualquer outro título que ateste a posse pela agência funerária do veículo destinado à realização de funerais.

4 – Para efeitos do disposto na alínea *e)* do n.º 1 o cargo de responsável técnico pela agência pode ser assumido por um seu administrador ou gerente.

O Ac. n.º 635/ 2006 do Trib. Const., de 21.11.2006 (*DR*, I, de 8.2.2007), declarou, com força obrigatória geral, a inconstitucionalidade da norma contida na alínea *a)* do n.º 1 do artigo 6.º do Decreto-Lei n.º 206/2001, de 27 de Julho, em conjugação com o disposto no artigo 5.º do mesmo diploma, enquanto exclui as associações mutualistas do exercício da actividade funerária aos seus associados.

ART. 7.º (Registo obrigatório) – Estão sujeitos a registo obrigatório os seguintes factos relativos às agências funerárias:

a) A abertura do estabelecimento comercial;

b) O encerramento do estabelecimento comercial;

c) A mudança de titular do estabelecimento comercial;

d) A mudança de nome ou de insígnia do estabelecimento comercial;

e) A mudança de responsável técnico pela agência.

ART. 8.º (Procedimento) – 1 – O registo deve ser efectuado mediante requerimento do interessado, apresentado através de impresso próprio, em duplicado, na Direcção-Geral da Empresa ou na direcção regional da economia da respectiva área, no prazo de 30 dias contados da data da ocorrência de qualquer dos factos previstos no artigo anterior.

2 – A direcção regional da economia onde o requerimento tenha sido apresentado deve remeter o original e o duplicado do impresso referido no número anterior à Direcção-Geral da Empresa no prazo de cinco dias após a recepção do mesmo.

3 – O duplicado do requerimento, depois de devidamente anotado, é devolvido ao interessado pela Direcção-Geral da Empresa no prazo de 30 dias a contar da data da respectiva recepção.

4 – O requerimento para registo pode também ser apresentado através de adequado formulário electrónico, nos termos da legislação aplicável.

ART. 9.º (Modelo do impresso) – O modelo do impresso do requerimento para o registo obrigatório é aprovado por portaria do Ministro da Economia.

O modelo de impresso a que este artigo se refere está fixado na Portaria n.º 1245/2001, de 27-10.

ART. 10.º (Período de funcionamento) – 1 – As agências funerárias estão sujeitas aos horários de funcionamento previstos na lei, devendo estar abertas ao público dentro dos períodos de funcionamento afixados.

2 – Não é permitido às agências funerárias proceder ao transporte de cadáveres entre as 0 e as 6 horas, devendo, em consequência, todo e qualquer transporte ser planeado de forma a respeitar este constrangimento.

3 – Sem prejuízo do disposto no número anterior, os transportes devidamente planeados para início e termo dentro do horário legalmente admitido podem, na medida do necessário e em face de circunstâncias excepcionais e imprevisíveis, prolongar-se para conclusão do serviço fúnebre.

4 – As agências funerárias podem disponibilizar um serviço de atendimento permanente para planificação e organização dos serviços fúnebres.

CAPÍTULO II — Do relacionamento das agências funerárias com os seus clientes

ART. 11.º (Deveres gerais) – No exercício da sua actividade, as agências funerárias devem, designadamente:

a) Dar aos clientes informações claras e precisas sobre preços e demais condições dos serviços prestados, designadamente quanto à existência e conteúdo do serviço de funeral social;

AGÊNCIAS FUNERÁRIAS   [DL n.º 206/2001]   1069

b) Indicar os preços de todos os serviços prestados, com a discriminação constante do n.º 1.º da Portaria n.º 378/98, de 2 de Julho, devendo essa indicação ser afixada no estabelecimento e ser facultada aos interessados, no respectivo domicílio ou noutro local, previamente à contratação da prestação do serviço, nos termos do n.º 3.º do mesmo diploma;

c) Apresentar o orçamento do preço total do serviço de funeral, discriminado por componentes;

d) Guardar sigilo relativamente a todas as condições dos serviços prestados, salvo instruções do cliente em contrário ou intimação judicial;

e) Abster-se de usar serviços de terceiros cuja idoneidade profissional não seja compatível com as características da actividade funerária;

f) Abster-se, por si ou através de terceiros, de contactar as famílias do falecido com o intuito de obter a encomenda da organização do funeral, sem que os seus serviços tenham sido previamente solicitados para o efeito.

ART. 12.º (Livro de reclamações) – 1 – As agências funerárias devem possuir, por estabelecimento, um livro de reclamações, devendo a sua existência ser divulgada de forma visível, designadamente no mostruário e na factura.

2 – O livro de reclamações deve ser imediatamente facultado ao cliente sempre que este o solicite.

3 – A reclamação deve ser feita em triplicado, destinando-se uma das cópias ao cliente e a outra cópia a ser remetida à Inspecção-Geral das Actividades Económicas pelo responsável da agência funerária.

4 – O cliente pode, querendo, remeter a cópia da sua reclamação à Inspecção-Geral das Actividades Económicas acompanhada, sempre que possível, dos meios de prova necessários à apreciação da mesma.

5 – O livro de reclamações é fornecido pela Direcção-Geral do Comércio e da Concorrência, sendo o respectivo modelo e preço e as condições de distribuição e utilização aprovados por portaria do Ministro da Economia.

ART. 13.º (Funeral social) – 1 – As agências funerárias devem dispor obrigatoriamente de um serviço básico de funeral social, a realizar no concelho onde ocorreu o óbito e está sediada a agência.

2 – O serviço básico de funeral social está sujeito a um preço máximo, cujo montante é fixado por portaria do ministro responsável pelos assuntos económicos.

3 – O preço máximo do serviço básico de funeral social incluirá:

a) Urna em madeira de pinho ou equivalente, com uma espessura mínima de 15 mm, ferragens, lençol, almofada e lenço;

b) Transporte fúnebre individual;

c) Serviços técnicos prestados pela agência.

A portaria a que se refere o n.º 2 é a Portaria n.º 1230/2001, de 25-10.

CAPÍTULO III — Das relações entre as agências funerárias e instituições ou empresas públicas ou privadas

ART. 14.º (Proibição de permanência em certos locais) – 1 – É vedado ao pessoal das agências funerárias, no exercício da sua actividade, a permanência em quaisquer dependências de estabelecimentos hospitalares, outros serviços médico-legais ou lares de idosos, salvo o disposto no número seguinte.

2 – Ao pessoal das agências funerárias, quando devidamente identificado, é permitido o acesso às casas mortuárias, aos serviços hospitalares e aos lares de idosos, para realização do funeral ou para obtenção da documentação referente ao óbito indispensável à sua realização, devendo exibir a sua identificação sempre que tal seja solicitado.

CAPÍTULO IV — Fiscalização e sanções

ART. 15.º (Fiscalização e instrução dos processos) – A fiscalização do cumprimento no disposto no presente diploma e a instrução dos respectivos processos de contra-ordenação são da competência da Inspecção-Geral das Actividades Económicas.

ART. 16.º (Contra-ordenações) – 1 – Constituem contra-ordenações puníveis com as seguintes coimas, quando cometidas por pessoa singular:

a) De € 2500 a € 3700, as infracções ao disposto no artigo 5.º, no n.º 1 do artigo 6.º e no artigo 7.º;

b) De € 1250 a € 2500, as infracções ao disposto nos n.ºs 1 e 2 do artigo 10.º, no artigo 11.º, no artigo 13.º e no n.º 1 do artigo 14.º;

c) De € 500 a € 1250, as infracções ao disposto nos n.ºs 1, 2 e 3 do artigo 12.º.

2 – Constituem contra-ordenações puníveis com as seguintes coimas, quando cometidas por pessoa colectiva:

a) De € 5000 a € 44 500, as infracções ao disposto no artigo 5.º, no n.º 1 do artigo 6.º e no artigo 7.º;

b) De € 2500 a € 25 000, as infracções ao disposto no n.º 2 do artigo 10.º, no artigo 11.º, no artigo 13.º e no n.º 1 do artigo 14.º;

c) De € 1000 a € 5000, a infracção ao disposto nos n.ºs 1 e 2 do artigo 12.º.

3 – A realização de serviços fúnebres com violação do disposto no Decreto-Lei n.º 248/83, de 9 de Junho, e dos acordos nele previstos constitui contra-ordenação punível com as seguintes coimas:

1070   [DL n.º 206/2001]   EMPRESAS PRESTADORAS DE SERVIÇOS

a) De € 1250 a € 2500, quando cometida por pessoa singular;
b) De € 2500 a € 25 000, quando cometida por pessoa colectiva.
4 – No caso da infracção ao n.º 1 do artigo 14.º, a responsabilidade contra-ordenacional recai quer sobre o seu autor directo quer sobre a respectiva agência funerária.
5 – A negligência é punível.
6 – A competência para aplicação das coimas cabe à Comissão de Aplicação de Coimas em Matéria Económica.

ART. 17.º (Destino das coimas) – O produto das coimas aplicadas no âmbito do presente diploma reverte em 60% para os cofres do Estado e em 40% para a Inspecção-Geral das Actividades Económicas.

CAPÍTULO V — **Disposições finais e transitórias**

ART. 18.º (Regime de transição) – As agências funerárias em funcionamento à data da entrada em vigor deste diploma dispõem do prazo de seis meses contado dessa data para dar cumprimento ao nele estabelecido, designadamente no que respeita ao preceituado nos seus artigos 6.º e 7.º.

ART. 19.º (Norma revogatória) – São revogados:
a) Os n.ᵒˢ 1 e 2 do artigo 1.º e o n.º 2 do artigo 2.º do Decreto-Lei n.º 47 838, de 9 de Agosto de 1967;
b) O n.º 1 do artigo 2.º do Decreto-Lei n.º 47 838, de 9 de Agosto de 1967, na redacção que lhe foi dada pelo Decreto-Lei n.º 248/83, de 9 de Junho;
c) O artigo 2.º do Decreto-Lei n.º 248/83, de 9 de Junho.

ART. 20.º (Entrada em vigor) – O presente diploma entra em vigor 30 dias após a sua publicação.

CAP. XVI

TRANSPORTES TERRESTRES

16.1. LEI DE BASES DO SISTEMA DE TRANSPORTES TERRESTRES

Lei n.º 10/90

de 17 de Março (*)

CAPÍTULO I — Disposições gerais

ART. 1.º (Conceito) – O sistema de transportes terrestres compreende as infra-estruturas e os factores produtivos afectos às deslocações por via terrestre de pessoas e de mercadorias no âmbito do território português ou que nele tenham término ou parte do percurso e rege-se pela presente lei, seus decretos-leis de desenvolvimento e regulamentos.

ART. 2.º (Objectivos e princípios gerais) – 1 – A organização e funcionamento do sistema de transportes terrestres tem por objectivos fundamentais assegurar a máxima contribuição para o desenvolvimento económico e promover o maior bem-estar da população, designadamente através:

a) Da adequação permanente da oferta dos serviços de transporte às necessidades dos utentes, sob os aspectos quantitativos e qualitativos;

b) Da progressiva redução dos custos sociais e económicos do transporte.

2 – O prosseguimento dos objectivos enunciados no n.º 1 deve obedecer aos seguintes princípios básicos orientadores:

a) É garantida aos utentes a liberdade de escolha do meio de transporte, incluindo e recurso ao transporte por conta própria;

b) É assegurada aos utentes, em paridade de condições, igualdade de tratamento no acesso e fruição dos serviços de transporte;

c) Salvas as restrições determinadas por reconhecido interesse público, as actividades das empresas, públicas ou privadas, produtoras de serviços de transporte desenvolver-se-ão em regime de ampla e sã concorrência, liberdade de estabelecimento, autonomia de gestão e justa rentabilidade dos investimentos efectuados;

d) Os poderes públicos assegurarão às empresas de transporte uma justa igualdade de tratamento, equiparando, quanto possível, as suas condições concorrenciais de base, sem prejuízo das suas diferenças estruturais e das exigências do interesse público;

e) Às empresas que explorem actividades de transporte que sejam qualificadas de serviço público poderão ser impostas obrigações específicas, relativas à qualidade, quantidade e preço das respectivas prestações, alheias à prossecução dos seus interesses comerciais;

f) Os entes públicos competentes para o ordenamento dos transportes qualificados de serviço público deverão compensar os encargos suportados pelas empresas em decorrência das obrigações específicas que a esse título lhes imponham;

g) Serão objecto de adequados planeamento e coordenação os investimentos públicos nas infra-estruturas, em ordem a assegurar a sua máxima rendibilidade social.

(*) Com a alteração introduzida pelo art. 13.º da **Lei n.º 3-B/2000**, de 4-4, no art. 15.º, e pelo **DL n.º 43/2008**, de 10-3, que revogou o art. 33.º.

1072 [Lei n.º 10/90]   TRANSPORTES TERRESTRES

3 – A organização e funcionamento do sistema de transportes deverão ter ainda em conta:
a) Os imperativos de defesa nacional e as necessidades de ordem estratégica;
b) As orientações das políticas de ordenamento do território e desenvolvimento regional, qualidade de vida e protecção do ambiente;
c) As necessidades dos demais sectores da actividade económica;
d) A economicidade do consumo de energia;
e) As necessidades de segurança da circulação e dos transportes.
4 – As obrigações de serviço público referidas nas alíneas *e)* e *f)* do n.º 2 compreendem a obrigação de explorar, a obrigação de transportar e a obrigação tarifária e só serão justificáveis nos termos e na medida necessários para garantir o funcionamento eficaz do sistema, de modo a adequar a oferta à procura existente e às necessidades da colectividade.

ART. 3.º (Definições e classificações básicas) – 1 – Para efeitos da presente lei, seus decretos-leis de desenvolvimento e regulamentos, são adoptadas as definições básicas constantes dos números seguintes.
2 – Designam-se por transportes públicos, ou por conta de outrem, os efectuados por empresas habilitadas a explorar a actividade de prestação de serviços de transportes, com ou sem carácter de regularidade, e destinados a satisfazer, mediante remuneração, as necessidades dos utentes, e por transportes particulares, ou por conta própria, os efectuados por pessoas singulares ou colectivas para viabilizar a satisfação das suas necessidades ou complementar o exercício da sua actividade específica ou principal.
3 – Quanto ao objecto da deslocação, distinguem-se os transportes de pessoas, ou de passageiros, dos de mercadorias, ou de carga, e dos mistos.
4 – Quanto ao âmbito espacial da deslocação, consideram-se:
a) Transportes internacionais, os que, implicando atravessamento de fronteiras, se desenvolvam parcialmente em território português;
b) Transportes internos, os que se desenvolvam exclusivamente em território nacional, dentro dos quais se consideram as seguintes subcategorias:
1) Transportes interurbanos, os que visam satisfazer as necessidades de deslocação entre diferentes municípios não integrados numa mesma região metropolitana de transportes;
2) Transportes regionais, os transportes interurbanos que se realizam no interior de uma dada região, designadamente de uma região autónoma;
3) Transportes locais, os que visam satisfazer as necessidades de deslocação dentro de um município ou de uma região metropolitana de transportes;
4) Transportes urbanos, os que visam satisfazer as necessidades de deslocação em meio urbano, como tal se entendendo o que é abrangido pelos limites de uma área de transportes urbanos ou pelos de uma área urbana de uma região metropolitana de transportes.
5 – Considera-se área de transportes urbanos a que tenha sido qualificada e delimitada como área de um centro urbano, ou de um conjunto de aglomerados populacionais geograficamente contíguos, no plano director municipal ou, quando este não exista ou não esteja devidamente aprovado, por deliberação da assembleia municipal respectiva, ratificada pelos Ministros do Planeamento e da Administração do Território e das Obras Públicas, Transportes e Comunicações.

ART. 4.º (Contabilidade do sector) – Com vista à instituição de uma contabilidade do sector, poderá ser imposta aos organismos e empresas que exerçam actividades relativas às infra-estruturas e à exploração de transportes integrados no sistema de transportes terrestres a elaboração de contas com obediência às normas a estabelecer para o efeito.

ART. 5.º (Harmonização fiscal) – 1 – Com o objectivo de eliminar as disparidades de tratamento que sejam de molde a falsear substancialmente as condições de concorrência dos diversos modos, tipos e empresas de transporte, incluindo o particular, será reformulado o regime tributário específico a que estão sujeitos, em obediência às seguintes directrizes:
a) Adoptar-se-á um sistema de contabilidade uniforme e permanente das despesas referentes a infra-estruturas de transportes ferroviários e rodoviários, como base para a tributação assente na imputação dos encargos com infra-estruturas;
b) As empresas que explorem transportes ferroviários utilizando a rede ferroviária nacional e os titulares de veículos de transporte rodoviário, público ou particular, ficarão sujeitos a um imposto pela utilização das respectivas infra-estruturas, em cuja base de cálculo se levarão em conta o desgaste daquelas que lhes seja imputável, bem como os custos externos associados a esses transportes suportados pela colectividade;
c) As receitas geradas pelo imposto referido na alínea anterior, bem como as demais receitas geradas pela utilização das infra-estruturas de transportes terrestres, serão, total ou parcialmente, afectas à cobertura dos encargos com a ampliação, modernização e conservação das suas redes.
2 – Para além do regime tributário específico previsto no número anterior, as empresas transportadoras apenas poderão ser sujeitas aos impostos que, em geral, onerem as dos restantes sectores económicos.

ART. 6.º (Financiamento dos transportes em meio urbano) – Nos termos a definir por lei podem ser lançados impostos e taxas visando garantir a manutenção e o desenvolvimento dos sistemas de transportes públicos

LEI DE BASES DO SISTEMA DE TRANSPORTES TERRESTRES   [Lei n.º 10/90]   1073

de passageiros, em áreas urbanas e metropolitanas, revertendo as respectivas verbas para as entidades responsáveis pelo seu funcionamento.

ART. 7.º (**Normas jurídicas aplicáveis**) – 1 – O planeamento, financiamento, gestão e controlo das infra-estruturas e da exploração do sistema de transportes terrestres regem-se pela presente lei e pelas demais normas legais e regulamentares aplicáveis, com salvaguarda das normas dos tratados e convenções internacionais vigentes na ordem interna portuguesa e das regras comunitárias aplicáveis.

2 – Às entidades públicas a quem forem atribuídos o ordenamento e controlo dos vários modos e tipos de transportes terrestre compete, nos termos legais e regulamentares:

a) Aprovar regulamentos sobre os respectivos serviços e operações;

b) Fiscalizar os serviços e operações para assegurar a sua efectividade, qualidade e legalidade;

c) Aplicar sanções pela violação da lei e dos regulamentos vigentes, a definir nos diplomas de execução da presente lei.

ART. 8.º (**Fiscalização dos transportes terrestres**) – 1 – A fiscalização do cumprimento das normas reguladoras dos transportes terrestres, bem como das actividades complementares e auxiliares dos transportes terrestres, será orientada e assegurada pelos serviços e organismos aos quais tal competência for atribuída pelos diplomas publicados em execução da presente lei.

2 – Os titulares e trabalhadores das empresas e actividades a que se refiram ou apliquem a presente lei e os diplomas que lhe derem execução, bem como quaisquer pessoas a quem os seus preceitos se aplicarem, são obrigados a facultar ao pessoal dos serviços e organismos referidos no número anterior, para efeitos de inspecção, o acesso aos seus veículos e instalações e o exame de quaisquer elementos da sua escrituração e documentação, desde que necessários para a fiscalização do cumprimento da legislação de transportes.

3 – A actividade fiscalizadora a que se referem os números anteriores será exercida por agentes que terão o estatuto de agentes da autoridade pública e poderão solicitar e obter o apoio necessário de quaisquer funcionários ou agentes de quaisquer serviços e organismos das administrações central, regional e local, especialmente das forças de segurança e fiscalização, de competência geral ou especializada.

ART. 9.º (**Medidas de emergência**) – O Governo e os órgãos de governo próprio das regiões autónomas poderão, no âmbito das respectivas competências, promover, garantir, requisitar, proibir, suspender ou limitar, total ou parcialmente, pelo período de tempo estritamente necessário, a realização de certos tipos de serviços de transporte objecto da presente lei quando o justifiquem graves motivos de ordem e saúde públicas, segurança da circulação, preservação do ambiente, abastecimento de energia ou outros interesses públicos.

CAPÍTULO II — **Transporte ferroviário**

ART. 10.º (**Infra-estruturas: rede ferroviária nacional**) – 1 – A rede ferroviária nacional, compreendendo as linhas e ramais de interesse público, que constituem bens do domínio público do Estado, será definida no Plano Ferroviário Nacional e abrangerá a rede principal e a rede complementar.

2 – A rede principal será composta:

a) Pelas linhas vocacionadas para a prestação de serviços de transportes de passageiros, nacionais e internacionais, de longo curso, grande velocidade e elevada qualidade;

b) Pelas linhas basicamente destinadas ao transporte de grandes volumes de tráfego de passageiros deslocando-se diariamente entre os locais de residência e os locais de trabalho.

3 – A rede ferroviária nacional será objecto de permanente actualização no âmbito da política geral de transportes, tendo em conta a procura actual e potencial do transporte ferroviário, o progresso técnico e os interesses públicos das regiões servidas, mediante:

a) A construção de novas linhas, troços de linha, ramais e variantes aos traçados existentes;

b) A modernização das linhas e ramais e demais instalações e equipamentos em serviço;

c) A desclassificação ou desactivação de linhas, troços de linha e ramais.

4 – A execução das medidas de actualização da rede ferroviária nacional referidas no número anterior basear-se-á em estudos técnicos, económicos, financeiros e de impacto ambiental adequados, que terão em conta a evolução previsível das necessidades de transporte de passageiros e de mercadorias e a forma de lhes dar satisfação, numa óptica multimodal, com um custo mínimo para a colectividade.

ART. 11.º (**Construção, conservação e vigilância de infra-estruturas**) – 1 – A construção de novas linhas, troços de linha, ramais e variantes a integrar na rede ferroviária nacional, bem como a conservação e vigilância das infra-estruturas existentes, poderão ser feitas pelo Estado ou por entidade, actuando por sua concessão ou delegação.

2 – A integração na rede ferroviária nacional de novas linhas, troços de linha, ramais e variantes far-se-á por decreto do Governo, sob proposta dos Ministros das Obras Públicas, Transportes e Comunicações e Finanças.

3 – O Estado compensará a entidade referida no n.º 1 pela totalidade dos encargos de construção, conservação e vigilância de infra-estruturas, de harmonia com as normas a aprovar pelo Governo.

1074 [Lei n.º 10/90] TRANSPORTES TERRESTRES

ART. 12.º (Desclassificação de linhas, troços de linha e ramais) – 1 – Serão desclassificados da rede ferroviária nacional as linhas, troços de linha e ramais relativamente aos quais se conclua, com base nos estudos referidos no n.º 4 do artigo 10.º, que:

a) Os tráfegos actuais e potenciais não atingem os valores mínimos social e economicamente justificativos da manutenção do serviço público ferroviário;

b) As necessidades de transporte público respectivas podem ser satisfeitas, em condições mais económicas para a colectividade, por outros meios;

c) A desclassificação da linha, troço de linha ou ramal, tida em conta a sua articulação com a rede ferroviária nacional, não inviabilizará soluções necessárias à continuidade ou adequação do serviço nesta prestado;

d) Não são comportáveis os eventuais investimentos necessários à modernização do serviço e à segurança da circulação.

2 – Competirá à concessionária da exploração ferroviária propor a desclassificação das linhas, troços de linha e ramais, justificando-a, nos termos do número anterior.

3 – Sobre a proposta da concessionária referida no número anterior serão ouvidos os órgãos autárquicos e os demais organismos públicos eventualmente interessados na linha, troço de linha ou ramal a desclassificar.

4 – Poderão as autarquias interessadas associar-se ou constituir empresas a fim de manterem em exploração as linhas, troços de linha ou ramais desclassificados da rede ferroviária nacional, devendo, para tal efeito, declarar essa intenção nos pareceres que emitam ao abrigo do número anterior.

5 – A desclassificação de linhas ou ramais será, em cada caso, declarada por resolução do Conselho de Ministros, sob proposta do Ministro das Obras Públicas, Transportes e Comunicações, ouvido o Conselho Superior de Obras Públicas e Transportes.

6 – A declaração de desclassificação implicará a cessação definitiva da exploração do serviço público de transporte ferroviário previsto no n.º 1 do artigo seguinte no prazo definido na resolução do Conselho de Ministros que a aprovar.

7 – A declaração de desclassificação definirá o destino a dar aos terrenos, imóveis e equipamentos da linha, troço de linha ou ramal desclassificados, bem como os prazos de eventual extinção dos condicionamentos, designadamente servidões, determinados pela sua existência, ou, no caso previsto no n.º 4, fixará as condições de utilização das infra-estruturas e equipamentos pela futura entidade exploradora.

ART. 13.º (Exploração do transporte ferroviário) – 1 – A organização e exploração dos transportes na rede ferroviária constitui um serviço público, a assegurar em regime de concessão ou delegação.

2 – Em casos perfeitamente delimitados, designadamente por motivos de interesse regional ou local, ou por razões de especificidade tecnológica, a exploração de linhas e ramais poderá ser subdelegada pela concessionária, mediante contrato, em outras empresas ou entidades, nos termos a definir em regulamento.

3 – A exploração das linhas, troços de linha e ramais que não se integrem na rede ferroviária nacional poderá ser exercida nos termos do n.º 4 do artigo anterior ou por outras empresas ou entidades que se proponham efectuá-la, com sujeição às regras a definir em regulamento.

4 – O regime de exploração do serviço público de transporte ferroviário obedecerá aos seguintes princípios:

a) As obrigações de serviço público impostas à concessionária deverão assemelhar-se às que impendam sobre as demais empresas transportadoras;

b) A exploração ferroviária deverá concentrar-se nos tipos de serviço que constituam a vocação económica do caminho de ferro e nos itinerários cujo tráfego real ou potencial justifique a sua utilização, sem prejuízo das exigências do serviço público de transporte;

c) Os preços a cobrar dos utentes deverão ter em conta os custos de produção da concessionária e a situação do mercado de transportes, sendo estabelecidos pela concessionária, com excepção daqueles que o Governo entenda dever fixar;

d) O Estado atribuirá indemnizações compensatórias à concessionária, na medida em que esta, por imposição do interessse público e justiça social, tenha de manter equipamentos ou prestar serviços em condições ou a preços incompatíveis com uma gestão comercial equilibrada ou suportar encargos anormais a que não estejam sujeitas as demais empresas transportadoras;

e) A fim de integrar a exploração ferroviária no sistema de transportes, será estimulado e facilitado pelos poderes públicos o estabelecimento de formas de coordenação técnica e funcional do transporte ferroviário com os outros modos de transporte.

CAPÍTULO III — **Transporte rodoviário**

ART. 14.º (Infra-estruturas: rede rodoviária) – 1 – A rede de estradas nacionais, que constituem bens do domínio público do Estado, é definida no Plano Rodoviário Nacional e inclui a rede fundamental – inte grada pelos itinerários principais – e a rede complementar – integrada pelos itinerários complementares e outras estradas.

2 – O Plano Rodoviário Nacional e as redes viárias regionais e municipais serão objecto de diplomas específicos.

3 – Os diplomas referidos no número anterior estabelecerão as normas disciplinadoras das categorias e características técnicas das estradas das redes nacional, regionais e municipais, as quais serão adaptadas à natureza e volume dos tráfegos previsíveis.

LEI DE BASES DO SISTEMA DE TRANSPORTES TERRESTRES   [**Lei n.º 10/90**]   1075

ART. 15.º (Construção, conservação e exploração de infra-estruturas) – 1 – A construção, conservação e exploração da rede de estradas nacionais competem à administração central, salvo a excepção referida no n.º 3.

2 – A construção, conservação e exploração das redes viárias regionais e municipais competem às regiões e aos municípios em que se situarem.

3 – A construção e exploração de auto-estradas e de grandes obras de arte, nomeadamente pontes e túneis, integradas na rede de estradas nacionais poderá ser objecto de concessão, atribuída a empresa constituída expressamente para esse fim.

4 – Para o efeito do disposto no número anterior o Governo definirá quais os lanços de auto-estrada ou as grandes obras de arte a incluir na concessão e bem assim os respectivos programas de construção.

5 – Em regra, deverão ser objecto de concessão os lanços de auto-estrada que correspondam a trajectos de longa distância, devendo ser excluídos os que, pela sua localização em áreas urbanas ou em acessos imediatos aos grandes centros urbanos, a portos ou a aeroportos, devam ser construídos pela administração central.

6 – As auto-estradas ou grandes obras de arte construídas por concessão serão exploradas em regime de portagem.

7 – O regime de concessão a que se refere o presente artigo pode aplicar-se também a outros troços de itinerários principais ou complementares da rede nacional de estradas.

8 – O regime de concessão da construção, conservação e exploração das auto-estradas ou grandes obras de arte constará de legislação especial.

ART. 16.º (Transportes particulares) – É livre o acesso à realização de transportes rodoviários por conta própria, sujeitos apenas a normas a definir em regulamento, quanto a:
a) Requisitos técnicos e de identificação dos veículos;
b) Meios de controlo do efectivo carácter particular dos transportes.

ART. 17.º (Transportes públicos) – 1 – Os transportes públicos rodoviários poderão ser explorados em regime de transporte regular ou ocasional.

2 – São transportes regulares os transportes públicos realizados segundo itinerários, paragens, frequências, horários e preços previamente definidos.

3 – São transportes ocasionais os transportes públicos realizados sem carácter de regularidade segundo itinerários, horários e preços livremente negociados ou estabelecidos caso por caso, e quer a capacidade global do veículo seja posta à disposição de um só utente, quer seja posta à disposição de uma pluralidade de utentes que o utilizem e remunerem por fracção da sua capacidade.

4 – Os veículos afectos à exploração dos transportes públicos estão sujeitos a licenciamento e deverão obedecer aos requisitos técnicos e de identificação.

ART. 18.º (Transportes rodoviários internacionais) – Os transportes rodoviários internacionais ficam sujeitos a legislação especial, bem como às convenções e normas internacionais que vinculam o Estado Português.

ART. 19.º (Acesso à profissão de transportador) – Terão acesso à profissão de transportador público rodoviário as empresas que:
a) Pertençam a pessoas singulares de nacionalidade portuguesa, ou a pessoas colectivas constituídas e reguladas segundo a lei portuguesa, ou pessoas que gozem de direito a igualdade de tratamento com os Portugueses, de acordo com convenções ou normas internacionais que vinculem o Estado Português;
b) Reúnam condições de idoneidade, de capacidade financeira e de capacidade profissional, a definir em regulamento;
c) Estejam inscritas no registo nacional de transportadores rodoviários, a criar para o efeito, e sejam possuidoras do respectivo título ou títulos.

ART. 20.º (Exploração de transportes regulares de passageiros urbanos e locais) – 1 – Os transportes regulares urbanos são um serviço público, explorado pelos municípios respectivos, através de empresas municipais, ou mediante contrato de concessão ou de prestação de serviços por eles outorgado, por empresas transportadoras devidamente habilitadas, nos termos do artigo anterior.

2 – Os transportes regulares locais são um serviço público explorado por empresas transportadoras devidamente habilitadas, nos termos do artigo anterior, mediante contrato de concessão ou de prestação de serviço celebrado com o respectivo município.

3 – O estabelecimento e exploração de transportes urbanos e locais deverão subordinar-se às regras gerais constantes de diploma a publicar, no qual poderão ser definidas as condições em que, sem prejuízo do disposto no artigo seguinte, dois municípios limítrofes poderão explorar, conceder ou contratar conjuntamente a exploração de transportes urbanos ou locais que se desenvolvam nas respectivas áreas e cuja exploração integrada considerem de interesse público.

4 – A regulamentação a que se refere o número anterior pode prever a exploração em regime de exclusivo ou a atribuição de preferências, mas deverá permitir a exploração, sujeita ou não ao regime de serviço público, e mediante autorização, de circuitos turísticos e outros serviços de transporte regular de passageiros qualitativamente diferenciados, em função quer de determinadas categorias de utilizadores, quer das características técnicas dos veículos ou da exploração dos serviços.

1076 [Lei n.º 10/90]   TRANSPORTES TERRESTRES

ART. 21.º (Exploração de transportes regulares de passageiros interurbanos) – 1 – Os transportes regulares interurbanos serão explorados por livre iniciativa e por conta e risco de empresas transportadoras devidamente habilitadas, nos termos a definir em regulamento, em regime de autorização para cada linha, outorgada pelo Governo ou, no tocante aos transportes regionais, pelos órgãos competentes das regiões autónomas.

2 – Sem prejuízo do disposto no número anterior, sempre que as autoridades competentes considerem haver necessidades da procura de transporte regular interurbano ou regional não satisfeitas através das linhas da iniciativa das empresas transportadoras, poderão pôr a concurso a concessão ou a exploração em regime de prestação de serviço das linhas que convenha estabelecer, qualificando-as de serviço público.

3 – A outorga das autorizações referidas no n.º 1 poderá ser recusada com fundamento na falta, originária ou superveniente, de requisitos de acesso à profissão pelas empresas requerentes, bem como se as condições constantes do respectivo programa de exploração forem susceptíveis de:

a) Perturbarem gravemente a organização do mercado de transportes regulares;

b) Afectarem a exploração dos transportes urbanos e locais na respectiva zona de influência;

c) Configurarem concorrência desleal a outras empresas transportadoras já em operação.

ART. 22.º (Exploração dos transportes ocasionais de passageiros) – 1 – Do regime de exploração de transportes ocasionais de passageiros constarão:

a) A distinção entre transportes em veículos ligeiros e em veículos pesados;

b) A possibilidade de afectação dos veículos de transporte ocasional a locais ou áreas geograficamente definidos.

2 – Competirá à administração central, quanto ao território do continente, e aos órgãos de governo próprio das regiões autónomas, quanto às respectivas regiões, a atribuição de licenças para veículos pesados destinados a transportes ocasionais de passageiros.

3 – Dentro dos condicionamentos a estabelecer pelo Governo, compete aos municípios a atribuição de licenças para veículos ligeiros destinados a transportes ocasionais de passageiros.

ART. 23.º (Transportes destinados a viagens turísticas colectivas) – 1 – Os transportes de passageiros regulares e ocasionais especificamente destinados à realização de viagens turísticas colectivas poderão ser objecto de normas a definir em regulamentação especial referentes a:

a) As condições de acesso à sua organização e realização, que incluirão a satisfação de requisitos de acesso à profissão fixados nos termos do artigo 19.º;

b) A sujeição dos veículos a eles destinados a licenciamento e a especiais requisitos técnicos e de identificação;

c) As condições específicas da sua exploração, por forma a assegurar a sua adstrição às específicas necessidades da actividade turística.

2 – Considera-se viagem turística colectiva um complexo de serviços, que não poderá circunscrever-se à mera prestação de transporte e que cubra uma totalidade convencionada de necessidades dos turistas que a ela adiram, mediante um preço global prévia e individualmente fixado.

ART. 24.º (Exploração dos transportes públicos de mercadorias) – 1 – O regime de exploração dos transportes públicos de mercadorias deverá salvaguardar a existência de concorrência e a segurança dos transportes, designadamente dos que se revistam de especial periculosidade.

2 – Para efeitos do disposto no número anterior, poderão ser estabelecidos condicionamentos geográficos ou limitações quantitativas de acesso ao mercado.

ART. 25.º (Tarifas e preços) – 1 – As tarifas dos transportes rodoviários regulares de passageiros que sejam explorados em regime de serviço público serão fixadas pelas respectivas autoridades concedentes.

2 – Os preços dos restantes transportes regulares serão fixados livremente pelas empresas transportadoras.

3 – Poderá o Governo, caso a necessidade de salvaguardar a organização do mercado de transportes o justifique, definir limites máximos e mínimos dentro dos quais deverá ser feita a fixação das tarifas e preços dos transportes rodoviários regulares de passageiros pelas entidades referidas nos números anteriores.

4 – As tarifas dos transportes ocasionais de passageiros em veículos ligeiros serão fixadas nos termos a regulamentar.

5 – Os preços dos restantes transportes ocasionais, de passageiros e de mercadorias, serão contratados entre as empresas transportadoras e os utentes.

6 – Os preços, as tarifas e as condições de transporte prefixados e em vigor a cada momento deverão ser publicados e adequadamente divulgados.

CAPÍTULO IV — Transportes nas regiões metropolitanas

ART. 26.º (Âmbito) – 1 – Os transportes por via terrestre e fluvial nas regiões metropolitanas de transportes ficam sujeitos ao regime especial do presente capítulo e em tudo o que não o contrarie às disposições legais e regulamentares genéricas em vigor.

2 – Cada região metropolitana de transportes compreenderá uma área geográfica constituída pelo centro urbano principal, no qual se verificam intensas relações de transporte de pessoas entre os locais de residência e os diferentes locais da actividade económica, administrativa e cultural, e pelas zonas circunvizinhas, onde podem existir também aglomerados urbanos secundários, que com o centro urbano principal mantêm relações intensas de transporte, nomeadamente de passageiros em deslocação pendular diária entre os locais de residência e de trabalho.

LEI DE BASES DO SISTEMA DE TRANSPORTES TERRESTRES   [**Lei n.º 10/90**]   1077

3 – Para efeitos da presente lei, são regiões metropolitanas de transportes as de Lisboa e do Porto, cujos limites serão definidos por decreto dos Ministros do Planeamento e da Administração do Território e das Obras Públicas, Transportes e Comunicações.

ART. 27.º (Ordenamento e exploração dos transportes nas regiões metropolitanas) – 1 – Com vista a regular as bases de funcionamento do sistema de transportes em cada região metropolitana, será estabelecido um plano de transportes, devidamente articulado com os planos de urbanização e de ordenamento do território.

2 – O plano de transportes referido no número anterior definirá os investimentos e as medidas legais, regulamentares e administrativas reputadas necessárias para gerir o sistema de transportes, pela coordenação entre os diferentes modos e respectivas entidades exploradoras, tendo em vista:

a) Promover o desenvolvimento do sistema de transportes da respectiva região, por forma a satisfazer as necessidades de transporte existentes e previsíveis, segundo os diferentes segmentos da procura;

b) Proporcionar as condições para uma movimentação fluida e aos menores custos económico-sociais das pessoas e bens através dos aglomerados urbanos e das vias que estabelecem ligações entre eles;

c) Tornar mínimo o custo resultante para a colectividade do funcionamento do sistema;

d) Contribuir para a estruturação adequada da ocupação do espaço através de uma implantação diferenciada de infra-estruturas e serviços de transporte.

3 – O plano de transportes da região metropolitana abrangerá não só os meios de transporte público de superfície (ferroviário, rodoviário e fluvial) e subterrâneo (metropolitano), como também as condições de circulação e estacionamento dos veículos privados.

4 – Dentro de cada região metropolitana os transportes públicos regulares de passageiros serão organizados com base na coordenação e complementaridade dos diferentes meios.

5 – Em relação aos veículos de transporte de mercadorias e aos de transporte particular de passageiros, os planos de transportes deverão definir as condições de circulação e estacionamento, por forma que, sem prejuízo da função que devem desempenhar, sejam salvaguardadas a rapidez e a comodidade do transporte público de passageiros.

6 – Sem prejuízo da sua competência própria em matéria de ordenamento do trânsito no interior dos aglomerados urbanos, os municípios deverão promover as adaptações necessárias para implementar os planos de transportes.

7 – Os transportes públicos regulares de passageiros nas regiões metropolitanas de transportes são um serviço público e serão explorados por empresas que reúnam os requisitos de acesso à profissão definidos nos termos do artigo 19.º, em regime de concessão ou de prestação de serviços, podendo os que se desenvolvam nas áreas urbanas secundárias ser explorados pelos respectivos municípios, através de empresas municipais.

8 – A exploração de circuitos turísticos e outros transportes públicos regulares de passageiros, qualitativamente diferenciados, em função quer de determinadas categorias de utilizadores, quer das características técnicas dos veículos ou da exploração dos serviços, que poderão ser qualificados ou não como serviço público, poderá ser atribuída, mediante autorização, a empresas que reúnam os requisitos de acesso à profissão definidos nos termos do artigo 19.º.

9 – O plano de transportes deverá prever o plano geral de financiamento dos investimentos nele previstos, compreendendo as fontes de financiamento, os montantes de despesas estimados e as entidades responsáveis pela obtenção e afectação dos recursos.

ART. 28.º (Comissão metropolitana de transportes) – 1 – O Governo instituirá em cada região metropolitana de transportes um organismo público dotado de personalidade jurídica e de autonomia administrativa e financeira, denominado comissão metropolitana de transportes, que terá por atribuições fundamentais:

a) Promover a elaboração e a actualização permanente do plano de transportes da região, assegurando a sua fiscalização;

b) Coordenar a execução dos investimentos e das medidas previstas no plano, compatibilizando as actuações dos organismos públicos e das empresas transportadoras envolvidos e adoptando as medidas que em cada momento se revelem necessárias ou convenientes para aquele fim;

c) Realizar os investimentos que, a título excepcional, lhe venham a ser atribuídos nos termos do plano;

d) Arrecadar e gerir as receitas que lhe forem anualmente atribuídas;

e) Conceder, autorizar ou contratar a exploração de transportes regulares na região, nos termos dos n.ᵒˢ 7 e 8 do artigo anterior;

f) Desempenhar outras funções que lhe venham a ser atribuídas com vista à boa execução do plano de transportes.

2 – Cada comissão metropolitana de transportes terá como órgãos o conselho geral e o conselho executivo.

3 – Nos conselhos gerais das comissões metropolitanas de transportes terão obrigatoriamente assento:

a) Representantes dos organismos da administração central competentes nos domínios dos transportes, das respectivas infra-estruturas, do planeamento regional e do ordenamento do território;

b) Representantes das autarquias locais abrangidas;

c) Representantes das empresas transportadoras;

d) Representantes sindicais;

e) Representantes dos utentes.

1078   [Lei n.º 10/90]   TRANSPORTES TERRESTRES

4 – Os membros dos conselhos executivos serão designados pelo Governo, sendo pelo menos um dos seus elementos representante das autarquias integrantes do conselho geral.

5 – A composição, a organização, o modo de funcionamento e os meios de actuação das comissões metropolitanas de transportes e dos seus órgãos serão definidos em decreto-lei.

6 – As atribuições e competências das comissões metropolitanas de transportes poderão ser transferidas para entes públicos mistos que venham a ser constituídos com a participação de organismos da administração central e de municípios da respectiva região metropolitana de transportes.

CAPÍTULO V — **Coordenação técnica**

ART. 29.º (Coordenação técnica) – As administrações central e local e as empresas transportadoras deverão, no âmbito das suas competências, promover a coordenação técnica dos transportes terrestres e destes com os não terrestres, designadamente através:

a) Da localização dos terminais e pontos de paragem dos transportes públicos e dos estacionamentos dos veículos, de modo a proporcionarem a maior eficácia, rapidez, segurança e comodidade dos enlaces e correspondências entre deslocações e meios e modos de transporte;

b) Da concepção e construção de centros de coordenação e de abrigos de passageiros que estabeleçam adequada localização e serviço dos terminais e paragens dos transportes públicos;

c) Da complementaridade técnica dos veículos e demais equipamentos afectos à exploração dos serviços de transporte;

d) Da adequada ponderação da função de transportes no planeamento da implantação de áreas ou projectos industriais, designadamente de empresas públicas ou participadas pelo Estado e outros entes públicos ou que sejam apoiados pelo Estado.

CAPÍTULO VI — **Outros meios de transporte e actividades**

ART. 30.º (Outros meios de transporte) – Os transportes terrestres com características técnicas especiais, designadamente por metropolitano, carro eléctrico, troleicarro, elevador, ascensor, tapete rolante, teleférico e conduta, bem como os transportes fluviais e ainda os que resultem da introdução de novas tecnologias, regular-se-ão, no que couber, pelos preceitos dos capítulos I, IV e V da presente lei, seus decretos-leis de desenvolvimento e normas regulamentares, bem como pelas normas que especificamente os regularem, podendo também ser submetidos, por analogia técnica, funcional ou económica, às disposições dos capítulos II ou III desta lei, seus decretos-leis de desenvolvimento e disposições regulamentares.

ART. 31.º (Actividades auxiliares e complementares dos transportes) – 1 – Serão objecto de regulamentações especiais, tendo em vista assegurar a eficácia da sua coordenação com as actividades transportadoras e a harmonização, a organização e o funcionamento eficaz dos respectivos mercados, as actividades de:

a) Agente de transportes;

b) Empresas transitárias;

c) Aluguer de veículos automóveis de passageiros e de carga sem condutor;

d) Grupagem de cargas;

e) Recepção, armazenagem e distribuição de mercadorias.

2 – Em matéria de acesso às respectivas profissões, as actividades referidas no número anterior ficarão sujeitas aos princípios constantes do artigo 19.º

ART. 32.º (Regulamentação e entrada em vigor) – 1 – No prazo de dois anos a contar da publicação da presente lei serão aprovados e publicados os diplomas legais e regulamentares necessários para sua execução, que deverão prever adequados regimes de transição, designadamente resguardando os direitos e interesses criados na vigência da legislação anterior.

2 – A publicação dos diplomas referidos no número anterior condicionará a entrada em vigor das respectivas disposições da presente lei.

ART. 33.º (Receitas) – (*Revogado.*)

CAPÍTULO VII — **Disposições transitórias**

ART. 34.º (Legislação revogada) – 1 – Fica revogada a Lei n.º 2008, de 7 de Setembro de 1945.

2 – Os diplomas legais e regulamentares publicados no quadro legislativo da Lei n.º 2008 mantêm-se em vigor até à sua substituição pelos diplomas a publicar em execução da presente lei.

ART. 35.º (Regulamentação da lei relativamente às regiões autónomas) – A regulamentação prevista nesta lei terá em conta as situações específicas já existentes nas regiões autónomas.

TRANSPORTE RODOVIÁRIO INTERNO DE MERCADORIAS [DL n.º 239/2003] 1079

16.2. TRANSPORTE RODOVIÁRIO INTERNO DE MERCADORIAS

Decreto-Lei n.º 239/2003

de 4 de Outubro (*)

CAPÍTULO I — Disposições gerais

ART. 1.º (Objecto) – O presente diploma estabelece o regime jurídico do contrato de transporte rodoviário nacional de mercadorias.

ART. 2.º (Noção e âmbito) – 1 – O contrato de transporte rodoviário nacional de mercadorias é o celebrado entre transportador e expedidor nos termos do qual o primeiro se obriga a deslocar mercadorias, por meio de veículos rodoviários, entre locais situados no território nacional e a entregá-las ao destinatário.

2 – Para efeitos do número anterior, transportador é a empresa regularmente constituída para o transporte público ou por conta de outrem de mercadorias e expedidor é o proprietário, possuidor ou mero detentor das mercadorias.

3 – Quando, ao abrigo de um único contrato, as mercadorias sejam transportadas em parte por meio rodoviário e em parte por meio aéreo, ferroviário, marítimo ou fluvial, aplica-se à parte rodoviária o regime jurídico constante deste diploma.

4 – Não estão abrangidos pelo disposto no presente diploma os contratos de transporte de envios postais a efectuar no âmbito dos serviços postais e os transportes de mercadorias sem valor comercial.

CAPÍTULO II — Do contrato de transporte

ART. 3.º (Guia de transporte) – 1 – A guia de transporte faz prova da celebração, termos e condições do contrato.

2 – A falta, irregularidade ou perda da guia não prejudicam a existência nem a validade do contrato de transporte.

3 – Quando a mercadoria a transportar for carregada em mais de um veículo ou se trate de diversas espécies de mercadorias ou de lotes distintos, o expedidor ou o transportador podem exigir que sejam preenchidas tantas guias quantos os veículos a utilizar ou quantas as espécies ou lotes de mercadorias.

4 – Presume-se que o transportador actua em nome do expedidor quando, a pedido deste, inscrever na guia de transporte indicações da responsabilidade do expedidor.

ART. 4.º (Conteúdo da guia de transporte) – 1 – A guia de transporte deve ser emitida em triplicado, assinada pelo expedidor e pelo transportador ou aceite por forma escrita, por meio de carta, telegrama, telefax ou outros meios informáticos equivalentes, e conter os seguintes elementos:

a) Lugar e data em que é preenchida;

b) Nome e endereço do transportador, do expedidor e do destinatário;

c) Lugar e data do carregamento da mercadoria e local previsto para a entrega;

d) Denominação corrente da mercadoria e tipo de embalagem e, quando se trate de mercadorias perigosas ou de outras que careçam de precauções especiais, a sua denominação nos termos da legislação especial aplicável;

e) Peso bruto da mercadoria, número de volumes ou quantidade expressa de outro modo.

2 Quando for caso disso, a guia deve conter também as seguintes indicações:

a) Prazo para a realização do transporte;

b) Declaração de valor da mercadoria;

c) Declaração de interesse especial na entrega;

d) Entrega mediante reembolso.

3 – As partes podem ainda inscrever na guia de transporte outras menções, nomeadamente o preço e outras despesas relativas ao transporte, lista de documentos entregues ao transportador e instruções do expedidor ou do destinatário.

ART. 4.º-A (Remuneração do contrato de transporte) – 1 – O preço do transporte é calculado com base, pelo menos, nos seguintes factores:

a) Prestação a realizar pelo transportador;

b) Tempo em que os veículos, os serviços e a mão-de-obra estão à disposição da operação de carga e descarga;

c) Tempo necessário para a realização do transporte, em condições compatíveis com as regras aplicáveis em termos de segurança;

d) Preço de referência do combustível e tipo de combustível necessário à realização da operação de transporte.

(*) Com a alteração introduzida pelo **DL n.º 145/2008**, de 28-7, que aditou o art. 4.º-A.

1080 [DL n.º 239/2003] TRANSPORTES TERRESTRES

2 – Caso o contrato de transporte revista a forma escrita, este deve mencionar expressamente o preço de referência do combustível e o tipo de combustível utilizado para estabelecer o preço final do transporte.

3 – Na ausência de contrato escrito, o preço de referência do combustível é determinado com referência ao preço médio de venda do combustível ao público divulgado no sítio da Direcção-Geral de Energia e Geologia dos dias imediatamente anteriores à celebração do contrato e à realização de cada operação de transporte.

4 – Na ausência de contrato escrito, a guia de transporte menciona expressamente o preço de referência do combustível, nos termos do número anterior, bem como a factura menciona expressamente o custo efectivo que o combustível representou na operação de transporte.

5 – O preço do transporte é revisto sempre que se verifique uma alteração de amplitude superior a 5% entre, consoante o caso:

a) O preço de referência do combustível do dia imediatamente anterior à celebração do contrato de transporte e a média dos preços de referência do combustível no período compreendido entre o dia imediatamente anterior à celebração do contrato e o dia imediatamente anterior à realização da operação de transporte, caso o objecto do contrato respeite a uma única operação de transporte;

b) O preço de referência do combustível do dia imediatamente anterior a cada operação de transporte e a média dos preços de referência do combustível no período compreendido entre o dia imediatamente anterior a cada operação de transporte e o dia imediatamente anterior à operação de transporte antecedente que tenha originado uma actualização do preço do transporte ou, caso não tenha ocorrido qualquer actualização ou se trate da primeira operação de transporte, o dia imediatamente anterior à celebração do contrato, caso o objecto do contrato respeite a várias operações de transporte.

6 – O disposto nos n.ºs 2, 3, 4 e 5 tem carácter imperativo, quer para o transportador quer para o expedidor, não podendo ser afastado por via contratual.

7 – O pagamento do serviço de transporte pelo expedidor deve ser realizado no prazo máximo de 30 dias, salvo se prazo superior não resultar de disposição contratual, após a apresentação da respectiva factura pelo transportador.

8 – O incumprimento do disposto nos n.ºs 2, 3, 4, 5 e 7 constitui contra-ordenação punível com uma coima de € 1250 a € 3740 e de € 5000 a € 15 000, consoante se trate de pessoa singular ou colectiva.

9 – Ao procedimento contra-ordenacional previsto no número anterior aplicam-se as disposições constantes do capítulo IV do Decreto-Lei n.º 257/2007, de 16 de Julho, sendo competente para o processamento das contra-ordenações o Instituto da Mobilidade e dos Transportes Terrestres, I. P., e para aplicação das coimas o presidente do respectivo conselho directivo.

ART. 5.º (Direitos do expedidor) – 1 – O expedidor pode exigir que o transportador verifique o peso bruto da mercadoria ou a sua quantidade expressa de outro modo, bem como o número ou o conteúdo dos volumes, devendo mencionar na guia de transporte o resultado da verificação.

2 – Salvo convenção em contrário, o expedidor pode, durante a execução do contrato, fazer suspender o transporte, modificar o lugar previsto para a entrega da mercadoria ou designar destinatário diferente do indicado na guia de transporte, sem prejuízo do disposto no n.º 2 do artigo 16.º.

3 – As instruções dadas ao transportador nos termos do número anterior devem ser inscritas na guia de transporte.

4 – O expedidor pode designar-se a si próprio como destinatário.

ART. 6.º (Declaração de valor da mercadoria) – O expedidor pode, mediante o pagamento de um suplemento de preço a convencionar, declarar na guia de transporte o valor da mercadoria, o qual, no caso de exceder o limite do valor estabelecido no n.º 1 do artigo 20.º, substitui esse limite.

ART. 7.º (Interesse especial na entrega) – O expedidor pode, mediante o pagamento de um suplemento de preço a convencionar, declarar na guia de transporte o valor do interesse especial na entrega da mercadoria, para o caso de perda, avaria ou incumprimento do prazo convencionado.

ART. 8.º (Entrega mediante reembolso) – Sempre que da guia de transporte conste a cláusula de entrega mediante reembolso e a mercadoria seja entregue ao destinatário sem cobrança, o transportador fica obrigado a indemnizar o expedidor até esse valor, sem prejuízo do direito de regresso.

ART. 9.º (Reservas do transportador) – 1 – O transportador pode formular reservas se, no momento da recepção da mercadoria, constatar que esta ou a embalagem apresentam defeito aparente, bem como quando não tiver meios razoáveis de verificar a exactidão das indicações constantes da guia de transporte.

2 – As reservas do transportador são descritas na guia de transporte e carecem de aceitação expressa do expedidor.

3 – Na falta de reservas, presume-se que a mercadoria e ou a embalagem estavam em bom estado aparente no momento em que o transportador as recebeu e que as indicações da guia de transporte eram exactas.

4 – As reservas do transportador podem ser objecto de tipificação e assumir a forma de reservas codificadas nos termos a definir por portaria do membro do Governo responsável pela área dos transportes.

TRANSPORTE RODOVIÁRIO INTERNO DE MERCADORIAS   [**DL n.º 239/2003**]   1081

ART. 10.º (Transporte subsequente ou subcontratação) – Sempre que o transportador cumpra o contrato de transporte por meio de terceiros mantém para com o expedidor a sua originária qualidade e assume para com o terceiro a qualidade de expedidor.

ART. 11.º (Transporte sucessivo) – 1 – Se ao abrigo de um único contrato o transporte for executado por transportadores rodoviários sucessivos, o contrato produz efeitos relativamente ao segundo e a cada um dos seguintes transportadores a partir do momento da aceitação da mercadoria e da guia de transporte.

2 – O transportador que aceitar a mercadoria do transportador precedente deve entregar recibo datado e assinado, indicar o seu nome e morada na guia de transporte e, se entender necessário, formular reservas.

ART. 12.º (Aceitação da mercadoria pelo destinatário) – 1 – O cumprimento da prestação do transportador ocorre com a entrega da mercadoria ao destinatário.

2 – Em caso de vício aparente da mercadoria ou defeito da embalagem, o destinatário deve, no momento da aceitação, formular reservas que indiquem a natureza da perda ou avaria.

3 – Em caso de vício não aparente, o destinatário dispõe de oito dias a contar da data da aceitação da mercadoria para formular reservas escritas devidamente fundamentadas e para as comunicar ao transportador.

4 – Se o destinatário receber a mercadoria sem verificar o seu estado contraditoriamente com o transportador, ou sem formular as reservas a que se referem os números anteriores, presume-se, salvo prova em contrário, que as mercadorias se encontravam em boas condições.

5 – Para efeitos de verificação da mercadoria, o transportador e o destinatário devem conceder reciprocamente as facilidades consideradas razoáveis.

ART. 13.º (Impossibilidade de cumprimento do contrato) – 1 – No caso de impossibilidade de cumprimento do contrato de transporte nas condições acordadas, o transportador deve pedir instruções ao expedidor ou, se tal estiver convencionado, ao destinatário.

2 – Caso o transportador não possa obter em tempo útil as instruções a que se refere o número anterior e não seja possível a devolução das mercadorias ao expedidor, deve tomar as medidas mais adequadas à sua conservação.

3 – Tratando-se de mercadorias perecíveis, o transportador pode vendê-las, devendo o produto da venda ser posto à disposição do expedidor, sem prejuízo do número seguinte.

4 – O transportador tem direito ao reembolso das despesas causadas pelo pedido de instruções ou pela sua execução, bem como das ocasionadas pela devolução, pelas medidas de conservação ou venda das mercadorias, a não ser que estas despesas sejam consequência de falta do transportador.

5 – Presume-se que não é possível a devolução da mercadoria ao expedidor quando o tempo necessário para o efeito puder provocar uma depreciação na mercadoria de, pelo menos, 30% do respectivo valor, se este estiver determinado, ou do valor calculado nos termos do artigo 23.º.

ART. 14.º (Direito de retenção) – 1 – O transportador goza do direito de retenção sobre as mercadorias transportadas como garantia de pagamento de créditos vencidos de que seja titular relativamente a serviços de transporte prestados.

2 – Sempre que exercer o direito de retenção, o transportador deve notificar o destinatário e o expedidor, se um e outro forem pessoas diversas, dentro dos três dias imediatos à data prevista para a entrega da mercadoria.

3 – No exercício do direito de retenção, o transportador deve propor a competente acção judicial dentro dos 20 dias subsequentes à notificação referida no número anterior.

4 – As despesas com a conservação das mercadorias, efectuadas no exercício do direito de retenção, ficam a cargo do devedor.

ART. 15.º (Privilégio creditório do transportador) – 1 – O transportador goza de privilégio pelos créditos resultantes do contrato de transporte sobre as mercadorias transportadas.

2 – Este privilégio cessa com a entrega das mercadorias ao destinatário.

3 – Sendo muitos os transportadores, o último exercerá o direito por todos os outros.

CAPÍTULO III — Da responsabilidade

ART. 16.º (Responsabilidade do expedidor) – 1 – O expedidor responde por todas as despesas e prejuízos resultantes da inexactidão ou insuficiência das indicações contidas na guia de transporte relativas às mercadorias e ao destinatário, bem como pelas despesas de verificação da mercadoria.

2 – As despesas e prejuízos causados pelas alterações ao contrato feitas nos termos do disposto no n.º 2 do artigo 5.º são da responsabilidade do expedidor.

3 – O expedidor responde pelos danos causados por defeito da mercadoria ou da embalagem, salvo se o transportador, sendo o defeito aparente ou dele tendo tido conhecimento no momento em que recebeu a mercadoria, não tiver formulado as devidas reservas.

1082 [DL n.º 239/2003] TRANSPORTES TERRESTRES

4 – Quando o contrato tiver por objecto o transporte de mercadorias perigosas, ou outras que careçam de precauções especiais nos termos de legislação especial aplicável, o expedidor deve assinalar com exactidão a sua natureza, sendo responsável por todas as despesas e prejuízos, em caso de omissão.

ART. 17.º (Responsabilidade do transportador) – 1 – O transportador é responsável pela perda total ou parcial das mercadorias ou pela avaria que se produzir entre o momento do carregamento e o da entrega, assim como pela demora na entrega.

2 – O transportador responde, como se fossem cometidos por ele próprio, pelos actos e omissões dos seus empregados, agentes, representantes ou outras pessoas a quem recorra para a execução do contrato.

ART. 18.º (Causas de exclusão da responsabilidade do transportador) – 1 – A responsabilidade do transportador fica excluída se a perda, avaria ou demora se dever à natureza ou vício próprio da mercadoria, a culpa do expedidor ou do destinatário, a caso fortuito ou de força maior.

2 – A responsabilidade do transportador fica ainda excluída quando a perda ou avaria resultar dos riscos inerentes a qualquer dos seguintes factos:

a) Falta ou defeito da embalagem relativamente às mercadorias que, pela sua natureza, estão sujeitas a perdas ou avarias quando não estão devidamente embaladas;

b) Manutenção, carga, arrumação ou descarga da mercadoria pelo expedidor ou pelo destinatário ou por pessoas que actuem por conta destes;

c) Insuficiência ou imperfeição das marcas ou dos símbolos dos volumes.

3 – O transportador não pode invocar defeitos do veículo que utiliza no transporte para excluir a sua responsabilidade.

ART. 19.º (Demora na entrega) – 1 – Há demora na entrega quando a mercadoria não for entregue ao destinatário no prazo convencionado ou, não havendo prazo, nos sete dias seguintes à aceitação da mercadoria pelo transportador.

2 – Quando a mercadoria não for entregue nos sete dias seguintes ao termo do prazo convencionado ou, não havendo prazo, nos 15 dias seguintes à aceitação da mercadoria pelo transportador, considera-se que há perda total.

ART. 20.º (Limitação da responsabilidade) – 1 – Sem prejuízo do disposto nos artigos 6.º a 8.º, o valor da indemnização devida por perda ou avaria não pode ultrapassar € 10 por quilograma de peso bruto de mercadoria em falta.

2 – A indemnização por demora na entrega não pode ser superior ao preço do transporte e só é devida quando o interessado demonstrar que dela resultou prejuízo, salvo quando exista declaração de interesse especial na entrega, caso em que pode ainda ser exigida indemnização por lucros cessantes de que seja apresentada prova.

ART. 21.º (Responsabilidade do transportador em caso de dolo) – Sempre que a perda, avaria ou demora resultem de actuação dolosa do transportador, este não pode prevalecer-se das disposições que excluem ou limitam a sua responsabilidade.

ART. 22.º (Responsabilidade solidária dos transportadores sucessivos) – 1 – No transporte sucessivo, verificando-se a ocorrência de danos e não podendo determinar-se o transportador responsável por aqueles, todos os transportadores são solidariamente responsáveis pelas indemnizações que sejam devidas.

2 – Na situação prevista no número anterior e em caso de insolvência de um ou mais transportadores, a parte da indemnização que lhes for imputável será suportada pelos demais, na proporção das suas remunerações.

ART. 23.º (Determinação do valor da mercadoria) – Em caso de perda total ou parcial, ou depreciação, quando não esteja determinado o valor da mercadoria, este é calculado segundo o preço corrente no mercado relevante para mercadorias da mesma natureza e qualidade.

CAPÍTULO IV — Disposições finais

ART. 24.º (Prescrição) – 1 – O direito à indemnização por danos decorrentes de responsabilidade do transportador prescreve no prazo de um ano.

2 – O prazo referido no número anterior conta-se a partir da data da entrega da mercadoria ao destinatário ou da sua devolução ao expedidor ou, em caso de perda total, do 30.º dia posterior à aceitação da mercadoria pelo transportador.

ART. 25.º (Tribunal arbitral) – As partes no contrato de transporte podem atribuir competência a um tribunal arbitral para a resolução de litígios.

ART. 26.º (Revogação) – São revogados os artigos 366.º a 393.º do Código Comercial na parte aplicável ao contrato de transporte rodoviário de mercadorias.

ART. 27.º (Entrada em vigor) – O presente diploma entra em vigor 60 dias após a sua publicação.

CMR   1083

16.3. CONVENÇÃO RELATIVA AO CONTRATO DE TRANSPORTE INTERNACIONAL DE MERCADORIAS POR ESTRADA (CMR) (*)

Preâmbulo

As Partes contratantes, tendo reconhecido a utilidade de regular de maneira uniforme as condições do contrato de transporte internacional de mercadorias por estrada em particular no que diz respeito aos documentos utilizados para este transporte e à responsabilidade do transportador, convencionaram o seguinte:

CAPÍTULO I — Âmbito de aplicação

ART. 1.º – 1 – A presente Convenção aplica-se a todos os contratos de transporte de mercadorias por estrada a título oneroso por meio de veículos, quando o lugar do carregamento da mercadoria e o lugar da entrega previsto, tais como são indicados no contrato, estão situados em dois países diferentes, sendo um destes, pelo menos, país contratante, e independentemente do domicílio e nacionalidade das partes.

2 – Para a aplicação da presente Convenção, devem entender-se por «veículos» os automóveis, os veículos articulados, os reboques e semi-reboques, tais como estão definidos pelo artigo 4.º da Convenção da circulação rodoviária de 19 de Setembro de 1949.

3 – A presente Convenção também se aplica quando os transportes abrangidos pelo seu âmbito de aplicação são efectuados por Estados ou por instituições ou organizações governamentais.

4 – A presente Convenção não se aplica:

a) Aos transportes efectuados ao abrigo de convenções postais internacionais;

b) Aos transportes funerários;

c) Aos transportes de mobiliário por mudança de domicílio.

5 – As Partes Contratantes comprometem-se a não fazer nenhuma modificação à presente Convenção, por meio de acordos particulares estabelecidos entre duas ou mais delas, salvo para a tornar inaplicável ao seu tráfego fronteiriço ou para autorizar a utilização, nos transportes efectuados inteiramente dentro do seu território, da declaração de expedição representativa da mercadoria.

ART. 2.º – 1 – Se o veículo que contém as mercadorias for transportado, em parte do percurso, por mar, caminho de ferro, via navegável interior ou pelo ar, e as mercadorias, salvo se forem aplicáveis as disposições do artigo 14.º, dele não forem descarregadas, a presente Convenção aplicar-se-á, no entanto, ao conjunto do transporte. Todavia, na medida em que se provar que qualquer perda, avaria ou demora de entrega da mercadoria, que tenham ocorrido durante o transporte por qualquer via que não seja a estrada, não foi causada por qualquer acto ou omissão do transportador rodoviário, e provém de facto que só pode dar-se durante e em virtude do transporte não rodoviário, a responsabilidade do transportador rodoviário será determinada, não pela presente Convenção, mas sim pela forma como a responsabilidade do transportador não rodoviário teria sido determinada se se tivesse firmado um contrato de transporte entre o expedidor e o transportador não rodoviário apenas para o transporte da mercadoria em conformidade com as disposições imperativas da lei relativa ao transporte de mercadorias por outra via de transporte que não seja a estrada. Contudo, na falta de tais disposições, a responsabilidade do transportador rodoviário será determinada pela presente Convenção.

2 – Se o transportador rodoviário for ao mesmo tempo o transportador não rodoviário, a sua responsabilidade será também determinada pelo parágrafo 1, como se a sua função de transportador rodoviário e a de transportador não rodoviário fossem exercidas por duas pessoas diferentes.

CAPÍTULO II — Pessoas pelas quais o transportador é responsável

ART. 3.º – Para a aplicação da presente Convenção, o transportador responde, como se fossem cometidos por ele próprio, pelos actos e omissões dos seus agentes e de todas as outras pessoas a cujos serviços recorre para a execução do transporte, quando esses agentes ou essas pessoas actuam no exercício das suas funções.

CAPÍTULO III — Conclusão e execução do contrato de transporte

ART. 4.º – O contrato de transporte eslabelece-se por meio de uma declaração de expedição. A falta, irregularidade ou perda da declaração de expedição não prejudicam nem a existência nem a validade do contrato de transporte, que continua sujeito às disposições da presente Convenção.

ART. 5.º – 1 – A declaração de expedição estabelece-se em três exemplares originais assinados pelo expedidor e pelo transportador, podendo estas assinaturas ser impressas ou substituídas pelas chancelas do expedidor e do

---

(*) Assinada em Genebra, em 19-5-1956, e aprovada, para adesão, pelo **DL n.º 46 235,** de 18-3-1965, modificada pelo Protocolo de Genebra, de 5-7-1978, aprovado, para adesão, pelo **Decreto n.º 28/88,** de 6-9. O texto publicado insere as alterações introduzidas pelo citado Protocolo.

1084 TRANSPORTES TERRESTRES

transportador, se a legislação do país onde se preenche a declaração de expedição o permite. O primeiro exemplar é entregue ao expedidor, o segundo acompanha a mercadoria e o terceiro fica em poder do transportador.

2 – Quando a mercadoria a transportar é carregada em veículos diferentes, ou quando se trata de diversas espécies de mercadorias ou de lotes distintos, o expedidor ou o transportador têm o direito de exigir que sejam preenchidas tantas declarações de expedição quantos os veículos a utilizar ou quantas as espécies ou lotes de mercadorias.

ART. 6.º – 1 – A declaração de expedição deve conter as indicações seguintes:
a) Lugar e data em que é preenchida;
b) Nome e endereço do expedidor;
c) Nome e endereço do transportador;
d) Lugar e data do carregamento da mercadoria e lugar previsto de entrega;
e) Nome e endereço do destinatário;
f) Denominação corrente da natureza da mercadoria e modo de embalagem, e, quando se trate de mercadorias perigosas, sua denominação geralmente aceite;
g) Número de volumes, marcas especiais e números;
h) Peso bruto da mercadoria ou quantidade expressa de outro modo;
i) Despesas relativas ao transporte (preço do transporte, despesas acessórias, direitos aduaneiros e outras despesas que venham a surgir a partir da conclusão do contrato até à entrega);
j) Instruções exigidas para as formalidades aduaneiras e outras;
k) Indicação de que o transporte fica sujeito ao regime estabelecido por esta Convenção a despeito de qualquer cláusula em contrário.

2 – Quando seja caso disso, a declaração de expedição deve conter também as seguintes indicações:
a) Proibição de transbordo;
b) Despesas que o expedidor toma a seu cargo;
c) Valor da quantia a receber no momento da entrega da mercadoria;
d) Valor declarado da mercadoria e quantia que representa o juro especial na entrega;
e) Instruções do expedidor ao transportador no que se refere ao seguro da mercadoria;
f) Prazo combinado, dentro do qual deve efectuar-se o transporte;
g) Lista dos documentos entregues ao transportador.

3 – As partes podem mencionar na declaração de expedição qualquer outra indicação que considerem útil.

ART. 7.º – 1 – O expedidor responde por todas as despesas, perdas e danos que o transportador sofra em virtude da inexactidão ou insuficiência:
a) Das indicações mencionadas no artigo 6.º, parágrafo 1, alíneas *b), d), e), f), g), h)* e *j)*;
b) Das indicações mencionadas no artigo 6.º, parágrafo 2;
c) De quaisquer outras indicações ou instruções que dê para o preenchimento da declaração de expedição ou para incluir nesta.

2 – Se o transportador, a pedido do expedidor, inscrever na declaração de expedição as indicações mencionadas no parágrafo 1 do presente artigo, considerar-se-á, até prova em contrário, que actua em nome do expedidor.

3 – Se a declaração de expedição não contiver a menção prevista no artigo 6.º, parágrafo 1, alínea *k)*, o transportador será responsável por todas as despesas, perdas e danos sofridos pela pessoa que tem direito à mercadoria em virtude desta omissão.

ART. 8.º – 1 – Ao tomar conta da mercadoria, o transportador tem o dever de verificar:
a) A exactidão das indicações da declaração de expedição acerca do número de volumes, marcas e números;
b) O estado aparente da mercadoria e da sua embalagem.

2 – Se o transportador não tiver meios razoáveis de verificar a exactidão das indicações mencionadas no parágrafo 1, alínea *a)*, do presente artigo, inscreverá na declaração de expedição reservas que devem ser fundamentadas. Do mesmo modo, deverá fundamentar todas as reservas que fizer acerca do estado aparente da mercadoria e da sua embalagem. Estas reservas não obrigam o expedidor se este as não tiver aceitado expressamente na declaração de expedição.

3 – O expedidor tem o direito de exigir que o transportador verifique o peso bruto da mercadoria ou sua quantidade expressa de outro modo. Pode também exigir a verificação do conteúdo dos volumes. O transportador pode reclamar o pagamento das despesas de verificação. O resultado das verificações será mencionado na declaração de expedição.

ART. 9.º – 1 – A declaração de expedição, até prova em contrário, faz fé das condições do contrato e da recepção da mercadoria pelo transportador.

2 – Na falta de indicação de reservas motivadas do transportador na declaração de expedição, presume-se que a mercadoria e embalagem estavam em bom estado aparente no momento em que o transportador tomou a seu cargo, e que o número de volumes, as marcas e os números estavam em conformidade com as indicações da declaração de expedição.

ART. 10.º – O expedidor é responsável para com o transportador por danos a pessoas, material ou outras mercadorias, assim como por despesas originadas por defeito da embalagem da mercadoria, a não ser que o

CMR   1085

transportador, sendo o defeito aparente ou tendo conhecimento dele no momento em que tomou conta da mercadoria, não tenha feito reservas a seu respeito.

ART. 11.º – 1 – Para o cumprimento das formalidades aduaneiras e outras a observar até à entrega da mercadoria, o expedidor deve juntar à declaração de expedição, ou pôr à disposição do transportador, os documentos necessários e prestar-lhe todas as informações pedidas.

2 – O transportador não tem obrigação de verificar se esses documentos e informações são exactos ou suficientes. O expedidor é responsável para com o transportador por todos os danos que resultem da falta, insuficiência ou irregularidade desses documentos e informações, salvo no caso de falta do transportador.

3 – O transportador é responsável como se fosse um agente pelas consequências da perda ou da utilização inexacta dos documentos mencionados na declaração de expedição e que acompanhem ou lhe sejam entregues; no entanto, a indemnização a que fica obrigado não será superior à que seria devida no caso de perda da mercadoria.

ART. 12.º – 1 – O expedidor tem o direito de dispor da mercadoria, em especial pedindo ao transportador que suspenda o transporte desta, de modificar o lugar previsto para a entrega e de entregar a mercadoria a um destinatário diferente do indicado na declaração de expedição.

2 – Este direito cessa quando o segundo exemplar da declaração de expedição é entregue ao destinatário ou este faz valer o direito previsto no artigo 13.º, parágrafo 1, a partir desse momento, o transportador tem de conformar-se com as ordens do destinatário.

3 – O direito de disposição pertence, todavia, ao destinatário a partir do preenchimento da declaração de expedição se o expedidor inscrever tal indicação na referida nota.

4 – Se o destinatário, no exercício do seu direito de disposição, ordenar a entrega da mercadoria a outra pessoa, esta não poderá designar outros destinatários.

5 – O exercício do direito de disposição fica sujeito às seguintes condições:

a) O expedidor, ou, no caso mencionado no parágrafo 3 do presente artigo, o destinatário que quiser exercer este direito, tem de apresentar o primeiro exemplar da declaração de expedição, no qual devem estar inscritas as novas instruções dadas ao transportador pelas despesas e pelo prejuízo causado pela execução destas instruções;

b) Esta execução deve ser possível no momento em que as instruções chegam à pessoa que deve executá-las, e não deve dificultar a exploração normal da empresa do transportador, nem prejudicar os expedidores ou destinatários de outras remessas;

c) As instruções nunca devem provocar a divisão da remessa.

6 – Quando o transportador, em virtude das disposições indicadas no parágrafo 5, alínea *b)*, do presente artigo, não puder executar as instruções que receber, deve avisar imediatamente disso a pessoa que deu essas instruções.

7 – O transportador que não executar as instruções dadas nas condições previstas no presente artigo, ou que se tenha conformado com essas instruções sem ter exigido a apresentação do primeiro exemplar da declaração de expedição, será responsável perante o interessado pelo prejuízo causado por esse facto.

ART. 13.º – 1 – Depois da chegada da mercadoria ao lugar previsto para a entrega, o destinatário tem o direito de pedir que o segundo exemplar da declaração de expedição e a mercadoria lhe sejam entregues, tudo contra documento de recepção. Se se verifica perda da mercadoria, ou se esta não chegou até ao termo do prazo previsto no artigo 19.º, o destinatário fica autorizado a fazer valer em seu próprio nome para com o transportador, os direitos que resultam do contrato de transporte.

2 – O destinatário que usa dos direitos que lhe são conferidos nos termos do parágrafo 1 do presente artigo é obrigado a pagar o valor dos créditos resultantes da declaração de expedição. Em caso de contestação a este respeito, o transportador só é obrigado a efectuar a entrega da mercadoria se o destinatário lhe prestar uma caução.

ART. 14.º – 1 – Se por qualquer motivo a execução do contrato nas condições previstas na declaração de expedição é ou se torna impossível antes da chegada da mercadoria ao lugar previsto para a entrega, o transportador tem de pedir instruções à pessoa que tem o direito de dispor da mercadoria em conformidade com o artigo 12.º.

2 – No entanto, se as circunstâncias permitirem a execução do transporte em condições diferentes das previstas na declaração de expedição e se o transportador não pôde obter a tempo as instruções da pessoa que tem o direito de dispor da mercadoria em conformidade com o artigo 12.º tomará as medidas que se lhe afigurarem melhores para o interesse da pessoa que tem o direito de dispor da mercadoria.

ART. 15.º – 1 – Quando houver impedimentos à entrega, depois da chegada da mercadoria ao lugar de destino, o transportador pedirá instruções ao expedidor. Se o destinatário recusar a mercadoria, o expedidor terá o direito de dispor desta sem ter de apresentar o primeiro exemplar da declaração de expedição.

2 – Mesmo que tenha recusado a mercadoria, o destinatário pode sempre pedir a entrega desta, enquanto o transportador não tiver recebido instruções em contrário do expedidor.

3 – Se o impedimento à entrega surgir depois de o destinatário ter dado ordem de entregar a mercadoria a outra pessoa, em conformidade com o direito que lhe cabe em virtude do artigo 12.º, parágrafo 3, o destinatário substitui o expedidor e a referida outra pessoa substitui o destinatário para a aplicação dos parágrafos 1 e 2 acima.

ART. 16.º – 1 – O transportador tem direito ao reembolso das despesas que lhe causar o pedido de instruções ou a execução destas, a não ser que estas despesas sejam consequência de falta sua.

2 – Nos casos previstos no artigo 14.º, parágrafo 1, e no artigo 15.º, o transportador pode descarregar imediatamente a mercadoria por conta do interessado; depois da descarga, o transporte considera-se terminado. O

1086   TRANSPORTES TERRESTRES

transportador passa então a ter a mercadoria à sua guarda. Pode, no entanto, confiar a mercadoria a um terceiro, e então só é responsável pela escolha judiciosa desse terceiro. A mercadoria continua onerada com os créditos resultantes da declaração de expedição e de todas as outras despesas.

3 – O transportador pode promover a venda da mercadoria sem esperar instruções do interessado, quando a natureza deteriorável ou o estado da mercadoria o justifiquem ou quando as despesas de guarda estão desproporcionadas com o valor da mercadoria. Nos outros casos, pode também promover a venda quando não tenha recebido do interessado, em prazo razoável, instruções em contrário cuja execução possa ser equitativamente exigida.

4 – Se a mercadoria tiver sido vendida segundo este artigo, o produto da venda deve ser posto à disposição do interessado, depois de deduzidas as despesas que onerem a mercadoria. Se estas despesas forem superiores ao produto da venda, o transportador tem direito à diferença.

5 – A maneira de proceder em caso de venda é determinada pela lei ou pelos usos do lugar onde se encontrar a mercadoria.

CAPÍTULO IV — **Responsabilidade do transportador**

ART. 17.º – 1 – O transportador é responsável pela perda total ou parcial, ou pela avaria que se produzir entre o momento do carregamento da mercadoria e o da entrega, assim como pela demora da entrega.

2 – O transportador fica desobrigado desta responsabilidade se a perda, avaria ou demora teve por causa uma falta do interessado, uma ordem deste que não resulte de falta do transportador, um vício próprio da mercadoria, ou circunstâncias que o transportador não podia evitar e a cujas consequências não podia obviar.

3 – O transportador não pode alegar, para se desobrigar da sua responsabilidade, nem defeitos do veículo de que se serve para efectuar o transporte, nem faltas da pessoa a quem alugou o veículo ou dos agentes desta.

4 – Tendo em conta o artigo 18.º, parágrafos 2 a 5, o transportador fica isento da sua responsabilidade quando a perda ou avaria resultar dos riscos particulares inerentes a um ou mais dos factos seguintes:

a) Uso de veículos abertos e não cobertos com encerado, quando este uso foi ajustado de maneira expressa e mencionado na declaração de expedição;

b) Falta ou defeito da embalagem quanto às mercadorias que, pela sua natureza, estão sujeitas a perdas ou avarias quando não estão embaladas ou são mal embaladas;

c) Manutenção, carga, arrumação ou descarga da mercadoria pelo expedidor ou pelo destinatário ou por pessoas que actuem por conta do expedidor ou do destinatário;

d) Natureza de certas mercadorias, sujeitas, por causas inerentes a essa própria natureza, quer a perda total ou parcial, quer a avaria, especialmente por fractura, ferrugem, deterioração interna e espontânea, secagem, derramamento, quebra normal ou acção de bicharia e dos roedores;

e) Insuficiência ou imperfeição das marcas ou do número dos volumes;

f) Transporte de animais vivos.

5 – Se o transportador, por virtude do presente artigo não responder por alguns dos factores que causaram o estrago, a sua responsabilidade só fica envolvida na proporção em que tiverem contribuído para o estrago os factores pelos quais responde em virtude do presente diploma.

ART. 18.º – 1 – Compete ao transportador fazer a prova de que a perda, avaria ou demora teve por causa um dos factos previstos no artigo 17.º, parágrafo 2.

2 – Quando o transportador provar que a perda ou avaria, tendo em conta as circunstâncias de facto, resultou de um ou mais dos riscos particulares previstos no artigo 17.º, parágrafo 4, haverá presunção de que aquela resultou destes. O interessado poderá, no entanto, provar que o prejuízo não teve por causa total ou parcial um desses riscos.

3 – A presunção acima referida não é aplicável no caso previsto no artigo 17.º, parágrafo 4, alínea *a*), se houver falta de uma importância anormal ou perda de volume.

4 – Se o transporte for efectuado por meio de um veículo equipado de maneira a subtrair as mercadorias à influência do calor, frio, variações de temperatura ou humidade do ar, o transportador não poderá invocar o benefício do artigo 17.º, parágrafo 4, alínea *d*), a não ser que apresente prova de que, tendo em conta as circunstâncias, foram tomadas todas as medidas que lhe competiam quanto à escolha, manutenção e uso daqueles equipamentos e que acatou as instruções especiais que lhe tiverem sido dadas.

5 – O transportador só poderá invocar o benefício o artigo 17.º, parágrafo 4, alínea *f*), se apresentar prova de que, tendo em conta as circunstâncias, foram tomadas todas as medidas que normalmente lhe competiam e acatou as instruções especiais que lhe possam ter sido dadas.

ART. 19.º – Há demora na entrega quando a mercadoria não foi entregue no prazo convencionado, ou, se não foi convencionado prazo, quando a duração efectiva do transporte, tendo em conta as circunstâncias, e em especial, no caso de um carregamento parcial, o tempo necessário para juntar um carregamento completo em condições normais, ultrapassar o tempo que é razoável atribuir a transportadores diligentes.

ART. 20.º – 1 – O interessado, sem ter de apresentar outras provas, poderá considerar a mercadoria como perdida quando esta não tiver sido entregue dentro dos 30 dias seguintes ao termo do prazo convencionado, ou, se não foi convencionado prazo, dentro dos 60 dias seguintes à entrega da mercadoria ao cuidado do transportador.

2 – O interessado, ao receber o pagamento da indemnização pela mercadoria perdida, poderá pedir por escrito que seja avisado imediatamente se a mercadoria aparecer no decurso do ano seguinte ao pagamento da indemnização. Ser-lhe-á acusada por escrito a recepção desse pedido.

CMR

1087

3 – Dentro dos 30 dias seguintes à recepção desse aviso, o interessado poderá exigir que a mercadoria lhe seja entregue contra pagamento dos créditos resultantes da declaração de expedição e contra restituição da indemnização que recebeu, sendo eventualmente deduzidas as despesas incluídas nessa indemnização, e com reserva de todos os direitos a indemnização por demora na entrega prevista no artigo 23.º, e, se for caso disso, no artigo 26.º.

4 – Na falta quer do pedido previsto no parágrafo 2, quer de instruções dadas no prazo de 30 dias previsto no parágrafo 3, ou ainda no caso de a mercadoria só aparecer depois de mais de um ano após o pagamento da indemnização, o transportador disporá dela em conformidade com a lei do lugar onde se encontra a mercadoria.

ART. 21.º – Se a mercadoria for entregue ao destinatário sem cobrança do reembolso que deveria ter sido percebido pelo transportador em virtude das disposições do contrato de transporte, o transportador tem de indemnizar o expedidor até ao valor do reembolso, salvo se proceder contra o destinatário.

ART. 22.º – 1 – Se o expedidor entregar ao transportador mercadorias perigosas, assinalar-lhe-á a natureza exacta do perigo que estas apresentam e indicar-lhe-á eventualmente as precauções a tomar. No caso de este aviso não ser mencionado na declaração de expedição, competirá ao expedidor ou ao destinatário apresentar prova, por quaisquer outros meios, de que o transportador teve conhecimento da natureza exacta do perigo que apresentava o transporte das referidas mercadorias.

2 – As mercadorias perigosas, de cujo perigo o transportador não tenha tido conhecimento nas condições previstas no parágrafo 1 do presente artigo, podem ser descarregadas, destruídas ou tornadas inofensivas pelo transportador, em qualquer momento e lugar, sem nenhuma indemnização; o expedidor, além disso, será responsável por todas as despesas e prejuízos resultantes de terem sido entregues para transporte ou do seu transporte.

ART. 23.º – 1 – Quando for debitada ao transportador uma indemnização por perda total ou parcial da mercadoria, em virtude das disposições da presente Convenção, essa indemnização será calculada segundo o valor da mercadoria no lugar e época em que for aceite para transporte.

2 – O valor da mercadoria será determinado pela cotação na bolsa, ou, na falta desta, pelo preço corrente no mercado, ou, na falta de ambas, pelo valor usual das mercadorias da mesma natureza e qualidade.

3 – A indemnização não poderá, porém, ultrapassar 8,33 unidades de conta por quilograma de peso bruto em falta.

4 – Além disso, serão reembolsados o preço do transporte, os direitos aduaneiros e as outras despesas provenientes do transporte da mercadoria, na totalidade no caso de perda total e em proporção no caso de perda parcial; não serão devidas outras indemnizações de perdas e danos.

5 – No caso de demora, se o interessado provar que disso resultou prejuízo, o transportador terá de pagar por esse prejuízo uma indemnização que não poderá ultrapassar o preço do transporte.

6 – Só poderão exigir-se indemnizações mais elevadas no caso de declaração do valor da mercadoria ou de declaração de juro especial na entrega, em conformidade com os artigos 24.º e 26.º.

7 – A unidade de conta referida na presente Convenção é o direito de saque especial, tal como definido pelo Fundo Monetário Internacional. O montante a que se refere o n.º 3 do presente artigo é convertido na moeda nacional do Estado onde se situe o tribunal encarregado da resolução do litígio com base no valor dessa moeda à data do julgamento ou numa data adoptada de comum acordo pelas partes. O valor, em direito de saque especial, da moeda nacional de um Estado que seja membro do Fundo Monetário Internacional é calculado segundo o método de avalia que o Fundo Monetário Internacional esteja à data a aplicar nas suas próprias operações e transacções. O valor, em direito de saque especial, da moeda nacional de um Estado que não seja membro do Fundo Monetário Internacional é calculado da forma determinada por esse mesmo Estado.

8 – Todavia, um Estado que não seja membro do Fundo Monetário Internacional e cuja legislação não permita que sejam aplicadas as disposições do n.º 7 do presente artigo poderá, no momento da ratificação do Protocolo à CMR ou da adesão ao mesmo, ou em qualquer momento ulterior, declarar que fixa em 25 unidades monetárias o limite da responsabilidade previsto no n.º 3 do presente artigo e aplicável no seu território. A unidade monetária referida no presente número corresponde a 10/31 gramas de ouro ao título de 0,900 de finura. A conversão em moeda nacional do montante indicado no presente número efectuar-se-á em conformidade com a legislação do Estado em questão.

9 – O cálculo referido no último período do n.º 7, bem como a conversão referida no n.º 8 do presente artigo deverão ser efectuados de modo a expressarem em moeda nacional do Estado, tanto quanto possível, o mesmo valor real que o expresso em unidades de conta no n.º 3 do presente artigo. Aquando do depósito de qualquer instrumento nos termos do artigo 3.º do Protocolo à CMR e sempre que ocorra uma modificação nos seus métodos de cálculo ou no valor da sua moeda nacional relativamente à unidade de conta ou à unidade monetária, os Estados deverão comunicar ao Secretário-Geral da Organização das Nações Unidas o seu método de cálculo, em conformidade com o n.º 7 do presente artigo, ou os resultados da conversão, em conformidade com o n.º 8 do presente artigo, consoante os casos.

ART. 24.º – O expedidor poderá mencionar na declaração de expedição, contra pagamento de um suplemento de preço a convencionar, um valor da mercadoria que exceda o limite mencionado no parágrafo 3 do artigo 23.º, e nesse caso o valor declarado substitui esse limite.

ART. 25.º – 1 – Em caso de avaria, o transportador paga o valor da depreciação calculada segundo o valor da mercadoria determinado em conformidade com o artigo 23.º, parágrafos 1, 2 e 4.

1088 TRANSPORTES TERRESTRES

2 – No entanto, a indemnização não poderá ultrapassar:

a) O valor que atingiria no caso de perda total, se toda a expedição se depreciou com a avaria;

b) O valor que atingiria no caso de perda da parte depreciada, se apenas parte da expedição se depreciou com a avaria.

ART. 26.º – 1 – O expedidor pode fixar, mencionando-o na declaração de expedição e contra pagamento de um suplemento de preço a convencionar, o valor de um juro especial na entrega para o caso de perda ou avaria e para o de ultrapassagem do prazo convencionado.

2 – Se houver declaração de juro especial na entrega, pode ser exigida, independentemente das indemnizações previstas nos artigos 23.º, 24.º e 25.º e até ao valor do juro declarado, uma indemnização igual ao dano suplementar de que seja apresentada prova.

ART. 27.º – 1 – O interessado pode pedir os juros da indemnização. Estes juros, calculados à taxa de 5 por cento ao ano, contam-se desde o dia em que a reclamação for dirigida por escrito ao transportador, ou, se não houve reclamação, desde o dia em que intentou acção judicial.

2 – Quando os elementos que servem de base para o cálculo da indemnização não são expressos na moeda do país onde é exigido o pagamento, a conversão é feita pela cotação do dia e lugar do pagamento da indemnização.

ART. 28.º – 1 – Quando, segundo a lei aplicável, a perda, avaria ou demora ocorridas durante um transporte sujeito à presente Convenção possa dar lugar a uma reclamação extracontratual, o transportador poderá aproveitar-se das disposições da presente Convenção que excluem a sua responsabilidade ou que determinam ou limitam as indemnizações devidas.

2 – Quando a responsabilidade extracontratual, por perda, avaria ou demora, de uma das pessoas pelas quais o transportador responde nos termos do artigo 3.º é posta em causa, essa pessoa poderá também aproveitar-se das disposições da presente Convenção que excluem a responsabilidade do transportador ou que determinam ou limitam as indemnizações devidas.

ART. 29.º – 1 – O transportador não tem o direito de aproveitar-se das disposições do presente capítulo que excluem ou limitam a sua responsabilidade ou que transferem o encargo da prova se o dano provier de dolo seu ou de falta que lhe seja imputável e que, segundo a lei da jurisdição que julgar o caso, seja considerada equivalente ao dolo.

2 – Sucede o mesmo se o dolo ou a falta for acto dos agentes do transportador ou de quaisquer outras pessoas a cujos serviços aquele recorre para a execução do transporte, quando esses agentes ou essas outras pessoas actuarem no exercício das suas funções. Neste caso, esses agentes ou essas outras pessoas também não têm o direito de aproveitar-se, quanto à sua responsabilidade pessoal, das disposições do presente capítulo indicadas no parágrafo 1.

CAPÍTULO V — **Reclamações e acções**

ART. 30.º – 1 – Se o destinatário receber a mercadoria sem verificar contraditoriamente o seu estado com o transportador, ou sem ter formulado reservas a este que indiquem a natureza geral da perda ou avaria, o mais tardar no momento da entrega se se tratar de perdas ou avarias aparentes, ou dentro de sete dias a contar da entrega, não incluindo domingos e dias feriados, quando se tratar de perdas ou avarias não aparentes, presumir-se-á, até prova em contrário, que a mercadoria foi recebida no estado descrito na declaração de expedição. As reservas indicadas acima devem ser feitas por escrito quando se tratar de perdas ou avarias não aparentes.

2 – Quando o estado da mercadoria foi verificado contraditoriamente pelo destinatário e pelo transportador, a prova em contrário do resultado desta verificação só poderá fazer-se se se tratar de perdas ou avarias não aparentes e se o destinatário tiver apresentado ao transportador reservas por escrito dentro dos sete dias, domingos e dias feriados não incluídos, a contar dessa verificação.

3 – Uma demora na entrega só pode dar origem a indemnização se tiver sido formulada uma reserva por escrito no prazo de 21 dias, a contar da colocação da mercadoria à disposição do destinatário.

4 – A data da entrega, ou, segundo o caso, a da verificação ou da colocação da mercadoria à disposição, não é contada nos prazos previstos no presente artigo.

5 – O transportador e o destinatário darão um ao outro, reciprocamente, todas as facilidades razoáveis para as observações e verificações necessárias.

ART. 31.º – 1 – Para todos os litígios provocados pelos transportes sujeitos à presente Convenção, o autor poderá recorrer, além das jurisdições dos países contratantes designados de comum acordo pelas partes, para a jurisdição do país no território do qual:

a) O réu tiver a sua residência habitual, a sua sede principal ou a sucursal ou agência por intermédio da qual se estabeleceu o contrato de transporte, ou

b) Estiver situado o lugar do carregamento da mercadoria ou o lugar previsto para a entrega, e só poderá recorrer a essas jurisdições.

2 – Quando num litígio previsto no parágrafo 1 do presente artigo estiver em instância uma acção numa jurisdição competente nos termos desse parágrafo, ou quando tal jurisdição pronunciar sentença em tal litígio, não poderá ser intentada mais nenhuma acção pela mesma causa entre as mesmas partes, a não ser que a

CMR   1089

decisão da jurisdição perante a qual foi intentada a primeira acção não possa ser executada no país onde é intentada a nova acção.

3 – Quando num litígio previsto no parágrafo 1 do presente artigo uma sentença pronunciada por uma jurisdição de um país contratante se tornar executória nesse país, torna-se também executória em cada um dos outros países contraentes imediatamente após o cumprimento das formalidades prescritas para esse efeito no país interessado. Essas formalidades não podem comportar nenhuma revisão do caso.

4 – As disposições do parágrafo 3 do presente artigo aplicam-se às sentenças contraditórias, às sentenças omissas e às transacções judiciais, mas não se aplicam às sentenças somente executórias por provisão nem às condenações em perdas e danos que venham a ser impostas além das despesas contra um queixoso em virtude da rejeição total ou parcial da sua queixa.

5 – Não pode ser exigida caução a nacionais de países contratantes, com domicílio ou estabelecimento num destes países, para garantir o pagamento das despesas causadas por acções judiciais originadas pelos transportes sujeitos à presente Convenção.

ART. 32.º – 1 – As acções que podem ser originadas pelos transportes sujeitos à presente Convenção prescrevem no prazo de um ano. No entanto, a prescrição é de três anos no caso de dolo, ou de falta que a lei da jurisdição a que se recorreu considere equivalente ao dolo. O prazo de prescrição é contado:

a) A partir do dia em que a mercadoria foi entregue, no caso de perda parcial, avaria ou demora;

b) No caso de perda total, a partir do 30.º dia após a expiração do prazo convencionado, ou, se não tiver sido convencionado prazo, a partir do 60.º dia após a entrega da mercadoria ao cuidado do transportador;

c) Em todos os outros casos, a partir do termo de um prazo de três meses, a contar da conclusão do contrato de transporte. O dia indicado acima como ponto de partida da prescrição não é compreendido no prazo.

2 – Uma reclamação escrita suspende a prescrição até ao dia em que o transportador rejeitar a reclamação por escrito e restituir os documentos que a esta se juntaram. No caso de aceitação parcial da reclamação, a prescrição só retoma o seu curso para a parte da reclamação que continuar litigiosa. A prova da recepção da reclamação ou da resposta e restituição dos documentos compete à parte que invoca este facto. As reclamações ulteriores com a mesma finalidade não suspendem a prescrição.

3 – Salvas as disposições do parágrafo 2 acima, a suspensão da prescrição regula-se pela lei da jurisdição a que se recorreu. O mesmo acontece quanto à interrupção da prescrição.

4 – A acção que prescreveu não pode mais ser exercida, mesmo sob a forma de reconvenção ou excepção.

ART. 33.º – O contrato de transporte pode conter uma cláusula que atribua competência a um tribunal arbitral, desde que essa cláusula estipule que o tribunal arbitral aplicará a presente Convenção.

CAPÍTULO VI — **Disposições relativas ao transporte efectuado por transportadores sucessivos**

ART. 34.º   Se um transporte regulado por um contrato único for executado por transportadores rodoviários sucessivos, cada um destes assume a responsabilidade da execução do transporte total, e o segundo e cada um dos seguintes transportadores, ao aceitarem a mercadoria e a declaração de expedição, tornam-se partes no contrato nas condições da declaração da expedição.

ART. 35.º – 1 – O transportador que aceitar a mercadoria do transportador precedente dar-lhe-á recibo datado e assinado. Deverá indicar o seu nome e morada no segundo exemplar da declaração de expedição. Se for caso disso, indicará neste exemplar, assim como no recibo, reservas análogas às previstas no artigo 8.º, parágrafo 2.

2 – As disposições do artigo 9.º aplicam-se às relações entre transportadores sucessivos.

ART. 36.º – A não ser que se trate de reconvenção ou de excepção posta em relação a um pedido fundado no mesmo contrato de transporte, a acção de responsabilidade por perda, avaria ou demora só pode ser posta contra o primeiro transportador, o último transportador ou transportador que executava a parte do transporte na qual se produziu o facto que causou a perda, avaria ou demora; a acção pode ser posta simultaneamente contra vários destes transportadores.

ART. 37.º – O transportador que tiver pago uma indemnização segundo as disposições da presente Convenção terá o direito de intentar recurso quanto ao principal, juros e despesas contra os transportadores que participaram na execução do contrato de transporte, em conformidade com as disposições seguintes:

a) O transportador que causou o dano é o único que deve suportar a indemnização, quer ele próprio a tenha pago, quer tenha sido paga por outro transportador;

b) Quando o dano foi causado por dois ou mais transportadores, cada um deve pagar uma quantia proporcional à sua parte de responsabilidade; se for impossível a avaliação das partes de responsabilidade, cada um é responsável proporcionalmente à parte de remuneração do transporte que lhe competir;

c) Se não puderem determinar-se os transportadores aos quais deve atribuir-se a responsabilidade, o encargo da indemnização será distribuído por todos os transportadores, na proporção fixada em *b*).

1090 TRANSPORTES TERRESTRES

ART. 38.º – Se um dos transportadores for insolvente, a parte que lhe cabe e não foi paga será distribuída por todos os outros transportadores, proporcionalmente às suas remunerações.

ART. 39.º – 1 – O transportador contra o qual tiver sido posto um dos recursos previstos nos artigos 37.º e 38.º não poderá contestar o fundamento do pagamento efectuado pelo transportador que intentar o recurso, quando a indemnização tiver sido fixada por decisão judicial, desde que tenha sido devidamente informado do processo e tenha tido possibilidade de nele intervir.

2 – O transportador que quiser intentar o seu recurso poderá apresentá -lo no tribunal competente do país no qual um dos transportadores interessados tiver a residência habitual, sede principal ou sucursal ou agência por intermédio da qual foi efectuado o contrato de transporte. O recurso poderá ser intentado numa só e mesma instância contra todos os transportadores interessados.

3 – As disposições do artigo 31.º, parágrafos 3 e 4, aplicar-se-ão às sentenças pronunciadas nos recursos previstos nos artigos 37.º e 38.º.

4 – As disposições do artigo 32.º são aplicáveis aos recursos entre transportadores. No entanto o prazo de prescrição é contado quer a partir do dia de uma decisão judicial definitiva que fixe a indemnização a pagar em virtude das disposições da presente Convenção, quer, no caso de não ter havido tal decisão, a partir do dia do pagamento efectivo.

ART. 40.º – Os transportadores poderão convencionar entre si disposições diferentes das dos artigos 37.º e 38.º.

CAPÍTULO VII — **Nulidade das estipulações contrárias à Convenção**

ART. 41.º – 1 – Salvas as disposições do artigo 40.º, é nula e sem efeito qualquer estipulação que, directa ou indirectamente, modifique as disposições da presente Convenção. A nulidade de tais estipulações não implica a nulidade das outras disposições do contrato.

2 – Em especial, seria nula qualquer cláusula pela qual o transportador se atribuisse o benefício do seguro da mercadoria ou qualquer outra cláusula análoga, assim como qualquer cláusula que transfira o encargo da prova.

CAPÍTULO VIII — **Disposições finais**

ART. 42.º – 1 – A presente Convenção fica patente à assinatura ou adesão dos países membros da Comissão Económica para a Europa e dos países admitidos na Comissão a título consultivo, em conformidade com o parágrafo 8 do mandato desta Comissão.

2 – Os países que podem tomar parte em certos trabalhos da Comissão Económica para a Europa, segundo o parágrafo 11 do mandato desta Comissão, poderão tornar-se Partes Contratantes da presente Convenção, aderindo a esta depois da sua entrada em vigor.

3 – A Convenção estará patente à assinatura até 31 de Agosto de 1956, inclusive. Depois dessa data, ficará patente à adesão.

4 – A presente Convenção será ratificada.

5 – A ratificação ou a adesão efectuar-se-á pelo depósito de um instrumento junto do secretário-geral da Organização das Nações Unidas.

ART. 43.º – 1 – A presente Convenção entrará em vigor no 90.º dia depois de cinco dos países mencionados no parágrafo 1 do artigo 42.º terem depositado os seus instrumentos de ratificação ou adesão.

2 – Para cada país que a ratificar ou a ela aderir, depois de cinco países terem depositado os seus instrumentos de ratificação ou adesão a presente Convenção entrará em vigor no 90.º dia que se seguir ao depósito do instrumento de ratificação ou adesão do referido país.

ART. 44.º – 1 – Qualquer Parte Contratante poderá denunciar a presente Convenção por notificação dirigida ao secretário-geral da Organização das Nações Unidas.

2 – A denúncia produz efeito doze meses depois da data em que o secretário -geral dela tiver recebido notificação.

ART. 45.º – Se depois da entrada em vigor da presente Convenção o número das Partes Contratantes ficar reduzido a menos de cinco, em consequência de denúncias, a presente Convenção deixará de estar em vigor a partir da data em que produzir efeito a última dessas denúncias.

ART. 46.º – 1 – Qualquer país, ao depositar o seu instrumento de ratificação ou adesão ou em qualquer outro momento ulterior, poderá declarar, por notificação dirigida ao secretário-geral da Organização das Nações Unidas, que a presente Convenção se aplica à totalidade ou à parte dos territórios que representa no plano internacional. A Convenção será aplicável ao território ou territórios mencionados na notificação a partir do 90.º dia depois da recepção desta notificação pelo secretário-geral, ou, se nesse dia a Convenção ainda não tiver entrado em vigor, a contar da data da sua entrada em vigor.

2 – Qualquer país que tenha feito, em conformidade com o parágrafo precedente, uma declaração com o efeito de tornar a presente Convenção aplicável a um território que represente no plano internacional, poderá, em conformidade com o artigo 44.º, denunciar a Convenção no que diz respeito ao referido território.

CMR 1091

ART. 47.º – Qualquer litígio entre duas ou mais Partes Contratantes acerca da interpretação ou aplicação da presente Convenção, que as Partes não possam resolver por meio de negociação ou outro modo de solução, poderá ser submetido à decisão do Tribunal Internacional de Justiça, a pedido de qualquer das Partes Contratantes interessadas.

ART. 48.º – 1 – Qualquer Parte Contratante, no momento de assinar ou ratificar a presente Convenção ou de a esta aderir, poderá declarar que não se considera ligada pelo artigo 47.º da Convenção. As outras Partes Contratantes não ficarão ligadas pelo artigo 47.º para com qualquer Parte Contratante que tenha formulado tal reserva.

2 – Qualquer Parte Contratante que tenha formulado uma reserva em conformidade com o parágrafo 1 poderá em qualquer momento retirar essa reserva por meio de notificação dirigida ao secretário-geral da Organização das Nações Unidas.

3 – Não se admitirá nenhuma outra reserva à presente Convenção.

ART. 49.º – 1 – Depois de a presente Convenção ter estado em vigor durante três anos, qualquer Parte Contratante, por meio de notificação dirigida ao secretário -geral da Organização das Nações Unidas, poderá pedir a convocação de uma conferência destinada a rever a presente Convenção. O secretário -geral comunicará este pedido a todas as Partes Contratantes e convocará uma conferência de revisão se, no prazo de quatro meses, a contar da comunicação enviada, pelo menos um quarto das Partes Contratantes lhe comunicar o seu assentimento a esse pedido.

2 – Se for convocada uma conferência em conformidade com o parágrafo precedente, o secretário-geral avisará do facto todas as Partes Contratantes e convidá-las-á a apresentar, no prazo de três meses, as propostas que desejariam que fossem examinadas pela conferência. O secretário-geral comunicará a todas as Partes Contratantes a ordem do dia provisória da conferência e o texto dessas propostas, pelo menos três meses antes da data da abertura da conferência.

3 – O secretário-geral convidará para qualquer conferência, convocada em conformidade com o presente artigo, todos os países indicados no parágrafo 1 do artigo 42.º e todos os países que se tiverem tornado Partes Contratantes pela aplicação do parágrafo 2 do artigo 42.º.

ART. 50.º – Além das notificações previstas no artigo 49.º, o secretário-geral da Organização das Nações Unidas comunicará aos países indicados no parágrafo 1 do artigo 42.º e aos países que se tiverem tornado Partes Contratantes pela aplicação do parágrafo 2 do artigo 42.º:

a) As ratificações e adesões em virtude do artigo 42.º;

b) As datas em que a presente Convenção entrar em vigor em conformidade com o artigo 43.º;

c) As denúncias em virtude do artigo 44.º;

d) A abrogação da presente Convenção em conformidade com o artigo 45.º;

e) As notificações recebidas em conformidade com o artigo 46.º;

f) As declarações e notificações recebidas em conformidade com os parágrafos 1 e 2 do artigo 48.º.

ART. 51.º – Depois de 31 de Agosto de 1956, o original da presente Convenção será depositado junto do secretário-geral da Organização das Nações Unidas, que dele transmitirá cópias devidamente certificadas a cada um dos países indicados nos parágrafos 1 e 2 do artigo 42.º.

Em fé do que os abaixo-assinados, para isso devidamente autorizados, assinaram a presente Convenção.

Feito em Genebra, aos dezanove de Maio de mil novecentos e cinquenta e seis, num só exemplar, nas línguas inglesa e francesa, ambos os textos fazendo fé.

Protocolo de assinatura

No momento de procederem à assinatura da Convenção relativa ao contrato de transporte internacional de mercadorias por estrada, os abaixo assinados, devidamente autorizados, convencionaram formular a declaração e o esclarecimento seguintes:

1. A presente Convenção não se aplica aos transportes entre o Reino Unido da Grã-Bretanha e Irlanda do Norte e a República da Irlanda.

2. Ad. artigo 1.º, parágrafo 4:

Os abaixo assinados obrigam-se a negociar convenções acerca do contrato de mudança de mobiliário e do contrato de transporte combinado.

Em, fé do que os abaixo assinados, para isso devidamente autorizados, assinaram o presente Protocolo.

Feito em Genebra, aos dezanove de Maio de mil novecentos e cinquenta e seis, num só exemplar, nas línguas inglesa e francesa, ambos os textos fazendo fé.

CAP. XVII
TRANSPORTES MARÍTIMOS

17.1. CONVENÇÃO INTERNACIONAL PARA A UNIFICAÇÃO DE CERTAS REGRAS EM MATÉRIA DE CONHECIMENTO DE CARGA (TRANSPORTE MARÍTIMO) (*)

ART. 1.º – Na presente Convenção foram empregados, no sentido preciso abaixo indicado, as palavras seguintes:

a) «Armador» é o proprietário do navio ou afretador que foi parte num contrato de transporte com um carregador;

b) «Contrato de transporte» designa somente o contrato de transporte provado por um conhecimento ou por qualquer documento similar servindo de título ao transporte de mercadorias por mar; e aplica-se igualmente ao conhecimento ou documento similar emitido em virtude duma carta partida, desde o momento em que este título regula as relações do armador e do portador do conhecimento;

c) «Mercadorias» compreende os bens, objectos, mercadorias e artigos de qualquer natureza, excepto animais vivos e a carga que, no contrato de transporte, é declarada como carregada no convés e, de facto, é assim transportada;

d) «Navio» significa todo o barco empregado no transporte de mercadorias por mar;

e) «Transporte de mercadorias» abrange o tempo decorrido desde que as mercadorias são carregadas a bordo do navio até ao momento em que são descarregadas.

ART. 2.º – Salvo o disposto no artigo 6.º o armador, em todos os contratos de transporte de mercadorias por mar, ficará quanto ao carregamento, manutenção, estiva, transporte, guarda, cuidados e descargas dessas mercadorias sujeito às responsabilidades e obrigações, e gozará dos direitos e isenções indicados nos artigos seguintes.

ART. 3.º – 1 – O armador será obrigado, antes e no início da viagem, a exercer uma razoável diligência para:

a) Pôr o navio em estado de navegabilidade;

b) Armar, equipar e aprovisionar convenientemente o navio;

c) Preparar e pôr em bom estado os porões, os frigoríficos e todas as outras partes do navio em que as mercadorias são carregadas, para a sua recepção, transporte e conservação.

2 – O armador, salvo o disposto no artigo 4.º, procederá de modo apropriado e diligente ao carregamento, manutenção, estiva, transporte, guarda, cuidados e descarga das mercadorias transportadas.

3 – Depois de receber e carregar as mercadorias, o armador, o capitão ou o agente do armador deverá, a pedido do carregador, entregar a este um conhecimento contendo, entre outros elementos:

a) As marcas principais necessárias à identificação das mercadorias tais quais foram indicadas por escrito pelo carregador antes de começar o embarque dessas mercadorias, contanto que essas marcas estejam impressas ou apostas claramente, de qualquer outra maneira, sobre as mercadorias não embaladas ou sobre as caixas ou embalagens que as contêm, de tal sorte que se conservem legíveis até ao fim da viagem;

b) Ou o número de volumes, ou de objectos, ou a quantidade, ou o peso, segundo os casos, tais como foram indicados por escrito pelo carregador;

(*) Assinada em Bruxelas em 25-8-1924, foi publicada no *Diário do Governo*, n.º 53, de 4-7-1930, e tornada direito interno pelo **DL n.º 37 748**, de 1-2-1950.

CONHECIMENTO DE CARGA (TRANSPORTE MARÍTIMO)

1093

c) O estado e o acondicionamento aparentes das mercadoras.

Porém, nenhum armador, capitão ou agente do armador será obrigado a declarar ou mencionar, no conhecimento, marcas, número, quantidade ou peso que, por motivos sérios, suspeite não representarem exactamente as mercadorias por ele recebidas, ou que por meios suficientes não pôde verificar.

4 – Um tal conhecimento constituirá presunção, salvo a prova em contrário, da recepção pelo armador das mercadorias tais como foram descritas conforme o § 3, alíneas *a*), *b*) e *c*).

5 – O carregador será considerado como tendo garantido ao armador, no momento do carregamento, a exactidão das marcas, do número, da quantidade e do peso, tais como por ele foram indicados, e indemnizará o armador de todas as perdas, danos e despesas provenientes ou resultantes de inexactidões sobre estes pontos. O direito do armador a tal indemnização não limitará, de modo nenhum, a sua responsabilidade e os seus compromissos, derivados do contrato de transporte, para com qualquer pessoa diversa do carregador.

6 – Salvo o caso de ser dado ao armador ou ao seu agente no porto de desembarque um aviso, por escrito, da existência e da natureza de quaisquer perdas e danos, antes ou no momento de retirada das mercadorias e da sua entrega a pessoa que tem o direito de recebê-las em virtude do contrato de transporte, essa retirada constituirá, até prova em contrário, uma presunção de que as mercadorias foram entregues pelo armador tais como foram descritas no conhecimento.

Se as perdas e danos não são aparentes, o aviso deve ser dado no prazo de três dias a contar da data da entrega.

As reservas escritas são inúteis se o estado da mercadoria foi contraditoriamente verificado no momento da recepção.

Em todos os casos o armador e o navio ficarão libertados de toda a responsabilidade por perdas e danos, não sendo instaurada a respectiva acção no prazo de um ano a contar da entrega das mercadorias ou da data em que estas deveriam ser entregues.

Em caso de perda ou dano certos ou presumidos, o armador e o destinatário concederão reciprocamente todas as facilidades razoáveis para a inspecção da mercadoria e verificação do número de volumes.

7 – Depois de carregadas as mercadorias, o conhecimento que o armador, o capitão ou o agente do armador entregar ao carregador, será, se este o exigir, um conhecimento com a nota de «embarcado»; mas, se o carregador tiver anteriormente recebido qualquer documento dando direito a essas mercadorias, deverá restituir esse documento em troca do conhecimento com a nota de «embarcado». O armador, o capitão ou o agente terá igualmente a faculdade de anotar, no porto de embarque, no documento entregue em primeiro lugar, o nome ou os nomes dos navios em que as mercadorias foram embarcadas e a data ou datas de embarque, e quando esse documento for assim anotado, se ele contiver também as menções do artigo 3.º, § 3, será considerado para os fins deste artigo, como constituindo um conhecimento com a nota de «embarcado».

8 – Será nula, de nenhum efeito e como se nunca tivesse existido, toda a cláusula, convenção ou acordo num contrato de transporte exonerando o armador ou o navio da responsabilidade por perda ou dano concernente a mercadorias provenientes de negligência, culpa ou omissão dos deveres ou obrigações perceituados neste artigo, ou atenunando essa responsabilidade por modo diverso do preceituado na presente Convenção. Uma cláusula cedendo o benefício do seguro ao armador ou qualquer cláusula semelhante será considerada como exonerando o armador da sua responsabilidade.

ART. 4.º – 1 – Nem o armador nem o navio serão responsáveis pelas perdas ou danos provenientes ou resultantes do estado de navegabilidade, salvo sendo este imputável a falta de razoável diligência da parte do armador em pôr o navio em estado de navegabilidade ou em assegurar ao navio um armamento, equipamento ou aprovisionamento convenientes, ou em preparar e pôr em bom estado os porões, frigoríficos e todas as outras partes do navio onde as mercadorias são carregadas, de modo que elas sejam aptas à recepção ou transporte e à preservação das mercadorias, tudo conforme o preceituado no artigo 3.º, § 1. Todas as vezes que uma perda ou um dano resultar da inavegabilidade, o ónus da prova no concernente à realização da diligência razoável recairá no armador ou em qualquer outra pessoa que invoque a exoneração prevista neste artigo.

2 – Nem o armador nem o navio serão responsáveis por perda ou dano resultante ou proveniente:

a) De actos, negligência ou falta do capitão, mestre, piloto, ou empregados do armador na navegação ou na administração do navio;

b) De um incêndio, salvo se for causado por falta ou culpa do armador;

c) De perigos, ou acidentes do mar ou de outras águas navegáveis;

d) De casos fortuitos;

e) De factos de guerra;

f) De factos de inimigos públicos;

g) De embargo ou coacção de governo, autoridades ou povo, ou de uma apreensão judicial;

h) De uma imposição de quarentena;

i) De um acto ou duma omissão de carregador ou proprietário das mercadorias, ou de seu agente ou representante;

j) De greves ou *loak-outs*, ou de suspensões ou dificuldades postas ao trabalho, seja qual for a causa, parcialmente ou totalmente;

k) De motins ou perturbações populares;

l) De uma salvação ou tentativa de salvação de vidas ou bens no mar;

1094 TRANSPORTES MARÍTIMOS

m) De desfalque de volume ou de peso, ou de qualquer outra perda ou dano resultante de vício oculto, natureza especial ou vício próprio da mercadoria;

n) De uma insuficiência de embalagem;

o) De uma insuficiência ou imperfeição de marcas;

p) De vícios ocultos que escapam a uma razoável diligência;

q) De qualquer outra causa não proveniente de facto ou culpa do armador, ou de facto ou culpa de agentes ou empregados do armador, mas o encargo da prova incumbirá à pessoa que invoca o benefício desta isenção e cumprir-lhe-á mostrar que nem a culpa pessoal, nem o facto do armador, nem a culpa ou o facto dos agentes ou empregados do armador contribuiram para a perda ou dano.

3 – O carregador não será responsável pelas perdas e danos sofridos pelo armador ou pelo navio, qualquer que seja a causa de que provenham ou resultem desde que não sejam imputáveis a acto, culpa ou negligência do mesmo carregador de seus agentes ou empregados.

4 – Nenhum desvio de rota para salvar ou tentar salvar vidas ou bens no mar nem qualquer desvio de rota razoável, será considerado como infracção à presente Convenção ou ao contrato de transporte, e o armador não será responsável de qualquer perda ou dano que daí resulte.

5 – Tanto o armador como o navio não serão obrigados, em caso algum, por perdas e danos causados às mercadorias ou que lhe digam respeito, por uma soma superior a 100 libras esterlinas por volume ou unidade, ou o equivalente desta soma numa diversa moeda, salvo quando a natureza e o valor destas mercadorias tiverem sido declaradas pelo carregador antes do seu embarque e essa declaração tiver sido inserida no conhecimento.

Esta declaração assim inserida no conhecimento constituirá uma presunção, salva a prova em contrário, mas não obrigará o armador, que poderá contestá-la.

Por convenção entre o armador, capitão ou agente do armador e o carregador, poderá ser determinada uma quantia máxima diferente da inscrita neste parágrafo, contanto que esse máximo convencional não seja inferior à cifra acima fixada.

Nem o armador nem o navio serão responsáveis, em caso nenhum, pelas perdas e danos causados às mercadorias ou que lhes sejam concernentes, se no conhecimento o carregador houver feito, conscientemente, uma falsa declaração da sua natureza ou do seu valor.

6 – As mercadorias de natureza inflamável, explosiva ou perigosa, cujo embarque o armador, o capitão ou o agente do armador não consentiriam, se conhecessem a sua natureza ou o seu carácter, poderão ser, a todo o momento, antes da descarga, desembarcadas em qualquer lugar, ou destruídas ou tornadas inofensivas pelo armador, sem indemnização; e o carregador dessas mercadorias será responsável por todo o dano e pelas despesas provenientes ou resultantes, directa ou indirectamente, do embarque delas. Se alguma dessas mercadorias, embarcadas com o conhecimento e consentimento do armador, se converter em perigo para o navio ou para a carga, poderá ser da mesma maneira desembarcada ou destruída ou tornada inofensiva pelo armador, sem responsabilidade para este, salvo a que resultar de avarias comuns, havendo-as.

ART. 5.º – O armador tem a faculdade de renunciar, no todo ou em parte, aos direitos e isenções ou de agravar as suas responsabilidades e obrigações tais como se acham previstas, umas e outras, na presente Convenção, contanto que essa renúncia ou esse agravamento seja inserido no conhecimento entregue ao carregador.

Nenhuma disposição da presente Convenção se aplica às cartas-partidas; mas, se no caso de um navio regido por uma carta-partida forem emitidos conhecimentos, ficarão estes sujeitos aos termos da presente Convenção. Nenhuma disposição destas regras será havia como o obstáculo à inserção num conhecimento de qualquer disposição lícita concernente às avarias comuns.

ART. 6.º – Não obstante as disposições dos artigos precedentes o armador, capitão ou agente do armador e o carregador têm a faculdade de, em relação a determinadas mercadorias, quaisquer que elas sejam, celebrar um contrato qualquer com quaisquer condições concernentes à responsabilidade e às obrigações, assim como os direitos e isenções do armador a respeito das mesmas mercadorias, ou a respeito das suas obrigações quanto ao estado de navegabilidade do navio, até onde esta estipulação não for contrária a ordem pública, ou em relação às solicitudes ou diligências dos seus empregados ou agentes quanto ao carregamento, manutenção, estiva, transporte, guarda, cuidados e descarga das mercadorias transportadas por mar, contanto que, neste caso, nenhum conhecimento tenha sido ou venha a ser emitido e que as cláusulas do acordo celebrado sejam inseridas num recibo, que será um documento intransmissível e conterá a menção deste carácter.

Toda a convenção assim celebrada terá plena validade legal.

Fica, todavia, convencionado que este artigo não se aplicará aos carregamentos comerciais ordinários, feitos por efeito de operações comerciais ordinárias, mas somente aqueles carregamentos em que o carácter e a condição dos bens a transportar e as circunstâncias, os termos e as condições em que o transporte se deve fazer são de molde a justificar uma convenção especial.

ART. 7.º – Nenhuma disposição da presente Convenção proibe ao armador ou carregador inserir num contrato estipulações, condições, reservas ou isenções relativas às obrigações e responsabilidades do armador, ou

CONHECIMENTO DE CARGA (TRANSPORTE MARÍTIMO) 1095

do navio, pelas perdas e danos que sobrevierem às mercadorias, ou concernentes à sua guarda, cuidado e manutenção, anteriormente ao carregamento e posteriormente à descarga do navio no qual as mesmas mercadorias são transportadas por mar.

ART. 8.º – As disposições da presente Convenção não modificam os direitos nem as obrigações do armador tais como resultam de qualquer lei em vigor neste momento relativamente à limitação da responsabilidade dos proprietários de navios de mar.

ART. 9.º – As unidades monetárias de que na presente Convenção se trata são expressas em valor-ouro.

Os Estados contratantes em que a libra esterlina não é empregada como unidade monetária reservam-se o direito de converter em números redondos, segundo o seu sistema monetário, as somas indicadas em libras esterlinas na presente Convenção.

As leis nacionais podem reservar ao devedor a faculdade de pagar na moeda nacional, conforme o curso do câmbio no dia da chegada do navio ao porto de descarga da mercadoria de que se trata.

ART. 10.º – As disposições da presente Convenção aplicar-se-ão a todo o conhecimento criado num dos Estados contratantes.

ART. 11.º – Dentro do prazo de dois anos, o mais tardar, a contar do dia da assinatura da Convenção, o Governo belga dirigir-se-á aos Governos das Altas Partes Contratantes que houverem declarado que desejam ratificá-la, a fim de os decidir a pô-la em vigor. As ratificações serão depositadas em Bruxelas, na data que será fixada de comum acordo entre os ditos Governos. O primeiro depósito das ratificações será verificado por uma carta assinada pelos representantes dos Estados que nele tomarem parte e pelo Ministério dos Negócios Estrangeiros da Bélgica.

Os depósitos ulteriores far-se-ão por uma notificação escrita e dirigida ao Governo belga e acompanhada do instrumento de ratificação.

Uma certidão da acta relativa ao primeiro depósito das notificações mencionadas na alínea precedente, assim como os instrumentos de ratificação que as acompanham será imediatamente, pelos cuidados do Governo belga e pela via diplomática, entregue aos governos que assinaram a presente Convenção ou a ela aderiram. Nos casos visados na alínea precedente, o dito Governo fará conhecer, ao mesmo tempo, a data em que recebeu a notificação.

ART. 12.º – Os Estados não signatários poderão aderir à presente Convenção, quer estivessem, quer não, representados na Conferência Internacional de Bruxelas.

O Estado que deseja aderir notificará por escrito a sua intenção ao Governo belga, transmitindo lhe o título de adesão, que será depositado nos arquivos do dito Governo.

O Governo belga transmitirá imediatamente a todos os Estados signatários ou aderentes uma certidão da notificação, assim como do título de adesão, indicando a data em que recebeu a notificação.

ART. 13.º – As Altas Partes Contratantes podem, no momento da assinatura do depósito das notificações ou da sua adesão, declarar que a aceitação que dão à presente Convenção não se aplica seja a certos, seja a nenhum dos domínios autónomos, colónias, possessões, protectorados ou territórios do ultramar que se acham sob a sua soberania ou autoridade. Em consequência, elas podem ulteriormente aderir separadamente, em nome de um ou outro desses domínios autónomos, colónias, possessões, protectorados ou territórios do ultramar assim excluídos na sua declaração primitiva. Elas podem também, conformando-se com estas disposições, denunciar a presente Convenção separadamente em relação a um ou algum dos domínios autónomos, colónias, possessões, protectorados ou territórios do ultramar que se acham sob a sua soberania ou autoridade.

ART. 14.º – Nos Estados que tiverem participado no primeiro depósito de ratificações, a presente Convenção produzirá efeito um ano após a data da acta desse depósito. Quanto aos Estados que a ratificarem ulteriormente ou a ela aderirem assim como nos casos em que ela for posta em vigor ulteriormemente, segundo o artigo 13.º, ela produzirá efeito seis meses depois que as notificações previstas no artigo 11.º, alínea 2.ª, e no artigo 12.º, alínea 2.ª, tiverem sido recebidas pelo governo belga.

ART. 15.º – Se um dos Estados contratantes quiser denunciar a presente Convenção, a denúncia será notificada por escrito ao Governo belga, que enviará imediatamente uma certidão da notificação a todos os outros Estados, fazendo-lhe saber a data em que a recebeu.

A denúncia produzirá os seus efeitos somente em relação ao Estado que a notifica e um ano depois de a notificação ser recebida pelo Governo belga.

ART. 16.º – Cada Estado contratante terá a faculdade de provocar a reunião duma nova conferência, a fim de se estudarem os melhoramentos que poderiam ser introduzidos na presente Convenção.

O Estado que fizer uso desta faculdade deverá notificar a sua intenção aos outros Estados com a antecipação de um ano, por intermédio do Governo belga, que se encarregará de convocar a conferência.

1096 [DL n.º 349/86]   TRANSPORTES MARÍTIMOS

17.2. CONTRATO DE TRANSPORTE DE PASSAGEIROS POR MAR

Decreto-Lei n.º 349/86
de 17 de Outubro

ART. 1.º (Noção) – Contrato de transporte de passageiros por mar é aquele em que uma das partes se obriga em relação à outra a transportá-la por via marítima mediante retribuição pecuniária.

ART. 2.º (Direito aplicável) – Este contrato é disciplinado pelos tratados e convenções internacionais vigentes em Portugal e, subsidiariamente, pelas disposições do presente diploma.

ART. 3.º (Prova) – O contrato de transporte de passageiros por mar prova-se pelo bilhete de passagem.

ART. 4.º (Requisitos do bilhete de passagem) – Devem constar do bilhete de passagem:
a) A identificação das partes;
b) A data e o local da emissão;
c) O nome do navio;
d) O porto de embarque e o de desembarque, assim como as escalas, quando o passageiro o solicite;
e) A data e o lugar de embarque e desembarque;
f) As condições da viagem e o respectivo preço.

ART. 5.º (Transportes especiais) – 1 – Quando se trate de navios de menos de 15 tAB ou de embarcações que efectuem serviços portuários ou serviços regulares em zonas delimitadas pelas autoridades para o efeito competentes, o bilhete de passagem pode conter apenas a identificação do transportador, o percurso a efectuar e o respectivo preço.

2 – Aos transportes previstos no número anterior apenas é aplicável o regime do presente diploma no que for conforme à sua natureza, segundo critérios de razoabilidade.

ART. 6.º (Emissão de bilhete de passagem) – 1 – O bilhete de passagem é emitido pelo transportador ou seu representante.

2 – É vedado ao transportador, sem consentimento do passageiro, efectuar o transporte em navio diverso do indicado no bilhete de passagem, salvo caso fortuito ou de força maior; nesta hipótese, porém, o navio substituto deve oferecer qualidade idêntica à do substituído.

3 – Se o bilhete de passagem contiver a identidade do passageiro, este não pode ceder a sua posição contratual sem o consentimento do transportador.

ART. 7.º (Bagagem) – 1 – No acto do embarque, o transportador deve entregar ao passageiro recibo comprovativo da bagagem que lhe for confiada para transporte («bagagem despachada»).

2 – É aplicável ao transporte da bagagem referida no número anterior o regime do transporte de mercadorias ao abrigo de conhecimento de carga.

3 – Não fica sujeita ao regime previsto nos números anteriores a bagagem que o passageiro mantiver à sua disposição durante a viagem («bagagem de cabina» ou equiparada).

4 – Em qualquer caso, a bagagem deve abranger exclusivamente objectos pertencentes ao passageiro.

5 – Se a bagagem exceder, em peso ou em volume, os limites estabelecidos no bilhete de passagem, é devido pelo passageiro um frete especial.

ART. 8.º (Alimentação do passageiro) – 1 – O preço do bilhete de passagem inclui, salvo estipulação em contrário, o custo da alimentação do passageiro durante a viagem.

2 – Se o custo da alimentação for convencionalmente excluído do preço do bilhete de passagem, o passageiro tem, de qualquer modo, direito a dispor de alimentação fornecida pelo transportador, mediante um preço adequado.

ART. 9.º (Não embarque e resolução do contrato) – 1 – O passageiro que não se apresente para embarque nos termos previstos no bilhete de passagem é obrigado ao seu pagamento integral.

2 – O passageiro que até 48 horas antes do início da viagem resolver unilateralmente o contrato é obrigado ao pagamento de metade do preço do bilhete.

3 – Se a resolução do contrato resultar de doença ou de outra circunstância que objectivamente impeça o passageiro de seguir viagem é por este devida metade do preço do bilhete, se isso for comunicado ao transportador até ao início da viagem.

4 – No caso de o embarque não se efectuar em consequência da morte do passageiro, o transportador tem apenas direito a metade do preço do bilhete.

5 – Se o passageiro não seguir viagem por causa relacionada com o navio, imputável ao transportador, ou se este modificar substancialmente os termos do contrato, salvo o disposto no n.º 2 do artigo 6.º, pode aquele, sem

CONTRATO DE TRANSPORTE DE PASSAGEIROS POR MAR   [DL n.º 349/86]   1097

prejuízo do direito a indemnização, resolver o contrato e exigir a parte ou totalidade do preço do bilhete que já tenha pago.

6 – O disposto nos n.ᵒˢ 1, 2, 3 e 4 do presente artigo pode ser alterado por prévia estipulação das partes.

ART. 10.º (Demora na saída do navio) – Se o navio se demorar em sair, por causa com ele relacionada, imputável ao transportador, o passageiro tem direito a alojamento e alimentação a bordo, durante todo o tempo da demora, se não optar pela efectivação dos direitos que lhe são atribuídos no n.º 3 do artigo anterior.

ART. 11.º (Interrupção da viagem) – 1 – O passageiro que prefira desembarcar em porto que não seja o do destino não tem direito a redução do preço do bilhete de passagem.

2 – Se o desembarque em porto diverso do de destino ou a interrupção prolongada da viagem resultar de facto imputável ao transportador, tem este a faculdade de continuar o transporte em navio de qualidade idêntica, assegurando, entretanto, o alojamento e a alimentação do passageiro, que poderá, no entanto, resolver o contrato; em qualquer caso, o passageiro tem direito à indemnização dos danos sofridos.

3 – O desembarque em porto diverso do de destino ou a interrupção prolongada da viagem por caso fortuito ou de força maior respeitante ao navio confere ao transportador e ao passageiro os direitos previstos no número anterior, salvo, quanto ao passageiro, o de indemnização dos danos.

ART. 12.º (Desvio de rota) – Se, por desvio de rota imputável ao transportador, o navio alterar as escalas previstas, o passageiro tem direito a alojamento e alimentação durante o tempo de desvio, ou a resolver o contrato, independentemente do direito à indemnização dos danos sofridos; exclui-se, porém, este último direito se o desvio se dever a caso fortuito ou de força maior, ou à necessidade de salvar pessoas ou coisas no mar.

ART. 13.º (Obrigações do transportador) – O transportador deve pôr e manter o navio em estado de navegabilidade, convenientemente armado, equipado e aprovisionado para a viagem, procedendo de modo adequado e diligente à observância das condições de segurança impostas pelos usos, regulamentos e convenções internacionais.

ART. 14.º (Responsabilidade por danos pessoais) – 1 – O transportador responde pelos danos que o passageiro sofra no navio, durante a viagem, e ainda pelos que ocorram desde o início das operações de embarque até ao fim das operações de desembarque, quer nos portos de origem, quer nos portos de escala.

2 – Incumbe ao lesado provar que o transportador não observou qualquer das obrigações prescritas no artigo anterior, ou que o facto danoso resultou de culpa do transportador ou dos seus auxiliares.

ART. 15.º (Responsabilidade por acontecimentos de mar) – 1 – O transportador responde pelos danos que o passageiro sofra em consequência de naufrágio, abalroação, explosão ou incêndio do navio.

2 – Incumbe ao transportador provar que os eventos referidos no número anterior não resultaram de culpa sua ou dos seus auxiliares.

ART. 16.º (Regime da responsabilidade) – 1 – São nulas as cláusulas que afectem os direitos conferidos pelos artigos 7.º, n.º 2, 9.º, n.º 5, 11.º, n.ᵒˢ 2 e 3, 12.º, 14.º e 15.º.

2 – O direito de indemnização decorrente da violação do contrato de transporte de passageiros por mar deve ser exercido no prazo de dois anos, a partir da data em que o desembarque efectivamente se verificou ou da data para este prevista.

ART. 17.º (Disciplina de bordo) – O passageiro fica submetido aos regulamentos e às instruções do capitão relacionadas com a disciplina de bordo e com a segurança da viagem.

ART. 18.º (Transporte sem retribuição pecuniária) – 1 – O regime do presente diploma aplica-se ao transporte gratuito, quando efectuado em navio explorado comercialmente, podendo, no entanto, esse regime ser afastado por estipulação escrita das partes, salvo no que respeita à responsabilidade prevista nos artigos 14.º e 15.º.

2 – Se o transporte gratuito for efectuado em navio não utilizado para fins comerciais, não se aplica o regime do presente diploma.

3 – No caso previsto no número anterior aplicam-se as regras gerais da responsabilidade extracontratual.

ART. 19.º (Passageiros clandestinos) – 1 – O disposto no presente diploma não se aplica a passageiros clandestinos.

2 – Por passageiro clandestino entende-se qualquer pessoa que, num porto ou em local próximo, se oculte no navio sem o consentimento do seu proprietário, ou do capitão, ou de qualquer outra pessoa que explore o navio, e que se encontre a bordo depois deste ter deixado esse porto ou local próximo.

ART. 20.º (Tribunal competente) – 1 – Os tribunais portugueses são internacionalmente competentes para o julgamento das acções emergentes do contrato de transporte de passageiros por mar, em qualquer dos casos seguintes:

a) Se o porto de embarque ou de desembarque se situar em território português;
b) Se o contrato de transporte tiver sido celebrado em Portugal;
c) Se o navio transportador arvorar a Bandeira Portuguesa ou estiver registado em Portugal;

1098 [DL n.º 352/86]   TRANSPORTES MARÍTIMOS

d) Se o domicílio do passageiro, ou a sede, sucursal, filial ou delegação do transportador se localizar em território português.

2 – Nas situações não previstas no número anterior, a determinação da competência internacional dos tribunais para julgamento das acções emergentes do contrato de transporte de passageiros por mar é feita de acordo com as regras gerais.

ART. 21.º (Cruzeiros marítimos) – 1 – O bilhete de cruzeiro marítimo deve conter, além dos elementos referidos no artigo 4.º, todos os serviços acessórios a prestar ao passageiro, designadamente em terra.

2 – Se o organizador do cruzeiro marítimo não for o próprio transportador deve mencionar com precisão em que qualidade actua em relação a este e ao passageiro.

3 – No caso previsto no número anterior, o organizador do cruzeiro marítimo deve promover, nas suas relações internas com o transportador, que a responsabilidade deste perante os passageiros esteja garantida por seguro adequado e que às acções emergentes da execução do transporte sejam aplicáveis as regras de competência internacional previstas no artigo 20.º; se tal não acontecer, o organizador responde solidariamente com o transportador.

4 – O organizador do cruzeiro marítimo, seja ou não o transportador, responde pela correcta organização do cruzeiro e pela prestação dos serviços acessórios a que alude o n.º 1 deste artigo.

ART. 22.º (Preceitos revogados) – São revogados os artigos 563.º a 573.º do Código Comercial.

ART. 23.º (Vigência) – O presente diploma entra em vigor 30 dias após a sua publicação.

17.3. CONTRATO DE TRANSPORTE DE MERCADORIAS POR MAR

Decreto-Lei n.º 352/86
de 21 de Outubro (*)

ART. 1.º (Noção) – Contrato de transporte de mercadorias por mar é aquele em que uma das partes se obriga em relação à outra a transportar determinada mercadoria, de um porto para porto diverso, mediante uma retribuição pecuniária, denominada «frete».

ART. 2.º (Direito aplicável) – Este contrato é disciplinado pelos tratados e convenções internacionais vigentes em Portugal e, subsidiariamente, pelas disposições do presente diploma.

ART. 3.º (Forma) – 1 – O contrato de transporte de mercadorias por mar está sujeito a forma escrita.

2 – Incluem-se no âmbito da forma escrita, designadamente, cartas, telegramas, telex, telefax e outros meios equivalentes criados pela tecnologia moderna.

ART. 4.º (Declaração de carga) – 1 – O carregador deve entregar ao transportador uma declaração de carga, contendo os seguintes elementos:

a) A natureza da mercadoria e os eventuais cuidados especiais de que a mesma careça;
b) As marcas principais necessárias à identificação da mercadoria;
c) O número de volumes ou de objectos e a quantidade ou o peso;
d) O tipo de embalagem e o acondicionamento da mercadoria;
e) O porto de carga e o de descarga;
f) A data.

2 – O carregador responde perante o transportador pelos danos resultantes das omissões ou incorrecções de qualquer elemento da declaração de carga.

ART. 5.º (Recepção da mercadoria para embarque) – 1 – Quando o transportador receber a mercadoria para embarque deve entregar ao carregador um recibo ou um conhecimento de carga, com a menção expressa para embarque, contendo:

a) Os elementos referidos no n.º 1 do artigo anterior;
b) O acondicionamento e o estado aparente da mercadoria;
c) O nome do navio transportador;
d) Outros elementos que considere relevantes.

2 – O transportador responde perante o carregador pelos danos resultantes de omissões ou incorrecções de qualquer elemento do recibo ou conhecimento de carga.

_____
(*) Alterado pelo **DL n.º 323/2001**, de 17-12 (art. 31.º).

CONTRATO DE TRANSPORTE DE MERCADORIAS POR MAR [DL n.º 352/86] 1099

ART. 6.º (Responsabilidade do transportador até ao embarque) – À responsabilidade do transportador pela mercadoria no período que decorre entre a recepção e o embarque são aplicáveis as disposições respeitantes ao contrato de depósito regulado na lei civil.

ART. 7.º (Intervenção de terceiros) – A intervenção de operador portuário ou de outro agente em qualquer operação relativa à mercadoria não afasta a responsabilidade do transportador, ficando, porém, este com o direito de agir contra os referidos operador ou agente.

ART. 8.º (Emissão do conhecimento de carga) – 1 – Após o início do transporte marítimo, o transportador deve entregar ao carregador um conhecimento de carga de acordo com o que determinarem os tratados e convenções internacionais referidos no artigo 2.º.

2 – O conhecimento de carga indicado no número anterior pode ser substituído pelo conhecimento de carga a que alude o artigo 5.º, depois de nele terem sido exaradas a expressão «carregado a bordo» e a data do embarque.

3 – O conhecimento de carga deve mencionar o número de originais emitidos.

4 – Depois de ter sido dado cumprimento a um dos originais mencionados no número anterior, todos os outros ficam sem efeito.

5 – Só o transportador da mercadoria tem legitimidade para emitir o respectivo conhecimento de carga.

ART. 9.º (Transporte no convés) – 1 – O consentimento do carregador para o transporte da mercadoria no convés deve constar do conhecimento de carga.

2 – Dispensa-se o consentimento referido no número anterior, quando se trate de:

a) Mercadoria, que por imperativo legal, deva seguir no convés;

b) Contentores transportados em navio especialmente construído ou adaptado para esse fim ou noutro tipo de navio segundo usos de tráfego prudentes.

3 – O sistema previsto na Convenção de Bruxelas de 1924 em matéria de conhecimentos é aplicável, quanto às causas de exoneração legal da responsabilidade do transportador e quanto à limitação legal desta, quando o transporte no convés se processe nos termos dos n.ᵒˢ 1 e 2 deste artigo.

ART. 10.º (Nulidade do conhecimento de carga) – 1 – São nulos os conhecimentos de carga emitidos por quem não tenha a qualidade de transportador marítimo.

2 – Quem, não sendo o transportador marítimo da mercadoria, emitir conhecimentos de carga responde pelos danos causados ao carregador ou a outros na mesma interessados.

3 – O disposto neste artigo não prejudica a possibilidade de o agente do transportador assinar os conhecimentos de carga em sua representação.

ART. 11.º (Natureza, modalidades e transmissão do conhecimento de carga) – 1 – O conhecimento de carga constitui título representativo da mercadoria nele descrita e pode ser nominativo, à ordem ou ao portador.

2 – A transmissão do conhecimento de carga está sujeita ao regime geral dos títulos de crédito.

ART. 12.º (Navio transportador) – O transportador deve efectuar o transporte no navio designado no contrato ou em navio que, em condições idênticas, possa efectuar o transporte.

ART. 13.º (Impedimento à viagem não imputável ao transportador) – Se a viagem não puder ser empreendida na data ou época previstas por causa não imputável ao transportador, qualquer das partes pode resolver o contrato, sem que impenda sobre aquele responsabilidade alguma quanto aos danos sofridos pelo carregador.

ART. 14.º (Impedimento à viagem imputável ao transportador) – 1 – Tornando-se a viagem impossível na data ou época previstas por causa imputável ao transportador, torna-se este responsável como se faltasse culposamente ao cumprimento.

2 – Independentemente do direito à indemnização, o carregador pode resolver o contrato, exigindo a restituição da parte ou totalidade do frete que já tenha pago.

ART. 15.º (Revogação do contrato) – 1 – Se o carregador não apresentar a mercadoria para embarque ao transportador no prazo e no local fixados, considera-se o contrato revogado, sendo aquele, porém, obrigado a pagar o frete respectivo.

2 – Se o carregador, depois de ter entregue ao transportador a mercadoria para embarque, revogar o contrato, é obrigado a pagar, além do frete respectivo, as despesas que o transportador tenha feito com a mesma.

ART. 16.º (Apresentação da mercadoria à borda) – 1 – Quando o carregador entregar a mercadoria para embarque à borda do navio e não haja disposição contratual que a regule, essa entrega deve efectuar-se ao ritmo pedido pelo transportador e no local por este indicado, de acordo com os usos do porto.

2 – O não cumprimento do disposto no número precedente torna o carregador responsável pelos danos causados ao transportador.

ART. 17.º (Recepção da mercadoria à borda) – A disciplina do artigo anterior é aplicável, correspondentemente, quando, no porto de descarga, o destinatário ou consignatário tome conta da mercadoria à borda do navio.

1100 [DL n.º 352/86]   TRANSPORTES MARÍTIMOS

ART. 18.º (Entrega da mercadoria à descarga do navio) – Sem prejuízo do disposto nos tratados e convenções internacionais referidos no artigo 2.º, o transportador deve entregar a mercadoria, no porto de descarga, à entidade a quem, de acordo com os regulamentos locais, caiba recebê-la, sendo a esta aplicáveis as disposições respeitantes ao contrato de depósito regulado na lei civil.

ART. 19.º (Recusa de receber a mercadoria) – 1 – No caso de o destinatário, ou consignatário, se recusar a receber a mercadoria ou não reclamar a sua entrega no prazo de vinte dias após a descarga do navio, o transportador notificá-lo-á por carta registada com aviso de recepção, se for conhecido, fixando-lhe mais vinte dias para proceder ao levantamento.

2 – Se o destinatário ou consignatário for desconhecido, a notificação prevista no número anterior é substituída por anúncios publicados em dois dias seguidos num dos jornais mais lidos da localidade, contando-se os vinte dias a partir da última publicação.

3 – Findos os prazos indicados nos dois números anteriores, o transportador tem a faculdade de proceder à venda extrajudicial da mercadoria para pagamento do frete, se devido, e de eventuais despesas decorrentes do contrato.

4 – A quantia que remanescer após o pagamento referido no número anterior será objecto de consignação em depósito, nos termos da lei geral.

ART. 20.º (Várias pretensões de entrega) – Se mais do que uma pessoa, com título bastante, pretender a entrega da mercadoria no porto de descarga, esta fica à guarda da entidade referida no artigo 18.º até que o tribunal competente, a requerimento do transportador ou de qualquer dos interessados, decida quem tem direito a recebê-la.

ART. 21.º (Direito de retenção) – 1 – O transportador goza do direito de retenção sobre a mercadoria transportada para garantia dos créditos emergentes do transporte.

2 – Sempre que pretenda exercer este direito, o transportador deve notificar o destinatário ou consignatário, dentro dos quinze dias imediatos à chegada do navio ao porto de descarga.

3 – Se o transportador, no exercício do direito de retenção, mantiver a mercadoria a bordo, fica impedido de reclamar dos interessados a indemnização por danos resultantes da imobilização do navio.

4 – No exercício do direito de retenção, o transportador pode, no entanto optar por proceder à descarga da mercadoria, assegurando com diligência a sua guarda e conservação.

5 – As despesas com a guarda e conservação referidas no número anterior ficam a cargo dos interessados na mercadoria.

6 – O titular do direito de retenção deve propor a competente acção judicial dentro dos 30 dias subsequentes à realização da notificação referida no n.º 2.

ART. 22.º (Mercadorias perecíveis) – 1 – Quando as situações previstas nos artigos 19.º a 21.º se verificarem relativamente a mercadorias perecíveis, o transportador tem a faculdade de proceder à sua venda antecipada, mediante prévia autorização judicial e notificação do pedido à parte contrária, se for conhecida.

2 – O tribunal decidirá sem audiência da parte contrária.

3 – Para efeitos da lei de processo, presume-se que os actos judiciais necessários à concretização da venda antecipada prevista neste artigo se destinam a evitar danos irreparáveis.

4 – Sobre o produto da venda fica o transportador com os direitos que lhe cabiam em relação à mercadoria vendida, podendo o tribunal, no entanto, ordenar que o preço seja depositado.

5 – A parte contrária tem a faculdade de impedir a venda antecipada da mercadoria, oferecendo caução idónea.

ART. 23.º (Mercadoria carregada e descarregada) – 1 – Para efeitos do disposto no presente diploma, a mercadoria considera-se carregada no momento em que, no porto de carga, transpõe a borda do navio de fora para dentro e descarregada no momento em que, no porto de descarga, transpõe a borda do navio de dentro para fora.

2 – Os princípios estabelecidos no número anterior vigoram quer os aparelhos de carga e descarga pertençam ao navio quer não.

ART. 24.º (Volumes ou unidades de carga) – 1 – Quando as mercadorias forem consolidadas, para transporte, em contentores paletes ou outros elementos análogos, consideram-se volumes ou unidades de carga os que estiverem enumerados no conhecimento de carga.

2 – O contentor, a palete ou o elemento análogo é considerado, ele próprio, também um volume ou unidade de carga, sempre que fornecido pelo carregador.

ART. 25.º (Reservas no conhecimento de carga) – 1 – As reservas apostas pelo transportador no conhecimento de carga devem ser claras, precisas e susceptíveis de motivação.

2 – O transportador pode não incluir no conhecimento os elementos a que se referem as alíneas b) e c) do n.º 1 do artigo 4.º se, pela prática usual no tipo de transporte considerado e face às específicas condições da mercadoria e aos meios técnicos das operações de carga, as declarações prestadas pelo carregador não forem verificáveis, em termos de razoabilidade.

CONTRATO DE REBOQUE MARÍTIMO   [DL n.º 431/86] 1101

ART. 26.º (Cartas de garantia) – 1 – As cartas ou acordos em que o carregador se compromete a indemnizar o transporte pelos danos resultantes da emissão de conhecimento de carga sem reservas não são oponíveis a terceiros, designadamente ao destinatário e ao segurador, mas estes podem prevalecer-se delas contra o carregador.

2 – No caso de as reservas omitidas se referirem a defeitos da mercadoria que o transportador conhecia ou devia conhecer no momento da assinatura do conhecimento de carga, o transportador não pode prevalecer-se de tais defeitos para exoneração ou limitação da sua responsabilidade.

ART. 27.º (Regime da responsabilidade) – 1 – São nulas as cláusulas que afectem os direitos conferidos pelos artigos 4.º, n.º 2, 5.º, n.º 2, 7.º e 10.º, n.º 2.

2 – Os direitos de indemnização previstos no presente diploma devem ser exercidos no prazo de dois anos a partir da data em que o lesado teve conhecimento do direito que lhe compete.

ART. 28.º (Responsabilidade do navio) – 1 – Se ocorrer a nulidade prevista no n.º 1 do artigo 10.º ou se o transportador marítimo não for identificável com base nas menções constantes do conhecimento de carga, o navio que afecta o transporte responde perante os interessados na carga nos mesmos termos em que responderia o transportador.

2 – Para efeito do disposto no número anterior, é atribuída ao navio personalidade judiciária, cabendo a sua representação em juízo ao proprietário, ao capitão ou seu substituto, ou ao agente de navegação que requereu o despacho do navio.

3 – A responsabilidade prevista no n.º 1 não prejudica a efectivação da estabelecida no n.º 2 do artigo 10.º, nos termos gerais de direito.

ART. 29.º (Aplicação do presente diploma) – As disposições do presente diploma aplicam-se:

a) A todos os interessados no transporte, sempre que não exista carta-partida;

b) Nas relações entre o transportador e o terceiro portador do conhecimento de carga, com prejuízo do que em contrário possa dispor a carta-partida, quando esse conhecimento tenha sido emitido ao abrigo de uma carta-partida.

ART. 30.º (Tribunal competente) – 1 – Os tribunais portugueses são internacionalmente competentes para o julgamento das acções emergentes do contrato de transporte de mercadorias por mar, em qualquer dos casos seguintes:

a) Se o porto de carga ou de descarga se situar em território português;

b) Se o contrato de transporte tiver sido celebrado em Portugal;

c) Se o navio transportador arvorar a bandeira portuguesa ou estiver registado em Portugal;

d) Se a sede, sucursal, filial ou delegação do carregador, do destinatário ou consignatário ou do transportador se localizar em território português.

2 – Nas situações não previstas no número anterior, a determinação da competência internacional dos tribunais para julgamento das acções emergentes do contrato de transporte de mercadorias por mar é feita de acordo com as regras gerais.

ART. 31.º (Limitação legal da responsabilidade) – 1 – É fixado em € 498,80 o valor referido no § 1.º do artigo 1.º do Decreto-Lei n.º 37 748, de 1 de Fevereiro de 1950.

2 – Se o conhecimento de carga não contiver a enumeração a que alude o n.º 1 do artigo 24.º deste diploma, por ela não constar da declaração de carga referida no artigo 4.º, cada contentor, palete ou outro elemento análogo é considerado, para efeitos de limitação legal de responsabilidade, como um só volume ou unidade de carga.

3 – A limitação legal de responsabilidade aplica-se ao capitão e às demais pessoas utilizadas pelo transportador para a execução do contrato.

ART. 32.º (Preceitos revogados) – São revogados os artigos 497.º, 538.º a 540.º e 559.º a 561.º do Código Comercial.

ART. 33.º (Vigência) – O presente diploma entra em vigor 30 dias após a sua publicação.

17.4. CONTRATO DE REBOQUE MARÍTIMO

Decreto-Lei n.º 431/86

de 30 de Dezembro

ART. 1.º (Noção) – 1 – Contrato de reboque é aquele em que uma das partes se obriga em relação à outra a proporcionar a força motriz de um navio, embarcação ou outro engenho análogo, designado rebocador, a navio, embarcação ou objecto flutuante diverso, designado rebocado, a fim de auxiliar a manobra deste ou de o deslocar de um local para local diferente.

2 – A parte que se obriga a proporcionar a força motriz de um navio, embarcação ou outro engenho designa-se «contratante-rebocador» e a contraparte «contratante-rebocado».

1102 [DL n.º 431/86]   TRANSPORTES MARÍTIMOS

ART. 2.º (Regime) – 1 – O contrato de reboque é disciplinado pelas disposições do presente diploma, salvo se as partes acordarem, por forma escrita, na aplicação de regime diverso.

2 – Incluem-se no âmbito da forma escrita, designadamente cartas, telegramas, telex, telefax e outros meios equivalentes criados pela tecnologia moderna.

ART. 3.º (Reboque-transporte) – 1 – Quando o rebocado é entregue em depósito ao contratante-rebocador, o contrato de reboque é disciplinado também pelas disposições do contrato de transporte de mercadorias por mar, com as necessárias adaptações.

2 – O contratante-rebocador é responsável pela mercadoria carregada em batelão de carga, tenha este ou não tripulantes ou guardas, salvo acordo expresso em contrário, para que se exige a forma escrita prevista no n.º 2 do artigo anterior.

ART. 4.º (Assistência ou salvação ao rebocado) – A operação de reboque só pode dar lugar a remuneração por assistência ou salvação quando, durante a sua execução, forem prestados serviços excepcionais não enquadráveis no âmbito do contrato de reboque.

ART. 5.º (Retribuição do reboque) – 1 – O contrato de reboque presume-se retribuído, salvo acordo expresso em contrário.

2 – Não havendo ajuste entre as partes, a retribuição é determinada pelas tarifas em vigor; na falta destas, pelos usos e, na falta de umas e de outros, por juízos de equidade.

ART. 6.º (Duração e forma) – 1 – O reboque pode ser contratado para uma ou várias operações ou para certo período de tempo.

2 – O contrato de reboque para várias operações ou para certo período de tempo é nulo quando não revista forma escrita, com observância do disposto no n.º 2 do artigo 2.º.

ART. 7.º (Trem de reboque) – Designa-se «trem de reboque» o conjunto formado por rebocador e rebocado durante a execução do contrato de reboque.

ART. 8.º (Direcção do trem de reboque) – 1 – A direcção do trem de reboque pertence ao contratante-rebocado e é exercida pelo capitão, mestre ou arrais do rebocado.

2 – Não é aplicável o disposto no número anterior quando:

a) O rebocado não tenha tripulação adequada;

b) O rebocado tenha tripulação adequada, mas não disponha de meios de propulsão operacionais, salvo tratando-se de manobra em porto;

c) Pela própria natureza do reboque ou do rebocado, a direcção do trem de reboque pertença, exclusivamente, ao contratante-rebocador.

3 – Nas situações do número anterior e sendo o reboque executado por mais de um rebocador, a direcção do trem de reboque pertence ao de maior potência; em caso de rebocadores de igual potência, ao comandado pelo capitão mais antigo, salvo acordo das partes em contrário.

ART. 9.º (Obrigações das partes) – 1 – A parte a quem pertencer a direcção do trem de reboque é obrigada:

a) A obter as necessárias licenças, autorizações e certificados relativos ao seu navio ou embarcação e ao sistema de reboque;

b) A examinar o sistema e o cabo de reboque antes do início da execução do reboque;

c) A assegurar a passagem do cabo de reboque;

d) A assegurar um sistema e o cabo de reboque antes do início da execução do reboque;

e) A providenciar quanto às condições de segurança das pessoas e coisas embarcadas no trem de reboque;

f) A assegurar o governo e a navegação do trem de reboque;

g) A sinalizar as manobras e a navegação do trem de reboque.

2 – A outra parte é obrigada:

a) A obter as necessárias licenças, autorizações e certificados relativos ao seu navio, embarcação ou objecto flutuante;

b) A avisar imediatamente quem exercer a direcção do trem de reboque quando saiba que algum perigo ameaça as pessoas ou coisas embarcadas.

ART. 10.º (Responsabilidade) – 1 – A parte a quem pertencer a direcção do trem de reboque responde pelos danos ocorridos durante a execução do contrato salvo se provar que os mesmos não resultam de facto que lhe seja imputável.

2 – Presume-se ordenada pela parte a quem pertence a direcção do trem de reboque a manobra efectuada pelo rebocador e pelo rebocado.

ART. 11.º (Cumprimento do contrato) – 1 – O reboque deve ser efectuado pela rota nas condições estipuladas e, na falta dessa estipulação, pelo percurso mais curto e seguro.

2 – O contratante-rebocador é responsável pelos danos sofridos pelo contratante-rebocado resultantes de atraso imputável ao primeiro.

3 – O contrato de reboque considera-se cumprido logo que o rebocado se encontre no local de destino e desligados o cabo ou cabos de reboque.

CONTRATO DE FRETAMENTO   [DL n.º 191/87]   1103

ART. 12.º (Substituição de rebocador) – 1 – Na execução do reboque, o rebocador pode ser substituído por outro, com características adequadas, mesmo que pertença a terceiro.

2 – A substituição prevista no número anterior deve ser comunicada, logo que possível, à outra parte.

ART. 13.º (Impossibilidade culposa) – 1 – Tornando-se o reboque impossível, na data ou época prevista, por causa imputável ao contratante-rebocador, é este responsável como se faltasse culposamente ao cumprimento.

2 – Independentemente do direito à indemnização, o contratante-rebocado pode resolver o contrato.

ART. 14.º (Impossibilidade não culposa) – 1 – Se a execução do reboque se tornar impossível por causa não imputável a qualquer das partes, são aplicáveis as disposições da lei civil respeitantes à impossibilidade objectiva da prestação.

2 – Tendo, porém, havido começo da execução do reboque, o contratante-rebocado é obrigado a indemnizar o contratante-rebocador pelo trabalho executado e pelas despesas realizadas.

3 – Entende-se que há começo de execução do reboque quando se verifique a passagem do cabo de reboque; o contratante-rebocador pode, no entanto, fazer a prova de que realizou, antes desse momento, manobras necessárias à execução do contrato.

ART. 15.º (Regime da responsabilidade) – O direito de indemnização decorrente da violação do contrato de reboque deve ser exercido no prazo de dois anos, a partir da data da conclusão ou da interrupção do reboque.

ART. 16.º (Tribunal competente) – 1 – Os tribunais portugueses são internacionalmente competentes para o julgamento das acções emergentes do contrato de reboque, em qualquer dos casos seguintes:

a) Se o local de início ou de destino do reboque se situar em território português;

b) Se o contrato de reboque tiver sido celebrado em Portugal;

c) Se o rebocador ou o rebocado forem de nacionalidade portuguesa;

d) Se a sede, sucursal, filial ou delegação de qualquer das partes se localizar em território português.

2 – Nas situações não previstas no número anterior, a determinação da competência internacional dos tribunais para julgamento das acções emergentes do contrato de reboque é feita de acordo com as regras gerais.

ART. 17.º (Vigência) – O presente diploma entra em vigor 30 dias após a sua publicação.

17.5. CONTRATO DE FRETAMENTO

Decreto-Lei n.º 191/87
de 29 de Abril

CAPÍTULO I — Contrato de fretamento

ART. 1.º (Noção) – Contrato de fretamento de navio é aquele em que uma das partes (fretador) se obriga em relação à outra (afretador) a pôr à sua disposição um navio, ou parte dele, para fins de navegação marítima, mediante uma retribuição pecuniária denominada «frete».

ART. 2.º (Forma) – Designa-se carta-partida o documento particular exigido para a válida celebração do contrato de fretamento.

ART. 3.º (Regime) – O contrato de fretamento é disciplinado pelas cláusulas da carta-partida e, subsidiariamente, pelas disposições do presente diploma.

ART. 4.º (Modalidades) – O contrato de fretamento pode revestir as modalidades seguintes:

a) Por viagem;

b) A tempo;

c) Em casco nu.

CAPÍTULO II — Contrato de fretamento por viagem

ART. 5.º (Noção) – Contrato de fretamento por viagem é aquele em que o fretador se obriga a pôr à disposição do afretador um navio, ou parte dele, para que este o utilize numa ou mais viagens, previamente fixadas de transporte de mercadorias determinadas.

1104   [DL n.º 191/87]   TRANSPORTES MARÍTIMOS

ART. 6.º (Carta-partida) – 1 – A carta-partida deve conter os elementos seguintes:
a) A identificação do navio, através do nome, nacionalidade e tonelagem;
b) A identificacão do fretador e do afretador;
c) A quantidade e a natureza das mercadorias a transportar;
d) Os portos de carga e os de descarga;
e) Os tempos previstos para o carregamento e para a descarga, denominados estadias;
f) A indemnização convencionada em caso de sobrestadia;
g) O prémio convencionado em caso de subestadia;
h) O frete.
2 – Os danos resultantes da omissão de qualquer dos elementos referidos no número anterior são imputáveis ao fretador, salvo prova em contrário.

ART. 7.º (Obrigações do fretador) – Constituem obrigações do fretador:
a) Apresentar o navio ao afretador na data ou época e no local acordados;
b) Apresentar o navio, antes e no início da viagem, em estado de navegabilidade, devidamente armado e equipado, de modo a dar integral cumprimento ao contrato;
c) Efectuar as viagens previstas na carta-partida.

ART. 8.º (Gestão náutica e gestão comercial) – A gestão náutica e a gestão comercial do navio pertencem ao fretador.

ART. 9.º (Obrigações do afretador) – Constituem obrigações do afretador:
a) Entregar ao fretador as quantidades de mercadoria fixadas na carta-partida;
b) Efectuar as operações de carregamento e de descarga do navio dentro dos prazos estabelecidos na carta-partida;
c) Pagar o frete.

ART. 10.º (Não apresentação da mercadoria para embarque) – O afretador é obrigado a pagar o frete por inteiro, ainda que não apresente a totalidade da mercadoria para embarque, no prazo e no local fixados.

ART. 11.º (Embarque de mercadoria que exceda a convencionada) – Se o navio carregar quantidade de mercadoria superior à convencionada, o afretador é obrigado ao pagamento de um frete suplementar proporcional à quantidade excedente.

ART. 12.º (Estadias) – 1 – Se a carta-partida nada dispuser sobre estadias, compete ao fretador fixá-las segundo critérios de razoabilidade, tendo em conta as circunstâncias do caso e os usos do porto.
2 – Se a carta-partida fixar, autonomamente, as estadias para as operações de carregamento e de descarga, estas são não cumuláveis e devem ser contadas em separado.
3 – Excluem-se da contagem das estadias os dias em que, por interrupção legal da actividade portuária ou por quaisquer outros factos objectivamente relevantes, as operações de carregamento e de descarga não se possam realizar.
4 – A contagem das estadias inicia-se no primeiro período de trabalho normal que se siga à entrega ao afretador do aviso de navio pronto, desde que este aviso tenha sido entregue até ao termo do período de trabalho normal antecedente.
5 – Considera-se horário de trabalho normal o que, nesses termos, seja praticado pelos trabalhadores portuários do respectivo porto.
6 – O momento a partir do qual é legítima a entrega do aviso de navio pronto é definido pelos usos do porto.

ART. 13.º (Sobrestadias e subestadias) – 1 – Quando for ultrapassado o tempo de estadia, o navio entra em sobrestadia; esta dá lugar ao pagamento pelo afretador ou fretador de um suplemento do frete proporcional ao tempo excedente.
2 – Quando não for utilizado inteiramente o tempo de estadia, o afretador tem direito a um prémio de subestadia proporcional ao tempo não gasto.
3 – A taxa de subestadia corresponde a metade da taxa de sobrestadia.

ART. 14.º (Impedimento à viagem não imputável às partes) – Se a viagem ou viagens não puderem ser iniciadas nas datas ou épocas previstas por causa não imputável ao fretador ou ao afretador, qualquer das partes pode resolver o contrato, sem que impenda sobre elas responsabilidade alguma quanto aos danos sofridos.

ART. 15.º (Impedimento à viagem por causa imputável ao fretador) – 1 – Tornando-se a viagem ou viagens impossíveis, nas datas ou épocas previstas, por causa imputável ao fretador, torna-se este responsável como se faltasse culposamente ao cumprimento.
2 – Independentemente do direito à indemnização, o afretador pode resolver o contrato, exigindo a restituição da parte ou totalidade do frete já pago correspondente à viagem ou viagens não realizadas.

CONTRATO DE FRETAMENTO   [DL n.º 191/87]   1105

ART. 16.º (Impedimento à viagem por causa imputável ao afretador) – 1 – Tornando-se a viagem ou viagens impossíveis nas datas ou épocas previstas por causa imputável ao afretador, torna-se este responsável como se faltasse culposamente ao cumprimento.

2 – No caso previsto no número anterior, o fretador tem a faculdade de resolver o contrato e o direito a uma indemnização que não pode exceder o montante do frete correspondente à viagem ou viagens não efectuadas, deduzido das despesas que deixou de suportar.

3 – O portador tem direito a fazer seu o frete já recebido, até ao limite fixado no número anterior.

ART. 17.º (Impedimento prolongado à entrada do navio no porto de descarga) – 1 – Se, por facto não imputável ao afretador, se verificar no porto de descarga impedimento prolongado à entrada do navio ou ao normal desenvolvimento das suas operações comerciais, tem aquele a faculdade de desviar o navio para um porto próximo que ofereça condições idênticas e efectuar aí a descarga, com o que se considera cumprido o contrato: o afretador deve ser informado de imediato.

2 – Considera-se impedimento prolongado o que se apresente superior a cinco dias.

3 – As despesas e encargos adicionais resultantes da situação prevista no n.º 1 são suportados pelo afretador.

4 – Se da situação prevista no presente artigo resultar benefício para o fretador, deve este entregar ao afretador o respectivo montante.

ART. 18.º (Impedimento definitivo ao prosseguimento da viagem) – Se, por facto não imputável ao fretador ocorrer durante a viagem qualquer causa que impeça definitivamente o seu prosseguimento, o afretador deve pagar o frete proporcional à distância percorrida.

ART. 19.º (Alteração do porto de destino) – Se o afretador pretender descarregar toda a mercadoria ou parte dela em porto que não seja o de destino, é responsável pelo pagamento das despesas adicionais, havendo-as, e não tem direito a qualquer redução do frete na hipótese inversa.

ART. 20.º (Despesas que cabem ao fretador) – São suportadas pelo fretador todas as despesas inerentes ao navio, designadamente com:

a) O combustível e os lubrificantes;

b) A água;

c) Os mantimentos;

d) Os seguros relativos ao navio, independentemente da sua natureza;

e) Os custos da tripulação.

ART. 21.º (Direito de retenção) – 1 – Para garantia dos créditos emergentes do fretamento, o fretador goza do direito de retenção sobre as mercadorias transportadas.

2 – Sempre que pretenda exercer este direito, o fretador deve notificar o destinatário ou consignatário, dentro das 48 horas imediatas à chegada do navio ao porto de descarga.

3 – Em tudo o mais observar-se-á o disposto sobre direito de retenção no contrato de transporte de mercadorias por mar.

CAPÍTULO III — Contrato de fretamento a tempo

ART. 22.º (Noção) – Contrato de fretamento a tempo é aquele em que o fretador se obriga a pôr à disposição do afretador um navio, para que este o utilize durante certo período de tempo.

ART. 23.º (Carta-partida) – Além dos elementos referidos nas alíneas *a)*, *b)* e *h)* do n.º 1 do artigo 6.º, a carta-partida deve ainda conter os seguintes:

a) O período de duração do fretamento;

b) Os limites geográficos dentro dos quais o navio pode ser utilizado;

c) A indicação das mercadorias que o navio não pode transportar.

ART. 24.º (Obrigações do fretador) – Constituem obrigações do fretador as indicadas nas alíneas *a)* e *b)* do artigo 7.º.

ART. 25.º (Gestão náutica) – A gestão náutica do navio pertence ao fretador.

ART. 26.º (Gestão comercial) – A gestão comercial do navio pertence ao afretador.

ART. 27.º (Combustível) – 1 – É suportada pelo afretador a despesa com o combustível do navio.

2 – O afretador deve fornecer o combustível apropriado, que corresponda às características e especificações técnicas indicadas pelo fretador.

ART. 28.º (Capitão) – Em tudo quanto se relacione com a gestão comercial do navio, o capitão deve obedecer às ordens e instruções do afretador, dentro dos limites da carta-partida, sem prejuízo do cumprimento das obrigações específicas da sua função.

1106 [DL n.º 191/87]   TRANSPORTES MARÍTIMOS

ART. 29.º (Início e vencimento do frete) – 1 – O frete inicia-se a partir do dia em que o navio é posto pelo fretador à disposição do afretador, nas condições definidas pela carta-partida.

2 – O frete vence-se em cada quinzena e deve ser pago adiantadamente.

3 – O afretador pode deduzir nos pagamentos a fazer nos termos do número anterior as despesas que haja realizado por conta do fretador.

4 – O afretador tem a faculdade de deduzir, nos últimos pagamentos, as quantias que, atendendo à data da reentrega do navio, razoavelmente possam ser consideradas em dívida, nessa data, pelo fretador.

ART. 30.º (Suspensão do frete) – Não é devido frete durante os períodos em que se torne impossível a utilização comercial do navio, por facto não imputável ao afretador.

ART. 31.º (Prolongamento do fretamento) – 1 – O fretador não é obrigado a iniciar uma viagem cuja duração previsível exceda a fixada na carta-partida; porém, se o fizer, apenas terá direito ao frete proporcional ao prolongamento do fretamento.

2 – Se, por facto imputável ao afretador, o afretamento exceder a duração prevista na carta-partida, o fretador tem direito, pelo tempo excedente, ao dobro do frete estipulado.

ART. 32.º (Responsabilidade por avarias) – O afretador é responsável pelas avarias causadas ao navio em resultado das operações comerciais.

CAPÍTULO IV — Contrato de fretamento em casco nu

ART. 33.º (Noção) – Contrato de fretamento em casco nu é aquele em que o fretador se obriga a pôr à disposição do afretador, na época, local e condições convencionadas, um navio, não armado nem equipado, para que este o utilize durante certo período de tempo.

ART. 34.º (Carta-partida) – A carta-partida deve conter os elementos mencionados nas alíneas *a)*, *b)* e *h)* do n.º 1 do artigo 6.º e na alínea *a)* do artigo 23.º.

ART. 35.º (Gestão náutica e gestão comercial) – A gestão náutica e a gestão comercial do navio pertencem ao afretador.

ART. 36.º (Armamento e equipagem) – Compete ao afretador armar e equipar o navio.

ART. 37.º (Reparação, manutenção e seguros) – São suportados pelo afretador:

a) As despesas de conservação e reparação necessárias à navegabilidade do navio e todas as que não estejam abrangidas no artigo 38.º;

b) Os seguros relativos ao navio, independentemente da sua natureza.

ART. 38.º (Vício próprio do navio) – 1 – São suportadas pelo fretador as despesas com as reparações e substituições resultantes de vício próprio do navio.

2 – Durante o período das reparações e substituições previstas no número anterior não é devido frete.

ART. 39.º (Utilização do navio) – 1 – O afretador pode utilizar o navio em todos os tráfegos e actividades compatíveis com a sua finalidade normal e características técnicas.

2 – Pode igualmente o afretador usar os materiais de bordo, devendo, no termo do contrato, restituir o navio com a mesma quantidade e qualidade de tais materiais, salvo o desgaste próprio do seu uso normal.

ART. 40.º (Reentrega do navio) – O afretador deve, no termo do contrato restituir o navio ao fretador no mesmo estado e nas mesmas condições em que o recebeu, salvo o desgaste próprio do seu uso normal.

ART. 41.º (Direitos de terceiro contra o fretador) – O afretador deve reembolsar o fretador de todas as importâncias que este seja obrigado a pagar a terceiros em consequência da exploração comercial do navio.

ART. 42.º (Direito subsidiário) – São aplicáveis subsidiariamente a este contrato, com as necessárias adaptações, as normas relativas ao contrato de fretamento a tempo e a disciplina da lei geral sobre o contrato de locação.

CAPÍTULO V — Disposições gerais

ART. 43.º (Sobrecarga) – 1 – Durante o tempo de duração do fretamento por viagem ou a tempo, o afretador tem o direito de manter a bordo um representante seu, designado sobrecarga, para acompanhar a execução do contrato.

2 – O sobrecarga não pode interferir directamente na execução do contrato, mas tem a faculdade de fazer recomendações ao capitão do navio em tudo quanto se relacione com a administração da carga.

3 – O fretador é obrigado a fornecer alojamento ao sobrecarga, mas as despesas de alimentação são suportadas pelo afretador.

AGENTES DE NAVEGAÇÃO   [DL n.º 76/89]   1107

ART. 44.º (Conduta do capitão) – Quando a actuação do capitão do navio for de molde a prejudicar os interesses comerciais do afretador, tem este a faculdade de exigir ao fretador a sua substituição.

ART. 45.º (Subfretamento e cessão da posição contratual do afretador) – 1 – O subfretamento ou a cessão da posição contratual pelo afretador carecem de autorização escrita do fretador.

2 – São aplicáveis ao subfretamento as disposições legais que regulam o contrato de fretamento.

ART. 46.º (Regime da responsabilidade) – O direito de indemnização decorrente da violação do contrato de fretamento deve ser exercido no prazo de dois anos a partir da data em que o lesado teve conhecimento do direito que lhe compete.

ART. 47.º (Tribunal competente) – 1 – Os tribunais portugueses são internacionalmente competentes para o julgamento das acções emergentes do contrato de fretamento ou subfretamento em qualquer dos casos seguintes:

a) Se o porto de carga ou de descarga se situar em Portugal;

b) Se o contrato de fretamento ou subfretamento tiver sido celebrado em Portugal;

c) Se o navio arvorar a bandeira portuguesa ou estiver registado em Portugal;

d) Se a sede, sucursal, filial ou delegação do fretador ou subfretador, ou do afretador ou subafretador, ou do carredor, ou do destinatário ou consignatário, se localizar em território português.

2 – Nas situações não previstas no número anterior a determinação da competência internacional dos tribunais para julgamento das acções emergentes do contrato de fretamento ou de subafretamento é feita de acordo com as regras gerais.

ART. 48.º (Âmbito de aplicação) – O disposto no presente diploma não se aplica a navios de tonelagem de arqueação bruta inferior a 10 t.

ART. 49.º (Legislação revogada) – São revogados os artigos 541.º a 562.º do Código Comercial.

ART. 50.º (Vigência) – O presente diploma entra em vigor 30 dias após a sua publicação.

17.6. AGENTES DE NAVEGAÇÃO

Decreto-Lei n.º 76/89

de 3 de Março (*)

ART. 1.º – 1 – São considerados agentes de navegação as sociedades comerciais regularmente constituídas que obedecendo aos requisitos estabelecidos no presente diploma e suas disposições regulamentares, tenham por objecto qualquer das seguintes actividades:

a) Dar cumprimento, em nome e por conta e ordem de armadores ou transportadores marítimos, a disposições legais ou contratuais, executando e promovendo, junto das autoridades portuárias ou de outras entidades, os actos ou diligências relacionados com a estadia dos navios que lhes estejam consignados e defesa dos respectivos interesses;

b) Promover, em nome e por conta e ordem de armadores ou transportadores marítimos, a celebração de contratos de transporte marítimo, nomeadamente dos que resultem da actividade de angariação de carga por eles desenvolvida,

c) Actuar como mandatários dos armadores ou transportadores marítimos, podendo, em tal qualidade, ser-lhes cometidos poderes, nomeadamente para emitir, assinar, alterar ou validar conhecimentos de carga, proceder ou mandar proceder aos trâmites exigidos à recepção de mercadorias para embarque ou à entrega de mercadorias desembarcadas e desenvolver as acções complementares do transporte marítimo que a lei lhes faculte;

d) Em geral, prestar protecção, apoio e assistência aos armadores ou transportadores marítimos de que sejam representantes, competindo-lhes a defesa dos interesses dos navios que lhes estejam consignados, cabendo-lhes facultar, em particular aos respectivos capitães, todas as informações da sua especialidade, bem como, directa ou indirectamente, proporcionar-lhes os serviços que por eles sejam solicitados.

2 – Para efeitos do presente diploma, entende-se que todas as referências a armadores ou transportadores marítimos abrangem também os fretadores e ainda os proprietários de navios que os não explorem directamente.

3 – As actividades referidas no n.º 1 podem ser exercidas directamente pelo armadores inscritos na Direcção-Geral da Navegação e dos Transportes Marítimos no porto onde está instalada a sua sede social em relação aos navios por si explorados.

(*) O **DL n.º 148/91**, de 12-4, deu a actual redacção aos arts. 1.º, 4.º, 8.º, 10.º, 14.º e 15.º, e determinou ainda que «todas as referências feitas pelo Decreto-Lei n.º 76/89, de 3 de Março, à Direcção-Geral da Marinha de Comércio consideram-se feitas à Direcção-Geral da Navegação e dos Transportes Marítimos (art. 2.º).

1108   [DL n.º 76/89]   TRANSPORTES MARÍTIMOS

ART. 2.º – 1 – O acesso à actividade de agente de navegação depende de inscrição na Direcção-Geral da Marinha de Comércio, a requerimento da empresa interessada, sem prejuízo do disposto no número seguinte.

2 – O exercício da actividade de agente de navegação é condicionado, em cada porto, à obtenção de licença concedida pela respectiva administração ou junta autónoma, adiante designadas por autoridades portuárias.

ART. 3.º – 1 – A inscrição prevista no n.º 1 do artigo anterior depende exclusivamente da verificação cumulativa dos seguintes requisitos:

a) O objecto da sociedade deve abranger o exercício das actividades próprias de agentes de navegação, definidas no n.º 1 do artigo 1.º;

b) O seu capital social deve ser igual ou superior a 5 000 000$ e estar inteiramente realizado, sem prejuízo do disposto no n.,º 2 do artigo 9.º;

c) A sociedade deve dispor de um responsável técnico, trabalhando em regime de tempo completo, que exiba provas de experiência profissional da actividade por um período de tempo não inferior a cinco anos, prestado em uma ou mais empresas, ou formação profissional adequada;

d) Os seus administradores ou gerentes devem ter comprovada idoneidade comercial e civil.

2 – Para efeitos do disposto na alínea *c)* do número anterior, os administradores ou gerentes podem exercer o cargo de responsável técnico desde que estejam devidamente habilitados nos termos ali referidos.

3 – Para efeitos do disposto na alínea *d)* do n.º 1 não são consideradas comercial e civilmente idóneos os indivíduos relativamente aos quais se verifique alguma das seguintes circunstâncias:

a) Proibição legal de exercício do comércio;

b) Inibição do exercício do comércio por ter sido declarada a falência ou insolvência, enquanto não for levantada a inibição e decretada a reabilitação do falido.

ART. 4.º – 1 – O requerimento a solicitar a inscrição como agente de navegação, com identificação da sociedade requerente, bem como dos respectivos administradores ou gerentes e do responsável técnico que dirigirá a actividade, é dirigido ao director-geral da Marinha de Comércio e instruído com os seguintes documentos, salvo o disposto no n.º 3:

a) Certidão do registo da sociedade na conservatória do registo comercial, e de eventuais alterações posteriores ao contrato de sociedade, ou minuta dos respectivos estatutos, se o pedido for formulado em nome de sociedade a constituir;

b) Certidões de registo comercial comprovando não estarem os administradores ou gerentes e responsável técnico inibidos do exercício do comércio;

c) Declaração certificando experiência profissional da actividade exercida pelo responsável técnico ou formação profissional adequada.

2 – A Direcção-Geral da Marinha de Comércio deve pronunciar-se no prazo de 30 dias a contar da data da recepção do requerimento.

3 – Quando o pedido for formulado em nome de sociedade a constituir, os documentos referidos no n.º 1 podem ser apresentados posteriormente, caso em que a inscrição fica condicionada a essa apresentação, devendo a Direcção-Geral da Navegação e dos Transportes Marítimos comunicar ao requerente a aceitação provisória do processo, indicando os documentos em falta.

4 – Para efeitos de apreciação pela Direcção-Geral da Marinha de Comércio dos processos de autorização para o acesso à actividade, e sempre que tal se justifique, serão ouvidas as associações de agentes de navegação.

ART. 5.º – 1 – A inscrição na Direcção-Geral da Marinha de Comércio é cancelada:

a) Quando se extinga, por qualquer causa, a sociedade titular;

b) Logo que seja declarada a falência da sociedade;

c) Quando a sociedade for condenada por actos de concorrência desleal;

d) Quando a sociedade deixe de reunir os requisitos exigidos no artigo 3.º e não regularize a situação no prazo de seis meses.

2 – Os processos de cancelamento devem ser instaurados oficiosamente, sendo obrigatória a audição do agente de navegação visado.

ART. 6.º – 1 – A licença a que se refere o n.º 2 do artigo 2.º só pode ser concedida pela autoridade portuária caso a sociedade interessada satisfaça cumulativamente os seguintes requisitos:

a) Esteja inscrita, como agente de navegação, na Direcção-Geral da Marinha de Comércio;

b) Disponha, em localização adequada em relação ao porto em que se pretende exercer a actividade, dos meios necessários, designadamente instalações, equipamento e pessoal permanente com qualificações técnicas adequadas ao exercício da actividade, requisitos estes que deverão merecer a aprovação da autoridade portuária.

2 – Para efeitos do disposto na alínea *a)* do número anterior, deve a Direcção-Geral da Marinha de Comércio emitir certidão comprovativa da inscrição.

3 – As actividades de representação dos agentes de navegação são limitadas relativamente ao porto ou portos para os quais estejam validamente licenciados nos termos deste diploma.

ART. 7.º – O requerimento de licença para o exercício da actividade de agente de navegação num determinado porto é dirigido à autoridade portuária respectiva e instruído com os seguintes documentos:

AGENTES DE NAVEGAÇÃO   [DL n.º 76/89] 1109

a) Certidão comprovativa da inscrição na Direcção-Geral da Marinha de Comércio;
b) Fotocópia dos documentos que titulam a utilização de instalações para serviço no porto onde o reque-rente pretende exercer a actividade;
c) Indicação dos meios humanos, materiais e outros com que a sociedade se propõe exercer a actividade, com vista à apreciação dos requisitos definidos no n.º 1 do artigo anterior.

ART. 8.º – 1 – A licença para o exercício da actividade num determinado porto é cancelada:
a) Quando o titular deixe de reunir os requisitos que determinam o licenciamento ou não cumpra o dispos-to nos n.ᵒˢ 2 e 3 do artigo 16.º;
b) Quando o titular não tiver agenciado qualquer navio, no respectivo porto, durante um período de um ano civil completo, não contando para este efeito o ano civil em que é concedida a licença para o exercício da actividade;
c) Quando o titular não cumprir os deveres estabelecidos nas alíneas *h*) a *j*) do artigo 9.º.
2 – No caso de cancelamento de licença para o exercício da actividade em determinado porto, só pode ser aceite novo requerimento para aquele exercício, pelo mesmo agente de navegação, decorridos 12 meses da data do cancelamento.
3 – O cancelamento da inscrição na Direcção-Geral da Navegação e dos Transportes Marítimos determina automaticamente e caducidade de todas as licenças para o exercício da actividade.

ART. 9.º – 1 – Constituem deveres do agente de navegação:
a) Comunicar à Direcção-Geral da Marinha de Comércio todas as alterações que se verifiquem nos estatu-tos ou na composição da sua administração ou gerência ou quaisquer outros pressupostos ou requisitos em que assente a autorização para o acesso à actividade;
b) Informar anualmente a Direcção-Geral da Marinha de Comércio sobre a actividade desenvolvida e, em particular, sobre os armadores ou serviços representados;
c) Fornecer à Direcção-Geral da Marinha de Comércio e às autoridades portuárias as informações por elas solicitadas;
d) Aperfeiçoar continuadamente os seus serviços de auxiliar do transporte marítimo, de acordo com a evo-lução dos conhecimentos técnicos do sector;
e) Guardar, nos limites legais, o segredo profissional em relação aos factos que os justifiquem e de que tenha conhecimento em virtude do exercício da actividade;
f) Abster-se da prática de actos de concorrência desleal;
g) Assumir, por todos os meios lícitos, a defesa dos interesses que lhe estejam confiados;
h) Colaborar com as autoridades portuárias e serviços públicos no cumprimento e execução de formalida-des relacionadas com a estadia dos navios que agenciam em portos nacionais;
i) Exercer com diligência todas as funções inerentes à prestação de serviços de agente de navegação e cum-prir as normas de funcionamento do porto;
j) Prestar, junto da autoridade portuária, como garantia das suas responsabilidades para com esta, uma caução em numerário, seguro, garantia bancária ou outra forma equivalente.
2 – A caução prevista na alínea *j*) do número anterior é fixada, para cada porto, por despacho do ministro responsável pelo sector portuário, sob proposta da respectiva autoridade portuária, sendo, para tal, ouvida a respectiva associação de agentes de navegação.

ART. 10.º – 1 – O agente de navegação responde, perante a autoridade portuária, por tarifas e demais encar-gos relativamente a serviços prestados ao navio.
2 – Aos danos produzidos pelo navio em infra-estruturas e equipamentos é aplicável a legislação nacional, designadamente a que introduz em direito interno a legislação internacional sobre a matéria.

ART. 11.º – Constituem direitos do agente de navegação:
a) Exercer, nos portos para que esteja licenciado, as actividades referidas no presente diploma;
b) Assumir, em nome próprio ou em nome dos seus clientes, toda e qualquer forma legítima de defesa ou protecção dos interesses correspondentes, nomeadamente as relativas à retenção de cargas;
c) Todos os demais direitos decorrentes do contrato de mandato.

ART. 12.º – É expressamente vedada a qualquer entidade não inscrita como agente de navegação nos ter-mos do presente diploma a utilização, seja a que título for, das denominações «agente(s) de navegação», «agência(s) de navegação» e ou «consignatário(s) de navios», assim como de quaisquer outras que com elas seja susceptíveis de criar confusão.

ART. 13.º – 1 – Compete à Direcção-Geral da Marinha de Comércio acompanhar e fiscalizar a actividade dos agentes de navegação, sem prejuízo da competência das autoridades portuárias.
2 – A inscrição prevista no artigo 2.º e o seu cancelamento, bem como as alterações que se verifiquem nos estatutos ou na composição da administração ou gerência dos agentes de navegação, devem ser comunicados pela Direcção-Geral da Marinha de Comércio às autoridades portuárias.

1110 [DL n.º 7/2006] TRANSPORTES MARÍTIMOS

ART. 14.º – 1 – Compete às autoridades portuárias fiscalizar o cumprimento das disposições legais e regulamentares que disciplinem a actividade de agente de navegação, sem prejuízo das competências cometidas a outros órgãos da Administração Pública.

2 – A concessão das licenças previstas no artigo 6.º, bem como o cancelamento das mesmas, devem ser comunicadas à Direcção-Geral da Navegação e dos Transportes Marítimos pelas autoridades portuárias.

ART. 15.º – 1 – O Ministro responsável pelo sector portuário poderá fixar tabelas de tarifas máximas a aplicar pelos agentes de navegação, tendo em conta a proposta apresentada pela associação respectiva e o parecer que sobre a mesma for emitido pela autoridade portuária.

2 – Compete à autoridade portuária desencadear o processo de fixação de tarifas máxiams referido no número anterior, devendo para o efeito solicitar à Associação dos Agentes de Navegação a apresentação de uma proposta.

3 – No caso de a Associação dos Agentes de Navegação não apresentar proposta nos termos do número anterior, o membro do Governo referido no n.º 1 poderá fixar a referida tabela mediante proposta elaborada pela autoridade portuária.

ART. 16.º – 1 – As empresas que à data da entrada em vigor do presente diploma exerçam a actividade de agente de navegação dispõem do prazo de 60 dias para requererem a respectiva inscrição e do prazo de 30 dias, a contar da data daquela, para requererem a licença para o exercício da actividade nos diversos portos.

2 – Os actuais agentes de navegação cujo capital social seja inferior ao montante referido na alínea *b*) do n.º 1 do artigo 3.º devem proceder ao seu aumento, ainda que por fases, devendo tê-lo atingido no prazo de um ano a contar da data da entrada em vigor do presente diploma.

3 – Os actuais agentes de navegação que não disponham do responsável técnico previsto na alínea *c*) do n.º 1 do artigo 3.º devem dar cumprimento a este requisito no prazo de 180 dias contados da data de entrada em vigor do presente diploma.

ART. 17.º – O presente diploma aplica-se nas Regiões Autónomas dos Açores e da Madeira, sem prejuízo das competências transferidas para os respectivos órgãos de governo próprio.

ART. 18.º – O presente diploma entra em vigor 30 dias após a data da sua publicação.

17.7. TRANSPORTE MARÍTIMO DE PASSAGEIROS E MERCADORIAS NA CABOTAGEM NACIONAL

Decreto-Lei n.º 7/2006

de 4 de Janeiro

ART. 1.º (Objecto) – O presente decreto-lei regula o transporte marítimo de passageiros e de mercadorias na cabotagem nacional.

ART. 2.º (Definições) – Para efeitos do disposto no presente decreto-lei, entende-se por:

a) «Cabotagem nacional» o transporte de passageiros e de mercadorias efectuado entre portos nacionais, abrangendo a cabotagem continental e a cabotagem insular;

b) «Cabotagem continental» o transporte marítimo de passageiros e de mercadorias realizado entre os portos do continente;

c) «Cabotagem insular» o transporte marítimo de passageiros e de mercadorias efectuado entre os portos do continente e os portos das Regiões Autónomas, e vice-versa, entre os portos das Regiões Autónomas e entre os portos das ilhas de cada uma das Regiões Autónomas.

ART. 3.º (Transportes na cabotagem continental) – O transporte de passageiros e de mercadorias na cabotagem continental é livre para armadores nacionais e comunitários com navios que arvorem pavilhão nacional ou de um Estado membro, desde que os navios preencham os requisitos necessários à sua admissão à cabotagem no Estado membro em que estejam registados.

ART. 4.º (Transportes na cabotagem insular) – 1 – O transporte de passageiros e de mercadorias na cabotagem insular é livre para armadores nacionais e comunitários com navios que arvorem pavilhão nacional ou de um Estado membro, desde que os navios preencham todos os requisitos necessários à sua admissão à cabotagem no Estado membro em que estejam registados, sem prejuízo do disposto no artigo 5.º.

2 – Aos navios de bandeira portuguesa aplica-se o regime previsto para os navios de registo convencional, designadamente no que respeita à constituição das tripulações, às remunerações mínimas previstas no acordo colectivo de trabalho e ao regime de segurança social e fiscal.

TRANSPORTE MARÍTIMO NA CABOTAGEM NACIONAL [DL n.º 7/2006] 1111

ART. 5.º (Regime especial dos transportes regulares de carga geral ou contentorizada) – 1 – Os armadores nacionais e comunitários que efectuem transportes regulares de carga geral ou contentorizada entre o continente e as Regiões Autónomas devem ainda satisfazer, cumulativamente, as seguintes condições:

a) Efectuar ligações semanais entre os portos do continente e os de cada uma das Regiões Autónomas em que operem e vice-versa;

b) Cumprir itinerários previamente estabelecidos, respeitantes a portos do continente e de cada uma das Regiões Autónomas;

c) Estabelecer itinerários que garantem uma escala quinzenal em todas as ilhas, com meios adequados;

d) Garantir que o tempo de demora da expedição da carga entre a origem e o destino não ultrapassa sete dias úteis, salvo caso de força maior;

e) Assegurar que a carga contentorizada seja sempre desconsolidada no porto de destino, salvo em casos devidamente justificados;

f) Assegurar a continuidade do serviço pelo período mínimo de dois anos;

g) Praticar, para cada Região Autónoma, o mesmo frete para a mesma mercadoria, independentemente do porto ou da ilha a que se destine;

h) Utilizar navios de que sejam proprietários, locatários ou afretadores em casco nu;

i) Utilizar navios com tripulação exclusivamente constituída por marítimos nacionais ou comunitários, salvo em circunstâncias especiais fundamentadas na insuficiência de marítimos nacionais ou comunitários para completar a tripulação de segurança, situações em que, com excepção do comandante e do imediato, pode ser admitida a utilização de marítimos de terceiros países;

j) Garantir a todos os tripulantes remunerações nunca inferiores às remunerações mínimas publicadas no Boletim do Trabalho e Emprego e a aplicação do regime de segurança social e fiscal vigente no Estado de pavilhão para os seus nacionais.

2 – Sem prejuízo do disposto no número anterior, os armadores nacionais e comunitários podem assegurar a cabotagem insular, através do recurso à subcontratação, desde que obtenham previamente autorização das entidades competentes.

3 – Os armadores interessados em efectuar os transportes a que se refere o presente artigo carecem de autorização do Instituto Portuário dos Transportes Marítimos (IPTM), com vista a verificar se as condições em que pretendem operar estão cm conformidade com as disposições do presente decreto-lei e a garantir que os serviços às diversas ilhas das Regiões Autónomas são prestados de forma não discriminatória e sem perturbações graves de tráfego ou de mercado.

ART. 6.º (Transportes sujeitos a autorização especial) – 1 – A realização de transportes que não satisfaçam qualquer das condições previstas nos artigos 3.º, 4.º e 5.º carece de autorização especial do IPTM.

2 – O pedido de autorização para a realização de transportes a que se refere o número anterior deve ser fundamentado e acompanhado da seguinte informação:

a) Identificação do armador e do carregador/recebedor;

b) Nome, bandeira, porte e arqueação do navio a utilizar;

c) Indicação dos portos de origem e de destino e das datas previstas para o início e fim das viagens;

d) Identificação das mercadorias e das quantidades a transportar, se aplicável;

e) Elementos comprovativos da indisponibilidade de navio com acesso à cabotagem nacional para o transporte em causa, caso o transporte se enquadre nos artigos 3.º e 4.º;

f) Elementos comprovativos de consulta efectuada aos armadores autorizados a efectuar transporte de carga geral ou contentorizada na cabotagem insular, caso o transporte se enquadre no artigo 5.º.

3 – As autorizações concedidas devem ser comunicadas ao requerente e às autoridades marítimas e aduaneiras envolvidas para fins de fiscalização, no âmbito das respectivas competências.

ART. 7.º (Informação) – 1 – Cabe ao IPTM recolher toda a informação no âmbito da cabotagem nacional de forma a:

a) Acompanhar as condições de realização dos transportes efectuados na cabotagem nacional, verificando o seu ajustamento às disposições do presente decreto-lei;

b) Avaliar o cumprimento das obrigações de serviço público previstas no artigo 5.º e sugerir a aprovação de medidas que, sendo ajustadas às condições de oferta existentes no mercado, se revelem necessárias para assegurar o normal e regular abastecimento de todas as ilhas das Regiões Autónomas;

c) Identificar a existência de situações de perturbação grave do mercado e sugerir as medidas adequadas para a sua correcção;

d) Elaborar relatórios anuais da actividade desenvolvida ou com a periodicidade que as circunstâncias o aconselhem.

2 – Sem prejuízo do disposto no artigo 5.º, compete ao IPTM adoptar as medidas propostas pelo observatório de informação no âmbito das competências que a este são atribuídas pelo artigo 8.º.

3 – Tendo em vista o cumprimento dos objectivos definidos no número anterior, os armadores que pratiquem a cabotagem nacional são obrigados a manter o IPTM permanentemente informado das operações de transporte que efectuem, sem prejuízo do direito à confidencialidade ou à reserva de informação inerente à sua gestão comercial.

1112 [DL n.º 7/2006]   TRANSPORTES MARÍTIMOS

ART. 8.º (Observatório de informação) – 1 – Para efeitos de avaliação do previsto nas alíneas *a*) a *c*) do n.º 1 do artigo anterior, é criado um observatório de informação, que funciona no âmbito do IPTM, presidido pelo respectivo presidente ou por quem o substitua, com representantes das Regiões Autónomas, a indigitar pelos respectivos órgãos de governo.

2 – Ao observatório de informação compete:

a) Avaliar o cumprimento das condições previstas nas alíneas *a*) a *c*) do n.º 1 do artigo anterior;

b) Propor as medidas consideradas necessárias, conforme previsto na alínea *b*) do artigo anterior;

c) Emitir parecer sobre todas as questões que lhe forem colocadas;

d) Elaborar relatórios anuais da actividade desenvolvida ou com a periodicidade que as circunstâncias o aconselhem.

3 – Para efeitos do disposto nas alíneas *a*) a *c*) do número anterior, o observatório de informação, através do seu presidente, pode consultar a Associação de Armadores da Marinha de Comércio ou armador sujeito às regras fixadas no artigo 5.º.

4 – O observatório de informação reúne ordinariamente uma vez por semestre e extraordinariamente quando convocado pelo seu presidente, por sua iniciativa ou mediante solicitação de um dos representantes das Regiões Autónomas.

ART. 9.º (Contra-ordenações) – 1 – Constitui contra-ordenação, punível com coima, qualquer infracção ao disposto no presente decreto-lei e como tal tipificada nos artigos seguintes.

2 – A negligência e a tentativa são puníveis.

3 – É aplicável às contra-ordenações previstas no presente decreto-lei o regime geral do ilícito de mera ordenação social, aprovado pelo Decreto-Lei n.º 433/82, de 27 de Outubro, com a redacção que lhe foi conferida pelo Decreto-Lei n.º 244/95, de 1 de Setembro, e pela Lei n.º 109/2001, de 24 de Dezembro.

ART. 10.º (Não cumprimento das condições estabelecidas para os transportes regulares de carga geral ou contentorizada na cabotagem insular) – 1 – O não cumprimento das condições estabelecidas na prestação de transportes regulares de carga geral ou contentorizada na cabotagem insular, em violação do disposto no n.º 1 do artigo 5.º, é punível com coima de montante mínimo de € 1000 e máximo de € 3740.

2 – O montante máximo referido no número anterior é elevado para € 44 500 no caso de infracções praticadas por pessoas colectivas.

ART. 11.º (Realização de transportes de carga geral ou contentorizada na cabotagem insular sem autorização) – 1 – O transporte de carga geral ou contentorizada na cabotagem insular sem a necessária autorização prévia, em violação do disposto no n.º 3 do artigo 5.º, é punível com coima de montante mínimo de € 2000 e máximo de € 3740.

2 – O montante máximo referido no número anterior é elevado para € 44 500 no caso de infracções praticadas por pessoas colectivas.

ART. 12.º (Transportes efectuados sem autorização especial) – 1 – O transporte no âmbito da cabotagem nacional sem autorização especial, em violação do disposto no n.º 1 do artigo 6.º, é punível com coima de montante mínimo de e 2000 e máximo de e 3740.

2 – O montante máximo referido no número anterior é elevado para € 44 500 no caso de infracções praticadas por pessoas colectivas.

ART. 13.º (Dever de informar) – 1 – A violação do dever de informação estabelecido no n.º 3 do artigo 7.º é punível com coima no montante mínimo de € 250 e máximo de € 1250.

2 – O montante máximo referido no número anterior é elevado para € 5000 no caso de infracções praticadas por pessoas colectivas.

ART. 14.º (Competência sancionatória) – 1 – Compete ao IPTM assegurar o cumprimento do disposto no presente decreto-lei, bem como o processamento das contra-ordenações, cabendo ao presidente do IPTM a aplicação das respectivas coimas, sem prejuízo do disposto no artigo 16.º.

2 – O montante das coimas aplicadas reverte em 40% para o IPTM e em 60% para o Estado.

ART. 15.º (Disposição transitória) – Os armadores que, à data da entrada em vigor do presente decreto-lei, já efectuem transportes de carga geral ou contentorizada entre o continente e as Regiões Autónomas e que não preencham os requisitos nele previstos dispõem de um período de 180 dias para adequarem a sua actividade à satisfação desses requisitos.

ART. 16.º (Aplicação do diploma nas Regiões Autónomas) – A aplicação do presente diploma aos transportes efectuados exclusivamente entre portos das ilhas de cada Região Autónoma não prejudica as competências dos órgãos de governo próprio, sendo a sua execução assegurada pelos respectivos Governos Regionais.

ART. 17.º (Disposição revogatória) – É revogado o Decreto-Lei n.º 194/98, de 10 de Julho, e o artigo 2.º do Decreto-Lei n.º 331/99, de 20 de Agosto.

ART. 18.º (Entrada em vigor) – O presente decreto-lei entra em vigor 30 dias após a sua publicação.

ACTIVIDADE DOS TRANSPORTES MARÍTIMOS   [DL n.º 196/98]   1113

17.8. ACTIVIDADE DOS TRANSPORTES MARÍTIMOS

Decreto-Lei n.º 196/98

de 10 de Julho

ART. 1.º (Objecto) – 1 – O presente diploma tem por objecto regular a actividade dos transportes marítimos.

2 – Para efeitos do presente diploma entende-se por armador aquele que, no exercício de uma actividade de transporte marítimo, explora navios de comércio próprios ou de terceiros, como afretador a tempo ou em casco nu, com ou sem opção de compra, ou como locatário.

ART. 2.º (Âmbito de aplicação) – O presente diploma aplica-se ao armador:
a) Com domicílio em território nacional, no caso de empresário em nome individual;
b) Com sede e principal estabelecimento em território nacional, no caso de sociedade comercial.

ART. 3.º (Inscrição) – A actividade dos transportes marítimos só pode ser exercida por armadores inscritos na Direcção-Geral de Portos, Navegação e Transportes Marítimos, adiante designada por DGPNTM.

ART. 4.º (Requisitos de inscrição) – 1 – A inscrição como armador é efectuada a pedido do interessado, devendo o requerimento ser acompanhado dos seguintes documentos:
a) Certidão do registo comercial do requerente, da qual constem todos os registos em vigor;
b) Cópias do cartão de pessoa colectiva ou do cartão de empresário em nome individual, conforme o estatuto do requerente.
2 – O requerente deve ainda:
a) Fornecer a identificação dos navios que explore, próprios ou de terceiros, se os houver;
b) Indicar os tráfegos a efectuar ou os serviços que se proponha prestar.

ART. 5.º (Prazo para a efectivação da inscrição) – 1 – A inscrição do armador é efectuada no prazo de 15 dias a contar da data de entrada do requerimento na DGPNTM, e no mesmo prazo deve ser emitido e enviado ao requerente o respectivo documento certificativo da inscrição.
2 – O pedido de inscrição considera-se deferido se, no prazo referido no número anterior, nada for comunicado ao requerente.

ART. 6.º (Comunicação da inscrição a outras entidades) – A DGPNTM deve comunicar às administrações portuárias e juntas autónomas dos portos e aos órgãos do Sistema de Autoridade Marítima as inscrições dos armadores que efectue ao abrigo deste diploma.

ART. 7.º (Cancelamento da inscrição) – 1 – O cancelamento da inscrição de um armador é efectuado pela DGPNTM, a pedido do próprio, ou com o fundamento de que o mesmo não exerce a actividade há mais de um ano.
2 – Nos processos de cancelamento a que se refere a segunda parte do preceito anterior é obrigatoriamente ouvido pela DGPNTM o armador visado.

ART. 8.º (Direitos do armador) – O armador tem direito a:
a) Exercer a actividade dos transportes marítimos, ao abrigo deste diploma;
b) Beneficiar de ajudas ou de apoios que venham a ser concedidos para o reapetrechamento ou modernização da frota nacional registada no quadro das normas de registo convencional;
c) Benefícios fiscais concedidos ao abrigo de legislação especial;
d) Beneficiar das vantagens que possam resultar de acordos celebrados com países terceiros, na área dos transportes marítimos;
e) Receber dos departamentos competentes a informação ou a documentação do seu interesse, de âmbito nacional ou internacional, respeitante ou relacionada com a actividade de transportes marítimos.

ART. 9.º (Obrigações do armador) – O armador é obrigado a comunicar à DGPNTM:
a) As alterações que venham a ocorrer, relativamente aos elementos constantes do pedido de inscrição;
b) A identificação dos navios que explore, próprios ou de terceiros, juntando cópia dos contratos celebrados;
c) Os elementos relativos à actividade operacional da frota que explore, designadamente, os tráfegos praticados e os portos escalados;
d) Elementos de natureza estatística, relativos a passageiros e a cargas transportadas, com periodicidade trimestral;
e) Outros elementos que lhes sejam solicitados, sem prejuízo do direito à confidencialidade ou à reserva de informação, inerentes à gestão comercial.

ART. 10.º (Fiscalização da actividade) – A fiscalização da actividade dos transportes marítimos compete à DGPNTM, aos órgãos do Sistema de Autoridade Marítima, às administrações portuárias e às juntas autónomas dos portos.

ART. 11.º (Competência sancionatória) – 1 – Compete à DGPNTM assegurar o cumprimento do disposto neste diploma, a instrução dos processos de contra-ordenação e a aplicação das sanções.

1114   [DL n.º 197/98]   TRANSPORTES MARÍTIMOS

2 – O montante das coimas aplicadas, em execução do presente diploma, reverte:
a) Em 60% para o Estado;
b) Em 40% para a DGPNTM.

ART. 12.º (Contra-ordenações) – 1 – Constitui contra-ordenação punível com coima qualquer infracção ao disposto no presente diploma e como tal tipificada nos artigos seguintes.
2 – A negligência e a tentativa são sempre puníveis.
3 – Às contra-ordenações previstas no presente diploma é aplicável o regime geral das contra-ordenações, previsto no Decreto-Lei n.º 433/82, de 27 de Outubro, alterado pelos Decretos-Leis n.ºs 244/95, de 14 de Setembro, e 356/89, de 17 de Outubro.

ART. 13.º (Falta de inscrição) – 1 – Será aplicada coima de montante mínimo de 100 000$ e máximo de 700 000$ a quem, sem prévia inscrição, actue como armador, em violação do disposto no artigo 3.º deste diploma.
2 – O montante máximo da coima prevista no número anterior será de 6 000 000$, se a infracção for praticada por uma sociedade comercial.

ART. 14.º (Não cumprimento de obrigações) – 1 – Será aplicada coima de montante mínimo de 50 000$ e máximo de 300 000$ ao armador que não cumpra alguma ou algumas das obrigações a que se encontra vinculado, violando o disposto no artigo 9.º deste diploma.
2 – O montante máximo da coima prevista no número anterior será de 600 000$, se a infracção for praticada por uma sociedade comercial.

ART. 15.º (Disposição transitória) – 1 – Os armadores que, à data da entrada em vigor deste diploma, se encontrem inscritos na DGPNTM consideram-se, para todos os efeitos, como armadores inscritos nos termos deste diploma.
2 – Compete à DGPNTM comunicar aos interessados, no prazo de 15 dias contados a partir da data de entrada em vigor deste diploma, o efeito decorrente do disposto no número anterior e, no mesmo prazo, remeter-lhes os respectivos documentos certificativos.

ART. 16.º (Equiparação a armador) – Qualquer referência a armador inscrito ou a armador nacional, constante de outros diplomas, considera-se como feita a armador, tal como definido neste diploma.

ART. 17.º (Aplicação do diploma nas Regiões Autónomas) – Nas Regiões Autónomas dos Açores e da Madeira a execução do presente diploma compete aos serviços das respectivas administrações regionais, sem prejuízo das competências do Sistema de Autoridade Marítima atribuídas a nível nacional.

ART. 18.º (Disposição revogatória) – O presente diploma revoga os Decretos-Leis n.ºs 414/86, de 15 de Dezembro, e 422/86, de 23 de Dezembro, e as Portarias n.ºs 759/86 e 760/86, ambas de 23 de Dezembro.

ART. 19.º (Entrada em vigor) – O presente diploma entra em vigor 30 dias após a sua publicação.

17.9. TRANSPORTES COM EMBARCAÇÕES DE TRÁFEGO LOCAL

Decreto-Lei n.º 197/98

de 10 de Julho

ART. 1.º (Objecto) – O presente diploma tem por objecto regular a actividade dos transportes com embarcações de tráfego local.

ART. 2.º (Definições) – Para efeitos do presente diploma entende-se por:
a) Armador de tráfego local – aquele que efectua transportes de passageiros ou mercadorias, no âmbito da navegação local, com embarcações registadas no tráfego local;
b) Navegação local – a navegação efectuada em águas lacustres fluviais ou em águas interiores da área de jurisdição da capitania ou da delegação marítima ou de outras entidades locais competentes;
c) Embarcações de tráfego local – as embarcações de comércio registadas como embarcações de tráfego local, em conformidade com as normas de registo convencional ou ao abrigo do regime de registo temporário, e destinadas a operar dentro dos portos e respectivos rios, rias, lagos, lagoas e esteiros e, em geral, dentro das águas interiores da área de jurisdição da capitania ou da delegação marítima em que estão registadas ou de outras entidades locais competentes.

ART. 3.º (Âmbito de aplicação) – O presente diploma aplica-se ao armador de tráfego local:
a) Com domicílio em território nacional, no caso de empresários em nome individual;
b) Com sede e principal estabelecimento em território nacional, no caso de sociedade comercial.

TRANSPORTES COM EMBARCAÇÕES DE TRÁFEGO LOCAL [DL n.º 197/98] 1115

ART. 4.º (Embarcações a explorar) – 1 – O armador de tráfego local exerce a sua actividade com embarcações de registo convencional no tráfego local.

2 – Em caso de comprovada insuficiência, podem ser utilizadas embarcações não registadas no tráfego local, nacionais ou estrangeiras, quer por armadores de tráfego local, quer por armadores nacionais, inscritos na Direcção-Geral de Portos, Navegação e Transportes Marítimos, adiante designada por DGPNTM.

3 – Para efeitos do disposto no número anterior, os interessados devem solicitar à DGPNTM a necessária autorização, através de requerimento acompanhado dos elementos identificativos da embarcação a utilizar, da zona ou zonas onde pretendem operar, da duração da respectiva operação e de elementos de informação que permitam concluir que:

a) Não existem outros armadores de tráfego local interessados nesses transportes ou estes operadores não têm disponíveis embarcações adequadas;

b) Não ocorrem alterações perturbadoras do normal funcionamento do mercado, em resultado do tipo de embarcação a utilizar.

4 – A autorização a que se refere o número anterior será comunicada pela DGPNTM às administrações portuárias e juntas autónomas dos portos, aos órgãos locais do Sistema de Autoridade Marítima com jurisdição na área e a outras entidades locais competentes envolvidas.

ART. 5.º (Navegação costeira nacional) – 1 – Os armadores de tráfego local podem utilizar embarcações de tráfego local na área da navegação costeira nacional e em zonas diferentes das já legalmente permitidas na referida área de navegação, desde que sejam observadas todas as condições de segurança previstas na legislação aplicável.

2 – Para efeitos do disposto no número anterior, os interessados devem requerer uma autorização à DGPNTM, indicando no respectivo requerimento a identificação das embarcações a utilizar, a zona ou zonas onde vão operar e a duração da respectiva operação.

3 – O despacho de autorização deve estar a bordo, para efeitos de fiscalização.

4 – A DGPNTM comunicará aos órgãos do Sistema de Autoridade Marítima as autorizações que venha a conceder.

ART. 6.º (Inscrição) – O exercício da actividade dos transportes com embarcações de tráfego local depende de inscrição a efectuar na DGPNTM.

ART. 7.º (Requisitos de inscrição) – 1 – A inscrição como armador de tráfego local é efectuada a pedido do interessado, devendo o requerimento ser acompanhado dos seguintes documentos:

a) Certidão do registo comercial do requerente, da qual constem todos os registos em vigor;

b) Cópias do cartão de pessoa colectiva ou do cartão de empresário em nome individual, conforme o estatuto do requerente.

2 – O requerente deve ainda:

a) Fornecer a identificação das embarcações de que disponha;

b) Indicar os serviços que tenha intenção de prestar.

ART. 8.º (Prazo para a efectivação da inscrição) – 1 – A inscrição do armador de tráfego local é efectuada no prazo de 15 dias a contar da data de entrada do requerimento na DGPNTM, e no mesmo prazo deve ser emitido e enviado ao requerente o respectivo documento certificativo da inscrição.

2 – O pedido de inscrição considera-se deferido se, no prazo referido no número anterior, nada for comunicado ao requerente.

ART. 9.º (Comunicação da inscrição a outras entidades) – A DGPNTM deve comunicar às entidades portuárias, aos órgãos do Sistema de Autoridade Marítima e a outras entidades locais competentes as inscrições dos armadores de tráfego local que efectue ao abrigo deste diploma.

ART. 10.º (Cancelamento da inscrição) – 1 – O cancelamento da inscrição de um armador de tráfego local é efectuado pela DGPNTM, a pedido do próprio, ou com o fundamento de que o mesmo não exerce a actividade há mais de um ano.

2 – Nos processos de cancelamento a que se refere a segunda parte do preceito anterior é obrigatoriamente ouvido pela DGPNTM o armador de tráfego local visado.

ART. 11.º (Direitos do armador de tráfego local) – O armador de tráfego local tem direito a:

a) Efectuar transportes de passageiros ou mercadorias no âmbito da navegação local, ao abrigo deste diploma;

b) Beneficiar de ajudas ou de apoios que venham a ser concedidos para o reapetrechamento ou modernização da respectiva frota;

c) Beneficiar de vantagens fiscais resultantes de legislação especial aplicável;

d) Receber dos departamentos competentes a informação ou a documentação do seu interesse, de âmbito nacional ou internacional, respeitante e relacionada com a sua actividade.

ART. 12.º (Obrigações do armador de tráfego local) – O armador de tráfego local é obrigado a comunicar à DGPNTM:

a) As alterações que venham a ocorrer, relativamente aos elementos constantes do pedido de inscrição;

1116 [DL n.º 201/98]   TRANSPORTES MARÍTIMOS

b) A identificação dos navios que adquirir, ou que registar temporariamente;
c) Os elementos relativos à actividade operacional da frota que explore e os serviços que preste;
d) Elementos de natureza estatística, relativos a passageiros e a cargas transportados, com periodicidade trimestral;
e) Outros elementos que lhe sejam solicitados, sem prejuízo do direito à confidencialidade ou à reserva de informação, inerentes à gestão comercial.

ART. 13.º (Fiscalização da actividade) – A fiscalização da actividade de transporte com embarcações de tráfego local compete à DGPNTM, aos órgãos do Sistema de Autoridade Marítima, às administrações portuárias e às juntas autónomas dos portos.

ART. 14.º (Competência sancionatória) – 1 – Compete à DGPNTM assegurar o cumprimento do disposto neste diploma, a instrução dos processos de contra-ordenação e a aplicação das sanções.
2 – O montante das coimas aplicadas, em execução do presente diploma, reverte:
a) Em 60% para o Estado;
b) Em 40% para a DGPNTM.

ART. 15.º (Contra-ordenações) – 1 – Constitui contra-ordenação punível com coima qualquer infracção ao disposto no presente diploma e como tal tipificada nos artigos seguintes.
2 – A negligência e a tentativa são sempre puníveis.
3 – Às contra-ordenações previstas no presente diploma é aplicável o regime geral das contra-ordenações previsto no Decreto-Lei n.º 433/82, de 27 de Outubro, alterado pelos Decretos-Leis n.ᵒˢ 244/95, de 14 de Setembro, e 356/89, de 17 de Outubro.

ART. 16.º (Falta de inscrição) – 1 – Será aplicada coima de montante mínimo de 100 000$ e máximo de 700 000$ a quem, sem prévia inscrição, actue como armador de tráfego local, em violação do disposto no artigo 6.º deste diploma.
2 – O montante máximo da coima prevista no número anterior será de 3 000 000$ se a infracção for praticada por uma sociedade comercial.

ART. 17.º (Não cumprimento de obrigações) – 1 – Será aplicada coima de montante mínimo de 50 000$ e máximo de 200 000$ ao armador de tráfego local que não cumpra alguma ou algumas das obrigações a que se encontra vinculado, violando o disposto no artigo 12.º deste diploma.
2 – O montante máximo da coima prevista no número anterior será de 400 000$ se a infracção for praticada por uma sociedade comercial.

ART. 18.º (Registo temporário) – O regime do registo temporário previsto nos Decretos-Leis n.ᵒˢ 287/83 e 199/84, respectivamente de 22 de Junho e de 14 de Junho, é aplicável, com as devidas adaptações, ao armador de tráfego local.

ART. 19.º (Disposição transitória) – Os agentes económicos que já exerçam a actividade prevista neste diploma dispõem do prazo de 90 dias a partir da data da sua entrada em vigor para proceder à respectiva inscrição como armadores de tráfego local.

ART. 20.º (Aplicação do diploma nas Regiões Autónomas) – Nas Regiões Autónomas dos Açores e da Madeira a execução do presente diploma compete aos serviços das respectivas administrações regionais, nomeadamente no que respeita às autorizações previstas no n.º 2 do artigo 5.º, sem prejuízo das competências do Sistema de Autoridade Marítima atribuídas a nível nacional.

ART. 21.º (Aplicação de regulamentos locais) – O presente diploma não prejudica a aplicação de regulamentos locais sobre transportes e carreiras, na parte em que não contrariem as normas previstas neste diploma.

ART. 22.º (Entrada em vigor) – O presente diploma entra em vigor 60 dias após a sua publicação.

17.10. ESTATUTO LEGAL DO NAVIO

Decreto-Lei n.º 201/98

de 10 de Julho (*)

CAPÍTULO I — Navio

ART. 1.º (Noção) – 1 – Para efeitos do disposto no presente diploma, navio é o engenho flutuante destinado à navegação por água.

(*) Rectificado no *DR*, I-A, de 31-7-1998, Supl.

ESTATUTO LEGAL DO NAVIO

[DL n.º 201/98] 1117

2 – Fazem parte integrante do navio, além da máquina principal e das máquinas auxiliares, todos os aparelhos, aprestos, meios de salvação, acessórios e mais equipamentos existentes a bordo necessários à sua operacionalidade.

ART. 2.º (Registo) – Os navios e os factos a eles respeitantes estão sujeitos a registo, nos termos do disposto na legislação respectiva.

ART. 3.º (Nacionalidade) – 1 – Consideram-se nacionais os navios cuja propriedade se encontra registada em Portugal.

2 – A atribuição da nacionalidade portuguesa confere ao navio o direito ao uso da respectiva bandeira, com os direitos e as obrigações que lhe são inerentes.

ART. 4.º (Nome) – 1 – A todos os navios deve ser atribuído um nome.

2 – O nome a atribuir ao navio está sujeito a prévia aprovação do serviço público competente e deve ser bem distinto dos que já se encontram registados.

ART. 5.º (Número de identificação) – Os navios de tonelagem inferior a 100 t de deslocamento, assim como os destinados exclusivamente a águas interiores, podem ser identificados apenas por um número atribuído pelo serviço público competente.

ART. 6.º (Inscrições no casco) – O nome do navio, o seu número de identificação e o nome do local onde o mesmo se encontra registado devem ser inscritos no casco, de acordo com a legislação aplicável.

ART. 7.º (Personalidade e capacidade judiciárias) – Os navios têm personalidade e capacidade judiciárias nos casos e para os efeitos previstos na lei.

ART. 8.º (Navegabilidade) – A navegabilidade do navio depende da verificação das condições técnicas a que o mesmo deva obedecer, de acordo com a legislação em vigor, e do preenchimento dos requisitos necessários à viagem que vai empreender e à carga que vai transportar.

ART. 9.º (Arresto e penhora de navio e mercadorias) – 1 – O navio pode ser arrestado ou penhorado mesmo que se encontre despachado para viagem.

2 – O disposto no número anterior é aplicável aos géneros ou mercadorias carregados em navio que se achar nas circunstâncias previstas no número anterior.

ART. 10.º (Forma dos contratos relativos a direitos reais sobre o navio) – Os contratos que impliquem a constituição, modificação, transmissão ou extinção de direitos reais sobre o navio devem ser celebrados por escrito, com reconhecimento presencial da assinatura dos outorgantes.

ART. 11.º (Lei reguladora dos direitos reais sobre o navio) – As questões relacionadas com direitos reais sobre o navio são reguladas pela lei da nacionalidade que este tiver ao tempo da constituição, modificação, transmissão ou extinção do direito em causa.

CAPÍTULO II — Contrato de construção de navio

ART. 12.º (Forma) – O contrato de construção de navio e as suas alterações estão sujeitos a forma escrita.

ART. 13.º (Regime) – O contrato de construção de navio é disciplinado pelas cláusulas do respectivo instrumento contratual e, subsidiariamente, pelas normas aplicáveis ao contrato de empreitada que não contrariem o disposto no presente diploma.

ART. 14.º (Projecto) – 1 – O construtor deve executar a construção do navio em conformidade com o projecto aprovado pelo dono e sem vícios que excluam ou reduzam o seu valor ou a sua aptidão para o uso previsto no contrato ou, na falta desta indicação, para o uso comum do tipo de navio em causa.

2 – O construtor não é responsável pelo projecto elaborado pelo dono da obra ou por terceiro.

3 – Nos casos previstos no número anterior, o construtor deve avisar o dono da obra dos defeitos do projecto detectáveis por um técnico diligente e sugerir-lhe as necessárias alterações.

ART. 15.º (Fiscalização) – 1 – O dono da obra pode fiscalizar, à sua custa, a execução dela desde que não perturbe o andamento normal da construção.

2 – O construtor deve, durante a construção, conceder ao dono da obra e aos seus representantes as facilidades necessárias à fiscalização e dar-lhes a assistência de que razoavelmente careçam para o seu cabal desempenho.

3 – O disposto neste artigo é aplicável aos subempreiteiros que realizem trabalhos destinados à construção.

ART. 16.º (Propriedade do navio em construção) – 1 – Salvo acordo em contrário, o navio, durante a construção, é propriedade do construtor, exceptuados os materiais fornecidos pelo dono da obra.

2 – A transferência da propriedade opera-se com a entrega do navio pelo construtor e a sua aceitação pelo dono da obra, sem prejuízo do disposto no número precedente.

1118 [DL n.º 201/98]   TRANSPORTES MARÍTIMOS

ART. 17.º (Alterações) – 1 – Se durante a construção entrarem em vigor regras técnicas, regulamentos, convenções internacionais ou quaisquer outras normas legais que imponham alterações na construção, deve o construtor, no prazo de 30 dias contados do início da respectiva vigência, avisar o dono da obra e apresentar-lhe uma proposta do preço das alterações e, sendo caso disso, da nova data da entrega do navio.

2 – Se as partes não chegarem a acordo, o construtor deve proceder às alterações impostas, competindo ao tribunal fixar as correspondentes modificações quanto ao preço e ao prazo de execução.

ART. 18.º (Preço das alterações) – Se outra coisa não for acordada pelas partes, o custo de quaisquer alterações ao projecto de construção, legais ou convencionais, deve ser pago nas condições do preço inicial.

ART. 19.º (Experiências) – 1 – Durante a construção, o navio e os seus equipamentos devem ser submetidos às experiências previstas no contrato e na legislação aplicável, bem como às impostas pelos órgãos da Administração encarregados da fiscalização das condições técnicas dos navios.

2 – O construtor deve, com a antecedência de 30 dias, informar o dono da obra do programa das experiências.

3 – As despesas com as experiências a que se refere o presente artigo correm por conta do construtor, exceptuadas as relativas à tripulação.

ART. 20.º (Defeitos detectados durante as experiências) – O construtor deve corrigir os defeitos detectados durante a realização das experiências e proceder às desmontagens e verificações que forem consideradas necessárias.

ART. 21.º (Entrega e aceitação do navio) – 1 – A entrega do navio deve ser feita no estaleiro do construtor após a realização de todas as experiências e inspecções e a obtenção das aprovações dos competentes órgãos administrativos.

2 – No momento da entrega, o navio deve estar munido dos aparelhos, aprestos, meios de salvação, acessórios e sobressalentes, de acordo com o contrato de construção.

3 – O dono da obra que não aceite o navio no prazo devido incorre em mora creditória, nos termos da lei civil.

ART. 22.º (Retirada do navio do estaleiro) – O dono da obra deve retirar o navio do estaleiro do construtor no prazo de 10 dias a contar da sua aceitação, se outro prazo não for acordado, aplicando-se em caso de incumprimento o disposto no n.º 3 do artigo anterior.

ART. 23.º (Instruções e informação) – O construtor deve proporcionar ao dono da obra, na data da entrega do navio:

a) Certificados do navio e dos equipamentos;
b) Livros de instruções e de informações técnicas;
c) Desenhos;
d) Instruções e informações relativas à condução;
e) Inventários e listas de acessórios e sobressalentes;
f) Outros documentos eventualmente previstos no contrato de construção.

ART. 24.º (Garantia) – 1 – O construtor garante o navio, durante um ano, a contar da aceitação, relativamente aos defeitos da construção.

2 – Em caso de avaria resultante de defeito abrangido pelo número precedente, o construtor é obrigado a corrigir esse defeito ou a substituir o equipamento defeituoso.

3 – Quando o navio fique impossibilitado de alcançar o estaleiro do construtor ou quando se verifique manifesto inconveniente nessa deslocação, o construtor deve efectuar a reparação ou a substituição do equipamento em local adequado.

ART. 25.º (Direito de retenção) – O construtor goza do direito de retenção sobre o navio para garantia dos créditos emergentes da sua construção.

ART. 26.º (Comunicação dos defeitos) – 1 – O dono da obra deve, sob pena de caducidade dos direitos conferidos nos artigos seguintes, comunicar ao construtor os defeitos da construção dentro dos 30 dias posteriores ao seu conhecimento.

2 – Equivale à comunicação o reconhecimento, por parte do construtor, da existência do defeito.

ART. 27.º (Eliminação dos defeitos) – 1 – Os resultados das provas, a aprovação pelo dono da obra e a aceitação sem reservas não exoneram o construtor da responsabilidade pela correcção dos defeitos, salvo se aquele os conhecia.

2 – Presumem-se conhecidos os defeitos aparentes, tenha ou não havido verificação da obra.

ART. 28.º (Não eliminação dos defeitos) – Não sendo eliminados os defeitos, o dono da obra pode exigir a redução do preço, segundo juízo de equidade, ou a resolução do contrato, se os defeitos tornarem o navio inadequado ao fim a que se destinava.

ART. 29.º (Indemnização) – O exercício dos direitos conferidos nos artigos antecedentes não exclui a indemnização nos termos gerais.

RESP. DO PROPRIETÁRIO DO NAVIO E SEUS REPRESENTANTES [DL n.º 202/98] 1119

ART. 30.º (Caducidade) – 1 – Os direitos conferidos nos artigos anteriores caducam se não forem exercidos dentro de dois anos a contar da entrega do navio.

2 – Em caso de vício oculto, o prazo fixado no número precedente conta-se a partir da data do seu conhecimento pelo dono da obra.

ART. 31.º (Pluralidade de construtores) – As disposições anteriores relativas ao contrato de construção aplicam-se, com as necessárias adaptações, no caso de a obra ser adjudicada, através de instrumentos autónomos, a diferentes empreiteiros, assumindo cada um deles o encargo de parte da construção.

CAPÍTULO III — Contrato de reparação de navios

ART. 32.º (Regime) – É aplicável ao contrato de reparação de navios, com as necessárias adaptações, o regime do contrato de construção.

CAPÍTULO IV — Disposições finais

ART. 33.º (Norma revogatória) – São revogados os artigos 485.º a 487.º e 489.º a 491.º do Código Comercial.

ART. 34.º (Início de vigência) – O presente diploma entra em vigor 30 dias após a sua publicação.

17.11. RESPONSABILIDADE DO PROPRIETÁRIO DO NAVIO E SEUS REPRESENTANTES

Decreto-Lei n.º 202/98

de 10 de Julho (*)

ART. 1.º (Definições legais) – Para efeito do presente diploma, entende-se por:

a) Navio o engenho flutuante destinado à navegação por água;

b) Proprietário do navio aquele que, nos termos da lei, goza de modo pleno e exclusivo dos direitos de uso, fruição e disposição do navio;

c) Armador do navio aquele que, nos seu próprio interesse, procede ao armamento do navio;

d) Armamento do navio o conjunto de actos jurídicos e materiais necessários para que o navio fique em condições de empreender viagem;

e) Gestor de navio aquele que, contratualmente, foi encarregado pelo armador da prática de todos ou de parte dos actos referidos na alínea anterior;

f) Agente de navegação aquele que, em representação do proprietário, do armador, do afretador ou do gestor, ou de alguns destes simultaneamente, se encarrega de despachar o navio em porto e das operações comerciais a que o mesmo se destina, bem como de assistir o capitão na prática dos actos jurídicos e materiais necessários à conservação do navio e à continuação da viagem;

g) Afretador aquele que, tomando o navio de fretamento, fica a dispor dele mediante o pagamento de uma retribuição pecuniária, denominada «frete»;

h) Fundo de limitação da responsabilidade o montante global a que o proprietário de um navio pode limitar a sua responsabilidade por danos causados a terceiros.

ART. 2.º (Armador) – 1 – Salvo prova em contrário, presume-se armador do navio:

a) O seu proprietário;

b) O titular do segundo registo, havendo duplo registo;

c) O afretador, no caso de fretamento em casco nu.

2 – As presunções referidas no número anterior só podem ser ilididas mediante prova de que aquele que as invoca sabe quem é o armador.

ART. 3.º (Designação do capitão) – 1 – Compete ao armador designar o capitão do navio.

2 – O armador pode despedir o capitão a todo o tempo, sem prejuízo dos direitos e obrigações decorrentes do contrato de trabalho.

ART. 4.º (Responsabilidade do proprietário armador) – 1 – O armador que seja proprietário do navio responde, independentemente de culpa, pelos danos derivados de actos e omissões:

a) Do capitão e da tripulação;

(*) Rectificado pela Declaração de Rectificação n.º 11-Q/98, de 31-7, e alterado pelo **DL n.º 64/2005**, de 15-3, que revogou o n.º 3 do art. 17.º.

1120   [DL n.º 202/98]   TRANSPORTES MARÍTIMOS

b) Dos pilotos ou práticos tomados a bordo, ainda que o recurso ao piloto ou prático seja imposto por lei, regulamento ou uso;

c) De qualquer outra pessoa ao serviço do navio.

2 – São aplicáveis à responsabilidade prevista no número anterior as disposições da lei civil que regulam a responsabilidade do comitente pelos actos do comissário.

ART. 5.º (Responsabilidade do armador não proprietário) – O armador que não seja proprietário do navio responde, perante terceiros, nos mesmos termos do proprietário armador.

ART. 6.º (Responsabilidade do simples proprietário) – O simples proprietário do navio responde subsidiariamente, perante terceiros, nos mesmos termos do proprietário armador, com sub-rogação total ou parcial nos direitos daqueles contra o armador.

ART. 7.º (Responsabilidade pelos actos do gestor) – O armador responde pelos actos do gestor relativos ao armamento do navio.

ART. 8.º (Representação legal do proprietário e do armador) – 1 – Fora do local da sede do proprietário ou do armador, estes são representados, judicial e extrajudicialmente, pelo capitão do navio em tudo o que se relacionar com a expedição.

2 – A representação prevista no número anterior não é afectada pela presença do proprietário, do armador ou de outros seus representantes.

ART. 9.º (Agente de navegação) – A actividade do agente de navegação rege-se pelas disposições legais aplicáveis ao mandato com representação e, supletivamente, pelas disposições respeitantes ao contrato de agência.

ART. 10.º (Citações e notificações judiciais) – Nos poderes do agente de navegação incluem-se sempre os de receber citações e notificações judiciais em representação dos proprietários, dos armadores e dos gestores dos navios cujo despacho o agente tenha requerido.

ART. 11.º (Responsabilidade do navio) – 1 – Se o proprietário ou o armador não forem identificáveis com base no despacho de entrada da capitania, o navio responde, perante os credores interessados, nos mesmos termos em que aqueles responderiam.

2 – Para efeitos do disposto no número anterior, é atribuída ao navio personalidade judiciária, cabendo a sua representação em juízo ao agente de navegação que requereu o despacho.

ART. 12.º (Limites da responsabilidade do proprietário) – Além das limitações da responsabilidade admitidas nos tratados e convenções internacionais vigentes em Portugal, e quando não estejam em causa pedidos de indemnização por estes abrangidos, o proprietário do navio pode restringir a sua responsabilidade ao navio e ao valor do frete a risco, abandonando-os aos credores, com vista à constituição de um fundo de limitação da responsabilidade.

ART. 13.º (Processo) – Aplicam-se à limitação da responsabilidade prevista na segunda parte do artigo anterior, com as necessárias adaptações, as normas de processo relativas à limitação da responsabilidade referida na primeira parte do mesmo preceito, ressalvadas as alterações constantes dos artigos seguintes.

ART. 14.º (Fundo de limitação da responsabilidade) – 1 – A constituição do fundo de limitação da responsabilidade referido no artigo 12.º deve constar de requerimento em que se mencione:

a) O facto de que resultaram os prejuízos;

b) O montante do frete a risco.

2 – O requerimento deve ser acompanhado da relação dos credores conhecidos com direito a participar na repartição do fundo, indicando os respectivos domicílios e o montante dos seus créditos.

3 – Não havendo lugar a indeferimento liminar, o juiz ordena que o requerente deposite o valor do frete a risco e nomeia depositário para o navio.

4 – Efectuado o depósito previsto no número anterior, é ordenada a venda judicial imediata do navio.

ART. 15.º (Declaração de constituição do fundo) – Logo que se mostre realizado o depósito do produto da venda do navio, o juiz declara constituído o fundo de limitação da responsabilidade.

ART. 16.º (Prazo) – O requerimento a que se refere o n.º 1 do artigo 14.º deve ser apresentado até ao termo do prazo para contestação de acção fundada em crédito a que seja oponível a limitação de responsabilidade.

ART. 17.º (Abandono do navio) – 1 – Considera-se abandonado o navio que, encontrando-se na área de jurisdição dos tribunais portugueses, aí permaneça, por um período superior a 30 dias, sem capitão ou quem desempenhe as correspondentes funções de comando e sem agente de navegação.

2 – O navio deixa de ter agente de navegação a partir da data em que este notifique a capitania do porto respectivo de que cessou as suas funções.

SALVAÇÃO MARÍTIMA   [DL n.º 203/98]   1121

ART. 18.º (**Venda do navio**) – 1 – O titular de crédito sobre navio abandonado ou de qualquer outro crédito de que seja devedor o seu anterior proprietário pode requerer a venda judicial do navio, desde que se encontre munido de título executivo ou tenha já proposto acção declarativa destinada a obtê-lo.

2 – A venda a que se refere o número anterior rege-se pelas normas aplicáveis à venda antecipada em processo de execução.

3 – Se o navio não tiver depositário nomeado, a sua nomeação deve ser pedida no requerimento a que se refere o n.º 1.

4 – Efectuada a venda, seguem-se os demais termos do processo de execução.

5 – O juiz pode fazer depender a venda antecipada da prestação de caução pelo requerente.

ART. 19.º (**Venda injustificada**) – Se o requerente da venda prevista no artigo anterior decair na acção declarativa, ou não agir com a diligência normal, é responsável pelos danos causados ao requerido.

ART. 20.º (**Norma revogatória**) – São revogados os artigos 492.º a 495.º e 509.º do Código Comercial.

ART. 21.º (**Início de vigência**) – O presente diploma entra em vigor 30 dias após a sua publicação.

17.12. SALVAÇÃO MARÍTIMA

Decreto-Lei n.º 203/98

de 10 de Julho (*)

ART. 1.º (**Definições legais**) – 1 – Para efeito do presente diploma, considera-se:

a) «Salvação marítima» todo o acto ou actividade que vise prestar socorro a navios, embarcações ou outros bens, incluindo o frete em risco, quando em perigo no mar;

b) «Salvador» o que presta socorro aos bens em perigo no mar;

c) «Salvado» o proprietário ou armador dos bens objecto das operações de socorro.

2 – Considera-se ainda salvação marítima a prestação de socorro em quaisquer outras águas sob jurisdição nacional, desde que desenvolvida por embarcações.

ART. 2.º (**Contratos de salvação marítima**) – 1 – Podem os interessados celebrar contratos de salvação marítima em que convencionem regime diverso do previsto no presente diploma, excepto quanto ao preceituado pelos artigos 3.º, 4.º, 9.º e 16.º.

2 – Os contratos de salvação marítima estão sujeitos a forma escrita, nesta se incluindo, designadamente, cartas, telegramas, telex, telecópia e outros meios equivalentes criados pelas modernas tecnologias.

3 – As disposições dos contratos de salvação marítima podem ser anuladas ou modificadas nos termos gerais de direito e ainda nos casos seguintes:

a) O contrato ter sido celebrado sob coacção ou influência de perigo, não se apresentando equitativas cláusulas;

b) O salário de salvação marítima ser manifestamente excessivo ou diminuto em relação aos serviços prestados.

4 – Nos contratos referidos neste artigo, o capitão da embarcação objecto de salvação, ou quem nela desempenhe funções de comando, actua em representação de todos os interessados na expedição marítima.

ART. 3.º (**Dever de prestar socorro**) – 1 – O capitão de qualquer embarcação, ou quem nela desempenhe funções de comando, está obrigado a prestar socorro a pessoas em perigo no mar, desde que isso não acarrete risco grave para a sua embarcação ou para as pessoas embarcadas, devendo a sua acção ser conformada com o menor prejuízo ambiental.

2 – À omissão de prestar socorro, nos termos do número anterior, é aplicável o disposto no artigo 486.º do Código Civil, independentemente de outro tipo de responsabilidade consagrada na lei.

3 – O proprietário e o armador da embarcação só respondem pela inobservância da obrigação prevista neste artigo se existir culpa sua.

ART. 4.º (**Obrigações do salvador**) – Constituem obrigações do salvador:

a) Desenvolver as operações de salvação marítima com a diligência devida, em face das circunstâncias de cada caso;

b) Evitar ou minimizar danos ambientais;

c) Solicitar a intervenção de outros salvadores, sempre que as circunstâncias concretas da situação o recomendem;

(*) Rectificado pela Declaração de Rectificação n.º 11-M/98, de 31-7.

1122 [DL n.º 203/98]   TRANSPORTES MARÍTIMOS

d) Aceitar a intervenção de outros salvadores, quando tal lhe for solicitado pelo salvado;

e) Entregar, em caso de abandono, à guarda da autoridade aduaneira do porto de entrada, a embarcação e os restantes bens objecto de salvação marítima, desde que não exerça direito de retenção.

ART. 5.º (Remuneração do salvador) – 1 – Havendo resultado útil para o salvado, é a salvação marítima remunerada mediante uma retribuição pecuniária denominada «salário de salvação marítima».

2 – Se o salvador não obtiver resultado útil para o salvado, mas evitar ou minimizar manifestos danos ambientais, a sua intervenção é remunerada, nos termos dos artigos 9.º e 10.º, mediante uma retribuição pecuniária denominada «compensação especial».

3 – Para efeitos do número anterior, entende-se por danos ambientais todos os prejuízos causados à saúde humana, vida marinha, recursos costeiros, águas interiores ou adjacentes, em resultado de poluição, contaminação, fogo, explosão ou acidente de natureza semelhante.

4 – Não exclui o direito do salvador à remuneração o facto de pertencerem à mesma pessoa, ou por ela serem operadas, as embarcações que desenvolvem as operações de salvação marítima e as que destas constituem objecto.

ART. 6.º (Salário de salvação marítima) – 1 – O salário de salvação marítima é fixado tendo em consideração as circunstâncias seguintes:

a) O valor da embarcação e dos restantes bens que se conseguiram salvar;

b) Os esforços desenvolvidos pelo salvador e a eficácia destes a fim de prevenir ou minimizar o dano ambiental;

c) O resultado útil conseguido pelo salvador;

d) A natureza e o grau do risco que o salvador correu;

e) Os esforços desenvolvidos pelo salvador e a eficácia destes para salvar a embarcação, outros bens e as vidas humanas;

f) O tempo despendido, os gastos realizados e os prejuízos sofridos pelo salvador;

g) A prontidão dos serviços prestados;

h) O valor do equipamento que o salvador utilizou.

2 – Pelo pagamento do salário de salvação marítima, fixado nos termos do número anterior, respondem a embarcação e os restantes bens salvos, na proporção dos respectivos valores, calculados no final das operações de salvação marítima.

3 – O montante do salário de salvação marítima, excluídos os juros e as despesas com custas judiciais, não pode exceder o valor da embarcação e dos restantes bens que se conseguiram salvar, calculados no final das operações de salvação marítima.

4 – Não resulta afectado o salário de salvação marítima, sempre que o salvador tenha sido obrigado a aceitar a intervenção de outros, nos termos da alínea *d)* do artigo 4.º, e se demonstre a manifesta desnecessidade desta intervenção.

ART. 7.º (Pagamento do salário) – O pagamento do salário de salvação marítima é feito pelos salvados de harmonia com as regras aplicáveis à regulação da avaria grossa ou comum.

ART. 8.º (Repartição do salário entre os salvadores) – 1 – A repartição do salário de salvação marítima entre os salvadores é efectuada, na falta de acordo dos interessados, pelo tribunal, tendo em conta os critérios estabelecidos no artigo 6.º.

2 – A repartição entre o salvador, o capitão, ou quem desempenhava as correspondentes funções de comando, a tripulação e outras pessoas que participaram na salvação marítima é efectuada, na falta de acordo dos interessados, pelo tribunal, nos termos do número anterior; a parte do capitão, ou de quem desempenhava as correspondentes funções de comando, e da tripulação, porém, não pode ser superior a metade nem inferior a um terço do salário de salvação marítima líquido.

3 – A repartição entre o capitão, ou quem desempenhava as correspondentes funções de comando, e os membros da tripulação é feita na proporção do salário base de cada um.

4 – Caso a salvação marítima haja sido prestada por rebocador ou outra embarcação especialmente destinada a esta actividade, o capitão, ou quem desempenhava as correspondentes funções de comando, e a tripulação ficam excluídos da repartição do respectivo salário.

ART. 9.º (Compensação especial) – 1 – Se o salvador desenvolver actividades de salvação marítima em relação a navio ou embarcação que, por eles próprios ou pela natureza da carga transportada, constituam ameaça para o ambiente e não vença salário de salvação marítima, tem direito a uma compensação especial, da responsabilidade dos proprietários do navio ou embarcação e dos restantes bens que se conseguiram salvar, igual ao montante das despesas efectuadas, acrescido de 30%.

2 – Consideram-se despesas efectuadas pelo salvador todos os gastos realizados com pessoal e material, incluída a amortização deste.

SALVAÇÃO MARÍTIMA   [DL n.º 203/98] 1123

3 – Em situações de particular dificuldade para as operações de salvação marítima, pode o tribunal elevar a compensação especial até montante igual ao dobro das despesas efectuadas.

4 – O segurador da responsabilidade civil do devedor pode ser demandado pelo salvador, caso o segurado não efectue o pagamento da compensação especial prevista neste artigo.

ART. 10.º (Pagamento da compensação pelo Estado) – 1 – Não tendo o devedor da compensação especial procedido ao seu pagamento dentro dos 60 dias contados da interpelação judicial ou extrajudicial pelo salvador, pode este exigir imediatamente ao Estado a respectiva satisfação.

2 – Sempre que o Estado, nos termos do número anterior, pague a compensação especial ao salvador, fica sub-rogado nos direitos deste em relação ao devedor, podendo exercê-los dentro dos dois anos subsequentes à sub-rogação.

3 – O procedimento administrativo relativo ao pagamento pelo Estado, previsto neste artigo, será regulamentado por despacho conjunto dos Ministros das Finanças, do Equipamento, do Planeamento e da Administração do Território, da Justiça e do Ambiente.

ART. 11.º (Salvação de pessoas) – 1 – O salvador de vidas humanas que intervenha em operações que originem salário de salvação marítima tem direito, por esse simples facto, a participar na repartição do respectivo montante.

2 – Não ocorrendo a situação prevista no número anterior, o salvador de vidas humanas tem direito a ser indemnizado pelas despesas que suportou na operação de salvamento, reclamando-as do proprietário, armador ou segurador da responsabilidade civil do navio ou embarcação em que se transportavam as pessoas salvas.

3 – O disposto no artigo anterior é aplicável, com as necessárias adaptações, à salvação de pessoas.

ART. 12.º (Embarcações ou outros bens naufragados) – 1 – Não podem ser adquiridos por ocupação as embarcações naufragadas, seus fragmentos, carga ou quaisquer bens que o mar arrojar às costas ou sejam nele encontrados.

2 – A recusa injustificada da entrega dos bens referidos no número anterior ao proprietário ou seu representante determina a perda do direito ao salário de salvação marítima, sem prejuízo de outras sanções que ao facto correspondam.

ART. 13.º (Exercício dos direitos) – 1 – Os direitos decorrentes da salvação marítima devem ser exercidos no prazo de dois anos a partir da data da conclusão ou interrupção das operações de salvação marítima.

2 – Se o salvador não exigir o salário de salvação marítima, a compensação especial ou a indemnização das despesas referida no n.º 2 do artigo 11.º, o capitão, ou quem desempenhava as correspondentes funções de comando, e a tripulação podem demandar os salvados, pedindo a parte que lhes caiba, dentro do ano subsequente ao termo do prazo fixado no número anterior.

3 – Verificando-se a situação prevista no número anterior, o capitão da embarcação que desenvolveu as operações de salvação marítima, ou quem desempenhava as correspondentes funções de comando, tem legitimidade para, em nome próprio e em representação da tripulação, demandar os salvados; porém, caso esse direito não seja exercido, podem os tripulantes interessados demandar conjuntamente os salvados, nos seis meses imediatos.

ART. 14.º (Direito de retenção) – O salvador goza de direito de retenção sobre a embarcação e os restantes bens salvos para garantia dos créditos emergentes da salvação marítima.

ART. 15.º (Tribunal competente) – 1 – Os tribunais portugueses são internacionalmente competentes para o julgamento de acções emergentes de salvação marítima, em qualquer dos casos seguintes:

a) Se o porto de entrada após as operações de salvamento se situar em território nacional;

b) Se o contrato de salvação marítima tiver sido celebrado em Portugal;

c) Se o salvador e o salvado forem de nacionalidade portuguesa;

d) Se a sede, sucursal, agência, filial ou delegação de qualquer das partes se localizar em território português;

e) Se o sinistro ocorreu em águas sob jurisdição nacional.

2 – Nas situações não previstas no número anterior, a determinação da competência internacional dos tribunais para julgamento das acções emergentes de salvação marítima é feita de acordo com as regras gerais.

ART. 16.º (Salvação marítima por embarcações do Estado) – O disposto neste diploma abrange a salvação marítima desenvolvida por navios ou embarcações de guerra ou outras embarcações não comerciais propriedade do Estado ou por ele operadas; não se aplica, porém, no caso de tais embarcações serem objecto de operações de salvamento.

ART. 17.º (Norma revogatória) – São revogados os artigos 676.º a 691.º do Código Comercial.

ART. 18.º (Entrada em vigor) – O presente diploma entra em vigor 30 dias após a sua publicação.

1124 [DL n.º 384/99]   TRANSPORTES MARÍTIMOS

17.13. REGIME DA TRIPULAÇÃO DO NAVIO

Decreto-Lei n.º 384/99

de 23 de Setembro

CAPÍTULO I — **Tripulação do navio**

ART. 1.º (Tripulação do navio) – 1 – A tripulação é constituída pelo conjunto de todos os marítimos, recrutados nos termos da legislação aplicável, para exercer funções a bordo, em conformidade com o respectivo rol de tripulação.

2 – Carece de licença especial de embarque, concedida nos termos da legislação aplicável, o exercício de funções a bordo por não marítimos.

3 – Designa-se por lotação o número mínimo de tripulantes, distribuídos por categorias e funções, fixado para cada navio, que garante a segurança da navegação, dos tripulantes e passageiros, das cargas e capturas, bem como a protecção do meio marinho.

ART. 2.º (Recusa de tripulante) – O capitão pode recusar, com motivo justificado, o serviço a bordo de qualquer tripulante.

CAPÍTULO II — **Capitão**

ART. 3.º (Capitão) – 1 – Entre os marítimos, a categoria mais elevada do escalão dos oficiais designa-se por capitão da marinha mercante.

2 – O tripulante investido em funções de comando de navio toma a designação genérica:

a) De capitão, quando pertencer ao escalão dos oficiais;

b) De mestre ou arrais, quando pertencer ao escalão da mestrança;

c) Da respectiva categoria, quando pertencer ao escalão da marinhagem.

3 – As funções de comando de navio só podem ser confiadas aos marítimos legalmente habilitados para o efeito.

ART. 4.º (Imediato e substituto do capitão) – 1 – Designa-se por imediato o oficial de pilotagem cuja categoria se segue à do capitão e que a bordo é o seu principal auxiliar e substituto.

2 – O impedimento permanente do capitão para o exercício das respectivas funções obriga o armador a designar outro.

3 – Na falta ou impedimento do capitão, as funções de comando são exercidas pelo imediato e, na falta ou impedimento deste, sucessivamente, pelo tripulante de maior categoria, atendendo-se dentro de cada categoria à antiguidade.

4 – Os substitutos do capitão têm os direitos e as obrigações a este atribuídos por lei ou contrato.

ART. 5.º (Atribuições e responsabilidades do capitão) – 1 – O capitão é o encarregado do governo e da expedição do navio, respondendo, como comissário do armador, pelos danos causados, salvo se provar que não houve culpa da sua parte ou que os danos se teriam igualmente produzido ainda que não houvesse culpa sua.

2 – O capitão exerce os poderes conferidos, por lei ou contrato, com vista à boa condução da expedição marítima, designadamente os respeitantes ao navio, à carga e a quaisquer outros interesses naquela envolvidos.

3 – O capitão deve actuar com o cuidado de um capitão diligente.

ART. 6.º (Obrigações do capitão) – O capitão é obrigado:

a) A fazer boa estiva, arrumação, guarda, transporte, descarga e entrega das mercadorias;

b) A iniciar a viagem segundo as instruções do armador, logo que o navio esteja em condições de empreender a expedição;

c) A levar o navio ao seu destino;

d) A permanecer a bordo durante a viagem quando ocorra perigo para a expedição;

e) A tomar piloto ou prático em todas as barras de portos ou outras paragens, sempre que a lei, o costume ou a normal diligência o determinem;

f) A cumprir a legislação aplicável nos lugares onde o navio se encontre;

g) A assegurar os registos legalmente obrigatórios, bem como os determinados pelo armador;

h) A convocar a conselho oficiais, armadores, carregadores e sobrecargas, sempre que for previsível a ocorrência de perigo para a expedição susceptível de causar danos ao navio, tripulantes, passageiros ou mercadorias;

i) A providenciar, em caso de abandono do navio, ao salvamento e guarda dos documentos de bordo, meios financeiros e outros valores que lhe tenham sido especialmente confiados;

j) A informar o armador, os carregadores e os sobrecargas, sempre que possível e, em particular, depois de qualquer arribada, sobre os acontecimentos extraordinários ocorridos durante a viagem, sobre as despesas extraordinárias efectuadas ou a efectuar em benefício do navio e sobre os fundos para o efeito constituídos;

REGIME DA TRIPULAÇÃO DO NAVIO   [DL n.º 384/99] 1125

l) A exibir às autoridades competentes ou aos interessados na expedição os documentos e registos do navio, emitindo as competentes certidões ou cópias, quando requeridas;
m) A permitir o acesso a bordo e a realização de vistorias por peritos credenciados pelos interessados na expedição marítima, desde que isso não envolva prejuízo para esta;
n) A providenciar à conservação e às reparações necessárias à navegabilidade do navio.

ART. 7.º (Navegação com piloto) – 1 – O piloto, em quaisquer circunstâncias, é um assessor do capitão, o que não afecta a responsabilidade deste, do armador ou do proprietário do navio perante terceiros.
2 – O piloto responde, perante o armador ou proprietário do navio, nos termos gerais de direito.

ART. 8.º (Poderes de representação do capitão) – Fora do local da sede do proprietário ou do armador, em tudo o que se relacione com a expedição marítima, o capitão goza dos necessários poderes de representação judicial e extrajudicial daqueles.

ART. 9.º (Carregamento por conta da tripulação) – 1 – É vedado ao capitão e aos restantes tripulantes carregar por sua conta, salvo estipulação escrita em contrário.
2 – A violação do estabelecido no número anterior, independentemente de outras sanções, obriga à indemnização do proprietário ou armador pelo montante que corresponda ao dobro do frete devido.

ART. 10.º (Utilização de coisas a bordo) – 1 – Se, durante a expedição marítima e no seu interesse, for necessário utilizar ou alienar coisas que se encontrem a bordo do navio, o capitão pode fazê-lo, ouvidos os principais da tripulação.
2 – O capitão deve promover a elaboração de uma conta, instruída com os documentos justificativos das despesas e receitas originadas pela utilização ou alienação previstas no número anterior.

ART. 11.º (Responsabilidade pelas coisas utilizadas) – Os interessados nas coisas utilizadas ou alienadas nos termos do artigo anterior têm direito ao valor das mesmas, no lugar e na época da descarga do navio, bem como à indemnização dos danos sofridos.

CAPÍTULO III — Tripulantes

ART. 12.º (Regimes jurídicos aplicáveis aos tripulantes) – 1 – As matérias relativas à lotação dos navios, bem como as que disciplinam a inscrição marítima, cédulas marítimas, classificação, categorias, cursos, exames, tirocínios e certificação dos marítimos, estão sujeitas a legislação especial.
2 – Estão igualmente sujeitos a legislação especial os regimes jurídicos dos contratos individuais de trabalho a bordo dos navios.

CAPÍTULO IV — Acontecimentos de mar

ART. 13.º (Noção) – 1 – Entende-se por acontecimento de mar todo o facto extraordinário que ocorra no mar, ou em águas sob qualquer jurisdição nacional, que tenha causado ou possa causar danos a navios, engenhos flutuantes, pessoas ou coisas que neles se encontrem ou por eles sejam transportadas.
2 – Consideram-se acontecimentos de mar, nomeadamente, a tempestade, o naufrágio, o encalhe, a varação, a arribada, voluntária ou forçada, a abalroação, a simples colisão ou toque, o incêndio, a explosão, o alijamento ou o simples aligeiramento, a pilhagem, a captura, o arresto, a detenção, a angária, a pirataria, o roubo, o furto, a barataria, a rebelião, a queda de carga, as avarias particulares do navio ou da carga, bem como as avarias grossas, a salvação, a presa, o acto de guerra, a violência de toda a espécie, a mudança de rota, de viagem ou de navio, a quarentena e, em geral, todos os acidentes ocorridos no mar que tenham por objecto o navio, engenhos flutuantes, pessoas, cargas ou outras coisas transportadas a bordo.

ART. 14.º (Relatório de mar) – 1 – Após a ocorrência de acontecimento de mar, o capitão ou quem exerça as funções de comando deve elaborar um relatório de mar onde seja descrito pormenorizadamente o ocorrido.
2 – O relatório de mar deve conter a descrição de todos os elementos úteis que caracterizam o acontecimento de mar a que respeitam, designadamente os seguintes:
a) Identificação e qualidade do subscritor;
b) Elementos identificadores e características técnicas dos navios e outras coisas relacionadas;
c) Identificação dos proprietários, armadores, afretadores, seguradores, carregadores, lesados, credores e demais interessados conhecidos;
d) Indicação do local ou área geográfica onde se verificou o acontecimento de mar;
e) Descrição pormenorizada dos antecedentes, da sequência dos factos, das consequências e das eventuais causas do acontecimento;
f) Identificação das testemunhas e indicação de outros meios de prova.
3 – O relatório de mar elaborado nos termos do número anterior é apresentado à autoridade marítima ou consular, com jurisdição no primeiro porto de escala onde essa autoridade exista, no prazo de quarenta e oito horas contado a partir do momento em que o navio atracar ou fundear no mencionado porto; em caso de perda total do navio, o prazo conta-se desde a data da chegada do capitão ou de quem o substitua.

1126   [DL n.º 64/2005]   TRANSPORTES MARÍTIMOS

4 – Caso o relatório de mar seja apresentado fora do prazo indicado no número anterior, a autoridade marítima ou consular, sem prejuízo das investigações a que está obrigada, não pode confirmá-lo, devendo tal circunstância ficar expressamente referida nas conclusões que venham a ser lavradas.

5 – Enquanto o procedimento de confirmação do relatório de mar não estiver concluído, não pode iniciar-se a descarga do navio, salvo havendo urgência nesta e autorização concedida por escrito pela autoridade competente para a confirmação.

ART. 15.º (Confirmação do relatório de mar) – 1 – A autoridade marítima ou consular que recebe o relatório de mar deve investigar, com carácter de urgência, a veracidade dos factos relatados, inquirindo em separado as testemunhas arroladas e os tripulantes, passageiros ou outras pessoas que considere necessário ouvir para esclarecimento da verdade.

2 – A autoridade competente para a confirmação do relatório de mar deve, igualmente, recolher as informações e demais meios de prova relacionados com os factos relatados.

3 – Nenhum tripulante, passageiro ou outra pessoa pode recusar-se a prestar depoimento feito sob a forma de auto de declarações, salvo impedimento legal; a recusa de colaboração deve constar das conclusões do procedimento.

4 – Os interessados na expedição marítima, ou os seus representantes ou gestores de negócios, podem assistir ao depoimento das testemunhas e demais produção de prova, bem como solicitar a quem os detenha os elementos constantes da alínea *l*) do artigo 6.º.

5 – No final da investigação, a autoridade marítima ou consular encerra o procedimento, lavrando conclusões, nas quais confirma ou não, fundamentadamente, os factos constantes do relatório de mar.

6 – A autoridade referida no número anterior deve enviar, logo que possível, à autoridade marítima do porto de registo do navio em causa, cópia autenticada do procedimento e suas conclusões respeitantes ao relatório de mar.

7 – Os factos constantes de relatório de mar confirmado pela autoridade marítima ou consular competente, com observância do disposto nos números anteriores, presumem-se verdadeiros, salvo prova em contrário.

CAPÍTULO V — **Disposições finais**

ART. 16.º (Norma revogatória) – São revogados os artigos 496.º, 498.º a 508.º e 510.º a 537.º do Código Comercial.

ART. 17.º (Início de vigência) – O presente diploma entra em vigor 30 dias após a sua publicação.

17.14. REMOÇÃO DE DESTROÇOS DE NAVIOS ENCALHADOS E AFUNDADOS

Decreto-Lei n.º 64/2005

de 15 de Março

ART. 1.º (Acontecimento de mar de que resulte afundamento ou encalhe) – Quando, na sequência de sinistro marítimo ou outro acontecimento de mar, resulte o afundamento ou encalhe de um navio que cause prejuízo à navegação ou ao regime e à exploração de porto, bem como que cause danos para o ambiente, designadamente para os recursos aquícolas, ou para os recursos piscícolas, constitui obrigação do seu proprietário, armador ou legal representante efectuar a necessária remoção, ainda que só existam destroços, e assumir a totalidade das respectivas despesas da operação.

ART. 2.º (Procedimentos em caso de poluição marítima) – 1 – Sem prejuízo do referido no artigo 1.º, no caso de ocorrência ou perigo de ocorrência de poluição marítima, o proprietário do navio, armador ou representante legal apresenta ao capitão do porto, num prazo por este estipulado não superior a 20 dias, um plano específico de remoção dos hidrocarbonetos, combustíveis e demais produtos considerados poluentes, de acordo com as listas constantes no apêndice I do anexo I e no apêndice II dos anexos II e V da Convenção Internacional para a Prevenção da Poluição por Navios, assinada em Londres em 2 de Novembro de 1973 (Convenção MARPOL 73/88).

2 – Nas áreas de jurisdição referidas no artigo 5.º, e antes da aprovação do plano referido no número anterior, o capitão do porto recolhe o parecer da respectiva entidade administrante.

3 – No caso previsto no n.º 1, aplicam-se as medidas previstas no artigo 21.º do Decreto-Lei n.º 235/2000, de 26 de Setembro, designadamente quanto à constituição de garantia.

4 – As acções e operações de combate à poluição marítima regem-se pelo quadro legal estabelecido pelo Plano Mar Limpo, aprovado pela Resolução do Conselho de Ministros n.º 25/93, de 4 de Fevereiro.

5 – No caso de ocorrência de poluição marítima, e tornando-se necessário o recurso a fundos internacionalmente constituídos ao abrigo das convenções aplicáveis, os ministros que tutelam os negócios estrangeiros, a defesa nacional, os assuntos do mar, o ambiente e os transportes marítimos assumem a respectiva coordenação internacional do processo, decorridas as diligências internas no âmbito da autoridade marítima.

REMOÇÃO DE DESTROÇOS DE NAVIOS ENCALHADOS E AFUNDADOS [DL n.º 64/2005] 1127

ART. 3.º (Processo de remoção de navio ou destroços) – 1 – O processo de remoção de navio afundado ou encalhado segue os seguintes procedimentos:

a) No prazo de quatro dias úteis a contar da data do encalhe ou afundamento, os responsáveis da embarcação prestam a favor da autoridade marítima, directamente, através de entidade bancária, da respectiva companhia seguradora ou do agente de navegação, uma garantia ou caução considerada idónea, nos termos do número seguinte, a qual é devolvida no dia seguinte à finalização dos trabalhos de remoção efectuados;

b) O proprietário ou o armador do navio ou o respectivo representante legal apresenta um plano de remoção do mesmo ao capitão do porto com jurisdição no local num prazo por este estipulado e não superior a 30 dias, com vista a serem analisados os aspectos relacionados com a segurança da navegação e poluição marítima;

c) Nos casos previstos no artigo 5.º, o plano referido na alínea anterior deve ser comunicado, para conhecimento, às respectivas entidades administrantes;

d) A reivindicação para recuperação de carga por parte do respectivo proprietário ou carregador depende da apresentação às autoridades marítimas do respectivo título de propriedade ou de autorização expressa do armador do navio sinistrado para a recuperar, sem prejuízo do disposto no n.º 5 do artigo 9.º;

e) Nos casos de não reivindicação da carga ou de não observância do estabelecido na alínea anterior, a mesma considera-se perdida a favor do Estado, devendo a entidade aduaneira competente dela tomar conta, para os devidos efeitos legais;

f) Se, face à sua natureza ou estiva a bordo, a recuperação da carga interferir, de forma determinante, nas operações de remoção do navio, não pode haver intervenção sobre a mesma enquanto a autoridade marítima a não autorizar, ficando esta apreendida a favor do Estado;

g) Sempre que a carga compreenda mercadorias perecíveis, e sem prejuízo do estabelecido no número anterior, aplica-se, quanto a estas, o disposto no artigo 22.º do Decreto-Lei n.º 352/86, de 21 de Outubro;

h) Confirmando-se o abandono do navio, a respectiva capitania do porto solicita às autoridades judiciárias competentes que notifiquem os agentes de navegação, os proprietários do navio ou os respectivos representantes legais para comunicarem que outros bens, nomeadamente navios, possuem o proprietário e armador em causa.

2 – O valor da garantia ou caução a prestar nos termos da alínea *a)* do número anterior é estabelecido em função das características do navio, designadamente da tonelagem, da dimensão e valor da carga transportada pelo navio em causa e sua perigosidade, podendo ainda ser considerada pela autoridade marítima a capacidade financeira da entidade obrigada à sua prestação.

3 – Desde a ocorrência do acontecimento e até à finalização dos trabalhos de remoção, deve ser implementado, pelo proprietário do navio, armador ou representante legal, um programa de monitorização, o qual é aprovado pelo ICN, se a ocorrência tiver tido lugar em área protegida, ou pelo INAG, nos restantes casos.

ART. 4.º (Auto sumário) – 1 – Sem prejuízo do inquérito ao sinistro marítimo que corre termos na capitania do porto, é elaborado um auto sumário, a enviar aos ministérios que tutelam o ambiente, as pescas, os transportes marítimos e as administrações portuárias, do qual conste a identificação do navio, bandeira, porto de registo, companhia seguradora, nome do proprietário e ou armador ou representante legal, agente de navegação, natureza da carga e respectiva companhia seguradora e circunstâncias factuais do sinistro.

2 – Tratando-se de embarcações de tráfego local ou de pesca local ou costeira é dispensada a remessa do auto referido no número anterior.

ART. 5.º (Ocorrência em área de jurisdição portuária ou em área protegida) – 1 – Se o acontecimento de mar ocorrer em área de jurisdição portuária, compete à respectiva administração portuária a realização dos procedimentos e diligências processuais, nos termos das alíneas *d)* a *h)* do artigo 3.º e dos artigos 7.º, 9.º e 12.º.

2 – Caso a ocorrência se verifique em área protegida, o disposto no número anterior aplica-se, com as necessárias adaptações, à respectiva entidade administrante.

3 – No caso específico do rio Douro, as competências estabelecidas no n.º 1 consideram-se cometidas à entidade administrante de navegabilidade do rio Douro.

4 – Todas as ocorrências são comunicadas ao Instituto Português de Arqueologia, que se pronuncia no prazo de quarenta e oito horas sobre a existência de vestígios arqueológicos e sobre trabalhos de prevenção ou acompanhamento arqueológico que devam ter lugar.

ART. 6.º (Comunicações ao Estado de bandeira) – 1 – Sendo o navio de bandeira não portuguesa, todas as diligências efectuadas pelas autoridades marítimas, portuárias ou ambientais são comunicadas às autoridades competentes do Estado de bandeira e ao cônsul ou embaixador daquele Estado, consoante exista ou não representação consular.

2 – As comunicações referidas no número anterior abrangem as informações relativas à verificação e homologação de determinados documentos e certificados do navio que este deva ter.

ART. 7.º (Remoção compulsiva no caso de risco de ocorrência de poluição) – 1 – Verificando-se elevado risco de ocorrência de poluição, e não sendo a remoção imediatamente efectuada ou suportada pelo proprietário, armador ou representante legal, é utilizado o procedimento de ajuste directo para a contratação de entidade idónea para a remoção de hidrocarbonetos, combustíveis e outras substâncias poluentes, em conformidade com os procedimentos legalmente estabelecidos para aquela forma de contratação.

2 – No caso previsto no número anterior, o respectivo plano de remoção deve ser submetido à aprovação do capitão do porto com jurisdição na área, aplicando-se o procedimento referido no n.º 2 do artigo 2.º.

1128 [DL n.º 64/2005]	TRANSPORTES MARÍTIMOS

ART. 8.º (Abandono do navio) – 1 – Considera-se navio abandonado, nos termos estabelecidos no artigo 17.º do Decreto-Lei n.º 202/98, de 10 de Julho, aquele que se encontra à deriva por mais de 30 dias, mesmo que tal não resulte de acontecimento de mar.

2 – Quando a situação de navio à deriva não resulte de acontecimento de mar e não tendo sido reclamado num prazo de 30 dias ou conhecido o proprietário do navio ou qualquer representante legal, o prazo referido no número anterior conta-se a partir do momento da ocorrência, independentemente das acções das entidades públicas competentes que se destinem a assegurar as condições de segurança e ambientais com a relocalização temporária do navio.

3 – Se, em resultado de acontecimento de mar, o proprietário, armador do navio ou o respectivo representante legal pretender abandonar o navio ou declarar a sua perda total, deve exarar, no prazo máximo de cinco dias úteis contados da data do sinistro, declaração expressa nesse sentido dirigida à autoridade marítima.

4 – Na falta da declaração referida no número anterior, ou não sendo conhecido o proprietário do navio ou qualquer representante legal, o mesmo considera-se abandonado no prazo máximo de 30 dias contados desde a data do acontecimento de mar.

5 – No caso previsto no número anterior, o navio é entregue às autoridades alfandegárias com jurisdição na área a fim de se proceder à sua venda, a qual se deve reger pelas normas aplicáveis à venda antecipada em processo de execução.

6 – O abandono do navio em resultado de acontecimento de mar não afasta a responsabilidade do proprietário, armador ou representante legal pelos prejuízos ou danos causados.

ART. 9.º (Responsabilidade do armador e do proprietário) – 1 – O proprietário e o armador são solidariamente responsáveis pelo pagamento de todas as despesas resultantes das operações de remoção efectuadas ao abrigo do presente diploma sempre que as mesmas sejam suportadas por entidade administrativa.

2 – O proprietário e o armador são ainda solidariamente responsáveis por todos os prejuízos causados pelo afundamento, encalhe, abandono, não remoção do navio, bem como pelos danos originados quando a remoção deste seja efectuada de forma defeituosa ou não atempada.

3 – Para efeitos dos números anteriores, a entidade administrativa que suportou as despesas notificará o proprietário e o armador para procederem ao pagamento dos montantes devidos em prazo não superior a 60 dias.

4 – Não sendo efectuado o pagamento no prazo previsto no número anterior, é extraída certidão de dívida para efeitos de instauração, pela administração fiscal, de processo de execução fiscal.

5 – Se um dos obrigados ao pagamento dos montantes devidos nos termos deste artigo for proprietário de carga cuja recuperação tiver sido reivindicada nos termos da alínea *a*) do n.º 1 do artigo 3.º, a devolução desta fica condicionada ao pagamento integral dos montantes em dívida.

6 – No caso de actuação das administrações portuárias e entidade administrativa ambiental, quando as despesas previstas ultrapassarem a capacidade financeira da entidade administrativa, a respectiva tutela deve autorizar e cabimentar, se for caso disso, os respectivos encargos financeiros.

ART. 10.º (Contra-ordenações) – 1 – Constitui contra-ordenação punível com coima de € 1000 a € 3700:

a) A não prestação de caução ou garantia estabelecida na alínea *a*) do n.º 1 do artigo 3.º, nos termos em que a sua entrega foi definida pela autoridade marítima, sem prejuízo da executoriedade da mesma;

b) A não apresentação, ou apresentação fora do prazo determinado, do plano de remoção referido na alínea *b*) do n.º 1 do artigo 3.º;

c) A não apresentação, ou apresentação fora de prazo, do plano de remoção de hidrocarbonetos referido no n.º 1 do artigo 2.º;

d) A violação, por parte dos proprietários da carga ou seus representantes legais, do disposto na alínea *f*) do n.º 1 do artigo 3.º.

2 – Constitui contra-ordenação punível com coima de € 600 a € 2000:

a) A não observância, por parte dos agentes de navegação, da obrigação estabelecida na alínea *h*) do n.º 1 do artigo 3.º;

b) A falta da declaração estabelecida no n.º 3 do artigo 8.º.

3 – Caso a infracção seja praticada por pessoas colectivas, os montantes mínimos e máximos das coimas previstas nos números anteriores são elevados, respectivamente, para € 2000 e € 10 000 e € 1200 e € 4000.

4 – A negligência e a tentativa são puníveis.

ART. 11.º (Produto das coimas) – O produto das coimas reverte:

a) 10% para a entidade autuante;

b) 30% para a entidade instrutora do processo;

c) 60% para os cofres do Estado.

ART. 12.º (Processamento e aplicação das coimas) – A instrução dos processos de contra-ordenação e a aplicação das respectivas coimas competem ao órgão local da Direcção-Geral da Autoridade Marítima, salvo os casos previstos no artigo 5..º, em que aquelas competências cabem à respectiva entidade administrante.

ART. 13.º (Norma revogatória) – São revogados o artigo 168.º do Decreto-Lei n.º 265/72, de 31 de Julho, e o n.º 3 do artigo 17.º do Decreto-Lei n.º 202/98, de 10 de Julho.

CAP. XVIII

DIREITO PENAL E CONTRA-ORDENACIONAL ECONÓMICO

18.1. INFRACÇÕES ANTIECONÓMICAS

Decreto-Lei n.º 28/84

de 20 de Janeiro (*)

CAPÍTULO I — Princípios gerais

ART. 1.º (Legislação subsidiária) – 1 – Aos crimes previstos neste diploma são aplicáveis, subsidiariamente, o Código Penal, o Código de Processo Penal e legislação complementar.

2 – Às contra-ordenações previstas neste diploma é aplicável, subsidiariamente, o regime geral das contra-ordenações.

ART. 2.º (Responsabilidade por actuação em nome de outrem) – 1 – Quem agir voluntariamente, como órgão, membro ou representante de uma pessoa colectiva, sociedade, ainda que irregularmente constituídas, ou de mera associação de facto, ou ainda em representação legal ou voluntária de outrem, será punido mesmo quando o tipo legal de crime ou de contra-ordenação exijam:

a) Determinados elementos pessoais e estes só se verifiquem na pessoa do representando;

b) Que o agente pratique o facto no seu próprio interesse e o representante actue no interesse do representado.

2 – O disposto no número anterior para os casos de apresentação vale ainda que seja ineficaz o acto jurídico fonte dos respectivos poderes.

3 – As sociedades civis e comerciais e qualquer das outras entidades referidas no n.º 1 respondem solidariamente, nos termos da lei civil, pelo pagamento das multas, coimas, indemnizações e outras prestações em que forem condenados os agentes das infracções previstas no presente diploma, nos termos do número anterior.

ART. 3.º (Responsabilidade criminal das pessoas colectivas e equiparadas) – 1 – As pessoas colectivas, sociedades e meras associações de facto são responsáveis pelas infracções previstas no presente diploma quando cometidas pelos seus órgãos ou representantes em seu nome e no interesse colectivo.

2 – A responsabilidade é excluída quando o agente tiver actuado contra ordens ou instruções expressas de quem de direito.

3 – A responsabilidade das entidades referidas no n.º 1 não exclui a responsabilidade individual dos respectivos agentes, sendo aplicável, com as necessárias adaptações, o n.º 3 do artigo anterior.

(*) Com as rectificações publicadas no *DR*, I, de 31-3-1984, e as alterações introduzidas pelo **DL n.º 347/89**, de 12-10 (nova redacção do art. 78.º), **DL n.º 6/95**, de 17-1 (revogou o art. 40.º), **DL n.º 48/95**, de 15-3 (revogou o art. 5.º), **DL n.º 20/99**, de 28-1 (redacção do art. 23.º), **DL n.º 162/99**, de 13-5 (revogou as als. *d)* e *e)* do art. 64.º), **DL n.º 143/2001**, de 26-4 (revogou o art. 62.º), **Lei n.º 13/2001**, de 4-6 (aditou o art. 41.º-A), **Lei n.º 108/2001**, de 28-11 (aditou os arts. 41.º-B e 41.º-C), **DL n.º 70/2007,** de 26-3 (revogou o art. 72.º), e **Lei n.º 20/2008**, de 21-4 (revogou os arts. 41.º-A, 41.º-B e 41.º-C).

1130   [DL n.º 28/84]   DIREITO PENAL E CONTRA-ORDENACIONAL ECONÓMICO

CAPÍTULO II — Dos crimes contra a economia e contra a saúde pública

Secção I — PRINCÍPIOS GERAIS

ART. 4.º (Tentativa) – Nos crimes previstos no presente diploma a tentativa é sempre punível.

ART. 5.º (Substituição da prisão por multa) – *(Revogado.)*

ART. 6.º (Determinação da medida da pena) – Na determinação da medida da pena atender-se-á especialmente às seguintes circunstâncias:

a) Ter sido praticada a infracção quando se verifique uma situação de falta ou insuficiência de bens ou serviço para o abastecimento do mercado, incluindo o regime de racionamento, desde que o seu objecto tenha sido algum desses bens ou serviços;

b) Ter sido cometida a infracção no exercício das suas funções ou aproveitando-se desse exercício, por funcionário do Estado ou de qualquer pessoa colectiva pública, ou por gestor, titular dos órgãos de fiscalização ou trabalhador de empresa do sector público ou de empresas em que o Estado tenha uma posição dominante, incluindo empresas públicas, nacionalizadas, de econonia mista, com capital maioritário do Estado, concessionárias ou dotadas de exclusivo, ou com administração nomeada pelo Estado;

c) Ter a infracção provocado alteração anormal dos preços no mercado;

d) Ter existido conluio, coligação ou aproveitamento desse tipo de associação voluntária para a prática da infracção;

e) Ter o agente poder económico relevante no mercado, determinado, nomeadamente, através de algum dos seguintes índices: tributação pelo grupo A da contribuição industrial, existência ao seu serviço de mais de 400 trabalhadores, ou 600 se o trabalho for por turnos, e posição dominante no mercado do bem ou serviço objecto da infracção;

f) Ter o agente aproveitado o estado de premente carência do adquirente, consumidor ou vendedor, com conhecimento desse estado;

g) Ter a infracção permitido alcançar lucros excessivos ou ter sido praticada com a intenção de os obter;

h) Representar o bem ou serviço, objecto da infracção, parte dominante do volume da facturação bruta total da empresa no ano anterior;

i) Ter o infractor favorecido interesses estrangeiros em detrimento da economia nacional.

ART. 7.º (Penas aplicáveis às pessoas colectivas e equiparadas) – 1 – Pelos crimes previstos neste diploma são aplicáveis às pessoas colectivas e equiparadas as seguintes penas principais:

a) Admoestação;

b) Multa;

c) Dissolução.

2 – Aplicar-se-á pena de admoestação sempre que, nos termos gerais, tal pena possa ser aplicada à pessoa singular que, em representação e no interesse da pessoa colectiva ou equiparada, tiver praticado o facto.

3 – Quando aplicar a pena de admoestação o tribunal poderá, cumulativamente aplicar a pena acessória da caução de boa conduta.

4 – Cada dia de multa corresponde a uma quantia entre 1000$ a 100 000$, que o tribunal fixará em função da situação económica e financeira da pessoa colectiva ou equiparada e dos seus encargos.

5 – Se a multa for aplicada a uma entidade sem personalidade jurídica, responderá por ela o património comum e, na sua falta ou insuficiência, solidariamente, o património de cada um dos associados.

6 – A pena de dissolução só será decretada quando os fundadores da pessoa colectiva ou sociedade tenham tido a intenção, exclusiva ou predominante, de, por meio dela, praticar crimes previstos no presente diploma ou quando a prática reiterada de tais crimes mostre que a pessoa colectiva ou sociedade está a ser utilizada para esse efeito, quer pelos seus membros, quer por quem exerça a respectiva administração.

ART. 8.º (Penas acessórias) – Relativamente aos crimes previstos no presente diploma podem ser aplicadas as seguintes penas acessórias:

a) Perda de bens;

b) Caução de boa conduta;

c) Injunção judiciária;

d) Interdição temporária do exercício de certas actividades ou profissões;

e) Privação temporária do direito de participar em arrematações ou concursos públicos de fornecimentos;

f) Privação do direito a subsídios ou subvenções outorgados por entidades ou serviços públicos;

g) Privação do direito a participar em feiras ou mercados;

h) Privação do direito de abastecimento através de órgãos da Administração Pública ou de entidades do sector público;

i) Encerramento temporário do estabelecimento;

j) Encerramento definitivo do estabelecimento;

l) Publicidade da decisão condenatória.

INFRACÇÕES ANTIECONÓMICAS   [DL n.º 28/84]   1131

ART. 9.º (Perda de bens) – 1 – A perda de bens, a declarar nos termos do presente diploma e do Código Penal, abrange o lucro ilícito obtido pelo infractor.

2 – Se o tribunal apurar que o agente adquiriu determinados bens empregando na sua aquisição dinheiro ou valores obtidos com a prática do crime, serão os mesmos também abrangidos pela decisão que ordenar a perda.

ART. 10.º (Caução de boa conduta) – 1 – A caução de boa conduta implica a obrigação de o agente depositar uma quantia em dinheiro entre 10 000$ e 1 000 000$, à ordem do tribunal, pelo prazo fixado na decisão, a determinar entre 6 meses e 2 anos.

2 – A caução de boa conduta pode ser aplicada cumulativamente com a pena de injunção judiciária e, em geral, sempre que o tribunal condene em pena cuja execução declare suspensa.

3 – A caução será declarada perdida a favor do Estado se o agente praticar nova infracção prevista neste diploma no decurso do prazo fixado, pela qual venha a ser condenado, sendo-lhe restituída no caso contrário.

ART. 11.º (Injunção judiciária) – 1 – O tribunal poderá ordenar ao agente que cesse, imediatamente ou no prazo que lhe for indicado, a actividade ilícita ou, em caso de omissão, que adopte as providências legalmente exigidas.

2 – A injunção tem essencialmente por fim pôr termo a uma situação irregular ou potencialmente perigosa e restabelecer a legalidade.

3 – Incorre em crime de desobediência qualificada quem não respeitar a injunção.

ART. 12.º (Interdição temporária do exercício de certas actividades ou profissões) – 1 – A interdição do exercício de certas actividades ou profissões poderá ser ordenada quando a infracção tiver sido cometida com flagrante abuso da profissão ou no exercício de uma actividade que dependa de um título público ou de uma autorização ou homologação da autoridade pública.

2 – A duração da interdição do exercício de uma profissão ou de uma actividade terá um mínimo de 2 meses e um máximo de 2 anos.

3 – Incorre na pena do artigo 393.º do Código Penal quem, por si ou por interposta pessoa, exercer a profissão ou a actividade durante o período da interdição.

ART. 13.º (Privação do direito de participar em arrematações ou concursos públicos de fornecimento) – 1 – A privação do direito de participar em arrematações ou concursos públicos de fornecimentos é aplicável ao agente:

a) Que tenha praticado infracção punida com pena superior a 6 meses de prisão;

b) Quando as circunstâncias em que a infracção tiver sido praticada revelem que não é digno da confiança geral necessária à sua participação em arrematações ou concurso, públicos de fornecimento.

2 – A privação do direito referido no número anterior, terá uma duração fixada entre 1 a 5 anos.

3 – O tribunal, conforme as circunstâncias, poderá limitar a privação do direito a certas arrematações ou a certos concursos.

ART. 14.º (Privação do direito a subsídios ou subvenções outorgadas por entidades ou serviços públicos) – 1 – A privação do direito a subsídios ou subvenções outorgados por entidades ou serviços públicos é aplicável a agente que exerça ou não profissão ou actividade subsidiada ou subvencionada.

2 – A sanção prevista no número anterior terá uma duração fixada entre 1 e 5 anos.

ART. 15.º (Proibição de participar em feiras ou mercados) – 1 – A proibição de participar em feiras ou mercados só é aplicável quando a infracção, punida com pena de prisão superior a 3 meses, tenha sido praticada por agente legalmente habilitado a participar como vendedor em feiras ou mercados e consiste na interdição desta actividade por si ou por interposta pessoa, por um período mínimo de 2 meses e máximo de 2 anos.

2 – O tribunal poderá limitar esta proibição a determinadas feiras ou mercados ou a certas áreas territoriais.

3 – A violação da proibição de participar em feiras ou mercados é punida com a pena prevista no artigo 393.º do Código Penal.

ART. 16.º (Privação do direito de abastecimento através de órgãos da Administração Pública ou de outras entidades do sector público) – 1 – A pena de privação do direito de abastecimento através de órgãos da Administração Pública ou de outras entidades do sector público poderá ser aplicada quando o agente tiver utilizado bens ou mercadorias dessa proveniência para cometer a infracção.

2 – Esta pena consiste na privação do direito a novos abastecimentos por um período de 1 a 5 anos.

ART. 17.º (Encerramento temporário do estabelecimento) – 1 – O encerramento temporário do estabelecimento poderá ser ordenado por um período mínimo de 1 mês e máximo de 1 ano, quando o agente tiver sido condenado em pena de prisão superior a 6 meses.

2 – Não obsta à aplicação desta pena a transmissão do estabelecimento ou a cedência de direitos de qualquer natureza, relacionadas com o exercício da profissão ou actividade, efectuadas depois da instauração do processo ou depois da perpetração da infracção salvo se, neste último caso, o adquirente se encontrar de boa fé.

3 – O encerramento do estabelecimento não constitui justa causa para o despedimento dos trabalhadores nem fundamento para a suspensão ou redução do pagamento das respectivas remunerações.

1132 [DL n.º 28/84]   DIREITO PENAL E CONTRA-ORDENACIONAL ECONÓMICO

ART. 18.º (Encerramento definitivo do estabelecimento) – 1 – O encerramento definitivo do estabelecimento comercial ou industrial poderá ser ordenado quando o agente:

a) Tiver sido anteriormente condenado por infracção prevista neste diploma em pena de prisão, se as circunstâncias mostrarem que a condenação ou condenações anteriores não constituirem suficiente prevenção contra o crime;

b) Tiver anteriormente sido condenado em pena de encerramento temporário do mesmo ou de outro estabelecimento; ou

c) For condenado em pena de prisão por infracção prevista neste diploma que determinou danos de valor consideravelmente elevado ou para um número avultado de pessoas.

2 – É aplicável o disposto nos n.ᵒˢ 2, 3 e 4 do artigo anterior.

ART. 19.º (Publicidade da decisão) – 1 – Sempre que o tribunal aplicar a pena de publicidade da decisão, será esta efectivada, a expensas do condenado, em publicação periódica editada na área da comarca da prática da infracção ou, na sua falta, em publicação periódica da comarca mais próxima, bem como através da afixação de edital, por período não inferior a 30 dias, no próprio estabelecimento comercial ou industrial ou no local de exercício da actividade, por forma bem visível ao público.

2 – Em casos particularmente graves, nomeadamente quando a infracção importe lesão ou perigo de lesão de interesses não circunscritos a determinada área do território, o tribunal ordenará, também a expensas do condenado, que a publicidade da decisão seja feita no *Diário da República*, 2.ª série, ou através de qualquer outro meio de comunicação social.

3 – A publicidade da decisão condenatória será feita por extracto de que constem os elementos da infracção e as sanções aplicadas, bem como a identificação dos agentes.

ART. 20.º (Bens essenciais) – Para efeitos dos crimes previstos neste diploma equiparam-se a bens essenciais todos aqueles para os quais estejam fixados preços máximos ou estabelecidos regimes especiais de garantia de abastecimento.

ART. 21.º (Definição de subsídio ou subvenção) – Para os efeitos deste diploma, considera-se subsídio ou subvenção feita a empresa ou unidade produtiva, à custa de dinheiros públicos, quando tal prestação:

a) Não seja, pelo menos em parte, acompanhada de contraprestação segundo os termos normais do mercado, ou quando se tratar de prestação inteiramente reembolsável sem exigência de juro ou com juro bonificado, e

b) Deva, pelo menos em parte, destinar-se ao desenvolvimento da economia.

Secção II — **DOS CRIMES EM ESPECIAL**

Subsecção I — **Crimes contra a saúde pública**

ART. 22.º (Abate clandestino) – 1 – Quem abater animais para consumo público:

a) Sem a competente inspecção sanitária;

b) Fora de matadouros licenciados ou recintos a esse efeito destinados pelas autoridades competentes; ou

c) De espécies não habitualmente usadas para alimentação humana;

será punido com prisão até 3 anos e multa não inferior a 100 dias.

2 – Com a mesma pena será punido quem adquirir, para consumo público, carne dos animais abatidos nos termos do número anterior ou produtos com ela fabricados.

3 – Havendo negligência, a pena será de prisão até 1 ano e multa não inferior a 50 dias.

4 – A condenação pelos crimes previstos neste artigo implica sempre a perda dos animais abatidos ou dos respectivos produtos.

5 – A sentença será publicada.

Subsecção II — **Crimes contra a economia**

ART. 23.º (Fraude sobre mercadorias) – 1 – Quem, com intenção de enganar outrem nas relações negociais, fabricar, transformar, introduzir em livre prática, importar, exportar, reexportar, colocar sob um regime suspensivo, tiver em depósito ou em exposição para venda, vender ou puser em circulação por qualquer outro modo mercadorias:

a) Contrafeitas ou mercadorias pirata, falsificadas ou depreciadas, fazendo-as passar por autênticas, não alteradas ou intactas;

b) De natureza diferente ou de qualidade e quantidade inferiores às que afirmar possuirem ou aparentarem

será punido com prisão até 1 ano e multa até 100 dias, salvo se o facto estiver previsto em tipo legal de crime que comine pena mais grave.

2 – Havendo negligência, a pena será de prisão até 6 meses ou multa até 50 dias.

3 – O tribunal poderá ordenar a perda das mercadorias.

4 – A sentença será publicada.

INFRACÇÕES ANTIECONÓMICAS   [DL n.º 28/84]   1133

ART. 24.º (Contra a genuinidade, qualidade ou composição de géneros alimentícios e aditivos alimentares) – 1 – Quem produzir, preparar, confeccionar, fabricar, transportar, armazenar, deter em depósito, vender, tiver em existência ou exposição para venda, importar, exportar ou transaccionar por qualquer forma, quando destinados ao consumo público, géneros alimentícios e aditivos alimentares anormais não considerados susceptíveis de criar perigo para a vida ou para a saúde e integridade física alheias será punido:

a) Tratando-se de géneros alimentícios ou aditivos alimentares corruptos, com prisão até 2 anos e multa não inferior a 100 dias;

b) Tratando-se de géneros alimentícios ou aditivos alimentares corruptos, com prisão até 2 anos e multa não inferior a 100 dias;

c) Tratando-se de géneros alimentícios ou aditivos alimentares avariados, com prisão até 18 meses e multa não inferior a 50 dias.

2 – Havendo negligência as penas serão, respectivamente, as seguintes:

a) Prisão até 1 ano e multa não inferior a 40 dias;

b) Prisão até 6 meses e multa não inferior a 30 dias;

c) Prisão até 6 meses e multa não inferior a 20 dias.

3 – O tribunal ordenará a perda dos bens.

4 – A sentença será publicada.

ART. 25.º (Contra a genuinidade, qualidade ou composição de alimentos destinados a animais) – 1 – Quem produzir, preparar, confeccionar, fabricar, transportar, armazenar, deter em depósito, vender, tiver em existência ou em exposição para venda, importar, exportar ou transaccionar por qualquer forma alimentos aditivos e pré--misturas destinados a animais não considerados susceptíveis de criar perigo para a vida ou para a saúde e integridade física dos referidos animais será punido:

a) Tratando-se de alimentos, aditivos ou pré-misturas falsificados, com prisão até 1 ano e multa não inferior a 100 dias;

b) Tratando-se de alimentos, aditivos ou pré-misturas corruptos ou avariados com prisão até 6 meses e multa não inferior a 50 dias.

2 – Havendo negligência, as penas referidas no número anterior serão, respectivamente, de prisão até 6 meses e multa não inferior a 50 dias e de prisão até 3 meses e multa não inferior a 30 dias.

3 – É aplicável o disposto nos n.ᵒˢ 3 e 4 do artigo anterior.

ART. 26.º (Isenção de responsabilidade criminal) – Se o agente, antes de qualquer intervenção da autoridade ou denúncia de particular, retirar do mercado os géneros e aditivos a que se referem os artigos anteriores, e sem prejuízo da sua conveniente beneficiação, transformação ou inutilização:

a) Declarar às autoridades policiais, fiscais ou administrativas a existência dos mesmos, respectivas quantidades e local em que se encontram; ou

b) Por forma inequívoca, der a conhecer que tais bens se encontram falsificados, corruptos ou avariados, quer pela aposição de escrito elucidativo e bem visível sobre os mesmos, quer pela sua colocação em local destinado a esse efeito e, como tal, devidamente identificado de modo a eliminar quaisquer dúvidas;

ficará isento de responsabilidade criminal.

ART. 27.º (Desistência) – O tribunal poderá atenuar livremente a pena se o agente, antes de os crimes referidos nos artigos anteriores desta subsecção terem provocado dano considerável, remover voluntariamente o perigo por ele criado e espontaneamente reparar o dano causado.

ART. 28.º (Açambarcamento) – 1 – Quem, em situação de notória escassez ou com prejuízo do abastecimento regular do mercado de bens essenciais ou de primeira necessidade ou ainda de matérias-primas utilizáveis na produção destes:

a) Ocultar existências ou as armazenar em locais não indicados às autoridades de fiscalização, quando essa indicação seja exigida;

b) Recusar a sua venda segundo os usos normais da respectiva actividade ou condicionar a sua venda à aquisição de outros, do próprio ou de terceiro;

c) Recusar ou retardar a sua entrega quando encomendados e aceite o respectivo fornecimento;

d) Encerrar o estabelecimento ou o local do exercício da actividade com o fim de impedir a sua venda;

e) Não levantar bens ou matérias-primas que lhe tenham sido consignadas e derem entrada em locais de desembarque, descarga, armazenagem ou arrecadação designadamente dependências alfandegárias, no prazo de 10 dias, tratando-se de bens sujeitos a racionamento ou condicionamento de distribuição ou no prazo que tiver sido legalmente determinado pela entidade competente, tratando-se de quaisquer outros;

será punido com prisão de 6 meses a 3 anos e multa não inferior a 100 dias.

2 – A recusa de venda considera-se justificada nos casos de:

a) Satisfação das necessidades do abastecimento doméstico do produtor ou do comerciante;

b) Satisfação das exigências normais da exploração agrícola, comercial ou industrial, durante o período necessário à renovação das existências;

c) Satisfação de compromissos anteriormente assumidos.

1134   [DL n.º 28/84]   DIREITO PENAL E CONTRA-ORDENACIONAL ECONÓMICO

3 – Havendo negligência, a pena será a de prisão até 1 ano e multa não inferior a 40 dias.

4 – Não constitui infracção a recusa de venda:

a) Em quantidade susceptível de prejudicar a justa repartição entre a clientela;

b) Em quantidade manifestamente desproporcionada às necessidades normais de consumo do adquirente ou aos volumes normais das entregas do vendedor;

c) Por falta de capacidade do adquirente para, face às características dos bens assegurar a sua revenda em condições técnicas satisfatórias ou para manter um adequado serviço após venda;

d) Por justificada falta de confiança do vendedor quanto à pontualidade de pagamento pelo adquirente, tratando-se de vendas a crédito.

5 – O tribunal ordenará a perda de bens em caso de condenação por açambarcamento doloso.

6 – A sentença será publicada.

ART. 29.º (Açambarcamento de adquirente) – 1 – Quem, em situação de notória escassez ou com prejuízo do regular abastecimento do mercado, adquirir bens essenciais ou de primeira necessidade em quantidade manifestamente desproporcionada às suas necessidades de abastecimento ou de renovação normal das suas reservas será punido com prisão até 6 meses ou multa de 50 a 100 dias.

2 – O tribunal poderá ordenar a perda de bens que excederem as necessidades de abastecimento ou de renovação normal das reservas.

ART. 30.º (Desobediência a requisição de bens pelo Governo) – 1 – Quem não cumprir a requisição, ordenada pelo Governo, de bens considerados indispensáveis ao abastecimento das actividades económicas ou ao consumo público será punido com prisão de 6 meses a 3 anos e multa não inferior a 150 dias.

2 – Havendo negligência, a pena será a de prisão até 1 ano e multa não inferior a 50 dias.

3 – O tribunal ordenará a perda de bens.

4 – A sentença será publicada.

ART. 31.º (Destruição de bens e matérias-primas ou aplicação dos mesmos a fins diferentes) – 1 – Quem, com prejuízo do abastecimento do mercado:

a) Destruir bens e matérias-primas referidos no artigo 28.º;

b) Aplicar os mesmos a fim diferente do normal ou diverso do que for imposto por lei ou por entidade competente;

será punido com prisão até 2 anos e multa não inferior a 100 dias.

2 – Havendo negligência, a pena será a de prisão até 6 meses e multa não inferior a 50 dias.

3 – A sentença será publicada.

ART. 32.º (Destruição de bens próprios com relevante interesse para a economia nacional) – 1 – Quem, por qualquer meio, destruir, danificar ou tornar não utilizáveis bens próprios de relevante interesse para a economia nacional ou de qualquer outro modo os subtrair ao cumprimento dos deveres legais impostos no interesse da economia nacional será punido com prisão até 2 anos e multa até 150 dias.

2 – Havendo negligência, a pena será de prisão até 1 ano e multa não inferior a 30 dias.

3 – A sentença será publicada.

ART. 33.º (Exportação ilícita de bens) – 1 – Quem exportar, sem licença, bens cuja exportação, por determinação legal, estiver dependente de licença de qualquer entidade será punida com prisão até 2 anos e multa não inferior a 100 dias.

2 – Havendo negligência, a pena será a de prisão até 1 ano e multa não inferior a 50 dias.

ART. 34.º (Violação de normas sobre declarações relativas a inquéritos, manifestos, regimes de preços ou movimento das empresas) – 1 – Quem, na sequência de inquéritos ou manifestos legalmente estabelecidos ou ordenados pelo ministro competente, para conhecimento das quantidades existentes de certos bens, se recusar a prestar declarações ou informações, as prestar falsamente, com omissões ou deficiências, ou se recusar a prestar quaisquer outros elementos exigidos para o mesmo fim será punido com prisão até 1 ano e multa não inferior a 40 dias.

2 – Igual pena aplicável à omissão, falsidade, recusa ou deficiência de declarações ou informações relativas à aplicação dos regimes de preços em vigor ou ao movimento das empresas para efeitos de fiscalização, quando exigidas por lei ou pelas entidades competentes.

3 – É equiparado às situações previstas no n.º 1 o não cumprimento dos prazos legalmente fixados ou ordenados pela entidade competente para as declarações referidas nos números anteriores.

4 – Havendo negligência, a pena aplicável será a de multa de 20 a 100 dias.

ART. 35.º (Especulação) – 1 – Será punido com prisão de 6 meses a 3 anos e multa não inferior a 100 dias quem:

a) Vender bens ou prestar serviços por preços superiores aos permitidos pelos regimes legais a que os mesmos estejam submetidos;

b) Alterar, sob qualquer pretexto ou por qualquer meio e com intenção de obter lucro ilegítimo, os preços que do regular exercício da actividade resultariam para os bens os serviços ou, independentemente daquela intenção, os que resultariam da regulamentação legal em vigor;

INFRACÇÕES ANTIECONÓMICAS   [DL n.º 28/84]   1135

c) Vender bens ou prestar serviços por preço superior ao que conste de etiquetas, rótulos, letreiros ou listas elaboradas pela própria entidade vendedora ou prestadora do serviço;

d) Vender bens que, por unidade, devem ter certo peso ou medida, quando os mesmos sejam inferiores a esse peso ou medida, ou contidos em embalagens ou recipientes cujas quantidades forem inferiores às nestes mencionadas.

2 – Com a pena prevista no número anterior será punida a intervenção remunerada de um novo intermediário no circuito legal ou normal da distribuição, salvo quando da intervenção não resultar qualquer aumento de preço na respectiva fase do círculo, bem como a exigência de quaisquer compensações que não sejam consideradas antecipação do pagamento e que concidionem ou favoreçam a cedência, uso ou disponibilidade de bens ou serviços essenciais.

3 – Havendo negligência, a pena será a de prisão até 1 ano e multa não inferior a 40 dias.

4 – O tribunal poderá ordenar a perda de bens ou, não sendo possível, a perda de bens iguais aos do objecto do crime que sejam encontrados em poder do infractor.

5 – A sentença será publicada.

ART. 36.º (Fraude na obtenção de subsídio ou subvenção) – 1 – Quem obtiver subsídio ou subvenção:

a) Fornecendo às autoridades ou entidades competentes informações inexactas ou incompletas sobre si ou terceiros e relativas a factos importantes para a concessão do subsídio ou subvenção;

b) Omitindo, contra o disposto no regime legal da subvenção ou do subsídio, informações sobre factos importantes para a sua concessão;

c) Utilizando documento justificativo do direito à subvenção ou subsídio ou de factos importantes para a sua concessão, obtido através de informações inexactas ou incompletas;

será punido com prisão de 1 a 5 anos e multa de 50 a 150 dias.

2 – Nos casos particularmente graves, a pena será de prisão de 2 a 8 anos.

3 – Se os factos previstos neste artigo forem praticados em nome e no interesse de uma pessoa colectiva ou sociedade, exclusiva ou predominantemente constituídas para a sua prática, o tribunal, além da pena pecuniária, ordenará a sua dissolução.

4 – A sentença será publicada.

5 – Para os efeitos do disposto no n.º 2, consideram-se particularmente graves os casos em que o agente:

a) Obtém para si ou para terceiros uma subvenção ou subsídio de montante consideravelmente elevado ou utiliza documentos falsos;

b) Pratica o facto com abuso das suas funções ou poderes;

c) Obtém auxílio do titular de um cargo ou emprego público que abusa das suas funções ou poderes.

6 – Quem praticar os factos descritos nas alíneas *a*) e *b*) do n.º 1 com negligência será punido com prisão até 2 anos ou multa até 100 dias.

7 – O agente será isento de pena se:

a) Espontaneamente impedir a concessão da subvenção ou do subsídio;

b) No caso de não serem concedidos sem o seu concurso, ele se tiver esforçado espontânea e seriamente para impedir a sua concessão.

8 – Consideram-se importantes para a concessão de um subsídio ou subvenção os factos:

a) Declarados importantes pela lei ou entidade que concede o subsídio ou a subvenção;

b) De que dependa legalmente a autorização, concessão, reembolso, renovação, manutenção de uma subvenção, subsídio ou vantagem daí resultante.

ART. 37.º (Desvio de subvenção, subsídio ou crédito bonificado) – 1 – Quem utilizar prestações obtidas a título de subvenção ou subsídio para fins diferentes daqueles a que legalmente se destinam será punido com prisão até 2 anos ou multa não inferior a 100 dias.

2 – Com a mesma pena será punido quem utilizar prestação obtida a título de crédito bonificado para um fim diferente do previsto na linha de crédito determinada pela entidade legalmente competente.

3 – A pena será a de prisão de 6 meses a 6 anos e multa até 200 dias quando os valores ou danos causados forem consideravelmente elevados.

4 – Se os factos previstos neste artigo forem praticados reiteradamente em nome e no interesse de uma pessoa colectiva ou sociedade e o dano não tiver sido espontaneamente reparado, o tribunal ordenará a sua dissolução.

5 – A sentença será publicada.

ART. 38.º (Fraude na obtenção de crédito) – 1 – Quem ao apresentar uma proposta de concessão, manutenção ou modificação das condições de um crédito destinado a um estabelecimento ou empresa:

a) Prestar informações escritas inexactas ou incompletas destinadas a acreditá-lo ou importantes para a decisão sobre o pedido;

b) Utilizar documentos relativos à situação económica inexactos ou incompletos, nomeadamente balanços, contas de ganhos e perdas, descrições gerais do património ou peritagens;

c) Ocultar as deteriorações da situação económica entretanto verificadas em relação à situação descrita aquando do pedido de crédito e que sejam importantes para a decisão sobre o pedido será punido com prisão até 3 anos e multa até 150 dias.

1136 **[DL n.º 28/84]**   DIREITO PENAL E CONTRA-ORDENACIONAL ECONÓMICO

2 – Se o agente, actuando pela forma descrita no número anterior, obtiver crédito de valor consideravelmente elevado, a pena poderá elevar-se até 5 anos de prisão e até 200 dias de multa.

3 – No caso do número anterior, se o crime tiver sido cometido em nome e no interesse de pessoa colectiva ou sociedade, o tribunal poderá ordenar a dissolução destas.

4 – O agente será isento de pena:

a) Se espontaneamente impedir que o credor entregue a prestação pretendida;

b) Se, no caso de a prestação não ter sido entregue sem o seu concurso, se tiver esforçado com anterioridade séria e espontaneamente para impedir a entrega.

5 – A sentença será publicada.

ART. 39.º (Restituição de quantias) – Além das penas previstas nos artigos 36.º e 37.º, o tribunal condenará sempre na total restituição das quantias ilicitamente obtidas ou desviadas dos fins para que foram concedidas.

ART. 40.º (Publicidade fraudulenta) – *(Revogado.)*

ART. 41.º (Ofensa à reputação económica) – 1 – Quem, revelando ou divulgando factos prejudiciais à reputação económica de outra pessoa, nomeadamente ao seu crédito, com consciência da falsidade dos mesmos factos, desse modo lesar ou puser em perigo interesses pecuniários dessa pessoa será punido com prisão até 1 ano e multa não inferior a 50 dias.

2 – Se o crime for praticado através de qualquer meio de comunicação social, a pena poderá elevar-se de metade nos seus limites mínimo e máximo.

3 – O procedimento criminal depende de queixa.

ART. 41.º-A (Corrupção activa com prejuízo do comércio internacional) – *(Revogado.)*

ART. 41.º-B (Corrupção passiva no sector privado) – *(Revogado.)*

ART. 41.º-C (Corrupção activa no sector privado) – *(Revogado.)*

SECÇÃO III — **DO PROCESSO**

ART. 42.º (Forma de processo) – Serão julgados em processo sumário os crimes previstos neste diploma quando lhes não corresponda pena mais grave do que a de prisão até 3 anos e multa e os infractores tenham sido presos em flagrante delito.

ART. 43.º (Assistentes) – Qualquer pessoa, singular ou colectiva, pode intervir como assistente em processos instaurados por crimes previstos neste diploma, desde que tenha sido lesada pelo facto.

ART. 44.º (Intervenção das associações de consumidores e das associações profissionais) – 1 – As associações de consumidores a que se refere a Lei n.º 29/81, de 22 de Agosto, e as associações profissionais são admitidas a intervir como assistentes nos processos por crimes previstos neste diploma.

2 – O disposto neste artigo não prejudica o disposto na lei relativamente à denúncia caluniosa ou à litigância de má fé.

ART. 45.º (Processo de liquidação) – 1 – Transitada em julgado a decisão que aplicar a pena de dissolução de pessoa colectiva ou sociedade, o ministério público requererá a liquidação do respectivo património, observando-se, com as necessárias adaptações, o processo previsto na lei para a liquidação de patrimónios.

2 – O processo de liquidação correrá no tribunal da condenação e por apenso ao processo principal.

3 – Os liquidatários serão sempre nomeados pelo juiz.

4 – O ministério público requererá as providências cautelares que se mostrarem necessárias para garantir a liquidação.

5 – Pelo produto dos bens serão pagos, em primeiro lugar, e pela seguinte ordem:

1.º As multas penais;

2.º O imposto de justiça;

3.º As custas liquidadas a favor do Estado, dos cofres e do serviço social do Ministério da Justiça;

4.º As restantes custas, proporcionalmente;

5.º As indemnizações.

ART. 46.º (Apreensão de bens) – 1 – Nos processos instaurados por crimes previstos neste diploma, a apreensão de bens pode ter lugar quando necessária à investigação criminal ou à instrução, à cessação da ilicitude ou nos casos de indícios de infracção capaz de determinar a sua perda.

2 – No crime de especulação podem ser apreendidos bens iguais aos do objecto do crime que sejam encontrados em poder do agente no respectivo estabelecimento, em outras dependências ou no local da venda.

3 – Para os efeitos do número anterior, consideram-se bens iguais ao objecto do crime os que forem do mesmo tipo, qualidade, características e preço unitário.

INFRACÇÕES ANTIECONÓMICAS [DL n.º 28/84] 1137

ART. 47.º (Venda dos bens apreendidos) – 1 – Os bens apreendidos, logo que se tornem desnecessários para a investigação criminal ou instrução, poderão ser vendidos por ordem da entidade encarregada da mesma, observando-se o disposto nos artigos 884.º e seguintes do Código de Processo Civil, desde que haja, relativamente a eles:

a) Risco de deterioração;

b) Conveniência de utilização imediata para abastecimento do mercado;

c) Requerimento do respectivo dono ou detentor legítimo para que estes sejam alienados.

2 – Verificada alguma das circunstâncias referidas no número anterior em qualquer outro momento do processo, competirá a ordem de venda ao juiz.

3 – Quando, nos termos do n.º 1, se proceda à venda de bens apreendidos, a entidade encarregada da investigação criminal tomará as providências adequadas em ordem a evitar que a venda ou o destino dado a esses bens sejam susceptíveis de originar novas infracções previstas neste diploma.

4 – O produto da venda será depositado na Caixa Geral de Depósitos, à ordem do tribunal ou da entidade encarregada da investigação criminal, a fim de ser entregue, por simples termo nos autos e sem quaisquer cargos, a quem a ele tenha direito ou dar entrada nos cofres do Estado, se for declarado perdido a favor deste.

5 – Serão inutilizados os bens apreendidos, sempre que não seja possível aproveitá-los sem violação do disposto neste diploma.

6 – Quando razões de economia nacional o justifiquem e não haja prejuízo para a saúde do consumidor, o Governo poderá determinar que os bens apreendidos, não sejam inutilizados nos termos do número anterior e sejam aproveitados para os fins e nas condições que forem estabelecidos.

ART. 48.º (Caução económica) – Sempre que seja legalmente exigível a caução destinada a garantir a comparência do arguido, é obrigatória a prestação de caução económica, nos termos da lei de processo penal.

ART. 49.º (Arresto preventivo) – 1 – Nos casos de justo receio de insolvência do infractor ou de ocultação de bens e de a multa provável, fixada por prudente arbítrio do juiz, não ser inferior a 300 000$, requererá o ministério público, no acto da acusação ou equivalente, o arresto preventivo sobre bens do indiciado, a fim de garantir a responsabilidade pecuniária em que ele possa incorrer.

2 – O arresto preventivo pode ainda ser requerido durante a instrução quando, além dos pressupostos fixados no número anterior, ocorrerem circunstâncias anormais que levem a considerar como altamente provável a condenação do arguido como a ausência do infractor em parte incerta, o abandono dos respectivos negócios ou a entrega a outrem da direcção do giro comercial.

3 – Ao arresto, que será processado por apenso, podem ser opostos os meios de defesa previstos no Código de Processo Civil, salvo quanto ao facto constitutivo da responsabilidade.

ART. 50.º (Caducidade ou redução da caução) – 1 – A exigência de caução destinada a garantir o pagamento de parte pecuniária da condenação ficará sem efeito ou será convenientemente reduzida quando o arresto assegure, total ou parcialmente, esse pagamento.

2 – A caução pode ser voluntariamente prestada para que o arresto fique sem efeito.

3 – A caução económica prestada antes de efectuado o arresto fará sobrestar na realização deste.

ART. 51.º (Entidades competentes) – 1 – A fiscalização de bens e serviços exercer-se-á na produção, confecção, preparação, importação, exportação, armazenagem, depósito, conservação, transporte e venda por grosso ou a retalho, bem como na prestação de serviço, qualquer que seja o agente económico, incluindo os de sector público.

2 – É da competência exclusiva da Polícia Judiciária a investigação dos crimes previstos nos artigos 36.º a 38.º.

3 – Relativamente aos restantes crimes previstos neste diploma, compete à Direcção-Geral de Fiscalização Económica proceder a inquérito preliminar, sem prejuízo do disposto no artigo 4.º do Decreto-Lei n.º 605/75, de 3 de Novembro, no que respeita ao ministério público.

4 – As autoridades que recebam denúncias ou levantem autos nos termos do artigo 166.º do Código de Processo Penal respeitantes aos crimes previstos neste diploma enviá-lo-ão imediatamente à entidade que, nos termos do presente artigo, for competente para a respectiva investigação.

CAPÍTULO III — Das contra-ordenações

Secção I — PRINCÍPIOS GERAIS

ART. 52.º (Entidades competentes para aplicação das coimas e sanções acessórias) – 1 – A aplicação das coimas e sanções acessórias previstas no presente diploma compete ao direito do Instituto da Qualidade Alimentar relativamente às contra-ordenações previstas nos artigos 57.º a 60.º e na alínea *c)* do n.º 1 do artigo 64.º, neste caso quando os rótulos ou embalagens respeitarem a produtos referidos naqueles artigos, podendo esta competência ser delegada no respectivo subdirector.

2 – Relativamente às restantes contra-ordenações, caberá a uma comissão constituída por um magistrado judicial, que presidirá, pelo director-geral de Fiscalização Económica e pelo director do Instituto da Qualidade Alimentar a aplicação das respectivas coimas e sanções acessórias.

1138 [DL n.º 28/84] DIREITO PENAL E CONTRA-ORDENACIONAL ECONÓMICO

3 – A comissão referida no número anterior deliberará por maioria, sendo o director-geral de Fiscalização Económica e o director do Instituto da Qualidade Alimentar substituídos, nas suas faltas e impedimentos, nos termos dos respectivos diplomas orgânicos.

4 – Nas Regiões Autónomas da Madeira e dos Açores, as entidades a quem pretencerá a competência a que se alude nos números anteriores serão as indicadas em legislação própria.

5 – As regras de processo relativas ao funcionamento da comissão a que se refere o n.º 2 serão objecto de diploma a publicar no prazo de 30 dias a contar da data da publicação do presente decreto-lei.

ART. 53.º (Tentativa) – Sempre que nas contra-ordenações previstas neste diploma a tentativa for possível, os limites mínimo e máximo previstos no correspondente tipo legal serão reduzidos a metade.

ART. 54.º (Agravação das coimas) – 1 – As contra-ordenações previstas neste diploma são aplicáveis coimas com o montante mínimo de 5000$.

2 – As coimas aplicáveis às pessoas colectivas e equiparadas, nos termos do artigo 3.º, podem elevar-se até ao triplo do máximo previsto para a respectiva contra-ordenação, em caso de dolo, e até ao dobro, em caso de negligência.

ART. 55.º (Isenção de responsabilidade) – Ficam isentos da responsabilidade pelas contra-ordenações previstas neste diploma os que, antes de qualquer intervenção oficial ou denúncia, retirando os bens do mercado e sem prejuízo da sua conveniente beneficiação, transformação ou inutilização:

a) Declararem à Direcção-Geral de Fiscalização Económica, ou outras autoridades policiais, fiscais e administrativas, a existência de géneros alimentícios ou aditivos alimentares e outros bens, nas condições, respectivamente, dos artigos 58.º e 60.º deste diploma, respectivas quantidades e local em que se encontram;

b) Por forma inequívoca derem a conhecer que os géneros alimentícios ou aditivos alimentares ou outros bens se encontram nas condições dos artigos 58.º e 60.º, quer pela aposição de escrito elucidativo e bem visível sobre os referidos bens, quer pela sua colocação em local destinado a esse efeito e, como tal, devidamente identificado de modo a eliminar quaisquer dúvidas.

ART. 56.º (Das sanções acessórias) – 1 – Em função da gravidade da contra-ordenação, da culpa e da situação económica do agente, poderão ser aplicadas as seguintes sanções acessórias:

a) Perda de bens;

b) Privação de subsídios ou benefícios de qualquer natureza atribuídos pela Administração Pública;

c) Privação de abastecimento através de órgãos da Administração Pública ou de outras entidades do sector público;

d) Privação do direito de participar em feiras ou mercados.

2 – As sanções referidas no número anterior terão a duração mínima de 10 dias e a máxima de 1 ano, contando-se a partir da decisão condenatória definitiva.

Secção II — DAS CONTRA-ORDENAÇÕES EM ESPECIAL

ART. 57.º (Abate de reses com inobservância de requisitos técnicos) – 1 – Quem abater para consumo público animais das espécies bovina, ovina, caprina, suína ou equina sem que o abate tenha sido precedido, durante as 24 horas anteriores, do descanso das reses, em alojamento apropriado, contíguo ao recinto da matança ou próximo dele, nem aqueles tenham sido convenientemente abeberados ou quando tiverem recebido alimento nas últimas 12 horas será punido com coima até 40 000$.

2 – A negligência é punível.

3 – Serão apreendidos os produtos que forem objecto desta contra-ordenação.

ART. 58.º (Contra a genuinidade, qualidade ou composição de géneros alimentícios e aditivos alimentares) – Quem produzir, preparar, confeccionar, fabricar, transportar, armazenar, deter em depósito, vender, tiver em existência ou exposição para venda, exportar ou transaccionar por qualquer forma, quando destinados ao consumo público, géneros alimentícios e aditivos alimentares:

a) Com falta de requisitos;

b) Que, não sendo anormais, revelam uma natureza, composição, qualidade ou proveniência que não correspondam à designação ou atributos com que são comercializados;

c) Cujo processo de obtenção, preparação, confecção, fabrico, acondicionamento, conservação, transporte ou armazenagem não tenha obedecido às respectivas imposições legais;

d) Em relação aos quais não tenham sido cumpridas as regras fixadas na lei ou em regulamentos especiais, nomeadamente para salvaguarda do asseio de higiene;

será punido com coima até 500 000$.

ART. 59.º (Detenção de quaisquer substâncias ou utensílios que possam ser utilizados na falsificação de géneros alimentícios) – Quem, sem justificação, tiver em seu poder substâncias, produtos, artigos, objectos, utensílios ou qualquer maquinaria que possam ser empregados na falsificação de géneros alimentícios e aditivos alimentares, bem como possuir ou tiver em elaboração produtos que não obedeçam às prescrições legais e que possam servir para aquele fim, será punido com coima até 1 500 000$.

INFRACÇÕES ANTIECONÓMICAS   [DL n.º 28/84]   1139

ART. 60.º (Contra a genuinidade, qualidade ou composição de alimentos destinados a animais) – 1 – Quem produzir, preparar, confeccionar, fabricar, transportar, armazenar, detiver em depósito, vender, tiver em existência ou em exposição para venda, importar, exportar ou transaccionar por qualquer forma alimentos aditivos e pré-misturas destinados a animais:

a) Que não satisfaçam os requisitos ou características legalmente estabelecidos;

b) Cujo processo de obtenção, preparação, confecção, fabrico, acondicionamento, conservação, transporte ou armazenagem não tenha obedecido às respectivas disposições legais;

c) Que não satisfaçam as regras fixadas na lei ou em regulamentos especiais para salvaguarda do asseio e higiene;

será punido com coima até 300 000$.

2 – A tentativa e a negligência são puníveis.

ART. 61.º (Transportes sem documentos de bens sujeitos a condicionamento de trânsito) – 1 – Quem transportar bens sujeitos a condicionamento de trânsito sem apresentação imediata da guia ou documento autorizando o transporte será punido com coima até 500 000$.

2 – A negligência é punível.

ART. 62.º *(Revogado.)*

ART. 63.º (Falta de instrumentos de peso ou medida) – 1 – A falta de adequados instrumentos de peso ou medida em todos os locais de venda, ainda que domiciliária ou ambulatória, onde sejam considerados necessários por imposição legal ou regulamentar, pelos usos do comércio ou pela natureza dos bens objecto de venda, será punido com coima até 200 000$.

2 – A mesma coima será aplicada quando se verifique a impossibilidade de pesagem correcta nos locais referidos no número anterior, tratando-se de bens que, por unidade, devam ter certo peso.

3 – A negligência é punível.

ART. 64.º (Falta de exposição de bens e de indicação de preços) – 1 – Será punida com coima até 500 000$:

a) A falta de exposição, no estabelecimento do comerciante retalhista, de bens cuja exibição corresponda aos usos do comércio, esteja legalmente determinada ou seja imposta por entidade competente;

b) A exposição de bens que, por unidade, devam ter certo peso ou medida quando sejam inferiores a esses o peso ou medida encontrados ou ainda quando contidos em embalagens ou recipientes e as quantidades forem inferiores aos nestes mencionadas;

c) A falta, inexactidão ou deficiência nos rótulos das embalagens de indicações legalmente obrigatórias;

d) *(Revogada)*;

e) *(Revogada)*;

f) A falta de tabelas relativas às condições de venda nos termos legalmente exigidos.

2 – A negligência é punível.

ART. 65.º (Documentação irregular) – 1 – Nas transacções de bens ou na prestação de serviços, quando existam normas legais que imponham ou regulamentem a emissão de documentação respectiva, será aplicada coima até 500 000$:

a) Ao vendedor ou prestador do serviço, pela falta de passagem dos documentos relativos à operação, a sua emissão com deficiência ou omissão dos elementos exigidos de modo que não representem fielmente as respectivas operações, bem como pela não apresentação dos correspondentes duplicados, sempre que exigidos pelas entidades competentes;

b) Ao comprador ou utilizador, pela falta de apresentação dos originais dos documentos a que se refere a alínea anterior, sempre que exigidos pelas entidades competentes;

c) Ao comprador que não identifique o vendedor, ainda que não tenha havido emissão ou apresentação dos documentos referidos nas alíneas anteriores;

d) Ao vendedor ou comprador que altere a veracidade dos documentos referidos neste artigo, relativamente a lançamento a débito ou a crédito ou à emissão das respectivas notas.

2 – São equiparados aos factos descritos no número anterior o extravio, ocultação ou destruição de documentos relativos à aquisição de bens ou à prestação de serviços antes de decorridos os prazos estabelecidos.

3 – A negligência é punível.

ART. 66.º (Actividades sujeitas a inscrição, registo, autorização ou verificação de requisitos) – 1 – Quem praticar actos que, sem observância das respectivas disposições legais, integrem o exercício de actividades económicas relativas a bens ou serviços sujeitos à inscrição ou registo em entidades públicas, à autorização destas ou à verificação de requisitos será punido com coima até 500 000$.

2 – A negligência é punível.

ART. 67.º (Falta de satisfação de requisitos ou características legais) – 1 – Quem produzir, preparar, confeccionar, fabricar, transportar, armazenar, detiver em depósito ou para venda, vender, importar, exportar ou

1140 [DL n.º 28/84]   DIREITO PENAL E CONTRA-ORDENACIONAL ECONÓMICO

transaccionar por qualquer outra forma bens, com exclusão de géneros alimentícios e aditivos alimentares e alimentos e aditivos destinados a animais, ou a prestar serviços que não satisfaçam os requisitos ou características legalmente estabelecidos será punido com coima até 200 000$.

2 – A tentativa e a negligência são puníveis.

ART. 68.º (Violação de regras para o exercício de actividades económicas) – 1 – Quem produzir, preparar, confeccionar, fabricar, transportar, armazenar, detiver em depósito ou para venda, vender, importar, exportar ou transaccionar por qualquer outra forma bens ou prestar serviços com inobservância das regras legalmente estabelecidas para o exercício das respectivas actividades será punido com coima até 500 000$.

2 – A tentativa e a negligência são puníveis.

ART. 69.º (Violação de preceitos reguladores da organização de mercados) – Quem violar preceitos legais reguladores da organização de mercados, designadamente os relativos a regras de normalização, à constituição de reservas mínimas, à capacidade de armazenagem, a máximos e mínimos de laboração, à imposição de formas especiais de escrituração, registo, arquivo ou comunicação de elementos relativos à respectiva actividade, será punido com coima até 500 000$.

ART. 70.º (Violação de normas que imponham restrições ao consumo) – 1 – Quem infringir disposições legais que estabeleçam condicionamentos à actividade económica, mediante a imposição de capitações, contingentes ou outras restrições ao consumo, será punido com coima até 1 000 000$.

2 – Com a mesma coima será punido quem constitui reservas de bens sujeitos aos regimes referidos no número anterior em quantidades superiores às legalmente estabelecidas ou determinadas por entidade competente.

3 – A negligência é punível.

ART. 71.º (Recomendação de preços não permitidos) – O produtor fabricante, importador, distribuidor, embalador ou armazenista que recomendar ou indicar preços não permitidos pelo respectivo regime legal ou superiores ao que dele resultem, bem como qualquer outra prática tendente ao mesmo fim, relativamente a bens ou serviços objecto da sua actividade, será punido com coima até 500 000$.

ART. 72.º (Violação da confiança em matéria de saldos e práticas semelhantes) – 1 – (*Revogado*).

SECÇÃO III — **PROCESSO**

ART. 73.º (Entidades competentes) – 1 – A fiscalização de bens e serviços exercer-se-á na produção, fabrico, confecção, preparação, importação, exportação, armazenagem, depósito, conservação, transporte, venda por grosso ou a retalho, bem como na prestação de serviços, qualquer que seja o agente económico, incluindo os do sector público.

2 – Sem prejuízo da competência das autoridades policiais e administrativas, compete especialmente à Direcção-Geral de Fiscalização Económica a investigação e a instrução dos processos por contra-ordenações previstas neste diploma, findo o que os remeterá à autoridade competente, nos termos do artigo 52.º, para a aplicação das sanções.

3 – As associações de consumidores a que se refere a Lei n.º 29/81, de 22 de Agosto, são admitidas a intervir nos processos por contra-ordenações previstas no presente diploma, quando assim o requeiram, podendo apresentar memoriais, pareceres técnicos e sugerir exames ou outras diligências de prova até que o processo esteja pronto para decisão final.

ART. 74.º (Apreensão de objectos) – 1 – Podem ser apreendidos os objectos que representem um perigo para a comunidade ou para a prática de um crime ou de outra contra-ordenação.

2 – A apresentação pode ter sempre lugar quando necessária à investigação ou à instrução, à cessação da ilicitude ou no caso de se indiciar contra-ordenação susceptível de impor a transmissão da sua propriedade para o Estado a título de sanção acessória.

3 – Sempre que possível, a apreensão limitar-se-á a parte dos objectos.

ART. 75.º (Venda antecipada dos objectos apreendidos) – 1 – Os objectos apreendidos, logo que se tornem desnecessários para a investigação ou instrução, poderão ser vendidos por ordem da entidade encarregada da mesma, observando-se o disposto nos artigos 884.º e seguintes do Código de Processo Civil, desde que haja, relativamente a eles:

a) Risco de deterioração;

b) Conveniência de utilização imediata para abastecimento do mercado;

c) Requerimento do respectivo dono ou detentor legítimo para que estes sejam alienados.

2 – Verificada alguma das circunstâncias referidas no número anterior em qualquer outro momento do processo, competirá a ordem de venda às entidades competentes para aplicação da coima ou ao juiz.

3 – Quando, nos termos do n.º 1, se proceda à venda de objectos apreendidos, a entidade encarregada da investigação tomará as providências adequadas em ordem a evitar que a venda ou o destino dado a esses bens sejam susceptíveis de originar novas infracções previstas neste diploma.

INFRACÇÕES ANTIECONÓMICAS   [DL n.º 28/84] 1141

4 – O produto da venda será depositado na Caixa Geral de Depósitos, à ordem da entidade que a determinou, a fim de ser entregue, por simples termo nos autos e sem quaisquer encargos, a quem a ele tenha direito, ou dar entrada nos cofres do Estado, se for decidida a transmissão da propriedade para este.

5 – Serão inutilizados os objectos apreendidos, sempre que não seja possível aproveitá-los sem violação do disposto neste diploma.

6 – Quando razões de economia nacional o justifiquem e não haja prejuízo para a saúde do consumidor, o Governo poderá determinar que os objectos apreendidos não sejam inutilizados nos termos do número anterior e sejam aproveitados para os fins e nas condições que forem estabelecidos.

ART. 76.º (Efeitos da apreensão) – 1 – A decisão condenatória definitiva proferida em processo por contra orde nação determinará a transferência para a propriedade do Estado ou para a entidade que o Governo determinar dos objectos declarados perdidos a título de sanção acessória.

2 – Serão nulos os negócios jurídicos de alienação dos objectos posteriores à decisão definitiva de apreensão.

ART. 77.º (Publicidade) – 1 – Das decisões definitivas que, no âmbito do disposto neste diploma, apliquem coima superior a 500 000$, será sempre dada publicidade, à custa do infractor, pela entidade que a aplicar ou pelo tribunal.

2 – A publicidade a que se refere o número anterior será efectivada através da publicação do extracto da decisão definitiva num jornal da localidade e, na sua falta no da localidade mais próxima ou no *Diário da República*, 2.ª série, bem como da afixação de edital, por período não inferior a 30 dias, no próprio estabelecimento comercial ou industrial ou no local do exercício da actividade, por forma bem visível ao público.

ART. 78.º (Destino do produto das coimas e sanções acessórias) – 1 – Do produto das coimas e sanções acessórias aplicadas pelas contra-ordenações previstas neste diploma são afectados 20% ao Instituto de Reinserção Social, 30% ao Estado e o remanescente, quando não esteja especialmente destinado por lei a outras entidades, será afectado, em partes iguais, ao Instituto de Qualidade Alimentar e à Direcção-Geral de Inspecção Económica.

2 – As receitas obtidas, nos termos do número anterior, pelo Instituto de Qualidade Alimentar e pela Direcção-Geral de Inspecção Económica serão aplicadas como suporte orçamental das acções de prevenção e investigação das infracções tipificadas como contra-ordenações neste diploma, bem como destinadas a cobrir os custos inerentes à introdução dos respectivos processos.

ART. 79.º (Recurso) – O recurso das decisões que aplicarem coimas de montante inferior a 300 000$ por contra-ordenações previstas no presente diploma não tem efeito suspensivo.

ART. 80.º (Comunicação das decisões) – 1 – O Instituto da Qualidade Alimentar e os tribunais deverão remeter à Direcção-Geral de Fiscalização Económica cópia das decisões finais proferidas nos processos instaurados pelas contra-ordenações referidas neste diploma.

2 – A Direcção-Geral de Fiscalização Económica organizará, em registo especial, o cadastro de cada agente económico, no qual serão lançadas todas as sanções que lhe forem aplicadas no âmbito das actividades ilícitas previstas nesta secção.

3 – O tribunal pedirá oficiosamente o cadastro referido no número anterior antes da decisão que aprecie o recurso, se as entidades referidas no artigo 52.º o não tiverem feito anteriormente.

CAPÍTULO IV — Definições e classificações

ART. 81.º (Definições) – 1 – Para efeitos deste diploma entende-se por:

a) Género alimentício – toda a substância, seja ou não tratada, destinada à alimentação humana, englobando as bebidas e os produtos do tipo das pastilhas elásticas, como todos os ingredientes utilizados no seu fabrico, preparação e tratamento;

b) Ingrediente – toda a substância, inclusive aditivo alimentar, incorporada intencionalmente como componente de um género alimentício durante o fabrico, ou preparação e presente no produto acabado embora modificado;

c) Condimento – todo o género alimentício, com ou sem valor nutritivo, utilizado como ingrediente para conferir ou aumentar a apetibilidade a outro e inócuo na dose aplicada;

d) Constituinte – toda a substância contida num ingrediente;

e) Género alimentício pré-embalado – género alimentício cujo acondicionamento foi efectuado antes da sua exposição à venda ao consumidor, em embalagem que solidariamente com ele é comercializada, envolvendo-o completa ou parcialmente, de modo que o conteúdo não possa ser modificado sem que aquela seja violada;

f) Aditivo alimentar – toda a substância, tenha ou não valor nutritivo, que por si só não é normalmente género alimentício nem ingrediente característico de um género alimentício, mas cuja adição intencional, com finalidade tecnológica ou organoléptica, em qualquer fase de obtenção, tratamento, acondicionamento, transporte ou armazenagem de um género alimentício, tem como consequência quer a sua incorporação nele ou a presença de um seu derivado, quer a modificação de características desse género;

1142 [DL n.º 28/84] DIREITO PENAL E CONTRA-ORDENACIONAL ECONÓMICO

g) Pré-mistura – mistura de aditivos em excipiente apropriado, destinada ao fabrico de alimentos compostos para animais.

2 – A expressão «aditivo alimentar» não abrange as substâncias adicionadas aos géneros alimentícios com a finalidade de lhes melhorar as propriedades nutritivas.

ART. 82.º (Definição e classificação de género alimentício anormal) – 1 – Considera-se anormal o género alimentício que, sendo ou não susceptível de prejudicar a saúde do consumidor:

a) Não seja genuíno;

b) Não se apresente em perfeitas condições de maturação, frescura, conservação, exposição à venda, acondicionamento ou outras indispensáveis à sua aptidão para consumo ou utilização;

c) Não satisfaça às características analíticas que lhe são próprias ou legalmente fixadas, sem excluir as organolépticas.

2 – Os géneros alimentícios anormais classificam-se em:

a) Género alimentício falsificado – o género alimentício anormal devido a qualquer das seguintes circunstâncias:

I) Adição ao género alimentício de alguma substância, inclusive ingrediente, estranha à sua composição e natureza ou nele não permitida legalmente e que possa ter como consequência, entre outras, o aumento de peso ou volume, o encobrimento de má qualidade ou deterioração ou incorporação de aditivo no mesmo inadmissível;

II) Subtracção ao género alimentício de algum ingrediente, ou constituinte, total ou parcialmente, de modo a desvirtuá-lo ou a empobrecê-lo quanto à sua composição própria, legalmente fixada ou declarada;

III) Substituição do género alimentício, bem como de algum dos seus ingredientes, total ou parcialmente, por outra substância, de modo a imitá-lo;

b) Género alimentício corrupto – o género alimentício anormal, por ter entrado em decomposição ou putrefacção ou por encerrar substâncias, germes ou seus produtos nocivos ou por se apresentar de alguma forma repugnante;

c) Género alimentício avariado – o género alimentício anormal que, não estando falsificado ou cor rupto, se deteriorou ou sofreu modificações de natureza, composição ou qualidade, quer por acção intrínseca, quer por acção do meio, do tempo ou de quaisquer outros agentes ou substâncias a que esteve sujeito;

d) Género alimentício com falta de requisitos – o género alimentício anormal que não esteja falsificado, corrupto ou avariado.

3 – Considera-se sempre avariado o género alimentício cujo material de acondicionamento, por deficiente ou inadequado, seja susceptível de o tornar anormal, deteriorando-o ou provocando-lhe modificações de natureza, composição ou qualidade.

4 – É considerado sempre com falta de requisitos o género alimentício pré-embalado em que a indicação do prazo de validade, quando legalmente obrigatório, seja omissa, inexacta ou deficiente.

ART. 83.º (Definição e classificação de aditivo alimentar anormal) – 1 – Considera-se anormal o aditivo alimentar que, sendo ou não susceptível de prejudicar a saúde do consumidor:

a) Não se apresente em perfeitas condições de conservação, exposição à venda, acondicionamento, ou outras indispensáveis a sua aptidão para utilização;

b) Não satisfaça às características analíticas que lhe são próprias ou legalmente.

2 – Os aditivos alimentares anormais classificam-se em:

a) Aditivo alimentar falsificado – aditivo alimentar anormal devido a qualquer das seguintes circunstâncias:

I) Adição ao aditivo alimentar de alguma substância estranha à sua composição e natureza ou nele não permitida legalmente e que possa ter como consequência, entre outras, o aumento do peso ou volume e o encobrimento da má qualidade ou deterioração;

II) Subtracção ao aditivo alimentar de alguma substância, total ou parcialmente, de modo a desvirtuá-lo ou a empobrecê-lo quanto à sua composição própria, legalmente fixada ou declarada;

III) Substituição do aditivo alimentar, total ou parcialmente, por outra substância, de modo a imitá-lo;

b) Aditivo alimentar corrupto – o aditivo alimentar anormal, por ter entrado em decomposição ou putrefacção ou por se apresentar de alguma forma repugnante;

c) Aditivo alimentar avariado – o aditivo alimentar anormal, não estando falsificado ou corrupto, se deteriorou ou sofreu modificações de natureza, composição ou qualidade, quer por acção intrínseca quer por acção do meio, do tempo ou de quaisquer outros agentes ou substâncias a que esteve sujeito;

d) Aditivo alimentar com falta de requisitos – o aditivo alimentar anormal que não esteja falsificado, corrupto ou avariado.

3 – Considera-se sempre avariado o aditivo alimentar cujo material de acondicionamento, por deficiente ou inadequado, seja susceptível de o tornar anormal, deteriorando-o ou provocando-lhe modificações de natureza, composição ou qualidade.

ART. 84.º (Definição de alimentos, aditivos e pré-misturas destinados a animais) – As definições de género alimentício e aditivo alimentar falsificado, corrupto ou avariado são aplicáveis aos alimentos, aditivos e pré-misturas destinados a animais.

REGIME GERAL DAS CONTRA-ORDENAÇÕES   [DL n.º 433/82]   1143

CAPÍTULO V — Disposições finais

ART. 85.º (Norma revogatória) – 1 – São revogadas as disposições dos capítulos I e II do Decreto-Lei n.º 41 204, de 24 de Julho de 1957, do Decreto-Lei n.º 191/83, de 16 de Maio, e todas as disposições legais que prevêem e punem factos constitutivos de crimes e contra-ordenações previstos no presente diploma.

2 – Consideram-se feitas para as correspondentes disposições do presente diploma as remissões para o Decreto-Lei n.º 41 204, de 24 de Julho de 1957, e para o Decreto-Lei n.º 191/83, de 16 de Maio.

ART. 86.º (Entrada em vigor) – Este diploma entra em vigor em 1 de Março de 1984.

18.2. REGIME GERAL DAS CONTRA-ORDENAÇÕES

Decreto-Lei n.º 433/82

de 27 de Outubro (*)

I PARTE — DA CONTRA-ORDENAÇÃO E DA COIMA EM GERAL

CAPÍTULO I — Âmbito de vigiência

ART. 1.º (Definição) – Constitui contra-ordenação todo o facto ilícito e censurável que preencha um tipo legal no qual se comine uma coima.

ART. 2.º (Princípio da legalidade) – Só será punido como contra-ordenação o facto descrito e declarado passível de coima por lei anterior ao momento da sua prática.

ART. 3.º (Aplicação no tempo) – 1 – A punição da contra-ordenação é determinada pela lei vigente no momento da prática do facto ou do preenchimento dos pressupostos de que depende.

2 – Se a lei vigente ao tempo da prática do facto for posteriormente modificada, aplicar-se-á a lei mais favorável ao arguido, salvo se este já tiver sido condenado por decisão definitiva ou transitada em julgado e já executada.

3 – Quando a lei vale para um determinado período de tempo, continua a ser punida a contra-ordenação praticada durante esse período.

ART. 4.º (Aplicação no espaço) – Salvo tratado ou convenção internacional em contrário, são puníveis as contra-ordenações:

a) Praticadas em território português, seja qual for a nacionalidade do agente;

b) Praticadas a bordo de aeronaves ou navios portugueses.

ART. 5.º (Momento da prática do facto) – O facto considera-se praticado no momento em que o agente actuou ou, no caso de omissão, deveria ter actuado independentemente do momento em que o resultado típico se tenha produzido.

ART. 6.º (Lugar da prática do facto) – O facto considera-se praticado no lugar em que, total ou parcialmente e sob qualquer forma de compartipação, o agente actuou ou, no caso de omissão, devia ter actuado, bem como naquele em que o resultado típico se tenha produzido.

CAPÍTULO II — Da contra-ordenação

ART. 7.º (Responsabilidade das pessoas colectivas ou equiparadas) – 1 – As coimas podem aplicar-se tanto às pessoas singulares como às pessoas colectivas, bem como às associações sem personalidade jurídica.

2 – As pessoas colectivas ou equiparadas serão responsáveis pelas contra-ordenações praticadas pelos seus órgãos no exercício das suas funções.

ART. 8.º (Dolo e negligência) – 1 – Só é punível o facto praticado com dolo ou, nos casos especialmente previstos na lei, com negligência.

(*) O texto publicado insere nos lugares próprios as alterações introduzidas quer pelo **DL n.º 356/89**, de 17-10, quer pelo **DL n.º 244/95**, de 14-9, o qual republicou na íntegra o texto actualizado, sendo este o que se insere, com as alterações posteriores introduzidas pelo **DL n.º 323/2001**, de 17-12 (arts. 17.º, 52.º, 73.º, 80.º e 93.º) e pela **Lei n.º 109/2001**, de 24-12 (arts. 27.º, 27.º-A e 28.º).

1144   [DL n.º 433/82]   DIREITO PENAL E CONTRA-ORDENACIONAL ECONÓMICO

2 – O erro sobre elementos do tipo, sobre a proibição ou sobre um estado de coisas que, a existir, afastaria a ilicitude do facto ou a culpa do agente exclui o dolo.

3 – Fica ressalvada a punibilidade da negligência nos termos gerais.

ART. 9.º (Erro sobre a ilicitude) – 1 – Age sem culpa quem actua sem consciência da ilicitude do facto, se o erro lhe não for censurável.

2 – Se o erro lhe for censurável, a coima pode ser especialmente atenuada.

ART. 10.º (Inimputabilidade em razão da idade) – Para os efeitos desta lei consideram-se inimputáveis os menores de 16 anos.

ART. 11.º (Inimputabilidade em razão de anomalia psíquica) – 1 – É inimputável quem, por força de uma anomalia psíquica, é incapaz, no momento da prática do facto, de avaliar a ilicitude deste ou de se determinar de acordo com essa avaliação.

2 – Pode ser declarado inimputável quem, por força de uma anomalia psíquica grave não acidental e cujos efeitos não domina, sem que por isso possa ser censurado, tem no momento da prática do facto a capacidade para avaliar a ilicitude deste ou para se determinar de acordo com essa avaliação sensivelmente diminuída.

3 – A imputabilidade não é excluída quando a anomalia psíquica tiver sido provocada pelo próprio agente com intenção de cometer o facto.

ART. 12.º (Tentativa) – 1 – Há tentativa quando o agente pratica actos de execução de uma contra-ordenação que decidiu cometer sem que esta chegue a consumar-se.

2 – São actos de execução:

a) Os que preenchem um elemento constitutivo de um tipo de contra-ordenação;

b) Os que são idóneos a produzir o resultado típico;

c) Os que, segundo a experiência comum e salvo circunstâncias imprevisíveis, são de natureza a fazer esperar que se lhes sigam actos das espécies indicadas nas alíneas anteriores.

ART. 13.º (Punibilidade da tentativa) – 1 – A tentativa só pode ser punida quando a lei expressamente o determinar.

2 – A tentativa é punível com a coima aplicável à contra-ordenação consumada, especialmente atenuada.

ART. 14.º (Desistência) – 1 – A tentativa não é punível quando o agente voluntariamente desiste de prosseguir na execução da contra-ordenação, ou impede a consumação, ou, não obstante a consumação, impede a verificação do resultado não compreendido no tipo da contra-ordenação.

2 – Quando a consumação ou a verificação do resultado são impedidas por facto independente da conduta do desistente, a tentativa não é punível se este se esforça por evitar uma ou outra.

ART. 15.º (Desistência em caso de comparticipação) – Em caso de comparticipação, não é punível a tentativa daquele que voluntariamente impede a consumação ou a verificação do resultado, nem daquele que se esforça seriamente por impedir uma ou outra, ainda que os comparticipantes prossigam na execução da contra-ordenação ou a consumem.

ART. 16.º (Comparticipação) – 1 – Se vários agentes comparticipam no facto, qualquer deles incorre em responsabilidade por contra-ordenação mesmo que a ilicitude ou o grau de ilicitude do facto dependam de certas qualidades ou relações especiais do agente e estas só existam num dos comparticipantes.

2 – Cada comparticipante é punido segundo a sua culpa, independentemente da punição ou do grau de culpa dos outros comparticipantes.

3 – É aplicável ao cúmplice a coima fixada para o autor, especialmente atenuada.

CAPÍTULO III — Da coima e das sanções acessórias

ART. 17.º (Montante da coima) – 1 – Se o contrário não resultar de lei, o montante mínimo da coima aplicável às pessoas singulares é de € 3,74 e o máximo de € 3740,98.

2 – Se o contrário não resultar de lei, o montante máximo da coima aplicável às pessoas colectivas é de € 44 891,81.

3 – Em caso de negligência, se o contrário não resultar de lei, os montantes máximos previstos nos números anteriores são, respectivamente, de €1870,49 e de € 22 445,91.

4 – Em qualquer caso, se a lei, relativamente ao montante máximo, não distinguir o comportamento doloso do negligente, este só pode ser sancionado até metade daquele montante.

ART. 18.º (Determinação da medida da coima) – 1 – A determinação da medida da coima faz-se em função da gravidade da contra-ordenação, da culpa, da situação económica do agente e do benefício económico que este retirou da prática da contra-ordenação.

2 – Se o agente retirou da infracção um benefício económico calculável superior ao limite máximo da coima, e não existirem outros meios de o eliminar, pode este elevar-se até ao montante do benefício, não devendo todavia a elevação exceder um terço do limite máximo legalmente estabelecido.

REGIME GERAL DAS CONTRA-ORDENAÇÕES [DL n.º 433/82] 1145

3 – Quando houver lugar à atenuação especial da punição por contra-ordenação, os limites máximo e mínimo da coima são reduzidos para metade.

ART. 19.º (Concurso de contra-ordenações) – 1 – Quem tiver praticado várias contra-ordenações é punido com uma coima cujo limite máximo resulta da soma das coimas concretamente aplicadas às infracções em concurso.

2 – A coima aplicável não pode exceder o dobro do limite máximo mais elevado das contra-ordenações em concurso.

3 – A coima a aplicar não pode ser inferior à mais elevada das coimas concretamente aplicadas às várias contra-ordenações.

ART. 20.º (Concurso de infracções) – Se o mesmo facto constituir simultaneamente crime e contra-ordenação, será o agente sempre punido a título de crime, sem prejuízo da aplicação das sanções acessórias previstas para a contra-ordenação.

ART. 21.º (Sanções acessórias) – 1 – A lei pode, simultaneamente com a coima, determinar as seguintes sanções acessórias, em função da gravidade da infracção e da culpa do agente:

a) Perda de objectos pertencentes ao agente;

b) Interdição do exercício de profissões ou actividades cujo exercício dependa de título público ou de autorização ou homologação de autoridade pública;

c) Privação do direito a subsídio ou benefício outorgado por entidades ou serviços públicos;

d) Privação do direito de participar em feiras ou mercados;

e) Privação do direito de participar em arrematações ou concursos públicos que tenham por objecto a empreitada ou a concessão de obras públicas, o fornecimento de bens e serviços, a concessão de serviços públicos e a atribuição de licenças ou alvarás;

f) Encerramento do estabelecimento cujo funcionamento esteja sujeito a autorização ou licença de autoridade administrativa;

g) Suspensão de autorizações, licenças e alvarás.

2 – As sanções referidas nas alíneas *b)* a *g)* do número anterior têm a duração máxima de dois anos, contados a partir da decisão condenatória definitiva.

3 – A lei pode ainda determinar os casos em que deva dar-se publicidade à punição por contra-ordenação.

ART. 21.º-A (Pressupostos da aplicação das sanções acessórias) – 1 – A sanção referida na alínea *a)* do n.º 1 do artigo anterior só pode ser decretada quando os objectos serviram ou estavam destinados a servir para a prática de uma contra-ordenação, ou por esta foram produzidos.

2 – A sanção referida na alínea *b)* do n.º 1 do artigo anterior só pode ser decretada se o agente praticou a contra-ordenação com flagrante e grave abuso da função que exerce ou com manifesta e grave violação dos deveres que lhe são inerentes.

3 – A sanção referida na alínea *c)* do n.º 1 do artigo anterior só pode ser decretada quando a contra-ordenação tiver sido praticada no exercício ou por causa da actividade a favor da qual é atribuído o subsídio.

4 – A sanção referida na alínea *d)* do n.º 1 do artigo anterior só pode ser decretada quando a contra-ordenação tiver sido praticada durante ou por causa da participação em feira ou mercado.

5 – A sanção referida na alínea *e)* do n.º 1 do artigo anterior só pode ser decretada quando a contra-ordenação tiver sido praticada durante ou por causa dos actos públicos ou no exercício ou por causa das actividades mencionadas nessa alínea.

6 – As sanções referidas nas alíneas *f)* e *g)* do n.º 1 do artigo anterior só podem ser decretadas quando a contra-ordenação tenha sido praticada no exercício ou por causa da actividade a que se referem as autorizações, licenças e alvarás ou por causa do funcionamento do estabelecimento.

ART. 22.º (Perda de objectos perigosos) – 1 – Podem ser declarados perdidos os objectos que serviram ou estavam destinados a servir para a prática de uma contra-ordenação, ou que por esta foram produzidos, quando tais objectos representem, pela sua natureza ou pelas circunstâncias do caso, grave perigo para a comunidade ou exista sério risco da sua utilização para a prática de um crime ou de outra contra-ordenação.

2 – Salvo se o contrário resultar do presente diploma, são aplicáveis à perda de objectos perigosos as regras relativas à sanção acessória de perda de objectos.

ART. 23.º (Perda do valor) – Quando, devido a actuação dolosa do agente, se tiver tornado total ou parcialmente inexequível a perda de objectos que, no momento da prática do facto, lhe pertenciam, pode ser declarada perdida uma quantia em dinheiro correspondente ao valor daqueles.

ART. 24.º (Efeitos da perda) – O carácter definitivo ou o trânsito em julgado da decisão de perda determina a transferência da propriedade para o Estado ou outra entidade pública, instituição particular de solidariedade social ou pessoa colectiva de utilidade pública que a lei preveja.

ART. 25.º (Perda independente de coima) – A perda de objectos perigosos ou do respectivo valor pode ter lugar ainda que não possa haver procedimento contra o agente ou a este não seja aplicada uma coima.

ART. 26.º (Objectos pertencentes a terceiro) – A perda de objectos perigosos pertencentes a terceiro só pode ter lugar:

1146   **[DL n.º 433/82]**   DIREITO PENAL E CONTRA-ORDENACIONAL ECONÓMICO

a) Quando os seus titulares tiverem concorrido, com culpa, para a sua utilização ou produção, ou do facto tiverem tirado vantagens; ou

b) Quando os objectos forem, por qualquer título, adquiridos após a prática do facto, conhecendo os adquirentes a proveniência.

CAPÍTULO IV — Prescrição

ART. 27.º (Prescrição do procedimento) – O procedimento por contra-ordenação extingue-se por efeito da prescrição logo que sobre a prática da contra-ordenação hajam decorrido os seguintes prazos:

a) Cinco anos, quando se trate de contra-ordenação a que seja aplicável uma coima de montante máximo igual ou superior a € 49 879,79;

b) Três anos, quando se trate de contra-ordenação a que seja aplicável uma coima de montante igual ou superior a € 2493,99 e inferior a € 49 879,79;

c) Um ano, nos restantes casos.

ART. 27.º-A (Suspensão da prescrição) – 1 – A prescrição do procedimento por contra-ordenação suspende-se, para além dos casos especialmente previstos na lei, durante o tempo em que o procedimento:

a) Não puder legalmente iniciar-se ou continuar por falta de autorização legal;

b) Estiver pendente a partir do envio do processo ao Ministério Público até à sua devolução à autoridade administrativa, nos termos do artigo 40.º;

c) Estiver pendente a partir da notificação do despacho que procede ao exame preliminar do recurso da decisão da autoridade administrativa que aplica a coima, até à decisão final do recurso.

2 – Nos casos previstos nas alíneas *b)* e *c)* do número anterior, a suspensão não pode ultrapassar seis meses.

ART. 28.º (Interrupção da prescrição) – 1 – A prescrição do procedimento por contra-ordenação interrompe-se:

a) Com a comunicação ao arguido dos despachos, decisões ou medidas contra ele tomados ou com qualquer notificação;

b) Com a realização de quaisquer diligências de prova, designadamente exames e buscas, ou com o pedido de auxílio às autoridades policiais ou a qualquer autoridade administrativa;

c) Com a notificação ao arguido para exercício do direito de audição ou com as declarações por ele prestadas no exercício desse direito;

d) Com a decisão da autoridade administrativa que procede à aplicação da coima.

2 – Nos casos de concurso de infracções, a interrupção da prescrição do procedimento criminal determina a interrupção da prescrição do procedimento por contra-ordenação.

3 – A prescrição do procedimento tem sempre lugar quando, desde o seu início e ressalvado o tempo de suspensão, tiver decorrido o prazo da prescrição acrescido de metade.

ART. 29.º (Prescrição da coima) – 1 – As coimas prescrevem nos prazos seguintes:

a) Três anos, no caso de uma coima superior ao montante máximo previsto no n.º 1 do artigo 17.º;

b) Um ano, nos restantes casos.

2 – O prazo conta-se a partir do carácter definitivo ou do trânsito em julgado da decisão condenatória.

ART. 30.º (Suspensão da prescrição da coima) – A prescrição da coima suspende-se durante o tempo em que:

a) Por força da lei a execução não pode começar ou não pode continuar a ter lugar;

b) A execução foi interrompida;

c) Foram concedidas facilidades de pagamento.

ART. 30.º-A (Interrupção da prescrição da coima) – 1 – A prescrição da coima interrompe-se com a sua execução.

2 – A prescrição da coima ocorre quando, desde o seu início e ressalvado o tempo de suspensão, tiver decorrido o prazo normal da prescrição acrescido de metade.

ART. 31.º (Prescrição das sanções acessórias) – Aplica-se às sanções acessórias o regime previsto nos artigos anteriores para a prescrição da coima.

CAPÍTULO V — Do direito subsidiário

ART. 32.º (Do direito subsidiário) – Em tudo o que não for contrário à presente lei aplicar-se-ão subsidiariamente, no que respeita à fixação do regime substantivo das contra-ordenações, as normas do Código Penal.

II Parte — DO PROCESSO DE CONTRA-ORDENAÇÃO

CAPÍTULO I — Da competência

ART. 33.º (Regra da competência das autoridades administrativas) – O processamento das contra-ordenações e a aplicação das coimas e das sanções acessórias competem às autoridades administrativas, ressalvadas as especialidades previstas no presente diploma.

REGIME GERAL DAS CONTRA-ORDENAÇÕES [DL n.º 433/82] 1147

ART. 34.º (Competência em razão da matéria) – 1 – A competência em razão da matéria pertencerá às autoridades determinadas pela lei que prevê e sanciona as contra-ordenações.

2 – No silêncio da lei serão competentes os serviços designados pelo membro do Governo responsável pela tutela dos interesses que a contra-ordenação visa defender ou promover.

3 – Os dirigentes dos serviços aos quais tenha sido atribuída a competência a que se refere o número anterior podem delegá-la, nos termos gerais, nos dirigentes de grau hierarquicamente inferior.

ART. 35.º (Competência territorial) – 1 – É territorialmente competente a autoridade administrativa concelhia em cuja circunscrição:

a) Se tiver consumado a infracção ou, caso a infracção não tenha chegado a consumar-se, se tiver praticado o último acto de execução ou, em caso de punibilidade dos actos preparatórios, se tiver praticado o último acto de preparação;

b) O arguido tem o seu domicílio ao tempo do início ou durante qualquer fase do processo.

2 – Se a infracção for cometida a bordo de aeronave ou navio português, fora do território nacional, será competente a autoridade em cuja circunscrição se situe o aeroporto ou porto português que primeiro for escalado depois do cometimento da infracção.

ART. 36.º (Competência por conexão) – 1 – Em caso de concurso de contra-ordenações será competente a autoridade a quem, segundo os preceitos anteriores, incumba processar qualquer das contra-ordenações.

2 – O disposto no número anterior aplica-se também aos casos em que um mesmo facto torna várias pessoas passíveis de sofrerem uma coima.

ART. 37.º (Conflitos de competência) – 1 – Se das disposições anteriores resultar a competência cumulativa de várias autoridades, o conflito será resolvido a favor da autoridade que, por ordem de prioridades:

a) Tiver primeiro ouvido o arguido pela prática da contra-ordenação;

b) Tiver primeiro requerido a sua audição pelas autoridades policiais;

c) Tiver primeiro recebido das autoridades policiais os autos de que conste a audição do arguido.

2 – As autoridades competentes poderão, todavia, por razões de economia, celeridade ou eficácia processuais, acordar em atribuir a competência a autoridade diversa da que resultaria da aplicação do n.º 1.

ART. 38.º (Autoridades competentes em processo criminal) – 1 – Quando se verifique concurso de crime e contra-ordenação, ou quando, pelo mesmo facto uma pessoa deva responder a título de crime e outra a título de contra-ordenação, o processamento da contra-ordenação cabe às autoridades competentes para o processo criminal.

2 – Se estiver pendente um processo na autoridade administrativa, devem os autos ser remetidos à autoridade competente nos termos do número anterior.

3 – Quando, nos casos previstos nos n.ᵒˢ 1 e 2, o Ministério Público arquivar o processo criminal mas entender que subsiste a responsabilidade pela contra-ordenação, remeterá o processo à autoridade administrativa competente.

4 – A decisão do Ministério Público sobre se um facto deve ou não ser processado como crime vincula as autoridades administrativas.

ART. 39.º (Competência do tribunal) – No caso referido no n.º 1 do artigo anterior, a aplicação da coima e das sanções acessórias cabe ao juiz competente para o julgamento do crime.

ART. 40.º (Envio do processo ao Ministério Público) – 1 – A autoridade administrativa competente remeterá o processo ao Ministério Público sempre que considere que a infracção constitui um crime.

2 – Se o agente do Ministério Público considerar que não há lugar para a responsabilidade criminal, devolverá o processo à mesma autoridade.

CAPÍTULO II — **Princípios e disposições gerais**

ART. 41.º (Direito subsidiário) – 1 – Sempre que o contrário não resulte deste diploma, são aplicáveis, devidamente adaptados, os preceitos reguladores do processo criminal.

2 – No processo de aplicação da coima e das sanções acessórias, as autoridades administrativas gozam dos mesmos direitos e estão submetidas aos mesmos deveres das entidades competentes para o processo criminal, sempre que o contrário não resulte do presente diploma.

ART. 42.º (Meios de coacção) – 1 – Não é permitida a prisão preventiva, a intromissão na correspondência ou nos meios de telecomunicação nem a utilização de provas que impliquem a violação do segredo profissional.

2 – As provas que colidam com a reserva da vida privada, bem como os exames corporais e a prova de sangue, só serão admissíveis mediante o consentimento de quem de direito.

ART. 43.º (Princípio da legalidade) – O processo das contra-ordenações obedecerá ao princípio da legalidade.

ART. 44.º (Testemunhas) – As testemunhas não serão ajuramentadas.

1148 [DL n.º 433/82]   DIREITO PENAL E CONTRA-ORDENACIONAL ECONÓMICO

ART. 45.º (Consulta dos autos) – 1 – Se o processo couber às autoridades competentes para o processo criminal, podem as autoridades administrativas normalmente competentes consultar os autos, bem como examinar os objectos apreendidos.

2 – Os autos serão, a seu pedido, enviados para exame às autoridades administrativas.

ART. 46.º (Comunicação de decisões) – 1 – Todas as decisões, despachos e demais medidas tomadas pelas autoridades administrativas serão comunicadas às pessoas a quem se dirigem.

2 – Tratando-se de medida que admita impugnação sujeita a prazo, a comunicação revestirá a forma de notificação, que deverá conter os esclarecimentos necessários sobre admissibilidade, prazo e forma de impugnação.

ART. 47.º (Da notificação) – 1 – A notificação será dirigida ao arguido e comunicada ao seu representante legal, quando este exista.

2 – A notificação será dirigida ao defensor escolhido cuja procuração conste do processo ou ao defensor nomeado.

3 – No caso referido no número anterior, o arguido será informado através de uma cópia da decisão ou despacho.

4 – Se a notificação tiver de ser feita a várias pessoas, o prazo de impugnação só começa a correr depois de notificada a última pessoa.

CAPÍTULO III — Da aplicação da coima pelas autoridades administrativas

ART. 48.º (Da polícia e dos agentes de fiscalização) – 1 – As autoridades policiais e fiscalizadoras deverão tomar conta de todos os eventos ou circunstâncias susceptíveis de implicar responsabilidade por contra-ordenação e tomar as medidas necessárias para impedir o desaparecimento de provas.

2 – Na medida em que o contrário não resulte desta lei, as autoridades policiais têm direitos e deveres equivalentes aos que têm em matéria criminal.

3 – As autoridades policiais e agentes de fiscalização remeterão imediatamente às autoridades administrativas a participação e as provas recolhidas.

ART. 48.º-A (Apreensão de objectos) – 1 – Podem ser provisoriamente apreendidos pelas autoridades administrativas competentes os objectos que serviram ou estavam destinados a servir para a prática de uma contra--ordenação, ou que por esta foram produzidos, e bem assim quaisquer outros que forem susceptíveis de servir de prova.

2 – Os objectos são restituídos logo que se tornar desnecessário manter a apreensão para efeitos de prova, a menos que a autoridade administrativa pretenda declará-los perdidos.

3 – Em qualquer caso, os objectos são restituídos logo que a decisão condenatória se torne definitiva, salvo se tiverem sido declarados perdidos.

ART. 49.º (Identificação pelas autoridades administrativas e policiais) – As autoridades administrativas competentes e as autoridades policiais podem exigir ao agente de uma contra-ordenação a respectiva identificação.

ART. 50.º (Direito de audição e defesa do arguido) – Não é permitida a aplicação de uma coima ou de uma sanção acessória sem antes se ter assegurado ao arguido a possibilidade de, num prazo razoável, se pronunciar sobre a contra-ordenação que lhe é imputada e sobre a sanção ou sanções em que incorre.

ART. 50.º-A (Pagamento voluntário) – 1 – Nos casos de contra-ordenação sancionável com coima de valor não superior a metade dos montantes máximos previstos nos n.ᵒˢ 1 e 2 do artigo 17.º, é admissível em qualquer altura do processo, mas sempre antes da decisão, o pagamento voluntário da coima, a qual, se o contrário não resultar da lei, será liquidada pelo mínimo, sem prejuízo das custas que forem devidas.

2 – O pagamento voluntário da coima não exclui a possibilidade de aplicação de sanções acessórias.

ART. 51.º (Admoestação) – 1 – Quando a reduzida gravidade da infracção e da culpa do agente o justifique, pode a entidade competente limitar-se a proferir uma admoestação.

2 – A admoestação é proferida por escrito, não podendo o facto voltar a ser apreciado como contra-ordenação.

ART. 52.º (Deveres das testemunhas e peritos) – 1 – As testemunhas e os peritos são obrigados a obedecer às autoridades administrativas quando forem solicitados a comparecer e a pronunciar-se sobre a matéria do processo.

2 – Em caso de recusa injustificada, poderão as autoridades administrativas aplicar sanções pecuniárias até € 49,88 e exigir a reparação dos danos causados com a sua recusa.

ART. 53.º (Do defensor) – 1 – O arguido da prática de uma contra-ordenação tem o direito de se fazer acompanhar de advogado, escolhido em qualquer fase do processo.

2 – A autoridade administrativa nomeia defensor ao arguido, oficiosamente ou a requerimento deste, nos termos previstos na legislação sobre apoio judiciário, sempre que as circunstâncias do caso revelarem a necessidade ou a conveniência de o arguido ser assistido.

3 – Da decisão da autoridade administrativa que indefira o requerimento de nomeação de defensor cabe recurso para o tribunal.

REGIME GERAL DAS CONTRA-ORDENAÇÕES [DL n.º 433/82] 1149

ART. 54.º (Da iniciativa e da instrução) – 1 – O processo iniciar-se-á oficiosamente, mediante participação das autoridades policiais ou fiscalizadoras ou ainda mediante denúncia particular.

2 – A autoridade administrativa procederá à sua investigação e instrução, finda a qual arquivará o processo ou aplicará uma coima.

3 – As autoridades administrativas poderão confiar a investigação e instrução, no todo ou em parte, às autoridades policiais, bem como solicitar o auxílio de outras autoridades ou serviços públicos.

ART. 55.º (Recurso das medidas das autoridades administrativas) – 1 – As decisões, despachos e demais medidas tomadas pelas autoridades administrativas no decurso do processo são susceptíveis de impugnação judicial por parte do arguido ou da pessoa contra as quais se dirigem.

2 – O disposto no número anterior não se aplica às medidas que se destinem apenas a preparar a decisão final de arquivamento ou aplicação da coima, não colidindo com os direitos ou interesses das pessoas.

3 – É competente para decidir do recurso o tribunal previsto no artigo 61.º, que decidirá em última instância.

ART. 56.º (Processo realizado pelas autoridades competentes para o processo criminal) – 1 – Quando o processo é realizado pelas autoridades competentes para o processo criminal, as autoridades administrativas são obrigadas a dar-lhes toda a colaboração.

2 – Sempre que a acusação diga respeito à contra-ordenação, esta deve ser comunicada às autoridades administrativas.

3 – As mesmas autoridades serão ouvidas pelo Ministério Público se este arquivar o processo.

ART. 57.º (Extensão da acusação a contra-ordenação) – Quando, nos casos previstos no artigo 38.º, o Ministério Público acusar pelo crime, a acusação abrangerá também a contra-ordenação.

ART. 58.º (Decisão condenatória) – 1 – A decisão que aplica a coima ou as sanções acessórias deve conter:
a) A identificação dos arguidos;
b) A descrição dos factos imputados, com indicação das provas obtidas;
c) A indicação das normas segundo as quais se pune e a fundamentação da decisão;
d) A coima e as sanções acessórias.

2 – Da decisão deve ainda constar a informação de que:
a) A condenação se torna definitiva e exequível se não for judicialmente impugnada nos termos do artigo 59.º;
b) Em caso de impugnação judicial, o tribunal pode decidir mediante audiência ou, caso o arguido e o Ministério Público não se oponham, mediante simples despacho.

3 – A decisão conterá ainda:
a) A ordem de pagamento da coima no prazo máximo de 10 dias após o carácter definitivo ou o trânsito em julgado da decisão;
b) A indicação de que em caso de impossibilidade de pagamento tempestivo deve comunicar o facto por escrito à autoridade que aplicou a coima.

CAPÍTULO IV — **Recurso e processo judiciais**

ART. 59.º (Forma e prazo) – 1 – A decisão da autoridade administrativa que aplica uma coima é susceptível de impugnação judicial.

2 – O recurso de impugnação poderá ser interposto pelo arguido ou pelo seu defensor.

3 – O recurso é feito por escrito e apresentado à autoridade administrativa que aplicou a coima, no prazo de vinte dias após o seu conhecimento pelo arguido, devendo constar de alegações e conclusões.

ART. 60.º (Contagem do prazo para impugnação) – 1 – O prazo para a impugnação da decisão da autoridade administrativa suspende-se aos sábados, domingos e feriados.

2 – O termo do prazo que caia em dia durante o qual não for possível, durante o período normal, a apresentação do recurso, transfere-se para o primeiro dia útil seguinte.

ART. 61.º (Tribunal competente) – 1 – É competente para conhecer do recurso o tribunal em cuja área territorial se tiver consumado a infracção.

2 – Se a infracção não tiver chegado a consumar-se, é competente o tribunal em cuja área se tiver praticado o último acto de execução ou, em caso de punibilidade dos actos preparatórios, o último acto de preparação.

ART. 62.º (Envio dos autos ao Ministério Público) – 1 – Recebido o recurso, e no prazo de cinco dias, deve a autoridade administrativa enviar os autos ao Ministério Público, que os tornará presentes ao juiz, valendo este acto como acusação.

2 – Até ao envio dos autos, pode a autoridade administrativa revogar a decisão de aplicação da coima.

ART. 63.º (Não aceitação do recurso) – 1 – O juiz rejeitará, por meio de despacho, o recurso feito fora do prazo ou sem respeito pelas exigências de forma.

2 – Deste despacho há recurso, que sobe imediatamente.

1150   [DL n.º 433/82]   DIREITO PENAL E CONTRA-ORDENACIONAL ECONÓMICO

O TC, através do Ac. n.º 265/2001 (*DR*, IA, de 16-7-2001), declarou, com força obrigatória geral, «a inconstitucionalidade, por violação do n.º 10 do art. 32.º, em conjugação com o n.º 2 do art. 18.º, um e outro da Constituição, da norma que resulta das disposições conjugadas constantes do n.º 3 do art. 59.º e do n.º 1 do art. 63.º, ambos do Dec.-Lei n.º 433/82, de 27-10, na dimensão interpretativa segundo a qual a falta de formulação de conclusões na motivação de recurso, por via do qual se intenta impugnar a decisão da autoridade administrativa que aplicou uma coima, implica a rejeição do recurso, sem que o recorrente seja previamente convidado a efectuar tal formulação».

ART. 64.º (Decisão por despacho judicial) – 1 – O juiz decidirá do caso mediante audiência de julgamento ou através de simples despacho.

2 – O juiz decide por despacho quando não considere necessária a audiência de julgamento e o arguido ou o Ministério Público não se oponham.

3 – O despacho pode ordenar o arquivamento do processo, absolver o arguido ou manter ou alterar a condenação.

4 – Em caso de manutenção ou alteração da condenação deve o juiz fundamentar a sua decisão, tanto no que concerne aos factos como ao direito aplicado e às circunstâncias que determinaram a medida da sanção.

5 – Em caso de absolvição deverá o juiz indicar por que não considera provados os factos ou por que não constituem uma contra-ordenação.

ART. 65.º (Marcação da audiência) – Ao aceitar o recurso o juiz marca a audiência, salvo o caso referido no n.º 2 do artigo anterior.

ART. 65.º-A (Retirada da acusação) – 1 – A todo o tempo, e até à sentença em 1.ª instância ou até ser proferido o despacho previsto no n.º 2 do artigo 64.º, pode o Ministério Público, com o acordo do arguido, retirar a acusação.

2 – Antes de retirar a acusação, deve o Ministério Público ouvir as autoridades administrativas competentes, salvo se entender que tal não é indispensável para uma adequada decisão.

ART. 66.º (Direito aplicável) – Salvo disposição em contrário, a audiência em 1.ª instância obedece às normas relativas ao processamento das transgressões e contravenções, não havendo lugar à redução da prova a escrito.

ART. 67.º (Participação do arguido na audiência) – 1 – O arguido não é obrigado a comparecer à audiência, salvo se o juiz considerar a sua presença como necessária ao esclarecimento dos factos.

2 – Nos casos em que o juiz não ordenou a presença do arguido este poderá fazer-se representar por advogado com procuração escrita.

3 – O tribunal pode solicitar a audição do arguido por outro tribunal, devendo a realização desta diligência ser comunicada ao Ministério Público e ao defensor e sendo o respectivo auto lido na audiência.

ART. 68.º (Ausência do arguido) – 1 – Nos casos em que o arguido não comparece nem se faz representar por advogado, tomar-se-ão em conta as declarações que lhe tenham sido colhidas no processo ou registar-se-á que ele nunca se pronunciou sobre a matéria dos autos, não obstante lhe ter sido concedida a oportunidade para o fazer, e julgar-se-á.

2 – Se, porém, o tribunal o considerar necessário, pode marcar uma nova audiência.

ART. 69.º (Participação do Ministério Público) – O Ministério Público deve estar presente na audiência de julgamento.

ART. 70.º (Participação das autoridades administrativas) – 1 – O tribunal concederá às autoridades administrativas a oportunidade de trazerem à audiência os elementos que reputem convenientes para uma correcta decisão do caso, podendo um representante daquelas autoridades participar na audiência.

2 – O mesmo regime se aplicará, com as necessárias adaptações, aos casos em que, nos termos do n.º 3 do artigo 64.º, o juiz decidir arquivar o processo.

3 – Em conformidade com o disposto no n.º 1, o juiz comunicará às autoridades administrativas a data da audiência.

4 – O tribunal comunicará às mesmas autoridades a sentença, bem como as demais decisões finais.

ART. 71.º (Retirada do recurso) – 1 – O recurso pode ser retirado até à sentença em 1.ª instância ou até ser proferido o despacho previsto no n.º 2 do artigo 64.º.

2 – Depois do início da audiência de julgamento, o recurso só pode ser retirado mediante o acordo do Ministério Público.

ART. 72.º (Prova) – 1 – Compete ao Ministério Público promover a prova de todos os factos que considere relevantes para a decisão.

2 – Compete ao juiz determinar o âmbito da prova a produzir.

ART. 72.º-A (Proibição da *reformatio in pejus*) – 1 – Impugnada a decisão da autoridade administrativa ou interposto recurso da decisão judicial somente pelo arguido, ou no seu exclusivo interesse, não pode a sanção aplicada ser modificada em prejuízo de qualquer dos arguidos, ainda que não recorrentes.

2 – O disposto no número anterior não prejudica a possibilidade de agravamento do montante da coima, se a situação económica e financeira do arguido tiver entretanto melhorado de forma sensível.

REGIME GERAL DAS CONTRA-ORDENAÇÕES   [DL n.º 433/82]   1151

ART. 73.º (Decisões judiciais que admitem recurso) – 1 – Pode recorrer-se para a relação da sentença ou do despacho judicial proferidos nos termos do artigo 64.º quando:
 a) For aplicada ao arguido uma coima superior a € 249,40;
 b) A condenação do arguido abranger sanções acessórias;
 c) O arguido for absolvido ou o processo for arquivado em casos em que a autoridade administrativa tenha aplicado uma coima superior a € 249,40 ou em que tal coima tenha sido reclamada pelo Ministério Público;
 d) A impugnação judicial for rejeitada;
 e) O tribunal decidir através de despacho não obstante o recorrente se ter oposto a tal.
 2 – Para além dos casos enunciados no número anterior, poderá a relação, a requerimento do arguido ou do Ministério Público, aceitar o recurso da sentença quando tal se afigure manifestamente necessário à melhoria da aplicação do direito ou à promoção da uniformidade da jurisprudência.
 3 – Se a sentença ou o despacho recorrido são relativos a várias infracções ou a vários arguidos e se apenas quanto a alguma das infracções ou a algum dos arguidos se verificam os pressupostos necessários, o recurso subirá com esses limites.

ART. 74.º (Regime do recurso) – 1 – O recurso deve ser interposto no prazo de 10 dias a partir da sentença ou do despacho ou da sua notificação ao arguido, caso a decisão tenha sido proferida sem a presença deste.
 2 – Nos casos previstos no n.º 2 do artigo 73.º, o requerimento deve seguir junto ao recurso antecedendo-o.
 3 – Nestes casos, a decisão sobre o requerimento constitui questão prévia, que será resolvida por despacho fundamentado do tribunal, equivalendo o seu indeferimento à retirada do recurso.
 4 – O recurso seguirá a tramitação do recurso em processo penal, tendo em conta as especialidades que resultam deste diploma.

ART. 75.º (Âmbito e efeitos do recurso) – 1 – Se o contrário não resultar deste diploma, a 2.ª instância apenas conhecerá da matéria de direito, não cabendo recurso das suas decisões.
 2 – A decisão do recurso poderá:
 a) Alterar a decisão do tribunal recorrido sem qualquer vinculação aos termos e ao sentido da decisão recorrida, salvo o disposto no artigo 72.º-A;
 b) Anulá-la e devolver o processo ao tribunal recorrido.

CAPÍTULO V — Processo de contra-ordenação e processo criminal

ART. 76.º (Conversão em processo criminal) – 1 – O tribunal não está vinculado à apreciação do facto como contra-ordenação, podendo, oficiosamente ou a requerimento do Ministério Público, converter o processo em processo criminal.
 2 – A conversão do processo determina a interrupção da instância e a instauração de inquérito, aproveitando-se, na medida do possível, as provas já produzidas.

ART. 77.º (Conhecimento da contra-ordenação no processo criminal) – 1 – O tribunal poderá apreciar como contra-ordenação uma infracção que foi acusada como crime.
 2 – Se o tribunal só aceitar a acusação a título de contra-ordenação, o processo passará a obedecer aos preceitos desta lei.

ART. 78.º (Processo relativo a crimes e contra-ordenações) – 1 – Se o mesmo processo versar sobre crimes e contra-ordenações, havendo infracções que devam apenas considerar-se como contra-ordenações, aplicam-se, quanto a elas, os artigos 42.º, 43.º, 45.º, 58.º, n.ᵒˢ 1 e 3, 70.º e 83.º.
 2 – Quando, nos casos previstos no número anterior, se interpuser simultaneamente recurso em relação a contra-ordenação e a crime, os recursos subirão juntos.
 3 – O recurso subirá nos termos do Código de Processo Penal, não se aplicando o disposto no artigo 66.º nem dependendo o recurso relativo à contra-ordenação dos pressupostos do artigo 73.º.

CAPÍTULO VI — Decisão definitiva, caso julgado e revisão

ART. 79.º (Alcance da decisão definitiva e do caso julgado) – 1 – O carácter definitivo da decisão da autoridade administrativa ou o trânsito em julgado da decisão judicial que aprecie o facto como contra-ordenação ou como crime precludem a possibilidade de reapreciação de tal facto como contra-ordenação.
 2 – O trânsito em julgado da sentença ou despacho judicial que aprecie o facto como contra-ordenação preclude igualmente o seu novo conhecimento como crime.

ART. 80.º (Admissibilidade da revisão) – 1 – A revisão de decisões definitivas ou transitadas em julgado em matéria contra-ordenacional obedece ao disposto nos artigos 449.º e seguintes do Código de Processo Penal, sempre que o contrário não resulte do presente diploma.
 2 – A revisão do processo a favor do arguido, com base em novos factos ou em novos meios de prova não será admissível quando:

1152   [DL n.º 433/82]   DIREITO PENAL E CONTRA-ORDENACIONAL ECONÓMICO

a) O arguido apenas foi condenado em coima inferior a € 37,41;

b) Já decorreram cinco anos após o trânsito em julgado ou carácter definitivo da decisão a rever.

3 – A revisão contra o arguido só será admissível quando vise a sua condenação pela prática de um crime.

ART. 81.º (Regime do processo de revisão) – 1 – A revisão de decisão da autoridade administrativa cabe ao tribunal competente para a impugnação judicial.

2 – Tem legitimidade para requerer a revisão o arguido, a autoridade administrativa e o Ministério Público.

3 – A autoridade administrativa deve remeter os autos ao representante do Ministério Público junto do tribunal competente.

4 – A revisão da decisão judicial será da competência do tribunal da relação, aplicando-se o disposto no artigo 451.º do Código de Processo Penal.

ART. 82.º (Caducidade da aplicação da coima por efeito de decisão no processo criminal) – 1 – A decisão da autoridade administrativa que aplicou uma coima ou uma sanção acessória caduca quando o arguido venha a ser condenado em processo criminal pelo mesmo facto.

2 – O mesmo efeito tem a decisão final do processo criminal que, não consistindo numa condenação, seja incompatível com a aplicação da coima ou da sanção acessória.

3 – As importâncias pecuniárias que tiverem sido pagas a título de coima serão, por ordem de prioridade, levadas à conta da multa e das custas processuais ou, sendo caso disso, restituídas.

4 – Da sentença ou das demais decisões do processo criminal referidas nos n.ᵒˢ 1 e 2 deverá constar a referência aos efeitos previstos nos n.ᵒˢ 1, 2 e 3.

CAPÍTULO VII — **Processos especiais**

ART. 83.º (Processo de apreensão) – Quando, no decurso do processo, a autoridade administrativa decidir apreender qualquer objecto, nos termos do artigo 48.º-A, deve notificar a decisão às pessoas que sejam titulares de direitos afectados pela apreensão.

ART. 84.º – ....

ART. 85.º (Impugnação judicial da apreensão) – A decisão de apreensão pode ser impugnada judicialmente, sendo aplicáveis as regras relativas à impugnação da decisão de perda de objectos.

ART. 86.º – ....

ART. 87.º (Processo relativo a pessoas colectivas ou equiparadas) – 1 – As pessoas colectivas e as associações sem personalidade jurídica são representadas no processo por quem legal ou estatutariamente as deva representar.

2 – Nos processos relativos a pessoas colectivas ou a associações sem personalidade jurídica é também competente para a aplicação da coima e das sanções acessórias a autoridade administrativa em cuja área a pessoa colectiva ou a associação tenha a sua sede.

CAPÍTULO VIII — **Da execução**

ART. 88.º (Pagamento da coima) – 1 – A coima é paga no prazo de 10 dias a partir da data em que a decisão se tornar definitiva ou transitar em julgado, não podendo ser acrescida de quaisquer adicionais.

2 – O pagamento deve ser feito contra recibo, cujo duplicado será entregue à autoridade administrativa ou tribunal que tiver proferido a decisão.

3 – Em caso de pagamento parcial, e salvo indicação em contrário do arguido, o pagamento será, por ordem de prioridades, levado à conta da coima e das custas.

4 – Sempre que a situação económica o justifique, poderá a autoridade administrativa ou o tribunal autorizar o pagamento da coima dentro de prazo que não exceda um ano.

5 – Pode ainda a autoridade administrativa ou o tribunal autorizar o pagamento em prestações, não podendo a última delas ir além dos dois anos subsequentes ao carácter definitivo ou ao trânsito em julgado da decisão e implicando a falta de pagamento de uma prestação o vencimento de todas as outras.

6 – Dentro dos limites referidos nos n.ᵒˢ 4 e 5 e quando motivos supervenientes o justifiquem, os prazos e os planos de pagamento inicialmente estabelecidos podem ser alterados.

ART. 89.º (Da execução) – 1 – O não pagamento em conformidade com o disposto no artigo anterior dará lugar à execução, que será promovida, perante o tribunal competente, segundo o artigo 61.º, salvo quando a decisão que dá lugar à execução tiver sido proferida pela relação, caso em que a execução poderá também promover-se perante o tribunal da comarca do domicílio do executado.

REGIME GERAL DAS CONTRA-ORDENAÇÕES   [DL n.º 433/82] 1153

2 – A execução é promovida pelo representante do Ministério Público junto do tribunal competente, aplicando-se, com as necessárias adaptações, o disposto no Código de Processo Penal sobre a execução da multa.

3 – Quando a execução tiver por base uma decisão da autoridade administrativa, esta remeterá os autos ao representante do Ministério Público competente para promover a execução.

4 – O disposto neste artigo aplica-se, com as necessárias adaptações, às sanções acessórias, salvo quanto aos termos da execução, aos quais é aplicável o disposto sobre a execução de penas acessórias em processo criminal.

ART. 89.º-A (Prestação de trabalho a favor da comunidade) – 1 – A lei pode prever que, a requerimento do condenado, possa o tribunal competente para a execução ordenar que a coima aplicada seja total ou parcialmente substituída por dias de trabalho em estabelecimentos, oficinas ou obras do Estado ou de outras pessoas colectivas de direito público, ou de instituições particulares de solidariedade social, quando concluir que esta forma de cumprimento se adequa à gravidade da contra-ordenação e às circunstâncias do caso.

2 – A correspondência entre o montante da coima aplicada e a duração da prestação de trabalho, bem como as formas da sua execução, são reguladas por legislação especial.

ART. 90.º (Extinção e suspensão da execução) – 1 – A execução da coima e das sanções extingue-se com a morte do arguido.

2 – Deve suspender-se a execução da decisão da autoridade administrativa quando tenha sido proferida acusação em processo criminal pelo mesmo facto.

3 – Quando, nos termos dos n.ºs 1 e 2 do artigo 82.º, exista decisão em processo criminal incompatível com a aplicação administrativa de coima ou de sanção acessória, deve o tribunal da execução declarar a caducidade desta, oficiosamente ou a requerimento do Ministério Público ou do arguido.

ART. 91.º (Tramitação) – 1 – O tribunal perante o qual se promove a execução será competente para decidir sobre todos os incidentes e questões suscitados na execução, nomeadamente:

a) A admissibilidade da execução;

b) As decisões tomadas pelas autoridades administrativas em matéria de facilidades de pagamento;

c) A suspensão da execução segundo o artigo 90.º.

2 – As decisões referidas no n.º 1 são tomadas sem necessidade de audiência oral, assegurando-se ao arguido ou ao Ministério Público a possibilidade de justificarem, por requerimento escrito, as suas pretensões.

CAPÍTULO IX — Das custas

ART. 92.º (Princípios gerais) – 1 – Se o contrário não resultar desta lei, as custas em processo de contra--ordenação regular-se-ão pelos preceitos reguladores das custas em processo criminal.

2 – As decisões das autoridades administrativas que decidam sobre a matéria do processo deverão fixar o montante das custas e determinar quem as deve suportar.

3 – As custas abrangem, nos termos gerais, a taxa de justiça, os honorários dos defensores oficiosos, os emolumentos a pagar aos peritos e os demais encargos resultantes do processo.

ART. 93.º (Da taxa de justiça) – 1 – O processo de contra-ordenação que corra perante as autoridades administrativas não dá lugar ao pagamento de taxa de justiça.

2 – Está também isenta de taxa de justiça a impugnação judicial de qualquer decisão das autoridades administrativas.

3 – Dão lugar ao pagamento de taxa de justiça todas as decisões judiciais desfavoráveis ao arguido.

4 – A taxa de justiça não será inferior a € 0,75 nem superior a € 374,10, devendo o seu montante ser fixado em razão da situação económica do infractor, bem como da complexidade do processo.

ART. 94.º (Das custas) – 1 – Os honorários dos defensores oficiosos e os emolumentos devidos aos peritos obedecerão às tabelas do Código das Custas Judiciais.

2 – As custas deverão, entre outras, cobrir as despesas efectuadas com:

a) O transporte dos defensores e peritos;

b) As comunicações telefónicas, telegráficas ou postais, nomeadamente as que se relacionam com as notificações;

c) O transporte de bens apreendidos;

d) A indemnização das testemunhas.

3 – As custas são suportadas pelo arguido em caso de aplicação de uma coima ou de uma sanção acessória, de desistência ou rejeição da impugnação judicial ou dos recursos de despacho ou sentença condenatória.

4 – Nos demais casos, as custas serão suportadas pelo erário público.

ART. 95.º (Impugnação das custas) – 1 – O arguido pode, nos termos gerais, impugnar judicialmente a decisão da autoridade administrativa relativa às custas, devendo a impugnação ser apresentada no prazo de 10 dias a partir do conhecimento da decisão a impugnar.

1154 [DL n.º 81/2002]   DIREITO PENAL E CONTRA-ORDENACIONAL ECONÓMICO

2 – Da decisão do tribunal da comarca só há recurso para a relação quando o montante exceda a alçada daquele tribunal.

CAPÍTULO X — Disposição final

ART. 96.º (Revogação) – Fica revogado o Decreto-Lei n.º 232/79, de 24 de Julho.

18.3. COMISSÃO DE APLICAÇÃO DE COIMAS EM MATÉRIA ECONÓMICA E PUBLICIDADE

Decreto-Lei n.º 81/2002

de 4 de Abril

ART. 1.º (Denominação) – 1 – A comissão a que se refere o n.º 2 do artigo 52.º do Decreto-Lei n.º 28/84, de 20 de Janeiro, e o n.º 1 do artigo 39.º do Decreto-Lei n.º 330/90, de 23 de Outubro, alterado pelo Decreto-Lei n.º 275/98, de 9 de Setembro, é designada por Comissão de Aplicação de Coimas em Matéria Económica e Publicidade, adiante referida por Comissão.

2 – A Comissão tem a sua sede em Lisboa e funciona em instalações do Ministério da Economia.

3 – A Secretaria-Geral do Ministério da Economia assegura o apoio administrativo necessário para o funcionamento da Comissão, sendo os encargos resultantes suportados por verba própria a inscrever no respectivo orçamento.

ART. 2.º (Composição e nomeação) – 1 – A Comissão, constituída por um presidente e quatro vogais, é a autoridade administrativa no âmbito do Ministério da Economia com competência para a aplicação de coimas e sanções acessórias às contra-ordenações nos termos legalmente previstos na legislação aplicável neste âmbito, bem como as demais funções conferidas por lei.

2 – O presidente é um juiz de direito, que vencerá como juiz de círculo, nomeado por despacho conjunto dos Ministros da Justiça e da Economia e dos membros do Governo com tutela nas áreas da qualidade e segurança alimentar, defesa do consumidor e comunicação social, mediante prévia autorização do Conselho Superior da Magistratura, sendo os vogais o inspector-geral das Actividades Económicas, o director-geral de Fiscalização e Controlo da Qualidade Alimentar, para a área económica, e os presidentes do Instituto do Consumidor e do Instituto da Comunicação Social, para a área da publicidade.

3 – O presidente exerce funções em regime de comissão de serviço por um prazo de três anos, renovável por uma vez.

4 – Os vogais da Comissão têm direito a uma gratificação mensal, de quantitativo a fixar por despacho conjunto dos Ministros das Finanças e da Economia, dos ministros com competência nas áreas respectivas e do membro do Governo que tiver a seu cargo a função pública.

5 – O inspector-geral das Actividades Económicas, o director-geral de Fiscalização e Controlo da Qualidade Alimentar e os presidentes do Instituto do Consumidor e do Instituto da Comunicação Social serão substituídos nas suas faltas e impedimentos por funcionários dos respectivos serviços para o efeito designados, com categoria não inferior à de chefe de divisão, em quem poderão delegar o exercício das suas funções na Comissão.

ART. 3.º (Apoio administrativo) – 1 – A Comissão disporá de uma secretaria privativa chefiada por um funcionário de justiça, que deverá ser um escrivão de direito, que vencerá como secretário judicial, mantendo os deveres e direitos inerentes ao seu estatuto, nomeado mediante proposta do presidente, em regime de comissão de serviço, por despacho conjunto dos Ministros da Justiça e da Economia e dos membros do Governo de tutela das áreas da qualidade e segurança alimentar, defesa do consumidor e comunicação social.

2 – Por despacho conjunto dos Ministros da Justiça e da Economia e dos membros do Governo com tutela nas áreas da qualidade e segurança alimentar, defesa do consumidor e comunicação social e mediante proposta do presidente da Comissão, serão designados os oficiais de justiça que constituirão a secretaria privativa, exercendo as respectivas funções em comissão de serviço, com direito ao vencimento correspondente à categoria de origem, mantendo os deveres e direitos inerentes ao seu estatuto.

3 – Por despacho conjunto dos ministros referidos na alínea anterior e mediante proposta do presidente da Comissão, serão designados os funcionários administrativos da secretaria privativa e indicadas as instalações necessárias ao seu funcionamento.

ART. 4.º (Funcionamento) – 1 – A Comissão reunirá quinzenalmente, podendo ser convocada extraordinariamente pelo presidente sempre que este o considere necessário.

2 – A Comissão reunirá com a presença do presidente e dos dois vogais referidos no n.º 2 do artigo 2.º, conforme a área a que respeita a matéria a decidir.

AUTORIDADE DE SEGURANÇA ALIMENTAR E ECONÓMICA   [DL n.º 274/2007]   1155

ART. 5.º (Prazos) – 1 – A secretaria da Comissão procederá ao registo em livro próprio dos processos por contra-ordenações que lhe forem enviados.

2 – No prazo de dois dias a contar da sua entrada, a secretaria fará o processo concluso ao presidente da Comissão para despacho.

3 – No prazo de cinco dias a contar da conclusão referida no número anterior, o presidente proferirá despacho, em que conhecerá da competência da Comissão, das excepções, nulidades ou irregularidades.

ART. 6.º (Instrução dos processos) – 1 – Se o presidente considerar que a infracção constitui crime, que se verifica concurso de crime e contra-ordenação ou que, pelo mesmo facto, uma pessoa deve responder a título de crime e outra a título de contra-ordenação, ordenará a remessa do processo ao Ministério Público.

2 – Se o presidente considerar que o processo enferma de nulidades ou irregularidades, designadamente a falta de audição do arguido, devolverá o mesmo à entidade instrutora para suprimento daquelas.

3 – Se considerar adquirida a prescrição do procedimento pela contra-ordenação, o presidente mandará arquivar o processo.

ART. 7.º (Procedimentos) – Se o presidente concluir pela inexistência de excepções, nulidades ou irregularidades, procederá, no prazo de 15 dias, à elaboração de um projecto de decisão, após o que o processo voltará à secretaria, a fim de ir com vista a cada um dos vogais da sua área, pelos prazos sucessivos de 5 dias.

ART. 8.º (Conclusão do processo) – Findos os prazos referidos no artigo anterior, o processo será concluso ao presidente, o qual designará o dia para a reunião e decisão final.

ART. 9.º (Decisão final) – 1 – A decisão final será tomada por maioria e assinada por todos os membros da Comissão.

2 – Tal decisão será notificada ao arguido, ao seu representante legal, quando este exista, e ao seu defensor, de harmonia com o disposto nos artigos 46.º e 47.º do Decreto-Lei n.º 433/82, de 27 de Outubro, com as alterações do Decreto-Lei n.º 244/95, de 14 de Setembro, e para os efeitos do estabelecido no capítulo IV do mesmo diploma.

ART. 10.º (Regime aplicável) – Aplicar-se-ão os preceitos reguladores do regime geral das contra-ordenações aprovado pelo Decreto-Lei n.º 433/82, de 27 de Outubro, e republicado pelo Decreto-Lei n.º 244/95, de 14 de Setembro, e, subsidiariamente, os preceitos reguladores do processo criminal em tudo quanto não se encontrar previsto no presente diploma.

ART. 11.º (Comissões de serviço) – Com a entrada em vigor do presente diploma mantêm-se todas as comissões de serviço em curso.

ART. 12.º (Norma revogatória) – 1 – São revogados os Decretos-Leis n.ºˢ 214/84, de 3 de Julho, e 345/84, de 29 de Outubro.

2 – As remissões legais, no âmbito da legislação em vigor, para os diplomas ora revogados entendem-se efectuadas para o presente diploma.

ART. 13.º (Encargos financeiros) – Os encargos resultantes do funcionamento da Comissão criada por este diploma são suportados em 2002 por conta das dotações já inscritas nos orçamentos das comissões ora fundidas.

ART. 14.º (Entrada em vigor) – O presente decreto-lei entra em vigor no dia seguinte ao da sua publicação.

18.4. AUTORIDADE DE SEGURANÇA ALIMENTAR E ECONÓMICA

Decreto-Lei n.º 274/2007

de 30 de Julho

ART. 1.º (Natureza) – 1 – A Autoridade de Segurança Alimentar e Económica, abreviadamente designada por ASAE, é um serviço central da administração directa do Estado dotado de autonomia administrativa.

2 – A ASAE dispõe das seguintes unidades orgânicas desconcentradas de âmbito regional ao nível ii da Nomenclatura de Unidades Territoriais (NUTS), designadas Direcções Regionais:

a) Direcção Regional do Norte, com sede no Porto;

b) Direcção Regional do Centro, com sede em Coimbra;

c) Direcção Regional de Lisboa e Vale do Tejo, com sede em Lisboa;

d) Direcção Regional do Alentejo, com sede em Évora;

e) Direcção Regional do Algarve, com sede em Faro.

ART. 2.º (Jurisdição territorial) – 1 – A ASAE, enquanto entidade nacional responsável pela avaliação e comunicação dos riscos na cadeia alimentar e autoridade coordenadora do controlo oficial dos géneros alimentícios, tem âmbito nacional.

1156 [DL n.º 274/2007]   DIREITO PENAL E CONTRA-ORDENACIONAL ECONÓMICO

2 – Enquanto entidade fiscalizadora das actividades económicas, a ASAE exerce a sua actividade em todo o território do continente.

3 – No âmbito da fiscalização das atribuições das alíneas *p*) e *aa*) do n.º 2 do artigo 3.º, a ASAE exerce a sua actividade em todo o território nacional.

ART. 3.º (Missão e atribuições) – 1 – A ASAE tem por missão a avaliação e comunicação dos riscos na cadeia alimentar, bem como a fiscalização e prevenção do cumprimento da legislação reguladora do exercício das actividades económicas nos sectores alimentar e não alimentar, exercendo funções de autoridade nacional de coordenação do controlo oficial dos géneros alimentícios e organismo nacional de ligação com outros Estados membros.

2 – A ASAE prossegue as seguintes atribuições:

a) Emitir pareceres científicos e técnicos, recomendações e avisos, nomeadamente em matérias relacionadas com a nutrição humana, saúde e bem-estar animal, fitossanidade e organismos geneticamente modificados;

b) Recolher e analisar dados que permitam a caracterização e a avaliação dos riscos que tenham impacte, directo ou indirecto, na segurança alimentar, assegurando a comunicação pública e transparente dos riscos e promovendo a divulgação da informação sobre segurança alimentar junto dos consumidores;

c) Proceder à avaliação dos riscos alimentares, nomeadamente os relativos aos novos alimentos e ingredientes alimentares bem como dos riscos inerentes à saúde e bem-estar animal e à alimentação animal;

d) Promover a criação de uma rede de intercâmbio de informação entre entidades que trabalhem nos domínios das suas competências;

e) Colaborar, na área das suas atribuições, com a Autoridade Europeia para a Segurança dos Alimentos;

f) Acompanhar a participação técnica nacional nas diferentes instâncias internacionais em matéria de segurança alimentar, designadamente quanto às normas e procedimentos de controlo através da presença em reuniões, da elaboração de pareceres e da recepção de informações e alertas, integrando o conjunto de entidades a quem são obrigatoriamente comunicadas as mensagens que circulam no sistema de alerta rápido (RASFF);

g) Propor a definição da estratégia da comunicação dos riscos em matéria de segurança alimentar, tendo em consideração os conteúdos, os meios e os grupos alvo da comunicação;

h) Promover acções de natureza preventiva e repressiva em matéria de infracções contra a qualidade, genuinidade, composição, aditivos alimentares e outras substâncias e rotulagem dos géneros alimentícios e dos alimentos para animais;

i) Executar, em articulação com a Direcção-Geral de Veterinária, o Plano Nacional de Controlo de Resíduos;

j) Executar, em articulação com a Direcção-Geral da Agricultura e Desenvolvimento Rural, o Programa Oficial de Controlo de Resíduos de Pesticidas em Produtos de Origem Vegetal;

l) Proceder à realização de perícias e colheitas de amostras nos locais onde se produzam, comercializem e ministrem alimentos para animais;

m) Fiscalizar os estabelecimentos de abate, preparação, tratamento e armazenamento de produtos de origem animal;

n) Fiscalizar os estabelecimentos que laborem produtos da pesca, incluindo de aquicultura, navios-fábrica, embarcações, lotas, armazéns e mercados grossistas;

o) Fiscalizar a cadeia de comercialização dos produtos de origem vegetal e dos produtos de origem animal, incluindo os produtos da pesca e da aquicultura e actividades conexas;

p) Fiscalizar a circulação e comércio de uvas destinadas à produção de vinho, de mosto e de vinho e produtos vínicos em todo o território nacional;

q) Fiscalizar os lagares de azeite, bem como o destino do azeite obtido da azeitona laborada e seus subprodutos;

r) Fiscalizar a oferta de produtos e serviços nos termos legalmente previstos, tendo em vista garantir a segurança e saúde dos consumidores;

s) Fiscalizar o cumprimento das obrigações legais dos agentes económicos;

t) Fiscalizar todos os locais onde se proceda a qualquer actividade industrial, comercial, agrícola, pecuária, de abate, piscatória, incluindo a actividade de pesca lúdica, de promoção e organização de campos de férias, ou de prestação de serviços, designadamente de produtos acabados e ou intermédios, armazéns, escritórios, meios de transporte, entrepostos frigoríficos, empreendimentos turísticos, empreendimentos de turismo no espaço rural, estabelecimentos de turismo de natureza, agências de viagens, empresas de animação turística, estabelecimentos de restauração e bebidas, cantinas e refeitórios, clínicas dentárias, clínicas veterinárias, recintos de diversão ou de espectáculos, infra-estruturas, equipamentos, espaços desportivos, portos, gares e aerogares, sem prejuízo das competências atribuídas por lei a outras entidade;

u) Executar, em colaboração com outros organismos competentes, as medidas destinadas a assegurar o abastecimento do País em bens e serviços considerados essenciais, tendo em vista prevenir situações de açambarcamento;

v) Promover e colaborar na divulgação da legislação sobre o exercício dos diferentes sectores da economia cuja fiscalização lhe esteja atribuída junto das associações de consumidores, associações empresariais, associações agrícolas e das pescas, organizações sindicais e agentes económicos;

AUTORIDADE DE SEGURANÇA ALIMENTAR E ECONÓMICA [DL n.º 274/2007] 1157

x) Promover a divulgação dos resultados da actividade operacional de fiscalização, sem prejuízo das regras inerentes ao segredo de justiça;

z) Proceder à investigação e instrução de processos por contra-ordenação cuja competência lhe esteja legalmente atribuída, bem como arquivá-los sempre que se verificar que os factos que constam dos autos não constituem infracção ou não existam elementos de prova susceptíveis de imputar a prática da infracção a um determinado agente;

aa) Desenvolver acções de natureza preventiva e repressiva em matéria de jogo ilícito, promovidas em articulação com o Serviço de Inspecção de Jogos do Turismo de Portugal, I. P.;

ab) Colaborar com as autoridades judiciarias nos termos do disposto no Código de Processo Penal, procedendo à investigação dos crimes cuja competência lhe esteja especificamente atribuída por lei.

3 – Em articulação com o Ministério dos Negócios Estrangeiros, a ASAE pode estabelecer relações de cooperação com organismos similares de outros países ou com organizações internacionais.

ART. 4.º (Órgãos) – 1 – A ASAE é dirigida por um inspector-geral, coadjuvado por três subinspectores-gerais, um dos quais exerce as funções de director científico para os riscos na cadeia alimentar.

2 – São ainda órgãos da ASAE:

a) O director científico para os riscos na cadeia alimentar;

b) O conselho científico.

ART. 5.º (Inspector-geral) – 1 – Sem prejuízo das competências que lhe forem conferidas por lei ou nele delegadas ou subdelegadas, compete ao inspector-geral:

a) Representar a ASAE junto de quaisquer instituições ou organismos nacionais ou internacionais;

b) Dirigir, coordenar e orientar os serviços, bem como aprovar os regulamentos e normas de execução necessárias ao seu bom funcionamento;

c) Aprovar, mediante parecer do director científico, as recomendações e avisos que vinculam a ASAE;

d) Exercer os demais poderes previstos neste decreto-lei e que não estejam atribuídos a outros órgãos e serviços.

2 – Os subinspectores-gerais exercem as competências que lhes sejam delegadas ou subdelegadas pelo inspector-geral, devendo este identificar a quem compete substituí-lo nas suas faltas e impedimentos.

ART. 6.º (Director científico para os riscos na cadeia alimentar) – O director científico para os riscos na cadeia alimentar reporta directamente ao inspector-geral da ASAE, competindo-lhe:

a) Dirigir, coordenar e orientar a Direcção de Avaliação e Comunicação dos Riscos na Cadeia Alimentar (DACR), bem como aprovar os regulamentos e normas de execução necessárias ao seu bom funcionamento;

b) Emitir parecer sobre as recomendações e avisos que vinculam a ASAE e sobre as iniciativas propostas pelo conselho científico ao inspector-geral;

c) Assegurar a necessária articulação com os organismos congéneres dos países da União Europeia;

d) Propor ao membro do Governo responsável pela área da economia a nomeação dos membros do conselho científico;

e) Aprovar as iniciativas que lhe são propostas pelo conselho científico, designadamente a criação e a composição de comissões técnicas especializadas;

f) Divulgar os pareceres do conselho científico;

g) Proceder aos contactos com os órgãos de comunicação, nos termos a articular com o inspector-geral.

ART. 7.º (Conselho científico) – 1 – O conselho científico é o órgão de consulta especializada do director científico em matérias científicas, de desenvolvimento tecnológico e de projectos de investigação, gozando de plena autonomia técnico-científica para o efeito.

2 – O conselho científico, nomeado por despacho do membro do Governo responsável pela área da economia, sob proposta do director científico, tem a seguinte composição:

a) Entre três a seis personalidades de reconhecido mérito científico;

b) Os presidentes das comissões técnicas especializadas;

c) Três membros, com adequado currículo e de reconhecido mérito em matérias técnico-científicas, escolhidos de entre funcionários da DACR.

3 – Ao conselho científico compete:

a) Emitir pareceres científicos, por sua iniciativa, mediante aprovação do director científico, ou a solicitação deste ou de entidades responsáveis por interesses relevantes na área da segurança alimentar incluindo, para além dos organismos e serviços públicos com competências no sector alimentar, as associações mais representativas de consumidores, produtores, industriais e comerciantes;

b) Proceder à coordenação geral necessária para garantir a coerência do procedimento de formulação de pareceres científicos, em particular no que respeita à adopção de regras de funcionamento e à harmonização dos métodos de trabalho;

c) Acompanhar o progresso científico e técnico na área da segurança alimentar;

d) Proceder, entre outras actividades, à avaliação dos riscos na cadeia alimentar e propor as medidas legislativas e administrativas adequadas;

1158   [DL n.º 274/2007]   DIREITO PENAL E CONTRA-ORDENACIONAL ECONÓMICO

e) Propor ao director científico a realização de estudos, conferências, colóquios, seminários e outras actividades destinadas a avaliar, aprofundar e divulgar o conhecimento da segurança alimentar;

f) Propor ao director científico a criação e composição de comissões técnicas especializadas;

g) Activar as comissões técnicas especializadas sempre que tal se mostre necessário face à especificidade das matérias sobre as quais se devam pronunciar;

h) Elaborar o projecto de regulamento interno e submetê-lo ao director científico.

4 – O conselho científico reporta directamente ao director científico.

5 – O conselho científico reúne ordinariamente uma vez em cada trimestre e extraordinariamente sempre que for convocado pelo seu presidente.

6 – O conselho científico elege, de entre os membros a que alude a alínea *a)* do n.º 2, o respectivo presidente e delibera sobre a sua organização e funcionamento.

7 – Para efeitos da comunicação de riscos, o conselho científico está inibido de proceder à comunicação dos riscos, bem como a qualquer outra manifestação ou declaração relacionada com as competências deste órgão sem obtenção de prévia e expressa autorização do inspector-geral da ASAE, a solicitar mediante comunicação ao director científico.

8 – Os membros do conselho científico, salvo aqueles que são trabalhadores da ASAE, têm direito ao abono de senhas de presença nos termos a determinar por despacho conjunto dos membros do Governo responsáveis pelas áreas das finanças e da economia.

ART. 8.º (Comissões técnicas especializadas) – 1 – As comissões técnicas especializadas funcionam como estruturas de apoio ao conselho científico e são constituídas por personalidades com qualificação e experiência nas respectivas áreas, que actuam sob sua orientação e superintendência.

2 – Podem ser criadas comissões técnicas especializadas nas seguintes áreas, sem prejuízo do disposto na alínea *f)* do n.º 3 do artigo 7.º:

a) Aditivos alimentares, aromatizantes, auxiliares tecnológicos e materiais em contacto com géneros alimentícios;

b) Aditivos e produtos ou substâncias utilizados nos alimentos para animais;

c) Fitossanidade dos produtos fitossanitários e respectivos resíduos;

d) Organismos geneticamente modificados (OGM);

e) Produtos dietéticos, nutrição e alergias;

f) Riscos biológicos;

g) Contaminantes da cadeia alimentar;

h) Saúde e bem-estar animal.

3 – Até à designação dos presidentes das comissões técnicas especializadas, estas são presididas por um membro do conselho científico a que se refere a alínea *a)* do n.º 2 do artigo 7.º.

4 – As regras de funcionamento das comissões técnicas especializadas são fixadas em regulamento a apresentar ao director científico, sob proposta do conselho científico.

5 – Os membros das comissões técnicas especializadas, salvo aqueles que são trabalhadores da ASAE, têm direito ao abono de senhas de presença nos termos a determinar por despacho dos membros do Governo responsáveis pelas áreas das finanças e da economia.

ART. 9.º (Tipo de organização interna) – 1 – A organização interna dos serviços obedece ao modelo estrutural misto:

a) Nas áreas de actividade de avaliação e comunicação do risco, planeamento e controlo operacional, serviços administrativos, organização interna dos laboratórios, serviços técnicos e apoio jurídico, o modelo de estrutura hierarquizada;

b) Nas áreas de actividade de fiscalização, investigação e técnico-pericial, o modelo de estrutura matricial.

2 – Os chefes de divisão das direcções regionais e dos serviços de planeamento e controlo operacional são designados inspectores-chefes.

ART. 10.º (Receitas) – 1 – A ASAE dispõe das receitas provenientes de dotações que lhe forem atribuídas no Orçamento do Estado.

2 – A ASAE dispõe ainda das seguintes receitas próprias:

a) O produto de serviços prestados;

b) O produto da venda de publicações;

c) O produto das coimas cobradas em processos de contra-ordenação;

d) O produto da cobrança das taxas relativas às bebidas vínicas e não vínicas;

e) As verbas provenientes de transferências efectuadas pelo Instituto Turismo de Portugal, I. P., e consignadas à actuação da ASAE na prossecução das acções de natureza preventiva e repressiva em matéria de jogos ilícitos, em articulação com o Serviço de Inspecção de Jogos do Turismo de Portugal, I. P.;

f) Os subsídios, subvenções, comparticipações, doações e legados de entidades públicas e privadas, nacionais, estrangeiras ou internacionais;

g) Quaisquer outras receitas que por lei, contrato ou a qualquer outro título, lhe sejam atribuídas.

A Portaria n.º 244/2008, de 25-3, fixou as tabelas a que se referem as als. *a)* e *b)* do n.º 2 deste artigo.

AUTORIDADE DE SEGURANÇA ALIMENTAR E ECONÓMICA [DL n.º 274/2007] 1159

ART. 11.º (Despesas) – Constituem despesas da ASAE as que resultem dos encargos e responsabilidades decorrentes da prossecução das suas actividades.

ART. 12.º (Regime de pessoal) – 1 – O pessoal da ASAE integrado nas carreiras de inspecção está sujeito ao regime jurídico da função pública.

2 – O restante pessoal da ASAE rege-se pelas normas aplicáveis ao contrato individual de trabalho.

ART. 13.º (Quadro de cargos de direcção) – Os lugares de direcção superior de 1.º e 2.º graus e de direcção intermédia de 1.º grau, constam do mapa anexo ao presente decreto-lei do qual faz parte integrante.

ART. 14.º (Estatuto remuneratório dos chefes de equipas multidisciplinares) – Aos chefes de equipas multidisciplinares é atribuído um acréscimo remuneratório correspondente a 55 pontos indiciários da escala salarial geral, até ao limite do estatuto remuneratório fixado para os chefes de divisão, quando:

a) Nas áreas de fiscalização e investigação, dirijam no mínimo três brigadas, cada uma constituída por dois funcionários da carreira de inspecção;

b) Na área técnico-pericial, as equipas tenham um mínimo de seis funcionários das carreiras de inspecção ou técnicas.

ART. 15.º (Órgão de polícia criminal) – 1 – A ASAE detém poderes de autoridade e é órgão de polícia criminal.

2 – São autoridades de polícia criminal, nos termos e para os efeitos no Código do Processo Penal:

a) O inspector-geral;

b) Os subinspectores-gerais;

c) Os directores-regionais, designados por inspectores-directores;

d) O director de serviço de planeamento e controlo operacional e os inspectores-chefes;

e) Os chefes de equipas multidisciplinares.

ART. 16.º (Uso e porte de arma) – O pessoal de inspecção e os dirigentes dos serviços de inspecção tem direito a possuir e usar arma de todas as classes previstas na Lei n.º 5/2006, de 23 de Fevereiro, com excepção da classe A, distribuídas pelo Estado, com dispensa da respectiva licença de uso e porte de arma, valendo como tal o respectivo cartão de identificação profissional.

ART. 17.º (Sucessão) – 1 – São transferidas para a ASAE todas as atribuições em matéria de fiscalização de infra-estruturas, equipamentos e espaços desportivos cometidas ao Instituto de Desporto de Portugal.

2 – São ainda transferidas para a ASAE as competências de fiscalização cometidas ao Instituto Português da Juventude, nos termos do artigo 24.º do Decreto-Lei n.º 304/2003, de 9 de Dezembro, alterado pelo Decreto-Lei n.º 109/2005, de 8 de Julho, que estabelece o regime jurídico de acesso e de exercício da actividade de promoção e organização de campos de férias.

ART. 18.º (Norma revogatória) – É revogado o Decreto-Lei n.º 237/2005, de 30 de Dezembro, com excepção dos artigos 32.º, 35.º e 36.º.

Os artigos aqui referidos respeitam ao pessoal.

ART. 19.º (Entrada em vigor) – O presente decreto-lei entra em vigor no 1.º dia do mês seguinte ao da sua publicação.

CAP. XIX

DIREITO DA CONCORRÊNCIA

19.1. REGIME JURÍDICO DA CONCORRÊNCIA

Lei n.º 18/2003

de 11 de Junho (*)

CAPÍTULO I — **Das regras de concorrência**

SECÇÃO I — **DISPOSIÇÕES GERAIS**

ART. 1.º (Âmbito de aplicação) – 1 – A presente lei é aplicável a todas as actividades económicas exercidas, com carácter permanente ou ocasional, nos sectores privado, público e cooperativo.

2 – Sob reserva das obrigações internacionais do Estado Português, a presente lei é aplicável às práticas restritivas da concorrência e às operações de concentração de empresas que ocorram em território nacional ou que neste tenham ou possam ter efeitos.

ART. 2.º (Noção de empresa) – 1 – Considera-se empresa, para efeitos da presente lei, qualquer entidade que exerça uma actividade económica que consista na oferta de bens ou serviços num determinado mercado, independentemente do seu estatuto jurídico e do modo de funcionamento.

2 – Considera-se como uma única empresa o conjunto de empresas que, embora juridicamente distintas, constituem uma unidade económica ou que mantêm entre si laços de interdependência ou subordinação decorrentes dos direitos ou poderes enumerados no n.º 1 do artigo 10.º.

ART. 3.º (Serviços de interesse económico geral) – 1 – As empresas públicas e as empresas a quem o Estado tenha concedido direitos especiais ou exclusivos encontram-se abrangidas pelo disposto na presente lei, sem prejuízo do disposto no número seguinte.

2 – As empresas encarregadas por lei da gestão de serviços de interesse económico geral ou que tenham a natureza de monopólio legal ficam submetidas ao disposto no presente diploma, na medida em que a aplicação destas regras não constitua obstáculo ao cumprimento, de direito ou de facto, da missão particular que lhes foi confiada.

SECÇÃO II — **PRÁTICAS PROIBIDAS**

ART. 4.º (Práticas proibidas) – 1 – São proibidos os acordos entre empresas, as decisões de associações de empresas e as práticas concertadas entre empresas, qualquer que seja a forma que revistam, que tenham por objecto ou como efeito impedir, falsear ou restringir de forma sensível a concorrência no todo ou em parte do mercado nacional, nomeadamente os que se traduzam em:

a) Fixar, de forma directa ou indirecta, os preços de compra ou de venda ou interferir na sua determinação pelo livre jogo do mercado, induzindo, artificialmente, quer a sua alta quer a sua baixa;

b) Fixar, de forma directa ou indirecta, outras condições de transacção efectuadas no mesmo ou em diferentes estádios do processo económico;

(*) Alterado pelo art. 4.º do **DL n.º 219/2006**, de 2-11 (arts. 9.º e 36.º), pelo art. 6.º do **DL n.º 18/2008**, de 29-1, que deu nova redacção ao art. 45.º, e pelo art. 168.º da **Lei n.º 52/2008**, de 28-8, que alterou a redacção dos arts. 50.º, 52.º, 54.º e 55.º.

REGIME JURÍDICO DA CONCORRÊNCIA

[**Lei n.º 18/2003**] 1161

c) Limitar ou controlar a produção, a distribuição, o desenvolvimento técnico ou os investimentos;

d) Repartir os mercados ou as fontes de abastecimento;

e) Aplicar, de forma sistemática ou ocasional, condições discriminatórias de preço ou outras relativamente a prestações equivalentes;

f) Recusar, directa ou indirectamente, a compra ou venda de bens e a prestação de serviços;

g) Subordinar a celebração de contratos à aceitação de obrigações suplementares que, pela sua natureza ou segundo os usos comerciais, não tenham ligação com o objecto desses contratos.

2 – Excepto nos casos em que se considerem justificadas, nos termos do artigo 5.º, as práticas proibidas pelo n.º 1 são nulas.

ART. 5.º (Justificação das práticas proibidas) – 1 – Podem ser consideradas justificadas as práticas referidas no artigo anterior que contribuam para melhorar a produção ou a distribuição de bens e serviços ou para promover o desenvolvimento técnico ou económico desde que, cumulativamente:

a) Reservem aos utilizadores desses bens ou serviços uma parte equitativa do benefício daí resultante;

b) Não imponham às empresas em causa quaisquer restrições que não sejam indispensáveis para atingir esses objectivos;

c) Não dêem a essas empresas a possibilidade de eliminar a concorrência numa parte substancial do mercado dos bens ou serviços em causa.

2 – As práticas previstas no artigo 4.º podem ser objecto de avaliação prévia por parte da Autoridade da Concorrência, adiante designada por Autoridade, segundo procedimento a estabelecer por regulamento a aprovar pela Autoridade nos termos dos respectivos estatutos.

3 – São consideradas justificadas as práticas proibidas pelo artigo 4.º que, embora não afectando o comércio entre os Estados membros, preencham os restantes requisitos de aplicação de um regulamento comunitário adoptado ao abrigo do disposto no n.º 3 do artigo 81.º do Tratado que institui a Comunidade Europeia.

4 – A Autoridade pode retirar o benefício referido no número anterior se verificar que, em determinado caso, uma prática por ele abrangida produz efeitos incompatíveis com o disposto no n.º 1.

ART. 6.º (Abuso de posição dominante) – 1 – É proibida a exploração abusiva, por uma ou mais empresas, de uma posição dominante no mercado nacional ou numa parte substancial deste, tendo por objecto ou como efeito impedir, falsear ou restringir a concorrência.

2 – Entende-se que dispõem de posição dominante relativamente ao mercado de determinado bem ou serviço:

a) A empresa que actua num mercado no qual não sofre concorrência significativa ou assume preponderância relativamente aos seus concorrentes;

b) Duas ou mais empresas que actuam concertadamente num mercado, no qual não sofrem concorrência significativa ou assumem preponderância relativamente a terceiros.

3 – Pode ser considerada abusiva, designadamente:

a) A adopção de qualquer dos comportamentos referidos no n.º 1 do artigo 4.º;

b) A recusa de facultar, contra remuneração adequada, a qualquer outra empresa o acesso a uma rede ou a outras infra-estruturas essenciais que a primeira controla, desde que, sem esse acesso, esta última empresa não consiga, por razões factuais ou legais, operar como concorrente da empresa em posição dominante no mercado a montante ou a jusante, a menos que a empresa dominante demonstre que, por motivos operacionais ou outros, tal acesso é impossível em condições de razoabilidade.

ART. 7.º (Abuso de dependência económica) – 1 – É proibida, na medida em que seja susceptível de afectar o funcionamento do mercado ou a estrutura da concorrência, a exploração abusiva, por uma ou mais empresas, do estado de dependência económica em que se encontre relativamente a elas qualquer empresa fornecedora ou cliente, por não dispor de alternativa equivalente.

2 – Pode ser considerada abusiva, designadamente:

a) A adopção de qualquer dos comportamentos previstos no n.º 1 do artigo 4.º;

b) A ruptura injustificada, total ou parcial, de uma relação comercial estabelecida, tendo em consideração as relações comerciais anteriores, os usos reconhecidos no ramo da actividade económica e as condições contratuais estabelecidas.

3 – Para efeitos da aplicação do n.º 1, entende-se que uma empresa não dispõe de alternativa equivalente quando:

a) O fornecimento do bem ou serviço em causa, nomeadamente o de distribuição, for assegurado por um número restrito de empresas; e

b) A empresa não puder obter idênticas condições por parte de outros parceiros comerciais num prazo razoável.

Secção III — CONCENTRAÇÃO DE EMPRESAS

ART. 8.º (Concentração de empresas) – 1 – Entende-se haver uma operação de concentração de empresas, para efeitos da presente lei:

1162 [Lei n.º 18/2003]   DIREITO DA CONCORRÊNCIA

a) No caso de fusão de duas ou mais empresas anteriormente independentes;

b) No caso de uma ou mais pessoas singulares que já detenham o controlo de pelo menos uma empresa ou de uma ou mais empresas adquirirem, directa ou indirectamente, o controlo da totalidade ou de partes de uma ou de várias outras empresas.

2 – A criação ou aquisição de uma empresa comum constitui uma operação de concentração de empresas, na acepção da alínea *b)* do número anterior, desde que a empresa comum desempenhe de forma duradoura as funções de uma entidade económica autónoma.

3 – Para efeitos do disposto nos números anteriores o controlo decorre de qualquer acto, independentemente da forma que este assuma, que implique a possibilidade de exercer, isoladamente ou em conjunto, e tendo em conta as circunstâncias de facto ou de direito, uma influência determinante sobre a actividade de uma empresa, nomeadamente:

a) Aquisição da totalidade ou de parte do capital social;

b) Aquisição de direitos de propriedade, de uso ou de fruição sobre a totalidade ou parte dos activos de uma empresa;

c) Aquisição de direitos ou celebração de contratos que confiram uma influência preponderante na composição ou nas deliberações dos órgãos de uma empresa.

4 – Não é havida como concentração de empresas:

a) A aquisição de participações ou de activos no quadro do processo especial de recuperação de empresas ou de falência;

b) A aquisição de participações com meras funções de garantia;

c) A aquisição por instituições de crédito de participações em empresas não financeiras, quando não abrangida pela proibição contida no artigo 101.º do Regime Geral das Instituições de Crédito e Sociedades Financeiras, aprovado pelo Decreto-Lei n.º 298/92, de 31 de Dezembro.

ART. 9.º (Notificação prévia) – 1 – As operações de concentração de empresas estão sujeitas a notificação prévia quando preencham uma das seguintes condições:

a) Em consequência da sua realização se crie ou se reforce uma quota superior a 30% no mercado nacional de determinado bem ou serviço, ou numa parte substancial deste;

b) O conjunto das empresas participantes na operação de concentração tenha realizado em Portugal, no último exercício, um volume de negócios superior a 150 milhões de euros, líquidos dos impostos com este directamente relacionados, desde que o volume de negócios realizado individualmente em Portugal por, pelo menos, duas dessas empresas seja superior a dois milhões de euros.

2 – As operações de concentração abrangidas pela presente lei devem ser notificadas à Autoridade no prazo de sete dias úteis após a conclusão do acordo ou, sendo caso disso, após a data da divulgação do anúncio preliminar de uma oferta pública de aquisição ou de troca ou da divulgação de anúncio de aquisição de uma participação de controlo em sociedade emitente de acções admitidas à negociação em mercado regulamentado.

3 – As operações de concentração projectadas podem ser objecto de avaliação prévia pela Autoridade, segundo procedimento a estabelecer pela Autoridade nos termos dos respectivos estatutos.

ART. 10.º (Quota de mercado e volume de negócios) – 1 – Para o cálculo da quota de mercado e do volume de negócios previstos no artigo anterior ter-se-ão em conta, cumulativamente, os volumes de negócios:

a) Das empresas participantes na concentração;

b) Das empresas em que estas dispõem directa ou indirectamente:

De uma participação maioritária no capital;

De mais de metade dos votos;

Da possibilidade de designar mais de metade dos membros do órgão de administração ou de fiscalização;

Do poder de gerir os negócios da empresa;

c) Das empresas que dispõem nas empresas participantes, isoladamente ou em conjunto, dos direitos ou poderes enumerados na alínea *b)*;

d) Das empresas nas quais uma empresa referida na alínea *c)* dispõe dos direitos ou poderes enumerados na alínea *b)*;

e) Das empresas em que várias empresas referidas nas alíneas *a)* a *d)* dispõem em conjunto, entre elas ou com empresas terceiras, dos direitos ou poderes enumerados na alínea *b)*.

2 – No caso de uma ou várias empresas envolvidas na operação de concentração disporem conjuntamente dos direitos ou poderes enumerados na alínea *b)* do n.º 1, há que no cálculo do volume de negócios das empresas participantes na operação de concentração:

a) Não tomar em consideração o volume de negócios resultante da venda de produtos ou da prestação de serviços realizados entre a empresa comum e cada uma das empresas participantes na operação de concentração ou qualquer outra empresa ligada a estas na acepção das alíneas *b)* a *e)* do número anterior;

b) Tomar em consideração o volume de negócios resultante da venda de produtos e da prestação de serviços realizados entre a empresa comum e qualquer outra empresa terceira, o qual será imputado a cada uma das empresas participantes na operação de concentração na parte correspondente à sua divisão em partes iguais por todas as empresas que controlam a empresa comum.

3 – O volume de negócios a que se refere o número anterior compreende os valores dos produtos vendidos e dos serviços prestados a empresas e consumidores em território português, líquidos dos impostos directa-

REGIME JURÍDICO DA CONCORRÊNCIA

[Lei n.º 18/2003] 1163

mente relacionados com o volume de negócios, mas não inclui as transacções efectuadas entre as empresas referidas no mesmo número.

4 – Em derrogação ao disposto no n.º 1, se a operação de concentração consistir na aquisição de partes, com ou sem personalidade jurídica própria, de uma ou mais empresas, o volume de negócios a ter em consideração relativamente ao cedente ou cedentes será apenas o relativo às parcelas que são objecto da transacção.

5 – O volume de negócios é substituído:

a) No caso das instituições de crédito e de outras instituições financeiras, pela soma das seguintes rubricas de proveitos, tal como definidas na legislação aplicável:

  i) Juros e proveitos equiparados;
  ii) Receitas de títulos:
    Rendimentos de acções e de outros títulos de rendimento variável;
    Rendimentos de participações;
    Rendimentos de partes do capital em empresas coligadas;
  iii) Comissões recebidas;
  iv) Lucro líquido proveniente de operações financeiras;
  v) Outros proveitos de exploração;

b) No caso das empresas de seguros, pelo valor dos prémios brutos emitidos, pagos por residentes em Portugal, que incluem todos os montantes recebidos e a receber ao abrigo de contratos de seguro efectuados por essas empresas ou por sua conta, incluindo os prémios cedidos às resseguradoras, com excepção dos impostos ou taxas cobrados com base no montante dos prémios ou no seu volume total.

ART. 11.º (Suspensão da operação de concentração) – 1 – Uma operação de concentração sujeita a notificação prévia não pode realizar-se antes de ter sido notificada e antes de ter sido objecto de uma decisão, expressa ou tácita, de não oposição.

2 – A validade de qualquer negócio jurídico realizado em desrespeito pelo disposto na presente secção depende de autorização expressa ou tácita da operação de concentração.

3 – O disposto nos números anteriores não prejudica a realização de uma oferta pública de compra ou de troca que tenha sido notificada à Autoridade ao abrigo do artigo 9.º, desde que o adquirente não exerça os direitos de voto inerentes às participações em causa ou os exerça apenas tendo em vista proteger o pleno valor do seu investimento com base em derrogação concedida nos termos do número seguinte.

4 – A Autoridade pode, mediante pedido fundamentado da empresa ou empresas participantes, apresentado antes ou depois da notificação, conceder uma derrogação ao cumprimento das obrigações previstas nos n.ºˢ 1 ou 3, ponderadas as consequências da suspensão da operação ou do exercício dos direitos de voto para as empresas participantes e os efeitos negativos da derrogação para a concorrência, podendo, se necessário, acompanhar a derrogação de condições ou obrigações destinadas a assegurar uma concorrência efectiva.

ART. 12.º (Apreciação das operações de concentração) – 1 – Sem prejuízo do disposto no n.º 5 do presente artigo, as operações de concentração, notificadas de acordo com o disposto no artigo 9.º, serão apreciadas com o objectivo de determinar os seus efeitos sobre a estrutura da concorrência, tendo em conta a necessidade de preservar e desenvolver, no interesse dos consumidores intermédios e finais, uma concorrência efectiva no mercado nacional.

2 – Na apreciação referida no número anterior serão tidos em conta, designadamente, os seguintes factores:

a) A estrutura dos mercados relevantes e a existência ou não de concorrência por parte de empresas estabelecidas nesses mercados ou em mercados distintos;

b) A posição das empresas participantes no mercado ou mercados relevantes e o seu poder económico e financeiro, em comparação com os dos seus principais concorrentes;

c) A concorrência potencial e a existência, de direito ou de facto, de barreiras à entrada no mercado;

d) As possibilidades de escolha de fornecedores e utilizadores;

e) O acesso das diferentes empresas às fontes de abastecimento e aos mercados de escoamento;

f) A estrutura das redes de distribuição existentes;

g) A evolução da oferta e da procura dos produtos e serviços em causa;

h) A existência de direitos especiais ou exclusivos conferidos por lei ou resultantes da natureza dos produtos transaccionados ou dos serviços prestados;

i) O controlo de infra-estruturas essenciais por parte das empresas em causa e as possibilidades de acesso a essas infra-estruturas oferecidas às empresas concorrentes;

j) A evolução do progresso técnico e económico, desde que a mesma seja vantajosa para os consumidores e não constitua um obstáculo à concorrência;

l) O contributo da concentração para a competitividade internacional da economia nacional.

3 – Serão autorizadas as operações de concentração que não criem ou não reforcem uma posição dominante de que resultem entraves significativos à concorrência efectiva no mercado nacional ou numa parte substancial deste.

4 – Serão proibidas as operações de concentração que criem ou reforcem uma posição dominante da qual possam resultar entraves significativos à concorrência efectiva no mercado nacional ou numa parte substancial deste.

5 – A decisão que autoriza uma operação de concentração abrange igualmente as restrições directamente relacionadas com a realização da concentração e a ela necessárias.

1164 [Lei n.º 18/2003] DIREITO DA CONCORRÊNCIA

6 – Nos casos previstos no n.º 2 do artigo 8.º, se a criação da empresa comum tiver por objecto ou efeito a coordenação do comportamento concorrencial de empresas que se mantêm independentes, tal coordenação é apreciada nos termos previstos nos artigos 4.º e 5.º da presente lei.

Secção IV — **AUXÍLIOS DE ESTADO**

ART. 13.º (Auxílios de Estado) – 1 – Os auxílios a empresas concedidos por um Estado ou qualquer outro ente público não devem restringir ou afectar de forma significativa a concorrência no todo ou em parte do mercado.

2 – A pedido de qualquer interessado, a Autoridade pode analisar qualquer auxílio ou projecto de auxílio e formular ao Governo as recomendações que entenda necessárias para eliminar os efeitos negativos desse auxílio sobre a concorrência.

3 – Para efeitos do disposto no presente artigo, não se consideram auxílios as indemnizações compensatórias, qualquer que seja a forma que revistam, concedidas pelo Estado como contrapartida da prestação de um serviço público.

CAPÍTULO II — **Autoridade da Concorrência**

ART. 14.º (Autoridade da Concorrência) – O respeito pelas regras da concorrência é assegurado pela Autoridade da Concorrência, nos limites das atribuições e competências que lhe são legalmente cometidas.

ART. 15.º (Autoridades reguladoras sectoriais) – A Autoridade da Concorrência e as autoridades reguladoras sectoriais colaboram na aplicação da legislação de concorrência, nos termos previstos no capítulo III da presente lei.

A Autoridade da Concorrência, criada pelo DL n.º 10/2003, de 18-1, rege-se pelos Estatutos anexos ao mesmo diploma.

Art. 16.º (Relatório) – A Autoridade da Concorrência elabora e envia anualmente ao Governo, que o remete nesse momento à Assembleia da República, um relatório sobre as actividades e o exercício dos seus poderes e competências, em especial quanto aos poderes sancionatórios, de supervisão e de regulamentação, o qual será publicado.

CAPÍTULO III — **Do processo**

Secção I — **DISPOSIÇÕES GERAIS**

ART. 17.º (Poderes de inquérito e inspecção) – 1 – No exercício dos poderes sancionatórios e de supervisão, a Autoridade, através dos seus órgãos ou funcionários, goza dos mesmos direitos e faculdades e está submetida aos mesmos deveres dos órgãos de polícia criminal, podendo, designadamente:

a) Inquirir os representantes legais das empresas ou das associações de empresas envolvidas, bem como solicitar-lhes documentos e outros elementos de informação que entenda convenientes ou necessários para o esclarecimento dos factos;

b) Inquirir os representantes legais de outras empresas ou associações de empresas e quaisquer outras pessoas cujas declarações considere pertinentes, bem como solicitar-lhes documentos e outros elementos de informação;

c) Proceder, nas instalações das empresas ou das associações de empresas envolvidas, à busca, exame, recolha e apreensão de cópias ou extractos da escrita e demais documentação, quer se encontre ou não em lugar reservado ou não livremente acessível ao público, sempre que tais diligências se mostrem necessárias à obtenção de prova;

d) Proceder à selagem dos locais das instalações das empresas em que se encontrem ou sejam susceptíveis de se encontrar elementos da escrita ou demais documentação, durante o período e na medida estritamente necessária à realização das diligências a que se refere a alínea anterior;

e) Requerer a quaisquer outros serviços da Administração Pública, incluindo os órgãos de polícia criminal, através dos respectivos gabinetes ministeriais, a colaboração que se mostrar necessária ao cabal desempenho das suas funções.

2 – As diligências previstas na alínea *c)* do número anterior dependem de despacho da autoridade judiciária que autorize a sua realização, solicitado previamente pela Autoridade, em requerimento devidamente fundamentado, devendo a decisão ser proferida no prazo de quarenta e oito horas.

3 – Os funcionários que, no exterior, procedam às diligências previstas nas alíneas *a)* a *c)* do n.º 1 deverão ser portadores:

a) No caso das alíneas *a)* e *b)*, de credencial emitida pela Autoridade, da qual constará a finalidade da diligência;

b) No caso da alínea *c)*, da credencial referida na alínea anterior e do despacho previsto no n.º 2.

4 – Sempre que tal se revelar necessário, as pessoas a que alude o número anterior poderão solicitar a intervenção das autoridades policiais.

5 – A falta de comparência das pessoas convocadas a prestar declarações junto da Autoridade não obsta a que os processos sigam os seus termos.

REGIME JURÍDICO DA CONCORRÊNCIA
[Lei n.º 18/2003] 1165

ART. 18.º (Prestação de informações) – 1 – Sempre que a Autoridade, no exercício dos poderes sancionatórios e de supervisão que lhe são atribuídos por lei, solicitar às empresas, associações de empresas ou a quaisquer outras pessoas ou entidades documentos e outras informações que se revelem necessários, esse pedido deve ser instruído com os seguintes elementos:

a) A base jurídica e o objectivo do pedido;

b) O prazo para a comunicação das informações ou o fornecimento dos documentos;

c) As sanções a aplicar na hipótese de incumprimento do requerido;

d) A informação de que as empresas deverão identificar, de maneira fundamentada, as informações que consideram confidenciais, juntando, sendo caso disso, uma cópia não confidencial dos documentos em que se contenham tais informações.

2 – As informações e documentos solicitados pela Autoridade ao abrigo da presente lei devem ser fornecidos no prazo de 30 dias, salvo se, por decisão fundamentada, for por esta fixado um prazo diferente.

ART. 19.º (Procedimentos sancionatórios) – Sem prejuízo do disposto na presente lei, os procedimentos sancionatórios respeitam o princípio da audiência dos interessados, o princípio do contraditório e demais princípios gerais aplicáveis ao procedimento e à actuação administrativa constantes do Código do Procedimento Administrativo, aprovado pelo Decreto-Lei n.º 442/91, de 15 de Novembro, na redacção resultante do Decreto-Lei n.º 6/96, de 31 de Janeiro, bem como, se for caso disso, do regime geral dos ilícitos de mera ordenação social, aprovado pelo Decreto-Lei n.º 433/82, de 27 de Outubro, na redacção resultante da Lei n.º 109/2001, de 24 de Dezembro.

ART. 20.º (Procedimentos de supervisão) – Salvo disposição em contrário da presente lei, as decisões adoptadas pela Autoridade ao abrigo dos poderes de supervisão que lhe são conferidos por lei seguem o procedimento administrativo comum previsto no Código do Procedimento Administrativo.

ART. 21.º (Procedimentos de regulamentação) – 1 – Antes da emissão de qualquer regulamento com eficácia externa, adoptado ao abrigo dos poderes de regulamentação previstos no n.º 4 do artigo 7.º dos respectivos estatutos, a Autoridade deverá proceder à divulgação do respectivo projecto na Internet, para fins de discussão pública, durante um período que não deverá ser inferior a 30 dias.

2 – No relatório preambular dos regulamentos previstos no número anterior a Autoridade fundamentará as suas opções, designadamente com referência às opiniões expressas durante o período de discussão pública.

3 – O disposto nos números anteriores não será aplicável em casos de urgência, situação em que a Autoridade poderá decidir pela redução do prazo concedido ou pela sua ausência, conforme fundamentação que deverá aduzir.

4 – Os regulamentos da Autoridade que contenham normas com eficácia externa são publicados na 2.ª série do *Diário da República*.

SECÇÃO II — **PROCESSOS RELATIVOS A PRÁTICAS PROIBIDAS**

ART. 22.º (Normas aplicáveis) – 1 – Os processos por infracção ao disposto nos artigos 4.º, 6.º e 7.º regem-se pelo disposto na presente secção, na secção I do presente capítulo e, subsidiariamente, pelo regime geral dos ilícitos de mera ordenação social.

2 – O disposto no número anterior é igualmente aplicável, com as necessárias adaptações, aos processos por infracção aos artigos 81.º e 82.º do Tratado que institui a Comunidade Europeia instaurados pela Autoridade, ou em que esta seja chamada a intervir, ao abrigo das competências que lhe são conferidas pela alínea *g*) do n.º 1 do artigo 6.º do Decreto-Lei n.º 10/2003, de 18 de Janeiro.

ART. 23.º (Notificações) – 1 – As notificações são feitas pessoalmente, se necessário com o auxílio das autoridades policiais, ou por carta registada com aviso de recepção, dirigida para a sede social, estabelecimento principal ou domicílio em Portugal da empresa, do seu representante legal ou para o domicílio profissional do seu mandatário judicial para o efeito constituído.

2 – Quando a empresa não tiver sede ou estabelecimento em Portugal a notificação é feita por carta registada com aviso de recepção para a sede social ou estabelecimento principal.

3 – Quando não for possível realizar a notificação, nos termos dos números anteriores, a notificação considera-se feita, respectivamente, nos 3.º e 7.º dias úteis posteriores ao do envio, devendo a cominação aplicável constar do acto de notificação.

ART. 24.º (Abertura do inquérito) – 1 – Sempre que a Autoridade tome conhecimento, por qualquer via, de eventuais práticas proibidas pelos artigos 4.º, 6.º e 7.º, procede à abertura de um inquérito, em cujo âmbito promoverá as diligências de investigação necessárias à identificação dessas práticas e dos respectivos agentes.

2 – Todos os serviços da administração directa, indirecta ou autónoma do Estado, bem como as autoridades administrativas independentes, têm o dever de participar à Autoridade os factos de que tomem conhecimento susceptíveis de serem qualificados como práticas restritivas da concorrência.

ART. 25.º (Decisão do inquérito) – 1 – Terminado o inquérito, a Autoridade decidirá:

a) Proceder ao arquivamento do processo, se entender que não existem indícios suficientes de infracção;

1166 [Lei n.º 18/2003]   DIREITO DA CONCORRÊNCIA

b) Dar início à instrução do processo, através de notificação dirigida às empresas ou associações de empresas arguidas, sempre que conclua, com base nas investigações levadas a cabo, que existem indícios suficientes de infracção às regras de concorrência.

2 – Caso o inquérito tenha sido instaurado com base em denúncia de qualquer interessado, a Autoridade não pode proceder ao seu arquivamento sem dar previamente conhecimento das suas intenções ao denunciante, concedendo-lhe um prazo razoável para se pronunciar.

ART. 26.º (Instrução do processo) – 1 – Na notificação a que se refere a alínea *b*) do n.º 1 do artigo precedente, a Autoridade fixa às arguidas um prazo razoável para que se pronunciem por escrito sobre as acusações formuladas e as demais questões que possam interessar à decisão do processo, bem como sobre as provas produzidas, e para que requeiram as diligências complementares de prova que considerem convenientes.

2 – A audição por escrito a que se refere o número anterior pode, a solicitação das empresas ou associações de empresas arguidas, apresentada à Autoridade no prazo de cinco dias a contar da notificação, ser completada ou substituída por uma audição oral, a realizar na data fixada para o efeito pela Autoridade, a qual não pode, em todo o caso, ter lugar antes do termo do prazo inicialmente fixado para a audição por escrito.

3 – A Autoridade pode recusar a realização de diligências complementares de prova sempre que for manifesta a irrelevância das provas requeridas ou o seu intuito meramente dilatório.

4 – A Autoridade pode ordenar oficiosamente a realização de diligências complementares de prova, mesmo após a audição a que se referem os n.ᵒˢ 1 e 2, desde que assegure às arguidas o respeito pelo princípio do contraditório.

5 – Na instrução dos processos a Autoridade acautela o interesse legítimo das empresas na não divulgação dos seus segredos de negócio.

ART. 27.º (Medidas cautelares) – 1 – Sempre que a investigação indicie que a prática objecto do processo é susceptível de provocar um prejuízo iminente, grave e irreparável ou de difícil reparação para a concorrência ou para os interesses de terceiros, pode a Autoridade, em qualquer momento do inquérito ou da instrução, ordenar preventivamente a imediata suspensão da referida prática ou quaisquer outras medidas provisórias necessárias à imediata reposição da concorrência ou indispensáveis ao efeito útil da decisão a proferir no termo do processo.

2 – As medidas previstas neste artigo podem ser adoptadas pela Autoridade oficiosamente ou a requerimento de qualquer interessado e vigorarão até à sua revogação pela Autoridade e, em todo o caso, por período não superior a 90 dias, salvo prorrogação devidamente fundamentada.

3 – Sem prejuízo do disposto no n.º 5, a adopção das medidas referidas nos números anteriores é precedida de audição dos interessados, excepto se tal puser em sério risco o objectivo ou a eficácia da providência.

4 – Sempre que esteja em causa um mercado objecto de regulação sectorial, a Autoridade solicita o parecer prévio da respectiva autoridade reguladora, o qual é emitido no prazo máximo de cinco dias úteis.

5 – O disposto no número anterior não prejudica a possibilidade de a Autoridade, em caso de urgência, determinar provisoriamente as medidas que se mostrem indispensáveis ao restabelecimento ou manutenção de uma concorrência efectiva.

ART. 28.º (Conclusão da instrução) – 1 – Concluída a instrução, a Autoridade adopta, com base no relatório do serviço instrutor, uma decisão final, na qual pode, consoante os casos:

a) Ordenar o arquivamento do processo;

b) Declarar a existência de uma prática restritiva da concorrência e, se for caso disso, ordenar ao infractor que adopte as providências indispensáveis à cessação dessa prática ou dos seus efeitos no prazo que lhe for fixado;

c) Aplicar as coimas e demais sanções previstas nos artigos 43.º, 45.º e 46.º;

d) Autorizar um acordo, nos termos e condições previstos no artigo 5.º.

2 – Sempre que estejam em causa práticas com incidência num mercado objecto de regulação sectorial, a adopção de uma decisão ao abrigo das alíneas *b*) a *d*) do número anterior é precedida de parecer prévio da respectiva autoridade reguladora sectorial, o qual será emitido num prazo razoável fixado pela Autoridade.

ART. 29.º (Articulação com autoridades reguladoras sectoriais) – 1 – Sempre que a Autoridade tome conhecimento, nos termos previstos no artigo 24.º da presente lei, de factos ocorridos num domínio submetido a regulação sectorial e susceptíveis de serem qualificados como práticas restritivas da concorrência, dá imediato conhecimento dos mesmos à autoridade reguladora sectorial competente em razão da matéria, para que esta se pronuncie num prazo razoável fixado pela Autoridade.

2 – Sempre que, no âmbito das respectivas atribuições e sem prejuízo do disposto no n.º 2 do artigo 24.º, uma autoridade reguladora sectorial apreciar, oficiosamente ou a pedido de entidades reguladas, questões que possam configurar uma violação do disposto na presente lei, deve dar imediato conhecimento do processo à Autoridade, bem como dos respectivos elementos essenciais.

3 – Nos casos previstos nos números anteriores a Autoridade pode, por decisão fundamentada, sobrestar na sua decisão de instaurar ou de prosseguir um inquérito ou um processo, durante o prazo que considere adequado.

REGIME JURÍDICO DA CONCORRÊNCIA   [Lei n.º 18/2003] 1167

4 – Antes da adopção da decisão final a autoridade reguladora sectorial dá conhecimento do projecto da mesma à Autoridade, para que esta se pronuncie num prazo razoável por aquela fixado.

Secção III — **PROCEDIMENTO DE CONTROLO DAS OPERAÇÕES DE CONCENTRAÇÃO DE EMPRESAS**

ART. 30.º (Normas aplicáveis) – O procedimento em matéria de controlo de operações de concentração de empresas rege-se pelo disposto na presente secção, na secção I do presente capítulo e, subsidiariamente, no Código do Procedimento Administrativo.

ART. 31.º (Apresentação da notificação) – 1 – A notificação prévia das operações de concentração de empresas é apresentada à Autoridade pelas pessoas ou empresas a que se referem as alíneas *a*) e *b*) do n.º 1 do artigo 8.º.

2 – As notificações conjuntas são apresentadas por um representante comum, com poderes para enviar e receber documentos em nome de todas as partes notificantes.

3 – A notificação é apresentada de acordo com o formulário aprovado pela Autoridade e conterá as informações e documentos nele exigidos.

O formulário a que se refere o n.º 3 foi aprovado pelo Regulamento n.º 120/2008 da Autoridade da Concorrência, publicado no *DR*, 2.ª série, de 17.3.2009, ps. 10181 a 10185.

ART. 32.º (Produção de efeitos da notificação) – 1 – Sem prejuízo do disposto no número seguinte, a notificação produz efeitos na data do pagamento da taxa devida, determinada nos termos previstos no artigo 57.º.

2 – Sempre que as informações ou documentos constantes da notificação estejam incompletos ou se revelem inexactos, tendo em conta os elementos que devam ser transmitidos, nos termos previstos no n.º 3 do artigo 31.º, a Autoridade convida, por escrito e no prazo de sete dias úteis, os autores da notificação a completar ou corrigir a notificação no prazo que lhes fixar, produzindo, neste caso, a notificação efeitos na data de recepção das informações ou documentos pela Autoridade.

3 – A Autoridade pode dispensar a apresentação de determinadas informações ou documentos, caso não se revelem necessários para a apreciação da operação de concentração.

ART. 33.º (Publicação) – No prazo de 5 dias contados da data em que a notificação produz efeitos, a Autoridade promove a publicação em dois jornais de expansão nacional, a expensas dos autores da notificação, dos elementos essenciais desta, a fim de que quaisquer terceiros interessados possam apresentar observações no prazo que for fixado, o qual não pode ser inferior a 10 dias.

ART. 34.º (Instrução) – 1 – No prazo de 30 dias contados da data de produção de efeitos da notificação, a Autoridade deve completar a instrução do procedimento respectivo.

2 – Se, no decurso da instrução, se revelar necessário o fornecimento de informações ou documentos adicionais ou a correcção dos que foram fornecidos, a Autoridade comunica tal facto aos autores da notificação, fixando-lhes um prazo razoável para fornecer os elementos em questão ou proceder às correcções indispensáveis.

3 – A comunicação prevista no número anterior suspende o prazo referido no n.º 1, com efeitos a partir do 1.º dia útil seguinte ao do respectivo envio, terminando a suspensão no dia seguinte ao da recepção, pela Autoridade, dos elementos solicitados.

4 – No decurso da instrução, a Autoridade solicita a quaisquer outras entidades, públicas ou privadas, as informações que considere convenientes para a decisão do processo, as quais serão transmitidas nos prazos por aquela fixados.

ART. 35.º (Decisão) – 1 – Até ao termo do prazo referido no n.º 1 do artigo 34.º, a Autoridade decide:

a) Não se encontrar a operação abrangida pela obrigação de notificação prévia a que se refere o artigo 9.º;ou

b) Não se opor à operação de concentração; ou

c) Dar início a uma investigação aprofundada, quando considere que a operação de concentração em causa é susceptível, à luz dos elementos recolhidos, de criar ou reforçar uma posição dominante da qual possam resultar entraves significativos à concorrência efectiva no mercado nacional ou numa parte substancial deste, à luz dos critérios definidos no artigo 12.º.

2 – A decisão a que se refere a alínea *b*) do n.º 1 será tomada sempre que a Autoridade conclua que a operação, tal como foi notificada ou na sequência de alterações introduzidas pelos autores da notificação, não é susceptível de criar ou reforçar uma posição dominante da qual possam resultar entraves significativos à concorrência efectiva no mercado nacional ou numa parte substancial deste.

3 – As decisões tomadas pela Autoridade ao abrigo da alínea *b*) do n.º 1 podem ser acompanhadas da imposição de condições e obrigações destinadas a garantir o cumprimento de compromissos assumidos pelos autores da notificação com vista a assegurar a manutenção de uma concorrência efectiva.

4 – A ausência de decisão no prazo a que se refere o n.º 1 vale como decisão de não oposição à operação de concentração.

1168   [Lei n.º 18/2003]   DIREITO DA CONCORRÊNCIA

ART. 36.º (Investigação aprofundada) – 1 – No prazo máximo de 90 dias contados da data da notificação a que se refere o artigo 31.º, a Autoridade procede às diligências de investigação complementares que considere necessárias.

2 – Às diligências de investigação referidas no número anterior é aplicável, designadamente, o disposto nos n.ᵒˢ 2 a 4 do artigo 34.º.

3 – Nas operações de concentração, as suspensões do prazo previsto no n.º 1 para solicitação de informações adicionais não podem exceder um total de 10 dias úteis.

ART. 37.º (Decisão após investigação aprofundada) – 1 – Até ao termo do prazo fixado no n.º 1 do artigo anterior, a Autoridade pode decidir:

a) Não se opor à operação de concentração;

b) Proibir a operação de concentração, ordenando, caso esta já se tenha realizado, medidas adequadas ao restabelecimento de uma concorrência efectiva, nomeadamente a separação das empresas ou dos activos agrupados ou a cessação do controlo.

2 – À decisão referida na alínea *a)* do número anterior aplica-se, com as devidas adaptações, o disposto nos n.ᵒˢ 2 e 3 do artigo 35.º.

3 – A ausência de decisão no prazo a que se refere o n.º 1 vale como decisão de não oposição à realização da operação de concentração.

ART. 38.º (Audiência dos interessados) – 1 – As decisões a que se referem os artigos 35.º e 37.º são tomadas mediante audiência prévia dos autores da notificação e dos contra-interessados.

2 – Nas decisões de não oposição referidas na alínea *b)* do n.º 1 do artigo 35.º e na alínea *a)* do n.º 1 do artigo 37.º, quando não acompanhadas da imposição de condições ou obrigações, a Autoridade pode, na ausência de contra-interessados, dispensar a audiência dos autores da notificação.

3 – Consideram-se contra-interessados, para efeitos do disposto neste artigo, aqueles que, no âmbito do procedimento, se tenham manifestado desfavoravelmente quanto à realização da operação de concentração em causa.

4 – A realização da audiência de interessados suspende o cômputo dos prazos referidos no n.º 1 dos artigos 34.º e 36.º.

ART. 39.º (Articulação com autoridades reguladoras sectoriais) – 1 – Sempre que uma operação de concentração de empresas tenha incidência num mercado objecto de regulação sectorial, a Autoridade da Concorrência, antes de tomar uma decisão ao abrigo do n.º 1 do artigo 35.º ou do n.º 1 do artigo 37.º, consoante os casos, solicita que a respectiva autoridade reguladora se pronuncie, num prazo razoável fixado pela Autoridade.

2 – O disposto no número anterior não prejudica o exercício pelas autoridades reguladoras sectoriais dos poderes que, no quadro das suas atribuições específicas, lhes sejam legalmente conferidos relativamente à operação de concentração em causa.

ART. 40.º (Procedimento oficioso) – 1 – Sem prejuízo da aplicação das correspondentes sanções, são objecto de procedimento oficioso:

a) As operações de concentração de cuja realização a Autoridade tome conhecimento e que, em incumprimento do disposto na presente lei, não tenham sido objecto de notificação prévia;

b) As operações de concentração cuja decisão expressa ou tácita de não oposição se tenha fundado em informações falsas ou inexactas relativas a circunstâncias essenciais para a decisão, fornecidas pelos participantes na operação de concentração;

c) As operações de concentração em que se verifique o desrespeito, total ou parcial, de obrigações ou condições impostas aquando da respectiva decisão de não oposição.

2 – Na hipótese prevista na alínea *a)* do número anterior, a Autoridade notifica as empresas em situação de incumprimento para que procedam à notificação da operação nos termos previstos na presente lei, num prazo razoável fixado pela Autoridade, a qual poderá ainda determinar a sanção pecuniária a aplicar em execução do disposto na alínea *b)* do artigo 46.º.

3 – Nas hipóteses previstas nas alíneas *a)* e *b)* do n.º 1, a Autoridade não está submetida aos prazos fixados nos artigos 32.º a 37.º da presente lei.

4 – Nos casos previstos na alínea *c)* do n.º 1, a decisão da Autoridade de dar início a um procedimento oficioso produz efeitos a partir da data da sua comunicação a qualquer das empresas ou pessoas participantes na operação de concentração.

ART. 41.º (Nulidade) – São nulos os negócios jurídicos relacionados com uma operação de concentração na medida em que contrariem decisões da Autoridade que hajam:

a) Proibido a operação de concentração;

b) Imposto condições à sua realização; ou

c) Ordenado medidas adequadas ao restabelecimento da concorrência efectiva.

REGIME JURÍDICO DA CONCORRÊNCIA   [Lei n.º 18/2003]   1169

CAPÍTULO IV — Das infracções e sanções

ART. 42.º (Qualificação) – Sem prejuízo da responsabilidade criminal e das medidas administrativas a que houver lugar, as infracções às normas previstas no presente diploma e às normas de direito comunitário cuja observância seja assegurada pela Autoridade constituem contra-ordenação punível nos termos do disposto no presente capítulo.

ART. 43.º (Coimas) – 1 – Constitui contra-ordenação punível com coima que não pode exceder, para cada uma das empresas partes na infracção, 10% do volume de negócios no último ano:

a) A violação do disposto nos artigos 4.º, 6.º e 7.º;

b) A realização de operações de concentração de empresas que se encontrem suspensas, nos termos previstos no n.º 1 do artigo 11.º, ou que hajam sido proibidas por decisão adoptada ao abrigo da alínea *b)* do n.º 1 do artigo 37.º;

c) O desrespeito por decisão que decrete medidas provisórias, nos termos previstos no artigo 27.º;

d) O desrespeito de condições ou obrigações impostas às empresas pela Autoridade, nos termos previstos no n.º 4 do artigo 11.º, no n.º 3 do artigo 35.º e no n.º 2 do artigo 37.º.

2 – No caso de associações de empresas, a coima prevista no número anterior não excederá 10% do volume de negócios agregado anual das empresas associadas que hajam participado no comportamento proibido.

3 – Constitui contra-ordenação punível com coima que não pode exceder, para cada uma das empresas, 1% do volume de negócios do ano anterior:

a) A falta de notificação de uma operação de concentração sujeita a notificação prévia nos termos do artigo 9.º;

b) A não prestação ou a prestação de informações falsas, inexactas ou incompletas, em resposta a pedido da Autoridade, no uso dos seus poderes sancionatórios ou de supervisão;

c) A não colaboração com a Autoridade ou a obstrução ao exercício por esta dos poderes previstos no artigo 17.º.

4 – Em caso de falta de comparência injustificada, em diligência de processo para que tenham sido regularmente notificados, de testemunhas, peritos ou representantes das empresas queixosas ou infractoras, a Autoridade pode aplicar uma coima no valor máximo de 10 unidades de conta.

5 – Nos casos previstos nos números anteriores, se a contra-ordenação consistir na omissão do cumprimento de um dever jurídico ou de uma ordem emanada da Autoridade, a aplicação da coima não dispensa o infractor do cumprimento do dever, se este ainda for possível.

6 – A negligência é punível.

ART. 44.º (Critérios de determinação da medida da coima) – As coimas a que se refere o artigo anterior são fixadas tendo em consideração, entre outras, as seguintes circunstâncias:

a) A gravidade da infracção para a manutenção de uma concorrência efectiva no mercado nacional;

b) As vantagens de que hajam beneficiado as empresas infractoras em consequência da infracção;

c) O carácter reiterado ou ocasional da infracção;

d) O grau de participação na infracção;

e) A colaboração prestada à Autoridade, até ao termo do procedimento administrativo;

f) O comportamento do infractor na eliminação das práticas proibidas e na reparação dos prejuízos causados à concorrência.

ART. 45.º (Sanções acessórias) – Caso a gravidade da infracção e a culpa do infractor o justifiquem, a Autoridade da Concorrência determina a aplicação, em simultâneo com a coima, das seguintes sanções acessórias:

a) Publicação no *Diário da República* e num jornal nacional de expansão nacional, regional ou local, consoante o mercado geográfico relevante em que a prática proibida produziu os seus efeitos, a expensas do infractor, da decisão de condenação proferida no âmbito de um processo instaurado ao abrigo da presente lei;

b) Privação do direito de participar em procedimentos de formação de contratos cujo objecto abranja prestações típicas dos contratos de empreitada, de concessão de obras públicas, de concessão de serviços públicos, de locação ou aquisição de bens móveis e de aquisição de serviços ou ainda em procedimentos destinados à atribuição de licenças ou alvarás, desde que a prática que constitui contra-ordenação punível com coima se tenha verificado durante ou por causa do procedimento relevante.

2 – A sanção prevista na alínea *b)* do número anterior tem a duração máxima de dois anos, contados da decisão condenatória.

ART. 46.º (Sanções pecuniárias compulsórias) – Sem prejuízo do disposto no artigo 43.º, a Autoridade pode decidir, quando tal se justifique, aplicar uma sanção pecuniária compulsória, num montante que não excederá 5% da média diária do volume de negócios no último ano, por dia de atraso, a contar da data fixada na decisão, nos casos seguintes:

a) Não acatamento de decisão da Autoridade que imponha uma sanção ou ordene a adopção de medidas determinadas;

b) Falta de notificação de uma operação de concentração sujeita a notificação prévia nos termos do artigo 9.º;

1170 [Lei n.º 18/2003]   DIREITO DA CONCORRÊNCIA

c) Não prestação ou prestação de informações falsas aquando de uma notificação prévia de uma operação de concentração de empresas.

ART. 47.º (Responsabilidade) – 1 – Pela prática das contra-ordenações previstas nesta lei podem ser responsabilizadas pessoas singulares, pessoas colectivas, independentemente da regularidade da sua constituição, sociedades e associações sem personalidade jurídica.

2 – As pessoas colectivas e as entidades que lhes são equiparadas, nos termos do disposto no número anterior, são responsáveis pelas contra-ordenações previstas nesta lei quando os factos tiverem sido praticados, no exercício das respectivas funções ou em seu nome ou por sua conta, pelos titulares dos seus órgãos sociais, mandatários, representantes ou trabalhadores.

3 – Os titulares do órgão de administração das pessoas colectivas e entidades equiparadas incorrem na sanção prevista para o autor, especialmente atenuada, quando, conhecendo ou devendo conhecer a prática da infracção, não adoptem as medidas adequadas para lhe pôr termo imediatamente, a não ser que sanção mais grave lhe caiba por força de outra disposição legal.

4 – As empresas que integrem uma associação de empresas que seja objecto de uma coima ou de uma sanção pecuniária compulsória, nos termos previstos nos artigos 43.º e 46.º, são solidariamente responsáveis pelo pagamento da coima.

ART. 48.º (Prescrição) – 1 – O procedimento de contra-ordenação extingue-se por prescrição no prazo de:
a) Três anos, nos casos previstos nos n.ᵒˢ 3 e 4 do artigo 43.º;
b) Cinco anos, nos restantes casos.

2 – O prazo de prescrição das sanções é de cinco anos a contar do dia em que se torna definitiva ou transita em julgado a decisão que determinou a sua aplicação, salvo no caso previsto no n.º 4 do artigo 43.º, que é de três anos.

3 – O prazo de prescrição suspende-se ou interrompe-se nos casos previstos nos artigos 27.º-A e 28.º do Decreto-Lei n.º 433/82, de 27 de Outubro, na redacção resultante do Decreto-Lei n.º 109/2001, de 24 de Dezembro.

CAPÍTULO V — Dos recursos

Secção I — PROCESSOS CONTRA-ORDENACIONAIS

ART. 49.º (Regime jurídico) – Salvo disposição em sentido diverso da presente lei, aplicam-se à interposição, ao processamento e ao julgamento dos recursos previstos na presente secção os artigos seguintes e, subsidiariamente, o regime geral dos ilícitos de mera ordenação social.

ART. 50.º (Juízo competente e efeitos) – 1 — Das decisões proferidas pela Autoridade que determinem a aplicação de coimas ou de outras sanções previstas na lei cabe recurso para o juízo de comércio da respectiva comarca, com efeito suspensivo.

2 — Caso não exista juízo de comércio na comarca é competente o juízo de comércio da comarca sede de distrito ou, não havendo, o que existir no distrito da respectiva comarca; não havendo juízo de comércio no distrito, é subsidiariamente competente o juízo de comércio do tribunal de comarca de Lisboa.

3 – Das demais decisões, despachos ou outras medidas adoptadas pela Autoridade cabe recurso para o mesmo Tribunal, com efeito meramente devolutivo, nos termos e limites fixados no n.º 2 do artigo 55.º do Decreto-Lei n.º 433/82, de 27 de Outubro.

ART. 51.º (Regime processual) – 1 – Interposto o recurso de uma decisão da Autoridade, esta remete os autos ao Ministério Público no prazo de 20 dias úteis, podendo juntar alegações.

2 – Sem prejuízo do disposto no artigo 70.º do Decreto-Lei n.º 433/82, de 27 de Outubro, na redacção resultante do Decreto-Lei n.º 244/95, de 14 de Setembro, a Autoridade pode ainda juntar outros elementos ou informações que considere relevantes para a decisão da causa, bem como oferecer meios de prova.

3 – A Autoridade, o Ministério Público ou os arguidos podem opor-se a que o Tribunal decida por despacho, sem audiência de julgamento.

4 – A desistência da acusação pelo Ministério Público depende da concordância da Autoridade.

5 – Se houver lugar a audiência de julgamento, o Tribunal decide com base na prova realizada na audiência, bem como na prova produzida na fase administrativa do processo de contra-ordenação.

6 – A Autoridade tem legitimidade para recorrer autonomamente das decisões proferidas no processo de impugnação que admitam recurso.

ART. 52.º (Recurso das decisões do juízo de comércio) — 1 — As decisões do juízo de comércio que admitam recurso, nos termos previstos no regime geral dos ilícitos de mera ordenação social, são impugnáveis junto do tribunal da Relação, que decide em última instância.

2 — Dos acórdãos proferidos pelo tribunal da Relação não cabe recurso ordinário.

REGIME JURÍDICO DA CONCORRÊNCIA

SECÇÃO II — **PROCEDIMENTOS ADMINISTRATIVOS**

ART. 53.º (Regime processual) – À interposição, ao processamento e ao julgamento dos recursos referidos na presente secção é aplicável o disposto nos artigos seguintes e, subsidiariamente, o regime de impugnação contenciosa de actos administrativos definido no Código de Processo nos Tribunais Administrativos.

ART. 54.º (Juízo competente e efeitos do recurso) — 1 — Das decisões da Autoridade proferidas em procedimentos administrativos a que se refere a presente lei, bem como da decisão ministerial prevista no artigo 34.º do Decreto-Lei n.º 10/2003, de 18 de Janeiro, cabe recurso para o juízo de comércio, a ser tramitado como acção administrativa especial.

2 — Caso não exista juízo de comércio na comarca é competente o juízo de comércio da comarca sede de distrito ou, não havendo, o que existir no distrito da respectiva comarca; não havendo juízo de comércio no distrito, é subsidiariamente competente o juízo de comércio do tribunal de comarca de Lisboa.

3 — O recurso previsto no n.º 1 tem efeito meramente devolutivo, salvo se lhe for atribuído, exclusiva ou cumulativamente com outras medidas provisórias, o efeito suspensivo por via do decretamento de medidas provisórias.

ART. 55.º (Recurso das decisões do juízo de comércio) — 1 — Das decisões proferidas pelo juízo de comércio nas acções administrativas a que se refere a presente secção cabe recurso jurisdicional para o tribunal da Relação e deste, limitado à matéria de direito, para o Supremo Tribunal de Justiça.

2 — Se o recurso jurisdicional respeitar apenas a questões de direito, o recurso é interposto directamente para o Supremo Tribunal de Justiça.

3 – Os recursos previstos neste artigo têm efeito devolutivo.

CAPÍTULO VI — Taxas

ART. 56.º (Taxas) – 1 – Estão sujeitos ao pagamento de uma taxa:

a) A apreciação de operações de concentração de empresas, sujeitas a obrigação de notificação prévia, nos termos do disposto no artigo 9.º;

b) A apreciação de acordos entre empresas, no quadro do procedimento de avaliação prévia previsto no n.º 2 do artigo 5.º;

c) A emissão de certidões;

d) A emissão de pareceres;

e) Quaisquer outros actos que configurem uma prestação de serviços por parte da Autoridade a entidades privadas.

2 – As taxas são fixadas, liquidadas e cobradas nos termos definidos em regulamento da Autoridade.

3 – A cobrança coerciva das dívidas provenientes da falta de pagamento das taxas far-se-á através de processo de execução fiscal, servindo de título executivo a certidão passada para o efeito pela Autoridade.

CAPÍTULO VII — Disposições finais e transitórias

ART. 57.º (Alteração à Lei n.º 2/99, de 13 de Janeiro) – O n.º 4 do artigo 4.º da Lei n.º 2/99, de 13 de Janeiro, passa a ter a seguinte redacção:

«ART. 4.º (...) – 1 – ....

2 – ....

3 – ....

4 – As decisões da Autoridade da Concorrência relativas a operações de concentração de empresas em que participem entidades referidas no número anterior estão sujeitas a parecer prévio vinculativo da Alta Autoridade para a Comunicação Social, o qual deverá ser negativo quando estiver comprovadamente em causa a livre expressão e confronto das diversas correntes de opinião.»

ART. 58.º (Norma transitória) – Até ao início da vigência do Código de Processo nos Tribunais Administrativos, aprovado pela Lei n.º 15/2002, de 22 de Fevereiro, à interposição, ao processamento e ao julgamento dos recursos referidos na secção II do capítulo V da presente lei é aplicável, subsidiariamente, o regime de impugnação contenciosa dos actos administrativos actualmente em vigor.

ART. 59.º (Norma revogatória) – 1 – É revogado o Decreto-Lei n.º 371/93, de 29 de Outubro.

2 – São revogadas as normas que atribuam competências em matéria de defesa da concorrência a outros órgãos que não os previstos no direito comunitário ou na presente lei.

3 – Até à publicação do regulamento da Autoridade a que se refere o n.º 2 do artigo 5.º do presente diploma mantém-se em vigor a Portaria n.º 1097/93, de 29 de Outubro.

ART. 60.º (Revisão) – 1 – O regime jurídico da concorrência estabelecido na presente lei, bem como no diploma que estabelece a Autoridade, será adaptado para ter em conta a evolução do regime comunitário apli-

1172 [Lei n.º 39/2006]   DIREITO DA CONCORRÊNCIA

cável às empresas, ao abrigo do disposto nos artigos 81.º e 82.º do Tratado que institui a Comunidade Europeia e dos regulamentos relativos ao controlo das operações de concentração de empresas.

2 – O Governo adoptará as alterações legislativas necessárias, após ouvir a Autoridade da Concorrência.

19.2. ATENUAÇÃO ESPECIAL DA COIMA EM PROCESSOS DE CONTRA-ORDENAÇÃO POR INFRACÇÃO ÀS NORMAS NACIONAIS DE CONCORRÊNCIA

Lei n.º 39/2006

de 25 de Agosto

CAPÍTULO I — Disposições gerais

ART. 1.º (Objecto) – A presente lei estabelece o regime jurídico da dispensa e atenuação especial da coima, concedidas pela Autoridade da Concorrência nas condições nele previstas, em processos de contra-ordenação por infracção ao regime jurídico da concorrência e, se aplicáveis, às normas comunitárias de concorrência cujo respeito deva ser assegurado pela Autoridade da Concorrência.

ART. 2.º (Âmbito objectivo) – A dispensa ou atenuação especial da coima são concedidas no âmbito de processos de contra-ordenação que tenham por objecto acordos e práticas concertadas entre empresas proibidos pelo artigo 4.º da Lei n.º 18/2003, de 11 de Junho, e, se aplicável, pelo artigo 81.º do Tratado que institui a Comunidade Europeia.

ART. 3.º (Âmbito subjectivo) – Podem beneficiar de dispensa ou atenuação especial da coima:

a) As empresas na acepção do artigo 2.º da Lei n.º 18/2003, de 11 de Junho;

b) Os titulares do órgão de administração das pessoas colectivas e entidades equiparadas, responsáveis nos termos do disposto no n.º 3 do artigo 47.º da Lei n.º 18/2003, de 11 de Junho.

CAPÍTULO II — Requisitos

ART. 4.º (Dispensa) – 1 – A Autoridade da Concorrência pode conceder dispensa da coima que seria aplicada nos termos do disposto na alínea *a)* do n.º 1 do artigo 43.º e no artigo 44.º da Lei n.º 18/2003, de 11 de Junho, à empresa que cumpra, cumulativamente, as seguintes condições:

a) Seja a primeira a fornecer à Autoridade da Concorrência informações e elementos de prova sobre um acordo ou prática concertada que permitam verificar a existência de uma infracção às normas referidas no artigo 2.º, relativamente à qual a Autoridade da Concorrência não tenha ainda procedido à abertura de um inquérito nos termos do disposto no n.º 1 do artigo 24.º da Lei n.º 18/2003, de 11 de Junho;

b) Coopere plena e continuamente com a Autoridade da Concorrência desde o momento da apresentação do pedido de dispensa ou atenuação especial da coima, estando a empresa obrigada, designadamente, a:

i) Fornecer todos os elementos de prova que tenha ou venha a ter na sua posse;

ii) Responder prontamente a qualquer pedido de informação que possa contribuir para a determinação dos factos;

iii) Abster-se da prática de actos que possam dificultar o curso da investigação;

iv) Não informar as outras empresas participantes no acordo ou prática concertada do seu pedido de dispensa ou atenuação especial da coima;

c) Ponha termo à sua participação na infracção o mais tardar até ao momento em que forneça à Autoridade da Concorrência as informações e os elementos de prova a que se refere a alínea *a)*;

d) Não tenha exercido qualquer coacção sobre as outras empresas no sentido de estas participarem na infracção.

2 – As informações e elementos de prova referidos na alínea *a)* do número anterior devem conter indicações completas e precisas sobre as empresas envolvidas na infracção, o produto ou serviço em causa, a natureza da infracção, o seu âmbito geográfico, a sua duração e a forma pela qual foi executada.

ART. 5.º (Atenuação especial da coima a partir de 50%) – 1 – A Autoridade da Concorrência pode conceder uma atenuação especial de, pelo menos, 50% do montante da coima que seria aplicada nos termos do disposto na alínea *a)* do n.º 1 do artigo 43.º e no artigo 44.º da Lei n.º 18/2003, de 11 de Junho, caso já tenha procedido à

ATENUAÇÃO ESPECIAL DA COIMA [Lei n.º 39/2006] 1173

abertura de inquérito nos termos do n.º 1 do artigo 24.º da Lei n.º 18/2003, de 11 de Junho, à empresa que cumpra, cumulativamente, as seguintes condições:

a) Seja a primeira a fornecer à Autoridade da Concorrência informações e elementos de prova sobre um acordo ou prática concertada em investigação pela Autoridade da Concorrência, relativamente ao qual ainda não tenha sido efectuada a notificação a que se refere a alínea *b)* do n.º 1 do artigo 25.º e o n.º 1 do artigo 26.º daquele diploma;

b) As informações e os elementos de prova fornecidos contribuam de forma determinante para a investigação e prova da infracção;

c) Estejam verificadas as condições previstas nas alíneas *b)* a *d)* do n.º 1 do artigo anterior.

2 – Na determinação do montante da redução, a Autoridade da Concorrência tem em consideração a importância do contributo da empresa para a investigação e prova da infracção.

ART. 6.º (Atenuação especial da coima até 50%) – 1 – A Autoridade da Concorrência pode conceder uma atenuação especial até 50% do montante da coima que seria aplicada nos termos do disposto na alínea *a)* do n.º 1 do artigo 43.º e no artigo 44.º da Lei n.º 18/2003, de 11 de Junho, à empresa que cumpra, cumulativamente, as seguintes condições:

a) Seja a segunda a fornecer à Autoridade da Concorrência informações e elementos de prova sobre um acordo ou prática concertada em investigação pela Autoridade da Concorrência, relativamente ao qual ainda não tenha sido efectuada a notificação a que se refere a alínea *b)* do n.º 1 do artigo 25.º e o n.º 1 do artigo 26.º daquele diploma;

b) As informações e os elementos de prova fornecidos contribuam de forma significativa para a investigação e prova da infracção;

c) Estejam verificadas as condições previstas nas alíneas *b)* a *d)* do n.º 1 do artigo 4.º.

2 – Na determinação do montante da redução, a Autoridade da Concorrência tem em consideração a importância do contributo da empresa para a investigação e prova da infracção.

ART. 7.º (Atenuação adicional de coima) – A Autoridade da Concorrência pode conceder uma atenuação especial ou uma atenuação adicional da coima que lhe seria aplicada no âmbito de um processo de contra-ordenação relativo a um acordo ou prática concertada, se a empresa for a primeira a fornecer informações e elementos de prova, nos termos do disposto na alínea *a)* do n.º 1 do artigo 4.º ou do disposto nas alíneas *a)* e *b)* do n.º 1 do artigo 5.º, referentes a um outro acordo ou prática concertada relativamente aos quais aquela empresa também apresente pedido de dispensa ou atenuação especial de coima.

ART. 8.º (Titulares do órgão de administração) – 1 – Os titulares do órgão de administração podem beneficiar, relativamente à coima que lhes seria aplicada nos termos do disposto no n.º 3 do artigo 47.º da Lei n.º 18/2003, de 11 de Junho, da dispensa ou atenuação especial concedida à respectiva pessoa colectiva ou entidade equiparada, se cooperarem plena e continuamente com a Autoridade da Concorrência, nos termos do disposto na alínea *b)* do n.º 1 do artigo 4.º.

2 – Aos titulares do órgão de administração, responsáveis nos termos do disposto no n.º 3 do artigo 47.º da Lei n.º 18/2003, de 11 de Junho, que apresentem pedido a título individual é aplicável, com as devidas adaptações, o disposto nos artigos 4.º a 7.º.

CAPÍTULO III — **Procedimento e decisão**

ART. 9.º (Procedimento) – O procedimento administrativo relativo à tramitação necessária para a obtenção de dispensa ou atenuação especial da coima é estabelecido por regulamento a aprovar pela Autoridade da Concorrência, nos termos do disposto na alínea *a)* do n.º 4 do artigo 7.º dos respectivos Estatutos, aprovados pelo Decreto-Lei n.º 10/2003, de 18 de Janeiro, e de acordo com o previsto no artigo 21.º da Lei n.º 18/2003, de 11 de Junho.

O Regulamento a que se refere este artigo está publicado no *DR*, II, n.º 225, de 22.11.2006, pags. 26551 a 26553.

ART. 10.º (Decisão sobre o pedido de dispensa ou atenuação especial da coima) – 1 – A decisão sobre o pedido de dispensa ou atenuação especial da coima é tomada na decisão da Autoridade da Concorrência a que se refere a alínea *c)* do n.º 1 do artigo 28.º da Lei n.º 18/2003, de 11 de Junho.

2 – A dispensa ou atenuação especial de coima incide sobre o montante da coima que seria aplicada nos termos da alínea *a)* do n.º 1 do artigo 43.º e do artigo 44.º da Lei n.º 18/2003, de 11 de Junho.

3 – Na determinação da coima que seria aplicada não é tido em consideração o critério previsto na alínea *e)* do artigo 44.º da Lei n.º 18/2003, de 11 de Junho.

4 – O recurso da parte da decisão da Autoridade da Concorrência relativa à dispensa ou atenuação especial da coima tem efeito meramente devolutivo.

1174 [RAC n.º 9/2005]
DIREITO DA CONCORRÊNCIA

19.3. PROCEDIMENTO DE AVALIAÇÃO PRÉVIA DAS PRÁTICAS REFERIDAS NO N.º 1 DO ARTIGO 4.º DA LEI N.º 18/2003, DE 11 DE JUNHO

Regulamento da Autoridade da Concorrência n.º 9/2005

de 3 de Fevereiro (*)

ART. 1.º (Âmbito) – 1 – O presente regulamento estabelece o procedimento de avaliação prévia das práticas referidas no n.º 1 do artigo 4.º da Lei n.º 18/2003, de 11 de Junho.

2 – O procedimento de avaliação prévia previsto neste regulamento não se aplica sempre que as práticas em causa integrem igualmente o âmbito de aplicação do artigo 81.º do Tratado CE.

ART. 2.º (Legitimidade) – 1 – Qualquer empresa ou associação de empresa que participe em acordos, decisões ou outras práticas referidas no artigo 4.º da Lei n.º 18/2003 pode apresentar à Autoridade da Concorrência, adiante designada por Autoridade, um pedido de avaliação prévia de tais práticas, com vista a obter:

a) A declaração de legalidade da prática em causa à face do disposto no n.º 1 do artigo 4.º da Lei n.º 18/2003;

b) A declaração de inaplicabilidade à prática em causa do disposto no n.º 1 do artigo 4.º da Lei n.º 18/2003, por se verificarem as causas de justificação previstas no artigo 5.º, n.º 1, do mesmo diploma.

2 – Sempre que o pedido de avaliação prévia seja apresentado apenas por alguma ou algumas das empresas ou associações de empresas participantes, as declarações referidas no número anterior não podem ser emitidas sem que estas demonstrem ter informado as restantes participantes da apresentação do pedido.

3 – No caso de o pedido de avaliação prévia ser súbscrito por mais de uma empresa ou associação de empresas, deve ser designado um representante comum, com poderes para enviar e receber documentos.

ART. 3.º (Apresentação do pedido) – 1 – O pedido de avaliação prévia é apresentado à Autoridade da Concorrência em três exemplares, um original e duas cópias, de acordo com o formulário constante do anexo II do presente regulamento.

2 – Só fazem fé as versões apresentadas em suporte de papel devidamente identificadas e assinadas.

3 – O formulário deve ser obrigatoriamente acompanhado de todos os documentos nele exigidos.

4 – A Autoridade pode, porém, dispensar, a pedido do(s) requerente(s), devidamente fundamentado, a apresentação de determinadas informações ou documentos.

5 – Sempre que qualquer dos requerentes considere que o pedido contém informação comercialmente sensível, devendo permanecer confidencial, deve assinalar essa informação com o termo «confidencial» e indicar o respectivo fundamento.

6 – O pedido de avaliação prévia só produz efeitos na data do pagamento da taxa referida no artigo 10.º do presente regulamento.

ART. 4.º (Publicação do pedido) – No prazo de 15 dias contados a partir da data da produção de efeitos do pedido de avaliação prévia, a Autoridade promove a publicação em dois jornais de expansão nacional, a expensas do(s) requerente(s), do conteúdo essencial do pedido, a fim de que terceiros interessados possam apresentar as suas observações no prazo que for fixado, o qual não pode ser inferior a 30 dias.

ART. 5.º (Instrução) – 1 – No decurso da instrução do procedimento, a Autoridade pode, sempre que tal se revelar necessário, solicitar ao(s) requerente(s) informações ou documentos adicionais ou que este(s) complete(m) ou corrija(m) os já fornecidos, bem como solicitar a quaisquer outras entidades públicas ou privadas as informações que considere relevantes para a decisão, de acordo com o preceituado no artigo 18.º da Lei n.º 18/2003.

2 – A solicitação de inforrnação no decurso do procedimento, quando tenha como destinatário(s) o(s) requerente(s) ou outras empresas participantes na prática em causa, suspende o prazo referido no n.º 1, com efeitos a partir do 1.º dia útil seguinte ao do envio da respectiva notificação, terminando a suspensão no dia útil seguinte ao da recepção pela Autoridade dos elementos solicitados.

ART. 6.º (Decisão) – 1 – Concluída a instrução do procedimento, a Autoridade decide, consoante os casos:

a) Declarar a legalidade da prática em causa à face do n.º 1 do artigo 4.º da Lei n.º 18/2003, caso conclua que esta não se encontra abrangida pela proibição constante do referido preceito;

b) Declarar a inaplicabilidade à prática cm causa do disposto no n.º 1 do artigo 4.º da Lei n.º 18/2003, caso conclua que esta se encontrava justificada à face do disposto no n.º 1 do artigo 5.º da referida lei; ou

c) Declarar a ilegalidade da prática, caso conclua que esta viola o disposto no n.º 1 do artigo 4.º e que não se verificam os pressupostos de justificação previstos no artigo 5.º, n.º 1.

2 – Sem prejuizo do disposto no artigo 8.º, a decisão referida na alínea *b)* do número anterior é sempre concedida por um período determinado e pode incluir condições e obrigações, sendo susceptível de renovação, caso se mantenham as condições de aplicação do n.º 1 do artigo 5.º da Lei n.º 18/2003.

(*) Publicado no *DR*, II, de 3.2.2005, pp. 1746 a 1749.

PROCEDIMENTO DE AVALIAÇÃO PRÉVIA DAS PRÁTICAS   [RAC n.º 9/2005]   1175

3 – A renovação referida no número anterior é concedida pela Autoridade, a pedido dos interessados, estando sujeita às regras procedimentais estabelecidas no presente regulamento para o pedido inicial.

4 – As decisões referidas no n.º 1 são tomadas pela Autoridade com prévia audiência dos interessados e de eventuais contra-interessados, podendo esta, porém, ser dispensada caso os elementos constantes do procedimento conduzam a uma decisão favorável ao(s) requerente(s) e não existam contra-interessados.

5 – Para efeitos do número anterior, consideram-se contra-interessados aqueles que no âmbito do procedimento se tenham manifestado desfavoravelmente quanto ao deferimento do pedido.

ART. 7.º (Validade provisória) – 1 – Decorridos 90 dias sobre a data do pedido de avaliação prévia, pode(m) o(s) requerente(s), mediante pedido devidamente fundamentado, solicitar à Autoridade que a prática em apreciação seja considerada provisoriamente válida.

2 – A decisão sobre o pedido de validade provisória é proferida no prazo de 10 dias contados a partir da data da recepção do pedido.

ART. 8.º (Vigência das decisões) – As decisões de legalidade e de inaplicabilidade referidas nas alíneas *a*) e *b*) do n.º 1 do artigo 6.º vinculam a Autoridade dentro dos limites e do conteúdo do pedido enquanto não houver modificação das circunstâncias em que as mesmas foram emitidas e na medida em que não tenham sido obtidas com base em informações falsas ou inexactas relativas a circunstâncias essenciais para a decisão, sem prejuízo da aplicação das sanções a que, neste último caso, houver lugar.

ART. 9.º (Publicação) – O conteúdo essencial das decisões referidas no artigo 6.º é publicado no site da Autoridade.

ART. 10.º (Taxas) – 1 – A taxa a cobrar pelo procedimento de avaliação prévia previsto no presente regulamento é fixada nos seguintes valores:

a) € 7500 quando o volume de negócios realizado em Portugal, no último exercício, pelo conjunto das empresas participantes na prática em causa, calculado de acordo com o disposto no artigo 10.º da Lei n.º 18/2003, de 11 de Junho, seja inferior ou igual a € 150 000 000;

b) € 15 000 quando o volume de negócio realizado em Portugal, no último exercício, pelo conjunto das empresas participantes na prática em causa, calculado de acordo com o disposto no artigo 10.º da Lei n.º 18/2003, de 11 de Junho, seja superior a € 150 000 000 e inferior ou igual a € 300 000 000;

c) € 25 000 quando o volume de negócios realizado em Portugal, no último exercício, pelo conjunto das empresas participantes na prática em causa, calculado de acordo com o disposto no artigo 10.º da Lei n.º 18/2003, de 11 de Junho, seja superior a € 300 000 000.

2 – No caso de o pedido de avaliação prévia ser apresentado por uma associação de empresas, consideram-se, para efeitos do disposto no número anterior, como empresas participantes as empresas membros da associação em causa.

3 – A taxa referida no n.º 1 é reduzida para metade no caso de o procedimento ter origem num pedido de renovação apresentado ao abrigo do disposto no n.º 3 do artigo 6.º do presente regulamento.

4 – O pagamento da taxa referida no n.º 1 é efectuado a partir da data da apresentação do pedido de avaliação prévia, através de transferência bancária para uma conta devidamente identificada no sítio da Autoridade, devendo o respectivo comprovativo ser a esta remetido no dia da realização do pagamento.

ANEXO II
Formulário

1 – O presente formulário destina-se a sistematizar a informação a apresentar no âmbito dos pedidos de avaliação prévia das práticas previstas no artigo 4.º da Lei n.º 18/2003, de 18 de Maio, e deve ser acompanhado de todos os documentos nele exigidos.

2 – A informação fornecida deve ser a mais completa possível e respeitar obrigatoriamente a estrutura nele prevista.

3 – Quando o pedido de avaliação prévia seja apresentado por uma associação de empresas, os elementos constantes do formulário referentes às empresas participantes consideram-se feitos às empresas membros da associação em causa.

SECÇÃO 1 – OBJECTO DO PEDIDO

1.1 – Objecto do pedido (assinalar com um × a caixa apropriada):

PEDIDO DE DECLARAÇÃO DE LEGALIDADE   ☐

PEDIDO DE DECLARAÇÃO DE INAPLICABILIDADE   ☐

PEDIDO DE DECLARAÇÃO DE LEGALIDADE E, SUBSIDIARIAMENTE, DE INAPLICABILIDADE   ☐

PEDIDO DE RENOVAÇÃO DE DECLARAÇÃO DE INAPLICABILIDADE   ☐

1.2 – Tipo de prática (assinalar com um × a caixa apropriada):

ACORDO   ☐

PRÁTICA CONCERTADA   ☐

DECISÃO DE ASSOCIAÇÃO   ☐

1176 [RAC n.º 9/2005]

DIREITO DA CONCORRÊNCIA

SECÇÃO 2 – IDENTIFICAÇÃO DOS PARTICIPANTES

2.1 – Identificação do(s) requerente(s):
2.1.1 – Denominação social:

NOME:
SEDE SOCIAL:
DISTRITO: CONCELHO: CÓDIGO POSTAL:
E-MAIL:
NIPC/NIF: N.º TELEFONE: N.º FAX:
ENDEREÇO POSTAL (se diferente da sede):

2.1.2 – Pessoa a contactar:

IDENTIFICAÇÃO:
MORADA:
CARGO: N.º TELEFONE: N º FAX:
E-MAIL:

2.1.3 – Representante legal:

NOME:
MORADA:
E-MAIL: N.º TELEFONE: N.º FAX:

2.1.4 – Sempre que o pedido seja apresentado por representante do(s) requerente(s), o mesmo deve juntar documento que comprove os seus poderes de representação.

2.2 – Identificação de outros participantes (*):
2.2.1 – Denominação social:

NOME:
SEDE SOCIAL:
DISTRITO: CONCELHO: CÓDIGO POSTAL:
E-MAIL:
NIPC/NIF: N.º TELEFONE: N.º FAX:
ENDEREÇO POSTAL (se diferente da sede):

2.2.2 – Indicar de que forma estes outros participantes foram informados do pedido de avaliação prévia.

(*) Identificação não obrigatória quando estejam em causa contratos tipo a celebrar com um certo número de pessoas.

2.3 – Actividade económica das empresas participantes:

    Indicar a natureza das actividades de cada empresa participante, fazendo o enquadramento por CAE (REV 2) da actividade económica principal:
    Indicar o volume de negócios total de cada empresa participante no último ano, juntando, se possível, cópia do relatório e contas.

2.4 – Integração em grupo de empresas – caso alguma das empresas participantes integre um conjunto de empresas que mantém entre si laços de interdependência ou subordinação decorrentes dos direitos ou poderes enumerados no n.º 1 do artigo 10.º da Lei n.º 18/2003, de 11 de Junho (adiante designado por grupo), indicar também:
    2.4.1 – Nome e sede social da empresa-mãe do grupo;
    2.4.2 – Breve descrição das actividades do grupo e respectivo volume de negócios no último ano, juntando, sempre que possível, cópia do relatório e contas;
    2.4.3 – Nome e sede social de todas as outras empresas do grupo activas no mercado afectado pela prática em causa ou em mercados relacionados com este (mercados a montante e a jusante e mercados horizontais vizinhos).

SECÇÃO 3 – DESCRIÇÃO DA PRÁTICA

3.1 – Sempre que o conteúdo da prática tenha sido reduzido a escrito, proceder brevemente à sua descrição, indicando o objecto e a finalidade da mesma.
3.2 – Caso não exista, total ou parcialmente, suporte escrito do conteúdo da prática em causa, indicar:

PROCEDIMENTO DE AVALIAÇÃO PRÉVIA DAS PRÁTICAS [RAC n.º 9/2005] 1177

i) Datas previstas de celebração, entrada em vigor e duração:
ii) Descrição dos bens ou serviços em causa;
iii) Objecto e finalidade da prática;
iv) Condições de adesão ou de participação, rescisão ou exclusão;
v) Sanções a aplicar pelo incumprimento do acordo;
vi) Quaisquer outros elementos relevantes.

3.3 – Descrever os aspectos da prática em causa susceptíveis de restringir a liberdade dos participantes de tomarem decisões comerciais autónomas, designadamente em matéria de:

i) Preços de compra ou de venda ou outras condições de transacção;
ii) Quantidade de produtos a fabricar ou a distribuir ou de serviços a oferecer;
iii) Desenvolvimento técnico ou investimento;
iv) Escolha dos mercados ou das fontes de abastecimento;
v) Compras ou vendas a terceiros;
vi) Determinação das condições aplicáveis ao fornecimento de bens ou serviços equivalentes;
vii) Oferta separada ou conjunta de bens ou serviços distintos.

3.4 – Juntar, quando existam, os documentos escritos caracterizadores do conteúdo da prática.

SECÇÃO 4 – MERCADO RELEVANTE

4.1 – Mercado do produto/serviço relevante – compreende todos os bens ou serviços considerados permutáveis ou substituíveis entre si pelo consumidor, dadas as suas características técnicas, os preços e a utilização pretendida.

4.1.1 – Proceder, de forma fundamentada, à indicação dos produtos/serviços ou categorias de produtos/serviços incluídos nos mercados afectados pela prática em causa.

4.1.2 – Juntar, preferencialmente, cópia de estudos sobre substituibilidade, nomeadamente relativos à elasticidade cruzada de preços, à preferência dos consumidores em relação a marcas, aos hábitos de consumo ou a outros factores que suportaram a definição efectuada no número anterior (inclusão de produtos/serviços no mercado relevante e exclusão de outros).

4.2 – Mercado geográfico relevante – compreende a área em que as empresas em causa fornecem e procuram produtos ou serviços relevantes, em que as condições de concorrência são suficientemente homogéneas e que podem distinguir-se de áreas geográficas vizinhas devido ao facto, em especial, de as condições de concorrência serem consideravelmente diferentes nessas áreas.

Indicar, de forma fundamentada, qual o mercado geográfico relevante em causa.

4.3 – Dimensão do mercado:

4.3.1 – Estimativa da dimensão em quantidade e valor do total do(s) mercado(s) relevante(s) nos três últimos anos.

4.3.2 – Indicar o volume de negócios de cada participante, e, se for caso disso, de todas as outras empresas do grupo, no(s) mercado(s) afectado(s) pela prática em causa, nos últimos três anos.

4.3.3 – Identificar, indicando para cada um as respectivas denominação e morada, os principais concorrentes que actuam no(s) mercado(s) relevante(s) e juntar uma estimativa das respectivas quotas de mercado nos três últimos anos, referindo as fontes e a base de cálculo em que se baseiam as estimativas feitas.

4.4 – Outras informações – descrever os factores que influenciam a entrada e saída no(s) mercado(s) relevante(s), referindo, designadamente:

1) Obstáculos legais ou regulamentares;
2) Restrições decorrentes de direitos de propriedade intelectual;
3) Limitações;
4) Limitações de acesso aos canais de distribuição.

SECÇÃO 5 – FUNDAMENTOS DO PEDIDO

5.1 – Pedido de legalidade – caso o(s) requerente(s) pretenda(m) obter uma declaração de legalidade, indicar de forma fundamentada:

5.1.1 – Por que razão a prática em causa é susceptível de suscitar dúvidas do ponto de vista da sua compatibilidade com o artigo 4.º da Lei n.º 18/2004;

5.1.2 – Por que razão, não obstante as dúvidas descritas no n.º 5.1.1, a prática em causa deve ser considerada como não configurando uma infracção ao artigo 4.º da Lei n.º 18/2004.

5.2 – Pedido de inaplicabilidade – caso o(s) requerente(s) pretenda(m) obter uma declaração de inaplicabilidade, ainda que a título subsidiário, relativamente à declaração de legalidade, demonstrar detalhadamente em que medida a prática em causa:

i) Contribui para melhorar a produção ou a distribuição ou para promover o desenvolvimento técnico ou económico;
ii) Reserva aos utilizadores uma parte equitativa do benefício daí resultante;
iii) Não impõe restrições à concorrência que não sejam indispensáveis para atingir os seus objectivos;
iv) Não elimina a concorrência numa parte substancial do mercado dos bens ou serviços em causa.

SECÇÃO 6 – DECLARAÇÃO E ASSINATURA

O abaixo assinado declara que, tanto quanto é do seu conhecimento, as informações prestadas no presente pedido são verdadeiras, exactas e completas, que foram fornecidas cópias completas dos documentos exigidos no formulário, que todas as estimativas estão identificadas como tal e que são as que considera mais correctas quanto aos factos subjacentes e que todas as opiniões manifestadas são verdadeiras.

... (local e data).
... (assinatura).

19.4. PRÁTICAS INDIVIDUAIS RESTRITIVAS DO COMÉRCIO

Decreto-Lei n.º 370/93

de 29 de Outubro (*)

ART. 1.º (Aplicação de preços ou de condições de venda discriminatórios) – 1 – É proibido a um agente económico praticar em relação a outro agente económico preços ou condições de venda discriminatórios relativamente a prestações equivalentes, nomeadamente quando tal prática se traduza na aplicação de diferentes prazos de execução das encomendas ou de diferentes modalidades de embalamento, entrega, transporte e pagamento, não justificadas por diferenças correspondentes no custo de fornecimento ou do serviço.

2 – São prestações equivalentes aquelas que respeitem a bens ou serviços similares e que não difiram de maneira sensível nas características comerciais essenciais, nomeadamente naquelas que tenham uma repercussão nos correspondentes custos de produção ou de comercialização.

3 – Não se consideram prestações equivalentes aquelas entre cujas datas de conclusão se tenha verificado uma alteração duradoura dos preços ou das condições de venda praticados pelo vendedor.

4 – Não são consideradas discriminatórias as ofertas de objectos desprovidos de valor comercial.

ART. 2.º (Tabelas de preços e condições de venda) – 1 – Os produtores, fabricantes, importadores, distribuidores, embaladores e grossistas de bens e os prestadores de serviços são obrigados a possuir tabelas de preços com as correspondentes condições de venda e facultá-las, quando solicitados, a qualquer revendedor ou utilizador.

2 – As condições de venda devem referenciar, nomeadamente, os prazos de pagamento, as diferentes modalidades de descontos praticados e respectivos escalões.

3 – As condições em que um agente económico obtenha uma remuneração financeira ou de outra natureza dos seus fornecedores, como contrapartida da prestação de serviços específicos, devem ser reduzidas a escrito.

ART. 3.º (Venda com prejuízo) – 1 – É proibido oferecer para venda ou vender um bem a um agente económico ou a um consumidor por um preço inferior ao seu preço de compra efectivo, acrescido dos impostos aplicáveis a essa venda e, se for caso disso, dos encargos relacionados com o transporte.

2 – Entende-se por preço de compra efectivo o preço constante da factura de compra, após a dedução dos descontos directamente relacionados com a transacção em causa que se encontrem identificados na própria factura ou, por remissão desta, em contratos de fornecimento ou tabelas de preços e que sejam determináveis no momento da respectiva emissão.

3 – Entende-se por descontos directamente relacionados com a transacção em causa os descontos de quantidade, os descontos financeiros e os descontos promocionais desde que identificáveis quanto ao produto, respectiva quantidade e período por que vão vigorar.

4 – O disposto no n.º 1 não é aplicável a:

a) Bens perecíveis, a partir do momento em que se encontrem ameaçados de deterioração rápida;

b) Bens cujo valor comercial esteja afectado, quer por ter decorrido a situação que determinou a sua necessidade, quer por redução das suas possibilidades de utilização, quer por superveniência de importante inovação técnica;

c) Bens cujo reaprovisionamento se efectue a preço inferior, sendo então o preço efectivo de compra substituído pelo preço resultante da nova factura de compra;

d) Bens cujo preço se encontre alinhado pelo preço praticado para os mesmos bens por um outro agente económico do mesmo ramo de actividade que se encontre temporal e espacialmente em situação de concorrência efectiva com o autor do alinhamento;

e) Bens vendidos em saldo ou liquidação.

5 – Incumbe ao vendedor a prova documental do preço de compra efectivo, bem como das justificações previstas no número anterior.

ART. 4.º (Recusa de venda de bens ou de prestação de serviços) – 1 – É proibido a um agente económico recusar a venda de bens ou a prestação de serviços a outro agente económico, segundo os usos normais da respectiva actividade ou de acordo com as disposições legais ou regulamentares aplicáveis, ainda que se trate de bens ou de serviços não essenciais e que da recusa não resulte prejuízo para o regular abastecimento do mercado.

2 – É equiparada à recusa de venda a subordinação da venda de um bem ou da prestação de um serviço à aquisição de outro bem ou serviço.

3 – São consideradas causas justificativas de recusa:

a) A satisfação das exigências normais da exploração industrial ou comercial do vendedor, designa da mente a manutenção dos seus stocks de segurança ou das necessidades de consumo próprio;

b) A satisfação de compromissos anteriormente assumidos pelo vendedor;

c) A desproporção manifesta da encomenda face às quantidades normais de consumo do adquirente ou aos volumes habituais das entregas do vendedor;

(*) Com as alterações introduzidas pelo **DL n.º 140/98**, de 16-5, nos arts. 1.º e 3.º a 7.º, que também aditou o art. 24.º-A, e republicou o novo texto na íntegra, e pelo **DL n.º 10/2003**, de 18-1 (revogou o n.º 3 do art. 5.º e o art. 7.º, e a 2.ª parte do art. 6.º).

PRÁTICAS COMERCIAIS COM REDUÇÃO DE PREÇO   [DL n.º 70/2007]   1179

d) A falta de capacidade do adquirente para, face às características do bem ou serviço, assegurar a sua revenda em condições técnicas satisfatórias ou manter um adequado serviço de pós-venda;

e) A fundada falta de confiança do vendedor quanto à pontualidade do pagamento pelo adquirente, tratando-se de vendas a crédito;

f) A existência de débitos vencidos e não liquidados referentes a fornecimentos anteriores;

g) A ocorrência de qualquer outra circunstância inerente às condições concretas da transacção que, segundo os usos normais da respectiva actividade, tornaria a venda do bem ou a prestação do serviço anormalmente prejudicial para o vendedor.

4 – Incumbe ao vendedor a prova das causas justificativas a que se refere o número anterior.

ART. 4.º-A (Práticas negociais abusivas) – 1 – É proibido obter de um fornecedor preços, condições de pagamento, modalidades de venda ou condições de cooperação comercial exorbitantes relativamente às suas condições gerais de venda.

2 – Para efeitos do número anterior, consideram-se como exorbitantes relativamente às condições gerais de venda do fornecedor os preços, condições de pagamento, modalidades de venda ou condições de cooperação comercial que se traduzam na concessão de um benefício ao comprador não proporcional ao-seu volume de compras ou, se for caso disso, ao valor dos serviços por ele prestados a pedido do fornecedor.

ART. 5.º (Infracções) – 1 – Constituem contra-ordenações, quando cometidas por pessoa singular:

a) As infracções ao disposto no n.º 1 do artigo 1.º, no n.º 1 do artigo 3.º, nos n.ºˢ 1 e 2 do artigo 4.º e no n.º 1 do artigo 4.º-A, puníveis com coima de 150 000$ a 750 00$;

b) A infracção ao disposto nos n.ºˢ 1 e 3 do artigo 2.º, punível com coima de 50 00$ a 250 00$.

2 – Constituem contra-ordenações, quando cometidas por pessoa colectiva:

a) As infracções ao disposto no n.º 1 do artigo 1.º, no n.º 1 do artigo 3.º, nos n.ºˢ 1 e 2 do artigo 4.º e no n.º 1 do artigo 4.º-A, puníveis com coima de 500 00$ a 3 000 000$;

b) A infracção ao disposto nos n.ºˢ 1 e 3 do artigo 2.º, punível com coima de 100 000$ a 500 000$.

3 – *(Revogado.)*

4 – A negligência é punível.

ART. 6.º (Fiscalização) – A fiscalização do cumprimento do disposto no presente diploma compete à Inspecção-Geral das Actividades Económicas.

ART. 7.º *(Revogado.)*

ART. 8.º (Entrada em vigor) – O presente diploma entra em vigor no dia 1 de Janeiro de 1994.

19.5. PRÁTICAS COMERCIAIS COM REDUÇÃO DE PREÇO

Decreto-Lei n.º 70/2007

de 26 de Março (*)

ART. 1.º (Objecto) – O presente decreto-lei regula as práticas comerciais com redução de preço, com vista ao escoamento das existências, ao aumento do volume de vendas ou a promover o lançamento de um produto não comercializado anteriormente pelo agente económico.

ART. 2.º (Âmbito de aplicação) – O presente decreto-lei aplica-se:

a) Às vendas a retalho praticadas nos estabelecimentos comerciais;

b) À oferta de serviços, com as devidas adaptações.

ART. 3.º (Definições) – 1 – Para efeitos do presente decreto-lei, entende-se por práticas comerciais com redução de preço as seguintes modalidades de venda:

a) «Saldos» a venda de produtos praticada em fim de estação a um preço inferior ao anteriormente praticado no mesmo estabelecimento comercial, com o objectivo de promover o escoamento acelerado das existências, realizada em determinados períodos do ano;

b) «Promoções» a venda promovida a um preço inferior ou com condições mais vantajosas que as habituais, com vista a potenciar a venda de determinados produtos ou o lançamento de um produto não comercializado anteriormente pelo agente económico, bem como o desenvolvimento da actividade comercial, não realizadas em simultâneo com uma venda em saldos;

c) «Liquidação» a venda de produtos com um carácter excepcional que se destine ao escoamento acelerado com redução de preço da totalidade ou de parte das existências do estabelecimento, resultante da ocorrência de motivos que determinem a interrupção da venda ou da actividade no estabelecimento.

(*) Rectificado pela Declaração de Rectificação n.º 47-A/2007, de 25-5 (art. 10.º-3).

1180 [DL n.º 70/2007]   DIREITO DA CONCORRÊNCIA

2 – Só são permitidas as práticas comerciais com redução de preço nas modalidades referidas no número anterior.

3 – É proibida a utilização de expressões similares para anunciar vendas com redução de preços que se integrem nas definições constantes do n.º 1.

ART. 4.º (Anúncio de venda) – 1 – Na oferta para venda de produtos com redução de preço deve ser indicada de forma visível e inequívoca a modalidade de venda a realizar, bem como o tipo de produtos e as respectivas percentagens de redução.

2 – No anúncio de venda com redução de preço deve constar a data do seu início e o período de duração.

3 – É proibido anunciar como oferta de venda com redução de preço os produtos adquiridos após a data de início da venda com redução, mesmo que o seu preço venha a ser igual ao praticado durante o período de redução.

4 – Os produtos anunciados com redução de preço devem estar separados dos restantes produtos à venda no estabelecimento comercial.

ART. 5.º (Preço de referência) – 1 – A redução de preço anunciada deve ser real, por referência ao preço anteriormente praticado para o mesmo produto ou por referência ao preço a praticar após o período de redução, quando se trate de um produto não comercializado anteriormente pelo agente económico.

2 – Entende-se por preço anteriormente praticado, para efeitos do presente decreto-lei, o preço mais baixo efectivamente praticado para o respectivo produto no mesmo local de venda, durante um período continuado de 30 dias anteriores ao início do período de redução.

3 – O preço a praticar na venda com redução de preço deve respeitar o disposto no regime jurídico da venda com prejuízo, aprovado pelo Decreto-Lei n.º 370/93, de 29 de Outubro.

4 – Exceptuam-se do disposto no número anterior, a venda com redução de preço sob a forma de venda em saldos e as liquidações.

5 – Incumbe ao comerciante a prova documental do preço anteriormente praticado.

ART. 6.º (Afixação de preços) – A afixação de preços das práticas comerciais abrangidas por este diploma obedece, sem prejuízo do disposto no Decreto-Lei n.º 138/90, de 26 de Abril, aos seguintes requisitos:

a) Os letreiros, etiquetas ou listas devem exibir, de forma bem visível, o novo preço e o preço anteriormente praticado ou, em substituição deste último, a percentagem de redução;

b) No caso de se tratar de um conjunto de produtos perfeitamente identificados, pode ser indicada, em substituição do novo preço, a percentagem de redução uniformemente aplicada ou um preço único para o conjunto referido, mantendo nos produtos que o compõem o seu preço inicial;

c) No caso de se tratar do lançamento de um produto não comercializado anteriormente pelo agente económico, deve constar o preço promocional e o preço efectivo a praticar findo o período promocional;

d) No caso de venda de produtos com condições promocionais deve constar especificamente o preço anterior e o preço promocional, o respectivo período de duração e, caso existam, os encargos inerentes às mesmas, à luz do disposto no Decreto-Lei n.º 359/91, de 21 de Setembro.

ART. 7.º (Obrigações do comerciante) – 1 – Quando esgotadas as existências de um produto determinado com indicação da sua espécie e marca, o comerciante é obrigado a anunciar o esgotamento das mesmas e a dar por terminada a respectiva operação de venda com redução de preço.

2 – O comerciante é obrigado a aceitar todos os meios de pagamento habitualmente disponíveis, não podendo efectuar qualquer variação no preço aplicado ao produto em função do meio de pagamento utilizado.

ART. 8.º (Substituição do produto) – O comerciante pode, mediante acordo com o consumidor, proceder à substituição do produto adquirido, independentemente do motivo, desde que:

a) O estado de conservação do produto corresponda ao do momento em que o mesmo foi adquirido no estabelecimento pelo consumidor;

b) Seja apresentado o respectivo comprovativo da compra com indicação expressa da possibilidade de efectuar a substituição do produto;

c) Seja efectuada pelo menos nos primeiros cinco dias úteis a contar da data da sua aquisição e sem prejuízo da aplicação do regime jurídico das garantias dos bens de consumo, a que se refere o Decreto-Lei n.º 67/2003, de 8 de Abril.

ART. 9.º (Produtos com defeito) – 1 – A venda de produtos com defeito deve ser anunciada de forma inequívoca por meio de letreiros ou rótulos.

2 – Os produtos com defeito devem estar expostos em local previsto para o efeito e destacados da venda dos restantes produtos.

3 – Nos produtos com defeito deve ser colocada uma etiqueta que assinale de forma precisa o respectivo defeito.

4 – A inobservância do disposto nos n.ºs 2 e 3 implica a obrigatoriedade de troca do produto por outro que preencha a mesma finalidade ou a devolução do respectivo valor, mediante a apresentação do respectivo comprovativo de compra.

PRÁTICAS COMERCIAIS COM REDUÇÃO DE PREÇO   [DL n.º 70/2007]   1181

ART. 10.º (Venda em saldos) – 1 – A venda em saldos só pode realizar-se nos períodos compreendidos entre 28 de Dezembro e 28 de Fevereiro e entre 15 de Julho e 15 de Setembro.

2 – É proibida a venda em saldos de produtos expressamente adquiridos para esse efeito presumindo-se, em tal situação, os produtos adquiridos e recepcionados no estabelecimento comercial pela primeira vez ou no mês anterior ao período de redução.

3 – Os produtos à venda em saldos não podem ter sido objecto, no decurso do mês anterior ao início do período de redução, de qualquer oferta de venda com redução de preço ou de condições mais vantajosas.

4 – Na venda em saldos devem ser cumpridas as disposições constantes dos artigos 4.º a 9.º do presente decreto-lei.

ART. 11.º (Promoções) – 1 – As promoções podem ocorrer em qualquer momento considerado oportuno pelo comerciante, desde que não se realizem em simultâneo com uma venda em saldos.

2 – Nas promoções devem ser cumpridas as disposições constantes dos artigos 4.º a 9.º do presente decreto-lei.

ART. 12.º (Liquidação) – 1 – A venda de produtos em liquidação ocorre num dos seguintes casos:
a) Venda efectuada em cumprimento de uma decisão judicial;
b) Cessação total ou parcial da actividade comercial;
c) Mudança de ramo;
d) Trespasse ou cessão de exploração do estabelecimento comercial;
e) Realização de obras que inviabilizem a prática comercial no estabelecimento durante o período de execução das mesmas;
f) Danos provocados, no todo ou em parte, nas existências por motivo de força maior.

2 – Na liquidação devem ser cumpridas as disposições constantes dos artigos 4.º a 9.º.

ART. 13.º (Declaração da liquidação) – 1 – Sem prejuízo do disposto na alínea *a)* do artigo anterior, a venda sob a forma de liquidação fica sujeita a uma declaração emitida pelo comerciante dirigida à Direcção-Geral da Empresa ou à direcção regional da economia da localidade onde se situa o estabelecimento comercial.

2 – A declaração referida no número anterior é remetida àquele organismo até 15 dias antes da data prevista para o início da liquidação, por carta registada com aviso de recepção, fax ou correio electrónico, da qual conste:
a) Identificação e domicílio do comerciante ou da sede do estabelecimento;
b) Número de identificação fiscal;
c) Factos que justificam a realização da liquidação;
d) Identificação dos produtos a vender;
e) Indicação da data de início e fim do período da liquidação, que não deve exceder 90 dias;
f) Número de inscrição no cadastro comercial.

3 – A liquidação dos produtos deve processar-se no estabelecimento onde os mesmos são habitualmente comercializados.

4 – Caso não seja possível processar a liquidação nos termos do número anterior, o comerciante comunica à Direcção-Geral da Empresa ou à direcção regional da economia da localidade onde se situa o estabelecimento comercial as razões que a impeçam.

ART. 14.º (Prazo para nova liquidação) – O mesmo comerciante não pode proceder a nova liquidação no mesmo estabelecimento antes de decorrido o prazo de dois anos sobre a realização da anterior, salvo nos casos previstos nas alíneas *a)* e *f)* do n.º 1 do artigo 12.º.

ART. 15.º (Fiscalização e instrução dos processos) – A fiscalização do cumprimento do disposto no presente decreto-lei e a instrução dos processos de contra-ordenação são da competência da Autoridade de Segurança Alimentar e Económica.

ART. 16.º (Contra-ordenações) – 1 – Constituem contra-ordenações puníveis com as seguintes coimas:
a) De € 250 a € 3700, a violação do disposto nos n.ºs 2 e 3 do artigo 3.º e nos artigos 4.º a 14.º, quando cometidas por pessoa singular;
b) De € 2500 a € 30 000, a violação do disposto nos n.ºs 2 e 3 do artigo 3.º e nos artigos 4.º a 14.º, quando cometidas por pessoa colectiva.

2 – A competência para aplicação das respectivas coimas cabe à Comissão de Aplicação de Coimas em Matéria Económica e de Publicidade (CACMEP).

ART. 17.º (Produto das coimas) – O produto das coimas aplicadas no âmbito do presente decreto-lei reverte em:
a) 60% para o Estado;
b) 30% para a Autoridade de Segurança Alimentar e Económica;
c) 10% para a CACMEP.

ART. 18.º (Norma revogatória) – É revogado o Decreto-Lei n.º 253/86, de 26 de Agosto, e o artigo 72.º do Decreto-Lei n.º 28/84, de 20 de Janeiro.

ART. 19.º (Entrada em vigor) – O presente decreto-lei entra em vigor 30 dias após a data da sua publicação.

CAP. XX

DIREITO DO CONSUMIDOR

20.1. LEI DE DEFESA DO CONSUMIDOR

Lei n.º 24/96

de 31 de Julho (*)

CAPÍTULO I — **Princípios gerais**

ART. 1.º (Dever geral de protecção) – 1 – Incumbe ao Estado, às Regiões Autónomas e às autarquias locais proteger o consumidor, designadamente através do apoio à constituição e funcionamento das associações de consumidores e de cooperativas de consumo, bem como à execução do disposto na presente lei.

2 – A incumbência geral do Estado na protecção dos consumidores pressupõe a intervenção legislativa e regulamentar adequada em todos os domínios envolvidos.

ART. 2.º (Definição e âmbito) – 1 – Considera-se consumidor todo aquele a quem sejam fornecidos bens, prestados serviços ou transmitidos quaisquer direitos, destinados a uso não profissional, por pessoa que exerça com carácter profissional uma actividade económica que vise a obtenção de benefícios.

2 – Consideram-se incluídos no âmbito da presente lei os bens, serviços e direitos fornecidos, prestados e transmitidos pelos organismos da Administração Pública, por pessoas colectivas públicas, por empresas de capitais públicos ou detidos maioritariamente pelo Estado, pelas Regiões Autónomas ou pelas autarquias locais e por empresas concessionárias de serviços públicos.

1. A Resolução do Conselho de Ministros n.º 189/96, de 28-11, determinou o seguinte, no âmbito da aplicação do regime da Lei n.º 24/96, à Administração Pública:

1 – Determinar que todos os serviços e organismos da Administração Pública, no âmbito das actividades exercidas ao abrigo do n.º 2 do artigo 2.º da Lei n.º 24/96, de 31 de Julho, adoptem até ao final de 1996 as medidas adequadas a dar cumprimento ao disposto naquele diploma, em-especial no que respeita à qualidade dos bens e serviços, à protecção da saúde, da segurança física e dos interesses económicos dos consumidores e à informação.

2 – A fim de dar cumprimento a esta determinação, os serviços e organismos da Administração Pública referidos no número anterior devem, designadamente, afixar nos locais de atendimento os preços ou taxas dos bens e serviços que forneçam ou prestem e adequar o conteúdo dos contratos de adesão aos princípios da igualdade material dos intervenientes, da lealdade e da boa fé nas relações pré-contratuais, na formação e na vigência dos contratos.

3 – Os serviços e organismos da Administração Pública ficam obrigados a adoptar o livro de reclamações, a partir de 1 de Janeiro de 1997, nos locais onde seja efectuado atendimento de público, devendo a sua existência ser divulgada aos utentes de forma visível.

4 – O livro de reclamações referido no número anterior só pode ser utilizado depois de autenticado, mediante o preenchimento dos termos de abertura e encerramento, a rubrica das folhas e a sua numeração.

5 – No termo de abertura deve fazer-se menção do número de ordem e do destino do livro, bem como do serviço ou organismo a que pertence.

6 – No termo de encerramento deve mencionar-se o número de folhas do livro e a rubrica usada.

7 – A autenticação do livro de reclamações compete ao dirigente máximo do serviço ou organismo.

(*) Rectificada pela Declaração de Rectificação n.º 16/96, de 13-11, e alterada pelo **DL n.º 67/2003**, de 8-4 (arts. 4.º e 12.º).

LEI DE DEFESA DO CONSUMIDOR   [Lei n.º 24/96] 1183

8 – As reclamações exaradas no livro, bem como quaisquer outras que incidam sobre o funcionamento do serviço devem ser remetidas, no prazo de cinco dias úteis após terem sido lavradas, ao gabinete do membro do Governo que tutela o serviço ou organismo e ao membro do Governo que tutela a Administração Pública.

9 – No prazo referido no número anterior, os serviços e organismos da Administração Pública podem adoptar medidas rectificativas das situações objecto de reclamação, devendo, neste caso, comunicá-las conjuntamente com a respectiva reclamação.

10 – Se for caso disso, o membro do Governo que tutela a Administração Pública deve diligenciar no sentido da realização de auditorias, nos termos previstos no Decreto-Lei n.º 131/96, de 13 de Agosto.

11 – O reclamante deve ser sempre informado da decisão que recaiu sobre a reclamação apresentada.

12 – O modelo de livro de reclamações será definido por portaria do membro do Governo que tutela a Administração Pública.

2. Em complemento da transcrita RCM, vid. a P.ª n.º 355/97, de 28-5, que criou o modelo do respetivo livro para a Administração Pública, o DL n.º 135/99, de 22-4; os procedimentos internos a observar no âmbito da DGCI foram fixados no Ofício-circulado n.º 80129/2007, de 31-5, da DSPSI, da DGCI.

CAPÍTULO II — **Direitos do consumidor**

ART. 3.º (Direitos do consumidor) – O consumidor tem direito:

a) À qualidade dos bens e serviços;

b) À protecção da saúde e da segurança física;

c) À formação e à educação para o consumo;

d) À informação para o consumo;

e) À protecção dos interesses económicos;

f) À prevenção e à reparação dos danos patrimoniais ou não patrimoniais que resultem da ofensa de interesses ou direitos individuais homogéneos, colectivos ou difusos;

g) À protecção jurídica e a uma justiça acessível e pronta;

h) À participação, por via representativa, na definição legal ou administrativa dos seus direitos e interesses.

ART. 4.º (Direito à qualidade dos bens e serviços) – Os bens e serviços destinados ao consumo devem ser aptos a satisfazer os fins a que se destinam e a produzir os efeitos que se lhes atribuem, segundo as normas legalmente estabelecidas, ou, na falta delas, de modo adequado às legítimas expectativas do consumidor.

ART. 5.º (Direito à protecção da saúde e da segurança física) – 1 – É proibido o fornecimento de bens ou a prestação de serviços que, em condições de uso normal ou previsível, incluindo a duração, impliquem riscos incompatíveis com a sua utilização, não aceitáveis de acordo com um nível elevado de protecção da saúde e da segurança física das pessoas.

2 – Os serviços da Administração Pública que, no exercício das suas funções, tenham conhecimento da existência de bens ou serviços proibidos nos termos do número anterior devem notificar tal facto às entidades competentes para a fiscalização do mercado.

3 – Os organismos competentes da Administração Pública devem mandar apreender e retirar do mercado os bens e interditar as prestações de serviços que impliquem perigo para a saúde ou segurança física dos consumidores, quando utilizados em condições normais ou razoavelmente previsíveis.

ART. 6.º (Direito à formação e à educação) – 1 – Incumbe ao Estado a promoção de uma política educativa para os consumidores, através da inserção nos programas e nas actividades escolares, bem como nas acções de educação permanente, de matérias relacionadas com o consumo e os direitos dos consumidores, usando, designadamente, os meios tecnológicos próprios numa sociedade de informação.

2 – Incumbe ao Estado, às Regiões Autónomas e às autarquias locais desenvolver acções e adoptar medidas tendentes à formação e à educação do consumidor, designadamente através de:

a) Concretização, no sistema educativo, em particular no ensino básico e secundário, de programas e actividades de educação para o consumo;

b) Apoio às iniciativas que neste domínio sejam promovidas pelas associações de consumidores;

c) Promoção de acções de educação permanente de formação e sensibilização para os consumidores em geral;

d) Promoção de uma política nacional de formação de formadores e de técnicos especializados na área do consumo.

3 – Os programas de carácter educativo difundidos no serviço público de rádio e de televisão devem integrar espaços destinados à educação e à formação do consumidor.

4 – Na formação do consumidor devem igualmente ser utilizados meios telemáticos, designadamente através de redes nacionais e mundiais de informação, estimulando-se o recurso a tais meios pelo sector público e privado.

ART. 7.º (Direito à informação em geral) – 1 – Incumbe ao Estado, às Regiões Autónomas e às autarquias locais desenvolver acções e adoptar medidas tendentes à informação em geral do consumidor, designadamente através de:

a) Apoio às acções de informação promovidas pelas associações de consumidores;

b) Criação de serviços municipais de informação ao consumidor;

c) Constituição de conselhos municipais de consumo, com a representação, designadamente, de associações de interesses económicos e de interesses dos consumidores;

1184   [Lei n.º 24/96]   DIREITO DO CONSUMIDOR

d) Criação de bases de dados e arquivos digitais acessíveis, de âmbito nacional, no domínio do direito do consumo, destinados a difundir informação geral e específica;

e) Criação de bases de dados e arquivos digitais acessíveis em matéria de direitos do consumidor, de acesso incondicionado.

2 – O serviço público de rádio e de televisão deve reservar espaços, em termos que a lei definirá, para a promoção dos interesses e direitos do consumidor.

3 – A informação ao consumidor é prestada em língua portuguesa.

4 – A publicidade deve ser lícita, inequivocamente identificada e respeitar a verdade e os direitos dos consumidores.

5 – As informações concretas e objectivas contidas nas mensagens publicitárias de determinado bem, serviço ou direito consideram-se integradas no conteúdo dos contratos que se venham a celebrar após a sua emissão, tendo-se por não escritas as cláusulas contratuais em contrário.

ART. 8.º (Direito à informação em particular) – 1 – O fornecedor de bens ou prestador de serviços deve, tanto nas negociações como na celebração de um contrato, informar de forma clara, objectiva e adequada o consumidor, nomeadamente, sobre características, composição e preço do bem ou serviço, bem como sobre o período de vigência do contrato, garantias, prazos de entrega e assistência após o negócio jurídico.

2 – A obrigação de informar impende também sobre o produtor, o fabricante, o importador, o distribuidor, o embalador e o armazenista, por forma que cada elo do ciclo produção-consumo possa encontrar-se habilitado a cumprir a sua obrigação de informar o elo imediato até ao consumidor, destinatário final da informação.

3 – Os riscos para a saúde e segurança dos consumidores que possam resultar da normal utilização de bens ou serviços perigosos devem ser comunicados, de modo claro, completo e adequado, pelo fornecedor ou prestador de serviços ao potencial consumidor.

4 – Quando se verifique falta de informação, informação insuficiente, ilegível ou ambígua que comprometa a utilização adequada do bem ou do serviço, o consumidor goza do direito de retractação do contrato relativo à sua aquisição ou prestação, no prazo de sete dias úteis a contar da data de recepção do bem ou da data de celebração do contrato de prestação de serviços.

5 – O fornecedor de bens ou o prestador de serviços que viole o dever de informar responde pelos danos que causar ao consumidor, sendo solidariamente responsáveis os demais intervenientes na cadeia da produção à distribuição que hajam igualmente violado o dever de informação.

6 – O dever de informar não pode ser denegado ou condicionado por invocação de segredo de fabrico não tutelado na lei, nem pode prejudicar o regime jurídico das cláusulas contratuais gerais ou outra legislação mais favorável para o consumidor.

ART. 9.º (Direito à protecção dos interesses económicos) – 1 – O consumidor tem direito à protecção dos seus interesses económicos, impondo-se nas relações jurídicas de consumo a igualdade material dos intervenientes, a lealdade e a boa fé, nos preliminares, na formação e ainda na vigência dos contratos.

2 – Com vista à prevenção de abusos resultantes de contratos pré-elaborados, o fornecedor de bens e o prestador de serviços estão obrigados:

a) À redacção clara e precisa, em caracteres facilmente legíveis, das cláusulas contratuais gerais, incluindo as inseridas em contratos singulares;

b) À não inclusão de cláusulas em contratos singulares que originem significativo desequilíbrio em detrimento do consumidor.

3 – A inobservância do disposto no número anterior fica sujeita ao regime das cláusulas contratuais gerais.

4 – O consumidor não fica obrigado ao pagamento de bens ou serviços que não tenha prévia e expressamente encomendado ou solicitado, ou que não constitua cumprimento de contrato válido, não lhe cabendo, do mesmo modo, o encargo da sua devolução ou compensação, nem a responsabilidade pelo risco de perecimento ou deterioração da coisa.

5 – O consumidor tem direito à assistência após a venda, com incidência no fornecimento de peças e acessórios, pelo período de duração média normal dos produtos fornecidos.

6 – É vedado ao fornecedor ou prestador de serviços fazer depender o fornecimento de um bem ou a prestação de um serviço da aquisição ou da prestação de um outro ou outros.

7 – Sem prejuízo de regimes mais favoráveis, nos contratos que resultem da iniciativa do fornecedor de bens ou do prestador de serviços fora do estabelecimento comercial, por meio de correspondência ou outros equivalentes, é assegurado ao consumidor o direito de retractação, no prazo de sete dias úteis a contar da data da recepção do bem ou da conclusão do contrato de prestação de serviços.

8 – Incumbe ao Governo adoptar medidas adequadas a assegurar o equilíbrio das relações jurídicas que tenham por objecto bens e serviços essenciais, designadamente água, energia eléctrica, gás, telecomunicações e transportes públicos.

9 – Incumbe ao Governo adoptar medidas tendentes a prevenir a lesão dos interesses dos consumidores no domínio dos métodos de venda que prejudiquem a avaliação consciente das cláusulas apostas em contratos singulares e a formação livre, esclarecida e ponderada da decisão de se vincularem.

LEI DE DEFESA DO CONSUMIDOR [**Lei n.º 24/96**] 1185

ART. 10.º (Direito à prevenção e acção inibitória) – 1 – É assegurado o direito de acção inibitória destinada a prevenir, corrigir ou fazer cessar práticas lesivas dos direitos do consumidor consignados na presente lei, que, nomeadamente:
 a) Atentem contra a sua saúde e segurança física;
 b) Se traduzam no uso de cláusulas gerais proibidas;
 c) Consistam em práticas comerciais expressamente proibidas por lei.
 2 – A sentença proferida em acção inibitória pode ser acompanhada de sanção pecuniária compulsória, prevista no artigo 829.º-A do Código Civil, sem prejuízo da indemnização a que houver lugar.

Vid., quanto às acções inibitórias em matéria de protecção dos interesses dos consumidores, o disposto na Lei n.º 25/2004, de 8-7.

ART. 11.º (Forma de processo da acção inibitória) – 1 – A acção inibitória tem o valor equivalente ao da alçada da Relação mais 1$, segue os termos do processo sumário e está isenta de custas.
 2 – A decisão especificará o âmbito da abstenção ou correcção, designadamente através da referência concreta do seu teor e a indicação do tipo de situações a que se reporta.
 3 – Transitada em julgado, a decisão condenatória será publicitada a expensas do infractor, nos termos fixados pelo juiz, e será registada em serviço a designar nos termos da legislação regulamentar da presente lei.
 4 – Quando se tratar de cláusulas contratuais gerais, aplicar-se-á ainda o disposto nos artigos 31.º e 32.º do Decreto-Lei n.º 446/85, de 25 de Outubro, com a redacção que lhe foi dada pelo Decreto-Lei n.º 220/95, de 31 de Agosto.

ART. 12.º (Direito à reparação de danos) – 1 – O consumidor tem direito à indemnização dos danos patrimoniais e não patrimoniais resultantes do fornecimento de bens ou prestações de serviços defeituosos.
 2 – O produtor é responsável, independentemente de culpa, pelos danos causados por defeitos de produtos que coloque no mercado, nos termos da lei.

ART. 13.º (Legitimidade activa) – Têm legitimidade para intentar as acções previstas nos artigos anteriores:
 a) Os consumidores directamente lesados;
 b) Os consumidores e as associações de consumidores ainda que não directamente lesados, nos termos da Lei n.º 83/95, de 31 de Agosto;
 c) O Ministério Público e o Instituto do Consumidor quando estejam em causa interesses individuais homogéneos, colectivos ou difusos.

ART. 14.º (Direito à protecção jurídica e direito a uma justiça acessível e pronta) – 1 – Incumbe aos órgãos e departamentos da Administração Pública promover a criação e apoiar centros de arbitragem com o objectivo de dirimir os conflitos de consumo.
 2 – É assegurado ao consumidor o direito à isenção de preparos nos processos em que pretenda a protecção dos seus interesses ou direitos, a condenação por incumprimento do fornecedor de bens ou prestador de serviços, ou a reparação de perdas e danos emergentes de factos ilícitos ou da responsabilidade objectiva definida nos termos da lei, desde que o valor da acção não exceda a alçada do tribunal judicial de 1.ª instância.
 3 – Os autores nos processos definidos no número anterior ficam isentos do pagamento de custas em caso de procedência parcial da respectiva acção.
 4 – Em caso de decaimento total, o autor ou autores intervenientes serão condenados em montantes, a fixar pelo julgador, entre um décimo e a totalidade das custas que normalmente seriam devidas, tendo em conta a sua situação económica e a razão formal ou substantiva da improcedência.

ART. 15.º (Direito de participação por via representativa) – O direito de participação consiste, nomeadamente, na audição e consulta prévias, em prazo razoável, das associações de consumidores no tocante às medidas que afectem os direitos ou interesses legalmente protegidos dos consumidores.

CAPÍTULO III — **Carácter injuntivo dos direitos dos consumidores**

ART. 16.º (Nulidade) – 1 – Sem prejuízo do regime das cláusulas contratuais gerais, qualquer convenção ou disposição contratual que exclua ou restrinja os direitos atribuídos pela presente lei é nula.
 2 – A nulidade referida no número anterior apenas pode ser invocada pelo consumidor ou seus representantes.
 3 – O consumidor pode optar pela manutenção do contrato quando algumas das suas cláusulas forem nulas nos termos do n.º 1.

CAPÍTULO IV — **Instituições de promoção e tutela dos direitos do consumidor**

ART. 17.º (Associações de consumidores) – 1 – As associações de consumidores são associações dotadas de personalidade jurídica, sem fins lucrativos e com o objectivo principal de proteger os direitos e os interesses dos consumidores em geral ou dos consumidores seus associados.
 2 – As associações de consumidores podem ser de âmbito nacional, regional ou local, consoante a área a que circunscrevam a sua acção e tenham, pelo menos, 3000, 500 ou 100 associados, respectivamente.

1186   [Lei n.º 24/96]   DIREITO DO CONSUMIDOR

3 – As associações de consumidores podem ser ainda de interesse genérico ou de interesse específico:

a) São de interesse genérico as associações de consumidores cujo fim estatutário seja a tutela dos direitos dos consumidores em geral e cujos órgãos sejam livremente eleitos pelo voto universal e secreto de todos os seus associados;

b) São de interesse específico as demais associações de consumidores de bens e serviços determinados, cujos órgãos sejam livremente eleitos pelo voto universal e secreto de todos os seus associados.

4 – As cooperativas de consumo são equiparadas, para os efeitos do disposto no presente diploma, às associações de consumidores.

ART. 18.º (Direitos das associações de consumidores) – 1 – As associações de consumidores gozam dos seguintes direitos:

a) Ao estatuto de parceiro social em matérias que digam respeito à política de consumidores, nomeadamente traduzido na indicação de representantes para órgãos de consulta ou concertação que se ocupem da matéria;

b) Direito de antena na rádio e na televisão, nos mesmos termos das associações com estatuto de parceiro social;

c) Direito a representar os consumidores no processo de consulta e audição públicas a realizar no decurso da tomada de decisões susceptíveis de afectar os direitos e interesses daqueles;

d) Direito a solicitar, junto das autoridades administrativas ou judiciais competentes, a apreensão e retirada de bens do mercado ou a interdição de serviços lesivos dos direitos e interesses dos consumidores;

e) Direito a corrigir e a responder ao conteúdo de mensagens publicitárias relativas a bens e serviços postos no mercado, bem como a requerer, junto das autoridades competentes, que seja retirada do mercado publicidade enganosa ou abusiva;

f) Direito a consultar os processos e demais elementos existentes nas repartições e serviços públicos da administração central, regional ou local que contenham dados sobre as características de bens e serviços de consumo e de divulgar as informações necessárias à tutela dos interesses dos consumidores;

g) Direito a serem esclarecidas sobre a formação dos preços de bens e serviços, sempre que o solicitem;

h) Direito de participar nos processos de regulação de preços de fornecimento de bens e de prestações de serviços essenciais, nomeadamente nos domínios da água, energia, gás, transportes e telecomunicações, e a solicitar os esclarecimentos sobre as tarifas praticadas e a qualidade dos serviços, por forma a poderem pronunciar-se sobre elas;

i) Direito a solicitar aos laboratórios oficiais a realização de análises sobre a composição ou sobre o estado de conservação e demais características dos bens destinados ao consumo público e de tornarem públicos os correspondentes resultados, devendo o serviço ser prestado segundo tarifa que não ultrapasse o preço de custo;

j) Direito à presunção de boa fé das informações por elas prestadas;

l) Direito à acção popular;

m) Direito de queixa e denúncia, bem como direito de se constituírem como assistentes em sede de processo penal e a acompanharem o processo contra-ordenacional, quando o requeiram, apresentando memoriais, pareceres técnicos, sugestão de exames ou outras diligências de prova até que o processo esteja pronto para decisão final;

n) Direito à isenção do pagamento de custas, preparos e de imposto do selo, nos termos da Lei n.º 83/95, de 31 de Agosto;

o) Direito a receber apoio do Estado, através da administração central, regional e local, para a prossecução dos seus fins, nomeadamente no exercício da sua actividade no domínio da formação, informação e representação dos consumidores;

p) Direito a benefícios fiscais idênticos aos concedidos ou a conceder às instituições particulares de solidariedade social.

2 – Os direitos previstos nas alíneas *a)* e *b)* do número anterior são exclusivamente conferidos às associações de consumidores de âmbito nacional e de interesse genérico.

3 – O direito previsto na alínea *h)* do n.º 1 é conferido às associações de interesse genérico ou de interesse específico quando esse interesse esteja directamente relacionado com o bem ou serviço que é objecto da regulação de preços e, para os serviços de natureza não regional ou local, exclusivamente conferido a associações de âmbito nacional.

ART. 19.º (Acordos de boa conduta) – 1 – As associações de consumidores podem negociar com os profissionais ou as suas organizações representativas acordos de boa conduta, destinados a reger as relações entre uns e outros.

2 – Os acordos referidos no número anterior não podem contrariar os preceitos imperativos da lei, designadamente os da lei da concorrência, nem conter disposições menos favoráveis aos consumidores do que as legalmente previstas.

3 – Os acordos de boa conduta celebrados com associações de consumidores de interesse genérico obrigam os profissionais ou representados em relação a todos os consumidores, sejam ou não membros das associações intervenientes.

4 – Os acordos atrás referidos devem ser objecto de divulgação, nomeadamente através da afixação nos estabelecimentos comerciais, sem prejuízo da utilização de outros meios informativos mais circunstanciados.

PRESTAÇÃO DE SERVIÇOS ATRAVÉS DE *CALL CENTERS*   [DL n.º 134/2009]   1187

ART. 20.º (Ministério Público) – Incumbe também ao Ministério Público a defesa dos consumidores no âmbito da presente lei e no quadro das respectivas competências, intervindo em acções administrativas e cíveis tendentes à tutela dos interesses individuais homogéneos, bem como de interesses colectivos ou difusos dos consumidores.

ART. 21.º (Instituto do Consumidor) – 1 – O Instituto do Consumidor é o instituto público destinado a promover a política de salvaguarda dos direitos dos consumidores, bem como a coordenar e executar as medidas tendentes à sua protecção, informação e educação e de apoio às organizações de consumidores.

2 – Para a prossecução das suas atribuições, o Instituto do Consumidor é considerado autoridade pública e goza dos seguintes poderes:

a) Solicitar e obter dos fornecedores de bens e prestadores de serviços, bem como das entidades referidas no n.º 2 do artigo 2.º, mediante pedido fundamentado, as informações, os elementos e as diligências que entender necessárias à salvaguarda dos direitos e interesses dos consumidores;

b) Participar na definição do serviço público de rádio e de televisão em matéria de informação e educação dos consumidores;

c) Representar em juízo os direitos e interesses colectivos e difusos dos consumidores;

d) Ordenar medidas cautelares de cessação, suspensão ou interdição de fornecimentos de bens ou prestações de serviços que, independentemente de prova de uma perda ou um prejuízo real, pelo seu objecto, forma ou fim, acarretem ou possam acarretar riscos para a saúde, a segurança e os interesses económicos dos consumidores.

ART. 22.º (Conselho Nacional do Consumo) – 1 – O Conselho Nacional do Consumo é um órgão independente de consulta e acção pedagógica e preventiva, exercendo a sua acção em todas as matérias relacionadas com o interesse dos consumidores.

2 – São, nomeadamente, funções do Conselho:

a) Pronunciar-se sobre todas as questões relacionadas com o consumo que sejam submetidas à sua apreciação pelo Governo, pelo Instituto do Consumidor, pelas associações de consumidores ou por outras entidades nele representadas;

b) Emitir parecer prévio sobre iniciativas legislativas relevantes em matéria de consumo;

c) Estudar e propor ao Governo a definição das grandes linhas políticas e estratégicas gerais e sectoriais de acção na área do consumo;

d) Dar parecer sobre o relatório e o plano de actividades anuais do Instituto do Consumidor;

e) Aprovar recomendações a entidades públicas ou privadas ou aos consumidores sobre temas, actuações ou situações de interesse para a tutela dos direitos do consumidor.

3 – O Governo, através do Instituto do Consumidor, presta ao Conselho o apoio administrativo, técnico e logístico necessário.

4 – Incumbe ao Governo, mediante diploma próprio, regulamentar o funcionamento, a composição e o modo de designação dos membros do Conselho Nacional do Consumo, devendo em todo o caso ser assegurada uma representação dos consumidores não inferior a 50% da totalidade dos membros do Conselho.

CAPÍTULO V — Disposições finais

ART. 23.º (Profissões liberais) – O regime de responsabilidade por serviços prestados por profissionais liberais será regulado em leis próprias.

ART. 24.º (Norma revogatória) – 1 – É revogada a Lei n.º 29/81, de 22 de Agosto.

2 – Consideram-se feitas à presente lei as referências à Lei n.º 29/81, de 22 de Agosto.

ART. 25.º (Vigência) – Os regulamentos necessários à execução da presente lei serão publicados no prazo de 180 dias após a sua entrada em vigor.

20.2. PRESTAÇÃO DE SERVIÇOS ATRAVÉS DE *CALL CENTERS*

Decreto-Lei n.º 134/2009
de 2 de Junho (*)

ART. 1.º (Objecto) — O presente decreto-lei estabelece o regime jurídico aplicável à prestação de serviços de promoção, informação e apoio aos consumidores e utentes, através de centros telefónicos de relacionamento (*call centers*).

(*) Alterado pelo **DL n.º 72-A/2010**, de 18-6, que deu nova redacção ao art. 10.º e revogou o art. 9.º.

1188   [DL n.º 134/2009]   DIREITO DO CONSUMIDOR

ART. 2.º (Âmbito de aplicação) — 1 — O presente decreto-lei aplica-se a todos os profissionais que coloquem à disposição do consumidor um centro telefónico de relacionamento *(call center)*.

2 — O presente decreto-lei aplica-se aos prestadores de serviços públicos essenciais que coloquem à disposição do utente um centro telefónico de relacionamento *(call center)*, independentemente da sua natureza pública ou privada.

3 — O presente decreto-lei não prejudica o disposto no Decreto-Lei n.º 143/2001, de 26 de Abril, alterado pelo Decreto-Lei n.º 82/2008, de 20 de Maio, nem o disposto no Decreto-Lei n.º 95/2006, de 29 de Maio.

ART. 3.º (Definições) — Para efeitos do presente decreto-lei, considera-se:

a) «Centro telefónico de relacionamento *(call center)*» a estrutura organizada e dotada de tecnologia que permite a gestão de um elevado tráfego telefónico para contacto com consumidores ou utentes, no âmbito de uma actividade económica, destinado, designadamente, a responder às suas solicitações e a contactá-los, com vista à promoção de bens ou serviços ou à prestação de informação e apoio;

b) «Consumidor» aquele assim definido nos termos do n.º 1 do artigo 2.º da Lei n.º 24/96, de 31 de Julho;

c) «Profissional» qualquer pessoa singular ou colectiva que exerça com carácter profissional uma actividade económica que vise a obtenção de benefícios e coloque à disposição do consumidor um centro telefónico de relacionamento *(call center)*;

d) «Serviços públicos essenciais» os serviços assim definidos nos termos do artigo 1.º da Lei n.º 23/96, de 26 de Julho, alterado pelas Leis n.ºˢ 12/2008, de 26 de Fevereiro, e 24/2008, de 2 de Junho;

e) «Utente» aquele assim definido nos termos do n.º 3 do artigo 1.º da Lei n.º 23/96, de 26 de Julho, alterado pelas Leis n.ºˢ 12/2008, de 26 de Fevereiro, e 24/2008, de 2 de Junho;

f) «Prestador do serviço» aquele assim definido nos termos do n.º 4 do artigo 1.º da Lei n.º 23/96, de 26 de Julho, alterado pelas Leis n.ºˢ 12/2008, de 26 de Fevereiro, e 24/2008, de 2 de Junho;

g) «Suporte durável» qualquer instrumento que permita ao consumidor armazenar informações de um modo permanente e acessível para referência futura e que não permita que as partes contratantes manipulem unilateralmente as informações armazenadas;

h) «Período de espera em linha» o período que medeia entre o atendimento pelo centro telefónico de relacionamento *(call center)* ou, existindo menu electrónico, a escolha da opção de contacto com o profissional e o atendimento personalizado pelo profissional.

ART. 4.º (Regras gerais) — 1 — O serviço do centro telefónico de relacionamento *(call center)* deve ser prestado através de um ou mais números de telefone exclusivos para acesso dos consumidores ou dos utentes e possuir os meios técnicos e humanos adequados ao cumprimento das suas funções.

2 — O acesso ao serviço ou à informação não é condicionado ao prévio fornecimento de quaisquer dados pelo consumidor ou pelo utente, sem prejuízo dos estritamente necessários para o tratamento da sua solicitação, bem como da garantia da confidencialidade da informação a prestar e da verificação da legitimidade do interlocutor para aceder à mesma.

3 — O serviço do centro telefónico de relacionamento *(call center)* deve funcionar, pelo menos, num número de horas pré-estabelecido em período diurno e disponibilizar atendimento personalizado.

4 — O atendimento só pode ser exclusivamente processado através de sistema de atendimento automático fora das horas de atendimento personalizado.

5 — O número de telefone do serviço e o seu período do seu funcionamento, com destaque para o período de atendimento personalizado, devem constar, de forma bem visível, dos materiais de suporte de todas as comunicações do profissional.

ART. 5.º (Práticas proibidas) — 1 — São proibidas as seguintes práticas:

a) O reencaminhamento da chamada para outros números que impliquem um custo adicional para o consumidor ou para o utente, salvo se, sendo devidamente informado do seu custo, o consumidor ou o utente expressamente o consentir;

b) A emissão de qualquer publicidade durante o período de espera no atendimento;

c) O registo em base de dados do número de telefone utilizado pelo consumidor ou pelo utente para efectuar a ligação telefónica, exceptionadas as situações legalmente autorizadas.

2 — No exercício da actividade abrangida pelo presente decreto-lei, o profissional deve abster-se de abusar da confiança, falta de experiência ou de conhecimentos do consumidor ou do utente ou aproveitar-se de qualquer estado de necessidade ou fragilidade em que o mesmo se encontre.

ART. 6.º (Atendimento) — 1 — O atendimento é processado por ordem de entrada das chamadas, sem prejuízo da possibilidade de existência de menus electrónicos e do disposto no n.º 5 do artigo 8.º.

2 — Uma vez atendida a chamada, o período de espera em linha não deve ser superior a 60 s.

3 — Existindo menu electrónico, este é disponibilizado imediatamente após o atendimento, contando-se o período de espera em linha previsto no número anterior a partir da escolha pelo consumidor ou pelo utente da opção de contacto com o profissional.

PRESTAÇÃO DE SERVIÇOS ATRAVÉS DE *CALL CENTERS* [DL n.º 134/2009] 1189

4 — Caso não seja possível efectuar o atendimento no prazo referido no n.º 2, deve ser disponibilizada uma forma de o consumidor ou de o utente deixar o seu contacto e identificar a finalidade da chamada, devendo o profissional responder em prazo não superior a dois dias úteis.

5 — Caso o serviço de atendimento disponibilize um menu electrónico, este não pode conter mais de cinco opções iniciais, devendo uma destas ser a opção de contacto com o profissional, com excepção dos horários em que o atendimento se processe exclusivamente através de sistema de atendimento automático.

6 — Tratando-se de um serviço de atendimento relativo a um serviço de execução continuada ou periódica, do menu referido no número anterior deve constar uma opção relativa ao cancelamento do serviço, que permita ao consumidor ou ao utente, consoante o caso, proceder ao cancelamento do serviço ou obter informação quanto aos procedimentos a adoptar para tal.

7 — Quando ocorra um pedido de cancelamento do serviço, o profissional deve enviar ao consumidor ou ao utente a confirmação do cancelamento, através de um suporte durável, no prazo máximo de três dias úteis.

8 — Nos primeiros 90 dias contados da prestação do serviço, o ónus da prova do cumprimento das obrigações previstas no presente artigo cabe ao profissional.

ART. 7.º (Emissão de chamadas) — 1 — As chamadas telefónicas dirigidas aos consumidores ou aos utentes devem ser efectuadas num horário que respeite os períodos de descanso em uso e nunca antes das 9 horas nem depois das 22 horas do fuso horário do consumidor ou dos utentes, salvo acordo prévio do mesmo.

2 — O operador que efectue a chamada deve identificar-se imediatamente após o atendimento, bem como ao profissional em nome do qual actua e a finalidade do contacto.

3 — Caso o consumidor ou o utente expresse a vontade de não prosseguir a chamada, esta deve ser desligada com urbanidade.

ART. 8.º (Prestação de informação) — 1 — A prestação de informação obedece aos princípios da legalidade, boa-fé, transparência, eficiência, eficácia, celeridade e cordialidade.

2 — A informação prestada aos consumidores ou aos utentes deve ser clara e objectiva, prestada em linguagem facilmente acessível, procurando satisfazer directamente todas as questões colocadas.

3 — Sem prejuízo da disponibilização de informação noutras línguas, as informações são prestadas em língua portuguesa.

4 — As questões colocadas devem ser respondidas de imediato ou, não sendo possível, no prazo máximo de três dias úteis, contado da data da realização do contacto inicial pelo consumidor ou pelo utente, salvo motivo devidamente justificado.

5 — Caso seja necessário, o serviço deve garantir a transferência para o sector competente para o atendimento definitivo da chamada, no tempo máximo de 60 s a contar do momento em que o operador verifica essa necessidade e desta dá conhecimento ao consumidor ou ao utente, sem prejuízo de o operador poder facultar ao consumidor ou ao utente o número directo de acesso ao mesmo.

6 — A chamada não deve ser desligada pelo operador antes da conclusão do atendimento.

ART. 9.º — *(Revogado.)*

ART. 10.º (Regime sancionatório) — 1 — Constitui contra-ordenação o incumprimento do disposto no artigo 4.º, no n.º 1 do artigo 5.º, nos n.ºs 1 a 7 do artigo 6.º, nos n.ºs 1 e 2 do artigo 7.º, nos n.ºs 3 a 6 do artigo 8.º.

2 — As contra-ordenações previstas no número anterior são puníveis com coima de € 250 até € 3740 ou de € 500 até € 44 890, consoante o infractor seja pessoa singular ou pessoa colectiva.

3 — A negligência é sempre punível, sendo os limites máximos e mínimo reduzidos a metade.

ART. 11.º (Fiscalização e instrução dos processos de contra-ordenação) — 1 — A fiscalização e a instrução dos processos de contra-ordenação competem ao regulador sectorial, competindo ao seu órgão máximo a aplicação das coimas e demais sanções.

2 — A fiscalização e a instrução dos processos de contra-ordenação por violação do disposto no n.º 5 do artigo 4.º, quando cometidas através de publicidade, e na alínea *b)* do n.º 1 do artigo 5.º competem à Direcção-Geral do Consumidor, cabendo, neste caso, a aplicação de coimas e demais sanções à Comissão de Aplicação de Coimas em Matéria Económica e de Publicidade (CACMEP).

3 — Nos restantes casos, a fiscalização e a instrução dos processos de contra-ordenação competem à Autoridade de Segurança Alimentar e Económica, cabendo, neste caso, a aplicação de coimas e demais sanções à CACMEP.

4 — O produto das coimas previstas no presente artigo reverte em:

a) 60% para o Estado;

b) 30% para a entidade que instrui o processo de contra-ordenação;

c) 10% para a entidade que aplica a coima, quando esta não coincida com a entidade que faz a instrução.

1190   [DL n.º 383/89]   DIREITO DO CONSUMIDOR

5 — Caso coincidam na mesma entidade a instrução e a aplicação das coimas, a distribuição da receita é de 60% para o Estado e de 40% para a entidade que instrui o processo.

ART. 12.º **(Entrada em vigor)** — O presente decreto-lei entra em vigor 180 dias após a sua publicação.

20.3. RESPONSABILIDADE POR PRODUTOS DEFEITUOSOS

Decreto-Lei n.º 383/89

de 6 de Novembro (*)

ART. 1.º **(Responsabilidade objectiva do produtor)** – O produtor é responsável, independentemente de culpa, pelos danos causados por defeito dos produtos que põe em circulação.

ART. 2.º **(Produtor)** – 1 – Produtor é o fabricante do produto acabado, de uma parte componente ou de matéria-prima, e ainda quem se apresente como tal pela aposição no produto do seu nome, marca ou outro sinal distintivo.

2 – Considera-se também produtor:

a) Aquele que, na Comunidade Económica Europeia e no exercício da sua actividade comercial, importe do exterior da mesma produtos para venda, aluguer, locação financeira ou outra qualquer forma de distribuição;

b) Qualquer fornecedor de produto cujo produtor comunitário ou importador não esteja identificado, salvo se, notificado por escrito, comunicar ao lesado no prazo de três meses, igualmente por escrito, a identidade de um ou outro, ou a de algum fornecedor precedente.

ART. 3.º **(Produto)** – Entende-se por produto qualquer coisa móvel, ainda que incorporada noutra coisa móvel ou imóvel.

ART. 4.º **(Defeito)** – 1 – Um produto é defeituoso quando não oferece a segurança com que legitimamente se pode contar, tendo em atenção todas as circunstâncias, designadamente a sua apresentação, a utilização que dele razoavelmente possa ser feita e o momento da sua entrada em circulação.

2 – Não se considera defeituoso um produto pelo simples facto de posteriormente ser posto em circulação outro mais aperfeiçoado.

ART. 5.º **(Exclusão de responsabilidade)** – O produtor não é responsável se provar:

a) Que não pôs o produto em circulação;

b) Que, tendo em conta as circunstâncias, se pode razoavelmente admitir a inexistência do defeito no momento da entrada do produto em circulação;

c) Que não fabricou o produto para venda ou qualquer outra forma de distribuição com um objectivo económico, nem o produziu ou distribuiu no âmbito da sua actividade profissional;

d) Que o defeito é devido à conformidade do produto com as normas imperativas estabelecidas pelas autoridades públicas;

e) Que o estado dos conhecimentos científicos e técnicos, no momento em que pôs o produto em circulação, não permitia detectar a existência do defeito;

f) Que, no caso de parte componente, o defeito é imputável à concepção do produto em que foi incorporada ou às instruções dadas pelo fabricante do mesmo.

ART. 6.º **(Responsabilidade solidária)** – 1 – Se várias pessoas forem responsáveis pelos danos, é solidária a sua responsabilidade.

2 – Nas relações internas, deve atender-se às circunstâncias, em especial ao risco criado por cada responsável, à gravidade da culpa com que eventualmente tenha agido e à sua contribuição para o dano.

3 – Em caso de dúvida, a repartição da responsabilidade faz-se em partes iguais.

ART. 7.º **(Concurso do lesado e de terceiro)** – 1 – Quando um facto culposo do lesado tiver concorrido para o dano, pode o tribunal, tendo em conta todas as circunstâncias, reduzir ou excluir a indemnização.

2 – Sem prejuízo do disposto nos n.ºs 2 e 3 do artigo anterior, a responsabilidade do produtor não é reduzida quando a intervenção de um terceiro tiver concorrido para o dano.

(*) Com as alterações introduzidas pelo **DL n.º 131/2001**, de 24-4 (arts. 8.º e 9.º).

GARANTIAS NA VENDA DE BENS DE CONSUMO   [DL n.º 67/2003]   1191

ART. 8.º (Danos ressarcíveis) – São ressarcíveis os danos resultantes de morte ou lesão pessoal e os danos em coisa diversa do produto defeituoso, desde que seja normalmente destinada ao uso ou consumo privado e o lesado lhe tenha dado principalmente este destino.

ART. 9.º (Limites) – Os danos causados em coisas a que se refere o artigo anterior só são indemnizáveis na medida em que excedam o valor de € 500 ou 100 241$.

ART. 10.º (Inderrogabilidade) – Não pode ser excluída ou limitada a responsabilidade perante o lesado, tendo-se por não escritas as estipulações em contrário.

ART. 11.º (Prescrição) – O direito ao ressarcimento prescreve no prazo de três anos a contar da data em que o lesado teve ou deveria ter tido conhecimento do dano, do defeito e da identidade do produtor.

ART. 12.º (Caducidade) – Decorridos 10 anos sobre a data em que o produtor pôs em circulação o produto causador do dano, caduca o direito ao ressarcimento, salvo se estiver pendente acção intentada pelo lesado.

ART. 13.º (Outras disposições legais) – O presente diploma não afasta a responsabilidade decorrente de outras disposições legais.

ART. 14.º (Acidentes nucleares) – Aos danos provenientes de acidentes nucleares regulados por convenções internacionais vigentes no Estado Português não são aplicáveis as disposições do presente diploma.

ART. 15.º (Norma transitória) – Este diploma não se aplica aos danos causados por produtos postos em circulação antes da sua entrada em vigor.

20.4. GARANTIAS NA VENDA DE BENS DE CONSUMO

Decreto-Lei n.º 67/2003

de 8 de Abril (*)

ART. 1.º (Objecto) – 1 – O presente decreto-lei procede à transposição para o direito interno da Directiva n.º 1999/44/CE, do Parlamento Europeu e do Conselho, de 25 de Maio, relativa a certos aspectos da venda de bens de consumo e das garantias a ela relativas, com vista a assegurar a protecção dos interesses dos consumidores.

2 – *(Revogado pelo Decreto-Lei n.º 84/2008, de 21 de Maio.)*

ART. 1.º-A (Âmbito de aplicação) – 1 – O presente decreto-lei é aplicável aos contratos de compra e venda celebrados entre profissionais e consumidores.

2 – O presente decreto-lei é, ainda, aplicável, com as necessárias adaptações, aos bens de consumo fornecidos no âmbito de um contrato de empreitada ou de outra prestação de serviços, bem como à locação de bens de consumo.

ART. 1.º-B (Definições) – Para efeitos de aplicação do disposto no presente decreto-lei, entende-se por:

a) «Consumidor», aquele a quem sejam fornecidos bens, prestados serviços ou transmitidos quaisquer direitos, destinados a uso não profissional, por pessoa que exerça com carácter profissional uma actividade económica que vise a obtenção de benefícios, nos termos do n.º 1 do artigo 2.º da Lei n.º 24/96, de 31 de Julho;

b) «Bem de consumo», qualquer bem imóvel ou móvel corpóreo, incluindo os bens em segunda mão;

c) «Vendedor», qualquer pessoa singular ou colectiva que, ao abrigo de um contrato, vende bens de consumo no âmbito da sua actividade profissional;

d) «Produtor», o fabricante de um bem de consumo, o importador do bem de consumo no território da Comunidade Europeia ou qualquer outra pessoa que se apresente como produtor através da indicação do seu nome, marca ou outro sinal identificador no produto;

e) «Representante do produtor», qualquer pessoa singular ou colectiva que actue na qualidade de distribuidor comercial do produtor e ou centro autorizado de serviço pós-venda, à excepção dos vendedores independentes que actuem apenas na qualidade de retalhistas;

f) «Garantia legal», qualquer compromisso ou declaração assumido por um vendedor ou por um produtor perante o consumidor, sem encargos adicionais para este, de reembolsar o preço pago, substituir, reparar ou

---

(*) Com as alterações introduzidas pelo **DL n.º 84/2008**, de 21-5 (nos arts. 1.º, 4.º, 5.º, 6.º, 9.º e 12.º), o aditamento dos arts. 1.º-A, 1.º-B, 5.º-A, 12.º-A, 12.º-B e 12.º-C, e a revogação do n.º 2 do art. 1.º, dos n.ᵒˢ 3, 4 e 5 do art. 5.º, dos n.ᵒˢ 4 e 5 do art. 6.º e do n.º 1 do art. 9.º, tendo republicado em anexo o texto integral consolidado, sendo este o que aqui se adopta.

1192   [DL n.º 67/2003]   DIREITO DO CONSUMIDOR

ocupar-se de qualquer modo de um bem de consumo, no caso de este não corresponder às condições enumeradas na declaração de garantia ou na respectiva publicidade;

g) «Garantia voluntária», qualquer compromisso ou declaração, de carácter gratuito ou oneroso, assumido por um vendedor, por um produtor ou por qualquer intermediário perante o consumidor, de reembolsar o preço pago, substituir, reparar ou ocupar-se de qualquer modo de um bem de consumo, no caso de este não corresponder às condições enumeradas na declaração de garantia ou na respectiva publicidade;

h) «Reparação», em caso de falta de conformidade do bem, a reposição do bem de consumo em conformidade com o contrato.

ART. 2.º (Conformidade com o contrato) – 1 – O vendedor tem o dever de entregar ao consumidor bens que sejam conformes com o contrato de compra e venda.

2 – Presume-se que os bens de consumo não são conformes com o contrato se se verificar algum dos seguintes factos:

a) Não serem conformes com a descrição que deles é feita pelo vendedor ou não possuírem as qualidades do bem que o vendedor tenha apresentado ao consumidor como amostra ou modelo;

b) Não serem adequados ao uso específico para o qual o consumidor os destine e do qual tenha informado o vendedor quando celebrou o contrato e que o mesmo tenha aceitado;

c) Não serem adequados às utilizações habitualmente dadas aos bens do mesmo tipo;

d) Não apresentarem as qualidades e o desempenho habituais nos bens do mesmo tipo e que o consumidor pode razoavelmente esperar, atendendo à natureza do bem e, eventualmente, às declarações públicas sobre as suas características concretas feitas pelo vendedor, pelo produtor ou pelo seu representante, nomeadamente na publicidade ou na rotulagem.

3 – Não se considera existir falta de conformidade, na acepção do presente artigo, se, no momento em que for celebrado o contrato, o consumidor tiver conhecimento dessa falta de conformidade ou não puder razoavelmente ignorá-la ou se esta decorrer dos materiais fornecidos pelo consumidor.

4 – A falta de conformidade resultante de má instalação do bem de consumo é equiparada a uma falta de conformidade do bem, quando a instalação fizer parte do contrato de compra e venda e tiver sido efectuada pelo vendedor, ou sob sua responsabilidade, ou quando o produto, que se prevê que seja instalado pelo consumidor, for instalado pelo consumidor e a má instalação se dever a incorrecções existentes nas instruções de montagem.

ART. 3.º (Entrega do bem) – 1 – O vendedor responde perante o consumidor por qualquer falta de conformidade que exista no momento em que o bem lhe é entregue.

2 – As faltas de conformidade que se manifestem num prazo de dois ou de cinco anos a contar da data de entrega de coisa móvel corpórea ou de coisa imóvel, respectivamente, presumem-se existentes já nessa data, salvo quando tal for incompatível com a natureza da coisa ou com as características da falta de conformidade.

ART. 4.º (Direitos do consumidor) – 1 – Em caso de falta de conformidade do bem com o contrato, o consumidor tem direito a que esta seja reposta sem encargos, por meio de reparação ou de substituição, à redução adequada do preço ou à resolução do contrato.

2 – Tratando-se de um bem imóvel, a reparação ou a substituição devem ser realizadas dentro de um prazo razoável, tendo em conta a natureza do defeito, e tratando-se de um bem móvel, num prazo máximo de 30 dias, em ambos os casos sem grave inconveniente para o consumidor.

3 – A expressão «sem encargos», utilizada no n.º 1, reporta-se às despesas necessárias para repor o bem em conformidade com o contrato, incluindo, designadamente, as despesas de transporte, de mão-de-obra e material.

4 – Os direitos de resolução do contrato e de redução do preço podem ser exercidos mesmo que a coisa tenha perecido ou se tenha deteriorado por motivo não imputável ao comprador.

5 – O consumidor pode exercer qualquer dos direitos referidos nos números anteriores, salvo se tal se manifestar impossível ou constituir abuso de direito, nos termos gerais.

6 – Os direitos atribuídos pelo presente artigo transmitem-se a terceiro adquirente do bem.

ART. 5.º (Prazo da garantia) – 1 – O consumidor pode exercer os direitos previstos no artigo anterior quando a falta de conformidade se manifestar dentro de um prazo de dois ou de cinco anos a contar da entrega do bem, consoante se trate, respectivamente, de coisa móvel ou imóvel.

2 – Tratando-se de coisa móvel usada, o prazo previsto no número anterior pode ser reduzido a um ano, por acordo das partes.

3 – *(Revogado pelo Decreto-Lei n.º 84/2008, de 21 de Maio.)*

4 – *(Revogado pelo Decreto-Lei n.º 84/2008, de 21 de Maio.)*

5 – *(Revogado pelo Decreto-Lei n.º 84/2008, de 21 de Maio.)*

6 – Havendo substituição do bem, o bem sucedâneo goza de um prazo de garantia de dois ou de cinco anos a contar da data da sua entrega, conforme se trate, respectivamente, de bem móvel ou imóvel.

GARANTIAS NA VENDA DE BENS DE CONSUMO [**DL n.º 67/2003**] 1193

7 – O prazo referido no n.º 1 suspende-se, a partir da data da denúncia, durante o período em que o consumidor estiver privado do uso dos bens.

ART. 5.º-A (Prazo para exercício de direitos) – 1 – Os direitos atribuídos ao consumidor nos termos do artigo 4.º caducam no termo de qualquer dos prazos referidos no artigo anterior e na ausência de denúncia da desconformidade pelo consumidor, sem prejuízo do disposto nos números seguintes.

2 – Para exercer os seus direitos, o consumidor deve denunciar ao vendedor a falta de conformidade num prazo de dois meses, caso se trate de bem móvel, ou de um ano, se se tratar de bem imóvel, a contar da data em que a tenha detectado.

3 – Caso o consumidor tenha efectuado a denúncia da desconformidade, tratando-se de bem móvel, os direitos atribuídos ao consumidor nos termos do artigo 4.º caducam decorridos dois anos a contar da data da denúncia e, tratando-se de bem imóvel, no prazo de três anos a contar desta mesma data.

4 – O prazo referido no número anterior suspende-se durante o período em que o consumidor estiver privado do uso dos bens com o objectivo de realização das operações de reparação ou substituição, bem como durante o período em que durar a tentativa de resolução extrajudicial do conflito de consumo que opõe o consumidor ao vendedor ou ao produtor, com excepção da arbitragem.

5 – A tentativa de resolução extrajudicial do litígio inicia-se com a ocorrência de um dos seguintes factos:
a) As partes acordem no sentido de submeter o conflito a mediação ou conciliação;
b) A mediação ou a conciliação seja determinada no âmbito de processo judicial;
c) Se constitua a obrigação de recorrer à mediação ou conciliação.

ART. 6.º (Responsabilidade directa do produtor) – 1 – Sem prejuízo dos direitos que lhe assistem perante o vendedor, o consumidor que tenha adquirido coisa defeituosa pode optar por exigir do produtor a sua reparação ou substituição, salvo se tal se manifestar impossível ou desproporcionado tendo em conta o valor que o bem teria se não existisse falta de conformidade, a importância desta e a possibilidade de a solução alternativa ser concretizada sem grave inconveniente para o consumidor.

2 – O produtor pode opor-se ao exercício dos direitos pelo consumidor verificando-se qualquer dos seguintes factos:
a) Resultar o defeito exclusivamente de declarações do vendedor sobre a coisa e sua utilização, ou de má utilização;
b) Não ter colocado a coisa em circulação;
c) Poder considerar-se, tendo em conta as circunstâncias, que o defeito não existia no momento em que colocou a coisa em circulação;
d) Não ter fabricado a coisa nem para venda nem para qualquer outra forma de distribuição com fins lucrativos, ou não a ter fabricado ou distribuído no quadro da sua actividade profissional;
e) Terem decorrido mais de 10 anos sobre a colocação da coisa em circulação.

3 – O representante do produtor na zona de domicílio do consumidor é solidariamente responsável com o produtor perante o consumidor, sendo-lhe igualmente aplicável o n.º 2 do presente artigo.

4 – *(Revogado pelo Decreto-Lei n.º 84/2008, de 21 de Maio.)*

5 – *(Revogado pelo Decreto-Lei n.º 84/2008, de 21 de Maio.)*

ART. 7.º (Direito de regresso) – 1 – O vendedor que tenha satisfeito ao consumidor um dos direitos previsto no artigo 4.º bem como a pessoa contra quem foi exercido o direito de regresso gozam de direito de regresso contra o profissional a quem adquiriram a coisa, por todos os prejuízos causados pelo exercício daqueles direitos.

2 – O disposto no n.º 2 do artigo 3.º aproveita também ao titular do direito de regresso, contando-se o respectivo prazo a partir da entrega ao consumidor.

3 – O demandado pode afastar o direito de regresso provando que o defeito não existia quando entregou a coisa ou, se o defeito for posterior à entrega, que não foi causado por si.

4 – Sem prejuízo do regime das cláusulas contratuais gerais, o acordo pelo qual se exclua ou limite antecipadamente o exercício do direito de regresso só produz efeitos se for atribuída ao seu titular uma compensação adequada.

ART. 8.º (Exercício do direito de regresso) – 1 – O profissional pode exercer o direito de regresso na própria acção interposta pelo consumidor, aplicando-se com as necessárias adaptações o disposto no n.º 2 do artigo 329.º do Código de Processo Civil.

2 – O profissional goza do direito previsto no artigo anterior durante cinco anos a contar da entrega da coisa pelo profissional demandado.

3 – O profissional deve exercer o seu direito no prazo de dois meses a contar da data da satisfação do direito ao consumidor.

4 – O prazo previsto no n.º 2 suspende-se durante o processo em que o vendedor final seja parte.

ART. 9.º (Garantias voluntárias) – 1 – (Revogado pelo Decreto-Lei n.º 84/2008, de 21 de Maio.)

2 – A declaração de garantia deve ser entregue ao consumidor por escrito ou em qualquer outro suporte duradouro a que aquele tenha acesso.

1194 [DL n.º 67/2003]   DIREITO DO CONSUMIDOR

3 – A garantia, que deve ser redigida de forma clara e concisa na língua portuguesa, contém obrigatoriamente as seguintes menções:

a) Declaração de que o consumidor goza dos direitos previstos no presente decreto-lei, e na demais legislação aplicável, e de que tais direitos não são afectados pela garantia;

b) A informação sobre o carácter gratuito ou oneroso da garantia e, neste último caso, a indicação dos encargos a suportar pelo consumidor;

c) Os benefícios atribuídos ao consumidor por meio do exercício da garantia, bem como as condições para a atribuição destes benefícios, incluindo a enumeração de todos os encargos, nomeadamente aqueles relativos às despesas de transporte, de mão-de-obra e de material, e ainda os prazos e a forma de exercício da mesma;

d) Duração e âmbito espacial da garantia;

e) Firma ou nome e endereço postal, ou, se for o caso, electrónico, do autor da garantia que pode ser utilizado para o exercício desta.

4 – Salvo declaração em contrário, os direitos resultantes da garantia transmitem-se para o adquirente da coisa.

5 – A violação do disposto nos n.ᵒˢ 2 e 3 do presente artigo não afecta a validade da garantia, podendo o consumidor continuar a invocá-la e a exigir a sua aplicação.

ART. 10.º (Imperatividade) – 1 – Sem prejuízo do regime das cláusulas contratuais gerais, é nulo o acordo ou cláusula contratual pelo qual antes da denúncia da falta de conformidade ao vendedor se excluam ou limitem os direitos do consumidor previstos no presente diploma.

2 – É aplicável à nulidade prevista no número anterior o disposto nos n.ᵒˢ 2 e 3 do artigo 16.º da Lei n.º 24/96, de 31 de Julho.

ART. 11.º (Limitação da escolha de lei) – Se o contrato de compra e venda celebrado entre profissional e consumidor apresentar ligação estreita ao território dos Estados membros da União Europeia, a escolha, para reger o contrato, de uma lei de um Estado não membro que se revele menos favorável ao consumidor não lhe retira os direitos atribuídos pelo presente decreto-lei.

ART. 12.º (Acções de informação) – A Direcção-Geral do Consumidor deve promover acções destinadas a informar e deve incentivar as organizações profissionais a informarem os consumidores dos direitos que para eles resultam do presente decreto-lei.

ART. 12.º-A (Contra-ordenações) – 1 – Constituem contra-ordenações puníveis com a aplicação das seguintes coimas:

a) De € 250 a € 2500 e de € 500 a € 5000, consoante o infractor seja pessoa singular ou pessoa colectiva, a violação do disposto no n.º 2 do artigo 4.º;

b) De € 250 a € 3500 e de € 3500 a € 30 000, consoante o infractor seja pessoa singular ou pessoa colectiva, a violação do disposto no n.º 3 do artigo 9.º.

2 – A negligência e a tentativa são puníveis sendo os limites mínimo e máximo das coimas aplicáveis reduzidos a metade.

ART. 12.º-B (Sanções acessórias) – 1 – Quando a gravidade da infracção o justifique, podem ainda ser aplicadas, nos termos do regime geral das contra-ordenações, as seguintes sanções acessórias:

a) Encerramento temporário das instalações ou estabelecimentos;

b) Interdição do exercício da actividade;

c) Privação do direito a subsídio ou benefício outorgado por entidade ou serviço público.

2 – As sanções referidas no número anterior têm uma duração máxima de dois anos contados a partir da data da decisão condenatória definitiva.

ART. 12.º-C (Fiscalização e instrução dos processos de contra-ordenação) – 1 – Compete à Autoridade de Segurança Alimentar e Económica (ASAE) fiscalizar a aplicação do disposto no presente decreto-lei, bem como instruir os processos de contra-ordenação previstos no artigo 12.º-A.

2 – Compete à Comissão de Aplicação de Coimas em Matéria Económica e de Publicidade (CACMEP) a aplicação das respectivas coimas e sanções acessórias.

3 – A receita das coimas reverte em:

a) 60% para o Estado;

b) 30% para a ASAE;

c) 10% para a CACMEP.

4 – A CACMEP comunica ao Instituto da Construção e do Imobiliário, I. P., as decisões condenatórias, convertidas em definitivas ou transitadas em julgado, que condenem a empresa de construção pela prática da contra-ordenação prevista na alínea *a)* do n.º 1 do artigo 12.º-A, bem como aquelas que condenem a empresa de construção, ou qualquer outra entidade que exerça a actividade cuja regulação ou fiscalização incumba àquele Instituto, nas sanções acessórias previstas no artigo anterior.

SEGURANÇA GERAL DOS PRODUTOS E SERVIÇOS   [DL n.º 69/2005]   1195

ART. 13.º (Alterações à lei de defesa dos consumidores) – Os artigos 4.º e 12.º da Lei n.º 24/96, de 31 de Julho, passam a ter a seguinte redacção:

....

Alterações introduzidas no lugar próprio.

ART. 14.º (Entrada em vigor) – 1 – O presente diploma entra em vigor no dia seguinte ao da sua publicação, sem prejuízo do disposto no n.º 2.

2 – As normas previstas no artigo 9.º entram em vigor 90 dias após a publicação deste diploma.

20.5. SEGURANÇA GERAL DOS PRODUTOS E SERVIÇOS

Decreto-Lei n.º 69/2005

de 17 de Março (*)

CAPÍTULO I — Do objecto, do âmbito de aplicação e das definições

ART. 1.º (Objecto) – O presente diploma estabelece as garantias de segurança dos produtos e serviços colocados no mercado, transpondo para a ordem jurídica nacional a Directiva n.º 2001/95/CE, do Parlamento Europeu e do Conselho, de 3 de Dezembro, relativa à segurança geral dos produtos.

ART. 2.º (Âmbito de aplicação) – 1 – As disposições do presente diploma são aplicáveis à segurança dos produtos colocados no mercado e, com as necessárias adaptações, à segurança de serviços prestados aos consumidores, quando os respectivos requisitos não constem de legislação especial.

2 – Aos produtos abrangidos por legislação que estabeleça normas especiais de segurança é aplicável, subsidiariamente, o estabelecido no presente diploma, em matéria de riscos ou categorias de riscos não abrangidos por essa legislação.

3 – Estão excluídos da aplicação do presente diploma os produtos usados, quando fornecidos como antiguidades ou como produtos que necessitam de reparação ou de recuperação antes de poderem ser utilizados, desde que o fornecedor informe claramente a pessoa a quem fornece o produto acerca daquelas características.

4 – Para efeitos do disposto do número anterior, o ónus da prova recai sobre o fornecedor.

ART. 3.º (Definições) – Para efeitos de aplicação do presente diploma, considera-se:

a) «Produto» qualquer bem, novo, usado, recuperado ou utilizado no âmbito de uma prestação de serviços, destinado aos consumidores ou susceptível de, em circunstâncias razoavelmente previsíveis, por eles ser utilizado, mesmo que lhes não seja destinado, fornecido ou disponibilizado, a título oneroso ou gratuito, no âmbito de uma actividade profissional, com excepção dos bens imóveis;

b) «Produto seguro» qualquer bem que, em condições de utilização normais ou razoavelmente previsíveis, incluindo a duração, se aplicável a instalação ou entrada em serviço e a necessidade de conservação, não apresente quaisquer riscos ou apresente apenas riscos reduzidos compatíveis com a sua utilização e considerados conciliáveis com um elevado nível de protecção da saúde e segurança dos consumidores, tendo em conta, nomeadamente:

i) As características do produto, designadamente a sua composição;

ii) A apresentação, a embalagem, a rotulagem e as instruções de montagem, de utilização, de conservação e de eliminação, bem como eventuais advertências ou outra indicação de informação relativa ao produto;

iii) Os efeitos sobre outros produtos quando seja previsível a sua utilização conjunta;

iv) As categorias de consumidores que se encontrarem em condições de maior risco ao utilizar o produto, especialmente crianças e os idosos;

c) «Produto perigoso» qualquer bem não abrangido pela definição de «produto seguro» a que se refere a alínea *b)*;

d) «Risco grave» qualquer risco, incluindo os riscos cujos efeitos não sejam imediatos, que implique um perigo real e efectivo que exija uma intervenção rápida das autoridades consideradas competentes para efeitos de aplicação do presente diploma;

_____

(*) Alterado pelo art. 11.º-*d)* do **Decr. Regulamentar n.º 57/2007**, de 27-4, que revogou o n.º 2 do art. 10.º.

1196 [DL n.º 69/2005]   DIREITO DO CONSUMIDOR

e) «Produtor»:

i) O fabricante de um produto que se encontre estabelecido na União Europeia ou qualquer pessoa que se apresente como tal ao apor o seu nome, marca ou outro sinal distintivo do produto ou que proceda à sua recuperação;

ii) O representante do fabricante, quando este não se encontre estabelecido na União Europeia ou, na sua falta, o importador do produto na União Europeia; ou, ainda,

iii) Outros profissionais da cadeia de comercialização, na medida em que as respectivas actividades possam afectar as características de segurança do produto colocado no mercado;

f) «Distribuidor» o operador profissional da cadeia de comercialização, cuja actividade não afecte as características de segurança do produto;

g) «Recolha» qualquer acção destinada a retomar ou a reparar o produto perigoso que já tenha sido fornecido ou disponibilizado ao consumidor pelo respectivo produtor ou distribuidor;

h) «Retirada» qualquer acção destinada a impedir a distribuição e a exposição de um produto perigoso bem como a sua oferta ao consumidor;

i) «RAPEX» o sistema de troca rápida de informação sobre produtos perigosos no âmbito da União Europeia;

j) «Uso normal ou razoavelmente previsível» a utilização que se mostra adequada à natureza ou características do produto.

CAPÍTULO II — **Da obrigação geral de segurança e das obrigações adicionais**

ART. 4.º (Obrigação geral de segurança) – 1 – Só podem ser colocados no mercado produtos seguros.

2 – Sem prejuízo do disposto no n.º 4, considera-se conforme com a obrigação geral de segurança o produto que estiver em conformidade com as normas legais ou regulamentares que fixem os requisitos em matéria de protecção de saúde e segurança a que o mesmo deve obedecer para poder ser comercializado.

3 – Na falta de normas legais ou regulamentares que fixem os requisitos em matéria de protecção de saúde e segurança, a conformidade de um produto com a obrigação geral de segurança é avaliada atendendo, sempre que existam:

a) As normas portuguesas que transpõem normas europeias cujas referências tenham sido publicadas no *Jornal Oficial das Comunidades Europeias*, bem como as normas nacionais que transpõem normas comunitárias pertinentes;

b) As normas em vigor no Estado membro em que o produto é fornecido ou disponibilizado;

c) As recomendações da Comissão Europeia que contêm orientações em matéria de avaliação de segurança dos produtos;

d) Os códigos de boa conduta em matéria de segurança dos produtos em vigor para o sector em causa;

e) O estado actual dos conhecimentos e da técnica;

f) O nível de segurança razoavelmente esperado pelos consumidores.

4 – A conformidade de um produto com as normas legais ou regulamentares ou com os critérios mencionados nos n.ºs 2 e 3, respectivamente, não constitui impedimento à adopção de medidas que se mostrem necessárias para restringir a sua comercialização ou ordenar a sua recolha ou retirada do mercado se, ainda assim, o produto se revelar perigoso para a saúde e segurança dos consumidores.

ART. 5.º (Destinatários da obrigação geral de segurança) – É destinatário da obrigação geral de segurança o produtor, tal como se encontra definido na alínea *e)* do artigo 3.º do presente diploma.

ART. 6.º (Obrigações adicionais) – 1 – O produtor está ainda obrigado:

a) A fornecer aos consumidores as informações relevantes que lhes permitam avaliar os riscos inerentes a um produto durante a sua vida útil normal ou razoavelmente previsível e precaver-se contra esses mesmos riscos, sempre que eles não sejam imediatamente perceptíveis sem a devida advertência;

b) A tomar medidas apropriadas, em função das características do produto fornecido, à informação sobre os riscos que o produto possa apresentar e ao desencadeamento das acções que se revelarem adequadas, incluindo a retirada do mercado, o aviso aos consumidores em termos adequados e eficazes ou a recolha do produto junto destes;

c) A informar as entidades competentes das medidas que, por sua iniciativa, decida tomar quando coloque no mercado produtos que apresentem riscos para o consumidor, nos termos do artigo 8.º;

d) A analisar e manter actualizado um registo das reclamações que lhe são apresentadas.

2 – A emissão de avisos não isenta o produtor do cumprimento de outras obrigações previstas no presente diploma.

3 – As medidas mencionadas na alínea *b)* do n.º 1 incluem, nomeadamente:

a) A indicação, no produto ou na respectiva embalagem, da identidade e do endereço físico completo do produtor e do responsável pela colocação do produto no mercado, bem como das respectivas instruções de uso, das referências do produto, incluindo o nome, o modelo e o tipo, ou do lote de produtos a que pertence;

b) Nos casos em que tal seja adequado, a realização de ensaios por amostragem dos produtos ou do lote de produtos comercializados, bem como a informação aos distribuidores sobre o controlo desses produtos e seus resultados.

SEGURANÇA GERAL DOS PRODUTOS E SERVIÇOS   [DL n.º 69/2005] 1197

4 – A acção de recolha do produto junto dos consumidores a que se refere a alínea *b*) do n.º 1 deve ser desencadeada:
a) Quando as restantes acções não forem suficientes para prevenir os riscos;
b) Na sequência de uma medida ordenada pelas entidades responsáveis pelo controlo de mercado;
c) Nos casos em que o produtor considere necessário.

ART. 7.º (Obrigações dos distribuidores) – 1 – O distribuidor, a que se refere a alínea *f*) do artigo 3.º, está obrigado a agir com diligência, nomeadamente, durante o armazenamento, transporte e exposição dos produtos, por forma a contribuir para o cumprimento das obrigações de segurança aplicáveis.

2 – No cumprimento da obrigação mencionada no número anterior, o distribuidor deve, de acordo com os limites decorrentes do exercício da sua actividade:
a) Abster-se de fornecer produtos quanto aos quais saiba ou deva saber, com base nas informações de que dispõe e enquanto profissional, que não satisfazem essa obrigação;
b) Participar no controlo da segurança dos produtos colocados no mercado, designadamente mediante a transmissão de informações sobre os riscos dos produtos às entidades competentes;
c) Manter durante o período de vida útil do produto a documentação necessária para rastrear a origem dos produtos e fornecê-la quando solicitado pelas entidades competentes;
d) Desencadear as acções que se revelem adequadas para a eliminação dos riscos, nomeadamente a retirada do produto do mercado e a recolha junto dos consumidores;
e) Colaborar, de forma eficaz, em quaisquer acções desenvolvidas tendentes a evitar os riscos.

ART. 8.º (Obrigações especiais de comunicação e de cooperação) – 1 – Quando o produtor ou o distribuidor tenha ou deva ter conhecimento, com base nas informações de que dispõe enquanto profissional, de que um produto que colocou no mercado apresenta riscos para o consumidor incompatíveis com a obrigação geral de segurança, obriga-se a comunicar de imediato esse facto ao Instituto do Consumidor.

2 – A comunicação mencionada no número anterior deve conter as menções seguintes:
a) Identificação precisa do produto ou do lote de produtos em causa;
b) Descrição completa do risco que esse produto comporte;
c) Informação completa e relevante para rastrear o produto;
d) Descrição das medidas adoptadas para prevenir esses riscos.

3 – O produtor e o distribuidor obrigam-se, ainda, de acordo com os limites decorrentes do exercício das respectivas actividades, a colaborar com as entidades competentes para efeitos de aplicação do presente diploma, a pedido destas, nas acções desenvolvidas para prevenir quaisquer riscos inerentes aos produtos colocados no mercado.

4 – A obrigação mencionada no número anterior abrange, designadamente, o fornecimento no prazo máximo de cinco dias, salvo nos casos urgentes em que pode ser fixado prazo inferior, de todas as informações pertinentes, incluindo aquelas que se encontrarem cobertas pelo segredo profissional, que, para efeitos do presente diploma, são consideradas reservadas.

CAPÍTULO III — Da Comissão de Segurança de Serviços e Bens de Consumo

ART. 9.º (Comissão de Segurança de Serviços e Bens de Consumo) – A Comissão de Segurança de Serviços e Bens de Consumo, adiante e abreviadamente designada por Comissão, é um órgão colegial de natureza deliberativa, de âmbito nacional, que funciona na dependência do membro do Governo responsável pela área da defesa dos consumidores.

ART. 10.º (Regime, secretariado executivo e encargos) – 1 – A Comissão rege-se pelas normas do presente diploma e pelo seu regimento interno, bem como por outras normas legais que lhe sejam aplicáveis.

2 – *(Revogado.)*

3 – Os encargos orçamentais decorrentes do funcionamento da Comissão são suportados por dotações orçamentais do Instituto do Consumidor, mediante inscrição de uma divisão própria, sendo o seu montante fixado por despacho conjunto do Ministro das Finanças e do ministro responsável pela área da tutela da defesa dos consumidores.

ART. 11.º (Composição da Comissão) – 1 – Integram a Comissão:
a) O presidente do Instituto do Consumidor, em representação do membro do Governo responsável pela área da tutela da defesa dos consumidores, que preside;
b) Um representante do membro do Governo responsável pelas áreas da indústria, comércio e serviços;
c) Um representante da Inspecção-Geral das Actividades Económicas;
d) Quatro peritos em matéria de segurança de produtos e serviços que prestem funções no quadro do Sistema Português de Qualidade ou em laboratórios acreditados, designados pelo Instituto Português da Qualidade;
e) Um perito médico em toxicologia clínica, designado pelo Centro de Informação Antivenenos;
f) Um perito médico, designado pelo membro do Governo responsável pela área da saúde;
g) Um representante da indústria;

1198   [DL n.º 69/2005]   DIREITO DO CONSUMIDOR

h) Um representante do comércio;

i) Dois representantes dos consumidores.

2 – Os membros referidos nas alíneas *g*) e *h*) do número anterior são designados pelas respectivas associações com assento na Comissão Permanente de Concertação Social.

3 – Os membros referidos na alínea *i*) do n.º 1 são designados pelas associações de consumidores de âmbito nacional e interesse genérico de maior representatividade.

4 – Os membros da Comissão recebem senhas de presença, cujo valor é fixado por despacho conjunto dos ministros responsáveis pelas áreas, respectivamente, das finanças e da defesa do consumidor.

ART. 12.º (Participação de outras entidades) – 1 – Os Governos das Regiões Autónomas dos Açores e da Madeira podem indicar, respectivamente, um representante para participar nas reuniões da Comissão.

2 – O presidente da Comissão tem a faculdade de convidar entidades com especial competência técnica em matéria de segurança de produtos e serviços para participação em reuniões.

ART. 13.º (Competências da Comissão) – 1 – Sem prejuízo das competências atribuídas às autoridades de controlo de mercado, compete à Comissão:

a) Deliberar sobre os produtos e serviços colocados no mercado cujo risco não é compatível com o elevado nível de protecção da saúde e segurança dos consumidores;

b) Promover, junto das entidades responsáveis pelo controlo de mercado, o cumprimento da obrigação geral de segurança, nomeadamente através de programas de vigilância que devem ser periodicamente realizados;

c) Propor ao Governo medidas necessárias à prevenção e à protecção contra riscos que os produtos colocados no mercado possam vir a apresentar, incluindo a proibição com carácter obrigatório geral do fabrico, importação, exportação, troca intracomunitária, comercialização ou colocação no mercado de produtos ou categorias de produtos susceptíveis de pôr em risco a saúde e segurança dos consumidores, em virtude da sua composição;

d) Comunicar à entidade competente para instrução dos respectivos processos de contra-ordenação os casos de colocação no mercado de produtos perigosos de que tenha conhecimento;

e) Realizar estudos técnico-científicos sobre a segurança de produtos e serviços;

f) Emitir recomendações e avisos públicos nos termos do artigo 15.º;

g) Pronunciar-se sobre as questões relativas à segurança de produtos que lhe sejam submetidas pelo membro do Governo que tutela a área da defesa dos consumidores.

2 – No exercício das competências previstas nas alíneas *a*) e *b*) do número anterior, a Comissão pode:

a) Exigir, em relação a produtos e serviços susceptíveis de apresentar riscos em determinadas condições ou para determinadas pessoas:

i) Que o mesmo seja acompanhado de aviso adequado, redigido de forma clara e compreensível, sobre o risco que possa apresentar;

ii) Que a sua colocação no mercado obedeça a condições prévias destinadas a garantir a segurança desse produto ou serviço;

iii) Que as pessoas para quem o produto ou serviço pode apresentar riscos sejam alertadas correcta e oportunamente desse facto através de publicação ou de alerta especial;

b) Proibir, em relação a qualquer produto perigoso ou susceptível de ser perigoso, respectivamente:

i) A sua colocação no mercado e definir as medidas de acompanhamento necessárias para garantir a observância dessa proibição;

ii) O fornecimento, a proposta de fornecimento ou a exposição do produto durante o período necessário para se proceder aos diferentes controlos, verificações ou avaliações de segurança;

c) Ordenar, em relação a qualquer produto perigoso já colocado no mercado:

i) A sua retirada efectiva e imediata e ou alerta junto dos consumidores quanto aos riscos que o mesmo produto comporta;

ii) Se necessário, a sua recolha junto dos consumidores e a destruição em condições adequadas.

3 – As acções de retirada ou de recolha do produto junto dos consumidores devem ser desencadeadas quando as medidas adoptadas pelo produtor e pelo distribuidor se revelem insuficientes ou na sequência de decisão da Comissão Europeia, de acordo com o procedimento previsto no n.º 2 do artigo 15.º da Directiva n.º 2001/95/CE.

4 – As deliberações da Comissão que imponham a adopção de quaisquer medidas previstas no n.º 2 do presente artigo devem ser comunicadas ao Instituto do Consumidor para efeitos do artigo 16.º, bem como às autoridades responsáveis pelo controlo de mercado e pelo licenciamento das actividades em causa.

ART. 14.º (Delegação de competências) – Nos termos do respectivo regimento interno, a Comissão pode delegar no seu presidente o exercício parcial das suas competências, cabendo ao presidente a faculdade de subdelegação.

ART. 15.º (Recomendações e avisos) – 1 – Em qualquer momento do processo de controlo da segurança dos produtos, pode a Comissão, caso entenda necessário e sempre que as circunstâncias o aconselhem, formular recomendações a todo e qualquer interveniente da cadeia económica, com o fim de este suprimir o risco em causa.

SEGURANÇA GERAL DOS PRODUTOS E SERVIÇOS   [DL n.º 69/2005] 1199

2 – A Comissão pode, sempre que a gravidade das circunstâncias o exija, emitir e divulgar aviso público contendo uma descrição tão precisa quanto possível do produto em causa, a identificação do risco que pode resultar da sua utilização e quaisquer outros elementos que considere necessários.

3 – As recomendações mencionadas no n.º 1 podem, quando se entenda conveniente, ser tornadas públicas.

CAPÍTULO IV — Sistema de troca de informações e de alerta

ART. 16.º (Ponto de contacto nacional) – Para efeitos de funcionamento do sistema comunitário de troca rápida de informações, adiante designado por RAPEX, nomeadamente de emissão de notificações nos termos dos artigos 11.º e 12.º da Directiva n.º 2001/95/CE, é considerado o ponto de contacto nacional, quando não se trate de produtos alimentares, o Instituto do Consumidor, que, em tais enquanto tal:

a) Notifica à Comissão Europeia as medidas que sejam adoptadas pelas autoridades responsáveis pelo controlo do mercado ou pelos produtores e ou distribuidores relativamente aos produtos colocados no mercado;

b) Recebe as notificações enviadas pela Comissão Europeia e transmite-as, de imediato, às autoridades responsáveis pelo controlo do mercado, de forma a permitir a sua actuação;

c) Informa a Comissão Europeia sobre as medidas que tenham ou venham a ser tomadas pelas autoridades responsáveis pelo controlo do mercado, na sequência de uma notificação recebida;

d) Recebe dos produtores e dos distribuidores as informações relativas à adopção das medidas a que se refere o artigo 8.º;

e) Presta esclarecimentos complementares à Comissão Europeia relativamente aos formulários de notificação.

ART. 17.º (Sujeição a notificação) – 1 – São notificados à Comissão Europeia:

a) Todas e quaisquer medidas que, impondo ou não uma acção urgente, sejam tomadas pelas autoridades responsáveis pelo controlo do mercado ou, a título voluntário pelos produtores e ou distribuidores, relativamente aos produtos que apresentem um risco grave para a saúde e segurança dos consumidores;

b) As informações relevantes em matéria de riscos graves de que as autoridades responsáveis pelo controlo do mercado tenham conhecimento antes da tomada de quaisquer medidas;

c) As medidas que sejam tomadas relativamente a produtos que não apresentem um risco grave, nomeadamente aquelas que visem restringir a colocação no mercado ou impor a sua retirada ou a sua recolha junto dos consumidores.

2 – Quando as entidades responsáveis considerarem que o risco em causa se limita ao território nacional, a notificação deve ser realizada desde que inclua informações susceptíveis de interessar aos Estados membros, nomeadamente quando constituam uma resposta a um novo tipo de risco que ainda não foi notificado ou se relacionem com um novo risco resultante da combinação de produtos.

ART. 18.º (Diligências prévias à notificação) – 1 – Para efeitos da notificação à Comissão Europeia prevista no presente capítulo, a tomada de quaisquer medidas relativas a produtos de consumo que apresentem riscos para a saúde e segurança dos consumidores deve ser imediatamente comunicada ao Instituto do Consumidor.

2 – Aquando da recepçao da comunicação mencionada no número anterior, o Instituto do Consumidor:

a) Analisa as informações fornecidas pela entidade que toma a medida;

b) Efectua, quando se justifique, uma avaliação do nível de gravidade do risco, de acordo com os critérios mencionados no n.º 3;

c) Decide, atendendo à avaliação efectuada, sobre a necessidade de uma acção urgente.

3 – A avaliação do nível de gravidade dos riscos deve ser realizada de acordo com as directrizes fixadas pela Comissão Europeia ou com outros métodos considerados apropriados, tendo em conta um elevado nível de protecção da saúde e segurança dos consumidores.

ART. 19.º (Notificação à Comissão Europeia) – 1 – A classificação, com base na avaliação mencionada no artigo anterior, do risco apresentado pelo produto como grave para a saúde e segurança dos consumidores implica a notificação desse produto à Comissão Europeia no âmbito do RAPEX, no prazo máximo de 10 dias a contar da data da adopção da medida.

2 – No caso de o risco apresentado não ser classificado como grave, o produto sobre o qual se decide tomar ou manter medidas que, nomeadamente, visam restringir a sua colocação no mercado ou impor a sua retirada ou a sua recolha junto dos consumidores é objecto de notificação à Comissão Europeia, no âmbito do artigo 11.º da Directiva n.º 2001/95/CE, no prazo máximo de 15 dias a contar da tomada da respectiva medida.

3 – As notificações mencionadas nos números anteriores são realizadas através do envio do formulário de notificação.

4 – O Instituto do Consumidor é responsável pelas informações constantes no formulário de notificação.

5 – O prazo mencionado no n.º 1 é de três dias quando o Instituto do Consumidor concluir, em articulação com a entidade que decide, pela imposição de qualquer medida que vise prevenir riscos, que a notificação a realizar no âmbito do RAPEX exige acção urgente.

6 – A notificação a que se refere o n.º 2 do presente artigo deve explicitar de forma clara e completa as razões que justificam a tomada da medida relativamente ao produto que não apresenta um risco grave.

1200 [DL n.º 69/2005]   DIREITO DO CONSUMIDOR

ART. 20.º (Notificações remetidas pela Comissão Europeia) – As notificações remetidas pela Comissão Europeia ao Instituto do Consumidor, no âmbito do RAPEX e, designadamente, as realizadas ao abrigo dos artigos 11.º e 12.º da Directiva n.º 2001/95/CE, são transmitidas às respectivas entidades de controlo de mercado, nomeadamente:

a) Inspecção-Geral das Actividades Económicas e Inspecções Regionais das Actividades Económicas dos Açores e da Madeira, em todos os casos;

b) Instituto Nacional da Farmácia e do Medicamento, quando se tratar de notificações relativas a produtos cosméticos;

c) Direcção-Geral de Viação, quando se tratar de notificações sobre veículos automóveis;

d) Direcção-Geral das Alfândegas e dos Impostos Especiais sobre o Consumo, relativamente a notificações cujo teor se refira a decisão dos serviços alfandegários/aduaneiros de um Estado membro bloquearem ou rejeitarem produtos provenientes de países terceiros.

ART. 21.º (Diligências a cargo da entidade de controlo de mercado) – 1 – A entidade de controlo de mercado, à qual o Instituto do Consumidor transmite a notificação:

a) Analisa as informações em causa;

b) Verifica se o produto notificado se encontra colocado no mercado nacional e a sua localização;

c) Toma as medidas que visem prevenir riscos, nomeadamente ordenando ou acordando com o produtor e ou distribuidor a retirada ou a recolha do produto que apresenta um risco grave incompatível com a obrigação geral de segurança.

2 – A tomada de medidas a que se refere o número anterior deve, sempre que possível, e salvo o disposto relativamente a produtos cujos requisitos de segurança se encontrem previstos em legislação especial, ser previamente comunicada ao Instituto do Consumidor.

3 – As diligências mencionadas no n.º 1 são obrigatoriamente comunicadas ao Instituto do Consumidor que, no prazo máximo de 45 dias, informa a Comissão Europeia sobre as medidas que tenham sido ou venham a ser adoptadas, através do preenchimento e remessa do formulário de resposta à notificação.

4 – O prazo previsto no número anterior é de 20 dias, quando a notificação recebida exija uma acção urgente.

ART. 22.º (Produtos fabricados em Portugal) – Quando o produto notificado for fabricado em Portugal, o Instituto do Consumidor, com base em informações fornecidas pela entidade de controlo de mercado, informa, no prazo máximo de 15 dias, a Comissão Europeia sobre a identificação e morada do produtor, bem como dos contactos dos distribuidores e retalhistas do produto noutros Estados membros e, ainda, sobre as medidas adoptadas pela entidade de controlo de mercado para prevenir os riscos.

ART. 23.º (Produtos provenientes de países terceiros) – 1 – Quando um produto ou lote de produtos apresente características que levantem suspeitas relativamente ao cumprimento da obrigação geral de segurança e não exista notificação ou deliberação da Comissão, a Direcção-Geral das Alfândegas e dos Impostos Especiais sobre o Consumo suspende a autorização da sua entrada e informa imediatamente de tal facto a entidade de controlo de mercado competente.

2 – A entidade de controlo de mercado competente deve, no prazo de três dias a contar da suspensão mencionada no número anterior, comunicar à Direcção-Geral das Alfândegas e dos Impostos Especiais sobre o Consumo o seu parecer sobre o produto ou lote de produtos e das medidas que, no caso, devam ser tomadas.

3 – Aplica-se o disposto no n.º 1 quando o produto ou lote de produtos apresenta características semelhantes às de produtos que já foram objecto de notificação no âmbito do RAPEX ou de deliberação da Comissão.

ART. 24.º (Levantamento da suspensão de autorização de entrada) – 1 – Sem prejuízo do disposto no artigo 23.º, o levantamento da suspensão de autorização de entrada tem lugar quando:

a) A entidade de controlo de mercado competente comunicar à Direcção-Geral das Alfândegas e dos Impostos Especiais sobre o Consumo, no prazo de três dias a contar da suspensão de autorização de entrada, que o produto ou lote de produtos não apresenta um risco grave para a saúde e segurança dos consumidores;

b) A entidade de controlo de mercado competente não fizer essa comunicação à Direcção-Geral das Alfândegas e dos Impostos Especiais sobre o Consumo dentro do prazo mencionado, por não dispor de toda a informação que lhe permita confirmar se o produto ou lote de produtos não cumpre a legislação aplicável ou viola o presente diploma.

2 – A colocação do produto ou lote de produtos em livre prática deve ser comunicada à entidade de controlo de mercado competente e à Comissão, fornecendo-lhes os dados, nomeadamente o nome e endereço do agente económico detentor do produto, que possibilitem uma posterior intervenção.

ART. 25.º (Deliberação da Comissão) – 1 – No caso de levantamento da suspensão de autorização de entrada de produtos, verificando-se, após a realização de diligências que no caso tiverem lugar, que as suspeitas se mantêm no tocante ao cumprimento da obrigação geral de segurança, a entidade de controlo de mercado competente solicita à Comissão que delibere sobre o produto ou lote de produtos em causa, nos termos da alínea *a)* do n.º 1 do artigo 13.º.

2 – A deliberação da Comissão é objecto de comunicação à entidade de controlo de mercado competente, bem como à Direcção-Geral das Alfândegas e dos Impostos Especiais sobre o Consumo, de forma a garantir uma actuação de acordo com as respectivas competências.

SEGURANÇA GERAL DOS PRODUTOS E SERVIÇOS   [DL n.º 69/2005]   1201

3 – A deliberação que considera o produto ou lote de produtos perigoso, por apresentar um risco grave para a saúde e segurança dos consumidores, é imediatamente comunicada ao Instituto do Consumidor, para efeitos de aplicação dos artigos 18.º e 19.º do presente diploma.

CAPÍTULO V — Das contra-ordenações, da fiscalização e instrução de processos

ART. 26.º (Contra-ordenações) – 1 – Sem prejuízo de outras sanções que possam ser aplicadas, constitui contra-ordenação:

a) O não fornecimento das informações relevantes que possibilitem aos consumidores avaliar os riscos inerentes a um produto sempre que esses riscos não sejam imediatamente perceptíveis sem a devida advertência;

b) A falta de indicação, no produto ou na respectiva embalagem, da identidade e do endereço do produtor, bem como do responsável pela colocação do produto no mercado e respectivas instruções de uso;

c) A inexistência de um registo organizado de reclamações apresentadas;

d) A não realização por parte do produtor e nos casos em que tal seja adequado de ensaios por amostragem, bem como a falta de informação ao distribuidor sobre o controlo efectuado;

e) O fornecimento de produtos relativamente aos quais os produtores e ou os distribuidores saibam ou devam saber, de acordo com as informações de que dispõem, que não cumprem a obrigação geral de segurança;

f) A não comunicação às entidades competentes de que o produto colocado no mercado apresenta riscos incompatíveis com a obrigação geral de segurança, quando o produtor ou o distribuidor tenha ou deva ter conhecimento desse facto;

g) A omissão ou recusa da prestação das informações que sejam solicitadas pelas entidades competentes no âmbito da obrigação de cooperação prevista no presente diploma;

h) O não cumprimento de medidas ordenadas pelas entidades competentes, nomeadamente as que imponham a retirada do mercado ou a recolha do produto junto dos consumidores.

2 – A contra-ordenação prevista na alínea *a)* do número anterior é punível com coima de € 2490 até € 3490 ou de € 12 470 até € 44 890, consoante o infractor seja pessoa singular ou pessoa colectiva.

3 – As contra-ordenações previstas nas alíneas *b)*, *c)* e *d)* do n.º 1 são puníveis com coima de € 2490 até € 3490 ou de € 7480 até € 24 940, consoante o infractor seja pessoa singular ou pessoa colectiva.

4 – As contra-ordenações previstas na alíneas *e)*, *f)*, *g)* e *h)* do n.º 1 são puníveis com coima de € 2490 até € 3490 ou de € 24 940 até € 44 890, consoante o infractor seja pessoa singular ou pessoa colectiva.

5 – A tentativa e a negligência são puníveis.

ART. 27.º (Sanções acessórias) – 1 – Para além das coimas referidas no artigo anterior, podem ainda ser aplicáveis, nos estritos limites fixados na lei geral, as seguintes sanções acessórias:

a) Publicidade da punição por qualquer contra-ordenação prevista e punida nos termos do artigo anterior, a expensas do agente;

b) Perda de objectos pertencentes ao agente;

c) Interdição do exercício de profissões ou actividades, cujo exercício depende de título público ou de autorização ou homologação de autoridade pública;

d) Privação do direito a subsídio ou benefício outorgado por entidades ou serviços públicos;

e) Privação do direito de participar em feiras ou mercados;

f) Privação do direito de participar em arrematações ou concursos públicos que tenham por objecto a empreitada ou a concessão de obras públicas, o fornecimento de bens ou serviços, a concessão de serviços públicos e a atribuição de licenças ou alvarás;

g) Encerramento de estabelecimento cujo funcionamento esteja sujeito a autorização ou licença de autoridade administrativa;

h) Suspensão de autorizações, licenças e alvarás.

2 – São passíveis de apreensão e retirada do mercado, nos termos dos artigos 74.º e seguintes do Decreto-Lei n.º 28/84, de 20 de Janeiro, os produtos que, nos termos do presente diploma, possam ser considerados perigosos.

ART. 28.º (Fiscalização e instrução dos processos e aplicação das coimas) – 1 – Compete à Inspecção-Geral das Actividades Económicas fiscalizar o cumprimento do disposto no presente diploma, bem como instruir os respectivos processos de contra-ordenação.

2 – Compete à Comissão de Aplicação de Coimas em Matéria Económica e de Publicidade a aplicação das coimas e das sanções acessórias previstas no artigo anterior.

3 – O produto das coimas previstas no presente diploma reverte:

a) Em 60% para o Estado;

b) Em 20% para o Instituto do Consumidor;

c) Em 20% para a Inspecção-Geral das Actividades Económicas.

CAPÍTULO VI — Disposições finais

ART. 29.º (Encargos com a recolha, retirada ou destruição de produtos) – Os produtores e os distribuidores, na medida das suas responsabilidades, suportam os encargos relativos às operações de recolha, retirada ou destruição dos produtos.

1202 [DL n.º 58/2000]   DIREITO DO CONSUMIDOR

ART. 30.º (Informação reservada) – 1 – As informações relativas à aplicação do presente diploma que, pela sua natureza, estejam abrangidas pelo segredo profissional são consideradas reservadas.

2 – Exceptuam-se da reserva estabelecida no número anterior as características de determinado produto ou serviço cuja divulgação se imponha para garantia da protecção da saúde e segurança das pessoas.

ART. 31.º (Norma revogatória) – São revogados o Decreto-Lei n.º 213/87, de 28 de Maio, sobre a segurança de serviços e o Decreto-Lei n.º 311/95, de 20 de Novembro, com as alterações introduzidas pelo Decreto-Lei n.º 16/2000, de 29 de Fevereiro, relativo à segurança geral de produtos.

ART. 32.º (Norma transitória) – 1 – É extinta a Comissão a que se referem os artigos 6.º e seguintes do Decreto-Lei n.º 311/95, de 20 de Novembro, transitando as suas competências para a Comissão a que se referem os artigos 9.º e seguintes do presente diploma.

2 – Para os efeitos previstos na parte final do n.º 2 do artigo 10.º do presente diploma, subsiste no quadro do Instituto do Consumidor o lugar de director de serviços criado pelo n.º 2 do artigo 16.º do Decreto-Lei n.º 311/95, de 20 de Novembro, na redacção que lhe foi dada pelo artigo 1.º do Decreto-Lei n.º 16/2000, de 29 de Fevereiro.

ART. 33.º (Entrada em vigor) – O presente diploma entra em vigor 30 dias após a sua publicação.

20.6. INFORMAÇÃO RELATIVA A SERVIÇOS DA SOCIEDADE DA INFORMAÇÃO

Decreto-Lei n.º 58/2000

de 18 de Abril

ART. 1.º (Objectivo e âmbito de aplicação) – O presente diploma estabelece os procedimentos administrativos a que obedece a troca de informação no domínio das normas e das regulamentações técnicas, bem como das regras, relativas aos serviços da sociedade da informação, transpondo para a ordem jurídica interna a Directiva n.º 98/34/CE, do Parlamento Europeu e do Conselho, de 22 de Junho, alterada pela Directiva n.º 98/48/CE, do Parlamento Europeu e do Conselho, de 20 de Julho.

ART. 2.º (Definições) – Para efeitos de aplicação do presente diploma, entende-se por:

a) «Produto» qualquer bem de fabrico industrial ou agrícola, incluindo os provenientes da pesca;

b) «Serviço» qualquer prestação de actividade a distância, por via electrónica e mediante pedido individual do seu destinatário, geralmente mediante remuneração, considerando-se, para efeitos da presente definição:

i) «A distância» um serviço prestado sem que as partes estejam simultaneamente presentes;

ii) «Por via electrónica» um serviço enviado da origem e recebido no destino através de meios electrónicos de processamento e de armazenamento de dados que seja inteiramente transmitido, encaminhado e recebido por cabo, rádio, meios ópticos ou outros meios electromagnéticos;

iii) «Mediante pedido individual do seu destinatário» um serviço fornecido por transmissão de dados mediante um pedido individualizado;

c) «Especificação técnica» a discriminação que consta de um documento em que se definam:

i) As características exigidas a um produto, tais como os níveis de qualidade, a propriedade de utilização, a segurança, as dimensões, incluindo as prescrições que lhe são aplicáveis no que respeita à denominação de venda, à terminologia, aos símbolos, aos ensaios e respectivos métodos, à embalagem, à marcação e rotulagem, bem como aos procedimentos de avaliação da conformidade;

ii) Os métodos e os processos de produção relativos aos produtos agrícolas, ao abrigo do n.º 1 do artigo 32.º do Tratado que instituiu as Comunidades Europeias;

iii) Os métodos e os processos de produção relativos aos produtos destinados à alimentação humana e animal;

iv) Os métodos e os processos relativos aos medicamentos definidos no artigo 3.º do Decreto-Lei n.º 72/91, de 8 de Fevereiro;

v) Os métodos e os processos de produção relativos a outros produtos que revistam as mesmas características dos referidos na alínea anterior;

d) «Outra exigência» qualquer requisito que, não constituindo uma especificação técnica, seja imposto a um produto, por motivos de defesa, nomeadamente dos consumidores ou do ambiente, e que vise o seu ciclo de vida após colocação no mercado, em que se incluem as condições da respectiva utilização, de reciclagem, de reutilização ou de eliminação, sempre que essas condições possam influenciar significativamente a composição ou a natureza do produto ou a sua comercialização;

e) «Norma» a especificação técnica aprovada por um organismo reconhecido que exerça actividade de normalização para aplicação repetida ou contínua, cujo cumprimento não é obrigatório, e que pertença a uma das seguintes categorias:

INFORMAÇÃO RELATIVA A SERVIÇOS DA SOCIEDADE DA INFORMAÇÃO   [**DL n.º 58/2000**]   1203

i) Norma internacional – norma adoptada por uma organização internacional de normalização e colocada à disposição do público;

ii) Norma europeia – norma adoptada por um organismo europeu de normalização e colocada à disposição do público;

iii) Norma nacional – norma adoptada por um organismo nacional de normalização e colocada à disposição do público;

f) «Projecto de norma» o documento com o texto das especificações técnicas que se prevê venham a ser adoptadas relativamente a um assunto determinado, de acordo com os procedimentos de normalização nacional, tal como resulta dos trabalhos preparatórios difundidos para comentário ou inquérito público;

g) «Regra técnica» a especificação técnica ou outro requisito, regra ou exigência relativa aos serviços, incluindo as disposições regulamentares internas que lhes são aplicáveis e cujo cumprimento seja obrigatório, de jure ou de facto, para a comercialização, a utilização, a prestação de serviços ou o estabelecimento de um operador de serviços, abrangendo, nomeadamente:

i) As disposições legais e regulamentares que remetam para especificações técnicas, outros requisitos ou regras relativas aos serviços ou para códigos profissionais ou de boa prática;

ii) Os acordos voluntários em que uma entidade pública seja parte contratante e que visem, numa perspectiva de interesse geral, a observância de especificações técnicas, de outros requisitos ou de regras relativas aos serviços, com excepção dos cadernos de encargos dos contratos públicos;

iii) As especificações técnicas, outros requisitos ou regras relativas aos serviços relacionados com medidas de carácter fiscal ou financeiro que afectem o consumo dos produtos ou dos serviços e que se destinem a garantir a observância das referidas especificações técnicas, outros requisitos ou regras relativas aos serviços, com excepção dos relacionados com os regimes nacionais de segurança social;

h) «Projecto de regra técnica» o texto de uma especificação técnica, de outro requisito ou de uma regra relativa aos serviços, incluindo disposições regulamentares internas, elaborado com o objectivo de ser adoptado como regra técnica e que se encontre numa fase de preparação que permita ainda a introdução de alterações substanciais;

i) «Regra relativa aos serviços» qualquer requisito de natureza geral especificamente relacionado com o acesso às actividades incluídas nos serviços referidos no alínea b) do presente artigo, com o seu exercício, bem como com qualquer disposição relativa ao próprio serviço ou relativa aos respectivos prestadores e destinatários, considerando-se que:

i) Uma regra tem em vista especificamente os serviços da sociedade da informação sempre que a sua motivação e o texto do seu articulado tenham como objectivo específico, na totalidade ou em algumas disposições, regulamentar de modo explícito e circunscrito esses serviços;

ii) Uma regra não tem em vista os serviços da sociedade da informação caso diga apenas respeito a esses serviços de modo implícito ou incidental.

ART. 3.º (Organismo competente para a notificação) – Compete ao Instituto Português da Qualidade, adiante designado «organismo de notificação», gerir a informação relativa às normas e regras técnicas a que se refere o presente diploma.

ART. 4.º (Atribuições dos organismos regulamentadores) – 1 – Os serviços que pretendam elaborar regras técnicas relativas aos produtos ou regras relativas aos serviços definidos no artigo 2.º do presente diploma devem, através do organismo de notificação:

a) Comunicar, de imediato, à Comissão Europeia qualquer projecto de regra técnica;

b) Transmitir, simultaneamente, o texto das disposições legislativas e regulamentares de base, caso o seu conhecimento seja necessário para apreciar o alcance do projecto de regra técnica, salvo se já tiver sido apresentado com uma comunicação anterior;

c) Comunicar, nas condições referidas na alínea anterior, as alterações significativas ao projecto de regras técnicas que tenham por efeito modificar o âmbito de aplicação, reduzir o calendário de aplicação inicialmente previsto ou aditar especificações e outras exigências, tornando-as mais rigorosas;

d) Comunicar, se for o caso, um resumo ou as referências dos dados pertinentes de um projecto de regra técnica que se destine, em especial, a limitar a comercialização ou a utilização de uma substância, de uma preparação ou de um produto químico, designadamente por razões de saúde pública, defesa dos consumidores ou protecção do ambiente;

e) Comunicar também, se for o caso, um resumo ou as referências dos dados pertinentes relativos à substância, à preparação ou ao produto em causa e os referentes aos produtos alternativos conhecidos e disponíveis à medida que tais informações se tornem acessíveis, bem como os efeitos previsíveis da medida sobre a saúde pública, a defesa dos consumidores e a protecção do ambiente, efectuando, quando necessário, uma análise de risco, de acordo com os princípios gerais de avaliação de riscos dos produtos químicos referidos no n.º 4 do artigo 10.º do Regulamento (CEE) n.º 793/93, do Conselho, de 23 de Março, quando se trate de uma substância existente a que alude o artigo 7.º do Decreto-Lei n.º 82/95, de 22 de Abril, ou quando se trate de uma nova substância;

1204 [DL n.º 58/2000] DIREITO DO CONSUMIDOR

f) Comunicar, de imediato, à Comissão Europeia o texto definitivo de qualquer regra técnica, sem prejuízo do disposto no n.º 2 do artigo 6.º;

g) Ponderar na elaboração final de uma regra técnica as observações que tenham sido feitas pela Comissão ou por outros Estados membros sobre o respectivo projecto.

2 – Os serviços interessados podem, através do organismo de notificação, dirigir a qualquer Estado membro que tenha apresentado um projecto de regra técnica as observações e os comentários que se afigurem pertinentes relativamente a matéria que seja susceptível de entravar as trocas comerciais.

3 – Pode ser requerida, expressamente, a confidencialidade da notificação através de pedido devidamente fundamentado, sem prejuízo de ser permitido aos serviços da Administração Pública, adoptando as precauções necessárias, efectuarem consultas, para efeitos de peritagem, através de pessoas singulares ou colectivas.

ART. 5.º (Prazos de aprovação dos projectos de regras técnicas) – 1 – Nenhum projecto de regra técnica pode ser aprovado antes do decurso de três meses contados a partir da data da sua recepção pela Comissão.

2 – O prazo referido no número anterior passa a ser de 4, 6, 12 ou 18 meses, nas condições referidas nas alíneas seguintes:

a) 4 meses:

i) Quando o projecto de regra técnica adoptar a forma de acordo voluntário em que uma entidade pública seja parte contratante e que vise, numa perspectiva de interesse geral, a observância de especificações técnicas ou de outras exigências, com excepção dos cadernos de encargos dos contratos públicos;

ii) Quando se tratar de um projecto de regra a adoptar relativo aos serviços definidos no artigo 2.º;

b) 6 meses, quando se tratar da adopção de projecto de regra técnica não relativa aos serviços, se, no prazo de 3 meses a contar da sua recepção pela Comissão, esta ou outro Estado membro emitir parecer circunstanciado no sentido de a medida prevista conter aspectos eventualmente contrários à livre circulação de mercadorias;

c) 12 meses:

i) Quando se tratar da adopção de projecto de regras técnicas, com exclusão das relativas aos serviços, a contar da data da recepção pela Comissão, se, no prazo de 3 meses, esta manifestar intenção de propor ou adoptar uma directiva, um regulamento ou uma decisão sobre a matéria, nos termos do artigo 249.º do Tratado que instituiu as Comunidades Europeias;

ii) Quando a Comissão, nos 3 meses subsequentes à data da sua recepção, verificar que o projecto de regra técnica incide sobre matéria abrangida por uma proposta de directiva, de regulamento ou de decisão apresentada ao Conselho nos termos do artigo 249.º do Tratado que instituiu as Comunidades Europeias;

d) 18 meses, se o Conselho adoptar uma posição comum durante o período referido na alínea anterior, sem prejuízo do disposto no n.º 4 do presente artigo.

3 – O prazo a que se refere a alínea *a)* do número anterior conta-se a partir da data da recepção pela Comissão do projecto se, nos três meses subsequentes, esta instituição ou outro Estado membro emitir um parecer circunstanciado segundo o qual a medida prevista poderá, eventualmente, criar obstáculos à livre circulação dos serviços ou à sua liberdade de estabelecimento.

4 – As obrigações a que se referem as alíneas *b)* e *c)* do n.º 2 cessam quando a Comissão informar os Estados membros que renuncia a propor ou a adoptar um acto comunitário vinculativo ou que retira o seu projecto ou proposta e ainda quando o Conselho adoptar, nesse domínio, um acto comunitário vinculativo.

ART. 6.º (Excepções) – 1 – O disposto nos artigos 4.º e 5.º deste diploma não é aplicável às disposições legislativas e regulamentares ou aos acordos voluntários que, em matéria de especificações técnicas, prossigam as seguintes finalidades:

a) Dar cumprimento a actos comunitários vinculativos cujo efeito seja a adopção de especificações técnicas ou de regras relativas aos serviços;

b) Observar os compromissos decorrentes de um acordo internacional cujo efeito seja a adopção de especificações técnicas ou de regras relativas aos serviços e que sejam comuns a toda a Comunidade;

c) Invocar cláusulas de salvaguarda previstas em actos comunitários vinculativos;

d) Aplicar o regime previsto no Decreto-Lei n.º 311/95, de 20 de Novembro, relativo à segurança geral dos produtos;

e) Dar apenas execução a acórdão do Tribunal de Justiça das Comunidades Europeias;

f) Alterar apenas uma regra técnica na acepção da alínea *g)* do artigo 2.º do presente diploma, de acordo com um pedido da Comissão, tendo em vista eliminar entraves às trocas comerciais.

2 – Não é igualmente aplicável o disposto no artigo 4.º quando se trate de mera transposição integral de uma norma internacional ou europeia, bastando, neste caso, disponibilizar a adequada informação à Comissão sobre essa norma.

3 – A informação referida no número anterior deve ser acompanhada de notificação da qual conste a sua justificação, salvo se esta se depreender, claramente, do projecto.

4 – O disposto nas alíneas *b)* e *c)* do n.º 2 do artigo 5.º não se aplica aos acordos voluntários a que se refere o ponto *ii)* da alínea *g)* do artigo 2.º.

INFORMAÇÃO RELATIVA A SERVIÇOS DA SOCIEDADE DA INFORMAÇÃO [DL n.º 58/2000] 1205

5 – O disposto no artigo 5.º do presente diploma também não é aplicável:
a) Às disposições legislativas e regulamentares que visem a proibição de fabrico, na medida em que não entravem a livre circulação de produtos;
b) Às especificações técnicas ou outros requisitos, bem como às regras, relativos aos serviços a que se refere a alínea *b*) do artigo 2.º deste diploma.

ART. 7.º (Procedimento de urgência) – 1 – O disposto no artigo 5.º não é aplicável quando, por razões de urgência resultantes de uma situação grave e imprevisível, que envolva a defesa da saúde das pessoas e dos animais, a preservação das plantas, a segurança e a ordem públicas, nomeadamente a protecção dos menores, seja necessário elaborar, com a maior brevidade, regras técnicas, a adoptar e a aplicar de imediato.
2 – Não é também aplicável o disposto no artigo 5.º deste diploma quando, por razões de urgência resultantes de uma situação grave que envolva a protecção da segurança e integridade do sistema financeiro, nomeadamente a defesa dos depositantes, investidores ou segurados, se torne necessário adoptar e aplicar de imediato regras relativas a serviços financeiros.
3 – Na comunicação referida na alínea *a*) do n.º 1 do artigo 4.º devem constar os motivos que justificam a urgência das medidas em questão.

ART. 8.º (Serviços não abrangidos) – Os serviços não abrangidos pelo presente diploma são os indicados no anexo I do presente diploma, que dele faz parte integrante.

ART. 9.º (Referência às directivas) – A adopção de regras técnicas pela legislação nacional deve fazer referência à Directiva n.º 98/34/CE, do Parlamento Europeu e do Conselho, de 22 de Junho, com as alterações introduzidas pela Directiva n.º 98/48/CE, do Parlamento Europeu e do Conselho, de 20 de Julho.

ART. 10.º (Norma revogatória) – É revogada a Resolução do Conselho de Ministros n.º 95/95, de 3 de Outubro.

ART. 11.º (Entrada em vigor) – O presente diploma entra em vigor no dia seguinte ao da sua publicação.

ANEXO I

(referido no artigo 8.º)

Lista dos serviços que não estão abrangidos pelo presente diploma

1 – O presente diploma não é aplicável:
a) Aos serviços de radiodifusão sonora;
b) Aos serviços de radiodifusão televisiva referidos na alínea *a*) do artigo 1.º da Directiva n.º 89/552/CEE, do Conselho, de 3 de Outubro;
c) Às regras relativas a questões sujeitas à regulamentação comunitária em matéria de serviços de telecomunicações definidos na Directiva n.º 90/387/CEE, do Conselho, de 28 de Junho;
d) Às regras relativas a questões sujeitas à regulamentação comunitária em matéria de serviços financeiros;
e) Às regras enunciadas pelos ou para os mercados regulamentados na acepção da Directiva n.º 93/22/CE, do Conselho, de 10 de Maio, outros mercados ou órgãos que efectuam operações de compensação ou de liquidação desses mercados, sem prejuízo do disposto na alínea *f*) do artigo 4.º do presente diploma.
2 – O presente diploma também não é aplicável aos serviços prestados na presença física do prestador e do destinatário, ainda que a sua prestação implique a utilização de dispositivos electrónicos:
a) Exames ou tratamentos num consultório médico por meio de equipamentos electrónicos, mas na presença física do paciente;
b) Consulta de um catálogo electrónico num estabelecimento comercial na presença física do cliente;
c) Reserva de um bilhete de aviso de uma rede de computadores numa agência de viagens na presença física do cliente;
d) Disponibilização de jogos electrónicos numa sala de jogos na presença física do utilizador.
3 – São também excluídos da aplicação do diploma os serviços que não são fornecidos por via electrónica:
a) Serviços cujo conteúdo é material, mesmo quando impliquem a utilização de dispositivos electrónicos:
i) Distribuição automática de notas e bilhetes, tais como notas de banco e bilhetes de comboio;
ii) Acesso às redes rodoviárias, parques de estacionamento, etc., mediante pagamento, mesmo que existam dispositivos electrónicos à entrada e ou saída para controlar o acesso e ou garantir o correcto pagamento;
b) Serviços *off-line*: distribuição de CD-ROM ou de *software* em *disquettes*;
c) Serviços não fornecidos por intermédio de sistemas electrónicos de armazenagem e processamento de dados:
i) Serviços de telefonia vocal;
ii) Serviços de telecópia e telex;
iii) Teletexto televisivo;
iv) Serviços prestados por telefonia vocal ou telecópia;
v) Consulta de um médico por telefone ou telecópia;
vi) Consulta de um advogado por telefone ou telecópia;
vii) *Marketing* directo por telefone ou telecópia.

1206 [DL n.º 161/77] DIREITO DO CONSUMIDOR

20.7. REMESSA DE BENS NÃO ENCOMENDADOS

Decreto-Lei n.º 161/77
de 21 de Abril

ART. 1.º – A entrega ou envio, nomeadamente pelo correio, de quaisquer produtos ou publicações que não tenham sido pedidos ou encomendados ou que não constituam o cumprimento de qualquer contrato válido constitui prática comercial irregular punida com a pena de multa de 5000$ a 30 000$.

ART. 2.º – 1 – Quando com a actividade definida no artigo 1.º se pretender, dolosamente, criar confusão com a venda por catálogo ou por outro meio semelhante ou quando se imponha a obrigação de devolução, de pagamento ou outra qualquer, a punição será a multa de 10 000$ a 50 000$.

2 – A reincidência será punida com prisão e multa correspondente.

ART. 3.º – Nos casos previstos nos artigos 1.º e 2.º, os produtos ou publicações serão sempre considerados oferta grátis.

20.8. CONTRATOS CELEBRADOS À DISTÂNCIA, AO DOMICÍLIO E EQUIPARADOS

Decreto-Lei n.º 143/2001
de 26 de Abril (*)

CAPÍTULO I — Disposições gerais

ART. 1.º (Objecto e âmbito de aplicação) – 1 – O presente diploma procede à transposição para a ordem jurídica interna da Directiva n.º 97/7/CE , do Parlamento Europeu e do Conselho, de 20 de Maio, relativa à protecção dos consumidores em matéria de contratos celebrados a distância.

2 – O presente diploma é aplicável aos contratos celebrados a distância e aos contratos ao domicílio e equiparados, bem como a outras modalidades contratuais de fornecimento de bens ou serviços, tendo em vista promover a transparência das práticas comerciais e salvaguardar os interesses dos consumidores.

3 – Para efeitos do presente diploma, entende-se por:

a) «Consumidor» – qualquer pessoa singular que actue com fins que não pertençam ao âmbito da sua actividade profissional;

b) «Fornecedor» – qualquer pessoa singular ou colectiva que actue no âmbito da sua actividade profissional.

CAPÍTULO II — Contratos celebrados a distância

ART. 2.º (Definições) – Para efeitos do presente capítulo, entende-se por:

a) «Contrato celebrado a distância» – qualquer contrato relativo a bens ou serviços celebrado entre um fornecedor e um consumidor, que se integre num sistema de venda ou prestação de serviços a distância organizado pelo fornecedor que, para esse contrato, utilize exclusivamente uma ou mais técnicas de comunicação a distância até à celebração do contrato, incluindo a própria celebração;

b) «Técnica de comunicação a distância» – qualquer meio que, sem a presença física e simultânea do fornecedor e do consumidor, possa ser utilizado tendo em vista a celebração do contrato entre as referidas partes;

c) «Operador de técnica de comunicação» – qualquer pessoa singular ou colectiva, pública ou privada, cuja actividade profissional consista em pôr à disposição dos fornecedores uma ou mais técnicas de comunicação a distância;

d) «Suporte durável» – qualquer instrumento que permita ao consumidor armazenar informações de um modo permanente e acessível para referência futura e que não permita que as partes contratantes manipulem unilateralmente as informações armazenadas.

(*) Alterado pelo **DL n.º 82/2008**, de 20-5, que deu nova redacção aos arts. 1.º, 6.º, 8.º, 9.º, 14.º, 15.º, 18.º, 19.º, 25.º, 31.º, 32.º e 34.º, tendo republicado em anexo o texto consolidado aqui adoptado, com as alterações introduzidas pelo art. 27.º-*b*, do **DL n.º 57/2008**, de 26-3, e pelo art. 9.º do **DL n.º 317/2009**, de 30-10, que revogou o art. 10.º

CONTRATOS CELEBRADOS À DISTÂNCIA, AO DOMICÍLIO E EQUIPARADOS   [DL n.º 143/2001]   1207

ART. 3.º (Exclusão do âmbito de aplicação) – 1 – O disposto no presente capítulo não se aplica a contratos celebrados:

a) No âmbito de serviços financeiros, nomeadamente os referentes a:
  i) Serviços de investimento;
  ii) Operações de seguros e resseguros;
  iii) Serviços bancários;
  iv) Operações relativas a fundos de pensões;
  v) Serviços relativos a operações a prazo ou sobre opções;
b) Através de distribuidores automáticos ou de estabelecimentos comerciais automatizados;
c) Com operadores de telecomunicações pela utilização de cabinas telefónicas públicas;
d) Para a construção e venda de bens imóveis ou relativos a outros direitos respeitantes a bens imóveis, excepto o arrendamento;
e) Em leilões.

2 – O disposto nos artigos 4.º, 5.º, 6.º e 9.º, n.º 1, não se aplica, ainda, a:
a) Contratos de fornecimento de géneros alimentícios, bebidas ou outros bens de consumo doméstico corrente, fornecidos ao domicílio ao consumidor na sua residência ou no seu local de trabalho, por distribuidores que efectuem circuitos frequentes e regulares;
b) Contratos de prestação de serviços de alojamento, transporte, restauração ou tempos livres, sempre que, na celebração do contrato, o fornecedor se comprometa a prestar esses serviços numa data determinada ou num período especificado;
c) No caso de contratos relativos a actividades exteriores de tempos livres, o fornecedor pode ainda, excepcionalmente, reservar-se o direito de não aplicar a última parte do artigo 9.º, n.º 2, desde que, no momento da celebração do contrato, advirta de tal facto o consumidor e invoque para o efeito circunstâncias atendíveis em face da especificidade da actividade em causa.

ART. 4.º (Informações prévias) – 1 – O consumidor deve dispor, em tempo útil e previamente à celebração de qualquer contrato celebrado a distância, das seguintes informações:

a) Identidade do fornecedor e, no caso de contratos que exijam pagamento adiantado, o respectivo endereço;
b) Características essenciais do bem ou do serviço;
c) Preço do bem ou do serviço, incluindo taxas e impostos;
d) Despesas de entrega, caso existam;
e) Modalidades de pagamento, entrega ou execução;
f) Existência do direito de resolução do contrato, excepto nos casos referidos no artigo 7.º;
g) Custo de utilização da técnica de comunicação a distância, quando calculado com base numa tarifa que não seja a de base;
h) Prazo de validade da oferta ou proposta contratual;
i) Duração mínima do contrato, sempre que necessário, em caso de contratos de fornecimento de bens ou prestação de serviços de execução continuada ou periódica.

2 – As informações referidas no n.º 1, cujo objectivo comercial tem sempre de ser inequivocamente explicitado, devem ser fornecidas de forma clara e compreensível por qualquer meio adaptado à técnica de comunicação a distância utilizada, com respeito pelos princípios da boa fé, da lealdade nas transacções comerciais e da protecção das pessoas com incapacidade de exercício dos seus direitos, especialmente os menores.

3 – Caso a comunicação seja operada por via telefónica, a identidade do fornecedor e o objectivo comercial da chamada devem ser explicitamente definidos no início de qualquer contacto com o consumidor.

ART. 5.º (Confirmação das informações) – 1 – Em sede de execução do contrato o consumidor deve, em tempo útil e, no que diz respeito a bens que não tenham de ser entregues a terceiros, o mais tardar no momento da sua entrega, receber a confirmação por escrito ou através de outro suporte durável à sua disposição das informações referidas no artigo 4.º, n.º 1, alíneas *a)* a *f)*.

2 – É dispensada a obrigação de confirmação referida no número anterior se, previamente à celebração do contrato, as informações em causa já tiverem sido fornecidas ao consumidor por escrito ou através de outro suporte durável à sua disposição e facilmente utilizável.

3 – Para além das informações referidas no artigo 4.º, e sem prejuízo do disposto no n.º 4, devem ser fornecidos ao consumidor:

a) Uma informação por escrito sobre as condições e modalidades de exercício do direito de resolução, mesmo nos casos referidos no artigo 7.º, alínea *a)*;
b) O endereço geográfico do estabelecimento do fornecedor no qual o consumidor pode apresentar as suas reclamações;
c) As informações relativas ao serviço pós-venda e às garantias comerciais existentes;

1208   [DL n.º 143/2001]   DIREITO DO CONSUMIDOR

d) As condições de resolução do contrato quando este tiver duração indeterminada ou superior a um ano.

4 – Com excepção da informação constante da alínea *b)* do número anterior, cujo cumprimento é sempre de carácter obrigatório, o disposto nas restantes alíneas não se aplica aos serviços cuja execução seja efectuada através de uma técnica de comunicação a distância, desde que tais serviços sejam prestados de uma só vez e facturados pelo operador da técnica de comunicação.

ART. 6.º (Direito de livre resolução) – 1 – Nos contratos a distância o consumidor dispõe de um prazo mínimo de 14 dias para resolver o contrato sem pagamento de indemnização e sem necessidade de indicar o motivo.

2 – Para o exercício desse direito, o prazo conta-se:

a) No que se refere ao fornecimento de bens, a partir do dia da sua recepção pelo consumidor sempre que tenham sido cumpridas as obrigações referidas no artigo 5.º;

b) No que se refere à prestação de serviços, a partir do dia da celebração do contrato ou a partir do dia em que tenha início a prestação ao consumidor, sempre que tenham sido cumpridas as obrigações referidas no artigo 5.º;

c) *(Revogada pelo Decreto-Lei n.º 82/2008, de 20 de Maio)*

d) *(Revogada pelo Decreto-Lei n.º 82/2008, de 20 de Maio)*

3 – Se o fornecedor não cumprir as obrigações referidas no artigo 5.º, o prazo referido no n.º 1 é de três meses a contar da data da recepção dos bens pelo consumidor ou, tratando-se de uma prestação de serviços, da data da celebração do contrato ou do início da prestação.

4 – Caso o fornecedor cumpra as obrigações referidas no artigo 5.º no decurso do prazo de resolução referido no n.º 1 e antes de o consumidor ter exercido esse direito, este dispõe de 14 dias para resolver o contrato a partir da data de recepção dessas informações.

5 – Sem prejuízo do estabelecido na alínea *a)* do n.º 3 do artigo anterior, considera-se exercido o direito de resolução pelo consumidor através da expedição, nos prazos aqui previstos, de carta registada com aviso de recepção comunicando ao outro contraente ou à pessoa para tal designada a vontade de resolver o contrato.

ART. 7.º (Restrições ao direito de livre resolução) – Salvo acordo em contrário, o consumidor não pode exercer o direito de livre resolução previsto no artigo anterior nos contratos de:

a) Prestação de serviços cuja execução tenha tido início, com o acordo do consumidor, antes do termo do prazo previsto no n.º 1 do artigo anterior;

b) Fornecimento de bens ou de prestação de serviços cujo preço dependa de flutuações de taxas do mercado financeiro que o fornecedor não possa controlar;

c) Fornecimento de bens confeccionados de acordo com especificações do consumidor ou manifestamente personalizados ou que, pela sua natureza, não possam ser reenviados ou sejam susceptíveis de se deteriorarem ou perecerem rapidamente;

d) Fornecimento de gravações áudio e vídeo, de discos e de programas informáticos a que o consumidor tenha retirado o selo de garantia de inviolabilidade;

e) Fornecimento de jornais e revistas;

f) Serviços de apostas e lotarias.

ART. 8.º (Efeitos da resolução) – 1 – Quando o direito de livre resolução tiver sido exercido pelo consumidor, nos termos do artigo 6.º, o fornecedor fica obrigado a reembolsar no prazo máximo de 30 dias os montantes pagos pelo consumidor, sem quaisquer despesas para este, salvo eventuais despesas directamente decorrentes da devolução do bem quando não reclamadas pelo consumidor.

2 – Decorrido o prazo previsto no número anterior sem que o consumidor tenha sido reembolsado, o fornecedor fica obrigado a devolver em dobro, no prazo de 15 dias úteis, os montantes pagos pelo consumidor, sem prejuízo do direito do consumidor a indemnização por danos patrimoniais e não patrimoniais.

3 – Em caso de resolução, o consumidor deve conservar os bens de modo a poder restituí-los, ao fornecedor ou à pessoa para tal designada no contrato, em devidas condições de utilização, no prazo de 30 dias a contar da data da sua recepção.

4 – Sempre que o preço do bem ou serviço for total ou parcialmente coberto por um crédito concedido pelo fornecedor ou por um terceiro com base num acordo celebrado entre este e o fornecedor, o contrato de crédito é automática e simultaneamente tido por resolvido, sem direito a indemnização, se o consumidor exercer o seu direito de livre resolução em conformidade com o disposto no artigo 6.º, n.º 1.

ART. 9.º (Execução do contrato) – 1 – Salvo acordo em contrário entre as partes, o fornecedor deve dar cumprimento à encomenda o mais tardar no prazo de 30 dias a contar do dia seguinte àquele em que o consumidor lha transmitiu.

2 – Em caso de incumprimento do contrato pelo fornecedor devido a indisponibilidade do bem ou serviço encomendado, aquele deve informar do facto o consumidor e reembolsá-lo dos montantes que eventualmente tenha pago, no prazo máximo de 30 dias a contar da data do conhecimento daquela indisponibilidade.

3 – Decorrido o prazo previsto no número anterior sem que o consumidor tenha sido reembolsado, o fornecedor fica obrigado a devolver em dobro, no prazo de 15 dias úteis, os montantes pagos pelo consumidor, sem prejuízo do direito do consumidor a indemnização por danos patrimoniais e não patrimoniais.

CONTRATOS CELEBRADOS À DISTÂNCIA, AO DOMICÍLIO E EQUIPARADOS   [DL n.º 143/2001]   1209

4 – O fornecedor pode, contudo, fornecer um bem ou prestar um serviço ao consumidor de qualidade e preço equivalentes, desde que essa possibilidade tenha sido prevista antes da celebração do contrato ou no próprio contrato, de forma clara e compreensível e aquele informe por escrito o consumidor da responsabilidade pelas despesas de devolução previstas no número seguinte.

5 – Na situação prevista no número anterior, caso o consumidor venha a optar pelo exercício do direito de livre resolução, as despesas de devolução ficam a cargo do fornecedor.

ART. 10.º – (*Revogado.*)

ART. 11.º (Restrições à utilização de determinadas técnicas de comunicação a distância) – 1 – O fornecedor de um bem ou serviço necessita do consentimento prévio do consumidor quando utilize as seguintes técnicas de comunicação a distância:

a) Sistema automatizado de chamada sem intervenção humana, nomeadamente os aparelhos de chamada automática;

b) Telefax.

2 – As técnicas de comunicação a distância diferentes das previstas no número anterior e que permitam uma comunicação individual só podem ser utilizadas quando não haja oposição manifesta do consumidor, nos termos da legislação aplicável.

ART. 12.º (Ónus da prova) – Incumbe ao fornecedor o ónus da prova quanto à existência de uma informação prévia, de uma confirmação por escrito, do cumprimento dos prazos e do consentimento do consumidor, nos termos previstos neste capítulo.

CAPÍTULO III — **Contratos ao domicílio e outros equiparados**

ART. 13.º (Noção e âmbito) – 1 – Para efeitos do disposto no presente capítulo, entende-se por «contrato ao domicílio» aquele que, tendo por objecto o fornecimento de bens ou de serviços, é proposto e concluído no domicílio do consumidor, pelo fornecedor ou seu representante, sem que tenha havido prévio pedido expresso por parte do mesmo consumidor.

2 – São equiparados aos contratos ao domicílio, nos termos previstos no número anterior, os contratos:

a) Celebrados no local de trabalho do consumidor;

b) Celebrados em reuniões, em que a oferta de bens ou de serviços é promovida através de demonstração realizada perante um grupo de pessoas reunidas no domicílio de uma delas a pedido do fornecedor ou seu representante;

c) Celebrados durante uma deslocação organizada pelo fornecedor ou seu representante, fora do respectivo estabelecimento comercial;

d) Celebrados no local indicado pelo fornecedor, ao qual o consumidor se desloque, por sua conta e risco, na sequência de uma comunicação comercial feita pelo fornecedor ou pelos seus representantes.

3 – Aplica-se, ainda, o disposto no presente capítulo aos contratos que tenham por objecto o fornecimento de outros bens ou serviços que não aqueles a propósito dos quais o consumidor tenha pedido a visita do fornecedor ou seu representante, desde que o consumidor, ao solicitar essa visita, não tenha tido conhecimento ou não tenha podido razoavelmente saber que o fornecimento de tais bens ou serviços fazia parte da actividade comercial ou profissional do fornecedor ou seus representantes.

4 – Os contratos relativos ao fornecimento de bens ou de serviços e à sua incorporação nos imóveis e os contratos relativos à actividade de reparação de bens imóveis estão igualmente sujeitos ao regime dos contratos ao domicílio.

5 – O disposto no presente capítulo é igualmente aplicável:

a) À proposta contratual efectuada pelo consumidor, em condições semelhantes às descritas nos n.ºª 1 e 2, ainda que o consumidor não tenha ficado vinculado por essa oferta antes da aceitação da mesma pelo fornecedor;

b) À proposta contratual feita pelo consumidor, em condições semelhantes às descritas nos n.ºª 1 e 2, quando do o consumidor fica vinculado pela sua oferta.

ART. 14.º (Exclusão do âmbito de aplicação) – As disposições do presente capítulo não se aplicam aos contratos relativos a:

a) Construção, venda e locação de bens imóveis, bem como aos que tenham por objecto quaisquer outros direitos sobre esses bens;

b) Fornecimento de bens alimentares, bebidas ou outros bens de consumo doméstico corrente, fornecidos pelos vendedores com entregas domiciliárias frequentes e regulares;

c) Seguros;

d) Serviços e actividades de investimento em instrumentos financeiros.

ART. 15.º (Identificação do fornecedor ou seus representantes) – 1 – As empresas que disponham de serviços de distribuição comercial ao domicílio devem elaborar e manter actualizada uma relação dos colaboradores que, em seu nome, apresentam as propostas, preparam ou concluam os contratos no domicílio do consumidor.

1210   [DL n.º 143/2001]   DIREITO DO CONSUMIDOR

2 – A relação dos colaboradores e os contratos referidos no número anterior devem ser facultados, sempre que solicitados, a qualquer entidade oficial no exercício das suas competências, designadamente à Direcção-Geral das Actividades Económicas, à Autoridade da Concorrência e à Autoridade de Segurança Alimentar e Económica (ASAE).

3 – As empresas referidas no n.º 1 devem igualmente habilitar os seus colaboradores com os documentos adequados à sua completa identificação, os quais devem ser sempre exibidos perante o consumidor.

ART. 16.º (Forma, conteúdo e valor do contrato) – 1 – Os contratos concluídos com os consumidores no exercício da actividade regulada no presente capítulo devem, sob pena de nulidade, ser reduzidos a escrito e conter os seguintes elementos:

a) Nome e domicílio ou sede dos contratantes ou seus representantes;

b) Elementos identificativos da empresa fornecedora, designadamente nome, sede e número de registo no Registo Nacional de Pessoas Colectivas;

c) Indicação das características essenciais do bem ou serviço objecto do contrato;

d) Preço total, forma e condições de pagamento e, no caso de pagamento em prestações, os seus montantes, datas do respectivo vencimento e demais elementos exigidos pela legislação que regula o crédito ao consumo;

e) Forma, lugar e prazos de entrega dos bens ou da prestação do serviço;

f) Regime de garantia e de assistência pós-venda quando a natureza do bem o justifique, com indicação do local onde se podem efectuar e para o qual o consumidor possa dirigir as suas reclamações;

g) Informação sobre o direito que assiste ao consumidor de resolver o contrato no prazo referido no artigo 18.º, n.º 1, bem como a indicação do nome e endereço da pessoa perante a qual o consumidor pode exercer esse direito.

2 – Quaisquer outras condições e cláusulas devem ser expressas em termos claros e inequívocos, não sendo exigíveis ao consumidor quaisquer outras obrigações para além das que resultam da lei geral.

3 – O consumidor deve datar e assinar o documento a que se refere o n.º 1, conservando em seu poder uma cópia assinada igualmente pelo outro contratante.

4 – O disposto no presente artigo apenas é aplicável aos contratos de valor igual ou superior a € 60; para os contratos de valor inferior é suficiente uma nota de encomenda ou documento equivalente, devidamente assinada pelo consumidor.

ART. 17.º (Conteúdo dos catálogos e outros suportes publicitários) – 1 – Quando as vendas ao domicílio sejam acompanhadas ou precedidas de catálogos, revistas ou qualquer outro meio gráfico ou áudio-visual, devem os mesmos conter os elementos referidos nas alíneas *b)* a *g)* do n.º 1 do artigo anterior, salvo quanto à alínea *d)*, em que é apenas obrigatória a indicação do preço total, forma e condições de pagamento.

2 – Não se aplica o disposto no número anterior às mensagens publicitárias genéricas que não envolvam uma proposta concreta para aquisição de um bem ou a prestação de um serviço.

ART. 18.º (Direito de resolução) – 1 – O consumidor pode resolver o contrato no prazo de 14 dias, a contar da data da sua assinatura, ou do início da prestação de serviços ou da entrega do bem, caso estas datas sejam posteriores à assinatura do contrato.

2 – O consumidor deve ser informado, por escrito, pelo outro contratante, do direito a que se refere o número anterior:

a) No momento da conclusão do contrato, nos casos referidos no artigo 13.º, n.os 1 e 2;

b) Até ao momento da conclusão do contrato, nos casos referidos no artigo 13.º, n.os 3 e 4;

c) Nos casos referidos no artigo 13.º, n.º 5, quando a proposta de contrato é feita pelo consumidor.

3 – Os prazos previstos no n.º 1 podem ser alargados por acordo entre as partes.

4 – Têm-se por não escritas as cláusulas que estabeleçam a renúncia aos direitos previstos nos números anteriores, assim como as que estipulem uma indemnização ou penalização de qualquer tipo no caso de o consumidor exercer aqueles direitos.

5 – Sem prejuízo de outras formas de notificação, entende-se exercido pelo consumidor o direito de resolução a que se refere o n.º 1 do presente artigo através da expedição, no prazo aí previsto, de carta registada com aviso de recepção comunicando a vontade de o resolver ao outro contratante ou à pessoa para tal designada no contrato.

ART. 19.º (Efeitos da resolução) – 1 – Quando o direito de resolução tiver sido exercido pelo consumidor, nos termos do artigo anterior, o fornecedor fica obrigado a reembolsar no prazo máximo de 30 dias os montantes pagos pelo consumidor, sem quaisquer despesas para este.

2 – Decorrido o prazo previsto no número anterior sem que o consumidor tenha sido reembolsado, o fornecedor fica obrigado a devolver em dobro, no prazo de 15 dias úteis, os montantes pagos pelo consumidor, sem prejuízo do direito do consumidor a indemnização por danos patrimoniais e não patrimoniais.

3 – Em caso de resolução, o consumidor deve conservar os bens de modo a poder restituí-los em devidas condições de utilização em prazo não superior a 30 dias a contar da sua recepção à entidade fornecedora ou à pessoa para tal designada no contrato.

4 – Sempre que o preço do bem ou serviço for total ou parcialmente coberto por um crédito concedido pelo fornecedor ou por um terceiro com base num acordo celebrado entre este e o fornecedor, o contrato de crédito é automática e simultaneamente tido por resolvido, sem direito a indemnização, se o consumidor exercer o seu direito de resolução em conformidade com o disposto no artigo 18.º, n.º 1.

CONTRATOS CELEBRADOS À DISTÂNCIA, AO DOMICÍLIO E EQUIPARADOS   [DL n.º 143/2001]   1211

ART. 20.º (Pagamento antecipado) – 1 – Não pode ser exigido ao consumidor qualquer pagamento antes da recepção dos bens ou da prestação do serviço.

2 – Qualquer quantia entregue pelo consumidor antes de findos os prazos previstos no artigo 18.º é considerada como prova do contrato e tem-se como entregue por conta do preço, se aquele se concluir.

CAPÍTULO IV — Vendas automáticas

ART. 21.º (Noção e âmbito) – 1 – Para efeitos do disposto no presente capítulo, a venda automática consiste na colocação de um bem ou serviço à disposição do consumidor para que este o adquira mediante a utilização de qualquer tipo de mecanismo e pagamento antecipado do seu custo.

2 – A actividade de venda automática deve obedecer à legislação aplicável à venda a retalho do bem ou à prestação de serviço em causa, nomeadamente em termos de indicação de preços, rotulagem, embalagem, características e condições hígio-sanitárias dos bens.

ART. 22.º (Características do equipamento) – 1 – Todo o equipamento destinado à venda automática de bens e serviços deve permitir a recuperação da importância introduzida em caso de não fornecimento do bem ou serviço solicitado.

2 – No equipamento destinado à venda automática devem estar afixadas, de forma clara e perfeitamente legível, as seguintes informações:

a) Identificação da empresa comercial proprietária do equipamento, com o nome da firma, sede, número da matrícula na conservatória do registo comercial competente e número de identificação fiscal;

b) Identidade da empresa responsável pelo fornecimento do bem ou serviço;

c) Endereço, número de telefone e contactos expeditos que permitam solucionar rápida e eficazmente as eventuais reclamações apresentadas pelo consumidor;

d) Identificação do bem ou serviço;

e) Preço por unidade;

f) Instruções de manuseamento e, ainda, sobre a forma de recuperação do pagamento no caso de não fornecimento do bem ou serviço solicitado.

ART. 23.º (Responsabilidade) – Nos casos em que os equipamentos destinados à venda automática se encontrem instalados num local pertencente a uma entidade pública ou privada, é solidária, entre o proprietário do equipamento e o titular do espaço onde se encontra instalado:

a) A responsabilidade pela restituição ao consumidor da importância por este introduzida na máquina no caso de não fornecimento do bem ou serviço solicitado ou de deficiência de funcionamento do mecanismo afecto a tal restituição;

b) A responsabilidade pelo cumprimento das obrigações previstas no n.º 2 do artigo 22.º.

CAPÍTULO V — Vendas especiais esporádicas

ART. 24.º (Noção e regime) – 1 – Para efeitos do presente capítulo, consideram-se vendas especiais esporádicas as realizadas de forma ocasional fora dos estabelecimentos comerciais, em instalações ou espaços privados especialmente contratados ou disponibilizados para esse efeito.

2 – Às vendas referidas no número anterior aplica-se, com as necessárias adaptações, o disposto nos artigos 18.º e 19.º.

ART. 25.º (Comunicação prévia) – 1 – As vendas especiais esporádicas ficam sujeitas a comunicação prévia à ASAE.

2 – A comunicação prevista no número anterior deve ser realizada até 15 dias antes da data prevista para o início das vendas, por carta registada com aviso de recepção, ou por escrito contra recibo, do qual constem:

a) Identificação do promotor e da sua firma;

b) Endereço do promotor;

c) Número de inscrição do promotor no Registo Nacional de Pessoas Colectivas;

d) Identificação dos bens e serviços a comercializar;

e) Identificação completa do local onde vão ocorrer as vendas;

f) Indicação da data prevista para o início e fim da ocorrência.

CAPÍTULO VI — Modalidades proibidas de venda de bens ou de prestação de serviços

ART. 26.º – (*Revogado pelo Decreto-Lei n.º 57/2008, de 26 de Março.*)

ART. 27.º – (*Revogado pelo Decreto-Lei n.º 57/2008, de 26 de Março.*)

ART. 28.º – (*Revogado pelo Decreto-Lei n.º 57/2008, de 26 de Março.*)

1212 [DL n.º 143/2001]   DIREITO DO CONSUMIDOR

ART. 29.º – *(Revogado pelo Decreto-Lei n.º 57/2008, de 26 de Março.)*

ART. 30.º (Vendas ligadas) – 1 – É proibido subordinar a venda de um bem ou a prestação de um serviço à aquisição pelo consumidor de um outro bem ou serviço junto do fornecedor ou de quem este designar.

2 – O disposto no número anterior não se aplica sempre que estejam em causa bens ou serviços que, pelas suas características, se encontrem entre si numa relação de complementaridade e esta relação seja de molde a justificar o seu fornecimento em conjunto.

CAPÍTULO VII — Infracções, fiscalização e sanções

ART. 31.º (Fiscalização) – Compete à ASAE a fiscalização do cumprimento do disposto no presente decreto-lei.

ART. 32.º (Infracções e sanções aplicáveis) – 1 – Constituem contra-ordenações puníveis com as seguintes coimas, quando cometidas por pessoa singular:

a) De € 250 a € 1000, as infracções ao disposto nos artigos 4.º, 9.º, 11.º e 15.º, nos n.os 1 e 2 do artigo 16.º, no artigo 17.º, no n.º 2 do artigo 18.º, nos n.os 1 e 2 do artigo 19.º, no n.º 1 do artigo 20.º, no artigo 22.º e no n.º 4 do artigo 29.º;

b) De € 400 a € 2000, as infracções ao disposto nos n.os 1 e 3 do artigo 5.º, nos n.os 1 e 2 do artigo 8.º e no artigo 25.º;

c) De € 500 a € 3700, as infracções ao disposto nos artigos 26.º, 27.º e 28.º, no n.º 1 do artigo 29.º e no artigo 30.º.

2 – Constituem contra-ordenações puníveis com as seguintes coimas, quando cometidas por pessoa colectiva:

a) De € 1500 a € 8000, as infracções ao disposto nos artigos 4.º, 9.º, 11.º e 15.º, nos n.os 1 e 2 do artigo 16.º, no artigo 17.º, no n.º 2 do artigo 18.º, nos n.os 1 e 2 do artigo 19.º, no n.º 1 do artigo 20.º, no artigo 22.º e no n.º 4 do artigo 29.º;

b) De € 2500 a € 25 000 as infracções ao disposto nos n.os 1 e 3 do artigo 5.º, nos n.os 1 e 2 do artigo 8.º e no artigo 25.º;

c) De € 3500 a € 35 000, as infracções ao disposto nos artigos 26.º, 27.º e 28.º, no n.º 1 do artigo 29.º e no artigo 30.º.

3 – A tentativa e a negligência são puníveis, sendo os limites mínimo e máximo da coima aplicável reduzidos a metade.

ART. 33.º (Sanção acessória) – No caso das contra-ordenações previstas nas alíneas *a)* e *b)* dos n.os 1 e 2 do artigo anterior, simultaneamente com a coima, pode ser aplicada a sanção acessória de perda de objectos no artigo 21.º, n.º 1, alínea *a)*, do Decreto-Lei n.º 433/82, de 27 de Outubro, na redacção que lhe foi dada pelo Decreto-Lei n.º 244/95, de 14 de Setembro.

ART. 34.º (Instrução dos processos e aplicação de coimas) – 1 – A competência para a instrução dos processos de contra-ordenação cabe à ASAE.

2 – A aplicação das coimas compete à Comissão de Aplicação de Coimas em Matéria Económica e de Publicidade (CACMEP).

3 – O montante das coimas aplicadas é distribuído da seguinte forma:

a) 60% para o Estado;

b) 30% para a ASAE;

c) 10% para a CACMEP.

CAPÍTULO VIII — Disposições finais e transitórias

ART. 35.º (Contagem de prazos) – Todos os prazos referidos no presente diploma são de contagem contínua, não se interrompendo aos sábados, domingos e feriados.

ART. 36.º (Norma transitória) – As empresas que se dediquem à actividade de venda automática dispõem de um ano a contar da data da entrada em vigor do presente diploma para dar cumprimento ao disposto no artigo 22.º, n.º 1.

ART. 37.º (Norma revogatória) – São revogados:

a) O Decreto-Lei n.º 272/87, de 3 de Julho, com a redacção que lhe foi dada pelo Decreto-Lei n.º 243/95, de 13 de Setembro;

b) O artigo 62.º do Decreto-Lei n.º 28/84, de 20 de Janeiro;

c) A Portaria n.º 1300/95, de 31 de Outubro.

ART. 38.º (Entrada em vigor) – O presente diploma entra em vigor no prazo de 30 dias a contar data da sua publicação.

20.9. IMITAÇÕES PERIGOSAS

Decreto-Lei n.º 150/90

de 10 de Maio

ART. 1.º (Âmbito da aplicação) – O presente diploma aplica-se a todos os produtos que, por constituírem imitação de outros produtos, são susceptíveis de fazer perigar a saúde e segurança dos consumidores, designadamente asfixias, intoxicações, perfurações ou obstruções do aparelho digestivo.

ART. 2.º (Proibição de fabrico e comercialização) – 1 – São proibidos o fabrico, a comercialização, a importação e a exportação, incluindo os tráfegos com as Comunidades Europeias, de quaisquer produtos abrangidos pelo presente diploma.

2 – As proibições referidas no número anterior abrangem, nomeadamente, as seguintes categorias de produtos:

a) Aqueles que, não sendo géneros alimentícios, possuam o aspecto, a forma, a cor, o cheiro, o acondicionamento, a rotulagem, o volume, as dimensões, ou qualquer combinação destas características, susceptíveis de induzir os consumidores, em especial as crianças, a confundi-los com produtos alimentares;

b) Aqueles cuja aparência incite os consumidores a dar-lhes uma utilização diferente daquela para que foram concebidos.

ART. 3.º (Ilícito e mera ordenação social) – 1 – A violação do disposto no artigo 2.º do presente diploma constitui contra-ordenação punível com coima de 25 000$ a 500 000$.

2 – No caso de a infracção ser praticada por pessoa colectiva, o montante máximo da coima aplicável eleva-se a 6 000 000$.

3 – A tentativa e a negligência são punidas.

ART. 4.º (Advertência, recomendação e aviso público) – 1 – A verificação da existência de produtos nas condições previstas no presente diploma será seguida, sempre que as circunstâncias o aconselhem, de uma advertência e de uma recomendação dirigidas ao fabricante, importador, exportador ou comerciante daqueles produtos, no sentido de suprimirem a sua perigosidade.

2 – Sempre que a recomendação referida no número anterior não seja acatada, ou as circunstâncias do caso o exijam, será emitido aviso adequado ao público, contendo, além de uma descrição tão precisa quanto possível do produto em causa, a identificação do risco que pode resultar da sua utilização e quaisquer outros elementos que se considerem necessários.

ART. 5.º (Medidas preventivas e sanções acessórias) – 1 – Os produtos nas condições previstas no presente diploma devem ser imediatamente apreendidos e retirados do mercado, nos termos do artigo 74.º do Decreto-Lei n.º 28/84, de 20 de Janeiro.

2 – Cumulativamente com a coima prevista no artigo 3.º a violação do disposto no artigo 2.º pode ainda determinar, a título de sanção acessória e nos termos da lei geral, a interdição do exercício da profissão ou actividade em causa.

ART. 6.º (Destino da receita das coimas) – A receita das coimas previstas no presente diploma tem a seguinte distribuição:

a) 60% para a Direcção-Geral de Inspecção Económica;

b) 40% para o Estado.

ART. 7.º (Competências) – 1 – Compete à Comissão para a Segurança de Serviços e Bens de Consumo, prevista no artigo 3.º do Decreto-Lei n.º 213/87, de 28 de Maio:

a) Determinar quais os produtos que, por não possuírem a aparência do que são, sejam susceptíveis de implicar perigo para a saúde e segurança dos consumidores;

b) Emitir a advertência, a recomendação e o aviso público referidos no artigo 3.º do presente diploma;

c) Comunicar à Comissão das Comunidades Europeias as decisões finais tomadas relativamente aos produtos a que o presente diploma se aplica.

2 – Incumbe à Direcção-Geral de Inspecção Económica a investigação e a instrução dos processos relativos a contra-ordenações previstas neste diploma, findas as quais os remeterá à Comissão da Aplicação de Coimas em Matéria Económica, criada pelo Decreto-Lei n.º 28/84, de 20 de Janeiro, para aplicação de sanções.

3 – Das decisões definitivas tomadas nos processos de contra-ordenação será dado conhecimento à Comissão de Segurança de Serviços e Bens de Consumo.

ART. 8.º (Associações de defesa dos consumidores) – As associações de defesa dos consumidores são admitidas a intervir nos processos contra-ordenacionais por si desencadeados, nos termos do presente diploma e do artigo 44.º do Decreto-Lei n.º 28/84, de 20 de Janeiro.

ART. 9.º (Entrada em vigor) – O presente diploma entra em vigor no dia 1 de Outubro de 1990.

1214   [Lei n.º 23/96]   DIREITO DO CONSUMIDOR

20.10. PROTECÇÃO DOS UTENTES DE SERVIÇOS PÚBLICOS ESSENCIAIS

Lei n.º 23/96

de 26 de Julho (*)

ART. 1.º (Objecto e âmbito) – 1 – A presente lei consagra regras a que deve obedecer a prestação de serviços públicos essenciais em ordem à protecção do utente.

2 – São os seguintes os serviços públicos abrangidos:

a) Serviço de fornecimento de água;

b) Serviço de fornecimento de energia eléctrica;

c) Serviço de fornecimento de gás natural e gases de petróleo liquefeitos canalizados;

d) Serviço de comunicações electrónicas;

e) Serviços postais;

f) Serviço de recolha e tratamento de águas residuais;

g) Serviços de gestão de resíduos sólidos urbanos.

3 – Considera-se utente, para os efeitos previstos nesta lei, a pessoa singular ou colectiva a quem o prestador do serviço se obriga a prestá-lo.

4 – Considera-se prestador dos serviços abrangidos pela presente lei toda a entidade pública ou privada que preste ao utente qualquer dos serviços referidos no n.º 2, independentemente da sua natureza jurídica, do título a que o faça ou da existência ou não de contrato de concessão.

ART. 2.º (Direito de participação) – 1 – As organizações representativas dos utentes têm o direito de ser consultadas quanto aos actos de definição do enquadramento jurídico dos serviços públicos e demais actos de natureza genérica que venham a ser celebrados entre o Estado, as regiões autónomas ou as autarquias e as entidades concessionárias.

2 – Para esse efeito, as entidades públicas que representem o Estado, as regiões autónomas ou as autarquias nos actos referidos no número anterior devem comunicar atempadamente às organizações representativas dos utentes os respectivos projectos e propostas, de forma que aquelas se possam pronunciar sobre estes no prazo que lhes for fixado e que não será inferior a 15 dias.

3 – As organizações referidas no n.º 1 têm ainda o direito de ser ouvidas relativamente à definição das grandes opções estratégicas das empresas concessionárias do serviço público, nos termos referidos no número anterior, desde que este serviço seja prestado em regime de monopólio.

ART. 3.º (Princípio geral) – O prestador do serviço deve proceder de boa fé e em conformidade com os ditames que decorram da natureza pública do serviço, tendo igualmente em conta a importância dos interesses dos utentes que se pretende proteger.

ART. 4.º (Dever de informação) – 1 – O prestador do serviço deve informar, de forma clara e conveniente, a outra parte das condições em que o serviço é fornecido e prestar-lhe todos os esclarecimentos que se justifiquem, de acordo com as circunstâncias.

2 – O prestador do serviço informa directamente, de forma atempada e eficaz, os utentes sobre as tarifas aplicáveis pelos serviços prestados, disponibilizando-lhes informação clara e completa sobre essas tarifas.

3 – Os prestadores de serviços de comunicações electrónicas informam regularmente, de forma atempada e eficaz, os utentes sobre as tarifas aplicáveis aos serviços prestados, designadamente as respeitantes às redes fixa e móvel, ao acesso à Internet e à televisão por cabo.

ART. 5.º (Suspensão do fornecimento do serviço público) – 1 – A prestação do serviço não pode ser suspensa sem pré-aviso adequado, salvo caso fortuito ou de força maior.

2 – Em caso de mora do utente que justifique a suspensão do serviço, esta só poderá ocorrer após o utente ter sido advertido, por escrito, com a antecedência mínima de 10 dias relativamente à data em que ela venha a ter lugar.

3 – A advertência a que se refere o número anterior, para além de justificar o motivo da suspensão, deve informar o utente dos meios que tem ao seu dispor para evitar a suspensão do serviço e, bem assim, para a retoma do mesmo, sem prejuízo de poder fazer valer os direitos que lhe assistam nos termos gerais.

4 – A prestação do serviço público não pode ser suspensa em consequência de falta de pagamento de qualquer outro serviço, ainda que incluído na mesma factura, salvo se forem funcionalmente indissociáveis.

(*) Alterada pela **Lei n.º 12/2008**, de 26-2, que deu nova redacção aos arts. 1.º, 4.º, 5.º, 8.º, 9.º, 10.º, 13.º e 14.º, aditou os arts. 10.º-A e 10.º-B, e republicou, em anexo, o texto integral consolidado, que se adopta, com a alteração da **Lei n.º 24/2008**, de 2-6, nos arts. 10.º e 15.º.

PROTECÇÃO DOS UTENTES DE SERVIÇOS PÚBLICOS ESSENCIAIS   [Lei n.º 23/96] 1215

ART. 6.º (Direito a quitação parcial) – Não pode ser recusado o pagamento de um serviço público, ainda que facturado juntamente com outros, tendo o utente direito a que lhe seja dada quitação daquele, salvo o disposto na parte final do n.º 4 do artigo anterior.

ART. 7.º (Padrões de qualidade) – A prestação de qualquer serviço deverá obedecer a elevados padrões de qualidade, neles devendo incluir-se o grau de satisfação dos utentes, especialmente quando a fixação do preço varie em função desses padrões.

ART. 8.º (Consumos mínimos e contadores) – 1 – São proibidas a imposição e a cobrança de consumos mínimos.

2 – É proibida a cobrança aos utentes de:

a) Qualquer importância a título de preço, aluguer, amortização ou inspecção periódica de contadores ou outros instrumentos de medição dos serviços utilizados;

b) Qualquer outra taxa de efeito equivalente à utilização das medidas referidas na alínea anterior, independentemente da designação utilizada;

c) Qualquer taxa que não tenha uma correspondência directa com um encargo em que a entidade prestadora do serviço efectivamente incorra, com excepção da contribuição para o audiovisual;

d) Qualquer outra taxa não subsumível às alíneas anteriores que seja contrapartida de alteração das condições de prestação do serviço ou dos equipamentos utilizados para esse fim, excepto quando expressamente solicitada pelo consumidor.

3 – Não constituem consumos mínimos, para efeitos do presente artigo, as taxas e tarifas devidas pela construção, conservação e manutenção dos sistemas públicos de água, de saneamento e resíduos sólidos, nos termos do regime legal aplicável.

ART. 9.º (Facturação) – 1 – O utente tem direito a uma factura que especifique devidamente os valores que apresenta.

2 – A factura a que se refere o número anterior deve ter uma periodicidade mensal, devendo discriminar os serviços prestados e as correspondentes tarifas.

3 – No caso do serviço de comunicações electrónicas, e a pedido do interessado, a factura deve traduzir com o maior pormenor possível os serviços prestados, sem prejuízo do legalmente estabelecido em matéria de salvaguarda dos direitos à privacidade e ao sigilo das comunicações.

ART. 10.º (Prescrição e caducidade) – 1 – O direito ao recebimento do preço do serviço prestado prescreve no prazo de seis meses após a sua prestação.

2 – Se, por qualquer motivo, incluindo o erro do prestador do serviço, tiver sido paga importância inferior à que corresponde ao consumo efectuado, o direito do prestador ao recebimento da diferença caduca dentro de seis meses após aquele pagamento.

3 – A exigência de pagamento por serviços prestados é comunicada ao utente, por escrito, com uma antecedência mínima de 10 dias úteis relativamente à data-limite fixada para efectuar o pagamento.

4 – O prazo para a propositura da acção ou da injunção pelo prestador de serviços é de seis meses, contados após a prestação do serviço ou do pagamento inicial, consoante os casos.

5 – O disposto no presente artigo nao se aplica ao fornecimento de energia eléctrica em alta tensão.

ART. 11.º (Ónus da prova) – 1 – Cabe ao prestador do serviço a prova de todos os factos relativos ao cumprimento das suas obrigações e ao desenvolvimento de diligências decorrentes da prestação dos serviços a que se refere a presente lei.

2 – Incide sobre o prestador do serviço o ónus da prova da realização das comunicações a que se refere o artigo 10.º, relativas à exigência do pagamento e do momento em que as mesmas foram efectuadas.

ART. 12.º (Acerto de valores cobrados) – Sempre que, em virtude do método de facturação utilizado, seja cobrado ao utente um valor que exceda o correspondente ao consumo efectuado, o valor em excesso é abatido da factura em que tenha sido efectuado o acerto, salvo caso de declaração em contrário, manifestada expressamente pelo utente do serviço.

ART. 13.º (Carácter injuntivo dos direitos) – 1 – É nula qualquer convenção ou disposição que exclua ou limite os direitos atribuídos aos utentes pela presente lei.

2 – A nulidade referida no número anterior apenas pode ser invocada pelo utente.

3 – O utente pode optar pela manutenção do contrato quando alguma das suas cláusulas seja nula.

ART. 14.º (Direito ressalvado) – Ficam ressalvadas todas as disposições legais que, em concreto, se mostrem mais favoráveis ao utente.

ART. 15.º (Resolução de litígios) – Quando as partes, em caso de litígio resultante da prestação de um serviço público essencial, optem por recorrer a mecanismos de resolução extrajudicial de conflitos, suspende-se no seu decurso o prazo para a interposição da acção judicial ou da injunção.

ART. 16.º (Disposições finais) – O elenco das organizações representativas dos utentes, com direito de participação nos termos do artigo 2.º, será certificado e actualizado pelo departamento governamental competente, nos termos das disposições regulamentares da presente lei.

1216   [DL n.º 195/99]   DIREITO DO CONSUMIDOR

20.11. CAUÇÃO POR FORNECIMENTO DE SERVIÇOS PÚBLICOS ESSENCIAIS

Decreto-Lei n.º 195/99

de 8 de Junho (*)

ART. 1.º (Âmbito) – 1 – O presente diploma aplica-se aos contratos de fornecimento dos serviços públicos essenciais mencionados no n.º 2 do artigo 1.º da Lei n.º 23/96, de 26 de Julho, em que sejam parte consumidores como tal definidos no n.º 1 do artigo 2.º da Lei n.º 24/96, de 31 de Julho, qualquer que seja o fornecedor e a forma do respectivo fornecimento.

2 – É proibida a exigência de prestação de caução, sob qualquer forma ou denominação, para garantir o cumprimento de obrigações decorrentes do fornecimento dos serviços públicos essenciais mencionados no número anterior.

3 – O disposto nos números anteriores aplica-se às autarquias locais.

ART. 2.º (Caução em caso de incumprimento) – 1 – Os fornecedores dos serviços públicos essenciais mencionados no artigo 1.º apenas podem exigir a prestação de caução nas situações de restabelecimento de fornecimento, na sequência de interrupção decorrente de incumprimento contratual imputável ao consumidor.

2 – A caução poderá ser prestada em numerário, cheque ou transferência electrónica ou através de garantia bancária ou seguro-caução.

3 – O valor e a forma de cálculo das cauções serão fixados pelas entidades reguladoras dos diferentes serviços públicos essenciais ou, na sua falta, pelas entidades públicas responsáveis pela supervisão ou controlo dos respectivos sectores de actividade.

4 – Não será prestada caução se, regularizada a dívida objecto do incumprimento, o consumidor optar pela transferência bancária como forma de pagamento dos serviços.

5 – Sempre que o consumidor, que haja prestado caução nos termos do n.º 1, opte posteriormente pela transferência bancária como forma de pagamento, a caução prestada será devolvida nos termos do artigo 4.º.

ART. 3.º (Accionamento da caução) – 1 – O fornecedor deve utilizar o valor da caução para satisfação dos valores em dívida pelo consumidor.

2 – Accionada a caução, o fornecedor pode exigir a sua reconstituição ou o seu reforço em prazo não inferior a 10 dias úteis, por escrito, de acordo com as regras fixadas nos termos do n.º 3 do artigo 2.º.

3 – A utilização da caução, nos termos acima mencionados, impede o fornecedor de exercer o direito de interrupção do fornecimento, ainda que o montante da caução não seja suficiente para a liquidação integral do débito.

4 – A interrupção do fornecimento poderá ter lugar, nos termos do n.º 2 do artigo 2.º da Lei n.º 23/96, de 26 de Julho, se o consumidor, na sequência da interpelação a que se refere o n.º 2, não vier a reconstituir ou reforçar a caução.

ART. 4.º (Restituição da caução) – 1 – Findo o contrato de fornecimento, por qualquer das formas legal ou contratualmente estabelecidas, a caução prestada é restituída ao consumidor, deduzida dos montantes eventualmente em dívida.

2 – A quantia a restituir será actualizada em relação à data da sua última alteração, com base no índice anual de preços ao consumidor, publicado pelo Instituto Nacional de Estatística.

ART. 5.º (Validade da caução) – A caução prestada nos termos do presente diploma considera-se válida até ao termo ou resolução do contrato de fornecimento, qualquer que seja a entidade que, até essa data, forneça ou venha a fornecer o serviço em causa, ainda que não se trate daquela com quem o consumidor contratou inicialmente o fornecimento, podendo o consumidor exigir dessa entidade a sua restituição.

ART. 6.º (Cauções anteriores) – 1 – As cauções prestadas pelos consumidores, em numerário, cheque ou transferência electrónica, até à data da entrada em vigor do presente diploma são restituídas aos consumidores ou aos seus herdeiros, após actualização nos termos do n.º 4, de acordo com plano a estabelecer pelas entidades mencionadas no n.º 3 do artigo 2.º e em prazo por estas fixado, que não poderá exceder um ano.

2 – A entidade responsável pela restituição das cauções é aquela que, no momento dessa restituição, assegure o fornecimento do serviço.

3 – O plano de reembolso mencionado no n.º 1 poderá considerar a possibilidade de a restituição das cauções se efectuar por compensação, total ou parcial, de débitos relativos ao fornecimento de serviços, sempre que os respectivos contratos ainda se encontrem em vigor e o consumidor seja o mesmo relativamente ao qual é devida a restituição da caução.

4 – Para efeitos do disposto no n.º 1, a actualização das cauções a restituir é referida apenas ao período decorrido depois de 1 de Janeiro de 1999.

5 – Se a caução não tiver sido restituída no decurso do plano mencionado no n.º 1, a entidade prestadora do serviço deve elaborar, no prazo e nas condições a fixar pelas entidades mencionadas no n.º 3 do artigo 2.º, uma lista dos consumidores a quem a caução não foi restituída com a indicação dos motivos.

(*) Alterado pelo **DL n.º 100/2007,** de 2-4 (arts. 1.º e 6.º e aditamento dos arts. 6.º-A, 6.º-B e 6.º-C).

DIREITO A FACTURAÇÃO TELEFÓNICA DETALHADA   [DL n.º 230/96]   1217

6 – A entidade prestadora do serviço procede à afixação de editais e à publicação de anúncios da lista referida no número anterior, indicando aos consumidores o direito de reaverem o valor da caução prestada, o prazo para o fazerem e o modo de proceder, incluindo os documentos que devem apresentar para obtenção do mesmo.

7 – Os editais são afixados nas juntas de freguesia correspondentes aos locais de fornecimento do serviço e os anúncios, que reproduzem o teor dos editais, são publicados em dois dos jornais de maior tiragem nacional.

8 – O consumidor deve reclamar a caução no prazo de 180 dias a contar da data da afixação do edital ou da publicação do anúncio, consoante o último facto ocorrido.

9 – O edital referido nos n.ᵒˢ 6 e 8 deve ser objecto de uma ampla divulgação, nomeadamente através da:
a) Afixação, de forma visível, nas instalações de atendimento público da entidade prestadora do serviço;
b) Publicitação nas facturas enviadas aos consumidores;
c) Publicitação nos respectivos sítios na Internet da entidade prestadora do serviço.

10 – A reclamação da caução junto da entidade prestadora do serviço deve ser instruída com os documentos que comprovem a titularidade do respectivo direito.

ART. 6.º-A (Deveres especiais dos prestadores de serviços) – 1 – Os prestadores dos serviços abrangidos pelo presente decreto-lei obedecem a um dever especial de colaboração, permitindo, designadamente, o acesso e a consulta dos registos contabilísticos para efeitos de identificação dos consumidores a quem não tenha sido restituída a caução.

2 – Os prestadores dos serviços devem informar as respectivas entidades reguladoras sobre o número de processos de restituição de caução concluídos, o montante total restituído, bem como os processos não concluídos e respectivos montantes, apresentando as razões que estiveram na origem deste facto.

3 – Quando as cauções tenham sido recebidas por municípios que tenham posteriormente atribuído a exploração e a gestão dos seus sistemas municipais às actuais entidades prestadoras do serviço, ficam aqueles municípios obrigados a entregar a estas entidades os montantes das cauções, bem como a lista identificativa dos consumidores a que as mesmas respeitam.

ART. 6.º-B (Destino das cauções não restituídas) – 1 – Os montantes relativos às cauções não reclamadas nos prazos e nos termos mencionados, que não tenham sito restituídas aos consumidores, ao abrigo do artigo 6.º, revertem para um fundo a administrar pelo Instituto do Consumidor, I. P., destinado ao financiamento de mecanismos extrajudiciais de acesso à justiça pelos consumidores e de projectos de âmbito nacional, regional ou local de promoção dos direitos dos consumidores e a constituir nos termos a definir por portaria conjunta dos ministros responsáveis pelas áreas das finanças e da defesa do consumidor.

2 – Cabe à entidade reguladora dos respectivos serviços fixar o procedimento de modo que, nos dois meses posteriores ao prazo previsto no n.º 8 do artigo 6.º, a entidade que assegura o fornecimento deposite em conta à ordem do Instituto do Consumidor, I. P., os montantes relativos às cauções não reclamadas.

3 – Para efeitos do disposto no número anterior, o Instituto Regulador de Água e Resíduos é considerado a entidade reguladora do serviço de fornecimento de água, independentemente do regime em que este é prestado e da entidade que o disponibiliza.

4 – A gestão do fundo a que se refere o n.º 1 deste artigo é apoiada por um órgão consultivo composto por representantes dos operadores intervenientes na captação das cauções e de associações representativas de consumidores, cuja composição global, incluindo os municípios, é definida por portaria do ministro responsável pela área da defesa do consumidor.

A P.ª n.º 1340/2008, de 26-11, deu cumprimento à previsão do n.º 4 deste artigo.

ART. 6.º-C (Responsabilidade do Instituto do Consumidor, I. P.) – Cumprido o estabelecido no artigo anterior, se a caução não tiver sido restituída pelas entidades que asseguram o fornecimento de serviços públicos essenciais, o consumidor pode reclamar o respectivo montante junto do Instituto do Consumidor, I. P., nos cinco anos subsequentes ao termo do prazo estabelecido no n.º 8 do artigo 6.º.

ART. 7.º (Entrada em vigor e disposições finais) – 1 – O presente diploma entra em vigor 90 dias após a sua publicação.

2 – No prazo de 60 dias a contar da data da sua entrada em vigor, as entidades a que se refere o n.º 3 do artigo 2.º darão cumprimento ao disposto nessa disposição e no n.º 1 do artigo 6.º.

20.12. DIREITO A FACTURAÇÃO TELEFÓNICA DETALHADA

Decreto-Lei n.º 230/96

do 29 de Novembro

ART. 1.º – 1 – A facturação detalhada a que se refere o n.º 2 do artigo 9.º da Lei n.º 23/96, de 26 de Julho, é fornecida sem qualquer encargo quando o utente do serviço telefónico for uma pessoa singular considerada consumidor nos termos da Lei n.º 24/96, de 31 de Julho, nos seguintes casos:

1218   [DL n.º 238/86]   DIREITO DO CONSUMIDOR

a) Sempre que uma factura não detalhada seja objecto de reclamação;
b) Mediante pedido escrito do utente, válido pelo período de um ano.
2 – A facturação detalhada deve identificar cada chamada e o respectivo custo.

ART. 2.º – O presente diploma entra em vigor no dia 1 de Dezembro de 1996, produzindo efeitos a partir do período de facturação imediatamente subsequente.

20.13. LÍNGUA A UTILIZAR NA INFORMAÇÃO SOBRE PRODUTOS OU SERVIÇOS DE ORIGEM ESTRANGEIRA

Decreto-Lei n.º 238/86

de 19 de Agosto (*)

ART. 1.º – As informações sobre a natureza, características e garantias de bens ou serviços oferecidos ao público no mercado nacional, quer as constantes de rótulos, embalagens, prospectos, catálogos, livros de instruções para utilização ou outros meios informativos, quer as faculdades nos locais de venda ou divulgadas por qualquer meio publicitário, deverão ser prestadas em língua portuguesa.

ART. 2.º – No caso de as informações escritas se encontrarem redigidas em língua ou línguas estrangeiras aquando da venda de bens ou serviços no mercado nacional é obrigatória a sua tradução integral em língua portuguesa, devendo, conforme os casos, o texto traduzido ser aposto nos rótulos ou embalagens ou aditado aos meios informativos referidos no artigo anterior.

ART. 3.º – Sem prejuízo de conterem versão em língua ou línguas estrangeiras, os contratos que tenham por objecto a venda de bens ou produtos ou a prestação de serviços no mercado interno, bem como a emissão de facturas ou recibos, deverão ser redigidos em língua portuguesa.

ART. 4.º – 1 – As obrigações previstas no presente diploma impendem, no mercado interno, sobre o fabricante, embalador, prestador de serviços e todos os outros agentes que desenvolvam actividades de comércio por grosso ou a retalho.
2 – A fiscalização do cumprimento da obrigação de informar em língua portuguesa será efectuada quando o bem ou serviço é colocado ao alcance do consumidor, sem prejuízo da responsabilidade dos restantes agentes económicos referidos no número anterior.

ART. 5.º – A violação do disposto no presente diploma constitui contra-ordenação, punível nos termos da alínea c) do n.º 1 do artigo 64.º do Decreto-Lei n.º 28/84, de 20 de Janeiro.

ART. 6.º – 1 – Este diploma entra em vigor em 1 de Novembro de 1986.
2 – O disposto no artigo 2.º não se aplica, nos dezoito meses subsequentes à data da publicação deste diploma, às informações escritas relativas aos produtos e serviços existentes ou disponíveis naquela data no mercado nacional.

20.14. LIVRO DE RECLAMAÇÕES

Decreto-Lei n.º 156/2005

de 15 de Setembro (**)

CAPÍTULO I — Do objecto e do âmbito de aplicação

ART. 1.º (Objecto) – 1 – O presente diploma visa reforçar os procedimentos de defesa dos direitos dos consumidores e utentes no âmbito do fornecimento de bens e prestação de serviços.

(*) A redacção do art. 4.º foi introduzida pelo **DL n.º 42/88**, de 6-2.
(**) Com as alterações introduzidas pelo **DL n.º 371/2007**, de 6-11, o qual republicou, em anexo, o texto integral consolidado, que se adopta, alterado pelo **DL n.º 118/2009**, de 19-5, que deu nova redacção aos arts. 11.º e 12.º, e pelo art. 6.º do **DL n.º 317/ /2009**, de 30-10, que alterou o n.º 4 do Anexo I.

LIVRO DE RECLAMAÇÕES   [DL n.º 156/2005]   1219

2 – O presente decreto-lei institui a obrigatoriedade de existência e disponibilização do livro de reclamações em todos os estabelecimentos de fornecimento de bens ou prestação de serviços, designadamente os constantes do anexo i ao presente decreto-lei e que dele faz parte integrante.

3 – Sem prejuízo do disposto no número anterior, os fornecedores de bens e os prestadores de serviços podem disponibilizar no seu sítio de Internet instrumentos que permitam aos consumidores reclamarem.

ART. 2.º (Âmbito) – 1 – Para efeitos do presente decreto-lei, a referência a «fornecedor de bens ou prestador de serviços» compreende os estabelecimentos referidos no artigo anterior que:

a) Se encontrem instalados com carácter fixo ou permanente, e neles seja exercida, exclusiva ou principalmente, de modo habitual e profissional, a actividade; e

b) Tenham contacto com o público, designadamente através de serviços de atendimento ao público destinado à oferta de produtos e serviços ou de manutenção das relações de clientela.

2 – O anexo a que se refere o artigo anterior pode ser objecto de aditamentos.

3 – O regime previsto neste diploma não se aplica aos serviços e organismos da Administração Pública a que se refere o artigo 38.º do Decreto-Lei n.º 135/99, de 22 de Abril.

4 – O livro de reclamações pode ser utilizado por qualquer utente nas situações e nos termos previstos no presente diploma.

5 – Exceptuam-se do disposto no n.º 3 os serviços e organismos da Administração Pública encarregues da prestação dos serviços de abastecimento público de água, de saneamento de águas residuais e de gestão de resíduos urbanos que passam a estar sujeitos às obrigações constantes deste decreto-lei.

CAPÍTULO II — Do livro de reclamação e do procedimento

ART. 3.º (Obrigações do fornecedor de bens ou prestador de serviços) – 1 – O fornecedor de bens ou prestador de serviços é obrigado a:

a) Possuir o livro de reclamações nos estabelecimentos a que respeita a actividade;

b) Facultar imediata e gratuitamente ao utente o livro de reclamações sempre que por este tal lhe seja solicitado;

c) Afixar no seu estabelecimento, em local bem visível e com caracteres facilmente legíveis pelo utente, um letreiro com a seguinte informação: «Este estabelecimento dispõe de livro de reclamações»;

d) Manter, por um período mínimo de três anos, um arquivo organizado dos livros de reclamações que tenha encerrado.

2 – O fornecedor de bens ou prestador de serviços não pode, em caso algum, justificar a falta de livro de reclamações no estabelecimento onde o utente o solicita pelo facto de o mesmo se encontrar disponível noutros estabelecimentos, dependências ou sucursais.

3 – Sem prejuízo da regra relativa ao preenchimento da folha de reclamação a que se refere o artigo 4.º, o fornecedor de bens ou prestador de serviços ou o funcionário do estabelecimento não pode condicionar a apresentação do livro de reclamações, designadamente a necessidade de identificação do utente.

4 – Quando o livro de reclamações não for imediatamente facultado ao utente, este pode requerer a presença da autoridade policial a fim de remover essa recusa ou de que essa autoridade tome nota da ocorrência e a faça chegar à entidade competente para fiscalizar o sector em causa.

ART. 4.º (Formulação da reclamação) – 1 – A reclamação é formulada através do preenchimento da folha de reclamação.

2 – Na formulação da reclamação, o utente deve:

a) Preencher de forma correcta e completa todos os campos relativos à sua identificação e endereço;

b) Preencher de forma correcta a identificação e o local do fornecedor de bens ou prestador do serviço;

c) Descrever de forma clara e completa os factos que motivam a reclamação.

3 – Para efeitos do disposto na alínea *b)* do número anterior, o fornecedor de bens ou o prestador de serviços está obrigado a fornecer todos os elementos necessários ao correcto preenchimento dos campos relativos à sua identificação, devendo ainda confirmar que o utente os preencheu correctamente.

ART. 5.º (Envio da folha de reclamação e alegações) – 1 – Após o preenchimento da folha de reclamação, o fornecedor do bem, o prestador de serviços ou o funcionário do estabelecimento tem a obrigação de destacar do livro de reclamações o original que, no prazo de 10 dias úteis, deve ser remetido à entidade de controlo de mercado competente ou à entidade reguladora do sector.

2 – Tratando-se de fornecedor de bens ou prestador de serviços não identificado no anexo i ao presente decreto-lei, observado o disposto no número anterior, o original da folha de reclamação deve ser remetido à entidade de controlo de mercado competente ou à entidade reguladora do sector ou, na ausência de uma e outra, à Autoridade de Segurança Alimentar e Económica.

3 – Para efeitos do disposto nos números anteriores, a remessa do original da folha de reclamação pode ser acompanhada das alegações que o fornecedor de bens ou o prestador de serviço entendam dever prestar, bem como dos esclarecimentos dispensados ao reclamante em virtude da reclamação.

4 – Após o preenchimento da folha de reclamação, o fornecedor do bem, o prestador de serviços ou o funcionário do estabelecimento tem ainda a obrigação de entregar o duplicado da reclamação ao utente, conservando em seu poder o triplicado, que faz parte integrante do livro de reclamações e dele não pode ser retirado.

1220 [DL n.º 156/2005] DIREITO DO CONSUMIDOR

5 – Sem prejuízo do disposto nos números anteriores, o utente pode também remeter o duplicado da folha de reclamação à entidade de controlo de mercado competente ou à entidade reguladora do sector, de acordo com as instruções constantes da mesma ou, tratando-se de fornecedor de bens ou prestador de serviços não identificado no anexo I ao presente decreto-lei e, não havendo uma e outra destas entidades, à Autoridade de Segurança Alimentar e Económica.

6 – Para efeitos do número anterior, o letreiro a que se refere a alínea *c*) do n.º 1 do artigo 3.º deve conter ainda, em caracteres facilmente legíveis pelo utente, a identificação completa e a morada da entidade junto da qual o utente deve apresentar a reclamação.

ART. 6.º (Procedimento da entidade de controlo de mercado competente e da entidade reguladora do sector) – 1 – Para efeitos de aplicação do presente decreto-lei, cabe à entidade de controlo de mercado competente ou à entidade reguladora do sector:

a) Receber as folhas de reclamação e, se for o caso, as respectivas alegações;

b) Instaurar o procedimento adequado se os factos resultantes da reclamação indiciarem a prática de contra-ordenação prevista em norma específica aplicável.

2 – Fora dos casos a que se refere a alínea *b*) do número anterior, a entidade de controlo de mercado competente ou a entidade reguladora deve notificar o fornecedor de bens ou prestador de serviços para que, no prazo de 10 dias úteis, apresente as alegações que entenda por convenientes.

3 – Quando da folha de reclamação resultar a identificação suficiente do reclamante, a entidade de controlo de mercado competente ou a entidade reguladora do sector podem, através de comunicação escrita, informar aquele sobre o procedimento ou as medidas que tenham sido ou venham a ser adoptadas na sequência da reclamação formulada.

4 – Quando da folha de reclamação resultar uma situação de litígio, a entidade de controlo de mercado competente ou a entidade reguladora do sector deve, através de comunicação escrita e após concluídas todas as diligências necessárias à reposição legal da situação, informar o reclamante sobre o procedimento ou as medidas que tenham sido ou venham a ser adoptadas na sequência da reclamação formulada.

CAPÍTULO III — Da edição e venda do livro de reclamações

ART. 7.º (Modelo de livro de reclamações) – O modelo do livro de reclamações e as regras relativas à sua edição e venda, bem como o modelo de letreiro a que se refere a alínea *c*) do n.º 1 do artigo 3.º do presente diploma, são aprovados por portaria conjunta dos membros do Governo responsáveis pelas áreas das finanças e da defesa do consumidor, a emitir no prazo de 90 dias a contar da data da publicação do presente diploma.

ART. 8.º (Aquisição de novo livro de reclamações) – 1 – O encerramento, perda ou extravio do livro de reclamações obriga o fornecedor de bens ou o prestador de serviços a adquirir um novo livro.

2 – A perda ou extravio do livro de reclamações obriga o fornecedor de bens ou o prestador de serviços a comunicar imediatamente esse facto à entidade reguladora ou, na falta desta, à entidade de controlo de mercado sectorialmente competente junto da qual adquiriu o livro.

3 – A perda ou extravio do livro de reclamações obriga ainda o fornecedor de bens ou prestador de serviços, durante o período de tempo em que não disponha do livro, a informar o utente sobre a entidade à qual deve recorrer para apresentar a reclamação.

CAPÍTULO IV — Das contra-ordenações

ART. 9.º (Contra-ordenações) – 1 – Constituem contra-ordenações puníveis com a aplicação das seguintes coimas:

a) De € 250 a € 3500 e de € 3500 a € 30 000, consoante o infractor seja pessoa singular ou pessoa colectiva, a violação do disposto nas alíneas *a*), *b*) e *c*) do n.º 1 do artigo 3.º, nos n.ᵒˢ 1, 2 e 4 do artigo 5.º e no artigo 8.º;

b) De € 250 a € 2500 e de € 500 a € 5000, consoante o infractor seja pessoa singular ou pessoa colectiva, a violação do disposto na alínea *d*) do n.º 1 do artigo 3.º, no n.º 3 do artigo 4.º e no n.º 6 do artigo 5.º.

2 – A negligência é punível sendo os limites mínimos e máximos das coimas aplicáveis reduzidos a metade.

3 – Em caso de violação do disposto na alínea *b*) do n.º 1 do artigo 3.º, acrescida da ocorrência da situação prevista no n.º 4 do mesmo artigo, o montante da coima a aplicar não pode ser inferior a metade do montante máximo da coima prevista.

4 – A violação do disposto nas alíneas *a*) e *b*) do n.º 1 do artigo 3.º dá lugar, para além da aplicação da respectiva coima, à publicidade da condenação por contra-ordenação num jornal de expansão local ou nacional, a expensas do infractor.

ART. 10.º (Sanções acessórias) – 1 – Quando a gravidade da infracção o justifique, podem ainda ser aplicadas as seguintes sanções acessórias, nos termos do regime geral das contra-ordenações:

a) Encerramento temporário das instalações ou estabelecimentos;

b) Interdição do exercício da actividade;

c) Privação do direito a subsídio ou benefício outorgado por entidade ou serviço público.

LIVRO DE RECLAMAÇÕES   **[DL n.º 156/2005]**   1221

2 – As sanções referidas no número anterior têm duração máxima de dois anos contados a partir da data da decisão condenatória definitiva.

ART. 11.º (Fiscalização e instrução dos processos de contra-ordenação) – 1 – A fiscalização e a instrução dos processos relativos às contra-ordenações previstas no n.º 1 do artigo 9.º compete:

a) À Autoridade de Segurança Alimentar e Económica, quando praticadas em estabelecimentos de fornecimento de bens e de prestação de serviços mencionados nas alíneas *a)*, *b)*, *c)*, *d)*, *e)*, *f)*, *i)*, *l)*, *m)* e *t)* do n.º 1 do anexo I;

b) Ao Instituto do Desporto de Portugal, I. P., quando praticadas em estabelecimentos mencionados na alínea *g)* do n.º 1 do anexo I;

c) À Inspecção-Geral das Actividades Culturais, quando praticadas em estabelecimentos mencionados nas alíneas *h)* e *n)* do n.º 1 do anexo I;

d) Ao INFARMED – Autoridade Nacional do Medicamento e dos Produtos de Saúde, I. P., quando praticadas em estabelecimentos mencionados na alínea *j)* do n.º 1 do anexo I;

e) Ao Instituto dos Registos e do Notariado, I. P., quando praticadas em estabelecimentos mencionados na alínea *o)* do n.º 1 do anexo I;

f) Ao Instituto da Construção e do Imobiliário, I. P., quando praticadas em estabelecimentos mencionados nas alíneas *p)*, *q)*, *r)* e *s)* do n.º 1 do anexo I;

g) Ao Instituto da Segurança Social, I. P., quando praticadas em estabelecimentos mencionados na alínea *n)* do n.º 3 do anexo I;

h) Às respectivas entidades reguladoras, quando praticadas em estabelecimentos dos prestadores de serviços mencionados no n.º 2 do anexo I;

i) Aos respectivos centros distritais da segurança social, quando praticadas em estabelecimentos mencionados nas alíneas *a)* a *m)* do n.º 3 do anexo I;

j) Ao Banco de Portugal, quando praticadas nos estabelecimentos mencionados no n.º 4 do anexo I;

l) Ao Instituto de Seguros de Portugal, quando praticadas em estabelecimentos mencionados no n.º 5 do anexo I;

m) Às respectivas capitanias, quando praticadas em estabelecimentos mencionados no n.º 6 do anexo I;

n) À Ordem dos Médicos Veterinários, quando praticadas em estabelecimentos mencionados no n.º 7 do anexo I;

o) À Inspecção-Geral da Educação, quando praticadas em estabelecimentos mencionados no n.º 8 do anexo I;

p) À Inspecção-Geral do Ministério da Ciência, Tecnologia e Ensino Superior, quando praticadas em estabelecimentos mencionados no n.º 9 do anexo I.

2 – A aplicação das coimas e sanções acessórias compete às entidades que, nos termos da lei, são responsáveis pela respectiva aplicação.

3 – Compete à Autoridade de Segurança Alimentar e Económica a fiscalização e a instrução dos processos relativos às contra-ordenações previstas no n.º 1 do artigo 9.º quando praticadas em estabelecimentos de fornecimento de bens e de prestação de serviços não mencionados no anexo I a este decreto-lei e quando não exista entidade de controlo de mercado competente e entidade reguladora do sector.

4 – A receita das coimas reverte em 60% para o Estado, em 30% para a entidade que instrui o processo contra-ordenacional e em 10% para a entidade que aplica a coima quando esta não coincida com a entidade que faz a instrução.

5 – Coincidindo na mesma entidade a instrução e a aplicação das coimas, a distribuição da receita é de 60% para o Estado e de 40% para a entidade que instrui o processo.

CAPÍTULO V — Da informação estatística, da uniformização
do regime e da avaliação do diploma

ART. 12.º (Rede telemática de informação comum) — 1 — A Direcção-Geral do Consumidor cria uma rede telemática de informação comum (RTIC), destinada ao registo e tratamento das reclamações dos utentes e consumidores constantes do livro de reclamações.

2 — A RTIC visa garantir a comunicação e o intercâmbio de informação estatística em matéria de conflitualidade de consumo decorrente das reclamações e assegura o seu armazenamento e gestão por parte das entidades reguladoras e de controlo de mercado competentes, proporcionando aos reclamantes e reclamados o acesso à informação sobre a sua reclamação, com observância do disposto na Lei n.º 67/98, de 26 de Outubro.

3 — As entidades reguladoras e de controlo de mercado competentes estão obrigadas a registar e a tratar directamente as reclamações recebidas através do livro de reclamações na RTIC ou a providenciar ligações entre esta rede e a sua própria rede que permitam a comunicação de dados entre as duas redes, de forma a cumprir os objectivos previstos no número anterior.

4 — A participação da entidade reguladora ou de controlo de mercado competente na RTIC formaliza-se através de protocolo a celebrar com a Direcção-Geral do Consumidor, devendo respeitar os princípios de cooperação e boa gestão.

1222 [DL n.º 156/2005]   DIREITO DO CONSUMIDOR

5 — O consumidor ou utente reclamante bem como o profissional reclamado têm acesso à RTIC para consulta da fase em que se encontra a sua reclamação.

6 — O modo de funcionamento da RTIC, a forma como são registadas as reclamações, bem como o acesso das entidades reguladoras ou de controlo de mercado e dos reclamantes e reclamados à rede, são objecto de portaria do membro do Governo responsável pela área da defesa dos consumidores, a emitir no prazo de 30 dias a contar da data da publicação do presente decreto-lei.

7 — É assegurado à Inspecção-Geral das Actividades em Saúde (IGAS) o acesso à RTIC, de acordo com as competências previstas no seu diploma orgânico, através da subscrição de protocolo a celebrar com a Direcção-Geral do Consumidor.

A regulamentação prevista no n.º 6 deste artigo consta da P.ª n.º 866/2000, de 13-8.

ART. 13.º (Outros procedimentos) – 1 – A formulação da reclamação nos termos previstos no presente decreto-lei não exclui a possibilidade de o utente apresentar reclamações por quaisquer outros meios e não limita o exercício de quaisquer direitos constitucional ou legalmente consagrados.

2 – Sem prejuízo dos procedimentos previstos no presente decreto-lei, as entidades de controlo de mercado competentes e as entidades reguladoras do sector podem estabelecer mecanismos internos, no âmbito das suas competências, que permitam uma resolução mais célere da reclamação e que não diminuam as garantias de defesa das partes.

ART. 14.º (Avaliação da execução) – No final do primeiro ano a contar da data de entrada em vigor do presente decreto-lei, e bianualmente nos anos subsequentes, a Direcção-Geral do Consumidor elabora um relatório de avaliação sobre a aplicação e execução do mesmo, devendo remetê-lo ao membro do Governo responsável pela área da defesa do consumidor.

ART. 15.º (Uniformização de regime e revogação) – 1 – O regime previsto no presente diploma aplica-se igualmente aos fornecedores de bens, prestadores de serviços e estabelecimentos constantes no anexo II a este diploma, que dele faz parte integrante, sendo revogadas quaisquer outras normas que contrariem o disposto neste decreto-lei.

2 – A fiscalização, a instrução dos processos e a aplicação das coimas e sanções acessórias previstas no presente diploma aos fornecedores de bens, prestadores de serviços e estabelecimentos constantes do anexo II cabem às entidades que, nos termos da legislação específica existente que estabelece a obrigatoriedade do livro de reclamações, são competentes para o efeito.

3 – O disposto no presente artigo não prejudica a manutenção do livro de reclamações do modelo que, à data da entrada em vigor deste diploma, estiver a ser utilizado até ao respectivo encerramento.

CAPÍTULO VI — **Entrada em vigor**

ART. 16.º (Entrada em vigor) – O presente diploma entra em vigor no dia 1 de Janeiro de 2006.

ANEXO I

Entidades que, nos termos do n.º 2 do artigo 1.º, passam a estar sujeitas à obrigatoriedade de existência e disponibilização do livro de reclamações) – 1 – Estabelecimentos de venda ao público e de prestação de serviços:

a) Estabelecimentos de comércio a retalho e conjuntos comerciais, bem como estabelecimentos de comércio por grosso com revenda ao consumidor final;

b) Postos de abastecimento de combustíveis;

c) Lavandarias, estabelecimentos de limpeza a seco e de engomadoria;

d) Salões de cabeleireiro, institutos de beleza ou outros de natureza similar, independentemente da denominação adoptada;

e) Estabelecimentos de tatuagens e colocação de piercings;

f) Estabelecimentos de comércio, manutenção e reparação de velocípedes, ciclomotores, motociclos e veículos automóveis novos e usados;

g) Estabelecimentos de manutenção física, independentemente da designação adoptada;

h) Recintos de espectáculos de natureza artística;

i) Parques de estacionamento subterrâneo ou de superfície;

j) Farmácias;

l) Estabelecimentos de aluguer de velocípedes, de motociclos e de veículos automóveis;

m) Estabelecimentos de reparação de bens pessoais e domésticos;

n) Estabelecimentos de aluguer de videogramas;

o) Estabelecimentos notariais privados;

p) Estabelecimentos das empresas de construção civil;

q) Estabelecimentos das empresas de promoção imobiliária;

r) Estabelecimentos das empresas de administração de condomínios;

s) Estabelecimentos das empresas de avaliação imobiliária;

LIVRO DE RECLAMAÇÕES [DL n.º 156/2005] 1223

t) Estabelecimentos de centros de estudos e de explicações.

2 – Estabelecimentos dos prestadores de serviços seguintes:

a) Prestadores de serviços públicos essenciais a que se refere a Lei n.º 23/96, de 26 de Julho;

b) Prestadores de serviços de transporte rodoviários, ferroviários, marítimos, fluviais, aéreos, de comunicações electrónicas e postais;

c) Prestadores de serviços de abastecimento de água, de saneamento de águas residuais e de gestão de resíduos urbanos, incluindo os serviços e organismos da Administração Pública que actuem neste sector.

3 – Estabelecimentos das instituições particulares de segurança social em relação aos quais existam acordos de cooperação celebrados com os centros distritais de segurança social:

a) Creches;

b) Pré-escolar;

c) Centros de actividade de tempos livres;

d) Lares para crianças e jovens;

e) Lares para idosos;

f) Centros de dia;

g) Apoio domiciliário;

h) Lares para pessoas com deficiências;

i) Centros de actividades ocupacionais para deficientes;

j) Centros comunitários;

l) Cantinas sociais;

m) Casa-abrigos;

n) Estabelecimentos das empresas de ocupação de actividades de tempos livres ou outros de natureza similar independentemente da denominação adoptada.

4 – Instituições de crédito, sociedades financeiras, instituições de pagamento e prestadores de serviços postais no que se refere à prestação de serviços de pagamento.

5 – Estabelecimentos das empresas de seguros bem como os estabelecimentos de mediadores, corretores de seguros e sociedades gestoras de fundos de pensões.

6 – Marinas.

7 – Clínicas veterinárias.

8 – Estabelecimentos particulares e cooperativos de educação pré-escolar e dos ensinos básico e secundário.

9 – Estabelecimentos do ensino superior particular e cooperativo.

ANEXO II

Entidades que já se encontram sujeitas à obrigatoriedade de existência e disponibilização do livro de reclamações, de acordo com a legislação existente à data da entrada em vigor deste decreto-lei, a que se refere o n.º 1 do artigo 15.º) – 1 – Estabelecimentos de venda ao público e de prestação de serviços:

a) Centros de inspecção automóvel;

b) Escolas de condução;

c) Centros de exames de condução;

d) Empresas de mediação imobiliária;

e) Agências funerárias;

f) Postos consulares.

2 – Estabelecimentos de prestação de serviços na área do turismo:

a) Empreendimentos turísticos;

b) Estabelecimentos de restauração e bebidas;

c) Turismo no espaço rural;

d) Agências de viagens e turismo;

e) Salas de jogo do bingo;

f) Turismo da natureza;

g) Empresas de animação turística;

h) Recintos com diversões aquáticas;

i) Campos de férias;

j) Estabelecimentos termais;

l) Marina de Ponta Delgada.

3 – Estabelecimentos das instituições particulares de segurança social:

a) Instituições particulares de solidariedade social;

b) Estabelecimentos de apoio social;

c) Serviços de apoio domiciliário.

4 – Estabelecimentos dos prestadores de serviços na área da saúde:

a) Unidades privadas de saúde com internamento ou sala de recobro;

b) Unidades privadas de saúde com actividade específica, designadamente laboratórios; unidades com fins de diagnóstico, terapêutica e de prevenção de radiações ionizantes, ultra-sons ou campos magnéticos; unidades privadas de diálise; clínicas e consultórios dentários e unidades de medicina física e de reabilitação;

c) Unidades privadas de prestação de cuidados de saúde na área da toxicodependência;

d) Outros operadores sujeitos à actividade reguladora da Entidade Reguladora da Saúde.

20.15. REGULAMENTO DO LIVRO DE RECLAMAÇÕES

Portaria n.º 1288/2005

de 15 de Dezembro (*)

1.º (Âmbito) – Pela presente portaria procede-se à aprovação do modelo, edição, preço, fornecimento e distribuição do livro de reclamações a ser disponibilizado pelos fornecedores de bens e prestadores de serviços abrangidos pelo Decreto-Lei n.º 156/2005, de 15 de Setembro, com a alteração introduzida pelo Decreto-Lei n.º 371/2007, de 6 de Novembro, bem como à aprovação do modelo de letreiro a ser afixado nos respectivos estabelecimentos.

2.º (Modelos) – 1 – O modelo do livro de reclamações e o do letreiro constam, respectivamente, dos anexos I e II da presente portaria, que dela fazem parte integrante.

2 – O livro de reclamações tem formato A4 e é constituído por 25 impressos para reclamação, feitos em triplicado e redigidos nas línguas portuguesa e inglesa.

3 – O duplicado da reclamação permite a sua transformação, após dobragem e colagem, em envelope de mensagem que pode ser endereçado e franqueado.

4 – Sem prejuízo do disposto nos números anteriores, os modelos são objecto de adequado tratamento gráfico, nomeadamente através de inclusão de cores e de holograma da Direcção-Geral do Consumidor e da Imprensa Nacional-Casa da Moeda, S. A.

Os anexos referidos no n.º 1 são aqui omitidos.

3.º (Edição e venda do livro de reclamações) – 1 – O livro de reclamações é editado conjuntamente pela Imprensa Nacional-Casa da Moeda, S. A., e pela Direcção Geral do Consumidor, constituindo modelo exclusivo da Imprensa Nacional-Casa da Moeda, S. A.

2 – O livro de reclamações é vendido pela Imprensa Nacional-Casa da Moeda, S. A.

3 – Sem prejuízo do disposto no número anterior, o livro de reclamações pode ser vendido pelas entidades reguladoras e entidades de controlo de mercado competentes mencionadas no Decreto-Lei n.º 156/2005, de 15 de Setembro, com as alterações introduzidas pelo Decreto-Lei n.º 371/2007, de 6 de Novembro, bem como pela Direcção-Geral do Consumidor.

4 – Para além das entidades mencionadas no número anterior, o livro de reclamações pode ainda ser vendido pelas associações representativas dos profissionais dos sectores de actividades abrangidos pelo regime constante no Decreto-Lei n.º 371/2007, de 6 de Novembro, devendo estas para esse efeito estar autorizadas por despacho do director-geral do Consumidor, a emitir no prazo de 30 dias a contar da data da entrada do requerimento da entidade interessada.

4.º (Preço do livro de reclamações) – 1 – O preço de venda ao público do livro de reclamações é de € 18 por unidade e inclui o letreiro informativo constante do anexo II.

2 – Quando o livro de reclamações for vendido pela Imprensa Nacional-Casa da Moeda, S. A., às entidades a que se referem os n.ᵒˢ 3 e 4 do n.º 3.º aplica-se sobre o preço o seguinte desconto:

a) 20% para encomendas até 500 unidades;
b) 30% para encomendas iguais ou superiores a 500 unidades;
c) 40% para encomendas iguais ou superiores a 1000 unidades.

3 – O preço expresso em euros referido no n.º 1 deste número, com poder aquisitivo referente ao ano de 2006, será actualizado quando se justifique com efeitos a partir de Março de cada ano, tendo em conta o índice médio de preços ao consumidor no continente, excluindo a habitação, publicado pelo Instituto Nacional de Estatística.

5.º (Registos) – 1 – Está sujeita a registo, a efectuar pelas entidades vendedoras nos termos do n.º 3.º, a identificação dos fornecedores de bens ou prestadores de serviços a quem são vendidos livros de reclamações com indicação obrigatória das respectivas quantidades.

2 – No que se refere ao estabelecido no n.º 4 do n.º 3.º, a informação constante do registo é facultada sempre que seja solicitada pelas entidades reguladoras ou pelas entidades de controlo de mercado competentes.

3 – A Imprensa Nacional-Casa da Moeda, S. A., comunica mensalmente à Direcção-Geral do Consumidor a lista das numerações de livros entregues às entidades reguladoras, às entidades de controlo de mercado competentes e às entidades autorizadas nos termos do n.º 4 do n.º 3.º da presente portaria a lista das numerações de livros vendidos directamente por si aos estabelecimentos.

4 – A Direcção-Geral do Consumidor apresenta anualmente ao membro do Governo que tutela a defesa do consumidor um relatório elaborado com base na informação disponibilizada pela Imprensa Nacional-Casa da Moeda, S. A.

(*) Com as alterações introduzidas pela **Portaria n.º 70/2008**, de 23-1, nos n.ᵒˢ 1.º, 2.º, 3.º, 5.º e 7.º, e no anexo I, e pela **Portaria n.º 896/2008**, de 18-8, que deu nova redacção ao n.º 8, e republicou o texto integral.

PROMOÇÃO E COMERCIALIZAÇÃO DE COLECÇÕES [DL n.º 331/2007] 1225

6.º (Livros de reclamações existentes) – A Imprensa Nacional-Casa da Moeda, S. A., elabora e disponibiliza uma adenda para efeitos de inclusão nos livros de reclamações do modelo aprovado pela Portaria n.º 1288/ /2005, de 15 de Dezembro, que à data da entrada em vigor da presente portaria se encontrem na posse das entidades editoras e entidades vendedoras mencionadas nos n.ᵒˢ 3 e 4 do n.º 3.

7.º (Produção, gestão e reposição de livros de reclamações) – A Imprensa Nacional-Casa da Moeda, S. A., assegura a produção, a gestão e a reposição de livros de reclamações com base na previsão de consumos fornecida pela Direcção-Geral do Consumidor.

8.º (Articulação entre a Direcção-Geral do Consumidor e a Imprensa Nacional-Casa da Moeda, S. A.) — No âmbito de aplicação da presente portaria, a Direcção-Geral do Consumidor e a Imprensa Nacional-Casa da Moeda, S. A., devem celebrar um protocolo que estabeleça o quadro de articulação entre ambas as entidades, os respectivos procedimentos e demais condições.

9.º (Entrada em vigor) – A presente portaria entra em vigor no dia 1 de Janeiro de 2006.

20.16. PROMOÇÃO E COMERCIALIZAÇÃO DE COLECÇÕES EM UNIDADES OU FASCÍCULOS

Decreto-Lei n.º 331/2007

de 9 de Outubro

ART. 1.º (Âmbito) – O presente decreto-lei estabelece as regras a que deve obedecer a promoção e a comercialização de bens integrados num conjunto, quantitativamente delimitado, que tenham uma ou mais características em comum e cuja distribuição, temporalmente definida, se realiza de forma parcelar por unidade ou fascículo, designadamente em simultâneo com jornais ou outras publicações, podendo ou não ter por finalidade a construção de um bem final.

ART. 2.º (Deveres dos agentes económicos) – 1 – Os agentes económicos devem indicar o preço de cada unidade ou fascículo que compõe o conjunto de itens ou objectos definidos no artigo anterior, o preço total do mesmo, o número de unidades ou fascículos que o compõem, a sua periodicidade e data de distribuição, bem como a sua duração temporal.

2 – O preço de cada unidade ou fascículo e o preço total a pagar pelo consumidor devem constar na capa, na sobrecapa ou na embalagem dos mesmos, em dígitos bem visíveis, claros e perfeitamente legíveis, podendo ainda constar de um folheto informativo.

3 – A informação relativa ao número de unidades ou fascículos, a sua periodicidade e a data de distribuição devem igualmente obedecer aos requisitos estabelecidos no número anterior.

4 – O preço por unidade ou fascículo bem como o preço total devem incluir as taxas e os impostos a pagar pelo consumidor.

5 – Verificando-se a interrupção ou cessação do fornecimento dos bens referidos no artigo anterior, o editor ou o promotor da comercialização dos mesmos é obrigado a restituir, no prazo de 30 dias a contar da data de notificação pelo consumidor, as quantias já pagas, mediante a apresentação do comprovativo dos pagamentos efectuados.

ART. 3.º (Publicidade) – 1 – A publicidade ao conjunto de bens abrangidos pelo disposto no presente decreto--lei obedece às regras e princípios constantes do Código da Publicidade, aprovado pelo Decreto-Lei n.º 330/90, de 23 de Outubro.

2 – A publicidade deve ainda indicar, de forma bem visível, clara e inequívoca, o número de unidades ou fascículos que integram o conjunto de bens a comercializar, a sua periodicidade, data de distribuição e duração temporal, bem como o preço de cada unidade ou fascículo e o preço total a pagar pelo consumidor.

ART. 4.º (Fiscalização e instrução dos processos) – 1 – Compete à Autoridade da Segurança Alimentar e Económica fiscalizar o cumprimento do disposto no artigo 2.º, bem como instruir os respectivos processos de contra-ordenação.

2 – Compete à Direcção-Geral do Consumidor fiscalizar o cumprimento do disposto no artigo anterior, bem como instruir os respectivos processos de contra-ordenação.

ART. 5.º (Contra-ordenações) – 1 – As infracções ao disposto no artigo 2.º e no n.º 2 do artigo 3.º constituem contra-ordenação punível com as seguintes coimas:

a) De € 249,40 a € 3740,98, se o infractor for uma pessoa singular;

b) De € 2493,99 a € 29 927,87, se o infractor for uma pessoa colectiva.

2 – A negligência é punível, sendo, neste caso, os limites mínimo e máximo da coima reduzidos para metade.

1226 [Lei n.º 25/2004]   DIREITO DO CONSUMIDOR

ART. 6.º (Aplicação das coimas) – 1 – Compete à Comissão de Aplicação de Coimas em Matéria Económica e de Publicidade a aplicação das coimas previstas no presente decreto-lei.

2 – O produto das coimas previstas no artigo anterior reverte em 60% para o Estado, em 30% para a Autoridade de Segurança Alimentar e Económica e em 10% para a Comissão de Aplicação de Coimas em Matéria Económica e de Publicidade.

ART. 7.º (Avaliação da execução) – No final do 3.º ano a contar da data da entrada em vigor do presente decreto-lei, a Direcção-Geral do Consumidor elabora um relatório de avaliação sobre a aplicação e execução do mesmo, devendo remetê-lo ao membro do Governo que tutela a política de defesa do consumidor.

ART. 8.º (Entrada em vigor) – O presente decreto-lei entra em vigor 30 dias após a sua publicação.

20.17. ACÇÕES INIBITÓRIAS DE PROTECÇÃO DOS CONSUMIDORES

Lei n.º 25/2004

de 8 de Julho

ART. 1.º (Objecto) – A presente lei procede à transposição para o direito interno da Directiva n.º 98/27/CE, do Parlamento Europeu e do Conselho, de 19 de Maio, relativa às acções inibitórias em matéria de protecção dos interesses dos consumidores.

ART. 2.º (Âmbito) – 1 – As normas previstas na presente lei aplicam-se à acção inibitória prevista no artigo 10.º da Lei n.º 24/96, de 31 de Julho, bem como à acção popular contemplada no n.º 2 do artigo 12.º da Lei n.º 83/95, de 31 de Agosto, destinadas a prevenir, corrigir ou fazer cessar práticas lesivas dos direitos dos consumidores.

2 – Para efeitos do disposto na presente lei, bem como para efeitos da definição do âmbito do direito de acção inibitória previsto no artigo 10.º da Lei n.º 24/96, de 31 de Julho, considera-se que o conceito de prática lesiva inclui qualquer prática contrária aos direitos dos consumidores, designadamente as que contrariem as legislações dos Estados membros que transpõem as directivas comunitárias constantes do anexo a esta lei, da qual faz parte integrante.

ART. 3.º (Práticas lesivas intracomunitárias) – 1 – Quando a prática lesiva que se pretende fazer cessar tenha origem em Portugal, mas afecte interesses localizados noutro Estado membro da União Europeia, a correspondente acção inibitória pode ser directamente intentada por entidade deste último Estado que consta da lista actualizada das entidades competentes, relativa às acções inibitórias em matéria de protecção dos interesses dos consumidores, elaborada pela Comissão Europeia e publicada no *Jornal Oficial da União Europeia*.

2 – As entidades referidas no número anterior estão obrigadas a apresentar, em anexo à petição inicial, cópia do *Jornal Oficial da União Europeia* contendo a publicação mais recente da lista onde se encontram inscritas.

3 – O disposto no número anterior não prejudica a possibilidade de o tribunal averiguar se, no caso concreto, existe justificação atendível para o pedido formulado.

ART. 4.º (Entidades nacionais) – 1 – O exercício transnacional do direito de acção a que se refere o artigo 2.º pelas entidades portuguesas que, nos termos previstos na lei, têm legitimidade para propor e intervir nas acções e procedimentos cautelares está dependente de inscrição em lista disponível no Instituto do Consumidor.

2 – Compete ao Instituto do Consumidor a elaboração e a permanente actualização da lista das entidades portuguesas competentes para exercer, na União Europeia, o mencionado direito de acção.

3 – O Instituto do Consumidor deve dar conhecimento da referida lista e respectivas actualizações à Comissão Europeia.

ART. 5.º (Inscrição) – 1 – Para efeitos do artigo anterior e sem prejuízo do disposto no n.º 5, devem as entidades interessadas solicitar a sua inscrição na lista, através de requerimento dirigido ao presidente do Instituto do Consumidor, acompanhado de documento comprovativo da sua denominação e objecto estatutário.

2 – Na apreciação do pedido, o presidente do Instituto do Consumidor deve certificar-se de que a entidade requerente prossegue objectivos de defesa dos interesses dos consumidores.

3 – O despacho sobre o pedido de inscrição deve ser proferido no prazo máximo de 30 dias.

4 – Do despacho de indeferimento do pedido de inscrição cabe recurso, nos termos da lei, com efeito meramente devolutivo.

5 – O Ministério Público e o Instituto do Consumidor constarão da lista a que se refere o artigo anterior por direito próprio e sem dependência de requerimento de inscrição.

ART. 6.º (Entrada em vigor) – A presente lei entra em vigor 90 dias após a sua publicação.

ACÇÕES INIBITÓRIAS DE PROTECÇÃO DOS CONSUMIDORES [Lei n.º 25/2004] 1227

ANEXO

LISTA DAS DIRECTIVAS COMUNITÁRIAS

a) Directiva n.º 84/450/CEE, do Conselho, de 10 de Setembro, em matéria de publicidade enganosa (*JO*, n.º L 250, de 19 de Setembro de 1984, p. 17), alterada pela Directiva n.º 97/55/CE, do Parlamento Europeu e do Conselho, de 6 de Outubro (*JO*, n.º L 290, de 23 de Outubro de 1997, p. 18).

b) Directiva n.º 85/577/CEE, do Conselho, de 20 de Dezembro, relativa à protecção dos consumidores no caso de contratos negociados fora dos estabelecimentos comerciais (*JO*, n.º L 372, de 31 de Dezembro de 1985, p. 31).

c) Directiva n.º 87/102/CEE, do Conselho, de 22 de Dezembro de 1986, relativa à aproximação das disposições legislativas, regulamentares e administrativas relativas ao crédito ao consumo (*JO*, n.º L 42, de 12 de Fevereiro de 1987, p. 48), alterada pela Directiva n.º 98/7/CE, do Parlamento Europeu e do Conselho, de 16 de Fevereiro (*JO*, n.º L 101, de 1 de Abril de 1998, p. 17).

d) Directiva n.º 89/552/CEE, do Conselho, de 3 de Outubro, relativa à coordenação de certas disposições legislativas, regulamentares e administrativas dos Estados membros relativas ao exercício de actividades de radiodifusão televisiva: artigos 10.º a 21.º (*JO*, n.º L 298, de 17 de Outubro de 1989, p. 23), modificada pela Directiva n.º 97/36/CE, do Parlamento Europeu e do Conselho, de 30 de Junho (*JO*, n.º L 202, de 30 de Julho de 1997, p. 60).

e) Directiva n.º 90/314/CEE, do Conselho, de 13 de Junho, relativa às viagens, férias e circuitos organizados (*JO*, n.º L 158, de 23 de Junho de 1990, p. 59).

f) Directiva n.º 92/28/CEE, do Conselho, de 31 de Março, relativa à publicidade dos medicamentos para uso humano (*JO*, n.º L 113, de 30 de Abril de 1992, p. 13).

g) Directiva n.º 93/13/CEE, do Conselho, de 5 de Abril, sobre as cláusulas abusivas nos contratos celebrados com os consumidores (*JO*, n.º L 95, de 21 de Abril de 1993, p. 29).

h) Directiva n.º 94/47/CE, do Parlamento Europeu e do Conselho, de 26 de Outubro, relativa à protecção dos adquirentes quanto a certos aspectos dos contratos de aquisição de um direito de utilização a tempo parcial de bens imóveis (*JO*, n.º L 280, de 29 de Outubro de 1994, p. 83).

i) Directiva n.º 97/7/CE, do Parlamento Europeu e do Conselho, de 20 de Maio, relativa à protecção dos consumidores em matéria de contratos à distância (*JO*, n.º L 144, de 4 de Junho de 1997, p. 19).

j) Directiva n.º 1999/44/CE, do Parlamento Europeu e do Conselho, de 25 de Maio, relativa a certos aspectos da venda de bens de consumo e das garantias a ela relativas (*JO*, n.º L 171, de 7 de Julho de 1999, p. 12).

l) Directiva n.º 2000/31/CE, do Parlamento Europeu e do Conselho, de 8 de Junho, relativa a certos aspectos legais dos serviços da sociedade da informação, em especial do comércio electrónico no mercado interno (*JO*, n.º L 178, de 17 de Julho de 2000, p. 1).

m) Directiva n.º 2002/65/CE, do Parlamento Europeu e do Conselho, de 23 de Setembro, relativa à comercialização a distância de serviços financeiros prestados a consumidores (*JO*, n.º L 271, de 9 de Outubro de 2002, p. 16).

CAP. XXI
DIREITO DA PUBLICIDADE

21.1. CÓDIGO DA PUBLICIDADE

Decreto-Lei n.º 330/90
de 23 de Outubro (*)

CAPÍTULO I — Disposições gerais

ART. 1.º (Âmbito do diploma) – O presente diploma aplica-se a qualquer forma de publicidade, independentemente do suporte utilizado para a sua difusão.

ART. 2.º (Direito aplicável) – A publicidade rege-se pelo disposto no presente diploma e, subsidiariamente, pelas normas de direito civil ou comercial.

ART. 3.º (Conceito de publicidade) – 1 – Considera-se publicidade, para efeitos do presente diploma, qualquer forma de comunicação feita por entidades de natureza pública ou privada, no âmbito de uma actividade comercial, industrial, artesanal ou liberal, com o objectivo directo ou indirecto de:

a) Promover, com vista à sua comercialização ou alienação, quaisquer bens ou serviços;

b) Promover ideias, princípios, iniciativas ou instituições.

2 – Considera-se, também, publicidade qualquer forma de comunicação da Administração Pública, não prevista no número anterior, que tenha por objectivo, directo ou indirecto, promover o fornecimento de bens ou serviços.

3 – Para efeitos do presente diploma, não se considera publicidade a propaganda política.

ART. 4.º (Conceito de actividade publicitária) – 1 – Considera-se actividade publicitária o conjunto de operações relacionadas com a difusão de uma mensagem publicitária junto dos seus destinatários, bem como as relações jurídicas e técnicas daí emergentes entre anunciantes, profissionais, agências de publicidade e entidades que explorem os suportes publicitários ou que efectuem as referidas operações.

2 – Incluem-se entre as operações referidas no número anterior, designadamente, as de concepção, criação, produção, planificação e distribuição publicitárias.

ART. 5.º (Anunciante, profissional, agência de publicidade, suporte publicitário e destinatário) – 1 – Para efeitos do disposto no presente diploma, considera-se:

a) Anunciante: a pessoa singular ou colectiva no interesse de quem se realiza a publicidade;

b) Profissional ou agência de publicidade: pessoa singular que exerce a actividade publicitária ou pessoa colectiva que tenha por objecto exclusivo o exercício da actividade publicitária;

c) Suporte publicitário: o veículo utilizado para a transmissão da mensagem publicitária;

(*) Alterado quer pelo **DL n.º 74/93**, de 10-3, quer pelo **DL n.º 6/95**, de 17-1 (arts. 3.º, 7.º, 8.º, 25.º, 26.º, 27.º, 37.º, 38.º, 39.º e 41.º), quer pelo **DL n.º 61/97**, de 25-3 (revogou o n.º 2 do art. 3.º), quer pela **Lei n.º 31-A/98**, de 14-7 (revogou o art. 26.º), quer pelo **DL n.º 275/98**, de 9-9, o qual republicou, em anexo, o texto integral actualizado, sendo este último o que se insere, com a alteração decorrente do **DL n.º 51/2001**, de 15-2 (art. 17.º), do **DL n.º 332/2001**, de 24-12 (arts. 17.º e 39.º), da **Lei n.º 32/2003**, de 22-8 (art. 40.º), **DL n.º 224/2004**, de 4-12 (arts. 5.º e 27.º), **Lei n.º 37/2007**, de 14-8 (revogou o art. 18.º e o n.º 2 do art. 24.º), e **DL n.º 57/2008**, de 26-3 (alterou os arts. 11.º e 16.º, aditou os arts 42.º e 43.º, e revogou os n.ᵒˢ 4 e 5 do art. 11.º e o art. 22.º-B).

CÓDIGO DA PUBLICIDADE   [DL n.º 330/90]   1229

d) Destinatário: a pessoa singular ou colectiva a quem a mensagem publicitária se dirige ou que por ela, de qualquer forma, seja atingida.

2 – Não podem constituir suporte publicitário as publicações periódicas informativas editadas pelos órgãos das autarquias locais, salvo se o anunciante for uma empresa municipal de capitais exclusiva ou maioritariamente públicos.

CAPÍTULO II — Regime geral da publicidade

Secção I — PRINCÍPIOS GERAIS

ART. 6.º (Princípios da publicidade) – A publicidade rege-se pelos princípios da licitude, identificabilidade, veracidade e respeito pelos direitos do consumidor.

ART. 7.º (Princípio da licitude) – 1 – É proibida a publicidade que, pela sua forma, objecto ou fim, ofenda os valores, princípios e instituições fundamentais constitucionalmente consagrados.

2 – É proibida, nomeadamente, a publicidade que:
a) Se socorra, depreciativamente, de instituições, símbolos nacionais ou religiosos ou personagens históricas;
b) Estimule ou faça apelo à violência, bem como a qualquer actividade ilegal ou criminosa;
c) Atente contra a dignidade da pessoa humana;
d) Contenha qualquer discriminação em relação à raça, língua, território de origem, religião ou sexo;
e) Utilize, sem autorização da própria, a imagem ou as palavras de alguma pessoa;
f) Utilize linguagem obscena;
g) Encoraje comportamentos prejudiciais à protecção do ambiente;
h) Tenha como objecto ideias de conteúdo sindical, político ou religioso.

3 – Só é permitida a utilização de línguas de outros países na mensagem publicitária, mesmo que em conjunto com a língua portuguesa, quando aquela tenha os estrangeiros por destinatários exclusivos ou principais, sem prejuízo do disposto no número seguinte.

4 – É admitida a utilização excepcional de palavras ou de expressões em línguas de outros países quando necessárias à obtenção do efeito visado na concepção da mensagem.

ART. 8.º (Princípio da identificabilidade) – 1 – A publicidade tem de ser inequivocamente identificada como tal, qualquer que seja o meio de difusão utilizado.

2 – A publicidade efectuada na rádio e na televisão deve ser claramente separada da restante programação, através da introdução de um separador no início e no fim do espaço publicitário.

3 – O separador a que se refere o número anterior é constituído, na rádio, por sinais acústicos e, na televisão, por sinais ópticos ou acústicos, devendo, no caso da televisão, conter, de forma perceptível para os destinatários, a palavra «publicidade» no separador que precede o espaço publicitário.

ART. 9.º (Publicidade oculta ou dissimulada) – 1 – É vedado o uso de imagens subliminares ou outros meios dissimuladores que explorem a possibilidade de transmitir publicidade sem que os destinatários se apercebam da natureza publicitária da mensagem.

2 – Na transmissão televisiva ou fotográfica de quaisquer acontecimentos ou situações, reais ou simulados, é proibida a focagem directa e exclusiva da publicidade aí existente.

3 – Considera-se publicidade subliminar, para os efeitos do presente diploma, a publicidade que, mediante o recurso a qualquer técnica, possa provocar no destinatário percepções sensoriais de que ele não chegue a tomar consciência.

ART. 10.º (Princípio da veracidade) – 1 – A publicidade deve respeitar a verdade, não deformando os factos.

2 – As afirmações relativas à origem, natureza, composição, propriedades e condições de aquisição dos bens ou serviços publicitados devem ser exactas e passíveis de prova, a todo o momento, perante as instâncias competentes.

ART. 11.º (Publicidade enganosa) – 1 – É proibida toda a publicidade que seja enganosa nos termos do Decreto-Lei n.º 57/2008, de 26 de Março, relativo às práticas comerciais desleais das empresas nas relações com os consumidores.

2 – No caso previsto no número anterior, pode a entidade competente para a instrução dos respectivos processos de contra-ordenação exigir que o anunciante apresente provas da exactidão material dos dados de facto contidos na publicidade.

3 – Os dados referidos no número anterior presumem-se inexactos se as provas exigidas não forem apresentadas ou forem insuficientes.

4 – (*Revogado.*)
5 – (*Revogado.*)

ART. 12.º (Princípio do respeito pelos direitos do consumidor) – É proibida a publicidade que atente contra os direitos do consumidor.

1230   [DL n.º 330/90]   DIREITO DA PUBLICIDADE

ART. 13.º (Saúde e segurança do consumidor) – 1 – É proibida a publicidade que encoraje comportamentos prejudiciais à saúde e segurança do consumidor, nomeadamente por deficiente informação acerca da perigosidade do produto ou da especial susceptibilidade da verificação de acidentes em resultado da utilização que lhe é própria.

2 – A publicidade não deve comportar qualquer apresentação visual ou descrição de situações onde a segurança não seja respeitada, salvo justificação de ordem pedagógica.

3 – O disposto nos números anteriores deve ser particularmente acautelado no caso da publicidade especialmente dirigida a crianças, adolescentes, idosos ou deficientes.

Secção II — RESTRIÇÕES AO CONTEÚDO DA PUBLICIDADE

ART. 14.º (Menores) – 1 – A publicidade especialmente dirigida a menores deve ter sempre em conta a sua vulnerabilidade psicológica, abstendo-se, nomeadamente, de:

a) Incitar directamente os menores, explorando a sua inexperiência ou credulidade, a adquirir um determinado bem ou serviço;

b) Incitar directamente os menores a persuadirem os seus pais ou terceiros a comprarem os produtos ou serviços em questão;

c) Conter elementos susceptíveis de fazerem perigar a sua integridade física ou moral, bem como a sua saúde ou segurança, nomeadamente através de cenas de pornografia ou do incitamento à violência;

d) Explorar a confiança especial que os menores depositam nos seus pais, tutores ou professores.

2 – Os menores só podem ser intervenientes principais nas mensagens publicitárias em que se verifique existir uma relação directa entre eles e o produto ou serviço veiculado.

ART. 15.º (Publicidade testemunhal) – A publicidade testemunhal deve integrar depoimentos personalizados, genuínos e comprováveis, ligados à experiência do depoente ou de quem ele represente, sendo admitido o depoimento despersonalizado, desde que não seja atribuído a uma testemunha especialmente qualificada, designadamente em razão do uso de uniformes, fardas ou vestimentas características de determinada profissão.

ART. 16.º (Publicidade comparativa) – 1 – É comparativa a publicidade que identifica, explícita ou implicitamente, um concorrente ou os bens ou serviços oferecidos por um concorrente.

2 – A publicidade comparativa, independentemente do suporte utilizado para a sua difusão, só é consentida, no que respeita à comparação, desde que respeite as seguintes condições:

a) Não seja enganosa, nos termos do artigo 11.º;

b) Compare bens ou serviços que respondam às mesmas necessidades ou que tenham os mesmos objectivos;

c) Compare objectivamente uma ou mais características essenciais, pertinentes, comprováveis e representativas desses bens ou serviços, entre as quais se pode incluir o preço;

d) Não gere confusão no mercado entre os profissionais, entre o anunciante e um concorrente ou entre marcas, designações comerciais, outros sinais distintivos, bens ou serviços do anunciante e os de um concorrente;

e) Não desacredite ou deprecie marcas, designações comerciais, outros sinais distintivos, bens, serviços, actividades ou situação de um concorrente;

f) Se refira, em todos os casos de produtos com denominação de origem, a produtos com a mesma denominação;

g) Não retire partido indevido do renome de uma marca, designação comercial ou outro sinal distintivo de um concorrente ou da denominação de origem de produtos concorrentes;

h) Não apresente um bem ou serviço como sendo imitação ou reprodução de um bem ou serviço cuja marca ou designação comercial seja protegida.

3 – Sempre que a comparação faça referência a uma oferta especial deverá, de forma clara e inequívoca, conter a indicação do seu termo ou, se for o caso, que essa oferta especial depende da disponibilidade dos produtos ou serviços.

4 – Quando a oferta especial a que se refere o número anterior ainda não se tenha iniciado deverá indicar-se também a data de início do período durante o qual é aplicável o preço especial ou qualquer outra condição específica.

5 – O ónus da prova da veracidade da publicidade comparativa recai sobre o anunciante.

Secção III — RESTRIÇÕES AO OBJECTO DA PUBLICIDADE

ART. 17.º (Bebidas alcoólicas) – 1 – A publicidade a bebidas alcoólicas, independentemente do suporte utilizado para a sua difusão, só é consentida quando:

a) Não se dirija especificamente a menores e, em particular, não os apresente a consumir tais bebidas;

b) Não encoraje consumos excessivos;

c) Não menospreze os não consumidores;

d) Não sugira sucesso, êxito social ou especiais aptidões por efeito do consumo;

e) Não sugira a existência, nas bebidas alcoólicas, de propriedades terapêuticas ou de efeitos estimulantes ou sedativos;

CÓDIGO DA PUBLICIDADE   [DL n.º 330/90]   1231

f) Não associe o consumo dessas bebidas ao exercício físico ou à condução de veículos;
g) Não sublinhe o teor de álcool das bebidas como qualidade positiva.
2 – É proibida a publicidade de bebidas alcoólicas, na televisão e na rádio, entre as 7 horas e as 22 horas e 30 minutos.
3 – Para efeitos do disposto no número anterior é considerada a hora oficial do local de origem da emissão.
4 – Sem prejuízo do disposto na alínea *a)* do n.º 2 do artigo 7.º, é proibido associar a publicidade de bebidas alcoólicas aos símbolos nacionais, consagrados no artigo 11.º da Constituição da República Portuguesa.
5 – As comunicações comerciais e a publicidade de quaisquer eventos em que participem menores, designadamente actividades desportivas, culturais, recreativas ou outras, não devem exibir ou fazer qualquer menção, implícita ou explícita, a marca ou marcas de bebidas alcoólicas.
6 – Nos locais onde decorram os eventos referidos no número anterior não podem ser exibidas ou de alguma forma publicitadas marcas de bebidas alcoólicas.

ART. 18.º (Tabaco) – (*Revogado*).

ART. 19.º (Tratamentos e medicamentos) – É proibida a publicidade a tratamentos médicos e a medicamentos que apenas possam ser obtidos mediante receita médica, com excepção da publicidade incluída em publicações técnicas destinadas a médicos e outros profissionais de saúde.

ART. 20.º (Publicidade em estabelecimentos de ensino ou destinada a menores) – É proibida a publicidade a bebidas alcoólicas, ao tabaco ou a qualquer tipo de material pornográfico em estabelecimentos de ensino, bem como em quaisquer publicações, programas ou actividades especialmente destinados a menores.

ART. 21.º (Jogos de fortuna ou azar) – 1 – Não podem ser objecto de publicidade os jogos de fortuna ou azar enquanto objecto essencial da mensagem.
2 – Exceptuam-se do disposto no número anterior os jogos promovidos pela Santa Casa da Misericórdia de Lisboa.

ART. 22.º (Cursos) – A mensagem publicitária relativa a cursos ou quaisquer outras acções de formação ou aperfeiçoamento intelectual, cultural ou profissional deve indicar:
a) A natureza desses cursos ou acções, de acordo com a designação oficialmente aceite pelos serviços competentes, bem como a duração dos mesmos;
b) A expressão «sem reconhecimento oficial», sempre que este não tenha sido atribuído pelas entidades oficiais competentes.

ART. 22.º-A (Veículos automóveis) – 1 – É proibida a publicidade a veículos automóveis que:
a) Contenha situações ou sugestões de utilização do veículo que possam pôr em risco a segurança pessoal do utente ou de terceiros;
b) Contenha situações ou sugestões de utilização do veículo perturbadoras do meio ambiente;
c) Apresente situações de infracção das regras do Código da Estrada, nomeadamente excesso de velocidade, manobras perigosas, não utilização de acessórios de segurança e desrespeito pela sinalização ou pelos peões.
2 – Para efeitos do presente Código, entende-se por veículos automóveis todos os veículos de tracção mecânica destinados a transitar pelos seus próprios meios nas vias públicas.

ART. 22.º-B (Produtos e serviços milagrosos) – (*Revogado.*)

Secção IV —FORMAS ESPECIAIS DE PUBLICIDADE

ART. 23.º (Publicidade domiciliária e por correspondência) – 1 – Sem prejuízo do disposto em legislação especial, a publicidade entregue no domicílio do destinatário, por correspondência ou qualquer outro meio, deve conter, de forma clara e precisa:
a) O nome, domicílio e os demais elementos necessários para a identificação do anunciante;
b) A indicação do local onde o destinatário pode obter as informações de que careça;
c) A descrição rigorosa e fiel do bem ou serviço publicitado e das suas características;
d) O preço do bem ou serviço e a respectiva forma de pagamento, bem como as condições de aquisição, de garantia e de assistência pós-venda.
2 – Para efeitos das alíneas *a)* e *b)* do número anterior, não é admitida a indicação, em exclusivo, de um apartado ou qualquer outra menção que não permita a localização imediata do anunciante.
3 – A publicidade indicada no n.º 1 só pode referir-se a artigos de que existam amostras disponíveis para exame do destinatário.
4 – O destinatário da publicidade abrangida pelo disposto nos números anteriores não é obrigado a adquirir, guardar ou devolver quaisquer bens ou amostras que lhe tenham sido enviados ou entregues à revelia de solicitação sua.

ART. 24.º (Patrocínio) – 1 – Entende-se por patrocínio, para efeitos do presente diploma, a participação de pessoas singulares ou colectivas que não exerçam a actividade televisiva ou de produção de obras áudio-visuais

1232 [DL n.º 330/90]   DIREITO DA PUBLICIDADE

no financiamento de quaisquer obras áudio-visuais, programas, reportagens, edições, rubricas ou secções, adiante designados abreviadamente por programas, independentemente do meio utilizado para a sua difusão, com vista à promoção do seu nome, marca ou imagem, bem como das suas actividades, bens ou serviços.

2 – (Revogado).

3 – Os telejornais e os programas televisivos de informação política não podem ser patrocinados.

4 – Os programas patrocinados devem ser claramente identificados como tal pela indicação do nome ou logótipo do patrocinador no início e, ou, no final do programa, sem prejuízo de tal indicação poder ser feita, cumulativamente, noutros momentos, de acordo com o regime previsto no artigo 25.º para a inserção de publicidade na televisão.

5 – O conteúdo e a programação de uma emissão patrocinada não podem, em caso algum, ser influenciados pelo patrocinador, por forma a afectar a responsabilidade e a independência editorial do emissor.

6 – Os programas patrocinados não podem incitar à compra ou locação dos bens ou serviços do patrocinador ou de terceiros, especialmente através de referências promocionais específicas a tais bens ou serviços.

CAPÍTULO III — **Publicidade na televisão e televenda**

ART. 25.º (Inserção da publicidade na televisão) – 1 – A publicidade televisiva deve ser inserida entre programas.

2 – A publicidade só pode ser inserida durante os programas, desde que não atente contra a sua integridade e tenha em conta as suas interrupções naturais, bem como a sua duração e natureza, e de forma a não lesar os direitos de quaisquer titulares.

3 – A publicidade não pode ser inserida durante a transmissão de serviços religiosos.

4 – Os telejornais, os programas de informação política, os programas de actualidade informativa, as revistas de actualidade, os documentários, os programas religiosos e os programas para crianças com duração programada inferior a trinta minutos não podem ser interrompidos por publicidade.

5 – Nos programas compostos por partes autónomas, nas emissões desportivas e nas manifestações ou espectáculos de estrutura semelhante, que compreendam intervalos, a publicidade só pode ser inserida entre aquelas partes autónomas ou nos intervalos.

6 – Sem prejuízo do disposto no número anterior, entre duas interrupções sucessivas do mesmo programa, para emissão de publicidade, deve mediar um período igual ou superior a vinte minutos.

7 – A transmissão de obras áudio-visuais com duração programada superior a quarenta e cinco minutos, designadamente longas metragens cinematográficas e filmes concebidos para a televisão, com excepção de séries, folhetins, programas de diversão e documentários, só pode ser interrompida uma vez por cada período completo de quarenta e cinco minutos, sendo admitida outra interrupção se a duração programada da transmissão exceder em, pelo menos, vinte minutos dois ou mais períodos completos de quarenta e cinco minutos.

8 – As mensagens publicitárias isoladas só podem ser inseridas a título excepcional.

9 – Para efeitos do disposto no presente artigo, entende-se por duração programada de um programa o tempo efectivo do mesmo, descontando o período dedicado às interrupções, publicitárias e outras.

ART. 25.º-A (Televenda) – 1 – Considera-se televenda, para efeitos do presente diploma, a difusão de ofertas directas ao público, realizada por canais televisivos, com vista ao fornecimento de produtos ou à prestação de serviços, incluindo bens imóveis, direitos e obrigações mediante remuneração.

2 – São aplicáveis à televenda, com as necessárias adaptações, as disposições previstas neste Código para a publicidade, sem prejuízo do disposto nos números seguintes.

3 – É proibida a televenda de medicamentos sujeitos a uma autorização de comercialização, assim como a televenda de tratamentos médicos.

4 – A televenda não deve incitar os menores a contratarem a compra ou aluguer de quaisquer bens ou serviços.

ART. 26.º (Tempo reservado à publicidade) – (Revogado.)

CAPÍTULO IV — **Actividade publicitária**

Secção I — **PUBLICIDADE DO ESTADO**

ART. 27.º (Publicidade do Estado) – A publicidade do Estado é regulada em diploma próprio.

Secção II — **RELAÇÕES ENTRE SUJEITOS DA ACTIVIDADE PUBLICITÁRIA**

ART. 28.º (Respeito pelos fins contratuais) – É proibida a utilização para fins diferentes dos acordados de qualquer ideia, informação ou material publicitário fornecido para fins contratuais relacionados com alguma ou algumas das operações referidas no n.º 2 do artigo 4.º.

CÓDIGO DA PUBLICIDADE   [DL n.º 330/90]   1233

ART. 29.º (Criação publicitária) – 1 – As disposições legais sobre direitos de autor aplicam-se à criação publicitária, sem prejuízo do disposto nos números seguintes.

2 – Os direitos de carácter patrimonial sobre a criação publicitária presumem-se, salvo convenção em contrário, cedidos em exclusivo ao seu criador intelectual.

3 – É ilícita a utilização de criações publicitárias sem a autorização dos titulares dos respectivos direitos.

ART. 30.º (Responsabilidade civil) – 1 – Os anunciantes, os profissionais, as agências de publicidade e quaisquer outras entidades que exerçam a actividade publicitária, bem como os titulares dos suportes publicitários utilizados ou os respectivos concessionários, respondem civil e solidariamente, nos termos gerais, pelos prejuízos causados a terceiros em resultado da difusão de mensagens publicitárias ilícitas.

2 – Os anunciantes eximir-se-ão da responsabilidade prevista no número anterior caso provem não ter tido prévio conhecimento da mensagem publicitária veiculada.

CAPÍTULO V — Conselho Consultivo da Actividade Publicitária

ART. 31.º (Natureza e funções) – *(Revogado.)*

ART. 32.º (Composição) – *(Revogado.)*

ART. 33.º (Funcionamento) – *(Revogado.)*

CAPÍTULO VI — Fiscalização e sanções

ART. 34.º (Sanções) – 1 – A infracção ao disposto no presente diploma constitui contra-ordenação punível com as seguintes coimas:

a) De 350 000$ a 750 000$ ou de 700 000$ a 9 000 000$, consoante o infractor seja pessoa singular ou colectiva, por violação do preceituado nos artigos 7.º, 8.º, 9.º, 10.º, 11.º, 12.º, 13.º, 14.º, 16.º, 20.º, 22.º-B, 23.º, 24.º, 25.º e 25.º-A;

b) De 200 000$ a 700 000$ ou de 500 000$ a 5 000 000$, consoante o infractor seja pessoa singular ou colectiva, por violação do preceituado nos artigos 17.º, 18.º e 19.º;

c) De 75 000$ a 500 000$ ou de 300 000$ a 1 600 000$, consoante o infractor seja pessoa singular ou colectiva, por violação do preceituado nos artigos 15.º, 21.º, 22.º e 22.º-A.

2 – A negligência é sempre punível, nos termos gerais.

ART. 35.º (Sanções acessórias) – 1 – Sem prejuízo do disposto no artigo anterior, podem ainda ser aplicadas as seguintes sanções acessórias:

a) Apreensão de objectos utilizados na prática das contra-ordenações;

b) Interdição temporária, até um máximo de dois anos, de exercer a actividade publicitária;

c) Privação do direito a subsídio ou benefício outorgado por entidades ou serviços públicos;

d) Encerramento temporário das instalações ou estabelecimentos onde se verifique o exercício da actividade publicitária, bem como cancelamento de licenças ou alvarás.

2 – As sanções acessórias previstas nas alíneas *b)*, *c)* e *d)* do número anterior só podem ser aplicadas em caso de dolo na prática das correspondentes infracções.

3 – As sanções acessórias previstas nas alíneas *c)* e *d)* do n.º 1 têm a duração máxima de dois anos.

4 – Em casos graves ou socialmente relevantes pode a entidade competente para decidir da aplicação da coima ou das sanções acessórias determinar a publicidade da punição por contra-ordenação, a expensas do infractor.

ART. 36.º (Responsabilidade pela contra-ordenação) – São punidos como agentes das contra-ordenações previstas no presente diploma o anunciante, o profissional, a agência de publicidade ou qualquer outra entidade que exerça a actividade publicitária, o titular do suporte publicitário ou o respectivo concessionário, bem como qualquer outro interveniente na emissão da mensagem publicitária.

ART. 37.º (Fiscalização) – Sem prejuízo da competência das autoridades policiais e administrativas, compete especialmente ao Instituto do Consumidor a fiscalização do cumprimento do disposto no presente diploma, devendo-lhe ser remetidos os autos de notícia levantados ou as denúncias recebidas.

ART. 38.º (Instrução dos processos) – A instrução dos processos pelas contra-ordenações previstas neste diploma compete ao Instituto do Consumidor.

ART. 39.º (Aplicação de sanções) – 1 – A aplicação das coimas previstas no presente diploma compete a uma comissão constituída pelos seguintes membros:

a) O presidente da comissão referida no n.º 2 do artigo 52.º do Decreto-Lei n.º 28/84, de 20 de Janeiro, que presidirá;

b) O presidente do Instituto do Consumidor;

c) O presidente do Instituto da Comunicação Social.

1234 [DL n.º 330/90]   DIREITO DA PUBLICIDADE

2 – À comissão mencionada no número anterior aplica-se, com as devidas adaptações, o Decreto-Lei n.º 214/84, de 3 de Julho, sendo apoiada pelo Instituto do Consumidor.

3 – Sempre que a comissão entenda que conjuntamente com a coima é de aplicar alguma das sanções acessórias previstas no presente diploma, remeterá o respectivo processo, acompanhado de proposta fundamentada, ao membro do Governo que tenha a seu cargo a tutela da protecção do consumidor, ao qual compete decidir das sanções acessórias propostas.

4 – Sem prejuízo do disposto no número seguinte, as receitas das coimas revertem:

a) Em 20% para a entidade autuante;

b) Em 20% para o Instituto do Consumidor;

c) Em 60% para o Estado.

5 – As receitas das coimas aplicadas por infracção ao disposto no artigo 17.º revertem:

a) Em 20% para a entidade autuante;

b) Em 20% para o Instituto do Consumidor;

c) Em 60% para um fundo destinado a financiar campanhas de promoção e educação para a saúde e o desenvolvimento de medidas de investigação, prevenção, tratamento e reabilitação dos problemas relacionados com o álcool.

ART. 40.º (Regras especiais sobre competências) – 1 – A fiscalização do cumprimento do disposto no artigo 19.º, bem como a instrução dos respectivos processos de contra-ordenação e a aplicação das correspondentes coimas e sanções acessórias, competem à Direcção-Geral dos Cuidados de Saúde Primários, à Direcção-Geral dos Assuntos Farmacêuticos e aos respectivos serviços competentes nas Regiões Autónomas dos Açores e da Madeira.

2 – A fiscalização do cumprimento do disposto no artigo 24.º na actividade de televisão e, bem assim, nos artigos 25.º e 25.º-A, a instrução dos respectivos processos e a aplicação das correspondentes coimas e sanções acessórias competem à entidade administrativa independente reguladora da comunicação social.

3 – As receitas das coimas aplicadas ao abrigo do disposto nos números anteriores revertem em 40% para a entidade instrutora e em 60% para o Estado.

ART. 41.º (Medidas cautelares) – 1 – Em caso de publicidade enganosa, publicidade comparativa ilícita ou de publicidade que, peto seu objecto, forma ou fim, acarrete ou possa acarretar riscos para a saúde, a segurança, os direitos ou os interesses legalmente protegidos dos seus destinatários, de menores ou do público a entidade competente para a aplicação das coimas previstas no presente diploma, sob proposta das entidades com competência para a fiscalização das infracções em matéria de publicidade, pode ordenar medidas cautelares de suspensão, cessação ou proibição daquela publicidade, independentemente de culpa ou da prova de uma perda ou de um prejuízo real.

2 – A adopção das medidas cautelares a que se refere o número anterior deve, sempre que possível, ser precedida da audição do anunciante, do titular ou do concessionário do suporte publicitário, conforme os casos, que dispõem para o efeito do prazo de três dias úteis.

3 – A entidade competente para ordenar a medida cautelar pode exigir que lhe sejam apresentadas provas de exactidão material dos dados de facto contidos na publicidade, nos termos do disposto nos n.ᵒˢ 4 e 5 do artigo 11.º.

4 – A entidade competente para ordenar a medida cautelar pode conceder um prazo para que sejam suprimidos os elementos ilícitos da publicidade.

5 – O acto que aplique a medida cautelar de suspensão da publicidade terá de fixar expressamente a sua duração, que não poderá ultrapassar os 60 dias.

6 – O acto que aplique as medidas cautelares a que se refere o n.º 1 poderá determinar a sua publicitação, a expensas do anunciante, do titular ou do concessionário do suporte publicitário, conforme os casos, fixando os termos da respectiva difusão.

7 – Quando a gravidade do caso o justifique ou daí possa resultar a minimização dos efeitos da publicidade ilícita, pode a entidade referida no n.º 1 ordenar ao anunciante, ao titular ou ao concessionário do suporte publicitário, conforme os casos, a difusão, a expensas suas, de publicidade correctora, determinando os termos da respectiva difusão.

8 – Do acto que ordena a aplicação das medidas cautelares a que se refere o n.º 1 cabe recurso, nos termos da lei geral.

9 – O regime previsto no presente artigo também se aplica à publicidade de ideias de conteúdo político ou religioso.

ART. 42.º (Legitimidade de profissionais e concorrentes) – Qualquer profissional ou concorrente com interesse legítimo em lutar contra a publicidade enganosa e garantir o cumprimento das disposições em matéria de publicidade comparativa pode suscitar a intervenção da Direcção-Geral do Consumidor para efeitos do disposto no artigo anterior.

ART. 43.º (Comunicação dirigida exclusivamente a profissionais) – O disposto nos artigos 10.º, 11.º e 16.º do presente Código aplica-se apenas à publicidade que não tenha como destinatários os consumidores.

LICENCIAMENTO DA PUBLICIDADE EXTERIOR   [Lei n.º 97/98] 1235

21.2. LICENCIAMENTO DA PUBLICIDADE EXTERIOR

Lei n.º 97/88

de 17 de Agosto

ART. 1.º (Mensagens publicitárias) – 1 – A afixação ou inscrição de mensagens publicitárias de natureza comercial obedece às regras gerais sobre publicidade e depende do licenciamento prévio das autoridades competentes.

2 – Sem prejuízo de intervenção necessária de outras entidades, compete às câmaras municipais, para salvaguarda do equilíbrio urbano e ambiental, a definição dos critérios de licenciamento aplicáveis na área do respectivo concelho.

ART. 2.º (Regime de licenciamento) – 1 – O pedido de licenciamento é dirigido ao presidente da câmara municipal da respectiva área.

2 – A deliberação da câmara municipal deve ser precedida de parecer das entidades com jurisdição sobre os locais onde a publicidade for afixada, nomeadamente do Instituto Português do Património Cultural, da Junta Autónoma de Estradas, da Direcção-Geral de Transportes Terrestres, da Direcção-Geral de Turismo e do Seviço Nacional de Parques, Reservas e Conservação da Natureza.

3 – Nas regiões autónomas o parecer mencionado no número anterior é emitido pelos correspondentes serviços regionais.

ART. 3.º (Mensagens da propaganda) – 1 – A afixação ou inscrição de mensagens de propaganda é garantida, na área de cada município, nos espaços e lugares públicos necessariamente disponibilizados para o efeito pelas câmaras municipais.

2 – A afixação ou inscrição de mensagens de propaganda nos lugares ou espaços de propriedade particular depende do consentimento do respectivo proprietário ou possuidor e deve respeitar as normas em vigor sobre protecção do património arquitectónico e do meio urbanístico, ambiental e paisagístico.

ART. 4.º (Critérios de licenciamento e de exercício) – 1 – Os critérios a estabelecer no licenciamento da publicidade comercial assim como o exercício das actividades de propaganda, devem prosseguir os seguintes objectivos:

a) Não provocar obstrução de perspectivas panorâmicas ou afectar a estética ou o ambiente dos lugares ou da paisagem;

b) Não prejudicar a beleza ou o enquadramento de monumentos nacionais, de edifícios de interesse público ou outros susceptíveis de ser classificados pelas entidades públicas;

c) Não causar prejuízos a terceiros;

d) Não afectar a segurança das pessoas ou das coisas, nomeadamente na circulação rodoviária ou ferroviária;

e) Não apresentar disposições, formatos ou cores que possam confundir-se com os da sinalização de tráfego;

f) Não prejudicar a circulação dos peões, designadamente dos deficientes.

2 – É proibida, em qualquer caso, a realização de inscrições ou pinturas murais em monumentos nacionais, edifícios religiosos, sedes de órgãos de soberania, de regiões autónomas ou de autarquias locais, tal como em sinais de trânsito, placas de sinalização rodoviárias, interior de quaisquer repartições ou edifícios públicos ou franqueados ao público, incluindo estabelecimentos comerciais e centros históricos como tal declarados ao abrigo da competente regulamentação urbanística.

ART. 5.º (Licenciamento cumulativo) – 1 – Se a afixação ou inscrição de formas de publicidade ou de propaganda exigir a execução de obras de construção civil sujeitas a licença, tem esta de ser obtida, cumulativamente, nos termos da legislação aplicável.

2 – As câmaras municipais, notificado o infractor, são competentes para ordenar a remoção das mensagens de publicidade ou de propaganda e para embargar ou demolir obras quando contrárias ao disposto na presente lei.

ART. 6.º (Meios amovíveis de propaganda) – 1 – Os meios amovíveis de propaganda afixados em lugares públicos devem respeitar as regras definidas no artigo 4.º, sendo a sua remoção da responsabilidade das entidades que a tiverem instalado ou resultem identificáveis das mensagens expostas.

2 – Compete às câmaras municipais, ouvidos os interessados, definir os prazos e condições de remoção dos meios de propaganda utilizados.

ART. 7.º (Propaganda em campanha eleitoral) – 1 – Nos períodos de campanha eleitoral as câmaras municipais devem colocar à disposição das forças concorrentes espaços especialmente destinados à afixação da sua propaganda.

2 – As câmaras municipais devem proceder a uma distribuição equitativa dos espaços por todo o seu território de forma a que, em cada local destinado à afixação de propaganda política, cada partido ou força concorrente disponha de uma área disponível não inferior a 2 m².

3 – Até 30 dias antes do início de cada campanha eleitoral, as câmaras municipais devem publicar editais onde constem os locais onde pode ser afixada propaganda política, os quais não podem ser inferiores a um local por 5000 eleitores ou por freguesia.

1236 [DL n.º 105/98]   DIREITO DA PUBLICIDADE

ART. 8.º (Afixação ou inscrição indevidas) – Os proprietários ou possuidores de locais onde forem afixados cartazes ou realizadas inscrições ou pinturas murais com violação do preceituado no presente diploma podem destruir, rasgar, apagar ou por qualquer forma inutilizar esses cartazes, inscrições ou pinturas.

ART. 9.º (Custos da remoção) – Os custos da remoção dos meios de publicidade ou propaganda, ainda quando efectivada por serviços públicos, cabem à entidade responsável pela afixação que lhe tiver dado causa.

ART. 10.º (Contra-ordenações) – 1 – Constitui contra-ordenação punível com coima a violação do disposto nos artigos 1.º, 3.º, n.º 2, 4.º e 6.º da presente lei.

2 – Quem der causa à contra-ordenação e os respectivos agentes são solidariamente responsáveis pela reparação dos prejuízos causados a terceiros.

3 – Ao montante da coima, às sanções acessórias e às regras de processo aplicam-se as disposições constantes do Decreto-Lei n.º 433/82, de 27 de Outubro.

4 – A aplicação das coimas previstas neste artigo compete ao presidente da câmara municipal da área em que se verificar a contra-ordenação, revertendo para a câmara municipal o respectivo produto.

ART. 11.º (Competência regulamentar) – Compete à assembleia municipal, por iniciativa própria ou proposta da câmara municipal, a elaboração dos regulamentos necessários à execução da presente lei.

21.3. PUBLICIDADE NA PROXIMIDADE DAS ESTRADAS NACIONAIS FORA DOS AGLOMERADOS URBANOS

Decreto-Lei n.º 105/98

de 24 de Abril (*)

ART. 1.º (Objecto e âmbito) – 1 – O presente diploma regula a afixação ou inscrição de publicidade na proximidade das estradas nacionais constantes do plano rodoviário nacional fora dos aglomerados urbanos.

2 – O disposto no presente diploma não prejudica a aplicação de quaisquer outras regras legais ou regulamentares mais restritivas da publicidade na zona das estradas ou nos terrenos limítrofes, designadamente as destinadas a garantir a segurança rodoviária ou a integridade e visibilidade da respectiva sinalização.

ART. 2.º (Definições) – Para efeitos do presente diploma entende-se por:

a) Publicidade – a definição adoptada pelo artigo 3.º do Código da Publicidade, aprovado pelo Decreto-Lei n.º 330/90, de 23 de Outubro, com a redacção que lhe foi dada pelo Decreto-Lei n.º 6/95, de 17 de Janeiro;

b) Suporte publicitário – definição adoptada pela alínea *c)* do artigo 5.º do Código da Publicidade;

c) Aglomerado urbano – a área como tal delimitada em plano municipal de ordenamento do território ou, na sua ausência, a delimitada nos termos do artigo 62.º do Decreto-Lei n.º 794/76, de 5 de Novembro;

d) Estradas da rede nacional fundamental e complementar – as vias definidas como tal no plano rodoviário nacional.

ART. 3.º (Proibição) – 1 – É proibida a afixação ou inscrição de publicidade fora dos aglomerados urbanos em quaisquer locais onde a mesma seja visível das estradas nacionais.

2 – A proibição referida no número anterior abrange a manutenção e a instalação dos respectivos suportes publicitários.

3 – São nulos e de nenhum efeito os licenciamentos concedidos em violação do disposto no número anterior, sendo as entidades que concederam a licença civilmente responsáveis pelos prejuízos que daí advenham para os particulares de boa fé.

ART. 4.º (Excepções) – A proibição prevista no n.º 1 do artigo anterior não abrange:

a) Os meios de publicidade que se destinem a identificar edifícios ou estabelecimentos, públicos ou particulares, desde que tal publicidade seja afixada ou inscrita nesses mesmos edifícios ou estabelecimentos;

b) Os anúncios temporários de venda ou arrendamento de imóveis, desde que neles localizados;

c) Os meios de publicidade de interesse cultural;

d) Os meios de publicidade de interesse turístico reconhecido nos termos do Decreto Regulamentar n.º 22/ /98, de 21 de Setembro.

(*) Rectificado pela Declaração de Rectificação n.º 11-A/98, de 30-6, e alterado pelo **DL n.º 166/99**, de 13-5, que introduziu a actual redacção dos arts. 2.º, 3.º, 4.º, 5.º, 7.º e 11.º.

PUBLICIDADE NA PROXIMIDADE DAS ESTRADAS NACIONAIS   [DL n.º 105/98]   1237

ART. 5.º (Afixação indevida) – 1 – Os proprietários ou possuidores de locais onde seja afixada ou inscrita publicidade em violação do preceituado no presente diploma podem retirar ou destruir essa publicidade, bem como os respectivos suportes ou materiais.

2 – A remoção de publicidade ao abrigo do número anterior corre a expensas da entidade responsável pela respectiva afixação ou inscrição.

ART. 6.º (Fiscalização) – 1 – A fiscalização do cumprimento do disposto no presente diploma compete às direcções regionais do ambiente e às câmaras municipais, adiante designadas como entidades fiscalizadoras.

2 – O disposto no número anterior não prejudica as competências próprias da Junta Autónoma de Estradas.

ART. 7.º (Notificação) – 1 – Detectada a afixação ou inscrição de publicidade ilícita nos termos do presente diploma, as entidades fiscalizadoras notificam os infractores para que procedam à sua remoção e dos respectivos suportes ou materiais, fixando-lhes, para o efeito, um prazo máximo de 30 dias.

2 – No caso de não serem identificáveis todos os infractores haverá lugar à afixação de editais, pelo mesmo período, no âmbito geográfico do município com tutela sobre a área onde se encontra afixada ou inscrita a publicidade.

ART. 8.º (Remoção) – 1 – Após o decurso do prazo previsto no artigo anterior, as entidades fiscalizadoras podem, por si mesmas, promover a remoção da publicidade afixada ou inscrita em violação do disposto no presente diploma, bem como dos respectivos suportes ou materiais.

2 – Quando a remoção seja efectuada pelos serviços públicos ou com recurso a meios por si contratados, os suportes ou materiais a que se refere o número anterior podem ser declarados perdidos a favor do Estado, nos termos da lei.

3 – A remoção de publicidade a que se refere o n.º 1, ainda que efectuada pelos serviços públicos ou com recurso a meios por si contratados, corre sempre a expensas do infractor.

4 – As quantias relativas às despesas geradas com os trabalhos de remoção, quando não pagas voluntariamente pelo infractor no prazo de 20 dias a contar da notificação para o efeito, são cobradas através dos tribunais tributários, servindo de título executivo certidão passada pela entidade fiscalizadora comprovativa das despesas efectuadas.

5 – Os funcionários incumbidos de proceder à remoção regulada nos números anteriores gozam de protecção, competindo às autoridades policiais disponibilizar os meios humanos e materiais adequados.

6 – Quando necessário para efeitos da boa execução da operação de remoção, nomeadamente para garantir a todo o tempo o acesso de funcionários, trabalhadores, viaturas e máquinas ao local onde se encontre afixada ou inscrita a publicidade ilícita, as entidades fiscalizadoras podem tomar posse administrativa do prédio respectivo, nos termos do artigo seguinte.

7 – Não haverá lugar a posse administrativa sempre que a operação de remoção da publicidade ilícita implique o acesso de funcionários, trabalhadores, viaturas e máquinas ao domicílio de cidadãos.

ART. 9.º (Posse administrativa) – 1 – O acto administrativo que tiver determinado a posse administrativa será notificado aos titulares de direitos reais sobre o prédio, de acordo com as disposições legais aplicáveis.

2 – A posse administrativa terá lugar mediante a elaboração do respectivo auto, o qual, para além de identificar o prédio ou de fazer a sua identificação física, indicará os titulares conhecidos de direitos reais sobre o mesmo e a data do acto administrativo referido no número anterior, incluindo ainda a descrição sumária dos meios de publicidade em causa e das construções existentes.

3 – A posse administrativa manter-se-á durante todo o período em que decorrerem os trabalhos de remoção, caducando automaticamente após o termo da operação.

ART. 10.º (Embargo ou demolição de obras) – 1 – As entidades fiscalizadoras podem ordenar, nos termos do Decreto-Lei n.º 92/95, de 9 de Maio, o embargo ou demolição das obras de construção civil que contrariem o disposto no presente diploma, bem como a reposição do terreno nas condições em que se encontrava antes do início das obras.

2 – As obras de demolição a que se refere o número anterior não carecem de licença.

ART. 11.º (Sanções) – 1 – A violação do disposto no artigo 3.º, n.ºs 1 e 2, e o desrespeito dos actos administrativos que determinem a remoção da publicidade ilegal, a posse administrativa, o embargo, a demolição de obras ou a reposição do terreno na situação anterior à infracção constituem contra-ordenações, puníveis com coima de 50 000$ a 750 000$, no caso de pessoas singulares, e de 100 000$ a 9 000 000$, no caso de pessoas colectivas.

2 – A tentativa e a negligência são puníveis.

3 – Simultaneamente com a coima, podem ainda ser aplicadas, nos termos gerais, as seguintes sanções acessórias:

a) Perda de objectos pertencentes ao agente e utilizados na prática da infracção;

b) Privação do direito a subsídio ou benefício outorgado por entidades ou serviços públicos;

c) Privação do direito de participar em arrematações ou concursos públicos que tenham por objecto o fornecimento de bens e serviços ou a atribuição de licenças ou alvarás;

d) Suspensão de autorizações, licenças e alvarás.

4 – Em casos de especial gravidade da infracção pode dar-se publicidade à punição por contra-ordenação.

1238   [Lei n.º 6/99]   DIREITO DA PUBLICIDADE

ART. 12.º (Competências) – 1 – A instrução dos processos de contra-ordenação incumbe às entidades fiscalizadoras.

2 – A aplicação das coimas e sanções acessórias previstas no presente diploma compete ao director regional do ambiente ou ao presidente da câmara municipal da área em que se verificar a infracção.

ART. 13.º (Produto das coimas) – O produto das coimas reverte em 60% para o Estado e em 40% para a entidade instrutora do processo de contra-ordenação.

ART. 14.º (Infractores) – 1 – São considerados infractores, para todos os efeitos e nomeadamente para punição como agentes das contra-ordenações previstas neste diploma, o anunciante, a agência publicitária ou outra entidade que exerça a actividade publicitária, o titular do suporte publicitário ou o respectivo concessionário, assim como o proprietário ou possuidor do prédio onde a publicidade tenha sido afixada ou inscrita, se tiver consentido expressamente nessa afixação ou inscrição.

2 – Os infractores a que se refere o número anterior são solidariamente responsáveis pelos prejuízos causados a terceiros, incluindo os emergentes da remoção, embargo, demolição ou reposição da situação anterior.

3 – Os anunciantes eximir-se-ão da responsabilidade prevista no número anterior caso provem não ter tido prévio conhecimento da actuação infractora.

ART. 15.º (Regime transitório) – 1 – Permanecem válidas, mas não poderão ser renovadas, as licenças já concedidas que violem o disposto no presente diploma, devendo os meios de publicidade a que respeitam ser imediatamente removidos após o termo do prazo de vigência da respectiva licença.

2 – Os titulares de quaisquer licenças relativas a meios de publicidade sitos fora dos aglomerados urbanos e visíveis das estradas nacionais devem fazer prova da existência das mesmas junto das direcções regionais do ambiente, no prazo de 30 dias a contar da entrada em vigor do presente diploma, mencionando o respectivo local e prazo de vigência.

3 – Na falta da prova referida no número anterior, a publicidade afixada ou inscrita presume-se ilícita.

4 – Se os responsáveis pela publicidade ilícita não promoverem a sua remoção no prazo de 30 dias a contar da entrada em vigor do presente diploma, as entidades fiscalizadoras, após notificação prévia efectuada nos termos previstos no artigo 7.º, poderão proceder à sua remoção, bem como ordenar o embargo ou demolição das obras inerentes à afixação ou inscrição dessa publicidade, ou ainda ordenar a reposição da situação anterior, nos termos dos artigos 8.º a 10.º do presente diploma.

5 – Em qualquer caso de remoção indevida de publicidade licenciada, o titular da respectiva licença terá direito a ser reembolsado do valor da taxa de licenciamento proporcional ao período compreendido entre a data de remoção da publicidade e a de caducidade da licença.

6 – Nos casos referidos no número anterior não será aplicável o regime previsto nos n.ᵒˢ 3 e 4 do artigo 8.º.

7 – Para efeitos do n.º 4, consideram-se responsáveis pela publicidade as pessoas a que se refere o n.º 1 do artigo 14.º.

ART. 16.º (Entrada em vigor) – O presente diploma entra em vigor no dia seguinte ao da sua publicação.

21.4. PUBLICIDADE DOMICILIÁRIA POR TELEFONE E POR TELECÓPIA

Lei n.º 6/99

de 27 de Janeiro

ART. 1.º (Objecto e âmbito) – 1 – A presente lei regula a publicidade domiciliária, nomeadamente por via postal, distribuição directa, telefone e telecópia.

2 – A presente lei não se aplica à publicidade por correio electrónico.

3 – O regime fixado nas disposições seguintes não prejudica o disposto no artigo 23.º do Código da Publicidade, aprovado pelo Decreto-Lei n.º 330/90, de 23 de Outubro.

4 – Para efeitos da presente lei, considera-se publicidade:

a) Qualquer forma de comunicação feita por entidades de natureza pública ou privada, no âmbito de uma actividade comercial, industrial, artesanal ou liberal, com o objectivo directo ou indirecto de promover, com vista à sua comercialização ou alienação, quaisquer bens ou serviços ou promover ideias, princípios, iniciativas ou instituições;

b) Qualquer forma de comunicação da Administração Pública, não prevista na alínea anterior, que tenha por objectivo, directo ou indirecto, promover o fornecimento de bens ou serviços.

5 – Para efeitos da presente lei, não se considera publicidade a propaganda política.

PUBLICIDADE DOMICILIÁRIA POR TELEFONE E POR TELECÓPIA [Lei n.º 6/99] 1239

ART. 2.º (Identificabilidade exterior) – A publicidade entregue no domicílio do destinatário, por via postal ou por distribuição directa, deve ser identificável exteriormente de forma clara e inequívoca, designadamente contendo os elementos indispensáveis para uma fácil identificação do anunciante e do tipo de bem ou serviço publicitado.

ART. 3.º (Publicidade domiciliária não endereçada) – É proibida a distribuição directa no domicílio de publicidade não endereçada sempre que a oposição do destinatário seja reconhecível no acto de entrega, nomeadamente através da afixação, por forma visível, no local destinado à recepção de correspondência, de dístico apropriado contendo mensagem clara e inequívoca nesse sentido.

ART. 4.º (Publicidade domiciliária endereçada) – 1 – É proibido o envio de publicidade endereçada para o domicílio, por via postal ou por distribuição directa, quando o destinatário tenha expressamente manifestado o desejo de não receber material publicitário.

2 – Para efeitos do disposto no número anterior, as pessoas que não desejarem receber publicidade endereçada têm o direito de se opor, gratuitamente, a que o seu nome e endereço sejam tratados e utilizados para fins de mala directa ou de serem informadas antes de os dados pessoais serem comunicados pela primeira vez a terceiros para fins de marketing directo ou utilizados por conta de terceiros, em termos idênticos aos previstos na alínea *b*) do artigo 12.º da Lei n.º 67/98, de 26 de Outubro.

3 – As entidades que promovam o envio de publicidade para o domicílio manterão, por si ou por organismos que as representem, uma lista das pessoas que manifestaram o desejo de não receber publicidade endereçada.

4 – Com vista à maior eficácia do sistema previsto no número anterior, o Governo apoiará a constituição de listas comuns, nacionais ou sectoriais, da responsabilidade das associações representativas dos sectores interessados ou de operadores de telecomunicações.

5 – Os titulares de listas de endereços utilizadas para efeitos de mala directa devem mantê-las actualizadas, eliminando trimestralmente os nomes constantes da lista referida no número anterior.

6 – Os prestadores de serviços postais não podem ser considerados co-autores para efeitos do disposto no n.º 1 nem se consideram abrangidos pelo dever consagrado no n.º 3, excepto quando eles próprios promovam o envio de publicidade para o domicílio.

ART. 5.º (Publicidade por telefone e telecópia) – 1 – É proibida a publicidade por telefone, com utilização de sistemas automáticos com mensagens vocais pré-gravadas, e a publicidade por telecópia, salvo quando o destinatário a autorize antes do estabelecimento da comunicação, nos termos do artigo 12.º da Lei n.º 69/98, de 28 de Outubro.

2 – As pessoas que não desejarem receber publicidade por telefone podem inscrever o número de telefone de assinante de que são titulares numa lista própria, a criar nos termos dos números seguintes.

3 – As entidades que promovam a publicidade por telefone manterão, por si ou por organismos que as representem, uma lista das pessoas que manifestem o desejo de não receber essa publicidade, lista essa que deverá ser actualizada trimestralmente.

4 – É proibida qualquer publicidade por chamada telefónica para os postos com os números constantes da lista referida nos números anteriores.

5 – Os prestadores do serviço de telefone não podem ser considerados co-autores para efeitos do disposto nos n.ºs 1 e 4 nem se consideram abrangidos pelo dever consagrado no n.º 3, excepto quando eles próprios promovam a publicidade por telefone.

ART. 6.º (Protecção dos dados pessoais) – Os dados constantes das listas de pessoas referidas nos artigos 4.º e 5.º gozam de protecção, nos termos da Lei n.º 67/98, de 26 de Outubro.

ART. 7.º (Exclusão) – O disposto nos artigos anteriores não se aplica:
a) À publicidade entregue no mesmo invólucro conjuntamente com outra correspondência;
b) À publicidade dirigida a profissionais;
c) Quando existam relações duradouras entre anunciante e destinatário, resultantes do fornecimento de bens ou serviços.

ART. 8.º (Sanções) – 1 – Constitui contra-ordenação, punível com coima de 200 000$ a 500 000$ ou de 400 000$ a 6 000 000$, consoante se trate, respectivamente, de pessoas singulares ou de pessoas colectivas, a infracção ao disposto nos artigos 2.º, 3.º, 4.º e 5.º, n.ºs 1, 3 e 4.

2 – Podem ainda ser aplicadas as sanções acessórias previstas no artigo 35.º do Código da Publicidade.

3 – A negligência é sempre punível, nos termos gerais.

4 – É aplicável, com as necessárias adaptações, o disposto no artigo 36.º do Código da Publicidade.

ART. 9.º (Fiscalização de processos e divulgação da lei) – 1 – A fiscalização do cumprimento do disposto no presente diploma e a instrução dos respectivos processos de contra-ordenação competem ao Instituto do Consumidor.

2 – O Instituto do Consumidor, em colaboração com os organismos representativos das entidades que promovam o envio de publicidade para o domicílio ou a publicidade por telefone, realizará acções de divulgação dos direitos conferidos aos cidadãos pela presente lei e demais disposições aplicáveis, incluindo a informação sobre as entidades junto das quais devem ser depositadas as manifestações de vontade de não receber publicidade e o procedimento adequado para exprimir a objecção.

1240 [DL n.º 177/99]   DIREITO DA PUBLICIDADE

3 – O Instituto do Consumidor editará e porá à disposição do público, designadamente através das entidades prestadoras de serviços postais, dísticos que exprimam de forma clara e inequívoca objecção à recepção de publicidade.

ART. 10.º (Aplicação de sanções) – 1 – A aplicação das coimas previstas no presente diploma compete à comissão de aplicação de coimas em matéria de publicidade, prevista no artigo 39.º do Código da Publicidade.

2 – A aplicação das sanções acessórias previstas na presente lei compete ao membro do Governo que tenha a seu cargo a tutela da protecção do consumidor, salvo no caso da sanção acessória prevista na alínea *a*) do n.º 1 do artigo 35.º do Código da Publicidade, que compete à comissão de aplicação de coimas em matéria de publicidade.

ART. 11.º (Receitas das coimas) – As receitas das coimas revertem em 40% para o Instituto do Consumidor e em 60% para o Estado.

21.5. SERVIÇOS DE AUDIOTEXTO

Decreto-Lei n.º 177/99

de 21 de Maio (*)

ART. 1.º (Objecto) – O presente diploma regula o regime de acesso e de exercício da actividade de prestador de serviços de audiotexto e de serviços de valor acrescentado baseados no envio de mensagem.

ART. 2.º (Conceito) – 1 – São serviços de audiotexto os que se suportam no serviço fixo de telefone ou em serviços telefónicos móveis e que são destes diferenciáveis em razão do seu conteúdo e natureza específicos.

2 – São serviços de valor acrescentado baseados no envio de mensagem os serviços da sociedade de informação prestados através de mensagem suportada em serviços de comunicações electrónicas que impliquem o pagamento pelo consumidor, de forma imediata ou diferida, de um valor adicional sobre o preço do serviço de comunicações electrónicas, como retribuição pela prestação do conteúdo transmitido, designadamente pelo serviço de informação, entretenimento ou outro.

ART. 3.º (Exercício da actividade) – O exercício da actividade de prestador de serviços de audiotexto e de serviços de valor acrescentado baseados no envio de mensagem está sujeito a registo nos termos do presente decreto-lei.

ART. 4.º (Registo) – 1 – As pessoas singulares ou colectivas que pretendam prestar serviços abrangidos pelo presente decreto-lei devem registar-se no ICP — Autoridade Nacional de Comunicações (ICP-ANACOM).

2 – Podem ser registadas:

a) Pessoas singulares matriculadas como comerciantes em nome individual;

b) Sociedades comerciais legalmente constituídas.

3 – Para efeitos do disposto no n.º 1, deve ser apresentado ao ICP-ANACOM um requerimento instruído com certidão de teor da matrícula e de todas as inscrições em vigor da conservatória do registo comercial competente ou com o código de acesso à certidão permanente que permita a verificação dos referidos elementos.

4 – É interdito o registo nos seguintes casos:

a) A pessoas singulares ou colectivas cujo registo esteja suspenso ou tenha sido revogado nos termos do artigo 13.º;

b) A entidades que directa ou indirectamente participem, dominem, sejam participadas ou dominadas pelas pessoas singulares ou colectivas referidas na alínea *a*).

5 – O ICP-ANACOM disponibiliza no seu sítio de Internet uma lista dos prestadores registados que inclui as seguintes informações:

a) Nome, morada e demais contactos físicos e ou electrónicos do prestador de serviços;

b) Descrição detalhada dos serviços prestados;

c) Condições gerais de prestação dos serviços.

ART. 5.º (Início da prestação) – 1 – As entidades registadas nos termos do presente diploma devem informar previamente o ICP-ANACOM dos serviços cuja prestação pretendem iniciar.

2 – Para efeitos do disposto no número anterior, devem as entidades registadas apresentar os seguintes elementos:

a) Declaração expressa donde conste a descrição detalhada do serviço que se propõem prestar, para efeitos de atribuição do respectivo indicativo de acesso;

b) Condições gerais de prestação dos serviços;

(*) Com as alterações introduzidas pela **Lei n.º 95/2001**, de 20-8 (arts. 10.º, 13.º, 14.º e 16.º), e pelo **DL n.º 63/2009**, de 10-3, o qual republicou em anexo o texto integral actualizado, sendo este o que se adopta.

SERVIÇOS DE AUDIOTEXTO   [**DL n.º 177/99**]   1241

c) Projecto técnico onde se identifiquem os equipamentos a utilizar;
d) Indicação do prestador de serviços de suporte.
3 – O início da prestação do serviço só pode ocorrer 20 dias úteis após a recepção no ICP-ANACOM das informações referidas nos números anteriores.
4 – As entidades registadas devem comunicar ao ICP-ANACOM, no prazo máximo de cinco dias úteis, qualquer alteração aos elementos previamente fornecidos e mencionados no n.º 2.

ART. 6.º (Direitos e obrigações dos prestadores) – 1 – Constituem direitos dos prestadores dos serviços:
a) Desenvolver a actividade nos termos constantes da alínea *a*) do n.º 2 do artigo 5.º;
b) Fixar livremente o preço dos serviços prestados.
2 – Constituem obrigações dos prestadores de serviços:
a) Respeitar as condições e limites inerentes ao respectivo indicativo de acesso;
b) Cumprir com a legislação aplicável, nomeadamente em matéria de publicidade, direito de autor e direitos conexos, defesa do consumidor, protecção de dados pessoais, propriedade industrial, bem como a relativa à realização de concursos ou jogos de fortuna ou de azar;
c) Utilizar equipamentos devidamente aprovados pela entidade competente;
d) Facultar ao ICP-ANACOM a verificação dos equipamentos, bem como disponibilizar informação destinada a fins estatísticos, facultando o acesso às respectivas instalações e documentação.

ART. 7.º (Relações com os prestadores de serviços de suporte) – 1 – Os contratos a celebrar entre os prestadores de serviços abrangidos por este decreto-lei e os prestadores de serviços de suporte são obrigatoriamente reduzidos a escrito, devendo dos mesmos constar, designadamente:
a) A identificação das partes contratantes;
b) A indicação do número de registo e do indicativo de acesso atribuído pelo ICP-ANACOM;
c) A descrição detalhada do serviço a prestar como tal declarada ao ICP-ANACOM;
d) Um termo de responsabilidade da utilização dos serviços de suporte para a oferta de serviços de acordo com a descrição detalhada a que alude a alínea *c*);
e) O modo da respectiva facturação, bem como as regras relevantes para o acerto de contas entre as partes contratantes;
f) As regras aplicáveis em caso de não pagamento pelos seus clientes das importâncias correspondentes aos serviços que prestam, quando a cobrança seja assumida pelo prestador do serviço de telecomunicações em que se suporta.
2 – Quando caiba ao prestador do serviço de suporte, nos termos contratualmente fixados, proceder à facturação e cobrança de importâncias correspondentes à prestação de serviços abrangidos pelo presente diploma, devem as mesmas ser devidamente autonomizadas.
3 – A prestação do serviço de suporte não pode ser suspensa em consequência da falta de pagamento dos serviços regulados no presente decreto-lei.

ART. 8.º (Atribuição e utilização de indicativos de acesso) — 1 — O ICP-ANACOM atribui aos prestadores dos serviços abrangidos pelo presente decreto-lei diferentes indicativos de acesso de acordo com a sua natureza e conteúdo, em conformidade com a descrição detalhada do serviço a prestar constante da declaração referida na alínea *a*) do n.º 2 do artigo 5.º.
2 – Possuem obrigatoriamente um indicativo de acesso específico:
a) Os serviços declarados com conteúdo erótico ou sexual;
b) Os serviços que impliquem o envio de mais de uma mensagem ou o envio de mensagens de forma periódica ou continuada, com preço acrescentado por mensagem;
c) Os serviços que se destinem à angariação de donativos sujeitos a regime fiscal diferenciado.
3 – Os prestadores de serviços devem utilizar os indicativos de acesso com respeito dos limites inerentes ao respectivo acto de atribuição.

ART. 9.º (Informação de preços nos serviços de audiotexto) – 1 — A indicação do preço dos serviços de audiotexto deve obrigatoriamente mencionar, consoante o tipo de serviço:
a) O preço por minuto;
b) O preço por cada período de quinze segundos, apenas para serviços com duração máxima de um minuto e desde que garantido, pelo equipamento do prestador, o desligamento automático da chamada decorrido esse período;
c) O preço da chamada, para todos os serviços com preços fixos de chamada, independentemente da sua duração.
2 – Os prestadores devem garantir no momento de acesso ao serviço a informação ao utilizador, na forma de mensagem oral, nomeadamente em gravação, de duração fixa de dez segundos e ao preço do serviço de telecomunicações em que se suporta, que explicite a natureza do serviço e, se for o caso, o facto de se dirigir a adultos, bem como o preço a cobrar de acordo com as regras fixadas no número anterior.
3 – Os serviços devem conter sinal sonoro que evidencie a cadência por cada minuto de comunicação.

ART. 9.º-A (Condições de prestação dos serviços de valor acrescentado baseados no envio de mensagem) – 1 –
Com excepção dos serviços referidos no n.º 5, antes da prestação do serviço os prestadores devem enviar ao cliente,

1242 [DL n.º 177/99]   DIREITO DA PUBLICIDADE

gratuitamente, mensagem, clara e inequívoca, suportada no serviço de comunicações electrónicas que é utilizado para a disponibilização do serviço, que contenha:

   a) A identificação do prestador do serviço;
   b) A natureza do serviço a prestar, o período contratual mínimo, quando aplicável, e tratando-se de uma prestação continuada a forma de proceder à rescisão do contrato;
   c) O preço total do serviço;
   d) O pedido de confirmação da solicitação do serviço.

2 – Tratando-se de serviço que deva ser proporcionado de forma continuada, a informação prevista na alínea *c)* do número anterior deve incluir o preço de cada mensagem a receber e o preço a pagar periodicamente.

3 – A falta de resposta ao pedido de confirmação previsto na alínea *d)* do n.º 1 implica a inexistência de contrato.

4 – Para a contratação do serviço ou para a confirmação da solicitação do serviço não podem ser cobradas mensagens de valor acrescentado.

5 – Tratando-se de serviços de votação ou de concursos ou de outros serviços que, tal como estes, não consistam no envio de um conteúdo, é gratuito o envio da mensagem cujo conteúdo consiste na transmissão do resultado obtido.

6 – Os prestadores dos serviços referidos na alínea *c)* do n.º 2 do artigo 8.º devem enviar gratuitamente uma mensagem contendo informação fiscal relevante para o doador.

7 – Cumpre ao prestador de serviços a prova do cumprimento dos deveres enunciados no presente artigo e da apresentação da resposta referida no n.º 3.

ART. 10.º (Limitações no acesso ao serviço) – 1 – Os prestadores de serviços de suporte devem garantir, como regra, o barramento, sem quaisquer encargos, do acesso aos serviços de audiotexto, que só poderá ser activado, genérica ou selectivamente, após requerimento expresso efectuado nesse sentido pelos respectivos clientes.

2 – Excluem-se do disposto no número anterior os serviços de audiotexto designados «serviços de audiotexto de televoto», cujo acesso é automaticamente facultado ao utilizador a partir do momento da entrada em vigor do contrato celebrado entre este e o prestador de serviço de suporte.

3 – A pedido do consumidor, o prestador do serviço de suporte deve barrar o acesso dos serviços de valor acrescentado baseados no envio de mensagem, sem quaisquer encargos para o consumidor e independentemente da existência ou não de contrato com o prestador desses serviços, ou da sua eventual resolução.

4 – Para efeitos do número anterior, o barramento deve ser efectuado até vinte e quatro horas após a solicitação do consumidor, através de qualquer suporte durável de comunicação, não podendo ser imputados quaisquer custos ao consumidor após esse prazo.

ART. 11.º (Taxas) – 1 – Estão sujeitos a taxa:
   a) O acto de registo;
   b) O averbamento ao registo;
   c) A substituição do registo, em caso de extravio.

2 – Os prestadores de serviços objecto deste diploma estão ainda sujeitos ao pagamento de uma taxa anual.

3 – Os montantes das taxas referidas nos números anteriores são fixados por despacho do membro do Governo responsável pela área das comunicações em função dos custos associados às tarefas administrativas, técnicas, operacionais e de fiscalização correspondentes, constituindo receita do ICP-ANACOM.

ART. 12.º (Fiscalização) – 1 – Sem prejuízo do disposto no número seguinte, compete ao ICP-ANACOM a fiscalização da conformidade dos serviços prestados com os indicativos de acesso atribuídos, bem como do cumprimento do disposto nos artigos 9.º e 9.º-A.

2 – A fiscalização da prestação de serviços de audiotexto compete ainda às entidades que, em razão da matéria, disponham de poderes, nomeadamente, no âmbito de aplicação dos Códigos da Publicidade e de Direito de Autor e Direitos Conexos, da legislação aplicável à defesa do consumidor e à protecção de dados pessoais, do Decreto-Lei n.º 422/89, de 2 de Dezembro, na redacção do Decreto-Lei n.º 10/95, de 19 de Janeiro, e do Decreto n.º 11 223, de 6 de Novembro de 1925, e legislação complementar.

ART. 13.º (Suspensão e cancelamento) – 1 – Quando se verifique desconformidade de utilização do indicativo de acesso atribuído em face da declaração referida na alínea *a)* do n.º 2 do artigo 5.º ou a inexistência da mensagem oral a que se refere o n.º 2 do artigo 9.º, deve o ICP-ANACOM suspender a utilização do indicativo de acesso atribuído ao prestador de serviços, indicando quais as medidas necessárias à correcção da situação, fixando, ainda, um prazo não superior a 10 dias para que o prestador proceda à correcção.

2 – *(Revogado pelo Decreto-Lei n.º 63/2009, de 10 de Março.)*

3 – Em caso de incumprimento das medidas impostas no prazo fixado, deve o ICP-ANACOM revogar o registo.

4 – É interdito o registo ou a atribuição de novos indicativos de acesso a prestadores de serviços que se encontrem na situação prevista no número anterior.

5 – A suspensão da utilização do indicativo de acesso por parte do prestador de serviços ou o cancelamento do registo pode ser publicitado pelo ICP-ANACOM e deve ser comunicado ao prestador de serviços de suporte.

ART. 14.º (Contra-ordenação e coimas) – 1 – Sem prejuízo de outras sanções aplicáveis, constituem contra-ordenações:

PUBLICIDADE AOS SERVIÇOS DE AUDIOTEXTO   [DL n.º 175/99]   1243

a) A prestação de serviços por entidades não registadas;

b) A violação do disposto nos n.ᵒˢ 1, 3 e 4 do artigo 5.º, nas alíneas *a*), *c*) e *d*) do n.º 2 do artigo 6.º, no n.º 3 do artigo 7.º, no artigo 9.º, nos n.ᵒˢ 1, 2, 4, 5 e 6 do artigo 9.º-A e no artigo 10.º.

2 – As contra-ordenações previstas no presente diploma são puníveis com coima de € 2 493,99 a € 24 939,90 e de € 14 963,90 a € 49 879,80, consoante tenham sido praticadas por pessoa singular ou colectiva.

3 – Nas contra-ordenações previstas no presente diploma são puníveis a tentativa e a negligência.

ART. 15.º (Processamento e aplicação de coimas) – 1 – Compete ao presidente do ICP-ANACOM a aplicação das coimas previstas no presente diploma.

2 – A instrução do processo de contra-ordenação é da competência dos serviços do ICP-ANACOM.

3 – O montante das coimas aplicadas reverte para o Estado em 60% e em 40% para o ICP-ANACOM.

4 – O ICP-ANACOM pode dar adequada publicidade à punição por contra-ordenação.

ART. 16.º (Direito transitório) – 1 – O ICP atribui novos indicativos de acesso no prazo de 15 dias contado a partir da data da entrada em vigor do presente diploma aos designados prestadores de serviços de telecomunicações de valor acrescentado na vigência do Decreto-Lei n.º 329/90, de 23 de Outubro, bem como às entidades que disponham de registo nos termos do Decreto-Lei n.º 381-A/97, de 30 de Dezembro, quando os serviços por si prestados integrem o conceito do artigo 2.º.

2 – Os prestadores de serviços de audiotexto devem implementar a utilização dos novos indicativos no prazo de 90 dias contado da data da respectiva atribuição.

3 – Os prestadores de serviços de audiotexto devem cumprir com o disposto no n.º 2 do artigo 9.º no prazo máximo de 45 dias contado a partir da data da entrada em vigor do presente diploma.

4 – Relativamente aos contratos que tenham sido celebrados antes da entrada em vigor do presente diploma, os prestadores de serviços de suporte, para efeitos do cumprimento do disposto nos n.ᵒˢ 1 e 2 do artigo 10.º, deverão, no prazo máximo de 90 dias a contar desta data, barrar gratuitamente o acesso aos serviços de audiotexto, com excepção dos serviços de televoto, mais devendo remeter aos respectivos clientes os instrumentos necessários para que possam solicitar, querendo, o acesso genérico selectivo a estes serviços.

21.6. PUBLICIDADE AOS SERVIÇOS DE AUDIOTEXTO

Decreto-Lei n.º 175/99

de 21 de Maio (*)

ART. 1.º (Objecto e âmbito) – 1 – O presente diploma regula a publicidade a serviços de audiotexto e a serviços de valor acrescentado baseados no envio de mensagem.

2 – São serviços de audiotexto os que se suportam no serviço fixo de telefone ou em serviços telefónicos móveis e que são destes diferenciáveis em razão do seu conteúdo e natureza específicos.

3 – São serviços de valor acrescentado baseados no envio de mensagem os serviços da sociedade de informação prestados através de mensagem suportada em serviços de comunicações electrónicas que impliquem o pagamento pelo consumidor, de forma imediata ou diferida, de um valor adicional sobre o preço do serviço de comunicações electrónicas, como retribuição pela prestação do conteúdo transmitido, designadamente pelo serviço de informação, entretenimento ou outro.

ART. 2.º (Publicidade) – 1 – Sem prejuízo do disposto no Código da Publicidade, aprovado pelo Decreto-Lei n.º 330/90, de 23 de Outubro, na redacção que lhe foi dada pelo Decreto-Lei n.º 275/98, de 9 de Setembro, e demais legislação aplicável, a publicidade a serviços abrangidos pelo presente diploma deve conter, de forma clara e perfeitamente legível ou audível, conforme o meio de comunicação utilizado, a identificação do prestador e as condições de prestação do serviço.

2 – A publicidade deve indicar, designadamente, a identidade ou denominação social do prestador, o conteúdo do serviço e o respectivo preço, de acordo com as regras fixadas para a indicação de preços no Decreto-Lei n.º 177/99, de 21 de Maio, na redacção que lhe foi dada pela Lei n.º 95/2001, de 20 de Agosto.

3 – É proibida a publicidade aos serviços abrangidos pelo presente decreto-lei dirigida a menores, sob qualquer forma e através de qualquer suporte publicitário, nomeadamente integrando-a em publicações, gravações, emissões ou qualquer outro tipo de comunicações que lhes sejam especialmente dirigidas.

4 – É proibida a publicitação de serviços de audiotexto de cariz erótico ou sexual através de suportes de publicidade exterior.

(*) Com as alterações introduzidas pelo **DL n.º 148/2001**, de 7-5, pela **Lei n.º 95/2001**, de 20-8, e pelo **DL n.º 63/2009**, de 10-3, que deu nova redacção aos arts. 1.º, 2.º e 2.º-A.

1244 [DL n.º 175/99]   DIREITO DA PUBLICIDADE

5 – A publicidade aos serviços referidos no número anterior é também proibida na imprensa, excepto em publicações especializadas com o mesmo tipo de conteúdos ou, no caso das restantes publicações, quando não inclua imagens e os escritos utilizados não sejam susceptíveis de afectar os leitores mais vulneráveis.

6 – Na televisão e na rádio, a difusão de mensagens publicitárias aos serviços a que se refere o n.º 4 só pode ter lugar no horário entre as 0 e as 6 horas.

7 – A informação relativa ao preço, a que se refere o n.º 2, é fornecida ao consumidor em caracteres iguais, em tipo e dimensão, aos utilizados para a divulgação do número de telefone da linha do serviço e, tratando-se de mensagem publicitária transmitida pela televisão, deve ser exibida durante todo o tempo em que decorre a mensagem publicitária.

8 – Qualquer comunicação que, directa ou indirectamente, vise promover a prestação de serviços abrangidos pelo presente decreto-lei deve identificar de forma expressa e destacada o seu carácter de comunicação comercial, abstendo-se de, designadamente, assumir teores, formas e conteúdos que possam induzir o destinatário a concluir tratar-se de uma mensagem de natureza pessoal.

ART. 2.º-A (Realização de concursos) – 1 – O prestador de serviços abrangidos pelo presente decreto-lei que realize qualquer concurso através do sistema de audiotexto ou de serviços de valor acrescentado baseados no envio de mensagem deve informar o utilizador sobre todas as condições respeitantes à realização do mesmo.

2 – As regras relativas à realização do concurso não podem ser fornecidas ao utilizador através de uma rede de serviço de audiotexto ou de serviços de valor acrescentado baseados no envio de mensagem.

3 – A mensagem publicitária deve indicar, de forma clara e precisa, em caracteres facilmente legíveis, o meio através do qual o consumidor pode aceder às regras a que se refere o número anterior.

4 – Sem prejuízo da adopção de outros meios de efeito equivalente, as regras relativas à realização do concurso através do sistema de audiotexto são transmitidas ao consumidor através de uma linha de rede de telefone fixo, sujeita ao sistema tarifário em vigor, cujo número é divulgado na mensagem publicitária.

ART. 3.º (Contra-ordenações) – 1 – A violação do disposto no artigo 2.º do presente diploma constitui contra-ordenação punível com coima de 500 000$ a 2 000 000$ e de 1 500 000$ a 10 000 000$, consoante tenha sido praticada por pessoa singular ou colectiva.

2 – A negligência é sempre punível.

3 – São punidos como agentes. das contra-ordenações previstas no presente diploma o prestador do serviço, o anunciante, o profissional, a agência de publicidade e qualquer outra entidade que exerça a actividade publicitária, o titular do suporte publicitário ou o respectivo concessionário, bem como qualquer outro interveniente na emissão da mensagem publicitária.

ART. 4.º (Fiscalização, instrução de processos e aplicação de coimas) – 1 – Compete ao Instituto do Consumidor a fiscalização do disposto no presente diploma e a instrução dos processos por contra-ordenações nele previstas.

2 – Compete à comissão referida no artigo 39.º do Código da Publicidade, aprovado pelo Decreto-Lei n.º 330/90, de 23 de Outubro, na redacção que lhe foi dada pelo Decreto-Lei n.º 275/98, de 9 de Setembro, a aplicação das coimas e sanções acessórias previstas no presente diploma.

3 – O montante das coimas aplicadas reverte em 60% para o Estado e em 40% para o Instituto do Consumidor.

ART. 5.º (Sanções acessórias) – 1 – Sem prejuízo do referido no n.º 1 do artigo anterior, podem ainda ser aplicadas as sanções acessórias mencionadas no artigo 35.º do Código da Publicidade, aprovado pelo Decreto-Lei n.º 330/90, de 23 de Outubro, na redacção que lhe foi dada pelo Decreto-Lei n.º 275/98, de 9 de Setembro.

2 – Pode dar-se publicidade, nos termos gerais, à punição por contra-ordenação.

ART. 6.º (Entrada em vigor) – O presente diploma entra em vigor 30 dias após a sua publicação.

CAP. XXII

PREÇOS DE BENS E SERVIÇOS

22.1. REGIME-BASE SOBRE PREÇOS

Decreto-Lei n.º 329-A/74

de 10 de Julho (*)

ART. 1.º – 1 – Os preços dos bens ou serviços vendidos no mercado interno podem ser submetidos aos seguintes regimes:

a) De preços máximos;

b) .... ;

c) De preços declarados;

d) De preços contratados;

e) De margens de comercialização fixadas;

f) De preços livres.

2 – O regime de preços máximos consiste na fixação do seu valor nos diferentes estádios da actividade económica julgados convenientes, o qual não poderá ser ultrapassado.

3 – ....

4 – ....

5 – O regime de preços contratados faculta a possibilidade às empresas, grupos de empresas ou associações patronais de negociarem com o Governo condições específicas para alteração dos preços.

6 – O regime de margens de comercialização fixadas consiste na atribuição de um valor máximo, determinado por percentagem ou em termos absolutos, que poderá ser adicionado aos preços de aquisição ou de reposição.

7 – O regime de preços livres consiste na determinação dos níveis de preços pelos agentes e mecanismos que interferem no respectivo circuito de comercialização.

> 1. A alínea *b*) do n.º 1 e os n.ᵒˢ 3 e 4 deste artigo foram revogados pelo art. 11.º do DL n.º 75-Q/77, de 28-2.
>
> 2. A Portaria n.º 659/84, de 30-8, veio estabelecer o seguinte:
>
> 1.º – As margens de comercialização fixadas segundo o regime a que se refere a alínea *c*) do artigo 1.º do Decreto-Lei n.º 329-A/74, de 10 de Julho, incidem, nos termos do n.º 6 do artigo 11.º do mesmo decreto-lei, sobre os preços de aquisição ou de reposição;
>
> 2.º – Para prova do preço de reposição o comprador deverá exibir documento comprovativo da encomenda ou aquisição efectuada, quando solicitado pelas entidades competentes;
>
> 3.º – Este diploma entra em vigor no dia seguinte ao da sua publicação.

ART. 2.º – ....

ART. 3.º – 1 – Poderão ser concebidos benefícios fiscais às empresas abrangidas pelo disposto no n.º 5 do artigo 1.º que se comprometam a praticar os preços contratados.

2 – Os benefícios referidos no número anterior serão estabelecidos em portaria dos Secretários de Estado das Finanças, do Abastecimento e Preços e do Secretário ou Secretários de Estado competentes.

(*) Texto rectificado no *DG*, I, de 2-9-1974, e alterado quer pelo **DL n.º 75-Q/77**, de 28-2, quer pelo **DL n.º 262/94**, de 22-10; as alterações foram introduzidas nos lugares próprios.

1246 [DL n.º 329-A/74]   PREÇOS DE BENS E SERVIÇOS

3 – A falta de cumprimento das obrigações decorrentes das condições negociadas implica a perda automática dos benefícios concedidos e a restituição dos montantes dos benefícios pecuniários que delas tenham resultado, independentemente das sanções que no contrato tenham sido fixadas.

ART. 4.º – Sem prejuízo das alterações decorrentes do uso da faculdade a que se refere o artigo 2.º, observar-se-ão, desde já, as seguintes regras:

a) Ficam sujeitos ao regime de preços máximos os bens ou serviços que em 24 de Abril de 1974 estavam submetidos ao regime de tabelamento ou de preço fixo;

b) .... ;

c) .... ;

d) .... ;

e) Ficam sujeitos ao regime de margens de comercialização fixadas os bens que na mesma data estavam submetidos à observância de margens especialmente estabelecidas;

f) Na falta de regime de preços especialmente aplicável à comercialização dos bens observar-se-á o disposto na segunda parte da alínea *a)* do n.º 1 e no n.º 3 do artigo 24.º do Decreto-Lei n.º 41 204, de 24 de Julho de 1957.

ART. 5.º – 1 – São objecto de publicação no Diário do Governo os preços e as margens de comercialização fixados dos bens e serviços sujeitos ao regimes referidos nas alíneas *a)* e *e)* do n.º 1 do artigo 1.º.

2 – A obrigatoriedade da observância dos preços controlados, declarados e contratados não depende de publicação no *Diário do Governo*, designadamente para efeitos do disposto no n.º 1 do artigo 15.º do presente diploma, ficando as respectivas empresas com a obrigação de dar a publicidade que for julgada conveniente, segundo instruções da Secretaria de Estado do Abastecimento e Preços.

ART. 6.º – 1 – As empresas produtoras ou importadoras dos bens ou serviços sujeitos ao regime de preços controlados ou declarados procederão obrigatoriamente à declaração, no prazo máximo de trinta dias, dos preços por elas praticados à Direcção-Geral de Preços.

2 – Os preços a declarar pelas empresas abrangidas pelo disposto nas alíneas *b)*, *c)* e *d)* do artigo 4.º são os praticados em 24 de Abril de 1974.

3 – As declarações a que se referem os números anteriores serão feitas por carta registada com aviso de recepção, na qual deverão ser correctamente identificados os bens ou serviços em causa e indicadas as variantes ou modalidades dos preços finais praticados.

ART. 7.º – 1 – ....

2 – ....

3 – Os pedidos para negociação de condições específicas referidas no n.º 5 do artigo 1.º devem ser dirigidos à Direcção-Geral de Preços pelas entidades interessadas.

4 – ....

ART. 8.º – 1 – Os pedidos de revisão de preços deverão ser feitos por carta registada com aviso de recepção e acompanhados de estudo justificativo das razões do aumento e dos seguintes elementos:

a) Relatórios do conselho de administração e fiscal e contas de exploração e de resultados das empresas;

b) Cópias das declarações fiscais e seus anexos para efeitos de contribuição industrial, referentes aos últimos dois anos, e do imposto agrícola quando exista;

c) Decomposição dos custos de produção e venda, discriminando:

Matérias-primas subsidiárias e acessórias;

Combustíveis, energia e lubrificantes;

Amortizações e provisões;

Ordenados, salários e encargos sociais;

Rendas e seguros, salvo os incorporados na rubrica anterior;

Encargos financeiros;

Impostos directos e indirectos, não imputados directamente aos preços de aquisição e venda;

Outros bens e serviços comprados a terceiros;

Ganhos acidentais e proventos acessórios;

Lucro da exploração.

2 – Pode a Direcção-Geral solicitar o envio de quaisquer outros elementos julgados necessários e recorrer ao exame directo da contabilidade das empresas, o qual deverá estar concluído no prazo máximo de trinta dias, a contar da data da recepção do pedido ou dos elementos referidos no número anterior.

3 – Sempre que julgar necessário, pode ainda a Direcção-Geral inquirir responsáveis dos quadros das empresas, assim como solicitar o envio de elementos às entidades que com a requerente tenham ligações comerciais, financeiras ou outras.

4 – Em casos especiais, pode a Direcção-Geral dispensar a remessa de alguns dos elementos indicados no n.º 1 deste artigo.

REGIME DE PREÇOS DECLARADOS   [DL n.º 75-Q/77]   1247

ARTS. 9.º a 11.º – ....

ART. 12.º – 1 – Na apreciação dos pedidos de revisão dos preços de bens ou serviços sujeitos aos regimes definidos nas alíneas *a*), *b*), *d*) e *e*) do artigo 1.º, ter-se-á em conta que o preço de venda do bem ou do serviço, em qualquer estádio de produção, não poderá exceder o valor que resulta da adição, ao custo total de uma percentagem ou de um valor absoluto sobre este custo.

2 – Esta percentagem ou valor absoluto, a fixar pela Direcção-Geral de Preços, dependerá do grau de satisfação do consumo interno pela produção interna e dos preços praticados nos mercados externos.

ART. 13.º – 1 – Os pedidos de revisão de preços de bens ou serviços, depois de informado pela Direcção--Geral de Preços ou pelos serviços competentes das Secretarias de Estado referidas no n.º 4 do artigo 7.º e apreciados, se for caso disso, pela Comissão Consultiva de Preços, serão apresentados a decisão:

a) Do Ministro da Coordenação Económica e do Ministro ou do Secretário de Estado competentes, no caso de actividades ou de bens ou serviços que transcendam o âmbito do Ministério da Coordenação Económica;

b) Do Secretário de Estado do Abastecimento e Preços e do Secretário ou Secretários de Estado competentes, no caso de bens ou serviços constantes da lista em anexo;

c) Do Secretário de Estado do Abastecimento e Preços nos restantes casos.

2 – A competência estabelecida na alínea *c*) do número anterior pode ser delegada, por despacho, no director-geral de Preços.

ART. 14.º – ....

ART. 15.º – 1 – A venda de bens ou a prestação de serviços por preços superiores aos que resultam da aplicação do presente diploma constitui crime de especulação.

2 – A falta da declaração a que se refere o artigo 6.º, dentro do prazo nele fixado, é punida com multa de 10 000$ a 100 000$, consoante o volume de vendas efectuado.

3 – Sem prejuízo do disposto no número anterior, as empresas que, depois de notificadas pelos serviços competentes, mediante carta registada com aviso de recepção, para procederem à declaração, a não fizerem no prazo concedido para o efeito incorrerão na pena aplicável ao crime de desobediência.

4 – Constitui crime punido nos termos do artigo 242.º do Código Penal a prestação de falsas declarações, nas comunicações a que se referem os artigos 6.º e 8.º deste diploma.

5 – Cometem o crime de desobediência ou de resistência, consoante os casos, todos aqueles que se oponham ao exame directo da contabilidade das empresas a que se refere o n.º 2 do artigo 8.º deste diploma.

6 – A infracção ao disposto no artigo 10.º é punida com multa de montante igual a 3% da facturação dos bens e serviços em causa.

7 – A falta de publicidade referida no n.º 2 do artigo 5.º é punida com a multa de 5 000$ a 50 000$.

8 – A Direcção-Geral de Preços comunicará à Direcção-Geral da Fiscalização Económica as infracções referidas nos n.ᵒˢ 1, 2, 6 e 7 deste artigo, à qual competirá a instrução preparatória dos respectivos processos, bem como o exercício da correspondente acção penal.

ART. 16.º – Mantêm-se em vigor todas as disposições legais relativas à obrigatoriedade de afixação nos estabelecimentos dos preços de bens ou serviços, bem como das listas dos preços autorizados.

ART. 17.º – Fica o Secretário de Estado do Abastecimento e Preços autorizado a estabelecer, por portaria, novos regimes de preços de bens ou serviços.

ART. 18.º – O disposto no presente diploma não abrange a actividade das instituições financeiras, excepto no que diz respeito aos serviços de pagamento automático prestados pelas instituições de crédito por transferência eletrónica de fundos através de cartões de débito.

ART. 19.º – As dúvidas suscitadas na aplicação deste decreto-lei serão resolvidas por despacho do Secretário de Estado do Abastecimento e Preços.

ART. 20.º – Este diploma entra imediatamente em vigor.

22.2. REGIME DE PREÇOS DECLARADOS

Decreto-Lei n.º 75-Q/77

de 28 de Fevereiro (*)

ART. 1.º – 1 – A sujeição de bens e serviços aos regimes de preços previstos no Decreto-Lei n.º 329-A/74, de 10 de Julho, com as alterações constantes do presente diploma, será determinada em portaria do Ministro do

---

(*) Com as alterações introduzidas pelo **DL n.º 29/80**, de 29-2, e pelo **DL n.º 368/86**, de 3-11.

1248 [DL n.º 75-Q/77]   PREÇOS DE BENS E SERVIÇOS

Comércio e Turismo, com base quer na natureza dos bens ou serviços, quer na dimensão das empresas, por iniciativa própria ou mediante proposta do Ministério da Tutela.

2 – A sujeição dos bens ou serviços constantes da lista anexa ao Decreto-Lei n.º 329-A/74 aos regimes de preços em vigor, bem como a composição da mesma lista, serão efectuadas por portaria do Ministro do Comércio e Turismo e do Ministro da Tutela que superintender na respectiva actividade.

3 – A fixação de preços e de margens de comercialização constará de despacho do Ministro do Comércio e Turismo ou de despacho conjunto com o Ministro competente.

ART. 2.º – É suprimido o regime de preços controlados, a que se refere a alínea *b*) do n.º 1 e o n.º 3 do artigo 1.º do Decreto-Lei n.º 329-A/74.

ART. 3.º – O regime de preços declarados, previsto na alínea *c*) do n.º 1 do artigo 1.º do Decreto-Lei n.º 329--A/74, é alterado de acordo com o disposto no presente decreto-lei, passando a consistir na possibilidade de as empresas praticarem novos preços, mediante comunicação prévia, reservando-se a Administração a faculdade de se opor a esses preços, se não os considerar justificados, perante os elementos de que dispõe e que as empresas são obrigadas a apresentar.

ART. 4.º – 1 – Ficam sujeitos ao regime de preços declarados os bens ou serviços produzidos ou imperados por empresas cuja facturação bruta total, correspondente a vendas no mercado interno no ano anterior, tenha sido superior a 575 000 contos, mas somente aqueles bens ou serviços enquadrados numa posição da Classificação das Actividades Económicas (CAE, revisão de 1973) a seis dígitos, cuja facturação nessa posição tenha sido superior a 115 000 contos, quando tais bens ou serviços não sejam abrangidos naquele estádio de produção ou importação por qualquer outro regime.

2 – As declarações de novos preços a praticar pelas empresas abrangidas no número anterior, quando envolvam aumento, deverão ser enviadas em carta registada, com aviso de recepção, para as Direcções-Gerais do Comércio Alimentar e do Comércio Não Alimentar, consoante a natureza dos bens e serviços, com a antecedência mínima de quinze dias da data em que se pretenda sejam aplicados.

3 – As declarações a que se refere o número anterior devem ser acompanhadas de estudo justificativo das razões do aumento, bem como da decomposição dos custos de produção e venda das empresas, discriminando:
Matérias-primas subsidiárias e acessórias;
Combustíveis, energia e lubrificantes;
Amortizações e provisões;
Ordenados, salários e encargos sociais;
Rendas e seguros, salvo os incorporados na rubrica anterior;
Encargos financeiros;
Impostos directos e indirectos, não imputados directamente aos preços de aquisição e venda;
Outros bens e serviços comprados a terceiros;
Ganhos acidentais e proveitos acessórios;
Lucro da exploração.

4 – O disposto nos n.ºˢ 2, 3 e 4 do artigo 8.º do Decreto-Lei n.º 329-A/74 aplica-se às empresas sujeitas ao regime definido no artigo 3.º do presente diploma.

5 – Os limites de facturação previstos no n.º 1 poderão ser alterados por portaria do Ministro de Comércio e Turismo, sempre que tal se julgue conveniente para posições determinadas da Classificação das Actividades Económicas (CAE) a seis dígitos.

6 – Os bens ou serviços enquadrados numa dada posição da Classificação das Actividades Económicas (CAE) a seis dígitos poderão ser excluídos ou incluídos no regime de preços declarados por portaria do Ministro do Comércio e Turismo, ou por portaria conjunta com o Ministro da tutela, no caso dos bens constantes da lista anexa à Portaria n.º 1/78, de 2 de Janeiro.

7 – Os limites de facturação definidos no n.º 1 deste artigo serão anualmente revistos com base numa taxa de actualização obtida a partir do «índice de preços no consumidor», sem habilitação, publicada pelo INE em Dezembro de cada ano, sendo o valor desta taxa de actualização o da variação média anual daquele «índice de preços» verificada nos doze meses do ano a que se refere a actualização.

8 – O montante que resulta da aplicação da taxa de actualização referida no número anterior será arredondado, por excesso, por forma que seja expresso em valores múltiplos de 25 000 contos.

9 – A actualização do montante de facturação bruta dos bens ou serviços enquadrados numa posição CAE a seis dígitos deverá corresponder a um quinto do montante da facturação bruta total, revisto nos termos deste artigo.

ART. 5.º – As empresas produtoras ou importadoras submetidas ao regime de preços declarados por força do disposto no artigo anterior que pretendam lançar no mercado novos bens ou serviços de utilização igual ou semelhante à dos bens ou serviços sujeitos àquele regime aplica-se, quanto a estes bens ou serviços, o disposto nos n.ºˢ 2, 3 e 4 daquele artigo.

ART. 6.º – 1 – Se as Direcções-Gerais do Comércio Alimentar e do Comércio Não Alimentar considerarem não justificados os preços declarados pelas empresas nos termos dos artigos 4.º e 5.º, submeterão novos preços à aprovação do Ministro do Comércio e Turismo.

REGIME DE PREÇOS VIGIADOS [**Port. n.º 650/81**] 1249

2 – O despacho a alterar os preços praticados pelas empresas só poderá ser proferido até sessenta dias após a recepção nas Direcções-Gerais da declaração a que se refere o n.º 2 do artigo 4.º deste decreto-lei.

3 – Quando estiverem em causa bens ou serviços constantes da lista anexa ao Decreto-Lei n.º 329-A/74, o despacho previsto no número anterior será conjunto com o Ministro que superintender na respectiva actividade e poderá ser proferido até setenta e cinco dias após a recepção a que se alude no mesmo número.

4 – Os preços constantes dos despachos referidos nos números antecedentes serão comunicados às empresas por carta registada, com aviso de recepção, e deverão começar a ser praticados no terceiro dia útil a contar da data da recepção.

ART. 7.º – 1 – A venda de bens ou a prestação de serviços por preços superiores aos que resultam da aplicação do Decreto-Lei n.º 329-A/74, com as alterações introduzidas pelo presente diploma, constitui crime de especulação.

2 – Incorrem no crime previsto e punido no artigo 242.º do Código Penal aqueles que prestarem falsas declarações nas diligências a que são obrigadas as empresas nos termos deste diploma.

3 – A falta de declaração a que são obrigadas as empresas nos termos do artigo 5.º, é punida com multa igual a 3% da facturação dos bens e serviços em causa.

ART. 8.º – A violação do disposto neste diploma e no Decreto-Lei n.º 329-A/74, ou o não cumprimento de diligências legalmente exigidas na sua execução, constituem transgressão punível com a multa de 2 000$ a 10 000$, se outra sanção mais grave não lhes for aplicável.

ART. 9.º – O regime estabelecido neste diploma não se aplica aos pedidos de revisão de preços entrados nas Direcções-Gerais do Comércio Alimentar e do Comércio Não Alimentar até à data da sua entrada em vigor.

. **ART. 10.º** – As dúvidas suscitadas na interpretação do presente decreto-lei serão resolvidas por despacho do Ministro do Comércio e Turismo.

ART. 11.º – São revogados os seguintes preceitos do Decreto-Lei n.º 329-A/74: alínea *b*) do n.º 1 e n.ºs 3 e 4 do artigo 1.º, artigo 2.º, alíneas *b*), *c*) e *d*) do artigo 4.º, artigo 7.º, com excepção do n.º 3, e artigos 9.º, 10.º, 11.º e 14.º.

22.3. REGIME DE PREÇOS VIGIADOS

Portaria n.º 650/81

de 29 de Julho

1.º – É aprovado pelo presente diploma o regime de preços vigiados a que podem estar submetidos os bens ou serviços em qualquer dos estádios de produção, importação ou comercialização.

2.º – A sujeição dos bens ou serviços ao regime de preços vigiados é efectuada por despacho do Secretário de Estado do Comércio.

3.º – O regime de preços vigiados consiste na obrigatoriedade do envio pelas empresas, para tal notificadas, em carta registada com aviso de recepção, para as Direcções-Gerais do Comércio Alimentar e do Comércio Não Alimentar, consoante a natureza dos bens ou serviços, dos seguintes elementos:

a) Os preços e margens de comercialização praticados à data da notificação;

b) As alterações dos preços e das margens praticadas, sempre que tenham lugar, bem como a data da sua entrada em vigor;

c) Quaisquer outros elementos ou esclarecimentos aos elementos enviados solicitados pelas Direcções--Gerais do Comércio Alimentar ou do Comércio Não Alimentar;

d) Nos casos referidos na alínea *b*), os novos preços deverão vir acompanhados das causas justificadas das alterações efectuadas.

4.º – A notificação a que se refere o número anterior é efectuada pelas Direcções-Gerais do Comércio Alimentar e do Comércio Não Alimentar, consoante a natureza dos bens ou serviços, em carta registada com aviso de recepção, às quais compete seleccionar para notificação as empresas que considerem mais representativas do sector.

5.º – As empresas notificadas pelas Direcções-Gerais do Comércio Alimentar e do Comércio Não Alimentar deverão enviar os elementos referidos na alínea *a*) do n.º 3.º até dez dias após a data da notificação.

1250 [Port. n.º 450/83]   PREÇOS DE BENS E SERVIÇOS

Os elementos referidos nas alíneas *b*) e *d*) do n.º 3.º deverão ser enviados até oito dias após a entrada em vigor dos novos preços.

Os elementos ou esclarecimentos referidos na alínea *c*) do n.º 3.º deverão ser enviados dentro do prazo estipulado pelas Direcções-Gerais do Comércio Alimentar e do Comércio Não Alimentar.

6.º – Para efeito do presente diploma, a notificação considera-se feita no dia em que for assinado o aviso de recepção.

7.º – A falta do envio, atempado, dos elementos a que estão obrigadas as empresas nos termos deste diploma ou as falsas declarações serão punidas com a multa de 5 000$ a 10 000$ se outra sanção mais grave não lhes for aplicável, designadamente a punição pelos crimes de desobediência por falsas declarações.

8.º – As dúvidas suscitadas pela aplicação da presente portaria serão resolvidas por despacho do Secretário de Estado do Comércio.

9.º – Esta portaria entra em vigor no dia imediato ao da sua aplicação.

22.4. REGIME DE PREÇOS CONVENCIONADOS

Portaria n.º 450/83

de 19 de Abril

1.º – 1 – É aprovado pela presente portaria o regime de preços convencionados a que podem estar submetidos os bens ou serviços nos estádios de produção, importação ou comercialização.

2 – A sujeição dos bens ou serviços ao regime de preços convencionados é efectuada por despacho do Secretário de Estado do Comércio.

2.º – 1 – O regime de preços convencionados consiste no estabelecimento de uma percentagem máxima de aumento dos preços em vigor para os bens ou serviços produzidos, importados, comercializados ou prestados pelos agentes económicos abrangidos por convenção, a acordar entre a administração, representada pela Direcção-Geral de Concorrência e Preços, e as respectivas associações empresariais.

2 – A convenção referida no número anterior obriga apenas os agentes económicos filiados nas associações empresariais signatárias da mesma e entrará em vigor 5 dias após a sua ratificação pelo Secretário de Estado do Comércio.

A P. n.º 75/86, de 11-3, veio estabelecer o seguinte:

«1.º A convenção a que se refere o n.º 1 do n.º 2.º da Portaria n.º 450/83, de 19 de Abril, pode ser acordada e celebrada directamente entre a Administração, representada pela Direcção-Geral de Concorrência e Preços, e as empresas, quando no sector não existam associações empresariais.

2.º São aplicáveis, com as necessárias adaptações, à convenção celebrada nos termos do número anterior os n.ᵒˢ 2.º, 4.º, 5.º, 6.º, 7.º, 8.º e 11.º da Portaria n.º 450/83.

3.º Esta portaria entra em vigor no dia seguinte ao da sua publicação.»

3.º – 1 – Qualquer agente económico não filiado nas associações empresariais signatárias da convenção pode solicitar, através de carta registada com aviso de recepção, à Direcção-Geral de Concorrência e Preços autorização para praticar o agravamento de preços acordado, sendo-lhe igualmente aplicáveis todas as condições constantes da convenção.

2 – Os agentes económicos referidos no número anterior poderão começar a praticar os preços resultantes da convenção 15 dias após a data do pedido efectuado à Direcção-Geral de Concorrência e Preços. A Direcção--Geral poderá não autorizar a prática dos preços solicitados caso considere existirem diferenças sensíveis em relação às condições de exploração subjacente à convenção cuja aplicação é solicitada.

4.º – No caso de serem submetidos ao regime de preços convencionados bens ou serviços que anteriormente se encontravam submetidos a outro regime de preços os preços estabelecidos ao abrigo deste último regime continuarão em vigor até que os agentes económicos venham a ser abrangidos pelos novos preços estabelecidos na convenção.

5.º – As tabelas de preços de bens ou serviços de cada um dos agentes económicos, a elaborar de acordo com o disposto na convenção, devem ser enviadas às zonas de inspecção da Direcção-Geral de Fiscalização Económica no prazo máximo de 15 dias após a entrada em vigor da convenção.

EXCLUSÃO TEMPORÁRIA DE IMPOSIÇÃO DE PREÇOS MÍNIMOS   [Port. n.º 585/84]   1251

6.º – É proibida às associações empresariais a divulgação, por qualquer meio, de tabelas de preços aconselhados.

7.º – Nos termos a determinar nas convenções deverá ser dado relevo especial na afixação dos preços convencionados a praticar por cada um dos agentes económicos, sem prejuízo do disposto na lei geral.

8.º – 1 – Cada convenção vigorará pelo período que nela for acordado, salvaguardado o disposto no n.º 11.º, podendo após esse prazo ser denunciada a todo o tempo por qualquer das partes.

2 – Em caso de denúncia da convenção por qualquer das partes, continuarão em vigor os preços dela resultantes até nova convenção ser acordada e os novos preços entrarem em vigor, nos termos dos n.ºˢ 2.º e 3.º.

9.º – A prática de preços superiores aos que resultarem da aplicação deste diploma é considerada crime de especulação.

10.º – A inobservância do estabelecido nos n.ºˢ 5.º, 6.º e 7.º é punida com a multa de 10 000$.

11.º – A inobservância do disposto no n.º 6.º implica a possibilidade de denúncia da convenção por parte da Administração, ficando o Secretário de Estado do Comércio, nestes casos, com a faculdade de estabelecer por despacho os preços máximos de venda ao público que podem ser praticados.

22.5. EXCLUSÃO TEMPORÁRIA DE IMPOSIÇÃO DE PREÇOS MÍNIMOS

Portaria n.º 585/84

de 9 de Agosto

1.º – O pedido de exclusão temporária previsto no n.º 2 do artigo 5.º do Decreto-Lei n.º 422/83, de 3 de Dezembro, será apresentado, em duplicado, na Direcção-Geral de Concorrência e Preços.

2.º – Do pedido constará:

a) A identificação do interessado, o seu domicílio ou sede e actividade ou actividades comerciais ou industriais exercidas;

b) A identificação dos bens ou serviços para os quais a exclusão é pedida, nomeadamente designação, marca ou modelo, quando exista, características físicas e técnicas, grau de evolução tecnológica e enquadramento nas previsões constantes do n.º 2 do artigo 5.º do Decreto-Lei n.º 422/83;

c) As quantidades produzidas e a posição da empresa no mercado do bem ou serviço;

d) O sistema de distribuição e os métodos de comercialização utilizados;

e) O preço e as margens de comercialização a aplicar;

f) As formas e os custos da publicidade utilizada ou a utilizar;

g) Os elementos demonstrativos de que não serão retiradas vantagens injustificadas;

h) A indicação dos benefícios que possam advir para o consumidor;

i) O prazo para o qual a exclusão é solicitada;

j) Quaisquer outros requisitos ou indicações que possam justificar a exclusão solicitada.

3.º – A Direcção-Geral de Concorrência e Preços poderá solicitar quaisquer elementos adicionais considerados necessários.

4.º – O pedido, devidamente informado pela Direcção-Geral de Concorrência e Preços, será remetido ao Conselho de Concorrência, para efeitos do n.º 2 do artigo 5.º do Decreto-Lei n.º 422/83, de 3 de Dezembro.

5.º – Se entretanto vier a ocorrer alguma alteração nos requisitos com base nos quais foi concedida a derrogação, ou se se apurar que a mesma foi obtida com base em informações falsas, poderá vir a ser revogada a respectiva portaria de exclusão, sem prejuízo do procedimento penal a que houver lugar.

6.º – Se se entender que a aceitação do pedido, nos precisos termos em que foi formulado, é susceptível de introduzir restrições à concorrência que não se mostrem indispensáveis para o efeito, a portaria de exclusão temporária poderá fazer depender a derrogação do cumprimento de certas condições.

7.º – O interessado pode requerer a renovação da exclusão temporária na mesma forma do pedido inicial.

8.º – Esta portaria entra em vigor no dia imediato ao da sua publicação.

22.6. OBRIGATORIEDADE DE AFIXAÇÃO DO PREÇO DE BENS E SERVIÇOS

Decreto-Lei n.º 138/90

de 26 de Abril (*)

ART. 1.º (Indicação de preços) – 1 – Todos os bens destinados à venda a retalho devem exibir o respectivo preço do venda ao consumidor.

2 – Os géneros alimentícios e os produtos não alimentares postos à disposição do consumidor devem conter também o preço por unidade de medida.

3 – Nos produtos vendidos a granel apenas deverá ser indicado o preço por unidade de medida.

4 – Sempre que as disposições comunitárias ou nacionais exijam a indicação do peso líquido e do peso líquido escorrido para determinados produtos pré-embalados, será suficiente indicar o preço por unidade de medida do peso líquido escorrido.

5 – O preço de venda e o preço por unidade de medida, seja qual for o suporte utilizado para os indicar, referem-se ao preço total expresso em moeda com curso legal em Portugal, devendo incluir todos os impostos, taxas e outros encargos que nele sejam repercutidos, de modo que o consumidor possa conhecer o montante exacto que tem a pagar.

6 – Os géneros alimentícios comercializados nos hotéis, estabelecimentos similares e cantinas, desde que sejam consumidos no local da venda, são objecto de disposições especiais.

ART. 2.º (Definições) – Para efeitos do presente diploma entende-se por:

a) «Género alimentício ou produto não alimentar comercializado à peça» um género ou produto que não pode ser objecto de fraccionamento sem que isso altere a respectiva natureza ou propriedades;

b) «Género alimentício ou produto não alimentar comercializado a granel» um género ou produto que não é objecto de qualquer acondicionamento prévio ou que só é medido ou pesado na presença do consumidor final;

c) «Género alimentício ou produto não alimentar pré-embalado» um género ou produto que é embalado fora da presença do consumidor, independentemente de ser inteira ou parcialmente envolvido pela respectiva embalagem;

d) «Preço de venda» um preço válido para uma determinada quantidade do género alimentício ou do produto não alimentar;

e) «Preço por unidade de medida» o preço válido para uma quantidade de 1 kg ou de 1 l de género alimentício e de 1 kg, 1 l, 1 m, 1 m^2, 1 m^3 ou 1 t de produto não alimentar.

ART. 3.º (Unidades de medida de referência) – 1 – Relativamente aos géneros alimentícios, o preço da unidade de medida referir-se-á:

a) Ao litro, no que diz respeito aos géneros alimentícios comercializados por volume;

b) Ao quilograma, quando diz respeito aos géneros alimentícios comercializados a peso.

2 – Relativamente aos produtos não alimentares, o preço da unidade de medida referir-se-á:

a) Ao litro ou ao metro cúbico, para os produtos vendidos a volume;

b) Ao quilograma ou à tonelada, para os produtos vendidos a peso;

c) Ao metro, para os produtos comercializados com base no comprimento;

d) Ao metro quadrado, para os produtos comercializados com base na superfície.

3 – O preço da unidade de medida dos géneros alimentícios e dos produtos não alimentares pré-embalados refere-se à quantidade declarada.

ART. 4.º (Exclusão do âmbito de aplicação) – 1 – O disposto no presente diploma não se aplica:

a) Aos géneros alimentícios e produtos não alimentares adquiridos para utilização numa actividade profissional ou comercial;

b) Aos géneros alimentícios e produtos não alimentares fornecidos por ocasião de uma prestação de serviços;

c) Aos géneros alimentícios e produtos não alimentares vendidos directamente de particular a particular;

d) Aos géneros alimentícios vendidos nos locais de produção agrícola;

(*) Alterado pelo **DL n.º 162/99**, de 13-5, rectificado através da Declaração de Rectificação n.º 10-AF/99, de 31-5, o qual republicou em anexo o texto integral actualizado que se insere.

Nos termos do n.º 2 do art. 2.º do cit. DL n.º 162/99, «a venda ambulante, tal como definida no Decreto-Lei n.º 122/79, de 8 de Maio, fica dispensada das obrigações de indicação de preços por unidade de medidas constantes do presente diploma, durante um período transitório de três anos a contar da entrada em vigor do mesmo», ao passo que o art. 3.º do mesmo diploma manteve em vigor as portarias publicadas ao abrigo do preceituado no n.º 4 do art. 10.º do DL n.º 138/90, de 26-4, na sua redacção original.

OBRIGATORIEDADE DE AFIXAÇÃO DO PREÇO DE BENS E SERVIÇOS   **[DL n.º 138/90]** 1253

e) Aos produtos não alimentares vendidos em hasta pública, bem como à venda de objectos de arte e antiguidades.

2 – A indicação do preço por unidade de medida a que se refere o n.º 2 do artigo 1.º não é aplicável:

a) Aos géneros alimentícios e produtos não alimentares comercializados através de distribuidor automático;

b) Aos géneros alimentícios e produtos não alimentares comercializados à peça;

c) Aos pratos confeccionados ou pratos a confeccionar que se encontrem numa mesma embalagem;

d) Aos géneros alimentícios de fantasia;

e) Aos géneros alimentícios ou produtos não alimentares diferentes comercializados numa mesma embalagem;

f) Aos produtos não alimentares destinados a serem misturados para obter um preparado e colocados numa mesma embalagem;

g) Aos géneros alimentícios comercializados em embalagens até 50 g ou 50 ml ou com mais de 10 kg ou 10 l;

h) Aos géneros alimentícios ou produtos não alimentares dispensados da indicação de peso ou volume, nos termos da legislação em vigor;

i) Ao novo preço da unidade de medida dos géneros alimentícios facilmente perecíveis em caso de venda com desconto justificada pelo risco de alteração;

j) Aos géneros alimentícios e produtos não alimentares quando o seu preço for idêntico ao preço de venda.

ART. 5.º (Formas de indicação do preço) – 1 – A indicação dos preços de venda e por unidade de medida deve ser feita em dígitos de modo visível, inequívoco, fácil e perfeitamente legível, através da utilização de letreiros, etiquetas ou listas, por forma a alcançar-se a melhor informação para o consumidor.

2 – Para efeitos do, disposto no número anterior considera-se:

a) «Letreiro» todo o suporte onde seja indicado o preço de um único bem ou serviço;

b) «Etiqueta» todo o suporte apenso ao próprio bem ou colocado sobre a embalagem em que este é vendido ao público, podendo, no entanto, ser substituída por inscrição sobre a embalagem, quando a natureza desta o permita;

c) «Lista» todo o suporte onde sejam indicados os preços de vários bens ou serviços.

3 – Só podem ser usadas as listas quando a natureza dos bens ou serviços torne materialmente impossível o uso de letreiros e etiquetas ou como meio complementar de marcação de preços.

4 – Em qualquer caso. a indicação do preço deve ser feita na proximidade do respectivo bem ou no local em que a prestação do serviço é proposta ao público, de modo a não suscitar qualquer dúvida ao consumidor.

5 – Os bens ou prestações de serviço, vendidos ao mesmo preço e expostos ao público em conjunto, podem ser objecto de uma única marcação de preço.

6 – Quando o preço indicado não compreender um elemento ou prestação de serviço indispensável ao emprego ou à finalidade do bem ou serviço proposto, essa particularidade deve estar explicitamente indicada.

7 – Sem prejuízo da informação relativa a outras formas de pagamento, deve ser indicado sempre o preço a pronto pagamento.

ART. 6.º (Publicidade) – 1 – A publicidade, sempre que mencione preços de bens ou serviços, deve respeitar as regras referidas no presente diploma e indicar de forma clara e perfeitamente visível o preço total expresso em moeda com curso legal em Portugal, incluindo taxas e impostos.

2 – A publicidade escrita ou impressa e os catálogos, quando mencionem o preço de venda dos géneros alimentares e produtos não alimentares referidos no n.º 1 do artigo 1.º, devem igualmente conter, nos mesmos termos do número anterior, a indicação do preço da unidade de medida, excepto se, por força do presente diploma, o género ou produto publicitado ou constante de catálogo estiver dispensado dessa informação.

3 – Para os efeitos do n.º 1, sempre que se justifique, pode o Governo, através de portaria, regulamentar a publicitação dos preços dos bens e serviços.

ART. 7.º (Venda em conjunto e por lotes) – 1 – Na venda em conjunto deve indicar-se o preço total, o número de peças e, quando seja possível a aquisição de peças isoladas, o preço de cada uma.

2 – Na venda em lotes deve ser indicado o preço total, a composição do lote e o preço de cada uma das unidades.

ART. 8.º (Montras e vitrinas) – 1 – Os bens expostos em montras ou vitrinas, visíveis pelo público do exterior do estabelecimento ou no seu interior, devem ser objecto de uma marcação complementar, quando as respectivas etiquetas não sejam perfeitamente visíveis, sem prejuízo do disposto no n.º 5 do artigo 5.º.

2 – Estão dispensados da indicação dos preços os produtos que se encontrem expostos em montras ou vitrinas afastadas dos lugares de venda que, estando colocadas em lugares públicos, tenham um carácter essencialmente publicitário.

ART. 9.º (Regulamentação especial) – Relativamente aos bens ou serviços para os quais exista regulamentação específica, prevalece essa regulamentação quando não contrarie o disposto no presente diploma e dela resulta uma melhor informação para o consumidor.

ART. 10.º (Indicação do preço dos serviços) – 1 – Os preços de toda a prestação de serviços, seja qual for a sua natureza, devem constar de listas ou cartazes afixados, de forma visível, no lugar onde os serviços são propostos ou prestado ao consumidor, sendo aplicável o n.º 5 do artigo 1.º.

1254   [DL n.º 138/90]   PREÇOS DE BENS E SERVIÇOS

2 – Sempre que sejam numerosos os serviços propostos e existam condições muito diversas que não permitam uma afixação de preços perfeitamente clara, este documento pode ser substituído por um catálogo completo, restringindo-se neste caso a obrigação de afixação em cartaz prevista no número anterior à informação de que tal catálogo se encontra à disposição do público.

3 – Nos serviços prestados à hora, à percentagem, à tarefa ou segundo qualquer outro critério, os preços devem ser sempre indicados com referência ao critério utilizado; havendo taxas de deslocação ou outras previamente estabelecidas, devem as mesmas ser indicadas especificamente.

4 – Sem prejuízo da obrigação de indicação de preços dos serviços prevista no presente artigo, sempre que se justifique, pode o Governo estabelecer, por portaria conjunta dos membros do Governo que tutelam as áreas de defesa do consumidor, do comércio e do sector de actividade em causa, os termos em que essa obrigação deve ser cumprida no que respeita a serviços diferentes dos previstos no artigo anterior.

1. A P. n.º 513/94, de 7-7, sujeitou à obrigatoriedade de indicação de preços, a que se refere est art. 10.º, «o custo telefónico cujo acesso é assegurado pelos empreendimentos turísticos, bem como nos estabelecimentos hoteleiros e similares dos hoteleiros», (n.º 1.º), devendo a tabela indicar a data da sua entrada em vigor (n.º 2.º); o disposto nesta Portaria não é, porém, aplicável às comunicações originárias dos postos públicos, quando existentes (n.º 3.º).

2. A P. n.º 297/98, de 13-5, sujeitou à obrigatoriedade de indicação de preços os serviços prestados pelos médicos (n.º 1), acrescentando o n.º 2 que «os preços das consultas e demais actos médicos, actualizados de acordo com o Código de Nomenclatura e Valor Relativo de Actos Médicos da Ordem dos Médicos, devem ser expostos nos consultórios, hospitais, clínicas ou outras entidades de saúde não integradas no Sistema Nacional de Saúde, de forma clara, visível e em local acessível aos utentes».

3. A P. n.º 378/98, de 2-7, sujeitou à obrigatoriedade de indicação de preços os serviços prestados por agências funerárias, designadamente os aí discriminados.

4. A P. n.º 240/2000, de 3-5, regulou a indicação dos preços dos serviços a prestar por advogados.

ART. 11.º (Infracções) – 1 – As infracções ao disposto nos artigos 1.º, 5.º, 6.º, 7.º, 8.º e 10.º do presente diploma constituem contra-ordenação punível com as seguintes coimas:

a) De 50 000$ a 750 000$ se o infractor for uma pessoa singular;

b) De 500 000$ a 6 000 000$ se o infractor for uma pessoa colectiva.

2 – A negligência é punível.

ART. 12.º (Fiscalização, instrução dos processos e aplicação das coimas) – 1 – A fiscalização do disposto no presente diploma e a instrução dos respectivos processos por contra-ordenações são da competência da Inspecção-Geral das Actividades Económicas, nos termos do artigo 73.º do Decreto-Lei n.º 28/84, de 20 de Janeiro.

2 – Finda a instrução, os processos devem ser remetidos à comissão a que se refere o n.º 2 do artigo 52.º do mesmo diploma, para efeitos de aplicação da coima.

ART. 13.º (Destino do montante das coimas) – Do montante das coimas aplicadas pelas contra-ordenações previstas neste diploma serão destinados 40% para a Inspecção-Geral das Actividades Económicas, revertendo o restante para o Estado.

ART. 14.º (Aplicação às Regiões Autónomas) – Nas Regiões Autónomas dos Açores e da Madeira as competências referidas no artigo anterior são exercidas pelos serviços e organismos competentes das respectivas administrações regionais.

ART. 15.º (Revogação) – É revogado o Decreto-Lei n.º 533/75, de 26 de Setembro.

ART. 16.º (Entrada em vigor) – O presente diploma entra em vigor no dia 1 de Janeiro de 1991.

ANEXO I

Géneros alimentícios pré-embalados em quantidades pré-estabelecidas a que se refere o artigo 4.º

Designação	Pesos nominais (quilogramas)
1 – Chocolate, chocolate para culinária, chocolate de avelãs *gianduja*, chocolate de leite, chocolate de leite para culinária, chocolate de leite e avelãs *gianduja*, chocolate branco e chocolate recheado, quando apresentados em forma de *tablette* ou de barra.	0,085, 0,100, 0,125, 0,150, 0,200, 0,250, 0,300, 0,400, 0,500.
2 – Cacau em pó, cacau, cacau magro em pó, cacau magro, cacau fortemente desengordurado em pó, cacau fortemente desengordurado, cacau em pó com açúcar, cacau com açúcar, chocolate em pó, cacau em pó para culinária, cacau para culinária, chocolate em pó para culinária, cacau magro em pó com açúcar, cacau magro com açúcar, cacau fortemente desengordurado em pó com açúcar, cacau fortemente desengordurado com açúcar, cacau magro em pó para culinária, cacau magro para culinária, cacau fortemente desengordurado em pó para culinária, cacau fortemente desengordurado para culinária.	0,050, 0,075, 0,125, 0,250, 0,500, 0,750, 1.

OBRIGATORIEDADE DE AFIXAÇÃO DO PREÇO DE BENS E SERVIÇOS   [DL n.º 138/90] 1255

Designação	Pesos nominais (quilogramas)
3 – Açúcar semibranco, açúcar ou açúcar branco e açúcar branco extra, açúcares em pó, açúcar alourado ou acastanhado, açúcares cândi.	0,125, 0,250, 0,500, 0,750 (¹), 1, 1,5, 2, 2,5, 3, 4, 5.
4 – Extractos de café ou de chicória quando no estado sólido ou em pasta e acondicionados em embalagens individuais com peso nominal de mais de 25 g e que não ultrapasse 10 kg.	0,050, 0,100, 0,200, 0,250 (²), 0,300 (³), 0,500, 0,750, 1, 1,5, 2, 2,5, 3, e outros múltiplos do quilograma
4.1 – Café torrado moído ou não moído, chicória, sucedâneos do café.	0,125, 0,250, 0,500, 1, 2, 3, 4, 5, 10.
5 – Manteiga, margarina, gorduras emulsionadas ou não, animais e vegetais, pastas para barrar, de baixo teor de gordura.	0,125, 0,250, 0,500, 1, 1,5, 2, 2/5/05.
6 – Sal de mesa ou de cozinha	0,125, 0,250, 0,500, 0,750, 1, 1/5/05.
7 – Produtos à base de cereais, excluindo os alimentos destinados a bebés e crianças: 7.1 – Farinhas, grãos de cereais descascados e triturados ou partidos, flocos e sêmolas de cereais, flocos e farinhas de aveia, excluindo os cereais e flocos de cereais prontos a servir.	0,125, 0,250, 0,500, 1, 1,5, 2, 2,5 (⁴), 5, 10.
7.2 – Pastas alimentares	0,125, 0,250, 0,500, 1, 1,5, 2, 3, 4, 5, 10.
7.3 – Arroz	0,125, 0,250, 0,500, 1, 2, 2,5, 5.
8 – Legumes secos (com exclusão dos legumes desidratados e das batatas) e frutas secas.	0,125, 0,250, 0,500, 1, 1,5, 2, 5, 7,5, 10.

Designação	Volumes nominais (litros)
8 – *a)* Vinhos de uvas frescas; mosto de uvas frescas amuado com álcool, incluindo as mistelas, à excepção dos vinhos referidos na pauta aduaneira comum (22.05 A e B) e dos vinhos licorosos (número da pauta aduaneira comum: ex 22.05 C); mosto de uvas parcialmente fermentado mesmo amuado, excepto com álcool (número da pauta aduaneira comum: 22.04).	0,10, 0,25, 0,185 (⁵), 0,375, 0,50, 0,75, 1, 1,5, 2, 3, 5, 6, 9, 10.
b) Vinhos amarelados tendo direito às seguintes designações de origem: *Cotes du Jura, Arbois, L'Étoile* e *Chateau Chalon.*	0,62.
c) Sidra, perada, hidromel e outras bebidas fermentadas, não espumantes nem espumosas (número da pauta aduaneira comum: 22.07 B II).	0,10, 0,25, 0,375, 0,50, 0,75, 1, 1,5, 2, 5.
d) Vermute e outros vinhos de uvas frescas preparados com plantas ou matérias aromáticas (número da pauta aduaneira comum: 22.06); vinhos licorosos (número da pauta aduaneira comum: ex 22.05 C).	0,05 até 0,10, 0,10, 0,20, 0,375, 0,50, 0,75, 1, 1,5, 3, 5.
9 – *a)* Vinhos espumantes e vinhos espumosos (número da pauta aduaneira comum: 22.05 A).	0,125, 0,20, 0,375, 0,75, 1,5, 3, 4,5, 6, 9.
Vinhos que se apresentem em garrafas fechadas por uma rolha em forma de cogumelo, fixa por açaimes ou grampos apropriados, e vinhos que se apresentem de outra forma com uma sobrepressão mínima de 1 bar e inferior a 3 bares, medida à temperatura de 20ºC (número da pauta aduaneira comum: 22.05 B).	0,10, 0,25, 0,70 (⁶).
b) Sidra perada, hidromel e outras bebidas fermentadas, espumantes ou espumosas (número da pauta aduaneira comum: 22.07 B I).	0,10, 0,20, 0,375, 0,75, 1, 1,5, 3, 0,125.
10 – Álcool etílico com um teor alcoólico não desnaturado inferior a 80% vol., aguardentes, licores e outras bebidas espirituosas, preparados alcoólicos compostos (designados por «extractos concentrados») para o fabrico de bebidas (número da pauta aduaneira comum: 22.09).	0,02, 0,03, 0,375 (⁸), 0,04, 0,05, 0,750 (⁸), 0,10 (⁷), 0,20, 0,35, 0,50, 0,70, 1, 1,25 (⁹), 1,5, 2, 2,5, 3, 4,5, 5 (⁹), 10 (⁹).

1256 [DL n.º 138/90]

PREÇOS DE BENS E SERVIÇOS

Designação	Volumes nominais (litros)·
11 – Vinagres e seus sucedâneos, para usos alimentares (número da pauta aduaneira comum: 22.10).	0,25, 0,50, 0,75, 1, 2, 5.
12 – Azeites (número da pauta aduaneira comum: 15.07 A), outros óleos para usos alimentares (número da pauta aduaneira comum: 15.07 D II).	0,25, 0,50, 0,75, 1, 2, 3, 5, 10.

[1] Apenas para açúcares em pó, açúcar alourado ou acastanhado e açúcar candi.
[2] Apenas para misturas de extractos de café e de chicória e para os extractos de café destinados exclusivamente aos aparelhos de distribuição automática.
[3] Apenas para os extractos de café.
[4] Não admitido para flocos e farinhas de aveia.
[5] Apenas destinado ao abastecimento de aviões e navios.
[6] Apenas até 31 de Dezembro de 1990.
[7] Para bebidas alcoólicas com uma adição de água gasosa ou soda são admitidos todos os volumes inferiores a 0,10 l.
[8] Valores destinados exclusivamente para uso profissional.
[9] Apenas até 31 de Dezembro de 1990.

ANEXO II

Produtos não alimentares pré-embalados em quantidades pré-estabelecidas a que se refere o artigo 4.º

Designação	Pesos e Volumes nominais
1 – Colas e adesivos, sólidos ou em pó [1]	0,025, 0,050, 0,125, 0,250, 0,500, 1, 2,5, 5, 8, 10.
2 – Sabões macios (posição 34.01 da pauta aduaneira comum) [1]	0,125, 0,250, 0,500, 0,750, 1, 5, 10.
3 – Sabões em palhetas, aparas e flocos (posição 34.01 da pauta aduaneira comum) [1]	0,250, 0,500, 0,750, 1, 3, 5, 10.
4 – Pó de arear [1]	0,250, 0,500, 0,750, 1, 10.
5 – Produtos de pré-lavagem e de humedecimento em pó [1]	0,250, 0,500, 1, 2, 5, 10.
6 – Fios para tricô de fibras naturais (animais, vegetais e minerais), de fibras químicas e de mistura destas fibras [1]	0,010, 0,025, 0,050, 0,100, 0,150, 0,200, 0,250, 0,300, 0,350, 0,400, 0,450, 0,500, 1.
7 – Solventes [2]	0,025, 0,050, 0,075, 0,125, 0,250, 0,500, 1, 1,5, 2,5, 5, 10.
8 – Óleos lubrificantes [2]	0,125, 0,250, 0,500, 1, 2, 2,5, 3, 4, 5, 10.

[1] Valor em quilogramas.
[2] Valor em litros.

CAP. XXIII

SECTOR COOPERATIVO

23.1. CÓDIGO COOPERATIVO

Lei n.º 51/96

de 7 de Setembro (*)

CAPÍTULO I — Disposições gerais

ART. 1.º (Âmbito) – O presente diploma aplica-se às cooperativas de todos os graus e às organizações afins cuja legislação especial para ele expressamente remeta.

ART. 2.º (Noção) – 1 – As cooperativas o pessoas colectivas autónomas, de livre constituição, de capital e composição variáveis, que, através da cooperação e entreajuda dos seus membros, com obediência aos princípios cooperativos, visam, sem fins lucrativos, a satisfação das necessidades e aspirações económicas, sociais ou culturais daqueles.

2 – As cooperativas, na prossecução dos seus objectivos, podem realizar operações com terceiros, sem prejuízo de eventuais limites fixados pelas leis próprias de cada ramo.

ART. 3.º (Princípios cooperativos) – As cooperativas, na sua constituição e funcionamento, obedecem aos seguintes princípios cooperativos, que integram a declaração sobre a identidade cooperativa adoptada pela Aliança Cooperativa Internacional:

1.º princípio – Adesão voluntária e livre. – As cooperativas são organizações voluntárias, abertas a todas as pessoas aptas a utilizar os seus serviços e dispostas a assumir as responsabilidades de membro, sem discriminações de sexo, sociais, políticas raciais ou religiosas;

2.º princípio – Gestão democrática pelos membros. – As cooperativas são organizações democráticas geridas pelos seus membros, os quais participam activamente na formulação das suas políticas e na tomada de decisões. Os homens e as mulheres que exerçam funções como representantes eleitos são responsáveis perante o conjunto dos membros que os elegeram. Nas cooperativas do primeiro grau, os membros têm iguais direitos de voto (um membro, um voto), estando as cooperativas de outros graus organizadas também de uma forma democrática;

3.º princípio – Participação económica dos membros. – Os membros contribuem equitativamente para o capital das suas cooperativas e controlam-no democraticamente. Pelo menos parte desse capital é, normalmente, propriedade comum da cooperativa. Os cooperadores, habitualmente, recebem, se for caso disso, uma remuneração limitada pelo capital subscrito como condição para serem membros. Os cooperadores destinam os excedentes a um ou mais dos objectivos seguintes: desenvolvimento das suas cooperativas, eventualmente através da criação de reservas, parte das quais, pelo menos, será indivisível; benefício dos membros na proporção das suas transacções com a cooperativa, apoio a outras actividades aprovadas pelos membros;

(*) Rectificada pela Declaração de Rectificação n.º 15/96, de 2-10, e alterada pelo art. 5.º do **DL n.º 343/98**, de 6-11, que deu a actual redacção aos arts. 18.º, 21.º e 91.º, pelo art. 1.º do **DL n.º 131/99**, de 21-4 (art. 20.º), pelo **DL n.º 108/2001**, de 6-4, que deu nova redacção aos arts. 13.º e 77.º, pelo **DL n.º 204/2004**, de 19-8 (arts. 20.º, 23.º, 27.º e 91.º), e pelo art. 21.º do **DL n.º 76-A/2006**, de 29-3, com início de vigência em 30-6-2006 (arts. 10.º, 12.º, 13.º, 76.º, 77.º, 78.º, 81.º, 89.º e 91.º).

1258 **[Lei n.º 51/96]** SECTOR COOPERATIVO

4.º princípio – Autonomia e independência. – As cooperativas são organizações autónomas de entreajuda, controladas pelos seus membros. No caso de entrarem em acordos com outras organizações, incluindo os governos, ou de recorrerem a capitais externos, devem fazê-lo de modo que fique assegurado o controlo democrático pelos seus membros e se mantenha a sua autonomia como cooperativas;

5.º princípio – Educação, formação e informação. – As cooperativas promovem a educação e a formação dos seus membros, dos representantes eleitos, dos dirigentes e dos trabalhadores, de modo que possam contribuir eficazmente para o desenvolvimento das suas cooperativas. Elas devem informar o grande público particularmente, os jovens e os líderes de opinião sobre a natureza e as vantagens da cooperação;

6.º princípio – Intercooperação. – As cooperativas servem os seus membros mais eficazmente e dão mais força ao movimento cooperativo, trabalhando em conjunto, através de estruturas locais, regionais, nacionais e internacionais;

7.º princípio – Interesse pela comunidade. – As cooperativas trabalham para o desenvolvimento sustentável das suas comunidades, através de políticas aprovadas pelos membros.

ART. 4.º (Ramos do sector cooperativo) – 1 – Sem prejuízo de outros que venham a ser legalmente consagrados, o sector cooperativo compreende os seguintes ramos:

a) Consumo;
b) Comercialização;
c) Agrícola;
d) Crédito;
e) Habitação e construção;
f) Produção operária;
g) Artesanato;
h) Pescas;
i) Cultura;
j) Serviços;
l) Ensino;
m) Solidariedade social.

2 – É admitida a constituição de cooperativas multissectoriais, que se caracterizam por poderem desenvolver actividades próprias de diversos ramos do sector cooperativo, tendo cada uma delas de indicar no acto de constituição por qual dos ramos opta como elemento de referência, com vista à sua integração em cooperativas de grau superior.

São objecto de regulamentação específica os seguintes sectores cooperativos:
a) **Cooperativas de artesanato** – Decreto-Lei n.º 303/81, de 12 de Novembro;
b) **Cooperativas de consumo** – Decreto-Lei n.º 522/99, de 10-12;
c) **Cooperativas de produção operária** – Decreto-Lei n.º 309/91, de 16 de Novembro;
d) **Cooperativas de ensino** – Decreto-Lei n.º 441-A/82, de 6-11 alterado pelo DL n.º 76-A/2006, de 29-3;
e) **Cooperativas de comercialização** – Decreto-Lei n.º 523/99, de 10-12, alterado pelo DL n.º 76-A/2006, de 29-3;
f) **Cooperativas de pesca** – Decreto-Lei n.º 312/81, de 18 de Novembro
g) **Cooperativas culturais** – Decreto-Lei n.º 313/81, de 18 de Novembro;
h) **Cooperativas de prestação de serviços** – Decreto-Lei n.º 323/81, de 4 de Dezembro;
i) **Cooperativas de construção e habitação** – Decreto-Lei n.º 502/99, de 19-11, alterado pelo DL n.º 76-A/2006, de 29-3;
j) **Cooperativas agrícolas** – Decreto-Lei n.º 335/99, de 20-8, alterado pelo DL n.º 23/2001, de 30-1;
l) **Cooperativas de interesse público** – Decreto-Lei n.º 31/84, de 21-1, alterado pelo DL n.º 76-A/2006, de 29-3, e pelo DL n.º 282/2009, de 7-10;
m) **Cooperativas de solidariedade social** – Decreto-Lei n.º 7/98, de 15 de Janeiro;

ART. 5.º (Espécies de cooperativas) – 1 – As cooperativas podem ser do primeiro grau ou de grau superior.

2 – São cooperativas do primeiro grau aquelas cujos membros sejam pessoas singulares ou colectivas.

3 – São cooperativas de grau superior as uniões, federações e confederações de cooperativas.

ART. 6.º (*Régies* cooperativas) – 1 – É permitida a constituição, nos termos da respectiva legislação especial, de régies cooperativas, ou cooperativas de interesse público, caracterizadas pela participação do Estado ou de outras pessoas colectivas de direito público, bem como, conjunta ou separadamente, de cooperativas e de utentes dos bens e serviços produzidos.

2 – O presente Código aplica-se às *régies* cooperativas em tudo o que não contrarie a respectiva legislação especial.

ART. 7.º (Iniciativa cooperativa) – 1 – Desde que respeitem a lei e os princípios cooperativos, as cooperativas podem exercer livremente qualquer actividade económica.

2 – Não pode, assim, ser vedado, restringido ou condicionado às cooperativas o acesso e o exercício de actividades que possam ser desenvolvidas por empresas privadas ou por outras entidades da mesma natureza, bem como por quaisquer outras pessoas colectivas de direito privado sem fins lucrativos.

3 – São aplicáveis às cooperativas, com as adaptações inerentes às especificidades resultantes do disposto neste Código e legislação complementar, as normas que regulam e garantem o exercício de quaisquer actividade-

CÓDIGO COOPERATIVO
[Lei n.º 51/96] 1259

des desenvolvidas por empresas privadas ou por outras entidades da mesma natureza, bem como por quaisquer outras pessoas colectivas de direito privado sem fins lucrativos.

4 – Os actos administrativos contrários ao disposto nos números anteriores ou aos princípios neles consignados estão feridos de ineficácia.

ART. 8.º (Associação das cooperativas com outras pessoas colectivas) – 1 – É permitido às cooperativas associarem-se com outras pessoas colectivas de natureza cooperativa ou não cooperativa, desde que daí não resulte perda da sua autonomia.

2 – Nas cooperativas que resultem exclusivamente da associação entre cooperativas, ou entre estas e pessoas colectivas de direito público, o regime de voto poderá ser o adoptado pelas cooperativas de grau superior.

3 – Não podem adoptar a forma cooperativa as pessoas colectivas resultantes da associação de cooperativas com pessoas colectivas de fins lucrativos.

ART. 9.º (Direito subsidiário) – Para colmatar as lacunas do presente Código que não o possam ser pelo recurso à legislação complementar aplicável aos diversos ramos do sector cooperativo, pode recorrer-se, na medida em que se não desrespeitem os princípios cooperativos, ao Código das Sociedades Comerciais, nomeadamente aos preceitos aplicáveis às sociedades anónimas.

CAPÍTULO II — Constituição

ART. 10.º (Forma de constituição) – A constituição das cooperativas de 1.º grau deve ser reduzida a escrito, salvo se forma mais solene for exigida para a transmissão dos bens que representem o capital social inicial da cooperativa.

ART. 11.º (Assembleia de fundadores) – 1 – Os interessados na constituição de uma cooperativa reunir-se-ão em assembleia de fundadores, para cuja mesa elegerão, pelo menos, o presidente, que convocará e dirigirá as reuniões necessárias, até à tomada de posse dos titulares dos órgãos da cooperativa constituída.

2 – Cada interessado dispõe apenas de um voto.

3 – A cooperativa considera-se constituída apenas por aqueles que votaram favoravelmente a sua criação e os seus estatutos.

4 – Para que a cooperativa se considere constituída é necessário que os interessados que votaram favoravelmente a sua criação e os seus estatutos perfaçam o número mínimo legalmente exigido, sendo irrelevante o número dos que tenham votado em sentido contrário.

ART. 12.º (Acta) – 1 – A mesa da assembleia de fundadores elaborará uma acta, a qual deve obrigatoriamente conter:

a) A deliberação da constituição e a respectiva data;
b) O local da reunião;
c) A denominação da cooperativa;
d) O ramo do sector cooperativo a que pertence ou por que opta como espaço de integração, no caso de ser multissectorial;
e) O objecto;
f) Os bens ou os direitos, o trabalho ou os serviços com que os cooperadores concorrem;
g) Os titulares dos órgãos da cooperativa para o primeiro mandato;
h) A identificação dos fundadores que tiverem aprovado a acta.

2 – A acta de fundação deve ser assinada por aqueles que tenham aprovado a criação da cooperativa.

3 – Os estatutos aprovados constarão de documento anexo à acta e serão assinados pelos fundadores.

4 – *(Revogado.)*

ART. 13.º (Alteração dos estatutos) As alterações de estatutos da cooperativa devem observar a forma exigida para o acto constitutivo.

ART. 14.º (Denominação) – 1 – A denominação adoptada deverá ser sempre seguida das expressões «cooperativa», «união de cooperativas», «federação de cooperativas», «confederação de cooperativas» e ainda de «responsabilidade limitada» ou de «responsabilidade ilimitada», ou das respectivas abreviaturas, conforme os casos.

2 – O uso da palavra «cooperativa» e da sua abreviatura «coop.» é exclusivamente reservado às cooperativas e às suas organizações de grau superior, constituindo infracção punível o seu uso por outrem, sem prejuízo da correspondente responsabilidade civil.

3 – A denominação deverá ser inscrita no Registo Nacional de Pessoas Colectivas.

ART. 15.º (Conteúdo dos estatutos) – 1 – Os estatutos deverão obrigatoriamente conter:

a) A denominação da cooperativa e a localização da sede;
b) O ramo do sector cooperativo a que pertence ou por que opta como espaço de integração, no caso de ser multissectorial, bem como o objecto da sua actividade;
c) A duração da cooperativa, quando não for por tempo indeterminado;
d) Os órgãos da cooperativa;
e) O montante do capital social inicial, o montante das jóias, se estas forem exigíveis, o valor dos títulos de capital, o capital mínimo a subscrever por cada cooperador e a sua forma de realização.

1260 [Lei n.º 51/96]   SECTOR COOPERATIVO

2 – Os estatutos podem ainda incluir:

a) As condições de admissão, suspensão, exclusão e demissão dos membros, bem como os seus direitos e deveres;

b) As sanções e as medidas cautelares, bem como as condições gerais em que são aplicadas;

c) A duração dos mandatos dos titulares dos órgãos sociais;

d) As normas de convocação e funcionamento da assembleia geral e, quando exista, da assembleia de delegados;

e) As normas de distribuição dos excedentes, de criação de reservas e de restituição das entradas aos membros que deixarem de o ser;

f) O modo de proceder à liquidação e partilha dos bens da cooperativa, em caso de dissolução;

g) O processo de alteração dos estatutos.

3 – Na falta de disposição estatutária relativamente às matérias enunciadas no número anterior, são aplicáveis as normas constantes do presente Código.

ART. 16.º (Aquisição de personalidade jurídica) – A cooperativa adquire personalidade jurídica com o registo da sua constituição.

ART. 17.º (Responsabilidade antes do registo) – 1 – Antes do registo do acto de constituição da cooperativa, respondem solidária e ilimitadamente entre si todos os que praticaram actos em nome da cooperativa ou autorizaram esses actos.

2 – Os restantes membros respondem até ao limite do valor dos títulos do capital que subscreveram, acrescido das importâncias que tenham recebido a título de distribuição de excedentes.

CAPÍTULO III — Capital social, jóia e títulos de investimento

ART. 18.º (Variabilidade e montante mínimo do capital) – 1 – O capital social das cooperativas é variável, podendo os respectivos estatutos determinar o seu montante mínimo inicial.

2 – Salvo se for outro o mínimo fixado pela legislação complementar aplicável a cada um dos ramos do sector cooperativo, esse montante não pode ser inferior a 2500 euros.

ART. 19.º (Entradas mínimas a subscrever por cada cooperador) – 1 – As entradas mínimas de capital a subscrever por cada cooperador são determinadas pela legislação complementar aplicável aos diversos ramos do sector cooperativo ou pelos estatutos.

2 – A entrada mínima não pode, porém, ser inferior ao equivalente a três títulos de capital.

3 – O disposto nos números anteriores não é aplicável às prestações dos cooperadores de responsabilidade ilimitada.

ART. 20.º (Títulos de capital) – 1 – Os títulos representativos do capital social das cooperativas têm um valor nominal de 5 euros ou um seu múltiplo.

2 – Os títulos são nominativos e devem conter as seguintes menções:

a) A denominação da cooperativa;

b) O número do registo da cooperativa;

c) O valor;

d) A data de emissão;

e) O número, em série contínua;

f) A assinatura de dois membros da direcção;

g) O nome e a assinatura do cooperador titular.

3 – Os títulos representativos do capital social das cooperativas podem ser representados sob a forma escritural, aplicando-se aos títulos escriturais o disposto no título II do Código dos Valores Mobiliários, com as adaptações necessárias.

ART. 21.º (Realização do capital) – 1 – O capital subscrito pode ser realizado em dinheiro, bens ou direitos, trabalho ou serviços.

2 – As entradas mínimas referidas no artigo 19.º e as previstas na legislação complementar aplicável aos diversos ramos do sector cooperativo são realizadas em dinheiro, no montante correspondente a, pelo menos, 50% do seu valor.

3 – O capital subscrito deve ser integralmente realizado no prazo máximo de cinco anos.

4 – A subscrição de títulos, a realizar em dinheiro, obriga a uma entrega mínima de 10% do seu valor no acto da subscrição, podendo os estatutos exigir uma entrega superior.

5 – A subscrição de títulos, a realizar em bens ou direitos, trabalho ou serviços, obriga que o valor seja previamente fixado em assembleia de fundadores ou em assembleia geral, sob proposta da direcção.

6 – Quando a avaliação prevista no número anterior for fixada pela assembleia de fundadores ou pela assembleia geral em, pelo menos, 7000 euros por cada membro, ou 35 000 euros pela totalidade das entradas, deve ser confirmada por um revisor oficial de contas ou por uma sociedade de revisores oficiais de contas.

CÓDIGO COOPERATIVO   [Lei n.º 51/96] 1261

ART. 22.º (Subscrição de capital social no acto de admissão) – No acto de admissão os membros de uma cooperativa estão sujeitos ao disposto nos artigos 19.º a 21.º.

ART. 23.º (Transmissão dos títulos de capital) – 1 – Os títulos de capital só são transmissíveis mediante autorização da direcção ou, se os estatutos da cooperativa o impuserem, da assembleia geral, sob condição de o adquirente ou o sucessor já ser cooperador ou, reunindo as condições exigidas, solicitar a sua admissão.

2 – A transmissão *inter vivos* opera-se por endosso do título a transmitir, assinado pelo transmitente, pelo adquirente e por quem obrigar a cooperativa, sendo averbada no livro de registo.

3 – A transmissão *mortis causa* opera-se por apresentação do documento comprovativo da qualidade de herdeiro ou de legatário e é averbada, em nome do titular, no livro de registo e nos títulos, que deverão ser assinados por quem obriga a cooperativa e pelo herdeiro ou legatário.

4 – Não podendo operar-se a transmissão *mortis causa*, os sucessores tem direito a receber o montante dos títulos do autor da sucessão, segundo o valor nominal, corrigido em função da quota-parte dos excedentes ou dos prejuízos e das reservas não obrigatórias.

5 – A transmissão dos títulos de capital escriturais segue, com as adaptações necessáris, o regime de transmissão dos valores mobiliários escriturais previsto no Código dos Valores Mobiliários.

ART. 24.º (Aquisição de títulos do próprio capital) – As cooperativas só podem adquirir títulos representativos do próprio capital, a título gratuito.

ART. 25.º (Jóia) – 1 – Os estatutos da cooperativa podem exigir a realização de uma jóia de admissão, pagável de uma só vez ou em prestações periódicas.

2 – O montante das jóias reverte para reservas obrigatórias, conforme constar dos estatutos, dentro dos limites da lei.

ART. 26.º (Títulos de investimento) – 1 – As cooperativas podem emitir títulos de investimento, mediante deliberação da assembleia geral, que fixará com que objectivos e em que condições a direcção poderá utilizar o respectivo produto.

2 – Podem, nomeadamente, ser emitidos títulos de investimento que:

a) Confiram direito a uma remuneração anual, compreendendo uma parte fixa, calculada aplicando a uma fracção do valor nominal de cada título uma taxa predeterminada, invariável ou reportada a um indicador de referência, e uma parte variável, calculada em função dos resultados, do volume de negócios ou de qualquer outro elemento da actividade da cooperativa;

b) Confiram aos seus titulares o direito a um prémio de reembolso, quer fixo, quer dependente dos resultados realizados pela cooperativa;

c) Apresentem juro e plano de reembolso variáveis em função dos resultados;

d) Sejam convertíveis em títulos de capital, desde que o seu titular reúna as condições de admissão legalmente exigidas para os membros produtores ou utilizadores;

e) Apresentem prémios de emissão.

3 – Os títulos de investimento emitidos nos termos da alínea *a)* do número anterior são reembolsados apenas em caso de liquidação da cooperativa e somente depois do pagamento de todos os outros credores da cooperativa ou, se esta assim o decidir, após terem decorrido pelo menos cinco anos sobre a sua realização, nas condições definidas quando da emissão.

4 – Quaisquer títulos de investimento podem ser subscritos por pessoas estranhas à cooperativa, mas os seus membros têm direito de preferência na subscrição de títulos de investimento convertíveis.

5 – As cooperativas só podem adquirir títulos de investimento próprios, a título gratuito.

6 – Os títulos de investimento das cooperativas são equiparados às obrigações das sociedades comerciais, na parte não regulada por este Código.

ART. 27.º (Emissões de títulos de investimento) – 1 – A assembleia geral que deliberar a emissão de títulos de investimento fixará a taxa de juro e demais condições de emissão.

2 – Os títulos de investimento são nominativos e transmissíveis, nos termos da lei, e obedecem aos requisitos previstos no n.º 2 do artigo 20.º.

3 – Os títulos de investimento podem ser representados sob a forma escritural, aplicando-se aos títulos escriturais e à sua transmissão o disposto no Código dos Valores Mobiliários para esta forma de representação, com as adaptações necessárias.

4 – Cabe à assembleia geral decidir se nela podem participar, embora sem direito a voto, os subscritores de títulos de investimento que não sejam membros da cooperativa.

5 – As cooperativas não podem emitir títulos de investimento que excedam a importância do capital realizado e existente, nos termos do último balanço aprovado, acrescido do montante do capital aumentado e realizado depois da data de encerramento daquele balanço.

6 – Não pode ser deliberada uma emissão de títulos de investimento enquanto não estiver subscrita e realizada uma emissão anterior.

ART. 28.º (Subscrição pública de títulos) – A emissão por subscrição pública dos títulos de investimento deve ser precedida de uma auditoria externa à cooperativa, sem prejuízo do regime legalmente previsto para esta modalidade de emissão.

1262 [Lei n.º 51/96]   SECTOR COOPERATIVO

ART. 29.º (Protecção especial dos interesses dos subscritores de títulos de investimento) – 1 – A assembleia geral pode deliberar que os subscritores de títulos reunidos para esse fim possam eleger um representante junto da cooperativa com direito a assistir às reuniões do conselho fiscal, sendo-lhe facultadas todas as informações a que têm direito os membros desse órgão.

2 – Uma vez tomada a deliberação referida no número anterior, os direitos por ela outorgados só podem ser extintos com o consentimento expresso de todos os subscritores de títulos de investimento.

ART. 30.º (Obrigações) – 1 – As cooperativas podem também emitir obrigações, de acordo com as normas estabelecidas pelo Código das Sociedades Comerciais para as obrigações emitidas por sociedades anónimas cuja aplicação não ponha em causa os princípios cooperativos nem o disposto no presente Código.

2 – Não são admitidas, nomeadamente, obrigações que sejam convertíveis em acções ou que confiram o direito a subscrever uma ou várias acções.

CAPÍTULO IV — **Dos cooperadores**

ART. 31.º (Cooperadores) – 1 – Podem ser membros de uma cooperativa de primeiro grau todas as pessoas que, preenchendo os requisitos e condições previstos no presente Código, na legislação complementar aplicável aos diversos ramos do sector cooperativo e nos estatutos da cooperativa, requeiram à direcção que as admita.

2 – A deliberação da direcção sobre o requerimento de admissão é susceptível de recurso para a primeira assembleia geral subsequente.

3 – Têm legitimidade para recorrer os membros da cooperativa e o candidato, podendo este assistir a essa assembleia geral e participar na discussão deste ponto da ordem de trabalhos, sem direito a voto.

ART. 32.º (Número mínimo) – 1 – O número de membros de uma cooperativa é variável e ilimitado, mas não poderá ser inferior a cinco nas cooperativas de primeiro grau e a dois nas cooperativas de grau superior.

2 – A legislação complementar respeitante a cada ramo pode exigir, como mínimo, um número superior de cooperadores.

ART. 33.º (Direitos dos cooperadores) – 1 – Os cooperadores têm direito, nomeadamente, a:

a) Tomar parte na assembleia geral, apresentando propostas, discutindo e votando os pontos constantes da ordem de trabalhos;

b) Eleger e ser eleitos para os órgãos da cooperativa;

c) Requerer informações aos órgãos competentes da cooperativa e examinar a escrita e as contas da cooperativa nos períodos e nas condições que forem fixados pelos estatutos, pela assembleia geral ou pela direcção;

d) Requerer a convocação da assembleia geral nos termos definidos nos estatutos e, quando esta não for convocada, requerer a convocação judicial;

e) Apresentar a sua demissão.

2 – As deliberações da direcção sobre a matéria constante da alínea c) do número anterior são recorríveis para a assembleia geral.

3 – O exercício dos direitos previstos na alínea c) do número anterior é limitado, nas cooperativas de crédito, pela observância das regras relativas ao sigilo bancário.

ART. 34.º (Deveres dos cooperadores) – 1 – Os cooperadores devem respeitar os princípios cooperativos, as leis, os estatutos da cooperativa e os respectivos regulamentos internos.

2 – Os cooperadores devem ainda:

a) Tomar parte nas assembleias gerais;

b) Aceitar e exercer os cargos sociais para os quais tenham sido eleitos, salvo motivo justificado de escusa;

c) Participar, em geral, nas actividades da cooperativa e prestar o trabalho ou serviço que lhes competir;

d) Efectuar os pagamentos previstos no presente Código, nos estatutos e nos regulamentos internos.

ART. 35.º (Responsabilidade dos cooperadores) – A responsabilidade dos cooperadores é limitada ao montante do capital social subscrito, sem prejuízo de os estatutos da cooperativa poderem determinar que a responsabilidade dos cooperadores seja ilimitada, ou ainda limitada em relação a uns e ilimitada quanto aos outros.

ART. 36.º (Demissão) – 1 – Os cooperadores podem solicitar a sua demissão nas condições estabelecidas nos estatutos ou, no caso de estes serem omissos, no fim de um exercício social, com pré-aviso de 30 dias, sem prejuízo da responsabilidade pelo cumprimento das suas obrigações como membros da cooperativa.

2 – Os estatutos não suprimirão ou limitarão o direito de demissão, podendo, todavia, estabelecer regras e condições para o seu exercício.

3 – Ao cooperador que se demitir será restituído, no prazo estabelecido pelos estatutos ou, supletivamente, no prazo máximo de um ano, o montante dos títulos de capital realizados segundo o seu valor nominal.

4 – O valor nominal referido no número anterior será acrescido dos juros a que tiver direito relativamente ao último exercício social, da quota-parte dos excedentes e reservas não obrigatórias repartíveis, na proporção da sua participação, ou reduzido, se for caso disso, na proporção das perdas acusadas no balanço do exercício no decurso do qual surgiu o direito ao reembolso.

CÓDIGO COOPERATIVO [Lei n.º 51/96] 1263

ART. 37.º (Exclusão) – 1 – Os cooperadores podem ser excluídos por deliberação da assembleia geral.

2 – A exclusão terá de ser fundada em violação grave e culposa do Código Cooperativo, da legislação complementar aplicável ao respectivo ramo do sector cooperativo, dos estatutos da cooperativa ou dos seus regulamentos internos.

3 – A exclusão terá de ser precedida de processo escrito, do qual constem a indicação das infracções, a sua qualificação, a prova produzida, a defesa do arguido e a proposta de aplicação da medida de exclusão.

4 – O processo previsto no número anterior não se aplica quando a causa de exclusão consista no atraso de pagamento de encargos, tal como estiver fixado nos estatutos, sendo, porém, obrigatório o aviso prévio, a enviar para o domicílio do infractor, sob registo, com indicação do período em que poderá regularizar a sua situação.

5 – É insuprível a nulidade resultante:

a) Da falta de audiência do arguido;

b) Da insuficiente individualização das infracções imputadas ao arguido;

c) Da falta de referência aos preceitos legais, estatutários ou regulamentares violados;

d) Da omissão de quaisquer diligências essenciais para a descoberta da verdade.

6 – A proposta de exclusão a exarar no processo será fundamentada e notificada por escrito ao arguido com uma antecedência de, pelo menos, sete dias em relação à data da assembleia geral que sobre ela deliberará.

7 – A exclusão deve ser deliberada no prazo máximo de um ano a partir da data em que algum dos membros da direcção tomou conhecimento do facto que a permite.

8 – Da deliberação da assembleia geral que decidir a exclusão cabe sempre recurso para os tribunais.

9 – Ao membro da cooperativa excluído aplica-se o disposto na parte final do n.º 1 e o disposto nos n.ᵒˢ 3 e 4 do artigo anterior.

ART. 38.º (Outras sanções) – 1 – Sem prejuízo de outras que se encontrem previstas nos estatutos ou nos regulamentos internos, podem ser aplicadas aos cooperadores as seguintes sanções:

a) Repreensão registada;

b) Multa;

c) Suspensão temporária de direitos;

d) Perda de mandato.

2 – A aplicação de qualquer sanção será sempre precedida de processo, nos termos do disposto no artigo anterior.

3 – A aplicação das sanções referidas nas alíneas *a)*, *b)* e *c)* do n.º 1 compete à direcção, com admissibilidade de recurso para a assembleia geral, à qual compete deliberar quanto à perda de mandato.

CAPÍTULO V — Dos órgãos das cooperativas

Secção I — PRINCÍPIOS GERAIS

ART. 39.º (Órgãos) – 1 – São órgãos das cooperativas:

a) A assembleia geral;

b) A direcção;

c) O conselho fiscal.

2 – Os estatutos podem ainda consagrar outros órgãos, bem como dar poderes à assembleia geral ou à direcção para constituírem comissões especiais, de duração limitada, destinadas ao desempenho de tarefas determinadas.

3 – Quando neste Código forem referidos conjuntamente os órgãos das cooperativas em termos que impliquem que eles são integrados por um número limitado de cooperadores, deve entender-se que a menção não abrange a assembleia geral no seu todo, mas apenas a respectiva mesa.

ART. 40.º (Eleição dos membros dos órgãos sociais) – 1 – Os membros dos órgãos sociais são eleitos de entre os cooperadores por um período de quatro anos, se outro mais curto não for previsto nos estatutos.

2 – Em caso de vagatura do cargo, o cooperador designado para o preencher apenas completará o mandato.

3 – Os estatutos podem limitar o número de mandatos consecutivos para a mesa da assembleia geral, a direcção, o conselho fiscal ou qualquer outro órgão que consagrem.

ART. 41.º (Perda de mandato) – São causa de perda de mandato dos membros dos órgãos das cooperativas:

a) A declaração de falência dolosa;

b) A condenação por crimes contra o sector público ou contra o sector cooperativo e social, designadamente pela apropriação de bens do sector cooperativo e social e por administração danosa em unidade económica nele integrada.

ART. 42.º (Incompatibilidades) – 1 – Nenhum cooperador pode ser simultaneamente membro da mesa da assembleia geral, da direcção, do conselho fiscal ou dos outros órgãos electivos estatutariamente previstos.

2 – Não podem ser eleitos para o mesmo órgão social de cooperativas com mais de 20 membros ou ser simultaneamente membros da direcção e do conselho fiscal os cônjuges e as pessoas que vivam em união de facto.

1264   [Lei n.º 51/96]   SECTOR COOPERATIVO

ART. 43.º (Funcionamento dos órgãos) – 1 – Em todos os órgãos da cooperativa o respectivo presidente terá voto de qualidade.

2 – Nenhum órgão da cooperativa, à excepção da assembleia geral, pode funcionar sem que estejam preenchidos, pelo menos, metade dos seus lugares, devendo proceder-se, no caso contrário e no prazo máximo de um mês, ao preenchimento das vagas verificadas, sem prejuízo de estas serem ocupadas por membros suplentes, sempre que os mesmos estejam previstos nos estatutos.

3 – As deliberações dos órgãos electivos da cooperativa são tomadas por maioria simples com a presença de mais de metade dos seus membros efectivos.

4 – As votações respeitantes a eleições dos órgãos da cooperativa ou a assuntos de incidência pessoal dos cooperadores realizar-se-ão por escrutínio secreto, podendo a legislação complementar aplicável aos diversos ramos do sector cooperativo ou os estatutos prever outros casos em que este modo de escrutínio seja obrigatório.

5 – Será sempre lavrada acta das reuniões de qualquer órgão das cooperativas, a qual é obrigatoriamente assinada por quem exercer as funções de presidente.

6 – No silêncio dos estatutos, a assembleia geral poderá fixar a remuneração dos membros dos órgãos da cooperativa.

7 – Os estatutos poderão exigir a obrigatoriedade da prestação de caução por parte dos membros da direcção e dos gerentes.

8 – Das deliberações da assembleia geral cabe recurso para os tribunais.

Secção II — **ASSEMBLEIA GERAL**

ART. 44.º (Definição, composição e deliberações da assembleia geral) – 1 – A assembleia geral é o órgão supremo da cooperativa, sendo as suas deliberações, tomadas nos termos legais e estatutários, obrigatórias para os restantes órgãos da cooperativa e para todos os seus membros.

2 – Participam na assembleia geral todos os cooperadores no pleno gozo dos seus direitos.

3 – Os estatutos da cooperativa podem prever assembleias gerais de delegados, os quais são eleitos nos termos do artigo 54.º do presente Código.

ART. 45.º (Sessões ordinárias e extraordinárias da assembleia geral) – 1 – A assembleia geral reunirá em sessões ordinárias e extraordinárias.

2 – A assembleia geral ordinária reunirá obrigatoriamente duas vezes em cada ano, uma até 31 de Março, para apreciação e votação das matérias referidas nas alíneas *b*) e *c*) do artigo 49.º deste Código, e outra até 31 de Dezembro, para apreciação e votação das matérias referidas na alínea *d*) do mesmo artigo.

3 – Sem prejuízo de a legislação complementar de cada ramo ou os estatutos poderem dispor de maneira diferente, a assembleia geral extraordinária reunirá quando convocada pelo seu presidente, por sua iniciativa, a pedido da direcção ou do conselho fiscal ou a requerimento de, pelo menos, 5% dos membros da cooperativa, num mínimo de quatro.

ART. 46.º (Mesa da assembleia geral) – 1 – A mesa da assembleia geral é constituída por um presidente e por um vice-presidente, quando os estatutos não estipularem um número superior de elementos.

2 – Ao presidente incumbe:

a) Convocar a assembleia geral;

b) Presidir à assembleia geral e dirigir os trabalhos;

c) Verificar as condições de elegibilidade dos candidatos aos órgãos da cooperativa;

d) Conferir posse aos cooperadores eleitos para os órgãos da cooperativa.

3 – Nas suas faltas e impedimentos, o presidente é substituído pelo vice-presidente.

4 – Na falta de qualquer dos membros da mesa da assembleia geral, competirá a esta eleger os respectivos substitutos, de entre os cooperadores presentes, os quais cessarão as suas funções no termo da reunião.

5 – É causa de destituição do presidente da mesa da assembleia geral a não convocação desta nos casos em que a isso esteja obrigado.

6 – É causa de destituição de qualquer dos membros da mesa a não comparência sem motivo justificado a, pelo menos, três sessões seguidas ou seis interpoladas.

ART. 47.º (Convocatória da assembleia geral) – 1 – A assembleia geral é convocada pelo presidente da mesa com, pelo menos, 15 dias de antecedência.

2 – A convocatória, que deverá conter a ordem de trabalhos da assembleia, bem como o dia, a hora e o local da reunião, será publicada num diário do distrito, da região administrativa ou da Região Autónoma em que a cooperativa tenha sua sede ou, na falta daquele, em qualquer outra publicação do distrito, da região administrativa ou da Região Autónoma que tenha uma periodicidade máxima quinzenal.

3 – Na impossibilidade de se observar o disposto no número anterior, será a convocatória publicada num diário do distrito ou da região administrativa mais próximos da localidade em que se situe a sede da cooperativa ou num diário ou semanário de circulação nacional.

CÓDIGO COOPERATIVO   [**Lei n.º 51/96**] 1265

4 – As publicações previstas nos números anteriores tornam-se facultativas se a convocatória for enviada a todos os cooperadores por via postal registada ou entregue pessoalmente por protocolo, envio ou entrega, que são obrigatórios nas cooperativas com menos de 100 membros.

5 – A convocatória será sempre afixada nos locais em que a cooperativa tenha a sua sede ou outras formas de representação social.

6 – A convocatória da assembleia geral extraordinária deve ser feita no prazo de 15 dias após o pedido ou requerimento previstos no n.º 3 do art. 45.º, devendo a reunião realizar-se no prazo máximo de 30 dias, contados da data da recepção do pedido ou requerimento.

ART. 48.º (Quórum) – 1 – A assembleia geral reunirá à hora marcada na convocatória se estiver presente mais de metade dos cooperadores com direito de voto ou os seus representantes devidamente credenciados.

2 – Se, à hora marcada para a reunião, não se verificar o número de presenças previsto no número anterior e os estatutos não dispuserem de outro modo, a assembleia reunirá, com qualquer número de cooperadores, uma hora depois.

3 – No caso de a convocação da assembleia geral ser feita em sessão extraordinária e a requerimento dos cooperadores, a reunião só se efectuará se nela estiverem presentes, pelo menos, três quartos dos requerentes.

ART. 49.º (Competência da assembleia geral) – É da competência exclusiva da assembleia geral:
a) Eleger e destituir os membros dos órgãos da cooperativa;
b) Apreciar e votar anualmente o relatório de gestão e as contas do exercício, bem como o parecer do conselho fiscal;
c) Apreciar a certificação legal de contas, quando a houver;
d) Apreciar e votar o orçamento e o plano de actividades para o exercício seguinte;
e) Fixar as taxas dos juros a pagar aos membros da cooperativa;
f) Aprovar a forma de distribuição dos excedentes;
g) Alterar os estatutos, bem como aprovar e alterar os regulamentos internos;
h) Aprovar a fusão e a cisão da cooperativa;
i) Aprovar a dissolução voluntária da cooperativa;
j) Aprovar a filiação da cooperativa em uniões, federações e confederações;
l) Deliberar sobre a exclusão de cooperadores e sobre a perda de mandato dos órgãos sociais e ainda funcionar como instância de recurso, quer quanto à admissão ou recusa de novos membros quer em relação às sanções aplicadas pela direcção;
m) Fixar a remuneração dos membros dos órgãos sociais da cooperativa, quando os estatutos o não impedirem;
n) Decidir do exercício do direito da acção civil ou penal, nos termos do artigo 68.º;
o) Apreciar e votar as matérias especialmente previstas neste Código, na legislação complementar aplicável ao respectivo ramo do sector cooperativo ou nos estatutos.

ART. 50.º (Deliberações) – São nulas todas as deliberações tomadas sobre matérias que não constem da ordem de trabalhos fixada na convocatória, salvo se, estando presentes ou representados devidamente todos os membros da cooperativa no pleno gozo dos seus direitos, concordarem, por unanimidade, com a respectiva inclusão ou se incidir sobre a matéria constante do n.º 1 do artigo 68.º, de acordo com o estabelecido no n.º 3 do mesmo artigo.

ART. 51.º (Votação) – 1 – Nas assembleias gerais das cooperativas de primeiro grau cada cooperador dispõe de um voto, qualquer que seja a sua participação no respectivo capital social.

2 – É exigida maioria qualificada, de pelo menos, dois terços dos votos expressos na aprovação das matérias constantes das alíneas *g)*, *h)*, *i)*, *j)* e *n)* do artigo 49.º deste Código ou de quaisquer outras para cuja votação os estatutos prevejam uma maioria qualificada.

3 – No caso da alínea *i)* do artigo 49.º, a dissolução não terá lugar se, pelo menos, o número mínimo de membros referido no artigo 32.º se declarar disposto a assegurar a permanência da cooperativa, qualquer que seja o número de votos contra.

ART. 52.º (Voto por correspondência) – É admitido o voto por correspondência, sob a condição de o seu sentido ser expressamente indicado em relação ao ponto ou pontos da ordem de trabalhos e de a assinatura do cooperador ser reconhecida nos termos legais.

ART. 53.º (Voto por representação) – 1 – É admitido o voto por representação, devendo o mandato, apenas atribuível a outro cooperador ou a familiar maior do mandante que com ele coabite, constar de documento escrito dirigido ao presidente da mesa da assembleia geral, com a assinatura do mandante reconhecida nos termos legais.

2 – Cada cooperador só poderá representar um outro membro da cooperativa, salvo se os estatutos previrem número superior.

ART. 54.º (Assembleias sectoriais) – 1 – Os estatutos podem prever a realização de assembleias sectoriais, quando as cooperativas o considerem conveniente, quer por causa das suas actividades quer em virtude da sua área geográfica.

1266 [Lei n.º 51/96]   SECTOR COOPERATIVO

2 – O número de delegados à assembleia geral a eleger em cada assembleia sectorial é estabelecido em função do número de cooperadores.

3 – O número de delegados à assembleia geral a eleger por cada assembleia sectorial deve ser anualmente apurado pela direcção, nos termos do número anterior.

4 – Aplicam-se às assembleias sectoriais os artigos 44.º a 53.º, com as necessárias adaptações.

Secção III — **DIRECÇÃO**

ART. 55.º (Composição da direcção) – 1 – A direcção é composta:

a) Nas cooperativas com mais de 20 membros, por um presidente e dois vogais, um dos quais substituirá o presidente nos seus impedimentos e faltas, quando não houver vice-presidente;

b) Nas cooperativas que tenham até 20 membros, por um presidente, que designará quem o substitui nas suas faltas e impedimentos.

2 – Os estatutos podem alargar a composição da direcção, assegurando que o número dos seus membros seja sempre ímpar.

ART. 56.º (Competência da direcção) – A direcção é o órgão de administração e representação da cooperativa, incumbindo-lhe, designadamente:

a) Elaborar anualmente e submeter ao parecer do conselho fiscal e à apreciação e aprovação da assembleia geral o relatório de gestão e as contas do exercício, bem como o plano de actividades e o orçamento para o ano seguinte;

b) Executar o plano de actividades anual;

c) Atender as solicitações do conselho fiscal e do revisor oficial de contas ou da sociedade de revisores oficiais de contas nas matérias da competência destes;

d) Deliberar sobre a admissão de novos membros e sobre a aplicação de sanções previstas neste Código, na legislação complementar aplicável aos diversos ramos do sector cooperativo e nos estatutos, dentro dos limites da sua competência;

e) Velar pelo respeito da lei, dos estatutos, dos regulamentos internos e das deliberações dos órgãos da cooperativa;

f) Contratar e gerir o pessoal necessário às actividades da cooperativa;

g) Representar a cooperativa em juízo e fora dele;

h) Escriturar os livros, nos termos da lei;

i) Praticar os actos necessários à defesa dos interesses da cooperativa e dos cooperadores, bem como à salvaguarda dos princípios cooperativos, em tudo o que se não insira na competência de outros órgãos.

ART. 57.º (Reuniões da direcção) – 1 – A direcção reunirá ordinariamente pelo menos uma vez por mês, convocada pelo presidente.

2 – A direcção reunirá extraordinariamente sempre que o presidente a convoque, por sua iniciativa ou a pedido da maioria dos seus membros efectivos.

3 – A direcção só poderá tomar deliberações com a presença de mais de metade dos seus membros efectivos.

4 – Os membros suplentes, quando os estatutos previrem a sua existência, poderão assistir e participar nas reuniões da direcção, sem direito de voto.

ART. 58.º (Forma de obrigar a cooperativa) – Caso os estatutos sejam omissos, a cooperativa fica obrigada com as assinaturas conjuntas de dois membros da direcção, quando esta for colegial, salvo quanto aos actos de mero expediente, em que basta a assinatura de um deles.

ART. 59.º (Poderes de representação e gestão) – A direcção pode delegar poderes de representação e administração para a prática de certos actos ou de certas categorias de actos em qualquer dos seus membros, em gerentes ou noutros mandatários.

Secção IV — **CONSELHO FISCAL**

ART. 60.º (Composição) – 1 – O conselho fiscal é constituído:

a) Nas cooperativas com mais de 20 cooperadores, por um presidente e dois vogais;

b) Nas cooperativas que tenham até 20 cooperadores, por um único titular.

2 – Os estatutos podem alargar a composição do conselho fiscal, assegurando sempre que o número dos seus membros seja ímpar e podendo também prever a existência de membros suplentes.

3 – O conselho fiscal pode ser assessorado por um revisor oficial de contas ou por uma sociedade de revisores oficiais de contas.

ART. 61.º (Competência) – O conselho fiscal é o órgão de controlo e fiscalização da cooperativa, incumbindo-lhe, designadamente:

a) Examinar, sempre que o julgue conveniente, a escrita e toda a documentação da cooperativa;

b) Verificar, quando o entenda como necessário, o saldo de caixa e a existência de títulos e valores de qualquer espécie, o que fará constar das respectivas actas;

CÓDIGO COOPERATIVO   **[Lei n.º 51/96]** 1267

c) Elaborar relatório sobre a acção fiscalizadora exercida durante o ano e emitir parecer sobre o relatório de gestão e as contas do exercício, o plano de actividades e o orçamento para o ano seguinte, em face do parecer do revisor oficial de contas, nos casos do n.º 3 do artigo anterior;

d) Requerer a convocação extraordinária da assembleia geral, nos termos do n.º 3 do artigo 45.º;

e) Verificar o cumprimento dos estatutos e da lei.

ART. 62.º (Reuniões) – 1 – O conselho fiscal reunirá ordinariamente, pelo menos, uma vez por trimestre, quando o presidente o convocar.

2 – O conselho fiscal reunirá extraordinariamente sempre que o presidente o convocar, por sua iniciativa ou a pedido da maioria dos seus membros efectivos.

3 – Os membros do conselho fiscal podem assistir, por direito próprio, às reuniões da direcção.

4 – Os membros suplentes do conselho fiscal, quando os estatutos preverem a sua existência, podem assistir e participar nas reuniões deste conselho, sem direito de voto.

ART. 63.º (Quórum) – O conselho fiscal só poderá tomar deliberações com a presença de mais de metade dos seus membros efectivos.

SECÇÃO V — **DA RESPONSABILIDADE DOS ÓRGÃOS DAS COOPERATIVAS**

ART. 64.º (Proibições impostas aos directores, aos gerentes e outros mandatários e aos membros do conselho fiscal) – Os directores, os gerentes e outros mandatários, bem como os membros do conselho fiscal, não podem negociar por conta própria, directamente ou por interposta pessoa, com a cooperativa nem exercer pessoalmente actividade concorrente com a desta, salvo, neste último caso, mediante autorização da assembleia geral.

ART. 65.º (Responsabilidade dos directores, dos gerentes e outros mandatários) – 1 – São responsáveis civilmente, de forma pessoal e solidária, perante a cooperativa e terceiros, sem prejuízo de eventual responsabilidade criminal e da aplicabilidade de outras sanções, os directores, os gerentes e outros mandatários que hajam violado a lei, os estatutos, os regulamentos internos ou as deliberações da assembleia geral ou deixado de executar fielmente o seu mandato, designadamente:

a) Praticando, em nome da cooperativa, actos estranhos ao objecto ou aos interesses desta ou permitindo a prática de tais actos;

b) Pagando ou mandando pagar importâncias não devidas pela cooperativa;

c) Deixando de cobrar créditos que, por isso, hajam prescrito;

d) Procedendo à distribuição de excedentes fictícios ou que violem o presente Código, a legislação complementar aplicável aos diversos ramos do sector cooperativo ou os estatutos;

e) Usando o respectivo mandato, com ou sem utilização de bens ou créditos da cooperativa, em benefício próprio ou de outras pessoas, singulares ou colectivas.

2 – A delegação de competências da direcção em um ou mais gerentes ou outros mandatários não isenta de responsabilidade os directores, salvo o disposto no artigo 67.º deste Código.

3 – Os gerentes respondem, nos mesmos termos que os directores, perante a cooperativa e terceiros pelo desempenho das suas funções.

ART. 66.º (Responsabilidade dos membros do conselho fiscal) – Os membros do conselho fiscal são responsáveis perante a cooperativa, nos termos do disposto no artigo 65.º, sempre que se não tenham oposto oportunamente aos actos dos directores e dos gerentes previstos no mesmo artigo, salvo o disposto no artigo 67.º.

ART. 67.º (Isenção de responsabilidade) – 1 – A aprovação pela assembleia geral do relatório de gestão e contas do exercício não implica a renúncia aos direitos de indemnização da cooperativa contra os membros da direcção ou do conselho fiscal ou contra os gerentes e outros mandatários, salvo se os factos constitutivos da responsabilidade tiverem sido expressamente levados ao conhecimento dos membros da cooperativa antes da aprovação.

2 – São também isentos de responsabilidade os membros da direcção ou do conselho fiscal, os gerentes e outros mandatários que não tenham participado na deliberação que a originou ou tenham exarado em acta o seu voto contrário.

ART. 68.º (Direito de acção contra directores, gerentes e outros mandatários e membros do conselho fiscal) – 1 – O exercício, em nome da cooperativa, do direito de acção civil ou penal contra directores, gerentes, outros mandatários e membros do conselho fiscal deve ser aprovado em assembleia geral.

2 – A cooperativa será representada na acção pela direcção ou pelos cooperadores que para esse feito forem eleitos pela assembleia geral.

3 – A deliberação da assembleia geral pode ser tomada na sessão convocada para apreciação do relatório de gestão e contas do exercício, mesmo que a respectiva proposta não conste da ordem de trabalhos.

CAPÍTULO VI — **Reservas e distribuição de excedentes**

ART. 69.º (Reserva legal) – 1 – É obrigatória a constituição de uma reserva legal destinada a cobrir eventuais perdas de exercício.

1268 [Lei n.º 51/96]   SECTOR COOPERATIVO

2 – Revertem para esta reserva, segundo a proporção que for determinada nos estatutos ou, caso estes sejam omissos, pela assembleia geral, numa percentagem que não poderá ser inferior a 5%:

a) As jóias;

b) Os excedentes anuais líquidos.

3 – Estas reversões deixarão de ser obrigatórias desde que a reserva atinja um montante igual ao máximo do capital social atingido pela cooperativa.

4 – Se os prejuízos do exercício forem superiores ao montante da reserva legal, a diferença poderá, por deliberação da assembleia geral, ser exigida aos cooperadores proporcionalmente às operações realizadas por cada um deles, sendo a reserva legal reconstituída até ao nível anterior em que se encontrava.

ART. 70.º (Reserva para educação e formação cooperativas) – 1 – É obrigatória a constituição de uma reserva para a educação cooperativa e a formação cultural e técnica dos cooperadores, dos trabalhadores da cooperativa e da comunidade.

2 – Revertem para esta reserva, na forma constante no n.º 2 do artigo anterior:

a) A parte das jóias que não for afectada à reserva legal;

b) A parte dos excedentes anuais líquidos provenientes das operações com os cooperadores que for estabelecida pelos estatutos ou pela assembleia geral, numa percentagem que não poderá ser inferior a 1%;

c) Os donativos e os subsídios que forem especialmente destinados à finalidade da reserva;

d) Os excedentes anuais líquidos provenientes das operações realizadas com terceiros que não forem afectados a outras reservas.

3 – As formas de aplicação desta reserva serão determinadas pela assembleia geral.

4 – A direcção deve integrar anualmente no plano de actividades um plano de formação para aplicação desta reserva.

5 – Por deliberação da assembleia geral, a direcção de uma cooperativa pode entregar, no todo ou em parte, o montante desta reserva a uma cooperativa de grau superior, sob a condição de esta prosseguir a finalidade da reserva em causa e de ter um plano de actividades em que aquela cooperativa seja envolvida.

6 – Por deliberação da assembleia geral, pode igualmente ser afectada pela direcção a totalidade ou uma parte desta reserva a projectos de educação e formação que, conjunta ou separadamente, impliquem a cooperativa em causa e:

a) Uma ou mais pessoas colectivas de direito público;

b) Uma ou mais pessoas colectivas de direito privado, sem fins lucrativos;

c) Outra ou outras cooperativas.

ART. 71.º (Outras reservas) – 1 – A legislação complementar aplicável aos diversos ramos do sector cooperativo ou os estatutos poderão prever a constituição de outras reservas, devendo, nesse caso, determinar o seu modo de formação, de aplicação e de liquidação.

2 – Pode igualmente ser deliberada em assembleia geral a constituição de outras reservas, aplicando-se o disposto na parte final do número anterior.

ART. 72.º (Insusceptibilidade de repartição) – Todas as reservas obrigatórias, bem como as que resultem de excedentes provenientes de operações com terceiros, são insusceptíveis de qualquer tipo de repartição entre os cooperadores.

ART. 73.º (Distribuição de excedentes) – 1 – Os excedentes anuais líquidos, com excepção dos provenientes de operações realizadas com terceiros, que restarem depois do eventual pagamento de juros pelos títulos de capital e das reversões para as diversas reservas, poderão retornar aos cooperadores.

2 – Não pode proceder-se à distribuição de excedentes entre os cooperadores, nem criar reservas livres, antes de se terem compensado as perdas dos exercícios anteriores ou, tendo-se utilizado a reserva legal para compensar essas perdas, antes de se ter reconstituído a reserva ao nível anterior ao da sua utilização.

3 – Se forem pagos juros pelos títulos de capital, o seu montante global não pode ser superior a 30% dos resultados anuais líquidos.

CAPÍTULO VII — Da fusão e cisão das cooperativas

ART. 74.º (Formas de fusão de cooperativas) – 1 – A fusão de cooperativas pode operar-se por integração e por incorporação.

2 – Verifica-se a fusão por integração quando duas ou mais cooperativas, com a simultânea extinção da sua personalidade jurídica, constituem uma nova cooperativa, assumindo a nova cooperativa a totalidade dos direitos e obrigações das cooperativas fundidas.

3 – Verifica-se a fusão por incorporação quando uma ou mais cooperativas, em simultâneo com a extinção da sua personalidade jurídica, passam a fazer parte integrante de uma outra cooperativa, que assumirá a totalidade dos direitos e obrigações das cooperativas incorporadas.

4 – A fusão de cooperativas só pode ser validamente efectivada por deliberação de, pelo menos, dois terços dos votos dos cooperadores presentes ou representados em assembleia geral extraordinária convocada para esse fim.

CÓDIGO COOPERATIVO [**Lei n.º 51/96**] 1269

5 – Mediante prévio parecer favorável do INSCOOP, poderão requerer judicialmente a fusão por incorporação de uma ou mais cooperativas numa terceira, que assumirá a totalidade dos seus direitos e obrigações, as cooperativas de grau superior nas quais aquelas estejam integradas ou com as quais tenham uma conexão relevante, quando ocorra alguma das seguintes circunstâncias:

a) Se verifique a inexistência ou paralisia dos órgãos sociais, assim como a impossibilidade de os eleger;

b) Sejam desenvolvidas actividades alheias aos objectivos da cooperativa;

c) Seja notório o carácter doloso da ineficiência da respectiva gestão.

ART. 75.º (Cisão de cooperativas) – 1 – Verifica-se a cisão de uma cooperativa sempre que nesta se opere divisão dos seus membros e património, com a consequente criação de uma ou mais cooperativas novas.

2 – A cisão será integral ou parcial, conforme simultaneamente se verificar, ou não, a extinção da cooperativa original.

3 – É aplicável à cisão de cooperativas o disposto no n.º 4 do artigo anterior.

ART. 76.º (Protecção dos cooperadores e de terceiros nos casos de fusão e de cisão) – 1 – A fusão ou cisão terão a tramitação e o formalismo exigidos para a constituição de cooperativas nos termos deste diploma, com as necessárias adaptações.

2 – No que não contrariar a natureza das cooperativas, a fusão e a cisão de cooperativas, regem-se pelas normas que regulam a fusão e a cisão de sociedades.

CAPÍTULO VIII — Dissolução, liquidação e transformação

ART. 77.º (Dissolução) – 1 – As cooperativas dissolvem-se por:

a) Esgotamento do objecto, impossibilidade insuperável da sua prossecução ou falta de coincidência entre o objecto real e o objecto expresso nos estatutos;

b) Decurso do prazo, se tiverem sido constituídas temporariamente;

c) Verificação de qualquer outra causa extintiva prevista nos estatutos;

d) Diminuição do número de membros abaixo do mínimo legalmente previsto por um período de tempo superior a 90 dias e desde que tal redução não seja temporária ou ocasional;

e) Fusão por integração, por incorporação ou cisão integral;

f) Deliberação da assembleia geral;

g) Decisão judicial transitada em julgado que declare a insolvência da cooperativa;

h) Decisão judicial transitada em julgado que verifique que a cooperativa não respeita no seu funcionamento os princípios cooperativos, que utiliza sistematicamente meios ilícitos para a prossecução do seu objecto ou que recorre à forma de cooperativa para alcançar indevidamente benefícios legais;

i) Omissão de entrega da declaração fiscal de rendimentos durante dois anos consecutivos comunicada pela administração tributária ao serviço de registo competente;

j) Comunicação da ausência de actividade efectiva verificada nos termos da legislação tributária, efectuada pela administração tributária junto do serviço de registo competente;

l) Comunicação da declaração oficiosa de cessação de actividade nos termos previstos na legislação tributária, efectuada pela administração tributária junto do serviço do registo competente.

2 – Nos casos de esgotamento do objecto e nos que se encontram previstos nas alíneas *b)*, *c)*, *e)* e *f)* do número anterior, a dissolução é imediata.

3 – Nos casos de impossibilidade insuperável da prossecução do objecto ou de falta de coincidência entre o objecto real e o objecto expresso nos estatutos, bem como nos casos a que se refere a alínea *d)* do n.º 1, a dissolução é declarada em procedimento administrativo de dissolução, instaurado a requerimento da cooperativa, de qualquer cooperador ou seu sucessor ou ainda de qualquer credor da cooperativa ou credor de cooperador de responsabilidade ilimitada, sem prejuízo do disposto no n.º 2 do artigo 89.º.

4 – Nos casos a que se referem as alíneas *i)*, *j)* e *l)* do n.º 1, a dissolução é declarada em procedimento administrativo de dissolução, instaurado oficiosamente pelo serviço de registo competente.

ART. 78.º (Processo de liquidação e partilha) – 1 – A dissolução da cooperativa, qualquer que seja o motivo, implica a nomeação de uma comissão liquidatária, encarregada do processo de liquidação do respectivo património.

2 – A assembleia geral que deliberar a dissolução deve eleger a comissão liquidatária, à qual conferirá os poderes necessários para, dentro do prazo que lhe fixar, proceder à liquidação.

3 – Aos casos de dissolução previstos nas alíneas *a)* a *e)* e *i)* a *l)* do n.º 1 do artigo anterior é aplicável o regime jurídico do procedimento de liquidação por via administrativa de entidades comerciais.

4 – Nos casos em que tenha ocorrido dissolução administrativa promovida por via oficiosa, a liquidação é igualmente promovida oficiosamente pelo serviço de registo competente.

5 – Ao caso de dissolução previsto na alínea g) do n.º 1 do artigo anterior é aplicável, com as necessárias adaptações, o Código da Insolvência e da Recuperação de Empresas.

1270 [Lei n.º 51/96]   SECTOR COOPERATIVO

6 – Aos casos de dissolução previstos na alínea *h*) do n.º 1 do artigo anterior é aplicável, com as necessárias adaptações, o regime do processo de liquidação judicial de sociedades constante do Código de Processo Civil.

7 – Feita a liquidação total, deve a comissão liquidatária apresentar as contas à assembleia geral, ao serviço de registo competente ou ao tribunal, conforme os casos, organizando, sob a forma de mapa, um projecto de partilha do saldo, nos termos do artigo seguinte.

8 – A última assembleia geral, o serviço de registo competente ou o tribunal, conforme os casos, designam quem deve ficar depositário dos livros, papéis e documentos da cooperativa, os quais devem ser conservados pelo prazo de cinco anos.

ART. 79.º (Destino do património em liquidação) – 1 – Uma vez satisfeitas as despesas decorrentes do próprio processo de liquidação, o saldo obtido por este será aplicado, imediatamente e pela seguinte ordem, a:

a) Pagar os salários e as prestações devidos aos trabalhadores da cooperativa;

b) Pagar os restantes débitos da cooperativa, incluindo o resgate dos títulos de investimento, das obrigações e de outras prestações eventuais dos membros da cooperativa;

c) Resgatar os títulos de capital.

2 – O montante da reserva legal, estabelecido nos termos do artigo 69.º, que não tenha sido destinado a cobrir eventuais perdas de exercício e não seja susceptível de aplicação diversa, pode transitar com idêntica finalidade para a nova entidade cooperativa que se formar na sequência de fusão ou de cisão da cooperativa em liquidação.

3 – Quando à cooperativa em liquidação não suceder nenhuma entidade cooperativa nova, a aplicação do saldo de reservas obrigatórias reverte para outra cooperativa, preferencialmente do mesmo município, a determinar pela federação ou confederação representativa da actividade principal da cooperativa.

4 – Às reservas constituídas nos termos do artigo 71.º deste Código é aplicável, em matéria de liquidação, e no caso de os estatutos nada disporem, o estabelecido nos n.ºˢ 2 e 3 deste artigo.

ART. 80.º (Nulidade de transformação) – É nula a transformação de uma cooperativa em qualquer tipo de sociedade comercial, sendo também feridos de nulidade os actos que procurem contrariar ou iludir esta proibição legal.

CAPÍTULO IX — Uniões, federações e confederações

ART. 81.º (Uniões, federações e confederações de cooperativas) – 1 – As uniões, federações e confederações de cooperativas adquirem personalidade jurídica com o registo da sua constituição, sem prejuízo da manutenção da personalidade jurídica de cada uma das estruturas que as integram, aplicando-se-lhe, em tudo o que não estiver especificamente regulado neste capítulo, as disposições aplicáveis às cooperativas do primeiro grau.

2 – Sem prejuízo de as federações e confederações terem de preencher os requisitos necessários para serem reconhecidas como representantes da parte do sector cooperativo que a cada uma corresponda, todas as estruturas cooperativas de grau superior representam legitimamente as entidades que as integram.

ART. 82.º (Uniões de cooperativas) – 1 – As uniões de cooperativas resultam do agrupamento de, pelo menos, duas cooperativas do primeiro grau.

2 – As uniões de cooperativas podem agrupar-se entre si e com cooperativas do primeiro grau sob a forma de uniões.

3 – As uniões têm finalidades de natureza económica, social, cultural e de assistência técnica.

ART. 83.º (Direito de voto) – 1 – Os estatutos podem atribuir a cada uma das cooperativas aderentes um número de votos determinado, quer em função do número dos seus cooperadores, quer em função de qualquer outro critério objectivo que, de acordo com o princípio democrático, obtenha a aprovação maioritária dos membros da união.

2 – O número de votos é anualmente apurado pela assembleia geral que aprovar o relatório de gestão e as contas do exercício do ano anterior.

ART. 84.º (Órgãos das uniões) – 1 – São órgãos das uniões de cooperativas:

a) A assembleia geral, que é constituída pelas direcções ou por delegados das cooperativas filiadas, podendo os estatutos determinar que apenas um dos representantes possa usar da palavra e votar e sendo a respectiva mesa eleita de entre os membros das cooperativas filiadas para um mandato de duração igual ao dos outros órgãos;

b) A direcção, que é composta por pessoas singulares membros das cooperativas filiadas, tendo-se em conta o disposto no artigo 55.º no que for aplicável;

c) O conselho fiscal, que é composto por pessoas singulares membros das cooperativas filiadas, tendo-se em conta o disposto no artigo 60.º, no que for aplicável, e em especial o seu n.º 3.

2 – Se o número de membros da assembleia geral não for suficiente para preencher os órgãos sociais, haverá apenas um órgão colegial, a assembleia de cooperativas, constituída por todos os membros da união, que delibera por maioria simples, tendo em atenção o número de votos que a cada membro for atribuído, nos termos do artigo anterior.

CÓDIGO COOPERATIVO [Lei n.º 51/96] 1271

ART. 85.º (Federações de cooperativas) – 1 – As federações resultam do agrupamento de cooperativas, ou simultaneamente de cooperativas e de uniões, que pertençam ao mesmo ramo do sector cooperativo.

2 – A legislação complementar poderá prever a constituição de federações dentro do mesmo ramo do sector cooperativo, nos termos do número anterior, que resultem do agrupamento de membros caracterizados por desenvolver a mesma actividade económica.

3 – As federações de cooperativas só poderão representar o respectivo ramo do sector cooperativo quando fizerem prova de que possuem como membros mais de 50% das cooperativas de primeiro grau definitivamente registadas do ramo correspondente ao objecto social da federação.

4 – No caso de ser necessário para o seu desenvolvimento e havendo uma conexão relevante entre os seus objectivos:

a) Podem fundir-se numa única federação duas ou mais federações de ramos diferentes;

b) Pode aderir a uma federação, desde que esta a aceite, uma cooperativa do primeiro grau de um ramo diferente;

c) Pode aderir a uma federação, desde que esta a aceite, uma união que abranja cooperativas pertencentes a um ramo diferente.

5 – É aplicável às federações de cooperativas, com as devidas adaptações, o disposto nos artigos 82.º a 84.º deste Código.

6 – As federações têm finalidades de representação, de coordenação e de prestação de serviços, podendo exercer qualquer actividade permitida por lei e consentânea com os princípios cooperativos.

ART. 86.º (Confederações de cooperativas) – 1 – As confederações de cooperativas resultam do agrupamento, a nível nacional, de cooperativas de grau superior, podendo, a título excepcional, agrupar cooperativas do primeiro grau, considerando-se representativas do sector cooperativo as que fizerem prova de que integram, pelo menos, 50% das federações definitivamente registadas do ramo ou ramos correspondentes ao objecto social da confederação.

2 – É aplicável às confederações de cooperativas, com as devidas adaptações, o disposto nos artigos 82.º a 84.º deste Código.

3 – As confederações têm funções de representação, de coordenação e de prestação de serviços, podendo exercer qualquer actividade permitida por lei e compatível com os princípios cooperativos.

4 – Os órgãos das confederações são os previstos para as cooperativas do primeiro grau, sendo a mesa da assembleia geral, a direcção e o conselho fiscal compostos por pessoas singulares membros das estruturas cooperativas que integram a confederação.

CAPÍTULO X — Do Instituto António Sérgio do Sector Cooperativo (INSCOOP) (*)

ART. 87.º (Atribuições do INSCOOP) – 1 – Ao Instituto António Sérgio do Sector Cooperativo, abreviadamente designado INSCOOP, incumbem as atribuições e as competências previstas no respectivo Estatuto, no presente Código e na legislação complementar aplicável aos diversos ramos do sector cooperativo.

2 – Ao INSCOOP compete ainda emitir, anualmente, credencial comprovativa da legal constituição e regular funcionamento das cooperativas, nos termos e para os efeitos referidos no artigo seguinte.

ART. 88.º (Actos de comunicação obrigatória) – 1 – As cooperativas devem enviar ao INSCOOP duplicado de todos os elementos referentes aos actos de constituição e de alteração dos estatutos devidamente registados, bem como os relatórios de gestão e as contas de exercício anuais, após terem sido aprovados pela respectiva assembleia geral, bem como o balanço social, quando, nos termos legais, forem obrigadas a elaborá-lo.

2 – O apoio técnico e financeiro às cooperativas por parte das entidades públicas fica dependente da credencial emitida pelo INSCOOP.

ART. 89.º (Dissolução das cooperativas) – 1 – O INSCOOP deve requerer, através do Ministério Público, junto do tribunal competente, a dissolução das cooperativas:

a) Que não respeitem, no seu funcionamento, os princípios cooperativos;

b) Que utilizem sistematicamente meios ilícitos para a prossecução do seu objecto;

c) Que recorram à forma de cooperativa para alcançar indevidamente benefícios legais.

2 – O INSCOOP deve requerer junto do serviço do registo competente o procedimento administrativo de dissolução das cooperativas cuja actividade não coincida com o objecto expresso nos estatutos.

CAPÍTULO XI — Disposições finais e transitórias

ART. 90.º (Regulamentos internos das cooperativas) – 1 – Os regulamentos internos das cooperativas vinculam os cooperadores se a sua existência estiver prevista nos estatutos.

(*) O INSCOOP foi extinto pelo DL n.º 282/2009, de 7-10, sucedendo-lhe a COOPERATIVA ANTÓNIO SÉRGIO, criada pelo mesmo diploma.

1272 [DL n.º 502/99]   SECTOR COOPERATIVO

2 – Os regulamentos internos, para obrigarem os cooperadores, terão de ser propostos pela direcção para serem discutidos e aprovados em assembleia geral convocada expressamente para esse fim.

3 – Os regulamentos internos vigentes à data da entrada em vigor da presente lei têm força jurídica igual à dos que vierem a ser elaborados nos termos dos números anteriores.

4 – No prazo de 180 dias a contar da data de entrada em vigor deste Código, podem ser reapreciados os regulamentos internos vigentes, por iniciativa da direcção, do conselho fiscal, da mesa da assembleia geral ou de um mínimo de 5% dos membros de cada cooperativa.

ART. 91.º (Aplicação do Código Cooperativo às cooperativas existentes) – 1 – As cláusulas estatutárias que regem as cooperativas constituídas ao abrigo da legislação anterior à entrada em vigor da presente lei e que não forem por esta permitidas consideram-se automaticamente substituídas pelas novas disposições do Código Cooperativo aplicáveis, sem prejuízo das alterações que vierem a ser deliberadas pelos membros.

2 – As cooperativas ficam obrigadas a proceder, no prazo máximo de cinco anos, à actualização do capital social, nos termos deste Código.

3 – As cooperativas que não tenham procedido ao registo do capital social actualizado no prazo previsto no número anterior, devem ser dissolvidas mediante procedimento administrativo de dissolução, oficiosamente instaurado pelo serviço do registo competente.

4 – O disposto no número anterior é aplicável às cooperativas que não tenham procedido à actualização do capital social para o montante mínimo previsto no n.º 2 do artigo 18.º, na redacção dada pelo Decreto-Lei n.º 343/98, de 6 de Novembro.

5 – Enquanto, nos termos do n.º 2 do artigo 18.º, não for fixado outro valor mínimo pela legislação complementar aplicável aos ramos de produção operária, artesanato, cultura e serviços, mantém-se para as cooperativas desses ramos o actual valor mínimo de 250 euros.

6 – Se a legislação complementar fixar um mínimo de capital social diferente do estabelecido pelo n.º 2 do artigo 18.º deste Código, o prazo referido no n.º 2 deste artigo, se outro inferior não for previsto, começará a contar-se a partir da data de publicação dessa legislação complementar.

7 – A conversão dos títulos de capital e dos títulos de investimento emitidos por cooperativas de titulados em escritura ou de escriturais em titulados é feita nos termos do disposto no Código dos Valores Mobiliários para estas duas formas de conversão.

ART. 92.º (Benefícios fiscais e financeiros) – Os benefícios fiscais e financeiros das cooperativas previstos pela Constituição da República Portuguesa serão objecto de legislação autónoma.

ART. 93.º (Contra-ordenações) – 1 – Constitui contra-ordenação, punível com coima de 50 000$ a 5 000 000$, a violação ao disposto no n.º 2 do artigo 14.º.

2 – A instrução do processo de contra-ordenação e a aplicação da respectiva coima competem ao INSCOOP.

3 – A afectação do produto da coima faz-se da seguinte forma:

a) 40% para o INSCOOP;

b) 60% para o Estado.

ART. 94.º (Revogação e entrada em vigor) – 1 – É revogado o Código Cooperativo, aprovado pelo Decreto--Lei n.º 454/80, de 9 de Outubro, e ratificado pela Lei n.º 1/83, de 10 de Janeiro, bem como toda a legislação vigente que contrarie o disposto nesta lei.

2 – O Código Cooperativo entra em vigor no dia 1 de Janeiro de 1997.

23.2. COOPERATIVAS DE HABITAÇÃO E CONSTRUÇÃO

Decreto-Lei n.º 502/99

de 19 de Novembro (*)

CAPÍTULO I — Das cooperativas de habitação e construção em geral

ART. 1.º (Âmbito) – As cooperativas de habitação e construção e as suas organizações de grau superior regem-se pelas disposições do presente diploma e, nas suas omissões, pelo Código Cooperativo.

ART. 2.º (Noção) – 1 – São cooperativas de habitação e construção as que tenham por objecto principal a promoção, construção ou aquisição de fogos para habitação dos seus membros, bem como a sua manutenção, reparação ou remodelação.

(*) Alterado pelo art. 31.º do **DL n.º 76-A/2006**, de 29-3, com início de vigência em 30.6.2006, que deu nova redacção ao art. 3.º.

COOPERATIVAS DE HABITAÇÃO E CONSTRUÇÃO   [DL n.º 502/99] 1273

2 – Constitui igualmente objectivo das cooperativas de habitação e construção contribuir para a melhoria da qualidade habitacional dos espaços em que se integram, promovendo o tratamento das áreas envolventes dos empreendimentos por que são responsáveis, incluindo as zonas de lazer, e assegurando a manutenção permanente das boas condições de habitabilidade dos edifícios.

3 – A utilização da forma cooperativa não isenta da obrigação da conformidade do exercício da actividade com a lei e os regulamentos ou da obtenção da autorização e licenças exigíveis nos termos legais e regulamentares, devendo as entidades de quem dependa a concessão dessas autorizações e licenças ter em conta a especial natureza e função social das cooperativas.

ART. 3.º (Forma de constituição) – A constituição das cooperativas de habitação e construção deve ser reduzida a escrito, salvo se forma mais solene for exigida para a transmissão dos bens que representem o capital social inicial da cooperativa.

ART. 4.º (Cooperativas multissectoriais) – 1 – Uma cooperativa de habitação e construção pode assumir a natureza de cooperativa multissectorial desde que, de acordo com os respectivos estatutos, desenvolva actividades próprias de outros ramos do sector cooperativo.

2 – As cooperativas multissectoriais devem funcionar com secções autónomas, correspondentes às várias actividades desenvolvidas e sujeitas aos regimes legais específicos.

3 – Os benefícios especificamente concedidos às cooperativas de habitação e construção não são extensivos às actividades alheias a este ramo.

ART. 5.º (Registo) – É isento de emolumentos o registo de aquisição de prédios ou fracções autónomas a favor das cooperativas de habitação e construção, no regime de propriedade individual, bem como o registo de constituição da propriedade horizontal, qualquer que seja o regime de propriedade dos fogos.

ART. 6.º (Entradas mínimas de capital) – Sem prejuízo do disposto no n.º 2 do artigo 19.º do Código Cooperativo, as entradas de capital a subscrever pelos membros das cooperativas de habitação e construção não podem ser inferiores a € 100, podendo os estatutos definir um montante superior.

ART. 7.º (Membros) – 1 – Para além do disposto no n.º 1 do artigo 31.º do Código Cooperativo, podem ser membros de uma cooperativa de habitação e construção pessoas de menoridade, devendo os estatutos regular as condições do exercício, por eles, dos respectivos direitos sociais, atento o disposto no artigo 124.º do Código Civil.

2 – Podem ainda ser admitidas como membros de uma cooperativa de habitação e construção pessoas colectivas de fins não lucrativos, visando a satisfação das necessidades habitacionais dos respectivos membros ou beneficiários individuais.

ART. 8.º (Admissão de membros) – 1 – As cooperativas de habitação e construção só podem condicionar a admissão de novos membros à existência de programas em que os candidatos possam ser integrados.

2 – Os candidatos que não forem admitidos com fundamento no número anterior serão obrigatoriamente inscritos, por ordem de apresentação dos respectivos pedidos, em livro próprio, devendo esta ordem ser respeitada aquando da admissão de novos cooperadores.

3 – Nenhuma cooperativa de habitação e construção poderá usar da faculdade prevista no n.º 1 deste artigo durante mais de três anos consecutivos.

ART. 9.º (Inclusão de cooperadores em programas habitacionais) – A inclusão de cooperadores em programas habitacionais será decidida segundo critérios definidos em assembleia geral, cuja deliberação fará parte do processo que informará o pedido de financiamento.

ART. 10.º (Conselho cultural) – Os estatutos podem prever a criação de um conselho cultural, com compe tências delegadas pela direcção da cooperativa no planeamento, promoção e execução das acções de dinamização associativa e de educação e formação cooperativas.

ART. 11.º (Certificação legal das contas) – 1 – Ficam obrigadas à certificação legal das contas as cooperativas de habitação e construção que, durante dois anos consecutivos, ultrapassem dois dos três seguintes limites:

a) Total de cooperadores: 500;
b) Total de capitais próprios: € 1 000 000;
c) Total do balanço: € 5 000 000.

2 – O revisor oficial de contas será designado pela direcção da cooperativa.

ART. 12.º (Fundos para conservação e reparação e para construção) – 1 – Nas cooperativas de habitação e construção, para além das reservas previstas no Código Cooperativo, é obrigatória a criação de um fundo para conservação e reparação e de um fundo para construção.

2 – O fundo para conservação e reparação é destinado a financiar obras de conservação, reparação e limpeza do património propriedade da cooperativa, devendo a forma de integração ser determinada pelos estatutos.

3 – O fundo para construção é destinado a financiar a construção ou aquisição de novos fogos ou instalações sociais da cooperativa, para ele revertendo os valores referidos na alínea *g)* do artigo 17.º do presente diploma.

1274   [DL n.º 502/99]   SECTOR COOPERATIVO

4 – Quando uma cooperativa se destine à promoção ou à construção de um único programa habitacional, os estatutos poderão determinar que o fundo de construção, constituído nos termos do número anterior, reverta para outra ou outras cooperativas de habitação e construção, desde que os membros da primeira sejam igualmente membros da cooperativa ou cooperativas beneficiárias.

ART. 13.º (Reserva social) – 1 – Poderá ser criada uma reserva social destinada à cobertura dos riscos de vida e invalidez permanente dos cooperadores e à prestação de outros benefícios de natureza social, desde que a cooperativa tenha capacidade técnica, económica e financeira para o efeito.

2 – Nas cooperativas em que tenha sido criada a reserva social é obrigatória a criação de uma conta individualizada para a sua contabilização.

ART. 14.º (Operações com não cooperadores) – 1 – As operações com não cooperadores, incluídas no objecto social das cooperativas, realizadas a título complementar não podem desvirtuar o mesmo objecto nem prejudicar as posições adquiridas pelos seus cooperadores, devendo o seu montante ser escriturado em separado do realizado com os cooperadores.

2 – Os excedentes líquidos gerados pelas operações referidas no número anterior reverterão para a reserva legal.

ART. 15.º (Aplicação dos excedentes) – Os excedentes de cada exercício, resultantes das operações com membros, serão aplicados nas reservas que a cooperativa deva constituir nos termos da lei ou dos estatutos.

CAPÍTULO II — Da propriedade dos fogos

Secção I — DISPOSIÇÕES GERAIS

ART. 16.º (Regime da propriedade dos fogos) – 1 – Nas cooperativas de habitação e construção podem vigorar os seguintes regimes da propriedade dos fogos:
a) Propriedade individual;
b) Propriedade colectiva, com manutenção na cooperativa da propriedade dos fogos.

2 – Dos estatutos constarão obrigatoriamente os regimes de propriedade adoptados pela cooperativa.

ART. 17.º (Custo dos fogos) – Para efeitos do presente diploma, o custo de cada fogo corresponde à soma dos seguintes valores:
a) Custo do terreno e infra-estruturas;
b) Custo dos estudos e projectos;
c) Custo da construção e dos equipamentos complementares quando integrados nas edificações;
d) Encargos administrativos com a execução da obra;
e) Encargos financeiros com a execução da obra;
f) Montante das licenças e taxas até à entrega do fogo em condições de ser habitado;
g) Fundo para construção, a fixar nos estatutos, em montante não superior a 10% da soma dos valores referidos nas alíneas a) a f) deste artigo.

Secção II — DA PROPRIEDADE COLECTIVA DOS FOGOS

ART. 18.º (Modalidade de atribuição dos fogos) – No regime de propriedade colectiva, os fogos são cedidos aos cooperadores numa das seguintes modalidades:
a) Atribuição do direito de habitação;
b) Inquilinato cooperativo.

Subsecção I — Direito de habitação

ART. 19.º (Direito de habitação) – 1 – O direito de habitação é atribuído ao cooperador como morador usuário por escritura pública donde constem, designadamente, o preço e as condições de modificação e a extinção do direito, regulando-se as omissões do presente diploma, dos estatutos ou do contrato pelo disposto nos artigos 1484.º e seguintes do Código Civil.

2 – Quando na ocasião da atribuição do fogo o financiamento do mesmo não estiver amortizado, o preço do direito de habitação não poderá exceder a quota-parte do valor dos juros e demais encargos financeiros relativos ao financiamento utilizado pela cooperativa para o programa em que o fogo se integra.

3 – A quota-parte a que se refere o número anterior será fixada por rateio entre os usuários dos fogos integrados no mesmo empreendimento habitacional, segundo os factores de ponderação legal ou estatutariamente previstos, acrescida da parte correspondente aos encargos de administração.

4 – Quando, na ocasião da atribuição do fogo, o financiamento do mesmo já se encontrar total ou parcialmente amortizado, o preço do direito de habitação terá por base os juros e outros encargos financeiros que seriam devidos por financiamento obtido na data dessa atribuição.

COOPERATIVAS DE HABITAÇÃO E CONSTRUÇÃO   [DL n.º 502/99]   1275

ART. 20.º (Amortização dos fogos) – 1 – A atribuição do direito de habitação será condicionada à subscrição, pelo cooperador usuário, de títulos de participação no valor total do custo do fogo, calculado nos termos do artigo 17.º deste diploma, a realizar à medida que se foram vencendo as prestações de capital devidas pela cooperativa, e no valor destas.

2 – Quando o custo do fogo já se encontrar total ou parcialmente amortizado pela cooperativa, o valor a subscrever por um novo cooperador em títulos de participação deverá corresponder ao custo de um fogo do mesmo tipo e características, construído ou adquirido pela cooperativa à data da atribuição do fogo, corrigido por um coeficiente proporcional ao uso e depreciação deste.

3 – O valor dos títulos de participação realizado para os efeitos do n.º 1 deste artigo, com excepção do valor referido na alínea g) do artigo 17.º, só poderá ser exigido pelo cooperador em caso de demissão ou de exclusão.

4 – Por disposição legal, estatutária ou contratual, poderá ser determinado que o valor dos títulos de participação seja directamente pago pelos cooperadores à entidade financiadora por conta das prestações devidas pela cooperativa.

ART. 21.º (Modificação do direito) – 1 – Os estatutos poderão prever a modificação, condicionada ao prévio acordo do cooperador usuário, do direito de habitação, pela transferência daquele de um fogo para outro tipo diferente e mais adequado às suas necessidades de habitação, em caso de alteração do seu agregado familiar.

2 – No agregado familiar do cooperador usuário compreendem-se as pessoas que com ele vivam em economia comum.

ART. 22.º (Transmissão do direito) – 1 – O cooperador usuário poderá alienar o direito de habitação por acto *inter vivos*, desde que o adquirente possa ser admitido como membro da cooperativa e a assembleia geral dê o seu acordo.

2 – O direito de habitação poderá também ser transmitido *mortis causa*, sem necessidade de qualquer autorização, desde que o sucessor se inscreva como membro da cooperativa, não podendo ser-lhe recusada a admissão.

3 – O direito de habitação é indivisível.

ART. 23.º (Extinção do direito) – 1 – Quando por morte do cooperador usuário o sucessor não queira ou não possa ser admitido como cooperador, o direito de habitação será devolvido à cooperativa, sendo os sucessores reembolsados das quantias a que o cooperador teria direito em caso de demissão.

2 – Os estatutos poderão prever outros casos de extinção do direito de habitação.

ART. 24.º (Demissão ou exclusão) – 1 – Em caso de demissão ou exclusão, o cooperador terá direito ao reembolso previsto nos n.ºs 3 e 4 do artigo 36.º do Código Cooperativo, acrescido do valor dos títulos de participação realizados nos termos do artigo 20.º deste diploma, com os respectivos juros.

2 – Em caso algum serão reembolsadas as quantias pagas a título de preço do direito de habitação de que trata o artigo 19.º deste diploma.

3 – Os estatutos poderão prever que o reembolso previsto no n.º 1 deste artigo se faça em prestações, com ou sem juros.

SUBSECÇÃO II — **Do inquilinato cooperativo**

ART. 25.º (Inquilinato cooperativo) – 1 – Na modalidade do inquilinato cooperativo o gozo do fogo é cedido ao cooperador mediante um contrato de arrendamento.

2 – As relações de natureza locativa entre o cooperador e a cooperativa regem-se pela legislação aplicável ao arrendamento urbano e, nas suas omissões, pelo contrato e pelos estatutos.

SECÇÃO III — **DA PROPRIEDADE INDIVIDUAL DOS FOGOS**

ART. 26.º (Modalidades) – 1 – No regime de propriedade individual dos fogos o direito de propriedade é transmitido pela cooperativa aos cooperadores mediante um contrato de compra e venda.

2 – Quando o preço deva ser pago em prestações, pode a cooperativa reservar para si a propriedade do fogo até ao integral pagamento do preço ou transmiti-la sob a condição resolutiva do não pagamento de três prestações sucessivas ou seis interpoladas.

3 – No caso previsto no número anterior não se aplica o artigo 781.º do Código Civil.

ART. 27.º (Preço) – O preço dos fogos não poderá exceder o respectivo custo, determinado nos termos do artigo 17.º do presente diploma.

ART. 28.º (Direito de preferência) – 1 – Os cooperadores poderão alienar os fogos da sua propriedade após o integral pagamento do respectivo preço.

2 – No caso da alienação inter vivos de fogos construídos ou adquiridos com apoios financeiros do Estado, a cooperativa terá direito de preferência por 30 anos, contados a partir da data da primeira entrega do fogo, podendo exercê-lo com base no valor encontrado pela aplicação da seguinte fórmula:

$$V = Cc \times (Ab \times Pci + Cbi) \times (1 - 0{,}85 \times Vt)$$

1276   [DL n.º 523/99]   SECTOR COOPERATIVO

sendo:
   V – valor actualizado do fogo;
   Cc – coeficiente de conservação, a determinar nos termos do artigo 6.º do Decreto-Lei n.º 13/86, de 23 de Janeiro, por uma comissão de avaliação;
   Ab – área bruta do fogo;
   Pci – preço inicial da habitação por metro quadrado, actualizado pelo índice *i*, em que *i* é o índice médio anual de revisão de preços de mão-de-obra para empreitadas de obras públicas;
   Cbi – custo de beneficiação actualizado pelo índice *i*;
   Vt – coeficiente de vetustez, de acordo com a tabela anexa ao Decreto-Lei n.º 13/86, de 23 de Janeiro.

   3 – A comissão a que se refere o número anterior será composta por três elementos, sendo designados um pela direcção da cooperativa, um pelo cooperador alienante e o terceiro, que presidirá, por acordo das partes.
   4 – Os estatutos poderão ainda prever que a cooperativa tenha direito de preferência em caso de alieanação de fogos para cuja construção ou aquisição não tenha havido apoios financeiros do Estado.
   5 – No caso de a cooperativa não exercer o direito de preferência a que se refere o n.º 2 no prazo fixado, caberá ao Instituto Nacional de Habitação exercer esse direito nos mesmos termos.

CAPÍTULO III — Disposições finais

ART. 29.º (Adaptação dos estatutos) – As cláusulas estatutárias que regem as cooperativas de habitação e construção, constituídas ao abrigo de legislação anterior e contrárias ao disposto no presente diploma, consideram-se por este automaticamente substituídas, sem prejuízo das alterações que vierem a ser deliberadas pelos cooperadores.

ART. 30.º (Entradas mínimas de capital) – Aplica-se à actualização das entradas mínimas de capital por parte dos membros das cooperativas de habitação e construção que já tenham essa qualidade à data da entrada em vigor do presente diploma o prazo consignado no n.º 3 do artigo 21.º do Código Cooperativo.

ART. 31.º (Auxílio técnico e financeiro) – Sem prejuízo do disposto no artigo 32.º do Código Cooperativo, a concessão por parte do Estado de auxílio técnico e financeiro poderá ficar dependente da prova de existência de, pelo menos, 100 membros com inscrição efectiva em vigor.

ART. 32.º (Revogação) – É revogado o Decreto-Lei n.º 218/82, de 2 de Junho.

ART. 33.º (Entrada em vigor) – O presente diploma entra em vigor 30 dias após a sua publicação.

23.3. COOPERATIVAS DE COMERCIALIZAÇÃO

Decreto-Lei n.º 523/99

de 10 de Dezembro (*)

   ART. 1.º (Âmbito) – As cooperativas de comercialização e suas organizações de grau superior regem-se pelas disposições do presente diploma e, em tudo o que não estiver especialmente regulado, pelas do Código Cooperativo.

   ART. 2.º (Noção e objecto) – 1 – São cooperativas de comercialização as que tenham por objecto principal:
   a) Adquirir, armazenar e fornecer aos membros os bens e serviços necessários à sua actividade;
   b Colocar no mercado os bens produzidos ou transformados pelos membros;
   c) Desenvolver simultaneamente as actividades referidas nas alíneas anteriores.
   2 – A utilização da forma cooperativa não isenta da obrigatoriedade da conformidade do exercício da actividade com a lei, da obtenção de autorizações e licenças e de outras formalidades exigíveis nos termos legais, devendo as entidades de quem dependam as referidas autorizações e licenças ter em conta a especial natureza e função social das cooperativas.

   ART. 3.º (Actividades) – Para a realização dos seus fins, as cooperativas de comercialização podem, nomeadamente:
   a) Fornecer bens e serviços adquiridos ou produzidos pela cooperativa;
   b) Importar e exportar todos os bens e serviços que se integrem no âmbito das suas actividades;

(*) Alterado pelo art. 32.º do **DL n.º 76-A/2006**, de 29-3, com início de vigência em 30.6.2006, que introduziu a actual redacção do art. 5.º.

COOPERATIVAS DE COMERCIALIZAÇÃO   [**DL n.º 523/99**]   1277

c) Instalar serviços de apoio;
d) Criar e apoiar a realização de cursos de formação técnica e cooperativa;
e) Promover actividades e serviços de ordem cultural e recreativa destinados aos seus membros e colaboradores.

ART. 4.º (Cooperativas multissectoriais) – 1 – Uma cooperativa de comercialização pode assumir a natureza de cooperativa multissectorial desde que, de acordo com os respectivos estatutos, desenvolva actividades próprias de outros ramos do sector cooperativo.
2 – As cooperativas multissectoriais devem funcionar com secções autónomas correspondentes às várias actividades desenvolvidas e sujeitas aos regimes legais específicos.
3 – Os benefícios especificamente concedidos às cooperativas de comercialização não são extensivos às actividades alheias a este ramo.

ART. 5.º (Forma de constituição) – A constituição das cooperativas de comercialização deve ser reduzida a escrito, salvo se forma mais solene for exigida para a transmissão dos bens que representem o capital social inicial da cooperativa.

ART. 6.º (Membros) – Os membros das cooperativas de comercialização de 1.º grau podem ser pessoas singulares, maiores, ou pessoas colectivas.

ART. 7.º (Admissão de membros) – 1 – Só podem ser admitidos como membros das cooperativas de comercialização as pessoas jurídicas, que se dediquem à actividade de comércio ou indústria, possuidoras de cartão de identificação de pessoa colectiva ou equiparada, que tenham estabelecimento próprio em actividade devidamente localizado.
2 – Perde a qualidade de membro quem deixar de reunir os requisitos previstos no n.º 1 se, no prazo de dois anos, a actividade não for retomada.

ART. 8.º (Entradas mínimas de capital) – Sem prejuízo do disposto no n.º 2 do artigo 18.º do Código Cooperativo, as entradas mínimas de capital a subscrever pelo membro das cooperativas de comercialização não podem ser inferiores a € 100, podendo os estatutos definir um montante superior.

ART. 9.º (Operações com terceiros) – São consideradas operações com terceiros:
a) Nas cooperativas de comercialização que tenham como objectivo principal o consignado na alínea *a*) do artigo 2.º deste diploma, o fornecimento de bens e serviços a pessoas jurídicas que, embora reunindo as condições de admissão previstas nos estatutos, não sejam membros de cooperativas;
b) Nas cooperativas de comercialização que tenham como objectivo principal o consignado na alínea *b*) do artigo 2.º deste diploma, as aquisições de bens e serviços produzidos ou transformados por pessoas jurídicas não admitidas como membros;
c) Nas cooperativas de comercialização que tenham como objectivo principal o consignado na alínea *c*) do artigo 2.º deste diploma, as operações identificadas nas alíneas anteriores.

ART. 10.º (Certificação legal das contas) – 1 – Ficam obrigadas à certificação legal das contas as cooperativas de comercialização que, durante dois anos consecutivos, ultrapassem dois dos três seguintes limites:
a) Total do balanço: € 1 500 000;
b) Total de vendas líquidas e outros proveitos: € 3 000 000;
c) Número de trabalhadores empregados em média durante o exercício: 50.
2 – O revisor oficial de contas será designado pela direcção da cooperativa.

ART. 11.º (Conselho cultural) – Os estatutos podem prever a criação de um conselho cultural, com competências delegadas pela direcção da cooperativa no planeamento, promoção e execução das acções de dinamização associativa e de educação e formação cooperativas.

ART. 12.º (Incompatibilidades) – Para efeitos do artigo 64.º do Código Cooperativo, considera-se actividade económica idêntica ou similar à da cooperativa o exercício, pelo membro, da mesma actividade comercial, tal como se encontra definida no artigo 1.º do Decreto-Lei n.º 339/85, de 21 de Agosto.

ART. 13.º (Adaptação dos estatutos) – As cláusulas estatutárias que regem as cooperativas de comercialização constituídas ao abrigo de legislação anterior e contrárias ao disposto no presente diploma consideram-se por este automaticamente substituídas, sem prejuízo das alterações que vierem a ser deliberadas pelos cooperadores.

ART. 14.º (Actualização das entradas mínimas de capital) – Aplica-se à actualização das entradas mínimas de capital por parte dos membros das cooperativas de comercialização que já tenham essa qualidade à data de entrada em vigor do presente diploma o prazo estabelecido no n.º 3 do artigo 21.º do Código Cooperativo.

ART. 15.º (Norma revogatória) – É revogado o Decreto-Lei n.º 311/81, de 18 de Novembro.

ART. 16.º (Entrada em vigor) – O presente diploma entra em vigor 30 dias após a sua publicação.

CAP. XXIV

SECTOR EMPRESARIAL ESTATAL E MUNICIPAL

24.1. RESTRIÇÕES À INICIATIVA ECONÓMICA PRIVADA

Lei n.º 88-A/97

de 25 de Julho

ART. 1.º – 1 – É vedado a empresas privadas e a outras entidades da mesma natureza o acesso às seguintes actividades económicas, salvo quando concessionadas:

a) Captação, tratamento e distribuição de água para consumo público, recolha, tratamento e rejeição de águas residuais urbanas, em ambos os casos através de redes fixas, e recolha e tratamento de resíduos sólidos urbanos, no caso de sistemas multimunicipais e municipais;

b) Comunicações por via postal que constituam o serviço público de correios;

c) Transportes ferroviários explorados em regime de serviço público;

d) Exploração de portos marítimos.

2 – Para efeitos do disposto na alínea *a)* do número anterior, consideram-se, respectivamente, sistemas multimunicipais os que sirvam pelo menos dois municípios e exijam um investimento predominante a efectuar pelo Estado em função de razões de interesse nacional e sistemas municipais todos os outros, incluindo os geridos através de associações de municípios.

3 – No caso de sistemas multimunicipais, as concessões relativas às actividades referidas na alínea *a)* do n.º 1 serão outorgadas pelo Estado e só podem ser atribuídas a empresas cujo capital social seja maioritariamente subscrito por entidades do sector público, nomeadamente autarquias locais.

4 – O serviço público de correios a que se refere a alínea *b)* do n.º 1 será definido mediante decreto-lei.

5 – A concessão de serviço público a que se refere a alínea *c)* do n.º 1 será outorgada pelo Estado ou por municípios ou associações de municípios, carecendo, nestes casos, de autorização do Estado quando as actividades objecto de concessão exijam um investimento predominante a realizar pelo Estado.

O acesso de capitais privados às actividades de captação, tratamento e distribuição de água para consumo público, de recolha, tratamento e rejeição de efluentes e de recolha e tratamento de resíduos sólidos está regulado no DL n.º 379/93, de 5-11, alterado pela Lei n.º 176/99, de 25-10, e pelo DL n.º 439-A/99, de 29-10.

ART. 2.º – A exploração dos recursos do subsolo e dos outros recursos naturais que, nos termos constitucionais, são pertencentes ao Estado será sempre sujeita ao regime de concessão ou outro que não envolva a transmissão de propriedade dos recursos a explorar, mesmo quando a referida exploração seja realizada por empresas do sector público ou de economia mista.

ART. 3.º – A proibição do acesso da iniciativa privada às actividades referidas nos artigos anteriores impede a apropriação por entidades privadas dos bens de produção e meios afectos às actividades aí consideradas, bem como as respectivas exploração e gestão, fora dos casos expressamente previstos no presente diploma, sem prejuízo da continuação da actividade das empresas com participação de capitais privados existentes à data da entrada em vigor da presente lei e dentro do respectivo quadro actual de funcionamento.

ART. 4.º – 1 – O regime de acesso à indústria de armamento e do exercício da respectiva actividade será definido por decreto-lei, por forma a salvaguardar os interesses da defesa e da economia nacionais, a segurança e a tranquilidade dos cidadãos e os compromissos internacionais do Estado.

REGIME GERAL DO SECTOR EMPRESARIAL DO ESTADO   [DL n.º 558/99]   1279

2 – Do diploma relativo à actividade no sector da indústria de armamento constará, designadamente:

a) A obrigatoriedade de identificação dos accionistas iniciais, directos ou por interpostas pessoas, com especificação do capital social a subscrever por cada um deles;

b) Um sistema de controlo das participações sociais relevantes;

c) A subordinação da autorização para o exercício de actividade no sector da indústria de armamento, bem como para a sua manutenção, à exigência de uma estrutura que garanta a adequação e suficiência de meios financeiros, técnicos e humanos ao exercício dessa actividade;

d) A exigência de apresentação de lista de materiais, equipamentos ou serviços que a empresa se propõe produzir, bem como dos mercados que pretende atingir;

e) A exigência de submissão das empresas à credenciação de segurança nacional e a legislação especial sobre importação e exportação de material de guerra e seus componentes.

A matéria a que se refere este artigo encontra-se regulada nos seguintes diplomas: DL n.º 396/98, de 17-12; DL n.º 397/98, de 17-12; Lei n.º 153/99, de 14-9; Lei n.º 164/99, de 17-12.

ART. 5.º – É revogada a Lei n.º 46/77, de 8 de Julho.

24.2. REGIME GERAL DO SECTOR EMPRESARIAL DO ESTADO E BASES GERAIS DO ESTATUTO DAS EMPRESAS PÚBLICAS DO ESTADO

Decreto-Lei n.º 558/99

de 17 de Dezembro (*)

CAPÍTULO I — Disposições gerais

Secção I — SECTOR EMPRESARIAL DO ESTADO E EMPRESAS PÚBLICAS

ART. 1.º (Objecto) – 1 – O presente diploma tem por objecto estabelecer o regime do sector empresarial do Estado, incluindo as bases gerais do estatuto das empresas públicas do Estado.

2 – O regime previsto no presente diploma aplica-se ainda às empresas detidas, directa ou indirectamente, por todas as entidades públicas estaduais.

ART. 2.º (Sector empresarial do Estado) – 1 – O sector empresarial do Estado integra as empresas públicas, nos termos do artigo 3.º, e as empresas participadas.

2 – Empresas participadas são as organizações empresariais que tenham uma participação permanente do Estado ou de quaisquer outras entidades públicas estaduais, de carácter administrativo ou empresarial, por forma directa ou indirecta, desde que o conjunto das participações públicas não origine qualquer das situações previstas no n.º 1 do artigo 3.º.

3 – Consideram-se participações permanentes as que não tenham objectivos exclusivamente financeiros, sem qualquer intenção de influenciar a orientação ou a gestão da empresa por parte das entidades participantes, desde que a respectiva titularidade não atinja uma duração, contínua ou interpolada, superior a um ano.

4 – Presume-se a natureza permanente das participações sociais representativas de mais de 10% do capital social da entidade participada, com excepção daquelas que sejam detidas por empresas do sector financeiro.

ART. 3.º (Empresas públicas) – 1 – Consideram-se empresas públicas as sociedades constituídas nos termos da lei comercial, nas quais o Estado ou outras entidades públicas estaduais possam exercer, isolada ou conjuntamente, de forma directa ou indirecta, uma influência dominante em virtude de alguma das seguintes circunstâncias:

a) Detenção da maioria do capital ou dos direitos de voto;

b) Direito de designar ou de destituir a maioria dos membros dos órgãos de administração ou de fiscalização.

2 – São também empresas públicas as entidades com natureza empresarial reguladas no capítulo III.

(*) Com as alterações introduzidas pelo **DL n.º 300/2007**, de 23-8, que deu nova redacção aos arts. 4.º, 6.º, 10.º, 11.º, 12.º, 13.º, 15.º, 26.º, 29.º, 31.º, 32.º, 35.º, 36.º e 37.º, e aditou os arts. 13.º-A e 13.º-B e 18.º-A a 18.º-G, com republicação integral do texto consolidado anexo àquele DL, sendo este último o que aqui se adopta, alterado pelo art. 28.º da **Lei n.º 64-A/2008**, de 31-12, deu nova redacção ao art. 17.º e aditou o art. 17.º-A.

O DL n.º 300/2007 entrou em vigor no prazo de 30 dias a contar da respectiva publicação (art. 7.º) e revogou os Decretos-Leis n.ºˢ 300/80, de 16-8, e 26-A/96, de 27-3 (art. 5.º).

1280 [DL n.º 558/99] SECTOR EMPRESARIAL ESTATAL E MUNICIPAL

ART. 4.º (Missão das empresas públicas e do sector empresarial do Estado) – A actividade do sector empresarial do Estado deve orientar-se no sentido da obtenção de níveis adequados de satisfação das necessidades da colectividade, bem como desenvolver-se segundo parâmetros exigentes de qualidade, economia, eficiência e eficácia, contribuindo igualmente para o equilíbrio económico e financeiro do conjunto do sector público.

ART. 5.º (Sectores empresariais regionais e municipais) – Além do Estado, apenas dispõem de sectores empresariais próprios as Regiões Autónomas, os municípios e as suas associações, nos termos de legislação especial, relativamente à qual o presente diploma tem natureza supletiva.

ART. 6.º (Enquadramento das empresas participadas) – 1 – Sem prejuízo das autonomias atribuídas às entidades públicas estaduais, de carácter administrativo ou empresarial, detentoras de participações, ou reconhecidas às Regiões Autónomas, aos municípios e às suas associações, uma empresa participada por diversas entidades públicas integra-se no sector empresarial da entidade que, no conjunto das participações do sector público, seja titular da maior participação relativa.

2 – Sem prejuízo do disposto no número seguinte, a integração das empresas participadas no sector empresarial do Estado aplica-se apenas à respectiva participação pública, designadamente no que se refere ao seu registo e controlo, bem como ao exercício dos direitos de accionista, cujo conteúdo deve levar em consideração os princípios decorrentes do presente decreto-lei e demais legislação aplicável.

3 – Os membros dos órgãos de administração das empresas participadas designados ou propostos pelo Estado, directamente ou através das sociedades a que se refere o n.º 3 do artigo 10.º, ficam sujeitos ao regime jurídico aplicável aos gestores públicos, nos termos do respectivo estatuto.

Secção II — DIREITO APLICÁVEL

ART. 7.º (Regime jurídico geral) – 1 – Sem prejuízo do disposto na legislação aplicável às empresas públicas regionais, intermunicipais e municipais, as empresas públicas regem-se pelo direito privado, salvo no que estiver disposto no presente diploma e nos diplomas que tenham aprovado os respectivos estatutos.

2 – As empresas públicas estão sujeitas a tributação directa e indirecta, nos termos gerais.

3 – As empresas participadas estão plenamente sujeitas ao regime jurídico comercial, laboral e fiscal, ou de outra natureza, aplicável às empresas cujo capital e controlo é exclusivamente privado.

ART. 8.º (Sujeição às regras da concorrência) – 1 – As empresas públicas estão sujeitas às regras gerais de concorrência, nacionais e comunitárias.

2 – Das relações entre empresas públicas e o Estado ou outros entes públicos não poderão resultar situações que, sob qualquer forma, sejam susceptíveis de impedir, falsear ou restringir a concorrência no todo ou em parte do território nacional.

3 – As empresas públicas regem-se pelo princípio da transparência financeira e a sua contabilidade deve ser organizada de modo a permitir a identificação de quaisquer fluxos financeiros entre elas e o Estado ou outros entes públicos, bem como garantir o cumprimento das exigências nacionais e comunitárias em matéria de concorrência e auxílios públicos.

ART. 9.º (Derrogações) – O disposto nos n.ºˢ 1 e 2 do artigo anterior não prejudica regimes derrogatórios especiais, devidamente justificados, sempre que a aplicação das normas gerais de concorrência seja susceptível de frustrar, de direito ou de facto, as missões confiadas às empresas públicas incumbidas da gestão de serviços de interesse económico geral ou que apoiem a gestão do património do Estado.

Secção III — OUTRAS DISPOSIÇÕES

ART. 10.º (Função accionista do Estado) – 1 – Os direitos do Estado como accionista são exercidos através da Direcção-Geral do Tesouro e Finanças, sob a direcção do Ministro das Finanças, que pode delegar, em conformidade com as orientações previstas no artigo seguinte e mediante a prévia coordenação, por despacho conjunto, com os ministros responsáveis pelo sector.

2 – Os direitos de outras entidades públicas estaduais como accionista são exercidos pelos órgãos de gestão respectivos, com respeito pelas orientações decorrentes da superintendência e pela tutela que sobre elas sejam exercidas.

3 – Os direitos referidos nos números anteriores podem ser exercidos indirectamente, através de sociedades de capitais exclusivamente públicos.

4 – As entidades responsáveis pelo exercício da função accionista, nos termos do presente artigo, devem estar representadas no órgão de administração das empresas públicas, através de um membro não executivo, ou, caso a estrutura de gestão da empresa não preveja a existência destes membros, no respectivo órgão de fiscalização, não se aplicando naquele caso o disposto no n.º 1 do artigo 22.º do Decreto-Lei n.º 71/2007, de 27 de Março.

ART. 11.º (Orientações de gestão) – 1 – Com vista à definição do exercício da gestão das empresas públicas, são emitidas orientações estratégicas destinadas à globalidade do sector empresarial do Estado, através de resolução do Conselho de Ministros.

REGIME GERAL DO SECTOR EMPRESARIAL DO ESTADO   [DL n.º 558/99] 1281

2 – Com a mesma finalidade, podem ainda ser emitidas as seguintes orientações:
a) Orientações gerais, definidas através de despacho conjunto do Ministro das Finanças e do ministro responsável pelo sector e destinadas a um conjunto de empresas públicas no mesmo sector de actividade;
b) Orientações específicas, definidas através de despacho conjunto do Ministro das Finanças e do ministro responsável pelo sector ou de deliberação accionista, consoante se trate de entidade pública empresarial ou de sociedade, respectivamente, e destinadas individualmente a uma empresa pública.
3 – As orientações previstas nos números anteriores reflectem-se nas deliberações a tomar em assembleia geral pelos representantes públicos ou, tratando-se de entidades públicas empresariais, na preparação e aprovação dos respectivos planos de actividades e de investimento, bem como nos contratos de gestão a celebrar com os gestores públicos, nos termos da lei.
4 – As orientações gerais e específicas podem envolver metas quantificadas e contemplar a celebração de contratos entre o Estado e as empresas públicas, bem como fixar parâmetros ou linhas de orientação para a determinação da remuneração dos gestores públicos.
5 – Compete ao Ministro das Finanças e ao ministro responsável pelo sector, que podem delegar, directamente ou através das sociedades previstas no n.º 3 do artigo anterior, a verificação do cumprimento das orientações previstas nos n.ºˢ 1 e 2, podendo emitir recomendações para a sua prossecução.
6 – A verificação do cumprimento daquelas orientações é tida em conta na avaliação de desempenho dos gestores públicos, nos termos da lei.
7 – O disposto nos números anteriores não prejudica a especificação em cada diploma constitutivo de empresa pública dos demais poderes de tutela e superintendência que venham a ser estabelecidos.

ART. 12.º (Controlo financeiro) – 1 – As empresas públicas estão sujeitas a controlo financeiro que compreende, designadamente, a análise da sustentabilidade e a avaliação da legalidade, economia, eficiência e eficácia da sua gestão.
2 – Sem prejuízo das competências atribuídas pela lei ao Tribunal de Contas, o controlo financeiro das empresas públicas compete à Inspecção-Geral de Finanças.
3 – As empresas públicas adoptarão procedimentos de controlo interno adequados a garantir a fiabilidade das contas e demais informação financeira, bem como a articulação com as entidades referidas no número anterior.

ART. 13.º (Deveres especiais de informação e controlo) – 1 – Sem prejuízo do disposto na lei comercial quanto à prestação de informações aos accionistas, devem as empresas públicas facultar ao Ministro das Finanças e ao ministro responsável pelo respectivo sector, directamente ou através das sociedades previstas no n.º 3 do artigo 10.º, os seguintes elementos, visando o seu acompanhamento e controlo:
a) Projectos dos planos de actividades anuais e plurianuais;
b) Projectos dos orçamentos anuais, incluindo estimativa das operações financeiras com o Estado;
c) Planos de investimento anuais e plurianuais e respectivas fontes de financiamento;
d) Documentos de prestação anual de contas;
e) Relatórios trimestrais de execução orçamental, acompanhados dos relatórios do órgão de fiscalização, sempre que sejam exigíveis;
f) Quaisquer outras informações e documentos solicitados para o acompanhamento da situação da empresa e da sua actividade, com vista, designadamente, a assegurar a boa gestão dos fundos públicos e a evolução da sua situação económico-financeira.
2 – O endividamento ou assunção de responsabilidades de natureza similar fora do balanço, a médio-longo prazo, ou a curto prazo, se excederem em termos acumulados 30% do capital e não estiverem previstos nos respectivos orçamento ou plano de investimentos, estão sujeitos a autorização do Ministro das Finanças e do ministro responsável pelo sector ou da assembleia geral, consoante se trate de entidade pública empresarial ou de sociedade, respectivamente, tendo por base proposta do órgão de gestão da respectiva empresa pública.
3 – As informações abrangidas pelo n.º 1 são prestadas pelas empresas públicas nas condições que venham a ser estabelecidas por despacho do Ministro das Finanças.
4 – As sociedades participadas pelas sociedades de capitais exclusivamente públicos a que se refere o n.º 3 do artigo 10.º remetem através destas as informações referidas no n.º 1 do presente artigo.

ART. 13.º-A (Relatórios) – Os relatórios anuais das empresas, além dos elementos que caracterizem as respectivas situações económicas e financeiras, contêm:
a) As orientações de gestão fixadas ao abrigo do artigo 11.º que sejam aplicáveis à empresa em causa;
b) A estrutura dos conselhos de administração e das suas comissões especializadas;
c) A identidade, os principais elementos curriculares e as funções exercidas por cada administrador;
d) Quando seja caso disso, as funções exercidas por qualquer administrador noutra empresa;
e) Os processos de selecção dos administradores independentes, quando existam;
f) Informação sobre o modo e as condições de cumprimento, em cada exercício, de funções relacionadas com a gestão de serviços de interesse geral, sempre que esta se encontre cometida a determinadas empresas, nos termos dos artigos 19.º a 22.º;
g) Informação sobre o efectivo exercício de poderes de autoridade por parte de empresas que sejam titulares desse tipo de poderes, nos termos previstos no artigo 14.º;

1282 [DL n.º 558/99]   SECTOR EMPRESARIAL ESTATAL E MUNICIPAL

h) A indicação dos administradores executivos e não executivos ou, sendo caso disso, a dos administradores executivos e dos membros do conselho geral e de supervisão;

i) A indicação do número de reuniões do conselho de administração com referência sucinta às decisões mais relevantes adoptadas pelo conselho de administração no exercício em causa;

j) A indicação das pessoas e das entidades encarregadas de auditoria externa;

l) Os montantes das remunerações dos administradores e o modo como são determinados, incluindo todos os complementos remuneratórios de qualquer espécie, os regimes de segurança social, bem como o valor global dos encargos respeitantes a cada administrador para a empresa em cada exercício;

m) Os relatórios dos administradores não executivos sobre o desempenho dos administradores executivos;

n) Os relatórios de auditoria externa.

ART. 13.º-B (Obrigação de informação) – 1 – Os órgãos de gestão das empresas públicas dão a conhecer anualmente, em aviso a publicar na 2.ª série do *Diário da República*, as seguintes informações, sem prejuízo de, por portaria do Ministro das Finanças, se determinar as condições da sua divulgação complementar:

a) A estrutura dos seus conselhos de administração e do conselho geral e de supervisão, quando exista;

b) A identidade dos administradores e dos membros do conselho geral e de supervisão, quando exista;

c) Os processos de selecção dos administradores independentes, quando existam, e, sendo caso disso, dos membros do conselho geral e de supervisão;

d) Os principais elementos curriculares e as qualificações dos administradores;

e) Quando seja o caso, os cargos ocupados pelos administradores noutra empresa;

f) A competência, as funções e o modo de funcionamento de todas as comissões especializadas dentro do conselho de administração e, sendo caso disso, do conselho geral e de supervisão;

g) As remunerações totais, fixas e variáveis, auferidas por cada um dos administradores, em cada ano, bem como as remunerações auferidas por cada membro do órgão de fiscalização;

h) Outros elementos que sejam fixados em resolução do Conselho de Ministros.

2 – As condições de publicação do aviso referido no número anterior são objecto de despacho do membro do Governo responsável pela edição do *Diário da República* e do Ministro das Finanças.

ART. 14.º (Poderes de autoridade) – 1 – Poderão as empresas públicas exercer poderes e prerrogativas de autoridade de que goza o Estado, designadamente quanto a:

a) Expropriação por utilidade pública;

b) Utilização, protecção e gestão das infra-estruturas afectas ao serviço público;

c) Licenciamento e concessão, nos termos da legislação aplicável à utilização do domínio público, da ocupação ou do exercício de qualquer actividade nos terrenos, edificações e outras infra-estruturas que lhe estejam afectas.

2 – Os poderes especiais serão atribuídos por diploma legal, em situações excepcionais e na medida do estritamente necessário à prossecução do interesse público, ou constarão de contrato de concessão.

ART. 15.º (Gestores públicos) – Os membros dos órgãos de administração das empresas públicas, independentemente da respectiva forma jurídica, ficam sujeitos ao estatuto do gestor público.

ART. 16.º (Estatuto do pessoal) – 1 – O estatuto do pessoal das empresas públicas é o do regime do contrato individual de trabalho.

2 – A matéria relativa à contratação colectiva rege-se pela lei geral.

ART. 17.º (Cedência de interesse público) — 1 — Os trabalhadores com relação jurídica de emprego público podem exercer funções nas empresas públicas por acordo de cedência de interesse público, nos termos da Lei n.º 12-A/2008, de 27 de Fevereiro.

2 — Os trabalhadores das empresas públicas podem exercer funções em órgãos ou serviços abrangidos pelo âmbito de aplicação da Lei n.º 12-A/2008, de 27 de Fevereiro, com utilização da modalidade adequada de constituição da relação jurídica de emprego público, por acordo de cedência de interesse público, nos termos daquela lei.

3 — Os trabalhadores referidos no número anterior podem optar pela retribuição base de origem.

ART. 17.º-A (Comissão de serviço) — 1 — Os trabalhadores das empresas públicas podem exercer, em comissão de serviço, funções de carácter específico em outras empresas públicas, mantendo todos os direitos inerentes ao seu estatuto profissional na empresa de origem, incluindo os benefícios de reforma e sobrevivência, considerando-se todo o período da comissão como serviço prestado na empresa de origem.

2 — Os trabalhadores referidos no número anterior podem optar pela retribuição base de origem.

3 — A retribuição e demais encargos dos trabalhadores em comissão de serviço são da responsabilidade da entidade onde se encontrem a exercer funções.

ART. 18.º (Tribunais competentes) – 1 – Para efeitos de determinação da competência para julgamento dos litígios, incluindo recursos contenciosos, respeitantes a actos praticados e a contratos celebrados no exercício dos poderes de autoridade a que se refere o artigo 14.º, serão as empresas públicas equiparadas a entidades administrativas.

2 – Nos demais litígios seguem-se as regras gerais de determinação da competência material dos tribunais.

REGIME GERAL DO SECTOR EMPRESARIAL DO ESTADO   [DL n.º 558/99]   1283

Secção IV — **ESTRUTURAS DE GESTÃO**

ART. 18.º-A (Estruturas de gestão das empresas públicas) – Sem prejuízo do disposto no Código das Sociedades Comerciais, pode ser determinada pelo Ministro das Finanças e pelo ministro do respectivo sector de actividade a adopção das estruturas de gestão constantes dos artigos seguintes, atendendo designadamente à dimensão e à complexidade da respectiva gestão.

ART. 18.º-B (Titulares de órgãos de gestão executivos e não executivos) – 1 – Sem prejuízo do disposto no n.º 3, o conselho de administração compreende administradores executivos e não executivos, sendo estes em número superior ao daqueles.

2 – Os administradores não executivos, ou alguns de entre eles, integram uma comissão de auditoria.

3 – O conselho de administração pode integrar exclusivamente administradores executivos, podendo ser, nesse caso, a sua actividade acompanhada por um conselho geral e de supervisão.

ART. 18.º-C (Comissão executiva) – 1 – Os administradores executivos constituem a comissão executiva.

2 – Compete à comissão executiva assegurar a gestão quotidiana da empresa, bem como exercer as funções que o conselho de administração nela delegue.

ART. 18.º-D (Comissões especializadas) – 1 – Os administradores não executivos designados para a comissão de auditoria nomeiam entre si o seu presidente.

2 – Os administradores não executivos designam entre si uma comissão de avaliação.

ART. 18.º-E (Comissão de auditoria) – 1 – Compete à comissão de auditoria:

a) Escolher auditores externos independentes e qualificados, negociar as respectivas remunerações e velar por que lhes sejam proporcionadas dentro da empresa as condições adequadas à prestação dos seus serviços;

b) Definir o âmbito e a extensão das auditorias interna e externa;

c) Aprovar os planos, os programas e os manuais de auditoria;

d) Zelar pela manutenção da independência dos auditores externos;

e) Apreciar os relatórios dos auditores externos;

f) Avaliar os sistemas de controlo interno e de risco;

g) Comunicar ao conselho de administração e à assembleia geral os resultados da auditoria.

2 – Em caso de existência de um conselho geral e de supervisão, este nomeia, de entre os seus membros, uma comissão de auditoria destinada ao exercício das competências referidas no número anterior.

ART. 18.º-F (Comissão de avaliação) – 1 – Compete à comissão de avaliação apresentar anualmente um relatório circunstanciado de avaliação do grau e das condições de cumprimento, em cada exercício, das orientações de gestão definidas nos termos da lei.

2 – Em caso de existência de um conselho geral e de supervisão, os respectivos membros designam entre si uma comissão de avaliação, à qual se aplica, com as devidas adaptações, o regime previsto no número anterior.

ART. 18.º-G (Regimentos) – 1 – O conselho de administração elabora e aprova um regimento, do qual constam, designadamente:

a) As tarefas ou os pelouros atribuídos a cada administrador;

b) As comissões que entenda criar, para além das comissões de auditoria e de avaliação, e as respectivas funções;

c) A periodicidade e as regras relativas às reuniões;

d) A forma de dar publicidade às deliberações.

2 – O conselho geral e de supervisão, quando exista, aprova também um regimento, cujo conteúdo, com as devidas adaptações, deve integrar os elementos referidos no número anterior.

3 – A comissão de auditoria e a comissão de avaliação, integradas por administradores não executivos ou por membros do conselho geral e de supervisão, quando este exista, aprovam igualmente os seus regimentos.

CAPÍTULO II — **Empresas públicas encarregadas da gestão de serviços de interesse económico geral**

ART. 19.º (Noção) – 1 – Para efeitos do presente diploma, são consideradas empresas encarregadas da gestão de serviços de interesse económico geral aquelas cujas actividades devam assegurar a universalidade e continuidade dos serviços prestados, a coesão económica e social e a protecção dos consumidores, sem prejuízo da eficácia económica e do respeito dos princípios de não discriminação e transparência.

2 – Salvo quando a lei dispuser diversamente, os termos em que a gestão é atribuída e exercida constarão de contrato de concessão.

ART. 20.º (Princípios orientadores) – As empresas públicas encarregadas da gestão de serviços de interesse económico geral devem prosseguir as missões que lhe estejam confiadas no sentido, consoante os casos, de:

a) Prestar os serviços de interesse económico geral no conjunto do território nacional, sem discriminação das zonas rurais e do interior;

1284 [DL n.º 558/99]   SECTOR EMPRESARIAL ESTATAL E MUNICIPAL

b) Promover o acesso da generalidade dos cidadãos, em condições financeiras equilibradas, a bens e serviços essenciais, procurando, na medida do possível, que todos os utilizadores tenham direito a tratamento idêntico e neutro, sem quaisquer discriminações, quer quanto ao funcionamento dos serviços, quer quanto a taxas ou contraprestações devidas, a menos que o interesse geral o justifique;

c) Assegurar o cumprimento das exigências de prestação de serviços de carácter universal relativamente a actividades económicas cujo acesso se encontre legalmente vedado a empresas privadas e a outras entidades da mesma natureza;

d) Garantir o fornecimento de serviços ou a gestão de actividades cuja rendibilidade não se encontra assegurada, em especial devido aos investimentos necessários ao desenvolvimento de infra-estruturas ou redes de distribuição ou, ainda, devido à necessidade de realizar actividades comprovadamente deficitárias;

e) Zelar pela eficácia da gestão das redes de serviços públicos, procurando, designadamente, que a produção, o transporte e distribuição, a construção de infra-estruturas e a prestação do conjunto de tais serviços se procedam de forma articulada, tendo em atenção as modificações organizacionais impostas por inovações técnicas ou tecnológicas;

f) Cumprir obrigações específicas, relacionadas com a segurança, com a continuidade e qualidade dos serviços e com a protecção do ambiente, devendo tais obrigações ser claramente definidas, transparentes, não discriminatórias e susceptíveis de controlo.

ART. 21.º (Contratos com o Estado) – 1 – Para realização das finalidades previstas no artigo anterior poderá o Estado recorrer à celebração de contratos com as empresas públicas encarregadas da gestão de serviços de interesse económico geral, contemplando, designadamente, a atribuição de indemnizações compensatórias na medida do estritamente necessário à prossecução do interesse público.

2 – Estes contratos visarão assegurar a adaptação permanente à evolução das circunstâncias, inclusive técnicas e tecnológicas, e à satisfação das necessidades colectivas, conciliando a eficácia económica dos operadores com a manutenção da coesão social e a luta contra a exclusão.

3 – Os contratos a que se refere o presente artigo, que envolvam a assunção de obrigações ou de compromissos financeiros por parte do Estado ou de outras entidades públicas, deverão prever a respectiva quantificação e validação, cabendo aos serviços competentes do Ministério das Finanças a emissão de parecer prévio à sua celebração, bem como o acompanhamento geral da execução das suas cláusulas financeiras.

4 – O regime das indemnizações compensatórias consta de decreto-lei especial.

ART. 22.º (Participação dos utentes) – 1 – O Estado promoverá o desenvolvimento de formas de concertação com os utentes ou organizações representativas destes, bem como da sua participação na definição dos objectivos das empresas públicas encarregadas da gestão de serviços de interesse económico geral.

2 – O direito de participação dos utentes na definição dos objectivos das empresas públicas encarregadas da gestão de serviços de interesse económico geral será regulado por decreto-lei.

CAPÍTULO III — **Entidades públicas empresariais**

ART. 23.º (Âmbito de aplicação) – 1 – Regem-se pelas disposições do presente capítulo e, subsidiariamente, pelas restantes normas deste diploma as pessoas colectivas de direito público, com natureza empresarial, criadas pelo Estado e doravante designadas «entidades públicas empresariais».

2 – O disposto no número anterior é aplicável às empresas públicas a que se refere o artigo 1.º do Decreto-Lei n.º 260/76, de 8 de Abril, existentes à data da entrada em vigor do presente diploma, as quais passam a adoptar a designação prevista no final do número anterior.

ART. 24.º (Criação) – 1 – As entidades públicas empresariais são criadas por decreto-lei, o qual aprovará também os respectivos estatutos.

2 – A denominação das entidades públicas empresariais deve integrar a expressão «entidade pública empresarial» ou as iniciais «E. P. E.».

ART. 25.º (Autonomia e capacidade jurídica) – 1 – As entidades públicas empresariais são dotadas de autonomia administrativa, financeira e patrimonial, não estando sujeitas às normas da contabilidade pública.

2 – A capacidade jurídica das entidades públicas empresariais abrange todos os direitos e obrigações necessários ou convenientes à prossecução do seu objecto.

ART. 26.º (Capital) – 1 – As entidades públicas empresariais têm um capital, designado «capital estatutário», detido pelo Estado e destinado a responder às respectivas necessidades permanentes.

2 – O capital estatutário poderá ser aumentado ou reduzido nos termos previstos nos estatutos.

3 – A remuneração do capital estatutário é efectuada de acordo com o regime previsto para a distribuição dos lucros do exercício nas sociedades anónimas.

ART. 27.º (Órgãos) – 1 – A administração e a fiscalização das entidades públicas empresariais devem estruturar-se segundo as modalidades e com as designações previstas para as sociedades anónimas.

2 – Os órgãos de administração e fiscalização têm as competências genéricas previstas na lei comercial, sem prejuízo do disposto no presente diploma.

REGIME GERAL DO SECTOR EMPRESARIAL DO ESTADO   [DL n.º 558/99]   1285

3 – Os estatutos podem prever a existência de outros órgãos, deliberativos ou consultivos, definindo as respectivas competências.

4 – Os estatutos regularão, com observância das normas legais aplicáveis, a competência e o modo de designação dos membros dos órgãos a que se referem os números anteriores.

ART. 28.º (Registo comercial) – As entidades públicas empresariais estão sujeitas ao registo comercial nos termos gerais, com as adaptações que se revelem necessárias.

ART. 29.º (Tutela) – 1 – A tutela económica e financeira das entidades públicas empresariais é exercida pelo Ministro das Finanças e pelo ministro responsável pelo sector de actividade de cada empresa, sem prejuízo do respectivo poder de superintendência.

2 – A tutela abrange:

a) A aprovação dos planos de actividades e de investimento, orçamentos e contas, assim como de dotações para capital, subsídios e indemnizações compensatórias;

b) A homologação de preços ou tarifas a praticar por empresas que explorem serviços de interesse económico geral ou exerçam a respectiva actividade em regime de exclusivo, salvo quando a sua definição competir a outras entidades independentes;

c) Os demais poderes expressamente referidos nos estatutos.

ART. 30.º (Regime especial de gestão) – 1 – Em circunstâncias excepcionais devidamente justificadas, podem as entidades públicas empresariais ser sujeitas a um regime especial de gestão, por prazo determinado que não exceda dois anos, em condições fixadas mediante resolução do Conselho de Ministros.

2 – A resolução prevista no número anterior determina a cessação automática das funções dos titulares dos órgãos de administração em exercício.

ART. 31.º (Plano de actividades e orçamento anual) – 1 – Os projectos do plano de actividades, do orçamento anual e dos planos de investimento anuais e plurianuais e respectivas fontes de financiamento são elaborados com respeito pelos pressupostos macroeconómicos, pelas orientações de gestão previstas no artigo 11.º e pelas directrizes definidas pelo Governo, bem como, quando for caso disso, por contratos de gestão ou por contratos-programa, e devem ser remetidos para aprovação, até 30 de Novembro do ano anterior, ao Ministro das Finanças e ao ministro responsável pelo respectivo sector de actividade.

2 – Em casos especiais, pode o prazo referido no número anterior ser antecipado através de despacho conjunto do Ministro das Finanças e ministro responsável pelo sector de actividade.

ART. 32.º (Prestação de contas) – 1 – As entidades públicas empresariais devem elaborar, com referência a 31 de Dezembro do ano anterior, os documentos de prestação de contas, remetendo-os à Inspecção-Geral de Finanças e à Direcção-Geral do Tesouro e Finanças, nos prazos em que nas sociedades anónimas se deve proceder à disponibilização daqueles documentos aos accionistas.

2 – Os documentos referidos no número anterior são aprovados pelo Ministro das Finanças e pelo ministro responsável pelo sector de actividade de cada empresa.

ART. 33.º (Transformação, fusão e cisão) – A transformação das entidades públicas empresariais bem como a respectiva fusão ou cisão operam-se, em cada caso, através de decreto-lei e nos termos especiais nele estabelecidos.

ART. 34.º (Extinção) – 1 – Pode ser determinada por decreto-lei a extinção de entidades públicas empresariais, bem como o subsequente processo de liquidação.

2 – Não são aplicáveis as regras gerais sobre dissolução e liquidação de sociedades, nem as dos processos especiais de recuperação e falência, salvo na medida do expressamente determinado pelo decreto-lei referido no número anterior.

CAPÍTULO IV — Disposições finais e transitórias

ART. 35.º (Alteração dos estatutos) – 1 – Quando os estatutos das empresas públicas sejam aprovados ou alterados por acto legislativo, devem os mesmos ser republicados em anexo ao referido acto legislativo.

2 – A alteração de estatutos de empresas públicas sob forma societária pode ser efectuada nos termos da lei comercial, carecendo de autorização prévia mediante despacho conjunto do Ministro das Finanças e do ministro responsável pelo sector de actividade.

ART. 36.º (Extensão a outras entidades) – 1 – Os direitos de accionista do Estado ou de outras entidades públicas estaduais a que se refere o presente diploma, nas sociedades em que, mesmo conjuntamente, não detenham influência dominante, são exercidos, respectivamente, pela Direcção-Geral do Tesouro e Finanças ou pelos órgãos de gestão das entidades titulares.

2 – As sociedades em que o Estado exerça uma influência significativa, seja por detenção de acções que representam mais de 10% do capital social, seja por detenção de direitos especiais de accionista, devem apresentar na Direcção-Geral do Tesouro e Finanças a informação destinada aos accionistas, nas datas em que a estes deva ser disponibilizada, nos termos da legislação aplicável às sociedades comerciais.

1286   [DL n.º 71/2007]   SECTOR EMPRESARIAL ESTATAL E MUNICIPAL

3 – Os direitos referidos nos números anteriores poderão ser exercidos, indirectamente, nos termos previstos no n.º 3 do artigo 10.º.

4 – Às empresas privadas encarregadas da gestão de serviços de interesse económico geral, por força de concessão ou da atribuição de direitos especiais ou exclusivos, é aplicável o disposto nos artigos 9.º, 12.º e 13.º e no capítulo II do presente diploma.

5 – Podem ser sujeitas ao regime estabelecido no presente diploma, no todo ou em parte, com excepção do constante do seu capítulo III, as empresas nas quais o Estado ou outras entidades públicas disponham de direitos especiais, desde que os respectivos estatutos assim o prevejam.

ART. 37.º (Constituição de sociedades e aquisição ou alienação de partes de capital) – 1 – Sem prejuízo do disposto em legislação especial, a participação do Estado ou de outras entidades públicas estaduais, bem como das empresas públicas, na constituição de sociedades e na aquisição ou alienação de partes de capital está sujeita a autorização do Ministro das Finanças e do ministro responsável pelo sector, excepto nas aquisições que decorram de dação em cumprimento, doação, renúncia ou abandono.

2 – Para efeitos do disposto no número anterior, o pedido de autorização deve ser acompanhado por um estudo demonstrativo do interesse e viabilidade da operação pretendida.

3 – O incumprimento do disposto no n.º 1 determina a nulidade do negócio jurídico em causa.

ART. 38.º (Orientações estratégicas e contratos de gestão) – 1 – Por ocasião das assembleias gerais ordinárias realizadas no ano de 2000 serão aprovadas as primeiras orientações estratégicas a que se refere o artigo 11.º.

2 – Durante o ano de 2000 celebrar-se-ão com os gestores contratos de gestão envolvendo metas quantificadas.

ART. 39.º (Estatuto dos gestores públicos) – Até ser aprovada a legislação prevista no artigo 15.º mantém-se em vigor o regime do estatuto dos gestores públicos, constante do Decreto-Lei n.º 464/82, de 9 de Dezembro.

ART. 40.º (Revogação) – 1 – É revogado o Decreto-Lei n.º 260/76, de 8 de Abril, com as alterações que lhe foram introduzidas.

2 – As remissões constantes de quaisquer diplomas, legais ou regulamentares, para o regime do Decreto-Lei n.º 260/76 entendem-se feitas para as disposições do capítulo III, sem prejuízo da aplicação, quando for o caso, das demais disposições previstas no presente diploma.

ART. 41.º (Entrada em vigor) – O presente diploma entra em vigor no 1.º dia do mês subsequente ao da sua publicação.

24.3. ESTATUTO DO GESTOR PÚBLICO

Decreto-Lei n.º 71/2007

de 27 de Março

CAPÍTULO I — Âmbito

ART. 1.º (Gestor público) – Para os efeitos do presente decreto-lei, considera-se gestor público quem seja designado para órgão de gestão ou administração das empresas públicas abrangidas pelo Decreto-Lei n.º 558//99, de 17 de Dezembro.

ART. 2.º (Extensão) 1 – Aos titulares de órgão de gestão de empresa participada pelo Estado, quando designados pelo Estado, são aplicáveis, com as necessárias adaptações, os artigos 10.º a 12.º, 15.º a 17.º, o n.º 1 do artigo 22.º e o artigo 23.º.

2 – O presente decreto-lei é subsidiariamente aplicável aos titulares dos órgãos de gestão das empresas integrantes dos sectores empresariais regionais e locais, sem prejuízo das respectivas autonomias.

3 – O presente decreto-lei é ainda aplicável, com as devidas adaptações, aos membros de órgãos directivos de institutos públicos, nos casos expressamente determinados pelos respectivos diplomas orgânicos, bem como às autoridades reguladoras independentes, em tudo o que não seja prejudicado pela legislação aplicável a estas entidades.

ART. 3.º (Exclusão) – Não é considerado gestor público quem seja eleito para a mesa da assembleia geral, comissão de fiscalização ou outro órgão a que não caibam funções de gestão ou administração.

CAPÍTULO II — Exercício da gestão

ART. 4.º (Orientações) – Na gestão das empresas públicas são observadas as orientações fixadas nos termos do artigo 11.º do Decreto-Lei n.º 558/99, de 17 de Dezembro, e as recomendações para a sua prossecução previstas no mesmo preceito, bem como outras orientações que sejam fixadas ao abrigo de lei especial.

ESTATUTO DO GESTOR PÚBLICO   [DL n.º 71/2007] 1287

ART. 5.º (Deveres dos gestores) – Sem prejuízo do disposto no artigo anterior, são deveres dos gestores públicos e, em especial, dos que exerçam funções executivas:
a) Cumprir os objectivos da empresa definidos em assembleia geral ou, quando existam, em contratos de gestão;
b) Assegurar a concretização das orientações definidas nos termos da lei, designadamente as previstas no artigo 11.º do Decreto-Lei n.º 558/99, de 17 de Dezembro, e no contrato de gestão, e a realização da estratégia da empresa;
c) Acompanhar, verificar e controlar a evolução das actividades e dos negócios da empresa em todas as suas componentes;
d) Avaliar e gerir os riscos inerentes à actividade da empresa;
e) Assegurar a suficiência, a veracidade e a fiabilidade das informações relativas à empresa bem como a sua confidencialidade;
f) Guardar sigilo profissional sobre os factos e documentos cujo conhecimento resulte do exercício das suas funções e não divulgar ou utilizar, seja qual for a finalidade, em proveito próprio ou alheio, directamente ou por interposta pessoa, o conhecimento que advenha de tais factos ou documentos;
g) Assegurar o tratamento equitativo dos accionistas.

ART. 6.º (Avaliação do desempenho) – 1 – O desempenho das funções de gestão deve ser objecto de avaliação sistemática, tendo por parâmetros os objectivos fixados nas orientações previstas no artigo 11.º do Decreto-Lei n.º 558/99, de 17 de Dezembro, ou decorrentes do contrato de gestão, bem como os critérios definidos em assembleia geral.
2 – Nas entidades públicas empresariais, a avaliação do desempenho compete ao membro do Governo responsável pela área das finanças e ao membro do Governo responsável pelo respectivo sector de actividade.
3 – Nas restantes empresas, a avaliação do desempenho implica proposta do accionista único ou maioritário a formular em assembleia geral.

ART. 7.º (Avaliação no âmbito da empresa) – 1 – Nos casos em que o modelo de gestão da empresa pública em causa compreenda gestores com funções executivas e não executivas, compete à comissão de avaliação, caso exista, apresentar anualmente um relatório circunstanciado de avaliação do grau e das condições de cumprimento, em cada exercício, das orientações previstas no artigo 11.º do Decreto-Lei n.º 558/99, de 17 de Dezembro.
2 – Em caso de existência de um conselho geral e de supervisão, os respectivos membros podem designar entre si uma comissão de avaliação, à qual se aplica, com as devidas adaptações, o regime previsto no número anterior.

ART. 8.º (Sociedades participadas) – Nas sociedades participadas pelo Estado, o administrador eleito sob proposta deste deve exercer as suas funções tendo em conta as orientações fixadas nos termos do artigo 11.º do Decreto-Lei n.º 558/99, de 17 de Dezembro.

ART. 9.º (Poderes próprios da função administrativa) – O exercício de poderes próprios da função administrativa, nos casos legalmente previstos, observa os princípios gerais de direito administrativo.

ART. 10.º (Autonomia de gestão) – Observado o disposto nas orientações fixadas ao abrigo da lei, designadamente as previstas no artigo 11.º do Decreto-Lei n.º 558/99, de 17 de Dezembro, e no contrato de gestão, o conselho de administração goza de autonomia de gestão.

ART. 11.º (Despesas confidenciais) – Aos gestores públicos é vedada a realização de quaisquer despesas confidenciais ou não documentadas.

CAPÍTULO III — Designação

ART. 12.º (Requisitos) – Os gestores públicos são escolhidos de entre pessoas com comprovadas idoneidade, capacidade e experiência de gestão, bem como sentido de interesse público.

ART. 13.º (Designação dos gestores) – 1 – Os gestores públicos são designados por nomeação ou por eleição.
2 – A nomeação é feita mediante resolução do Conselho de Ministros, sob proposta do membro do Governo responsável pela área das finanças e do membro do Governo responsável pelo respectivo sector de actividade.
3 – Não pode ocorrer a nomeação ou proposta para eleição entre a convocação de eleições para a Assembleia da República ou a demissão do Governo e a investidura parlamentar do Governo recém-nomeado, salvo se se verificar a vacatura dos cargos em causa e a urgência da designação, caso em que as referidas nomeação ou proposta de que não tenha ainda resultado eleição dependem de confirmação pelo Governo recém-nomeado.
4 – A eleição é feita nos termos da lei comercial.

ART. 14.º (Administradores cooptados) – Nas empresas do sector empresarial do Estado sob forma societária é admitida a existência de administradores designados por cooptação, seguida de ratificação pela assembleia geral.

ART. 15.º (Duração do mandato) – 1 – O mandato é exercido, em regra, pelo prazo de três anos, sendo os mandatos dos membros do mesmo órgão de administração coincidentes.

1288   [DL n.º 71/2007]   SECTOR EMPRESARIAL ESTATAL E MUNICIPAL

2 – A lei e os estatutos fixam, até ao limite máximo de três, o número de renovações consecutivas dos mandatos na mesma empresa pública.

3 – Na falta de disposição legal ou estatutária, é aplicável o número de mandatos previsto no número anterior.

ART. 16.º (Comissão de serviço) – Para o exercício das funções de gestor podem ser designados, em regime de comissão de serviço, trabalhadores da própria empresa, da empresa mãe, ou de outras relativamente às quais aquela ou a sua empresa mãe exerçam directa ou indirectamente influência dominante nos termos do n.º 1 do artigo 3.º do Decreto-Lei n.º 558/99, de 17 de Dezembro.

ART. 17.º (Mobilidade) – 1 – Podem exercer funções de gestor público:

a) Funcionários, agentes e outros trabalhadores do Estado e de outras pessoas colectivas públicas, por tempo indeterminado, mediante acordo de cedência especial ou de cedência ocasional;

b) Trabalhadores de outras empresas, mediante acordo de cedência ocasional.

2 – À cedência especial e à cedência ocasional referidas na alínea *a)* do número anterior é aplicável, com as necessárias adaptações, o disposto na Lei n.º 23/2004, de 22 de Junho.

ART. 18.º (Contratos de gestão) – 1 – Nas empresas que prestem serviços de interesse geral é obrigatória a celebração de um contrato de gestão, em que se definem:

a) As formas de concretização das orientações impostas nos termos do artigo 11.º do Decreto-Lei n.º 558//99, de 17 de Dezembro, envolvendo, sempre que tal se mostre exequível, metas quantificadas;

b) Os parâmetros de eficiência da gestão;

c) Outros objectivos específicos;

d) Os elementos referidos no n.º 1 do artigo 30.º.

2 – O contrato de gestão é celebrado no prazo de três meses contado a partir da data da designação do gestor público entre este, os titulares da função accionista e o membro do Governo responsável pelo respectivo sector de actividade.

3 – O membro do Governo responsável pela área das finanças e o membro do Governo responsável pelo respectivo sector de actividade podem determinar, por despacho conjunto, a celebração de contratos de gestão relativamente a empresas não incluídas no n.º 1.

4 – Nos casos em que se estipularem objectivos de gestão de exigência acrescida, o contrato de gestão pode ainda, excepcionalmente, mediante despacho fundamentado do membro do Governo responsável pela área das finanças e do membro do Governo responsável pelo respectivo sector de actividade, estabelecer um regime específico de indemnização por cessação de funções.

CAPÍTULO IV — **Exercício de funções**

ART. 19.º (Natureza das funções) – Os gestores públicos podem ter funções executivas ou não executivas, de acordo com o modelo de gestão adoptado na empresa pública em causa, nos termos da lei e tendo ainda em conta as boas práticas reconhecidas internacionalmente.

ART. 20.º (Gestores com funções executivas) – 1 – Para os efeitos do presente decreto-lei, consideram-se gestores com funções executivas os administradores designados nessa condição.

2 – O exercício de funções executivas tem lugar em regime de exclusividade, sem prejuízo do disposto no número seguinte e no n.º 4 do artigo 22.º.

3 – São cumuláveis com o exercício de funções executivas:

a) As actividades exercidas por inerência;

b) A participação em conselhos consultivos, comissões de fiscalização ou outros organismos colegiais, quando previstos na lei ou quando tal resulte de decisão do Governo;

c) As actividades de docência em estabelecimentos de ensino superior público ou de interesse público, mediante autorização, por despacho conjunto, do membro do Governo responsável pela área das finanças e do membro do Governo responsável pelo respectivo sector de actividade ou nos termos de contrato de gestão;

d) A actividade de criação artística e literária, bem como quaisquer outras de que resulte a percepção de remunerações provenientes de direitos de autor, sem prejuízo do disposto na alínea *f)* do artigo 5.º;

e) A realização de conferências, palestras, acções de formação de curta duração e outras actividades de idêntica natureza;

f) As actividades médicas dos membros executivos dos estabelecimentos do Serviço Nacional de Saúde, independentemente da sua natureza jurídica, nos termos dos n.ºˢ 3 e 4 do artigo 20.º do Estatuto do Serviço Nacional de Saúde.

4 – Sem prejuízo do disposto no n.º 6 do artigo 22.º, é ainda cumulável com o exercício de funções executivas o exercício de funções na empresa mãe ou em outras relativamente às quais a própria empresa ou a sua empresa mãe exerçam directa ou indirectamente influência dominante nos termos do n.º 1 do artigo 3.º do Decreto-Lei n.º 558/99, de 17 de Dezembro.

ART. 21.º (Gestores com funções não executivas) – 1 – Para os efeitos do presente decreto-lei, consideram-se gestores com funções não executivas os administradores designados nessa condição.

ESTATUTO DO GESTOR PÚBLICO [DL n.º 71/2007] 1289

2 – Os gestores com funções não executivas exercem as suas funções com independência, oferecendo garantias de juízo livre e incondicionado em face dos demais gestores, e não podem ter interesses negociais relacionados com a empresa, os seus principais clientes e fornecedores e outros accionistas que não o Estado.

3 – Os gestores com funções não executivas acompanham e avaliam continuamente a gestão da empresa pública em causa por parte dos demais gestores, com vista a assegurar a prossecução dos objectivos estratégicos da empresa, a eficiência das suas actividades e a conciliação dos interesses dos accionistas com o interesse geral.

4 – Aos gestores com funções não executivas são facultados todos os elementos necessários ao exercício das suas funções, designadamente nos aspectos técnicos e financeiros, bem como uma permanente actualização da situação da empresa em todos os planos relevantes para a realização do seu objecto.

ART. 22.º (Incompatibilidades e impedimentos) – 1 – É incompatível com a função de gestor público o exercício de cargos de direcção da administração directa e indirecta do Estado, ou das autoridades reguladoras independentes, sem prejuízo do exercício de funções em regime de inerência.

2 – Os gestores públicos com funções não executivas não podem exercer quaisquer outras actividades temporárias ou permanentes na mesma empresa.

3 – Os gestores públicos com funções não executivas e os membros das mesas de assembleias gerais não podem exercer quaisquer outras actividades temporárias ou permanentes em empresas privadas concorrentes no mesmo sector.

4 – A designação de gestores públicos do sector empresarial do Estado com funções não executivas para outras empresas que integrem o sector público empresarial deve ser especialmente fundamentada, atendendo à respectiva necessidade ou conveniência, carecendo ainda de autorização do membro do Governo responsável pela área das finanças e do membro do Governo responsável pelo respectivo sector de actividade da empresa em que se encontre a desempenhar funções, se, neste caso, aquela designação ocorrer no âmbito dos sectores empresariais regionais e locais.

5 – O disposto no número anterior não se aplica no caso de designação de gestores públicos do sector empresarial do Estado com funções não executivas nas empresas referidas no n.º 4 do artigo 20.º.

6 – Os gestores públicos não podem celebrar, durante o exercício dos respectivos mandatos, quaisquer contratos de trabalho ou de prestação de serviços com as empresas mencionadas nos n.ºs 2, 3 e 4 que devam vigorar após a cessação das suas funções, salvo mediante autorização expressa do membro do Governo responsável pela área das finanças e do membro do Governo responsável pelo respectivo sector de actividade.

7 – O gestor deve declarar-se impedido de tomar parte em deliberações quando nelas tenha interesse, por si, como representante ou como gestor de negócios de outra pessoa ou ainda quando tal suceda em relação ao seu cônjuge, parente ou afim em linha recta ou até ao 2.º grau em linha colateral ou em relação com pessoa com quem viva em economia comum.

8 – Aos gestores públicos é ainda aplicável, com as necessárias adaptações, o disposto nos artigos 8.º, 9.º, 9.º-A, 11.º, 12.º e 14.º e no n.º 4 do artigo 13.º da Lei n.º 64/93, de 26 de Agosto.

9 – Sem prejuízo do disposto no artigo 11.º da Lei n.º 64/93, de 26 de Agosto, antes do início de funções, o gestor público indica, por escrito, à Inspecção-Geral de Finanças todas as participações e interesses patrimoniais que detenha, directa ou indirectamente, na empresa na qual irá exercer funções ou em qualquer outra.

CAPÍTULO V — Responsabilidade e cessação de funções

ART. 23.º (Responsabilidade) – Os gestores públicos são penal, civil e financeiramente responsáveis pelos actos e omissões praticados durante a sua gestão, nos termos da lei.

ART. 24.º (Dissolução) – 1 – O conselho de administração, a comissão executiva ou o conselho de administração executivo podem ser dissolvidos em caso de:

a) Grave violação, por acção ou omissão, da lei ou dos estatutos da empresa;

b) Não observância, nos orçamentos de exploração e investimento, dos objectivos fixados pelo accionista de controlo ou pela tutela;

c) Desvio substancial entre os orçamentos e a respectiva execução;

d) Grave deterioração dos resultados do exercício ou da situação patrimonial, quando não provocada por razões alheias ao exercício das funções pelos gestores.

2 – A dissolução compete aos órgãos de eleição ou de nomeação dos gestores, requer audiência prévia, pelo menos, do presidente do órgão e é devidamente fundamentada.

3 – A dissolução implica a cessação do mandato de todos os membros do órgão dissolvido, não havendo lugar a qualquer subvenção ou compensação pela cessação de funções.

ART. 25.º (Demissão) – 1 – O gestor público pode ser demitido quando lhe seja individualmente imputável uma das seguintes situações:

a) A avaliação de desempenho seja negativa, designadamente por incumprimento dos objectivos referidos nas orientações fixadas ao abrigo do artigo 11.º do Decreto-Lei n.º 558/99, de 17 de Dezembro, ou no contrato de gestão, desde que tal possibilidade esteja contemplada nesse contrato;

1290 [DL n.º 71/2007]   SECTOR EMPRESARIAL ESTATAL E MUNICIPAL

b) A violação grave, por acção ou por omissão, da lei ou dos estatutos da empresa;
c) A violação das regras sobre incompatibilidades e impedimentos;
d) A violação do dever de sigilo profissional.

2 – A demissão compete ao órgão de eleição ou nomeação, requer audiência prévia do gestor e é devidamente fundamentada.

3 – A demissão implica a cessação do mandato, não havendo lugar a qualquer subvenção ou compensação pela cessação de funções.

ART. 26.º (Dissolução e demissão por mera conveniência) – 1 – O conselho de administração, a comissão executiva, o conselho de administração executivo ou o conselho geral e de supervisão podem ser livremente dissolvidos, ou o gestor público livremente demitido, conforme os casos, independentemente dos fundamentos constantes dos artigos anteriores.

2 – A cessação de funções nos termos do número anterior pode ter lugar a qualquer tempo e compete ao órgão de eleição ou nomeação.

3 – Nos casos previstos no presente artigo, o gestor público tem direito a uma indemnização correspondente ao vencimento de base que auferiria até ao final do respectivo mandato, com o limite de um ano.

4 – Nos casos de regresso ao exercício de funções ou de aceitação, no prazo a que se refere o número anterior, de função ou cargo no âmbito do sector público administrativo ou empresarial, ou no caso de regresso às funções anteriormente desempenhadas pelos gestores nomeados em regime de comissão de serviço ou de cedência especial ou ocasional, a indemnização eventualmente devida é reduzida ao montante da diferença entre o vencimento como gestor e o vencimento do lugar de origem à data da cessação de funções de gestor, ou o novo vencimento, devendo ser devolvida a parte da indemnização que eventualmente haja sido paga.

ART. 27.º (Renúncia) – 1 – O gestor público pode renunciar ao cargo, nos termos da lei comercial.

2 – A renúncia não carece de aceitação, mas deve ser comunicada aos órgãos de eleição ou de nomeação.

CAPÍTULO VI — **Remunerações e pensões**

ART. 28.º (Remuneração fixa e variável) – 1 – A remuneração dos gestores públicos integra uma componente fixa e pode integrar, no caso dos gestores com funções executivas, uma componente variável.

2 – A remuneração é fixada por deliberação em assembleia geral, no caso das sociedades anónimas, ou por despacho conjunto do membro do Governo responsável pela área das finanças e do membro do Governo responsável pelo respectivo sector de actividade, no caso das entidades públicas empresariais.

3 – A fixação da remuneração é sempre fundamentada e obedece aos critérios estabelecidos no n.º 7.

4 – A competência para a fixação da remuneração pode ainda ser atribuída a uma comissão de fixação de remunerações designada pela assembleia geral, pelo conselho geral e de supervisão, ou através de despacho conjunto, nos termos do n.º 2.

5 – A comissão referida no número anterior pode coincidir com a comissão de avaliação da empresa, quando exista.

6 – Com vista a assegurar a harmonia de critérios no exercício das competências previstas neste artigo relativamente a empresas públicas do mesmo sector de actividade, podem ser constituídas comissões de fixação de remunerações para o mesmo sector de actividade através de despacho conjunto do membro do Governo responsável pela área das finanças e do membro do Governo responsável pelo respectivo sector de actividade.

7 – As componentes fixa e variável da remuneração dos gestores públicos são determinadas, em concreto, em função da complexidade, exigência e responsabilidade inerentes às respectivas funções e atendendo às práticas normais de mercado no respectivo sector de actividade, sem prejuízo das orientações previstas no artigo 11.º do Decreto-Lei n.º 558/99, de 17 de Dezembro.

8 – A componente variável corresponde a um prémio estabelecido, nos termos dos números anteriores, atendendo especialmente ao desempenho de cada gestor público e dependendo a sua atribuição, nos termos do artigo 6.º, da efectiva concretização de objectivos previamente determinados.

9 – Nos casos previstos no artigo 16.º e na alínea *a*) do n.º 1 do artigo 17.º, e quando ocorrer autorização expressa do membro do Governo responsável pela área das finanças, os gestores podem optar pela remuneração do lugar de origem, mantendo as regalias ou benefícios remuneratórios que aí detinham.

ART. 29.º (Remuneração dos administradores não executivos) – 1 – Os administradores não executivos têm direito a uma remuneração fixa, correspondente à actividade normal que desempenhem, até ao limite de um terço da remuneração de igual natureza estabelecida para os administradores executivos.

2 – Quando os administradores não executivos tenham efectiva participação em comissões criadas especificamente para acompanhamento da actividade da empresa têm ainda direito a uma remuneração complementar, caso em que o limite da remuneração global é de metade da remuneração fixa estabelecida para os administradores executivos.

3 – A remuneração dos administradores não executivos não pode integrar qualquer componente variável.

ESTATUTO DO GESTOR PÚBLICO   [DL n.º 71/2007]   1291

ART. 30.º (Remunerações decorrentes de contratos de gestão) – 1 – Os contratos de gestão a celebrar com gestores públicos que exerçam funções executivas, previstos no artigo 18.º, contemplam, além das matérias aí indicadas, os seguintes pontos, nos termos do presente decreto-lei:

a) Valores fixados para cada uma das componentes remuneratórias consideradas, incluindo, designadamente, a parte variável da remuneração, a qual pode integrar, sem prejuízo do limite fixado nos respectivos estatutos, prémios de gestão passíveis de atribuição no final do exercício ou do mandato, de acordo com o cumprimento dos critérios objectivos dos quais dependa a sua eventual atribuição;

b) Outras regalias ou benefícios com carácter ou finalidade social ou inseridas no quadro geral das regalias aplicáveis aos demais colaboradores da empresa.

2 – A graduação da componente variável de remuneração tem por base indicadores de gestão, que resultem do desenvolvimento estratégico preconizado para cada empresa, no âmbito do sector em que se insere.

3 – Os indicadores referidos no número anterior são definidos em cada contrato de gestão com base nas orientações estabelecidas ao abrigo do artigo 11.º do Decreto-Lei n.º 558/99, de 17 de Dezembro, e tendo em consideração as situações específicas em causa, designadamente as resultantes da prestação de serviços de interesse geral.

ART. 31.º (Remunerações em caso de acumulação) – 1 – A acumulação de funções prevista no n.º 4 do artigo 20.º não confere direito a qualquer remuneração adicional.

2 – Nos casos de acumulação nos termos do n.º 4 do artigo 22.º, a remuneração acumulada dos administradores não executivos não pode exceder dois terços da remuneração fixa estabelecida para os administradores executivos com a remuneração mais elevada.

3 – No caso previsto no n.º 1, a remuneração que eventualmente caberia ao gestor reverte a favor da empresa em que o mesmo exerce ou passa a exercer funções.

ART. 32.º (Utilização de cartões de crédito e telefones móveis) – 1 – A utilização de cartões de crédito por gestores públicos tem exclusivamente por objecto despesas ao serviço da empresa, sendo os documentos comprovativos de despesa entregues à empresa e arquivados, sob pena de reposição dos montantes não justificados.

2 – A utilização de telefones móveis por parte dos gestores está sujeita a limites máximos fixados pelo conselho de administração.

ART. 33.º (Utilização de viaturas) – 1 – O valor máximo das viaturas de serviço afectas aos gestores públicos é fixado por deliberação em assembleia geral, no caso das sociedades anónimas, ou por despacho conjunto do membro do Governo responsável pela área das finanças e do membro do Governo responsável pelo respectivo sector de actividade, no caso das entidades públicas empresariais.

2 – O valor previsto no número anterior é fixado à luz das orientações que venham a ser estabelecidas para o efeito, ou pelos accionistas ou pelo membro do Governo responsável pela área das finanças e pelo membro do Governo responsável pelo respectivo sector de actividade, consoante o caso.

3 – O valor máximo de combustível afecto às viaturas de serviço é fixado pelo conselho de administração.

4 – É vedado o exercício de qualquer opção por parte dos gestores para aquisição de viaturas de serviço que lhes tenham sido afectas pela respectiva empresa pública.

5 – O disposto no presente artigo exerce-se em conformidade com as demais normas legais e regulamentares relativas à utilização de viaturas.

ART. 34.º (Benefícios sociais) – 1 – Os gestores públicos gozam dos benefícios sociais conferidos aos trabalhadores da empresa em que exerçam funções, nos termos que venham a ser concretizados pelas respectivas comissões de fixação de remunerações, pela assembleia geral ou pelas respectivas tutelas, consoante o caso, com excepção dos respeitantes a planos complementares de reforma, aposentação, sobrevivência ou invalidez.

2 – Quando exerçam funções através de acordo de cedência especial, os gestores públicos podem optar pelos benefícios sociais do lugar de origem.

ART. 35.º (Pensões) – Os gestores públicos beneficiam do regime geral de previdência de que gozavam à data da respectiva designação ou, na sua ausência, do regime geral da segurança social.

CAPÍTULO VII — Governo empresarial e transparência

ART. 36.º (Ética) – Os gestores públicos estão sujeitos às normas de ética aceites no sector de actividade em que se situem as respectivas empresas.

ART. 37.º (Boas práticas) – 1 – Sem prejuízo do disposto no artigo anterior, os gestores públicos estão igualmente sujeitos às boas práticas decorrentes dos usos internacionais, designadamente em matéria de transparência, respeito pela concorrência e pelos agentes do mercado e prestação de informação sobre a sua organização e as actividades envolvidas.

2 – O Conselho de Ministros pode fixar, mediante resolução, os princípios e regras a que se refere o artigo anterior que devem ser especialmente observados pelos gestores públicos no exercício das suas funções.

1292   [Res. Cons. Min. n.º 49/2007]   SECTOR EMPRESARIAL ESTATAL E MUNICIPAL

CAPÍTULO VIII — Disposições finais e transitórias

ART. 38.º (Exercício de funções por beneficiário de complementos de reforma) – Quem, tendo exercido funções de gestor público auferindo, por causa desse exercício, benefícios complementares de reforma, desempenhe funções em empresas ou outras entidades públicas tem o direito de optar entre uma terça parte da remuneração nesta empresa ou entidade e aqueles benefícios ou uma terça parte dos mesmos e aquela remuneração.

ART. 39.º (Aplicação imediata) – 1 – O disposto no presente decreto-lei aplica-se aos mandatos em curso.

2 – Os gestores públicos que, até à entrada em vigor do presente decreto-lei, preencham os requisitos dos planos complementares de reforma, aposentação, invalidez ou sobrevivência por este suprimidos, beneficiam, na aplicação das regras de cálculo da respectiva pensão, apenas do tempo de exercício efectivo de funções verificado à data da sua entrada em vigor.

3 – As prestações complementares de reforma e aposentação apenas podem ser auferidas após a cessação de funções como gestores públicos e a partir do momento em que estejam cumpridos os requisitos gerais de acesso à aposentação ou reforma e esta tenha lugar.

4 – Os gestores públicos relativamente aos quais se verifiquem situações de incompatibilidade ou acumulação de funções em desconformidade com o disposto no presente decreto-lei devem pôr termo a essas situações no prazo máximo de um ano ou fazer cessar os respectivos mandatos.

5 – A cessação de mandato prevista no número anterior não confere direito a qualquer indemnização ou subvenção.

ART. 40.º (Direito subsidiário) – Em tudo quanto não esteja disposto no presente decreto-lei, aplica-se o Código das Sociedades Comerciais, salvo quanto aos institutos públicos de regime especial.

ART. 41.º (Revisão e adaptação de estatutos) – 1 – Os estatutos de empresas públicas que contrariem o disposto no presente decreto-lei devem ser revistos e adaptados em conformidade com o mesmo, no prazo máximo de seis meses após o início de vigência do presente decreto-lei.

2 – O disposto no presente decreto-lei prevalece sobre os estatutos das entidades referidas no número anterior que, decorrido o prazo aí mencionado, não tenham sido revistos e adaptados, sem prejuízo do disposto em legislação sectorial especial.

ART. 42.º (Norma revogatória) – 1 – São revogados:

a) O Decreto-Lei n.º 464/82, de 9 de Dezembro;

b) As alíneas *a)* e *b)* do artigo 3.º e os n.ºˢ 3 e 4 do artigo 7.º da Lei n.º 64/93, de 26 de Agosto;

c) A Resolução do Conselho de Ministros n.º 29/89, de 26 de Agosto.

2 – Até à entrada em vigor do novo regime remuneratório dos dirigentes dos institutos públicos, mantém-se transitoriamente em vigor a Resolução do Conselho de Ministros n.º 29/89, de 26 de Agosto, em relação àqueles dirigentes aos quais seja subsidiariamente aplicável o estatuto do gestor público.

ART. 43.º (Entrada em vigor) – O presente decreto-lei entra em vigor no prazo de 60 dias após a sua publicação, com excepção do disposto no artigo 37.º, que entra em vigor no dia seguinte ao da sua publicação.

24.4. PRINCÍPIOS DE BOM GOVERNO DAS EMPRESAS DO SECTOR EMPRESARIAL DO ESTADO

Resolução do Conselho de Ministros n.º 49/2007

de 28 de Março

Ao abrigo do disposto no n.º 2 do artigo 37.º do Decreto-Lei n.º 71/2007, de 27 de Março, e nos termos da alínea *g)* do artigo 199.º da Constituição, o Conselho de Ministros resolve:

1 – Aprovar os princípios de bom governo das empresas do sector empresarial do Estado constantes do anexo da presente resolução e que dela é parte integrante.

2 – Encarregar o Ministro das Finanças de promover uma avaliação anual global do grau de cumprimento dos princípios aprovados pela presente resolução, cujas conclusões devem constar do relatório anual sobre a situação do sector empresarial do Estado.

Presidência do Conselho de Ministros, 1 de Fevereiro de 2007. – O Primeiro-Ministro, *José Sócrates Carvalho Pinto de Sousa*.

PRINCÍPIOS DE BOM GOVERNO   [Res. Cons. Min. n.º 49/2007]   1293

ANEXO
PRINCÍPIOS DE BOM GOVERNO DAS EMPRESAS DO SECTOR EMPRESARIAL DO ESTADO

I – Princípios dirigidos ao Estado

i) Enquanto titular de participações no capital de empresas

1 – O exercício do poder da tutela e da função accionista do Estado deve ser transparente, pelo que devem ser claramente identificados os membros do Governo e, quando aplicável, os serviços e organismos da Administração Pública que o levam a cabo e devem ser objecto de divulgação pública os actos fundamentais em que essas funções se materializem.

2 – O Estado deve estabelecer as orientações estratégicas e os objectivos que devam ser prosseguidos pelas empresas de que directamente detenha o domínio total e participar de modo informado e activo nas assembleias gerais das empresas em que detém participação, contribuindo para a fixação das orientações estratégicas e dos objectivos dessas empresas. As orientações fixadas devem ser transmitidas pelas empresas às suas subsidiárias, nomeadamente quando exista o domínio total. Além disso, o Estado deve contribuir para a fixação dos princípios de responsabilidade social e de desenvolvimento sustentável que devam ser respeitados pelas empresas, bem como avaliar anualmente, com profundidade e rigor, o grau de cumprimento dessas estratégias, objectivos e princípios.

3 – O Estado deve exercer o seu poder de tutela ou os seus direitos accionistas no sentido de assegurar que as empresas disponham de adequados mecanismos de fiscalização, controlo e avaliação, que actuem com independência em relação aos gestores executivos e a quaisquer accionistas e que dêem garantia de que a informação económica e financeira prestada é exacta e retrata com rigor a situação da empresa. Além disso, o Estado deve assegurar que, quando admitidas à negociação em mercado regulamentado, as empresas em que participa cumprem com as melhores práticas de governo das sociedades nacional e internacionalmente aceites.

4 – O Estado deve contribuir para que os accionistas minoritários das empresas em que participa possam exercer os seus direitos e vejam os seus interesses respeitados, designadamente assegurando que os órgãos de governo das empresas reflictam adequadamente a estrutura accionista.

ii) Enquanto parte relacionada (*stakeholder*)

5 – Enquanto cliente e fornecedor das empresas em que detém a totalidade ou parte do capital, o Estado deve agir em condições e segundo critérios de mercado, cumprir atempadamente todas as obrigações assumidas e exercer com rigor e plenitude os seus direitos.

6 – Os serviços e organismos da Administração Pública, independentemente da natureza das suas atribuições, devem agir perante as empresas do Estado de forma idêntica à que agem perante empresas privadas.

II – Princípios dirigidos às empresas detidas pelo Estado

i) Missão, objectivos e princípios gerais de actuação

7 – As empresas detidas pelo Estado devem cumprir a missão e os objectivos que lhes tenham sido determinados, de forma económica, financeira, social e ambientalmente eficiente, atendendo a parâmetros exigentes de qualidade, procurando salvaguardar e expandir a sua competitividade, com respeito pelos princípios de responsabilidade social, desenvolvimento sustentável, de serviço público e de satisfação das necessidades da colectividade que lhe hajam sido fixados. Além disso, cada empresa directamente dominada pelo Estado deve proceder à enunciação e divulgação da sua missão, dos seus objectivos e das suas políticas, para si e para as participadas que controla.

8 – As empresas detidas pelo Estado devem elaborar planos de actividades e orçamentos adequados aos recursos e fontes de financiamento disponíveis, tendo em conta o cumprimento das missões e objectivos de que estas empresas tenham sido incumbidas, bem como definir estratégias de sustentabilidade nos domínios económico, social e ambiental, identificando, para o efeito, os objectivos a atingir e explicitando os respectivos instrumentos de planeamento, execução e controlo.

9 – As empresas detidas pelo Estado devem adoptar planos de igualdade, após um diagnóstico da situação, tendentes a alcançar nas empresas uma efectiva igualdade de tratamento e de oportunidades entre homens e mulheres, a eliminar as discriminações e a permitir a conciliação da vida pessoal, familiar e profissional.

10 – Anualmente, cada empresa deve informar os membros do Governo e, quando aplicável, os serviços e organismos da Administração Pública que exerçam o poder da tutela ou a função accionista, e o público em geral, do modo como foi prosseguida a sua missão, do grau de cumprimento dos seus objectivos, da forma como foi cumprida a política de responsabilidade social, de desenvolvimento sustentável e os termos do serviço público e em que termos foi salvaguardada a sua competitividade, designadamente pela via da investigação, do desenvolvimento, da inovação e da integração de novas tecnologias no processo produtivo.

11 – As empresas detidas pelo Estado devem cumprir a legislação e a regulamentação em vigor. O seu comportamento deve, em particular, ser eticamente irrepreensível no que respeita à aplicação de normas de natureza fiscal, de branqueamento de capitais, de concorrência, de protecção do consumidor, de natureza ambiental

1294 [Res. Cons. Min. n.º 49/2007]   SECTOR EMPRESARIAL ESTATAL E MUNICIPAL

e de índole laboral, nomeadamente relativas à não discriminação e à promoção da igualdade entre homens e mulheres.

12 – As empresas detidas pelo Estado devem tratar com respeito e integridade os seus trabalhadores, contribuindo activamente para a sua valorização profissional.

13 – As empresas detidas pelo Estado devem tratar com equidade todos os seus clientes e fornecedores e demais titulares de interesses legítimos, designadamente colaboradores da empresa, outros credores que não fornecedores ou, de um modo geral, qualquer entidade que tenha algum tipo de direito sobre a empresa. Neste contexto, as empresas devem estabelecer e divulgar os procedimentos adoptados em matéria de aquisição de bens e serviços e adoptar critérios de adjudicação orientados por princípios de economia e eficácia que assegurem a eficiência das transacções realizadas e a igualdade de oportunidades para todos os interessados habilitados para o efeito. Anualmente, as empresas detidas pelo Estado devem divulgar todas as transacções que não tenham ocorrido em condições de mercado, bem como uma lista dos fornecedores que representem mais de 5% do total dos fornecimentos e serviços externos, se esta percentagem corresponder a mais de 1 milhão de euros.

14 – Os negócios das empresas detidas pelo Estado devem ser conduzidos com integridade e devem ser adequadamente formalizados não podendo ser praticadas despesas confidenciais ou não documentadas. Cada empresa deve ter ou aderir a um código de ética que contemple exigentes comportamentos éticos e deontológicos, procedendo à sua divulgação por todos os seus colaboradores, clientes, fornecedores e pelo público em geral.

ii) Estruturas de administração e fiscalização

15 – Os órgãos de administração e de fiscalização das empresas detidas pelo Estado devem ser ajustados à dimensão e à complexidade de cada empresa, em ordem a assegurar eficácia do processo de tomada de decisões e a garantir uma efectiva capacidade de supervisão. O número de membros do órgão de administração deve ser o adequado a cada caso, não devendo exceder o número de membros de idênticos órgãos em empresas privadas comparáveis, de dimensão semelhante e do mesmo sector de actividade.

16 – As empresas detidas pelo Estado devem ter um modelo de governo que assegure a efectiva segregação de funções de administração executiva e de fiscalização. As empresas de maior dimensão e complexidade devem especializar a função de supervisão através da criação de comissões especializadas, entre as quais se deve incluir uma comissão de auditoria ou uma comissão para as matérias financeiras consoante o modelo de governo adoptado.

17 – Os membros não executivos dos órgãos de administração, os membros do conselho geral e de supervisão ou, quando estes não existam, os membros do órgão de fiscalização devem emitir anualmente um relatório de avaliação do desempenho individual dos gestores executivos, bem como uma apreciação global das estruturas e dos mecanismos de governo em vigor na empresa.

18 – As contas das empresas detidas pelo Estado de maior dimensão ou complexidade devem ser auditadas anualmente por entidades independentes. A auditoria deve observar padrões idênticos aos que se pratiquem para as empresas admitidas à negociação em mercado regulamentado. Os membros não executivos dos órgãos de administração, os membros do conselho geral e de supervisão ou, quando estes não existam, os membros do órgão de fiscalização devem ser os interlocutores da empresa com os auditores externos, competindo-lhes proceder à sua selecção, à sua confirmação, à sua contratação e, bem assim, à aprovação de eventuais serviços alheios à função de auditoria, a qual apenas deve ser concedida se não for colocada em causa a independência desses auditores.

19 – O órgão de administração deve criar e manter um sistema de controlo adequado à dimensão e à complexidade da empresa, em ordem a proteger os investimentos da empresa e os seus activos. Tal sistema deve abarcar todos os riscos relevantes assumidos pela empresa.

20 – As empresas detidas pelo Estado devem promover a rotação e limitação de mandatos dos membros dos seus órgãos de fiscalização.

iii) Remuneração e outros direitos

21 – As empresas públicas devem divulgar publicamente, nos termos da legislação aplicável, as remunerações totais, variáveis e fixas auferidas, seja qual for a sua natureza, em cada ano, por cada membro do órgão de administração, distinguindo entre funções executivas e não executivas, bem como as remunerações auferidas por cada membro do órgão de fiscalização. Com a mesma periodicidade, devem ser divulgados todos os demais benefícios e regalias, designadamente quanto a seguros de saúde, utilização de viatura e outros benefícios concedidos pela empresa.

iv) Prevenção de conflitos de interesse

22 – Os membros dos órgãos sociais das empresas públicas devem abster-se de intervir nas decisões que envolvam os seus próprios interesses, designadamente na aprovação de despesas por si realizadas. Além disso, no início de cada mandato, e sempre que se justificar, tais membros devem declarar ao órgão de administração e ao órgão de fiscalização, bem como à Inspecção-Geral de Finanças, quaisquer participações patrimoniais importantes que detenham na empresa, bem como relações relevantes que mantenham com os seus fornecedores, clientes, instituições financeiras ou quaisquer outros parceiros de negócio, susceptíveis de gerar conflitos de interesse.

TRANSPARÊNCIA FINANCEIRA DAS EMPRESAS PÚBLICAS [DL n.º 148/2003] 1295

v) Divulgação de informação relevante

23 – Os órgãos sociais das empresas públicas devem divulgar publicamente de imediato todas as informações de que tenham conhecimento que sejam susceptíveis de afectar relevantemente a situação económica, financeira ou patrimonial dessas empresas, ou as suas condições de prestação de serviço público, agindo de forma idêntica à que se encontre estabelecida para a prestação deste tipo de informação aos accionistas por parte das empresas admitidas à negociação em mercado regulamentado, salvo quando o interesse público ou o interesse de empresa impuserem a sua não divulgação, designadamente em caso de informação estratégica ou confidencial, segredo comercial ou industrial ou na protecção de dados pessoais.

vi) Ajustamento à dimensão e à especificidade de cada empresa

24 – As empresas públicas que, em razão da sua dimensão ou da sua especificidade, não estejam em condições de cumprir algum dos princípios anteriormente enunciados, ou por força do interesse público ou de interesses comerciais legítimos não o devam fazer, devem explicitar as razões pelas quais tal ocorre e enunciar as medidas de bom governo alternativas que tenham sido implementadas.

III – Princípios relativos à divulgação de informação

25 – Todas as informações que nos termos dos presentes princípios de bom governo devam ser divulgadas ao público devem estar disponíveis através de um sítio na Internet («sítio das empresas do Estado»), a criar pela Direcção-Geral do Tesouro e Finanças, sem prejuízo do disposto na legislação aplicável às empresas integradas no sector empresarial do Estado e da divulgação em sítio da Internet da própria empresa ou de remissão para este. Daquele sítio deve também constar, designadamente, informação financeira histórica e actual de cada empresa, a identidade e os elementos curriculares de todos os membros dos seus órgãos sociais.

26 – O sítio das empresas do Estado deve disponibilizar informação clara, relevante e actualizada sobre a vida da empresa, incluindo designadamente as obrigações de serviço público a que está sujeita, os termos contratuais da prestação de serviço público, o modelo de financiamento subjacente e os apoios financeiros recebidos do Estado nos últimos três exercícios.

27 – O acesso a toda a informação disponibilizada no sítio das empresas do Estado deve ser livre e gratuito.

28 – As empresas públicas devem nomear, quando se justifique, um provedor do cliente, de acesso livre e gratuito, junto do qual pode ser exercido o direito de reclamação dos clientes e dos cidadãos em geral, bem como a apresentação de sugestões, funcionando como elo de ligação entre a empresa e o público em geral.

29 – As empresas públicas devem incluir nos seus relatórios de gestão um ponto relativo ao governo das sociedades do qual conste, designadamente, os regulamentos internos e externos a que a empresa está sujeita, as informações sobre transacções relevantes com entidades relacionadas e as remunerações dos membros dos órgãos sociais, bem como uma análise de sustentabilidade e, em geral, uma avaliação sobre o grau de cumprimento dos presentes princípios de bom governo.

24.5. TRANSPARÊNCIA FINANCEIRA DAS EMPRESAS PÚBLICAS

Decreto-Lei n.º 148/2003

de 11 de Julho (*)

ART. 1.º (Objecto) – O presente diploma transpõe para o ordenamento jurídico interno a Directiva n.º 2000//52/CE, da Comissão, de 26 de Julho, que altera a Directiva n.º 80/723/CEE, da Comissão, de 25 de Junho, cujo objectivo consiste em garantir que os Estados membros assegurem quer a transparência das relações financeiras entre os poderes públicos e as empresas públicas, por via da imposição de determinados deveres de informação, quer a exigência de que a estrutura financeira e organizativa de quaisquer empresas obrigadas a manter contas distintas seja reflectida de forma adequada nessas contas.

ART. 2.º (Âmbito de aplicação) – 1 – Estão sujeitas ao regime de transparência financeira, nos termos do disposto no presente diploma, as empresas públicas, na acepção dos artigos 3.º e 5.º do Decreto-Lei n.º 558/99, de 17 de Dezembro.

2 – Estão ainda sujeitas ao regime da transparência financeira as empresas que:

a) Beneficiem de um direito especial ou exclusivo, concedido por um Estado membro ao abrigo do n.º 1 do artigo 86.º do Tratado das Comunidades Europeias;

(*) Com as alterações introduzidas pelo **DL n.º 120/2005**, de 26-7 (arts. 1.º, 4.º, 6.º e 7.º), e pelo **DL n.º 69/2007**, de 26-3 (art. 2.º).

1296   [DL n.º 148/2003]   SECTOR EMPRESARIAL ESTATAL E MUNICIPAL

b) Tenham sido classificadas como encarregadas da gestão de um serviço de interesse económico geral, ao abrigo do n.º 2 do artigo 86.º do Tratado das Comunidades Europeias e nos termos do disposto no artigo 19.º do Decreto-Lei n.º 558/99, de 17 de Dezembro, e que recebam uma compensação em relação ao serviço público prestado, qualquer que seja a forma que a mesma assuma, e que prossigam outras actividades.

ART. 3.º (Definições) – Para efeitos do artigo anterior entende-se por:

1) «Direitos exclusivos» aqueles que, tendo sido conferidos por uma entidade pública, mediante acto legislativo, regulamentar ou administrativo, reservem a prestação de um serviço ou o exercício de uma actividade, numa determinada área geográfica, a uma única empresa;

2) «Direitos especiais» aqueles que, tendo sido conferidos, sem ser em função de critérios objectivos, proporcionais e não discriminatórios, por uma entidade pública, mediante acto legislativo, regulamentar ou administrativo:

a) Apenas autorizem duas ou mais empresas, em regime de concorrência ou não, a prestar um serviço ou exercer uma actividade numa determinada área geográfica;

b) Concedam, a uma ou mais empresas, quaisquer vantagens de carácter legal ou regulamentar que afectem substancialmente a capacidade de qualquer outra empresa de prestar o mesmo serviço ou exercer a mesma actividade, na área geográfica abrangida, em condições substancialmente equivalentes.

ART. 4.º (Exclusões) – 1 – Estão excluídas do âmbito de aplicação do presente diploma as seguintes empresas:

a) Empresas públicas, no que se refere à prestação de serviços não susceptíveis de afectar sensivelmente o comércio entre os Estados membros;

b) Empresas públicas que tenham apresentado um volume de negócios líquido total de montante inferior a 40 milhões de euros ou um balanço total máximo de 800 milhões de euros, se se tratar de instituições públicas de crédito, durante os dois exercícios anteriores àqueles em que os recursos públicos foram utilizados ou colocados à disposição, ou em que os direitos exclusivos ou especiais foram conferidos, consoante o caso;

c) Instituições públicas de crédito não abrangidas na alínea anterior, apenas no tocante às obrigações decorrentes do n.º 1 do artigo 6.º, caso as relações financeiras que mantenham com o Estado ou qualquer outra entidade pública estadual respeitem ao depósito de fundos públicos por aquelas entidades, em condições comerciais normais.

2 – As relações de transparência financeira reguladas no presente diploma não se aplicam ao Banco de Portugal.

3 – Sem prejuízo do disposto no n.º 1 do presente artigo, o n.º 2 do artigo 2.º não se aplica às empresas cujo direito aos auxílios tenha sido fixado por determinado período e na sequência de um procedimento aberto, transparente e não discriminatório.

ART. 5.º (Transmissão e conservação de dados) – 1 – As informações previstas nos artigos 6.º e 7.º devem ser enviadas pelas empresas anualmente, no prazo de seis meses a contar da aprovação das contas do exercício, à Inspecção-Geral de Finanças, devidamente certificados por revisor oficial de contas.

2 – A Direcção-Geral do Tesouro tem acesso às informações previstas nos artigos 6.º e 7.º, relativamente às empresas públicas, nos termos estabelecidos por despacho do Ministro das Finanças.

3 – As empresas são obrigadas a conservar os dados exigidos nos termos do presente diploma por um período de cinco anos a contar do final do exercício ao qual a informação diga respeito ou no qual tenha sido utilizado o benefício, consoante o caso.

ART. 6.º (Regime da transparência financeira) – 1 – Sem prejuízo do disposto no artigo 13.º do Decreto-Lei n.º 558/99, de 17 de Dezembro, as empresas públicas devem prestar informação, nos documentos de prestação de contas, em nota constante dos anexos às demonstrações financeiras, sobre as relações financeiras estabelecidas com o Estado ou qualquer entidade pública que envolvam, nomeadamente:

a) Compensação de perdas de exploração;

b) Entradas de capital, dotações ou liberalidades e respectivas condições;

c) Subsídios não reembolsáveis ou os empréstimos em condições privilegiadas;

d) Concessão de vantagens financeiras sob a forma de não percepção de benefícios ou de não cobrança de créditos;

e) Renúncia a uma remuneração normal dos recursos públicos utilizados;

f) Compensação de encargos impostos por qualquer entidade pública, territorial ou não.

2 – Sem prejuízo das obrigações de informação previstas no número anterior, as empresas públicas cujo volume de negócios anual total do exercício mais recente seja superior a 250 milhões de euros e que resulte, em pelo menos 50%, de actividades de transformação, nos termos definidos na Classificação das Actividades Económicas – Rev. 2, secção D, devem ainda prestar, sobre as relações financeiras estabelecidas com o Estado ou qualquer entidade pública, a informação seguinte:

a) Concessão de empréstimos à empresa, incluindo os empréstimos a descoberto e os adiantamentos sobre entradas de capital, bem como as taxas de juro aplicadas, as respectivas condições e eventuais garantias prestadas ao mutuante pela empresa beneficiária;

b) Concessão de garantias à empresa, bem como as condições e prémios da respectiva emissão;

c) Dividendos pagos e lucros não distribuídos;

d) As convocatórias das assembleias de sócios e quaisquer outras informações pertinentes.

3 – As informações previstas no número anterior podem ser prestadas em documento autónomo.

SOCIEDADES ANÓNIMAS PARTICIPADAS PELO ESTADO   [**DL n.º 65/76**] 1297

ART. 7.º (**Regime de apresentação de contas de exploração separadas**) – 1 – As empresas referidas no n.º 2 do artigo 2.º estão obrigadas a manter em contas de exploração separadas as actividades previstas nas alíneas *a*) e *b*) do mesmo número, bem como as restantes actividades que prossigam.

2 – A afectação de custos e proveitos às diferentes actividades previstas no número anterior, por parte das empresas no mesmo referidas, resulta da aplicação coerente de princípios contabilísticos de custeio, a estabelecer claramente e em bases objectivas, devidamente fundamentadas e explicitadas, carecendo de concordância da Inspecção-Geral de Finanças.

3 – *(Revogado.)*

24.6. SOCIEDADES ANÓNIMAS PARTICIPADAS PELO ESTADO

Decreto-Lei n.º 65/76

de 24 de Janeiro

ART. 1.º – As sociedades anónimas em que o Estado, directamente ou por intermédio de empresas públicas ou nacionalizadas, detenha a maioria do capital poderão constituir-se ou continuar a sua existência com qualquer número de associados.

Redacção dada pelo art. 1.º do DL n.º 343/76, de 12-5.

ART. 2.º – 1 – As assembleias gerais das sociedades mencionadas no artigo anterior poderão, desde que o Estado esteja nelas representado, deliberar validamente independentemente da exigência da presença ou representação de qualquer número mínimo de associados ou de representação de qualquer percentagem mínima de capital.

2 – Os votos do Estado serão sempre os que correspondem à sua participação no capital da sociedade.

ART. 3.º – Ficam prejudicadas todas as disposições legais e estatutárias em contrário.

ART. 4.º – Este diploma entra em vigor na data da publicação.

24.7. REGIME DE ALIENAÇÃO DAS PARTICIPAÇÕES DO SECTOR PÚBLICO

Lei n.º 71/88

de 24 de Maio

ART. 1.º (**Definições**) – 1 – A alienação de participações sociais por parte de entes públicos fica sujeita ao regime previsto na Constituição e na presente lei.

2 – Para efeitos de aplicação deste diploma, consideram-se:

a) Participações sociais: todas e quaisquer acções ou quotas sociais representativas de partes de capital de sociedades civis ou comerciais, incluindo as sociedades de capitais públicos e de economia mista;

b) Participações públicas: participações sociais detidas por entes públicos;

c) Participação maioritária: o conjunto de acções ou quotas sociais detidas por um mesmo ente público numa mesma sociedade e que represente mais de 50% do respectivo capital, não contando, para este fim, as acções ou quotas sociais detidas pela própria sociedade;

d) Participação minoritária: o conjunto de acções ou quotas sociais detidas por um mesmo ente público na mesma sociedade e que não atinja a percentagem prevista na alínea anterior;

e) Entes públicos: o Estado, fundos autónomos, institutos públicos, instituições de segurança social, empresas públicas, sociedades de capitais exclusivamente públicos e sociedades de economia mista com maioria de capitais públicos.

ART. 2.º (**Regime geral**) – 1 – A alienação de participações públicas realiza-se por concurso público, transacção de bolsa ou negociação particular, nos termos dos artigos seguintes.

2 – A alienação pode ter por objecto todas as acções ou quotas sociais de que o ente público for titular na sociedade participada ou apenas uma parte delas; em qualquer dos casos, as acções ou quotas sociais alienadas podem ser transaccionadas quer em bloco e como um todo, quer separada e parcialmente.

1298   [Lei n.º 71/88]   SECTOR EMPRESARIAL ESTATAL E MUNICIPAL

ART. 3.º (Participações minoritárias) – 1 – A alienação de participações minoritárias pode efectuar-se por qualquer dos processos previstos no n.º 1 do artigo 2.º, com excepção do disposto no número seguinte.

2 – Se da agregação das participações minoritárias relativas a uma mesma sociedade e detidas pelo conjunto do sector público resultar uma posição maioritária, pode ser determinado, nos termos que vierem a ser regulamentados, que a alienação se realize por concurso público ou por transacção na bolsa de valores desde que a sociedade participada se encontre nas condições referidas nos n.ºs 1 e 2 do artigo 4.º.

O Despacho Normativo n.º 92/88 (DR, I, de 31-10-1988), determinou que:

«I – 1 – Todos os entes públicos que detenham participações sociais em sociedades civis ou comerciais, incluindo as sociedades de capitais públicos e de economia mista, deverão enviar à Inspecção-Geral de Finanças, no prazo de 30 dias após a publicação deste despacho normativo, uma relação de todas as participações sociais detidas, com referência a 30 de Setembro de 1988, de acordo com o formulário dos mapas em anexo.

2 – Para efeitos de aplicação deste despacho normativo, consideram-se entes públicos o Estado, fundos autónomos, institutos públicos, instituições de segurança social, empresas públicas, sociedades de capitais exclusivamente públicos e sociedades de economia mista com maioria de capitais públicos.

3 – De futuro, a informação referida no n.º 1 será elaborada anualmente, com referência a 31 de Dezembro, devendo o seu envio à Inspecção-Geral de Finanças efectuar-se nos 90 dias subsequentes.

4 – As eventuais alterações do *status quo*, comunicado nos termos dos números anteriores, serão transmitidas à Inspecção-Geral de Finanças no prazo de 30 dias contados da sua ocorrência.

II – A Inspecção-Geral de Finanças solicitará às autarquias locais os elementos referidos em I.»

ART. 4.º (Participações maioritárias) – 1 – A alienação de acções ou quotas sociais que implique a perda de uma posição maioritária do ente alienante deve fazer-se por concurso público ou por transacção em bolsa de valores, designadamente por oferta pública de venda, sempre que o valor da sociedade participada seja superior a 500 000 contos, nos casos restantes observar se o disposto no artigo 3.º.

2 – Para efeito do número anterior considera-se que a sociedade participada tem um valor superior a 500 000 contos quando a respectiva situação líquida, dada pelo último balanço aprovado, exceder aquele montante.

3 – O valor referido nos números anteriores é actualizado no primeiro dia de cada ano, tendo em atenção a taxa básica de desconto do Banco de Portugal em vigor no mesmo dia.

ART. 5.º (Formalidades) – 1 – A decisão sobre alienação de acções ou quotas sociais que implique perda de uma posição maioritária do ente alienante deve ser devidamente fundamentada pelo respectivo órgão de gestão, o qual deve especificar também o processo e as condições a observar na transacção.

2 – A alienação referida no número anterior, bem como o processo e as condições observadas, deve ser comunicada aos Ministros das Finanças e da tutela sectorial nos quinze dias subsequentes à sua efectivação.

ART. 6.º (Inalienabilidade) – 1 – Por despacho conjunto do Ministro das Finanças e do Ministro da Tutela do sector da empresa participada pode ser determinada a inalienabilidade, total ou parcial, de qualquer participação pública, maioritária ou minoritária.

2 – Qualquer ente público titular de uma participação social que se encontre nas condições do número anterior e que considere ser do seu interesse aliená-la pode requerer aos Ministros das Finanças e da Tutela a respectiva compra pelo Estado ou a autorização para a respectiva venda a outro ou outros entes públicos.

ART. 7.º (Regimes especiais) – 1 – Pode ser dispensada de concurso público nos termos que vierem a ser regulamentados, a alienação das participações referidas no n.º 1 do artigo 4.º sempre que se destine a realizar planos de aquisição de acções por parte de trabalhadores do ente público alienante ou da sociedade participada.

2 – O disposto no artigo 4.º não é aplicável aos entes públicos que sejam:

a) Entidades criadas por diploma legal em que expressamente se disponha sobre o regime de alienação das respectivas acções ou quotas sociais, designadamente o IPE – Investimento e Participações do Estado, S. A.;

b) Empresas do sector segurador;

c) Instituições de crédito, quanto aos elementos da rubrica contabilística «Acções, obrigações e quotas»;

d) Sociedades de investimento, sociedades gestoras de fundos de investimento ou de fundos de pensões, sociedades de capital de risco ou outras entidades que, por natureza ou objecto, recorram normalmente à compra e venda de acções ou quotas sociais.

ART. 8.º (Legislação revogada) – Ficam por esta lei revogados os seguintes diplomas:

a) Decreto-Lei n.º 322/79, de 23 de Agosto;

b) Portaria n.º 694/82, de 14 de Julho;

c) Portaria n.º 257/86, de 30 de Maio;

d) Portaria n.º 683/86, de 14 de Novembro;

e) Decreto-Lei n.º 148/87, de 28 de Março;

f) Lei n.º 26/87, de 29 de Junho;

g) Lei n.º 27/87, de 29 de Junho.

ART. 9.º (Regulamentação) – O Governo, nos 90 dias posteriores à entrada em vigor da presente lei, deve regulamentar a sua execução.

24.8. REGULAMENTO DA ALIENAÇÃO DAS PARTICIPAÇÕES DO SECTOR PÚBLICO

Decreto-Lei n.º 328/88

de 27 de Setembro (*)

ART. 1.º (Regime geral) – A alienação de participações sociais por parte de entes públicos realiza-se por concurso público, transacção em bolsa ou negociação particular, de harmonia com o regime estabelecido na Lei n.º 71/88, de 24 de Maio, a seguir designada por lei, e no presente diploma.

ART. 2.º (Concurso público – regras gerais) – O concurso público tem carácter obrigatório sempre que a alienação de acções ou quotas sociais implique perda de posição maioritária do ente público alienante, nas condições previstas no artigo 4.º da lei, ressalvadas as situações a que se refere o n.º 2 do seu artigo 7.º ou quando se tenha verificado a decisão mencionada no n.º 2 do artigo 3.º da mesma lei, e obedecerá às seguintes regras:

a) A realização do concurso deve ser tornada pública por anúncio – donde conste o dia e a hora de abertura das propostas e o local onde podem ser obtidas as normas do concurso, nos termos do anexo I a este decreto-lei, de que faz parte integrante –, que a entidade alienante mandará publicar na 3.ª série do *Diário da República*, nos boletins de cotações das bolsas de valores e em dois jornais de grande circulação, um de Lisboa e outro do Porto, com a antecedência mínima de 30 e máxima de 60 dias sobre a data da abertura das propostas, tendo em conta o valor da participação a alienar;

b) Das normas do concurso devem constar obrigatoriamente os elementos identificadores da sociedade participada e da sua situação económico-financeira, o volume da participação a alienar, o preço base da licitação, a indicação da caução provisória a prestar pelos candidatos, através de depósito ou garantia bancária, o regime de prioridades a observar e as restantes condições em que a alienação se poderá efectuar, nos termos do anexo II ao presente diploma, de que faz parte integrante;

c) Nos serviços competentes da entidade alienante estará patente, para consulta pelos interessados, um processo do qual constará o pacto social da sociedade participada, os balanços e demais documentos de publicação obrigatória dos três últimos exercícios, a composição dos órgãos sociais, bem como os indicadores mais significativos da sociedade participada.

ART. 3.º (Júri do concurso público) – 1 – O concurso é presidido por um júri, que delibera por maioria e é constituído por três elementos, sendo um designado pela entidade alienante, que presidirá, outro pela Câmara dos Revisores Oficiais de Contas e o terceiro escolhido por aqueles de entre pessoas de reconhecida competência e idoneidade.

2 – O júri procederá a abertura das várias propostas, podendo solicitar os esclarecimentos que entender aos proponentes.

3 – O júri reunirá e apreciará as propostas, considerando quer o preço oferecido quer as condições de pagamento, e procederá à graduação das que satisfaçam as condições mínimas indispensáveis.

4 – Do resultado do concurso será lavrada acta, que será assinada por todos os membros do júri e da qual constarão as propostas recebidas e seus autores, bem como todas as deliberações tomadas pelo júri e respectivos fundamentos, devendo ser acompanhada de declaração do órgão de fiscalização da entidade alienante de que foram cumpridas as disposições legais aplicáveis.

5 – Sempre que as propostas apresentem preços que não divirjam mais do que 5% do valor da proposta mais elevada, deverá o júri suspender a sessão para proceder a licitação até ao quinto dia útil imediato, prevalecendo a melhor oferta, no caso de nenhum proponente licitar, proceder-se-á à escolha da proposta de valor mais elevado ou, em caso de igualdade, à determinação por sorteio da proposta que prevalecerá.

ART. 4.º (Adjudicação) – 1 – Salvo o disposto no n.º 3 do presente artigo, a entidade alienante procederá à adjudicação da proposta vencedora, ficando o proponente ou os titulares de eventuais preferências que tenham exercido o seu direito obrigados ao respectivo cumprimento, devendo a transmissão das quotas ou acções ser formalizada nos 60 dias subsequentes à data da decisão do concurso.

2 – Se a alienação não vier a consumar-se por motivo imputável ao adjudicatário, pode a entidade alienante adjudicar a participação ao candidato cuja proposta esteja graduada imediatamente a seguir, sem prejuízo do exercício do direito de indemnização que lhe assista.

3 – A entidade alienante poderá, contudo, não proceder à adjudicação sempre que sobrevenham ponderosas razões de interesse público, devendo a respectiva decisão ser fundamentada, homologada pelo Ministro das Finanças e pelo Ministro da Tutela e levada ao conhecimento dos interessados por meio de carta registada com aviso de recepção.

4 – O órgão de gestão da entidade alienante dará conhecimento do resultado do concurso e da decisão tomada ao Ministro das Finanças e ao ministro da tutela no prazo de quinze dias.

(*) A actual redacção dos arts. 5.º e 10.º foi dada pelo art. único do **DL n.º 290/89**, de 2-9; as alterações foram incluídas nos lugares próprios.

1300   [DL n.º 328/88]   SECTOR EMPRESARIAL ESTATAL E MUNICIPAL

5 – Sempre que, por duas vezes consecutivas, o concurso tenha ficado deserto ou não tenha sido apresentada proposta que reúna as condições mínimas indispensáveis, a alienação efectuar-se-á por transacção em bolsa.

ART. 5.º (Transacção em bolsa) – 1 – A transacção em bolsa de valores, que é para todos os efeitos equiparada a concurso público, independentemente do regime constante de lei geral ou especial para cada tipo de empresa a alienar e da actividade prosseguida nos termos do respectivo objecto, rege-se pela legislação própria aplicável.

2 – O órgão de gestão da entidade alienante dará conhecimento, no fim de cada trimestre, ao Ministro das Finanças e ao ministro da tutela do resultado das operações de transacção em bolsa referentes à alienação das participações efectuadas.

ART. 6.º (Negociação particular – regras gerais) – A alienação por negociação particular pode ter lugar quando respeite a participações minoritárias, observado o disposto no n.º 2 do artigo 3.º da lei, ou a participações maioritárias, nos casos em que o n.º 1 do artigo 4.º permite, e obedece às seguintes regras:

a) A entidade pública alienante negociará autonomamente as alienações das participações nos termos que entender, obtido, porém, o parecer favorável do órgão de fiscalização sobre as condições mínimas a observar;

b) A fim de que possa ser respeitado o exercício dos eventuais direitos de preferência, legais ou contratuais, deverá ser dada publicidade do propósito de alienação nos termos previstos no contrato da sociedade ou através de anúncios, a publicar nos termos e prazos previstos na alínea *a)* do artigo 2.º, dos quais conste a indicação de que os eventuais preferentes poderão consultar o processo referente ao negócio projectado;

c) Concluída a transacção, e nos quinze dias subsequentes a esta, o órgão de gestão da entidade pública alienante dará conhecimento da mesma ao Ministro das Finanças e ao ministro da tutela.

ART. 7.º (Negociação particular – regime de excepção) – 1 –Sempre que, tendo em atenção o disposto no n.º 2 do artigo 3.º da lei, se pretenda alienar a um ente não público por negociação particular uma participação minoritária de sociedade cujo capital, por efeito de outras participações públicas minoritárias, pertença maioritariamente ao sector público, o órgão de gestão da entidade alienante deverá, em requerimento único, dirigido aos Ministros das Finanças e da tutela, a enviar àquela primeira entidade, solicitar a necessária autorização.

2 – Os ministros referidos nos números anteriores podem determinar que a participação em causa só possa ser alienada por concurso público ou transacção em bolsa.

3 – A alienação realizada, seja qual for a sua forma, será sempre comunicada aos Ministros das Finanças e da tutela nos prazos previstos no presente diploma.

4 – Para efeitos de execução do disposto no presente artigo será publicada na 2.ª série do *Diário da República*, após aprovação, mediante despacho, dos Ministros das Finanças e da tutela, uma listagem das sociedades participadas nas condições do n.º 2 do artigo 3.º da Lei n.º 71/88, de 24 de Maio.

ART. 8.º (Planos de aquisição para trabalhadores) – 1 – Sempre que a entidade alienante pretenda realizar planos de aquisição de participações sociais por parte dos seus trabalhadores ou de trabalhadores de sociedade participada, poderá, de harmonia com o disposto no n.º 1 do artigo 7.º da lei, solicitar aos Ministros das Finanças e da tutela, em requerimento único, a enviar àquela primeira entidade, a dispensa de realização de concurso público a que a alienação esteja sujeita.

2 – No requerimento deverá ser devidamente descrito o plano de aquisição proposto, devendo constar do mesmo, designadamente, as condições de aquisição, o preço e a modalidade de pagamento.

3 – Autorizada a dispensa do concurso público, a alienação processar-se-á por negociação particular.

4 – As acções adquiridas nos termos dos números anteriores não podem ser alienadas durante um período de dois anos.

ART. 9.º (Preço base e montante da caução provisória) – O preço base da alienação em concurso público e o preço em negociação particular, salvo nas situações a que se refere o artigo anterior, bem como o montante da caução provisória, devem ser estabelecidos tendo em conta o valor da sociedade participada, podendo este ser calculado de acordo com as regras constantes do anexo III a este decreto-lei.

ART. 10.º (Direitos de preferência) – 1 – Serão respeitadas as preferências legais ou estatutárias a que respeitem as participações públicas a alienar.

2 – Os direitos de preferência devem ser exercidos até ao encerramento do acto de arrematação, sempre que haja lugar a concurso, e, no caso de negociação particular, tendo em atenção os termos legais e contratuais.

3 – Compete ao Governo regulamentar, mediante resolução, o exercício do direito de eventuais preferências legais, nos casos de concurso público e transacção em bolsa de valores.

ART. 11.º (Inalienabilidade) – 1 – Excepcionalmente, e quando razões de interesse público o justifiquem, o Ministro das Finanças e o ministro da tutela da empresa participada podem determinar, em despacho devidamente fundamentado, a inalienabilidade, total ou parcial, de qualquer participação pública, maioritária ou minoritária, conforme o disposto no artigo 6.º da lei.

2 – Qualquer entidade pública titular de participação social objecto de decisão nos termos do número anterior pode requerer aos Ministros das Finanças e da tutela a respectiva compra pelo Estado ou a autorização para a respectiva venda a outro ou outros entes públicos, devendo, para o efeito, justificar devidamente a sua pretensão com base em razões de racionalidade empresarial ou patrimonial e especificar as condições de venda.

REGULAMENTO DA ALIENAÇÃO DAS PARTICIPAÇÕES DO SECTOR PÚBLICO   [**DL n.º 328/88**] 1301

3 – Se no prazo de doze meses não for concretizada a alienação nos termos do número anterior, os Ministros das Finanças e da tutela levantarão a restrição de inalienabilidade quanto à participação em causa desde que as invocadas razões de racionalidade empresarial ou patrimonial da entidade participante decorram da necessidade de reafectação de recursos para financiamento de investimento ou para reequilíbrio financeiro.

ART. 12.º (Investimento estrangeiro) – As entidades estrangeiras que pretendam intervir nas operações previstas no presente diploma devem fazê-lo através de instituições de crédito autorizadas a exercer a sua actividade em Portugal, ou mediante sociedades corretoras ou sociedades financeiras de corretagem, quando se trate de transacção em bolsa, as quais devem garantir o cumprimento das formalidades legais por parte dos investidores estrangeiros.

ANEXO I

Anúncio

Venda da participação do sector público no capital social da empresa...

Aceitam-se propostas, em carta fechada e lacrada, até ao dia..., para venda da participação do sector público no capital da sociedade..., sita em...

As normas a que deverão obedecer as propostas encontram-se à disposição dos interessados em..., efectuando-se a abertura das propostas, em sessão pública, no dia..., às ... horas, neste local (em...).

ANEXO II

Condições gerais para a venda de participação do sector público no capital social da empresa...

0 – Elementos identificadores da participação da empresa. – O capital social apresenta a seguinte distribuição:
Por escritura: ...$;
...
...
Distribuição:
Participação do sector público: ...; ...%;
Privados: ...; ...%;
Total: ...; ...%.
1 – O concurso tem por objecto a alienação da participação do sector público, com o valor de ...% do capital social, sendo a base de licitação mínima de ...$ (...) (por extenso).
2 – Regime de prioridades a observar.
3 – A sociedade, sita em ..., pode ser visitada pelos interessados em qualquer dia útil, excepto ao sábado, das ... às ... e das ... às ... horas;
4 – As propostas deverão ser redigidas em português, com assinatura reconhecida notarialmente, remetidas dentro de sobrescrito fechado, lacrado pelos proponentes, e obrigatoriamente instruídas com os seguintes elementos:
a) Identificação completa do concorrente, designadamente, no caso de pessoas singulares, morada, estado, regime de bens, nome do cônjuge e número de contribuinte e do bilhete de identidade e, no caso de pessoas colectivas, nomes dos titulares dos corpos gerentes e de outras pessoas com poderes para as obrigarem, certidão do registo comercial contendo o registo de constituição e de alterações do pacto social e declaração de que têm a situação regularizada perante a Fazenda Nacional e as instituições da Segurança Social;
b) Declaração de aceitação das condições de concurso;
c) Indicação inequívoca do objecto da proposta;
d) O preço (por extenso) e condições de pagamento;
5 – No caso de o signatário ou signatários da proposta agirem em representação, deverão juntar procuração notarial donde constem os poderes em causa.
6 – É obrigatória a indicação no sobrescrito do nome e endereço da firma ou pessoa proponente, devendo constar do mesmo a expressão «Proposta para compra da participação do sector público na empresa...».
7 – É obrigatória a prestação de caução por parte dos candidatos, através de depósito ou garantia bancária, cujo montante é de ...
8 – As propostas serão recebidas até às ... horas do dia ..., em ..., à ...
9 – O júri procederá à abertura das propostas, em sessão pública, no último dia de recepção, uma hora após o seu encerramento, no local indicado no n.º 7 ou no que ali, na altura, se designe.
(*) 10 – No caso de as propostas apresentarem preços que não divirjam mais do que 5% do valor da proposta mais elevada, o júri suspenderá a sessão, procedendo a licitação até ao quinto dia útil imediato, prevalecendo a melhor oferta; no caso de nenhum proponente licitar, escolher-se-á a proposta de valor mais elevado ou, em caso de igualdade, proceder-se-á à determinação por sorteio da proposta que prevalecerá.
11 – Será lavrada uma acta, que será assinada por todos os membros do júri, da qual constarão as propostas recebidas e seus autores, bem como todas as deliberações tomadas pelo júri e respectivos fundamentos, a qual será acompanhada de declaração do órgão de fiscalização da entidade alienante de que foram cumpridas as disposições legais aplicáveis.
12 – A entidades alienantes reserva-se o direito de não proceder à adjudicação caso o justifiquem razões de interesse público.
13 – Se a alienação não vier a consumar-se por motivo imputável ao adjudicatário, poderá a entidade alienante adjudicar a participação ao candidato cuja proposta tenha ficado graduada imediatamente a seguir, sem prejuízo do exercício do direito de indemnização que lhe assista.

1302   [DL n.º 328/88]   SECTOR EMPRESARIAL ESTATAL E MUNICIPAL

14 – Todas as despesas relativas à venda da participação decorrerão por conta da entidade adquirente.
15 – Encontram-se à disposição dos interessados, na sede da empresa, os seguintes elementos:
Pacto social;
Balanços e demais documentos de publicação obrigatória dos três últimos exercícios;
Composição dos órgãos sociais;
Outros indicadores significativos de sociedade participada;
Relação do pessoal;
...
...

ANEXO III
Regras para o cálculo do preço base de alienação

O preço base de alienação será o que à participação corresponder em função do valor da sociedade objecto de participação, calculado segundo a aplicação da seguinte fórmula:

$$V = S + G$$

em que:

V é o valor da empresa;
S é o valor substancial: valor líquido dos activos e passivos reavaliados;
G é o *goodwill*: valor actualizado dos lucros futuros supranormais.

1 – Determinação do valor substancial (S). – Este valor será calculado com base no valor contabilístico do património líquido da respectiva empresa apurado no último exercício, em relação ao qual haverá que:

a) Reavaliar o valor do activo imobilizado, actualizando o respectivo valor da aquisição. A actualização far-se-á por aplicação dos coeficientes anualmente publicados para a determinação do imposto de mais-valias e observando as regras que regulamentam o modo de reavaliar o activo imobilizado;

b) Ter em conta as provisões julgadas necessárias. Não deverão, em caso algum, ser omitidas as provisões para impostos sobre lucros e eventuais complementos de reforma ao pessoal, salvo se as responsabilidades estiverem asseguradas por terceiros, nomeadamente através de fundos de pensões;

c) Sujeitar as restantes rubricas do balanço a quaisquer correcções que, para este efeito, se revelem justificadas e tendo em conta os princípios que informam o Plano Oficial de Contabilidade;

d) Adicionar o resultado líquido esperado desde o encerramento do último exercício até à data prevista para a alienação.

2 – Cálculo do valor *goodwill* (G):

2.1 – Para o cálculo do *goodwill* deverão ser elaboradas projecções das contas de exploração da empresa para os próximos cinco anos, tendo presentes os valores históricos, as potencialidades da empresa e as perspectivas de mercado.

2.2 – As projecções deverão ser efectuadas utilizando a metodologia dos preços correntes, devendo claramente ser explicitado o cenário das taxas de inflação e da evolução da taxa de juro para efeitos de actualização.

2.3 – Utilizar-se-á a seguinte fórmula:

$$G = \frac{\sum_{t=1}^{n} V_t L_t \; S \sum_{t=1}^{n} V_t \, r_t \, K_t}{1 + \sum_{t=1}^{n} V_t \, r_t \, K_t}$$

em que:

Lt é o resultado líquido anual, depois de impostos, adicionado da reserva de reavalização criada no ano. Esta é calculada aplicando a taxa de inflação anual ao valor do imobilizado;

n é o número de anos considerados para o apuramento dos lucros supranormais; toma-se n igual a 5;

$$V_t = \pi_{w=1}^{t} \frac{1}{(1 + iw)} \; ;$$

$$K_t = \pi_{w=0}^{t-1} (1 + fw); \quad fo = 0;$$

fw é a taxa de inflação considerada para o período w referida no n.º 2.2;

iw é a taxa de actualização; corresponde à taxa de inflação anual acrescida de uma margem de 4%;

rt é a remuneração do capital de risco ($S+G$); será, pelo menos, igual à taxa de inflação adicionada de 6%, devendo ser superior nos ramos de actividade de manifesta sensibilidade conjuntural.

2.4 – O valor de Lt deverá ser estimado de acordo com as perspectivas de mercado e com as potencialidades da empresa, em termos de capacidade instalada, tendo em consideração as reintegrações do activo fixo que resultem da reavaliação referida no n.º 1, alínea *a*), deste anexo.

2.5 – Sempre que o valor do *goodwill* calculado nos termos anteriormente referidos for negativo, será o mesmo considerado igual a zero para efeitos de determinação do valor da empresa.

24.9. LEI-QUADRO DAS PRIVATIZAÇÕES

Lei n.º 11/90

de 5 de Abril

ART. 1.º (Âmbito) – A presente lei aplica-se a reprivatização da titularidade ou do direito de exploração dos meios de produção e outros bens nacionalizados depois de 25 de Abril de 1974, nos termos do n.º 1 do artigo 85.º da Constituição.

ART. 2.º (Empresas excluídas) – O capital das empresas a que se refere o artigo 87.º, n.º 3, da Constituição e que exerçam a sua actividade principal em alguma das áreas económicas definidas na lei só poderá ser privatizado 49%.

ART. 3.º (Objectivos) – As reprivatizações obedecem aos seguintes objectivos essenciais:

a) Modernizar as unidades económicas e aumentar a sua competitividade e contribuir para as estratégias de reestruturação sectorial ou empresarial;

b) Reforçar a capacidade empresarial nacional;

c) Promover a redução do peso do Estado na economia;

d) Contribuir para o desenvolvimento do mercado de capitais;

e) Possibilitar uma ampla participação dos cidadãos portugueses na titularidade do capital das empresas, através de uma adequada dispersão do capital, dando particular atenção aos trabalhadores das próprias empresas e aos pequenos subscritores;

f) Preservar os interesses patrimoniais do Estado e valorizar os outros interesses nacionais;

g) Promover a redução do peso da dívida pública na economia.

ART. 4.º (Transformação em sociedade anónima) – 1 – As empresas públicas a reprivatizar serão transformadas, nos termos da presente lei.

2 – O diploma que operar a transformação aprovará também os estatutos da sociedade anónima, a qual passará a reger-se pela legislação comum das sociedades comerciais em tudo quanto não contrarie a presente lei.

3 – A sociedade anónima que vier a resultar da transformação contínua a personalidade jurídica da empresa transformada, mantendo todos os direitos e obrigações legais ou contratuais desta.

ART. 5.º (Avaliação prévia) – 1 – O processo de reprivatização da titularidade ou do direito de exploração dos meios de produção e outros bens nacionalizados a que se refere o artigo 1.º será sempre precedido de uma avaliação, feita, pelo menos, por duas entidades independentes, escolhidas de entre as pré-qualificadas em concurso realizado para o efeito.

2 – Sem prejuízo da necessidade de abertura de novos concursos de pré-qualificação, mantém se a validade do concurso de pré-qualificação já realizado.

ART. 6.º (Processos e modalidades de reprivatização) – 1 – A reprivatização da titularidade realizar-se-á, alternativa ou cumulativamente, pelos seguintes processos:

a) Alienação das acções representativas do capital social;

b) Aumento do capital social.

2 – Os processos previstos no número anterior realizar-se-ão, em regra e preferencialmente, através de concurso público, oferta na bolsa de valores ou subscrição pública.

3 – Quando o interesse nacional ou a estratégia definida para o sector o exijam ou quando a situação económico-financeira da empresa o recomende, poderá proceder-se:

a) A concurso aberto a candidatos especialmente qualificados, referente a lote de acções indivisível, com garantias de estabilidade dos novos accionistas e em obediência a requisitos considerados relevantes para a própria empresa em função das estratégias de desenvolvimento empresarial, de mercado, tecnológicas ou outras;

b) Por venda directa, à alienação de capital ou subscrição de acções representativas do seu aumento.

4 – Os títulos transaccionados por concurso público limitado ou venda directa são nominativos, podendo determinar-se a sua intransmissibilidade durante determinado período, a fixar no decreto-lei referido no artigo 4.º do presente diploma.

ART. 7.º (Reprivatização por concurso público) – 1 – A reprivatização através de concurso público será regulada pela forma estabelecida no artigo 4.º, no qual se preverá a existência de um caderno de encargos, com a indicação de todas as condições exigidas aos candidatos a adquirentes.

2 – É da competência do Conselho de Ministros a decisão final sobre a apreciação e selecção dos candidatos a que se refere o número anterior.

ART. 8.º (Venda directa) – 1 – A venda directa de capital da empresa consiste na adjudicação sem concurso a um ou mais adquirentes do capital a alienar.

1304 [Lei n.º 11/90]   SECTOR EMPRESARIAL ESTATAL E MUNICIPAL

2 – Para efeitos do disposto no número anterior, é sempre obrigatória a existência de um caderno de encargos, com indicação de todas as condições da transacção.

3 – É da competência do Conselho de Ministros a escolha dos adquirentes, bem como a definição das condições específicas de aquisição do capital social.

ART. 9.º (Obrigações de reprivatização) – As sociedades anónimas resultantes da transformação de empresas públicas podem emitir obrigações de reprivatização, sob a forma de obrigações convertíveis em acções ou de obrigações com direito a subscrever acções, salvaguardada a observância das exigências constantes da presente lei.

ART. 10.º (Capital reservado a trabalhadores, pequenos subscritores e emigrantes) – 1 – Uma percentagem do capital a reprivatizar será reservada à aquisição ou subscrição por pequenos subscritores e por trabalhadores da empresa objecto da reprivatização.

2 – Os emigrantes poderão também ser abrangidos pelo disposto no número anterior.

ART. 11.º (Regime de aquisição ou subscrição de acções por pequenos subscritores e emigrantes) – 1 – A aquisição ou subscrição de acções por pequenos subscritores e emigrantes beneficiará de condições especiais, desde que essas acções não sejam transaccionadas durante um determinado período a contar da data da sua aquisição ou subscrição.

2 – As acções adquiridas ou subscritas nos termos do número anterior não conferem ao respectivo titular o direito de votar na assembleia geral, por si ou por interposta pessoa, durante o período de indisponibilidade.

ART. 12.º (Regime de aquisição ou subscrição de acções por trabalhadores) – 1 – Os trabalhadores ao serviço da empresa a reprivatizar, bem como aqueles que hajam mantido vínculo laboral durante mais de três anos com a empresa pública ou com as empresas privadas cuja nacionalização originou esta empresa pública, têm direito, independentemente da forma escolhida para a reprivatização, à aquisição ou subscrição preferencial de acções, podendo, para o efeito, atender-se, designadamente, ao tempo de serviço efectivo por eles prestado.

2 – A aquisição ou subscrição de acções pelos trabalhadores da empresa a reprivatizar beneficiará de condições especiais, não podendo essas acções ser objecto de negócio jurídico que transmita ou tenda a transmitir a sua titularidade, ainda que com eficácia futura, durante um determinado período a contar da data da sua aquisição ou subscrição, sob pena da nulidade do referido negócio.

3 – As acções adquiridas ou subscritas nos termos do presente artigo não conferem ao respectivo titular o direito de votar na assembleia geral por interposta pessoa durante o período de indisponibilidade a que se refere o número anterior.

4 – Não beneficiarão do regime referido no n.º 1 os antigos trabalhadores da empresa que hajam sido despedidos em consequência de processo disciplinar e ainda os que hajam passado a trabalhar noutras empresas com o mesmo objecto social daquela, por o contrato de trabalho ter cessado por proposta dos trabalhadores interessados.

ART. 13.º (Regulamentação e restrições) – 1 – O decreto-lei referido no n.º 1 do artigo 4.º aprovará o processo, as modalidades de cada operação de reprivatização, designadamente os fundamentos da adopção das modalidades de negociação previstas nos n.ºs 3 e 4 do artigo 6.º, as condições especiais de aquisição de acções e o período de indisponibilidade a que se referem os artigos 11.º, n.º 1, e 12.º, n.º 2.

2 – Nas reprivatizações realizadas através de concurso público, oferta na bolsa de valores ou subscrição pública nenhuma entidade, singular ou colectiva, poderá adquirir ou subscrever mais do que uma determinada percentagem do capital a reprivatizar, a definir também no diploma a que se refere o n.º 1 do artigo 4.º, sob pena, consoante for determinado, de venda coerciva das acções que excedam tal limite, perda de direito de voto conferido por essas acções ou ainda de nulidade.

3 – O diploma que operar a transformação poderá ainda limitar o montante das acções a adquirir ou a subscrever pelo conjunto de entidades estrangeiras ou cujo capital seja detido maioritariamente por entidades estrangeiras, bem como fixar o valor máximo da respectiva participação no capital social e correspondente modo de controlo, sob pena de venda coerciva das acções que excedam tais limites, ou perda do direito de voto conferido por essas acções, ou ainda de nulidade de tais aquisições ou subscrições, nos termos que forem determinados.

4 – Para efeitos dos números anteriores, consideram-se como a mesma entidade duas ou mais entidades que tenham entre si relações de simples participação ou relações de participação recíproca de valor superior a 50% do capital social de uma delas ou que sejam dominadas por um mesmo accionista.

O art. único do DL n.º 65/94, de 28-2, veio estabelecer que, «para efeitos do disposto no n.º 3 do artigo 13.º da Lei n.º 11/90, de 5 de Abril, o limite quantitativo à participação de entidades estrangeiras no capital das sociedades cujo processo de reprivatização se encontre concluído passará a ser de 25%, salvo se, em diploma que haja regulamentado aquele processo, o limite fixado já for superior».

ART. 14.º (Competência do Conselho de Ministros) – Cabe ao Conselho de Ministros aprovar, por resolução, de acordo com a lei, as condições finais e concretas das operações a realizar em cada processo de reprivatização.

LEI-QUADRO DAS PRIVATIZAÇÕES   [**Lei n.º 11/90**]   1305

ART. 15.º (**Administrador por parte do Estado e acções privilegiadas**) – 1 – A título excepcional, e sempre que razões de interesse nacional o requeiram, o diploma que aprovar os estatutos da empresa a reprivatizar poderá prever, para garantia do interesse público, que as deliberações respeitantes a determinadas matérias fiquem condicionadas a confirmação por um administrador nomeado pelo Estado.

2 – Para efeitos do disposto no número anterior, o diploma referido deve identificar as matérias em causa, bem como o regime de exercício das competências do administrador nomeado pelo Estado.

3 – Poderá ainda o diploma referido no n.º 1 do artigo 4.º, e também a título excepcional, sempre que razões de interesse nacional o requeiram, prever a existência de acções privilegiadas, destinadas a permanecer na titularidade do Estado, as quais, independentemente do seu número, concederão direito de veto quanto às alterações do pacto social e outras deliberações respeitantes a determinadas matérias, devidamente tipificadas nos mesmos estatutos.

ART. 16.º (**Destino das receitas obtidas**) – As receitas do Estado provenientes das reprivatizações serão exclusivamente utilizadas, separada ou conjuntamente, para:

a) Amortização da dívida pública;
b) Amortização da dívida do sector empresarial do Estado;
c) Serviço da dívida resultante de nacionalizações;
d) Novas aplicações de capital no sector produtivo.

ART. 17.º (**Empresas públicas regionais**) – 1 – A reprivatização de empresas públicas com sede e actividade principal nas Regiões Autónomas da Madeira e dos Açores revestir-se-á da forma estabelecida no artigo 4.º, mediante a iniciativa e com o parecer favorável do respectivo governo regional.

2 – Para efeito do número anterior, e durante o respectivo processo de reprivatização, a comissão de acompanhamento definida no artigo 20.º será integrada por um representante da respectiva região autónoma, proposto pelo governo regional e nomeado por despacho do Primeiro-Ministro.

3 – O produto das receitas provenientes das reprivatizações referidas no n.º 1 será exclusivamente aplicado na amortização da dívida pública regional e em novas aplicações de capital no sector produtivo regional.

ART. 18.º (**Inscrição orçamental**) – 1 – O produto das receitas das reprivatizações, bem como a sua aplicação, terão expressão na lei do orçamento de cada ano.

2 – A expressão orçamental das receitas e das despesas resultantes das privatizações obedecerá às directivas da presente lei.

ART. 19.º (**Garantia dos direitos dos trabalhadores**) – Os trabalhadores das empresas objecto de reprivatização manterão no processo de reprivatização da respectiva empresa todos os direitos e obrigações de que sejam titulares.

ART. 20.º (**Comissão de Acompanhamento das Reprivatizações**) – 1 – A Comissão de Acompanhamento das Reprivatizações é um órgão que tem por missão apoiar tecnicamente o Governo na prossecução dos objectivos estabelecidos no artigo 3.º e dos princípios de transparência, rigor e isenção dos processos de reprivatização.

2 – Compete à Comissão acompanhar todas as fases do processo de alienação de acções ou aumento de capital das empresas públicas transformadas em sociedade anónima de capitais maioritariamente públicos, nomeadamente:

a) Fiscalizar a estrita observância dos princípios e regras consagrados na lei, bem como da rigorosa transparência do processo de privatizações;
b) Elaborar os pareceres que o Governo entenda necessários sobre as matérias relacionadas com os processos de privatizações;
c) Verificar o cumprimento dos limites e regras estabelecidos no artigo 13.º da presente lei;
d) Apreciar e submeter aos órgãos e entidades competentes quaisquer reclamações que lhe sejam submetidas relativamente às operações de alienação de acções ou de aumentos de capital das empresas transformadas;
e) Elaborar e publicar, depois de homologado pelo Primeiro-Ministro, um relatório semestral das suas actividades, incluindo, designadamente, uma referência desenvolvida às operações realizadas nesse período.

3 – A escolha dos membros da Comissão deve fundar-se em critérios de competência, devidamente justificados, atendendo, essencialmente, à sua experiência em matéria económica, financeira e jurídica e garantindo a pluridisciplinaridade da Comissão.

4 – Os membros da Comissão ficam, durante e após os respectivos mandatos, vinculados ao dever de absoluto sigilo quanto a factos e informações relativos às empresas a que tenham acesso no exercício ou por força do exercício das suas funções.

5 – Os membros da Comissão são nomeados por despacho do Primeiro-Ministro.

6 – Os membros da comissão criada ao abrigo do artigo 10.º da Lei n.º 84/88, de 20 de Julho, que passa a denominar-se Comissão de Acompanhamento das Reprivatizações, mantêm-se em funções, independentemente de qualquer formalidade.

ART. 21.º (**Incompatibilidades**) – O exercício do cargo de membro da Comissão de Acompanhamento das Reprivatizações é incompatível com as funções de membro do conselho de administração ou conselho de gestão das empresas públicas a privatizar.

1306 [Lei n.º 14/96]   SECTOR EMPRESARIAL ESTATAL E MUNICIPAL

ART. 22.º (Proibição de aquisição) – Não poderão adquirir acções das empresas públicas a privatizar, quando se trate de concurso aberto a candidatos pré-qualificados ou de venda directa:
a) Os membros do Governo em funções;
b) Os membros da Comissão de Acompanhamento das Reprivatizações.

ART. 23.º (Isenção de taxas e emolumentos) – As alterações aos estatutos das empresas objecto de reprivatização ao abrigo da presente lei, bem como as alterações decorrentes da convolação a que se refere o n.º 1 do artigo 27.º, produzirão todos os seus efeitos desde que deliberadas nos termos legais e estatutários, devendo os respectivos registos ser feitos oficiosamente com isenção de taxas e emolumentos.

ART. 24.º (Mobilização de indemnizações pelos titulares originários) – Os titulares originários da dívida pública decorrente das nacionalizações e expropriações têm o direito de mobilizar, ao valor nominal, títulos de indemnização para fins de pagamento das operações de reprivatização, relativamente ao valor que por si não tenha sido já mobilizado ou não haja sido chamado a amortização.

ART. 25.º (Outras empresas) – À reprivatização da titularidade das empresas nacionalizadas que não tenham o estatuto de empresa pública aplica-se, com as necessárias adaptações, o regime da presente lei.

ART. 26.º (Direito de exploração) – 1 – O processo de reprivatização do direito de exploração dos meios de produção e outros bens nacionalizados realizar-se-á, em regra e preferencialmente, através de concurso público.
2 – A título excepcional, quando o interesse nacional ou a estratégia definida para o sector o exijam ou quando a situação económico-financeira da empresa o recomende, o processo da reprivatização referido no número anterior poderá revestir a forma de concurso aberto a candidatos especialmente qualificados ou de ajuste directo.
3 – Ao processo referido nos números anteriores aplica-se o disposto nos artigos 4.º, 6.º, 16.º, 19.º, 23.º e 25.º, com as necessárias adaptações.

ART. 27.º (Disposição transitória) – 1 – Os processos de transformação operados nos termos da Lei n.º 84/88, de 20 de Julho, deverão concluir-se ao abrigo dessa legislação, salvo se o Governo preferir convolá-los em processo de reprivatização ao abrigo da presente lei, mediante prévia alteração do respectivo diploma de transformação.
2 – Nos processos que não forem convolados nos termos do número anterior poderá ser reduzido para um ano o prazo previsto no n.º 3 do artigo 5.º da Lei n.º 84/88, de 20 de Julho, devendo ser assegurado o cumprimento dos requisitos constantes das alíneas *c)* e *d)* do n.º 1 e do n.º 5 do artigo 5.º da mesma lei.

ART. 28.º (Norma revogatória) – É revogada a Lei n.º 84/88, de 20 de Julho, com salvaguarda do disposto no artigo 27.º da presente lei.

24.10. FISCALIZAÇÃO FINANCEIRA SUCESSIVA DAS EMPRESAS PÚBLICAS E OUTRAS PELO TRIBUNAL DE CONTAS

Lei n.º 14/96

de 20 de Abril

ART. 1.º (Fiscalização sucessiva das empresas públicas, sociedades de capitais públicos, sociedades de economia mista controladas ou participadas, empresas concessionárias e fundações de direito privado) – 1 – Ficam sujeitas à fiscalização sucessiva do Tribunal de Contas, nos termos da presente lei:
a) As empresas públicas;
b) As sociedades constituídas nos termos da lei comercial pelo Estado, por outras entidades públicas, ou por ambos, em associação;
c) As sociedades constituídas em conformidade com a lei comercial em que se associem capitais públicos e privados, nacionais ou estrangeiros, desde que a parte pública detenha de forma directa a maioria do capital social;
d) As sociedades constituídas em conformidade com a lei comercial em que se associem capitais públicos e privados, nacionais ou estrangeiros, quando a parte pública controle de forma directa a respectiva gestão, nomeadamente quando possa designar a maioria dos membros do órgão de administração, de direcção ou de fiscalização, quando possa nomear um administrador ou quando disponha de acções privilegiadas, nos termos do artigo 15.º da Lei n.º 11/90, de 5 de Abril;
e) As empresas concessionárias da gestão de empresas públicas, de sociedades de capitais públicos ou de sociedades de economia mista controladas e as empresas concessionárias de serviços públicos;
f) As fundações de direito privado que recebem anualmente, com carácter de regularidade, fundos provenientes do Orçamento do Estado ou das autarquias locais.

REGIME JURÍDICO DO SECTOR EMPRESARIAL LOCAL   **[Lei n.º 53-F/2006]** 1307

2 – A fiscalização sucessiva das entidades referidas nas alíneas *d)*, *e)* e *f)* do número anterior só pode ser exercida mediante decisão do Tribunal, ou a requerimento de um décimo dos deputados à Assembleia da República ou do Governo.

ART. 2.º (Âmbito do controlo) – 1 – No exercício da sua função de fiscalização das entidades referidas no artigo anterior, o Tribunal de Contas pode, a todo o tempo, realizar inquéritos, auditorias e outras acções de controlo sobre a legalidade, incluindo a boa gestão financeira e o sistema de controlo interno.

2 – As entidades sujeitas à fiscalização sucessiva, nos termos das alíneas *a)*, *b)* e *c)* do n.º 1 do artigo anterior, devem apresentar ao Tribunal de Contas os documentos anuais de prestação de contas previstos na lei até ao dia 31 de Maio do ano seguinte ao que respeitam, sem prejuízo da prestação de informações pedidas, da remessa de documentos solicitados ou da comparência para a prestação de declarações.

3 – No exercício da sua função de fiscalização, compete ao Tribunal de Contas fiscalizar a alienação de participações sociais, tendo em vista a salvaguarda dos interesses patrimoniais do Estado.

4 – Os resultados das acções de fiscalização empreendidas pelo Tribunal de Contas devem constar de relatórios a remeter à Assembleia da República, ao Governo e aos órgãos da empresa, devendo estes últimos promover a sua publicação em termos idênticos aos demais documentos de prestação anual de contas.

5 – Sempre que o Tribunal de Contas realize inquéritos ou auditorias a solicitação do Governo ou da Assembleia da República e necessite de recorrer a empresas de auditoria, o pagamento dos serviços prestados por estas empresas é suportado pelas entidades sujeitas à fiscalização.

6 – O disposto no número anterior é aplicável aos casos em que o Tribunal de Contas necessite de celebrar contratos de prestação de serviços para coadjuvação nas auditorias a realizar pelos seus serviços de apoio.

7 – Sendo várias as entidades fiscalizadas, o Tribunal fixará em relação a cada uma delas a quota-parte do pagamento do preço dos serviços contratados.

ART. 3.º (Fiscalização dos processos de reprivatização) – 1 – O Tribunal de Contas pode, por sua iniciativa ou a solicitação de um décimo dos deputados à Assembleia da República ou do Governo, realizar auditorias a processos de reprivatização, devendo as empresas reprivatizadas ou outras empresas privadas intervenientes no processo facultar-lhe todos os elementos necessários ao esclarecimento da regularidade, legalidade, correcta e imparcial avaliação e obediência aos critérios de boa gestão financeira.

2 – O relatório de auditoria, depois de comunicado à Assembleia da República e ao Governo, deve ser publicado no *Diário da República*.

3 – O Governo ou a entidade proprietária da empresa a reprivatizar deve, em qualquer caso, enviar ao Tribunal de Contas, no prazo de 10 dias após a sua conclusão, o relatório ou relatórios de avaliação previstos na lei.

ART. 4.º (Fiscalização da receita obtida com o processo de reprivatizações) – Sem prejuízo do disposto no artigo anterior, compete ao Tribunal de Contas, em sede de parecer sobre a Conta Geral do Estado e de parecer sobre as Contas das Regiões Autónomas, fiscalizar o cumprimento do disposto no artigo 296.º, alínea *b)*, da Constituição e no artigo 16.º da Lei n.º 11/90, de 5 de Abril.

ART. 5.º (Relatório anual) – O Tribunal de Contas incluirá no seu relatório anual uma síntese dos aspectos relevantes das acções de controlo desenvolvidas, no quadro da apreciação do sector público empresarial, do processo de reprivatizações e da alienação de participações do sector público.

ART. 6.º (Protecção do segredo comercial ou industrial) – Na elaboração e divulgação dos relatórios previstos na presente lei devem respeitar-se os limites necessários à salvaguarda do segredo comercial e industrial.

ART. 7.º (Legislação aplicável) – Em tudo quanto não esteja previsto na presente lei aplica-se a legislação financeira em vigor, em particular a reguladora da actividade do Tribunal de Contas.

ART. 8.º (Norma revogatória)   É revogado o artigo 29.º do Decreto-Lei n.º 260/76, de 8 de Abril.

ART. 9.º (Entrada em vigor) – A presente lei entra em vigor no dia seguinte ao da sua publicação.

24.11. REGIME JURÍDICO DO SECTOR EMPRESARIAL LOCAL

Lei n.º 53-F/2006

de 29 de Dezembro

CAPÍTULO I — **Disposições gerais**

ART. 1.º (Âmbito) – 1 – A presente lei estabelece o regime jurídico do sector empresarial local.

2 – O regime previsto na presente lei aplica-se a todas as entidades empresariais constituídas ao abrigo das normas aplicáveis às associações de municípios e às áreas metropolitanas de Lisboa e do Porto.

1308 [Lei n.º 53-F/2006]   SECTOR EMPRESARIAL ESTATAL E MUNICIPAL

ART. 2.º (Sector empresarial local) – 1 – O sector empresarial local integra as empresas municipais, intermunicipais e metropolitanas, doravante denominadas «empresas».

2 – As sociedades comerciais controladas conjuntamente por diversas entidades públicas integram-se no sector empresarial da entidade que, no conjunto das participações do sector público, seja titular da maior participação.

ART. 3.º (Empresas municipais, intermunicipais e metropolitanas) – 1 – São empresas municipais, intermunicipais e metropolitanas as sociedades constituídas nos termos da lei comercial, nas quais os municípios, associações de municípios e áreas metropolitanas de Lisboa e do Porto, respectivamente, possam exercer, de forma directa ou indirecta, uma influência dominante em virtude de alguma das seguintes circunstâncias:

a) Detenção da maioria do capital ou dos direitos de voto;

b) Direito de designar ou destituir a maioria dos membros do órgão de administração ou de fiscalização.

2 – São também empresas municipais, intermunicipais e metropolitanas as entidades com natureza empresarial reguladas no capítulo VII da presente lei.

ART. 4.º (Sociedades unipessoais) – 1 – Os municípios, as associações de municípios e as áreas metropolitanas de Lisboa e do Porto podem constituir sociedades unipessoais por quotas, nos termos previstos na lei comercial.

2 – Qualquer das entidades previstas no número anterior pode ainda constituir uma sociedade anónima de cujas acções seja a única titular, nos termos da lei comercial.

3 – A constituição de uma sociedade anónima unipessoal nos termos do número anterior deve observar todos os demais requisitos de constituição das sociedades anónimas.

ART. 5.º (Objecto social) – 1 – As empresas têm obrigatoriamente como objecto a exploração de actividades de interesse geral, a promoção do desenvolvimento local e regional e a gestão de concessões, sendo proibida a criação de empresas para o desenvolvimento de actividades de natureza exclusivamente administrativa ou de intuito predominantemente mercantil.

2 – Não podem ser criadas, ou participadas, empresas de âmbito municipal, intermunicipal ou metropolitano cujo objecto social não se insira no âmbito das atribuições da autarquia ou associação de municípios respectiva.

3 – O disposto nos números precedentes é aplicável à mera participação em sociedades comerciais nas quais não exercem uma influência dominante nos termos da presente lei.

ART. 6.º (Regime jurídico) – As empresas regem-se pela presente lei, pelos respectivos estatutos e, subsidiariamente, pelo regime do sector empresarial do Estado e pelas normas aplicáveis às sociedades comerciais.

ART. 7.º (Princípios de gestão) – A gestão das empresas deve articular-se com os objectivos prosseguidos pelas respectivas entidades públicas participantes no capital social, visando a satisfação das necessidades de interesse geral, a promoção do desenvolvimento local e regional e a exploração eficiente de concessões, assegurando a sua viabilidade económica e equilíbrio financeiro.

ART. 8.º (Criação) – 1 – A criação das empresas, bem como a decisão de aquisição de participações que confiram influência dominante, nos termos da presente lei, compete:

a) As de âmbito municipal, sob proposta da câmara municipal, à assembleia municipal;

b) As de âmbito intermunicipal, sob proposta do conselho directivo, à assembleia intermunicipal, existindo parecer favorável das assembleias municipais dos municípios integrantes;

c) As de âmbito metropolitano, sob proposta da junta metropolitana, à assembleia metropolitana, existindo parecer favorável das assembleias municipais dos municípios integrantes.

2 – A criação das empresas ou a decisão de aquisição de uma participação social que confira influência dominante nos termos da presente lei deve ser obrigatoriamente comunicada à Inspecção-Geral de Finanças, bem como à entidade reguladora do sector.

3 – O contrato de constituição das empresas deve ser reduzido a escrito, salvo se for exigida forma mais solene para a transmissão dos bens que sejam objecto das entradas em espécie.

4 – Nos casos em que as empresas sejam constituídas por escritura pública, é também competente o notário privativo do município onde a empresa tiver a sua sede.

5 – A conservatória do registo competente deve, oficiosamente, a expensas da empresa, comunicar a constituição e os estatutos, bem como as respectivas alterações, ao Ministério Público e assegurar a respectiva publicação nos termos do disposto no Código das Sociedades Comerciais.

6 – A denominação das empresas é acompanhada da indicação da sua natureza municipal, intermunicipal ou metropolitana (EM, EIM, EMT).

7 – No sítio electrónico da Direcção-Geral das Autarquias Locais consta uma lista, permanentemente actualizada, de todas as entidades do sector empresarial local.

ART. 9.º (Viabilidade económico-financeira e racionalidade económica) – 1 – Sob pena de nulidade e de responsabilidade financeira, a decisão de criação das empresas, bem como a decisão de tomada de uma participação que confira influência dominante, deve ser sempre precedida dos necessários estudos técnicos, nomeadamente do plano do projecto, na óptica do investimento, da exploração e do financiamento, demonstrando-se

REGIME JURÍDICO DO SECTOR EMPRESARIAL LOCAL   [**Lei n.º 53-F/2006**]   1309

a viabilidade económica das unidades, através da identificação dos ganhos de qualidade, e a racionalidade acrescentada decorrente do desenvolvimento da actividade através de uma entidade empresarial.

2 – A atribuição de subsídios ou outras transferências financeiras provenientes das entidades participantes no capital social exige a celebração de um contrato de gestão, no caso de prossecução de finalidades de interesse geral, ou de um contrato-programa, se o seu objecto se integrar no âmbito da função de desenvolvimento local ou regional.

3 – No caso de a empresa beneficiar de um direito especial ou exclusivo, nos termos definidos no artigo 3.º do Decreto-Lei n.º 148/2003, de 11 de Julho, essa vantagem deve ser contabilizada para aferição da sua viabilidade financeira.

4 – Os estudos referidos no n.º 1, bem como os projectos de estatutos, acompanham as propostas de criação e participação em empresas, sendo objecto de apreciação pelos órgãos deliberativos competentes.

ART. 10.º (Sujeição às regras da concorrência) – 1 – As empresas estão sujeitas às regras gerais de concorrência, nacionais e comunitárias.

2 – Das relações entre as empresas e as entidades participantes no capital social não podem resultar situações que, sob qualquer forma, sejam susceptíveis de impedir ou falsear a concorrência no todo ou em parte do território nacional.

3 – As empresas regem-se pelo princípio da transparência financeira e a sua contabilidade deve ser organizada de modo a permitir a identificação de quaisquer fluxos financeiros entre elas e as entidades participantes no capital social, garantindo o cumprimento das exigências nacionais e comunitárias em matéria de concorrência e auxílios públicos.

4 – O disposto nos n.ºs 1 e 2 não prejudica regimes derrogatórios especiais, devidamente justificados, sempre que a aplicação das normas gerais de concorrência seja susceptível de frustrar, de direito ou de facto, as missões confiadas às empresas locais encarregadas da gestão de serviços de interesse económico geral.

ART. 11.º (Regulação sectorial) – As entidades do sector empresarial local que prossigam actividades no âmbito de sectores regulados ficam sujeitas aos poderes de regulação da respectiva entidade reguladora.

ART. 12.º (Normas de contratação e escolha do parceiro privado) – 1 – Sem prejuízo do disposto nas normas comunitárias aplicáveis, as empresas devem adoptar mecanismos de contratação transparentes e não discriminatórios, assegurando igualdade de oportunidades aos interessados.

2 – À selecção das entidades privadas aplicar-se-ão os procedimentos concursais estabelecidos no regime jurídico da concessão dos serviços públicos em questão e, subsidiariamente, nos regimes jurídicos da contratação pública em vigor, cujo objecto melhor se coadune com a actividade a prosseguir pela empresa.

3 – O ajuste directo só é admissível em situações excepcionais previstas nos diplomas aplicáveis, nos termos do número anterior.

ART. 13.º (Proibição de compensações) – Não são admissíveis quaisquer formas de subsídios à exploração, ao investimento ou em suplemento a participações de capital que não se encontrem previstos nos artigos anteriores.

ART. 14.º (Parcerias público-privadas) – Às parcerias público-privadas desenvolvidas pelas entidades a que se refere a presente lei é aplicável o regime jurídico das parcerias público-privadas desenvolvidas pela administração central, com as devidas adaptações.

ART. 15.º (Função accionista) – Os direitos dos titulares do capital social são exercidos, respectivamente, através da câmara municipal, do conselho directivo da associação de municípios ou da junta metropolitana, em conformidade com as orientações estratégicas previstas no artigo seguinte.

ART. 16.º (Orientações estratégicas) – 1 – São definidas orientações estratégicas relativas ao exercício da função accionista nas empresas abrangidas pela presente lei, nos termos do número seguinte, devendo as mesmas ser revistas, pelo menos, com referência ao período de duração do mandato da administração fixado pelos respectivos estatutos.

2 – A competência para a aprovação das orientações estratégicas pertence:

a) Nas empresas municipais, à câmara municipal;

b) Nas empresas intermunicipais, ao conselho directivo;

c) Nas empresas metropolitanas, à junta metropolitana.

3 – As orientações estratégicas referidas nos números anteriores definem os objectivos a prosseguir tendo em vista a promoção do desenvolvimento local e regional ou a forma de prossecução dos serviços de interesse geral, contendo metas quantificadas e contemplando a celebração de contratos entre as entidades públicas participantes e as sociedades do sector empresarial local, previstos nos artigos 19.º e 22.º da presente lei.

4 – As orientações estratégicas devem reflectir-se nas orientações anuais definidas em assembleia geral e nos contratos de gestão a celebrar com os gestores.

ART. 17.º (Delegação de poderes) – 1 – Os municípios, as associações de municípios e as áreas metropolitanas de Lisboa e do Porto podem delegar poderes nas empresas por elas constituídas ou maioritariamente participadas nos termos da presente lei, desde que tal conste expressamente dos estatutos.

2 – Nos casos previstos no número anterior, os estatutos da empresa definem as prerrogativas do pessoal da empresa que exerça funções de autoridade, designadamente no âmbito de poderes de fiscalização.

1310 [Lei n.º 53-F/2006]   SECTOR EMPRESARIAL ESTATAL E MUNICIPAL

CAPÍTULO II — **Empresas encarregadas da gestão de serviços de interesse geral**

ART. 18.º (Empresas encarregadas da gestão de serviços de interesse geral) – Para efeitos da presente lei, são consideradas empresas encarregadas da gestão de serviços de interesse geral aquelas cujas actividades devam assegurar a universalidade e continuidade dos serviços prestados, a satisfação das necessidades básicas dos cidadãos, a coesão económica e social local ou regional e a protecção dos utentes, sem prejuízo da eficiência económica e do respeito dos princípios da não discriminação e da transparência.

ART. 19.º (Princípios orientadores) – As empresas encarregadas da gestão de serviços de interesse geral devem prosseguir as missões que lhes estejam confiadas no sentido, consoante os casos, de:

a) Prestar os serviços de interesse geral na circunscrição local ou regional, sem discriminação das zonas rurais e do interior;

b) Promover o acesso da generalidade dos cidadãos, em condições financeiras equilibradas, a bens e serviços essenciais, procurando, na medida do possível, adaptar as taxas e as contraprestações devidas às reais situações dos utilizadores, na óptica do princípio da igualdade material;

c) Assegurar o cumprimento das exigências de prestação de serviços de carácter universal relativamente a actividades económicas cujo acesso se encontre legalmente vedado a empresas privadas e a outras entidades da mesma natureza;

d) Garantir o fornecimento de serviços ou a gestão de actividades que exijam avultados investimentos na criação ou no desenvolvimento de infra-estruturas ou redes de distribuição;

e) Zelar pela eficácia da gestão das redes de serviços públicos, procurando, designadamente, que a produção, o transporte e distribuição, a construção de infra-estruturas e a prestação do conjunto de tais serviços se procedam de forma articulada, tendo em atenção as modificações organizacionais impostas por inovações técnicas ou tecnológicas;

f) Cumprir obrigações específicas, relacionadas com a segurança, com a continuidade e qualidade dos serviços e com a protecção do ambiente, devendo tais obrigações ser claramente definidas, transparentes, não discriminatórias e susceptíveis de controlo.

ART. 20.º (Contratos de gestão) – 1 – A prestação de serviços de interesse geral pelas empresas do sector empresarial local depende da celebração de contratos de gestão com as entidades participantes.

2 – Os contratos referidos no número anterior definem pormenorizadamente o fundamento da necessidade do estabelecimento da relação contratual, a finalidade da mesma relação, bem como a eficácia e a eficiência que se pretende atingir com a mesma, concretizados num conjunto de indicadores ou referenciais que permitam medir a realização dos objectivos sectoriais.

3 – O desenvolvimento de políticas de preços das quais decorram receitas operacionais anuais inferiores aos custos anuais é objectivamente justificado e depende da adopção de sistemas de contabilidade analítica onde se identifique a diferença entre o desenvolvimento da actividade a preços de mercado e o preço subsidiado na óptica do interesse geral.

4 – O desenvolvimento de políticas de preços nos termos do número anterior depende de negociação prévia com os accionistas de direito público dos termos que regulam as transferências financeiras necessárias ao financiamento anual da actividade de interesse geral, que constam do contrato de gestão.

CAPÍTULO III — **Empresas encarregadas da promoção do desenvolvimento local e regional**

ART. 21.º (Empresas encarregadas da promoção do desenvolvimento local e regional) – 1 – Para efeitos da presente lei, são consideradas empresas encarregadas da promoção do desenvolvimento económico local ou regional aquelas cujas actividades devam assegurar a promoção do crescimento económico local e regional, a eliminação de assimetrias e o reforço da coesão económica e social local ou regional, sem prejuízo da eficiência económica e do respeito dos princípios da não discriminação e da transparência.

2 – As empresas encarregadas da promoção do desenvolvimento económico local ou regional podem desenvolver actividades que se insiram no âmbito de atribuições das entidades instituidoras, designadamente:

a) Promoção, manutenção e conservação de infra-estruturas urbanísticas e gestão urbana;

b) Renovação e reabilitação urbanas, gestão do património edificado e promoção do desenvolvimento urbano e rural;

c) Promoção e gestão de imóveis de habitação social;

d) Qualificação e formação profissional;

e) Desenvolvimento das valências locais e regionais;

f) Promoção e gestão de equipamentos colectivos e prestação de serviços educativos, culturais, de saúde, desportivos, recreativos e turísticos e sensibilização e protecção ambiental;

g) Criação de estruturas e prestação de serviços de apoio a idosos, crianças ou cidadãos desfavorecidos.

ART. 22.º (Princípios orientadores) – As empresas encarregadas da promoção do desenvolvimento económico local ou regional devem prosseguir as missões que lhes estejam confiadas no sentido, consoante os casos, de:

REGIME JURÍDICO DO SECTOR EMPRESARIAL LOCAL [Lei n.º 53-F/2006] 1311

a) Conformar, regular e transformar a ordem económico-social na circunscrição local ou regional, sem discriminação das zonas rurais e do interior;

b) Promover o crescimento económico local e regional, apoiando as actividades e as valências próprias, eliminando assimetrias no território nacional;

c) Desenvolver actividades empresariais na circunscrição territorial e regional, integrando-as no contexto de políticas económicas estruturais de desenvolvimento tecnológico e criação de redes de distribuição;

d) Promover investimentos de risco e de actividades empreendedoras inovadoras;

e) Optimizar os recursos oriundos de programas de apoio financeiro nacionais e comunitários;

f) Garantir o fornecimento de serviços ou a gestão de actividades que exijam avultados investimentos na criação ou no desenvolvimento de infra-estruturas;

g) Cumprir obrigações específicas, relacionadas com a segurança, com a continuidade e qualidade dos serviços e com a protecção do ambiente e qualidade de vida, devendo tais obrigações ser claramente definidas, transparentes, não discriminatórias e susceptíveis de controlo.

ART. 23.º (Contratos-programa) – 1 – As empresas encarregadas da promoção do desenvolvimento económico local ou regional devem celebrar contratos-programa onde se defina pormenorizadamente o seu objecto e missão, bem como as funções de desenvolvimento económico local e regional a desempenhar.

2 – Aos contratos-programa aplica-se o disposto nos n.ºˢ 2, 3 e 4 do artigo 20.º e deles consta obrigatoriamente o montante das comparticipações públicas que as empresas têm o direito de receber como contrapartida das obrigações assumidas.

CAPÍTULO IV — **Empresas encarregadas da gestão de concessões**

ART. 24.º (Empresas encarregadas da gestão de concessões) – Para efeitos da presente lei, são consideradas empresas encarregadas da gestão de concessões aquelas que, não se integrando nas classificações anteriores, tenham por objecto a gestão de concessões atribuídas por entidades públicas.

ART. 25.º (Princípios orientadores) – 1 – As empresas encarregadas da gestão de concessões devem prosseguir as missões que lhes forem confiadas, sem prejuízo da eficiência económica e do respeito dos princípios de não discriminação e transparência, submetendo-se plenamente às normas da concorrência.

2 – As empresas encarregadas da gestão de concessões devem celebrar contratos com as entidades públicas concedentes e com as concessionárias, nos quais se identificam os direitos e obrigações do concedente que são assumidos pelas concessionárias, bem como os poderes de fiscalização que se mantêm na entidade pública.

3 – Não é permitida qualquer forma de financiamento por parte das entidades participantes às empresas encarregadas da gestão de concessões.

CAPÍTULO V — **Regime económico e financeiro**

ART. 26.º (Controlo financeiro) – 1 – As empresas ficam sujeitas a controlo financeiro destinado a averiguar da legalidade, economia, eficiência e eficácia da sua gestão.

2 – Sem prejuízo das competências atribuídas pela lei ao Tribunal de Contas, o controlo financeiro de legalidade das empresas compete à Inspecção-Geral de Finanças.

3 – As empresas adoptam procedimentos de controlo interno adequados a garantir a fiabilidade das contas e demais informação financeira, bem como a articulação com as entidades referidas no número anterior.

ART. 27.º (Deveres especiais de informação) – Sem prejuízo do disposto na lei comercial quanto à prestação de informações aos titulares de participações sociais, devem as empresas facultar os seguintes elementos à câmara municipal, ao conselho directivo da associação de municípios ou à junta metropolitana, consoante o caso, tendo em vista o seu acompanhamento e controlo:

a) Projectos dos planos de actividades anuais e plurianuais;

b) Projectos dos orçamentos anuais, incluindo estimativa das operações financeiras com o Estado e as autarquias locais;

c) Documentos de prestação anual de contas;

d) Relatórios trimestrais de execução orçamental;

e) Quaisquer outras informações e documentos solicitados para o acompanhamento da situação da empresa e da sua actividade, com vista, designadamente, a assegurar a boa gestão dos fundos públicos e a evolução da sua situação económico-financeira.

ART. 28.º (Fiscal único) – A fiscalização das empresas é exercida por um revisor ou por uma sociedade de revisores oficiais de contas, que procede à revisão legal, a quem compete, designadamente:

a) Fiscalizar a acção do conselho de administração;

b) Verificar a regularidade dos livros, registos contabilísticos e documentos que lhes servem de suporte;

c) Participar aos órgãos competentes as irregularidades, bem como os factos que considere reveladores de graves dificuldades na prossecução do objecto da empresa;

1312   [Lei n.º 53-F/2006]   SECTOR EMPRESARIAL ESTATAL E MUNICIPAL

d) Proceder à verificação dos valores patrimoniais da empresa, ou por ela recebidos em garantia, depósito ou outro título;

e) Remeter semestralmente ao órgão executivo do município, da associação de municípios ou da região administrativa, consoante o caso, informação sobre a situação económica e financeira da empresa;

f) Pronunciar-se sobre qualquer assunto de interesse para a empresa, a solicitação do conselho de administração;

g) Emitir parecer sobre os instrumentos de gestão previsional, bem como sobre o relatório do conselho de administração e contas do exercício;

h) Emitir parecer sobre o valor das indemnizações compensatórias a receber pela empresa;

i) Emitir a certificação legal das contas.

ART. 29.º (Documentos de prestação de contas) – 1 – Os instrumentos de prestação de contas das empresas, a elaborar anualmente com referência a 31 de Dezembro, são os seguintes, sem prejuízo de outros previstos nos seus estatutos ou em outras disposições legais:

a) Balanço;

b) Demonstração dos resultados;

c) Anexo ao balanço e à demonstração dos resultados;

d) Demonstração dos fluxos de caixa;

e) Relação das participações no capital de sociedades e dos financiamentos concedidos a médio e longo prazos;

f) Relatório sobre a execução anual do plano plurianual de investimentos;

g) Relatório do conselho de administração e proposta de aplicação dos resultados;

h) Parecer do revisor oficial de contas.

2 – O relatório do conselho de administração deve permitir uma compreensão clara da situação económica e financeira relativa ao exercício, analisar a evolução da gestão nos sectores da actividade da empresa, designadamente no que respeita a investimentos, custos e condições de mercado, e apreciar o seu desenvolvimento.

3 – O parecer do revisor oficial de contas deve conter a apreciação da gestão, bem como do relatório do conselho de administração, e a apreciação da exactidão das contas e da observância das leis e dos estatutos.

4 – O relatório anual do conselho de administração, o balanço, a demonstração de resultados e o parecer do revisor oficial de contas são publicados no boletim municipal e num dos jornais mais lidos na área.

5 – O registo da prestação de contas das empresas é efectuado nos termos previstos na legislação respectiva.

ART. 30.º (Reservas) – 1 – As empresas devem constituir as reservas e fundos previstos nos respectivos estatutos, sendo, porém, obrigatória a reserva legal imposta no Código das Sociedades Comerciais, podendo os órgãos competentes para decidir sobre a aplicação de resultados deliberar a constituição de outras reservas.

2 – À constituição da reserva legal deve ser afectada uma dotação anual não inferior a 10% do resultado líquido do exercício deduzido da quantia necessária à cobertura de prejuízos transitados.

3 – A reserva legal só pode ser utilizada para incorporação no capital ou para cobertura de prejuízos transitados.

4 – Os estatutos podem prever as reservas cuja utilização fique sujeita a restrições.

CAPÍTULO VI — **Consolidação financeira**

ART. 31.º (Equilíbrio de contas) – 1 – As empresas devem apresentar resultados anuais equilibrados.

2 – Sem prejuízo do disposto no n.º 5 do presente artigo, no caso de o resultado de exploração anual operacional acrescido dos encargos financeiros se apresentar negativo, é obrigatória a realização de uma transferência financeira a cargo dos sócios, na proporção respectiva da participação social com vista a equilibrar os resultados de exploração operacional do exercício em causa.

3 – Os sócios de direito público das empresas prevêem nos seus orçamentos anuais o montante previsional necessário à cobertura dos prejuízos de exploração anual acrescido dos encargos financeiros que sejam da sua responsabilidade.

4 – No caso de o orçamento anual do ano em causa não conter verba suficiente para a cobertura dos prejuízos referidos no número anterior, deve ser inserida uma verba suplementar no orçamento do exercício subsequente, efectuando-se a transferência no mês seguinte à data de encerramento das contas.

5 – Sempre que o equilíbrio de exploração da empresa só possa ser aferido numa óptica plurianual que abranja a totalidade do período do investimento, é apresentado à Inspecção-Geral de Finanças e aos sócios de direito público um plano previsional de mapas de demonstração de fluxos de caixa líquidos actualizados na óptica do equilíbrio plurianual dos resultados de exploração.

6 – Na situação prevista no número anterior, os participantes de direito público no capital social das empresas prevêem nos seus orçamentos anuais o montante previsional necessário à cobertura dos desvios financeiros verificados no resultado de exploração anual acrescido dos encargos financeiros relativamente ao previsto

REGIME JURÍDICO DO SECTOR EMPRESARIAL LOCAL   [Lei n.º 53-F/2006]   1313

no mapa inicial que sejam da sua responsabilidade, em termos semelhantes aos previstos nos n.ᵒˢ 3 e 4 do presente artigo.

7 – É permitida a correcção do plano previsional de mapas de demonstração de fluxos de caixa líquidos desde que os participantes procedam às transferências financeiras necessárias à sustentação de eventuais prejuízos acumulados em resultado de desvios ao plano previsional inicial.

ART. 32.º (Empréstimos) – 1 – Os empréstimos contraídos pelas empresas relevam para os limites da capacidade de endividamento dos municípios em caso de incumprimento das regras previstas no artigo anterior.

2 – É vedada às empresas a concessão de empréstimos a favor das entidades participantes e a intervenção como garante de empréstimos ou outras dívidas das mesmas.

3 – As entidades participantes não podem conceder empréstimos a empresas do sector empresarial local.

CAPÍTULO VII — **Entidades empresarias locais**

ART. 33.º (Constituição) – 1 – Os municípios, as associações de municípios e as áreas metropolitanas de Lisboa e do Porto podem constituir pessoas colectivas de direito público, com natureza empresarial, doravante designadas «entidades empresariais locais».

2 – O contrato de constituição das entidades empresariais locais deve ser reduzido a escrito, salvo se for exigida forma mais solene para a transmissão dos bens que sejam objecto de entradas em espécie.

3 – Nos casos em que as entidades empresariais locais sejam constituídas por escritura pública, é também competente o notário privativo do município onde a entidade empresarial local tiver a sua sede.

4 – As entidades empresariais locais estão sujeitas ao registo comercial nos termos gerais, com as adaptações que se revelem necessárias.

5 – A conservatória do registo competente deve, oficiosamente, a expensas da entidade empresarial local, comunicar a constituição e os estatutos, bem como as respectivas alterações, ao Ministério Público e assegurar a respectiva publicação nos termos da lei de registo comercial.

ART. 34.º (Regime jurídico) – 1 – As entidades criadas nos termos do artigo anterior regem-se pelas normas do presente capítulo e, subsidiariamente, pelas restantes normas desta lei.

2 – Às empresas de natureza municipal e intermunicipal constituídas nos termos da Lei n.º 58/98, de 18 de Agosto, existentes à data da entrada em vigor da presente lei, aplica-se o regime previsto no número anterior.

ART. 35.º (Autonomia e capacidade jurídica) – 1 – As entidades empresariais locais têm autonomia administrativa, financeira e patrimonial.

2 – A capacidade jurídica das entidades empresariais locais abrange todos os direitos e obrigações necessários ou convenientes à prossecução do seu objecto.

ART. 36.º (Denominação) – A denominação das entidades empresariais locais deve integrar a indicação da sua natureza municipal, intermunicipal ou metropolitana (EEM, EEIM, EEMT).

ART. 37.º (Capital) – 1 – As entidades empresariais locais têm um capital, designado «capital estatutário», detido pelas entidades prevista no n.º 1 do artigo 33.º ou por outras entidades públicas, e destinado a responder às respectivas necessidade permanentes.

2 – O capital estatutário pode ser aumentado nos termos previstos nos estatutos.

ART. 38.º (Órgãos) – 1 – A administração e a fiscalização das entidades empresariais locais estruturam-se segundo as modalidades e com as designações previstas para as sociedades anónimas.

2 – Os órgãos de administração e fiscalização têm as competências genéricas previstas na lei comercial, sem prejuízo do disposto na presente lei.

3 – Os estatutos regulam, com observância das normas legais aplicáveis, a competência e o modo de designação dos membros dos órgãos a que se referem os números anteriores.

4 – Os estatutos podem prever a existência de outros órgãos, deliberativos ou consultivos, definindo, nomeadamente, as respectivas competências, bem como o modo de designação dos respectivos membros.

ART. 39.º (Tutela) – 1 – A tutela económica e financeira das entidades empresariais locais é exercida pelas câmaras municipais, pelos conselhos directivos das associações de municípios e pelas juntas metropolitanas, consoante os casos, sem prejuízo do respectivo poder de superintendência.

2 – A tutela abrange:

a) A aprovação dos planos estratégico e de actividade, orçamento e contas, assim como de dotações para capital, subsídios e indemnizações compensatórias;

b) A homologação de preços ou tarifas a praticar por entidades empresariais que explorem serviços de interesse económico geral ou exerçam a respectiva actividade em regime de exclusivo, salvo quando a sua definição competir a outras entidades independentes;

c) Os demais poderes expressamente referidos nos estatutos.

1314   [Lei n.º 53-F/2006]   SECTOR EMPRESARIAL ESTATAL E MUNICIPAL

ART. 40.º (Instrumentos de gestão previsional) – A gestão económica das entidades empresariais locais é disciplinada pelos seguintes instrumentos de gestão previsional:
a) Planos plurianuais e anuais de actividades, de investimento e financeiros;
b) Orçamento anual de investimento;
c) Orçamento anual de exploração, desdobrado em orçamento de proveitos e orçamento de custos;
d) Orçamento anual de tesouraria;
e) Balanço previsional.

ART. 41.º (Contabilidade) – A contabilidade das entidades empresariais locais respeita o Plano Oficial de Contabilidade e deve responder às necessidades de gestão empresarial, permitindo um controlo orçamental permanente.

ART. 42.º (Documentos de prestação de contas) – Os instrumentos de prestação de contas das entidades empresariais locais, a elaborar anualmente com referência a 31 de Dezembro, são os seguintes, sem prejuízo de outros previstos nos estatutos ou em outras disposições legais:
a) Balanço;
b) Demonstração dos resultados;
c) Anexo ao balanço e à demonstração dos resultados;
d) Demonstração dos fluxos de caixa;
e) Relação das participações no capital de sociedades e dos financiamentos concedidos a médio e longo prazos;
f) Relatório sobre a execução anual do plano plurianual de investimentos;
g) Relatório do órgão de administração e proposta de aplicação dos resultados;
h) Parecer do órgão de fiscalização.

CAPÍTULO VIII — Alienação, reestruturação, fusão, extinção e transformação

ART. 43.º (Alienação do capital social) – A alienação da totalidade ou de parte do capital social das empresas é deliberada, consoante o caso, pela assembleia municipal, assembleia intermunicipal ou assembleia metropolitana, sob proposta da respectiva câmara municipal, conselho directivo, ou junta metropolitana.

ART. 44.º (Reestruturação, fusão, extinção e transformação) – 1 – A reestruturação, fusão ou extinção das entidades empresariais locais é da competência dos órgãos da autarquia ou associação competentes para a sua criação, a quem incumbe definir os termos da liquidação do respectivo património.

2 – As entidades empresariais locais devem ser extintas quando a autarquia ou associação responsável pela sua constituição tiver de cumprir obrigações assumidas pelos órgãos da entidade empresarial local para as quais o respectivo património se revele insuficiente.

3 – As entidades empresariais locais podem ser transformadas em empresas, devendo essa transformação ser precedida de deliberação dos órgãos competentes para a sua criação, nos termos da presente lei.

CAPÍTULO IX — Outras disposições

ART. 45.º (Estatuto do pessoal) – 1 – O estatuto do pessoal das empresas é o do regime do contrato individual de trabalho.

2 – A matéria relativa à contratação colectiva rege-se pela lei geral.

ART. 46.º (Comissões de serviço) – 1 – Os funcionários e agentes da administração central, regional e local, incluindo dos institutos públicos, podem exercer funções nas entidades do sector empresarial local em regime de afectação específica ou de cedência especial, nos termos da legislação geral em matéria de mobilidade.

2 – Podem ainda exercer funções nas entidades do sector empresarial local os trabalhadores de quaisquer empresas públicas, em regime de cedência ocasional, nos termos previstos no Código do Trabalho.

3 – O pessoal do quadro dos serviços municipalizados que venham a ser objecto de transformação em empresas, nos termos da presente lei, pode optar entre a integração no quadro da empresa ou no quadro do município respectivo, nos termos estabelecidos em protocolo a celebrar entre o município e a empresa, não podendo ocorrer, em qualquer caso, perda de remuneração ou de qualquer outro direito ou regalia.

ART. 47.º (Estatuto do gestor local) – 1 – É proibido o exercício simultâneo de funções nas câmaras municipais e de funções remuneradas, a qualquer título, nas empresas municipais, intermunicipais e metropolitanas.

2 – É igualmente proibido o exercício simultâneo de mandato em assembleia municipal e de funções executivas nas empresas municipais, intermunicipais e metropolitanas detidas ou participadas pelo município no qual foi eleito.

3 – As remunerações dos membros dos órgãos de administração das empresas a que se refere o n.º 1, quando de âmbito municipal, são limitadas ao índice remuneratório do presidente da câmara respectiva e, quando de âmbito intermunicipal ou metropolitano, ao índice remuneratório dos presidentes das Câmaras de Lisboa e do Porto.

PARCERIAS PÚBLICO-PRIVADAS   [DL n.º 86/2003]   1315

4 – O Estatuto do Gestor Público é subsidiariamente aplicável aos titulares dos órgãos de gestão das empresas integrantes do sector empresarial local.

CAPÍTULO X — Disposições finais

ART. 48.º (Adaptação dos estatutos) – 1 – No prazo máximo de dois anos a contar da data da publicação, as empresas municipais e intermunicipais já constituídas devem adequar os seus estatutos ao disposto na presente lei.

2 – O disposto na presente lei prevalece sobre os estatutos das entidades referidas no número anterior que, decorrido o prazo aí mencionado, não tenham sido revistos e adaptados.

ART. 49.º (Norma revogatória) – São revogadas a Lei n.º 58/98, de 18 de Agosto, e a alínea *c)* do n.º 1 do artigo 7.º da Lei n.º 29/87, de 30 de Junho.

ART. 50.º (Entrada em vigor) – A presente lei entra em vigor em 1 de Janeiro de 2007.

24.12. PARCERIAS PÚBLICO-PRIVADAS

Decreto-Lei n.º 86/2003

de 26 de Abril (*) (**)

CAPÍTULO I — Disposições gerais

ART. 1.º (Objecto) – O presente diploma tem por objecto a definição de normas gerais aplicáveis à intervenção do Estado na definição, concepção, preparação, concurso, adjudicação, alteração, fiscalização e acompanhamento global das parcerias público-privadas.

ART. 2.º (Definição de parceria público-privada e âmbito de aplicação) – 1 – Para os efeitos do presente diploma, entende-se por parceria público-privada o contrato ou a união de contratos, por via dos quais entidades privadas, designadas por parceiros privados, se obrigam, de forma duradoura, perante um parceiro público, a assegurar o desenvolvimento de uma actividade tendente à satisfação de uma necessidade colectiva, e em que o financiamento e a responsabilidade pelo investimento e pela exploração incumbem, no todo ou em parte, ao parceiro privado.

2 – São parceiros públicos:

a) O Estado e entidades públicas estaduais;

b) Os fundos e serviços autónomos;

c) As entidades publicas empresariais.

3 – O presente diploma é igualmente aplicável a todas as parcerias em que o equivalente ao parceiro não público seja uma empresa pública, uma cooperativa ou uma instituição privada sem fins lucrativos.

4 – Constituem, entre outros, instrumentos de regulação jurídica das relações de colaboração entre entes públicos e entes privados:

a) O contrato de concessão de obras públicas;

b) O contrato de concessão de serviço público;

c) O contrato de fornecimento contínuo;

d) O contrato de prestação de serviços;

e) O contrato de gestão;

f) O contrato de colaboração, quando estiver em causa a utilização de um estabelecimento ou uma infra-estrutura já existentes, pertencentes a outras entidades que não o parceiro público.

5 – Excluem-se do âmbito de aplicação do presente diploma:

a) As empreitadas de obras públicas;

b) Os arrendamentos;

c) Os contratos públicos de aprovisionamento;

d) Todas as parcerias público-privadas que envolvam, cumulativamente, um encargo acumulado actualizado inferior a 10 milhões de euros e um investimento inferior a 25 milhões de euros;

e) Todos os outros contratos de fornecimento de bens ou de prestação de serviços, com prazo de duração igual ou inferior a três anos, que não envolvam a assunção automática de obrigações para o parceiro público no termo ou para além do termo do contrato.

(*) Alterado pelo **DL n.º 141/2006**, de 27-7, que republicou o texto consolidado, sendo este o adoptado.
(**) As parcerias em saúde regem-se pelo **DL n.º 185/2002**, de 20-8, com as alterações introduzidas pelo **DL n.º 141/2007**, de 27-7.

1316   [DL n.º 86/2003]   SECTOR EMPRESARIAL ESTATAL E MUNICIPAL

6 – As parcerias público-privadas promovidas por empresas públicas sob a forma societária devem observar, com as devidas adaptações, as exigências materiais e os princípios constantes do presente decreto-lei, designadamente os resultantes dos artigos 4.º, 5.º, 6.º, 7.º, 14.º-C e 14.º-F, sendo o respectivo acompanhamento e controlo pelos Ministros das Finanças e da tutela sectorial exercidos através da função accionista do Estado.

ART. 3.º (Prevalência) – 1 – O disposto no presente diploma prevalece sobre quaisquer outras normas, relativas a parcerias público-privadas, tal como definidas no artigo 2.º.

2 – Sem prejuízo do disposto no número anterior, quando a especificidade de determinado sector o justificar, podem ser criados regimes sectoriais especiais, nos termos dos quais são definidas as normas que se revelem necessárias ou convenientes, em virtude das características particulares do sector em causa, para assegurar a prossecução dos fins e o cumprimento dos pressupostos gerais da constituição de parcerias público-privadas.

3 – Os regimes sectoriais especiais referidos no número anterior podem compreender:

a) Princípios e regras económicos, financeiros e técnicos;

b) Normas procedimentais específicas;

c) A atribuição a uma entidade sob tutela sectorial das competências de identificação, preparação, avaliação prévia, acompanhamento e avaliação de constituição de projectos de parcerias.

ART. 4.º (Fins) – Constituem finalidades essenciais das parcerias público-privadas o acréscimo de eficiência na afectação de recursos públicos e a melhoria qualitativa e quantitativa do serviço, induzida por formas de controlo eficazes que permitam a sua avaliação permanente por parte dos potenciais utentes e do parceiro público.

ART. 5.º (Repartição de responsabilidades) – No âmbito das parcerias público-privadas, incumbe ao parceiro público o acompanhamento e o controlo da execução do objecto da parceria, de forma a garantir que são alcançados os fins de interesse público subjacentes, e ao parceiro privado cabe, preferencialmente, o financiamento, bem como o exercício e a gestão da actividade contratada.

ART. 6.º (Pressupostos) – 1 – O lançamento e a contratação da parceria público-privada pressupõem:

a) O cumprimento, quando for o caso, das normas relativas à programação financeira plurianual constantes da lei de enquadramento orçamental;

b) A clara enunciação dos objectivos da parceria, definindo os resultados pretendidos e permitindo uma adequada atribuição das responsabilidades das partes;

c) A configuração de um modelo de parceria que apresente para o parceiro público vantagens relativamente a formas alternativas de alcançar os mesmos fins, avaliadas nos termos previstos no n.º 2 do artigo 19.º da lei de enquadramento orçamental, e que, simultaneamente, apresente para os parceiros privados uma expectativa de obtenção de remuneração adequada aos montantes investidos e ao grau de risco em que incorrem;

d) A prévia adequação às normas legais e demais instrumentos normativos, bem como a obtenção das autorizações e pareceres administrativos exigidos, tais como, entre outros, os de natureza ambiental e urbanísticos, dos quais dependa o desenvolvimento do projecto, de modo a permitir que todo o risco da execução seja ou possa ser transferido para o parceiro privado;

e) A concepção de modelos de parcerias que evitem ou menorizem, sempre que possível e salvo fundamentação adequada, a probabilidade da verificação de modificações unilaterais dos contratos determinadas pelo parceiro público ou quaisquer outros factos ou circunstâncias geradores ou potenciadores da obrigação de reposição do equilíbrio financeiro, designadamente a indefinição das prestações contratuais, a imprevisibilidade da matéria, a extensão ou incerteza quanto à duração do compromisso, bem como a assunção de termos e condições de reposição desse equilíbrio ou outros regimes indemnizatórios que sejam excessiva ou injustificadamente onerosos ou inadequados em face do perfil de risco efectivo da parceria;

f) A adopção, na fase prévia à contratação, das diligências e a consagração das exigências que se revelem adequadas à obtenção de um resultado negocial economicamente competitivo;

g) A identificação expressa da entidade pública que tem a responsabilidade de suportar os encargos decorrentes de pagamentos a realizar ao parceiro privado, quando se preveja que os mesmos venham a ter lugar, bem como a identificação da origem dos respectivos fundos.

2 – Os estudos económico-financeiros de suporte ao lançamento da parceria utilizam os parâmetros macro-económicos definidos por despacho do Ministro das Finanças, o qual determina, designadamente, a taxa de desconto, para efeitos de actualização, e as projecções de inflação.

3 – A verificação da conformidade do projecto de parceria com os pressupostos referidos no n.º 1 deve ser realizada com o maior grau de concretização possível em função da fase em que o projecto se encontre.

4 – No que respeita, em especial, à declaração de impacte ambiental, quando exigível segundo a lei aplicável, deve a mesma ser obtida previamente ao lançamento da parceria.

5 – Nos casos a que se refere o número anterior, os prazos de caducidade previstos nos n.ᵒˢ 1 e 2 do artigo 21.º do Decreto-Lei n.º 69/2000, de 3 de Maio, são alargados para três anos.

6 – Nos casos em que sejam apresentadas propostas com variantes assentes em pressupostos diferentes daqueles que serviram de base à declaração de impacte ambiental, os riscos inerentes à variante correm exclusivamente por conta do parceiro privado.

PARCERIAS PÚBLICO-PRIVADAS   [DL n.º 86/2003]   1317

ART. 7.º (Partilha de riscos) – A partilha de riscos entre as entidades públicas e privadas deve estar claramente identificada contratualmente e obedece aos seguintes princípios:

a) Os diferentes riscos inerentes à parceria devem ser repartidos entre as partes de acordo com a sua capacidade de gerir esses mesmos riscos;

b) O estabelecimento da parceria deverá implicar uma significativa e efectiva transferência de risco para o sector privado;

c) Deverá ser evitada a criação de riscos que não tenham adequada justificação na redução significativa de outros riscos já existentes;

d) O risco de insustentabilidade financeira da parceria, por causa não imputável a incumprimento ou modificação unilateral do contrato pelo parceiro público, ou a situação de força maior, deve ser, tanto quanto possível, transferido para o parceiro privado.

CAPÍTULO II — Avaliação das parcerias

ART. 7.º-A (Programas sectoriais de parcerias) – 1 – De acordo com as prioridades políticas e de investimentos sectoriais podem ser desenvolvidos programas sectoriais de parcerias, envolvendo um conjunto articulado de projectos com recurso à gestão e ao financiamento privado, nos termos dos artigos 18.º e seguintes da lei de enquadramento orçamental.

2 – A coordenação e o apoio técnico à preparação dos projectos inseridos ou a inserir em programas sectoriais podem ser atribuídos, pelo ministro da tutela sectorial, a unidades ou estruturas técnicas especializadas, às quais cabe, nomeadamente, apresentar o respectivo estudo estratégico e minutas dos instrumentos jurídicos necessários ao início do procedimento prévio à contratação.

3 – O estudo previsto no número anterior deve demonstrar a aptidão do projecto para atrair o sector privado, tendo em conta os potenciais interessados e as condições de mercado existentes.

ART. 8.º (Preparação e estudo de parcerias) – 1 – Os ministros das tutelas sectoriais que pretendam iniciar processos de parceria público-privada devem notificar o Ministro das Finanças, para efeitos de constituição de uma comissão de acompanhamento da preparação e da avaliação prévia do projecto, apresentando o respectivo estudo estratégico e as minutas dos instrumentos jurídicos para a realização do procedimento prévio à contratação.

2 – As entidades mencionadas no n.º 2 do artigo 2.º que pretendam iniciar processos de parceria público-privada devem apresentar ao ministro da respectiva tutela sectorial uma proposta contendo os elementos a que se refere o número anterior.

3 – A comissão de acompanhamento é nomeada por despacho conjunto dos Ministros das Finanças e da tutela sectorial, no prazo de 15 dias após a notificação a que se refere o n.º 1.

4 – A comissão de acompanhamento é composta por três ou cinco membros efectivos e dois suplentes, sendo:

a) O respectivo coordenador indicado por acordo entre os Ministros das Finanças e da tutela sectorial;

b) Um ou dois membros efectivos, consoante a comissão seja constituída por três ou cinco membros, indicados por cada um dos ministros;

c) Cada um dos suplentes indicados por cada um dos ministros.

5 – O estudo e preparação da parceria devem ter em consideração a conveniência de averiguação prévia do posicionamento do sector privado relativamente ao tipo de parceria em estudo, tendo em vista, designadamente, a identificação de potenciais interessados e a análise das condições de mercado existentes, procedendo, quando aplicável, à actualização do estudo estratégico a que se refere o n.º 2 do artigo 7.º-A.

6 – No despacho a que se refere o n.º 3, é fixado o prazo em que a comissão de acompanhamento deve apresentar o seu relatório, o qual contém a recomendação de decisão a ser tomada, não podendo exceder 60 dias, salvo em casos devidamente fundamentados.

7 – Compete à comissão de acompanhamento apreciar os pressupostos a que obedeceu o estudo apresentado e desenvolver e aprofundar a análise estratégica e financeira subjacente, com vista à sua adequada inserção nos objectivos do Governo e a maximizar o seu impacte positivo na economia, bem como, especificamente:

a) Promover uma eficaz articulação entre as entidades envolvidas, com vista a imprimir maior celeridade e eficácia à respectiva acção;

b) Propor ao Governo as soluções e medidas que considere mais consentâneas com a defesa do interesse público;

c) Propor os instrumentos jurídicos adequados ao lançamento e execução do projecto de parceria;

d) Apresentar, quando solicitado, o desenvolvimento e aprofundamento do estudo estratégico da parceria e a justificação do modelo a adoptar, demonstrando a inexistência de alternativas equiparáveis dotadas de maior eficiência técnica e operacional ou de maior racionalidade financeira;

e) Demonstrar a comportabilidade orçamental da parceria;

f) Colaborar com as entidades incumbidas da fiscalização e acompanhamento global das parcerias público-privadas.

8 – A comissão de acompanhamento tem poderes para solicitar a qualquer serviço e organismo do ministério da tutela sectorial ou às entidades a que se refere o n.º 2 do artigo 2.º, consoante o caso, a informação e o apoio técnico que se revelem necessários ao desenvolvimento e execução do projecto.

1318   [DL n.º 86/2003]   SECTOR EMPRESARIAL ESTATAL E MUNICIPAL

9 – A comissão de acompanhamento deve envolver activamente no desenvolvimento do projecto as entidades que venham a assumir responsabilidades no acompanhamento e controlo da execução do contrato de parceria a celebrar, de forma que estas possam proceder, de forma eficaz, a um acompanhamento e controlo da execução do referido contrato.

10 – Em casos excepcionais, devidamente fundamentados, a constituição da comissão de acompanhamento pode ser dispensada, nos termos e no prazo referidos no n.º 3.

ART. 9.º (Comissão de avaliação das propostas) – 1 – Até ao início do procedimento prévio à contratação, a comissão de avaliação de propostas é designada por despacho conjunto dos Ministros das Finanças e da tutela sectorial, aplicando-se à respectiva composição, com as devidas adaptações, o disposto no n.º 4 do artigo anterior, podendo a mesma ser alargada, em casos devidamente fundamentados, até sete ou nove elementos, sendo observada a paridade entre ministérios na respectiva nomeação.

2 – A comissão de avaliação das propostas deve ter, entre as suas incumbências, a de avaliação quantitativa dos encargos para o parceiro público ou para o Estado, bem como a estimativa do impacte potencial dos riscos, directa ou indirectamente, afectos ao parceiro público, decorrentes do conteúdo e natureza de cada uma das propostas, para além da avaliação do respectivo mérito relativo, tendo especialmente em conta o pressuposto referido na alínea *c)* do n.º 1 do artigo 6.º.

3 – É aplicável à comissão de avaliação das propostas, com as necessárias adaptações, o regime previsto nos n.ºs 6, 8 e 9 do artigo 8.º.

ART. 10.º (Lançamento da parceria) – 1 – Até ao termo do prazo fixado nos termos do n.º 6 do artigo 8.º, a comissão de acompanhamento, ouvido o órgão de gestão da entidade pública interessada, quando for o caso, submete à consideração dos Ministros das Finanças e da tutela sectorial, em relatório fundamentado, uma recomendação da decisão a ser tomada.

2 – No relatório analisa-se, em especial, a conformidade da versão definitiva do projecto de parceria com o disposto no n.º 1 do artigo 6.º e no artigo 7.º e discrimina-se quantitativamente os encargos para o parceiro público ou para o Estado, bem como o impacte potencial dos riscos, directa ou indirectamente, afectos ao parceiro público.

3 – Os Ministros das Finanças e da tutela sectorial decidem quanto ao lançamento da parceria e respectivas condições, mediante despacho conjunto a emitir no prazo de 30 dias a contar da apresentação do relatório, competindo a execução daquele despacho, quando se trate de entidades com personalidade jurídica, ao respectivo órgão de gestão.

4 – Do teor do despacho conjunto, ou dos seus anexos, constam os seguintes elementos:

a) O programa do procedimento adjudicatório aplicável;

b) O caderno de encargos;

c) A análise das opções que determinaram a configuração do projecto;

d) A descrição do projecto e do seu modo de financiamento;

e) A demonstração do seu interesse público;

f) A justificação do modelo de parceria escolhida;

g) A demonstração da comportabilidade dos custos e riscos decorrentes da parceria em função da programação financeira plurianual do sector público administrativo;

h) A declaração de impacte ambiental, quando exigível nos termos da lei aplicável.

5 – O lançamento da parceria é feito segundo o procedimento adjudicatório aplicável, nos termos da legislação relativa à contratação pública.

ART. 11.º (Adjudicação e reserva de não atribuição) – 1 – Sem prejuízo da competência prevista na lei para autorização de despesa, a adjudicação é realizada mediante despacho conjunto dos Ministros das Finanças e da tutela sectorial ou, quando se trate de entidades com personalidade jurídica, por acto do respectivo órgão de gestão precedido de despacho conjunto favorável daqueles ministros, aos quais compete apreciar o relatório elaborado pela comissão de avaliação de propostas nos termos do artigo anterior e verificar a conformidade com o disposto no n.º 1 do artigo 6.º e no artigo 7.º, bem como nas alíneas *c)* a *g)* do n.º 4 do artigo anterior.

2 – O despacho conjunto referido no número anterior é emitido no prazo máximo de 30 dias a contar da recepção do relatório elaborado pela comissão de avaliação de propostas.

3 – A qualquer momento do processo de selecção do parceiro privado pode dar-se por interrompido ou anulado o processo em curso, mediante despacho conjunto dos Ministros das Finanças e da tutela sectorial e sem direito a qualquer indemnização, sempre que, de acordo com a apreciação dos objectivos a prosseguir, os resultados das análises e avaliações realizadas até então e os resultados das negociações levadas a cabo com os candidatos não correspondam, em termos satisfatórios, aos fins de interesse público subjacentes à constituição da parceria, incluindo a respectiva comportabilidade de encargos globais estimados.

4 – A interrupção ou anulação do processo de constituição da parceria é decidida com observância do procedimento previsto no n.º 1.

5 – A interrupção do procedimento de constituição da parceria é obrigatória sempre que se apresente apenas um concorrente no respectivo procedimento adjudicatório, salvo decisão expressa e fundamentada dos Ministros das Finanças e da tutela sectorial.

PARCERIAS PÚBLICO-PRIVADAS [DL n.º 86/2003] 1319

CAPÍTULO III — Fiscalização e acompanhamento das parcerias

ART. 12.º (Fiscalização das parcerias) – Os poderes de fiscalização e controlo da execução das parcerias são exercidos por entidade ou serviço a indicar pelo Ministro das Finanças para as matérias económicas e financeiras e pelo ministro da tutela sectorial para as demais.

ART. 13.º (Acompanhamento global das parcerias) – 1 – Incumbe aos Ministros das Finanças e da tutela sectorial proceder ao acompanhamento permanente das parcerias tendo por objectivo avaliar os seus custos e riscos e melhorar o processo de constituição de novas parcerias.

2 – Os Ministros das Finanças e da tutela sectorial tomam as providências necessárias para uma eficaz divulgação dos conhecimentos adquiridos pelas entidades incumbidas do acompanhamento das parcerias, bem como para uma crescente colaboração entre elas.

3 – O Ministro das Finanças designa, mediante despacho, a entidade que lhe presta apoio técnico no acompanhamento global das parcerias e à qual podem ser atribuídas, designadamente, as seguintes funções:

a) Emitir pareceres e recolher e disponibilizar informação relativa aos custos, riscos e impacte financeiro das parcerias;

b) Receber, em nome do Ministro das Finanças, os pedidos de constituição de comissões previstas no presente decreto-lei;

c) Receber, em nome do Ministro das Finanças, as comunicações previstas no presente decreto-lei que aquele indicar;

d) Indicar, quando tal lhe seja solicitado pelo Ministro das Finanças, a identificação de membros para comissões previstas no presente decreto-lei;

e) Prestar apoio técnico às comissões previstas no presente decreto-lei;

f) Proceder ao acompanhamento dos processos em curso nos tribunais arbitrais, prestando apoio técnico ao parceiro público quando tal lhe seja determinado pelo Ministro das Finanças;

g) Proceder ao arquivo e registos de elementos relacionados com as parcerias.

4 – Os serviços e organismos do Estado e as entidades indicadas no n.º 2 do artigo 2.º devem prestar à entidade designada pelo Ministro das Finanças toda a colaboração que se revele necessária, designadamente fornecendo os elementos que lhes sejam solicitados relacionados com processos de parcerias.

5 – O ministro da tutela sectorial designa igualmente, mediante despacho, a entidade que lhe presta apoio técnico no acompanhamento global do programa sectorial de parcerias, aplicando-se-lhe, correspondentemente, o disposto no número anterior.

6 – Sem prejuízo do disposto nos números anteriores, quando a complexidade, o valor ou o interesse público da parceria o justifiquem, os Ministros das Finanças e da tutela sectorial podem designar uma comissão de acompanhamento da fase inicial da execução do contrato em causa, mediante despacho conjunto, que fixa o âmbito da missão atribuída à respectiva comissão, observando-se, com as devidas adaptações, o disposto nos n.ᵒˢ 3 a 9 do artigo 8.º.

ART. 14.º (Alterações das parcerias) – 1 – Ficam sujeitas ao disposto nos números seguintes quaisquer alterações que, após a selecção do parceiro privado ou na vigência do respectivo contrato, por acordo dos dois parceiros ou por iniciativa de qualquer deles, ao abrigo de quaisquer disposições legal ou contratualmente aplicáveis, se pretenda introduzir nos termos da parceria ou nos compromissos a assumir ou já assumidos pelas partes.

2 – Quando um serviço ou organismo do Estado ou uma das entidades indicadas no n.º 2 do artigo 2.º pretender dar início ao estudo e preparação de uma alteração dos termos e condições de um contrato de parceria já celebrado, notifica por escrito o Ministro das Finanças ou a entidade que este para o efeito designar, constituindo-se uma comissão de negociação e observando-se, com as devidas adaptações, o disposto nos n.ᵒˢ 3 a 9 do artigo 8.º.

3 – Em casos excepcionais, devidamente fundamentados, a constituição da comissão de negociação pode ser dispensada, nos termos e no prazo referidos no n.º 3 do artigo 8.º.

4 – (*Revogado.*)

5 – (*Revogado.*)

ART. 14.º-A (Competências da comissão de negociação) – 1 – Compete à comissão de negociação representar o parceiro público nas negociações que venham a ocorrer com o parceiro privado, bem como elaborar o correspondente relatório, submetendo-o à apreciação do órgão máximo do serviço do Estado que deu origem ao início do processo de alteração da parceria ou do órgão de gestão do respectivo parceiro público, quando se trate de entidade com personalidade jurídica.

2 – O relatório é apresentado, no prazo máximo de 60 dias, salvo casos devidamente fundamentados, e deve, designadamente:

a) Analisar a conformidade do projecto de alteração da parceria com o disposto no n.º 1 do artigo 6.º e no artigo 7.º;

b) Proceder à avaliação quantitativa dos encargos para o parceiro público ou para o Estado;

c) Proceder à estimativa do impacte potencial dos riscos, directa ou indirectamente, afectos ao parceiro público;

d) Fazer menção aos elementos indicados nas alíneas *d)*, *e)* e *g)* do n.º 4 do artigo 10.º.

1320   [DL n.º 86/2003]   SECTOR EMPRESARIAL ESTATAL E MUNICIPAL

ART. 14.º-B (Processo de alteração da parceria) – 1 – Quando o órgão máximo do serviço do Estado ou o órgão de gestão, quando se trate de entidades com personalidade jurídica, considerar que o processo de alteração da parceria se encontra em condições de ser concluído, deve remeter aos Ministros das Finanças e da tutela sectorial o relatório a que se refere o n.º 1 do artigo anterior, acompanhado da minuta das alterações contratuais e de todos os elementos considerados relevantes.

2 – A alteração da parceria deve ser precedida de um despacho conjunto dos Ministros das Finanças e da tutela sectorial, a emitir no prazo de 30 dias a contar da recepção do relatório da comissão de negociação, findo o qual se presume tacitamente emitido.

3 – Emergindo novas situações susceptíveis de fundamentarem outra alteração à mesma parceria ou situações que fundamentem a reposição do equilíbrio financeiro do respectivo contrato, compete à comissão de negociação que se encontre em funções conduzir o respectivo processo.

ART. 14.º-C (Equilíbrio financeiro e novas actividades) – 1 – Pode haver lugar à reposição do equilíbrio financeiro do respectivo contrato quando ocorra uma alteração significativa das condições financeiras de desenvolvimento da parceria, nomeadamente nos casos de modificação unilateral, imposta pelo parceiro público, do conteúdo das obrigações contratuais do parceiro privado ou das condições essenciais de desenvolvimento da parceria.

2 – O parceiro público tem direito à partilha equitativa com o parceiro privado dos benefícios financeiros que decorram para este do desenvolvimento da parceria, nomeadamente nos casos de melhoria das condições de financiamento da parceria por via da renegociação ou substituição dos contratos de financiamento.

3 – Devem constar expressamente das peças do procedimento adjudicatório aplicável ou do título contratual os pressupostos em que há lugar à reposição do equilíbrio financeiro ou à partilha a favor do parceiro público de benefícios financeiros do desenvolvimento da parceria.

4 – A aferição do equilíbrio financeiro da parceria tem em conta o modelo financeiro que constitui o respectivo caso-base, que deve ser anexo ao contrato de parceria e incluir todas as receitas do parceiro privado que sejam obtidas em resultado do desenvolvimento da parceria, incluindo as recebidas de terceiros ao abrigo de contratos de subconcessão ou cedência onerosa de espaços ou equipamentos para fins comerciais.

5 – A reposição do equilíbrio financeiro ou a partilha a favor do parceiro público de benefícios financeiros são efectuadas nas seguintes modalidades:

a) Alteração do prazo da parceria;

b) Aumento ou redução de obrigações de natureza pecuniária;

c) Atribuição de compensação directa;

d) Combinação das modalidades anteriores ou qualquer outra forma que venha a ser acordada entre as partes.

6 – Quando haja lugar à reposição do equilíbrio financeiro do contrato ou à partilha de benefícios entre o parceiro público e o parceiro privado, observa-se, com as necessárias adaptações, o procedimento de alteração da parceria previsto no n.º 2 do artigo 14.º e nos artigos 14.º-A e 14.º-B.

7 – Quando o parceiro privado pretenda exercer actividades não previstas expressamente no contrato de parceria, a autorização das entidades que aprovaram a celebração do contrato de parceria não pode, em caso algum, ser emitida quando as propostas não contenham a respectiva projecção económico-financeira e uma partilha da correspondente receita.

ART. 14.º-D (Acréscimo de encargos) – 1 – Sem prejuízo da observância do regime jurídico relativo à realização de despesas públicas, carece de despacho prévio de concordância dos Ministros das Finanças e da tutela sectorial, a emitir no prazo de 30 dias, findo o qual se presume tacitamente emitido, a realização, redução ou alteração de obras não previstas ou programadas em contrato de parceria já celebrado ou qualquer outra decisão susceptível de, no âmbito da execução do respectivo contrato e das condições aí fixadas, gerar um acréscimo dos encargos previstos para o parceiro público ou para o Estado, excepto se o respectivo valor não exceder, em termos acumulados anuais, € 1 000 000.

2 – Para efeitos do disposto no número anterior, o pedido apresentado pelo serviço ou entidade que representa o parceiro público na execução do contrato em causa deve ser acompanhado da respectiva fundamentação, do orçamento apresentado pelo parceiro privado e das condições de execução e de pagamento.

3 – No caso de os ministros a que se refere o n.º 1 não aceitarem o orçamento apresentado, bem como as eventuais alterações que ao mesmo ocorram em função de um processo negocial, o parceiro público, obtido despacho de concordância daqueles ministros a emitir no prazo de 30 dias, findos os quais se presume tacitamente emitido, pode, unilateralmente e nos termos fixados no contrato ou na lei, tomar a decisão que acautele em melhores condições o interesse público.

4 – Quando o serviço ou a entidade que representa o parceiro público na execução dos contratos de parcerias tomarem conhecimento de situações susceptíveis de gerarem encargos adicionais para o parceiro público ou para o Estado, designadamente os decorrentes de atrasos imputáveis a entidades públicas intervenientes no desenvolvimento do processo, devem, de imediato, comunicar tais factos aos Ministros das Finanças e da tutela sectorial, sempre que possível com indicação dos valores estimados envolvidos.

PARCERIAS PÚBLICO-PRIVADAS   [**DL n.º 86/2003**]   1321

ART. 14.º-E (Acompanhamento de processos arbitrais) – 1 – Quando, nos termos de contrato de parceria já celebrado, seja requerida a constituição de um tribunal arbitral para a resolução de litígios entre as partes, o serviço ou entidade que representar o parceiro público no contrato de parceria deve comunicar imediatamente aos Ministros das Finanças e da tutela sectorial a ocorrência desse facto, fornecendo todos os elementos que se revelem úteis ao acompanhamento do processo.

2 – Com vista ao acompanhamento do processo arbitral, os Ministros das Finanças e da tutela sectorial podem determinar, mediante despacho conjunto, a manutenção em funções da comissão de negociação anteriormente constituída em relação com o objecto do litígio.

3 – Devem ser remetidas, periodicamente, à entidade directamente incumbida de proceder ao acompanhamento do respectivo processo arbitral cópias dos actos processuais que sejam entretanto praticados por qualquer das partes e pelo tribunal, bem como dos pareces técnicos e jurídicos e quaisquer outros elementos relevantes para a compreensão, desenvolvimento ou desfecho da lide.

CAPÍTULO IV — **Disposições finais**

ART. 14.º-F (Consultores externos) – 1 – Sem prejuízo da observância do regime jurídico relativo à realização de despesas públicas, a decisão de contratar consultores para apoio no âmbito de processos de parcerias público-privadas deve identificar ou conter:

a) As razões objectivas que justificam essa contratação e a correspondente delimitação, em termos claros e precisos, do âmbito de intervenção do consultor externo;

b) Os encargos para o parceiro público ou para o Estado previsivelmente decorrentes dessa contratação e o seu cabimento orçamental;

c) O procedimento a adoptar na selecção do consultor externo, nos termos da lei aplicável.

2 – O consultor externo que venha a prestar serviços de consultoria ao parceiro público na preparação, avaliação, acompanhamento, renegociação ou outra intervenção referente a uma determinada parceria público-privada que lhe permita o acesso a informação não disponível publicamente fica impedido de prestar assessoria ao parceiro privado ou a qualquer entidade que se apresente como concorrente no âmbito dessa parceria.

3 – A inobservância do disposto no número anterior é causa de exclusão do concorrente de qualquer procedimento tendente à adjudicação da parceria ou de cessação antecipada da mesma, por razões imputáveis ao parceiro privado, sem prejuízo da indemnização a que o parceiro público possa ter direito, nos termos legais ou contratuais aplicáveis.

ART. 15.º (Delegação e subdelegação) – As competências atribuídas no presente diploma aos Ministros das Finanças e da tutela sectorial podem ser delegadas ou subdelegadas.

ART. 16.º (Aplicação imediata) – O presente diploma aplica-se:

a) A todas as parcerias público-privadas que ainda não tenham sido objecto do despacho referido no n.º 9 do artigo 8.º;

b) As renegociações, contratualmente previstas ou acordadas pelas partes, das parcerias já existentes, nos limites da disponibilidade negocial legalmente permitida.

CAP. XXV

INSOLVÊNCIA E RECUPERAÇÃO DE EMPRESAS

25.1. CÓDIGO DA INSOLVÊNCIA E DA RECUPERAÇÃO DE EMPRESAS

Decreto-Lei n.º 53/2004
de 18 de Março (*)

TÍTULO I — **DISPOSIÇÕES INTRODUTÓRIAS**

ART. 1.º (Finalidade do processo de insolvência) – O processo de insolvência é um processo de execução universal que tem como finalidade a liquidação do património de um devedor insolvente e a repartição do produto obtido pelos credores, ou a satisfação destes pela forma prevista num plano de insolvência, que nomeadamente se baseie na recuperação da empresa compreendida na massa insolvente.

ART. 2.º (Sujeitos passivos da declaração de insolvência) – 1 – Podem ser objecto de processo de insolvência:
a) Quaisquer pessoas singulares ou colectivas;
b) A herança jacente;
c) As associações sem personalidade jurídica e as comissões especiais;
d) As sociedades civis;
e) As sociedades comerciais e as sociedades civis sob a forma comercial até à data do registo definitivo do contrato pelo qual se constituem;
f) As cooperativas, antes do registo da sua constituição;
g) O estabelecimento individual de responsabilidade limitada;
h) Quaisquer outros patrimónios autónomos.
2 – Exceptuam-se do disposto no número anterior:
a) As pessoas colectivas públicas e as entidades públicas empresariais;
b) As empresas de seguros, as instituições de crédito, as sociedades financeiras, as empresas de investimento que prestem serviços que impliquem a detenção de fundos ou de valores mobiliários de terceiros e os organismos de investimento colectivo, na medida em que a sujeição a processo de insolvência seja incompatível com os regimes especiais previstos para tais entidades.

ART. 3.º (Situação de insolvência) – 1 – É considerado em situação de insolvência o devedor que se encontre impossibilitado de cumprir as suas obrigações vencidas.
2 – As pessoas colectivas e os patrimónios autónomos por cujas dívidas nenhuma pessoa singular responda pessoal e ilimitadamente, por forma directa ou indirecta, são também considerados insolventes quando o seu passivo seja manifestamente superior ao activo, avaliados segundo as normas contabilísticas aplicáveis.
3 – Cessa o disposto no número anterior quando o activo seja superior ao passivo, avaliados em conformidade com as seguintes regras:

(*) Com as alterações introduzidas pelo **DL n.º 200/2004**, de 18-8, o qual republicou em anexo o respectivo texto integral consolidado, que se insere, alterado pelo art. 35.º do **DL n.º 76-A/2006**, de 29-3 (art. 234.º-4), pelo **DL n.º 282/2007**, de 7-8 (arts. 9.º, 27.º, 32.º, 34.º, 37.º, 38.º, 39.º, 44.º, 52.º, 55.º, 57.º, 75.º, 164.º, 216.º, 229.º, 230.º, 232.º e 290.º, e revogação do n.º 1 do art. 38.º), pelo **DL n.º 116/2008**, de 4-7 (nova redacção dos arts. 38.º e 81.º, e revogação do art. 152.º), e pelo **DL n.º 185/2009**, de 12-8, que alterou os arts. 38.º e 146.º.

CÓDIGO DA INSOLVÊNCIA E DA RECUPERAÇÃO DE EMPRESAS [DL n.º 53/2004] 1323

a) Consideram-se no activo e no passivo os elementos identificáveis, mesmo que não constantes do balanço, pelo seu justo valor;

b) Quando o devedor seja titular de uma empresa, a valorização baseia-se numa perspectiva de continuidade ou de liquidação, consoante o que se afigure mais provável, mas em qualquer caso com exclusão da rubrica de trespasse;

c) Não se incluem no passivo dívidas que apenas hajam de ser pagas à custa de fundos distribuíveis ou do activo restante depois de satisfeitos ou acautelados os direitos dos demais credores do devedor.

4 – Equipara-se à situação de insolvência actual a que seja meramente iminente, no caso de apresentação pelo devedor à insolvência.

ART. 4.º (Data da declaração de insolvência e início do processo) – 1 – Sempre que a precisão possa assumir relevância, as referências que neste Código se fazem à data da declaração de insolvência devem interpretar-se como visando a hora a que a respectiva sentença foi proferida.

2 – Todos os prazos que neste Código têm como termo final o início do processo de insolvência abrangem igualmente o período compreendido entre esta data e a da declaração de insolvência.

3 – Se a insolvência for declarada em processo cuja tramitação deveria ter sido suspensa, nos termos do n.º 2 do artigo 8.º, em virtude da pendência de outro previamente instaurado contra o mesmo devedor, será a data de início deste a relevante para efeitos dos prazos referidos no número anterior, o mesmo valendo na hipótese de suspensão do processo mais antigo por aplicação do disposto na alínea *b)* do n.º 3 do artigo 264.º.

ART. 5.º (Noção de empresa) – Para efeitos deste Código, considera-se empresa toda a organização de capital e de trabalho destinada ao exercício de qualquer actividade económica.

ART. 6.º (Noções de administradores e de responsáveis legais) – 1 – Para efeitos deste Código, são considerados administradores:

a) Não sendo o devedor uma pessoa singular, aqueles a quem incumba a administração ou liquidação da entidade ou património em causa, designadamente os titulares do órgão social que para o efeito for competente;

b) Sendo o devedor uma pessoa singular, os seus representantes legais e mandatários com poderes gerais de administração.

2 – Para efeitos deste Código, são considerados responsáveis legais as pessoas que, nos termos da lei, respondam pessoal e ilimitadamente pela generalidade das dívidas do insolvente, ainda que a título subsidiário.

ART. 7.º (Tribunal competente) – 1 – É competente para o processo de insolvência o tribunal da sede ou do domicílio do devedor ou do autor da herança à data da morte, consoante os casos.

2 – É igualmente competente o tribunal do lugar em que o devedor tenha o centro dos seus principais interesses, entendendo-se por tal aquele em que ele os administre, de forma habitual e cognoscível por terceiros.

3 – A instrução e decisão de todos os termos do processo de insolvência, bem como dos seus incidentes e apensos, compete sempre ao juiz singular.

ART. 8.º (Suspensão da instância e prejudicialidade) – 1 – A instância do processo de insolvência não é passível de suspensão, excepto nos casos expressamente previstos neste Código.

2 – Sem prejuízo do disposto na alínea *b)* do n.º 3 do artigo 264.º, o tribunal ordena a suspensão da instância se contra o mesmo devedor correr processo de insolvência instaurado por outro requerente cuja petição inicial tenha primeiramente dado entrada em juízo.

3 – A pendência da outra causa deixa de se considerar prejudicial se o pedido for indeferido, independentemente do trânsito em julgado da decisão.

4 – Declarada a insolvência no âmbito de certo processo, deve a instância ser suspensa em quaisquer outros processos de insolvência que corram contra o mesmo devedor e considerar-se extinta com o trânsito em julgado da sentença, independentemente da prioridade temporal das entradas em juízo das petições iniciais.

ART. 9.º (Carácter urgente do processo de insolvência e publicações obrigatórias) – 1 – O processo de insolvência, incluindo todos os seus incidentes, apensos e recursos, tem carácter urgente e goza de precedência sobre o serviço ordinário do tribunal.

2 – Salvo disposição em contrário, as notificações de actos processuais praticados no processo de insolvência, seus incidentes e apensos, com excepção de actos das partes, podem ser efectuadas por qualquer das formas previstas no n.º 5 do artigo 176.º do Código de Processo Civil.

3 – Todas as publicações obrigatórias de despachos e sentenças podem ser promovidas por iniciativa de qualquer interessado que o justifique e requeira ao juiz.

4 – Com a publicação, no local próprio, dos anúncios requeridos neste Código, acompanhada da afixação de editais, se exigida, respeitantes a quaisquer actos, consideram-se citados ou notificados todos os credores, incluindo aqueles para os quais a lei exija formas diversas de comunicação e que não devam já haver-se por citados ou notificados em momento anterior, sem prejuízo do disposto quanto aos créditos públicos.

5 – Têm carácter urgente os registos de sentenças e despachos proferidos no processo de insolvência, bem como os de quaisquer actos de apreensão de bens da massa insolvente ou praticados no âmbito da administração e liquidação dessa massa ou previstos em plano de insolvência ou de pagamentos.

1324   [DL n.º 53/2004]   INSOLVÊNCIA E RECUPERAÇÃO DE EMPRESAS

ART. 10.º (Falecimento do devedor) – No caso de falecimento do devedor, o processo:

a) Passa a correr contra a herança jacente, que se manterá indivisa até ao encerramento do mesmo;

b) É suspenso pelo prazo, não prorrogável, de cinco dias, quando um sucessor do devedor o requeira e o juiz considere conveniente a suspensão.

ART. 11.º (Princípio do inquisitório) – No processo de insolvência, embargos e incidente de qualificação de insolvência, a decisão do juiz pode ser fundada em factos que não tenham sido alegados pelas partes.

ART. 12.º (Dispensa da audiência do devedor) – 1 – A audiência do devedor prevista em qualquer das normas deste Código, incluindo a citação, pode ser dispensada quando acarrete demora excessiva pelo facto de o devedor, sendo uma pessoa singular, residir no estrangeiro, ou por ser desconhecido o seu paradeiro.

2 – Nos casos referidos no número anterior, deve, sempre que possível, ouvir-se um representante do devedor, ou, na falta deste, o seu cônjuge ou um seu parente, ou pessoa que com ele viva em união de facto.

3 – O disposto nos números anteriores aplica-se, com as devidas adaptações, relativamente aos administradores do devedor, quando este não seja uma pessoa singular.

ART. 13.º (Representação de entidades públicas) – 1 – As entidades públicas titulares de créditos podem a todo o tempo confiar a mandatários especiais, designados nos termos legais ou estatutários, a sua representação no processo de insolvência, em substituição do Ministério Público.

2 – A representação de entidades públicas credoras pode ser atribuída a um mandatário comum, se tal for determinado por despacho conjunto do membro do Governo responsável pelo sector económico a que pertença a empresa do devedor e do membro do Governo que tutele a entidade credora.

ART. 14.º (Recursos) – 1 – No processo de insolvência, e nos embargos opostos à sentença de declaração de insolvência, não é admitido recurso dos acórdãos proferidos por tribunal da relação, salvo se o recorrente demonstrar que o acórdão de que pretende recorrer está em oposição com outro, proferido por alguma das relações, ou pelo Supremo Tribunal de Justiça, no domínio da mesma legislação e que haja decidido de forma divergente a mesma questão fundamental de direito e não houver sido fixada pelo Supremo, nos termos dos artigos 732.º-A e 732.º-B do Código de Processo Civil, jurisprudência com ele conforme.

2 – Em todos os recursos interpostos no processo ou em qualquer dos seus apensos, o prazo para alegações é um para todos os recorrentes, correndo em seguida um outro para todos os recorridos.

3 – Para consulta pelos interessados será extraída das alegações e contra-alegações uma única cópia, que fica à disposição dos mesmos na secretaria judicial.

4 – Durante o prazo para alegações, o processo é mantido na secretaria judicial para exame e consulta pelos interessados.

5 – Os recursos sobem imediatamente, em separado e com efeito devolutivo.

6 – Sobem, porém, nos próprios autos:

a) Os recursos da decisão de encerramento do processo de insolvência e das que sejam proferidas depois dessa decisão;

b) Os recursos das decisões que ponham termo à acção ou incidente processados por apenso, sejam proferidas depois dessas decisões, suspendam a instância ou não admitam o incidente.

ART. 15.º (Valor da acção) – Para efeitos processuais, o valor da causa é determinado sobre o valor do activo do devedor indicado na petição, que é corrigido logo que se verifique ser diferente o valor real.

ART. 16.º (Procedimentos especiais) – 1 – O disposto no presente Código aplica-se sem prejuízo do estabelecido na legislação especial sobre o consumidor relativamente a procedimentos de reestruturação do passivo e no Decreto-Lei n.º 316/98, de 20 de Outubro, relativamente ao procedimento extrajudicial de conciliação.

2 – O disposto no presente Código não prejudica o regime constante de legislação especial relativa a contratos de garantia financeira.

ART. 17.º (Aplicação subsidiária do Código de Processo Civil) – O processo de insolvência rege-se pelo Código de Processo Civil em tudo o que não contrarie as disposições do presente Código.

TÍTULO II — DECLARAÇÃO DA SITUAÇÃO DE INSOLVÊNCIA

CAPÍTULO I — Pedido de declaração de insolvência

Secção I — LEGITIMIDADE PARA APRESENTAR O PEDIDO E DESISTÊNCIA

ART. 18.º (Dever de apresentação à insolvência) – 1 – O devedor deve requerer a declaração da sua insolvência dentro dos 60 dias seguintes à data do conhecimento da situação de insolvência, tal como descrita no n.º 1 do artigo 3.º, ou à data em que devesse conhecê-la.

2 – Exceptuam-se do dever de apresentação à insolvência as pessoas singulares que não sejam titulares de uma empresa na data em que incorram em situação de insolvência.

CÓDIGO DA INSOLVÊNCIA E DA RECUPERAÇÃO DE EMPRESAS   [DL n.º 53/2004] 1325

3 – Quando o devedor seja titular de uma empresa, presume-se de forma inilidível o conhecimento da situação de insolvência decorridos pelo menos três meses sobre o incumprimento generalizado de obrigações de algum dos tipos referidos na alínea *g)* do n.º 1 do artigo 20.º.

ART. 19.º (A quem compete o pedido) – Não sendo o devedor uma pessoa singular capaz, a iniciativa da apresentação à insolvência cabe ao órgão social incumbido da sua administração, ou, se não for o caso, a qualquer dos seus administradores.

ART. 20.º (Outros legitimados) – 1 – A declaração de insolvência de um devedor pode ser requerida por quem for legalmente responsável pelas suas dívidas, por qualquer credor, ainda que condicional e qualquer que seja a natureza do seu crédito, ou ainda pelo Ministério Público, em representação das entidades cujos interesses lhe estão legalmente confiados, verificando-se algum dos seguintes factos:

a) Suspensão generalizada do pagamento das obrigações vencidas;

b) Falta de cumprimento de uma ou mais obrigações que, pelo seu montante ou pelas circunstâncias do incumprimento, revele a impossibilidade de o devedor satisfazer pontualmente a generalidade das suas obrigações;

c) Fuga do titular da empresa ou dos administradores do devedor ou abandono do local em que a empresa tem a sede ou exerce a sua principal actividade, relacionados com a falta de solvabilidade do devedor e sem designação de substituto idóneo;

d) Dissipação, abandono, liquidação apressada ou ruinosa de bens e constituição fictícia de créditos;

e) Insuficiência de bens penhoráveis para pagamento do crédito do exequente verificada em processo executivo movido contra o devedor;

f) Incumprimento de obrigações previstas em plano de insolvência ou em plano de pagamentos, nas condições previstas na alínea *a)* do n.º 1 e no n.º 2 do artigo 218.º;

g) Incumprimento generalizado, nos últimos seis meses, de dívidas de algum dos seguintes tipos:

i) Tributárias;

ii) De contribuições e quotizações para a segurança social;

iii) Dívidas emergentes de contrato de trabalho, ou da violação ou cessação deste contrato;

iv) Rendas de qualquer tipo de locação, incluindo financeira, prestações do preço da compra ou de empréstimo garantido pela respectiva hipoteca, relativamente a local em que o devedor realize a sua actividade ou tenha a sua sede ou residência;

h) Sendo o devedor uma das entidades referidas no n.º 2 do artigo 3.º, manifesta superioridade do passivo sobre o activo segundo o último balanço aprovado, ou atraso superior a nove meses na aprovação e depósito das contas, se a tanto estiver legalmente obrigado.

2 – O disposto no número anterior não prejudica a possibilidade de representação das entidades públicas nos termos do artigo 13.º.

ART. 21.º (Desistência do pedido ou da instância no processo de insolvência) – Salvo nos casos de apresentação à insolvência, o requerente da declaração de insolvência pode desistir do pedido ou da instância até ser proferida sentença, sem prejuízo do procedimento criminal que ao caso couber.

ART. 22.º (Dedução de pedido infundado) – A dedução de pedido infundado de declaração de insolvência, ou a indevida apresentação por parte do devedor, gera responsabilidade civil pelos prejuízos causados ao devedor ou aos credores, mas apenas em caso de dolo.

SECÇÃO II — **REQUISITOS DA PETIÇÃO INICIAL**

ART. 23.º (Forma e conteúdo da petição) – 1 – A apresentação à insolvência ou o pedido de declaração desta faz-se por meio de petição escrita, na qual são expostos os factos que integram os pressupostos da declaração requerida e se conclui pela formulação do correspondente pedido.

2 – Na petição, o requerente:

a) Sendo o próprio devedor, indica se a situação de insolvência é actual ou apenas iminente e, quando seja pessoa singular, se pretende a exoneração do passivo restante, nos termos das disposições do capítulo I do título XII;

b) Identifica os administradores do devedor e os seus cinco maiores credores, com exclusão do próprio requerente;

c) Sendo o devedor casado, identifica o respectivo cônjuge e indica o regime de bens do casamento;

d) Junta certidão do registo civil, do registo comercial ou de outro registo público a que o devedor esteja eventualmente sujeito.

3 – Não sendo possível ao requerente fazer as indicações e junções referidas no número anterior, solicita que sejam prestadas pelo próprio devedor.

ART. 24.º (Junção de documentos pelo devedor) – 1 – Com a petição, o devedor, quando seja o requerente, junta ainda os seguintes documentos:

a) Relação por ordem alfabética de todos os credores, com indicação dos respectivos domicílios, dos montantes dos seus créditos, datas de vencimento, natureza e garantias de que beneficiem, e da eventual existência de relações especiais, nos termos do artigo 49.º;

b) Relação e identificação de todas as acções e execuções que contra si estejam pendentes;

1326   [DL n.º 53/2004]   INSOLVÊNCIA E RECUPERAÇÃO DE EMPRESAS

c) Documento em que se explicita a actividade ou actividades a que se tenha dedicado nos últimos três anos e os estabelecimentos de que seja titular, bem como o que entenda serem as causas da situação em que se encontra;

d) Documento em que identifica o autor da sucessão, tratando-se de herança jacente, os sócios, associados ou membros conhecidos da pessoa colectiva, se for o caso, e, nas restantes hipóteses em que a insolvência não respeite a pessoa singular, aqueles que legalmente respondam pelos créditos sobre a insolvência;

e) Relação de bens que o devedor detenha em regime de arrendamento, aluguer ou locação financeira ou venda com reserva de propriedade, e de todos os demais bens e direitos de que seja titular, com indicação da sua natureza, lugar em que se encontrem, dados de identificação registral, se for o caso, valor de aquisição e estimativa do seu valor actual;

f) Tendo o devedor contabilidade organizada, as contas anuais relativas aos três últimos exercícios, bem como os respectivos relatórios de gestão, de fiscalização e de auditoria, pareceres do órgão de fiscalização e documentos de certificação legal, se forem obrigatórios ou existirem, e informação sobre as alterações mais significativas do património ocorridas posteriormente à data a que se reportam as últimas contas e sobre as operações que, pela sua natureza, objecto ou dimensão extravasem da actividade corrente do devedor;

g) Tratando-se de sociedade compreendida em consolidação de contas, relatórios consolidados de gestão, contas anuais consolidadas e demais documentos de prestação de contas respeitantes aos três últimos exercícios, bem como os respectivos relatórios de fiscalização e de auditoria, pareceres do órgão de fiscalização, documentos de certificação legal e relatório das operações intragrupo realizadas durante o mesmo período;

h) Relatórios e contas especiais e informações trimestrais e semestrais, em base individual e consolidada, reportados a datas posteriores à do termo do último exercício a cuja elaboração a sociedade devedora esteja obrigada nos termos do Código dos Valores Mobiliários e dos Regulamentos da Comissão do Mercado de Valores Mobiliários;

i) Mapa de pessoal que o devedor tenha ao serviço.

2 – O devedor deve ainda:

a) Juntar documento comprovativo dos poderes dos administradores que o representem e cópia da acta que documente a deliberação da iniciativa do pedido por parte do respectivo órgão social de administração, se aplicável;

b) Justificar a não apresentação ou a não conformidade de algum dos documentos exigidos no n.º 1.

c) *[Revogado.]*

3 – Sem prejuízo de apresentação posterior, nos termos do disposto nos artigos 223.º e seguintes, a petição apresentada pelo devedor pode ser acompanhada de um plano de insolvência.

ART. 25.º (Requerimento por outro legitimado) – 1 – Quando o pedido não provenha do próprio devedor, o requerente da declaração de insolvência deve justificar na petição a origem, natureza e montante do seu crédito, ou a sua responsabilidade pelos créditos sobre a insolvência, consoante o caso, e oferecer com ela os elementos que possua relativamente ao activo e passivo do devedor.

2 – O requerente deve ainda oferecer todos os meios de prova de que disponha, ficando obrigado a apresentar as testemunhas arroladas, cujo número não pode exceder os limites previstos no artigo 789.º do Código de Processo Civil.

ART. 26.º (Duplicados e cópias de documentos) – 1 – São apenas oferecidos pelo requerente ou, no caso de apresentação em suporte digital, extraídos pela secretaria os duplicados da petição necessários para a entrega aos cinco maiores credores conhecidos e, quando for caso disso, à comissão de trabalhadores e ao devedor, além do destinado a arquivo do tribunal.

2 – Os documentos juntos com a petição serão acompanhados de duas cópias, uma das quais se destina ao arquivo do tribunal, ficando a outra na secretaria judicial para consulta dos interessados.

3 – O processo tem seguimento apesar de não ter sido feita a entrega das cópias e dos duplicados exigidos, sendo estes extraídos oficiosamente, mediante o respectivo pagamento e de uma multa até duas unidades de conta.

4 – São sempre extraídas oficiosamente as cópias da petição necessárias para entrega aos administradores do devedor, se for o caso.

CAPÍTULO II — **Tramitação subsequente**

ART. 27.º (Apreciação liminar) – 1 – No próprio dia da distribuição, ou, não sendo tal viável, até ao 3.º dia útil subsequente, o juiz:

a) Indefere liminarmente o pedido de declaração de insolvência quando seja manifestamente improcedente, ou ocorram, de forma evidente, excepções dilatórias insupríveis de que deva conhecer oficiosamente;

b) Concede ao requerente, sob pena de indeferimento, o prazo máximo de cinco dias para corrigir os vícios sanáveis da petição, designadamente quando esta careça de requisitos legais ou não venha acompanhada dos documentos que hajam de instrui-la, nos casos em que tal falta não seja devidamente justificada.

2 – Nos casos de apresentação à insolvência, o despacho de indeferimento liminar que não se baseie, total ou parcialmente, na falta de junção dos documentos exigida pela alínea *a)* do n.º 2 do artigo 24.º é objecto de

CÓDIGO DA INSOLVÊNCIA E DA RECUPERAÇÃO DE EMPRESAS   [**DL n.º 53/2004**] 1327

publicação no *Diário da República*, no prazo previsto no n.º 4 do artigo 38.º, devendo conter os elementos referidos no n.º 8 do artigo 37.º.

ART. 28.º (Declaração imediata da situação de insolvência) – A apresentação à insolvência por parte do devedor implica o reconhecimento por este da sua situação de insolvência, que é declarada até ao 3.º dia útil seguinte ao da distribuição da petição inicial ou, existindo vícios corrigíveis, ao do respectivo suprimento.

ART. 29.º (Citação do devedor) – 1 – Sem prejuízo do disposto no n.º 3 do artigo 31.º, se a petição não tiver sido apresentada pelo próprio devedor e não houver motivo para indeferimento liminar, o juiz manda citar pessoalmente o devedor, no prazo referido no artigo anterior.

2 – No acto de citação é o devedor advertido da cominação prevista no n.º 5 do artigo seguinte e de que os documentos referidos no n.º 1 do artigo 24.º devem estar prontos para imediata entrega ao administrador da insolvência na eventualidade de a insolvência ser declarada.

ART. 30.º (Oposição do devedor) – 1 – O devedor pode, no prazo de 10 dias, deduzir oposição, à qual é aplicável o disposto no n.º 2 do artigo 25.º.

2 – Sem prejuízo do disposto no número seguinte, o devedor junta com a oposição, sob pena de não recebimento, lista dos seus cinco maiores credores, com exclusão do requerente, com indicação do respectivo domicílio.

3 – A oposição do devedor à declaração de insolvência pretendida pode basear-se na inexistência do facto em que se fundamenta o pedido formulado ou na inexistência da situação de insolvência.

4 – Cabe ao devedor provar a sua solvência, baseando-se na escrituração legalmente obrigatória, se for o caso, devidamente organizada e arrumada, sem prejuízo do disposto no n.º 3 do artigo 3.º.

5 – Se a audiência do devedor não tiver sido dispensada nos termos do artigo 12.º e o devedor não deduzir oposição, consideram-se confessados os factos alegados na petição inicial, e a insolvência é declarada no dia útil seguinte ao termo do prazo referido no n.º 1, se tais factos preencherem a hipótese de alguma das alíneas do n.º 1 do artigo 20.º.

ART. 31.º (Medidas cautelares) – 1 – Havendo justificado receio da prática de actos de má gestão, o juiz, oficiosamente ou a pedido do requerente, ordena as medidas cautelares que se mostrem necessárias ou convenientes para impedir o agravamento da situação patrimonial do devedor, até que seja proferida sentença.

2 – As medidas cautelares podem designadamente consistir na nomeação de um administrador judicial provisório com poderes exclusivos para a administração do património do devedor, ou para assistir o devedor nessa administração.

3 – A adopção das medidas cautelares pode ter lugar previamente à citação do devedor, no caso de a antecipação ser julgada indispensável para não pôr em perigo o seu efeito útil, mas sem que a citação possa em caso algum ser retardada mais de 10 dias relativamente ao prazo que de outro modo interviria.

4 – A adopção das medidas cautelares precede a distribuição quando o requerente o solicite e o juiz considere justificada a precedência.

ART. 32.º (Escolha e remuneração do administrador judicial provisório) – 1 – A escolha do administrador judicial provisório recai em entidade inscrita na lista oficial de administradores da insolvência, podendo o juiz ter em conta a proposta eventualmente feita na petição inicial no caso de processos em que seja previsível a existência de actos de gestão que requeiram especiais conhecimentos.

2 – O administrador judicial provisório manter-se-á em funções até que seja proferida a sentença, sem prejuízo da possibilidade da sua substituição ou remoção em momento anterior, ou da sua recondução como administrador da insolvência.

3 – A remuneração do administrador judicial provisório é fixada pelo juiz, na própria decisão de nomeação ou posteriormente, e constitui, juntamente com as despesas em que ele incorra no exercício das suas funções, um encargo compreendido nas custas do processo, que é suportado pelo Cofre Geral dos Tribunais na medida em que, sendo as custas da responsabilidade da massa, não puder ser satisfeito pelas forças desta.

ART. 33.º (Competências do administrador judicial provisório) – 1 – O administrador judicial provisório a quem forem atribuídos poderes exclusivos de administração do património do devedor deve providenciar pela manutenção e preservação desse património, e pela continuidade da exploração da empresa, salvo se considerar que a suspensão da actividade é mais vantajosa para os interesses dos credores e tal medida for autorizada pelo juiz.

2 – O juiz fixa os deveres e as competências do administrador judicial provisório encarregado apenas de assistir o devedor na administração do seu património, devendo:

a) Especificar os actos que não podem ser praticados pelo devedor sem a aprovação do administrador judicial provisório; ou

b) Indicar serem eles genericamente todos os que envolvam a alienação ou a oneração de quaisquer bens ou a assunção de novas responsabilidades que não sejam indispensáveis à gestão corrente da empresa.

3 – Em qualquer das hipóteses previstas nos números anteriores, o administrador judicial provisório tem o direito de acesso à sede e às instalações empresariais do devedor e de proceder a quaisquer inspecções e exames, designadamente dos elementos da sua contabilidade, e o devedor fica obrigado a fornecer-lhe todas as informações necessárias ao desempenho das suas funções, aplicando-se, com as devidas adaptações, o artigo 83.º.

1328 [DL n.º 53/2004]   INSOLVÊNCIA E RECUPERAÇÃO DE EMPRESAS

ART. 34.º (Remissão) – O disposto nos artigos 37.º, 38.º, 58.º e 59.º e no n.º 6 do artigo 81.º aplica-se, respectivamente e com as necessárias adaptações, à publicidade e ao registo da nomeação do administrador judicial provisório e dos poderes que lhe forem atribuídos, à fiscalização do exercício do cargo e responsabilidade em que possa incorrer e ainda à eficácia dos actos jurídicos celebrados sem a sua intervenção, quando exigível.

ART. 35.º (Audiência de discussão e julgamento) – 1 – Tendo havido oposição do devedor, ou tendo a audiência deste sido dispensada, é logo marcada audiência de discussão e julgamento para um dos cinco dias subsequentes, notificando-se o requerente e o devedor para comparecerem pessoalmente ou para se fazerem representar por quem tenha poderes para transigir.

2 – Não comparecendo o devedor nem um seu representante, têm-se por confessados os factos alegados na petição inicial, se a audiência do devedor não tiver sido dispensada nos termos do artigo 12.º.

3 – Não se verificando a situação prevista no número anterior, a não comparência do requerente, por si ou através de um representante, vale como desistência do pedido.

4 – O juiz dita logo para a acta, consoante o caso, sentença de declaração da insolvência, se os factos alegados na petição inicial forem subsumíveis no n.º 1 do artigo 20.º, ou sentença homologatória da desistência do pedido.

5 – Comparecendo ambas as partes, ou só o requerente ou um seu representante, mas tendo a audiência do devedor sido dispensada, o juiz selecciona a matéria de facto relevante que considere assente e a que constitui a base instrutória.

6 – As reclamações apresentadas são logo decididas, seguindo-se de imediato a produção das provas.

7 – Finda a produção da prova têm lugar alegações orais de facto e de direito, e o tribunal decide em seguida a matéria de facto.

8 – Se a sentença não puder ser logo proferida, sê-lo-á no prazo de cinco dias.

CAPÍTULO III — Sentença de declaração de insolvência e sua impugnação

Secção I — CONTEÚDO, NOTIFICAÇÃO E PUBLICIDADE DA SENTENÇA

ART. 36.º (Sentença de declaração de insolvência) – Na sentença que declarar a insolvência, o juiz:

a) Indica a data e a hora da respectiva prolação, considerando-se que ela teve lugar ao meio-dia na falta de outra indicação;

b) Identifica o devedor insolvente, com indicação da sua sede ou residência;

c) Fixa residência aos administradores do devedor, bem como ao próprio devedor, se este for pessoa singular;

d) Nomeia o administrador da insolvência, com indicação do seu domicílio profissional;

e) Determina que a administração da massa insolvente será assegurada pelo devedor, quando se verifiquem os pressupostos exigidos pelo n.º 2 do artigo 224.º;

f) Determina que o devedor entregue imediatamente ao administrador da insolvência os documentos referidos no n.º 1 do artigo 24.º que ainda não constem dos autos;

g) Decreta a apreensão, para imediata entrega ao administrador da insolvência, dos elementos da contabilidade do devedor e de todos os seus bens, ainda que arrestados, penhorados ou por qualquer forma apreendidos ou detidos e sem prejuízo do disposto no n.º 1 do artigo 150.º;

h) Ordena a entrega ao Ministério Público, para os devidos efeitos, dos elementos que indiciem a prática de infracção penal;

i) Declara aberto o incidente de qualificação de insolvência, com carácter pleno ou limitado, sem prejuízo do disposto no artigo 187.º;

j) Designa prazo, até 30 dias, para a reclamação de créditos;

l) Adverte os credores de que devem comunicar prontamente ao administrador da insolvência as garantias reais de que beneficiem;

m) Adverte os devedores do insolvente de que as prestações a que estejam obrigados deverão ser feitas ao administrador da insolvência e não ao próprio insolvente;

n) Designa dia e hora, entre os 45 e os 75 dias subsequentes, para a realização da reunião da assembleia de credores aludida no artigo 156.º, neste Código designada por assembleia de apreciação do relatório.

ART. 37.º (Notificação da sentença e citação) – 1 – Os administradores do devedor a quem tenha sido fixada residência são notificados pessoalmente da sentença, nos termos e pelas formas prescritos na lei processual para a citação, sendo-lhes igualmente enviadas cópias da petição inicial.

2 – Sem prejuízo das notificações que se revelem necessárias nos termos da legislação laboral, nomeadamente ao Fundo de Garantia Salarial, a sentença é igualmente notificada ao Ministério Público, ao requerente da declaração de insolvência, ao devedor, nos termos previstos para a citação, caso não tenha já sido citado pessoalmente para os termos do processo e, se este for titular de uma empresa, à comissão de trabalhadores.

3 – Os cinco maiores credores conhecidos, com exclusão do que tiver sido requerente, são citados nos termos do n.º 1 ou por carta registada, consoante tenham ou não residência habitual, sede ou domicílio em Portugal.

4 – Os credores conhecidos que tenham residência habitual, domicílio ou sede em outros Estados membros da União Europeia são citados por carta registada, em conformidade com os artigos 40.º e 42.º do Regulamento (CE) n.º 1346/2000, do Conselho, de 29 de Maio.

CÓDIGO DA INSOLVÊNCIA E DA RECUPERAÇÃO DE EMPRESAS [DL n.º 53/2004] 1329

5 – Havendo créditos do Estado, de institutos públicos sem a natureza de empresas públicas ou de instituições da segurança social, a citação dessas entidades é feita por carta registada.

6 – O disposto nos números anteriores não prejudica a possibilidade de notificação e citação por via electrónica, nos termos previstos em portaria do Ministro da Justiça.

7 – Os demais credores e outros interessados são citados por edital, com prazo de dilação de cinco dias, afixado na sede, nos estabelecimentos da empresa e no próprio tribunal e por anúncio publicado no *Diário da República*.

8 – Os editais e anúncios referidos no número anterior devem indicar o número do processo, a dilação e a possibilidade de recurso ou dedução de embargos e conter os elementos e informações previstos nas alíneas *a)* a *e)* e *i)* a *n)*, do artigo anterior, advertindo-se que o prazo para o recurso, os embargos e a reclamação dos créditos só começa a correr depois de finda a dilação e que esta se conta da publicação do anúncio referido no número anterior.

ART. 38.º (Publicidade e registo) – 1 – (*Revogado*).

2 – A declaração de insolvência e a nomeação de um administrador da insolvência são registadas oficiosamente, com base na respectiva certidão, para o efeito remetida pela secretaria:

a) Na conservatória do registo civil, se o devedor for uma pessoa singular;

b) Na conservatória do registo comercial, se houver quaisquer factos relativos ao devedor insolvente sujeitos a esse registo;

c) Na entidade encarregada de outro registo público a que o devedor esteja eventualmente sujeito.

3 – Sem prejuízo do disposto no n.º 5 do artigo 43.º do Código de Registo Predial, a declaração de insolvência é ainda inscrita no registo predial, relativamente aos bens que integrem a massa insolvente, com base em certidão judicial da declaração de insolvência transitada em julgado, se o serviço de registo não conseguir aceder à informação necessária por meios electrónicos, e em declaração do administrador da insolvência que identifique os bens.

4 – O registo previsto no número anterior, quando efectuado provisoriamente por natureza, é feito com base nas informações incluídas na página informática do tribunal, nos termos da alínea *b)* do n.º 6, e na declaração do administrador da insolvência que identifique os bens.

5 – Se no registo existir sobre os bens que integram a massa insolvente qualquer inscrição de aquisição ou reconhecimento do direito de propriedade ou de mera posse a favor de pessoa diversa do insolvente, deve o administrador da insolvência juntar ao processo certidão das respectivas inscrições.

6 – A secretaria:

a) Regista oficiosamente a declaração de insolvência e a nomeação do administrador da insolvência no registo informático de execuções estabelecido pelo Código de Processo Civil;

b) Promove a inclusão dessas informações, e ainda do prazo concedido para as reclamações, na página informática do tribunal;

c) Comunica a declaração de insolvência ao Banco de Portugal para que este proceda à sua inscrição na central de riscos de crédito.

7 – Dos registos da nomeação do administrador da insolvência deve constar o seu domicílio profissional.

8 – Todas as diligências destinadas à publicidade e registo da sentença devem ser realizadas no prazo de cinco dias.

ART. 39.º (Insuficiência da massa insolvente) – 1 – Concluindo o juiz que o património do devedor não é presumivelmente suficiente para a satisfação das custas do processo e das dívidas previsíveis da massa insolvente e não estando essa satisfação por outra forma garantida, faz menção desse facto na sentença de declaração da insolvência e dá nela cumprimento apenas ao preceituado nas alíneas *a)* a *d)* e *h)* do artigo 36.º, declarando aberto o incidente de qualificação com carácter limitado.

2 – No caso referido no número anterior:

a) Qualquer interessado pode pedir, no prazo de cinco dias, que a sentença seja complementada com as restantes menções do artigo 36.º;

b) Aplica-se à citação, notificação, publicidade e registo da sentença o disposto nos artigos anteriores, com as modificações exigidas, devendo em todas as comunicações fazer-se adicionalmente referência à possibilidade conferida pela alínea anterior.

3 – O requerente do complemento da sentença deposita à ordem do tribunal o montante que o juiz especificar segundo o que razoavelmente entenda necessário para garantir o pagamento das referidas custas e dívidas, ou cauciona esse pagamento mediante garantia bancária, sendo o depósito movimentado ou a caução accionada apenas depois de comprovada a efectiva insuficiência da massa, e na medida dessa insuficiência.

4 – Requerido o complemento da sentença nos termos dos n.ᵒˢ 2 e 3, deve o juiz dar cumprimento integral ao artigo 36.º, observando-se em seguida o disposto nos artigos 37.º e 38.º, e prosseguindo com carácter pleno o incidente de qualificação da insolvência.

5 – Quem requerer o complemento da sentença pode exigir o reembolso das quantias despendidas às pessoas que, em violação dos seus deveres como administradores, se hajam abstido de requerer a declaração de insolvência do devedor, ou o tenham feito com demora.

6 – O direito estabelecido no número anterior prescreve ao fim de cinco anos.

1330   [DL n.º 53/2004]   INSOLVÊNCIA E RECUPERAÇÃO DE EMPRESAS

7 – Não sendo requerido o complemento da sentença:

a) O devedor não fica privado dos poderes de administração e disposição do seu património, nem se produzem quaisquer dos efeitos que normalmente correspondem à declaração de insolvência, ao abrigo das normas deste Código;

b) O processo de insolvência é declarado findo logo que a sentença transite em julgado, sem prejuízo da tramitação até final do incidente limitado de qualificação da insolvência;

c) O administrador da insolvência limita a sua actividade à elaboração do parecer a que se refere o n.º 2 do artigo 188.º;

d) Após o respectivo trânsito em julgado, qualquer legitimado pode instaurar a todo o tempo novo processo de insolvência, mas o prosseguimento dos autos depende de que seja depositado à ordem do tribunal o montante que o juiz razoavelmente entenda necessário para garantir o pagamento das custas e das dívidas previsíveis da massa insolvente, aplicando-se o disposto nos n.ºs 4 e 5.

8 – O disposto neste artigo não é aplicável quando o devedor, sendo uma pessoa singular, tenha requerido, anteriormente à sentença de declaração de insolvência, a exoneração do passivo restante.

9 – Para os efeitos previstos no n.º 1, presume-se a insuficiência da massa quando o património do devedor seja interior a € 5 000.

SECÇÃO II — **IMPUGNAÇÃO DA SENTENÇA**

ART. 40.º (Oposição de embargos) – 1 – Podem opor embargos à sentença declaratória da insolvência:

a) O devedor em situação de revelia absoluta, se não tiver sido pessoalmente citado;

b) O cônjuge, os ascendentes ou descendentes e os afins em 1.º grau da linha recta da pessoa singular considerada insolvente, no caso de a declaração de insolvência se fundar na fuga do devedor relacionada com a sua falta de liquidez;

c) O cônjuge, herdeiro, legatário ou representante do devedor, quando o falecimento tenha ocorrido antes de findo o prazo para a oposição por embargos que ao devedor fosse lícito deduzir, nos termos da alínea *a)*;

d) Qualquer credor que como tal se legitime;

e) Os responsáveis legais pelas dívidas do insolvente;

f) Os sócios, associados ou membros do devedor.

2 – Os embargos devem ser deduzidos dentro dos cinco dias subsequentes à notificação da sentença ao embargante ou ao fim da dilação aplicável, e apenas são admissíveis desde que o embargante alegue factos ou requeira meios de prova que não tenham sido tidos em conta pelo tribunal e que possam afastar os fundamentos da declaração de insolvência.

3 – A oposição de embargos à sentença declaratória da insolvência, bem como o recurso da decisão que mantenha a declaração, suspende a liquidação e a partilha do activo, sem prejuízo do disposto no n.º 2 do artigo 158.º.

ART. 41.º (Processamento e julgamento dos embargos) – 1 – A petição de embargos é imediatamente autuada por apenso, sendo o processo concluso ao juiz, para o despacho liminar, no dia seguinte ao termo do prazo referido no n.º 2 do artigo anterior; aos embargos opostos por várias entidades corresponde um único processo.

2 – Não havendo motivo para indeferimento liminar, é ordenada a notificação do administrador da insolvência e da parte contrária para contestarem, querendo, no prazo de cinco dias.

3 – Aplica-se à petição e às contestações o disposto no n.º 2 do artigo 25.º.

4 – Após a contestação e depois de produzidas, no prazo máximo de 10 dias, as provas que se devam realizar antecipadamente, procede-se à audiência de julgamento, dentro dos cinco dias imediatos, nos termos do disposto no n.º 1 do presente artigo e nos n.ºs 5 a 8 do artigo 35.º.

ART. 42.º (Recurso) – 1 – É lícito às pessoas referidas no n.º 1 do artigo 40.º, alternativamente à dedução dos embargos ou cumulativamente com estes, interpor recurso da sentença de declaração de insolvência, quando entendam que, face aos elementos apurados, ela não devia ter sido proferida.

2 – Ao devedor é facultada a interposição de recurso mesmo quando a oposição de embargos lhe esteja vedada.

3 – É aplicável à interposição do recurso o disposto no n.º 3 do artigo 40.º, com as necessárias adaptações.

ART. 43.º (Efeitos da revogação) – A revogação da sentença de declaração de insolvência não afecta os efeitos dos actos legalmente praticados pelos órgãos da insolvência.

CAPÍTULO IV — **Sentença de indeferimento do pedido de declaração de insolvência**

ART. 44.º (Notificação da sentença de indeferimento do pedido) – 1 – A sentença que indefira o pedido de declaração de insolvência é notificada apenas ao requerente e ao devedor.

2 – No caso de ter sido nomeado um administrador judicial provisório, a sentença é objecto de publicação e registo, nos termos previstos nos artigos 37.º e 38.º, com as necessárias adaptações.

ART. 45.º (Recurso da sentença de indeferimento) – Contra a sentença que indefira o pedido de declaração de insolvência só pode reagir o próprio requerente, e unicamente através de recurso.

CÓDIGO DA INSOLVÊNCIA E DA RECUPERAÇÃO DE EMPRESAS [DL n.º 53/2004] 1331

TÍTULO III — MASSA INSOLVENTE E INTERVENIENTES NO PROCESSO

CAPÍTULO I — Massa insolvente e classificações dos créditos

ART. 46.º (Conceito de massa insolvente) – 1 – A massa insolvente destina-se à satisfação dos credores da insolvência, depois de pagas as suas próprias dívidas, e, salvo disposição em contrário, abrange todo o património do devedor à data da declaração de insolvência, bem como os bens e direitos que ele adquira na pendência do processo.

2 – Os bens isentos de penhora só são integrados na massa insolvente se o devedor voluntariamente os apresentar e a impenhorabilidade não for absoluta.

ART. 47.º (Conceito de credores da insolvência e classes de créditos sobre a insolvência) – 1 – Declarada a insolvência, todos os titulares de créditos de natureza patrimonial sobre o insolvente, ou garantidos por bens integrantes da massa insolvente, cujo fundamento seja anterior à data dessa declaração, são considerados credores da insolvência, qualquer que seja a sua nacionalidade e domicílio.

2 – Os créditos referidos no número anterior, bem como os que lhes sejam equiparados, e as dívidas que lhes correspondem, são neste Código denominados, respectivamente, créditos sobre a insolvência e dívidas da insolvência.

3 – São equiparados aos titulares de créditos sobre a insolvência à data da declaração da insolvência aqueles que mostrem tê-los adquirido no decorrer do processo.

4 – Para efeitos deste Código, os créditos sobre a insolvência são:

a) «Garantidos» e «privilegiados» os créditos que beneficiem, respectivamente, de garantias reais, incluindo os privilégios creditórios especiais, e de privilégios creditórios gerais sobre bens integrantes da massa insolvente, até ao montante correspondente ao valor dos bens objecto das garantias ou dos privilégios gerais, tendo em conta as eventuais onerações prevalecentes;

b) «Subordinados» os créditos enumerados no artigo seguinte, excepto quando beneficiem de privilégios creditórios, gerais ou especiais, ou de hipotecas legais, que não se extingam por efeito da declaração de insolvência;

c) «Comuns» os demais créditos.

ART. 48.º (Créditos subordinados) – Consideram-se subordinados, sendo graduados depois dos restantes créditos sobre a insolvência:

a) Os créditos detidos por pessoas especialmente relacionadas com o devedor, desde que a relação especial existisse já aquando da respectiva aquisição, e por aqueles a quem eles tenham sido transmitidos nos dois anos anteriores ao início do processo de insolvência;

b) Os juros de créditos não subordinados constituídos após a declaração da insolvência, com excepção dos abrangidos por garantia real e por privilégios creditórios gerais, até ao valor dos bens respectivos;

c) Os créditos cuja subordinação tenha sido convencionada pelas partes;

d) Os créditos que tenham por objecto prestações do devedor a título gratuito;

e) Os créditos sobre a insolvência que, como consequência da resolução em benefício da massa insolvente, resultem para o terceiro de má fé;

f) Os juros de créditos subordinados constituídos após a declaração da insolvência;

g) Os créditos por suprimentos.

ART. 49.º (Pessoas especialmente relacionadas com o devedor) – 1 – São havidos como especialmente relacionados com o devedor pessoa singular:

a) O seu cônjuge e as pessoas de quem se tenha divorciado nos dois anos anteriores ao início do processo de insolvência;

b) Os ascendentes, descendentes ou irmãos do devedor ou de qualquer das pessoas referidas na alínea anterior;

c) Os cônjuges dos ascendentes, descendentes ou irmãos do devedor;

d) As pessoas que tenham vivido habitualmente com o devedor em economia comum em período situado dentro dos dois anos anteriores ao início do processo de insolvência.

2 – São havidos como especialmente relacionados com o devedor pessoa colectiva:

a) Os sócios, associados ou membros que respondam legalmente pelas suas dívidas, e as pessoas que tenham tido esse estatuto nos dois anos anteriores ao início do processo de insolvência;

b) As pessoas que, se for o caso, tenham estado com a sociedade insolvente em relação de domínio ou de grupo, nos termos do artigo 21.º do Código de Valores Mobiliários, em período situado dentro dos dois anos anteriores ao início do processo de insolvência;

c) Os administradores, de direito ou de facto, do devedor e aqueles que o tenham sido em algum momento nos dois anos anteriores ao início do processo de insolvência;

d) As pessoas relacionadas com alguma das mencionadas nas alíneas anteriores por qualquer das formas referidas no n.º 1.

1332 [DL n.º 53/2004]   INSOLVÊNCIA E RECUPERAÇÃO DE EMPRESAS

3 – Nos casos em que a insolvência respeite apenas a um património autónomo são consideradas pessoas especialmente relacionadas os respectivos titulares e administradores, bem como as que estejam ligadas a estes por alguma das formas previstas nos números anteriores, e ainda, tratando-se de herança jacente, as ligadas ao autor da sucessão por alguma das formas previstas no n.º 1, na data da abertura da sucessão ou nos dois anos anteriores.

ART. 50.º (Créditos sob condição) – 1 – Para efeitos deste Código consideram-se créditos sob condição suspensiva e resolutiva, respectivamente, aqueles cuja constituição ou subsistência se encontrem sujeitos à verificação ou à não verificação de um acontecimento futuro e incerto tanto por força da lei como de negócio jurídico.

2 – São havidos, designadamente, como créditos sob condição suspensiva:

a) Os resultantes da recusa de execução ou denúncia antecipada, por parte do administrador da insolvência, de contratos bilaterais em curso à data da declaração da insolvência, ou da resolução de actos em benefício da massa insolvente, enquanto não se verificar essa denúncia, recusa ou resolução;

b) Os créditos que não possam ser exercidos contra o insolvente sem prévia excussão do património de outrem, enquanto não se verificar tal excussão;

c) Os créditos sobre a insolvência pelos quais o insolvente não responda pessoalmente, enquanto a dívida não for exigível.

ART. 51.º (Dívidas da massa insolvente) – 1 – Salvo preceito expresso em contrário, são dívidas da massa insolvente, além de outras como tal qualificadas neste Código:

a) As custas do processo de insolvência;

b) As remunerações do administrador da insolvência e as despesas deste e dos membros da comissão de credores;

c) As dívidas emergentes dos actos de administração, liquidação e partilha da massa insolvente;

d) As dívidas resultantes da actuação do administrador da insolvência no exercício das suas funções;

e) Qualquer dívida resultante de contrato bilateral cujo cumprimento não possa ser recusado pelo administrador da insolvência, salvo na medida em que se reporte a período anterior à declaração de insolvência;

f) Qualquer dívida resultante de contrato bilateral cujo cumprimento não seja recusado pelo administrador da insolvência, salvo na medida correspondente à contraprestação já realizada pela outra parte anteriormente à declaração de insolvência ou em que se reporte a período anterior a essa declaração;

g) Qualquer dívida resultante de contrato que tenha por objecto uma prestação duradoura, na medida correspondente à contraprestação já realizada pela outra parte e cujo cumprimento tenha sido exigido pelo administrador judicial provisório;

h) As dívidas constituídas por actos praticados pelo administrador judicial provisório no exercício dos seus poderes;

i) As dívidas que tenham por fonte o enriquecimento sem causa da massa insolvente;

j) A obrigação de prestar alimentos relativa a período posterior à data da declaração de insolvência, nas condições do artigo 93.º.

2 – Os créditos correspondentes a dívidas da massa involvente e os titulares desses créditos são neste Código designados, respectivamente, por créditos sobre a massa e credores da massa.

CAPÍTULO II — **Órgãos da insolvência**

Secção I — **ADMINISTRADOR DA INSOLVÊNCIA**

ART. 52.º (Nomeação pelo juiz e estatuto) – 1 – A nomeação do administrador da insolvência é da competência do juiz.

2 – Aplica-se à nomeação do administrador da insolvência o disposto no n.º 1 do artigo 32.º, podendo o juiz ter em conta as indicações que sejam feitas pelo próprio devedor ou pela comissão de credores, se existir, cabendo a preferência, na primeira designação, ao administrador judicial provisório em exercício de funções à data da declaração da insolvência.

3 – O processo de recrutamento para as listas oficiais, bem como o estatuto do administrador da insolvência, constam de diploma legal próprio, sem prejuízo do disposto neste Código.

ART. 53.º (Escolha de outro administrador pelos credores) – 1 – Sob condição de que previamente à votação se junte aos autos a aceitação do proposto, os credores podem, na primeira assembleia realizada após a designação do administrador da insolvência, eleger para exercer o cargo outra pessoa, inscrita ou não na lista oficial, e prover sobre a remuneração respectiva, por deliberação que obtenha a aprovação da maioria dos votantes e dos votos emitidos, não sendo consideradas as abstenções.

2 – A eleição de pessoa não inscrita na lista oficial apenas pode ocorrer em casos devidamente justificados pela especial dimensão da empresa compreendida na massa insolvente, pela especificidade do ramo de actividade da mesma ou pela complexidade do processo.

3 – O juiz só pode deixar de nomear como administrador da insolvência a pessoa eleita pelos credores, em substituição do administrador em funções, se considerar que a mesma não tem idoneidade ou aptidão para o

CÓDIGO DA INSOLVÊNCIA E DA RECUPERAÇÃO DE EMPRESAS   [DL n.º 53/2004]   1333

exercício do cargo, que é manifestamente excessiva a retribuição aprovada pelos credores ou, quando se trate de pessoa não inscrita na lista oficial, que não se verifica nenhuma das circunstâncias previstas no número anterior.

ART. 54.º (Início de funções) – O administrador da insolvência, uma vez notificado da nomeação, assume imediatamente a sua função.

ART. 55.º (Funções e seu exercício) – 1 – Além das demais tarefas que lhe são cometidas, cabe ao administrador da insolvência, com a cooperação e sob a fiscalização da comissão de credores, se existir:

a) Preparar o pagamento das dívidas do insolvente à custa das quantias em dinheiro existentes na massa insolvente, designadamente das que constituem produto da alienação, que lhe incumbe promover, dos bens que a integram;

b) Prover, no entretanto, à conservação e frutificação dos direitos do insolvente e à continuação da exploração da empresa, se for o caso, evitando quanto possível o agravamento da sua situação económica.

2 – O administrador da insolvência exerce pessoalmente as competências do seu cargo, não podendo substabelecê-las em ninguém, sem prejuízo dos casos de recurso obrigatório ao patrocínio judiciário ou de necessidade de prévia concordância da comissão de credores.

3 – O administrador da insolvência, no exercício das respectivas funções, pode ser coadjuvado sob a sua responsabilidade por técnicos ou outros auxiliares, remunerados ou não, incluindo o próprio devedor, mediante prévia concordância da comissão de credores ou do juiz, na falta dessa comissão.

4 – O administrador da insolvência pode contratar a termo certo ou incerto os trabalhadores necessários à liquidação da massa insolvente ou à continuação da exploração da empresa, mas os novos contratos caducam no momento do encerramento definitivo do estabelecimento onde os trabalhadores prestam serviço, ou, salvo convenção em contrário, no da sua transmissão.

5 – Ao administrador da insolvência compete ainda prestar oportunamente à comissão de credores e ao tribunal todas as informações necessárias sobre a administração e a liquidação da massa insolvente.

6 – A requerimento do administrador da insolvência e sempre que este não tenha acesso directo às informações pretendidas, o juiz oficia quaisquer entidades públicas e instituições de crédito para, com base nos respectivos registos, prestarem informações consideradas necessárias ou úteis para os fins do processo, nomeadamente sobre a existência de bens integrantes da massa insolvente.

ART. 56.º (Destituição) – 1 – O juiz pode, a todo o tempo, destituir o administrador da insolvência e substitui-lo por outro, se, ouvidos a comissão de credores, quando exista, o devedor e o próprio administrador da insolvência, fundamentadamente considerar existir justa causa.

2 – Salvo o disposto no n.º 3 do artigo 53.º, deverá ser designada como substituto a pessoa que para o efeito tenha sido eventualmente indicada pela assembleia de credores, mediante deliberação aprovada nos termos do n.º 1 do mesmo artigo.

ART. 57.º (Registo e publicidade) – A cessação de funções do administrador da insolvência e a nomeação de outra pessoa para o desempenho do cargo são objecto dos registos e da publicidade previstos nos artigos 37.º e 38.º, com as necessárias adaptações.

ART. 58.º (Fiscalização pelo juiz) – O administrador da insolvência exerce a sua actividade sob a fiscalização do juiz, que pode, a todo o tempo, exigir-lhe informações sobre quaisquer assuntos ou a apresentação de um relatório da actividade desenvolvida e do estado da administração e da liquidação.

ART. 59.º (Responsabilidade) – 1 – O administrador da insolvência responde pelos danos causados ao devedor e aos credores da insolvência e da massa insolvente pela inobservância culposa dos deveres que lhe incumbem; a culpa é apreciada pela diligência de um administrador da insolvência criterioso e ordenado.

2 – O administrador da insolvência responde igualmente pelos danos causados aos credores da massa insolvente se esta for insuficiente para satisfazer integralmente os respectivos direitos e estes resultarem de acto do administrador, salvo o caso de imprevisibilidade da insuficiência da massa, tendo em conta as circunstâncias conhecidas do administrador e aquelas que ele não devia ignorar.

3 – O administrador da insolvência responde solidariamente com os seus auxiliares pelos danos causados pelos actos e omissões destes, salvo se provar que não houve culpa da sua parte ou que, mesmo com a diligência devida, se não teriam evitado os danos.

4 – A responsabilidade do administrador da insolvência prescreve no prazo de dois anos a contar da data em que o lesado teve conhecimento do direito que lhe compete, mas nunca depois de decorrido igual período sobre a data da cessação de funções.

ART. 60.º (Remuneração) – 1 – O administrador da insolvência nomeado pelo juiz tem direito à remuneração prevista no seu estatuto e ao reembolso das despesas que razoavelmente tenha considerado úteis ou indispensáveis.

2 – Quando eleito pela assembleia de credores, a remuneração do administrador da insolvência é a que for prevista na deliberação respectiva.

1334   [DL n.º 53/2004]   INSOLVÊNCIA E RECUPERAÇÃO DE EMPRESAS

3 – O administrador da insolvência que não tenha dado previamente o seu acordo à remuneração fixada pela assembleia de credores pela actividade de elaboração de um plano de insolvência, de gestão da empresa após a assembleia de apreciação do relatório ou de fiscalização do plano de insolvência aprovado pode renunciar ao exercício do cargo, desde que o faça na própria assembleia em que a deliberação seja tomada.

ART. 61.º (Informação trimestral e arquivo de documentos) – 1 – No termo de cada período de três meses após a data da assembleia de apreciação do relatório, deve o administrador da insolvência apresentar um documento com informação sucinta sobre o estado da administração e liquidação, visado pela comissão de credores, se existir, e destinado a ser junto ao processo.

2 – O administrador da insolvência promove o arquivamento de todos os elementos relativos a cada diligência da liquidação, indicando nos autos o local onde os respectivos documentos se encontram.

ART. 62.º (Apresentação de contas pelo administrador da insolvência) – 1 – O administrador da insolvência apresenta contas dentro dos 10 dias subsequentes à cessação das suas funções, qualquer que seja a razão que a tenha determinado, podendo o prazo ser prorrogado por despacho judicial.

2 – O administrador da insolvência é ainda obrigado a prestar contas em qualquer altura do processo, sempre que o juiz o determine, quer por sua iniciativa, quer a pedido da comissão ou da assembleia de credores, fixando o juiz o prazo para a apresentação das contas, que não pode ser inferior a 15 dias.

3 – As contas são elaboradas em forma de conta corrente, com um resumo de toda a receita e despesa destinado a retratar sucintamente a situação da massa insolvente, e devem ser acompanhadas de todos os documentos comprovativos, devidamente numerados, indicando-se nas diferentes verbas os números dos documentos que lhes correspondem.

ART. 63.º (Prestação de contas por terceiro) – Se o administrador da insolvência não prestar contas a que esteja obrigado no prazo aplicável, cabe ao juiz ordenar as diligências que tiver por convenientes, podendo encarregar pessoa idónea da apresentação das contas, para, depois de ouvida a comissão de credores, decidir segundo critérios de equidade, sem prejuízo da responsabilização civil e do procedimento criminal que caibam contra o administrador da insolvência.

ART. 64.º (Julgamento das contas) – 1 – Autuadas por apenso as contas apresentadas pelo administrador da insolvência, cumpre à comissão de credores, caso exista, emitir parecer sobre elas, no prazo que o juiz fixar para o efeito, após o que os credores e o devedor insolvente são notificados por éditos de 10 dias afixados à porta do tribunal e por anúncio publicado no *Diário da República* para, no prazo de 5 dias, se pronunciarem.

2 – Para o mesmo fim tem o Ministério Público vista do processo, que é depois concluso ao juiz para decisão, com produção da prova que se torne necessária.

ART. 65.º (Contas anuais do devedor) – O disposto nos artigos anteriores não prejudica o dever de elaborar e depositar contas anuais, nos termos que forem legalmente obrigatórios para o devedor.

SECÇÃO II — **COMISSÃO DE CREDORES**

ART. 66.º (Nomeação da comissão de credores pelo juiz) – 1 – Anteriormente à primeira assembleia de credores, designadamente na própria sentença de declaração da insolvência, o juiz nomeia uma comissão de credores composta por três ou cinco membros e dois suplentes, devendo o encargo da presidência recair de preferência sobre o maior credor da empresa e a escolha dos restantes assegurar a adequada representação das várias classes de credores, com excepção dos credores subordinados.

2 – O juiz pode não proceder à nomeação prevista no número anterior quando o considere justificado, em atenção à exígua dimensão da massa insolvente, à simplicidade da liquidação ou ao reduzido número de credores da insolvência.

3 – Para efeitos do disposto no n.º 1, um dos membros da comissão representa os trabalhadores que detenham créditos sobre a empresa, devendo a sua escolha conformar-se com a designação feita pelos próprios trabalhadores ou pela comissão de trabalhadores, quando esta exista.

4 – Os membros da comissão de credores podem ser pessoas singulares ou colectivas; quando a escolha recaia em pessoa colectiva, compete a esta designar o seu representante, mediante procuração ou credencial subscrita por quem a obriga.

5 – O Estado e as instituições de segurança social só podem ser nomeados para a presidência da comissão de credores desde que se encontre nos autos despacho, do membro do Governo com supervisão sobre as entidades em causa, a autorizar o exercício da função e a indicar o representante.

ART. 67.º (Intervenção da assembleia de credores) – 1 – A assembleia de credores pode prescindir da existência da comissão de credores, substituir quaisquer dos membros ou suplentes da comissão nomeada pelo juiz, eleger dois membros adicionais, e, se o juiz não a tiver constituído, criar ela mesma uma comissão, composta por três, cinco ou sete membros e dois suplentes, designar o presidente e alterar, a todo o momento, a respectiva composição, independentemente da existência de justa causa.

2 – Os membros da comissão de credores eleitos pela assembleia não têm de ser credores, e, na sua escolha, tal como na designação do presidente, a assembleia não está vinculada à observância dos critérios previstos no n.º 1 do artigo anterior, devendo apenas respeitar o critério imposto pelo n.º 3 do mesmo artigo.

CÓDIGO DA INSOLVÊNCIA E DA RECUPERAÇÃO DE EMPRESAS [DL n.º 53/2004] 1335

3 – As deliberações da assembleia de credores mencionadas no n.º 1 devem ser tomadas pela maioria exigida no n.º 1 do artigo 53.º, excepto tratando-se da destituição de membro por justa causa.

ART. 68.º (Funções e poderes da comissão de credores) – 1 – À comissão compete, para além de outras tarefas que lhe sejam especialmente cometidas, fiscalizar a actividade do administrador da insolvência e prestar-lhe colaboração.

2 – No exercício das suas funções, pode a comissão examinar livremente os elementos da contabilidade do devedor e solicitar ao administrador da insolvência as informações e a apresentação dos elementos que considere necessários.

ART. 69.º (Deliberações da comissão de credores) – 1 – A comissão de credores reúne sempre que for convocada pelo presidente ou por outros dois membros.

2 – A comissão não pode deliberar sem a presença da maioria dos seus membros, sendo as deliberações tomadas por maioria de votos dos membros presentes, e cabendo ao presidente, em caso de empate, voto de qualidade.

3 – Nas deliberações é admitido o voto escrito se, previamente, todos os membros tiverem acordado nesta forma de deliberação.

4 – As deliberações da comissão de credores são comunicadas ao juiz pelo respectivo presidente.

5 – Das deliberações da comissão de credores não cabe reclamação para o tribunal.

ART. 70.º (Responsabilidade dos membros da comissão) – Os membros da comissão respondem perante os credores da insolvência pelos prejuízos decorrentes da inobservância culposa dos seus deveres, sendo aplicável o disposto n.º 4 do artigo 59.º.

ART. 71.º (Reembolso de despesas) – Os membros da comissão de credores não são remunerados, tendo apenas direito ao reembolso das despesas estritamente necessárias ao desempenho das suas funções.

Secção III — **ASSEMBLEIA DE CREDORES**

ART. 72.º (Participação na assembleia de credores) – 1 – Têm o direito de participar na assembleia de credores todos os credores da insolvência, bem como os titulares dos direitos referidos no n.º 2 do artigo 95.º que, nos termos dessa disposição, não possam ser exercidos no processo.

2 – Ao direito de participação na assembleia dos titulares de créditos subordinados é aplicável, com as necessárias adaptações, o disposto nos n.ºs 1 e 4 do artigo seguinte.

3 – Os credores podem fazer-se representar por mandatário com poderes especiais para o efeito.

4 – Sendo necessário ao conveniente andamento dos trabalhos, pode o juiz limitar a participação na assembleia aos titulares de créditos que atinjam determinado montante, o qual não pode ser fixado em mais de € 10 000, podendo os credores afectados fazer-se representar por outro cujo crédito seja pelo menos igual ao limite fixado, ou agrupar-se de forma a completar o montante exigido, participando através de um representante comum.

5 – O administrador da insolvência, os membros da comissão de credores e o devedor e os seus administradores têm o direito e o dever de participar.

6 – É ainda facultada a participação na assembleia, até três representantes, da comissão de trabalhadores ou, na falta desta, de até três representantes de trabalhadores por estes designados, bem como do Ministério Público.

ART. 73.º (Direitos de voto) – 1 – Os créditos conferem um voto por cada euro ou fracção se já estiverem reconhecidos por decisão definitiva proferida no apenso de verificação e graduação de créditos ou em acção de verificação ulterior, ou se, cumulativamente:

a) O credor já os tiver reclamado no processo, ou, se não estiver já esgotado o prazo fixado na sentença para as reclamações de créditos, os reclamar na própria assembleia, para efeito apenas da participação na reunião;

b) Não forem objecto de impugnação na assembleia por parte do administrador da insolvência ou de algum credor com direito de voto.

2 – O número de votos conferidos por crédito sob condição suspensiva é sempre fixado pelo juiz, em atenção à probabilidade da verificação da condição.

3 – Os créditos subordinados não conferem direito de voto, excepto quando a deliberação da assembleia de credores incida sobre a aprovação de um plano de insolvência.

4 – A pedido do interessado pode o juiz conferir votos a créditos impugnados, fixando a quantidade respectiva, com ponderação de todas as circunstâncias relevantes, nomeadamente da probabilidade da existência, do montante e da natureza subordinada do crédito, e ainda, tratando-se de créditos sob condição suspensiva, da probabilidade da verificação da condição.

5 – Da decisão do juiz prevista no número anterior não cabe recurso.

6 – Não é em caso algum motivo de invalidade das deliberações tomadas pela assembleia a comprovação ulterior de que aos credores competia efectivamente um número de votos diferente do que lhes foi conferido.

7 – Sem prejuízo do que, quanto ao mais, se dispõe nos números anteriores, os créditos com garantias reais pelos quais o devedor não responda pessoalmente conferem um voto por cada euro do seu montante, ou do valor do bem dado em garantia, se este for inferior.

1336   [DL n.º 53/2004]   INSOLVÊNCIA E RECUPERAÇÃO DE EMPRESAS

ART. 74.º (Presidência) – A assembleia de credores é presidida pelo juiz.

ART. 75.º (Convocação da assembleia de credores) – 1 – A assembleia de credores é convocada pelo juiz, por iniciativa própria ou a pedido do administrador da insolvência, da comissão de credores, ou de um credor ou grupo de credores cujos créditos representem, na estimativa do juiz, pelo menos um quinto do total dos créditos não subordinados.

2 – A data, hora, local e ordem do dia da assembleia de credores são imediatamente comunicados, com a antecedência mínima de 10 dias, por anúncio publicado no *Diário da República* e por editais afixados na porta da sede e dos estabelecimentos da empresa, se for o caso.

3 – Os cinco maiores credores, bem como o devedor, os seus administradores e a comissão de trabalhadores, são também avisados do dia, hora e local da reunião, por circulares expedidas sob registo, com a mesma antecedência.

4 – O anúncio, os editais e as circulares previstos no número anterior devem ainda conter:

a) A identificação do processo;

b) O nome e a sede ou residência do devedor, se for conhecida;

c) A advertência aos titulares de créditos que os não tenham reclamado da necessidade de o fazerem, se ainda estiver em curso o prazo fixado na sentença para as reclamações de créditos, informando-os de que a reclamação para mero efeito da participação na reunião pode ser feita na própria assembleia, se também na data desta tal prazo não estiver já esgotado;

d) Indicação dos eventuais limites à participação estabelecidos nos termos do n.º 4 do artigo 72.º, com informação da possibilidade de agrupamento ou de representação.

ART. 76.º (Suspensão da assembleia) – O juiz pode, por uma única vez, decidir a suspensão dos trabalhos da assembleia e determinar que eles sejam retomados num dos cinco dias úteis seguintes.

ART. 77.º (Maioria) – A não ser nos casos em que este Código exija para o efeito maioria superior ou outros requisitos, as deliberações da assembleia de credores são tomadas pela maioria dos votos emitidos, não se considerando como tal as abstenções, seja qual for o número de credores presentes ou representados, ou a percentagem dos créditos de que sejam titulares.

ART. 78.º (Reclamação para o juiz e recurso) – 1 – Das deliberações da assembleia que forem contrárias ao interesse comum dos credores pode o administrador da insolvência ou qualquer credor com direito de voto reclamar para o juiz, oralmente ou por escrito, desde que o faça na própria assembleia.

2 – Da decisão que dê provimento à reclamação pode interpor recurso qualquer dos credores que tenha votado no sentido que fez vencimento, e da decisão de indeferimento apenas o reclamante.

ART. 79.º (Informação) – O administrador da insolvência presta à assembleia, a solicitação desta, informação sobre quaisquer assuntos compreendidos no âmbito das suas funções.

ART. 80.º (Prevalência da assembleia de credores) – Todas as deliberações da comissão de credores são passíveis de revogação pela assembleia e a existência de uma deliberação favorável da assembleia autoriza por si só a prática de qualquer acto para o qual neste Código se requeira a aprovação da comissão de credores.

TÍTULO IV — EFEITOS DA DECLARAÇÃO DE INSOLVÊNCIA

CAPÍTULO I — Efeitos sobre o devedor e outras pessoas

ART. 81.º (Transferência dos poderes de administração e disposição) – 1 – Sem prejuízo do disposto no título X, a declaração de insolvência priva imediatamente o insolvente, por si ou pelos seus administradores, dos poderes de administração e de disposição dos bens integrantes da massa insolvente, os quais passam a competir ao administrador da insolvência.

2 – Ao devedor fica interdita a cessão de rendimentos ou a alienação de bens futuros susceptíveis de penhora, qualquer que seja a sua natureza, mesmo tratando-se de rendimentos que obtenha ou de bens que adquira posteriormente ao encerramento do processo.

3 – Não são aplicáveis ao administrador da insolvência limitações ao poder de disposição do devedor estabelecidas por decisão judicial ou administrativa, ou impostas por lei apenas em favor de pessoas determinadas.

4 – O administrador da insolvência assume a representação do devedor para todos os efeitos de carácter patrimonial que interessem à insolvência.

5 – A representação não se estende à intervenção do devedor no âmbito do próprio processo de insolvência, seus incidentes e apensos, salvo expressa disposição em contrário.

6 – São ineficazes os actos realizados pelo insolvente em violação do disposto nos números anteriores, respondendo a massa insolvente pela restituição do que lhe tiver sido prestado apenas segundo as regras do enriquecimento sem causa, salvo se esses actos, cumulativamente:

a) Forem celebrados a título oneroso com terceiros de boa fé anteriormente ao registo da sentença da declaração de insolvência efectuado nos termos dos n.ºˢ 2 ou 3 do artigo 38.º, consoante os casos;

b) Não forem de algum dos tipos referidos no n.º 1 do artigo 121.º.

CÓDIGO DA INSOLVÊNCIA E DA RECUPERAÇÃO DE EMPRESAS [DL n.º 53/2004] 1337

7 – Os pagamentos de dívidas à massa efectuados ao insolvente após a declaração de insolvência só serão liberatórios se forem efectuados de boa fé em data anterior à do registo da sentença, ou se se demonstrar que o respectivo montante deu efectiva entrada na massa insolvente.

8 – Aos actos praticados pelo insolvente após a declaração de insolvência que não contrariem o disposto no n.º 1 é aplicável o regime seguinte:

a) Pelas dívidas do insolvente respondem apenas os seus bens não integrantes da massa insolvente;

b) A prestação feita ao insolvente extingue a obrigação da contraparte;

c) A contraparte pode opor à massa todos os meios de defesa que lhe seja lícito invocar contra o insolvente.

ART. 82.º (Efeitos sobre os administradores e outras pessoas) – 1 – Os órgãos sociais do devedor mantêm-se em funcionamento após a declaração de insolvência, mas os seus titulares não serão remunerados, salvo no caso previsto no artigo 227.º, podendo renunciar aos cargos com efeitos imediatos.

2 – Durante a pendência do processo de insolvência, o administrador da insolvência tem exclusiva legitimidade para propor e fazer seguir:

a) As acções de responsabilidade que legalmente couberem, em favor do próprio devedor, contra os fundadores, administradores de direito e de facto, membros do órgão de fiscalização do devedor e sócios, associados ou membros, independentemente do acordo do devedor ou dos seus órgãos sociais, sócios, associados ou membros;

b) As acções destinadas à indemnização dos prejuízos causados à generalidade dos credores da insolvência pela diminuição do património integrante da massa insolvente, tanto anteriormente como posteriormente à declaração de insolvência;

c) As acções contra os responsáveis legais pelas dívidas do insolvente.

3 – Compete unicamente ao administrador da insolvência a exigência aos sócios, associados ou membros do devedor, logo que a tenha por conveniente, das entradas de capital diferidas e das prestações acessórias em dívida, independentemente dos prazos de vencimento que hajam sido estipulados, intentando para o efeito as acções que se revelem necessárias.

4 – Toda a acção dirigida contra o administrador da insolvência com a finalidade prevista na alínea *b)* do n.º 2 apenas pode ser intentada por administrador que lhe suceda.

5 – As acções referidas nos n.ºˢ 2 a 4 correm por apenso ao processo de insolvência.

ART. 83.º (Dever de apresentação e de colaboração) – 1 – O devedor insolvente fica obrigado a:

a) Fornecer todas as informações relevantes para o processo que lhe sejam solicitadas pelo administrador da insolvência, pela assembleia de credores, pela comissão de credores ou pelo tribunal;

b) Apresentar-se pessoalmente no tribunal, sempre que a apresentação seja determinada pelo juiz ou pelo administrador da insolvência, salva a ocorrência de legítimo impedimento ou expressa permissão de se fazer representar por mandatário;

c) Prestar a colaboração que lhe seja requerida pelo administrador da insolvência para efeitos do desempenho das suas funções.

2 – O juiz ordena que o devedor que sem justificação tenha faltado compareça sob custódia, sem prejuízo da multa aplicável.

3 – A recusa de prestação de informações ou de colaboração é livremente apreciada pelo juiz, nomeadamente para efeito da qualificação da insolvência como culposa.

4 – O disposto nos números anteriores é aplicável aos administradores do devedor e membros do seu órgão de fiscalização, se for o caso, bem como às pessoas que tenham desempenhado esses cargos dentro dos dois anos anteriores ao início do processo de insolvência.

5 – O disposto nas alíneas *a)* e *b)* do n.º 1 e no n.º 2 é também aplicável aos empregados e prestadores de serviços do devedor, bem como às pessoas que o tenham sido dentro dos dois anos anteriores ao início do processo de insolvência.

ART. 84.º (Alimentos ao insolvente e aos trabalhadores) – 1 – Se o devedor carecer absolutamente de meios de subsistência e os não puder angariar pelo seu trabalho, pode o administrador da insolvência, com o acordo da comissão de credores, ou da assembleia de credores, se aquela não existir, arbitrar-lhe um subsídio à custa dos rendimentos da massa insolvente, a título de alimentos.

2 – Havendo justo motivo, pode a atribuição de alimentos cessar em qualquer estado do processo, por decisão do administrador da insolvência.

3 – O disposto nos números anteriores é aplicável a quem, encontrando-se na situação prevista no n.º 1, seja titular de créditos sobre a insolvência emergentes de contrato de trabalho, ou da violação ou cessação deste contrato, até ao limite do respectivo montante, mas, a final, deduzir-se-ão os subsídios ao valor desses créditos.

CAPÍTULO II — Efeitos processuais

ART. 85.º (Efeitos sobre as acções pendentes) – 1 – Declarada a insolvência, todas as acções em que se apreciem questões relativas a bens compreendidos na massa insolvente, intentadas contra o devedor, ou mes-

1338 [DL n.º 53/2004]   INSOLVÊNCIA E RECUPERAÇÃO DE EMPRESAS

mo contra terceiros, mas cujo resultado possa influenciar o valor da massa, e todas as acções de natureza exclusivamente patrimonial intentadas pelo devedor são apensadas ao processo de insolvência, desde que a
apensação seja requerida pelo administrador da insolvência, com fundamento na conveniência para os fins do
processo.

2 – O juiz requisita ao tribunal ou entidade competente a remessa, para efeitos de apensação aos autos da
insolvência, de todos os processos nos quais se tenha efectuado qualquer acto de apreensão ou detenção de
bens compreendidos na massa insolvente.

3 – O administrador da insolvência substitui o insolvente em todas as acções referidas nos números anteriores, independentemente da apensação ao processo de insolvência e do acordo da parte contrária.

ART. 86.º (Apensação de processos de insolvência) – 1 – A requerimento do administrador da insolvência
são apensados aos autos os processos em que haja sido declarada a insolvência de pessoas que legalmente
respondam pelas dívidas do insolvente ou, tratando-se de pessoa singular casada, do seu cônjuge, se o regime
de bens não for o da separação.

2 – O mesmo se aplica, sendo o devedor uma sociedade comercial, relativamente aos processos em que
tenha sido declarada a insolvência de sociedades que, nos termos do Código das Sociedades Comerciais, ela
domine ou com ela se encontrem em relação de grupo.

3 – Quando os processos corram termos em tribunais com diferente competência em razão da matéria, a
apensação só é determinada se for requerida pelo administrador da insolvência do processo instaurado em
tribunal de competência especializada.

ART. 87.º (Convenções arbitrais) – 1 – Fica suspensa a eficácia das convenções arbitrais em que o insolvente seja parte, respeitantes a litígios cujo resultado possa influenciar o valor da massa, sem prejuízo do disposto
em tratados internacionais aplicáveis.

2 – Os processos pendentes à data da declaração de insolvência prosseguirão porém os seus termos, sem
prejuízo, se for o caso, do disposto no n.º 3 do artigo 85.º e no n.º 3 do artigo 128.º.

ART. 88.º (Acções executivas) – 1 – A declaração de insolvência determina a suspensão de quaisquer diligências executivas ou providências requeridas pelos credores da insolvência que atinjam os bens integrantes da
massa insolvente e obsta à instauração ou ao prosseguimento de qualquer acção executiva intentada pelos
credores da insolvência; porém, se houver outros executados, a execução prossegue contra estes.

2 – Tratando-se de execuções que prossigam contra outros executados e não hajam de ser apensadas ao
processo nos termos do n.º 2 do artigo 85.º, é apenas extraído, e remetido para apensação, traslado do processado relativo ao insolvente.

ART. 89.º (Acções relativas a dívidas da massa insolvente) – 1 – Durante os três meses seguintes à data da
declaração de insolvência, não podem ser propostas execuções para pagamento de dívidas da massa insolvente.

2 – As acções, incluindo as executivas, relativas às dívidas da massa insolvente correm por apenso ao processo de insolvência, com excepção das execuções por dívidas de natureza tributária.

CAPÍTULO III — **Efeitos sobre os créditos**

ART. 90.º (Exercício dos créditos sobre a insolvência) – Os credores da insolvência apenas poderão exercer
os seus direitos em conformidade com os preceitos do presente Código, durante a pendência do processo de
insolvência.

ART. 91.º (Vencimento imediato de dívidas) – 1 – A declaração de insolvência determina o vencimento de
todas as obrigações do insolvente não subordinadas a uma condição suspensiva.

2 – Toda a obrigação ainda não exigível à data da declaração de insolvência pela qual não fossem devidos
juros remuneratórios, ou pela qual fossem devidos juros inferiores à taxa de juros legal, considera-se reduzida
para o montante que, se acrescido de juros calculados sobre esse mesmo montante, respectivamente, à taxa
legal, ou a uma taxa igual à diferença entre a taxa legal e a taxa convencionada, pelo período de antecipação do
vencimento, corresponderia ao valor da obrigação em causa.

3 – Tratando-se de obrigação fraccionada, o disposto no número anterior é aplicável a cada uma das prestações ainda não exigíveis.

4 – No cômputo do período de antecipação do vencimento considera-se que este ocorreria na data em que
as obrigações se tornassem exigíveis, ou em que provavelmente tal ocorreria, sendo essa data indeterminada.

5 – A redução do montante da dívida, prevista nos números anteriores, é também aplicável ainda que tenha
ocorrido a perda do benefício do prazo, decorrente da situação de insolvência ainda não judicialmente declarada, prevista no n.º 1 do artigo 780.º do Código Civil.

6 – A sub-rogação nos direitos do credor decorrente do cumprimento pelo insolvente de uma obrigação de
terceiro terá lugar na proporção da quantia paga relativamente ao montante da dívida desse terceiro, actualizado nos termos do n.º 2.

7 – O disposto no número anterior aplica-se ao direito de regresso face a outros condevedores.

CÓDIGO DA INSOLVÊNCIA E DA RECUPERAÇÃO DE EMPRESAS   [**DL n.º 53/2004**]   1339

ART. 92.º (Planos de regularização) – O vencimento imediato, nos termos do n.º 1 do artigo anterior, de dívidas abrangidas em plano de regularização de impostos e de contribuições para a segurança social tem os efeitos que os diplomas legais respectivos atribuem ao incumprimento do plano, sendo os montantes exigíveis calculados em conformidade com as normas pertinentes desses diplomas.

ART. 93.º (Créditos por alimentos) – O direito a exigir alimentos do insolvente relativo a período posterior à declaração de insolvência só pode ser exercido contra a massa se nenhuma das pessoas referidas no artigo 2009.º do Código Civil estiver em condições de os prestar, e apenas se o juiz o autorizar, fixando o respectivo montante.

ART. 94.º (Créditos sob condição resolutiva) – No processo de insolvência, os créditos sobre a insolvência sujeitos a condição resolutiva são tratados como incondicionados até ao momento em que a condição se preencha, sem prejuízo do dever de restituição dos pagamentos recebidos, verificada que seja a condição.

ART. 95.º (Responsáveis solidários e garantes) – 1 – O credor pode concorrer pela totalidade do seu crédito a cada uma das diferentes massas insolventes de devedores solidários e garantes, sem embargo de o somatório das quantias que receber de todas elas não poder exceder o montante do crédito.

2 – O direito contra o devedor insolvente decorrente do eventual pagamento futuro da dívida por um condevedor solidário ou por um garante só pode ser exercido no processo de insolvência, como crédito sob condição suspensiva, se o próprio credor da referida dívida a não reclamar.

ART. 96.º (Conversão de créditos) – 1 – Para efeitos da participação do respectivo titular no processo:

a) Os créditos não pecuniários são atendidos pelo valor em euros estimável à data da declaração de insolvência;

b) Os créditos pecuniários cujo montante não esteja determinado são atendidos pelo valor em euros estimável à data da declaração de insolvência;

c) Os créditos expressos em moeda estrangeira ou índices são atendidos pelo valor em euros à cotação em vigor à data da declaração de insolvência no lugar do respectivo pagamento.

2 – Os créditos referidos nas alíneas *a)* e *c)* do número anterior consideram-se definitivamente convertidos em euros, uma vez reconhecidos.

ART. 97.º (Extinção de privilégios creditórios e garantias reais) – 1 – Extinguem-se, com a declaração de insolvência:

a) Os privilégios creditórios gerais que forem acessórios de créditos sobre a insolvência de que forem titulares o Estado, as autarquias locais e as instituições de segurança social constituídos mais de 12 meses antes da data do início do processo de insolvência;

b) Os privilégios creditórios especiais que forem acessórios de créditos sobre a insolvência de que forem titulares o Estado, as autarquias locais e as instituições de segurança social vencidos mais de 12 meses antes da data do início do processo de insolvência;

c) As hipotecas legais cujo registo haja sido requerido dentro dos dois meses anteriores à data do início do processo de insolvência, e que forem acessórias de créditos sobre a insolvência do Estado, das autarquias locais e das instituições de segurança social;

d) Se não forem independentes de registo, as garantias reais sobre imóveis ou móveis sujeitos a registo integrantes da massa insolvente, acessórias de créditos sobre a insolvência e já constituídas, mas ainda não registadas nem objecto de pedido de registo;

e) As garantias reais sobre bens integrantes da massa insolvente acessórias dos créditos havidos como subordinados.

2 – Declarada a insolvência, não é admissível o registo de hipotecas legais que garantam créditos sobre a insolvência, inclusive após o encerramento do processo, salvo se o pedido respectivo tiver sido apresentado em momento anterior ao da referida declaração, ou, tratando se das hipotecas a que alude a alínea *c)* do número anterior, com uma antecedência de dois meses sobre a mesma data.

ART. 98.º (Concessão de privilégio ao credor requerente) – 1 – Os créditos não subordinados do credor a requerimento de quem a situação de insolvência tenha sido declarada passam a beneficiar de privilégio creditório geral, graduado em último lugar, sobre todos os bens móveis integrantes da massa insolvente, relativamente a um quarto do seu montante, num máximo correspondente a 500 unidades de conta.

2 – Se o prosseguimento de um processo intentado por um credor for prejudicado pela declaração de insolvência do devedor em processo posteriormente instaurado, o privilégio referido no número anterior é atribuído ao requerente no processo mais antigo; no caso previsto na alínea *b)* do n.º 3 do artigo 264.º, o privilégio geral sobre os bens móveis próprios do cônjuge apresentante e sobre a sua meação nos bens móveis comuns compete ao requerente no processo instaurado em primeiro lugar, sem embargo da suspensão dos seus termos.

ART. 99.º (Compensação) – 1 – Sem prejuízo do estabelecido noutras disposições deste Código, a partir da declaração de insolvência os titulares de créditos sobre a insolvência só podem compensá-los com dívidas à massa desde que se verifique pelo menos um dos seguintes requisitos:

a) Ser o preenchimento dos pressupostos legais da compensação anterior à data da declaração da insolvência;

b) Ter o crédito sobre a insolvência preenchido antes do contra-crédito da massa os requisitos estabelecidos no artigo 847.º do Código Civil.

1340 [DL n.º 53/2004]   INSOLVÊNCIA E RECUPERAÇÃO DE EMPRESAS

2 – Para os efeitos das alíneas *a*) e *b*) do número anterior, não relevam:
a) A perda de benefício de prazo prevista no n.º 1 do artigo 780.º do Código Civil;
b) O vencimento antecipado e a conversão em dinheiro resultantes do preceituado no n.º 1 do artigo 91.º e no artigo 96.º.

3 – A compensação não é prejudicada pelo facto de as obrigações terem por objecto divisas ou unidades de cálculo distintas, se for livre a sua conversão recíproca no lugar do pagamento do contra-crédito, tendo a conversão lugar à cotação em vigor nesse lugar na data em que a compensação produza os seus efeitos.

4 – A compensação não é admissível:
a) Se a dívida à massa se tiver constituído após a data da declaração de insolvência, designadamente em consequência da resolução de actos em benefício da massa insolvente;
b) Se o credor da insolvência tiver adquirido o seu crédito de outrem, após a data da declaração de insolvência;
c) Com dívidas do insolvente pelas quais a massa não seja responsável;
d) Entre dívidas à massa e créditos subordinados sobre a insolvência.

ART. 100.º (Suspensão da prescrição e caducidade) – A sentença de declaração da insolvência determina a suspensão de todos os prazos de prescrição e de caducidade oponíveis pelo devedor, durante o decurso do processo.

ART. 101.º (Sistemas de liquidação) – As normas constantes deste capítulo são aplicáveis sem prejuízo do que em contrário se estabelece nos artigos 283.º e seguintes do Código dos Valores Mobiliários.

CAPÍTULO IV — Efeitos sobre os negócios em curso

ART. 102.º (Princípio geral quanto a negócios ainda não cumpridos) – 1 – Sem prejuízo do disposto nos artigos seguintes, em qualquer contrato bilateral em que, à data da declaração de insolvência, não haja ainda total cumprimento nem pelo insolvente nem pela outra parte, o cumprimento fica suspenso até que o administrador da insolvência declare optar pela execução ou recusar o cumprimento.

2 – A outra parte pode, contudo, fixar um prazo razoável ao administrador da insolvência para este exercer a sua opção, findo o qual se considera que recusa o cumprimento.

3 – Recusado o cumprimento pelo administrador da insolvência, e sem prejuízo do direito à separação da coisa, se for o caso:
a) Nenhuma das partes tem direito à restituição do que prestou;
b) A massa insolvente tem o direito de exigir o valor da contraprestação correspondente à prestação já efectuada pelo devedor, na medida em que não tenha sido ainda realizada pela outra parte;
c) A outra parte tem direito a exigir, como crédito sobre a insolvência, o valor da prestação do devedor, na parte incumprida, deduzido do valor da contraprestação correspondente que ainda não tenha sido realizada;
d) O direito à indemnização dos prejuízos causados à outra parte pelo incumprimento:
   i) Apenas existe até ao valor da obrigação eventualmente imposta nos termos da alínea *b*);
   ii) É abatido do quantitativo a que a outra parte tenha direito, por aplicação da alínea *c*);
   iii) Constitui crédito sobre a insolvência;
e) Qualquer das partes pode declarar a compensação das obrigações referidas nas alíneas *c*) e *d*) com a aludida na alínea *b*), até à concorrência dos respectivos montantes.

4 – A opção pela execução é abusiva se o cumprimento pontual das obrigações contratuais por parte da massa insolvente for manifestamente improvável.

ART. 103.º (Prestações indivisíveis) – 1 – Se o contrato impuser à outra parte o cumprimento de prestação que tenha natureza infungível, ou que seja fraccionável na entrega de várias coisas, não facilmente substituíveis, entre as quais interceda uma conexão funcional, e o administrador da insolvência recusar o cumprimento:
a) O direito referido na alínea *b*) do n.º 3 do artigo anterior é substituído pelo direito de exigir à outra parte a restituição do que lhe tiver sido prestado, na medida do seu enriquecimento à data da declaração de insolvência;
b) O direito previsto na alínea *c*) do n.º 3 do artigo anterior tem por objecto a diferença, se favorável à outra parte, entre os valores da totalidade das prestações contratuais;
c) A outra parte tem direito, como credor da insolvência, ao reembolso do custo ou à restituição do valor da parte da prestação realizada anteriormente à declaração de insolvência, consoante tal prestação seja ou não infungível.

2 – A outra parte tem direito, porém, a completar a sua prestação, e a exigir, como crédito sobre a insolvência, a parte da contraprestação em dívida, caso em que cessa o disposto no n.º 1 e no artigo anterior.

3 – Se o administrador da insolvência não recusar o cumprimento, o direito da outra parte à contraprestação só constitui crédito sobre a massa no que exceda o valor do que seria apurado por aplicação do disposto na alínea *c*) do n.º 1, caso o administrador da insolvência tivesse optado pela recusa do cumprimento.

4 – Sendo o cumprimento de uma prestação do tipo das referidas no n.º 1 imposto pelo contrato ao insolvente, e recusando o administrador esse cumprimento:

CÓDIGO DA INSOLVÊNCIA E DA RECUPERAÇÃO DE EMPRESAS [DL n.º 53/2004] 1341

a) O direito referido na alínea *b*) do n.º 3 do artigo anterior cessa ou é substituído pelo direito à restituição do valor da parte da prestação já efectuada anteriormente à declaração de insolvência, consoante essa prestação tenha ou não natureza infungível;

b) Aplica-se o disposto na alínea *b*) do n.º 1, tendo a outra parte, adicionalmente, direito ao reembolso do que já tiver prestado, também como crédito sobre a insolvência.

5 – Sendo o cumprimento de uma prestação do tipo das referidas no n.º 1 imposto por contrato ao insolvente e não recusando o administrador esse cumprimento, o direito da outra parte à contraprestação em dívida constitui, na sua integralidade, crédito sobre a massa.

6 – Se a prestação de natureza infungível se desdobrar em parcelas autónomas e alguma ou algumas destas já tiverem sido efectuadas, o disposto nos números anteriores apenas se aplica às demais, repartindo-se a contraprestação por todas elas, pela forma apropriada.

ART. 104.º (Venda com reserva de propriedade e operações semelhantes) – 1 – No contrato de compra e venda com reserva de propriedade em que o vendedor seja o insolvente, a outra parte poderá exigir o cumprimento do contrato se a coisa já lhe tiver sido entregue na data da declaração da insolvência.

2 – O disposto no número anterior aplica-se, em caso de insolvência do locador, ao contrato de locação financeira e ao contrato de locação com a cláusula de que a coisa locada se tornará propriedade do locatário depois de satisfeitas todas as rendas pactuadas.

3 – Sendo o comprador ou o locatário o insolvente, e encontrando-se ele na posse da coisa, o prazo fixado ao administrador da insolvência, nos termos do n.º 2 do artigo 102.º, não pode esgotar-se antes de decorridos cinco dias sobre a data da assembleia de apreciação do relatório, salvo se o bem for passível de desvalorização considerável durante esse período e a outra parte advertir expressamente o administrador da insolvência dessa circunstância.

4 – A cláusula de reserva de propriedade, nos contratos de alienação de coisa determinada em que o comprador seja o insolvente, só é oponível à massa no caso de ter sido estipulada por escrito, até ao momento da entrega da coisa.

5 – Os efeitos da recusa de cumprimento pelo administrador, quando admissível, são os previstos no n.º 3 do artigo 102.º, entendendo-se que o direito consignado na respectiva alínea *c*) tem por objecto o pagamento, como crédito sobre a insolvência, da diferença, se positiva, entre o montante das prestações ou rendas previstas até final do contrato, actualizadas para a data da declaração de insolvência por aplicação do estabelecido no n.º 2 do artigo 91.º, e o valor da coisa na data da recusa, se a outra parte for o vendedor ou locador, ou da diferença, se positiva, entre este último valor e aquele montante, caso ela seja o comprador ou o locatário.

ART. 105.º (Venda sem entrega) – 1 – Sem prejuízo do disposto no artigo 107.º, se a obrigação de entrega por parte do vendedor ainda não tiver sido cumprida, mas a propriedade já tiver sido transmitida:

a) O administrador da insolvência não pode recusar o cumprimento do contrato, no caso de insolvência do vendedor;

b) A recusa de cumprimento pelo administrador da insolvência, no caso de insolvência do comprador, tem os efeitos previstos no n.º 5 do artigo anterior, aplicável com as necessárias adaptações.

2 – O disposto no número anterior é igualmente aplicável, com as devidas adaptações, aos contratos translativos de outros direitos reais de gozo.

ART. 106.º (Promessa de contrato) – 1 – No caso de insolvência do promitente-vendedor, o administrador da insolvência não pode recusar o cumprimento de contrato-promessa com eficácia real, se já tiver havido tradição da coisa a favor do promitente-comprador.

2 – À recusa de cumprimento de contrato-promessa de compra e venda pelo administrador da insolvência é aplicável o disposto no n.º 5 do artigo 104.º, com as necessárias adaptações, quer a insolvência respeite ao promitente-comprador quer ao promitente-vendedor.

3 – *[Revogado.]*

ART. 107.º (Operações a prazo) – 1 – Se a entrega de mercadorias, ou a realização de prestações financeiras, que tenham um preço de mercado, tiver de se efectuar em determinada data ou dentro de certo prazo, e a data ocorrer ou o prazo se extinguir depois de declarada a insolvência, a execução não pode ser exigida por nenhuma das partes, e o comprador ou vendedor, consoante o caso, tem apenas direito ao pagamento da diferença entre o preço ajustado e o preço de mercado do bem ou prestação financeira no 2.º dia posterior ao da declaração de insolvência, relativamente a contratos com a mesma data ou prazo de cumprimento, a qual, sendo exigível ao insolvente, constitui crédito sobre a insolvência.

2 – Em qualquer dos casos, o vendedor restituirá as importâncias já pagas, podendo compensar tal obrigação com o crédito que lhe seja conferido pelo número anterior, até à concorrência dos respectivos montantes; sendo o vendedor o insolvente, o direito à restituição constitui para a outra parte crédito sobre a insolvência.

3 – Para efeitos do disposto no número anterior consideram-se prestações financeiras, designadamente:

a) A entrega de valores mobiliários, excepto se se tratar de acções representativas de, pelo menos, 10% do capital da sociedade, e não tiver carácter meramente financeiro a liquidação contratualmente prevista;

1342   [DL n.º 53/2004]   INSOLVÊNCIA E RECUPERAÇÃO DE EMPRESAS

b) A entrega de metais preciosos;

c) Os pagamentos em dinheiro cujo montante seja directa ou indirectamente determinado pela taxa de câmbio de uma divisa estrangeira, pela taxa de juro legal, por uma unidade de cálculo ou pelo preço de outros bens ou serviços;

d) Opções ou outros direitos à venda ou à entrega de bens referidos nas alíneas *a)* e *b)* ou a pagamentos referidos na alínea *c)*.

4 – Integrando-se vários negócios sobre prestações financeiras num contrato quadro ao qual só possa pôr-se termo unitariamente no caso de incumprimento, o conjunto de tais negócios é havido como um contrato bilateral, para efeitos deste artigo e do artigo 102.º.

5 – Às operações a prazo não abrangidas pelo n.º 1 é aplicável o disposto no n.º 5 do artigo 104.º, com as necessárias adaptações.

ART. 108.º (Locação em que o locatário é o insolvente) – 1 – A declaração de insolvência não suspende o contrato de locação em que o insolvente seja locatário, mas o administrador da insolvência pode sempre denunciá-lo com um pré-aviso de 60 dias, se nos termos da lei ou do contrato não for suficiente um pré-aviso inferior.

2 – Exceptua-se do número anterior o caso de o locado se destinar à habitação do insolvente, caso em que o administrador da insolvência poderá apenas declarar que o direito ao pagamento de rendas vencidas depois de transcorridos 60 dias sobre tal declaração não será exercível no processo de insolvência, ficando o senhorio, nessa hipótese, constituído no direito de exigir, como crédito sobre a insolvência, indemnização dos prejuízos sofridos em caso de despejo por falta de pagamentos de alguma ou algumas das referidas rendas, até ao montante das correspondentes a um trimestre.

3 – A denúncia do contrato pelo administrador da insolvência facultada pelo n.º 1 obriga ao pagamento, como crédito sobre a insolvência, das retribuições correspondentes ao período intercedente entre a data de produção dos seus efeitos e a do fim do prazo contratual estipulado, ou a data para a qual de outro modo teria sido possível a denúncia pelo insolvente, deduzidas dos custos inerentes à prestação do locador por esse período, bem como dos ganhos obtidos através de uma aplicação alternativa do locado, desde que imputáveis à antecipação do fim do contrato, com actualização de todas as quantias, nos termos do n.º 2 do artigo 91.º, para a data de produção dos efeitos da denúncia.

4 – O locador não pode requerer a resolução do contrato após a declaração de insolvência do locatário com algum dos seguintes fundamentos:

a) Falta de pagamento das rendas ou alugueres respeitantes ao período anterior à data da declaração de insolvência;

b) Deterioração da situação financeira do locatário.

5 – Não tendo a coisa locada sido ainda entregue ao locatário à data da declaração de insolvência deste, tanto o administrador da insolvência como o locador podem resolver o contrato, sendo lícito a qualquer deles fixar ao outro um prazo razoável para o efeito, findo o qual cessa o direito de resolução.

ART. 109.º (Locação em que o insolvente é o locador) – 1 – A declaração de insolvência não suspende a execução de contrato de locação em que o insolvente seja locador, e a sua denúncia por qualquer das partes apenas é possível para o fim do prazo em curso, sem prejuízo dos casos de renovação obrigatória.

2 – Se, porém, a coisa ainda não tiver sido entregue ao locatário à data da declaração de insolvência, é aplicável o disposto no n.º 5 do artigo anterior, com as devidas adaptações.

3 – A alienação da coisa locada no processo de insolvência não priva o locatário dos direitos que lhe são reconhecidos pela lei civil em tal circunstância.

ART. 110.º (Contratos de mandato e de gestão) – 1 – Os contratos de mandato, incluindo os de comissão, que não se mostre serem estranhos à massa insolvente, caducam com a declaração de insolvência do mandante, ainda que o mandato tenha sido conferido também no interesse do mandatário ou de terceiro, sem que o mandatário tenha direito a indemnização pelo dano sofrido.

2 – Considera-se, porém, que o contrato de mandato se mantém:

a) Caso seja necessária a prática de actos pelo mandatário para evitar prejuízos previsíveis para a massa insolvente, até que o administrador da insolvência tome as devidas providências;

b) Pelo período em que o mandatário tenha exercido funções desconhecendo, sem culpa, a declaração de insolvência do mandante.

3 – A remuneração e o reembolso de despesas do mandatário constitui dívida da massa insolvente, na hipótese da alínea *a)* do número anterior, e dívida da insolvência, na hipótese da alínea *b)*.

4 – O disposto nos números anteriores é aplicável, com as devidas adaptações, a quaisquer outros contratos pelos quais o insolvente tenha confiado a outrem a gestão de assuntos patrimoniais, com um mínimo de autonomia, nomeadamente a contratos de gestão de carteiras e de gestão do património.

ART. 111.º (Contrato de prestação duradoura de serviço) – 1 – Os contratos que obriguem à realização de prestação duradoura de um serviço no interesse do insolvente, e que não caduquem por efeito do disposto no

CÓDIGO DA INSOLVÊNCIA E DA RECUPERAÇÃO DE EMPRESAS [DL n.º 53/2004] 1343

artigo anterior, não se suspendem com a declaração de insolvência, podendo ser denunciados por qualquer das partes nos termos do n.º 1 do artigo 108.º, aplicável com as devidas adaptações.

2 – A denúncia antecipada do contrato só obriga ao ressarcimento do dano causado no caso de ser efectuada pelo administrador da insolvência, sendo a indemnização nesse caso calculada, com as necessárias adaptações, nos termos do n.º 3 do artigo 108.º, e constituindo para a outra parte crédito sobre a insolvência.

ART. 112.º (Procurações) – 1 – Salvo nos casos abrangidos pela alínea *a*) do n.º 2 do artigo 110.º, com a declaração de insolvência do representado caducam as procurações que digam respeito ao património integrante da massa insolvente, ainda que conferidas também no interesse do procurador ou de terceiro.

2 – Aos actos praticados pelo procurador depois da caducidade da procuração é aplicável o disposto nos n.ºs 6 e 7 do artigo 81.º, com as necessárias adaptações.

3 – O procurador que desconheça sem culpa a declaração de insolvência do representado não é responsável perante terceiros pela ineficácia do negócio derivada da falta de poderes de representação.

ART. 113.º (Insolvência do trabalhador) – 1 – A declaração de insolvência do trabalhador não suspende o contrato de trabalho.

2 – O ressarcimento de prejuízos decorrentes de uma eventual violação dos deveres contratuais apenas podem ser reclamados ao próprio insolvente.

ART. 114.º (Prestação de serviço pelo devedor) – 1 – O disposto no artigo anterior aplica-se aos contratos pelos quais o insolvente, sendo uma pessoa singular, esteja obrigado à prestação de um serviço, salvo se este se integrar na actividade da empresa de que for titular e não tiver natureza infungível.

2 – Sem prejuízo do disposto no número anterior, aos contratos que tenham por objecto a prestação duradoura de um serviço pelo devedor aplica-se o disposto no artigo 111.º, com as necessárias adaptações, mas o dever de indemnizar apenas existe se for da outra parte a iniciativa da denúncia.

ART. 115.º (Cessão e penhor de créditos futuros) – 1 – Sendo o devedor uma pessoa singular e tendo ele cedido ou dado em penhor, anteriormente à declaração de insolvência, créditos futuros emergentes de contrato de trabalho ou de prestação de serviços, ou o direito a prestações sucedâneas futuras, designadamente subsídios de desemprego e pensões de reforma, a eficácia do negócio ficará limitada aos rendimentos respeitantes ao período anterior à data de declaração de insolvência, ao resto do mês em curso nesta data e aos 24 meses subsequentes.

2 – A eficácia da cessão realizada ou de penhor constituído pelo devedor anteriormente à declaração de insolvência que tenha por objecto rendas ou alugueres devidos por contrato de locação que o administrador da insolvência não possa denunciar ou resolver, nos termos, respectivamente, do n.º 2 do artigo 104.º e do n.º 1 do artigo 109.º, fica limitada, seja ou não o devedor uma pessoa singular, às que respeitem ao período anterior à data de declaração de insolvência, ao resto do mês em curso nesta data e ao mês subsequente.

3 – O devedor por créditos a que se reportam os números anteriores pode compensá-los com dívidas à massa, sem prejuízo do disposto na alínea *b*) do n.º 1 e nas alíneas *b*) a *d*) do n.º 4 do artigo 99.º.

ART. 116.º (Contas correntes) – A declaração de insolvência implica o termo dos contratos de conta corrente em que o insolvente seja parte, com o encerramento das contas respectivas.

ART. 117.º (Associação em participação) – 1 – A associação em participação extingue-se pela insolvência do contraente associante.

2 – O contraente associado é obrigado a entregar à massa insolvente do associante a sua parte, ainda não satisfeita, nas perdas em que deva participar, conservando, porém, o direito de reclamar, como crédito sobre a insolvência, as prestações que tenha realizado e não devam ser incluídas na sua participação nas perdas.

ART. 118.º (Agrupamento complementar de empresas e agrupamento europeu de interesse económico) – 1 – Sem prejuízo de disposição diversa do contrato, o agrupamento complementar de empresas e o agrupamento europeu de interesse económico não se dissolvem em consequência da insolvência de um ou mais membros do agrupamento.

2 – O membro declarado insolvente pode exonerar-se do agrupamento complementar de empresas.

3 – É nula a cláusula do contrato que obrigue o membro declarado insolvente a indemnizar os danos causados aos restantes membros ou ao agrupamento.

ART. 119.º (Normas imperativas) – 1 – É nula qualquer convenção das partes que exclua ou limite a aplicação das normas anteriores do presente capítulo.

2 – É em particular nula a cláusula que atribua à situação de insolvência de uma das partes o valor de uma condição resolutiva do negócio ou confira nesse caso à parte contrária um direito de indemnização, de resolução ou de denúncia em termos diversos dos previstos neste capítulo.

3 – O disposto nos números anteriores não obsta que a situação de insolvência possa configurar justa causa de resolução ou de denúncia em atenção à natureza e conteúdo das prestações contratuais.

1344 [DL n.º 53/2004]   INSOLVÊNCIA E RECUPERAÇÃO DE EMPRESAS

CAPÍTULO V — Resolução em benefício da massa insolvente

ART. 120.º (Princípios gerais) – 1 – Podem ser resolvidos em benefício da massa insolvente os actos prejudiciais à massa praticados ou omitidos dentro dos quatro anos anteriores à data do início do processo de insolvência.

2 – Consideram-se prejudiciais à massa os actos que diminuam, frustrem, dificultem, ponham em perigo ou retardem a satisfação dos credores da insolvência.

3 – Presumem-se prejudiciais à massa, sem admissão de prova em contrário, os actos de qualquer dos tipos referidos no artigo seguinte, ainda que praticados ou omitidos fora dos prazos aí contemplados.

4 – Salvo nos casos a que respeita o artigo seguinte, a resolução pressupõe a má fé do terceiro, a qual se presume quanto a actos cuja prática ou omissão tenha ocorrido dentro dos dois anos anteriores ao início do processo de insolvência e em que tenha participado ou de que tenha aproveitado pessoa especialmente relacionada com o insolvente, ainda que a relação especial não existisse a essa data.

5 – Entende-se por má fé o conhecimento, à data do acto, de qualquer das seguintes circunstâncias:

a) De que o devedor se encontrava em situação de insolvência;

b) Do carácter prejudicial do acto e de que o devedor se encontrava à data em situação de insolvência iminente;

c) Do início do processo de insolvência.

ART. 121.º (Resolução incondicional) – 1 – São resolúveis em benefício da massa insolvente os actos seguidamente indicados, sem dependência de quaisquer outros requisitos:

a) Partilha celebrada menos de um ano antes da data do início do processo de insolvência em que o quinhão do insolvente haja sido essencialmente preenchido com bens de fácil sonegação, cabendo aos co-interessados a generalidade dos imóveis e dos valores nominativos;

b) Actos celebrados pelo devedor a título gratuito dentro dos dois anos anteriores à data do início do processo de insolvência, incluindo o repúdio de herança ou legado, com excepção dos donativos conformes aos usos sociais;

c) Constituição pelo devedor de garantias reais relativas a obrigações preexistentes ou de outras que as substituam, nos seis meses anteriores à data de início do processo de insolvência;

d) Fiança, subfiança, aval e mandatos de crédito, em que o insolvente haja outorgado no período referido na alínea anterior e que não respeitem a operações negociais com real interesse para ele;

e) Constituição pelo devedor de garantias reais em simultâneo com a criação das obrigações garantidas, dentro dos 60 dias anteriores à data do início do processo de insolvência;

f) Pagamento ou outros actos de extinção de obrigações cujo vencimento fosse posterior à data do início do processo de insolvência, ocorridos nos seis meses anteriores à data do início do processo de insolvência, ou depois desta mas anteriormente ao vencimento;

g) Pagamento ou outra forma de extinção de obrigações efectuados dentro dos seis meses anteriores à data do início do processo de insolvência em termos não usuais no comércio jurídico e que o credor não pudesse exigir;

h) Actos a título oneroso realizados pelo insolvente dentro do ano anterior à data do início do processo de insolvência em que as obrigações por ele assumidas excedam manifestamente as da contraparte;

i) Reembolso de suprimentos, quando tenha lugar dentro do mesmo período referido na alínea anterior.

2 – O disposto no número anterior cede perante normas legais que excepcionalmente exijam sempre a má fé ou a verificação de outros requisitos.

ART. 122.º (Sistemas de pagamentos) – Não podem ser objecto de resolução actos compreendidos no âmbito de um sistema de pagamentos tal como definido pela alínea *a)* do artigo 2.º da Directiva n.º 98/26/CE, do Parlamento Europeu e do Conselho, de 19 de Maio, ou equiparável.

ART. 123.º (Forma de resolução e prescrição do direito) – 1 – A resolução pode ser efectuada pelo administrador da insolvência por carta registada com aviso de recepção nos seis meses seguintes ao conhecimento do acto, mas nunca depois de decorridos dois anos sobre a data da declaração de insolvência.

2 – Enquanto, porém, o negócio não estiver cumprido, pode a resolução ser declarada, sem dependência de prazo, por via de excepção.

ART. 124.º (Oponibilidade a transmissários) – 1 – A oponibilidade da resolução do acto a transmissários posteriores pressupõe a má fé destes, salvo tratando-se de sucessores a título universal ou se a nova transmissão tiver ocorrido a título gratuito.

2 – O disposto no número anterior é aplicável, com as necessárias adaptações, à constituição de direitos sobre os bens transmitidos em benefício de terceiro.

ART. 125.º (Impugnação da resolução) – O direito de impugnar a resolução caduca no prazo de seis meses, correndo a acção correspondente, proposta contra a massa insolvente, como dependência do processo de insolvência.

ART. 126.º (Efeitos da resolução) – 1 – A resolução tem efeitos retroactivos, devendo reconstituir-se a situação que existiria se o acto não tivesse sido praticado ou omitido, consoante o caso.

CÓDIGO DA INSOLVÊNCIA E DA RECUPERAÇÃO DE EMPRESAS [DL n.º 53/2004] 1345

2 – A acção intentada pelo administrador da insolvência com a finalidade prevista no número anterior é dependência do processo de insolvência.

3 – Ao terceiro que não apresente os bens ou valores que hajam de ser restituídos à massa dentro do prazo fixado na sentença são aplicadas as sanções previstas na lei de processo para o depositário de bens penhorados que falte à oportuna entrega deles.

4 – A restituição do objecto prestado pelo terceiro só tem lugar se o mesmo puder ser identificado e separado dos que pertencem à parte restante da massa.

5 – Caso a circunstância prevista no número anterior não se verifique, a obrigação de restituir o valor correspondente constitui dívida da massa insolvente na medida do respectivo enriquecimento à data da declaração da insolvência, e dívida da insolvência quanto ao eventual remanescente.

6 – A obrigação de restituir a cargo do adquirente a título gratuito só existe na medida do seu próprio enriquecimento, salvo o caso de má fé, real ou presumida.

ART. 127.º (Impugnação pauliana) – 1 – É vedado aos credores da insolvência a instauração de novas acções de impugnação pauliana de actos praticados pelo devedor cuja resolução haja sido declarada pelo administrador da insolvência.

2 – As acções de impugnação pauliana pendentes à data da declaração da insolvência ou propostas ulteriormente não serão apensas ao processo de insolvência, e, em caso de resolução do acto pelo administrador da insolvência, só prosseguirão os seus termos se tal resolução vier a ser declarada ineficaz por decisão definitiva, a qual terá força vinculativa no âmbito daquelas acções quanto às questões que tenha apreciado, desde que não ofenda caso julgado de formação anterior.

3 – Julgada procedente a acção de impugnação, o interesse do credor que a tenha instaurado é aferido, para efeitos do artigo 616.º do Código Civil, com abstracção das modificações introduzidas ao seu crédito por um eventual plano de insolvência ou de pagamentos.

TÍTULO V — VERIFICAÇÃO DOS CRÉDITOS.
RESTITUIÇÃO E SEPARAÇÃO DE BENS

CAPÍTULO I — Verificação de créditos

ART. 128.º (Reclamação de créditos) – 1 – Dentro do prazo fixado para o efeito na sentença declaratória da insolvência, devem os credores da insolvência, incluindo o Ministério Público na defesa dos interesses das entidades que represente, reclamar a verificação dos seus créditos por meio de requerimento, acompanhado de todos os documentos probatórios de que disponham, no qual indiquem:

a) A sua proveniência, data de vencimento, montante de capital e de juros;

b) As condições a que estejam subordinados, tanto suspensivas como resolutivas;

c) A sua natureza comum, subordinada, privilegiada ou garantida, e, neste último caso, os bens ou direitos objecto da garantia e respectivos dados de identificação registral, se aplicável;

d) A existência de eventuais garantias pessoais, com identificação dos garantes;

e) A taxa de juros moratórios aplicável.

2 – O requerimento é endereçado ao administrador da insolvência, e apresentado no seu domicílio profissional ou para aí remetido por via postal registada, devendo o administrador, respectivamente, assinar no acto de entrega, ou enviar ao credor no prazo de três dias, comprovativo do recebimento.

3 – A verificação tem por objecto todos os créditos sobre a insolvência, qualquer que seja a sua natureza e fundamento, e mesmo o credor que tenha o seu crédito reconhecido por decisão definitiva não está dispensado de o reclamar no processo de insolvência, se nele quiser obter pagamento.

ART. 129.º (Relação de créditos reconhecidos e não reconhecidos) – 1 – Nos 15 dias subsequentes ao termo do prazo das reclamações, o administrador da insolvência apresenta na secretaria uma lista de todos os credores por si reconhecidos e uma lista dos não reconhecidos, ambas por ordem alfabética, relativamente não só aos que tenham deduzido reclamação como àqueles cujos direitos constem dos elementos da contabilidade do devedor ou sejam por outra forma do seu conhecimento.

2 – Da lista dos credores reconhecidos consta a identificação de cada credor, a natureza do crédito, o montante de capital e juros à data do termo do prazo das reclamações, as garantias pessoais e reais, os privilégios, a taxa de juros moratórios aplicável, e as eventuais condições suspensivas ou resolutivas.

3 – A lista dos credores não reconhecidos indica os motivos justificativos do não reconhecimento.

4 – Todos os credores não reconhecidos, bem como aqueles cujos créditos forem reconhecidos sem que os tenham reclamado, ou em termos diversos dos da respectiva reclamação, devem ser disso avisados pelo administrador da insolvência, por carta registada, com observância, com as devidas adaptações, do disposto nos artigos 40.º a 42.º do Regulamento (CE) n.º 1346/2000, do Conselho, de 29 de Maio, tratando-se de credores com residência habitual, domicílio ou sede em outros Estados membros da União Europeia que não tenham já sido citados nos termos do n.º 3 do artigo 37.º.

1346 [DL n.º 53/2004] INSOLVÊNCIA E RECUPERAÇÃO DE EMPRESAS

ART. 130.º (Impugnação da lista de credores reconhecidos) – 1 – Nos 10 dias seguintes ao termo do prazo fixado no n.º 1 do artigo anterior, pode qualquer interessado impugnar a lista de credores reconhecidos através de requerimento dirigido ao juiz, com fundamento na indevida inclusão ou exclusão de créditos, ou na incorrecção do montante ou da qualificação dos créditos reconhecidos.

2 – Relativamente aos credores avisados por carta registada, o prazo de 10 dias conta-se a partir do 3.º dia útil posterior à data da respectiva expedição.

3 – Se não houver impugnações, é de imediato proferida sentença de verificação e graduação dos créditos, em que, salvo o caso de erro manifesto, se homologa a lista de credores reconhecidos elaborada pelo administrador da insolvência e se graduam os créditos em atenção ao que conste dessa lista.

ART. 131.º (Resposta à impugnação) – 1 – Pode responder a qualquer das impugnações o administrador da insolvência e qualquer interessado que assuma posição contrária, incluindo o devedor.

2 – Se, porém, a impugnação se fundar na indevida inclusão de certo crédito na lista de credores reconhecidos, na omissão da indicação das condições a que se encontre sujeito ou no facto de lhe ter sido atribuído um montante excessivo ou uma qualificação de grau superior à correcta, só o próprio titular pode responder.

3 – A resposta deve ser apresentada dentro dos 10 dias subsequentes ao termo do prazo referido no artigo anterior ou à notificação ao titular do crédito objecto da impugnação, consoante o caso, sob pena de a impugnação ser julgada procedente.

ART. 132.º (Autuação das impugnações e respostas) – As listas de créditos reconhecidos e não reconhecidos pelo administrador da insolvência, as impugnações e as respostas são autuadas por um único apenso.

ART. 133.º (Exame das reclamações e dos documentos de escrituração do insolvente) – Durante o prazo fixado para as impugnações e as respostas, e a fim de poderem ser examinados por qualquer interessado e pela comissão de credores, deve o administrador da insolvência patentear as reclamações de créditos, os documentos que as instruam e os documentos da escrituração do insolvente no local mais adequado, o qual é objecto de indicação no final nas listas de credores reconhecidos e não reconhecidos.

ART. 134.º (Meios de prova, cópias e dispensa de notificação) – 1 – Às impugnações e às respostas é aplicável o disposto no n.º 2 do artigo 25.º.

2 – São apenas oferecidos pelo requerente ou, no caso de apresentação em suporte digital, extraídos pela secretaria, dois duplicados dos articulados e dos documentos que os acompanhem, um dos quais se destina ao arquivo do tribunal, ficando o outro na secretaria judicial, para consulta dos interessados.

3 – Exceptua-se o caso em que a impugnação tenha por objecto créditos reconhecidos e não seja apresentada pelo próprio titular, em que se juntará ou será extraída uma cópia adicional, para entrega ao respectivo titular.

4 – As impugnações apenas serão objecto de notificação aos titulares de créditos a que respeitem, se estes não forem os próprios impugnantes.

5 – Durante o prazo para impugnações e respostas, o processo é mantido na secretaria judicial para exame e consulta dos interessados.

ART. 135.º (Parecer da comissão de credores) – Dentro dos 10 dias posteriores ao termo do prazo das respostas às impugnações, deve a comissão de credores juntar aos autos o seu parecer sobre as impugnações.

ART. 136.º (Saneamento do processo) – 1 – Junto o parecer da comissão de credores ou decorrido o prazo previsto no artigo anterior sem que tal junção se verifique, o juiz designa dia e hora para uma tentativa de conciliação a realizar dentro dos 10 dias seguintes, para a qual são notificados, a fim de comparecerem pessoalmente ou de se fazerem representar por procuradores com poderes especiais para transigir, todos os que tenham apresentado impugnações e respostas, a comissão de credores e o administrador da insolvência.

2 – Na tentativa de conciliação são considerados como reconhecidos os créditos que mereçam a aprovação de todos os presentes e nos precisos termos em que o forem.

3 – Concluída a tentativa de conciliação, o processo é imediatamente concluso ao juiz, para que seja proferido despacho, nos termos previstos nos artigos 510.º e 511.º do Código de Processo Civil.

4 – Consideram-se sempre reconhecidos os créditos incluídos na respectiva lista e não impugnados e os que tiverem sido aprovados na tentativa de conciliação.

5 – Consideram-se ainda reconhecidos os demais créditos que possam sê-lo face aos elementos de prova contidos nos autos.

6 – O despacho saneador tem, quanto aos créditos reconhecidos, a forma e o valor de sentença, que os declara verificados e os gradua em harmonia com as disposições legais.

7 – Se a verificação de algum dos créditos necessitar de produção de prova, a graduação de todos os créditos tem lugar na sentença final.

ART. 137.º (Diligências instrutórias) – Havendo diligências probatórias a realizar antes da audiência de discussão e julgamento, o juiz ordena as providências necessárias para que estejam concluídas dentro do prazo de 20 dias a contar do despacho que as tiver determinado, aproveitando a todos os interessados a prova produzida por qualquer deles.

CÓDIGO DA INSOLVÊNCIA E DA RECUPERAÇÃO DE EMPRESAS [DL n.º 53/2004] 1347

ART. 138.º (Designação de dia para a audiência) – Produzidas as provas ou expirado o prazo marcado nas cartas, é marcada a audiência de discussão e julgamento para um dos 10 dias posteriores.

ART. 139.º (Audiência) – Na audiência de julgamento são observados os termos estabelecidos para o processo declaratório sumário, com as seguintes especialidades:

a) Sempre que necessário, serão ouvidos, na altura em que o tribunal o determine, quer o administrador da insolvência, quer a comissão de credores;

b) As provas são produzidas segundo a ordem por que tiverem sido apresentadas as impugnações;

c) Na discussão, podem usar da palavra, em primeiro lugar, os advogados dos impugnantes e depois os dos respondentes, não havendo lugar a réplica.

ART. 140.º (Sentença) – 1 – Finda a audiência de julgamento, o juiz profere sentença de verificação e graduação dos créditos, nos 10 dias subsequentes.

2 – A graduação é geral para os bens da massa insolvente e é especial para os bens a que respeitem direitos reais de garantia e privilégios creditórios.

3 – Na graduação de créditos não é atendida a preferência resultante de hipoteca judicial, nem a proveniente da penhora, mas as custas pagas pelo autor ou exequente constituem dívidas da massa insolvente.

CAPÍTULO II — Restituição e separação de bens

ART. 141.º (Aplicabilidade das disposições relativas à reclamação e verificação de créditos) – 1 – As disposições relativas à reclamação e verificação de créditos são igualmente aplicáveis:

a) À reclamação e verificação do direito de restituição, a seus donos, dos bens apreendidos para a massa insolvente, mas de que o insolvente fosse mero possuidor em nome alheio;

b) À reclamação e verificação do direito que tenha o cônjuge a separar da massa insolvente os seus bens próprios e a sua meação nos bens comuns;

c) À reclamação destinada a separar da massa os bens de terceiro indevidamente apreendidos e quaisquer outros bens, dos quais o insolvente não tenha a plena e exclusiva propriedade, ou sejam estranhos à insolvência ou insusceptíveis de apreensão para a massa.

2 – A aplicabilidade das disposições relativas à reclamação e verificação de créditos tem lugar com as adaptações seguintes, além das outras que se mostrem necessárias:

a) A reclamação não é objecto de notificações, e obedece ao disposto nos n.ᵒˢ 1 e 5 do artigo 134.º;

b) As contestações às reclamações podem ser apresentadas pelo administrador da insolvência ou por qualquer interessado nos 10 dias seguintes ao termo do prazo para a reclamação dos créditos fixado na sentença de declaração da insolvência, e o reclamante tem a possibilidade de lhes responder nos 5 dias subsequentes;

c) Na audiência, as provas são produzidas segundo a ordem por que tiverem sido apresentadas as reclamações e, na discussão, usam da palavra em primeiro lugar os advogados dos reclamantes e só depois os dos contestantes.

3 – A separação dos bens de que faz menção o n.º 1 pode igualmente ser ordenada pelo juiz, a requerimento do administrador da insolvência, instruído com parecer favorável da comissão de credores, se existir.

4 – Quando a reclamação verse sobre mercadorias ou outras coisas móveis, o reclamante deve provar a identidade das que lhe pertençam, salvo se forem fungíveis.

5 – Se as mercadorias enviadas ao insolvente a título de consignação ou comissão estiverem vendidas a crédito, pode o comitente reclamar o preço devido pelo comprador, a fim de o poder receber deste.

ART. 142.º (Perda de posse de bens a restituir) – 1 – Se as coisas que o insolvente deve restituir não se encontrarem na sua posse à data da declaração de insolvência, pode o administrador da insolvência reavê-las, se tal for mais conveniente para a massa insolvente do que o pagamento ao seu titular, como crédito sobre a insolvência, do valor que tinham naquela data ou da indemnização pelas despesas resultantes da sua recuperação.

2 – Se a posse se perder depois de terem sido apreendidas para a massa insolvente as coisas que devam ser restituídas, tem o titular direito a receber da massa o seu valor integral.

ART. 143.º (Reclamação de direitos próprios, estranhos à insolvência) – Ao insolvente, bem como ao seu consorte, é permitido, sem necessidade de autorização do outro cônjuge, reclamar os seus direitos próprios, estranhos à insolvência.

ART. 144.º (Restituição ou separação de bens apreendidos tardiamente) – 1 – No caso de serem apreendidos bens para a massa, depois de findo o prazo fixado para as reclamações, é ainda permitido exercer o direito de restituição ou separação desses bens nos cinco dias posteriores à apreensão, por meio de requerimento, apensado ao processo principal.

2 – Citados em seguida os credores, por éditos de 10 dias, o devedor e o administrador da insolvência, para contestarem dentro dos cinco 5 dias imediatos, seguem-se os termos do processo de verificação de créditos, com as adaptações necessárias, designadamente as constantes do n.º 2 do artigo 141.º.

ART. 145.º (Entrega provisória de bens móveis) – 1 – Ao reclamante da restituição de coisas móveis determinadas pode ser deferida a sua entrega provisória, mediante caução prestada no próprio processo.

1348 [DL n.º 53/2004]   INSOLVÊNCIA E RECUPERAÇÃO DE EMPRESAS

2 – Se a reclamação for julgada definitivamente improcedente, serão restituídos à massa os bens entregues provisoriamente ou o valor da caução.

CAPÍTULO III — **Verificação ulterior**

ART. 146.º (Verificação ulterior de créditos ou de outros direitos) – 1 – Findo o prazo das reclamações, é possível reconhecer ainda outros créditos, bem como o direito à separação ou restituição de bens, de modo a serem atendidos no processo de insolvência, por meio de acção proposta contra a massa insolvente, os credores e o devedor, efectuando-se a citação dos credores por éditos de 10 dias.

2 – O direito à separação ou restituição de bens pode ser exercido a todo o tempo; porém, a reclamação de outros créditos, nos termos do número anterior:

a) Não pode ser apresentada pelos credores que tenham sido avisados nos termos do artigo 129.º, excepto tratando-se de créditos de constituição posterior;

b) Só pode ser feita no prazo de um ano subsequente ao trânsito em julgado da sentença de declaração da insolvência, ou no prazo de três meses seguintes à respectiva constituição, caso termine posteriormente.

3 – Proposta a acção, a secretaria, oficiosamente, lavra termo no processo principal da insolvência no qual identifica a acção apensa e o reclamante e reproduz o pedido, o que equivale a termo de protesto.

4 – A instância extingue-se e os efeitos do protesto caducam se o autor, negligentemente, deixar de promover os termos da causa durante três meses.

ART. 147.º (Falta de assinatura do protesto ou caducidade dos seus efeitos) – Se o autor não assinar termo de protesto ou os efeitos deste caducarem, observa-se o seguinte:

a) Tratando-se de acção para a verificação de crédito, o credor só adquire direito a entrar nos rateios posteriores ao trânsito em julgado da respectiva sentença pelo crédito que venha a ser verificado, ainda que de crédito garantido ou privilegiado se trate;

b) Tratando-se de acção para a verificação do direito à restituição ou separação de bens, o autor só pode tornar efectivos os direitos que lhe forem reconhecidos na respectiva sentença passada em julgado, relativamente aos bens que a esse tempo ainda não tenham sido liquidados; se os bens já tiverem sido liquidados, no todo ou em parte, a venda é eficaz e o autor é apenas embolsado do respectivo produto, podendo este ser determinado, ou, quando o não possa ser, do valor que lhe tiver sido fixado no inventário;

c) Para a satisfação do crédito referido na última parte da alínea anterior, o autor só pode obter pagamento pelos valores que não tenham entrado já em levantamento ou rateio anterior, condicional ou definitivamente, nem se achem salvaguardados por terceiros, em virtude de recurso ou de protesto lavrado nos termos do artigo anterior e que, por isso, existam livres na massa insolvente, com respeito da preferência que lhe cabe, enquanto crédito sobre a massa insolvente.

ART. 148.º (Apensação das acções e forma aplicável) – As acções a que se refere o presente capítulo correm por apenso aos autos da insolvência e seguem, qualquer que seja o seu valor, os termos do processo sumário, ficando as respectivas custas a cargo do autor, caso não venha a ser deduzida contestação.

TÍTULO VI — **ADMINISTRAÇÃO E LIQUIDAÇÃO DA MASSA INSOLVENTE**

CAPÍTULO I — **Providências conservatórias**

ART. 149.º (Apreensão dos bens) – 1 – Proferida a sentença declaratória da insolvência, procede-se à imediata apreensão dos elementos da contabilidade e de todos os bens integrantes da massa insolvente, ainda que estes tenham sido:

a) Arrestados, penhorados ou por qualquer forma apreendidos ou detidos, seja em que processo for, com ressalva apenas dos que hajam sido apreendidos por virtude de infracção, quer de carácter criminal, quer de mera ordenação social;

b) Objecto de cessão aos credores, nos termos dos artigos 831.º e seguintes do Código Civil.

2 – Se os bens já tiverem sido vendidos, a apreensão tem por objecto o produto da venda, caso este ainda não tenha sido pago aos credores ou entre eles repartido.

ART. 150.º (Entrega dos bens apreendidos) – 1 – O poder de apreensão resulta da declaração de insolvência, devendo o administrador da insolvência diligenciar, sem prejuízo do disposto nos n.ºˢ 1 e 2 do artigo 839.º do Código de Processo Civil, no sentido de os bens lhe serem imediatamente entregues, para que deles fique depositário, regendo-se o depósito pelas normas gerais e, em especial, pelas que disciplinam o depósito judicial de bens penhorados.

2 – A apreensão é feita pelo próprio administrador da insolvência, assistido pela comissão de credores ou por um representante desta, se existir, e, quando conveniente, na presença do credor requerente da insolvência e do próprio insolvente.

3 – Sempre que ao administrador da insolvência não convenha fazê-lo pessoalmente, é a apreensão de bens sitos em comarca que não seja a da insolvência realizada por meio de deprecada, ficando esses bens confiados a depositário especial, mas à ordem do administrador da insolvência.

CÓDIGO DA INSOLVÊNCIA E DA RECUPERAÇÃO DE EMPRESAS [DL n.º 53/2004] 1349

4 – A apreensão é feita mediante arrolamento, ou por entrega directa através de balanço, de harmonia com as regras seguintes:

a) Se os bens já estiverem confiados a depositário judicial, manter-se-á o respectivo depósito, embora eles passem a ficar disponíveis e à ordem exclusiva do administrador da insolvência;

b) Se encontrar dificuldades em tomar conta dos bens ou tiver dúvidas sobre quais integram o depósito, pode o administrador da insolvência requerer que o funcionário do tribunal se desloque ao local onde os bens se encontrem, a fim de, superadas as dificuldades ou esclarecidas as dúvidas, lhe ser feita a entrega efectiva;

c) Quando depare com oposição ou resistência à apreensão, o próprio administrador da insolvência pode requisitar o auxílio da força pública, sendo então lícito o arrombamento de porta ou de cofre e lavrando-se auto de ocorrência do incidente;

d) O arrolamento consiste na descrição, avaliação e depósito dos bens;

e) Quer no arrolamento, quer na entrega por balanço, é lavrado pelo administrador da insolvência, ou por seu auxiliar, o auto no qual se descrevam os bens, em verbas numeradas, como em inventário, se declare, sempre que conveniente, o valor fixado por louvado, se destaque a entrega ao administrador da insolvência ou a depositário especial e se faça menção de todas as ocorrências relevantes com interesse para o processo;

f) O auto é assinado por quem presenciou a diligência e pelo possuidor ou detentor dos valores apreendidos ou, quando este não possa ou não queira assinar, pelas duas testemunhas a que seja possível recorrer.

5 – À desocupação de casa de habitação onde resida habitualmente o insolvente é aplicável o disposto no artigo 930.º-A do Código de Processo Civil.

6 – As somas recebidas em dinheiro pelo administrador da insolvência, ressalvadas as estritamente indispensáveis às despesas correntes de administração, devem ser imediatamente depositadas em instituição de crédito escolhida pelo administrador da insolvência.

ART. 151.º (Junção do arrolamento e do balanço aos autos) – O administrador da insolvência junta, por apenso ao processo de insolvência, o auto do arrolamento e do balanço respeitantes a todos os bens apreendidos, ou a cópia dele, quando efectuado em comarca deprecada.

ART. 152.º (Registo da apreensão) – *(Revogado.)*

CAPÍTULO II — Inventário, lista de credores e relatório do administrador da insolvência

ART. 153.º (Inventário) – 1 – O administrador da insolvência elabora um inventário dos bens e direitos integrados na massa insolvente na data anterior à do relatório, com indicação do seu valor, natureza, características, lugar em que se encontram, direitos que os onerem, e dados de identificação registral, se for o caso.

2 – Se os valores dos bens ou direitos forem diversos consoante haja ou não continuidade da empresa, o administrador da insolvência consigna no inventário ambos os valores.

3 – Sendo particularmente difícil, a avaliação de bens ou direitos pode ser confiada a peritos.

4 – O inventário inclui um rol de todos os litígios cujo desfecho possa afectar o seu conteúdo.

5 – O juiz pode dispensar a elaboração do inventário, a requerimento fundamentado do administrador da insolvência, com o parecer favorável da comissão de credores, se existir.

ART. 154.º (Lista provisória de credores) – 1 – O administrador da insolvência elabora uma lista provisória dos credores que constem da contabilidade do devedor, tenham reclamado os seus créditos ou sejam por outra forma do seu conhecimento, por ordem alfabética, com indicação do respectivo endereço, do montante, fundamento, natureza garantida, privilegiada, comum ou subordinada dos créditos, subordinação a condições e possibilidades de compensação.

2 – A lista contém ainda uma avaliação das dívidas da massa insolvente na hipótese de pronta liquidação.

ART. 155.º (Relatório) – 1 – O administrador da insolvência elabora um relatório contendo:

a) A análise dos elementos incluídos no documento referido na alínea *c)* do n.º 1 do artigo 24.º;

b) A análise do estado da contabilidade do devedor e a sua opinião sobre os documentos de prestação de contas e de informação financeira juntos aos autos pelo devedor;

c) A indicação das perspectivas de manutenção da empresa do devedor, no todo ou em parte, da conveniência de se aprovar um plano de insolvência, e das consequências decorrentes para os credores nos diversos cenários figuráveis;

d) Sempre que se lhe afigure conveniente a aprovação de um plano de insolvência, a remuneração que se propõe auferir pela elaboração do mesmo;

e) Todos os elementos que no seu entender possam ser importantes para a tramitação ulterior do processo.

2 – Ao relatório são anexados o inventário e a lista provisória de credores.

3 – O relatório e seus anexos deverão ser juntos aos autos pelo menos oito dias antes da data da assembleia de apreciação do relatório.

1350 [DL n.º 53/2004] INSOLVÊNCIA E RECUPERAÇÃO DE EMPRESAS

CAPÍTULO III — Liquidação

Secção I — REGIME APLICÁVEL

ART. 156.º (Deliberações da assembleia de credores de apreciação do relatório) – 1 – Na assembleia de apreciação do relatório deve ser dada ao devedor, à comissão de credores e à comissão de trabalhadores ou aos representantes dos trabalhadores a oportunidade de se pronunciarem sobre o relatório.

2 – A assembleia de credores de apreciação do relatório delibera sobre o encerramento ou manutenção em actividade do estabelecimento ou estabelecimentos compreendidos na massa insolvente.

3 – Se a assembleia cometer ao administrador da insolvência o encargo de elaborar um plano de insolvência pode determinar a suspensão da liquidação e partilha da massa insolvente.

4 – Cessa a suspensão determinada pela assembleia:

a) Se o plano não for apresentado pelo administrador da insolvência nos 60 dias seguintes; ou

b) Se o plano apresentado não for subsequentemente admitido, aprovado ou homologado.

5 – A suspensão da liquidação não obsta à venda dos bens da massa insolvente, ao abrigo do disposto no n.º 2 do artigo 158.º.

6 – A assembleia pode, em reunião ulterior, modificar ou revogar as deliberações tomadas.

ART. 157.º (Encerramento antecipado) – O administrador da insolvência pode proceder ao encerramento dos estabelecimentos do devedor, ou de algum ou alguns deles, previamente à assembleia de apreciação do relatório:

a) Com o parecer favorável da comissão de credores, se existir;

b) Desde que o devedor se não oponha, não havendo comissão de credores, ou se, não obstante a oposição do devedor, o juiz o autorizar com fundamento em que o adiamento da medida até à data da referida assembleia acarretaria uma diminuição considerável da massa insolvente.

ART. 158.º (Começo da venda de bens) – 1 – Transitada em julgado a sentença declaratória da insolvência e realizada a assembleia de apreciação do relatório, o administrador da insolvência procede com prontidão à venda de todos os bens apreendidos para a massa insolvente, independentemente da verificação do passivo, na medida em que a tanto se não oponham as deliberações tomadas pelos credores na referida assembleia.

2 – Mediante prévia concordância da comissão de credores, ou, na sua falta, do juiz, o administrador da insolvência promove, porém, a venda imediata dos bens da massa insolvente que não possam ou não se devam conservar por estarem sujeitos a deterioração ou depreciação.

ART. 159.º (Contitularidade e indivisão) – Verificado o direito de restituição ou separação de bens indivisos ou apurada a existência de bens de que o insolvente seja contitular, só se liquida no processo de insolvência o direito que o insolvente tenha sobre esses bens.

ART. 160.º (Bens de titularidade controversa) – 1 – Se estiver pendente acção de reivindicação, pedido de restituição ou de separação relativamente a bens apreendidos para a massa insolvente, não se procede à liquidação destes bens enquanto não houver decisão transitada em julgado, salvo:

a) Com a anuência do interessado;

b) No caso de venda antecipada efectuada nos termos do n.º 2 do artigo 158.º;

c) Se o adquirente for advertido da controvérsia acerca da titularidade, e aceitar ser inteiramente de sua conta a álea respectiva.

2 – Na hipótese da alínea *c)* do número anterior, comunicada a alienação pelo administrador da insolvência ao tribunal da causa, a substituição processual considera-se operada sem mais, independentemente de habilitação do adquirente ou do acordo da parte contrária.

ART. 161.º (Necessidade de consentimento) – 1 – Depende do consentimento da comissão de credores, ou, se esta não existir, da assembleia de credores, a prática de actos jurídicos que assumam especial relevo para o processo de insolvência.

2 – Na qualificação de um acto como de especial relevo atende-se aos riscos envolvidos e às suas repercussões sobre a tramitação ulterior do processo, às perspectivas de satisfação dos credores da insolvência e à susceptibilidade de recuperação da empresa.

3 – Constituem, designadamente, actos de especial relevo:

a) A venda da empresa, de estabelecimentos ou da totalidade das existências;

b) A alienação de bens necessários à continuação da exploração da empresa, anteriormente ao respectivo encerramento;

c) A alienação de participações noutras sociedades destinadas a garantir o estabelecimento com estas de uma relação duradoura;

d) A aquisição de imóveis;

e) A celebração de novos contratos de execução duradoura;

f) A assunção de obrigações de terceiros e a constituição de garantias;

g) A alienação de qualquer bem da empresa por preço igual ou superior a € 10 000 e que represente, pelo menos, 10% do valor da massa insolvente, tal como existente à data da declaração da insolvência, salvo se se tratar de bens do activo circulante ou for fácil a sua substituição por outro da mesma natureza.

CÓDIGO DA INSOLVÊNCIA E DA RECUPERAÇÃO DE EMPRESAS [DL n.º 53/2004] 1351

4 – A intenção de efectuar alienações que constituam actos de especial relevo por negociação particular, bem como a identidade do adquirente e todas as demais condições do negócio, deverão ser comunicadas não só à comissão de credores, se existir, como ao devedor, com a antecedência mínima de 15 dias relativamente à data da transacção.

5 – O juiz manda sobrestar na alienação e convoca a assembleia de credores para prestar o seu consentimento à operação, se isso lhe for requerido pelo devedor ou por um credor ou grupo de credores cujos créditos representem, na estimativa do juiz, pelo menos um quinto do total dos créditos não subordinados, e o requerente demonstrar a plausibilidade de que a alienação a outro interessado seria mais vantajosa para a massa insolvente.

ART. 162.º (Alienação da empresa) – 1 – A empresa compreendida na massa insolvente é alienada como um todo, a não ser que não haja proposta satisfatória ou se reconheça vantagem na liquidação ou na alienação separada de certas partes.

2 – Iniciadas as suas funções, o administrador da insolvência efectua imediatamente diligências para a alienação da empresa do devedor ou dos seus estabelecimentos.

ART. 163.º (Eficácia dos actos) – A violação do disposto nos dois artigos anteriores não prejudica a eficácia dos actos do administrador da insolvência, excepto se as obrigações por ele assumidas excederem manifestamente as da contraparte.

ART. 164.º (Modalidades da alienação) – 1 – O administrador da insolvência escolhe a modalidade da alienação dos bens, podendo optar por qualquer das que são admitidas em processo executivo ou por alguma outra que tenha por mais conveniente.

2 – O credor com garantia real sobre o bem a alienar é sempre ouvido sobre a modalidade da alienação, e informado do valor base fixado ou do preço da alienação projectada a entidade determinada.

3 – Se, no prazo de uma semana, ou posteriormente mas em tempo útil, o credor garantido propuser a aquisição do bem, por si ou por terceiro, por preço superior ao da alienação projectada ou ao valor base fixado, o administrador da insolvência, se não aceitar a proposta, fica obrigado a colocar o credor na situação que decorreria da alienação a esse preço, caso ela venha a ocorrer por preço inferior.

4 – A proposta prevista no número anterior só é eficaz se for acompanhada, como caução, de um cheque visado à ordem da massa falida, no valor de 20% do montante da proposta, aplicando-se, com as devidas adaptações, o disposto nos artigos 897.º e 898.º do Código de Processo Civil.

5 – Se o bem tiver sido dado em garantia de dívida de terceiro ainda não exigível pela qual o insolvente não responda pessoalmente, a alienação pode ter lugar com essa oneração, excepto se tal prejudicar a satisfação de crédito, com garantia prevalecente, já exigível ou relativamente ao qual se verifique aquela responsabilidade pessoal.

6 – À venda de imóvel, ou de fracção de imóvel, em que tenha sido feita, ou esteja em curso de edificação, uma construção urbana, é aplicável o disposto no n.º 6 do artigo 905.º do Código de Processo Civil, não só quando tenha lugar por negociação particular como quando assuma a forma de venda directa.

ART. 165.º (Credores garantidos e preferentes) – Aos credores garantidos que adquiram bens integrados na massa insolvente e aos titulares de direito de preferência, legal ou convencional com eficácia real, é aplicável o disposto para o exercício dos respectivos direitos na venda em processo executivo.

ART. 166.º (Atraso na venda de bem objecto de garantia real) – 1 – Transitada em julgado a sentença declaratória da insolvência e realizada a assembleia de apreciação do relatório, o credor com garantia real deve ser compensado pelo prejuízo causado pelo retardamento da alienação do bem objecto da garantia que lhe não seja imputável, bem como pela desvalorização do mesmo resultante da sua utilização em proveito da massa insolvente.

2 – O administrador da insolvência pode optar por satisfazer integralmente um crédito com garantia real à custa da massa insolvente antes de proceder à venda do bem objecto da garantia, contanto que o pagamento tenha lugar depois da data fixada no n.º 1 do artigo 158.º para o começo da venda dos bens.

ART. 167.º (Depósito do produto da liquidação) – 1 – À medida que a liquidação se for efectuando, é o seu produto depositado à ordem da administração da massa, em conformidade com o disposto no n.º 6 do artigo 150.º.

2 – Quando exista comissão de credores, a movimentação do depósito efectuado, seja qual for a sua modalidade, só pode ser feita mediante assinatura conjunta do administrador da insolvência e de, pelo menos, um dos membros da comissão.

3 – Sempre que sejam previstos períodos relativamente longos de imobilização dos fundos depositados, devem ser feitas aplicações deles em modalidades sem grande risco e que recolham o parecer prévio favorável da comissão de credores, se existir.

ART. 168.º (Proibição de aquisição) – 1 – O administrador da insolvência não pode adquirir, directamente ou por interposta pessoa, bens ou direitos compreendidos na massa insolvente, qualquer que seja a modalidade da venda.

2 – O administrador da insolvência que viole o disposto no número anterior é destituído por justa causa e restitui à massa o bem ou direito ilicitamente adquirido, sem direito a reaver a prestação efectuada.

ART. 169.º (Prazo para a liquidação) – A requerimento de qualquer interessado, o juiz decretará a destituição, com justa causa, do administrador da insolvência, caso o processo de insolvência não seja encerrado no

1352 [DL n.º 53/2004] INSOLVÊNCIA E RECUPERAÇÃO DE EMPRESAS

prazo de um ano contado da data da assembleia de apreciação do relatório, ou no final de cada período de seis meses subsequente, salvo havendo razões que justifiquem o prolongamento.

ART. 170.º (Processamento por apenso) – O processado relativo à liquidação constitui um apenso ao processo de insolvência.

SECÇÃO II — DISPENSA DE LIQUIDAÇÃO

ART. 171.º (Pressupostos) – 1 – Se o devedor for uma pessoa singular e a massa insolvente não compreender uma empresa, o juiz pode dispensar a liquidação da massa, no todo ou em parte, desde que o devedor entregue ao administrador da insolvência uma importância em dinheiro não inferior à que resultaria dessa liquidação.

2 – A dispensa da liquidação supõe uma solicitação nesse sentido por parte do administrador da insolvência, com o acordo prévio do devedor, ficando a decisão sem efeito se o devedor não fizer entrega da importância fixada pelo juiz, no prazo de oito dias.

TÍTULO VII — PAGAMENTO AOS CREDORES

ART. 172.º (Pagamento das dívidas da massa) – 1 – Antes de proceder ao pagamento dos créditos sobre a insolvência, o administrador da insolvência deduz da massa insolvente os bens ou direitos necessários à satisfação das dívidas desta, incluindo as que previsivelmente se constituirão até ao encerramento do processo.

2 – As dívidas da massa insolvente são imputadas aos rendimentos da massa, e, quanto ao excedente, na devida proporção, ao produto de cada bem, móvel ou imóvel; porém, a imputação não excederá 10% do produto de bens objecto de garantias reais, salvo na medida do indispensável à satisfação integral das dívidas da massa insolvente ou do que não prejudique a satisfação integral dos créditos garantidos.

3 – O pagamento das dívidas da massa insolvente tem lugar nas datas dos respectivos vencimentos, qualquer que seja o estado do processo.

4 – Intentada acção para a verificação do direito à restituição ou separação de bens que já se encontrem liquidados e assinado o competente termo de protesto, é mantida em depósito e excluída dos pagamentos aos credores da massa insolvente ou da insolvência, enquanto persistirem os efeitos do protesto, quantia igual à do produto da venda, podendo este ser determinado, ou, quando o não possa ser, à do valor constante do inventário; é aplicável o disposto nos n.ᵒˢ 2 e 3 do artigo 180.º, com as devidas adaptações.

ART. 173.º (Início do pagamento dos créditos sobre a insolvência) – O pagamento dos créditos sobre a insolvência apenas contempla os que estiverem verificados por sentença transitada em julgado.

ART. 174.º (Pagamento aos credores garantidos) – 1 – Sem prejuízo do disposto nos n.ᵒˢ 1 e 2 do artigo 172.º, liquidados os bens onerados com garantia real, e abatidas as correspondentes despesas, é imediatamente feito o pagamento aos credores garantidos, com respeito pela prioridade que lhes caiba; quanto àqueles que não fiquem integralmente pagos e perante os quais o devedor responda com a generalidade do seu património, são os saldos respectivos incluídos entre os créditos comuns, em substituição dos saldos estimados, caso não se verifique coincidência entre eles.

2 – Anteriormente à venda dos bens, o saldo estimado reconhecido como crédito comum é atendido nos rateios que se efectuarem entre os credores comuns, devendo continuar, porém, depositadas as quantias que pelos rateios lhe correspondam até à confirmação do saldo efectivo, sendo o levantamento autorizado na medida do que se vier a apurar.

3 – O pagamento de dívida de terceiro não exigível:

a) Não tem lugar, na hipótese prevista na primeira parte do n.º 5 do artigo 164.º ou se o respectivo titular renunciar à garantia;

b) Não pode exceder o montante da dívida, actualizado para a data do pagamento por aplicação do n.º 2 do artigo 91.º;

c) Importa sub-rogação nos direitos do credor, na proporção da quantia paga relativamente ao montante da dívida, actualizado nos mesmos termos.

ART. 175.º (Pagamento aos credores privilegiados) – 1 – O pagamento dos créditos privilegiados é feito à custa dos bens não afectos a garantias reais prevalecentes, com respeito da prioridade que lhes caiba, e na proporção dos seus montantes, quanto aos que sejam igualmente privilegiados.

2 – É aplicável o disposto na segunda parte do n.º 1 e no n.º 2 do artigo anterior, com as devidas adaptações.

ART. 176.º (Pagamento aos credores comuns) – O pagamento aos credores comuns tem lugar na proporção dos seus créditos, se a massa for insuficiente para a respectiva satisfação integral.

ART. 177.º (Pagamento aos credores subordinados) – 1 – O pagamento dos créditos subordinados só tem lugar depois de integralmente pagos os créditos comuns, e é efectuado pela ordem segundo a qual esses créditos são indicados no artigo 48.º, na proporção dos respectivos montantes, quanto aos que constem da mesma alínea, se a massa for insuficiente para o seu pagamento integral.

2 – No caso de subordinação convencional, é lícito às partes atribuírem ao crédito uma prioridade diversa da que resulta do artigo 48.º

CÓDIGO DA INSOLVÊNCIA E DA RECUPERAÇÃO DE EMPRESAS   [DL n.º 53/2004]   1353

ART. 178.º (Rateios parciais) – 1 – Sempre que haja em depósito quantias que assegurem uma distribuição não inferior a 5% do valor de créditos privilegiados, comuns ou subordinados, o administrador da insolvência judicial apresenta, com o parecer da comissão de credores, se existir, para ser junto ao processo principal, o plano e mapa de rateio que entenda dever ser efectuado.

2 – O juiz decide sobre os pagamentos que considere justificados.

ART. 179.º (Pagamento no caso de devedores solidários) – 1 – Quando, além do insolvente, outro devedor solidário com ele se encontre na mesma situação, o credor não recebe qualquer quantia sem que apresente certidão comprovativa dos montantes recebidos nos processos de insolvência dos restantes devedores; o administrador da insolvência dá conhecimento do pagamento nos demais processos.

2 – O devedor solidário insolvente que liquide a dívida apenas parcialmente não pode ser pago nos processos de insolvência dos condevedores sem que o credor se encontre integralmente satisfeito.

ART. 180.º (Cautelas de prevenção) – 1 – Havendo recurso da sentença de verificação e graduação de créditos, ou protesto por acção pendente, consideram-se condicionalmente verificados os créditos dos autores do protesto ou objecto do recurso, neste último caso pelo montante máximo que puder resultar do conhecimento do mesmo, para o efeito de serem atendidos nos rateios que se efectuarem, devendo continuar, porém, depositadas as quantias que por estes lhes sejam atribuídas.

2 – Após a decisão definitiva do recurso ou da acção, é autorizado o levantamento das quantias depositadas, na medida que se imponha, ou efectuado o rateio delas pelos credores, conforme os casos; sendo o levantamento parcial, o rateio terá por objecto a importância sobrante.

3 – Aquele que, por seu recurso ou protesto, tenha obstado ao levantamento de qualquer quantia, e venha a decair, indemniza os credores lesados, pagando juros de mora às taxas legais pela quantia retardada, desde a data do rateio em que foi incluída.

4 – Sendo o protesto posterior à efectivação de algum rateio, deve ser atribuído aos credores em causa, em rateios ulteriores, o montante adicional necessário ao restabelecimento da igualdade com os credores equiparados, sem prejuízo da manutenção desse montante em depósito se a acção não tiver ainda decisão definitiva.

ART. 181.º (Créditos sob condição suspensiva) – 1 – Os créditos sob condição suspensiva são atendidos pelo seu valor nominal nos rateios parciais, devendo continuar, porém, depositadas as quantias que por estes lhes sejam atribuídas, na pendência da condição.

2 – No rateio final, todavia, não estando preenchida a condição:

a) Não se atenderá a crédito que seja desprovido de qualquer valor em virtude da manifesta improbabilidade da verificação da condição, hipótese em que as quantias depositadas nos termos do número anterior serão rateadas pelos demais credores;

b) Não se verificando a situação descrita na alínea anterior, o administrador da insolvência depositará em instituição de crédito a quantia correspondente ao valor nominal do crédito para ser entregue ao titular, uma vez preenchida a condição suspensiva, ou rateada pelos demais credores, depois de adquirida a certeza de que tal verificação é impossível.

ART. 182.º (Rateio final) – 1 – Encerrada a liquidação da massa insolvente, a distribuição e o rateio final são efectuados pela secretaria do tribunal quando o processo for remetido à conta e em seguida a esta; o encerramento da liquidação não é prejudicado pela circunstância de a actividade do devedor gerar rendimentos que acresceriam à massa.

2 – As sobras da liquidação, que nem sequer cubram as despesas do rateio, são atribuídas ao Cofre Geral dos Tribunais.

ART. 183.º (Pagamentos) – 1 – Todos os pagamentos são efectuados, sem necessidade de requerimento, por meio de cheques sobre a conta da insolvência, emitidos nos termos do n.º 2 do artigo 167.º.

2 – Não sendo os cheques solicitados na secretaria, ou apresentados a pagamento no prazo de um ano, contado desde a data do aviso ao credor, prescrevem os créditos respectivos, revertendo as importâncias a favor do Cofre Geral dos Tribunais.

ART. 184.º (Remanescente) – 1 – Se o produto da liquidação for suficiente para o pagamento da integralidade dos créditos sobre a insolvência, o saldo é entregue ao devedor pelo administrador da insolvência.

2 – Se o devedor não for uma pessoa singular, o administrador da insolvência entrega às pessoas que nele participem a parte do saldo que lhes pertenceria se a liquidação fosse efectuada fora do processo de insolvência, ou cumpre o que de diverso estiver a este respeito legal ou estatutariamente previsto.

TÍTULO VIII — INCIDENTES DE QUALIFICAÇÃO DA INSOLVÊNCIA

CAPÍTULO I — Disposições gerais

ART. 185.º (Tipos de insolvência) – A insolvência é qualificada como culposa ou fortuita, mas a qualificação atribuída não é vinculativa para efeitos da decisão de causas penais, nem das acções a que se reporta o n.º 2 do artigo 82.º.

1354   [DL n.º 53/2004]   INSOLVÊNCIA E RECUPERAÇÃO DE EMPRESAS

ART. 186.º (Insolvência culposa) – 1 – A insolvência é culposa quando a situação tiver sido criada ou agravada em consequência da actuação, dolosa ou com culpa grave, do devedor, ou dos seus administradores, de direito ou de facto, nos três anos anteriores ao início do processo de insolvência.

2 – Considera-se sempre culposa a insolvência do devedor que não seja uma pessoa singular quando os seus administradores, de direito ou de facto, tenham:

a) Destruído, danificado, inutilizado, ocultado, ou feito desaparecer, no todo ou em parte considerável, o património do devedor;

b) Criado ou agravado artificialmente passivos ou prejuízos, ou reduzido lucros, causando, nomeadamente, a celebração pelo devedor de negócios ruinosos em seu proveito ou no de pessoas com eles especialmente relacionadas;

c) Comprado mercadorias a crédito, revendendo-as ou entregando-as em pagamento por preço sensivelmente inferior ao corrente, antes de satisfeita a obrigação;

d) Disposto dos bens do devedor em proveito pessoal ou de terceiros;

e) Exercido, a coberto da personalidade colectiva da empresa, se for o caso, uma actividade em proveito pessoal ou de terceiros e em prejuízo da empresa;

f) Feito do crédito ou dos bens do devedor uso contrário ao interesse deste, em proveito pessoal ou de terceiros, designadamente para favorecer outra empresa na qual tenham interesse directo ou indirecto;

g) Prosseguido, no seu interesse pessoal ou de terceiro, uma exploração deficitária, não obstante saberem ou deverem saber que esta conduziria com grande probabilidade a uma situação de insolvência;

h) Incumprido em termos substanciais a obrigação de manter contabilidade organizada, mantido uma contabilidade fictícia ou uma dupla contabilidade ou praticado irregularidade com prejuízo relevante para a compreensão da situação patrimonial e financeira do devedor;

i) Incumprido, de forma reiterada, os seus deveres de apresentação e de colaboração até à data da elaboração do parecer referido no n.º 2 do artigo 188.º.

3 – Presume-se a existência de culpa grave quando os administradores, de direito ou de facto, do devedor que não seja uma pessoa singular, tenham incumprido:

a) O dever de requerer a declaração de insolvência;

b) A obrigação de elaborar as contas anuais, no prazo legal, de submetê-las à devida fiscalização ou de as depositar na conservatória do registo comercial.

4 – O disposto nos n.ᵒˢ 2 e 3 é aplicável, com as necessárias adaptações, à actuação de pessoa singular insolvente e seus administradores, onde a isso não se opuser a diversidade das situações.

5 – Se a pessoa singular insolvente não estiver obrigada a apresentar-se à insolvência, esta não será considerada culposa em virtude da mera omissão ou retardamento na apresentação, ainda que determinante de um agravamento da situação económica do insolvente.

ART. 187.º (Declaração de insolvência anterior) – Se o devedor insolvente houver já sido como tal declarado em processo anteriormente encerrado, o incidente de qualificação da insolvência só é aberto se o não tiver sido naquele processo em virtude da aprovação de um plano de pagamentos aos credores, ou for provado que a situação de insolvência não se manteve ininterruptamente desde a data da sentença de declaração anterior.

CAPÍTULO II — Incidente pleno de qualificação da insolvência

ART. 188.º (Tramitação) – 1 – Até 15 dias depois da realização da assembleia de apreciação do relatório, qualquer interessado pode alegar, por escrito, o que tiver por conveniente para efeito da qualificação da insolvência como culposa.

2 – Dentro dos 15 dias subsequentes, o administrador da insolvência apresenta parecer, devidamente fundamentado e documentado, sobre os factos relevantes, que termina com a formulação de uma proposta, identificando, se for o caso, as pessoas que devem ser afectadas pela qualificação da insolvência como culposa.

3 – O parecer vai com vista ao Ministério Público, para que este se pronuncie, no prazo de 10 dias.

4 – Se tanto o administrador da insolvência como o Ministério Público propuserem a qualificação da insolvência como fortuita, o juiz profere de imediato decisão nesse sentido, a qual é insusceptível de recurso.

5 – No caso contrário, o juiz manda notificar o devedor e citar pessoalmente aqueles que, segundo o administrador da insolvência ou o Ministério Público, devam ser afectados pela qualificação da insolvência como culposa para se oporem, querendo, no prazo de 15 dias; a notificação e as citações são acompanhadas dos pareceres do administrador da insolvência e do Ministério Público e dos documentos que os instruam.

6 – O administrador da insolvência, o Ministério Público e qualquer interessado que assuma posição contrária à das oposições pode responder-lhe dentro dos 10 dias subsequentes ao termo do prazo referido no número anterior.

7 – É aplicável às oposições e às respostas, bem como à tramitação ulterior do incidente da qualificação da insolvência, o disposto nos artigos 132.º a 139.º, com as devidas adaptações.

ART. 189.º (Sentença de qualificação) – 1 – A sentença qualifica a insolvência como culposa ou como fortuita.

2 – Na sentença que qualifique a insolvência como culposa, o juiz deve:

a) Identificar as pessoas afectadas pela qualificação;

b) Decretar a inabilitação das pessoas afectadas por um período de 2 a 10 anos;

CÓDIGO DA INSOLVÊNCIA E DA RECUPERAÇÃO DE EMPRESAS   [DL n.º 53/2004] 1355

c) Declarar essas pessoas inibidas para o exercício do comércio durante um período de 2 a 10 anos, bem como para a ocupação de qualquer cargo de titular de órgão de sociedade comercial ou civil, associação ou fundação privada de actividade económica, empresa pública ou cooperativa;

d) Determinar a perda de quaisquer créditos sobre a insolvência ou sobre a massa insolvente detidos pelas pessoas afectadas pela qualificação e a sua condenação na restituição dos bens ou direitos já recebidos em pagamento desses créditos.

3 – A inibição para o exercício do comércio tal como a inabilitação são oficiosamente registadas na conservatória do registo civil, e bem assim, quando a pessoa afectada fosse comerciante em nome individual, na conservatória do registo comercial, com base em certidão da sentença remetida pela secretaria.

O Ac. do Trib. Const. n.º 173/2009, de 2.4.2009 (*DR*, I série, de 4.5.2009, p. 2518), declarou, com força obrigatória geral, a inconstitucionalidade do artigo 189.º, n.º 2, alínea *b*), do Código da Insolvência e da Recuperação de Empresas, aprovado pelo Decreto-Lei n.º 53/2004, de 18 de Março, na medida em que impõe que o juiz, na sentença que qualifique a insolvência como culposa, decrete a inabilitação do administrador da sociedade comercial declarada insolvente.

ART. 190.º (Suprimento da inabilidade) – 1 – O juiz, ouvidos os interessados, nomeia um curador para cada um dos inabilitados, fixando os poderes que lhe competem.

2 – A nomeação do curador assim como a respectiva destituição estão sujeitas a registo, nos termos do n.º 3 do artigo anterior.

CAPÍTULO III — Incidente limitado de qualificação da insolvência

ART. 191.º (Regras aplicáveis) – 1 – O incidente limitado de qualificação de insolvência aplica-se nos casos previstos no n.º 1 do artigo 39.º e no n.º 5 do artigo 232.º e é regido pelo disposto nos artigos 188.º e 189.º, com as seguintes adaptações:

a) O prazo para qualquer interessado alegar o que tiver por conveniente para efeito da qualificação da insolvência como culposa é de 45 dias contados da data da sentença de declaração da insolvência e o administrador da insolvência apresenta o seu parecer nos 15 dias subsequentes;

b) Os documentos da escrituração do insolvente são patenteados pelo próprio a fim de poderem ser examinados por qualquer interessado;

c) Da sentença que qualifique a insolvência como culposa constam apenas as menções referidas nas alíneas *a*) a *c*) do n.º 2 do artigo 189.º.

2 – É aplicável o disposto no artigo 83.º na medida do necessário ou conveniente para a elaboração do parecer do administrador da insolvência, sendo-lhe designadamente facultado o exame a todos os elementos da contabilidade do devedor.

TÍTULO IX — PLANO DE INSOLVÊNCIA

CAPÍTULO I — Disposições gerais

ART. 192.º (Princípio geral) – 1 – O pagamento dos créditos sobre a insolvência, a liquidação da massa insolvente e a sua repartição pelos titulares daqueles créditos e pelo devedor, bem como a responsabilidade do devedor depois de findo o processo de insolvência, podem ser regulados num plano de insolvência em derrogação das normas do presente Código.

2 – O plano só pode afectar por forma diversa a esfera jurídica dos interessados, ou interferir com direitos de terceiros, na medida em que tal seja expressamente autorizado neste título ou consentido pelos visados.

ART. 193.º (Legitimidade) – 1 – Podem apresentar proposta de plano de insolvência o administrador da insolvência, o devedor, qualquer pessoa que responda legalmente pelas dívidas da insolvência e qualquer credor ou grupo de credores cujos créditos representem pelo menos um quinto do total dos créditos não subordinados reconhecidos na sentença de verificação e graduação de créditos, ou na estimativa do juiz, se tal sentença ainda não tiver sido proferida.

2 – O administrador da insolvência deve apresentar em prazo razoável a proposta de plano de insolvência de cuja elaboração seja encarregado pela assembleia de credores.

3 – O administrador elabora a proposta de plano de insolvência em colaboração com a comissão de credores, se existir, com a comissão ou representantes dos trabalhadores e com o devedor, devendo conformar-se com as directrizes que tenham sido aprovadas em assembleia de credores, quando a proposta não seja de sua iniciativa.

ART. 194.º (Princípio da igualdade) – 1 – O plano de insolvência obedece ao princípio da igualdade dos credores da insolvência, sem prejuízo das diferenciações justificadas por razões objectivas.

2 – O tratamento mais desfavorável relativamente a outros credores em idêntica situação depende do consentimento do credor afectado, o qual se considera tacitamente prestado no caso de voto favorável.

3 – É nulo qualquer acordo em que o administrador da insolvência, o devedor ou outrem confira vantagens a um credor não incluídas no plano de insolvência em contrapartida de determinado comportamento no âmbito do processo de insolvência, nomeadamente quanto ao exercício do direito de voto.

1356 [DL n.º 53/2004]   INSOLVÊNCIA E RECUPERAÇÃO DE EMPRESAS

ART. 195.º (Conteúdo do plano) – 1 – O plano de insolvência deve indicar claramente as alterações dele decorrentes para as posições jurídicas dos credores da insolvência.

2 – O plano de insolvência deve indicar a sua finalidade, descreve as medidas necessárias à sua execução, já realizadas ou ainda a executar, e contém todos os elementos relevantes para efeitos da sua aprovação pelos credores e homologação pelo juiz, nomeadamente:

a) A descrição da situação patrimonial, financeira e reditícia do devedor;

b) A indicação sobre se os meios de satisfação dos credores serão obtidos através de liquidação da massa insolvente, de recuperação do titular da empresa ou da transmissão da empresa a outra entidade;

c) No caso de se prever a manutenção em actividade da empresa, na titularidade do devedor ou de terceiro, e pagamentos aos credores à custa dos respectivos rendimentos, plano de investimentos, conta de exploração previsional e demonstração previsional de fluxos de caixa pelo período de ocorrência daqueles pagamentos, e balanço pró-forma, em que os elementos do activo e do passivo, tal como resultantes da homologação do plano de insolvência, são inscritos pelos respectivos valores;

d) O impacte expectável das alterações propostas, por comparação com a situação que se verificaria na ausência de qualquer plano de insolvência;

e) A indicação dos preceitos legais derrogados e do âmbito dessa derrogação.

ART. 196.º (Providências com incidência no passivo) – 1 – O plano de insolvência pode, nomeadamente, conter as seguintes providências com incidência no passivo do devedor:

a) O perdão ou redução do valor dos créditos sobre a insolvência, quer quanto ao capital, quer quanto aos juros, com ou sem cláusula «salvo regresso de melhor fortuna»;

b) O condicionamento do reembolso de todos os créditos ou de parte deles às disponibilidades do devedor;

c) A modificação dos prazos de vencimento ou das taxas de juro dos créditos;

d) A constituição de garantias;

e) A cessão de bens aos credores.

2 – O plano de insolvência não pode afectar as garantias reais e os privilégios creditórios gerais acessórios de créditos detidos pelo Banco Central Europeu, por bancos centrais de um Estado membro da União Europeia e por participantes num sistema de pagamentos tal como definido pela alínea *a)* do artigo 2.º da Directiva n.º 98//26/CE, do Parlamento Europeu e do Conselho, de 19 de Maio, ou equiparável, em decorrência do funcionamento desse sistema.

ART. 197.º (Ausência de regulamentação expressa) – Na ausência de estatuição expressa em sentido diverso constante do plano de insolvência:

a) Os direitos decorrentes de garantias reais e de privilégios creditórios não são afectados pelo plano;

b) Os créditos subordinados consideram-se objecto de perdão total;

c) O cumprimento do plano exonera o devedor e os responsáveis legais da totalidade das dívidas da insolvência remanescentes.

ART. 198.º (Providências específicas de sociedades comerciais) – 1 – Se o devedor for uma sociedade comercial, o plano de insolvência pode ser condicionado à adopção e execução, pelos órgãos sociais competentes, de medidas que não consubstanciem meros actos de disposição do património societário, sem prejuízo do n.º 1 do artigo 201.º.

2 – Podem, porém, ser adoptados pelo próprio plano de insolvência:

a) Uma redução do capital social para cobertura de prejuízos, incluindo para zero ou outro montante inferior ao mínimo estabelecido na lei para o respectivo tipo de sociedade, desde que, neste caso, a redução seja acompanhada de aumento do capital para montante igual ou superior àquele mínimo;

b) Um aumento do capital social, em dinheiro ou em espécie, a subscrever por terceiros ou por credores, nomeadamente mediante a conversão de créditos em participações sociais, com ou sem respeito pelo direito de preferência dos sócios legal ou estatutariamente previsto;

c) A alteração dos estatutos da sociedade;

d) A transformação da sociedade noutra de tipo distinto;

e) A alteração dos órgãos sociais;

f) A exclusão de todos os sócios, tratando-se de sociedade em nome colectivo ou em comandita simples, acompanhada da admissão de novos sócios;

g) A exclusão dos sócios comanditados acompanhada da redução do capital a zero nos termos da alínea *a)*, tratando-se de sociedade em comandita por acções.

3 – A redução de capital a zero só é admissível se for de presumir que, em liquidação integral do património da sociedade, não subsistiria qualquer remanescente a distribuir pelos sócios.

4 – A aprovação de aumento de capital sem concessão de preferência aos sócios, ainda que por entradas em espécie, pressupõe, em alternativa, que:

a) O capital da sociedade seja previamente reduzido a zero;

b) A medida não acarrete desvalorização das participações que os sócios conservem.

5 – A adopção das medidas previstas nas alíneas *c)* a *e)* do n.º 2, a menos que o capital tenha sido reduzido a zero ou todos os sócios hajam sido excluídos, depende, cumulativamente, de que:

CÓDIGO DA INSOLVÊNCIA E DA RECUPERAÇÃO DE EMPRESAS [DL n.º 53/2004] 1357

a) Do plano de insolvência faça parte igualmente um aumento de capital da sociedade destinado, no todo ou em parte, a não sócios;

b) Tais medidas pudessem, segundo a lei e o pacto da sociedade, ser deliberadas em assembleia geral dos sócios, e que do aumento decorra para o conjunto dos credores e terceiros participantes a maioria para esse efeito legal ou estatutariamente estabelecida.

6 – As medidas previstas nas alíneas *f)* e *g)* do n.º 2 pressupõem o pagamento aos sócios excluídos da contrapartida adequada, caso as partes sociais não sejam destituídas de qualquer valor.

ART. 199.º (Saneamento por transmissão) – O plano de insolvência que preveja a constituição de uma ou mais sociedades, neste Código designadas por nova sociedade ou sociedades, destinadas à exploração de um ou mais estabelecimentos adquiridos à massa insolvente mediante contrapartida adequada, contém, em anexo, os estatutos da nova ou novas sociedades e provê quanto ao preenchimento dos órgãos sociais.

ART. 200.º (Proposta com conteúdos alternativos) – Se o plano de insolvência oferecer a todos os credores, ou a algum ou alguns deles, várias opções em alternativa, deve indicar qual a aplicável se, no prazo fixado para o efeito, não for exercida a faculdade de escolha.

ART. 201.º (Actos prévios à homologação e condições) – 1 – A aposição de condições suspensivas ao plano de insolvência só é lícita tratando-se da realização de prestações ou da execução de outras medidas que devam ocorrer antes da homologação pelo juiz.

2 – Se o plano de insolvência contemplar um aumento do capital social da sociedade devedora ou um saneamento por transmissão, a subscrição das participações sociais ocorre anteriormente à homologação, assim como a realização integral das entradas em dinheiro, mediante depósito à ordem do administrador da insolvência, a emissão das declarações de que se transmitem as entradas em espécie e a verificação do valor destas pelo revisor oficial de contas designado no plano.

3 – Ao plano de insolvência não podem ser apostas condições resolutivas, sem prejuízo do disposto no artigo 218.º.

ART. 202.º (Consentimentos) – 1 – A proposta de plano de insolvência segundo o qual o devedor deva continuar a exploração da empresa é acompanhada da declaração, por parte deste, da sua disponibilidade para o efeito, sendo ele uma pessoa singular, ou, no caso de uma sociedade comercial, por parte dos sócios que mantenham essa qualidade e respondam pessoalmente pelas suas dívidas.

2 – A dação de bens em pagamento dos créditos sobre a insolvência, a conversão destes em capital ou a transmissão das correspondentes dívidas com efeitos liberatórios para o antigo devedor depende da anuência dos titulares dos créditos em causa, prestada por escrito, aplicando-se o disposto na parte final do n.º 2 do artigo 194.º.

3 – Exceptua-se do disposto no número anterior o caso em que a dação em pagamento de créditos comuns ou subordinados tenha por objecto créditos sobre a nova sociedade ou sociedades decorrentes da aquisição de estabelecimentos à massa.

ART. 203.º (Conversão e extinção independentes do consentimento) – 1 – Não carece do consentimento dos respectivos titulares a conversão de créditos comuns ou subordinados em capital da sociedade insolvente ou de uma nova sociedade, bem como a extinção desses créditos por contrapartida da atribuição de opções de compra de participações representativas do respectivo capital social liberadas por conversão de créditos sobre a insolvência de grau hierarquicamente superior, válidas pelo período mínimo de 60 dias contados da data do registo do aumento de capital ou da constituição da nova sociedade, e livremente transmissíveis, consoante o caso, desde que, em qualquer das situações, e ainda que em consequência do plano:

a) A sociedade emitente revista a forma de sociedade anónima;

b) Dos respectivos estatutos não constem quaisquer restrições à transmissibilidade das acções;

c) Dos respectivos estatutos conste a obrigatoriedade de ser requerida a admissão imediata das acções à cotação a mercado regulamentado, ou logo que verificados os requisitos exigidos;

d) Dos respectivos estatutos conste a insusceptibilidade de uma alteração que contrarie o disposto nas alíneas *b)* e *c)*, excepto por unanimidade, enquanto a sociedade mantiver a qualidade de sociedade aberta.

2 – O preço de exercício das opções de compra referidas no número anterior é igual ao valor nominal dos créditos empregues na liberação das acções a adquirir; o exercício das opções por parte dos titulares de créditos de certo grau faz caducar, na proporção que couber, as opções atribuídas aos titulares de créditos de grau hierarquicamente superior, pressupondo o pagamento a estes últimos do valor nominal dos créditos extintos por contrapartida da atribuição das opções caducadas.

3 – A sociedade emitente das acções objecto das opções de compra emite, no prazo de 10 dias, títulos representativos dessas opções a pedido dos respectivos titulares, formulado após a homologação do plano de insolvência.

ART. 204.º (Qualidade de sociedade aberta) – É considerada sociedade com o capital aberto ao investimento do público a sociedade emitente de acções em que sejam convertidos créditos sobre a insolvência independentemente do consentimento dos respectivos titulares.

ART. 205.º (Oferta de valores mobiliários) – O disposto no Código dos Valores Mobiliários e legislação complementar não é aplicável:

1358   [DL n.º 53/2004]   INSOLVÊNCIA E RECUPERAÇÃO DE EMPRESAS

a) À oferta de valores mobiliários da sociedade devedora ou da nova sociedade ou sociedades, na parte dirigida a credores, e que estes devam liberar integralmente através da dação em pagamento de créditos sobre o devedor insolvente;

b) À oferta co-envolvida na atribuição de opções de compra que satisfaçam os requisitos previstos nos n.ºs 1 e 2 do artigo 203.º, bem como a oferta dirigida à respectiva aquisição;

c) À ultrapassagem dos limiares de obrigatoriedade do lançamento de uma oferta pública de aquisição decorrente do exercício de tais opções de compra, ou da aquisição de acções em aumento de capital da sociedade insolvente previsto no plano de insolvência.

ART. 206.º (Suspensão da liquidação e partilha) – 1 – A requerimento do respectivo proponente, o juiz decreta a suspensão da liquidação da massa insolvente e da partilha do produto pelos credores da insolvência se tal for necessário para não pôr em risco a execução de um plano de insolvência proposto.

2 – O juiz deve, porém, abster-se de ordenar a suspensão, ou proceder ao levantamento de suspensão já decretada, se a medida envolver o perigo de prejuízos consideráveis para a massa insolvente, ou o prosseguimento da liquidação e da partilha lhe for requerido pelo administrador da insolvência, com o acordo da comissão de credores, se existir, ou da assembleia de credores.

3 – Aplica-se o disposto na alínea *b*) do n.º 4 e no n.º 5 do artigo 156.º, com as devidas adaptações.

ART. 207.º (Não admissão da proposta de plano de insolvência) – 1 – O juiz não admite a proposta de plano de insolvência:

a) Se houver violação dos preceitos sobre a legitimidade para apresentar a proposta ou sobre o conteúdo do plano e os vícios forem insupríveis ou não forem sanados no prazo razoável que fixar para o efeito;

b) Quando a aprovação do plano pela assembleia de credores ou a posterior homologação pelo juiz forem manifestamente inverosímeis;

c) Quando o plano for manifestamente inexequível;

d) Quando, sendo o proponente o devedor, o administrador da insolvência se opuser à admissão, com o acordo da comissão de credores, se existir, contanto que anteriormente tenha já sido apresentada pelo devedor e admitida pelo juiz alguma proposta de plano.

2 – Da decisão de admissão da proposta de plano de insolvência não cabe recurso.

ART. 208.º (Recolha de pareceres) – Admitida a proposta de plano de insolvência, o juiz notifica a comissão de trabalhadores, ou, na sua falta, os representantes designados pelos trabalhadores, a comissão de credores, se existir, o devedor e o administrador da insolvência, para se pronunciarem, no prazo de 10 dias.

CAPÍTULO II — Aprovação e homologação do plano de insolvência

ART. 209.º (Convocação da assembleia de credores) – 1 – O juiz convoca a assembleia de credores para discutir e votar a proposta de plano de insolvência nos termos do artigo 75.º, mas com a antecedência mínima de 20 dias, e devendo do anúncio e das circulares constar adicionalmente que a proposta de plano de insolvência se encontra à disposição dos interessados, para consulta, na secretaria do tribunal, desde a data da convocação, e que o mesmo sucederá com os pareceres eventualmente emitidos pelas entidades referidas no artigo anterior, durante os 10 dias anteriores à data da assembleia.

2 – A assembleia de credores convocada para os fins do número anterior não se pode reunir antes de transitada em julgado a sentença de declaração de insolvência, de esgotado o prazo para a impugnação da lista de credores reconhecidos e da realização da assembleia de apreciação de relatório.

3 – O plano de insolvência aprovado antes do trânsito em julgado da sentença de verificação e graduação dos créditos acautela os efeitos da eventual procedência das impugnações da lista de credores reconhecidos ou dos recursos interpostos dessa sentença, de forma a assegurar que, nessa hipótese, seja concedido aos créditos controvertidos o tratamento devido.

ART. 210.º (Alterações do plano de insolvência na assembleia de credores) – O plano de insolvência pode ser modificado na própria assembleia pelo proponente, e posto à votação na mesma sessão com as alterações introduzidas, desde que estas, ainda que substanciais quanto a aspectos particulares de regulamentação, não contendam com o próprio cerne ou estrutura do plano ou com a finalidade prosseguida.

ART. 211.º (Votação por escrito) – 1 – Finda a discussão do plano de insolvência, o juiz pode determinar que a votação tenha lugar por escrito, em prazo não superior a 10 dias; na votação apenas podem participar os titulares de créditos com direito de voto presentes ou representados na assembleia.

2 – O voto escrito deve conter a aprovação ou rejeição da proposta de plano de insolvência; qualquer proposta de modificação deste ou condicionamento do voto implica rejeição da proposta.

ART. 212.º (Quórum) – 1 – A proposta de plano de insolvência considera-se aprovada se, estando presentes ou representados na reunião credores cujos créditos constituam, pelo menos, um terço do total dos créditos com direito de voto, recolher mais de dois terços da totalidade dos votos emitidos e mais de metade dos votos emitidos correspondentes a créditos não subordinados, não se considerando como tal as abstenções.

CÓDIGO DA INSOLVÊNCIA E DA RECUPERAÇÃO DE EMPRESAS [DL n.º 53/2004] 1359

2 – Não conferem direito de voto:
a) Os créditos que não sejam modificados pela parte dispositiva do plano;
b) Os créditos subordinados de determinado grau, se o plano decretar o perdão integral de todos os créditos de graus hierarquicamente inferiores e não atribuir qualquer valor económico ao devedor ou aos respectivos sócios, associados ou membros, consoante o caso.

3 – Cessa o disposto na alínea *a)* do número anterior, se, por aplicação desse preceito, em conjugação com o da alínea *b)*, todos os créditos resultassem privados do direito de voto.

4 – Considera-se, designadamente, que o plano de insolvência atribui um valor aos sócios de uma sociedade comercial se esta houver de continuar a exploração da empresa e o plano não contemplar uma redução a 0 do respectivo capital.

ART. 213.º (Publicidade da deliberação) – A deliberação de aprovação de um plano de insolvência é objecto de imediata publicação, nos termos prescritos no artigo 75.º, aplicáveis com as devidas adaptações.

ART. 214.º (Prazo para a homologação) – A sentença de homologação do plano de insolvência só pode ser proferida decorridos pelo menos 10 dias sobre a data da respectiva aprovação, ou, tendo o plano sido objecto de alterações na própria assembleia, sobre a data da publicação da deliberação.

ART. 215.º (Não homologação oficiosa) – O juiz recusa oficiosamente a homologação do plano de insolvência aprovado em assembleia de credores no caso de violação não negligenciável de regras procedimentais ou das normas aplicáveis ao seu conteúdo, qualquer que seja a sua natureza, e ainda quando, no prazo razoável que estabeleça, não se verifiquem as condições suspensivas do plano ou não sejam praticados os actos ou executadas as medidas que devam preceder a homologação.

ART. 216.º (Não homologação a solicitação dos interessados) – 1 – O juiz recusa ainda a homologação se tal lhe for solicitado pelo devedor, caso este não seja o proponente e tiver manifestado nos autos a sua oposição, anteriormente à aprovação do plano de insolvência, ou por algum credor ou sócio, associado ou membro do devedor cuja oposição haja sido comunicada nos mesmos termos, contanto que o requerente demonstre em termos plausíveis, em alternativa, que:
a) A sua situação ao abrigo do plano é previsivelmente menos favorável do que a que interviria na ausência de qualquer plano, designadamente face à situação resultante de acordo já celebrado em procedimento extrajudicial de regularização de dívidas;
b) O plano proporciona a algum credor um valor económico superior ao montante nominal dos seus créditos sobre a insolvência, acrescido do valor das eventuais contribuições que ele deva prestar.

2 – Se o plano de insolvência tiver sido objecto de alterações na própria assembleia, é dispensada a manifestação da oposição por parte de quem não tenha estado presente ou representado.

3 – Cessa o disposto no n.º 1 caso o oponente seja o devedor, um seu sócio, associado ou membro, ou um credor comum ou subordinado, se o plano de insolvência previr, cumulativamente:
a) A extinção integral dos créditos garantidos e privilegiados por conversão em capital da sociedade devedora ou de uma nova sociedade ou sociedades, na proporção dos respectivos valores nominais;
b) A extinção de todos os demais créditos por contrapartida da atribuição de opções de compra conformes com o disposto nos n.ºs 1 e 2 do artigo 203.º relativamente à totalidade das acções assim emitidas;
c) A concessão ao devedor ou, se for o caso, aos respectivos sócios, associados ou membros, na proporção das respectivas participações, de opções de compra da totalidade das acções emitidas, contanto que o seu exercício determine a caducidade das opções atribuídas aos credores e pressuponha o pagamento do valor nominal dos créditos extintos por contrapartida da atribuição das opções caducadas.

4 – Se, respeitando-se quanto ao mais o previsto no número anterior, a conversão dos créditos em capital da sociedade devedora ou de uma nova sociedade ou sociedades não abranger apenas algum ou alguns dos créditos garantidos e privilegiados, ou for antes relativa à integralidade dos créditos comuns e somente a estes, o pedido de não homologação apresentado pelo devedor, pelos seus sócios, associados ou membros, ou por um credor comum ou subordinado, somente se pode basear na circunstância de o plano de insolvência proporcionar aos titulares dos créditos garantidos ou privilegiados excluídos da conversão, por contrapartida dos mesmos, um valor económico superior ao respectivo montante nominal.

CAPÍTULO III — **Execução do plano de insolvência e seus efeitos**

ART. 217.º (Efeitos gerais) – 1 – Com a sentença de homologação produzem-se as alterações dos créditos sobre a insolvência introduzidas pelo plano de insolvência, independentemente de tais créditos terem sido, ou não, reclamados ou verificados.

2 – A sentença homologatória confere eficácia a quaisquer actos ou negócios jurídicos previstos no plano de insolvência, independentemente da forma legalmente prevista, desde que constem do processo, por escrito, as necessárias declarações de vontade de terceiros e dos credores que o não tenham votado favoravelmente, ou que, nos termos do plano, devessem ser emitidas posteriormente à aprovação, mas prescindindo-se das decla-

1360   [DL n.º 53/2004]   INSOLVÊNCIA E RECUPERAÇÃO DE EMPRESAS

rações de vontade do devedor cujo consentimento não seja obrigatório nos termos das disposições deste Código e da nova sociedade ou sociedades a constituir.

3 – A sentença homologatória constitui, designadamente, título bastante para:

a) A constituição da nova sociedade ou sociedades e para a transmissão em seu benefício dos bens e direitos que deva adquirir, bem como para a realização dos respectivos registos;

b) A redução de capital, aumento de capital, modificação dos estatutos, transformação, exclusão de sócios e alteração dos órgãos sociais da sociedade devedora, bem como para a realização dos respectivos registos.

4 – As providências previstas no plano de insolvência com incidência no passivo do devedor não afectam a existência nem o montante dos direitos dos credores da insolvência contra os condevedores ou os terceiros garantes da obrigação, mas estes sujeitos apenas poderão agir contra o devedor em via de regresso nos termos em que o credor da insolvência pudesse exercer contra ele os seus direitos.

ART. 218.º (Incumprimento) – 1 – Salvo disposição expressa do plano de insolvência em sentido diverso, a moratória ou o perdão previstos no plano ficam sem efeito:

a) Quanto a crédito relativamente ao qual o devedor se constitua em mora, se a prestação, acrescida dos juros moratórios, não for cumprida no prazo de 15 dias após interpelação escrita pelo credor;

b) Quanto a todos os créditos se, antes de finda a execução do plano, o devedor for declarado em situação de insolvência em novo processo.

2 – A mora do devedor apenas tem os efeitos previstos na alínea *a)* do número anterior se disser respeito a créditos reconhecidos pela sentença de verificação de créditos ou por outra decisão judicial, ainda que não transitadas em julgado.

3 – Os efeitos previstos no n.º 1 podem ser associados pelo plano a acontecimentos de outro tipo desde que ocorridos dentro do período máximo de três anos contados da data da sentença homologatória.

ART. 219.º (Dívidas da massa insolvente) – Antes do encerramento do processo que decorra da aprovação do plano de insolvência, o administrador da insolvência procede ao pagamento das dívidas da massa insolvente; relativamente às dívidas litigiosas, o administrador da insolvência acautela os eventuais direitos dos credores por meio de caução, prestada nos termos do Código de Processo Civil.

ART. 220.º (Fiscalização) – 1 – O plano de insolvência que implique o encerramento do processo pode prever que a sua execução seja fiscalizada pelo administrador da insolvência e que a autorização deste seja necessária para a prática de determinados actos pelo devedor ou da nova sociedade ou sociedades; é aplicável neste último caso, com as devidas adaptações, o disposto no n.º 6 do artigo 81.º.

2 – O administrador da insolvência:

a) Informa anualmente o juiz e a comissão de credores, se existir, do estado da execução e das perspectivas de cumprimento do plano de insolvência pelo devedor;

b) Presta à comissão de credores e ao juiz as informações que lhe forem requeridas;

c) Informa de imediato o juiz e a comissão de credores, ou, não existindo esta, todos os titulares de créditos reconhecidos, da existência ou inevitabilidade de situações de incumprimento.

3 – O administrador da insolvência representa o devedor nas acções de impugnação da resolução de actos em benefício da massa insolvente durante o período de fiscalização, se o plano de insolvência assim o determinar de modo expresso.

4 – Para o efeito dos números anteriores, o administrador da insolvência e os membros da comissão de credores mantêm-se em funções e subsiste a fiscalização pelo juiz não obstante o encerramento do processo de insolvência.

5 – O plano de insolvência fixa a remuneração do administrador da insolvência durante o período de fiscalização, bem como as despesas a cujo reembolso têm direito quer o administrador quer os membros da comissão de credores; os custos da fiscalização são suportados pelo devedor ou pela nova sociedade ou sociedades, consoante o caso.

6 – A fiscalização não se pode prolongar por mais de três anos e termina logo que estejam satisfeitos os créditos sobre a insolvência, nas percentagens previstas no plano de insolvência, ou que, em novo processo, seja declarada a situação de insolvência do devedor ou da nova sociedade ou sociedades; o juiz profere decisão confirmando o fim do período de fiscalização, a requerimento do administrador da insolvência, do devedor ou da nova sociedade ou sociedades.

ART. 221.º (Prioridade a novos créditos) – 1 – No caso de fiscalização da sua execução pelo administrador da insolvência, o plano da insolvência pode estipular que terão prioridade sobre os créditos sobre a insolvência, em novo processo de insolvência aberto antes de findo o período de fiscalização, os créditos que, até certo limite global, sejam constituídos nesse período, desde que essa prioridade lhes seja reconhecida expressamente e por escrito, com indicação do montante abrangido e confirmação pelo administrador da insolvência.

2 – A prioridade reconhecida pelo número anterior é igualmente válida face a outros créditos de fonte contratual constituídos durante o período da fiscalização.

ART. 222.º (Publicidade) – 1 – Sendo a execução do plano de insolvência objecto de fiscalização, a publicação e registo da decisão de encerramento do processo de insolvência incluirão a referência a esse facto, com

CÓDIGO DA INSOLVÊNCIA E DA RECUPERAÇÃO DE EMPRESAS [DL n.º 53/2004] 1361

divulgação, se for o caso, dos actos cuja prática depende do consentimento do administrador da insolvência e do limite dentro do qual é lícita a concessão de prioridade a novos créditos, nos termos do artigo anterior.

2 – A confirmação pelo juiz do fim do período de fiscalização é publicada e registada, nos termos previstos para a decisão de encerramento do processo de insolvência.

TÍTULO X — **ADMINISTRAÇÃO PELO DEVEDOR**

ART. 223.º (Limitação às empresas) – O disposto neste título é aplicável apenas aos casos em que na massa insolvente esteja compreendida uma empresa.

ART. 224.º (Pressupostos da administração pelo devedor) – 1 – Na sentença declaratória da insolvência o juiz pode determinar que a administração da massa insolvente seja assegurada pelo devedor.

2 – São pressupostos da decisão referida no número anterior que:

a) O devedor a tenha requerido;

b) O devedor tenha já apresentado, ou se comprometa a fazê-lo no prazo de 30 dias após a sentença de declaração de insolvência, um plano de insolvência que preveja a continuidade da exploração da empresa por si próprio;

c) Não haja razões para recear atrasos na marcha do processo ou outras desvantagens para os credores;

d) O requerente da insolvência dê o seu acordo, caso não seja o devedor.

3 – A administração é também confiada ao devedor se este o tiver requerido e assim o deliberarem os credores na assembleia de apreciação de relatório ou em assembleia que a preceda, independentemente da verificação dos pressupostos previstos nas alínea *c)* e *d)* do número anterior, contando-se o prazo previsto na alínea *b)* do mesmo número a partir da deliberação dos credores.

ART. 225.º (Início da liquidação) – A liquidação só tem lugar depois que ao devedor seja retirada a administração, sem prejuízo do disposto no n.º 1 do artigo 158.º e da realização pelo devedor de vendas ao abrigo do n.º 2 do mesmo artigo, com o consentimento do administrador da insolvência e da comissão de credores, se existir.

ART. 226.º (Intervenção do administrador da insolvência) – 1 – O administrador da insolvência fiscaliza a administração da massa insolvente pelo devedor e comunica imediatamente ao juiz e à comissão de credores quaisquer circunstâncias que desaconselhem a subsistência da situação; não havendo comissão de credores, a comunicação é feita a todos os credores que tiverem reclamado os seus créditos.

2 – Sem prejuízo da eficácia do acto, o devedor não deve contrair obrigações:

a) Se o administrador da insolvência se opuser, tratando-se de actos de gestão corrente;

b) Sem o consentimento do administrador da insolvência, tratando-se de actos de administração extraordinária.

3 – O administrador da insolvência pode exigir que fiquem a seu cargo todos os recebimentos em dinheiro e todos os pagamentos.

4 – Oficiosamente ou a pedido da assembleia de credores, pode o juiz proibir a prática de determinados actos pelo devedor sem a aprovação do administrador da insolvência, aplicando-se, com as devidas adaptações, o disposto no n.º 6 do artigo 81.º.

5 – Incumbe ao devedor exercer os poderes conferidos pelo capítulo III do título IV ao administrador da insolvência, mas só este pode resolver actos em benefício da massa insolvente.

6 – É da responsabilidade do devedor a elaboração e o depósito das contas anuais que forem legalmente obrigatórias.

7 – A atribuição ao devedor da administração da massa insolvente não prejudica o exercício pelo administrador da insolvência de todas as demais competências que legalmente lhe cabem e dos poderes necessários para o efeito, designadamente o de examinar todos os elementos da contabilidade do devedor.

ART. 227.º (Remuneração) – 1 – Enquanto a administração da insolvência for assegurada pelo próprio devedor, manter-se-ão as remunerações dos seus administradores e membros dos seus órgãos sociais.

2 – Sendo o devedor uma pessoa singular, assiste-lhe o direito de retirar da massa os fundos necessários para uma vida modesta dele próprio e do seu agregado familiar, tendo em conta a sua condição anterior e as possibilidades da massa.

ART. 228.º (Termo da administração pelo devedor) – 1 – O juiz põe termo à administração da massa insolvente pelo devedor:

a) A requerimento deste;

b) Se assim for deliberado pela assembleia de credores;

c) Se for afectada pela qualificação da insolvência como culposa a própria pessoa singular titular da empresa;

d) Se, tendo deixado de se verificar o pressuposto previsto na alínea *c)* do n.º 2 do artigo 224.º, tal lhe for solicitado por algum credor;

e) Se o plano de insolvência não for apresentado pelo devedor no prazo aplicável, ou não for subsequentemente admitido, aprovado ou homologado.

1362 [DL n.º 53/2004]
INSOLVÊNCIA E RECUPERAÇÃO DE EMPRESAS

2 – Tomada a decisão referida no número anterior, tem lugar imediatamente a apreensão dos bens, em conformidade com o disposto nos artigos 149.º e seguintes, prosseguindo o processo a sua tramitação, nos termos gerais.

ART. 229.º (Publicidade e registo) – A atribuição ao devedor da administração da massa insolvente, a proibição da prática de certos actos sem o consentimento do administrador da insolvência e a decisão que ponha termo a essa administração são objecto de publicidade e registo, nos termos constantes dos artigos 37.º e 38.º.

TÍTULO XI — ENCERRAMENTO DO PROCESSO

ART. 230.º (Quando se encerra o processo) – 1 – Prosseguindo o processo após a declaração de insolvência, o juiz declara o seu encerramento:

a) Após a realização do rateio final, sem prejuízo do disposto no n.º 6 do artigo 239.º;

b) Após o trânsito em julgado da decisão de homologação do plano de insolvência, se a isso não se opuser o conteúdo deste;

c) A pedido do devedor, quando este deixe de se encontrar em situação de insolvência ou todos os credores prestem o seu consentimento;

d) Quando o administrador da insolvência constate a insuficiência da massa insolvente para satisfazer as custas do processo e as restantes dívidas da massa insolvente.

2 – A decisão de encerramento do processo é notificada aos credores e objecto da publicidade e do registo previstos nos artigos 37.º e 38.º, com indicação da razão determinante.

ART. 231.º (Encerramento a pedido do devedor) – 1 – O pedido do devedor de encerramento do processo fundado na cessação da situação de insolvência é notificado aos credores para que estes, querendo, deduzam oposição, no prazo de oito dias, aplicando-se o disposto nos n.ºs 3 e 4 do artigo 41.º.

2 – O pedido do devedor que não se baseie na cessação da situação de insolvência é acompanhado de documentos que comprovem o consentimento de todos os credores que tenham reclamado os seus créditos, quando seja apresentado depois de terminado o prazo concedido para o efeito, ou de todos os credores conhecidos, na hipótese contrária.

3 – Antes de decidir sobre o pedido o juiz ouve, em qualquer dos casos, o administrador da insolvência e a comissão de credores, se existir.

ART. 232.º (Encerramento por insuficiência da massa insolvente) – 1 – Verificando o administrador da insolvência que a massa insolvente é insuficiente para a satisfação das custas do processo e das restantes dívidas da massa insolvente dá conhecimento do facto ao juiz.

2 – Ouvidos o devedor, a assembleia de credores e os credores da massa insolvente, o juiz declara encerrado o processo, salvo se algum interessado depositar à ordem do tribunal o montante determinado pelo juiz segundo o que razoavelmente entenda necessário para garantir o pagamento das custas do processo e restantes dívidas da massa insolvente.

3 – A secretaria do tribunal, quando o processo for remetido à conta e em seguida a esta, distribui as importâncias em dinheiro existentes na massa insolvente, depois de pagas as custas, pelos credores da massa insolvente, na proporção dos seus créditos.

4 – Depois de verificada a insuficiência da massa, é lícito ao administrador da insolvência interromper de imediato a respectiva liquidação.

5 – Encerrado o processo de insolvência por insuficiência da massa, o incidente de qualificação da insolvência, se ainda não estiver findo, prossegue os seus termos como incidente limitado.

6 – O disposto nos números anteriores não é aplicável na hipótese de o devedor beneficiar do diferimento do pagamento das custas, nos termos do n.º 1 do artigo 248.º, durante a vigência do benefício.

7 – Presume-se a insuficiência da massa quando o património seja inferior a € 5000.

ART. 233.º (Efeitos do encerramento) – 1 – Encerrado o processo:

a) Cessam todos os efeitos que resultam da declaração de insolvência, recuperando designadamente o devedor o direito de disposição dos seus bens e a livre gestão dos seus negócios, sem prejuízo dos efeitos da qualificação da insolvência como culposa e do disposto no artigo seguinte;

b) Cessam as atribuições da comissão de credores e do administrador da insolvência, com excepção das referentes à apresentação de contas e das conferidas, se for o caso, pelo plano de insolvência;

c) Os credores da insolvência poderão exercer os seus direitos contra o devedor sem outras restrições que não as constantes do eventual plano de insolvência e plano de pagamentos e do n.º 1 do artigo 242.º, constituindo para o efeito título executivo a sentença homologatória do plano de pagamentos, bem como a sentença de verificação de créditos ou a decisão proferida em acção de verificação ulterior, em conjugação, se for o caso, com a sentença homologatória do plano de insolvência;

d) Os credores da massa podem reclamar do devedor os seus direitos não satisfeitos.

2 – O encerramento do processo de insolvência antes do rateio final determina:

a) A ineficácia das resoluções de actos em benefício da massa insolvente, excepto se o plano de insolvência atribuir ao administrador da insolvência competência para a defesa nas acções dirigidas à respectiva impugna-

CÓDIGO DA INSOLVÊNCIA E DA RECUPERAÇÃO DE EMPRESAS   [**DL n.º 53/2004**]   1363

ção, bem como nos casos em que as mesmas não possam já ser impugnadas em virtude do decurso do prazo previsto no artigo 125.º, ou em que a impugnação deduzida haja já sido julgada improcedente por decisão com trânsito em julgado;

b) A extinção da instância dos processos de verificação de créditos e de restituição e separação de bens já liquidados que se encontrem pendentes, excepto se tiver já sido proferida a sentença de verificação e graduação de créditos prevista no artigo 140.º, ou se o encerramento decorrer da aprovação do plano de insolvência, caso em que prosseguem até final os recursos interpostos dessa sentença e as acções cujos autores assim o requeiram, no prazo de 30 dias;

c) A extinção da instância das acções pendentes contra os responsáveis legais pelas dívidas do insolvente propostas pelo administrador da insolvência, excepto se o plano de insolvência atribuir ao administrador da insolvência competência para o seu prosseguimento.

3 – As custas das acções de impugnação da resolução de actos em benefício da massa insolvente julgadas procedentes em virtude do disposto na alínea *a)* do número anterior constituem encargo da massa insolvente se o processo for encerrado por insuficiência desta.

4 – Exceptuados os processos de verificação de créditos, qualquer acção que corra por dependência do processo de insolvência e cuja instância não se extinga, nos termos da alínea *b)* do n.º 2, nem deva ser prosseguida pelo administrador da insolvência, nos termos do plano de insolvência, é desapensada do processo e remetida para o tribunal competente, passando o devedor a ter exclusiva legitimidade para a causa, independentemente de habilitação ou do acordo da contraparte.

5 – Nos 10 dias posteriores ao encerramento, o administrador da insolvência entrega no tribunal, para arquivo, toda a documentação relativa ao processo que se encontre em seu poder, bem como os elementos da contabilidade do devedor que não hajam de ser restituídos ao próprio.

ART. 234.º (Efeitos sobre sociedades comerciais) – 1 – Baseando-se o encerramento do processo na homologação de um plano de insolvência que preveja a continuidade da sociedade comercial, esta retoma a sua actividade independentemente de deliberação dos sócios.

2 – Os sócios podem deliberar a retoma da actividade se o encerramento se fundar na alínea *c)* do n.º 1 do artigo 230.º.

3 – Com o registo do encerramento do processo após o rateio final, a sociedade considera-se extinta.

4 – No caso de encerramento por insuficiência da massa insolvente, a liquidação da sociedade prossegue nos termos do regime jurídico dos procedimentos administrativos de dissolução e de liquidação de entidades comerciais, devendo o juiz comunicar o encerramento e o património da sociedade ao serviço de registo competente.

TÍTULO XII — **DISPOSIÇÕES ESPECÍFICAS DA INSOLVÊNCIA DE PESSOAS SINGULARES**

CAPÍTULO I — **Exoneração do passivo restante**

ART. 235.º (Princípio geral) – Se o devedor for uma pessoa singular, pode ser-lhe concedida a exoneração dos créditos sobre a insolvência que não forem integralmente pagos no processo de insolvência ou nos cinco anos posteriores ao encerramento deste, nos termos das disposições do presente capítulo.

ART. 236.º (Pedido de exoneração do passivo restante) – 1 – O pedido de exoneração do passivo restante é feito pelo devedor no requerimento de apresentação à insolvência ou no prazo de 10 dias posteriores à citação e será sempre rejeitado se for deduzido após a assembleia de apreciação do relatório; o juiz decide livremente sobre a admissão ou rejeição de pedido apresentado no período intermédio.

2 – Se não tiver sido dele a iniciativa do processo de insolvência, deve constar do acto de citação do devedor pessoa singular a indicação da possibilidade de solicitar a exoneração do passivo restante, nos termos previstos no número anterior.

3 – Do requerimento consta expressamente a declaração de que o devedor preenche os requisitos e se dispõe a observar todas as condições exigidas nos artigos seguintes.

4 – Na assembleia de apreciação de relatório é dada aos credores e ao administrador da insolvência a possibilidade de se pronunciarem sobre o requerimento.

ART. 237.º (Processamento subsequente) – A concessão efectiva da exoneração do passivo restante pressupõe que:

a) Não exista motivo para o indeferimento liminar do pedido, por força do disposto no artigo seguinte;

b) O juiz profira despacho declarando que a exoneração será concedida uma vez observadas pelo devedor as condições previstas no artigo 239.º durante os cinco anos posteriores ao encerramento do processo de insolvência, neste capítulo designado despacho inicial;

c) Não seja aprovado e homologado um plano de insolvência;

d) Após o período mencionado na alínea *b)*, e cumpridas que sejam efectivamente as referidas condições, o juiz emita despacho decretando a exoneração definitiva, neste capítulo designado despacho de exoneração.

1364 [DL n.º 53/2004]   INSOLVÊNCIA E RECUPERAÇÃO DE EMPRESAS

ART. 238.º (Indeferimento liminar) – 1 – O pedido de exoneração é liminarmente indeferido se:

a) For apresentado fora de prazo;

b) O devedor, com dolo ou culpa grave, tiver fornecido por escrito, nos três anos anteriores à data do início do processo de insolvência, informações falsas ou incompletas sobre as suas circunstâncias económicas com vista à obtenção de crédito ou de subsídios de instituições públicas ou a fim de evitar pagamentos a instituições dessa natureza;

c) O devedor tiver já beneficiado da exoneração do passivo restante nos 10 anos anteriores à data do início do processo de insolvência;

d) O devedor tiver incumprido o dever de apresentação à insolvência ou, não estando obrigado a se apresentar, se tiver abstido dessa apresentação nos seis meses seguintes à verificação da situação de insolvência, com prejuízo em qualquer dos casos para os credores, e sabendo, ou não podendo ignorar sem culpa grave, não existir qualquer perspectiva séria de melhoria da sua situação económica;

e) Constarem já no processo, ou forem fornecidos até ao momento da decisão, pelos credores ou pelo administrador da insolvência, elementos que indiciem com toda a probabilidade a existência de culpa do devedor na criação ou agravamento da situação de insolvência, nos termos do artigo 186.º;

f) O devedor tiver sido condenado por sentença transitada em julgado por algum dos crimes previstos e punidos nos artigos 227.º a 229.º do Código Penal nos 10 anos anteriores à data da entrada em juízo do pedido de declaração da insolvência ou posteriormente a esta data;

g) O devedor, com dolo ou culpa grave, tiver violado os deveres de informação, apresentação e colaboração que para ele resultam do presente Código, no decurso do processo de insolvência.

2 – O despacho de indeferimento liminar é proferido após a audição dos credores e do administrador da insolvência na assembleia de apreciação do relatório, excepto se este for apresentado fora do prazo ou constar já dos autos documento autêntico comprovativo de algum dos factos referidos no número anterior.

ART. 239.º (Cessão do rendimento disponível) – 1 – Não havendo motivo para indeferimento liminar, é proferido o despacho inicial na assembleia de apreciação do relatório ou nos 10 dias subsequentes.

2 – O despacho inicial determina que, durante os cinco anos subsequentes ao encerramento do processo de insolvência, neste capítulo designado período da cessão, o rendimento disponível que o devedor venha a auferir se considera cedido a entidade, neste capítulo designada fiduciário, escolhida pelo tribunal de entre as inscritas na lista oficial de administradores da insolvência, nos termos e para os efeitos do artigo seguinte.

3 – Integram o rendimento disponível todos os rendimentos que advenham a qualquer título ao devedor, com exclusão:

a) Dos créditos a que se refere o artigo 115.º cedidos a terceiro, pelo período em que a cessão se mantenha eficaz;

b) Do que seja razoavelmente necessário para:

i) O sustento minimamente digno do devedor e do seu agregado familiar, não devendo exceder, salvo decisão fundamentada do juiz em contrário, três vezes o salário mínimo nacional;

ii) O exercício pelo devedor da sua actividade profissional;

iii) Outras despesas ressalvadas pelo juiz no despacho inicial ou em momento posterior, a requerimento do devedor.

4 – Durante o período da cessão, o devedor fica ainda obrigado a:

a) Não ocultar ou dissimular quaisquer rendimentos que aufira, por qualquer título, e a informar o tribunal e o fiduciário sobre os seus rendimentos e património na forma e no prazo em que isso lhe seja requisitado;

b) Exercer uma profissão remunerada, não a abandonando sem motivo legítimo, e a procurar diligentemente tal profissão quando desempregado, não recusando desrazoavelmente algum emprego para que seja apto;

c) Entregar imediatamente ao fiduciário, quando por si recebida, a parte dos seus rendimentos objecto de cessão;

d) Informar o tribunal e o fiduciário de qualquer mudança de domicílio ou de condições de emprego, no prazo de 10 dias após a respectiva ocorrência, bem como, quando solicitado e dentro de igual prazo, sobre as diligências realizadas para a obtenção de emprego;

e) Não fazer quaisquer pagamentos aos credores da insolvência a não ser através do fiduciário e a não criar qualquer vantagem especial para algum desses credores.

5 – A cessão prevista no n.º 2 prevalece sobre quaisquer acordos que excluam, condicionem ou por qualquer forma limitem a cessão de bens ou rendimentos do devedor.

6 – Sendo interposto recurso do despacho inicial, a realização do rateio final só determina o encerramento do processo depois de transitada em julgado a decisão.

ART. 240.º (Fiduciário) – 1 – A remuneração do fiduciário e o reembolso das suas despesas constitui encargo do devedor.

2 – São aplicáveis ao fiduciário, com as devidas adaptações, os n.ºs 2 e 4 do artigo 38.º, os artigos 56.º, 57.º, 58.º, 59.º e 62.º a 64.º; é também aplicável o disposto no n.º 1 do artigo 60.º e no n.º 1 do artigo 61.º, devendo a informação revestir periodicidade anual e ser enviada a cada credor e ao juiz.

CÓDIGO DA INSOLVÊNCIA E DA RECUPERAÇÃO DE EMPRESAS   [DL n.º 53/2004]   1365

ART. 241.º (Funções) – 1 – O fiduciário notifica a cessão dos rendimentos do devedor àqueles de quem ele tenha direito a havê-los e afecta os montantes recebidos, no final de cada ano em que dure a cessão:

a) Ao pagamento das custas do processo de insolvência ainda em dívida;

b) Ao reembolso ao Cofre Geral de Tribunais das remunerações e despesas do administrador da insolvência e do próprio fiduciário que por aquele tenham sido suportadas;

c) Ao pagamento da sua própria remuneração já vencida e despesas efectuadas;

d) À distribuição do remanescente pelos credores da insolvência, nos termos prescritos para o pagamento aos credores no processo de insolvência.

2 – O fiduciário mantém em separado do seu património pessoal todas as quantias provenientes de rendimentos cedidos pelo devedor, respondendo com todos os seus haveres pelos fundos que indevidamente deixe de afectar às finalidades indicadas no número anterior, bem como pelos prejuízos provocados por essa falta de distribuição.

3 – A assembleia de credores pode conferir ao fiduciário a tarefa de fiscalizar o cumprimento pelo devedor das obrigações que sobre este impendem, com o dever de a informar em caso de conhecimento de qualquer violação.

ART. 242.º (Igualdade dos credores) – 1 – Não são permitidas quaisquer execuções sobre os bens do devedor destinadas à satisfação dos créditos sobre a insolvência, durante o período da cessão.

2 – É nula a concessão de vantagens especiais a um credor da insolvência pelo devedor ou por terceiro.

3 – A compensação entre dívidas da insolvência e obrigações de um credor sobre a insolvência apenas é lícita nas condições em que seria admissível durante a pendência do processo.

ART. 243.º (Cessação antecipada do procedimento de exoneração) – 1 – Antes ainda de terminado o período da cessão, deve o juiz recusar a exoneração, a requerimento fundamentado de algum credor da insolvência, do administrador da insolvência, se estiver ainda em funções, ou do fiduciário, caso este tenha sido incumbido de fiscalizar o cumprimento das obrigações do devedor, quando:

a) O devedor tiver dolosamente ou com grave negligência violado alguma das obrigações que lhe são impostas pelo artigo 239.º, prejudicando por esse facto a satisfação dos créditos sobre a insolvência;

b) Se apure a existência de alguma das circunstâncias referidas nas alíneas *b)*, *e)* e *f)* do n.º 1 do artigo 238.º, se apenas tiver sido conhecida pelo requerente após o despacho inicial ou for de verificação superveniente;

c) A decisão do incidente de qualificação da insolvência tiver concluído pela existência de culpa do devedor na criação ou agravamento da situação de insolvência.

2 – O requerimento apenas pode ser apresentado dentro do ano seguinte à data em que o requerente teve ou poderia ter tido conhecimento dos fundamentos invocados, devendo ser oferecida logo a respectiva prova.

3 – Quando o requerimento se baseie nas alíneas *a)* e *b)* do n.º 1, o juiz deve ouvir o devedor, o fiduciário e os credores da insolvência antes de decidir a questão; a exoneração é sempre recusada se o devedor, sem motivo razoável, não fornecer no prazo que lhe seja fixado informações que comprovem o cumprimento das suas obrigações, ou, devidamente convocado, faltar injustificadamente à audiência em que lhe deveria prestá-las.

4 – O juiz, oficiosamente ou a requerimento do devedor ou do fiduciário, declara também encerrado o incidente logo que se mostrem integralmente satisfeitos todos os créditos sobre a insolvência.

ART. 244.º (Decisão final da exoneração) – 1 – Não tendo havido lugar a cessação antecipada, o juiz decide nos 10 dias subsequentes ao termo do período da cessão sobre a concessão ou não da exoneração do passivo restante do devedor, ouvido este, o fiduciário e os credores da insolvência.

2 – A exoneração é recusada pelos mesmos fundamentos e com subordinação aos mesmos requisitos por que o poderia ter sido antecipadamente, nos termos do artigo anterior.

ART. 245.º (Efeitos da exoneração) – 1 – A exoneração do devedor importa a extinção de todos os créditos sobre a insolvência que ainda subsistam à data em que é concedida, sem excepção dos que não tenham sido reclamados e verificados, sendo aplicável o disposto no n.º 4 do artigo 217.º.

2 – A exoneração não abrange, porém:

a) Os créditos por alimentos;

b) As indemnizações devidas por factos ilícitos dolosos praticados pelo devedor, que hajam sido reclamadas nessa qualidade;

c) Os créditos por multas, coimas e outras sanções pecuniárias por crimes ou contra-ordenações;

d) Os créditos tributários.

ART. 246.º (Revogação da exoneração) – 1 – A exoneração do passivo restante é revogada provando-se que o devedor incorreu em alguma das situações previstas nas alíneas *b)* e seguintes do n.º 1 do artigo 238.º, ou violou dolosamente as suas obrigações durante o período da cessão, e por algum desses motivos tenha prejudicado de forma relevante a satisfação dos credores da insolvência.

2 – A revogação apenas pode ser decretada até ao termo do ano subsequente ao trânsito em julgado do despacho de exoneração; quando requerida por um credor da insolvência, tem este ainda de provar não ter tido conhecimento dos fundamentos da revogação até ao momento do trânsito.

1366 [DL n.º 53/2004]   INSOLVÊNCIA E RECUPERAÇÃO DE EMPRESAS

3 – Antes de decidir a questão, o juiz deve ouvir o devedor e o fiduciário.

4 – A revogação da exoneração importa a reconstituição de todos os créditos extintos.

ART. 247.º (Publicação e registo) – Os despachos iniciais, de exoneração, de cessação antecipada e de revogação da exoneração são publicados e registados nos termos previstos para a decisão de encerramento do processo de insolvência.

ART. 248.º (Apoio judiciário) – 1 – O devedor que apresente um pedido de exoneração do passivo restante beneficia do diferimento do pagamento das custas até à decisão final desse pedido, na parte em que a massa insolvente e o seu rendimento disponível durante o período da cessão sejam insuficientes para o respectivo pagamento integral, o mesmo se aplicando à obrigação de reembolsar o Cofre Geral dos Tribunais das remunerações e despesas do administrador da insolvência e do fiduciário que o Cofre tenha suportado.

2 – Sendo concedida a exoneração do passivo restante, é aplicável ao pagamento das custas e à obrigação de reembolso referida no número anterior o disposto no artigo 65.º do Código das Custas Judiciais, mas sem subordinação ao período máximo de 12 meses previsto no respectivo n.º 1.

3 – Se a exoneração for posteriormente revogada, caduca a autorização do pagamento em prestações, e aos montantes em dívida acresce a taxa de justiça equivalente aos juros de mora calculados como se o benefício previsto no n.º 1 não tivesse sido concedido.

4 – O benefício previsto no n.º 1 afasta a concessão de qualquer outra forma de apoio judiciário ao devedor, salvo quanto à nomeação e pagamento de honorários de patrono.

CAPÍTULO II — Insolvência de não empresários e titulares de pequenas empresas

Secção I — DISPOSIÇÕES GERAIS

ART. 249.º (Âmbito de aplicação) – 1 – O disposto neste capítulo é aplicável se o devedor for uma pessoa singular e, em alternativa:

a) Não tiver sido titular da exploração de qualquer empresa nos três anos anteriores ao início do processo de insolvência;

b) À data do início do processo:

i) Não tiver dívidas laborais;

ii) O número dos seus credores não for superior a 20;

iii) O seu passivo global não exceder € 300 000.

2 – Apresentando-se marido e mulher à insolvência, ou sendo o processo instaurado contra ambos, nos termos do artigo 264.º, os requisitos previstos no número anterior devem verificar-se relativamente a cada um dos cônjuges.

ART. 250.º (Inadmissibilidade de plano de insolvência e da administração pelo devedor) – Aos processos de insolvência abrangidos pelo presente capítulo não são aplicáveis as disposições dos títulos IX e X.

Secção II — PLANO DE PAGAMENTOS AOS CREDORES

ART. 251.º (Apresentação de um plano de pagamentos) – O devedor pode apresentar, conjuntamente com a petição inicial do processo de insolvência, um plano de pagamentos aos credores.

ART. 252.º (Conteúdo do plano de pagamentos) – 1 – O plano de pagamentos deve conter uma proposta de satisfação dos direitos dos credores que acautele devidamente os interesses destes, de forma a obter a respectiva aprovação, tendo em conta a situação do devedor.

2 – O plano de pagamentos pode designadamente prever moratórias, perdões, constituições de garantias, extinções, totais ou parciais, de garantias reais ou privilégios creditórios existentes, um programa calendarizado de pagamentos ou o pagamento numa só prestação e a adopção pelo devedor de medidas concretas de qualquer natureza susceptíveis de melhorar a sua situação patrimonial.

3 – O devedor pode incluir no plano de pagamentos créditos cuja existência ou montante não reconheça, com a previsão de que os montantes destinados à sua liquidação serão objecto de depósito junto de intermediário financeiro para serem entregues aos respectivos titulares ou repartidos pelos demais credores depois de dirimida a controvérsia, na sede própria.

4 – A apresentação do plano de pagamentos envolve confissão da situação de insolvência, ao menos iminente, por parte do devedor.

5 – O plano de pagamentos é acompanhado dos seguintes anexos:

a) Declaração de que o devedor preenche os requisitos exigidos pelo artigo 249.º;

b) Relação dos bens disponíveis do devedor, bem como dos seus rendimentos;

c) Sumário com o conteúdo essencial dessa relação, neste capítulo designado resumo do activo;

CÓDIGO DA INSOLVÊNCIA E DA RECUPERAÇÃO DE EMPRESAS [**DL n.º 53/2004**] 1367

d) Relação por ordem alfabética dos credores e dos seus endereços, com indicação dos montantes, natureza e eventuais garantias dos seus créditos;

e) Declaração de que as informações prestadas são verdadeiras e completas.

6 – Salvo manifesta inadequação ao caso concreto, os elementos constantes do número anterior devem constar de modelo aprovado por portaria do Ministro da Justiça.

7 – O plano de pagamentos e os seus anexos são apresentados em duas cópias, uma das quais se destina ao arquivo do tribunal, ficando a outra na secretaria judicial para consulta dos interessados; tratando-se de documentos digitalizados, são extraídas pela secretaria duas cópias para os mesmos efeitos.

8 – Considera-se que desiste da apresentação do plano de pagamentos o devedor que, uma vez notificado pelo tribunal, não forneça no prazo fixado os elementos mencionados no n.º 5 que haja omitido inicialmente.

Os modelos a adoptar na apresentação do plano de pagamentos, a que se refere este preceito, foram fixados pela Portaria n.º 1039/2004, de 13-8.

ART. 253.º (Pedido de insolvência apresentado por terceiro) – Se não tiver sido dele a iniciativa do processo de insolvência, deve constar do acto de citação do devedor pessoa singular a indicação da possibilidade de apresentação de um plano de pagamentos em alternativa à contestação, no prazo fixado para esta, verificado algum dos pressupostos referidos no n.º 1 do artigo 249.º, com expressa advertência para as consequências previstas no n.º 4 do artigo anterior e no artigo seguinte.

ART. 254.º (Preclusão da exoneração do passivo restante) – Não pode beneficiar da exoneração do passivo restante o devedor que, aquando da apresentação de um plano de pagamentos, não tenha declarado pretender essa exoneração, na hipótese de o plano não ser aprovado.

ART. 255.º (Suspensão do processo de insolvência) – 1 – Se se afigurar altamente improvável que o plano de pagamentos venha a merecer aprovação, o juiz dá por encerrado o incidente, sem que da decisão caiba recurso; caso contrário, determina a suspensão do processo de insolvência até à decisão sobre o incidente do plano de pagamentos.

2 – Se o processo de insolvência houver de prosseguir, é logo proferida sentença de declaração da insolvência, seguindo-se os trâmites subsequentes, nos termos gerais.

3 – A suspensão prevista no n.º 1 não prejudica a adopção das medidas cautelares previstas no artigo 31.º.

ART. 256.º (Notificação dos credores) – 1 – Havendo lugar à suspensão do processo de insolvência, a secretaria extrai ou notifica o devedor para juntar, no prazo de cinco dias, o número de cópias do plano de pagamentos e do resumo do activo necessários para entrega aos credores mencionados em anexo ao plano, consoante tais documentos tenham sido ou não apresentados em suporte digital.

2 – A notificação ao credor requerente da insolvência, se for o caso, e a citação dos demais credores é feita por carta registada, acompanhada dos documentos referidos no n.º 1, devendo do acto constar a indicação de que:

a) Dispõem de 10 dias para se pronunciarem, sob pena de se ter por conferida a sua adesão ao plano;

b) Devem, no mesmo prazo, corrigir as informações relativas aos seus créditos constantes da relação apresentada pelo devedor, sob pena de, em caso de aprovação do plano, se haverem como aceites tais informações e perdoadas quaisquer outras dívidas cuja omissão não seja por esse credor devidamente reportada;

c) Os demais anexos ao plano estão disponíveis para consulta na secretaria do tribunal.

3 – Quando haja sido contestada por algum credor a natureza, montante ou outros elementos do seu crédito tal como configurados pelo devedor, ou invocada a existência de outros créditos de que seja titular, é o devedor notificado para, no prazo máximo de 10 dias, declarar se modifica ou não a relação dos créditos, só ficando abrangidos pelo plano de pagamentos os créditos cuja existência seja reconhecida pelo devedor, e apenas:

a) Na parte aceite pelo devedor, caso subsista divergência quanto ao montante;

b) Se for exacta a indicação feita pelo devedor, caso subsista divergência quanto a outros elementos.

4 – Pode ainda ser dada oportunidade ao devedor para modificar o plano de pagamentos, no prazo de cinco dias, quando tal for tido por conveniente em face das observações dos credores ou com vista à obtenção de acordo quanto ao pagamento das dívidas.

5 – As eventuais modificações ou acrescentos a que o devedor proceda nos termos dos n.ºs 3 e 4 serão notificadas, quando necessário, aos credores para novo pronunciamento quanto à adesão ao plano, entendendo-se que mantêm a sua posição os credores que nada disserem no prazo de 10 dias.

ART. 257.º (Aceitação do plano de pagamentos) – 1 – Se nenhum credor tiver recusado o plano de pagamentos, ou se a aprovação de todos os que se oponham for objecto de suprimento, nos termos do artigo seguinte, o plano é tido por aprovado.

2 – Entende-se que se opõem ao plano de pagamentos:

a) Os credores que o tenham recusado expressamente;

b) Os credores que, por forma não aceite pelo devedor, tenham contestado a natureza, montante ou outros elementos dos seus créditos relacionados pelo devedor ou invocado a existência de outros créditos.

1368   [DL n.º 53/2004]   INSOLVÊNCIA E RECUPERAÇÃO DE EMPRESAS

3 – Não são abrangidos pelo plano de pagamentos os créditos que não hajam sido relacionados pelo devedor, ou em relação aos quais não tenha sido possível ouvir os respectivos titulares, por acto que não lhes seja imputável.

ART. 258.º (Suprimento da aprovação dos credores) – 1 – Se o plano de pagamentos tiver sido aceite por credores cujos créditos representem mais de dois terços do valor total dos créditos relacionados pelo devedor, pode o tribunal, a requerimento de algum desses credores ou do devedor, suprir a aprovação dos demais credores, desde que:

a) Para nenhum dos oponentes decorra do plano uma desvantagem económica superior à que, mantendo-se idênticas as circunstâncias do devedor, resultaria do prosseguimento do processo de insolvência, com liquidação da massa insolvente e exoneração do passivo restante, caso esta tenha sido solicitada pelo devedor em condições de ser concedida;

b) Os oponentes não sejam objecto de um tratamento discriminatório injustificado;

c) Os oponentes não suscitem dúvidas legítimas quanto à veracidade ou completude da relação de créditos apresentada pelo devedor, com reflexos na adequação do tratamento que lhes é dispensado.

2 – A apreciação da oposição fundada na alínea *c)* do número anterior não envolve decisão sobre a efectiva existência, natureza, montante e demais características dos créditos controvertidos.

3 – Pode ser sempre suprida pelo tribunal a aprovação do credor que se haja limitado a impugnar a identificação do crédito, sem adiantar quaisquer elementos respeitantes à sua configuração.

4 – Não cabe recurso da decisão que indefira o pedido de suprimento da aprovação de qualquer credor.

ART. 259.º (Termos subsequentes à aprovação) – 1 – O juiz homologa o plano de pagamentos aprovado nos termos dos artigos anteriores por meio de sentença e, após o seu trânsito em julgado, declara igualmente a insolvência do devedor no processo principal; da sentença de declaração de insolvência constam apenas as menções referidas nas alíneas *a)* e *b)* do artigo 36.º, sendo aplicável o disposto na alínea *a)* do n.º 7 do artigo 39.º.

2 – Ambas as sentenças são notificadas apenas aos credores constantes da relação fornecida pelo devedor.

3 – Só podem recorrer da sentença de homologação do plano de pagamentos ou reagir contra a sentença de declaração de insolvência proferida nos termos do n.º 1, por via de recurso ou da oposição de embargos, os credores cuja aprovação haja sido suprida; a revogação desta última sentença implica também a ineficácia do plano.

4 – O trânsito em julgado das sentenças de homologação do plano de pagamentos e de declaração da insolvência determina o encerramento do processo de insolvência.

5 – As referidas sentenças e a decisão de encerramento do processo proferida nos termos do número anterior não são objecto de qualquer publicidade ou registo.

ART. 260.º (Incumprimento) – Salvo disposição expressa do plano de pagamentos em sentido diverso, a moratória ou o perdão previstos no plano ficam sem efeito nos casos previstos no n.º 1 do artigo 218.º, não sendo aplicável, todavia, o n.º 2 desse preceito.

ART. 261.º (Outro processo de insolvência) – 1 – Os titulares de créditos constantes da relação anexa ao plano de pagamentos homologado judicialmente não podem pedir a declaração de insolvência em outro processo, excepto:

a) No caso de incumprimento do plano de pagamentos, nas condições definidas no artigo anterior;

b) Provando que os seus créditos têm um montante mais elevado ou características mais favoráveis do que as constantes daquela relação;

c) Por virtude da titularidade de créditos não incluídos na relação, total ou parcialmente, e que não se devam ter por perdoados, nos termos do n.º 3 do artigo 256.º.

2 – Em derrogação do disposto no artigo 8.º, a pendência de um processo de insolvência em que tenha sido apresentado um plano de pagamentos não obsta ao prosseguimento de outro processo instaurado contra o mesmo devedor por titulares de créditos não incluídos na relação anexa ao plano, nem a declaração de insolvência proferida no primeiro, nos termos do n.º 1 do artigo 259.º, suspende ou extingue a instância do segundo.

3 – O disposto no número anterior aplica-se igualmente se o outro processo for instaurado por titular de crédito que o devedor tenha relacionado, contanto que, após o termo do prazo previsto no n.º 3 do artigo 256.º, subsista divergência quanto ao montante ou a outros elementos do respectivo crédito, mas a insolvência não será declarada neste processo sem que o requerente faça a prova da incorreção da identificação efectuada pelo devedor.

ART. 262.º (Retoma dos trâmites gerais) – Se o plano de pagamentos não obtiver aprovação, ou a sentença de homologação for revogada em via de recurso, são logo retomados os termos do processo de insolvência através da prolação de sentença de declaração de insolvência nos termos dos artigos 36.º ou 39.º, consoante o caso.

ART. 263.º (Processamento por apenso) – O incidente de aprovação do plano de pagamentos é processado por apenso ao processo de insolvência.

CÓDIGO DA INSOLVÊNCIA E DA RECUPERAÇÃO DE EMPRESAS [DL n.º 53/2004] 1369

SECÇÃO III — **INSOLVÊNCIA DE AMBOS OS CÔNJUGES**

ART. 264.º (Coligação) – 1 – Incorrendo marido e mulher em situação de insolvência, e não sendo o regime de bens o da separação, é lícito aos cônjuges apresentarem-se conjuntamente à insolvência, ou o processo ser instaurado contra ambos, a menos que perante o requerente seja responsável um só deles.

2 – Se o processo for instaurado contra um dos cônjuges apenas, pode o outro, desde que com a anuência do seu consorte, mas independentemente do acordo do requerente, apresentar-se à insolvência no âmbito desse processo; se, porém, já se tiver iniciado o incidente de aprovação de um plano de pagamentos, a intervenção apenas é admitida no caso de o plano não ser aprovado ou homologado.

3 – A apresentação à insolvência nos termos do número anterior, uma vez admitida:

a) Envolve confissão da situação de insolvência do apresentante apenas se a insolvência do outro cônjuge vier a ser declarada;

b) Suspende qualquer processo de insolvência anteriormente instaurado apenas contra o apresentante e em que a insolvência não haja sido já declarada, se for acompanhada de confissão expressa da situação de insolvência ou caso seja apresentada pelos cônjuges uma proposta de plano de pagamentos.

4 – Apresentando-se marido e mulher à insolvência, ou correndo contra ambos o processo instaurado por terceiro:

a) A apreciação da situação de insolvência de ambos os cônjuges consta sempre da mesma sentença;

b) Deve ser formulada conjuntamente pelos cônjuges uma eventual proposta de plano de pagamentos.

5 – Exceptua-se do disposto na alínea *b)* do número anterior a hipótese em que um dos cônjuges se oponha ao pedido de declaração de insolvência, caso em que:

a) Apresentada uma proposta de um plano de pagamentos pelo outro cônjuge, correm em paralelo o correspondente incidente e o processo de insolvência contra o seu consorte, sem que, todavia, a tramitação do primeiro possa prosseguir, cumprido que seja o disposto no artigo 256.º, antes de proferida sentença no último;

b) Improcedendo a oposição ao pedido, a sentença declara a insolvência de ambos os cônjuges e extingue-se o incidente do plano de pagamentos;

c) Sendo a oposição julgada procedente, o incidente do plano de pagamentos segue os seus termos até final, cumprindo-se subsequentemente o disposto nos artigos 259.º ou 262.º, consoante o que for aplicável.

ART. 265.º (Dívidas comuns e próprias de cada um dos cônjuges) – 1 – Respeitando o processo de insolvência a marido e mulher, a proposta de plano de pagamentos apresentada por ambos os cônjuges e as reclamações de créditos indicam, quanto a cada dívida, se a responsabilidade cabe aos dois ou a um só dos cônjuges, e a natureza comum ou exclusiva de um dos cônjuges dessa responsabilidade há-de ser igualmente referida na lista de credores reconhecidos elaborada pelo administrador da insolvência e fixada na sentença de verificação e graduação de créditos.

2 – Os votos na assembleia de credores são conferidos em função do valor nominal dos créditos, independentemente de a responsabilidade pelas dívidas ser de ambos os cônjuges ou exclusiva de um deles.

3 – Nas deliberações da assembleia de credores e da comissão de credores que incidam sobre bens próprios de um dos cônjuges, todavia, não são admitidos a votar os titulares de créditos da responsabilidade exclusiva do outro cônjuge.

ART. 266.º (Separação dos bens) – Os bens comuns e os bens próprios de cada um dos cônjuges são inventariados, mantidos e liquidados em separado.

TÍTULO XIII — **BENEFÍCIOS EMOLUMENTARES E FISCAIS**

ART. 267.º (Emolumentos de registo) – Não podem ser exigidos quaisquer preparos pelos actos de registo de despachos ou sentenças proferidos no processo de insolvência, bem como pelos de registo de apreensão de bens para a massa insolvente, constituindo os respectivos emolumentos uma dívida da massa equiparada às custas do processo de insolvência.

ART. 268.º (Benefícios relativos a impostos sobre o rendimento das pessoas singulares e colectivas) – 1 – As mais-valias realizadas por efeito da dação em cumprimento de bens do devedor e da cessão de bens aos credores estão isentas de impostos sobre o rendimento das pessoas singulares e colectivas, não concorrendo para a determinação da matéria colectável do devedor.

2 – Não entram igualmente para a formação da matéria colectável do devedor as variações patrimoniais positivas resultantes das alterações das suas dívidas previstas em plano de insolvência ou em plano de pagamentos.

3 – O valor dos créditos que for objecto de redução, ao abrigo de plano de insolvência ou de plano de pagamentos, é considerado como custo ou perda do respectivo exercício para efeitos de apuramento do lucro tributável dos sujeitos passivos do imposto sobre o rendimento das pessoas singulares e do imposto sobre o rendimento das pessoas colectivas.

1370   [DL n.º 53/2004]   INSOLVÊNCIA E RECUPERAÇÃO DE EMPRESAS

ART. 269.º (Benefício relativo ao imposto do selo) – Estão isentos de imposto do selo, quando a ele se encontrassem sujeitos, os seguintes actos, desde que previstos em planos de insolvência ou de pagamentos ou praticados no âmbito da liquidação da massa insolvente:

a) As modificações dos prazos de vencimento ou das taxas de juro dos créditos sobre a insolvência;

b) Os aumentos de capital, as conversões de créditos em capital e as alienações de capital;

c) A constituição de nova sociedade ou sociedades;

d) A dação em cumprimento de bens da empresa e a cessão de bens aos credores;

e) A realização de operações de financiamento, o trespasse ou a cessão da exploração de estabelecimentos da empresa, a constituição de sociedades e a transferência de estabelecimentos comerciais, a venda, permuta ou cessão de elementos do activo da empresa, bem como a locação de bens;

f) A emissão de letras ou livranças.

ART. 270.º (Benefício relativo ao imposto municipal sobre as transmissões onerosas de imóveis) – 1 – Estão isentas de imposto municipal sobre as transmissões onerosas de imóveis as seguintes transmissões de bens imóveis, integradas em qualquer plano de insolvência ou de pagamentos:

a) As que se destinem à constituição de nova sociedade ou sociedades e à realização do seu capital;

b) As que se destinem à realização do aumento do capital da sociedade devedora;

c) As que decorram da dação em cumprimento de bens da empresa e da cessão de bens aos credores.

2 – Estão igualmente isentas de imposto municipal sobre as transmissões onerosas de imóveis os actos de venda, permuta ou cessão da empresa ou de estabelecimentos desta integrados no âmbito de plano de insolvência ou de pagamentos ou praticados no âmbito da liquidação da massa insolvente.

TÍTULO XIV — EXECUÇÃO DO REGULAMENTO (CE) N.º 1346/2000, DO CONSELHO, DE 29 DE MAIO

ART. 271.º (Fundamentação da competência internacional) – Sempre que do processo resulte a existência de bens do devedor situados noutro Estado membro da União Europeia, a sentença de declaração de insolvência indica sumariamente as razões de facto e de direito que justificam a competência dos tribunais portugueses, tendo em conta o disposto no n.º 1 do artigo 3.º do Regulamento (CE) n.º 1346/2000, do Conselho, de 29 de Maio, adiante designado Regulamento.

ART. 272.º (Prevenção de conflitos de competência) – 1 – Aberto um processo principal de insolvência em outro Estado membro da União Europeia, apenas é admissível a instauração ou prosseguimento em Portugal de processo secundário, nos termos do capítulo III do título XV.

2 – O administrador da insolvência do processo principal tem legitimidade para recorrer de decisões que contrariem o disposto no número anterior.

3 – Se a abertura de um processo de insolvência for recusada por tribunal de um Estado membro da União Europeia em virtude de a competência caber aos tribunais portugueses, nos termos do n.º 1 do artigo 3.º do Regulamento, não podem estes indeferir o pedido de declaração de insolvência com fundamento no facto de a competência pertencer aos tribunais desse outro Estado.

ART. 273.º (Efeitos do encerramento) – 1 – O encerramento do processo por aplicação do n.º 1 do artigo anterior não afecta os efeitos já produzidos que não se circunscrevam à duração do processo, inclusive os decorrentes de actos praticados pelo administrador da insolvência ou perante este, no exercício das suas funções.

2 – Na hipótese prevista no número anterior, é aplicável o disposto no n.º 2 do artigo 233.º, extinguindo-se a instância de todos os processos que corram por apenso ao processo de insolvência.

ART. 274.º (Publicidade de decisão estrangeira) – 1 – A publicação e a inscrição em registo público da decisão de abertura de um processo, a que se referem os artigos 21.º e 22.º do Regulamento, devem ser solicitadas no tribunal português em cuja área se situe um estabelecimento do devedor, ou, não sendo esse o caso, ao Tribunal de Comércio de Lisboa ou ao Tribunal Cível de Lisboa, consoante a massa insolvente integre ou não uma empresa, podendo o Tribunal exigir tradução certificada por pessoa que para o efeito seja competente segundo o direito de um Estado membro da União Europeia.

2 – Se o direito do Estado do processo de insolvência previr a efectivação de registo desconhecido do direito português, é determinado o registo que com ele apresente maiores semelhanças.

3 – A publicação prevista no n.º 1 do artigo 21.º do Regulamento é determinada oficiosamente se o devedor for titular de estabelecimento situado em Portugal.

TÍTULO XV — NORMAS DE CONFLITOS

CAPÍTULO I — Disposições gerais

ART. 275.º (Prevalência de outras normas) – As disposições deste título são aplicáveis na medida em que não contrariem o estabelecido no Regulamento e em outras normas comunitárias ou constantes de tratados internacionais.

CÓDIGO DA INSOLVÊNCIA E DA RECUPERAÇÃO DE EMPRESAS   [DL n.º 53/2004]   1371

ART. 276.º (Princípio geral) – Na falta de disposição em contrário, o processo de insolvência e os respectivos efeitos regem-se pelo direito do Estado em que o processo tenha sido instaurado.

ART. 277.º (Relações laborais) – Os efeitos da declaração de insolvência relativamente a contratos de trabalho e à relação laboral regem-se exclusivamente pela lei aplicável ao contrato de trabalho.

ART. 278.º (Direitos do devedor sobre imóveis e outros bens sujeitos a registo) – Os efeitos da declaração de insolvência sobre os direitos do devedor relativos a um bem imóvel, a um navio ou a uma aeronave cuja inscrição num registo público seja obrigatória regem-se pela lei do Estado sob cuja autoridade é mantido esse registo.

ART. 279.º (Contratos sobre imóveis e móveis sujeitos a registo) – 1 – Os efeitos da declaração de insolvência sobre os contratos que conferem o direito de adquirir direitos reais sobre bem imóvel, ou o direito de o usar, regem-se exclusivamente pela lei do Estado em cujo território está situado esse bem.

2 – Respeitando o contrato a um navio ou a uma aeronave cuja inscrição num registo público seja obrigatória, é aplicável a lei do Estado sob cuja autoridade é mantido esse registo.

ART. 280.º (Direitos reais e reserva de propriedade) – 1 – Os efeitos da declaração de insolvência sobre direitos reais de credores ou de terceiros sobre bens corpóreos ou incorpóreos, móveis ou imóveis, quer sejam bens específicos, quer sejam conjuntos de bens indeterminados considerados como um todo, cuja composição pode sofrer alterações ao longo do tempo, pertencentes ao devedor e que, no momento da abertura do processo, se encontrem no território de outro Estado regem-se exclusivamente pela lei deste; o mesmo se aplica aos direitos do vendedor relativos a bens vendidos ao devedor insolvente com reserva de propriedade.

2 – A declaração de insolvência do vendedor de um bem, após a entrega do mesmo, não constitui por si só fundamento de resolução ou de rescisão da venda nem obsta à aquisição pelo comprador da propriedade do bem vendido, desde que, no momento da abertura do processo, esse bem se encontre no território de outro Estado.

3 – O disposto nos números anteriores não prejudica a possibilidade de resolução em benefício da massa insolvente, nos termos gerais.

ART. 281.º (Terceiros adquirentes) – A validade de um acto celebrado após a declaração de insolvência pelo qual o devedor disponha, a título oneroso, de bem imóvel ou de navio ou de aeronave cuja inscrição num registo público seja obrigatória, rege-se pela lei do Estado em cujo território está situado o referido bem imóvel ou sob cuja autoridade é mantido esse registo.

ART. 282.º (Direitos sobre valores mobiliários e sistemas de pagamento e mercados financeiros) – 1 – Os efeitos da declaração de insolvência sobre direitos relativos a valores mobiliários registados ou depositados regem-se pela lei aplicável à respectiva transmissão, nos termos do artigo 41.º do Código dos Valores Mobiliários.

2 – Sem prejuízo do disposto no artigo 281.º, a determinação da lei aplicável aos efeitos da declaração de insolvência sobre os direitos e as obrigações dos participantes num mercado financeiro ou num sistema de pagamentos tal como definido pela alínea *a*) do artigo 2.º da Directiva n.º 98/26/CE, do Parlamento Europeu e do Conselho, de 19 de Maio, ou equiparável, rege-se pelo disposto no artigo 285.º do Código dos Valores Mobiliários.

ART. 283.º (Operações de venda com base em acordos de recompra) – Os efeitos da declaração de insolvência sobre operações de venda com base em acordos de recompra, na acepção do artigo 12.º da Directiva n.º 86/635/CEE, do Conselho, de 8 de Dezembro, regem-se pela lei aplicável a tais contratos.

ART. 284.º (Exercício dos direitos dos credores) – 1 – Qualquer credor pode exercer os seus direitos tanto no processo principal de insolvência como em quaisquer processos secundários.

2 – Na medida em que tal seja admissível segundo a lei aplicável a processo estrangeiro, o administrador da insolvência designado nesse processo pode:

a) Reclamar em Portugal os créditos reconhecidos no processo estrangeiro;

b) Exercer na assembleia de credores os votos inerentes a tais créditos, salvo se a tanto se opuserem os respectivos titulares.

3 – O credor que obtenha pagamento em processo estrangeiro de insolvência não pode ser pago no processo pendente em Portugal enquanto os credores do mesmo grau não obtiverem neste satisfação equivalente.

ART. 285.º (Acções pendentes) – Os efeitos da declaração de insolvência sobre acção pendente relativa a um bem ou um direito integrante da massa insolvente regem-se exclusivamente pela lei do Estado em que a referida acção corra os seus termos.

ART. 286.º (Compensação) – A declaração de insolvência não afecta o direito do credor da insolvência à compensação, se esta for permitida pela lei aplicável ao contra-crédito do devedor.

ART. 287.º (Resolução em benefício da massa insolvente) – A resolução de actos em benefício da massa insolvente é inadmissível se o terceiro demonstrar que o acto se encontra sujeito a lei que não permita a sua impugnação por nenhum meio.

1372   [DL n.º 53/2004]   INSOLVÊNCIA E RECUPERAÇÃO DE EMPRESAS

CAPÍTULO II — **Processo de insolvência estrangeiro**

ART. 288.º (Reconhecimento) – 1 – A declaração de insolvência em processo estrangeiro é reconhecida em Portugal, salvo se:

a) A competência do tribunal ou autoridade estrangeira não se fundar em algum dos critérios referidos no artigo 7.º ou em conexão equivalente;

b) O reconhecimento conduzir a resultado manifestamente contrário aos princípios fundamentais da ordem jurídica portuguesa.

2 – O disposto no número anterior é aplicável às providências de conservação adoptadas posteriormente à declaração de insolvência, bem como a quaisquer decisões tomadas com vista à execução ou encerramento do processo.

ART. 289.º (Medidas cautelares) – O administrador provisório designado anteriormente à declaração de insolvência pode solicitar a adopção das medidas cautelares referidas no artigo 31.º para efeitos da conservação de bens do devedor situados em Portugal.

ART. 290.º (Publicidade) – 1 – Verificando-se os pressupostos do reconhecimento da declaração de insolvência, o tribunal português ordena, a requerimento do administrador da insolvência estrangeiro, a publicidade do conteúdo essencial da decisão de declaração de insolvência, da decisão de designação do administrador de insolvência e da decisão de encerramento do processo, nos termos do artigo 37.º, aplicável com as devidas adaptações, podendo o tribunal exigir tradução certificada por pessoa que para o efeito seja competente segundo o direito do Estado do processo.

2 – As publicações referidas no número anterior são determinadas oficiosamente se o devedor tiver estabelecimento em Portugal.

ART. 291.º (Tribunal português competente) – À determinação do tribunal competente para a prática dos actos referidos nos artigos 289.º e 290.º é aplicável o n.º 1 do artigo 274.º.

ART. 292.º (Cumprimento a favor do devedor) – É liberatório o pagamento efectuado em Portugal ao devedor na ignorância da declaração de insolvência, presumindo-se o conhecimento da declaração de insolvência à qual tenha sido dada publicidade, nos termos do artigo 290.º.

ART. 293.º (Exequibilidade) – As decisões tomadas em processo de insolvência estrangeiro só se podem executar em Portugal depois de revistas e confirmadas, não sendo, porém, requisito da confirmação o respectivo trânsito em julgado.

CAPÍTULO III — **Processo particular de insolvência**

ART. 294.º (Pressupostos de um processo particular) – 1 – Se o devedor não tiver em Portugal a sua sede ou domicílio, nem o centro dos principais interesses, o processo de insolvência abrange apenas os seus bens situados em território português.

2 – Se o devedor não tiver estabelecimento em Portugal, a competência internacional dos tribunais portugueses depende da verificação dos requisitos impostos pela alínea *d)* do n.º 1 do artigo 65.º do Código de Processo Civil.

ART. 295.º (Especialidades de regime) – Em processo particular de insolvência:

a) O plano de insolvência ou de pagamentos só pode ser homologado pelo juiz se for aprovado por todos os credores afectados, caso preveja uma dação em pagamento, uma moratória, um perdão ou outras modificações de créditos sobre a insolvência;

b) A insolvência não é objecto de qualificação como fortuita ou culposa;

c) Não são aplicáveis as disposições sobre exoneração do passivo restante.

ART. 296.º (Processo secundário) – 1 – O reconhecimento de um processo principal de insolvência estrangeiro não obsta à instauração em Portugal de um processo particular, adiante designado processo secundário.

2 – O administrador de insolvência estrangeiro tem legitimidade para requerer a instauração de um processo secundário.

3 – No processo secundário é dispensada a comprovação da situação de insolvência.

4 – O administrador da insolvência deve comunicar prontamente ao administrador estrangeiro todas as circunstâncias relevantes para o desenvolvimento do processo estrangeiro.

5 – O administrador estrangeiro tem legitimidade para participar na assembleia de credores e para a apresentação de um plano de insolvência.

6 – Satisfeitos integralmente os créditos sobre a insolvência, a importância remanescente é remetida ao administrador do processo principal.

ADMINISTRADOR DA INSOLVÊNCIA

[DL n.º 54/2004] 1373

TÍTULO XVI — **INDICIAÇÃO DE INFRACÇÃO PENAL**

ART. 297.º (Indiciação de infracção penal) – 1 – Logo que haja conhecimento de factos que indiciem a prática de qualquer dos crimes previstos e punidos nos artigos 227.º a 229.º do Código Penal, manda o juiz dar conhecimento da ocorrência ao Ministério Público, para efeitos do exercício da acção penal.

2 – Sendo a denúncia feita no requerimento inicial, são as testemunhas ouvidas sobre os factos alegados na audiência de julgamento para a declaração de insolvência, extractando-se na acta os seus depoimentos sobre a matéria.

3 – Dos depoimentos prestados extrair-se-á certidão, que é mandada entregar ao Ministério Público, conjuntamente com outros elementos existentes, nos termos do disposto na alínea *h*) do artigo 36.º.

ART. 298.º (Interrupção da prescrição) – A declaração de insolvência interrompe o prazo de prescrição do procedimento criminal.

ART. 299.º (Regime aplicável à instrução e julgamento) – Na instrução e julgamento das infracções referidas no n.º 1 do artigo 297.º observam-se os termos prescritos nas leis de processo penal.

ART. 300.º (Remessa das decisões proferidas no processo penal) – 1 – Deve ser remetida ao tribunal da insolvência certidão do despacho de pronúncia ou de não pronúncia, de acusação e de não acusação, da sentença e dos acórdãos proferidos no processo penal.

2 – A remessa da certidão deve ser ordenada na própria decisão proferida no processo penal.

TÍTULO XVII — **DISPOSIÇÕES FINAIS**

ART. 301.º (Valor da causa para efeitos de custas) – Para efeitos de custas, o valor da causa no processo de insolvência em que a insolvência não chegue a ser declarada ou em que o processo seja encerrado antes da elaboração do inventário a que se refere o artigo 153.º é o equivalente ao da alçada da Relação, ou ao valor aludido no artigo 15.º, se este for inferior; nos demais casos, o valor é o atribuído ao activo no referido inventário, atendendo-se aos valores mais elevados dos bens, se for o caso.

ART. 302.º (Taxa de justiça) – 1 – A taxa de justiça é reduzida a metade no processo de insolvência quando a insolvência não seja declarada; se o processo findar antes de iniciada a audiência de discussão e julgamento, a taxa de justiça é reduzida a um quarto.

2 – Havendo plano de insolvência que ponha termo ao processo, é reduzida a dois terços a taxa de justiça que no caso seria devida.

3 – Em qualquer dos casos a que se referem os n.ᵒˢ 1 e 2, a taxa de justiça pode ser reduzida pelo juiz para um montante não inferior a cinco unidades de conta de custas, sempre que por qualquer circunstância especial considere manifestamente excessiva a taxa aplicável.

ART. 303.º(Base de tributação) – Para efeitos de tributação, o processo de insolvência abrange o processo principal, a apreensão dos bens, os embargos do insolvente, ou do seu cônjuge, descendentes, herdeiros, legatários ou representantes, a liquidação do activo, a verificação do passivo, o pagamento aos credores, as contas de administração, os incidentes do plano de pagamentos, da exoneração do passivo restante, de qualificação da insolvência e quaisquer outros incidentes cujas custas hajam de ficar a cargo da massa, ainda que processados em separado.

ART. 304.º (Responsabilidade pelas custas do processo) – As custas do processo de insolvência são encargo da massa insolvente ou do requerente, consoante a insolvência seja ou não decretada por decisão com trânsito em julgado.

25.2. ADMINISTRADOR DA INSOLVÊNCIA

Decreto-Lei n.º 54/2004

de 18 de Março

ART. 1.º (Sociedades de administradores da insolvência) – 1 – Os administradores da insolvência podem constituir sociedades de administradores da insolvência (SAI).

2 – Apenas as pessoas singulares inscritas nas listas de administradores da insolvência podem ser sócios das sociedades de administradores da insolvência.

ART. 2.º (Objecto social) – As sociedades de administradores da insolvência têm por objecto exclusivo o exercício das funções de administrador da insolvência.

1374   [Lei n.º 32/2004]   INSOLVÊNCIA E RECUPERAÇÃO DE EMPRESAS

ART. 3.º (Natureza) – As sociedades de administradores da insolvência devem assumir a natureza de sociedades civis sob a forma comercial.

ART. 4.º (Exercício de actividade remunerada fora da sociedade) – 1 – Somente com a autorização da respectiva sociedade de administradores da insolvência podem os sócios exercer actividades de gestão, com carácter profissional e remunerado, fora da sociedade.

2 – A actividade de gestão, com carácter profissional e remunerado, autorizada nos termos do número anterior, deve constar expressamente do relatório anual da sociedade.

ART. 5.º (Firma) – 1 – A firma das sociedades de administradores da insolvência deve, quando não individualizar todos os sócios, por extenso ou abreviadamente, conter, pelo menos, o nome de um deles, mas, em qualquer caso, concluir pela expressão «sociedade de administradores da insolvência» ou pela abreviatura «SAI», seguida da firma correspondente ao tipo societário adoptado.

2 – A firma deve constar de todos os actos externos da sociedade, nos termos do disposto no artigo 171.º do Código das Sociedades Comerciais.

ART 6.º (Responsabilidade) – A sociedade de administradores da insolvência e os seus gerentes, administradores ou directores são solidariamente responsáveis pelos prejuízos decorrentes dos actos praticados no exercício das funções de administrador da insolvência.

ART. 7.º (Estatutos) – Os estatutos das sociedades de administradores da insolvência, bem como as respectivas alterações, são objecto de depósito na comissão competente prevista no Estatuto do Administrador da Insolvência, nos 30 dias subsequentes à sua aprovação.

ART. 8.º (Regime) – 1 – As sociedades de administradores da insolvência devem respeitar o disposto no Estatuto do Administrador da Insolvência.

2 – A tudo o que não se encontre especialmente previsto neste diploma aplica-se o Código das Sociedades Comerciais.

ART. 9.º (Transformação de sociedades de gestores judiciais e de sociedades de liquidatários judiciais) – 1 – As sociedades de gestores judiciais e as sociedades de liquidatários judiciais podem, no prazo de 60 dias úteis a contar da publicação no *Diário da República* das listas de administradores da insolvência, transformar-se em sociedades de administradores da insolvência, desde que respeitem os requisitos de constituição destas últimas, nomeadamente no que respeita à qualificação dos sócios.

2 – A transformação referida no número anterior está isenta de emolumentos notariais e de registo, sem prejuízo do disposto no n.º 2 do artigo 1.º do Regulamento Emolumentar dos Registos e Notariado, aprovado pelo Decreto-Lei n.º 322-A/2001, de 14 de Dezembro, quanto à participação emolumentar e aos emolumentos pessoais devidos aos conservadores, notários e oficiais dos registos e do notariado pela sua intervenção nos actos.

ART. 10.º (Entrada em vigor) – O presente diploma entra em vigor 30 dias após a data da sua publicação.

25.3. ESTATUTO DO ADMINISTRADOR DA INSOLVÊNCIA

Lei n.º 32/2004

de 22 de Julho (*)

CAPÍTULO I — **Disposições gerais**

ART. 1.º (Objecto) – A presente lei estabelece o estatuto do administrador da insolvência.

ART. 2.º (Nomeação dos administradores da insolvência) – 1 – Sem prejuízo do disposto no artigo 53.º do Código da Insolvência e da Recuperação de Empresas, apenas podem ser nomeados administradores da insolvência aqueles que constem das listas oficiais de administradores da insolvência.

2 – Sem prejuízo do disposto no n.º 2 do artigo 52.º do Código da Insolvência e da Recuperação de Empresas, a nomeação a efectuar pelo juiz processa-se por meio de sistema informático que assegure a aleatoriedade da escolha e a distribuição em idêntico número dos administradores da insolvência nos processos.

(*) Com as alterações introduzidas pelo art. 2.º do **DL n.º 282/2007**, de 7-8 (arts. 4.º, 6.º, 11.º, 12.º, 16.º, 18.º, 26.º e 27.º), e pelo art. 57.º da **Lei n.º 34/2009**, de 14-7 (art. 3.º).

ESTATUTO DO ADMINISTRADOR DA INSOLVÊNCIA   [Lei n.º 32/2004]   1375

3 – Tratando-se de um processo em que seja previsível a existência de actos de gestão que requeiram especiais conhecimentos por parte do administrador da insolvência, nomeadamente quando a massa insolvente integre estabelecimento em actividade, o juiz deve proceder à nomeação, nos termos do número anterior, de entre os administradores da insolvência especialmente habilitados para o efeito.

ART. 3.º (Exercício de funções) – 1 – Os administradores da insolvência exercem as suas funções por tempo indeterminado e sem limite máximo de processos.

2 – Os administradores da insolvência equiparam-se aos agentes de execução nas relações com os órgãos do Estado e demais pessoas colectivas públicas, nomeadamente, no que concerne:

a) Ao acesso e movimentação nas instalações dos tribunais, conservatórias e serviços de finanças;

b) Ao acesso ao registo informático de execuções nos termos do Decreto-Lei n.º 201/2003, de 10 de Setembro;

c) À consulta das bases de dados da administração tributária, da segurança social, das conservatórias do registo predial, comercial e automóvel e de outros registos e arquivos semelhantes, nos termos do artigo 833.º--A do Código de Processo Civil.

3 – Para os efeitos do número anterior, os administradores da insolvência devem identificar-se mediante a apresentação de um documento de identificação pessoal emitido pelo Ministério da Justiça, de modelo a aprovar por portaria do Ministro da Justiça.

O modelo de documento de identificação foi aprovado pela Portaria n.º 265/2005, de 17-3.

ART. 4.º (Suspensão do exercício de funções) – 1 – Os administradores da insolvência podem suspender o exercício da sua actividade pelo período máximo de dois anos, mediante requerimento dirigido, preferencialmente por via electrónica, ao presidente da comissão referida no artigo 12.º, adiante designada por comissão, com a antecedência mínima de 45 dias úteis relativamente à data do seu início.

2 – A suspensão do exercício de funções apenas pode ser requerida duas vezes, podendo a segunda ter lugar depois de decorridos pelo menos três anos após o termo da primeira.

3 – Sendo deferido o pedido de suspensão, o administrador da insolvência deve, por via electrónica, comunicá-lo aos juízes dos processos em que se encontra a exercer funções, para que se proceda à sua substituição.

4 – No prazo de cinco dias a contar do deferimento do pedido de suspensão, a comissão deve informar a Direcção-Geral da Administração da Justiça desse facto, por via electrónica, para que esta proceda à actualização das listas oficiais.

ART. 5.º (Listas oficiais de administradores da insolvência) – 1 – Para cada distrito judicial existe uma lista de administradores da insolvência, contendo o nome e o domicílio profissional das pessoas habilitadas a desempenhar a actividade de administrador da insolvência no respectivo distrito, bem como a identificação clara das pessoas especialmente habilitadas a praticar actos de gestão para efeitos do n.º 3 do artigo 2.º.

2 – Se o administrador da insolvência for sócio de uma sociedade de administradores da insolvência, a lista deve conter, para além dos elementos referidos no número anterior, a referência àquela qualidade e a identificação da respectiva sociedade.

3 – A manutenção e actualização das listas oficiais de administradores da insolvência, bem como a sua colocação à disposição dos tribunais, por meios informáticos, cabem à Direcção-Geral da Administração da Justiça.

4 – Compete à comissão desenvolver os procedimentos conducentes à inscrição nas listas oficiais.

5 – Sem prejuízo da sua disponibilização permanente em página informática de acesso público, as listas oficiais são anualmente publicadas no *Diário da República*, até ao final do 1.º trimestre de cada ano civil.

6 – A inscrição nas listas oficiais não investe os inscritos na qualidade de agente nem garante o pagamento de qualquer remuneração fixa por parte do Estado.

CAPÍTULO II — Inscrição nas listas oficiais de administradores da insolvência

ART. 6.º (Requisitos de inscrição) – 1 – Apenas podem ser inscritos nas listas oficiais os candidatos que, cumulativamente:

a) Tenham uma licenciatura e experiência profissional adequadas ao exercício da actividade;

b) Obtenham aprovação no exame de admissão;

c) Não se encontrem em nenhuma situação de incompatibilidade para o exercício da actividade;

d) Sejam pessoas idóneas para o exercício da actividade de administrador da insolvência.

2 – Para os efeitos da alínea *a)* do número anterior, considera-se licenciatura e experiência profissional adequadas ao exercício da actividade aquelas que atestem a especial formação de base e experiência do candidato nas matérias sobre que versa o exame de admissão.

3 – Podem ainda ser inscritos nas listas oficiais os candidatos que, apesar de não reunirem a condição prevista na alínea *a)* do n.º 1, tenham três anos de exercício da profissão de solicitador nos últimos cinco anos e reúnam as demais condições previstas no n.º 1.

4 – No caso previsto no número anterior, está vedada a inscrição do candidato como pessoa especialmente habilitada a praticar actos de gestão para efeitos do disposto no n.º 3 do artigo 2.º.

1376   [Lei n.º 32/2004]   INSOLVÊNCIA E RECUPERAÇÃO DE EMPRESAS

ART. 7.º (Processo de inscrição) – 1 – A inscrição nas listas oficiais é solicitada ao presidente da comissão, mediante requerimento acompanhado dos seguintes elementos:

a) Curriculum vitae;

b) Certificado de licenciatura ou comprovativo da situação prevista no n.º 3 do artigo anterior;

c) Certificado do registo criminal;

d) Declaração sobre o exercício de qualquer outra actividade remunerada e sobre a inexistência de qualquer das situações de incompatibilidade previstas no artigo seguinte;

e) Atestado médico a que se referem os n.ᵒˢ 5 e 6 do artigo 16.º, no caso de o candidato ter 70 anos completos;

f) Qualquer outro documento que o candidato considere importante para instruir a sua candidatura.

2 – O disposto no número anterior não obsta a que a comissão solicite ao candidato qualquer outro documento necessário à prova dos factos declarados ou que estabeleça pré-requisitos adicionais, nomeadamente no regulamento do concurso de admissão.

3 – O candidato pode requerer a sua inscrição em mais de uma lista distrital.

ART. 8.º (Incompatibilidades, impedimentos e suspeições) – 1 – Os administradores da insolvência estão sujeitos aos impedimentos e suspeições aplicáveis aos juízes, bem como às regras gerais sobre incompatibilidades aplicáveis aos titulares de órgãos sociais das sociedades.

2 – Os administradores da insolvência, enquanto no exercício das respectivas funções, não podem integrar órgãos sociais ou ser dirigentes de empresas que prossigam actividades total ou predominantemente semelhantes às de empresa compreendida na massa insolvente.

3 – Os administradores da insolvência e os seus cônjuges e parentes ou afins até ao 2.º grau da linha recta ou colateral não podem, por si ou por interposta pessoa, ser titulares de participações sociais nas empresas referidas no número anterior.

4 – Os administradores da insolvência não podem, por si ou por interposta pessoa, ser membros de órgãos sociais ou dirigentes de empresas em que tenham exercido as suas funções sem que hajam decorrido três anos após a cessação daquele exercício.

ART. 9.º (Idoneidade) – 1 – Entre outras circunstâncias, considera-se indiciador de falta de idoneidade para inscrição nas listas oficiais o facto de a pessoa ter sido:

a) Condenada com trânsito em julgado, no País ou no estrangeiro, por crime de furto, roubo, burla, burla informática e nas comunicações, extorsão, abuso de confiança, receptação, infidelidade, falsificação, falsas declarações, insolvência dolosa, frustração de créditos, insolvência negligente, favorecimento de credores, emissão de cheques sem provisão, abuso de cartão de garantia ou de crédito, apropriação ilegítima de bens do sector público ou cooperativo, administração danosa em unidade económica do sector público ou cooperativo, usura, suborno, corrupção, tráfico de influência, peculato, recepção não autorizada de depósitos ou outros fundos reembolsáveis, prática ilícita de actos ou operações inerentes à actividade seguradora ou dos fundos de pensões, fraude fiscal ou outro crime tributário, branqueamento de capitais ou crime previsto no Código das Sociedades Comerciais ou no Código dos Valores Mobiliários;

b) Declarada, nos últimos 15 anos, por sentença nacional ou estrangeira transitada em julgado, insolvente ou julgada responsável por insolvência de empresa por ela dominada ou de cujos órgãos de administração ou fiscalização tenha sido membro.

2 – O disposto no número anterior não impede que a comissão considere qualquer outro facto como indiciador de falta de idoneidade.

3 – A verificação da ocorrência dos factos descritos no n.º 1 não impede a comissão de considerar, de forma justificada, que estão reunidas as condições de idoneidade para o exercício da actividade de administrador da insolvência, tendo em conta, nomeadamente, o tempo decorrido desde a prática dos factos.

ART. 10.º (Exame de admissão) – 1 – O exame de admissão consiste numa prova escrita sobre as seguintes matérias:

a) Direito comercial e Código da Insolvência e da Recuperação de Empresas;

b) Direito processual civil;

c) Contabilidade e fiscalidade.

2 – Os candidatos que requeiram a sua inscrição como administradores da insolvência especialmente habilitados a praticar actos de gestão, para efeitos do n.º 3 do artigo 2.º, são igualmente avaliados no domínio da gestão de empresas.

3 – O disposto nos números anteriores não impede a comissão de determinar a avaliação dos candidatos no que respeita a outras matérias, desde que o estabeleça dentro do prazo previsto para a fixação da data do exame de admissão.

4 – O exame de admissão ocorre uma vez por ano, preferencialmente durante os meses de Setembro ou Outubro, sendo a data definida pela comissão.

5 – A comissão tem a faculdade de, por deliberação fundamentada, estabelecer a não realização do exame de admissão em determinado ano.

ESTATUTO DO ADMINISTRADOR DA INSOLVÊNCIA   **[Lei n.º 32/2004]** 1377

6 – Sem prejuízo do seu anúncio em página informática de acesso público, a data do exame é publicada quer no *Diário da República* quer em jornal nacional de grande circulação, com um mínimo de 60 dias úteis de antecedência.

7 – Apenas são admitidos à realização do exame de admissão os candidatos que apresentem o requerimento referido no artigo 7.º com uma antecedência mínima de 15 dias úteis relativamente à data do exame e que respeitem os requisitos previstos nas alíneas *a)*, *c)* e *d)* do n.º 1 do artigo 6.º.

8 – Considera-se aprovação no exame de admissão a obtenção de uma classificação igual ou superior a 10 valores, numa escala de 0 a 20 valores.

9 – A comissão pode complementar a avaliação dos candidatos com a realização de uma prova oral que verse sobre as matérias questionadas no exame escrito.

ART. 11.º (Inscrição nas listas oficiais de administradores da insolvência) – 1 – A comissão tem 45 dias, a contar da data de realização do exame de admissão, para notificar o candidato da sua classificação.

2 – Em caso de aprovação no exame de admissão, a comissão, no prazo de cinco dias, ordena por via electrónica à Direcção-Geral da Administração da Justiça que inscreva o candidato nas listas oficiais, no prazo de cinco dias.

CAPÍTULO III — Comissão

ART. 12.º (Nomeação e remuneração dos membros da comissão) – 1 – É criada uma comissão, na dependência do Ministro da Justiça, responsável pela admissão à actividade de administrador da insolvência e pelo controlo do seu exercício.

2 – A comissão é composta por um magistrado judicial nomeado pelo Conselho Superior da Magistratura, que preside, por um magistrado do Ministério Público nomeado pelo Conselho Superior do Ministério Público, por um administrador da insolvência designado pela associação mais representativa da actividade profissional e por duas individualidades de reconhecida experiência profissional nas áreas da economia, da gestão de empresas ou do direito comercial, nomeadas por despacho conjunto dos Ministros da Justiça e da Economia.

3 – Os membros da comissão têm direito ao abono de senhas de presença por cada sessão em que participem, de montante a fixar por despacho conjunto dos Ministros das Finanças, da Justiça e da Economia.

4 – Os encargos decorrentes do financiamento da comissão são assegurados pelo Instituto de Gestão Financeira e de Infra-Estruturas da Justiça, I. P.

ART. 13.º (Funcionamento da comissão) – 1 – Ao funcionamento da comissão aplica-se o disposto no Código do Procedimento Administrativo, com as necessárias adaptações.

2 – Sob proposta do respectivo presidente, a comissão pode solicitar ainda o apoio de técnicos de reconhecido mérito para a coadjuvarem no exercício das suas competências.

3 – As deliberações da comissão são susceptíveis de recurso contencioso nos termos gerais.

ART. 14.º (Secretário executivo) – 1 – A comissão é coadjuvada por um secretário executivo, nomeado, de entre licenciados, pelo Ministro da Justiça, sob proposta daquela.

2 – O secretário executivo é remunerado pelo índice 500 da escala salarial do regime geral, sem prejuízo de poder optar pelo vencimento do cargo de origem, no caso de ser funcionário público.

3 – O provimento do secretário executivo é efectuado em regime de comissão de serviço, pelo período de três anos, renovável por iguais períodos.

4 – O secretário executivo está isento de horário de trabalho, não lhe correspondendo, por isso, qualquer remuneração a título de trabalho extraordinário.

5 – O secretário executivo está sujeito ao cumprimento do dever geral de assiduidade e da duração normal do trabalho.

6 – Sem prejuízo das regras do Estatuto da Aposentação e respectiva legislação acessória, o exercício das funções de secretário executivo, no caso de este ser funcionário público, é contado, para todos os efeitos legais, designadamente para a progressão nas respectivas carreiras, como prestado nos lugares de origem.

ART. 15.º (Competências da comissão) – A comissão tem as seguintes competências:

a) Ordenar à Direcção-Geral da Administração da Justiça que inscreva os candidatos admitidos nas listas oficiais;

b) Ordenar à Direcção-Geral da Administração da Justiça que suspenda ou cancele a inscrição nas listas oficiais de qualquer administrador da insolvência;

c) Verificar o respeito pelos requisitos de inscrição nas listas oficiais;

d) Providenciar pela elaboração e avaliação dos exames de admissão;

e) Controlar e fiscalizar o exercício da actividade de administrador da insolvência;

f) Instaurar processos de averiguações e aplicar sanções aos administradores da insolvência;

g) Recolher dados estatísticos relacionados com o exercício das suas competências.

1378   [Lei n.º 32/2004]   INSOLVÊNCIA E RECUPERAÇÃO DE EMPRESAS

CAPÍTULO IV — Deveres e regime sancionatório

ART. 16.º (Deveres) – 1 – O administrador da insolvência deve, no exercício das suas funções e fora delas, considerar-se um servidor da justiça e do direito e, como tal, mostrar-se digno da honra e das responsabilidades que lhes são inerentes.

2 – O administrador da insolvência, no exercício das suas funções, deve manter sempre a maior independência e isenção, não prosseguindo quaisquer objectivos diversos dos inerentes ao exercício da sua actividade.

3 – Sem prejuízo do disposto no artigo seguinte, os administradores da insolvência inscritos nas listas oficiais devem aceitar as nomeações efectuadas pelo juiz, devendo este comunicar à comissão a recusa de aceitação de qualquer nomeação.

4 – O administrador da insolvência deve comunicar, por via electrónica, com a antecedência de 15 dias, aos juízes dos processos em que se encontrem a exercer funções e à Direcção-Geral da Administração da Justiça, qualquer mudança de domicílio profissional.

5 – Os administradores da insolvência que tenham completado 70 anos de idade devem fazer prova, mediante atestado médico a enviar à comissão, de que possuem aptidão para o exercício das funções.

6 – O atestado a que se refere o número anterior é apresentado de dois em dois anos, durante o mês de Janeiro.

ART. 17.º (Escusa e substituição do administrador da insolvência) – 1 – O administrador da insolvência pode pedir escusa de um processo para o qual tenha sido nomeado pelo juiz, em caso de grave e temporária impossibilidade de exercício de funções.

2 – O pedido de escusa é apreciado pelo juiz, sendo comunicado à comissão juntamente com a respectiva decisão, com vista à eventual instauração de processo de averiguações.

3 – Se a nomeação ou a escolha de administrador da insolvência o colocar em alguma das situações previstas nos n.ºs 1 a 3 do artigo 8.º, o administrador da insolvência deve comunicar imediatamente esse facto ao juiz do processo, requerendo a sua substituição.

4 – Se, em qualquer momento, se verificar alguma circunstância susceptível de revelar falta de idoneidade, o administrador da insolvência deve comunicar imediatamente esse facto aos juízes dos processos em que tenha sido nomeado, requerendo a sua substituição.

5 – Os juízes devem comunicar à comissão qualquer pedido de substituição que recebam dos administradores da insolvência.

6 – O administrador da insolvência substituído, nos termos deste artigo, do artigo seguinte ou do artigo 4.º, deve prestar toda a colaboração necessária que seja solicitada pelos administradores da insolvência que o substituam.

ART. 18.º (Regime sancionatório) – 1 – A comissão pode, por deliberação fundamentada, e na sequência de processo de averiguações, ordenar, por via electrónica, à Direcção-Geral da Administração da Justiça que, no prazo de cinco dias, suspenda por um período não superior a cinco anos ou cancele definitivamente a inscrição de qualquer administrador da insolvência por se ter verificado qualquer facto que consubstancie incumprimento dos deveres de administrador da insolvência ou que revele falta de idoneidade para o exercício das mesmas.

2 – No caso de se tratar de uma falta leve, a comissão pode aplicar uma repreensão por escrito.

3 – As medidas referidas nos números anteriores são sempre precedidas de audiência do interessado, o qual só pode ser suspenso enquanto decorrer o processo de averiguações se existirem vários indícios de falta de idoneidade ou forem graves os factos imputados.

4 – A destituição pelo juiz, nos termos do artigo 56.º do Código da Insolvência e da Recuperação de Empresas, é sempre comunicada por este à comissão, tendo em vista a eventual instauração de processo de averiguações.

5 – Em caso de cancelamento ou de suspensão da inscrição, a comissão comunica esse facto, por via electrónica, à Direcção-Geral da Administração da Justiça, para que se possa proceder à actualização das listas oficiais.

6 – O exercício de funções de administrador da insolvência em violação do preceituado nos n.ºs 1 a 3 do artigo 8.º e no artigo 9.º ou durante o período de suspensão ou de cancelamento da inscrição implica a responsabilização pelos actos praticados e constitui contra-ordenação, punível com coima de € 500 a € 10 000, se não representar infracção criminal.

7 – A abertura do procedimento contra-ordenacional previsto no número anterior, a instrução do respectivo processo e a aplicação de coimas são competências da comissão.

8 – As sociedades de administradores da insolvência respondem solidariamente pelo pagamento das coimas e das custas em que forem condenados os seus sócios, nos termos dos n.ºs 6 e 7.

CAPÍTULO V — Remuneração e pagamento do administrador da insolvência

ART. 19.º (Remuneração do administrador da insolvência) – O administrador da insolvência tem direito a ser remunerado pelo exercício das funções que lhe são cometidas, bem como ao reembolso das despesas necessárias ao cumprimento das mesmas.

ESTATUTO DO ADMINISTRADOR DA INSOLVÊNCIA   [Lei n.º 32/2004] 1379

ART. 20.º (Remuneração do administrador da insolvência nomeado pelo juiz) – 1 – O administrador da insolvência, nomeado pelo juiz, tem direito a ser remunerado pelos actos praticados, de acordo com o montante estabelecido em portaria conjunta dos Ministros das Finanças e da Justiça.

2 – O administrador da insolvência nomeado pelo juiz aufere ainda uma remuneração variável em função do resultado da liquidação da massa insolvente, cujo valor é o fixado na tabela constante da portaria prevista no número anterior.

3 – Para efeitos do número anterior, considera-se resultado da liquidação o montante apurado para a massa insolvente, depois de deduzidos os montantes necessários ao pagamento das dívidas dessa mesma massa, com excepção da remuneração referida no número anterior e das custas de processos judiciais pendentes na data de declaração da insolvência.

4 – O valor alcançado por aplicação da tabela referida no n.º 2 é majorado, em função do grau de satisfação dos créditos reclamados e admitidos, pela aplicação dos factores constantes da portaria referida no n.º 1.

5 – Se, por aplicação do disposto nos n.ºs 1 a 4, a remuneração exceder o montante de € 50 000 por processo, o juiz pode determinar que a remuneração devida para além desse montante seja inferior à resultante da aplicação dos critérios legais, tendo em conta, designadamente, os serviços prestados, os resultados obtidos, a complexidade do processo e a diligência empregue no exercício das funções.

A remuneração do Administrador de Insolvência está fixada na Portaria n.º 51/2005, de 20-1, rectificada pela DR n.º 25/2005, de 22-3.

ART. 21.º (Remuneração do administrador da insolvência nomeado ou destituído pela assembleia de credores) – 1 – Sempre que o administrador da insolvência for nomeado pela assembleia de credores, o montante da remuneração é fixado na mesma deliberação que procede à nomeação.

2 – O administrador da insolvência nomeado pelo juiz, que for substituído pelos credores, nos termos do n.º 1 do artigo 53.º do Código da Insolvência e da Recuperação de Empresas, tem direito a receber, para além da remuneração determinada em função dos actos praticados, o valor resultante da aplicação da tabela referida no n.º 2 do artigo anterior, na proporção que o produto da venda de bens por si apreendidos, ou outros montantes por si apurados para a massa, representem no montante total apurado para a massa insolvente, reduzido a um quinto.

ART. 22.º (Remuneração pela gestão de estabelecimento compreendido na massa insolvente) – 1 – Quando competir ao administrador da insolvência a gestão de estabelecimento em actividade compreendido na massa insolvente, cabe ao juiz fixar-lhe a remuneração devida até à deliberação a tomar pela assembleia de credores, nos termos do n.º 1 do artigo 156.º do Código da Insolvência e da Recuperação de Empresas.

2 – Na fixação da remuneração prevista no número anterior, deve o juiz atender ao volume de negócios do estabelecimento, à prática de remunerações seguida na empresa, ao número de trabalhadores e à dificuldade das funções compreendidas na gestão do estabelecimento.

3 – Caso os credores deliberem, nos termos referidos no n.º 1, manter em actividade o estabelecimento compreendido na massa insolvente, devem, na mesma deliberação, fixar a remuneração devida ao administrador da insolvência pela gestão do mesmo.

ART. 23.º (Remuneração pela elaboração do plano de insolvência) – Caso os credores deliberem, na assembleia referida no n.º 1 do artigo anterior, instruir o administrador da insolvência no sentido de elaborar um plano de insolvência, devem, na mesma deliberação, fixar a remuneração devida pela elaboração de tal plano.

ART. 24.º (Remuneração do administrador judicial provisório) – A fixação da remuneração do administrador judicial provisório, nos termos do n.º 2 do artigo 32.º do Código da Insolvência e da Recuperação de Empresas, deve respeitar os critérios enunciados no n.º 2 do artigo 22.º, bem como ter em conta a extensão das tarefas que lhe são confiadas.

ART. 25.º (Remuneração do fiduciário) – A remuneração do fiduciário corresponde a 10% das quantias objecto de cessão, com o limite máximo de € 5000 por ano.

ART. 26.º (Pagamento da remuneração do administrador da insolvência) – 1 – A remuneração do administrador da insolvência e o reembolso das despesas são suportados pela massa insolvente, salvo o disposto no artigo seguinte.

2 – A remuneração prevista no n.º 1 do artigo 20.º é paga em duas prestações de igual montante, vencendo-se a primeira na data da nomeação e a segunda seis meses após tal nomeação, mas nunca pós a data de encerramento do processo.

3 – A remuneração prevista nos n.ºs 2 a 4 do artigo 20.º é paga a final, vencendo-se na data de encerramento do processo.

4 – A remuneração pela gestão, nos termos do n.º 1 do artigo 22.º, é suportada pela massa insolvente e, prioritariamente, pelos proventos obtidos com a exploração do estabelecimento.

5 – Sempre que a administração da massa insolvente seja assegurada pelo devedor, nos termos dos artigos 223.º a 229.º do Código da Insolvência e da Recuperação de Empresas, a remuneração prevista no n.º 2 e a

1380   [Lei n.º 32/2004]   INSOLVÊNCIA E RECUPERAÇÃO DE EMPRESAS

provisão para despesas referida no número seguinte são por este retiradas da massa insolvente e entregues ao administrador da insolvência.

6 – A provisão para despesas equivale a um quarto da remuneração fixada na portaria referida no n.º 1 do artigo 20.º e é paga em duas prestações de igual montante, sendo a primeira paga imediatamente após a nomeação e a segunda após a elaboração do relatório pelo administrador da insolvência, nos termos do artigo 155.º do Código da Insolvência e da Recuperação de Empresas.

7 – Nos casos em que a administração da massa insolvente ou a liquidação fiquem a cargo do administrador da insolvência e a massa insolvente tenha liquidez, os montantes referidos nos números anteriores são directamente retirados por este da massa.

8 – Não se verificando liquidez na massa insolvente, é aplicável o disposto no n.º 1 do artigo seguinte relativamente ao pagamento da provisão para despesas do administrador da insolvência.

9 – No que respeita às despesas de deslocação, apenas são reembolsadas aquelas que seriam devidas a um administrador da insolvência que tenha domicílio profissional no distrito judicial em que foi instaurado o processo de insolvência.

10 – Os credores podem igualmente assumir o encargo de adiantamento da remuneração do administrador da insolvência ou das respectivas despesas.

11 – A massa insolvente deve reembolsar os credores dos montantes adiantados nos termos dos números anteriores logo que tenha recursos disponíveis para esse efeito.

ART. 27.º (Pagamento da remuneração do administrador da insolvência suportada pelo Cofre Geral dos Tribunais) – 1 – Nas situações previstas nos artigos 39.º e 232.º do Código da Insolvência e da Recuperação de Empresas, a remuneração do administrador da insolvência e o reembolso das despesas são suportados pelo Instituto de Gestão Financeira e de Infra-Estruturas da Justiça, I. P.

2 – Nos casos previstos no artigo 39.º do Código da Insolvência e da Recuperação de Empresas, a provisão a adiantar pelo Instituto de Gestão Financeira e de Infra-Estruturas da Justiça, I. P., é metade da prevista no n.º 6 do artigo anterior, sendo paga imediatamente após a nomeação.

3 – Se o devedor beneficiar do diferimento do pagamento das custas nos termos do n.º 1 do artigo 248.º do Código da Insolvência e da Recuperação de Empresas, o pagamento da remuneração e o reembolso das despesas são suportados pelo Instituto de Gestão Financeira e de Infra-Estruturas da Justiça, I. P., na medida em que a massa insolvente seja insuficiente para esse efeito.

4 – Nos casos previstos no artigo 39.º do Código da Insolvência e da Recuperação de Empresas, a remuneração do administrador da insolvência é reduzida a um quarto do valor fixado pela portaria referida no n.º 1 do artigo 20.º.

5 – Para efeitos do presente artigo, não se considera insuficiência da massa a mera falta de liquidez.

CAPÍTULO VI — **Disposições finais e transitórias**

ART. 28.º (Disposições transitórias) – 1 – No prazo de 60 dias após a data da entrada em vigor da presente lei, os gestores e liquidatários judiciais, inscritos nas listas distritais previstas no Decreto-Lei n.º 254/93, de 15 de Julho, que demonstrem exercício efectivo das respectivas funções e que respeitem os requisitos previstos nas alíneas c) e d) do n.º 1 do artigo 6.º podem requerer a inscrição nas listas oficiais de administradores da insolvência.

2 – Para efeitos do disposto no presente artigo, considera-se exercício efectivo de funções de gestor ou liquidatário judicial o exercício das funções de gestor ou liquidatário em, pelo menos, dois processos de recuperação de empresa ou de falência nos últimos dois anos.

3 – No caso de se tratar de gestores ou liquidatários judiciais que tenham iniciado a sua actividade há menos de dois anos, é suficiente o exercício de funções de gestor ou liquidatário judicial em apenas um processo.

4 – O requerimento de inscrição é dirigido ao presidente da comissão, devendo ser instruído com os elementos mencionados nas alíneas a) e c) a f) do n.º 1 do artigo 7.º, bem como com a prova documental do exercício efectivo da actividade, nos termos do número anterior.

5 – A comissão deve, no prazo de 10 dias após o termo do período previsto no n.º 1, publicar no *Diário da República* e enviar à Direcção-Geral da Administração da Justiça as listas oficiais, para que, em 5 dias, aquelas sejam colocadas à disposição dos tribunais.

6 – Até à publicação das listas *oficiais no Diário da República*, os gestores e liquidatários judiciais exercem as funções de administradores da insolvência, sendo todas as nomeações efectuadas de entre os inscritos nas listas de gestores e liquidatários judiciais previstas no Decreto-Lei n.º 254/93, de 15 de Julho, incidindo sobre os gestores judiciais as nomeações para processos em que seja previsível a existência de actos de gestão que requeiram especiais conhecimentos nessa área, nos termos do n.º 3 do artigo 2.º.

7 – As nomeações de gestores e liquidatários judiciais para exercício de funções em processos especiais de recuperação da empresa e de falência pendentes à data de publicação no *Diário da República* das listas oficiais de administradores da insolvência recaem sobre administradores da insolvência, sendo as nomeações para gestor judicial efectuadas de entre aqueles especialmente habilitados para praticar actos de gestão.

8 – Para efeitos do número anterior, a remuneração devida aos administradores da insolvência nomeados para exercer as funções de gestor ou liquidatário judicial é a fixada no Código dos Processos Especiais de Recuperação da Empresa e de Falência.

PROCEDIMENTO EXTRAJUDICIAL DE CONCILIAÇÃO [DL n.º 316/98] 1381

9 – Os gestores e liquidatários judiciais que continuem a exercer funções em processos de recuperação da empresa ou de falência após a entrada em vigor do Código da Insolvência e da Recuperação de Empresas ficam sujeitos ao estatuto estabelecido no Decreto-Lei n.º 254/93, de 15 de Julho, na redacção que lhe foi dada pelo Decreto-Lei n.º 293/95, de 17 de Novembro, e no Decreto-Lei n.º 188/96, de 8 de Outubro, com a redacção que lhe foi dada pelo Decreto-Lei n.º 323/2001, de 17 de Dezembro.

10 – A comissão criada pela presente lei assume as competências de fiscalização das actividades de gestor e liquidatário judicial atribuídas às comissões distritais previstas no Decreto-Lei n.º 254/93, de 15 de Julho.

11 – Para os efeitos previstos no número anterior, as comissões distritais criadas pelo Decreto-Lei n.º 254/93, de 15 de Julho, devem remeter à comissão toda a documentação relativa às listas de gestores e liquidatários judiciais, no prazo de 15 dias a contar da entrada em vigor da presente lei.

ART. 29.º (Revogação) – É revogado o Decreto-Lei n.º 254/93, de 15 de Julho, na redacção que lhe foi dada pelo Decreto-Lei n.º 293/95, de 17 de Novembro, e o Decreto-Lei n.º 188/96, de 8 de Outubro, com a redacção que lhe foi dada pelo Decreto-Lei n.º 323/2001, de 17 de Dezembro.

ART. 30.º (Entrada em vigor) – A presente lei entra em vigor no dia 15 de Julho de 2004.

25.4. PROCEDIMENTO EXTRAJUDICIAL DE CONCILIAÇÃO RELATIVO A EMPRESAS EM DIFICULDADES ECONÓMICAS

Decreto-Lei n.º 316/98

de 20 de Outubro (*)

ART. 1.º (Iniciativa do procedimento de conciliação) – 1 – Qualquer empresa em condições de requerer judicialmente a sua insolvência, nos termos do Código da Insolvência e da Recuperação de Empresas (CIRE), pode requerer ao Instituto de Apoio às Pequenas e Médias Empresas e ao Investimento (IAPMEI) o procedimento de conciliação regulado no presente diploma.

2 – Para os efeitos do presente diploma, entende-se como empresa toda a pessoa colectiva dotada de personalidade jurídica e com património autónomo.

3 – O procedimento de conciliação a que se refere o n.º 1 do presente artigo pode ainda ser requerido por qualquer credor que, nos termos do CIRE, tenha legitimidade para requerer a declaração de insolvência de uma empresa.

4 – A apresentação de requerimento de procedimento de conciliação pela empresa suspende, durante a pendência do procedimento, o prazo para apresentação à insolvência fixado no artigo 18.º do CIRE.

5 – A suspensão prevista no número anterior cessa logo que o procedimento se extinga ou decorram 60 dias sobre a data em que haja sido proferido o despacho referido no n.º 1 do artigo 4.º.

ART. 2.º (Finalidade do procedimento) – 1 – O procedimento de conciliação destina-se a obter a celebração de acordo, entre a empresa e todos ou alguns dos seus credores, que viabilize a recuperação da empresa em situação de insolvência, ainda que meramente iminente, nos termos do artigo 3.º do CIRE.

2 – No acordo podem ainda intervir os sócios da empresa ou outros interessados.

3 – A participação dos credores públicos no procedimento de conciliação é obrigatória desde que a regularização das respectivas dívidas contribua, de forma decisiva, para a recuperação da empresa.

4 – As propostas tendentes ao acordo a que se referem os números anteriores podem servir de base a propostas de planos de insolvência ou de planos de pagamentos a apresentar no âmbito de processo de insolvência.

5 – Caso o conteúdo da proposta de acordo corresponda ao disposto no n.º 2 do artigo 252.º do CIRE e haja sido, no âmbito do procedimento de conciliação, objecto de aprovação escrita por mais de dois terços do valor total dos créditos relacionados pelo devedor no procedimento de conciliação, pode a mesma ser submetida ao juiz do tribunal que seria competente para o processo de insolvência para suprimento dos restantes credores e consequente homologação, com os mesmos efeitos previstos no CIRE para o plano de pagamentos.

6 – Para os efeitos do número anterior, é dispensada a notificação dos credores cuja aprovação escrita conste do requerimento apresentado, sendo apenas notificados, nos termos do artigo 256.º do CIRE, os credores cuja aprovação se requer seja suprida pelo Tribunal.

(*) Com a redacção dada aos arts. 1.º a 4.º, 10.º e 11.º, pelo **DL n.º 201/2004**, de 18-8.

1382 [DL n.º 316/98]   INSOLVÊNCIA E RECUPERAÇÃO DE EMPRESAS

ART. 3.º (Pedido de conciliação) – 1 – O procedimento de conciliação é requerido por escrito ao IAPMEI, devendo o requerente invocar os respectivos fundamentos, identificar as partes que nele devem intervir e indicar o conteúdo do acordo que pretende obter.

2 – O requerimento é acompanhado dos documentos que devessem ser apresentados com a petição em processo judicial de insolvência.

3 – O requerimento a apresentar deve integrar credores que representem mais de 50% das dívidas da empresa.

4 – Com a entrega do requerimento, a empresa deve simultaneamente proceder ao pagamento de uma taxa ao IAPMEI, cujo montante é fixado por portaria do Ministro da Economia, para cobertura dos custos do procedimento.

5 – Deve ser ainda apresentado, no prazo de 15 dias após a entrega do requerimento, um plano de negócios que demonstre a adequabilidade do acordo e da viabilidade da empresa.

ART. 4.º (Recusa do procedimento) – 1 – O IAPMEI deve recusar liminarmente o requerimento de conciliação se entender que:

a) A empresa é economicamente inviável;

b) Não é provável o acordo entre os principais interessados na recuperação;

c) Não é eficaz a sua intervenção para a obtenção do acordo;

d) A empresa não se encontra em situação de insolvência, ainda que meramente iminente;

e) Já se encontra ultrapassado o prazo para apresentação à insolvência, tal como fixado no n.º 1 do artigo 18.º do CIRE.

2 – O despacho a que se refere o número anterior é proferido no prazo de 15 dias.

ART. 5.º (Termos do procedimento) – 1 – Se o requerimento não for recusado, compete ao IAPMEI promover as diligências e os contactos necessários entre a empresa e os principais interessados, com vista à concretização de acordo que viabilize a recuperação da empresa, cabendo-lhe a orientação das reuniões que convocar.

2 – As diligências a efectuar podem incluir, nomeadamente, a sugestão de propostas e de modelos negociais.

3 – Sem prejuízo de contactos directos entre os interessados, o IAPMEI deve acompanhar as negociações, podendo fazer intervir outras entidades para além das indicadas pelo requerente.

4 – Em qualquer altura o IAPMEI pode solicitar ao requerente ou aos interessados a prestação de esclarecimentos ou de informações que considere indispensáveis.

5 – A todo o tempo pode o IAPMEI sugerir ao requerente a modificação dos termos do acordo inicialmente pretendido.

ART. 6.º (Juízo técnico) – 1 – Sem prejuízo da audição dos intervenientes no procedimento de conciliação, o IAPMEI deve analisar, por si ou através de especialistas externos, a viabilidade da empresa e a adequação do acordo pretendido à sua viabilização.

2 – Na análise referida no número anterior, é especialmente ponderada a possibilidade de a empresa beneficiar de sistemas de incentivos.

3 – O IAPMEI pode exigir do requerente do procedimento ou de outros interessados que suportem, no todo ou em parte, os encargos com a perícia a que se refere o n.º 1, na medida das suas disponibilidades.

ART. 7.º (Prazos) – Sempre que devam ser ouvidos o requerente, os demais interessados ou outras entidades, o IAPMEI fixa prazo para o efeito, aplicando-se à respectiva contagem o regime do Código de Processo Civil.

ART. 8.º (Forma do acordo) – O acordo obtido em procedimento de conciliação deve ser reduzido a escrito, dependendo de escritura pública nos casos em que a lei o exija.

ART. 9.º (Extinção do procedimento) – Se o IAPMEI, em qualquer momento, concluir pela verificação de alguma das situações a que se refere o n.º 1 do artigo 4.º, declara extinto o procedimento.

ART. 10.º (Procedimento de conciliação e processo judicial) – 1 – A pendência de processo judicial de insolvência não obsta ao procedimento de conciliação.

2 – No caso previsto no número anterior, se ainda não tiver sido declarada a insolvência, a instância judicial pode ser suspensa, a requerimento da empresa ou de qualquer interessado, instruído com declaração emitida pelo IAPMEI.

3 – O juiz, ouvidas as partes, decide conforme julgar mais conveniente, não podendo a suspensão da instância prolongar-se por mais de dois meses.

4 – A suspensão prevista nos números anteriores não prejudica a adopção das medidas cautelares previstas no artigo 31.º do CIRE.

ART. 11.º (Prazo de conclusão do procedimento de conciliação) – 1 – O prazo de conclusão do procedimento de conciliação, quando não exista processo de insolvência pendente, não deverá exceder seis meses.

2 – O prazo referido no número anterior poderá ser prorrogado por mais três meses, por uma única vez, sempre que, de forma devidamente fundamentada, a empresa ou um dos credores o requeira e o IAPMEI dê o seu parecer favorável.

REGIME DE OPONIBILIDADE DE ACORDOS BILATERAIS DE COMPENSAÇÃO   [DL n.º 70/97]   1383

25.5. REGIME DE OPONIBILIDADE DE ACORDOS BILATERAIS DE COMPENSAÇÃO

Decreto-Lei n.º 70/97

de 3 de Abril

ART. 1.º – 1 – O negócio jurídico através do qual as partes, na sua qualidade de intervenientes em contratos sobre instrumentos financeiros, de que decorrem direitos e obrigações similares, acordam em que todas as obrigações entre elas contraídas no âmbito desse negócio se considerarão compensadas, na parte relevante, se uma das partes vier a ser declarada em estado de falência, é oponível à massa falida e aos credores dessa massa.

2 – O disposto no número anterior é aplicável, com as devidas adaptações, se o negócio jurídico estabelecer que a mesma compensação terá lugar se um dos sujeitos vier a ser objecto de medida de recuperação, de saneamento ou outras de natureza similar.

ART. 2.º – Para efeitos do disposto no presente diploma, são considerados instrumentos financeiros os valores mobiliários, os contratos a prazo relativos a divisas, a taxas de juro e a taxas de câmbio, os *swaps*, as opções e outros contratos de natureza análoga.

ART. 3.º – O disposto no presente diploma prevalece sobre qualquer outra disposição legal, ainda que de natureza especial.

25.6. AQUISIÇÃO DE CAPITAL POR QUADROS TÉCNICOS E TRABALHADORES

Decreto-Lei n.º 81/98

de 2 de Abril

ART. 1.º (Objecto) – O presente diploma define os benefícios aplicáveis à celebração de contratos de aquisição, total ou parcial, do capital social de uma empresa por parte de quadros técnicos, vinculados ou não à empresa, ou por parte de trabalhadores, que tenham por finalidade a sua revitalização e modernização e se encontrem conexos com contratos de consolidação financeira e contratos de reestruturação empresarial.

ART. 2.º (Contratos de consolidação financeira) – Consideram-se contratos de consolidação financeira, para efeitos do presente diploma, os contratos, celebrados entre uma empresa em situação financeira difícil e instituições de crédito ou outros parceiros interessados, que conduzam ao reequilíbrio financeiro da empresa através da reestruturação do passivo, da concessão de financiamentos adicionais ou do reforço dos capitais próprios.

ART. 3.º (Contratos de reestruturação empresarial) – Consideram-se contratos de reestruturação empresarial, para efeitos do presente diploma, os contratos, celebrados entre uma empresa em situação financeira difícil e instituições de crédito ou outros parceiros interessados, que prevejam a reconversão, o redimensionamento ou a reorganização da empresa, designadamente através da alienação de estabelecimento ou áreas de negócio, alteração da forma jurídica, fusão ou cisão.

ART. 4.º (Previsão) – Os contratos de consolidação financeira e de reestruturação empresarial deverão prever, uma vez executados, um nível de autonomia financeira, de cobertura do imobilizado por capitais permanentes e um grau de liquidez, a fixar por despacho do Ministro da Economia.

Em conexão com este normativo, *vide* Despacho n.º 8513/98 (2.ª série), de 21-5.

ART. 5.º (Projectos) – Os projectos subjacentes a contratos de consolidação financeira e de reestruturação empresarial são instruídos pelo Instituto de Apoio às Pequenas e Médias Empresas e ao Investimento (IAPMEI), que, quando tal se justifique no quadro do projecto, poderá propor aos organismos titulares de créditos públicos a abertura de procedimentos conducentes à sua alienação.

ART. 6.º (Aquisições prévias) – 1 – As aquisições prévias a contratos de consolidação financeira ou a contratos de reestruturação empresarial são também abrangidas pelo presente diploma desde que:

a) Aos credores que detenham individualmente mais de 10% dos créditos sobre a empresa seja proposta a negociação de um contrato de consolidação financeira ou de um contrato de reestruturação empresarial no prazo de três meses a contar da data da aquisição;

1384   [DL n.º 1/99]   INSOLVÊNCIA E RECUPERAÇÃO DE EMPRESAS

b) O contrato de consolidação financeira ou o contrato de reestruturação empresarial seja celebrado no prazo máximo de quatro meses a contar da data da aquisição.

2 – Os benefícios apenas abrangem os actos e as operações posteriores à celebração do contrato de consolidação financeira ou do contrato de reestruturação empresarial.

ART. 7.º (Efeitos da aquisição) – 1 – A aquisição do capital social das empresas objecto de revitalização e de modernização deve conferir aos adquirentes pelos menos 75% dos direitos de voto.

2 – Os adquirentes deverão, para garantir a existência de estabilidade na administração da empresa durante o período de execução do contrato de consolidação financeira ou do contrato de reestruturação empresarial:

a) Constituir, entre si, uma sociedade gestora de empresas;

b) Contratar com uma sociedade gestora de empresas a gestão da empresa em causa; ou

c) Celebrar um acordo parassocial que crie condições para a manutenção da estabilidade da administração naquele período.

3 – Os adquirentes converterão obrigatoriamente em capital social, no prazo de seis meses a contar da data da aquisição do capital, todos os créditos que, à data da aquisição, detenham, directa ou indirectamente, sobre a empresa.

ART. 8.º (Assunção de dívidas) – 1 – A empresa adquirida poderá assumir as dívidas contraídas na aquisição do seu capital social desde que os montantes em causa sejam incluídos no contrato de consolidação e não exista oposição por parte de accionistas detentores de mais de 25% dos direitos de voto.

2 – Para efeitos do número anterior, consideram-se dívidas contraídas na aquisição do capital social as dívidas relativas à aquisição de partes sociais, bem como as relativas à aquisição de créditos que tenham sido convertidos em capital.

3 – A empresa fica sub-rogada no valor dos pagamentos que tiver satisfeito ao abrigo do n.º 1, sendo os créditos daí derivados considerados indisponíveis e amortizados através da retenção dos lucros que, nos termos legais e estatutários, devessem ser atribuídos aos devedores.

ART. 9.º (Benefícios) – Aos actos e operações abrangidos pelo presente diploma é aplicável o disposto nos artigos 118.º a 121.º do Código dos Processos Especiais de Recuperação da Empresa e de Falência.

25.7. BENEFÍCIOS APLICÁVEIS AO PROCEDIMENTO EXTRAJUDICIAL DE CONCILIAÇÃO

Decreto-Lei n.º 1/99

de 4 de Janeiro

ART. l.º (Actos e operações decorrentes de contratos de consolidação financeira e de reestruturação empresarial) – 1 – Aos actos e operações decorrentes de medidas previstas em contratos de consolidação financeira de reestruturação empresarial previstos no Decreto-Lei n.º 14/98, de 28 de Janeiro, no Decreto-Lei n.º 81/98, de 2 de Abril, e no Decreto-Lei n.º 316/98, de 20 de Outubro, são aplicáveis, quando o Instituto de Apoio às Pequenas e Médias Empresas e ao Investimento (IAPMEI) considere verificadas, em relação aos correspondentes projectos, respectivamente, as condições de enquadramento no Sistema de Incentivos à Modernização e Revitalização do Tecido Empresarial (SIRME) ou em procedimento extrajudicial de conciliação, os benefícios consignados nos artigos 118.º a 121.º do Código dos Processos Especiais de Recuperação da Empresa e de Falência (CPEREF), aprovado pelo Decreto Lei n.º 132/93, de 23 de Abril.

2 – O disposto no número anterior é também aplicável, com as necessárias adaptações, aos actos e operações decorrentes de medidas previstas em contratos de consolidação financeira e reestruturação empresarial concluídos na sequência de apresentação de candidaturas ao abrigo do artigo 3.º do Decreto-Lei n.º 127/96, de 10 de Agosto, considerando-se atribuída ao IAPMEI a competência para a aprovação dos correspondentes projectos, sem prejuízo do cumprimento, na parte relativa à concessão de garantia pessoal do Estado, do disposto na Lei n.º 112/97, de 16 de Setembro.

3 – A aplicação dos benefícios referidos nos números anteriores depende da conformidade dos contratos com os projectos aprovados pelo IAPMEI e aproveita à empresa objecto de consolidação e reestruturação e, nas condições previstas nos artigos 118.º a 121.º do CPEREF, às entidades que intervenham no contrato.

4 – Poderão ser consideradas integradas nos contratos, para os efeitos previstos no número anterior, medidas às quais credores não outorgantes tenham dado anteriormente o seu acordo, desde que estes o confirmem expressamente em intervenção no procedimento aberto no IAPMEI.

ART. 2.º (Procedimento) – 1 – O IAPMEI criará documento normalizado onde se descreverá sinteticamente o projecto aprovado e especificadamente os actos e operações aos quais se aplicam os benefícios referidos no artigo anterior, procedendo da mesma forma em relação aos projectos abrangidos pelo Decreto-Lei n.º 81//98, de 2 de Abril, cujo enquadramento no SIRME aprove.

SOCIEDADES GESTORAS DE EMPRESAS   [**DL n.º 82/98**]   1385

2 – O IAPMEI passará, a requerimento dos interessados que pretendam pedir ou invocar os benefícios em causa junto das entidades competentes, certidão de aprovação do projecto de consolidação financeira e reestruturação empresarial, que consistirá em reprodução autenticada do documento a que se refere o número anterior.

3 – Independentemente do disposto no número anterior, o IAPMEI enviará à Direcção de Serviços de Benefícios Fiscais, da Direcção-Geral dos Impostos, logo após a aprovação do projecto, cópia do documento referido no n.º 1, a fim de que esta possa, nos termos legais, quantificar o montante da receita fiscal cessante, enviando também cópia do contrato, logo que celebrado.

ART. 3.º (Execução) – Os procedimentos necessários à boa execução do presente diploma serão aprovados por despacho conjunto do Ministro das Finanças e do Ministro da Economia.

ART. 4.º (Produção de efeitos) – O presente diploma aplica-se aos contratos de consolidação financeira e reestruturação empresarial celebrados desde 1 de Janeiro de 1998.

25.8. SOCIEDADES GESTORAS DE EMPRESAS

Decreto-Lei n.º 82/98

de 2 de Abril

ART. l.º (Sociedades gestoras de empresas) – 1 – Consideram-se sociedades gestoras de empresas (SGE) as sociedades que tenham por objecto exclusivo a avaliação e a gestão de empresas, com vista à sua revitalização e modernização.

2 – A constituição de sociedades gestoras de empresas está sujeita às regras e princípios previstos no presente diploma e, subsidiariamente, ao disposto no Código das Sociedades Comerciais.

ART. 2.º (Natureza) – As sociedades gestoras de empresas podem assumir a natureza de sociedades comerciais ou de sociedades civis sob forma comercial.

ART. 3.º (Sócios) – 1 – Os sócios das sociedades gestoras de empresas devem ser pessoas singulares.

2 – Uma pessoa singular só pode ser sócia de uma única sociedade gestora de empresas.

3 – Só com autorização da sociedade gestora de empresas podem os sócios exercer fora da sociedade actividades profissionais de gestão remunerada.

ART. 4.º (Firma) – 1 – A firma das sociedades gestoras de empresas deve ser formada pelo nome, completo ou abreviado, de todos os sócios ou conter, pelo menos, o nome de um deles, mas, em qualquer caso, concluirá pela expressão «sociedade gestora de empresas» ou pela abreviatura «SGE» seguida da firma correspondente ao tipo societário adoptado.

2 – A firma referida no número anterior deve constar de todos os actos externos da sociedade, nos termos do disposto no artigo 171.º do Código das Sociedades Comerciais.

ART. 5.º (Gerência, administração ou direcção em empresas sob gestão) – 1 – A sociedade gestora de empresas pode indicar, de entre os seus sócios, uma ou mais pessoas singulares que sejam designadas gerentes, administradoras ou directoras de outra sociedade comercial ou de cooperativa, em função do número de cargos para que for eleita ou designada.

2 – A sociedade gestora de empresas e os representantes eleitos ou designados nos termos do número anterior são solidariamente responsáveis.

CAP. XXVI

PROPRIEDADE INDUSTRIAL

26.1. CÓDIGO DA PROPRIEDADE INDUSTRIAL

Decreto-Lei n.º 36/2003
de 5 de Março (*)

ART. 1.º (Aprovação) – É aprovado o Código da Propriedade Industrial, que se publica em anexo ao presente diploma e dele faz parte integrante.

ART. 2.º (Âmbito de aplicação) – Sem prejuízo do que se dispõe nos artigos seguintes, as normas deste Código aplicam-se aos pedidos de patentes, de modelos de utilidade e de registo de modelos e desenhos industriais, efectuados antes da sua entrada em vigor e que ainda não tenham sido objecto de despacho definitivo.

ART. 3.º (Pedidos de patente) – Os pedidos de patente referidos no artigo anterior, cuja menção de concessão não tenha sido publicada à data de entrada em vigor deste Código, são objecto de publicação que contenha os dados bibliográficos do processo, para efeitos de oposição, seguindo-se os demais trâmites previstos naquele Código.

ART. 4.º (Pedidos de modelos de utilidade) – 1 – Os pedidos de modelos de utilidade, a que se refere o artigo 2.º são submetidos a exame.

2 – Os pedidos de modelos de utilidade, cuja menção de concessão não tenha sido publicada à data de entrada em vigor deste Código, são objecto de procedimento idêntico ao que se prevê, para pedidos de patente, no artigo 3.º deste diploma.

ART. 5.º (Pedidos de registo de modelos e desenhos industriais) – 1 – Os pedidos de registo de modelos e desenhos industriais a que se refere o artigo 2.º, mantendo embora o seu objecto, passam a ser designados por pedidos de registo de desenho ou modelo.

2 – Os pedidos referidos no número anterior são submetidos a exame.

3 – A sua publicação e, bem assim, a dos que já tiverem sido objecto de exame, deve ocorrer até ao limite de seis meses após a data de entrada em vigor deste Código.

ART. 6.º (Duração das patentes) – 1 – As patentes cujos pedidos foram efectuados antes da entrada em vigor do Decreto-Lei n.º 16/95, de 24 de Janeiro, mantêm a duração de 15 anos a contar da data da respectiva concessão, ou de 20 anos a contar da data do pedido, aplicando-se o prazo mais longo, nos termos em que o Decreto-Lei n.º 141/96, de 23 de Agosto, o dispunha.

2 – Aos pedidos de patente efectuados antes da entrada em vigor do Decreto-Lei n.º 16/95, de 24 de Janeiro, e que ainda não tenham sido objecto de despacho definitivo aplica-se o que se dispõe no número anterior.

(*) Com as alterações introduzidas pelo art. 13.º do **DL n.º 318/2007**, de 26-9, que deu nova redacção aos arts. 10.º, 23.º, 42.º, 74.º, 198.º, 237.º e 355.º, pelo art. 11.º do **DL n.º 360/2007**, de 2-11, que alterou a redacção do art. 319.º, pela **Lei n.º 16/2008**, de 1-4, que introduziu diversas alterações e revogações, e pelo **DL n.º 143/2008**, de 25-7, o qual republicou em anexo o texto integral consolidado, sendo este o que aqui se adopta, com a alteração introduzida pelo art. 167.º da **Lei n.º 52/2008**, de 28-8, no art. 40.º.

CÓDIGO DA PROPRIEDADE INDUSTRIAL   [DL n.º 36/2003]   1387

ART. 7.º (Duração dos modelos de utilidade) – 1 – Os modelos de utilidade concedidos antes da entrada em vigor do Decreto-Lei n.º 16/95, de 24 de Janeiro, caducam 15 anos após o vencimento da primeira anuidade que tiver ocorrido depois de 1 de Junho de 1995.

2 – Os pedidos de modelos de utilidade efectuados antes da entrada em vigor do Decreto-Lei n.º 16/95, de 24 de Janeiro, e concedidos posteriormente, mantêm a duração de 15 anos a contar da data da sua concessão.

3 – Os restantes modelos de utilidade pedidos e concedidos na vigência do Decreto-Lei n.º 16/95, de 24 de Janeiro, mantêm a duração de 15 anos a contar da data do respectivo pedido.

ART. 8.º (Duração dos registos de modelos e desenhos industriais) – 1 – Os modelos e desenhos industriais concedidos antes da entrada em vigor do Decreto-Lei n.º 16/95, de 24 de Janeiro, caducam 25 anos após o vencimento da primeira anuidade que tiver ocorrido depois de 1 de Junho de 1995.

2 – Os pedidos de modelos e desenhos industriais efectuados antes da entrada em vigor do Decreto-Lei n.º 16/95, de 24 de Janeiro, e concedidos posteriormente, mantêm a duração de 25 anos a contar da data da sua concessão.

3 – Os restantes modelos e desenhos industriais, pedidos e concedidos na vigência do Decreto-Lei n.º 16/95, de 24 de Janeiro, mantêm a duração de 25 anos a contar da data do respectivo pedido.

4 – O pagamento das taxas periódicas relativas aos registos referidos nos números anteriores passa a ser efectuado por períodos de cinco anos até ao limite de vigência dos respectivos direitos.

5 – O primeiro pagamento, referido no número anterior, efectuado nos termos do Decreto-Lei n.º 16/95, de 24 de Janeiro, que ocorra depois da entrada em vigor deste Código, deve perfazer o quinquénio respectivo.

ART. 9.º (Patentes, modelos de utilidade e registos de modelos e desenhos industriais pertencentes ao Estado) – 1 – As patentes, os modelos de utilidade e os registos de modelos e desenhos industriais pertencentes ao Estado e que tenham sido concedidos na vigência do Decreto n.º 30679, de 24 de Agosto de 1940, caducam no aniversário da data da sua vigência que ocorra após 20, 10 e 25 anos, respectivamente, a contar da data de entrada em vigor deste Código.

2 – A manutenção dos direitos referidos no número anterior, desde que explorados ou usados por empresas de qualquer natureza, fica sujeita aos encargos previstos neste Código.

ART. 10.º (Extensão do âmbito de aplicação) – As disposições deste Código aplicam-se aos pedidos de registo de marcas, de nomes e de insígnias de estabelecimento, de logótipos, de recompensas, de denominações de origem e de indicações geográficas, efectuados antes da sua entrada em vigor e que ainda não tenham sido objecto de despacho definitivo.

ART. 11.º (Duração dos registos de nomes, insígnias de estabelecimento e logótipos) – 1 – Os registos de nomes e insígnias de estabelecimento concedidos antes da entrada em vigor do Decreto-Lei n.º 16/95, de 24 de Janeiro, mantêm a validade que lhes foi atribuída pelo Decreto n.º 30679, de 24 de Agosto de 1940, até à primeira renovação que ocorrer depois daquela data, passando as futuras renovações a ser feitas por períodos de 10 anos.

2 – Os registos de nomes e insígnias de estabelecimento e logótipos, concedidos na vigência do Decreto-Lei n.º 16/95, de 24 de Janeiro, mantêm a validade que lhes foi atribuída por esse diploma até à primeira renovação que ocorrer após essa data, passando as futuras renovações a ser feitas por períodos de 10 anos.

ART. 12.º (Marcas registadas) – 1 – Os titulares de marcas registadas para produtos destinados exclusivamente a exportação, ao abrigo do artigo 78.º, § 2.º, do Decreto n.º 30679, de 24 de Agosto de 1940, podem requerer a supressão dessa limitação.

2 – Enquanto não for requerida a supressão dessa limitação, as marcas a que se refere o número anterior não podem ser usadas em qualquer parte do território nacional, sob pena de caducidade do respectivo registo.

3 – Às marcas registadas sem termo de vigência, ao abrigo da Carta de Lei de 4 de Junho de 1883 sobre marcas de fábrica ou de comércio, são aplicáveis as disposições deste Código, contando-se o prazo para as futuras renovações a partir da entrada em vigor deste.

4 – No acto de renovação dos registos de marcas, efectuados para as classes da tabela II a que se refere o artigo 1.º do Decreto de 1 de Março de 1901, devem ser indicados os produtos para os quais se deseja manter válido o registo e que serão classificados de harmonia com a tabela em vigor.

5 – Os direitos resultantes de registos de marcas de base efectuados antes da entrada em vigor deste Código mantêm-se nos termos em que foram concedidos.

ART. 13.º (Registo de marcas, nomes e insígnias de estabelecimento) – 1 – Os pedidos de registo das marcas referidas no n.º 4 do artigo anterior que não tenham sido ainda objecto de despacho definitivo devem ser, sob pena de recusa, convertidos em pedidos de registo de marcas de produtos e serviços, nos termos em que este Código os prevê, mediante junção de requerimento nesse sentido.

2 – Convertido o pedido, nos termos previstos no número antecedente, mantém-se a prioridade decorrente do pedido de registo de marca de base.

3 – Os requerentes de pedidos de registo de marcas efectuados na vigência do Decreto n.º 30 679, de 24 de Agosto de 1940, e que não tenham sido ainda objecto de despacho definitivo, devem, no prazo de seis meses a

1388   [DL n.º 36/2003]   PROPRIEDADE INDUSTRIAL

contar da entrada em vigor deste Código, vir ao processo demonstrar se ainda fabricam ou comercializam os produtos para os quais solicitaram protecção do respectivo sinal ou se ainda prestam os serviços que a marca pretende assinalar ou, pelo menos, se é seu propósito fazê-lo, sob pena de recusa do pedido de registo.

4 – Os requerentes de pedidos de registo de nomes e insígnias de estabelecimento efectuados na vigência do Decreto n.º 30679, de 24 de Agosto de 1940, e que não tenham sido ainda objecto de despacho definitivo, devem, no prazo de seis meses a contar da entrada em vigor deste Código, vir ao processo apresentar prova da existência real do estabelecimento que pretendem identificar, nos termos previstos no Código, sob pena de recusa do pedido de registo.

ART. 14.º (Regulamentação) – As matérias relativas a requerimentos, notificações e publicidade são regulamentadas, no prazo de 90 dias a contar da entrada em vigor deste Código, por forma a permitir a introdução e o recurso às novas tecnologias da informação no que se refere ao uso de correio electrónico, de telecópia e de redes telemáticas de comunicação como via universal, nomeadamente para consultar bases de dados, depósitos de pedidos, acompanhamento de processos e gestão de direitos.

ART. 15.º (Norma revogatória) – São revogados:

a) O Decreto-Lei n.º 16/95, de 24 de Janeiro, na redacção dada pelo Decreto-Lei n.º 141/96, de 23 de Agosto, e pelo artigo 7.º do Decreto-Lei n.º 375-A/99, de 20 de Setembro;

b) O Decreto-Lei n.º 106/99, de 31 de Março;

c) A Lei n.º 16/89, de 30 de Junho;

d) O despacho n.º 67/95, de 27 de Abril.

ART. 16.º (Entrada em vigor) – O presente diploma entra em vigor no dia 1 de Julho de 2003.

Código da Propriedade Industrial

TÍTULO I — **PARTE GERAL**

CAPÍTULO I — **Disposições gerais**

ART. 1.º (Função da propriedade industrial) – A propriedade industrial desempenha a função de garantir a lealdade da concorrência, pela atribuição de direitos privativos sobre os diversos processos técnicos de produção e desenvolvimento da riqueza.

ART. 2.º (Âmbito da propriedade industrial) – Cabem no âmbito da propriedade industrial a indústria e o comércio propriamente ditos, as indústrias das pescas, agrícolas, florestais, pecuárias e extractivas, bem como todos os produtos naturais ou fabricados e os serviços.

ART. 3.º (Âmbito pessoal de aplicação) – 1 – O presente Código é aplicável a todas as pessoas, singulares ou colectivas, portuguesas ou nacionais dos países que constituem a União Internacional para a Protecção da Propriedade Industrial, adiante designada por União, nos termos da Convenção de Paris de 20 de Março de 1883 e suas revisões e a Organização Mundial do Comércio, adiante designada por OMC, sem dependência de condição de domicílio ou estabelecimento, salvo disposições especiais sobre competência e processo.

2 – São equiparados a nacionais dos países da União ou da OMC os nacionais de quaisquer outros Estados que tiverem domicílio ou estabelecimento industrial ou comercial, efectivo e não fictício, no território de um dos países da União ou da OMC.

3 – Relativamente a quaisquer outros estrangeiros, observar-se-á o disposto nas convenções entre Portugal e os respectivos países e, na falta destas, o regime de reciprocidade.

ART. 4.º (Efeitos) – 1 – Os direitos conferidos por patentes, modelos de utilidade e registos abrangem todo o território nacional.

2 – Sem prejuízo do que se dispõe no número seguinte, a concessão de direitos de propriedade industrial implica mera presunção jurídica dos requisitos da sua concessão.

3 – O registo das recompensas garante a veracidade e autenticidade dos títulos da sua concessão e assegura aos titulares o seu uso exclusivo por tempo indefinido.

4 – Os registos de marcas, de logótipos e de denominações de origem e de indicações geográficas constituem fundamento de recusa ou de anulação de denominações sociais ou firmas com eles confundíveis, se os pedidos de autorização ou de alteração forem posteriores aos pedidos de registo.

5 – As acções de anulação dos actos decorrentes do disposto no número anterior só são admissíveis no prazo de 10 anos a contar da publicação no Diário da República da constituição ou de alteração da denominação social ou firma da pessoa colectiva, salvo se forem propostas pelo Ministério Público.

CÓDIGO DA PROPRIEDADE INDUSTRIAL [DL n.º 36/2003] 1389

ART. 5.º (Protecção provisória) – 1 – O pedido de patente, de modelo de utilidade ou de registo confere provisoriamente ao requerente, a partir da respectiva publicação no Boletim da Propriedade Industrial, protecção idêntica à que seria atribuída pela concessão do direito, para ser considerada no cálculo de eventual indemnização.

2 – A protecção provisória a que se refere o número anterior é oponível, ainda antes da publicação, a quem tenha sido notificado da apresentação do pedido e recebido os elementos necessários constantes do processo.

3 – As sentenças relativas a acções propostas com base na protecção provisória não podem ser proferidas antes da concessão ou da recusa definitiva da patente, do modelo de utilidade ou do registo, suspendendo-se a instância finda a fase dos articulados.

ART. 6.º (Direitos de garantia) – Os direitos emergentes de patentes e de modelos de utilidade bem como de registos de topografias de produtos semicondutores, de desenhos ou modelos e de marcas e outros sinais distintivos do comércio estão sujeitos a penhora e arresto, podendo ser dados em penhor ou sujeitos a outras apreensões de bens efectuadas nos termos legais.

ART. 7.º (Prova dos direitos) – 1 – A prova dos direitos de propriedade industrial faz-se por meio de títulos, correspondentes às suas diversas modalidades.

2 – Os títulos devem conter os elementos necessários para uma perfeita identificação do direito a que se referem.

3 – Os certificados de direitos de propriedade industrial emitidos por organizações internacionais para produzir efeitos em Portugal têm o valor dos títulos a que se referem os números anteriores.

4 – Aos titulares dos direitos podem ser passados certificados de conteúdo análogo ao do respectivo título.

5 – A solicitação do requerente do pedido ou do titular são passados, de igual modo:

a) Certificados dos pedidos;

b) Certificados de protecção de direitos de propriedade industrial concedidos por organizações internacionais para produzir efeitos em Portugal.

ART. 8.º (Restabelecimento de direitos) – 1 – O requerente ou titular de um direito de propriedade industrial que, apesar de toda a vigilância exigida pelas circunstâncias, não tenha cumprido um prazo cuja inobservância possa implicar a sua não concessão ou afectar a respectiva validade, e a causa não lhe puder ser directamente imputada, é, se o requerer, restabelecido nos seus direitos.

2 – O requerimento, devidamente fundamentado, deve ser apresentado por escrito, no prazo de dois meses a contar da cessação do facto que impediu o cumprimento do prazo, sendo apenas admitido, em qualquer caso, no período de um ano a contar do termo do prazo não observado.

3 – Quando estejam em causa os prazos mencionados no artigo 12.º, o requerimento é apenas admitido no período de dois meses a contar do termo do prazo não observado.

4 – O acto omitido deve ser cumprido no decurso do prazo de dois meses referido no n.º 2, junto com o pagamento de uma taxa de restabelecimento de direitos.

5 – O disposto no presente artigo não se aplica aos prazos referidos nos n.ºs 2 e 4 e nos artigos 17.º e 350.º, quando esteja em causa um prazo de prorrogação previsto neste Código e quando, em relação ao mesmo direito de propriedade industrial, estiver pendente algum processo de declaração de caducidade.

6 – O requerente ou o titular de um direito que seja restabelecido nos seus direitos não poderá invocá-los perante um terceiro que, de boa fé, durante o período compreendido entre a perda dos direitos conferidos e a publicação da menção do restabelecimento desses direitos, tenha iniciado a exploração ou a comercialização do objecto do direito ou feito preparativos efectivos e sérios para a sua exploração e comercialização.

7 – O terceiro que possa prevalecer-se do disposto no número anterior pode, no prazo de dois meses a contar da data da publicação da menção do restabelecimento do direito, deduzir oposição contra a decisão que restabelece o requerente ou o titular dos seus direitos.

CAPÍTULO II — **Tramitação administrativa**

ART. 9.º (Legitimidade para praticar actos) – Tem legitimidade para praticar actos jurídicos perante o Instituto Nacional da Propriedade Industrial quem neles tiver interesse.

ART. 10.º (Legitimidade para promover actos) – 1 – Os actos e termos do processo só podem ser promovidos:

a) Pelo próprio interessado ou titular do direito, se for estabelecido ou domiciliado em Portugal, ou por quem, estando estabelecido ou domiciliado em Portugal e não sendo agente oficial da propriedade industrial, advogado ou solicitador, apresente procuração para o efeito;

b) Pelo próprio interessado ou titular do direito se for estabelecido ou domiciliado em país estrangeiro;

c) Por agente oficial da propriedade industrial;

d) Por advogado ou solicitador constituído.

2 – As pessoas mencionadas na alínea *b)* do número anterior devem:

a) Indicar uma morada em Portugal; ou

b) Indicar um endereço electrónico ou um número de fax.

1390   [DL n.º 36/2003]   PROPRIEDADE INDUSTRIAL

3 – As entidades referidas nos números anteriores podem sempre ter vista do processo e obter fotocópias dos documentos que interessem, as quais são devidamente autenticadas, mediante requerimento.

4 – Nos casos previstos no n.º 2, as notificações são dirigidas, para todos os efeitos legais, para a morada em Portugal, para o endereço electrónico ou para o número de fax indicados pelo interessado, titular do direito ou representante.

5 – Quando as partes forem representadas por mandatário, as notificações devem ser-lhe directamente dirigidas.

6 – Salvo indicação em contrário do requerente ou titular do direito, as notificações são dirigidas ao último mandatário que teve intervenção no processo, independentemente daquele que proceder ao pagamento das taxas de manutenção.

7 – Ocorrendo irregularidades ou omissões na promoção de um determinado acto, a parte é directamente notificada para cumprir os preceitos legais aplicáveis no prazo improrrogável de um mês, sob pena de ineficácia daquele acto, mas sem perda das prioridades a que tenha direito.

ART. 10.º-A (Forma da prática de actos) – 1 – A prática dos actos previstos neste Código e as comunicações entre o Instituto Nacional da Propriedade Industrial e os interessados podem ser feitas por transmissão electrónica de dados.

2 – Quando um acto for praticado por transmissão electrónica de dados, todos os demais actos, incluindo as comunicações com o Instituto Nacional da Propriedade Industrial, devem processar-se, preferencialmente, pela mesma via.

3 – A aposição de assinatura electrónica qualificada ou avançada nos actos praticados pelos interessados ou pelo Instituto Nacional da Propriedade Industrial substitui e dispensa para todos os efeitos a assinatura autógrafa em suporte papel, desde que sejam respeitados os requisitos exigíveis pelo Sistema de Certificação Electrónica do Estado.

ART. 11.º (Prioridade) – 1 – Salvo as excepções previstas no presente diploma, a patente, o modelo de utilidade ou o registo é concedido a quem primeiro apresentar regularmente o pedido com os elementos exigíveis.

2 – Se os pedidos forem remetidos pelo correio, a precedência afere-se pela data do registo ou do carimbo de expedição.

3 – No caso de dois pedidos relativos ao mesmo direito serem simultâneos ou terem idêntica prioridade, não lhes é dado seguimento sem que os interessados resolvam previamente a questão da prioridade, por acordo ou no tribunal judicial ou arbitral competente.

4 – *(Revogado.)*

5 – *(Revogado.)*

6 – Se o pedido não for, desde logo, acompanhado de todos os elementos exigíveis, a prioridade conta-se a partir do dia e hora em que o último em falta for apresentado.

7 – Se a invenção, desenho ou modelo, marca, logótipo, recompensa, denominação de origem ou indicação geográfica for objecto de alterações relativamente à publicação inicial, publica-se novo aviso no *Boletim da Propriedade Industrial*, contando-se a prioridade da alteração a partir da data em que foi requerida.

8 – Sem prejuízo do que se dispõe no n.º 4 do artigo 51.º e no n.º 3 do artigo 117.º, se, do exame realizado, se entender que o pedido de patente, de modelo de utilidade ou de registo não foi correctamente formulado, o requerente é notificado para o apresentar dentro da modalidade que lhe for indicada.

9 – Antes de ser proferido despacho, o requerente pode, por sua iniciativa, reformular o pedido em modalidade diferente da que foi inicialmente apresentada.

10 – Proferido despacho, o requerente, no decurso do prazo de recurso ou, interposto este, até ao trânsito em julgado da respectiva decisão, pode transmitir os direitos decorrentes do pedido, limitar o seu objecto ou juntar ao processo quaisquer documentos ou declarações.

11 – No caso previsto no número anterior e com vista a um eventual recurso, qualquer outro interessado pode juntar ao processo documentos ou declarações.

12 – Nos casos previstos nos n.ºs 8 e 9, o pedido é novamente publicado no *Boletim da Propriedade Indus-trial*, ressalvando-se ao requerente as prioridades a que tinha direito.

13 – Até ao momento da decisão podem ser autorizadas outras rectificações formais, desde que requeridas fundamentadamente, as quais são objecto de publicação.

ART. 12.º (Reivindicação do direito de prioridade) – 1 – Quem tiver apresentado regularmente pedido de patente, de modelo de utilidade, de certificado de utilidade, de certificado de autor de invenção, de registo de desenho ou modelo, ou de marca, em qualquer dos países da União ou da OMC ou em qualquer organismo intergovernamental com competência para conceder direitos que produzam efeitos em Portugal, goza, tal como o seu sucessor, para apresentar o pedido em Portugal, do direito de prioridade estabelecido no artigo 4.º da Convenção da União de Paris para a Protecção da Propriedade Industrial.

2 – Qualquer pedido formulado com o valor de pedido nacional regular, nos termos da lei interna de cada Estado membro da União ou da OMC ou de tratados bilaterais ou multilaterais celebrados entre países membros da União ou da OMC, confere um direito de prioridade.

CÓDIGO DA PROPRIEDADE INDUSTRIAL [DL n.º 36/2003] 1391

3 – Entende-se por pedido nacional regular todo aquele que foi efectuado em condições que permitam estabelecer a data em que foi apresentado no país em causa, independentemente do que possa, ulteriormente e de algum modo, vir a afectá-lo.

4 – Por consequência, o pedido apresentado ulteriormente em Portugal, antes de expirado o prazo de prioridade, não pode ser invalidado por factos ocorridos durante esse período, designadamente por outro pedido, ou pela publicação da invenção, do desenho ou modelo ou da sua exploração.

5 – Considera-se como primeiro pedido, cuja data de apresentação marcará o início do prazo de prioridade, um pedido ulterior que tenha o mesmo objecto que um primeiro pedido anterior, desde que, à data da apresentação daquele, o pedido anterior tenha sido retirado, abandonado ou recusado sem ter sido submetido a exame público, sem ter deixado subsistir direitos e sem ter, ainda, servido de base para reivindicação do direito de prioridade.

6 – No caso previsto no número anterior, o pedido anterior não pode voltar a servir de base para reivindicação do direito de prioridade.

7 – Quem quiser prevalecer-se da prioridade de um pedido anterior deve formular declaração em que indique o país, a data e o número desse pedido, podendo a mesma ser apresentada no prazo de um mês a contar do termo do prazo de prioridade, se se tratar de um pedido de registo, ou no prazo de quatro meses a contar do termo do prazo de prioridade, se estiver em causa um pedido de patente ou de modelo de utilidade.

8 – No caso de num pedido serem reivindicadas várias prioridades, o prazo será o da data da prioridade mais antiga.

9 – Não pode recusar-se uma prioridade ou um pedido de patente, de modelo de utilidade ou de registo de desenho ou modelo em virtude de o requerente reivindicar prioridades múltiplas, ainda que provenientes de diferentes países, ou em virtude de um pedido, reivindicando uma ou mais prioridades, conter um ou mais elementos que não estavam compreendidos nos pedidos cuja prioridade se reivindica, com a condição de, nos dois casos, haver unidade de invenção ou de criação tratando-se de desenhos ou modelos.

10 – A prioridade não pode ser recusada com o fundamento de que certos elementos da invenção ou, tratando-se de desenhos ou modelos, da criação, para os quais se reivindica a prioridade, não figuram entre as reivindicações formuladas ou entre as reproduções dos desenhos ou modelos apresentados no pedido no país de origem, desde que o conjunto das peças do pedido revele de maneira precisa aqueles elementos.

11 – Se o exame revelar que um pedido de patente ou de modelo de utilidade contém mais de uma invenção ou, tratando-se de pedidos de registo múltiplos de desenhos ou modelos, que os produtos não pertencem à mesma classe da classificação internacional de desenhos e modelos industriais, o requerente pode, por sua iniciativa ou em cumprimento de notificação, dividir o pedido num certo número de pedidos divisionários, conservando cada um deles a data do pedido inicial e, se for caso disso, o benefício do direito de prioridade.

12 – O requerente pode também, por sua iniciativa, dividir o pedido de patente, de modelo de utilidade ou de registo de desenho ou modelo, conservando como data de cada pedido divisionário a data do pedido inicial e, se for caso disso, o benefício do direito de prioridade.

ART. 13.º (Comprovação do direito de prioridade) – 1 – O Instituto Nacional da Propriedade Industrial pode exigir, de quem invoque um direito de prioridade, a apresentação, no prazo de dois meses a contar da respectiva notificação, de cópia autenticada do primeiro pedido, de um certificado da data da sua apresentação e, se necessário, de uma tradução para língua portuguesa.

2 – O prazo previsto no número anterior pode ser prorrogado, uma única vez, por um mês.

3 – A apresentação da cópia do pedido, dentro do prazo estabelecido no número anterior, não fica sujeita ao pagamento de qualquer taxa.

4 – A falta de cumprimento do previsto neste artigo determina a perda do direito de prioridade reivindicado.

ART. 14.º (Regularização) – Se, antes da publicação do aviso no *Boletim da Propriedade Industrial*, forem detectadas quaisquer irregularidades, o requerente é notificado para proceder às regularizações necessárias.

ART. 15.º (Reconhecimento de assinaturas) – *(Revogado.)*

ART. 16.º (Notificações) – 1 – As partes intervenientes no processo administrativo são notificadas das decisões finais do Instituto Nacional da Propriedade Industrial, sendo essas notificações efectuadas exclusivamente através de publicação no *Boletim da Propriedade Industrial* sempre que proferido despacho de concessão no âmbito de processos em que não tenha sido apresentada qualquer reclamação.

2 – Se, em qualquer processo, houver reclamações, delas é o requerente imediatamente notificado pelo Instituto Nacional da Propriedade Industrial.

3 – Da apresentação de contestações, exposições, pedidos de caducidade e outras peças processuais juntas ao processo são efectuadas idênticas notificações.

4 – Nos casos previstos no n.º 1 em que a notificação é efectuada exclusivamente através de publicação no *Boletim da Propriedade Industrial*, o Instituto Nacional da Propriedade Industrial deve avisar os requerentes dessa publicação pelos meios que considere adequados.

ART. 17.º (Prazos de reclamação e de contestação) – 1 – O prazo para apresentar reclamações é de dois meses a contar da publicação do pedido no *Boletim da Propriedade Industrial*.

1392   [DL n.º 36/2003]   PROPRIEDADE INDUSTRIAL

2 – O requerente pode responder às reclamações, na contestação, no prazo de dois meses a contar da respectiva notificação.

3 – Quando não tenha sido ainda proferido despacho sobre o pedido e se mostre necessário para melhor esclarecimento do processo, podem ser aceites exposições suplementares.

4 – No decurso dos prazos estabelecidos nos n.ᵒˢ 1 e 2 e a requerimento fundamentado do interessado, pode o Instituto Nacional da Propriedade Industrial conceder uma única prorrogação, por mais um mês, do prazo para reclamar ou contestar, devendo a parte contrária ser notificada em caso de concessão.

5 – *(Revogado.)*
6 – *(Revogado.)*
7 – *(Revogado.)*

ART. 17.º-A (Suspensão do estudo) – 1 – A requerimento do interessado e com o acordo da parte contrária, o estudo do processo pode ser suspenso por prazo não superior a seis meses.

2 – O estudo pode ainda ser suspenso, oficiosamente ou a requerimento do interessado, pelo período em que se verifique uma causa prejudicial susceptível de afectar a decisão sobre o mesmo.

ART. 18.º (Duplicado dos articulados) – *(Revogado.)*

ART. 19.º (Junção e devolução de documentos) – 1 – Os documentos são juntos com a peça em que se alegue os factos a que se referem.

2 – Quando se demonstre ter havido impossibilidade de os obter oportunamente, podem ainda ser juntos ao processo mediante despacho de autorização, sendo, neste caso, notificada a parte contrária.

3 – É recusada a junção de documentos impertinentes ou desnecessários, ainda que juntos em devido tempo, assim como de quaisquer escritos redigidos em termos desrespeitosos ou inconvenientes, ou quando neles se verificar a repetição inútil de alegações já produzidas.

4 – Os documentos a que se refere o número anterior são restituídos às partes, que são notificadas, por ofício e através do seu mandatário, para os receber em prazo certo, sem o que serão arquivados fora do processo.

5 – As notificações referidas no número anterior são igualmente dirigidas às partes.

ART. 20.º (Reclamações fora de prazo) – *(Revogado.)*

ART. 21.º (Vistorias) – 1 – Com o fim de apoiar ou esclarecer as alegações produzidas no processo, a parte interessada pode requerer fundamentadamente, no Instituto Nacional da Propriedade Industrial, vistoria a qualquer estabelecimento ou outro local, não podendo o requerimento ser deferido sem audição do visado.

2 – As despesas resultantes da vistoria são custeadas por quem a requerer.

3 – A parte que requereu a diligência pode desistir dela, livremente, antes de iniciada.

4 – As importâncias depositadas devem ser restituídas, a requerimento do interessado, em casos de desistência tempestiva ou de indeferimento do pedido de vistoria.

5 – A vistoria também pode ser efectuada por iniciativa do Instituto Nacional da Propriedade Industrial, se se verificar que é indispensável para um perfeito esclarecimento do processo.

6 – A recusa de cooperação, solicitada pelo Instituto Nacional da Propriedade Industrial aos intervenientes em qualquer processo, para esclarecimento da situação, é livremente apreciada aquando da decisão, sem prejuízo da inversão do ónus da prova quando o contra-interessado a tiver, culposamente, tornado impossível.

ART. 22.º (Formalidades subsequentes) – Expirados os prazos previstos no artigo 17.º procede-se ao exame e à apreciação do que foi alegado pelas partes, posto o que o processo será informado, para despacho.

ART. 23.º (Modificação da decisão) – 1 – Se no prazo de dois meses após a publicação de um despacho se reconhecer que este deve ser modificado, o processo é submetido a despacho superior, com informação dos factos de que tenha havido conhecimento e que aconselhem a revogação da decisão proferida.

2 – Entende-se por despacho superior aquele que é proferido por superior hierárquico de quem, efectivamente, assinou a decisão a modificar.

ART. 24.º (Fundamentos gerais de recusa) – 1 – São fundamentos gerais de recusa:
a) A falta de pagamento de taxas;
b) A não apresentação dos elementos necessários para uma completa instrução do processo;
c) A inobservância de formalidades ou procedimentos imprescindíveis para a concessão do direito;
d) *(Revogada.)*
e) *(Revogada.)*
f) A apresentação de requerimento cujo objecto seja impossível ou ininteligível.

2 – Nos casos previstos no número anterior, o acto requerido não pode ser submetido a despacho sem que o requerente seja previamente notificado para vir regularizá-lo, em prazo nele fixado.

ART. 25.º (Alteração ou correcção de elementos não essenciais) – 1 – Qualquer alteração ou correcção que não afecte os elementos essenciais e característicos da patente, do modelo de utilidade ou do registo pode ser autorizada, no mesmo processo.

CÓDIGO DA PROPRIEDADE INDUSTRIAL   [DL n.º 36/2003]   1393

2 – Nenhum pedido de alteração, ou correcção, previsto neste artigo pode ser recebido se, em relação ao mesmo direito de propriedade industrial, estiver pendente um processo de declaração de caducidade.

3 – As alterações ou correcções a que se refere o n.º 1 são publicadas, para efeitos de recurso, nos termos dos artigos 39.º e seguintes deste Código e averbadas nos respectivos processos.

ART. 26.º (Documentos juntos a outros processos) – 1 – Com excepção da procuração, que é sempre junta a cada um dos processos, ainda que o requerente seja representado pelo mesmo mandatário, os documentos destinados a instruir os pedidos podem ser juntos a um deles e referidos nos outros.

2 – No caso de recurso, previsto nos artigos 39.º e seguintes, o recorrente é obrigado a completar, à sua custa, por meio de certidões, os processos em que tais documentos tenham sido referidos.

3 – A falta de cumprimento do disposto nos números anteriores deve ser mencionada no ofício de remessa do processo a juízo.

ART. 27.º (Entrega dos títulos de concessão) – 1 – Os títulos de concessão de direitos de propriedade industrial só são emitidos e entregues aos titulares mediante pedido e decorrido um mês sobre o termo do prazo de recurso ou, interposto este, depois de conhecida a decisão judicial ou arbitral definitiva.

2 – *(Revogado.)*

ART. 28.º (Contagem de prazos) – 1 – Os prazos estabelecidos neste Código são contínuos.

2 – *(Revogado.)*

3 – *(Revogado.)*

ART. 29.º (Publicação) – 1 – Os actos que devam publicar-se são levados ao conhecimento das partes, e do público em geral, por meio da sua inserção no *Boletim da Propriedade Industrial*.

2 – A publicação no *Boletim da Propriedade Industrial* produz efeitos de notificação directa às partes e, salvo disposição em contrário, marca o início dos prazos previstos neste Código.

3 – As partes ou quaisquer outros interessados podem requerer, junto do Instituto Nacional da Propriedade Industrial, que lhes seja passada certidão do despacho final que incidiu sobre o pedido e respectiva fundamentação, mesmo antes de publicado o correspondente aviso no *Boletim da Propriedade Industrial*.

4 – Qualquer interessado pode também requerer certidão das inscrições efectuadas e dos documentos e processos arquivados, bem como cópias fotográficas ou ordinárias dos desenhos, fotografias, plantas e modelos apresentados com os pedidos de patente, de modelo de utilidade ou de registo, mas só quando os respectivos processos tiverem atingido a fase de publicidade, não exista prejuízo de direitos de terceiros e não estejam em causa documentos classificados ou que revelem segredo comercial ou industrial.

5 – Em qualquer processo, considera-se atingida a fase de publicidade quando o pedido for publicado no *Boletim da Propriedade Industrial*.

6 – Sem prejuízo do disposto nos números anteriores, o Instituto Nacional da Propriedade Industrial pode fornecer informações sobre pedidos de registo de marcas, de logótipos, de recompensas, de denominações de origem e de indicações geográficas, mesmo antes de atingida a fase de publicidade.

ART. 30.º (Averbamentos) – 1 – Estão sujeitos a averbamento no Instituto Nacional da Propriedade Industrial:

a) A transmissão e renúncia de direitos privativos;

b) A concessão de licenças de exploração, contratuais ou obrigatórias;

c) A constituição de direitos de garantia ou de usufruto, bem como a penhora, o arresto e outras apreensões de bens efectuadas nos termos legais;

d) As acções judiciais de nulidade ou de anulação de direitos privativos;

e) Os factos ou decisões que modifiquem ou extingam direitos privativos.

2 – Os factos referidos no número anterior só produzem efeitos em relação a terceiros depois da data do respectivo averbamento.

3 – Os factos sujeitos a averbamento, ainda que não averbados, podem ser invocados entre as próprias partes ou seus sucessores.

4 – O averbamento é efectuado a requerimento de qualquer dos interessados, instruído com os documentos comprovativos do facto a que respeitam.

5 – *(Revogado.)*

6 – Os factos averbados são também inscritos no título, quando exista, ou em documento anexo ao mesmo.

7 – Do averbamento publica-se aviso no *Boletim da Propriedade Industrial*.

CAPÍTULO III — **Transmissão e licenças**

ART. 31.º (Transmissão) – 1 – Os direitos emergentes de patentes, de modelos de utilidade, de registos de topografias de produtos semicondutores, de desenhos ou modelos e de marcas podem ser transmitidos, total ou parcialmente, a título gratuito ou oneroso.

2 – O disposto no número anterior é aplicável aos direitos emergentes dos respectivos pedidos.

3 – *(Revogado.)*

4 – *(Revogado.)*

1394   [DL n.º 36/2003]   PROPRIEDADE INDUSTRIAL

5 – Se no logótipo ou na marca figurar o nome individual, a firma ou a denominação social do titular ou requerente do respectivo registo, ou de quem ele represente, é necessária cláusula para a sua transmissão.

6 – A transmissão por acto inter vivos deve ser provada por documento escrito, mas se o averbamento da transmissão for requerido pelo cedente, o cessionário deve, também, assinar o documento que a comprova ou fazer declaração de que aceita a transmissão.

ART. 32.º (Licenças contratuais) – 1 – Os direitos referidos no n.º 1 do artigo anterior podem ser objecto de licença de exploração, total ou parcial, a título gratuito ou oneroso, em certa zona ou em todo o território nacional, por todo o tempo da sua duração ou por prazo inferior.

2 – O disposto no número anterior é aplicável aos direitos emergentes dos respectivos pedidos, mas a recusa implica a caducidade da licença.

3 – O contrato de licença está sujeito a forma escrita.

4 – Salvo estipulação expressa em contrário, o licenciado goza, para todos os efeitos legais, das faculdades conferidas ao titular do direito objecto da licença, com ressalva do disposto nos números seguintes.

5 – A licença presume-se não exclusiva.

6 – Entende-se por licença exclusiva aquela em que o titular do direito renuncia à faculdade de conceder outras licenças para os direitos objecto de licença, enquanto esta se mantiver em vigor.

7 – A concessão de licença de exploração exclusiva não obsta a que o titular possa, também, explorar directamente o direito objecto de licença, salvo estipulação em contrário.

8 – Salvo estipulação em contrário, o direito obtido por meio de licença de exploração não pode ser alienado sem consentimento escrito do titular do direito.

9 – Se a concessão de sublicenças não estiver prevista no contrato de licença, só pode ser feita com autorização escrita do titular do direito.

CAPÍTULO IV — **Extinção dos direitos de propriedade industrial**

ART. 33.º (Nulidade) – 1 – As patentes, os modelos de utilidade e os registos são total ou parcialmente nulos:

a) Quando o seu objecto for insusceptível de protecção;

b) Quando, na respectiva concessão, tenha havido preterição de procedimentos ou formalidades imprescindíveis para a concessão do direito;

c) Quando forem violadas regras de ordem pública.

2 – A nulidade é invocável a todo o tempo por qualquer interessado.

ART. 34.º (Anulabilidade) – 1 – As patentes, os modelos de utilidade e os registos são total ou parcialmente anuláveis quando o titular não tiver direito a eles, nomeadamente:

a) Quando o direito lhe não pertencer;

b) Quando tiverem sido concedidos com preterição dos direitos previstos nos artigos 58.º, 59.º, 121.º, 122.º, 156.º, 157.º, 181.º, 182.º e 226.º.

2 – Nos casos previstos na alínea *b)* do número anterior, o interessado pode, em vez da anulação e se reunir as condições legais, pedir a reversão total ou parcial do direito a seu favor.

ART. 35.º (Processos de declaração de nulidade e de anulação) – 1 – A declaração de nulidade ou a anulação só podem resultar de decisão judicial.

2 – Têm legitimidade para intentar a acção referida no número anterior o Ministério Público ou qualquer interessado, devendo ser citados, para além do titular do direito registado contra quem a acção é proposta, todos os que, à data da publicação do averbamento previsto na alínea *d)* do n.º 1 do artigo 30.º, tenham requerido o averbamento de direitos derivados no Instituto Nacional da Propriedade Industrial.

3 – Quando a decisão definitiva transitar em julgado, a secretaria do tribunal remete ao Instituto Nacional da Propriedade Industrial, sempre que possível por transmissão electrónica de dados, cópia dactilografada, ou em suporte considerado adequado, para efeito de publicação do respectivo texto e correspondente aviso no *Boletim da Propriedade Industrial*, bem como do respectivo averbamento.

4 – Sempre que sejam intentadas as acções referidas no presente artigo, o tribunal deve comunicar esse facto ao Instituto Nacional da Propriedade Industrial, se possível por transmissão electrónica de dados, para efeito do respectivo averbamento.

ART. 36.º (Efeitos da declaração de nulidade ou da anulação) – A eficácia retroactiva da declaração de nulidade ou da anulação não prejudica os efeitos produzidos em cumprimento de obrigação, de sentença transitada em julgado, de transacção, ainda que não homologada, ou em consequência de actos de natureza análoga.

ART. 37.º (Caducidade) – 1 – Os direitos de propriedade industrial caducam independentemente da sua invocação:

a) Quando tiver expirado o seu prazo de duração;

b) Por falta de pagamento de taxas.

2 – As causas de caducidade não previstas no número anterior apenas produzem efeitos se invocadas por qualquer interessado.

CÓDIGO DA PROPRIEDADE INDUSTRIAL [DL n.º 36/2003] 1395

3 – Qualquer interessado pode, igualmente, requerer o averbamento da caducidade prevista no n.º 1, se este não tiver sido feito.

ART. 38.º (Renúncia) – 1 – O titular pode renunciar aos seus direitos de propriedade industrial, desde que o declare expressamente ao Instituto Nacional da Propriedade Industrial.

2 – A renúncia pode ser parcial, quando a natureza do direito o permitir.

3 – A declaração de renúncia é feita em requerimento, que é junto ao respectivo processo.

4 – Se o requerimento de renúncia não estiver assinado pelo próprio, o seu mandatário tem de juntar procuração com poderes especiais.

5 – A renúncia não prejudica os direitos derivados que estejam averbados, desde que os seus titulares, devidamente notificados, se substituam ao titular do direito principal, na medida necessária à salvaguarda desses direitos.

CAPÍTULO V — **Recurso**

SUBCAPÍTULO I — **Recurso judicial**

ART. 39.º (Decisões que admitem recurso) – Cabe recurso, de plena jurisdição, para o tribunal competente das decisões do Instituto Nacional da Propriedade Industrial:

a) Que concedam ou recusem direitos de propriedade industrial;

b) Relativas a transmissões, licenças, declarações de caducidade ou a quaisquer outros actos que afectem, modifiquem ou extingam direitos de propriedade industrial.

ART. 40.º (Tribunal competente) – 1 – Para os recursos previstos no artigo anterior é competente o juízo de propriedade intelectual do tribunal de comarca de Lisboa, salvo quando exista, na comarca respectiva, juízo de propriedade intelectual.

2 – Para os efeitos previstos nos artigos 80.º a 92.º do Regulamento (CE) n.º 6/2002, do Conselho, de 12 de Dezembro de 2001, e nos artigos 91.º a 101.º do Regulamento (CE) n.º 40/94, do Conselho, de 20 de Dezembro de 1993, é territorialmente competente o juízo de propriedade intelectual do tribunal de comarca de Lisboa e o Tribunal da Relação de Lisboa, em 1.ª e 2.ª instâncias, respectivamente.

ART. 41.º (Legitimidade) – 1 – São partes legítimas para recorrer das decisões do Instituto Nacional da Propriedade Industrial o requerente e os reclamantes e ainda quem seja directa e efectivamente prejudicado pela decisão.

2 – A título acessório, pode ainda intervir no processo quem, não tendo reclamado, demonstre ter interesse na manutenção das decisões do Instituto Nacional da Propriedade Industrial.

ART. 42.º (Prazo) – O recurso deve ser interposto no prazo de dois meses a contar da publicação no *Boletim da Propriedade Industrial* das decisões previstas no artigo 39.º ou da decisão final proferida ao abrigo do artigo 23.º, ou da data das respectivas certidões, pedidas pelo recorrente, quando forem anteriores.

ART. 43.º (Resposta-remessa) – 1 – Distribuído o processo, é remetida ao Instituto Nacional da Propriedade Industrial uma cópia da petição, com os respectivos documentos, a fim de que a entidade que proferiu o despacho recorrido responda o que houver por conveniente e remeta, ou determine seja remetido, ao tribunal o processo sobre o qual o referido despacho recaiu.

2 – Se o processo contiver elementos de informação suficientes para esclarecer o tribunal, é expedido no prazo de 10 dias, acompanhado de ofício de remessa.

3 – Caso contrário, o ofício de remessa, contendo resposta ao alegado pelo recorrente na sua petição, é expedido, com o processo, no prazo de 20 dias.

4 – Quando, por motivo justificado, não possam observar-se os prazos fixados nos números anteriores, o Instituto Nacional da Propriedade Industrial solicita ao tribunal, oportunamente, a respectiva prorrogação, pelo tempo e nos termos em que a considerar necessária.

5 – As comunicações a que se refere este artigo devem ser feitas, sempre que possível, por transmissão electrónica de dados.

ART. 44.º (Citação da parte contrária) – 1 – Recebido o processo no tribunal, é citada a parte contrária, se a houver, para responder, querendo, no prazo de 30 dias.

2 – A citação da parte é feita no escritório de advogado constituído ou, não havendo, no cartório do agente oficial da propriedade industrial que a tenha representado no processo administrativo; neste caso, porém, é advertida de que só pode intervir no processo através de advogado constituído.

3 – Findo o prazo para a resposta, o processo é concluso para decisão final, que é proferida no prazo de 15 dias, salvo caso de justo impedimento.

4 – A sentença que revogar ou alterar, total ou parcialmente, a decisão recorrida, substitui-a nos precisos termos em que for proferida.

5 – O Instituto Nacional da Propriedade Industrial não é considerado, em caso algum, parte contrária.

ART. 45.º (Requisição de técnicos) – Quando, no recurso, for abordada uma questão que requeira melhor informação, ou quando o tribunal o entender conveniente, este pode, em qualquer momento, requisitar a

1396 [DL n.º 36/2003]   PROPRIEDADE INDUSTRIAL

comparência, em dia e hora por ele designados, de técnico ou técnicos, em cujo parecer se fundou o despacho recorrido, a fim de que lhe prestem oralmente os esclarecimentos de que necessitar.

ART. 46.º (Recurso da decisão judicial) – 1 – Da sentença proferida cabe recurso nos termos da lei geral do processo civil, sem prejuízo do disposto no número seguinte.

2 – Do acórdão do Tribunal da Relação não cabe recurso para o Supremo Tribunal de Justiça, sem prejuízo dos casos em que este é sempre admissível.

ART. 47.º (Publicação da decisão definitiva) – O disposto no n.º 3 do artigo 35.º é aplicável aos recursos.

SUBCAPÍTULO II — Recurso arbitral

ART. 48.º (Tribunal arbitral) – 1 – Sem prejuízo da possibilidade de recurso a outros mecanismos extrajudiciais de resolução de litígios, pode ser constituído tribunal arbitral para o julgamento de todas as questões susceptíveis de recurso judicial.

2 – Exceptuam-se do disposto no número anterior os casos em que existam contra-interessados, salvo se estes aceitarem o compromisso arbitral.

3 – O tribunal arbitral pode determinar a publicidade da decisão nos termos do n.º 3 do artigo 35.º.

ART. 49.º (Compromisso arbitral) – 1 – O interessado que pretenda recorrer à arbitragem, no âmbito dos litígios previstos no artigo anterior, pode requerer a celebração de compromisso arbitral, nos termos da lei de arbitragem voluntária, e aceitar submeter o litígio a arbitragem.

2 – A apresentação de requerimento, ao abrigo do disposto no número anterior, suspende os prazos de recurso judicial.

3 – Sem prejuízo do disposto no número seguinte, a outorga de compromisso arbitral por parte do Instituto Nacional da Propriedade Industrial é objecto de despacho do presidente do conselho directivo, a proferir no prazo de 30 dias contado da data da apresentação do requerimento.

4 – Pode ser determinada a vinculação genérica do Instituto Nacional da Propriedade Industrial a centros de arbitragem voluntária institucionalizada com competência para dirimir os conflitos referidos no n.º 1 do artigo anterior, por meio de portaria do membro do Governo de que dependa este Instituto, a qual estabelece o tipo e o valor máximo dos litígios abrangidos, conferindo aos interessados o poder de se dirigirem a esses centros para a resolução de tais litígios.

ART. 50.º (Constituição e funcionamento) – O tribunal arbitral é constituído e funciona nos termos previstos na lei da arbitragem voluntária.

TÍTULO II — REGIMES JURÍDICOS DA PROPRIEDADE INDUSTRIAL

CAPÍTULO I — Invenções

SUBCAPÍTULO I — Patentes

SECÇÃO I — DISPOSIÇÕES GERAIS

ART. 51.º (Objecto) – 1 – Podem ser objecto de patente as invenções novas, implicando actividade inventiva, se forem susceptíveis de aplicação industrial, mesmo quando incidam sobre um produto composto de matéria biológica, ou que contenha matéria biológica, ou sobre um processo que permita produzir, tratar ou utilizar matéria biológica.

2 – Podem obter-se patentes para quaisquer invenções, quer se trate de produtos ou processos, em todos os domínios da tecnologia, desde que essas invenções respeitem o que se estabelece no número anterior.

3 – Podem igualmente ser objecto de patente os processos novos de obtenção de produtos, substâncias ou composições já conhecidos.

4 – A protecção de uma invenção que respeite as condições estabelecidas no n.º 1 pode ser feita, por opção do requerente, a título de patente ou de modelo de utilidade.

5 – A mesma invenção pode ser objecto, simultânea ou sucessivamente, de um pedido de patente e de um pedido de modelo de utilidade.

6 – A apresentação sucessiva de pedidos mencionada no número anterior apenas pode ser admitida no período de um ano a contar da data da apresentação do primeiro pedido.

7 – Nos casos previstos no n.º 5, o modelo de utilidade caduca após a concessão de uma patente relativa à mesma invenção.

ART. 52.º (Limitações quanto ao objecto) – 1 – Exceptuam-se do disposto no artigo anterior:
a) As descobertas, assim como as teorias científicas e os métodos matemáticos;
b) Os materiais ou as substâncias já existentes na natureza e as matérias nucleares;

CÓDIGO DA PROPRIEDADE INDUSTRIAL [DL n.º 36/2003] 1397

c) As criações estéticas;

d) Os projectos, os princípios e os métodos do exercício de actividades intelectuais em matéria de jogo ou no domínio das actividades económicas, assim como os programas de computadores, como tais, sem qualquer contributo;

e) As apresentações de informação.

2 – *(Revogado.)*

3 – O disposto no n.º 1 só exclui a patenteabilidade quando o objecto para que é solicitada a patente se limite aos elementos nele mencionados.

ART. 53.º (Limitações quanto à patente) – 1 – As invenções cuja exploração comercial seja contrária à lei, à ordem pública, à saúde pública e aos bons costumes são excluídas da patenteabilidade, não podendo a exploração ser considerada como tal pelo simples facto de ser proibida por disposição legal ou regulamentar.

2 – Nos termos do número anterior não são patenteáveis, nomeadamente:

a) Os processos de clonagem de seres humanos;

b) Os processos de modificação da identidade genética germinal do ser humano;

c) As utilizações de embriões humanos para fins industriais ou comerciais;

d) Os processos de modificação de identidade genética dos animais que lhes possam causar sofrimentos sem utilidade médica substancial para o homem ou para o animal, bem como os animais obtidos por esses processos.

3 – Não podem ainda ser objecto de patente:

a) O corpo humano, nos vários estádios da sua constituição e do seu desenvolvimento, bem como a simples descoberta de um dos seus elementos, incluindo a sequência ou a sequência parcial de um gene, sem prejuízo do disposto na alínea *c*) do n.º 1 do artigo seguinte;

b) As variedades vegetais ou as raças animais, assim como os processos essencialmente biológicos de obtenção de vegetais ou animais;

c) Os métodos de tratamento cirúrgico ou terapêutico do corpo humano ou animal e os métodos de diagnóstico aplicados ao corpo humano ou animal, podendo ser patenteados os produtos, substâncias ou composições utilizados em qualquer desses métodos.

ART. 54.º (Casos especiais de patenteabilidade) – 1 – Pode ser patenteada:

a) Uma substância ou composição compreendida no estado da técnica para a utilização num método citado na alínea *c*) do n.º 3 do artigo anterior, com a condição de que essa utilização, para qualquer método aí referido, não esteja compreendida no estado da técnica;

b) A substância ou composição referida na alínea anterior para outra qualquer utilização específica num método citado na alínea *c*) do n.º 3 do artigo anterior, desde que essa utilização não esteja compreendida no estado da técnica;

c) Uma invenção nova, que implique actividade inventiva e seja susceptível de aplicação industrial, que incida sobre qualquer elemento isolado do corpo humano ou produzido de outra forma por um processo técnico, incluindo a sequência ou a sequência parcial de um gene, ainda que a estrutura desse elemento seja idêntica à de um elemento natural, desde que seja observada expressamente e exposta concretamente no pedido de patente, a aplicação industrial de uma sequência ou de uma sequência parcial de um gene;

d) Uma invenção que tenha por objecto vegetais ou animais, se a sua exequibilidade técnica não se limitar a uma determinada variedade vegetal ou raça animal;

e) Uma matéria biológica, isolada do seu ambiente natural ou produzida com base num processo técnico, mesmo que preexista no estado natural;

f) Uma invenção que tenha por objecto um processo microbiológico ou outros processos técnicos, ou produtos obtidos mediante esses processos.

2 – Entende-se por processo essencialmente biológico de obtenção de vegetais ou de animais qualquer processo que consista, integralmente, em fenómenos naturais, como o cruzamento ou a selecção.

3 – Entende-se por processo microbiológico qualquer processo que utilize uma matéria microbiológica, que inclua uma intervenção sobre uma matéria microbiológica ou que produza uma matéria microbiológica.

4 – Entende-se por matéria biológica qualquer matéria que contenha informações genéticas e seja auto-replicável ou replicável num sistema biológico.

ART. 55.º (Requisitos de patenteabilidade) – 1 – Uma invenção é considerada nova quando não está compreendida no estado da técnica.

2 – Considera-se que uma invenção implica actividade inventiva se, para um perito na especialidade, não resultar de uma maneira evidente do estado da técnica.

3 – Considera-se que uma invenção é susceptível de aplicação industrial se o seu objecto puder ser fabricado ou utilizado em qualquer género de indústria ou na agricultura.

ART. 56.º (Estado da técnica) – 1 – O estado da técnica é constituído por tudo o que, dentro ou fora do País, foi tornado acessível ao público antes da data do pedido de patente, por descrição, utilização ou qualquer outro meio.

2 – É igualmente considerado como compreendido no estado da técnica o conteúdo dos pedidos de patentes e de modelos de utilidade requeridos em data anterior à do pedido de patente, para produzir efeitos em Portugal e ainda não publicados.

1398 [DL n.º 36/2003]   PROPRIEDADE INDUSTRIAL

ART. 57.º (Divulgações não oponíveis) – 1 – Não prejudicam a novidade da invenção:

a) As divulgações em exposições oficiais ou oficialmente reconhecidas nos termos da Convenção Relativa às Exposições Internacionais, se o requerimento a pedir a respectiva patente for apresentado em Portugal dentro do prazo de seis meses;

b) As divulgações resultantes de abuso evidente em relação ao inventor ou seu sucessor por qualquer título, ou de publicações feitas indevidamente pelo Instituto Nacional da Propriedade Industrial.

2 – A disposição da alínea *a)* do número anterior só é aplicável se o requerente comprovar, no prazo de um mês a contar da data do pedido de patente, que a invenção foi efectivamente exposta ou divulgada nos termos previstos na referida alínea, apresentando, para o efeito, um certificado emitido pela entidade responsável pela exposição, que exiba a data em que a invenção foi pela primeira vez exposta ou divulgada nessa exposição, bem como a identificação da invenção em causa.

3 – A pedido do requerente, o prazo previsto no número anterior pode ser prorrogado, uma única vez, por igual período.

ART. 58.º (Regra geral sobre o direito à patente) – 1 – O direito à patente pertence ao inventor ou seus sucessores por qualquer título.

2 – Se forem dois, ou mais, os autores da invenção, qualquer um tem direito a requerer a patente em benefício de todos.

ART. 59.º (Regras especiais sobre titularidade da patente) – 1 – Se a invenção for feita durante a execução de contrato de trabalho em que a actividade inventiva esteja prevista, o direito à patente pertence à respectiva empresa.

2 – No caso a que se refere o número anterior, se a actividade inventiva não estiver especialmente remunerada, o inventor tem direito a remuneração, de harmonia com a importância da invenção.

3 – Independentemente das condições previstas no n.º 1:

a) Se a invenção se integrar na sua actividade, a empresa tem direito de opção à patente mediante remuneração de harmonia com a importância da invenção e pode assumir a respectiva propriedade, ou reservar-se o direito à sua exploração exclusiva, à aquisição da patente ou à faculdade de pedir ou adquirir patente estrangeira;

b) O inventor deve informar a empresa da invenção que tiver realizado, no prazo de três meses a partir da data em que esta for considerada concluída;

c) Se, durante esse período, o inventor chegar a requerer patente para essa invenção, o prazo para informar a empresa é de um mês a partir da apresentação do respectivo pedido no Instituto Nacional da Propriedade Industrial;

d) O não cumprimento das obrigações referidas nas alíneas *b)* e *c)*, por parte do inventor, implica responsabilidade civil e laboral, nos termos gerais;

e) A empresa pode exercer o seu direito de opção, no prazo de três meses a contar da recepção da notificação do inventor.

4 – Se nos termos do disposto na alínea *e)* do número anterior, a remuneração devida ao inventor não for integralmente paga no prazo estabelecido, a empresa perde, a favor daquele, o direito à patente referida nos números anteriores.

5 – As invenções cuja patente tenha sido pedida durante o ano seguinte à data em que o inventor deixar a empresa consideram-se feitas durante a execução do contrato de trabalho.

6 – Se, nas hipóteses previstas nos n.ᵒˢ 2 e 3, as partes não chegarem a acordo, a questão é resolvida por arbitragem.

7 – Salvo convenção em contrário, é aplicável às invenções feitas por encomenda, com as necessárias adaptações, o disposto nos n.ᵒˢ 1, 2, 4 e 5.

8 – Salvo disposição em contrário, os preceitos anteriores são aplicáveis ao Estado e corpos administrativos e, bem assim, aos seus funcionários e servidores a qualquer título.

9 – Os direitos reconhecidos ao inventor não podem ser objecto de renúncia antecipada.

ART. 60.º (Direitos do inventor) – 1 – Se a patente não for pedida em nome do inventor, este tem o direito de ser mencionado, como tal, no requerimento e no título da patente.

2 – Se assim o solicitar por escrito, o inventor pode não ser mencionado, como tal, nas publicações a que o pedido der lugar.

Secção II — PROCESSO DE PATENTE

Subsecção I — Via nacional

ART. 61.º (Forma do pedido) – 1 – O pedido de patente é apresentado em requerimento redigido em língua portuguesa que indique ou contenha:

a) O nome, firma ou denominação social do requerente, a sua nacionalidade, o seu domicílio ou o lugar em que está estabelecido, o número de identificação fiscal quando se trate de um residente em Portugal e o endereço de correio electrónico, caso exista;

b) A epígrafe ou título que sintetize o objecto da invenção;

c) O nome e país de residência do inventor;

CÓDIGO DA PROPRIEDADE INDUSTRIAL   [DL n.º 36/2003]   1399

d) O país onde se tenha apresentado o primeiro pedido, a data e o número dessa apresentação, no caso do requerente pretender reivindicar o direito de prioridade;
   e) A menção de que requereu modelo de utilidade para a mesma invenção, se foi o caso, nos termos do n.º 5 do artigo 51.º;
   f) A assinatura ou identificação electrónica do requerente ou do seu mandatário.
   2 – As expressões de fantasia utilizadas para designar a invenção não constituem objecto de reivindicação.
   3 – Para efeito do que se dispõe no n.º 1 do artigo 11.º, é concedida prioridade ao pedido de patente que primeiro apresentar, para além dos elementos exigidos na alínea *a)* do n.º 1, a indicação do número e data do pedido anterior e do organismo onde o mesmo foi efectuado, quando for reivindicada a prioridade de um pedido anterior.

ART. 62.º (Documentos a apresentar) – 1 – Ao requerimento devem juntar-se, redigidos em língua portuguesa, os seguintes elementos:
   a) Reivindicações do que é considerado novo e que caracteriza a invenção;
   b) Descrição do objecto da invenção;
   c) Desenhos necessários à perfeita compreensão da descrição;
   d) Resumo da invenção.
   2 – Os elementos referidos no número anterior devem respeitar os requisitos formais fixados por despacho do presidente do conselho directivo do Instituto Nacional da Propriedade Industrial.
   3 – As reivindicações definem o objecto da protecção requerida, devendo ser claras, concisas, correctamente redigidas, baseando-se na descrição e contendo, quando apropriado:
   a) Um preâmbulo que mencione o objecto da invenção e as características técnicas necessárias à definição dos elementos reivindicados, mas que, combinados entre si, fazem parte do estado da técnica;
   b) Uma parte caracterizante, precedida da expressão «caracterizado por» e expondo as características técnicas que, em ligação com as características indicadas na alínea anterior, definem a extensão da protecção solicitada.
   4 – A descrição deve indicar, de maneira breve e clara, sem reservas nem omissões, tudo o que constitui o objecto da invenção, contendo uma explicação pormenorizada de, pelo menos, um modo de realização da invenção, de maneira que qualquer pessoa competente na matéria a possa executar.
   5 – Os desenhos devem ser constituídos por figuras em número estritamente necessário à compreensão da invenção.
   6 – O resumo da invenção, a publicar no Boletim da Propriedade Industrial:
   a) Consiste numa breve exposição do que é referido na descrição, reivindicações e desenhos e não deve conter, de preferência, mais de 150 palavras;
   b) Serve, exclusivamente, para fins de informação técnica e não será tomado em consideração para qualquer outra finalidade, designadamente para determinar a extensão da protecção requerida.
   7 – Os elementos previstos nos números anteriores podem ser apresentados em língua inglesa, notificando-se o requerente, nos termos do artigo 65.º, para apresentar uma tradução para a língua portuguesa.

ART. 62.º-A (Pedido provisório de patente) – 1 – Quem pretenda assegurar a prioridade de um pedido de patente e não disponha ainda de todos os elementos previstos no artigo anterior, pode apresentar um pedido provisório, adiando a entrega desses elementos até ao prazo máximo de 12 meses.
   2 – Para efeito do que se dispõe no n.º 1 do artigo 11.º, é concedida prioridade ao pedido provisório apresentado em requerimento, redigido em língua portuguesa ou inglesa, que indique ou contenha:
   a) O nome, firma ou denominação social do requerente, a sua nacionalidade, o seu domicílio ou o lugar em que está estabelecido, o número de identificação fiscal quando se trate de um residente em Portugal e o endereço de correio electrónico, caso exista;
   b) A epígrafe ou título que sintetize o objecto da invenção;
   c) O nome e país de residência do inventor;
   d) A assinatura ou a identificação electrónica do requerente ou do seu mandatário;
   e) Um documento que descreva o objecto do pedido de maneira a permitir a execução da invenção por qualquer pessoa competente na matéria.
   3 – O requerente de um pedido provisório não pode reivindicar a prioridade de um pedido anterior.
   4 – A pedido do requerente e antes de expirado o prazo de 12 meses a contar da apresentação do pedido provisório, é realizada uma pesquisa, com base no documento mencionado na alínea *e)* do n.º 2, sempre que neste exista matéria técnica pesquisável.

ART. 62.º-B (Conversão do pedido provisório de patente) – 1 – Antes de expirado o prazo de 12 meses a contar da apresentação do pedido provisório, este pedido deve ser convertido num pedido definitivo de patente, acompanhado dos elementos previstos nos artigos 61.º e 62.º, devidamente redigidos em língua portuguesa.
   2 – Quando as reivindicações do pedido definitivo não tenham base no documento apresentado pelo requerente ao abrigo da alínea *e)* do n.º 2 do artigo anterior, a prioridade do pedido conta-se da data de apresentação das referidas reivindicações e não da data do pedido provisório.

1400   [DL n.º 36/2003]   PROPRIEDADE INDUSTRIAL

3 – Após a conversão em pedido definitivo de patente, é realizado o exame quanto à forma e quanto às limitações relativas ao objecto ou à patente, nos termos previstos no artigo 65.º.

4 – A publicação a que se refere o artigo 66.º é efectuada decorridos 18 meses da data de apresentação do pedido provisório, seguindo-se os termos do processo previstos nos artigos 68.º e seguintes.

5 – Sempre que ocorra a conversão mencionada no n.º 1, a duração da patente prevista no artigo 99.º conta--se da data de apresentação do pedido provisório.

6 – Quando não seja cumprido o disposto no n.º 1, o pedido provisório é considerado retirado.

7 – O termo do prazo mencionado no n.º 1 pode ser recordado aos requerentes, a título meramente informativo.

8 – A falta do aviso referido no número anterior não constitui justificação para a não observância daquele prazo.

ART. 63.º (Invenções biotecnológicas) – 1 – No caso em que uma invenção diga respeito a matéria biológica não acessível ao público e não possa ser descrita no pedido de patente por forma a permitir a sua realização por pessoa competente na matéria, ou implicar a utilização de uma matéria desse tipo, a descrição só é considerada suficiente, para efeitos de obtenção de patente, se:

a) A matéria biológica tiver sido depositada até à data de apresentação do pedido de patente em instituição de depósito reconhecida, como as instituições de depósito internacionais que tenham adquirido esse estatuto em conformidade com o Tratado de Budapeste, de 28 de Abril de 1977, sobre o Reconhecimento Internacional do Depósito de Microrganismos para efeitos de Procedimento em Matéria de Patentes;

b) O pedido incluir as informações pertinentes de que o requerente dispõe relativamente às características da matéria biológica depositada;

c) O pedido de patente mencionar a instituição de depósito e o número de depósito.

2 – O acesso à matéria biológica depositada deve ser assegurado mediante entrega de uma amostra:

a) Até à primeira publicação do pedido de patente, unicamente às pessoas a quem tal direito é conferido pelo direito nacional;

b) Entre a primeira publicação do pedido e a concessão da patente, a qualquer pessoa que o solicite ou, a pedido do depositante, unicamente a um perito independente;

c) Após a concessão da patente e, mesmo no caso de cessação da patente por invalidade ou caducidade, a qualquer pessoa que o solicite.

3 – A entrega só é efectuada se a pessoa que o solicita se comprometer, durante o período de duração da patente:

a) A não facultar a terceiros qualquer amostra da matéria biológica depositada ou de uma matéria dela derivada;

b) A não utilizar qualquer amostra da matéria depositada ou de uma matéria dela derivada, excepto para fins experimentais, salvo renúncia expressa do requerente ou do titular da patente quanto a esse compromisso.

4 – Caso o pedido de patente seja recusado ou retirado, o acesso à matéria depositada pode ficar, a pedido do depositante, limitado a um perito independente durante 20 anos a contar da data de apresentação do pedi-do de patente, sendo, neste caso, aplicável o disposto no n.º 3.

5 – Os pedidos do depositante, referidos na alínea *b)* do n.º 2 e no n.º 4, só podem ser apresentados até à data em que se considerem concluídos os preparativos técnicos para publicação do pedido de patente.

6 – Quando a matéria biológica depositada em conformidade com o disposto nos números anteriores dei-xar de estar disponível na instituição de depósito reconhecida, é permitido um novo depósito da matéria nas condições previstas no Tratado de Budapeste.

7 – Qualquer novo depósito deve ser acompanhado de uma declaração assinada pelo depositante, certifi-cando que a matéria biológica, objecto do novo depósito, é idêntica à inicialmente depositada.

ART. 64.º (Prazo para entrega da descrição e dos desenhos – *(Revogado.)*

ART. 65.º (Exame quanto à forma e quanto às limitações) – 1 – Apresentado o pedido de patente no Institu-to Nacional da Propriedade Industrial, é feito exame, quanto à forma e quanto às limitações relativas ao objecto ou à patente, no prazo de um mês, para verificar se preenche os requisitos estabelecidos nos artigos 52.º, 53.º e 61.º a 63.º.

2 – Caso o Instituto Nacional da Propriedade Industrial verifique que existem no pedido irregularidades de carácter formal ou que existem limitações quanto ao objecto ou à patente, o requerente é notificado para corri-gi-las no prazo de dois meses.

3 – Se o não fizer no prazo estabelecido, o pedido é recusado e publicado o respectivo despacho no *Boletim da Propriedade Industrial*, não havendo, neste caso, lugar à publicação prevista no artigo 66.º.

ART. 65.º-A (Relatório de pesquisa) – 1 – Depois de efectuado o exame previsto no artigo anterior é reali-zada uma pesquisa ao estado da técnica, com base em todos os elementos constantes do processo, de modo a avaliar os requisitos de novidade e actividade inventiva.

2 – O relatório de pesquisa, que não tem um carácter vinculativo, é imediatamente enviado ao requerente.

ART. 66.º (Publicação do pedido) – 1 – Sendo apresentado de forma regular, ou regularizado nos termos do n.º 2 do artigo 65.º, o pedido de patente é publicado no *Boletim da Propriedade Industrial* com a transcrição do resumo e da classificação internacional de patentes.

CÓDIGO DA PROPRIEDADE INDUSTRIAL   [DL n.º 36/2003] 1401

2 – A publicação a que se refere o número anterior é efectuada decorridos 18 meses a contar da data da apresentação do pedido de patente no Instituto Nacional da Propriedade Industrial ou da prioridade reivindicada.

3 – A publicação pode ser antecipada a pedido expresso do requerente.

4 – Efectuada a publicação, qualquer pessoa pode requerer cópia dos elementos constantes do processo.

5 – Sem prejuízo do disposto nos artigos anteriores, as reivindicações ou expressões que infrinjam o disposto no n.º 2 do artigo 61.º são suprimidas, oficiosamente, tanto no título da patente como nas publicações a que o pedido der lugar.

ART. 67.º (Oposição) – *(Revogado.)*

ART. 68.º (Exame da invenção) – 1 – O Instituto Nacional da Propriedade Industrial promove o exame da invenção, considerando todos os elementos constantes do processo.

2 – Findo o prazo para oposição, sem que tenha sido apresentada reclamação, faz-se relatório do exame no prazo de um mês.

3 – Havendo oposição, o relatório é elaborado no prazo de um mês a contar da apresentação da última peça processual a que se refere o artigo 17.º.

4 – Se, do exame, se concluir que a patente pode ser concedida, é publicado o respectivo aviso no *Boletim da Propriedade Industrial.*

5 – Se, do exame, se concluir que a patente não pode ser concedida, o relatório, acompanhado de cópia de todos os elementos nele citados, é enviado ao requerente com notificação para, no prazo de dois meses, responder às observações feitas.

6 – Se, após a resposta do requerente, se verificar que subsistem objecções à concessão da patente, faz-se nova notificação para, no prazo de um mês, serem esclarecidos os pontos ainda em dúvida.

7 – Quando, da resposta do requerente, se verificar que a patente pode ser concedida, é publicado o respectivo aviso no *Boletim da Propriedade Industrial.*

8 – Se a resposta às notificações não for considerada suficiente, é publicado o aviso de recusa ou de concessão parcial, de harmonia com o relatório do exame.

9 – Se o requerente não responder à notificação a patente é recusada, publicando-se o respectivo aviso no *Boletim da Propriedade Industrial.*

ART. 69.º (Concessão parcial) – 1 – Tratando-se, apenas, de delimitar a matéria protegida, eliminar reivindicações, desenhos, frases do resumo ou da descrição ou alterar o título ou epígrafe da invenção, de harmonia com a notificação e se o requerente não proceder voluntariamente a essas modificações, o Instituto Nacional da Propriedade Industrial pode fazê-las e publicar, assim, o aviso de concessão parcial da respectiva patente no *Boletim da Propriedade Industrial.*

2 – A publicação do aviso mencionado no número anterior deve conter a indicação de eventuais alterações da epígrafe, das reivindicações, da descrição ou do resumo.

3 – A concessão parcial deve ser proferida de forma que a parte recusada não exceda os limites constantes do relatório do exame.

ART. 70.º (Alterações do pedido) – 1 – Se o pedido sofrer alterações durante a fase de exame, o aviso de concessão publicado no *Boletim da Propriedade Industrial* deve conter essa indicação.

2 – As alterações introduzidas no pedido durante a fase de exame são comunicadas aos reclamantes, se os houver, para efeitos de recurso.

ART. 71.º (Unidade da invenção) – 1 – No mesmo requerimento não se pode pedir mais de uma patente nem uma só patente para mais de uma invenção.

2 – Uma pluralidade de invenções, ligadas entre si de tal forma que constituam um único conceito inventivo geral, é considerada uma só invenção.

ART. 72.º (Publicação do fascículo) – Decorridos os prazos previstos no n.º 1 do artigo 27.º, pode publicar-se o fascículo da patente.

ART. 73.º (Motivos de recusa) – 1 – Para além do que se dispõe no artigo 24.º, a patente é recusada quando:

a) A invenção carecer de novidade, actividade inventiva ou não for susceptível de aplicação industrial;

b) O seu objecto se incluir na previsão dos artigos 52.º ou 53.º;

c) A epígrafe ou o título dado à invenção abranger objecto diferente, ou houver divergência entre a descrição e desenhos;

d) O seu objecto não for descrito de maneira que permita a execução da invenção por qualquer pessoa competente na matéria;

e) For considerada desenho ou modelo pela sua descrição e reivindicações;

f) Houver infracção ao disposto nos artigos 58.º ou 59.º;

g) Tenha por objecto uma invenção para a qual tenha sido concedida, ao mesmo inventor ou com o seu consentimento, uma patente europeia válida em Portugal.

1402   [DL n.º 36/2003]   PROPRIEDADE INDUSTRIAL

2 – No caso previsto na alínea *f)* do número anterior, em vez da recusa da patente pode ser concedida a transmissão total ou parcial a favor do interessado, se este a tiver pedido.

3 – Constitui ainda motivo de recusa o reconhecimento de que o requerente pretende fazer concorrência desleal ou de que esta é possível independentemente da sua intenção.

ART. 74.º (Notificação do despacho definitivo) – Do despacho definitivo é imediatamente efectuada notificação, nos termos do n.º 1 do artigo 16.º, com indicação do *Boletim da Propriedade Industrial* em que o respectivo aviso foi publicado.

SUBSECÇÃO II — **Via europeia**

ART. 75.º (Âmbito) – 1 – As disposições seguintes aplicam-se aos pedidos de patente europeia e às patentes europeias que produzam efeitos em Portugal.

2 – As disposições do presente Código aplicam-se em tudo que não contrarie a Convenção sobre a Patente Europeia de 5 de Outubro de 1973.

ART. 76.º (Apresentação de pedidos de patente europeia) – 1 – Os pedidos de patente europeia são apresentados no Instituto Nacional da Propriedade Industrial ou no Instituto Europeu de Patentes.

2 – Quando o requerente de uma patente europeia tiver o seu domicílio ou sede social em Portugal, o pedido deve ser apresentado no Instituto Nacional da Propriedade Industrial, sob pena de não poder produzir efeitos em Portugal, salvo se nele se reivindica a prioridade de um pedido anterior apresentado em Portugal.

3 – *(Revogado.)*

ART. 77.º (Línguas em que podem ser redigidos os pedidos de patente europeia) – 1 – Os pedidos de patente europeia apresentados em Portugal podem ser redigidos em qualquer das línguas previstas na Convenção sobre a Patente Europeia.

2 – Se o pedido de patente europeia for apresentado em língua diferente da portuguesa, deve ser acompanhado de uma tradução em português da descrição, das reivindicações e do resumo, bem como de uma cópia dos desenhos, ainda que estes não contenham expressões a traduzir, salvo se o pedido de patente europeia reivindicar a prioridade de um pedido anterior apresentado em Portugal.

3 – A tradução mencionada no número anterior é entregue no Instituto Nacional da Propriedade Industrial no prazo de um mês a contar da data do pedido de patente europeia apresentado em Portugal.

ART. 78.º (Direitos conferidos pelos pedidos de patente europeia publicados) – 1 – Os pedidos de patente europeia, depois de publicados nos termos da Convenção sobre a Patente Europeia, gozam em Portugal de uma protecção provisória equivalente à conferida aos pedidos de patentes nacionais publicados, a partir da data em que, no Instituto Nacional da Propriedade Industrial, for acessível ao público uma tradução das reivindicações, em português, acompanhada de uma cópia dos desenhos.

2 – O Instituto Nacional da Propriedade Industrial procede à publicação, no *Boletim da Propriedade Industrial*, de um aviso com as indicações necessárias à identificação do pedido de patente europeia.

3 – A partir da data da publicação do aviso a que se refere o número anterior, qualquer pessoa pode tomar conhecimento do texto da tradução e obter reproduções da mesma.

ART. 79.º (Tradução da patente europeia) – 1 – Sempre que o Instituto Europeu de Patentes conceder uma patente para ser válida em Portugal, o respectivo titular deve apresentar, no Instituto Nacional da Propriedade Industrial, uma tradução em português da descrição, das reivindicações e do resumo, bem como de uma cópia dos desenhos da patente e, se for o caso, das modificações introduzidas durante a fase da oposição, sob pena de a patente não produzir efeitos em Portugal.

2 – A tradução da patente europeia deve ser acompanhada de uma cópia dos desenhos, ainda que estes não contenham expressões a traduzir.

3 – O disposto nos números anteriores aplica-se sempre que o Instituto Europeu de Patentes limite, a pedido do titular, uma patente europeia.

4 – Nos casos previstos nos n.ᵒˢ 1 e 2, e para efeitos do que se dispõe nos artigos 73.º e 88.º, o titular deve ainda mencionar se a invenção a que respeita a patente europeia é objecto de uma patente ou de um pedido de patente apresentado anteriormente em Portugal, indicando o respectivo número, data de pedido ou outras observações que considere relevantes.

ART. 80.º (Prazo para apresentação da tradução da patente europeia) – 1 – A tradução em português da descrição, das reivindicações e do resumo, bem como de uma cópia dos desenhos da patente europeia, deve ser apresentada no Instituto Nacional da Propriedade Industrial no prazo de três meses a contar da data da publicação no *Boletim Europeu de Patentes* do aviso de concessão da patente ou, se for esse o caso, a contar da data do aviso da decisão relativa à oposição ou à limitação da patente europeia.

2 – Os documentos mencionados no número anterior devem ser apresentados conjuntamente e acompanhados das taxas devidas.

CÓDIGO DA PROPRIEDADE INDUSTRIAL   [DL n.º 36/2003] 1403

3 – Se o requerente não tiver dado satisfação a todas as exigências previstas no n.º 1, no prazo aí indicado, pode fazê-lo no prazo de um mês a contar do seu termo, mediante o pagamento de uma sobretaxa calculada com referência à taxa do pedido de patente nacional.

ART. 81.º (Responsabilidade das traduções) – Quando o requerente ou o titular da patente europeia não tiver domicílio nem sede social em Portugal, as traduções dos textos devem ser executadas sob a responsabilidade de um agente oficial da propriedade industrial ou de mandatário acreditado junto do Instituto Nacional da Propriedade Industrial.

ART. 82.º (Publicação do aviso relativo à tradução) – 1 – O Instituto Nacional da Propriedade Industrial procede à publicação, no *Boletim da Propriedade Industrial*, de um aviso relativo à remessa das traduções referidas no artigo 79.º, contendo as indicações necessárias à identificação da patente europeia e a eventuais limitações.
2 – A publicação do aviso só tem lugar após o pagamento da taxa correspondente.

ART. 83.º (Inscrição no registo de patentes) – 1 – Quando a concessão da patente europeia tiver sido objecto de aviso no *Boletim Europeu de Patentes*, o Instituto Nacional da Propriedade Industrial inscreve-a no seu registo de patentes com os dados mencionados no registo europeu de patentes.
2 – São igualmente objecto de inscrição no registo de patentes do Instituto Nacional da Propriedade Industrial a data em que se tenha recebido as traduções mencionadas no artigo 79.º ou, na falta de remessa dessas traduções, os dados mencionados no registo europeu de patentes relativo ao processo de oposição, assim como os dados previstos para as patentes portuguesas.
3 – A inscrição, no registo europeu de patentes, de actos que transmitam ou modifiquem os direitos relativos a um pedido de patente europeia, ou a uma patente europeia, torna-os oponíveis a terceiros.
4 – Uma patente concedida pela via europeia pode ser limitada ou revogada a pedido do titular nos casos previstos na Convenção sobre a Patente Europeia, sendo esse facto inscrito no registo de patentes do Instituto Nacional da Propriedade Industrial.
5 – Dos actos previstos no número anterior, e após o pagamento da taxa correspondente, publica-se aviso no *Boletim da Propriedade Industrial*.

ART. 84.º (Texto do pedido da patente europeia que faz fé) – Quando se tenha apresentado uma tradução em português, nos termos dos artigos precedentes, considera-se que essa tradução faz fé se o pedido, ou a patente europeia, conferir, no texto traduzido, uma protecção menor que a concedida pelo mesmo pedido ou patente na língua utilizada no processo.

ART. 85.º (Revisão da tradução) – 1 – O requerente ou titular de patente europeia pode efectuar, a todo o momento, uma revisão da tradução, a qual só produz efeitos desde que seja acessível ao público no Instituto Nacional da Propriedade Industrial e tenha sido paga a respectiva taxa.
2 – Qualquer pessoa que, de boa fé, tenha começado a explorar uma invenção ou tenha feito preparativos, efectivos e sérios, para esse fim, sem que tal exploração constitua uma contrafacção do pedido ou da patente, de acordo com o texto da tradução inicial, pode continuar com a exploração, na sua empresa ou para as necessidades desta, a título gratuito e sem obrigação de indemnizar.

ART. 86.º (Transformação em pedido de patente nacional) – 1 – Um pedido de patente europeia pode ser transformado em pedido de patente nacional, nos casos previstos na Convenção sobre a Patente Europeia.
2 – Sempre que tenha sido retirado, considerado retirado ou recusado, o pedido de patente europeia pode, também, ser transformado em pedido de patente nacional.
3 – A possibilidade de transformação mencionada nos números anteriores pode aplicar-se ainda nos casos em que a patente europeia tenha sido revogada.
4 – Considera-se o pedido de patente europeia como um pedido de patente nacional desde a data da recepção, pelo Instituto Nacional da Propriedade Industrial, do pedido de transformação.
5 – Ao pedido de patente nacional é atribuída a data do pedido de patente europeia e, se for caso disso, da respectiva prioridade, salvo se a atribuição dessa data não for admissível nos termos previstos na Convenção sobre a Patente Europeia.
6 – O pedido de patente é recusado se, no prazo de dois meses a contar da data da recepção do pedido de transformação, o requerente não pagar as taxas devidas por um pedido de patente nacional ou, se for o caso, não tiver apresentado uma tradução em português do texto original do pedido de patente europeia.

ART. 87.º (Transformação em pedido de modelo de utilidade português) – 1 – *(Revogado.)*
2 – *(Revogado.)*
3 – O disposto no artigo anterior é aplicável, com as devidas adaptações, sempre que seja requerida a transformação em pedido de modelo de utilidade.

ART. 88.º (Proibição de dupla protecção) – 1 – Uma patente nacional que tenha por objecto uma invenção para a qual tenha sido concedida, com a mesma data de pedido ou de prioridade, uma patente europeia válida em Portugal, ao mesmo inventor ou com o seu consentimento, caduca a partir do momento em que:

1404   [DL n.º 36/2003]   PROPRIEDADE INDUSTRIAL

a) O prazo previsto para apresentar oposição à patente europeia tenha expirado, sem que qualquer oposição tenha sido formulada;

b) O processo de oposição tenha terminado, mantendo-se a patente europeia.

2 – No caso de a patente nacional ter sido concedida posteriormente a qualquer das datas indicadas nas alíneas *a)* e *b)* do número anterior, esta patente caduca, publicando-se o correspondente aviso no *Boletim da Propriedade Industrial.*

3 – A extinção ou a anulação posteriores da patente europeia não afectam as disposições dos números anteriores.

ART. 89.º (Taxas anuais) – Por todas as patentes europeias que produzam efeitos em Portugal devem ser pagas, no Instituto Nacional da Propriedade Industrial, as taxas anuais aplicáveis às patentes nacionais, nos prazos previstos no presente Código.

SUBSECÇÃO III — **Via tratado de cooperação em matéria de patentes**

ART. 90.º (Definição e âmbito) – 1 – Entende-se por pedido internacional um pedido apresentado nos termos do Tratado de Cooperação em Matéria de Patentes, concluído em Washington em 19 de Junho de 1970.

2 – As disposições do Tratado de Cooperação e, a título complementar, as disposições constantes dos artigos seguintes são aplicáveis aos pedidos internacionais para os quais o Instituto Nacional da Propriedade Industrial actua na qualidade de administração receptora ou de administração designada ou eleita.

3 – As disposições do presente Código aplicam-se em tudo o que não contrarie o Tratado de Cooperação.

ART. 91.º (Apresentação dos pedidos internacionais) – 1 – Os pedidos internacionais formulados por pessoas singulares ou colectivas que tenham domicílio ou sede em Portugal devem ser apresentados no Instituto Nacional da Propriedade Industrial, no Instituto Europeu de Patentes ou na Organização Mundial da Propriedade Intelectual.

2 – Sempre que não seja reivindicada prioridade de um pedido anterior feito em Portugal, o pedido internacional deve ser apresentado no Instituto Nacional da Propriedade Industrial, sob pena de não poder produzir efeitos em Portugal.

3 – *(Revogado.)*

4 – Nas condições previstas no n.º 1, o Instituto Nacional da Propriedade Industrial actua na qualidade de administração receptora, nos termos do Tratado de Cooperação.

5 – Qualquer pedido internacional apresentado junto do Instituto Nacional da Propriedade Industrial, actuando na qualidade de administração receptora, está sujeito ao pagamento, para além das taxas previstas no Tratado de Cooperação, de uma taxa de transmissão.

6 – O pagamento da taxa de transmissão deve ser satisfeito no prazo de um mês a contar da data da recepção do pedido internacional.

7 – Os pedidos internacionais apresentados no Instituto Nacional da Propriedade Industrial, actuando na qualidade de administração receptora, podem ser redigidos em língua portuguesa, francesa, inglesa ou alemã.

8 – Os requerentes dos pedidos internacionais redigidos em língua portuguesa devem, no prazo de um mês a contar da data de recepção do pedido internacional pela administração receptora, entregar nesta administração uma tradução do pedido internacional numa das outras línguas previstas no número anterior.

9 – Se o requerente não tiver satisfeito as exigências previstas no número anterior, no prazo nele indicado, pode fazê-lo, nos termos previstos no Tratado de Cooperação para pedidos internacionais, mediante o pagamento, à administração receptora, da sobretaxa prevista no regulamento de execução do Tratado de Cooperação.

10 – Os pedidos internacionais devem ser acompanhados de uma tradução em português da descrição, das reivindicações, do resumo e de uma cópia dos desenhos, ainda que estes não tenham expressões a traduzir, salvo se o pedido internacional reivindicar a prioridade de um pedido anterior feito em Portugal para a mesma invenção.

ART. 92.º (Administração designada e eleita) – O Instituto Nacional da Propriedade Industrial actua na qualidade de administração designada e eleita nos termos do Tratado de Cooperação para os pedidos internacionais que visem proteger a invenção em Portugal, sempre que estes não tenham o efeito de um pedido de patente europeia.

ART. 93.º (Efeitos dos pedidos internacionais) – Os pedidos internacionais para os quais o Instituto Nacional da Propriedade Industrial actua como administração designada e eleita nos termos do artigo anterior produzem, em Portugal, os mesmos efeitos que um pedido de patente portuguesa apresentado na mesma data.

ART. 94.º (Prazo para a apresentação da tradução do pedido internacional) – 1 – Sempre que um requerente desejar que o processo relativo a um pedido internacional prossiga em Portugal, deve apresentar, junto do Instituto Nacional da Propriedade Industrial, uma tradução, em português, de todos os elementos que integram o pedido internacional, no prazo estabelecido no Tratado de Cooperação, e satisfazer, em simultâneo, o pagamento da taxa correspondente ao pedido nacional.

CÓDIGO DA PROPRIEDADE INDUSTRIAL [DL n.º 36/2003] 1405

2 – *(Revogado.)*

3 – Se o requerente não tiver satisfeito todas as exigências previstas no n.º 1, no prazo nele indicado, pode fazê-lo no prazo de um mês a contar do seu termo, mediante o pagamento de uma sobretaxa calculada com referência à taxa do pedido de patente nacional.

ART. 95.º (Direitos conferidos pelos pedidos internacionais publicados) – 1 – Depois de publicados, nos termos do Tratado de Cooperação, os pedidos internacionais gozam, em Portugal, de uma protecção provisória equivalente à que é conferida aos pedidos de patentes nacionais publicados a partir da data em que seja acessível ao público, no Instituto Nacional da Propriedade Industrial, uma tradução em português das reivindicações, acompanhada de uma cópia dos desenhos, ainda que estes não contenham expressões a traduzir.

2 – O Instituto Nacional da Propriedade Industrial procede à publicação, no *Boletim da Propriedade Industrial*, de um aviso com as indicações necessárias à identificação do pedido internacional.

3 – A partir da data da publicação do aviso, qualquer pessoa pode tomar conhecimento do texto da tradução e obter reproduções da mesma.

ART. 96.º (Pedido internacional contendo invenções independentes) – 1 – Quando uma parte de um pedido internacional não tenha sido objecto de uma pesquisa internacional, ou de um exame preliminar internacional, por se ter verificado que o pedido continha invenções independentes e que o requerente não tinha pago, no prazo prescrito, a taxa adicional prevista no Tratado de Cooperação, o Instituto Nacional da Propriedade Industrial reexamina os fundamentos da decisão de não execução da pesquisa ou do exame do referido pedido.

2 – Quando o Instituto Nacional da Propriedade Industrial concluir que a decisão não foi bem fundamentada, aplicam-se a esse pedido as disposições correspondentes do presente Código.

3 – Se o Instituto Nacional da Propriedade Industrial entender que a decisão está bem fundamentada, a parte do pedido que não foi objecto de pesquisa, ou de exame, será considerada sem efeito, a menos que o requerente solicite a divisão do pedido no prazo de dois meses a contar da notificação que lhe for feita, nos termos das disposições do presente Código relativas aos pedidos divisionários.

4 – Relativamente a cada um dos pedidos divisionários são devidas as taxas correspondentes aos pedidos de patentes nacionais, nas condições previstas no presente Código.

Secção III — **EFEITOS DA PATENTE**

ART. 97.º (Âmbito da protecção) – 1 – O âmbito da protecção conferida pela patente é determinado pelo conteúdo das reivindicações, servindo a descrição e os desenhos para as interpretar.

2 – Se o objecto da patente disser respeito a um processo, os direitos conferidos por essa patente abrangem os produtos obtidos directamente pelo processo patenteado.

3 – A protecção conferida por uma patente relativa a uma matéria biológica dotada, em virtude da invenção, de determinadas propriedades abrange qualquer matéria biológica obtida a partir da referida matéria biológica por reprodução ou multiplicação, sob forma idêntica ou diferenciada e dotada dessas mesmas propriedades.

4 – A protecção conferida por uma patente relativa a um processo que permita produzir uma matéria biológica dotada, em virtude da invenção, de determinadas propriedades abrange a matéria biológica directamente obtida por esse processo e qualquer outra matéria biológica obtida a partir da matéria biológica obtida directamente, por reprodução ou multiplicação, sob forma idêntica ou diferenciada e dotada dessas mesmas propriedades.

5 – A protecção conferida por uma patente relativa a um produto que contenha uma informação genética ou que consista numa informação genética abrange, sob reserva do disposto na alínea *a)* do n.º 3 do artigo 53.º, qualquer matéria em que o produto esteja incorporado na qual esteja contido e exerça a sua função.

6 – Em derrogação do disposto nos n.ºs 3 a 5 do presente artigo:

a) A venda, ou outra forma de comercialização, pelo titular da patente, ou com o seu consentimento, de material de reprodução vegetal a um agricultor, para fins de exploração agrícola, implica a permissão de o agricultor utilizar o produto da sua colheita para proceder, ele próprio, à reprodução ou multiplicação na sua exploração;

b) A venda, ou outra forma de comercialização, pelo titular da patente, ou com o seu consentimento, de animais de criação ou de outro material de reprodução animal a um agricultor implica a permissão deste utilizar os animais protegidos para fins agrícolas, incluindo tal permissão a disponibilização do animal, ou de outro material de reprodução animal, para a prossecução da sua actividade agrícola, mas não a venda, tendo em vista uma actividade de reprodução com fins comerciais ou no âmbito da mesma.

ART. 98.º (Inversão do ónus da prova) – Se uma patente tiver por objecto um processo de fabrico de um produto novo, o mesmo produto fabricado por um terceiro será, salvo prova em contrário, considerado como fabricado pelo processo patenteado.

ART. 99.º (Duração) – A duração da patente é de 20 anos contados da data do respectivo pedido.

1406 [DL n.º 36/2003]   PROPRIEDADE INDUSTRIAL

ART. 100.º (Indicação da patente) – Durante a vigência da patente, o seu titular pode usar nos produtos a palavra «patenteado», «patente n.º» ou ainda «Pat n.º».

ART. 101.º (Direitos conferidos pela patente) – 1 – A patente confere o direito exclusivo de explorar a invenção em qualquer parte do território português.

2 – A patente confere ainda ao seu titular o direito de impedir a terceiros, sem o seu consentimento, o fabrico, a oferta, a armazenagem, a introdução no comércio ou a utilização de um produto objecto de patente, ou a importação ou posse do mesmo, para algum dos fins mencionados.

3 – O titular da patente pode opor-se a todos os actos que constituam violação da sua patente, mesmo que se fundem noutra patente com data de prioridade posterior, sem necessidade de impugnar os títulos, ou de pedir a anulação das patentes em que esse direito se funde.

4 – Os direitos conferidos pela patente não podem exceder o âmbito definido pelas reivindicações.

5 – O titular de uma patente pode solicitar ao Instituto Nacional da Propriedade Industrial, mediante o pagamento de uma taxa, a limitação do âmbito da protecção da invenção pela modificação das reivindicações.

6 – Se, do exame, se concluir que o pedido de limitação está em condições de ser deferido, o Instituto Nacional da Propriedade Industrial promove a publicação do aviso da menção da modificação das reivindicações, sendo, em caso contrário, o pedido indeferido e a decisão comunicada ao requerente.

ART. 102.º (Limitação aos direitos conferidos pela patente) – Os direitos conferidos pela patente não abrangem:

a) Os actos realizados num âmbito privado e sem fins comerciais;

b) A preparação de medicamentos feita no momento e para casos individuais, mediante receita médica nos laboratórios de farmácia, nem os actos relativos aos medicamentos assim preparados;

c) Os actos realizados exclusivamente para fins de ensaio ou experimentais, incluindo experiências para preparação dos processos administrativos necessários à aprovação de produtos pelos organismos oficiais competentes, não podendo, contudo, iniciar-se a exploração industrial ou comercial desses produtos antes de se verificar a caducidade da patente que os protege;

d) A utilização a bordo de navios dos outros países membros da União ou da OMC do objecto da invenção patenteada no corpo do navio, nas máquinas, na mastreação, em aprestos e outros acessórios, quando entrarem, temporária ou acidentalmente, nas águas do País, desde que a referida invenção seja exclusivamente utilizada para as necessidades do navio;

e) A utilização do objecto da invenção patenteada na construção ou no funcionamento de veículos de locomoção aérea, ou terrestre, dos outros países membros da União ou da OMC, ou de acessórios desses veículos, quando entrarem, temporária ou acidentalmente, em território nacional;

f) Os actos previstos no artigo 27.º da Convenção de 7 de Dezembro de 1944 relativa à aviação civil internacional se disserem respeito a aeronaves de outro Estado, ao qual, porém, se aplicam as disposições do referido artigo.

ART. 103.º (Esgotamento do direito) – 1 – Os direitos conferidos pela patente não permitem ao seu titular proibir os actos relativos aos produtos por ela protegidos, após a sua comercialização, pelo próprio ou com o seu consentimento, no espaço económico europeu.

2 – A protecção referida nos n.ᵒˢ 3 a 5 do artigo 97.º não abrange a matéria biológica obtida por reprodução, ou multiplicação, de uma matéria biológica comercializada pelo titular da patente, ou com o seu consentimento, no espaço económico europeu, se a reprodução ou multiplicação resultar, necessariamente, da utilização para a qual a matéria biológica foi colocada no mercado, desde que a matéria obtida não seja, em seguida, utilizada para outras reproduções ou multiplicações.

ART. 104.º (Inoponibilidade) – 1 – Os direitos conferidos pela patente não são oponíveis, no território nacional e antes da data do pedido, ou da data da prioridade quando esta é reivindicada, a quem, de boa fé, tenha chegado pelos seus próprios meios ao conhecimento da invenção e a utilizava ou fazia preparativos efectivos e sérios com vista a tal utilização.

2 – O previsto no número anterior não se aplica quando o conhecimento resulta de actos ilícitos, ou contra os bons costumes, praticados contra o titular da patente.

3 – O ónus da prova cabe a quem invocar as situações previstas no n.º 1.

4 – A utilização anterior, ou os preparativos desta, baseados nas informações referidas na alínea *a)* do n.º 1 do artigo 57.º, não prejudicam a boa fé.

5 – Nos casos previstos no n.º 1, o beneficiário tem o direito de prosseguir, ou iniciar, a utilização da invenção, na medida do conhecimento anterior, para os fins da própria empresa, mas só pode transmiti-lo conjuntamente com o estabelecimento comercial em que se procede à referida utilização.

Secção IV — **CONDIÇÕES DE UTILIZAÇÃO**

ART. 105.º (Perda e expropriação da patente) – 1 – Pode ser privado da patente, nos termos da lei, quem tiver que responder por obrigações contraídas para com outrem ou que dela seja expropriado por utilidade pública.

CÓDIGO DA PROPRIEDADE INDUSTRIAL   **[DL n.º 36/2003]** 1407

2 – Qualquer patente pode ser expropriada por utilidade pública mediante o pagamento de justa indemnização, se a necessidade de vulgarização da invenção, ou da sua utilização pelas entidades públicas, o exigir.

3 – É aplicável, com as devidas adaptações, o preceituado no Código das Expropriações.

ART. 106.º (Obrigatoriedade de exploração) – 1 – O titular da patente é obrigado a explorar a invenção patenteada, directamente ou por intermédio de pessoa por ele autorizada, e a comercializar os resultados obtidos por forma a satisfazer as necessidades do mercado nacional.

2 – A exploração deve ter início no prazo de quatro anos a contar da data do pedido de patente, ou no prazo de três anos a contar da data da concessão, aplicando-se o prazo mais longo.

3 – É possível gozar de direitos de patente sem discriminação quanto ao local da invenção, ao domínio tecnológico e ao facto de os produtos serem importados de qualquer país membro da União Europeia, ou da OMC, ou produzidos localmente.

ART. 107.º (Licenças obrigatórias) – 1 – Podem ser concedidas licenças obrigatórias sobre uma determinada patente, quando ocorrer algum dos seguintes casos:

a) Falta ou insuficiência de exploração da invenção patenteada;

b) Dependência entre patentes;

c) Existência de motivos de interesse público.

2 – As licenças obrigatórias serão não exclusivas e só podem ser transmitidas com a parte da empresa ou do estabelecimento que as explore.

3 – As licenças obrigatórias só podem ser concedidas quando o potencial licenciado tiver desenvolvido esforços no sentido de obter do titular da patente uma licença contratual em condições comerciais aceitáveis e tais esforços não tenham êxito dentro de um prazo razoável.

4 – A licença obrigatória pode ser revogada, sem prejuízo de protecção adequada dos legítimos interesses dos licenciados, se e quando as circunstâncias que lhe deram origem deixarem de existir e não sejam susceptíveis de se repetir, podendo a autoridade competente reexaminar, mediante pedido fundamentado, a continuação das referidas circunstâncias.

5 – Quando uma patente tiver por objecto tecnologia de semicondutores, apenas podem ser concedidas licenças obrigatórias com finalidade pública não comercial.

6 – O titular da patente receberá uma remuneração adequada a cada caso concreto, tendo em conta o valor económico da licença.

7 – A decisão que conceda ou denegue a remuneração é susceptível de recurso judicial ou arbitral, nos termos dos artigos 48.º a 50.º.

ART. 108.º (Licença por falta de exploração da invenção) – 1 – Expirados os prazos que se referem no n.º 2 do artigo 106.º, o titular que, sem justo motivo ou base legal, não explorar a invenção, directamente ou por licença, ou não o fizer de modo a ocorrer às necessidades nacionais, pode ser obrigado a conceder licença de exploração da mesma.

2 – Pode, também, ser obrigado a conceder licença de exploração da invenção o titular que, durante três anos consecutivos e sem justo motivo ou base legal, deixar de fazer a sua exploração.

3 – São considerados justos motivos as dificuldades objectivas de natureza técnica ou jurídica, independentes da vontade e da situação do titular da patente, que tornem impossível ou insuficiente a exploração da invenção, mas não as dificuldades económicas ou financeiras.

4 – Enquanto uma licença obrigatória se mantiver em vigor, o titular da patente não pode ser obrigado a conceder outra antes daquela ter sido cancelada.

5 – A licença obrigatória pode ser cancelada se o licenciado não explorar a invenção por forma a ocorrer às necessidades nacionais.

ART. 109.º (Licenças dependentes) – 1 – Quando não seja possível a exploração de uma invenção, protegida por uma patente, sem prejuízo dos direitos conferidos por uma patente anterior e ambas as invenções sirvam para fins industriais distintos, a licença só pode ser concedida se se verificar o carácter indispensável da primeira invenção para a exploração da segunda e, apenas, na parte necessária à realização desta, tendo o titular da primeira patente direito a justa indemnização.

2 – Quando as invenções, protegidas por patentes dependentes, servirem para os mesmos fins industriais e tiver lugar a concessão de uma licença obrigatória, o titular da patente anterior também pode exigir a concessão de licença obrigatória sobre a patente posterior.

3 – Quando uma invenção tiver por objecto um processo de preparação de um produto químico, farmacêutico ou alimentar protegido por uma patente em vigor, e sempre que essa patente de processo representar um progresso técnico notável em relação à patente anterior, tanto o titular da patente de processo como o titular da patente de produto têm o direito de exigir uma licença obrigatória sobre a patente do outro titular.

4 – Quando um obtentor de uma variedade vegetal não puder obter ou explorar um direito de obtenção vegetal sem infringir uma patente anterior, pode requerer uma licença obrigatória para a exploração não exclusiva da invenção protegida pela patente, na medida em que essa licença seja necessária para explorar a mesma variedade vegetal, contra o pagamento de remuneração adequada.

1408 [DL n.º 36/2003]   PROPRIEDADE INDUSTRIAL

5 – Sempre que seja concedida uma licença do tipo previsto no número anterior, o titular da patente tem direito a uma licença recíproca, em condições razoáveis, para utilizar essa variedade protegida.

6 – Quando o titular de uma patente, relativa a uma invenção biotecnológica, não puder explorá-la sem infringir um direito de obtenção vegetal anterior sobre uma variedade, pode requerer uma licença obrigatória para a exploração não exclusiva da variedade protegida por esse direito de obtenção, contra o pagamento de remuneração adequada.

7 – Sempre que seja concedida uma licença do tipo previsto no número anterior, o titular do direito de obtenção tem direito a uma licença recíproca, em condições razoáveis, para utilizar a invenção protegida.

8 – Os requerentes das licenças referidas nos n.ᵒˢ 4 e 6 devem provar que:

a) Se dirigiram, em vão, ao titular da patente ou de direito de obtenção vegetal para obter uma licença contratual;

b) A variedade vegetal, ou invenção, representa um progresso técnico importante, de interesse económico considerável, relativamente à invenção reivindicada na patente ou à variedade vegetal a proteger.

9 – O disposto no presente artigo aplica-se, igualmente, sempre que uma das invenções esteja protegida por patente e a outra por modelo de utilidade.

ART. 110.º (Interesse público) – 1 – O titular de uma patente pode ser obrigado a conceder licença para a exploração da respectiva invenção por motivo de interesse público.

2 – Considera-se que existem motivos de interesse público quando o início, o aumento ou a generalização da exploração da invenção, ou a melhoria das condições em que tal exploração se realizar, sejam de primordial importância para a saúde pública ou para a defesa nacional.

3 – Considera-se, igualmente, que existem motivos de interesse público quando a falta de exploração ou a insuficiência em qualidade ou em quantidade da exploração realizada implicar grave prejuízo para o desenvolvimento económico ou tecnológico do País.

4 – A concessão da licença por motivo de interesse público é da competência do Governo.

ART. 111.º (Pedidos de licenças obrigatórias) – 1 – As licenças obrigatórias devem ser requeridas junto do Instituto Nacional da Propriedade Industrial, apresentando o requerente os elementos de prova que possam fundamentar o seu pedido.

2 – Os pedidos de licenças obrigatórias são examinados pela ordem em que forem requeridos junto do Instituto Nacional da Propriedade Industrial.

3 – Recebido o pedido de licença obrigatória, o Instituto Nacional da Propriedade Industrial notifica o titular da patente para, no prazo de dois meses, dizer o que tiver por conveniente, apresentando as provas respectivas.

4 – O Instituto Nacional da Propriedade Industrial aprecia as alegações das partes e as garantias da exploração da invenção oferecidas pelo requerente da licença obrigatória, decidindo, no prazo de dois meses, se esta deve ou não ser concedida.

5 – Em caso afirmativo, notifica ambas as partes para, no prazo de um mês, nomearem um perito que, juntamente com o perito nomeado pelo Instituto Nacional da Propriedade Industrial, acorda, no prazo de dois meses, as condições da licença obrigatória e a indemnização a pagar ao titular da patente.

ART. 112.º (Notificação e recurso da concessão ou recusa da licença) – 1 – A concessão ou recusa da licença e respectivas condições de exploração é notificada a ambas as partes pelo Instituto Nacional da Propriedade Industrial.

2 – Da decisão do Instituto Nacional da Propriedade Industrial que concedeu ou recusou a licença, ou apenas das condições em que a mesma tenha sido concedida, cabe recurso para o tribunal competente, nos termos dos artigos 39.º e seguintes, no prazo de três meses a contar da data da notificação a que se refere o número anterior.

3 – A decisão favorável à concessão só produz efeitos depois de transitada em julgado e averbada no Instituto Nacional da Propriedade Industrial, onde são pagas as respectivas taxas, como se de uma licença ordinária se tratasse.

4 – Um extracto do registo referido no número anterior é publicado no Boletim da Propriedade Industrial.

Secção V — **INVALIDADE DA PATENTE**

ART. 113.º (Nulidade) – Para além do que se dispõe no artigo 33.º, as patentes são nulas nos seguintes casos:

a) Quando o seu objecto não satisfizer os requisitos de novidade, actividade inventiva e aplicação industrial;

b) Quando o seu objecto não for susceptível de protecção, nos termos dos artigos 51.º, 52.º e 53.º;

c) Quando se reconheça que o título ou epígrafe dado à invenção abrange objecto diferente;

d) Quando o seu objecto não tenha sido descrito por forma a permitir a sua execução por qualquer pessoa competente na matéria.

ART. 114.º (Declaração de nulidade ou anulação parcial) – 1 – Podem ser declaradas nulas, ou anuladas, uma ou mais reivindicações, mas não pode declarar-se a nulidade parcial, ou anular-se parcialmente uma reivindicação.

2 – Nos procedimentos perante o tribunal, o titular da patente pode efectuar, através da modificação das reivindicações, uma limitação do âmbito da protecção da invenção.

3 – Havendo declaração de nulidade ou anulação de uma ou mais reivindicações, a patente continua em vigor relativamente às restantes, sempre que subsistir matéria para uma patente independente.

CÓDIGO DA PROPRIEDADE INDUSTRIAL   [DL n.º 36/2003]   1409

Secção VI — **CERTIFICADO COMPLEMENTAR DE PROTECÇÃO PARA MEDICAMENTOS
E PRODUTOS FITOFARMACÊUTICOS**

ART. 115.º (Pedido de certificado) – 1 – O pedido de certificado complementar de protecção para os medicamentos e para os produtos fitofarmacêuticos, apresentado junto do Instituto Nacional da Propriedade Industrial, deve incluir um requerimento, redigido em língua portuguesa, que indique ou contenha:

a) O nome, a firma ou a denominação social do requerente, a sua nacionalidade e o domicílio ou lugar em que está estabelecido, o número de identificação fiscal quando se trate de um residente em Portugal e o endereço de correio electrónico, caso exista;

b) O número da patente, bem como a epígrafe ou título da invenção protegida por essa patente;

c) O número e a data da primeira autorização de colocação do produto no mercado em Portugal e, caso esta não seja a primeira autorização de colocação no espaço económico europeu, o número e a data dessa autorização;

d) A referência à apresentação simultânea de um pedido de prorrogação da validade do certificado complementar de protecção, quando aplicável;

e) A assinatura ou a identificação electrónica do requerente ou do seu mandatário.

2 – Ao requerimento deve juntar-se cópia da primeira autorização de colocação no mercado em Portugal que permita identificar o produto, compreendendo, nomeadamente, o número e a data da autorização, bem como o resumo das características do produto.

3 – Deve indicar-se a denominação do produto autorizado e a disposição legal ao abrigo da qual correu o processo de autorização, bem como juntar-se cópia da publicação dessa autorização no boletim oficial, se a autorização referida no número anterior não for a primeira para colocação do produto no mercado do espaço económico europeu como medicamento ou produto fitofarmacêutico.

ART. 115.º-A (Pedido de prorrogação da validade de um certificado) – 1 – Pode ser apresentado um pedido de prorrogação da validade de um certificado complementar de protecção quando este respeite a medicamentos para uso pediátrico.

2 – O pedido de prorrogação pode ser apresentado junto do Instituto Nacional da Propriedade Industrial no momento da apresentação de um pedido de certificado complementar de protecção, na sua pendência ou, se respeitar a um certificado já concedido, até dois anos antes do termo da sua validade.

3 – Durante um período de cinco anos após a entrada em vigor do Regulamento (CE) n.º 1901/2006, do Parlamento Europeu e do Conselho, de 12 de Dezembro, os pedidos de prorrogação de certificados complementares de protecção já concedidos podem ser apresentados até seis meses antes do termo da validade do referido certificado.

4 – Quando o pedido de prorrogação seja apresentado no momento da apresentação do pedido de certificado complementar de protecção, ao requerimento previsto no artigo anterior deve juntar-se uma cópia da certificação da conformidade com um plano de investigação pediátrica aprovado e completado, bem como, se estiverem em causa os procedimentos previstos no Decreto-Lei n.º 176/2006, de 30 de Agosto, prova das autorizações de colocação no mercado em todos os Estados membros da União Europeia.

5 – Quando esteja pendente um pedido de certificado complementar de protecção, o pedido de prorrogação deve ser apresentado em requerimento que, para além dos elementos previstos no número anterior, inclua a referência ao pedido de certificado já apresentado.

6 – Quando o pedido de prorrogação respeite a um certificado complementar de protecção já concedido, o requerimento, para além dos elementos previstos no n.º 4, deve incluir a referência a este certificado.

ART. 116.º (Exame e publicação) – 1 – Apresentado o pedido no Instituto Nacional da Propriedade Industrial, é feito o respectivo exame, verificando-se se foi apresentado dentro do prazo e se preenche as condições previstas no artigo 115.º no Regulamento (CEE) n.º 1768/92, do Conselho de 18 de Junho, e no Regulamento (CE) n.º 1610/96, do Parlamento Europeu e do Conselho, de 23 de Julho, relativos à criação dos certificados complementares de protecção para os medicamentos e para os produtos fitofarmacêuticos.

2 – Se o pedido de certificado e o produto que é objecto do pedido satisfizerem as condições referidas no número anterior, o Instituto Nacional da Propriedade Industrial concede o certificado e promove a publicação do pedido e do despacho de concessão no *Boletim da Propriedade Industrial*.

3 – Se o pedido de certificado não preencher as condições referidas no número anterior, o Instituto Nacional da Propriedade Industrial notifica o requerente para proceder, no prazo de dois meses, à correcção das irregularidades verificadas.

4 – Quando, da resposta do requerente, o Instituto Nacional da Propriedade Industrial verificar que o pedido de certificado preenche as condições exigidas, promove a publicação do pedido de certificado e o aviso da sua concessão no *Boletim da Propriedade Industrial*.

5 – O pedido é recusado se o requerente não cumprir a notificação, publicando-se o pedido e o aviso de recusa no *Boletim da Propriedade Industrial*.

6 – Sem prejuízo do disposto no n.º 3, o certificado é recusado se o pedido ou o produto a que se refere não satisfizerem as condições previstas no respectivo Regulamento, nem preencherem as condições estabelecidas no presente Código, publicando-se o pedido e o aviso de recusa no *Boletim da Propriedade Industrial*.

1410   [DL n.º 36/2003]   PROPRIEDADE INDUSTRIAL

7 – A publicação deve compreender, pelo menos, as seguintes indicações:
a) Nome e endereço do requerente;
b) Número da patente;
c) Epígrafe ou título da invenção;
d) Número e data da autorização de colocação do produto no mercado em Portugal, bem como identificação do produto objecto da autorização;
e) Número e data da primeira autorização de colocação do produto no mercado do espaço económico europeu, se for caso disso;
f) Aviso de concessão e prazo de validade do certificado ou aviso de recusa, conforme os casos.
8 – O disposto no presente artigo é aplicável, com as necessárias adaptações, aos pedidos de prorrogação de validade dos certificados complementares de protecção.

SUBCAPÍTULO II — Modelos de utilidade

Secção I — DISPOSIÇÕES GERAIS

ART. 117.º (Objecto) – 1 – Podem ser protegidas como modelos de utilidade as invenções novas, implicando actividade inventiva, se forem susceptíveis de aplicação industrial.
2 – Os modelos de utilidade visam a protecção das invenções por um procedimento administrativo mais simplificado e acelerado do que o das patentes.
3 – A protecção de uma invenção que respeite as condições estabelecidas no n.º 1 pode ser feita, por opção do requerente, a título de modelo de utilidade ou de patente.
4 – A mesma invenção pode ser objecto, simultânea ou sucessivamente, de um pedido de patente e de um pedido de modelo de utilidade.
5 – A apresentação sucessiva de pedidos mencionada no número anterior apenas pode ser admitida no período de um ano a contar da data da apresentação do primeiro pedido.
6 – Nos casos previstos no n.º 4, o modelo de utilidade caduca após a concessão de uma patente relativa à mesma invenção.

ART. 118.º (Limitações quanto ao objecto) – É aplicável aos modelos de utilidade o disposto no artigo 52.º.

ART. 119.º (Limitações quanto ao modelo de utilidade) – Não podem ser objecto de modelo de utilidade:
a) As invenções cuja exploração comercial for contrária à lei, à ordem pública, à saúde pública e aos bons costumes, não podendo a exploração, no entanto, ser considerada como tal pelo simples facto de ser proibida por disposição legal ou regulamentar;
b) As invenções que incidam sobre matéria biológica;
c) As invenções que incidam sobre substâncias ou processos químicos ou farmacêuticos.

ART. 120.º (Requisitos de concessão) – 1 – Uma invenção é considerada nova quando não está compreendida no estado da técnica.
2 – Considera-se que uma invenção implica actividade inventiva quando preencha um dos seguintes requisitos:
a) Se, para um perito na especialidade, não resultar de uma maneira evidente do estado da técnica;
b) Se apresentar uma vantagem prática, ou técnica, para o fabrico ou utilização do produto ou do processo em causa.
3 – Considera-se que uma invenção é susceptível de aplicação industrial se o seu objecto puder ser fabricado ou utilizado em qualquer género de indústria ou na agricultura.
4 – Aplica-se aos modelos de utilidade o disposto nos artigos 56.º e 57.º, com as necessárias adaptações.

ART. 121.º (Regra geral sobre o direito ao modelo de utilidade) – É aplicável aos modelos de utilidade o disposto no artigo 58.º.

ART. 122.º (Regras especiais de titularidade do modelo de utilidade) – É aplicável aos modelos de utilidade o disposto no artigo 59.º

ART. 123.º (Direitos do inventor) – É aplicável aos modelos de utilidade o disposto no artigo 60.º.

Secção II — PROCESSO DE MODELO DE UTILIDADE

Subsecção I — Via nacional

ART. 124.º (Forma do pedido) – 1 – O pedido de modelo de utilidade é feito em requerimento, redigido em língua portuguesa, que indique ou contenha:
a) O nome, a firma ou denominação social do requerente, a sua nacionalidade, o seu domicílio ou o lugar em que está estabelecido, o número de identificação fiscal quando se trate de um residente em Portugal e o endereço de correio electrónico, caso exista;

CÓDIGO DA PROPRIEDADE INDUSTRIAL [DL n.º 36/2003] 1411

b) A epígrafe ou título que sintetize o objecto da invenção;
c) O nome e o país de residência do inventor;
d) O país onde se tenha apresentado o primeiro pedido, a data e o número dessa apresentação, no caso de o requerente pretender reivindicar o direito de prioridade;
e) Menção de que requereu patente para a mesma invenção, se foi o caso, nos termos do n.º 5 do artigo 51.º;
f) Assinatura ou identificação electrónica do requerente ou do seu mandatário.

2 – As expressões de fantasia utilizadas para designar a invenção não constituem objecto de reivindicação.
3 – Para efeito do que se dispõe no n.º 1 do artigo 11.º, é concedida prioridade ao pedido de modelo de utilidade que primeiro apresentar, para além dos elementos exigidos na alínea *a)* do n.º 1, um documento que descreva o objecto do pedido de maneira a permitir a execução da invenção por qualquer pessoa competente na matéria ou, em substituição deste, quando for reivindicada a prioridade de um pedido anterior, a indicação do número e da data do pedido anterior e do organismo onde foi efectuado esse pedido.
4 – O documento previsto no número anterior pode ser apresentado em língua inglesa, notificando-se o requerente, nos termos do artigo 127.º, para apresentar uma tradução para a língua portuguesa.

ART. 125.º (Documentos a apresentar) – É aplicável aos modelos de utilidade o disposto no artigo 62.º.

ART. 126.º (Prazo para entrega da descrição e dos desenhos) – *(Revogado.)*

ART. 127.º (Exame quanto à forma e quanto às limitações) – 1 – Apresentado o pedido de modelo de utilidade no Instituto Nacional da Propriedade Industrial, faz-se exame, quanto à forma e quanto às limitações relativas ao objecto e ao modelo de utilidade, no prazo de um mês, para verificar se preenche os requisitos estabelecidos nos artigos 118.º, 119.º, 124.º e 125.º.
2 – Caso o Instituto Nacional da Propriedade Industrial verifique que existem no pedido irregularidades de carácter formal ou que existem limitações relativas ao objecto ou ao modelo de utilidade, o requerente é notificado para corrigi-las, no prazo de dois meses.
3 – Se o não fizer no prazo estabelecido, o pedido é recusado e publicado o respectivo despacho no *Boletim da Propriedade Industrial*, não havendo, neste caso, lugar à publicação prevista no artigo 128.º.

ART. 127.º-A (Relatório de pesquisa) – 1 – Depois de efectuado o exame previsto no artigo anterior e sempre que seja requerido o exame da invenção previsto no artigo 132.º, é realizada uma pesquisa ao estado da técnica, com base em todos os elementos constantes do processo, de modo a avaliar os requisitos de novidade e actividade inventiva.
2 – O relatório de pesquisa, que não tem um carácter vinculativo, é imediatamente enviado ao requerente.

ART. 128.º (Publicação do pedido) – 1 – Sendo apresentado de forma regular ou regularizado nos termos do n.º 2 do artigo 127.º, o pedido de modelo de utilidade é publicado no *Boletim da Propriedade Industrial*, com a transcrição do resumo e da classificação internacional de patentes.
2 – A publicação a que se refere o número anterior faz-se até seis meses a contar da data do pedido, podendo, no entanto, ser antecipada a pedido expresso do requerente.
3 – A publicação pode igualmente ser adiada, a pedido do requerente, por um período não superior a 18 meses a contar da data do pedido de modelo de utilidade ou da prioridade reivindicada.
4 – O adiamento cessa a partir do momento em que seja requerido exame por terceiros ou pelo próprio requerente.
5 – Efectuada a publicação, qualquer pessoa pode requerer cópia dos elementos constantes do processo.
6 – Aplica-se aos modelos de utilidade o disposto no n.º 5 do artigo 66.º.

ART. 129.º (Oposição) – *(Revogado.)*

ART. 130.º (Concessão provisória) – 1 – Não tendo sido requerido exame e não havendo oposição, o modelo de utilidade é concedido provisoriamente e o requerente notificado desta decisão.
2 – O título de concessão provisória só é entregue ao requerente mediante pedido.
3 – A validade do modelo de utilidade provisório cessa logo que tenha sido requerido o exame da invenção.

ART. 131.º (Pedido de exame) – 1 – O exame pode ser requerido na fase de pedido ou enquanto o modelo de utilidade provisório se mantiver válido.
2 – A taxa relativa ao exame deve ser paga por quem o requerer, no prazo de um mês a contar da data do requerimento.
3 – Se o titular do modelo de utilidade, concedido provisoriamente, pretender propor acções judiciais ou arbitrais para defesa dos direitos que o mesmo confere, deve requerer, obrigatoriamente, junto do Instituto Nacional da Propriedade Industrial, o exame a que se refere o artigo seguinte, sendo aplicável o disposto no artigo 5.º.

ART. 132.º (Exame da invenção) – 1 – O Instituto Nacional da Propriedade Industrial promove o exame da invenção a pedido do requerente ou de qualquer interessado.
2 – Quando o exame seja requerido até ao fim do prazo para oposição e não seja apresentada reclamação, faz-se relatório do exame no prazo de um mês.

1412 [DL n.º 36/2003]   PROPRIEDADE INDUSTRIAL

3 – Havendo oposição, o exame é feito no prazo de um mês a contar da apresentação da última peça processual a que se refere o artigo 17.º.

4 – Quando o exame seja requerido após a concessão provisória, o prazo de um mês mencionado no n.º 2 conta-se da data em que o exame é requerido.

5 – Se do exame se concluir que o modelo de utilidade pode ser concedido, publica-se aviso de concessão no Boletim da Propriedade Industrial.

6 – Se, pelo contrário, se concluir que o mesmo não pode ser concedido, o relatório é enviado ao requerente, acompanhado de cópia de todos os documentos nele citados, com notificação para, no prazo de dois meses, responder às observações feitas.

7 – Se, após resposta do requerente, subsistirem objecções à concessão do modelo de utilidade, faz-se outra notificação para, no prazo de um mês, serem esclarecidos os pontos ainda em dúvida.

8 – Quando da resposta se concluir que o modelo de utilidade pode ser concedido, publica-se aviso de concessão no *Boletim da Propriedade Industrial.*

9 – Se a resposta às notificações for considerada insuficiente, publica-se aviso de recusa ou de concessão parcial, de harmonia com o relatório do exame.

10 – Se o requerente não responder à notificação, o modelo de utilidade é recusado, publicando-se aviso de recusa no *Boletim da Propriedade Industrial.*

ART. 133.º (Concessão parcial) – É aplicável aos modelos de utilidade o disposto no artigo 69.º.

ART. 134.º (Alterações do pedido) – É aplicável aos modelos de utilidade o disposto no artigo 70.º.

ART. 135.º (Unidade da invenção) – É aplicável aos modelos de utilidade o disposto no artigo 71.º.

ART. 136.º (Publicação do fascículo) – É aplicável aos modelos de utilidade o disposto no artigo 72.º.

ART. 137.º (Motivos de recusa) – 1 – Para além do que se dispõe no artigo 24.º, o modelo de utilidade é recusado se:

a) A invenção carecer de novidade, actividade inventiva ou não for susceptível de aplicação industrial;

b) O objecto se incluir na previsão dos artigos 118.º ou 119.º;

c) A epígrafe ou título dado à invenção abranger objecto diferente ou houver divergência entre a descrição e desenhos;

d) O seu objecto não for descrito de maneira a permitir a execução da invenção por qualquer pessoa competente na matéria;

e) For considerado desenho ou modelo, pela sua descrição e reivindicações;

f) Houver infracção ao disposto nos artigos 58.º ou 59.º;

g) Tenha por objecto uma invenção para a qual tenha sido concedida, ao mesmo inventor ou com o seu consentimento, uma patente europeia válida em Portugal.

2 – No caso previsto na alínea *f)* do número anterior, em vez da recusa do modelo de utilidade, pode ser concedida a transmissão total ou parcial a favor do interessado, se este a tiver pedido.

3 – Constitui ainda motivo de recusa o reconhecimento de que o requerente pretende fazer concorrência desleal ou de que esta é possível independentemente da sua intenção.

4 – O motivo de recusa previsto na alínea *g)* do n.º 1 é também fundamento de caducidade do modelo de utilidade, aplicando-se o disposto no artigo 88.º, com as necessárias adaptações.

ART. 138.º (Notificação do despacho definitivo) – É aplicável aos modelos de utilidade o disposto no artigo 74.º.

SUBSECÇÃO II — **Via tratado de cooperação em matéria de patentes**

ART. 139.º (Disposições aplicáveis) – É aplicável aos modelos de utilidade o disposto nos artigos 90.º a 96.º, com as devidas adaptações.

SECÇÃO III — **EFEITOS DO MODELO DE UTILIDADE**

ART. 140.º (Âmbito da protecção) – 1 – O âmbito da protecção conferida pelo modelo de utilidade é determinado pelo conteúdo das reivindicações, servindo a descrição e os desenhos para as interpretar.

2 – Se o objecto do modelo de utilidade disser respeito a um processo, os direitos conferidos abrangem os produtos obtidos directamente pelo processo patenteado.

ART. 141.º (Inversão do ónus da prova) – É aplicável aos modelos de utilidade o disposto no artigo 98.º.

ART. 142.º (Duração) – 1 – A duração do modelo de utilidade é de seis anos a contar da data da apresentação do pedido.

2 – Nos últimos seis meses de validade do modelo de utilidade, o titular pode requerer a sua prorrogação por um período de dois anos.

CÓDIGO DA PROPRIEDADE INDUSTRIAL [DL n.º 36/2003] 1413

3 – Nos últimos seis meses do período a que se refere o número anterior, o titular pode apresentar um segundo e último pedido de prorrogação da duração da protecção por novo período de dois anos.

4 – A duração do modelo de utilidade não pode exceder 10 anos a contar da data da apresentação do respectivo pedido.

ART. 143.º (Indicação de modelo de utilidade) – Durante a vigência do modelo de utilidade, o seu titular pode usar, nos produtos, a expressão «Modelo de utilidade n.º» e «MU n.º» ou, no caso previsto no artigo 130.º, a expressão «Modelo de utilidade provisório n.º» e «MU provisório n.º».

ART. 144.º (Direitos conferidos pelo modelo de utilidade) – 1 – O modelo de utilidade confere o direito exclusivo de explorar a invenção em qualquer parte do território português.

2 – Se o objecto do modelo de utilidade for um produto, confere ao seu titular o direito de proibir a terceiros, sem o seu consentimento, o fabrico, a utilização, a oferta para venda, a venda ou a importação para estes fins do referido produto.

3 – Se o objecto do modelo de utilidade for um processo, confere ao seu titular o direito de proibir a terceiros, sem o seu consentimento, a utilização do processo, bem como a utilização ou oferta para venda, a venda ou a importação para estes fins, do produto obtido directamente por esse processo.

4 – O titular do modelo de utilidade pode opor-se a todos os actos que constituam violação da sua invenção, mesmo que se fundem em outro modelo de utilidade com data de prioridade posterior, sem necessidade de impugnar os títulos ou pedir a anulação dos modelos de utilidade em que esse direito se funde.

5 – Os direitos conferidos pelo modelo de utilidade não podem exceder o âmbito definido pelas reivindicações.

ART. 145.º (Limitação aos direitos conferidos pelo modelo de utilidade) – 1 – Os direitos conferidos pelo modelo de utilidade não abrangem:

a) Os actos realizados num âmbito privado e sem fins comerciais;

b) Os actos realizados a título experimental, que incidam sobre o objecto protegido.

2 – É aplicável aos modelos de utilidade o disposto nas alíneas *d)*, *e)* e *f)* do artigo 102.º.

ART. 146.º (Esgotamento do direito) – Os direitos conferidos pelo modelo de utilidade não permitem ao seu titular proibir os actos relativos aos produtos por ele protegidos, após a sua comercialização, pelo próprio ou com o seu consentimento, no espaço económico europeu.

ART. 147.º (Inoponibilidade) – É aplicável aos modelos de utilidade o disposto no artigo 104.º.

Secção IV — CONDIÇÕES DE UTILIZAÇÃO

ART. 148.º (Perda e expropriação do modelo de utilidade) – É aplicável aos modelos de utilidade o disposto no artigo 105.º.

ART. 149.º (Obrigatoriedade de exploração) – É aplicável aos modelos de utilidade o disposto no artigo 106.º.

ART. 150.º (Licenças obrigatórias) – É aplicável aos modelos de utilidade o disposto nos artigos 107.º a 112.º.

Secção V —INVALIDADE DO MODELO DE UTILIDADE

ART. 151.º (Nulidade) – 1 – Para além do que se dispõe no artigo 33.º, os modelos de utilidade são nulos nos seguintes casos:

a) Quando o seu objecto não satisfizer os requisitos de novidade, actividade inventiva e aplicação industrial;

b) Quando o seu objecto não for susceptível de protecção, nos termos dos artigos 117.º, 118.º e 119.º;

c) Quando se reconheça que o título ou epígrafe dado à invenção abrange objecto diferente;

d) Quando o seu objecto não tenha sido descrito por forma a permitir a sua execução por qualquer pessoa competente na matéria.

2 – Só podem ser declarados nulos os modelos de utilidade cuja invenção tenha sido objecto de exame.

ART. 152.º (Declaração de nulidade ou anulação parcial) – É aplicável aos modelos de utilidade o disposto no artigo 114.º.

CAPÍTULO II — Topografias de produtos semicondutores

Secção I — DISPOSIÇÕES GERAIS

ART. 153.º (Definição de produto semicondutor) – Produto semicondutor é a forma final, ou intermédia, de qualquer produto que, cumulativamente:

a) Consista num corpo material que inclua uma camada de material semicondutor;

b) Possua uma ou mais camadas compostas de material condutor, isolante ou semicondutor, estando as mesmas dispostas de acordo com um modelo tridimensional predeterminado;

1414　[DL n.º 36/2003]　　　　　　　　　　　　　　　PROPRIEDADE INDUSTRIAL

c) Seja destinado a desempenhar uma função electrónica, quer exclusivamente, quer em conjunto com outras funções.

ART. 154.º (Definição de topografia de um produto semicondutor) – Topografia de um produto semicondutor é o conjunto de imagens relacionadas, quer fixas, quer codificadas, que representem a disposição tridimensional das camadas de que o produto se compõe, em que cada imagem possua a disposição, ou parte da disposição, de uma superfície do mesmo produto, em qualquer fase do seu fabrico.

ART. 155.º (Objecto de protecção legal) – 1 – Só gozam de protecção legal as topografias de produtos semicondutores que resultem do esforço intelectual do seu próprio criador e não sejam conhecidas na indústria dos semicondutores.

2 – Gozam igualmente de protecção legal as topografias que consistam em elementos conhecidos na indústria dos semicondutores, desde que a combinação desses elementos, no seu conjunto, satisfaça as condições previstas no número anterior.

3 – A protecção concedida às topografias de produtos semicondutores só é aplicável às topografias propriamente ditas, com exclusão de qualquer conceito, processo, sistema, técnica ou informação codificada nelas incorporados.

4 – Todo o criador de topografia final, ou intermédia, de um produto semicondutor goza do direito exclusivo de dispor dessa topografia, desde que satisfaça as prescrições legais, designadamente as relativas ao registo.

5 – O registo não pode, no entanto, efectuar-se decorridos 2 anos a contar da primeira exploração comercial da topografia em qualquer lugar, nem após o prazo de 15 anos a contar da data em que esta tenha sido fixada, ou codificada, pela primeira vez, se nunca tiver sido explorada.

ART. 156.º (Regra geral sobre o direito ao registo) – É aplicável às topografias de produtos semicondutores o disposto no artigo 58.º.

ART. 157.º (Regras especiais de titularidade do registo) – É aplicável às topografias de produtos semicondutores o disposto no artigo 59.º.

ART. 158.º (Direitos do criador) – É aplicável às topografias de produtos semicondutores o disposto no artigo 60.º.

ART. 159.º (Normas aplicáveis) – São aplicáveis às topografias de produtos semicondutores as disposições relativas às patentes, em tudo o que não contrarie a natureza daquele direito privativo.

Secção II — **PROCESSO DE REGISTO**

ART. 160.º (Forma do pedido) – É aplicável ao pedido de registo de topografias de produtos semicondutores o disposto nos artigos 61.º, 62.º e 65.º a 72.º, com as necessárias adaptações.

ART. 161.º (Motivos de recusa) – 1 – Para além do que se dispõe no artigo 24.º, o registo da topografia de produto semicondutor é recusado se:

a) A topografia do produto semicondutor não for uma topografia na acepção dos artigos 153.º e 154.º;

b) A topografia de um produto semicondutor não obedecer aos requisitos estabelecidos no artigo 155.º;

c) A epígrafe ou título dado à topografia de um produto semicondutor abranger objecto diferente, ou houver divergência entre a descrição e os desenhos;

d) O seu objecto não for descrito por forma a permitir a execução da topografia de um produto semicondutor por qualquer pessoa competente na matéria;

e) Houver infracção ao disposto nos artigos 58.º ou 59.º.

2 – No caso previsto na alínea *e*) do número anterior, em vez de recusa do registo pode ser concedida a transmissão, total ou parcial, a favor do interessado, se este a tiver pedido.

3 – Constitui ainda motivo de recusa o reconhecimento de que o requerente pretende fazer concorrência desleal ou de que esta é possível independentemente da sua intenção.

Secção III — **EFEITOS DO REGISTO**

ART. 162.º (Duração) – A duração do registo é de 10 anos, contados da data do respectivo pedido, ou da data em que a topografia foi, pela primeira vez, explorada em qualquer lugar, se esta for anterior.

ART. 163.º (Indicação do registo) – Durante a vigência do registo, o seu titular pode usar, nos produtos semicondutores fabricados através da utilização de topografias protegidas, a letra «T» maiúscula, com uma das seguintes apresentações: T,"T", [T], (ver documento original), T* ou T.

ART. 164.º (Direitos conferidos pelo registo) – 1 – O registo da topografia confere ao seu titular o direito ao seu uso exclusivo em todo o território português, produzindo, fabricando, vendendo ou explorando essa topografia, ou os objectos em que ela se aplique, com a obrigação de o fazer de modo efectivo e de harmonia com as necessidades do mercado.

CÓDIGO DA PROPRIEDADE INDUSTRIAL [DL n.º 36/2003] 1415

2 – O registo da topografia confere ainda ao seu titular o direito de autorizar ou proibir qualquer dos seguintes actos:

a) Reprodução da topografia protegida;

b) Importação, venda ou distribuição por qualquer outra forma, com finalidade comercial, de uma topografia protegida, de um produto semicondutor em que é incorporada uma topografia protegida, ou de um artigo em que é incorporado um produto semicondutor desse tipo, apenas na medida em que se continue a incluir uma topografia reproduzida ilegalmente.

ART. 165.º (Limitação aos direitos conferidos pelo registo) – Os direitos conferidos pelo registo da topografia não abrangem:

a) A reprodução, a título privado, de uma topografia para fins não comerciais;

b) A reprodução para efeitos de análise, avaliação ou ensino;

c) A criação de uma topografia distinta, a partir da análise ou avaliação referidas na alínea anterior, que possa beneficiar da protecção prevista neste Código;

d) A realização de qualquer dos actos referidos no n.º 2 do artigo anterior, em relação a um produto semicondutor em que seja incorporada uma topografia reproduzida ilegalmente, ou a qualquer artigo em que seja incorporado um produto semicondutor desse tipo, se a pessoa que realizou ou ordenou a realização desses actos não sabia, nem deveria saber, aquando da aquisição do produto semicondutor ou do artigo em que esse produto semicondutor era incorporado, que o mesmo incorporava uma topografia reproduzida ilegalmente;

e) A realização, após o momento em que a pessoa referida na alínea anterior tiver recebido informações suficientes de que a topografia foi reproduzida ilegalmente, de qualquer dos actos em questão relativamente aos produtos em seu poder, ou encomendados antes desse momento, mas deverá pagar ao titular do registo uma importância equivalente a um royalty adequado, conforme seria exigível ao abrigo de uma licença livremente negociada em relação a uma topografia desse tipo.

ART. 166.º (Esgotamento do direito) – Os direitos conferidos pelo registo da topografia não permitem ao seu titular proibir os actos relativos às topografias, ou aos produtos semicondutores, por ele protegidos, após a sua comercialização, pelo próprio ou com o seu consentimento, no espaço económico europeu.

ART. 167.º (Inoponibilidade) – Aos direitos conferidos pelo registo de topografias de produtos semicondutores é aplicável o disposto no artigo 104.º.

Secção IV — CONDIÇÕES DE UTILIZAÇÃO

ART. 168.º (Perda e expropriação do registo) – Às topografias dos produtos semicondutores é aplicável o disposto no artigo 105.º.

ART. 169.º (Licença de exploração obrigatória) – Às topografias dos produtos semicondutores é aplicável o disposto nos artigos 106.º a 112.º, nos casos em que as licenças obrigatórias tiverem uma finalidade pública, não comercial.

Secção V — INVALIDADE DO REGISTO

ART. 170.º (Nulidade) – Para além do que se dispõe no artigo 33.º, o registo da topografia de produto semicondutor é nulo nos seguintes casos:

a) Quando o seu objecto não satisfizer os requisitos previstos nos artigos 153.º, 154.º e 155.º;

b) Quando se reconheça que o título ou epígrafe dado à topografia abrange objecto diferente;

c) Quando o seu objecto não tenha sido descrito por forma a permitir a sua execução por qualquer pessoa competente na matéria.

ART. 171.º (Declaração de nulidade ou anulação parcial) – É aplicável aos registos das topografias de produtos semicondutores o disposto no artigo 114.º.

ART. 172.º (Caducidade) – Para além do que se dispõe no artigo 37.º, o registo da topografia de produto semicondutor caduca:

a) Decorridos 10 anos a contar do último dia do ano civil em que o pedido de registo foi formalmente apresentado, ou do último dia do ano civil em que a topografia foi explorada comercialmente, em qualquer lugar, se este for anterior;

b) Se a topografia não tiver sido explorada comercialmente, 15 anos após a data em que esta tinha sido fixada, ou codificada, pela primeira vez.

CAPÍTULO III — Desenhos ou modelos

Secção I — DISPOSIÇÕES GERAIS

ART. 173.º (Definição de desenho ou modelo) – O desenho ou modelo designa a aparência da totalidade, ou de parte, de um produto resultante das características de, nomeadamente, linhas, contornos, cores, forma, textura ou materiais do próprio produto e da sua ornamentação.

1416   [DL n.º 36/2003]   PROPRIEDADE INDUSTRIAL

ART. 174.º (Definição de produto) – 1 – Produto designa qualquer artigo industrial ou de artesanato, incluindo, entre outros, os componentes para montagem de um produto complexo, as embalagens, os elementos de apresentação, os símbolos gráficos e os caracteres tipográficos, excluindo os programas de computador.

2 – Produto complexo designa qualquer produto composto por componentes múltiplos susceptíveis de serem dele retirados para o desmontar e nele recolocados para o montar novamente.

ART. 175.º (Limitações quanto ao registo) – *(Revogado.)*

ART. 176.º (Requisitos de concessão) – 1 – Gozam de protecção legal os desenhos ou modelos novos que tenham carácter singular.

2 – Gozam igualmente de protecção legal os desenhos ou modelos que, não sendo inteiramente novos, realizem combinações novas de elementos conhecidos ou disposições diferentes de elementos já usados, de molde a conferirem aos respectivos produtos carácter singular.

3 – Sem prejuízo do disposto nos números anteriores, o mesmo requerente pode, até à divulgação do desenho ou modelo, pedir o registo de outros desenhos ou modelos que difiram do apresentado inicialmente apenas em pormenores sem importância.

4 – Considera-se que o desenho ou modelo, aplicado ou incorporado num produto que constitua um componente de um produto complexo, é novo e possui carácter singular sempre que, cumulativamente:

a) Deste se puder, razoavelmente, esperar que, mesmo depois de incorporado no produto complexo, continua visível durante a utilização normal deste último;

b) As próprias características visíveis desse componente preencham os requisitos de novidade e de carácter singular.

5 – Para efeitos do disposto na alínea *a)* do número anterior, entende-se por utilização normal a utilização feita pelo utilizador final, excluindo-se os actos de conservação, manutenção ou reparação.

6 – Não são protegidas pelo registo:

a) As características da aparência de um produto determinadas, exclusivamente, pela sua função técnica;

b) As características da aparência de um produto que devam ser, necessariamente, reproduzidas na sua forma e dimensões exactas, para permitir que o produto em que o desenho ou modelo é incorporado, ou em que é aplicado, seja ligado mecanicamente a outro produto, quer seja colocado no seu interior, em torno ou contra esse outro produto, de modo que ambos possam desempenhar a sua função.

7 – O registo do desenho ou modelo é possível nas condições definidas nos artigos 177.º e 178.º desde que a sua finalidade seja permitir uma montagem múltipla de produtos intermutáveis, ou a sua ligação num sistema modular, sem prejuízo do disposto na alínea *b)* do número anterior.

8 – Se o registo tiver sido recusado, nos termos dos n.ᵒˢ 1 a 3 e das alíneas *a)*, *d)* e *e)* do n.º 4 do artigo 197.º, ou declarado nulo ou anulado nos termos do n.º 1 do artigo 208.º e dos artigos 209.º e 210.º, o desenho ou modelo pode ser registado, ou o respectivo direito mantido sob forma alterada, desde que, cumulativamente:

a) Seja mantida a sua identidade;

b) Sejam introduzidas as alterações necessárias, por forma a preencher os requisitos de protecção.

9 – O registo ou a sua manutenção sob forma alterada, referidos no número anterior, podem ser acompanhados de uma declaração de renúncia parcial do seu titular, ou da decisão judicial pela qual tiver sido declarada a nulidade parcial ou anulado parcialmente o registo.

ART. 177.º (Novidade) – 1 – O desenho ou modelo é novo se, antes do respectivo pedido de registo ou da prioridade reivindicada, nenhum desenho ou modelo idêntico foi divulgado ao público dentro ou fora do País.

2 – Consideram-se idênticos os desenhos ou modelos cujas características específicas apenas difiram em pormenores sem importância.

ART. 178.º (Carácter singular) – 1 – Considera-se que um desenho ou modelo possui carácter singular se a impressão global que suscita no utilizador informado diferir da impressão global causada a esse utilizador por qualquer desenho ou modelo divulgado ao público antes da data do pedido de registo ou da prioridade reivindicada.

2 – Na apreciação do carácter singular é tomado em consideração o grau de liberdade de que o criador dispôs para a realização do desenho ou modelo.

ART. 179.º (Divulgação) – 1 – Para efeito dos artigos 177.º e 178.º, considera-se que um desenho ou modelo foi divulgado ao público se tiver sido publicado na sequência do registo, ou em qualquer outra circunstância, apresentado numa exposição, utilizado no comércio, ou tornado conhecido de qualquer outro modo, excepto se estes factos não puderem razoavelmente ter chegado ao conhecimento dos círculos especializados do sector em questão que operam na Comunidade Europeia, no decurso da sua actividade corrente, antes da data do pedido de registo ou da prioridade reivindicada.

2 – Não se considera, no entanto, que o desenho ou modelo foi divulgado ao público pelo simples facto de ter sido dado a conhecer a um terceiro em condições explícitas, ou implícitas, de confidencialidade.

ART. 180.º (Divulgações não oponíveis) – 1 – Não se considera divulgação, para efeito dos artigos 177.º e 178.º, sempre que, cumulativamente, o desenho ou modelo que se pretende registar tiver sido divulgado ao público:

CÓDIGO DA PROPRIEDADE INDUSTRIAL   [DL n.º 36/2003]   1417

a) Pelo criador, pelo seu sucessor ou por um terceiro, na sequência de informações fornecidas, ou de medidas tomadas, pelo criador ou pelo seu sucessor;
b) Durante o período de 12 meses que antecede a data de apresentação do pedido de registo ou, caso seja reivindicada uma prioridade, a data de prioridade.
2 – O n.º 1 é igualmente aplicável se o desenho ou modelo tiver sido divulgado ao público em resultado de um abuso relativamente ao criador ou ao seu sucessor.
3 – O requerente que pretenda beneficiar do disposto nos números anteriores deve indicar, no momento da apresentação do pedido ou no prazo de um mês, a data e o local onde ocorreu a divulgação ou exposição, apresentando documento comprovativo que exiba essa data e reproduza os produtos em que o desenho ou modelo foi incorporado, ou a que foi aplicado.
4 – O requerente do registo de um desenho ou modelo que tenha exposto produtos em que o desenho ou modelo foi incorporado, ou a que foi aplicado, numa exposição internacional oficial, ou oficialmente reconhecida, que se integre no âmbito do disposto na Convenção sobre Exposições Internacionais, assinada em Paris em 22 de Novembro de 1928 e revista em 30 de Novembro de 1972, pode, se apresentar o pedido no prazo de seis meses a contar da data da primeira exposição desses produtos, reivindicar um direito de prioridade a partir dessa data, nos termos do artigo 12.º.
5 – O requerente que pretenda reivindicar uma prioridade nos termos do disposto no número anterior, deve apresentar com o pedido, ou no prazo de um mês, um certificado emitido pela entidade responsável pela exposição, que exiba a data da primeira divulgação pública e que reproduza os produtos em que o desenho ou modelo foi incorporado ou a que foi aplicado.
6 – A pedido do requerente, os prazos previstos nos n.ºs 3 e 5 podem ser prorrogados, uma única vez, por igual período.

ART. 181.º (Regra geral sobre o direito ao registo) – É aplicável aos desenhos ou modelos o disposto no artigo 58.º.

ART. 182.º (Regras especiais da titularidade do registo) – É aplicável ao registo dos desenhos ou modelos o disposto no artigo 59.º, sem prejuízo das disposições relativas ao direito de autor.

ART. 183.º (Direitos do criador) – É aplicável aos desenhos ou modelos o disposto no artigo 60.º.

SECÇÃO II — **PROCESSO DE REGISTO**

ART. 184.º (Forma do pedido) – 1 – O pedido de registo de desenho ou modelo é feito em requerimento, redigido em língua portuguesa, que indique ou contenha:
a) O nome, a firma ou a denominação social do requerente, a sua nacionalidade, o seu domicílio ou lugar em que está estabelecido, o número de identificação fiscal quando se trate de um residente em Portugal e o endereço de correio electrónico, caso exista;
b) A indicação dos produtos em que o desenho ou modelo se destina a ser aplicado ou incorporado, utilizando os termos da classificação internacional de desenhos e modelos industriais;
c) O nome e país de residência do criador;
d) O país onde se tenha apresentado o primeiro pedido, a data e o número dessa apresentação, no caso de o requerente pretender reivindicar o direito de prioridade;
e) As cores, se forem reivindicadas;
f) A assinatura ou a identificação electrónica do requerente ou do seu mandatário.
2 – As expressões de fantasia utilizadas para designar o desenho ou modelo ou que figurem nas suas representações não constituem objecto de protecção.
3 – Para o efeito do disposto no n.º 1 do artigo 11.º, é concedida prioridade ao pedido de registo de desenho ou modelo que primeiro apresentar, para além dos elementos exigidos na alínea *a*) do n.º 1, uma representação do desenho ou modelo ou, em substituição desta, quando for reivindicada a prioridade de um pedido anterior, a indicação do número e data do pedido anterior e do organismo onde foi efectuado esse pedido.

ART. 185.º (Documentos a apresentar) – 1 – Ao requerimento devem juntar-se os seguintes elementos, redigidos em língua portuguesa:
a) (*Revogada.*)
b) Representações gráficas ou fotográficas do desenho ou modelo;
c) Uma representação gráfica ou fotográfica do desenho ou modelo em suporte definido por despacho do presidente do conselho directivo do Instituto Nacional da Propriedade Industrial, para efeitos de publicação, com a reprodução do produto cujo desenho ou modelo se pretende registar;
d) (*Revogada.*)
2 – O requerimento deve ainda ser acompanhado dos seguintes elementos:
a) Autorização para incluir no desenho ou modelo quaisquer símbolos, brasões, emblemas ou distinções do Estado, dos municípios ou de outras entidades públicas ou particulares, nacionais ou estrangeiras, o emblema e a denominação da Cruz Vermelha, ou de outros organismos semelhantes, bem como quaisquer sinais abrangidos pelo artigo 6.º-ter da Convenção da União de Paris para a Protecção da Propriedade Industrial;

1418   [DL n.º 36/2003]   PROPRIEDADE INDUSTRIAL

b) Autorização para incluir no desenho ou modelo sinais com elevado valor simbólico, nomeadamente símbolos religiosos.

3 – Por sua iniciativa ou mediante notificação do Instituto Nacional da Propriedade Industrial, o requerente pode apresentar uma descrição, não contendo mais de 50 palavras por produto, que refira apenas os elementos que aparecem nas representações do desenho ou modelo ou na amostra apresentada, omitindo menções referentes a eventual novidade, ao carácter singular ou ao valor técnico do desenho ou modelo.

4 – Os elementos referidos nos números anteriores devem respeitar os requisitos formais fixados por despacho do presidente do conselho directivo do Instituto Nacional da Propriedade Industrial.

5 – Quando o objecto do pedido seja um produto complexo, as representações gráficas a que se refere o n.º 1 devem representar e identificar as partes do produto visíveis durante a sua utilização normal.

6 – Quando o objecto do pedido seja um desenho bidimensional e o requerimento inclua, nos termos do artigo 190.º, um pedido de adiamento de publicação, as representações gráficas a que se refere o n.º 1 podem ser substituídas por um exemplar ou uma amostra do produto em que o desenho é incorporado ou aplicado, sem prejuízo da sua apresentação findo o período de adiamento.

7 – As representações, gráficas ou fotográficas, dos desenhos ou modelos a que se refere o n.º 1 do artigo 187.º devem ser numeradas sequencialmente, de acordo com o número total de desenhos ou modelos que se pretende incluir no mesmo requerimento.

8 – Mediante notificação do Instituto Nacional da Propriedade Industrial, o requerente deve apresentar o próprio produto ou outras fotografias tiradas de perspectivas que concorram para se formar uma ideia mais exacta do desenho ou modelo.

9 – Quando nos pedidos de registo de desenho ou modelo for reivindicada uma combinação de cores, as representações gráficas ou fotográficas devem exibir as cores reivindicadas e a descrição, quando apresentada, deve fazer referência às mesmas.

ART. 186.º (Unidade do requerimento) – 1 – No mesmo requerimento não se pode pedir mais de um registo e a cada desenho ou modelo corresponde um registo diferente.

2 – Os desenhos ou modelos que constituam várias partes indispensáveis para formar um todo são incluídos num único registo.

ART. 187.º (Pedidos múltiplos) – 1 – Sem prejuízo do disposto no artigo anterior, um pedido pode incluir até 100 produtos, desde que pertençam à mesma classe da classificação internacional de desenhos e modelos industriais.

2 – Quando os produtos não pertençam à mesma classe, o requerente é notificado para proceder à divisão do pedido.

3 – Cada um dos desenhos ou modelos incluídos no pedido ou registo múltiplo pode ser separado ou transmitido independentemente dos restantes.

4 – Se se entender que alguns dos produtos incluídos num pedido múltiplo não constituem desenho ou modelo nos termos dos artigos 173.º e 174.º, o requerente é notificado para proceder à respectiva reformulação para patente ou modelo de utilidade, conservando-se como data do pedido a data do pedido inicial.

ART. 188.º (Exame quanto à forma e exame oficioso) – 1 – Apresentado o pedido de registo no Instituto Nacional da Propriedade Industrial, são examinados, no prazo de um mês, os requisitos formais estabelecidos nos artigos 173.º e 174.º, nos n.ᵒˢ 3 e 5 do artigo 180.º e nos artigos 184.º a 187.º.

2 – No decurso do prazo mencionado no número anterior, o Instituto Nacional da Propriedade Industrial verifica ainda, oficiosamente, se o pedido incorre em algumas das proibições previstas nos n.os 1 a 3 do artigo 197.º.

3 – Caso o Instituto Nacional da Propriedade Industrial verifique que existem no pedido irregularidades de carácter formal ou alguns dos fundamentos de recusa previstos nos n.ᵒˢ 1 a 3 do artigo 197.º, o requerente é notificado para, no prazo de um mês, corrigir ou sanar as objecções assinaladas.

4 – A pedido do requerente, o prazo mencionado no número anterior pode ser prorrogado, uma única vez, por igual período.

5 – Se, perante a resposta do requerente, forem corrigidas as irregularidades ou sanadas as objecções, o pedido é publicado para os efeitos previstos no artigo seguinte.

6 – Se, pelo contrário, se mantiverem as irregularidades ou objecções, o registo é recusado e publicado o respectivo despacho no *Boletim da Propriedade Industrial*, com reprodução do desenho ou modelo.

7 – Quando as objecções respeitem apenas a alguns dos produtos, o pedido é publicado relativamente aos demais, com menção dos produtos relativamente aos quais existem objecções que não foram sanadas.

8 – Do despacho de recusa previsto no n.º 6 é imediatamente efectuada notificação, nos termos do n.º 1 do artigo 16.º, com indicação do *Boletim da Propriedade Industrial* em que o respectivo despacho foi publicado.

9 – O disposto no presente artigo não obsta a que o Instituto Nacional da Propriedade Industrial, depois de decorridos os prazos previstos no artigo 17.º, possa suscitar o incumprimento dos requisitos mencionados no n.º 1 ou a existência das proibições mencionadas no n.º 2, notificando o requerente para corrigir ou sanar as objecções assinaladas nos termos e prazos previstos neste artigo.

ART. 189.º (Publicação) – 1 – Sendo apresentado de forma regular ou corrigidas as irregularidades e sanadas as objecções detectadas, nos termos do n.º 5 do artigo anterior, o pedido de registo é publicado no *Boletim da Propriedade Industrial*, com reprodução do desenho ou modelo e da classificação internacional dos dese-

CÓDIGO DA PROPRIEDADE INDUSTRIAL [DL n.º 36/2003] 1419

nhos e modelos industriais, para efeito de reclamação de quem se julgar prejudicado pela eventual concessão do registo.

2 – A publicação a que se refere o número anterior pode ser adiada nos termos do artigo seguinte.

3 – Efectuada a publicação, qualquer pessoa pode requerer cópia dos elementos constantes do processo.

4 – Sem prejuízo do disposto no artigo anterior, e sempre que o requerente não apresente os necessários esclarecimentos ou autorizações, as expressões que infrinjam o disposto no n.º 2 do artigo 184.º são suprimidas, oficiosamente, tanto na indicação dos produtos e nas representações do desenho ou modelo como nas publicações a que o pedido der lugar.

ART. 190.º (Adiamento da publicação) – 1 – Ao apresentar o pedido de registo de um desenho ou modelo, o requerente pode solicitar que a sua publicação seja adiada por um período que não exceda 30 meses a contar da data de apresentação do pedido ou da prioridade reivindicada.

2 – Os pedidos de adiamento de publicação que sejam apresentados após a data do pedido de registo são objecto de apreciação e decisão por parte do Instituto Nacional da Propriedade Industrial.

3 – Se a publicação for adiada, o desenho ou modelo é inscrito nos registos do Instituto Nacional da Propriedade Industrial, mas o processo do pedido não terá qualquer divulgação.

4 – Sempre que o requerente solicitar o adiamento da publicação, o Instituto Nacional da Propriedade Industrial publica, quatro meses após a data de apresentação do pedido, um aviso desse adiamento, o qual inclui indicações que, pelo menos, identifiquem o requerente, a data de apresentação do pedido e o período de adiamento solicitado.

5 – A pedido do requerente, a publicação do pedido pode fazer-se antes de terminado o período de adiamento, se tiverem sido cumpridas todas as formalidades legais exigidas.

6 – *(Revogado.)*

ART. 190.º-A (Formalidades subsequentes) – 1 – Findo o prazo para oposição, sem que tenha sido apresentada reclamação, o registo é concedido, total ou parcialmente, publicando-se despacho de concessão, total ou parcial, no *Boletim da Propriedade Industrial*.

2 – Sempre que seja apresentada reclamação, o Instituto Nacional da Propriedade Industrial, quando se mostre finda a discussão, procede no prazo de um mês à análise dos fundamentos de recusa invocados pelo reclamante.

3 – Os fundamentos de recusa previstos nos n.ᵒˢ 4 e 5 do artigo 197.º só são analisados pelo Instituto Nacional da Propriedade Industrial se invocados pelo reclamante.

4 – Quando a reclamação seja considerada procedente, o registo é recusado, publicando-se o despacho de recusa no *Boletim da Propriedade Industrial*.

5 – Quando a reclamação seja considerada improcedente, o registo é concedido, publicando-se o despacho de concessão no *Boletim da Propriedade Industrial*.

6 – Quando a reclamação seja considerada procedente apenas no que respeita a alguns dos produtos incluídos no pedido, o registo é concedido parcialmente para os restantes, publicando-se o despacho de concessão parcial no *Boletim da Propriedade Industrial*, com menção aos produtos objecto de recusa.

7 – Dos despachos mencionados nos números anteriores é imediatamente efectuada notificação, nos termos do n.º 1 do artigo 16.º, com indicação do *Boletim da Propriedade Industrial* em que o respectivo despacho foi publicado.

ART. 191.º (Oposição) – *(Revogado.)*

ART. 192.º (Registo provisório) – *(Revogado.)*

ART. 193.º (Pedido de exame) – *(Revogado.)*

ART. 194.º (Exame) – *(Revogado.)*

ART. 195.º (Concessão parcial) – *(Revogado.)*

ART. 196.º (Alterações do pedido) – *(Revogado.)*

ART. 197.º (Motivos de recusa) – 1 – Para além do que se dispõe no artigo 24.º, é recusado o registo de desenho ou modelo que contenha:

a) Símbolos, brasões, emblemas ou distinções do Estado, dos municípios ou de outras entidades públicas ou particulares, nacionais ou estrangeiras, o emblema e a denominação da Cruz Vermelha, ou de outros organismos semelhantes, bem como quaisquer sinais abrangidos pelo artigo 6.º-ter da Convenção da União de Paris para a Protecção da Propriedade Industrial, salvo autorização;

b) Sinais com elevado valor simbólico, nomeadamente símbolos religiosos, salvo autorização;

c) Expressões ou figuras contrárias à lei, moral, ordem pública e bons costumes;

d) *(Revogada.)*

1420 [DL n.º 36/2003]   PROPRIEDADE INDUSTRIAL

e) (Revogada.)
f) (Revogada.)
g) (Revogada.)
2 – É também recusado o registo de desenho ou modelo que seja constituído, exclusivamente, pela Bandeira Nacional da República Portuguesa ou por alguns dos seus elementos.

3 – É ainda recusado o registo de desenho ou modelo que contenha, entre outros elementos, a Bandeira Nacional da República Portuguesa nos casos em que seja susceptível de:

a) Levar o consumidor a supor, erradamente, que os produtos ou serviços provêm de uma entidade oficial;
b) Produzir o desrespeito ou o desprestígio da Bandeira Nacional ou de algum dos seus elementos.

4 – Quando invocado em reclamação, o registo é recusado se:

a) O desenho ou modelo não preencher as condições previstas nos artigos 176.º a 180.º;
b) Houver infracção ao disposto nos artigos 58.º ou 59.º, com as necessárias adaptações;
c) O desenho ou modelo interferir com um desenho ou modelo anterior, divulgado ao público após a data do pedido ou a data da prioridade reivindicada, e que esteja protegido desde uma data anterior por um pedido ou um registo de desenho ou modelo;
d) For utilizado um sinal distintivo num desenho ou modelo ulterior e o direito comunitário, ou as disposições que regulam esse sinal, conferir o direito de proibir essa utilização;
e) O desenho ou modelo constituir uma utilização não autorizada de uma obra protegida pelo direito de autor.

5 – Constitui também fundamento de recusa do registo de desenho ou modelo, quando invocado em reclamação, o reconhecimento de que o requerente pretende fazer concorrência desleal ou de que esta é possível independentemente da sua intenção.

ART. 198.º (Notificação do despacho definitivo) – *(Revogado.)*

Secção III — **EFEITOS DO REGISTO**

ART. 199.º (Âmbito da protecção) – 1 – O âmbito da protecção conferida pelo registo abrange todos os desenhos ou modelos que não suscitem uma impressão global diferente no utilizador informado.

2 – Na apreciação do âmbito de protecção deve ser tomado em consideração o grau de liberdade de que o criador dispôs para a realização do seu desenho ou modelo.

ART. 200.º (Relação com os direitos de autor) – Qualquer desenho ou modelo registado beneficia, igualmente, da protecção conferida pela legislação em matéria de direito de autor, a partir da data em que o desenho ou modelo foi criado, ou definido, sob qualquer forma.

ART. 201.º (Duração) – 1 – A duração do registo é de 5 anos a contar da data do pedido, podendo ser renovada, por períodos iguais, até ao limite de 25 anos.

2 – As renovações a que se refere o número anterior devem ser requeridas nos últimos seis meses da validade do registo.

ART. 202.º (Indicação do desenho ou modelo) – Durante a vigência do registo, o seu titular pode usar, nos produtos, a expressão «Desenho ou modelo n.º» ou as abreviaturas «DM n.º».

ART. 203.º (Direitos conferidos pelo registo) – 1 – O registo de um desenho ou modelo confere ao seu titular o direito exclusivo de o utilizar e de proibir a sua utilização por terceiros sem o seu consentimento.

2 – A utilização referida no número anterior abrange, em especial, o fabrico, a oferta, a colocação no mercado, a importação, a exportação ou a utilização de um produto em que esse desenho ou modelo foi incorporado, ou a que foi aplicado, bem como a armazenagem desse produto para os mesmos fins.

ART. 204.º (Limitação dos direitos conferidos pelo registo) – Os direitos conferidos pelo registo não abrangem:

a) Os actos realizados num âmbito privado e sem fins comerciais;
b) Os actos para fins experimentais;
c) Os actos de reprodução, para efeitos de referência ou para fins didácticos, desde que sejam compatíveis com a lealdade das práticas comerciais, não prejudiquem indevidamente a exploração normal do desenho ou modelo e seja mencionada a fonte;
d) O equipamento a bordo de navios e aeronaves registados noutro país, quando estes transitem temporariamente pelo território nacional;
e) A importação de peças sobressalentes e acessórios para reparação desses navios e aeronaves;
f) A execução de reparações nesses navios e aeronaves.

ART. 205.º (Esgotamento do direito) – Os direitos conferidos pelo registo não permitem ao seu titular proibir os actos relativos a produtos em que foi incorporado, ou a que foi aplicado, um desenho ou modelo objecto de protecção anterior pelo registo, quando o produto tiver sido comercializado, pelo próprio ou com o seu consentimento, no espaço económico europeu.

CÓDIGO DA PROPRIEDADE INDUSTRIAL [DL n.º 36/2003] 1421

ART. 206.º (Inalterabilidade dos desenhos ou modelos) – 1 – Enquanto vigorar o registo, os desenhos ou modelos devem conservar-se inalterados.

2 – A ampliação, ou a redução, à escala não afecta a inalterabilidade dos desenhos ou modelos.

ART. 207.º (Alteração nos desenhos ou modelos) – 1 – Qualquer alteração nas características específicas essenciais dos desenhos ou modelos pode ser registada desde que respeite os requisitos estabelecidos no artigo 176.º.

2 – As modificações introduzidas pelo titular do registo nos desenhos ou modelos que apenas alterem pormenores sem importância podem ser objecto de novo registo ou registos.

3 – O registo ou registos referidos no número anterior devem ser averbados no processo e inscritos, quando existam, no título inicial e em todos os títulos dos registos efectuados ao abrigo da mesma disposição.

4 – Os registos modificados a que se refere o n.º 2 revertem para o domínio público no termo da validade do registo inicial.

Secção IV — INVALIDADE DO REGISTO

ART. 208.º (Nulidade) – 1 – Para além do que se dispõe no artigo 33.º, o registo de desenho ou modelo é nulo quando na sua concessão tenha sido infringido o disposto nos n.ᵒˢ 1 a 3 e nas alíneas *a*) e *c*) do n.º 4 do artigo 197.º.

2 – *(Revogado.)*

ART. 209.º (Anulabilidade) – 1 – Para além do que se dispõe no artigo 34.º, o registo de desenho ou modelo é anulável quando na sua concessão tenha sido infringido o disposto nas alíneas *d*) e *e*) do n.º 4 e no n.º 5 do artigo 197.º.

2 – *(Revogado.)*

ART. 210.º (Declaração de nulidade ou anulação parcial) – 1 – Pode ser declarado nulo, ou anulado, o registo de um ou mais produtos constantes do mesmo registo, mas não pode declarar-se a nulidade ou anular-se parcialmente o registo relativo a um produto.

2 – Havendo declaração de nulidade ou anulação de um ou mais produtos, o registo continua em vigor na parte remanescente.

Secção V —PROTECÇÃO PRÉVIA

Subsecção I — Disposições gerais

ART. 211.º (Objecto do pedido) – *(Revogado.)*

ART. 212.º (Pedido de protecção prévia) – *(Revogado.)*

ART. 213.º (Conservação em regime de segredo e de arquivo) – *(Revogado.)*

Subsecção II — Processo do pedido de protecção

ART. 214.º (Forma do pedido) – *(Revogado.)*

Subsecção III — Efeitos do pedido de protecção prévia

ART. 215.º (Duração) – *(Revogado.)*

ART. 216.º (Regularização do pedido) – *(Revogado.)*

ART. 217.º (Direitos conferidos pela protecção prévia) – *(Revogado.)*

ART. 218.º (Caducidade) – *(Revogado.)*

ART. 219.º (Conversão do pedido) – *(Revogado.)*

ART. 220.º (Pedido de registo para actos administrativos ou acções em tribunal) –*(Revogado.)*

ART. 221.º (Taxas) – *(Revogado.)*

CAPÍTULO IV — Marcas

Secção I — DISPOSIÇÕES GERAIS

Subsecção I — Marcas de produtos ou de serviços

ART. 222.º (Constituição da marca) – 1 – A marca pode ser constituída por um sinal ou conjunto de sinais susceptíveis de representação gráfica, nomeadamente palavras, incluindo nomes de pessoas, desenhos, letras,

1422   [DL n.º 36/2003]   PROPRIEDADE INDUSTRIAL

números, sons, a forma do produto ou da respectiva embalagem, desde que sejam adequados a distinguir os produtos ou serviços de uma empresa dos de outras empresas.

2 – A marca pode, igualmente, ser constituída por frases publicitárias para os produtos ou serviços a que respeitem, desde que possuam carácter distintivo, independentemente da protecção que lhe seja reconhecida pelos direitos de autor.

ART. 223.º (Excepções) – 1 – Não satisfazem as condições do artigo anterior:

a) As marcas desprovidas de qualquer carácter distintivo;

b) Os sinais constituídos, exclusivamente, pela forma imposta pela própria natureza do produto, pela forma do produto necessária à obtenção de um resultado técnico ou pela forma que confira um valor substancial ao produto;

c) Os sinais constituídos, exclusivamente, por indicações que possam servir no comércio para designar a espécie, a qualidade, a quantidade, o destino, o valor, a proveniência geográfica, a época ou meio de produção do produto ou da prestação do serviço, ou outras características dos mesmos;

d) As marcas constituídas, exclusivamente, por sinais ou indicações que se tenham tornado usuais na linguagem corrente ou nos hábitos leais e constantes do comércio;

e) As cores, salvo se forem combinadas entre si ou com gráficos, dizeres ou outros elementos de forma peculiar e distintiva.

2 – Os elementos genéricos referidos nas alíneas *a)*, *c)* e *d)* do número anterior que entrem na composição de uma marca não serão considerados de uso exclusivo do requerente, excepto quando, na prática comercial, os sinais tiverem adquirido eficácia distintiva.

3 – A pedido do requerente ou do reclamante, o Instituto Nacional da Propriedade Industrial indica, no despacho de concessão, quais os elementos constitutivos da marca que não ficam de uso exclusivo do requerente.

ART. 224.º (Propriedade e exclusivo) – 1 – O registo confere ao seu titular o direito de propriedade e do exclusivo da marca para os produtos e serviços a que esta se destina.

2 – O Estado poderá, igualmente, gozar da propriedade e do exclusivo das marcas que usa desde que satisfaça as disposições legais.

ART. 225.º (Direito ao registo) – O direito ao registo da marca cabe a quem nisso tenha legítimo interesse, designadamente:

a) Aos industriais ou fabricantes, para assinalar os produtos do seu fabrico;

b) Aos comerciantes, para assinalar os produtos do seu comércio;

c) Aos agricultores e produtores, para assinalar os produtos da sua actividade;

d) Aos criadores ou artífices, para assinalar os produtos da sua arte, ofício ou profissão;

e) Aos que prestam serviços, para assinalar a respectiva actividade.

ART. 226.º (Registo por agente ou representante do titular) – Se o agente ou representante do titular de uma marca registada num dos países membros da União ou da OMC mas não registada em Portugal pedir o registo dessa marca em seu próprio nome, sem autorização do referido titular, tem este o direito de se opor ao registo pedido, a menos que o agente ou representante justifique o seu procedimento.

ART. 227.º (Marca livre) – 1 – Aquele que usar marca livre ou não registada por prazo não superior a seis meses tem, durante esse prazo, direito de prioridade para efectuar o registo, podendo reclamar contra o que for requerido por outrem.

2 – A veracidade dos documentos oferecidos para prova deste direito de prioridade é apreciada livremente, salvo se se tratar de documentos autênticos.

SUBSECÇÃO II — **Marcas colectivas**

ART. 228.º (Definição) – 1 – Entende-se por marca colectiva uma marca de associação ou uma marca de certificação.

2 – Podem constituir marca colectiva os sinais ou indicações utilizados no comércio para designar a origem geográfica dos produtos ou serviços.

3 – O registo da marca colectiva dá, ainda, ao seu titular o direito de disciplinar a comercialização dos respectivos produtos, nas condições estabelecidas na lei, nos estatutos ou nos regulamentos internos.

ART. 229.º (Marca de associação) – Uma marca de associação é um sinal determinado pertencente a uma associação de pessoas singulares ou colectivas, cujos membros o usam, ou têm intenção de usar, para produtos ou serviços relacionados com o objecto da associação.

ART. 230.º (Marca de certificação) – 1 – Uma marca de certificação é um sinal determinado pertencente a uma pessoa colectiva que controla os produtos ou os serviços ou estabelece normas a que estes devem obedecer.

2 – Este sinal serve para ser utilizado nos produtos ou serviços submetidos àquele controlo ou para os quais as normas foram estabelecidas.

CÓDIGO DA PROPRIEDADE INDUSTRIAL																[DL n.º 36/2003] 1423

ART. 231.º (Direito ao registo) – 1 – O direito ao registo das marcas colectivas compete:

a) Às pessoas colectivas a que seja legalmente atribuída ou reconhecida uma marca de garantia ou de certificação e possam aplicá-la a certas e determinadas qualidades dos produtos ou serviços;

b) Às pessoas colectivas que tutelam, controlam ou certificam actividades económicas, para assinalar os produtos dessas actividades, ou que sejam provenientes de certas regiões, conforme os seus fins e nos termos dos respectivos estatutos ou diplomas orgânicos.

2 – As pessoas colectivas a que se refere a alínea *b*) do número anterior devem promover a inserção, nos respectivos diplomas orgânicos, estatutos ou regulamentos internos, de disposições em que se designem as pessoas que têm direito a usar a marca, as condições em que deve ser utilizada e os direitos e obrigações dos interessados no caso de usurpação ou contrafacção.

3 – As alterações aos diplomas orgânicos, estatutos ou regulamentos internos que modifiquem o regime da marca colectiva só produzem efeitos em relação a terceiros se forem comunicadas ao Instituto Nacional da Propriedade Industrial pela direcção do organismo titular do registo.

ART. 232.º (Disposições aplicáveis) – São aplicáveis às marcas colectivas, com as devidas adaptações, as disposições do presente Código relativas às marcas de produtos e serviços.

SECÇÃO II — **PROCESSO DE REGISTO**

SUBSECÇÃO I — **Registo nacional**

ART. 233.º (Pedido) – 1 – O pedido de registo de marca é feito em requerimento, redigido em língua portuguesa, que indique ou contenha:

a) O nome, a firma ou a denominação social do requerente, a sua nacionalidade, o seu domicílio ou o lugar em que está estabelecido, o número de identificação fiscal quando se trate de um residente em Portugal e o endereço de correio electrónico, caso exista;

b) Os produtos ou serviços a que a marca se destina, agrupados pela ordem das classes da classificação internacional dos produtos e serviços e designados em termos precisos, de preferência pelos termos da lista alfabética da referida classificação;

c) A indicação expressa de que a marca é de associação, ou de certificação, caso o requerente pretenda registar uma marca colectiva;

d) A indicação expressa de que a marca é tridimensional ou sonora;

e) O número do registo da recompensa figurada ou referida na marca;

f) As cores em que a marca é usada, se forem reivindicadas como elemento distintivo;

g) O país onde tenha sido apresentado o primeiro pedido de registo da marca, a data e o número dessa apresentação, no caso de o requerente pretender reivindicar o direito de prioridade;

h) A indicação da data a partir da qual usa a marca, no caso previsto no artigo 227.º;

i) A assinatura ou a identificação electrónica do requerente ou do respectivo mandatário.

2 – Para efeitos do que se dispõe no n.º 1 do artigo 11.º, é concedida prioridade ao pedido de registo que primeiro apresentar, para além dos elementos exigidos nas alíneas *a*) e *b*) do n.º 1, uma representação da marca pretendida.

ART. 234.º (Instrução do pedido) – 1 – Ao requerimento deve juntar-se uma representação gráfica do sinal ou, quando se trate de sons, as respectivas frases musicais, em suporte definido por despacho do presidente do conselho directivo do Instituto Nacional da Propriedade Industrial.

2 – Quando nos pedidos de registo for reivindicada uma combinação de cores, a representação gráfica mencionada no número anterior deve exibir as cores reivindicadas.

3 – O requerimento deve ainda ser acompanhado dos seguintes elementos:

a) Autorização de pessoa cujo nome ou retrato figure na marca e não seja o requerente;

b) Indicação das disposições legais e estatutárias ou dos regulamentos internos que disciplinam o seu uso, quando se trate de marcas colectivas;

c) Autorização para incluir na marca quaisquer símbolos, brasões, emblemas ou distinções do Estado, municípios ou outras entidades públicas ou particulares, nacionais ou estrangeiras, o emblema e a denominação da Cruz Vermelha, ou outros organismos semelhantes, bem como quaisquer sinais abrangidos pelo artigo 6.º-ter da Convenção da União de Paris para a Protecção da Propriedade Industrial;

d) Autorização do titular de registo anterior e do possuidor de licença exclusiva, se a houver, e, salvo disposição em contrário no contrato, para os efeitos do disposto no artigo 243.º;

e) Autorização para incluir na marca sinais com elevado valor simbólico, nomeadamente símbolos religiosos.

4 – A falta dos requisitos referidos no número anterior não obsta à relevância do requerimento para efeito de prioridade.

5 – Quando a marca contenha inscrições em caracteres pouco conhecidos, o requerente deve apresentar transliteração e, se possível, tradução dessas inscrições.

6 – Quando nos elementos figurativos de uma marca constem elementos verbais, o requerente deve especificá-los no requerimento de pedido.

1424   [DL n.º 36/2003]   PROPRIEDADE INDUSTRIAL

ART. 235.º (Unicidade do registo) – A mesma marca, destinada ao mesmo produto ou serviço, só pode ter um registo.

ART. 236.º (Publicação do pedido) – 1 – Da apresentação do pedido publica-se aviso no *Boletim da Propriedade Industrial*, para efeito de reclamação de quem se julgar prejudicado pela eventual concessão do registo.

2 – A publicação deve conter a reprodução da marca, a classificação dos produtos e serviços nas respectivas classes, nos termos da classificação internacional, e mencionar as indicações a que se refere o n.º 1 do artigo 233.º, com excepção do número de identificação fiscal e do endereço electrónico do requerente.

3 – Compete ao Instituto Nacional da Propriedade Industrial verificar a classificação a que se refere o número anterior, corrigindo-a, se for caso disso, através da inclusão dos termos precisos ou da supressão dos termos incorrectos.

ART. 237.º (Tramitação processual) – 1 – O Instituto Nacional da Propriedade Industrial procede ao estudo do processo, o qual consiste no exame da marca registanda e sua comparação com outras marcas e sinais distintivos do comércio.

2 – *(Revogado.)*

3 – O registo é concedido quando, efectuado o exame, não tiver sido detectado fundamento de recusa e a reclamação, se a houver, for considerada improcedente.

4 – O registo é, desde logo, recusado quando a reclamação for considerada procedente.

5 – O registo é recusado provisoriamente quando o exame revelar fundamento de recusa e a reclamação, se a houver, não tiver sido considerada procedente.

6 – Da recusa provisória é feita a correspondente notificação, devendo o requerente responder no prazo de um mês, sob cominação de a recusa se tornar definitiva se se mantiverem as objecções detectadas, podendo este prazo ser prorrogado, uma única vez, pelo mesmo período, a requerimento do interessado.

7 – *(Revogado.)*

8 – Se, perante a resposta do requerente, se concluir que a recusa não tem fundamento, ou que as objecções levantadas foram sanadas, o despacho é proferido no prazo de um mês a contar da apresentação da referida resposta, sem prejuízo do disposto no n.º 7 do artigo 11.º.

9 – Se, perante a resposta do requerente, não houver alteração de avaliação, a recusa provisória é objecto de despacho definitivo.

10 – *(Revogado.)*

11 – Do despacho definitivo é imediatamente efectuada notificação, nos termos do n.º 1 do artigo 16.º, com indicação do Boletim da Propriedade Industrial em que o respectivo aviso foi publicado.

ART. 238.º (Fundamentos de recusa do registo) – 1 – Para além do que se dispõe no artigo 24.º, o registo de uma marca é recusado quando esta:

a) Seja constituída por sinais insusceptíveis de representação gráfica;

b) Seja constituída por sinais desprovidos de qualquer carácter distintivo;

c) Seja constituída, exclusivamente, por sinais ou indicações referidos nas alíneas *b)* a *e)* do n.º 1 do artigo 223.º;

d) *(Revogada.)*

e) Contrarie o disposto nos artigos 222.º, 225.º, 228.º a 231.º e 235.º

2 – *(Revogado.)*

3 – Não é recusado o registo de uma marca constituída, exclusivamente, por sinais ou indicações referidos nas alíneas *a)*, *c)* e *d)* do n.º 1 do artigo 223.º se esta tiver adquirido carácter distintivo.

4 – É ainda recusado o registo de uma marca que contenha em todos ou alguns dos seus elementos:

a) Símbolos, brasões, emblemas ou distinções do Estado, dos municípios ou de outras entidades públicas ou particulares, nacionais ou estrangeiras, o emblema e a denominação da Cruz Vermelha, ou de outros organismos semelhantes, bem como quaisquer sinais abrangidos pelo artigo 6.º-ter da Convenção da União de Paris para a Protecção da Propriedade Industrial, salvo autorização;

b) Sinais com elevado valor simbólico, nomeadamente símbolos religiosos, salvo autorização;

c) Expressões ou figuras contrárias à lei, moral, ordem pública e bons costumes;

d) Sinais que sejam susceptíveis de induzir o público em erro, nomeadamente sobre a natureza, qualidades, utilidade ou proveniência geográfica do produto ou serviço a que a marca se destina.

5 – É também recusado o registo de uma marca que seja constituída, exclusivamente, pela Bandeira Nacional da República Portuguesa ou por alguns dos seus elementos.

6 – É ainda recusado o registo de uma marca que contenha, entre outros elementos, a Bandeira Nacional nos casos em que seja susceptível de:

a) Induzir o público em erro sobre a proveniência geográfica dos produtos ou serviços a que se destina;

b) Levar o consumidor a supor, erradamente, que os produtos ou serviços provêm de uma entidade oficial;

c) Produzir o desrespeito ou o desprestígio da Bandeira Nacional ou de algum dos seus elementos.

ART. 239.º (Outros fundamentos de recusa) – 1 – Constitui ainda fundamento de recusa do registo de marca:

a) A reprodução ou imitação, no todo ou em parte, de marca anteriormente registada por outrem para produtos ou serviços idênticos ou afins, que possa induzir em erro ou confusão o consumidor ou que compreenda o risco de associação com a marca registada;

CÓDIGO DA PROPRIEDADE INDUSTRIAL   [**DL n.º 36/2003**]   1425

b) A reprodução ou imitação, no todo ou em parte, de logótipo anteriormente registado por outrem para distinguir uma entidade cuja actividade seja idêntica ou afim aos produtos ou serviços a que a marca se destina, se for susceptível de induzir o consumidor em erro ou confusão;

c) A infracção de outros direitos de propriedade industrial;

d) O emprego de nomes, retratos ou quaisquer expressões ou figurações, sem que tenha sido obtida autorização das pessoas a que respeitem e, sendo já falecidos, dos seus herdeiros ou parentes até ao 4.º grau ou, ainda que obtida, se produzir o desrespeito ou desprestígio daquelas pessoas;

e) O reconhecimento de que o requerente pretende fazer concorrência desleal ou de que esta é possível independentemente da sua intenção.

2 – Quando invocado em reclamação, constitui também fundamento de recusa:

a) A reprodução ou imitação de firma, de denominação social e de outros sinais distintivos, ou apenas parte característica dos mesmos, que não pertençam ao requerente, ou que o mesmo não esteja autorizado a usar, se for susceptível de induzir o consumidor em erro ou confusão;

b) A infracção de direitos de autor;

c) O emprego de referências a determinada propriedade rústica ou urbana que não pertença ao requerente;

d) A infracção do disposto no artigo 226.º.

3 – No caso previsto na alínea *d*) do número anterior, em vez da recusa do registo pode ser concedida a sua transmissão, total ou parcial, a favor do titular, se este a tiver pedido.

ART. 240.º (Imitação de embalagens ou rótulos não registados) – 1 – É ainda recusado o registo das marcas que, nos termos das alíneas *b*) e *c*) do n.º 1 do artigo 245.º, constituam reprodução ou imitação de determinado aspecto exterior, nomeadamente de embalagem, ou rótulo, com as respectivas forma, cor e disposição de dizeres, medalhas, recompensas e demais elementos, comprovadamente usado por outrem nas suas marcas registadas.

2 – Os interessados na recusa dos registos das marcas a que se refere este artigo só podem intervir no respectivo processo depois de terem efectuado o pedido de registo da sua marca com os elementos do aspecto exterior referidos no número anterior.

ART. 241.º (Marcas notórias) – 1 – É recusado o registo de marca que, no todo ou em parte essencial, constitua reprodução, imitação ou tradução de outra notoriamente conhecida em Portugal, se for aplicada a produtos ou serviços idênticos ou afins e com ela possa confundir-se ou se, dessa aplicação, for possível estabelecer uma associação com o titular da marca notória.

2 – Os interessados na recusa dos registos das marcas a que se refere o número anterior só podem intervir no respectivo processo depois de terem efectuado o pedido de registo da marca que dá origem e fundamenta o seu interesse.

ART. 242.º (Marcas de prestígio) – 1 – Sem prejuízo do disposto no artigo anterior, o pedido de registo será igualmente recusado se a marca, ainda que destinada a produtos ou serviços sem identidade ou afinidade, constituir tradução, ou for igual ou semelhante, a uma marca anterior que goze de prestígio em Portugal ou na Comunidade Europeia, se for comunitária, e sempre que o uso da marca posterior procure tirar partido indevido do carácter distintivo ou do prestígio da marca, ou possa prejudicá-los.

2 – Aplica-se ao n.º 1 o disposto no n.º 2 do artigo anterior, entendendo-se que, neste caso, o registo da marca deverá ser requerido para os produtos ou serviços que lhe deram prestígio.

ART. 243.º (Declaração de consentimento) – O registo de marca susceptível de confusão com marcas ou outros direitos de propriedade industrial anteriormente registados exige declaração de consentimento dos titulares desses direitos e dos possuidores de licenças exclusivas, se os houver e os contratos não dispuserem de forma diferente.

ART. 244.º (Recusa parcial) – Quando existam motivos para recusa do registo de uma marca apenas no que respeita a alguns dos produtos ou serviços para que este foi pedido, a recusa abrange, apenas, esses produtos ou serviços.

ART. 245.º (Conceito de imitação ou de usurpação) – 1 – A marca registada considera-se imitada ou usurpada por outra, no todo ou em parte, quando, cumulativamente:

a) A marca registada tiver prioridade;

b) Sejam ambas destinadas a assinalar produtos ou serviços idênticos ou afins;

c) Tenham tal semelhança gráfica, figurativa, fonética ou outra que induza facilmente o consumidor em erro ou confusão, ou que compreenda um risco de associação com marca anteriormente registada, de forma que o consumidor não as possa distinguir senão depois de exame atento ou confronto.

2 – Para os efeitos da alínea *b*) do n.º 1:

a) Produtos e serviços que estejam inseridos na mesma classe da classificação de Nice podem não ser considerados afins;

b) Produtos e serviços que não estejam inseridos na mesma classe da classificação de Nice podem ser considerados afins.

1426 [DL n.º 36/2003] PROPRIEDADE INDUSTRIAL

3 – Considera-se imitação ou usurpação parcial de marca o uso de certa denominação de fantasia que faça parte de marca alheia anteriormente registada.

ART. 246.º (Processo especial de registo) – *(Revogado.)*

Subsecção II — **Marca comunitária**

ART. 247.º (Transformação em pedido de registo de marca nacional) – 1 – Quando o pedido de registo de marca comunitária for recusado, retirado ou considerado retirado, ou quando o registo da marca comunitária deixar de produzir efeitos, o respectivo requerente ou titular pode requerer a transformação do seu pedido, ou do seu registo, em pedido de registo de marca nacional, nos termos do Regulamento referido no n.º 2 do artigo 40.º.

2 – Recebido um requerimento de transformação, nos termos do número anterior, o Instituto Nacional da Propriedade Industrial decide acerca da sua admissibilidade, posto o que notifica o requerente para, no prazo de dois meses a contar dessa notificação:

a) Preencher, em língua portuguesa, formulário próprio relativo ao pedido de registo nacional;

b) Juntar uma representação gráfica do sinal ou, quando se trate de sons, as respectivas frases musicais, em suporte definido por despacho do presidente do conselho directivo do Instituto Nacional da Propriedade Industrial;

c) *(Revogada.)*

d) Indicar morada em Portugal, endereço electrónico ou número de fax, se estiver nas condições previstas na alínea *b)* do n.º 1 do artigo 10.º, para efeitos do disposto no n.º 4 do mesmo artigo;

e) Pagar a taxa correspondente ao pedido de registo nacional.

3 – Cumpridos os requisitos indicados no número anterior, é-lhe atribuído um número de processo de registo nacional, seguindo-se a tramitação correspondente.

Subsecção III — **Registo internacional**

ART. 248.º (Direito ao registo) – 1 – O requerente ou o titular de um registo de marca, de nacionalidade portuguesa, domiciliado ou estabelecido em Portugal, pode assegurar a protecção da sua marca nas partes contratantes que constituem a União de Madrid, nos termos previstos no Acordo ou no Protocolo de Madrid.

2 – *(Revogado.)*

ART. 249.º (Pedido) – O pedido de registo internacional é formulado em impresso próprio e apresentado no Instituto Nacional da Propriedade Industrial, nos termos previstos no Acordo ou no Protocolo.

ART. 250.º (Renúncia) – O titular de um registo internacional pode sempre renunciar à protecção da sua marca, total ou parcialmente, no território de uma ou várias partes contratantes, nos termos previstos no Acordo ou no Protocolo de Madrid.

ART. 251.º (Alterações ao registo) – 1 – O Instituto Nacional da Propriedade Industrial notifica a referida Secretaria Internacional de todas as alterações sofridas pelo registo das marcas nacionais que possam influir no registo internacional, para os efeitos de inscrição neste, bem como de publicação e notificação aos países contratantes que lhes tenham concedido protecção.

2 – São recusados quaisquer pedidos de averbamento de transmissão de marcas a favor de pessoas sem qualidade jurídica para obter um registo internacional.

ART. 252.º (Publicação do pedido) – Do pedido de protecção em Portugal publica-se aviso no *Boletim da Propriedade Industrial*, para efeito de reclamação de quem se considerar prejudicado pela eventual concessão do registo.

ART. 253.º (Formalidades processuais) – 1 – É aplicável às marcas do registo internacional o disposto nos n.ᵒˢ 1 e 3 a 11 do artigo 237.º.

2 – Os termos subsequentes do processo são regulados igualmente pelas disposições aplicáveis ao registo nacional e pelas disposições previstas no Acordo e Protocolo de Madrid.

ART. 254.º (Fundamentos de recusa) – É recusada a protecção em território português a marcas do registo internacional quando ocorra qualquer fundamento de recusa do registo nacional.

Secção III — **EFEITOS DO REGISTO**

ART. 255.º (Duração) – A duração do registo é de 10 anos, contados a partir da data da respectiva concessão, podendo ser indefinidamente renovado por iguais períodos.

ART. 256.º (Declaração de intenção de uso) – *(Revogado.)*

CÓDIGO DA PROPRIEDADE INDUSTRIAL   [DL n.º 36/2003]   1427

ART. 257.º (Indicação do registo) – Durante a vigência do registo, o seu titular pode usar nos produtos as palavras «Marca registada», as iniciais «M. R.», ou ainda simplesmente (ver documento original).

ART. 258.º (Direitos conferidos pelo registo) – O registo da marca confere ao seu titular o direito de impedir terceiros, sem o seu consentimento, de usar, no exercício de actividades económicas, qualquer sinal igual, ou semelhante, em produtos ou serviços idênticos ou afins daqueles para os quais a marca foi registada, e que, em consequência da semelhança entre os sinais e da afinidade dos produtos ou serviços, possa causar um risco de confusão, ou associação, no espírito do consumidor.

ART. 259.º (Esgotamento do direito) – 1 – Os direitos conferidos pelo registo não permitem ao seu titular proibir o uso da marca em produtos comercializados, pelo próprio ou com o seu consentimento, no espaço económico europeu.

2 – O disposto no número anterior não é aplicável sempre que existam motivos legítimos, nomeadamente quando o estado desses produtos seja modificado ou alterado após a sua colocação no mercado.

ART. 260.º (Limitações aos direitos conferidos pelo registo) – Os direitos conferidos pelo registo da marca não permitem ao seu titular impedir terceiros de usar, na sua actividade económica, desde que tal seja feito em conformidade com as normas e os usos honestos em matéria industrial e comercial:

a) O seu próprio nome e endereço;

b) Indicações relativas à espécie, à qualidade, à quantidade, ao destino, ao valor, à proveniência geográfica, à época e meio de produção do produto ou da prestação do serviço ou a outras características dos produtos ou serviços;

c) A marca, sempre que tal seja necessário para indicar o destino de um produto ou serviço, nomeadamente sob a forma de acessórios ou peças sobressalentes.

ART. 261.º (Inalterabilidade da marca) – 1 – A marca deve conservar-se inalterada, ficando qualquer mudança nos seus elementos sujeita a novo registo.

2 – Do disposto no número anterior exceptuam-se as simples modificações que não prejudiquem a identidade da marca e só afectem as suas proporções, o material em que tiver sido cunhada, gravada ou reproduzida e a tinta ou a cor, se esta não tiver sido expressamente reivindicada como uma das características da marca.

3 – Também não prejudica a identidade da marca a inclusão ou supressão da indicação expressa do produto ou serviço a que a marca se destina e do ano de produção nem a alteração relativa ao domicílio ou lugar em que o titular está estabelecido.

4 – A marca nominativa só está sujeita às regras da inalterabilidade no que respeita às expressões que a constituem, podendo ser usada com qualquer aspecto figurativo desde que não ofenda direitos de terceiros.

Secção IV — **TRANSMISSÃO E LICENÇAS**

ART. 262.º (Transmissão) – 1 – Os registos de marcas são transmissíveis se tal não for susceptível de induzir o público em erro quanto à proveniência do produto ou do serviço ou aos caracteres essenciais para a sua apreciação.

2 – Quando a transmissão for parcial em relação aos produtos ou serviços, deve ser requerida cópia do processo, que servirá de base a registo autónomo, incluindo o direito ao título.

3 – Aos pedidos de registo é aplicável o disposto nos números anteriores e, no caso de transmissão parcial, os novos pedidos conservam as prioridades a que tinham direito.

ART. 263.º (Limitações à transmissão) – As marcas registadas a favor dos organismos que tutelam ou controlam actividades económicas não são transmissíveis, salvo disposição especial de lei, estatutos ou regulamentos internos.

ART. 264.º (Licenças) – O titular do registo de marca pode invocar os direitos conferidos pelo registo contra o licenciado que infrinja qualquer cláusula, ou disposição, do contrato de licença, em especial no que respeita ao seu prazo de validade, à identidade da marca, à natureza dos produtos ou serviços para os quais foi concedida a licença, à delimitação da zona ou território ou à qualidade dos produtos fabricados ou dos serviços prestados pelo licenciado.

Secção V — **EXTINÇÃO DO REGISTO DE MARCA OU DE DIREITOS DELE DERIVADOS**

ART. 265.º (Nulidade) – 1 – Para além do que se dispõe no artigo 33.º, o registo de marca é nulo quando, na sua concessão, tenha sido infringido o previsto:

a) Nos n.ºˢ 1 e 4 a 6 do artigo 238.º;

b) *(Revogada.)*

2 – É aplicável às acções de nulidade, com as necessárias adaptações, o disposto no n.º 3 do artigo 238.º.

ART. 266.º (Anulabilidade) – 1 – Para além do que se dispõe no artigo 34.º, o registo da marca é anulável quando, na sua concessão, tenha sido infringido o previsto nos artigos 239.º a 242.º.

1428 [DL n.º 36/2003] PROPRIEDADE INDUSTRIAL

2 – O interessado na anulação do registo das marcas, com fundamento no disposto nos artigos 241.º ou 242.º, deve requerer o registo da marca que dá origem ao pedido de anulação para os produtos ou serviços que lhe deram notoriedade ou prestígio, respectivamente.

3 – O registo não pode ser anulado se a marca anterior, invocada em oposição, não satisfizer a condição de uso sério, nos termos do artigo 268.º.

4 – As acções de anulação devem ser propostas no prazo de 10 anos a contar da data do despacho de concessão do registo, sem prejuízo do direito de pedir a anulação de marca registada de má fé que é imprescritível.

ART. 267.º (Preclusão por tolerância) – 1 – O titular de uma marca registada que, tendo conhecimento do facto, tiver tolerado, durante um período de cinco anos consecutivos, o uso de uma marca registada posterior deixa de ter direito, com base na sua marca anterior, a requerer a anulação do registo da marca posterior, ou a opor-se ao seu uso, em relação aos produtos ou serviços nos quais a marca posterior tenha sido usada, salvo se o registo da marca posterior tiver sido efectuado de má fé.

2 – O prazo de cinco anos, previsto no número anterior, conta-se a partir do momento em que o titular teve conhecimento do facto.

3 – O titular do registo de marca posterior não pode opor-se ao direito anterior, mesmo que este já não possa ser invocado contra a marca posterior.

ART. 268.º (Uso da marca) – 1 – Considera-se uso sério da marca:

a) O uso da marca tal como está registada ou que dela não difira senão em elementos que não alterem o seu carácter distintivo, de harmonia com o disposto no artigo 261.º, feito pelo titular do registo, ou por seu licenciado, com licença devidamente averbada;

b) O uso da marca, tal como definida na alínea anterior, para produtos ou serviços destinados apenas a exportação;

c) A utilização da marca por um terceiro, desde que o seja sob controlo do titular e para efeitos da manutenção do registo.

2 – Considera-se uso da marca colectiva o que é feito com o consentimento do titular.

3 – Considera-se uso da marca de garantia ou certificação o que é feito por pessoa habilitada.

4 – O início ou o reatamento do uso sério nos três meses imediatamente anteriores à apresentação de um pedido de declaração de caducidade, contados a partir do fim do período ininterrupto de cinco anos de não uso, não é, contudo, tomado em consideração se as diligências para o início ou reatamento do uso só ocorrerem depois de o titular tomar conhecimento de que pode vir a ser efectuado esse pedido de declaração de caducidade.

ART. 269.º (Caducidade) – 1 – Para além do que se dispõe no artigo 37.º, a caducidade do registo deve ser declarada se a marca não tiver sido objecto de uso sério durante cinco anos consecutivos, salvo justo motivo e sem prejuízo do disposto no n.º 4 e no artigo 268.º.

2 – Deve ainda ser declarada a caducidade do registo se, após a data em que o mesmo foi efectuado:

a) A marca se tiver transformado na designação usual no comércio do produto ou serviço para que foi registada, como consequência da actividade, ou inactividade, do titular;

b) A marca se tornar susceptível de induzir o público em erro, nomeadamente acerca da natureza, qualidade e origem geográfica desses produtos ou serviços, no seguimento do uso feito pelo titular da marca, ou por terceiro com o seu consentimento, para os produtos ou serviços para que foi registada.

3 – A caducidade do registo da marca colectiva deve ser declarada:

a) Se deixar de existir a pessoa colectiva a favor da qual foi registada;

b) Se essa pessoa colectiva consentir que a marca seja usada de modo contrário aos seus fins gerais ou às prescrições estatutárias.

4 – O registo não caduca se, antes de requerida a declaração de caducidade, já tiver sido iniciado ou reatado o uso sério da marca, sem prejuízo do que se dispõe no n.º 4 do artigo anterior.

5 – O prazo referido no n.º 1 inicia-se com o registo da marca, que, para as marcas internacionais, é a data do registo na Secretaria Internacional.

6 – Quando existam motivos para a caducidade do registo de uma marca, apenas no que respeita a alguns dos produtos ou serviços para que este foi efectuado, a caducidade abrange apenas esses produtos ou serviços.

ART. 270.º (Pedidos de declaração de caducidade) – 1 – Os pedidos de declaração de caducidade são apresentados no Instituto Nacional da Propriedade Industrial.

2 – Os pedidos referidos no número anterior podem fundamentar-se em qualquer dos motivos estabelecidos nos n.ᵒˢ 1 a 3 do artigo anterior.

3 – O titular do registo é sempre notificado do pedido de declaração de caducidade para responder, querendo, no prazo de um mês.

4 – A requerimento do interessado, apresentado em devido tempo, o prazo a que se refere o número anterior pode ser prorrogado, uma única vez, por mais um mês.

CÓDIGO DA PROPRIEDADE INDUSTRIAL [DL n.º 36/2003] 1429

5 – *(Revogado.)*

6 – Cumpre ao titular do registo ou a seu licenciado, se o houver, provar o uso da marca, sem o que esta se presume não usada.

7 – Decorrido o prazo de resposta, o Instituto Nacional da Propriedade Industrial decide, no prazo de um mês, sobre a declaração de caducidade do registo.

8 – O processo de caducidade extingue-se se, antes da decisão, ocorrer a desistência do respectivo pedido.

9 – A caducidade só produz efeitos depois de declarada em processo que corre os seus termos no Instituto Nacional da Propriedade Industrial.

10 – A caducidade é averbada e dela se publicará aviso no *Boletim da Propriedade Industrial.*

CAPÍTULO V — **Recompensas**

Secção I — **DISPOSIÇÕES GERAIS**

ART. 271.º (Objecto) – Consideram-se recompensas:

a) As condecorações de mérito conferidas pelo Estado Português ou por Estados estrangeiros;

b) As medalhas, diplomas e prémios pecuniários ou de qualquer outra natureza obtidos em exposições, feiras e concursos, oficiais ou oficialmente reconhecidos, realizados em Portugal ou em países estrangeiros;

c) Os diplomas e atestados de análise, ou louvor, passados por laboratórios ou serviços do Estado ou de organismos para tal fim qualificados;

d) Os títulos de fornecedor do Chefe do Estado, Governo e outras entidades ou estabelecimentos oficiais, nacionais ou estrangeiros;

e) Quaisquer outros prémios ou demonstrações de preferência de carácter oficial.

ART. 272.º (Condições da menção das recompensas) – As recompensas não podem ser aplicadas a produtos ou serviços diferentes daqueles para que foram conferidas.

ART. 273.º (Propriedade) – As recompensas, de qualquer ordem, conferidas aos industriais, comerciantes, agricultores e demais empresários constituem propriedade sua.

Secção II — **PROCESSO DE REGISTO**

ART. 274.º (Pedido) – O pedido de registo de recompensas é feito em requerimento, redigido em língua portuguesa, onde se indique:

a) O nome, a firma ou a denominação social do requerente, a sua nacionalidade, o seu domicílio ou o lugar em que está estabelecido, o número de identificação fiscal quando se trate de um residente em Portugal e o endereço de correio electrónico, caso exista;

b) As recompensas cujo registo pretende, entidades que as concederam e respectivas datas;

c) Os produtos ou serviços que mereceram a concessão;

d) O logótipo a que a recompensa está ligada, no todo ou em parte, quando for o caso;

e) A assinatura ou a identificação electrónica do requerente ou do respectivo mandatário.

ART. 275.º (Instrução do pedido) – 1 – Ao requerimento devem juntar-se originais ou fotocópias autenticadas dos diplomas, ou outros documentos comprovativos da concessão.

2 – A prova da concessão da recompensa pode também fazer-se juntando um exemplar, devidamente legalizado, da publicação oficial em que tiver sido conferida ou publicada a recompensa, ou só a parte necessária e suficiente para identificação da mesma.

3 – O Instituto Nacional da Propriedade Industrial pode exigir a apresentação de traduções em português dos diplomas ou outros documentos redigidos em línguas estrangeiras.

4 – O registo das recompensas em que se incluam referências a logótipos supõe o seu registo prévio.

ART. 276.º (Fundamentos de recusa) – Para além do que se dispõe no artigo 24.º, o registo de recompensas é recusado quando:

a) Estas, pela sua natureza, não possam incluir-se em qualquer das categorias previstas no presente Código;

b) Se prove que têm sido aplicadas a produtos ou serviços diferentes daqueles para que foram conferidas;

c) Tenha havido transmissão da sua propriedade sem a do estabelecimento, ou da parte deste que interessar, quando for o caso;

d) Se mostre que a recompensa foi revogada ou não pertence ao requerente.

ART. 277.º (Restituição de documentos) – 1 – Findo o prazo para interposição de recurso, os diplomas, ou outros documentos, constantes do processo são restituídos aos requerentes que o solicitem em requerimento e substituídos no processo por fotocópias autenticadas.

2 – A restituição é feita mediante recibo, que será junto ao processo.

1430   [DL n.º 36/2003]   PROPRIEDADE INDUSTRIAL

Secção III — USO E TRANSMISSÃO

ART. 278.º (Indicação de recompensas) – O uso de recompensas legitimamente obtidas é permitido, independente de registo, mas só quando este tiver sido efectuado é que a referência, ou cópia, das mesmas se poderá fazer acompanhar da designação «Recompensa registada» ou das abreviaturas «'R. R.'», «'RR'» ou «RR».

ART. 279.º (Transmissão) – A transmissão da propriedade das recompensas faz-se com as formalidades legais exigidas para a transmissão dos bens de que são acessório.

Secção IV — EXTINÇÃO DO REGISTO

ART. 280.º (Anulabilidade) – Para além do que se dispõe no artigo 34.º, o registo é anulável quando for anulado o título da recompensa.

ART. 281.º (Caducidade) – 1 – O registo caduca quando a concessão da recompensa for revogada ou cancelada. 2 – A caducidade do registo determina a extinção do uso da recompensa.

CAPÍTULO VI — Nome e insígnia de estabelecimento

Secção I — DISPOSIÇÕES GERAIS

ART. 282.º (Direito ao registo) – *(Revogado.)*

ART. 283.º (Constituição do nome de estabelecimento) – *(Revogado.)*

ART. 284.º (Constituição da insígnia de estabelecimento) – *(Revogado.)*

ART. 285.º (Fundamentos de recusa) – *(Revogado.)*

Secção II — PROCESSO DE REGISTO

ART. 286.º (Pedido) – *(Revogado.)*

ART. 287.º (Instrução do pedido) – *(Revogado.)*

ART. 288.º (Declaração de consentimento) – *(Revogado.)*

ART. 289.º (Unicidade do registo) – *(Revogado.)*

ART. 290.º (Publicação do pedido) – *(Revogado.)*

ART. 291.º (Formalidades subsequentes) – *(Revogado.)*

ART. 292.º (Recusa) – *(Revogado.)*

Secção III — DOS EFEITOS DO REGISTO

ART. 293.º (Duração) – *(Revogado.)*

ART. 294.º (Indicação do nome ou da insígnia de estabelecimento) – *(Revogado.)*

ART. 295.º (Direitos conferidos pelo registo) – *(Revogado.)*

ART. 296.º (Inalterabilidade do nome ou da insígnia de estabelecimento) – *(Revogado.)*

Secção IV — TRANSMISSÃO, NULIDADE, ANULABILIDADE E CADUCIDADE DO REGISTO

ART. 297.º (Transmissão) – *(Revogado.)*

ART. 298.º (Nulidade) – *(Revogado.)*

ART. 299.º (Anulabilidade) – *(Revogado.)*

ART. 300.º (Caducidade) – *(Revogado.)*

CAPÍTULO VII — Logótipos

ART. 301.º (Constituição dos logótipos) – *(Revogado.)*

CÓDIGO DA PROPRIEDADE INDUSTRIAL   [DL n.º 36/2003]   1431

ART. 302.º (Direito ao logótipo) – *(Revogado.)*

ART. 303.º (Indicação do logótipo) – *(Revogado.)*

ART. 304.º (Normas aplicáveis) – *(Revogado.)*

Secção I — **DISPOSIÇÕES GERAIS**

ART. 304.º-A (Constituição do logótipo) – 1 – O logótipo pode ser constituído por um sinal ou conjunto de sinais susceptíveis de representação gráfica, nomeadamente por elementos nominativos, figurativos ou por uma combinação de ambos.

2 – O logótipo deve ser adequado a distinguir uma entidade que preste serviços ou comercialize produtos, podendo ser utilizado, nomeadamente, em estabelecimentos, anúncios, impressos ou correspondência.

ART. 304.º-B (Direito ao registo) – Tem legitimidade para requerer o registo de um logótipo qualquer entidade individual ou colectiva, de carácter público ou privado, que nele tenha interesse legítimo.

Secção II — **PROCESSO DE REGISTO**

ART. 304.º-C (Unicidade do registo) – 1 – O mesmo sinal, quando se destine a individualizar uma mesma entidade, só pode ser objecto de um registo de logótipo.

2 – A mesma entidade pode ser individualizada através de diferentes registos de logótipo.

ART. 304.º-D (Pedido) – 1 – O pedido de registo de logótipo é feito em requerimento, redigido em língua portuguesa, que indique ou contenha:

a) O nome, a firma ou a denominação social do requerente, a sua nacionalidade, o seu domicílio, o número de identificação fiscal quando se trate de um residente em Portugal e o endereço de correio electrónico, caso exista;

b) O tipo de serviços prestados ou de produtos comercializados pela entidade que se pretende distinguir, acompanhados da indicação do respectivo código da classificação portuguesa das actividades económicas;

c) As cores em que o logótipo é usado, se forem reivindicadas como elemento distintivo;

d) A assinatura ou a identificação electrónica do requerente ou do seu mandatário.

2 – Para efeitos do que se dispõe no n.º 1 do artigo 11.º, é concedida prioridade ao pedido de registo que primeiro apresentar, para além dos elementos exigidos nas alíneas *a)* e *b)* do número anterior, uma representação do logótipo pretendido.

ART. 304.º-E (Instrução do pedido) – 1 – Ao requerimento deve juntar-se uma representação gráfica do sinal, em suporte definido por despacho do presidente do conselho directivo do Instituto Nacional da Propriedade Industrial.

2 – Quando nos pedidos de registo for reivindicada uma combinação de cores, a representação gráfica mencionada no número anterior deve exibir as cores reivindicadas.

3 – Ao requerimento devem ainda juntar-se as autorizações referidas no n.º 3 do artigo 234.º.

4 – A falta das autorizações referidas no número anterior não obsta à relevância do requerimento para efeitos de prioridade, não podendo o registo, porém, ser concedido sem que estejam preenchidos todos os requisitos acima referidos.

5 – Quando o logótipo contenha inscrições em caracteres pouco conhecidos, o requerente deve apresentar transliteração e, se possível, tradução dessas inscrições.

6 – Quando nos elementos figurativos de um logótipo constem elementos verbais, o requerente deve especificá-los no requerimento de pedido.

ART. 304.º-F (Publicação do pedido) – 1 – Da apresentação do pedido publica-se aviso no *Boletim da Propriedade Industrial*, para efeito de reclamação de quem se julgar prejudicado pela eventual concessão do registo.

2 – A publicação deve conter a reprodução do logótipo e mencionar as indicações a que se refere o n.º 1 do artigo 304.º-D, com excepção do número de identificação fiscal e do endereço electrónico do requerente.

ART. 304.º-G (Tramitação processual) – Ao registo dos logótipos são aplicáveis, com as necessárias adaptações, as formalidades processuais a que se refere o artigo 237.º, relativo às marcas.

ART. 304.º-H (Fundamentos de recusa do registo) – 1 – Para além do que se dispõe no artigo 24.º, o registo de um logótipo é recusado quando:

a) Seja constituído por sinais insusceptíveis de representação gráfica;

b) Seja constituído por sinais desprovidos de qualquer carácter distintivo;

c) Seja constituído, exclusivamente, por sinais ou indicações referidos nas alíneas *b)* a *e)* do n.º 1 do artigo 223.º;

d) Contrarie o disposto nos artigos 304.º-A a 304.º-C.

2 – Não é recusado o registo de um logótipo constituído, exclusivamente, por sinais ou indicações referidos nas alíneas *a)*, *c)* e *d)* do n.º 1 do artigo 223.º se este tiver adquirido carácter distintivo.

1432 [DL n.º 36/2003]   PROPRIEDADE INDUSTRIAL

3 – É recusado o registo de um logótipo que contenha em todos ou alguns dos seus elementos:
a) Símbolos, brasões, emblemas ou distinções do Estado, dos municípios ou de outras entidades públicas ou particulares, nacionais ou estrangeiras, o emblema e a denominação da Cruz Vermelha, ou de outros organismos semelhantes, bem como quaisquer sinais abrangidos pelo artigo 6.º-ter da Convenção da União de Paris para a Protecção da Propriedade Industrial, salvo autorização;
b) Sinais com elevado valor simbólico, nomeadamente símbolos religiosos, salvo autorização;
c) Expressões ou figuras contrárias à lei, moral, ordem pública e bons costumes;
d) Sinais que sejam susceptíveis de induzir em erro o público, nomeadamente sobre a actividade exercida pela entidade que se pretende distinguir.

4 – É também recusado o registo de um logótipo que seja constituído, exclusivamente, pela Bandeira Nacional da República Portuguesa ou por alguns dos seus elementos.

5 – É ainda recusado o registo de um logótipo que contenha, entre outros elementos, a Bandeira Nacional nos casos em que seja susceptível de:
a) Induzir o público em erro sobre a proveniência geográfica dos produtos comercializados ou dos serviços prestados pela entidade a que se destina;
b) Levar o consumidor a supor, erradamente, que os produtos ou serviços provêm de uma entidade oficial;
c) Produzir o desrespeito ou o desprestígio da Bandeira Nacional ou de algum dos seus elementos.

ART. 304.º-I (Outros fundamentos de recusa) – 1 – Constitui ainda fundamento de recusa do registo:
a) A reprodução ou imitação, no todo ou em parte, de logótipo anteriormente registado por outrem para distinguir uma entidade cuja actividade seja idêntica ou afim à exercida pela entidade que se pretende distinguir, se for susceptível de induzir o consumidor em erro ou confusão;
b) A reprodução ou imitação, no todo ou em parte, de marca anteriormente registada por outrem para produtos ou serviços idênticos ou afins aos abrangidos no âmbito da actividade exercida pela entidade que se pretende distinguir, se for susceptível de induzir o consumidor em erro ou confusão ou se criar o risco de associação com a marca registada;
c) A infracção de outros direitos de propriedade industrial;
d) O emprego de nomes, retratos ou quaisquer expressões ou figurações, sem que tenha sido obtida autorização das pessoas a que respeitem e, sendo já falecidos, dos seus herdeiros ou parentes até ao 4.º grau ou, ainda que obtida, se produzir o desrespeito ou desprestígio daquelas pessoas;
e) O reconhecimento de que o requerente pretende fazer concorrência desleal ou de que esta é possível independentemente da sua intenção;
f) O emprego de nomes, designações, figuras ou desenhos que sejam reprodução, ou imitação, de logótipo já registado por outrem, sendo permitido porém que duas ou mais pessoas com nomes patronímicos iguais os incluam no respectivo logótipo, desde que se distingam perfeitamente.

2 – Aplicam-se também ao registo de logótipo, com as necessárias adaptações, os fundamentos de recusa previstos nos artigos 240.º a 242.º

3 – Quando invocado em reclamação, constitui também fundamento de recusa:
a) A reprodução ou imitação de firma e denominação social, ou apenas de parte característica das mesmas, que não pertençam ao requerente, ou que o mesmo não esteja autorizado a usar, se for susceptível de induzir o consumidor em erro ou confusão;
b) A infracção de direitos de autor;
c) O emprego de referências a determinada propriedade rústica ou urbana que não pertença ao requerente.

ART. 304.º-J (Declaração de consentimento) – Ao registo dos logótipos é aplicável o disposto no artigo 243.º, com as necessárias adaptações.

Secção III — DOS EFEITOS DO REGISTO

ART. 304.º-L (Duração) – A duração do registo é de 10 anos, contados da data da respectiva concessão, podendo ser indefinidamente renovado por iguais períodos.

ART. 304.º-M (Indicação do logótipo) – Durante a vigência do registo, o seu titular pode usar no logótipo a designação «Logótipo registado», «Log. Registado» ou, simplesmente, «LR».

ART. 304.º-N (Direitos conferidos pelo registo) – O registo do logótipo confere ao seu titular o direito de impedir terceiros de usar, sem o seu consentimento, qualquer sinal idêntico ou confundível, que constitua reprodução ou imitação do seu.

ART. 304.º-O (Inalterabilidade do logótipo) – 1 – O logótipo deve conservar-se inalterado, ficando qualquer mudança nos seus elementos sujeita a novo registo.
2 – A inalterabilidade deve entender-se, com as necessárias adaptações, em obediência às regras estabelecidas nos n.ºs 2, 3 e 4 do artigo 261.º, relativo às marcas.

CÓDIGO DA PROPRIEDADE INDUSTRIAL   [DL n.º 36/2003]   1433

Secção IV — **TRANSMISSÃO, NULIDADE, ANULABILIDADE E CADUCIDADE DO REGISTO**

ART. 304.º-P (Transmissão) – 1 – Os registos de logótipo são transmissíveis se tal não for susceptível de induzir o consumidor em erro ou confusão.

2 – Quando seja usado num estabelecimento, os direitos emergentes do pedido de registo ou do registo de logótipo só podem transmitir-se, a título gratuito ou oneroso, com o estabelecimento, ou parte do estabelecimento, a que estão ligados.

3 – Sem prejuízo do disposto no n.º 5 do artigo 31.º, a transmissão do estabelecimento envolve o respectivo logótipo, que pode continuar tal como está registado, salvo se o transmitente o reservar para outro estabelecimento, presente ou futuro.

ART. 304.º-Q (Nulidade) – 1 – Para além do que se dispõe no artigo 33.º, o registo do logótipo é nulo quando, na sua concessão, tenha sido infringido o disposto nos n.ᵒˢ 1 e 3 a 5 do artigo 304.º-H.

2 – É aplicável às acções de nulidade, com as necessárias adaptações, o disposto no n.º 2 do artigo 304.º-H.

ART. 304.º-R (Anulabilidade) – 1 – Para além do que se dispõe no artigo 34.º, o registo é anulável quando, na sua concessão, tenha sido infringido o disposto no artigo 304.º-I.

2 – As acções de anulação devem ser propostas no prazo de 10 anos a contar da data do despacho de concessão do registo, sem prejuízo do que se dispõe no número seguinte.

3 – O direito de pedir a anulação do logótipo registado de má fé não prescreve.

ART. 304.º-S (Caducidade) – Para além do que se dispõe no artigo 37.º, o registo caduca:
a) Por motivo de encerramento e liquidação do estabelecimento ou de extinção da entidade;
b) Por falta de uso do logótipo durante cinco anos consecutivos, salvo justo motivo.

CAPÍTULO VIII — **Denominações de origem e indicações geográficas**

Secção I — **DISPOSIÇÕES GERAIS**

ART. 305.º (Definição e propriedade) – 1 – Entende-se por denominação de origem o nome de uma região, de um local determinado ou, em casos excepcionais, de um país que serve para designar ou identificar um produto:
a) Originário dessa região, desse local determinado ou desse país;
b) Cuja qualidade ou características se devem, essencial ou exclusivamente, ao meio geográfico, incluindo os factores naturais e humanos, e cuja produção, transformação e elaboração ocorrem na área geográfica delimitada.

2 – São igualmente consideradas denominações de origem certas denominações tradicionais, geográficas ou não, que designem um produto originário de uma região, ou local determinado, e que satisfaçam as condições previstas na alínea *b)* do número anterior.

3 – Entende-se por indicação geográfica o nome de uma região, de um local determinado ou, em casos excepcionais, de um país que serve para designar ou identificar um produto:
a) Originário dessa região, desse local determinado ou desse país;
b) Cuja reputação, determinada qualidade ou outra característica podem ser atribuídas a essa origem geográfica e cuja produção, transformação ou elaboração ocorrem na área geográfica delimitada.

4 – As denominações de origem e as indicações geográficas, quando registadas, constituem propriedade comum dos residentes ou estabelecidos na localidade, região ou território, de modo efectivo e sério e podem ser usadas indistintamente por aqueles que, na respectiva área, explorem qualquer ramo de produção característica, quando autorizados pelo titular do registo.

5 – O exercício deste direito não depende da importância da exploração nem da natureza dos produtos, podendo, consequentemente, a denominação de origem ou a indicação geográfica aplicar-se a quaisquer produtos característicos e originários da localidade, região ou território, nas condições tradicionais e usuais, ou devidamente regulamentadas.

ART. 306.º (Demarcação regional) – Se os limites da localidade, região ou território a que uma certa denominação ou indicação pertence não estiverem demarcados por lei, são os mesmos declarados pelos organismos oficialmente reconhecidos que superintendam, no respectivo local, o ramo de produção, os quais têm em conta os usos leais e constantes, conjugados com os superiores interesses da economia nacional ou regional.

Secção II — **PROCESSO DE REGISTO**

Subsecção I — **Registo nacional**

ART. 307.º (Pedido) – 1 – O pedido de registo das denominações de origem ou das indicações geográficas é feito em requerimento, redigido em língua portuguesa, no qual se indique:

1434   [DL n.º 36/2003]   PROPRIEDADE INDUSTRIAL

a) O nome das pessoas singulares ou colectivas, públicas ou privadas, com qualidade para adquirir o registo, o respectivo número de identificação fiscal e o endereço de correio electrónico, caso exista;

b) O nome do produto, ou produtos, incluindo a denominação de origem ou a indicação geográfica;

c) As condições tradicionais, ou regulamentadas, do uso da denominação de origem, ou da indicação geográfica, e os limites da respectiva localidade, região ou território;

d) A assinatura ou a identificação electrónica do requerente ou do seu mandatário.

2 – À concessão do registo são aplicáveis, com as necessárias adaptações, os termos do processo de registo nacional de marca.

ART. 308.º (Fundamentos de recusa) – Para além do que se dispõe no artigo 24.º, o registo das denominações de origem ou das indicações geográficas é recusado quando:

a) Seja requerido por pessoa sem qualidade para o adquirir;

b) Não deva considerar-se denominação de origem, ou indicação geográfica, de harmonia com o disposto no artigo 305.º;

c) Constitua reprodução ou imitação de denominação de origem ou de indicação geográfica anteriormente registadas;

d) Seja susceptível de induzir o público em erro, nomeadamente sobre a natureza, a qualidade e a proveniência geográfica do respectivo produto;

e) Constitua infracção de direitos de propriedade industrial ou de direitos de autor;

f) Seja ofensiva da lei, da ordem pública ou dos bons costumes;

g) Possa favorecer actos de concorrência desleal.

Subsecção II — **Registo internacional**

ART. 309.º (Registo internacional das denominações de origem) – 1 – As entidades referidas na alínea *a*) do n.º 1 do artigo 307.º podem promover o registo internacional das suas denominações de origem ao abrigo das disposições do Acordo de Lisboa de 31 de Outubro de 1958.

2 – O requerimento para o registo internacional deve ser apresentado no Instituto Nacional da Propriedade Industrial de harmonia com as disposições do Acordo de Lisboa.

3 – A protecção das denominações de origem registadas ao abrigo do Acordo de Lisboa fica sujeita, em tudo quanto não contrariar as disposições do mesmo Acordo, às normas que regulam a protecção das denominações de origem em Portugal.

Secção III — **EFEITOS, NULIDADE, ANULABILIDADE E CADUCIDADE DO REGISTO**

ART. 310.º (Duração) – A denominação de origem e a indicação geográfica têm duração ilimitada e a sua propriedade é protegida pela aplicação das regras previstas neste Código, em legislação especial, bem como por aquelas que forem decretadas contra as falsas indicações de proveniência, independentemente do registo, e façam ou não parte de marca registada.

ART. 311.º (Indicação do registo) – Durante a vigência do registo, podem constar nos produtos em que os respectivos usos são autorizados as seguintes menções:

a) «Denominação de origem registada» ou «DO»;

b) «Indicação geográfica registada» ou «IG».

ART. 312.º (Direitos conferidos pelo registo) – 1 – O registo das denominações de origem ou das indicações geográficas confere o direito de impedir:

a) A utilização, por terceiros, na designação ou na apresentação de um produto, de qualquer meio que indique, ou sugira, que o produto em questão é originário de uma região geográfica diferente do verdadeiro lugar de origem;

b) A utilização que constitua um acto de concorrência desleal, no sentido do artigo 10-bis da Convenção de Paris tal como resulta da Revisão de Estocolmo, de 14 de Julho de 1967;

c) O uso por quem, para tal, não esteja autorizado pelo titular do registo.

2 – As palavras constitutivas de uma denominação de origem ou de uma indicação geográfica legalmente definida, protegida e fiscalizada não podem figurar, de forma alguma, em designações, etiquetas, rótulos, publicidade ou quaisquer documentos relativos a produtos não provenientes das respectivas regiões delimitadas.

3 – Esta proibição subsiste ainda quando a verdadeira origem dos produtos seja mencionada, ou as palavras pertencentes àquelas denominações ou indicações venham acompanhadas de correctivos, tais como «género», «tipo», «qualidade» ou outros similares, e é extensiva ao emprego de qualquer expressão, apresentação ou combinação gráfica susceptíveis de induzir o consumidor em erro ou confusão.

4 – É igualmente proibido o uso de denominação de origem ou de indicação geográfica com prestígio em Portugal, ou na Comunidade Europeia, para produtos sem identidade ou afinidade sempre que o uso das mes-

CÓDIGO DA PROPRIEDADE INDUSTRIAL [DL n.º 36/2003] 1435

mas procure, sem justo motivo, tirar partido indevido do carácter distintivo ou do prestígio da denominação de origem ou da indicação geográfica anteriormente registada, ou possa prejudicá-las.

5 – O disposto nos números anteriores não obsta a que o vendedor aponha o seu nome, endereço ou marca sobre os produtos provenientes de uma região ou país diferente daquele onde os mesmos produtos são vendidos, não podendo, neste caso, suprimir a marca do produtor ou fabricante.

ART. 313.º (Nulidade) – Para além do que se dispõe no artigo 33.º, o registo de uma denominação de origem ou de uma indicação geográfica é nulo quando, na sua concessão, tenha sido infringido o previsto nas alíneas *b*), *d*) e *f*) do artigo 308.º.

ART. 314.º (Anulabilidade) – 1 – Para além do que se dispõe no artigo 34.º, o registo de uma denominação de origem ou de uma indicação geográfica é anulável quando, na sua concessão, tenha sido infringido o previsto nas alíneas *a*), *c*), *e*) e *g*) do artigo 308.º.

2 – As acções de anulação devem ser propostas no prazo de 10 anos a contar da data do despacho de concessão do registo, sem prejuízo do que se dispõe no número seguinte.

3 – O direito de pedir a anulação dos registos obtidos de má fé não prescreve.

ART. 315.º (Caducidade) – 1 – O registo caduca, a requerimento de qualquer interessado, quando a denominação de origem, ou a indicação geográfica, se transformar, segundo os usos leais, antigos e constantes da actividade económica, em simples designação genérica de um sistema de fabrico ou de um tipo determinado de produtos.

2 – Exceptuam-se do disposto no número anterior os produtos vinícolas, as águas mineromedicinais e os demais produtos cuja denominação geográfica de origem seja objecto de legislação especial de protecção e fiscalização no respectivo país.

TÍTULO III — **INFRACÇÕES**

CAPÍTULO I — **Disposições gerais**

ART. 316.º (Garantias da propriedade industrial) – A propriedade industrial tem as garantias estabelecidas por lei para a propriedade em geral e é especialmente protegida, nos termos do presente Código e demais legislação e convenções em vigor.

ART. 317.º (Concorrência desleal) – 1 – Constitui concorrência desleal todo o acto de concorrência contrário às normas e usos honestos de qualquer ramo de actividade económica, nomeadamente:

a) Os actos susceptíveis de criar confusão com a empresa, o estabelecimento, os produtos ou os serviços dos concorrentes, qualquer que seja o meio empregue;

b) As falsas afirmações feitas no exercício de uma actividade económica, com o fim de desacreditar os concorrentes;

c) As invocações ou referências não autorizadas feitas com o fim de beneficiar do crédito ou da reputação de um nome, estabelecimento ou marca alheios;

d) As falsas indicações de crédito ou reputação próprios, respeitantes ao capital ou situação financeira da empresa ou estabelecimento, à natureza ou âmbito das suas actividades e negócios e à qualidade ou quantidade da clientela;

e) As falsas descrições ou indicações sobre a natureza, qualidade ou utilidade dos produtos ou serviços, bem como as falsas indicações de proveniência, de localidade, região ou território, de fábrica, oficina, propriedade ou estabelecimento, seja qual for o modo adoptado;

f) A supressão, ocultação ou alteração, por parte do vendedor ou de qualquer intermediário, da denominação de origem ou indicação geográfica dos produtos ou da marca registada do produtor ou fabricante em produtos destinados à venda e que não tenham sofrido modificação no seu acondicionamento.

2 – São aplicáveis, com as necessárias adaptações, as medidas previstas no artigo 338.º-I.

ART. 318.º (Protecção de informações não divulgadas) – Nos termos do artigo anterior, constitui acto ilícito, nomeadamente, a divulgação, a aquisição ou a utilização de segredos de negócios de um concorrente, sem o consentimento do mesmo, desde que essas informações:

a) Sejam secretas, no sentido de não serem geralmente conhecidas ou facilmente acessíveis, na sua globalidade ou na configuração e ligação exactas dos seus elementos constitutivos, para pessoas dos círculos que lidam normalmente com o tipo de informações em questão;

b) Tenham valor comercial pelo facto de serem secretas;

c) Tenham sido objecto de diligências consideráveis, atendendo às circunstâncias, por parte da pessoa que detém legalmente o controlo das informações, no sentido de as manter secretas.

ART. 319.º (Intervenção aduaneira) – 1 – As alfândegas que procedam a intervenções aduaneiras retêm ou suspendem o desalfandegamento das mercadorias em que se manifestem indícios de uma infracção prevista neste Código, independentemente da situação aduaneira em que se encontrem.

1436   [DL n.º 36/2003]   PROPRIEDADE INDUSTRIAL

2 – A intervenção referida no número anterior é realizada a pedido de quem nela tiver interesse ou por iniciativa das próprias autoridades aduaneiras.

3 – As autoridades aduaneiras devem notificar imediatamente os interessados da retenção ou da suspensão da autorização de saída das mercadorias.

4 – A intervenção aduaneira caduca se, no prazo de 10 dias úteis a contar da data da recepção da respectiva notificação ao titular do direito, não for iniciado o competente processo judicial com o pedido de apreensão das mercadorias.

5 – O prazo previsto no número anterior pode ser prorrogado, por igual período, em casos devidamente justificados.

CAPÍTULO II — Ilícitos criminais e contra-ordenacionais

Secção I — DISPOSIÇÃO GERAL

ART. 320.º (Direito subsidiário) – Aplicam-se subsidiariamente as normas do Decreto-Lei n.º 28/84, de 20 de Janeiro, designadamente no que respeita à responsabilidade criminal e contra-ordenacional das pessoas colectivas e à responsabilidade por actuação em nome de outrem, sempre que o contrário não resulte das disposições deste Código.

Secção II — ILÍCITOS CRIMINAIS

ART. 321.º (Violação do exclusivo da patente, do modelo de utilidade ou da topografia de produtos semicondutores) – É punido com pena de prisão até 3 anos ou com pena de multa até 360 dias quem, sem consentimento do titular do direito:

a) Fabricar os artefactos ou produtos que forem objecto da patente, do modelo de utilidade ou da topografia de produtos semicondutores;

b) Empregar ou aplicar os meios ou processos que forem objecto da patente, do modelo de utilidade ou da topografia de produtos semicondutores;

c) Importar ou distribuir produtos obtidos por qualquer dos referidos modos.

ART. 322.º (Violação dos direitos exclusivos relativos a desenhos ou modelos) – É punido com pena de prisão até 3 anos ou com pena de multa até 360 dias quem, sem consentimento do titular do direito:

a) Reproduzir ou imitar, totalmente ou em alguma das suas partes características, um desenho ou modelo registado;

b) Explorar um desenho ou modelo registado, mas pertencente a outrem;

c) Importar ou distribuir desenhos ou modelos obtidos por qualquer dos modos referidos nas alíneas anteriores.

ART. 323.º (Contrafacção, imitação e uso ilegal de marca) – É punido com pena de prisão até 3 anos ou com pena de multa até 360 dias quem, sem consentimento do titular do direito:

a) Contrafizer, total ou parcialmente, ou, por qualquer meio, reproduzir uma marca registada;

b) Imitar, no todo ou em alguma das suas partes características, uma marca registada;

c) Usar as marcas contrafeitas ou imitadas;

d) Usar, contrafizer ou imitar marcas notórias cujos registos já tenham sido requeridos em Portugal;

e) Usar, ainda que em produtos ou serviços sem identidade ou afinidade, marcas que constituam tradução ou sejam iguais ou semelhantes a marcas anteriores cujo registo tenha sido requerido e que gozem de prestígio em Portugal, ou na Comunidade Europeia se forem comunitárias, sempre que o uso da marca posterior procure, sem justo motivo, tirar partido indevido do carácter distintivo ou do prestígio das anteriores ou possa prejudicá-las;

f) Usar, nos seus produtos, serviços, estabelecimento ou empresa, uma marca registada pertencente a outrem.

ART. 324.º (Venda, circulação ou ocultação de produtos ou artigos) – É punido com pena de prisão até 1 ano ou com pena de multa até 120 dias quem vender, puser em circulação ou ocultar produtos contrafeitos, por qualquer dos modos e nas condições referidas nos artigos 321.º a 323.º, com conhecimento dessa situação.

ART. 325.º (Violação e uso ilegal de denominação de origem ou de indicação geográfica) – É punido com pena de prisão até 3 anos ou com pena de multa até 360 dias quem:

a) Reproduzir ou imitar, total ou parcialmente, uma denominação de origem ou uma indicação geográfica registada;

b) Não tendo direito ao uso de uma denominação de origem, ou de uma indicação geográfica, utilizar nos seus produtos sinais que constituam reprodução, imitação ou tradução das mesmas, mesmo que seja indicada a verdadeira origem dos produtos ou que a denominação ou indicação seja acompanhada de expressões como «Género», «Tipo», «Qualidade», «Maneira», «Imitação», «Rival de», «Superior a» ou outras semelhantes.

CÓDIGO DA PROPRIEDADE INDUSTRIAL [DL n.º 36/2003] 1437

ART. 326.º (Patentes, modelos de utilidade e registos de desenhos ou modelos obtidos de má fé) – 1 – É punido com pena de prisão até 1 ano ou com pena de multa até 120 dias quem, de má fé, conseguir que lhe seja concedida patente, modelo de utilidade ou registo de desenho ou modelo que legitimamente lhe não pertença, nos termos dos artigos 58.º, 59.º, 121.º, 122.º, 156.º, 157.º, 181.º e 182.º.

2 – Na decisão condenatória, o tribunal anula, oficiosamente, a patente, o modelo de utilidade ou o registo ou, a pedido do interessado, transmiti-los-á a favor do inventor ou do criador.

3 – O pedido de transmissão da patente, do modelo de utilidade ou do registo, referido no número anterior, pode ser intentado judicialmente, independentemente do procedimento criminal a que este crime dê origem.

ART. 327.º (Registo obtido ou mantido com abuso de direito) – É punido com pena de prisão até 3 anos ou com pena de multa até 360 dias quem requerer, obtiver ou mantiver em vigor, em seu nome ou no de terceiro, registo de marca, de nome, de insígnia ou de logótipo que constitua reprodução ou imitação de marca ou nome comercial pertencentes a nacional de qualquer país da União, independentemente de, no nosso país, gozar da prioridade estabelecida no artigo 12.º, com a finalidade comprovada de constranger essa pessoa a uma disposição patrimonial que acarrete para ela um prejuízo ou para dela obter uma ilegítima vantagem económica.

ART. 328.º (Registo de acto inexistente ou realizado com ocultação da verdade) – É punido com pena de prisão até 3 anos ou com pena de multa até 360 dias quem, independentemente da violação de direitos de terceiros, fizer registar um acto juridicamente inexistente ou com manifesta ocultação da verdade.

ART. 329.º (Queixa) – O procedimento por crimes previstos neste Código depende de queixa.

ART. 330.º (Destinos dos objectos apreendidos) – 1 – São declarados perdidos a favor do Estado os objectos em que se manifeste um crime previsto neste Código, bem como os materiais ou instrumentos que tenham sido predominantemente utilizados para a prática desse crime, excepto se o titular do direito ofendido der o seu consentimento expresso para que tais objectos voltem a ser introduzidos nos circuitos comerciais ou para que lhes seja dada outra finalidade.

2 – Os objectos declarados perdidos a que se refere o número anterior são total ou parcialmente destruídos sempre que, nomeadamente, não seja possível eliminar a parte dos mesmos ou o sinal distintivo nele aposto que constitua violação do direito.

Secção III — ILÍCITOS CONTRA-ORDENACIONAIS

ART. 331.º (Concorrência desleal) – É punido com coima de € 3000 a € 30 000, caso se trate de pessoa colectiva, e de € 750 euros a € 7500, caso se trate de pessoa singular, quem praticar qualquer dos actos de concorrência desleal definidos nos artigos 317.º e 318.º.

ART. 332.º (Invocação ou uso ilegal de recompensa) – É punido com coima de € 3000 a € 30 000, caso se trate de pessoa colectiva, e de € 750 a € 7500, caso se trate de pessoa singular, quem, sem consentimento do titular do direito:

a) Invocar ou fizer menção de uma recompensa registada em nome de outrem;

b) Usar ou, falsamente, se intitular possuidor de uma recompensa que não lhe foi concedida ou que nunca existiu;

c) Usar desenhos ou quaisquer indicações que constituam imitação de recompensas a que não tiver direito na correspondência ou publicidade, nas tabuletas, fachadas ou vitrinas do estabelecimento ou por qualquer outro modo.

ART. 333.º (Violação de direitos de nome e de insígnia) – É punido com coima de € 3000 a € 30 000, caso se trate de pessoa colectiva, e de € 750 a € 7500, caso se trate de pessoa singular, quem, sem consentimento do titular do direito, usar no seu estabelecimento, em anúncios, correspondência, produtos ou serviços ou por qualquer outra forma, nome ou insígnia que constitua reprodução, ou que seja imitação, de nome ou de insígnia já registados por outrem.

ART. 334.º (Violação do exclusivo do logótipo) – É punido com coima de € 3000 a € 30 000, caso se trate de pessoa colectiva, e de € 750 a € 3740, caso se trate de pessoa singular, quem, sem consentimento do titular do direito, usar no seu estabelecimento ou na sua entidade, em anúncios, correspondência, produtos, serviços ou por qualquer outra forma, sinal que constitua reprodução ou que seja imitação de logótipo já registado por outrem.

ART. 335.º (Actos preparatórios) – É punido com coima de € 3000 a € 30 000, caso se trate de pessoa colectiva, e de € 750 a € 7500, caso se trate de pessoa singular, quem, sem consentimento do titular do direito e com intenção de preparar a execução dos actos referidos nos artigos 321.º a 327.º deste Código, fabricar, importar, adquirir ou guardar para si, ou para outrem sinais constitutivos de marcas, nomes, insígnias, logótipos, denominações de origem ou indicações geográficas registados.

ART. 336.º (Uso de marcas ilícitas) – 1 – É punido com coima de € 3000 a € 30 000, caso se trate de pessoa colectiva, e de € 750 a € 3740, caso se trate de pessoa singular, quem usar, como sinais distintivos não registados, qualquer dos sinais indicados nas alíneas *a)* e *b)* do n.º 4 e no n.º 6 do artigo 238.º, bem como na alínea *d)* do n.º 1 do artigo 239.º.

1438 [DL n.º 36/2003] PROPRIEDADE INDUSTRIAL

2 – Os produtos ou artigos com as marcas proibidas nos termos do número anterior podem ser apreendidos e declarados perdidos a favor do Estado, a requerimento do Ministério Público.

ART. 337.º (Uso indevido de nome, de insígnia ou de logótipo) – É punido com coima de € 3000 a € 30 000, caso se trate de pessoa colectiva, e de € 750 a € 3740, caso se trate de pessoa singular, quem, ilegitimamente, usar no nome ou na insígnia do seu estabelecimento, ou no logótipo, registado ou não, a firma ou a denominação social que não pertença ao requerente, ou apenas parte característica das mesmas, se for susceptível de induzir o consumidor em erro ou confusão, salvo se se provar o consentimento ou a legitimidade do seu uso.

ART. 338.º (Invocação ou uso indevido de direitos privativos) – É punido com coima de € 3000 a € 30 000, caso se trate de pessoa colectiva, e de € 750 a € 7500, caso se trate de pessoa singular, quem:

a) Se apresentar como titular de um direito de propriedade industrial previsto neste diploma sem que o mesmo lhe pertença ou quando tenha sido declarado nulo ou caduco;

b) Usar ou aplicar, indevidamente, as indicações de patente, de modelo de utilidade ou de registo autorizadas apenas aos titulares dos respectivos direitos;

c) (Revogada.)

CAPÍTULO III — **Processo**

Secção I — **MEDIDAS E PROCEDIMENTOS QUE VISAM GARANTIR O RESPEITO PELOS DIREITOS DE PROPRIEDADE INDUSTRIAL**

Subsecção I — **Disposições gerais**

ART. 338.º-A (Escala comercial) – 1 – Para os efeitos do disposto no n.º 2 do artigo 338.º-C, na alínea *a)* do n.º 2 do artigo 338.º-H e no n.º 1 do artigo 338.º-J, entende-se por actos praticados à escala comercial todos aqueles que violem direitos de propriedade industrial e que tenham por finalidade uma vantagem económica ou comercial, directa ou indirecta.

2 – Da definição prevista no número anterior excluem-se os actos praticados por consumidores finais agindo de boa fé.

ART. 338.º-B (Legitimidade) – As medidas e os procedimentos cautelares previstos na presente secção podem ser requeridos por todas as pessoas com interesse directo no seu decretamento, nomeadamente pelos titulares dos direitos de propriedade industrial e, também, salvo estipulação em contrário, pelos titulares de licenças, nos termos previstos nos respectivos contratos.

Subsecção II — **Provas**

ART. 338.º-C (Medidas para obtenção da prova) – 1 – Sempre que elementos de prova estejam na posse, na dependência ou sob o controlo da parte contrária ou de terceiro, pode o interessado requerer ao tribunal que os mesmos sejam apresentados, desde que para fundamentar a sua pretensão apresente indícios suficientes de violação de direitos de propriedade industrial.

2 – Quando estejam em causa actos praticados à escala comercial, pode ainda o requerente solicitar ao tribunal a apresentação de documentos bancários, financeiros, contabilísticos ou comerciais que se encontrem na posse, dependência ou sob controlo da parte contrária ou de terceiro.

3 – Em cumprimento do previsto nos números anteriores, o tribunal, assegurando a protecção de informações confidenciais, notifica a parte requerida para, dentro do prazo designado, apresentar os elementos de prova que estejam na sua posse, promovendo as acções necessárias em caso de incumprimento.

ART. 338.º-D (Medidas de preservação da prova) – 1 – Sempre que haja violação ou fundado receio de que outrem cause lesão grave e dificilmente reparável do direito de propriedade industrial, pode o interessado requerer medidas provisórias urgentes e eficazes que se destinem a preservar provas da alegada violação.

2 – As medidas de preservação da prova podem incluir a descrição pormenorizada, com ou sem recolha de amostras, ou a apreensão efectiva dos bens que se suspeite violarem direitos de propriedade industrial e, sempre que adequado, dos materiais e instrumentos utilizados na produção ou distribuição desses bens, assim como dos documentos a eles referentes.

ART. 338.º-E (Tramitação e contraditório) – 1 – Sempre que um eventual atraso na aplicação das medidas possa causar danos irreparáveis ao requerente, ou sempre que exista um risco sério de destruição ou ocultação da prova, as medidas previstas no artigo anterior podem ser aplicadas sem audiência prévia da parte requerida.

2 – Quando as medidas de preservação da prova sejam aplicadas sem audiência prévia da parte requerida, esta é imediatamente notificada.

3 – Na sequência da notificação prevista no número anterior, pode a parte requerida pedir, no prazo de 10 dias, a revisão das medidas aplicadas, produzindo prova e alegando factos não tidos em conta pelo tribunal.

CÓDIGO DA PROPRIEDADE INDUSTRIAL   [DL n.º 36/2003]   1439

4 – Ouvida a parte requerida, o tribunal pode determinar a alteração, a revogação ou a confirmação das medidas aplicadas.

ART. 338.º-F (Causas de extinção e caducidade) – Às medidas de obtenção e de preservação da prova são aplicáveis as causas de extinção e de caducidade previstas no artigo 389.º do Código de Processo Civil, salvo quando elas se configurem como medidas preliminares de interposição de providências cautelares nos termos do artigo 338.º-I.

ART. 338.º-G Responsabilidade do requerente) – 1 – A aplicação das medidas de preservação de prova pode ficar dependente da constituição, pelo requerente, de uma caução ou outra garantia destinada a assegurar a indemnização prevista no n.º 3.

2 – Na fixação do valor da caução deve ser tida em consideração, entre outros factores relevantes, a capacidade económica do requerente.

3 – Sempre que a medida de preservação da prova aplicada for considerada injustificada ou deixe de produzir efeitos por facto imputável ao requerente, bem como nos casos em que se verifique não ter havido violação ou ser infundado o receio de que outrem cause lesão grave e dificilmente reparável de um direito de propriedade industrial, pode o tribunal ordenar ao requerente, a pedido da parte requerida, o pagamento de uma indemnização adequada a reparar qualquer dano causado pela aplicação das medidas.

SUBSECÇÃO III — **Informações**

ART. 338.º-H (Obrigação de prestar informações) – 1 – O interessado pode requerer a prestação de informações detalhadas sobre a origem e as redes de distribuição dos bens ou serviços que se suspeite violarem direitos de propriedade industrial, designadamente:

a) Os nomes e os endereços dos produtores, fabricantes, distribuidores, fornecedores e outros possuidores anteriores dos bens ou serviços, bem como dos grossistas e dos retalhistas destinatários;

b) Informações sobre as quantidades produzidas, fabricadas, entregues, recebidas ou encomendadas, bem como sobre o preço obtido pelos bens ou serviços.

2 – A prestação das informações previstas neste artigo pode ser ordenada ao alegado infractor ou a qualquer outra pessoa que:

a) Tenha sido encontrada na posse dos bens ou a utilizar ou prestar os serviços, à escala comercial, que se suspeite violarem direitos de propriedade industrial;

b) Tenha sido indicada por pessoa referida na alínea anterior, como tendo participado na produção, fabrico ou distribuição dos bens ou na prestação dos serviços que se suspeite violarem direitos de propriedade industrial.

3 – O previsto no presente artigo não prejudica a aplicação de outras disposições legislativas ou regulamentares que, designadamente:

a) Confiram ao interessado o direito a uma informação mais extensa;

b) Regulem a sua utilização em processos de natureza cível ou penal;

c) Regulem a responsabilidade por abuso do direito à informação;

d) Confiram o direito de não prestar declarações que possam obrigar qualquer das pessoas referidas no n.º 2 a admitir a sua própria participação ou de familiares próximos;

e) Confiram o direito de invocar sigilo profissional, a protecção da confidencialidade das fontes de informação ou o regime legal de protecção dos dados pessoais.

SUBSECÇÃO IV — **Procedimentos cautelares**

ART. 338.º-I (Providências cautelares) – 1 – Sempre que haja violação ou fundado receio de que outrem cause lesão grave e dificilmente reparável do direito de propriedade industrial, pode o tribunal, a pedido do interessado, decretar as providências adequadas a:

a) Inibir qualquer violação iminente; ou

b) Proibir a continuação da violação.

2 – O tribunal exige que o requerente forneça os elementos de prova para demonstrar que é titular do direito de propriedade industrial, ou que está autorizado a utilizá-lo, e que se verifica ou está iminente uma violação.

3 – As providências previstas no n.º 1 podem também ser decretadas contra qualquer intermediário cujos serviços estejam a ser utilizados por terceiros para violar direitos de propriedade industrial.

4 – Pode o tribunal, oficiosamente ou a pedido do requerente, decretar uma sanção pecuniária compulsória com vista a assegurar a execução das providências previstas no n.º 1.

5 – Ao presente artigo é aplicável o disposto nos artigos 338.º-E a 338.º-G.

6 – A pedido da parte requerida, as providências decretadas a que se refere o n.º 1 podem ser substituídas por caução, sempre que esta, ouvido o requerente, se mostre adequada a assegurar a indemnização do titular.

7 – Na determinação das providências previstas neste artigo, deve o tribunal atender à natureza dos direitos de propriedade industrial, salvaguardando, nomeadamente, a possibilidade de o titular continuar a explorar, sem qualquer restrição, os seus direitos.

1440 [DL n.º 36/2003]   PROPRIEDADE INDUSTRIAL

ART. 338.º-J (Arresto) – 1 – Em caso de infracção à escala comercial, actual ou iminente, e sempre que o interessado prove a existência de circunstâncias susceptíveis de comprometer a cobrança da indemnização por perdas e danos, pode o tribunal ordenar a apreensão preventiva dos bens móveis e imóveis do alegado infractor, incluindo os saldos das suas contas bancárias, podendo o juiz ordenar a comunicação ou o acesso aos dados e informações bancárias, financeiras ou comerciais respeitantes ao infractor.

2 – Sempre que haja violação de direitos de propriedade industrial, pode o tribunal, a pedido do interessado, ordenar a apreensão dos bens que se suspeite violarem esses direitos ou dos instrumentos que apenas possam servir para a prática do ilícito.

3 – Para efeitos do disposto nos números anteriores, o tribunal exige que o requerente forneça todos os elementos de prova razoavelmente disponíveis para demonstrar que é titular do direito de propriedade industrial, ou que está autorizado a utilizá-lo, e que se verifica ou está iminente uma violação.

4 – Ao presente artigo é aplicável o disposto nos artigos 338.º-E a 338.º-G.

SUBSECÇÃO V — **Indemnização**

ART. 338.º-L (Indemnização por perdas e danos) – 1 – Quem, com dolo ou mera culpa, viole ilicitamente o direito de propriedade industrial de outrem, fica obrigado a indemnizar a parte lesada pelos danos resultantes da violação.

2 – Na determinação do montante da indemnização por perdas e danos, o tribunal deve atender nomeadamente ao lucro obtido pelo infractor e aos danos emergentes e lucros cessantes sofridos pela parte lesada e deverá ter em consideração os encargos suportados com a protecção, a investigação e a cessação da conduta lesiva do seu direito.

3 – Para o cálculo da indemnização devida à parte lesada, deve atender-se à importância da receita resultante da conduta ilícita do infractor.

4 – O tribunal deve atender ainda aos danos não patrimoniais causados pela conduta do infractor.

5 – Na impossibilidade de se fixar, nos termos dos números anteriores, o montante do prejuízo efectivamente sofrido pela parte lesada, e desde que esta não se oponha, pode o tribunal, em alternativa, estabelecer uma quantia fixa com recurso à equidade, que tenha por base, no mínimo, as remunerações que teriam sido auferidas pela parte lesada caso o infractor tivesse solicitado autorização para utilizar os direitos de propriedade industrial em questão e os encargos suportados com a protecção do direito de propriedade industrial, bem como com a investigação e cessação da conduta lesiva do seu direito.

6 – Quando, em relação à parte lesada, a conduta do infractor constitua prática reiterada ou se revele especialmente gravosa, pode o tribunal determinar a indemnização que lhe é devida com recurso à cumulação de todos ou de alguns dos aspectos previstos nos n.ᵒˢ 2 a 5.

7 – Em qualquer caso, o tribunal deve fixar uma quantia razoável destinada a cobrir os custos, devidamente comprovados, suportados pela parte lesada com a investigação e a cessação da conduta lesiva do seu direito.

SUBSECÇÃO VI — **Medidas decorrentes da decisão de mérito**

ART. 338.º-M (Sanções acessórias) – 1 – Sem prejuízo da fixação de uma indemnização por perdas e danos, a decisão judicial de mérito deve, a pedido do lesado e a expensas do infractor, determinar medidas relativas ao destino dos bens em que se tenha verificado violação dos direitos de propriedade industrial.

2 – As medidas previstas no número anterior devem ser adequadas, necessárias e proporcionais à gravidade da violação, podendo incluir a destruição, a retirada ou a exclusão definitiva dos circuitos comerciais, sem atribuição de qualquer compensação ao infractor.

3 – Na aplicação destas medidas, o tribunal deve ter em consideração os legítimos interesses de terceiros, em particular dos consumidores.

4 – Os instrumentos utilizados no fabrico dos bens em que se manifeste violação dos direitos de propriedade industrial devem ser, igualmente, objecto das sanções acessórias previstas neste artigo.

ART. 338.º-N (Medidas inibitórias) – 1 – A decisão judicial de mérito pode igualmente impor ao infractor uma medida destinada a inibir a continuação da infracção verificada.

2 – As medidas previstas no número anterior podem compreender:
a) A interdição temporária do exercício de certas actividades ou profissões;
b) A privação do direito de participar em feiras ou mercados;
c) O encerramento temporário ou definitivo do estabelecimento.

3 – O disposto neste artigo é aplicável a qualquer intermediário cujos serviços estejam a ser utilizados por terceiros para violar direitos de propriedade industrial.

4 – Nas decisões de condenação à cessação de uma actividade ilícita, o tribunal pode prever uma sanção pecuniária compulsória destinada a assegurar a respectiva execução.

SUBSECÇÃO VII — **Medidas de publicidade**

ART. 338.º-O (Publicação das decisões judiciais) – 1 – A pedido do lesado e a expensas do infractor, pode o tribunal ordenar a publicitação da decisão final.

CÓDIGO DA PROPRIEDADE INDUSTRIAL [DL n.º 36/2003] 1441

2 – A publicitação prevista no número anterior pode ser feita através da publicação no *Boletim da Proprie-dade Industrial* ou através da divulgação em qualquer meio de comunicação que se considere adequado.

3 – A publicitação é feita por extracto, do qual constem elementos da sentença e da condenação, bem como a identificação dos agentes.

Subsecção VIII — Disposições subsidiárias

ART. 338.º-P (Direito subsidiário) – Em tudo o que não estiver especialmente regulado na presente secção, são subsidiariamente aplicáveis outras medidas e procedimentos previstos na lei, nomeadamente no Código de Processo Civil.

ART. 339.º (Providências cautelares não especificadas) – *(Revogado.)*

ART. 340.º (Arresto) – *(Revogado.)*

Secção II — PROCESSO PENAL E CONTRA-ORDENACIONAL

ART. 341.º (Assistentes) – Além das pessoas a quem a lei processual penal confere o direito de se constituí-rem assistentes, têm legitimidade para intervir, nessa qualidade, nos processos crime previstos neste Código as associações empresariais legalmente constituídas.

ART. 342.º (Fiscalização e apreensão) – 1 – Antes da abertura do inquérito e sem prejuízo do que se dispõe no artigo 329.º, os órgãos de polícia criminal realizam, oficiosamente, diligências de fiscalização e preventivas.

2 – São sempre apreendidos os objectos em que se manifeste um crime previsto neste Código, bem como os materiais ou instrumentos que tenham sido predominantemente utilizados para a prática desse crime.

3 – Independentemente de queixa, apresentada pelo ofendido, a autoridade judiciária ordena a realização de exame pericial aos objectos apreendidos, referidos no número anterior, sempre que tal se mostre necessário para determinar se são ou não fabricados ou comercializados pelo titular do direito ou por alguém com sua autorização.

ART. 343.º (Instrução dos processos por contra-ordenação) – A instrução dos processos por contra-ordena-ção, prevista neste Código, cabe no âmbito de competência da Autoridade de Segurança Alimentar e Económica.

ART. 344.º (Julgamento e aplicação das sanções) – Compete ao conselho directivo do Instituto Nacional da Propriedade Industrial decidir e aplicar as coimas e as sanções acessórias previstas neste Código.

ART. 345.º (Destino do montante das coimas) – O produto resultante da aplicação de coimas tem a seguin-te distribuição:

a) 60% para o Estado;

b) 20% para a Autoridade de Segurança Alimentar e Económica;

c) 20% para o Instituto Nacional da Propriedade Industrial.

TÍTULO IV — TAXAS

ART. 346.º (Fixação das taxas) – Pelos diversos actos previstos neste Código são devidas taxas, a fixar por portaria conjunta do membro do Governo responsável pela área das finanças e do membro do Governo de que dependa o Instituto Nacional da Propriedade Industrial, sob proposta deste Instituto.

ART. 347.º (Formas de pagamento) – 1 – Todas as importâncias que constituam receitas próprias do Insti-tuto Nacional da Propriedade Industrial são pagas em numerário, cheque ou vale de correio, com os requeri-mentos em que se solicita os actos tabelados e, depois de conferidas, são processadas nos termos das regras de contabilidade pública aplicáveis ao Instituto Nacional da Propriedade Industrial.

2 – O Instituto Nacional da Propriedade Industrial pode prever outras formas de pagamento, sem prejuízo do que se dispõe no número anterior.

ART. 348.º (Contagem de taxas periódicas) – 1 – As anuidades relativas a patentes, a modelos de utilidade, a registos de topografias de produtos semicondutores e os quinquénios relativos aos registos de desenhos ou modelos contam-se a partir das datas dos respectivos pedidos.

2 – As anuidades relativas a certificados complementares de protecção contam-se a partir do dia seguinte ao termo da validade da respectiva patente.

3 – As taxas periódicas relativas a todos os outros registos contam-se a partir da data da respectiva concessão.

4 – Sempre que, devido a decisão judicial ou arbitral ou a aplicação de disposições transitórias, a data de início de validade das patentes, dos modelos de utilidade ou dos registos não coincidir com a data referida nos números anteriores, a contagem das respectivas anuidades ou taxas periódicas faz-se a partir daquela data.

ART. 349.º (Prazos de pagamento) – 1 – Apenas são exigíveis as anuidades correspondentes ao 3.º ano de vigência e seguintes relativas a patentes, a modelos de utilidade e a topografias de produtos semicondutores, bem como o 2.º quinquénio e seguintes relativos a desenhos ou modelos.

2 – As anuidades e os quinquénios são pagos nos seis meses que antecipam os respectivos vencimentos, mesmo que os direitos ainda não tenham sido concedidos.

3 – Sem prejuízo do disposto no número anterior e no n.º 1 do artigo seguinte, o primeiro pagamento das anuidades relativas aos direitos das vias europeia e internacional, requeridos para serem válidos em Portugal, e

1442 [DL n.º 36/2003]

PROPRIEDADE INDUSTRIAL

aos pedidos de patentes e modelos de utilidade resultantes da transformação prevista nos artigos 86.º e 87.º pode ser efectuado num prazo que não deve exceder três meses após a data do primeiro aniversário que se seguir à data da validação ou da transformação.

4 – O primeiro pagamento de anuidades de certificados complementares de protecção efectua-se nos últimos seis meses de validade da respectiva patente, não havendo lugar a esse pagamento quando o período de validade do certificado for inferior a seis meses, sendo as anuidades subsequentes pagas nos últimos seis meses que antecedem o respectivo vencimento.

5 – As taxas relativas à concessão de registos são pagas após a data da concessão e até ao prazo máximo de seis meses a contar da data da publicação dessa concessão no Boletim da Propriedade Industrial.

6 – Os pagamentos subsequentes de taxas periódicas, relativas a todos os outros registos, efectuam-se nos últimos seis meses de validade do respectivo direito.

7 – As taxas referidas nos números anteriores podem, ainda, ser pagas com sobretaxa, no prazo de seis meses a contar do termo da sua validade, sob pena de caducidade.

8 – O termo dos prazos de pagamento previstos nos números anteriores e no artigo seguinte é recordado aos titulares dos direitos, a título meramente informativo.

9 – A falta do aviso referido no número anterior não constitui justificação para o não pagamento de taxas nas datas previstas.

ART. 350.º (Revalidação) – 1 – Pode ser requerida a revalidação de qualquer título de patente, de modelo de utilidade ou de registo que tenha caducado por falta de pagamento de taxas dentro do prazo de um ano a contar da data de publicação do aviso de caducidade no *Boletim da Propriedade Industrial*.

2 – A revalidação a que se refere o número anterior só pode ser autorizada com o pagamento do triplo das taxas em dívida e sem prejuízo de direitos de terceiros.

ART. 351.º (Redução) – 1 – Os requerentes de patentes, de modelos de utilidade e de registos de topografias de produtos semicondutores e de desenhos ou modelos que façam prova de que não auferem rendimentos que lhes permitam custear as despesas relativas aos pedidos e manutenção desses direitos são isentos do pagamento de 80% de todas as taxas, até à 7.ª anuidade e até ao 2.º quinquénio, se assim o requererem antes da apresentação do respectivo pedido.

2 – Compete ao conselho directivo do Instituto Nacional da Propriedade Industrial a apreciação da prova mencionada no número anterior e a decisão do requerimento, por despacho.

ART. 352.º (Restituição) – 1 – Oficiosamente ou a requerimento do interessado, são restituídas as taxas sempre que se reconhecer terem sido pagas indevidamente.

2 – As quantias depositadas para custeio de despesas de vistorias que não tenham sido autorizadas, ou de que se desistiu oportunamente, são restituídas a requerimento de quem as depositou.

ART. 353.º (Suspensão do pagamento) – 1 – Enquanto pender acção em juízo ou em tribunal arbitral sobre algum direito de propriedade industrial, ou não for levantado o arresto ou a penhora que sobre o mesmo possa recair, bem como qualquer outra apreensão efectuada nos termos legais, não é declarada a caducidade da respectiva patente, do modelo de utilidade ou do registo por falta de pagamento de taxas periódicas que se forem vencendo.

2 – Transitada em julgado qualquer das decisões referidas no número anterior, do facto se publica aviso no *Boletim da Propriedade Industrial*.

3 – Todas as taxas em dívida devem ser pagas, sem qualquer sobretaxa, no prazo de um ano a contar da data de publicação do aviso a que se refere o número anterior no *Boletim da Propriedade Industrial*.

4 – Decorrido o prazo previsto no número anterior sem que tenham sido pagas as taxas em dívida, é declarada a caducidade do respectivo direito de propriedade industrial.

5 – O tribunal comunica oficiosamente ao Instituto Nacional da Propriedade Industrial a pendência da acção.

6 – Finda a acção, ou levantado o arresto, a penhora ou qualquer outra apreensão efectuada nos termos legais, o tribunal deve comunicá-lo oficiosamente ao Instituto Nacional da Propriedade Industrial.

ART. 354.º (Direitos pertencentes ao Estado) – Os direitos de propriedade industrial pertencentes ao Estado estão sujeitos às formalidades e encargos relativos ao pedido, à concessão e suas renovações e revalidações quando explorados ou usados por empresas de qualquer natureza.

TÍTULO V — **BOLETIM DA PROPRIEDADE INDUSTRIAL**

ART. 355.º (Boletim da Propriedade Industrial) – O Boletim da Propriedade Industrial é publicado pelo Instituto Nacional da Propriedade Industrial.

ART. 356.º (Conteúdo) – 1 – São publicados no Boletim da Propriedade Industrial:

a) Os avisos de pedidos de patentes, de modelos de utilidade e de registo;
b) As alterações ao pedido inicial;
c) Os avisos de caducidade;
d) As concessões e as recusas;
e) As revalidações;
f) (*Revogada.*)
g) As declarações de renúncia e as desistências;
h) As transmissões e as concessões de licenças de exploração;

"MARCA NA HORA" [DL n.º 318/2007] 1443

i) As decisões finais de processos judiciais sobre propriedade industrial;
j) Outros factos ou decisões que modifiquem ou extingam direitos privativos, bem como todos os actos e assuntos que devam ser levados ao conhecimento do público;
l) A constituição de direitos de garantia ou de usufruto, bem como a penhora, o arresto e outras apreensões de bens efectuadas nos termos legais;
m) A menção do restabelecimento de direitos.
2 – *(Revogado.)*

ART. 357.º (Índice) – *(Revogado.)*

ART. 358.º (Distribuição) – *(Revogado.)*

26.2. "MARCA NA HORA"

Decreto-Lei n.º 318/2007
de 26 de Setembro

CAPÍTULO I — Regime especial de aquisição imediata
e de aquisição online de marca registada

ART. 1.º (Objecto) – É criado um regime especial de aquisição imediata de marca registada.

ART. 2.º (Pressuposto) – É pressuposto da aplicação do presente regime a opção por marca previamente criada e registada a favor do Estado.

ART. 3.º (Competência) – Compete às conservatórias e a outros serviços previstos em despacho do membro do Governo responsável pela área da justiça a disponibilização do serviço de aquisição imediata de marca registada.

ART. 4.º (Prazo de tramitação e balcão único) – Os serviços referidos no artigo anterior iniciam e concluem a tramitação do procedimento no mesmo dia, em atendimento presencial único.

ART. 5.º (Sequência do procedimento) – 1 – Os interessados na aquisição imediata de marca registada apresentam o pedido junto do serviço competente, manifestando a sua opção por uma das marcas previamente criadas e registadas a favor do Estado.
2 – O serviço competente procede, de imediato, aos seguintes actos, pela ordem indicada:
a) Cobrança das taxas que se mostrem devidas;
b) Afectação, por via informática, da marca escolhida a favor do interessado;
c) Entrega ao interessado, a título gratuito, de documento comprovativo da aquisição de marca registada, de modelo aprovado pelo Instituto Nacional da Propriedade Industrial, I. P. (INPI, I. P.), e de recibo comprovativo do pagamento das taxas devidas;
d) Comunicação ao INPI, I. P., por meios informáticos, da transmissão da marca registada, para que se proceda à sua inscrição oficiosa no processo de registo, e ao Registo Nacional de Pessoas Colectivas (RNPC) para efeitos de dispensa da prova prevista no n.º 6 do artigo 33.º do regime do RNPC.

ART. 6.º (Transmissão de marca registada e título de concessão) – A transmissão de marca registada ao abrigo do presente regime determina:
a) A dispensa do documento escrito e assinado pelas partes previsto no n.º 6 do artigo 31.º do Código da Propriedade Industrial;
b) A não emissão do título de concessão previsto no artigo 27.º do mesmo diploma.

ART. 7.º (Taxas) – 1 – Pelo procedimento de aquisição imediata de marca registada são devidas as taxas previstas em portaria do membro do Governo responsável pela área da justiça.
2 – O Estado goza de isenção no pagamento das taxas devidas pela prática de actos junto do INPI, I. P., ao abrigo do presente regime.

As taxas foram fixadas pela P.ª n.º 1359/2007, de 15-10.

ART. 8.º (Bolsas de marcas) – 1 – A bolsa de firmas reservadas e de marcas registadas a favor do Estado referida no n.º 2 do artigo 15.º do Decreto-Lei n.º 111/2005, de 8 de Julho, pode ser utilizada para a afectação de marcas ao abrigo do presente regime.
2 – Para os mesmos efeitos e mediante protocolo a celebrar entre o Instituto dos Registos e do Notariado, I. P. (IRN, I. P.) e o INPI, I. P., pode ser criada uma bolsa exclusiva de marcas registadas a favor do Estado.
3 – As marcas constantes das bolsas referidas nos números anteriores são registadas a favor do Estado, representado pelo RNPC, para os produtos e serviços definidos por despacho conjunto dos presidentes do IRN, I. P., e do INPI, I. P.

1444   [DL n.º 15/95]   PROPRIEDADE INDUSTRIAL

ART. 9.º (Declaração de intenção de uso) – Os titulares das marcas transmitidas através do presente regime estão dispensados da apresentação da primeira declaração de intenção de uso, prevista no n.º 1 do artigo 256.º do Código da Propriedade Industrial.

Vid. P.ª n.º 1359/2007, de 15-10.

ART. 10.º (Aquisição online de marca registada) – A aquisição de marca registada prevista nos artigos anteriores pode ainda ser efectuada por via electrónica, em sítio na Internet de acesso público, regulado por portaria do membro do Governo responsável pela área da justiça.

CAPÍTULO II — **Alterações legislativas**

(...)

26.3. AGENTES DA PROPRIEDADE INDUSTRIAL E PROCURADORES AUTORIZADOS

Decreto-Lei n.º 15/95

de 24 de Janeiro (*)

CAPÍTULO I — **Dos agentes da propriedade industrial**

Secção I — **DISPOSIÇÕES GERAIS**

ART. 1.º (Agentes oficiais da propriedade industrial) — 1 — São agentes oficiais da propriedade industrial:
a) Os profissionais que tenham adquirido ou vierem a adquirir essa qualidade nos termos do presente decreto-lei;
b) Os profissionais que como tal tenham sido reconhecidos;
c) Os nacionais de Estados membros da União Europeia legalmente habilitados a exercer a actividade de agente oficial da propriedade industrial e que reúnam as condições previstas no presente decreto-lei.
2 — O Instituto Nacional da Propriedade Industrial, I.P., é a autoridade competente para atribuir e reconhecer a qualidade de agentes oficiais da propriedade industrial em Portugal.

ART. 1.º-A (Forma e tramitação dos pedidos) — 1 — A prática dos actos necessários à aquisição ou ao reconhecimento da qualidade de agente oficial da propriedade industrial deve ser feita, preferencialmente, por transmissão electrónica de dados.
2 — Na instrução dos pedidos de aquisição e reconhecimento da qualidade de agente oficial da propriedade industrial podem ser aceites cópias simples e traduções não certificadas.
3 — Sempre que necessário, o Instituto Nacional da Propriedade Industrial, I.P., pode exigir uma tradução para a língua portuguesa dos requerimentos, das declarações e da documentação que os acompanha.
4 — Sempre que o requerente ou declarante tenha origem noutro Estado membro da União Europeia e subsistam dúvidas sobre qualquer um dos aspectos referidos no presente capítulo, o Instituto Nacional da Propriedade Industrial, I.P., deve cumprir o disposto no n.º 2 do artigo 51.º da Lei n.º 9/2009, de 4 de Março, contactando para o efeito as autoridades competentes do país de origem.
5 — O Instituto Nacional da Propriedade Industrial, I.P., disponibiliza no seu portal e no balcão único informações sobre os requisitos, em especial os referentes a procedimentos e formalidades a cumprir para aceder e exercer a actividade de agente oficial de propriedade industrial, bem como outras informações úteis sobre os agentes oficiais da propriedade industrial.
6 — São fixados por portaria do membro do Governo responsável pela área da propriedade industrial e divulgados no portal do Instituto Nacional de Propriedade Industrial, I.P., no Portal do Cidadão, no Portal da Empresa e no balcão único os seguintes elementos:
a) Todas as normas regulamentares referentes à documentação que deva instruir os pedidos;
b) As taxas a que os mesmos estão sujeitos;
c) Os prazos de decisão e da tramitação processual subsequente;
d) O regulamento de realização das provas de aptidão;
e) Os termos de investidura.

ART. 1.º-B (Princípio da cooperação) — O Instituto Nacional da Propriedade Industrial, I.P., colabora com as entidades homólogas dos demais Estados membros da União Europeia, nos termos do n.º 2 do artigo 51.º e do n.º 4 do artigo 52.º da Lei n.º 9/2009, de 4 de Março.

(*) Com as alterações introduzidas pelo **DL n.º 54/2001**, de 15-2 (art. 2.º), pelo **DL n.º 206/2002**, de 16-10 (art. 2.º), e pela **Lei n.º 17/2010**, de 4-8, que deu nova redacção aos arts. 1.º, 2.º, 3.º, 10.º, 18.º e 25.º, aditou os arts. 1.º-A, 1.º-B e 3.º-A a 3.º-C, alterou a organização sistemática do diploma, e republicou na íntegra o texto actual, sendo esta a versão aqui adoptada.

AGENTES DA PROPRIEDADE INDUSTRIAL E PROCURADORES AUTORIZADOS [DL n.º 15/95] 1445

SECÇÃO II — **AQUISIÇÃO DA QUALIDADE DE AGENTE OFICIAL DA PROPRIEDADE INDUSTRIAL**

ART. 2.º (Condições de acesso) — 1 — Para adquirir a qualidade de agente oficial são requisitos indispensáveis os seguintes:

a) Ser cidadão de um Estado membro da União Europeia, maior e não estar inibido dos seus direitos civis e políticos;

b) Não estar inibido do exercício da profissão por decisão transitada em julgado;

c) *(Revogada.)*

d) Ter estabelecimento em Portugal ou no território de um Estado membro da União Europeia;

e) Ser detentor de um nível de qualificação equivalente a uma formação de ensino pós-secundário com duração igual ou superior a três anos;

f) Ter aproveitamento em prova de aptidão com vista à aquisição da qualidade de agente oficial da propriedade industrial, nos termos do artigo seguinte, a regulamentar por portaria do membro do Governo responsável pela área da propriedade industrial, destinada a atestar o conhecimento prévio do direito da propriedade industrial vigente em Portugal.

2 — Os nacionais de Estados membros da Comunidade Europeia serão, para efeitos do presente decreto-lei, equiparados a cidadãos portugueses.

ART. 3.º (Exame de prestação de provas) — 1 — A qualidade de agente oficial da propriedade industrial adquire-se mediante a aprovação em prestação de provas às quais são admitidos os indivíduos habilitados com um nível de qualificação equivalente a uma formação de ensino pós-secundário com duração igual ou superior a três anos.

2 — As provas do exame são prestadas em língua portuguesa, constando de uma prova escrita e de uma discussão oral.

3 — A classificação final é a da média aritmética das provas escrita e oral.

4 — A lista dos candidatos aprovados é submetida a homologação pelo membro do Governo responsável pela área da propriedade industrial e publicada no portal do Instituto Nacional da Propriedade Industrial, I.P.

SECÇÃO III — **RECONHECIMENTO DAS QUALIFICAÇÕES PROFISSIONAIS**

ART. 3.º-A (Liberdade de estabelecimento em Portugal) — 1 — Pode estabelecer-se em Portugal para o exercício da actividade de agente oficial da propriedade industrial o profissional que possua um título de formação exigido noutro Estado membro da União Europeia para nele exercer essa actividade.

2 — O título de formação mencionado no número anterior deve:

a) Ter sido emitido por uma autoridade competente para o efeito;

b) Comprovar um nível de qualificação equivalente a uma formação de ensino pós-secundário com duração igual ou superior a três anos.

3 — Pode ainda estabelecer-se em Portugal o profissional que tenha exercido, a tempo inteiro, a actividade de agente oficial da propriedade industrial durante dois anos no decurso dos 10 anos anteriores num Estado membro da União Europeia que não regulamente esta actividade, desde que possua um título de formação equivalente ao previsto na alínea *e*) do n.º 1 do artigo 2.º.

4 — Os profissionais mencionados nos números anteriores ficam sujeitos à realização de prova de aptidão tendente ao exercício permanente da actividade de agente oficial da propriedade industrial em Portugal, nos termos do artigo anterior, a regulamentar pela portaria prevista na alínea *f*) do n.º 1 do artigo 2.º.

ART. 3.º-B (Liberdade de prestação de serviços) — À actuação em Portugal, ao abrigo do princípio da livre prestação de serviços, de agente oficial da propriedade industrial que para tal efeito se encontre estabelecido noutro Estado membro da União Europeia são aplicáveis as disposições dos artigos 3.º a 5.º da Lei n.º 9/2009, de 4 de Março.

SECÇÃO IV — **EXERCÍCIO DA ACTIVIDADE DOS AGENTES OFICIAIS DA PROPRIEDADE INDUSTRIAL**

ART. 3.º-C (Uso de título profissional e exercício de actividade) — 1 — O profissional cujas qualificações sejam reconhecidas nos termos do artigo 3.º-A pode usar o título profissional «agente oficial da propriedade industrial».

2 — O profissional cujas qualificações sejam reconhecidas nos termos do artigo anterior usa unicamente o título profissional do país em que se encontre estabelecido, na língua oficial desse país.

3 — Nos casos previstos no número anterior e sempre que o título profissional de agente oficial da propriedade industrial não exista no país de estabelecimento, o prestador pode usar o seu título de formação numa das línguas oficiais desse país.

4 — Os profissionais cujas qualificações sejam reconhecidas nos termos do artigo 3.º-A e do artigo anterior ficam sujeitos às regras relativas ao exercício de actividade a que se submetem os agentes oficiais da propriedade industrial que tenham adquirido essa qualidade nos termos da secção II do presente capítulo.

1446 [DL n.º 15/95]   PROPRIEDADE INDUSTRIAL

ART. 4.º *(Revogado.)*

ART. 5.º *(Revogado.)*

ART. 6.º *(Revogado.)*

ART. 7.º *(Revogado.)*

ART. 8.º *(Revogado.)*

ART. 9.º (Registo de assinaturas) — 1 — As assinaturas e as rubricas dos agentes oficiais e dos respectivos adjuntos constam de um registo especial existente no Instituto Nacional da Propriedade Industrial, I.P.

2 — Nenhum documento assinado por agente oficial ou adjunto é recebido sem a indicação legível, junto da assinatura, do nome e do escritório respectivos.

ART. 10.º (Adjunto de agente da propriedade industrial) — 1 — O agente oficial pode ter um adjunto, para o exercício das suas funções, por cujos actos é responsável.

2 — O adjunto deve ser cidadão português ou de Estado membro da União Europeia.

3 — Os documentos assinados pelo adjunto são considerados, para todos os efeitos legais, como assinados pelo agente oficial.

4 — Por morte ou impedimento definitivo do respectivo agente oficial, os adjuntos podem continuar a assinar toda a documentação oficial, desde que satisfaçam as condições exigidas pelas alíneas *a)*, *b)* e *e)* do n.º 1 do artigo 2.º e no prazo de dois anos realizem, com aproveitamento, a prova de aptidão para a aquisição da qualidade de agente oficial da propriedade industrial.

5 — O presidente do conselho directivo do Instituto Nacional da Propriedade Industrial, I.P., promove, anualmente, a realização da prova de aptidão, salvo nos casos em que não tenha sido apresentado qualquer pedido para prestação de provas, e pode autorizar que o adjunto continue a assinar essa documentação até ser conhecido o aproveitamento na prova de aptidão a que se tenha submetido.

ART. 11.º *(Revogado.)*

ART. 12.º (Lei supletiva) — Em tudo o que não estiver expressamente regulado no presente decreto-lei, a actividade dos agentes oficiais rege-se pelo disposto na lei civil para o mandato.

ART. 13.º (Dispensa) — 1 — Os agentes oficiais solicitam em nome e no interesse das partes que forem seus clientes e constituintes, com dispensa da exibição do mandato, excepto tratando-se de acto que envolva desistência de pedidos de patente, depósito ou registo, ou renúncia de direitos de propriedade industrial.

2 — O director de serviços competente pode, todavia, exigir em qualquer altura que comprovem a sua qualidade de mandatários com a apresentação das instruções dos clientes ou de procuração notarial.

ART. 14.º (Exclusão de referências) — Os agentes oficiais só podem usar nos seus requerimentos e correspondência com o Instituto Nacional da Propriedade Industrial, I.P., o seu nome e a designação do cargo.

ART. 15.º (Suspensão da actividade) — 1 — Os agentes oficiais da propriedade industrial podem suspender o exercício da respectiva actividade desde que disso notifiquem o Instituto Nacional da Propriedade Industrial, I.P.

2 — A suspensão da actividade do agente implica a cessação das funções do adjunto nas suas relações com o Instituto Nacional da Propriedade Industrial, I.P.

3 — O agente em situação de suspensão de actividade pode requerer a todo o tempo o regresso ao exercício de funções.

ART. 16.º (Invocação indevida da qualidade de agente da propriedade industrial) — Incorre na sanção do crime de usurpação de funções previsto no Código Penal aquele que se intitular falsamente agente oficial ou fizer, por qualquer meio, publicidade tendente a fazer crer que possui essa qualidade.

ART. 17.º (Actos proibidos aos funcionários) — 1 — Aos funcionários em serviço no Instituto Nacional da Propriedade Industrial, I.P., é proibido substituir-se aos agentes oficiais ou outros mandatários, ou com eles ilegitimamente se relacionar, directa ou indirectamente, em matéria da competência do Instituto.

2 — A prestação de quaisquer informações ou esclarecimentos, verbais ou escritos, estabelece a presunção do exercício da procuradoria, salvo quanto aos funcionários competentes para o efeito.

ART. 18.º (Procuradores autorizados) — 1 — São procuradores autorizados as pessoas singulares que, não sendo agentes oficiais da propriedade industrial, tenham promovido actos e termos de processo junto do Instituto Nacional da Propriedade Industrial, I.P., entre 1 de Junho de 1992 e 1 de Junho de 1995, mediante autorização especial.

2 — Os procuradores autorizados podem, nessa qualidade, praticar os actos e os termos do processo, juntando para o efeito procuração simples e com poderes especiais para cada processo.

ART. 19.º (Regime sancionatório) — O regime sancionatório da violação dos deveres profissionais dos agentes oficiais da propriedade industrial constará de diploma próprio.

CAPÍTULO II — **Do Instituto Nacional da Propriedade Industrial, I.P.**

ART. 20.º (Acesso à informação) — O Instituto Nacional da Propriedade Industrial, I.P., fornece a informação relativa a todas as modalidades de propriedade industrial.

AGENTES DA PROPRIEDADE INDUSTRIAL E PROCURADORES AUTORIZADOS [DL n.º 15/95] 1447

ART. 21.º (Organização da informação) — 1 — O Instituto Nacional da Propriedade Industrial, I.P., dispõe, obrigatoriamente, de informação organizada de modo a tornar possível a identificação e recuperação dos seguintes actos:

a) A apresentação de quaisquer documentos relativos às diversas modalidades de propriedade industrial, em particular a data da apresentação dos pedidos;

b) Os despachos exarados pelos serviços nos requerimentos relativos aos actos e termos dos processos e os averbamentos nos títulos;

c) As decisões judiciais que afectam os títulos das diferentes modalidades de propriedade industrial;

d) A recepção e expedição de correspondência;

e) A cobrança e eventual devolução de taxas e as receitas provenientes de serviços prestados.

2 — Além da informação organizada da forma indicada no presente artigo, pode haver outros elementos informativos ou forma de organização destes elementos que se mostrem de reconhecida utilidade.

ART. 22.º (Arquivo) — 1 — No arquivo do Instituto Nacional da Propriedade Industrial, I.P., são guardados todos os documentos, por forma que seja fácil a respectiva consulta.

2 — Decorridos os prazos legalmente estabelecidos, os documentos referidos no número anterior podem ser destruídos ou arquivados no Instituto Nacional da Propriedade Industrial, I.P., em suporte adequado, que permita a sua reprodução integral sem perda de conteúdo informativo.

ART. 23.º (Garantia de reserva) — 1 — Os documentos arquivados ou pendentes não saem do Instituto Nacional da Propriedade Industrial, I.P., por motivo ou pretexto algum, salvo os casos de remoção por motivo de força maior, devendo as diligências judiciais ou extrajudiciais que exijam a sua apresentação efectuar-se no próprio Instituto.

2 — Exceptua-se também do disposto no número anterior a remessa do processo ao juízo competente para resolver o recurso interposto da decisão proferida.

3 — A remessa do processo a juízo e depois o seu recebimento são anotados no respectivo serviço na altura correspondente à apresentação.

ART. 24.º (Registo de entrada) — Os pedidos de patente, modelo, desenho ou registo são, no momento da sua apresentação, anotados segundo os processos legais, nos quais se indica o número, o dia e a hora da recepção, o nome e a residência do requerente e do seu mandatário, se o houver, e a categoria jurídica de propriedade industrial de que se tratar.

ART. 25.º (Obrigações tributárias) — Nenhum acto submetido a registo e sujeito a direitos ou impostos devidos ao Estado Português pode ser definitivamente considerado registado sem que se mostrem pagos os direitos ou impostos já liquidados, ou assegurado o pagamento dos que estiverem por liquidar, na forma que os respectivos regulamentos determinarem.

ART. 26.º (Restituição de documentos) — 1 — Os documentos cujo original ou cópia autêntica estejam de um modo permanente em qualquer arquivo ou cartório público, nacionais, são restituídos aos interessados depois de feito o registo; os outros documentos ficam arquivados no Instituto Nacional da Propriedade Industrial, I.P., salvo os casos previstos neste decreto-lei.

2 — Se os documentos e exemplares apresentados estiverem escritos ou desenhados por forma que ofereça grande dificuldade na sua leitura ou exame, pode exigir-se que o interessado apresente cópias que possam facilmente ler-se ou examinar-se.

3 — Os documentos expedidos por autoridade ou repartições estrangeiras só são admitidos, para quaisquer efeitos, depois da sua legalização, nos termos da lei do processo.

4 — Da regra enunciada no número anterior exceptuam-se os casos em que as convenções internacionais em vigor expressamente dispensarem a legalização de certos documentos oriundos dos países a que as mesmas convenções sejam aplicáveis.

ART. 27.º (Verificação dos pedidos) — 1 — No momento da apresentação dos pedidos os funcionários encarregados da recepção de documentos limitam-se a verificar se os mesmos estão correctamente dirigidos, devidamente assinados, a importância das taxas a satisfazer e se estão juntos aos requerimentos todos os documentos neles referidos.

2 — Quaisquer faltas notadas posteriormente são objecto de notificação.

ART. 28.º (Certidões) — As certidões devem ser passadas a tempo de poderem entregar -se aos que as solicitem no dia seguinte ao da apresentação do requerimento.

ART. 29.º (Formulários) — Os requerimentos devem ser apresentados em formulário próprio, sempre que sejam estabelecidos pelo Instituto Nacional da Propriedade Industrial, I.P.

ART. 30.º (*Boletim*) — No Instituto Nacional da Propriedade Industrial, I.P., é facultada ao público, para consulta, uma colecção completa do *Boletim*.

ART. 31.º (Entrada em vigor) — O presente decreto-lei entra em vigor em 1 de Junho de 1995.